漢字字法圖集

HANZI ZIFA TUJI

刘哲平 著

山西出版传媒集团
山西人民出版社

图书在版编目（CIP）数据

汉字字法图集 / 刘哲平著. — 太原 : 山西人民出版社，2024.9

ISBN 978-7-203-13343-8

Ⅰ. ①汉… Ⅱ. ①刘… Ⅲ. ①汉字—通俗读物 Ⅳ. ①H12-49

中国国家版本馆CIP数据核字（2024）第077440号

汉字字法图集

著　　者：刘哲平
责任编辑：员荣亮
复　　审：贾　娟
终　　审：梁晋华
扉页题签：石跃峰
装帧设计：尹慧娟

出 版 者：山西出版传媒集团·山西人民出版社
地　　址：太原市建设南路21号
邮　　编：030012
发行营销：0351-4922220　4955996　4956039　4922127（传真）
天猫官网：https://sxrmcbs.tmall.com　电话：0351-4922159
E-mail：sxskcb@163.com　发行部
sxskcb@126.com　总编室
网　　址：www.sxskcb.com

经 销 者：山西出版传媒集团·山西人民出版社
承 印 厂：山西出版传媒集团·山西人民印刷有限责任公司

开　　本：889mm×1194mm　1/16
印　　张：53
字　　数：600千字
版　　次：2024年9月　第1版
印　　次：2024年9月　第1次印刷
书　　号：ISBN 978-7-203-13343-8
定　　价：528.00元

前　　言

刘哲平

诗曰：

苍颉作书天雨粟，指事象形六义兴；
安阳甲骨惊天下，千年汉字贯古今。
大篆小篆楷行草，山川鸟迹日月星；
若问字法何处觅，寻篆问草溯源根。

文字乃文化之根。距今约8000年前的十多件陶器（甘肃天水秦安大地湾遗址出土）上，就有了文字的雏形刻画符号，有类似计数“二”的，类似占卜之“卜”字的，类似水波纹状的，类似植物生长的。《论语·泰伯》云，“唐虞之际，于斯为盛”，正是说明了中国文化、中国文字的悠久历史。浙江省杭州市萧山城区的跨湖桥遗址的“中华第一舟”也出土了八组刻画符号，或是8000年前跨湖桥先民的计数符号。《尚书·多士》云，“惟尔知，惟殷先人，有册有典，殷革夏命”，这是对夏朝最早的文字描述。西周青铜器何尊铭文“宅兹中国”，则是迄今为止发现“中国”二字最早的文字记载。殷商时期（约公元前16世纪至前11世纪）的甲骨文，周朝的金文，楚秦的简牍、小篆，汉朝的草隶，至魏晋时期的楷行书，汉字各体已然成熟。

汉字的书体之美，殊姿共艳。甲骨、金文的源之美，在于纯，在于朴，原始之变既有东倒西歪，更显谦让、相合、呼应之变。六国简、帛及侯马盟书之美，尤翩翩少年，随性恣意。隶之美，端庄而不失天真烂漫，或收或放，浑厚自然。草之美，循规无拘，畅酣淋漓，禀天地之灵，集日月精华。楷之美，中和静雅，架构严谨，工妙于点画，神韵于结体。行之美，动静结合，洒脱流畅，左谦右让，舒展有型。

纷繁复杂的汉字，如一幅幅有规律的生动画面。商周的甲骨金文，春秋战国的侯马盟书、各种简牍、汉隶，《神乌赋》（标题为隶书，正文为草书），皇象《急就章》，钟繇、张芝、索靖、二王的法帖，欧颜柳赵的楷书，孙过庭《书谱》及金墨的《书谱字汇》，颜真卿的《干禄字书》，怀素的《自叙帖》，苏黄米蔡及《淳化阁帖》等历史文献，以及唐兰的《古文字学导论》，裘锡圭的《文字学概要》，王蕴智的《殷墟甲骨文书体分类萃编》，王本兴的《甲骨文拓片精选》，王平的《甲骨文与殷商人祭》，单育辰的《甲骨文所见动物研究》，于省吾的《甲骨文释林》，刘东芹的《草书字法解析》《校订草诀百韵歌》《续订急就章》《疑难草法解析一百例》《书谱草法解析》等理论书籍，均从不同的角度展示了汉字的美及发展规律，汉字的构型原来是有规律的，特别是各体之间的“分分合合”，恰如孙过庭所言“犹分条而共树者也”。唐兰《古文字学导论》亦云：“每一个字有它自己的历史，每一小组文字，或相近的文字，在演变时有共同的规律”。

汉字是中华民族文化的活化石，是历史的载体，每一个汉字及其演变，都蕴藏着古人对世间万物认知的过程，是前人智慧的结晶，为传承中华文明发挥着巨大作用。四大文明中，古巴比伦、古埃及、古印度文明及其文字都已消亡，只有中华文明延续至今。汉字的流传，是中华文明得以延续的关键。汉字是民族的，更是世界的。随着中国国力的增强，世界上写汉字、说汉语的人会愈来愈多，不少国家的汉语热，已经彰显出汉字在世界范围内不可替代的重要性。

纵观古今汉字，迄今已发现的甲骨文字约5000字左右，可释读的只有1700个左右，许慎的《说文解字》收录了9353个汉字，《康熙字典》收录了47035个汉字，《中华字海》收录85568个汉字。从甲骨、金文到隶楷行草，大部分汉字的形态是完全不同的。甲骨文最能够体现古人对天地万物的认知，但是就形态而言，甲骨文的字形复杂，位置也不稳定，往往是“部件随机排列组合”，不少字形东倒西歪，难于辨识。在金文中，出现了更多的“繁变”及讹变。到了隶楷阶段，汉字的字形逐渐成熟，部件组合相对稳定，不过，在这一阶段，异体字偏多，比如“总”有60多个异体字，“斋”有近60个异体字，“众”有40多个异体字，“窗”有30多个异体字。平均来说，每个汉字约有20多个异体字。到了行书阶段，大部分汉字的书写结构稳定于少数几种字形，一些字形已经被废弃。看起来写法变化万端的草书，就结构而言，却成了最为规范的独立书体，那些异体字较多的字，到了草书阶段，往往只有少数几种书写形式。这表明，汉字从原始到成熟的演变，经历了漫长的发展阶段。也正因为这种由繁入简，由简入繁的纷繁多变，使得释读、记忆和理解汉字的演变较为困难。

本书试图以图文并茂的形式，展示汉字字法规律，把繁难的汉字按书写特点线条化、简单化，用统计学划分标志的方法，从每一小组文字或相近的文字，系统梳理汉字古今字法演变，探究演变的规律，并尝试构建一个全新的汉字构型系统，为书法学习和工作者、不同教育阶段语言文字教师、国内外汉字学习者及研究者服务。

本书的选字归类和叙述原则为：

1. 定两个点，一是以《说文》小篆为基础，往前推，直至甲骨文，以探求字之本源；二是以楚秦汉简、张芝、索靖、二王、张旭等先贤的草书和《书谱》为基础，展示汉字草书的无穷之美。

2. 以偏旁部首及常用字为主要分类，按字母顺序排列。如阿、巴、卑、产、曹、卄、戈、艮、禾、可、口、犬、人（亻）、羊、衣、女等等。

3. 字形不同，篆书或草书却异体同型的，收录在一起，或以分页展示，或前后呼应，从而辅助学习。朩术杭椒（散）麻篆书从朩，归为一类。豊豐，県（作为字根的章草写法）与悬（懸）楷有别，草同型，拓展的字皆是如此，各归为一类。此类同型的字很多，如纹孜、熊態（态）、羔恙、雯虔、虡（例：劇剧）處（处）、戊戉（字根）等。作为字根，楷有别而草同型的还有甬备、肰（字根）能、殹叚（百韵歌云"医初尚类坚"）、属尔（称）聂（尔聂作为字根）、悲韭、葡和萠字等。郭和墉都是城墙，甲骨文有同型的写法。葡和備互为异体字，大篆即可异体同型。丏与万互为异体字，甲骨、金文累见。定和楚两字都有异体字从足、从正、从之的写法，而草书求其共源，只有一种从足的写法。乖、乘和我三个字，草书相近，除了单独列示外，还放在一页加以对比展示。寒字从寒亦从仌，与冰字都有寒凉之意，列入冫，而寒字拓展的其它字则另页列示。火与灬都能表示火，先后页列示，入火。月字做为偏旁，可表月、肉、舟，分类分页展示。桊（槩）和滎（荥）字的字意不同，却有异体同草的写法，因为桊（槩）字不常用，但滎字写滎和荥形更符合其形义。闬和间字，互为异体字，篆书即有异体同型的情况。奉奏泰和春秦等字的上边结构楷同型，草有别，辨析段给予阐述。

4. 将各体中有代表性的字按字体和时间顺序排列。

5. 对主要规律给出简单提示，把判断权交给读者。一些难以掌握的字形，并入一类时，其规律一目了然。例如，在甲骨文中，表述各种动物的字，牛、豕、马、羊、鹰、犬、兕和虎等，若从土，即牡、豭、駔、"羊土"、"鹰土"、"犬土"、"兕土"、"虎土"等，都是雄性动物（麀列外），是为牡；若从匕，都是雌性动物，是为牝。逐字，在未定型前的甲骨文中，逐就有了从豕、兔、兕、鹿等表示追逐的各种变化。德和聽（听）从悳，为一类。多与芻草书同形，为一类。尔参草书同型，为一类。从戊的戌成感咸歲威戚，为一类。爪采觅垩再舜从爫，为一类。止奔步此夆走疋往延正寋徒从止，为一类。夫天失其莫的草书相近，为一类。戈字除了自身使用很广外，广泛用于草书符，草书可写"戈"字结构的字很多，有"十二叉"，如"耂（孝老考）叒（桑）世爻（希希肴）、恪（草从异体字恡）寅（宀下部件，寒寨塞赛）卉（贲愤喷濆）垚（堯尭）戎（绒）冓（篝）莫（上下结构中的字根，如暮慕摹蓦幕墓蓦等）殸廿（席）"等，对莫字前草书可写"戈"字的用一页综合列示；其中从殸的字，偶见李淦的"聲（声）磬謦聾"和于右任的罄和馨字，将殸字草化为戈字，因不是孤例，亦单独列示待考；同时强化字与字之间的呼应，馨从香，香页的馨字加一句"馨字还从殸，而殸字的草书偶见从‘戈’的写法，参见殻页”以与殻和戈页呼应；卄（席）和愘（草从异体字慹）字，亦如是。火有横竖二火及三火，为一类。筆畫盡从聿，为一类，亦可为字根，以分页形式列示。而市字的篆书虽然从 “之”，隶楷已不见“之”字结构，故在辨析的说明段给予表述，以示呼应，并分别列示。韯字除了单页列示，其拓展的纖、懺和殲三个字，又都有从千的异体字，故在千字页拓展列示。彘为猪，是为豕，甲骨文从豕，与豕本同，放一起以对比，因楷书字形差异大，又与拓展的字另页详细单列。

对一些疑难字的草书，给予简单总结，以方便快速记忆。贝字居下时有快写和从“大”的草法，鼎字的草书写法为“目折、丹人鼎”，音字可草化为“七一”。女字拓展的“八朵金花”，即“女母每娄安要妻妾”，草书写法相关性较强，“女怀丹是母，加横成为每，每加两点为娄，戴宀乃为安；安加横为要，要出头是妻，“七女（七一女）”则为妾，其中，母、每、娄、安、要、妻和妾等字，再进一步拓展后，所涉字根“遍地开花”。“夫天失其莫”五兄弟、“殳雋隽”和从月的“月肉舟”三胞胎、“予幻”“牡牝”“豊豐”等“双胞胎”，放一起，字法规律立现。木字简单却与朩字易混淆，术潸麻等字是也，辨析段说明，字形区别分明。麐是麟的异体字，麐字的构型在甲骨、金文和简帛中累见，只有一起列示，方可一眼识出。

入字拓展的字，兩、全、俞、内以及从亼字的合、会、令、佥、侖、舍、余等字，隶定字形已讹变为从人的写法了，各体除少数书家外，历代书家大部分均从人。

日字的字形简单，变化在草书。作为字根时，在不同的位置会有不同的草书写法。草书单独写即为快写，作为字根，1. 快写 / 写“13”；2. 日字居上时，写倒三角；3. 日字居下时，写日字符“厶 ”；4. 不独立表现的连带笔（都）；5. 两点（者昏）；6. 横；7. 横勾；8. 横勾挑。上述变化既可以单独使用，又可以复合使用，如昌字等。

幸字的隶楷都有从羊的写法，草书除了从“土羊”，还可从幸字的草书，即“牛字反起笔”。“執（执）埶（艺）蟄（蛰）熱（热）譯（译）澤（泽擇（择）摯（摰）報（报）蘛竊褻”等字，都有从幸字的结构，个别字偶见从幸字的草书“牛反起笔”的写法，如怀素的执（執）和势（勢）字、王蘧常的達字、邢源高摯（摰）字、王羲之和祝永明的報（报）字等。

达字有异体字逹和達，草书除了从“土羊”，还可从“幸”，即“牛字反起笔”。此外，王献之的“车一坐车”、郗愔的“丰坐车”及吴昌硕的“戈十坐车”等，丰富了达字的草书形态。

丧（喪）和噩两个字的的甲骨文口多，汉典有同型释读，待考；同时和粟字的甲骨文相似，需要注意辨识口形之别。

侌乃阴字的异体字，伕同传（傳 chuán），楷化后，偶见圆转线条，所涉页给予列示。

興字头的字，篆书差异较大，如釁（舋衅）字，从甲骨金文字形可以看到一些不同的祭祀形式，将各体列示，读者一目了然。

6. 同类的字重复展示。鲁字，甲骨、金文和楚简等皆为鱼字（象形）加日，草书阶段，上边的鱼字草化为鸟头，下边的日字草化为日字符“厶”，将不同偏旁的列在一起，有助于形成重复记忆。同样，人女木夊日月星，黄金高鹿龙电风等，莫不如此。

7. 目录列示的字予以最基础的解释和结构展示。

所列的汉字注释，以说文为基础，如果说文的解释和造字之始的含义差异较大，在注释中进行调整。函字的甲骨文，原始字意本从“失”，即囊袋里装“失”；牧、牡、牝、逐的甲骨文都有从不同动物的写法；医（醫）字的甲骨文构型就是“医”形；为字，本来是古人手牵大象的鼻子之形，最简单的写法是一只手牵着一根大象的鼻子；好字，甲骨文中还有“丑女”“丑子”的写法，尽管丑在甲骨文中非当今之丑（醜）意，但假借义是明显的，即无论美丑，有子女即为好。上述情形在图例和注释中均有清晰展示。

文字结构的不稳定性贯穿于文字的形成历史。鹅、咏、桐、松、相、男和戾等少数字，大篆是两个部件可以上下左右四个方向移动的字，其中鹅字各体累见；惟（甲骨金文楚简等，下同）是偏旁在左、右、下三个方向可以移动的字，陵是阝（阜）旁可以左右或居右下的字，唬字的口是可以在左上、左下或下方移动的字（或有四个口在上半部的四个方向），唯、秋字是可以左右移动的字，杞和桃字是可以将木字移动到上边的字，朕（舿）字的“双手举‘杵’形”在左、右、左下、右下等方向累见，氵常常可以横写，忄（心）常常可以居下等。冗、亢和亮字，篆书从人，楷书讹变为从儿，历代书家在各体中从“人形”的写法累见。斥字本从屰，厗为本体，或为从干，讹变为从“下”，各体可见从干和从“下”的写法，而从本体厗字的写法偶见等。当然不少字的部件位置是不可以互换的，正如：杲—杳—相，予—幻（篆书上下颠倒），愉—愈，怡—怠，棗—棘，叶—古，唯—售，加—另，朵—机，呆—杏，叨—召，吟—含，旮—旯，音—昱，尖—尜，汆—氽，泵—砻，等等，各种书体特别是篆书，都应时刻注意。

草书是一种独立书体，构型规律均在图集予以揭示：

草从符号出。口、日、月，山、田、土、女、贝、阝、辛、幸、章、手、⺤、足、鱼、虫、鸟、隹、马、牛、羊、刂、寸、尸、欠、页、豆、皿、卢、卒、享、合、今、含、交、卓、桌、京、虎雨、多芻（刍）、喿参、豊豐等，都有不同的草书符号。

草从篆隶出。侯字的草书写医字快写，医字为甲骨、金文楷化而得；鹿字的草书从“卄”，乃鹿头的象形篆书草化而成；夫天失字的草书由楚简的字形分割结构演变所成；那字的草书从篆书楷化为那的字形而得；疑字的篆书从牛字的结构，草书由此草化而成。

草从异体出。意（意）从言，遥（遙）从月言，德（悳）从直，船（舩）从公，体（軆體）从身和从骨，骨有异体字从口，最（冣冣）有异体字从宀或冖，风（凬）有异体字从云，卒（卆）有异体字从卆，乔有异体字从高等，草书均可从括号中的异体字快写而得。

草从借代出。金旁借“全”字，炏借“学”字头，足借“讠”形，月借“千”形，“𡗗廿（席）世爻寅（宀下部件）叒卉（贲）垚芇莫殸”等均可借“戈”形等 。

草从简省出。夏字省略中间部件，写“、反”，曹字省略中间部件写“艹日（日字符）”等等。

草从“省略符”出。棗（枣）和巍字上下同型，下边的同型部件可以草化为省略符“⺀”。

8. 列示经典隶楷行书，既可展示不同书家的书写特点，又可前后呼应、相互参照，利于释读和巩固记忆。

9. 选字以唐宋以前直至甲骨文为基础，元明清为辅。对于各地方言，即官话、晋语、吴语、闽语、客家话、粤语、湘语、赣语、徽语、平话和土话所等所涉文字收录极少。对于民间方言影响所产生的文字，正文亦未予收录。

10. 对书家出现的一些错误，在选字时给予避免，努力去伪存真。如讠字，在行书阶段为言，在草书阶段为足，不少书家行草不分。草书里，衤礻不分的现象也十分严重，衤在章草中写“礻”，而在今草中却与章草有严格的区分，如褚字，尚未发现书家写出今草的结构。刺有异体字刾，历代书家写刾形的比例很高。“書經三寫，烏焉成馬”，这一古谚在汉隶和帛书中的确偶见其形，但因“烏焉从馬”属于讹变，故未选取相关的讹变之字。去伪存真方可进一步理清头绪。

11. 对一些偏旁拓展后不对应的情况有所列示。如执字有异体字執和埶，幾有异体字几，拓展的字并非一一对应，或是收字不全或是汉字发展不尽完善的体现。

12. 经过以上展示，以草书列示拓展字形。由此，各体画面尽显，瞬间得窥全貌，可以前后对照、举一反三。

阅读本书，建议先看所列示的字的解释，再看辨析，然后看图片，最后进入拓展思考。拓展的斜体字与上边的斜体对应，是为该页的补充。书谱图示涵盖了书谱所出现的字的全部，亦列示了所在页码，并附于后，便于查阅。按拼查找不到的字，索引可查，或用其中的字根（部件）去查找，在其字根（部件）拓展的字中参见，比之慶（庆），本从鹿，在鹿字头可见；種（种）動（动）衝（冲）等字从重，在重页可见；期脑服等字本来分别从月、肉和舟，隶定或楷化后从月，在月页可见；准谁雉翟售等字从隹，在隹页可见；扌旁有近 700 字，常用的 149 个“把拌批拔”等已经在相关字根所在页列示，其他扌旁拓展的字根，则可参照相关页。异体同草或同其他体的，可以浏览目录去查找。

每一页都是一幅汉字小家族成长的生动画面。当了解了上述原则及分类整理办法，领略了汉字的神奇美妙以后，就会对每一页展示的变化有深刻的了解，更会明白隐藏其中的汉字简史，从而对我们古老的传统文化产生敬畏之心。那些曾经让读者望而却步的篆书和草书，必将成为更多热爱汉字的人的青睐，原来我们的祖宗留下的汉字这么美，这么有故事！

囿于篇幅限制，大篆特别是甲骨文和金文中的一些破损、模糊、倒置（如“旁侯至自雪丧危不宜在庚寅鹿”等字倒写累见）、局部倒写（如室、宾和剌等）、反写、讹混、“随文改字（如“逐牧牡牝沉牢”等，从不同动物的情形累见）”、“躺平（如氵、五和失字，可以横写）”、未识字、“图画字”和蝌蚪文的字一般未予选取或选取量少，对各类文字的涵盖面有待提高，汉字构型系统需进一步完善，诚望专家不吝赐教，予以雅正。

正是：

追根溯源，古人造字惊天地；
寻篆问草，各体融会可通神。

凡　例

1. 本书正文结构由目录、各体图例、书家、辨析、基本解释、拓展和书谱图示等几部分组成。

2. 选取常用字，以偏旁部首进行分类，按照拼音的首字母排序。

3. 字形不同而篆书或草书异体同型的，将有代表性的字编在一起，或以分页展示，或前后呼应。

4. 在目录中不易查找的字，可在索引查找。

5. 正文收录的字，一般按甲骨、金文、盟书、楚简、秦简、汉简、说文、隶书、楷书、行书、草书的顺序排列，隶书以后各体，按时间顺序排列。

6. 关于繁简体字的用法。在词条及作者阐述中，如需古字，不论是否已简化，均使用古字原貌；作者阐述的其他部分，使用现代汉语规范用字。

7. 目录按字体结构的显著性列示，注释中或有补充。

（1）一些字形本是不同的字，后来简化为同样的字，因此在一起进行展示。比如：体和軆字本是不同的两个字，简化后为“体”，体字的异体字有軆、體、躰、骵、躰和髑字等，图集将常用的軆、體、躰和骵列入；圣和垩本是不同的两个字，现简化为圣，一并列示；恠是怪的异体字，两字是汉字发展过程“手”的部件“又”的不同楷化形式，故将“恠”字以括号的形式附于“怪”字之后。

（2）一些异体字的写法较多，一并展示。芻字拓展的字、以及趨字的异体字有 20 多种写法，常用的因芻、刍和多字的草法结构相同，图集按“草归一体”的原则，将趨、趍和趋的演变列入一起。

（3）一些字的繁体字形和简体字（或异体字，下同）形差异很大，难以展示演变规律，目录同时展示含有该字的繁体字和简体字。比如：从鹿字的灑（洒）、塵（尘）、麤（粗）、麗（丽）、驪（骊）和邐（逦），从臣的臨（临）、鑒（鉴）和朢（望），从悳（悳）的德和聽（听），从登的鄧（邓）、燈（灯）和證（证），从能的態（态）和罷（罢），从啇的適（适）和敵（敌），以及处（處）和据（豦），哼（嚀）和貯（贮）类，风（風）和（凨），岙和峹等。其余字例，读者朋友阅之自明，不再一一列示。

8. 正文与拓展出现的斜体字部分，系因篇幅限制或对比需要，使用草书列示的部分单字。

9. P+ 数字 1. 数字 2：数字 1 和数字 2 分别为书谱截图所在的编码和行次。

目　　录

前言…… 1

凡例…… 8

A

阿啊婀锕…… 1

哀锿偯…… 1

艾砹哎…… 2

爱 1：爱…… 2

爱 2：嗳暧嫒瑷叆薆…… 3

安 1：安侒洝按胺…… 3

安 2：桉垵铵鞍（鞌）鴳頞荌案…… 4

屵岸崖…… 4

凹凸兕垇…… 5

敖遨熬傲嗷鼇（鳌）骜螯獒…… 5

奥懊薁燠噢襖（袄）澳隩…… 6

印仰抑迎昂（枊）岇…… 6

B

八捌叭扒趴穹…… 7

巴肥把杷粑疤爬琶爸芭…… 7

犮拔跋黻…… 8

白百泉粕迫伯柏…… 8

般盘（盤鎜槃）瘢搬磐…… 9

半伴胖畔衅绊叛判泮拌…… 9

邦帮梆绑…… 10

勹包庖苞雹饱抱跑胞…… 10

寶（珤寚宝）…… 11

暴瀑曝爆…… 11

卑啤婢脾碑牌…… 12

北背邶燕甏…… 12

贝（贝在左边）1：贝则贮（貯）测厕铡贬贴…… 13

贝（贝在下）2：责债啧愦猿鲼…… 13

贝（贝在下）3：质赏贫货赁贪赀贯赛…… 14

贝 4：负赖獭懒籁癞…… 14

孛悖誖脖饽勃哱…… 15

备惫邍…… 15

本 1：本钵苯笨鉢…… 16

本 2：皋翱嗥橰皞滜暤…… 16

匕牝麀眞顷匙颍…… 17

比 1：比批琵毖毙（斃）妣庇屁…… 17

比 2：蓖毕荜筚跸哔…… 18

必祕秘泌柲毖宓铋苾…… 18

敝獘（弊）幣斃（毙）憋蔽撇鼈（鳖）…… 19

辟 1：辟壁璧鐾甓…… 19

辟 2：僻噼澼擗避薛霹闢癖…… 20

辟 3：劈檗擘嬖襞廦檗繴躄髀…… 20

奡邊（边）櫋箯…… 21

扁偏编篇骗翩蝙遍匾…… 21

卞汴忭抃苄飰（饭）…… 22

辡辩辫辨辦瓣…… 22

彡髟鬅鬍鬚（胡须）…… 23

表婊裱俵…… 23

冫 1：冰凌冷（泠）冻洌冶次…… 24

冫 2：寒搴蝷騫褰…… 24

禀凛廪懔檩…… 25

兵宾（賓）浜嫔膑滨殡缤…… 25

丙柄炳（昺）怲陋病…… 26

并屏胼瓶（缾）軿迸饼骈姘…… 26

帛绵棉锦…… 27

卜钋讣（訃）卲卧斜（咎）……27

不否孬歪甭钚杯……28

布佈怖……28

步涉陟（徙）踄频埗（埠）……29

C

才（附：等）纔材豺财闭团……30

参（喿）1：参惨掺渗骖……30

参（喿）2：碜瘆黪毵糁……31

参（喿）3：喿噪燥躁澡藻……31

参（喿）4：操臊懆橾剿……32

惭暂（蹔）錾……32

仓（倉）苍创戗跄疮枪抢舱……33

曹糟遭漕槽艚嘈螬……33

艹1：草……34

艹2：苗猫（貓）瞄锚鹋描喵……34

艹3：茶搽……35

艹4：蔑蠛（袜韈韤）巙蠛……35

册1：册栅删跚珊姗……36

册2：典碘腆淟……36

臿插畚锸（鍤）……37

查（查）喳渣（溠）猹……37

差嗟槎磋瘥嵯蹉搓瑳艖……38

产1：产（産）萨（薩）浐（滻）铲（鏟）剷……38

产2：彦颜谚楟……39

昌倡唱娼猖……39

长张怅伥胀帐账……40

甞（1甞2甞3尝）……40

嚐偿鲿（鱨）……41

常嫦……41

厂1：厂厈库厌庞厚厢……42

厂2：厬（厬）厝卮厇厪厔厔仄昃应……42

𥿠𠣘（𠥄）……43

巢剿缫窠璅橾藻（藻）……43

车1：车辂轮……44

车2：轩辕转软辄轻辈辍辗辘辑轧……44

车3：晕库裤轰辇辔毂载连辖錾舆……45

车4：军挥晖運（运）诨浑辉皲……45

撤彻澈辙……46

臣1：臣临（臨）鉴（鑒）望（朢）卧览揽……46

臣2：匠颐宦姬赜配熙……47

辰1：辰（辰）……47

辰2：振娠赈侲誫陙宸蜃鼍……48

辰3：唇脣漘宸晨震……48

呈徎浧程程埕理锃郢逞彧……49

承丞拯蒸……49

乘嵊剩騬……50

蚩嗤媸……50

齿龄龈龃龌龊龇龁龋……51

彳行術微徘徊復徒……51

赤赦郝赫赧……52

充统铳茺……52

春椿搭惷覩（竀）……53

虫1：虫（蟲）蚂蚁（蟻）蚯蚓蛤蚧……53

虫2：蜘蛛螟蚣蜻蜓蚌蚝……54

虫3：蛀蚜蚪蚰蚀虱茧（繭蠒絸䌷）……54

虫4：蛋螺蛳蛰蠡蠹浊（濁）烛（燭）……55

丑1：丑醜……55

丑2：杻（𧌌）羞馐……56

臭嗅齅溴糗……56

出拙咄绌饳朏屈茁……57

楚礎（础）濋憷齼……57

处（處）咎豦據（据）遽劇噱……58

舛桀傑（杰）磔蕣……58

串窜（竄）撺蹿患……59

垂郵（邮）缍棰睡锤唾……59

春（附：爽丧）椿蝽……60
辶1：辶迷醚逃返送这……60
辶2：逐篴隧邃……61
辶3：巡逻迂迦挝蓬遑逓逊……61
兹滋磁慈孳……62
朿枣策（筞）棘敕蕀……62
次盗资姿咨恣瓷茨羡……63
囱窗悤傯蔥骢聰（聪）……63
爨……64
存荐洊鞯痔袸栫……64
寸1：寸寸村讨……65
寸2：衬忖纣耐夺守……65
寸3：辱褥缛蓐耨……66

D

达（逹達）挞（撻）跶（躂）鞑（韃）……67
荅（答）塔嗒搭瘩劄……67
大奔尖奈夿会奖汏驮……68
罘遝瘵鳏褱……68
歹1：歹殊死……69
歹2：殆绍辫……69
歹3：列烈裂冽洌例咧……70
歹4：粲餐燦（灿）璨……70
代袋岱黛贷玳垈……71
带滞……71
怠箈……72
丹旃彤坍栴……72
单蝉郸啴弹掸……73
耽（躭）……73
亶擅檀澶蟺鸇壇（坛）氈（毡）膻（羴羶）颤……74
旦但昼……74
刀1：刀刃切分召挈……75
刀2：刂到利剧剩刷则制剪劉（對）……75
道導（导）……76
得嘚……76
悳（德）听（聽聼聽）……77
登1：鄧（邓）瞪燈（灯）證（証证）凳……77
登2：僜澄撜憕隥嶝磴璒氃噔镫簦……78
弟第剃递（遞）悌娣涕……78
帝蹄啼缔蒂谛……79
商適（适）敵（敌）滴嘀摘镝……79
店惦掂踮……80
電（电）埯腌阉……80
殿臀澱癜……81
丁叮仃厅钉町订盯顶打……81
鼎鼐鼒鼜……82
东陈胨栋岽冻鸫……82
冬终佟咚疼氡……83
兜蔸篼……83
斗（附：升）抖戽鬥鬩……84
豆鼓短彭逗痘豌豎……84
度渡镀踱……85
耑瑞端踹喘颛揣（揣）腨……85
段叚1：段锻叚假瑕……86
段叚2：（段）煅椴缎鞎鍛瑖腶鰕葭……86
段叚3：（叚）暇豭鰕遐筬葭蕸霞瘕……87
断籪……87
𠂤追缒槌薜……88
兑脱悦说阅税锐蜕……88
隊坠（墜）……89
敦墩镦燉憝礅……89
盾遁循楯碹輴……90
多芻（刍）1：多移侈够爹……90
多芻（刍）2：芻（刍）趨（趋趋）蒭皺（皱）……91
多芻（刍）3：謅（诌）鄒（邹）搊騶（驺）雛（雏鶵）……91

朵哚垛剁跺躲……92

E

厄呃扼苊轭阨……93
咢锷愕谔颚鳄鄂……93
恶……94
恩嗯摁蒽……94
而洏耏栭胹輀耍恧……95
兒（儿）皃倪睨霓鲵……95
1 尔（爾）你称弥（彌）玺 2 㐱珍 3 翏戮谬寥……96
耳 1：耳……96
耳 2：聂嗫慑滠摄蹑镊……97
耳 3：珥耿聃聒聝颞耷茸葺髶蒴……97
二廿贰……98

F

发發髮髫髻……99
乏泛贬砭眨……99
伐阀茷筏……100
法灋珐（琺）……100
番（畨）1：番（畨）翻鄱蕃藩……101
番（畨）2：潘播嶓幡磻蟠皤蹯繙……101
番（畨）3：審（审）瀋（渖沈）嬸（婶）……102
凡 1：凡梵帆釩矾……102
凡 2：佩（珮）姵㨔粫……103
楙樊攀鬱（欝郁）……103
反 1：反板坂扳版……104
反 2：饭贩畈皈舨叛返……104
犯氾范笵（範）……105
方 1：方仿彷访妨坊……105
方 2：纺肪舫防放趽房芳髣……106
方 3：㫃族蔟镞瘯旃旆旂旒旍……106
方 4：旌旄旖楞愣塄……107
方 5：斿旒游遊蝣……107
飞（飛）騛……108
非 1：非匪徘绯诽啡扉……108
非 2：排辈斐翡悲靠韭菲霏……109
分 1：分纷吩份汾扮盼攽……109
分 2：粉酚颁岔氛芬盆瓮岔贫寡……110
风 1：风（風凬）讽飘飖枫飔飏……110
风 2：飒飙飚飐飕飑岚疯……111
封葑……111
冯（馮）憑（凴凭）……112
夆峰逢烽锋蜂绛……112
凤（鳳）……113
奉捧俸棒……113
缶 1：缶缸缺罇罐窑瞉……114
缶 2：掏淘罂（罌）傜遥罄缽（钵）……114
夫天失其莫 1：夫扶肤（膚）鈇麸规讃辇芙替……115
夫天失其莫 2：天……115
夫天失其莫 3：失迭秩跌佚帙轶侯候
铁（鐵鐡鑯鉄）……116
夫天失其莫 4：其箕簸旗骐期欺棋……116
夫天失其莫 5：斯嘶撕淇琪祺蜞麒基碁……117
夫天失其莫 6：莫模摸漠谟慔膜嫫馍瘼……117
夫天失其莫 7：蟆獏寞摹慕暮募幕墓……118
市肺沛芾……118
弗怫髴佛沸拂狒费氟……119
孚浮乳俘孵殍蜉莩……119
畐當（当）福副逼富幅辐……120
甫 1：甫哺捕辅铺脯圃……120
甫 2：浦蒲埔晡蜅補（补）……121
甫 3：郙酺铺（鋪）豧舖䩉逋牖……121
甫 4：匍葡尃敷……122
甫 5：専傅缚博愽搏膊……122
甫 6：敷蓴薄礴……123

甫 7：簿簿 ………………………………… 123
父 1：父斧釜 ………………………………… 124
父 2：爷（爺）爸爹嗲 ……………………… 124
付俯附府符跗咐驸…………………………… 125
复（復）腹覆馥愎鳆蝮……………………… 125
阝（左）阜 1：阝（阜）阴（陰）阳（陽）
　　隐降陟 ………………………………… 126
阝（左）阜 2：隘陛陴陲防陌阮陔陶椭 …… 126
阝（左）阜 3：隆陨隅隰隙陷阵骘埠 ……… 127

G

丐钙（鈣）丏沔眄…………………………… 128
盖…………………………………………… 128
干 1：1 干（2 幹 3 乾 4 乹 5 榦）轩矸屽 … 129
干 2：罕邗汗刊奸 ………………………… 129
甘邯甜疳訾钳酣柑…………………………… 130
敢嚴（严）憨巗（岩）噉阚（闞）瞰……… 130
冈（岡）纲（綱）刚（剛）岗（崗）钢（鋼）
…………………………………………… 131
高 1：高槁稿敲犒缟嵩搞蒿 ……………… 131
高 2：豪嚎濠壕蠔 ………………………… 132
告造靠鹄浩窖皓郜梏………………………… 132
戈 1：戈 1 戞 2 㦸（幾）3 戢 4 戠幟 5 戟（戟）
　　6 戣戗 7 战（戰）8 戬 ………………… 133
戈 2：草书可写戈字（部分字汇集） ……… 133
革鞑靼勒鞭靳鞍（鞍）鞣鞠（鞫）韈靴鞋… 134
鬲隔融嗝塥镉翮槅膈鬻……………………… 134
各路铬落咯詻胳阁骆客略…………………… 135
亘 1：亘洹宣垣桓狟烜 …………………… 135
亘 2：1 亙恒縆緪 2 萓峘 ………………… 136
艮 1：艮佷根恨很狠跟限银茛 …………… 136
艮 2：眼龈痕豤恳垦簋 …………………… 137
艮 3：退腿褪煺艰 ………………………… 137
庚赓鹏……………………………………… 138
更便哽绠鲠硬埂粳…………………………… 138
工 1：工功攻贡鸿邛巩肛釭舡 …………… 139
工 2：虹红豇项巧汞扛杠讧江式珏 ……… 139
弓 1：弓引躬弘张 ………………………… 140
弓 2：弔弹弦弥弭弧弛弩穹 ……………… 140
弓 3：㢲弱溺粥弼鬻鬻鬻鬻鬻鬻 ………… 141
公 1：公讼松蚣颂瓮 ……………………… 141
公 2：衮滚磙㯻兖蓊 ……………………… 142
廾 1：廾 ………………………………… 142
廾 2：共拱哄烘粪恭龚巽巷爆 …………… 143
巩恐銎筑（築）跫蛩………………………… 143
勾 1：勾钩沟构购 ………………………… 144
勾 2：句拘鉤苟狗够驹枸鸲 ……………… 144
冓 1：冓觏韝（韝）遘勸（勬）鸜（鷁）
　　傋（備） ……………………………… 145
冓 2：講（讲）搆耩媾篝 ………………… 145
古故蛄固個（箇个）………………………… 146
谷 1：谷俗浴欲峪裕豁鸽郤鋊 …………… 146
谷 2：容镕溶搈榕瑢熔蓉 ………………… 147
雇顧（顾） ……………………………… 147
瓜孤觚瓤瓢狐瓣弧瓠呱……………………… 148
咼（咼）1：咼（咼）窝蜗娲锅涡莴………… 148
咼（咼）2：祸剐 ………………………… 149
咼（咼）3：过（過）别（別）骉緺諣咼（契）
…………………………………………… 149
咼（咼）4：骨骸滑猾榾骼骰骷骶骯（肮） … 150
寡（亶宣） ……………………………… 150
1 乖 2 乘 3 我……………………………… 151
关（関闗關）联（聯）咲送………………… 151
官 1：官倌棺舘馆管 ……………………… 152
官 2：涫揎绾琯辖錧婠鞙逭菅 …………… 152
贯掼惯實（实寔） ………………………… 153
雚 1：雚權（权）歡（欢懽）觀（观） …… 153
雚 2：勸（劝）颧灌瓘獾鹳罐懽矔讙蠸酄… 154

光辉觥胱咣恍晃幌滉…………………………… 154
广 1：广仄庀庇庞庵床废 ……………………… 155
广 2：廑廋庠座唐庳庱庣廊 …………………… 155
广 3：廖廨廙廎瘆廏庤墉嵺庤侂疥庋庌 …… 156
广 4：廣（广）擴（扩）礦（矿）壙（圹）纊（纩）曠（旷）鄺（邝） ……………………… 156
圭 1：圭哇佳洼挂畦眭蛙珪卦掛褂奎恚 …… 157
圭 2：桂跬硅闺娃鞋街罣 ……………………… 157
龟阄（鬮） ……………………………………… 158
规窥………………………………………………… 158
鬼魏魁槐愧媿魅…………………………………… 159
癸揆睽骙暌阕葵…………………………………… 159
贵遗溃缋聩瞶馈匮………………………………… 160
郭漷槨廓霩………………………………………… 160
果夥（伙）棵裹课颗裸（躶嬴） …………… 161

H

亥 1：亥骇骸阂刻咳（欬）孩核 …………… 162
亥 2：该侅垓胲颏郂劾荄氦痎 ……………… 162
害割憲（宪） …………………………………… 163
含晗琀晗焓颔贪…………………………………… 163
函涵菡……………………………………………… 164
旱捍悍焊晘騂戦桿稈趕…………………………… 164
好（玻玡）孬（附：女子） ………………… 165
禾 1：禾种稻稷稼穅 …………………………… 165
禾 2：秸秆秧秄秤秒科酥秽委 ……………… 166
禾 3：1 利 2 季 3 秀 4 黍 …………………… 166
禾 4：和（龢） ………………………………… 167
禾 5：秉棅（柄） ……………………………… 167
合 1：合哈洽拾恰给蛤 ………………………… 168
合 2：颌鸽部欲荅盒迨韐翖龛翕 …………… 168
曷 1：曷偈喝渴揭谒碣竭 …………………… 169
曷 2：蝎羯堨愒遏鹖葛歇噶蔼霭 …………… 169
盍嗑阖瞌磕溘蓋（盖） ……………………… 170
隺鹤確榷傕………………………………………… 170
黑 1：黑點墨黛黨（党）儻攩灙 …………… 171
黑 2：嘿黟黔黜黕黚黥黠黟黰嫼黸 ………… 171
黑 3：黯默黝黖黬黗黵儵黶黧黳黱 ……… 172
亨烹哼……………………………………………… 172
厷肱纮（紘）宏闳（閎）雄…………………… 173
弘泓鞃……………………………………………… 173
侯（矦）候猴喉瘊堠缑………………………… 174
后诟逅垢姤後……………………………………… 174
乎呼烀轷虖………………………………………… 175
胡湖糊瑚猢鹕醐蝴葫箶…………………………… 175
壶壷………………………………………………… 176
虍 1：虎號 ……………………………………… 176
虍 2：唬諕彪琥虒虢篪 ………………………… 177
虍 3：虏虐虖虘虚 ……………………………… 177
虍 4：虔膚甗膚 ………………………………… 178
互（笠）伍沍沍柦………………………………… 178
户扇扈……………………………………………… 179
华 1：华桦 ……………………………………… 179
华 2：哗晔烨铧骅 ……………………………… 180
化讹花货靴囮……………………………………… 180
淮滙（汇）準（准） …………………………… 181
褱懷（怀）壞（坏）瓌（瑰） ……………… 181
睘 1：睘還（还）環（环）嬛（嬛） ……… 182
睘 2：镮缳擐懁轘圜寰鬟闤 ………………… 182
奂涣焕唤换痪……………………………………… 183
荒谎慌……………………………………………… 183
皇凰隍徨惶煌瑝…………………………………… 184
黄廣獚横璜磺蟥潢撗簧…………………………… 184
灰恢诙盔硋………………………………………… 185
回（廻）徊（佪）洄蛔茴………………………… 185
卉桳桒蕢奉捧……………………………………… 186
会（會）1：会（會）侩浍狯绘刽郐 ……… 186
会（會）2：桧狯脍哙浍烩鲙荟 …………… 187

彗慧霫慧讃熭槥嘒…… 187
惠蟪穗潓橞繐蕙…… 188
火 1：火灼燥炔炖炝灯（燈）灿（燦）烂（爛）…… 188
火 2：炳狄焕焖焗炫炀焰炽炸炯焊焚…… 189
火 3：灬然照烈杰蒸羹煦…… 189
或 1：或域棫蜮惑…… 190
或 2：國（国）啯帼掴蝈…… 190
蒦獲（穫获）護镬蠖蠖矱濩劐…… 191

J

几机冗亢尻処亮…… 192
幾（幾几）璣（玑）機（机）僟（仉）嘰（叽）譏（讥）饑（飢饥）鞿（靰）附：畿…… 192
積（积）癀積…… 193
毄擊（击）…… 193
稽…… 194
及伋吸汲圾级鞁芨笈…… 194
吉佶洁颉诘结桔喆囍嚞（哲悊）…… 195
即莭（節节）唧鲫榔…… 195
辨识 1：1 恐 2 血 3 近 4 退 5 即…… 196
辨识 2：1 卿 2 鄉 3 即 卩…… 196
亟極（极）慼（急）鞕殛…… 197
急急隐（隱）稳（穩隱）㥯濦（溵濦）…… 197
集…… 198
耤藉籍…… 198
己记纪妃杞觊起…… 199
丮 1：丮夙（夙）䎵…… 199
丮 2：䄌鈏䊸（载）䛒（斲）贏（羸驘骡）嬴巩…… 200
既暨慨溉概…… 200
畟稷谡（謖）禝…… 201
祭察蔡際（际）瘵磜（砌）…… 201
㡭继（繼）…… 202
冀骥…… 202
加架驾袈贺茄咖枷迦痂…… 203
夹 1：夹侠浃挟硖刺…… 203
夹 2：陕峡狭郏蛱惬颊（頬）匧箧瘗…… 204
家嫁稼镓傢…… 204
戛嘎…… 205
甲呷鸭钾押狎胛闸…… 205
贾槚價（价）…… 206
戋（戔）1：戋（戔）浅（淺）线盏（琖醆）笺（牋）…… 206
戋（戔）2：钱饯栈践残㹽帴諓贱溅…… 207
𢦏 1：𢦏鐵（戴）纖（纖纤孅）讖（讖譏）懺（懺忏）…… 207
𢦏 2：殲（殱歼）籤（籖）攕（攕）瀸（瀸）櫼（櫼）藽…… 208
肩掮…… 208
監览（覽）鉴（鑑）檻濫籃襤艦…… 209
兼缣廉慊搛歉谦嫌燫簾（帘）鎌赚…… 209
柬谏揀（拣）練（练）煉（炼）鍊…… 210
见宽靓覵覸砚视覷舰靚现…… 210
将蒋醬锵蜯奨…… 211
姜媄猄萋…… 211
畕畺疆僵（殭）缰薑…… 212
夅降绛洚逄…… 212
交 1：交效狡郊姣跤较…… 213
交 2：佼饺绞皎咬校胶蛟鲛烄茭…… 213
焦瞧蕉憔樵醮镳嶕谯…… 214
角 1：角斛觭觚觸（触）觞确（確）…… 214
角 2：解懈蟹邂獬…… 215
角 3：衡蘅…… 215
角 4：觜嘴（噹）蠵…… 216
敫激檄邀缴徼…… 216
斈 1：斈教滶…… 217
斈 2：学敩…… 217

觉搅…… 218
皆楷階（阶）偕揩谐锴…… 218
卩印艮报（報）服却卵孵 …… 219
介界疥蚧骱…… 219
戒诫駴（骇）械悈祴…… 220
巾帕帔帨帩帣帬吊…… 220
斤1：斤匠斧哲芹䜣欣 …… 221
斤2：忻沂析圻昕近斩祈 …… 221
斤3：斫颀靳斱犷所肵澌 …… 222
斤4：斥泝诉拆柝坼跅 …… 222
今矜吟妗钤衿黔岑衾禽…… 223
金1：金针（鍼）铁 …… 223
金2：铂钡钗锃铛钓铬镐钴键 …… 224
金3：铿镧锂鎦铆链镣锣铝铔 …… 224
金4：镂锰钼锁锌铸钻镗钊 …… 225
筋（附：肋） …… 225
禁襟噤…… 226
堇（茣）1：堇僅（仅）谨瑾墐螼殣 …… 226
堇（茣）2：槿馑慬摧鳢勤觐鄞廑廑瘽蓳 … 227
堇（茣）3：茣叹（歎嘆）汉（漢）難（难）
艱（艰） …… 227
晋戬缙搢瑨…… 228
孟1：圣侄径轻经胫泾颈烃硁 …… 228
孟2：劲刭痉羟弪陉迳茎氢 …… 229
京1：京倞凉涼谅勍掠鲸弶晾 …… 229
京2：景影憬璟颢灏澋暻 …… 230
京3：就鹫噈（歒）僦蹴崷 …… 230
井阱畊（耕）肼姘进（進）讲（講） …… 231
竟（競）竟（競）誩镜境獍…… 231
敬黥擎儆檠警…… 232
丩纠赳虬收叫…… 232
九1：九究仇犰旭轨鸠 …… 233
九2：旮旮旯尻宄馗尴尬杂 …… 233
九3：丸秇汍纨芄尫犰廼 …… 234
久玖灸畝（畮晦畒亩）荚柩…… 234
臼旧（舊）写（寫）舀舂臾搜艘瘦舅…… 235
咎（剢）绺…… 235
匊掬（掏）菊麹鞠（鞫諊） …… 236
居椐裾倨琚踞锯…… 236
举榉…… 237
巨矩讵拒柜炬钜秬距（岠） …… 237
具俱犋飓惧…… 238
聚骤蘘鄹…… 238
卷倦圈绻捲踡锩蜷鬈…… 239
夬决诀袂痃抉快块（塊） …… 239
玨班斑瘢…… 240
欮厥瘚蹶鳜蕨撅（噘）阙…… 240
爵嚼皭爝釂潚…… 241
君郡群窘莙捃裙（帬）涒…… 241
菌…… 242
“夋隽雋”夋1：夋唆挨梭（箞）竣（踆）
酸（痠）浚（濬）狻（豥）骏…… 242
“夋隽雋”夋2：悛焌晙睃畯羧馂（餕）黢逡皴
…… 243
“夋隽雋”：俊（儁僬）峻（寯嶲）鋑（镌鐫）
…… 243
“夋隽雋”隽雋：隽（雋）腾（臇）携（攜）寯（寯）
槜（檇）觿（觽） …… 244

K

卡咔佧胩…… 245
开妍研附：闭（閉） …… 245
看…… 246
康糠（穅）慷嵻漮歁…… 246
亢伉炕抗杭航…… 247
丂巧穹号朽攷污疠眄…… 247
考（攷）拷烤铐栲…… 248
壳（殸殼殻）悫縠觳（谷）觳縠彀轂…… 248

可 1：可何荷河轲舸 …… 249
可 2：诃呵坷苛疴哥歌 …… 249
克（剋）尅兢氪 …… 250
肯啃掯 …… 250
空倥控崆腔涳椌鞚箜罂 …… 251
孔吼扎 …… 251
1 和 2 个口：口同宫雕吵吐哈吧古咏 …… 252
2 个口：1 吕侣间莒 2 哭咒骂（罵）3 回高 4 串 …… 252
3 个口 1：1 品榀癌 2 喿噪 3 臨 4 鄙靈 5 畐獸嗃 6 辔 …… 253
3 个口 2：区（區）驱枢欧呕瓯妪岖鸥 …… 253
3 个口 3：伛讴沤抠怄躯殴奁（奩）…… 254
4 个以上的口：皕嚚（器）嚣（囂）噩鱷嗐藟 …… 254
寇蔻 …… 255
夸侉洿瓠垮绔跨袴匏挎胯 …… 255
宽髋臗 …… 256
款（欵）窾 …… 256
匡诓哐眶框筐 …… 257
狂诳俇逛 …… 257
亏（虧）污圬杇肟刳雩 …… 258
昆 1：昆棍混馄焜鹍 …… 258
昆 2：琨鲲绲锟辊娓崐惃掍菎 …… 259
困捆悃梱 …… 259

L

刺喇瘌楋 …… 260
来徕涞崃睐莱赉 …… 260
阑 1：阑（闌）蘭（兰）澜谰斓 …… 261
阑 2：爤（烂）攔（拦）欄（栏）灡（泹）…… 261
耂老姥佬栳耄耆嗜耋 …… 262
樂（乐）1：樂（乐）藥（药）櫟（栎）…… 262
樂（乐）2：泺（濼）烁（爍）砾（礫）铄（鑠）轹（轢）拣（擽）纅（纟乐）…… 263
樂（乐）3：躒（跞）趯爍鱳皪（皪）嚛瓅鱳 …… 263
了子孑钌 …… 264
雷蕾擂檑镭 …… 264
耒耗耘耙耜耦藕 …… 265
类（類）…… 265
累骡螺嫘摞瘰缧 …… 266
离離醨漓璃螭魑篱 …… 266
里裹理厘（釐）缠埋狸鲤霾 …… 267
豊豐 1：豊豐体（1 體 2 軆 3 躰骵）艳（艷艶）…… 267
豊豐 2：礼（禮禮）鳢（鱧）澧（灃）酆（酆）豔（豔）…… 268
豊豐 3：豐豐䠞（䠞）蘴（蘴）寷（寷）豔（豔）麷（麷）醴 …… 268
力劣功加幼劫另夯勋 …… 269
历 1：1 历励 2 历曆歷枥（櫪櫪）翮（癧瀝）…… 269
历 2：3 呖（嚦）沥（瀝）坜（壢）苈（藶）疬（癧）雳（靂）…… 270
立拉竝位 …… 270
（利）猁蜊痢莉梨 …… 271
戾唳淚（泪）綟捩俟悷棙踥㑦 …… 271
隶（隸）逮棣 …… 272
良狼郎琅朗粮娘浪 …… 272
两俩辆魉莿满懑螨蹣瞒颟 …… 273
量糧 …… 273
尞遼（辽）潦僚撩療（疗）寮獠燎瞭（了）缭嘹 …… 274
巤臘邋蠟鑞攂 …… 274
林 1：林彬淋郴森霖 …… 275
林 2：啉惏琳禁婪梵焚麓 …… 275
粦 1：粦僯隣潾鄰磷鳞麟 …… 276

粦 2：憐瞵璘嶙辚遴驎鄰 …… 276
亩啚廪附（对比）：禀啚鄙檀鳣啬 …… 277
吝（悋悋） …… 277
蔺躏 …… 278
夌陵淩凌鲮棱崚绫稜菱 …… 278
霝酃靈霻櫺醽靇龗 …… 279
令领伶玲铃龄岭（嶺）零 …… 279
畱（留）榴瘤遛馏熘骝飗镏 …… 280
𠫓㐬 1：㐬流疏（跴踈）梳硫琉（瑠）锍 …… 280
𠫓㐬 2：毓醯旒鎏鯍 …… 281
𠫓育：育唷堉淯焴 …… 281
六冥溟榠暝螟 …… 282
龙 1：龙咙拢泷 …… 282
龙 2：陇珑胧宠垄砻 …… 283
龙 3：聋袭龚茏笼龛詟 …… 283
隆癃窿霳巃 …… 284
弄哢梇 …… 284
娄 1：娄缕数 …… 285
娄 2：偻溇搂喽喽瞜楼蝼耧镂褛 …… 285
娄 3：嵝髅鞻鄋蒌篓窭瘘屡屦遱 …… 286
卢（盧）1：卢（盧）轳（轤）鈩（鑪）鲈（鱸）
鸬（鸕）驴（驢）庐（廬） …… 286
卢（盧）2：颅（顱）哹（嚧）垆（壚）罏护（攎）
泸（瀘）炉（爐） …… 287
卢（盧）3：胪（臚）纑舻（艫）芦（蘆）籚
…… 287
卤（鹵）滷鹾鹻硵（磠）鹽（盐）鹼（硷）
鹹（醎） …… 288
坴陸（陆）睦稑鵱鵱淕逵 …… 288
录録绿（綠）禄（祿）碌逯氯剥渌 …… 289
鹿 1：鹿麗（丽）漉辘灑（洒）麋 …… 289
鹿 2：塵（尘）麤（粗）麒麟邐（逦）驪（骊）
…… 290
鹿 3：麓簏麇麝 …… 290
鹿 4：慶（庆）附：鹿头的字等 …… 291
路潞璐露鹭 …… 291
䜌鸾（鸞）变（變）蛮娈恋銮峦 …… 292
寽捋锊脟酹虢将（可从寽） …… 292
仑（侖）伦沦论纶轮 …… 293
旅膂 …… 293
虑（慮）滤攄 …… 294

M

麻嘛磨麼（么）嬷麾摩靡 …… 295
马 1：马驾驶驰骉驴骡骑骐骥骤骠骧骚骏 …… 295
马 2：妈骄骁驭驸驼骛骞骜骅驽驯驿骗骆骇驻骈
…… 296
买卖椟（櫝）读渎赎 …… 296
麦麸麺 …… 297
曼缦嫚幔慢漫谩馒熳蔓 …… 297
莽蟒漭𡺸蠎 …… 298
毛髦牦旄耗蚝耄毡毯芼 …… 298
矛 1：矛柔糅茅衺褒（袠）矜矟楙髳蟊霿 …… 299
矛 2：矞噊谲鐍潏橘憰璚鹬劀繘毹獝遹 …… 299
卯 1：卯留贸昴峁 …… 300
卯 2：劉聊卿柳 …… 300
皃貌藐邈 …… 301
冒勖媢瑁帽 …… 301
没菠 …… 302
眉媚郿嵋楣湄鹛猸 …… 302
美羹镁渼媄 …… 303
门 1：门闻问闯阔阅阉阉 …… 303
门 2：闩闲间（閒）闽阀闾闺闹闿阚 …… 304
门 3：1 间涧简 2 闷焖 3 闭 4 闪 5 闰润 6 闫阎
…… 304
门 4：们扪闾阖阁（閣）阑阛阗 …… 305
门 5：阌阈阇阕阂闾阙闵阆阐阏 …… 305
冡蒙曚朦獴濛檬懞 …… 306

梦（𢥞夢）…… 306
米 1：米咪迷谜眯料籽粑 …… 307
米 2：粗粮粥粉粕粹粘粽籼粒糊精 …… 307
米 3：粜籴粳粱粲糜糜 …… 308
米 4：粪（糞）…… 308
冖宜冠幂冣冞宅 …… 309
宀 1：宀室客守宇宙宥宬窕 …… 309
宀 2：寝寐牢宕宏宴 …… 310
宀 3：宓密嘧榓蜜 …… 310
免 1：免勉娩挽晚浼冕 …… 311
免 2：毚谗（讒）搀（攙）馋（饞）巉（巉）纔
…… 311
黾鼍竈（灶）蝇绳 …… 312
面麺偭湎腼（靦）愐勔蝒靨（靨）…… 312
威滅（灭）搣 …… 313
民泯抿珉眠岷氓 …… 313
皿 1：皿盉盌盂盛盆盅盃盒盈 …… 314
皿 2：盔宝盍盉温盗盏盝盠盅盂盎（瓮）
盐（鹽）…… 314
皿 3：盨盦盪醯榼盥盩盭盬盪齍盄 …… 315
名铭茗洺诏酩 …… 315
明萌盟 …… 316
命 …… 316
末未 1：末妹沫秣（餗）抹袜 …… 317
末未 2：未味昧眛抹寐魅 …… 317
牟侔哞眸蛑毪 …… 318
1 某谋媒煤 2 枣（棗）3 桼漆 …… 318
母 1：母侮拇坶姆莓毒 …… 319
母 2：每海侮悔诲梅晦莓霉 …… 319
母 3：敏繁鳘 …… 320
木 1：木沐杨杜材梔（栀）…… 320
木 2：杉桩札杷株杰朵（朶）…… 321
木 3：杳困杲杯桉宋棠 …… 321
木 4：根枝梢杭杼杻枹枪桧柜框栓 …… 322
木 5：李柚楠（枏）桐桂桦枬松 …… 322
木 6：桃杏栗茶柿枫枸柧 …… 323
木 7：休朽枯闲栱柴桌枭栲栳 …… 323
木呆 1：呆槑寨宲琥 …… 324
木呆 2：保堡葆煲褓堡 …… 324
目 1：目眼眶睑眦眺（䀘）…… 325
目 2：眀睁眩眹渺（淼）脈眄盲眯 …… 325
嵾穆 …… 326

N

那挪哪娜 …… 327
乃仍奶扔朶盈樮 …… 327
奈捺萘 …… 328
男舅甥虜嬲 …… 328
南喃楠蝻腩湳罱 …… 329
难（難）摊（攤）滩（灘）瘫（癱）傩（儺）
…… 329
橐囊囔攮馕欜 …… 330
夒巙擾懮夔 …… 330
内呐讷枘钠芮纳肭汭衲 …… 331
能熊態（态）罷（罢）褦 …… 331
尼旎呢妮怩铌泥昵 …… 332
屰 1：屰逆㡿罗朔遡溯 …… 332
屰 2：嗍搠蒴塑槊愬 …… 333
年 …… 333
念捻鲶埝唸谂 …… 334
鸟 1：鸟鸾（鸞）鸿鸡鸠岛捣 …… 334
鸟 2：鸣鹊鸽鹌鹑鹦鹉鸮鹏鹱 …… 335
鸟 3：鸥鹤鸵鹃鹂鹧鸪鸲鹳鸬 …… 335
鸟 4：鸦鸭鹬鸨鸩枭鸷鸷鸳鸯鹰鹥 …… 336
星涅揑隉 …… 336
臬镍劓澩甈（㔾）鼿寱（囈）闑 …… 337
宁 1 咛（嚀）拧（擰）2 紵（纻）貯（贮）…… 337
牛 1：牛件牲犒牺牦犁犁荦（犖）眸 …… 338

牛 2：特物牵犅犆犊犍 …… 338
牛 3：牡牝 …… 339
農（农）濃噥穠儂膿醲 …… 339
弄梇筭（祘算）匴𢿊 …… 340
奴努駑怒呶弩帑拏砮 …… 340
虐谑唬瘧（疟） …… 341
女 1：女 …… 341
女 2：奶妈姑娘婶嫂（㛐）姐妹妯娌 …… 342
女 3：姥婆姨妗妞娃妮婴婿妙甥 …… 342
女 4：始汝姚嫔姬娣娟 …… 343
女 5：娱娅妆妖娆婀娜姹妍娑囡 …… 343
女 6：婚姻妊娠姞嫩嫉妒姘奸姜 …… 344

P

𠂢（反永）派哌脈（衇）䀡覛 …… 345
爿 1：爿壮奘鋻狀牀 …… 345
爿 2：戕妆牆病寤寐寐牆𤕩 …… 346
爿 3：庄（疰莊）粧桩（樁）脏（臟髒）
赃（贜） …… 346
爿疒 1：疒病疾疲痨瘫瘓瘸 …… 347
爿疒 2：瘤癌瘟疫疮疤疝 …… 347
爿疒 3：痛疗痼瘊痂痘痣 …… 348
爿疒 4：疱疹痔痈疯癀痊 …… 348
爿疒 5：痾瘽瘁瘞痦痷痗瘖瘉癈 …… 349
旁傍徬滂谤螃磅榜镑蒡 …… 349
朋崩绷鹏硼棚 …… 350
丕呸坯胚（肧䣽）伾邳狉柸 …… 350
皮彼被波披跛坡破疲颇玻菠 …… 351
匹駜鴄甚 …… 351
片 1：片牒牋牍牌版 …… 352
片 2：拼洴牉牖（牗）牓牕（牎窓窗）
柎（牊析） …… 352
票 1：票漂缥剽標（标）镖瓢鳔 …… 353
票 2：嘌慓摽藨飘螵膘嫖瞟骠 …… 353
木杮麻糀术（秫術）枭椒（散）潸澈撒霰馓
…… 354
甹（俜）聘娉骋 …… 354
平评萍（蓱）砰怦苹秤枰坪 …… 355
音剖陪菩倍部赔（賠）培 …… 355
菐卜 1：菐璞（玏）蹼（蹼）僕（仆） …… 356
菐卜 2：卜钋卧扑（撲）朴（樸）汁（濮）
补（補）赴（趴） …… 356
攵 1：攵改敲救倏做 …… 357
攵 2：敇煞败敌孜虔忞 …… 357
攵 3：牧枚玫放畋攽敏敃愍嫩 …… 358
普谱氆镨潽 …… 358

Q

七 1：七（柒）皂啶 …… 359
七 2：切砌彻沏窃 …… 359
妻淒（凄）棲（栖）悽萋 …… 360
桼漆（涞柒）膝䣛 …… 360
齐（齊）济（濟）齑挤侪剂 …… 361
奇 1：奇倚剞猗绮骑椅攲崎（陭） …… 361
奇 2：琦觭犄畸踦漪羇寄 …… 362
岂（豈）1：岂（豈）凯恺剀觊 …… 362
岂（豈）2：皑硙垲铠颛闿 …… 363
企 …… 363
啓（启啟） …… 364
气 1：气（氣）氰氯氢忾氧氛氦氨 …… 364
气 2：汽氲氟氮氖氩氪氚氡氭 …… 365
弃（棄） …… 365
契锲喫楔葜稧揳 …… 366
1 咠缉揖辑楫 2 戢戢檝 …… 366
千钎扦仟阡芊忎秆（季年）迁（遷）跹（躚）
…… 367
纤（纖）忏（懺）歼（殲殱） …… 367
佥 1：佥检验险猃剑裣殓 …… 368

佥 2: 俭捡脸硷崄敛潋蔹莶签 …… 368
牵…… 369
罨遷（迁遥）蹮（蹮跹）韆（鞑）禮鄱（邗）…… 369
前剪翦箭煎…… 370
朁潛潜僭谮憯噆簪…… 370
遣谴（譴）缱（繾）…… 371
欠歃软欬钦砍坎欷饮吹…… 371
羌蜣…… 372
强（彊）繈糨镪襁犟…… 372
乔（高）1: 乔娇骄矫轿 …… 373
乔（高）2: 侨挢桥峤硚鞒荞 …… 373
且 1: 且祖姐阻粗疽谊助（特例）…… 374
且 2: 咀龃诅沮组租狙殂蛆 …… 374
且 3: 徂岨担驵殂相雎趄苴 …… 375
妾接唼淁椄鯜萎翣霎…… 375
亲（親）新薪竊榇…… 376
秦臻嗪溱螓榛獉蓁…… 376
琴瑟琵琶…… 377
禽擒噙…… 377
青 1: 青清请情靖靓婧 …… 378
青 2: 倩凊晴睛猜蜻鲭 …… 378
青 3: 精菁箐靛静霅鹊鯖氰 …… 379
穷（竆窮竆）…… 379
丘岳邱虚（虛）…… 380
秋愁揪鞦瞅湫啾鳅锹…… 380
囚泅（汓）茵盈媪…… 381
求裘俅球救逑毬…… 381
曲蛐苗…… 382
屈掘崛倔淈堀窟…… 382
瞿懼臞玃攫濯鸜镬躍衢…… 383
取 1: 取娶菆陬鲰 …… 383
取 2: 辄趣掫緅諏堅 …… 384
取 3: 最嘬撮蕞 …… 384
去 1: 去丢佉怯砝肱玹却脚 …… 385
去 2: 劫袪祛陆迲弆狜魼盍法 …… 385
全筌栓拴辁醛痊荃…… 386
犬 1: 犬状（狀）狱狡猾伏畎戾猋飙 …… 386
犬 2: 狐狼猴猿猩狩猫狮猛猬獐 …… 387
确（碻搉塙碻）…… 387
群…… 388

R

然燃撚繎嘫僫橪嫶…… 389
冄（冉）蚺聃再苒蒋髯衰缞蓑（簑）…… 389
人（亻）1: 人位但伢俐佘伞佘 …… 390
人（亻）2: 仁仔佐佑保侃侦 …… 390
人（从）: 从丛众怂苁耸…… 391
人（從 1）: 從漎樅蹤 …… 391
人（從 2）: 鏦縱縦瘲崧瑽摐轍蹤獵 …… 392
壬任妊（姙）衽凭（凴）荏恁赁…… 392
刃仞纫韧忍認（认）涊…… 393
日 1: 日 …… 393
日 2: 晖（附: 晕）晦晃鲁晶 …… 394
戎绒狨娀贼…… 394
冗壳（殼殻）沉（沈）…… 395
如洳铷茹恕絮挐…… 395
入: 入网两全俞内汆籴…… 396
睿（叡壡睿）濬（浚）璿（璇）…… 396
闰润…… 397
若匿诺婼惹喏…… 397
弱溺搦愵嫋嫋蒻篛（箬）…… 398

S

三（弎叁）仨闫卅…… 399
彡形彤杉彩影彪彭契…… 399
桑顙磉嗓搡…… 400
丧…… 400

色绝絶艳铯艳（艶艷）…………………………401
啬墙（牆）穑嫱蔷樯…………………………401
山 1：山汕灿峰峻峙岐屹……………………402
山 2：屿岖凯岔岱峦疝岳岚峁岩嶺…………402
善鄯蟮鳝膳缮…………………………403
商熵墒…………………………403
傷（鴙伤）饬（飭）塲惕腸…………………404
觴殤…………………………404
上卡忐卡芏让…………………………405
尚 1：尚赏當（当）黨（党）掌堂…………405
尚 2：棠裳倘淌徜趟躺膛……………………406
尚 3：敞廠（廠厂）幣（幣币）鼈…………406
勺汋灼靮约酌豹的钓杓妁趵尥芍……………407
少妙杪吵沙纱秒炒钞劣………………………407
舌括恬话活刮舔聒……………………………408
佘 赊（賒）畲 ………………………408
舍（捨）舒啥涻猞舘舖…………………409
射谢谢榭麝…………………………409
申伸呻坤绅砷畅…………………………410
身躭躲躬躺躯…………………………410
罙深探琛…………………………411
甚堪戡谌椹葚斟勘湛…………………………411
生 1：生甡泩鉎貹性姓牲……………………412
生 2：徃狌殅旌茎笙甥甦星…………………412
殸聲（声）磬罄馨謦擎聲馨…………………413
省蛸渻…………………………413
圣（聖）怪（恠）柽蛏………………………414
胜（勝）附：券…………………………414
尸尾尺咫尿屎屏屋殿展屏……………………415
师浉狮蛳篩…………………………415
十（拾）什计戎支直早………………………416
饣 1：饮饭馍饺饈馄饨馅……………………416
饣 2：馀饼饽饵饥（飢饑）馑饱饿馋………417
饣 3：馆饬饯蚀馁馏饰饴饷…………………417
食 1：食飧（飱）飤（饲）饒（饶）餵餟… 418
食 2：飡饔餍養養養饕餮………………………418
石 1：石拓柘矶砍宕码砼………………………419
石 2：硅硕砣硒碛磚礁硼礅碰…………………419
石 3：泵碧砻碞岩磊碾磨磐……………………420
史使吏驶…………………………420
豕 1：豕豢彘家遂（1） …………………421
豕 2：遂（2）隊豖啄家豦豪 ………………421
士仕壮吉…………………………422
氏 1：氏祇抵秖衹舐軝忯蚳芪………………422
氏 2：氐底低抵诋祗砥羝邸鸱牴觝…………423
氏 3：昏湣惛棔瑉殙阍婚………………………423
礻（示）1：示社祈祟叡 ……………………424
礻（示）2：神禅祚裨禊禋 …………………424
世 1：世泄…………………………425
世 2：抴绁枻贳勚迣屜屧笹…………………425
市闹沛柿姊铈…………………………426
式伩拭栻试轼弑絨鸡…………………………426
事…………………………427
是 1：是徥湜諟提堤（隄）瑅缇……………427
是 2：禔媞鞮褆醍踶趧匙题韙寔………………428
手扌 1：手拜掌拿拳掰掣挛拏………………428
手扌 2：扌挥挖拂捽披抱抛抵挑护操………429
手扌 3：抻抗抉抲拕拚挌挍抡挏……………429
手扌 4：抳揤抶扽扣抈拊拑拪拹拒…………430
首䭫艏馗衜…………………………430
寿 1：寿铸涛…………………………431
寿 2：俦诪帱畴踌嚋壔檮………………………431
寿 3：捣璹燽犒禱醻焘筹………………………432
受 1：受（授绶）辞（辤辭）覶（覼）亂（乱）
…………………………432
受 2：（受）授绶辤阌闋………………………433
兽（獸）…………………………433
殳 1：伇役投殴芟…………………………434

殳 2：疫股骰殁没毁殸 …… 434
殳 3：设殺（杀）豛軗酘聲彀 …… 435
书 …… 435
叔淑寂督菽俶椒 …… 436
蜀獨（独）觸髑镯（鉵）躅燭（烛）濁（浊）蠋 …… 436
鼠 1：鼠鼢（蚡鼨） …… 437
鼠 2：鼴鼩鼪鼫鼬鼯鼱 …… 437
鼠 3：鼷鼶鼸鼢鼲鼩鼦鼧鼮鼨鼳鼭鼥鼰鼤 …… 438
鼠 4：竄躥攛鑹 …… 438
屬（属）嘱瞩 …… 439
术（朮）術述秫怵沭 …… 439
束速涑悚剌竦辣踈觫赖敕 …… 440
庶嗻摭蹠鷓遮蔗 …… 440
尌樹（树）澍廚（厨）橱（櫥） …… 441
率蟀摔（踤） …… 441
双（雙）扨（擭）艭（艭） …… 442
爽騻鷞剩甊磢漺 …… 442
水 1：水凼氽汆汞泵沝淼黎 …… 443
水 2：泉腺颍睘泶（嶨）滎（荥）黍泰浆 …… 443
水 3：永泳咏昶脉 …… 444
水 4：氵汀汁江河湖泊海涓浚波涧池 …… 444
水 5：浪沸泄洪汪汛消沏汤泡益沐汝淋 …… 445
舜瞬蕣僢 …… 445
厶私菘 …… 446
司嗣伺祠笥 …… 446
纟糸 1：纟缕经纬红绿线绳 …… 447
纟糸 2：纸绢纱缃辫绸缎编绑缝 …… 447
纟糸 3：绘缀缳纫缙绻绺缥缈绒 …… 448
纟糸 4：绞缆缓缦统缒缉缴纣缨 …… 448
纟糸 5：绶绰缔纾纽绣织缱缄绷 …… 449
纟糸 6：糸丝（絲）索紧紫絮 …… 449
纟糸 7：系（係繫）孙（孫）逊猻荪愻璲 …… 450
纟糸 8：幽蚴 …… 450
思腮鰓（鳃）崽颸锶（鍶）緦䚡（偲） …… 451
死葬毙薨髒（脏） …… 451
巳妃祀汜圯 …… 452
四肆驷泗 …… 452
寺 1：寺诗時（时）鲥莳 …… 453
寺 2：侍待洔持峙時跱跱特恃痔等 …… 453
松鬆淞淞菘崧蜙 …… 454
叟 1：叟嗖謏搜獀瘦馊颼 …… 454
叟 2：溲艘螋餿瞍锼鄋廋 …… 455
稣蘇（穌苏甦嚇） …… 455
肃驌萧潇啸（歗）箫鹔繡（绣）鏽（锈） …… 456
素愫嗉 …… 456
粟傈 …… 457
虽（雖） …… 457
随（隨遀）隋橢（椭）堕（墮）髓（髓）
惰（憜） …… 458
所 …… 458
貨唢琐锁（鎖鎻鏁）溑損碛鄖類 …… 459
寋塞赛寨蹇骞 …… 459
宿蓿缩 …… 460

T

它 1：它佗陀跎沱砣舵鸵 …… 461
它 2：柁坨铊驼（駞）酡蛇（虵） …… 461
沓踏涾 …… 462
昜搨蹋塌榻溻鳎遢 …… 462
台臺 1：台冶治佁始怡抬诒邰 …… 463
台臺 2：眙绐跆贻骀辝颱鲐菭 …… 463
台臺 3：迨枲炱苔笞咍枱鈶齝隸 …… 464
台臺 4：臺儓嬯擡檯薹 …… 464
太呔肽钛酞豔态（態） …… 465
泰傣 …… 465
覃潭谭撢橝镡燂蕈 …… 466
炭碳羰 …… 466

唐 1：唐搪糖溏塘瑭 …… 467
唐 2：糖煻鎕螗隚磄縳螗猭镗驨鶶（鶶）氊蓎 …… 467
匋陶啕掏淘萄 …… 468
替僭潜譖簪 …… 468
田 1：田佃细钿畈毗奋（奮） …… 469
田 2：亩甸 …… 469
忝添掭舔 …… 470
条（條）涤绦鲦篠 …… 470
廷庭挺侹艇铤蜓霆 …… 471
亭停渟婷聤葶 …… 471
同桐铜恫興洞胴烔茼筒 …… 472
童撞幢（橦）曈瞳艟僮潼憧 …… 472
頭（头） …… 473
秃颓（穨） …… 473
突葖鵎鶟 …… 474
图 1：图 …… 474
图 2：啚鄙 …… 475
土 1：土地社杜坡坪凷坦坶垛（垜） …… 475
土 2：吐坑坛坤坞坎坷坂块坨 …… 476
土 3：坯均坍坪坳闺陞型灶坊 …… 476
土 4：坐垓圬垢垮坉坋肚垠场 …… 477
土 5：垒（壘）坏（壞）埋（薶）茔墟堡垄垚
　　垦坣 …… 477
土 6：垣哇垌垌坻垃圾坨垩址 …… 478
土 7：垲钍垎垍垑坭垆坻坼坺 …… 478
土 8：坩坫圳埏垴埯垤坨坝（垻壩灞）垡 … 479
兔冤（寃）堍娩菟 …… 479
彖 1：彖缘掾腞喙椽 …… 480
彖 2：篆蠡劙 …… 480
屯 1：屯顿扽炖吨 …… 481
屯 2：饨纯沌杶炖坉钝忳盹肫 …… 481
屯 3：囤砘黗邨迍庉窀旾芚萅莼 …… 482
乇托（讬）宅亳吒侂（侂） …… 482
妥挼浽桵馁绥萎 …… 483

W

瓦佤瓶瓴瓯瓿瓷瓮 …… 484
外 …… 484
弯湾 …… 485
完 1：完院浣皖 …… 485
完 2：倇捖梡晥烷垸脘鲩睆莞莞筦 …… 486
宛 1：宛婉碗（椀盌）菀剜惋窥 …… 486
宛 2：琬蜿腕豌涴捥鹓 …… 487
叟傻墋 …… 487
亡 1：亡忘妄忙氓盲 …… 488
亡 2：芒茫硭铓 …… 488
亡 3：罔網輞蝄（魍） …… 489
亡 4：望（朢） …… 489
王 …… 490
罒（网）置罩罢（罷）罚（罰）羁罣罗（羅）罪
…… 490
危诡跪脆桅垝 …… 491
敚微溦薇嫐霺 …… 491
韦（韋）1：韦（韋）衛（卫）违（違）伟（偉）
…… 492
韦（韋）2：围闱纬帏苇 …… 492
韦（韋）3：玮炜祎祎韧韨 …… 493
韦（韋）4：讳韩韬韪韫 …… 493
尾娓艉焜屗漽 …… 494
委 1：委倭诿绥矮痿逶 …… 494
委 2：魏巍萎崣掗餧錗覣矮矮踒 …… 495
为伪妫抈沩譌 …… 495
畏偎喂煨猥隈椳餵 …… 496
胃谓渭猬（蝟蝟）喟膚（肤） …… 496
尉 1：尉熨蔚 …… 497
尉 2：赋与慰辨 …… 497
昷温愠氲瘟辒媪缊蕴腽 …… 498

文 1：文汶纹蚊 …… 498
文 2：玟闵悯斑这 …… 499
文 3：旻雯紊斐虔 …… 499
翁嗡蓊 …… 500
我 1：我（戋） …… 500
我 2：俄哦娥峨硪誐饿（餓） …… 501
我 3：鹅（1 鵝 2 䳘 3 鵞 4 鵞）蛾 …… 501
乌呜坞钨邬 …… 502
巫诬噬澨觋筮篬靈 …… 502
屋喔握渥幄龌 …… 503
吾语悟衙龉寤龉 …… 503
吴误虞娱蜈 …… 504
無舞庑（廡）抚（撫）妩（嫵）芜（蕪）无吪 …… 504
五伍 …… 505
午仵忤杵许浒 …… 505
武斌鹉碔虠 …… 506
兀卼阢屼扤杌屍尪（尫）凥軏軏 …… 506
勿匆忽囫刎吻 …… 507
物拘 …… 507
戊 1：戊茂葳 …… 508
戊 2：戌戍 …… 508
戊 3：成诚城盛晟郕 …… 509
戊 4：感撼憾轗 …… 509
戊 5：咸减喊缄碱箴 …… 510
戊 6：諴瑊鰔摵黬縶麙鹹醎械顣輱葴鬵 …… 510
戊 7：歲（岁茂）刿秽翙哕 …… 511
戊 8：威槭葳崴 …… 511
戊 9：戚嘁槭傶慽（慼）摵碱蹙 …… 512
务（務）骛雾 …… 512

X

夕夜汐姓矽窀夗 …… 513
兮盻 …… 513
西 1：西洒晒 …… 514
西 2：哂硒恓挦牺栖迺茜栗 …… 514
希郗绨欷唏晞稀烯 …… 515
昔措碏斮猎皵瘄错遣猎（獵） …… 515
析晰菥蜥淅 …… 516
息媳熄螅瘜 …… 516
奚谿鷄（雞鸡）蹊溪傒媄 …… 517
悉蟋窸僁 …… 517
犀遲（迟）墀樨 …… 518
虘覷戲（戏）巇巇 …… 518
巂攜（擕携）酅孈 …… 519
席蓆 …… 519
習翫（翫玩）褶熠榴 …… 520
喜（憙）禧嘻囍僖嬉熹 …… 520
下卞吓（嚇）忑虾（蝦） …… 521
夏厦嗄 …… 521
仙（僊） …… 522
先洗酰跣侁铣毨 …… 522
戥讖籤（籖签签揃）櫼（櫼杉）攕（掺攕）醶（醶醶）瀸（瀸）嚵 …… 523
臤賢（贤）医（醫醫）堅（坚）緊（紧）豎（竖）掔 …… 523
㬎顯（显）濕（湿）隰㬎韅 …… 524
县（縣）悬（懸） …… 524
臽陷馅焰掐谄 …… 525
宪（憲） …… 525
乡（鄉）饗（飨）蠁（蚼蚃）芗 …… 526
相湘缃厢想霜箱 …… 526
香馥馣馤馞馝馡馝馚馨 …… 527
襄 1：襄壤镶嚷釀（酿）瓤驤攘 …… 527
襄 2：瀼讓孃蠰欀勷儴礦曩饢 …… 528
襄 3：瓖穰禳禳纕鄉蘘籑囊蘸 …… 528
享 1：享孰熟敦鹑郭 …… 529
享 2：淳谆惇焞錞醇犉椁 …… 529

响（響）…………………………………… 530
向垧珦餉晌饷（餉）扃鬲逈………………… 530
巷港………………………………………… 531
象襐潒豫像橡蟓…………………………… 531
肖 1: 肖消削蛸稍俏捎魈逍 ………………… 532
肖 2: 哨诮绡悄梢销硝峭趙鞘艄宵屑霄 …… 532
小雀尖尐尕尜……………………………… 533
孝侾哮酵庨………………………………… 533
笑（笑）…………………………………… 534
卸御（1 御 2 禦 3 驭）…………………… 534
螌瀣………………………………………… 535
燮僁瓕蹝 …………………………………… 535
心忄 1: 心蕊（橤蘂蕋蘃）憩恁忠您 ……… 536
心忄 2: 沁恥忒芯恝怂忌患惷愈 …………… 536
心忄 3: 憙愁懲愚憨悊悳應慈悲 …………… 537
心忄 4: 忞懋戆懲戁憋愬慇慝懑 …………… 537
心忄 5: 忄 恓惶悽悼惆怅怖怯怜惙慌惭愧惋
……………………………………………… 538
心 忄 6: 忄 性情愉快悟惬悦忻怄怩惚愣愔恻
……………………………………………… 538
心忄 7: 忄 惚怕悷恃忤愔悖怆惴愇愦惜恽惛
……………………………………………… 539
心忄 8: 忄 1 恭 2 慕 3 忝添 4 叅（参）…… 539
辛 1: 辛厗屖骍觪瘁辤亲 ………………… 540
辛 2: 锌（鋅）梓莘辜蘚嫜樟辠嶂 ……… 540
辛 3: 宰滓梓縡辟莘 ……………………… 541
囟脑恼瑙…………………………………… 541
星惺猩腥戥醒瑆…………………………… 542
行 1: 行洐桁荇衍衔衙 …………………… 542
行 2: 衎衜衚衖愆街衝衕衜衢衠 ………… 543
刑铏硎型荊………………………………… 543
幸 1: 幸倖婞悻涬緈達執摯 ……………… 544
幸 2: 圉執睾㚔釋睪 ……………………… 544
興（兴）璺爨釁（舋）蘡闕鄭嫺驤 ……… 545
凶（凶兇）汹讻酗殉壼夑………………… 545
兄况祝……………………………………… 546
匈洶恟詾胸………………………………… 546
敻瓊（璚瓗琼）觼瞍……………………… 547
彡修蓚……………………………………… 547
秀诱透莠锈（鏽）………………………… 548
胥揟楈稰谞褙蝑婿糈醑…………………… 548
虚墟嘘驉魖歔覷虡………………………… 549
需儒濡懦襦糯孺蠕嚅壖臑顬……………… 549
畜慉滀搐嫱鄐蓄…………………………… 550
宣喧渲暄諠楦萱煊揎碹…………………… 550
玄泫炫铉眩弦（絃）袨舷纱胘痃………… 551
旋璇嫙漩檚镟……………………………… 551
薛孽孽蘖蘗蘖……………………………… 552
穴 1: 穴泬狖（狖）茓窊窠竅（窍）穿窡窣
……………………………………………… 552
穴 2: 窄窝窈穹室穿窒窪寵邃竊（竊竊窃）
……………………………………………… 553
穴 3: 字窅窕窦竈竄窶窸窠窽 …………… 553
血 1: 血恤洫衁茳衇衈衃 峪（衊）蠹衄
……………………………………………… 554
血 2: 恤（衃 衈）衄（衂）衅（釁）衊 盟（盟）
……………………………………………… 554
熏燻勳曛臐壎櫄獯醺薰…………………… 555
旬洵恂徇询绚珣峋殉荀筍………………… 555
寻浔荨鲟襑蕁……………………………… 556
卂汛扟讯阠迅茕（煢）蝨………………… 556
巽 馔譔撰選（选） ……………………… 557

Y

牙雅伢呀讶迓砑岈芽……………………… 558
厓崖涯捱睚………………………………… 558
亚哑娅痖挜垭桠铔………………………… 559
焉嗎漹傿墕鄢嫣蔫………………………… 559

讠1：谈说谜谶谓诣谔请诵课读谙诀论 …… 560
讠2：谆询诸详该谦议诤谕诘诩话谊诚 …… 560
讠3：诳谑诡诬讽谄谀谎谝诽谬谏谗诮 …… 561
讠4：诗词语调谐详辩谨记谛训诫谤谣 …… 561
言1：言信誩訇訾訾 …… 562
言2：誊（謄）誓譬謇讋詈謦警謦詟謩譶 … 562
炎谈啖（噉）痰掞郯淡毯䃼氮 …… 563
炏1：勞（劳労）嘮（唠）澇（涝）撈（捞）嶗（崂）癆（痨） …… 563
炏2：榮（荣）嶸（嵘）營（营）縈（萦）瑩（莹） …… 564
炏3：鶯（莺）熒（荧）滎（荥）鎣（蓥） … 564
炏4：瑩（莹）瀯（滢）螢（萤）縈（萦）瀠（潆） …… 565
焱燚燄燊飚 …… 565
沿（沿）台/公铅（鉛） …… 566
奄俺唵掩淹鹌庵菴阉 …… 566
厌（猒厭）壓（压）懨（㤠）魘靥（靨）嚈 …… 567
晏匽偃堰揠蝘鰋郾褗鶠 …… 567
晏暥騕鰋鷃宴 …… 568
雁（鴈）赝 …… 568
鬳獻（献）甗讞（谳）巘䧑 …… 569
央泱怏映块姎秧殃盎鸯 …… 569
羊1：羊佯徉咩详洋样 …… 570
羊2：祥烊牂蛘解庠痒羍辈羣羴羸 …… 570
羊3：羚羖羒羓羝羟羠羯羬羭羰羵翔羼 …… 571
羊4：羔糕溔羬餻穛窯羹 …… 571
羊5：着恙猺羕漾樣（样）遲（迟）羡羕緣養（敊） …… 572
昜（汤）揚（扬）楊（杨）陽（阳）惕錫湯暢鍚颺 …… 572
幺1：幺麼吆幼胤 …… 573
幺2：幽 …… 573
夭沃妖袄袄饫芙 …… 574
爻驳 …… 574
尧1：尧谗哓挠娆绕 …… 575
尧2：侥饶骁蛲跷翘荛 …… 575
尧3：浇桡烧哓峣硗铙 …… 576
肴殽崤淆 …… 576
䍃（夤）繇（䌛）窰（窑）飖（颻）鹞（鷂傜（徭））遥（遙）谣滛（淫）瑶（瑤） …… 577
舀掐滔謟稻韬蹈餡（馅） …… 577
要喓腰褄嫈旟勬葽 …… 578
耶椰揶鄉爺琊 …… 578
也池驰他她弛牠酏 …… 579
野墅 …… 579
业（業）邺（鄴）嶫 …… 580
页1：页顷项顶须顺烦 …… 580
页2：顿颓颀颈颂预硕颇颁 …… 581
页3：顾颌额颃颏颏颖颍頟 …… 581
页4：颜颧颠觊颚颡颙颢颤 …… 582
页5：颞颥顼颃颉颖颃颋颣颟 …… 582
曳拽洩绁瑰跩怈栧䄏齸 …… 583
夜液掖腋烣 …… 583
枼1：枼偞惵喋谍揲堞碟 …… 584
枼2：緤褋牒媟蹀蝶鰈殜韘屧屟箑 …… 584
枼3：葉（叶）僷墶擛 …… 585
一（弌壹）噎懿饐殪曀 …… 585
衤1：初袖袂袄襟（衿） …… 586
衤2：裤袜衬衫袍被褥衽 …… 586
衤3：补袱裆袒袴衲褡裢 …… 587
衣1：衣依铱 …… 587
衣2：袋裳架裟袅衾裂袭 …… 588
衣3：褒裔裴（裵）裝裁 …… 588
衣4：裹褩褩裻褩褽襞衺裛袋褺褻（亵） … 589
医殴醫翳鷖毉嫛緊蠳堅黳瘢 …… 589
㐌施迤拖沲㢮陁 …… 590

夷姨羠胰咦萴痍……590
宜谊……591
疑擬癡凝嶷礙（碍）……591
彝彛……592
乙艺（埶藝）乞吃圪屹……592
已……593
以似拟（擬）姒苡……593
矣俟唉诶挨埃竢……594
弋式拭试轼弑……594
义（義）1：义（義）仪（儀）议（議）蚁（蟻）
舣（艤）轙檥鄴䕌……595
义（義）2：羲曦（曦）爔犧（牺）……595
亦迹（跡）奕弈帟……596
睪1：睪怿（懌）译（譯）绎（繹）峄（嶧）
……596
睪2：驿（驛）斁醳燡鐸歝圛……597
睪3：择（擇）泽（澤）襗檡蠌鸅……597
睪4：铎（鐸）释（釋）糬蘀籜殬……598
邑1：邑浥挹（抑）唈悒䔱扈……598
邑2：邕雝（雍）癰（痈）壅廱噰饔……599
邑3（右阝）1：阝都郡郗郑邵邱邹邻……599
邑3（右阝）2：郙郛祁郾郣郫郇郜郯郲邢郬
……600
邑3（右阝）3：郪郣邪（耶）爺郦都郢部邺郧
郅郯郠……600
昜1：昜惕埸锡睗裼……601
昜2：踢蜴瑒赐鬄剔……601
益隘缢䙝溢谥鹢……602
異（异）翼廙龚冀戴……602
逸……603
豙毅……603
因茵恩咽姻氤胭裀……604
侌陰（阴）……604
垔1（与因互为异体）：垔湮（洇）煙（烟）牶（牳）
羥（翑）堙（坰）禋（裀）……605
垔2（与因字非互为异体）：甄鄄歅諲闉
陻（堙）……605
音1：音闇暗歆韵（韻）韶谙……606
音2：意噫臆镱癔薏……606
冘忱枕鸩酖眈耽躭訦炈抌……607
寅演瞚（瞬）縯……607
尹伊笋咿……608
月殷溵慇蔱……608
印茚抑（抑）……609
胤酳（酯）澗……609
英渶暎楧瑛諆霙……610
賏婴罂缨鹦罌鸎䌘……610
羸羸羸羸（螺）……611
應（应）譍軈……611
雍（雝）墉（壅）臃擁（拥）癰（痈癕㿈癰）
……612
永泳脉昶咏詠咏……612
用1：用甪甭佣拥痈……613
用2：甬通俑诵桶痛……613
用3：捅蛹涌踊慂鏞恿……614
用4：勇湧踴……614
用5：葡備憊（慵痡）……615
用6：庸慵墉镛鳙牗嫞傭……615
攸悠莜筱……616
尤1：尤沋肬鱿疣駹稽䄂……616
尤2：犹猶（猷猶猶犹）蕕……617
尤（憂尤）3：1憂（懮忧）優（优）扰（擾）2鄾
嚘（㱋）櫌（耰）纋3獶（猱獿）瓇（瑈）4鐓（鍎）
……617
由1：由徂油䌷柚抽柚妯……618
由2：岫袖蚰轴鈾粙秞邮舳……618
由3：迪笛届庙（廟）宙……619
酉1：酉酵酝酿醃酚酯酮……619

酉 2：酒醋醇酣醉酌酸酊酩醒 …………………… 620

酉 3：醍醐醱酥配酰醎酗醜酭 …………………… 620

酉 4：茜酱醛醽醺醲醣醬 ………………………… 621

酉 5：酋楢輶崷遒蝤鰌揂鞧緧趥 ………………… 621

酉 6：奠鄭（郑）擲（掷）躑（踯） ………… 622

卣逌……………………………………………… 622

又 1：又反支攴（攵）殳圣父及叉蚤 ………… 623

又 2：叒（友）叐叏皮奴隻雙取桥（槗）叟 623

又 3：右佑髙雄左佐沱 ………………………… 624

又 4：叕啜惙缀掇辍（輟）婌敪剟蹳（趨）餟
…………………………………………………… 624

又 5：有随宥痏賄婟蛕囿 ……………………… 625

又 6：侑鲔铕琊堕橢栯 ………………………… 625

于於 1：于吁盱汙圩玗纡孖迂宇芋竽盂 …… 626

于於 2：於阏（閼）淤瘀 ……………………… 626

余 1：余（馀餘）除滁斜酴蜍 ………………… 627

余 2：叙溆途涂塗徐狳荼 ……………………… 627

臾庾萸腴谀瘐…………………………………… 628

鱼 1：鱼鲜渔 …………………………………… 628

鱼 2：鲤鲳鲈鲷鲸鱿鲫鳕鳝鱓蓟 ……………… 629

鱼 3：鲶鳔鲠鲟鳜鳢鳐鲲鳗鳍 ………………… 629

鱼 4：鲮鳃鲣鳑鳒鳅鲵鳄（鰐鱷蚌）鳠癣 … 630

鱼 5：鲁镥噜撸橹氇 …………………………… 630

禺 1：禺喁偶湡隅嵎耦藕颙 …………………… 631

禺 2：堣寓遇愚髃腢鰅齵 ……………………… 631

禺 3：萬（万）噧礪（䃹）邁（迈）講蠣（蛎）
　　　臟蠆（虿）勱（劢） …………………… 632

禺 4：厲（厉）濿（沥砅）勵（励）礪（砺）糲（粝）
　　　癘（疠）蠆（趸） ……………………… 632

俞 1：俞腧渝逾（踰）愉谕榆 ………………… 633

俞 2：愈喻（歈）瑜揄输偷媮覦（覦）蝓瘉 … 633

与 1：与（與）譽（誉）舉（举）礜 ……… 634

与 2：歟（欤）澳（潋）嬩 …………………… 634

予幻 1：予幻 …………………………………… 635

予幻 2：妤杼纾舒野预豫序芧 ………………… 635

羽诩翅翊翎翦翔翘扇翌羿……………………… 636

雨 1：雨雪霜 …………………………………… 636

雨 2：雹霄霭電霾霪 …………………………… 637

雨 3：霍霉雯霆零霁霸震 ……………………… 637

禹偊踽瑀龋（齲㾓）楀踽郵寓萬……………… 638

玉 1：玉国珏钰鈺璺璗璧鏨璽 ………………… 638

玉 2：珠瑶琅琢玳瑁珣琄瑾瑗琥珀 ………… 639

聿 1：聿津律肆建健踺鞬 ……………………… 639

聿 2：筆（笔）潷（滗）肇 …………………… 640

聿 3：1 画（畫畫）劃（畫刂划）繣 2 書（昼）3 盡（尽）
　　　藎（荩）燼（烬）贐（赆） …………… 640

郁（鬱鬱） …………………………………… 641

𣶒淵婣逿䶗䶗…………………………………… 641

元 1：元伝沅杬忨刓岏阮 ……………………… 642

元 2：朊邧顽妧芫鼋（黿） ………………… 642

员圆陨殒勋损埙………………………………… 643

爰援谖缓媛暖猨（猿）瑗萲（萱） ………… 643

袁 1：袁遠（逺远）辕（轅） ………………… 644

袁 2：園猿榬薳 ………………………………… 644

原源塬螈獂愿願………………………………… 645

夗怨盌眢畱嫈帤苑鸳…………………………… 645

曰汩扣…………………………………………… 646

月 1：月期晴玥 ………………………………… 646

月（肉）2.1：肉脱肚腹肺肝肠股肱 ……… 647

月（肉）2.2：脑胆脾胎胞脉肌肋膀胱肛 … 647

月（肉）2.3：脸脖肘腕腔腰脐腿脚肢 …… 648

月（肉）2.4：脬肿脓胀肪肥脆脍腥胠肮胭脂膜
…………………………………………………… 648

月（肉）2.5：肾肩胄背臂臀脊脅炙肯 …… 649

月（肉）2.6：肙蜎涓捐狷绢娟鹃 ………… 649

月（舟）3：服朕腾滕藤縢前 ………………… 650

戊：戉钺越……………………………………… 650

侖淪錀（钥）爚褕龠籥龤䶵龠……………… 651

粤…………………………………………………… 651
云雲 1：云忶秐酝（醞）纭阝云囩魂会沄抎芸… 652
云雲 2：雲 2 叆（靉）昙（曇）坛（壜壇）
3 靆（霴） …………………………………… 652
匀均昀钧韵筠畇昀………………………………… 653
允吮沇狁………………………………………… 653
孕…………………………………………………… 654

Z

帀匝咂砸箍………………………………………… 655
𢦏 1：𢦏㦰戴戥戕载载栽截（截）巀（巀）… 655
𢦏 2：哉（㦲） ………………………………… 656
灾…………………………………………………… 656
甾淄缁辎锱鬜……………………………………… 657
在茬恠…………………………………………… 657
兂 1：兂兓朁憯僭谮（譖）熸瑨 ……………… 658
兂 2：噆潜簪蠶（蚕） ……………………… 658
兂 3：醋鐕灊鳍簪 …………………………… 659
赞（賛讚）躜攒缵………………………………… 659
臧藏臟（脏）贜（赃） ……………………… 660
凿鑿……………………………………………… 660
早皂（皀）桌（棹） ………………………… 661
蚤 1：蚤搔骚 ………………………………… 661
蚤 2：傜慅溞瑵糔鰠鳋瘙 ……………………… 662
责積（积）赜债渍帻啧碛绩箦………………… 662
夨吴奊吳………………………………………… 663
曾 1：曾僧憎增缯赠甑蹭層 ………………… 663
曾 2：噌潧嶒磳蹭矰譄罾鄫鬙罾鬙 …………… 664
乍咋作昨炸蚱诈岝怎………………………… 664
斋（斎） ……………………………………… 665
旃栴槠…………………………………………… 665
詹赡澹谵瞻膽蟾襜檐………………………… 666
斩渐椠崭錾……………………………………… 666
展碾辗…………………………………………… 667
占 1：占乩站砧帖贴觇 ……………………… 667
占 2：佔沾霑拈粘黏钻鲇毡苫 ……………… 668
章 1：章漳憧樟幛嫜嶂獐 …………………… 668
章 2：璋蟑障鄣彰韄赣瘴蔁 ………………… 669
丈仗杖扙………………………………………… 669
爫 1：爪抓沠釽爬笊 ………………………… 670
爫 2：采（採）彩綵菜 ……………………… 670
爫 3：1 觅（覔）2 垩淫（淫）婬霪（霪）… 671
爫 4：再偁（儞，附：你）稱（称禰）弥（弥）
趦（趁趑）蠢（衰） ……………………… 671
爫 5：舜瞬蕣僢 ……………………………… 672
召 1：召佋沼怊诏招柖炤绍 ………………… 672
召 2：昭蛁韶鉊齠貂超韶 …………………… 673
召 3：韶劭卲邵照迢苕箬髫 ………………… 673
兆 1：兆洮挑跳眺姚桃頫 …………………… 674
兆 2：佻咷诛恌铫珧鞉逃庣窕晁 …………… 674
折 1：折晰晣浙狾逝哲（晣）蜇 …………… 675
折 2：哲（悊喆）誓蜇銴（鼎）娎皙裚褺… 675
者 1：者诸储渚楮 …………………………… 676
者 2：睹赭堵锗踏褚睹觰 …………………… 676
者 3：赌绪褚阇奢煮 ………………………… 677
者 4：猪屠阇著（着）箸薯（藷）鬠翥 …… 677
者 5：都嘟 …………………………………… 678
者 6：暑署曙 ………………………………… 678
者 7：猪（豬）潴 …………………………… 679
贞侦浈桢祯帧……………………………………… 679
真 1：真傎滇缜稹槙慎瑱镇 ………………… 680
真 2：嗔謓瞋填颠（顛）禛蹎膹 …………… 680
真 3：寘阗癫瘨巅颠巓寘鬒 ………………… 681
㐱翏 1：㐱珍诊殄沴畛轸趁 ………………… 681
㐱翏 2：畛駗袗彭疹餘飻鬒 ………………… 682
㐱翏 3：翏嘐谬僇璆嫪膠憀摎漻樛熮醪 …… 682
㐱翏 4：穋獿缪镠醪㺒戮蓼廖寥 …………… 683
朕（艜） ……………………………………… 683

争 1：争净浄掙挣 …………………………… 684
争 2：诤睁琤铮竫 …………………………… 684
争 3：埩硁狰静瀞峥筝鬇 …………………… 685
之芝嵳……………………………………… 685
支 1：支吱伎技忮枝積豉 ………………… 686
支 2：跂岐妓豉鼓翅敧屐芰雄敲 ………… 686
支 3：肢歧伎汥郊跂駇攲蚑庋 …………… 687
知智蜘踟痴（癡） ………………………… 687
戠 1：戠幟（帜）織（织） ……………… 688
戠 2：識（识）職（职）熾（炽） ……… 688
执 1：执摯势 ……………………………… 689
执 2：热垫亵 ……………………………… 689
直 1：直值植填置 ………………………… 690
直 2：殖矗搷湞犆稙 ……………………… 690
止 1：止徙沚扯址趾祉歧 ………………… 691
止 2：阯歫芇（会）堂芷寿歭澁涩（澀） … 691
止奔：奔（犇）锛錛……………………… 692
止步：步涉陟频濒………………………… 692
止走：走徙屣蓰簁褷漇縰榹蹝…………… 693
止此 1：此雌龇疵茈些 ………………… 693
止此 2：泚呲眦批欪玼祡跸訾呰 ……… 694
止此 3：砦柴赀鍫紫胔煮觜踶雫 ……… 694
止耳：耻（恥聏） ……………………… 695
止夅：夅降绛洚逄桻袶篫韼…………… 695
止疌：疌捷（撻）睫（睷）婕（媫）蜨（蝶）
　　唼（喋） ………………………………… 696
止疋 1：疋娖龊疋淀琁旋 ……………… 696
止疋定 1：定啶淀绽（綻） …………… 697
止疋定 2：腚碇锭（錠）靛 …………… 697
止往：往眭………………………………… 698
止延：延涎挺诞埏碮蜒莚筵…………… 698
止正 1：正佂征怔证钲紅 ……………… 699
止正 2：政歪症惩整竀罡堽 …………… 699
止疐：疐懥嚏……………………………… 700
旨 1：旨指脂 ……………………………… 700
旨 2：诣酯鮨鮨鴲鞘眉鏖 ………………… 701
黹黻黼粹黺………………………………… 701
至致臻倒侄（姪）蛭室郅耋……………… 702
志誌痣……………………………………… 702
豸豹豺貂貉貓……………………………… 703
制製掣猘…………………………………… 703
彘璏鱨……………………………………… 704
廌薦韉瀳虉瀌……………………………… 704
中 1：中仲妕訷苧 ………………………… 705
中 2：忠盅忡舯狆衷 ……………………… 705
重 1：重鍾慟揰籦 ………………………… 706
重 2：1 偅緟瘇 2 踵踵湩 ………………… 706
重 3：種（种）腫（肿） ………………… 707
重 4：锺（鐘钟） ………………………… 707
重 5：动（動）逋慟（恸） ……………… 708
重 6：董懂蕫 ……………………………… 708
重 7：沖冲衝 ……………………………… 709
舟 1：舟船舰艇 …………………………… 709
舟 2：舱舷舢舨艄（艄）航舶 …………… 710
舟 3：舵舸舫舭舳舻舯 …………………… 710
州洲詶酬…………………………………… 711
周 1：周雕彫调绸稠 ……………………… 711
周 2：凋啁倜惆淍椆碉婤鲷 ……………… 712
周 3：琱赒裯禂蜩錭週鬜 ………………… 712
帚 1：帚歸（归）唬菷祀藩 ……………… 713
帚 2：婦（妇）掃（扫）埽 ……………… 713
帚 3：浸侵寢 ……………………………… 714
朱 1：朱侏诛姝邾咮洙株袾 ……………… 714
朱 2：殊珠硃铢絑鴸茱筞鼄 ……………… 715
竹 1：竹竿笏笃箔符答筦筣笠 …………… 715
竹 2：笨策筹等籁簌算笼笋 ……………… 716
竹 3：篁箭筠箸（筯）筷籀笙筱 ………… 716
主 1：主注驻住拄柱妵狂砫 ……………… 717

主 2：蛀炷鉒黈鴸疰宔罜麈 …………………… 717
壴彭鼓（皷）臌鼕嘉………………………… 718
专（専叀）1：专传（傅） …………………… 718
专（専叀）2：砖（磚塼甎）转啭邨 ……… 719
专（専叀）3：團（团）抟䏝膞柦竱鳟叚瘢… 719
隹 1：隹進（进）推雞 ……………………… 720
隹 2：准淮椎惟唯睢锥 ……………………… 720
隹 3：谁维帷稚堆碓雏 ……………………… 721
隹 4：琟雌趡骓猚蜼雔雠奮（奋） ………… 721
隹 5：雉睢頧雃雒魋遲雞 …………………… 722
隹 6：奞萑崔售阍雗雚 ……………………… 722
隹 7：翟曜躍濯擢耀鑃糴鸐 ………………… 723
隹 8：矔櫂趯戳藋籊蠗糴嬥鑃濯躍鸐 ……… 723
卓 1：卓朝嘲潮（淖）廟（庙） …………… 724
卓 2：翰瀚 ………………………………………… 724
卓 3：𠦝斡乾韩乾乹戟 ………………………… 725
卓 1：卓倬淖绰掉棹焯 ………………………… 725
卓 2：啅婥踔逴悼罩䮒戟 …………………… 726
丵對僕懟爵黹叢藂鑿…………………………… 726
子 1：子字汓仔杍秄籽 ……………………… 727
子 2：矷玗孢孜厚孖 ………………………… 727
子 3：孖孨孴孱孱僝潺骣轏 ………………… 728
自 1：自咱洎垍詯郋臬 ……………………… 728
自 2：鼻濞擤鼾劓 …………………………… 729
自 3：臭嗅溴糗 ………………………………… 729
宗 1：宗综棕（椶稯糉）粽（稯） ………… 730
宗 2：倧淙悰琮猔腙踪（蹤） …………… 730
宗 3：宻崇漴賨鬃 …………………………… 731
㚇艐椶堫猣緵稯猣騣鬉㚇葼…………………… 731
总（總）：1 緫総總 2 总 3 揔捴摠 ………… 732
走 1：走徒趣越 ………………………………… 732
走 2：超趋起趁赴赶 ………………………… 733
走 3：赵陡趟赳趔超 ………………………… 733
走 4：赽越趑趄趠趲趮趚趯趓趯趱 ………… 734
走 5：趯趝趞趕趫趡趬趮赳迄赼趆 ………… 734
走 6：越趑趗 趚趁趚 趕趏趣 趧趡趤趫趥趟
趪趚蹇 ……………………………………… 735
走 7：趉趌趨趣趏趌趆趆趫趧趙趚趨越
趧趠趣趫 …………………………………… 735
走 8：趱趨趲趧趱趯趬趫趬趨趱趯趧趨…… 736
奏凑湊揍楱辏腠…………………………………… 736
足 1：足踋（脚）蹄（踶蹏蹏）趾跟 ……… 737
足 2：躁踈（疏）蹒跚促捉 ………………… 737
足 3：跑跳踢踹踩踫蹂蹈 …………………… 738
足 4：蹉跎踟躇踊踉踊蹓跶 ……………… 738
足 5：跣跛跨踥踵踧蹑 ……………………… 739
足 6：跌跤蹦踔蹋踞距蹴踘 ……………… 739
足 7：跄趵跬踝跪踦跷躏 ………………… 740
足 8：蹁跹踄踱践踏蹝跺跻踶 …………… 740
足 9：跪趴跛踯踤躍蹱跋踺 ……………… 741
足 10：疐（疐）蹙踅（暂） ……………… 741
足 11：跫蹇踅 ………………………………… 742
卒（卆）1：卒瘁猝悴啐碎粹 ……………… 742
卒（卆）2：醉淬萃雜（雑杂）翠 ………… 743
纂攥……………………………………………… 743
尊 1：尊遵撙樽蹲鄭隫 ……………………… 744
尊 2：僔噂壿嶟罇繜鐏鳟鷷蕁 …………… 744
坐 1：坐侳挫脞唑锉 ………………………… 745
坐 2：睉姕趖矬剉𨁨矬㘴莝髽座痤 ………… 745

参考文献………………………………………… 746
索引……………………………………………… 748
后记……………………………………………… 808
附：书谱全图…………………………………… 810

阿 啊 婀 锕

（金文 金文 简帛 简帛 简帛 说文 邓石如 西狭颂 金刚经 欧阳询 颜真卿 柳公权 赵孟頫 宋徽宗 王羲之

王献之 米芾 王羲之 智永 欧阳询 怀素）（曹全碑 欧阳询 颜真卿 王羲之 米芾 王铎 王羲之 李淦 章草）

（甲骨 金文 石韵府 曹全碑 欧阳询 颜真卿 赵孟頫 王羲之 王羲之 李淦）（金文 赵孟頫 文征明 黄庭坚 王羲之）

辨析：

阿字从阝从可，草书，百韵歌云“左阝贝丁反”，阝旁草化为短横与竖连笔，可字快写，其中口字可以草化为一点或一个使转。可拓展。

阿 ā：加在称呼上的词头；ē，形声，从阜可声，本义为大的山陵、大的土山。

啊 ā：形声，从口阿声，本义为叹词。

婀 ē：从女可声，柔美的样子。

锕（錒 ā）：一种放射性的三价金属元素，原子序数 89，其化学性质类似于镧，由镤经放射 α 粒子生成，半衰期为 22 年，尤见于沥青铀矿中。元素符号 Ac。

拓展：

痾 娿 痾 铜 絅 閫

哀 锿 偯

（甲骨 金文 楚简 北大简 石门颂 夏承碑 曹全碑 好太王 钟繇 信本 颜真卿 柳公权 赵孟頫

皇象 钟繇 王导 王羲之 王羲之 王献之 韩道亨）（金文 欧阳询 王羲之 于右任）（说文 宋徽宗 贺知章）

辨析：

哀字的篆书从衣从口（衣内口），隶定字形为哀。草书写法，中间的口字省略或写一短横，衣字下边的部件保留捺画，省略点。可拓展。

哀 āi：形声，从衣口声，本义为悲痛、悲伤。

锿（鎄 āi）：一种人造放射性元素。

偯 yǐ：形容哭泣的尾声悠长；《礼记 · 闲传》：“大功之哭，三曲而偯”。

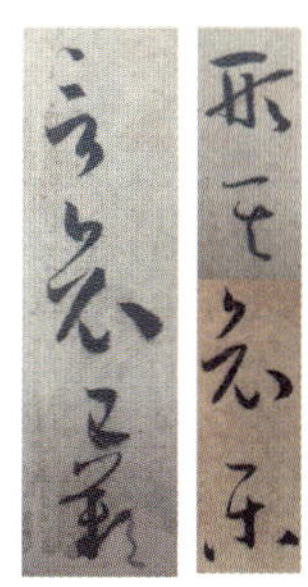

拓展：

娘 憹 猿 嚷　　P22.4 形其哀乐　　P36.2 言哀已叹

A

艾 砹 哎

（仓颉 甲骨 金文 说文 鲜于璜 欧阳询 褚遂良 颜真卿 王羲之 米芾 张照 吴琚 史游 王羲之 李洤 赵孟頫）

（金文 欧阳询 颜真卿 王羲之 赵孟頫 米芾 王羲之 李洤）（新篆 王羲之 王羲之 米芾 王羲之 李洤 章草）

辨析：

艾字从乂，字形稳定，行草书均为快写，最后一笔写正捺或反捺均可。

艾 ài：形声，从艸从乂，草名；yì：通乂，治理、安定；通刈，刈割、斩除。

砹 ài：一种属于卤族的放射性元素，原子序数 85。

哎 āi：叹词，表示不满或提醒，满意或赞叹，招呼、答应等。

拓展：

坟 鈘 餀 鴱

爱 1：爱

金文 睡虎地 说文 李阳冰 夏承碑 张迁碑 好太王 石台孝 魏碑 钟繇 姚孟起 颜真卿 王羲之 苏轼 米芾

张芝 皇象 索靖 王羲之 王献之 智永 王羲之 王洽 苏轼 朱耷 *1 王羲之* *孙万民* *2 王羲之* *孙过庭* *文徵明* *3 章草*

辨析：

爱从心从旡，草书一般有三类写法：1. 常见的为“横竖＋两点＋三横”，见张芝、皇象和王羲之等，首笔有左起和右起两种写法，这与皇象的“熏”字草法相同，从使用的频率看，爱字左起笔的居多；2. 快写，见王羲之、王洽（隶书快写）、苏轼的写法。3. 索靖的一种章草写法。拓展的字按三类分别列示。

爱（愛 ài）：形声，从心，旡声，本义为亲爱、喜爱；旡 jì：饮食气屰不得息曰旡，从反欠。

拓展：

1. 嗳 暧　2. 嫒 嗳 叆　3. 瑷

爱2: 嗳 暧 嫒 瑷 叆 薆

（金文 篆字汇 汉简 王羲之 赵孟頫 王羲之 孙过庭 章草）（金文 篆字汇 邓石如 欧阳询 王羲之 孙过庭 章草）

（金文 粗篆 汉简 赵孟頫 颜真卿 王羲之 徐伯清 章草）（金文 曹全碑 赵孟頫 汉简 柳公权 王羲之 王羲之 章草）

（石韵府 石韵府 曹全碑 何绍基 王铎 颜真卿 黄庭坚 王羲之 欧阳询 黄庭坚 苏轼 文徵明 王宠）（说文 楷书）

辨析:

爱字作为字根，各体写法同前。说明：汉简和曹全碑提供了心字的一种变形结构。

嗳（噯 ǎi）：叹词，表示否定或不同意；ài，叹词，表示懊恼、悔恨；āi，同哎。

暧（曖 ài）：形声，从日爱声，昏暗不明的样子；掩蔽，谢灵运《会吟行》轻云暧松杞。

嫒（嬡 ài）：对对方的女儿的尊称，作令嫒，今作令爱。

瑷（璦 ài）：美玉；瑷珲，县名，在黑龙江，今作爱辉。

叆（靉 ài）：云盛的样子；木华《海赋》叆叇云布。

薆（薆）：蔽不见也，乌代切。

拓展:

薆 椶 艭 䨠

安1: 安 侒 洝 按 胺

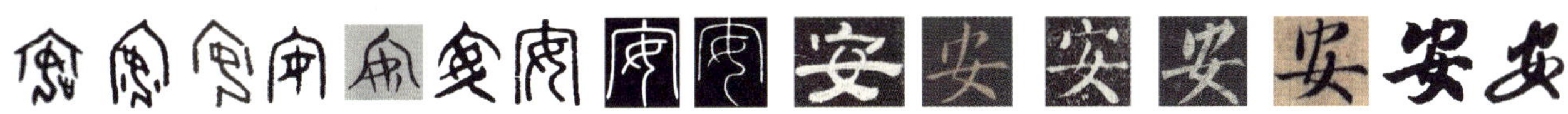

（甲骨 甲骨 甲骨 金文 盟书 楚简 说文 李斯 李阳冰 曹全碑 欧阳询 颜真卿 柳公权 赵孟頫 王羲之 米芾

张芝 皇象 索靖 王羲之 张旭）（说文 楷书）（说文 维摩诘）（金文 按鼎 简帛 说文 六书统 衡方碑 曹全碑）

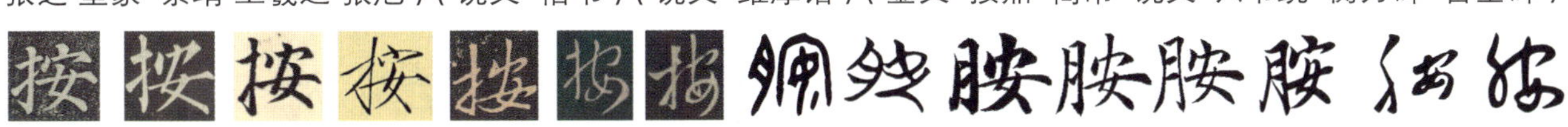

颜真卿 柳公权 赵孟頫 宋徽宗 王羲之 索靖 王铎）（金文 楚简 智永 虞世南 褚遂良 王羲之 王羲之 李洤）

辨析:

安字从宀从女，字形稳定。草诀百韵歌云“绵头无左畔”，安字草书，“宀”不必写左边的竖点，女则先写交叉的长撇长捺，最后写横，宀与女相交的位置一般靠左。

安 ān：会意，从女在宀下，表示无危险，本义是安定、安全、安稳，安逸、安乐，安详、从容不迫，安宁，缓慢；使安定，安抚、安顿抚慰，安排、安置，安心，安装，存着…心，怀有；表示疑问，相当于岂、怎么，谁、何、什么，哪里、何处；说文曰，静也。

侒 ān：古同安。

洝 àn：溰水（温水）；yàn，古水名；è，窘洝。

按 àn：形声，从手安声，本义是用手向下压或摁，控制、抑止，考察、考验，抚、扶，巡行，考察，弹奏；文章中编者经研究考查后，所作的说明或判断。

胺 àn：氨 NH_3 分子中部分或全部氢原子被烃基取代后而成的有机化合物，胺类大都具有碱性；è，《广韵》胺，肉败臭。

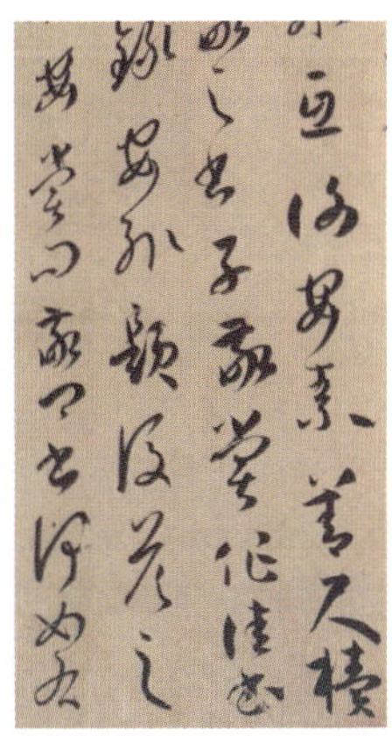

拓展:

郄 咹 姲 峖 晻 盦 案　　P7.1 谢安素善尺牍　P7.3 安辄题后答之　P7.4 安尝问子敬

A

安2：桉 垵 铵 鞍(䩕) 鴳 頞 荌 案

（金文 帛书 鸟虫篆 篆字汇 欧阳询 颜真卿 王羲之 王羲之 李淦 章草）（金石篆 汉简 王羲之 欧阳询 苏轼

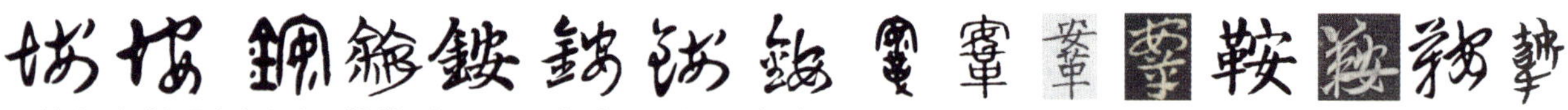

王羲之 文徵明）（金文 楚简 赵孟頫 索靖 王羲之 章草）（金文 说文 薛曜 皇象 颜真卿 米芾 王羲之 楚简）

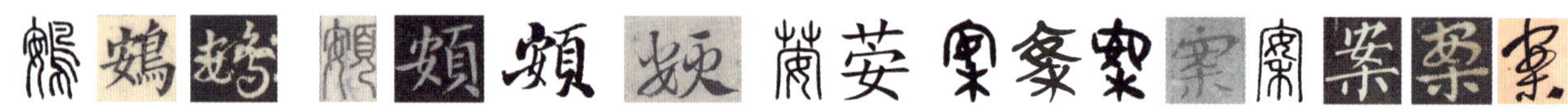

（说文 彭玉雯 皇象）（说文 欧阳询 郑板桥 邓文原）（说文 楷书）（金文 简帛 秦简 汉简 说文 柳公权 皇象 王铎）

辨析：

安字作为字根，各体写法同前。其中晏宴鼹偃氨等字从安，参见相关页。

桉 ān：桉树，桃金娘科桉属植物的泛称，常绿乔木。

垵 ǎn：古同埯，地名用字（福建省龙海县有新垵）。

铵（銨 ǎn）：由氨衍生的一种离子 NH_4^+ 或基—NH_4，也叫铵根。

鞍（䩕鞍 ān）：形声，从革安声，马鞍，楚简或从“韋”。

鴳（鷃鷃 yàn）：鴳雀，鹑的一种。

頞 è：鼻梁。

荌 àn：古书上说的一种草。

案 àn：形声，从木安声，木制的盛食物的矮脚托盘；无靠背的坐具，长方形的桌子，案件，官府处理公事的文书、成例，案卷，又；按、用手向下压，考查、研求，查办；乃、于是；依据、依照，通按；说文曰，案，几属。

拓展：

窰 鮟 鮟

厈 岸 崖

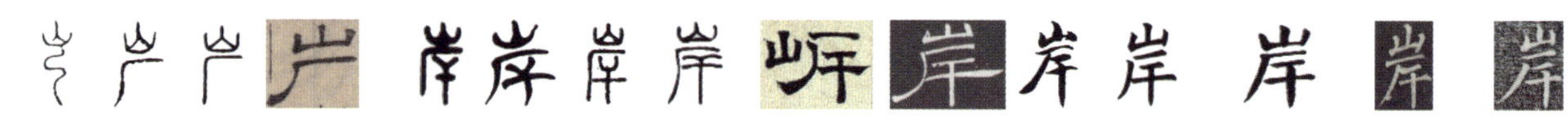

（古文 古文 说文 隶辨）（金文 简帛 说文 吴让之 文徵明 王铎 智永 欧阳询 颜真卿 柳公权 赵孟頫

王羲之 王僧虔 米芾 赵孟頫 王羲之 王宠 王铎）（简帛 说文 西狭颂 虞世南 颜真卿 王羲之 王羲之 王铎）

辨析：

厈字字形稳定，行草书为快写。可拓展。

厈（䖂 àn）：古同岸；è，岸高。

岸 àn：形声，从厈（àn 岸高也）干声，水厓而高者，本义是河岸。

崖（㕢厓 yá）：形声，从山厓声，本义为岸、水边。

拓展：

岸 妒 崖 崖 崩 崩 崖

P 11.3 绝岸颓峰

凹 凸 兕 坳

（甲骨 金文 金文 赵之谦 欧阳询 颜真卿 王羲之 米芾 黄庭坚 赵孟頫 王羲之 李洤 章草 傅山 毛泽东）

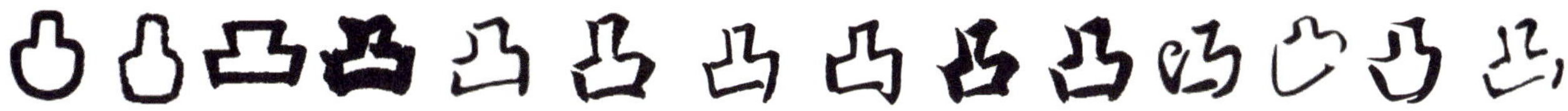

（金文 小篆 伊秉绶 赵之谦 王羲之 虞世南 柳公权 赵孟頫 王羲之 赵孟頫 王羲之 李洤 张瑞图 章草）

（甲骨 甲骨 甲骨 宰丰骨 兕卣 金文 金文 说文 说文 虞世南 颜真卿 颜真卿 赵孟頫 皇象 王羲之 李洤）（欧阳询 王铎 鲁迅）

辨析：

凹凸两字，结构简单，写起来笔顺不好掌握，草书两笔、三笔和快写的都有，王羲之、李洤的写法特点明显。兕字篆书形态较多，草书有从口的写法。

凹 āo：周围高，中间低，与“凸”相对；wā：同“洼”；凹地、凹凸不平。

凸 tū：高于周围的，如球形或圆形的外部或其一部分那样弯曲的——指从外面观看一个球面或曲线，凸出来、凸肚、凸起、凸显、凸露。

兕 sì：象形，本义为雌性犀牛；古代一种似牛的野兽；异体字写法从厶或从口。

坳 ào：古同坳，多用于地名。

拓展：

疤

敖 遨 熬 傲 嗷 鼇（鳌） 骜 螯 獒

（金文 金文 石鼓文 石经 秦简 说文 伊秉绶 欧阳询 颜真卿 柳公权 赵孟頫 王羲之 王铎）（金文 古文 说文

颜真卿 章草）（金文 楚简 说文 虞世南 苏轼 王羲之）（金文 简帛 说文 智永 王羲之）（说文 褚遂良 王羲之）

（说文 颜真卿 王羲之 王宠 王宠）（古文 简帛 说文 说文注 赵孟頫 章草）（欧阳询 章草）（说文 智永 于右任）

辨析：

敖字本从出，隶化后左上边为青字头“龶”，草书从“龶”写法，下边的方字底用一笔带过，攴乃攵也，写快写、撇折或“又”。可拓展。

敖 áo：会意，从出从放，俗作遨，本义为漫游、闲游。

遨 áo：形声，从辵敖声，辵，甲骨文像足在路上行走，即走之旁，本义是遨游，同敖。

熬 áo：形声，从火敖声，本义是煎干、炒干。

傲 ào：形声，从人敖声，本义为骄傲、傲慢无理。

嗷 áo：形声，从口敖声，本义是哀鸣声。

鼇（鰲 áo）：传说中的海中大龟或大鳖，也作鼇。

骜（驁 ào）：好马，良马。

螯 áo：形声，从虫敖声，节肢动物的螯夹。

獒 áo：高大、凶猛、垂耳、短毛的家犬，主要用于看门或警戒 。

拓展：

厫 隞 [illegible] 嫯 嶅 廒 慠 滶 獓 蔜 摮 璈 赘 磝 聱 謷 謸 鳌

奥 懊 薁 燠 噢 襖（袄）澳 隩

（金文 简帛 说文 邓石如 郭有道 好太王 颜真卿 褚遂良 赵孟頫 索靖 王羲之 怀素 苏轼 文徵明 王铎）

（金文 小篆 邓石如 王羲之 欧阳询 颜真卿 王羲之 黄庭坚）（说文 彭玉雯 赵孟頫）（简帛 说文 王羲之 王羲之）

（金石篆 智永 王羲之）（说文 颜真卿 赵孟頫 六书统 颜真卿 赵构）（说文 赵孟頫 管道升）（说文 欧阳询 韵会）

辨析：

奥之草法重点在于中间米字的使转，而米一种是快写，一种是借“木” 字的快写。襖（袄）字有从奥从夭两种草法，需要注意的是，赵构的袄字为章草衣旁（写示）的写法。

奥（奥 ào）：指室内的西南角，泛指房屋及其他深处隐蔽的地方，古时祭祀设神主或尊者居坐之处。

懊 ào：形声，从心奥声，本义为失悔，认识到错了而烦恼。

薁 yù：植物名，即蘡薁，葡萄科葡萄属，蔓性藤本植物。

燠 yù：形声，从火奥（yuè）声，本义是温暖。

噢 ō：表示醒悟或惊讶。

襖（袄 ǎo）：有衬里的上衣，泛指上衣。

澳 ào：形声，从水奥声，本义为水边地，海边弯曲可以停船的地方。

隩 ào：古同奥；古同墺，可定居的地方；yù，河岸弯曲处。

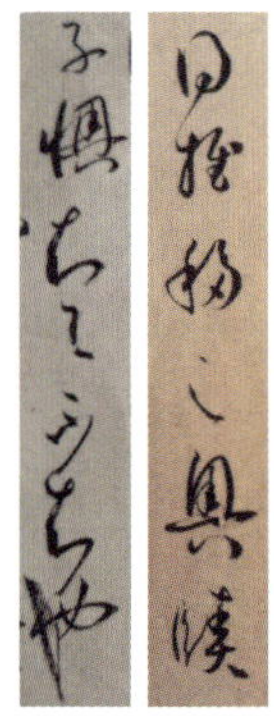

拓展：

嶴 嶼 墺 腴 擙 礇 諛 鐭 鷞 襖

P15.3 得推移之奥赜　　P57.4 父削而子懊知与不知也

卬 仰 抑 迎 昂（枊）岇

（古文 简帛 说文 何绍基 欧阳询 颜真卿 柳公权 赵孟頫 王羲之 米芾 赵孟頫）（金文 说文 邓石如

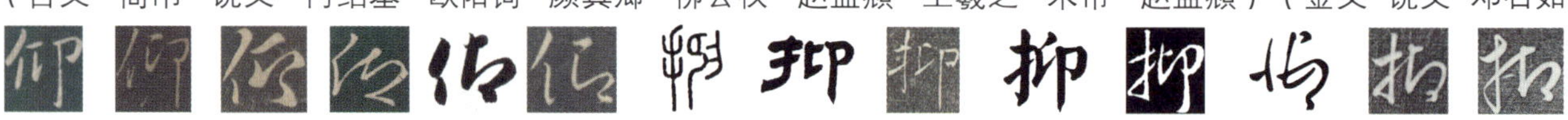

钟繇 王羲之 索靖 王羲之 智永 怀素）（说文 邓石如 褚遂良 颜真卿 王羲之 王羲之 宋高宗 饶介）

（金文 简帛 说文 颜真卿 王羲之 索靖 王羲之 王献之）（说文 赵孟頫 王铎 饶介 说文 彭玉雯 简书）王铎

辨析：

卬字的字形稳定，行草书为快写，最后的竖画可草化为一个点。可拓展。

卬 áng：同昂，抬起、扬起、高、昂扬，情绪高、气势盛；yǎng：古同“仰”，仰慕、仰仗、仰望、向上。

仰 yǎng：脸向上，敬慕、依赖；áng，古同昂，情绪高。

抑 yì：本写作“归”，会意，小篆字形，像用手抑人使跽，本义是按、向下压。

迎 yíng：形声，从辵，本义为遇、相逢。

昂（枊 áng）：形声，从曰卬声，仰起、抬起。

岇 áng：山高的样子。

拓展：

茚 鉀 鞞 駟 鴚　　P29.5 无俟抑扬

B

八 捌 叭 扒 趴 穹

（甲骨 金文 楚简 说文 袁安碑 李阳冰 邓石如 乙瑛碑 好太王 王羲之 欧阳询 颜真卿 宋徽宗

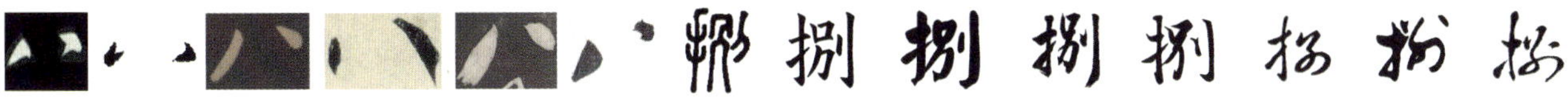

张芝 王羲之 褚遂良 贺知章 米芾 苏轼）（说文 欧阳询 颜真卿 王羲之 王羲之 王羲之 孙过庭 章草）

（金文 智永 王羲之 章草）（金文 虞世南 王羲之 章草）（金文 柳公权 王羲之 李洤）（金文 说文 智永 陈献章）

辨析：

八字由相背表示分开的两笔组成，行草书为快写，可以草化为两个点。捌为数字八的大写。穴、分、公、半、穷（窮）等字，见相关页。

八 bā：象形，甲骨文像分开相背的样子，部首之一，从“八”的字多与分解、分散、相背有关，本义是相背分开。

捌 bā：八字的大写；同扒，破裂，分开；古代一种聚拢谷物的没有齿的耙。

叭 bā：象声词，叭嗒；叼，含在口中；将食物扒入口中。

扒 bā：用手或用工具把东西聚拢或散开。

趴 pā：肚子向下卧倒；身体向前靠在东西上。

穹 qióng：形声，从穴弓声，本义为穷尽。

拓展：

穴 分 公 半 穷（窮）仈 汃 叭 玐 杋 疒 虮 朳 赹 矿 罖 釟 台 蚣 弘 弘 肌 杋 四 天
P20.2 俯贯八分

巴 肥 把 杷 粑 疤 爬 琶 爸 芭

（甲骨 金文 汗简 说文 曹全碑 樊敏碑 欧阳询 颜真卿 柳公权 赵孟頫 王羲之 王献之 米芾 史游 王羲之 王羲之）

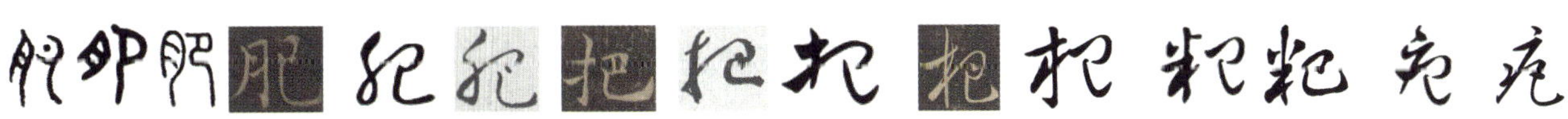

（古文 金文 说文 王羲之 王羲之 赵构）（王羲之 王羲之 王羲之）（王羲之 王羲之）（王羲之 章草）（王羲之 李洤）

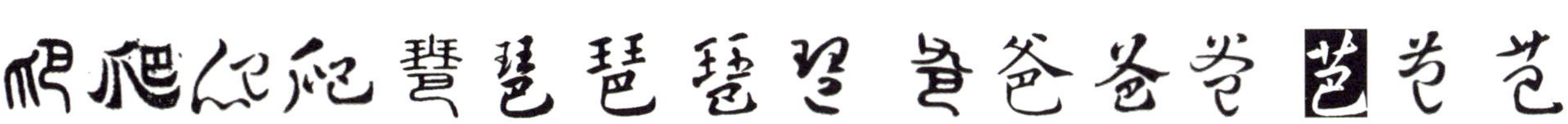

（金文 爨体 王羲之 章草）（说文 王羲之 欧阳询 章草 孙过庭）（金文 王羲之 章草 王羲之）（李邕 王羲之 于右任）

辨析：

巴字的字形稳定，草书写法的特点是，“巴为回头点或无点（可以省点）”。可拓展。邑和色字的草法结构约定俗成，分别见相关页。

巴 bā：象形，小篆像蛇形，本义是大蛇。

肥 féi：会意，从肉，本义为脂肪多。

把 bǎ：形声，从手巴声，本义是握持、执。

杷 pá：农具名；枇杷；通爬，发掘。

粑 bā：饼类食物；紧紧贴在…上；依恋。

疤 bā：形声，从疒巴声，从疒表示与疾病有关，本义是疮疤；器物上像疤的痕迹。

爬 pá：形声，从爪巴声，爪，手爪，本义为搔，爬梳；爬行，攀登，整治，疏导、发掘。

琶 pá：琵琶。

爸 bà：形声，从父巴声，本义是父亲。

芭 bā：形声，巴声，本义为香草名；芭蕉。

拓展：

邑 色 琞 吧 钯 婭 笆 絕 羓 耙 舥 蚆 絕 脃 豝 跁 絕 鈀 鲃

犮 拔 跋 黻

（简帛 说文 九经字 雁门县）（楚简 简帛 说文 欧阳询 颜真卿 王羲之 智果 舒同 赵孟頫 邓文原 毛泽东）

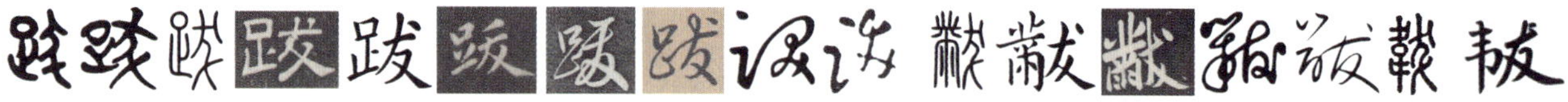

（金文 简帛 说文 刘恕 欧阳询 赵孟頫 米芾 乾隆 王羲之 米芾）（说文 王羲之 米芾 王羲之 李淦 说文 赵孟頫）

辨析：

犮字从犬从丿，异体字有叐字，草书犮字为左起笔省点，叐字为快写。可拓展。

犮（叐 bá）：从犬而丿之，犬跑的样子。

拔 bá：形声，从手声，本义是拔起、拔出。

跋 bá：形声，从足犮声，本义为草中行走，越山过岭。

黻 fú：从黹犮声，古代礼服上黑与青相间的花纹，同韨；其中，黹（zhǐ），女红的通称，缝纫，刺绣。

拓展：

哎 坺 妭 帗 沷 绂 茇 柭 炦 祓 胈 韨 盋 秡 袚 钹 翇 菝 蚾 詙 軷 鲅 骳 黻 䟦 颰 䩗

白 百 泉 粕 迫 伯 柏

（甲骨 大篇 泰山石 吴让之 张迁碑 王献之 智永 皇象 索靖 王羲之）（甲骨 金文 金文 楚简 秦简 颜真卿

王羲之 王羲之）（甲骨 金文 说文 曹全碑 欧阳询 米芾 鲜于枢 赵孟頫）（说文 颜真卿 孙过庭）（说文 文徵明）

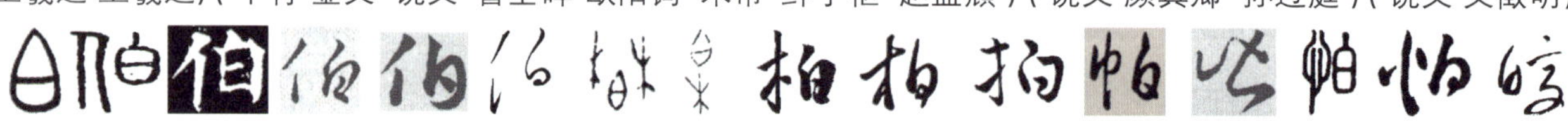

（古篇 说文 颜真卿 王羲之 邓文原 怀素）（甲骨 甲骨 王羲之 王羲之）*王羲之 王羲之 王羲之（说文 祝永明）朱耷*

辨析：

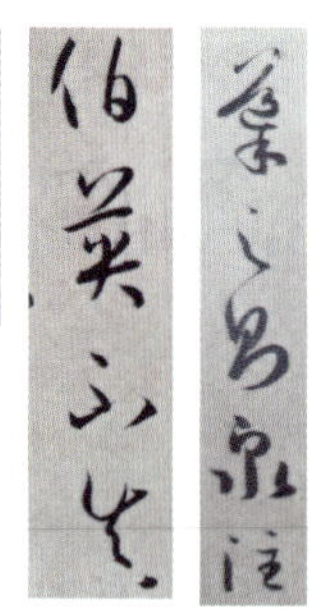

白字的篆书为米粒形，隶定字形稳定，行草书为快写。可拓展。皆字的草法为特例，下边的白借用了日在下时的草法“日字符”，如会、晋、昌等，参见相关页。

白 bái：最早见于甲骨文，其本义是白米粒，引申为像霜雪的颜色、纯洁、明亮、清楚、白色的东西等义。

百 bǎi：十十也；概数；多种多样的；所有、一切、凡。

泉 quán：象形，甲骨文字形像水从山崖泉穴中流出的样子，本义是泉水。

粕 pò：米渣滓。

迫 pò：逼近。

伯 bó：见于甲骨文，本义即人首，引申指第一的，如兄弟排行，伯仲叔季，兄曰伯；又如父之兄称伯父或伯等。

柏 bǎi：柏树。

拓展：

拍 帕 皆 怕 皎 原 泊 皇 皖 皂 皓 隙 穆 帕 舶 魄 皑 珀 廹 哦 皛 晳 敀 皈 铂 憎 皊 皏 皦 皠 皝 癿 皢 皃 鳛

P6.3 百英尤精于草体　p11.5 导之则泉注　P15.4 假其糟粕　P49.4 躁勇者过于剽迫

P21.1 伯英不真　P32.6 汉末伯英　P56.2 是知伯子

般 盘（盤 鎜 槃） 瘢 搬 磐

（甲骨 甲骨 金文 金文 说文 乙瑛碑 欧阳询 颜真卿 王羲之 米芾 索靖 张旭 李洤 孙万民 于右任）

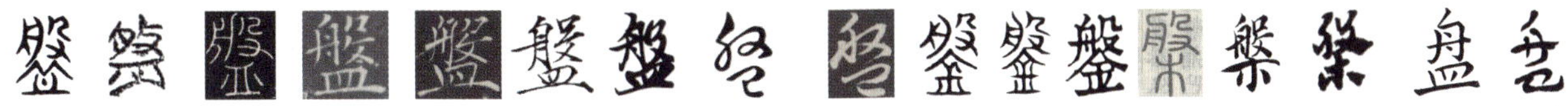

（籀文 清华简 李阳冰 欧阳询 褚遂良 赵佶 王羲之 王羲之 赵孟頫 金文 古文 楷书 说文 智永 赵孟頫 王羲之 章草）

（秦简 说文 虞世南 王羲之 索靖）（说文 柳公权 王羲之 王羲之）（篆字汇 篆字汇 智永 冯承素 王羲之 智永）

辨析：

般字从舟从殳，草书重点在舟，一种省略了左边竖画，一种草化为“千”的结构。可拓展。盘字写盤字的居多，异体字还有从木或从金的写法，但少见。

般 bān：辟也，像舟之旋，从舟从殳，殳，所以旋也，古文般从支。

盘（盤鎜槃 pán）：形声，从皿般声，皿为盘碗一类器具，本义是盘子，浅而敞口的盛物器。

瘢 bān：创伤或疮疖等愈后的疤痕，比喻缺点或过失。

搬 bān：使出力气移动较笨重或较大物体的位置，迁移，表演、扮演，挑拨。

磐 pán：形声，从石般声，本义为纡回层叠的山石，巨石；大，牢固。

拓展：

婆 槃 菔 擊 磤 縏 盤 褩 簸 鬆　　P64.2 转谓鉤镙盤纡之类是也

半 伴 胖 畔 衅 绊 叛 判 泮 拌

（金文 金文 简书 汗简 说文 何绍基 欧阳询 褚遂良 宋徽宗 郑板桥 王羲之 王献之 米芾 皇象 王羲之 毛泽东）

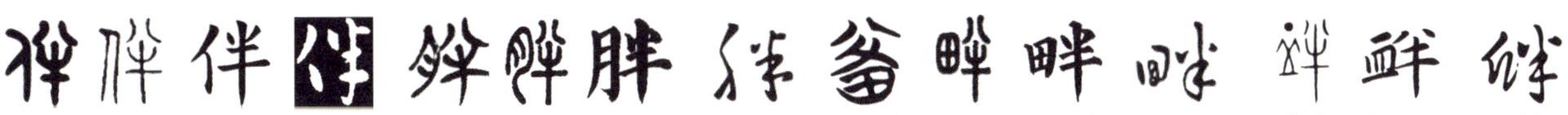

（金文 说文 欧阳询 张芝）（简帛 说文 颜真卿 王羲之）（楚简 说文 柳公权 王羲之）（古文 赵孟頫 王羲之）

（说文 宝子碑 王羲之）（说文 欧阳询 智永）（说文 颜真卿 孙过庭）（说文 虞世南 李洤）（说文 智永 文徵明）

辨析：

半字从八从牛，结构简单，草书的写法为改变书写顺序，即“两点—竖—两横”。可拓展。

半 bàn：会意，从八从牛，“八”是分解的意思，牛大易于分割，所以取“牛”会意，本义是一半，二分之一。

伴 bàn：从人半声，伴侣、同伴。

胖 pàng：会意兼形声，从月（肉）从半，半亦声，半为分牛，本义是古代祭祀时用的半边牲肉；pàng，肥胖，浮肿、肿胀；pán，安泰舒适。

畔 pàn：形声，从田半声，本义是田界。

衅（釁 xìn）：牲血涂器祭也；釁，参见興（兴）页。

绊（絆 bàn）：形声，从糸半声，本义是驾车时套在牲口后部的皮带；喻阴谋、圈套；装束，穿戴。

叛 pàn：形声，从反半声，本义为背叛。

判 pàn：形声兼会意，从刀半声，从刀表明其意义与刀有联系，半是把牛分开，本义是分、分开。

泮 pàn：形声，从水半声，本义是古代天子诸侯举行宴会或作为学宫的宫殿，也称泮宫。

拌 bàn：搅和，争吵，捐弃、舍弃，分开、割开。

拓展：

泮 坢 姅 怑 岼 料 畔 柈 牉 眫 秚 袢 粋 詊 跘 餅 溿 鉡 靽 頖 鬦

邦 帮 梆 绑

（甲骨 金文 金文 金文 金文 盟书 简帛 说文 说文 李斯 鲜于璜 娄机 欧阳询 褚遂良 颜真卿 柳公权 赵孟頫

王羲之 米芾 苏轼 王羲之 王献之 米芾 文徵明）（石韵府 王羲之 黄庭坚 赵孟頫 王羲之 文徵明 章草）

（金文 金石篆 赵之谦 虞世南 王羲之 王羲之 李洤 章草）（汉简 魏碑 欧阳询 黄庭坚 王羲之 于右任）

辨析：

邦字的篆书形态较多，隶楷“丰”字有出头和不出头两种写法，草书从之。可拓展。

邦 bāng：形声，从邑丰声，古文从之、从田，会意，与封字从之、从土同义，本义为古代诸侯的封国、国家。异体字有“峀邦邫邦”等。

帮（幫 bāng）：形声，从巾邦声。从巾的字多与布帛有关，本义是鞋的边缘部分。

梆 bāng：木名；梆子；敲打；敲打木头的声音。

绑（綁 bǎng）：捆，缚。

拓展：

垹 挷 铘 幇

勹 包 庖 苞 雹 饱 抱 跑 胞

（甲骨 金文 说文 王羲之 王羲之）（甲骨 金文 汉简 简帛 汉简 简帛 乙瑛碑 西峡颂 欧阳询 颜真卿

索靖 王羲之 孙过庭 孙过庭 王铎 傅山）（金文 说文 西峡颂 索靖 孙过庭）（甲骨 金文 说文 王羲之 王羲之 王铎）

（甲骨 说文 颜真卿 王羲之 章草）（说文 赵孟頫 王羲之 智永）（说文 索靖 孙过庭）（金文 索靖 孙过庭）（王羲之 孙过庭）

辨析：

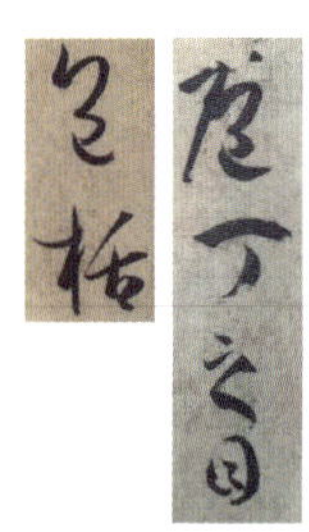

包字的篆书为子未成形而被包起来的字形，隶定字形稳定，草书有两种，一种为书写笔画顺序和结构改变，即先写横弯，丿变丨后从横弯的中间穿过；另一种为快写。可拓展。

勹 bāo：像人曲形，有所包裹；包的本字。

包 bāo：会意，小篆字形外边是“勹”，中间是个“巳 sì”字，“像子未成形”，“勹”就是“包”的本字，本义为裹；用纸、布等裹东西，包含、包容，包围，保证，镀上一层，袋子。

庖 páo：形声，从广包声，厨房。

苞 bāo：形声，本义是席草，可制席子和草鞋。

雹 báo：形声，从雨包声，冰雹。

饱（飽 bǎo）：形声，从食包声，本义是吃足。

抱 bào：用手臂围住。

跑 pǎo：急走，逃走、躲避，丢掉、失去，走运、走红。

胞 bāo：形声，从肉包声，包字亦兼表字义，本义为胎衣。

拓展：

泡 刨 炮 咆 砲 狍 孢 庖 垉 怉 枹 炰 爮 玽 飑 瓟 疱 皰 窇 袍 铇 麭 笣 蚫 褒 鞄 鉋

P20.3 包括篇章 P38.4 庖丁之目

B

寶（珤 琂 宝）

（甲骨 甲骨 金文 金文 金文 金文 楚简 楚简 说文 石韵府 石韵府 夏晨碑 宝子碑 欧阳通 颜真卿 柳公权

智永 虞世南 欧阳询 褚遂良 颜真卿 赵孟頫 赵佶 王羲之 王珣 王献之 苏轼 赵孟頫 索靖 智永 空海 怀素）

（孔颖达碑 卞永誉 中山王 汉简 张迁碑 王羲之 欧阳询 颜真卿 柳公权 赵孟頫 王铎 王羲之 于右任 章草）

辨析：

寶（宝）的本义是房子里有玉和贝（钱币），字形部件有宀、玉、贝（只有玉和贝亦为宝），或加缶（用杵开采）。隶定字形，缶字讹变为尔字，偶见欧阳通、颜真卿、柳公权写从缶字的楷书“寶”字。珤和琂的写法，较为罕见。宝字古而有之，行草书为快写。

寶（珤琂宝 bǎo）：从宀从王从貝缶声，珍也；异体字有：珤琂寶寚珤宲等等。

拓展：

䨘

暴 瀑 曝 爆

（甲骨 巫咸 金文 六书 六书 六书 楚简 说文 李斯 西峡颂 曹全碑 王羲之 赵孟頫 欧体 颜真卿 柳公权 赵孟頫

王羲之 谢安 赵孟頫 董其昌 王羲之 板桥 唐太宗）（说文 曹全碑 邓石如 颜真卿 颜真卿 王羲之 于右任 章草）

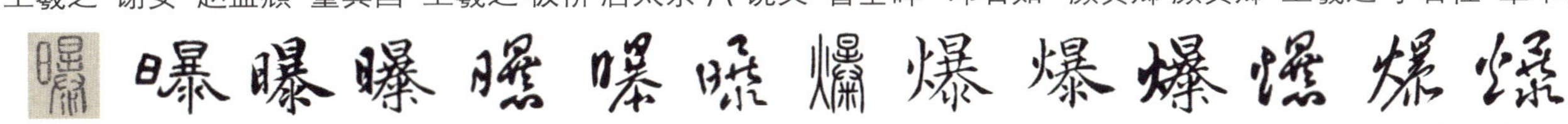

（篆字汇 曹全碑 智永 赵孟頫 王羲之 于右任 章草）（说文 王羲之 虞世南 赵孟頫 王羲之 毛泽东 章草）

辨析：

暴字的异体字较多，有“㬥暴曓虣（参见武页）㬧虣曝”等，隶楷常见的写法从米从水，个别有从心的写法。草书，上边的日字快写或写倒三角，中间写共字，下边一般为“暴从心（草写三点或右边为两点的竖心）和水”，即有从心和从水的两类写法。可拓展。

暴 bào：会意，甲骨文字形从虎从兵器，楷化后对应字形为“虣”，有强暴、暴力之意；古文从日麃声，从日出廾米，本义是晒；pù，晒、显露。暴虎冯河、暴殄天物、除暴安良。

瀑 bào：形声，从水暴声，瀑河，水名，在今河北。pù，瀑布。

曝 pù：形声，从日暴声，字本作暴，小篆字形从日从出从廾从米，表示把米拿到阳光下照晒，廾是两手捧物，本义为晒，暴露。

爆 bào：形声，从火暴声，本义是炸裂发声。

拓展：

嚗 儤 㩧 懪 爆 虣 䆘 襮 醁 錑 䨚

卑 啤 婢 脾 碑 牌

（金文 盟书 楚简 清华简 说文 李阳冰 尹宙碑 唐玄宗 赵孟頫 欧阳询 颜真卿 宋徽宗 王羲之 王羲之 智永）

（柳公权 王羲之 王羲之 李淦）（甲骨 金文 说文 欧阳询 王献之 皇象）（说文 爨体 柳公权 陆柬之 王羲之）

（说文 赵孟頫 肥致碑 赵孟頫 智永 王羲之 李淦）（金文 欧阳询 颜真卿 王羲之 王铎 王羲之 章草 韵辨）

辨析：

卑字的篆书从“又”，隶定为卑。草书，上边的田字草化为“冖（无左竖）”。可拓展。

卑 bēi：从甲，贱也，执事也。徐锴曰：“右重而左卑，故在甲下。”

啤 pí：用大麦作主要原料制成的酒。

婢 bì：形声，从女卑声，本义是旧社会里被迫受剥削阶级役使的女子。

脾 pí：形声，从月（肉）卑声，本义为脾脏。

碑 bēi：形声，从石卑声，本义是古时宫、庙门前用来观测日影及拴牲畜的竖石。

牌 pái：形声，从片卑声，“片”指锯开的木头的一半，又泛指扁而薄的东西，本义为题榜、招牌。

拓展：

埤 崥 庳 捭 渒 猈 萆 椑 焷 琕 禆 腗 甈 痺 睥 稗 裨 鹎 豍 箄 粺 綼 聛 蜱 縪 諀 鵯 貏 鞞 踋 髀 鼙 蠯

北 背 邶 燕 甏

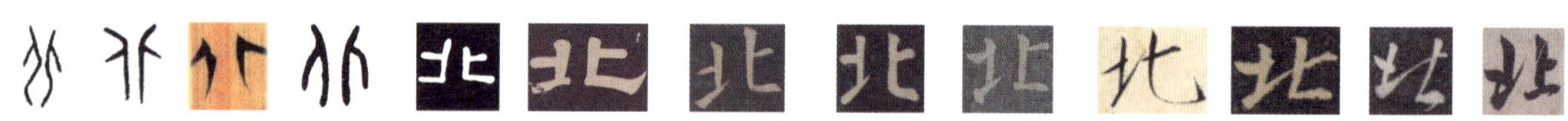

（甲骨 金文 楚简 石鼓文 张迁碑 好太王 欧阳询 颜真卿 柳公权 宋徽宗 王羲之 米芾 赵孟頫

王羲之 怀素 赵孟頫）（说文 卞永誉 钟繇 刘炟 王羲之 智永）（金文 说文 樊敏碑 赵孟頫 王羲之 李淦 章草）

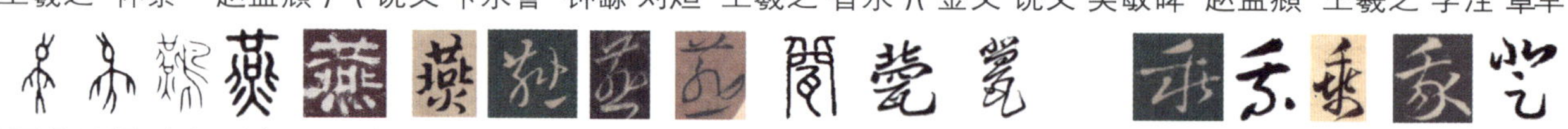

（甲骨 甲骨 古文 说文 夏晨碑 赵孟頫 皇象 王羲之 赵佶）（说文 颜家龙 邹武生）（附：宋儋（怀素 王铎）索靖 王羲之）

辨析：

北字为二人相背，隶定字形稳定，草书是解散其结构，左边结构草化为一竖一点，右边的结构草化为两点。燕字从北，草书省略了中间的口。乖字从北，草书其下边的左右可看到“北”字结构。乘字亦从北，草书为约定俗成，亦有从北字草书的。“乘”与“我”辨识：“乘”与“我”的草书相似，“我”比“乘”左右各多一点。说明：登字的草书上部借用“北”，即“登体用北之”。乖、乘、我和登字的草书附于后，这些字还可参照相关页。

北 běi：北方，败退，失败；bèi，古同“背”，违背、违反。

背（揹 bēi）：形声，从肉北声，本义是脊背。

邶 bèi：古国名，河南省淇县以北，汤阴县东南一带地方。

燕 yàn：象形，甲骨文字形像燕子形，小篆字形上像头、嘴，口像身体，北像两翅，火像尾巴，本义为燕子。

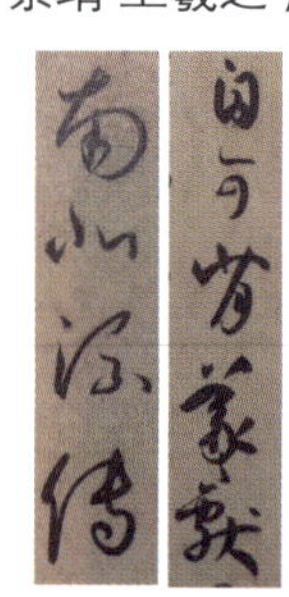

甏 ruǎn：鞣制皮革，柔软；jùn，打猎穿的皮裤。

拓展：

冀 北 芲 茈 垂 桒 垗 輩 鉳 萯

P27.1 南北流传　P52.6 自可背羲献而无失

B

贝（贝在左边）1：贝 则 贮（贮）测 厕 铡 贬 贴

（甲骨 金文 说文 帛书 爨体 王羲之 欧阳询 颜真卿 王羲之 赵孟頫 皇象 王羲之 王羲之 韩道亨）

（金文 说文 金刚经 好大王 柳公权 赵孟頫 朱熹 皇象 怀素）（甲骨 金文 说文 颜真卿 王羲之 颜真卿 韵会）

（说文 虞世南 王羲之 王羲之）（说文 颜真卿 皇象）（赵孟頫 王羲之）（说文 蔡襄 皇象）（说文 颜真卿 王羲之）

辨析：

贝字象形，隶定字形稳定，行草书为快写。作为字根，居左时，贝字的草书，一为快写，一为草化为“贝丁反”，见王羲之、韩道亨；则字的草书就是其简化字快写，其中，刂字草书，百韵歌曰“右刀寸点弯”，即为其写法，有点（补笔）无点均可。贝字在一个字的下边时，除了快写，还可以草化为“大”（见下面）字。可拓展。

贝（貝 bèi）：象形，甲骨文和金文字形，像海贝形，古时以贝壳为货币，又用作装饰，故从贝的字多与钱财宝物、装饰品或贸易商品有关，本义是海贝。

则（則 zé）：会意，金文从鼎从刀，古代的法律条文曾刻铸在鼎上，以便让人遵守，本义为准则、法则。

贮（貯 zhù）：形声，从贝宁（zhù）声，本义是积存、收藏。

测（測 cè）：形声，从水则声，本义为度量水的深浅。

厕（廁厠 cè）：厕所。

铡（鍘 zhá）：铡刀。

贬（貶 biǎn）：形声，从贝乏声，本义是减少、减损。

贴（貼 tiē）：形声，从贝占声，本义为典当；贴补，粘附。

拓展：

侧 恻 贩 荝 鲗 赋 败 购 贻 赌 赎 账 赡 赠

P15.2 穷漇测妙　P18.3 则好溺偏固自阂通规　P20.4 则胡越殊风者

贝（贝在下）2：贲 偾 喷 愤 豮 鲼

（金文 简帛 秦简 说文 曹全碑 欧阳询 颜真卿 柳公权 赵孟頫 王礼宦 王羲之 刘恕 韵会）（说文 欧阳询

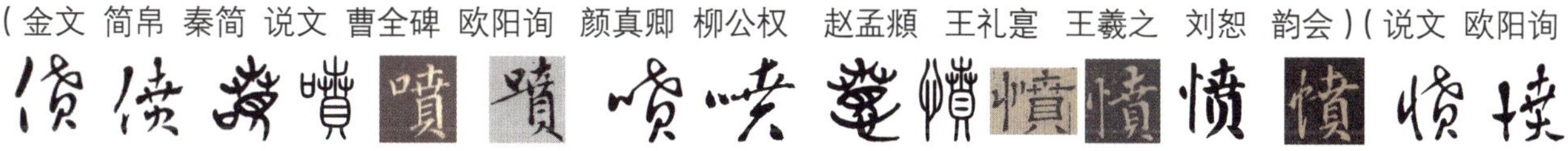

王羲之 章草）（简帛 说文 颜真卿 赵孟頫 王羲之 申时行）（简帛 说文 隶辨 钟繇 颜真卿 王羲之 王羲之 章草）

（甲骨 甲骨 甲骨 说文 五经文 彭玉雯 俞和 皇象 邓文原 宋克 韵汇）（金文 王羲之 陆柬之 王羲之 章草）

辨析：

贲字结构稳定，草书：一是快写；二是将卉字草化为“戈”，贝字居下，草写“大”或快写。

贲（賁 bì）：形声，从贝卉声，本义为装饰，打扮，贲临（贵宾盛装来临）；bēn，通奔，急走、逃亡。

偾（僨 fèn）：形声，从人贲声，本义为僵仆。

喷（噴 pēn）：形声，从口贲声，本义是怒叱。

愤（憤 fèn）：形声，从心贲声，从“心”表示与心情等有关，本义为郁结于心，憋闷。

豮（豶 fén）：从豕贲声，豶豕也，阉割过的猪。

鲼（鱝 fèn）：鲼科中的几种灵活的大魟鱼，长有翅膀似的宽阔的胸鳍。

拓展：

偾

B

贝（贝在下）3：质 赏 贫 货 赁 贪 赀 贳 赛

（金文 盟书 简帛 说文 吴让之 宝子碑 欧阳询 颜真卿 王羲之 米芾 王羲之 董其昌 孙过庭 宋克 朱耷）

（甲骨 金文 说文 居延简 欧阳询 王羲之 王羲之）（楚简 秦简 说文 王僧虔 皇象 王羲之）（说文 柳公权 韵会）

（说文 颜真卿 韵会）（甲骨 简帛 说文 敦煌 韩道亨）（简帛 说文 王铎 王羲之）（金文 王铎 王羲之）（李邕 章草）

辨析：

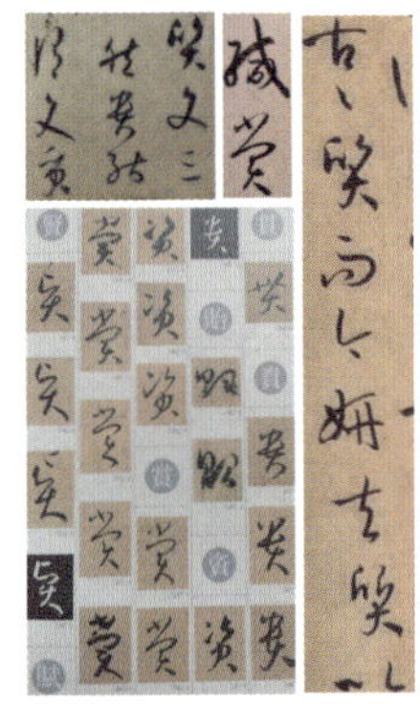

贝字在下边时，篆隶楷同前，草书有两种写法，1. 快写；2. 草化为“大”字。

质（質 zhì）：形声，从贝所（zhì）声，从贝与财富有关，本义：抵押；以……作人质。

赏（賞 shǎng）：形声字，从贝尚声，其本义是偿还，赔偿。

贫（貧 pín）：会意兼形声，从贝从分，分亦声，贝是古货币，一个贝还要分开，表示贫困，本义是缺少财物，贫困；与“富”相对。

货（貨 huò）：形声，从贝化声，本义为财物。

赁（賃 lìn）：形声，从贝任声，本义是给人做雇工。

贪（貪 tān）：形声，从贝今声，从贝与财物有关，本义是贪财。

赀（貲 zī）：形声，从贝此声，本义是罚款，小罚改为钱财赎罪。

贳（貰 shì）：形声，从贝世声，本义是借、借贷。

赛（賽 sài）：形声，从贝塞省声，本义为行祭礼以酬神；比胜负，胜似、比得过，好似、比得上。

拓展：

贸 贺 贤 负 贞 贠 贡 贯 责 赍 贷 费 贵 贾 贽 资 赉 赍 赘 篑 赞 赢

P4.5 古质而今妍夫质以代兴　P5.1 质文三变……贵能　P5.3 文质彬彬　P29.3 偶逢缄赏

贝 4：负 赖 獭 懒 籁 癞

（甲骨 甲骨 说文 曹全碑 张迁碑 欧阳询 颜真卿 柳公权 赵孟頫 王羲之 米友仁 王羲之 赵孟頫 王铎 章草）

（金文 金文 说文 欧阳询 赵佶 王羲之 王献之 史游 王羲之 王献之 王铎）（简帛 说文 五经 王羲之 王羲之）

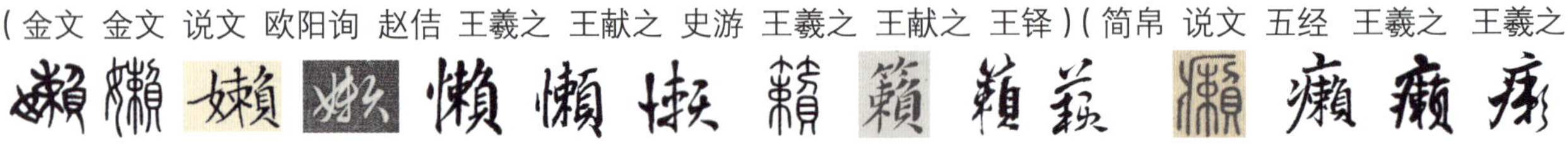

（简帛 说文 文徵明 赵孟頫 颜真卿 陆柬之 章草）（说文 高士奇 米芾 章草）（六书通 赵孟頫 王铎 张瑞图）

辨析：

负字从人从贝，草书，单写为快写，作为字根，可快写或将下边的“贝”草化为“大”。需要注意的是，一些书家将负字上边的部件草写为两点，容易和“员”字的草法混淆。赖从负，草书写其异体字“頼”，草书从页字。

负（負 fù）：会意，从人从贝，本义为恃，即依恃、凭仗。

赖（賴頼 lài）：形声，从贝剌（là）声，本义是得益、赢利。

獭（獺 tǎ）：从犬赖声，如小狗，水居食鱼，水獭，旱獭，海獭。

懒（懶嬾 lǎn）：形声，从心赖声，本义是懒惰，疲惫 。

籁（籟 lài）：形声，从竹赖声，本义为古代一种管乐器，三孔。

癞（癩 lài）：形声，从疒表示与疾病有关，赖声，本义是病名，即麻疯。

拓展：

椟濑

孛 悖 誖 脖 饽 勃 哱

（甲骨 金文 金文 楚简 古文 说文 欧阳询 颜真卿 柳公权 赵孟頫 王羲之 黄庭坚 米芾 王羲之 李淦 章草）

（金文 籀文 简帛 说文 邓石如 唐玄宗 欧阳询 赵孟頫 米芾 宋高宗 于右任）（甲骨 金文 说文 敦煌 乾隆）

（王羲之 王羲之 王羲之 章草）（金文 梁培生 王羲之 赵孟頫 王羲之）（金文 说文 欧阳询 王羲之 王羲之） 哱存素

辨析：

孛字的篆书为从“屮”形，隶定字形稳定，行草书均为快写。可拓展。

孛 bèi：草木茂盛的样子；混乱、相冲突，后作悖；变色，后作勃；星名，即彗星。

悖（䔒 bèi）：形声，从心孛声，本义为违反、违背。《博雅》强也，本作誖，从言，或从心作悖，或从口作哱；籀从二或，上下反覆，皆相惑，故为誖也。

誖 bèi：同悖，违背、乖谬；惛惑；糊涂；说文注曰，誖或从心。

脖 bó：形声，从肉孛声，本义为颈项，俗称脖子。

饽（餑 bō）：馒头或其他块状的面食；甜食，点心。

勃 bó：形声，从力孛声，本义为排、推动。

哱 pò：吹气声；bā，哱拜，鞑靼族的一支，亦称巴拜；bō，呼哱哱，戴胜鸟的俗称。

拓展：

侼 郣 拵 浡 荸 娦 峬 桲 敦 脝 焞 犦 鹁 綍 錍 馞 葧 鹎

备 惫 邍

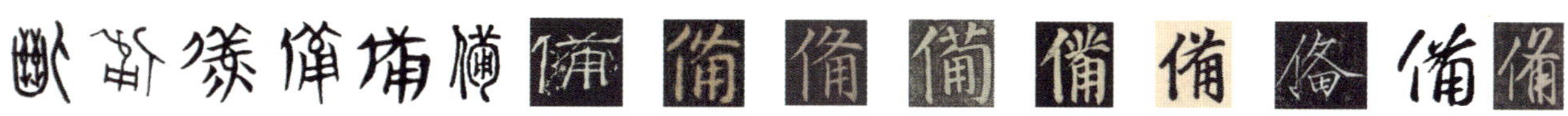

（甲骨 金文 楚简 楚简 秦简 说文 礼器碑 王羲之 欧阳询 颜真卿 颜真卿 颜真卿 宋徽宗 王羲之 米芾

王羲之 贺知章 赵孟頫 康里巙 简帛 王羲之 王羲之 章草）（古文 说文 说文 颜真卿 赵孟頫 朱耷 徐伯清

颜真卿 王羲之 于右任 章草）（甲骨 金文 金文 金文 金文 金文 金文 说文 金文 说文 索靖 王羲之）

辨析：

备字有“用＋攵、艹（備）、业（颜真卿写法）”和“备”的两类写法，草书只有从繁从简的两种。可拓展。

备（備 bèi）：形声，从人𤰈声，本义是谨慎、警惕；通惫，疲乏、困顿；异体字有俻偹偹僃备葡等等。

惫（憊 bèi）：形声，从心備声，本义是疲乏、困顿；异体字可从忄或疒。

邍（原 yuán）：高平之野，人所登，从辵备录，今原字。

拓展：

偹 俻

本 1：本 钵 苯 笨 鉢

（金文 楚简 李斯 说文 张迁碑 宝子碑 欧阳询 颜真卿 柳公权 赵孟頫 赵佶 王羲之 王羲之 董其昌

王羲之 怀素 高闲 米芾 宋克）（石韵府 衡方碑 欧阳询 赵孟頫 王羲之 米芾 董其昌 王羲之 董其昌 章草）

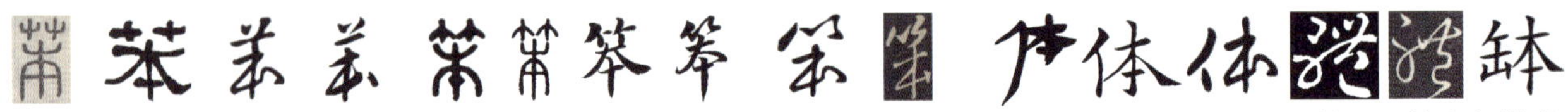

（篆字汇 衡方碑 王羲之 李洤）（金文 说文 智永 王羲之 王羲之 王铎 ）（汉简 王羲之 王羲之 刘炟 王献之）楷书

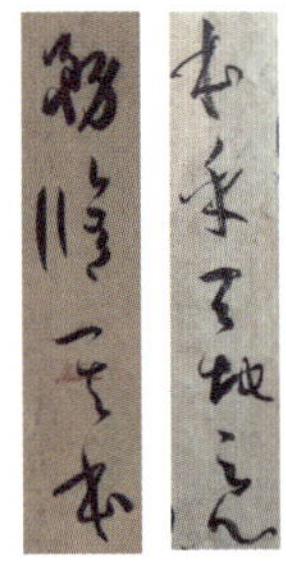

辨析：

本字的结构稳定，草书为改变书写顺序，最后的捺写成一个点。可拓展。体从人从本，古代的体和體是两个字，“体”是“劣”，又指粗笨，身体的体字，其本字是體（见体页）。

本 běn：指事，小篆字形从“木”，下面的一横指明树根之所在，本义是草木的根或靠根的茎干。

钵（鉢 bō）：形声，从金本声，僧人的食器。

苯 běn：有机化合物的一类。

笨 bèn：形声，从竹本声，本义为竹里，指竹的内表面，竹子的内层，通称竹黄；笨重、拙劣、粗大沉重，智力差、愚笨；不灵巧、不灵活。

鉢 bō：出家人盛饭食的器具，泛称可盛酒、装东西或洗涤东西的圆形金属或陶瓷用具；同钵。异体字有钵、盋和盋等。

拓展：

体（體 軆）呠 泍 庯 体 炑 砵 絊 骵 栶 鉢 躰

P14.1 务修其本　P37.3 本乎天地之心

本 2：皋 翱 嗥 槔 皞 滜 暤

（金文 简帛 说文 曹全碑 曹全碑 欧阳询 颜真卿 柳公权 赵孟頫 宋徽宗 王羲之 王铎 史游 索靖 王羲之 章草）

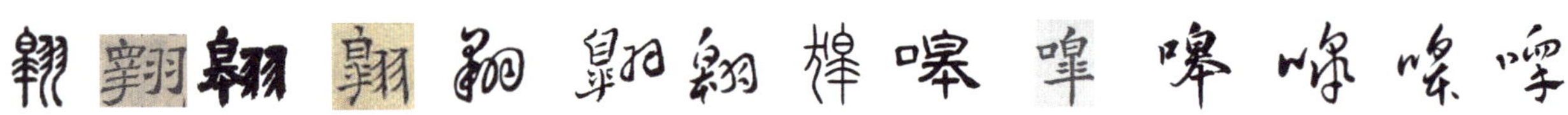

（说文 隶辨 邓石如 文徵明 王羲之 郑板桥 章草）（说文 曹全碑 五经文 王羲之 王羲之 李洤 章草）

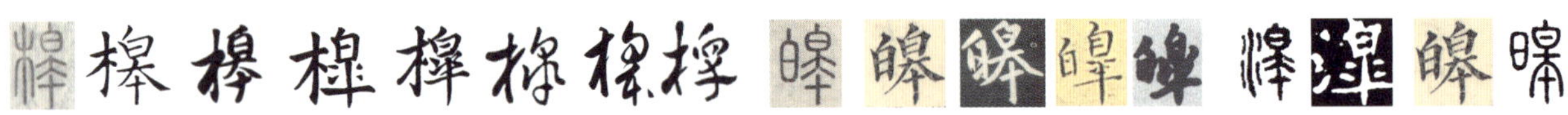

（真本 王羲之 王羲之 颜真卿 赵孟頫 王羲之 李洤 章草）（篆字汇 彭玉雯 赵孟頫 王宠 唐寅）（小篆 千唐）（说文 彭玉雯）

辨析：

皋字的异体字较多，草书上边可从白字或自字，下边可从羊、本、幸及“十+上面左右各两点”等字。可拓展。

皋（臯臯睾 gāo）：形声，从白本，湖边的地得日光最早，本义为泽边地，通高、咎；háo，嗥。

翱 áo：形声，从羽皋声，本义为翅膀上下振动而回旋地飞。

嗥（嘷嘷 háo）：咆也，野兽吼叫，通号；獆，古同嗥。

槔（槹 gāo）：桔槔 jié gāo，井上汲水的一种工具。

皞 hào：洁白光亮；心胸舒畅。

滜 zé：古同泽，光润；hào，古通嗥，鸣、叫。

暤 hào：洁白明亮的样子；《玉篇》作暤。

拓展：

獆 瘽 䫑 諕 嶱 蓦 鄡 顙 磇 韓 鶾

B

匕 牝 麀 眞 顷 匙 颍

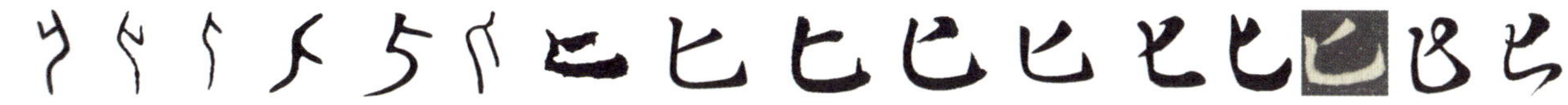

（甲骨 甲骨 甲骨 金文 楚简 说文 武威简 欧阳询 颜真卿 柳公权 赵孟頫 王羲之 米芾 皇象 王羲之 傅山）

（甲骨 甲骨 甲骨 甲骨 甲骨 甲骨 甲骨 甲骨 金文 简帛 简帛 说文 王羲之 王羲之 皇象 王羲之 李淦 傅山）

（说文 石鼓文 赵孟頫 史游）（金文 石鼓文 黄庭坚）（说文 王铎 王羲之）（说文 颜真卿 王羲之）（黄庭坚 王羲之）

辨析：

匕字的结构稳定，行草书为快写。牝字字形在统一前有从各种动物的写法，特别是甲骨文（合19987）有一个牛从匕从土的合体字值得进一步探究。“化比尼北旨老死葬毙仑此囟”等字见相关页。

匕 bǐ：象形，从二匕，匕亦声，甲骨文字形像汤匙形，本义是勺子；一说“匕”像反人形，为妣字的初文。

牝 pìn：形声，从牛匕声，依甲骨文，“匕”为雌性动物的标志，本义是雌性的禽兽。

麀 yōu：牝鹿也，从鹿从牝省。

眞 zhēn：《说文》仙人变形而登天也，同真。

顷（頃 qīng）：会意，从匕（bì）从页（xié），匕有排列比较义，也有不正之义；页为头，合起来表示头偏，本义是头不正。通倾，倾斜、偏侧。

匙 chí：舀汤用的小勺子（亦称“调（tiáo）羹”）；shi，钥匙。

颍 yǐng：水名，颍河，淮河最大的支流。

拓展：

化 比 尼 北 旨 老 死 葬 毙 仑 皀 此 囟 皀 虐 沘 旨 朼 昆 壱 疕 砒 顷 阜 讹 酡 龇 嵫 堤 毙 颍

比 1：比 批 琵 毖 毙（斃）妣 庇 屁

（甲骨 金文 简帛 乙瑛碑 魏碑 王羲之 欧阳询 褚遂良 颜真卿 宋徽宗 王羲之 王献之 张芝 皇象

王羲之 智永 张旭）（石韵府 智永 索靖 王羲之）（说文 欧阳询 王羲之 索靖 王铎）（说文 颜真卿 索靖 孙过庭）

（颜真卿 王羲之 说文 颜真卿 孙过庭）（金文 金文 金文 说文 褚遂良 章草）（说文 王羲之）（说文 王羲之 王羲之）

辨析：

比字的结构稳定，草书的特点是有两个三角形结构，也有快写和简省为三点的。需要注意的是比字的第一个匕字在草书中不可以写为两个点。昆、皆和鹿等字从比，参见相关页。

比 bǐ：会意，从二匕，匕亦声，甲骨文字形像两人步调一致，比肩而行，它与“从”字同形，只是方向相反，《说文》：“二人为从，反从为比。”本义为并列、并排。

批 pī：形声，从手比声，本义是反手打。

琵 pí：从珡比声，琵琶。

毖 bì：形声，从比必声，本义是谨慎。

毙（斃 bì）：形声，从死敝声，在先秦古书中的獘，在流传中往往被改成斃，本义是仆倒、倒下去。

妣 bǐ：形声，从女比声，本义为母亲。

庇 bì：形声，从广比声，遮蔽。

屁 pì：从肛门排出的臭气；小，没有作用；胡说，没有道理的话。

拓展：

阰 吡 坒 毗 沘 纰 芘 坒 枇 柴 毞 玭 肶 豉 柴 肶 祉 毗 昆 毘 疪 砒 秕 皀 庪 祉 鹿

P 6.5 比真则长草

B

比 2：蓖 毕 荜 筚 跸 哔

（金文 篆字汇 赵之谦 欧阳询 颜真卿 柳公权 赵孟頫 王羲之 米芾 赵孟頫 郭沫若 王羲之 黄庭坚 章草）

（甲骨 金文 金文 简帛 说文 肥致碑 曹全碑 欧阳询 颜真卿 米芾 皇象 王羲之 邓文原 王羲之 王羲之 文徵明）

（金文 说文 王羲之 王羲之）（说文 欧阳询 赵孟頫 王羲之）（金文 曹全碑 王羲之 王羲之 章草）（金文 王铎 章草）

辨析：

蓖字字形稳定，草书为快写。毕（畢）则有"繁简字"两种，统计发现，历代书家，毕（畢）字写"畢"；跸字的隶楷行，繁简约各占一半，草书一般写"跸"；荜筚哔三个字除了篆隶，楷行草则简写的居多。可拓展。

蓖（萆 bì）：一年生或多年生草本植物，种子称蓖麻子，可榨油，医药上用做轻泻剂，工业上用做润滑油等，亦称大麻子。

毕（畢 bì）：会意，甲骨文上端像网形，下端是柄，古时用以捕捉鸟兽、老鼠之类的器具，金文又加了"田"，意思是田猎所用的网，本义为打猎用的有长柄的网。

荜（蓽 bì）：形声，用荆条竹木之类编成的篱笆。

筚（篳 bì）：形声，从竹毕声，用竹子编成的篱笆。

跸（蹕 bì）：从足毕声，帝王出行时开路清道，禁止他人通行。

哔（嗶 bì）：形容短促响声。

拓展：

滭 彃 滭 𠌿 𣀔 㮰 𤩽 熚 罼 𧝣 篳 縪 趩 鏎 饆 𩘺 鞸 韠 𩴾 驆 鷝 𩸁 𪎬

必 祕 秘 泌 柲 毖 宓 铋 苾

（甲骨 金文 楚简 楚简 金石索 说文 李阳冰 曹全碑 欧阳询 赵孟頫 王羲之 王羲之 王羲之）

（说文 褚遂良 孙过庭）（吴昌硕 赵孟頫 王羲之 王羲之）（楚简 说文 虞世南 王羲之）（说文 欧阳询 邓文原）

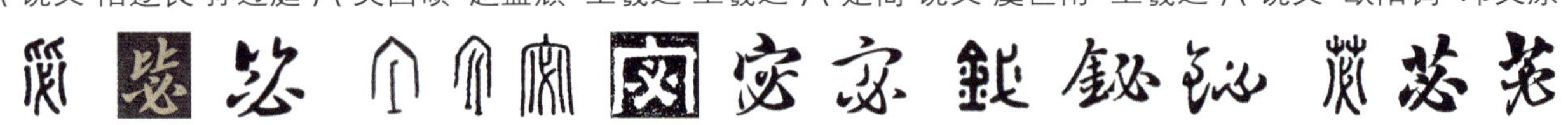

（说文 赵孟頫 王羲之）（甲骨 甲骨 说文 樊敏碑 王羲之 王羲之）（金文 赵孟頫 王羲之）（说文 智永 王铎）

辨析：

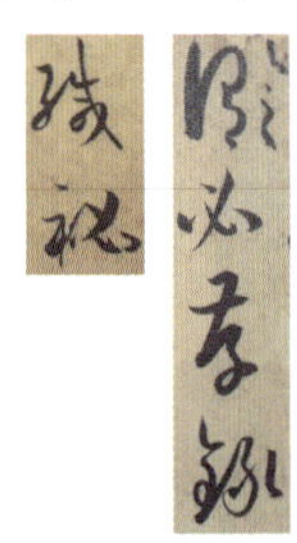

必字从八从弋，字形稳定，草书写法在于起笔的顺序：1. 为中间的点起笔；2. "丿"起笔。后世用"丿"起笔的居多。可拓展。

必 bì：会意，从八从弋，弋亦兼表字音，八表示分，"弋"即"杙"，小木桩，合起来指用木杆做标记，本义为区分的标准。

祕（秘 mì）：形声，从禾必（bì）声，本义是一种香草；《说文》曰："祕，神也，从示必声。"

秘（祕苾 mì）：不公开的；珍贵罕见。

泌 bì：形声，从水必声，泉水涌出的样子；mì，分泌。

柲 bì：柄，多指兵器的柄具；bié，拗，戾，手推物。

毖 bì：形声，从比必声，谨慎。

宓 mì：安宁；fú，古同伏，伏羲亦作宓羲。

铋（鉍 bì）：金属元素，原子序数 83。

苾 bì：香，芳香。

拓展：

咇 妼 怭 㘠 抋 珌 䏟 袐 䀣 虙 䎵

P7.3 谓必存录　P17.2 缄秘已深

敝 獘（弊） 幣 斃（毙） 憋 蔽 撇 鼈（鳖）

（甲骨 甲骨 金文 简帛 说文 李阳冰 史晨碑 颜真卿 王羲之 王羲之 王献之）（金文 说文 赵孟頫

欧阳询 王羲之 宋徽宗 隶辨 欧阳通 米芾 王羲之 王珣 欧阳询）（说文 赵孟頫 邓文原 说文 颜真卿 怀素）

（说文 颜真卿 颜真卿 孙过庭 于右任）（欧阳询 王羲之 ）（宋徽宗 王羲之）2（智永 王羲之）（虞世南 韵会）

辨析：

弊从敝从廾，弊有异体字獘，其下边的部件廾可以草化为“大”字。可拓展。

敝 bì：从攴从㡀，帗也，一曰败衣，指破旧，引申义是败坏，衰败。

獘（弊 bì）：形声，字本作獘，从犬，敝声，从犬表示被狗扑倒或遭狗咬而倒下，讹变为弊，本义是仆，向前倒下；同斃，通蔽；判决，决定。

幣 bì：帛，财物，货币，赠送，通敝。

斃（毙 bì）：从死，敝声，先秦古书中的獘字，在流传中往往被改成斃，本义是扑倒，倒下去。

憋 biē：形声，从心敝声，本义为性急；凶恶，执拗，憋闷，闹别扭。

蔽 bì：形声，从艸敝声，本义是小草；隐藏，庇护。

撇 piē：丢开，抛弃；由液体表面舀取。

鼈（鳖 biē）：并列切，甲魚。

拓展：

嫳 彆 徶 潎 獙 擎 瞥 獒 瞥 襒 蟞 鱉 蹩 鷩 蹩 鐅

P5.3 今不同弊　P49.2 矜敛者弊于拘束

辟 1：辟 壁 璧 鐾 甓

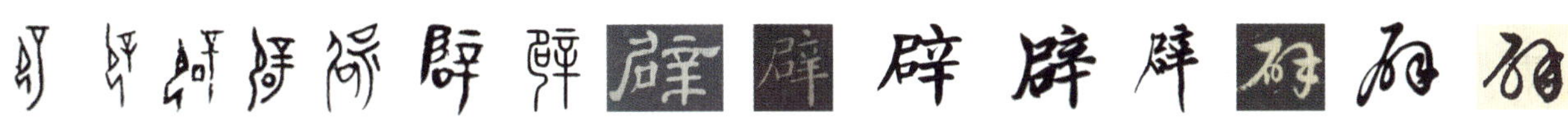

（甲骨 甲骨 甲骨 金文 楚简 秦简 说文 夏承碑 欧阳询 颜真卿 王羲之 黄庭坚 皇象 王羲之 文徵明）

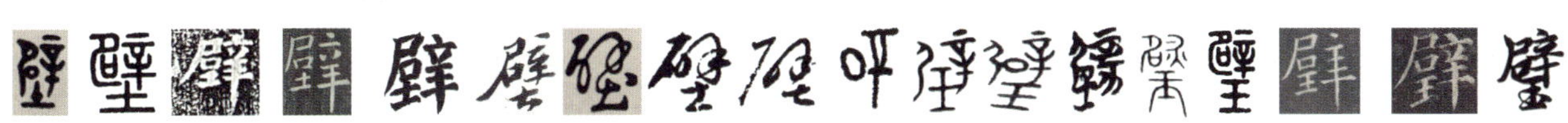

（金文 说文 熹平碑 欧阳询 颜真卿 苏轼 王羲之 智永 怀素）（甲骨 金文 金文 楚简 古文 说文 欧阳询 颜真卿 王羲之

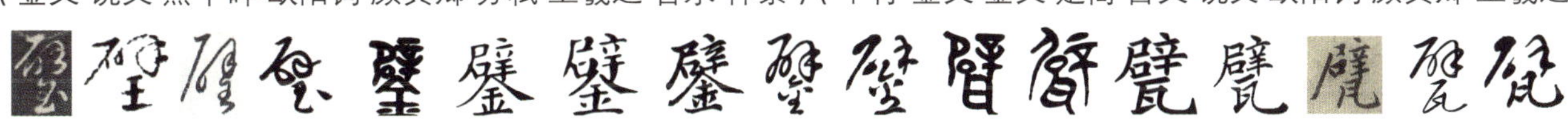

汉章帝 皇象 怀素 黄庭坚）（金文 欧阳询 颜真卿 赵孟頫 王羲之 章草）（金文 简帛 欧阳询 褚遂良 赵孟頫 李洤 章草）

辨析：

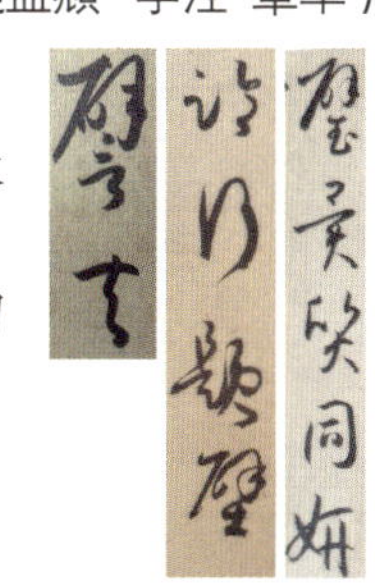

辟作为字根使转稳定，草书，尸写厂，辛字草化为一竖两横，拓展后草法结构没有变化。壁字下边的土字草书为快写，譬字下的言字，从言字的草法。臂譬等见相关页。

辟 bì/pī/pì：《说文》：“辟，法也，从卩、从辛，节制其辠也；从口，用法者也。”

壁 bì：形声，从土辟声，本义是墙壁。

璧 bì：形声，从玉辟声，本义为平而圆，中心有孔的玉。

鐾 bèi：在布、皮、石头等物上把刀反复摩擦几下，使锋利。

甓 pì：砖，古代又称瓴甓，用砖砌。

拓展：

礔 辟 壀 擗 椑 霹 薜 鐾 襞 檗 甓 澼 靡 躃 鐴

P9.3 临行题壁　P53.2 随珠和璧异质同妍　P48.2 譬夫芳林落蘂（蕊）

辟 2：僻 噼 澼 擗 避 薜 霹 闢 癖

（金文 简帛 说文 欧阳询 欧阳询 王羲之 王羲之）（金文 颜真卿 文徵明 启功 章草）（篆字汇 欧阳询 黄庭坚 王铎）

（金文 颜真卿 颜真卿 王铎 王羲之）（甲骨 金文 金文 柳公权 宋徽宗 米芾 王羲之）（金文 说文 智永 王羲之 王宠）

（金文 柳公权 柳公权 王羲之 王羲之）（金文 楚简 金文 说文 赵孟頫 虞世南 王羲之）（金文 王羲之 智永 章草）

辨析：

辟字拓展的字，各体写法同前。所涉字根参见相关页。

僻 pì：退避、回避，偏僻、偏远，邪僻，偏执，歪、斜；通嬖，受宠爱的人。

噼 pī：象声词，噼里啪啦，噼啪。

澼 pì：洴澼，漂洗。

擗 pǐ：捶胸，捶打，掰；bò，同擘。

避 bì：躲，设法躲开，防止，离去，隐藏，逊让。

薜 bì：古书上指薜荔、当归、野麻。

霹 pī：雷电轰击，雷击劈折；霹雷、霹雳。

闢 pì：同辟。

癖 pǐ：对事物的偏爱成为习惯；中医指饮水不消的病；古同痞，痞块。

拓展：

檘 繴 鐴 䁹 𤢩 𡾰 壀 礔 孹 㱸 𦆀 䢃 隦 㵨 𠯈 𦠆 鷿

辟 3：劈 檗 擘 嬖 襞 廦 糪 繴 躄 幦

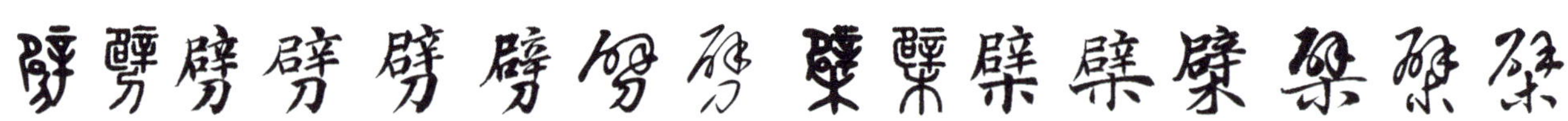

（金文 说文 智永 虞世南 颜真卿 王羲之 王羲之 李洤）（金文 说文 欧阳询 褚遂良 王羲之 赵孟頫 王羲之 章草）

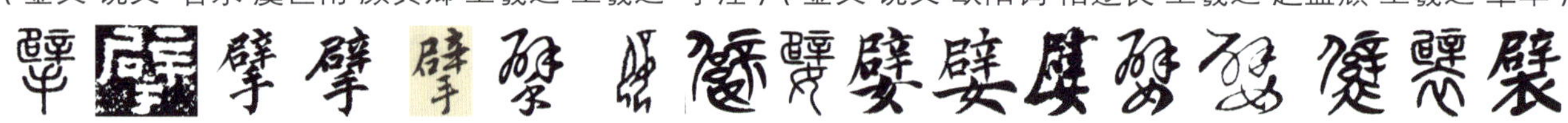

（说文 鲜于璜 柳公权 赵孟頫 唐寅 王羲之）（甲骨 简帛 说文 智永 欧阳询 米芾 王羲之 韵会）（简帛 说文 颜真卿

文徵明 王羲之 赵孟頫 王羲之）（说文 楷书）（说文 五经）（金文 说文 彭玉雯）（说文 六书通 彭玉雯）（说文 彭玉雯）

辨析：

辟字拓展的字，各体写法同前。所涉字根参见相关页。

劈 pī：破开，分割，俗称雷击为劈，正对着、冲着，辨，不能自持，嘶哑；pǐ，把绳股分开以拆散，剥……摘叶子，腿或手指等过分叉开。

檗 bò：木名，即黄檗，也称黄柏。

擘 bò：大拇指；bāi，同掰。

嬖 bì：宠幸，受宠爱的人。

襞 bì：衣服和肠、胃等内部器官上的褶子，摺叠衣裙。

廦 bì：古同壁，墙；室屋。

糪 bó：半生半熟的饭。

繴 bì：一种能自动翻盖的捕鸟器。

躄 bì：跛脚，仆倒。

幦 mì：漆布，古代车前横木上的覆盖物。

拓展：

蘗 躃 鞞 鷿 鸊 鼊

B

臱 邊（边） 櫋 笾

（楚简 说文 楷书）（甲骨 甲骨 金文 金文 楚简 说文 边达碑 欧阳询 欧阳询 柳公权 颜真卿 颜真卿 成亲王

王羲之 李邕 苏轼 索靖 王羲之 怀素 韩道亨 郑板桥 王羲之 王铎 于右任 章草）（北大简 说文 米芾 皇象）

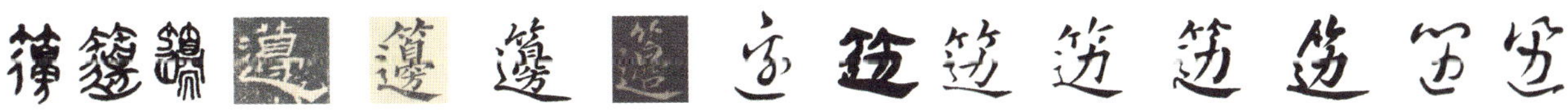

（金文 简帛 说文 礼器碑 彭玉雯 赵孟頫 董其昌 文徵明 汉简 王羲之 欧阳询 颜真卿 黄庭坚 于右任 章草）

辨析：

臱字的甲骨文从自从丙，隶楷讹变形态较多，既有“自丙”从方或从冂组合，也有鸟头加力或加方的写法，简体写法在王羲之的时代已经出现了，草书一般有索靖、王羲之、怀素及简体快写等几种写法。拓展的字应用较少，櫋字的草书明显从其篆书结构，而笾字的变化可参照边（邊）的写法。

臱 biān：古同笾； mián，不见，远望。

邊（边 biān）：形声，从辵臱声，本义是山崖的边缘。

櫋 mián：屋檐板。

笾（籩 biān）：古时祭祀和宴会用以盛干食品的竹器；古代王宫中一种从事杂役的奴隶。

拓展：

⿰亻臱 ⿷匚臱 ⿱宀臱 ⿰土臱 ⿰忄臱 ⿰氵臱

扁 偏 编 篇 骗 翩 蝙 遍 匾

（金文 师毁敦 简帛 華岳碑 说文 颜真卿 赵孟頫 米芾 王羲之 文徵明 赵孟頫 王铎 毛泽东）

（金文 说文 敦煌 敦煌 柳公权 柳公权 王羲之 米芾）（甲骨 说文 欧阳询 王羲之）（说文 颜真卿 鲜于枢 章草）

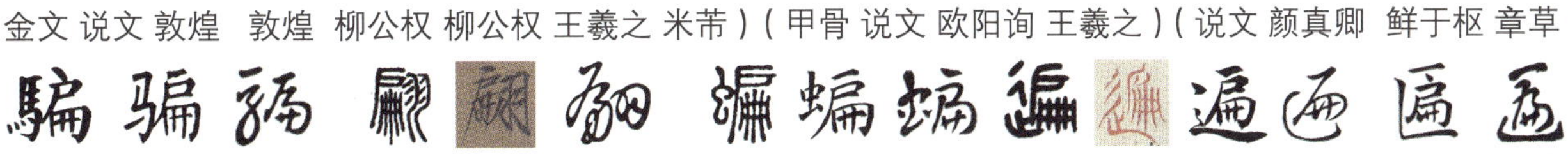

（颜真卿 柳公权 王羲之）（说文 宋徽宗 王羲之）（说文 虞世南 章草）（金文 石韵府 智永 米芾）（王羲之 章草）

辨析：

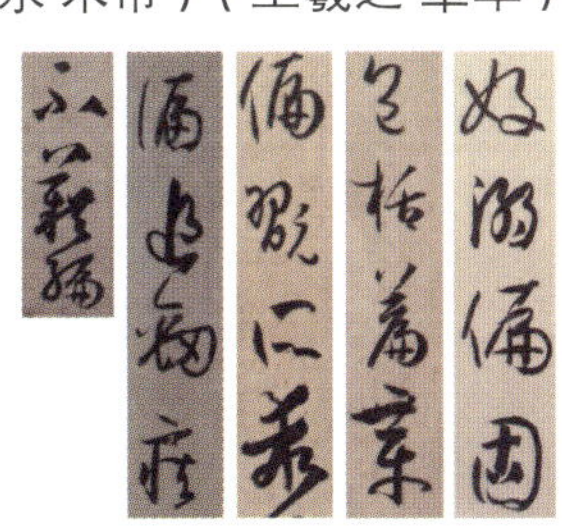

扁从户从“册”，点可写横势，也可省略。草书写法，户草化为厂，“册”为快写或起笔加一使转而形成“7+3+ 卄”的草形。扁字的草书有点无点均可，可拓展。

扁 biǎn：物体平而薄：扁豆、扁担、扁圆、扁铲，古同“匾”，匾额；piān，小，扁舟（小船）。

偏 piān：形声，从人扁声，本义是不正，倾斜。

编（編 biān）：形声，从糸扁声，本义为顺次排列，编结在一起。

篇 piān：形声，从竹扁声，本义是竹简。

骗（騙 piàn）：形声，从马扁声，本义为跃而上马；欺骗。

翩 piān：形声，从羽扁声，本义是疾飞的样子。

蝙 biān：蝙蝠。

遍（徧 biàn）：形声，本义是走遍，普遍，从头到尾经历一次。

匾 biǎn：匾额。

拓展：

谝 㓲 匾 媥 徧 惼 揙 猵 萹 ⿸虍扁 㴜 ⿰立扁 楄 煸 牑 犏 甂 ⿰毛扁 ⿰王扁 ⿰月扁 碥 稨 褊 ⿰瓜扁 㾫 糄 編 艑 ⿰豸扁 諞 蹁 ⿰車扁 蝙 鍽 鯿

P18.3 则好溺偏固自阂通规　P45.4 偏追劲疾　P50. 1 偏玩所乖易曰　P20.3 包括篇章涵泳飞白　P27.3 既常俗所存不藉编录

卞 汴 忭 抃 苄 飰（饭）

（金文 古文 乙瑛碑 欧阳询 虞世南 颜真卿 柳公权 赵孟頫 王羲之 米芾 索靖 王羲之 虞世南 傅山）

（金文 汉简 石韵府 说文 衡方碑 欧阳询 董美人 颜真卿 王羲之 颜真卿 鲜于枢 王羲之 李洤 王铎 章草）

（金文 王羲之 吴昌硕 王羲之）（赵抃 虞世南 柳公权）（金文 欧阳询 王羲之 章草）（鲜于枢 王铎 说文 智永）

辨析：

卞字字形稳定，行草书为快写。可拓展。

卞 biàn：法，法度；古地名，故址在今山东泗水县东。

汴（汳 biàn）：河川名，为黄河支流，也称为汴河；中国河南省开封市的别称。

忭 biàn：高兴，喜欢。

抃 biàn：拍手，鼓掌。

苄 biàn：从艸下声，地黄也。

飰（饭 fàn）：饭的异体字。

拓展：

⿰阝卞 礽 犿 笇 ⿰口卞 ⿰火卞 玣 ⿰木卞 ⿰石卞

辡 辩 辫 辨 辦 瓣

（说文 楷书 简帛 汉印 说文 广义 汗简 石韵府 刘熙 隶辨 虞世南 颜真卿 柳公权 王羲之 王羲之 赵孟頫）

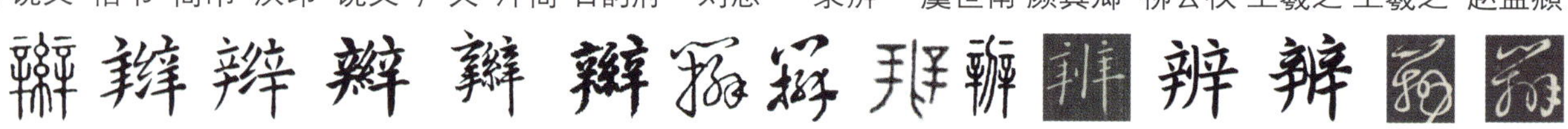

（说文 王羲之 欧阳询 颜真卿 赵孟頫 何绍基 韵会 章草）（金文 说文 欧阳询 欧阳询 王羲之 张芝 王献之）

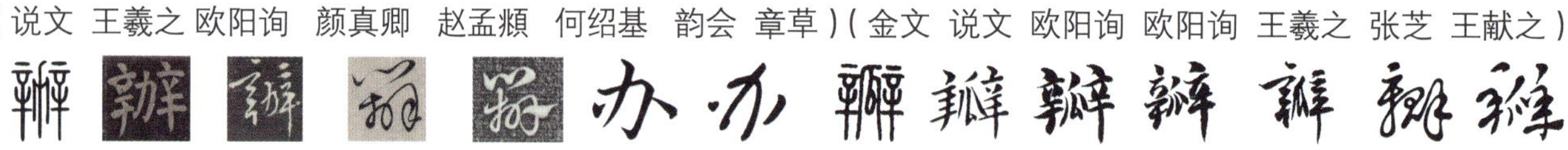

（说文 颜真卿 黄庭坚 赵孟頫 赵孟頫 王羲之 王羲之）（说文 王羲之 智永 王羲之 黄庭坚 王羲之 章草）

辨析：

辡字作为字根，草化后上边一般写三个点，下边左写提手右写“竖点”。注意中间部件的异同。

辡 biàn：古同辩；罪犯相互争辩、辩论。

辩（辯 biàn）：形声，从言辡声，本是辩论、申辩。

辫（辮 biàn）：从糸辡声，交也。

辨 biàn：形声，从刀辡声，本义是判别、区分、辨别。

辦 bàn：力取致力之意。

瓣 bàn：花瓣；植物的种子、果实或球茎可以分开的小块；量词。

拓展：

辧 辩 辫 辨 辦 辬 瓣 辮 辯 𥫻

髟 髣 髴 鬍鬚（胡须）

（甲骨 甲骨 金文 金文 楚简 汗简 说文 欧阳询 颜真卿 王羲之 王羲之 孙过庭 李淦 于右任 章草）

（古文 六书统 瘗鹤鸣 颜真卿 董其昌 武则天 赵构）（说文 何绍基 颜真卿 宋徽宗 李邕 武则天 吴昌硕）

（说文 王羲之 颜真卿 史游 邓文原）（甲骨 金文 楚简 秦简 说文 柳公权 皇象 王羲之）王羲之 宋高宗 王铎

辨析：

髟字从长从彡，草书应交代清楚长字结构，彡可快写或用带笔书写。可拓展。鬍鬚两字可简写为“胡须”，草书亦然。髪字见发（發／髪）。

髟 biāo：从長从彡，头发下垂的样子。

髣髴 fǎng fú：隐约、依稀，约略的形迹，类似、好像，引申为比似、比并，仿照、模仿，大约、几乎。

鬍鬚（胡须 hú xū）：胡子。

拓展：

髦 鬢 髯 髣 髤 髵 髡 髨 髩 髮 髪 髻 髺 鬏 鬠 鬁 鬆 髽 鬙 鬛 鬒 鬃 鬘
P63.2 髣髴

表 婊 裱 俵

（金文 六书 六书统 六书 石韵府 说文 肥致碑 樊敏碑 钟繇 欧阳询 虞世南 颜体 柳公权 赵孟頫 宋徽宗

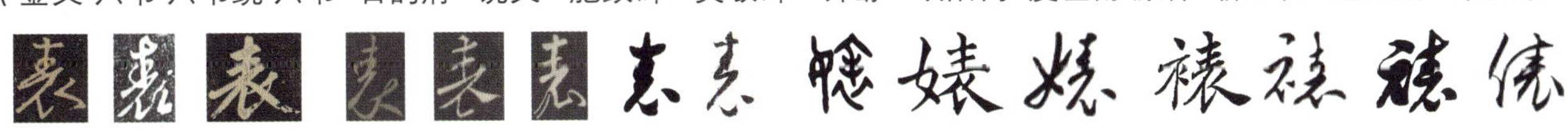

王羲之 王献之 唐高宗 赵孟頫 索靖 王羲之 智永 怀素）（金文 王羲之 王羲之）（褚遂良 章草 徐伯清）日本

辨析：

表字的篆书变化较多，但核心部件是“衣毛”，隶楷字形稳定，草书的特点是衣字下边省了一画。可拓展。

表 biǎo：会意，从毛从衣，“毛”又兼作声符，小篆字形衣字中间加了一个毛字，古人穿皮衣毛朝外面，所以“表”从“毛”，本义为外衣。

婊 biǎo：婊子，妓女。

裱 biǎo：用纸或丝织物把书、画等衬托粘糊起来。

俵 biào：方言，把东西分给人。

拓展：

諘 錶 鰾 脿 掱 䁃

1：冰 凌 冷（冷）冻 冽 冶 次

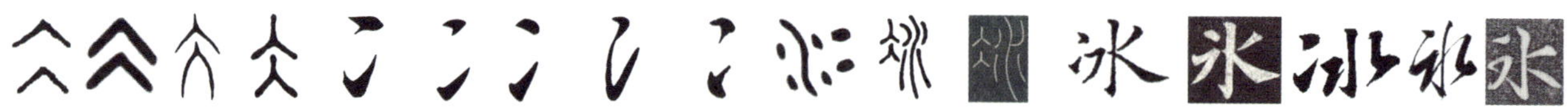

甲骨 金文 汉简 说文 王羲之 欧体 颜体 王羲之 章草（金文 说文 李阳冰 欧阳询 颜真卿 王羲之 米芾 苏辙

王羲之 傅山 朱熹 李洤 章草）（说文 欧阳询 颜真卿 宋徽宗 王羲之 米芾 王羲之 沈粲 王铎 于右任）

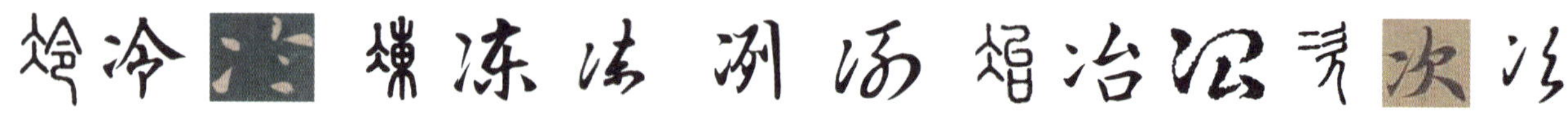

（说文 柳公权 王献之）（说文 赵孟頫 王羲之）（王羲之 王羲之）（说文 王羲之 皇象）（说文 敦煌 王羲之）

辨析：

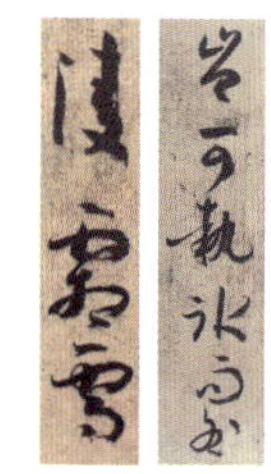

冫字作偏旁，一为冰，如冷冷冻冽凌等；一为次；一为冫省，如况、净等。冰字草书从一点或两点均可。

冫 bīng：古同“冰”，用作部首，俗称“两点水”。

冰（氷）：会意，从仌从水，金文作“仌”，金文字形表示水凝成冰后，体积增大，表面上涨（上拱）形，本义为水冻结而成的固体。

凌 líng：形声，从仌（冰）夌声，本义是冰。

冷（冷 lěng）：形声，从仌，（冰）令声，本义是凉。

冻（凍 dòng）：形声，从仌东声，本义为结冰。

冽 liè：寒冷。

冶 yě：从冫台，以冰融化解释金属销熔。

次 cì：形声，从欠二声，本义是临时驻扎和住宿；第二，居其次；属于质量差的；旅行时停留的处所。

拓展：

况 净 泮 泼 泯 冼 洽 津　P58.5 岂可执冰而咎夏虫哉　P47.2 凌霜雪而弥（彌）劲

2：寒 搴 蝶 騬 㫙

甲骨 甲骨 金文 金文 金文 金文 帛书 简帛 简帛 说文 统要 统要 李阳冰 孟孝琚 文徵明 王铎 伊秉绶

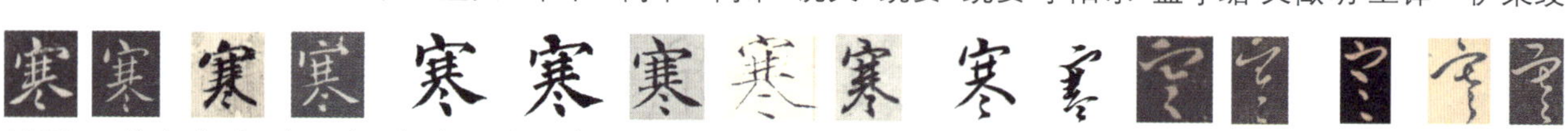

钟繇 王羲之 智永 欧阳询 颜真卿 柳公权 赵孟頫 赵佶 王羲之 黄彰任 黄道周 索靖 王羲之 王羲之 怀素 宋克

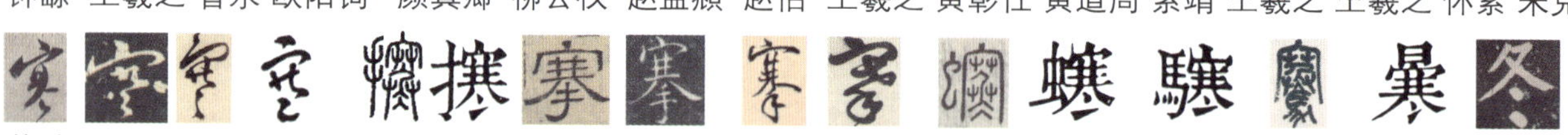

苏轼 皇象 王铎 章草）（说文 楷书 隶辨 欧阳询 米芾 王铎）（篆字汇 楷书）（楷书 吴昌硕）（楷书 颜真卿）

辨析：

寒从寒，篆书变化较多，体现在“宀”下用四个“屮”或四个“工”的变化上，核心是取暖或防寒用的草垫，草书写法是将其结构简化简省、合并拉伸，上边两个“屮”拉平变为“卄”，下边的变为“廾”，两个部件加起来形成现在楷书中的部件。这个“宀”下的三横两竖，草书写法有四类，即“快写、两点、戈勾、草共头”：1. 快写；2. 草化为两点；3. 草化为戈字；4. 草化为“共字头”（近于草书一样的共字）。

寒 hán：冻也，从人在宀下，以茻薦覆之，下有仌，人踡曲在室内，以草避寒，表示天气很冷，本义是冷、寒冷。

搴（搴 qiān）：拔取，后作搴，南楚語。

蝶 hán：蝶蠦，蚯蚓也。

騬（騫 hán）：马多的样子。

㫙：古冬字。

拓展：

僿

B

禀 凛 廪 懔 檩

（金文 金文 金文 说文 西峡颂 欧阳询 颜真卿 王羲之 王献之 赵孟頫 索靖 王羲之 宋高宗）

（说文 莫友芝 石门颂 柳公权 宋徽宗 索靖 王羲之 孙过庭）（说文 颜真卿 黄庭坚 皇象 索靖 王蘧常）

（篆字汇 欧阳询 颜真卿 陆柬之 赵孟頫 王羲之 章草）（甲骨 王羲之 颜真卿 赵孟頫 陆柬之 索靖 王羲之）

辨析：

禀字从亩（参见相关亩页，禀啚亶圖啬等字及拓展的字，甲骨文已有亩字结构），草法，一种从“示”，即禀，索靖写法，将回字草化为三点，其余部件为快写；一种从“禾”，即稟，草法将其中的回字草化为两点或三个点，禾字草书撇后先写中竖，百韵歌云“六手宜为稟”，是也。可拓展。

禀 bǐng：会意，稟为禀的俗字，本义为给予谷物。

凛 lǐn：形声，从仌（bīng 冰）稟（bǐng）声，本义为刺骨的寒冷。

廪 lǐn：会意兼象形，从人回，像屋形中有户牖，本义是米仓。

懔 lǐn：畏惧、恐惧。

檩 lǐn：架在房梁上托住椽子的横木。

拓展：

燣 癛　P22.2 凛之以风神

兵 宾（賓）浜 嫔 膑 滨 殡 缤

（仓颉 甲骨 甲骨 金文 简帛 说文 说文 李斯 好太王 唐玄宗 欧阳询 颜真卿 柳公权 赵孟頫 王羲之 颜真卿

史游 王羲之 怀素 赵孟頫）（甲骨 甲骨 甲骨 金文 金文 说文 宝子碑 智永 王羲之 王羲之 王羲之 智永 王羲之 章草）

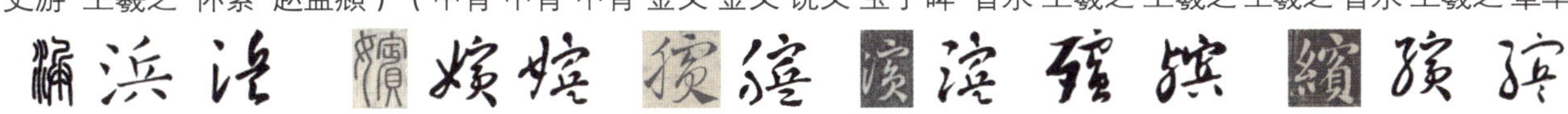

（粗篆 王羲之 王羲之）（说文 王羲之 章草）（邓文原 章草）（赵构 章草）（张瑞图 文徵明）（快雪堂 王羲之 于右任）

辨析：

兵字篆书为双手持兵器，隶定字形稳定，草书“斤加天（天字草书）”，拓展的字为“宾”类的，还可以写“賓”，草书从其异体字宀头下写“两小撇贝”。

兵 bīng：会意，从廾从斤，甲骨文字形上面是“斤”，是短斧之类，下面是廾（gǒng，双手），像双手持斤，本义是兵器、武器。

宾（賓 bīn）：形声，从贝冥（míng）声，甲骨文字形会意，上面像屋形，下面是“人”和“止”，表示客人来到屋下，即宾客到门，金文将“止”改为“贝”，小篆从之。

浜 bāng：小河沟（多用于地名）。

嫔（嬪 pín）：形声，从女宾声，本义是帝王的女儿出嫁；跟从；古代妇女的通称，亦对妇人的美称；帝王诸侯的姬妾。

膑（臏 bìn）：特指古代一种剔掉膝盖骨的酷刑。

滨（濱 bīn）：形声，从水宾声，本义是水边；通濒，靠近、临近。

殡（殯 bìn）：停放灵柩或把灵柩送到墓地去。

缤（繽 bīn）：繁盛、众多，紊乱。

拓展：

俰 娦 掤 埔 梹 鋲 鬂 傧 摈 猸 槟 琕 镔 髌

丙 柄 炳（昺） 怲 陋 病

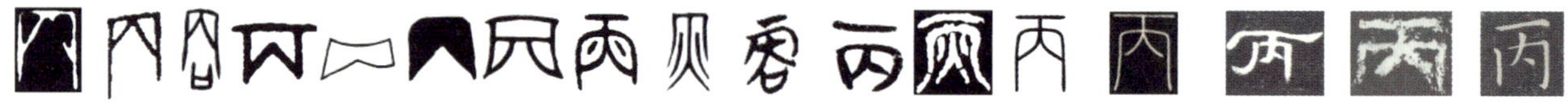

（甲骨 甲骨 甲骨 金文 金文 金文 金文 金文 金文 楚简 秦简 古文 说文 李阳冰 曹全碑 好太王 欧阳询

褚遂良 颜真卿 柳公权 赵孟頫 宋徽宗 王羲之 米芾 王羲之 智永 章草）（甲骨 金文 金文 秦简 说文 王羲之

赵孟頫 王羲之）（金文 金文 楚简 说文 颜真卿 王羲之）（楚简 说文 楷书）（金文 简帛 说文 信本 索靖）（说文 张芝）

辨析：

丙字隶定后字形稳定，行草书为快写。可拓展。病从疒，疒从爿，参见爿系列的病字。

丙 bǐng：象形，本义为鱼尾；假借为天干的第三位，与地支相配。

柄 bǐng：形声，从木丙声，本义为器物的把儿。

炳（昺 bǐng）：形声，从火丙声，本义是光明、明亮。

怲 bǐng：忧也。

陋 lòu：狭窄，狭小。

病 bìng：生病，担心、忧虑等。

拓展：

倂 匼 邴 陃 苪 抦 氞 覀 烎 昞 昺 眪 窉 笍 絧 蛃 寎 鈵 鞆 緶

并 屏 胼 瓶（缾） 軿 迸 饼 骈 姘

（甲骨 秦量文 说文 1 礼器碑 钟繇 欧阳询 王羲之 怀素 傅山 2 夏承碑 欧阳询 宋徽宗 张芝 王羲之

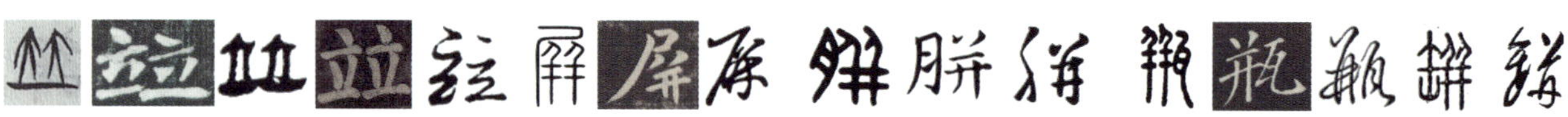

3 盟书 魏碑 王羲之 颜真卿 蔡襄）（说文 王廙 王羲之）（金文 王羲之 王羲之）（说文 颜真卿 王羲之 说文 董其昌）

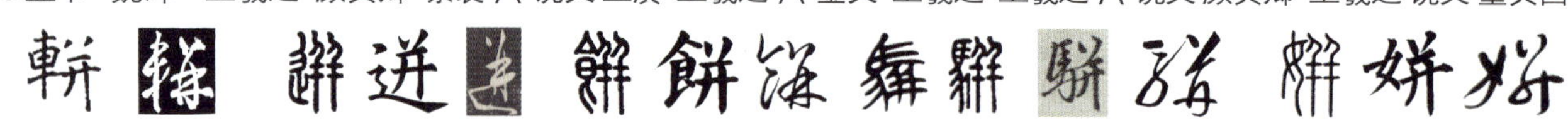

（永泰墓 武则天）（说文 欧阳询 秦观）（说文 颜真卿 空海）（简帛 说文 赵孟頫 查士标）（说文 柳公权 于右任）

辨析：

并字常见的有从并从亚从立的三种写法，草书即从此：1. 并字快写，笔顺先竖或先横的都有；2. 从亚，中间草化两点或三点；3. 从两个立字。拓展的字中一般写第一种，其他的写法少见。

并 bìng：“竝”是“并”的初文，“并”与“竝”在甲骨文中就已经出现，但有所区别：“并”是会意兼指事字，字形像在腿部把两个人连绑在一起，表示把两个或几个物体合并成一个；“竝”的字形则是并排站立的两个人，表示并列，并行，其人形是正面的。

屏 píng：宫殿当门的小墙，又称照壁。

胼 pián：胼胝，手脚上的硬厚皮。

瓶（缾 píng）：形声，从瓦并声，《说文》本从缶，缶，瓦器，即陶制器皿，汲水器。

軿（軿 píng）：古代一种有帷幔的车，多供妇女乘坐。

迸 bèng：爆开，溅射。

饼（餅 bǐng）：圆形薄片或扁圆形的面制食品。

骈（駢 pián）：形声，从马并声，本义是两马并驾一车。

姘 pīn：形声，从女并声，非夫妻男女同居。

拓展：

㔙 洴 併 郱 刐 垪 帲 庰 恲 拼 荓 恲 琒 郱 栟 偋 渆 絣 硑 秲 笄 軿 塀 幈 摒 聠 艵 蓱 蛢 蓱 跰 閞 竮 鉼 箳 頩 麸 鲜 鵧 併 屏 帡 迸 瓶 胼 塀 箳

P15.1 与工鑪而并用

帛 绵 棉 锦

（甲骨 金文 说文 宝子碑 欧阳询 颜真卿 柳公权 赵孟頫 王羲之 王羲之 王献之 赵孟頫 邓文原）

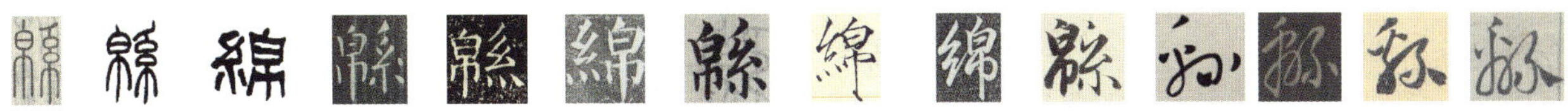

（说文 吴让之 衡方碑 欧阳询 褚遂良 颜真卿 赵孟頫 宋徽宗 王羲之 赵孟頫 王羲之 智永 怀素 邓文原）

（金文 粗篆 衡方碑 欧阳询 颜真卿 王羲之 王羲之 李洤）（金文 秦简 说文 王羲之 苏轼 陆游 皇象 赵孟頫）

辨析：

帛字从白从巾，结构稳定，草书其日字可以草化为两点或“横弯”，巾字草书先写竖划。可拓展。棉从帛，左右部件可以互换，帛、纟的草法左右略有区别，糸字在右边时同“系”字的草书。

帛 bó：《说文》曰：“帛，缯也，从巾，白声。”段玉裁《说文解字注》：“帛，今之璧色缯也。”所谓璧色缯就是白色缯，即白色丝绸，可知“白”在“帛”字中既表声，也表示缯的颜色，帛字的本义是指一种白色的丝织品，后作为丝织品的总称，甲骨文卜辞中多用作地名。

绵（緜緜 mián）：会意，从帛从糸，本义是丝棉，精丝绵，新丝绵。

棉 mián：会意，从木从帛，植物名。

锦（錦 jǐn）：形声，有彩色花纹的丝织品。

拓展：

婂 滆 碲 幫 艊 諞 傷 嫿 幫 檰 櫋 矈　　　P28.5 萧羊已往代祀绵长

卜 钋 讣（訃） 卲 卧 咎（咎）

（甲骨 甲骨 金文 金文 楚简 秦简 说文 王羲之 欧阳询 颜真卿 皇象 王羲之 王宠）（金文 梁培生 王羲之 柳公权

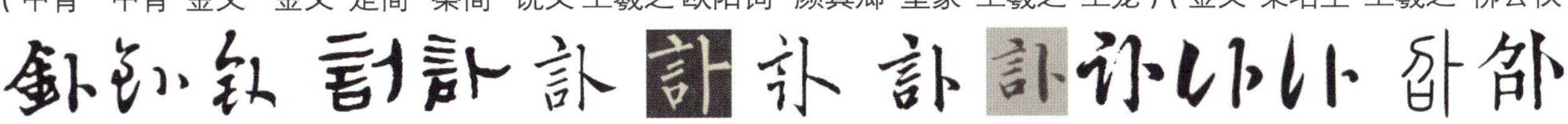

赵孟頫 王羲之 章草）（帛书 衡方碑 褚遂良 柳公权 欧阳询 赵孟頫 董其昌 辨体 王羲之 于右任）（说文 楷书）

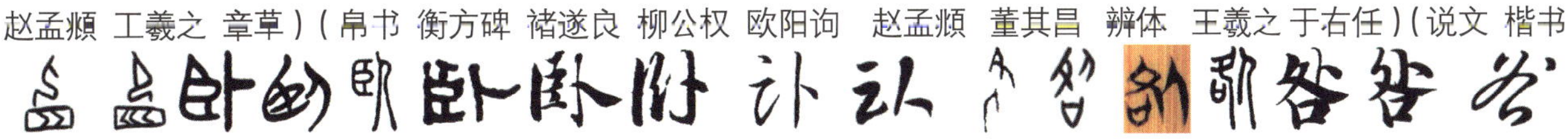

（甲骨 甲骨 金文 简帛 说文 衡方碑 智永 王羲之 李怀琳 章草）（甲骨 甲骨 楚简 说文 智永 王羲之 王羲之）

辨析：

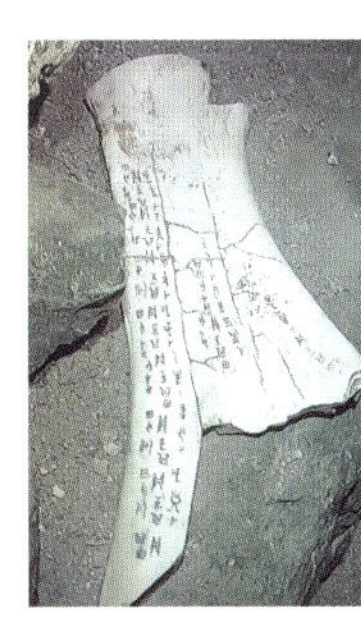

卜字字形稳定，行草书为快写。作为字根有四类，1. 只写卜，见本页；2. 从卜和从菐，如仆（僕𨙸僕）璞（玐）朴（樸）扑（撲）圤（墣）汴（濮）卧（䴀）等等；3. 只写菐；4. 多种变化的，如补（補）炇（爆）赴（跗）肸（服躬）畂（畝畒）犿（仄）竍（亦）卦（耆）兆（兆）兹（兹）迯（遂）赴（麩）竹（策）纠（紒）毎（悔）軋（鶇）惟（鳩）飤（飼）卓骬掛（挂）駁（驗）麩麯（麯）；以上的第 2、第 3 和第 4 部分，可参见菐页。

说明：甲骨图片为尚未发表的室外探险视频截图。

卜 bǔ：象形，甲骨文字形，像龟甲烧过后出现的裂纹形，本义是占卜。

钋（釙 pō）：一种放射性金属元素。

讣（訃 fù）：报丧，报丧的通知。

卲 shào：卜问。

卧 wò：会意，从人臣，臣是竖立的眼睛，本义为人伏在几案上休息，眼睛呈竖立形。

咎（咎 jiù）：会意，从人从各，从各表示相违背，违背人的心愿，本义为灾祸、灾殃。

拓展：

卜 釙

不 否 孬 歪 甭 钚 杯

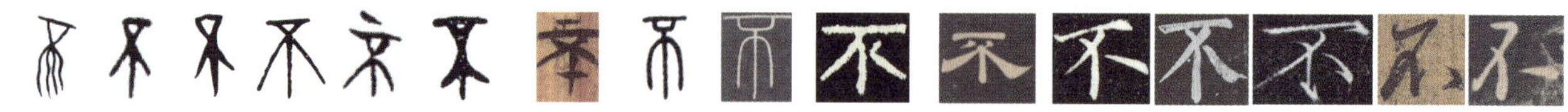

（甲骨 甲骨 甲骨 颂鼎 盟书 金文 清华简 说文 李斯 好太王 李隆基 欧阳询 颜真卿 宋徽宗 王羲之 欧阳询

皇象 王羲之 黄庭坚）（金文 金文 楚简 说文 秦简 柳公权 王羲之 毛泽东）（金文 粗篆 王羲之 王羲之）

（王羲之 赵孟頫 孙过庭）（粗篆 褚遂良 李洤）（曹全碑 文徵明 王羲之）（简帛 赵孟頫 欧阳询 智永 怀素）

辨析：

不字篆书有装饰笔画，隶定字形稳定，草书为改变书写顺序：1. 横起笔，再横、竖和勾相连，撇捺变点；2. 将四个笔画草化为四个点。

需要注意的是，1. 汖乃流也，而巟和不字互为异体字，因此巟为字根的字，草书可以写“不”，参见巟页；2. 简化后有不字的部件，但发音从瞏（huán，还（還）、坏、紑、环、怀、囨）的字，草书有从不和从瞏两种写法，参见相关页。

不 bù：象形，甲骨文字形上面像花蒂的子房，下面像花蕊下垂形，①本义：萼足，《诗·小雅·常棣》：“常棣之花，鄂不韡（wěi）韡。”郑笺：“承华者曰鄂。”②副词，《荀子》：“锲而不舍，金石可镂。”用在动词、形容词或个别副词前，表示否定；《说文》曰：“鸟飞上翔不下来也，从一，一犹天也。”

否 fǒu：会意，从口从不，不亦兼表字音，本义是不然、不是这样。

孬 nāo：不好，怯懦；无能。

歪 wāi：会意，合不正二字为一字，不正为歪，不正、偏斜。

甭 béng：不同二字的合音（一般认为是方言词），相当于不用、不要。

钚（鈈 bù）：锕系元素中的放射性金属元素，原子序数 94，是制造原子弹的主要材料之一。

杯（桮盃 bēi）：形声，从木不声，本义为盛酒、茶或其他饮料的器皿。

拓展：

伓 阫 岺 汖 伾 吥 囨 炁 妚 抔 芣 还 邳 杏 坯 否 炁 炋 炋 坏 怀 环 肧

P14.2 壮夫不为　P41.6 不激不厉

布 佈 怖

（金文 楚简 秦简 说文 李阳冰 邓石如 肥致碑 曹全碑 颜真卿 宋徽宗 憨山 曾布 索靖 王羲之 怀素

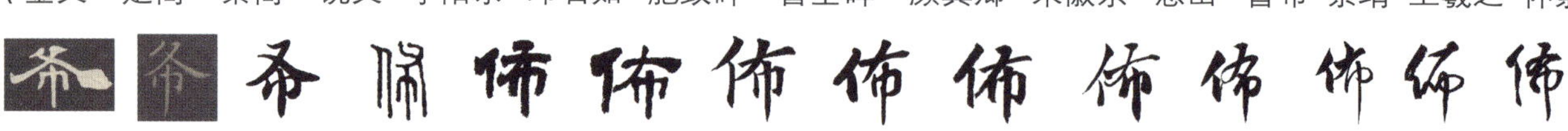

唐玄宗 王羲之 智永）（说文 邓石如 何绍基 欧阳询 黄庭坚 赵孟頫 郑板桥 王羲之 米芾 傅山 王壮为）

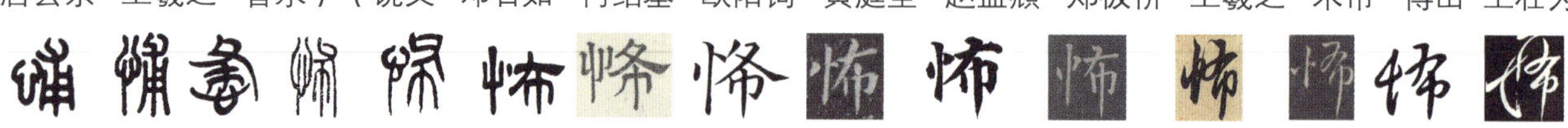

（金文 说文 简帛 说文 吴昌硕 曹全碑 娄机 王羲之 欧阳询 颜真卿 柳公权 赵孟頫 沈粲 王羲之 张旭）

辨析：

布字从父，隶楷都有从父的写法。草书为快写，起笔应写出又字的篆书笔意，可拓展。

布（佈 bù）：形声，从巾父声，本义是麻布；铺开；引申为散开，分布；布列。

佈 bù：同布；同怖。

怖 bù：形声，从心布声，《说文》作悑，本义为惶恐、惊惧。

拓展：

佈 坾 姂 沛 柨 吥 抪 希 俙 郗 娣 峄 唏 悕 浠 狶 钸 欷 晞 桸 欷 稀 蛴 絺 鉓

步 涉 陟（徏） 踄 频 埗（埠）

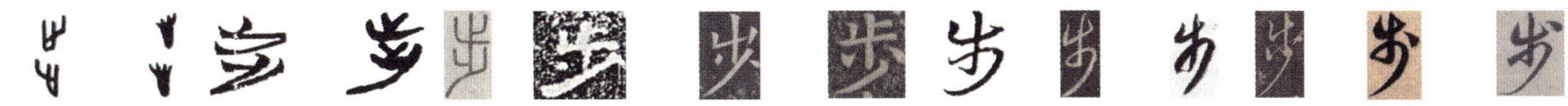

（甲骨 金文 清华简 秦简 说文 熹平碑 欧阳询 颜真卿 皇象 王羲之 智永 米芾 赵孟頫 邓文原）

（甲骨 金文 楚简 石鼓文 邓石如 西狭颂 王羲之 鲜于枢）（甲骨 金文 楚简 李阳冰 褚遂良 王羲之 怀素

楷书 赵孟頫）（说文 欧阳询 王铎 鲁迅）（释梦英 广义 尚博碑 欧阳询 颜真卿 王铎 王铎）（孙万民 王羲之）

辨析：

步字从止（足），篆书为一前一后两只脚，隶定字形稳定，草书为楷书之快写，最后一笔加点或不加点均可。

步 bù：会意，甲骨文字形由两只脚的象形符号重迭而成，表示两脚一前一后走路，本义为行走。

涉 shè：会意，从水步，甲骨文字形中间是水，两边两只脚，像涉水之形，本义是趟水过河。

陟（徏 zhì）：会意，从阜从步，两只向上的脚由低处向高处走，本义是升、登高。

踄 bù：古同步。

频（頻 pín）：会意，从步从页，页为人头，渡河见水深而皱眉。

埗（埠 bù）：古同“埠”，码头。

拓展：

埗（埠） 拺 荹 玪 痄 艕 鈔 鮁 麨　　P6.6 博涉多优　　P20.1 大体相涉

才（附：等）纔 材 豺 财 闭 团

（甲骨 甲骨 甲骨 金文 金文 楚简 秦简 说文 欧阳询 赵孟頫 皇象）（说文 王羲之 异体字 简书 张芝 索靖）

（金文 说文 王羲之 徐渭 祝允明）（金文 楚简 秦简 说文 颜真卿 皇象 王羲之）（金文 说文 智永 皇象 王羲之）

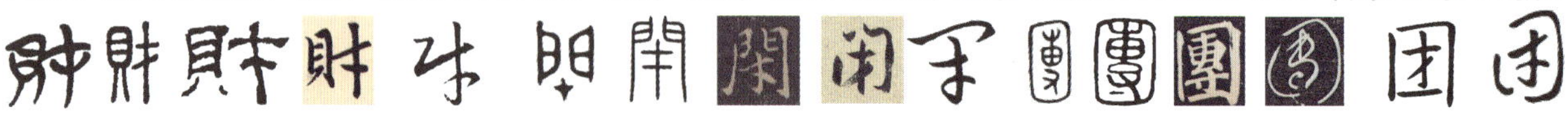

（简帛 说文 乙瑛碑 赵孟頫 王羲之）（金文 说文 王羲之 陆游 韵会）（金文 说文 溥光 薛绍彭 欧阳询 王羲之）

辨析：

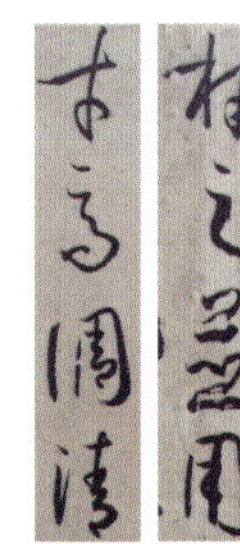

才的篆书表示草木初生，隶定字形稳定，草书是快写，最后一笔为反方向书写。团字的草书从團或从“团”。纔字有异体字纔，草书从免，下边的部件可以看作是上边部件的重复而草化为两点，可参照免页。等与才：草书相类，从源头看异体字相近，王羲之楷书等字，中间的土左边横处有一个点，等字的草书即为省略上边部件，保留那个点与寸字的组合，等字的草书可以上溯到简书、张芝等更遥远的时代，等字的异体字“寸”，亦可以看到与草书互源之影。

才 cái：指事字，最早见于商代甲骨文，本义指草木初生；引申指才质，才能。

纔（纔 cái）：由糸和毚构成，毚字表示大兔子和小兔子之间的差别是很小的，整个字意是织布机上的丝织品前后的差别很小，这意味着刚开始织布，由此产生刚刚和仅仅的含义，“刚刚、方才、仅仅、若、如其”之意，用纔，《西游记》第一回：纔知人事；《桃花源记》：初极狭，纔通人；《儒林外史》第四回：问讯一声纔是。

材 cái：形声，从木才声，本义是木材、木料；资质、本能；通财。

豺 chái：豺形声，从豸才声，狼属，狗声。

财（財 cái）：形声，从贝才声，本义为财物。

闭（閉 bì）：会意，从门从才，“才”是用来闭门的东西，本义是关门，把门合闭起来。

团 tuán：形声，从囗专声，本义是圆。

拓展：

犲 纣 赽 釮 閉 尌 鼒 搸　　P31.6 才高调清　P51.2 体五材之并用

参（曑）1：参 惨 掺 渗 骖

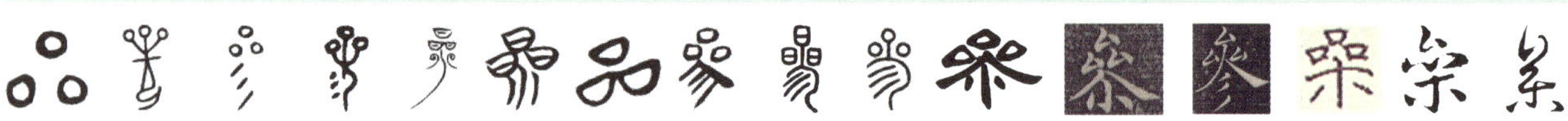

（金文 金文 金文 金文 金文 楚简 楚简 秦简 说文 说文 曹全碑 王羲之 褚遂良 异体 皇象 王羲之）

（说文 简帛 简帛 颜真卿 颜真卿 王羲之 孙过庭）（篆字汇 曹全碑 王羲之 王羲之 孙万民）（说文 曹全碑

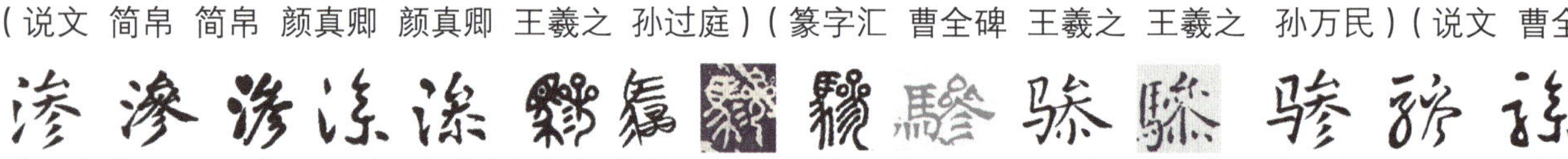

欧阳询 颜真卿 王铎 于右任 章草）（金文 楚简 石鼓文 说文 华山庙 王羲之 欧阳询 樊兴碑 王羲之 于右任）

辨析：

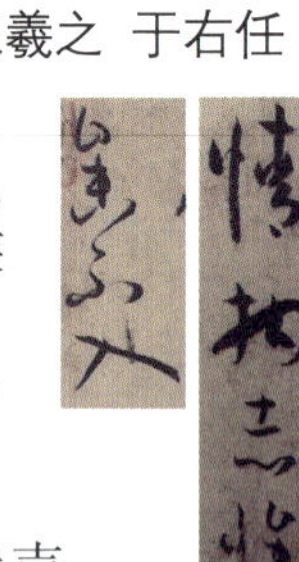

参字的篆书形态变化较多，最简省的为三个圆圈，隶定为“参”，常用的异体字有从小、从彡和从木的几种，各体均见，草书从木而草写“厶乐”的居多。参字是曑的异体字，参见曑页。可拓展。

参（參曑曑叅 cān）：加入在内，相间、夹杂，旧指下级进见上级，弹劾、向皇帝告状；cēn，参差不齐；shēn，人参，星名；sān，同叁，三的大写；偏类碑别字参字引《隋宗卫长史杨畅墓志》参有异体字“曑（见下页）”。

惨（慘 cǎn）：形声，从心参声，本义是残酷、狠毒；悲痛、伤心；厉害、程度严重。

掺（摻 càn）：同参，古时候的一种鼓曲名；也指击鼓三次；chān，搀、涂抹；shān，细小；同扦，女手纤美的样子，掺掺女手；shǎn，执持、握持，操守。

渗（滲 shèn）：形声，从水参声，本义是水往下渗透。

骖（驂 cān）：形声，从马参声，本义为独辕车所驾的三匹马。

拓展：

嵾 幓 毶 穇　　P8.3 曾参不入　P36.1 情拘志惨

参（喿）2：碜 瘆 黪 毵 糁

（金文 粗篆 王羲之 欧阳询 颜真卿 柳公权 赵孟頫 黄庭坚 王羲之 于右任 章草）（隶辨 欧阳询 赵孟頫）

（金文 说文 王羲之 黄庭坚 文徵明 王羲之 于右任 章草）（篆字汇 王羲之 赵孟頫 王羲之 张瑞图 章草）

（古文 说文 汗简 王羲之 颜真卿 颜真卿 黄庭坚 王羲之 章草 说文 石韵府 楷书 说文 石韵府 颜真卿）

辨析：

本页从参，作为字根草写“厶乐”的居多。另需注意所涉异体字的写法。

碜（碜 chěn）：东西里夹杂着沙子；丑，难看。

瘆（瘆 shèn）：使人害怕，可怕。

黪（黪 cǎn）：浅青黑色。

毵（毵 sān）：毵毵，形容毛发、枝条等细长的样子。

糁（糁糣糂 sǎn）：米粒、饭粒，散粒、碎粒；异体字有“糁粆粇糁糠糂糣糓餕餘糉粹餻”。

拓展：

篸 槮 鲹 鯵

参（喿）3：喿 噪 燥 躁 澡 藻

（金文 楚简 秦简 说文 孝慈墓）（金文 智永 王羲之 李淦 说文 虞世南 傅山 王铎 说文 楷书）

（简帛 说文 欧阳询 黄庭坚 王羲之 韵会 隶辨 颜真卿 陆柬之 李淦）（金文 简帛 邓石如 王羲之 王羲之

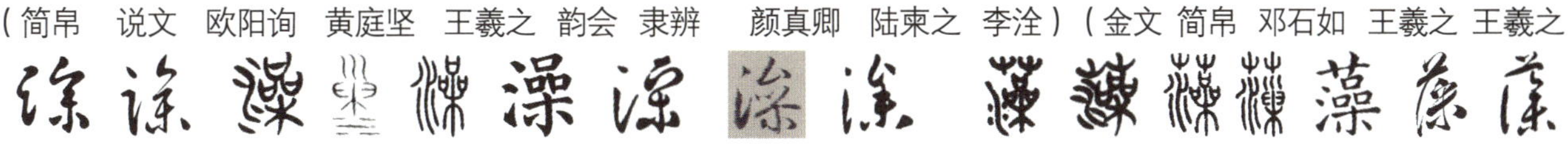

王羲之 李淦）（楚简 古文 说文 颜真卿 王羲之 赵孟頫 孙过庭）（金文 楚简 说文 说文 王羲之 米芾 李淦）

辨析：

异体字典，喿为参的异体字；清马瑞辰《毛诗传笺通释》卷八云：“魏晋间避魏武帝讳，凡从喿之字多改从参。据此看来参与喿混写始于晋代避讳。故《淳化阁帖》卷三王操之落款为王摻之……即是明证。”司马炎于 266 年逼曹奂禅让，改国号晋，曹魏亡，曹奂禅让后被封为陈留王，享天子旌旗，上书不称臣，受诏不拜，陈留国（265—479 年）历经两晋刘宋至南齐，享国 214 年，因此避魏武帝讳有一定的道理，而异体字或是另外原因。喿说文只有三个口的写法，而参字的异体字和小篆，从参从喿的字形都有。需注意的是“扌氵木”三个偏旁从“喿”和从“参”的字所表达的意思是不同的，所以，“扌氵木”旁的“喿”和“参”的草书，应分别写出，其余则都可以用“参”字的草书。

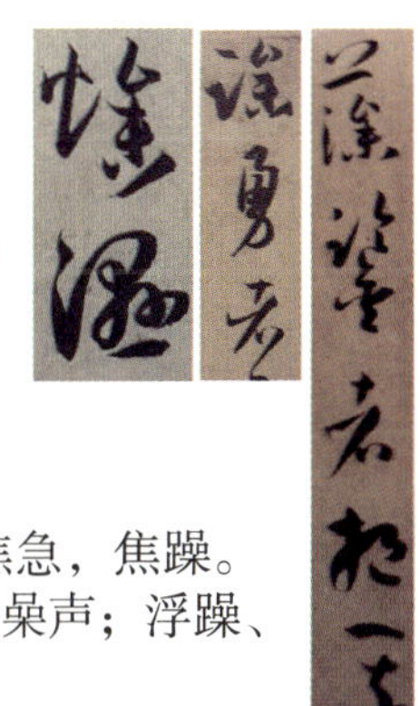

喿 zào：鸟群鸣也，从品在木上；参字的异体字。

噪（譟謲 zào）：许多鸟或虫子乱叫，声音杂乱，许多人大喊大叫、喧哗、鼓动；謲，相怒使也，从言参声，异体字为譟。

燥 zào：干，缺少水分；焦急，焦躁。

躁（趮 zào）：疾也，从走喿声；浮躁、不专一；性急、不冷静。

澡 zǎo：从水喿声，洒手也；洗澡或浸泡，改过，修炼。

藻 zǎo：形声，从艸澡声，本义为藻类植物，古专指水藻。

拓展：

傈 鄵 嬠 幧 缲 毵 璪 瘙 穇 矂 褖 碟 撡 缲

P49.4 躁勇者过于漂泊　　P22.5 验燥湿之殊节　　P15.4 藻鉴者挹其菁华

参（喿）4：操 臊 懆 橾 剿

（秦简 古文 古文 说文 王羲之 欧阳询 颜真卿 宋徽宗 王羲之 智永 怀素 褚遂良 王操之 智永 赵孟頫）

（金文 古文 说文 衡方碑 欧阳询 颜真卿 柳公权 王羲之 王羲之 王羲之 欧阳询 陆柬之 孙过庭 章草）

（说文 何绍基 五经文 王铎）（说文 千唐）（说文 楷书 金文 欧阳询 颜真卿 赵孟頫 王羲之 孙过庭 文徵明）

辨析：

喿作为字根，从喿从参两种写法一直存在，从参的原因见前页的避讳说。剿字同抄，一般写抄字结构。

操（摻 cāo）：形声，从手声，本义是拿着，握在手里。

臊（臊膆臊 sāo）：像尿或狐狸的气味，丑恶的，害羞，羞辱；sào，剁细的肉。

懆 cǎo：忧愁不安的，急躁 。

橾 shū：车毂中间穿车轴的孔；qiāo，古同锹，铁锹。

剿（抄 jiǎo）：讨伐、灭绝，砍、削；chāo，通抄，袭取，抄袭。

拓展：

趮 鐰 譟 鱢 騲

惭 暂（蹔）堑

（说文 简帛 吴让之 北齐 敦煌 敦煌 欧阳询 颜真卿 颜真卿 柳公权 赵孟頫 王羲之 颜真卿 赵孟頫

王羲之 孙过庭 孙过庭 文徵明 蔡襄 毛泽东）（说文 简帛 王羲之 文徵明 王铎 唐玄宗 王羲之 雍正 张芝 索靖）

（说文 六书正讹 五经文 欧阳询 颜真卿 赵孟頫 王羲之 王羲之 鲜于枢 陆游 文徵明 章草）（索靖 欧阳询 鲜于枢）

辨析：

本页的字从斩，斩从车字，车字的草书变化较多，如堑字。暂字有异体字蹔字，各体均见。惭字的各体均见结构位移现象。其他从斩的字参见斩页。

惭（慙慚 cán）：初文写作“慙”，是形声字，“心”为形旁，“斩”为声旁，字形结构为上下结构，后来发展成左右结构，《说文解字》“惭”作“慙”。

暂（蹔 zàn）：形声，从日斩声，从日，与时间有关，本义是时间短。

堑（壍 qiàn）：形声，从土斩声，本义是护城河、壕沟。

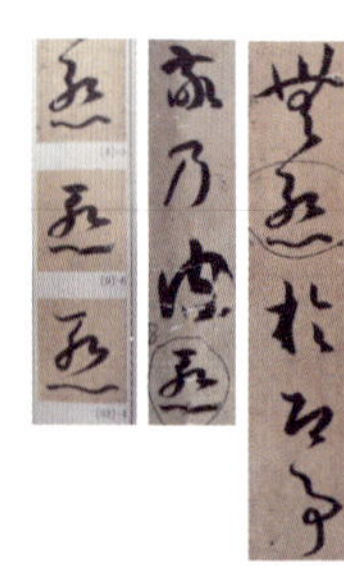

拓展：

崭 暂 P4.3 无惭于即事 P9.6 敬乃内惭

C

仓（倉）苍 创 戗 跄 疮 枪 抢 舱

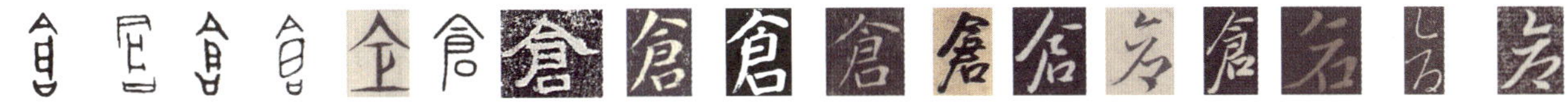

（甲骨 甲骨 金文 金文 说文 说文 熹平碑 王羲之 颜真卿 赵孟頫 米芾 王铎 邓文原 梁巘 史游 王羲之 赵孟頫

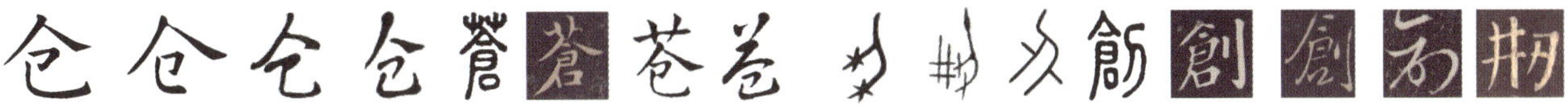

王羲之 欧阳询 文徵明 章草）（说文 王羲之 王羲之 章草）（金文 金文 说文 说文 颜真卿 王羲之 王羲之 颜真卿

王羲之 章草）（说文 王羲之）（说文 王羲之）（柳公权 赵孟頫）（说文 颜真卿 王羲之 张瑞图）（石韵 章草）章草

辨析：

仓（倉）字为仓库形，在草化过程，一种为“人石仓”，即将下边的部件草化为“石”，而“石”的变化又在于“口”的变化；一种是从其“简体”快写。可拓展。

仓（倉 cāng）：象形，甲骨文上像盖儿，中间像一扇门，下面是进出的口儿，合起来表示仓库，本义为粮仓。

苍（蒼 cāng）：形声，从艸仓声，本义是草色，引申为青黑色。

创（創刅刱剏 chuāng）：指事，从刀仓声，金文像一个躺着的人，手上脚上都有小竖，表示受了创伤，是个指事字，本义为创伤、伤口。

戗（戧 qiāng）：逆，不顺，冲突，决裂；qiàng，撑、支撑，大堤外面加帮的小堤。

跄（蹌 qiāng）：行走有节奏的样子。

疮（瘡 chuāng）：皮肤上肿烂溃疡的病。

枪（槍鎗 qiāng）：形声，从木仓声，本义是二树的枝条互相抵拒；古时长柄有尖头的刺击武器。

抢（搶 qiǎng）：形声，从手仓声，本义是抢夺。

舱（艙 cāng）：船上居人置物的部位。

拓展：

伧 呛 怆 沧 炝 玱 疮 鸧 鲶 傖 滄 創 蒼 嗆 嵢 愴 搶 滄 獊 蒼 戧 槍 熗 牄 瑲 稖 瘡 濸 篬 艙 蹌 醦 謒 賶 蹌 鎗 鶬 鶬

曹 糟 遭 漕 槽 艚 嘈 螬

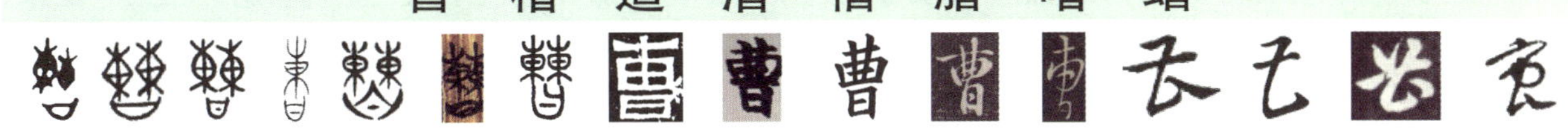

（甲骨 甲骨 金文 金文 石经 楚简 说文 宝子碑 敦煌 欧阳询 米芾 虞世南 史游 王羲之 赵孟頫 曹思邈）

（金文 籀文 说文 欧阳询 皇象 王羲之 智永 鲜于枢）（金文 说文 曹全碑 曹全碑 钟繇 王铎 王羲之 章草 韵会）

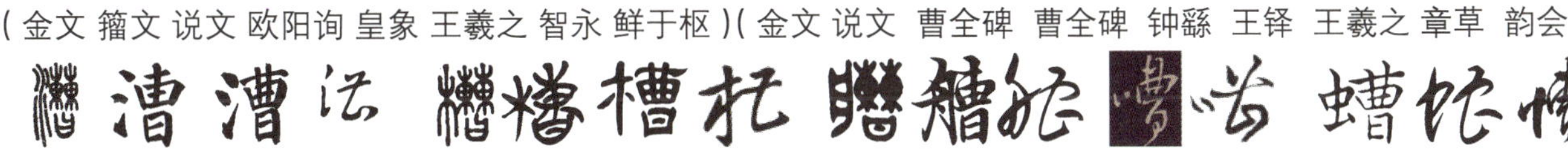

（说文 颜真卿 颜真卿 王羲之）（说文 简帛 曹全碑 孙过庭）（金文 王羲之 李淦）（王铎 黄庭坚）（王羲之 李淦）米芾

辨析：

曹字的篆书从东（東）从曰，结构稳定，草法有二：1.“草头＋日字符（三角）”。即保留草头，中间部件省略，日写三角（参照会字的草书）；2.源于曹字的异体字“𣍘𪱲𣍘”中𣍘字结构的草书（见曹思邈的草书），少见。可拓展。

曹（𣍘 cáo）：始见于商代甲骨文，此字本义指对偶，由此引申为遭逢，由两曹义引申为等辈、群类，又引申为古代分科治事的官署和部门，如刑曹、兵曹、功曹。

糟 zāo：形声，从米曹声，从米，与制酒有关，为酒滓也；籀文，从酉。

遭 zāo：形声，从辵，本义是遇见、碰到。

漕 cáo：通过水道运送粮食。

槽 cáo：形声，从木，四边高起，中间凹入的畜兽饮食器具。

艚 cáo：载货的木船，舵前有木房。

嘈 cáo：喧嘈。

螬 cáo：蛴螬，金龟子的幼虫。

拓展：

蓸 傮 鏪 醩 慒 嶆 褿 鰽　　P15.4 假其糟粕

C

艹 1：草

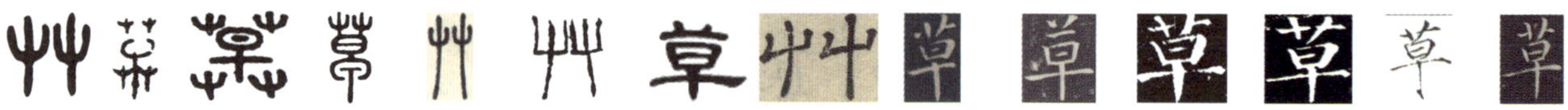

金文 克鼎 石鼓文 说文 邓石如 齐白石 曹全碑 隶辨 卫夫人 欧阳询 颜真卿 柳公权 赵佶 赵孟頫

王羲之 黄庭坚 米芾 1 史游 皇象 索靖 2 王羲之 智永 怀素 孙过庭 米芾 3 米芾 文徵明 王铎 赵金简 毛泽东

辨析：

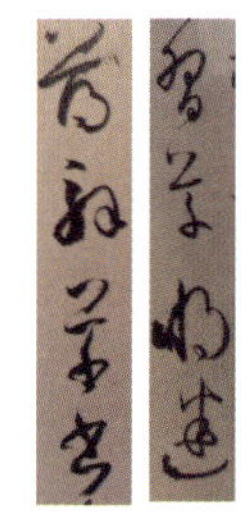

草字的篆书象形，隶定字形一般有二，即草和艸，草书有三：1. 章草，近于快写；2. 草头加“千”字快写；3. 从篆书形的艸字快写，比较少见。

草 cǎo：从艸，早声，见于甲骨文，其本义是栎实，栎树的果实，《说文》：“草，草斗，栎实也。”又是春天最先萌芽生长的植物，也可以指草本植物。引申为野地、山野、民间；又引申指粗略、初步的。又借指雌性牲畜。

拓展：

[illegible] 愺 騲

P18.1 习草将迷　P18.2 薄解草书

艹 2：苗　猫（貓）瞄　锚　鹋　描　喵

（甲骨 金文 说文 樊敏碑 欧阳询 赵孟頫 田英章 王羲之 王献之 颜真卿 王羲之 孙过庭 赵构 王宠 王铎）

（说文 石韵府 汉简 赵孟頫 王铎 欧阳询 颜真卿 黄庭坚 王羲之 章草）（金文 智永 王羲之 王羲之 章草）

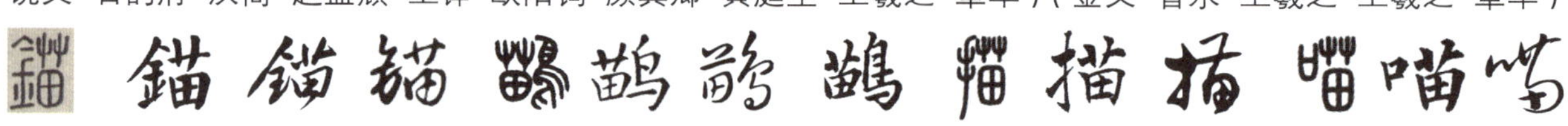

（篆字汇 颜真卿 黄庭坚 王羲之）（金文 王羲之 赵孟頫 王羲之）（粗篆 褚遂良 孙过庭）（粗篆 柳公权 李淦）

辨析：

苗字从艹，其行草书为快写。猫（貓）字篆隶楷写豸和犬旁的都有，草书从犬。

苗 miáo：会意，从田从艸，田里生长的形状象草的东西，本义是禾苗，未吐穗的庄稼。

猫（貓 māo）：狸属，从豸苗声，异体字猫，说文未收。

瞄 miáo：形声，从目苗声，本义是注视目标；视力集中到一点上。

锚（錨 máo）：形声，从金苗声，本义为船停泊时所用的设备。

鹋（鶓 miáo）：鸸鹋。

描 miáo：形声，从手苗声，本义是依样摹写或绘画。

喵 miāo：象声词，形容猫的叫声。

拓展：

偛 媌 庿 渵 穡 緢 鶓

艹3：茶 搽

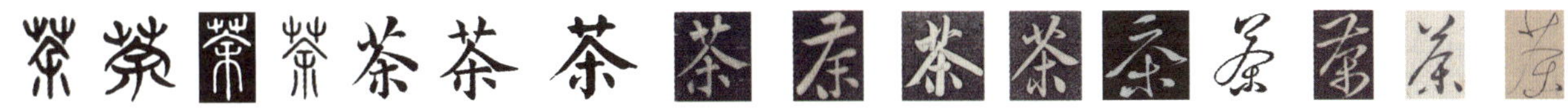

（金文 简帛 古文 说文 智永 欧阳询 颜真卿 柳公权 黄庭坚 米芾 米友仁 徐渭 王羲之 朱熹 谢铎 董其昌）

（金文 粗篆 邓石如 智永 欧阳询 虞世南 褚遂良 赵孟頫 王羲之 黄庭坚 米芾 王铎 王羲之 文徵明 章草）

辨析：

茶苗等字从艹，其行草书为快写。

茶 chá：苦荼也，从艸余声，植物名，多年生常绿灌木或乔木。

搽 chá：敷、涂抹。

拓展：

[illegible] [illegible] [illegible] [illegible] [illegible] [illegible] [illegible] [illegible] [illegible] [illegible]

艹4：蔑 韈（袜 襪 韤）衊 蠛

甲骨 甲骨 金文 金文 楚简 说文 张迁碑 欧阳询 颜真卿 柳公权 赵孟頫 黄庭坚 文徵明 李洤 章草 敬世江

（说文 颜真卿 赵孟頫 赵孟頫 宋高宗 石韵府 王羲之 王铎 章草 颜真卿 倪元璐 篆字汇 郑板桥 董其昌）

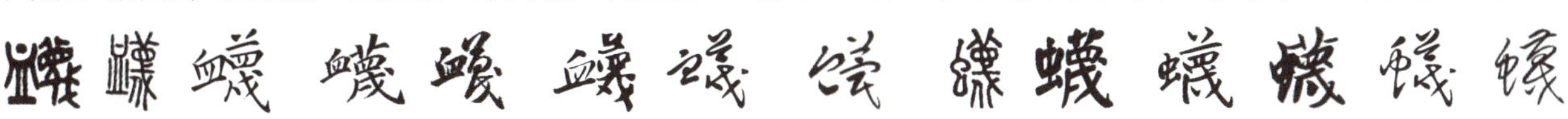

（金文 说文 王羲之 虞世南 王羲之 黄庭坚 王羲之 于右任）（说文 颜真卿 赵孟頫 王羲之 王羲之 李洤）

辨析：

蔑字中间的“罒”为“目”字横写，其草书可快写、一横、省略，下边的戍字草书，左撇反向起笔。可拓展。注意袜字的写法，各体可见韈、袜、襪和韤等四种结体。

蔑 miè：会意，从苜（ mò ）从戍，“苜”是眼睛歪斜无神，“戍”是戍守人，合而表示人过于劳倦眼睛歪斜无神，本义是眼睛红肿看不清。

韈（袜襪韤 wà）：足衣也，穿在脚上的衣物。

衊 miè：从血蔑声，污血也，甲骨文同蔑。

蠛 miè：蠛蠓，细虫也；轻视、小看。

拓展：

鱴 [illegible] 幭 懱 瀎 櫗 [illegible] 礣 [illegible] [illegible] [illegible] [illegible] [illegible]

C

册 1：册 栅 删 跚 珊 姗

（甲骨 甲骨 金文 金文 说文 蔡邕 倦舫 虞世南 王羲之 王羲之 赵孟頫 黄庭坚 方孝孺 王羲之 赵孟頫 韵会）

（甲骨 金文 说文 颜真卿 黄庭坚 王羲之）（甲骨 简帛 说文 欧阳询 赵孟頫 王羲之）（金文 汉简 柳公权

王铎 王羲之 孙过庭）（简帛 说文 欧阳询 颜真卿 王羲之 王宠 韵会）（金文 说文 爨体 赵孟頫 于右任 章草）

辨析：

册字上边的连线有开口和闭合两种，草书亦如此。可拓展。侖扁典龠嗣等字亦从册，参见相关页。

册（冊 cè）：象形，金文小篆字形与甲骨文相似，像简册形，本义是书简，古代文书用竹简，编简名为册，后凡簿籍均可称“册”。

栅 shān：栅栏。

删 shān：简册的内容有问题，就用刀除掉，所以从刀，本义为削除。

跚 shān：蹒跚，跛行，行不进貌。

珊 shān：珊瑚，色赤，生于海，或生于山。

姗 shān：讥讽，诽谤，此义通讪；缓步的样子。

拓展：

姍 栅 狦 珊 笧 栅 跚 篇 鉶

册 2：典 碘 腆 淟

（甲骨 金文 楚简 说文 李阳冰 夏承碑 欧阳询 颜真卿 王羲之 赵孟頫 汉章帝 王羲之 智永 怀素 李洤）

（金文 篆书 汉简 邓石如 智永 欧阳询 颜真卿 柳公权 赵孟頫 王羲之 黄庭坚 米芾 王羲之 李洤 章草）

（古文 说文 欧阳询 褚遂良 颜真卿 赵孟頫 王羲之 蔡襄 王羲之 李洤）（篆字汇 陸柬之 米芾 赵孟頫 吴云）

辨析：

册字上边有分开和合并两种，草书亦如此。典从册，典字草书先写中间两竖。均可拓展。

典 diǎn：会意，甲骨文上面是“册”字，下面是两只手“廾”，本义为重要的文献、典籍。

碘 diǎn：一种非金属元素，供制医药、染料等用。人体中缺少碘会引起甲状腺肿。

腆 tiǎn：形声，从肉（月），典声，本义是丰厚；平善、美好；害羞。

淟 tiǎn：污垢，斑渍；热风，闷热；软弱，懦怯。

拓展：

倎 埧 惧 萛 唺 婰 掑 猆 脊 敟 晪 椣 琠 腆 覥 痶 睓 跈 覥 賟 錪

臿 插 歃 锸（鍤）

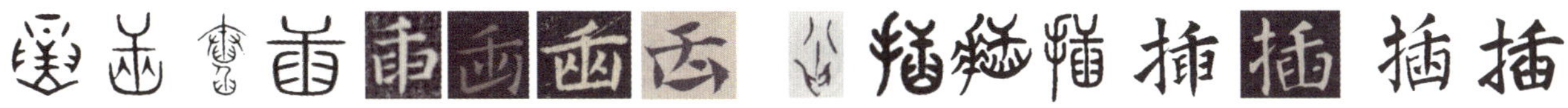

（金文 古文 古文 说文 俞和 史游 皇象 邓文原）（甲骨 金文 楚简 说文 欧阳询 颜真卿 柳公权 赵孟頫

王羲之 王羲之 王羲之 徐渭 于右任 毛泽东）（金文 金文 说文 欧阳询 褚遂良 王羲之 王铎 王羲之 章草）

（甲骨 甲骨 甲骨 金文 说文 文徵明 柳公权 赵孟頫 王羲之 文徵明 欧阳询 颜真卿 黄庭坚 于右任 章草）

辨析：

臿字有下边出头和不出头的两种写法，草书有史游、皇象和邓文原几种。作为字根，臿的草书一般写快写，偶见将臼草化为三点的。王羲之歃字的“欠”字草法，更似“页”字的草书，为连带重写而成，应予注意。

臿 chā：会意，从臼从干，干所以臼之，与舂同意，本义是舂去麦皮，引申为舂捣；异体字有鍤等等。

插（揷 chā）：形声，从手臿声，本义为刺入、挤放进去。

歃（歃唼 shà）：形声，从欠杀声，从“欠”表示与口、出气有关，本义是饮、微吸。

锸（鍤 chā）：形声，从金臿声，本义为长针；铁锹；异体字有臿等。

拓展：

偛 㛼 [illegible] [illegible] 㴙 喢 㮑 [illegible] 牐 [illegible] [illegible] 䛽 [illegible]

查（査） 喳 渣（溠） 猹

（金文 金文 简帛 汉简 说文 六书统 桂馥 赵之谦 王羲之 欧阳询 颜真卿 颜真卿 赵孟頫 王羲之 何绍基

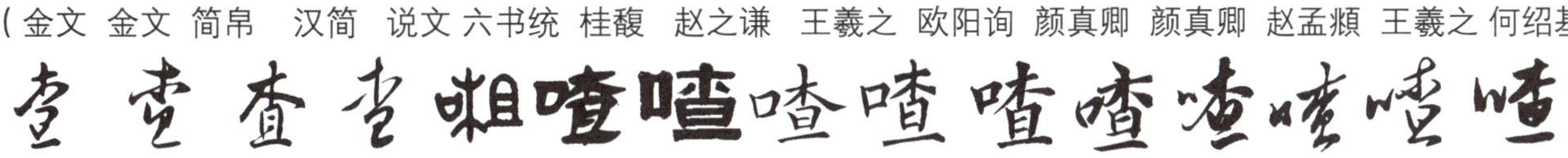

王羲之 张瑞图 佚名 毛泽东）（金文 汉简 伊秉绶 王羲之 柳公权 佚名 王羲之 米芾 郑板桥 王羲之 张瑞图）

（金文 王羲之 颜真卿 日本 王羲之 章草 说文 彭玉雯）（金文 颜真卿 颜真卿 王羲之 王羲之 王铎 章草）

辨析：

查字本从且，隶定时出现了从“日”的写法，隶楷行草各体均可从其两种写法。

查（査 chá）：形声，从木且声，本义为木筏；审查、考查，检查，调查，寻找；zhā，抓，张开、分开。

喳 zhā：形声，从口查声，本义是啁啾、震颤声。

渣（溠 zhā）：形声，从水查声，本义为渣滓，物质经提炼或使用后的残余部分。

猹 chá：獾类野兽，喜欢吃瓜。

拓展：

[illegible] 嵖 揸 馇 楂 [illegible] 皶 碴 [illegible] 踷 餷 齄

差 嗟 槎 磋 瘥 嵯 蹉 搓 瑳 艖

（金文 说文 爨体 隶辨 王羲之 欧阳询 柳公权 王羲之 王羲之 王羲之 郗愔 王献之 欧阳询 空海）（说文 石韵府

曹全碑 王羲之）（说文 欧阳询 褚遂良 王羲之）（金文 颜真卿 王羲之）（金文 金文 楚简 楚简 说文 智永 怀素）

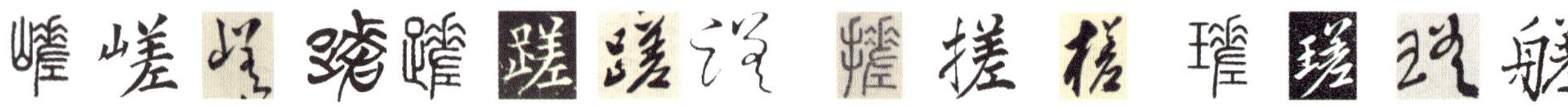

（说文 虞世南 王铎）（简帛 说文 欧阳询 文徵明 韵会）（篆字汇 褚遂良 董其昌）（傅山 赵孟頫 于右任） 王铎

辨析：

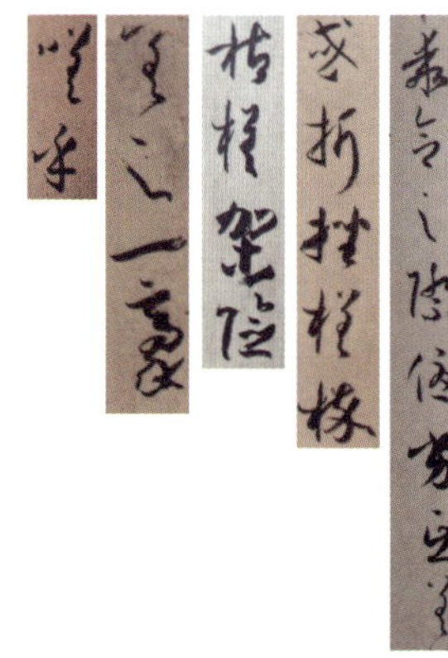

差字隶定字形上面为羊，下边为工，草书为羊和工字的快写。可拓展。

差 chā：会意，小篆从左（手），疑从傘省，本义为失当、错、相差；chà 不好，不够标准；chā 引申指“不同，不同之点”；chāi 引申指“派遣去做事”；参 cēn 差 cī。

嗟 jiē：形声，从口差声，本义是叹词，表示忧感。

槎 chá：用刀斧砍斫；树木的枝桠；木筏。

磋 cuō：形声，从石差声，失足跌倒；把骨、角制成器物。

瘥 chài：病愈；cuó，病；异体字有差、“歹差”等等。

嵯 cuó：形声，从山差声，本义是山势高峻。

蹉 cuō：形声，从足差声，本义为失足，跌跤。

搓 cuō：形声，从手差声，两掌互相摩擦。

瑳 cuō：形声，从玉差声，本义是玉色光彩夺目。

艖 chā：小船。

拓展：

傞 嵳 嵯 嵳 溠 䐤 羙 䐤 瑳 𢻈 䐤 褨 䐤 縒 䐤 醝 鹾 䐤 䐤 鬘 䐤 䐤

P24.6 乖合之际优劣互差 P38.1 差之一豪 P23.1 嗟乎 P44.1 或折挫槎枿（niè） p47.5 枯槎架险

产 1：产（産） 萨（薩） 浐（滻） 铲（鏟） 剷

（金文 盟书 简帛 简帛 说文 李阳冰 曹全碑 文徵明 姚孟起 颜真卿 王凝之 黄庭坚 皇象 王羲之 王献之 韵会）

（篆字汇 金刚经 柳公权 赵孟頫 张旭 傅山 唐净眼）（说文 千唐 献之）（说文 董其昌 韵会）（虞世南 王羲之）

辨析：

产（産）从产从生，草书有二：1. 快写；2. 省略产字中两点。拓展的字中，“菩萨”两个字连写时，只保留这两个字的草头，用“艹艹”来代表菩萨，单字或与其他字组合时，一般不这样草写。

产（産 chǎn）：形声，从生彦省声，本义为出生、生育。

萨（薩 sà）：佛教用语，即菩萨。

浐（滻 chǎn）：即浐，今浐河。

铲（鏟 chǎn）：形声从金产声，本义为用以铲削的铁器。

剷 chǎn：割除，削平。

拓展：

产（産）：萨（薩）浐（滻） 铲（鏟） 剷 隡 嵼 摌 㦃 樺 犍 膧 簅 蘱 䶢 彦 偐 谚 喭 嵃 遃 楂 颜 諺 齴

C

产2：彦 颜 谚 梎

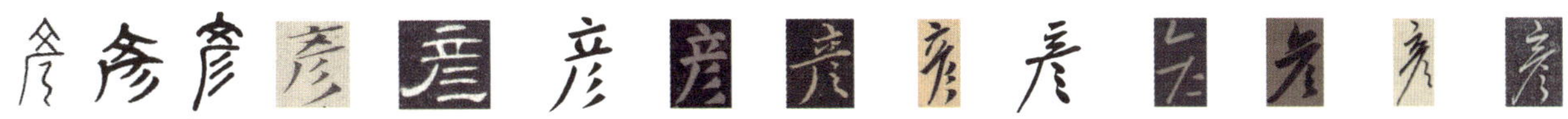

（金文 简帛 说文 黄伯思 曹全碑 欧阳询 颜真卿 王羲之 米芾 黄庭坚 王羲之 赵孟頫 康里巎 桂彦良）

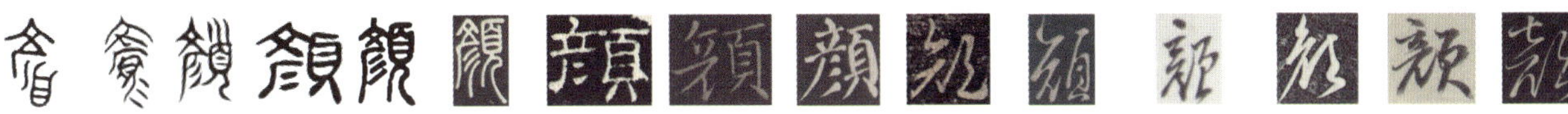

（金文 楚简 籀文 秦简 说文 邓石如 史晨碑 王羲之 颜真卿 皇象 王羲之 颜真卿 康里巎 朱文钧 王铎）

（金文 楚简 简帛 古文 说文 曹全碑 樊兴碑 颜真卿 赵孟頫 王羲之 黄庭坚 王铎 王羲之）（维摩诘 傅山）

辨析：

彦字的篆书与隶楷的字形差异大，隶定字形稳定，草书为快写或采用隶书结构省略上边中间的两个“呼应点”。颜字右边的页字，草书从其页字的草法，可快写，简写，也可以将贝字草化为“大”。

彦（彥彦彥yàn）：形声，小篆字形从彣（wén）厂（hǎn）声，彣，有文采，本义是有才学的人，贤士，才德出众的人，贤才、俊才。

颜（顏yán）：形声，从页彦声，从页与头有关，本义为印堂。

谚（諺yàn）：形声，从言彦声，本义是谚语；亦作喭。

梎yán：古书上说的一种树，似橦。

拓展：

偐 喭 嵃 遃 齴

昌 倡 唱 娼 猖

（说文 兄癸卣 蔡侯盘 楚简 秦简 秦玺 居延简 简帛 汗简 说文 石韵府 分韵选 史晨碑 隶辨 欧阳询

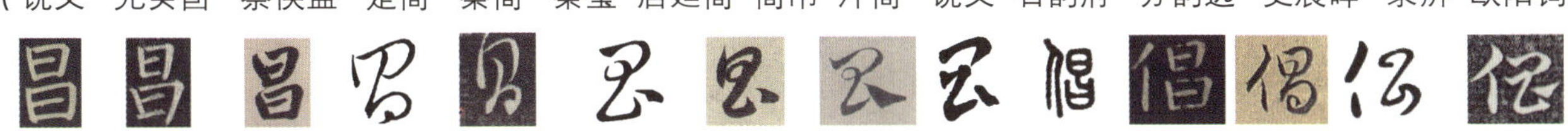

颜真卿 柳公权 赵孟頫 王羲之 董其昌 王羲之 赵孟頫 邓文原 章草）（说文 欧阳询 乾隆 王羲之 赵孟頫）

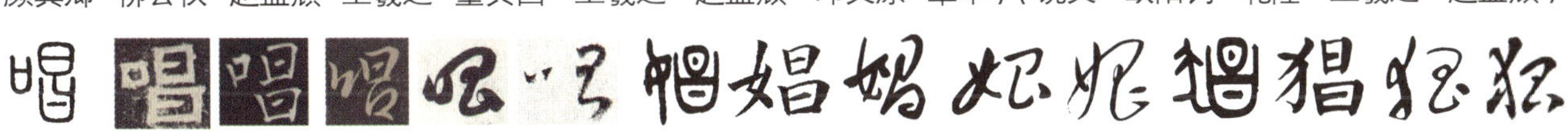

（说文 宝子碑 褚遂良 王羲之 智永 怀素）（金文 虞世南 毛泽东 王羲之 李泾）（金文 颜真卿 于右任 章草）

辨析：

昌字篆书，日和曰的位置变化较多，隶定字形稳定，草书为将下边的曰字写“日字符”。可拓展。

昌 chāng：会意，从日从曰，美言也，本义是善、正当。

倡 chāng：形声，从人昌声，本义为唱歌的艺人。

唱 chàng：形声，从口昌声，本义是领唱。

娼 chāng：指从事歌舞的女艺人；娼妓 。

猖 chāng：形声，从犬昌声，本义为猖狂。

拓展：

晿 淐 菖 阊 鼚 焻 琩 椙 焻 琩 稓 裮 锠 蜎 諨 錩 閶 鲳 鯧 鯧

长 张 怅 伥 胀 帐 账

（甲骨 金文 金文 楚简 秦简 篆刻 篆刻 汉印 说文 李斯 蔡邕 爨宝子 颜真卿 姚孟起 王羲之 米芾

皇象 索靖 王羲之 智永）（巫咸 楚简 楚简 秦简 说文 张迁碑 王羲之 怀素）（金文 楚简 说文 王献之 索靖）

（楚简 说文 褚遂良 王羲之）（清华简 篆字汇 颜真卿 王羲之）（说文 欧阳询 李世民）（曹全碑 王铎 于右任）

辨析：

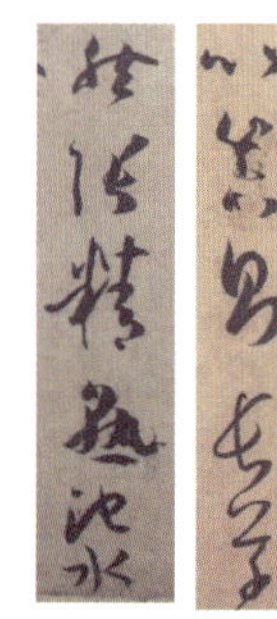

长字为象形，隶定字形稳定，草法约定俗成，可拓展。需要注意的是：1. 张字的弓字旁草书写快了与账字的草书贝字旁非常相似。2. 御字中间的缶字和辰字厂下的部件，在草书中与长字的草书同型（如下，参见相关页）。

王羲之御　智永辰　索靖晨

长（長 cháng）：象形，甲骨文字形像人披长发之形，以具体表抽象，表示长短的“长”，本义是两点之间的距离较大。

张（張 zhāng）：形声，从弓长声，把弦安在弓上。

怅（悵 chàng）：形声。从心，长声。本义：因失意而不痛快。

伥（倀 chāng）：形声，从人长声，本义是狂。

胀（脹 zhàng）：形声，从肉长声，从肉表示与身体有关，本义为皮肉鼓胀。

帐（帳 zhàng）：形声，从巾长声，巾，麻丝织品，本义是篷帐，有顶的篷。

账（賬 zhàng）：形声，从贝，长声，账目，古作帐。

拓展：

苌 枨　　P6.5 比真则长草　P3.5 然张精熟池水尽墨

嘗（1 嘗 2 甞 3 尝）

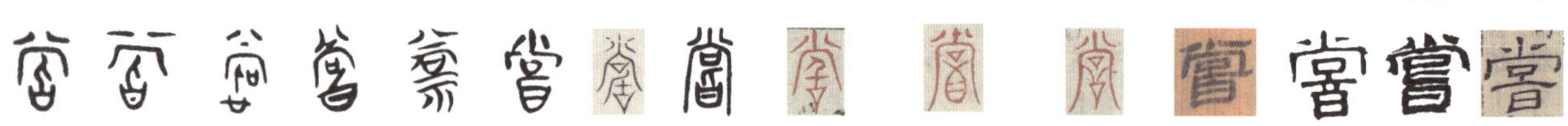

金文 金文 金文 楚简 楚简 秦简 汗简 说文 石韵府 石韵府 石韵府 简帛 张表碑 金农 隶辨

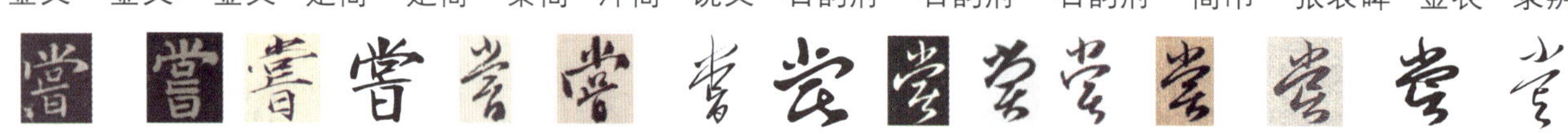

褚遂良 颜真卿 赵佶 郑孝胥 文徵明 徐渭 毛泽东 王羲之 王献之 智永 怀素 赵孟頫 赵孟頫 鲜于枢 康里巎

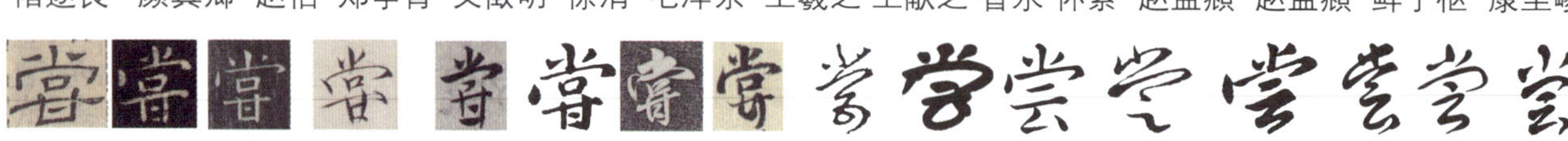

隶辨 钟繇 欧阳询 宋徽宗 赵孟頫 王羲之 米芾 张旻 李世民 汉简 王羲之 欧阳询 黄庭坚 王铎 于右任 章草

辨析：

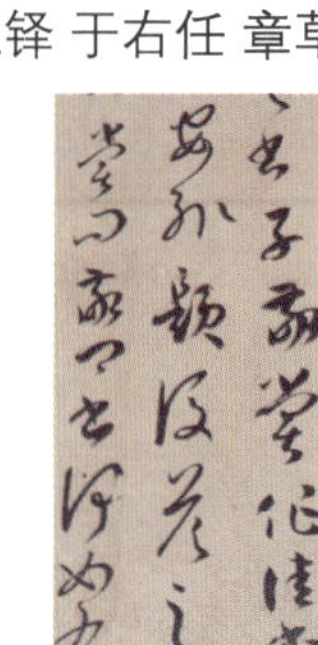

嘗字篆书形态变化较多，常用写法有嘗、甞和尝三种，分别从旨、从甘和从云，草书除了二王的约定俗成写法，从“旨”从“甘”和从“云”的草书写法亦偶而见之。

尝（cháng）：形声，从旨尚声，“旨”为滋味美，本义是辨别滋味、品尝，异体字有甞嚐嘗嚐等等。

拓展：

1. 偿 鲿　2. 嚐 鱨　3. 甞 甞 蟐 醋 鱨　　P7.2 子敬尝作佳书　P7.4 安尝问子敬

嚐 偿 鲿（鱨）

（邓石如 何绍基 虞世南 颜真卿 王铎 郑板桥 伊秉绶 欧阳询 褚遂良 柳公权 赵孟頫 王羲之 傅山 孙万民）

（金文 金文 古文 说文 简帛 王羲之 颜真卿 米芾 张即之 赵孟頫 朱耷 徐文达 黄庭坚 赵孟頫 吴昌硕 韵辨

王羲之 欧阳询 颜真卿 柳公权 赵孟頫 文徵明 王铎 章草 汉简 毛泽东 王羲之 于右任）（广义 楷书 赵孟頫）

辨析：

嚐字可见从旨和从甘的写法，孙万民的草书为约定俗成。偿字篆书从贝，历代书家有从贝、从云或从旨的写法，“償”字草书，口可草化为一点，贝快写或草化为“大”，为通用写法；“偿”字草书写快写；王羲之和于右任为约定俗成。鲿字繁体从尝旁，异体字亦可从甘和旨，其草书同样也可以分别从甘、从旨及从尝字快写。

嚐 cháng：同“嘗”，以口辨别滋味，《封神演義・第一回》有“神農治世嚐百草”。

偿（償 cháng）：形声，从人赏声，本义为归还，赔偿。

鲿（鱨 cháng）：从魚嘗声，扬也；鲿科鱼类。

拓展：

P6.5 子敬尝作佳书　P7.2 安尝问子敬

常 嫦

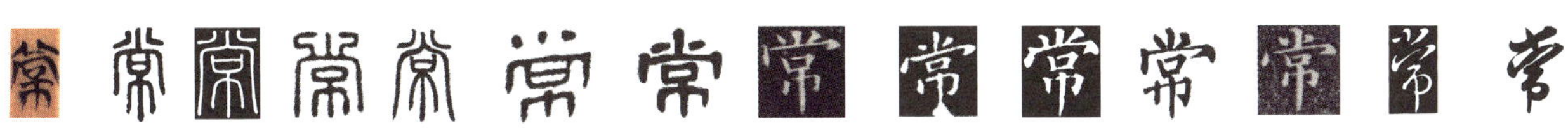

（简帛 说文 李斯 汉印 邓石如 马王堆 曹全碑 王羲之 欧阳询 颜真卿 柳公权 赵孟頫 王羲之 米芾

皇象 索靖 王羲之 王献之 怀素 赵构 宋克 文徵明）（金文 爨体 欧阳询 颜真卿 米芾 王羲之 毛泽东 章草）

辨析：

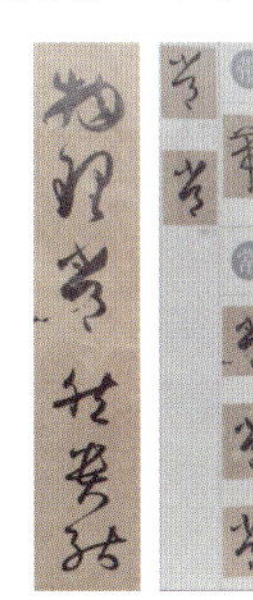

常的字形稳定，草法省略了巾，由“小＋冖＋口”三个部件构成，冖字的写法，草诀百韵歌曰“冖头无左畔”，口字草化为倒三角，并与上边的部件连带。可拓展。

常 cháng：形声，从尚从巾，本义为旗。一说是古人穿的下裙，基本义有永久的、固定不变的，引申指一般的，普通的，再引申出经常、平常的意思。由永久不变引申为规律、准则，特指封建社会中人与人关系的准则，如三纲五常。此外还指古代军中一种绘有日月形、象征君王的大旗，也叫太常。

嫦 cháng：嫦娥，神话中住在月亮里的仙女。

拓展：

瑺 鏛 蟐 甞　　P5.2 物理常然贵能

厂1：厂 厈 厍 矦 厐 厚 厢

（甲骨 甲骨 金文 金文 说文 王羲之 王羲之）（金文 楚简 说文 张即之 朱耷）（金文 赵孟頫 王羲之 王羲之）

（甲骨 甲骨 金文 简帛 楷书 说文 钟繇 褚遂良 王羲之 邓文原）（甲骨 甲骨 六字通 董其昌 赵孟頫 维摩诘）

（甲骨 金文 金文 金文 楚简 楚简 楚简 楚简 说文 钟繇 颜真卿 皇象 索靖 朱熹）（简帛 说文 颜真卿 文徵明）

辨析：

厂从广，各体字形稳定。可拓展。“后厞厅反厄历厉辰瓜辰原厘危厫厥厦厓涯捱厨崖厕扼”等字都有“厂”字结构，见相关页。厰从敞，敞从尚，见尚页。壓（厭压圧）从猒（厌），见厌页。

厂（chǎng / hàn）：形声，从广（yǎn）敞声，从“广”表示与房屋有关，本义是棚舍。

厈 hàn：古同厂，山石之崖岩，人可居；àn，古同岸。

厍（厙 shè）：村庄（多用于村庄名）；姓；库的俗字。

矦（侯矦 hóu）：古文矦（侯），象形，从人从厂（hàn），像张布，矢在其下，甲骨文字形，像射侯张布著（着）矢之形，本义是箭靶；诸侯，封侯；疑问代词，相当于何；美；hòu，闽侯。

厐 páng：同庞。

厚（垕 hòu）：会意，从厂表示与山石有关，本义为地壳厚，与薄相对；异体字有“厚厚厚㫗旱旱厚厚垕垕㫗亭”等。

厢（廂 xiāng）：形声，从厂相声，从厂，与房屋有关，本义是东西廊。

拓展：

厊 厇 厗 屏 厒 厐 厎 厑 厏 茞 厜 恹 沥

厂2：脣（唇） 厝 卮 厇 厜 厒 厔 仄 昃 厉

（简帛 敦煌 颜真卿 赵孟頫 皇象 赵孟頫 韵会 说文 欧阳询 王羲之）（金文 说文 颜真卿 钟繇 贺知章）

（说文 褚遂良 郑板桥）（简帛 楷书）（说文 彭玉雯 王铎 乾隆）（篆字汇 彭玉雯）（说文 汉印 欧阳询 唐太宗）

（甲骨 金文 说文 智永 王羲之）（甲骨 甲骨 说文 智永 王羲之 金文 邓石如 智永 智永）（金文 说文 楷书）

辨析：

厂字结构简单，拓展的字所涉字根，参见相关页。

脣（唇 chún）：口部周围的肌肉组织。

厝 cuò：磨刀石，安置，停放灵柩待葬。

卮 zhī：古同卮；古代酒器；古代作染料用的野生植物，可制胭脂；支离。

厇 zhé：古同磔，开，开张之意；zhái，古同宅。

厜（㕒 zuī）：山峰高峻，指高峻的山巅。

厒 qiè：崖岸。

厔 zhì：古同庢；盩厔，县名，在陕西，今作周至；shī，室。

仄 zè：会意，篆字形像人侧身在山崖洞穴里，本义是倾斜。

昃（吳 zè）：形声，从日仄声，本义是太阳西斜，倾斜。

厉 lá/lā：石声也。

拓展：

庢 厑 厒 厔 辰 厝 崕 郿 厖 厮

C

鬯　䰞（秬）

（甲骨 甲骨 甲骨 甲骨 甲骨 甲骨 金文 金文 古文 古文 楚简 说文 说文 隶辨 欧阳询 颜真卿 赵孟頫

黄庭坚 顾起元 王羲之 李洤 孙过庭 章草）（金文 金文 说文 楷书 说文 秬园居士 元怿墓 赵孟頫 董其昌）

辨析：

鬯字的篆书变化较多，隶楷字形稳定，行草书为快写，草书有省略点的写法。拓展的常用字为鬱（欝郁），见相关“郁”页。

鬯 chàng：象形，甲骨文字形，像器皿中盛酒形，中有小点，表示酒糟，本义为古代祭祀、宴饮用的香酒，用郁金草合黑黍酿成。

䰞（秬 jù）：黑黍也，古人用以酿酒。

拓展：

鬯 鬱 虋 鬰 灪 爩

巢　剿　缲　窠　璪　橾　藻（薻）

（甲骨 金文 楚简 汗简 说文 石韵府 郭有道 伊秉绶 王羲之 颜真卿 赵孟頫 褚遂良 颜真卿 王铎 王羲之 章草）

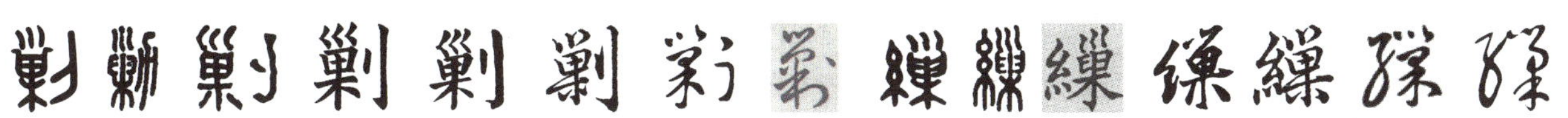

（金文 说文 衡方碑 欧阳询 颜真卿 赵孟頫 王羲之 赵构）（金文 说文 五经文 黄庭坚 赵孟頫 王羲之 于右任）

（宋徽宗 赵孟頫 祝永明 于右任）（说文 广义 碣石调）（说文 五经文）（说文 古文 彭玉雯 古文 说文 颜真卿 孙过庭）

辨析：

巢字隶定后从果，行草书从此结构。可拓展。剿藻等字还有从㠭的异体字，应根据其音意写出。

巢 cháo：象形，小篆字形是树木上有三只鸟和鸟窝，表示鸟栖于树窝上，本义为鸟窝。

剿（勦剿 jiǎo）：讨伐、消灭，劳累；chāo，以别人的语言文句作为自己的。

缲（繅繰缫 sāo）：煮茧抽丝。

窠 chāo：古同巢；kē，古同窠。

璪 zǎo：像玉的美石；suǒ，古同琐。

橾 chāo：捕鱼用的小网。

藻（薻 zǎo）：水艸也，诗曰：于以采藻。

拓展：

㑿 勦 鄛 漅 隟 獠 摷 罺 譟 趮 轈 鏁 鱳

C

车 1：车 辂 轮

甲骨 甲骨 甲骨 甲骨 甲骨 甲骨 甲骨 甲骨 甲骨 甲骨 金文 金文 金文 金文 金文 金文 金文 金文

楚简 秦简 石鼓文 说文 礼器碑 西狭颂 欧阳询 颜真卿 王羲之 1 皇象 索靖 2 赵雍 韵会 3 王羲之 智永 章草

（金文 说文 魏碑 赵孟頫 索靖 王羲之）（楚简 说文 王羲之 王羲之 黄庭坚 米芾 邓文原 文徵明 汉简 王羲之）

辨析：

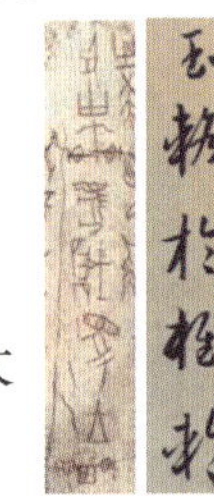

车字甲骨文为象形，豪华和简单的车型都有，更有用车身与车轴分离及翻车表明车祸的最早记载（甲骨合 10405）。草书单写一般有列示的三种，其中一种为简体车字的快写；作为偏旁，车字草书还有一种为借用绞丝旁的写法。可拓展。

车 chē：陆地上有轮子的交通工具。

辂 lù：古代车辕上用来挽车的横木，或者古时候用的一种大车。

轮 lún：形声从车仑（lún）声，高大的样子。

拓展：

轨 阵 库 轩 轪 轫 连 轨 匦 斩 转 轭 轮 软 轰 砗 荤 轱 轲 轳 轴 轵 轶 轷 轸 轹 轺 轻

P5.5 反玉辂于椎轮者

车 2：轩 辕 转 软 辄 轻 辈 辍 辗 辘 辑 轧

（楚简 说文 石韵 石韵府 石韵 褚遂良 王羲之 蔡襄 章草）（简帛 说文 颜真卿 颜真卿 黄庭坚 邓文原 章草）

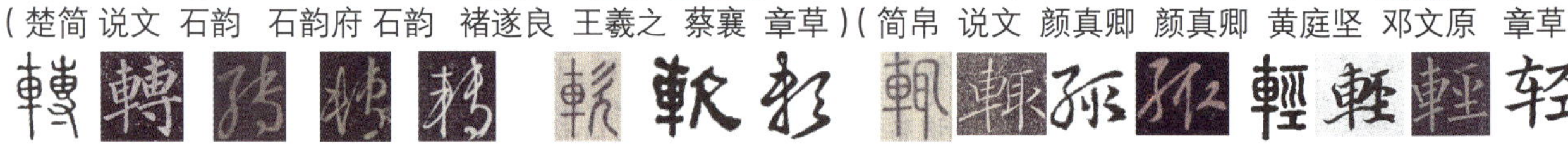

（说文 颜真卿 王羲之 王羲之 文徵明）（篆字汇 衡方碑 王羲之）（说文 褚遂良 皇象 王羲之）（说文 智永 柳公权 王羲之

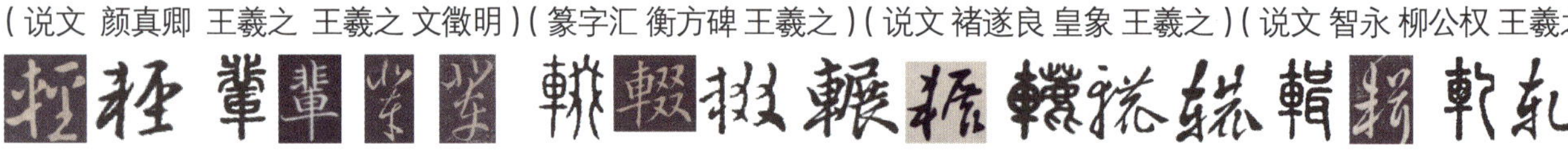

曹植 王羲之）（说文 灵飞 王羲之 赵孟頫）（说文 欧阳询 索靖）（赵孟頫 王羲之）（金文 王羲之 章草）（说文 刘恕）（说文 章草）

辨析：

拓展的字，其车字各体的写法从前页车字的变化，组合的字根可参照相关页。

轩（軒 xuān）：曲辀藩車，大夫以上車。

辕（轅 yuán）：形声。从车，袁声。本义：车辕子，车前驾牲口的直木。

转（轉 zhuǎn）：形声，从车专声，转运要用车，故从车，运也；zhuàn，旋转。

软（軟輭 ruǎn）：形声，从车欠声，本义为柔软。

辄（輒輙 zhé）：形声，车箱左右板上端向外翻出的部分，亦称车耳；立即、就；专擅。

轻（輕 qīng）：形声，车名；分量不大。

辈（輩 bèi）：形声，从车非声，本义是百辆车；世、辈分；等级、类别。

辍（輟 chuò）：形声，中途停止，废止。

辗（輾 zhǎn）：辗转，也作展转，转、回转；niǎn，通碾。

辘（轆 lù）：形声，从车鹿声，纺车。

辑（輯 jí）：形声，本义是车厢。

轧（軋 yà）：形声，从车，本义为辗压。

拓展：

晕 晖 涟 珲 莲 轼 载 轾 轿 辀 辁 辂 较 铣 辇 崤 堑 崭 惭 梿 渐 琏 辍 裈 辄 辅 辆 僬 暂 椠 翚 裢 裤 辇 辈 辉 辊 辋 辌 辍 辎 链 鲵 毂 辏 辐 辑 辒 输 辔 辚 舆 辒 辐 毂 辏 辖 辕 辘 鄣 鞸 餫

P5.5 反玉辂于椎轮者　P30.1 肇自轩辕　P49.3 软缓　P9.4 辄书易其处　P45.2 慕习之辈　P19.4–6 使转

C

车3：晕 库 裤 轰 辇 辔 毂 载 连 辖 錾 舆

（甲骨 甲骨 简帛 说文 欧阳询 颜真卿 王羲之 章草）（说文 王羲之）（柳公权 徐伯清 章草）（说文 王铎 王羲之）

（甲骨 说文 智永 宋徽宗）（甲骨 金文 王羲之 王羲之）（说文 赵孟頫 皇象 赵孟頫）（说文 王羲之 王羲之 赵佶）

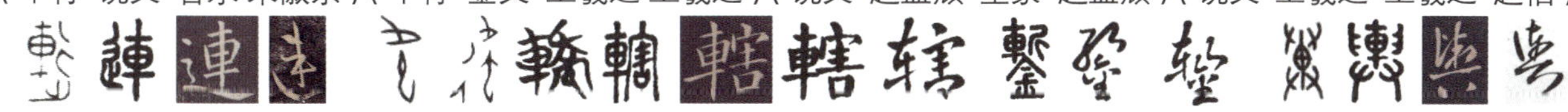

（金文 说文 世南 王导）（甲骨 金文 楚简 说文 欧阳询 颜真卿 章草）（说文 王羲之 章草）（甲骨 说文 王羲之 王铎）

辨析：

本页应注意“晕辇辔辖”的篆书结构及毂和舆字的草书写法，其中辖字汉典中甲骨同軎，有变体。

晕（暈 yūn）：从日军声，太阳或月亮周围形成的光圈。

库（庫 kù）：会意，兵车藏也，从广（yǎn）从车，表示与房屋有关。

裤 kù：裤子。

轰（轟輷 hōng）：从三车，本义为群车行驶声。

辇（輦 niǎn）：会意从车，两“夫”（男子）并行，拉车前进，本义为古时用人拉或推的车。

辔 pèi：会意，从丝从軎从丝，与绳索有关；軎 wèi，套在车轴末端的金属制圆筒状物，上有穿口，用以纳辖；本义为驾驭牲口用的缰绳。

毂（轂 gǔ）：从車㱿声，輻所凑也。

载（載 zài）：形声，本义是乘坐。

连（連 lián）：会意，从辵从车，人拉的车。

辖（轄鎋舝 xiá）：形声，从车害声，本义是大车轴头上穿着的小铁棍，可以管住轮子使不脱落。

錾（鏨 zàn）：小凿，雕凿金石的工具；雕，刻；磨刀出锋。

舆 yú：形声，从车舁（yú）声，本义是车厢。

拓展：

撵 鲢 辙 辚 辚 剸 勭 軐 俥 厙 軏 陣 蓮 啴 捙 萆 軎 軓 軜 軑 軒 軝 軔 軕 俥 軩

车4：军 挥 晖 運（运）诨 浑 辉 皲

金文 楚简 秦简 说文 汉印 张芝 索靖 皇象 王献之（说文 灵飞经 鲜于枢 宋克）（说文 王羲之 王羲之 王羲之）

（金文 金文 说文 娄机 欧阳询 颜真卿 柳公权 赵孟頫 索靖 王羲之 王羲之 张旭 汉简 王羲之 文徵明 王铎 章草）

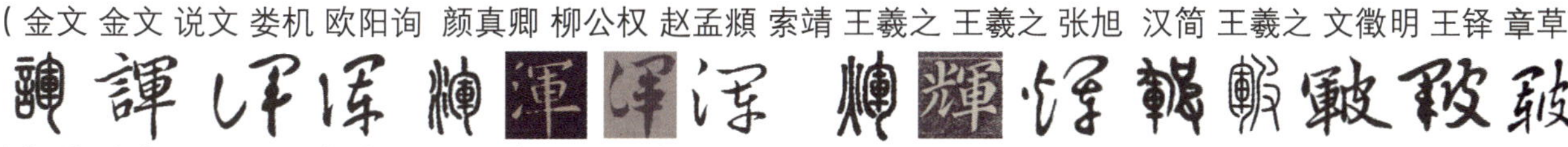

（粗篆 陆柬之 王羲之 章草）（说文 欧阳询 索靖 王羲之）（说文 颜真卿 王羲之）（金文 说文 赵孟頫 王羲之 章草）

辨析：

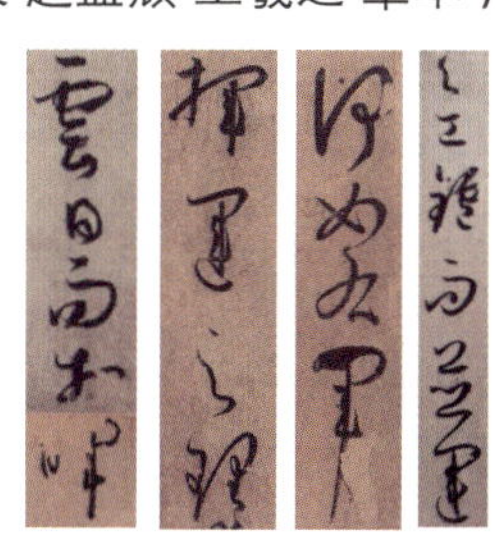

挥、晖、運（运）等字从军，军从车，车字的草法，除了车页列示的三类常用写法外，做偏旁时还可用“子”字形，由此引申出含有车字结构的各种草书写法，军亦如此。运字除了从军的结构，古即有从“车”的草写，应予注意。

军（軍 jūn）：从车从包省，四千人为军；武装部队，攻杀，营房。

挥（揮 huī）：抛洒、甩出。

晖（暉 huī）：形声，从日军声，字本作晕，本义是日月周围的光圈。

運（运 yùn）：運（运）从辵从军，始见于篆文，简化字则以云替换了军作声符，本义为移动、运行；引申义为运转、转动，挥动、搬运，由运转还引申出命运、气数等抽象意义。

诨（諢 hùn）：形声，从言军声，本义是开玩笑的话。

浑（渾 hún）：形声，从水军声，大水涌流声。

辉（輝煇 huī）：形声，从光军声，光、光辉。

皲（皸 jūn）：从皮军声，皮肤因寒冷或干燥而裂开。

拓展：

荤 郓 恽 珲 皲 裈 翚 辉

P7.4 何如右军　P15.1 与工鈩（鑪）而并运（運）　P13.5 挥运（運）之理　P47.3 云日而相晖

C

撤 㢧 澈 辙

（新篆体 智永 欧阳询 褚遂良 赵孟頫 王羲之 王羲之 张瑞图 章草）（甲骨 金文 金文 简帛 秦简 说文 楷书）

（金文 粗篆 李佛君 欧阳询 姚孟起 颜真卿 柳公权 王羲之 陆柬之 米芾 王羲之 王羲之 李洤 毛泽东 章草）

（说文 简帛 唐玄宗 伊秉绶 王羲之 颜真卿 柳公权 赵孟頫 文徵明 苏辙 赵孟頫 王羲之 董其昌 韵会 章草）

辨析：

撤和澈等字从"育攵"，其育字有从𠫓和从去两种写法，各体从之。需要注意的是，㢧和徹字中的"育"乃古文字容器的变形，"攵"为"丑或手"的变形。徹（彻）字可参见切。

撤 chè：形声，从手，chè 声，本义为撤去。

㢧 chè：发也，射发也，今俗作撤；古同徹，古通轍。

澈 chè：形声，从水，本义是水清。

辙（轍 zhé）：形声，从车徹（chè）省声，本义为车迹，车轮碾过的痕迹。

拓展：

徹（彻）瞮 樎 瞮 籋

臣 1：臣 临（臨）鉴（鑒）望（朢）卧 览 揽

甲骨 毛公鼎 盟书 简帛 汗简 说文 曹全碑 钟繇 虞世南 欧阳询 颜真卿 趙佶 简帛 皇象 王羲之 智永

（金文 说文 曹全碑 欧阳询 颜真卿 赵孟頫 王羲之 王羲之 王羲之 米芾 智永 邓文原 赵孟頫）（金文 说文 楚简

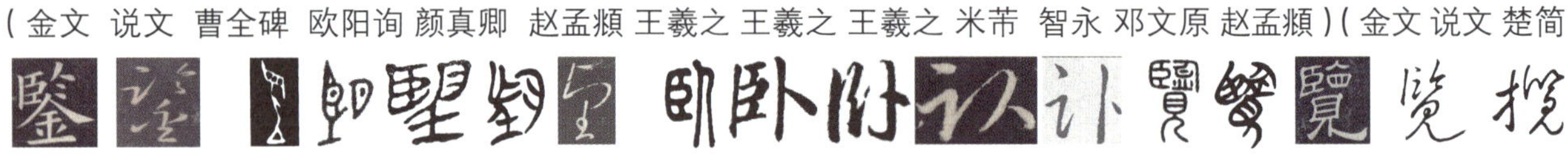

姚孟起 孙过庭）（甲骨 金文 简帛 简帛 王羲之）（说文 颜真卿 王羲之 赵孟頫 赵构）（说文 简帛 夏承碑 王羲之）王羲之

辨析：

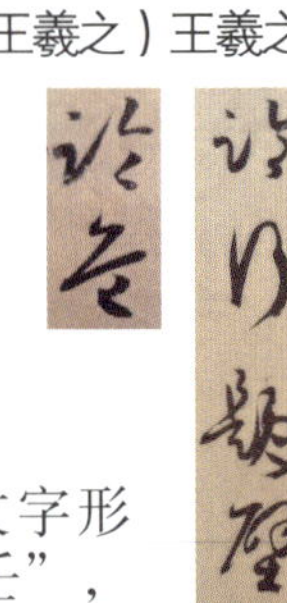

臣字为竖立的眼睛，隶定字形稳定，单独写，草书为左右各一点，作为偏旁字根，常用的写法有四种：一竖、两竖、"足"字草书、快写等；临从臣，从临字头的字都有相同的草法，坚监鉴览等，莫不如此，其中，临（臨）字右下的三个口，有连转两次、两点或三点的写法；卧字的草书，赵孟頫、赵构的写法很像简体字"认、讣"，故卧字的草书写快写更易释读。望亦从臣，隶变从亡，臧、堅、监和贒等字（贤）亦从臣，可参见相关页。

臣 chén：甲骨文，像竖立的眼睛，低头时眼睛竖立，表示俯首屈从。

临（臨 lín）：始见于西周金文，其古字形像一人俯首下视一堆物品之形，本义表示从上往下俯视。

鉴（鑒鑑鍳 jiàn）：形声，从金监声，本义是古代用来盛水或冰的青铜大盆。

望（朢 wàng）：会意，甲骨文字形上面是"臣"，像眼睛，下面是"壬"，象一个人站在土地上远望，小篆又加"月"字，表望的对象，本义为远望。

卧（臥 wò）：会意，从人臣。臣是竖立的眼睛，本义是人伏在几案上休息，眼睛呈竖立形。

览（覽 lǎn）：观也。

揽（攬擥 lǎn）：形声，从手览声，本义为执、持。

拓展：

卧 堅 医 （醫，草与堅字的上部分同形，见西页） 烜 頣 監 朢 臤 郎 姬 弫 拒 茞 梪 宦 欧 絚 弫 瞔 熈 臧 朢 監 缆 榄

P9.3 临行题壁 P11.3 临危据槁之形 P13.7 藻鉴（鑒）者挹其精华（截图见下页）

臣 2：叵 颐 宧 姬 赜 配 熙

（篆字汇　广义　吴昌硕）（说文　说文　王羲之　颜真卿　十七帖　黄庭坚　皇象　王羲之）（汉简　说文 欧阳询　王铎

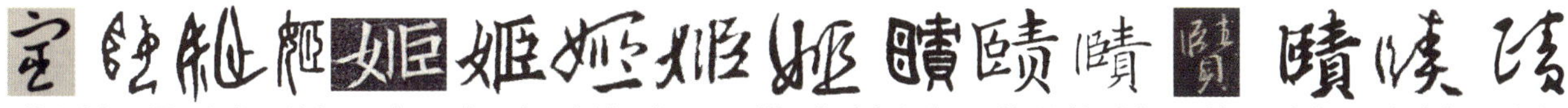

王羲之）（甲骨　金文　说文　姬夫人 欧阳询　索靖　赵孟頫　鲜于枢）（金文 王羲之 褚遂良 王羲之 陆柬之 孙过庭 于右任）

（金文 简帛 简帛 石韵府 楷书）（说文 石韵府　邓石如　伊秉绶　虞世南 王羲之 王羲之 米芾 郑板桥 王羲之 王羲之 韩道亨）

辨析：

叵为臣字的异体字，单写，行草书为快写，作为字根，常用的写法有：1. 使用“臣”字的几种草法，2. 位置居左时还可借助“正”字的草法，如颐、赜和熙等。

叵 yí：同“頤”，是筐（jī，篦子，一种密齿的梳头用具）的本字。

颐（叵頤𩓓𩓓叵䪿 yí）：面颊、腮；休养、保养。

宧 yí：养也，房屋的东北角。

姬 jī：是上古时期就已有的一种姓氏，后引申为妇女的美称，又引申指妾。

赜（賾賾 zé）：形声，从叵责声，本义为深奥、玄妙。

配 yí：宽下巴，成长、壮大，美好。

熙（熈熈 xī）：形声，燥也，从火配，本义为曝晒、晒太阳。

拓展：

姬 配 洍 茝 珯 瓯 筐 獄 鲺 嫼 鲺　　P15.3 得推移之奥赜　　P15.4 藻鉴（鑒）者挹其精华

辰 1：辰（辰）

（甲骨 甲骨 甲骨 金文 楚简　楚简　秦简 说文 乙瑛碑　欧阳询　颜真卿 柳公权 赵孟頫 宋徽宗 王羲之 王铎 李洤 傅山）

汉章帝 王羲之　智永　怀素　赵孟頫）*1（皇象　王羲之　王羲之　王羲之　孙过庭　宋高宗　宋高宗　祝枝山　董其昌）*

2 文徵明　王羲之　王羲之　王羲之　王羲之　孙过庭　颜真卿　文徵明　董其昌 3（欧阳询　皇象）（王羲之　赵之谦）

辨析：

辰字字形稳定，异体字有辰，近似于从“艮”。草书有三种，1.“厂长辰”，较常用；2.“厂艮辰”；3. 特例，分别见“辱和農”。可拓展。

辰（辰 chén）：地支的第五位。震也，三月阳气（動）动，雷（靁）电振，民农（農）时也，物皆生，从乙、匕，象芒达；厂，声也，辰，房星，天时也，从二（古文上字），金文象形，蛤蚌壳之类软体动物的形象，“蜃”的本字，后经假借而产生了其他用法，本义是蛤蚌之类的软体动物。

拓展：

“厂长辰”：唇 唇 蜃 振 農 赈 娠 晨 宸；“厂艮辰”：辰 宸 娠 赈 晨 唇 震 振 蜃；辱 農（特例） 宸 侲 陙 蜄 郮 屒 帪 派 莀 唇 䢅 桭 裖 欴 殿 裖 䀼 晨 謉 跊 鋠 頣 蔯 麎 晨 䵷 譽 農

辰 2：振 娠 赈 侲 誫 陙 屒 蜃 ⿱辰黽

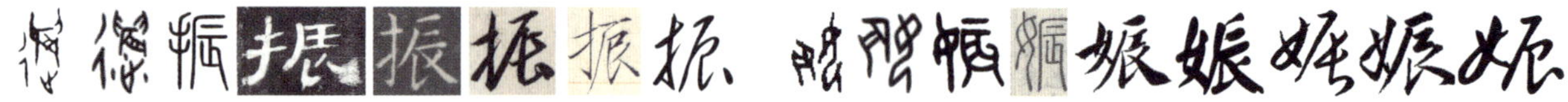

（甲骨 甲骨 说文 曹全碑 王羲之 智永 宋徽宗 李洤）（甲骨 甲骨 金文 说文 智永 颜真卿 赵构 王羲之 王羲之）

（金文 简帛 说文 曹全碑 柳公权 赵孟頫 宋高宗 陆柬之 王羲之）（金文 说文 楷书）（简帛 楷书）（说文 维摩诘）

（金文 金文 说文 楷书）（金文 简帛 古文 说文 虞世南 王羲之 王羲之 赵孟頫 董其昌 于右任）（六书通 楷书）

辨析：

辰字作为字根，异体字变化较大，隶定字形一般从辰和从㫳，各体均见。

振 zhèn：形声，从手辰声，本义是赈济、救济；挽救、救治，抖动、摇动，振作、奋起，发出、生长。

娠 shēn：胎儿在母体中微动，泛指怀孕；含、孕育，女奴；燕齐之间养马者谓之娠。

赈（賑 zhèn）：救济，本作振。

侲 zhèn：侲子，古代在迷信活动中用以驱疫逐鬼的儿童；zhēn，养马人。

誫 zhèn：古同震。

陙 chún：小阜。

屒 zhěn：趴伏的样子，屋宇，重唇。

蜃 shèn：形声，从虫辰声，大蛤，蛤蜊；古祭器；传说中的蛟属，能吐气成海市蜃楼。

⿱辰黽：時忍切，《集韵》⿱辰黽，同蜃，大蛤，雉入水所化。

拓展：

蜄 ⿰足辰 ⿱林辰 鋠 敐 桭 裖 脤 ⿰目辰 ⿰辰欠 ⿰辰殳 祳 ⿰辰阝 帪 ⿰氵辰 莀 ⿰口辰

辰 3：唇 脣 漘 宸 晨 震

（金文 说文 王羲之 王羲之 王羲之 赵孟頫 孙过庭）（古文 简帛 秦简 说文 颜真卿 颜真卿 皇象 赵孟頫 杜牧）

（说文 楷书）（说文 欧阳询 董其昌 钟繇 文徵明 姜宸英）（楚简 秦简 说文 说文 赵孟頫 王铎 谢庄 苏轼 文徵明）

（甲骨 籀文 古文 古文 简帛 秦简 说文 张迁碑 钟繇 王羲之 徐渭 王羲之 宋徽宗 赵孟頫 文震亨 王羲之 颜真卿）

辨析：

辰字作为字根，异体字变化较大，隶定字形一般从辰和从㫳，各体均见。辱和農字亦从辰，参见相关页。

唇 chún：形声，从口辰声，本义是嘴唇；边缘。

脣 chún：同唇；说文注“頣，古文脣从頁”。

漘 chún：水边，临水的山崖。

宸 chén：本义是屋檐，屋宇，深邃的房屋；北极星所在，后借指帝王所居，又引申为王位、帝王的代称。

晨 chén：会意，从臼从辰，辰时也，辰亦声，本义为星名，即房星；清晨。

震 zhèn：形声，从雨辰声，雷、雨常常并作，故从雨，本义为雷，疾雷。

拓展：

⿰氵唇 賑 漘 ⿱艹脣 ⿰石脣 ⿰金脣 ⿰脣鳥

呈 徎 浧 桯 程 埕 珵 锃 郢 逞 戜

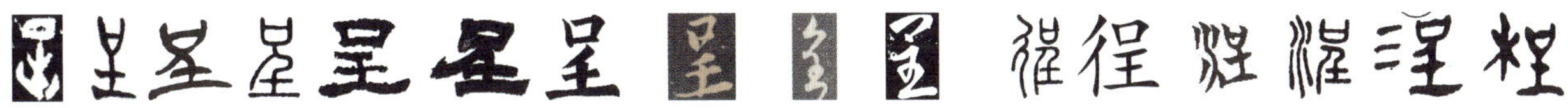

（甲骨 盟书 简帛 说文 衡方碑 邓石如 欧阳询 王羲之 王羲之 武则天）（说文 楷书）（楚简 说文 简帛）（简帛

说文 赵孟頫）（说文 曹全碑 颜真卿 柳公权 米芾 王羲之 虞世南）（金文 赵孟頫 李洤）（上博简 文徵明 文徵明）

（金文 赵孟頫 欧阳询 章草）（金文 楚简 说文 柳公权 王羲之）（盟书 说文 智永 纪瞻）（或者敦 石鼓文 说文 楷书）

辨析：

呈字字形稳定，行草书为快写。可拓展。

呈 chéng：形声，从口壬声，本义是平；呈现、显现，送交、呈报，推荐。

徎 chěng：古同逞，疾行；zhèng，小路。

浧 yǐng：泥，沉；chéng，古同澄；yíng，满。

桯 tīng：古代放置床前的小桌；横木；yíng，古同楹，厅堂前部的柱子；古代车上插车盖柄的长木筒。

程 chéng：形声，从禾呈声，称量谷物，并用作度量衡的总名；法式、章程，典范，路程，一定的进度等。

埕 chéng：中国福建和广东沿海一带饲养蛏类的田，酒瓮。

珵 chéng：美玉，佩玉。

锃（鋥 zèng）：器物等经过擦磨或整理后闪光耀眼。

郢 yǐng：地名，春秋时楚国的都城。

逞 chěng：形声，从辵呈声，通，通达；快意、实现、使称心，炫耀，放纵、恣肆，仗恃。

戜 dié：锋利，剔，古国名。

拓展：

侱 悜 挰 脭 裎 睈 裎 湦 筜 酲 鞓 趬 鐡 驖

承 丞 拯 蒸

（甲骨 金文 说文 曹全碑 欧阳询 颜真卿 柳公权 赵孟頫 宋徽宗 王羲之 王献之 皇象 王羲之 王献之 怀素 邓文原）

（甲骨 金文 说文 曹全碑 欧阳询 颜真卿 柳公权 王羲之 王献之 米芾 皇象 王献之 颜真卿 赵孟頫 宋克）

（古文 说文 说文 王羲之 王羲之 王羲之 章草）（甲骨 甲骨 石韵府 说文 虞世南 赵孟頫 王羲之 智永 怀素）

辨析：

承丞两字早期意义相反，草书承字突出中间三横，丞字突出左右结构。

承 chéng：会意，甲骨文上面像跽跪着的人，下面像两只手，合起来表示人被双手捧着或接着，本义是捧着。

丞 chéng：会意，甲骨文上面像两只手，下面像人掉在陷阱里，合起来表示救人于陷阱之中；zhěng，本义是拯救。

拯 zhěng：形声，从手丞声，本义是向上举。

蒸 zhēng：形声，烝声，本义是麻秆；假借为烝，气体上升 。

拓展：

涿 涿 泳 烝 脀 筭 輊 㷖 蓋 篜

C

乘 嵊 剩 騬

（甲骨 甲骨 甲骨 金文 金文 金文 金文 楚简 简帛 秦简 石经 说文 帛书 曹植 文徵明 欧阳询 颜真卿

王羲之 苏轼 智永 欧阳询 颜真卿 黄庭坚 皇象 王羲之 怀素 鲜于枢 王铎 孙过庭）（金文 王羲之 智永

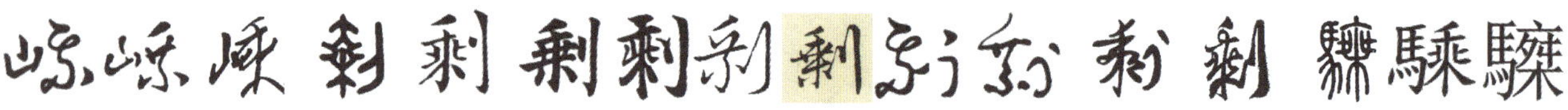

王羲之 章草 毛泽东）（说文 王羲之 颜真卿 王羲之 苏轼 唐寅 王羲之 于右任 孙过庭 傅山）（说文 楷书 楷书）

辨析：

乘字异体字较多，隶楷一般从北和艹字结构，草书的常用写法：1. 皇象、王羲之写法；2. 怀素写法；3. 鲜于枢写法；4. 王铎从北字写法；5. 孙过庭从乖字的一种草法。可拓展。

乘（乗 chéng）：会意，甲骨文字形从大（人）从木，表示人爬在树上，大字像人的正面，本义是登、升；异体字有乗椉𣞑𠅘𠆩兖兖𦬰輮𨌚乖等。

嵊 shèng：山名，嵊山，在浙江省嵊县东。

剩（𠞰剰 shèng）：形声，从刀乘声，本义是剩余、余下。

騬（驝 chéng）：被割掉睾丸的马。

拓展：

鄎 堘 溗 惾

蚩 嗤 媸

（甲骨 甲骨 甲骨 甲骨 金文 金文 金文 说文 简帛 乙瑛碑 王羲之 欧阳询 颜真卿 柳公权 赵孟頫 王羲之 米芾

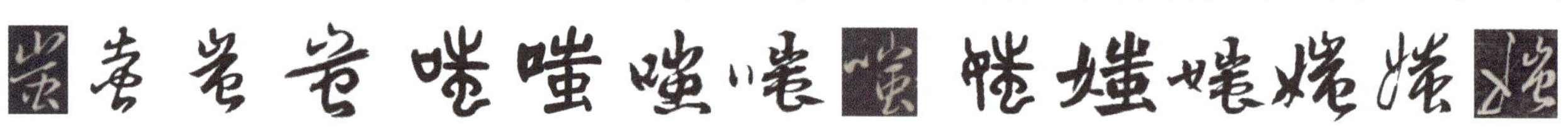

索靖 王羲之 孙过庭 于右任）（金文 颜真卿 王羲之 索靖 祝枝山）（金文 张猛龙 索靖 孙过庭 李洤 祝允明）

辨析：

蚩字乃之字加虫，隶定字形稳定，草书即为快写。可拓展。需要注意的是蚩字的甲骨文写法在汉典收录的字中与辖字类同，参见辖字页。

蚩 chī：形声，从虫之声，本义为蚩虫；〈形〉痴呆、愚蠢之义；〈动〉欺侮，通“嗤”，讥笑；通“嗤”，讥笑。

嗤 chī：形声，从口蚩声，本义为讥笑，嘲笑。

媸 chī：形声，从女蚩声，本义为丑。

拓展：

隢 滍 猹 鍦 韂

P59.1 妍蚩杂糅

C

齿 龄 龈 龃 龌 龊 龇 龁 龋

（甲骨 甲骨 甲骨 金文 楚简 说文 唐玄宗 王羲之 欧阳通 钟绍京 颜真卿 文徵明 米芾 黄庭坚 赵孟頫

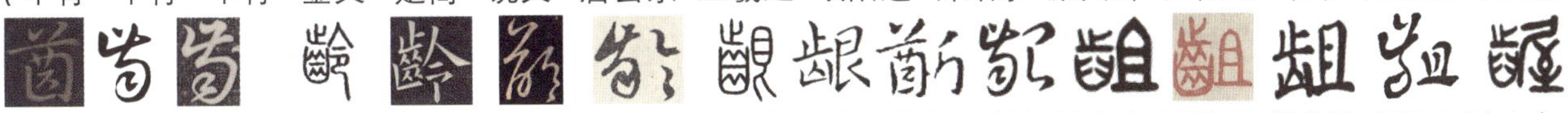

史游 王羲之 赵孟頫）（说文 姚孟起 王羲之 文徵明）（说文 王羲之 皇象 王羲之）（金文 石韵府 颜真卿 王羲之）（金文

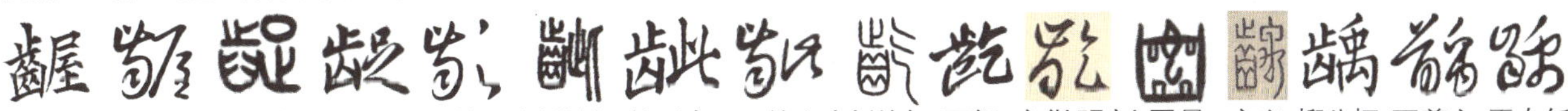

欧阳询 王羲之）（金文 赵孟頫 王羲之）（说文 柳公权 王羲之）（说文 王铎 文徵明）（甲骨 广义 柳公权 王羲之 于右任）

辨析：

齿字字形，各体变化较多，草书稳定为两种，1.“止加司”：草诀歌云：“齿记止加司”，这就是齿字的草书常用写法。2. 从“首形”：作为字根，“龄龈龋龊”中的齿，草书还有草化为“首”字形结构的，王羲之的“首令龄”即为如此，朱耷、敬世江的龊字，亦有从“首形”结构的草书写法，因篇幅限制，未予截图。

齿（齒 chǐ）：象形，男八月、女七月而生齿，像口齿之形，战国文字在上面加了个声符“止”，成为形声字，小篆同，本义是牙。

龄（齡 líng）：形声，从齿令声，从牙齿来看年龄的长幼，所以从齿，本义为年龄。

龈（齦 yín）：牙根肉，牙龈。

龃（齟 jǔ）：龃龉，牙齿上下对不上，喻意见不合。

龌（齷 wò）：形声，从齿屋声，双音词龌龊，本指齿相近，又指拘牵于小节，常用义为肮脏。

龊（齪 chuò）：局促，拘谨。

龇（齜 zī）：张开嘴露出牙齿。

龁（齕 hé）：用牙齿咬东西，吞蚀。

龋（齲 qǔ）：龋病，龋齿，即蛀齿，俗称蛀牙、虫牙。

拓展：

龀 啮 断 龅 龆 龉

彳 行 術 微 徘 徊 復 徒

（甲骨 金文 盟书 石鼓文 说文 夏承碑 张迁碑 欧阳询 颜真卿 柳公权 赵孟頫 张芝 索靖 王羲之 王羲之）

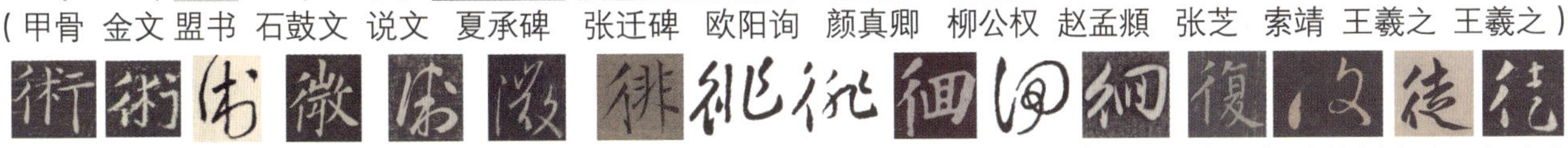

（褚遂良 皇象 王铎）（欧阳询 王羲之 王羲之）（宋徽宗 王羲之 王宠）（颜真卿 王羲之 卢象升）（柳公权 张芝）（赵孟頫 怀素）

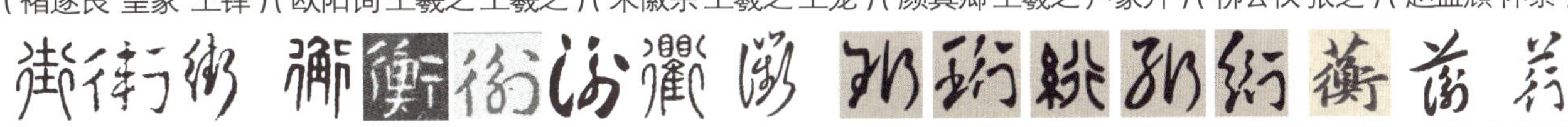

（说文 皇象 傅山）（漢嘉量 曹全碑 皇象 怀素）（说文 王羲之）（王羲之 章草）（金文 王羲之 章草）（赵孟頫 赵构） 章草

辨析：

行字最早见于甲骨文，其本义是十字路口，草法简单，可以为相对的两竖，也可以是快写，作为合体字最后的连笔还可以加补笔点。书谱“術微徘徊復徒”等字，偏旁彳的草书，有快写，也有草化为一竖的。注意：衡字的草书从其异体字“衡”，从角，参见角页。

彳 chì：大篆为半个马路；彳亍（chù），慢慢走，走走停停的样子。

行 háng/hàng/héng/xíng/xìng：行，象形字，三千多年前“行”字的图形文字是十字大路，金文中的“行”字，还不失“十字路口”的样子，嬴政在秦王政二十六年（前 221 年）统一六国以后让李斯统一文字，李斯把“行”字讹改得完全不像十字路了，之后的汉儒许慎则说“行”字是“人之步趋也，从彳从亍”，其中“彳”和“亍”都是小步走路、走走停停的意思，后来把“行”字当作动词来使用，“十字路”的本义渐失。

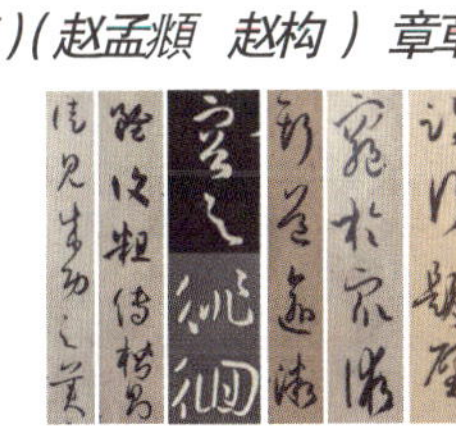

術 shù：城邑中的道路；方法、策略。

微 wēi：会意，从彳散声本义是隐秘地行走；微小、轻微。

徘 pái：形声，从彳非声，彳表示小步行走。

徊 huí：环绕，回转，也作回、迴。

復 fù：往来也，从彳复声。

徒 tú：形声，从辵土声，本义是步行。

拓展：

街 衡 衢 珩 绗 蘅 荇　啇 垳 洐 桁 烆 胻 裄 鸻 笐　P9.3 临行题壁　P39.2 穷与众术（術）

P16.6 斯道逾（愈）微　P66.2 容与徘徊　P8.5 虽复（復）粗传楷则　P17.4 徒见成功之美

赤 赦 郝 赫 赧

（甲骨 甲骨 金文 金文 古文 楚简 楚简 秦简 说文 肥致碑 欧阳询 颜真卿 柳公权 赵孟頫 智永 怀素 米芾）

（金文 金文 简帛 说文 说文 欧阳询 黄庭坚 史游 鲜于枢）（金文 说文 赵孟頫 邓文原 皇象 王羲之 李洤）

（甲骨 金文 古文 说文 乙瑛碑 肥致碑 好太王 虞世南 王铎 王羲之 章草 贺知章）（说文 柳公权 李洤 雍正）

辨析：

赤字从大（人）从火，草书，1. 下边的“火”字草化为一竖两点；2. 作为字根，史游章草，将下边的部件草化为三个点。赫为二赤，贺知章的写法是上边连写，下边草化为三点。

赤 chì：会意，甲骨文从大（人）从火，人在火上，被烤得红红的，一说大火为赤，本义是火的颜色，即红色，古文从炎土。

赦 shè：形声，从攴赤声，本义为宽免罪过。

郝 hǎo：赫：古地名，在今中国陕西省户县和周至县；姓。

赫 hè：明显，显著，盛大；发怒；红如火烧，泛指红色。

赧 nǎn：形声，从赤声脸红，故从赤，本义是因惭愧而脸红，忧惧。

拓展：

㤸 苓 紅 哧 捇 浾 㬇 嚇 焃 㪂 硳 㬨 㮩 𧹞 艴 赩 䞑 赪 䞒 䞓

充 统 铳 茺

（金文 简帛 说文 李阳冰 邓石如 居延简 王戎 欧阳询 褚遂良 虞世南 颜真卿 柳公权 赵孟頫 赵佶 王羲之 米芾

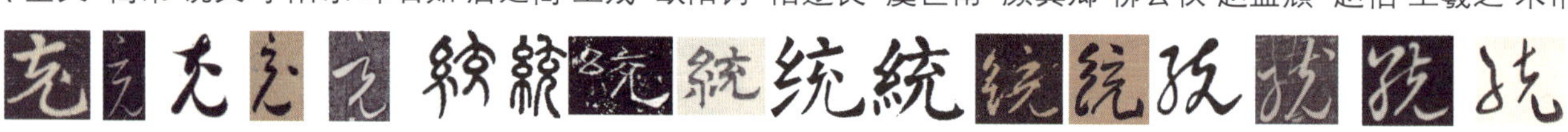

皇象 王羲之 智永 怀素 怀素）（简帛 说文 礼器碑 娄机 欧阳询 颜真卿 王羲之 王铎 王羲之 李怀琳 刘统勋 于右任）

（说文 粗篆 汉简 王羲之 赵孟頫 董其昌 王羲之 赵孟頫）（金文 新篆体 欧阳询 颜真卿 王羲之 黄庭坚 王羲之 章草）

辨析：

充字字形稳定，行草书为快写，可省点。可拓展。

充 chōng：从𠫓从儿，𠫓乃倒子也，育省声，长也、高也，美也、塞也、行也、满也。

统（統 tǒng）：形声，从糸充声，本义为丝的头绪。

铳（銃 chòng）：旧时指枪一类的火器；金属制的打眼器具，即铳子；斧头上受柄的孔。

茺 chōng：茺蔚，即今益母草也。

拓展：

㳘 㤝 㧤 流 琉 䘿 䟗 銃

C

舂 椿 摏 憃 覩（覺）

甲骨 甲骨 甲骨 甲骨 金文 金文 简帛 简帛 说文 邓石如 王羲之 欧阳询 欧阳询 颜真卿 王羲之 傅山 王羲之

李洤 于右任 章草）（说文 梁培生 颜真卿 赵孟頫 爨体 王羲之 欧阳询 颜真卿 柳公权 赵孟頫 黄庭坚 郭沫若

王羲之 于右任 章草）（篆字汇 彭玉雯 彭年 程郇）（金文 金文 说文 真本 广义 彭玉雯）（说文 楷书 篆字汇 楷书）

辨析：

舂字的篆书表意清晰，隶定结构上部同春，草书写法，1. 参照春，2. 一竖加三横或四横；下边为臼，草书可快写臼、旧或草化为三个点。可拓展。

舂 chōng：从廾持杵临臼上，捣粟也，即把东西放在石臼或钵里捣去皮壳或捣碎。

椿（桩 zhuāng）：形声，从木舂声，舂的本義义是桩子，即打入地中以固基础的木橛子。

摏 chōng：撞击、冲也、捣也。

憃 chōng：愚蠢，失意的样子。

覩（覺 chuāng）：直视，视不明也，看物象模糊不清晰，覩本字。

拓展：

偆 截 唷 惷 湷 褃 踳 覩

虫 1：虫（蟲）蚂 蚁（蟻）蚯 蚓 蛤 蚧

（甲骨 甲骨 金文 说文 乙瑛碑 颜真卿 王羲之 皇象 王羲之 睡虎地 北大简 王羲之 王羲之 孙过庭）

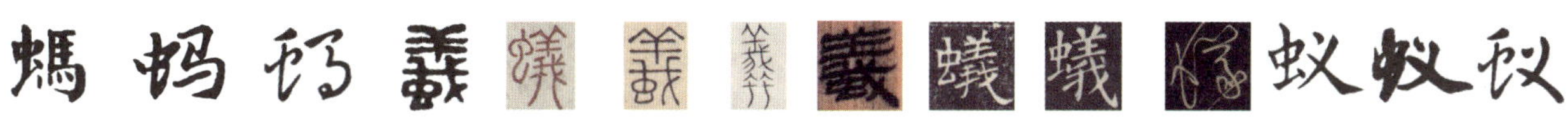

（颜真卿 黄庭坚 王羲之）（汉印 石韵府 六书通 汗简 北大简 窦泰墓 颜真卿 黄 庭坚 王羲之 王铎 王羲之）

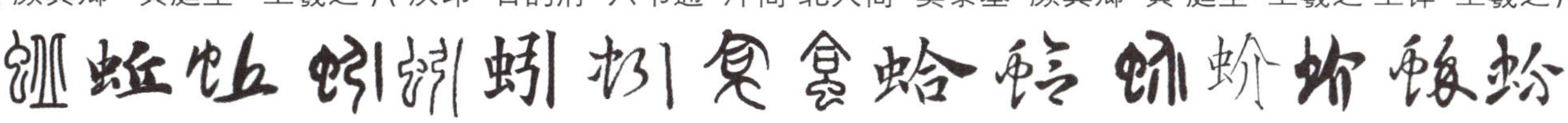

（细篆 智永 于右任）（金文 说文 欧阳询 韵会）（简帛 说文 褚遂良 王羲之）（金文 赵佶 米芾 王羲之 章草）

辨析：

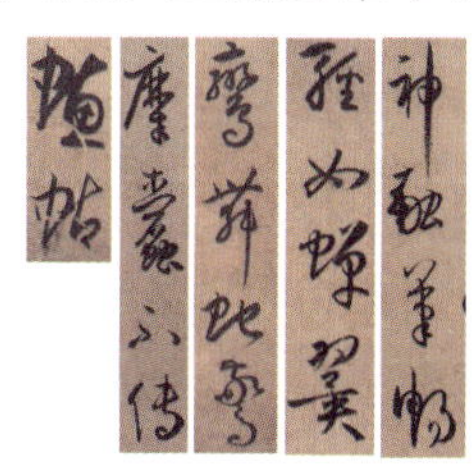

虫字的篆书为象形，隶定字形为虫，蟲为虫字的异体字，虫和蟲字两种各体都有。“蛇蝉融螗蛄（参见截图）”及蚩、蚕、独（獨）、虹、茧（繭）、蛆、虽（雖）、蚊、虺、虾（蝦）、禺（萬）、蚤、等字皆从虫，已在相关页列示。虫字的拓展性很强，其他拓展的字，需要注意繁体字的运用。

虫（蟲）chóng：象形，甲骨文字形像蛇形，本读 huǐ，即虺，是一种毒蛇，后为蟲的简体，本义是昆虫的通称；从虫的字多与昆虫、蛇等有关。

蚂蚁（螞蟻 mǎ yǐ）：一种昆虫，属节肢动物门，昆虫纲，膜翅目，蚁科，世界上已知有11700多种，有21亚科283属，中国境内已确定的蚂蚁种类有600多种。

蚯蚓 qiū yǐn：蚯蚓俗称地龙，又名曲蟮，是环节动物门寡毛纲的代表性动物。

蛤蚧 gé jiè：一种爬行动物，形似壁虎且大，头大，灰色背部上有红色斑点，吃蚊、蝇等小虫，中医用做强壮剂。

拓展：

虭 虮 虯 虰 虱 虲 虳 虴 蚆 蚀 独 茧 蚼 蚝 虵 蚜 蚈 蚒 虹 虺 虻 虼 虽 虾 蚕 蚀 蚁 蚂 蚉 蚤 闽 風 蚗 蚎 蚐 蚸

P29.2 糜虫不传　P11.2 鸾舞蛇惊　P11.5 或轻如蝉翼　P25.3 神融笔畅　P58.2 螗蛄

C

虫 2：蜘　蛛　蜈　蚣　蜻　蜓　蚌　蚝

（广义　六书通　王羲之　王羲之　王羲之　章草）（甲骨　甲骨　甲骨　说文　欧阳询　唐寅　王羲之）（金文　粗篆　何绍基

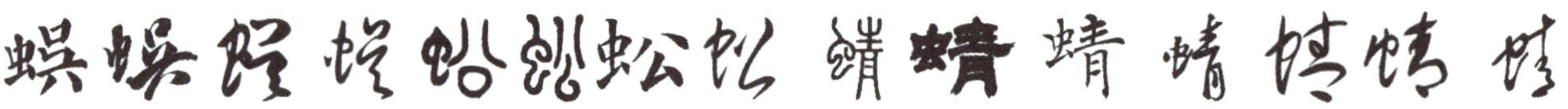

颜真卿　米芾　孙过庭　日本）（金文　说文　虞世南　李淦）（说文　邓石如　褚遂良　黄庭坚　李淦　于右任　毛泽东）

（金文　说文　赵孟頫　王羲之　李淦　王羲之　米芾　章草）（说文　柳公权　米芾　王羲之）（金文　赵孟頫　鲁迅　李淦）

辨析：

本页的字从虫，需要注意不同字根的变化。

蜘蛛 zhī zhū：动物名，身体长圆形，分头胸和腹两部，有脚四对，肛门尖端能分泌粘液，在空气中凝成丝，用以结网捕食昆虫。

蜈蚣 wú gōng：节肢动物，由许多环节构成，每节有脚一对，头部的脚像钩子，能分泌毒液，捕食小虫。

蜻蜓 qīng tíng：蜻蜓目的昆虫。

蚌 bàng：形声，从虫丰声，一种软体动物，有的能产珍珠；bèng，蚌埠。

蚝（蠔 háo）：牡蛎的别名。

拓展：

蚄 蚅 蚆 蚇 蚈 蚉 蚊 蚋 蚌 蚍 蚎 蚏 蚐 蚑 蚒 蚓 蚔 蚕 蚖 蚗 蚘 蚙 蚚 蚛 蚜 蚝 蚞 蚟 蚠 蚡 蚢 蚣 蚤 蚥 蚧 蚨 蚩 蚪 蚬 蚭

虫 3：蛀　蚜　虬　蚰　蚀　虱　茧（繭璽絸芇）

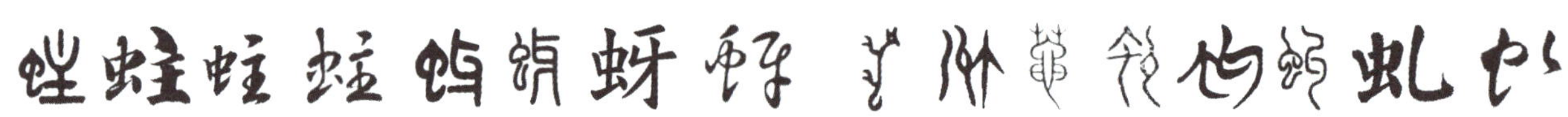

（金文　智永　王羲之　章草）（金文　粗篆　欧阳询　王羲之）（虯戈　虯卣　古文　古文　简帛　说文　颜真卿　祝枝山）

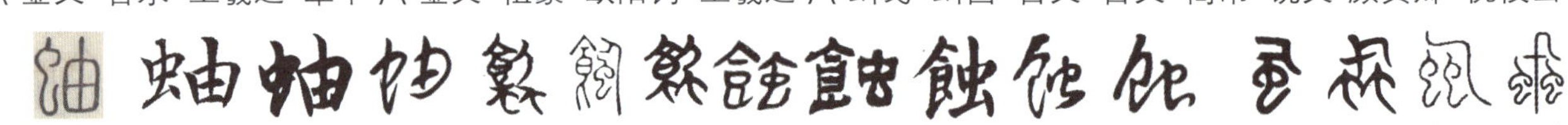

（篆字汇　褚遂良　王羲之　李淦）（楚简　说文　简帛　秦简　俞樾　颜真卿　王铎　王羲之）（金文　简帛　省文　说文

王羲之　李怀琳　章草　颜真卿　王铎）（金文　楚简　秦简　古文　古文　说文　颜真卿　乾隆　苏东坡　王羲之　王羲之）

辨析：

本页的字从虫，需要注意不同字根的变化。

蛀 zhù：形声，从虫主声，蛀虫。

蚜 yá：蚜虫，害虫名。

虬 qiú：传说中的有角龙，蜷曲。

蚰 yóu：蚰蜒。

蚀（蝕飠shí）：会意，从虫从食从人，食亦声，虫等蛀伤物。

虱（蝨 shī）：虱子。

茧（繭璽絸芇 jiǎn）：许多昆虫幼虫在化蛹前包围身体大部分的由丝组成的外皮，在其中化蛹，形状如茧的壳。

拓展：

蚮 蚯 蚰 蚳 蚴 蚵 蚶 蚷 蚸 蚹 蚺 蚻 蚼 蚽 蚾 蚿 蛁 蛂 蛃 蛄 蛅 蛆 蛇 蛈 蛉 蛊 蛋 蛌 蛍 蛎 蛏 蛙

虫4：蛋 螺 蛳 蛰 蠡 蠹 浊（濁） 烛（燭）

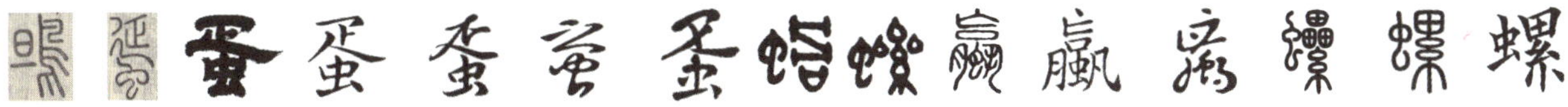

（真本 真本 邓石如 王羲之 王羲之 王羲之 章草）（金文 金文 说文 王羲之 王羲之 顾建平 新篆体 欧阳询

乃贤 王羲之）（说文 粗篆 柳公权 黄庭坚 章草）（简帛 说文 王羲之 张枢 韵会 章草）（简帛 古文 说文

欧阳询 颜真卿 毛泽东 韵会）（说文 维摩诘 文徵明 说文 虞世南 孙过庭）（王羲之 李怀琳）（王羲之 章草）

辨析：

螺和蠹字，分别有异体字蠃和蝨，各体均可从之。蛰可参见执页。浊（濁）和烛（燭）可参见蜀页。

蛋（蜑鴠 dàn）：鸟、龟、蛇等生的带有硬壳的卵；形状像蛋的东西；骂人的话，如坏蛋，带有贬意。

螺（蠃 luó）：形声，从虫累声，凡软体动物腹足类，被有旋线的硬壳都叫螺，种类繁多，又作蠃；异体字有蜗和蝶等。

蛳（螄 sī）：螺蛳。

蛰（蟄 zhé）：形声，从虫执声，动物冬眠，藏起来不食不动。

蠡 lǐ：虫啮木中也；lí，瓠瓢，用葫芦做的瓢；luó，通蠃，蜾蠃。

蠹（蝨 dù）：蛀蚀器物的虫子，蛀蚀。

浊（濁 zhuó）：形声，从水蜀声，浊水。

烛（燭 zhú）：形声，从火蜀声，古代照明用的火炬。

拓展：

飒 蚩 蚤 蚼 蚩 蚚 蚷 蚼 蛇 蛛 蚀 倏 隓 颩 堸 嵐 强 慅 搔 渢 浀 溞 猦 葻 蚰 蚌 蛒 蛓 蛔 蛕 蝗 蛘 蛙 蛚 蛛 蛔 蛝 蛞 蛟 蛤 蛡 蛢 蛣 蛤 蛥 蛦 蛧 蛨 蛩 蛪 蛫 蛬 蛭 蛮 蛯 蛰 蛱 蛲 蛳 蛴 蜑 蜓 蜓 颮 颪 骚

丑1：丑 醜

甲骨 甲骨 金文 盟书 楚简 楚简 楚简 说文 王羲之 虞世南 颜真卿 王羲之 王羲之 米芾 王羲之 王铎

甲骨 甲骨 说文 魏碑 唐玄宗 颜真卿 欧阳询 柳公权 赵孟頫 米芾 鲜于枢 王铎 王羲之 秦观 饶介 祝允明

辨析：

丑字的篆书为变形手，隶定字形稳定，行草书为快写。醜字从酉从鬼，各体需分别写出。

丑 chǒu：象形，甲骨文像爪形，本义为爪；地支的第二位，属牛。

醜 chǒu：形声，从鬼酉声，古人以为鬼的面貌最丑故从鬼，本义是貌丑。

注：古代的醜和丑是两个不同的字，意义各不相同，除作地支和时辰用“丑”以外，都不能写作丑，现在“醜”字简化为“丑”。

拓展：

吜 妞 忸 扭 沑 狃 纽 珇 肚 杻 炪 秈 衄 钮 蚎 猸 粗 紐 羞 莥 衄 䛢 鈕 靹 馐

P44.6 已闻其醜

丑 2：衄（衂） 羞 馐

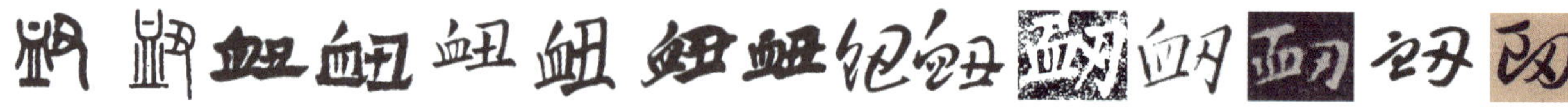

（1 金文 说文 汉简 爨体 欧阳询 颜真卿 王羲之 王铎 李洤 章草 2 柳公权 王缙 陈绎曾 王羲之 孙过庭）

（甲骨 甲骨 甲骨 金文 金文 金文 秦简 说文 欧阳询 颜真卿 索靖 李怀琳）（金文 楚简 赵孟頫 王羲之 章草）

a 王羲之 王羲之 王羲之 b1 欧体 韵会 颜真卿 章草 柳公权 李洤 b2 欧体 王羲之 楷书 王羲之 楷书 孙过庭

辨析：

作为字根，丑字的草书：第一种为快写，“羞见羊踏天”，就是丑字与“羊尾巴”快写的结果；第二种为“刃”字的快写，如衄字，因其有异体字衂，草书，1 从丑，2 从刃。下行“a 妞狃钮（王羲之）”和“b1 纽扭（王羲之）、忸（孙过庭）”虽没有从刃的异体字，确仍有从刃的草法，其中：a. 妞狃钮未见从刃的字，因此草书写刃是不会在字义上产生歧义的；b.“b1 纽扭忸”与“b2 纫扨忉”，分别以“丑”和“刃”字为结构，意思不同，且都不互为异体字，不可混写。为避免发生错误，可以采用“见型拆型”的办法。

衄 nǜ：形声字，血为形丑为声，本意是鼻出血，引申指挫伤、失败，特指战争中的失败。

羞 xiū：会意兼形声，甲骨文以手持羊，表示进献，小篆从羊从丑，丑亦声，丑是手的讹变，本义为进献。

馐（饈 xiū）：本字为羞，精美的食品。

拓展：

a 妞 狃 钮　b1 纽 扭 忸　b2 纫 扨 忉　　吜 沑 杻 炄 珇 肚 斜 秈 粈 蚎 靵

P12.6 殊衄（衂）挫于豪芒

臭 嗅 齅 溴 糗

（甲骨 金文 楚简 秦简 说文 伊秉绶 欧阳询 颜真卿 柳公权 赵孟頫 王羲之 米芾 王羲之 孙过庭 赵孟頫 邓文原）

（汉简 王羲之 王羲之 黄庭坚 王羲之 韵会 李洤）（说文 楷书）（金文 王羲之 王羲之 王羲之 郑板桥 流江）

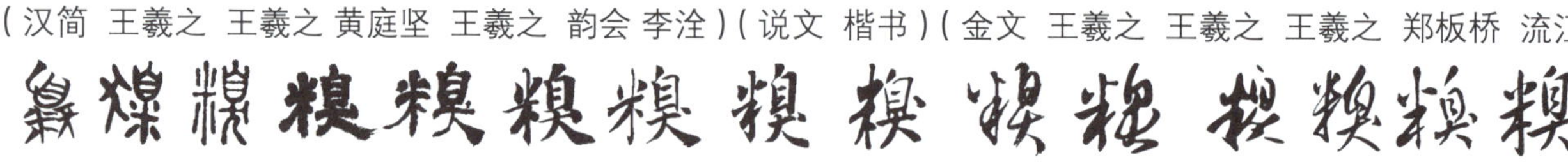

（楚简 秦简 说文 邓石如 何绍基 智永 褚遂良 王羲之 黄庭坚 文徵明 王羲之 孙过庭 李洤 章草 黄彰任）

辨析：

臭字字形稳定，从自从犬，隶楷行草都偶有从“大”的写法，可拓展。

臭（臭 chòu）：会意，从犬从自（鼻的本字），狗鼻特别灵敏故从二字会意；xiù，本义是闻气味。

嗅 xiù：形声，从口臭声，本作臭，本义为用鼻子辨别气味。

齅 xiù：以鼻就臭，鼻收气也，古嗅字。

溴 xiù：一种主要为一价和七价的非金属元素，属卤素。

糗 qiǔ：形声，从米臭声，炒熟的米麦等谷物。

拓展：

郥 搝 嗅 殠 羻 螑 蹊 齅

出 拙 咄 绌 饳 朏 屈 茁

(甲骨 甲骨 金文 金文 楚简 楚简 石鼓文 帛书 说文 张迁碑 欧阳询 颜真卿 王羲之 皇象 索靖

王羲之)(古文 说文 虞世南 王羲之 王羲之)(古文 简帛 说文 石韵府 智永 王铎 章草)(楚简 说文 禹卫

王羲之)(欧阳询 王铎)(楚简 说文 王羲之)(金文 楚简 秦简 说文 智永 索靖)(金文 说文 褚遂良 王羲之)

辨析：

出字的隶定字形稳定，书写特点一般来说下边小，字更俏，楷行书左右四个短竖方向不同。出字的草书一般只保留一个竖笔，下边写一横。可拓展。屈字的篆书从尾，隶楷省为尸，咄可从言，讹变为嘫。祟字见示页。

出 chū：象形，像草木益滋上出达之形，本义为长出；从篆书看，出字的本意更像是一只脚从陷阱里走出。

拙 zhuō：形声，从手出声，笨拙，不灵活。

咄（嘫 duō）：形声，从口出声，呵叱声。

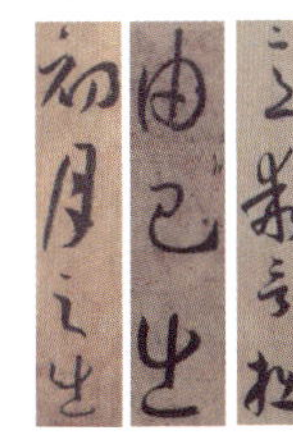

绌（絀 chù）：形声，从糸出声，深红色。

饳（飿 duò）：馉饳（gǔduò），一种面制的食品。

朏 fěi：新月初现，农历每月初三日的代称，也指天刚发亮；kū，髋、胯骨，臀。

屈 qū：形声，从尾出声，一说从尸出声，尸，古文字是假卧着的人形，本义为弯曲。

茁 zhuó：会意，从艸从出，出亦声，植物才生长出来的样子。

拓展：

泏 怞 咄 柮 欪 炪 窋 袦 痂 炪 笜 粜　　P11.6 初月之出天崖　P37.5 虽由己出　P1.4 意乖言拙

楚 礎（础） 濋 憷 齼

(甲骨 甲骨 甲骨 金文 金文 楚简 楚简 诅楚文 秦简 古文 说文 说文 西狭颂 智永 欧阳询 颜真卿 柳公权

赵孟頫 宋徽宗 索靖 王羲之 智永 怀素 赵孟頫 王铎)(楚简 说文 欧阳通 颜真卿 赵孟頫 苏轼 毛泽东

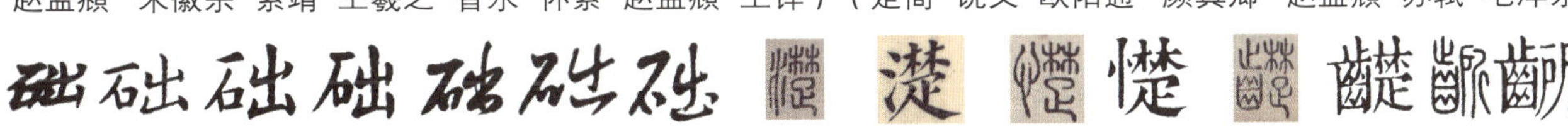

汉简 王羲之 欧阳询 颜真卿 黄庭坚 王羲之 章草)(篆字汇 彭玉雯)(篆字汇 楷书)(篆字汇 楷书 说文 楷书)

辨析：

楚字从林疋，疋作为字根有从足、之、正的异体字，草书写法，林为快写，疋写足字草书。需要注意的是异体字的应用。

楚（椘楚 chǔ）：形声，从林疋声，本义是灌木名，又名荆、牡荆；异体字有椘、楚、𣏾、𣓌、𣓌、𤕫、楚和𤕫及从正字的等。

礎（础 chǔ）：从石，楚喻意，表声，柱下石礅。

濋 chǔ：大水溢出别为小水之名；古河名，在今中国山东省定陶县一带。

憷 chù：害怕，畏缩。

齼（齭 chǔ）：牙齿接触酸味时的感觉。

拓展：

儊 歴 㯿 噡 嬞 璴 燋 蹉 鐩

处（處）咎 豦 據（据）遽 劇 噱

（甲骨 井人钟 石鼓文 楚简 汉印 说文 说文 曹全碑 礼器碑 敦煌 王献之 颜真卿 简书 张芝 王羲之 王羲之

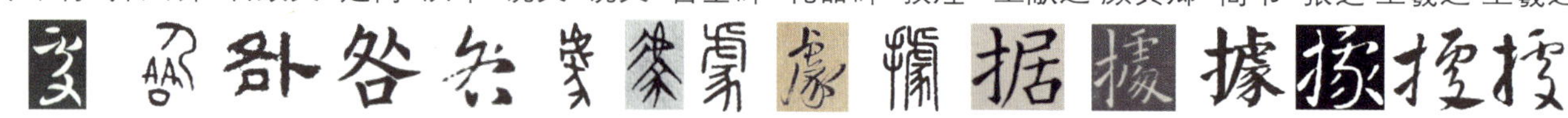

王献之）（说文 鲜于璜 欧阳询 索靖）（金文 盟书 说文 王铎）（说文 王献之 欧阳询 颜真卿 索靖 王献之 智永）

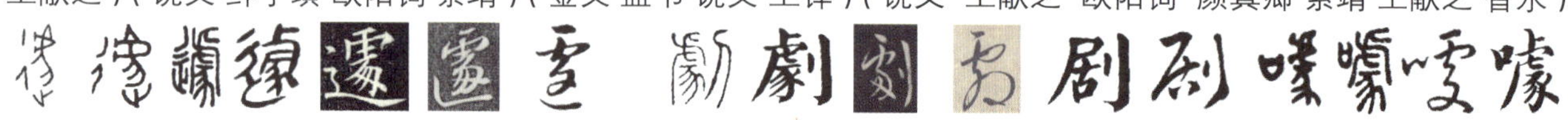

（金文 金文 说文 秦简 欧阳询 苏轼 董其昌）（说文 颜真卿 王羲之 王羲之 颜真卿 章草）（金文 说文 智永 乾隆）

辨析：

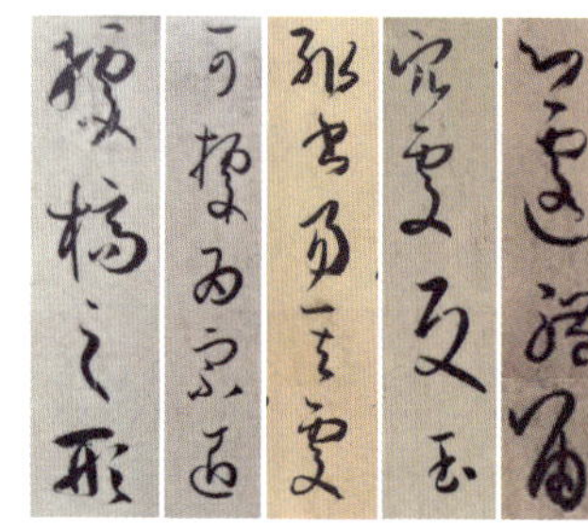

處、虙、豦为处字的异体字，豦和處的草法异体同型，为"虎头＋匆或攵（简写）"需要注意的是咎字从各从卜，非从处，参见相关页。

处（處處豦 chǔ）：从虍从処，処为茶几旁，虍指虎皮，意为保护，引申为安全，虍与処联合表示安享饮食，转义为安乐窝，异体字有處、處、豦等等。

咎（jiù）：会意，从人从各，从"各"表示相违背，违背人的心愿。本义是灾祸、灾殃。

豦 jù：兽类互斗相持不解；大猪；虎两足举；古书上说的一种大如狗、似猕猴的动物。

據（据 jù）：椅靠、杖持，从手豦声。

遽 jù：形声，从辵表示与行走有关，送信的快车或快马。

劇（剧 jù）：从刀豦声，尤甚也。

噱 jué：大笑；xué，笑。

拓展：

1 迯 抝 橐 屠 咎 摅　2 勮 壉 懅 據 濾 璩 臄 檬㩴臄 窶䝆 醵 豦

P5.5 穴处反玉　P9.4 辄书易其处　P11.4 據槁之形　P33.5 可據为宗匠　P24.2 心遽体留

舛 桀 傑（杰）磔 荈

（丁鼎 金文 说文 伊秉绶 欧阳询 颜真卿 赵孟頫 柳公权 王羲之 王羲之 宋克 于右任）（简帛 汗简 说文

尚博碑 欧阳询 赵孟頫 王羲之 于右任）（简帛 说文 樊敏碑 王献之 颜真卿 王羲之）（简帛 说文 姜夔 王羲之 章草）

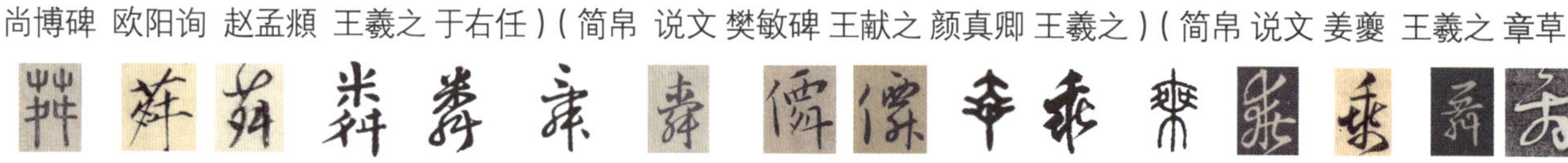

（篆字汇 赵佶 文徵明）*（信本 王铎）（王羲之 邓文原）（王宠 王宠）（金文 王铎）（说文 王羲之 王铎）（索靖 怀素）*

辨析：

舛字的字形稳定，草书为快写，个别有将左边的夕字旁草写为"子"字结构的。"粦舜（䍱）僊（仙）舞"等字从舛。乘字从入从桀，与乖字的楷书结构相类，亦可理解为从北，可参见相关页。可拓展。

舛 chuǎn：会意，小篆字形是方向相反的两脚，表示违背，本义是相违背，颠倒。

桀 jié：磔也，从舛在木上也，通傑，特出、高出。

傑（杰 jié）：形声，从人桀声，才智突出、特殊的人。

磔 zhé：古代分裂牲体以祭神。

荈 chuǎn：茶的老叶，即粗茶。

拓展：

粦 舜（䍱）僊（仙）乖 乘 舞　　筀 舁 椉 嵥 搩 滐 剩 粦 㯳 舜 僢 粼 僯 榤 舞 鄰 隣 遴 嶙 嫾 嶙 憐 撛 獜 潾

串 窜（竄）撺 蹿 患

（金文 简帛 说文 隶辨 王羲之 欧阳询 颜真卿 柳公权 赵孟頫 王羲之 赵之谦 王羲之 孙过庭 怀素 日本 章草）

（汉简 王羲之 黄庭坚 王羲之 章草 简帛 说文 颜真卿 吴昌硕 徐伯清）（金文 王羲之 于右任 章草）（颜真卿 王羲之）

（金文 简帛 简帛 帛书 说文 西狭颂 王羲之 李渊 钟繇 王献之 皇象 王羲之 王献之 褚遂良 张旭 邓文原）

辨析：

串字字形稳定，草书从口字的草书变化；窜及拓展的字还可从“竄”字的结构。患字的草书写法变化较多，重点在口和心字的各种变化上。

串 chuàn：多个同类东西连贯在一起。

窜（竄 cuàn）：会意，从鼠从穴，老鼠在洞穴里表示隐匿、逃窜，简化为“窜”，形声，从穴串声，本义为躲藏。

撺（攛 cuān）：抛掷，匆忙地做，发怒；撺掇，怂恿，从旁鼓动人。

蹿（躥 cuān）：向上跳、向前跳，奔跑，跃行。

患 huàn：形声，从心串声，本义为担忧、忧虑。

拓展：

串 窜 镩 患 谌 漶 梚 瞣 羪 螝 賗 弗 銔 棹 婁 賗

垂 郵（邮）缍 棰 睡 锤 唾

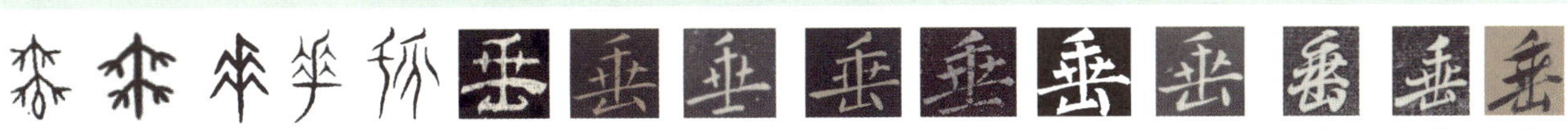

（甲骨 甲骨 金文 说文 石经 乙瑛碑 欧阳询 欧阳询 褚遂良 颜真卿 柳公权 赵孟頫 王羲之 米芾 董其昌

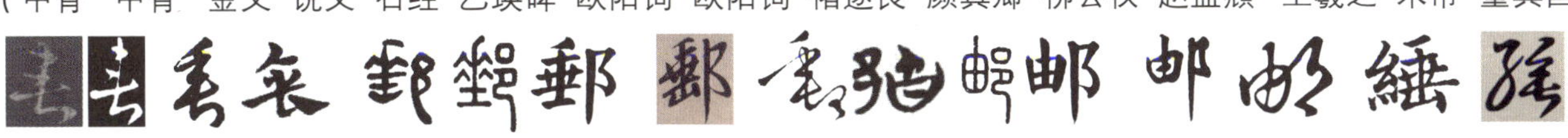

张芝 皇象 王羲之 宋克）（秦简 说文 颜真卿 赵孟頫 王羲之 楚简 说文 颜真卿 黄庭坚 王羲之）（赵孟頫 王羲之）

（金文 欧阳询 王羲之 毛泽东）（说文 颜真卿 黄庭坚 ）（赵孟頫 吴镇 ）（黄庭坚 何绍基）*空海 朱耷 吴昌硕 章草*

辨析：

垂字草书横向有写三划和四划两类，第二横向的笔画也可写两点，末笔一般向下向左勾出，宋克的章草写法，末笔向右出波挑。可拓展。

垂 chuí：最早见于甲骨文，本义是边疆、边际，后写作“陲”，由此义引申为旁边，又引申为低下、流下，再引申为垂挂、流传。还可作副词，表示将要、将及。

郵（邮 yóu）：会意，从邑垂，垂为边郵，邑乃城邑；邮，从邑由声，本义是古地名。

缍（綞 duǒ）：缍子绫，一种丝织品。

棰（箠 chuí）：形声，从木垂声，短木棍。

睡 shuì：会意，从目垂声，指眼睑下垂，打瞌睡，本义为坐着打瞌睡。

锤（錘鎚 chuí）：形声，从金垂声，本义为古代重量单位；槌子，俗称榔头；秤砣；打、击。

唾 tuò：口液，唾沫。

拓展：

埵 硾 陲 捶　　倕 厜 婲 崜 涶 菙 甀 腄 鼓 琗 種 箠 綞 鍾 諈 騒 鶟　　P10.6 观夫悬针垂露之异

C

春（附：爽丧） 椿 蝽

（甲骨 甲骨 丁亥鼎 说文 邓石如 天香楼 北大简 宝子碑 欧阳询 虞世南 颜真卿 赵孟頫

王羲之 米芾 王铎 张芝 皇象 索靖 王羲之 张旭 赵孟頫）（金文 说文 欧阳询 王羲之 王铎）（金文 赵孟頫 孙过庭 章草）

爽：（说文 公权 简帛 索靖 怀素 王羲之 过庭） 丧：（欧阳询 a张芝 怀素 赵孟頫 b皇象 c王羲之）

辨析：

春字甲骨文为草木春长形，隶定字形稳定，草书：1.索靖、赵孟頫快写，章草加了波挑；2.王羲之、张旭中间绕一横，下边写厶（日下符）；3.赵孟頫中间绕两横。

与爽、丧辨：

1）爽：爽字草书有三，索靖、怀素各一种；王羲之、孙过庭为一种，此种与春字的草书起笔方向不同，但极其相似，草法应源于简帛写法；很明显，前两种写法更易与同春字的草书相区别。

2）丧：丧字的草书列示了abc三种草法，a写法极易与爽字的王羲之写法相混淆，应注意辨识，bc用笔清楚，特征明显。春秦和奉奏泰等字，隶楷字头相同，草化后，春秦（偶见从“十朱”）相似，奉奏泰均见从“十朱”的结构。

春 chūn：会意，甲骨文字形从艹（木），草木春时生长，中间是“屯”字，似草木破土而出，土上臃肿部分，即刚破土的胚芽形，表示春季万木生长，“屯”亦兼作声符，小篆字形隶变以后除“日”之外，其他部分都看不出来了，本义是春，四季的第一季。

椿 chūn：木名，指大椿，古代传说大椿长寿，后因以喻父，如椿年；香椿。

蝽 chūn：椿象；蝽科昆虫的总称，共有5000余种。

拓展：

偆 堾 媋 涛 萶 唇 惷 晧 瑃 腊 賰 膥 睶 䞐 箺 睶 踳 闂 鰆 鬊 騚 鰆 蠢 P58.2 蟪蛄不知春秋

辶1：辶 迷 醚 逃 返 送 这

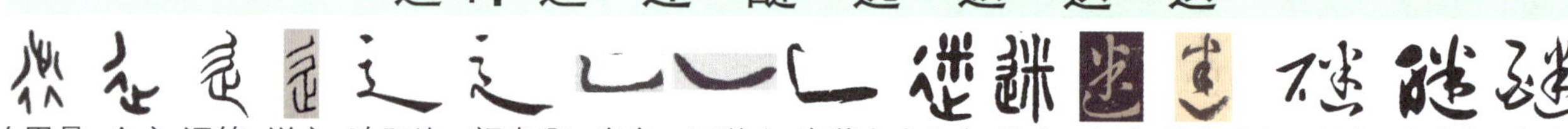

（甲骨 金文 汗简 说文 欧阳询 颜真卿 皇象 王羲之 米芾）（金文 说文 索靖 张旭）（王羲之 孙过庭 李洤）

（金文 楚简 说文 颜真卿 王羲之 李洤）（金文 说文 魏碑 王羲之）（金文 说文 柳公权 王羲之 虞世南 王铎）

（通假 王羲之 王羲之 颜真卿 王铎 白蕉） *张芝 皇象 王羲之 王羲之（王羲之 文原）（王羲之 王铎）智永 怀素 怀素 王献之*

辨析：

辶字的各体字形结构明确，草法见皇象、王羲之等，为半包围结构。辶字的拓展性很强，所涉字根参见相关页。可拓展。

辶 chuò：同辵（chuò），“辵”字意为乍行乍止，忽走忽停，作为部首时写作“辶”，俗称“走之旁”。

迷 mí：形声，从辵米声，迷路，分辨不清。

醚 mí：有机化合物的一类，乙醚是医学上常用的麻醉剂。

逃（逊 táo）：形声，从辵兆声，逃走、逃跑。

返 fǎn：形声，从辵反声，字本作反，回归、返回。

送 sòng：把东西从甲地运到乙地。

这（這 zhè）：代词，此，指较近的时间、地点或事物，与那相对；zhèi，“这（zhè）一”二字的合音，但指数量时不限于一，这点儿，这些年。

拓展：

辶 迈（邁） 过 达（達） 迟（遲） 远（遠） 辽（遼） 逼 边（邊） 退 迎

递 运 遣 近 适 选 逊 逅 进 连 违 辺 迈 込 辻 迄 迅 池 迂 辿 迋 迎 迃 returns 及 迕 迓 迍 达 迏 迗 迁 迌 迒 迚 迨 迪 迭 迩 迦 迴 迫 述 迢 迤 迮 逊 迠 迧 迡 迣 迳 迲 迱 迬 迸 逅 逄 迻 逈 逥 迆 适 迾 逌 逳 逞 逗 逢 逛 逦 逑 逡 逝 速 逖 通 透 途 逍 造 逐 逦 逎 逘 逤 逜 逴 逮 逭 逵 逯 逻 逶 逸 遆 迸 遍 遄 遁 遝 遑 遒 遂 遗 遐 逾 遇 遨 遥 遭 遮 遴 遵 避 遽 邂 邀 邅 邈 邃 邋 邌

P18.1 习草将迷

辶2：逐 篴 隧 邃

（甲骨 甲骨 甲骨 甲骨 金文 金文 楚简 简帛 说文 释梦英 赵孟頫 欧阳询 颜真卿 王羲之 杜牧 米芾 赵孟頫

张芝 史游 智永 张旭 赵孟頫 邓文原）（王宠 杨维桢 王铎）（金文 说文 欧阳询 黄庭坚 王羲之 李洤 韵会）

（金文 简帛 说文 欧阳询 颜真卿 柳公权 赵孟頫 王羲之 王羲之 赵孟頫 王铎 王羲之 怀素 李洤 王邃 章草）

辨析：

逐字的甲骨文字形变化较多，有从豕、鹿、兔、㲋（chuò，像兔而比兔大的青色的兽）等动物，隶定字形从豕，楷行草从其结构。可拓展。

逐 zhú：会意，甲骨文字形，像人（脚）在豕等动物后面追逐的样子，“止”小篆改从辵，本义是追赶。

篴 zhú：古书上说的一种竹；dí，古同笛。

隧 suì：形声从阜，阜指土山，从阜的字有的与建筑有关，本义为墓道。

邃 suì：形声，从穴，本义是深远。

拓展：

蓫 [illegible] [illegible] 鱁

辶3：巡 逻 迁 迦 挝 蓬 遑 递 逊

（甲骨 金文 简帛 说文 欧阳询 颜真卿 毛泽东）（古文 说文 颜真卿 王铎 王羲之 王羲之）（甲骨 金文 说文 智永

王羲之 岳飞）（金文 曹全碑 柳公权 王羲之 王羲之）（欧阳询 章草 篆字汇 王铎 王羲之）（金文 说文 颜真卿 王宠）

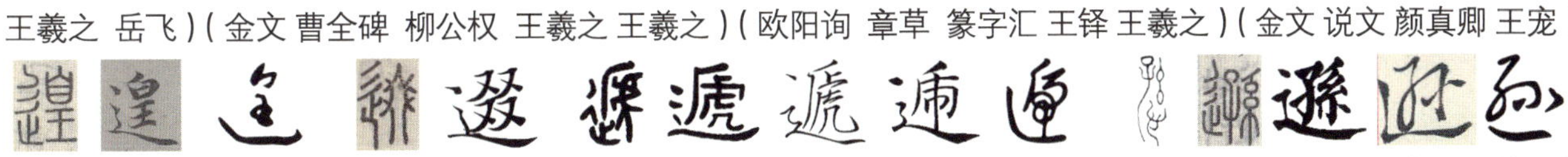

（说文 赵孟頫 于右任）（篆字汇 维摩诘）（金文 金刚经 宋徽宗 虞世南 王羲之）（金文 说文 颜真卿 逊芝 王羲之）

辨析：

辶字作为字根拓展性较强，常用字如“遒這迫边遍遭连运逞遽递逗返逢缝遥退赶迨遏逅还近迦逢邂邀迳进逡邋遴遛辽逵逦邈迷遡迲速遮逊述迍违逶这遣遅（迟）迥透逹迅选遊迤迪途逾远迢迴进遵”等，参见相关页。

巡 xún：到各地视察，巡行；巡，巡的讹字。

逻（邏 luó）：巡察，巡逻；遮拦，用同拶。

迂 yū：曲折，绕远；言行或见解陈旧不合时宜；邪避，不正；缓慢。

迦 jiā：译音字，用于专名。

挝（撾 wō）：老挝；zhuā，敲打，击，抓，贴、靠，摘。

蓬 péng：草名，蓬蒿；某些植物果实的外苞；星名，蓬星，古代的新星或彗星。

遑 huáng：急迫，空闲、闲暇；通惶，恐惧。

递 dì：古同递。

逊 xùn：逃遁，辞让、退让，不如、比不上；谦逊，恭顺。

拓展：

䢝 健 塠 搥 缒 莲 裢 逼 逾 遢 遗 遁 遂 遃 遄 遟 適 辺 辻 込 辽 达 辿 迁 迁 迃 迄 迅 迆 过 迈
迉 迂 迀 迺 迋 迌 迍 迎 迬 迮 逃 述 迱 迲 迳 迌 迡 达 嗵 嗹 墶 慥 慩 撻 揵

C

兹 滋 磁 慈 孳

（甲骨 金文 楚简 清华简 秦简 说文 说文 肥致碑 欧阳询 颜真卿 王羲之 褚遂良 王羲之 智永 怀素 赵孟頫）

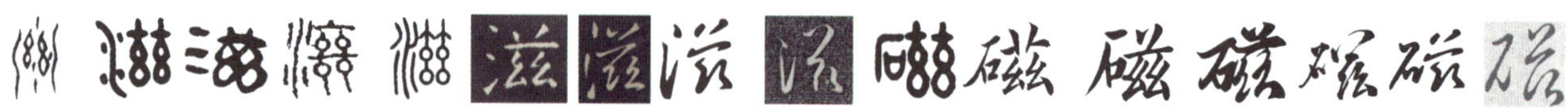

（甲骨 金文 秦简 石鼓文 说文 虞世南 王铎 王羲之 孙过庭）（金文 褚遂良 颜真卿 王羲之 米芾 王羲之 赵构）

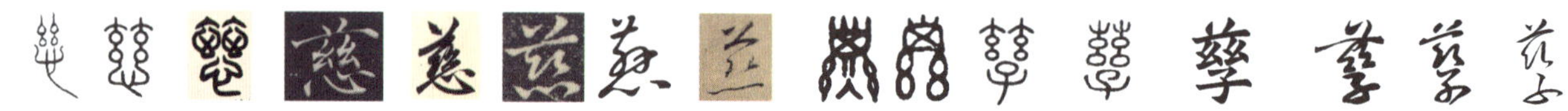

（金文 说文 邓石如 褚遂良 赵孟頫 皇象 王羲之 怀素）（金文 金文 说文 说文注 欧阳询 黄庭坚 王羲之 李洤）

辨析：

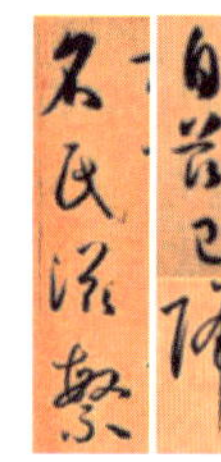

兹字从二幺，隶定字形稳定，草书，可以将“幺”字简省一个使转。孳字在金文中，子字写天干地支的子。

兹 zī：形声，从二幺，二幺乃“絲”形，据《说文》，从艸滋省声，本义是草木茂盛；cí，龟兹（qiū cí）。

滋 zī：益也，从水兹声，一曰滋水，出牛阴山白陉谷，东入呼沱。

磁 cí：形声，从石兹声，本义是磁石，也指磁性。

慈 cí：形声，从心兹声，本义为慈爱。

孳 zī：形声，从子兹声，子，小孩子，是生殖的结果，本义是繁殖、生息。

拓展：

嗞 嵫 孶 慈 甆 禌 䁒 磁 稵 镃 鹚 䈘 糍 螆 嗞 嬨 濨 鎡 礠 蟕 鰦 鷀 鶿

P21.2 自兹已降　　P28.6 名氏滋繁

朿 枣 策（筴）棘 敇 蕀

（甲骨 甲骨 金文 金文 说文 王铎 傅山）（说文 王夫之 肥致碑 汉简 颜真卿 颜真卿 王羲之 欧阳询 颜真卿

米芾 赵孟頫 赵孟頫 赵孟頫 王羲之 黄庭坚 黄彰任）（说文 王羲之 王羲之 王羲之 王羲之 王羲之 智永）

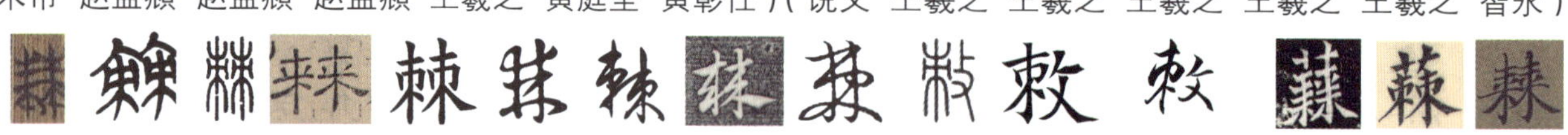

（清华简 简帛 说文 隶辨 欧阳询 王羲之 李洤 赵孟頫 韵会）（说文 苏孝慈 张即之）（魏碑 彭玉雯 敦煌）

辨析：

朿字为象形，草书为快写。枣为上下双“朿”，也有变形为上下双“朿”和双“来”的写法，其中下边的一个相同部件还可以简省为两点，枣字的草书即为“枣”字之快写。策有异体字筴，棘有异体字竦、蕀和棘，敇有异体字敕，蕀有异体字蕀，各体均可从之。

朿 cì：象形，木芒也，草木之朿，树木枝叶上最尖锐的部位。

枣（棗 zǎo）：会意，从双朿，枣树多刺，本义为枣树。

策（筴 cè）：马箠（马鞭）也。

棘（竦蕀棘 jí）：会意，从二朿，棘树多刺，本义为丛生的小枣树。

敇 cè：古同策，用鞭子打马。

蕀（蕀 jí）：颠蕀，天门冬；蕀苑，远志。

拓展：

刺 𡲾 踈 㡯 捒 涑 茦 粷 梀 㾊 莿 𧗁 莿 蔌 㯈 箣 揀 悚

次 盗 资 姿 咨 恣 瓷 茨 羡

（甲骨 金文 说文 李阳冰 简帛 欧阳询 颜真卿 皇象 王羲之 王献之）（甲骨 简帛 说文 欧阳询 皇象 王羲之）

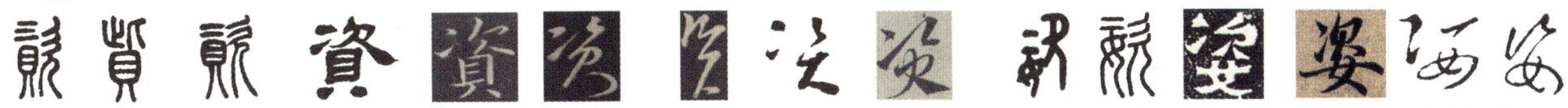

（说文 说文 吴让之 邓石如 欧阳询 王羲之 孙思邈 怀素 邓文原）（金文 说文 宝子碑 赵孟頫 索靖 欧阳询

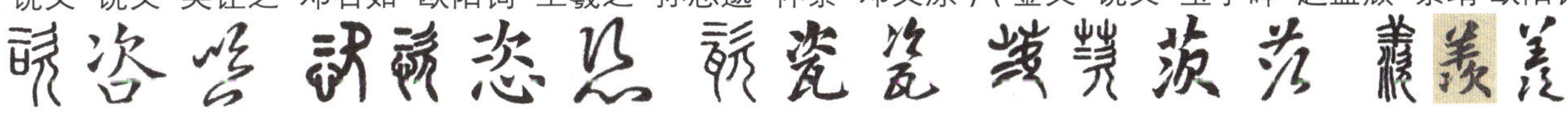

（说文 王羲之 王羲之）（金文 说文 欧阳询 王羲之）（说文 颜真卿 李淦）（简帛 说文 赵孟頫 王羲之）（说文 苏轼 章草）

辨析：

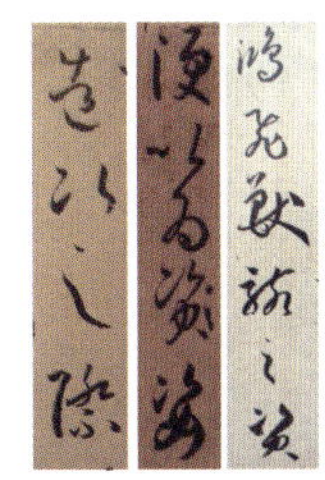

次字从欠二声，草法有快写和简写两种，资从此的写法不常见；贝字草书单写就是快写，作为字底则可写为“大”字；女字草书为快写。注意：恣字中的欠字，草书应写清楚，若过度草写，则极易与恐字的草书相混淆。

次 cì：会意兼形声。由表示气不足的欠和表次序的二两个部分组成，二亦表声，次的本义指不在前列的、未经精选的，泛指处于第二等级的排列次序，一说次的本义为顺序、次序。

盗（盜 dào）：会意，甲骨文字形意思是看到人家的器皿就会贪婪地流口涎，存心不善，本义是盗窃、偷东西。

资 zī：从贝次声，从贝与财富有关，本义为钱财；异体字为貲。

姿 zī：形声，从女，金文字形为看到女子而产生羡慕之意，本义为姿态。

咨 zī：商议、征询。

恣 zì：放纵。

瓷 cí：陶器之致坚者。

茨 cí：用芦苇、茅草盖屋顶。

羡 xiàn：会意，本义为羡慕，因喜爱而希望得到。

拓展：

赼 粢 垐 餈 桼 楶 佽 栨 欤

P11.2 鸿飞兽骇之资 32.2 造次之际 P48.7 便以为姿

囱 窗 悤 傯 蔥 骢 聰（聪）

（金文 石鼓文 汗简 说文 王羲之 欧阳询 颜真卿 柳公权 赵孟頫 王羲之 毛泽东 章草）（金文 石韵府 说文

邓石如 王羲之 王羲之 毛泽东 文徵明 朱熹 桂馥 文徵明 米芾 王羲之 柳公权 王铎）（金文 说文 楷书 唐寅）

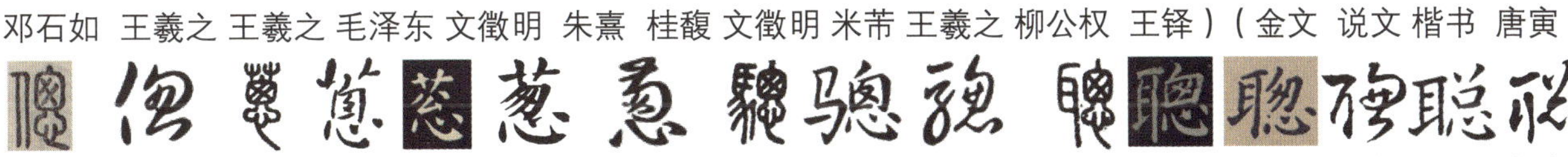

（篆字 王羲之）（说文 何绍基 世南 颜真卿 王羲之）（说文 王羲之 王羲之）（说文 颜真卿 钟绍京 过庭 王羲之 章草）

辨析：

窗从囱，作为字根囱字变化较多，窗字的草书一般有从囪、总、公、忽四种，或可从片等。悤有异体字匆、悤、蔥、菍和葱，骢有异体字驄和騘，聰字有异体字聪、聦和聰，各体均可从之。

囱 cōng：灶突，今称烟囱。

窗（窓窻牕 chuāng）：象形，从穴囱声，“窗”本作“囱”，小篆字像天窗形，即在屋上留个洞可以透光，也可以出烟（后来灶突也叫“囱”），后加“穴”字头构成形声字，本义为天窗，其异体字很多，如囪囱窻窗（宀＋总）窓牎牕等等。

悤（匆忩怱 cōng）：急遽、急速，隶作怱，异体字有忩、菍和“艹＋总”等，古同聪。

傯 zǒng：同偬，倥偬，忙乱、事情的纷繁迫促。

蔥 cōng：同葱，菜也。

骢（驄騘騣 cōng）：青白色的马。

聰（聡聦聪）：从耳悤声，察也，听力好。

拓展：

幒 憁 潨 檧 熜 牕 璁 窻 蟌 轋 謥 鏓 鍯 驄 繱 总（總摠及禾旁）

爨

简楚 简帛 秦简 古文 说文 说文 宝子碑 欧阳询 颜真卿 柳公权 黄自元 王羲之 米芾 黄庭坚 陈基

王羲之 孙过庭 韵会 朱耷 祝永明 李淦 于右任 流江（甲骨 说文 石经 王羲之 王羲之 王献之 孙过庭 毛泽东）

辨析：

“興（兴）字头、林字腰、大字底下用火烧”即是爨字。爨为興（参见興页）字头，草书可参照興字的写法。下行图片列出了爨字的几种草书写法，王羲之、韵会结构清晰，祝永明、李淦、于右任和流江的爨字兴字头草书，还有四竖或三点的写法。下行附興（兴）字图片，参见興页。

爨（cuàn）：此字最早见于战国，古字形上部模拟双手拿着甑，中间是灶口，下部表示用双手将木柴推进灶口，本义指烧火做饭。

拓展：

P56.6 向使奇音在爨

存 荐 洊 韉 臶 袸 栫

（说文 瓦当文 简书 曹全碑 碧落碑 张迁碑 欧阳询 颜真卿 赵孟頫 王羲之 颜真卿 柳公权 赵孟頫

皇象 索靖 王羲之 智永 怀素 赵佶 赵构 鲜于枢 邓文原）（说文 王羲之 欧阳询 王羲之 唐寅 王羲之 赵构 章草

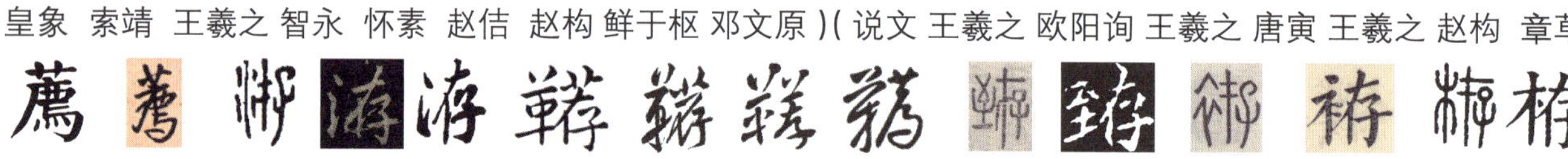

颜真卿 王铎）（六书统 李邕 蔡襄）（王羲之 黄庭坚 王羲之 章草）（篆字汇 千唐）（篆字汇 彭玉雯）（说文 楷书）

辨析：

存字从子才声，本为才，古有小篆表手的，后人在省了一竖后，撇的写法起笔有拐弯和不拐弯的两种，草书即为省略竖后的快写。荐字草书，王羲之更是将两横简省为一横了，即草头的一横和存字的横划合并了；荐、洊和韉等字还分别有异体字薦、瀳和韉，从廌，可以参照廌字页。

存 cún：说文：存，恤问也，从子才声，本义是问候；“存”与“在”同为“才”声字，故又通“在”，表示存在、生存。

荐（薦 jiàn）：形声，从草存声，本义为草垫子。

洊（瀳 jiàn）：古同荐，再、屡次、接连。

韉（韉 jiān）：垫马鞍的东西。

臶 jiàn：再到、重到；再、重。

袸 jiàn：小带，褰膟衣；zùn，衣襟。

栫 jiàn：（用柴木）堵塞，篱笆；zùn，古书上说的一种树。

拓展：

侟 拵 洊 鋍　　P7.3 谓必存录

寸1：寸 寸 村 讨

（甲骨 金文 睡虎地 说文 邓石如 衡方碑 欧阳询 褚遂良 颜真卿 柳公权 赵孟頫 王羲之 王献之

索靖 王羲之 王献之 怀素 邓文原）（楷书 宋徽宗 索靖 王羲之）（金文 楚简 说文 张迁碑 吴昌硕 文徵明

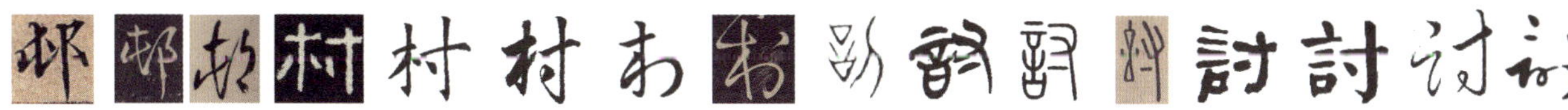

文徵明 王铎 王铎 好太王 虞世南 王羲之 王羲之 王铎）（古文 简帛 说文 广义 衡方碑 颜真卿 赵构 王羲之

辨析：

寸字从又从一，字形稳定，草书：1. 快写。2.“点弯（右刀寸点弯）”，省点也可。“寺寻导时付肘忖冠寿専專尃夺将得尊尋寽尌尉谢封对”等字从寸，参见相关页。

寸 cùn：指事，小篆字形从又从一，又像手形，一指下手腕一寸之处，寸是汉字部首之一，从寸的字往往与手有关，本义是中医切脉，称距离手腕一寸长的部位为寸口，简称寸。

寸：康熙字典未收录“寸”字头，请参考“等”字。

村（邨 cūn）：形声，从邑屯声，本义是村庄；朴实，粗俗、土气，蠢、傻；冒犯，用不好听的话伤人。

讨（討 tǎo）：会意，从言从寸，言为言论，寸乃法。用言论和法度进行处治，本义是声讨。

拓展：

犲 衬 邨 吋 团 夺 疛 尀　　P13.2 附习寸阴

寸2：衬 忖 纣 耐 夺 守

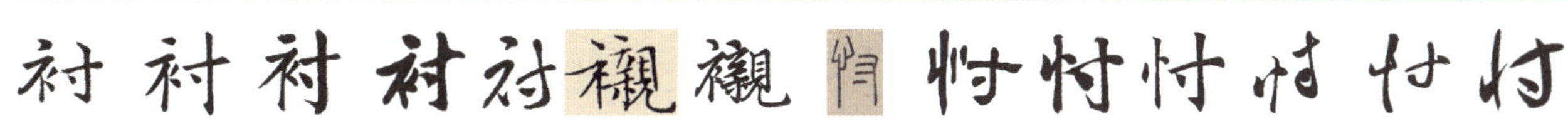

（王羲之 欧阳询 颜真卿 黄庭坚 章草 文徵明 赵孟頫）（广义 曹全碑 智永 虞世南 郑板桥 王羲之 李洤）

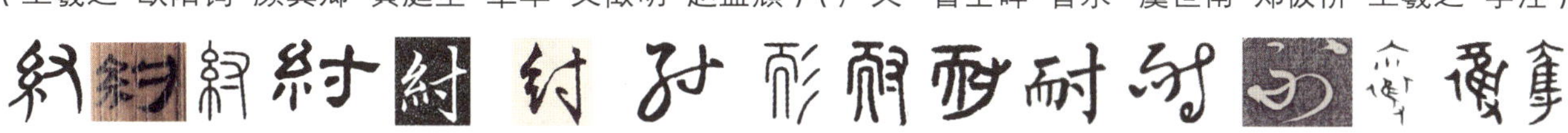

（简帛 简帛 说文 曹全碑 赵孟頫 文徵明 王羲之）（说文 说文 简帛 柳公权 王羲之 怀素）（金文 金文 秦简

（说文 异体 钟繇 皇象 欧阳询 王羲之 宋克 王羲之）（甲骨 金文 楚简 秦简 说文 宋徽宗 颜真卿 王羲之）

辨析：

衬有异体字襯，夺有异体字奪和从宀从二口的写法，各体可从之。尅和剋同克义，见克页。

衬（襯 chèn）：形声，从衣親声，本义是外衣内的单衫。

忖 cǔn：形声，从心寸声，本义为思量、揣度。

纣（紂 zhòu）：从糸从寸，马后部的革带；商代最末的君主名，史称纣王。

耐 nài：会意，从而从寸，而亦声，而指面颊，寸指法度、刑法，在面颊上施刑罚，指剃须，字本作耏，从而，从彡，本义是古时一种剃掉胡须两年的刑罚；忍耐、忍受，禁得起，适宜、相称，挨、拖延，同奈。

夺（奪 duó）：从又从奞，手持隹失之也。

守 shǒu：会意，从宀从寸，宀表示房屋；寸是法度，合起来表示掌管法度，本义为官吏的职责，职守。

拓展：

时 㝵 㝷 尌 帮 兙 岎 射 刪 紂 怮

寸3：辱 褥 缛 蓐 耨

（甲骨 金文 楚简 楚简 说文 邓石如 唐玄宗 欧阳询 颜真卿 柳公权 赵孟頫 宋徽宗 王羲之 黄庭坚

皇象 王羲之 智永 怀素 邓文原）（金文 金石篆 褚遂良 陆柬之 章草）（金文 说文 颜真卿 黄庭坚 王羲之）

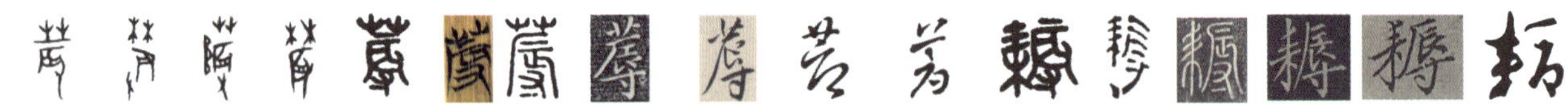

（甲骨 甲骨 甲骨 甲骨 金文 楚简 说文 祝允明 王宠 王羲之 章草）（金文 简帛 李斯 柳公权 王绂 孙过庭）

辨析：

辱字草书，解散结构，在将“辰”下的部件省略后，草化为“广寸辱”，百韵歌云“右刀寸点弯”，即寸字写一个弯或带点的弯，辱字的寸在草化时，即将点点在了里面或收笔处。可拓展。

辱 rǔ：会意，甲骨文字形是“辰”下加脚（止）或加手（又，寸）的形象，本义为耕作，辰是蜃的本字，古代以蜃（蚌壳）当工具耕作，这个意义后来写作耨（nòu）；引申义是耻辱。

褥 rù：形声，从衣辱声，本义是坐卧的垫具。

缛（縟 rù）：形声，从糸辱声，本义是繁密的彩饰。

蓐 rù：形声，从艸辱声，本义为陈草复生。

耨（槈鎒 nòu）：古代锄草的农具，锄草。

拓展：

溽 鎒 媷 搙 嗕 鄏 傉 槈 溽 戚 穤 溽

达（達達） 挞（撻） 跶（躂） 鞑（韃）

（甲骨 金文 简帛 说文 说文 李阳冰 敦煌 敦煌 敦煌 樊敏碑 欧阳询 颜真卿 王羲之 黄庭坚 皇象

王羲之 王献之 郗愔 王蘧常 吴昌硕 王羲之 章草）（简帛 说文 五经文 董其昌 欧阳询 颜真卿 黄庭坚 王羲之 于右任）

（郑孝胥 王铎 曹全碑 王羲之 张瑞图 于右任 王羲之）（金文 粗篆 赵孟頫 徐伯清 王羲之 颜真卿 王羲之 章草）

辨析：

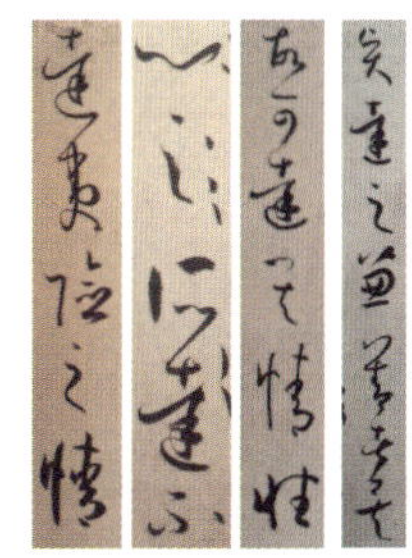

达（達達）字从羊，草书：1. 从土从羊，下加“辶”，乃为“土羊坐车”；2. 从大从辶，省“羊”，为“大坐车”，单写，少见。从拓展的字看，挞、跶和鞑字，历代书家楷行草写“简体”的居多，而分别写出撻、躂和韃字结构的极少。说明：达字有从幸字的结构達字，草书偶见从幸字的草书，即：牛字反起笔的草法。王献之的“车一坐车”、郗愔的“丰坐车”及吴昌硕的“戈十坐车”草法亦较少见。

达（達 dá）：形声，从辵从羍（tà），本义为小羊羔，《说文》曰从羊、大声，金文達字声符从羊；《说文》小篆羍上部变作“大”，汉代隶变后又多作“土”，下部的羊在汉代又省掉一横，羍变作了“幸”，实与幸字无关，敦煌还有省掉两横的，使用频率很低，基本废弃。

挞（撻 tà）：形声，从手达声，本义是用鞭子或棍子打。

跶（躂 dá）：遛跶，跳跶。

鞑（韃 dá）：鞑靼，古代对中国北方游牧民族的称呼；鞑子，旧时称蒙古族人。

拓展：

汯 哒 垯 荙 闼 铋 垯 撻 偨 徤 獶 噠 澾 蓬 璉 樣 燵 鏈 確 縺 蟽 鐽 闥

P15.6 贤达（達達）之兼善者矣　P22.4 故可达其情性　P29.6 心之所达不　P41.2 达夷险之情

荅（答） 塔 嗒 搭 瘩 劄

（说文 城隍庙 石门颂 智永 欧阳询 颜真卿 赵佶 米芾 王铎 张芝 皇象 王羲之 赵雍 赵孟頫 祝永明）

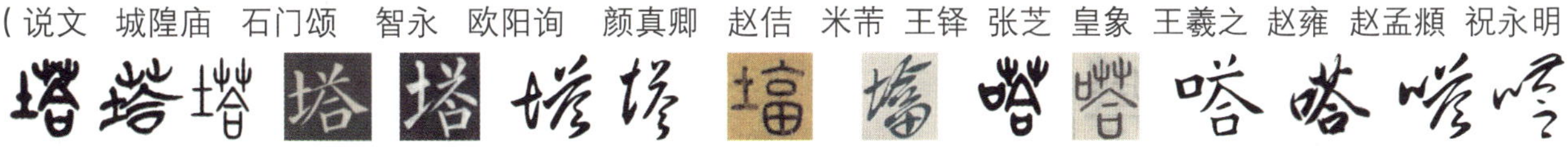

（金文 简帛 说文 颜真卿 柳公权 王羲之 王宠 化度寺碑 吴昌硕）（金文 篆字汇 欧阳询 王羲之 王羲之 李淦）

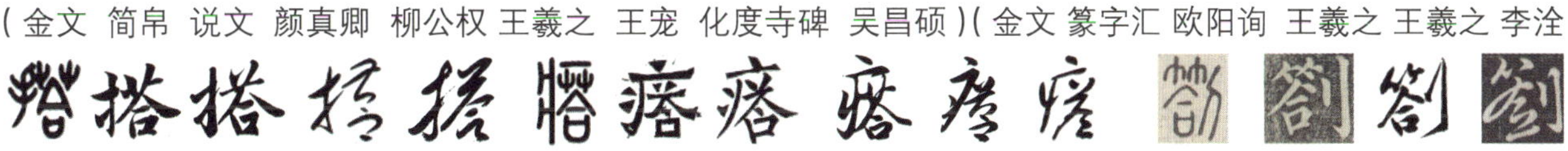

（金文 智永 赵孟頫 李淦 毛泽东）（粗篆 爨体 柳公权 王羲之 李淦 于右任）（篆字汇 颜真卿 黄庭坚 张即之）

辨析：

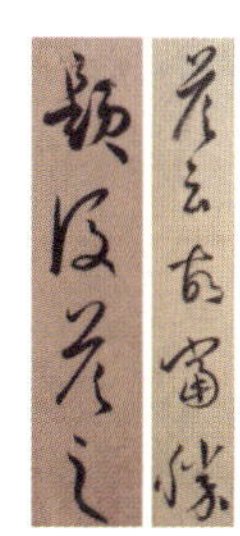

答（荅）字从竹从合，草法竹头写草字头，下边为合。口字草书，张芝、皇象、李淦写成倒三角，赵雍是草化为两点，王羲之草化为两个相连的折笔。李淦的嗒、搭和瘩等字的草书，其荅字是将艹和合字的草书分别写出，然后组合。答有异体字畣，少见。

答（荅畣 dá）：形声，从竹，合声，本义是以竹补篱；答谢、报答；dā，答应、答允、答嘴；dá，答案、答拜、答辩、答谢、答疑。

塔（墖 tǎ）：形声，从土荅声，本义是佛塔，亦作浮屠；形状像塔的建筑物；佛堂。

嗒 dā：口里发声，形容机枪或马蹄等的声音；tà，失意、忘怀的样子，嗒然。

搭 dā：形声，从手荅声，打、击。

瘩 dá：瘩背，中医指生在背部的痈；da，疙瘩。

劄 zhā：针刺，驻扎，站立，同扎；zhá，同札。

拓展：

榙 毾 譗　　P7.3 题后答之　P7.5 答云故当胜

大 奔 尖 奈 奁 尝 奖 汰 驮

（甲骨 散氏盘 楚简 秦简 李斯 古文 说文 李阳冰 礼器碑 欧阳询 颜真卿 皇象 王羲之 怀素）

（甲骨 孟鼎 说文 欧阳询 王羲之 怀素）（金文 石鼓文 智永 王羲之）（金文 楚简 颜真卿 王羲之 王羲之 王羲之 赵佶）

（金文 石韵府 鲜于枢 赵孟頫）（说文 楷书）（石韵府 王僧虔 王羲之 王羲之）（说文 吴彩鸾）（说文 欧阳询 王羲之 章草）

辨析：

大字字形稳定，草书为左起笔，快写。可拓展。奔字金文从人从止，参见止页。

大 dà：甲骨字是一个张开手脚顶天立地的人的形象；六朝以前，没有太字，大即是太。

奔 bēn/bèn：会意，甲骨文从止，金文字形，上面从“人”（大），像人挥动双手，下面从“止”（趾），而且是三个“止”，表示快跑，本义为快跑。

尖 jiān：会意，从小从大，一头小一头大为尖。

奈 nài：如，如何；用于转折句，表示原因。

奁（奩匳匲 lián）：古代盛梳妆用品的匣子，放香炉的笼子，泛指盛放器物的匣子；嫁妆。

尝 yǔn：大，高。

奖（奨獎奬 jiǎng）：形声，字本作奬，从犬将省声，本义为驱使狗猛进。

汰 tài：同汏，淘洗；dà，〈方〉洗、涮，江淮官话、吴语、闽语。

驮 tuó：形声，从马大声，用背负载。

拓展：

太 夸 伏 汏 奄 舦 奎

P9.5 真大醉也　P11.1 奔雷坠石之奇

罘 遝 瘝 鳏 褭

（甲骨 甲骨 甲骨 金文 金文 清华简 说文 楷书 异体字）（甲骨 甲骨 士上卣 古文 秦简 说文 邓石如 赵之谦

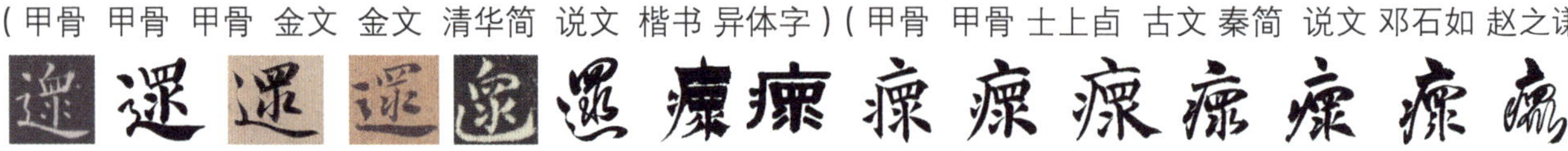

欧阳询 颜真卿 赵孟頫 祝永明 皇象 傅山）（金农 伊秉绶 欧阳询 颜真卿 颜真卿 王羲之 王壮为 郑板桥 傅山）

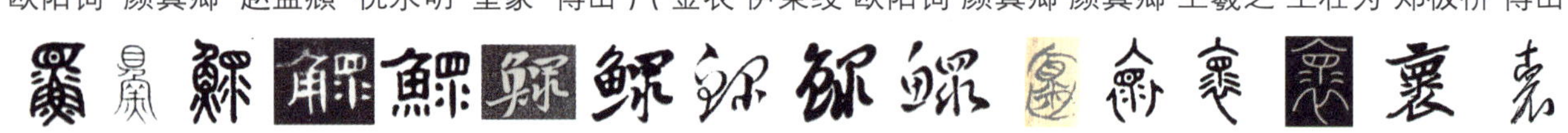

（金文 古文 说文 曹全碑 曹全 黄庭坚 庭坚 贺知章 邓小平 章草）（简帛 金文 说文 李阳冰 颜家龙 邹武生）

辨析：

罘有异体字眔，隶楷行草均有罘和眔两种写法。可拓展。褭亦可拓展，参见褭页。

罘（眔 dà）：从目从隶省，隶、及也，目相及，凡鳏懷等字皆从此。

遝 tà：相及，众多、重叠，通沓，杂遝。

瘝 guān：病、痛苦、疾苦，痌瘝在抱（喻关怀人民的疾苦）。

鳏（鰥 guān）：形声，从鱼，本义是一种大鱼异体字有鱞、“角罘”“矛罘”“罒鱼”“鱼罒水”等。

褭 huái：从衣从罘，囊橐也；藏挟于衣中也；归也；古同懷 。

拓展：

褭 鳏 鰥 鳏 鸂 歠

歹1：歹 殊 死

（甲骨 说文 王羲之 怀素 王铎）（说文 王羲之 欧阳询 颜真卿 赵孟頫 皇象 李洤 王宠 文徵明 章草）

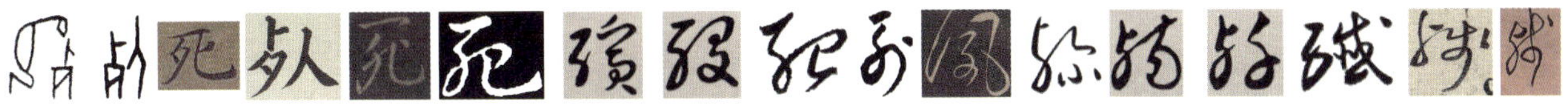

（甲骨 甲骨 敦煌 长苁 晋哀帝 皇象）*王羲之 王羲之 王羲之 怀素 张旭 李洤 文徵明（文徵明 徐伯清）（王铎 傅山）*

辨析：

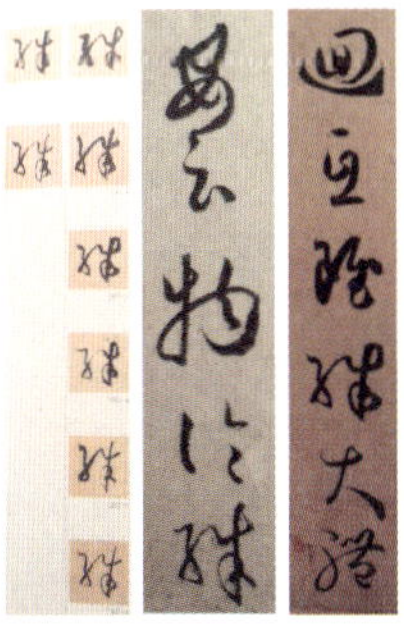

歹字作为偏旁，横应单独起笔，各体从之，也可以将起笔的横划草化为一个独立的点。需要注意的是，历代书家及孙过庭书谱8个殊字的歹旁，草书采用连笔法后已与纟旁的草书相混淆。

歹（歺 dǎi）：从半冎，分解骨之残也。

殊（shū）：会意，字从歹从朱，朱亦声，朱指红色，歹为“骨肉分解后残留的动物骨架，即残骨——《说文》”，引申为处刑、杀死、斩首、断，歹与朱联合起来表示“杀死红笔题名的罪犯”，本义为对红笔题名的罪犯执行死刑，引申义：1. 由尸首分离引申为差异，如殊途同归；2. 由差异引申为特别的，如特殊。

死 sǐ：会意，篆书字形，人旁边是歺（残骨），指人的形体与魂魄分离，本义为生命终止。

拓展：

殡 殁 殆 列 夙 殄 殇 歼（殲）残 歽 殃 殁 殀 殂 殃 殍 殈 殉 殚

P7.5 物论殊不尔　　P20.1 回互虽殊大体相涉

歹2：殆绍辩

（楚简 说文 西狭颂 异体字 欧阳询 颜真卿 赵孟頫 王羲之 怀素 赵构 文彭）1（*章草 赵孟頫 邓文原*）

（甲骨 说文 张迁碑 好太王 欧阳询 颜真卿 柳公权 赵孟頫 王羲之 王献之 赵构 于右任）2（*皇象 智永 宋克*）

辨析：

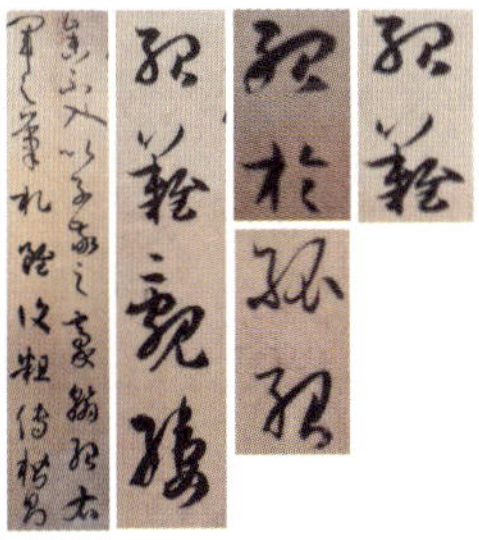

殆从台，绍从召，字根台与召的草书有近于“艮”字草书的相似写法，因此需要写清楚歹旁和纟旁的草书特征，不可以将“歹”旁写成纟旁的草书符号“子”。台和召字见相关页。

殆 dài：形声，从歹台声，本义是危险。

绍（紹 shào）：形声，从糸召声，本义为继承、紧密连续。

拓展：

1. 台 *贻 苔 饴* 乱 佁 冶 刣 坮 始 孡 怡 抬　　2. 召 *超 昭 迢* 劭 卲 诏 邵 陷 妱 岧 怊 招 沼 苕 狃 柖 敔 炤 昭 祒 笤 貂

P19.2 殆于专谨　　P29.4 殆难觑缕　　P8.4 绍右军之笔札　　P34.3 历代孤绍

歹3：列　烈　裂　冽　洌　例　咧

（秦简　古文　古文　金文　说文　曹全碑　欧阳询　颜真卿　柳公权　赵孟頫　王羲之　米芾　黄庭坚　朱耷

皇象　王羲之　智永　怀素　赵孟頫　陈淳　于右任）（古文　说文　虞世南　索靖　赵构）（说文　智永　索靖　王羲之）

（彭玉雯　颜真卿　岳飞　王羲之）（古文 说文 欧阳询 王羲之）（金文 说文 柳公权　文徵明）（篆字汇 赵孟頫 章草）

辨析：

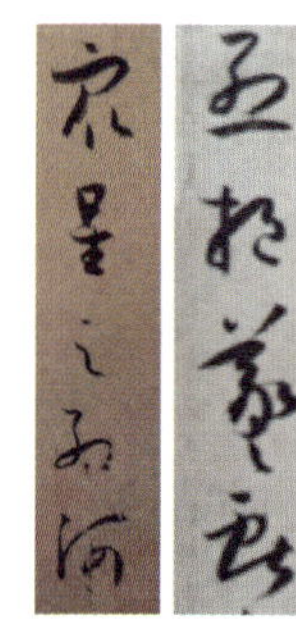

列字从歹，歹旁起笔横应交代清楚，可以单写一横，也可以写一个侧点，写快了容易同“纟”旁混淆。右边的“刂”字，草写连笔或写“右刀寸点弯”，刂字写“弯”后，加不加补笔点均可。

列 liè：形声，从刀从歹，本义是割、分；《广韵》行次也，位序也；裂的古字，古同烈，强烈，猛然。

烈 liè：形声，从火列声，火势猛。

裂 liě：会意，从衣从列，本义是裁剪后的丝绸残余，裂缝，裁剪、扯裂，割、分；liě，物体的两部分向两旁分开。

冽 liè：寒冷，清澄。

洌 liè：从水列声，水清，酒清。

例 lì：形声，从人列声，比照。

咧 liě：嘴向旁边斜着张开；liē，大大咧咧；lié，咧咧，乱说乱讲，瞎咧咧，后一个咧读轻声；lie，助词。

拓展：

劽 [illegible] 峛 峢 挒 茢 迾 [illegible] [illegible] 栵 [illegible] [illegible] [illegible] [illegible] [illegible] 蛚

P 12.1 犹众星之列河汉　P10.3 锺张之余烈挹羲王献之前规

歹4：粲　餐　燦（灿）　璨

（金文　简帛　说文　何绍基　颜真卿　赵孟頫　王羲之　王铎　史游　王羲之　卢象升）（甲骨 金文　金文 金文　餐玺

颜真卿　王羲之　张芝　赵孟頫　古文　说文　欧阳询　欧阳询　智永　说文　智永　赵佶　王铎　王羲之　宋高宗　章草）

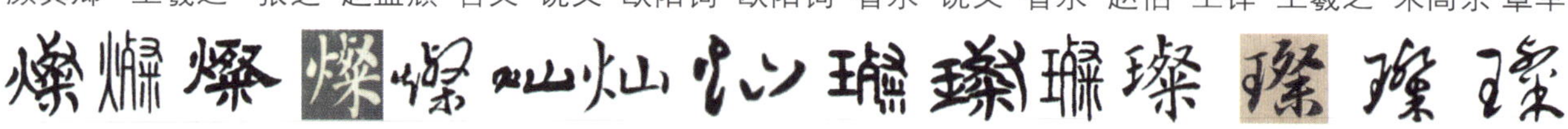

（简帛　说文　邓石如　柳公权　朱耷　汉简　王羲之　王羲之）（金文　简帛　说文　虞世南　赵孟頫　王羲之　于右任）

辨析：

粲餐等字的字头相同，草书写法，歹和又字应交代清楚，米为快写，食从良，草书良字无点。

粲 càn：形声从米（cán）声，本义为上等白米。

餐（湌湌 cān cān）：形声。从食，（cán）声。本义是吃。

燦（灿 càn）：形声，从火粲声，本义是燦爛（灿烂），光彩鲜明耀眼。

璨 càn：形声，从玉粲声，本义为明亮、灿烂；美玉。

拓展：

傪 䅟 殩 蔡 溹 饡

代 袋 岱 黛 贷 玳 垈

（金文 石鼓文 说文 史晨碑 欧阳询 颜真卿 柳公权 赵孟頫 王羲之 虞世南 王羲之 王羲之 吕本）

（鸟虫篆 柳公权 王羲之 于右任）（金文 说文 华山庙 索靖 智永）（说文 粗篆 欧阳询 王羲之 索靖 董其昌）

（甲骨 简帛 说文 颜真卿 赵孟頫 王羲之 章草）（石韵府 虞世南 王羲之）（金文 汉简 赵孟頫 孙过庭 章草）

辨析：

代字字形稳定，行草书为快写，亻旁，王羲之有快写和短竖的写法两种，快写易于识读，也不容易与言旁混淆；弋字的弯钩明代吕本写直笔，比较少见。可拓展。

代 dài：形声，小篆字形，从人弋（yì）声，本义为更迭、代替。

袋 dài：形声，从衣代声，本义是有口的盛器，囊属，也指衣袋。

岱 dài：形声，从山代声，本义是泰山的别称，也叫岱宗、岱岳。

黛（黱 dài）：形声，从黑代声本义为青黑色的颜料，古代女子用以画眉。

贷（貸貣 dài）：形声，从贝代声，施予、给予。其中，貣 tè，从人求物也，从贝弋，借贷，贷免、宽恕，求乞；通忒。

玳（瑇 dài）：玳瑁，如龟，生南海。

垈 jiàn：斜着支撑；用土石挡水。

拓展：

岱 垈 芅 粊 杙 袋 筇 蚮 黛

P4.5 夫质以代兴　P27.4 当代遗迹

带 滞

（甲骨 甲骨 说文 秦简 石门颂 乙瑛碑 西峡颂 张迁碑 好太王 王羲之 欧阳询 欧小楷 颜真卿 柳公权 赵孟頫

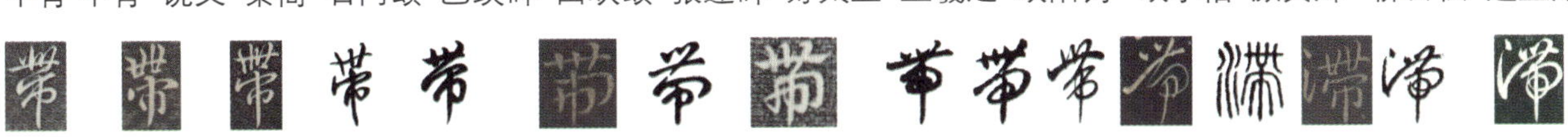

王羲之 褚遂良 米芾 米芾 赵孟頫 a 史游 王羲之 赵孟頫 b 索靖 智永 米芾 王铎）（说文 钟繇 王羲之 王献之）

辨析：

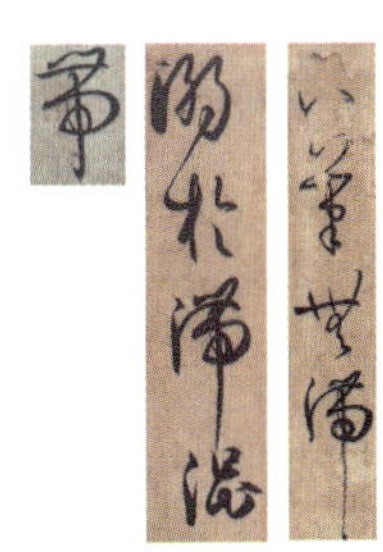

带字的字形稳定，草书，上边部件写三个点的居多，中间的冖写门字符：a 章草，笔画近于行楷，牵丝引带较少；b 今草，连带牵丝较多。可拓展。

带（帶 dài）：象形，小篆字形，上面表示束在腰间的一根带子和用带的两端打成的结，下面像垂下的须子，有装饰作用，本义是大带，束衣的腰带。

滞（滯 zhì）：形声，从水带声，本义为水流不畅。

拓展：

嵽 褯 蹛

P52.1 带燥方润将浓遂枯　P33.2 下笔无滞　P49.4 狐疑者溺于滞涩

怠 箈

（金文 金文 楚简 简帛 简帛 说文 石门颂 乙瑛碑 西峡颂 好太王 欧阳询 颜真卿 柳公权 宋徽宗 赵孟頫

王羲之 欧阳询 黄庭坚 陆游 索靖 王羲之 唐太宗 孙过庭 李洤 文徵明 徐伯清 鲁迅 于右任）（说文 楷书）

附：（甲骨 石鼓文 李斯 礼器碑 王羲之）（金文 说文 褚遂良 米芾 索靖 王宠 王铎 王羲之 怀素 王铎）

辨析：

怠从台，台从以从口（台以两字参见相关页）。台字草书：1. 为快写；2. 作为字根为近似于“卫”字的写法，其拓展性很强。怠字的早期字形，“以、口、心”部件明显，草书即为“台字快写＋心”。

怠 dài：形声，从心台声，本义为懒惰。

箈 tái：竹笋，笋皮，同“箔（苔）”。

附：

以 yǐ：象形，甲骨文、金文字形像人，本义为用。

台 tái：形声小篆字形从口以声，从口与喜悦有一定的联系，本义为喜悦。

拓展：

緿 緿 箈　　P24.5 情怠手阑

丹 旃 彤 坍 栴

（甲骨 三体石 瘗鹤铭 李阳冰 欧阳询 颜真卿 王羲之 王羲之 王献之 张旭 王羲之 王宠 王铎 韩道亨）

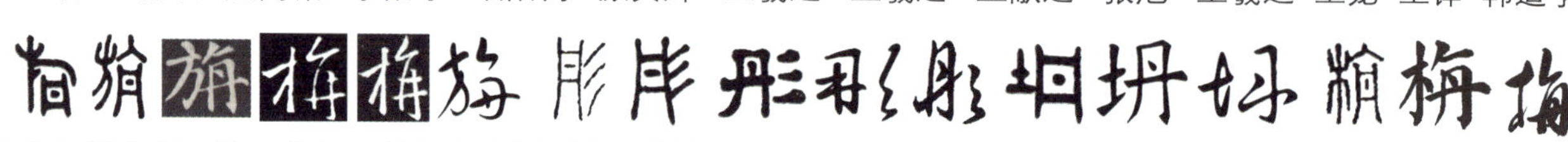

（金文 说文 颜真卿 王羲之 王羲之 李洤）（说文 石鼓文 杨守敬 王羲之 赵构）（金文 欧阳询 王羲之）（小篆 颜真卿 傅山）

辨析：

丹字隶定字形稳定，草书一种是快写，另一种为“干衔点是丹”。

丹 dān：此字始见于商代甲骨文及商代金文，指事字，其古字形像采丹井或盘子一类容器，中间一点像丹药在其中，丹字的本义指朱砂，古时常用朱砂作绘画颜料，也可入药，朱砂是红色的，故引申为朱红色。

旃 zhān：形声，本义是赤色的曲柄旗。

彤 tóng：会意，从丹从彡，丹是丹砂，彡为毛饰，本义是彩色装饰。

坍 tān：水冲岸塌，引申为倒塌、衰颓、凋敝。

栴 zhān：檀香，常绿小乔木；山茶科的紫茎属植物。

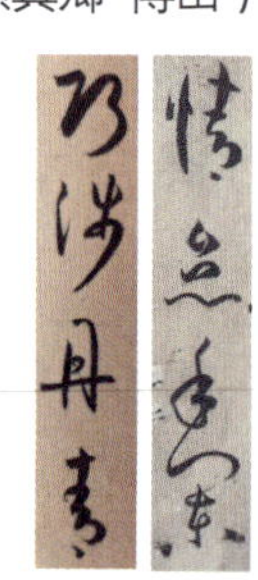

拓展：

刐 邗 苒 枬 玬 砃 衵 蚒 沺 聃 鴅 腩 䑕

P31.1 巧涉丹青

单 蝉 郸 啴 弹 掸

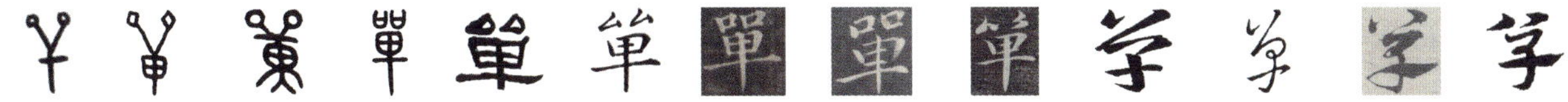

（甲骨 甲骨 散氏盘 说文 衡方碑 钟繇 王羲之 李邕 赵孟頫 王羲之 王羲之 邓文原 宋克）

（甲骨 金文 楚简 说文 邓石如 隶辨 王羲之 颜真卿 孙过庭 管道升 邓文原 祝枝山 王铎 毛泽东）

（金文 说文 魏碑 皇象 祝允明）（说文 王铎 宋克）（欧阳询 索靖）（王羲之 黄庭坚）*怀素 宋高宗 徐伯清 李松*

辨析：

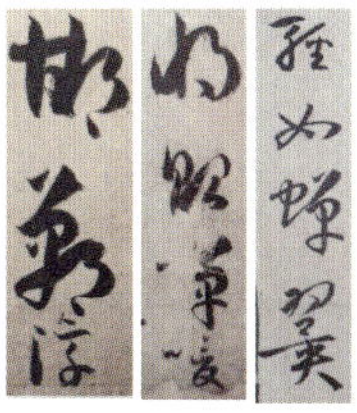

单字的篆书象形，隶定字形为从“厶”或从“口”形，草书：上边相同部件草化为两个点，田字写半包围，下边的十字为快写。可拓展。

单 dān：初见于甲骨文，古字形像长柄、两角缚有石块和绳索的古代狩猎工具，此义现不常用，用此工具捕鸟兽，一般每次只能捕到一只，所以“单”有“一个、单独”的意思，纪年用名“单阏”中，读 chán，姓氏，读 shàn。

蝉（蟬 chán）：昆虫，也称知了。

郸（鄲 dān）：邯郸，郸城。

啴（嘽 tān）：形声，从口单声，喘息。

弹（彈 dàn）：形声，从弓单声，本义是弹丸。

掸（撣 dǎn）：从手单声，提持也；shàn，史书上对傣族的一种称呼。

拓展：

禅 惮 殚 婵 阐 樿 墠 潬 皽 蕲 樿 驒 箪 瘅 觯 阐 䡲

P11.5 轻如蝉翼　　P28.3 邯郸淳之令范　　P36.3 将贻啴嗳之奏

耽（躭）

（说文 王羲之）1（六书统 邓石如 吴昌硕 衡方碑 褚遂良 王羲之 智永 欧阳询 陆柬之 王铎）

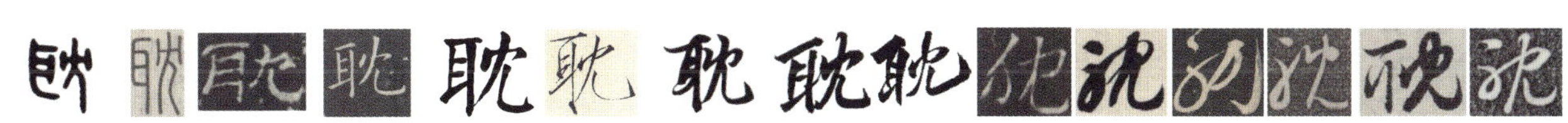

2（金文 说文 史晨碑 欧阳询 颜真卿 宋徽宗 王羲之 李邕 米芾 索靖 智永 张旭 怀素 赵孟頫 宋高宗）

辨析：

耽字的异体字有“躭聃酖醓”等，草书一般从其身或耳旁。身和耳字旁的字很多，各种字根几乎都有，见相关页。

耽（躭 dān）：形声，从耳冘（yín）声，本义是耳朵大而且下垂，夸父耽耳（耳垂在肩上）。

拓展：

湛

P3.6 耽之若此

亶 擅 檀 澶 蟺 鸇 壇（坛） 氈（毡） 膻（羴羶） 顫

（金文 金文 汗简 说文 樊敏碑 吊比干 文徵明 米芾）（帛书 说文 李隆基 欧阳询 颜真卿 怀素 孙过庭）

（甲骨 甲骨 说文 颜真卿 王羲之 怀素 赵孟頫）（甲骨 金文 说文 王羲之 李淦 流江）（甲骨 说文 王铎 王铎 王铎 傅山）

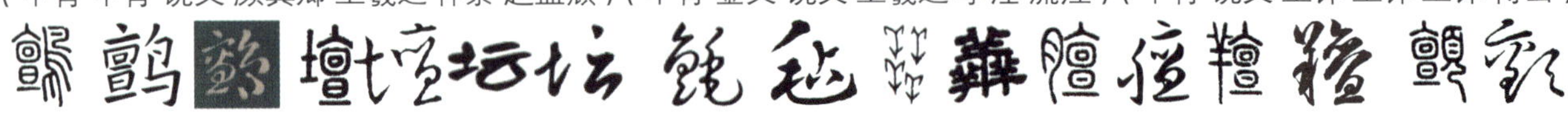

（说文 欧阳询 皇象）（说文 韵会 汉简 王羲之）（王羲之 章草）（甲骨 隶辨 说文 孙过庭 说文 赵孟頫）（说文 韵会）

辨析：

亶从亩，亩字的应用很广，“亩稟啚圖啬（参见相关页）拓展的字”，在甲骨文中已见其结构，檀，合集 29408，澶，合集 10474，蟺，合集 17468，均有列示，亶和拓展的字的草书重点在“回”，一般为快写或草化为三点，可拓展。壇、氈、膻等字还有异体字的写法。

亶 dǎn：说文“亶，从亩、旦声，多谷也，谷多貌，本义为天生的、天然的、本来的，从亶的字其亶的意思亦如此，如檀膻颤驙鹯嬗鳣澶擅繵坛等，檀：从木从亶，意为“具有天然香味的树木”；“膻”意为“具有天然腥味的肉”；坛（壇）：意为生土垒成的土坛；周王室成员序列中，位居顶端者叫太王，原称“古公亶父”，亶父即原本的父亲，相当于今日的国父；又有忠厚、平坦之意，亶厚、亶诚，亶亶（平坦，通坦坦）。

擅 shàn：形声，从手从亶，亶声；手与亶表示天生就会的动作，本义为本能的动作；引申为独断的行为。

澶 chán：水静止不动；dàn，放纵，宽广长远貌，泛滥；chān，澶渊，古湖泊名。

蟺 shàn：蚯蚓，鳝鱼，蜕变、变迁；chán，同蝉。

鸇（鹯 zhān）：动物名，一种猛禽，形似鹞，羽色青黄，常袭击鸠、鸽、燕雀等为猎物。

氈（毡 zhān）：同氊，同毡，用兽毛或化学纤维制成的片状物，可做防寒用品和工业上的垫衬材料。

膻（羴羶 shān）：像羊肉的气味；dàn，袒露，胸中；膻中。

顫 chàn：头不正也，头摇动不定；身体颤动；zhàn，打颤；颤栗。

拓展：

儃 勯 𠠆 嬗 憻 𢕌 蘁 璮 禮 穮 皽 襢 矏 磹 旜 篬 軃 饘 鳣　　P4.2 考其专擅

旦 但 昼

（甲骨 金文 楚简 说文 曹全碑 好大王 钟繇 灵飞经 褚遂良 欧阳询 卫瓘 王羲之 王羲之 智永）

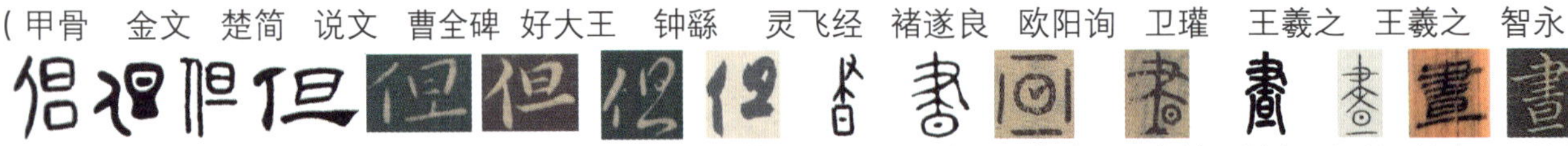

（甲骨 金文 说文 乙瑛碑 卫夫人 王羲之 王献之 白蕉）（甲骨 金文 六书统 六书统 说文 汗简 简帛 王羲之

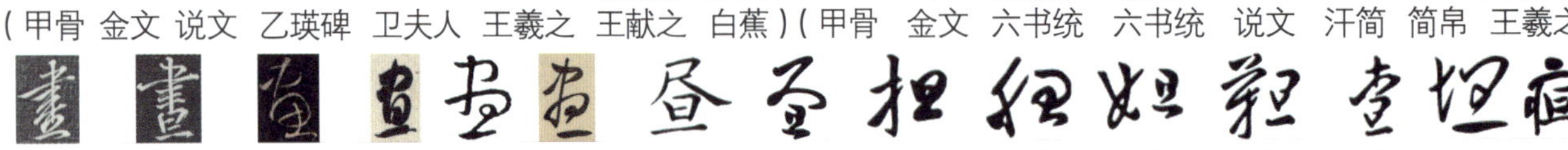

王羲之 黄庭坚 王献之 智永 怀素 鲜于枢 王羲之 王羲之）*王羲之 王羲之 王羲之 王羲之 王羲之 李淦 王铎*

辨析：

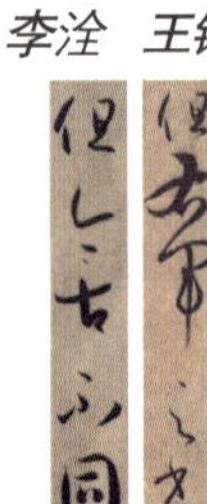

旦字为象形，隶定字形稳定，草书为快写，日字省一横为灵飞经的常见写法。昼字草书应突出“旦”字。

旦 dàn：指事，甲骨文字形，像太阳从地面刚刚升起与海面倒影的样子，本义为天亮、破晓、夜刚尽日初出时；刘钊的《古文字构形学》所云，日下为 “丁（甲骨文形）”，表音，是为一解，可信。

但 dàn：形声，从人旦声，本义为脱去上衣、露出身体的一部分，经传皆以袒为之；只，仅，不过。

昼（晝晝晝 zhòu）：日之出入，与夜为界，从畫（画）省，从日。

拓展：

担 胆 妲 靼 查 坦 疸　　怛 泹 疍 狚 导 㡵 柦 炟 䁴 迌 袒 宜

P30.3 但古今不同　P33.4 但右军之书

刀1：刀 刃 切 分 召 挈

甲骨 甲骨 金文 金文 金文 楚简 秦简 说文 隶辨 衡方碑 欧阳询 颜真卿 柳公权 赵孟頫 徐渭 孙中山

王羲之 怀素 李洤 章草）（褚遂良 王羲之）（说文 智永 王羲之 宋徽宗）（说文 蔡邕 王献之 索靖 王羲之）

（说文 王羲之 成亲王 王羲之 王铎 傅山）（简帛 说文 欧阳询 赵孟頫 王羲之）*王羲之 王羲之 王弘 章草*

辨析：

刀字的结构稳定，行草书为快写，作为字根，个别字的草书如分和召字，刀字的结构已经不是很明显了，应予注意。可拓展。

刀 dāo：象形，小篆像刀形，本义是古代兵器名。

刃（刄刅 rèn）：刀的锋利部分，刀，用刀杀。

切 qiē：刌也，从刀七声。

分 fēn：会意，从八从刀，八就是分，从刀是以刀剖物，本义为一分为二。

召 zhào：形声，从口刀声，本义是呼唤。

挈 qiè：从手韧声，悬持也，本义是提起；带领、提携；通契。

拓展：

劈 券 初 唠　　迈 份 招 椝 絜

刀2：刂 到 利 剧 剩 刷 则 制 剪 劉（對）

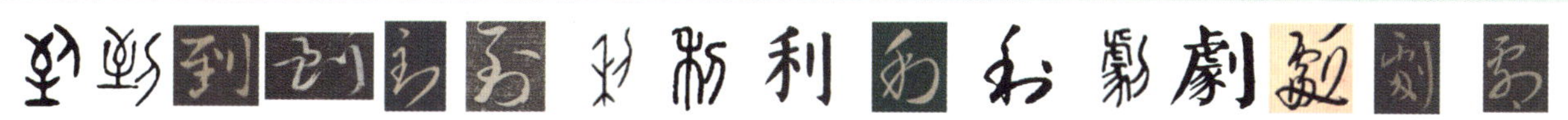

（金文 说文 岳珂 韩驹 王羲之 米芾）（甲骨 说文 颜真卿 王献之 怀素）（说文 颜真卿 王铎 王羲之 王羲之）

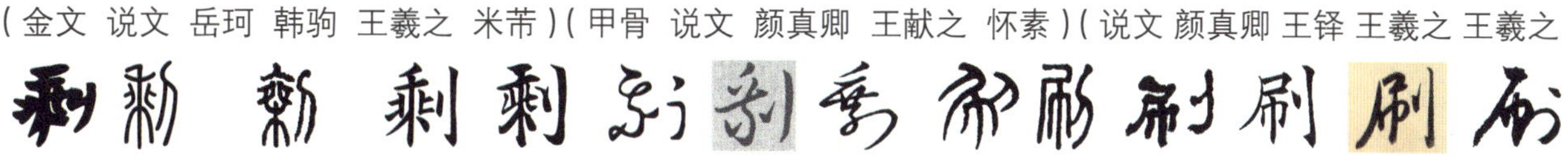

（汉简 新篆体 胡氏千文 欧阳询 王羲之 王羲之 赵构 赵孟頫）（简帛 说文 何绍基 褚遂良 赵孟頫 敬世江）

（王羲之 萧确）（说文 欧阳询 汉章帝 王导）（说文 王羲之 王羲之 徐渭）（赵之谦 欧阳询 颜真卿 王献之 邓文原）

辨析：

右刂寸点弯，刂字的拓展性很强，草书写“点弯”或“弯”，即“右刀寸点弯”。列示的字有不同的结构变化，需注意各体细节及联系。利、剧、则和劉（對）等字的解释和写法，可参见相关页。

到 dào：形声，从至刀声，本义为到达、达来、去到。

剩 shèng：形声，从刀乘声，本义为剩余、余下。

刷 shuā：刮也，从刀㕞省声。

制 zhì：会意，小篆字形，左边是未右为刀，“未”即有滋味，乐于裁制，本义是裁断、制作；制、製本同一词，后来分化，製用于具体的制造，制则为抽象的制作。

剪 jiǎn：形声，从刀前声，本义是用剪刀铰断。

拓展：

刑 划 刓 刔 刖 刘 则 列 刚 创 例 侧 洌 刮 刯 到 封 刳 剁 刵 刹 刺 刻 刽 剌 剕 剀 剐 剂 剆 剟 厕 刺 恻 捌 洌 测 浏 罚 荝 荆 別 刦 刨 利 刪 别 刽 剌 剕 剀 剐 剂 罚 荝 剥 削 剖 剗 剘 剚 剛 剜 剫 剞 剟 剠 剡 剢 前 莭

道 導（导）

（甲骨 散氏盘 盟书 李斯 曹全碑 张迁碑 欧阳询 颜真卿 柳公权 米芾 索靖 王羲之 张旭 黄庭坚）（金文 说文 石鼓文

衡方碑 娄机 欧阳询 颜真卿 柳公权 赵孟頫 王羲之 索靖 王导 王羲之 怀素 文徵明 王铎 汉简 王羲之 王羲之）

辨析：

导（導）有异体字檤（此为左右结构，上下结构也是導，少见）字，草法下部写寸（王羲之、怀素、文徵明），一些书家也写木（索靖、王铎等）。

道 dào：从辵（辶）从首，首亦声，道，头行走也；辶是辵，指“乍彳乍止、走走停停”。“辵”与“首”联合起来表示“从头开始行走”；引申为一个有思想的人，引领大家一起走在前行的路上。

導（导櫱 dǎo）：从辵从首从寸，导的本字上面是首表示人，下面是“止”表示脚，外面是“行”表示路口，合在一起的意思是人走到路口时需要得到引导、引领，“寸”与“手”意思相近，本义是以手牵引，引导。

拓展：

道 導 檤 䆃 櫱

P11.5 导（導檤）之则泉注

得 嘚

（甲骨 甲骨 金文 简帛 说文 说文 礼器碑 宝子碑 瘗鹤铭 欧阳询 颜真卿 柳公权 赵佶 赵孟頫

王羲之 颜真卿 米芾 黄庭坚 赵孟頫 董其昌 敦煌 张芝 皇象 索靖 王羲之 王羲之 智永 张旭）（楷书 孙万民）

辨析：

得字由手得到贝（古钱币）表意，后来加了马路（彳），马路上得到贝，演变过程非常清晰。草书保留了马路，右边贝字变为一个小使转连写下边的寸字。

得（dé /děi /de）：会意字，左右结构，甲骨文字形，手里拿着财货，自然是有所得，左边加“彳”，右边是“贝”（财货）加“手”，表示在马路上有所得，本义为得到，获得。

嘚 dē：象声词，形容马蹄踏地的声音；赶驴、骡前进的吆喝声。

拓展：

㝵 㝵 㝵 㝵 碍

P7.6 时人那得知　P53.4 得鱼获兔

悳（德） 听（聽聴聼）

（甲骨 甲骨 金文 盟书 楚简 说文 说文 敦煌 王羲之 皇象1 皇象2 王羲之 王羲之 王羲之）（说文 颜真卿 甲骨 金文

说文 曹全碑 王僧虔 欧阳询 颜真卿 赵佶 王羲之 王僧虔 苏轼 a 张芝 王羲之 智永 怀素 陆游 张雨 鲜于枢 毛泽东）

辨析：

德和“聽聴聼（听）”从悳。悳（德）字草书有从悳和德的写法，如敦煌、皇象和王羲之的几种写法，用悳字的结构较多。“听”字，古时使用频率不高，说文即有简写的听字。聽：聽（听声音的听）与德字的字根相同，草书一般有三种：a. 张芝写法，“身的草书加三个点”，宋以前的书家大多采用，为约定俗成；b.“皇象 2”与陆游借用德字的异体字“悳”的草写；c. 张雨、鲜于枢和毛泽东的写法。

悳（德 dé）：从直从心，德也，从彳从悳，升也，今道悳字皆作德，而悳悳字但为古文矣。

听、聽：古为两字，听读 yǐn，聽读 tīng，“听（yǐn）”见于《说文解字》，本义为笑的样子，现代汉语中，“听（yǐn）”被用作聽的简化字，本义已废，聽（以下用听）字的初文见于商代甲骨文，古字形从口从耳，本义指耳朵听见口中所言；听取别人的意见之后，必然在思想行动上顺从、服从，故引申为听从、接受；审案时，主审官要听诉讼双方的言辞，之后做出合理判决，听字由此引申出审理、判断义。

拓展：

P56.6 庯听惊其妙响

登 1：鄧（邓）瞪 燈（灯）證（証 证）凳

（甲骨 甲骨 甲骨 金文 金文 金文 简帛 说文 曹全碑 欧阳询 颜真卿 赵孟頫 宋徽宗 王羲之 智永 文徵明

王羲之 智永 王铎）（金文 简帛 说文 曹全碑 虞世南 邓文原 皇象 祝允明 汉简 王羲之）（金文 王羲之 王羲之）

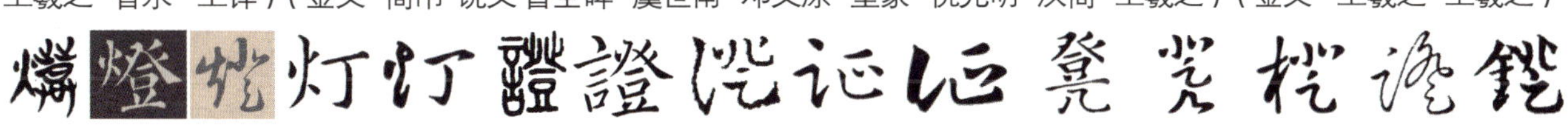

（简帛 颜真卿 陆游 王羲之 王羲之）（说文 褚遂良 孙过庭 王羲之 王羲之）（王羲之 王羲之）*王羲之 王羲之 邓文原*

辨析：

登字的甲骨文从双足，隶定字形稳定，草书，百韵歌云“登体用北之”，可拓展。说明：登字作为字根，部分字有“简体”写法，如鄧、燈和證等字自古就分别有邓、灯和证的写法。

登 dēng：象形，为双足登高之形；古代祭器名。

鄧（邓 dèng）：国名，曼姓，周时所建，故址在今大陆地区河南省邓县。

瞪 dèng：睁大眼睛直视。

燈（灯 dēng）：照明的器具。

證（証证 zhèng）：告也，从言登声。

凳（櫈 dèng）：无靠背的坐具。

拓展：

橙 蹬 镫　剅 僜 隥 嶝 菶 噔 墱 嬁 嶝 憕 撜 澄 邆 毲 甄 璒 膯 竳 禨 磴 蹬 螆 櫈 簦 艠 覴 懜 鐙 霯 蹵

登2：僜 澄 撜 憕 隥 嶝 磴 璒 毲 噔 鐙 簦

（欧阳询 赵孟頫）（金文 邓石如 华山庙 颜真卿 王羲之 智永）（说文 吴彩鸾）（说文 楷书）（毛伯彝 说文 颜真卿）

（金文 曹全碑 褚遂良 黄庭坚 王羲之 章草）（金文 邓石如 柳公权 赵孟頫 米芾 王铎）（说文 楷书）（说文 楷书）

（金文 曹全碑 欧阳询 颜真卿 赵孟頫 王羲之）（简帛 说文 董美人 王铎 皇象）（金文 说文 王羲之 皇象 赵孟頫）

辨析：

登字拓展的字，各体写法稳定。所涉字根参见相关页。

僜 chēng：酒醉走不稳跌跌撞撞；dēng，古通登；西藏少数民族之一。

澄（澂 chéng）：形声，从水登声，水静而清；chéng，使清静，使清明，水名；dèng，使液体中的杂质沉淀分离。

撜 zhěng：古同拯，拯救；chéng，接触。

憕 chéng：心平、平均，失意的样子；dèng，懵憕，精神不爽；zhèng，心静。

隥 dèng：古同磴，阶梯、石级，险峻的山坡。

嶝 dèng：山上可攀登的小路，小山坡。

磴 dèng：山路上的石台阶。

璒 dēng：似玉的美石。

毲 dēng：氍毹、毾毲；《注》毛席也。

噔 dēng：象声词，重物落地或撞击物体声。

镫（鐙 dèng）：古代盛熟食器皿，马镫；照明用具，古同燈。

簦 dēng：古代有柄的笠，像现在的雨伞。

拓展：

剅 僜 隥 嶝 蔓 噔 墱 嬁 嶝 憕 撜 澄 遾 毲 甑 璒 膯 窿 襈 磴 蹬 螃 橙 簦 艠 覴 幢 鐙 霯 鄧

弟 第 剃 递（遞） 悌 娣 涕

（甲骨 甲骨 金文 金文 盟书 说文 邓石如 曹全碑 张迁碑 钟繇 王羲之 蔡襄 米芾 赵孟頫 王羲之 郗愔 智永）

（金文 楚简 李阳冰 赵孟頫 王羲之 柳公权 乙瑛碑 王羲之 索靖 王羲之）（说文 五经 颜真卿 索靖 王羲之）

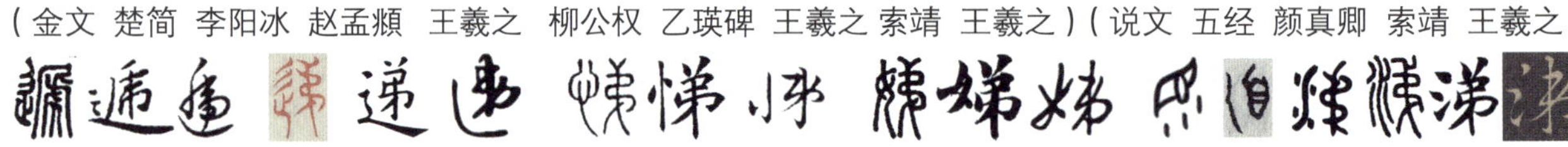

（说文 蔡羽 裴休 石韵府 欧阳询 王羲之）（说文 虞世南 王羲之）（说文 智永 王羲之）（甲骨 甲骨 金文 说文 智永 索靖）

辨析：

弟字篆书表意清楚，草书，一般省略上边的两点，而第字的草书则是将竹字头写成草头。可拓展。注意递有异体字遞，草书还有从虎字的写法。

弟 dì：象形，甲骨文字形像有绳索围绕于“弋”，又像竖立有杈的短木桩，绳索捆束木桩，就出现了一圈一圈的“次第”，本义为次第，古同“第”。

第 dì：形声，从竹弟声，本写作“弟”，本义是次第、次序；篆书可以同弟字。

剃（鬀 tì）：用刀刮去毛发。

递（遞 dì）：形声，从辵虒（sī）声，本义是轮流、交替；异体字有逓遰遞遟遆遰遰遰等等。

悌 tì：形声，从心弟声，本义为敬爱兄长。

娣 dì：会意，从女弟声，姐姐对妹妹的称呼，弟媳；女子出嫁时随嫁的女子；古代姐妹共嫁一夫，幼为娣，长为姒。

涕（鼻洟 tì）：形声，从水弟声，先秦时期，涕指眼泪，后来出现了泪，两字就同义并用了，本义是眼泪。其中洟 bí，《玉篇》音鼻，涕也；又，目出汁曰涕；一说为泪，待考。

拓展：

挮 绨 啼 徲 鬄 梯 焍 琋 祶 睇 睇 睇 稊 罤 锑 P59.6 第其工用

帝 蹄 啼 缔 蒂 谛

（甲骨 甲骨 甲骨 金文 楚简 汉印 说文 李斯 乙瑛碑 西峡颂 好太王 钟繇 王羲之 欧阳询 颜真卿

柳公权 赵孟頫 王羲之 虞世南 汉章帝 索靖 王羲之 张旭）（简帛 说文 褚遂良 宋徽宗 米芾 索靖 王羲之）

（金文 唐太宗 文徵明 索靖）（简帛 说文 颜真卿 王羲之）（石韵府 欧阳询 章草）（简帛 说文 王羲之 怀素）

辨析：

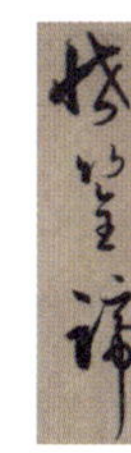

帝字的篆书为花蒂形，隶定字形稳定，草书写法，上边中间的两点写两点或连写为一点均可，中间的冖写门字符。可拓展。蹄和啼字有从虎的异体字，参见相关虎页。

帝 dì：象形，甲骨文字形，像花蒂的全形，上面像花的子房，中间像花萼（花瓣外面的绿片），下面下垂的像雌雄花蕊，本义是花蒂。天帝 / 上帝：宗教或神话中称主宰万物的神，最高的天神，古人想像中宇宙万物的主宰。

蹄（蹏 tí）：兽足趾端的角质变形物，后借以通称兽足，如马蹄、牛蹄、羊蹄等。

啼（嗁 tí）：形声，从口帝声，本义是放声痛哭。

缔（締 dì）：形声，从糸帝声，本义为结在一起。

蒂（蔕 dì）：形声，从艸帝声，本义是花、叶或瓜、果与枝茎连结的部分，引申为末尾。

谛（諦 dì）：形声，从言帝声，本义为细察、详审。

拓展：

啻 媂 崹 揥 渧 遆 媞 楴 禘 腣 褅 碲 䗖 䗖 鍗　　P53.5 犹吝筌蹄

商 適（适） 敵（敌） 滴 嘀 摘 镝

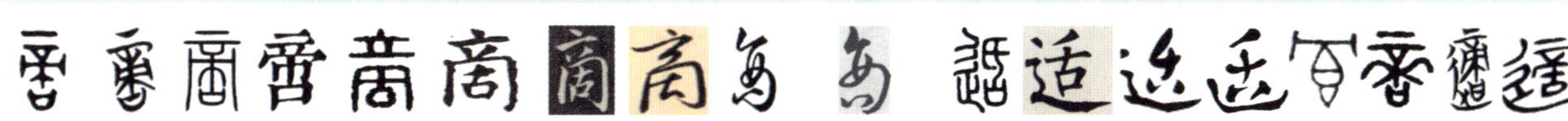

（金文 楚简 说文 楷书 吕商 颜真卿 蔡襄 王铎 王羲之 赵构）（说文 公权 张瑞图 章草 金文 金文 楚简 秦简

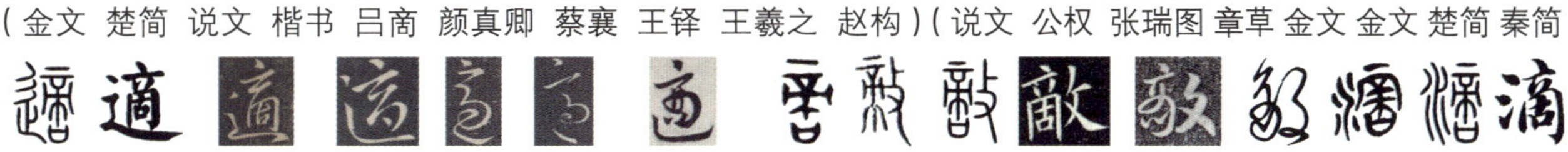

说文 颜真卿 王羲之 王献之 张芝 王羲之 赵孟頫）（金文 金文 说文 欧阳询 宋高宗 宋克）（简帛 说文 智永

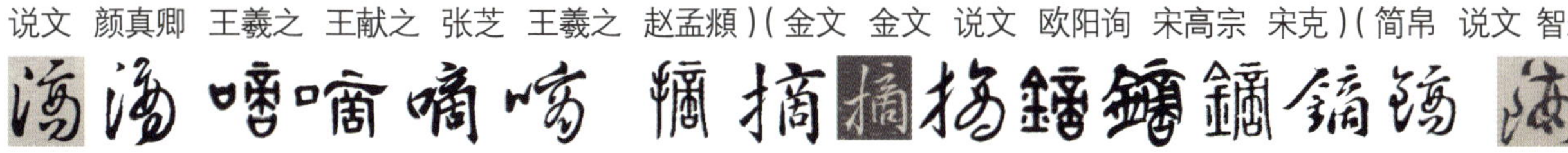

王羲之 王铎）（金文 曹全碑 王羲之 王羲之）（说文 虞世南 米芾 李洤）（金文 简帛 说文 苏轼 王羲之 祝允明）

辨析：

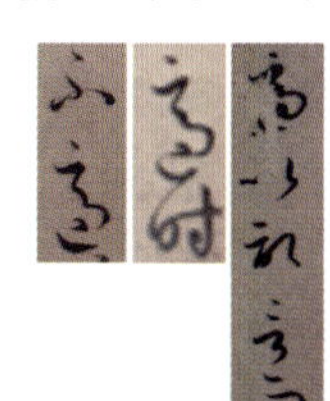

商字的篆书从帝，隶定字形为“商”，草法一般有二：1. 符合商字结构，与“商”同型，即“商商异型同草”，近于高字的草法。2. 在適（适）字中的约定俗成：“点横事（草书）”，适字个别书家也有快写。

商 dí：从口帝声；一说从立从古，立亦声，立指立、确立太子，古指自古以来、有史以来、历史惯例，立与古联合起来表示根据历史惯例确立太子。

适（適遖 shì）：说文 1：疾也，从辵舌声，行止皆切合是适；说文 2：适，之也，从辵、啻声，本义为往、到。

敵（敌 dí）：形声，从攴商声，本义为匹敌、对等；攻击，仇敌、敌人。

滴 dī：形声，从水商声，本义是液体一点一点落下来。

嘀 dí：嘀咕，小声说话，犹疑不定。

摘 zhāi：形声，小篆字形，从手啻声，本义为用手采下或取下。

镝（鏑 dí）：形声，从金商声，本义是箭的尖头；箭。

拓展：

谪 僪 墒 嫡 蔏 嶓 樀 歒 甋 犕 膪 膪 瞷 禘 䊞 穑 謫 豴 蹢 鏑 驈
P5.1 适以记言　P18.6 趋变适时　P25.3 畅无不适

店 惦 掂 踮

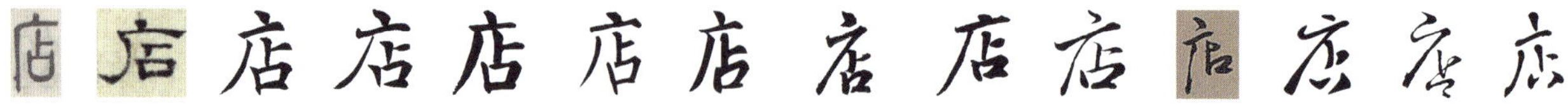

（篆字汇 说文 欧阳询 褚遂良 颜真卿 柳公权 赵孟頫 王羲之 黄庭坚 赵孟頫 王铎 王羲之 王铎 章草）

（金文 汉简 邓石如 伊秉绶 欧阳询 虞世南 颜真卿 柳公权 赵孟頫 王羲之 黄庭坚 王羲之 孙过庭 章草）

（金文 欧阳询 颜真卿 王羲之 王羲之 于右任 章草）（金石篆 汉简 赵孟頫 王羲之 王羲之 孙过庭 章草）

辨析：

店字字形稳定，行草书为快写，“口”字可以草化为“两点”或“倒三角”。

店 diàn：形声，从广占声，从广与房屋有关，本义是栈房。

惦 diàn：形声，从心店声，本义为惦记、挂念。

掂 diān：形声，从手店声，本义是以手称物重。

踮 diǎn：提起脚跟，用脚尖着地。

拓展：

唸 溚 埝 婼 晻 腤 諳

電（电） 埯 腌 阉

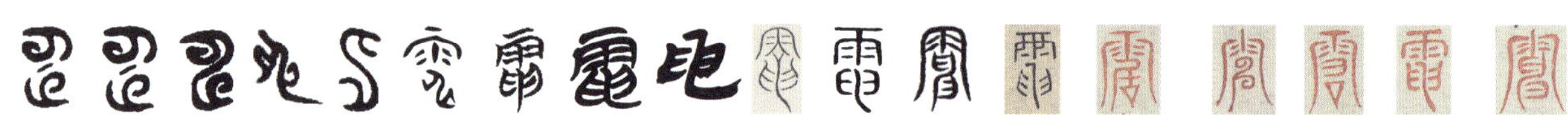

（金文 金文 金文 金文 金文 金文 楚简 简帛 汉简 汗简 说文 说文 广义 石韵府 石韵府 石韵 石韵府 石韵府

北齐人 隶辨 王羲之 颜真卿 柳公权 赵孟頫 王铎 王羲之 米芾 憨山 孙过庭 武则天 怀素 祝永明 毛泽东）

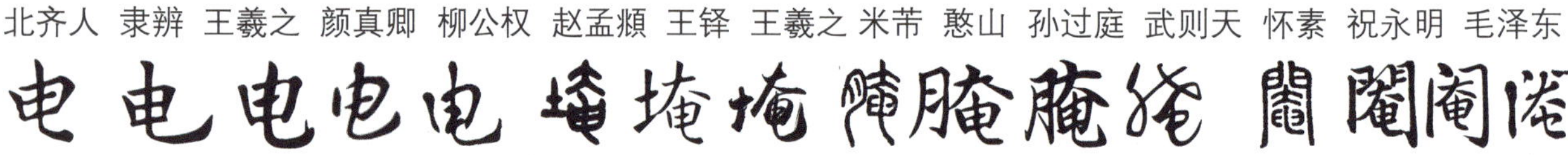

王羲之 欧阳询 颜真卿 王羲之 章草）（金文 欧阳询 禹卫）（说文 王羲之 王羲之 李洤）（说文 赵孟頫 启功 章草）

辨析：

电字的篆书字形变化较多，但用“申”表闪电的结构没变，草书可省略中间的横划。拓展的奄字，很多书家在写行草书时将“大”字反向起笔，及腌字中的大字草化为李洤“戈”的写法，原因待考。其中拓展的奄和黾字见相关页。

電（电 diàn）：形声，从雨申声，阴阳激耀也，本义是闪电。

埯 ǎn：点播种子挖的小坑。

腌 yān：用盐浸渍食物。

阉（閹 yān）：会意，从门从奄，本义是被阉割的人或雄性动物。

拓展：

黾 绳 蝇 晻 睷 稐 渰 痷 碒 罨 裺 鹌

殿 臀 澱 癜

（金文 金文 秦简 石鼓文 说文 篆字汇 李阳冰 邓石如 欧阳询 姚孟起 赵孟頫 宋徽宗 王羲之 鲜于枢

王羲之 智永 李淦 章草）（甲骨 金文 简帛 说文 说文真 赵孟頫 王羲之 王铎 皇象 王羲之 孙过庭 赵孟頫）

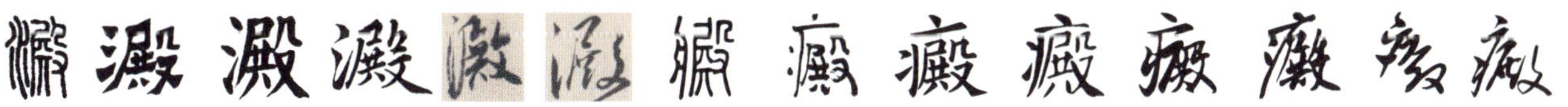

（说文 梁培生 颜真卿 赵孟頫 白蕉 王宠）（金石篆 李佛君 欧阳询 颜真卿 王羲之 黄庭坚 王羲之 李淦）

辨析：

殿字隶定字形稳定，其草书写法，尸字草化为厂；共字为快写，省左下点；殳字为快写、写攵或又字。

殿 diàn：大堂也，此字本义未见，假借为宫殿。

臀（臋 tún）：屁股。

澱 diàn：从水殿声，滓滋、淤泥也。

癜 diàn：癜风，皮肤上出现的淡紫色或白色的斑。

拓展：

搬 壂 臀 臋

丁 叮 仃 厅 钉 町 订 盯 顶 打

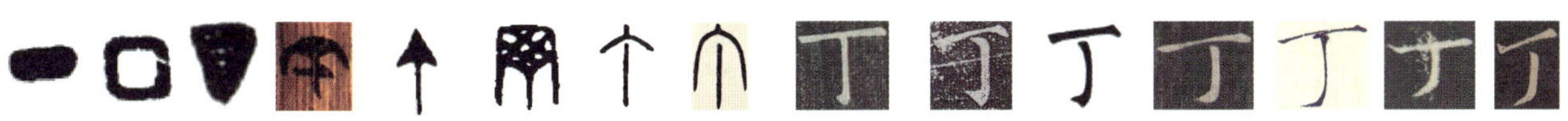

（甲骨 甲骨 金文 楚简 齐刀文 汉印 说文 邓石如 欧阳询 颜真卿 柳公权 赵孟頫 宋徽宗 史游 王羲之）

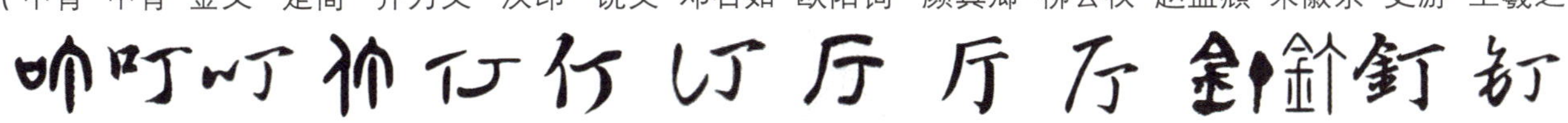

（金文 智永 王羲之）（金文 曹全碑 王羲之 王羲之）（西狭颂 颜真卿 王羲之）（帛书 说文 赵孟頫 王羲之）

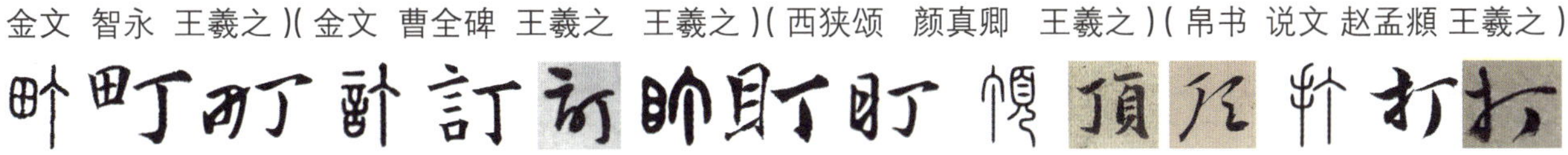

（说文 虞世南 王羲之）（说文 欧阳询 王铎）（金文 褚遂良 王羲之）（说文 赵孟頫 空海）（说文 智永 赵之谦）

辨析：

丁字的甲骨文是俯视的钉头，小篆为侧视的钉形，隶定字形稳定，行草书为快写，可拓展。亭、"廳"、宁（寧）和灯（燈）等字，可参见相关页。

丁 dīng：象形，甲骨文为俯视所见的钉头之形，小篆像侧视的钉形，本义是钉子，为天干的第四位。

叮 dīng：形声，从口丁声，本义是切嘱，如叮咛；昆虫螫咬。

仃 dīng：伶仃，孤独。

厅（廳 tīng）：厅屋。

钉（釘 dìng）：形声，从金丁声，本义为铼饼黄金，钉子。

町 tīng：形声，从田丁声，本义是田界、田间小路。

订（訂 dìng）：形声，从言丁声，本义为评议。

盯 dīng：形声，从目丁声，本义是注视。

顶（頂 dìng）：形声，从页丁声，人头的最上端。

打 dǎ：形声，从手丁声，本义为击。

拓展：

邘 汀 阞 可 圢 奵 帄 庁 忊 汀 芋 钌 行 朾 玎 瓨 甼 疔 矴 宁 糿 耓 耵 虰 酊 跒 閅 飣 靪 寍 魟

P38.4 庖丁之目

鼎 鼐 鼒 鬺

（甲骨 甲骨 甲骨 金文 金文 鼎币 说文 鲜于璜 文徵明 赵之谦 欧阳询 虞世南 颜真卿 柳公权 赵孟頫

王羲之 褚遂良 苏轼 文徵明 赵之谦 赵孟頫 陈淳 文徵明 史游 索靖 王羲之 赵孟頫 董其昌 董其昌 成亲王）

（金文 说文 褚遂良 米芾 王羲之 赵之谦 章草）（金文 说文 王羲之 任政 王羲之 张瑞图）（金文 楷书 ）

辨析：

鼎字的篆书变化较多，形态特征明显，隶书形成后，有将“爿片”写为“折”字形的，因此，其草书除了章草外，一般有“目折”与“丹人”两种，简曰之，即为“目折、丹人鼎”。

鼎 dǐng：象形，甲骨文字形上面的部分像鼎的左右耳及鼎腹，下面像鼎足，本义为古代烹煮用的器物，盛行于商、周。

鼐 nài：大鼎。

鼒 zī：上端收敛而口小的鼎。

鬺 shāng：烹也，尸羊切，亦作“羊鬲”。

拓展：

鼏 鼑 [illegible] 濎 薡 [illegible] 鐤 [illegible] [illegible]

东 陈 胨 栋 岽 冻 鸫

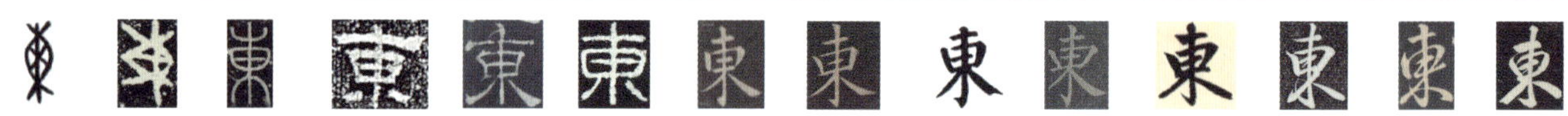

（甲骨 金文 李阳冰 熹平碑 夏承碑 好大王 钟繇 欧阳询 颜真卿 柳公权 赵孟頫 王羲之 王献之 米芾

索靖 王羲之 王献之 怀素 米芾）（说文 王献之 欧阳询 米芾 索靖 王献之）（金文 粗篆 曹全碑 赵孟頫 王羲之）

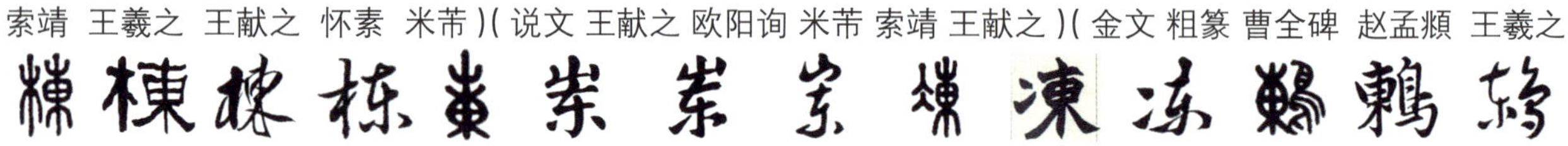

（说文 衡方碑 米芾 赵孟頫）（金文 颜真卿 黄庭坚 文徵明）（说文 赵之谦 黄道周）（金文 赵孟頫 于右任）

辨析：

东字从日木，字形稳定，草书为“东”字快写。可拓展。

东（東 dōng）：会意，从木从日，日在木中，本义为东方，方位词，日出的方向；主人（古代主位在东，宾位在西），房东、股东。

陈（陳 chén）：形声，从阜从木申声，本义为地名，古宛丘地，春秋时陈国国都，在今河南省淮阳县；引申为姓氏。

胨（腖 dòng）：蛋白胨的简称。

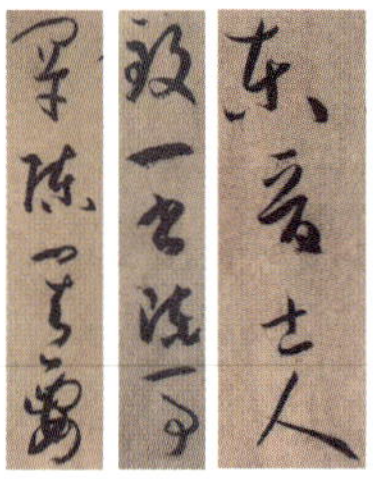

栋（棟 dòng）：屋的正梁，栋梁，比喻堪当大任的人或重要的物。

岽（崠 dōng）：地名用字，广西有岽罗、岽王等。

冻（凍 dòng）：形声，从仌东声，结冰。

鸫（鶇 dōng）：鸫科的许多种中小型雀形鸟，包括许多种极优秀的鸣禽；美形貌。

拓展：

倲 蔯 [illegible] 敶 樄 蝀 [illegible] [illegible] [illegible] [illegible] [illegible]

P16.3 东晋人士　　P25.5 罕陈其要　　P32.1 致一书陈一事

冬 终 佟 咚 疼 氡

（甲骨 金文 楚简 秦简 简帛 古文 说文 张迁碑 欧阳询 颜真卿 王羲之 王羲之 王献之 欧阳询 米芾

索靖 王羲之 王珣 张旭 徐渭）（甲骨 金文 古文 古文 楚简 楚简 秦简 李阳冰 文徵明 欧阳询 王献之 王羲之）

（金文 王羲之 王羲之 章草）（金文 智永 王羲之 王羲之 章草）（金文 六书 赵孟頫 王羲之）（金文 柳公权 孙过庭）

辨析：

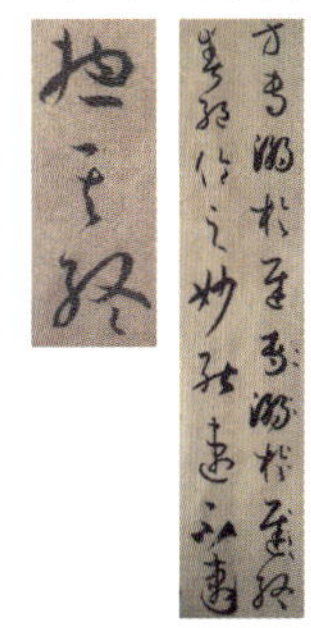

冬字篆书变化较多，楷化后文徵明的终字写出了篆书的冰形仌，篆意明显。其草书为快写，可拓展。

冬 dōng：会意，表示时序终了，已进入寒冷季节，四季中的第四季，即农历十月至十二月。

终（終 zhōng）：形声，从糸冬声，甲骨文字形像一束丝，两头像结扎的末端，本义是把丝缠紧；异体字有冬䄂柊，大篆从“冬”累见。

佟 tóng：姓也。

咚 dōng：形容撞击或敲鼓的声音。

疼 téng：形声，从疒冬声，本义是痛；疼爱。

氡 dōng：化学元素，原子序86，惰性气体族中最重的元素，可从镭放射性衰变中以气体射气的形式获得，在医学上通常用来治疗恶性肿瘤。

拓展：

图（圖） 峂 庝 洜 终 苳 姳 㡶 怂 㺯 昸 柊 炵 䆚 㚵 砾 笗 鉖 雉

P6.6 总其终始　　　P46.1 终爽绝伦之妙

兜 蔸 篼

（金文 汉简 汗简 石韵府 赖古堂 说文 欧阳询 颜真卿 柳公权 赵孟頫 墨缘堂 王羲之 米芾 查士标 胡伢

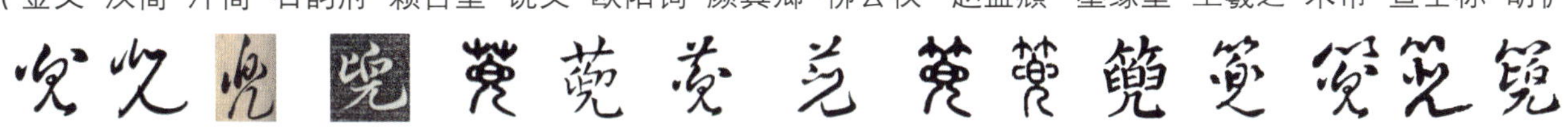

王羲之 李淦 黄庭坚 赵孟頫）（金文 王羲之 王羲之 于右任）（金文 说文 颜真卿 鲁迅 王羲之 黎凡 章草）

辨析：

兜字的隶定字形稳定，草书，可以将上边两面的对称结构草化为两个点，其余部件为快写。

兜（兠 dōu）：兜鍪，即胄，古代头盔名；迷惑、受蒙蔽；兜罗、包裹，用手或衣襟等承装事物；迎着、朝着；立刻，兜地（兜的，突然、立刻）。

蔸 dōu：指某些植物的根和靠近根的茎；量词，相当于丛或棵，一蔸草、两蔸白菜。

篼 dōu：以竹制成，登山时用的轿子；竹片、柳条等编成的器具，可用以盛物。

拓展：

挽 槐

斗（附：升）抖 戽 鬥 鬨

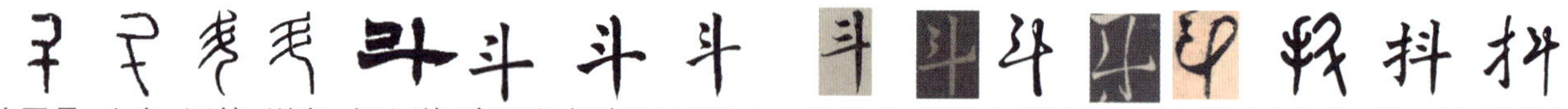

（甲骨 金文 汗简 说文 赵之谦 欧阳询 颜真卿 王羲之 赵孟頫 皇象 王羲之 李白 王铎）（金文 柳公权 王羲之）

（金文 褚遂良 李涂）（甲骨 甲骨 金文 说文 肥致碑 王羲之 宋徽宗 皇象 王羲之 好太王 颜真卿 卢象升 赵孟頫 赵孟頫）

（甲骨 甲骨 汉简 说文 钱泳 郑孝胥 赵之谦 简帛 颜真卿 黄自元 索靖 邓文原）（说文 智永 王铎）

辨析：

斗和升为旧时量器，一斗为十升，甲骨文升的“容器”里就有分隔符号。斗和升字的行草书均为快写，且都有不同的异体字。需注意其不同变化。斗争之斗，字形本为鬥，见下行。闹（鬧）可看为从市，见市页 。

斗 dǒu：象形，有柄，十升为一斗，本义是十升。

抖 dǒu：形声，从手斗声，抖擞；振动、甩动，颤动、哆嗦，振作，讽刺人突然得势或生活水平突然提高；讽刺或骂人要威风。

戽 hù：形声，从斗户声，戽斗，即灌田汲水用的旧式农具；用戽汲水。

升（昇陞 shēng）：象形，本义为容器名，一斗的十分之一；昇，上升、升起；陞，登也。

鬥（斗 dòu）：鬥（鬦鬭），象形，甲骨文字形，像两人怒发对打，本义为搏斗。

鬨 hòng：相斗，争斗；喧闹，也作哄；xiàng，同巷，胡同。

拓展：

1 斗　沣𨑨呌抖斗𣂚㪷㪴戽料𣁳　　2 鬥　鬧鬨鬩鬮鬪鬫鬬

豆 鼓 短 彭 逗 痘 豌 豎

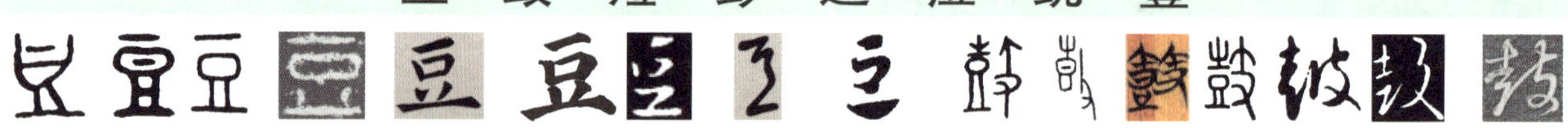

（甲骨 金文 说文 好太王 欧阳询 颜真卿 钟繇 王羲之 邓文原）（甲骨 金文 楚简 说文 怀素 欧阳询 董其昌）

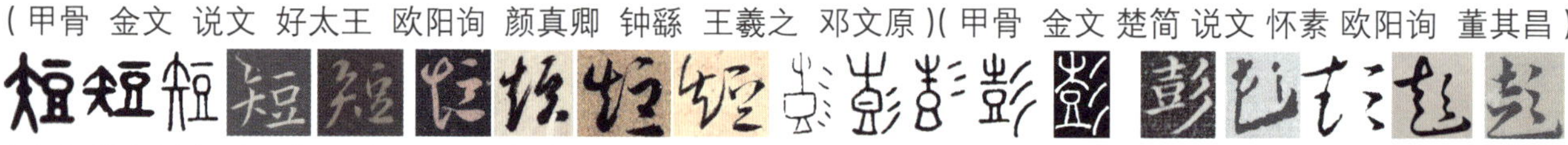

（金文 简帛 说文 欧阳询 王羲之 王羲之 智永 赵孟頫 王铎）（甲骨 甲骨 金文 说文 李阳冰 三希堂 简书 索靖 王羲之 邓文原）

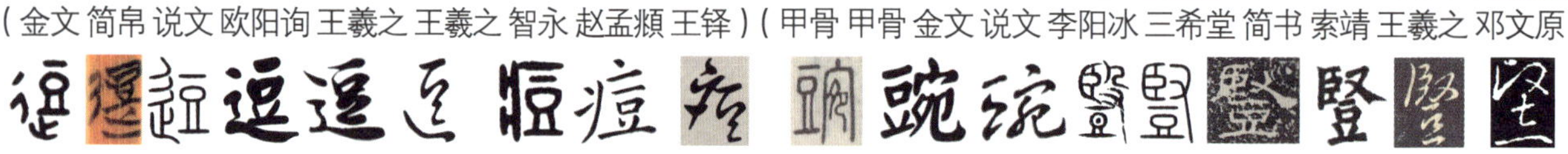

（金文 简帛 说文 颜真卿 王羲之 王羲之）（金文 王羲之 王羲之）（篆字汇 颜真卿 章草）（籀文 说文 韩仁碑 颜真卿 褚遂良 李世民）

辨析：

豆字篆书为象形，草书，口写两点或倒三角，豆字在做部件时，写法一般有四类：快写（口写三角、两点）、借足形（下边两点一横近于之）、借皿形（食器，器皿之意）、借异体（豎有异体字竖，从立，写七一）等。鼓有异体字鼔和皷，因此草书可见从皮、支、攴（攵）三种写法。彭：该字草书下边借足字之形。豎同竖，草书一般从立字草书，下边草化为“七一”。壹、豈和豊等字从豆，参见相关页。

豆 dòu：象形，甲骨文形似高脚盘，或有盖，汉字部首之一，从豆的字或与食器有关或与豆类有关，本义是古代一种盛食物的器皿。

鼓 gǔ：会意，甲骨文字形左边是鼓的本字，右边是“支”，表示手持棒槌击鼓，本义是鼓，一种打击乐器。

短 duǎn：会意，从矢豆声，从“矢”表示用矢来量。古代弓长箭短，量长的用弓作标准，量短的用箭作标准，本义是不长。

彭 péng：会意，从壴（zhù），从彡，“壴”在古文字中像鼓形，彡（shān），毛饰形，本义为鼓声。

逗 dòu：形声，从辵豆声，本义是止住、停留。

痘 dòu：病名，俗称天花，也叫痘疮或天疮。

豌 wān：豌豆。

豎（竪竖 shù）：同竖。

拓展：

虘 饾 短 豆 恒 梪 豉 脰 豉 斗 欧 裋 豉 脰 裋 皷 豋 笠 䇺 誏 豎 豗 豏 豍

P22.3 鼓之以枯劲　P64.1 长短之类

度 渡 镀 踱

（金文 简帛 简帛 说文 李斯 肥致碑 娄机 娄机 欧阳询 颜真卿 褚遂良 柳公权 赵孟頫 王羲之 米芾 王铎

王羲之 王献之 张旭 怀素 邓文原）（金文 说文 邓石如 好太王 欧阳询 颜真卿 王羲之 王羲之 王宠 王铎）

（柳公权 赵孟頫 王羲之 文徵明 于右任）（金文 汉简 欧阳询 颜真卿 王羲之 吴昌硕 王羲之 于右任 章草）

辨析：

度字字形稳定，行草书为快写，最后一笔有正捺和反捺两种写法。可拓展。

度 dù：形声，从又庶省声，“又”即手，古代多用手、臂等来测量长度，本义是计量长短的标准，尺码。

渡 dù：形声，从水度声，本义为渡过、过水。

镀（鍍 dù）：形声，从金度声，本义是以金属附着到别的金属或物体表面。

踱 duò：一步一步慢慢走；痴呆、呆笨，踱头踱脑。

拓展：

剫 喥 艔 鞹

耑 瑞 端 踹 喘 颛 揣（揣）腨

（甲骨 甲骨 金文 金文 楚简 说文 欧阳询 a 王羲之 b 文徵明）（说文 西狭颂 欧阳询 王羲之 王羲之 索靖）

（楚简 说文 异体字 隶辨 皇象 王羲之 王羲之 宋高宗）（金石篆 王羲之 王羲之 王羲之）（说文 智永 鲜于枢 章草）

（金文 说文 曹全碑 隶辨 王羲之 王羲之 章草）（说文 曹全碑 颜真卿 王羲之 毛泽东）（说文 俞和 赵孟頫）

辨析：

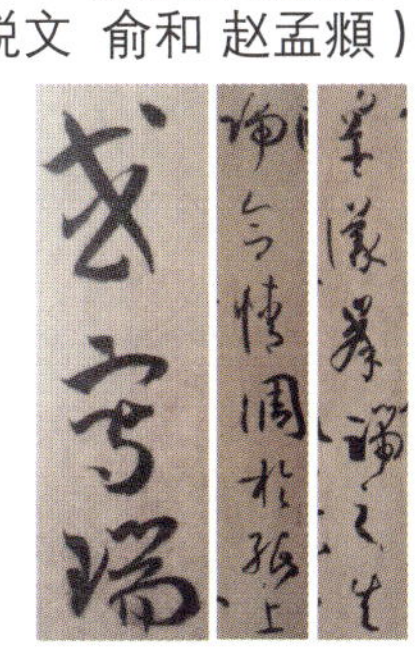

耑字上像生，下像根，隶定从耑和从“山市”，草书有 a 和 b 两种，a. 采用“山＋冖＋巾”的写法，似“常”省略了口字，较为通用，其中巾字的写法可以追溯到早期甲骨文的结构。揣字就有异体字揣，瑞（瑞）端颛等亦是如此；当然一些字如腨喘踹等，未见同样的异体字写法，但草书仍然有从上述异体字结构。b. 山与而字的草书合写。拓展的字两种写法都普遍存在。端字的立旁，草书除皇象外，书家都写讠（草书足旁写讠），与踹字同，已为约定俗成。

耑 duān/zhuān：物初生之题也，上像生形，下像其根也；同端和专，专、專、端均为耑的异体字。

瑞 ruì：古代作为凭信的玉器；吉祥，好预兆。

端 duān：形声，从立耑声，站得直。

踹 chuài：脚底用力猛踢，失足踩下。

喘 chuǎn：急促地呼吸。

颛（顓 zhuān）：善良，顽愚，专擅。

揣（揣 chuǎi）：会意，本义是测量、量度。

腨 shuàn：小腿肚子。

拓展：

遄 湍 煓 惴 偳 猯 褍 貒 媏 歂 剬 鍴 諯

P30.6 或写瑞于当年　P52.4 穷变态与毫端，合情调与纸上　P55.5 罕议峰（锋）端之失

段叚 1：段 锻 叚 假 瑕

（散氏盘 说文 隶辨 欧阳询 颜真卿 皇象 王羲之 赵孟頫）（说文 邓石如 颜真卿 赵孟頫 皇象 章草）

（金文 说文 神谶碑 帛书）（说文 欧阳询 颜真卿 智永）（古文 说文 范式碑 欧阳询 颜真卿 王羲之 陆柬之 孙过庭）

辨析：

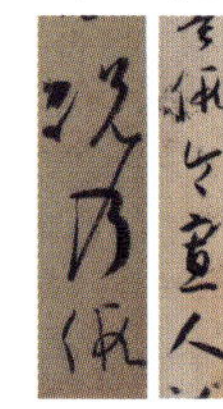

段字草书为“二九是段”，即突出上边的两个短横，右下除了“又”字快写，还有一种近于“二＋九”的写法。

叚同假，草书为“一女又为叚”，即一横下像一个“女又”二字的连写。

叚与段字的草书历代常有混写，应注意辨识。

段 duàn：金文字形像手持锤敲打山崖上的石头，本义指敲击、锤打，是“锻”的初文。

锻（鍛 duàn）：形声，从金段声，本义是打铁。

叚：jiǎ，意思是不真实的，不是本来的，同假；xiá，指姓。

假：jiǎ，从人从叚，叚，借也。

瑕 xiá：形声，从玉叚声，玉上的斑点。

拓展：

1 段 煅 椴 缎 葮 瑖 毈 腶 碫　2 叚 遐 霞 暇 婽 假 瘕 猳 嘏 暇 椵 煆 犌 瑕 服 敭 赧 赮 瘕 暇 碬 蝦 貑 赧 瑕 鍜 鰕 顋

P3.6 假令寡人　P8.6 况乃假托神仙

段叚 2：（段）煅 椴 缎 毈 鞍 瑖 腶 毈 葮

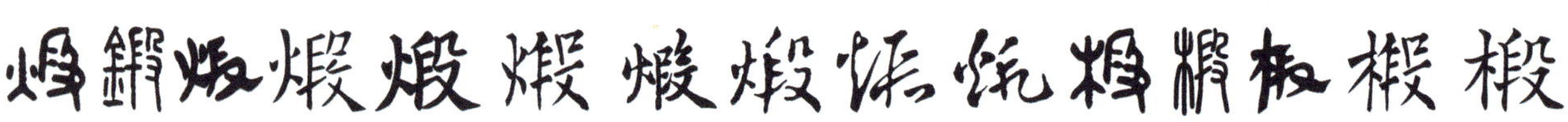

（金文 说文 汉简 欧阳询 颜真卿 柳公权 赵孟頫 鲁迅 王羲之 章草）（金文 粗篆 汉简 柳公权 文徵明

王羲之 孙中山 王羲之 章草）（说文 金刚经 颜真卿 颜真卿 黄庭坚 赵孟頫 王羲之 赵孟頫 邓文原）

（金文 说文 楷书）（篆字汇 楷书）（伊秉绶 卢中南 郑板桥）（篆字汇 彭玉雯）（说文 篆字汇 楷书）（隶辨 楷书）

辨析：

段字各体字形稳定。草书为“二九是段”，即突出上边的两个短横，右下除了“又”字快写，还有一种近于“二＋九”的写法。所涉字根参见相关页。

煅 duàn：放在火里烧；同锻。

椴 duàn：椴树属植物的泛称。

缎（緞 duàn）：缝贴于鞋跟的革片、丝绦之类，厚密而有光泽的丝织物。

毈 duàn：履后帖也，帖，帛书署也，引伸为今俗语帮帖之字，凡履跟必帮帖之，令坚厚，不则易敝。

鞍 duàn：本作毈。

瑖 duàn：似玉的美石。

腶 duàn：腶脩，经过捶捣加上姜桂制成的干肉。

毈 duàn：孵不出小鸟。

葮 duàn：木名，槿也，通作椴。

拓展：

塅 毈 碫 锻 毈 鍛

段叚 3：（叚）暇 豭 鰕 遐 葭 葭 蕸 霞 瘕

（说文 好太王 欧阳询 颜真卿 米芾 赵孟頫 王羲之 怀素 王铎）（甲骨 甲骨 甲骨 颂鼎 说文 佚名 欧阳询

文徵明 王铎 王羲之）（说文 彭玉雯 文徵明 徐渭）（说文 邓石如 赵孟頫 宋徽宗 欧阳询 索靖）（楷书 六书通

颜真卿 王铎）（说文 汉简 虞世南 王铎）（篆字汇 楷书）（说文 智永 宋徽宗 赵孟頫 张旭 米芾）（说文 楷书）

辨析：

段字字形稳定，草书为“一女又为段”，即一横下像一个“女又”二字的连写。拓展的字所涉字根参见相关页。

暇 xiá：空闲，没有事的时候。

豭 jiā：公猪。

鰕 xiā：鰕虎鱼的统称，大鲵，古同虾。

遐 xiá：远，长久。

葭（笳）：古牙切，音加，苇未秀者，葭亦作笳。

葭 jiā：初生的芦苇，古同笳为一种乐器。

蕸 xiá：荷叶。

霞 xiá：早晚的彩云；通遐，遥远。

瘕 jiǎ：妇女肚子里结块的病，腹中生长寄生虫；xiá，古同瑕，污、缺点；xiā，喉病。

拓展：

假 婽 徦 煆 猳 葭 遐 煆 暇 椵 煆 犌 瑕 腵 敮 赮 瘕 瞎 碬 緞 蝦（虾）豭 赮 蹑 鍜 霞 鰕 騢 騢 鰕 麚

断 簖

（说文 隶辨 楷书）（金文 楚简 简帛 汉简 汉简 说文 石韵府 邓石如 曹全碑 王羲之 欧阳询 颜真卿 柳公权 异体字

1 皇象 索靖 王洽 王羲之 孙过庭 赵孟頫 王铎 2 王羲之 谢安 米芾）（金文 粗篆 欧阳询 黄庭坚 索靖 王羲之 文徵明）

辨析：

断字篆书从𢇍，简帛和隶定字形即有从㡭（见㡭页）的写法，字形表意清晰，草书写法：1. 采用异体字快写（第二行 1）。2. 㡭的中间的部件写“米”字草书（第二行 2）。可拓展。

断 duàn：断字从刀从斤从“四幺”会断绝之意，合并部件为从𢇍从斤，这种会意字可与从扌断木之“折”，从斤劈木之“析”，从纟续㡭之“繼（继）”等会意字造字法相类比。

簖 duàn：渔具名，拦河插在水里捕鱼蟹用的竹栅栏。附：

𢇍：象形也，以刀断丝，绝也，古文绝。

㡭 jì：同“继”，《音义》万物得水土气，乃相继而生也；说文云一曰反𢇍為繼。

拓展：

P39.2 断可极于所诣矣　　P43.4 断可明焉　　P54.1 然后议于断割

自 追 缒 槌 薛

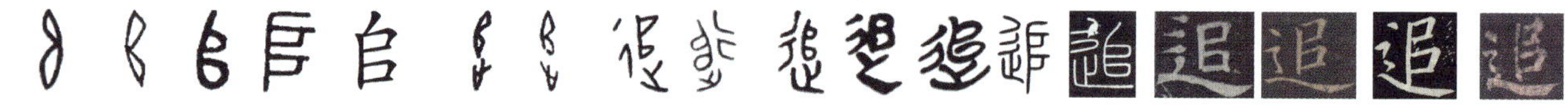

（甲骨 甲骨 金文 说文 楷书）（甲骨 甲骨 甲骨 金文 金文 简帛 简帛 说文 李斯 王基碑 欧阳询 颜真卿 柳公权

赵孟頫 宋徽宗 王羲之 简书 王羲之 怀素 米芾 宋克）（金文 赵孟頫 柳公权 王羲之）（金文 说文 简帛 智永 孙过庭）

（甲骨 金文 说文 肥致碑 王羲之 王羲之 归庄）王羲之（甲骨 甲骨 甲骨 金文 说文 颜真卿 颜真卿 王铎 王羲之 孙过庭 李东阳）丰坊

辨析：

自字的草书为快写。可拓展。

追迫辨：王羲之写的草书追与缒等字，其“自”与“白”字草书相似，在影响识读的情况下应注意其细节。自字可继续拓展的字一般有阜、師、歸和薛几类，阜、師和歸还可以参见相关页。

自 duī：小阜也，堆本字；说文曰，自犹众也，此与師（师）同意。

追 zhuī：逐也，从辵从自，本义为追赶；duī：钟纽，雕、雕琢。

缒（縋 zhuì）：系在绳子上放下去；拽、拉。

槌 chuí：敲打用具，同捶，敲打。

薛 xuē：草也，赖蒿；用莎草编制的雨衣；春秋时国名，战国时为齐所灭，地在今山东省滕县南。

追：王羲之 迫：王羲之 孙过庭

拓展：

師 獅 孽　　阜 搥 帥 埠 盾 垍 皀 脂 皖 梠 嗺 焯 塠 皇 熄 澌 膇 葿 蒮 瑡 磓

P40.4 务追险绝　　P45.4 偏追劲疾

兑 脱 悦 说 阅 税 锐 蜕

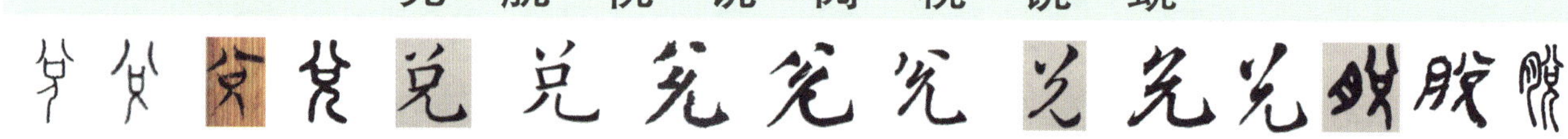

（甲骨 金文 简书 说文 王羲之 欧阳询 颜真卿 黄庭坚 赵孟頫 王羲之 苏轼 章草）（金文 帛书 说文

王羲之 王羲之 敦煌 颜真卿 颜真卿 赵孟頫 皇象 王羲之 怀素 赵孟頫）（楚简 楚简 西狭颂 王羲之 智永 怀素）

（说文 柳公权 陆柬之 王羲之 张旭）（说文 赵孟頫 米友仁 索靖 王羲之）（说文 宋徽宗 怀素）（褚遂良 韵会）韵会

辨析：

兑字自古就有从“台”或从“公”两种结构的写法，草书写“公”字快写。可拓展。

兑（兊 duì）：从人、口、八，八乃分也，有对等分别意，兑的交换相互意即由“八”来，本义为交换；兊，古同兑。

脱 tuō：形声，从肉兑声，本义为肉去皮骨。

悦（悗 yuè）：形声，从心，说省声，本作说，本义是高兴、愉快。

说（説 shuō）：形声，从言兑声，本义为用言语解说、开导、说明；shuì，说服、劝说，休憩、止息，通税。

阅（閲 yuè）：形声，从门说省声，像在门里清点东西，本义是在门内考察、计算事物。

税 shuì：形声，从禾兑声，田赋，征收的农产品。

锐（鋭銳 ruì）：形声，从金兑声，本义是芒。

蜕 tuì：蝉、蛇之类脱皮去壳。

拓展：

侻 哾 娧 帨 挩 涚 莌 敓 梲 祱 痥 裞　　P49.2 脱易者先

隊　坠（墜）

（甲骨　甲骨　簋　毛公鼎　晋姜鼎　说文　邓石如　颜真卿　赵孟頫　皇象　赵构　王铎　王铎　颜真卿　王羲之）

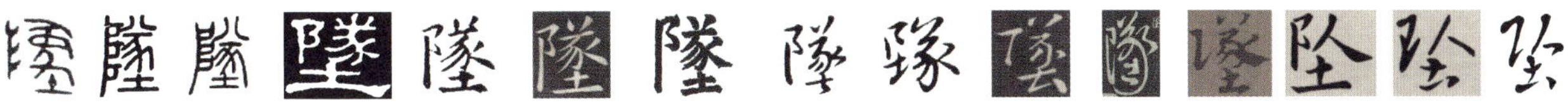

（金文　说文　吴让之　郭有道　欧阳询　姚孟起　颜真卿　王羲之　赵孟頫　索靖　祝永明　宋克　欧阳询　王羲之　章草）

辨析：

隊的草书从阝，豙就是快写，很稳定，隊加土为墜，汉字简化前，隊写队、墜写坠的情况被当作俗字，较为少见。而部件位置的变化反映了古代文字部件不稳定的现象。

隊（队 duì、zhuì）：后作墜，初见于甲骨文，古字像人头朝下从山上坠落的样子，是“坠”的异体字，读 zhuì，发展到金文，字形变化较大，右部一种是足朝下倒立的人（晋姜鼎），一种像一头张口大呼的“豕”（指猪），隶定写作“豙”，这个构件一般认为是声旁，不表意；西周金文有时借“豙”为“队”，至西周中晚期金文始出现从阜从豙声的“队”，后来“队”被借用于表示“行伍”“军队”，于是在“队”下加“土”新造了“坠”表“坠落”，“队”字从甲骨形，民间俗字，简化时被用作隊的简化字。

坠（墜 zhuì）：形声，从土队声，坠落到地上，故从土，本义是落下，掉下。

拓展：

蒃 篴 鐆 鐩　　P11.1 露之异奔雷坠石之奇

敦　墩　镦　燉　憝　礅

（甲骨　甲骨　金文　金文　金文　金文　金文　金文　金文　楚简　秦简　简帛　说文　李斯　曹全碑　赵孟頫　赵孟頫　宋徽宗

王羲之　王羲之　史游　王敦　王羲之　智永　怀素　赵孟頫）（欧阳询　颜真卿　王铎　王铎　章草）（说文　赵孟頫　王铎　章草）

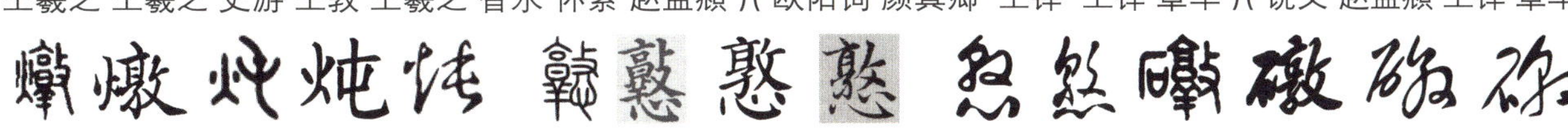

（说文　赵孟頫　金文　柳公权　王羲之）（说文　五经　颜真卿　赵孟頫　文徵明　章草）（金文　王羲之　王羲之　于右任）

辨析：

敦字篆书字形变化较多，隶楷字形稳定，草书从享字符，参见享。

敦 dūn：形声，从攴表示与以手持械的动作有关，本义是投掷，有敦厚，厚道，勤勉，催逼、逼迫等义。

墩（墪 dūn）：形声从土敦声，本义为土堆。

镦（鐓 duì）：打夯用的重锤。

燉 dùn：同炖。

憝 duì：怨恨，憎恶。

礅 dūn：粗大的整块石头。

拓展：

蕔 噋 墪 蹾 惇 撴 潡 獤 臄 璥 擎 暾 橔 墩 磬 譈 鐓 鏊 鞹 驐 皦

盾 遁 循 楯 碷 輴

（甲骨 甲骨 甲骨 甲骨 金文 金文 简帛 秦简 说文 西峡颂 欧阳询 颜真卿 柳公权 赵孟頫 宋徽宗

王羲之 米芾 宋徽宗 索靖 王羲之 李洤 宋克）（金文 古文 古文 简帛 说文 颜真卿 王羲之 索靖 张旭 岳飞）

（金文 秦简 说文 王羲之 王循 王循 赵孟頫）（简帛 说文 欧阳询 于右任）（维摩经 文徵明）（篆字汇 王铎）

辨析：

盾字的篆书为象形，隶定字形稳定，草书为快写，目字中间写法有“两点、一点、全省略”三种。

盾 dùn：象形，小篆字形上面像盾形，下面是“目”，表示以盾蔽目（身体），本义是盾牌，楚简字形的这种意义更明白。

遁（遯 dùn）：形声，从辵盾声，本义是逃避。

循 xún：形声，从彳盾声，彳（chì）与行走有关，本义是顺着、沿着。

楯 dùn：形声，从木盾声；shǔn，本义是栏干的横木，引申义通盾，盾牌。

碷 dùn：义未详。

輴 chūn：载运灵柩的车子；古时行走泥路所用的交通工具。

拓展：

揗 楯 腯 𣪍 睶 踲 𨱉 䲜 　　P52.3 遁钩绳之曲直

多 㚐（刍）1：多 移 侈 够 爹

（甲骨 金文 楚简 简帛 说文 金刚经 王羲之 王僧虔 王羲之 王献之 米芾 皇象 王羲之 张旭）

（金文 秦简 古文 古文 说文 肥致碑 欧阳询 颜真卿 王羲之 索靖 贺知章 赵孟頫）（说文 赵孟頫 宋徽宗

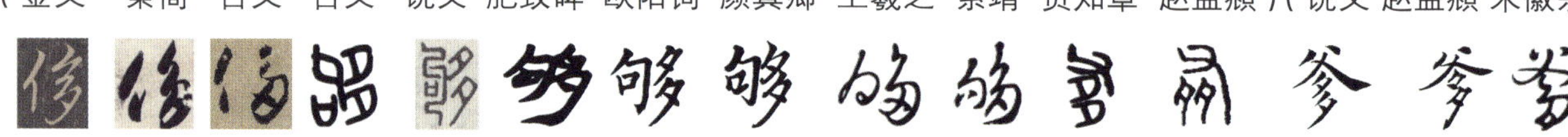

王羲之 智永 怀素）（金文 篆字汇 汉简 柳公权 赵孟頫 王羲之 章草）（金文 六书统 虞世南 褚遂良 索靖）

辨析：

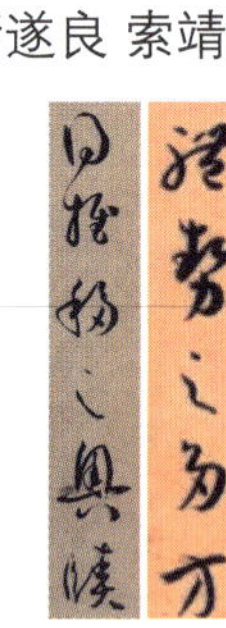

多与㚐（刍）字有异体同草的写法，草书均可采用“多”字的结构，但㚐（刍）字还有近于快写的草法，见下页。作为字根，均可拓展。移字的篆书还有从辵和从衣的写法，但少见。

多 duō：会意，甲骨文字形从二“夕”，表示数量大，本义为多。

移 yí：形声，从禾多声，本义是移秧；转移，变动、改变，赠送，去除；迻，古文，同移。

侈 chǐ：形声，从人多声，本义是自高自大，盛气凌人；奢侈，过分、过度，夸大、吹牛，放纵，扩大。

够 gòu：形声，从多句（gōu）声，本义为聚，多；表示超过一定限度，无法承受下去。

爹 diē：形声，从父多声，本义是父亲。

拓展：

㚉 陊 哆 垑 奓 姼 恀 拸 茤 迻 㑦 庈 㢁 栘 敎 烗 胗 㢊 痑 眵 袳 䄍 翗

P15.2 体势之多方　　P15.3 得推移之奥赜

多 芻（刍）2：芻（刍）趨（趍趋） 蒭 皺（皱）

（甲骨 甲骨 金文 简帛 说文 西狭颂 欧阳询 黄庭坚 王羲之 褚遂良 褚遂良 赵孟頫 王铎 韵会）

（石鼓文 简帛 简帛 说文 王羲之 颜真卿 王铎 欧阳询 颜真卿 赵孟頫 颜真卿 黄庭坚 皇象 王羲之 毛泽东）

（甲骨 简帛 蒭恽 唐寅 皇象）（篆字汇 梁培生 赵孟頫 董其昌 汉简 王羲之 欧阳询 黄庭坚 王羲之 章草）

辨析：

芻（刍）字的篆书从又（手）从二屮，隶定字形可写芻和刍形，草书一般采用“多”字的草书写法，个别书家也有写芻和刍字结构，而近于快写的草法。可拓展。

芻（刍 chú）：象形兼会意，甲骨文从又（手）从屮，茭草，刈艸也，表示割草，俗作蒭。

趨（趍趋）：形声，从走刍声，本义是快步走。

蒭 chú：同芻，茭草，刈艸也。

皺（皱）：形声，从皮刍声，本义为皮肤因松弛而起的纹路。

拓展：

诌 邹 㑳 绉 驺 㛀 㤘 急 皱 趋 雏 㑳 鄒 㗙 㤘 媰 搊 蒭 㰛 歒 腐

P18.6 趋（趨）变适时

多 芻（刍）3：謅（诌） 鄒（邹）搊 騶（驺） 雛（雏 鶵）

（篆字汇 篆字汇 赵孟頫 汉简 王羲之 欧阳询 颜真卿 王羲之）（说文 李斯 好太王 奚冈 虞世南 颜真卿

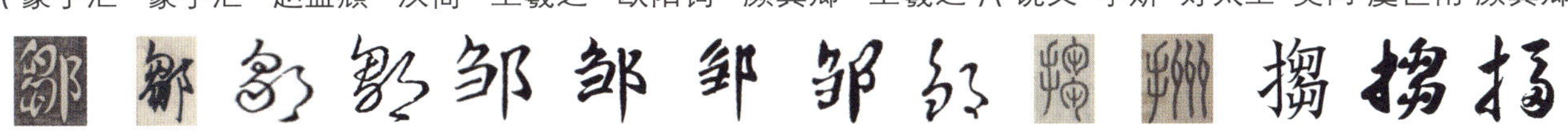

颜真卿 杨维桢 王羲之 韵会 王羲之 赵孟頫 黄庭坚 郑板桥 章草）（篆字汇 篆字汇 苏孝慈 苏轼 韩道亨）

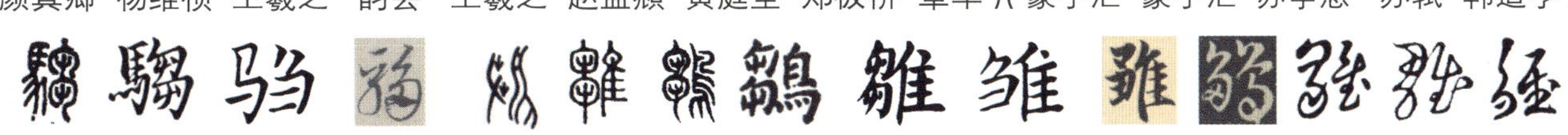

（说文 赵孟頫 王羲之 邓文原）（甲骨 说文 说文 颜真卿 颜真卿 王羲之 赵孟頫 皇象 王羲之 韵会 章草）

辨析：

同前页。雏字常见的写法有鶵、雛、鸰和雏等四种，各体均可据此写出。

謅（诌 zhōu）：信口胡说，编瞎话；固执任性，异体字有㗙 、㖾 、譸 。

鄒（邹 zōu）：小、狭小的；货物质量低劣的，今人言物之不佳或薄小者曰邹；古国名，姓；通驺。

搊（掫 chōu）：弹拨，束紧；zǒu，执持，一种扇子的名称，即摺叠扇。

騶（驺 zōu）：古代主管驾驶车马的小官。

雛（鶵雏鸰鶵 chú）：小鸡；泛称幼禽；幼小的儿女；幼小的。

拓展：

㷔 㩍 𥡳 皺 䅳 篘 縐 謅 趨 雛 齺 騶 鶵 齺

朵 哚 垛 剁 跺 躲

（简帛 说文 伊秉绶 智永 欧阳询 颜真卿 柳公权 赵孟頫 王羲之 米芾 唐寅 王羲之 孙过庭 王铎 黎凡 章草）

（金文 欧阳询 颜真卿 颜真卿 王羲之 王羲之 章草）（说文 欧阳询 欧阳询 王羲之 黄庭坚 王羲之 李淦 章草）

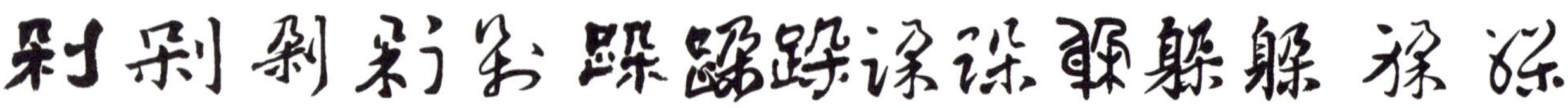

（邓石如 王羲之 黄庭坚 王羲之 李淦）（何绍基 王铎 舒同 王羲之 章草）（金文 王羲之 王羲之 王羲之 于右任）

辨析：

朵（朶）字一般有从几和从乃两种写法，各体从其结构。可拓展。

朵（朶 duǒ）：象形，小篆下的“木”（树）像花实之类，本义为花朵，朶乃俗字。

哚 duǒ：吲哚，一种有机化合物。

垛（垜 duǒ）：建筑物突出的部分；堆积；合拢成堆的东西。

剁（刴 duò）：用刀斩、切。

跺（跥 duò）：顿足，用脚猛力踏地。

躲 duǒ：形声，从身朵声，隐藏、藏身、避开。

拓展：

娱 桗 挆 趓 鍒

厄 呃 扼 苊 轭 阨

（金文 金文 简帛 说文 刘熊碑 伊秉绶 欧阳询 颜真卿 王羲之 赵孟頫 皇象 王羲之 张旭 怀素 邓文原）

（广义 王羲之 王羲之）（广义 柳公权 王羲之）（金文 赵孟頫 王羲之）（金文 五经文 章草）（说文 智永 董其昌）

E

辨析：

厄字的字形稳定，结构简单，行草书为快写。可拓展。

厄 è：厂卩会意，“厂”像山崖，“卩”像人在崖洞下卷曲身子不得伸展，本义为困厄，遭遇困境。

呃 è：气逆上冲作声；（呝）è，鸡叫声或笑声；e，用在句末，表示赞叹或惊异的语气。

扼 è：用力掐着，抓住；抓要点；把守、控制；古同轭，牛马等拉东西时架在脖子上的器具。

苊 è：有机化合物的一类。一种结晶状三环烃 $C_{12}H_{10}$，熔点 92°C，不溶于水，主要得自煤焦油，用作染料中间体，在生物学中用于诱发多倍性染色体。

轭（軛 è）：驾车时搁在牛马颈上的曲木。

阨 ài：通“隘”；同“厄”。

拓展：

顾（见 G）　　枙 砨 蚅 豟 鈪 伌

咢 锷 愕 谔 颚 鳄 鄂

（甲骨 甲骨 金文 金文 楚简 秦咢生 说文 赵孟頫 王铎）（金文 石韵府 石韵府 王羲之 王铎 王羲之 文徵明

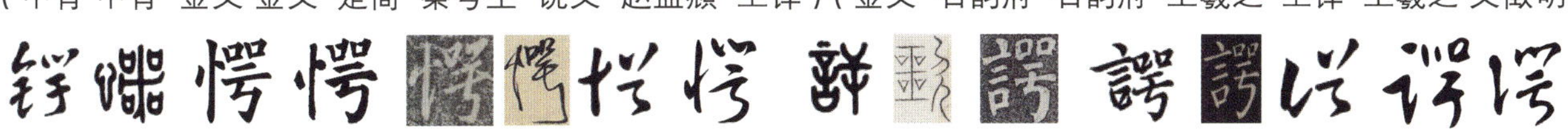

章草）（金文 欧阳询 颜真卿 王羲之 王铎 王羲之 李洤）（金文 汗简 何绍基 赵孟頫 王铎 王羲之 文徵明 章草）

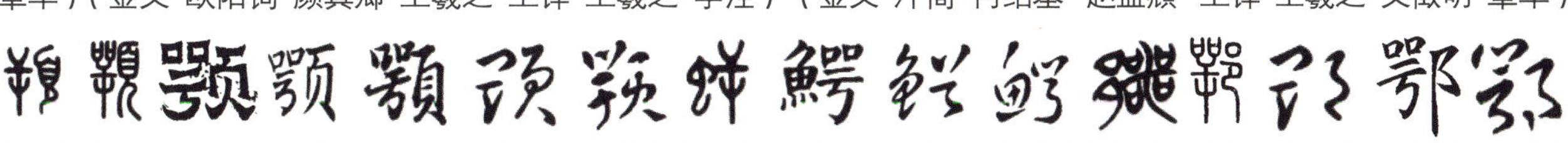

（金文 粗篆 爨体 柳公权 赵孟頫 王羲之 章草）（金文 颜真卿 王羲之 章草）（简帛 说文 虞世南 王羲之 章草）

辨析：

咢字的篆书变化较多，楷书从亏，草书写法，其口字可以按多个口的草法写点，下边写快写或写于。可拓展。

咢 è：哗讼也，从吅屰，屰亦声，引申为击鼓；咢咢，直言也，咢咢黄发；屋棱、屋角；惊讶、惊惧等；异体字有㖾、咢、愕和鍔等等；拓展的字有从屰或㖾形。

锷（鍔 è）：刀剑的刃。

愕 è：形声，从心咢声，惊讶。

谔（諤咢 è）：形声，从言咢声，正直的话。

颚（顎 è）：动物的颌的俗称，同腭。

鳄（鰐鱷 è）：鳄鱼；异体字还有“虫屰”。

鄂 è：从邑从咢，边际、托住花朵的部分；害怕；江夏县；春秋时楚国都邑，故城约在今湖北省武昌县；春秋时晋国都邑，故城约在今山西省乡宁县南方；湖北省的简称。

拓展：

咢 偔 㓵 堮 崿 㴖 萼 遌 㖾 粤 腭 㮧 腭 鹗 覨 諤 鍔 顎 鶚 齶

恶

楚简 楚简 楚简 秦简 秦简 秦简 古文 古文 古文 说文 李阳冰 李阳冰 汉简 夏晨碑 西狭颂 窦泰墓志

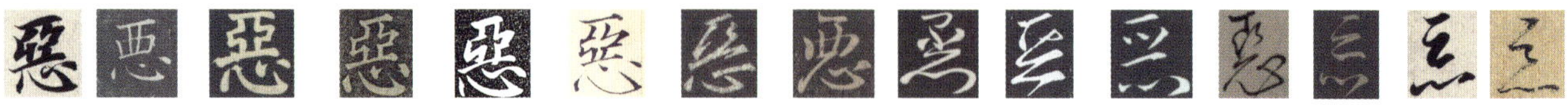

智永 欧阳询 颜真卿 柳公权 赵孟頫 宋徽宗 王羲之 王羲之 王导 王献之 孙过庭 怀素 王羲之 智永 怀素

辨析：

恶从亚从心，篆书有四个方向的连接线与两横两竖连接，隶楷书有篆书圆笔变方笔的写法，也有从西字的写法，草书一种是恶字快写，一种为百韵歌所云“之加心上恶”。

恶（惡 è）：形声，从心亚声，本义是过失；丑陋，粗劣，坏、不好，污秽、肮脏，恶毒，庸俗，贫瘠，甚、很；wū，表示疑问，相当于何、怎么，表示惊讶；wù，讨厌、憎恶，嫉妒，诽谤、中伤，忌讳，羞耻、羞愧；ě，噁，恶心。

恶字的异体字有悪悪僫悳恖䜑等等。

拓展：

浧

恩 嗯 摁 蒽

（金文 说文 邓石如 齐白石 张迁碑 好太王 钟繇 欧阳询 姚孟起 颜真卿 柳公权 赵孟頫 褚遂良 米芾

张芝 皇象 王羲之 张旭）（金文 金农 虞世南 褚遂良 王羲之 米芾 郑板桥 王羲之 孙过庭 张瑞图 章草）

（金文 曹全碑 欧阳询 颜真卿 王羲之 舒同 王羲之 文徵明）（粗篆 颜真卿 黄庭坚 柳公权 王羲之 章草）

辨析：

恩字有异体字从口工的写法，隶楷行草均可从之，不过写“恩”的居多。可拓展。

恩 ēn：形声，从心因声，本义为恩惠。

嗯（唔 ńg，ń）：表示疑问；ňg，ň，表示出乎意外或不以为然；ǹg，ǹ，表示肯定或应允。

摁 èn：形声，从手恩声，本义是揿、按。

蒽 ēn：有机化合物，工业上用来制造有机染料，可以从分馏煤焦油中提取。

拓展：

媼 㥝 峎 煾 秵

而 洏 耏 栭 胹 輀 耍 恧

（金文 盟书 石鼓文 李斯 李阳冰 邓石如 曹全碑 王羲之 王献之 简书 皇象 索靖 王羲之 智永 康里巎）

（说文 赵孟頫）（说文 欧阳询）（说文 沈曾植）（说文 王铎）（金文 颜真卿 赵孟頫 王羲之）（说文 佚名 柳公权 王羲之）

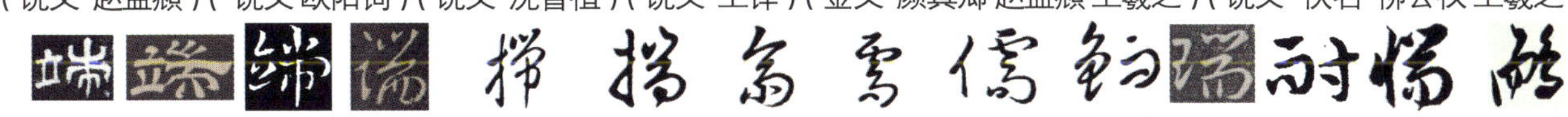

（史晨碑 唐玄宗 皇象 王羲之）（王羲之 文徵明）王羲之 王羲之 王羲之 孙过庭 赵构 宋克 徐伯健 毛泽东

辨析：

而字像毛垂之形，隶定结构稳定，行书中间两笔或靠左或靠右留白，草书下边两竖写两个平行的呼应点，或用一横代替。端字的皇象写法为约定俗成：揣字的文徵明写法为快写；斋的草书从斋，斋从示，草书写示字下边的“小”字结构，可参见相关页。

而 ér：说文“而，颊毛也，像毛之形”，《周礼》曰：“作其鳞之而。”说文注：而，须也。

洏 ér：煮熟，不凉不热的水，流泪的样子。

耏 ér：胡须；nài，古代剃去颊须，轻刑。

栭 ér：斗拱，树生菌类植物，即木耳。

胹 ér：烂熟。

輀 ér：古丧车，灵车。

耍 shuǎ：盖谓用颊毛戏弄女子，戏耍，一般指不正当的行为。

恧 nǜ：惭愧。

拓展：

端 揣 斋(斎)需 儒 鲕 瑞 耐 惴 鸸　　鞧 輀 耏 媏 偄 渜 䰭 鑐 䰭 顬 鬌 顬 䰭 胹 偄

P13.3 援项藉而自满

兒（儿）皃 倪 睨 霓 鲵

（仓颉 甲骨 金文 金文 说文 武梁祠 智永 欧阳询 褚遂良 颜真卿 赵孟頫 宋徽宗 王羲之 王献之 米芾 唐寅

皇象 王羲之 李邕 怀素 宋徽宗 王羲之 王羲之 黄庭坚）（说文 王羲之 朱耷 张瑞图 说文 王羲之 智永）

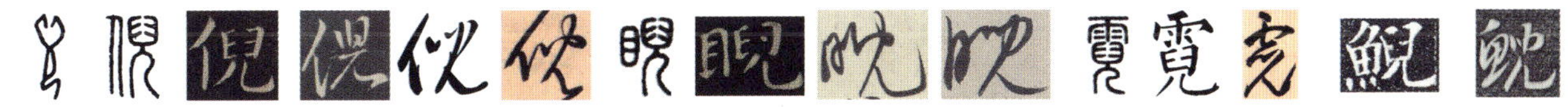

（甲骨 说文 褚遂良 王献之 李淦 王铎）（说文 宣示表 黄庭坚 康里巎）（说文 公权 王铎）（欧阳通 宋高宗）

辨析：

儿（兒）字行草书，一般从“兒”，“囟”草化为“三点”；从“儿”少见。注意与皃（貌）之别。

儿（兒 ér）：甲骨文像小儿头囟未合形，本义为幼儿，古时男称儿，女称婴，后来孩童都称儿。

皃 mào：同貌。

倪 ní：本义是小孩。

睨 nì：斜着眼睛看。

霓 ní：副虹，雨与日相薄而成光，有雌雄，鲜者为雄虹，暗者为雌霓。

鲵（鯢 ní）：娃娃鱼。

拓展：

郳 哾 婗 堄 掜 淣 猊 莌 阋 晲 棿 皶 腉 䘿 聣 蜺 綐 䝟 觬 誽 輗 闅 闅 䮘

1尔（爾）你 称 弥（彌） 玺 2参 珍 3翏 戮 谬 寥

甲骨 金文 说文 曹全碑 钟繇 颜真卿 唐寅 楚简 汉印 魏碑 颜真卿 王羲之 王徇 王献之 （欧阳询 赵孟頫）

1（李斯 王羲之）（乙瑛碑 异体 张芝）王羲之 2（说文 礼器碑 敦煌 王献之 智永）*索靖 王羲之 王羲之* 3 索靖 王羲之 智永 *黄庭坚*

辨析：

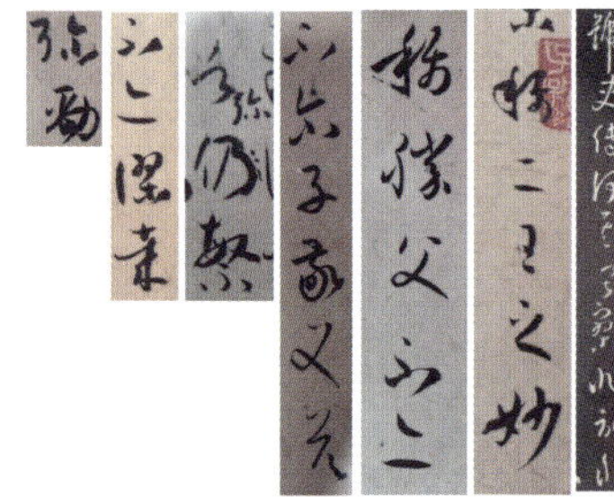

尔（爾）、参（参见参页）两字有异体同草“尔”字的写法。称（稱）的异体字稱从爯见爪页。“摄称将属倚”，摄称两字的右边字根可借用属字的草书（无厂）写法，应予注意，此外，属与聂两字，作为字根，也有异体同型的草书写法，参见聂（从耳，见耳页）。

尔（爾 ěr）：说文曰“尔，丽尔，犹靡丽也”，本义为窗格花纹，后引作“薾”，华盛的样子。

参 zhěn：从彡从人，稠髮（发）也，鬒本字。

珍 zhēn：形声字，珍，宝也，从玉，参声。

翏 liù：从羽从参，鸟高飞的样子；翏翏，远远袭来的风声。

拓展：

1. 尔（爾）：迩 猕 沵 祢　2. 参：***参 诊 趁***　紾 駗 袗 疹 殄 聄 鈂 飻 抮 跈 胗 曑 眕 轸

3. 翏：***缪***　剹 勠 鄝 嘐 嫪 嵺 憀 摎 滵 缪 蓼 獿 遻 戮 樛 熮 璆 膠 瞜 膠 嘐 瘳 磟 穋 镠 鹨 蟉 謬 豂 賿 蹘 轇 醪 觩 鏐 顟 飂 髎 闅 鷚 鄝 鄝

P2.3 称二王之妙　P8.1 自称胜父　P7.5 物论殊不尔（爾）撇　P43.7 弥（彌）劲　P59.5 彌繁

P13.6 谬哉　P62.2 史传何其寂寥

耳 1：耳

（甲骨 甲骨 金文 金文 金文 楚简 说文 邓石如 石门颂 颜真卿 柳公权 卫夫人 王羲之

张芝 王羲之 王献之 张旭 怀素）*史游 章帝 章草 张芝 索靖（王羲之 怀素）王羲之 王羲之 王羲之 王献之 怀素 王宠 流江*

辨析：

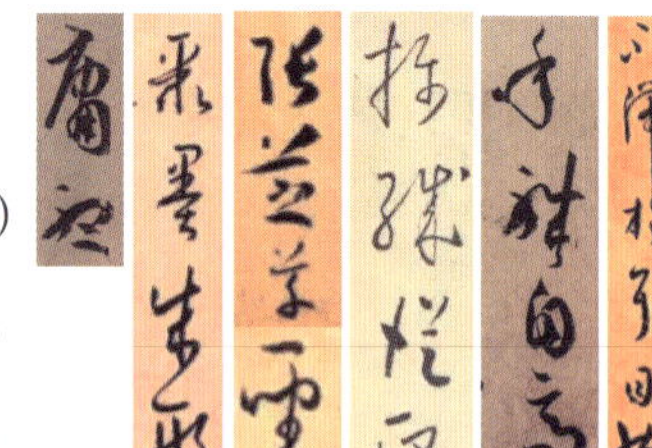

耳字的篆书为象形，隶定字形稳定，草书，单写为快写，可省中间的横；作为偏旁：借“身”字的草法（职、聴），这种写法快写后个别书家演变为绞丝的草法（见：职字草书从王羲之到怀素的变化过程），这是一种讹变，怀素千字文“摄职从政”的职字就写成了绞丝旁，使“职”与“织”的草法混淆，所以耳与纟有相同字根的字，应注意区别。而圣（聖）和聚的耳字，不过是“耳”的变体快写而已。截图所涉职、圣（聖）、聚、听（聴）等字，可参见相关页。

耳 ěr：象形，甲骨文字形，像耳朵形，为汉字部首之一，本义是耳朵。

拓展：

聘 聞 聴 耶 耿 职（職）耻 聋 联 餌 耽 聪 聊　恥 耷 栮 毦 珥 耸 聆 聑 聃 耽 聎 戢 聁 敢 眲 聃 聄 联 聆 聇 聈 聉 聍 铒 聡 聄 聶 聎 聏 聐 聑 聒 聋 聠 聉 聠 摄 聕 聗 聟 聪 聢 聣 聤 聥 聦 聧 聨

聰 聯 聨 聮 聦

P56.5 不滞于耳目也　P55.1 或以年职自高　P20.5 张芝草圣（聖）　P13.4 聚墨成形　P56.6 庸听（聴）惊奇妙音

耳2：聂 嗫 慑 滠 摄 蹑 镊

（夏禹 简帛 简帛 说文 隶辨 欧阳询 颜真卿 柳公权 赵孟頫 黄庭坚 赵孟頫 王羲之 邓文原 成亲王 章草）

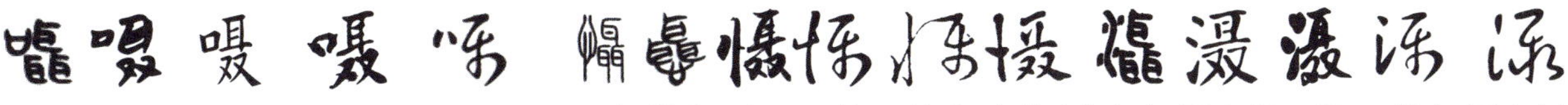

（金文 汉简 欧阳询 黄庭坚 王羲之）（说文 简帛 禹卫 王羲之 韵会 章草）（金文 颜真卿 王铎 王羲之 于右任）

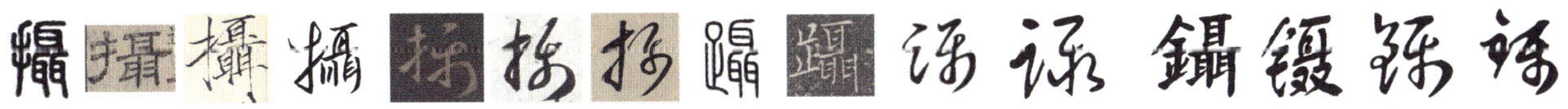

（说文 隶辨 宋徽宗 王羲之 汉章帝 智永 空海）（说文 褚遂良 王羲之 于右任）（颜真卿 舒同 王羲之 文徵明）

辨析：

聂从三耳，隶定从耳从二又。草书，作为字根，“摄称将属倚”，摄称两字的右边字根可写属字的草书，这是聂字作为字根的常用草法，聂字若如此单写则会和属乐两字的草书混淆，成亲王、章草及于右任提供了另外的几种草法，可参考。

聂（聶 niè）：会意，从三耳，本义是附耳小语。

嗫（囁 niè）：口动，吞吞吐吐，想说又停止。

慑（慴懾 shè）：形声，从心，本义是恐惧。

滠（灄 shè）：滠水，在中国湖北省。

摄（攝 shè）：形声，从手，本义为牵曳。

蹑（躡 niè）：形声，从足，本义为踩踏，有意识地踩踏。

镊（鑷 niè）：镊子。

拓展：

蹑 颞

耳3：珥 耿 聉 聒 聝 颞 耷 茸 葺 髶 葞

（楚简 楚简 楚简 秦简 古文 说文 欧阳询 颜真卿 王羲之 王羲之）（毛公鼎 简帛 说文 欧阳询 颜真卿 皇象

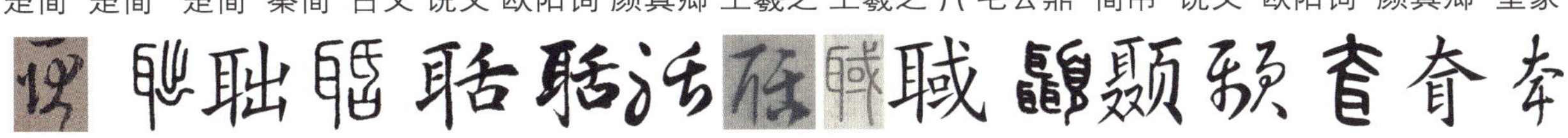

王羲之）（说文 楷书）（说文 虞世南 赵孟頫 王羲之 虞堪）（说文 楷书）（说文 柳公权 王羲之）（金文 黄自元 章草）

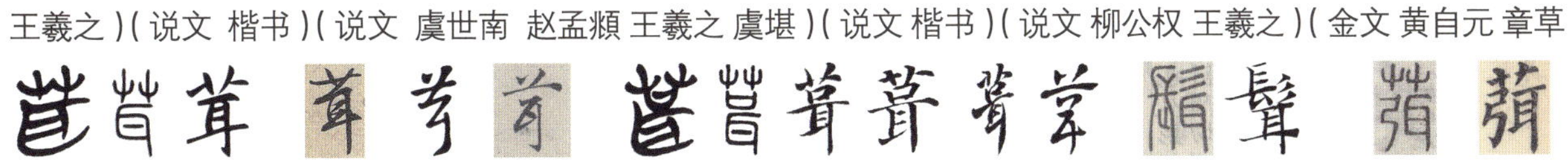

（简帛 说文 赵孟頫 文徵明 王羲之邓文原）（简帛 说文 智永 颜真卿 米芾 章草）（说文 维摩诘）（篆字汇 彭玉雯）

辨析：

耳字的拓展性较强，拓展的“取最鲰聃聂聘聞聩耶职（職）聋耻恥聋联餌耽聪聊”，参见相关页。

珥 ěr：用珠子或玉石做的耳环，剑柄上端像两耳的突出部分，插戴，吐，古代狩猎时依割取兽耳的数目呈报功绩，日、月两旁的光晕。

耿 gěng：耳贴于颊；通炯，明亮、光明，心情不安，悲伤；刚直，气忿时红筋暴露的样子。

聉 wà：无知意；tuǐ，聉顡，痴呆癫狂的样子；zhuó，聋。

聒 guō：声音吵闹，使人厌烦。

聝 guó：军战断耳也，同馘。

颞（顳 niè）：通作颞颥，头颅两侧靠近耳朵的部分。

耷 dā：大耳朵，下垂，耷拉。

茸 róng：草初生时又细又柔软，鹿茸的简称。

葺 qì：用茅草盖屋，修饰，通缉，搜捕。

髶 róng：乱发；èr，古骑兵披着头发的装束。

葞 mǐ：莽草；植物名，即白薇。

拓展：

聋 栮 眲 珥 耸 聆 耺 聃 耽 聄 聀 聅 敢 聑 聃 聄 联 聆 聇 聊 聉 聍 铒 聎 聃 聐 聎 聏 聑 聒 聋 聠 聜 聠 摂 聕 聗 聓 聪 聢 聣 聤 聥 聦 聧 聨 聫 聬 聭

二 廿 贰

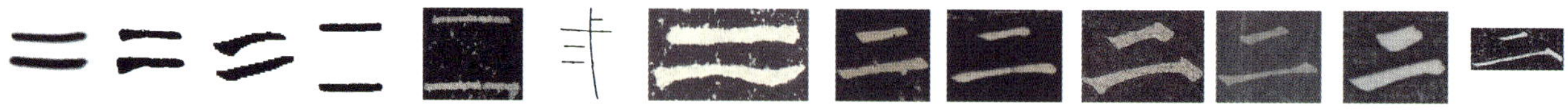

（甲骨 金文 楚简 说文 李阳冰 李阳冰 张迁碑 欧阳询 褚遂良 颜真卿 柳公权 赵孟頫 宋徽宗

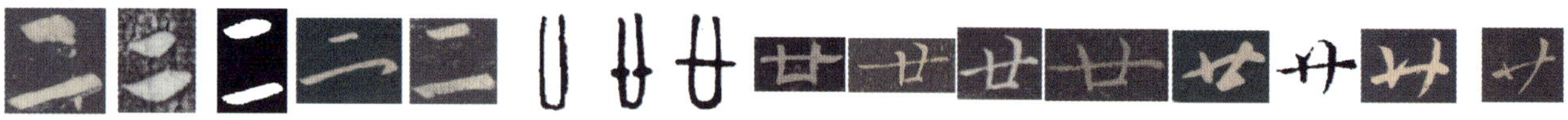

张芝 索靖 王羲之 王献之 王僧虔）（甲骨 金文 说文 乙瑛碑 钟繇 卫铄 王羲之 王羲之 皇象 王羲之 柳公权）

（简帛 说文 欧阳询 世南 赵孟頫 王羲之 韵会 黄庭坚 鲁迅）*皇象 王羲之 张旭 米芾 邓文原 王铎 赵之谦*

辨析：

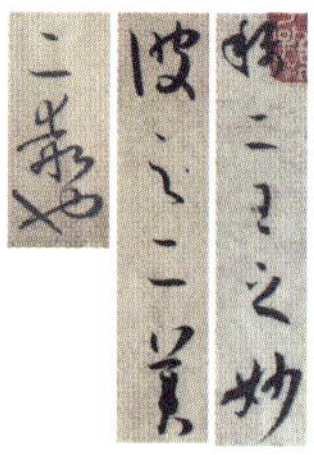

二字字形稳定，行草书为快写。贰为数字二的大写。作为部件，即使一些复杂的字，如齊（齐）和虒（虎）字，在草书中，“二”的结构也是很明显的。廿字的行草为快写，在一些经书的草书中，两个廿字连写，代表菩萨，廿卅连写，表示菩提，两个卅字连写，则为涅槃，为约定俗成。

二 èr：会意，古文字二用两横画表示，是原始记数符号。

廿 niàn：二十。

贰（貳 èr）：会意，从贝从弍，本义为副；背离，怀有二心，辅佐；二的大写。

拓展：

半 仁 里 些 齊（齐） 竺 虒（虎） 忈 齐

P2.3 称二王之妙 P6.4 彼之二美 P24.3 二乖也

发 發 髮 髻 髫

（甲骨 甲骨 金文 楚简 秦简 说文 邓石如 樊敏碑 欧阳询 颜真卿 赵孟頫 王羲之 王献之 颜真卿）

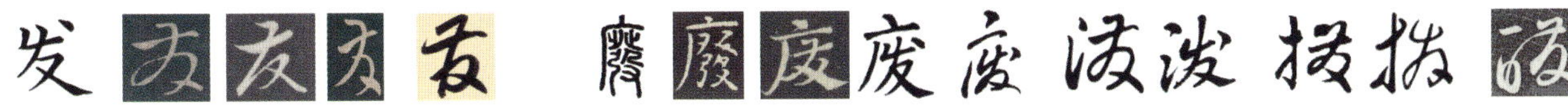

王羲之 王羲之 智永 张旭 赵孟頫）1 *（说文 虞世南 皇象 柳公权 章草）（王羲之 章草）（王铎 于右任）鲜于枢*

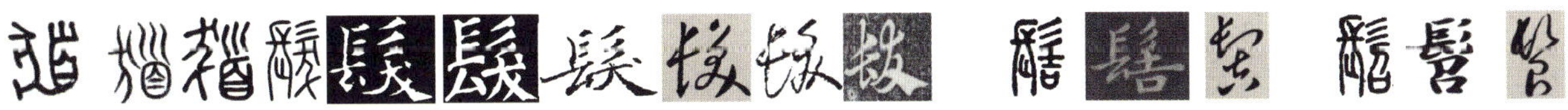

（史墙盘 汉简 说文 说文 欧阳通 颜真卿 灵飞经 智永 怀素 赵孟頫）2（说文 钟绍京 王羲之）（说文 王羲之 李淦）

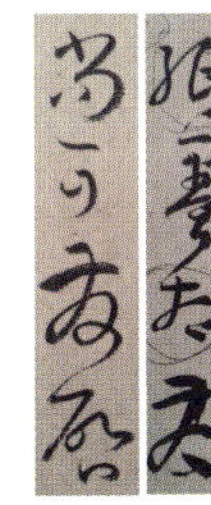

辨析：

發字为形声字，草书为"发"字快写，比友字的长撇多了一个小拐弯，作为字根，还可从"发"。髮从髟，左为长，草书写法参见髟页。

发（發 fā）：射發（发）也，从弓癹声，本义为放箭。

髮（fà 髟部）：根也，从髟犮声，髮或从首，髮是头发，甲骨汉简可见头上的长发，犬旁。

髻 jì：发结。

髫 tiáo：小孩的下垂头发，指童年。

拓展：

1. *廢（废）潑（泼）撥（拔） 醱* 剟 墢 蕟 嘇 橃 癈 襏 蹳 鱍 鏺 驋 鱍 2. 髫 髫

P24.1 纸墨相发 P27.2 尚可发起童蒙

乏 泛 贬 砭 眨

（金文 金文 清华简 清华简 汉简 说文 金农 伊秉绶 欧阳询 颜真卿 柳公权 赵孟頫 王羲之 赵孟頫 蔡襄 王铎

史游 王羲之 怀素 米芾 傅山）（简帛 安大简 说文 欧阳询 颜真卿 唐寅 王羲之 傅山 汉印 说文 崔浩 赵慎）

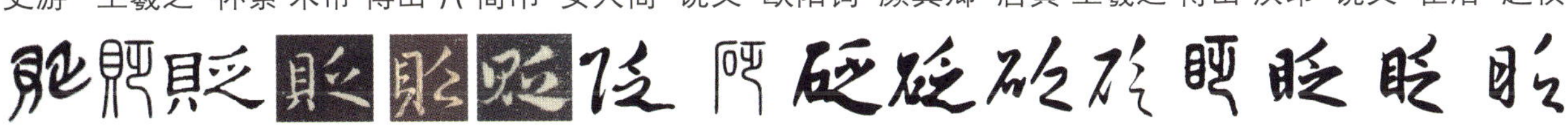

（简帛 说文 隶辨 虞世南 颜真卿 皇象 于右任）（说文 颜真卿 米芾 王羲之 李淦）（说文 赵孟頫 王羲之 王羲之）

辨析：

乏字有省点的写法，楷行草均可从之。可拓展。泛字有异体字汎，泛字还可以写氾。

乏 fá：反正为乏；按，容也；从反正，推事，受矢者为正，避矢者为乏，假借为贬；不正，疲乏、无力；穷困。

泛（汎 fàn）：形声，从水乏声，汎、泛实同一词，本义是漂浮。

贬（貶 biǎn）：形声，从贝乏声，本义为减少、减损。

砭 biān：形声，从石乏声，本义是治病刺穴的石针。

眨 zhǎ：形声，从目乏声，本义为眼睛一闭一开。

拓展：

尼 芝 妅 抸 柉 疺 窆 泛 鴔 覂 跁 眨 鴔

伐 阀 茷 筏

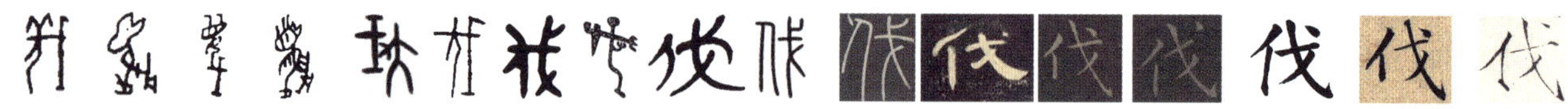

（甲骨 甲骨 甲骨 甲骨 甲骨 甲骨 金文 金文 简帛 说文 李斯 曹全碑 智永 欧阳询 颜真卿 赵孟頫 宋徽宗

王羲之 黄庭坚 索靖 王羲之 智永 怀素）（汉简 说文 顾蔼吉 颜真卿 黄庭坚 赵孟頫 王羲之 张瑞图 韵会）

（说文 彭玉雯）（金文 简帛 简帛 虞世南 褚遂良 颜真卿 王羲之 黄庭坚 米芾 王羲之 孙过庭 李洤 于右任）

辨析：

伐字在甲骨文中有杀伐各种动物的构型，隶定字形稳定，行草书为快写。可拓展。

伐 fá：会意，从人从戈，甲骨文中有杀伐各种动物的构型，本义是砍杀。

阀（閥 fá）：形声，从门，伐声，本义为阀阅，即仕宦人家自序功状而树立在门外左边的柱子，右曰阅。

茷 fá：艸叶多，即草叶盛茂的样子。

筏（栰 fá）：形声，从竹伐声，本义是筏子。

拓展：

垡 垡 浌 栰 酦 鍅 蕟

法 灋 珐（琺）

（楚简 简帛 说文 礼器碑 西峡颂 褚遂良 欧阳询 颜真卿 柳公权 皇象 王羲之 王献之 怀素 张旭）

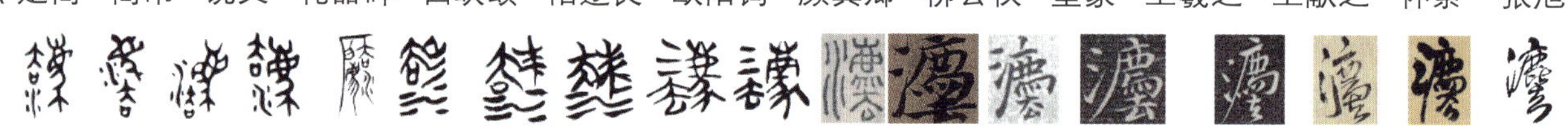

（金文 金文 金文 金文 金文 楚简 楚简 楚简 秦简 秦简 李斯 岳珂 王铎 成亲王 黄庭坚 王铎 王铎 傅山）

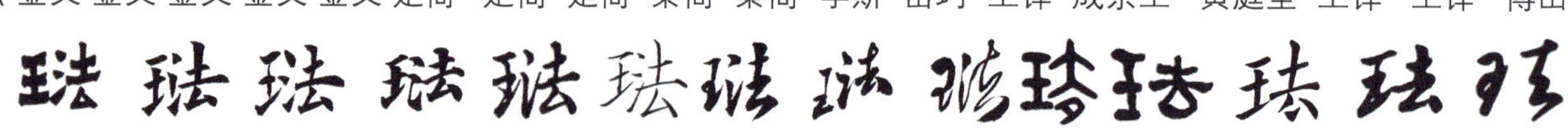

（梁培生 欧阳询 褚遂良 颜真卿 赵孟頫 赵佶 王羲之 郑板桥 傅山 金文 衡方碑 褚遂良 黄庭坚 王羲之）

辨析：

法与灋字，上古时期即为两个字，法字的行草书为快写，灋字使用频率很低。灋从廌，可参见廌页。

法（灋 fǎ）：会意，从“水”，表示法律、法度公平如水；从“廌”（zhì），即獬豸（解廌），神话传说中的一种神兽，据说，它能辨别曲直，在审理案件时，它能用角去触理曲的人，基本义为刑法、法律、法度。法，今文省；佱，古文；灋为法的异体字。法与灋其实上古时期已有，古字帖“法”字往往以“法”的面目出现，而不是“灋”。

珐（琺 fà）：珐琅，又称佛郎、法蓝，其实又称景泰蓝，是一外来语的音译词，1918—1956 年，珐琅与搪瓷同义合用，1956 年中国制订搪瓷制品标准，珐琅改为艺术搪瓷的同义词。

拓展：

鍅 闞 P18.2 粗传隶法

番（畨）1：番（畨） 翻 鄱 蕃 藩

（金文 说文 礼器碑 智永 欧阳询 褚遂良 颜真卿 赵孟頫 黎简 于右任 皇象 索靖 李泾 鲜于枢 毛泽东）

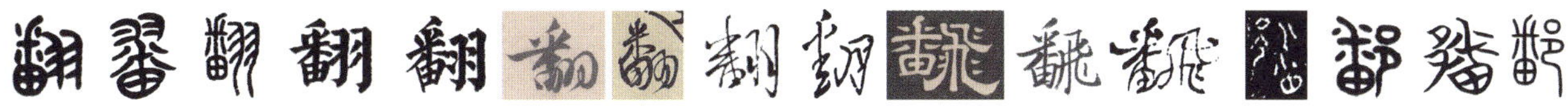

（金文 简帛 说文 颜真卿 柳公权 苏轼 王铎 米芾 毛泽东 唐玄宗 启功 何绍基）（金文 金文 楚简 说文

智永 欧阳询 颜真卿 米芾 张即之 陆润庠 王羲之 郑板桥 王铎 章草）（说文 智永 王献之）（说文 王羲之 王羲之）

F

辨析：

番字的篆书为野兽爪形，中竖上有一个小拐弯，隶楷行草均可从此篆意，即起笔的撇不过中线。草书有快写、草化为“尘形”“生形”三类。可拓展。

番（畨 fān）：象形，小篆字形上面像野兽的足掌和爪，下面的田像兽足踩出的印子，本义为兽足；遍数、次、回、更替；替代、轮流；一倍的加一倍；pān：地名，异体字有：畨僠潘蹯蕃鄱等。

翻（飜繙 fān）：形声，从羽番声，本义是鸟飞。

鄱 pó：鄱阳湖。

蕃 fán：草茂也；吐蕃（tǔ bō）。

藩 fān：形声，从艸潘声，本义为篱笆。

拓展：

僠 勫 鄱 審 獖 噃 墦 嬏 甂 橎 旛 橎 燔 璠 膰 審 襎 鐇 篰

P45.5 翻效迟重

番（畨）2：潘 播 嶓 幡 磻 蟠 皤 羳 繙

（金文 说文 赵之谦 颜真卿 王羲之）（金文 楚简 秦简 说文 颜真卿 张即之 毛泽东 章草）（永瑆 颜真卿 王铎）

（石鼓文 文徵明 唐寅 说文 智永 赵孟頫 于右任）（古文 说文 赵孟頫 褚遂良 智永）（真本 梁同书 毛泽东 王羲之）

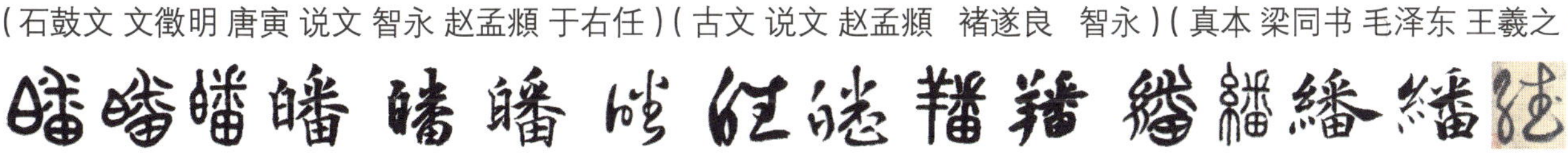

（金文 简帛 说文 欧阳询 沈尹默 王羲之 王羲之 鲜于枢 章草）（说文 何绍基）（楚简 说文 虞世南 张即之 张旭）

辨析：

番字作为字根各体写法同前。除了列示的历代书家外，现代草书，毛泽东的番字，篆意结构累见。

潘 pān：淘米汁。

播 bō：形声，从手番声，本义是撒种。

嶓 bō：嶓冢。

幡（旛繙 fān）：形声，从巾番声，本义是擦拭写字板的布。旧有从方的写法。

磻 pán：磻溪，太公钓处。

蟠 pán：盘伏、盘曲；弯曲的、扭曲的。

皤 pó：形声，从白番声，白色；大（腹）。

羳 fán：腹部为黄色的羊。

繙 fān：反复，声音杂乱，翻动，旗子。

拓展：

憣 橎 蕃 譒 蹯 轓 貚 鐇 鱕 摇 籓 飜 驓 鐇 鷭

番（畨）3：審（审） 瀋（渖沈） 嬸（婶）

（金文 楚简 说文 说文 欧阳询 颜真卿 赵孟頫 褚遂良 王羲之 王羲之 王羲之 怀素 颜真卿 王羲之）

（说文 颜真卿 赵孟頫 颜真卿 王献之）（颜真卿 管道升 赵孟頫 赵孟頫 王羲之 黄庭坚 王铎 王羲之 章草）

辨析：

審字有繁简两种写法，繁写从番，写法同前；简体结构稳定，行草书为快写。

審（审讅谉 shěn）：会意，从宀番，宀为房屋，番是兽足，屋里有兽足印，能仔细分辨。简体字从宀申声，本义是详究、考察。

瀋（渖沈 shěn）：从水審声，汁也；大陆地区沈阳市的简称。

嬸（婶 shěn）：叔母，父亲弟弟的妻子；称呼与父母同辈而年龄较小的已婚妇女。

拓展：

谉 婶 渖 瑃 勫 嬸 瀋 橎 覾 讅

P41.5 当缘思虑通审志气和平

凡 1：凡 梵 帆 釩 矾

（甲骨 金文 楚简 楚简 清华简 说文 说文 居延简 王莽简 魏碑 张旭 柳公权 王羲之 褚遂良 颜真卿

王羲之 赵孟頫 空海 颜真卿 米芾 皇象 王羲之 黄庭坚）（说文 简帛 赵之谦 颜真卿 王羲之 赵孟頫 王铎）

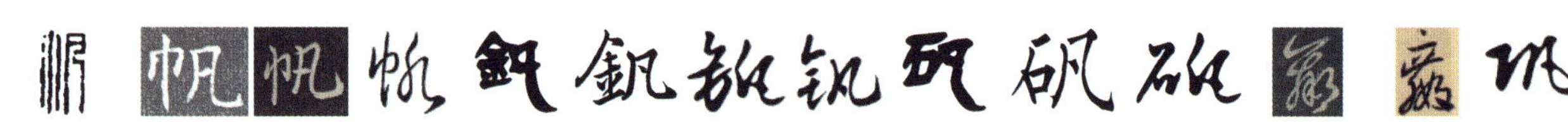

（陈豫钟 颜真卿 米芾 王羲之）（汉简 赵孟頫 王羲之 章草）（汉简 柳公权 王羲之）*王羲之 孙过庭 文徵明*

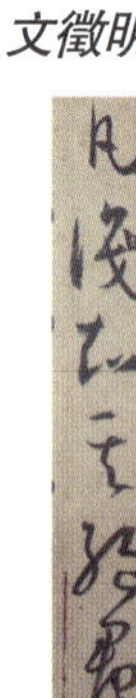

辨析：

凡字篆书变化较多，小篆稳定，隶书有一点移出或内外各一点的写法，草书有三种：1. 点移到外面。2. 凡外加一点。3. 快写。可拓展。羸赢等字从凡，见相关页。

凡 fán：象形，金文字形像造器之模范形，本义是铸造器物的模子，引申义为凡是，表示概括。

梵 fàn：形声，从林凡声，本义为梵梵，草木茂盛的样子。

帆 fān：利用风力使船前进的布篷。

钒 fán：化学元素，银白色的金属，具延展性。

矾 fán：含水复盐类，如明矾。

拓展：

羸 赢 巩　　忛 汎 芃 呮 岜 杋 肌 玐 钒 笂 舧 蚇 訉 軓 骪 颿 麃 羸 赢

P 57.1 凡识知其绝群

凡 2：佩（珮）姵 抷 糿

（金文 金文 金文 简帛 说文 邓如石 欧阳询 虞世南 颜真卿 柳公权 赵孟頫 米芾 苏轼 黄庭坚

皇象 王羲之 邓文原 傅山 于右任 金石篆 张迁碑 何绍基 王献之 欧阳询 颜真卿 柳公权 杜牧

苏轼 赵孟頫 康里巎 董其昌 王羲之 宋高宗 祝永明）（篆字汇 楷书）（楷书）（篆字汇 楷书 异体字）

辨析：

佩字和左边的字根组合的字，篆书从凡，隶定结构稳定，楷行草书皆从其结构，草书除了快写还可以省略左边的“竖撇”。

佩（珮 pèi）：会意，从人凡巾，本义是系在衣带上的装饰品。

姵 pèi：古女子人名用字。

抷 pèi：音佩，捩也。

糿 pèi：研米以糁羹也。

拓展：

㟏 浿 㧊 珮 鈵 霈

楙 樊 攀 鬱（欝 郁）

（金文 说文 楷书）（金文 简帛 说文 欧阳询 颜真卿 王羲之 傅山 苏轼 王羲之 李洤 赵孟頫 文徵明）

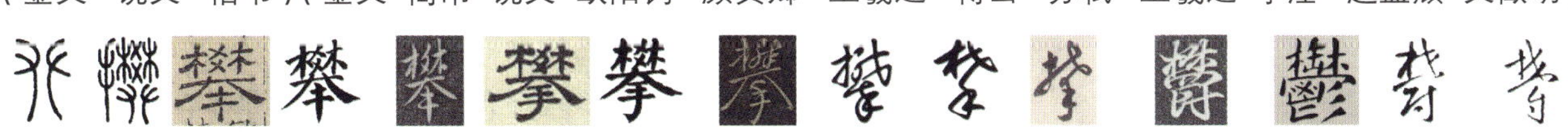

（说文 说文 隶辨 颜真卿 赵孟頫 隶辨 颜真卿 颜真卿 王羲之 李洤 祝永明）（王羲之 颜真卿 智永 欧阳询）

辨析：

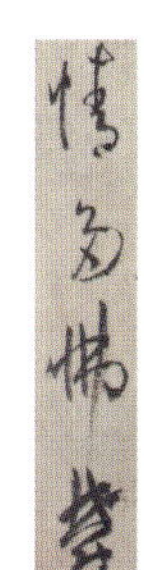

楙字的字形稳定，作为字根，草书写法：1. 省略中间的“爻”。2. 将“爻”草化为一个“带笔”。可拓展。鬱（欝郁）字的演变见相关页。

楙 fán：古同樊，篱笆。

樊 fán：从楙，笼也，篱笆、姓。

攀 pān：形声，从手樊声，本义，拉、牵。

拓展：

焚 鐢 欝

P 35.3 情多佛郁（鬱）

F

反 1：反 板 坂 扳 版

（甲骨 金文 清华简 简帛 说文 居延简 史晨碑 钟繇 欧阳询 颜真卿 赵孟頫 王羲之 王献之 苏轼

皇象 王羲之 王献之）（楚简 楚简 楚简 智永 皇象）（金文 金文 楚简 王羲之 王羲之 秦简 说文 褚遂良 吴昌硕 简书）

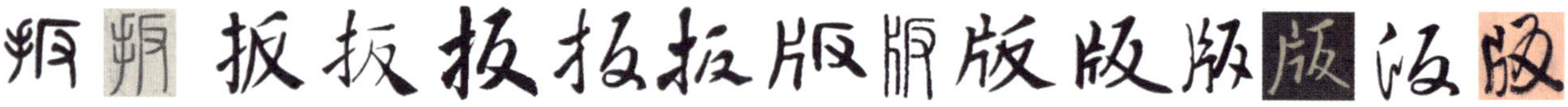

（金文 篆字汇 虞世南 褚遂良 王羲之 王羲之 章草）（秦简 说文 柳公权 赵孟頫 米芾 王铎 王羲之 王铎）

辨析：

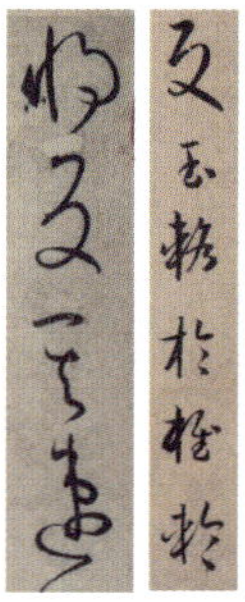

反字的字形稳定，行草书为快写。可拓展。

反 fǎn：象形，甲骨文字形从又从厂，厂音 hǎn，本义为手心翻转。

板 bǎn：形声，从木反声，《说文》作版，本义是片状的木头。

坂（阪 bǎn）：形声，从土反声，《广韵》作阪，本义是山坡、斜坡。

扳 bān：形声，从手反声，本义为拉、引。

版 bǎn：形声，从片反声，片为破开的木片或草片，本义是筑墙的夹板。

拓展：

仮 阪 饭 岅 扳 汳 昄 板 炍 瓪 疲 畈 皈 眅 钣 粄 舨

P5.5 反玉辂于椎轮者乎　P46.1 将反其速

反 2：饭 贩 畈 皈 舨 叛 返

（金文 楚简 秦简 说文 欧阳询 宋徽宗 王羲之 智永）（简帛 说文 曹全碑 欧阳询 黄庭坚 王羲之 邓文原）

（金文 柳公权 赵孟頫 王羲之 王羲之 李淦）（金文 何绍基 智永 褚遂良 王羲之 赵孟頫 王铎 王羲之 章草）

（金文 欧阳询 王羲之 李淦）（金文 说文 颜真卿 王羲之 怀素）（金文 简帛 简帛 说文 智永 董其昌 王羲之）

辨析：

从反拓展的字，反字字形稳定，行草书为快写。

饭（飯 fàn）：形声从食反声，吃饭。

贩（販 fàn）：形声从贝反声，贱买而贵卖的人。

畈 fàn：田地（多用于地名）；成片的田。

皈 guī：归来、返回。

舨 bǎn：舢舨，小船。

叛 pàn：形声，从反半声，本义是背叛。

返 fǎn：形声，从辵反声，字本作反，本义为回归、返回。

拓展：

䛀 軓 鈑 蝂 鋬 魬

犯 氾 范 笵（範）

（金文 诅楚文 简帛 说文 钟繇 王羲之 王羲之 米芾 皇象 王羲之 颜真卿）（说文 彭玉雯 赵孟頫）

（金文 隶辨 王羲之 灵飞经 钟繇 王羲之）（说文 虞世南 颜真卿 文徵明 隶辨 欧阳询 虞世南 孙过庭 乾隆）

辨析：

犯和氾两个字的结构稳定，行草书为快写，笵（范範）字的草书，“竹”和“艹”分别写出或写“艹”都可，“範”从“车”，应写清楚“车”字的草书。

犯（fàn）：侵也，从犬巳声，本言犬犯人，转注为凡干凌违逆之称。

氾 fàn：大水漫流，淹没；漂浮，后作“泛”，异体字为泛和汎；读 fán，地名。

范 fàn：姓；祭路神、典范、模子、限制、一定界限等义，同笵。

笵（範 fàn）：形声，从车笵省声，本义为古代遇大事出车，先辗过祭坛及祭牲的一种祭祀活动，祭路神；用模子浇铸，引申为纳入规范。

拓展：

温 咆 泖

P51.7 违而不犯　　P9.1 耻崇家范

方 1：方 仿 彷 访 妨 坊

（甲骨 甲骨 甲骨 甲骨 金文 楚简 楚简 秦简 古文 石鼓文 李斯 钟繇 赵孟頫 王羲之 张芝 皇象 王羲之）

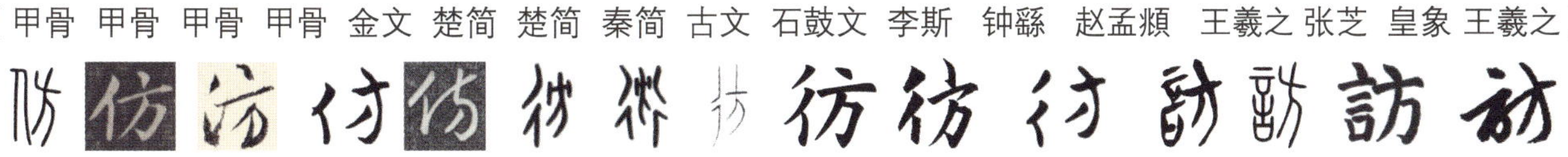

（说文 王献之 文徵明 王羲之 赵构）（甲骨 甲骨 金文 欧阳询 王羲之 王羲之）（楚简 说文 颜真卿 赵孟頫）

（甲骨 金文 简帛 说文 曹全碑 智永 柳公权 米芾 邓文原）（金文 说文 衡方碑 赵孟頫 王羲之 王羲之 章草）

辨析：

方字的篆书似“变形人荷担”，隶定字形稳定，行草书为快写。“旁旁敫激缴施斿遊游於敷旗旋旎㫌璇”等字从方，见相关页。

方 fāng：象形，下从舟省，而上有竝头之像，故知并船为本义，本义是并行的两船，泛指并列、并行。

仿（倣 fang）：形声，从人方声，本义是相似，或作彷。

彷 fǎng：同仿，仿佛；páng，彷徨。

访（訪 fǎng）：形声，从言方声，本义为广泛地征求意见。

妨 fáng：形声，从女方声，本义是损害，有害于。

坊 fāng：形声。从土，方声。本义：城市中街市里巷的通称。

拓展：

蚄 方 邡 呖 穷 怲 㧍 迈 汸 旂 旒 昉 旁 枋 趽 旍 旎 倣 牥 瓬

方 2：纺 肪 舫 防 放 趽 房 芳 髣

（金文 说文 欧阳询 米芾 王羲之）（金文 说文 颜真卿 苏轼 李淦）（石鼓 说文 柳公权 王羲之 韵会）

（金文 说文 颜真卿 王铎 王献之）（金文 金文 古文 古文 说文 王羲之 王羲之 陆游）（说文 楷书）（楚简 说文

六书统 邓石如 王羲之 赵孟頫 王羲之 皇象）（古器 楚简 汗简 说文 宋徽宗 王铎 皇象）（沈尹默 于右任）

辨析：

拓展的字从方，各体从前页。髣字从髟，可参照髟页。

纺（紡 fǎng）：形声，从糸方声，本义是将丝麻纤维制成纱或线。

肪 fáng：动物体内的油脂。

舫 fǎng：并连的两船，船的通称。

防 fáng：形声，从阜方声，本义是堤坝。

放 fàng：形声，从攴方声，驱逐、流放。

趽 fāng：趼；fàng，曲胫马；páng，小腿弯曲。

房 fáng：从户方声，上古边室皆用单扇门（即户），庙门大门才用双扇门，故房从户，本义是正室左右的住室；一说房乃室在旁也，从户方声。

芳 fāng：形声，从艸方声，本义为花草。

髣 fǎng：髣髴，同仿佛，意思是隐约、依稀。

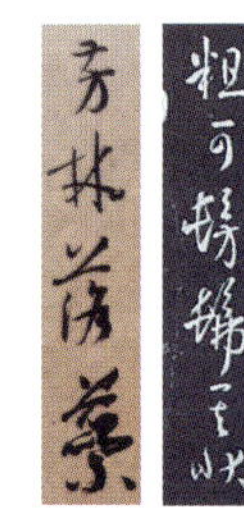

拓展：

榜 祊 旀 竼 甹 秎 垄 囥 埅

P48.2 芳林落蕊　P63.2 粗可髣髴其状

方 3：㫃 族 蔟 镞 瘯 斻 旆 旆 瓬 旍

（甲骨 甲骨 甲骨 甲骨 金文 金文 古文 说文 楷书）（甲骨 甲骨 甲骨 甲骨 金文 金文 金文 楚简 秦简 说文

邓石如 颜真卿 智永 欧阳询 颜真卿 颜真卿 米芾 索靖 于右任）（金文 说文 欧阳询 李淦）（说文 赵孟頫 王铎）

（小篆 楷书）（楷书 甲骨 王羲之）（广义 郑板桥）（说文 欧阳询 王羲之 孙过庭）（篆字汇 彭玉雯）（篆字汇 赵孟頫）

辨析：

族有异体字从㫃从夫，草书一般写从夫的结构。旅有从旅的异体字，各体从之。"斿游遊蝣"从㫃，见"㫃斿游遊蝣页"。

㫃 yǎn：旌旗之游，㫃蹇之貌，从屮，曲而下，垂㫃相出入也。

族 zú：会意，本义是箭头；异体字有矣瘯嗾鏃矦族鉃㸦族等等。

蔟 cù：供蚕吐丝作茧的设备，积聚。

镞（鏃 zú）：箭头。

瘯 cù：癣疥一类的皮肤病。

斻 háng：相并的两船；同航，甲骨可见。

旆 pèi：同旆。

旆 pèi：古代旌旗末端形似燕尾的下垂饰物。

瓬 fǎng：制瓦器，周制瓦器工匠瓬 的异体字。

旍 jīng：古同旌。

拓展：

㫃 於 斾 斿 旕 旂 旃 旄 旅 旆 旇 旋 㖔 旐 旋 旌 旍 旎 族 淤 菸 阏 旒 棜 游 旚 旒 旖 旝 瘀 楰 滺 嗾 嫙 旖 旗 漩 篏 膂 蔙 蔟　P16.4 王谢之族郗庾之伦纵不尽其神奇

方 4：旌　旄　旖　楞　愣　塄

（楚简　秦简　简帛　说文　衡方碑　夏晨碑　欧阳询　颜真卿　米芾　王羲之　怀素）（金文　楚简　秦简　说文

颜真卿　唐寅　赵孟頫　皇象　索靖　傅山）（金文　说文　简帛　虞世南　褚遂良　王羲之　米芾　王羲之　王铎　章草）

（金文　欧阳询　王羲之　王羲之　章草）（金文　粗篆　颜真卿　李淦　章草）（金文　赵孟頫　黄庭坚　王羲之　章草）

辨析：

本页从㫃或从“四方（上下结构）”，需注意所涉字根的变化。

旌（䍜 jīng）：形声，古代用牦牛尾或兼五彩羽毛饰竿头的旗子。

旄 máo：古代用牦牛尾装饰的旗子；mào，古同耄，年老。

旖 yǐ：旖旎，旌旗从风的样子。

楞 léng：四方木，棱角，同棱。

愣 lèng：形声，本义是呆、失神、傻气；楞的异体字。

塄 léng：田地边上的小坡。

拓展：

椅 㘄

方 5：㫃　斿　游　遊　蝣

（金文　金文　古文　说文　楷书）（甲骨　金文　石鼓文　石韵府　何绍基　王铎）（甲骨　金文　秦简　说文　肥致碑　澄清堂

欧阳询　颜真卿　柳公权　赵孟頫　苏轼　赵孟頫　皇象　王羲之　鲜于枢）（金文　楚简　楚简　李阳冰　赵孟頫

辟雍碑　欧阳询　褚遂良　颜真卿　王羲之　王羲之　张芝　智永）（金文　新篆　汉简　王羲之　王羲之　王羲之　李淦）

辨析：

游、遊和蝣等字从㫃，篆书形态差异较大，作为字根，这些字隶定字形稳定，草书为快写，可省略“人”。

㫃 yǎn：旌旗之游，㫃蹇之皃。

斿 yóu：古同游，遨游，从容行走；liú，古同旒。

游（遊遵 yóu）：旌旗之流也，江河的一段，人或动物在水里浮行或潜泳；游说、宣扬，考察、学习；虚浮不实。

遊 yóu：遨遊、玩耍也，旅行，交往、结交，行走，闲逛，求仕、做官。

蝣 yóu：昆虫名，蜉蝣的省称 。

拓展：

艄 箊 飀 鲉

飞（飛） 騛

（飛姬彝 说文 六书统 夏承碑 李阳冰 欧阳询 褚遂良 颜真卿 灵飞经 赵孟頫 宋徽宗 王羲之 王铎

皇象 索靖 王羲之 王羲之 智永 怀素 孙过庭 赵佶 邓文原 王铎 汉简 欧阳询 颜真卿 王羲之 章草）（说文 楷书）

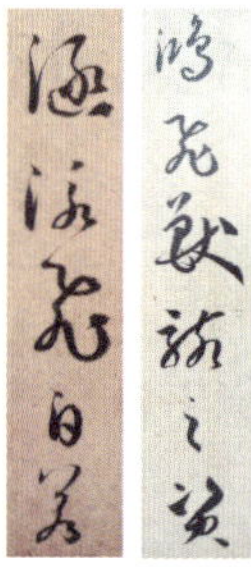

辨析：

飛字草书写“乙九贴人飞”，其他大同小异，最后使转写一点更加简洁，而王羲之还有一种无点写法。飛还另有一种简写飞，简体字出现之前，使用频率不高。

飞（飛 fēi）：象形字，最早见于甲骨文，本义是指鸟类在空中拍翅的动作，扩展为其他动物的飞翔，后又可指飘浮；小篆“飞”字下面像展开的双翼，上面像鸟首，展开双翼是为了飞翔；简化字采用更加简洁的结构，把它简化作“飞”，留下一翅。

騛 fēi：马逸足也，从马从飞。

拓展：

飞 榌 裶 霏 蟦 騛 飝 飝

P11.2 鸿飞（飛）獸骇之资　P20.3 涵泳飞白

非 1：非 匪 徘 绯 诽 啡 扉

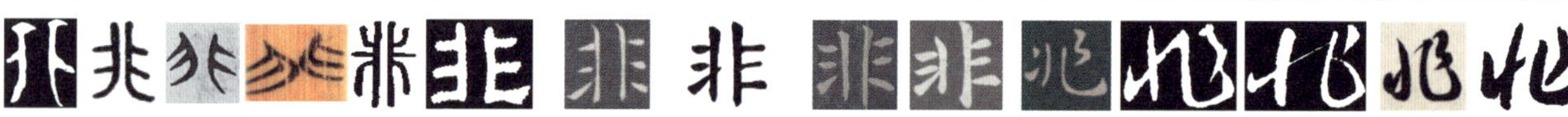

（甲骨 金文 盟书 楚简 说文 樊敏碑 欧阳询 颜真卿 柳公权 赵孟頫 刘炟 王羲之 王献之 智永 怀素）

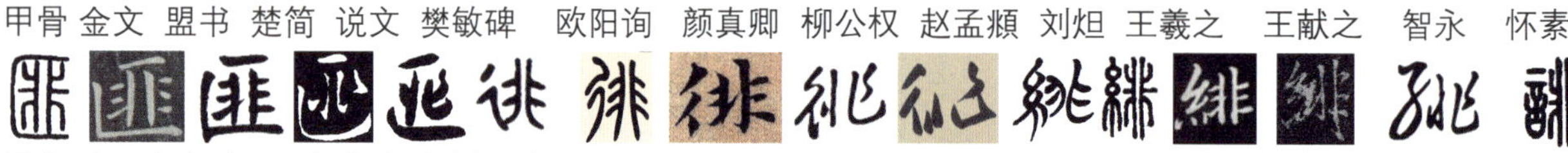

（说文 欧阳询 颜真卿 索靖 怀素）（金文 邓石如 赵孟頫 王羲之 高闲）（简帛 说文 钟绍京 王羲之 王羲之）（说文

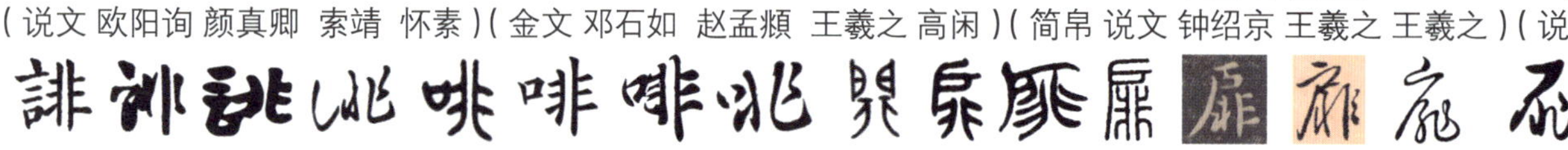

颜真卿 王铎 汉简 王羲之）（金文 欧阳询 王羲之 章草）（甲骨 金文 简帛 说文 王羲之 王铎 王羲之 孙过庭）

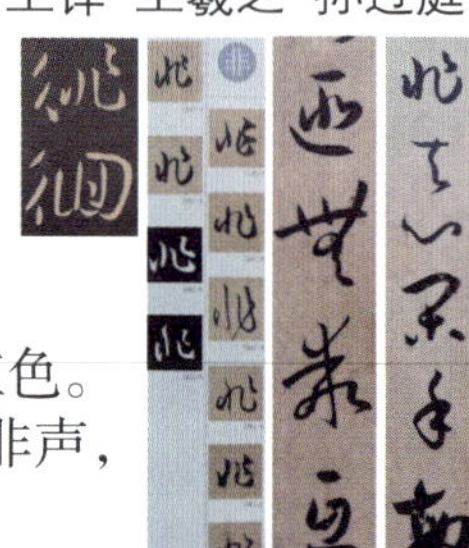

辨析：

非字从飞，字形稳定，草书为书写顺序改变，起笔先写竖，右竖草化为竖弯钩，左右的三横草化为一点或两点。扉字草书，王羲之左竖写出了小拐弯，似孑形，而非字的草书，汉章帝刘炟、王羲之、王献之、智永均未见此法，因此，其来历待考。

非 fēi：《说文》曰：“非，违也，从飞（飛）下肢，取其相背。”

匪 fěi：形声，从匚 fāng，盛物之器，非声，本义为“篚”的古字，竹器，形似竹箧；有行为不正、强盗、匪类之义。

徘 pái：形声，从彳非声，表示小步行走。

绯（緋 fēi）：红色，深红色。

诽（誹 fěi）：形声，从言非声，本义是背地议论，指责他人。

啡 fēi：咖啡、吗啡。

扉 fēi：形声，从户非声，从户表示与门户有关，本义为门扇。

拓展：

俳 剕 厞 陫 啙 庳 啡 裴 婓 婔 扉 悱 淠 猅 畔 辈 乖 暃 棐 棑 毴 裴 琲 腓 蜚 蜚 惟 蜚 痱 裶 偹 榧 蜚 裴 褏 啡 揓 棑 蕖 跳 蜚 蕜 輫 鼻 徽

P46.5 非夫心闲手敏　P7.1 匪无乖互　P66.2 徘徊

非 2：排 辈 斐 翡 悲 靠 韭 菲 霏

（甲骨 简帛 说文 欧阳询 王羲之 王羲之）（简帛 说文 陆游 柳公权 王羲之）（简帛 说文 赵孟頫 苏轼 王羲之）（金文

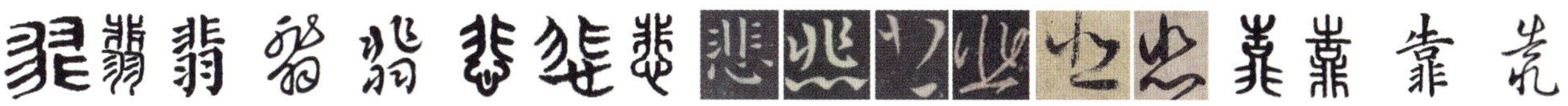

帛书 说文 颜真卿 王羲之 章草）（金文 楚简 说文 欧阳询 皇象 王敦 王羲之 怀素 赵佶）（金文 说文 虞世南 王羲之）

（楚简 秦简 说文 颜真卿 孙过庭 于右任）（简帛 说文 褚遂良 王羲之 朱耷）（说文 乙瑛碑 智永 董其昌 王宠 王澍）

F

辨析：

作为字根，非北两字可异体同草，即非字作为字根，草书可以草化为“北”字的草书。悲与韭有异体同形的草法，悲字的心草化为一横，与韭字的草书同形，因此悲字的心字，用皇象的草法更易于辨识。

排 pái：形声，从手非声，本义是推挤、推开。

辈（輩 bèi）：形声，从车非声，本义是百辆车；世、辈分；某类人；等级、类别。

斐 fěi：有文彩的；fēi，姓。

翡 fěi：赤羽雀 ；玉石名，翡翠。

悲 bēi：形声，从心非声，本义是哀伤、痛心。

靠 kào：形声，从非告声，从非，表示相违背；仰仗、依赖；保持某种路线或方向等；信得过；接近。本义：相背。

韭（韮 jiǔ）：象形，小篆，像韭菜长在地上的形状，韭菜。

菲 fěi：从艸非声，菲菜；微薄；fèi，草鞋。

霏 fēi：形声，从雨非声，本义为雨雪很盛的样子。

拓展：

錍 崥 篦 霏 蜚 裶 揊 棑 婔 飛 橐 橐 騑 馡 粺 醥 靡 鯡 囊 劘 巙 嬔 㦟 攠 灖 蘼 糜 穈 礳 穈 醾 鑣

P45.2 慕习之辈

分 1：分 纷 吩 份 汾 扮 盼 掰

（甲骨 金文 说文 李斯 曹全碑 张迁碑 欧阳询 颜真卿 褚遂良 张芝 索靖 王羲之 赵构 邓文原）

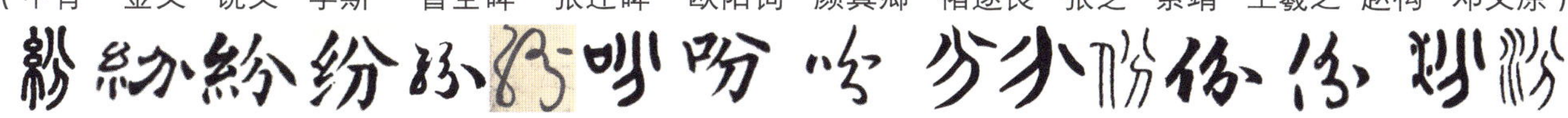

（说文 曹全碑 智永 颜真卿 智永 张旭）（金文 柳公权 王羲之）（楚简 秦简 说文 赵孟頫 王羲之）（金文 说文

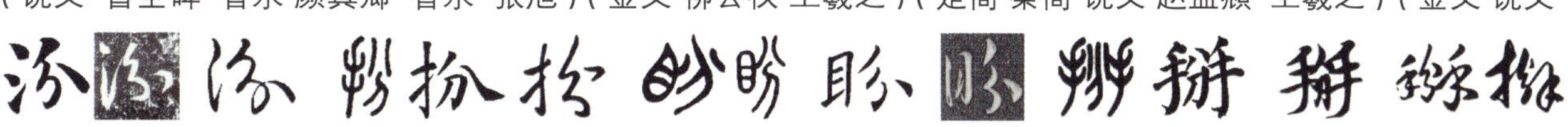

智永 晋祠铭 王羲之）（说文 虞世南 王羲之）（简帛 说文 褚遂良 宋高宗）（金文 颜真卿 王羲之 王羲之 李洤）

辨析：

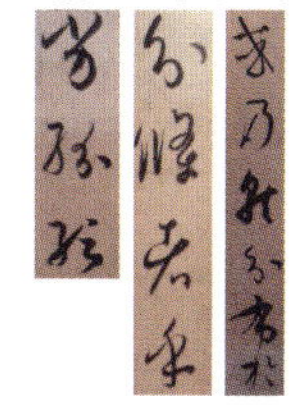

分字的字形稳定，草书笔顺是将捺放在最后，草化为一个点。可拓展。

分 fēn：从八从刀，“八”在字形上就表示二物相别、别离；“刀”在字形上就是一变二，“八”与“刀”联合起来表示“以刀剖物，使之相别离”的意思。

纷（紛 fēn）：形声，从糸分声，从糸表与线丝等有关，本义为马尾韬，扎束马尾的丝麻织物。

吩 fēn：吩咐，嘱咐，口头指派或命令。

份 fèn：形声，从人分声，文质兼备的样子，量词，整体里的一部分，限度、程度，情分、情面，本分、名分；bīn，同“彬”，文质兼备；异体字为分和彬字。

汾 fén：水名，即汾河。

扮 bàn：握并，化装。

盼 pàn：眼睛黑白分明的样子，顾、看，盼望、探望、照顾。

掰 bāi：用手把东西分开或折断。

拓展：

邠 坋 坌 妢 岎 帉 弅 岕 忿 攽 昐 朌 枌 氛 炃 玢 砏 盼 粉 肦 魵 棼 盆 砏 秎 衯 羒 翂 聁 岔 蚡

P17.5 或乃就分布于累年　　P18.5 共树而分条者乎　　P29.3 优（優）劣纷纭

分 2：粉 酚 颁 忿 氛 芬 盆 瓫 岔 贫 寡

（金文 说文 宋徽宗 皇象）（金文 欧阳询 赵孟頫 孙过庭）（说文 颜真卿 颜真卿 王羲之 王羲之）（简帛 说文

智永 黄庭坚 皇象）（简帛 说文 虞世南 文徵明 韵会）（简帛 说文 赵孟頫 赵构）（简帛 说文 智永 颜真卿

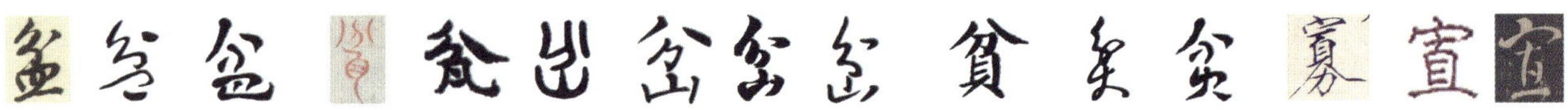

唐寅 于右任 章草）（石韵府 敦煌）（金文 柳公权 米芾 王羲之）（颜真卿 王羲之 章草）（宋徽宗 异体字 索靖）

辨析：

各个字的分字可互相参考。贫字还从贝，可参见贝页。寡字有异体字从直，见寡页。

粉 fěn：米细末。

酚 fēn：有机化合物，特指苯酚。

颁（頒 bān）：形声，从页分声，脑袋很大的样子；假借为攽，颁发、分赏，通班，发布、公布。

忿 fèn：形声，从心表示与心情有关，愤怒、怨恨。

氛 fēn：气、气象、情势。

芬 fēn：花草的香气。

盆 pén：形声，从皿分声，皿泛指盘碗一类器具，本义是盛东西或洗涤用的器皿，通常为圆形，口大底小，比盘深。

瓫 pén：古同盆，古通湓为水溢出，重浊的声气。

岔 chà：会意，从山从分，本义是山脉分歧的地方。

拓展：

坌 訜 躮 岎 棼 棻 鈖 雰 頒 豶 寡 馚 魵 鳻 黂 黺 鼢 鼢 釁 釁

风 1：风（風 凬）讽 飘 飖 枫 飓 飏

（甲骨 甲骨 金文 楚简 简帛 秦简 汗简 说文 西狭颂 欧阳询 颜真卿 柳公权 索靖 王羲之 王羲之 王献之 怀素）

（楚简 汉简 说文 衡方碑 皇象）（说文 欧阳询 宋徽宗 赵孟頫 王羲之 张旭）（邓石如 欧阳询 赵孟頫 智永 宋高宗 怀素

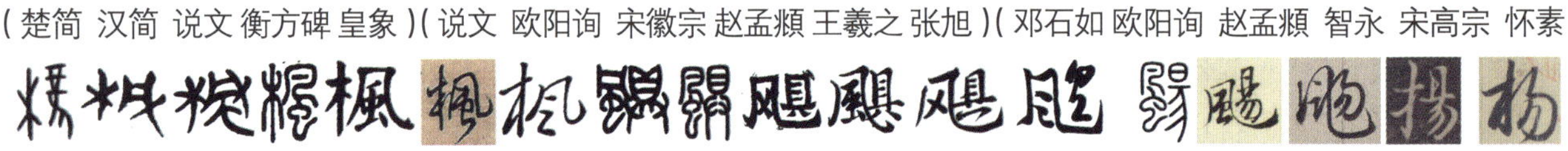

（甲骨 楚简 楚简 说文 颜真卿 王铎 王羲之）（金文 粗篆 爨体 赵孟頫 黄庭坚 张瑞图）（说文 唐寅 赵孟頫 王羲之 王羲之

辨析：

风（風）字甲骨文为凤凰形，异体字较多，隶定为風，草书从其异体字凬字快写。可拓展。

古文风

风（風凬 fēng）：从虫，凡声，风是風的简化字，“×”只是一个记号，没有表音或表意的作用，古时候，人们认为风是由一只大鸟“凤”的飞翔引起的，甲骨文即用“凤”来表“风”；部分古文见左边所列。

讽（諷 fěng）：形声，从言风声，本义是背诵、朗读；规劝；讥讽。

飘（飄 piāo）：形声，从风票声，本义为旋风、暴风。

飖（飖 yáo）：随风摇动。

枫（楓 fēng）：木名，即枫香树；甲骨文从“风”形。

飓（颶 jù）：飓风，飓风云。

飏（颺 yáng）：飞扬、飘扬；通扬，扬举。

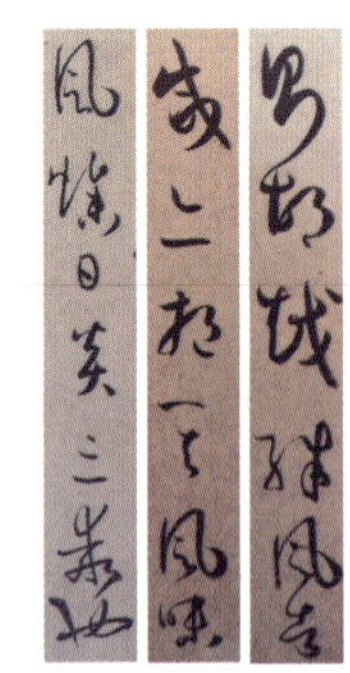

拓展：

佩 讽 妵 岚 沨 砜 飐 飑 飒 飓 飔 飗 飘 飙 飚 風 颫 偑 媔 颩 堸 渢 猦 葻 彨 凮 颿 颵 颬 颳 楓
熢 颴 颰 颮 颻 颼 颽 颾 颿 瘋 碸 飐 飑 飒 飕 飖 艉 飙 飚 飗 飘 飓 飔 飕 飖 飘 諷 飕 飗

P16.5 咸亦挹其风味　P20.4 则胡越殊风者　P24.4 风燥日炎三乖也

风 2：飒 飙 飚 飐 飕 飑 岚 疯

（楚简 说文 董美人 王羲之 王羲之 章草）（金文 楚简 说文 赵孟頫 何绍基 王羲之 章草）（金文 粗篆 文徵明 王铎

王羲之 毛泽东）（说文 广义 祝永明）（金文 说文 王羲之 赵孟頫 汉简 王羲之 毛泽东）（金文 粗篆 欧阳询 颜真卿

赵孟頫 王铎 毛泽东）（金文 楚简 说文 曹全碑 颜真卿 玄烨 韵辨）（西狭颂 颜真卿 赵佶 王羲之 王羲之 徐伯清）

辨析：

风字拓展的字，金文和楚简中，虫字结构明显，草书写其异体字凨字的快写。

飒（颯 sà）：形声，从风立声，本义是风声。

飙（飆 biāo）：形声，从风猋声，本义为暴风。

飚（飈 biāo）：同飙。

飐（颭 zhǎn）：风吹物使其颤动。

飕（颼 sōu）：象声词，同嗖；形容风雨的声音；形容箭离弦之声；小风，寒冷、清凉。

飑（颮 biāo）：暴风。

岚（嵐 lán）：形声，从山葻（lǎn）声，本义是山林中的雾气。

疯（瘋 fēng）：形声，从疒风声，表示与疾病有关，本义为头风病。

拓展：

颵 䫻 颸 䬗 䬓 䬐 䕒 䫼 颶 䬘 䬔 䬖 䬓 颬 䬎 䬑 䬆 颸 䬐 颺 颼 颾 䬌 䬒 䬕 䬏 䬍 䬔 䬌 䬋 飀 䬋 䬍 䬞 飂 飃 飄 飉 飆 飈 飋 䬢 飇 飅 飗 飌 飀

封 葑

（甲骨 甲骨 甲骨 金文 金文 金文 金文 金文 古文 秦简 说文 李阳冰 王基碑 欧阳询 虞世南 颜真卿 赵孟頫

王羲之 王羲之 王铎 王羲之 智永 怀素 章淳）（金文 说文 褚遂良 柳公权 赵孟頫 王铎 王羲之 李淦 章草）

辨析：

封字从圭从寸，篆书字形变化较多。封字的草书，其圭字写快写，或省略一横，寸写“点弯（或省点）”。可拓展。

封 fēng：会意，金文字形，左边像土上长着丰茂的树木形，右边是一只手（又，后来写作“寸”），表示聚土培植。

葑 fēng：须从也，从艸封声，字亦作葍、作菘；芜菁，又名蔓菁，fèng，菰根，即茭白根。

拓展：

㚜 垶 尌 幇 澍 挵 犎 紂 鋳 幫 鞤

F

冯（馮） 凴（凭 凭）

（金文 说文 李阳冰 史晨碑 冯承素 世南 颜真卿 王羲之 米芾 赵孟頫 史游 王羲之 赵孟頫 邓文原 徐渭）

（金文 石韵府 欧阳询 颜真卿 王羲之 苏轼 祝枝山 王铎 卫夫人 陆游 说文 王羲之 颜真卿 王羲之 乾隆）

辨析：

凭（凴）从冯（馮），草书有三：1. 从冯（馮）；2. 从“凴”，不常用；3. “凭”字快写。

冯（馮 féng）：形声，从马冫（古冰字）声，本义为马跑得快。

凴（凴凭 píng）：依几也，从几从任；臣鉉等曰：人之依馮，几所胜载，故从任；有不论、不管、如此之义。

拓展：

凴 溤 凴

P29.1 凭（凴）附增价

夆 峰 逢 烽 锋 蜂 缝

（甲骨 金文 说文 五经 韩道亨）（甲骨 峰伯 说文 刘恕 褚遂良 颜真卿 苏轼 宋徽宗 赵孟頫

王羲之 王献之 黄庭坚 王羲之 怀素 王铎）（甲骨 金文 石鼓文 盟书 说文 隶辨 柳公权 王铎 索靖 王羲之）

（新篆体 简帛 颜真卿 孙中山 章草 王羲之）（汉印 欧阳询 王羲之 王羲之）（古文 赵孟頫 韵会）（汉印 傅山）

辨析：

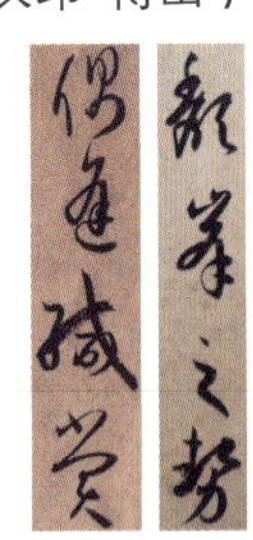

夆字作为字根，有从夆或从夅的异体字写法，即分别从丰或丯，如峰、逢、烽、锋、蜂和缝等等，各体两种写法都可；作为字根，夆下还可以写“羊”，草书一般从“羊”字结构。可拓展。

峯 fēng：从山夆声，山耑也。

峰（峰 fēng）：形声，从山峯（fēng）声，本义为山顶。

逢 féng：形声，从辵表示与行走有关，本义是遭逢、遇见。

烽 fēng：形声，从火夆声，本义为烽火，古时边防报警的烟火。

锋（鋒 fēng）：形声，从金夆声，本义是刀、剑等的尖端或锐利部分。

蜂 fēng：一种昆虫，有蜜蜂、胡蜂、细腰蜂等，特指蜜蜂。

缝 féng：同缝。

拓展：

埄 桻 琒 漨 捀 浲 艂 莑 槰 䗦 鬔

P11.3 颓峰之势　P29.3 偶逢缄赏

凤（鳳）

甲骨 甲骨 甲骨 甲骨 甲骨 甲骨 甲骨 甲骨 甲骨 甲骨 甲骨 甲骨 甲骨 甲骨 甲骨 甲骨 金文 金文 金文

古文 古文 古文 古文 古文 简帛 汗简 说文 王献之 石韵府 石韵府 石韵府 曹全碑 爨宝子 何绍基 娄机

欧阳询 虞世南 颜真卿 王羲之 欧阳询 王铎 皇象 智永 怀素 邓文原 文徵明 汉简 王羲之 王羲之 于右任

辨析：

凤字的篆书形态为一只飞翔的“鸟”，其头上的“辛”，为凤冠，亦有加“凡”为“凡鸟”之形的，楷化后繁简两种写法都有，行草书亦从繁简两种结构。

凤（鳳 fèng）：形声，从鸟凡声，本义是凤凰，中国古代传说中的百鸟之王，常用来象征祥瑞，雄的叫凤，雌的叫凰。

拓展：

䬙

奉 捧 俸 棒

（金文 盟书 简帛 李斯 乙瑛碑 蔡邕 钟繇 欧阳询 褚遂良 颜真卿 柳公权 赵孟頫 宋徽宗 王羲之 王献之 米芾

皇象 卫瓘 王羲之 王献之 怀素）（金文 金文 汉简 虞世南 颜真卿 王羲之 王铎 成亲王 王羲之 李淦 于右任）

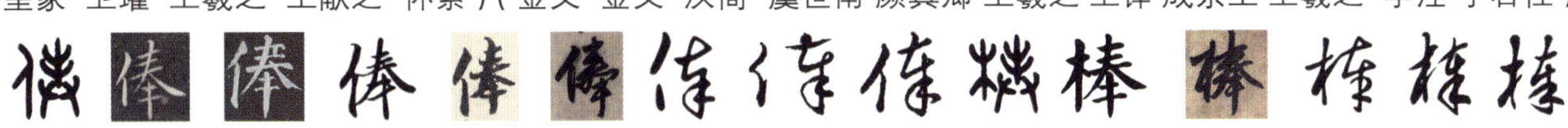

（金文 欧阳询 颜真卿 王羲之 张即之 王铎 王羲之 孙过庭 赵构）（金文 颜真卿 赵孟頫 王羲之 李淦 章草）

辨析：

奉字的字形稳定，草书为 “十朱知奉已”。可拓展。奉奏泰和春秦等字，草化后，奉奏泰均见从“十朱”的写法，而春秦（偶见从“十朱”）快写相似，应注意其异同处。

奉 fèng：会意，小篆字形从手从収（gǒng，双手），最上面像一串玉或树盖子，是用手捧物的意思，本义是两手恭敬地捧着，后作捧。

捧 pěng：形声，从手奉声，本义为两手承托，古多作奉。

俸 fèng：形声，从人奉声，本义是俸禄、薪俸。

棒 bàng：形声，从木奉声，本义为棍、杖；《魏书·尔朱荣传》云：“人马逼战，刀不如棒。”

拓展：

唪 埲 渀 菶 膖 琫 蜯 鞛 鞛

P59.7 奉以规模

缶1：缶 缸 缺 罇 罐 窑 𣪊

（甲骨 金文 楚简 说文 颜真卿 孙中山 史游 王羲之 古文 王铎）（说文 爨体 欧阳询 赵孟頫 王羲之 于右任）

（简帛 说文 王肯堂 虞世南 王铎 祝允明 褚遂良 王羲之 王羲之）（篆字汇 苏轼 文徵明 王铎 傅山 于右任）

（说文 赵孟頫 王羲之 王羲之 章草）（金文 说文 王羲之 章草 赵孟頫 韵会 文徵明 于右任）（说文 楷书）

辨析：

缶字为瓦器，字形稳定，草书，1. 快写；2. 中间的横画草化（章草）为两点，山字草化为竖勾；3. 草化为长字符。不少字的草书还有异体字的写法，如缺字从垂旁，罇字从木旁，罐字从金旁，窑字可从羔等。

缶 fǒu：象形，甲骨文字形，上面是午字即杵，下面是缶的本体，本义是瓦器，圆腹小口，用以盛酒浆等。

缸 gāng：瓦制长颈容器；像缸一样的器物。

缺（缺 quē）：形声，从缶夬（guài）声，缶为瓦器，夬也有表意作用，水缺为决，玉缺为玦，器缺为缺，都有破损之义，是器具破损。

罇（樽 zūn）：同樽。

罐（鑵鑵 guàn）：形声，从缶雚声，用陶或金属制成的汲水器、容器。

窑（窰窯 yáo）：会意，从穴从缶，穴，土室，表示烧制瓦器的地方，本义是烧砖瓦、陶瓷器的灶。

𣪊 kòu：没有烧过的砖瓦、陶器等的坯。

拓展：

缶 卸 缻 缼 缽 缹 缻 缺 䍃 䍂 䍃 䍄 䍅 䍆 䍇 䍈 䍉 䍊 䍋 䍌 䍍 䍎 䍏

缶2：掏 淘 罂（罌） 傜 遥 罄 缽（钵）

（金文 汉简 欧阳询 颜真卿 王羲之 王羲之 李洤）（金文 说文 王羲之 李洤 章草）（说文 颜真卿 韵会 章草

赵孟頫 史游 邓文原）（说文 颜真卿 颜真卿 王铎 傅山）（简帛 说文 六书统 肥致碑 索靖 智永 赵孟頫 赵孟頫）

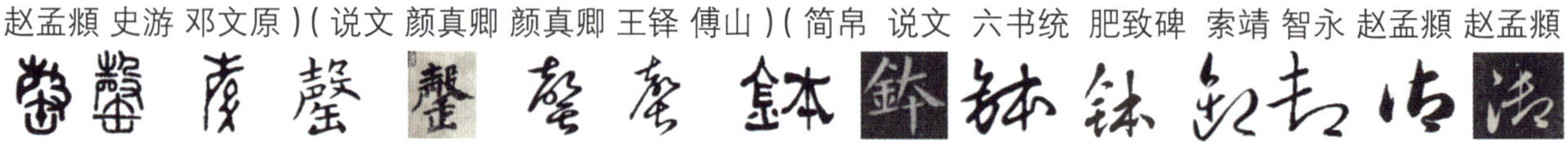

（金文 说文 罗振玉 王羲之 颜真卿 王羲之 韵会）（衡方碑 欧阳询 王羲之 章草）*（李洤 赵构）（智永 赵孟頫）*

辨析：

罂字可从瓦。缽字从金可写钵。卸和御，两字都从"午止"，和缶字的结构相近，需注意草书也可草化为长字符（见相关页），卸和御二字亦有从缶的异体字卸"彳卸"，见卸页。傜遥等字从䍃，䍃亦从缶，见䍃页。傜和遥的字根䍃，草书可以写异体字"旮"。

掏 tāo：形声，从手匋声，本义是挖取。

淘 táo：本作洮，形声，从水匋声，用水冲洗，去除杂质。

罂（罌）：大腹小口的瓦器，或作甇；罂粟。

傜 yáo：中国少数民族之一，也作猺族、瑶族；劳役、徭役，通徭。

遥 yáo：形声，从辵，远也，时间长；通姚，妖艳、美好；通摇。

罄 qìng：器中空也。

缽（钵 bō）：出家人盛饭食的器具。

拓展：

卸 御

夫天失其莫 1：夫 扶 肤（膚）鈇 麸 规 讃 辇 芙 替

（甲骨 金文 盟书 楚简 帛书 说文 李阳冰 张迁碑 王羲之 欧阳询 皇象 王羲之 智永）（甲骨 简帛 说文 智永

皇象）（说文 欧阳通 李邕 贺知章 怀素 简帛 颜真卿 王羲之）（说文 赵孟頫 王羲之 皇象）（金文 说文 颜真卿 王羲之

王羲之 章草）（虞世南 智永）（颜真卿 张旭）（欧阳询 怀素）（智永 怀素 赵构）（王羲之 毛泽东）*（褚遂良 王羲之）章草*

辨析：

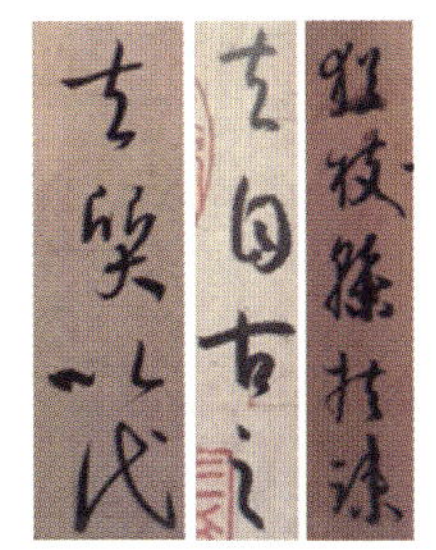

夫夹等字结构稳定，草书相近，源于“楚简”的结构，长丿分两笔写，笔顺：横撇—横撇—捺，皇象最后一笔出捺脚波挑或向上勾，王羲之则是连写。后代书家在这两种基础上有所变化。可拓展。肤的繁体字是膚，从虍从胃，草法有从繁从简两种。夹字草书亦从“楚简”，比夫字多两个点，可参见夹页。

夫 fū：《说文》：夫，丈夫也，从大，一以像簪也，周制以八寸为尺，十尺为丈，人长八尺，故曰丈夫，本义为男子成年已成丈夫。

扶 fú：搀扶。

肤（膚 fū）：肉体表面的皮。

鈇 fū：铡刀，用以切草；斧头。

麸（麩 fū）：小麦皮屑。

规（規槼 guī）：画圆的器具。

讃 zàn：俗讚。

辇（輦 niǎn）：古时用人拉或推的车。

芙 fú：芙蕖，荷花；芙蓉，荷花。

替 tì：形声，本作竝，从竝白声，二人并立，本义是废弃；代替。

拓展：

夹 陕 （参见夹页）　　呋 妋 邞 鄦 颫 酥 邦 昳 玞 枎 趺 蚨 䎀 砆 袂 秩 蚨 栞 琞 紩

P4.5 夫质以代兴撇　P2.2 夫自古之　P47.2 犹枝干扶疏

夫天失其莫 2：天

甲骨 毛公鼎 楚简 简帛 李斯 张猛龙 王羲之 颜真卿 简书 张芝 皇象 索靖 王羲之 王献之 张旭 怀素 米芾

（衡方碑 索靖 王羲之）（曹全 王羲之）王羲之（王羲之 怀素）李淦 宋克（章草 祝永明）（王羲之 简书 索靖 怀素 赵孟頫）

辨析：

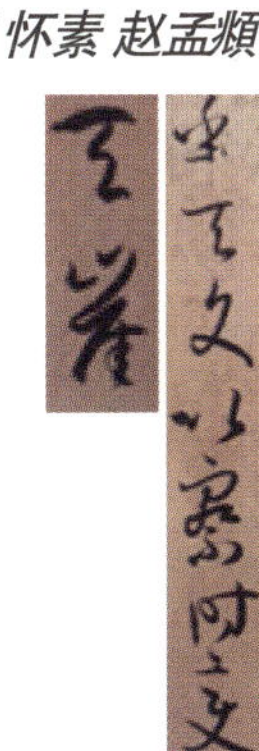

天字的草书为“楚简或简书”快写，也可以理解为长撇分两笔写，顺序为“横撇—横撇—捺”。吴（吳）字下边的天字起笔点代表早期的左竖，一些书家写成了连笔，与失字的草书相类。书谱有“私为不忝”，不少版本识读为“私为不恶”，用忝更贴切，忝本义是羞辱、愧对、辱等。简化字原因，“蚕、关”按繁体字“蠶、關”写的草书较为常见。

下行拓展的字，列示了部分草书写法，各体变化亦可参见相关字根页。

天 tiān：《说文》：“天，颠（头顶）也，至高无上，从一大。”造字本义是人的头顶，又表示人头顶上方的无边苍穹，引申出天空、太空等义，与“地”字相对。

拓展：

忝 吴 癸 奏 昊 吞 蚕（蠶）关（關）　　咲 奏 黍 祆 迗 送 忝 香 袄 郑 朕 奊 俣 桼 奤 奣 龑（龙）

P12.1 天涯　P50.1 观乎天文以察时变

夫天失其莫 3：失 迭 秩 跌 佚 帙 轶 侯 候 铁（鐵 鐡 鐵 鐵）

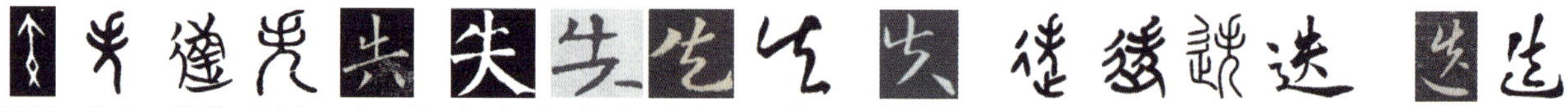

（甲骨 金文 楚简 说文 欧阳询 颜真卿 简书 皇象 王羲之 孙过庭）（金文 简帛 说文 王羲之 文徵明 章草）

（说文 颜真卿 皇象）（说文 智永 王羲之）（说文 欧阳旭 李淦）（说文 柳公权 文徵明）（金文 说文 虞世南 傅山）

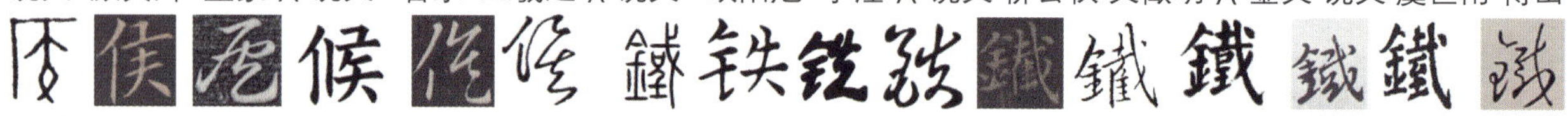

（甲骨 欧阳询 赵孟頫）（欧阳询 索靖 王羲之）（说文 王羲之 汉简 王羲之 王羲之 王羲之 颜真卿 赵孟頫 颜真卿 王羲之）

辨析：

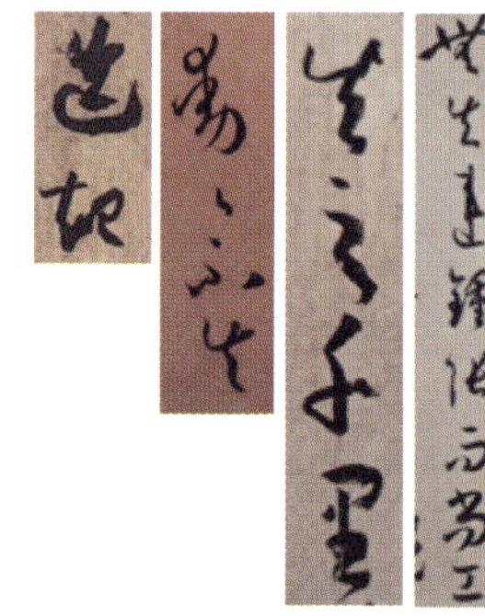

失字象形，甲骨文四个方向的写法累见。隶定字形稳定，草书为简书之快写，或理解为长撇分两笔写，草化后用笔顺序为"撇横—撇横—撇捺"可拓展。侯字的草书结构从甲骨（厂＋失）。候字为（广＋失），广比厂多的"头"草书简写为一撇。铁字的草书，写失字结构的罕见，繁体字有鐵、鐡等，草书左下应依据其所含结构"呈、至、隹、豆、吉和丘（从吉和丘的异体字，极少见）"等异体字去写。

失 shī：甲骨文表示手里有东西落下，造字本义为手未抓牢而丢落；引申放手、脱手而不能控制、丢失。《说文》："失，纵也，从手，乙声。"

迭 dié：形声，从辵失声，本义是交替、轮流。

秩 zhì：聚积；整齐有条理。

跌 diē：佚失足摔倒。

帙 zhì：包书套子。

轶（軼 yì）：超车。

侯（矦 hóu）：箭靶。

候 hòu：守望、侦察。

铁（鐵 鐡 鐵 鐵 銕 tiě）：金属元素，符号 Fe。

拓展：

劮 呹 妷 怢 抶 泆 苵 迭 昳 柣 袟 胅 瓞 飈 眣 袟 紩 猍 蛈 袠 詄 趃 瓞 魅 駯 鉄 鴃 鴩

P38.1 失之千里　P41.3 动不失宜 P52.6 自可背羲献而无失违锺张而尚工　P51.3 八音之迭起

夫天失其莫 4：其 箕 簸 旗 骐 期 欺 棋

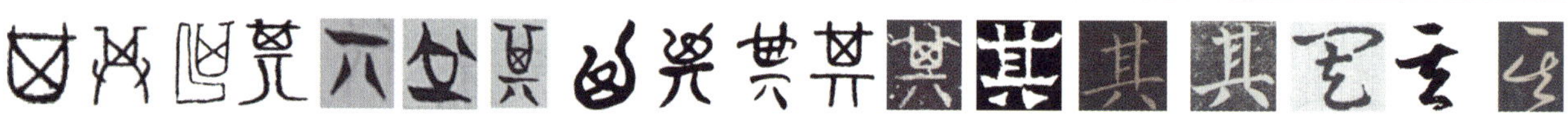

（甲骨 甲骨 甲骨 金文 盟书 盟书 盟书 楚简 楚简 秦简 说文 石鼓 宝子碑 欧阳询 颜真卿 皇象 王羲之 张旭）

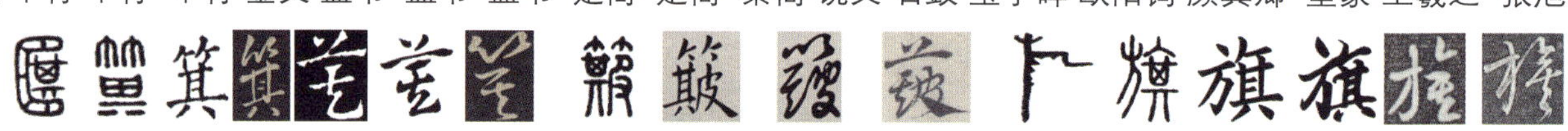

（籀文 汉印 石经 王铎 皇象 赵孟頫 王铎）（说文 欧阳询 王羲之 邓文原）（且己卣 说文 欧阳询 王羲之 索靖 董其昌）

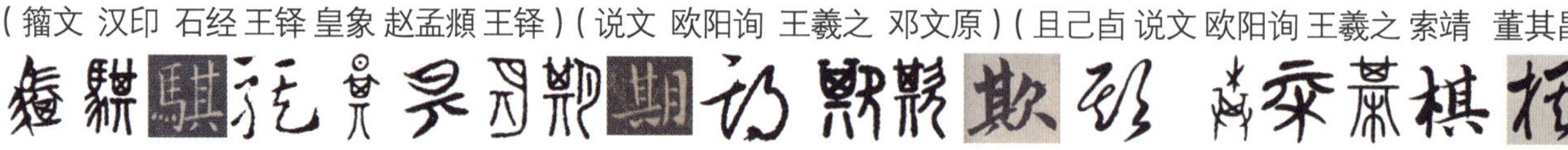

（楚简 说文 薛稷 皇象）（金文 楚简 古玺 说文 钟繇 王羲之）（金文 说文 赵孟頫 王羲之）（甲骨 简帛 说文 智永 王羲之）

辨析：

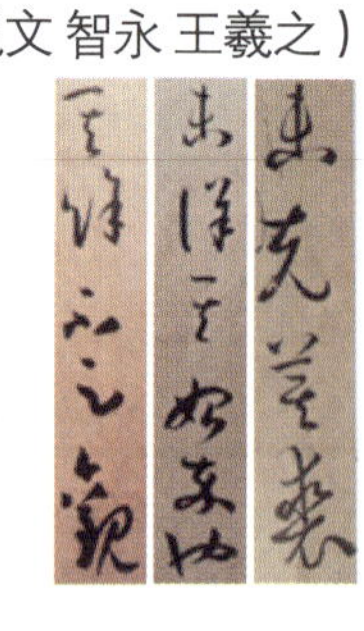

其字为象形，隶定字形稳定，草书写法：1."一夫"，即一字加"夫"字的草书；2."一失"，即一字加"失"字的草书。可拓展。

其 qí：形声，甲骨文字形像簸箕形，即"箕"本字，金文又加声符丌（jī），变成其，本义为簸箕，今字作箕；其字还可以假借为代词他、他们、那等。

箕 jī：形声，从竹其声，簸箕，扬米去糠的器具。

簸 bǒ：形声，从箕皮声，用簸箕盛粮食等上下颠动，扬去糠秕尘土等物。

旗 qí：泛指各种旗帜。

骐（騏 qí）：形声，从马其声，青黑色有如棋盘格子纹的马。

期 qī：形声，从月其声，金文从日其声，战国古文从日丌（qí）声，日、月，约会，约定。

欺 qī：形声，从欠其声，欺骗。

棋（棊碁 qí）：形声，从木其声，古时通称博弈的子为棋。

拓展：

惎 甚 倛 剘 堪 綦 惎 唭 娸 帺 掑 猉 萁 骐 斯 朞 碁 棊 棋 碁 祺 祺 锜 僛 龒 僛 凘 厮 粸 綦 綨 諆 廝 撕 楳 澌 堪 禥 朞 諆 踑

P3.1 其余不足观　P6.2 未详其始卒也　P8.6 未克箕裘

夫天失其莫 5：斯 嘶 撕 淇 琪 祺 蜞 麒 基 碁

（金文 金文 金文 楚简 楚简 说文 曹全碑 宝子碑 王献之 王羲之 智永 怀素）（六书通 六书通 欧阳询 王铎

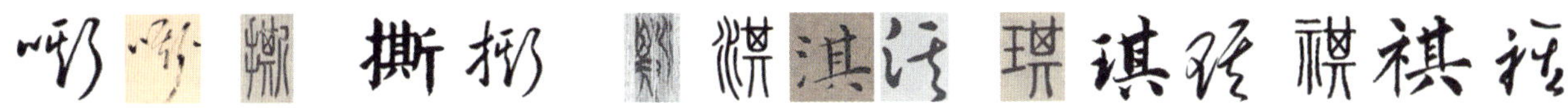

王羲之 王铎）（篆字汇 颜真卿 王羲之）（上博简 说文 王宠 赵构）（篆字汇 智永 李淦）（说文 柳公权 王羲之）

（六书统 欧阳询 章草）（古文 说文 欧阳询 韵会）（甲骨 甲骨 简帛 说文 赵构 王羲之 怀素）（六书统 王铎）

辨析：

其字作为字根，篆书变化较多，更有从“π”形的，草书从“一夫”和“一失”均可。

斯 sī：会意，从斤其声，其所以盛木柿，斤为斧子，本义是劈、砍；此、这个、这里；则、就。

嘶（誓 sī）：形声，从口斯声，本义是声音沙哑。

撕 sī：用手把东西扯裂。

淇 qí：水名，又名淇河。

琪（瑻 qí）：一种美玉。

祺 qí：吉祥，安祥。

蜞 qí：蟛蜞，蟹的一种，能伤害禾苗，损坏田埂和堤岸；蚂蟥。

麒 qí：形声，从鹿其声，传说中的一种动物，其状如鹿，独角，全身生鳞甲，尾像牛，多用作吉祥的象征，又名麒麟。

基 jī：形声，从土其声，墙基。

碁 qí：同棋。

拓展：

㒋 棋 𣂸 㽄 錤 鯕 䫏 濝 簊 藄 魌 樸 櫀 簛 䄎 旗 蟖 蟴 騏 蟖 鍷 鵸 簸 䱈 騏 麒 簱 鐁 䱇 䴊

夫天失其莫 6：莫 模 摸 漠 谟 慔 膜 嫫 馍 瘼

（甲骨 甲骨 散氏盘 楚简 汉简 李斯 熹平石 金刚经 欧阳询 颜真卿 圣教序 皇象 王羲之 怀素）

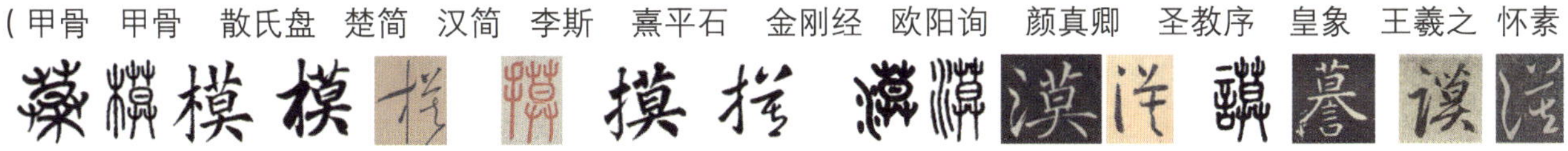

（简帛 说文 欧阳询 王羲之 怀素）（石韵府 柳公权 王羲之）（金文 说文 褚遂良 怀素）（说文 虞世南 赵孟頫 米芾）

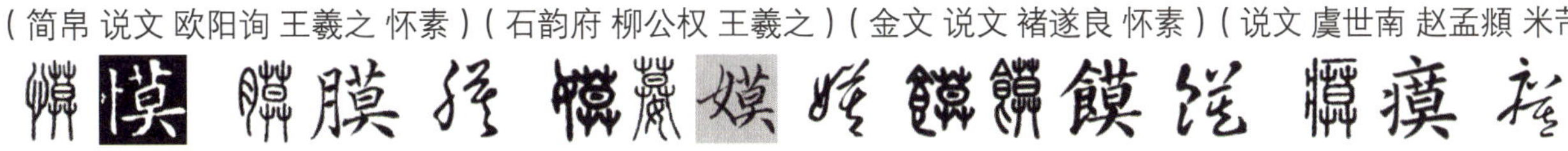

（说文 董美人）（说文 褚遂良 王羲之）（金文 说文 赵孟頫 李淦）（金文 粗篆 颜真卿 于右任）（说文 欧阳询 王羲之）

辨析：

莫从艹日，字形稳定，草书有三：1. 写“艹夫（草书）”；2. 写“艹失”；3. 作为字根为上下结构时，除了前两种外，还可写“艹戈”，见下页，还可参见戈页。可拓展。

莫 mù：会意，甲骨文字形从日从茻（mǎng），太阳落在草丛中，表示傍晚天快黑了，是暮的本字，本义是日落时；mò，表示否定，相当于不，劝戒，揣测。

模 mó：形声，从木莫声，铸造器物的模子。

摸 mō：形声，从手莫声，用手接触或轻摩物体。

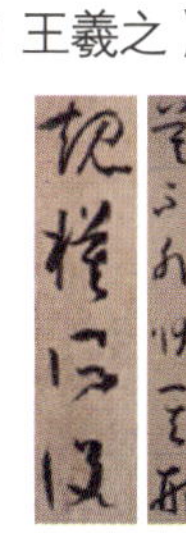

漠 mò：形声，从水莫声，北方流沙也，沙漠。

谟（謨 mó）：形声，从言莫声，计谋、谋略。

慔 mù：勉励。

膜 mó：形声，从肉莫声，生物体内部的薄皮形组织。

嫫 mó：嫫母，传说中的丑妇，传为中国黄帝之妻。

馍（饃饝 mó）：面制食品，通常指馒头。

瘼 mò：形声，从疒，莫声，病、疾病。

拓展：

鄚 嗼 塻 嫫 蓦 幙 蓦 熩 暯 毪 幂 瞙 镆 瀎 藻 糢 縸 蟇 謨 蓦 貘

P28.1 莫不外状其形内迷其理　　P37.6 规模所设

F

夫天失其莫7：蟆 貘 寞 摹 慕 暮 募 幕 墓

（金文 说文 欧阳询 王羲之 章草 俞和 皇象）（说文 楚简 说文 王羲之 米芾 索靖 王羲之 苏轼 日本）

（楚简 虞世南 黄庭坚 王铎）（说文 赵孟頫 王羲之 李淦）（金文 古文 说文 褚遂良 怀素 张瑞图 成亲王）

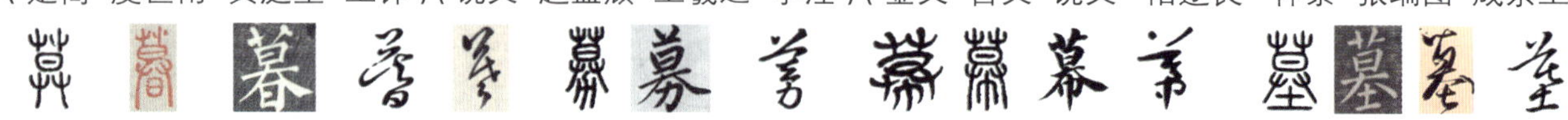

（说文 石韵府 柳公权 王羲之 王铎）（说文 赵孟頫 王羲之）（简帛 说文 智永 孙过庭）（说文 钟繇 王铎 王羲之）

辨析：

莫字作为字根，为上下结构时还可草化为“艹戈”，孙过庭幕、李淦的摹、王铎的暮、张瑞图的慕，累见。

蟆（蟇 má）：蛤蟆，蝦蟆也。

貘 mò：同貊，哺乳动物，体形类似犀。

寞 mò：从夕莫声，寂静无声响，冷落、孤单。

摹 mó：形声，从手莫声，临摹，照着样子描画、写字。

慕 mù：形声，从心莫声，本义是依恋、向往。

暮 mù：形声，从日莫声，古字作莫，像太阳落到草丛中，表示天将晚，暮为后起字。

募 mù：形声，从力莫声，招募、征召。

幕（幙 mù）：形声，从巾莫声，覆布，帐篷的顶布。

墓 mù：形声，从土莫声，坟墓。

拓展：

羃 鏌 饃 驀 驀 鬘

P34.1 致使摹拓日广　　P45.2 杜将来之口慕习之辈尤宜慎诸

市 肺 沛 芾

（金文 楚简 说文 邓石如 伊秉绶 欧阳询 世南 褚遂良 颜真卿 柳公权 赵孟頫 王羲之 米芾 赵孟頫 王铎 傅山）

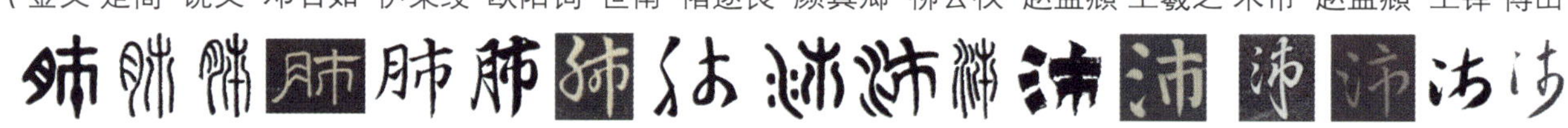

（金文 说文 说文 王铎 王羲之 王羲之 皇象 王羲之）（金文 简帛 说文 金农 颜真卿 王羲之 史游 智永 怀素）

（苍颉 金文 金文 石韵府 王福庵 欧阳询 颜真卿 王羲之 米芾 米芾 米友仁 王羲之 米芾 米芾 李淦 章草）

辨析：

市字字形稳定，行草书为快写。沛字草书很容易和浅字不加点的草书相混淆。可拓展。

市 fú：古代朝觐或祭祀时遮蔽在衣裳前面的一种服饰；pó，草木茂盛的样子。

肺 fèi：肺脏，人和某些高级动物体内的呼吸器官之一。

沛 pèi：形声，从水市声，本义为沛水。

芾 fú：草木茂盛；芾 fèi，蔽芾（bì fèi），形容树干树叶微小。

拓展：

伂 怖 抪 迊 姊 犻 柨 玮 昁 柿 肺 羘 師 旆 跡 酾

弗 怫 髴 佛 沸 拂 狒 费 氟

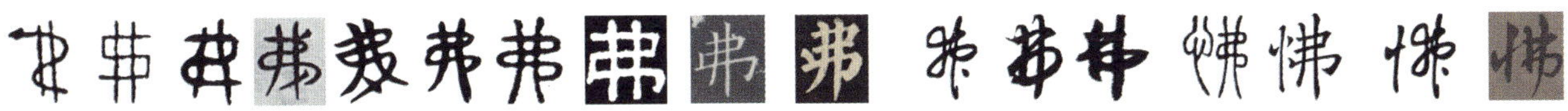

（甲骨 甲骨 金文 盟书 楚简 秦简 说文 熹平石 欧阳询 颜真卿 王羲之 智永 怀素）（说文 褚遂良 王羲之 宋克）

（说文 瘗鹤铭 颜真卿 武则天 赵构）（说文 金刚经 颜真卿 王羲之 怀素 张旭 苏轼 傅山）（简帛 说文 智永 李洤）

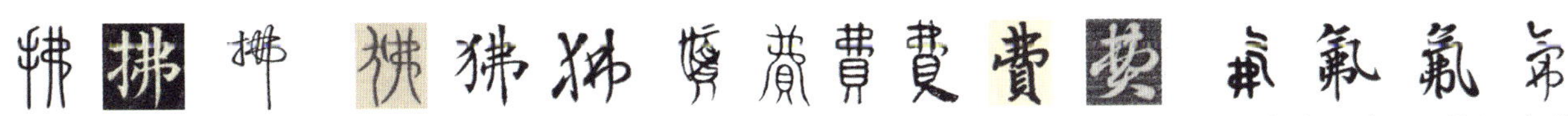

（说文 颜真卿 王献之）（六书通 虞世南 章草）（楚简 古文 说文 秦简 赵孟頫 王献之）（金文 柳公权 王羲之 章草）

辨析：

弗字的草书为快写，王羲之反起笔较为特别，可拓展。

弗 fú：象形，甲骨文字形，中间像两根不平直之物，上以绳索束缚之，使之平直，本义为矫枉；常用义是作否定副词，相当于“不”。

怫 fú：从心从弗，弗之意为不平。心与弗联合表示心里不平。

髴 fú：“髟”指头发。髟与弗联合表示把头发做成一把椅子那样，妇人的头饰。

佛 fó：佛陀的简称，慈悲的人。

沸 fèi：形声，从水弗声，本义是泉水大量涌出的样子。

拂 fú：形声，从手，弗声，拂拭、掸除。

狒 fèi：兽名，狒狒。

费（費 fèi）：形声，从贝弗声，花费。

氟 fú：卤素化学元素，原子序 9。

拓展：

勫 刜 奔 咈 坲 弟 彿 绋 茀 敷 昲 栤 炥 胇 眣 秲 疿 砩 棴 第 綍 莽 艴 詸 赿 費 鉘 鄪 镄 攢 濆 嘳 鲱 糟 鐨 虋　　P35.3 情多佛郁　　P63.2 粗可仿（髣）佛（髴）其状

孚 浮 乳 俘 孵 殍 蜉 莩

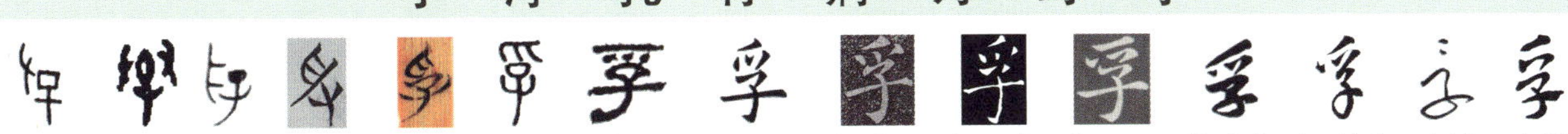

（甲骨 甲骨 金文 盟书 清华简 说文 熹平石 欧阳询 颜真卿 柳公权 赵孟頫 黄庭坚 王羲之 李洤 章草）

（金文 说文 欧阳询 趙佶 王羲之 智永）（甲骨 金文 简帛 说文 颜真卿 王羲之 邓文原）（甲骨 金文 楚简 说文 赵孟頫 王羲之）（金文 虞世南 王羲之）（六书统 褚遂良 李洤）（说文 智永 韵会）（说文 颜真卿 王铎 章草）

辨析：

（说文 智永 韵会）（说文 颜真卿 王铎 章草）

辨析：

浮从孚，孚从“爪”，孚字的草书在于上边爪（变化见相关爪页）字的三点写法，从三点简省到两点和一点笔画的都有，当一点写成长横时，很容易与淳字的草书混淆，因此，孚字的起笔撇，应写清楚笔势。

孚 fū：卵孚也，从爪从子，一曰信也，徐锴曰：“鸟抱，恒以爪覆其卵也。”异体字有“俘附孵琈稃”等等。

浮 fú：形声，从水孚声，本义是漂流、漂浮。

乳 rǔ：会意，甲骨文中像手抱婴儿哺乳形，孚是以爪抱子哺乳，本义为生子、生产。

俘 fú：形声，从人声，俘获；异体字为孚。

孵 fū：形声，鸟类伏在卵上，使卵内的胚胎发育成雏鸟。

殍 piǎo：形声，从歹孚声，歹，列骨之残，此部之字多与死、不吉祥等义有关，本义是饿死后无人收尸的人。

蜉 fú：形声，从虫孚声，本义为蚍蜉，大蚂蚁。

莩 fú：芦苇杆里面的薄膜。

拓展：

郛 呼 垺 娐 捊 吼 桴 烰 琈 脬 稃 罦 箬 筟 粰 艀 酻 孴 峬 毵 泓 趏
P27.6 多涉浮华

畐 當（当） 福 副 逼 富 幅 辐

（甲骨 说文 赵之谦 孙过庭 王世镗）（说文 吴让之 好太王 欧阳询 颜真卿 赵孟頫 皇象 王羲之 王羲之）

（甲骨 甲骨 甲骨 甲骨 甲骨 甲骨 甲骨 甲骨 甲骨 金文 说文 李阳冰 曹全碑 智永 颜真卿 皇象 王羲之 赵孟頫）

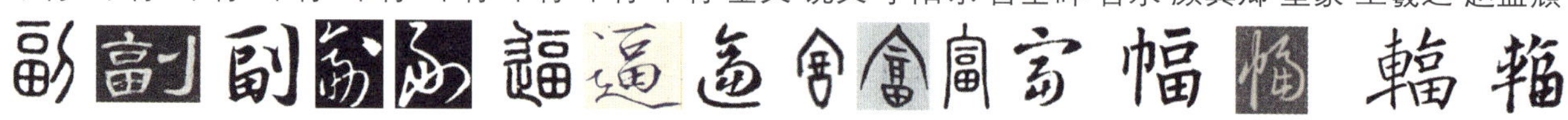

（说文 曹全碑 王羲之 索靖 王羲之）（说文 宋徽宗 智永）（甲骨 盟书 说文 智永）（柳公权 赵孟頫）（褚遂良 邓文原）

辨析：

畐字的篆书多变，隶定字形稳定，草书重点在田字的草法：1. 解散结构，改变书写顺序："7+乚+一+丿"；2. 半包围内有交叉。當字草书，草化后可以省略冖和口。而福字的字根畐字，上边有从亠或从一的，因此其草书为有拐弯和无拐弯两种。

畐（富 fú）：满也，从高省，像田高厚之形，古同幅；bì：逼迫。

當（当 dàng/dāng/dang）：形声，从田尚声，本义为两块田相当、相等。

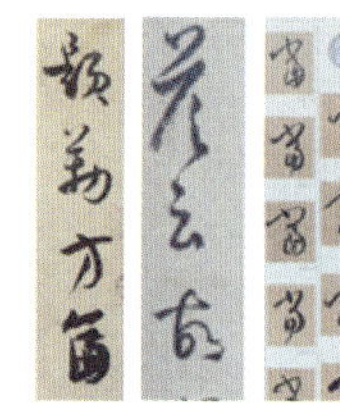

福（福 fú）：祐也，从示畐声，富贵寿考的统称；运气、机会。

副 fù：形声，从刀畐声，本义是用刀剖开；相称、符合，交付、付与，非正的；pì，剖开、裂开。

逼 bī：接近、靠近，危急、紧急，很，程度深。

富 fù：财产、财物多，充裕，充足。

幅 fú：布帛广也，从巾畐声。

辐（輻畐 fú）：连结车辋和车毂的直条。

拓展：

匐 畗 堛 愊 揊 湢 葍 缁 楅 煏 腷 腷 稫 蝠 箙 謳 踾 鍢 鳊 蕌 畾 鶝 鰏 鶝 鞴

P7.5 答云故当（當）胜

甫 1：甫 哺 捕 辅 铺 脯 圃

（甲骨 甲骨 金文 甫人匜 简帛 说文 礼器碑 欧阳询 颜真卿 王羲之 苏轼 王铎 王羲之 赵孟頫 饶介 傅山）

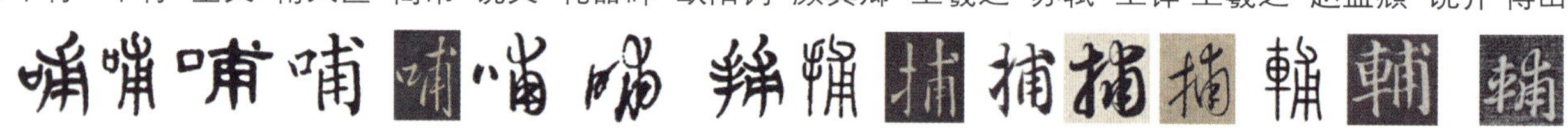

（简帛 说文 曹全碑 柳公权 王铎 王羲之 何绍基）（简帛 说文 欧阳询 智永 智永 怀素）（说文 颜真卿 赵孟頫）

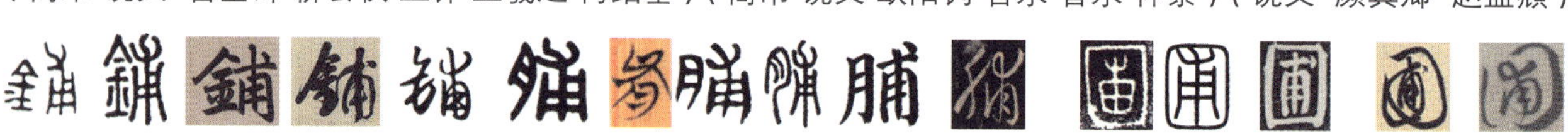

（金文 说文 赵孟頫 王铎 王羲之）（金文 楚简 秦简 说文 颜真卿 王羲之）（金文 说文 颜真卿 赵孟頫 丰坊）

辨析：

甫字隶定字形有左上点，草书起笔从其篆书结构，右起笔，省略右上点。可拓展。

甫 fǔ：象形，甲骨文像田中有菜苗形，金文变为从田父声的形声字，本义是苗。

哺 bǔ：口中含嚼的食物。

捕 bǔ：捕的原始意义是追捕逃亡的奴隶，捕捉，捉拿。

辅（輔 fǔ）：车旁横木。

铺（鋪舖 pū）：衔门环的底座，又称铺首。

脯 fǔ：肉干；楚简从父从肉。

圃 pǔ：种菜曰圃。

拓展：

陠 峬 庯 悑 浦 豧 酺 逋 郙 埔 晡 牖 舗 補 鬴 莆 楠 焍　　P 26.1 为敷厥旨

甫 2：浦　蒲　埔　晡　蛹　補（补）

（金文　简帛　说文　曹全碑　唐玄宗　智永　王羲之　王献之　章草）（金文　说文　欧阳询　颜真卿　皇象　王羲之　鲜于枢）

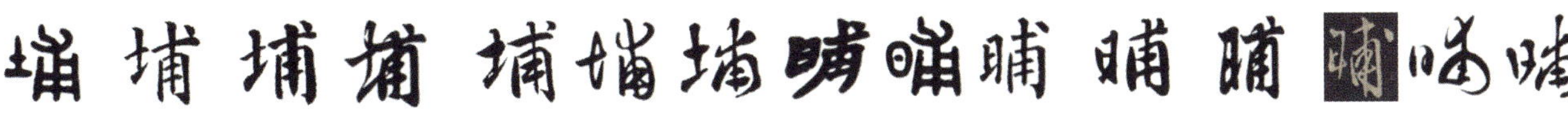

（金文　虞世南　颜真卿　王羲之　赵孟頫　王羲之　章草）（汉简　说文　柳公权　赵孟頫　王羲之　王铎　李淦　章草）

（金石篆　欧阳询　赵孟頫　黄庭坚）（简帛　简帛　说文　史晨碑　邓石如　颜真卿　王羲之　黄庭坚　爨体　王羲之　章草）

辨析：

本页从甫，各体从之。補有异体字补，可参见卜。

浦 pǔ：水边或河流入海的地区。

蒲 pú：形声，从水艸浦声，植物名，香蒲，水草也，可以作席。

埔 bù：闽粤方言，泛指平坦的地方。

晡 bū：申时，即下午三时至五时；夜、晚。

蛹 fǔ：小蟹；蛹鲞，墨鱼干。

補（补 bǔ）：形声，从衣甫声，补衣服。

拓展：

蒱 賻 簙 鬴 黼

甫 3：郙　酺　饷（餔）　豧　舖　酺　逋　牗

（金文　金文　楚简　说文　娄机　翁方纲）（说文　娄机　文徵明）（北大简　说文　彭玉雯）（金文　楚简　说文　楷书）

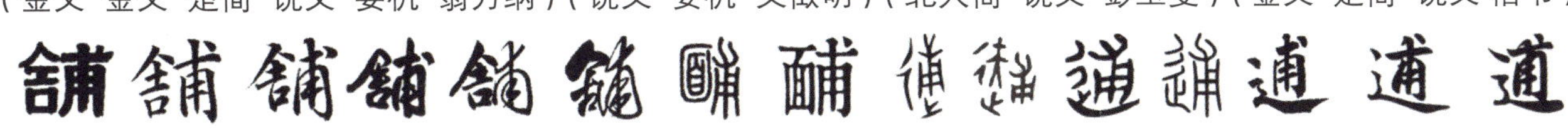

（伊秉绶　虞世南　王羲之　王铎　赵孟頫　傅山）（说文　楷书）（金文　金文　秦简　说文　柳公权　赵孟頫　王羲之

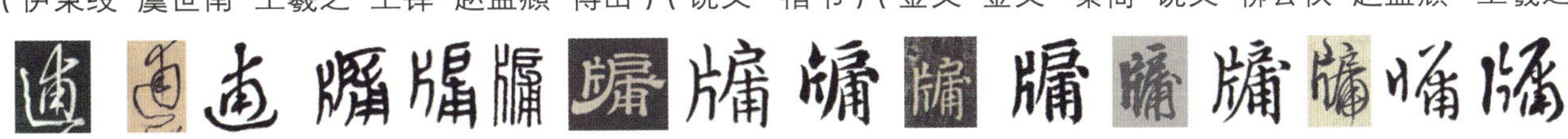

王羲之　王铎　章草）（简帛　秦简　说文　李隆基　王羲之　智永　虞世南　颜真卿　米芾　赵孟頫　王铎　王羲之　章草）

辨析：

本页的字，字根为甫，从甫字各体写法。牗有异体字牖，可参见庯（牖）页。

郙 fǔ：从邑甫声，汝南上蔡亭。

酺 pú：欢聚饮酒。

饷（餔 bū）：形声，从饣甫声，申时食。

豧 fú：猪喘息。

舖 pù：铺的异体字。

酺 fǔ：面颊。

逋 bū：形声，从辵甫声，逋字的原始意义是奴隶逃亡，本义是逃亡、逃跑。

牗（牖 yǒu）：会意，从片户甫，片为锯开的木片，户指窗，先秦多用牖，窗少见，本义为窗户。

拓展：

睸 䩉 痡 盙 稨 舗 謱 粡 絧 猸

甫4：匍 葡 尃 敷

（金文 金文 金文 简帛 说文 王羲之 欧阳询 颜真卿 柳公权 赵孟頫 王羲之 米芾 王羲之 徐伯清 章草）

（甲骨 金文 金文 金文 楚简 楚简 秦简 何绍基 颜真卿 王羲之 黄庭坚 米芾 王铎 王羲之 李淦 章草 王铎）

（吴昌硕 赵之谦）（金文 吴让之 北朝人 停云馆 王羲之 欧阳询 颜真卿 王羲之 王铎 王羲之 孙过庭 章草）

辨析：

匍和葡字从甫，各体从甫。尃和敷字，各体字形稳定，草书的中间部件草化为两点。

匍 pú：从勹甫声，今人以手摸索。

葡 pú：落叶藤本植物，果实圆形或椭圆形，味甜可食，亦可酿酒；异体字为葡，大篆从備。

尃 fū：古同敷。

敷（敷 fū）：形声，从攴，表示与动作有关，“尃”是“布列”的意思，在字中也具有表意作用，本义是施予、给予。

拓展：

備 媾 鞴 蒱

甫5：尃 傅 缚 博 慱 搏 膊

（金文 楚简 说文 李斯 异体 颜家龙 邹武生）（金文 金文 楚简 说文 欧阳询 王羲之 皇象 王羲之）

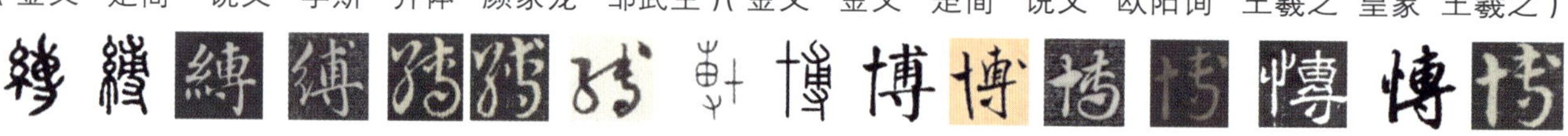

（楚简 说文 颜真卿 赵孟頫 皇象 皇象 于右任）（金文 说文 颜真卿 米芾 赵孟頫 皇象）（梁升卿 陆柬之 皇象）

（甲骨 金文 金文 说文 欧阳询 米芾 陈献章 王羲之）（简帛 说文 褚遂良 王羲之 陆游 王羲之 黎凡 章草）

辨析：

尃字有异体字写法，作为字根，字形稳定，草书写法有二：1. 将中间的部件草化为两个点；2. 皇象的“专字加右上点”，省点而写“专”形的，同专字草法，不推荐。

尃 fū：布也，从寸甫声，散布，通敷。

傅 fù：形声，从人尃声，本义是辅佐。

缚（縛 fù）：束也，捆绑。

博 bó：形声，从十尃声，十的意思是四方中央齐备，尃有分布之义，本义为大。

慱 bó：古同博，博爱。

搏 bó：对打、跳动、捕捉。

膊 bó：形声，从肉尃声，肩臂。

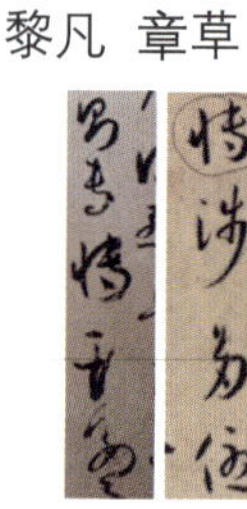

拓展：

團 嗨 塼 溥 猼 蒪 馎 嘀 榑 煿 牔 䙏 膊 赙 禣 磚 鏄 䳍 猼 蟳 糐 縛 賻 鎛 餺 韝 囀 髆 鬤 鱄

P6.6 博涉多优 P10.1 则专博斯别

甫 6：敷 蒪 薄 礴

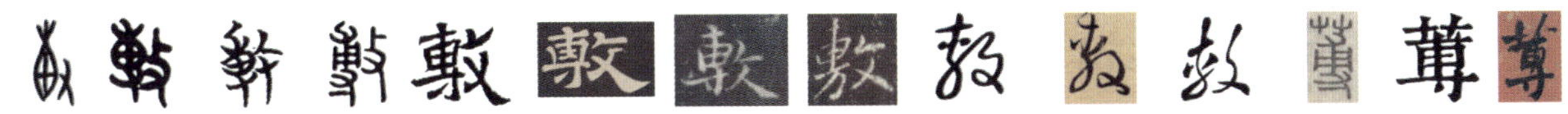

（甲骨 金文 简帛 说文 辟雍碑 唐玄宗 赵孟頫 王羲之 王羲之 孙过庭 章草）（篆字汇 楷书 何绍基）

（金文 简帛 简帛 说文 夏承碑 王献之 智永 欧阳询 王羲之 米芾 赵孟頫 皇象 智永 怀素 张弼 王羲之 章草）

（金文 篆字汇 赵之谦 王羲之 智永 颜真卿 柳公权 王羲之 赵孟頫 朱耷 孙过庭 赵构 章草 王羲之 郭沫若）

辨析：

敷字各体写“敷”字的居多，草书结体相同，未见敷字从“专点”的草书写法。蒪字上有艹头的字，草书写法有三：1.“艹 + 得（草书）”，见皇象、智永等；2. 中间部件草化为两个点，见张弼；3.“专 + 右上点”，见王羲之。礴字可与薄字互为参考。

敷 fū：亦作敷。

蒪 pò：植物名，指蒪苴。

薄 báo：不厚，引申为稀薄、淡薄。

礴 bó：冲击，水流撞击。

拓展：

鑮 欂 韛

P18.2 薄解草书

甫 7：簿 簙

（金文 粗篆 李阳冰 居延简 礼器碑 夏晨碑 曹全碑 宝子碑 顾禄 吴让之 王羲之 智永 虞世南 欧阳询

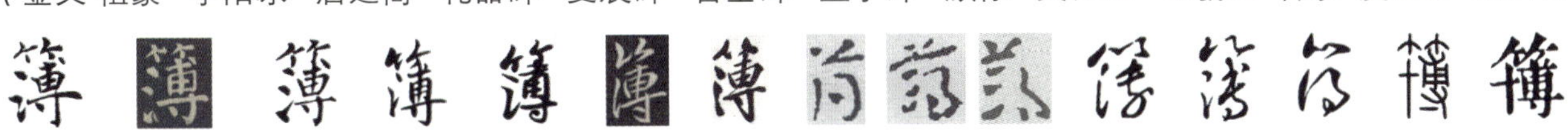

褚遂良 颜真卿 柳公权 赵孟頫 王羲之 米芾 文徵明 简书 简书 简书 王羲之 章草 李淦）（说文 楷书）

辨析：

簿字的字形稳定，草书在早期的简书中可见，一般写法有三种：1.“艹 + 得（草书）”；2.“竹字头 + 得（草书）”；3.“竹字头 + 专点”。中间部件草化为两点的写法未见。

簿 bù：形声，从竹溥声，本义是登记事物的册子；古同箔，养蚕席。

簙 bó：古同博，古代的一种棋戏，二人相对而坐，棋枰分十二道，棋子十二枚，六白六黑；相传是上古乌曹发明的。

拓展：

欂 鑮 膊 簙 鑮

父1：父 斧 釜

（甲骨 甲骨 毛公鼎 散氏盘 盟书 李斯 说文 乙瑛碑 张迁碑 欧阳询 褚遂良 颜真卿 柳公权 赵孟頫

史游 王羲之 智果 颜真卿 赵孟頫 王铎 康里巎）（甲骨 甲骨 金文 说文 石韵府 颜真卿 米芾 皇象 王羲之）

（金文 金文 简帛 说文 欧阳询 颜真卿 黄庭坚 董其昌 索靖 王羲之）*（甲骨 金文 简帛 赵孟頫 张旭 张旭）*

辨析：

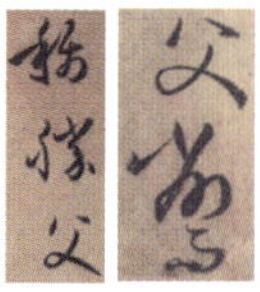

父字字形稳定，行草书为快写，连笔与否均可。可拓展。注意：交字的造字本义篆书并不从父字形，草书有快写和“一捺三丿”的特殊草法，见交页。

父 fù：指事，甲骨文字形像右手持棒之形，意思是手里举着棍棒教子女守规矩的人是家长，即父亲，本义为父亲。

斧 fǔ：形声，从斤（斧头）父声，本义是斧子，伐木工具。

釜 fǔ：形声，从金省父声，本义为古炊器；敛口圆底，或有二耳，其用于鬲，置于灶，上置甑以蒸煮，盛行于汉代；有铁制的，也有铜或陶制的；金文或从缶。

拓展：

交　　吺 汶 爼 蚊 斋 斧 耇 駁

P8.2 自称胜父　　P57.4 父削而子懊

父2：爷（爺） 爸 爹 嗲

（说文 梁培生 颜真卿 米芾 赵孟頫 汉简 王羲之 颜真卿 柳公权 黄庭坚 王铎 郭沫若 王羲之 于右任 章草）

（金文 汉简 伊秉绶 欧阳询 田英章 颜真卿 柳公权 赵孟頫 王羲之 黄庭坚 郑板桥 王羲之 孙过庭 李洤 章草）

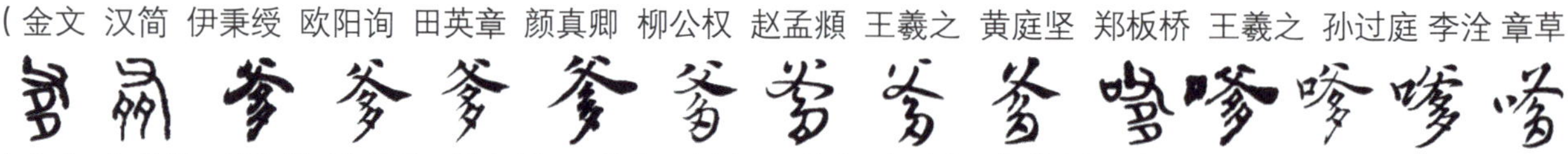

（金文 六书统 赵之谦 欧阳询 颜真卿 王羲之 索靖 王羲之 孙过庭 章草）（金文 何绍基 褚遂良 赵孟頫 章草）

辨析：

爷爸爹嗲等字都从父字，父字行草书均为快写。注意：爷字还有异体字爺，使用频率较低。

爷（爺 yé）：形声，从父耶声，“卩”只是个符号，本义是父亲；爷爷、祖父；对长一辈或年长男子的尊称；旧时对主人、上官或尊贵者的称呼；对神佛的称呼等等。

爸 bà：形声，从父巴声，本义是父亲。

爹 diē：形声，从父多声，本义为父亲。

嗲 diǎ：撒娇的声音或姿态；优异。

拓展：

跢 嫁 拸

付 俯 附 府 符 跗 咐 驸

（甲骨 金文 简帛 说文 乙瑛碑 衡方碑 褚遂良 颜真卿 宋徽宗 张芝 皇象 索靖 王羲之 鲜于枢）

（金文 李阳冰 欧阳询 王羲之 智永）（金文 简帛 说文 王羲之 王羲之）（简帛 说文 李阳冰 颜真卿 赵孟頫 张芝）

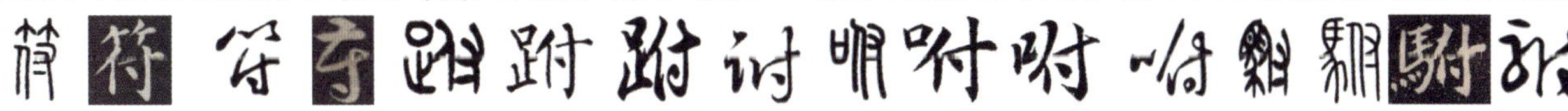

（说文 颜真卿 王羲之 怀素）（金文 柳公权 王羲之 索靖）（粗篆 虞世南 王羲之 王羲之）（金文 说文 魏碑 文徵明）

辨析：

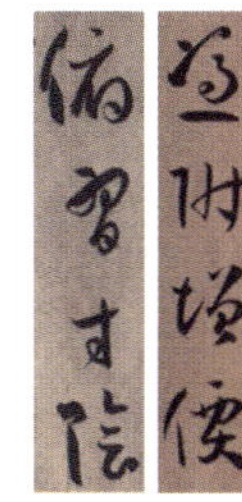

付字的字形稳定，行草书为快写，“亻”有时省了“丿”而写为短竖。付从寸，寸见相关页。可拓展。

付 fù：会意，从人从寸，从“寸”，表示与手的动作有关，意思是以手持物交付给别人，本义为给予。

俯 fǔ：向下，低头。

附（坿 fù）：小土山也；依傍，靠近、亲近，附着。

府 fǔ：府库，府藏。

符 fú：信也，汉制以竹，长六寸，分而相合。

跗 fū：脚背；手足伏地，同匐。

咐 fù：嘱托、安排。

驸（駙 fù）：形声，从马付声，副马，本义是驾副车或备用的马。

拓展：

坿 妋 弣 拊 泭 苻 怤 怤 柎 袝 胕 跗 疨 砎 紨 蚹 艀 詂 軵 躹 鈇 鲋 䲗

P13.2 俯习寸阴　P29.1 凭附增价

复（復） 腹 覆 馥 愎 鳆 蝮

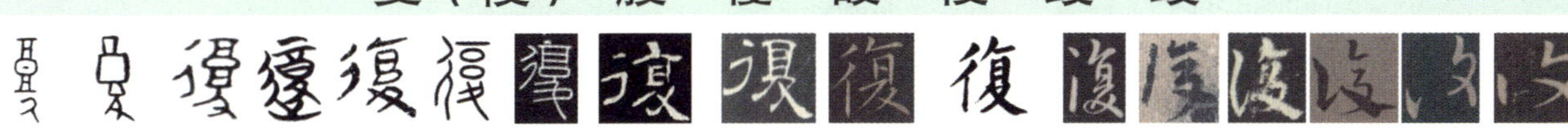

（甲骨 金文 金文 楚简 秦简 说文 李斯 礼器碑 曹全碑 欧阳询 颜真卿 王羲之 陆机 皇象 宋克 张芝 索进）

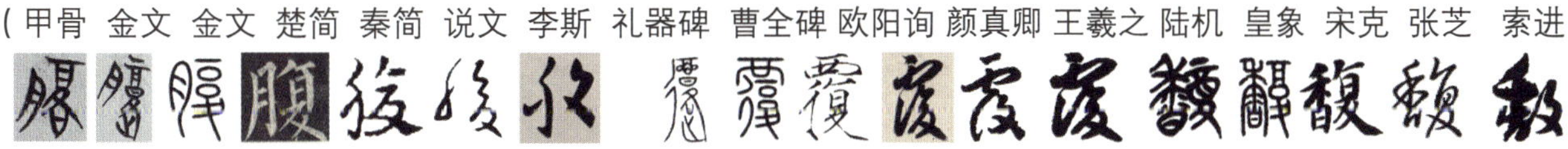

（盟书 盟书 说文 柳公权 皇象 王羲之 孙过庭）（金文 说文 赵佶 智永 怀素 赵构）（简帛 说文 智永 王羲之 孙过庭）

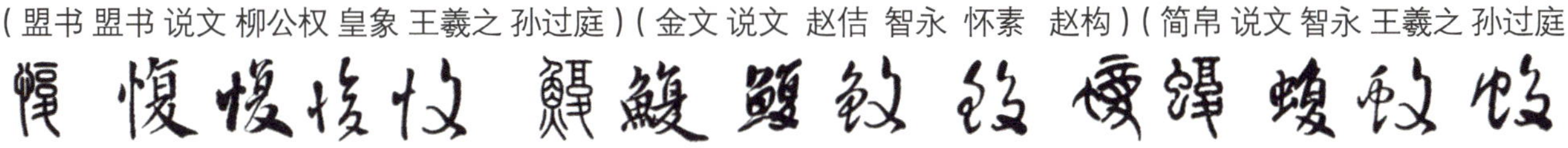

（粗篆 颜真卿 米芾 章草 王羲之）（说文 赵孟頫 王铎 王羲之 于右任）（楚简 说文 赵孟頫 王羲之 于右任）

辨析：

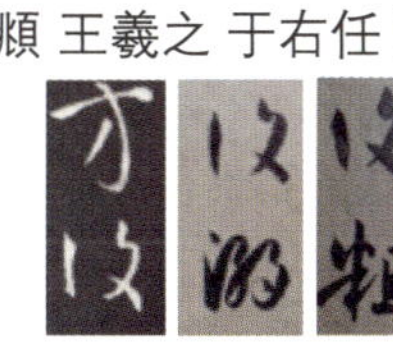

复（復）字从彳，各体写“复（如下）”的极少，草书有两种：1. 去掉复字中间部件，写“撇横＋反（夂（夊 suī）字的变体）”，见復字的陆机、皇象等的写法；2. 只写复字最下的部件“文”，见復字的张芝、索进等的写法。可拓展。

欧阳询　黄庭坚　陈鉴　王铎　郑板桥

复（復 fù）：小篆字形，下面的意符“夊（suī）”，是甲骨文“止”字的变形，表示与脚或行走有关，上面是声符“畐”的省形，有“腹满”义，在字中亦兼有表义作用，后来繁化，加意符“彳”，表示行走，又简化为“复”。

腹 fù：肚子。

覆 fù：形声，覆盖復声，本义是翻转、倾覆。

馥 fù：形声，从香复声，本义为香、香气。

愎 bì：会意，从心复声不听从。

鳆（鰒 fù）：鳆鱼，又名鲍鱼。

蝮 fù：动物名，蝮蛇。

拓展：

陖 堭 稪 椱 稪 複 緮 箙 輹 鍑 鞴 騴 鰒

P8.5 复粗传楷则　P14.2 况复溺思豪　P64.3 方复会其

阝（左）阜1：阝（阜） 阴（陰） 阳（陽） 隐 降 陟

（甲骨 甲骨 甲骨 甲骨 金文 阜父 丁盉 简帛 说文 熹平碑 文徵明 王羲之 欧阳询 王羲之 王羲之 智永）

（楚简 石鼓文 王羲之 王羲之）（甲骨 甲骨 楚简 说文 王羲之 张芝 王羲之）（说文 欧阳询 智永 鲜于枢）

（甲骨 甲骨 金文 楚简 秦简 说文 虞世南 王羲之 索靖）（甲骨 甲骨 金文 楚简 说文 褚遂良 王羲之 怀素）

辨析：

阜（阝）字篆书变化较多，甲骨文、金文单线条和直线的居多，楚简多了一层装饰性的笔画，作为偏旁，草书写“左阜贝丁反”。可拓展。右阝见邑郡等。

阜 fù：象形，甲骨文字像山崖边的石磴形，用以表示地势或升降等意义，阜作左边偏旁，楷书写成阝，本义为土山。

阴（陰陰侌 yīn）：山的北面，水的南面。

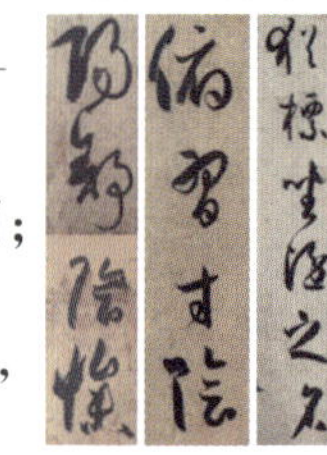

阳（陽 yáng）：山南水北。

隐 yǐn：隐藏不露，伤痛，怜悯；yìn，倚、靠。

降 jiàng：下也，此为自上而下，与陟相对。

陟 zhì：两只向上的脚，由低处向高处走，升、登高，与降相对。

拓展：

陈 阳 阴 防 队 阠 阡 阢 阣 阤 阥 阦 阧 阨 阩 阪 阫 阬 阭 阯 阰 阮 郏

P13.2 俯习寸阴（陰） P14.4 犹标坐隐之名 P37.2 阳（陽）舒阴（陰）惨

阝（左）阜2：隘 陛 陴 陲 防 陌 阮 陔 陶 椭

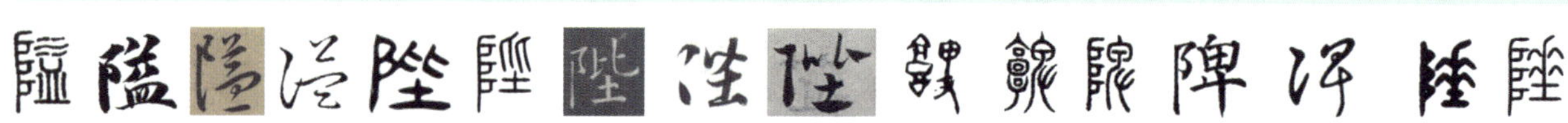

（说文 智永 王宠 韵会）（秦简 说文 欧阳询 智永 赵孟頫）（甲骨 说籀 说文 颜真卿 王羲之）（金文 说文

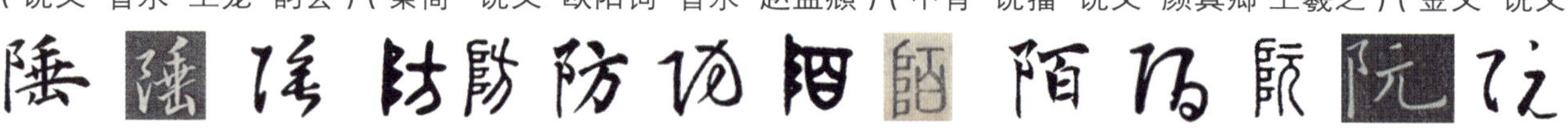

虞世南 米友仁 王羲之）（金文 说文 柳公权 王羲之）（金文 篆字汇 褚遂良 王羲之）（说文 欧阳询 王羲之）

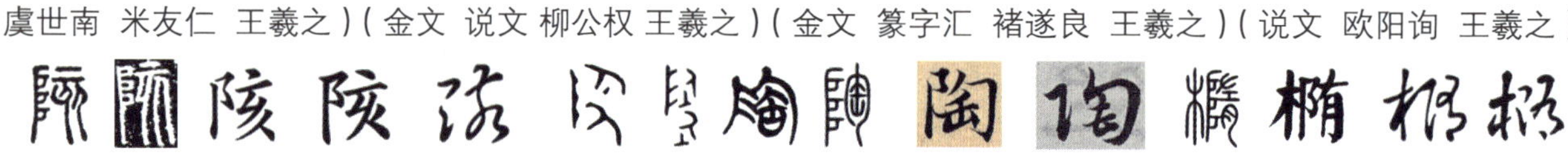

（说文 古文 欧阳询 颜真卿 王羲之）（金文 金文 简帛 说文 赵孟頫 赵孟頫）（说文 颜真卿 王羲之 章草）

辨析：

同前。“阿队附际陆隔陋陵陕阱”等等，均从阝（左），参见所涉相关字根页。

隘 ài：形声，籀文从阜益声，阜是土山，从阜的字多与地势有关，本义是狭窄、狭小。

陛 bì：形声，从阜坒（bì）声，帝王宫殿的台阶，天子坐以听政之处。

陴 pī：城上的矮墙，亦称女墙，俗称城垛子。

陲 chuí：边疆。

防 fáng：形声，从阜方声，堤坝。

陌 mò：田间小路。

阮 ruǎn：代郡五阮关也。

陔 gāi：台阶的层次。

陶 táo：瓦器，制造陶器。

椭（橢 tuǒ）：形声，从木隋声，本义为长圆形、狭长。

拓展：

阺 阻 阼 阽 阾 陀 陁 陂 陃 陇 陉 [illegible] [illegible] [illegible] [illegible] 陑 [illegible] [illegible] 郘 [illegible] [illegible] [illegible] [illegible] [illegible] 陧 [illegible] [illegible] [illegible] [illegible] [illegible] [illegible]
[illegible] [illegible] [illegible] [illegible] [illegible] [illegible] [illegible] [illegible] [illegible] [illegible] 隊

阝(左)阜3：隆 陨 隅 隰 隙 陷 阵 骘 埠

(简帛 说文 欧阳询 宋徽宗 乾隆 索靖)(金文 说文 王羲之 颜真卿 索靖 章草)(史颂敦 简帛 说文 赵佶 王羲之)

(金文 说文 柳公权 王羲之 王羲之 章草)(金文 石经 说文 虞世南 饶介)(甲骨 甲骨 甲骨 秦简 说文 颜真卿 章草)

(篆字汇 欧阳询 赵孟頫 颜真卿 徐渭)(古文 说文 赵孟頫 黄庭坚 王羲之)(金文 何绍基 王羲之 王铎 王羲之 章草)

辨析：

隅字的金文阝旁为城垛形，陷字的甲骨文为动物掉入陷阱形。隰从㬎，作为字根，㬎字的章草与悬(懸)字的写法异体同草。

隆 lóng：形声，从生降省声，高。

陨(隕 yǔn)：从高处掉下，坠落。

隅 yú：山水弯曲边角处。

隰 xí：从阜㬎声，低湿之地。

隙 xì：会意，从阜(fù)亦声，墙上开裂的裂缝。

陷 xiàn：甲骨文为猪牛羊等动物掉进陷阱形，而秦简和说文，则为人掉进陷阱形，本义是坠入，掉进。

阵(陳陣 zhèn)：土山前摆满了战车，两军交战时队伍的战斗队形。

骘(騭 zhì)：形声，从马陟声，本义是公马，騲骘(雌马和公马)；评定、评论；安定。

埠 bù：形声，从土阜声，本义是停船的码头，如船已抵埠。

拓展：

隔 陭 陏 隓 隅 陷 隦 堕 痾 蒢 锕 隑 隒 陸 隖 隞 隖 絅 蓓 蔆 陣 隁 隭 隞 隮 蔭 蔯 隍 際 障 隖
隟 院 賦 陪 陫 陬 陭 陮 陯 陰 陶 陲 陳 陴

丐 钙(鈣) 丏 沔 眄

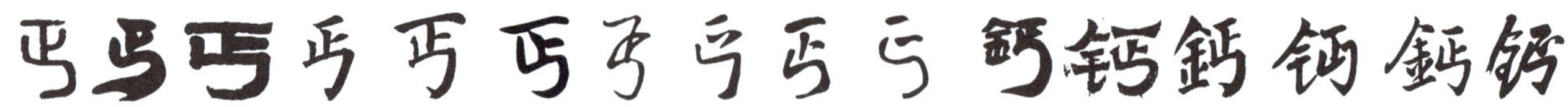

（金文 汉简 伊秉绶 欧阳询 颜真卿 王羲之 蔡襄 王羲之 章草 于右任）（汉简 爨体 颜真卿 赵孟頫 赵孟頫 王铎

王羲之 敬世江 章草）（甲骨 楚简 说文 何绍基 欧阳询 褚遂良 颜真卿 柳公权 王羲之 米芾 赵孟頫 王铎 傅山）

（金文 石鼓文 汉简 说文 王羲之 王铎 傅山 章草）（说文 虞世南 王羲之 王羲之 张瑞图）*（甲骨 说文）说文*

辨析：

丐丏两字形体相似，行草书为快写，可拓展。

丐 gài：乞丐，以乞讨为生的人；乞求、给予。

钙（鈣 gài）：一种金属元素，银白色结晶，有延展性。

丏 miǎn：象形，本义为遮蔽、看不见；与“万”互为异体字。

沔 miǎn：水流充满河道；同湎，沉迷。

眄 miǎn：形声，从目丏声，斜着眼看；泛指望、看，李冶《感兴》诗：仰看明月翻含意，俯眄流波欲寄词。

拓展：

a 丐 麫 b 丏 **丏** *𧉧* 趆 㴐 髩 麫

盖

甲骨 甲骨 金文 金文 秦简 简帛 李阳冰 石门颂 曹全碑 欧阳询 褚遂良 颜真卿 柳公权 赵孟頫

王羲之 王羲之 王羲之 米芾 赵孟頫 黄庭坚 史游 皇象 王羲之 萧确 智永 张旭 怀素 文徵明 傅山

辨析：

盖字的字形隶定字形与甲骨文同，其草书，上边写羊（无尾）字草书，下边为皿字草书。盖字有异体字蓋，从盍，参见盍页。

盖（蓋 gài）：名，形声，从艸盍（hé）声，本义是用芦苇或茅草编成的覆盖物。

拓展：

隘 慍

P 23.1 盖有学而

干1：1干（2幹 3乾 4乹 5榦）轩 矸 屽

1（甲骨 毛公鼎 汗简 曹全碑 a王羲之 韩道亨 b王羲之 怀素）2（说文 郭有道 颜真卿 陆柬之 米芾 空海）

3（说文 石经 李阳冰 张迁碑 曹全碑 薛绍彭 庭坚）4（欧阳询 武则天 王铎 王宠）5（说文 李邕 赵孟頫 潘伯鹰）

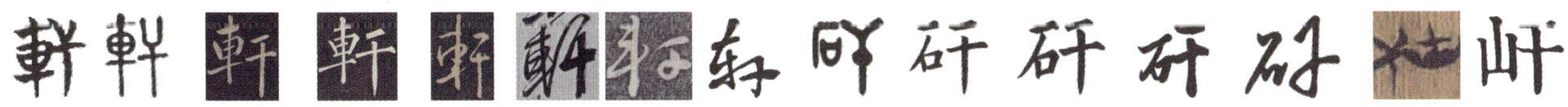

（楚简 说文 褚遂良 柳公权 王羲之 米芾 蔡襄 章草）（金文 欧阳询 颜真卿 王羲之 王羲之）（清华简 楷书）

辨析：

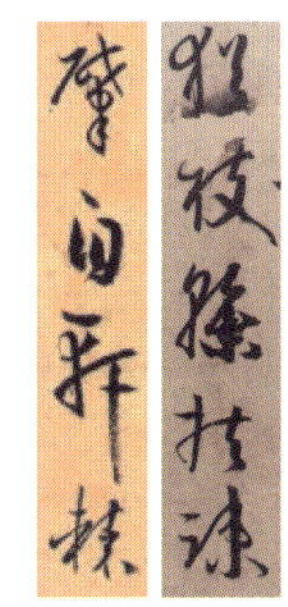

干字列举了五种常用写法，乾和幹（榦）字等从倝（草书参见倝页），它们的右边行草书快写居多，草书也可以写“享字符”，参见享页。“干”字拓展的字较多，其中，肝见月旁的“肉”页，旱和桿（杆）稈（秆）趕（赶）等见旱页。

干 gān/gàn：繁体有三类：干、幹（榦）和乾（乹），分别有五种写法。“干涉、幹部（树榦）、乾燥”，当表示“湿”的反义词时写作“乾”，例如乾燥、乾脆；当表示事物的主体和重要部分，或者表示动词“做”时，写作“幹”，例如“主幹、幹活”；其余都写作“干”，例如天干地支、干戈、干将莫邪。榦：古用版筑法建墙，榦是固定作用的木柱子，如树榦、骨榦，常被“幹”取代即树幹、骨幹。乾：俗作乹，代表天，乾坤。

轩（軒 xuān）：形声，从车干声，古代一种前顶较高而有帷幕的车子，供大夫以上乘坐。

矸 gān：夹杂在煤里的石块。

屽 hàn：山名；古同岸。

拓展：

仟 厈 奸 秆 忓 扞 犴 讦 汞 炶 轩 攼 旰 玕 岸 邗 刋 奸 盰 芉

P47.2 犹枝干（榦幹）扶疏　　P30.1 肇自轩辕

干2：罕 邗 汗 刊 奸

（金文 说文 简帛 北齐人 虞世南 褚遂良 张旭 颜真卿 赵孟頫 王羲之 米芾 赵孟頫 董其昌 王铎）

（金文 楚简 说文 曹全碑 王羲之 王羲之）（简帛 石鼓文 说文 邓石如 智永 苏轼 王羲之）（秦简 古文 说文

曹全碑 肥致碑 欧阳询 颜真卿 王羲之 孙过庭）（金文 秦简 说文 王羲之 王羲之 楚简 邓石如 魏碑 皇象）

辨析：

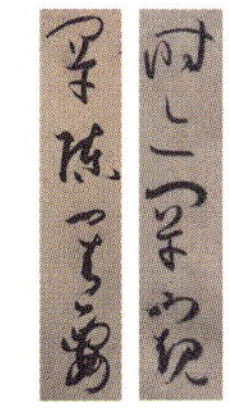

罕从干，参见干，罕字的行书为快写，草书为干字改变书写顺序，首横起笔后先写竖，再写第二横。

罕（罕 hǎn）：形声，西汉字形，从“冈/冈”“干”声，本义为捕鸟用的长柄小网。

邗 hán：从邑干声，地名，邗沟；国也，亦为越之别名。

汗 hàn：形声，从水干声，汗腺的分泌物；可汗，蕃王称；石鼓文从土，古借汗。

刊 kān：形声，从刀干声，本义是砍，砍削；刻、雕刻；订正、修订；排版印刷；出版物。

奸（姦 jiān）：会意，从三女，奸邪，虚伪狡诈；犯淫也；出卖国家、民族、集团利益的人。

拓展：

浫 哻　　P25.5 罕陈其要　　P29.3 偶逢缄赏时亦罕窥

甘 邯 甜 疳 甞 钳 酣 柑

（甲骨 金文 盟书 说文 安大简 景君碑 宝子碑 欧阳询 颜真卿 柳公权 赵孟頫 王羲之 苏轼 米芾

皇象 王羲之 王献之 怀素）（说文 居延简 智果 王羲之 祝枝山）（简帛 说文 金石篆 虞世南 韵会）（王羲之 章草）

（说文 王羲之 赵孟頫 皇象）（简帛 说文 虞世南 王羲之）（说文 米芾 李洼）*（智永 佚名 黎凡）（薛绍彭 李世民）*

辨析：

甘字隶定字形稳定，草书在于书写顺序，写两个半包围结构的居多。其中某字从甘，草书，一种是"甘字写半包围＋木"，一种是常见的"某枣借来旋"的"来"字写法（见某页）；甞（尝）亦从甘，见尝页。

甘 gān：会意兼指事，小篆从口，中间的一横像口中含的食物，能含在口中的食物往往是甜的、美的。从"甘"的字往往与"甜、美味"有关，本义为味美。

邯 hán：邯郸。

甜（甛 tián）：会意，从甘从舌，舌头能品尝甜味，本义是味甘。

疳 gān：中医上指局部溃烂、化脓的症状。

甞 cháng：同嘗（尝）。

钳（鉗 qián）：形声，从金甘声，本义为金属夹具。

酣 hān：会意，从酉从甘，甘亦声，从酉表示与酒有关，甘也具有表意作用，本义是酒喝得很畅快。

柑 gān：形声，从木甘声，本义为木名，柑树，果实也称柑。

拓展：

某 甞（尝）　甙 坩 泔 苷 绀 蚶 玵 雸 粓 绀 詌 仠 鲋 咁 䣛 姏 拑 钳 黚 甛

P 28.3 邯郸淳之令范空著缣缃

敢 嚴（严） 憨 巖（岩） 噉 阚（闞） 瞰

（金文 金文 盟书 楚简 秦简 说文 说文 石韵府 肥致碑 好太王 钟繇 欧阳询 颜真卿 赵孟頫 宋徽宗 王羲之 王铎

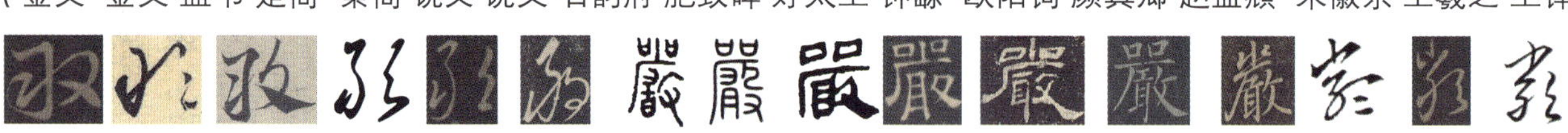

史游 怀素 邓文原 王羲之 智永 张旭）（金文 说文 帛书 陈深 乙瑛碑 柳公权 王羲之 索靖 王羲之 解缙）

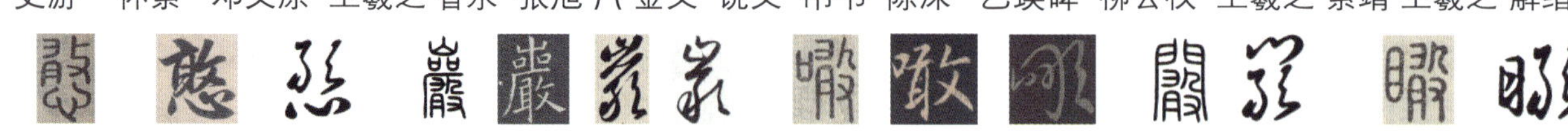

（篆字汇 赵孟頫 王羲之）（说文 欧阳询 智永 怀素）（篆字汇 王羲之 王羲之）（说文 王羲之）（篆字汇 王羲之）

辨析：

敢字隶定字形与篆书差异较大，草书：1. 史游写法，源于秦简快写，王羲之的"噉"字即如此。2. 王羲之写法，比史游多一个小使转。可拓展。嚴字草书出现的小使转可以理解为"厂"。

敢 gǎn：会意，彐盍亦爪也，冃音冒，用爪用殳冒而前也，本义是勇敢、有胆量。

嚴（严 yán）：严厉、严重、紧密、父严指父亲。

憨 hān：痴呆、傻气。

巖（岩嵒巗 yán）：形声，从山严声，岩为会意字；从石，本义为高峻的山崖。

噉 dàn：同啖。

阚（闞）kàn：望也。

瞰 kàn：从高处向下看，窥视。

拓展：

僌 隞 撖 澉 嫰 憞 獥 橄 㵷 譀 鰴 餰 饏 闞 鱤

冈（岡）纲（綱） 刚（剛） 岗（崗） 钢（鋼）

（秦简 说文 帛书 曹全碑 欧阳询 颜真卿 赵孟頫 皇象 王羲之 孙过庭 王铎 宋克）（帛书 说文 曹全碑 欧阳询

欧阳询 褚遂良 颜真卿 皇象 王羲之 怀素 毛泽东 祝枝山）（金文 柳公权 皇象）（赵佶 王羲之 智永）（篆字汇 于右任）

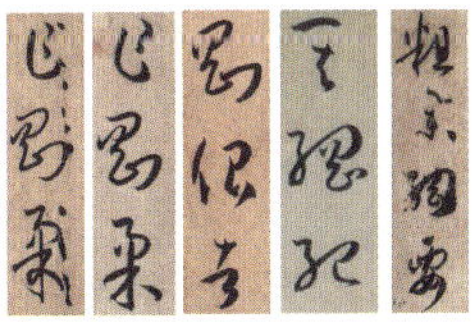

辨析：

冈字的结构为“山上网”，草书写法：1. 简体字快写（王羲之）；2. 繁体字的快写，网内结构写“两点横”，“山”字突出拉长的尾巴。可拓展。

冈（岡 gāng）：字形为山上加网，从山网声，山脉如网，山骨便如网线，山势凸出的部分为冈；冈的异体字还有堽罡岡岡等等。

纲（綱 gāng）：形声从糸，表示与线丝有关，冈声，本义是提网的总绳。

刚（剛 gāng）：坚硬的，强劲的，正直无私，恰好，不久前。

岗（崗 gǎng/gāng）：岗位、哨位，高起的土坡；岗的异体字有崗峒崑峀崮堽等等。

钢（鋼 gāng）：经过精炼不含磷砂等杂质的铁，gàng，磨擦刀使其锋利。

拓展：

堌 掆 崓 棡 焵 犅 鐲 碙

P6.2 其纲纪　P38.6 粗举纲要　P43.5（P16.2）乍刚柔　P49.1 刚佷者又倔强无润

高 1：高 槁 稿 敲 犒 缟 嵩 搞 蒿

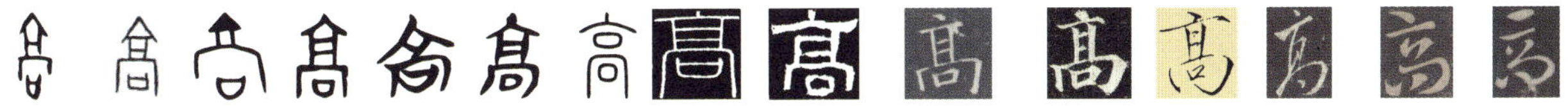

（甲骨 甲骨 金文 金文 楚简 秦简 说文 李斯 张迁碑 欧阳询 柳公权 赵佶 王羲之 索靖 王献之）

（甲骨 金文 楚简 说文 颜真卿 王羲之 康里巎）（说文 王羲之 王羲之 智永）（说文 褚遂良 王羲之）（说文 智永

王羲之）（简帛 说文 赵孟頫 王羲之）（说文 柳公权 孙过庭）（篆字汇 曹全碑 蔡襄）（甲骨 金文 说文 智永 王铎）

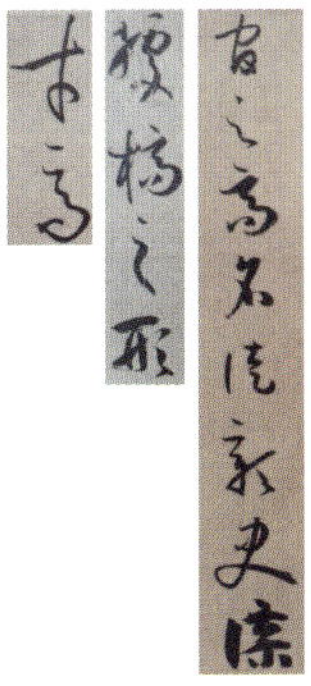

辨析：

高字的字形稳定，其草书，口字写两点或一横都可。拓展的字有左右结构变上下结构的。

高 gāo：象形，甲骨文字形，像楼台重叠之形，本义是离地面远，从下向上距离大。

槁（槀 gǎo）：形声，从木高声，本义为草木枯干。

稿（稾 gǎo）：形声，从禾高声，本义是禾秆。

敲 qiāo：形声，从攴高声，像手（又）拿小棍轻击的样子，本义是敲击、叩打。

犒 kào：用酒食或财物慰劳。

缟（縞 gǎo）：细白的生绢。

嵩（崧 sōng）：山高；嵩山。

搞 gǎo：形声，从手高声，本义为做、干、办、弄。

蒿 hāo：形声，从艸高声，青蒿。

拓展：

塙 碻 嗃 嵪 翯 髜 傐 镐 暠 篙 鰝 鄗 滈 歊 毃 熇 槀 謞 鶮 睪

P28.2 若乃师宜官之高名，徒彰史牒　P31.5 且右军位重才高　P11.3 临危据槁之形

高2：豪 嚎 濠 壕 蠔

（甲骨 帛书 秦简 说文 李阳冰 邓石如 曹全碑 欧阳询 褚遂良 颜真卿 赵孟頫 赵孟頫 王羲之 宋克）

（金文 金石篆 邓石如 虞世南 王羲之 王羲之 章草）（金文 篆字汇 汉简 褚遂良 王羲之 柳公权 王羲之 鲜于枢）

（金文 篆字汇 智永 欧阳询 颜真卿 米芾 王铎 章草）（篆字汇 赵之谦 柳公权 赵孟頫 王羲之 米芾 赵佶 王羲之）

辨析：

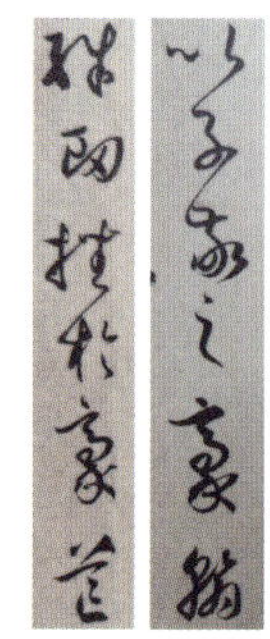

豪字的甲骨文为豪猪形，隶定从高省，草书将高下之口与豕上之横合并为一画，其余部件从高和豕的草法。

豪 háo：形声，从豕（shǐ），猪，高省声，本义是豪猪；统帅、首领，英雄，旧指有钱有势或依仗权势横行不法的人。

嚎 háo：形声，从口豪声，本义为吼叫、鸣叫。

濠 háo：护城河；水名，东濠水，西濠水，皆流入淮水；古州名，濠州。

壕 háo：形声，从土豪声，本义是护城河。

蠔（蚝 háo）：牡蛎。

拓展：

隊 傢 嵃 擄 檬 篆 諕　　P8.4 以子敬之豪韩翰豪　　P12.6 殊衄挫于豪（毫）

告 造 靠 鹄 浩 窖 皓 郜 梏

（甲骨 金文 楚简 居延简 西峡颂 乙瑛碑 欧阳询 颜真卿 柳公权 赵孟頫 王羲之 谢安 颜真卿 米芾

索靖 索靖 王羲之）（说文 虞世南 皇象 王羲之）（金文 说文 虞世南 王羲之 章草）（楚简 说文 赵孟頫 皇象）

（说文 赵佶 王羲之）（说文 赵孟頫 王羲之）（篆字汇 虞世南 王羲之）（说文 柳公权 孙过庭）（说文 智永 文徵明）

辨析：

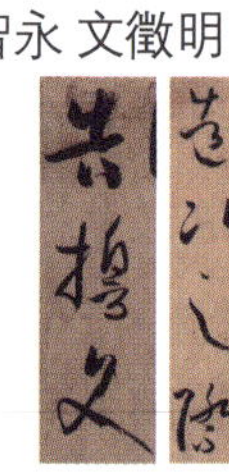

告字字形稳定，行草书为快写，起笔应有短撇，口写两点、两点连写、倒三角均可。在简书和楷书中，起笔有少写短撇的，这种早期出现的写法，在行书或草书里，极易与"去、者"相混淆，因此被后世所放弃。

告 gào：会意，甲骨文字形，上面为"牛"，牛触人，角着横木，所以告人也；从口从牛，本义是报告、上报。

造 zào：形声，从辵告声，本义是到、往某地去；制作。

靠 kào：形声，从非告声，从非表示相违背，本义为相背，段玉裁注："今俗谓相依曰靠，古人谓相背曰靠。"

鹄（鵠 hú）：形声，从鸟告声，鸟名，指鸿鹄，又名黄鹄，俗称天鹅；gǔ，箭靶的中心，目标、目的。

浩 hào：形声，从水告声，水势浩大。

窖 jiào：方形地窖。

皓（皜 hào）：形声，从白告声，本作晧，本义是光明。

郜 gào：古地名，在今中国山东省成武县东南。

梏 gù：形声，从木告声，本义为木手铐。

拓展：

诰 陪 啱 峼 悎 捁 晧 焅 牿 祰 腊 嚳 硞 锆 筶 聕 艁 翗　　P35.1 告誓文　　P32.2 造次之际

戈 1：戈 1 戞 2 幾（㡬）3 戢 4 戠幟 5 戟（㦸）6 戥戗 7 战（戰）8 戬

（仓颉 甲骨 金文 说文 王羲之 王羲之 赵孟頫 王铎）1（赵孟頫 傅山）2（说文 欧阳询 王献之 王羲之 索靖 陆游）

3（说文 王羲之 王羲之 王铎 王羲之 韵会）4（甲骨 说文 颜家龙 王羲之赵构）5（说文 王羲之 王羲之 索靖 孙过庭）

6（王羲之 王羲之）7（金文 简帛 李斯 王羲之 颜真卿 徐渭 王羲之 王铎 王羲之 章草）8（金文 王羲之 王羲之 章草）

辨析：

戈字的行草书为快写。组成字根以后"幾、歲和戠"的草书，看不到戈的结构，其中，幾字从成，即幾字的草法；戠字草书中的"音"可以看成是"言"省。"桑孝世寒"等字头草书均可从戈，见相关页。

戈 gē：象形，甲骨文字形，像一种长柄兵器形，本义是一种兵器战。

戢 jí：藏兵也，从戈咠声，将兵器收聚而藏。

戥 děng：一种小型的秤，用来称金、银、药品等分量小的东西，称"戥子"。

戗（戧 qiāng）：逆，不顺，冲突，决裂；qiàng，填，支撑、支持。

战（戰 zhàn）：形声，从戈单（占）声，本义是作战、打仗。

其余目录列示释文，略。

拓展：

1. 戞 嘎 2. 幾（㡬）機 磯 譏 僟 墘 嘰 鵕 璣 禨 穖 機 蟣 趭 醿 鐖 饑 韈 魕 3. 戢 㱦 撖 濈 蕺 檝 鰴 4. 戠 幟 熾 孅 膱 樴 臓 5. 戟（㦸）撠 橶 6. 戥 戗 7. 战（戰）8. 戬 戲（见 X 戏）戒（见 J 戒）戎 械 啓 鈛 牫 戋 戚 戕

戈 2：草书可写戈字（部分字汇集）

（欧阳询 汉章帝 怀素）（颜真卿 张旭 王铎）（王羲之 李洤）（褚遂良 李洤）（敦煌 王羲之）（颜真卿 张芝）（苏轼 王羲之）

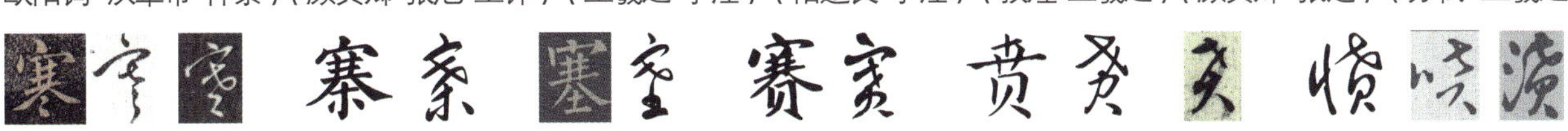

（钟繇 怀素 成亲王）（颜真卿 李洤）（柳公权 李洤）（赵孟頫 章草）（王羲之 王羲之 文徵明）（王羲之 赵构 王铎）

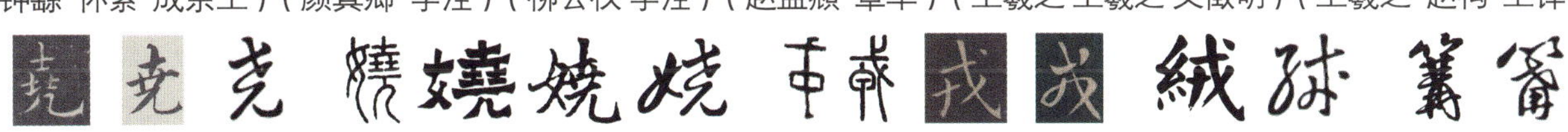

（欧阳询 卞永誉 王羲之）（说文 梁培生 赵孟頫 王羲之）（甲骨 说文 欧阳询 王羲之）（颜真卿 王羲之）（王铎 王羲之）

辨析：

草书可写"戈"字结构的字很多，如"耂孝老考叒桑世爻（希希肴）寒搴塞赛卉（贲）愤喷濆垚堯（尧）戎绒蕣篝莫（上下结构，如暮等，参见相关页）廿（席）"等等，本页列举了部分草书写"戈"字的一些字，试图展示其不同字之间的区别与联系，这些字及伐戒等字还可见相关页。此外，偶见李洤的聲（声）磬謦聲和于右任罄和馨字，将殸字草化为戈字的，见殸页；廿（席）、恪（草从异体字愙）亦如是，参见相关页。

拓展：

耂 老 考 耂 佬 侤 栲 栳 洘 烤 珯 橾 桊 珊 贯 搴 骞 謇 褰 搴 蹇 鶱 骞 嘵 墝 嬈 嶢 曉 橈 燒 僨 嗩 愤 豮 鲼

革 鞑 靼 勒 鞭 靳 鞍（骏） 鞣 鞠（鞫） 鞿 靴 鞋

（甲骨 甲骨 康鼎 帛书 石经 说文 说文 熹平石 颜真卿 黄庭坚 皇象）（说文 王羲之 徐伯清）（说文 章草）

（金文 张迁碑 张芝 王羲之 智永）（金文 楚简 古文 说文 颜真卿 毛泽东）（说文 欧阳询 皇象）（简帛 说文 王羲之

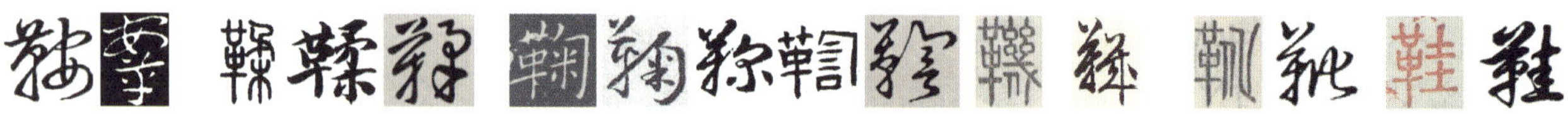

皇象 赵孟頫）（说文 智永 王羲之）（欧阳询 怀素 智永 陈鸿寿 韵会）（篆字 文徵明）（篆字 韵辨）（石韵 徐伯清）

辨析：

革字金文见康鼎拓片，草书上边写“草头”、口字可草化为两点。鞠字草书还可从尔，其草法未见其源。

革 gé：最初的字形像一张悬挂着的首、身、尾俱全的兽皮，大篆的字形像一张制好的皮革，头尾俱全，中间较宽的地方是皮革，《说文》中说“革”是“兽皮治去其毛”。

鞑靼 dá dá：古代对中国北方游牧民族的称呼。

勒 lè：笼头；lēi，用绳子等捆住和套住，然后用力拉紧。

鞭 biān：皮制的马鞭。

靳 jìn：套在辕马胸部的皮革；吝惜，讥笑。

鞍（鞌骏 ān）：马鞍。

鞣 róu：鞣革，蹂躏。

鞠（鞫 jū）：弯曲、弯身；通育；通鞫，审讯或审查；告诫，警告。

鞿 jī：马嚼子，马笼头，牵制；束缚。

靴 xuē：有长筒的鞋。

鞋（鞵 xié）：形声，从革圭声，鞋子。

拓展：

鞘 鞥 鞅 靶 靬 鞯 鞞 鞮 靺 鞶 鞴 鞧 鞲 鞧 鞁 鞾 鞋 鞨 鞌 鞔 鞹 鞬 靰 鞕 韉 鞓 鞡 靳 鞹 鞢 靭 鞏 鞿 鞁 靷 靪 鞜 韊 鞀 靸 鞸 靲 鞛 鞈 韅 鞏 靮 鞝 鞻 鞈 鞃 鞆 靼 鞉 韃 鞳 靴 鞳 鞑 鞍 韂 韇 靫 鞱 鞙 鞇 鞑 韂 鞴 鞊 靻 鞒 鞞 鞑 鞯 P5.2 变驰骛沿革 P19.1 题勒方富（幅）

鬲 隔 融 嗝 塥 镉 翮 槅 膈 鬻

（甲骨 金文 金文 楚简 石经 石韵 说文 石门颂 彭玉雯 白蕉 吴昌硕）（说文 欧阳询 索靖 王羲之）

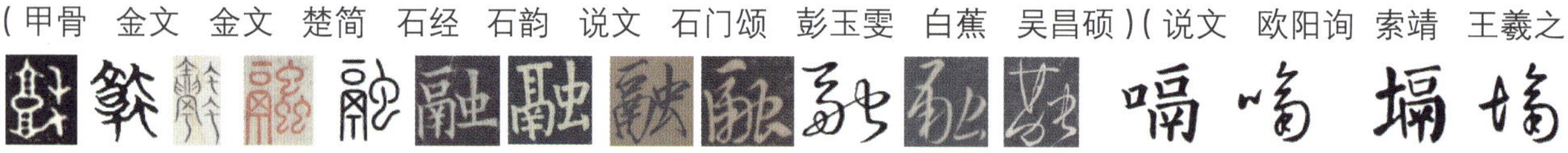

（金文 楚简 汉简 石韵府 说文 欧阳询 颜真卿 宋徽宗 索靖 王羲之 孙过庭 怀素）（欧阳询 王羲之）（颜真卿 王羲之）

（金文 王羲之 章草）（说文 王羲之）（说文 王羲之）（智永 孙过庭）（石鼓 说文 黄自元 王羲之 王羲之 王铎）邹武生

辨析：

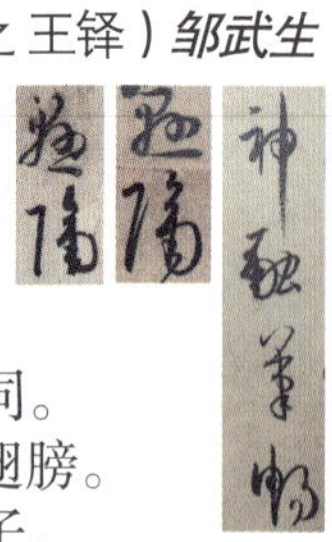

鬲字篆书是饮食器具形状，篆书形态变化较多，同镉，楷行草字形稳定，其草书的口字，写两点或一横，冂省左边竖，冂里面的部件草化为“丨＋二”。可拓展。鬳参见鬳页。

鬲（lì）：象形，金文字形像饮食器具形，本义为古代炊器，用于烧煮或烹炒的锅，特指类似于鼎状的炊具。鬲或从瓦，有异体字为甗。

隔 gé：阻隔、遮断。

融（螎 róng）：炊气上升，融化、消融，融合。

嗝 gé：禽鸟鸣声；气逆作声，打嗝儿。

塥 gé：土地坚硬、瘠恶，沙地。

镉（鎘 gé）：金属元素；与鬲同。

翮 hé：羽毛中间的硬管；鸟的翅膀。

槅 gé：门窗上用木条做成的格子。

膈 gé：分隔胸腹两腔的膜状肌肉。

鬻 yù：形声，本义是粥，引申为卖；生、养；幼稚。

拓展：

鬳（参见鬳甗） 搹 滆 蒚 獦 嗝 鄗 鬷 鬴 甂 鹝 碣 褔 篙 鬴 鬻 鬵 鬷 鬸 鬶 輵 鬸 鬺 鬺 鬸 瀜 鬲

P25.3 神融笔畅 P30.3 妍质悬隔 P42.3 神情悬隔

各 路 辂 落 咯 詻 胳 阁 骆 客 略

（甲骨 甲骨 金文 说文 李斯 乙瑛碑 西峡颂 欧阳询 颜真卿 柳公权 赵孟頫 王羲之 王献之

皇象 王羲之 郁冈斋）（说文 欧阳询 索靖）（简帛 说文 高猛墓 王铎 索靖）（金文 楚简 说文 赵孟頫 唐寅

王羲之 智永）（邓石如 王羲之）（说文 彭玉雯）（说文 索靖）（说文 索靖）（说文 王羲之）（说文 颜真卿）（说文 米友仁）

辨析：

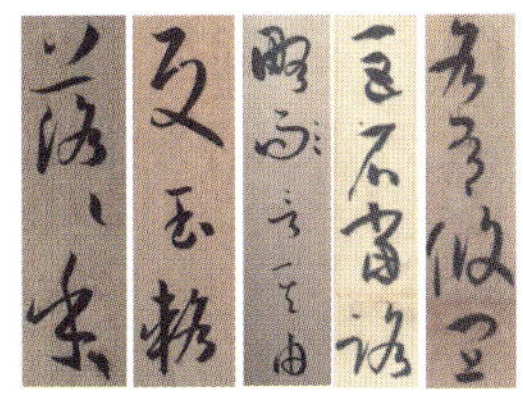

各字从夂口，草书写法，夂为快写，口字写口字符，即：快写、倒三角、两点、两点连写等。可拓展。咎为“各＋人”非“处＋口”也，见其咎字页。

各 gè：每个，彼此不同，从口从夂（夂 suī 者，行迟貌，古同绥绥，有行而止之，不相听也）。

路 lù：道路。

辂（輅 lù）：车轸前横木也。

落 là：因跟不上而被丢在后面。luò，叶落，花落。

咯 kǎ：由喉头用力清出异物来；gē，禽鸟的叫声。

詻 luò：讼言。

胳（肐 gē）：腋下也。

阁（閣 gé）：古代放在门上用来防止门自合的长木桩。

骆（駱 luò）：尾和鬣毛黑色的白马。

客 kè：寄也。

略 lüè：疆界，谋略，概要，简略，全、皆。

拓展：

峈 客 恪 挌 洛 狢 络 茖 饹 洛 敋 格 絡 烙 珞 胳 赂 铬 惫 彧 斱 烙 珞 署 硌 袼 铬 略 稆 略 簬 琭 蛒 峈　P21.5 各有攸宜　P47.5 巨石当路　P5.5 反玉辂於椎轮　P23.4 略言其由　P12.1 落落乎

亘1：亘 洹 宣 垣 桓 狟 烜

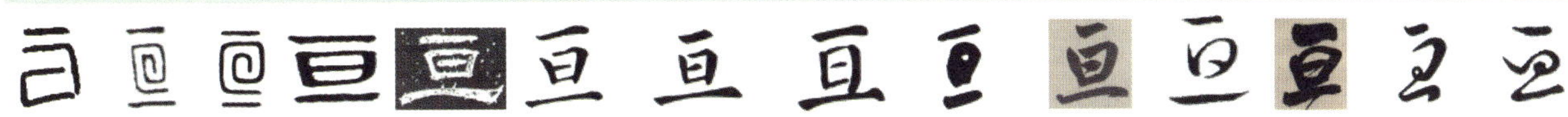

（甲骨 金文 说文 简帛 梁升卿 王羲之 欧阳询 颜真卿 米芾 赵孟頫 王宠 王铎 王羲之 韵会）

（甲骨 甲骨 甲骨 甲骨 甲骨 金文 金文 简帛 说文 金刚经 柳公权 赵孟頫 王羲之 孙过庭 李洤 章草）

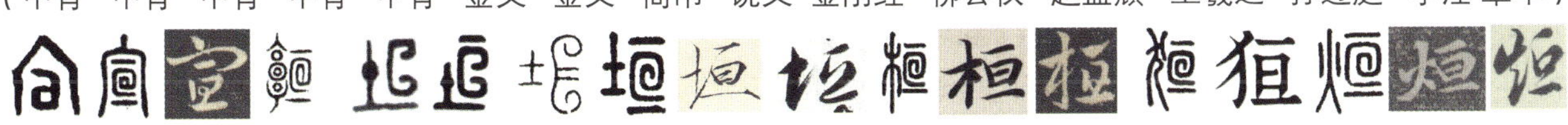

（甲骨 说文 皇象）（籀文 金文 金文 古文 说文 赵佶 智永）（说文 智永 皇象）（说文 楷书）（说文 赵佶 王澍）

辨析：

亘字篆书中间为旋涡，隶定字形从亘，草书为快写，中间日字可草化为一横。可拓展

亘 gèn：空间和时间上延续不断，亘有异体字亙（亘本从二从囘，今从日作亘；亘与亙字不同，亙字从二从舟，如“恒峘緪縆”等字；也有从其他字形而写作亘字的，如萓、峘二字）。

洹 huán：洹水 。

宣 xuān：甲骨文为云气舒卷自如之象。本义是帝王的宫殿。

垣 yuán：矮墙，泛指墙。

桓 huán：表柱，古代立在驿站、官署等建筑物旁作标志的木柱，后称华表。

狟 huán：犬行也；大狗，古同貆；huān，古同貆；同獾。

烜 xuǎn：形声，从火亘声，本义为火旺。

拓展：

刯 烜 萓 粯 晅　　P 52.1 遣不恒疾

亘2：1亙　恒　緪　縆　2萓　峘

（说文　智永　王铎）（甲骨　甲骨　金文　金文　楚简　楚简　秦简　古文　说文　李斯　衡方碑　唐玄宗　欧阳询　颜真卿

王羲之　王羲之　王羲之　智永）（说文　文徵明　文徵明）（说文　楷书）（古文　篆字汇　彭玉雯）（古文　篆字　彭玉雯）

1（说文说文说文说文说文说文说文说文说文说文说文说文说文说文）2（说文　篆字汇　说文）3（古文　古文）古文

辨析：

恒緪两字从亙，说文从舟；萓峘两字说文未收，古文字形特别，佟伟夫的篆字汇，有从回的写法；这些字，楷行草均从亘。本页第3行还列示了部分字根为亘字、其楷书从亘而小篆异质的三类写法，供参考：1.从回，亘宣洹廻（回）咺垣姮狟（貆）桓絙觛烜晅貆；2.从舟，恒㮓緪（说文未收，参考縆字）；3.说文未收的其他字形，如萓和峘。

亙 gèn：时间空间连绵不断。

恒（恆 héng）：会意，金文从心从月从二，二字表示天地，本义为永久、永恒。

緪（縆緪 gèng）：𦈸也。

萓 huán：堇菜一类的植物，古时用来调味。

峘 huán：高于大山的小山。

艮1：艮　佷　根　恨　很　狠　跟　限　银　茛

（简帛　清华简　秦简　说文　汉印　鸟虫篆　隶辨　欧阳询　颜真卿　王羲之　王羲之　赵构）（裴休　孙过庭）

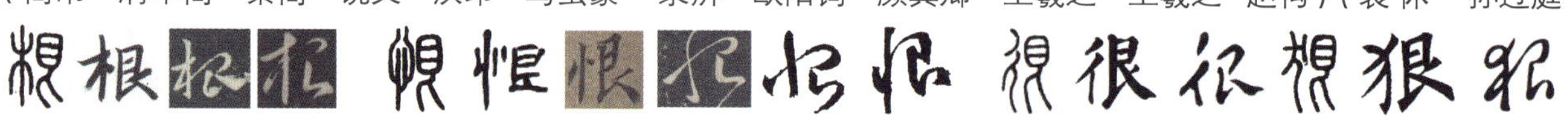

（说文　智永　皇象　王献之）（说文　曹全碑　敦煌　张芝　王羲之　黄庭坚）（说文　颜真卿　皇象）（说文　欧阳询　王羲之）

（说文　智永　赵孟頫　邓文原）（金文　说文　欧阳询　索靖）（简帛　说文　欧阳询　颜真卿　智永）（金文　赵孟頫　章草）

辨析：

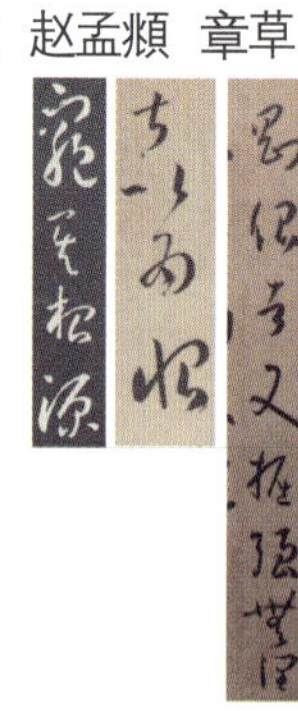

艮字的篆书有两类，一类为卦象符号，一类从目从匕，隶定字形稳定，草书可以理解为汉印的简省，即省略上边中间的横，末笔撇捺用一点代替。作为字根，有广泛的扩散性。

艮 gěn：很也，从匕从目，匕目，犹目相匕，不相下也，犹目相匕，若怒目相视逆反不听从也；gèn，八卦之一，代表山，卦形為☶，东北方；静止、坚固、坚硬。

佷 hěn：古同很；违背，不顺从；hěn，毒辣、狠。

根 gēn：草木之根。

恨 hèn：怀恨在心，怨恨。

很 hěn：违逆，不听从；甚、非常，表示程度高。

狠 hěn：犬争斗声；又指凶狠，残忍。

跟 gēn：足后为跟。

限 xiàn：阻隔；限期，界限、边界、分界线。

银（銀 yín）：银子。

茛 gèn：野葛，钩吻，毛茛。

拓展：

即 郎 哏 垦 㫘 拫 浪 茛 退 豤 㫘 琅 眼 硍 裉 银 莨 蛝 煺 詪 狠 豤

P49.1 剛佷者又倔强无润　P7.4 甚以为恨　P65.1（黑体）穷其根源

艮2：眼 龈 痕 豤 恳 垦 簋

（说文 欧阳询 赵孟頫 王羲之）（金文 说文 颜真卿 王羲之）（简帛 说文 柳公权 米芾 王羲之）（王羲之 智永 智永）

（说文 颜真卿 王羲之 古法帖 说文 褚遂良 颜真卿 赵孟頫 怀素 王羲之 王铎 章草）（简帛 说文 石韵府 王羲之

孙过庭 王羲之 王羲之）（甲骨 甲骨 金文 金文 金文 金文 金文 古文 古文 简帛 说文 智永 虞世南 米芾 章草）

辨析：

眼从目，作为偏旁，草书写法，目字可省略中间的两横。龈从齿，齿字的草书为“齿记止加司”。痕字从疒，疒草化后，左边的两点可省略一点。豤字有从豸和从豕的写法，各体从之。恳和垦从豤，各体从之。簋字的篆书为手持棒槌敲击器具形，隶定为簋，行草书分别写出其部件即可。

眼 yǎn：形声，从目艮声，本义是眼珠。

龈（齦 yín）：牙根肉，牙龈。

痕 hén：创伤痊愈后留下的疤，亦泛指斑迹。

豤 kūn：同豤；mào，同貇；同懇。

恳（懇 kěn）：形声，从心豤声，诚恳、真诚。

垦（墾 kěn）：形声，耕也，从土豤声，翻土、开垦。

簋（殷 guǐ）：会意，从竹从皿从皀，古代盛食物的器具，圆口，双耳。异体字有“匭匦杭匭毁”或从“皀皿”等等。

拓展：

瘢 筤 閬 頣 餦 蛝 鞎 墾 踉 鴖 鬘 蕢 餛 櫷 爐

艮3：退 腿 褪 煺 艰

（甲骨 甲骨 甲骨 金文 金文 楚简 说文 欧阳询 颜真卿 王羲之 王羲之 怀素 米芾）（钟繇 卫瓘 王羲之）

（金文 曹全碑 智永 王羲之 章草）（金文 赵之谦 柳公权 王羲之 章草）（金文 颜真卿 王羲之 王羲之 章草）

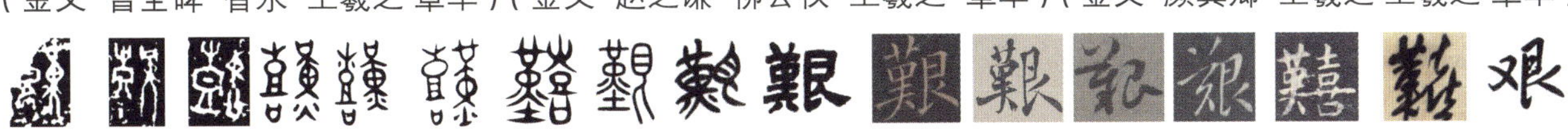

（甲骨 甲骨 甲骨 甲骨 金文 金文 籀文 说文 简帛 邓石如 欧阳询 蒋璨 索靖 王羲之 虞世南 王铎 赵孟頫）

辨析：

退字的篆书变化较多，隶定字形稳定，草书从艮，有与恐字相类的草书写法，需注意细节（退字后附列恐字的几种草书，以与退字辨识）。艰（艱）字的篆书变化多，结构不一，隶定从堇，异体字有从喜的写法，可参见堇页。

退 tuì：会意，小篆字形从彳从日从夂，向后走，后退。

腿（骽 tuǐ）：胫和股的总称，股大腿，胫小腿。

褪 tuì：形声，从衣退声，这个后起字，解作卸衣、花谢、色减、退却，本义是卸衣；脱落，脱去；消除、解除、宽缓。

煺 tuì：宰杀的猪、鸡等，用滚水烫后去掉毛。

艰（艱囏䵛 jiān）：形声，表示与土有关，艮声，本义为土难治理；险恶、危难；旧指父母之丧事；开发土地；欠缺。

拓展：

瘢 蜫 踉

庚 赓 鹒

（甲骨 甲骨 金文 金文 金文 楚简 楚简 秦简 说文 简书 西狭颂 张迁碑 欧阳询 灵飞经 颜真卿 赵孟頫

钟繇 颜真卿 杨维桢 王羲之 李淦 王铎 朱耷）（金文 金文 上博简 粗篆 汉印 邓石如 王羲之 欧阳询 颜真卿

柳公权 赵孟頫 王羲之 王羲之 米芾 赵孟頫 刘赓 文徵明 王羲之 于右任 章草）（欧阳询 黄庭坚 董其昌 王铎）

辨析：

庚字篆书字形变化较多，隶定字形稳定，行草书为快写，中间的一横可省略，撇可写竖，捺可写点。可拓展。庸从庚，参见庸页。

庚（gēng）：位西方，像秋时万物庚庚有实也；天干的第七位，与地支相配，用以纪年、月、日。

赓（賡 gēng）：形声，从贝庚声，本义是连续、继续，酬答、应和。

鹒（鶊 gēng）：鸧鹒，鸧鹒是中国常见的黑枕黄鹂，为中型雀类，外形大小和金黄鹂相似，体长 23 厘米 –27 厘米，通体金黄色，两翅和尾黑色，雌雄双飞，鸣音如织机声。

拓展：

猄 搄 蓎 槺 㾏 鰔 鹏

更 便 哽 绠 鲠 硬 埂 粳

（甲骨 甲骨 金文 金文 楚简 秦简 李阳冰 石门颂 张迁碑 隶辨 赵孟頫 欧阳询 褚遂良 颜真卿 赵孟頫

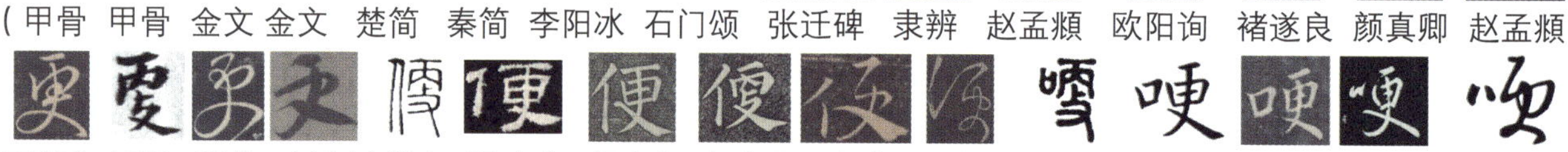

王羲之 王铎 张芝 索靖）（说文 肥致碑 颜真卿 颜真卿 索靖 王羲之）（说文 欧阳询 王洽 唐太宗 王羲之）

（说文 陆柬之 王羲之）（说文 赵孟頫 章草）（篆字汇 柳公权 王羲之）（说文 王铎 李淦）（郑板桥 邓文原）

辨析：

更字为丙和攴字的组合，草书一般省略中间的一横。个别书家行楷写法有从其篆书“丙攴”结构的。可拓展。

更 gēng：形声，从攴，更字的小篆形是个形声字，丙声，本义为改变。

便 biàn：安也，人有不便，更之，从人更；pián，姓、便宜。

哽 gěng：形声，从口更声，本义为言语受阻，不能畅通。

绠（綆 gěng）：形声，从糸更声，本义为井绳；bǐng，轮辐近轴处向外突出的部分。

鲠（鯁骾 gěng）：形声，从魚更声，鱼骨也，鱼刺。

硬 yìng：形声，从石更声，本义是坚硬。

埂 gěng：形声，从土更声，本义是小坑。

梗 jīng：同粳。

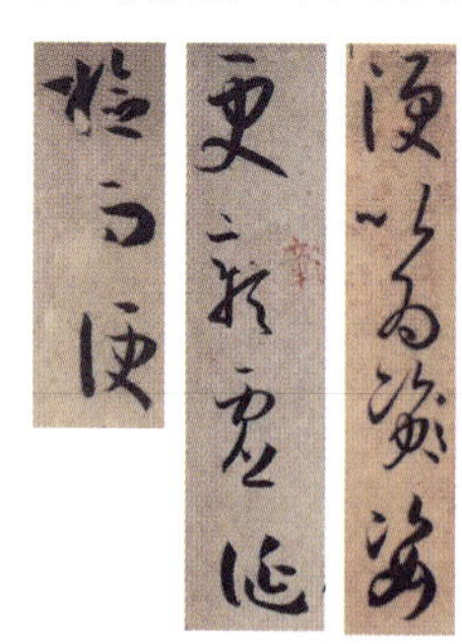

拓展：

峺 挭 浭 莄 娅 猠 逦 梗 甦 瘦 筻 粳 鞕 骾 鱷

P32.6 更彰虚诞　P22.1 章务检而便　P48.7 便以为姿

工1：工 功 攻 贡 鸿 邛 巩 肛 缸 舡

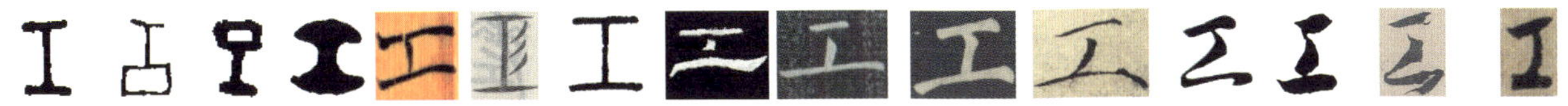

（甲骨 甲骨 甲骨 金文 简帛 简帛 说文 礼器碑 欧阳询 颜真卿 宋徽宗 王羲之 智永 孙过庭 怀素）

（说文 秦量 颜真卿 皇象）（甲骨 金文 简帛 说文 赵孟頫 皇象）（说文 智永 王羲之 沈粲）（说文 虞世南 宋克）

（说文 颜真卿 王羲之）（说文 柳公权 赵孟頫）（篆字 王羲之 王羲之）（说文 颜真卿 李洤）（篆字 蔡襄 鲜于枢）

辨析：

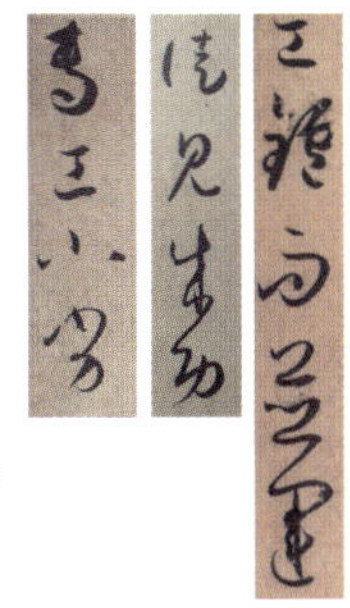

工字的篆书变化较多，隶楷字形稳定，行草书为快写。可拓展。

工 gōng：象形，甲骨文字形像工具形，"工""巨"（矩）古同字，有"规矩"，即持有工具，本义为工匠的曲尺。

功 gōng：用力从事工作，本义是功绩、功业、功劳。

攻 gōng：形声，从攴工声，击也。

贡 gòng：把物品进献给朝廷。

鸿 hóng：大雁。

邛 qióng：地名，邛城，邛崃山，劳、病。

巩 gǒng：以韦束也。

肛 gāng：大肠端，肛门。

缸 gāng：瓦制长颈容器，水缸、缸砚，汽缸。

舡 chuán：同船。

拓展：

讧 式 江 杠 叿 卭 仝 刯 玒 妅 屸 峊 玜 巠 巫 杢 灴 玒 疘 矼 㺬 笁 豇 粠 䍃 䂵 差 訌 豇 㺬 䂵

P6.3 专工小劣　P15.1 与工鑪而并运　P17.4 徒见其功

工2：虹 红 豇 项 巧 汞 扛 杠 讧 江 式 㠭

（说文 简帛 石鼓文 说文 王羲之 王羲之 章草）（简帛 说文 颜真卿 王羲之）（篆字汇 欧阳询 王羲之 章草）

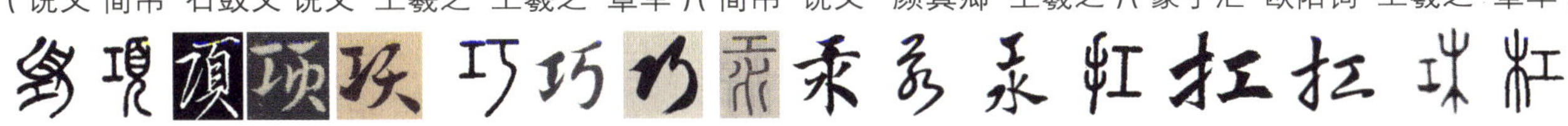

（简帛 说文 赵佶 皇象 孙过庭）（说文 智永 智永）（篆字 智永 王羲之 章草）（说文 赵孟頫 王羲之）（金文 说文

颜真卿 章草）（说文 衡方碑 王羲之）（说文 赵孟頫 皇象）（说文 褚遂良 李洤）（说文 楷书）*（赵佶 王献之）张旭*

辨析：

虹字篆书为象形，其他演变结构清晰，寻、空、嚣、㠭、寻、空 等字从工，参见相关页。

虹 hóng：雨后天空出现的弧形彩晕，主虹称虹，副虹称霓。

红（紅 hóng）：像鲜血的颜色；喜事，顺利、成功。gōng，旧时指妇女所做的缝纫、刺绣一类的劳动或劳动成品。

豇 jiāng：豇豆，蔓生。

项（項 xiàng）：脖子的后部。

巧 qiǎo：从工丂声，技也。

汞 gǒng：水银。

扛 káng：用肩膀承担，gāng，两手举东西。

杠 gāng：床前横木，指旗，好与人争等。

讧（訌 hòng）：溃败，争扰。

江 jiāng：大河的通称，长江。

式 shì：法度，规矩。

㠭 zhǎn：极巧视之也，从四工，同展。

拓展：

尋 空　䂵 颩 漎 壽 魟 䲨 䂵

弓 1：弓 引 躬 弘 张

（甲骨 甲骨 甲骨 甲骨 金文 楚简 楚简 石鼓文 说文 居延简 信本 颜真卿 柳公权 赵孟頫 王羲之 苏轼 皇象 王羲之 赵孟頫）

（甲骨 甲骨 金文 金文 楚 秦简 简帛 说文 石韵府 王羲之 皇象 空海）（楚简 说文 褚遂良 王铎 说文 王羲之 智永）

（甲骨 金文 楚简 说文 欧阳询 颜真卿 皇象 王羲之）（金文 楚简 楚简 秦简 说文 欧阳询 颜真卿 张芝 王羲之）

辨析：

引从弓，弓字的草书比楷行书的写法少一个折。可拓展。夷弟弟弗强發弯等字从弓，可参见相关页。

弓 gōng：象形，甲骨文像弓形，有弓背和弓弦，后省去弓弦，只剩下弓背，隶变后变成现在的“弓”字，本义为射箭或打弹的器械。

引 yǐn：会意，从弓丨，丨表示箭，箭在弦上，即将射发，本义为拉开弓。

躬（躳 gōng）：身也。自身，亲自，弯曲。

弘 hóng：形声，从弓厶声，弓声也。大，发扬。

张（張 zhāng）：形声，从弓长声，本义是把弦安在弓上；金文有异体字从糸。

拓展：

强 弨 夷 弪 弢 弫 弭 弮 弮 弸 弰 弲 弳 弴 弶 弸 弽 弹 弿 彀 彁 彃

P13.2 引班超以为辞

弓 2：弔 弹 弦 弥 弭 弧 弛 弩 穹

（甲骨 金文 金文 金文 楚简 说文 欧阳询 颜真卿 王羲之 怀素）（甲骨 甲骨 甲骨 甲骨 甲骨 说文 说文

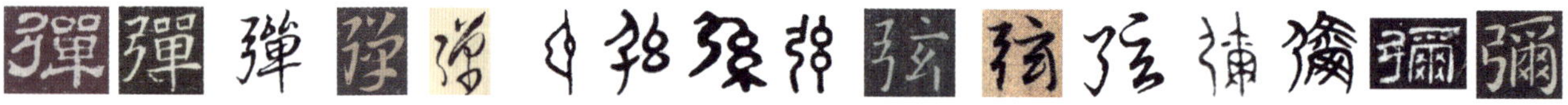

夏晨碑 董美人 陆柬之 索靖 王铎）（甲骨 简帛 简帛 说文 欧阳询 赵孟頫 韵会）（金文 简帛 史晨碑 王献之

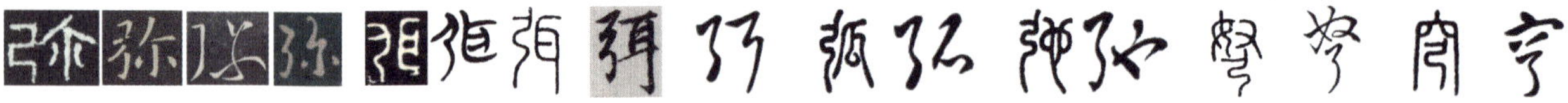

好太王 信本 张芝 皇象）（金文 简帛 说文 赵孟頫 王羲之）（说文 王羲之）（说文 章草）（王羲之 王铎）（说文 王羲之）

辨析：

本页需注意所涉字根及异体字的变化，其中弹与弦字，甲骨文有相同的指事符号，待考。

弔 diào：会意，甲骨文像人持戈射缯之形，本义是悼念死者。

弹（彈 弓 弓 dàn）：形声，从弓单声，本义是弹丸；或说从弓持丸也。

弦（絃 xián）：弓弦。

弥（彌瀰 mí）：放松弓弦。

弭 mǐ：角弓，末端用骨做装饰的弓。

弧 hú：古代指木弓；圆周的任意一段。

弛 chí：放松弓弦。

弩 nǔ：弓有臂者。一种利用机械力量射箭的弓。

穹 qióng：穷也，高、大。

拓展：

弶 弸 彉 弶 彄 彅 彆 彇 彈 彇 彏 彇 彋

弓 3：弜 弱 溺 粥 弼 鬻 鬻 鬻 鬻 鬻 鬻

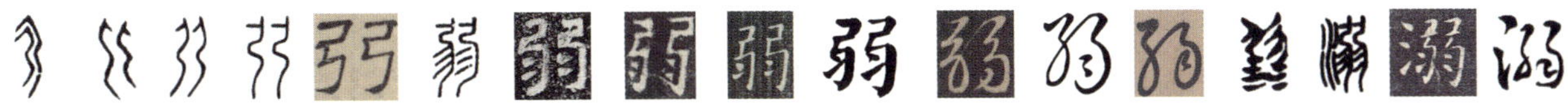
（甲骨 甲骨 金文 说文 隶辨）（说文 西狭颂 宝子碑 欧阳询 颜真卿 王羲之 王羲之 智永）（简帛 说文 虞世南 章草）

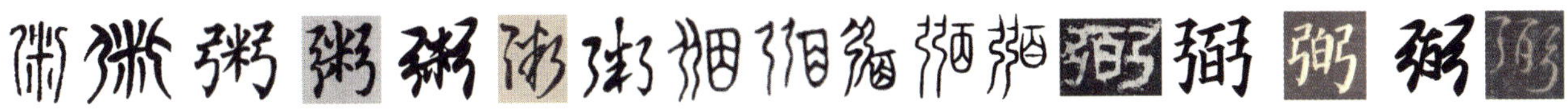
（汉印 简帛 柳公权 赵孟頫 王羲之 王铎 章草）（金文 金文 楚简 说文 汗简 张迁碑 欧阳询 颜真卿 王羲之 张弼）

（说文 赵孟頫 黄自元 章草）（甲骨 说文 楷书）（说文 颜家龙 邹武生）（说文 陈鸿寿）（说文 叔夜鼎）（说文 楷书）

辨析：

弜字字形稳定，行草书为快写。可拓展。说明：粥弼鬻等字中的弜字，为冉冉上升的蒸汽。

弜 jiàng：弓强劲有力；甲骨文中可表示否定副词，不应该、不宜，午组、妇女组、子组花东组多见。

弱 ruò：会意，小篆字形，两把弯曲的弓，彡为毛羽，表示柔弱，本义是气力小、势力差。

溺 nì：淹没；沉迷不悟、过分、无节制。

粥 zhōu：本义是稀饭；同鬻，卖。

弼 bì：辅佐。

鬻 yù：本义粥，引申为卖；使用；盗取。

鬻 sù：鼎实；或从食束为餗。

鬻 yù：鬻也。

鬻 zhǔ：孚也；同煮；亯（享）也。

鬻 gēng：五味调和的浓汤，同羹；煮也。

鬻 ěr：粉饼也。

拓展：

㢲 弢 弼 弻 嫋 嵶 愵 搦 蒻 𧙍 䐞 榒 𧲜 篛 糑 觮 鰯 鶸

公 1：公 讼 松 蚣 颂 瓮

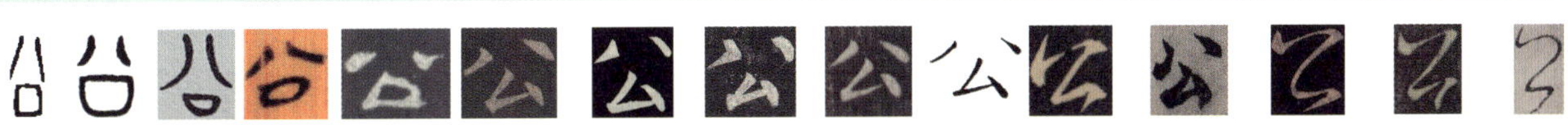
（甲骨 金文 盟书 楚简 史晨碑 欧阳询 颜真卿 柳公权 赵孟頫 赵佶 王羲之 欧阳询 王羲之 王献之 张旭）

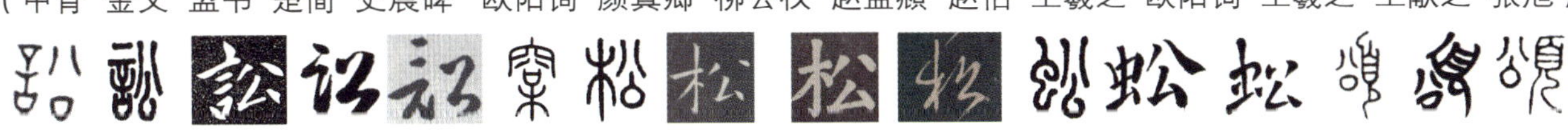
（金文 说文 赵孟頫 王铎 辨体）（说文 说文 欧阳询 颜真卿 王羲之）（说文 颜真卿 章草）（金文 楚简 说文

张迁碑 赵孟頫 索靖 王铎）（古文 吴昌硕 邓文原 古文 王铎 邓文原 说文 欧阳询 章草）附：王羲之 王铎

辨析：

公字的字形稳定，行草书为快写。需要注意的是，“沿（㳂）船（舩）”等字的草书（见附），其字根台（几口），与“公”字可以互换，成为异体字，草书一般从“公”字的草书写法，参见相关页。

公 gōng：会意，小篆字形上面是八，表示相背，下面是厶（私的本字），合起来表示与私相背，即公正无私的意思，本义为公正、无私。

讼（訟 sòng）：形声，从言公声，从言的字与讲话有关，本义是争论。

松 sōng：形声，从木公声，本义是松科植物的总称。

蚣 gōng：蜈蚣；zhōng，蚣蝑，即螽斯。

颂（頌 sòng）：形声，从页公声，本义为容貌，仪容，这个意义后来写作容；歌颂；占兆之词。

瓮（甕甖 wèng）：形声，从瓦公声，本义是陶制盛器，小口大腹。

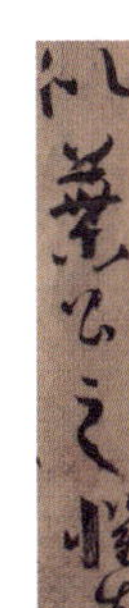

拓展：

㕬 𥥉 㳂 妐 彸 忪 𥥈 忩 昖 枀 炂 玜 㣞 悅 衳 偬 倯 淞

P 56.1 似叶公之惧真

公 2：衮 滚 磙 棍 兖 菸

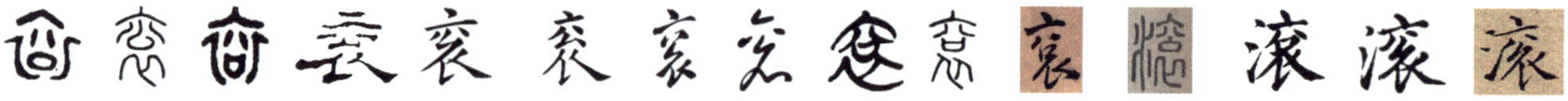

（金文 说文 金文 郭有道 王羲之 欧阳询 米芾 王羲之 简帛 说文 王铎）（篆字汇 颜真卿 赵孟頫 文徵明

黄庭坚 王铎 王羲之）（金文 粗篆 石门颂 乙瑛碑 颜真卿 柳公权 王羲之 王羲之 章草）（篆字汇 维摩诘）

（说文 金文 金文 夏晨碑 唐玄宗 智永 柳公权 赵孟頫 王铎 王羲之 章草 颜真卿 张满墓）（篆字汇 彭玉雯）

G

辨析：

公作为字根，其部件厶字有从厶和从口（少见）两种写法。兖和翁字均从公，兖乃兑也，分别见兑和翁页。

衮（袞 gǔn）：形声，从衣公声，本义为画龙于衣，古代君王等的礼服。

滚 gǔn：形声，从水衮声，本义是大水奔流貌。

磙 gǔn：形声，从石衮声，本义是石制滚压器。

棍 sōng：俗呼小笼为桶棍。

兖（兗 yǎn）：地名，在中国山东省，兖州；水名，有王屋山，兖水出。

菸（蒅 yǎn）：古书上说的一种草。

拓展：

搌 蓑 謴 埌 滚 蓑 褃 莣

廾 1：廾

（说文 汉简 汗简 王羲之 欧阳询 王羲之）（说文 彭玉雯 王羲之 文徵明 管道升）（说文 宋徽宗 黄庭坚 王宠）

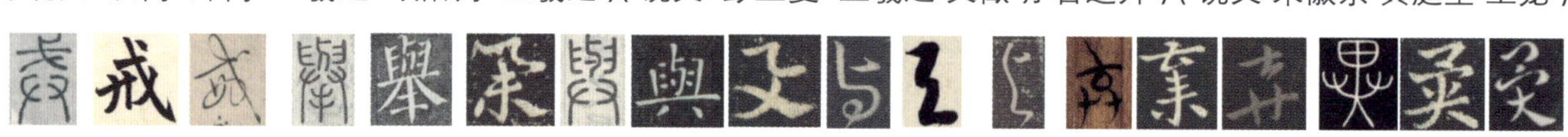

（李斯 赵孟頫 怀素）（说文 颜真卿 皇象）（说文 欧阳询 皇象 王献之 怀素 智永）（楚简 皇象 索靖）（李阳冰 皇象 皇象）

（王羲之 王羲之 怀素 怀素 怀素）（欧阳询 怀素 王铎）（祝永明 吴昌硕）（柳公权 于右任）（彭玉雯 卞岩） 徐伯健

辨析：

廾字本为两只手，隶定为廾，草书有快写、“大”形及融入各体的，与廾字有同等篆书部件的字有很多，如“卉弄戒举與（与）弃異（异）弊弈弁恭奔莽攀葬彝羿”等，其草化后形态各异，列示以比照之；可参照相关页。

廾（収丮 gǒng）：两手捧物，今作拱。

拓展：

异 囲 弃 弅 弆 昇 弆 弃 弇 弈 异 弉 葬

廾 2：共　拱　哄　烘　粪　恭　龚　巽　巷　爆

（甲骨　甲骨　金文　金文　楚简　说文　说文　张迁碑　乙瑛碑　欧阳询　颜真卿　王羲之　米芾　张芝　索靖

王羲之　王羲之　王献之）（邓石如　智永　索靖　智永）（篆字汇　赵之谦　索靖）（说文　孙过庭）（颜真卿　王羲之）

（说文　智永　王羲之）（金文　说文　褚遂良　王羲之）（说文　文徵明）（楚简　说文　赵孟頫　王铎）（说文　于右任）

辨析：

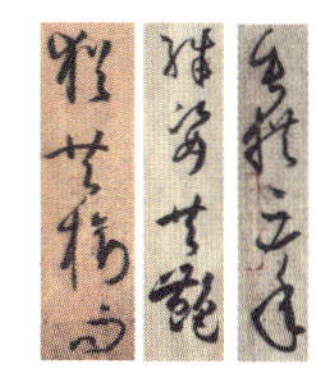

共字的原始字形可以看出，楷书是把说文字形的四只手中间的线条拉平后形成的，而草书则是将中间的横缩短，下边的撇捺拉平。可拓展。巷港粪龚爆等字可参见相关字根页。

共 gòng：同也，从廿从廾（廾从两手），廿、二十并也，二十人皆竦手（谓手容之恭上其手也）是为同也。

拱 gǒng：抱拳、敛手，表示恭敬；向上或向外顶掀；圆弧形的。

哄 hōng：形声，从口共声，许多人同时发声；欺骗。

烘 hōng：形声，从火共声，本义是烧、焚烧。

粪（糞 fèn）：会意，小篆字形从釆（矢），合起来表示双手持簸箕清除污秽，本义是扫除；粪便。

恭 gōng：恭敬，谦逊有礼。

龚（龔 gōng）：供的古字，本义是供给，后作供。

巽 xùn：巺，具也，古文巽，八卦之一，卦形☴，代表风，上下皆顺。

巷 xiàng：胡同，里弄。

爆（爆）bào：猛然炸裂并发出响声；出人意料地出现或发；烹调方法，快速油烹；鼓出来。

拓展：

珙 娂 供 哄 栱 龚 珙 碽 粠 舼 䢼 衖 拲 恭 異 䀨 蛬 蛬 暴 堪

P18.5 犹共树而分条者乎　P53.2 殊姿共艳　P60.3 垂拱三年

巩　恐　銎　筑（築）　跫　蛩

（简帛　说文　颜真卿　韵会　毛泽东　金文　金文　金文　说文　说文　王羲之　黄庭坚　王羲之　文徵明　章草）

（金文　金文　楚简　秦简　六书　说文　乙瑛碑　钟繇　欧阳询　卫瓘　王羲之　王徽之）（说文　欧阳询　王铎　李洤）（金文

古文　秦简　说文　褚遂良　王羲之　皇象　王羲之）（金文　智永　孙过庭　章草）（楚简　古文　说文　智永　赵孟頫　李洤）

辨析：

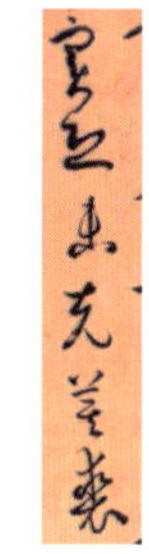

巩字本从巩，楷化后从巩的写法基本被废弃，一般写从凡，草书可快写，也有从“几”字的写法，作为字根，还有从“口”字的写法。恐字有异体字从“工口心”，草书从之。恐从心，草书心写一横或三个点。巩从工，还可参见工页。

巩（鞏鞏 gǒng）：形声，以韦束也，或加手，从革巩声，从“革”表示与皮革有关，本义为用皮革捆东西。

恐（㤨恐 kǒng）：形声，从心巩声，双手被工具捆住，心里害怕、惊恐。

銎 qióng：斧子上安柄的孔。

筑（築 zhù）：形声，从木筑声，本义是筑墙，古代用夹板夹住泥土，用木杆把土砸实。

跫（䠻 qióng）：脚踏地的声音 。

蛩 qióng：蝗虫的别名；古书上指蟋蟀；传说中的异兽名。

拓展：

筇 巺 拲 㧬 碧 梁 跫 䓖 粱 蛩　　P8.6 实恐未克其裘

勾 1：勾 钩 沟 构 购

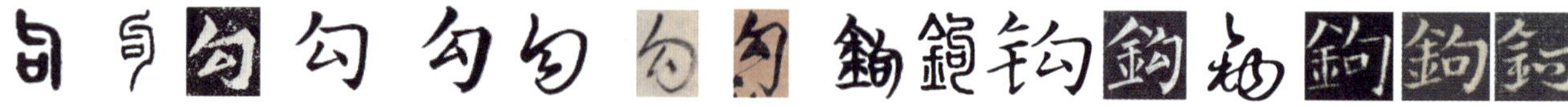

（金文 通假 魏碑 王羲之 颜真卿 王羲之 鲜于枢 王铎）（楚简 说文 王羲之 柳公权 王羲之 欧阳询 皇象 皇象）

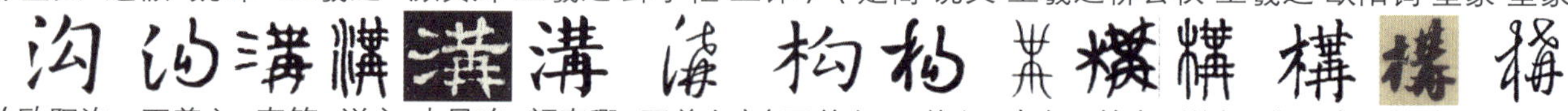

（欧阳询 王羲之 秦简 说文 史晨碑 颜真卿 王羲之）（王羲之 王羲之 古文 简帛 说文 柳公权 苏轼 王羲之）

（王羲之 欧阳询 颜真卿 黄庭坚 王羲之 章草 秦简 说文 颜真卿 柳公权 赵孟頫 米芾 皇象 韵会 韵会）

辨析：

勾字拓展的字从异体字角度，可以分为四类：1. 可从句和冓：沟构购緱钩；2. 可从勾和句：刨（鉤）佝（佝）抅（拘）芶（苟）呴（呴）岣（岣）怐（怐）殉（殉）竘（竘）袧（袧）夠（够）笱（笱）豿（狗）軥（軥）朐（朐）飽（餉）蒟（蒟）；3. 异体字各不相同：鞫（軝）耩（耩）黎（黎）齁（齁）鬻（炒）；4. 无异体字（错位同本字）：均鉥敂煦痀砇皺鮈駒黔鼩（鼂）鼂（鼩）。本页为第 1 类，即可从句和冓的字，沟构购緱钩等；第 2 类可参见“句页”；第 3 和 4 类，不常用，历代书家未见。

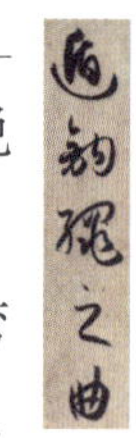

勾 gōu：本作句，弯曲，曲折之物，说文解字未收录“勾”字头，古同“苟”。

钩（鉤鏄鉤 gōu）：曲也，从金从句，句亦声，悬挂或探取东西用的器具，形状弯曲，头端尖锐。

沟（溝 gōu）：形声，从水冓声，本义是田间水道。

构（構 gòu）：会意，古字为冓，从木冓声，字本作冓，金文像屋架两面对构形，本义是架木造屋。

购（購賗贘贕 gòu）：形声，从贝，从贝表示与财物有关，以财有所求也。

拓展：

搆（构 構 拼） 緱（韝 緱）　　P52.3 遁钩绳之曲直

勾 2：句 拘 鉤 苟 狗 够 驹 枸 鸲

（甲骨 金文 金文 楚简 楚简 说文 石门颂 乙瑛碑 欧阳询 颜真卿 赵佶 王羲之 米芾 索靖 王羲之）

（金文 说文 赵孟頫 王羲之）（金文 楚简 说文 欧阳询 王羲之）（甲骨 甲骨 金文 金文 楚简 说文 褚遂良 宋克）

（盟书 说文 虞世南 皇象）（金文 柳公权 索靖）（楚简 说文 智永 王羲之）（楚简 秦简 说文 王羲之）（说文 王铎 章草）

辨析：

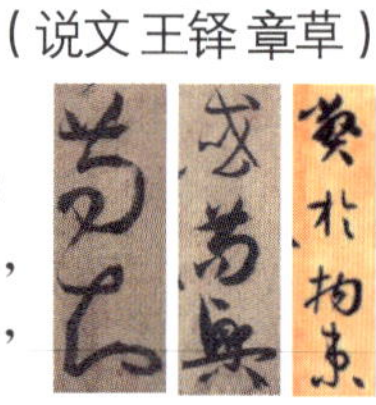

句字从口，草书，口字快写、两点、两点连写均可；作为字根，也可以从半包围穿下写一个小三角或打两个折（说明：两个折不可写成两个撇，以与勿字区别）。

句 jù：会意，小篆字形从口从 丩（jiū），像绳丝缠结之状，“丩”亦兼表字音，gōu，弯曲；句子；俗作“勾”，本义为弯曲。

拘 jū：会意，从手从句，句亦声，本义是拘留、拘禁。

鉤 gōu：从金从句，曲也；形状弯曲，具有探取、悬挂、连接等功能的器具；用钩子挂住拉起。异体字有句、“句刂”等。

苟 gǒu：形声，从艸句（gōu）声，本义是草名，又，菜名；姑且，暂且；草率，随便；文言连词，如果，假使。

狗 gǒu：形声，从犬句（gōu）声，本义是犬，原指小犬，后为狗犬的通称。

够 gòu：形声，从多句声，本义为聚，多。

驹 jū：植物名，即蒌叶；枸杞；弯曲的。

枸 gǒu：枸杞；gōu，弯曲的；jǔ，枸橼。

鸲（鴝鸜 qú）：鸲属鸟，身体小尾巴长，嘴短而尖，羽毛美丽，鸲鹆，又叫八哥儿。

拓展：

泃徇敂斪昫朐欨玽耇苟毢朐痀眗竘袧眗

P38.1 苟知其术适可兼通　　P59.3 或苟兴新说　　P49.2 弊于拘束

冓1：冓　覯　韝（韝）　遘　覯（覯）𨺐（隘）　傋（偕）

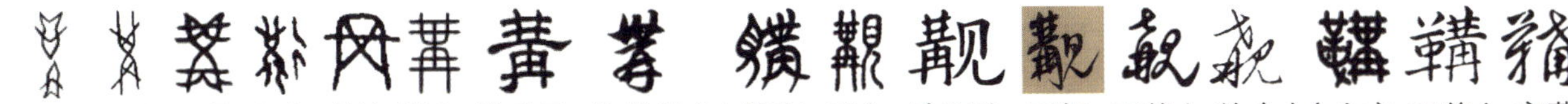

（甲骨 甲骨 甲骨 金文 朕敦 说文 单晓天　徐伯健）（简帛 说文 欧阳询 王铎 王羲之 韵会）（金文 王羲之 章草）

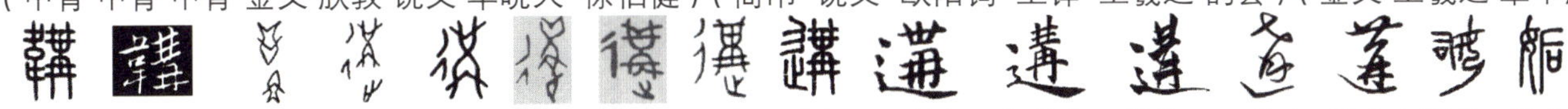

说文　黄庭坚）（甲骨　甲骨　甲骨　甲骨　金文　金文　说文　王羲之　虞世南　米芾　王羲之　韵会　姤尊　说文

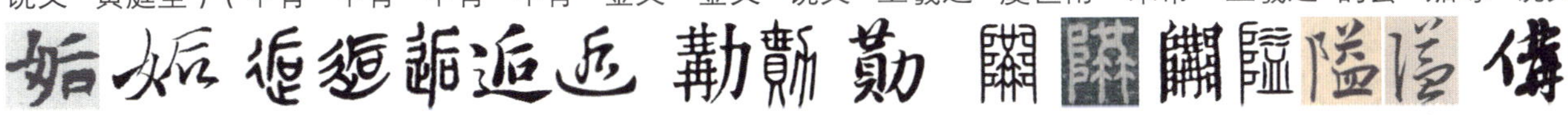

薄夫人　郑板桥）（金文 简帛　说文　智永 王羲之）（楷书 说文　赵孟頫）（说文　金石索　楷书 说文 米芾 王宠）吴昌硕

辨析：

冓字拓展的字从异体字（括弧中）角度，大体可分3类：1. 异体纷呈：講（讲）傋（偕）嘯（雊）覯（覯）犅（犎）𨺐（隘）構（稱）饉（橐）篝（糞）緱（韝）韝（韝）褠（韝褠）篝（蓬）覯覯（覯覯）幬（褠褠）遘（逅姤徿逅）篝（篝篝篝篝）；2. 从勾或句：構（构搆構）溝（沟）購（购賟賻購）搆（构構搆）艫（朐朐）鞲（钩鉤）；3. 无异体字：媾猏寓塨徿情斠燼搆膞磚斢購稱寬覯鸜鹌，除媾字外，历代书家未见。本页对冓覯韝（韝）遘覯（覯）𨺐（隘）傋（偕）等字给予列示。冓字隶定字形稳定，草书写法：1. 快写；2. 上边的部件草化为“戈”。可拓展。需注意韝、遘、覯（覯）和𨺐字的异体字的运用。

冓 gòu：冓，交积材也，像对交之形，以木相加也，冓为構的本字。

覯（覯 gòu）：形声，从见冓声，本义是遇，遇见、看见，遭遇，构成，通构。

韝（韝 gōu）：臂套，用革制成，用以束衣袖，射箭或操作时用。

遘（冓姤逅徿遘）：形声，从辵表示与行走有关，冓声，本义为遇、遇见。

覯（覯 yì）：劳也；莫知我覯，无人知道我的劳苦；器物逐渐磨损失去棱角、锋芒等。

𨺐（隘 ài）：形声，籀文从阜益声，阜乃土山，从阜的字多与地势有关，本义是狭窄、狭小；𨺐是隘的本字，𨺐，籀文也，隘、小篆也，先籀而后篆者也，异体字有阸、塧、阨、隥、隘、䧯、𨺐、𨺐、𨺐等等。

傋（偕 jiǎng）：形容不高雅；gòu，愚昧无知。

G

冓2：講（讲）　搆　耩　媾　篝

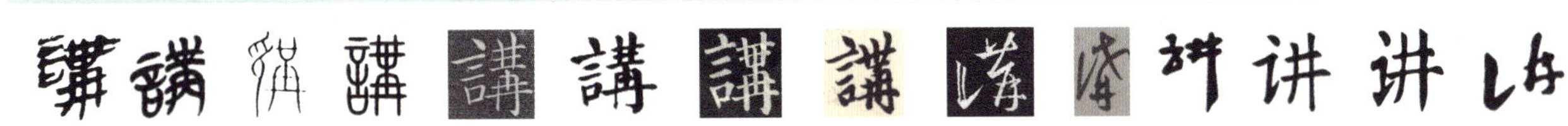

（帛书　简帛　古文　说文　褚遂良　颜真卿　柳公权　赵孟頫　王羲之　陆游　汉简　欧阳询　颜真卿　王羲之）

（篆字汇　虞世南　褚遂良　索靖　王羲之　王献之）（金文　粗篆　柳公权　赵孟頫　王羲之　黄庭坚　王羲之　章草）

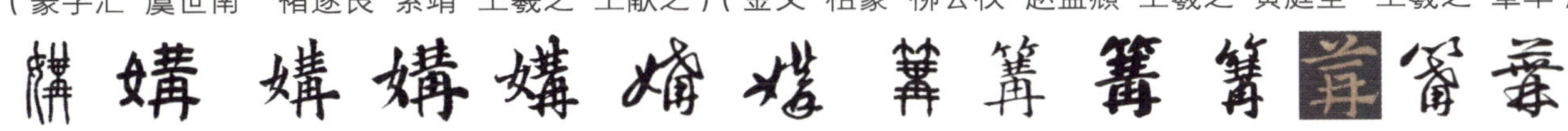

（说文　西狭颂　欧阳询　颜真卿　赵孟頫　王羲之　孙过庭）（说文　王羲之　颜真卿　王羲之　皇象　王羲之　日本）

辨析：

講字一般有講和讲两种繁简写法，各体从之。其余的字从冓，各体同前。

講（讲 jiǎng）：从言冓声，篆书似两鱼对嘴而从言，意为交流对话也；《说文》曰和解也。

搆 gòu：引起、造成，搭建，触及；同构。

耩 jiǎng：用耧播种或施肥，耕地，耩子，耩粪。

媾 gòu：形声，从女冓声，交互为婚姻，亲上结亲；交合，会合；厚爱，宠爱。

篝 gōu：形声，从竹冓声，竹笼；指熏笼；罩住。

拓展：

寓 斠 燼 膞 磚 覯

古 故 蛄 固 個（箇 个）

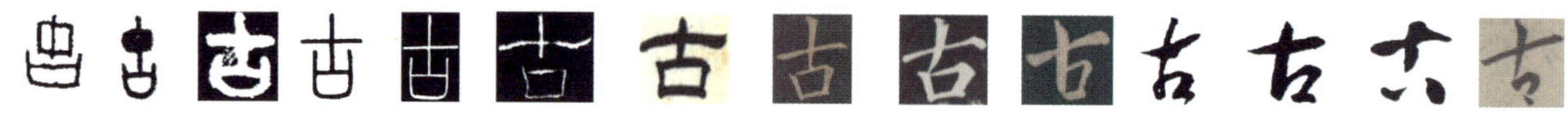

（甲骨 盂鼎 墙盘 说文 李斯 礼器碑 张迁碑 欧阳询 颜真卿 皇象 王羲之 智永 米芾 王宠）

（说文 宝子碑 碧落碑 颜真卿 皇象 索靖）（说文 章草）（颜真卿 章草）*索靖 皇象 章草 王羲之 王羲之 王铎 孙万民*

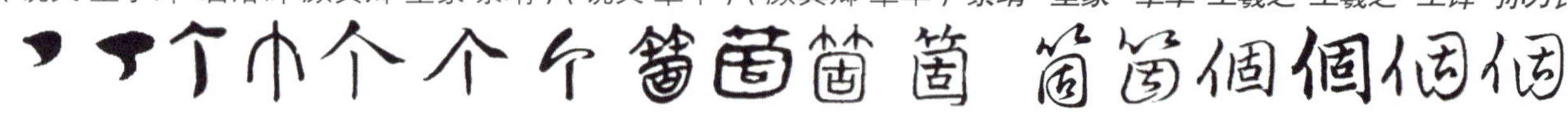

（楚简 楚简 汉简 说文 王羲之 黄庭坚 王羲之 楚简 帛书 说文 李华碑 孙过庭 韵会 李邕 赵孟頫 草字汇 王铎）

辨析：

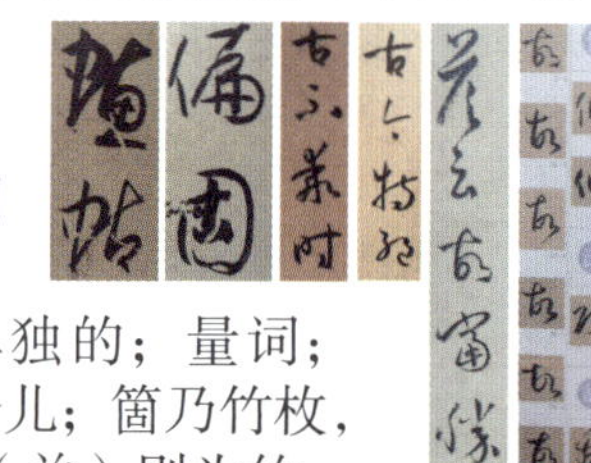

古字从十从口，草书写法，核心是口，有快写、三角、两点或两点连写。可拓展。拓展的字参见相关字根页。

古 gǔ：甲骨文（口，言说）（十，极多），为无数先人口口相传的久远时代。

故 gù：形声，从攴古声，从攴取役使之义，为缘故、原因。

蛄 gū：蝼蛄。

固 gù：形声，从囗古声，坚，坚固。

個（箇个 gè）：单独的；量词；代词这、此；自己，自个儿；箇乃竹枚，箇或作个，半竹也，竝（并）则为竹，单则为个，正义引释名曰"竹曰个，木曰枚"。

拓展：

姑 胡 骷 鸪 居 啇 轱 估 克 咨 诂 居 咕 固 岵 怙 沽 猄 苦 宫 㤨 枯 牯 祜 胡 殆 祐 秸 罟 钴

P4.4 古今特绝 P5.3 古不乖时 P7.5 答云故当胜 P18.3 好溺偏固 P58.2 蟪蛄

谷1：谷 俗 浴 欲 峪 裕 豁 鹆 郤 鋊

（甲骨 甲骨 金文 楚简 秦简 说文 曹全碑 褚遂良 颜真卿 赵佶 钟繇 王羲之 王宠 皇象 智永 王铎 沈粲）

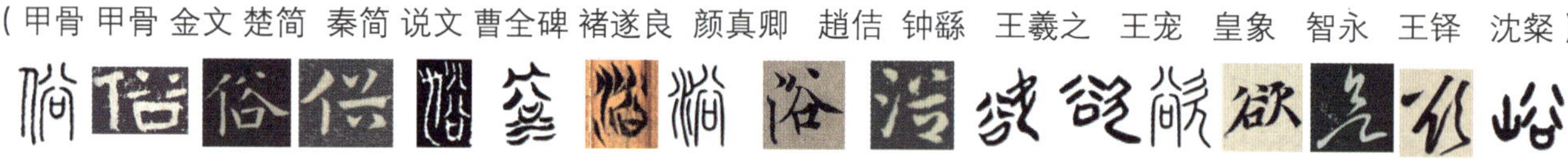

（说文 张迁碑 欧阳询 皇象）（金文 楚简 楚简 说文 欧阳询 皇象）（楚简 秦简 说文 智永 张芝 王铎）（金文

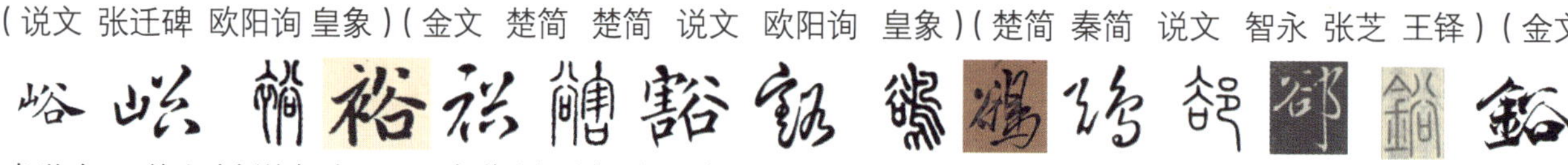

虞世南 王羲之）（说文 赵孟頫 章草）（说文 柳公权 王羲之）（说文 王铎 王羲之）（说文 蔡襄）（真本 张即之）

辨析：

谷字象形，草书主要有皇象、智永、王铎、沈粲四种写法。可拓展。谷有繁体穀（从壳）字，见壳页。

谷 gǔ：会意，甲骨文字形，上面的部分像水形而不全，表示刚从山中出洞而尚未成流的泉脉，下面像谷口。

俗 sú：风俗。

浴 yù：形声，从水谷声，本义是洗澡。

欲（慾 yù）：形声，从欠谷声，欲望、嗜欲。

峪 yù：山谷。

裕 yù：衣物丰饶，富饶、财物多。

豁 huō：裂开、割裂，拼、舍弃、牺牲，通敞的山谷，开通、开阔，很快、一下子。

鹆（鵒 yù）：鸟名，鸲鹆，又叫八哥儿。

郤 xì：孔隙、隔阂；古地名，今中国山西省沁水下游一带。

鋊 yù：铜屑，器物用久渐渐磨光失去锋刃或棱，古代钩鼎耳和出炉炭的器具。

拓展：

欱 谷 俗 卻 郤 䜪 唂 峪 浴 绤 䐶 逧 埳 欲 榕 欲 焀 䜫 䜪 䜩 晗 䜬 睿 㗊 硲 裕 鹆 谼 䜮 谬 䜭 谾 谾 谾

谷 2：容 镕 溶 搈 榕 瑢 熔 蓉

（金文 金文 楚简 秦简 说文 智永 欧阳询 颜真卿 赵孟頫 宋徽宗 皇象 皇象 智永 怀素 王铎）

（简帛 说文 隶辨 欧阳询 赵孟頫 王羲之 邓文原）（金文 说文 虞世南 柳公权 王羲之 章草）（说文 楷书）

（说文 颜真卿 王羲之 章草）（篆字汇 永瑢印）（金文 颜真卿 柳公权 王羲之 文徵明）（简帛 说文 智永 智果 王羲之 章草）

G

辨析：

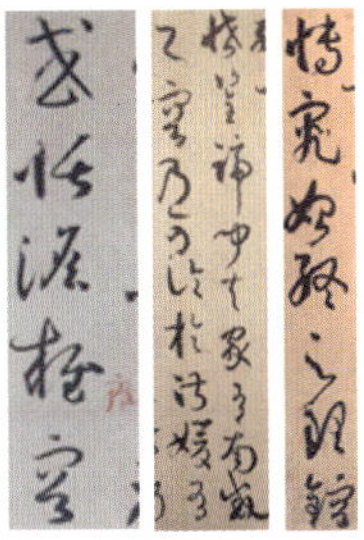

容从谷，各体从谷字写法。可拓展。

容 róng：会意兼形声，“宀”是房屋，谷是空虚的山洼，都有盛受的意思，本义是容纳；仪容、容貌、容颜，礼仪、礼法，允许，许可、收留，打扮、装饰，悦、欢喜，等待，需要，假借为用。

镕（鎔 róng）：铸器的模型，熔化。

溶 róng：形声，从水容声，水盛大的样子。

搈 róng：动摇，不安。

榕 róng：一种常绿乔木。

瑢 róng：琮瑢（cōngróng），佩玉相碰的声音。

熔（鎔 róng）：形声，从火容声，用高温使固体物质转变为液态，熔为镕的俗字。

蓉 róng：芙蓉也。

拓展：

傛 塎 媶 嵱 彮 慵 窫 额　䅘 褣 嵱 槦 鞛 鎔 鰫

P43.6 或恬澹雍容　　P53.6 南威之容　　P51.1 博究始终之理镕铸虫篆

雇 顧（顾）

（甲骨 金文 说文 王羲之 王羲之 孙过庭）（金文 简帛 说文 李阳冰 赵孟頫 熹平碑 墨缘堂 欧阳询 颜真卿

柳公权 赵孟頫 王羲之 唐太宗 虞世南 陆柬之 颜真卿 米芾 黄庭坚 索靖 王羲之 王羲之 智永 怀素 怀素）

辨析：

雇为户加隹，草书从户从隹，户字草化为“厂”形；顾（顧）为雇加页，其中雇字下的隹字，草书借用“贝丁反”形，为约定俗成。

雇（僱 gù）：形声，从隹从户声，表示与鸟类有关，本义为鸟名即九雇，一种候鸟。

顾（顧 gù）：形声从页（xié），表示与头有关，雇声，本义是回头看。

拓展：

僱 顧

P56.4 孙阳不妄顾者

瓜 孤 觚 瓤 瓢 狐 瓣 弧 瓠 呱

（金文 汗简 说文 何绍基 欧阳询 颜真卿 柳公权 赵孟頫 王羲之 柳公权 王铎 王羲之 王宠 王铎）

（金文 简帛 说文 欧阳询 宋徽宗 索靖 王献之 欧阳询）（金文 说文 宋徽宗 皇象 王羲之）（金文 王羲之 王羲之）

（说文 赵孟頫 王羲之）（甲骨 金文 楚简 楚简 说文 王羲之 皇象）（说文 王羲之）（说文 王羲之）（说文 孙过庭）王羲之

辨析：

瓜字为象形，草书为撇下三点或两点，“竖提点”草化为一个上弯点。瓜字拓展性较强。

瓜 guā：象形，小篆字形两边像瓜蔓，中间是果实，是藤上结瓜的形象，从“瓜”的字，多与瓜果有关。

孤 gū：形声，从子瓜声，本义为幼年丧父，即孤儿。

觚 gū：古代盛酒的器具，具有八个棱角；棱角；古代书写的木简。

瓤 ráng：形声，从瓜襄声，本义是瓜类的肉。

瓢 piáo：瓠的一种，也称葫芦。

狐 hú：形声，从犬瓜声，狐狸。

瓣 bàn：形声，从瓜辡（biǎn）声，本义是瓜类的籽。

弧 hú：形声，从弓瓜声，本义为木弓；圆周的任意一段。

瓠 hù：形声，从瓜夸声，本义是瓠瓜。

呱 guā：象声词；gū，婴儿的啼哭声；guǎ，拉呱儿，方言，谈闲话。

拓展：

坬 泒 瓝 苽 柧 胍 瓞 抓 蛌 瓞 瓟 呱 窊 罛 觚 瓜 疞 笟 蚼 耓 瓞 軱 瓠 䩐 鈲 䯄 瓞 觚 觚 擴 蠱 瓤

P34.3 历代孤绍

呙（咼）1：呙（咼）窝 蜗 娲 锅 涡 莴

（金文 汗简 说文 王羲之 欧阳询 颜真卿 赵孟頫 张瑞图 章草）（石韵府 王羲之 董其昌 王铎 文徵明 章草）

（甲骨 楚简 说文 王羲之 王羲之 米芾 章草 韵会）（古文 说文 王献之 黄庭坚 王羲之 赵孟頫 王羲之 章草）

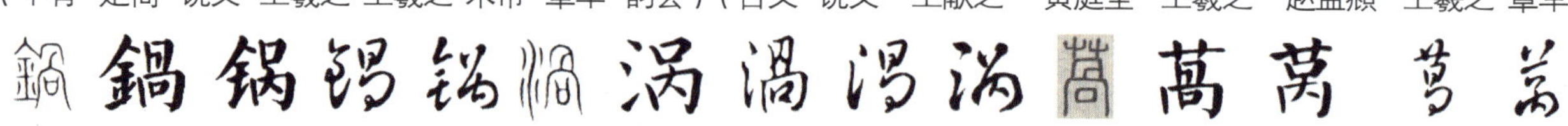

（古文 颜真卿 颜真卿 王羲之 章草）（古文 王羲之 欧阳询 王羲之 章草）（篆字 颜真卿 颜真卿 王羲之 章草）

辨析：

呙字有呙和咼两种写法，各体从之。草书：1. 章草写法，即“口写两点，下边快写”。2. “异体同形”，与王羲之“曷”同形的草法。3. 上下两个“门”字结构连写（见过字）。说明：“蝎遏渴葛鍻剧喝竭煬”与“蜗過涡莴锅剐嗝埚焗”等字有相同的偏旁，而曷（见下图）与呙字确有相同的草法，影响辨识时，呙字的草书应写章草快写。

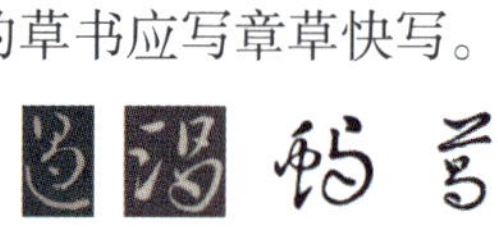

曷：索靖 索靖 王羲之 王羲之

呙（咼 guǎ）：口戾不正也，从口冎声，苦娲切，guǎ 古同“剐”；guō，姓；wā，古国名；wǒ，斜垂，咼髻；wāi，歪斜；hé，古同“禾”。

窝（窩 wō）：穴居也，鸡窝、鸟窝；有巢穴、窟，弯曲，折转，蜷伏，团弄，卷等义；可作量词。

蜗（蝸 wō）：蜗牛。

娲（媧 wā）：古神女名，女娲、女帝王。

锅（鍋 guō）：烹煮食物或烧水的器具。

涡（濄渦 guō）：水的旋流，酒窝。

莴（萵 wō）：萵苣，菜名。

拓展：

埚 脶 喎 堝 媧 渦 猧 過 萵 㽗 楇 歄 煱 禍 腡 瘑 碢 窩 嗗 篙 撾 濄 緺 薖 蝸 檛 膼 謌 踻 竈 禍

咼（咼）2：祸　剐

（甲骨 甲骨 甲骨 甲骨 金文 楚简 简帛 帛书 说文 欧阳询 王羲之 智永 欧阳询 赵佶 颜真卿 王羲之 赵孟頫

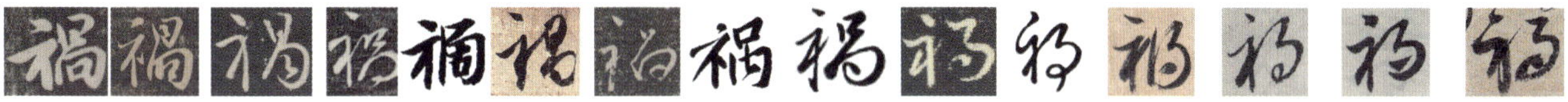

王洽 王羲之 王羲之 谢安 智永 怀素 颜真卿 黄庭坚 赵孟頫 皇象 王羲之 智永 赵孟頫 赵孟頫 宋徽宗）

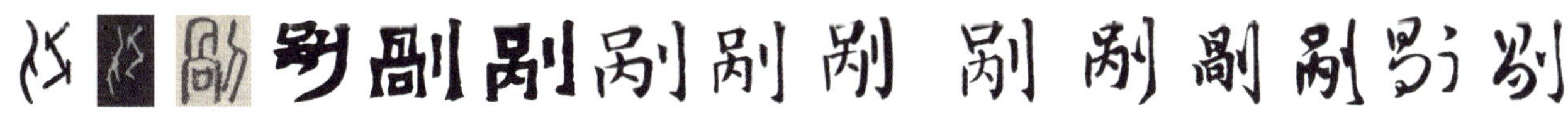

（甲骨 甲骨 篆字汇 汉简 梁培生 梁培生 王羲之 欧阳询 颜真卿 柳公权 黄庭坚 赵孟頫 王铎 王羲之 章草）

G

辨析：

祸和剐，这两个字甲骨文中已经出现，咼字在这两字中的草书变化也较大，有一种近于“事字草书”的写法，应予注意使转方向。

祸（禍禍 huò）：害也，神不福也，形声，从示咼声，本义是灾祸、祸患；灾荒之处；遭难、受害；作祸、加害。

剐（剮 guǎ）：形声，从刀咼声，本义为割肉离骨。

咼（咼）3：过（過）　别（別）騧　緺　諣　卨（契）

（甲骨 金文 金文 金文 说文 北大简 唐玄宗 王羲之 柳公权 王羲之 王献之 米芾 董其昌 鲜于枢

张芝 皇象 王羲之 王献之 张旭 怀素 黄庭坚 宋克）（甲骨 金文 汉简 说文 曹全碑 褚遂良 柳公权 皇象 王献之 章惇）

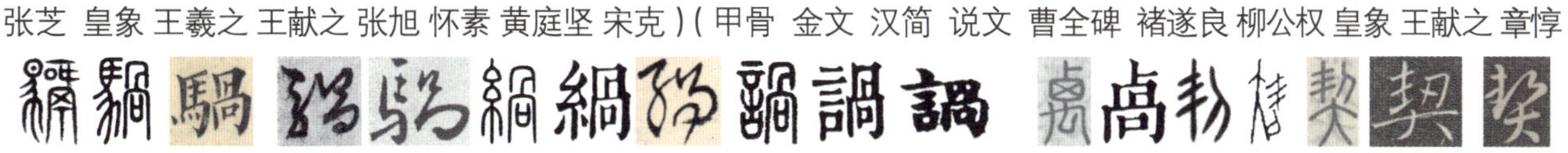

（籀文 说文 彭玉雯 孙过庭 王宠）（说文 楷书 王铎）（说文 楷书 吴彩鸾）（说文 楷书 甲骨 甲骨 说文 褚遂良 孙过庭）

辨析：

本页过字从咼，草书写法，是将咼字的两个近于门的结构上小下大地连起来写，最后出点，用一上凹弧线代表辶，今草与“事”的草书接近，末笔方向不同而已。卨有异体字契，参见契页。咼与骨字相关，骨字演变见下页。

过（過 guò）：形声从辵咼声，表示与行走有关，本义是走过、经过。

别（別 bié）：会意，从冎从刀，分解。

騧（騧 guā）：黑嘴的黄马。

緺 guā：系印环的紫青色丝绳；量词，计算发髻的单位。

諣 guā：懒、懈怠，狡猾；huà，疾言。

卨（契 xiè）：古人名用字；契的古字，传说中的商代始祖。

拓展：

猧 煱 碢 啯 嗢 埚 萵 楇 楇 歄 腡 瘑 踻

P2.1 孙过庭撰　P3.4 或谓过之　P40.5 中则过之　P10.1 专博斯别

呙（咼）4：骨 骸 滑 猾 榾 骼 骰 骷 骶 骯（肮）

（甲骨 甲骨 甲骨 金文 楚简 帛书 说文 礼器碑 桂馥 钟繇 王羲之 信本 颜真卿 米芾 史游 王羲之 赵构

（说文 简帛 赵孟頫 欧阳询 赵孟頫 王羲之）（说文 颜真卿 王羲之 孙过庭）（李阳冰 柳公权 王羲之 鲁迅）

（小篆 董其昌 王羲之）（说文 欧阳询 王羲之）（虞世南 王羲之）（唐寅 王羲之）（篆字汇 王羲之 王羲之 章草 王羲之）

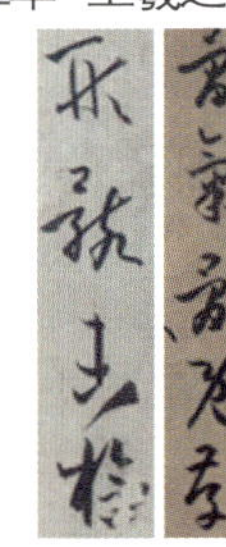

辨析：

骨字的甲骨文为象形，隶定字形有从冎和从呙的写法，草书从其异体字“口＋冖＋月”的结构。可拓展。

骨 gǔ：会意，从冎（guǎ 呙），小篆像去掉肉的骨形，意思是“剐”，从肉表示骨与肉相连，从“骨”的字多与骨头和人体有关，本义是骨头。

骸 hái：形声，从骨亥声，本义是胫骨，小腿骨。

滑 huá：形声，从水骨声，本义为滑溜、光滑。

猾 huá：形声，从犬骨声，狡诈、狡猾。

榾 gǔ：木名，枸骨木；砍掉树干所剩下的连着根的部分。

骼（胳骼 gé）：形声，从骨各声，本义是禽兽之骨，引申为“或动物的骨骼”。

骰 shǎi/ tóu：骰子。

骷 kū：骷髅。

骶 dǐ：腰部下面尾骨上面的部分。

骯（肮 kǎng / āng）：骯髒（肮脏），不干净，比喻人的思想丑恶、卑鄙。

拓展：

骿 膏 馉 骫 骪 骭 骳 骱 骯 骹 碢 骲 骳 骵 鹘 瘠 骻 骲 骴 骸 骼 蝟 骳 骹 骺 髈 骷 骬 骴 骱 骴 骹 骶 骿 骹 骺 骻 髀 髁 髋 髂 髃 髓 髅 髊 髌 髍 髓

P47.1（务存）骨气骨既存矣　　P44.4 形骸未检

寡（寊 宜）

父辛卣 毛公鼎 说文 李阳冰 简书 曹全碑 曹全碑 石经 欧阳询 颜真卿 柳公权 宋徽宗 林则徐

王羲之 王羲之 王羲之 米芾 皇象 索靖 王献之 智永 怀素 欧阳询 赵佶 赵构 赵孟頫 鲜于枢

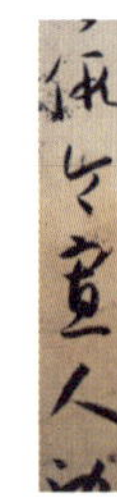

辨析：

寡字有异体字“宀＋直”，草书即为其异体字“宀＋直”的草写。

寡（寊 guǎ）：从宀从页，少也；页古同首为头也，像一个人独居一室，后来为了使字形均衡，在像人的两旁又加上了两个装饰性的笔画，合在一起像是一个“分”字；秦代篆文又在像头部形的笔画下加了两个短竖，使得宀里边的部分像是由页和分组成的，因此，《说文》误以为从宀，从颁，汉代隶书中没有这两个短竖，今隶中在分字的上部又加了一横，这个写法被楷书继承下来，本义是男女丧偶。

拓展：

P3.6 假令寡人

1乖　2乘　3我

1（金文 金文 汉简 说文 北魏 欧阳询 颜真卿 赵孟頫 白居易 赵孟頫 朱耷 皇象 索靖 王羲之 王羲之 日本）

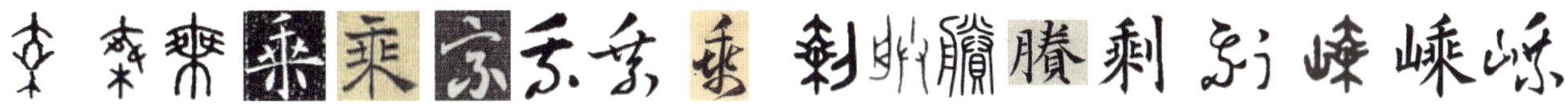

2（金文 金文 说文 欧阳询 文徵明 索靖 怀素 虞世南 王铎）*（金文 金文 说文 丰坊 欧阳询 王羲之）*（*金文 欧阳询 章草*）

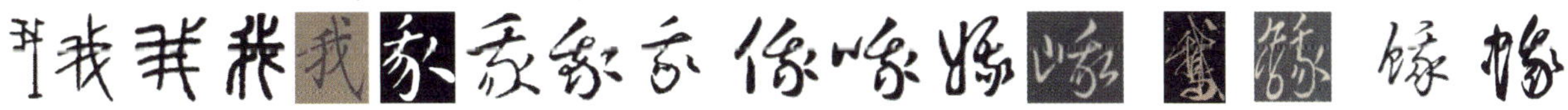

3（甲骨 金文 说文 石鼓文 敦煌 祝永明 索靖 王羲之 怀素）*（王羲之 王羲之 王羲之 王羲之）*（*王献之 王献之*）（*赵孟頫 鲜于枢*）

辨析：

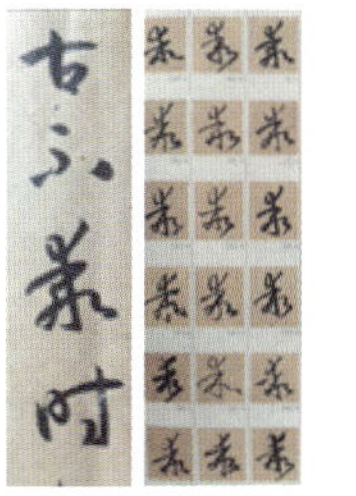

乖字的篆书从舛或从北，隶定从北，草书写法从北居多，两个横都从右起笔，中间是北，使转清楚；日本的草书乖字从舛字结构。乘字，与乖字的楷书相似，草法不同，乘字的草书与我字的草书差别甚微，我字的草书从祝永明异体字结构快写，下边左右各为两点，而乘字的草书下边则是左右各一点。乘和我字，参见相关页。

乖 guāi：乖，戾也，小篆字形像羊角形，从“北”取其分背的意思，本义为背离、违背、不和谐，大篆亦从舛。

乘（乗 chéng）：会意，甲骨文字形从大（人）从木，表示人爬在树上，“大”像“人”的正面，本义为登，升；乘法。

我（戋 wǒ）：会意，从戈，表示兵器，甲骨文字形像兵器形，本义为兵器；基本义是第一人称代词。

拓展：

1 乖　䒂 菲 乖 痱 砙　2 乘　*剩 嵊*　埰 溗 騬　3 我　*俄 哦 娥 峨 鹅 饿 蛾*　義（见相关页）浫 莪 峩 挷 珴 䄉 皒 睋 硪 锇 蛾 誐 越 鋨

P5.3 古不乖时

关（関 闗 關）联（聯）咲　送

（金文 楚简 帛书 简帛 说文 钟繇 虞世南 灵飞经 颜真卿 成亲王 怀素 王铎 刘统勋 毛泽东 颜真卿 章草）

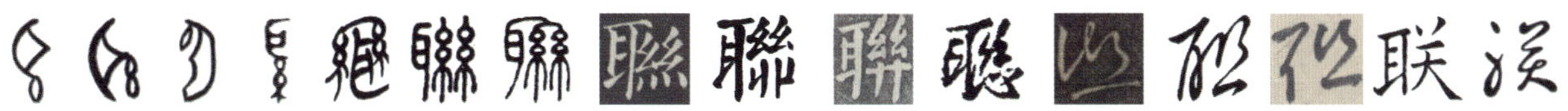

（甲骨 甲骨 甲骨 金文 楚简 说文 邓石如 颜真卿 颜真卿 何绍基 王羲之 王献之 苏东坡 朱耷 王羲之 王羲之）

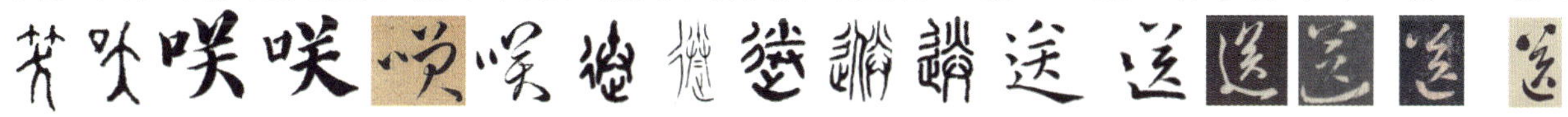

（古文 古文 智永 颜真卿 王宠 傅山）（金文 金文 秦简 说籀 说文 王羲之 王羲之 米芾 张芝 王羲之 王铎）

辨析：

关字的篆隶楷形态较多，草书从“丝”或“关”，“丝”下的横从关字的本义，可以写廿、大、一等。从“关” 的“联咲（笑）送郑朕（舯） 渊”等字的繁体字写法非从 “关”，送、朕（舟幷）等篆书从佚省，咲字篆书从夭，郑（鄭）字篆书从奠，可参见相关页；本页列示联、咲（笑）和送字以对比。

关 guān：形声，从门丱（guān）声，金文作“門”，像门里有门闩形，本为象形字，小篆繁化变成了形声字，本义为门闩。其异体字有：关閞関闗閞関閞闗闗闗閳閞等。

联（聯 lián）：会意，从耳从丝，耳连于颊也，楚简中间是耳，两边是丝相联，本义为连结。

咲 xiào：古同笑。

送 sòng：从辵佚省（籀文不省），遣也。

拓展：

嫻 篽 擱 嚪 孄 攔 欄 㩸 濼 㘸 襸

官1：官 倌 棺 舘 馆 管

（说文 楷书）（甲骨 金文 说文 礼器碑 曹全碑 王羲之 欧阳询 王羲之 王献之 刘炟 王羲之 智永 怀素）

（金文 简帛 说文 曹全碑 颜真卿 柳公权 王羲之 王羲之 章草）（金文 说文 褚遂良 王羲之 皇象 王羲之）

（卫铄 赵孟頫 朱熹 王铎）（简帛 说文 颜真卿 王羲之 王铎）（金文 简帛 说文 智永 王羲之 索靖 苏轼 佚名）

G

辨析：

官字篆书从自而非𠂤，自字本与師（师）字同义。官字隶定字形稳定，草书写法为上边的点与下边的竖画相连，下边的两个“口”，可以草化为一个口。可拓展。官从𠂤，𠂤拓展的𠂤duī、追、師（师）、阜、歸见帚、薛等字，见相关页。

官 guān：会意，甲骨文从宀，以宀覆众有治众的意思，本义是官吏，官员。

倌 guān：主管驾车的小臣。

棺 guān：装敛尸体的器具。

舘 guǎn：客舍也，俗馆字。

馆（館舘 guǎn）：形声，从食官声，馆供宿供膳，所以从食；异体字作舘，说明“馆”属于房舍一类，本义是高级客舍、宾馆。

管 guǎn：类似于笛的管乐器，后泛指管乐器；管理，管教，管照，管辖、控制，包管，招待。

拓展：

婠 悺 捾 涫 绾 菅 逭 悹 琯 裮 痯 蜬 綰 踾 輨 闗 鞜 錧 館 綰 䡅 鵍 鳤

P28.3 官之高名

官2：涫 捾 绾 琯 𫐐 錧 婠 鞜 逭 菅

（说文 曹全碑 欧阳询 王羲之 于右任）（说文 王羲之 赵孟頫）（金文 金文 简帛 秦简 说文 颜真卿 唐寅 王羲之 赵构）

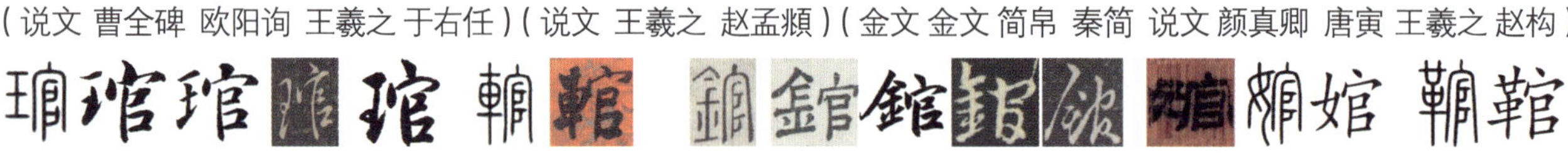

（说文 智永 虞世南 虞世南 赵孟頫）（说文 何绍基）（篆字汇 娄机 赵孟頫 皇象 边贡）（北大简 说文 楷书）（说文 楷书）

（金文 说文 汉简 褚遂良 柳公权 王羲之 赵孟頫 王羲之 章草）（金文 简帛 说文 景君碑 赵孟頫 苏轼 王羲之 孙过庭）

辨析：

官字结构稳定，作为字根，各体写法同前。

涫 guàn：沸滚；假借为盥，盥洗；异体字为涫。

捾 wò：掏、挖，援引，拱；xiá，古同搳，刮。

绾（wǎn）：形声，从纟官声，本义为系；盘绕、系结，卷起，系念、挂念，控制，总管，将物件穿上洞挂起来，挽、牵，发髻儿；绛色、浅绛色。

琯 guǎn：古代管乐器，用玉制成，像笛，六孔；磨治金玉，使其光滑润泽。

𫐐（輨 guǎn）：包在车毂头上的金属套，亦称軑。

錧 guǎn：古同𫐐，车毂端包的冒盖；犁刃。

婠 wān：体态、品德美好；wà，婠妠（nà），小儿肥胖。

鞜 guǎn：鞍辔等的统称。

逭 huàn：逃避，免除，更迭。

菅 jiān：多年生草本植物，多生于山坡草地。很坚韧，可做炊帚、刷子等；杆、叶可作造纸原料；草菅人命（比喻轻视人命）；通“蕑”，兰草；通“姦”；异体字有䒷和蕳。

拓展：

郘 婠 悺 悹 裮 痯 蜬 踾 闗 錧 綰 䡅 鵍 鳤

贯 摜 慣 實（实 寔）

（金文 说文 石韵府 简帛 帛书 曹全碑 好太王 王羲之 欧阳询 颜真卿 宋徽宗 王羲之 索靖 孙过庭）

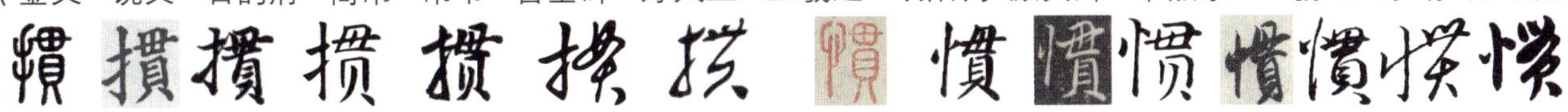

（说文 九经 赵孟頫 欧阳询 黄庭坚 王羲之 于右任）（石韵府 颜真卿 蔡襄 王羲之 米芾 王宠 韵会 吴昌硕）

1（散氏盘 说文 樊敏碑 王献之 欧阳询 索靖 解缙）2（王羲之 王羲之 智永）3（说文 金刚经 欧阳询 智永 欧阳询）

辨析：

贯字从毌从贝，草书逐步稳定为“一横三点 + 大（贝在下边时的常用写法）”。可拓展。实（實）字从贯，草书一般有三种写法：1. 从實；2. 从实；3. 从寔。實字拓展的字，可以与“木、言、口、氵、艹”等组成新字，各体亦可从之。

贯 guàn：会意，从毌（guàn）从贝（表示与钱财有关）；毌是贯穿之贯，像穿物之形，本义为穿钱的绳子。

掼（摜 guàn）：从手貫声，扔、摔、掷；佩带、披带；跌、使跌。

惯（慣 guàn）：形声，从心贯声，本义为习惯，惯常。

實（实寔 shí）：会意，从宀，从贯；宀，房屋；贯，货物；以货物充足于屋下；古代贝代表着金钱。

拓展：

樌 瓂 鏆 謴 躀 遦 鑕

P8.6 实恐未克箕裘　P37.4 理乖其实　P20.2 傍（旁）二篆俯贯八分

雚 1：雚 權（权） 歡（欢 懽） 觀（观）

（甲骨 甲骨 金文 简帛 说文 曹全碑 皇象 邹武生）（说文 李阳冰 曹全碑 欧阳询 颜真卿 柳公权 赵孟頫

王羲之 王献之 柳公权 赵构 欧阳询 王羲之）（说文 曹全碑 欧阳询 宋徽宗 赵孟頫 王羲之 智永 颜真卿 王羲之）

（甲骨 金文 楚简 秦简 说文 石鼓文 张迁碑 欧阳询 颜真卿 宋徽宗 王羲之 米芾 皇象 王羲之 赵孟頫 王羲之）

辨析：

雚字的甲骨文为象形，隶定从艹和从亠形，各体从之。草书：1. 皇象写“艹”字头，两个口写两点；2. 用曹全碑的起笔“亠”，草书写“𠂉”；两个口写两点；隹字的草见隹页。權（权）、歡（欢懽）、觀（观）和勸（劝）字的写法，书家一般采用繁体字的结体。

雚 guàn：古同“鹳”，一种水鸟，即白鹳，形似鹭；芄兰，一种草。

權（权 quán）：从木从雚，衡器；简体字的“权”从木从又，简化原因在于文字改革者们认为“雚”字不易书写，于是以“又”字代替“雚”字，出于相同原因简化的汉字还有：歡（欢懽）觀（观）勸（劝）等。

歡（欢 huān）：喜悦、高兴。

觀（观 guān）：形声，从见雚声，本义是仔细看。

拓展：

鄻 礶 嚾 墐 嬊 巏 攉 爟 臛 矔 祼 蠸 讙 貛 鑵 獾 趯 躣 鑵 灌 鸛

P8.1 敬虽权（權）以此辞折安所鉴

雚 2：勸（劝）顴 灌 瓘 獾 鸛 罐 懽 驩 讙 蠸 酄

（说文 肥致碑 欧阳询 智永 王羲之）（王铎 章草）（楚简 说文 王羲之 赵孟頫 赵构 章草）（说文 颜真卿 陈瓘 卫瓘）

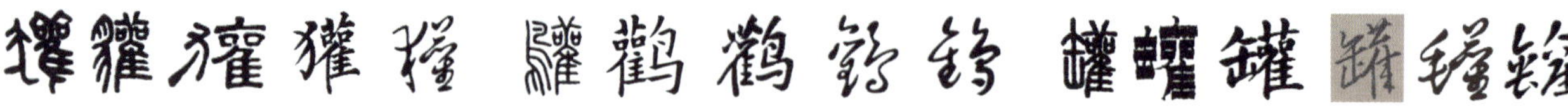

（金文 说文 曹全碑 柳公权 王羲之）（说文 欧阳询 黄庭坚 王羲之于右任）（说文 金农 颜真卿 王羲之 唐寅 章草）

（楚简 简帛 说文 赵孟頫 皇象）（说文 赵孟頫 王铎 宋克）（楚简 古文 说文 彭玉雯 祝永明）（说文 五经）（说文 楷书）

G

辨析：

雚字的拓展性较强，各体写法同前。需要注意的是，一些字的篆书部件位置有上下和左右的变化。

勸（劝 quàn）：形声，从力雚声，简化字中“又”仅是一个符号，本义是勉励。

顴 quán：顴骨，眼睛下边两腮上面的颜面骨。

灌 guàn：灌水；丛生的树木。

瓘 guàn：古代的一种玉器。

獾 huān：食肉目貂科动物的通称，猪獾、狗獾、美洲獾等。

鸛（鸛 guàn）：水鸟名。

罐（鑵鑵 guàn）：用陶或金属制成的汲水器、容器。

懽 huān：喜乐。

驩 huān：一种马，喜乐、欢心，同欢。

讙 huān：喧哗；通欢，喜悦；huàn，同唤，呼唤；xuān，同喧。

蠸 quán：即黄守瓜，瓜类的害虫，成虫吃瓜叶，幼虫咬细根。

酄 huān：中国春秋时鲁国城邑名，在今山东省肥城市。

拓展：

擢 嚾 壦 嬻 巏 躣 臛 爟 礶 矔 礶 纁 蘿 觀 貛 趯 饡 鑵 飌 欟 鱹

光 辉 觥 胱 咣 恍 晃 幌 滉

（仓颉 甲骨 甲骨 金文 金文 楚简 说文 礼器碑 欧阳询 颜真卿 颜真卿 宋徽宗 王羲之 索靖 王羲之 智永 怀素）

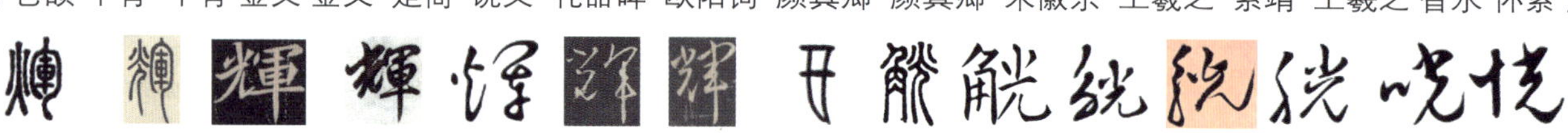

（说文 邓石如 元珽妻 赵孟頫 王羲之 怀素 祝枝山）（甲骨 说文 柳公权 章草 王铎）王羲之 李洤 文徵明

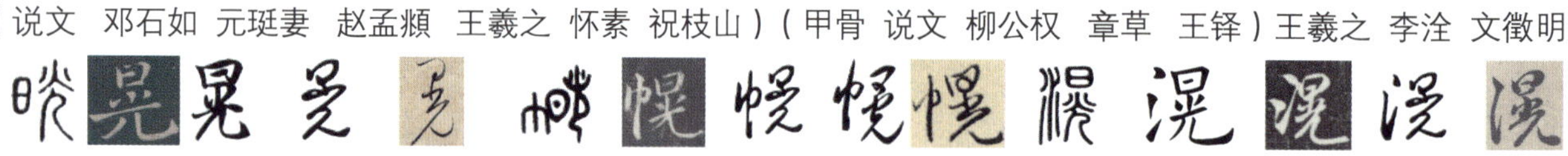

（说文 钟繇 王羲之 王羲之 宋徽宗）（金文 赵孟頫 王羲之 李洤 傅山）（金石篆 欧阳询 米芾 王羲之 朱熹）

辨析：

光字的甲骨文从火从人，隶定字形稳定，行草书为快写。可拓展。

光 guāng：会意，甲骨文字形“从火，在人上”，本义为光芒、光亮。

辉（輝煇 huī）：形声，从光军声，本义为光、光辉。

觥 gōng：用兕牛角制成的饮酒器物；丰盛。

胱 guāng：膀胱。

咣 guāng：象声词，形容物体碰撞声。

恍（怳 huǎng）：忽然，仿佛，一闪而过。

晃 huǎng：会意，从日光亦声，本义为明亮。

幌 huǎng：窗帘、帷幔，挥动、摇晃，随意走动。

滉 huàng：水深广的样子，也泛指深广，波动、摇动。

拓展：

榥 熀 愰 搌 犾 垙 姯 挄 洸 茪 眖 桄 珖 皝 硄 絖 輄 烇 霋 粸 銧 韷 睍

广1：广 仄 庀 庇 庞 庉 床 废

（金文 汉简 说文 欧阳询 颜真卿 黄庭坚 王羲之）（说文 俞俊 苏轼 于右任）（金文 赵孟頫 王羲之 王羲之）

（简帛 说文 智永 王羲之 王铎 章草）（甲骨 甲骨 甲骨 甲骨 古文 简帛 说文 颜真卿 宋克 颜真卿 文徵明）

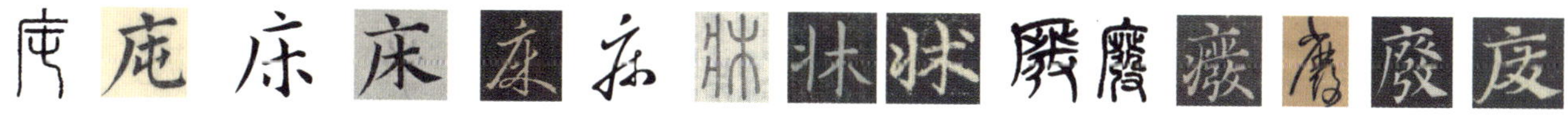

（说文 彭玉雯）（王羲之 赵孟頫 王羲之 王羲之 说文 欧阳询 皇象）（简帛 说文 王羲之 王铎 颜真卿 皇象）

辨析：

广字字形简单，行草书为快写。可拓展。“庆序库底庖庐店庙庚麻府度庭庵庶鹿廉鹰康庄脏赃唐席应座”等字从广，所涉字根参见相关页。

广 yǎn：依山崖所建造的房屋。

仄 zè：古同仄。

庀 pǐ：具备、备办，治理、办理，庇护，遮蔽；通庇。

庇 bì：形声，从广比声，遮蔽，保护。

庞（龐 páng）：形声，从广龙声，广（yǎn）像高屋形，本义为高屋；多而杂乱的，厚实，脸盘，姓。

庉 dùn：楼墙，房舍，室中藏；tún，居；庉庉，火燃得很旺的样子。

床（牀 chuáng）：安身之座也，从木片声，床形物。

废（廢 fèi）：形声，从广发声，本义为房子倾倒；废弃、废除，停止、中止，衰败、败坏，懈怠，杀害，杀死；通发，举、发生；扔掉的、无用的，残疾的；沮丧失望。

拓展：

庁 広 疒 広 圹 庑 序 庆 沪 庐 庑 庄 応 旷 戊 底 俯 庡 埓 庨 庲 庪 庫 庬 庿 庸 桩 砿 庻 庢 庴 庰 庢 厕 竑 郿

广2：廑 廔 庠 庢 唐 庳 庱 庣 廊

（金文 说文 欧阳询 颜真卿 王羲之 李淦 章草）（说文 赵之谦 吴昌硕）（中山王 简帛 说文 智永 虞世南

王羲之 赵孟頫 王羲之 李淦）（金文 说文 楷书）（汉简 焦唐 楷书）（说文 帛书 颜真卿 柳公权 黄庭坚 米芾

王羲之 章草）（说文 维摩诘）（说文 楷书）（金文 说文 李阳冰 欧阳询 赵孟頫 王羲之 黄庭坚 智永 赵孟頫）

辨析：

广字作为字根，拓展性较强，所涉字根参见相关页。

廑 jǐn：小屋；蒙受、接受，假借为仅，才，只；qín，怀念；通勤，殷勤。

廔 lóu：屋脊，屋中窗牖通明的样子，古同楼。

庠 xiáng：古代地方学校；教养、教导。

庢 zhì：阻碍，制止。

唐 jī：古县名，在今中国四川省邛崃县；cuò 古同厝。

庳 bì：低下，矮。

庱 chěng：庱亭，地名，在今中国江苏省丹阳，从广。

庣 tiāo：凹下或不满的地方，不满的样子。

廊 láng：厅堂周围的屋，屋屋檐下通行的走道，朝廷、国家。

拓展：

庳 庝 扩 应 庝 庡 庥 庠 庢 庢 廊 斤

广3：廖 廗 廙 廎 㢋 廏 庈 嫞 嵻 庤 侂 庎 庋 庌

（说文 邓石如 王羲之 王羲之 文徵明 丰坊）（颜真卿 王羲之 王铎）（金文 说文 王廙 王廙 王廙）

（说文 樊敏碑）（说文 楷书）（邵王 简帛 简帛 说文 石经）（篆字汇 彭玉雯）（说文 楷书）（篆字汇 王铎）

（说文 吴彩鸾 徐伯健）（说文 楷书）（汉印 篆字汇 楷书）（金文 曹全碑 虞世南 王羲之 于右任）（说文 颜真卿）

G

辨析：

广字作为字根，拓展性较强，所涉字根参见相关页。

廖 liào：古国名，姓；假借为寥，空旷。

廗 dài：屋檐下斜搭的帐棚，席。

廙 yì：可以移动的帐幕，恭敬。

廎 qǐng：小厅堂；qìng，瓜屋；qīng，同倾。

㢋 chǐ：广大也。

廏 jiù：马舍、牲口棚，聚合、聚集，通究。

庈 qín：古人名用字。

嫞 yōng：懒惰的女子；古女子人名用字。

嵻 kāng：嵻崀，山名，山空。

庤 zhì：储备、储藏，准备、具备。

侂 tuō：寄托，依托；古同讬。

庎 jiè：放置食物等的搁板或架子；独居；濯洗用的流水器。

庋 guǐ：置放、收藏，放器物的架子。

庌 yǎ：马厩，大厅、厅堂，路旁供来往宾客歇宿的房舍。

拓展：

庲 庛 庥 庰 昿 姯 㡱 庫 㡯 庰 庲 㢋 𢈔

广4：廣（广）擴（扩）礦（矿）壙（圹）纊（纩）曠（旷）鄺（邝）

（金文 金文 金文 说文 张迁碑 唐玄宗 欧阳询 颜真卿 王羲之 陆柬之 皇象 王羲之）（石韵府 曹全碑 褚遂良 韵会 欧阳询

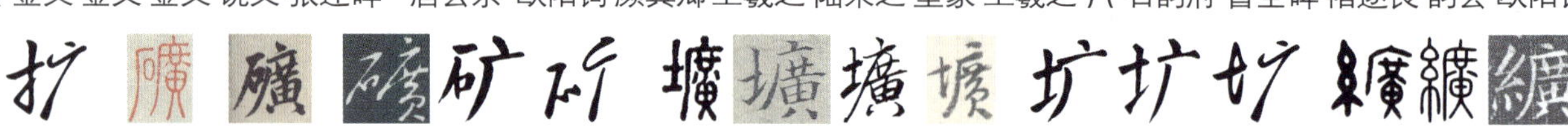

王羲之）（石韵府 赵孟頫 于右任 颜真卿 王羲之）（说文 姜夔 陆柬之 臧怀恪 颜真卿 柳公权 王羲之）（金文 说文 颜真卿

虞世南 王羲之 王铎 王羲之）（简帛 说文 宝子碑 宋徽宗 王羲之 怀素 赵孟頫 章草）（金文 赵孟頫 毛泽东 王羲之 王羲之）

辨析：

廣从黄，各体写法参照黄页。可拓展。

廣 guǎng：形声，从广（yǎn）黄声，从广表示与房屋有关。说明："广"和"廣"本是两个字，义不相同，"广"本读 yǎn，甲骨文和金文的写法像屋墙屋顶，其含义是依山崖建造的房屋；现在"广"是"廣"的简化字，本义是宽大的房屋。

擴（扩 kuò）：推广，伸张，放大，张大。

礦（矿 kuàng）：矿产，矿物。

壙（圹 kuàng）：形声，从土广声，墓穴，亦指坟墓；旷野。

纊（纩 kuàng）：絮衣服的新丝绵。

曠（旷 kuàng）：会义兼形声，从日广声，本义为光明、明朗；心境开阔，开朗，遥远、久，罕见、超绝；无妻的，有时也指无夫的。

鄺（邝 kuàng）：姓。

拓展：

櫎 爌 彍 懭 懬 儣 黋 嚝 瀇 瓂 穬 鑛

圭1：圭 哇 佳 洼 挂 眭 畦 蛙 珪 卦 掛 褂 奎 恚

（金文 说文 欧阳询 王献之）（说文 赵孟頫 王羲之 王羲之）（简帛 说文 王羲之 王羲之）（说文 智永 王羲之）

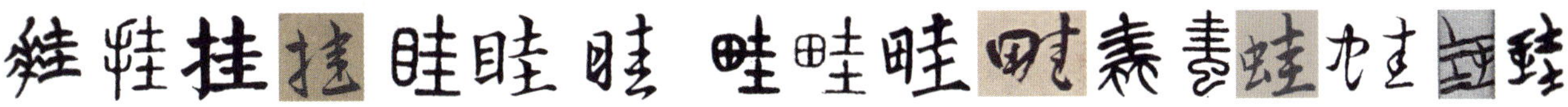

（楚简 说文 颜真卿 王宠）（说文 王羲之 王羲之）（金文 说文 柳公权 王铎）（简帛 说文 唐寅 韵会）（简帛 简帛

王铎 索靖）（说文 礼器碑 米芾 王羲之）（干缘 乾隆 杜牧 怀素）（金文 智永 徐伯清）（说文 章草）（说文 王铎）

辨析：

圭为二土，字形稳定，行草书为快写。可拓展。厓从圭，见厓页。

圭 guī：瑞玉也，上圆下方。

哇 wā：象声词，形容哭声、呕吐声；指靡靡之音；助词，大致相当于“啊”。

佳 jiā：美，好的。

洼 wā：深池。

挂（掛 guà）：区别，区分；悬挂、下垂，钩住、拴住。

眭 guì：目光深注的样子。

畦 qí：田畦。

蛙 wā：青蛙。

珪 guī：同圭。

卦 guà：古代用来占卜的符号。

掛 guà：本义为区别、区分，悬挂、下垂，拴住，登记，穿上、披上；礼注云，古文掛作卦；异体字为挂。

褂 guà：上身的衣服。

奎 kuí：两髀之间，胯；奎星，主文章。

恚 huì：怨恨，愤怒。

拓展：

刲 劸 诖 恗 奊 徍 茥 攱 㰪 恚 哇 烓 鞋 胿 奆 痓 桂 窐 袿 铥 婞 挂 畫 罣 喹 帮 笙 絓 街 婕 奆 娃
挈 趌 榁 洼 烓 犁 睚 罫 硅 觟 註 挹 漥 睦 窪 閨 鲑 絓 睚 骨 鞋 蛙 跬 謑 霆 鵠 鞋 鮭 鞋 掴 嘴 犟 鼃 蘳

圭2：桂 跬 硅 闺 娃 鞋 街 罣

（金文 楚简 说文 欧阳询 赵孟頫 章草）（金文 褚遂良 王羲之 王羲之）（金文 王羲之 王羲之 米芾 王羲之 李洤）

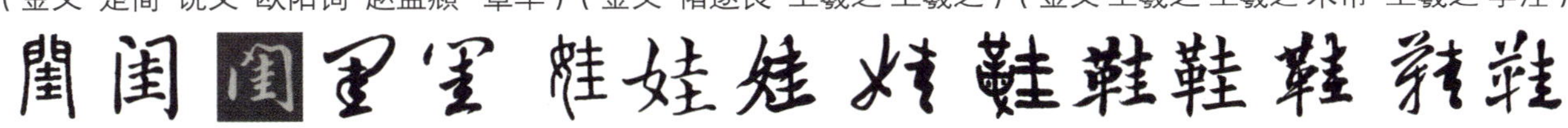

（说文 颜真卿 鲜于枢 王羲之 章草）（说文 王羲之 王羲之 王羲之）（金文 智永 欧阳询 王羲之 王羲之 章草）

（甲骨 金文 街觚 街壶 父癸鼎 说文 柳公权 皇象）（六书故 邓石如 欧阳询 颜真卿 王羲之 米芾 赵孟頫 傅山）

辨析：

圭字在拓展的这些字中，行草书为快写。封字见相关页。

桂 guì：形声，从木圭声，本义是木名。

跬 kuǐ：形声，从足圭声，本义为古代的半步。

硅 guī：化学元素。

闺（閨 guī）：形声，从门圭声，本义是上圆下方的小门。

娃 wá：形声，从女圭声，本义是美女；少女、姑娘；儿子或女儿；美好。

鞋 xié：形声，从革圭声，皮革鞋的材料。

街 jiē：形声，从行圭声，街字小篆像纵横相交的十字路，本义为四路相通的大道。

罣 guà：牵绊、阻碍，悬挂，同挂。

拓展：

溎 蛙 娃 嘴

龟 阄(鬮)

(甲骨 甲骨 金文 金文 简帛 说文 郭有道 王羲之 欧阳询 姚孟起 褚遂良 颜真卿 赵孟頫 苏轼 米芾

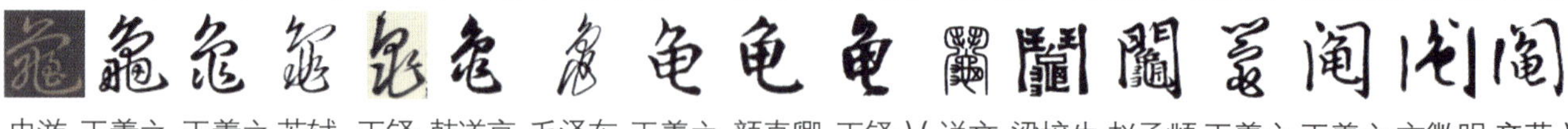

史游 王羲之 王羲之 苏轼 王铎 韩道亨 毛泽东 王羲之 颜真卿 王铎)(说文 梁培生 赵孟頫 王羲之 王羲之 文徵明 章草)

辨析：

龟字象形，各体字形复杂，变化较多，草化时王羲之有一种“兆戴免头龟”的写法，逐渐被后世书家所使用。龟字的简体写法历代也都有。可拓展。

龟(龜 guī)：象形，甲骨文字形，头像它(蛇)头，左像足右像甲壳，下面像尾，本义为乌龟。

阄(鬮 jiū)：写上字或画上记号的小纸团，供赌胜负或决定事情时抓取，同鬮；篆书从“鬥”，后讹变从“门”。

拓展：

亀 竃 穐 蘒 [illegible] [illegible] [illegible] [illegible] [illegible] [illegible] 龝 [illegible] [illegible] 鬮 [illegible]

P30.5 龟(亀)鹤花英

规 窥

(金文 汉简 汗简 说文 吴让之 乙瑛碑 卫夫人 欧阳询 颜真卿 王羲之 米芾 王羲之 怀素 智永 赵孟頫)

(简帛 说文 王羲之 陆游 朱耷 说文 何绍基 文徵明 颜真卿 王羲之 王羲之 孙过庭 文徵明 王宠 宋克 韩道亨)

辨析：

规字古字形从夫，楷化后有从失的写法，因此行草书有从“夫”和从“失”两种。窥字穴下从视从规从規的写法都有，从规者居多，草书“穴”下的两点可以省略；而窥从门的写法也有，少见。

规(規 guī)：会意，从夫从见，有法度也，金文字形从聿从周，当系以规画之义，本义为画圆的器具，今指圆规。

窥(闚 kuī)：从穴规声，从小孔或缝里看。

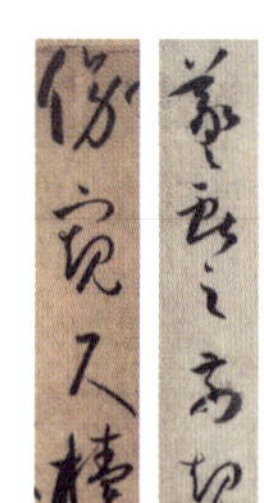

拓展：

P10.4 挹羲王献之前规　　P13.2 傍窥尺椟

鬼 魏 魁 槐 愧 媿 魅

（甲骨 金文 盟书 说文 曹全碑 欧阳询 颜真卿 钟绍京 柳公权 赵孟頫 王羲之 米芾 史游 陆柬之 白蕉 王铎）

（金文 说文 石门颂 张迁碑 褚遂良 王羲之 米芾 王羲之 邓文原）（简帛 说文 欧阳询 赵孟頫 王羲之 章草）

（金文 说文 曹全碑 智永 皇象 怀素）（楚简 柳公权 王羲之）（甲骨 金文 楚简 说文 米芾）（甲骨 说文 智永 章草）

辨析：

鬼字草书，上边田字草化为半包围结构，右下“厶”字草化为一点。可拓展。瑰有异体字瓌，从褱，见褱页。

鬼 guǐ：象形，甲骨文字形，下面是个“人”字，上面像一个可怕的脑袋（非“田”字），是人们想象中的似人非人的怪物，从“鬼”的字大多与迷信、鬼神有关，本义为迷信的人认为人死后有“灵魂”，称之为“鬼”，鬼字有异体字蒐㞇魁瑰瑰魈魑巍䰞等等。

魏 wèi：阙宫门的台观；高大，也作巍。

魁 kuí：形声，从斗鬼声，斗为长柄酒勺，本义是汤勺、调羹，长柄大头；居首位，第一；魁星，主管文运之神。

槐 huái：形声，从木鬼声，木名，槐树，落叶乔木，木材可供建筑和制家具。

愧 kuì：形声，从心鬼声，本义是惭愧。

媿 kuì：惭愧，后作愧，羞辱，感谢；chǒu，古文醜字；姓。

魅（鬽 mèi）：形声，从鬼未声，迷信传说中的精怪。

拓展：

块 媿 嵬 溾 鬽 嵬 魃 魆 魀 魂 殨 瘣 磈 魃 魄 魆 瑰 魋 魅 瑰 蝇 褱 魇 篡 魈 魍

P2.2 汉魏有钟（锺）张之绝

癸 揆 睽 骙 暌 阕 葵

（甲骨 甲骨 金文 金文 盟书 包山楚 秦简 说文 袁安碑 乙瑛碑 欧阳询 颜真卿 赵孟頫 王羲之 王铎

索靖 王羲之）（金文 说文 欧阳询 索靖 王羲之）（金文 金文 说文 虞世南 索靖 王羲之）（楚简 说文 王铎）

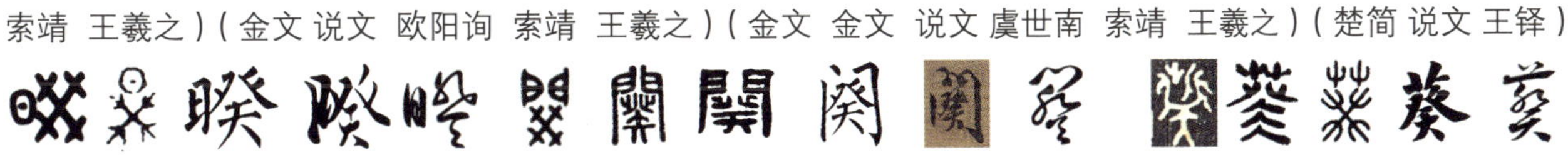

（金文 古文 柳公权 王羲之 李淦）（金文 说文 陈鸿寿 柳公权 王铎 王羲之）（金文 简帛 说文 智永 索靖）

辨析：

癸字的篆书为兵器交叉之形，隶定字形稳定，草书为“癶与天”字的草书合成，可拓展。

癸（癸 guǐ）：象形，甲骨文字形像二戣（kuí），古代兵器交叉之形，盖即“戣”之古文，本义为古代兵器，戟属；天干的第十位，用作顺序的第十；籀文或为癸。

揆 kuí：形声，从手癸声，本义是测量方位。

睽 kuí：形声，从目癸声，本义为两眼不看一地方，斜视。

骙（騤 kuí）：马强壮的样子。

暌 kuí：形声，从日癸声，本义为日落。

阕（闋 què）：形声，从门癸声，本义是祭事结束而闭门。

葵 kuí：植物名，冬葵，向日葵。

拓展：

戣 楑 褛 蹊　　P26.1 不揆庸味

贵 遗 溃 缋 聩 瞶 馈 匮

（甲骨 金文 楚简 秦简 说文 子游石 欧阳询 颜真卿 柳公权 赵孟頫 王羲之 智永 张旭 岳飞 宋克）

（金文 说文 曹全碑 颜真卿 姚孟起 王羲之 皇象）（说文 褚遂良 皇象 王献之）（金文 简帛 说文 董美人 王羲之）

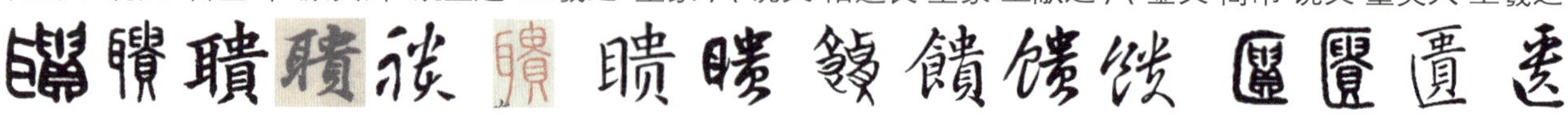

（金文 说文 五经文 苏轼 章草）（石韵府 欧阳询 王铎）（简帛 赵孟頫 王铎 王羲之）（金文 说文 褚遂良 赵构）

辨析：

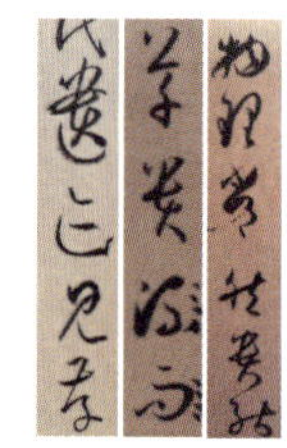

贵字从臾贝，字形稳定，草书口字写两点，贝居下，可草化为大。可拓展。孙过庭书谱的遗字，应是快写多了一笔。

贵（貴 guì）：形声，甲骨文为双手捧土形，土生万物乃为贵；小篆字形，从臾贝，从贝表示与钱物有关，本义是物价高，与贱相对。

遗（遺 yí）：从辵贵声，本义（因为疏忽而）为丢失、落下；wèi，给予、馈赠。

溃（潰 kuì）：形声，从水贵声，水冲破堤岸。

缋（繢 huì）：布帛的头尾。

聩（聵 kuì）：先天性耳聋，后泛指耳聋。

瞶 guì：极视；瞎子，眼昏花；wèi，眼病；kuì，古同聩，古同愦。

馈（饋餽 kuì）：形声，从食贵声，以食物送人。

匮（匱 kuì）：形声，贵声，从匚（fāng）表示与盛放东西有关，本义是柜子。

拓展：

僓 阓 膭 墤 蕢 撌 嘳 圚 篑 愦 嬇 璝 樻 殨 鐀 韇

P5.2 物理常然贵能古不乖时　P22.1 草贵流而畅　P29.5 遗迹见存

郭 漷 椁 廓 霩

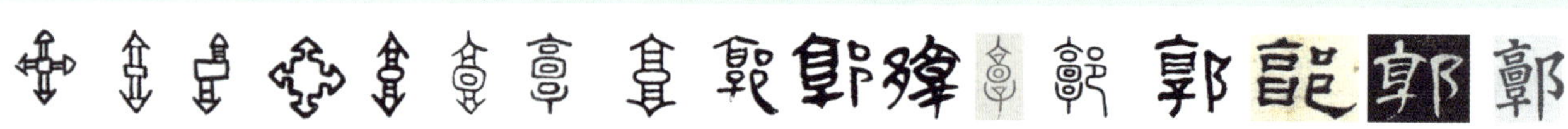

（甲骨 甲骨 甲骨 金文 金文 金文 金文 石鼓文 秦简 帛书 简帛 汉简 说文 衡方碑 张迁碑 曹全碑 五经文

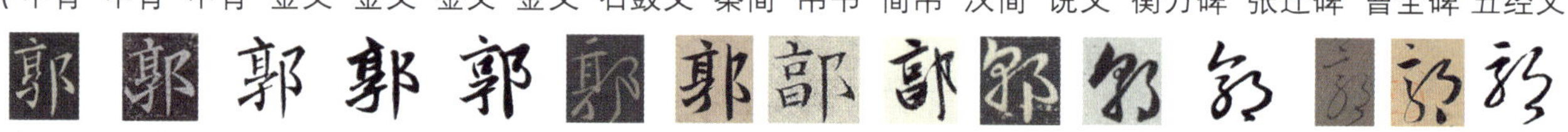

欧阳询 颜真卿 柳公权 赵孟頫 王羲之 颜真卿 赵孟頫 陆粲 文徵明 皇象 韓道亨 王羲之 解缙 王宠 怀素）

（说文楷书）（金文 广义 梁培生 王羲之 王宠）（石鼓文 异体字 石韵府 楷书 宋徽宗 乾隆 王羲之 章草）（说文 王宠 王宠）

辨析：

郭字的篆书为由繁到简的城廓形，从享（参见享页）从邑（右耳旁），草书享字写“享字符、点横子或点子”。可拓展。

郭 guō：形声，从邑，从邑表示与城郭有关，本义是在城的外围加筑的一道城墙。

漷 huǒ：水名，在北京市通县境；kuò，漷水，源出于山东省滕县。

椁 guǒ：棺材外面的套棺，同椁。

廓 kuò：形声，从广郭声，“广”甲骨文、金文像屋墙屋顶形，这里表示与建筑物有关，本义通郭、外城。

霩 kuò：古同廓，空阔、开朗；雨止云散。

拓展：

啷 揶 埆 啷 瞯 霩 鞹

果 夥（伙） 棵 裹 课 颗 裸（躶 臝）

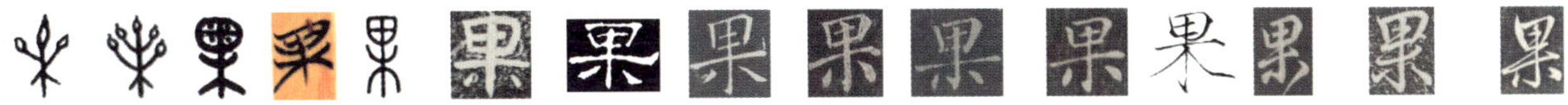

（甲骨 甲骨 金文 简帛 说文 金刚经 赵宽碑 欧阳询 颜真卿 柳公权 赵孟頫 赵佶 王羲之 颜真卿 赵孟頫

皇象 王羲之 王献之 赵孟頫）（金文 说文 虞世南 褚遂良 王羲之 王羲之 于右任 王羲之 王羲之 章草）

（金文 颜真卿 王羲之）（简帛 说文 赵孟頫 王羲之）（说文 赵孟頫 邓文原）（简帛 说文 章草）（欧阳询 章草）

辨析：

果字的篆书为象形，隶定从“日木（穿过日）”，草书重点在上边日字的处理，其日字草化时省略了中间的横画，采取“中”里的“口”的草书写法；木字则改变书写顺序，先写中竖。可拓展。

果 guǒ：象形，甲骨文像树上结的果实形，在木之上，本义为果子、果实，这个意义后来曾写作“菓”。

夥（伙 huǒ）：古兵制十人为火，同火的人互称火伴，俗作伙伴、同伴；齐宋楚吴人谓多为“夥”，吴音“問幾何曰幾夥”，俗谓合谋曰“夥计”。

棵 kē：形声，从木果声，本义是指植物的株数。

裹 guǒ：形声，从衣果声，本义为包、缠。

课（課 kè）：形声，从言果声，本义为考核，教学科目，教学时间，税款。

颗（顆 kē）：形声，从页果声，从页表示与头有关，本义是小头，引申指颗粒状物。

裸（躶 臝 luǒ）：形声，从衣果声，赤身露体。

拓展：

埖 堁 巢 惈 捰 淉 猓 菓 倮 踝 敤 煣 甈 敤 祼 腂 褁 婐 僳 瘰 碟 勦 彙 彙 稞 窠 鄛 锞 隟 粿 獠 摷 濼 粿 綶 蜾 橾 璪 踝 躶 輠 窼 罺 錁 餜 藻 髁

P4.2 虽未果于前规

亥 1：亥 骇 骸 阂 刻 咳（欬）孩 核

（甲骨 甲骨 甲骨 金文 金文 楚简 北大简 说文 曹全碑 欧阳询 颜真卿 王羲之 王羲之 王铎 王铎）

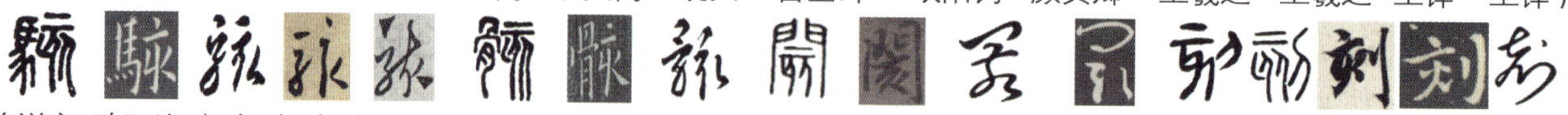

（说文 欧阳询 智永 怀素 赵孟頫）（说文 欧阳询 韵辨）（说文 陆柬之 王羲之 孙过庭）（秦简 说文 智永 皇象 王羲之）

（金文 说文 颜真卿 章草 说文 王羲之 韵辨）（金文 简帛 说文 柳公权 王羲之）（金文 简帛 说文 王羲之 王铎 韵辨）

辨析：

亥字的篆书形态变化较多，隶楷一般为第一行列示的曹全碑、欧阳询和颜真卿三种写法，草书，王羲之的亥字，横上有小拐弯的点，与“艹”的草书易混淆，下面颏字草书，王羲之的小拐弯已经不见了，此乃正确草法。可拓展。

亥（亥 hài）：甲骨文的“亥”，像被刮了毛割了头和蹄子的猪，是“刻”字的本字；亥，荄也；地支；十月，微阳从地中起接盛阴犹怀子欲生时；一说从二，古文上字，阴在上，其下一人男，一人女也；从乙，像裹子咳咳之形；古文“亥”同“豕”。

骇 hài：形声，从马亥声，本义为马受惊。

骸 hái：本义胫骨、小腿骨。

阂 hé：阻隔不通。

刻 kè：形声，从刀亥声，本义是雕刻。

咳（欬 hái）：从口亥声，小儿笑也；古文咳从子；ké，咳嗽；kǎ，咳痰、咳血。

孩 hái：形声，从子亥声，小儿笑；孩子、幼小、幼稚。

核 hé：形声，从木亥声，果核；查对、审查。

拓展：

郂 陔 刻 恀 㤥 垓 㚊 姟 峐 刻 㞯 溛 这 毅 眩 欬 烗 㔓 菽 效 玹 眩 晐 痎 硋 㧡 秄 跢 埬

P11.2 鸿飞獸骇之资　P44.4 形骸（智永）未检　P18.3 自阂通规　P53.3 刻鹤图龙

亥 2：该 侅 垓 胲 颏 郂 劾 荄 氦 痎

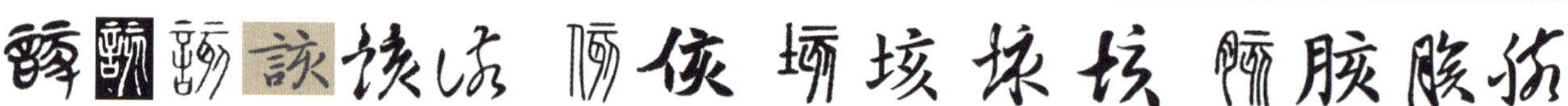

（简帛 古文 说文 灵飞经 王铎 王羲之）（说文 赵之谦）（说文 欧阳询 王羲之 张瑞图）（说文 颜真卿 米芾 孙过庭）

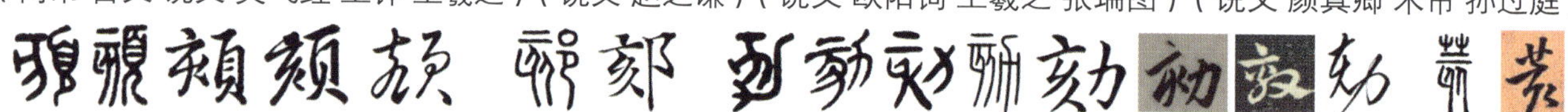

（金文 说文 赵孟頫 黄庭坚 王羲之）（说文 维摩诘）（金文 楚简 秦简 说文 王羲之 赵孟頫 皇象 李洼）（说文 王铎）

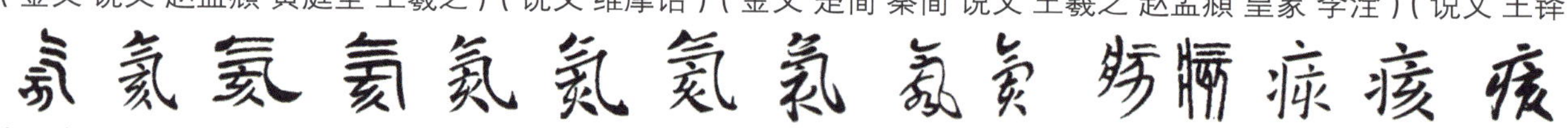

（金文 柳公权 乙瑛碑 好太王 虞世南 褚遂良 颜真卿 王羲之 于右任 章草）（楚简 说文 欧阳询 欧阳询 黄庭坚）

辨析：

亥字作为字根，常用字较多，各体的结构及收放关系可相互参照替换。

该（該 gāi）：形声，从言亥声，本义是军中互相戒守的约言；引申义为应该、应当，完备，包括一切，广博；指示代词，这个；用于强调；通赅。

侅 gāi：奇侅，非常也；东西在喉间卡住。

垓 gāi：形声，从土亥声，本义为八极之内的广大土地，荒远之地；域、界限；古代数目名；战地、阵地。

胲 hǎi：有机化合物的一类，亦称羟胺。

颏 kē：脸的最下部分，在两腮和嘴的下面，通称下巴、下巴颏儿。

郂 gāi：古乡名；hái，古邑名。

劾 hé：形声，从力亥声，本义是审理，判决；揭发罪状。

荄 gāi：草根；通陔，台阶、级层。

氦 hài：化学元素，原子序 2。

痎 jiē：二日一发的疟疾；二日一次的，如痎市（二日一次的集市）。

拓展：

絯 絃 躲 豥 賌 輆 銥 餩 餕

害 割 憲（宪）

（金文 金文 金文 上博简 说文 李斯 史晨碑 王羲之 虞世南 王羲之 米芾 皇象 王羲之 赵构 赵构）

（金文 楚简 简帛 说文 吴让之 石经 钟繇 王羲之 索靖 孙过庭 赵构）*皇象（王羲之 章草）空海 怀素 邓文原*

（金文 金文 说文 夏承碑 异体字 欧阳询 虞世南 颜真卿 史游 邓文原 索靖 王羲之 王羲之 王羲之 于右任）

辨析：

害字的小篆从“丰口”，草书，单写，省略了中间的一横，点和下边的竖画可断可连；口字一般写两点或倒三角。可拓展。割憲（宪）等字，都有“害”或“害字头”。憲（宪）字的草书有三：1. 从异体字写法，口和罒写倒三角而同“吕”字的草书；2. 草化时省略罒，写“丰＋心”；3.“宪”字快写。

害 hài：会意，从宀（mián）从口，丰（gài）声，从“宀”从“口”意思是言从家起，而“言”又往往是危害的根源，本义为伤害、损害。

割 gē：形声，从刀害声，本义是用刀分解牲畜的骨肉。

憲（宪 xiàn）：敏也，从心从目，害省，博闻多能为宪，引申之义为法也。

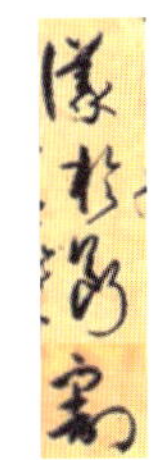

拓展：

鎋 瞎 辖 豁 犗 嗐 搳 磍 縖 蝫 轄 鶷 隱 懥 憓 攇 瀗 藼 櫶 蠦 譓 韍 鞁 楬 瞉

P54.1 有龙泉之利然后议于断割

含 唅 琀 晗 焓 頷 贪

（金文 金文 楚简 楚简 楚简 说文 石韵府 汉简 夏晨碑 欧阳询 颜真卿 王羲之 苏轼 王铎 张芝 王羲之 米芾 章草）

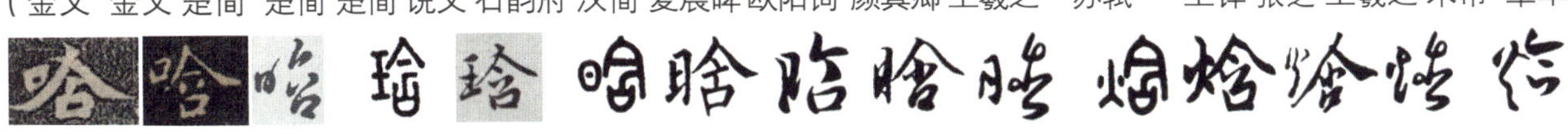

（魏碑 王羲之 辨体）（说文 赵孟頫）（金文 柳公权 王羲之 文徵明 王羲之）（金文 赵孟頫 郑板桥 王羲之 孙过庭）

（说文 赵孟頫 王羲之）（甲骨 甲骨 楚简 说文 欧阳询 颜真卿 文徵明 王羲之 董其昌 王铎 皇象 王羲之 王献之 王铎）

辨析：

含贪所从今字，草书同形，而与今字不同草。隶楷字形，1. 从今从口；2. 从“人下小”，从口。草书写法，今字草化为“尔（草书）”，与贪字的今字草书同形，口写倒三角或两点。可拓展。贪字的贝字居下，草书为快写或草化为“大”。

含 hán：形声，从口今声，本义是含在嘴里。

唅 hán：物在口中；hàn，古代殡葬时放在死者口中的珠、玉等物。

琀 hán：古代放在死者嘴里的珠玉等。

晗 hán：天将明。

焓 hán：物理学上指单位质量的物质所含的全部热能，亦称热函。

頷（頷 hàn）：下巴颏。

贪（貪 tān）：形声，从贝今声，从贝与财物有关，本义是贪财。

拓展：

剑 峆 崟 惍 唅 娢 浛 莟 瓴 晗 梒 焓 琀 翖 笒 蛿 颔 酓 諗 谽 鋡 頷 䫲

函 涵 菡

（甲骨 甲骨 金文 居延简 邓石如 欧阳询 虞世南 颜真卿 赵孟頫 王羲之 陆柬之 黄庭坚 赵孟頫 赵构

王羲之 孙过庭 怀素 鲜于枢 宋濂）（甲骨 说文 欧阳询 王羲之 孙过庭 文徵明）（王羲之 王羲之 王铎）

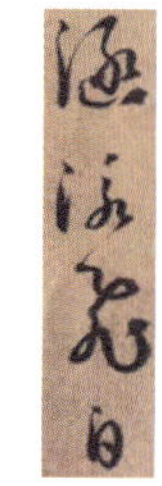

辨析：

函字的隶定字形稳定，草书为快写，左右四点可以草化为左右各一点。可拓展。

函（圅 hán）：象形，甲骨文为存放失（箭）之囊形，今隶误作函；说文曰舌；古曰：函，包也，有“匣、盒子、信件、包含、容纳、铠甲”之义。

涵 hán：形声，从水圅声，为水泽众多；包容、包；沉、潜；公路或铁路下面通沟渠的管道。

菡 hàn：形声，从艸函声，菡萏（dàn），本义是荷花。

拓展：

崡 唅 梒 裧 蜬 箘 鋡 霴 顄

P20.3 涵泳飞白

旱 捍 悍 焊 睅 駻 敤 桿 稈 赶

（楚简 汉简 说文 颜真卿 王羲之 怀素）（金文 金文 欧阳询 王羲之）（简帛 汉简 说文 虞世南 王羲之 皇象）

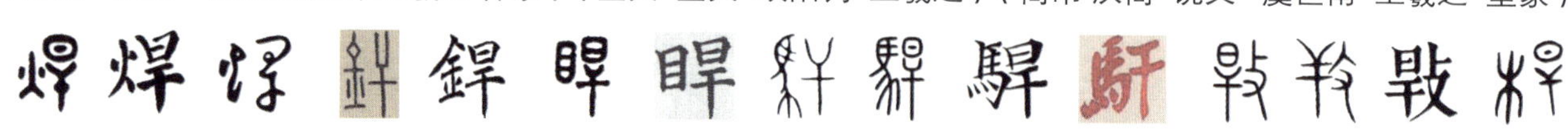

（金文 颜真卿 王羲之 广义 褚遂良）（说文 五经）（古文 说文 维摩诘 吴昌硕）（说文 汗简 楷书）（金文

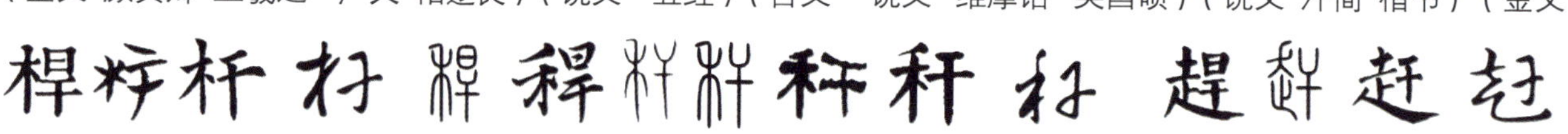

楷书 简帛 欧阳询 王羲之）（说文 赵孟頫 古文 说文 衡方碑 颜真卿 王羲之）（颜真卿 说文 柳公权 王羲之）

辨析：

旱字字形稳定，作为字根常常有从“干”的写法，个别有例外，如睅字的异体字为睅字。

旱 hàn：形声，从日干声，本义是久不下雨。

捍（扞 hàn）：古字作扞，后作捍，形声，从手旱声，本义是抵御、保卫。

悍（猂 hàn）：形声，从心旱声，本义为勇猛；凶暴，蛮横。

焊（銲釬 hàn）：焊接。

睅（暖 hàn）：形声，从目旱声，眼睛瞪大突出。

駻（騂馯 hàn）：马凶悍不温驯。

敤（攼 hàn）：止也，同扞（捍）；hé，击，同敋。

桿（杆 gǎn）：细长形的棍状物。

稈（秆 gǎn）：谷类植物的茎。

赶（赶 gǎn）：形声，从走旱声，追也，同赶。

拓展：

草 哻 垾 婍 猂 腥 睅 乾 焊 諽 猂 箪 蔊 鶾

好（孜玨）孬（附：女子）

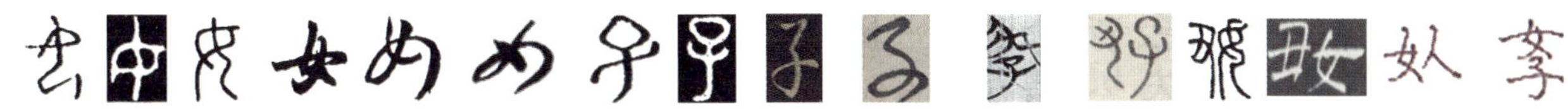

（甲骨 金文 说文 王羲之 王羲之 智永）（甲骨 金文 王羲之 张旭）（简帛 篆字汇 字典 王铎 异体字 异体字

甲骨 甲骨 说文 邓石如 曹全碑 张猛龙 欧阳询 颜真卿 柳公权 赵孟頫 索靖 王羲之 王羲之 羊欣 李世民 赵佶）

（金文 金石篆 汉简 柏青 欧阳询 颜真卿 柳公权 赵孟頫 王羲之 黄庭坚 郑板桥 王羲之 孙过庭 李淦 文徵明 章草）

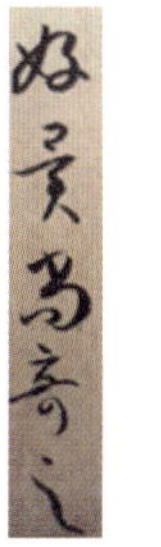

辨析：

好字由女和子字组成，篆书可见“孜、玨”两种好字的写法，楷化后偶见王铎的“孜”写法，草法一般是快写；女字行草书的特点是交叉空间要小，王羲之的好字为先写一点后，再写子字，横画反绕，更加简省；李世民先写子再写女，提供了一种新姿态。女和子字另见相关页。

好（孜玨 hǎo/hào）：篆字从女从子，会意，引申为美、善，《说文》：“好，美也。”，从古字形理解，好的本义是只要有子或有女，或母子团聚，或有女子、女人都为好，异体字：好孜玨毌孜。

附：

女 nǚ：篆字字形像一个屈膝、两臂交叉在胸前的人，本义即为女性、女人。

子 zǐ：本义是婴儿，引申指儿女。

孬 nāo：坏、不好；怯懦、无能。

拓展：

恏 妦　　P15.1 好異尚奇之士

禾 1：禾　种　稻　稷　稼　穅

（甲骨 甲骨 甲骨 金文 金文 楚简 秦简 说文 西狭颂 王羲之 王羲之 王羲之）（秦简 说文 颜真卿 皇象 王羲之

欧阳询 颜真卿 王羲之）（金文 金文 金文 简帛 秦简 说文 虞世南 赵孟頫 王铎）（金文 楚简 秦简 说文 宋徽宗

赵孟頫 智永 怀素）（甲骨 甲骨 秦简 说文 智永 王羲之 怀素）（甲骨 甲骨 金文 金文 楚简 秦简 说文 褚遂良）

辨析：

禾字的字形简单，从篆意的写法是禾字的起笔不过中线，如下页皇象的秽字。草书是改变书写顺序，撇起笔后先写竖勾，口一般写两点。可拓展。

禾 hé：象形，甲骨文像垂穗的禾本科农作物，谷类植物的统称。

种（種 zhǒng）：形声，从禾中（重）声，本义为播种、散布；植物的种子。

稻 dào：形声，从禾舀声，本义是水稻。

稷 jì：形声，从禾畟（cè）声，表示与农作物有关，本义是稷谷。

稼 jià：形声，从禾家声，本义是种植五谷。

穅 kāng：同糠。

拓展：

香 秂 秄 秇 杓 杞 秕 秆 秊 茉 呠 和 囷 妹 委 季 秄 秅 秆 秇 秈 秉 季 季 秡 稲 稖 稐 稤 稂 稓 稆 穜 稑 稈 稕 稒 稪 稛 稜 稭 稺 稴 穗 稵 稶 稷 稸 稹 稺 稻 稼 稽 稾 稿 穀 穁 穂 穃 穄 穅 穆 穇 穈 穉 穊 穋 穌 積 穎 穏 穐 穑 穒 穓 穔 穕 穖 穗 穘 穙

禾2：秸 秆 秧 秄 秤 秒 科 酥 秽 委

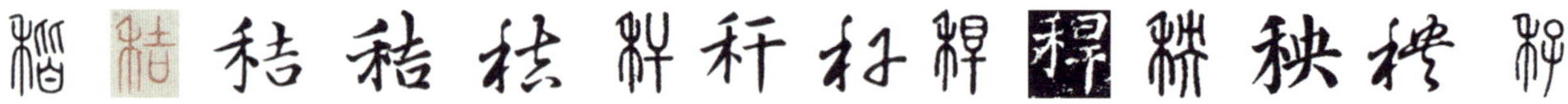

（说文 石韵府 王羲之 赵孟頫 王羲之）（说文 欧阳询 王羲之 说文 颜真卿）（说文 颜真卿 王羲之）（说文

维摩诘）（金文 虞世南 王羲之 王羲之）（金文 楚简 说文 褚遂良 赵孟頫 王羲之）（金 文 说文 智永 皇象）

（金文 颜真卿 米芾 王羲之 章草）（石韵府 欧阳询 皇象 颜真卿 王羲之）（甲骨 金文 说文 柳公权 王羲之）

辨析：

禾字作为字根，写法同前。委字的甲骨文，部件位置不固定，这种现象累见。秋香菌秦等字亦从禾，见相关页。

秸（稭 jiē）：形声，从禾皆声，农作物的茎杆，如麦秸；稭者，禾藁去其皮，祭天以为席。

秆 gǎn：稻麦等植物的茎。

秧 yāng：植物的幼苗。

秄 zǐ：给禾苗的根部培土；zì，禾苗杂生。

秤 chèng：衡量轻重的器具。

秒 miǎo：形声，从禾少声，本义是禾芒；时间、弧和角、经纬度等等计算单位。

科 kē：会意，从禾从斗，斗的意思是量，合起来指衡量、分别谷子的等级品类，本义是品类、等级。

酥 sū：酪类，由牛羊乳制成，又称酥油。

秽（穢薉 huì）：形声，从禾岁声，本义为荒废，长满野草。

委 wěi：会意，从女从禾，女表顺随，禾表委曲，本义是曲折。

拓展：

嗰 庛 瓾 倭 捸 浰 渫 稧 桃 柄 栖 械 秵 梸 案 格 梁 秹 桂 秖 粟 桊 秠 秺 秲 秳 倸 喽 唎 婑 崣 烈 悸 搂 梨 楋 淒 犁 琇 琍 稠 秱 秮 秴 稛 桼 秷 秹 秺 株 秾 稆 脷 莉 莉 萎 萩 逶 啫 婁 棃 愸 楼 漈 琜 瑚 硹 秡 稍 稞 稂 稯 楸 腘 剩 啾 婺 嵆 崡 愬 愀 揪 梨 棟 棞 湫 犂 甀 痜 痢 稨 稀 稾 稂 稃 稄 税 稇 稈 稉 稊 程 稌 稍 稅 腠 萩 莉 蒼 訹 銹

禾3：1利 2季 3秀 4黍

1甲骨 金文 说文 好太王 颜真卿 王羲之 王羲之 王羲之 *皇象 王羲之 王羲之 智永* 2甲骨 金文 说文 礼器碑

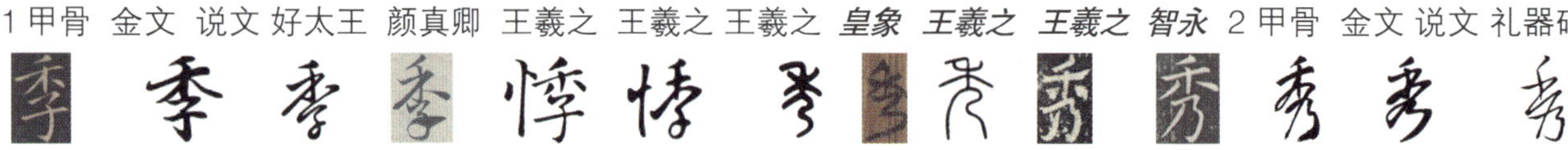

欧阳询 王羲之 王羲之 邓文原 *（王羲之 王羲之）* 3金文 楚简 说文 宝子碑 虞世南 王羲之 王羲之 王献之

（王羲之 王铎）王羲之 王羲之 王羲之 4甲骨 甲骨 说文 赵孟頫 赵佶 王羲之 王羲之 智永 傅山 *（王羲之 王铎）*

辨析：

“利季秀”的字形稳定，行草书为快写。黍字从水，草书从禾从水。

利 lì：会意，从刀从禾，表示以刀断禾的意思，本义是刀剑锋利、刀口快。

季 jì：会意，从子从稚省，“稚”亦兼表读音，本义为排行最后的。

秀 xiù：会意，石鼓文，上为“禾”，下像禾穗摇曳，本义是谷物抽穗扬花。

黍 shǔ：形声，从禾雨省声，孔子曰：“黍可为酒，禾入水也。”本义为植物名，亦称稷、糜子。

拓展：

1 *梨 莉 猁 黎*　唎 痢 娳 峲 悧 浰 烈 梸 犁 琍 脷 悡 硳 棃 犂 嚟 嚟 藜 邌 篱 樆 瓈

2 *悸*　倸 漈 琜 瘵

3 *绣（繡）诱 锈 莠*　㛒 唀 透 琇 秀 綉 蜏 趚 璓 頱

4 *黏（粘）*　漆 剩 黎 䵑 黏 黐 黏 黎 黏 黎 黎

禾 4：和（龢）

（金文 楚简 秦简 说文 曹全碑 欧阳询 颜真卿 柳公权 赵孟頫 王羲之 王献之 皇象 王羲之）

（甲骨 甲骨 金文 金文 金文 金文 金文 古文 说文 乙瑛碑 欧阳询 颜真卿 赵佶 苏轼 赵孟頫 王铎 傅山）

辨析：

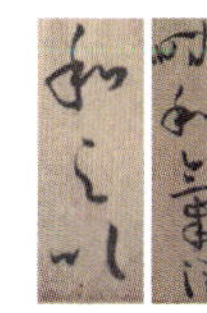

和与龠字的篆书结体不同，隶定字形稳定，和字从口禾，龢字则从龠禾，各体从之，其中龢字的三个口，可草化为三个点或一短横，冂字框，草书可省略左竖。

和（咊 hé）：从口禾声，相应也，古文写咊龢。

龢（龣 hé）：调也，段玉裁注曰经传多借和为龢。

拓展：

P22.3 和之以闲雅　　P23.6 时和气润

禾 5：秉　棅（柄）

（甲骨 甲骨 甲骨 金文 金文 简帛 简帛 说文 李阳冰 曹全碑 欧阳询 颜真卿 柳公权 赵孟頫 宋徽宗

王羲之 米芾 启功 王羲之 智永 宋徽宗 邓文原）（说文 秦简 楷书 甲骨 秦简 说文 王羲之 王羲之 章草）

辨析：

秉字乃会意字，形象生动，楷化后，不少书家所写禾字的第一笔，收笔于中竖处，保留了其篆书的笔意。草书写法重点在中间表手的部件“又”，草化为横弯或横弯加挑点，其余部件为快写，下边的撇捺可以收缩为两点，邓文原的秉字草书最后一笔捺画出波挑，为章草写法。可拓展。

秉 bǐng：会意，从又从禾，表示以手持禾，又字篆体为一只手，本义是禾把、禾束。

棅（柄 bǐng）：古同柄，本义为器物的把儿。

拓展：

棅 捸

合1：合 哈 洽 拾 恰 给 蛤

（甲骨 甲骨 金文 楚简 秦简 说文 李斯 曹全碑 王羲之 智永 欧阳询 颜真卿 索靖 黄庭坚 赵孟頫）

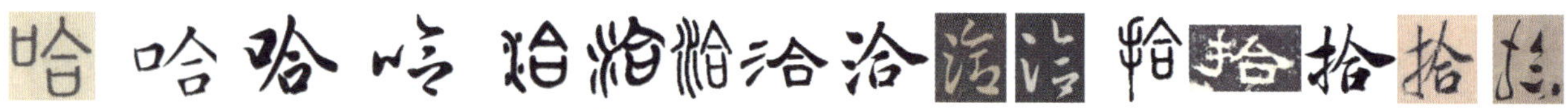

（六书通 王羲之 王羲之 王羲之）（金文 楚简 说文 曹全碑 智永 索靖 王洽）（说文 张迁碑 智永 米芾 黄庭坚）

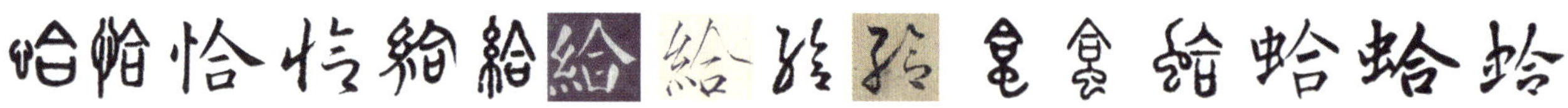

（金文 说文 欧阳询 赵构）（楚简 说文 颜真卿 赵佶 王羲之 怀素）（金文 说文 六书统 柳公权 赵孟頫 章草）

辨析：

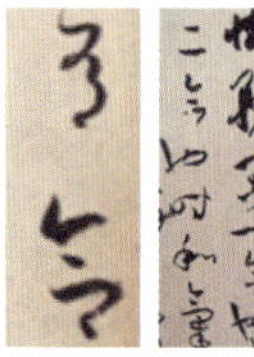

合字从亼（jí）从口，字形稳定，草书撇捺连写，口写两点、三点、倒三角。可拓展。答和拿字见相关页。

合 hé：会意，从亼（jí）从口三面合闭，本义为闭合、合拢。

哈 hā：张口呼气，形容笑声，伛、弯；hǎ，方言，斥责；hà，哈什蚂，蛙的一种。

洽 qià：形声，从水合声，沾湿、浸润；商量、和睦、广博、周遍。

拾 shí：形声，从手合声，本义是捡取，从地上捡起来。

恰 qià：形声，从心合声，本义为用心；才、刚刚，岂、难道，适当、正好。

给（給 jǐ）：形声，从糸合声，本义是衣食丰足、充裕；jǐ，授与，交付。

蛤 gé：蛤蜊；há，蛤蟆。

拓展：

佮 冾 匌 匼 剳 厒 垥 姶 峆 峇 帢 饸 弇 㝓 𢏗 㣛 敆 焓 珨 祫 舙 敆 㭘 䏜 畣 硆 秴 袷 铪 㾑 复
䀫 容 答 粭 翖 耠 䑪 龕

P23.3 有乖有合　P23.5 一合也　P23.6 二合也

合2：颌 鸽 郃 欱 荅 盒 迨 鞈 拹 龛 翕

（说文 赵孟頫 王铎 王羲之）（说文 颜真卿 黄庭坚 皇象）（说文 景君碑 欧阳询 王羲之）（说文 赵孟頫 王羲之）

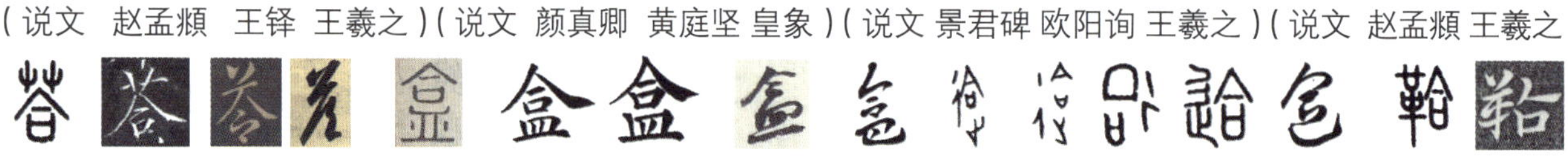

（说文 宋徽宗 箫纲 智永）（篆字汇 虞世南 颜真卿 赵之谦 章草）（甲骨 金文 金文 说文 邹武生）（说文 赵孟頫）

（金文 欧阳询 王羲之 李淦）（金文 金文 说文 颜真卿 赵孟頫 王羲之 于右任）（说文 西狭颂 翁方纲 王铎 章草）

辨析：

合字拓展性较强，作为字根，写法同前。

颌（頜 hé）：多数脊椎动物构成口腔上下部的骨骼和肌肉组织，上部称上颌，下部称下颌，俗称下巴。

鸽（鴿 gē）：鸽子。

郃 hé：郃阳，旧县名，在陕西省中部，也作合阳。

欱 hē：饮、吸，合，受、收。

荅 dá：小豆；渠荅，一种御敌的器具；容量单位；应允，后作答。

盒 hé：底盖相合的盛器，量词。

迨 hé：迨遝，行相及也。

鞈 gé/jiá：古代皮革制成的胸甲；坚硬。

拹 gé：方言，两手合抱，引申为结交，鱼拹鱼，虾拹虾，王八拹合鳖亲家。

龛（龕 kān）：形声，从龙合声，本义是龙的样子；供奉佛像、神位等的小阁子；古同戡，平定。

翕 xī：形声，从羽合声，闭合、收拢。

拓展：

詥 跲 䞩 㧱 鉿 閤 餄 雂 𩃓 䶎 翕 韐 鮯 䶎 䑪

曷1：曷 偈 喝 渴 揭 谒 碣 竭

（古文 简帛 说文 石韵府 汗简 王羲之 欧阳通 颜真卿 柳公权 赵孟頫 王羲之 孙过庭 皇象 王羲之 赵孟頫）

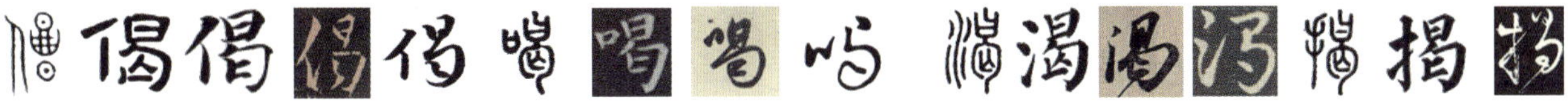

（古文 曹全碑 智永 王羲之 索靖）（说文 欧阳询 赵孟頫 王羲之）（说文 颜真卿 苏轼 皇象）（说文 柳公权 张旭）

（简帛 说文 褚遂良 颜真卿 王羲之）（金文 说文 宋徽宗 王羲之 怀素）（说文 赵孟頫 姚孟起 苏轼 王羲之 怀素）

辨析：

曷的字形稳定，草法，上边的日字可由快写到草化为一横，下边的匄字，其匕字可草化为两短横或一短横。

曷 hé：从曰从匄，篆书结构从匃，何也。

偈 jì：佛经中的唱词；jié，勇武，行动急促（偈偈，急驰的样子）。

喝 hē：形声，从口曷声，指饮用液体或流质食物。hè，大声叫嚷。yè，声音嘶哑。

渴 kě：形声，从水曷声，本义是水干。

揭 jiē：形声，从手曷声，本义是高举。

谒（謁 yè）：形声，从言曷声，本义为禀告，陈述；告发、检举；拜见，请求；进见。

碣 jié：特立之石。

竭 jié ：形声，从立曷声，背举、用肩背负。

拓展：

褐 篕 緆 藒 嵑 擖 獦 暍 瀫 膈 輵 薗 藹 闒 霭 礚 藒 鍻 餲

P58.1 曷足怪乎

曷2：蝎 羯 朅 愒 遏 鹖 葛 歇 噶 蔼 霭

（说文 欧阳询 颜真卿 黄庭坚 王铎 章草）（金文 说文 虞世南 褚遂良 颜真卿 皇象 邓文原）（说文 颜真卿 乾隆）

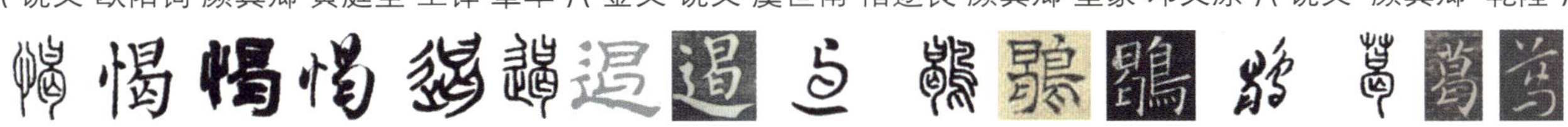

（说文 颜真卿 邓石如 米芾）（简帛 说文 张君碑 柳公权 王羲之）（说文 文徵明 欧阳询 郑板桥）（说文 赵构 索靖）

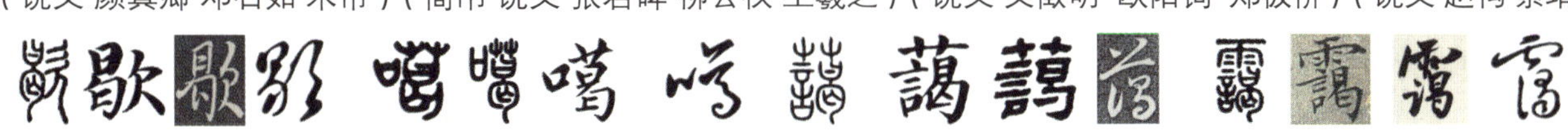

（说文 智永 米芾 王羲之）（金文 粗篆 赵孟頫 王羲之）（说文 颜真卿 顾蔼吉 赵构）（说文 文徵明 吴琚 王羲之）

辨析：

曷字作为字根，写法同前。

蝎（蠍 xiē）：毒虫名，也称“钳蝎”。

羯 jié：公羊，特指骟过的；羯胡，中国古代西北的民族之一。

朅 qiè：离去；何，通曷。

愒 qì：休息；kài，贪。

遏 è：抑制、阻止、阻拦。

鹖（鶡 hé）：鹖鸡，今名褐马鸡。

葛 gé：一种植物，纤维可以织布，葛布。

歇 xiē：休息，停止、中止活动。

噶 gá：译音用字，为藏文译音所常用，噶当派；gé，噶大克，噶伦。

蔼（藹 ǎi）：和气，和蔼；树木生长繁茂；盛多的样子；云气，通霭。

霭 ǎi：形声，从雨谒声，本义为云气。

拓展：

剐 勘 緆 堨 嵑 幅 猲 熇 犒 暍 楬 髺 餲 稭 揭 蠍 顕 鞨 馤 蠍 譪 轕 靄 騔 濭 鍻 鶡 鶷 靄

盍 嗑 阖 瞌 磕 溘 蓋（盖）

（金文　金文　盟书　楚简　秦简　说文　隶辨　欧阳询　颜真卿　柳公权　赵孟頫　王羲之　叶清臣　王羲之　章草）

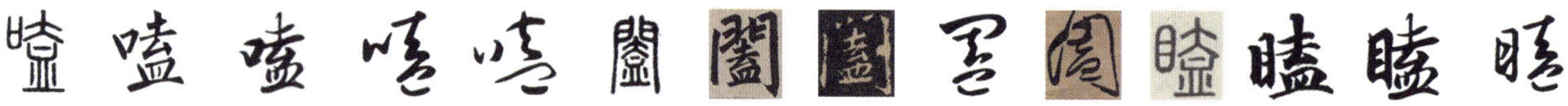

（说文　柳公权　王羲之　王羲之　于右任）（说文　赵孟頫　王羲之　王羲之　王铎）（篆字汇　智永　王羲之　王羲之）

（金文　说文　褚遂良　王羲之　于右任）（说文　邓石如　虞世南　王羲之　王羲之）（说文　赵孟頫　于右任　王铎）

辨析：

盍字本从去从皿，隶定从去从皿，草书为“去”与“皿”字的草书组合。可拓展。蓋为盖的异体字，草书从“盖”的写法居多，见盖页。

盍（盇 hé）：通“闔”本义是覆盖；gài，形声，从皿去（gài）声，甲骨文有二“去”，一为来去之去，二为蓋子象形字，“大”像蓋子，“口”或“凵”像器皿，甲骨文“闔”以此为声，后加“皿”分化出“盍”，“蓋”又被假借别义，所以加“艸”造“蓋”。

嗑 kè：形声，从口盍声，本义是多话。

阖（闔 hé）：形声，从门盍声，本义为门扇。

瞌 kē：形声，从目盍声，本义是瞌睡，困倦思睡、打盹。

磕 kē：形声，从石盍声，石声或鼓声；物相碰声；叩头；套、戴、扣上；突然。

溘 kè：形声，从水盍声，本义是水流；忽然。

蓋（盖 gài）：有覆盖功能的东西；大概。

拓展：

匌 匼 圔 盖 搕 馌 愹 榼 熆 膉 篕 蓋 醘 鎑 闔 餲 顉 鰪 黵

隺 鹤 確 榷 傕

（简帛　汉简　说文　王宠　雍正　陆居仁）（说文　邓石如　吴昌硕　王铎　欧阳询　颜真卿　王羲之　米芾　赵孟頫

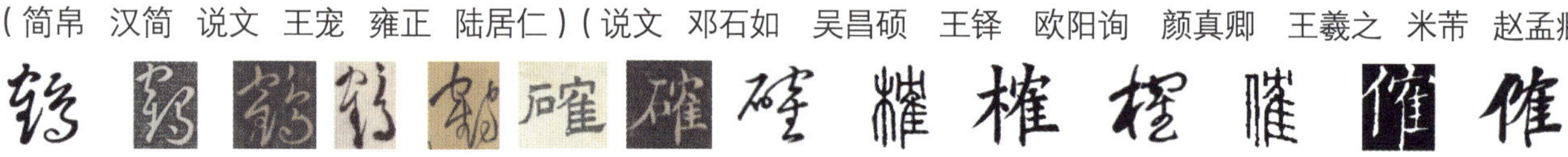

王羲之　孙过庭　宋太宗　徐渭　王铎）（隶辨　王羲之　赵孟頫）（说文　欧阳询　于右任）（六书故　柳公权　郑孝胥）

辨析：

隺字的字形稳定，草书写法，上边的撇穿过宀头，与下边的隹字直接连写。可拓展。確（确）字历代都有繁简两种写法，可参照确字页。

隺 hè：高至也，从隹上欲出冂，古通“鹤”，鸟往高处飞；hú，极高。

鶴 hè：从鸟隺（hè）声，本义为鹤科各种类鸟的统称，皆为大型涉禽。

確（确 què）：礊石也，从石角声；臣鉉等曰：“今俗作確，非是。”

榷 què：独木桥；税；专营、专卖；商讨研究。傕 què：姓；jué，古人名用字。

傕 què：姓；jué，古人名用字。

拓展：

淮 犨 蒮 睢 驩 搉 篧 鏙 雔 靏

P30.5 龟鹤花英

黑 1：黑　點　墨　黛　黨（党）儻　攩　灙

（甲骨 甲骨 金文 盟书 楚简 秦简 说文 西峡颂 史晨碑 欧阳询 颜真卿 王羲之 米芾 史游 王羲之 孙过庭）

（说文 隶辨 颜真卿 赵孟頫 王羲之 米芾 王羲之 怀素 康里巎 韩道亨）（说文 欧阳询 王羲之 王羲之）（石韵府 颜真卿 王羲之）

（说文 欧阳询 文徵明 史游 邓文原 王羲之 王羲之 毛泽东）（说文 颜真卿 王羲之 欧阳询）（说文 楷书）（说文 楷书

辨析：

黑字的隶定字形稳定，草化为“里＋四点（可草化为一横）”。黨字从尚从黑，草书为尚字头加：1. 从“三横”；2. 从“兄”；亦可拓展。熏字见相关页。

黑 hēi：指事，甲骨文从“大”圈出脸部，像黥刑，在脸上用墨刺字的刑罚；西周金文在脸上加二点，强调墨点；春秋金文“大”加点，秦文字整理为“火”放在下面，隶变“大”变成“土”“火”在下变成“灬”，本义是黑色。

點（点 diǎn）：形声，从黑占声，本义是斑点。

墨 mò：书墨也。

黛（黱 dài）：形声，从黑代声，本义是青黑色的颜料，古代女子用以画眉。

黨（党 dǎng）：为了政治目的结合起来的团体；意见相合的人或由私人利害关系结成的团体；指亲族、姻戚；偏袒、偏私。

儻 tǎng：洒脱，恍惚，正直，广大，偶然。

攩 dǎng：阻拦，抵挡、抵御，搥打。

灙 dǎng：灙漭，浩荡无边；tǎng，同淌。

拓展：

黖 劅 嫼 潶 默 黙 摼 䵆 黝　黕 黖 黗 歑 爅 黛 黱 灅 黚 黝 點 黡 黠 瞟 穲 黩 儵 嚜 螺 黟 黠 黶 黮 黪 戴 爔 黢 黣 黲 黧　P19.4 草以点（點）画为情性　P10.3 留心翰墨

黑 2：嘿　黟　黔　黜　黮　黚　黥　黠　黖　黰　嫼　黸

（说文 智永 欧阳询 王羲之 王羲之）（金文 简帛 说文 颜真卿 柳公权 赵孟頫 王羲之）（秦权 简帛 说文 李斯

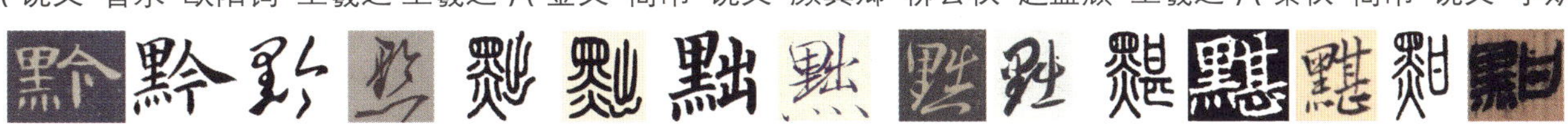

曹全碑 虞世南 王羲之 文徵明）（说文 邓石如 颜真卿 宋徽宗 王羲之 智永）（说文 颜师古 王铎）（说文 北大简）

（简帛 说文 何绍基 颜真卿 章草）（说文 赵孟頫 章草）（说文 楷书）（篆字汇 彭玉雯）（金文 说文 楷书）（说文 楷书）

辨析：

黑字拓展的字较多，各体写法同前，所涉字根参见相关页。

嘿 hēi：叹词，表示招呼、赞叹或惊异；咳嗽。

黟 yī：黑木，黑、黑色。

黔 qián：黑色，中国贵州省的别称；通黥。

黜 chù：降职或罢免。

黮 dàn：云黑色；shèn，古通葚，桑果。

黥 qíng：刻其面以墨窒之，字亦作剠，古代一种肉刑，墨刑的异称；镌刻，受过黥刑的人。

黠 xiá：聪明而狡猾。

黖 dá/zhǎn：白而有黑也。

黰 zhěn：黑，染色黑。

嫼 mò：因嫉妒而发怒。

黸 lú：黑，黑甚。

拓展：

黪 黢 嚸 墨 瘿 黭 黥 黤 黧 黨 黩 黪 曤 黮 黧 黯 黵 黷 纆 黫 黬 黯 黮 黭 瀗 黓 黰 螺 黳 黫

黑 3：黯 默 黝 黩 黡 黗 黵 儵 黶 黧 黳 黱

（金文 简帛 鸟虫篆 说文 褚遂良 王羲之 王羲之）（金文 简帛 说文 智永 王羲之 赵孟頫）（金文 简帛 说文 智永

王羲之 王羲之）（金文 说文 柳公权 鲜于枢 王铎 颜真卿 王羲之）（说文 吴彩鸾）（说文 楷书）（说文 楷书）（古文

说文 虞世南 赵孟頫 王羲之 郑板桥）（说文 五经 王羲之 黄庭坚）（金文 智永 王羲之）（说文 楷书）（说文 楷书）

辨析：

黑字拓展的字较多，各体写法同前，所涉字根参见相关页。

黯 àn：昏黑，暗淡无光，心神沮丧的样子。

默 mò：狗突然窜出追人，闭口不说话，幽静，默写，冒、涌，私下、暗中；通墨，不廉洁，贪污。

黝 yǒu：黑色，使发黑；缠绕的，长长的。

黩（黷 dú）：污浊，轻慢不敬，引申为黑色的；污辱，贪、求，滥用；频繁，多次。

黡 yǎn：黑斑，霉点。

黗 tún：黄黑色。

黵 dǎn：黑，黑色；黥，古代在犯人或奴婢、士兵脸上刺字；用笔墨涂改文字；zhǎn，方言，污，弄脏。

儵 shū：快速、急速，同倏。

黶（黶 yǎn）：黑痣，黑、黑痕。

黧 lí：黑里带黄的颜色，指老人，黧老，也作黎老。

黳 yī：黑痣，黑，黑玉石。

黱 dài：同黛；zhèn，黑色。

拓展：

黨 纆 黰 黱 鄳 儻 攩 灙 黪 黳 黴 黟 曭 欓 爣 黯 矘 黵 曭 黦 黔 黸 黶 黭 黛

亨 烹 哼

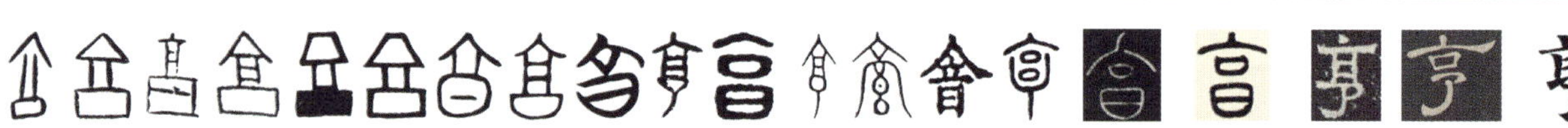

（甲骨 甲骨 甲骨 甲骨 金文 金文 金文 金文 楚简 秦简 汉印 古文 古文 古文 说文 李阳冰 邓石如 宝子碑 唐玄宗 欧阳询

虞世南 颜真卿 赵孟頫 方亨咸 王羲之 韵会）（说文 赵之谦 智永 欧阳询 宋徽宗 王羲之 苏轼 怀素 宋徽宗 赵孟頫 文徵明）

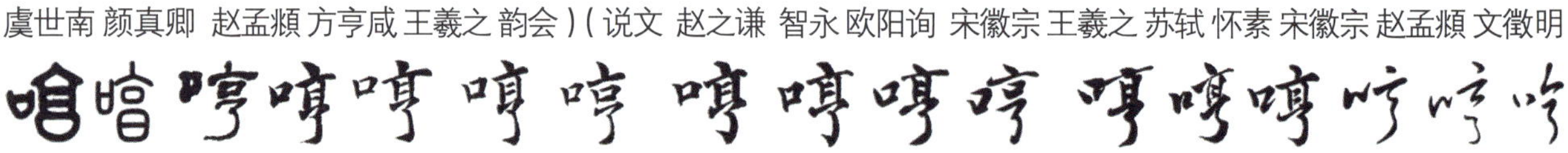

（金文 粗篆 何绍基 智永 虞世南 欧阳询 褚遂良 颜真卿 柳公权 赵孟頫 王羲之 黄庭坚 米芾 赵孟頫 王羲之 李洤 章草）

辨析：

亨字隶定字形稳定，草书省略"口"字，写"亠了"。作为字根，亨字的草法有两种：1. 草化为"亠了"；2. 草化为"亠子"，一般可见于烹字的草书。

亨 hēng：象形，金文字形，像盛祭品之器形，小篆作"亯"，隶书写作亨、享，三字其实是同一个字，本义为献，引申为通达；煮，为烹的本字。注：亨与享：最早只有"亯"字，它有三个意思：一是通、顺；二是贡献；三是烧煮。《康熙字典》中说："古惟亨字兼三义。后加一画作享，献之。亨加四点作烹，饪之。"到了现代汉语中，"亨""享"才不再混用。

烹 pēng：形声，从火亨声，本义是烧煮。

哼 hēng：形声，从口亨声，本义为痛苦作声。

拓展：

㧸 悙 涥 椁 脝 鞟

厷 肱 纮（紘）宏 闳（閎）雄

（甲骨 金文 说文 黄自元）（说文 张迁碑 智通塔 赵孟頫 王羲之 章草）（说文 简帛 颜真卿 赵孟頫 于右任）

（金文 金文 简帛 说文 伊秉绶 欧阳询 颜真卿 王羲之 王羲之 章草）（金文 说文 褚遂良 米友仁 王羲之 章草

（金文 说文 曹全碑 樊敏碑 欧阳询 颜真卿 柳公权 赵佶 赵孟頫 王献之 米芾 史游 王羲之 赵孟頫 鲜于枢 黄道周）

辨析：

厷字结构稳定，行草书为快写，可拓展。

厷 hóng：同“宏”；gōng，同肱，臂上也，从又从古文厶，厶，古文厷，象形，肱，厷或从肉。

肱 gōng：形声，从肉厷声，本义是上臂。

纮（紘 hóng）：系于颌下的帽带。

宏 hóng：形声，从宀厷声，本义为屋子宽大而深。

闳（閎 hóng）：形声，从门厷声，本为是巷门。

雄 xióng：形声字，《说文》曰：雄乃鸟父也，从隹，厷（gōng）声；形旁隹为禽鸟之象，表示雄的本义与禽鸟有关，古初以厷为雄，本义指公鸟、鸟父，引申指其他雄性动物。

拓展：

陇 弦 吰 汯 刭 郄 嗞 宏 罡 恷 竑 垯 嵫 浤 紭 翃 聝 軡 兹 硡 竤 鉝 飒 翃 鋐

弘 泓 鞃

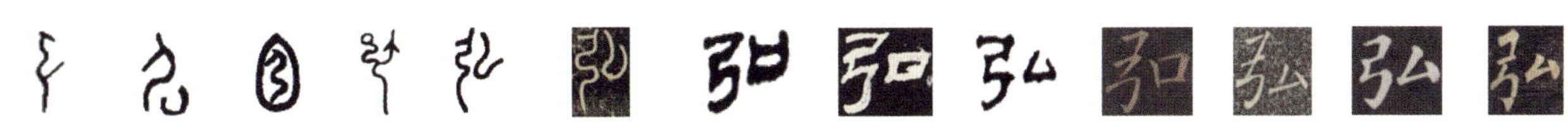

（甲骨 颂鼎 金文 金文 说文 李阳冰 居延简 乙瑛碑 郭有道 欧阳询 褚遂良 颜真卿 柳公权

赵孟頫 王羲之 李邕 米芾 赵孟頫 董其昌 王铎 史游 皇象 王羲之 王弘 李淦 宋克）（金文 金文 简帛

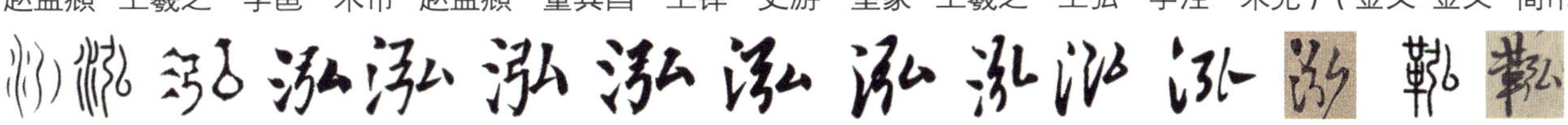

古文 说文 神庙碑 智永 欧阳询 颜真卿 柳公权 赵孟頫 王羲之 米芾 王羲之 文徵明 王铎）（说文 王铎）

辨析：

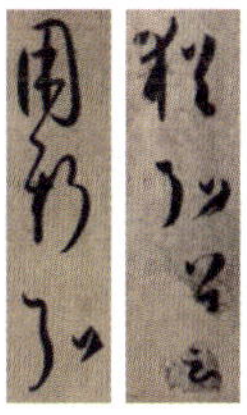

弘字篆书形态多变。弘字草书“弓字”简省了一个折，“厶”的草书：1. 为快写。2. 依其异体字有“口”的写法，草书写两点。

弘 hóng：形声，从弓厶（gōng）声，本义为弓声，有广大、扩大、发扬之义，厶，古文肱字。

泓 hóng：形声，从水弘声，本义是水深而广。

鞃 hóng：车轼上段裹上皮革以便人倚的部分。

拓展：

宖 紭 軦 雼

P30.3 厥用斯弘　P38.3 犹弘羊之心

侯（矦） 候 猴 喉 瘊 堠 缑

（甲骨 甲骨 金文 盟书 诅楚文 说文 衡方碑 唐玄宗 欧阳询 颜真卿 王羲之 苏轼 王铎 史游 王羲之 王献之）

（金文 说文 简帛 汉印 欧阳询 颜真卿 王羲之 王铎 索靖 章草）（金文 简书 说文 欧阳询 王羲之 于右任）

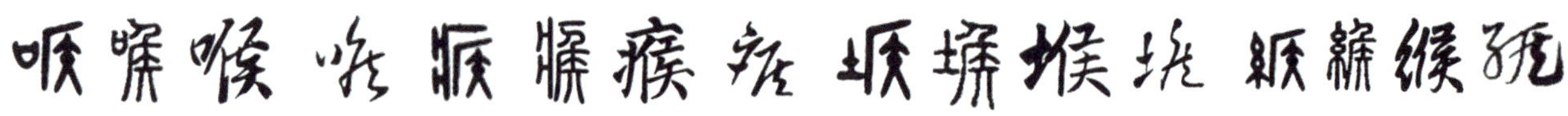

（金文 说文 王羲之 于右任）（金文 粗篆 颜真卿 王羲之）（金文 说文 赵孟頫 章草）（金文 说文 王铎 邓文原）

辨析：

侯字的篆书从厂从矢，草书写法即源于"厂矢（夫）"结构，起笔有的书家有短撇，为异体字"矦"上边部件的草化。可拓展。

侯（矦 hóu）：象形，从厂从矢，甲骨文字形像矢在崖下，本义为箭靶。

候 hòu：形声，古文作矦，从亻侯声，本义为守望、侦察。

猴 hóu：猴子；比喻机灵的人。

喉 hóu：喉头，喻要害之地；交通要道。

瘊 hóu：瘊子，皮肤上所生的小肉瘤。

堠 hòu：形声，从土侯声，本义为古代瞭望敌情的土堡。

缑（緱 gōu）：刀剑等柄上所缠的绳。

拓展：

帿 葔 㬋 糇 㬋 楧 睺 猴 褑 鍭 葔 篌 鄇 猴

后 诟 逅 垢 姤 後

（金文 金文 楚简 楚简 古文 说文 清华简 帛书 曹全碑 欧阳询 赵孟頫 赵孟頫 王羲之 苏轼）

（金文 说文 曹全碑 王羲之）（金文 说文 颜真卿 王羲之）（金文 褚遂良 鲜于枢）（金文 说文 颜家龙 邹武生）

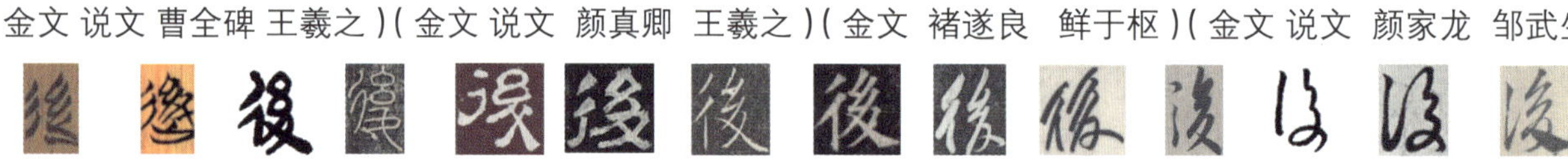

（清华简 清华简 秦简 峄山碑 夏承碑 张迁碑 王羲之 颜真卿 黄庭坚 黄庭坚 王羲之 王羲之 赵孟頫 邓文原）

辨析：

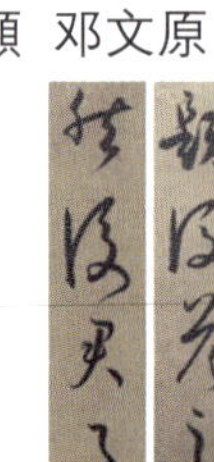

后和後字，简化前为两个字。后字草书为快写，可拓展。後字的各种字体，部件表意清楚，其草书，彳写一竖的居多，右边部件"幺＋夊（suī）"连起来草化为"两撇叉"。

后 hòu：会意，像人之形，施令以告四方，古之从"一口"，发号者君后也，按从坐人从口，与君同义，本义为君主、帝王。

诟（詬 gòu）：形声，从言后声，耻辱。

逅 hòu：邂逅，不期而遇；gòu，又音。

垢 gòu：污秽，尘土一类的脏东西。

姤 gòu：交互为婚姻，亲上接亲；相遇；卦之一，巽下乾上；好、善；邪恶的。

後 hòu：会意，金文从"彳 chì"，表示与走路有关，从"幺"（yāo，小），从"夊"（suī），是"足"的反写，有"行路迟缓"的意思；段玉裁《说文解字注》："幺者小也，小而行迟，后可知矣"，本义为迟到、走在后。

拓展：

郈 垕 洉 茩 㖃 㤧 㧨 牞 珛 鲘 鱟

P5.4 然后君子　　P7.3 安辄题后答之

乎 呼 烀 轷 虖

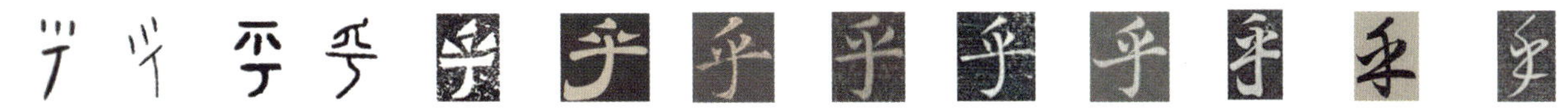

（甲骨 甲骨 金文 说文 宝子碑 唐玄宗 欧阳询 颜真卿 柳公权 赵孟頫 王羲之 赵孟頫 康里巎

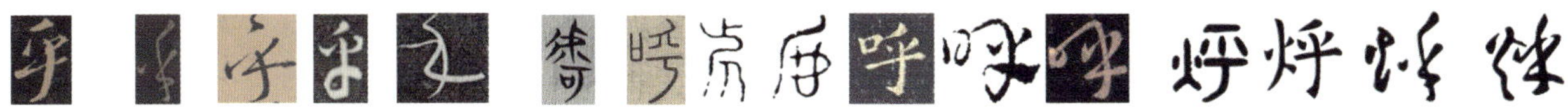

王羲之 王羲之 怀素 赵构 康里巎）（盟书 广义 古文 古文 王羲之 皇象 王羲之）（金文 欧阳询 王羲之 孙过庭）

（金文 粗篆 颜真卿 赵孟頫 王羲之 文徵明 鲁迅）（金文 金文 金文 金文 楚简 楚简 说文 隶辨 郑板桥 王壮为）

辨析：

乎字的篆书像呼气之形，草书，撇画起笔后，先写竖勾，再写两点一横。可拓展。乎字还有一种有虎字头的异体写法，是《说文》曰：虖，哮虖也。汉书多假虖为乎字，同“呜呼”，古通“乎”。

乎 hū：会意，甲骨文字形上面的符号表示声音上扬，下面的符号表示舒气，“乎”是“呼”的本字，当“乎”借作语气词、介词用之后，就另造了一个从“口”的形声字“呼”，本义为吐气。

呼（嘑虖謼 hū）：形声，从口乎声，本义是吐气，与吸相对。

烀 hū：半蒸半煮，把食物弄熟。

轷（軤 hū）：姓。

虖 hū：古通乎，于，休息虖于昆仑之墟；语气词，表示疑问或感叹。

拓展：

坪 泙 苹 枰 粋　　P23.1 嗟乎

H

胡 湖 糊 瑚 猢 鹕 醐 蝴 葫 箶

（金文 金文 篆刻 汉归义 说文 广义 北大简 夏承碑 萧子云 欧阳询 颜真卿 赵孟頫 史游 王羲之 王羲之）

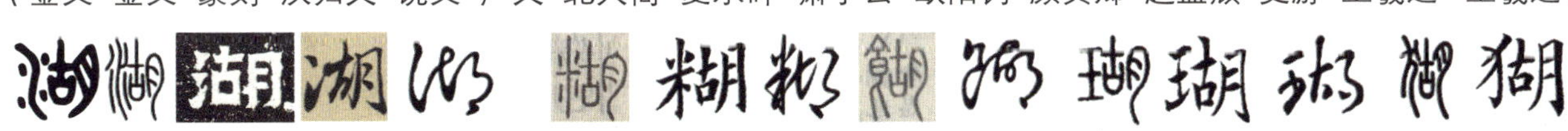

（金文 说文 宝子碑 赵孟頫 王羲之）（篆字汇 欧阳询 李泩 真本 王羲之）（说文 褚遂良 章草）（粗篆 虞世南

王羲之）（粗篆 柳公权 章草）（说文 赵孟頫 文徵明）（金文 智永 李泩）（金文 智永 王羲之 章草）（篆字汇 楷书）

辨析：

胡字的古体有从牛的影子，隶定字形稳定，草书即为古和月字草书的集合。鬍从髟从胡，见髟字页。

胡 hú：形声，从肉古声，本义是牛脖子下的垂肉，古称北方和西方的民族匈奴等为胡。

湖 hú：形声，从水胡声，陆地上聚积的大水体。

糊（餬 hū）：涂抹；hú，用浆糊或用别的黏剂黏合，不清楚、不明事理；hù，蒙混、敷衍。

瑚 hú：珊瑚。

猢 hú：猢狲。

鹕（鶘 hú）：鹈鹕。

醐 hú：醍醐（tí hú），古时指从牛奶中提炼出来的精华，佛教比喻最高的佛法。

蝴 hú：蝴蝶。

葫 hú：葫芦；蔬菜名，大蒜为葫，小蒜为蒜。

箶 hú：箶簏，箭室，盛箭器。

拓展：

媩 啭 楜 煳 瘌 衚 蝴 鍸 餬 鶦 鬍 鰗 鶦
P20.4 胡越殊风者也

壶 壺

甲骨 甲骨 甲骨 甲骨 甲骨 甲骨 金文 金文 金文 金文 金文 金文 金文 金文 金文 金文 石韵府 广义 说文

简帛 汉简 礼器碑 隶辨 爨体 魏碑 邓石如 伊秉绶 董美人 薛曜 成亲王 颜真卿 董其昌 张瑞图 卞壶 严讷

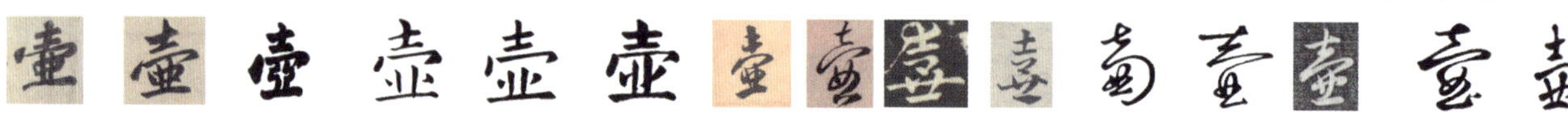

黄庭坚 赵孟頫 郑板桥（王羲之 欧阳询 颜真卿）米芾 王铎 皇象 邓文原 王羲之 怀素 赵孟頫 鲜于枢 章草

辨析：

壶字的篆书是一个图形符号，异体字较多，隶楷书常见的写法为壶、壺和壷，草书一般从前一种写法。

壶（壺 hú）：象形，甲骨文字形，从大，像其盖子也，像壶形，本义为古代盛器。

拓展：

㰙 𦴸 㼨 餢 𧯣 𧅬 𧯣

虍 1：虎 號

（甲骨 甲骨 甲骨 甲骨 甲骨 金文 金文 金文 金文 楚简 楚简 楚简 秦简 秦简 石鼓 古文 古文 古文

说文 隶辨 王羲之 欧阳询 颜真卿 黄庭坚 张芝 史游 王羲之 王羲之 文徵明 王铎 文天祥 董其昌 章草）

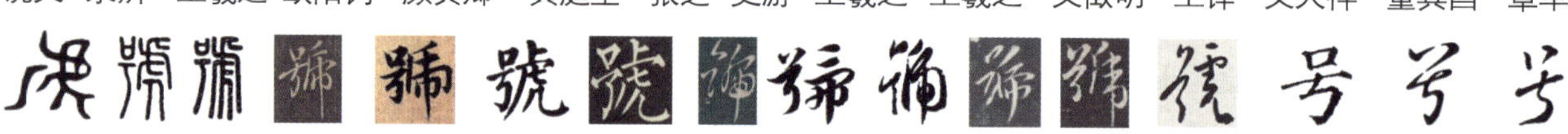

（金文 说文 李斯 王羲之 赵孟頫 颜真卿 柳公权 钟繇 索靖 王羲之 谢安 赵孟頫 于右任 颜真卿 王羲之 章草）

辨析：

虎字的异体字很多，草书变化较大，常用的为：1.“厂二巾虎”，即从其异体字“厂二巾”写法，草书写快了即为“一笔虎”；2.“虎头几”，即虎字头加几字的写法。“虎字头”与“雨字头（见雨字的相关页）”的字有相同的草法，也可以称为“雨虎头”。可拓展。

虎（虝乕乕乕 hǔ）：象形，从虍，篆书字形像以虎牙、虎纹为特征的虎形，本义是老虎。

號（号 háo）：会意，从号从虎，大声喊叫；异体字有“諕猇虠嚎譹呺”等等。

拓展：

磃 褫 覤 謕 墅 魈 篪 虦 虪 戲 虢 螔 鯱 鯱 虩 颮 魈 㩇 謕 蹏 滮 鼶 鷈 䖘 虢 顤 魈 䡿 鯱 鷈 饕 饕 鯱 鱋

P62.2 晋人同號

虍2：唬 諕 彪 琥 椃 虢 篪

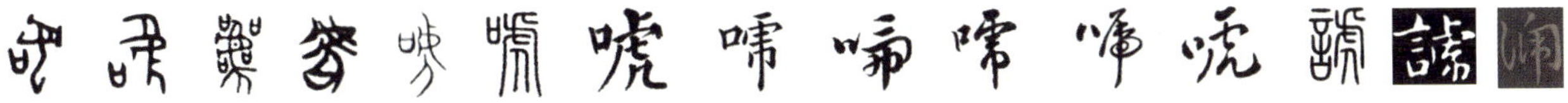

（甲骨 金文 金文 楚简 古文 说文 颜真卿 黄自元 索靖 王羲之 王羲之 章草）（说文 俞和 史游）

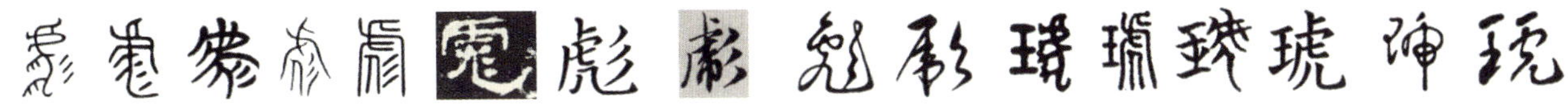

（金文 金文 楚简 古文 说文 史晨碑 王羲之 赵孟頫 王羲之 李泾）（金文 说文 简帛 欧阳询 王羲之 章草）

（金文 金文 篆字汇 皇象）（金文 简帛 王羲之 颜真卿 王羲之 智永 赵孟頫）（说文 彭玉雯 吴昌硕 徐石麒）

辨析：

虎字拓展的字，变化在虎，各体还可参照前页。

唬 hǔ：威吓，蒙混，蒙哄；异体字有“諕虎嚇”等。

諕 xià：欺瞒、欺骗，恐吓、使人害怕；异体字有“唬虢謼謘”等等。

彪 biāo：会意，从虎从彡，《说文》曰，彡，像其文也，本义是虎身的斑纹。

琥 hǔ：虎符，琥珀。

椃 háo：古书上说的一种树。

虢 guó：形声，从虎寽（lǚ）声，虎所抓画之迹。

篪（箎篪 chí）：古代的一种竹管乐器；竹名。

拓展：

埬 虒 焁 虤 虩 隇 俿 虒 摅 婋 滤 猇 萀 匮 硥 虓 傂 椃 琥 虪 虪 憁 滤 螔 琥 虓 搋 虓 褫 遞 螔 歋 滮 褫 虢 瘬 猇 鷉 鯱

虍3：虏 虐 虖 虚 虘

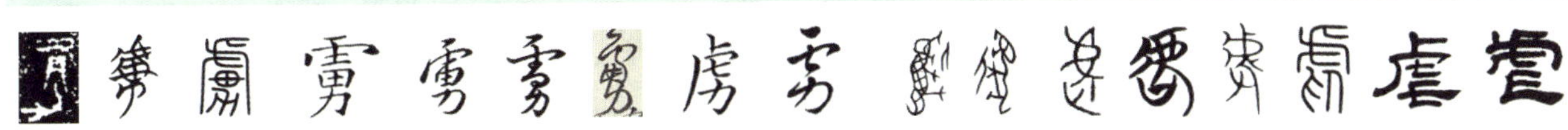

（金文 楚简 说文 褚遂良 王羲之 宋克 王铎 柳公权 章草）（甲骨 甲骨 金文 楚简 古文 说文 乙瑛碑 邓石如

欧阳询 王羲之 褚遂良 皇象 王羲之）（金文 金文 楚简 简帛 简帛 说文 伊秉绶 郑板桥 王铎）（说文 肥致碑

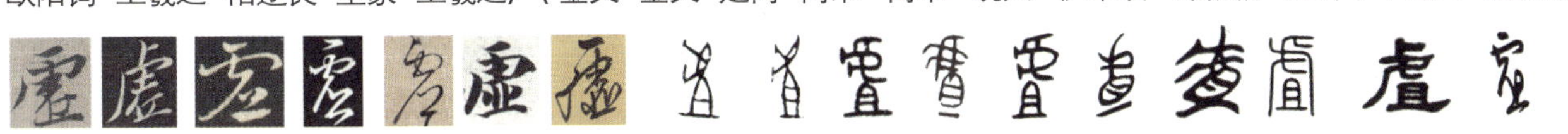

王羲之 唐寅 皇象 王羲之 赵佶 智永 王铎）（甲骨 甲骨 金文 金文 金文 楚简 楚简 说文 吴大澂 邹武生）

辨析：

虍字头的字，篆书变化很大，但虎头“獠牙”的特征明显，“虞虑膚虚處處（处）盧（卢）”等，可参见相关页。需注意各字异体字的变化。虍和雨字的草书有异体同形的写法，简称“雨虎头”，可参见雨页。

虏（虜 lǔ）：从毌从力，虍声，俘获，生得曰虜，斩首曰获。

虐（虐雹 nüè）：会意，小篆字形从虍（hǔ 指虎头）爪人，即虎足反爪伤人，隶变后省略“人”字，本义是凶恶、残暴。

虖 hū：表感叹的语气；乎字的异体字。

虚（虛 xū）：同虚。

虘 cuó：虎刚暴而刁诈。

拓展：

虐 虎 虔 虑 虚 虜 虡 虘 虜 虡 虙 虩

虍4：虔 甗 甗 膚

（金文 金文 金文 金文 金文 楚简 古文 说文 史晨碑 王僧虔 欧阳询 欧阳询 赵孟頫 董诰 皇象 王羲之）

（甲骨 甲骨 甲骨 金文 金文 金文 秦简 说文 张即之 苏轼 文徵明）（甲骨 甲骨 甲骨 金文 金文 古文 说文

赵之谦 邹武生 篆字 唐玄宗 赵孟頫 王宠）（金文 说文 王宠 贺知章 怀素 欧阳通 皇象 楚简 王羲之 王羲之）

辨析：

从虍的字，篆书变化较多，甗和甗字意义有别，甲骨和金文有相同的写法。甗字可从异体字甗。膚字可从异体字臚和肤。

虔 qián：会意，从虍文声，虍为虎头，本义是虎行走的样子；恭敬、诚敬、诚心；杀戮。

甗 yàn：鬲类器物。

甗（甗 yǎn）：古代蒸煮用的炊具，上下两层，中间有箅子，陶制或青铜制。

膚（臚肤 fū）：皮肤，人体表面的皮；树皮，禽兽的肉，切细的肉，浅薄、肤浅；大、美、分、布、离、剥；通扶；同臚，肚腹前部，传。

拓展：

墟 虖 甗

互（笪）伍 冱 沍 枑

（仓颉 金文 说文 说文 说文 文徵明 敦煌 欧阳通 颜真卿 柳公权 赵孟頫 王羲之 朱熹 赵孟頫 董其昌

索靖 王羲之 孙过庭 文徵明 章草）（赵孟坚 王宠 王铎）（金文 粗篆 智永 虞世南 王羲之 王羲之 章草）

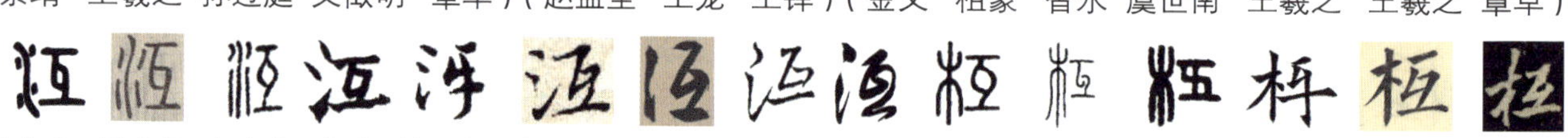

（金文 篆字汇 方去疾 金农 褚遂良 文徵明 文徵明 王铎 傅山）（说文 唐说文 古币 欧阳询 彭玉雯 李邕）

辨析：

互字隶定字形稳定，草书即为快写，古字形，变化较多，楷书有一种变化为“中竖在下边出头”的写法，见敦煌的互字和欧阳询的枑字，但不多见。

互（笪 hù）：彼此、相互、交错的，说文解字未收录“互”字头，可参考“笪”字，笪，可以收绳也，从竹象形，中像人手所推握也。

伍 dī：俗低字。

冱 hù：寒冷、冻结，寒气凝结；闭、塞。

沍 hù：同冱。

枑 hù：古时官府门前所设阻挡通行的木制障碍物，也称行马。

拓展：

坘 沍 枑 恒 笪 絚 緪 魱 鮔 疊

P7.1 匪无乖互　　P20.1 回互虽殊大体相涉

户 扇 扈

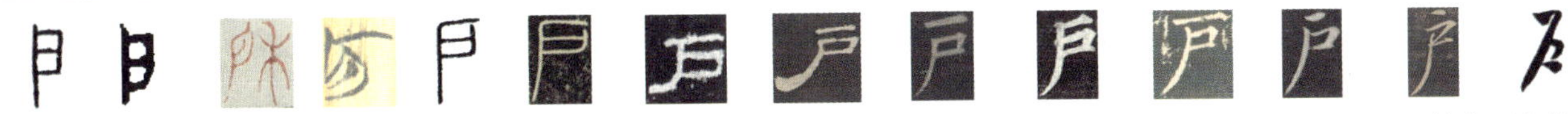

（甲骨 甲骨 石韵府 简帛 说文 李阳冰 史晨碑 唐玄宗 欧阳询 颜真卿 柳公权 赵孟頫 王羲之 米芾

史游 王羲之 智永 赵孟頫）（金文 说文 北大简 赵孟頫 遂良 王羲之 董其昌 索靖 王羲之）（王羲之 王羲之 皇象 王宠）

1 索靖 王羲之 王羲之 王羲之 怀素 王铎 于右任 徐伯清 2 皇象（王羲之 敬世江）怀素 祝枝山 赵孟頫

辨析：

户字的篆书为半扇门形，草书为“厂＋口（草书）”，作为字根，“广”和“厂”的写法都有。注意发音为“hu”和“lu”的，更多的写法是从其繁体字结构，如盧和蒦字，见盧和蒦页。

户 hù：象形，甲骨文字形像门（門）字的一半，汉字部首之一，从“户”的多与门户有关，本义为单扇门。

扇 shàn：会意，从户从翅省，户，单扇门，从翅，像鸟的翅膀，可以张合，本义是门扇。

扈 hù：形声，从邑户声，从邑表示与城廓或行政区有关，本义是古国名，在今陕西户县。

拓展：

1. *启（啓）肩扁扉房扉妒沪（滬）* 帍 戺 戾 扂 扅 戽 畂 扆 扂 扃 扈 扁 扄 扊 扆 粐 扉 扊 扊 扈 扈 扈 扈 扈

2. *庐（廬）颀 芦（蘆）枦（櫨）护（護）* 驴（驢） 炉（爐） 鈩 舻（艫） 鈩

P57.3 老姥遇题扇初怨而后请

华 1：华 桦

（金文 金文 金文 华山 说文 简帛 肥致碑 郭有道 曹全碑 辟雍 王羲之 王羲之 王羲之 颜真卿 赵孟頫 赵箖

欧阳询 褚遂良 颜真卿 柳公权 赵孟頫 宋徽宗 王羲之 王献之 颜真卿 苏轼 李邕 米芾 王羲之 智永 张旭

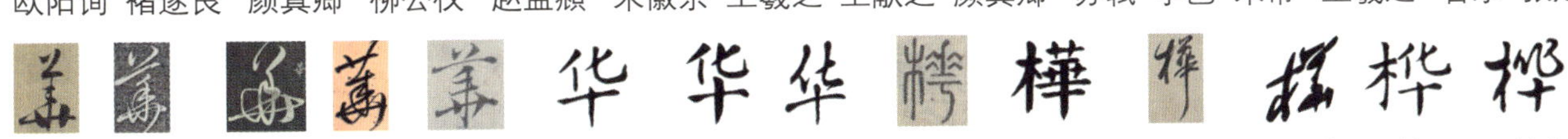

怀素 赵孟頫 祝允明 王铎 邓文原 王羲之 颜真卿 章草）（篆字汇 颜真卿 董其昌 毛泽东 王羲之 王羲之）

辨析：

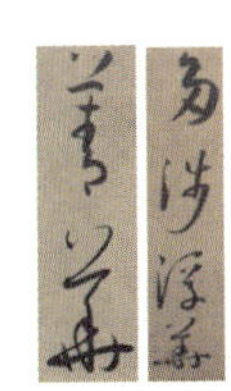

华字各体变化较多，第一行的隶书和楷书因有篆籀结构而带来的篆籀笔意明显，下面两行的楷、行、草书三体，字法结构相对稳定，但用笔变化较多，这些都需仔细辨识。华字草书的特点是先写中竖，简体写法少见。可拓展。

华（華 huá）：会意，从𠂹从亐（xū），華的本字上面是垂字，像花叶下垂形，本义是花。

桦（樺 huà）：形声，从木华声，本义为木名，桦木。

拓展：

峄 峄 哗 骅 晔 桦 烨 铧 嶪 憆 嘩 墷 嬅 撶 澕 曅 樺 燁 瑼 稞 曄 譁 瞱 爗 譁 爗 鏵 韡 韡 驊 鷨

P15.4 藻鉴者挹其菁华 P27.6 多涉浮华

华2：哗 晔 烨 铧 骅

（金文 细篆 颜真卿 毛泽东 颜真卿 王羲之 说文 智永 文徵明 文徵明 张旭）（简帛 说文 广义 萧瑾墓志

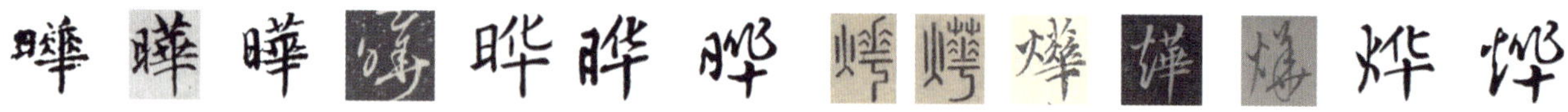

王羲之 赵孟頫 陆柬之 唐太宗 欧阳询 黄庭坚 于右任）（广义 广义 王世懋 鲜于枢 康里巎 柳公权 王羲之）

（篆字汇 赵孟頫 毛泽东 赵孟頫 王羲之）（金文 汉印 陆柬之 何绍基 曹溶 蔡羽 颜真卿 王铎 王羲之 章草）

辨析：

华字作为字根，繁简写法各体均见。

哗（嘩譁譁 huā）：形声，从口华声，本义是喧哗、声大而杂乱。

晔（曄 yè）：光明灿烂，闪光的样子；华美、盛美。

烨（燁爗 yè）：火盛，明亮，引伸为光辉灿烂。

铧（鏵 huá）：安装在犁上用来破土的铁片。

骅（驊 huá）：骅骝，骏马名。

拓展：

爗 鏵 韡 韡 驊 鷨

化 讹 花 货 靴 囮

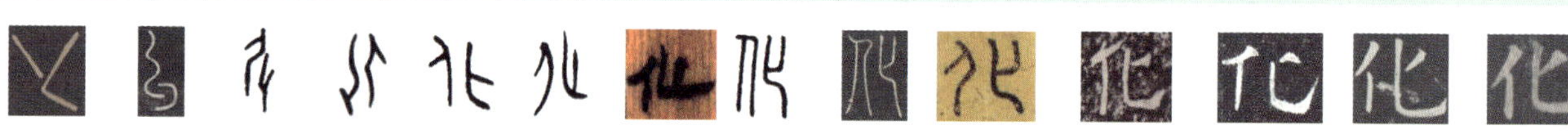

（仓颉 夏禹 甲骨 甲骨 金文 简帛 简帛 说文 李斯 化度寺 西狭颂 曹全碑 欧阳询 颜真卿

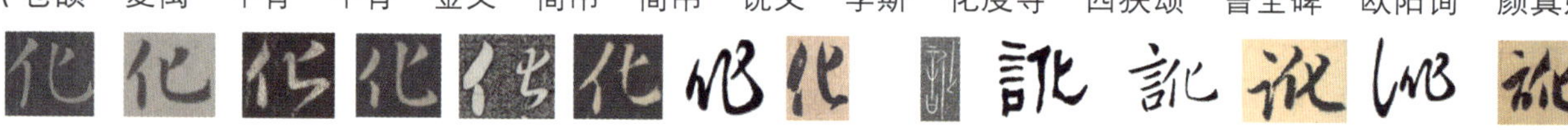

柳公权 赵孟頫 王羲之 王僧虔 陆柬之 索靖 王羲之 智永）（金文 衡方碑 褚遂良 赵孟頫 王羲之 孙过庭）

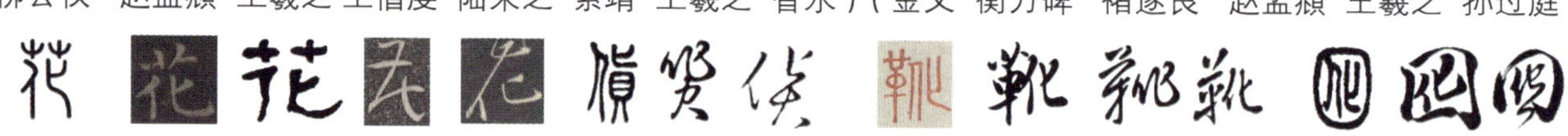

（新篆体 王羲之 衡方碑 孙过庭 李白）（说文 王羲之 韵会）（石韵府 王羲之 王羲之 章草）（说文 郑板桥 傅山）

辨析：

化字的甲骨文为二人相互倒背之形，隶定字形稳定，行草书为快写。可拓展。

化 huà：古字为“匕”，会意，甲骨文从二人，像二人相倒背之形，一正一反，以示变化，本义为变化、改变。

讹（訛譌 é）：形声，从言化声，字本作“譌”，本义是谣言。

花（蘤 huā）：草木花的总称。

货（貨 huò）：形声，从贝化声，本义是财物。

靴（鞾 xuē）：高到踝骨以上的长筒鞋。

囮 é：用来诱捕同类鸟的鸟，称囮子，媒介。

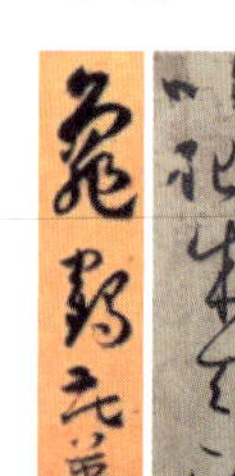

拓展：

吪 沎 杹 花 鈋 华 魤 花

P50.3 以化成天下　　P30.5 龟鹤花英

淮 滙（汇） 準（准）

（甲骨 甲骨 甲骨 甲骨 甲骨 金文 金文 金文 简帛 说文 居延简 衡方碑 欧阳询 颜真卿 柳公权 赵孟頫

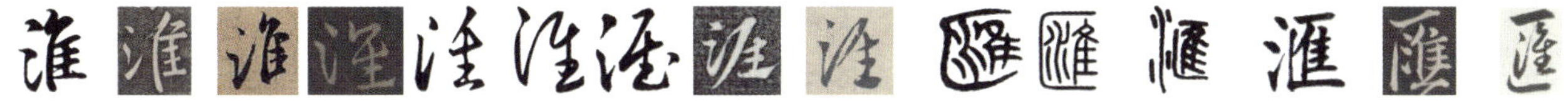

王羲之 颜真卿 米芾 史游 王羲之 李洤 章草 赵孟頫 邓文原）（简帛 说文 孙星衍 颜真卿 杨维桢 丰坊

说文 颜真卿 柳公权 董其昌 于右任 汉简 王蘧常）（说文 王羲之 李之仪 于右任 王澍 欧阳询 米芾 皇象）

辨析：

淮字从水从隹，各体从其结构，隹字的草书变化见相关隹页。拓展的滙字今作汇，準字今作准。

淮 huái：形声，从水隹声，本义是水名，也称淮河。

滙（匯彙汇 huì）：形声，从匚（fāng），筐子，淮声，本义为盛器；彙，刺猬，后作蝟，聚合、聚集。

準（准 zhǔn）：平也，从水隼声。

拓展：

摧 僱 攉

褱 懷（怀） 壞（坏） 瓌（瑰）

（金文 说文 何绍基 王铎）（楚简 秦简 说文 曹全碑 袁博碑 欧阳询 颜真卿 卫瓘 王羲之 怀素 怀素

王羲之 王铎 汉简 欧阳询 颜真卿 王羲之）（金文 简帛 说文 虞世南 颜真卿 文彭 米芾 金文 金文 金文 说文

王羲之 王铎 王羲之）（汉印 欧阳询 颜真卿 赵孟頫 王蘧常 刘瑰之 孙过庭 说文 敦煌 柳公权 皇象 王羲之）

辨析：

褱字从衣从眔，草书有两种写法，1. 草化为“十衣”；2. 草化为“两点生”为约定俗成。懷和壞有异体字怀和坏，瓌有异体字瑰，需注意其字意与使用。褱字拓展的字的异体字差异较大，在拓展的字的括号中标出，供参考。汖乃流也，参见充页。

褱 huái：从衣从眔，囊橐也；藏挟于衣中也；归也；古同懷；在衣曰褱，在手曰握，俗谓蔽人俾窃是也；腋有所持，褱藏之义也；今怀挟字，古作褱夾（夾 shǎn，非夹）。

懷（怀褢 huái）：形声，从心褱声，本义是想念、怀念；胸前、胸部，内心、心中，胸襟、抱负；又：字彙補曰，怀，敷救切，音副，怒也。

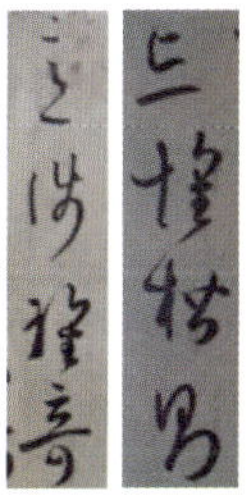

壞（坏 huài）：形声，从土褱声，古代建筑物主要以土建造，故从土，本义为倒塌（指建筑物遭到破坏）；不好、恶劣与好相对，坏分子、坏主意、坏手法；异体字有擰、殨、㜳、毃、敷等等；按：古代坏与壞是音义都不相同的两个字，“坏”，本读作 pēi，是个从土、不声的形声字，指“未烧过的砖瓦、陶器”，现在“壞”简化为“坏”。

瓌（瑰瑊 guī）：古同瑰，玫瑰。

拓展：

傀（傀 guī）瀤（guài）瀤（huái/wāi）孃（huái）嚷（guī）巙（㠢 huái）櫰（huái/guī）懐（huái）礫（砙砬 huái/guī/guài）穰（huái）蘹（huái 茴香）蘹（huài）噥（从口懷聲）鑲（huài，同瓄 mài）鑲（餲饣褱 huài）巙（huái 巍巋巙巊）

P35.4 意涉瑰（瓌）奇　P52.6 忘怀（懷）楷则

睘 1：睘　還（还）環（环）嬛（奷）

（秦简　简帛　说文　五经）（甲骨　甲骨　金文　说文　北大简　曹全碑　经石峪　王羲之　王羲之　张芝　皇象

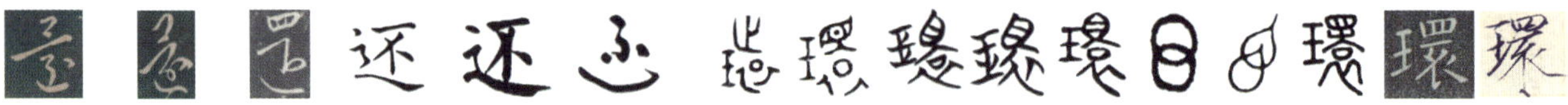

王羲之　王羲之　王羲之　王羲之　颜真卿　于右任）（金文　金文　楚简　楚简　秦简　望敦　古文　说文　欧阳询　赵佶

苏轼　智永　赵孟頫　王羲之　欧阳询　王铎　王羲之　文徵明）（楚简　楚简　说文　欧阳询　欧阳询　黄庭坚　王铎）

辨析：

睘字是一个字根，早期的一种写法是“目＋衣”，或中间有口，草书写法，上边的目（罒）借用口字的一种草书“倒三角”，下边部件可以看作是“系”的草书，即“一不”之草写，合起来即为“倒三角一不”。還字在早期的篆书中可以清晰地看到彳（马路的一半）或辵（马路上有脚）的结构。還（还）、環（环）和嬛（奷）等字，有从不字的写法，参见不页；需要注意的是澴乃流水回旋怒涌之义，它没有从不字的异体字，因沶字乃流也，参见㐬页。

睘 huán：古同还，复返；qióng：受惊而两眼直视的样子；古同茕，孤独。

還（还 huán）：形声，从辵从睘，返回。

環（环 huán）：璧也，玉石雕琢成中央有孔的圆形玉器，女子人名用字。

嬛（奷 xuān）：轻盈美丽；huán，女子人名用字；qióng，同煢，孤独；美好，淑媛也。

拓展：

鹮 澴 擐 糫 澴　　　P 9.5 王羲之还见乃叹曰

睘 2：镮　缳　擐　懁　轘　圜　寰　鬟　闤

（楚简　欧阳询　苏轼　宋克）（金文　盟书　简帛　说文　欧阳询　赵孟頫　郭沫若　王羲之）（金文　说文　颜真卿　王羲之）

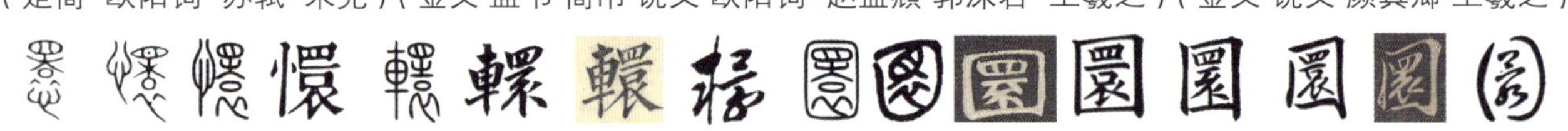

（古文　古文　说文　楷书）（说文　赵孟頫　彭玉雯　赵构）（说文　简帛　唐玄宗　欧阳询　欧阳询　王羲之　苏轼　王羲之）

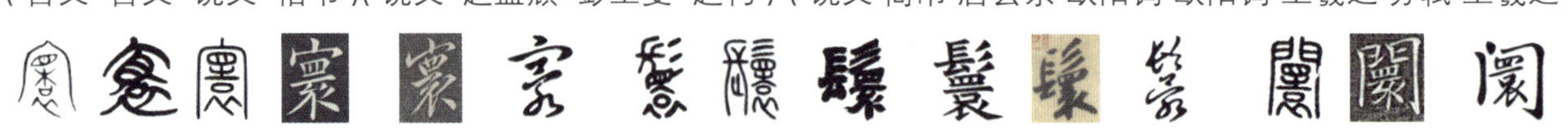

（古文　简帛　说文　姚孟起　文徵明　王羲之）（金文　说文　邓石如　欧阳询　苏轼　王羲之）（说文　冯承素　赵孟頫）

辨析：

睘字作为字根，草化后，下边有从草书“水”的结构，其写法累见。

镮（鐶 huán）：古同环，泛指圆圈形物；古钱量名；书法用语，转。

缳（繯 huán）：绳圈，绞索。

擐（擐 huàn）：穿、贯。

懁 xuān：急躁；huān，性情乖戾，又轻又慢。

轘 huàn：古代用车分裂人体的酷刑。

圜 huán：形声，从囗睘声，本义是围绕，通环。

寰（寰 huán）：王畿，古代帝王京城周围千里以内的地方，广大的地域。

鬟 huán：妇女的梳成环形的发卷。

闤（阛 huán）：环绕市区的墙。

拓展：

鹮 澴 擐 糫 澴

P64.2 谓鉤镮盘纡之类

奂 涣 焕 唤 换 痪

（金文　金文　说文　汉简　隶辨　欧阳询　虞世南　颜真卿　柳公权　赵孟頫　黄庭坚　王铎　朱耷　王羲之　韵辨）

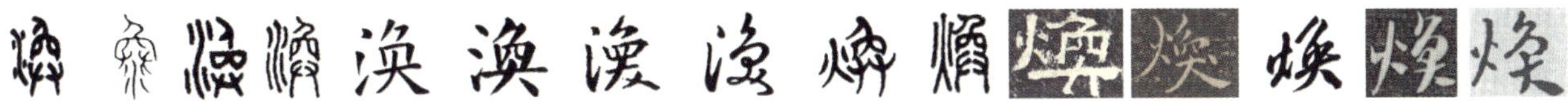

（金文　古文　老子　说文　欧阳询　颜真卿　王羲之　王羲之）（简帛　说文　张迁碑　王羲之　黄庭坚　索靖　萧子云）

（说文　颜真卿　颜真卿　唐寅　王羲之　董其昌）（说文　赵孟頫　陆游　鲜于枢）（金文　欧阳询　赵孟頫　邓文原　章草）

辨析：

奂字的金文有从八或从火的写法，楷书还有从“罒大”、央等写法，草书为楷书之快写，个别书家将下边的大字写成了犬字，草书中也有在最后的捺笔处加补笔一点的，不常见。痪字的草书，邓文原所写，里面的部件省略了“撇横折”，为央字结构。

奂（奐 huàn）：《说文》未收录“奂”字头，奐，取奐也，一曰大也，从廾敻省，有“盛、多、文采鲜明、互易、唤”之义。

涣（渙 huàn）：形声，从水奂声，本义为流散，离散。

焕（煥 huàn）：形声，从火奂声，本义是火光；光亮、鲜明。

唤 huàn：形声，从口奂声，本义为呼、叫。

换（換 huàn）：形声，从手奂声，本义是互易。

痪（瘓 huàn）：瘫痪。

拓展：

涣 奂 唤

P36.4 驰神睢涣方思藻绘之文

荒 谎 慌

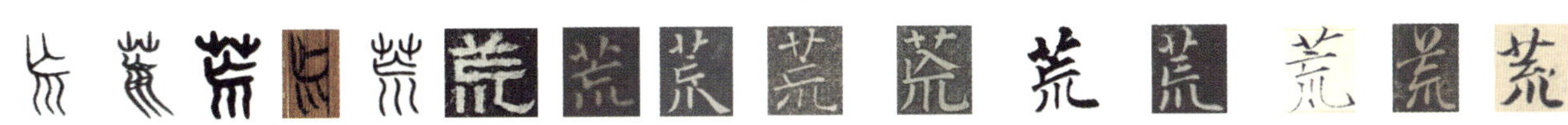

（金文　金文　金文　楚简　说文　张迁碑　钟繇　欧阳询　褚遂良　颜真卿　柳公权　赵孟頫　宋徽宗　王羲之　米芾

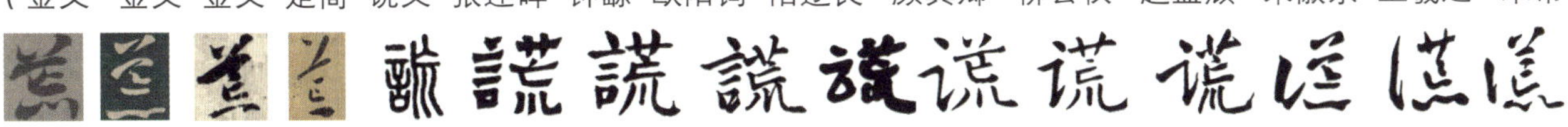

索靖　王羲之　智永　怀素）（说文　梁培生　颜真卿　赵孟頫　汉简　王羲之　欧阳询　黄庭坚　王羲之　佚名　章草）

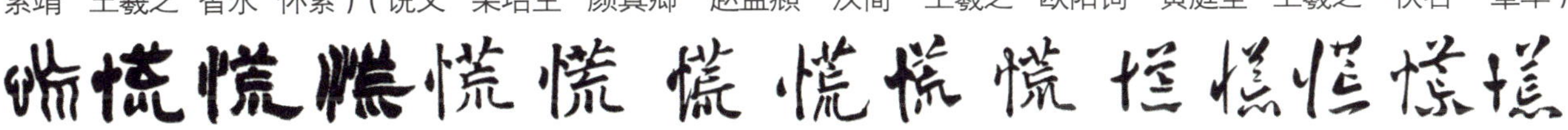

（金文　汉简　邓石如　赵之谦　虞世南　颜真卿　王羲之　黄庭坚　米芾　赵孟頫　王羲之　李洤　张瑞图　佚名　章草）

辨析：

荒从亡从川，亡字草写“两点竖弯”，川字作为荒字的字根，草书可以写快写、三点或一横。

荒 huāng：形声，从艸巟声，本义是荒芜。

谎（謊 huǎng）：形声，从言荒声，本义是谎言、假话。

慌 huāng：形声，从心荒声，本义是急忙、忙乱。

拓展：

㡃 塃 朚 㼹 腨

皇 凰 隍 徨 惶 煌 瑝

（金文 金文 金文 盟书 楚简 简帛 简帛 说文 李斯 肥致碑 礼器碑 欧阳询 颜真卿 柳公权 赵孟頫 赵佶 王羲之

汉章帝 皇象 索靖 怀素 邓文原）（隶辨 欧阳询 文天祥 王铎 于右任）（说文 李阳冰 柳公权 于右任 祝永明）

（佟伟夫 王献之 赵孟頫 祝永明）（邓石如 欧阳询 王羲之 唐太宗）（李阳冰 曹全碑 皇象）（说文 隶辨 怀素）

辨析：

皇字的篆书有从“自”形的写法，隶楷行草字形稳定，草书需写出白字和王字的结构。可拓展。

皇 huáng：像形，金文像灯火辉煌形，上面的三点，像灯光参差上出之形；中间的部分像灯缸，下面的“土”是灯柱，“皇”即“煌”的古字，本义为灯火辉煌。

凰 huáng：鸟名，凤凰，古代传说中的百鸟之王，常用来象征祥瑞，雄的叫凤，雌的叫凰；古作皇。

隍 huáng：形声，从阜，表示与地形地势的高低上下有关，皇声，本义是没有水的护城壕。

徨 huáng：彷徨，傍徨，亦作傍偟（huáng，闲暇）或傍皇，犹徘徊也。

惶 huáng：形声，从心皇声，恐惧、惊慌。

煌 huáng：光明，明亮。

瑝 huáng：玉声。

拓展：

偟 喤 堭 媓 崲 揘 湟 葟 遑 𥙶 楻 𤸪 䅣 锽 䊗 𨃪 篁 艎 蝗 趪 諻 鍠 餭 鳇 䮲 韹 𩦋 騜 𪁉 鰉 𪏓

黄 廣 獷 横 璜 磺 蟥 潢 撗 簧

（甲骨 甲骨 金文 金文 楚简 秦简 说文 欧阳询 颜真卿 王羲之 米芾 皇象 王羲之 朱熹）（说文 李斯 欧阳询

王羲之 皇象 王羲之 王羲之 王羲之）（金文 说文 王铎 徐伯清 颜真卿 章草）（金文 说文 曹全碑 智永 怀素）（说文 曹全碑

王羲之）（说文 柳公权 王羲之）（说文 赵孟頫 王羲之）（甲骨 虞世南 于右任）（篆字汇 智永 岳飞）（说文 智永 于右任）

辨析：

黄可以分解为艹、田（日/由）、人，艹草法写“艹+一”字头，田写半包围，“人”一般为快写。廣字下边的部件皇象等写“大”字结构，为约定俗成。

黄 huáng：地之色也，从田从炗（guāng），炗亦声。炗，古文光，最早见于甲骨文，其本义表示像金子或向日葵花的颜色；引申义表示事情失败或计划不能实现等。

廣 guǎng：沒有四壁的大屋；大，遥远，推广，宽广。

獷（犷 guǎng）：强悍、不驯服。

横 héng：形声，从木黄声，门框下部的横木。

璜 huáng：半璧形的玉。

磺 huáng：硫磺。

蟥 huáng：蚂蟥。

潢 huáng：积水池；威武的样子；染纸，装潢。

撗 héng：古同横；guàng，充。

簧 huáng：形声，从竹黄声，乐器中用以发声的薄片。

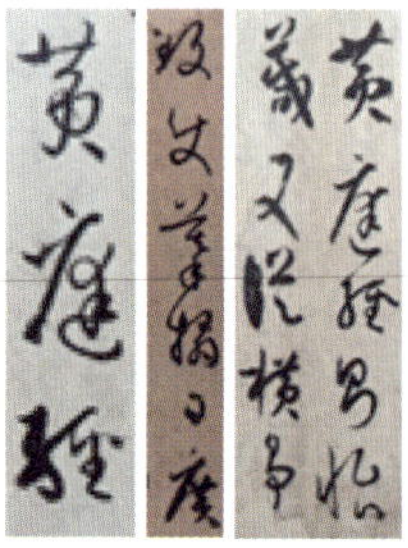

拓展：

僙 墴 嫹 彉 獚 斢 曂 熿 黅 𪏰 䐵 穔 黇 黈 簧 黊 爌 𪏽 䌙 䵃 𪏲 趪 鐄 䞹 䬝 𪏿 韹

P34.5 黄庭经　P34.1 致使摹招日广（廣）　P35.4–5 黄庭经则怡怿虚无；又纵横争折

灰 恢 诙 盔 碳

（金文 简帛 秦简 说文 篆字汇 字典 欧阳询 虞世南 颜真卿 赵孟頫 王羲之 李洤 苏轼 苏轼 于右任 韵辫）

（金文 简帛 秦简 说文 娄机 娄机 何绍基 王羲之 郗恢 王羲之 陆柬之 索靖 于右任）（衡方碑 于右任 徐伯清）

（金文 篆字汇 柳公权 王羲之 于右任）（金文 邓石如 欧阳询 王羲之 章草 佚名 欧阳询 王羲之 李洤 于右任）

辨析：

灰字隶定或楷化为从ナ（又）字，讹变为厂，行草书从ナ字和厂字的两种写法都有。可拓展。

灰（烕 huī）：会意，从又（ナ，手）从火，意思是火已熄灭，可用手去拿，本义是火灰。

恢 huī：形声，从心灰声，本义为志气大、大、广大。

诙（詼 huī）：诙谐、戏谑。

盔 kuī：形声，从皿灰声，本义是钵。

碳（炭 tàn）：形声，从火岸省声，本义为木炭，四价的非金属元素。

拓展：

㧑 咴 挥 洃 炭 烣 脄 㶣 筷

回（廻） 徊（佪） 洄 蛔 茴

（甲骨 金文 楚简 秦简 说文 李阳冰 汉简 尚博碑 欧阳询 颜真卿 赵孟頫 王羲之 文徵明 王铎

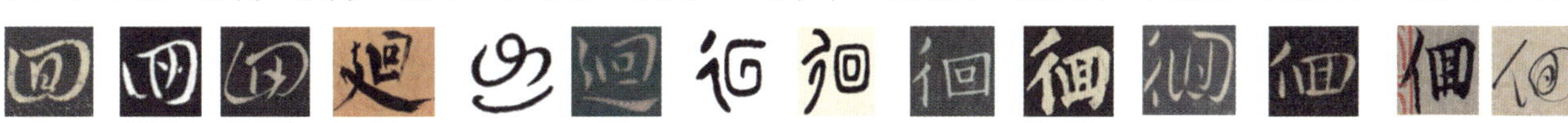

皇象 王羲之 怀素）（张即之 王羲之 王献之）（金文 邓石如 欧阳询 颜真卿 孙过庭）（钟繇 欧阳询 宋徽宗

（简帛 说文 智永 王铎 王羲之）（赵之谦 颜真卿 柳公权 孙过庭）（金文 粗篆 赵孟頫 米芾 王羲之 孙过庭）

辨析：

回字有异体字迴和廻等。草书写法，中间的口字草化为两竖一点，王羲之廻字的草书往上绕的使转比较特别，需要注意细节。亩畐啬亶啚禀鄙等等，本不从回字，但隶定或楷化后从回字，参见相关页。

回（迴囬 huí）：囘为回的古字，廻为迴的俗字，囬、迴同回；象形，甲骨文像渊水回旋之形，本义为回旋、旋转。

徊（佪 huái）：徘徊；huí，环绕、回转，也作回、迴。其中：佪 huí，心中不明白，同回；huái，同徊。

洄 huí：会意，从水回，回亦声，本义是逆流而上。

蛔（蛕蛸痐蚘 huí）：蛔虫。

茴 huí：茴香。

拓展：

恛 面 痐 硘 恛 迴 珂 絗 鉶 雷

P20.1 回（廻）互虽殊　　P66.2 自然容与徘徊意先笔后

卉 桒 桒 鼖 桒 拜

（金文 上博简 清华简 隶辨 文徵明 欧阳询 褚遂良 颜真卿 柳公权 赵孟頫 王羲之 柳公权 黄庭坚

王羲之 孙过庭 管道升 韩道亨）（篆字汇 褚遂良 董其昌）（甲骨 秦简 王羲之 傅山 桑悦）（甲骨 说文 五经）

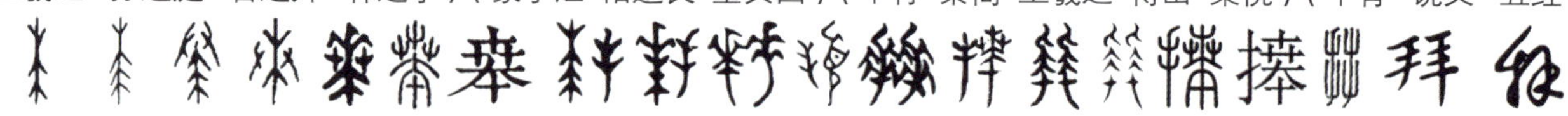

（甲骨 甲骨 甲骨 甲骨 金文 说文 楷书）（金文 金文 金文 金文 楚简 秦简 古文 说文 说文 楷书 董拜 王羲之 王羲之）

辨析：

卉字从三屮（草），草书一般有三种且与其所居位置有关：1. 通用：快写；2. 卉字居下时："扌＋竖横"；3. 居上时：可以写"戈"字结构。桒字的草书：孙过庭将卉字草书写成"卒"字的草书，从字法或字源上看是不可取的，因为桒和椊，是两个不同的字；若释为椊，则字法可通。奔字从卉，从早期篆书字形可以清晰地看出其下边部件从止而讹变为中的过程，见奔页。贲尭等字可参见相关页。

卉 huì：会意，从艸中，草木初生，小篆字从三"屮"（chè），艸之总名也，本义为草的总称。

桒 niè：古同"櫱"，树木砍去后又长出的芽子；树木砍去后留下的树桩子。

桒 sāng：古同桑。

鼖 fén：古代军中用的大鼓。

桒 hū：迅疾。

拜 bài：同拜。

拓展：

洊 菖 髯　　P44.1 或折挫槎桒

会（會）1：会（會）　侩 浍 狯 绘 刽 郐

（甲骨 金文 会鼎 说文 李斯 石经 帛书 颜真卿 柳公权 王羲之 王献之 张芝 索靖 王羲之 王献之 赵孟頫）（说文 赵孟頫

章草）（说文 颜真卿 王羲之）（说文 欧阳询 赵构）（简帛 说文 欧阳询 虞世南 朱耷）（说文 王羲之）（金文 说文 章草）

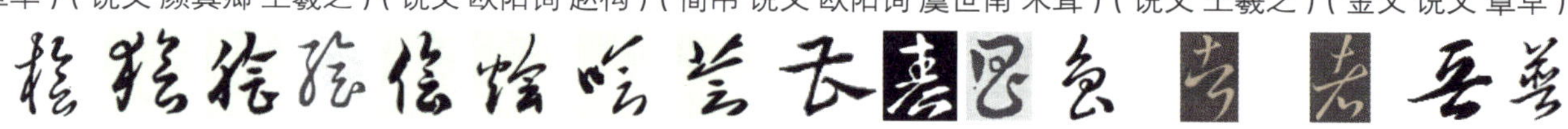

1 王羲之 赵构 赵孟頫 韵会 徐伯清 敬世江 毛泽东 毛泽东 2 史游 张芝 皇象 王羲之（王羲之 1 王羲之）2 智永 韵辨

辨析：

"會"字从亼从曾省，隶定字形稳定，"会"为草书楷化形，"會"字草书保留"亼"，中间田字写一横，下边的日字写日字符"厶"，连起来就是"人云"的快写。日字居下时，日字符"厶"累见，由"曹春昌鲁者晋普"等字的草法可以得到验证（可参照相关页）。而"者"字草书，王羲之的第一种写法草化过度，容易与"去"字的草书混淆，在影响识读时，写第二种日字符"厶"较好。

会（會 huì）：合也，从亼从曾省，曾，益也。本义未明，可能是积聚禾谷的意思，引申为聚合、会合。读音"kuài"，主要用于由聚合义引申出的计算、总计义。

侩（儈 kuài）：撮合，说合买卖之间的价钱以成交。

浍 kuài：田的排水沟；huì 浍河，源出河南省，流入安徽省；huá，雨水汇聚。

狯（獪 kuài）：狡猾。

绘（繪 huì）：五彩绣品，描画。

刽（劊 guì）：割断，砍断。

郐（鄶 kuài）：周朝国名，公元前 769 年为郑所灭。

拓展：

1. ***桧 狯 脍 绘 侩 烩 哙 荟***　琻 脍 絵 鲙 僧 劊 鄶 噲 嬒 廥 徻 憎 澮 獪 薈 檜 燴 璯 襘 膾 瘡 瞺 襘 旝 糩 繪 譮 譮 鱠 鹶 髆 鬠 鱠 黵 鱠　附：2. ***曹 春 昌 鲁 者 普 晋***

P15.5 固义理之会（會）归

会（會）2：桧 狯 脍 哙 浍 烩 鲙 荟

（金文 简帛 说文 文徵明 王羲之 王羲之）（金文 说文 颜真卿 欧阳询 王羲之）（说文 居节 王羲之 王羲之）

（金文 说文 赵孟頫 汉简 黄庭坚 章草）（金文 说文 隶辨 颜真卿 宋高宗 王铎 柳公权 王羲之）（金文 赵孟頫

汉简 赵孟頫 索靖 王羲之）（篆字汇 文徵明 吴琚 启功 鲜于必仁）（简帛 说文 赵孟頫 王铎 王羲之 章草）

辨析：

会字作为字根，各体写法较稳定，所涉字根参见相关页。

桧（檜 guì）：圆柏，一种常绿乔木，叶有鳞形和刺形两种，雌雄异株，果实球形，木材桃红色、有香气。

狯（獪 kuài）：形声，从犬会声，狡猾，含有诡计多端而又易败露的意思。

脍（膾 kuài）：细切的肉、鱼。

哙（噲 kuài）：吞咽，喘息，张口舒气；通快，畅快、快意；平庸。

浍（澮 huì）：河名，浍河；kuài，田间水沟；huá，雨水汇聚。

烩（燴 huì）：烹饪方法，炒菜后加少量的水和芡粉，把米饭等和荤菜、素菜混在一起加水煮。

鲙（鱠 kuài）：鱠鱼，即鳓鱼，亦作快鱼；同脍；鱼鲙，鱼细切作的肴馔；方言。鳜鱼。

荟（薈 huì）：形声，从艸会声，草多的样子；聚集，遮掩，隐翳。

拓展：

熁 璯 襘 膾 癐 瞺 禬 旝 糩 繪 譮 鬠 䯤 饋 髍 鬠 鱠 黵 鱠

彗 慧 雪 慧 譿 熭 槥 嘒

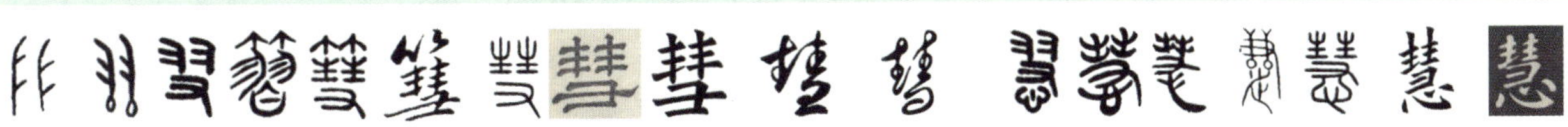

（甲骨 甲骨 金文 古文 古文 赵孟頫 说文 娄机 欧阳询 王羲之 王羲之）（金文 简帛 秦简 古文 说文 欧阳询 颜真卿

赵孟頫 王羲之 黄庭坚 王铎 王羲之 孙过庭 米芾）（石鼓文 清华简 说文注 石韵府 隶辨 翁方纲 钟繇 王羲之）

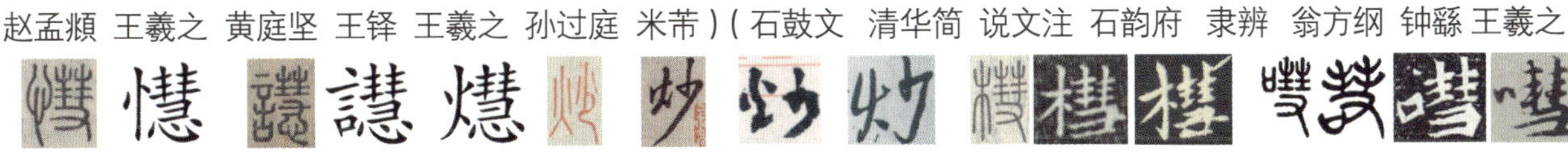

（篆字汇 楷书）（篆字汇 楷书）（楷书 石韵府 赵孟坚 王蘧常 于右任）（真本 俞和 皇象）（说文 简帛 魏碑 赵孟頫）

辨析：

彗字的隶定字形为彗，下边部件中间的横画可出头，行草书为快写。拓展的字除了慧字，其余不常用。

彗（篲䨮 huì）：会意，甲骨文像扫竹之形，本是象形字，小篆增加“又”（手），构成了会意字，本义是扫帚；彗或从竹，古文彗，从竹習。

慧 huì：形声，从心彗声，本义为聪明、有才智。

雪 xuě：雪本字。

槥 huì：棺之小者，急就篇棺椁槥椟，椟即槥也。

慧 huì：谨慎。

譿 huì：辨察也，古同彗。

熭 chǎo：同炒。

槥 huì：棺之小者，急就篇棺椁槥椟，椟即槥也。

嘒 huì：小声也，《诗·小弁》曰：鸣蜩嘒嘒；光芒微弱，《诗·小星》曰：嘒彼小星，三五在东。

拓展：

撪 嚖 瑿 篲 櫘 擭 鏏 獩 轊 䡈 轊 嚖

惠 蟪 穗 潓 橞 繐 蕙

（甲骨 金文 金文 楚简 说文 石韵府 李斯 伊秉绶 欧阳询 颜真卿 赵孟頫 宋徽宗 王羲之 柳公权

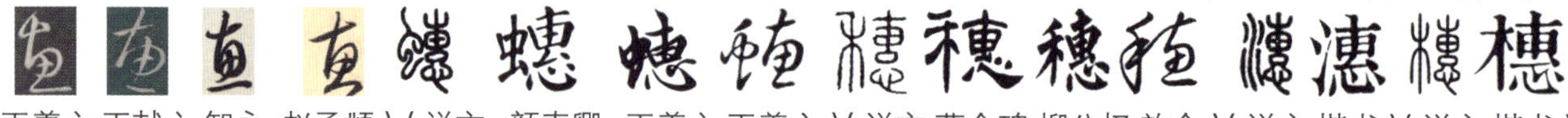

王羲之 王献之 智永 赵孟頫）（说文 颜真卿 王羲之 王羲之）（说文 曹全碑 柳公权 韵会）（说文 楷书）（说文 楷书）

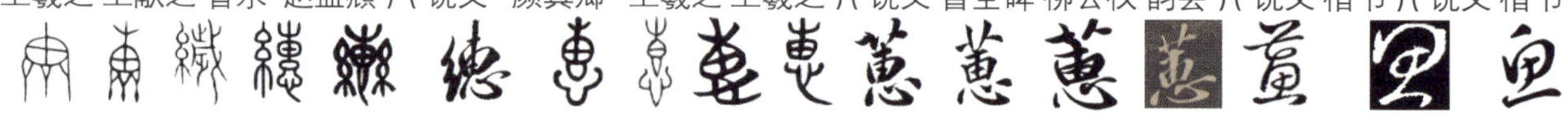

（金文 金文 古文 说文 吴昌硕 米芾）（金文 金文 楚简 秦简 王羲之 欧阳询 王羲之 苏轼 王羲之）*a 张芝 b 王羲之*

辨析：

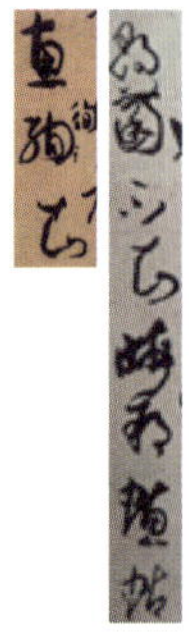

惠的字形稳定，草法写法，草诀百韵歌云“思惠鱼如画”，从最后两张张芝的思字和王羲之的鱼字草书，可以看出惠字的草书，比思（张芝）字起笔多了一个十字，而鱼其实就是将“⺈”草化为一个丿后的快写。可拓展。

惠（叀 huì）：惠字始见于西周中期，下面的“心”字是形符，表示跟人的心理活动有关，上面的“叀”字是声符，读 zhuān，这是“专”字的本字，这两个字形组合在一起，指“专心致志地纺线”，所以“惠”字用“叀”字作形符，甲骨文时期也用“叀”用作“惠”，后追加“心”旁而衍生出惠字，“叀”也可视为“惠”的声旁，从这个角度讲，“惠”字的本义指“专心纺线”，由专心纺线引申指“聪明”，这就是“聪惠”，这一字义被后来的“慧”字所代替，许慎《说文解字》释“惠”为“仁也”，意为仁爱。

蟪蛄（huì gū）：又名“知了”、寒蝉，春生夏死或夏生秋死，“朝菌不知晦朔，蟪蛄不知春秋”，春秋指一整年。

穗 suì：会意，从禾惠声，穗状花实。

潓 huì：古河名，在中国安徽省。

橞 huì：古书上说的一种树。

繐（繸 suì）：篆书似桌子上有丝线下垂，本义是细而稀疏的麻布，古时多用作丧服；同穗，用丝线等结扎成的穗状下垂的装饰品；金文为“䌌”形。

蕙 huì：比喻女子的身心芳洁；喻高雅、高洁。

拓展：

（附：*a 思 b 鱼*） 䜐 㥣 隠 僡 憓 璤 譓 鏸 P23.6 感惠徇知 P58.2 朝菌不知晦朔蟪蛄不知春秋

火 1：火 灼 燥 炔 炖 炝 灯（燈） 灿（燦） 烂（爛）

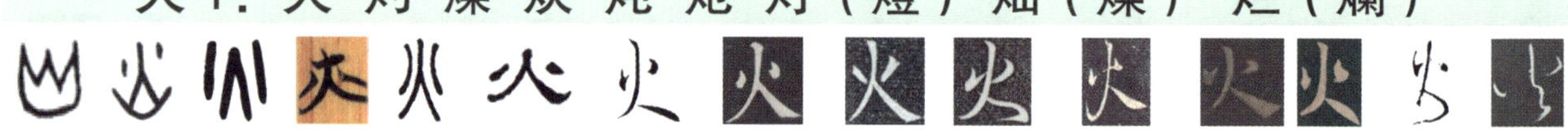

（甲骨 甲骨 金文 楚简 说文 衡方碑 欧阳询 颜真卿 柳公权 王羲之 褚遂良 史游 王羲之 张旭 陆游）

（说文 赵孟頫 王徽之）（颜真卿 王羲之 孙过庭）（金文 颜真卿 王羲之）（金文小篆 王羲之）（说文 赵孟頫 王羲之 章草）

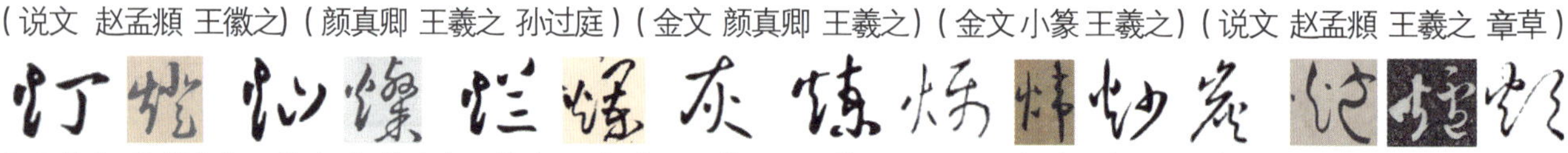

（王羲之 陆游）（王羲之 赵构）（王羲之 王铎） *王羲之 王羲之 王献之 怀素 李洤 宋高宗 祝允明 宫梦仁 韵会*

辨析：

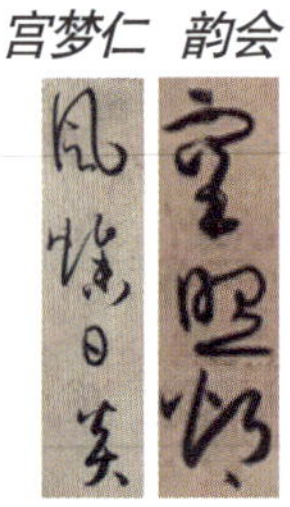

火字的隶定字形稳定，行草书为快写，作为字根或偏旁，火字的捺笔可以草化为提。可拓展。

火 huǒ：象形，甲骨文像火焰，本义为物体燃烧所发的光、焰和热。

灼 zhuó：从火勺声，本义是烧、炙。

燥 zào：干也，从火喿声；干的、缺少水分的；内心焦急不安；sào，剁成细碎的肉。

炔 quē：有机化学中可以用 C_nH_{2n-2} 表示的一系列化合物。

炖（燉 dùn）：形声，从火屯声，本义是和汤煮烂。

炝（熗 qiàng）：将菜肴放在沸水或热油中略煮后取出加佐料拌。

灯（燈 dēng）：形声，从火登声，本写作镫，本义为置烛用以照明的器具。

灿（燦 càn）：形声，从火粲声，本义是灿烂，光彩鲜明耀眼。

烂（爛 làn）：形声，从火阑声，本义为煮烂。

拓展：

灰 炼 烁 炜 炒 炭 炮 炉 炊 刎 刈 匇 炬 邩 队 炁 灼 奸 吙 炏 灶 弅 灸 炡 灺 夫 災 灾 苂 炓 炳 炕 炁 炂 炎 炟 炅 炆 炆 炈 炌 炌 炍 炜 炑 炓 炗 炘 炚 炛 炞 炸 炦 炾 炧 炨 炩 炪 炫 炬 炭 炯 炰 炱 炲 炳 炴 炵 炶 炷 炸 点 為 炻 炼 炽 炾 炿 烀 烁 烂 烃 烄 烅

P48.2 空照灼 P24.4 风燥日炎

火2：炳 狄 焕 焖 焗 炫 炀 焰 炽 炸 炯 焊 焚

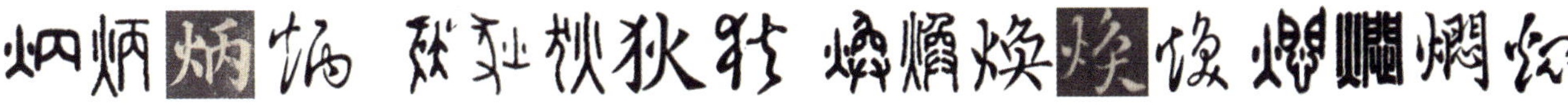

（金文 说文 颜真卿 王羲之）（甲骨 金文说文欧阳询王羲之）（金文说文 柳公权 索靖 王羲之）（金文 篆刻 赵孟頫 章草）

（金石篆 褚遂良 王铎 王羲之）（说文 虞世南 米芾 章草）（金文 说文 唐寅 王羲之）（说文 赵孟頫 王羲之）（说文 柳公权

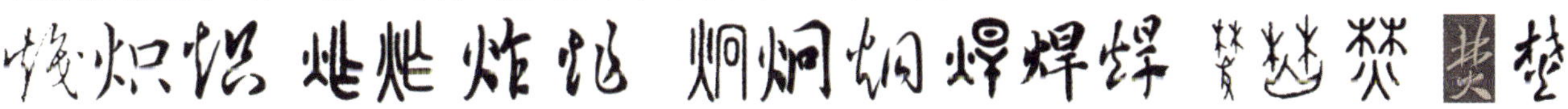

韵会王羲之 王羲之）（金文粗篆 王羲之 王羲之）（说文王羲之李洤）（金文 智永 章草）（甲骨甲骨 说文注 米芾 章草）

辨析：

火字作为字根或偏旁，草书写法可以是快写，捺笔还可以草化为提。火字拓展的炎、炏和焱见相关页。

炳 bǐng：形声，从火丙声，光明、明亮。

狄 dí：中国古代民族名，分赤狄、白狄、长狄诸部，各有支系。

焕 huàn：火光，光明。

焖（燜 mèn）：紧盖锅盖，用微火把饭菜煮熟。

焗 jú：方言，将锅盖严焖煮。

炫 xuàn：光明照耀，夸耀。

炀（煬 yáng）：形声，从火昜声 ，本义为烘烤。熔化；火旺。

焰 yàn：火光，火苗。

炽（熾 chì）：火旺。

炸（煠 zhá）：把食物放在滚沸的油锅中熬熟；zhà，指物体突然破裂。

炯 jiǒng：光明，明亮。

焊（銲釬 hàn）：焊接。

焚 fén：会意，从火从林，甲骨文字形，像火烧丛木，本义烧山。

拓展：

炟 炠 炡 炢 炣 炤 炥 炦 炧 炨 炩 炪 炰 炲 炴 炵 炶 炷 炻 炾 炿 烀 烃 烟 烣 烁 烄 烁 烙 烪
烯 烎 烰 烱 烳 烺 烴 烼 烞 烸 烯 烰 烔 烲 烳 烴 烷 烸 烺 烼 烽 烾 烿 焀 焁 焂 焃 焄 焅 焆
焇 焈 焊 焋 焌 焍 焐 烟 焓 焖 盏 焠 焢 焣 焥 焧 焨 焩 焬 焫

火3：灬 然 照 烈 杰 蒸 羹 煦

（金文 粗篆 王羲之 王羲之 王羲之 毛泽东）（金文 简帛 楚简 说文 王羲之 王羲之 索靖 王羲之）

（金文 说文 虞世南 赵孟頫）（甲骨 金文 说文 欧阳询 索靖 文徵明）（小篆 汉简 王羲之 王羲之 颜真卿 王献之）

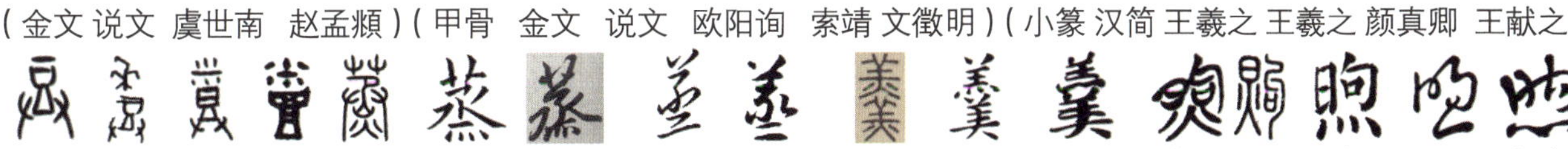

（甲骨 甲骨 甲骨 金文 说文 欧阳询 赵孟頫 王羲之 智永）（说文 王羲之 王羲之）（简帛 说文 颜真卿 王羲之 章草）

辨析：

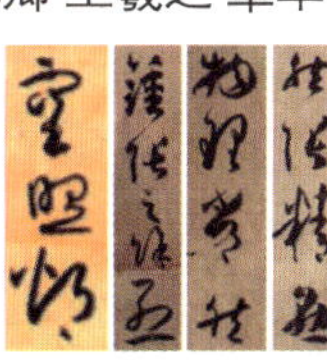

火字还有一种楷化后的形态为“灬”，草书写法为“波浪横”或“一横”。可拓展。说明：灬字作为字底，有时还可以表示动物的尾巴或鸟爪，如魚烏寫焉燕等字；表示动物的四肢，如為馬罴等字；丝尾形变，如無和縣字等，虽然灬字表意有别，隶定或楷行仍字形一致，草书均可草化为“波浪横”或“一横”。

灬 huǒ：古同火；biāo，烈火。

然 rán：会意兼形声，下形上声，四点是火的变形，声符读 yàn，是狗肉的意思，下面加火以烤狗肉，本义为燃烧。

照（炤 zhào）：形声，从火昭声，亦作炤，本义是明亮、光明。

烈 liè：形声，从火列声，火势猛。

杰（傑 jié）：形声，从人桀声，杰为傑的俗字，智出众的人。

蒸 zhēng：形声，烝声，本义是麻秆。《礼记》载：“天子诸侯宗庙之祭，春曰礿，夏曰禘，秋曰尝，冬曰烝”，烝乃冬季进献神灵或祖先的祭品；《集烝》烝，气之上达也，或作蒸。

羹 gēng：用肉、菜等芶芡煮成的浓汤。

煦 xù：形声，从火昫声，本义为温暖、暖和。

拓展：

羮 庶 烹 熙 烝 焦 煮 煞 熬 煎 焘 黒 熏

P2.5 然张精熟　P5.2 物理常然　P10.4 挹钟张之余烈　P48.3 空照灼而无依

或 1：或 域 棫 蜮 惑

（甲骨 金文 金文 金文 金文 盟书 楚简 秦简 说文 邓石如 颜真卿 柳公权 赵孟頫 王羲之 王羲之）

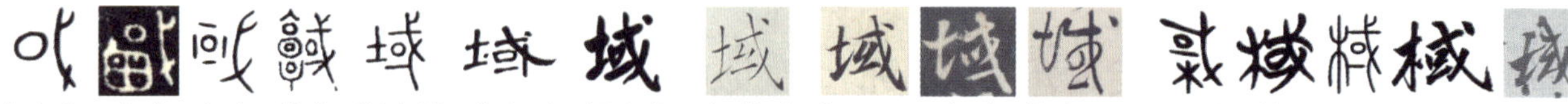

（金文 金文 金文 籀文 说文注 曹全碑 颜真卿 赵世骏 赵孟頫 索靖 黄庭坚）（金文 简帛 说文 赵孟頫 王铎）

（古文 说文 说文 欧阳询 颜真卿 王羲之 章草）（简帛 说文 欧阳询 赵孟頫 王羲之 索靖 王羲之 孙过庭 赵构）

辨析：

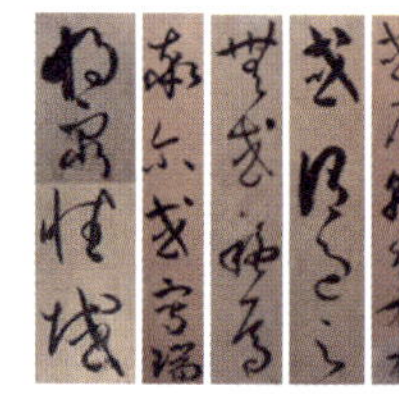

或字通国，从口或从幺，草书口字草写为一点和两点，然后与戈勾的撇相连，或将口字反手起笔，穿过戈勾，下边带出横；从幺的写法，行草书均为快写，可拓展。

或（或戜國 huò）：会意字，从戈从囗，囗像城形，会用戈守城之义，是国字的初文，西周金文“或”字或从囗，所从的“囗”（城之初文）多是上、下加短横以围之，有的是上、下、左、右均加短横以围之，或“囗”内加点为饰，还有赘加“邑”旁繁化的。春秋、战国文字“或”承袭西周金文，或上、左、下短横相连作“匚”形，遂分化出“国”字。《说文》或字异体作“域”，加“土”繁化，后分化出“域”字，本义为以城邑为中心包括周围地区的邦国。《说文》：或，邦也。师寰簋：弗迹我东或。毛公鼎：康能四或（域）。或，代词，相当于有人。《广雅·释诂一》：或，有也。齐镈：勿或俞（渝）改（不要有所改变）。清王引之《经传释词》：或，犹又也。匜：白（伯）扬父乃或（又）吏（使）牧牛誓曰。这些意义的“或”读为 huò，后来借作不定代词，泛指人或事物。

域 yù：形声，从土或（yù）声，土，表示疆土，域本作或，与国同义；地区、区域，范围，局限。

棫 yù：白桵；柞树。

蜮（魊 yù）：鬼名，传说中一种能含沙射人的动物。

惑 huò：疑惑，分辨不清。

拓展：

陚 彧 啯 戫 域 惐 掝 淢 阈 歍 罭 惑 棫 琙 睮 碱 稢 窢 罭 濊 箴 罭 韯 緎 聝 蜮 稶 閾 鰔 醎 颰
魊 馘 魊 駴 鰔

P3.4 或谓过之 P10.2 无或疑焉 P17.5 或乃就分布于累年 P30.6…率尔或写瑞于当年 P42.6 将穷性域

或 2：國（国） 啯 帼 掴 蝈

（金文 金文 金文 金文 盟书 楚简 楚简 楚简 古文 张迁碑 好太王 智永 颜真卿 王羲之 皇象 怀素 赵孟頫）

王羲之 颜真卿 王羲之）（篆字汇 颜真卿 赵孟頫 欧阳询 赵孟頫 鲁迅）（说文 赵孟頫 赵构 王羲之 王铎 王羲之）

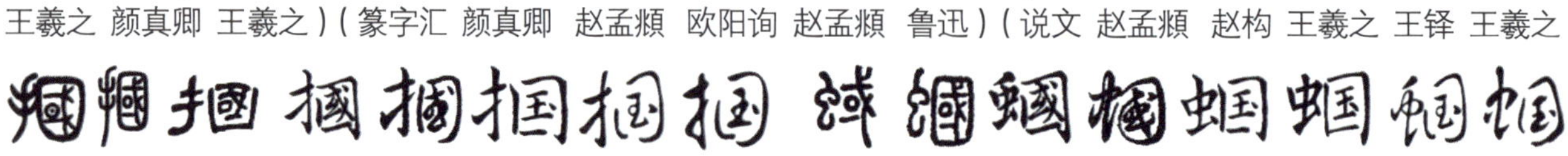

（金文 粗篆 曹全碑 赵孟頫 赵构 王羲之 王羲之 文徵明）（说文 说文 赵孟頫 辨体 王羲之 柳公权 王羲之 章草）

辨析：

国字的篆书从“國”，楷书还可写“国”，行草书两种写法均见。可拓展。

国（國 guó）：会意，从囗（wéi）表示疆域，从或（即国），或亦兼表字音，本义是邦国。

啯（嘓 guō）：象声词，吞咽声；形容鸡叫声或蛙声。

帼（幗 guó）：古代妇女的头巾、帕；古代妇女的丧冠 。

掴（摑 guāi）：用巴掌打。

蝈（蟈 guō）：蝈蝈儿；食蛙也。

拓展：

椢 嘓 慖 漍 蔮 槶 膕 膕 簂 蟈

蒦 獲（穫 获）護 镬 鹱 蠖 矱 濩 劐

（金文 说文 说文 吴昌硕）（甲骨 金文 金文 楚简 秦简 说文 曹全碑 欧阳询 颜真卿 赵佶 王羲之 沈粲 王羲之

怀素 赵孟頫 简帛 说文 颜真卿 王铎 乾隆 汉简 王羲之 黄庭坚）（说文 颜真卿 皇象 王羲之）（甲骨 金文 柳公权 王羲之）

（说文 赵孟頫 王羲之）（简帛 说文 蠖叟 赵孟頫 孙过庭）（欧阳询 文徵明）（甲骨 说文 赵孟頫 乾隆）（金文 颜真卿 李洤）

H

辨析：

蒦字从艹、隹、又，其草书省略隹字，只保留"艹又"，为约定俗成。可拓展。其中获字的写法有獲、穫和获三种结构。

蒦 huó：尺度、法度；彠，度也，蒦或从寻，楚辞曰：求矩彠之所同，见离骚。

獲（穫获 huò）：从犬，蒦（huó）声，按甲骨文从隹从又，表示捕鸟在手，本义猎得禽兽；收获；獲为猎得，穫乃收割农作物。

護（护 hù）：从言蒦声，使不受侵犯，救助，掩蔽、包庇。

镬（鑊 huò）：古代的大锅；镬亨，古代的一种酷刑，把人放在镬中烹煮，亨即烹。

鹱（鸌 hù）：鹱属，许多种远洋鸟，海鸥。

蠖 huò：昆虫名，尺蠖的省称。

矱 yuē：尺度、标准。

濩 huò：雨水从屋檐向下流的样子；煮。

劐 huō：用剪刀等刀具插入物体，然后顺势拉开；用耕具划开土壤，劐地。

拓展：

嚄 嬳 擭 𡾟 𢥠 檴 𤩽 臒 𣋓 矆 彠 篗 穫 艧 鑊 蠖 𧗀 韄 護 𩏡 鱯 𩧹 彟

P53.4 得鱼获（擭）兔　　P57.4 门生获书机父削而子懊

几 机 冗 亢 凥 処 亮

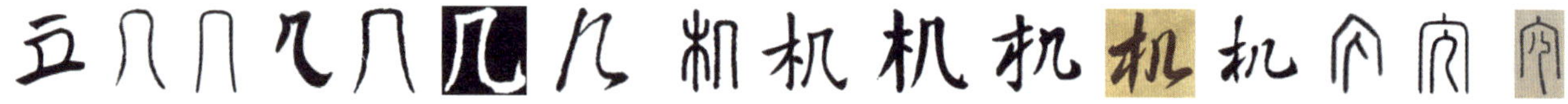

（楚简 古文 说文 秦简 汉简 颜真卿 王羲之）（说文 欧阳询 颜真卿 王羲之 李怀琳 章草）（甲骨 说文 广义

赵之谦 柳公权 王羲之 李淦）（甲骨 金文 说文 赵孟頫 王羲之 ）（楚简 楚简 秦简 说文 楷书）（金文 金文 秦简

说文 颜真卿 王羲之 说文 楷书）（简帛 说文 礼器碑 曹全碑 智永 欧阳询 王羲之 欧阳询 曹操 王羲之 章草）

辨析：

几字结构简单，行草书为快写。可拓展。说明：冗、亢和亮等字，篆书从人，楷书讹变为从几，历代书家在各体中，特别是在草书中，从“人形”的写法累见。

几 jī：小或矮的桌子。

机 jī：从木几声，木也；木名，即榿（qī）木树；通几，几案，小桌子 。

冗 rǒng：同宂，㪚也，从宀儿，人在屋下，无田事也。

亢 kàng：象形，小篆字形从大（人）省，像人的颈脉形；gāng，人颈的前部，喉咙；高。

凥 jū：处也，凥从几案之几，古居字。

処 chù/chǔ：止也，从夂，得几而止，或从虍，同處。

亮 liàng：正字通云，亮下从儿，改作几，非，亮原字作亠口冖儿，明也，响亮，明白、清楚，辅佐，相信、信任，谅解、原谅，亮出，灯火，讲清楚、解释。

拓展：

咒 凭　　P57.4 门生获书机父削而子懊

幾（㡬几）璣（玑）機（机）僟（仉）嘰（叽）譏（讥）饑（飢饥）鞿（𩋙）附：畿

（金文 金文 楚简 秦简 诅楚文 说文 楷书 隶辨 欧阳询 颜真卿 王羲之 王羲之 智永）（说文 赵佶 皇象）

（说文 广义 虞世南 赵孟頫 王铎 索靖）（金文 说文 楷书）（金文 说文 广义 楷书）（楚简 说文 肥致碑 智永

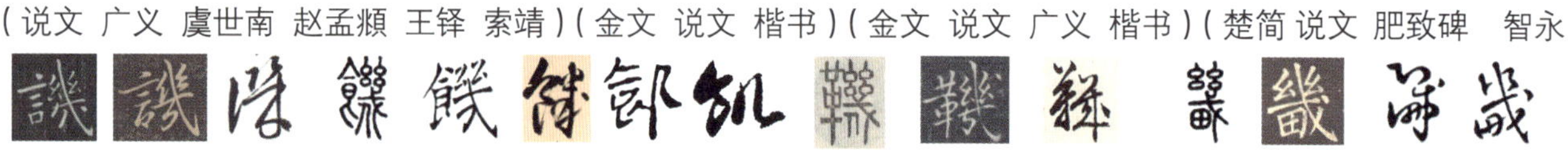

欧阳询 王羲之 智永）（说文 褚遂良 王铎 简帛 智永）（篆字汇 欧阳询 文徵明）（说文 颜真卿 王羲之 章草）

辨析：

幾字有异体字㡬，从戍，草书即从戍字的草书。幾字拓展的字，第一类为有从“几”的异体字，第二类为未见从“几”字异体字的，本页列示的从幾截图，均可从“几”，写法参见“几”字。畿与幾字形似音同，附于第三行后。

幾（㡬几 jī）：会意，从戍，戍乃兵守也，本义是细微、隐微，危险；接近、达到；jǐ，会意，本义为微、隐微，表示肯定观念，意思是虽少但仍有一些；表示否定概念，意思是不多、没有多少；表示疑问，用以询问数目的多少；表示疑问，相当于何、什么。

璣（玑 jī）：不圆的珠子。

機（机 jī）：形声，从木幾声，本义是弓弩上的发射机关；说明：机与機古代是两个字，机本木名，即榿（qī）木树，现在机是機的简化字。

僟（仉 jī）：古同几，接近、几乎；察、查讯；精详、严谨。

嘰（叽 jī）：小食也；嘰咕，象声词。

譏（讥 jī）：诽也，问也。

饑（飢饥 jī）：形声，从食，幾声，本义是荒年，五谷无收；饿。

鞿（𩋙 jī）：马口中的缰绳。

畿 jī：古代称靠近国都的地方；门限，门槛。

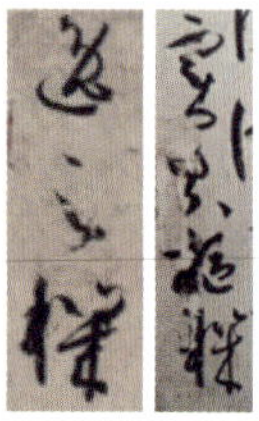

拓展：

1. 磯（矶）蟣（虮）𣢑（几气）鐖（钅几）醿（酉几）魕（鬼几）；2. 墍 穖 禨
P45.5 朝逸之机（機）　P54.2 语过其分实累枢机

積（积） 癪 藉

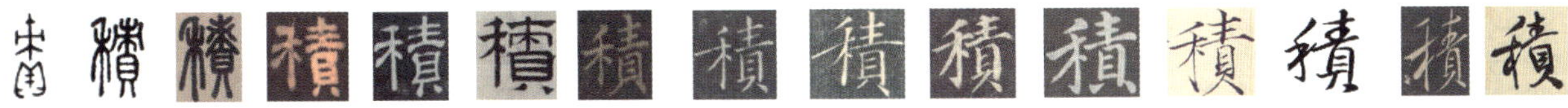

（金文 说文 邓石如 简帛 夏承碑 钟繇 王羲之 欧阳询 褚遂良 颜真卿 赵孟頫 宋徽宗 王羲之 虞世南 王铎

皇象 索靖 王羲之 王献之 智永 怀素）（汉简 王羲之 王羲之 文徵明）（智永 伊秉绶 王羲之 郑板桥）（石门颂 楷书）

辨析：

积字的繁简字写法古已有之，简化字实施前，“积”的写法不常见；“積”字的草书，一般将贝字写快写或“大”。

積（积 jī）：形声，从禾责声，从“禾”，表示与农作物有关，本义为堆积谷物。

癪 jī：方言，痞积。

藉 zì：草名；积薪；古同“積”，汉隶碑：“藉萬世之基”。

拓展：

羼 癪

P13.1 积其点画

毄 擊（击）

（说文 隶辨）（汗简 说文 欧阳询 颜真卿 赵孟頫 成亲王 苏轼 文徵明 憨山 史游 孙过庭 黄庭坚 赵孟頫

帛书 王羲之 欧阳询 颜真卿 柳公权 赵孟頫 黄庭坚 王铎 郭沫若 王羲之 张瑞图 文徵明 章草 于右任）

辨析：

擊（击）字古时即有两种字形：擊、击。擊字的草书，其车字在草化时将中间的部件草化成了两个点，其余部件对应其相应的草书，这种写法较为常见。击字的行草书为快写，这种写法不常见。

毄 jī：从殳从軎，击，打击，相擊中也，如车相击。

擊（击 jī）：形声，从手毄（jī）声，本义为敲击、敲打，引申为攻击、攻打，碰撞、接触，杀、搏杀等。

拓展：

嗀 擊 毃 罊

稽

金文 睡編 52 竹简 老子 李斯 汉嘉量 说文 邓石如 钟繇 欧阳询 颜真卿 柳公权 宋徽宗 异体字 异体字

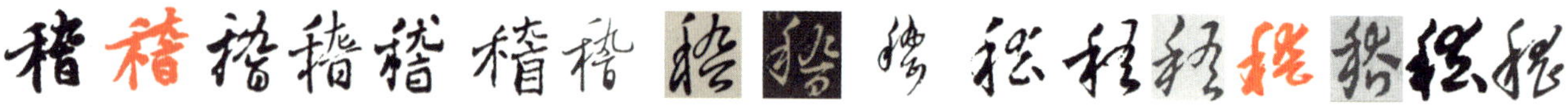

王羲之 黄庭坚 米芾 王铎 郑板桥 赵之谦 启功 1 王羲之 孙过庭 黄道周 2 智永 孙过庭 赵构 鲜于枢 宋克 揭傒斯 启功

辨析：

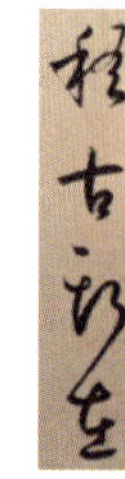

稽的字形演变可以看出其草书结体的部件构成，旨有异体字𣅀𦣻等，稽的异体字也很多，历代书家写法也较多，由此产生了不同的草法，稽字的草书有两类：1. 禾＋九＋旨；2. 禾＋尤＋旨。从字的本义溯源，该字是禾旁而非禾旁，只是书家在书写过程因速度而出现了禾的写法，王羲之的行草就有这两种写法。从隶到楷化的过程，钟繇起笔从左到右，仍然禾旁，其他大部分书家则写禾旁且被稳定下来。因此第二种写禾旁更显篆籀气。

稽 jī/qǐ：形声，从禾（jī）从尤，旨声，像树木曲头止住不上长的样子，本义是停留，阻滞；拖延；考核，考证；计较，争辩，反唇相稽；稽 qǐ 首，古时叩头的敬礼，同稽颡。

拓展：

嵇

P32.2 稽古斯在

及 伋 吸 汲 圾 级 靸 芨 笈

（甲骨 甲骨 甲骨 金文 金文 金文 金文 盟书 楚简 楚简 秦简 古文 石鼓文 说文 曹全碑 肥致碑 钟繇

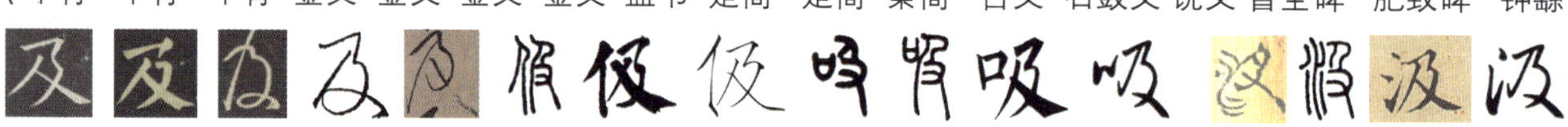

欧阳询 颜真卿 张芝 王羲之 张旭）（说文 颜真卿 赵佶）（金文 说文 柳公权 王羲之）（简帛 说文 赵孟頫 王羲之）

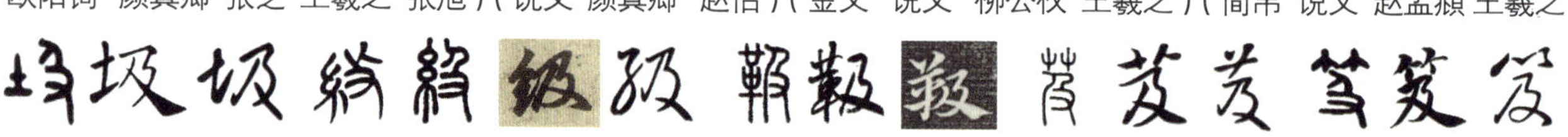

（说文 褚遂良 王羲之）（简帛 说文 赵孟頫 王羲之）（说文 王铎 赵孟頫）（说文 王羲之 章草）（金文 智永 王羲之）

辨析：

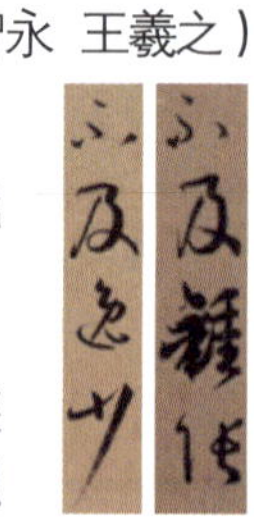

及字篆书形态变化较大，以手逮人意思清晰，隶定字形稳定，行草书为快写。可拓展。

及 jí：会意字，从人从又，会追上前人，以手逮之，本义为追赶；返同及，《㝬叔盨》：“㝬弔其萬年永返仲姬寶用”。

伋 jí：善思，思考敏捷；古人名用字。

吸 xī：形声，从口及声，吸气入体内。

汲 jí：形声，从水及声，从井里打水，取水；形容心情急切、努力追求。

圾 jí：圾岌同，言为天下之危也；垃圾。

级（級 jí）：形声，从糸表示与线丝有关，及声，丝的次第，引申为等级；石阶。

靸 sǎ：古代小儿穿的鞋子，前帮深而覆脚，无后帮；低下的物品；sǎ，把布鞋后帮踩在脚后跟下。

芨 jí：堇草，即陆英，忍冬科，灌木状草本、野生。全草治跌打损伤，故又称接骨草。如芨芨草。

笈 jí：形声，从竹及声，本义是竹书箱。

拓展：

岋 岌 彶 扱 岋 砐 忣 舨 眨 衱 訍 钑 馺 雭　P5.6 不及逸少　P6.1 不及锺张

吉 佶 洁 颉 诘 结 桔 喆 囍 嚞（哲 悊）

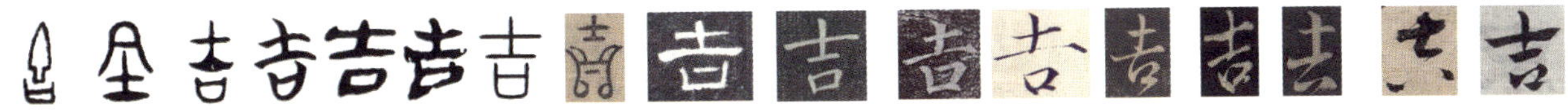

（甲骨 金文 金文 楚简 秦简 汉简 说文 六书统 曹全碑 欧阳询 颜真卿 赵佶 王羲之 米芾 王羲之 赵佶 赵孟頫）

（说文 王铎 李淦）（金石篆 王羲之 王羲之 说文 王羲之 智永）（说文 智永 金琮 王羲之）（说文 赵孟頫 王羲之）

（楚简 说文 米芾 智永）（王铎 皇象）（邓琰 王铎）（虞世南 王羲之）（楷书 古文 说文 说文 王羲之 张旭 王宠）

辨析：

吉字的字形稳定，其草书，土为快写，口字可草化为两点或倒三角。可拓展

吉 jí：善也，从士口；一说兵器盛放在器中不用为吉；古代祭祀鬼神的礼仪，为五礼（吉、凶、宾、军、嘉）之一，如：吉巳（古礼，皇后于每年季春三月之巳日躬亲蚕桑之事，其日卜须吉，故称吉巳）。

“佶洁颉诘结桔喆”等字的释文（略）。

拓展：

乩 祮 刮 荂 劼 舍 周 郆 徣 菩 咭 壴 姞 恄 拮 狤 迼 鮚 硈 秸 袺 鮚 翓 聐 蛣 嚞 犆 故

即 莭（節 节） 唧 鲫 楖

（甲骨 甲骨 金文 金文 石鼓文 简帛 说文 李阳冰 史晨碑 乙瑛碑 欧阳询 颜真卿 王羲之 王献之

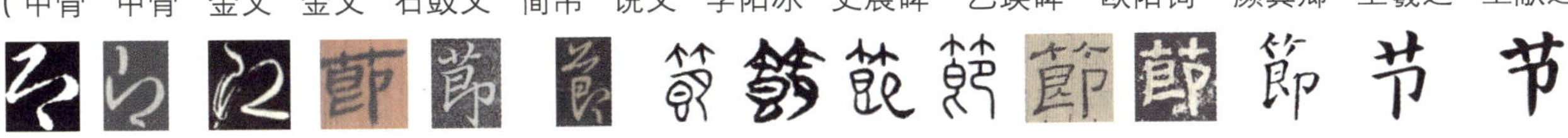

皇象 王羲之 张旭）（简帛 王羲之 王羲之 金文 楚简 秦简 说文 隶辨 张迁碑 柳公权 欧阳询 颜真卿

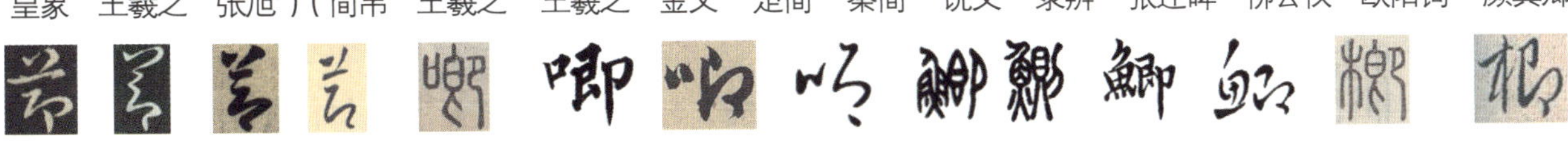

皇象 王羲之 智永 怀素）（篆字汇 柳公权 文徵明 王羲之）（金文 说文 赵孟頫 章草）（篆字汇 赵孟頫）

辨析：

即字的甲骨文为坐人面对食器，隶定从皀从卩，即字，在草化过程中，其部件皀字，草化为“横和竖”，卩字的竖画，草化为一个点，简称为“横竖弯点”。可拓展。

即 jí：会意，就也，甲骨文作坐人形（后讹为卩）面对食器（皀）会意，本义为走近去吃东西。

莭（節节 jié）：同節，草节，竹节，泛指草木枝干间坚实结节的部分。

唧 jī：形声，从口即声，象声词，唧唧，杂乱细碎的声音，秋虫鸣声；突然有力地喷射出。

鲫（鯽 jì）：鲫鱼，亦称鲋。

楖 jí：楖栗树，可以做手杖，借指手杖；zhì：古同栉；jié，楖人，古代制造木器的工人。

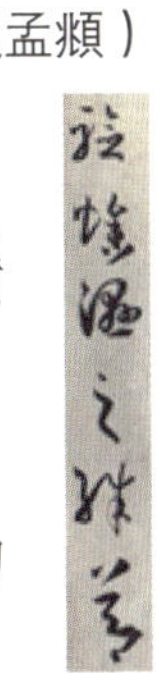

拓展：

偮 垐 揤 脚 蝍 鵖

P22.5 验燥湿之殊节（莭）

辨识 1：1 恐　2 血　3 近　4 退　5 即

1（说文 说文 帛书 颜真卿 王羲之 皇象 王羲之 怀素）2（甲骨 说文 颜真卿 王羲之 孙过庭 于右任）

3（李斯 曹全碑 王羲之 王羲之 怀素）4（甲骨 颜真卿 王羲之 王献之 怀素 赵孟頫 王铎）5（敦煌 皇象 王羲之）

辨析：

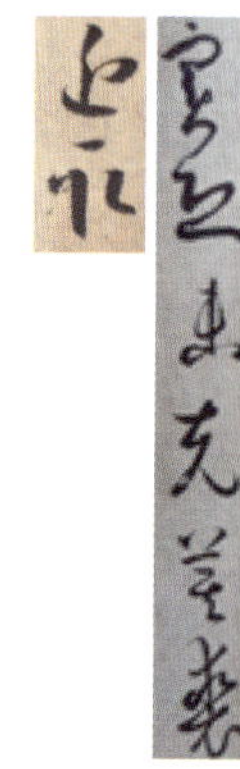

恐、血、近、退、即五字，草书写快后很易混淆。恐字的下边为心，草书写一短横或带波折的横。血下为皿，草法可写呼应的两笔。近从斤，斤写丿加两短竖或互相呼应的两竖。退从艮，赵孟頫、王铎的写法结构清楚。怀素的恐与退，草书结构非常相近，就退字的“辶”而言，带点弧度，更能与恐字下的心字草书相区别。即字最后一笔，点应突出。

恐 kǒng：形声，从心巩声，严重害怕、惊恐。

退 tuì：甲骨文从止从山，即人遇山而返。

近 jìn：古文从止斤声，止、辵为义近形符，古常相通。

即 jí：食也，从皀卪（jié）声。

拓展：

P8.6 实恐未克其裘　　P50.3 近取诸身

辨识 2：1 卿　2 鄉　3 即 卩

1（甲骨 毛公鼎 说文 李阳冰 曹全碑 乙瑛碑 钟繇 欧阳询 颜真卿 王羲之 颜真卿 皇象 王导 王羲之）

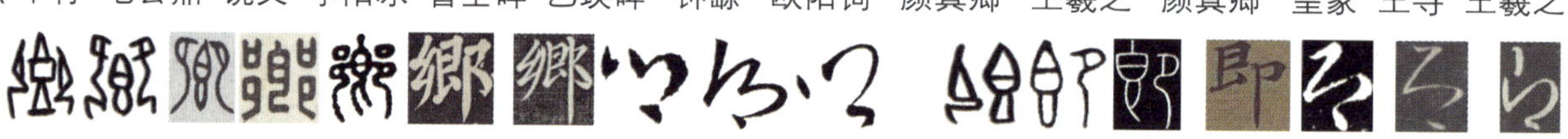

2（甲骨 甲骨 金文 汉印 说文 颜真卿 赵孟頫 皇象 王羲之 王铎）3（甲骨 金文 李阳冰 敦煌 皇象 王羲之 王羲之）

辨析：

卿和乡（鄉）字的篆书有近于一样的结构（虽然乡上边有时多了两个口），为了区别，草书鄉（乡）字比卿字多了一个点。即字比卿字和乡字的篆书少了半块，草书采用节省写法，卿字只保留了单耳朵卩。

卿 qīng：卿的古字形像两人相对而坐就餐，指用酒食款待人，“乡、飨”同源，后来“卿”假借指高级官员的名称，古时君王称亲近的大臣为卿，有的称“爱卿”；杨宽在《古史新探》一书中从社会历史发展的角度论证卿、乡、飨三字词义的来源，证明三字原为同一字，可备一说；在金文中“乡”，和“卿”的写法无区别。

鄉 xiāng：甲骨、金文的左右两边的人字上各加了一个口字，右边跪坐的人上加一个口字，变成了“邑”字，左边也加一口成为邑字的反形，简化时为“乡”。

即 jí：古字形像人靠近食器准备就餐，引申为接近、靠近、就（时间副词）等。

拓展：

P7.4 卿书何如右军

亟 極（极） 恆（急） 䩯 殛

（甲骨 金文 简帛 侯马盟 说文 颜真卿 卞壶 王羲之 章草）（石鼓文 说文 李斯 蔡邕 欧阳询 颜真卿 柳公权

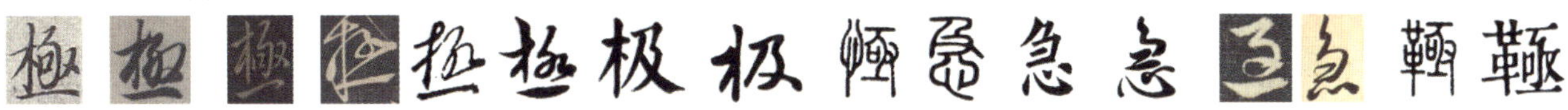

赵孟頫 王羲之 王献之 张芝 王羲之 宋克 颜真卿 王羲之）（说文 说文 欧阳询 王羲之 皇象 王铎）（说文 楷书）

（金文 说文 汉简 邓石如 智永 欧阳询 颜真卿 柳公权 赵孟頫 王羲之 黄庭坚 米芾 赵孟頫 李淦 文徵明 章草）

辨析：

亟字的隶定字形稳定，行草书为快写，口字可草化为两点。可拓展。極和恆字分别有异体字极和急，可参见及和急页。殛字需注意歹字的草书写法，横应单独写出，或草化为一个点。

亟 jí：从人口又二，其古字形像一人立于地上，顶部加一横画表示人之顶极，本义一般认为是至高处，这个意义后写作“极”；用作副词，只能作状语，多用于动词前，如亟待解决、亟须纠正。

極（极 jí）：极和它的繁体字極原是音义都不同的两个字；極，从木亟声，亟兼表意，本义指房屋的正梁，又叫脊檩，是最高处的檩，“極”由此有最高处的意义，引申指程度最高的，如极品、极佳，转指最顶端的，北极、南极。极，始见于春秋《石鼓文》，形声字，从木及声，本义指放在驴背上用以载物的驮架，后成为極的简化字。

恆（急 jí）：急，疾也；恭谨慎重貌；kè，爱。

䩯 jí：急，也作革。

殛 jí：形声，从歹亟声，从歹（è）表示与死亡有关，本义是诛、杀死，惩罚。

拓展：

亟及“山广彳氵分疒目礻羊讠革韦”旁等　　P10.4 極虑专精

急 㥛 隐（隱） 稳（穩 䅬） 㥯 濦（溵 㶏）

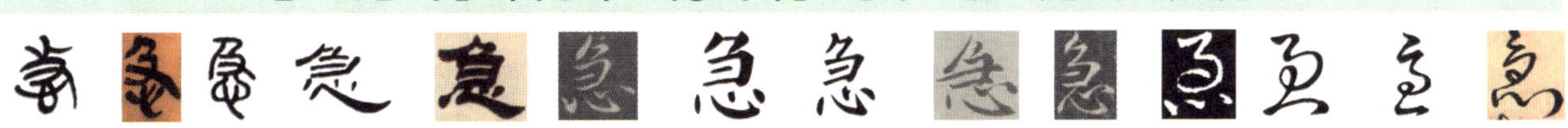

（楚简 秦简 说文 曹全碑 吴让之 欧阳询 颜真卿 柳公权 赵孟頫 王羲之 皇象 王羲之 王羲之 王铎）

（楷书 彭玉雯 王铎 孙过庭）（简帛 秦简 说文 李斯 颜真卿 王铎 欧阳询 朱熹 王羲之 王羲之 智永 张旭）

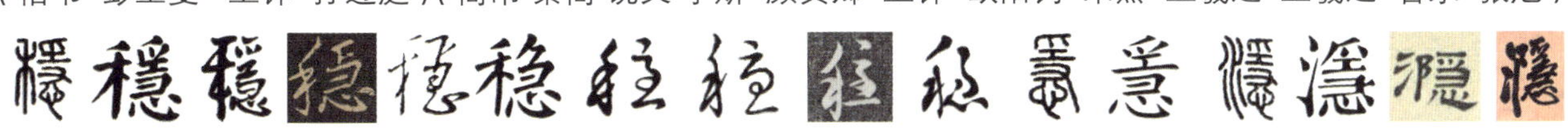

（说文 颜真卿 王铎 王羲之 蔡卞 柳公权 王羲之 赵孟頫 邓文原 章草）（说文 楷书）（说文 楷书 文徵明 王铎）

辨析：

急字从及从心，草书有两类：有点，无点；心字草书可写三点或草化为一横。急字作为字根，拓展后：1. 只从急，如口、火、巴、目、鬼、鸟、倍、艹等偏旁；2. 从急还可从异体字㥯，如阝、禾、亻、扌、走等；3. 只从㥯；4. 从其他；拓展分类之字，草书应注意其异体字的变化，不可以统一都用“急”字的草书。

急 jí：形声，小篆字形从心，及声，隶作急，刍即及字，本义为狭窄，有着急、重视、危急之义。

㥛 xī：同滊，水急流声；yì，水流很急貌；sè，同澀。

隐（隱 yǐn）：蔽也，从阝㥯声；艸部曰，蔽茀小皃也，小则不可见，故隐（隱）之训曰蔽。

稳（穩 wěn）：安定，固定；异体字有“穩𥡴稳𥢑㒚𥢓𥤿𥡩𥥩𥨉䅬”等。

㥯 yǐn：谨慎，忧伤。

濦（溵㶏 yīn）：水名，中国河南省颍水三源的中源。

拓展：

1. 㥛；　2. 偬（㒚）捻（㨼 搊）趁（𨗜）㦩（忄隐）㶏（氵隐）（𢅻 巾 急）瘾（癮）蘟（蒊）癮（瘾）嶾（嶾）讔（讔，讠隐）　3. 慇 㒚 嶾 嶾 噫 㗂 䭿 檼 蘟 磤 隱 㶏 猺 缊（缊）；4. 遈（㨼）轊（輴）轊（輴）

P14.4 犹标坐隐之名

集

甲骨 金文 金文 简帛 汉简 说文 说文 肥致碑 宝子碑 欧阳询 颜真卿 柳公权 敦煌 赵孟頫 赵佶

王羲之 王献之 颜真卿 1 章帝 皇象 宋克 2 张芝 王羲之 王献之 3 王献之 赵孟頫 4 王羲之 王献之 5 流江

辨析：

集字的篆书为很多鸟在树上聚集形，隶定字形稳定为一隹一木，草书姿态变化较多，一类为将隹字的竖画抽出与木字结合，形成的类似于“2”“3”的符号，下边的横可写2—4画（见1.2.3）；另一类为隹字写快写或写隹字的草书（见4.5）。

集 jí：群鸟在木上也，从雥从木，引申为停留、集合、聚集、收集。

拓展：

嗥 堞 巢 嵲 潗 殜 磼 穕 襍 緁 鏶 鶵

P 34.6 兰亭集序

耤 藉 籍

（甲骨 甲骨 金文 金文 金文 秦简 说文 乾隆 赵之谦）（金文 古文 说文 刘根像 欧阳询 颜真卿 王羲之 智永）

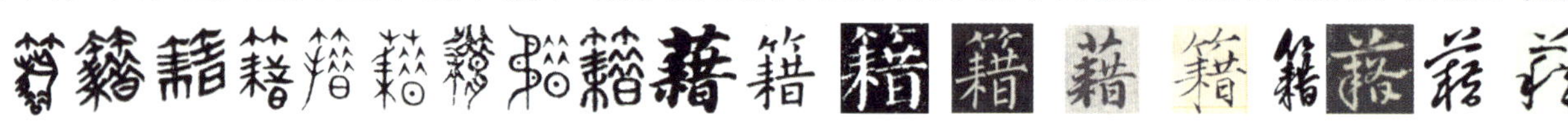

（金文 楚简 帛书 秦简 古文 古文 古文 古文 说文 智永 欧阳询 颜真卿 柳公权 赵孟頫 赵佶 王铎 皇象 王羲之 怀素）

辨析：

耤字的甲骨文，表示用木制农具进行耕种，隶定从耒从昔，草书为耒与昔字的组合。藉和籍字，都从耤字，还都有从耤字的异体字写法，因此草书可从耒和从禾，艹与竹字头有相同的草书写法，在不影响释读的情况下，竹字头的草书，写艹的情况累见。

耤（jí/jiè）：从耒从昔，昔意为往昔的、古昔的、从前的，耒指耒耜，耕种的木制农具，耒与昔联合起来表示用耒耜以古法耕种，本义是仿古耕种，旧法种地。

藉 jiè：形声，从艸耤声，本义是作衬垫的东西。

籍 jí：形声，从竹耤（jí）声，古书以竹制成，故从“竹”，本义为登记册、户口册。

拓展：

鄁 藉 籍 躤

P13.3 援项籍而自满

己 记 纪 妃 杞 觊 起

（甲骨 简帛 石经 说文 李阳冰 张迁碑 欧阳询 颜真卿 王羲之 王铎 元好问 刘炟 王羲之 智永 怀素）

（简帛 说文 因宜堂 赵孟頫 居延简 王羲之 米芾）（简帛 说文 张迁碑 褚遂良 索靖 王羲之）（甲骨 王羲之 章草）

（甲骨 说文 王羲之 王羲之）（金文 赵孟頫 王羲之）（简帛 说文 欧阳询 王羲之） *王羲之 王羲之 怀素 赵孟頫*

辨析：

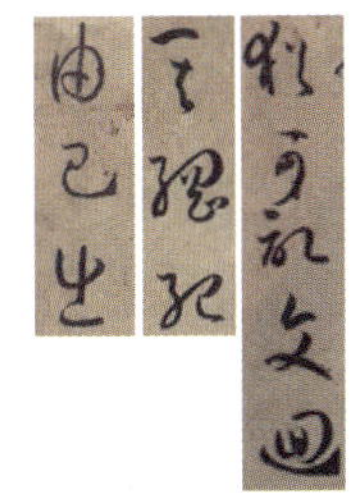

己字字形稳定，行草书都是快写，可拓展。

己 jǐ：象形，甲骨文字形，像绳曲之形，“己”是古“纪”字，假借作“自己”，本义是丝的头绪，用以缠束丝；自己，本人；天干的第六位。

记（記 jì）：形声，从言己声，本义为记住。

纪（紀 jì）：形声，从糸表示与线丝有关，己声，本义为散丝的头绪。

妃 fēi：会意，从女己声，本义是婚配、配偶；帝王的妾；特指太子、王侯之妻。

杞 qǐ：形声，从木己声，本义为木名，枸杞。

觊（覬 jì）：形声，从见岂声，希望得到。

起 qǐ：形声，从走己声，本义是由躺而坐，由坐而立；产生、发生，开始、开端，治愈、病愈，起义、起事、闹事，隆起、凸起、耸立等等。

拓展：

凯 皑 忌 配　　改 邔 圮 改 屺 忋 芑 玘 垲 巹 卷 恺 榿 磑 剀 硙 桤 铠 闿

P37.5 虽由己出　P6.2 评得其纲纪　P20.1 犹可记文

丮 1：丮 𠀘（夙） 䊹

（甲骨 甲骨 金文 说文 隶辨）（甲骨 甲骨 甲骨 金文 金文 简帛 楚简 楚简 汉简 说文 说文 六书通 六书统）

（夏承碑 衡方碑 赵孟頫 隶辨 隶辨 钟繇 王羲之 欧阳询 褚遂良 颜真卿 赵佶 王羲之 唐太宗 颜真卿 赵孟頫

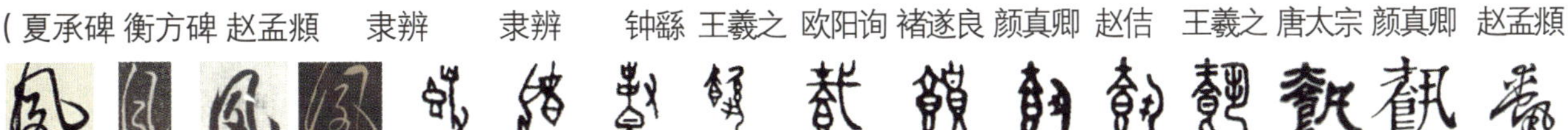

王铎 王羲之 智永 张旭）（甲骨 甲骨 甲骨 毛公敦 师虎敦 邵王鼎 卯簋 石鼓文 说文 邓石如 楷书 邹武生）

辨析：

夙字本为𠀘，篆书字形可从人或从女，可从日或从月，隶定为“夙”后，其余各种写法基本不被采用，夙的行草书为快写。䊹字亦如此，小篆以后，字形结构稳定，行草书应写出隶楷之各个部件。

丮 jí：持也，像手有所丮据也。

夙 sù：会意，夕（或从日）是月是夜间，丮（或从女）表示以手持，天不亮就起来做事情，本义是早晨；㐁，夙之古文。

䊹 zài：设飪（飪 rèn，煮熟）也，从食，才声。

拓展：

[illegible] G 巩 鞏（熟见享）埶（艺见 Y）執（见 Z 执）[illegible] [illegible] 迅 [illegible] [illegible] [illegible] [illegible] [illegible] [illegible]

丮 2：𢦔 𫲬 𨋥（载）𣃔（斲）羸（𩦺 騾 骡）嬴 巩

（甲骨 甲骨 甲骨 簠地 48 写史龤 县妃簋 说文 楷书）（金文 说文 楷书 文徵明）（石鼓文 六书通 六书通 石韵府 石韵府

石韵府 楷书 简帛 说文 柳公权 王羲之 智永）（说文注 说文 姚孟起 乃贤 饶介 赵孟頫 皇象）（广义 汗简 李阳冰 篆字汇

梁同书 王铎 王羲之 智永 赵孟頫）（金文 金文 说文 黄庭坚 孙过庭）（金文 简帛 说文 说文 颜真卿 黄庭坚 王羲之 章草）

辨析：

丮字作为字根，其组合的字形态变化较大，但原始意义表达清晰，应注意其异体字的应用与变化，巩执羸嬴嬴等字均含有丮，可以参见相关页。

𢦔 huà：从丮戈，即人举戈，击踝（踝骨）也。

𫲬（𫲬埶𫲬𫲬𫲬𫲬 jī）：相踦之也。

𨋥（载 zài）：古文载字，车、船等交通工具，所装运的物件。

𣃔（斲斫）：从丮昼（書）声，同斲（zhuó，砍、削，雕琢，斲琱为朴，斲轮老手）。

羸（𩦺騾骡 luó）：兽名。

嬴 yíng：获胜，古同赢，满、有余。

巩（鞏 gǒng）：形声，从革巩声，巩本从丮，从革表示与皮革有关，本义为用皮革捆东西。

J

既 暨 慨 溉 概

（甲骨 甲骨 金文 盟书 楚简 石鼓文 说文 李斯 衡方碑 欧阳询 颜真卿 柳公权 赵孟頫 王羲之 王献之 唐太宗

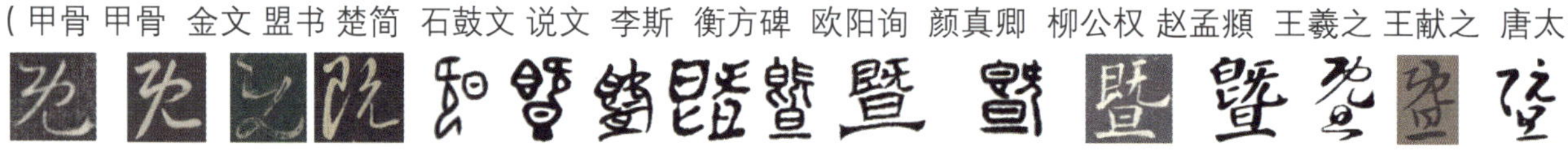

汉章帝 王羲之 怀素 王铎）（甲骨 金文 楚简 简帛 说文 辟雍碑 欧阳询 欧阳询 颜真卿 索靖 宋克 王羲之）

（金文 古文 简帛 说文 曹全碑 欧阳询 王羲之）（金文 简帛 简帛 秦简 说文 颜真卿 王羲之 王羲之 王羲之）

辨析：

既字字形稳定，草书有二：1. 汉章帝写法；2. 王羲之暨和溉字的草书写法。草书既和逸字相似，既字为横起笔，逸（参照逸页）字从兔，撇起笔，逸比既起笔多一个“丿”画。可拓展。概字如下：

金文 简帛 说文 褚遂良 颜真卿

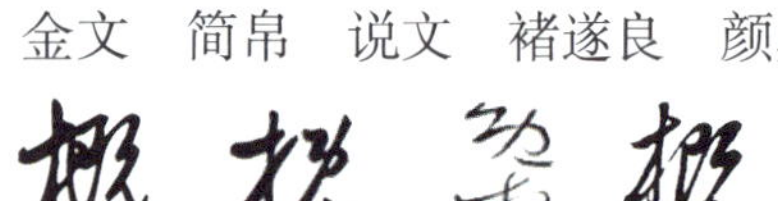

米芾 王羲之 怀素 董其昌

既 jì：小食也，从皀旡声，甲骨文、金文中像一个人坐在食器（皀）前扭头的样子表示吃饱了，本义即吃完饭，引申为尽、完，由尽、完虚化为表示已经，作副词；也作连词，表示推论因果关系。

暨 jì：形声，从旦既声，太阳初升略现。

慨 kǎi：形声，从心既声，本义为不得志而愤激。

溉 gài：形声，从水既声，本义是灌注。

概（槩 gài）：形声，从木既声，本义为量米粟时刮平斗斛（hú）用的木板。

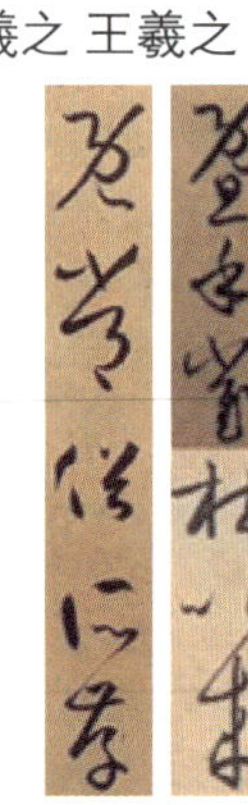

拓展：

摡 蔇 槩 𣉻 曁 暨　　P27.3 既常俗所存　　P28.4 暨乎崔杜以来

畟 稷 谡（謖） 禝

（古文 简帛 说文 楷书）（甲骨 金文 楚简 楚简 秦简 说文 张迁碑 智永 欧阳询 褚遂良 颜真卿 柳公权 赵孟頫

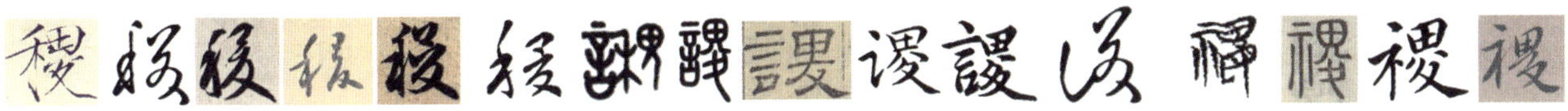

宋徽宗 王羲之 智永 怀素 赵孟頫 章草）（金文 粗篆 隶辨 王羲之 赵孟頫 王羲之）（简帛 篆字汇 梁同书 杨涟）

辨析：

畟字中的“人”字，隶定为“八”。草书写法，上边的部件田字草化为两点或倒三角，“八”连写，其余部件为快写。可拓展。

畟 jì：治稼畟畟进也，从田人，从夂，田人者，农也；古同稷，五谷总称。

稷 jì：形声，从禾畟声，表示与农作物有关，本义是稷谷。

谡（謖 sù）：起，起来；肃敬的样子。

禝 jì：尧臣能播五谷，有功于民，祀之，通作稷。

拓展：

漍 椶 愢

祭 察 蔡 際（际） 瘵 磜（砌）

（甲骨 甲骨 金文 秦简 说文 曹全碑 欧阳询 颜真卿 赵孟頫 王羲之 皇象 趙佶）（说文 欧阳询 颜真卿

王羲之 皇象 智永）（甲骨 金文 金文 金文 金文 秦简 说文 墨缘堂 柳公权 米芾 皇象 王羲之 张旭）（说文 广义 魏碑

王羲之 王羲之 宋克 汉简 王羲之 章草）（金文 说文 柳公权 黄庭坚 王羲之 赵构）（楷书 赵孟頫 说文 王铎）

辨析：

祭字从月、又和示，由此可以理解皇象祭字的草法形成过程。可拓展。

祭 jì：见于商代甲骨文，其古字形像手持酒肉供奉神主，本义即向神灵、祖上献上供品，并举行仪式，表示崇敬、祈求保佑，后来演变为一种对已故之人表示追悼、敬意的仪式。

察（詧 chá）：形声，从宀祭声，本义是观察、仔细看。

蔡 cài：形声字，从艸祭声，“蔡”字甲骨文构形不明，战国文字中同时又出现从艸、祭声之“蔡”字，为小篆及后世文字所本，一说“蔡”字甲骨文像豪猪形，借来当“蔡”字用，本义是指野草，不过，在古代文献中，“蔡”字当野草讲的用法比较少见，用得最多的是人的姓氏。

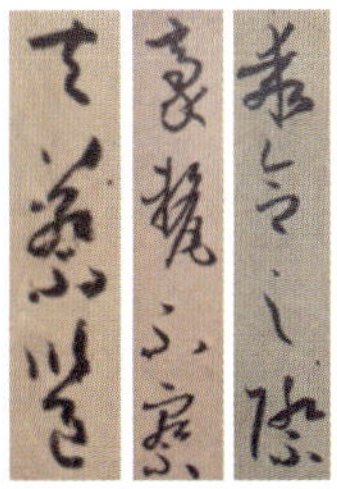

際（际 jì）：形声，从阜祭声，本义为两墙相合之缝。

瘵 zhài：病，多指痨病；疾苦、困顿。

磜（砌 qì）：古同砌，台阶。

拓展：

憏 摖 潆 嚓 幓 嚓 瓈 褋 瘵 穄 聺 縩 鰶 槎 礤 纕

P20.4 毫厘不察　P56.3 夫蔡邕不谬赏　P24.6 乖合之際（际）

𢇍　继(繼)

（甲骨　金文　汉简）（说文　广义　曹全碑　褚遂良　颜真卿　米芾　赵孟頫　1 秦观　赵孟頫　汉简　王羲之

晋祠铭　李邕　2 王羲之　怀素）（欧阳通　3 皇象　苏轼　4 王羲之　5 王羲之　6 索靖　王羲之）（金文　汉简　爨体　王羲之）

辨析：

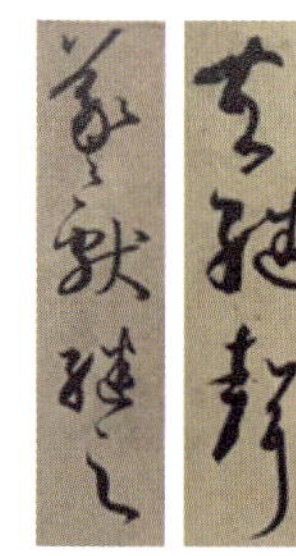

𢇍是用刀把丝割断，幺（糸）则是把断了的丝再连接起来，𢇍字的中间，上下各有两个幺，相同的部件并列时，在书写时也是可以写为两个点的，本页金文和说文广义就有这种处理办法，因此𢇍字的草书，四个幺字全部草化为点，是一种较好的处理方法，见编号 1、3、5。而编号 6，索靖和王羲之所写的𢇍字，其实是上述写法的再次简化，从草书角度，很容易与良和艮字相混淆，从字源上看，这不是很规范的。至于王羲之（见编号 5）用米字的写法，从汉简可略见其源。继字的繁体字是繼字，与斷（断）和篋字的楷书都从𢇍，可参见斷页。

𢇍 jì：同“继”，《音义》万物得水土气，乃相继而生也；《说文》云一曰反𢇛為繼。

继（繼 jì）：续也，把断了的丝接续上，从糸𢇍（jì 繼本字）一曰反写为继。

拓展：

斷 檵 繼 繼 讖 躖

P3.3 羲献继之　　P55.4 愚夫继声

冀　驥

（金文　金文　金文　简帛　说文　碧落碑　夏君碑　曹全碑　钟繇　王羲之　欧阳询　颜真卿　王羲之　王羲之　王献之　沈辽

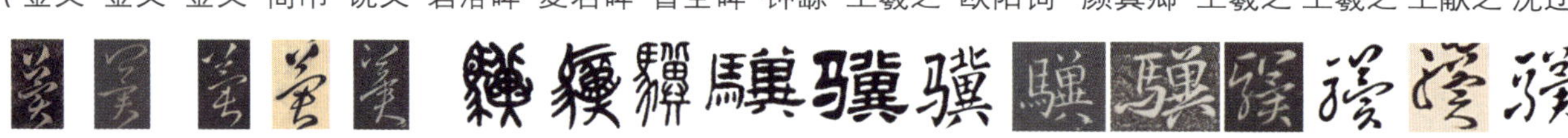

王廙　王羲之　王铎　王铎　沈粲）（金文　简帛　说文　张祖翼　佚名　柳公权　欧阳询　颜真卿　索靖　王羲之　王铎　章草）

辨析：

冀字的篆书从异从北，隶定字形，北字为同形结构，隶定有从两点的写法，草书从隶定结构，即将上边的北字，草化为两点，下边写草书异（異）字。可拓展。

冀 jì：形声，从北异声，本义是冀州，古九州之一；假借为觊，希望、期望。

驥（驥 jì）：会意，从马冀声，按左传，冀之北上马之所生，是冀亦兼会意也，本义为好马、良马，千里马也；比喻杰出的人才。

拓展：

慬 穊 穊

加 架 驾 袈 贺 茄 咖 枷 迦 痂

（金文 诅楚文 简帛 简帛 说文 刘恕 居延简 欧阳询 颜真卿 皇象 王羲之）（金文 古文 说文 欧阳询

颜真卿 王羲之 羊欣 米芾 李洤）（盟书 楚简 说文 智永 张旭）（石韵府 欧阳询 王羲之）（说文 颜真卿 李白 怀素）

（说文 柳公权 韵会）（金文 赵孟頫 王羲之）（说文 褚遂良 章草）（金文 颜真卿 王羲之）（金文 说文 虞世南 皇象）

辨析：

架从加从木，结构稳定，行草书为快写，口写两个呼应点的居多。早期部件位置灵活，释读需要理解部件含义。可拓展。迦字，王羲之的草书字根辶字的写法，有草中含楷之义。

加 jiā：会意，从力从口，本义是添枝加叶说假话、虚报；增加，益处、好处，算法上，指两个数目的结合。

架 jià：形声，从木加声，本义为棚架。

驾（駕 jià）：形声，从马加声，以轭加于马上，骑、乘，操纵、驾驶，抵挡，传布，凌驾、超越。

袈 jiā：袈裟。

贺（賀 hè）：奉送礼物表示庆祝。

茄 jiā：形声，从艸加声，茄克。qié，茄子。

咖 kā：咖啡；gā，咖哩。

枷 jiā：形声，从木加声，本义是连枷；刑具名。脱粒用的农具。

迦 jiā：译音用字，为藏经译音所常用，迦叶、迦兰陀。

痂 jiā：从疒加声，疥也，创也，痂皮、疮壳。

拓展：

喫 妿 抲 泇 架 伽 迦 狕 笳 珈 恕 挐 哿 胊 砉 笳 耞

P 47.5 枯槎架险

夹 1：夹 侠 浃 挟 硖 刺

（甲骨 甲骨 金文 楚简 楚简 秦简 汉简 说文 曹全碑 欧阳询 颜真卿 柳公权 赵孟頫 赵孟頫 王铎 永瑆

皇象 王羲之 怀素 文徵明 傅山 章草）（说文 王羲之 赵佶 索靖 欧阳询）（金文 简帛 说文 王羲之 章草）

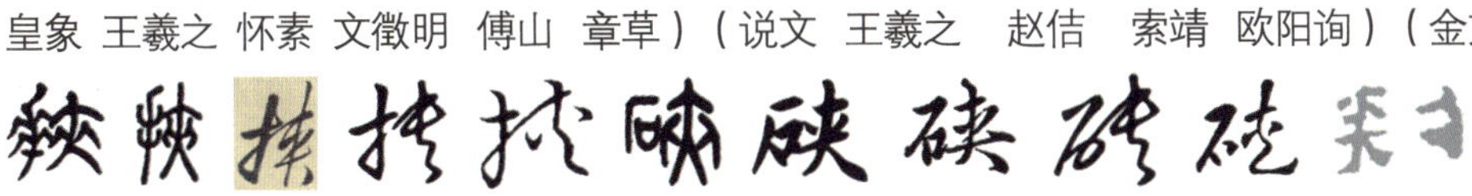

（楚简 说文 徐渭 王羲之 韵会）（金文 赵孟頫 赵孟頫 王羲之 章草）（居延简 好大王 颜真卿 皇象 沈粲）

辨析：

夹字从夫，草书即为夫字的草书加两点，参照夫页。可拓展。说明：刺乃刺也，颜真卿的《祭侄文稿》可见。

夹 jiā：持也，从大侠二人，甲骨文构形中间像一个大人，左右臂又各有一个小人，金文、小篆字形基本相同；jiá，两层的衣服；gā，腋下。

侠（俠 xiá）：形声，从人夹声，本义是侠义。

浃（浹 jiā）：形声，从水夹声，本义是湿透。

挟（挾 xié）：形声，从手夹声，本义为用胳膊夹住。

硖（硤 xiá）：通峡，两山间的溪谷。

刺 cì：古同刺。

拓展：

荚 铗

夹2：陕 峡 狭 郏 蛱 惬 颊（頬）匧 箧 瘗

（说文 帛书 帛书 汉印 欧阳询 陈鉴 韵会 章草）（颜真卿 米芾 于右任）（吴昌硕 西狭颂 王羲之 王献之 章草）

（金文 说文 柳公权 赵孟頫 王羲之 章草）（说文 文徵明 黄庭坚 王羲之）（说文 钮树玉 赵孟頫 王羲之 章草）

（楚简 简帛 说文 赵孟頫 王铎 皇象 王羲之）（说文 鲜于枢）（说文 褚遂良 皇象）（金文 说文 王羲之 王羲之）

辨析：

这里列举了夹字作字根的一些常用字的变化，可与上半页及夫字的变化相互参照。

陕（陝 shǎn）：中国陕西省的简称；古地名，在今河南省陕县。

峡（峽 xiá）：形声，从山夹声，本义是两山夹水处。

狭（狹陿 xiá）：形声，从犬夹声，本义是窄，宽度、广度小；心胸狭窄；急促、急迫。

郏（郟 jiá）：郏县，地名，在中国河南省。

蛱 jiá：其形夾，故从夾，蛱蝶，蝴蝶的一类。

惬 qiè：快心，从心匧声。

颊（頰 jiá）：脸的两侧。

匧（qiè）：藏也，匧同箧。

箧 qiè：箱子一类的东西。

瘗（瘞 yì）：埋物祭地；埋藏、隐藏；坟墓。

拓展：

陜 秧 浃 鸫 铗 铗 鵊

家 嫁 稼 镓 傢

（仓颉 甲骨 甲骨 甲骨 金文 楚简 楚简 秦简 说文 礼器碑 好太王 欧阳询 颜真卿 柳公权 赵孟頫

赵佶 钟繇 王羲之 赵孟頫 王羲之 王献之 张旭 怀素 赵孟頫 赵之谦）（楚简 秦简 说文 智永 赵孟頫 皇象）

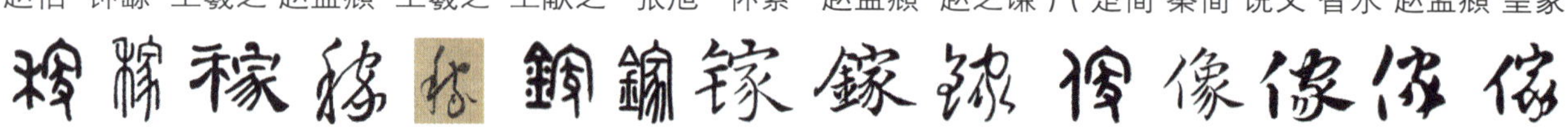

（金文 说文 曹全碑 王羲之 怀素）（金文 粗篆 王羲之 赵孟頫 王羲之）（金文 褚遂良 索靖 王羲之 于右任）

辨析：

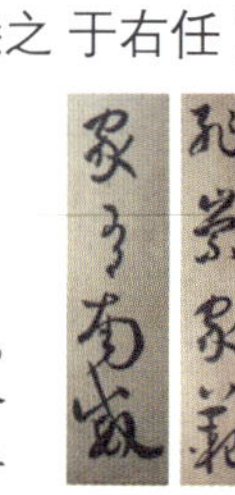

家字的大篆变化较多，但宀和豖的结构都在，只不过笔画有增减或形态有变化而已，小篆以后字形稳定，其草书为改变书写顺序，将宀的点与下边的豖连起来写，豖字左右的笔画可以草化为左右各两画、各一点等。可拓展。

家 jiā：会意，甲骨文字形上面是宀表示与室家有关，下面是豕，即猪，古代生产力低下，人们多在屋子里养猪，所以房子里有猪就成了人家的标志，本义是屋内、住所。

嫁 jià：女子出嫁。

稼 jià：种植谷物，亦泛指农业劳动。

镓（鎵 jiā）：一种稀有蓝白色三价金属元素，在低温时硬而脆，而一超过室温就熔融，元素符号 Ga。

傢 jiā：傢伙，指工具或武器，指人（轻视或玩笑）或牲畜，均亦作家伙。

拓展：

㛃 榢 糘

P9.1 耻崇家范　P53.5 家有南威之容

戛 嘎

（金文 金文 金文 楚简 说文 何绍基 欧阳询 虞世南 颜真卿 柳公权 赵孟頫 王羲之 米芾 赵孟頫 文徵明

王羲之 秦观 李淦 于右任 章草）（金文 金石篆 赵之谦 欧阳询 颜真卿 黄庭坚 王羲之 李淦 流江 章草）

辨析：

戛字的金文部件位置不稳定，小篆和隶楷结构稳定。草书写法，上边的“首”字结构，可草化为“百”，也有草化为两点或于右任写法的。可拓展。

戛 jiá：会意，从首（头）从戈，合起来指杀头的兵器，本义为戟，一种兵器；敲击，弹奏。

嘎 gā：形声，从口戛声，象声词，形容短促而响亮的声音，如：嘎支；嘎嘎笑声；鸭叫声；嘎杂子（蛮不讲理的人）；gǎ，儿童聪明乖巧而调皮的，常含有喜爱的意味；卡，夹在中间；gá，同尜（gá，一种儿童玩具，两头尖，中间大，也叫尜儿、尜尜）。

拓展：

慖 戛 漞 蓘

甲 呷 鸭 钾 押 狎 胛 闸

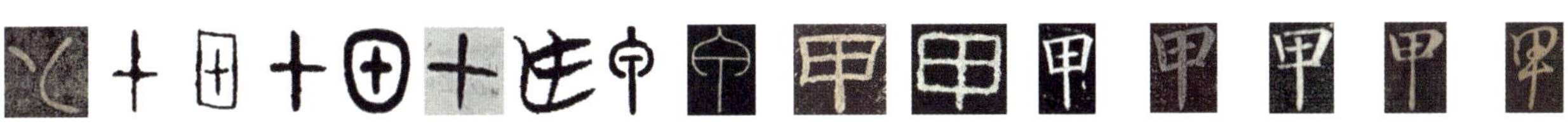

（仓颉 甲骨 甲骨 金文 金文 盟书 楚简 说文 李阳冰 乙瑛碑 好太王 欧阳询 颜真卿 柳公权 赵孟頫 王羲之

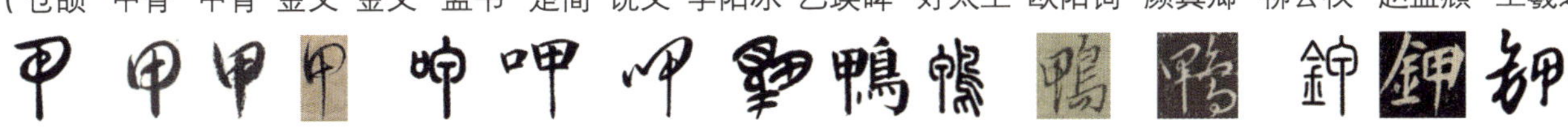

王羲之 智永 怀素 赵佶）（说文 虞世南 李淦）（简帛 说文 颜真卿 王献之 王羲之）（细篆 魏碑 王羲之）

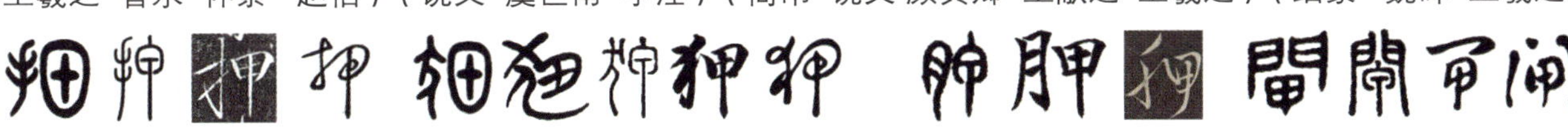

（金文 细篆 赵佶 王羲之）（金文 简帛 说文 智永 王羲之）（六书故 褚遂良 王献之）（帛书 说文 细篆 章草）

辨析：

甲字的篆书形态变化较多，楷化后形态稳定。行草书为快写，书写顺序略有区别，行书的书写顺序同楷书，草书有连笔，可省左竖。可拓展。

甲 jiǎ：象形，小篆字形，像草木生芽后所戴的种皮裂开的形象，本义为种籽萌芽后所戴的种壳；一曰人头宜（yí，古同宜）为甲，甲像人头；甲，东方之孟阳气萌动，从木戴孚甲之象，天干的第一位。

呷 xiā：形声，从口甲声，本义是小口饮；gā，鸭叫声，笑声。

鸭（鴨 yā）：水禽名，俗称鸭子；对其妻有外遇者的称呼。

钾（鉀 jiǎ）：碱金属族的一价金属元素，化学活性最强，元素符号 K。

押 yā：签署，在公文、契约上签字或画记号，以作凭信；抵押、典当，拘禁、关押等。

狎 xiá：形声，从犬甲声，从犬，犬善与人玩耍，本义为驯犬；亲昵，亲近而不庄重；交替。

胛 jiǎ：肩胛。

闸（閘 zhá）：形声，从门甲声，本义为开闭門（根据枢转轧轧有声而造字，本义读 yā 声）；把水截住，关闸，引申为拦水闸；制动器的通称。

拓展：

匣 庘 岬 庘 圔 浉 単 柙 炠 玾 窜 神 厣 笚 翈 舺 蛽 評 閘 麡 鉀 㕅

贾 檟 價(价)

(说文 吴大澂 简帛 简帛 简帛 居延简 礼器碑 娄机 欧阳询 褚遂良 颜真卿 柳公权 赵孟頫

颜真卿 米芾 蔡襄 朱耷 董其昌 傅山 索靖 王羲之 赵孟頫 董其昌 王铎 邓文原 宋克)(说文 吴通微)

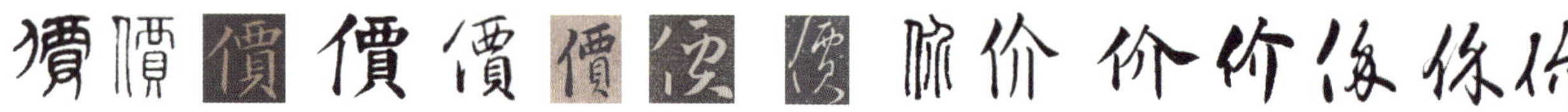

(简帛 说文 欧阳询 颜真卿 王羲之 憨山 孙过庭 唐太宗 说文 王羲之 虞世南 米芾 王羲之 日本 章草)

辨析：

贾字的字法结构比较稳定，从简帛墨迹来看，它的用笔有较大的随意性。贾字的草书为快写，其中覀可以省略下边的一横，而贝字因居于下边，其草书除了快写外，还可以写“大”，索靖写“犬”应为多出的带笔，不宜广而推之。價和价有不同的意思，写法也有区别。

贾（賈 gǔ）：形声，从贝覀（xià）声，古时囤积营利的坐商，古称行商为商，坐商为贾，后泛指商人。

檟（榎檟 jiǎ）：古书上指楸树或茶树。

價 jià：形声，从人贾声，本义是价格、价值。

价 jiè：善也，从人介声；称被派遣传送东西或传达事情的人。《宋史》有云，邻道守将走价驰书来诣，价傧（导引和接待宾客的人、陪从），价妇（仆妾）；價的异体字和简化字。

拓展：

谓 嘪　　　　P29.1 凭附增价

戋(戔)1：戋(戔) 浅(淺) 线 盏(琖 醆) 笺(牋)

(甲骨 金文 上博简 说文 隶辨 王羲之 欧阳询 颜真卿 赵孟頫 黄庭坚 赵孟頫 王羲之 张瑞图)

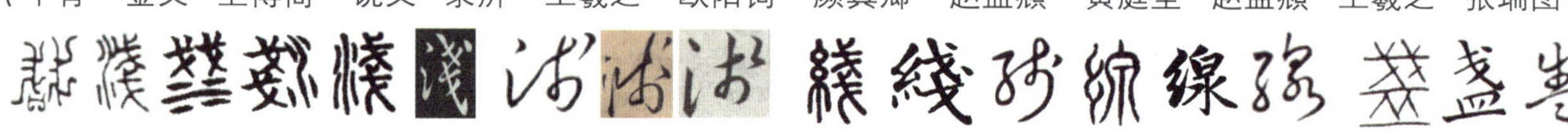

(金文 金文 楚简 楚简 说文 王羲之 王羲之 王铎 韩道亨)(说文 颜真卿 王羲之 说文 赵孟頫 赵构)(金文 王羲之 韵会

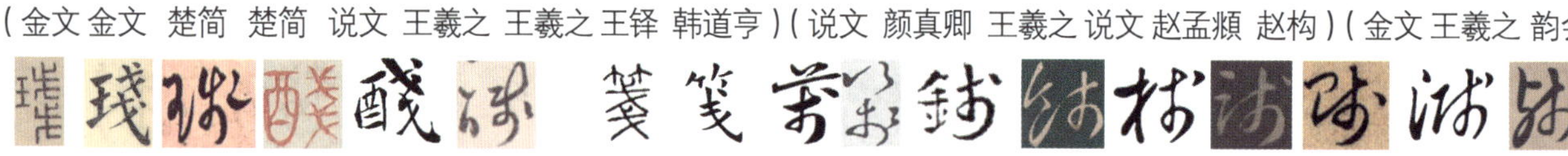

广义 彭玉雯 王铎 广义 郑板桥 祝允明)(说文 欧阳询 索靖 怀素) *皇象 王羲之 王羲之 智永 赵孟頫 王羲之 文徵明*

辨析：

浅（淺）从戋（戔），戋的草书无论两点、一点和无点都可，起笔不带短竖更符合其字法，王羲之的短竖虽然不是带笔形成的，亦可以从带笔理解。线字有从戈从泉的两种写法，草书从之。盏字亦有从玉从酉的写法，不同材质的小杯子而已，不过从皿的写法居多。笺字还有一种从爿的写法“牋”，百韵歌云：“才畔详笺（牋）牒”，草书从“竹”或从“才”。

戋（戔 jiān）：少，细微，戋戋；《聊斋志异卷二·小官人》：“戋戋微物，想太史亦当无所用，不如即赐小人。”如浅是水不深也，栈为小客栈，线乃细丝也，笺则为小纸张也。

浅（淺綫 qiǎn）：形声，从水戔声，本义为水不深。

线（綫線 xiàn）：用棉麻丝毛等材料拈成的细缕。

盏（琖醆 zhǎn）：浅而小的杯子。

笺（牋牋椾 jiān）：小幅华贵的纸张，古时用以题咏或写书信。

拓展：

钱 饯 栈 践 贱 溅 残（见下页）　　划 戬 峨 後 悛 猣 峨 諓 鲅 匑 鑳

P64.1 谓深浅长短之类

戋（戔）2：钱 饯 栈 践 残 犭戋 帴 諓 贱 溅

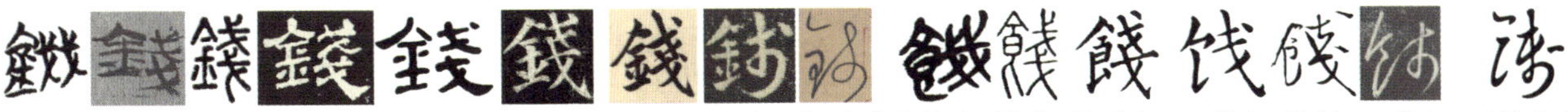

（楚简 汉简 说文 史晨碑 曹全碑 颜真卿 赵孟頫 皇象 怀素）（简帛 说文 柳公权 王羲之 米芾 王羲之 王羲之）

（说文 欧阳询 欧阳询 王羲之）（说文 欧阳询 王羲之 米芾 王羲之 赵佶）（说文 柳公权 王铎）（说文 楷书）（说文

彭玉雯）（说文 彭玉雯）（金文 上博简 清华简 秦简 说文 智永 朱熹 赵佶 岳飞）（赵孟頫 赵孟頫 文徵明 王羲之）

辨析：

戋字拓展的字较多，不少字篆书部件位置多变，草书偶见“专点”结构。

钱（錢 qián）：形声，从金戔声，本义农具名，即铁铲，金属货币，铜钱，重量单位。

饯（餞 jiàn）：设酒食送行。

栈（棧 zhàn）：牲口棚，栈道，加料精养，栈羊、栈鹿。

践（踐 jiàn）：形声，从足戋声，踩，践踏，履行、实现，登上、承袭，依循、顺着，经历，凭借；通翦，灭除。

残 cán：伤害，毁坏、破坏，凋谢，凶恶、狠毒，残缺，残废，剩余、残余。

犭戋 chǎn/shàn：齧也，咬，狗吃食。

帴 jiǎn：狭，裹婴儿的布；jiān，古同鞯，鞍鞯；sàn，披肩，宽巾，抹胸；兜肚。

諓 jiàn：戏谑，轻薄的样子；諓諓，巧辩之言，讲谗言的样子。

贱（賤 jiàn）：形声，从贝戋声，价格低；自谦的用语；拙劣、粗笨，行为卑鄙、下流，地位低下，人格卑鄙。

溅（濺 jiàn）：从水贱声，用污水挥洒，液体受到冲激向四外飞射。

拓展：

戬 刬 刬 峨 俴 㤐 鲅 钱

𢦏1：𢦏 韱（䜶） 纖（纎 纤 孅） 谶（讖 䜟）懺（懴 忏）

（甲骨 甲骨 说文 哉字头）（汉简 说文）（1 说文 简帛 颜真卿 王铎 2 魏碑 隶辨 王献之 颜真卿 虞集 米芾

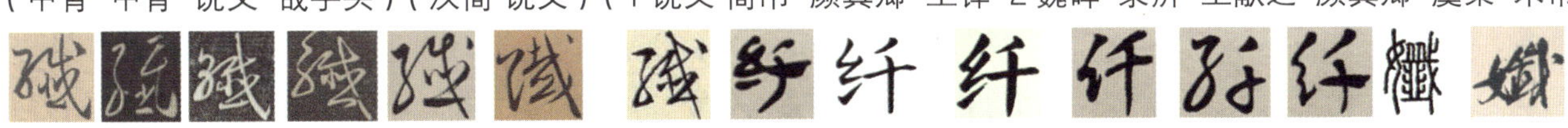

孙过庭 怀素 宋高宗 宋克 祝永明 祝永明 文徵明 3 汉简 王羲之 颜真卿 黄庭坚 王羲之 章草 说文 何绍基）

（说文 王羲之 褚遂良 王羲之 赵构）（六书故 敦煌 薛稷 赵孟頫 韵会 金石篆 王羲之 王羲之 文徵明 张瑞图）

辨析：

𢦏字作为字根，𢦏、𢦏和𢦏字为不常用字。而韱作为字根，使用频率较高。韱有异体字䜶，从𢦏，草书写“𢦏＋韭（非）”，可拓展。纤和忏字有从“1 韱、2 䜶、3 千”的三种写法，草书常见的有从𢦏和从千字的两种写法。

𢦏（㦰 jiān）：《说文》曰，𢦏，绝也，一曰田器，从二人、持戈；𢦏是一种田间收割的农具。

韱（䜶 xiān）：《说文》曰：韱，山韭也，从韭𢦏声，𢦏乃田间收割刀具，韭，一种割了又长、割了又长的菜；韱，细小的韭菜。

纖（纎纤孅 xiān）：形声，从糸韱声，从糸乃细丝表微小，本义为细小；孅同纖，为纤的繁体字。

谶（讖 䜟 chèn）：从言韱声，验也，将要应验的预言、预兆。

懺（懴忏 chàn）：从心韱声，悔也。

拓展：

殲 籤 攕 瀸 櫼 蘞 殱 礛 襳 幨 獮 臜 孅 礛 穖 襳（衫）纖 蠘 醶 鑯 攕 瀸 櫼 礛 蠘 籖

P11.6 纤纤（纖）乎似初月

戋2：殲（殱 歼）籤（籖）攕（攕）瀸（瀸）櫼（櫼）蘵

（古文 古文 说文 梁培生 颜真卿 夏晨碑 张表碑 欧阳询 徐伯清 毛泽东 汉简 王羲之 欧阳询

颜真卿 柳公权 赵孟頫 黄庭坚 文徵明）（金文 说文 汉简 欧阳询 颜真卿 王铎 赵之谦 欧阳询 颜真卿

王羲之 王羲之 郑板桥）（说文 楷书 袁牧）（说文 楷书 宝子碑）（说文 楷书 何晏 孙过庭）（篆字汇 彭玉雯）

辨析：

本页字形稳定，都可从韱，草书从韱结构，殲有异体字殱和歼，各体还可写从千字的结构。

殲（歼殱殱戕 jiān）：尽也，杀尽、消灭。

籤（籖 qiān）：从竹韱声，竹籤，用以卜者，验也；见签；异体字有签、簽、揃、籖、籛、籣、籤等。

攕（攕 xiān）：好手貌，纤细柔美；异体字有摻、掔、孅等。

瀸（jiān）：泉水时流时止；浸渍、弄湿；消灭。

櫼（櫼 jiān）：从木韱声，楔也；上平下尖，塞在榫头缝内用以固定的木签；今尖字；屋上弓形短梁，即斗拱。

蘵 jiān：地蜈蚣草。

拓展：

韱 巉 獵 孅 臓 礸 穖 襳 糨 蠘 醶 讖 鑯

肩 掮

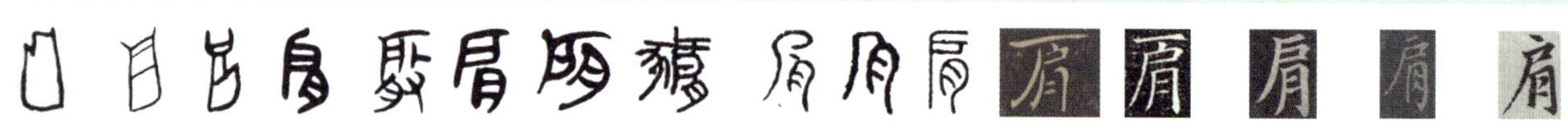

（甲骨 甲骨 甲骨 金文 楚简 秦简 简帛 石鼓文 古文 古文 说文 钟繇 欧阳询 颜真卿 柳公权 赵孟頫

王羲之 欧阳询 王铎 王铎 皇象 王羲之 李洤 赵孟頫 韵会）（说文 伊秉绶 米芾 王羲之 流江 章草）

辨析：

肩字从户从肉，草书户字写厂或广，月（肉）字居下，一般草书写快写。可拓展。

肩 jiān：象形，从户从肉，本义是肩膀。

掮 qián：把东西放在肩上运走；掮客，旧指介绍买卖，取得佣金的人；掮鹰放鹞，喻指不务正业的纨绔恶少的行径。

拓展：

猏 肻 䑦 顅 鵳

監　览（覽）鉴（鑑）檻　濫　籃　襤　尴

（甲骨　金文　金文　金文　简帛　说文　神庙碑　爨龙颜　欧阳询　颜真卿　王羲之　王铎　史游　王羲之　邓文原）

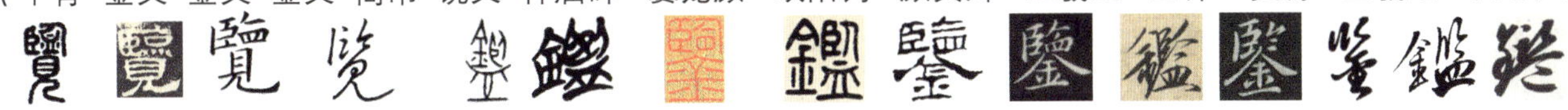

（说文 张迁碑 欧阳询　王羲之）（金文　简帛　平安三帖　邓石如　华山庙　灵飞经　赵佶　郗愔　王羲之 米芾　智永）

（说文　虞世南　皇象）（简帛　说文　陆柬之　王羲之）（说文　赵孟頫　赵孟頫）（说文　章草）（金文 赵孟頫　章草）

辨析：

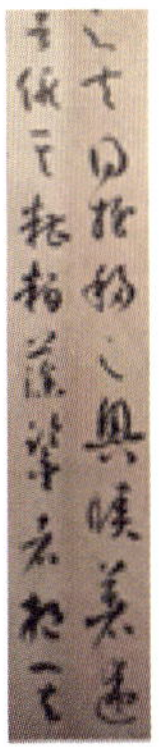

監字从甲骨文看，有三个部件：臣、人、皿，草书即为这三个部件的组合，无论史游的左右结构还是王羲之的上下结构，都是这三个部件的不同变形而已，其中，臣的草书一般有快写、两竖（快写提速）或"讠（足字的草书符号）"。可拓展。

監 jiān/jiàn：会意，皿目卩会意，像人跪在盆边往水里看自己的影子，是"鉴"的本字。

览（覽 lǎn）：会意，从见从监，监亦兼表字音，监的本义是借水照形，这里表示看，本义为观看。

鉴（鑒鑑鍳 jiàn）：古代用来盛水或冰的青铜大盆。

檻 jiàn：檻车，囚车。

濫 làn：浮起，浮现。

籃 lán：藤、竹等物所编成的盛物器；量词。

襤 lán：无边饰的衣服；破旧不堪的。

尴 gān：尴尬。

拓展：

爁 艦 劚 嚂 儖 嚂 壏 艦 懢 瓓 醶 礛 氍 窰 擥 獵 噶 糮 繿 薀 轞 礛 鬛

P15.4 藻鉴（鑒）者挹其精华

兼　缣　廉　慊　搛　歉　谦　嫌　熑　簾（帘）鳒　赚

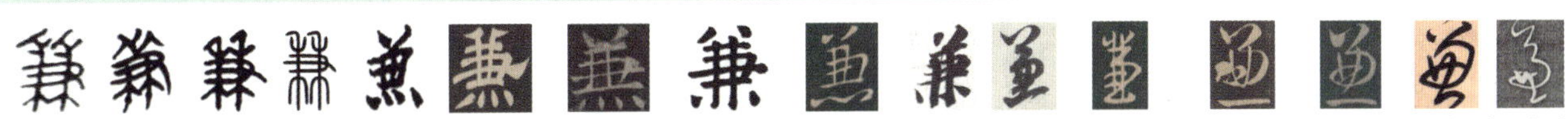

（金文　楚简　秦简　说文　敦煌　唐玄宗　欧阳询　颜真卿　王献之　苏轼　米芾　王羲之　王羲之　王羲之 王铎 怀素）

（说文 颜真卿　王羲之 邓文原）（说文 赵孟頫 皇象）（简帛 说文 王羲之 索靖）（金文 王羲之）（说文 欧阳询 王羲之 王羲之）

（说文 欧阳询 智永）（说文 杨维桢 李白）（说文 祝允明）（说文 文徵明 王羲之 王宠）（说文 王铎）（说文 王羲之 乾隆 章草）

辨析：

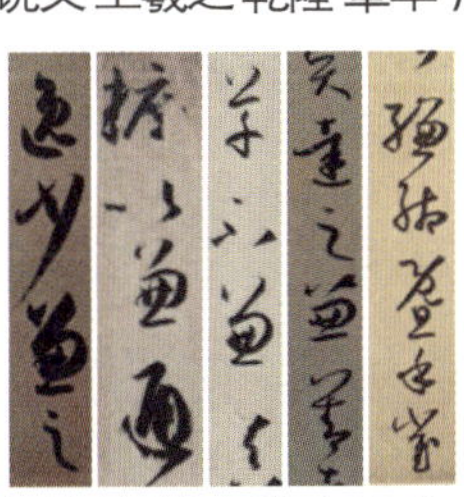

兼字有异体字兼，草书从之。可拓展。

兼（兼秉 jiān）：会意字，《说文》："兼持二禾，秉持一禾。"意思是说"兼"是手持二禾，"秉"是手持一禾，兼字的出现比秉字要晚，甲骨文没有兼字，金文像一只手（又）同时握着两把"禾"，用同时拿着两禾来表示"并得"的意思，即同时拥有。

缣（縑 jiān）：双丝的细绢。

廉（廉 lián）：厅堂的侧边；正直、刚直、品行方正，廉洁，低廉，便宜等等。

慊 qiè：满足，满意；qiàn，不满，怨恨。

搛 jiān：夹持。

歉 qiàn：吃不饱，收成不好，少、不足；惭愧；坏的、歹的；通谦，谦逊。

谦（謙 qiān）：谦虚，谦逊。

嫌 xián：疑惑，怀疑而有可能性；避忌、厌恶、看不起。

熑 lián：绝；火不绝。

簾（帘 lián）：用竹片、布帛等编制成的遮门窗的用具。

鳒（鰜 jiān）：鳒科的比目鱼。

赚（賺 zhuàn）：形声，从贝兼声，从贝与财富有关，本义指买卖得盈利；赢得，获得；耽误，错过；诳骗、欺哄、哄骗。

拓展：

傔 鶼 隒 嗛 溓 嵰 溓 蒹 慊 獑 槏 甋 赚 歉 歉 璑 磏 稴 鹣 鰜 嗛 瘷 賺 蠊 篏 䭑 魐 䭑 鬑 鰜 鬑

P6.4 逸少兼之　P4.3 摭以兼通　P15.6 达之兼善　P19.2 草不兼真　P 28.4 空著缣缃

柬 谏 揀（拣） 練（练） 煉（炼） 鍊

（金文 楚简 楚简 说文 娄机 沈颢 赵佶 王铎 王铎 高士奇）（金文 金文 楚简 古文 说文 刘园集 唐玄宗 王羲之

（篆字汇 隶辨 董其昌 唐太宗 王铎 于右任）（说文 张迁碑 林散之 王羲之 颜真卿 王献之 米芾 张旭 于右任）

（古文 说文 文徵明 王宠 黄庭坚 赵孟頫 王铎 于右任）（说文 广义 钟绍京 赵孟頫 文徵明 王铎 王铎 白蕉）

辨析：

草决云“柬同东且异”，即柬与东字的草书，大同小异，差别在中间是否有一小横。阑字从柬，亦有异体字闌，从東（东），见相关页。

柬 jiǎn：会意，从束从八，束为札束，八有分别的意思，本义是挑选，从事物中分别出好坏；信件、请帖；选择 。

谏（諫 jiàn）：形声，从言柬声，本义是直言规劝。

揀（拣 jiǎn）：选择、挑选，拾取。

練（练 liàn）：形声，从糸，表示与线丝有关，柬声，本义为把生丝煮熟，亦指把麻或织品煮得柔而洁白。

煉（炼 liàn）：形声，从火柬声，本义为提炼；亦作鍊。

鍊 liàn：从金柬声，冶金也；同炼。

拓展：

堜 媡 湅 倲 萰 暕 楝 瑓 蕑 殐 崠 瓎 鰊 鶫 阑（闌）蘭 瀾 谰 襕 斓 鑭

见 宽 覯 覦 覲 砚 视 覷 舰 靓 现

（甲骨 金文 盟书 楚简 统要 统要 石韵 汉简 北大简 欧阳询 王羲之 黄庭坚 张芝 皇象 王羲之）

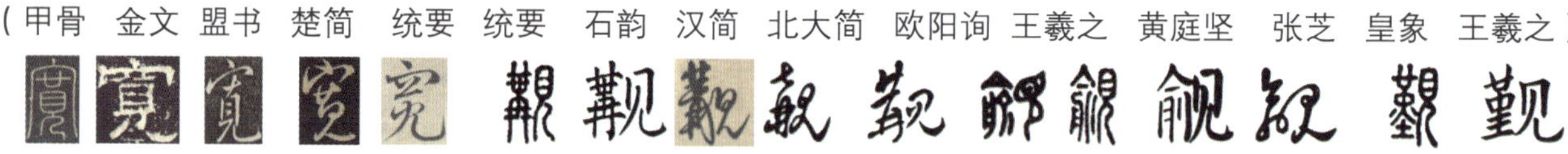

（李斯 张迁碑 王献之 林藻 邓文原）（说文 柳公权 王铎 王羲之 章草）（金文 说文 颜真卿 王羲之）（说文 欧阳询

章草）（说文 王羲之）（甲骨 金文 帛书 说文 王羲之）（王铎 邓文原）（王羲之 祝永明）（说文 章草）章草

辨析：

见字在篆书阶段，结构变化较多，但共同的特点是突出眼睛在看，其行草书为快写。可拓展。

见（見 jiàn）：会意，甲骨文字形，上面是“目”，下面是“人”，在人的头上加只眼睛，就是为了突出眼睛的作用，本义是看见、看到。

宽（寬 kuān）：房屋宽敞。

覯（覯 gòu）：遇，遇见，看见。

覦（覦 yú）：非分的希望。

覲（覲 jìn）：古代诸侯秋天朝见帝王。

砚（硯 yàn）：砚台，磨墨器。

视（眎眡）：见，看见，示，表现，本义是看。

覷（覻覰覰 qù）：窥视，偷偷地看。

舰（艦 jiàn）：大型的战船。

靓（靚 jìng）：召见、邀请；妆饰艳丽，淑静，艳丽、美好。

现（現 xiàn）：形声，从玉见声，本义为出现。

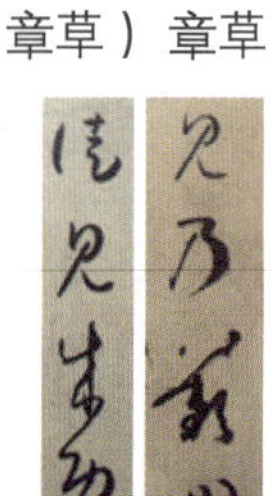

拓展：

岘 苋 观 觉 览（覽） 觃 枧 觇 笕 蚬 觊 觋 觌 觎 觑

P9.5 见乃叹曰　　P17.4 徒见其功

将 蒋 醤 鏘 螿 奨

（甲骨 甲骨 甲骨 金文 金文 秦简 说文 广义 曹全碑 宝子碑 欧阳询 颜真卿 颜真卿 柳公权 赵孟頫

王羲之 王献之 智永 米芾 董其昌 简书 皇象 王羲之 王羲之）（说文 衡方碑 文徵明 米芾 米芾 王羲之 王铎）

（广韵 王羲之 彭玉雯 鲜于枢 邓文原）（篆字 欧阳通 彭玉雯 赵孟頫）（六书统 赵孟頫）（说文 颜真卿 王铎）

辨析：

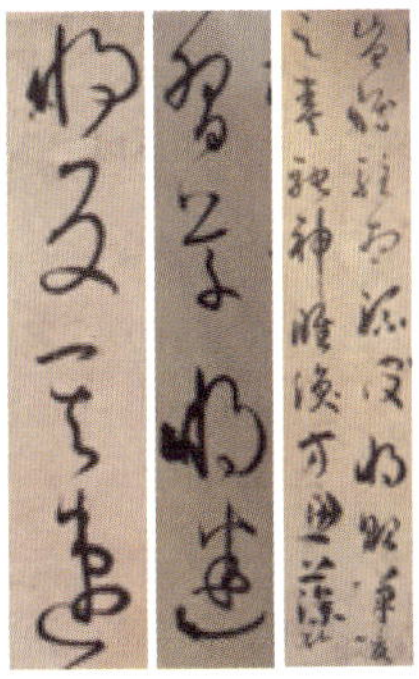

将字的写法从其异体字將或从爿寽，一般有二：1.从“爿、月、寸”；2.从爿从寽。草化后字形稳定，爿为一竖一点；“月寸”或“寽”草化掉寸字，为“月（或夕）”字的草写。可拓展。

将（將 jiāng/jiàng/qiāng）：形声，从寸酱省声，从寸表示与手有关，jiàng，本义为将领，带兵的人；将字有异体字从寽。

蒋（蔣 Jiǎng）：形声，从艸将声，植物名，即茭白。

醤（牆醤酒 jiàng）：同酱，肉醬也。

鏘（鏘 qiāng）：形容撞击金石的声音。

螿（螿 jiāng）：寒螿，即寒蝉，蝉的一种，比较小，墨色，有黄绿色的斑点，秋天出来叫。

奨（奨獎 jiǎng）：古同奖。

拓展：

鳉　　P18.1 刁草将迷　　P36.3 将贻嘽暖之奏　　P46.1 将反其速

姜 媄 犠 薑

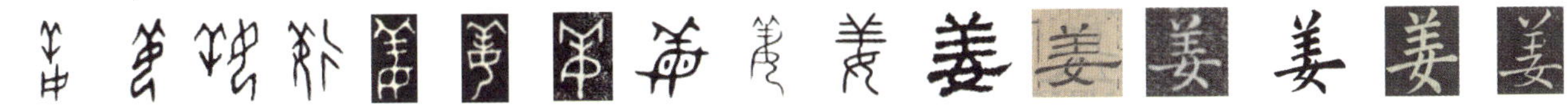

（甲骨 甲骨 甲骨 甲骨 金文 金文 金文 金文 古文 说文 熹平石 隶辨 王羲之 欧阳询 颜真卿 姜夔

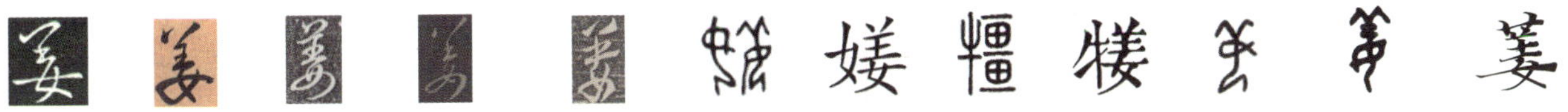

王献之 王铎 乾隆 王羲之 祝永明）（甲骨 楷书）（说文 楷书）（甲骨 金文 维摩诘）

辨析：

姜字乃甲骨文中的常见字，隶定字形稳定，行草书为快写。薑从薑字，见相关页。

姜（薑 jiāng）：形声，从女羊声，本义是水名，姜水。

媄 jiāng：字见甲骨文。

犠（犟）：从牛畺声，牛长脊，居良切。

薑（薑 jiāng）：山草；异体字有薑姜等。

拓展：

侇 郑 刭 嗟 猨 戋 楼 嫣 蒴 蹉 镁 傞 鳒　　薑（姜〈见前〉薑）犠（犟）磋（礓）㮚（疑为犠〈犟〉）

畕 畺 疆 僵（殭） 缰 薑

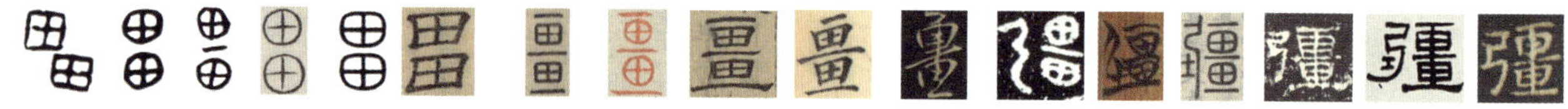

（甲骨 金文 金文 汉简 说文 隶辨）（广义 石韵府 隶辨 彭玉雯 王铎）（金文 楚简 说文 张迁碑 林散之 皇象

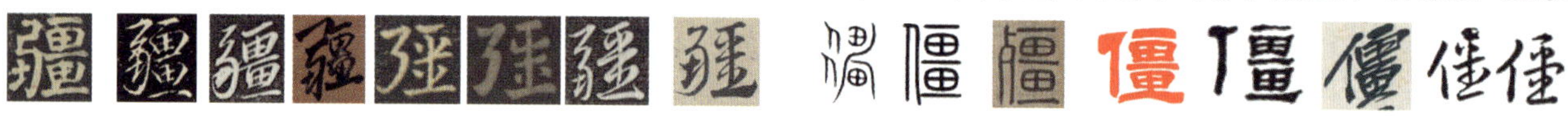

颜真卿 宋徽宗 苏轼 王铎 皇象 索靖 赵孟頫 邓文原）（古文 说文 篆字汇 唐玄宗 何绍基 吴昌硕 王宠 乾隆）

（楚简 说文 吴昌硕 徐伯清 蔡襄）（六书通 说文 邓石如 褚遂良 柳公权 赵孟頫 皇象 智永 怀素 赵孟頫）*说文*

辨析：

畕字单写为快写，作为字根，其田可以草化为两点。可拓展。疆为强，参见强。四田为雷，其相关字参见雷。

畕 jiāng：比田也，从二田，或作畺，俗作疆。

畺 jiāng：古同疆；jiàng，死不朽。

疆 jiāng：形声，金文从土弓畺，从弓表示以弓记步，即以弓来丈量土地，本义为田界。

僵（殭 jiāng）：形声，从人畺声，本义是仰面向后倒下。

缰（繮韁 jiāng）：拴牲口的绳子。

薑（薑薑姜葁）：御（禦）湿之菜也。

拓展：

⿰虫畺　畺 ⿰扌畺 壃 ⿰牜畺 橿 ⿰日畺 礓 韁 ⿱畺土 ⿰魚畺 麠

夅 降 绛 洚 逄

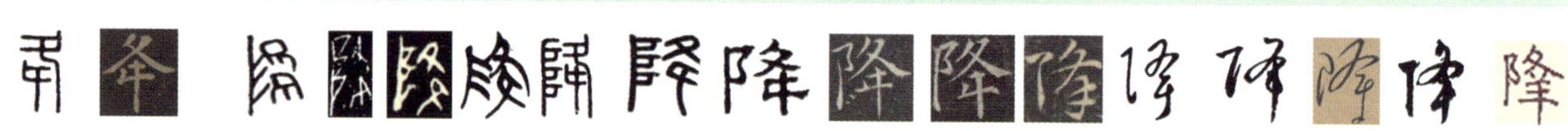

（说文 陶弘景）（甲骨 甲骨 金文 简帛 说文 峄山碑 张表碑 欧阳询 颜真卿 索靖 王羲之 孙过庭 怀素 文徵明 异体）

（金文 说文 曹全碑 王羲之 欧阳询 灵飞经 赵孟頫 智永 欧阳询 张旭 邓文原）（说文 曹全碑 王羲之）（篆字汇 王羲之 黄彰任）

辨析：

夅字从夂、㐄，草书与夆的草书有互通现象，这是由于降的异体字有夆或两横一竖的部件。从易于辨识的角度，夅与夆下边的部件，夅先写横，夆先写竖，更易于相互辨识。

夅 jiàng：服也，从夂、㐄，相承，不敢竝也；xiáng，伏也，今作降。

降（jiàng/xiáng）：始见于商代甲骨文，降的古字形像两脚交替沿山而下，本义是从高处走下来，与陟（向上行走）字义正好相反。

绛（絳 jiàng）：形声，从糸，本义是大红色。

洚 jiàng：大水泛滥。

逄 páng：塞。

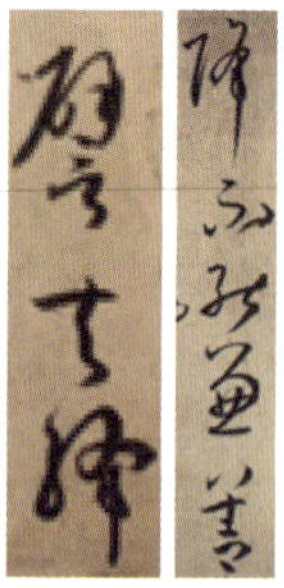

拓展：

佭 栙 胮 ⿰礻夅 ⿰石夅 ⿰角夅 ⿱竹夅 ⿰足夅 ⿰⻊夆 ⿰木⿱夅貝 ⿰音夅

P21.3 自兹已降不能兼善者　　P53.1 譬夫绛树青琴殊姿共艳

交 1：交 效 狡 郊 姣 跤 较

（甲骨 说文 李阳冰 熹平石 欧阳询 褚遂良 颜真卿 柳公权 赵孟頫 皇象 王羲之 智永 怀素 赵孟頫）

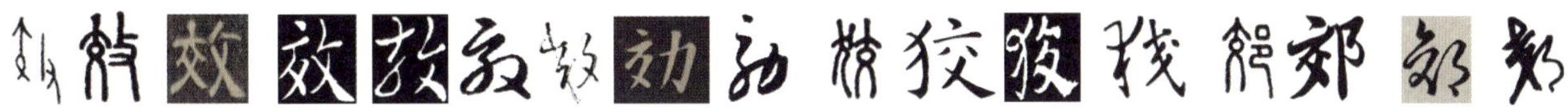

（甲骨 说文 曹全碑 欧阳询 皇象 智永 王铎 唐太宗 怀素）（说文 王羲之 皇象 王羲之）（说文 王羲之 王羲之 康里巎）

（说文 欧阳询 王羲之 王铎）（金文 曹全碑 柳公权 王羲之 王羲之 章草）（金文 简帛 颜真卿 米芾 王羲之 魏了翁）

辨析：

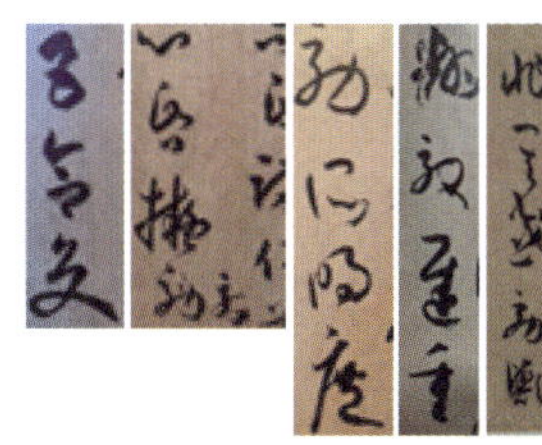

交字字形稳定，该字有两种草法，一为快写，一为捺上写三画，这两种与不同的偏旁组合，就会形成两种不同的草法。效从交，右边的攵字或可从力，楷行草均可依其结构。

交 jiāo：甲骨文像一个人两腿左右错立，交叉。

效（効 xiào）：形声字，从攴交声，攴是人持器械之象，与持械训教有关，交在效字中表声，指训诫、教诲，引申指效法、效验，通交，指交纳。

狡 jiǎo：形声，从犬交声，本义是小狗；狡猾、狡诈。

郊 jiāo：形声，从邑交声，城市周围的地区；古代祭祀天地的典礼。

姣 jiāo：形声，从女交声，修长美丽；xiáo，淫乱。

跤 jiāo：身体摔倒，跟头。

较（較 jiào）：形声，从车交声，车箱两旁板上的横木，士大夫以上的乘车，较上饰有曲铜钩；计较、比较，考核、检验。《集韵》或从爻，較同較；说文，“較，車輢上曲鉤也”。

拓展：

饺 绞 皎 咬 校 胶 蛟 茭 铰 虠 鵁 晈 恔 佼 齩 筊 窔 鲛 骹 洨 烄 礮 峧 綼 珓

P25.2 五合交臻　P13.4 心昏擬效　P26.2 辄效所明，庶欲弘既往之风流　P34.3 非其效歟（欤）（与同“欤”）　P45.5 翻效遲（迟）重

交 2：佼 饺 绞 皎 咬 校 胶 蛟 鲛 烄 茭

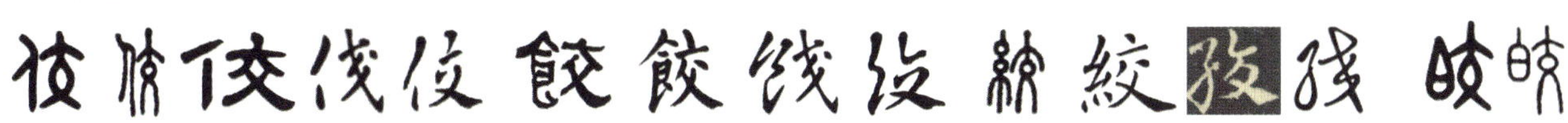

（金文 说文 曹全碑 王羲之 章草）（衡方碑 颜真卿 王羲之 章草）（说文 褚遂良 皇象 王羲之）（金文 说文

柳公权 王羲之 章草）（金文 说文 王羲之 王羲之）（说文 王羲之 李淦 蔡襄）（甲骨 王羲之 王羲之 章草）

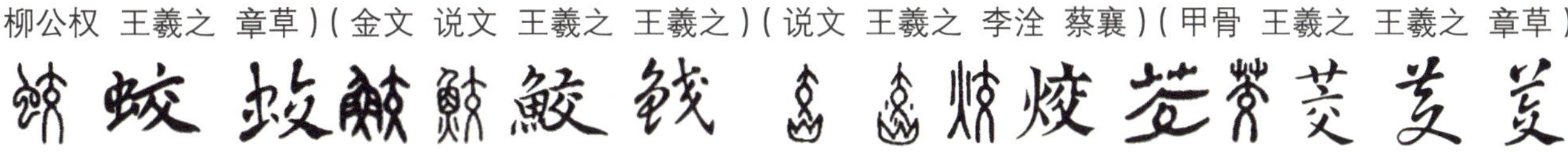

（说文 赵孟頫 章草）（金文 说文 赵孟頫 王羲之）（甲骨 甲骨 说文 楷书）（简帛 说文 王羲之 王羲之 章草）

辨析：

交字拓展的字篆隶楷行的字形较为稳定，草书都有“快写”和“捺上三画”两种写法。

佼 jiǎo：形声，从人交声，本义是美好。

饺（餃 jiǎo）：饺子。

绞（絞 jiǎo）：两绳相交而紧。

皎 jiǎo：洁白明亮。

咬（齩 yǎo）：用牙齿把东西夹住或切断弄碎。

校 jiào：古代刑具、枷械的统称；学堂、比较、军衔。

胶（膠 jiāo）：用动物的皮角或树脂制成的黏性物质。

蛟 jiāo：传说中能发水的龙。

鲛（鮫 jiāo）：海中鲨鱼。

烄 jiǎo：古代燃木祭天。

茭 jiāo：蔬类植物，干草。

拓展：

铰 虠 鵁 晈 恔 齩 筊 窔 骹 洨 礮 峧 綼 珓

焦 瞧 蕉 憔 樵 醮 镳 嶕 谯

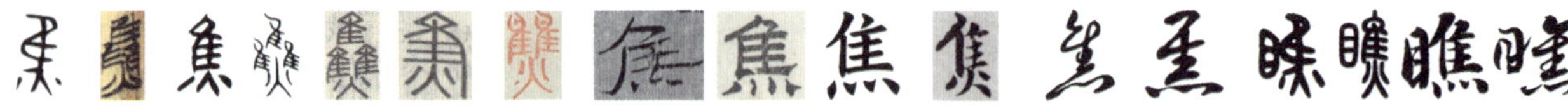

（金文 楚简 秦简 古文 说文 说文 石韵府 居延简 娄机 欧阳询 赵孟頫 王羲之 章草）（金文 粗篆 智永 索靖）

（广义 彭玉雯 何绍基 白蕉 王铎 白蕉）（篆字汇 隶辨 唐寅 崔瑗 王献之）（说文 吴怀玉 欧阳询 米芾 傅山）

（广义 娄机 董美人 陈兆龙 王铎）（说文 皇象 皇象）（篆字汇 颜真卿 吴昌硕）（六书通 晋武帝 王羲之 赵孟頫）

辨析：

焦字从隹从火，字形稳定，草书分别写出隹和火，火居下时，隶定为四点，可草化为三点或一横。可拓展。

焦 jiāo：会意，金文字形上面是隹，短尾鸟，下面是火，把鸟放在火上烤，本义是物经火烧而变黄或成炭。

瞧 qiáo：看，探访。

蕉 jiāo：形声，从艸焦声，本义为生麻，麻未沤称蕉。

憔（顦癄 qiáo）：会意，从心，憔悴。

樵 qiáo：形声，从木焦声，本义为薪柴。

醮 jiào：祈祷神灵的祭礼。

镳 jiāo：镳斗也。

嶕（礁 jiāo）：形声，从石焦声，本义是江海中隐现于水面上下的岩石，如暗礁。

谯（譙 qiáo）：城门上的望楼；通瞧、诮。

拓展：

僬 劁 獡 噍 嫶 嶣 撨 毴 樵 燋 膲 簫 癄 穛 鷦 蟭 爑 蘸 趭 蘸 鐎 繑 醮 顦 蘸 鷦

角 1：角 斛 觭 觚 觸（触）觞 确（確）

（甲骨 甲骨 金文 金文 盟书 石鼓文 北大简 说文 曹全碑 王羲之 虞世南 王羲之 索靖 王羲之 鲜于枢 康里巎）

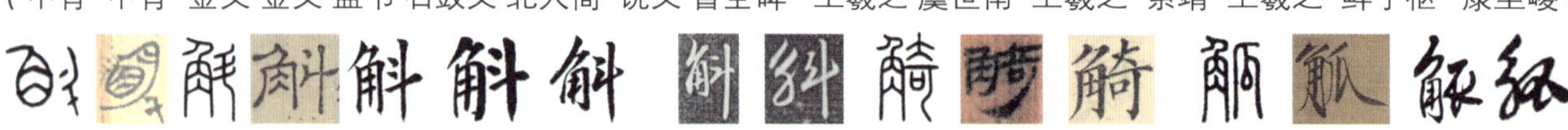

（金文 简书 说文 隶辨 欧阳询 颜真卿 王羲之 赵孟頫 赵构）（说文 北大简 彭玉雯）（说文 宋徽宗 王铎 皇象）

（金文 简帛 说文 颜真卿 皇象 王羲之 张旭）（简帛 说文 欧阳询 怀素）（说文 颜真卿 文徵明 欧阳通 赵孟頫）

辨析：

角字从“⺈＋用”，行草书单写为快写，作为偏旁，草书写法是将中间的笔画用一笔带过。确字的草书从確，应写清楚右下的隹字，也有少量快写“确”字的。

角 jiǎo：象形，甲骨文像兽角形，本义为动物的角。

斛 hú：形声，从斗角声，本义为古量器名，十斗为一斛。

觭 jī：像两个角一向上一向下弯的，不对称的；获得、得到。

觚 gū：古代盛酒的器具，具有八个棱角；棱角；古代书写的木简。

觸（触 chù）：以角撞物。

觞（觴 shāng）：古代盛酒器；向人敬酒，饮，喝，宴请。

确（確塙碻 què）：形声，左形右声，本作碻、塙，本义是坚固。

拓展：

搠 嘝 蔛 槲 斛 觭 觓 觔 觙 觖 觕 觗 觘 觛 觜 觥 觟 觡 觢 觤 觧 觫 觩 觨 觪 觯 觬 觮 觰 觷 觳 觲

角 2：解 懈 蟹 邂 獬

（甲骨 金文 楚简 说文 张迁碑 欧阳询 颜真卿 王羲之 王羲之 米芾 米芾 皇象 王羲之 智永 邓文原）

（说文 唐玄宗 董其昌 孙过庭 黄庭坚）（说文 说文 皇象 苏轼 史游 章草）（说文 于右任）（说文 赵孟頫）

辨析：

解字有异体字觧，无论隶楷行草，都有从羊的写法，草书一般从此结构。

解（觧 jiě/jiè/xiè/hài）：会意，从刀从牛从角，表示用刀把牛角剖开，本义分解牛，后泛指剖开。

懈 xiè：形声，从心，解声，本义为松懈。

蟹 xiè：螃蟹。蟹或从魚，为蠏。

邂 xiè：形声，从辵解声，邂逅。

獬 xiè：古代传说中的异兽，能辨曲直，见有人争斗就用角去顶坏人。

拓展：

蠏 嶰 廨 澥 薢 檞 癬 簬 繲 蟹 鰤

P18.2 薄解草书

角 3：衡 蘅

（汉印 简帛 说文 都尉印 郭有道 智永 欧阳询 颜真卿 柳公权 赵孟頫 赵佶 王羲之 苏轼 王羲之 李淦

沈粲 陆师道 启功 金文 楚简 楚简 帛书 说文 汉嘉量 赵孟頫 赵孟頫 何绍基 皇象 王羲之 智永 怀素）

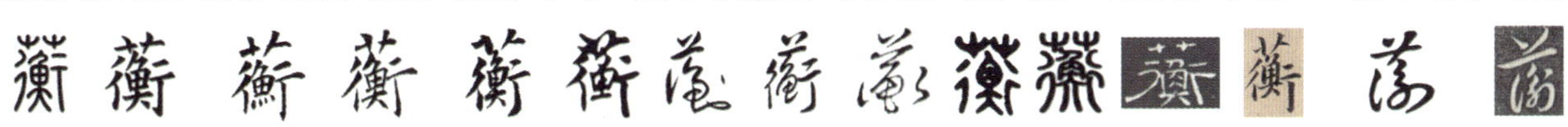

（新篆 欧阳询 虞世南 褚遂良 王羲之 米芾 李淦 黄彰任 韵会 金文 粗篆 王铎 赵孟頫 王羲之 宋高宗）

辨析：

衡有异体字衡，两种写法各体都有，草书从角的写法频率较高，可以省略大字。

衡（衡 héng）：形声，从角从大行声，本义是绑在牛角上的横木。

蘅（蘅 héng）：蘅芜，又名苦叶细辛，南细辛；古书上说的一种香草；杜蘅，多年生草本植物，野生在山地，开紫色小花，根茎可入药。

拓展：

瑛 衡

角 4：觜 嘴（嘴） 蟕

（金文 说文 汉简 欧阳询 颜真卿 柳公权 赵孟頫 王羲之 黄庭坚 王羲之 孙过庭 黄庭坚 章草 说文 楷书）

（金文 金石篆 智永 欧阳询 颜真卿 王羲之 米芾 赵孟頫 王羲之 李洤 黄庭坚 章草 颜真卿 王铎）（篆字汇 楷书）

辨析：

觜字从此从角，草书写法，角居下，写快写。嘴有异体字嘴，从用，可参见用页。

觜（柴味 zuǐ）：猫头鹰之类头上的毛角；形状或作用像嘴的东西；啄；同嘴；zī，星座名。

嘴（嘴 zuǐ）：形声，从口觜（zuǐ）声，本义同觜，本作觜，嘴是后起的累增字，猫头鹰之类头上的毛角；说话；形状或作用像嘴的东西；咀，同嘴，读 jǔ，含在嘴里细细玩味。

蟕 zuī：蟕蠵（xī），古书上说的一种大龟。

拓展：

䐑 橗 鱕

敫 激 檄 邀 缴 徼

（古文 说文 简帛 佚名 王羲之 黄庭坚 章草 于右任）（金文 说文 曹全碑 欧阳询 颜真卿 柳公权

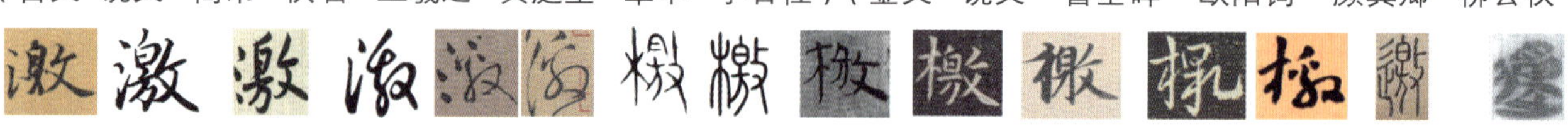

王羲之 陆柬之 黄庭坚 王羲之 张旭 怀素）（古文 说文 居延简 虞世南 赵孟頫 皇象 王蘧常）（篆字 汉简

颜真卿 王羲之 徐渭 章草）（说文 颜真卿 赵孟頫 赵孟頫 于右任）（说文 欧阳询 赵孟頫 皇象 邓文原）

辨析：

敫字的隶定字形稳定，拓展性较强，在写草书时其白字有“快写、三点、口、两点”等几种写法，下边的方字一般一笔带过或草化为“才”形。敫字在楷化过程，也有讹变为从身字的，从字源上看，这是不规范的，历代书家未见从身字的草书，是为一证。激字等同类字根的草书，均在于敫字的使转变化。可拓展。

敫 jiǎo：光景流也，清俞樾，《兒笘録》：“敫者，皦之古文也，其本义为玉石之白，引申之，則凡白者皆謂之敫。”

激 jī：形声，从水敫声，本义：水势受阻遏后腾涌或飞溅。

檄（檠 xí）：形声，本义是檄文，用檄文晓谕或声讨，泛指信函。

邀 yāo：形声，从辵敫声，本义为迎候。

缴（繳 jiǎo）：形声，从糸表示与线丝有关，敫（jì）声，交付。①（zhuó）本义为系在箭上的生丝绳，射鸟用。②缴绕、缠绕，纠缠不清。

徼 jiào：巡逻、巡察，边界；jiāo，窃取、抄袭，揭发；jiǎo，通侥，贪求不止；yāo，通邀；招致，求取。

拓展：

儌 噭 墽 嬓 憿 撽 獥 薂 曒 燩 璬 憝 皦 礉 竅 臄 繳 覈 覈 譤 警 躈 鷔 鐓 驚

P41.6 不激不励

孝1：孝 教 漖

（楚简 楷书）（甲骨 甲骨 甲骨 金文 金文 楚简 秦简 说文 西狭颂 金刚经 欧阳询 颜真卿 柳公权 赵孟頫 文徵明

赵佶 王羲之 黄庭坚 米芾 赵孟頫 简书 孙过庭 张旭 怀素 黄庭坚 王铎）（维摩诘 乙瑛碑 颜真卿 米芾 孙过庭）

辨析：

教字从孝从攵，草书写法为“爻”形结构，草化为“戋”，子字为快写，支写反文或又；简书“教”字写法，验证了草书更加悠久的历史。漖字不常用，古同滘，故以滘字列示。

孝（季 jiào）：加孝切，音教，导也，孝季不同。

教 jiào/jiāo：形声字，古教和学同字，互为异体，后代分化为二字。商代甲骨文初作从支，爻声。上所施下所效也，从支从孝，上施故从支，下效故从孝。形旁支为手持器械施教形，表示教的本义与施教有关，声旁爻像器物交织形，教字表音，后为突出教育儿童义，复加表意偏旁子，遂为从支从子爻声之教。异体字有學、教、斆、養、孝、效、鼓、效、效、效、豥等等。

漖（滘 jiào）：水名，多用于地名，如东漖（在广州），古同滘。

拓展：

嗷 磝

孝2：学 敩

（甲骨 甲骨 金文 金文 楚简 秦简 汉印 汉印 说文 曹全碑 卫夫人 欧阳询 颜真卿 柳公权 赵孟頫

王羲之 米芾 米友仁 刘炟 皇象 王羲之 智永 怀素 张即之）（金文 说文 隶辨 吴宽 文徵明 董其昌 柳公权 智永）

辨析：

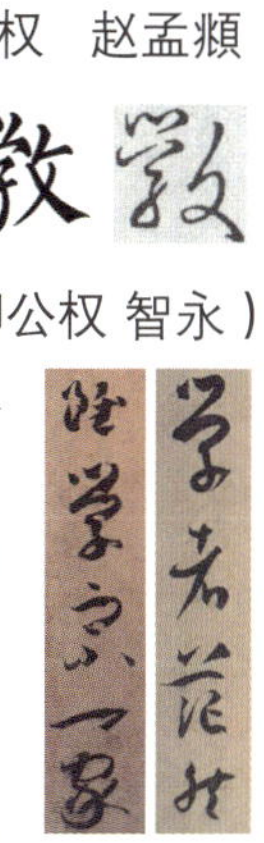

学字结构有二：一是“爻＋子”，二是“爻＋子＋冖＋两只手”。草法有二，一是“三点（草书学字头草化为三点）＋子”，二是“三点＋冖＋子”。皇象的横画波挑为章草特征。敩字使用较少。觉（覺）与学同字头，可相互参考之。

学（學孝 xué）：爻是算筹，在古时被用来记数和计算；两边是手，既表示手把手传授，双手也表恭敬与专注；中间是一座房子，表示教学和学习的地方，这个地方不用豪华，能免于外界干扰即可，“孟母三迁”就是最好的诠释，房屋下是“子”，代表师与生，学不可无师，这里的“子”既是师，是老子、孔子、庄子、墨子，也是我们每一个普通的学子，上下结合起来，就表达出了“学”字的本义——教人算数、习字的校舍。古时学与教同字，互为异体，后代分化为二字。异体字有斈、孝、斋、斆、敩、學、斈等等。

敩（斆 xiào）：教导，效法；xué，古同学。

拓展：

烪　　P17.3 学者茫然　P48.5 虽学宗一家

觉 搅

（古文 古文 古文 秦简 说文 唐玄宗 颜真卿 赵孟頫 宋徽宗 王羲之 赵孟頫 皇象 王羲之 王献之 贺知章）

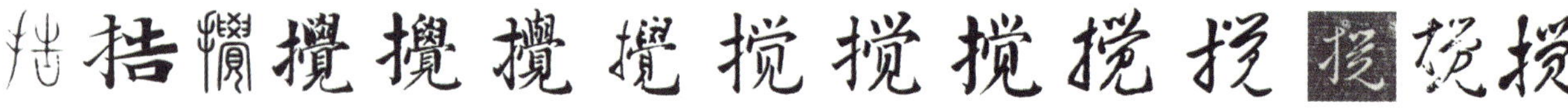

（古文 维摩诘 说文 智永 颜真卿 赵孟頫 郑板桥 欧阳询 柳公权 颜真卿 黄庭坚 王羲之 文徵明 王铎 章草）

辨析：

觉字和搅字的古文形态多变，隶定字形稳定，从学字头，草书，其学字头草化为三点，其余部件为快写。

觉（覺 jué）：形声，从见学省声，本义是醒悟；感知；睡醒；jiào，俗称睡眠为睡觉。

搅（攪 jiǎo）：形声，从手觉声，本义是扰乱；混合、拌合、搅拌，胡闹、嬉戏。异体字有捁（jiǎo），古同搅，读 kù，打。

J

皆 楷 階（阶）偕 揩 谐 锴

（甲骨 甲骨 皆壶 楚简 秦斤 简帛 说文 李阳冰 唐玄宗 欧阳询 颜真卿 王羲之 米芾 皇象 王羲之 怀素）

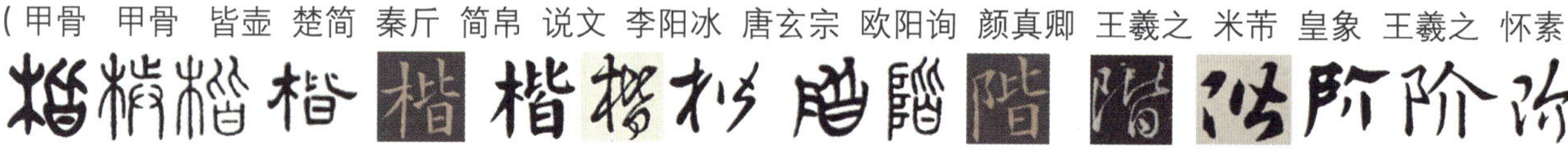

（金文 籀文 说文 曹全碑 欧阳询 颜真卿 王铎 王羲之）（简帛 说文 欧阳询 颜真卿 智永 汉简 王羲之 章草）

（说文 衡方碑 王献之 欧阳询）（石韵府 柳公权 王羲之 怀素）（说文 陆柬之 赵构 于右任）（说文 王铎 王羲之）

辨析：

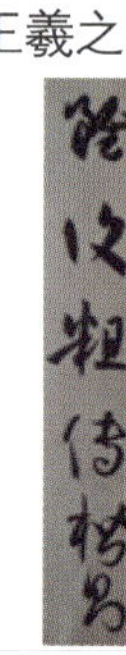

楷从木从皆，皆之草法属约定俗成，可以理解为，上边的对称部件草化为两点，白字草化为日字符。阶级之阶字，从繁体字階，“阶”在历代书家中，使用频率较低。皆可以拓展。

皆 jiē：甲骨文从歹从曰，西周金文从比从曰，从“比”有“并”的意思，本义为都、全；其中曰为指事字，示口在言语，两构件相合，盖会意言行并相从意，战国时尚以此为主流结构，时构件从（二人相随）或作（并），并的本义是二人相从，与构件从属于形义相近偏旁的更替，当时更主要的一个变化是在秦系文字中构件从易作比，《说文》把构件曰看作白（zì）则是错误的，战国、秦汉时绝大多数作曰不作白即可证明，隶变后楷书作皆。

楷 kǎi：法式、模范，汉字的一种书体；jiē，楷树，黄连木。

階（堦阶 jiē）：形声，从阜表示与地形地势的高低上下有关，皆声，本义是台阶；梯子，官阶，缘由、途径，凭借。

偕 xié：共同在一起。

揩 kāi：擦抹、摩擦。

谐（諧 xié）：形声，从言皆声，和谐。

锴（鍇 kǎi）：好铁。

拓展：

堦 湝 瑎 碦 喈 熇 稭 蝔 礈 媘　　P7.7 虽复粗传楷则

卩 印 艮 报（報）服 却 卵 孵

（甲骨 金文 说文 王羲之 李淦）（甲骨 金文 说文 王羲之 董其昌 简书 李淦）（甲骨 金文 说文 钟繇 褚遂良）

（甲骨 金文 说文 钟繇 王羲之 王献之 王铎 张芝 皇象 王羲之）（甲骨 金文 说文 欧阳询 汉章帝）（说文 灵飞经

王羲之 怀素）（金文 楚简 说文 颜真卿 米芾 王羲之 于右任 章草）（金文 粗篆 智永 欧阳询 颜真卿 王羲之 李淦）

辨析：

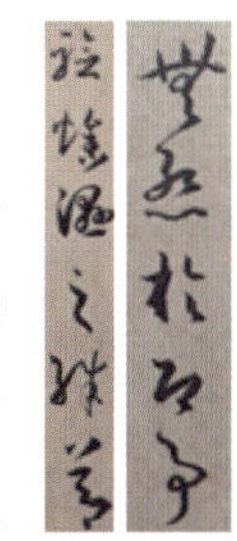

卩字有很强的拓展性，其竖画在草书中随着结构的不同，有收有放。服和却两个字，分别从月和去；报（報）从幸，草书可从幸字的草书“牛字反起笔”；参见相关页。

卩（卪 jié）：同卪，節的古字，古代出使等用作凭证之物，《玉篇·卩部》曰：“卩，瑞信也。”守邦国者用玉卪，守都鄙者用角卪等等。

印 yìn：会意，甲骨文字形，左是手爪，右像跪着的人，合起来表示用手按人，使之跪拜，本义是官印。

艮：治也，从又卪，手持节以治之，异体字有卪弓弓莭節等。

报（報）：会意，从㚔从㞋，金文字形，左边像刑具形，即“㚔（niè）”，右像手按人使之跽跪义，即“㞋”，读 fú，组合在一起表示治人罪之义，本义是断狱，判决罪人。

卵 luǎn：象形，小篆字形像卵，本义为卵子，特指蛋。

孵 fū：形声，从卵孚声，鸟类伏在卵上使卵内的胚胎发育成雏鸟。

拓展：

昂 卸 柳 卭 卯 叩 爷 卡 夘 卲 仰 卲 岀 抑 疖 迎 卬 茚 卸 娜 庎 搠 匊 衄 奁 峁 泖 愬 孵

P4.3 无惭于即事　　P22.5 验燥湿之殊节（節）

介 界 疥 蚧 骱

（甲骨 甲骨 金文 楚简 秦简 停云馆 欧阳询 赵孟頫 文徵明 索靖 李怀琳 王羲之 颜真卿 王羲之 王羲之 米芾）

（甲骨 金文 楚简 秦简 古文 古文 说文 说文 金刚经 梁升卿 虞世南 王羲之 王羲之 欧阳询 怀素）（楚简 说文

俞和 皇象 智永）（篆字汇 赵孟頫 王羲之 王羲之 王羲之）（细篆 赵孟頫 文徵明 王羲之 章草 欧阳询 王羲之）

辨析：

介字的结构有两种写法，一是丿起笔后，先写中竖，二是介字结构。各体均可从此两种写法。说明，草书应先写中竖，不可与“分”字的草书相混淆。阶从皆，见皆页。

介 jiè：象形，甲骨文字形，像人身上穿着铠甲（两边的点）形，本义是铠甲。

界 jiè：会意，从田介声，本义为边垂、边境，界限、范围；异体字有介、堺、畍和阶等。

疥 jiè：疥疮，一种皮肤病，非常刺痒，是疥虫寄生而引起的，又名疥癣 。

蚧 jiè：蛤蚧，介壳虫。

骱 jiè：方言，骨节与骨节衔接的地方。

拓展：

吤 圿 妎 尬 岕 价 扴 芥 玠 夰 岎 肦 炌 玠 衸 妎 畍 砎 衸 界 魪

戒 诫 駴（骇） 械 悈 裓

（甲骨 说文 说文 清华简 乙瑛碑 欧阳询 姚孟起 颜真卿 柳公权 赵孟頫 王羲之 黄庭坚 邓文原 怀素）

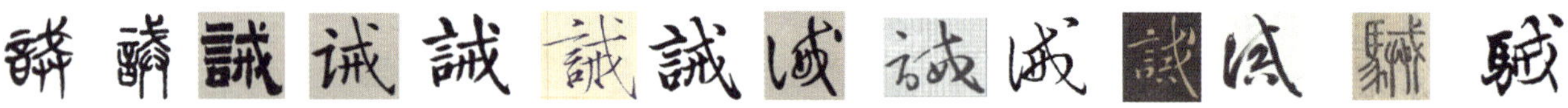

（简帛 说文 唐玄宗 欧阳询 颜真卿 宋徽宗 赵孟頫 王羲之 孙过庭 赵孟頫 王羲之 智永）（篆字汇 赵之谦）

（金文 简帛 说文 好大王 欧阳询 颜真卿 柳公权 赵孟頫 王羲之 王羲之 章草 隶辨 米芾）（说文 彭玉雯）冯无咎

辨析：

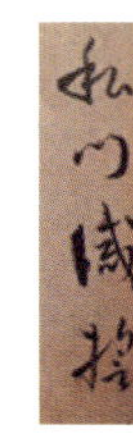

戒字有异体字[illegible]和[illegible]，部分书家从其结构。更多书家的草书写法，采用戒字结构，草法为改变书写顺序，戈下先写两竖，再写横，然后带出戈勾。可拓展。

戒 jiè：小篆字形，上面是“戈”，下面像两只手（即“廾”），两手持戈，表示戒备森严，本义为警戒、戒备；异体字有[illegible]、[illegible]、[illegible]、[illegible]等等。

诫（誡 jiè）：告诫，警告。

駴 hài：迅疾地擂鼓；古同骇。

械 xiè：形声，从木戒声，本义是脚镣手铐一类的刑具；器械，用具。

悈 jiè：褊急，衰老，急速；古同戒，警戒；kè，骇而自专。

裓 gé：衣襟，和尚穿的衣服；jiē，古代指从堂下至门铺的砖路。

拓展：

[illegible] [illegible] 悈 [illegible] 裓 祴

P36.1 私门诫誓

巾 帕 帔 帨 帩 帠 帬 吊

（甲骨 金文 说文 李阳冰 王羲之 王羲之 王羲之 智永 赵孟頫）（金文 欧阳询 王羲之）（说文 钟绍京 王羲之 李洤）

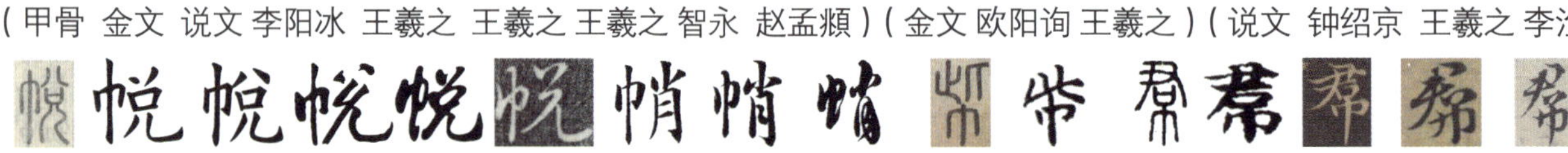

（说文 欧阳询 欧阳询 黄庭坚 孙中山 沈右）（虞世南 王羲之 傅山）（篆字汇 敦煌）（说文 敦煌 王羲之 赵孟頫 邓文原）

（甲骨 李阳冰 欧阳询 王羲之 智永 颜真卿 王羲之 王铎）*王导 王羲之 王羲之 怀素 宋太宗 赵构 饶介*

辨析：

巾字结构稳定，行草书为快写。可拓展。布、希和带字从巾，见相关页。

巾 jīn：象形，甲骨文字形像布巾下垂之形，本义为佩巾、拭布，相当于现在的手巾。

帕 pà：旧时的头巾，方形小巾，帷帐；缠、裹绕。

帔 pèi：古代披在肩背上的服饰。

帨 shuì：佩巾，拭擦，蒙，覆盖；古代女子出嫁时，母亲所授；称女子的生辰为帨辰。

帩 qiào：古代男子束发用的头巾。

帠 cǐ：《類篇》布名。

帬 qún：同裙。

吊 diào：有死丧而问之也。

拓展：

帖 帕 帏 帐 帆 刷 帅　　　忱 市 帘（簾）帚（见 Z）

P17.5 分布于累年　　P25.5 希风叙妙　　P52.1 带燥方润

斤 1：斤　匠　斧　哲　芹　䜣　欣

（甲骨　金文　秦简　汉简　楚简　说文　居延简　隶辨　欧阳询　颜真卿　黄庭坚　赵孟頫　王羲之　赵孟頫　饶介）

（金文　古鉨　老子　砖文　说文　简帛　敦煌　皇象　王羲之）（甲骨　斧爵　古文　说文　简帛　王羲之　皇象　王羲之）

（郭有道　隶辨　颜真卿　张旭　文徵明　祝枝山）（简帛　说文　颜真卿　王羲之）（简帛　娄机）（说文　欧阳询　颜真卿）

辨析：

古时候斤就是斧子，其篆书形态虽然变化较多，但斧头的形态明显，楷化后形态稳定，草书一为快写，二是草化为两个竖画。听、所、兵、宾、折、斯、断和新等字，见相关页。

斤 jīn：象形，甲骨文字形，上面是横刃，下为曲柄，像斧斤形，斧子一类的工具。

匠 jiàng：会意，从匚（fāng），盛放工具的筐器，从斤（斧），工具筐里放着斧头等工具，表示从事木工，本义为木工。

斧 fǔ：形声，从斤（斧头）父声，本义是斧子，伐木工具。

哲（悊 zhé）：形声，从口折声，聪明，有智慧；异体字有喆嚞悊晢哲等。

芹 qín：芹菜。

䜣（訢）：同欣。

欣（俽 xīn）：形声，从欠斤声，实与忻同字，本义是喜悦。

拓展：

歽 祈 肵 斩 听 圻 妡 岓 所 庍 [illegible] 歽 [illegible] 肵 斫 赾 斫 昕 听 趆 蚚
P33.5 据为宗匠

斤 2：忻　沂　析　圻　昕　近　斩　祈

（简帛　说文　唐玄宗　颜真卿　王羲之　王羲之）（简帛　说文　柳公权　章草）（甲骨　甲骨　金文　秦简　说文

赵孟頫）（说文　王羲之　王羲之）（甲骨　金文　说文　欧阳询　王羲之）（金文　简帛　说文　王羲之　王羲之）

（说文　欧阳询　王羲之）（甲骨　甲骨　金文　金文　金文　楚简　说文　虞世南　颜真卿　王羲之　赵之谦）

辨析：

斤字的拓展性很强，斤字的各体写法同前。昕字的甲骨文或从囧，祈字有异体字旂，篆书可见。

忻 xīn：形声，从心斤声，本义是启发。

沂 yí：形声，从水斤声，本义为沂水，古水名。

析 xī：会意，从木从斤，用斧子劈开木头，本义为劈，劈木头。

圻 qí：形声，从土斤声，《说文》中与垠同字，本读 yǐn，本义是边际。

昕 xīn：形声，从日斤声，本义是黎明。

近 jìn：走近，接近。

斩（斬 zhǎn）：会意，从车从斤，古有车裂之刑，故从车，斤为斧子，可用于杀人，本义是古代死刑的一种，斩首或腰斩，杀。

祈（旂 qí）：形声，从示斤声，向上天或神明求福；甲骨金文或从“单”形。

拓展：

斫 昕 听 旂 紤 蚚 颀 [illegible] [illegible] [illegible] 訢 赾

斤 3：斫 颀 靳 斲 犷 所 肵 斨

（甲骨 甲骨 秦简 说文 智永 欧阳询 皇象 王羲之）（金文 简帛 说文 颜真卿 黄庭坚 王铎 王羲之 文徵明）

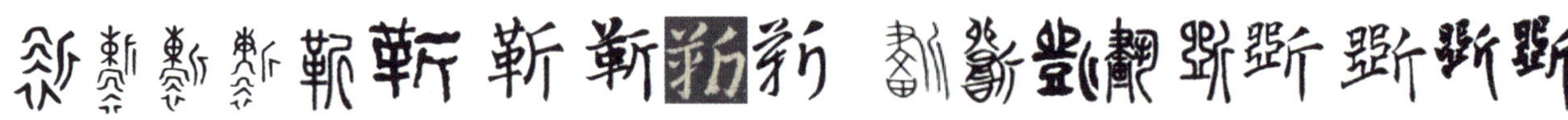

（金文 金文 金文 金文 说文 衡方碑 柳公权 赵孟頫 皇象 王羲之）（金文 楚简 简帛 说文 说文 虞世南 褚遂良 米芾 王铎）

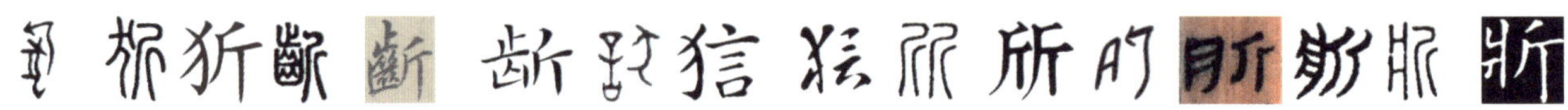

（甲骨 说文 楷书 说文 董其昌 王羲之 金文 王羲之 章草）（说文 楷书）（甲骨 简帛）（简帛 说文 柳公权）

辨析：

本页拓展的字，需注意篆书的不同形态和异体字的变化。如，斫字的甲骨文表示劈砍石头的意思清晰，犷字有异体字齗和狺，各体均见等等。

斫 zhuó：形声，从斤石声，用刀、斧等砍劈，攻击；异体字有斱斮斵斲斸斳櫡礋鐯锗礑剢等等。

颀（頎 qí）：形声，从页斤声，从页与头有关，本义是头俊美。

靳 jìn：形声，从革斤声，从革表示与皮革有关，本义是套在辕马胸部的皮革，也用作辕马的代称。

斲 zhuó：木工工具，指斧斤之类；砍、斫、削；斲或从丮并分别从畫或从晝。

犷（齗狺 yín）：同狺，狗叫声；yǐn，犬相争，同齗；yá，犬相争斗呲牙裂嘴貌。

所 yín：二斤；zhì，砧，铡刀垫座。

肵 qí：肵俎，古时祭祀时盛舌心的俎板。

斨 qiāng：一种方孔的斧头。

拓展：

斱 斯 斮 釿 断 斪 虒 新 靳 頎 鼪

斤 4：斥 泝 诉 拆 柝 坼 跅

（古文 古文 简帛 说文 简书 曹全碑 曹全碑 五经 五经 王羲之 欧阳询 颜真卿 王羲之 王羲之）

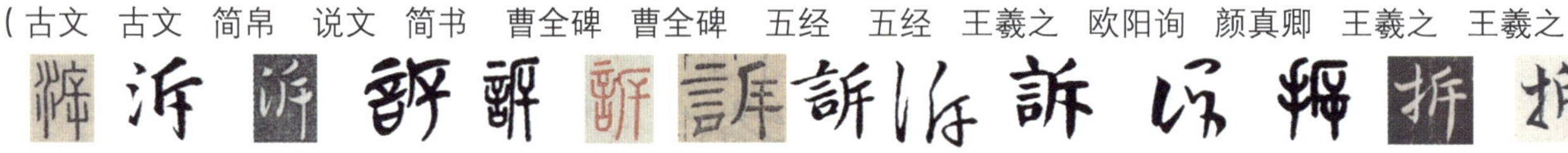

（说文 赵孟頫 赵构）（简帛 说文 石韵府 隶辨 苏轼 赵构 颜真卿 王羲之）（金文 李建中 米芾

辨体 欧阳询 王羲之）（说文 王知敬 智永 王铎）（说文 九经 薛曜 智永 韵辨）（篆字 篆字 米友仁）

辨析：

斥字本从屰，㡿为本体，或为从干，讹变为从“下”，各体可见从干和从“下”的写法，从本体㡿字的写法偶见。可拓展。

斥（㡿 chì）：形声，从广屰声，从广表示与房屋有关，屰（不顺）也兼表字义，表示人从房屋里逆行而出，本义是驱逐；异体字有坼庍厈㡿屰疔厈等等。

泝 sù：逆流而上曰泝洄，顺流而下曰泝游。

诉（訴愬 sù）：形声，本义是告状、控告。

拆 chāi：形声，从手斥声，本义是裂开；cā，排泄。

柝 tuò：形声，从木橐声，巡夜打更用的梆子。

坼 chè：形声，从土斥声，本义为裂开、分裂。

跅 tuò：跅驰，行为放荡不羁，如“夫泛驾之马，跅驰之士，亦在御之而已。”

拓展：

㾓 硳 蚸 趚 斥 訴

今 矜 吟 妗 钤 衿 黔 岑 衾 酓

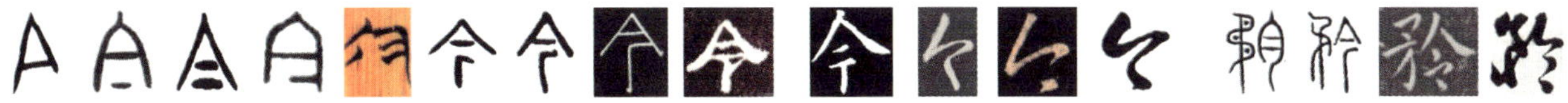

（甲骨 甲骨 金文 金文 楚简 秦简 说文 李斯 张迁碑 欧阳询 张芝 王羲之 张旭）（石经 说文 王献之 智永）

（楚简 说文 说文 王献之 米芾 王铎）（说文 智永 孙过庭）（金文 说文 赵孟頫 章草）（说文 颜真卿 王羲之 章草）

（秦权 秦权 说文 李斯 褚遂良 韵会）（说文 柳公权 鲜于枢）（说文 虞世南 李洤）（甲骨 金文 说文 楷书 邹武生）

辨析：

今字的篆书变化较多。隶定字形稳定，草书一般有两种，1. 人下的部件草化为一点；2. 今字与其他部件上下组合，人字写完后，先写中竖再写左右两个点，然后写下面的部件（见含贪两字及相关页）。可拓展。念、琴、衾、含、贪从今，且都有一定的拓展性，其中含、贪、衾等字的草法特别，分别见相关页。

今 jīn：是时也，从亼从乀，乀，古文及。

矜 jīn：形声，从矛今声，本义为矛柄；骄傲，端庄、庄重， 谨守、慎重，苦、穷困，凶危、危险，暴躁乖戾 。

吟（訡 yín）：今声从口，呻也；吟或从音。

妗 jìn：舅母，舅父的妻子。

钤（鈐 qián）：形声，从金今声，一种农具；盖章，盖印。

衿 jīn：古代衣服的交领，衣下两旁掩裳际处，胸怀；专指古代读书人穿的衣服；秀才。

黔 qián：黑色；贵州省的简称。

岑 cén：小而高的山；崖岸。

衾 qīn：被子；尸体入殓时盖尸的单被。

酓 yǎn：酒味苦；yàn，酒盈量；yǐn，同饮。

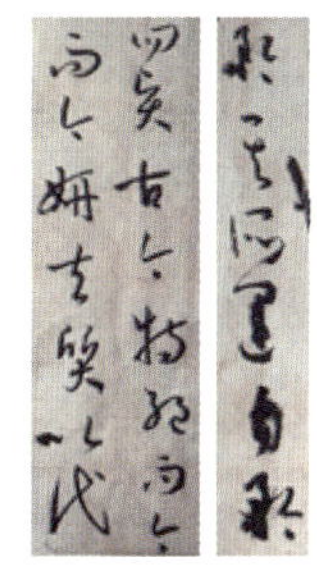

拓展：

玪 岭 聆 庈 怜 扲 汵 芩 衾 昑 枔 欥 玲 肣 攱 砱 笒 紟 蚙 舲 給 詅 赺 跈 軡 酓 琴 鈐 雂 鞈 黔 韽 鴒 齡 黇 魿 黔 霒 黔 黔 P4.4 古今特绝、今不逮古、古质而今妍 P42.5 或乃矜其所运自矜者将穷性域

金 1：金 针（鍼） 铁

（金文 楚简 石韵 说文 李斯 邓石如 曹全碑 金刚经 欧阳询 褚遂良 颜真卿 柳公权 赵孟頫 宋徽宗

王羲之 米芾 王铎 皇象 王羲之 智永 赵孟頫 徐渭 胡俨）（篆刻 衡方碑 欧阳询 王羲之 李邕 米芾 赵孟頫

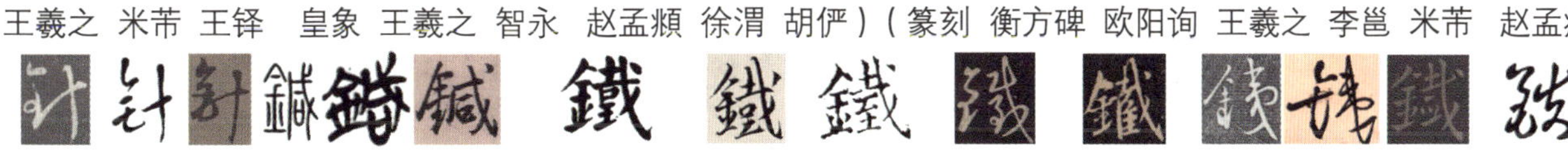

王羲之 章草 宋克 说文 简帛 王铎）（1 颜真卿 杨维桢 2 褚遂良 王献之 3 王羲之 4 张弼 王铎 5 史游 6 王羲之）

辨析：

金字隶定字形稳定，草书，章草为快写，今草为“全加二点”。针还可从“咸”。铁字的异体字较多，草书有从“呈至隹夷失”等的写法，从“至”的较常用。如下，仅列示了“钾银铜铝铅”的章草写法。

章草：

金 jīn：会意，金文字形从人（表示覆盖）从土从二，从“土”，表示藏在地下，从“二”，表示藏在地下的矿物，本义是金属。

针（針鍼 zhēn）：会意，从金从十，最初用的竹针写作“箴”，后来有了金属的针，写作“鍼”（针），本义为缝衣的用具。

铁 tiě：形声，从金戴（zhì）声，黑金也，元素符号 Fe；异体字有鐵銕鐵銕鉄鐡鐵鐵鐵銕鐵等等。

拓展：

铁 钾 银 铜 铝 铅 钠 镁 鉞 釞 釡 釗 唫 崯 惍 捦 釣 釧 釪 釟 釫 釭 釳

P10.6 悬针垂露

金 2：铂 钡 钗 锃 铛 钓 铬 镐 钴 键

（说文 衡方碑 赵孟頫 王羲之）（赵孟頫 王铎 章草）（说文 苏轼 欧阳询 王羲之）（金文 赵孟頫 颜真卿 王羲之）

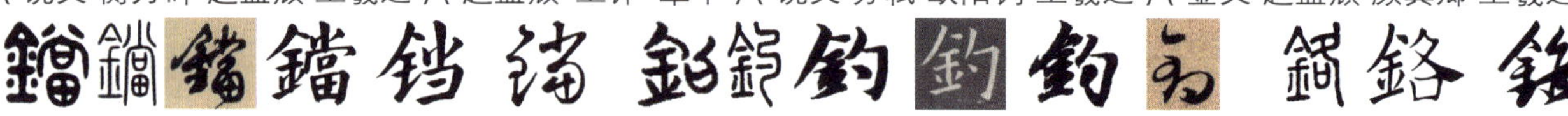

（金文 说文 王铎 颜真卿 颜真卿 鲜于枢）（楚简 说文 智永 欧阳询 王羲之 赵孟頫）（说文 褚遂良 张瑞图）

（楚简 说文 颜真卿 颜真卿 王羲之 王铎）（金文 说文 陆柬之 柳公权 王羲之）（说文 颜真卿 颜真卿 王羲之）

辨析：

钅字旁的字较多，草书为“钅”快写。可拓展。

铂（鉑 bó）：银白色的贵金属元素，化学性质稳定，通称白金，元素符号 Pt。

钡（鋇 bèi）：银白色有延展性有毒的二价碱土族的金属元素，原子序数 56，元素符号 Ba。

钗（釵 chāi）：形声，从金叉声，古代妇女的一种首饰，形似叉，用金、玉、铜等制作；借指妇女 。

锃（鋥 zèng）：器物等经过擦磨或整理后闪光耀眼。

铛（鐺 dāng）：同当；chēng，烙饼或做菜用的平底浅锅，温器。

钓（釣 diào）：用饵诱鱼上钩；施用手段取得；引申为诱取。

铬（鉻 gè）：一种蓝白色多价金属元素，原子序数 24，元素符号 Cr。

镐（鎬 gǎo）：镐头；俗称十字镐；hào，温器；镐京，古都名，西周国都，在今陕西西安西南。

钴（鈷 gǔ）：金属元素，元素符号 Co。

键（鍵 jiàn）：形声，从金建声，鼎上贯通两耳的横杠；车辖，钥匙，竖着插的门闩，锁簧。

拓展：

钆 钇 钋 钌 钍 钎 钏 钐 钑 钔 钕 钖 钘 钜 钝 钣 钤 钦 钫 钬 钭 钮 钯 钛 钰 钱 钲

金 3：铿 镧 锂 镏 铆 链 镣 锣 铝 铔

（说文 虞世南 赵孟頫 王铎 韵会 毛泽东）（粗篆 陆柬之 黄庭坚 于右任）（金文 赵孟頫 欧阳询 王铎 王羲之）

（金文 王羲之 赵孟頫 王羲之）（金文 粗篆 颜真卿 颜真卿 王羲之）（说文 颜真卿 颜真卿 王铎 王羲之 章草）

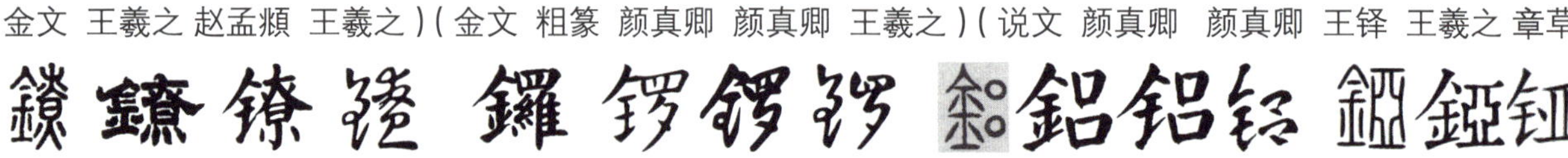

（说文 唐玄宗 颜真卿 王羲之）（颜真卿 欧阳询 王铎 王羲之）（金文 颜真卿 颜真卿 章草）（说文 楷书 楷书）

辨析：

钅字旁的字较多，草书为“钅”快写。可拓展。

铿（鏗 kēng）：形声，从金坚声，象声词，投置琴瑟、金石相击的声音；咳声，碰撞、撞击。

镧（鑭 lán）：银白色的柔软而有展性的三价金属元素，素符号 La。

锂（鋰 lǐ）：一种软的银白色的一价碱金属族元素，它是已知最轻的金属，元素符号 Li。

镏 liú：同“劉”，杀；镏金，化学元素“鎦”的就译；liù，釜；方言，镏子，戒指。

铆（鉚 mǎo）：用钉子把金属物连在一起；（卯为铆的本字）卯，榫；〈方〉，集中全力。

链（鏈 liàn）：形声，从金连声，铅矿；链条。

镣（鐐 liào）：形声，从金尞声，成色好的银子；套在脚腕上使不能跑的刑具。

锣（鑼 luó）：带卷边的青铜圆盘。

铝（鋁 lǚ）：带蓝色的银白色三价金属元素，延展性好，元素符号 Al。

铔（錏 yā）：铔鍜，保护颈项的铠甲；yà，化学元素“铵”的旧译。

拓展：

钶 钷 钸 钹 钽 钿 铄 铇 铈 铉 铌 铍 铎 衔 铏 铒 铗 铘 铚 铞 铟 铣 铤 铦 铦 铧 铨 铩 铪 铫 铰

金 4：镂 锰 钼 锁 锌 铐 钻 镗 钊

（说文 褚遂良 王羲之 王羲之 韵会）（吴让之 衡方碑 颜真卿 王羲之 章草）（说文 赵孟頫 欧阳询 王羲之）

（欧阳询 韵辨）（曹全碑 柳公权 柳公权 黄庭坚 王羲之）（金文 曹全碑 颜真卿 颜真卿 王铎 王羲之）（说文 俞和

皇象 说文 颜真卿 俞和 王羲之 赵孟頫 皇象）（说文 赵孟頫 启功 汉简 章草）（说文 张裕钊 王铎 王羲之）

辨析：

钅字旁的字较多，草书为"钅"快写。可拓展。

镂（鏤 lòu）：形声，从金娄声，可供雕刻的坚铁；金刚钻，釜，通漏，孔穴。

锰（錳 měng）：灰白色多价金属元素，通常硬而脆，元素符号为 Mn。

钼（鉬 mù）：硬的银白色结晶，用来生产特种钢，也用在电器工业中，元素符号 Mo。

锁（鎖鎻鏁 suǒ）：加锁，用锁锁住；紧缩而形成皱纹，缝制、束缚，封闭、封锁。

锌（鋅 xīn）：蓝白色的晶状的二价金属元素，元素符号 Zn。

铐（銬 kào）：形声，从金考声，手铐。

钻（鑽鑚 zuān）：形声，从金赞声，穿孔的工具，又表示穿孔、刺穿；钻研钻营，进入，穿过。

镗（鏜 tāng）：钟鼓的声音或敲锣的声音，用镗孔刀内旋切 。

钊（釗 zhāo）：勉励，远，姓。

拓展：

铲 钖 铵 铷 铑 铁 钛 铸 铻 铼 铽 锆 锇 铧 锊 锍 锎 铜 锐 锑 锒 锓 锔 锕 铼 锝 锘 锛 锜 锝 锞 锠

筋（附：肋）

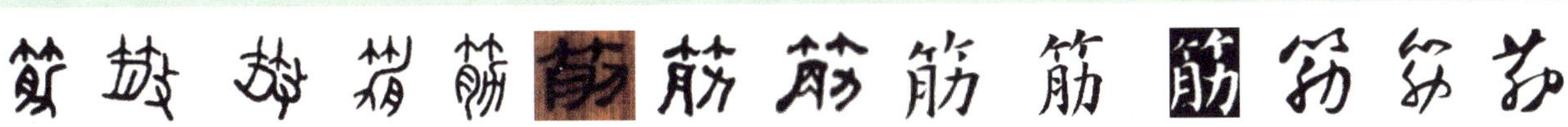

（金文 散氏盘 散氏盘 老子 说文 简帛 衡方碑 李兆洛 王羲之 欧阳询 颜真卿 王羲之 李淦 文徵明

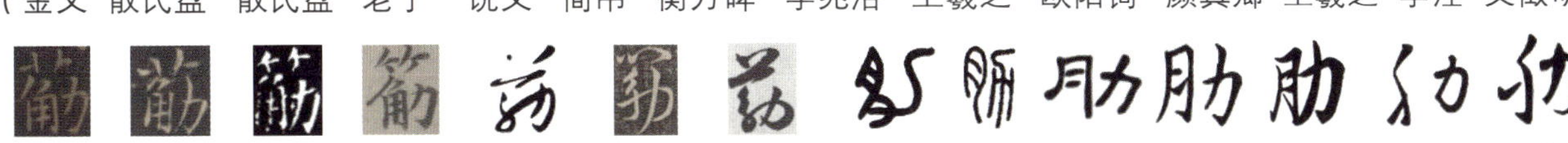

王羲之 褚遂良 颜真卿 赵孟頫 孙过庭 祝允明 潘伯鹰）（金文 说文 曹全碑 王羲之 王羲之 王羲之 孙过庭）

辨析：

筋字从竹从肋，字形稳定，有异体字肋莇觔等等，草书有二：1. 从肋，草书月字草化为"千"，其余部件为快写。2. 从异体字"觔"，从角从力，草书亦可从此结构。

筋（莇觔 jīn）：会意，肉之力也，从肉从力从竹，因为竹多筋，故从"竹"，本义是附着在骨上的韧带。异体字有肋、竻、觔等。

附：肋 lèi：胸部的两侧，像肋骨的；异体字有筋、膷、觔等。

拓展：

P43.6 内涵筋骨

禁 襟 噤

（金文 李斯 说文 简帛 曹全碑 欧阳询 颜真卿 柳公权 钟绍京 宋徽宗 王羲之 陆柬之 米芾 王羲之

怀素 宋高宗 王铎 傅山）（金文 印篆 邓石如 欧阳询 苏轼 王铎 傅山）（说文 赵孟頫 王羲之 乾隆）

辨析：

禁字从林从示，林字草书，有“扌＋戈法”和“两竖撇捺法”两种，示字的草书写法，一般按分解为“一＋不”的结构去写，作为字根，可草化为“不（草书）”。

禁 jìn：形声，从示林声，禁受。本义为禁（jìn）忌。jìn，禁止。

襟 jīn：形声，从衣禁声，本义为古代指衣的交领。说文注，“按裣之字一變爲衿，再變爲襟，字一耳”。

噤 jìn：闭口不说话；因寒冷而咬紧牙关或牙齿打战。

拓展：

𠍹 澿 㯲 㶃 㩒 𣝊 𣀙 𦁲 𩔊 𪇆 P66.2 闇于胸襟

堇（𦰩）1：堇 僅（仅）谨 瑾 墐 螼 殣

（金文 金文 金文 楚简 秦简 古文 说文 欧阳询 王羲之）（简帛 说文 虞世南 颜真卿 赵孟頫 王羲之 颜真卿

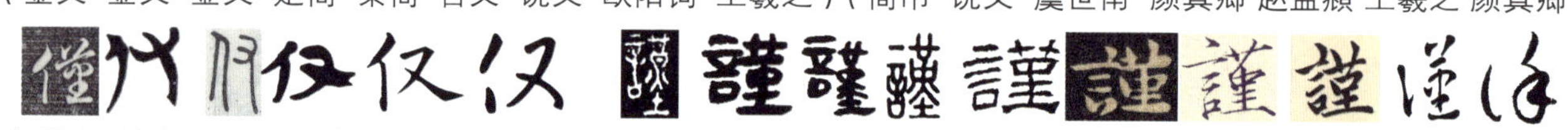

宋徽宗 简帛 正讹 汉简 王羲之 王羲之）（金文 秦简 秦简 说文 肥致碑 钟繇 宋徽宗 赵孟頫 章草 索靖）

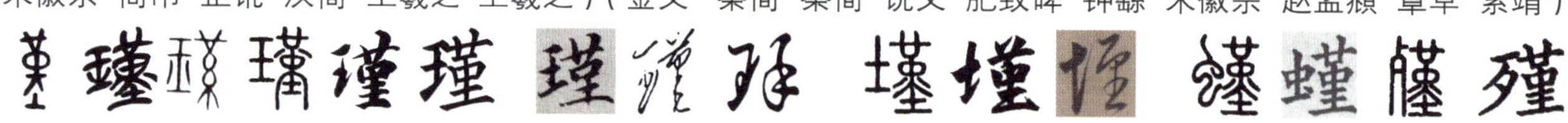

（金文 简帛 古文 说文 智永 颜真卿 赵孟頫 毛泽东 王羲之）（说文 赵孟頫 董其昌）（说文 五经）（说文 九经）

辨析：

堇字的异体字较多，楷化后，其下边结构有从土（两横三横均见）和从大的写法。

草书：1. 堇字上边写草头，口草化为两点或横弯加提点。2. 在右边时，可以写“手”字结构，见言、王、木和食字旁，但仅（僅）字例外；3. 个别的字，如僅字，可写仅，从“又”字结构。

堇 jǐn：黏土也，从土从黄省；堇草也；菜名，堇菜，紫堇；假借为仅，少的；中药乌头，有毒；涂抹；异体字有“墓墓墓茶堇蓳墓堇墓基蓳堇”等等。

僅（仅 jǐn）：形声，从人堇声，仅能、只能；jìn，将近。

谨（謹 jǐn）：形声，从言堇声，谨慎，小心；恭敬，谨严、严格。

瑾 jǐn：美玉，亦喻美德。

墐 jìn：用泥涂塞，通殣，掩埋；异体字有堇、墐，金文同堇字。

螼 qǐn：蚯蚓。

殣 jìn：掩埋，饿死。

拓展：

嫤 靳 勤 槿 籊 縉 饉 騹

堇（茣）2：槿 馑 慬 墐 魌 勤 觐 鄞 廑 廑 瘽 堇

（金文 楚简 智永 颜真卿 赵孟頫 王铎 李淦）（金文 说文 赵孟頫 赵构 王羲之）（简帛 翁同龢）（说文 楷书）（说文 楷书）

（金文 简帛 说文 欧阳询 颜真卿 邓石如 张芝 张芝 王铎）（金文 说文 欧阳询 王羲之 赵孟頫 文徵明 王羲之）

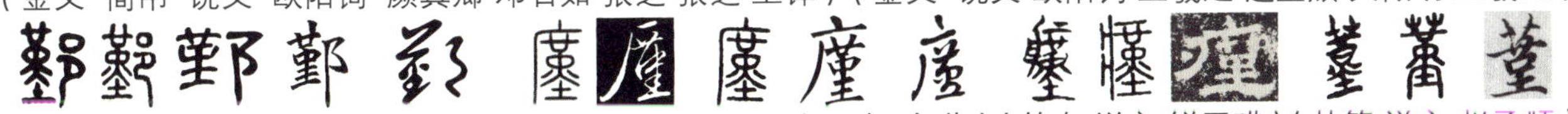

（金文 说文 曹全碑 虞世南 王羲之）（说文 宋遂）（说文 柳公权 章草）（简帛 说文 鲜于璜）（楚简 说文 赵孟頫）

辨析：

堇字作为字根，各体写法同前。

槿 jǐn：木名，即木槿。

馑（饉 jǐn）：蔬菜和野菜都吃不上；谷物歉收；通殣，饿死，饿死的人。

慬 qín：勇气、勇敢；忧愁、烦恼；jìn，仅仅、将近；jǐn，谨慎。

墐 jìn：拭也。

魌 nuó：见鬼惊词。

勤 qín：形声，右形左声，劳累，劳苦。

觐（覲 jìn）：形声，从见堇声，古代诸侯秋天朝见帝王。

鄞 yín：古地名；通垠，边际；界限。引申指形体，躯体。

廑 jǐn：少也。厪字古同廑，说文同形。

廑 jǐn：小屋；同仅；qín，同勤；辛勤的情形；勤劳。

瘽 qín：病。

堇 jǐn：堇菜。

拓展：

嫤 瑾 歏 靳 墐 槿 篁 缙 馑 驩

堇（茣）3：茣 叹（歎嘆）汉（漢）難（难）艱（艰）

（金文 汉印 异体字 米芾）（王澍 礼器碑 欧阳询 索靖 王羲之 怀素 王献之 羊欣 赵孟頫 曹全碑 说文 颜真卿

汉书 欧阳询 索靖 甲骨 王羲之 王羲之）（金文 楚简 汉碑 说文 褚遂良 颜真卿 王铎 皇象 王羲之 王羲之 于右任

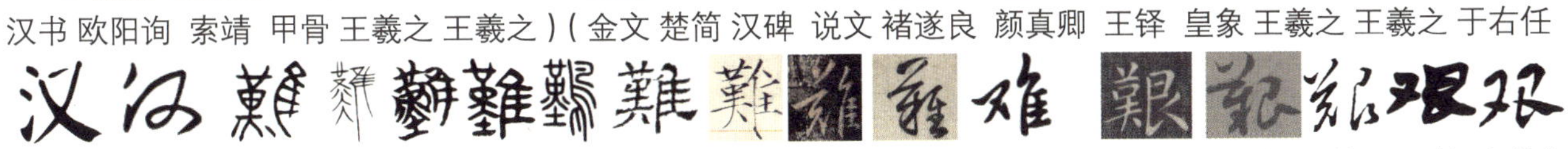

颜真卿 王羲之）（金文 金文 楚简 秦简 说文 王基碑 赵佶 钟繇 王羲之 王羲之）（赵孟頫 索靖 董其昌 汉简 章草）

辨析：

本页的叹（歎嘆）、汉（漢）、難（难）和艱（艰）等字，繁体字从堇，在篆书中有一样的写法，且和茣互为异体字，因此它们的草法也具有同样的结构。

茣：重订直音篇・卷一・堇部，堇系萵，为堇俗字。艱（艰）从艮，甲骨文等各体，可参见艮页。

"汉"字草书氵旁的破笔写法：书谱 4 个汉，其偏旁为三点水，草书都是竖加一点，与孙过庭在书谱中的池、没、河等明显不同。经考证，《草书字典》第 482 页王羲之三点水即是竖加一点，孙过庭应该是见过王的这个写法的，正常的写法应是▯▯；而这种"草书言（空挑却是言）旁"加点当三点水，或两点水的写法，是草书中的一种破笔笔法，于右任标准草书"王羲之《汉时讲堂》帖中的汉字和《蜀都》帖中的冲字草书，均于左旁加点破之，不使同于▯"。叹和汉字的繁体写法具有相同的字根，而使转略有区别，在右边时，如难字，草书还可以写▯。叹字有从口从欠的两种写法，可相互参照，且"叹"出现于甲骨文，更加古老。

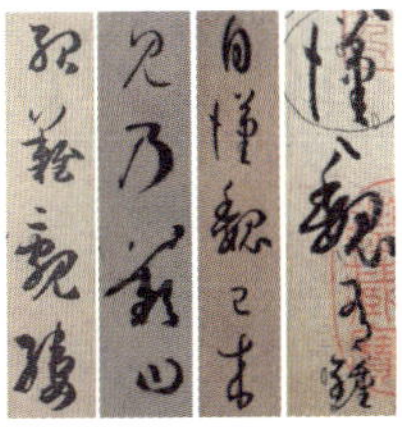

叹（歎嘆 tàn）：形声，从欠（另一繁体从"口"），難省声，欠为打呵欠与出气有关，本义是叹息；赞叹，赞美，吟诵。

汉（漢 hàn）：形声，从水難（省去隹）声，音熯，本义为水名，即汉水；天河，成年男人，丈夫，汉族，汉语，中国朝代名，国名。

難（难 nán）：形声，从隹（zhuī）堇声，从隹与鸟有关，本义是支翅鸟，假借为困难；不可、不好，恐惧。通戁，驱除疫鬼之祭；灾难、祸害；兵难，仇敌；nàn，诘问、责难，抵挡、拒斥，论说、争辩。

艱（艰 jiān）：形声，表示与土有关，艮声，本义是土难治理；艰难、困难，险恶、危难；开发土地；欠缺；旧指父母之丧事。

拓展：

P9.5 见乃叹曰　P2.3 汉魏有锺张　P59.1 自汉魏以来　P29.4 绍难观缕

晋 戬 缙 搢 瑨

（金文 金文 印 印 石韵府 六书统 盟书 楚简 汉简 字典 说文 诒晋斋 隶辨 赵孟頫 五经文 徐霖

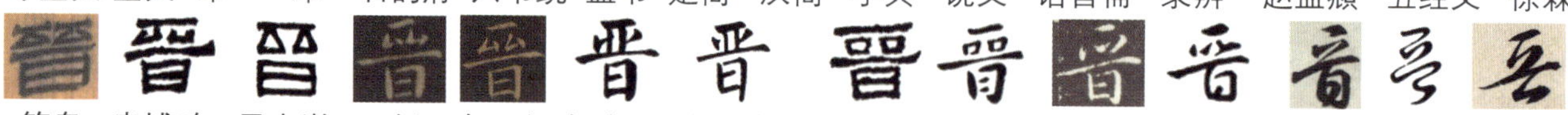

简帛 袁博碑 吴大澂 卫铄 欧阳询 颜真卿 柳公权 张迁碑 王羲之 王献之 王羲之 王羲之 王羲之 智永）

（说文 魏碑 王铎 彭玉雯 颜真卿 孙过庭 章草）（说文 颜真卿 王羲之）（说文 欧阳询 傅山）（颜真卿 毛泽东）

辨析：

晋字的篆书从“臸”，变化较多，隶书、楷书始有从“二厶”、从“二口”的写法。晋字草书从“二口”，多个口草化后可以将口字草化为两个点或一个点，二王草书写四点、三点到两点的情形累见。可拓展。

晋（晉 jìn）：会意，进也，日出万物进，从日从臸。小篆字形从日，指追着太阳一直前进，本义是上进。

戬（戩 jiǎn）：灭也，从戈晋声。

缙（縉縉 jìn）：赤色帛。

搢（搢 jìn）：插；摇动，震动；古人所佩的饰带。

瑨 jìn：似玉的美石；多用于人名。

拓展：

鄑 溍 榗 晉 戬　　P2.4 试试晋末称二王之善　　P16.3 东晋士人

J

丞1：丞 侄 径 轻 经 胫 泾 颈 烃 硁

（金文 说文 说文 邹武生）（篆字汇 魏碑 王羲之 孙过庭）（说文 肥致碑 王羲之 颜真卿 颜真卿 米芾）

（楚简 楚简 秦简 说文 智永 王羲之 王羲之）（说文 欧阳询 米芾 王铎）（说文 柳公权 陆柬之 王羲之 章草）

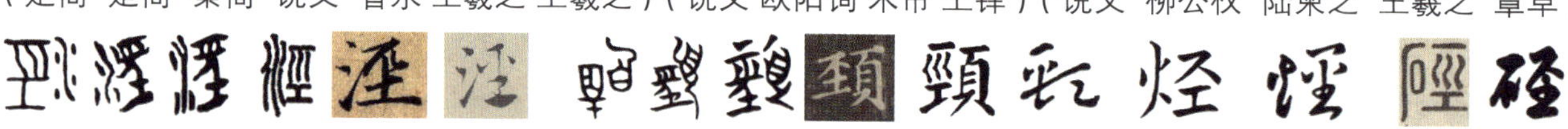

金文 楚简 楚简 说文 赵孟頫 邓文原）（金文 楚简 楚简 王羲之 颜真卿 章草）（王羲之 王羲之）（篆字 王铎）

辨析：

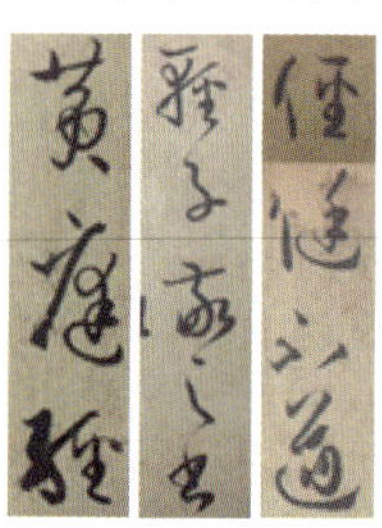

丞字有繁简两种写法，草书为“丞”的快写。可拓展。

丞（巠 jīng）：水脈也，从川在一下。

侄（侄）：古定切，直也，坚也。

径（徑 jìng）：形声，从彳（chì）表示与道路有关，巠声，本义是步行小路；取道、经过；直径；途径、方法。

轻（輕 qīng）：形声，本义为车名；分量不大，微小，轻快、轻便，轻率，宽松，轻佻；楚简或从羽，释读为轻，甚是。

经（經 jīng）：本义是织布机上的纵线；治理，纺织，经营。

胫（脛 jìng）：形声，从肉巠声，本义为小腿。

泾（涇 jīng）：形声，从水巠声，本义是泾水。

颈（頸 jǐng）：颈项。

烃（烴 tīng）：有机化学上碳氢化合物的总称。

硁（硜 kēng）：刚劲有力的击石声；坚定的样子。

拓展：

迳 烃 琉　　P49.1 侄侹不遒　　P7.2 轻子敬之书　　P34.5 黄庭经

圣2：劲 到 痉 羟 弪 陉 迳 茎 氢

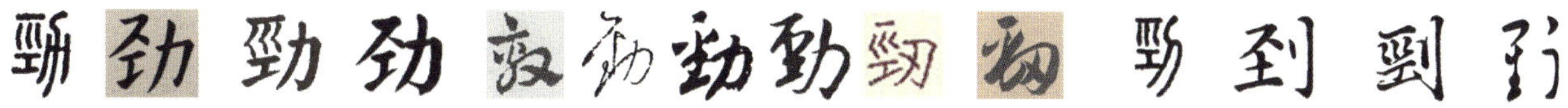

（说文 欧阳询 颜真卿 颜真卿 皇象 怀素 赵构 米芾 异体字 孙过庭）（说文 王羲之 赵孟頫 王羲之）

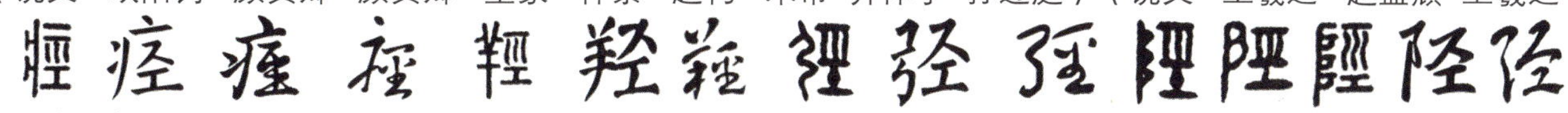

（说文 欧阳询 赵孟頫 王羲之）（说文 颜真卿 章草）（金文 柳公权 于右任）（金文 简帛 说文 赵孟頫 章草）

（说文 文徵明 王铎 王铎）（简帛 帛书 说文 颜真卿 赵孟頫 王羲之）（细篆 汉简 爨体 王羲之 王羲之 章草）

辨析：

圣字作为字根，拓展性较强，各体写法同前。

劲（勁）：形声，从力从巠，巠声，本义是强劲有力，异体字有从刃的写法。

刭（剄 jǐng）：用刀割颈。

痉（痙 jìng）：风强病，也称痉挛。

羟（羥 qiān）：羊名；qiǎng，羟基，也叫氢氧基。

弪（弳 jìng）：弧度。

陉（陘 xíng）：山脉中断的地方。

迳（逕 jìng）：同径。

茎（莖 jìng）：形声，从艸巠声，本义是植物的主干。

氢（氫 qīng）：化学元素名，一价非金属元素，元素符号 H。

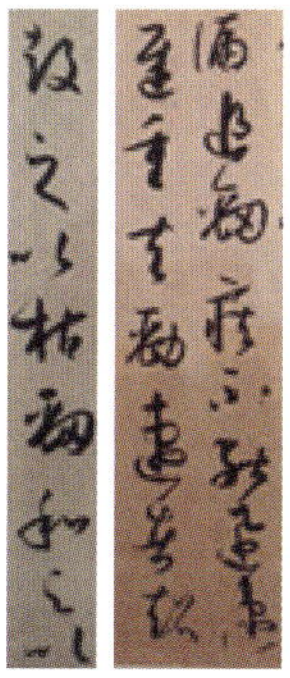

拓展：

猻 娙 弳 徑 挳 涇 莖 逕 桱 殌 氫 烴 牼 脛 睅 痙 硜 葝 經 羥 蛵 粳 蹛 誙 踁 輕 鋞
頸 頸 鵛 鑋

P22.3 鼓之以枯劲和之以闲雅　　P45.4–5 偏追劲疾…夫劲速者

京1：京 倞 凉 涼 谅 勍 掠 鲸 弶 晾

（甲骨 古文 金文 金文 六书统 汗简 说文 李阳冰 欧阳询 颜真卿 王羲之 刘炟 王羲之 智永）（甲骨 楚简 说文

说文 楷书）（篆字汇 柳公权 米芾 怀素）（金文 说文 欧阳询 张芝）（说文 欧阳询 王献之）（说文 魏碑 黄庭坚）

（说文 褚遂良 王羲之）（简帛 说文 王基碑 虞世南 米芾 章草）（篆字汇 欧阳询 黄庭坚）（金文 智永 王羲之 李泩）

辨析：

京字为象形，隶定字形稳定，京字草书，一为快写，二为写“享字符”，即京字与卓、享（参照 X 享）和“縣左（参照 X〈县縣〉）”等字的草书，都可写“享字符”。可拓展。惊和琼字分别有繁体字驚和瓊，见相关页。

京 jīng：象形，甲骨文字形，像筑起的高丘形，上为耸起的尖端，本义是人工筑起的高土堆。

倞 liàng：索求，遥远、明亮；jìng，强有力；彊也。

凉 liáng：形声，从水京声，本义为寒。

涼 liáng：以水和酒也，故为薄酒，玄谓涼；冷、微寒；辅助，冷清，悲苦，淡薄、不善，失望、灰心，感冒、风寒。

谅（諒 liàng）：形声，从言京声，本义是诚实、信实；谅解，宽恕；料想。

勍 qíng：形声，从力京声，本义为强有力。

掠 lüè：形声，从手京声，本义是抢劫、夺取。

鲸（鯨 jīng）：形声，从鱼京声，本义为鲸鱼。

弶 jiàng：捕捉老鼠鸟雀等的工具。

晾 liàng：形声，从日京声，晒干；搁置、冷落，暴露出来，展开并抖动。

拓展：

剠 勍 婛 猄 惊 琼 综 犅 晾 椋 輬 腒 碌 稤 綡 豂 賌 醇 輬 鍄 鯨 鶁 麖 黥

京 2：景 影 憬 璟 颢 灏 澋 暻

（古文 古文 说文 夏晨碑 欧阳询 颜真卿 王羲之 皇象 索靖 赵孟頫）（金文 篆字汇 王铎 赵孟頫 王羲之）

（说文 伊秉绶 智永 王羲之 章草）（篆字汇 黄自元 黄庭坚 空海）（简帛 说文 颜真卿 王羲之 于右任 章草）

（金文 说文 王铎 何绍基 智永 虞世南 柳公权 赵孟頫 王铎 王羲之 李洤 章草）（简帛 维摩诘）（金农 王铎）

辨析：

景字从日从京，草书写法，日字草化为“倒三角”，京字写快写或写“享字符”。可拓展。

景 jǐng：形声，从日京声，本义是日光。

影 yǐng：形声，从彡景声，因挡住光线而投射的暗影。

憬 jǐng：觉悟；远行地，远。

璟 jǐng：玉的光彩。

颢（顥 hào）：会意，从景从页（xié），日光白，从景页，言白首也，头白的样子；浩大，光明 。

灏（灝 hào）：水势无边际，通浩，广大；豆浆。

澋 jǐng：泂澋，水回旋的样子。

暻 jǐng：古同景，明。

拓展：

剠 幜 影 摬 燝 餲 鏸 鼆

京 3：就 鹫 啾（歡） 僦 蹴 崺

（甲骨 甲骨 金文 楚简 秦简 籀文 说文 西狭颂 钟繇 欧阳询 颜真卿 柳公权 赵孟頫 简书 皇象 吴昌硕）

（金文 简帛 说文 褚遂良 颜真卿 欧阳询 柳公权 赵孟頫 王羲之 朱瞻基 王羲之 裴休 章草）（说文 敦煌 说文 楷书）

（金文 说文 颜真卿 赵孟頫 王羲之 王羲之 毛泽东）（说文 欧阳询 郑板桥 张瑞图 韵会）（篆字汇 郑道昭 楷书）

辨析：

就字从京从尤，草书写法，京字写快写或写“享字符”，尤字反起笔，省点快写。可拓展。

就 jiù：会意，京尤会意，京意为高，尤意为特别，本义是到高处去住；靠近、走近、趋向，搭着吃，完成、成功，终、尽，迁就、将就；立刻，马上；偏偏；表示假设或让步关系，相当于假如、即使。甲骨金文楚简为“亯京”组合，待考。

鹫（鷲 jiù）：老雕。

啾（歡 zā）：同 咂；hé，柔；cù，古通蹙，皱额；歡的俗字。

僦 jiù：从人就，租赁。

蹴（蹵 cù）：形声，从足就声，本义为踩、踏。

崺 jiù：山岭名。

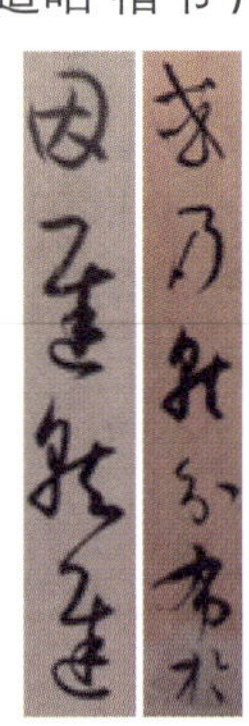

拓展：

憱 摗 殧 僦　　P17.5 或乃就分布于累年　　P46.4 因迟就迟

井 阱 畊（耕）肼 妌 进（進）讲（講）

（甲骨 金文 盟书 楚简 说文 史晨碑 欧阳询 欧阳询 虞世南 柳公权 赵孟頫 史游 王羲之 王羲之 怀素）

（甲骨 甲骨 甲骨 金文 说文 赵孟頫 王羲之）（刘畊 王铎 古玺 说文 王羲之 王羲之）（粗篆 欧阳询 王羲之）

（甲骨 说文 赵孟頫）（王羲之 章草 皇象）（汉简 王羲之 章草 简帛 说文 褚遂良 赵孟頫 王羲之 王铎）

辨析：

井字的行草书为快写。阱字的象形意义很清晰，隶定后字形稳定。畊为耕，两种写法都有。进和讲字的草书一般从其繁体字講和進，其简体字的使用频率很低，参见隹和冓页。

井 jǐng：象形，金文字形外像井口，中间一点表示井里有水，本义是水井。

阱（穽 jǐng）：形声，从阜井声，本义是陷阱，为捕捉各种野兽的坑。

畊（耕 gēng）：形声，从耒井声，从“耒”，表示与耕作有关，本义为犁田。

肼 jǐng：有机化合物的一类，是 NH_2–NH_2 烃基衍生物的统称。

妌 jìng：女子贞洁娴静。

进（進 jìn）：从辶从隹，前进。

讲（講 jiǎng）：形声，从言冓声，本义和解。

拓展：

丼 荆 囲 茾 穽 汬 垪 刱 菜 耕 穽 聠 浄　　　P44.5 窥井之谈

竞（競）竟（竸）誩 镜 境 獍

（甲骨 王羲之 颜真卿 皇象 毛泽东 甲骨 甲骨 金文 楚简 说文 虞世南 赵孟頫 文徵明 毛泽东 楚简 鲜于枢）

（甲骨 金文 说文 曹全碑 欧阳询 赵孟頫 皇象 王羲之 简帛 敦煌 智永 欧阳询 刘炟 赵孟頫）（说文 隶辨 柳公权）

（简帛 说文 欧阳询 米芾 皇象 怀素）（简帛 说文 好太王 褚遂良 王羲之）（金文 古文 王羲之 王羲之 王羲之 章草）

辨析：

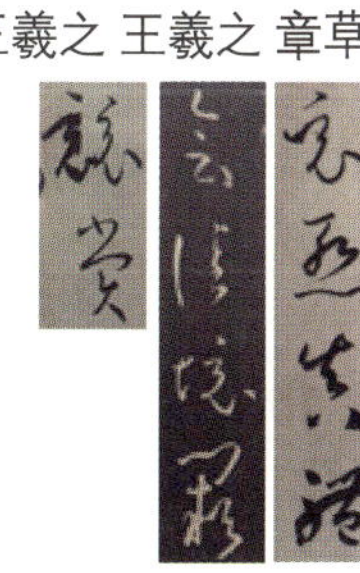

“竞競競誩竸”是一字异体，草书一般从競字结构，个别从竸字结构的立，而把立字的草法（草化为“七一”）写出来（见文徵明、毛泽东）。竞和竟字都可拓展。

竞（競競 jìng）：不管甲骨文、金文还是小篆，都像两个头顶东西的人在竞逐比赛，竞字的口字中加点，就成了竸，此字见于《龙龛手鉴·立部》，是“竞”字的异体，证之汉代简帛、石刻，确切无疑，竞、竸、誩 本是一字异体；疑竞字本义为“逐”，假借为“彊”，“竸”为后起，不久便被淘汰。

竟（竸競 jìng）：会意，从音从人，本义是奏乐完毕。

誩（譶 jìng）：从二言，竞言也，字义为争论；说文竞言也，广韵争言也。

镜（鏡 jìng）：形声，从金竟声，本义是照形取影的器具。

境 jìng：形声，从土竟声，本义为边境、国境。

獍 jìng：传说中的恶兽，体形似虎豹，但较小，性格凶暴，一生出便会食其母兽。

拓展：

婛 傹 摬 滰 蕫 樈 璄 糡 鏡

P53.4 竟惭真体　　　P55.4 竞（竸）赏豪末之奇　　　P63.4 佳境

敬 驚 擎 儆 檠 警

（金文 金文 楚简 秦简 说文 李斯 曹全碑 欧阳询 颜真卿 王羲之 王羲之 邓文原）（简帛 说文 六书统 尚博碑

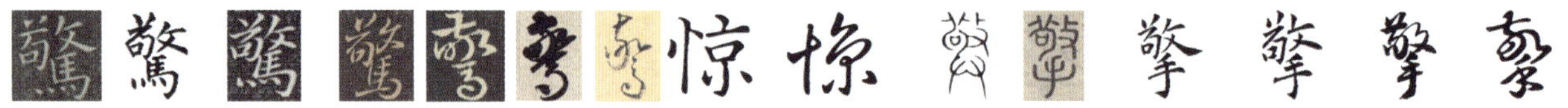

欧阳询 柳公权 赵孟頫 王羲之 皇象 智永 怀素 王羲之 王羲之）（古文 篆字汇 虞世南 褚遂良 王羲之 王羲之）

（金文 金文 说文 颜真卿 王羲之 王羲之）（说文 智永 邓文原）（金文 简帛 说文 赵孟頫 王铎 简帛 王羲之 赵构）

辨析：

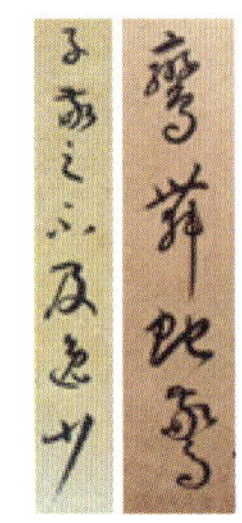

敬字的篆书结构差异较大，隶定字形稳定，草书按敬字的部件“艹、句、攵”的草书符号组合即可，其中，草头写，口写两点，反文快写或写竖弯（钩）。可拓展。

敬 jìng：会意，从攴，以手执杖或执鞭，表示敲打，从苟（jí），有紧急、急迫之义，本义是恭敬、端肃，恭在外表，敬存内心；有礼貌地送上。甲骨文字为某一种族之人呈跪坐之形，本义不明，或为商朝俘虏而来的奴隶，而假借为恭敬之意（参考：季旭昇《說文新證》说法）。

驚（惊 jīng）：形声，从马，马受惊。

擎 qíng：举，支撑、承受住压力，执持，拱手。

儆 jǐng：形声，从人敬声，警戒，戒备；告诫、警告；警报，紧急情况。

檠 qíng：形声，从木敬声，矫正弓弩的器具；灯，灯台；矫正，拿、托。

警 jǐng：会意，从言从敬，敬亦声，本义是戒敕；戒备、防备，警报，敏悟，文章语意新妙凝练的。

拓展：

撴 弊 憋 瞰 璥 蟼 譤　　P5.6 子敬之不及逸少　P11.2 鸾舞蛇惊

丩 纠 赳 虯 收 叫

（说文 清华 简广义 隶辨）（仓颉 甲骨 金文 说文 曹全碑 樊敏碑 欧阳询 褚遂良 颜真卿 柳公权

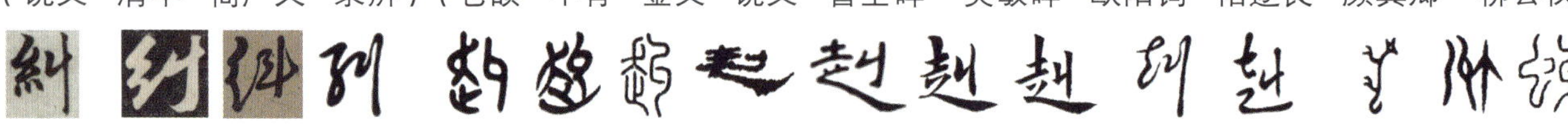

赵孟頫 苏轼 岳飞 王羲之）（金文 简帛 说文 居延简 曹全碑 智永 欧阳询 王羲之 章草）（虯戈 虯卣 说文

赵佶 王羲之）（清华简 说文 李阳冰 欧阳询 赵佶 朱熹）（简帛 说文 颜真卿 怀素 苏轼 说文 黄自元 说文）

辨析：

丩字的篆书为缠绕的绳子，隶定字形稳定，行草书为快写。可拓展。虯字因有异体字“虬”，草书一般从此结构。

丩 jiū：象形，互相纠结缠绕，一曰瓜瓠结丩起，古同纠。

纠（糾糺 jiū）：形声，从糸（mì）表示与线丝有关，丩声，本义为三股的绳子。

赳 jiū：形声，从走丩声，威武雄壮的样子。

虯（虬 qiú）：象形，从虫丩声，龙无角者；蜷曲，如虯髯。

收 shōu：捕，取也，从攴丩声。

叫（呌嘂嘄 jiào）：呼也，从口丩声。其中，嘄字除了古同“叫”，还有古通“祷”，读 dǎo。

拓展：

丩 屮 朻 刣 抝 牞 収 玐 疝 觓 訆 軋 釓 鼿　　P59.2 条目纠纷

九1：九 究 仇 犰 旭 轨 鸠

（甲骨 甲骨 金文 金文 说文 说文 鲁峻碑 钟繇 欧阳询 颜真卿 张芝 王羲之 王献之 智永 张旭）

（金文 古文 说文 柳公权 赵孟頫 皇象 王羲之 张旭）（简帛 说文 王羲之 王羲之 简帛 赵孟頫 孙过庭）

（粗篆 欧阳询 王羲之）（说文 颜真卿 王羲之 张旭）（说文 广义 虞世南 祝永明）（说文 隶辨 皇象 王羲之）

辨析：

九字结构稳定，行草书为快写。玖为九的“大写”，从久（见久页），其行草书亦为快写。

九 jiǔ：阳之变也，像其屈曲究尽之形。

究 jiū：形声，从穴九声，本义为穷、尽。

仇（雠 chóu）：匹偶，同伴；深切的怨恨；qiú，古同逑，姓；雠，校对文字，同等，应对；同仇；古同酬，酬酢。

犰 qiú：犰狳。

旭 xù：光明，早晨太阳刚出来的样子。

轨 guǐ：车子两轮之间的距离，其宽度为古制八尺，后引申为车辙；路线，规则。

鸠（鳩 jiū）：鸟，鸠鸽科部分种类的统称；聚集。

拓展：

勼 染 厹 乭 叴 扏 氿

P51.1 博究始终

九2：叴 旮 旯 尻 宄 馗 尴 尬 杂

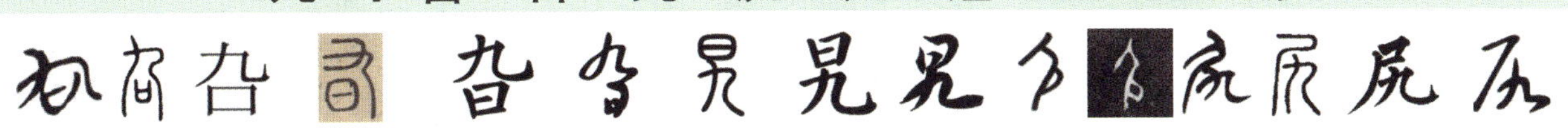

（简帛 说文 楷书）（六书通 欧阳询 王羲之）（粗篆 颜真卿 索靖）（甲骨 甲骨 简帛 说文 柳公权 王羲之）

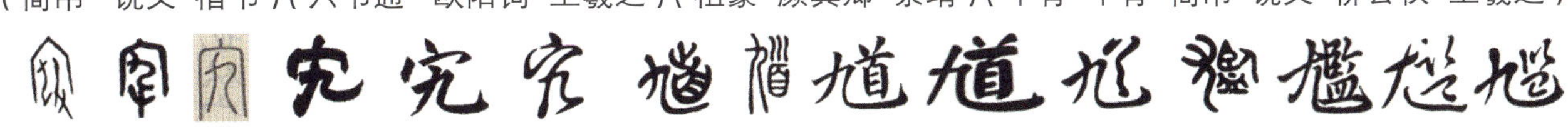

（甲骨 金文 说文 赵之谦 赵孟頫 王羲之）（简帛 说文 虞世南 颜真卿 王羲之）（金文 赵孟頫 于右任 章草）

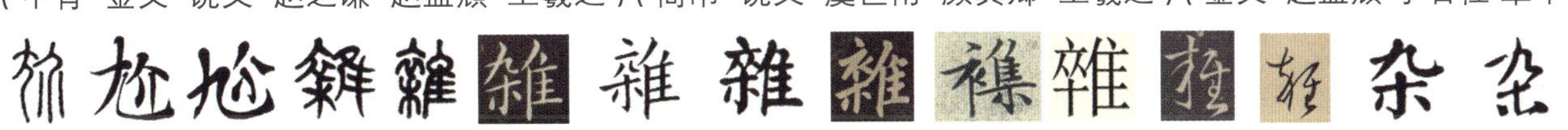

（说文 智永 章草）（简帛 说文 王羲之 欧阳询 颜真卿 赵孟頫 文徵明 楷书 王羲之 孙过庭 颜真卿 王羲之）

辨析：

九字作为字根，各体写法同前。卆乃卒也，拓展的字如淬醉粹猝碎等，各体都可从卆，亦可从卒，见卒页。

叴 qiú：叴叴，傲气逼人的样子。

旮旯 gā lá：角落的意思。

尻 kāo：屁股，脊骨的末端；家畜外形部位名称。

宄 guǐ：奸也，外为盗，内为宄。

馗 kuí：指的是四通八达的大道；钟馗。

尴尬 gāngà：处境窘困，不易处理；神色、态度不正常。

杂（雜雑雑）：五彩相会，从衣集声，本义指以各种彩色搭配制作衣服，引申指参和、混合，杂由各种颜色相杂，又引申为不纯的，异体字有雜雜雜褋橥檪等等。

拓展：

艽 尧 伜 朹 雓

九3：丸 秇 汍 纨 芄 奿 犱 䎟

（金文 说文 李阳冰 汉简 赵孟頫 王羲之 智永 欧阳询 宋徽宗 王羲之 王羲之 王献之 怀素）（石韵府 楷书）

（说文 祝永明）（说文 欧阳询 王羲之 王羲之 怀素）（说文 颜真卿 章草）（说文 楷书）（楷书 黄慎）（说文 楷书）

辨析：

丸字隶楷从"九"字形，结构简单，隶定字形稳定，行草书为快写。可拓展。执埶孰势等字从丸，见相关页。拓展的秇（yì/zhí）字，有异体字執和藝，因此秇字的各体还可从執和藝。

丸 wán：小而圆的东西。

秇 yì：同藝，种植；zhí，同执，拘捕。

汍 wán：流泪的样子，《后汉书》泪汍澜而雨集兮，气滂滂而云披。

纨 wán：细的丝织品，纨素。

芄 wán：芄兰，莞也。

奿（奻 fàn）：《六书统》女之慧而员，从女丸，言机如丸也；古女子人名用字。

犱 jǐ：古书上说的一种兽。

䎟 ér/nuó：丸之熟也。

拓展：

凥 肒 [illegible] 䀏 𥤢 䒢 笂 紈 勢 訙

久 玖 灸 畝（畒 畮 畂 亩） 芆 柩

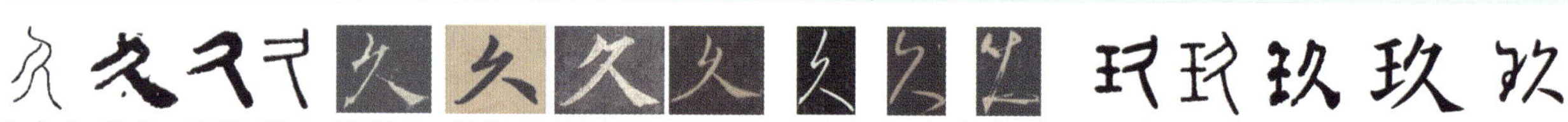

（古文 帛书 秦简 说文 褚遂良 钟绍京 颜真卿 王羲之 王羲之 怀素 杨凝式）（金文 说文 何绍基 欧阳询 王羲之）

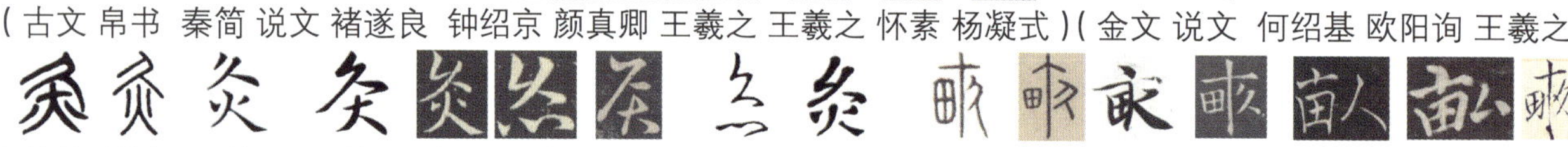

（楚简 说文 王羲之 王献之 俞和 皇象 王羲之 王羲之 章草）（石鼓文 广义 智永 欧阳询 褚遂良 褚遂良 赵佶

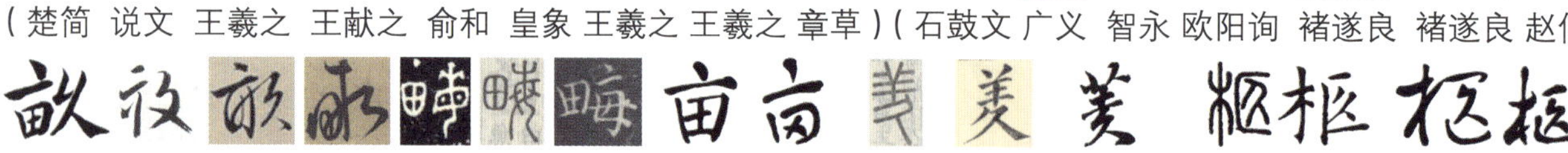

包世臣 智永 文徵明 王宠 金文 说文 欧阳询 颜真卿 章草）（说文 彭玉雯 王羲之）（说文 王羲之 王羲之 章草）

辨析：

久字笔画少，却姿态多变，可拓展。畝字从久，亩也，异体字变化多，不胜枚举，各体均见。

久 jiǔ：灼也，灸的古字；长久，时间久。

玖 jiǔ：似玉的黑色石；数字九的大写。

灸 jiǔ：烧，中医的一种医疗方法，用艾叶等制成艾炷或艾卷，烧灼或熏烤人身的穴位。

畝（亩畒畮畂 mǔ）：中国市制土地面积单位，一亩等于六十平方丈；田中高处，垄；异体字有亩畂畋畆畞畒畮畮畂畍畞畛畂畆畒等等。

芆 líng：同羑；古同蔆，即菱。

柩 jiù：装着尸体的棺材。

拓展：

匛 𡧍 庂 㚢 汣 杦 旧 疚 条 羑 莠 攵 炙 渼

臼 旧（舊）写（寫）舀 舂 臾 搜 艘 瘦 舅

（说文 索靖 韵辨 甲骨 金文 说文 简帛 曹全碑 张迁碑 智永 欧阳询 索靖 王羲之 怀素 赵孟頫 朱熹）

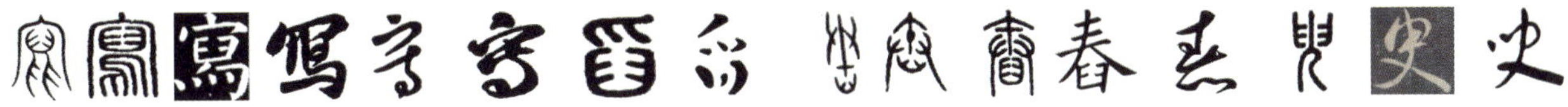

（石经 说文 颜真卿 苏轼 王羲之 智永）（说文 王羲之）（甲骨 金文 说文 欧阳询 李淦）（说文 祝枝山 于右任）

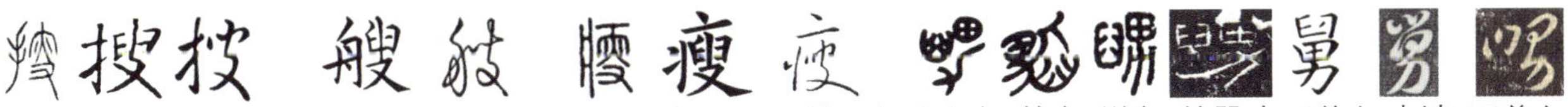

（说文 张旭 王羲之）2（王羲之 王羲之）（说文 欧阳询 王献之）1（金文 简帛 说文 礼器碑 王羲之 索靖 王羲之）

辨析：

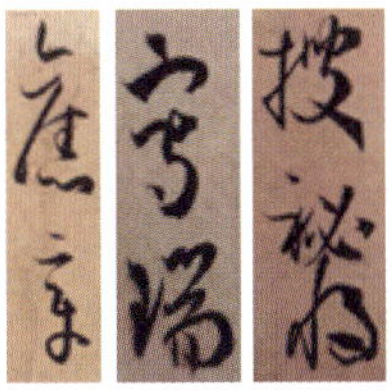

旧（舊）、写（寫）和搜字，都有臼字结构，臼字的草书单写，为写快写或简体字旧，作为部件，索靖、王羲之草化为三个点，《草诀百韵歌》有“叟弃点成皮”，即是臼字草化为三点后叟字的草书写法。

旧（舊）字草书起笔一般从隶书“亠或六”，用“艹”的较少，其中的隹和臼字，既有快写，也有从其草法的。

臾字本从申，楷化后有两种写法，即从臼为臾（人＋臼）和从日为臾（人＋日），草书亦有从日或从臼的两种写法。

臼 jiù：中部下凹的舂米器具。

旧（舊 jiù）：形声，甲骨文字形上面是萑，鸱鸟类，下面是臼，作声符，本义是鸟名，猫头鹰一类，现代常用的与“新”相对的“旧”，则是假借之义。

写（寫 xiě）：置物也，从宀舄声。

舀 yǎo：会意，上为爪，下为臼，用瓢勺取物。

舂 chōng：把东西放在石臼或钵里捣去皮壳或捣碎。

臾 yú：从申从乙，捆绑拖拉。

搜 sōu：寻求，寻找，检查。

艘 sōu：海中大船；量词，用于船只。

瘦 shòu：体内含脂肪少，肌肉不丰满；单薄，土地瘠薄，遒劲有骨力。

舅 jiù：形声，从男臼声，本义是舅父，指母之兄或弟。

拓展：

1 臿 臽 臼 舄 柏 帛 舁　2 馊 搜 嗖 飕 嫂 騪 廋 膄 瞍 锼 蒐 謏 醙 傁 螋 鄋 獀 溲

P59.2 或重述旧章　P30.6 或写瑞于当年　P29.2 搜秘将尽

咎（咎）绺

（甲骨 甲骨 金文 金文 楚简 说文 六书通 隶辨 鲜于璜 敦煌 王羲之 欧阳询 薛稷 颜真卿 赵孟頫

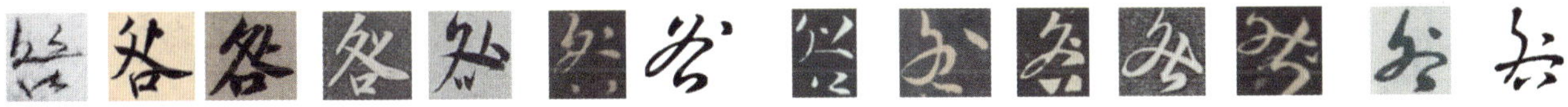

孙过庭 米芾 黄庭坚 米友仁 陆游 索靖 王羲之 孙过庭 孙过庭 怀素 赵孟頫 王无咎 于右任 章草）

（金文 说文 汉简 欧阳询 颜真卿 柳公权 赵孟頫 黄庭坚 赵孟頫 王铎 王羲之 于右任 郭沫若 章草）

辨析：

咎字篆书变化较多，核心部件是“各、人”，其变化有两个“人”的，也有加“疒”字的，还有将人置于左为“亻”的，等等，楷化时，人变成了“卜”字结构，草书一般草化为一个点，而各字的口从口字草法，两点、一点或三角等都可。

咎（咎 jiù）：会意，从人从各，非从处也，从各，表示相违背，违背人的心愿，本义为灾祸、灾殃。

绺（綹 liǔ）：从糸咎声，纬十缕为绺。

拓展：

倃 狢 蓉 晷 欲 諮 橐 鮥 麐 橐 麐 礬

P58.5 岂可执冰而咎夏虫哉

匊 掬（揈）菊 麹 鞠（鞫 諊）

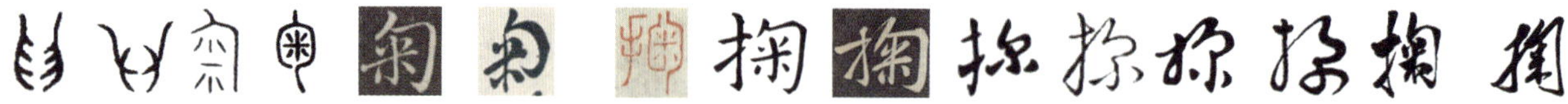

（古文 金文 金文 说文 褚遂良 吴昌硕）（说文 王羲之 黄庭坚 王羲之 赵构 文徵明 韵会 王铎 毛泽东）

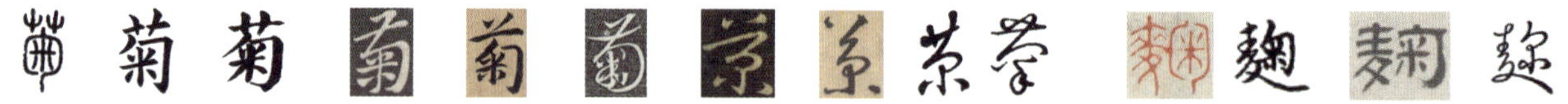

（说文 欧阳询 颜真卿 黄庭坚 赵孟頫 宋高宗 王羲之 鲜于枢 章草 韵会）（石韵府 赵孟頫 孙冯翼 王羲之）

（金文 说文 说文 王羲之 王羲之 宋徽宗 1 王羲之 智永 赵孟頫 沈粲 2 索靖 韵会 3 怀素 宋徽宗 吴昌硕）

辨析：

匊字从勹从米，隶定字形稳定，草书，单写为快写“米形匊”，作为字根一般写“尔”形，即“尔形匊”。“掬（揈）、鞠（鞫）、菊（蘜可从“言”）、毱（“毛言”、鞠鞫）”等“扌革艹毛”旁的字又有从言字的结构，因此这些字的草书还可从言。鞠字虽然有从“尔、言、米”三种草法，从“米”的写法还是十分罕见的。

匊 jū：从勹米，在手曰匊，手掬米会意，一手曰匊。

掬（揈 jū）：两手相合捧物，两手曰掬。

菊（蘜 jú）：形声，从艸匊声，本义为植物名，通称菊花。

麹（麯 qū）：同麴，酒母也。

鞠（鞫諊 jū）：皮毬，一种以皮革缝合，内塞以鸟羽等柔软物或充气而成的球；养育、抚育，弯曲，审问，穷困，幼小、幼稚。异体字有毱陶鞠鞫鞫等等。

拓展：

陶 踘 婅 淗 惸 猲 椈 睗 粷 蝌 趜 徛 鵴 鮈

居 椐 裾 倨 琚 踞 锯

（仓颉 金文 楚简 简帛 简帛 古文 汉简 说文 曹全碑 司马光 王铎 欧阳询 颜真卿 钟繇 谢安

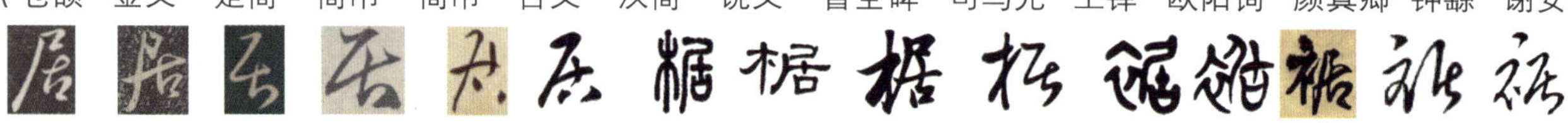

王献之 米芾 王羲之 邓文原 黄庭坚 章草）（说文 曹全碑 王羲之 王羲之）（金文 简帛 王铎 王羲之 章草）

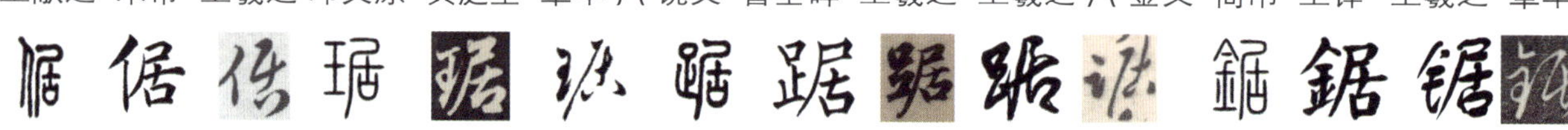

（说文 虞世南 赵构）（说文 赵孟頫 祝枝山）（说文 柳公权 赵孟頫 王铎 祝永明）（说文 颜真卿 舒同 饶介）

辨析：

居字大篆形态变化较多，从“几”和“立”的写法也有，不常见；小篆后字形一般稳定为“尸古”结构，古下边的“口”草写两点或连写。需要注意的是，居与豦字有“剧劇、据據、腒臄”等三组偏旁相同的异体字，草书两种写法均可，其从豦的写法可参照“豦”页，其他偏旁如“木衤王足金口氵宀火礻鸟言”等，与居和豦都可以组字，但字的意义大部分是不同的，因此不可以在草书中互为代替。

居 jū：象形，蹲也，从尸古者，金文字形，是踞的本字，像人曲胫蹲踞形，本义为蹲着；踞，俗居从足。

椐 jū：一种古书上记载的树，多枝节，可作拐杖。

裾 jū：衣服的前后襟。

倨 jù：形声，从人居声，本义是傲慢。

琚 jū：古人佩带的一种玉，系在珩和璜之间。

踞 jù：形声，从足居声，本义为蹲坐。

锯（鋸 jù）：形声，从金居声，本义是析解木石等的齿形工具。

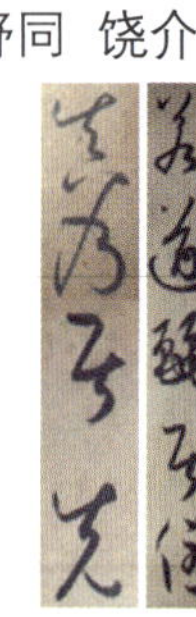

拓展：

啹 娓 崌 涺 腒 稆 艍 蜛 綨 諊 賥 焗 艍 屋

P19.2 真乃居先　　P48.1 若遒丽居优

举 榉

（石韵府 清华简 秦简 汉简 说文 李阳冰 帛书 曹全碑 宝子碑 欧阳询 颜真卿 柳公权 赵孟頫

王羲之 王献之 智果 米芾 赵孟頫 王铎 陆机 王羲之 智永 怀素 空海）（细篆 曹全碑 颜真卿 王羲之 章草）

辨析：

举字的含义为用手托物，用一只手到五只手的字形都有，所托之物有用发音为“与”字的，也有石韵府用抽象符号的。《草诀百韵歌》云：“举身为乙未”，举字的草书即为“乙＋未”。

举（舉擧 jǔ）：形声，小篆字形，从手舉（yǔ）声，本义为双手托物。

榉（欅 jǔ）：榉树，一种榆科落叶乔木，木材坚实，为上等家具用材，还供建筑、造船用。

拓展：

P38.6 粗举纲要

巨 矩 讵 拒 柜 炬 钜 秬 距（岠）

（伯矩簋 伯矩尊 篆文 说文 李斯 简帛 张迁碑 欧阳询 褚遂良 颜真卿 王羲之 智永 怀素 赵孟頫）（金文

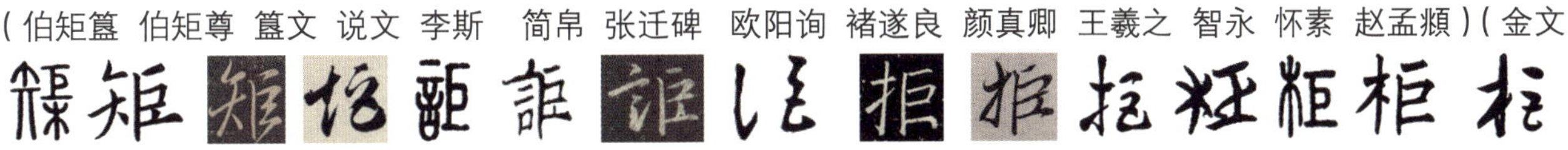

说文 欧阳询 王羲之 智永）（说文 欧阳询 王羲之 王羲之）（颜真卿 赵孟頫 章草）（简帛 说文 柳公权 张瑞图）

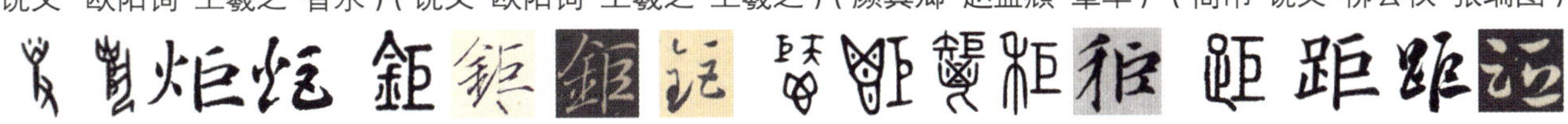

（甲骨 甲骨 虞世南 章草）（说文 宋徽宗 王羲之 怀素）（金文 金文 说文 说文 赵孟頫）（说文 欧阳询 米芾 皇象）

辨析：

巨字的篆书变化较多，楷化保留工形。巨字的草书写法为“点Z点”，促、捉的草书可作参照。皇象写的距字，其巨字草书，上下两横保留，中间将左竖与半包围结构视为口，写成了两个呼应点。

巨 jù：象形，金文字形，是矩的本字，像人持矩形，本义是画直角方形用的工具。

矩（榘 jǔ）：本字作巨，今字作矩，形声，从矢巨声，本义为矩尺。

讵（詎 jù）：岂，怎。

拒 jù：形声，从手巨声，本义为抵御、抵抗。

柜（匮櫃 guì）：形声，从木匮声，本义是收藏衣物、书籍的家具。

炬（苣 jù）：形声，从火巨声，本义是火把。

钜（鉅 jù）：形声，从金巨声，本义是钢铁。

秬 jù：黑黍，可以酿酒；黑。

距（岠 jù）：形声，从足巨声，本义为鸡爪；相隔的空间和时间。

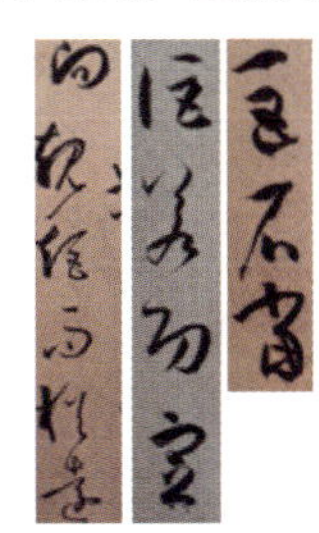

拓展：

粔 怇 洰 眐 岠　　47.5 巨石当路　　P14.5 讵若功宜　　P17.6 向规矩而犹远

具 俱 犋 飓 惧

（甲骨 金文 空首币 简帛 帛书 简帛 居延简 说文 李斯 史晨碑 王献之 欧阳询 颜真卿 柳公权

王羲之 米芾 钟繇 王羲之 王献之）（金文 说文 金刚经 索靖 王羲之）（金文 粗篆 好太王 赵孟頫 王羲之）

（金文 粗篆 汉简 赵孟頫 赵孟頫 王羲之 张瑞图）（汉简 王羲之 颜真卿 黄庭坚 章草 王羲之 曹植 智永）

辨析：

具字，甲骨文为双手托起的鼎，金文后有“鼎、目、日、口”等多种形态，楷化后从目，字形稳定，草书将目字中间的笔画草化为一个点，下边为“简帛”的快写。惧字有繁简两种写法，繁体字“懼”有两个同形结构“目”字，草书可写两点或三点，见瞿页。楷书真字本从目，却似有具字结构，草书为约定俗成，见真页。

具 jù：会意，甲骨文字形，上面是“鼎”，下面是双手，表示双手捧着盛有食物的鼎器（餐具），本义为准备饭食或酒席。古同“俱”，都，完全。

俱 jù：形声，从人具声，本义是走在一起，在一起。

犋 jù：量词，牵引犁、耙等农具的畜力单位，能拉动一种农具的畜力叫一犋，有时是一头牲口，有时是两头或两头以上。

飓（颶 jù）：飓风，风力常达十级以上，常伴有暴雨。

惧（懼 jù）：形声，从心瞿声，本义为害怕、恐惧。

拓展：

埧 哫 椇 鶪 瞿 䁊 䀠

P40.6 人书俱老

聚 骤 藂 郰

（金文 楚简 秦简 说文 李阳冰 隶辨 欧阳询 颜真卿 刘恕 赵孟頫 赵佶 王羲之 王献之 苏轼 赵孟頫

王羲之 王羲之 智永 孙过庭 赵孟頫 邓文原）（简帛 说文 褚遂良 颜真卿 赵孟頫 王羲之 王羲之 怀素 赵孟頫）

（魏碑 王羲之 赵孟頫 徐渭 小野道风 王铎 王铎）（金文 粗篆 何绍基 欧阳询 王羲之 赵孟頫 王羲之 流江）

辨析：

聚的结构为取加众，草书有二：1.“取（草写）＋乑（快写）”；2.“采头＋水”，即取字草化为“采字头”，下边为水，草法为采字下边的左右各多了一个撇和捺。应注意与行书采字的区别。

藂（叢丛），参见丛。

聚 jù：形声，从乑取声，邑落云聚，本义村落。小篆，下面乑是三个人，表示人多。

骤（驟 zhòu）：形声，从马聚声，本义为马奔驰。

藂 cóng：古同“丛”，异体字有藂叢䕺等。

郰（郰 zōu）：古邑名，春秋鲁国地，孔子家乡。

拓展：

剶 潀 𦍙 䠫

P13.4 聚墨成形

卷 倦 圈 绻 捲 踡 锩 蜷 鬈

（金文 楚简 简帛 秦简 汉简 说文 李阳冰 文徵明 邓石如 欧阳询 颜真卿 柳公权 赵孟頫 王羲之

皇象 怀素 王安石 王铎）（简帛 说文 欧阳询 索靖）（简帛 说文 颜真卿 王羲之）（说文 汉简 赵孟頫 王羲之）

（说文 柳公权 王羲之）（篆字汇 智永 王羲之）（篆字汇 黄庭坚 王羲之）（金文 褚遂良 孙过庭）（说文 欧阳询 王羲之）

辨析：

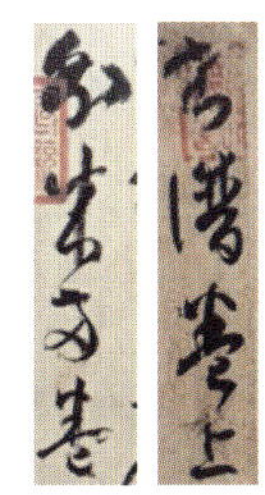

卷字篆隶变化较多，“米”字个别书家讹变写“火”，楷化后，“米”下边的撇捺变成了横；金文下边跪着的人“卩”，演变为巳，个别书家有写卩的，草书一般写“米＋巳”。可拓展。

卷 juǎn：形声，从卩（jié，甲骨文像人屈膝而跪的样子），券（juàn）声，本义为膝曲。

倦（勌 juàn）：形声，从人卷声，疲倦、劳累。

圈 juàn：形声，从囗（wéi，表示被围）卷声，本义为家畜的小围栏；quān，圆环，弯曲。

绻（綣 quǎn）：形声，从糸卷声，古作卷，屈曲。

捲 juǎn：气势也，捲捲，用力的样子；quán，古通拳。

踡 juǎn：足踢；quán，屈曲、弯曲，束缚、拘泥。

锩（錈 juǎn）：刀剑的刃卷曲。

蜷 quán：虫类弯曲或折叠身体，引申义为身子卷缩。

鬈 quán：头发好，（头发）卷曲。

拓展：

勬 啳 埢 婘 惓 淃 菤 [illegible] 棬 犈 腃 [illegible] 裷 [illegible] [illegible] [illegible] [illegible] [illegible]

P2.1 书谱卷上　　P59.6 分成两卷

夬 决 诀 袂 疦 抉 快 块（塊）

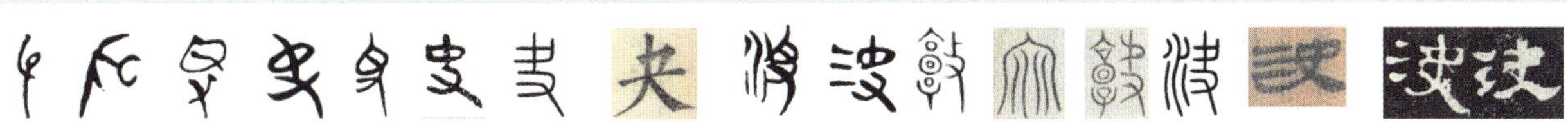

（甲骨 甲骨 楚简 楚简 楚简 秦简 说文 彭玉雯）（楚简 秦简 古文 汗简 汗简 说文 北大简 史晨碑 张迁碑

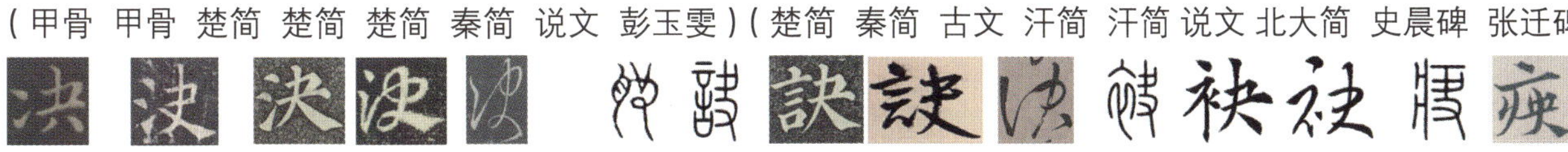

王羲之 褚遂良 颜真卿 皇象 王羲之）（古文 说文 颜真卿 王铎 张旭）（说文 欧阳询 米芾）（说文 史游）

（说文 成亲王 戴仁 宋克）（楚简 说文 柳公权 王羲之）（楚简 说文 颜真卿 韵会 说文 衡方碑 颜真卿 章草）

辨析：

夬字的篆书形态变化较多，隶楷稳定，行草书为快写，拓展的字需注意块字，书家一般写“塊”形。

夬 jué：钩弦用的扳指，也作决；损伤、伤坏；通缺、空缺；guài，卦之一，乾下兑上。

决（決 jué）：形声，从水夬声，本义是疏通水道，使水流出去。

诀（訣 jué）：形声，从言，本义为辞别、告别，特指长别。

袂 mèi：形声，从衣，本义是衣袖。

疦 jué：口歪斜；xuè，疮大。

抉 jué：形声，从手，本义为挑出、挖出。

快 kuài：形声，从心，本义是高兴、痛快。

块（塊 kuài）：从土鬼声，字本作凷，后来写作塊，本义是土块。

拓展：

[illegible] 刔 [illegible] 吷 妜 芵 [illegible] [illegible] [illegible] 炔 玦 [illegible] [illegible] 砄 [illegible] 缺 蚗 觖 訣 赽 趹 [illegible] 闋 鈌 [illegible] 筷 蒛 駃 鴂 鴃

玨 班 斑 癍

（甲骨 甲骨 金文 说文 欧阳询 颜真卿 王羲之）（金文 楚简 说文 王羲之 魏碑 欧阳询 颜真卿 王羲之 陆柬之

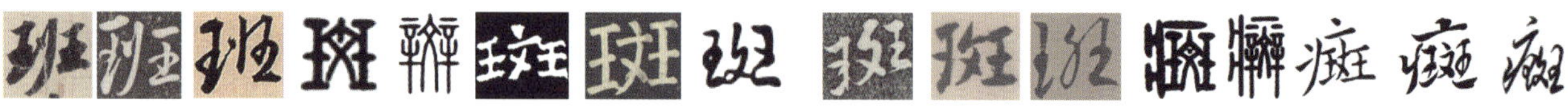

苏轼 赵孟頫 王铎）（金文 说文 爨龙颜 颜真卿 王羲之 黄庭坚 赵孟頫 王宠）（金文 粗篆 王羲之 索靖 李淦）

辨析：

玨字从双玉，隶定字形稳定，行草书为快写。班字中间为刀，楷化过程其刀字讹变为一点一竖撇，行草书从其结构，写快写。玨及琴瑟琵琶等字的"玨字头"篆书为琴架子，见相关页。

玨 jué：双玉为玨，故字从双玉，意思是两块玉合成的玉器；玨或为瑴，其中，瑴，1. 双玉，2. 玉名。

班 bān：会意，从玨从刀，金文中间是刀左右是玉，像用刀割玉，本义是分割玉。

斑 bān：形声，本作班，从文辡（biàn）声，本义为杂色的花纹或斑点。

癍 bān：斑点状皮肤病的通称。

拓展：

癍 [illegible] [illegible] 班 [illegible] 斑 [illegible] [illegible]

欮 厥 瘚 蹶 鳜 蕨 撅（噘） 阙

（金文 说文 楷书）（甲骨 金文 古文 古文 古文 古文 古文 石经 六书通 六书通 汗简 汗简 说文 熹平石

敦煌 娄机 娄机 欧阳询 颜真卿 王羲之 智永 宋克）（广义 俞和 皇象 皇象）（金文 说文 欧阳询 王羲之 王献之）

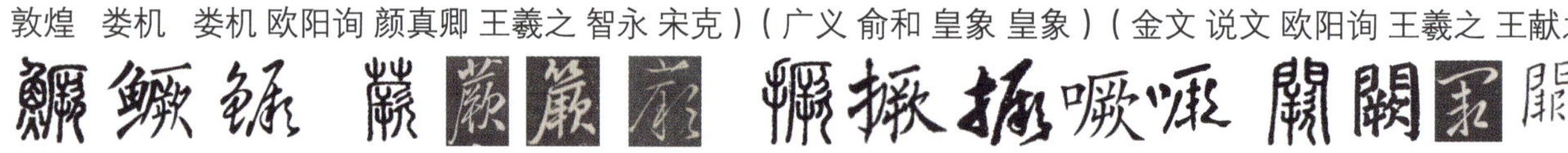

（说文 柳公权 王羲之）（说文 米芾 董其昌 文徵明）（说文 翁闿运 徐伯健 楷书 章草）（说文 颜真卿 卫瓘 欧阳询）

辨析：

欮字的字形稳定，厥字从厂从欮，其篆书形态多变，隶定有从厂或广、从羊或丰、从欠的写法，草书一般写"厂丰欠"。可拓展。

欮 jué：同瘚，气逆病；同撅（掘）；通蹶。

厥 jué：形声字从厂（hǎn）从欮（jué），"欮"意为"上半身憋气（发力）"，"厂"指"石崖"，厂与欮联合起来表示"采石于崖"，本义为憋气发力，采石于崖，引申义：1. 极尽全力；2. 憋气发力；3. 突然喘不过气来而昏倒。转义：（花费大力采来的）石块。说明：古代采石辛苦，是一种接近体力极限的劳动，所以，厥有憋气用力的意思，有憋气过头而休克的意思，也有好不容易、厉害、严重等意思；异体字有瘚、乑、橛、厨、厡、厤、乑、肙、身、皀等等。

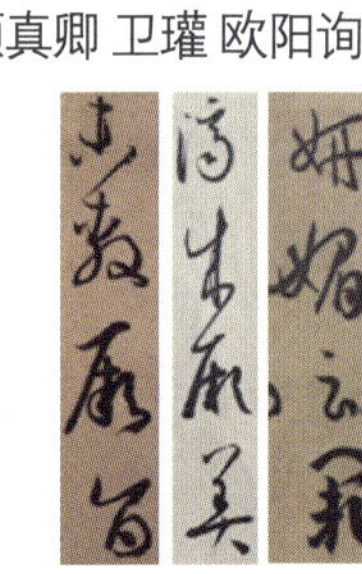

瘚 jué：气逆，也作厥。

蹶（蹷 jué）：形声，从足厥声，本义是倒下、跌倒。

鳜（鱖 guì）：鳜鱼，俗名花鲫鱼，亦称桂鱼；jué，鳜鯞，即鳑鲏。

蕨 jué：蕨菜。

撅（噘 juē）：翘起，折断；jué，撅竖，眼光浅，才识短。

阙（闕 jué）：去除，挖掘，毁伤；quē，缺点、错误，豁口、空缺，指待补的官额。

拓展：

劂 獗 橛 镢 嶡 鐝 蹷 瘚 闕　　P21.5 济成厥美　P26.1 未敷厥旨　P47.6 妍媚云阙

爵 嚼 皭 爝 釂 瀺

（甲骨 甲骨 甲骨 甲骨 金文 金文 金文 金文 金文 金文 楚简 秦简 石韵府 篆汇 李阳冰 夏承碑 史晨碑

钟繇 智永 欧阳询 颜真卿 赵孟頫 王羲之 王铎 皇象 索靖 智永 宋徽宗）（六书通 娄机 文徵明 钟绍京

王铎 文徵明）（篆字汇 娄机 祝永明）（说文 陆恭 王铎 于右任 说文 王献之）（广义 彭玉雯）（广义 王铎）

辨析：

爵字的篆书为酒器形，隶定字形稳定，上边草化为“横竖（出头或不出头累见）两点加宀头”，下边部件从皀，“皀寸”草化为“工寸”，草书可参照鬱（郁）和皀字草书。可拓展。

爵 jué：象形，甲骨文字形，像古代饮酒器，本义为古代酒器，青铜制；盛酒的礼器，形似雀，有流、两柱、三足，用以温酒或盛酒，盛行于殷代和西周初期；《说文》曰：爵，礼器也，像爵之形，中有皀酒，又持之也。

嚼 jiáo：用牙齿咬碎；jué，用于某些复合词，嚼咀；jiào，倒嚼。

皭 jiào/shǎn/yǎo：人名，梁有虞皭，音醮；宋有谢皭，音嚼，俗皭。

爝（熦燋烄 jué）：火把，小火。

釂 jiào：饮尽杯中酒。

瀺 zhuó：下雨、波浪激荡的声音；jiào，涂在车辕上的漆；zé，瀺瀺。

拓展：

瀺 擆 嚼 穱 矅 釂

君 郡 群 窘 莙 捃 裙（帬）涒

（甲骨 金文 盟书 楚简 素豆 石经 说文 曹全碑 宝子碑 颜真卿 赵孟頫 钟繇 张芝 皇象 王羲之 王献之 张旭）

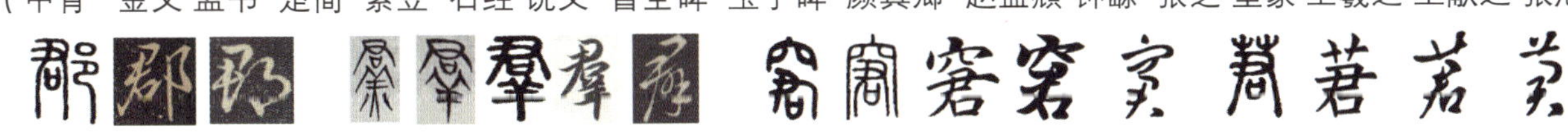

（说文 王羲之 皇象）（ 盟书 盟书 说文 智永 索靖）（ 金文 说文 虞世南 王羲之 王羲之）说文 欧阳询 文徵明 王羲之）

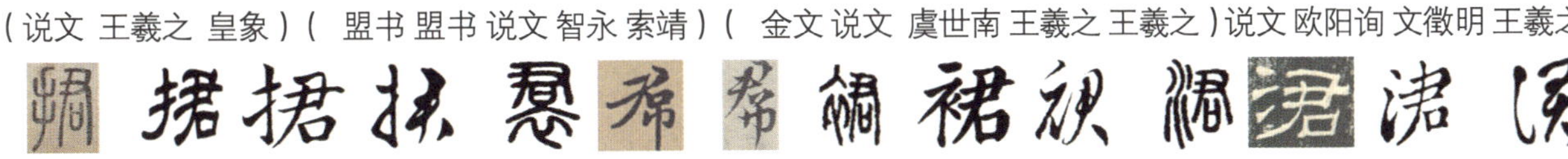

（篆字汇 曹全碑 王羲之 文徵明）（说文 钟绍京 邓文原 六书统 颜真卿 徐伯清）（说文 礼器碑 郑板桥 邹武生）

辨析：

君字的结构稳定，其草书，尹字为快写，口草化为一点，章草将代表口字的一点写出波挑。君字居左为偏旁时，口字可以省略，用连笔代替。裙字有从衣旁和巾字底的两种写法，其中从衣的写法应注意今草和章草的用法。

君 jūn：此字始见于商代，古字形从口、从尹，尹代表掌握权力者，口表发号施令。

郡 jùn：从邑君声，从邑，表示与行政区域有关，本义为古代的行政区域。

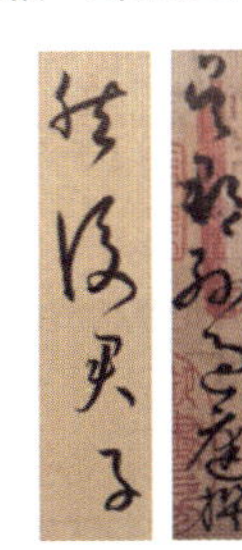

群（羣 qún）：泛指多数，羊群、兽群、人群等，聚集、会合，随俗。

窘 jiǒng：形声，从穴君声，本义是生活或处境困迫，没有办法。

莙 jūn：一种水藻，叶大如蓬；莙荙菜。

捃 jùn：拾取，摘取。

裙（帬）：下裳，古代男女都有下裳，或从巾。

涒 tūn：吃了又吐出来。

拓展：

佫 宭 峮 桾 焄 珺 敨 裠 箬 覠 輑 趜 鲪 頵 鮶 鵘 麏　　P2.1 吴郡孙过庭撰　　P5.4 然后君子

菌

金文 简帛 说文 何绍基 伊秉绶 赵之谦 王羲之 欧阳询 虞世南 褚遂良 颜真卿 柳公权 赵孟頫

王羲之 褚遂良 米芾 杨维桢 文徵明 董其昌 王铎 史游 皇象 王羲之 孙过庭 赵孟頫 邓文原 宋克

辨析：

菌字的草书，“艹”写“两点一横”或“快写”，口字可以用两笔完成包围结构，禾字草书为改变其书写顺序，即“撇、竖勾、横、撇捺”。

菌 jùn：形声，从艸囷（qūn）声，本义为蘑菇、蕈、菌子，高等菌类有的可供食用。

拓展：

橗 麕

P58.2 朝菌不知晦朔

J

“夋隽雋”夋1：夋唆捘 梭(簑)竣(踆)酸(痠)浚(濬)狻(䝜)骏

(古文 简帛 说文 五经文)(粗篆 曹全碑 王羲之 王羲之 王羲之 章草)(说文 五经文)(说文 欧阳询 王铎

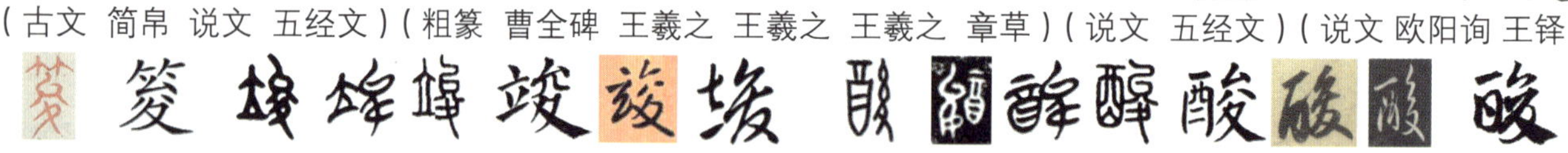

石韵府 楷书)(金文 简帛 说文 颜真卿 王铎 王羲之)(甲骨 金文 简帛 说文 柳公权 苏轼 王羲之 邓文原)

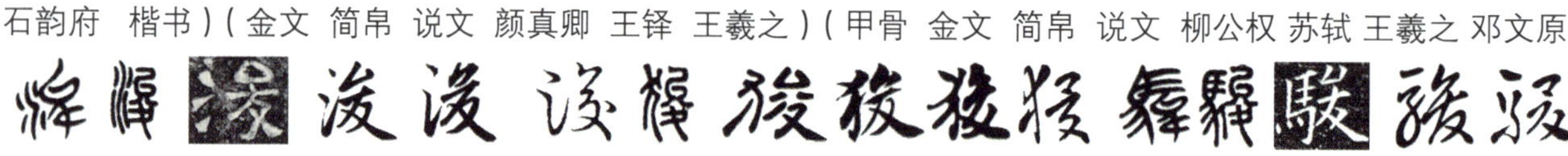

(简帛 说文 西狭颂 赵孟頫 陆柬之 韵会)(说文 曹全碑 智永 米芾 章草)(简帛 说文 欧阳询 王羲之 章草)

辨析：

夋字是一个比较特别的字，除了自身拓展性较强外，它还可以与隽和雋字组合，形成义相同而形有别的两组组合字，分别为“夋隽雋”和“隽雋”，因此，对夋、隽和雋三个字所涉拓展的字，做了五种分类，并对1、2、3类，分别予以列示。隽和雋拓展的单字，不常用，故未予列示。

夋 qūn：行走舒缓的样子。

唆 suō：挑动别人去做坏事。

捘 zùn：形声，本义是推。

梭（簑梭 suō）：织布时往返牵引纬线（横线）的工具，两头尖，中间粗，像枣核形。

竣（踆 jùn）：事情完结。

酸（酸酸痠 suān）：像醋的气味或味道，讥讽人的迂腐，悲痛、伤心，微痛而无力。

浚（濬 jùn）：疏通、挖深，深，掘取，榨取。

狻（䝜 suān）：传说中的猛兽。

骏（駿 jùn）：良马。

拓展：

1. 夋： 唆 捘 梭（簑） 竣（踆） 酸（痠） 浚（濬） 狻（䝜） 骏 黢 逡 餕 悛 荽 馂 焌 晙 焌 琝 晙 皴 睃 稄 羧 誜 朘 趁 麹 鲹（䲌） 鵔

2. “夋隽雋”： 俊（儁儶） 峻（嶲嶲） 鋑 （镌鐫）

3. 隽 雋： 携（擕） 槜（檇） 寯（寯） 觿（觽）

4. 隽： 鱼 旁（隽见上页） 同 鐫

5. 雋： 巂 驨 慵 讗 （“鱼革言鸟豕”＋巂）

“夋隽雋”夋 2：悛 焌 晙 睃 畯 羧 馂（餕）黢 逡 皴

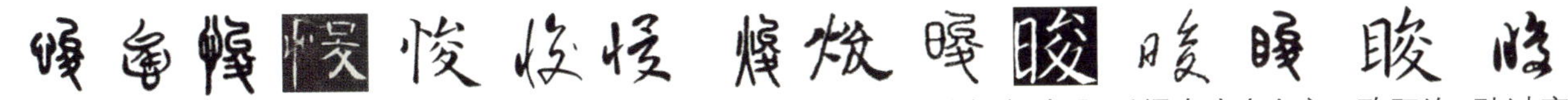

（金文 简帛 说文 曹全碑 王羲之 李淦 章草）（说文 敦煌）（说文 颜真卿 毛泽东）（金文 欧阳询 孙过庭）

（甲骨 甲骨 金文 金文 古文 古文 古文 说文 柳公权 黄庭坚 王羲之）（金文 颜真卿 李淦 章草）（说文 佚名

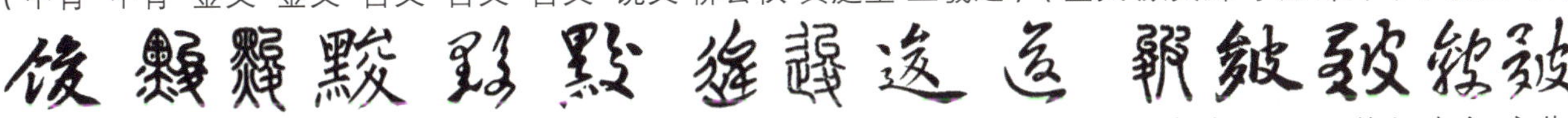

黄庭坚）（金文 粗篆 柳公权 王羲之 毛泽东）（简帛 说文 虞世南 王羲之）（说文 赵孟頫 王羲之 朱耷 章草）

辨析：

夋字的字形稳定，行草书为快写，作为字根，因为厶有从口的写法，其草书还可写倒三角，下边为快写；此外，还有一种写法为草化掉厶，下边草化为“交”字快写。可拓展。

悛 quān：形声，本义为停止；悔改。

焌 jùn：点火烧；qū，把燃烧着的东西弄灭。

晙 jùn：早、清早、明，敬；人名用字。

睃 suō：瞧，斜视；juān，人名用字。

畯 jùn：指中国西周时管理奴隶耕种的官，田畯（农神）；通俊，才智出众；通峻，崇高。

羧 suō：碳酸失去氢氧原子团而成的一价复基，即原子团 -COOH。

馂（餕 jùn）：吃后剩下的残羹剩肴；通飧，熟食。

黢 qū：形容黑，黢黑，黑黢黢。

逡 qūn：徘徊的样子；退让，退却。

皴 cūn：皮肤皲裂；中国画的一种技法，用淡干墨涂染以表现山石纹理，峰峦折痕及树身表皮的脉络、形态。

拓展：

葰 竣 琝 稄 諔 賧 趍 鵕 毚 鮻 （ 鲹 ）

“夋隽雋”：俊（儁 傷） 峻（雋 嶲） 鋑（镌 鐫）

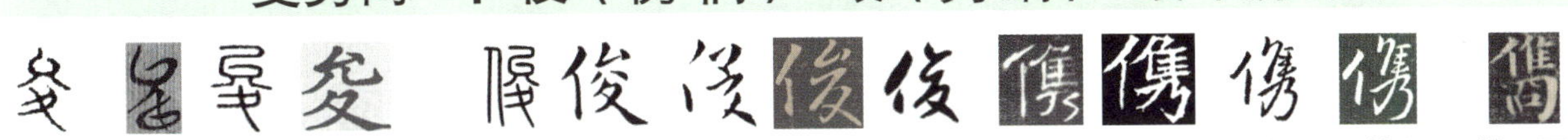

1（古文 简帛 说文 五经文）（a 说文 王羲之 皇象 王羲之 智永 b 曹全碑 高贞碑 王羲之 王献之 c 僧无可）

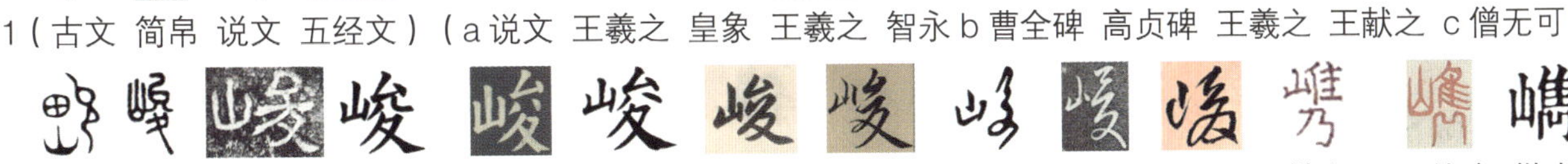

（a 金文 说文 西狭颂 欧阳询 颜真卿 柳公权 赵孟頫 王羲之 王羲之 康里巎 王铎 b 楷书 c 石韵府 楷书）

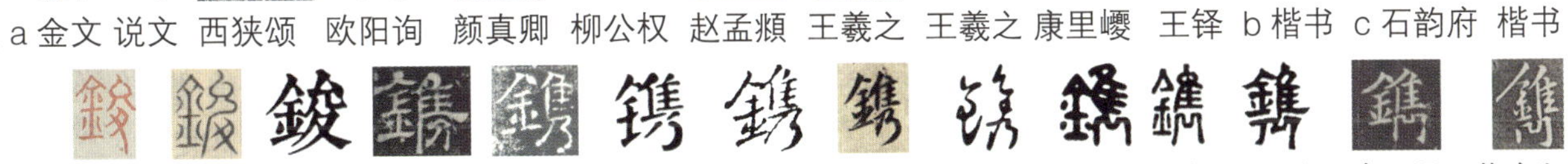

（a 石韵府 六书通 楷书 b 王基碑 虞世南 颜真卿 王羲之 赵孟頫 王羲之 c 金文 说文 邓石如 欧阳通 黄庭坚）

辨析：

本页为“亻山钅”作为偏旁的字，a 夋、b 隽和 c 雋字，作为字根可以互换，义相同而形有别，各体均见。

俊（儁 傷 jùn）：形声，从人雋（jùn 声，本义是才智超群的人；容貌美丽；通峻，大、高尚。

峻（嶲 嶲 陖 埈 jùn）：形声，从山雋声，本义为高而陡峭。

鋑（镌 鐫 cuān）：刀也；juān，古同镌；jiān，锥。

“夋隽雋”隽雋：隽（雋）臇（臇）携（攜）寯（寯）槜（檇）觹（觿）

（王羲之 黄庭坚 启功 王羲之 章草）（金文 说文 文徵明 颜真卿 苏轼 文徵明）（楷书 说文 楷书 维摩诘）

（张迁碑 王羲之 姜夔 王羲之 王铎 金文 简帛 古文 说文 隶辨 姜夔 赵孟頫 祝允明 张瑞图）（楷书 维摩诘）

（王羲之 欧阳询 颜真卿 王铎 朱彝尊 鲁迅 说文 彭玉雯 王铎 董其昌 杨涟）（楷书 元暐墓 说文 彭玉雯）

辨析：

本页月扌木宀角等偏旁的字，隽和雋作为字根，可互换，义相同而形有别，各体从之。

隽（雋 jùn）：同俊；juàn，鸟肉肥美，味道好，引申为意味深长，隽（雋）永（指言语、诗文）。

臇（臇 fàn/juǎn）：汁少的羹；做成少汁羹，用作动词，指烹煮。

携（擕攜 xié）：形声，从手巂（xī）声，俗作擕，本义为提着；拿着，持；牵挽，挽扶。

寯（寯 jùn/yá）：《篇海类编》寯与寯同；寯 jùn，积聚，俊杰，最有智慧才华的人。

槜（檇檇 zuì）：槜李，李子的一种品种，果皮鲜红，汁多，味甜；古地名，在今中国浙江省嘉兴市一带；檇，以木有所捣也。

觹（觿觽觿 xī）：同觿；觿，古代用骨头制的解绳结的锥子，用象骨做成，也用作佩饰。

拓展：

隽（雋）：携（擕）槜（檇） 寯（寯） 瓗（瓗）臇（臇“日隽”） 熋（火雋）觹（觽）

卡 咔 佧 胩

（金文 楚简 简帛 衡方碑 邓石如 欧阳询 褚遂良 颜真卿 柳公权 赵孟頫 王羲之 王羲之 王羲之 李淦 王铎）

（金文 粗篆 爨体 王羲之 王羲之 李淦）（金文 金文 王羲之 王羲之 王羲之）（金文 粗篆 王羲之 王铎 王羲之）

辨析：

卡字字形稳定，行草书为快写。可拓展。

卡 kǎ：政府派兵驻守的关口或收税的地方；硬纸片；qiǎ，夹住或被夹住，不能活动；卡脖子。

咔 kǎ：撞击发出的声音。

佧 kǎ：中国少数民族佤族的旧称。

胩 kǎ：有机化合物的一类，无色液体，有恶臭，溶于酒精和乙醚，容易被酸分解。

拓展：

拤 鉲

开 妍 研 附：闭（閉）

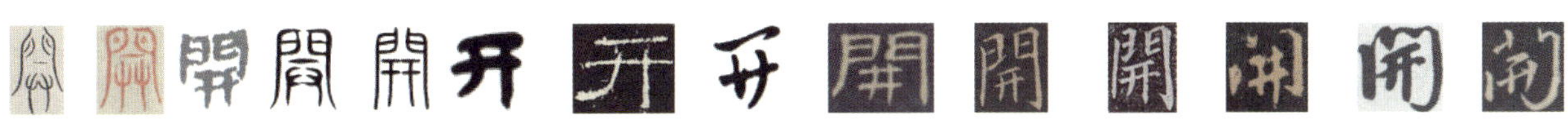

（汉简 石韵 简帛 说文 说文 汉简 礼器碑 王羲之 曹全碑 欧阳询 颜真卿 王羲之 王羲之 颜真卿

简书 赵构 管道升 文徵明 索靖 王羲之 怀素 鲜于枢 王铎）（金文 说文 褚遂良 王羲之 王羲之 赵孟頫）

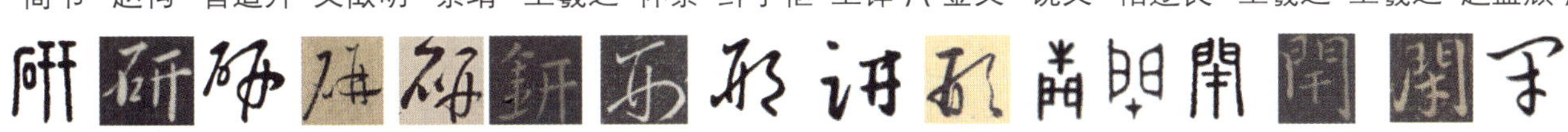

（说文 智果 王羲之 怀素 王铎） *史游 王羲之 王羲之 王羲之 怀素（甲骨 金文 说文 王羲之 王羲之 韵会）*

辨析：

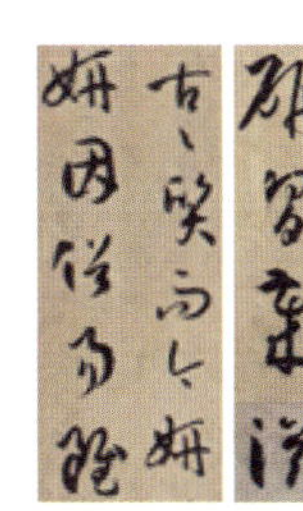

开为双手开门之义，两只手曲线拉平连在一起即为“开”。开字古而有之，开从门为常用字形，“開”字行书，门上边有“一点、三点、快写”几种，草书则有“开”和“井”两种写法，即“门字符 + 井 / 开”，“开”与篆意相合，“井”只是因名家影响而被历代书家常用，可拓展。闭是用门栓将门插起来，其异体字写法有从“干下牛午卞大才”等多种写法，行草书一般写“才”字。

开（開 kāi）：会意，小篆字形两边是两扇门，中间一横是门闩（shuān），下面是一双手，表示两手打开门闩之义，本义为开门。

妍 yán：形声，小篆字形，从女幵（jiān）声，本义是巧慧。

研 yán：形声，从石幵（jiān）声，本义为细磨。

闭（閉 bì）：会意，从门从才，“才”是用来闭门的东西，本义为关门；异体字有閇閅及门内分别从牛、午、卞、大和才的写法。

拓展：

钘 刑 邢 趼 形 （附：闭） 岍 屏 岈 汧 井 进 枅 烎 欣 瓶 剏 盃 睓 秄 笄 蚈 搿 訮 豜 覑 鈃 雃

P4.5 古质而今妍，妍因俗易　P34.1 研习岁滋

看

甲骨 金文 简帛 说文 好太王 邓石如 欧阳询 褚遂良 灵飞经 颜真卿 柳公权 赵孟頫 王羲之 欧阳询

米芾 文徵明 赵孟頫 张芝 索靖 王羲之 怀素 章草 张旭 怀素 李洤 张弼 于右任 说文 六书通 何绍基

辨析：

看字的行书为快写，中间一横有写两笔的。草书：1. 快写，“丿”有穿过上边三横或不穿过的两种写法，目字快写或草化为两点。2. 上边的三个笔画草化为三个点，下边的目字快写或草化为字根“月”字草书。

看（翰看 kān）：会意，篆书字形上面是“手”下面是“目”，意思是用手遮住眼睛远望，本义为用手搭凉棚遮目而远望。看字或从𠭖。

拓展：

嗬 𥉐 䀩 𡾰 揊 楉

K

康 糠（穅） 慷 嵻 漮 歋

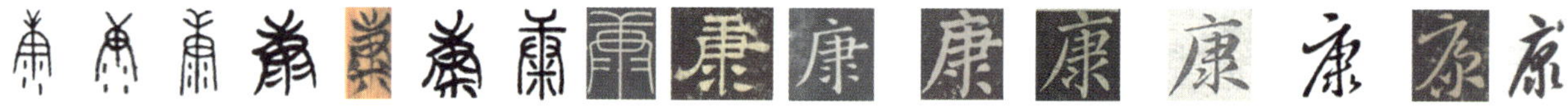

（甲骨 甲骨 金文 简帛 简帛 简帛 说文 李斯 郭香察 欧阳询 颜真卿 柳公权 赵孟頫 王羲之 索靖 智永）

（甲骨 金文 楚简 说文 褚遂良 韵会 金文 赵孟頫 智永 欧阳询 颜真卿 王羲之 皇象 王羲之 智永 怀素）

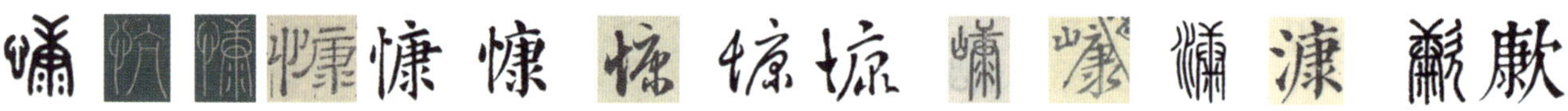

（金文 陆机 陆机 隶辨 欧阳询 颜真卿 赵孟頫 王羲之 章草）（篆字汇 王铎）（说文 彭玉雯）（说文 楷书）

辨析：

康字隶定字形与篆书差异较大，隶楷从“隶”字，草书写法可以参照隶字，见隶页。

康 kāng：会意，甲骨文像双手甩禾而产生了谷皮之类；康为穅的本字，从禾康声，本义是谷皮、米糠；空，健康，通达，安定，富裕，赞美。

糠（穅杭 kāng）：形声，从米康声，本义是从稻、麦等谷皮上脱下的皮、壳。

慷 kāng：形声，从心康声，本义是情绪激昂；待人热诚，愿意用财物帮助人；性格豪爽。

嵻 kāng：山名；山空。

漮 kāng：水虚，水的中心有空处。

歋 kāng：饥虚也。

拓展：

㱂 槺 螗 嫝 躿 鏮 鱇 𡩬 塽

亢 伉 炕 抗 杭 航

（甲骨 金文 金文 简帛 简帛 秦简 秦简 说文 说文 礼器碑 元钦墓 欧阳询 颜真卿 王铎 王羲之 章草）

（金文 金文 简帛 说文 石门颂 赵孟頫 王羲之 李淦）（金文 汉简 说文 褚遂良 柳公权 王羲之 王羲之 章草）

（说文 释梦英 王献之 智永 宋徽宗）（金文 说文 赵孟頫 王羲之）（金文 虞世南 颜真卿 赵之谦 王羲之 宋克）

辨析：

亢字的篆书变化较多，特点是人下有一横，隶定人放在了下边为“几或凡”等形，从几的最为常见；说文有从页字（小篆字形上面是“首”，下面是“人”，本义为人头）的写法，但使用频率较低。亢字中的几字中还有多了“一横＋两点”的写法，见于元钦墓志“方将望北辰以未移，指南山而亢寿”的亢字，而亢字的行草书都是快写，可拓展。

亢 kàng：象形，小篆字形从大（人）省，像人的颈脉形；极，达到最高的境界；蔽，庇护；抵御，通抗；gāng，本义为人颈的前部，喉咙；高。

伉 kàng：形声，从人亢声，本义是匹敌、相当。

炕 kàng：干，烘干，急躁。

抗 kàng：抵抗，抵御。

杭（斻 háng）：舟、船；渡也。

航 háng：船，方舟；船行、航行；渡过。

拓展：

劥 匟 邟 阬 吭 囥 坑 妔 忼 沆 犺 苀 迒 闶 㰠 瓬 𬨎 肮 䀪 砊 秔 钪 紻 衏 笐 粇 蚢 颃 䟘 䡉 骯 鈧 閌 頏 骯 駺 䡉 鴻 魧 鶃　　P3.4 张钟当抗行

丂 巧 窍 号 朽 攷 汅 疞 盿

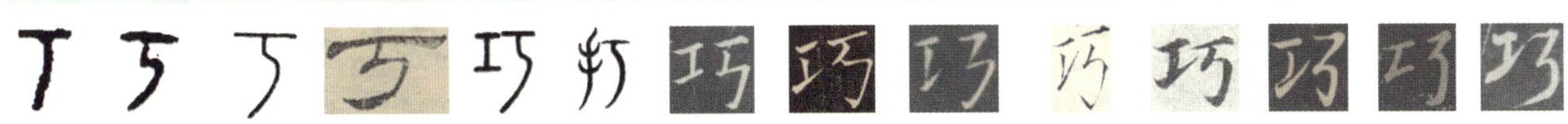

（甲骨 金文 说文）（隶辨 说文 汉简 欧阳询 褚遂良 虞世南 宋徽宗 赵孟頫 王羲之 智果 颜真卿

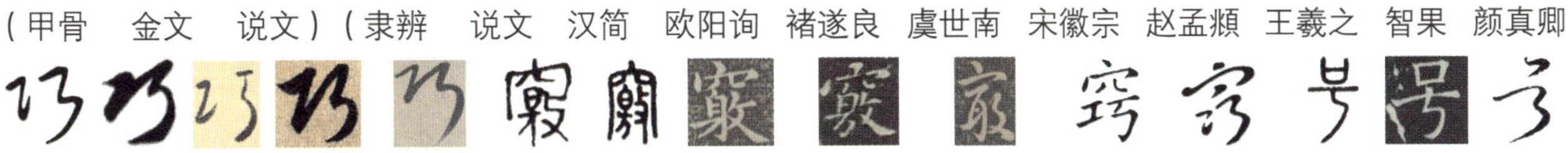

王羲之 智永 怀素 赵孟頫 康里巎）（帛书 说文 王羲之 王羲之 褚遂良 王羲之 王羲之）（说文 褚遂良 怀素）

（说文 说文 汗简 颜真卿 王羲之 王羲之）（说文 黄自元 王铎）（颜真卿 智永）（小篆 楷书）（六书通 碧落碑）

辨析：

丂字字形稳定，行草书为快写。注意“兮”和简体“号”字的草法区别。窍字楷书有竅和竅等字的多种异体写法，草法从其常用写法“窍”字。汅和盿字有从丏的异体字，各体均见。兮、考、甹和粤字从丂，分别见兮、考、甹和粤页。

丂 kǎo：气欲舒出，勹上礙于一也；丂，古文以为亏字，又以为巧字；古同“考、巧、于”。

巧 qiǎo：形声，从工丂（kǎo）声，“工”有精密、灵巧义，本义是技艺高明、精巧。

窍（竅 qiào）：形声，从穴巧声，孔、洞；指耳鼻目口等器官之孔；比喻事情的关键或要害。

号 hào：从口在丂上，痛声也。

朽（歾 xiǔ）：形声，从木丂声，本义为腐烂；歾乃腐也，或从木；歾还可读 guǎ，同“冎（剐）”，剔肉。

攷 kǎo：敲打、拷击；考察、考核，后作考；辅佐者；用同考，旧称已死的父亲。

汅 miǎn：俗沔字。

疞 jiǎo：腹中急痛也，同疝。

盿 miǎn：目偏合也，俗眄字。

拓展：

娎 悘 㬱 䳑 芌 羲　　P 31.1 巧涉丹青

考（攷）拷 烤 铐 栲

（甲骨 金文 金文 楚简 楚简 说文 史晨碑 张迁碑 何绍基 欧阳询 颜真卿 宋徽宗 王羲之 王羲之 李洤

甲骨 楚简 说文 黄自元 黄庭坚 赵之谦）（金文 金石篆 王羲之 虞世南 柳公权 王羲之 米芾 王铎 王羲之 章草）

（金文 欧阳询 颜真卿 王羲之 章草）（金文 曹全碑 颜真卿 赵孟頫 王羲之）（篆字汇 褚遂良 王铎 王羲之 流江）

辨析：

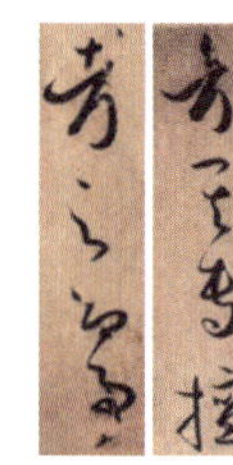

考字的早期字形变化较多，隶书，张迁碑将长丿分两画写，何绍基作了姿态的改变。考字草书有快写、丂字省略下边的折、考字头写戈的结构、异体字"攷"的快写等等。可拓展。

考（攷孝 kǎo）：形声，从老省，丂（kǎo）声，甲骨文、金文像偻背老人扶杖而行之状，与老同义，本义是老、年纪大；古作攷。

拷 kǎo：形声，从手考声，本义是打，拷打。

烤 kǎo：形声，从火考声，用火烘熟或烤干。

铐（銬 kào）：形声，从金考声，手铐；给人戴上手铐。

栲 kǎo：木名，即山樗。

拓展：

偢 姱 洘 薃 垥 甐 鲓　　P4.2 考其专擅　　P43.3 考之即事

壳（㱿殼殻）悫 榖 穀（谷）鷇 縠 彀 轂

（甲骨 甲骨 金文 简帛 六书正 岳麓寺 颜真卿 赵孟頫 王铎 颜真卿 韵辩 王羲之 颜真卿 王羲之 文徵明）

（说文 赵孟頫 于右任 柳公权 文徵明）（说文 郑板桥 文徵明）（楚简 秦简 古文 说文 颜真卿 赵孟頫 史游）

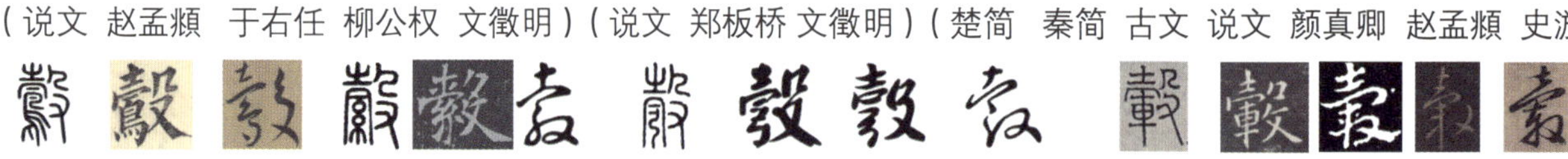

（说文 彭玉雯 王宠）（说文 魏碑 王羲之）（说文 颜真卿 王羲之 王羲之）（赵孟頫 欧阳询 皇象 智永 文徵明）

辨析：

壳字有繁简两类，本义是敲，甲骨文是手持棒槌敲击"南（钟镈之类的乐器）"形，殼（㱿壳）字加木、禾、鸟、丝、弓、车、缶、一目、王，分别为榖、穀（参见相关谷页）、鷇、縠、彀、轂、罄、瞉和瑴等等，这类字草书的特点是加宽"冖"，缩小"殳"，殳字一般草写成"又"字。

壳（㱿殼殻 ké）：从上击下也，正中其物，确然有声，表示坚硬的外皮，又读 qiào；甲骨文㱿字或释为确字，贞人名，可参见确页。

悫（愨慤 què）：诚实，谨慎。

榖 gǔ：木名，又称构或楮，即构树，从木㱿声。

穀（谷 gǔ）：粮食作物的总称；其中，谷，两山间的夹道或流水道，或指两山之间，穀的简化字。

鷇 kòu：初生的小鸟 。

縠 hú：有皱纹的纱。

彀 gòu：张满弓。

轂 gǔ：车轮中心的圆木。

拓展：

觳 嗀 瑴

可 1：可 何 荷 河 轲 舸

（甲骨 甲骨 石鼓 古文 说文 楚简 乙瑛碑 金刚经 钟繇 王羲之 王献之 皇象 王羲之 张旭）

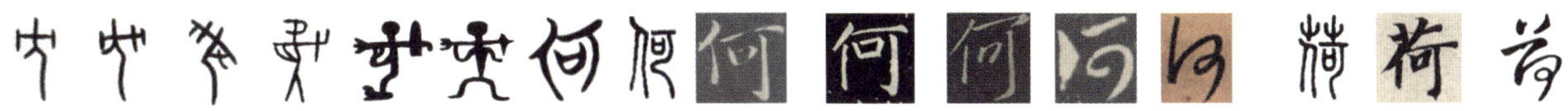

（甲骨 甲骨 甲骨 甲骨 金文 金文 楚简 说文 欧阳询 颜真卿 王羲之 张芝 王羲之）（说文 智永 王羲之）

（甲骨 甲骨 甲骨 金文 楚简 秦简 古文 李阳冰 赵佶 汉章帝）（说文 智永 王羲之）（说文 赵孟頫 祝允明）

辨析：

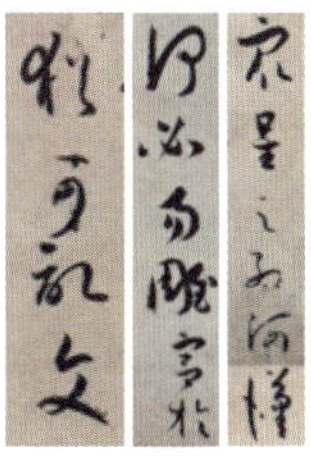

可字的字形稳定，行草书均为快写。何河两字甲骨文表意清晰，需注意其姿态的趣味性。可拓展。

可 kě：会意，从口从丂（供神之架），表示在神前歌唱，“可”似为“歌”字的古文，本义为唱；引申义是许可。

何 hè：形声，从人可声，甲骨文像人负担之形，本义是负荷；hé，什么，怎么样，哪里，问，盘问，岂、怎。

荷 hé：植物名，也称莲，别称芙蕖、芙蓉，地下茎称藕，子实称莲，花叶供观赏。

河 hé：形声，从水可声，本义是黄河。

轲（軻 kē）：形声，从车可声，本义为接轴车。

舸 gě：大船。

拓展：

婀 岢 抲 河 苛 哉 哳 歌 呰 柯 炣 泀 牁 珂 竒 胢 轲 痾 倚 剞 啊 哿

P20.1 犹可记文　P5.4 何必易雕宫与穴处　P12.1 众星之列河汉

可 2：诃 呵 坷 苛 疴 哥 歌

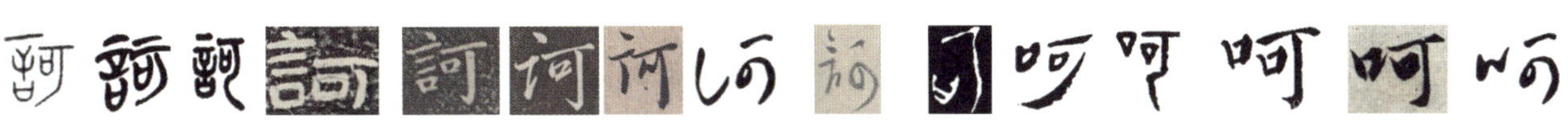

（金文 简帛 说文 金刚经 欧阳询 李邕 憨山 王羲之 吴镇）（甲骨 楚简 六书统 颜真卿 赵孟頫 王羲之）

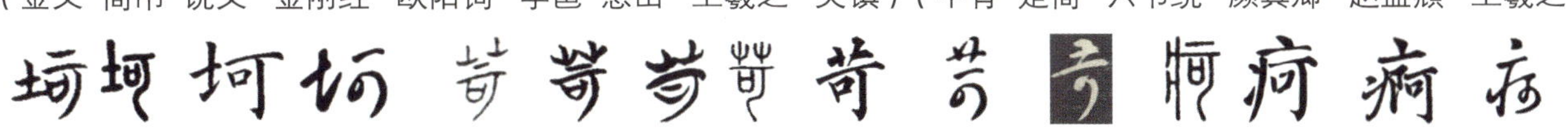

（楚简 说文 虞世南 王羲之）（金文 楚简 楚简 说文 柳公权 王羲之 怀素）（说文 颜真卿 赵孟頫 王羲之）

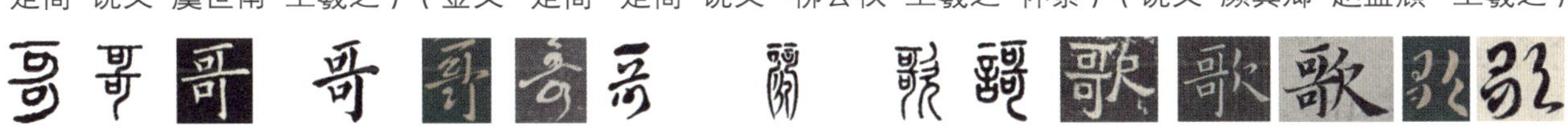

（简帛 说文 欧阳询 颜真卿 唐太宗 张旭 章草）（大风歌碑 说文 说文 宝子碑 欧阳询 赵孟頫 皇象 智永）

辨析：

可字有很强的拓展性，应注意其各体的不同变化，如楚简中出现的装饰性笔画等等。

诃（訶 hē）：诃子，藏青果；同呵。

呵 hē：形声，从口可声，本义是怒责，大声发怒地喝斥；hā，弯。

坷 kē：坷垃，土块。

苛 kē：形声，本义是小草；使…苛刻，刻薄，烦扰、骚扰。

疴 kē：病。

哥 gē：从二可，声也；同辈或同族而年龄比自己大的男子。

歌（謌 gē）：形声，从欠哥声，从欠表示与口有关系，本义为唱；歌颂；诗体；歌曲。

拓展：

菏 蚵 骑 歌 蔄 謌 戨 謌 錒

克（剋）尅 兢 氪

（甲骨 甲骨 甲骨 甲骨 甲骨 甲骨 甲骨 甲骨 金文 金文 石经 楚简 说文 夏承碑 蔡邕 欧阳询 颜真卿

王羲之 赵孟頫 王献之 宋徽宗 于右任 钟繇 欧阳询 王羲之 颜真卿 王羲之 王献之 伯远帖）（清华简 清华简

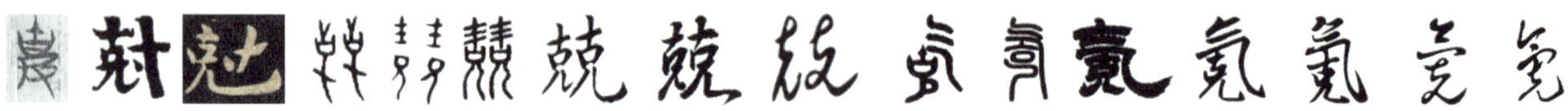

上博简 敦煌 钟繇）（甲骨 金文 说文 王羲之 王羲之 王羲之）（金文 粗篆 邓石如 赵孟頫 王羲之 王羲之 章草）

辨析：

克字隶定字形稳定，草书，一是中间的口字草化为一横，二是从异体字剋和尅（少见）。可拓展。

克（剋 kè）：象形，甲骨文字形下面像肩形，其字像人肩物之形，本义为胜任；其中，刌 cǔn：割，切，同忖。

尅 kēi：同刌；kè，同克。

兢 jīng：象形，金文字形像二人头顶重物形，头上戴着重物，故常戒惕小心，本义为小心谨慎的样子。

氪 kè：化学元素，原子序 36，惰性气体元素之一，无色，无臭。

拓展：

勊 勀 尅 娔 涜 尅 毷 殑 尅 錓 尅

P8.6 实恐未克其裘

肯 啃 掯

（金文 古文 楚简 简帛 广义 石韵府 说文 周伯琦 王铎 欧阳询 褚遂良 颜真卿 柳公权 赵孟頫 宋高宗

1 王羲之 米芾 汉简 柳公权 赵孟頫 2 欧阳询 王铎 3 柳公权 九经 唐寅 史游 邓文原）（金文 新篆体 汉简

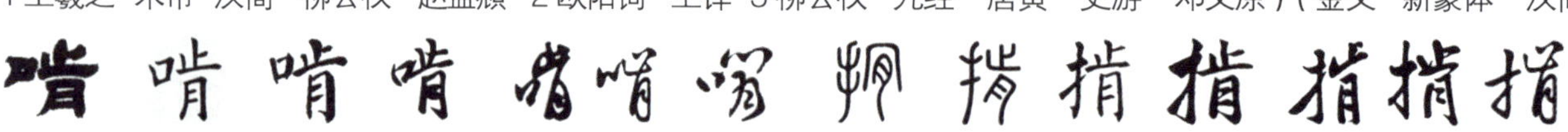

邓石如 欧阳询 颜真卿 王羲之 米芾 王羲之 章草）（金石篆 新篆体 柳公权 赵孟頫 黄庭坚 王铎 王羲之）

辨析：

肯字的篆书与楷书形态差异很大，行草书从其三种结构：肯肻肎。其中肎字的草法，上边的“冖”可草化门字框。

肯（肻肎 kěn）：会意，小篆字形从肉从冎（guǎ）省，本义为着骨之肉。

啃（齦 kěn）：形声，从口肯声，本义是用牙齿剥食坚硬的东西。

掯 kèn：方言，卡、按，掯着脖子；强迫、刁难，掯勒财物。

拓展：

裉 錹

空 倥 控 崆 腔 涳 椌 鞚 箜 曌

（金文 说文 石韵 简帛 汉简 袁安碑 乙瑛碑 王羲之 欧阳询 颜真卿 柳公权 王羲之 陆柬之 赵孟頫

皇象 王羲之 张旭 黄庭坚）（篆字汇 王羲之 章草）（说文 欧阳询 王羲之 王羲之）（颜真卿 王羲之 于右任）

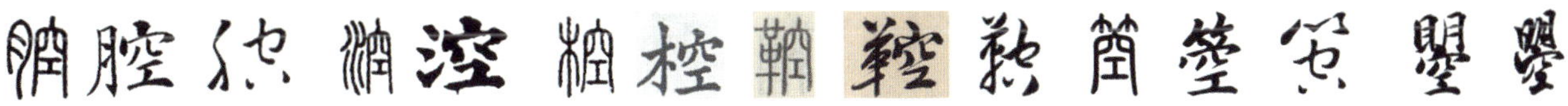

（说文 虞世南 王羲之）（说文 吴彩鸾）（说文 五经）（篆字汇 文徵明 陆游）（粗篆 赵孟頫 王羲之）（智永 米芾）

辨析：

空字的字形稳定，草书，一种是快写；一种是常用的写法即“雨虎头”：上边的点从空而降，穿过“宀”，拐个小弯，“工”字草化为“两个点”。可拓展。

空 kōng：形声，从穴工声，本义是孔、窟窿。空虚、内无所有，引申为空虚。kòng，使空缺。

倥 kōng：倥侗，蒙昧，无知；kǒng，倥偬。

控 kòng：开弓；申诉。

崆 kōng：崆峒山，在中国甘肃省。

腔 qiāng：人和动物体内的空处。

涳 kōng：直流也，一曰空濛，细雨。

椌 qiāng：古代的一种打击乐器，形似桶，中空；kōng，古代塔下宫室的名称。

鞚 kòng：马笼头，借指马。

箜 kōng：箜篌，古代弦乐器，像瑟而比较小，弦数从五根至二十五根不等。

曌 zhào：同照。

拓展：

崆 埪 悾 涳 椌 焢 毁 腔 瘔 硿 羫 聜 䅝 箜 錓　　P 28.4 空著缣缃

孔 吼 芤

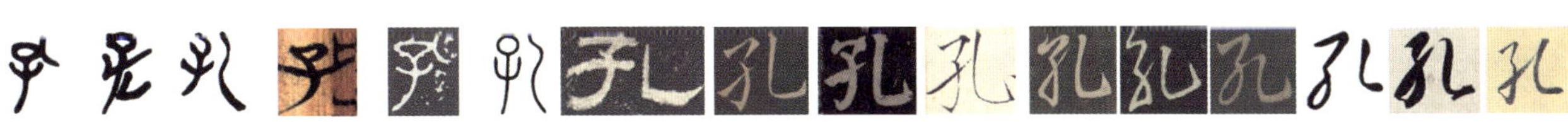

（金文 楚简 楚简 秦简 石鼓文 说文 乙瑛碑 欧阳询 颜真卿 宋徽宗 王羲之 王铎 史游 王羲之 智永 怀素）

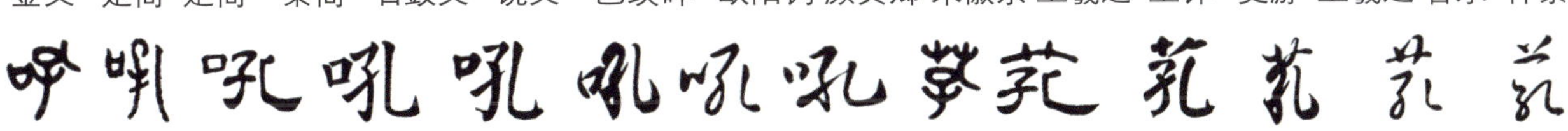

（金文 六书统 曹全碑 欧阳询 颜真卿 王羲之 王羲之 章草）（金文 曹全碑 颜真卿 王羲之 王羲之 李洤）

辨析：

孔字的篆书为小儿食乳之形，隶定字形稳定，行草书为快写。可拓展。

孔 kǒng：象形，金文字形像小儿食乳之形，婴儿吃奶容易过量，因以表示过甚之义，本义为甚、很。

吼 hǒu：形声，从口孔声，本义是大声叫。

芤 kōu：葱的别称；中医脉象之一。

拓展：

㐳 扣 㤟 扎 圦 机 炛

1和2个口：口 同 宫 雕 吵 吐 哈 吧 古 咏

（甲骨 甲骨 甲骨 金文 楚简 秦简 说文 唐玄宗 钟繇 智永 欧阳询 颜真卿 皇象 赵孟頫 韩道亨 沈粲）

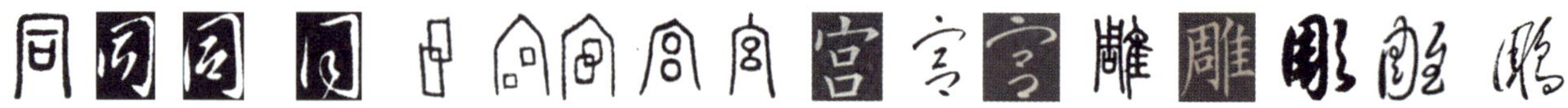

（说文 索靖 王羲之 王羲之）（甲骨 甲骨 金文 金文 说文 姚孟起 智永 宋克）（说文 欧阳询 索靖 王羲之 毛泽东）

（金文 欧阳询 王羲之）（说文 颜真卿 索靖）（柳公权 王羲之）（金文 赵孟頫 章草）（智永 王铎）（说文 颜真卿 宋濂）

辨析：

口字草法常见的有四种：，对称的两个或三个以上的口还可以草化为一个点。可拓展。从口的字较多，可参见相关页。雕从隹，隹与鸟同义，草法部件可以互用，如雁字的草书可以从鸟。

口 kǒu：象形，甲骨文字形像人的口形，本义是口腔器官，嘴。

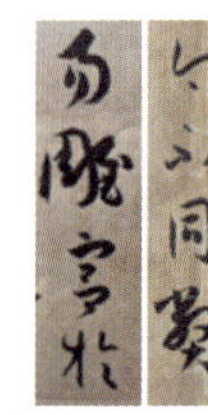

宫 gōng：象形，甲骨文字形，像房屋形，在穴居野处时代也就是洞窟，外围像洞门，里面的小框框像彼此连通的小窟，即人们居住的地方，本义是古代对房屋、居室的通称（秦、汉以后才特指帝王之宫）。

同宫雕吵吐哈吧古咏等字的释文，略。

拓展：

吗 听 叶 囚 嘴 呀 呛 啼 咪 哨 唱 咬 叫 哗 喝 哪 啄 吓 吹 喊 啥 呢 嘻 啸 员 吃 喂 啦 啪 喃 嗽 叹 咯 呆 咳 喷 味 叨 咧 嘹 喳 叽 呼 啊 嚎 响 吸 哩 呱 呗 嘿 呜 咙 叭 唤 唠 哎 品 哄 哦 喵 喘 吆 咖 喉 咦 唧 嗓 吴 嗅 哺 喽 啡 嘘 咱 善 呵 嘶 响 叮 喇 吻 咒 叼 咽 咏 嗝 唾 嘈 咆 哮 吊 嘱 哼 喙 吨

P5.3 今不同弊　　P5.4 易雕宫于穴处

2个口：1吕 侣 闾 莒 2哭 咒 骂（罵）3回 高 4串

1（甲骨 金文 金文 楚简 说文 王羲之 索靖 赵孟頫）（说文 欧阳询 怀素）（甲骨 金文 说文 欧阳询 米芾 史游）

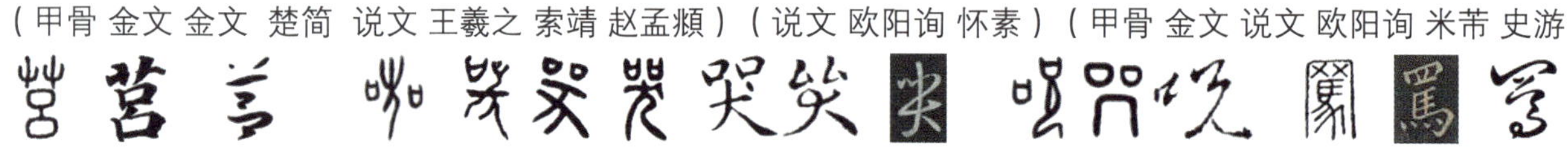

（说文 颜真卿 孙过庭）2（甲骨 楚简 秦简 说文 王羲之 皇象 王羲之）（甲骨 金文 王羲之）（说文 王羲之 王羲之

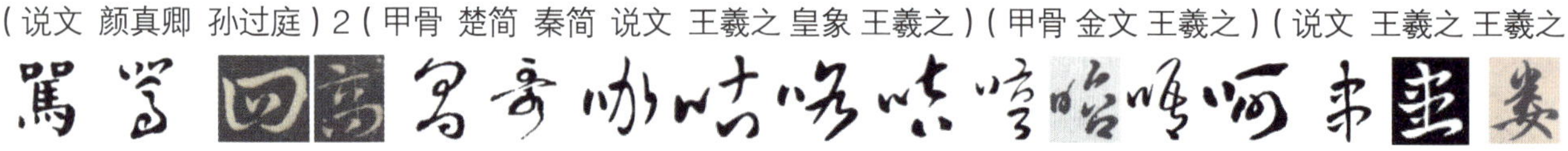

颜真卿 章草）3 皇象 索靖 *羊欣 张旭 王羲之 王羲之 王羲之 李洤 于右任 辨体 流江 章草* 4 章草 *皇象 赵孟頫*

辨析：

两个口的字结构多样，有上下、平行、错位、交叉等各种形式，作为部件，其口字草书从其口字的草法，即有“倒三角”“两点”“连笔为一横”等多种写法。拓展的未详细列示的字还可参见相关页。

吕 lǚ：象形，甲骨文字形像脊骨形，是膂的本字，本义是脊梁骨。

侣 lǚ：形声，从人吕声，本义是伴侣、同伴。

闾（閭 lǘ）：形声，从门吕声，本义为里巷的大门。

莒 jǔ：芋头。

哭 kū：会意，甲骨文字形从吅（xuān）表示号呼，中间像一人擗踊的样子，本义是（悲痛时捶胸顿足）悲痛出声，声泪俱下。

咒（呪 zhòu）：呪俗作咒，会意，从口从兄，祝的本字，祝、呪本同一词，祝愿和诅呪是一件事的两面，本义是祝告；诅咒，乞求神灵降祸。

骂（罵罵傌 mà）：形声，从吅（xuān）马声，吅为喧闹声，本义是用粗语或恶意的话侮辱人。

拓展：

1. 吕 娼 部 棺 焗 据 宫 痯；　2. 斝 咢 鄂 剽 咢 咢 僫 留；　*3. 昌 哥 咖 咕 咯 咕 哼 哈 唔 呵；*
4. 串 患 婁（娄，上下有口）　呪 响 呺 哈 哃 咼 啮 哫 唰 啹 啙 龉 哾 唃 龆 啙 串

3个口1：1品 榀 癌 2喿 噪 3臨 4酃 靈 5嘼 獸 嗃 6崿

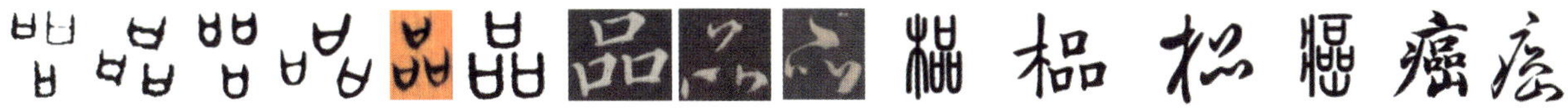

1（甲骨 甲骨 金文 金文 楚简 说文 颜真卿 索靖 米芾）（粗篆 欧阳询 王羲之）（粗篆 智永 李淦）

2（说文 苏晓慈）（褚遂良 索靖）3（金文 智永 王羲之 任希夷）4（说文 柳公权 唐太宗）（说文 欧阳询

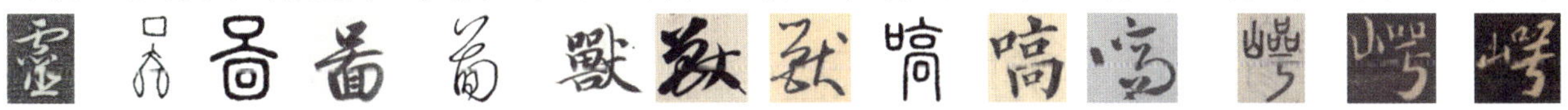

赵构）5（甲骨 说文 赵孟頫 王羲之）（智永 智永 怀素）（说文 彭玉雯 王铎）6（篆字汇 王羲之 王羲之）

辨析：

三个口和四个口的字，除了品和罒字单写外，一般可以将口字草化为一个点，"喿"字草书可以将上边的三个口草化为三个点，但更多的是从其异体字"参"字的草书（详情见喿页）。喿臨酃靈嘼等字参见相关页。

品 pǐn：会意，从三口，口代表人，三个表多数，意即众多的人，本义是众多。

榀 pǐn：一个屋架叫一榀。

癌 ái：人及动物身体由于某些因素的作用，细胞恶性增生而形成的恶性肿瘤。

酃 líng：古县名，酃县；湖名、酒名等。

靈 líng：形声，从巫灵声，本义为巫；神灵，灵魂，灵活，有灵性等。

嗃 xiāo：吹竹管声；xiào，大声嗥叫；hè，严厉。

崿（崿 è）：意思是山石形状如大嘴张开。

拓展：

1. 品 偘 葍 煰 嵒 湡 闆 2. 喿 燥 操 臊 幧 璪 懆 橾 缲 澡 噪 髞 癝 穕 傑 剿 鄵 嬠 髞
3. 臨 4. 醽 醽 儖 靁 霻 5. 嘼 6. 噚 噩 7. 區（见下） 蓲 傴 剾 嫗 嶇 彄 慪 摳 漚 敺 塸 瞘 繿 樞 歐 毆 隔 熰 嘔 甌 謳 貙 軀 醧 膒 窟 褔 嘺 罾 蔓 噞 嚆 8. 吅（见单页）噐（器）嚣 噩 咒 器 嚚 囍 櫑 躍 讕 玃 蘽 蘿 鑼 顳 鱷

3个口2：区（區） 驱 枢 欧 呕 瓯 妪 岖 鸥

（甲骨 甲骨 甲骨 金文 盟书 楚简 说文 张迁碑 魏灵藏 虞世南 颜真卿 赵孟頫 苏轼 索靖 王羲之 张旭）

（说文 石鼓文 王羲之）（说文 王舍人 李世民）（说文 欧阳询 欧阳询 皇象 韵会）（篆字汇 颜真卿 王羲之 王铎）

（说文 苏轼 王羲之 皇象 王羲之）（金文 简帛 说文 赵孟頫 王羲之）（六书通 颜真卿 鲜于枢）（说文 王宠 王铎）

辨析：

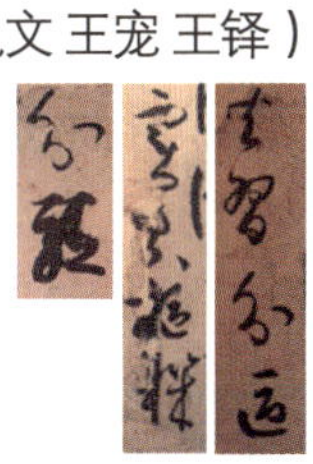

草书中两个以上口字都可以写为一点，区（區）即如此。"欧"字草书皇象将欠字写反文，篆书字典即有反文写法，比较少见。

区 qū：《说文》："踦区，藏匿也，从品在匸中；品，众也。"来源说法不一，一种说法是会意字，甲骨文由表示藏匿处的"匸（xì）"和众多贮藏的物品的"品"构成，整个字形表示把物品放在一个地方贮藏起来，本义即为隐藏，一说"区"是指事字，它强调的是中部的品，本义是一种小盆之类容器，ōu，是"瓯"的本字，简化字将中部的"品"简化为"乂"，"乂"是简化记号，与字的音义无关。

驱（驅敺駈 qū）：形声，从马区声，本义是奔驰、疾行。

枢（樞 shū）：形声，从木区声，本义为户枢，旧式门的转轴或承轴臼。

欧（歐 ōu）：通讴，歌唱；欧罗巴洲的简称。

呕（嘔 ǒu）：形声，从口区声，东西在胃喉中上涌，从口中出来。

瓯（甌 ōu）：形声，从瓦区声，本义：盆盂类瓦器。

妪（嫗 yǔ）：年老的女人。

岖（嶇 qū）：崎岖，地面高低不平的样子。

鸥（鷗 ōu）：水鸟名，水鸮。

拓展：

伛 躯 讴 抠 奁 怄 沤 殴 眍 貙 　P37.1 共习分区 　P43.5 忽劳逸而分驱 　P54.2 实累枢机

3个口3：伛 讴 沤 抠 怄 躯 殴 奁（奩）

（简帛 说文 肥致碑 赵孟頫 王羲之 王羲之 章草）（说文 五经 米芾 王宠 韵会）（说文 赵孟頫 王铎 王羲之）

（说文 颜真卿 李邕 王羲之 欧阳询 于右任 章草）（简帛 赵孟頫 王羲之 汉简 王羲之 文徵明 王铎 章草）

（简帛 说文 隶辨 王献之 颜真卿 赵孟頫 赵构 颜真卿）（秦简 说文 赵孟頫 王羲之 章草）（颜真卿 王羲之）

辨析：

“區”字还有一种简体写法“区”，历代书家累见。

伛（傴 yǔ）：驼背；曲身，表示恭敬。

讴（謳 ōu）：形声，从言区声，本义是无伴奏、齐声歌唱。

沤（漚 ōu）：水中浮泡。

抠（摳 kōu）：形声，从手区声，抓、提。

怄（慪 òu）：逗弄，嘲笑，生闷气；（方）故意惹人恼怒。

躯（軀 qū）：形声，从身区声，身体。

殴（毆 ōu）：形声，从殳区声，打击，捶击。

奁（奩匳匲 lián）：古代盛梳妆用品的匣子。

拓展：

伛 讴 呕 奁 妪 岖 怄 抠 沤 驱 枢 欧 殴 瓯 眍 鸥 貙 躯 駆 鴎 傴 傴 劆 嘔 塸 奩 嫗 嶇 彄 慪 摳 漚 蓲 毆 樞 歐 毆 熰 甌 膒 寙 褔 瞘 緼 軀 檶 櫙 藲 謳 貙 軀 醧 鏂 饇 鞰 篋 驅 籯 鰸 鰸 鷗 钀

4个以上的口：㗊 噐（器）嚣（嚻）噩 鱷 嘂 藃

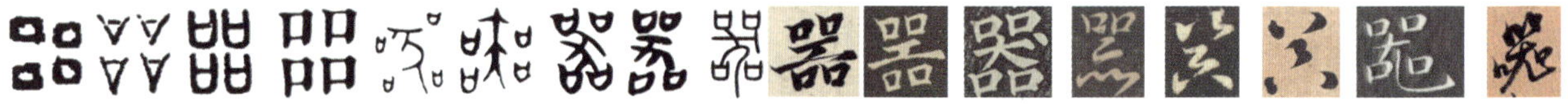

（甲骨 古文 说文 楷书）（金文 金文 楚简 秦简 说文 智永 欧阳询 颜真卿 王羲之 皇象 王羲之 成亲王 倪元璐）

（金文 楚简 说文 王羲之 欧阳通 王羲之 宋高宗）（甲骨 甲骨 金文 金文 金文 楚简 说文 王羲之 米芾 王羲之）

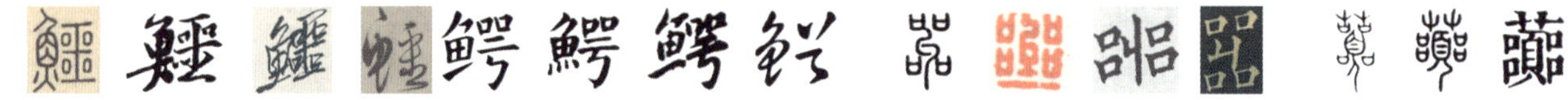

（六书通 黄庭坚 吴昌硕 解缙 欧阳询 颜真卿 黄庭坚 王羲之）（说文 嘂一印 五经文 黄自元）（古文 说文 楷书）

辨析：

口字为4个或以上的字，姿态多变，特别是噩字的甲骨文，口字数量不定；草书写法，这类字，口可草化为一个点。

㗊 jí：众口，喧哗；léi，古文雷；化学物质“叶啉”的旧称。

噐（器 qì）：皿也，像器之口，犬所以守之。

嚣（嚻 xiāo）：会意，从㗊从页，㗊（jí）为众口，页乃人头，表示众口喧嚣，本义是喧哗，声音响而闹哄。

噩 è：惊人的，不祥的；汉典所录甲骨文与丧同，备考。

鱷（鰐 è）：鱷同鰐。

嘂 jiào：同叫；古书上说的一种乐器，即大埙。

藃 xiāo：一种香草，白芷，一名藃。

拓展：

㗊 噐（器）嚣 噩 器 嚣 蘁 櫮 譨 玁 虈 鑸 嚣 顬

P26.3 导识将来之器

寇 蔻

（甲骨 金文 盟书 楚简 说文 居延简 鲜于璜 虞世南 颜真卿 黄自元 异体字 米芾 王羲之 王献之 李洤 傅山）

（金文 粗篆 汉简 伊秉绶 欧阳询 颜真卿 王羲之 米芾 黄庭坚 赵孟頫 王羲之 文徵明 毛泽东 章草）

辨析：

寇字字形稳定，草书一般为两种：1. 快写，“元”让右。2.“宀”下草化为“彳＋攵（殳）”（见王羲之、王献之寇字和王羲之蔻字），此写法与其异体字高度相关。

寇 kòu：会意，从宀（mián），表示与室家房屋有关，从元（人）从攴（pū），表示持械击，意思是手持器械的人侵犯到房子里来打人，本义为入侵、侵犯。

蔻 kòu：形声，本义为豆蔻，植物名，比喻处女，因此称女子十三四岁为“豆蔻年华”。

拓展：

滱 簆 鷇

K

夸 侉 洿 瓠 垮 绔 跨 袴 匏 挎 胯

（甲骨 金文 简帛 说文 欧阳询 王羲之）（说文 柳公权 王羲之）（简帛 说文 樊敏碑 王铎）（说文 王羲之 王羲之）

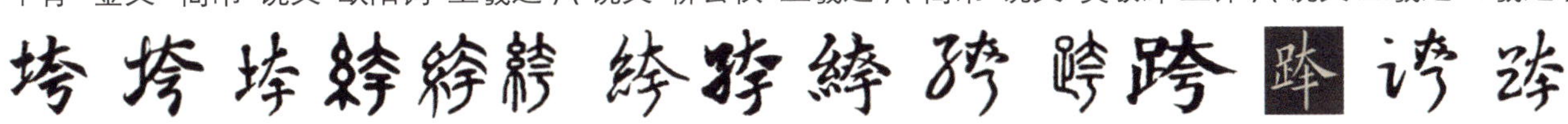

（赵孟頫 王羲之 章草）（金文 简帛 说文 陆柬之 赵孟頫 赵孟頫 王羲之）（说文 颜真卿 姚孟起 王羲之 章草）

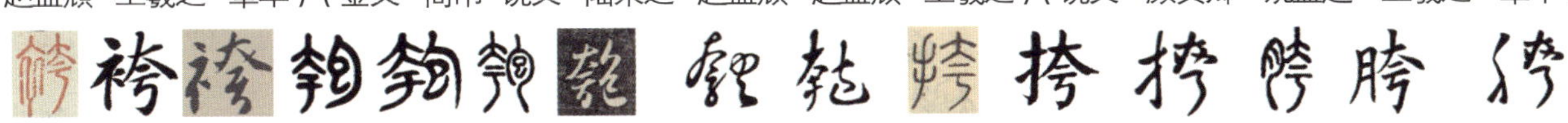

（石韵府 智永 唐寅）（金文 简帛 说文 赵孟頫 王羲之 章草）（六书通 颜真卿 王羲之）（说文 欧阳询 王羲之）

辨析：

夸字有从亏和从于的写法，行草书从之，草书还可在大字的撇捺上加点。可拓展

夸 kuā：形声，从大于声，本义是奢侈，说大话。

侉 kuǎ：口音不正的，特指口音跟本地语音不同的；夸大，不实际。

洿 wū：低下、低洼，水不流。

瓠 hù：瓠瓜。

垮 kuǎ：倒塌，崩溃瓦解。

绔（絝 kù）：形声，从糸夸声，本义是套裤。

跨 kuà：迈步，越过。

袴 kù：裤的异体字，通胯。

匏 páo：瓢葫芦。

挎 kuà：胳膊弯起来挂着东西；kū，抠。

胯 kuà：腰和大腿之间的部分。

拓展：

刳 咵 郀 陓 峖 姱 恗 挎 荂 欨 晇 桍 胯 綒 舿 骻 舿 誇 攨 錼 樦 髈 鮬 鴮

宽 髋 臗

（金文 金文 秦简 秦简 说文 李斯 石韵府 石韵府 张迁碑 赵宽碑 萧敷 欧阳询 颜真卿 柳公权 赵孟頫

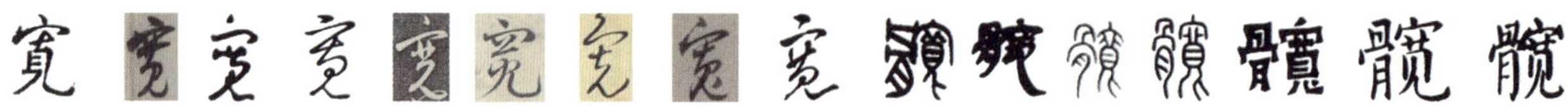

王羲之 陆游 王羲之 王洽 蔡襄 邓文原 王铎 沈尹默 章草）（金文 汉简 古文 说文 梁培生 欧阳询 颜真卿

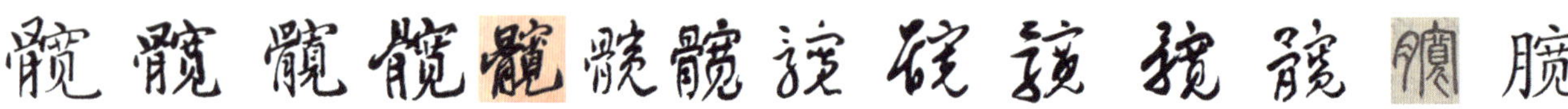

柳公权 赵孟頫 黄庭坚 赵孟頫 王铎 鲁迅 舒同 王羲之 文徵明 张瑞图 郭沫若 章草）（篆字汇 楷书）

辨析：

宽字的篆书形态特征是左下有“屮”形符，小篆简省为一笔，隶楷行也有用一点表示的，草书为“宽”字的快写。

宽（寬 kuān）：从宀表示与房屋有关，萈声，本义是房屋宽敞。

髋（髖 kuān）：从骨宽声，组成盆骨的大骨，左右各一，是由髂骨、坐骨、耻骨合成的，通称“胯骨”。

臗（臗 kuān）：与髋同，股骨也。

拓展：

懽 穳 襩

款（欵） 窾

（甲骨 金文 简帛 说文 说文 说文 钟繇 伊秉绶 邓传密 欧阳询 颜真卿 王羲之 赵孟頫 皇象 索靖 李洤

钟繇 欧阳通 秦观 米芾 董其昌 王羲之 赵构 饶介 韩道亨）（金石 新篆 通假 欧阳询 柳公权 王蘧常）

辨析：

款字的篆隶变化较多，左边的祟有：出示、木示、土示、上示、匕示等多种写法，草书一般有二，1. 从“款”；2. 从“欵”（参见疑字草法）。

款（欵款 kuǎn）：会意，从欠窾省，本义为真诚、诚恳，或从柰，取柰何之意。

窾 kuǎn：形声，从穴款声，本义是空隙、洞穴。

拓展：

蔌 欌 鏉 鰍

匡 诓 哐 眶 框 筐

（金文 金文 楚简 楚简 汉简 说文 夏承碑 欧阳询 虞世南 颜真卿 柳公权 赵孟頫 王羲之 欧阳询 王铎

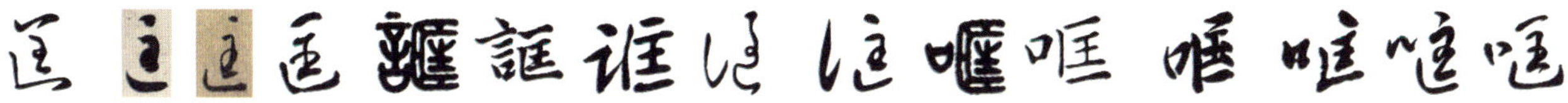

王羲之 智永 怀素 章草）（金文 赵孟頫 黄庭坚 王羲之 于右任）（金文 王羲之 王羲之 郑板桥 李淦 章草）

（金文 粗篆 赵孟頫 孙过庭 章草）（粗篆 欧阳询 米芾 于右任 章草）（说文 王羲之 李邕 皇象 王羲之 章草）

辨析：

匡字的篆书装饰性笔画较多。隶定字形稳定，草书写法有二：1. 快写；2. 将匚字的上横草化为一个点。可拓展。

匡 kuāng：形声，从匚王声，本义是盛东西的方形竹器。

诓（誆 kuāng）：形声，从言匡声，本义为欺骗。

哐 kuāng：象声词，形容撞击声。

眶 kuàng：眼的四周，眼眶。

框 kuàng：形声，从木匡声，本义是门窗的架子。

筐 kuāng：盛东西的方形竹器。

拓展：

劻 邼 侰 恇 洭 莇 蛗 軭

狂 诳 俇 逛

（甲骨 甲骨 金文 楚简 楚简 简帛 帛书 说文 隶辨 欧阳询 颜真卿 柳公权 赵孟頫 王羲之 赵孟頫 王铎

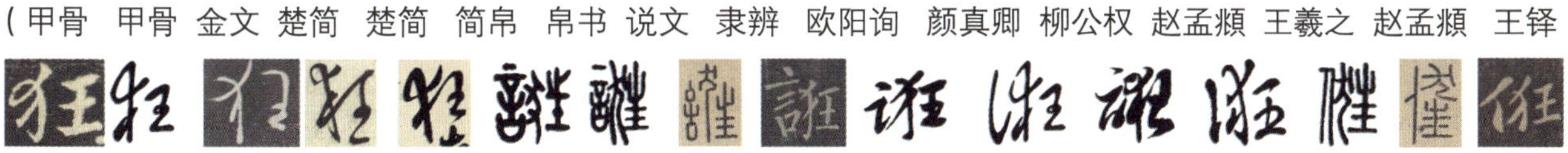

皇象 王羲之 怀素 王宠 王铎）（金文 说文 广义 柳公权 黄庭坚 王羲之 徐伯清 章草）（说文 广义 苏轼）

（金文 汉简 粗篆 伊秉绶 王羲之 欧阳询 颜真卿 赵孟頫 王羲之 文徵明 王铎 王羲之 孙过庭 于右任）

辨析：

狂字篆书有从"壬"和从"往"的结构，隶楷字形稳定，行草书为快写。可拓展。

狂 kuáng：形声，本义是狗发疯；其中㞷，kuáng，古同狂，wǎng，邪曲，不正。

诳（誑誆 kuáng）：形声，从言狂声，本为：欺骗、迷惑，即隐瞒事实真相迷惑人。

俇 guàng：无行；往；俇俇，惶遽，慌张失措。

逛 guàng：外出散步，闲游，游览。

拓展：

狴 鵟 痓 鵟

亏(虧) 污 圬 杇 肟 刳 雩

(帛书 颜真卿 章草 1说文 说文 景君碑 欧阳询 赵孟頫 赵佶 王羲之 2颜真卿 王铎 3祝永明 朱耷 沈粲

王羲之 赵孟頫 文徵明 宋克)(说文 柳公权 皇象)(金文 虞世南 王羲之)(说文 何绍基 柳公权 赵孟頫 王铎)

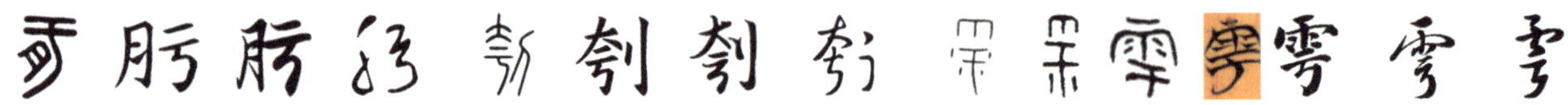

(石鼓文 王羲之 王羲之 于右任)(说文 欧阳询 王羲之 王羲之)(甲骨 甲骨 金文 简帛 颜真卿 王羲之 王羲之)

辨析：

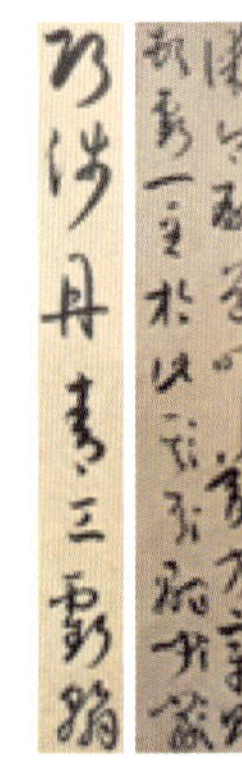

亏(虧)从亏从虍、真书有从"隹、业、丘"的几种写法，各个部件的草书分别写清楚即可。作为字根，亏字有从于字的写法，故草书可写亏或于；虧有异体字虧，从兮，各体均可从之。而粤字亦从亏，见粤页。

亏(虧 kuī)：《说文解字》："亏，气损也，从亏、雇声。"气出受阻而仍越过是"亏"。注意：亏和于字演绎的差异，气平之而声婉转屈曲所出是于，鸟急疾而飞之貌为雇，亏、雇两字叠加，因急疾而导致气不足是"亏"。

污(汙污 wū)：形声，从水于声，本义是停积不流的水。

圬 wū：抹子，涂墙的工具；低洼的。

杇 wū：瓦刀，粉刷。

肟 wò：有机化合物的一类，是羟胺与醛或酮的缩合物。

刳 kū：从中间破开再挖空；剖，剖开。

雩 yú：古代为求雨而举行的一种祭祀；yù，虹的别名。

拓展：

夸 扜 芌 迂 玗 盱 侉 刳 疞 郀 陓 桍 絝 咢

P31.1 巧涉丹青工亏(虧)翰墨　P32.2 岂有贻谋令嗣道叶义方，章则顿亏，一至于此！

昆1：昆 棍 混 馄 焜 鹍

(金文 楚简 秦简 汗简 说文 张表碑 张迁碑 欧阳询 颜真卿 柳公权 赵孟頫 赵佶 王羲之 唐玄宗 赵构

王羲之 怀素 赵孟頫 赵孟頫 韩道亨)(金文 欧阳询 王羲之 王羲之)(简帛 说文 欧阳询 王羲之 王铎)

(说文 赵孟頫 王羲之 章草)(说文 王羲之 鲜于枢 皇象)(李阳冰 赵孟頫 欧阳询 褚遂良 王铎 智永)

辨析：

昆字除楚简、汗简外，结构基本稳定。草书一种是写出"比"字的草书，还有一种比较常见，即将"比"字草化为"心"。可拓展。

昆 kūn：会意，从日从比，金文字形表示二人在日光下并肩行走，本义为一起、共同。

棍 gùn：棍棒，品行很坏的人。

混 hùn：搀杂在一起，蒙，乱、胡乱，苟且度过；hún，水势盛大。

馄(餛饌 hún)：馄饨。

焜 kūn：光明；焜黄，色衰的样子。

鹍(鵾 kūn)：似鸡而大也。

拓展：

倱 崑 堒 猑 腪 硍 稛 崑 裩 粯 睴 涽 箟 緄 蜫

昆2：琨 鲲 绲 锟 辊 婫 崐 惃 掍 菎

（说文 王羲之 欧阳询 颜真卿 王羲之 王羲之）（石韵府 柳公权 赵孟頫 陆柬之 黄庭坚 王羲之 章草）

（简帛 说文 樊敏碑 赵孟頫 王铎 于右任）（金文 篆字汇 陆柬之 王铎 章草）（说文 赵孟頫 文徵明 章草）

（篆字汇 王玄宗）（说文 李阳冰 肥致碑 王羲之 赵孟頫）（楚简 篆字汇 楷书）（说文 娄机）（篆字汇 成亲王）

辨析：

昆字拓展的字，个别字从篆书到隶楷，有上下结构变左右结构的，应予注意。

琨 kūn：美玉。

鲲（鯤 kūn）：鱼苗的总称；传说中的一种大鱼。

绲（緄 gǔn）：织成的带子。

锟（錕 kūn）：锟铻，古书上记载的山名，所出铁可造剑。

辊（輥 gǔn）：车毂匀整齐一。

婫 hùn：盖在上面；kūn，古女子人名用字。

崐 kūn：崐崘，同崑崙，山名。

惃 gǔn：不明白，糊涂；乱。

掍 hùn：同也；古同混；缝纫东西滚边，缘边。

菎 kūn：古书上说的一种香草。

拓展：

䙡 諢 焜 輥 醌 錕 鯤 騉 鯤 䵪

困 捆 悃 梱

（甲骨 简帛 古文 说文 邓石如 西狭颂 欧阳询 颜真卿 王羲之 智永 虞世南 苏轼 王羲之 怀素 赵孟頫）

（金文 古文 赵孟頫 郑板桥 王羲之 文徵明 毛泽东 章草）（说文 王羲之 王羲之）（说文 五经文 赵孟頫）

辨析：

困字的字形稳定，行草书都是快写。可拓展。

困 kùn：会意，甲骨文字形从囗（wéi），像房的四壁，里边是生长的树木，本义为废弃的房屋。

捆（綑 kǔn）：形声，从手困声，本义为叩击使牢。

悃 kǔn：至诚，诚实，诚心。

梱 kǔn：门限、门槛。

拓展：

俻 剻 涃 阃 啯 庮 猢 烟 裍 腘 氲 琙 睏 硱 稛 裍 綑 蜠 踊 閫 槶 頵 䵊 稇 鬝 麕 蔺 藺 齳 蘼

剌 喇 瘌 楋

（甲骨 金文 金文 楚简 汉简 说文 欧阳询 颜真卿 柳公权 赵孟頫 王羲之 王羲之 孙过庭 于右任 章草）

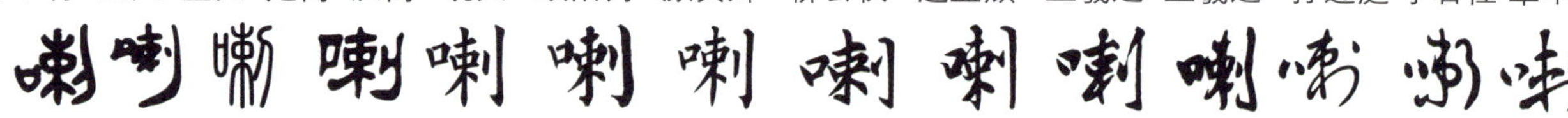

（金文 汉简 新篆体 佚名 欧阳询 颜真卿 柳公权 赵孟頫 王羲之 黄庭坚 王铎 王羲之 孙过庭 章草）

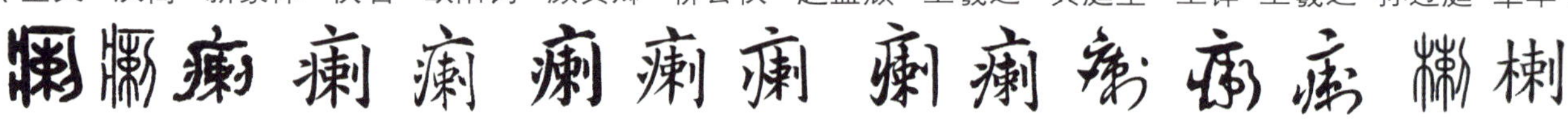

（金文 说文 何绍基 欧阳询 褚遂良 颜真卿 柳公权 赵孟頫 王羲之 赵孟頫 王羲之 孙过庭 章草）（说文 楷书）

辨析：

剌从束从刀，金文的束字可从两点，楚简有讹变从两只手的写法。束字中间的口字从口字的草书，一般写“横弯、横弯提或两点”，“刂”的草书写“右刀寸点弯”。可拓展。

剌 là：会意，从束从刀，本义是乖戾、违背；lá，割开，划开，同拉；违戾、乖张；邋遢；辣辣，形容燥热。

喇 lā：形容忽然发出的声音。

瘌 là：瘌痢，疥疮。

楋 là：古书上说的一种树。

拓展：

莿 瑓 鬁 蝲 揦 溂 犂 鬎 鬎 鯻

来 徕 涞 崃 睐 莱 赉

（甲骨 石鼓 金文 金文 说文 肥致碑 蔡邕 欧阳询 颜真卿 柳公权 赵孟頫 宋徽宗 王羲之 王铎

张芝 崔瑗 皇象 王羲之 郑板桥）（金文 汉简 王羲之 王羲之）（金文 说文 赵孟頫 王羲之）（篆字汇 欧阳询

郭沫若 王羲之）（说文 赵之谦 毛泽东 章草）（简帛 说文 夏晨碑 王羲之 王宠）（金文 说文 好太王 韵会 章草）

辨析：

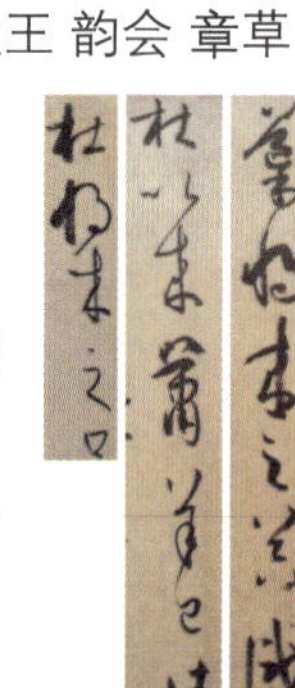

来字的篆书左右有两个人字，草书简写为一撇，下边的人字保留，用笔顺序是“横—竖勾—（撇撇捺）”。可拓展。

来 lái：此字始见于商代甲骨文，其古字形像一株小麦的形象，本义指小麦；指小麦时此义又作麳，《广雅·释草》：大麦，麰也；小麦，麳也。商代甲骨文还保留此字本义，如《铁》：“辛亥卜贞：或刈来。”“刈来”即收获小麦；汉语中常用的“到来”含义，则是假借义；来还有表示下一个的意思，如甲骨文“来岁”，意即来年。金文的逨同来。

徕（徠 lái）：古来字，形声，从彳（chì），表示与行走有关，来声，本义是到来，与往相对；lài，慰劳。

涞（淶 lái）：指涞水，又名拒马河，发源于河北省涞源县。

崃（崍 lái）：山名，亦名邛崃山。

睐（睞 lài）：瞳仁不正；旁视，斜视；眺望。

莱（萊 lái）：形声，从艸来声，本义是草名，即藜；郊外休耕的田；古国名，古莱国。

赉（賚 lài）：形声，从贝来声，本义为赏赐。

拓展：

俫 崍 徠 淶 莱 梾 赉 睐 铼 慭 憖 陎 倈 勑 郲 唻 婡 崍 庲 徠 淶 猍 萊 逨 梾 棶 琜 瘶 硑 秾 睞 綝 麳 䋯 䓶 唛 䍡 箂 麳 麦

P26.3 导将来之器识　P28.5 崔杜以来萧羊已往　P45.2 杜将来之口

阑1：阑（闌） 蘭（兰） 澜 谰 斓

（甲骨 金文 简帛 说文 欧阳询 颜真卿 蔡襄 文徵明 简书 王羲之 朱耷 宋克 郑板桥 韩道亨）

（古文 说文 欧阳询 颜真卿 皇象 王献之 赵孟頫 王羲之 王羲之）（说文 王羲之 柳公权 王羲之 毛泽东）

（金文 说文 梁培生 陆柬之 黄庭坚 王羲之 敬世江）（金文 石韵府 梁培生 赵孟頫 赵孟頫 王羲之 字汇）

辨析：

阑从门从柬，异体字为闌。该字的草书最早见于简书，内部似束，为“闌”形，“闌”也是阑字的一个异体字。阑字的草书有两种：一是门内从东，写“闌”；二是门内从柬，写阑（闌），其草书为中间的竖比东字多了一个小拐弯。柬字拓展的字，一般两种写法都有。从“兰”字的相关字见下面。

阑（闌闌 lán）：形声，从门柬声，本义为门前的栅栏，阑虽有异体字闌，但柬和东非互为异体字。

蘭（兰 lán）：香艸也。

澜（瀾 lán）：形声，从水阑声，本义为大波浪。

谰（讕 lán）：形声，从言阑声，本义是抵赖。

斓（斕 lán）：颜色驳杂，灿烂多彩。

L

拓展：

襕 囒 孏 襽

P34.6 兰亭集序　P35.6 既乎兰亭兴集　P50.5 而波澜之际

阑2：爤（烂）攔（拦）欄（栏）灡（𬇙）

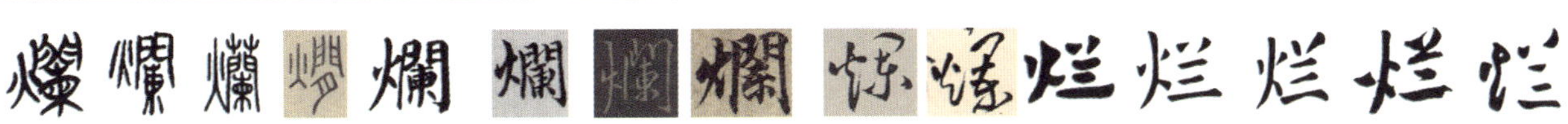

（简帛 简帛 说文 广义 颜真卿 赵孟頫 李邕 柯九思 祝永明 王铎 汉简 欧阳询 颜真卿 黄庭坚 王羲之）

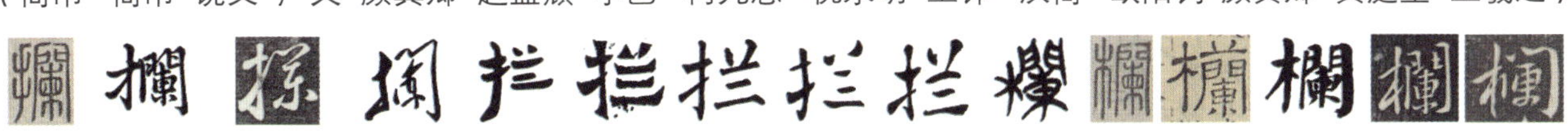

（说文 赵孟頫 鲜于枢 毛泽东 汉简 爨体 柳公权 王羲之 章草）（简帛 说文 隶辨 颜真卿 黄庭坚 米芾

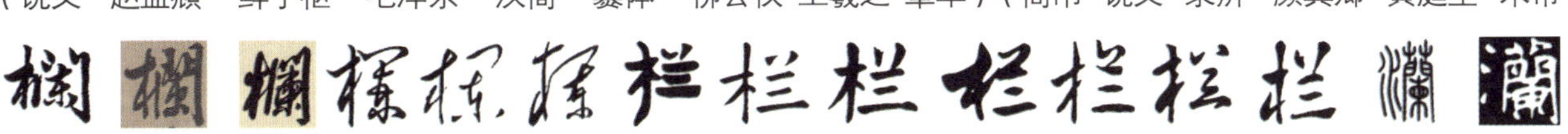

赵孟頫 文徵明 王铎 明人 岳飞 毛泽东 汉简 欧阳询 颜真卿 文徵明 鲁迅 王羲之 章草）（说文 元悛墓）

辨析：

本页列示了部分可从蘭和从兰的字的写法，可相互参照之。灡同瀾，见前页。

爤（爛烂 làn）：形声，从火阑声，本义为煮烂；燗，或从閒。燗，古同“烂”。

攔（拦 lán）：形声，从手阑声，本义是阻挡、遮拦。

欄（欗栏 lán）：形声，从木阑声，“栏”和“拦”都是后起字，阑用作名词时写作“栏”，用作动词时，写作“拦”，本义是栏杆。

灡（灡𬇙 lán）：淘米水，古同澜，水波。

拓展：

糷 钄 韊

耂 老 姥 佬 栳 耄 耆 嗜 耋

（甲骨 金文 盟书 诅楚 说文 王莽简 高贞碑 颜真卿 赵佶 皇象 王羲之 王羲之 张旭 王宠 宋克 毛泽东）

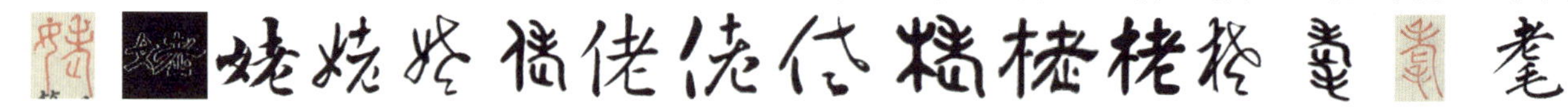

（石韵府 曹全碑 智永 王羲之 李洤）（金文 欧阳询 王羲之 于右任）（金文 曹全碑 颜真卿 李洤）（金文 石韵府 柳公权

李洤 王铎）（金文 楚简 秦简 说文 赵孟頫 王羲之 李洤）（楚简 说文 颜真卿 王铎 章草）（甲骨 说文 索靖 王羲之 李洤）

辨析：

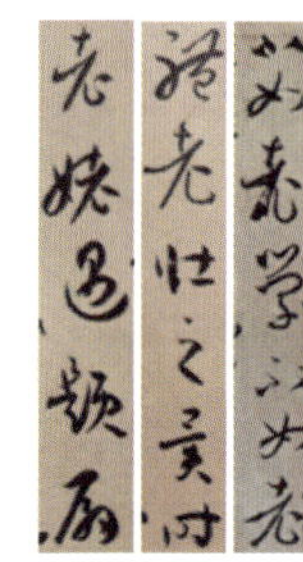

耂字结构的字，拓展性较强的字有老考孝者等等，考、孝和者字分别见相关页。耂字的草书写法一为快写，二为草化为“戈”字结构。这两种写法有广泛的拓展性。

耂 lǎo：同老，用于偏旁部首。

老 lǎo：《说文》老，考也，七十曰老，从人、毛、匕，言须发变白也。

姥 mǔ：年老的妇女；lǎo，外祖母。

佬 lǎo：成年的人（含轻视义）。

栳 lǎo：栲栳，柳器也，盛物器。

耄 mào：年老，八九十岁的年纪；昏乱。

耆 qí：年老，六十岁以上的人；强横；shì，古同嗜，爱好。

嗜 shì：爱好。

耋 dié：古同耊，年八十曰耋。

L

拓展：

耂 老 耂 耂 佬 耆 姥 峔 荖 栳 珯 硓 粩

P22.6 体老壮之异时　P39.4 少不如老学不如老　P57.3 老姥遇题扇

樂（乐）1：樂（乐）　藥（药）　櫟（栎）

（甲骨 甲骨 金文 金文 盟书 简帛 简帛 简帛 李斯 肥致碑 欧阳询 颜真卿 王羲之 朱熹 米芾 文徵明

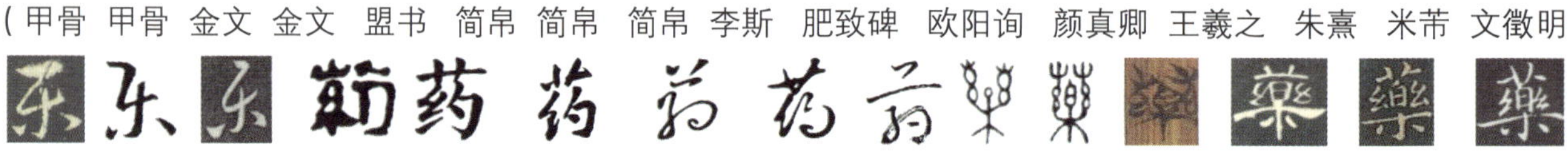

皇象 王羲之 米芾）（帛书 颜真卿 黄庭坚 王羲之 文徵明 朱耷 金文 金文 清华简 曹全碑 王羲之 灵飞经

王羲之 王献之 黄庭坚 皇象 张芝 王羲之）（甲骨 金文 简帛 说文 曹全碑 赵孟頫 王羲之 王铎 王羲之）

辨析：

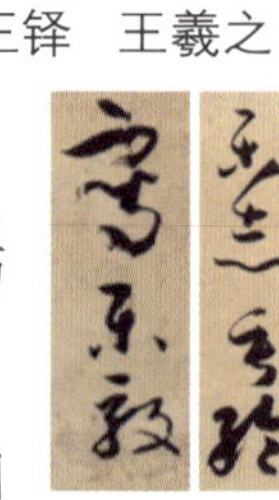

乐（樂）字篆书及简帛字形变化较多，核心是个敲击乐器的鼓架子，小篆、隶、楷字形稳定，草书即“乐”字的快写。“药”字自古有繁简两种写法，简写不常用，繁写从乐，可拓展。

樂（乐 yuè）：象形，小篆字形像鼓鼙（pí，军中小鼓）木架形，本义是音乐。鼓鞞，鼓大鼙小，中像鼓，两旁像鼙也。

藥（药 yào）：形声，从艸乐声，本义是治病的物品治病艸，药物药材一般是植物故从艸。

櫟（栎 lì）：即麻栎，通称柞树；栏杆之类；古都邑名，春秋时郑国别都，在今河南省禹县；刮、敲、搏击，啮咬；yuè，櫟阳，地名，在中国陕西省。

拓展：

乐 泺 拆 栎 烁 轹 砾 铄 眎 跞　嚛 擽 濼 藥 嬫 㦡 櫟 爍 瓅 膘 膘 皪 礫 瞟 纅 觻 躒 轢 趯 醁 鑠 鱳

P14.4 乐志垂纶 p35.2 写乐毅

樂（乐）2：泺（濼）烁（爍）砾（礫）铄（鑠）轹（轢）扌乐（擽）纅（纟乐）

（甲骨 金文 金文 说文 曹全碑 赵孟頫 赵孟頫 王羲之 黄庭坚 王羲之）（说文 颜真卿 米芾 颜真卿 王铎

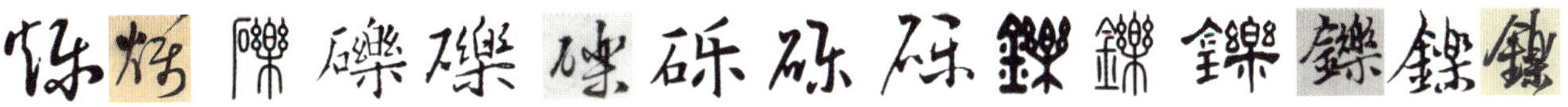

王羲之 王铎）（说文 欧阳询 王羲之 文徵明 欧阳询 王羲之 韵会）（金文 说文 曹全碑 赵孟頫 米芾 王铎

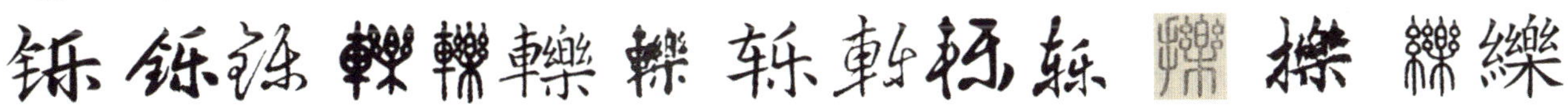

赵孟頫 黄庭坚 韵会）（金文 说文 王羲之 颜真卿 王羲之 李邕 文徵明 章草）（篆字汇 赵孟頫）（说文 楷书）

辨析：

本页乐字拓展的字，从乐从樂均可，草书一般从“乐”。

泺（濼 luò）：泺水，古水名，在今山东省济南；pō，同泊，湖泊。

烁（爍 shuò）：形声，从火乐声，本义是发光的样子；热、烫、烤灼；摇曳、闪烁；通铄，销熔。

砾（礫 lì）：从石乐声，本义为小石，碎石。

铄（鑠 shuò）：形声，从金乐声，本义是熔化；销毁，削弱，渗入，毁谤；同烁，灼烁、光彩夺目。

轹（轢 lì）：车轮碾压；滚压、碾压，欺凌、威胁、恐吓，经历，刮、撞击。

扌乐（擽 lì）：击；luò，坚定；yuè，竭。

纅（纟乐 yào）：丝的色泽；lì，治丝。

拓展：

同前

樂（乐）3：躒（跞） 趯 嬫 鱳 皪（皪） 嚛 瓅 觻

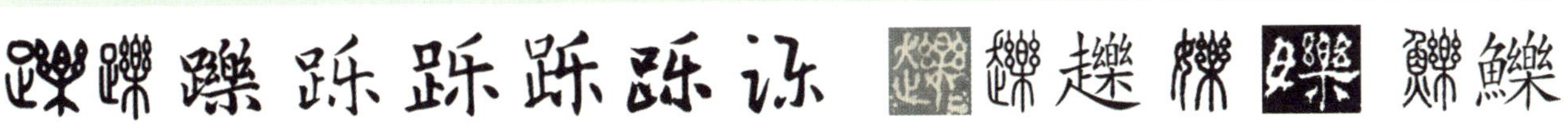

（金文 粗篆 赵孟頫 王羲之 欧阳询 颜真卿 黄庭坚 王羲之）（石鼓文 说文 楷书）（说文 鲁峻碑）（说文 楷书）

（苏轼 朱耷 石鼓文 古文 吴昌硕）（说文 楷书）（说文 褚遂良 王羲之 米芾 王铎）（居延简 说文 楷书 居延简）

辨析：

乐字拓展的字，各体写法可参照前面。这里皪和瓅的异体字有不从乐的写法。

躒（跞 lì）：走动，跨越；luò，卓跞（zhuó luò），超绝，亦作卓荦（zhuó luò）。

趯（趆 lì）：跳动，跳跃，践，走。

嬫（妚 yuè）：美貌。

鱳（鲘 lè）：古代传说的一种怪鱼，形状像鲤鱼，长有鸟尾和六只脚。

皪（皪铬皪 lì）：的皪，光亮、鲜明貌；luò，白色；bō，皪荦，杂色。

嚛（呩 hù）：味道过分浓烈，大喝大饮；yo，语气助词；异体字为皪。

瓅（玏瓅 lì）：玓瓅（dì lì），珠光。

觻（觻 lì）：兽角锋利；lù，觻得，中国汉代县名，在今甘肃省张掖市西北。。

拓展：

同前

了 孑 孓 钌

（甲骨 甲骨 金文 古文 说文 赵之谦 欧阳询 颜真卿 柳公权 赵孟頫 王羲之 王羲之 王坦子 蔡襄）（说文

智永 赵孟頫 王羲之）（金文 说文 虞世南 王羲之 王羲之）（金文 曹全碑 颜真卿 黄庭坚 赵孟頫 王羲之）

辨析：

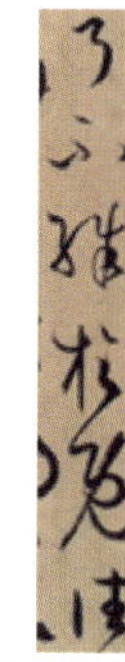

了字结构简单，行草书为快写。作为字根，疗、辽和了字分别有繁体字療、遼和瞭，从尞，见尞页；函、亨和亟字的楷书有“了”字结构，分别见函、亨和亟页。

了 liǎo：象形，从子无臂，小篆字像婴儿束其两臂形，初生的婴儿往往束其两臂而裹之，本义为束婴儿两臂。

孑 jié：象形，小篆字形，像人缺右臂形，本义是缺少右臂；孤单，单独，小，剩余；特立，出众，多指才能、人品等，孑孑干旄《诗·鄘风·干旄》；戟，古代的一种兵器。

孓 jué：从了，亅象形，无左臂也。

钌（釕 liǎo）：一种金属元素，质坚而脆，银灰色，可以做装饰品；liào，钌铞儿，钉在门窗上可以把门窗扣住的东西。

拓展：

𠤼 叾 宁 秄 舠　凾 烹 亟

P59.3 了不殊于既往

雷 蕾 擂 檑 镭

（甲骨 甲骨 甲骨 甲骨 金文 金文 金文 籀文 古文 清华简 石韵府 石韵府 石韵府 汉简 汉简 楚简 说文

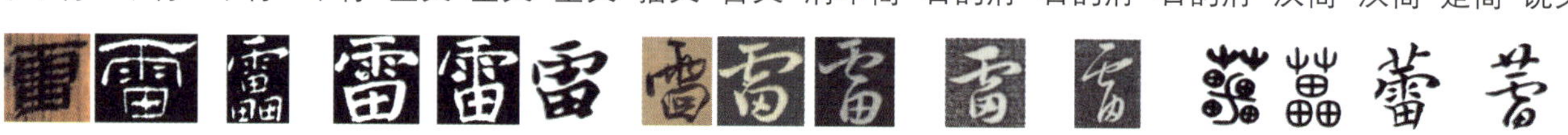

汉简 礼器碑 欧阳询 颜真卿 张旭 王羲之 王铎 史游 褚遂良 赵孟頫 康里巎）（金文 说文 褚遂良 王羲之）

（篆字汇 虞世南 赵孟頫 王羲之）（古文 说文注 说文注 说文注 说文 柳公权 李洤）（金文 宋徽宗 于右任）

辨析：

雷字的篆书变化很多，四个田、四个“口”、亦或雨下两个“口 / 田”都是雷字，到了隶楷行草，雷字从雨从田，字形稳定下来，可拓展。

雷（靁 léi）：象形，甲骨文中间像闪电，圆圈和小点表示雷声，整个字形像雷声和闪电相伴而作，小篆变成了会意字，从雨，下像雷声相连之形，表示打雷下雨，本义为云层放电时发出的巨响。

蕾 lěi：形声，从艸雷声，本义是含苞未放的花朵。

擂 léi：形声，从手雷声，本义是研磨。

檑（櫑 léi）：滚木，古代守城用的大圆木头，从城上推下打击攻城的人；櫑字或从缶、或从皿、或从缶同。

镭（鐳 léi）：为碱土族的一个强放射性的金属元素，质量数为 226 的同位素，元素符号 Ra。

拓展：

𣿭 𨙀 𤺊 礌 罍 鱩 䨺 靐　　P11.1 奔雷坠石

耒 耗 耘 耙 耜 耦 藕

（仓颉　甲骨　金文　简帛　金文　伊秉绶　欧阳询　颜真卿　柳公权　赵孟頫　王羲之　倪瓒　王羲之　赵孟頫　邓文原）

（新篆体　褚遂良　王铎　王羲之　章草）（金文　汉简　说文　虞世南　王羲之）（金文　汉简　王羲之　王羲之　王羲之）

（金文　爨体　王羲之　王羲之　章草）（金文　简帛　说文　王羲之　王铎　王羲之）（金文　说文　颜真卿　王羲之　王宠）

辨析：

耒字字形稳定，行草书为反起笔，快写。可拓展。耕、耨和藕等字见相关页。

耒 lěi：象形，古代的一种翻土农具，形如木叉，上有曲柄下面是犁头，用以松土，可看作犁的前身。

耗 hào：形声，从耒毛声，本义是一种稻子；消息、音信，假借为消，亏损、消耗。

耘 yún：形声，从耒云声，本义为除草；比喻辛勤攻读；培土。

耙 bà：用于碎土、平地和消灭杂草的整地农具，用耙碎土平地；pá，耙子。

耜（梩 sì）：耒下端铲土的部件，装在犁上，用以翻土。

耦 ǒu：两个人在一起耕地；遇、逢，合、符合；配偶。

藕 ǒu：莲的地下茎，白色肥大有节，中间有管状的孔，可食。

拓展：

耒 俫 郲 耓 誄 涞 耥 耠 耡 耢 誺 耕 耖

类（類）

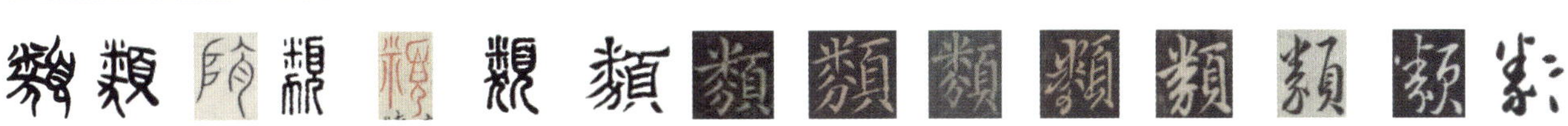

楚简　秦简　汉简　汉印　石韵府　说文　辟雍碑　王羲之　欧阳询　柳公权　王羲之　赵孟頫　韩道亨　紫竹山　启功

金刚经　颜真卿　王羲之　米芾　孙过庭　吴琚　祝永明　赵之谦　颜真卿　王铎　启功　王羲之　孙过庭　宋克

辨析：

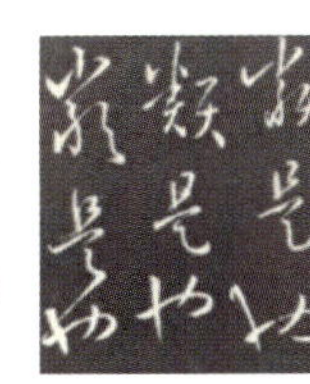

类（類）字的本义从犬，演变过程书家多写从“分”字和“大”字的，“分”与分类是有联系的，“大”应是“犬”的讹变。草书写法，从“分”和“大”的也有，但少见，而从犬的更是难得一见，最终因王羲之的草法被后世固定下来：一是将米字草化成“小”，二是米下的部件草化时写成近于“子”字的使转。

类（類 lèi）：形声，从犬頪（lèi）声，从“犬”，因犬种类最相似，本义是种类。

拓展：

蘱 禷

P 64.1–3 类是也

累 骡 螺 嫘 摞 瘰 缧

（石经 帛书 说文 李阳冰 居延简 夏承碑 王羲之 颜真卿 赵佶 王羲之 智永 李世民 赵孟頫 邓文原）

（说文 赵孟頫 王羲之 欧阳询 颜真卿 王羲之 智永 怀素 赵孟頫）（说文 颜真卿 王羲之 王羲之 黄庭坚）（金文

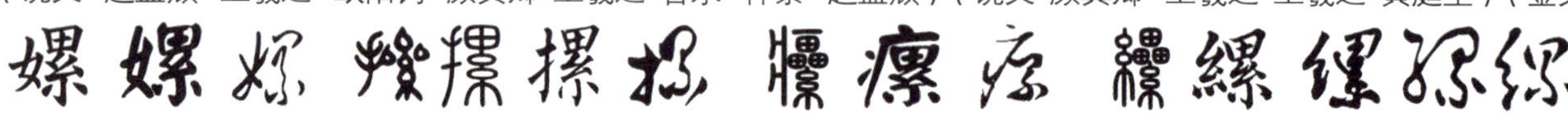

欧阳询 颜真卿 王羲之）（金文 新篆 柳公权 孙过庭）（粗篆 颜真卿 文徵明）（粗篆 赵孟頫 黄庭坚 于右任 章草）

辨析：

累字篆书从三个或一个田字，隶定从田从糸，草书田字节省了中间部件，与下边连写，结构比较稳定，可以拓展。累作为字根异体字写法较多。

累（纍 léi）：形声，字本像土块相积之形，从糸表示与线丝有关，畾（雷）声，本义为绳索，也作缧；异体字有厽、絫、纍、纝、㒍等等。

骡（騾蠃 luó）：动物名，骡子。

螺（蠃 luó）：又作蠃，形声，从虫累声，凡软体动物腹足类，外有旋线硬壳的都叫螺，种类繁多。

嫘 léi：嫘祖。

摞 luò：把东西重叠地往上放。

瘰 luǒ：瘰疬。

缧（纝縲 léi）：黑索。

拓展：

傫 漯 絫 㵽 腂 樏 磥 倮 篡

P17.5 或乃就分布于累年

离 離 醨 漓 璃 螭 魑 篱

（甲骨 金文 简帛 说文 简帛 汉简 颜真卿 王羲之 怀素 文徵明 甲骨 离石布 说文 简帛 曹全碑 金刚经

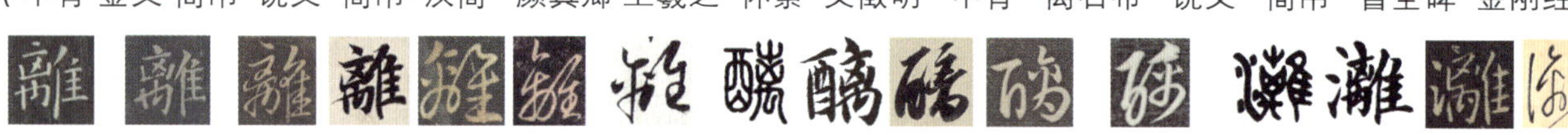

欧阳询 柳公权 王羲之 智永 皇象 王羲之 怀素）（说文 智永 苏轼 孙过庭 康里巎）（金文 颜真卿 王铎 怀素

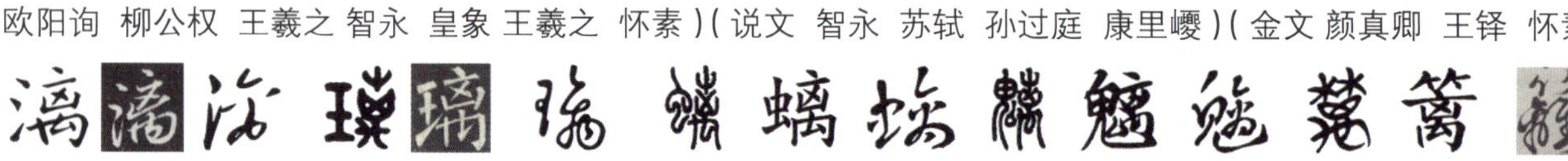

王羲之 苏轼 毛泽东）（金文 柳公权 王羲之）（说文 欧阳询 章草）（说文 王羲之 章草）（简帛 颜真卿 徐渭）

辨析：

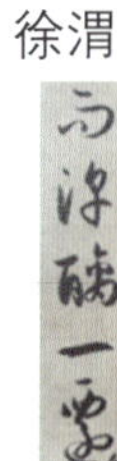

离字字形稳定，草书为“亠＋两点内”。可拓展。禽字隶楷，下边亦从离，见相关页。

离（離 lí）：离，山神，兽也，从禽头，从厹从屮，似举网捕鸟；離，形声，从隹，表示与鸟类有关，离声，相距、隔开，离开、分开，缺少，八卦之一代表火，形容草木茂盛。

醨 lí：味不浓烈的酒：“何不餔其糟而啜其醨？”浅薄：“其传者醨，其继者浅。”

漓（灕 lí）：湿透的样子；浅薄、刻薄；漓江。

璃（琍瓈 lí）：玻璃，琉璃。

螭 chī：形声，从虫离声，传说中的一种没有角的龙。

魑 chī：形声，从鬼离声，精怪名，传说中的山神，魑魅魍魉。

篱（籬 lí）：形声，从竹离声，本义是篱笆。

拓展：

摛 缡 蓠 樆 熌 褵 瞝 禼 穓 罱 飅 黐 䊼

P5.1 淳醨一迁（還）

里 裏 理 厘（釐） 缠 埋 狸 鲤 霾

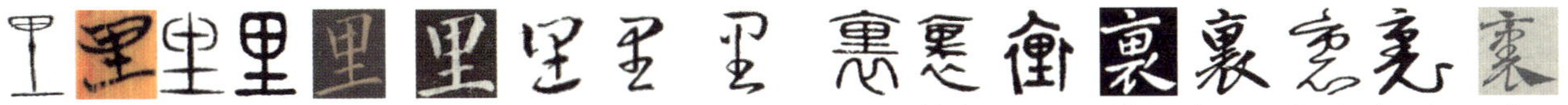

（金文 楚简 汉简 说文 欧阳询 颜真卿 皇象 王羲之 孙过庭）（说文 简帛 毛公鼎 钟繇 赵孟頫 怀素 康里巎 邓文原）

（金文 古文 说文 欧阳询 颜真卿 张芝 皇象 王羲之 邓文原）（金文 金文 楚简 说文 冯承素 孙过庭 欧阳询 王羲之）（说文

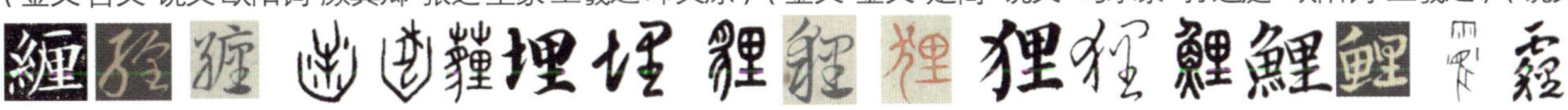

欧阳询 张芝 邓文原）（甲骨 甲骨 说文 智永 王羲之）（说文 邓文原 石韵府 颜真卿 王铎）（说文 赵孟頫 皇象）（甲骨 章草）

辨析：

里与裏字需注意区分不同用法，裏字为裏外之裏。行草书，里字就是快写。狸字可从豸，因此各体都可以从犭或豸旁。量与重字从里，参见量和重页。曼字草书从“里”，为“里力斯成曼”，参见“曼”。

里 lǐ：1. 长度单位，古以三百六十步为一里，今以五百米为一里；2. 街坊，如“邻里”；3. 家乡，如“故里”；4. 古代的地方编里制，古时五家为“邻”，五“邻”为“里”，一说五家为“轨”，十“轨”为“里”，《木兰诗》：“去时里正与裹头，归来白首还戍边。”中的“里正”相当于现在村长一类的地方小干部；5. “里”又是姓氏。

裏 lǐ：1. 衣服内层如“袄裏子”；2. 物体的内部，如“屋裏、楼裏、箱子裏”等；3. 里边（跟外相对）如“裏屋、裏间”等，“里屋”和“屋里”是两个不同的概念；4. 裏可以附在“这、那”等字后面表示地方，繁体字“这裏、裏边”不能写作“这里、里边”；“邻里、故里、里正”不能写作“邻裏、故裏、裏正”。

理 lǐ：形声，从玉里声，本义是加工雕琢玉石；治理、管理，道理、义理等。

厘（釐 lí）：形声，从里，表示与居住家居有关，本义为家福、幸福；治理、处理，给予，赐予；长度、重量、地积、利率单位。

缠（纏 chán）：形声，从糸廛（chán）声，本义为围绕、缠绕。

埋（薶 mái）：形声，从土里声，字本作薶（历代书家少见），甲骨文字形，像在坑中埋狗等动物的形象，是向地神祭献的活动，本义是藏入土中。

狸 lí：狸为貍的俗字，狸子，也叫野猫、山猫。

鲤（鯉 lǐ）：鲤鱼。

霾 mái：形声，从雨貍（lí）声，风夹着尘土。

拓展：

俚 俚 哩 娌 悝 捚 浬 竜 堇 鄍 腥 梩 踂 野 黒 瘇 喱 湹 裡 锂 薶 廛 粴 艃 鷅

P15.5 固义理之会归

豊豐 1：豊 豐 体（1 體 2 軆 3 躰 骵） 艳（艷 豔）

（甲骨 甲骨 金文 李豊印 说文 西狭頌 欧阳询 王羲之 王羲之）（甲骨 甲骨 金文 金文 说文 丰坊 丰熙

王羲之 王羲之）（1 金文 简帛 说文 欧阳询 颜真卿 王献之 赵孟頫 王羲之 赵孟頫 2 樊敏碑 王羲之 王羲之

智永 欧阳询 王铎 3 敦煌 米芾）（广义 曹全碑 颜真卿 伊秉绶 王羲之 赵孟頫 孙过庭 王羲之 黄庭坚 王羲之）

辨析：

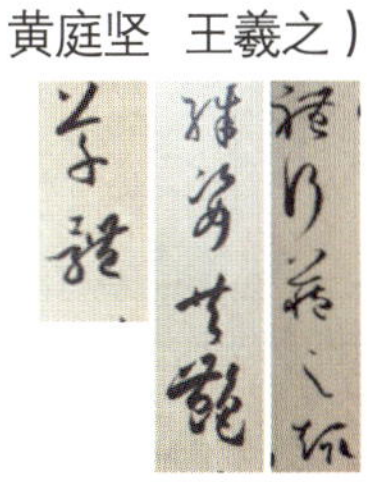

古文豊与豐是同一个字，作为字根，草法异体同形，一般从王羲之的豐字草书写法，即“三点＋一横＋豆字草书”，其中豆字乃是古代盛肉或食品的器“皿”，形状像高脚盘（俎豆），草法借“皿”字草书。此外，体和艳字都有异体字的写法，各体累见。可拓展。

豊 lǐ：行礼之器也。

豐 fēng：本是盛有貴重物品的禮器。

体（體軆躰骵 tǐ）：古代“体、體”是两个字，体（bèn）是劣、粗笨；身体的体本字是體，还有从骨的写法體，豊（lǐ）声，而骨有上边为口的异体字，草书从之。

艳（艷豔豓 yàn）：始见于篆文，从丰、盍（hé）声，丰为大，引申为盛、华美；“盍”表音，隶书左边讹变为“豊”，因此艳的草书从豊（豐）从色。

拓展：

P6.4 草体 P14.5 体行藏之趣 P53.2 殊姿共艳

豊豐2：礼（禮 禮）鱧（魜）澧（灃）酆（酆）豓（豔）

（说文 曹全碑 钟繇 王献之 欧阳询 颜真卿 王羲之 甲骨 甲骨 金文 说文 乙瑛碑 皇象 王羲之 敦煌 米芾）

（简帛 说文 王羲之 陆柬之 王羲之 孙万明 金文 真本）（说文 欧阳询 王羲之 金文 说文 黄庭坚 索靖 李洤）

（简帛 晋祠铭 说文 楷书）（王福安 娄机 颜真卿 王铎 王蘧常 说文 吴昌硕 成亲王 赵孟頫 孙过庭 宋高宗）

辨析：

豊和豐拓展的字，各体写法同前，所涉字根参见相关页。

禮（禮礼 lǐ）：从示从豊（说文注曰从示从豐），豊亦声，举行仪礼，祭神求福。

鱧（鱧魜 lǐ）：鱧鱼。

澧（澧 lǐ）：澧水；通醴，甘美。

灃（灃 lǐ）：灃水，水名，在中国湖南省；通醴，甘美。

酆（酆 fēng）：酆，古同酆；酆，周文王所都，在京兆杜陵西南。

豓（豔 yàn）：豓，同豔；豔，好而長也，小雅毛傳曰美色曰豔，同艳。

豊豐3：靊 靊 豒（豑）蘴（蘴）寷（寷）豓（豔）麷（麷）醴

（楷书 维摩诘）（楷书 维摩诘 说文）（说文 楷书 说文 楷书）（六书通 楷书 于右任）（说文 楷书 楷书）（楷书

文徵明 王蘧常 梁诗正 说文 吴让之 楷书 吴昌硕 沈尹默 赵孟頫）（广义 说文 彭玉雯）（金文 金文 金文

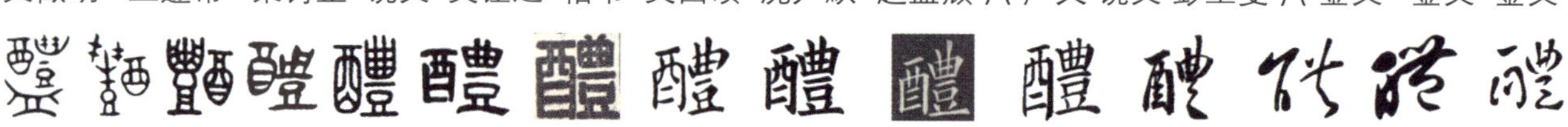

金文 金文 金文 秦简 说文 曹全碑 九成宫 王羲之 欧阳询 姚孟起 颜真卿 王羲之 王羲之 孙过庭 章草）

辨析：

豊和豐拓展的字，各体写法同前，所涉字根参见相关页。醴字的金文结构从豐，隶楷未见从豐形。

靊 fēng：日本地名用字，异体字为靊。

靊 fēng：云层浓厚。

豒（豑 秩 zhì）：爵（古代一种礼器）的顺序，古秩字。爵之次弟也。爵者、行禮之器，故从豊，有次弟、故从弟。异体字为豑，从豐弟。

蘴（蘴芋葑菘 fēng）：古同葑，芜菁，一种草本植物，根肥大，有甜味，可作蔬菜；sōng，今江东音嵩，字作菘也。

寷（寷 fēng）：大屋也，大，从宀豐声。

豓（豔 yàn）：古同艳。

麷（麷 fēng）：麷，同麷，煑麦也，从麦豐声。

醴 lǐ：形声，从酉（yǒu）豊（lǐ）声，从酉表示与酒有关，本义为甜酒；甘泉，甜美的泉水。

拓展：

豊 軆 體 艶 禮 醴 鱧 澧 僼 酆 鱧 靊 豒 纏 闛 軆 麷 豐 艷 灃 酆 豔 蘴 寷 豔 麷 僼 豐 豑 靊

L

力 劣 功 加 幼 劫 另 夯 勋

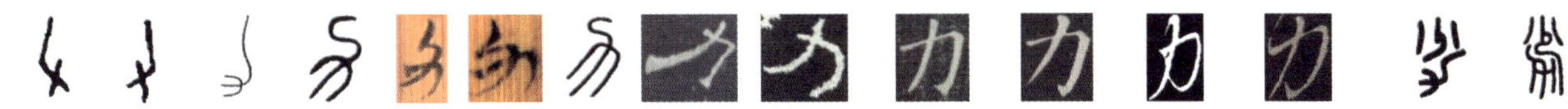

（甲骨 甲骨 金文 楚文 清华 简帛 李斯 史晨碑 好太王 欧阳询 颜真卿 王羲之 王献之）（金文 说文

王羲之 王羲之 谢安）（秦量 说文 皇象）（加爵 说文 王铎 王羲之）（甲骨 莽布 说文 欧阳询 皇象 王献之）

（金文 说文 欧阳询 王羲之）（六书故 智永 王羲之）（金文 柳公权 王羲之）（金文 说文 乾隆 怀素 张迁碑 于右任）

辨析：

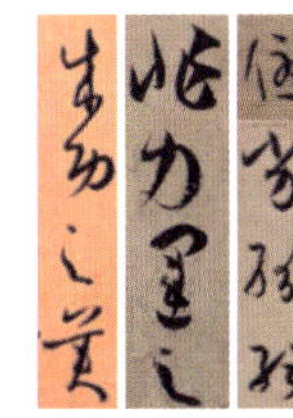

力字笔画较少，行草书都是快写。可拓展。“劝（勸）劲男券伤助势劾劭勃肋勇勉努穷务努”等字从力，参见所涉字根页。

力 lì：象形，甲骨文像耒形，有柄有尖用以翻地，用耒表示执耒耕作需要花费力气，本义是体力、力气。

劣 liè：会意，从力从少，两字的意思合并构成会意字，本义是弱、小。

功 gōng：从力从工，本义为功绩、功业。

加 jiā：会意，从力从口，本义是添枝加叶说假话、虚报；增加。

幼 yòu：会意，从幺（yāo）从力，幺是小，年幼力小，本义为幼小。

劫（刧 jié）：会意，从力去声，以强力使对方欲去而不得。

另 lìng：分居、割开、分开，单、独，再、分别。

夯 hāng：会意，从大从力，表示劳动时需要出大气力，本义是劳动中使劲时发出的呼声，引申为筑实地基的工具。

勋（勛勳 xūn）：形声，小篆字作“勳”，从力熏声，古文从力，员声，本义为特别大的功劳，勋章。

拓展：

协 历 阞 劢 叻 劾 労 忇 扐 勊 氻 艻 边 仂 团 坊 励 劶 劦 㔹 动 赳 朸 牞 玏 钔 助 肋 肑 朸 㔼
砺 劬 劥 劳 劳 饬 勑 㔾 坜 呖 券 励 㔿 劼 䓪 勔 劼 朗 㔶 朗 勍 㔺 勂 勄 勅 勈 㔺 㔿 勅 勂

P12.2 非力运之能成　P17.4 成功之美　P29.4 优劣纷纭

历 1：1 历 励　2 历 曆 歷 枥（櫪 㯤）䧀（䍥 䍧）

（王羲之 欧阳询 颜真卿 王羲之 于右任）楷书（简帛 说文 魏碑 王羲之 颜真卿 王铎 孙过庭 怀素）

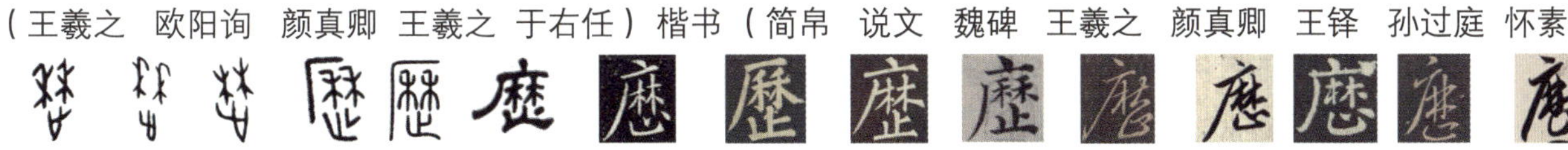

（甲骨 甲骨 甲骨 禹鼎 说文 曹全碑 欧阳询 颜真卿 柳公权 赵孟頫 王羲之 赵孟頫 皇象 王羲之 智永）

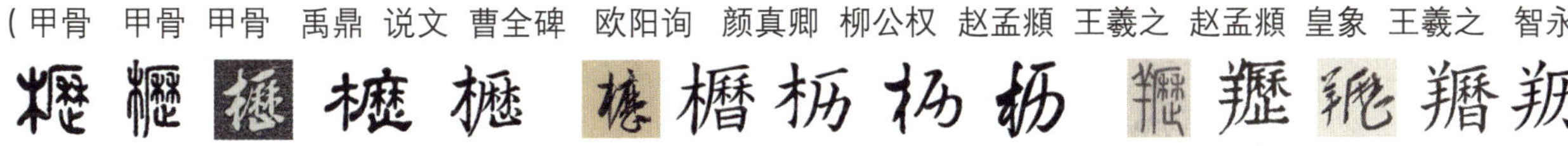

（金文 说文 宋高宗 曹全碑 赵孟頫 孙过庭 楷书 王羲之 王羲之 王铎）（篆字汇 楷书 李慈铭 楷书 楷书）

辨析：

历有两种繁体字写法，即歷和曆。歷，经歷；曆，日曆。各体分清部件止与日即可。“历”字拓展的励字，音义未祥。枥和䧀都有异体字，分别从歷和曆，为“櫪㯤”和“䍥䍧”，各体均见。

历（歷 lì）：从厂，从秝（lì）从止，谓历史；从“止”，表示与脚、行走有关，本义为经过、经历。

励：音意不详。

历（曆 lì）：从厂，从秝从日，谓日历。

枥（櫪㯤 lì）：形声，从木，厉声，本义是喂马的槽，马房，古书上指栎树。

䧀（䍥䍧 lì）：羖䍥，山羊。

拓展：

1. 历 励；2. 曆 㵄；3. 历 曆 歷：枥（櫪㯤）、䧀（䍥䍧）4. 歷 沥（瀝）（见下页）

P34.3 历代孤绍　P57.1 逸足伏枥（櫪）

历 2：3 呖（嚦）沥（瀝） 坜（壢）苈（藶） 疬（癧）雳（靂）

（金文 细篆 曹全碑 赵孟頫 王羲之 汉简 王羲之 王羲之）（说文 衡方碑 孙过庭 欧阳询 王羲之 附：⿰氵曆）

（金文 曹全碑 赵孟頫 汉简 颜真卿 黄庭坚 王羲之）（金文 曹全碑 赵孟頫 毛泽东 汉简 柳公权 王羲之）

（说文 曹全碑 赵孟頫 毛泽东 赵孟頫 郭沫若 王羲之）（金文 颜真卿 王铎 韵会 颜真卿 黄庭坚 王羲之）

辨析：

本页为历（歷），从歷，所拓展的字，繁简均见，其中⿰氵曆字从日，与瀝有别，附楷书写法，供参考。“厉（厲）励（勵）邴（鄺）沥（瀝）炼（爏）砺（礪）粝（糲）蛎（蠣）”从厉（从万），与历发音同，见万页。

呖（嚦 lì）：形容鸟类清脆的叫声，多双用；呖呖，象声词，形容鸟叫声。

沥（瀝 lì / 附：⿰氵曆）：形声，从水歷声，字又作砅，从石从水会意，本义是踩着石头过河；液体一滴一滴地落下；滤，漉，液体的点滴。（附：⿰氵曆，从水、曆声，唷⿰氵曆，潺潺。）

坜（壢 lì）：洼下去的地方，坑。

苈（藶 lì）：葶苈，中药名，破坚逐邪，具有泻肺行水、祛痰平喘之功效。

疬（癧 lì）：瘰疬，淋巴结核。

雳（靂 lì）：霹雳。

拓展：

恸（㦺） 轹（轣） 趆（趯） 轣 㷴 擟 孋 獙 爏 瓑 癧 礰 曪 靋 讈 𨅌 鑩

立 拉 竝 位

（甲骨 金文 清华 说文 礼器碑 欧阳询 颜真卿 柳公权 赵孟頫 宋徽宗 王羲之 董其昌 王羲之

王羲之 智永 宋克）（说文 王羲之 张弼）（甲骨 楚简 楚简 汗简 说文 张旭 颜真卿 张芝 蔡襄）（颂鼎 金文

六书 石韵 说文 王羲之 于右任）*皇象 王羲之 王羲之 （章草 王羲之）（欧阳询 赵构 王羲之）唐太宗 李洤*

辨析：

立字为会意，隶楷字形稳定，草书有两种，1. 快写；2. 写“七一”；可拓展。竝为并（见并页）字的异体字。辛辛章豪亲等字的立一般不独立写出，见相关页。

立 lì：会意，甲骨文像一人正面立地之形，本义是笔直地站立。

拉 lā：形声，从手立声，本义为摧折，折断。

竝 bìng：同并，并字的异体字。

位（wèi）：列中庭之左右谓之位，从人立，甲骨文中与“立”同形，后来在“立”的基础上加“人（亻）”分化出“位”字。

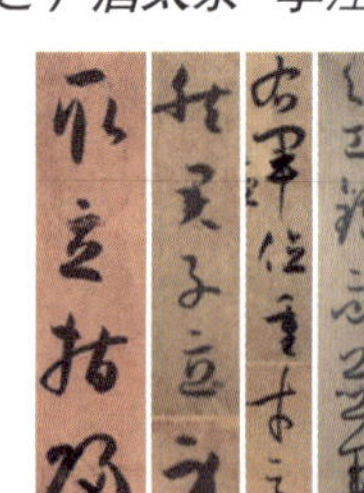

拓展：

泣 笠 飒 站 竦 竖 垃　粒 翊 㺶 翌 飒 竍 辛 章 彖 亲 妾 音 应 音 岦 弃 奸 苙 啦 屁 应 䇐 䇏 竤 昱 柆 殶 竑 竓 竮 竕 竗 竖 戗 竘 肱 粒 肱 砬 竘 竚 竛 竡 竫 竲 竳 竴 竵 竱

P13.6 然君子立身　P33.5 取立指归　P15.1 与工鑪而并（竝）运　P31.5 右军位重才高

（利） 猁 蜊 痢 莉 梨

（金文 粗篆 王羲之 欧阳询 颜真卿 王羲之 汉简 王羲之）（金文 安大简 篆字汇 虞世南 褚遂良 王羲之

黄庭坚 王羲之 章草）（金文 粗篆 邓石如 柳公权 赵孟頫 王羲之 王铎 汉简 王羲之）（金文 粗篆 帛书

欧阳询 颜真卿 赵孟頫 王羲之 孙过庭）（金文 鸟虫篆 简帛 广义 智永 颜真卿 王羲之 皇象 王羲之 王献之）

辨析：

本页的字从利，其各体结构较稳定，其草书的变化有汉简、王羲之等写法。利俐唎犁等字可参见相关页。

猁 lì：猞猁。

蜊 lí：蛤蜊，海蚌也。

痢 lì：形声，从疒（ jí ）表示与疾病有关，利声，病名，即痢疾。

莉 lì：人名用字；茉莉。

梨（棃 lí）：形声，从木利声，梨为棃的俗字，木名，果实也称梨；通黎，黎民，人民；黑，年老；通剺，割。

拓展：

娳 峲 悧 浰 悡 梸 琍 脷 硳 筣 䖽 𫍛 棃 犁 鋓 銐 颲 鬁 鯏 黎 黧

戾 唳 淚（泪） 綟 捩 㑤 悷 棙 跠 莨

（楚简 简帛 清华简 秦简 说文 欧阳询 赵孟頫 王羲之 孙过庭）（金文 说文 赵佶 董其昌 王羲之 于右任）

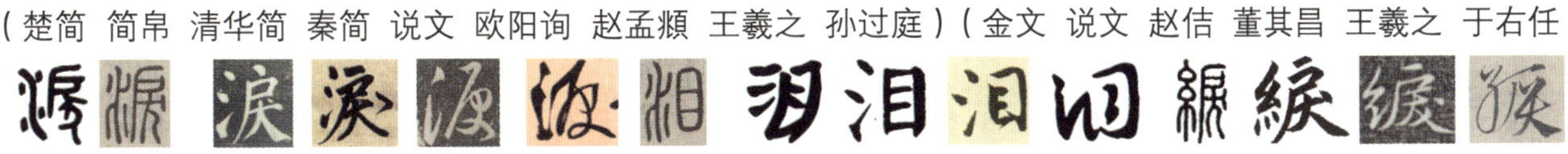

（说文 篆字汇 柳公权 王铎 祝永明 王铎 篆字汇 汉简 颜真卿 唐寅 王羲之）（说文 赵孟頫 俞和 邓文原）

（金文 智永 颜真卿 王羲之 章草）（篆字汇 敦煌）（篆字汇 赵之谦）（篆字汇 王铎）（敦煌 楷书）（说文 楷书）

辨析：

戾字从犬从户，各体结构稳定，草书写法，户字草化为“厂”，犬字反起笔，省点，或将点点在捺画上。可拓展。

戾 lì：会意，从犬从户，犬从关着的门中挤出，必曲其身，本义是弯曲；至、到达，违背、违反，破裂；乖张、违逆，暴戾，劲疾、猛烈，贪婪凶猛，安定、静止，蒙受屈辱或受到的贬抑，罪恶、罪行，祸患；通捩，扭转；通疠，疫病。

唳 lì：鹤高亢地鸣叫，鸟类高声鸣叫。

淚（淚泪 lèi）：从眼睛流出来的液体。

綟（綟 lì）：苍绿色，古书上说的一种草；量词，中国唐、宋代丝麻的计量单位；liè，彩，绶；古书上说的一种麻；古同捩，扭、转。

捩 liè：拗折、折断，扭转，违逆、不顺。

㑤 lì：怒也。

悷 lì：悲伤。

棙 lì：机棙，机关；liè，南烛树，落叶小乔木，叶卵形，革质，蒴果近球形，枝叶和果实均可入药，有毒；古同捩，转动。

跠 lù/lì：跠踛，行不进；跛足。

莨 lì：一种可作染料的草，莨草，即狼尾草。

拓展：

㪐 睙 蜧 𥲃 錑

隶（隸） 逮 棣

（金文 楚简 说文 汉简 欧阳询 颜真卿 柳公权 赵孟頫 黄庭坚 王铎 王羲之 张瑞图 于右任 章草

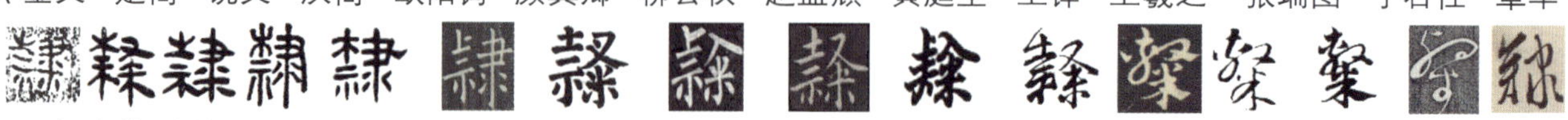

金文 秦简 秦简 说文 曹全碑 欧阳询 颜真卿 柳公权 赵孟頫 王羲之 颜真卿 皇象 智永 邓文原 怀素 徐渭）

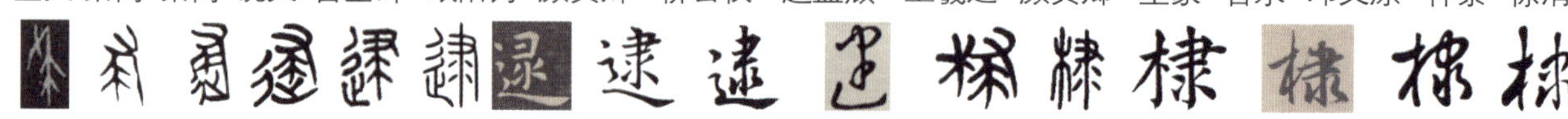

（甲骨 金文 楚简 简帛 石鼓 说文 钟繇 王羲之 王羲之 王羲之）（简帛 说文 颜真卿 赵孟頫 王羲之 章草）

辨析：

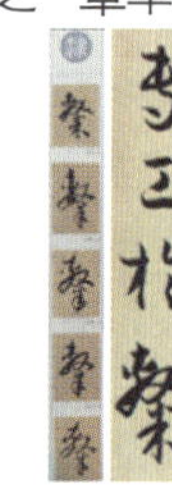

"隶"字字形稳定，草书为快写，长横可以省略。隸字的楷书左上有从"木、上、土、出、匕"等几种写法，草书一般有二类：1. "又米隶"，一是用"横＋两点"起笔，带出又和米；二是用"上"起笔，带出又和米；2. 从隶的隶，见徐渭。隶字作为部件（逮棣埭康隸隷逮）具有很强的拓展性。

隶（隸 lì）：隶和隸字原是两个不同的字，隶dài，同逮，始见于金文，用手抓住牛尾表示从后面追上并抓住，此义后世用"逮"表示；繁体"隸lì"，始见于战国文字，属形声字，左部是表音符号，右部的"隶"表示抓住，本义是奴隶、奴仆，后又特指隶卒，又是隶书的简称。

逮 dài：形声，从辵隶（dài）声，本义是赶上，及、到。

棣 dì：木名，常棣，即白棣，喻兄弟；tì，通、达。

拓展：

埭 康 棣 慷 棣 殡 球 竦 踈 隸 隸　　P6.3 专工于隶

良 狼 郎 琅 朗 粮 娘 浪

（甲骨 金文 帛书 说文 说文 说文 宝子碑 褚遂良 王羲之 董其昌 索靖 王羲之 智永 赵孟頫）

（甲骨 简帛 秦简 说文 王羲之 苏轼 刘伯温 皇象 王羲之）（说文 曹全碑 欧阳询 简书 皇象 赵孟頫 王羲之）

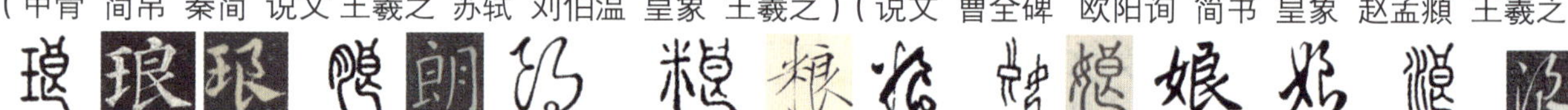

（说文 颜真卿 皇象）（说文 欧阳询 王羲之）（六书统 宋徽宗 张旭）（甲骨 篆字 赵孟頫 管道升）（说文 康里巎）

辨析：

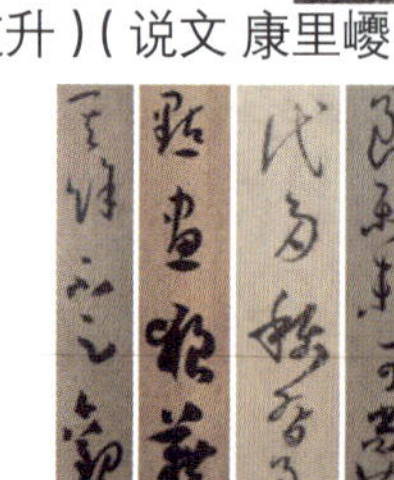

良字篆书变化较多，隶定字形稳定，草书由简书"郎"可以看出其形成时间较古，草法上边部件省略了点，而写成数字"3"的形状，竖勾保留，撇捺简写为一点，即"3+竖勾＋捺点"。食从良，参见食页。

良 liáng：最早见于甲骨文，其本义一说是与水中之梁有关；一说是良好的谷子从风柜里流出来，表现"善、良、美、好"的意思，《说文》曰："良，善也，从畗省，亡声。"徐锴曰："良，甚也，故从畗。"

狼 láng：哺乳动物，像狗，性残，能伤害人畜。

郎 láng：官名，男子之称；同郎。

琅 láng：美石，青色的珊瑚；象声词，金石相击声。

朗 lǎng：明亮。

粮（糧 liáng）：谷食也。

娘（孃 niáng）：形声，从女良声，本义为对妇女的泛称；母亲；年轻的女子。

浪 làng：波浪，水因风吹、石激而形成的涌动。

拓展：

哏 埌 崀 悢 阆 莨 宦 峎 度 欴 烺 朖 根 烺 琅 眼 殑 硠 稂 锒 痕 眼 寛 罠 筤 羪 艆 蜋 眷 郒 誏 踉 躴 酿 艆 鋃 閬 艆

P33.4 代多称习良可据为宗匠　P57.2 良乐未可尚也　P21.1 点画狼藉　P3.1 其余（馀）不足观

两 俩 辆 魉 啢 满 懑 螨 蹒 瞒 颟

（金文 说文 西狭颂 王羲之 王羲之 智永 怀素 米芾）1（赵孟頫 王羲之）（汉简 王羲之 章草）（金文

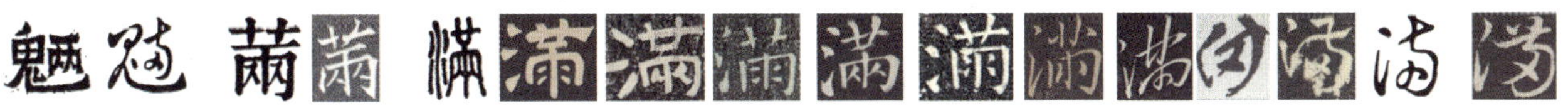

爨体 王羲之）（楷书 佚名）（说文 唐玄宗 金刚经 欧阳询 颜真卿 柳公权 王羲之 苏轼 简书 皇象 王羲之 赵孟頫）

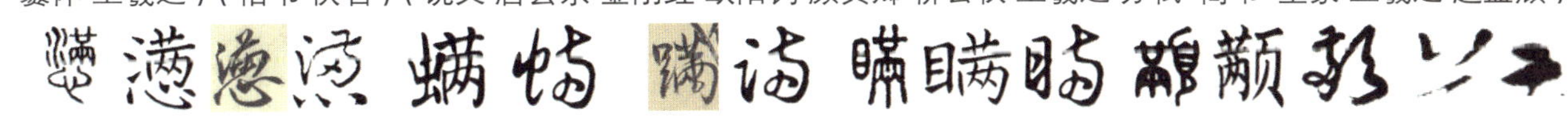

2（说文 王羲之 蔡京 皇象）（颜真卿 王羲之）（王铎 王羲之）（说文 王羲之 赵构）（金文 柳公权 郭沫若） 草头 草头

辨析：

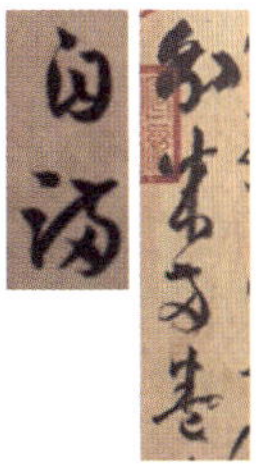

两字的隶草差异较大，草书为“横＋竖弯＋小交叉”。满之草书从“氵、艹、两”，“艹”与“两”合并后，上边草头的横更明显了，即在两字的草书基础上突出了上边的短横（见孙过庭草头写法）。

两（兩 liǎng）：会意，从一，㒳平分，㒳亦声，本义二十四铢等于一两。

俩（ 倆 liǎ）：两个；liǎng，伎俩。

辆（ 輛 liàng）：量词，指车。

魉（ 魎 liǎng）：魍魉。

啢 liǎng：平也，当也，欲明也。

满 mǎn：形声字，本义为水充满容器，饱和、满溢，《说文》“满，盈溢也”，引申出自满、饱满、足够、全部、达到等义；满也是中医名词，《黄帝内经》“满则泄之”。

懑（懣 mèn）：满心烦闷，烦闷。

螨（蟎 mǎn）：疥虫，属于螨类。

蹒（蹣 pán）：跛行、旋行，盘曲。

瞒（瞞 mán）：闭目貌，隐藏实情，欺骗。

颟（顢 mān）：颟顸，糊涂，漫不经心。

拓展：

1. 两　瑀 啢 㒳 俩 哴 掚 脼 裲 緉 蜽 踉 輛 魉 魎

2. 啢　P13.3 援项籍而自满　P59.6 分成两卷

量 糧

（甲骨 甲骨 甲骨 金文 金文 金文 楚简 秦简 古文 说文 曹全碑 金刚经 智永 欧阳询 王羲之 陆柬之

王羲之 智永 怀素 章草）（金文 楚简 楚简 简帛 古文 说文 华山庙 欧阳询 彭玉雯 王铎 赵孟頫 韵会）

辨析：

量字的大篆从日从东，隶定字形从旦从里，草书上边的日写倒三角，里字可从其草书结构。可拓展。

量 liáng：形声，本义是用量器计算容积或长度；衡量，酌量；数量，数目；抱负，才华；liàng，估量、揣度，料想。

糧 liáng：谷类食物；见粮。

拓展：

𩞯 䭪 墚

尞 遼（辽） 潦 僚 撩 療（疗） 寮 獠 燎 瞭（了） 缭 嘹

（甲骨 甲骨 甲骨 金文 金文 汗简 说文 隶辨 九经字）（甲骨 楚简 说文 史晨碑 颜真卿 智永 王羲之 王羲之）

（甲骨 王羲之 王羲之）（金文 说文 欧阳询 王羲之）（说文 文徵明 王羲之）（说文 颜真卿 王献之 汉简 王羲之）

（甲骨 金文 简帛 说文 虞世南 王献之）（说文 李淦）（说文 李淦）（小篆 智永 赵佶）（简帛 文徵明）（金文 胡俨）

辨析：

尞字的篆书从火木及火花，作为字根，字形稳定。草书为快写，上边可以写“大”，王羲之的潦字草书，其尞字为反起笔，下边的“小”字草化为横。尞作为字根，个别字有异体字“了”的写法，但不普遍。可拓展。

尞 liáo：柴祭天也，从火从昚，昚，古文慎字，祭天所以慎也；liáo，水名，即涝水。

遼（辽 liáo）：形声，从辵尞声，遥远。

潦 lǎo：雨水大；路上的流水，积水；lào，古同涝，雨水过多。

僚 liáo：形声，从人尞声，本义是官，官职。

撩 liāo：形声，从手尞声，本义为整理。

療（疗 liáo）：医治、解除、解救。

寮 liáo：小窗。

獠 liáo：夜间打猎；骂人的话，指凶悍的人；面貌凶恶。

燎 liáo：放在地上的火炬，大火把，烫。

瞭（了 liào）：眼珠明亮，远远地望。

缭（繚 liáo）：形声，从糸，表示与丝有关，尞声，缠绕。

嘹 liáo：声音清脆悠扬。

拓展：

嫽 嶚 嶛 憭 暸 橑 璙 膫 竂 镣 鹩 簝 蟟 蹽 轑 鐐 豂 鐐 飉 鷯

巤 臘 邋 蠟 鑞 擸

（金文 金文 楚简 说文 吴昌硕）（说文 欧阳通 黄庭坚 韩道亨 毛泽东 章草 王羲之 索靖 蔡襄 米芾）

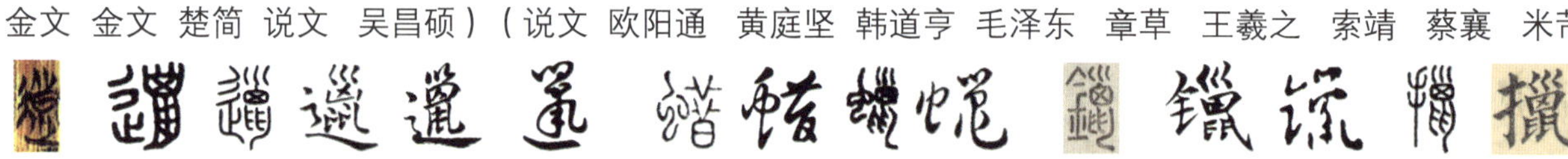

（楚简 石鼓文 说文 王羲之 王羲之 王羲之）（说文 王羲之 小篆 韵会）（篆字汇 赵孟頫 鲁迅）（说文 彭玉雯）

辨析：

巤字为常用字根，草书为“三点＋兆带免头”，除此外，作为字根，毛泽东和章草臘字的草书，丰富了该字的草书写法，拓展的字均可参考。一些字如臘和蠟，有从昔从葛的异体字，可参照相关页。而拓展的字除标明的异体字外，均从巤。

巤 liè：毛发，《说文·囟部》：“巤，毛巤也。”像发在囟上及毛发巤巤之形。

臘（腊 臈 là）：形声，从肉巤声，本义为年终祭祀；又为农历十二月；正字通“周曰蜡，汉曰臘”，臘祭先祖，蜡祭百神，二祭各别；腌制后风干或熏干的肉；其中，臈 là，古同腊，读 gé，臈胆，肥胖的样子。

邋（獵躐 lā）：不利落，不整洁，邋遢。

蠟（蜡 là）：动物、植物或矿物所产生的油质，石蜡，蜂蜡、蜡烛、蜡纸、蜡丸。

鑞 là：铅和锡的合金，可以焊接金属，白鑞、锡鑞、鑞枪头。

擸 là：从手巤声，理持也；把粮食粗粗地磨，擸糁子。

拓展：

櫯（梀）瓎 礸 籣 爉 礲 鞴 鬣（獵𤡘）鱲 儠 犣

林 1：林 彬 淋 郴 森 霖

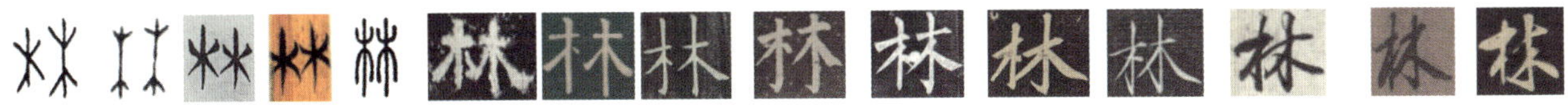

（甲骨 金文 盟书 简帛 说文 张迁碑 钟繇 欧阳询 颜真卿 柳公权 赵孟頫 宋徽宗 王羲之 陆柬之 王铎

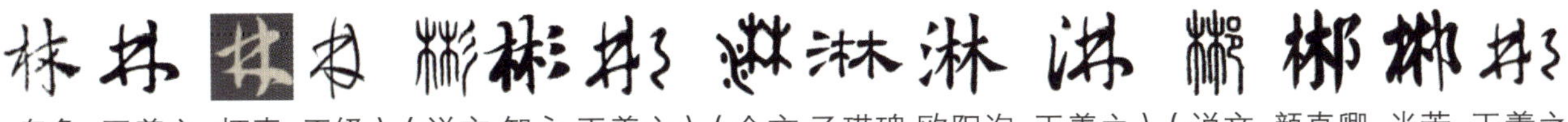

皇象 王羲之 怀素 王铎）（说文 智永 王羲之）（金文 乙瑛碑 欧阳询 王羲之）（说文 颜真卿 米芾 王羲之）

（甲骨 甲骨 简帛 说文 欧阳询 柳公权 王羲之 王羲之）（甲骨 说文 欧阳询 颜真卿 赵孟頫 王羲之 章草）

辨析：

林字从木，结构稳定，行书与今草区别在笔顺，章草笔顺同行书。注意：朩非木也，朩从八，有分开的意思，术術述、潸、麻麻嘛、磨麽等从朩，见朩页。

林 lín：会意，从二木表示树木丛生，本义为丛聚的树木或竹子。

彬 bīn：形声，从彡（shān）焚省声（省去"火"），本义是文质兼备的样子。

淋 lín：沾湿或流滴。

郴 chēn：地名，郴县，在湖南省。

森（森 sēn）：会意，从林从木，本义是树木丛生繁密。

霖 lín：形声，从雨林声，本义为久下不停的雨。

拓展：

崊 彬 惏 梦 梵 棥 楚 楚 淋 菻 椕 焚 啉 棶 棼 棽 棼 椕 棘 歴 棘 萻 痳 禁 槑 厝 歴 渋 滏 漤 箖 綝

P48.2 芳林落蕊　P5.3 文质彬彬

林 2：啉 惏 琳 禁 婪 梵 焚 麓

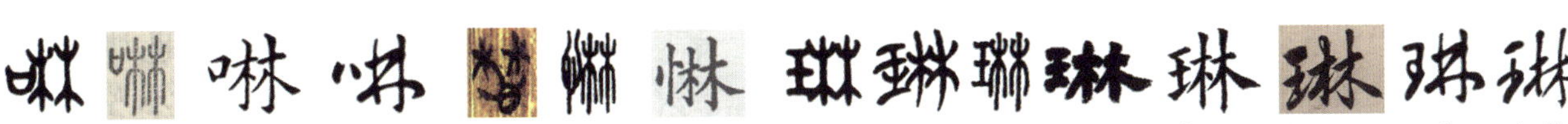

（说文 篆字汇 王羲之 王羲之）（简帛 说文 五经文）（金文 简帛 说文 邓石如 欧阳询 赵孟頫 王羲之 章草）

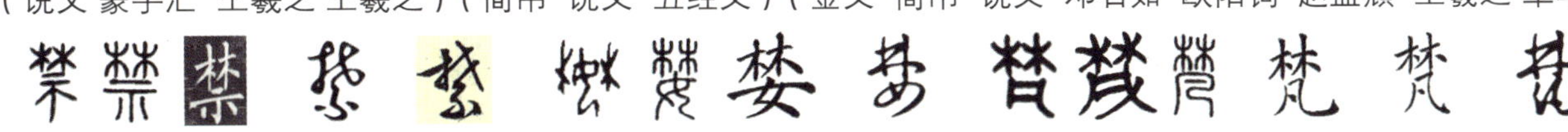

（秦简 说文 柳公权 王羲之 文徵明）（甲骨 说文 颜真卿 王羲之）（金文 简帛 说文 虞世南 褚遂良 王羲之）

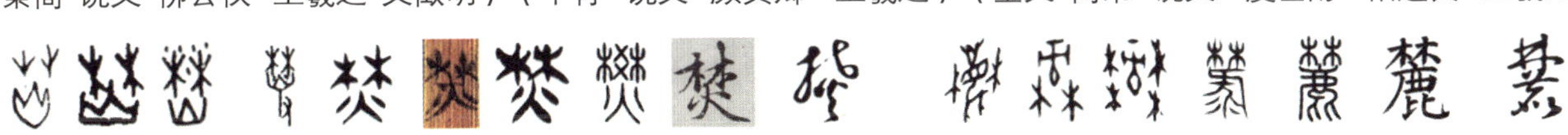

（甲骨 甲骨 甲骨 甲骨 金文 楚简 秦简 说文 赵孟頫 王羲之）（甲骨 甲骨 甲骨 说文 说文 颜真卿 王羲之）

辨析：

林字拓展性较强，各体写法同前。说明：麓字的甲骨文有从录字结构写法。

啉 lán：古代称饮酒一巡为啉；lín，喹啉；lìn，愚蠢。

惏 lán：残；古同婪；lín，惏栗，寒冷。

琳 lín：形声，从玉林声，本义为美玉。

禁 jìn：形声，从示林声，本义为禁忌。

婪 lán：形声，从女林声，本义是贪食，贪爱财物。

梵 fàn：形声，从林凡声，本义为梵梵，草木茂盛的样子。

焚 fén：会意，从火从林，甲骨文字形像火烧丛木，古人田猎，为了把野兽从树林里赶出来，就采用焚林的办法，本义是烧山。

麓（禁麓 lù）：山脚下；古代掌管苑囿的官吏。

拓展：

婇 徚 掛 迷 惏 啉 寐 棼 棽 梵 蓮 鍊 爨

粦 1：粦 僯 驎 潾 粼 磷 鳞 麟

（金文 金文 说文 欧阳询 王铎）（说文 楷书）（说文 楷书）（甲骨 甲骨 篆字汇 卢中南 毛泽东）（简帛 说文

智永 欧阳询 王铎 于右任 章草）（甲骨 金文 简帛 欧阳询 颜真卿 王羲之 王羲之 文徵明 王铎 章草）

（说文 石韵府 欧阳询 王羲之 王羲之 鲜于枢）（甲骨 甲骨 甲骨 金文 简帛 简帛 说文 郭有道 赵孟頫 王献之 章草）

辨析：

粦字的篆书从炎舛，隶楷从米舛，草书将米字快写或草化为“两点”及“小”等，舛字为快写，也可以草写“水”，可拓展。麟字从鹿，参见鹿页。

粦 lín：磷火，后作“磷”，兵死及牛馬之血为粦，粦（粦）者，鬼火，故从炎舛，舛者，人足也。

僯 lǐn：羞愧难当。

驎 lǐn：头少发的样子。

潾 lín：潾潾，水清澈的样子；波光闪烁的样子。

粼 lín：粼粼，形容山石间水流清澈 。

磷（燐粦 lín）：形声，从石粦（lìn）声，本义为薄石。

鳞（鱗 lín）：形声，从鱼粦声，本义为鱼甲。

麟（麐 lín）：形声，从鹿粦声，大鹿；说文曰，麟，大牝鹿也。

拓展：

嶙 嫾 撛 獜 粦 剦 斴 暽 橉 燐 甐

粦 2：憐 瞵 璘 嶙 轔 遴 驎 鄰

（金文 说文 经石裕 欧阳询 颜真卿 索靖 王羲之 于右任 欧阳询 章草）（说文 柳公权 王铎 王羲之 李洤）

（顾璘印 褚遂良 王羲之 孙过庭）（说文 赵孟頫 王羲之）（简帛 说文 张旭 章草）（说文 颜真卿 王羲之）

（篆字汇 高贞碑 王献之 张瑞图 朱耷）（简帛 说文 颜真卿 赵佶 皇象 金文 汗简 汗简 王羲之 王羲之）

辨析：

粦字作为字根，写法同前。

憐（怜悉憃 lián）：怜悯，疼爱。

瞵 lín：注视。

璘 lín：玉的光彩。

嶙 lín：嶙峋，山石一层层的重叠不平。

轔（轔 lín）：发出急速、连续、短促、硬物相撞声，发出格格声；门槛。

遴 lín：形声，从石粦声，本义是行路难；谨慎选择。

驎 lín：骐驎，古同麒麟。

鄰（邻亾吅叟 lín）：位置很接近，邻居。

拓展：

瞵 膦 蹸 繗 翷 蟒 轔 覵 鱗 鏻 躏

亩　畨　廩　附（对比）：禀　啚　鄙　檀　鳣　啬

（合 583　584　粹 914　简帛　说文　楷书）（甲骨　楷书）（金文　说文　彭玉雯　皇象　章草　欧阳询　王羲之　欧阳询

米芾）（金文　简帛　说文　虞世南　隶辨　王羲之　米芾　索靖　隶辨　欧阳询　王羲之　王献之　于右任）（甲骨　甲 242

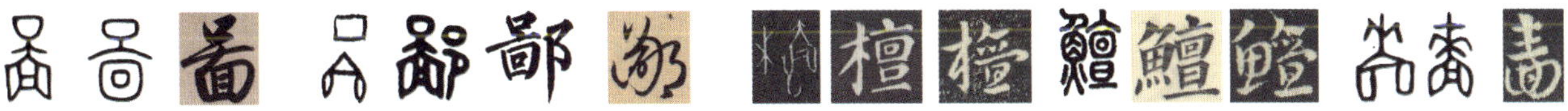

金文　说文　赵孟頫）（甲骨　金文　柳公权　孙过庭）（甲骨　颜真卿　皇象）（说文　彭玉雯　皇象）（甲骨　金文　皇象）

辨析：

亩字的应用很广，禀啚圖亶啬（其中：禀啚亶啬等字参见相关页）等字，和拓展的字，在甲骨文中就都可见其结构，其中的回字可草化为"两点、三点或快写（啚啬）"，如禀字的草书，《百韵歌》总结为"六手宜为禀"，虽然草化的不是很规范，却是回字草化为两点的一种写法。需要注意的是廩字的异体字较多，其中从禾从米从示的写法累见，草书一般有快写或皇象和王羲之的草法。

亩 lǐn：亩乃穀（谷）所振入，从入从回，穀所入，故从入，回像屋形，中有户牖，防蒸热，廩本字，即藏米室也。六书略曰，方曰仓圆曰亩，上像其盖。

畨 lǐn：同廩。

廩 lǐn：会意兼象形，从人回，像屋形，中有户牖，又作廪，廪是俗字，本义是米仓。异体字有"亩廪稟庿廪廩廪廪㐭"等等；

啚 bǐ：啬，从口亩，鄙吝；tú，古同图。

拓展：

禀 懔 瘭 懔 檩 啚 鄙 圖 亶 颤 檀 膻 檀 啬 墙 嫱 蔷 樯 穑

吝（悋 㤥）

甲骨　清华简　说文　邓石如　欧阳询　颜真卿　黄自元　王羲之　米芾　孙过庭　李淦　颜真卿　陆柬之

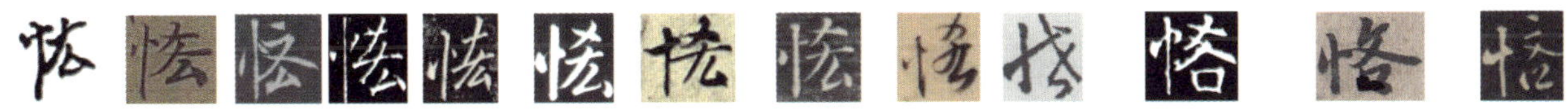

敦煌俗　敦煌　魏碑　薛稷　李邕　赵孟頫　文徵明　董其昌　王铎　稿诀集　张贵男墓志　憨山大师　王铎

辨析：

悋从吝从口从文，吝字的草书，文为快写，口从其草法。悋有异体字㤥，从爻，可草化为"戈"。

吝（悋㤥 lìn）：形声，从口文声，本义为顾惜、舍不得。吝的异体字有：丢吝。悋（lìn）：古同"吝"，悔恨，遗憾。

拓展：

廖 郄 㤥

P53.5 犹吝筌蹄

蔺 躏

（金文 简帛 说文 广义 居延简 隶辨 王羲之 欧阳询 颜真卿 柳公权 赵孟頫 黄庭坚 王铎 成亲王 舒同

皇象 王羲之 黄庭坚 赵孟頫 邓文原）（金文 王羲之 颜真卿 黄庭坚 黄彰任 王羲之 章草 于右任 广义 王铎）

辨析：

蔺字部件稳定，草书写法，需要交代清楚艹、门（門）、隹。拓展的字为躏，见第二行。

蔺 lìn：多年生草本植物，茎细圆而长，中有白髓，茎可编席，茎心可燃灯及入药，亦称“灯心草”；马蔺，多年生草本植物，叶坚韧，可系物，亦可造纸，根可制刷子，亦称“马莲”“马兰”。

躏 lìn：形声，从足蔺声，本义为使力地碾踏；同蹸，车践。

夌 陵 淩 凌 鲮 棱 崚 绫 稜 菱

（甲骨 金文 金文 金文 说文 邓石如 陆游）（甲骨 金文 简帛 古玺 说文 欧阳询 颜真卿 王羲之 怀素 王铎）

（金文 说文 宝子碑 王羲之 智永 怀素）（说文 欧阳询 赵佶 颜真卿 王羲之）（金文 粗篆 虞世南 黄庭坚 王羲之）

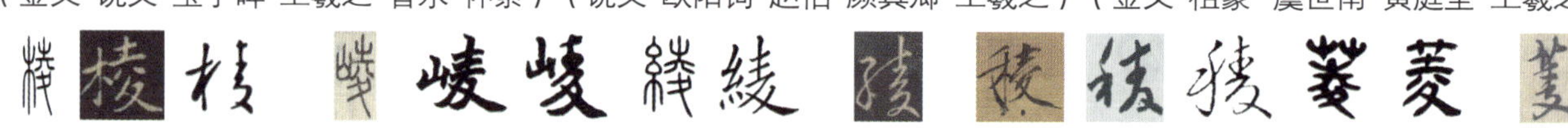

（说文 张棱 王羲之）（篆字汇 赵之谦 米芾）（说文 褚遂良 赵孟頫）（宋徽宗 于右任 韵会）（金文 西峡颂 朱熹）

辨析：

夌字有异体字麦，夌草为麦，草书即写“麦”字快写。可拓展。

夌 líng：越也，从夊从“山兀”，高也。古同陵，超越；古同凌，侵犯、欺侮；异体字为麦、陵。

陵 líng：大土山。

淩 líng：奔驰、急行；同凌。

凌 líng：形声，从仌夌声，本义是冰。

鲮（鯪 líng）：土鲮鱼；古代传说中的怪鱼，也作陵鱼。

棱 léng：有四角的木。

崚 líng：崚嶒，形容山峰高峻重叠。

绫（綾 líng）：细薄而有花纹的丝织品，一面光，像缎子。

稜 lēng / líng：物体两面相交所形成的一个顶角，同棱。

菱（蔆 líng）：植物名，菱科菱属，一年生草本。

拓展：

倰 堎 婈 庱 掕 唛 㥄 裬 殑 睖 碐 裬 篓 蝼 踜 輘 錂 颾 駿

P55.1 轻致陵俏 P47.2 凌霜雪而弥劲

霝 酃 靈 霻 櫺 醽 麢 龗

（甲骨 甲骨 金文 金文 楚简 说文 邓石如）（金文 说文 欧阳询 颜真卿 柳公权 赵孟頫 黄庭坚 王羲之

李世民 章草）（金文 秦简 说文 欧阳询 颜真卿 宋徽宗 王羲之 米芾 王羲之 赵孟頫）（说文 广义 楷书）

（楚简 说文 欧阳询 颜真卿 王羲之 王铎 傅山）（篆字汇 赵之谦 张雨）（篆字汇 彭玉雯）（古文 说文 楷书）

辨析：

霝字从雨从口，隶定为三口，草书写法，雨字写“雨虎头”，三个口字草化为三个点或一横。

霝 líng：雨零也，落、堕，空；好的、善的，通灵、令。

酃 líng：酃县；湖名，在今湖南省衡阳市东；酒名，酃酒。

靈 líng：形声，从巫灵声，本义：是巫；神灵，灵魂；敬辞，用以称有关鬼神的事物，对死者的敬称；威灵；福气，福分；假借为良，善、美好；灵活、有灵性；异体字有灵霻霛靇霝龗等等105个。

霻 líng：古女子人名用字。

櫺 líng：门或窗槛、栏杆上雕花的格子；杆上雕花的格子。

醽 líng：醽醁，美酒名。

麢 líng：古同羚。

龗 líng：龙也；同靈，神灵、良善。

拓展：

蘦 㪮 轜 㦭 䕘 𧝭 欞 爧 籦 䚖 𨏩 䰱 䴇

令 领 伶 玲 铃 龄 岭（嶺）零

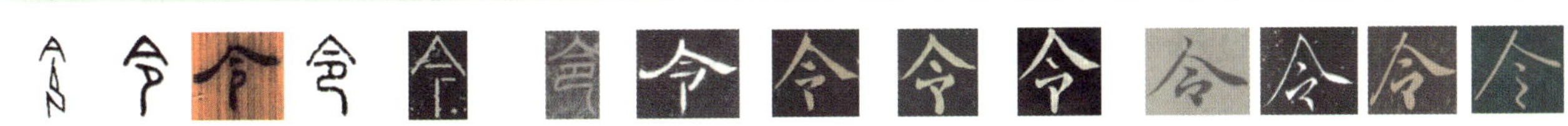

（甲骨 金文 简帛 说文 李阳冰 袁安碑 曹全碑 欧阳询 颜真卿 柳公权 赵孟頫 宋徽宗 王羲之 王献之

刘炟 索靖 王羲之）（秦简 说文 褚遂良 王羲之）（简帛 说文 虞世南 王羲之）（金文 说文 颜真卿 王羲之）（金文

金文 金文 楚简 说文 王羲之 韵会）（说文 颜真卿 王羲之）（说文 赵孟頫 怀素 王羲之）（说文 柳公权 文徵明）

辨析：

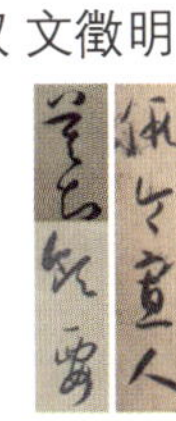

令字字形稳定，草书写法为将下边的部件草化为两点。可拓展。冷、怜（憐）邻（鄰）分别从仌和粦，见仌和粦页。

令 lìng：会意，甲骨文字形上面是集聚的“集”，下面是“人”，像跪在那里听命，从集从人，表示集聚众人，发布命令，本义为发布命令。

领（領 lǐng）：形声，从页令声，从页表示与头有关，本义是脖子。

伶 líng：形声，从人令声，本义为古乐官名，相传黄帝时有伶伦，世掌乐官。

玲 líng：形声，从玉令声，玲玎，玉石等相击的清脆声。

铃（鈴 líng）：形声，从金令声，本义为金属制成的响器，又为打击乐器，形似钟而小。

龄（齡 líng）：形声，从齿令声，从牙齿来看年龄的长幼，所以从齿，本义是年龄。

岭（嶺 lǐng）：形声，从山领声，本义为山道；山坡。

零 líng：形声，从雨令声，本义是下雨，指落细雨。

拓展：

阾 刢 翎 庈 呤 囹 坽 姈 岺 彾 拎 泠 狑 苓 岭 𤘘 昤 朎 柃 炩 瓴 𤵶 呤 皊 矝 砱 秢 跉 衿 鸰 䴇
𦐧 旍 笭 紷 羚 聆 舲 蛉 衑 𨉖 詅 跉 軨 閝 䯼 P3.6 假令寡人 P17.3 莫知领要

畱（留）榴 瘤 遛 馏 熘 骝 飗 镏

（令留禹 屯留币 古铲币 说文 简帛 张迁碑 钟繇 褚遂良 赵孟頫 欧阳询 颜真卿 宋徽宗 文徵明

王安石 苏轼 皇象）（智永 欧阳询 王羲之 章草）（说文 虞世南 王羲之 章草）（金文 王羲之 王羲之 章草）

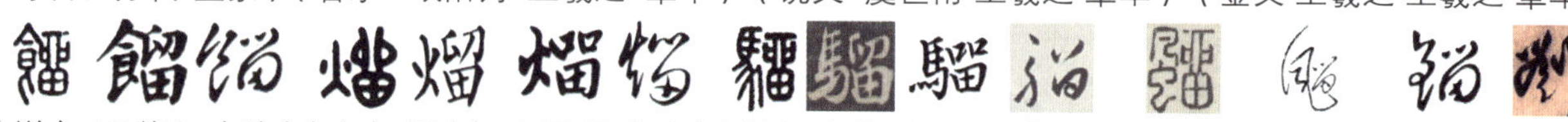

（说文 王羲之 李洤）（金文 柳公权 赵孟頫 李洤）（说文 米芾 赵孟頫 蔡羽）（篆字汇 毛泽东）（王羲之 王铎）

辨析：

畱字在隶变过程，“卯”可以写两个“口”，两个并立的“口”则可草化为两点或三点。可拓展。镏（劉刘）字，左边或左下一般从“金”字的草书。

畱 liú：古同“留”止也，从田丣声，从“田”表示停留的地方，本义是停留、留下；同本义（停止在某一处所，含有不动的意思）。

榴 liú：形声，从木留声，本义是木名，即石榴。

瘤（瘤 liú）：肉凸曰瘤，息肉也，小肿也；树木干、根外皮隆起的块状物。

遛 liù：散步，慢慢走，随便走走。

馏（餾 liú）：把凉了的食品再蒸热。

熘 liū：一种烹调法，跟炒相似，作料里搀淀粉。

骝（騮 liú）：黑鬣、黑尾巴的红马，泛指骏马。

飗（飀 liú）：飗飗，吹动的样子 。

镏（鎦刘 liú）：镏金；同刘，杀戮。

拓展：

溜 擂 榴 墙 瑠 瘤 畱 鎦 飀 騮　塯 媹 嵧 廇 蒥 搚 瑠 磂 畱 鹠 蟉 蹓 蹓 霤 餾

P45.4 淹留　P45.6 迟留者

𠫓㐬 1：㐬 流 疏（疎 疎）梳 硫 琉（瑠）锍

（甲骨 真本 韩仁碑）（金文 金文 楚简 石鼓文 说文 欧阳询 颜真卿 汉简 敦煌 史晨碑 曹全碑 王羲之

皇象 索靖 王献之 智永）（说文 曹全碑 简帛 米芾 王羲之 索靖 王羲之）（说文 柳公权 皇象）（篆字汇 好太王

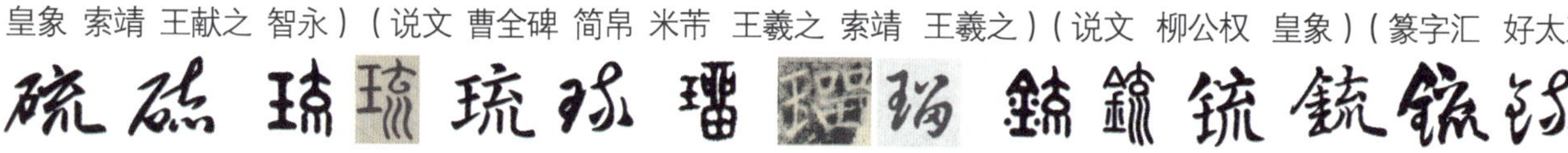

赵孟頫 毛泽东）（金文 篆字汇 欧阳询 王羲之 六书统 龙藏寺 辨体）（金文 粗篆 颜真卿 黄庭坚 王铎 王羲之）

辨析：

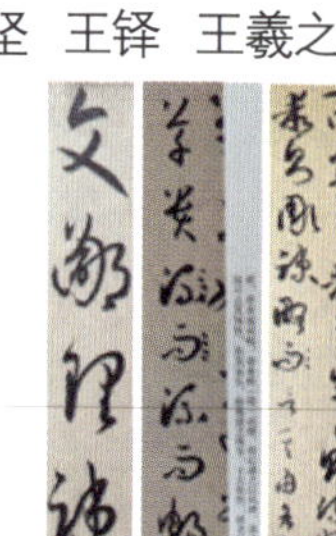

从𠫓的字，常用字有㐬、育、弃、撤等等，其中，弃、撤见相关页。㐬字有异体字“不”，因此，梳、硫、毓、鎏和琉等字即有从“不”字结构的写法，草书一般从“不”字结构。拓展 2 列示的字不常用。

疏（疏）字因有异体字疎，右边即有从“不”和从“束”的两种草法。琉字有一种异体字瑠，各体还可以将“㐬”写作“留”。

𠫓 tū：倒子，不顺忽出也。

㐬 liú：旌旗之旒也，同旒字；㐬，一说像刚生下的婴儿头朝下，羊水也随之下流的样子，所以流字“从㐬”；一说，“㐬”像倒子形及其头发，以示人在水中移动的意思；“㐬”有异体字“不”，“不”就成了“㐬”字草书的常用写法；㐬”是“毓”“育”和“流”的本字。

流 liú：会意，本义是水流动；流从林 zhuǐ 从㐬，从林与从水没有区别，它们都是和水有关的偏旁。

疏（疏疎 shū）：会意，疋有通的意思，本义是疏导、开通。

梳 shū：梳子。

硫 liú：硫磺。

琉（瑠瑠 liú）：琉璃。

锍（鋶 liǔ）：有色金属冶炼过程中生产出的各种金属硫化物的互熔体。

拓展：

1. 毹 琉 裗 航 漇 蜹 巯 醯 跣 鋶 橀 麕　　2. 棄 㝥

P22.1 草贵流畅　P23.3 合则留媚乖则雕疏（疎）　P31.4 文鄙理疏（疎）

厶巟2：毓 醯 旒 鎏 鯍

（甲骨 甲骨 甲骨 甲骨 金文 金文 古文 古文 古文 说文 说文 史晨碑 欧阳询 颜真卿 王羲之 王羲之）

（金文 简帛 说文 赵之谦 虞世南 褚遂良 赵孟頫 王羲之 章草）（金文 粗篆 褚遂良 文徵明 王羲之 章草）

（金文 粗篆 乙瑛碑 好太王 欧阳询 颜真卿 宋徽宗 王羲之 黄庭坚 赵孟頫 索靖 王羲之）（说文 维摩诘）

辨析：

巟字作为字根，各体同前。

毓 yù：生育，养育，孕育；从每，艸盛也，养之则盛矣；同“育”，多用于人名。

醯 xī：用于保存蔬菜、水果、鱼蛋、牡蛎的净醋或加香料的醋。

旒 liú：旗子上垂下来的彩带；冠冕上垂悬的珠玉。

鎏 liú：成色好的黄金；同镏。

鯍 méng：同䲛，古书上说的一种鲟类鱼。

厶育：育 喐 堉 淯 焴

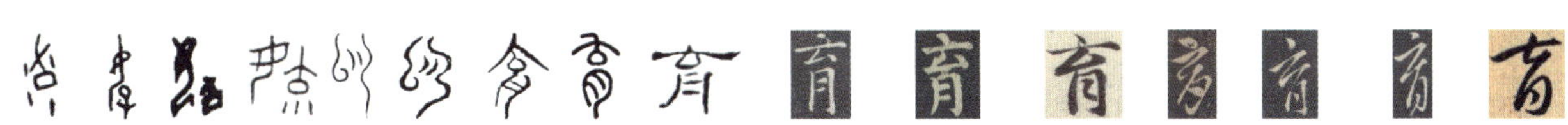

（甲骨 甲骨 甲骨 金文 古文 古文 古文 说文 曹全碑 欧阳询 颜真卿 赵孟頫 索靖 王羲之 王献之 赵孟頫）

（金文 粗篆 颜真卿 赵孟頫 王羲之 李淦）（王福庵 文徵明）（说文 高淯墓 柳公权 文徵明）（篆字汇 张楧）

辨析：

育的甲骨金文同毓，隶定字形稳定，草书一般为快写，厶可以草化为“七”，“月”可以省略一横。充、弃和撤等字从厶，见相关页。

育（毓 yù）：会意，甲骨文字形像妇女生孩子，上为“母”及头上的装饰，下为倒着的“子”；育或从每，古同毓。

喐 yō：叹词，表示惊讶或疑问。

堉 yù：肥沃的土地。

淯 yù：淯河，发源于河南，流入湖北，也叫白河。

焴 yù：古同煜。

拓展：

侑 喐 逌 婟 惰 楕 琦 祷 蛸 粥 綪 鋗 藡

六 冥 溟 榠 暝 螟

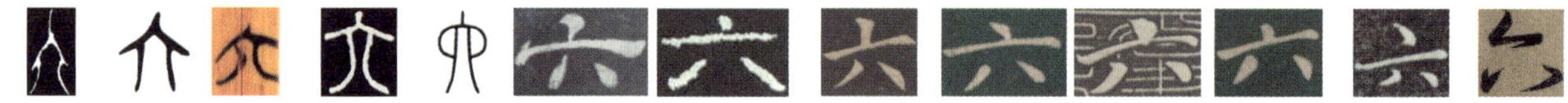

（甲骨 金文 楚简 石鼓文 说文 夏承碑 好太王 欧阳询 虞世南 颜真卿 柳公权 赵孟頫 王羲之

欧阳修 米芾 皇象 王羲之 王献之 柳公权 赵孟頫）（甲骨 古文 古文 说文 欧阳询 米芾 王羲之 王宠）

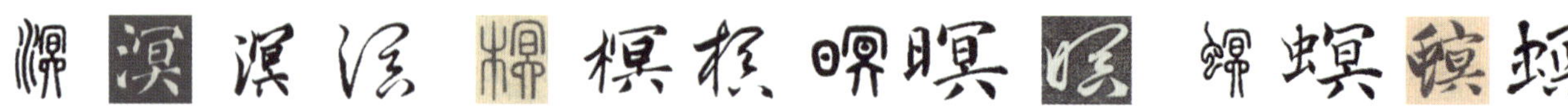

（说文 颜真卿 王羲之 韵会）（六书通 赵孟頫 日本）（金文 虞世南 鲜于枢）（说文 褚遂良 赵孟頫 章草）

辨析：

六字结构稳定，行草书为快写，行书点横分开写的居多，草书点横连写的居多。大写“陆”见奎。

六 liù：《易》之数，阴变于六，正于八，从入从八；五加一的和；古国名，周封皋陶的后代在六，在今安徽省六安县北。

冥 míng：会意兼形声字，小篆字形，从日从六，冖声，日，太阳，日数十，十六日而月始亏，幽暗也，本义是昏暗。甲骨字亦释为娩，如甲合 6948“贞帚（妇）好娩”，13980“及今一月娩”。

溟 míng：形声，从水冥声，小雨濛濛。

榠 míng：榠樝，中医学上入药称光皮木瓜，亦称木瓜。

暝 míng：形声，从日冥声，天色昏暗。

螟 míng：螟虫，螟蛾的幼虫。

拓展：

宍 昗 寘 蓂 集 溟 蓂 集 鄍 褎 嫇 揘 塓 媒 幎 慏 猽 禖 熐 褎 揘 溟 蓂 暝 榠 瞑 簚 聙 鼆 螟 覭 顭 鼆 衮

P30.1 六文之作

龙1：龙 咙 拢 泷

（甲骨 甲骨 甲骨 甲骨 甲骨 甲骨 甲骨 金文 金文 楚简 楚简 秦简 楼兰簡 说文 齐白石 张迁碑

肥致碑 欧阳询 颜真卿 赵孟頫 宋徽宗 王羲之 苏轼 赵孟頫 皇象 皇象 王羲之 张旭 怀素 王献之 章草）

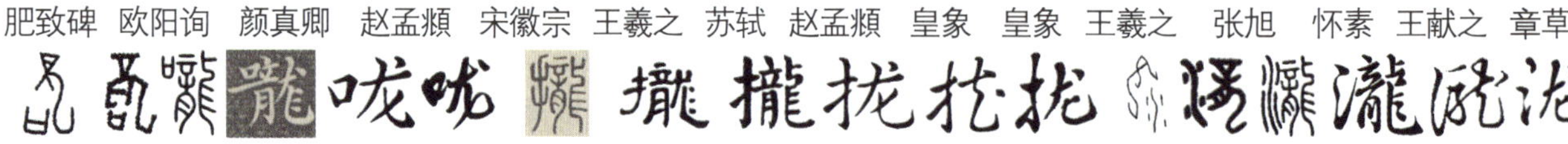

（甲骨 甲骨 说文 王羲之 王羲之 王铎）（篆字汇 曹全碑 颜真卿 王羲之 王羲之 章草）（甲骨 金文 说文 赵孟頫 韵会 章草）

辨析：

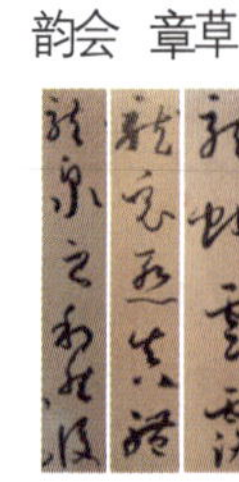

龙之字形篆书变化较多，隶定字形基本稳定，草书字法，左边为草书“子字符”或“享字符（草书省口）”。可拓展。

龙 lóng：鳞虫之长，能幽，能明，能细，能巨，能短，能长；春分而登天，秋分而潜渊；从肉，飞之形，童省声，最早见于甲骨文。龙为先民想象中的神物，乃综合数种动物的形状，并以想象增饰而成，代指皇帝或比喻非凡的人物。

咙（嚨 lóng）：喉咙，咽部和喉部的统称。

拢（攏 lǒng）：形声，从手龙声，本义为聚合，合拢。

泷（瀧 lóng）：湍急的流水；水名，即今武水，又名武溪。

拓展：

龙 陇 咙 垄 垅 宠 庞 拢 泷 茏 珑 龚 庞 昽 栊 珑 胧 愤 咙 婋 庬 泷 犹 昽 砻 胧 牻 笼 聋 袭 龚 龛

P30.5 龙蛇云露　P53.3 何必刻鹤图龙竟惭真体　P53.6 有龙泉之利然后议于断割

龙 2：陇 珑 胧 宠 垄 砻

（楚简 说文 董美人 苏轼 王羲之 赵孟頫 柳公权 章草）（说文 欧阳询 赵孟頫 王羲之 王羲之 王羲之 章草）

（简帛 说文 曹全碑 赵孟頫 王铎 颜真卿 黄庭坚 于右任）（甲骨 甲骨 金文 楚简 秦简 说文 夏承碑 五经

柳公权 颜真卿 皇象 张旭 汉简 章草）（楚简 说文 薛稷 吴昌硕 汉简 王羲之）（说文 颜真卿 康里巎 王羲之）

辨析：

龙字的拓展性较强，写法同前。

陇（隴 lǒng）：形声，从阜，表示与地势的高低上下有关，龙声，本义为古地名，在今甘肃东部。

珑（瓏 lóng）：会意，从玉龙声，本义为古人祈雨用的玉器，上刻龙纹。

胧（朧 lóng）：形声，从月龙声，朦胧，月色不明的样子，引申为模糊不清。

宠（寵庬 chǒng）：形声，从宀龙声，本义是尊崇。

垄（壟壠 lǒng）：形声，从土龙声，本义是坟；丘垄也，田地分界高起的埂子。

砻（礱 lóng）：磨石。

拓展：

痝 硥 奢 浝 莚 滝 蛖 槞 篭 駹 黢 龍 儱 隴 龐 龔 嚨 壟 壠 寵 巃 巄 徿 攏 瀧 蘢 龏 龐 曨 朧 櫳 爖 瓏 襱 龔 穠 纚 聾 蘢 曨

龙 3：聋 袭 龚 茏 笼 龛 詟

（甲骨 金文 楚简 楚简 颜真卿 齐白石 皇象王羲之 颜真卿 章草）（金文 籀文 秦简 说文 钟繇 宋克 王铎 王羲之）

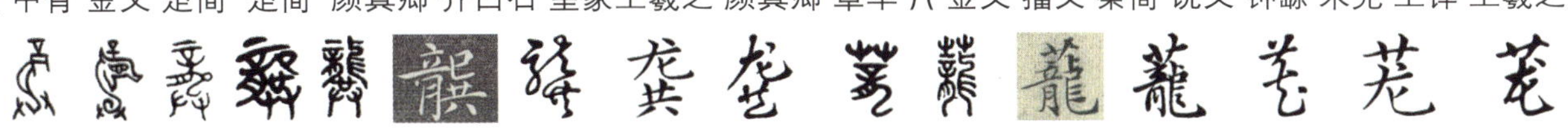

（甲骨 甲骨 金文 简帛 说文 褚遂良 王羲之 王羲之 章草）（金文 说文 文徵明 赵孟頫 王羲之 王羲之 文徵明）

（简帛 简帛 说文 苏轼 王羲之 颜真卿 章草）（金文 说文 欧阳通 王羲之 赵孟頫 章草）（籀文 说文 楷书 楷书）

辨析：

拓展的字各体的变化同前。詟字有异体字讋，写法可参照龍（龙）。

聋（聾 lóng）：形声，从耳龙声，本义是丧失听觉能力。

袭（襲 xí）：形声，从衣讋省声，本义是死者穿的衣服，衣襟在左边；因袭，继承，重复，袭击。

龚 gōng：供的古字，形声，从龙共声，本义是供给，后作供。

茏（蘢 lóng）：形声，从艸龙声，本义为草名，即茳花，蓼类植物。

笼（籠 lóng）：形声，从竹龙声，本义是竹笼。

龛（龕 kān）：形声，从龙合声，本义为龙的样子。

詟（讋 zhé）：啰嗦，唠叨。

拓展：

礱 礲 竉 𥜌 䶬 籠 聾 蠪 蠪 襲 襱 躘 礲 龏 龕 矓 靇 嚨 韊 鑨 驡 鸗 鸗 龖 靇 龘

隆 癃 窿 霳 鼜

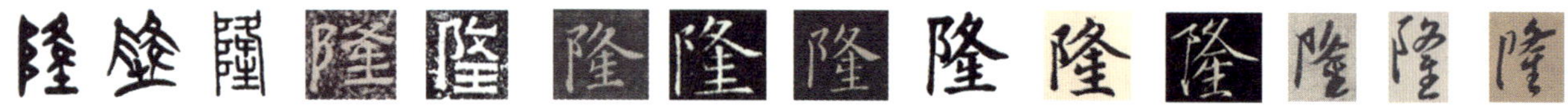

（金文 简帛 说文 西狭颂 宝子碑 王羲之 欧阳询 褚遂良 颜真卿 赵孟頫 宋徽宗 苏轼 乾隆 杨仁恺

王羲之 董其昌 赵孟頫 简书 索靖 王羲之）（金文 简帛 籀文 说文 曹全碑 王羲之 米芾 皇象 流江 章草）

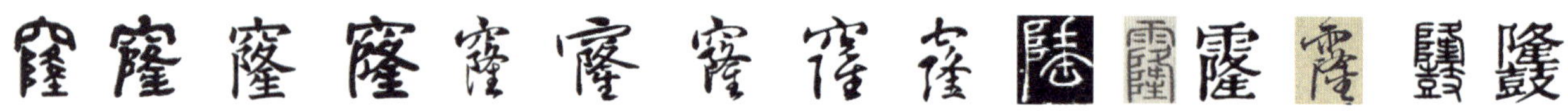

（金文 何绍基 欧阳询 颜真卿 王羲之 黄庭坚 赵孟頫 文徵明 章草）（古文 说文 楷书 王铎）（说文 楷书）

辨析：

隆字字形稳定，草书有从“隹（草书）”和从“生”的两种写法。可拓展。

隆 lóng：形声，从生降省声，金文从“降土”，本义为高。

癃 lóng：中医指小便不通或淋沥点滴而出；旧指年老衰弱多病；从疒从夅乃为籀文癃省。

窿 lóng：高起、突出，用同癃。

霳 lóng：古同丰隆，雷神。

鼜 lóng：象声词，鼓声。

拓展：

窿 憴 崨 瀧 蘢 聾

L

弄 哢 梇

（甲骨 甲骨 金文 简帛 说文 汉简 王羲之 欧阳询 颜真卿 柳公权 宋徽宗 智果 赵孟頫 成亲王 黄庭坚

王羲之 唐寅 韵会 章草 李淦 赵孟頫 文徵明 祝允明 董其昌 启功 敦煌 敦煌）（敦煌 敦煌）（广义 娄机）

辨析：

弄字为双手玩赏玉器形，隶定字形从廾，草书写法，一为快写，二是将“廾”字草化为“大”。敦煌俗字有卡及挊的写法，较为少见

弄 lòng：会意，上为玉，下为廾，指双手玩赏玉器，本义为用手把玩、玩弄，异体字有“卡挊庰挵衖卉屏哢”等。

哢（咔 lòng）：鸟叫，哢吭（鸟鸣）；指乐声。

梇 lòng：书上说的一种树；地名，梇栋，中国汉代县名，在今云南省姚安县北。

拓展：

倻 挵 硦 筭 婈 峷 庰 涜

娄1：娄 缕 数

（甲骨 说文 熹平石 好太王 褚遂良 颜真卿 颜真卿 赵孟頫 王羲之）1（说文 颜真卿 颜真卿 陆游 米芾

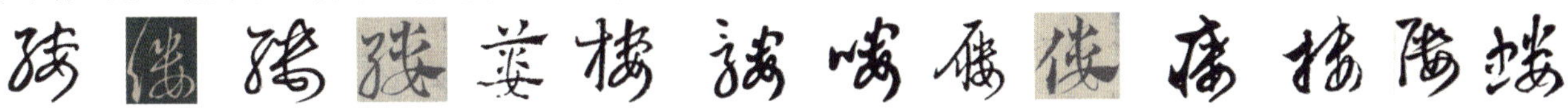

王羲之 虞世南 鲜于枢 邓文原）*皇象 王羲之 王羲之 王羲之 赵构 邓文原 文徵明 文徵明 王铎 章草*

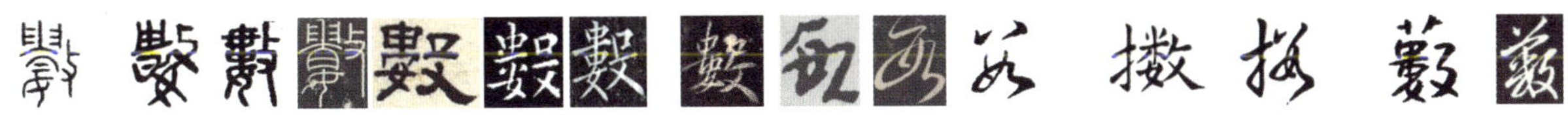

2（诅楚文 帛书 说文 李斯 张迁碑 钟繇 柳公权 王羲之 简书 张芝 王羲之）*（王羲之 王羲之）（朱耷 赵孟頫）*

辨析：

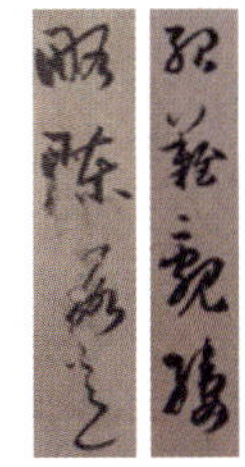

娄字的小篆已经固化为从“母、中、女”，楷化后有两个口，娄字的两个口再各自楷化为两个点，即成米，是为娄。其草书女字保留：1.“两点一横女”娄：上边的口用两点表示，保留横，下边的口省略；2.“四点女”娄：省略横，口均写两点；3.“两点女”娄：只保留一个口，草化为两点，女快写。可拓展。

娄（婁 lóu）：空也，从母中女，空之意也。

缕（縷 lǚ）：字从糸（mì），从娄，娄本指双层，转指双股，糸指丝线，糸与娄联合起来表示“双股搓合的丝绳”，本义为双股线。

数（數 shǔ）：形声，从攴（pū）娄声，本义为点数、计算。《说文》曰：“數，计也。”

拓展：

1. *篓 楼 髅 喽 屦 偻 瘘 搂 屡 蝼*　　嵝 溇 蒌 愣 褛 镂 瞜 篓 楼　　2. *擻 薮*

P29.4 殆难覼（縷）　P34.4 略陈数意

娄2：偻 溇 搂 愣 喽 瞜 楼 蝼 耧 镂 褛

（金文 简帛 说文 颜真卿 赵孟頫 邓文原）（说文 欧阳询 王铎）（说文 颜真卿 欧阳询 黄庭坚 辨体 章草）（说文

颜真卿 沈曾植）（金文 王羲之 赵孟頫 章草）（篆字汇 维摩诘）（秦简 说文 赵孟頫 赵孟頫 赵佶 王羲之 王羲之）

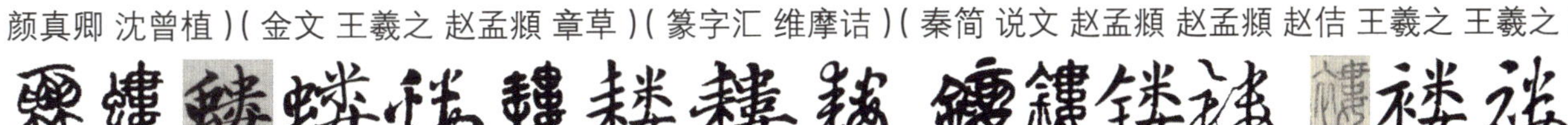

（楚简 说文 赵孟頫 赵孟頫 刘墉）（金文 欧阳询 赵孟頫 王羲之）（简帛 金文 欧阳询 韵会）（说文 欧阳询 章草）

辨析：

娄字作为字根，各体写法同前，所涉字根参见相关页。

偻（僂 lǚ）：脊背弯曲，迅速；lóu，弯腰，泛指弯曲。

溇（漊 lóu）：溇水，源出湖北省鹤峰县，东南流经湖南慈利县，注入澧水。

搂（摟 lōu）：引，拉拢，搂抱，兜揽，核算，搜刮；lǒu，用臂膀抱住或怀抱。

愣 lóu：悦也，恭谦，勤恳。

喽（嘍 lou）：表语气，用法同啦，用在句末，表示疑问、肯定和劝止、感叹语气；lóu，喽啰。

瞜（瞜 lōu）：视也，微视也，偏盲。

楼（樓 lóu）：楼房，两层以上的房屋，茶肆、酒店、歌舞场。

蝼（螻 lóu）：蝼蛄，蝼蚁，被蚁蛀蚀。

耧（耬 lóu）：形声，从耒娄声，农具名，耧车。

镂（鏤 lòu）：可供雕刻的坚铁，金刚钻，凿通，雕刻；釜，烹饪用的锅；通漏，孔穴。

褛（褸 lǚ）：形声，从衣娄声，衣襟；褴褛，衣服破烂，也作蓝缕。

拓展：

廔 慺 遱 嵝 嵝 嵝 甊 熡 甎 膢 斢 瞜 褸 瞜 穛 艛

娄 3：喽 髅 耬 鄤 蒌 篓 窭 瘘 屡 屦 遱

（说文 赵孟頫 欧阳询 王铎 章草）（金文 说文 柳公权 鲜于枢 王羲之 章草）（彭玉雯 维摩诘）（说文 楷书）

（金文 赵孟頫 赵孟頫 史游 王羲之）（说文 颜真卿 王羲之 王羲之）（粗篆 赵孟頫 颜真卿 黄庭坚 邓文原）

（金文 说文 赵孟頫 赵孟頫 史游）（金文 说文 姚孟起 赵孟頫 王铎）（秦简 说文 王羲之 章草）（说文 楷书）

辨析：

娄字作为字根，各体写法同前，所涉字根参见相关页。

嵝（嶁 lǒu）：山顶。

髅（髏 lóu）：死人头骨，亦泛指骸骨，骷髅。

耬 lóu：䩮耬。

鄤 lóu/lú：乡名，在今河南邓州。

蒌（蔞 lóu）：蒌蒿，白蒿，蒌叶。

篓（簍 lǒu）：篾篓，盛东西的器具，用竹或荆条等编成。

窭（窶 jù）：形声，从穴娄声，字本作窶，贫穷得无法备礼物，亦泛指贫穷。

瘘（瘻瘺 lòu）：颈肿大的病，即颈部淋巴结核；瘘管。

屡（屢 lǚ）：接连着，不止一次，多次。

屦（屨 jù）：古代用麻葛制成的一种鞋，践踏，同屡。

遱 lóu：连遱，步行连续不断的样子。

L

拓展：

嶁 鏤 䫫 簍 膢 鷜 鰝

卢（盧）1：卢（盧）轳（轤）鈩（鑪）鲈（鱸）鸬（鸕）驴（驢）庐（廬）

（甲骨 甲骨 甲骨 甲骨 金文 金文 金文 帛书 籀文 说文 欧阳询 颜真卿 皇象 王羲之 于右任）（金文

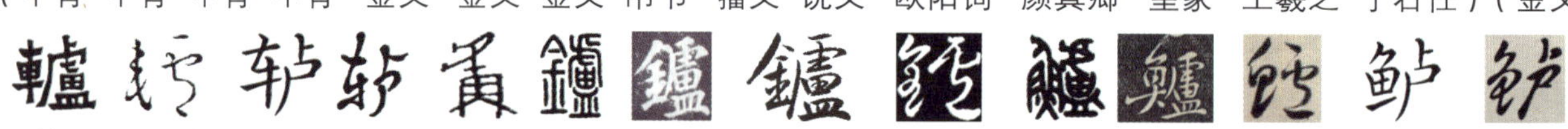

梁培生 孙过庭 王羲之 章草）（甲骨 说文 颜真卿 赵孟頫 武则天）（金文 黄庭坚 鲜于枢 王羲之 王羲之）

（金文 说文 赵孟頫 鲜于枢 王羲之）（说文 欧阳询 智永 颜真卿 文徵明）（金文 说文 颜真卿 皇象 汉简 王铎）

辨析：

卢（盧）字的甲骨文，虎头清晰，隶楷书繁简两种写法均见。草书有二：1. 保留虍与皿，草化后省略了中间的田。2.“卢”字快写。可拓展。

卢（盧 lú）：《说文》，皿部，卢，饭器也，古代摴蒲赌戏中，五子俱黑为卢，为最胜之采，的盧、鸕鷀、觚盧、又与簏盧等通；异体字有獹和虜等等。

轳（艫轤艣轳 lú）：辘轳。

鈩（鑪 lú）：日本地名用字。

鲈（鱸 lú）：鲈鱼，异体字有“鲈鱮”等。

鸬（鸕 lú）：鸬鹚，水鸟，羽毛黑色，嘴扁而长，尖端有钩，善捕鱼，渔人常用来捕鱼，亦称鱼鹰、乌鬼、水老鸦；异体字有雔和鸕等等。

驴（驢 lú）：形声，从马盧声，本义为驴子，家畜名；异体字有“馿騳驢駠馿”等等。

庐（廬 lú）：形声，从广盧声，从广表示与房屋有关，本义特指田中看守庄稼的小屋；亦泛指简陋居室；寄住。

拓展：

泸 胪 舻 垆 栌　 嚧 獹 爐 壚 矑 瀘 蠦 髗 瀘 勴 䱚

P15.1 与工鈩（鑪）而并运（運）

卢（盧）2：颅（顱）呼（嚧）垆（壚） 罏 拤（攎）泸（瀘）炉（爐）

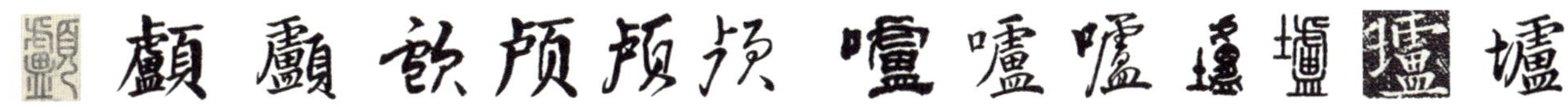

（说文 颜真卿 赵孟頫 敬世江 颜真卿 王铎 王羲之）（何绍基 虞世南 王铎）（金文 说文 欧阳通 赵孟頫

赵孟頫 欧阳询 王羲之）（六书通 赵孟頫 王铎 祝永明）（说文 楷书）（金文 金文 金文 简帛 说文 欧阳询

黄庭坚 王羲之 欧阳询 王羲之）（篆字汇 赵孟頫 文徵明 米芾 祝允明 汉简 欧阳询 颜真卿 王羲之 王羲之）

辨析：

卢字作为字根，各体写法同前，所涉字根参见相关页。

颅（顱 lú）：形声，从页盧声，从页表示与头有关，本义是头盖骨；头，头颅，额头。

呼（嚧 lú）：呼呼，形容唤猪的声音。

垆（壚 lú）：黑色而质地坚实的土壤，酒店中置放酒坛的土台子；燃火用的器具。宋·陆游《山行过僧庵不入》诗："茶垆烟起知高兴，棋子声疏识苦心。"

罏 lú：一种小口的盛酒瓦器；炉子；同垆；异体字有"墟甗廅庿庿麆麏罏鑪"。

拤（攎 lú）：拿、持，张开，收敛；luó，古同攞，拣。

泸（瀘 lú）：泸水。

炉（爐 lú）：供燃烧用的设备、器具。

拓展：

同前

卢（盧）3：胪（臚）纑 舻（艫）芦（蘆） 籚

（金文 金文 楚简 楚简 秦简 说文 籀文 邓石如 颜真卿 米芾 皇象 汉简 王羲之 欧阳询 王铎 王羲之）

（说文 金农 俞和 彭玉雯 吴昌硕 皇象 邓文原）（金文 说文 汪道全 苏轼 文徵明 汉简 王羲之 章草）

（帛书 说文 欧阳通 颜真卿 赵孟頫 怀素 王铎 古文 汉简 颜真卿 柳公权 黄庭坚 王羲之）（说文 楷书）

辨析：

卢字作为字根，各体写法同前，所涉字根参见相关页。

臚（胪 lú）：皮肤，肚腹前部，额头；陈述、宣布，传、传语，陈列、列举；lǚ，通旅，古代祭名。

纑（纟卢 lú）：麻线，指苎麻一类的植物；通垆，黑色坚实的土；通栌，即欂栌、斗拱。

舻（艫 lú）：船头。

芦（蘆 lú）：形声，从艸盧声，草名，芦菔；芦苇，苇子。

籚 lú：古书上说的一种竹子；矛、戟的柄；筐，饭器；古同櫨。

拓展：

同前

卤（鹵）滷 鹾 鹻 硵（磠） 鹽（盐） 鹼（硷） 鹹（醎）

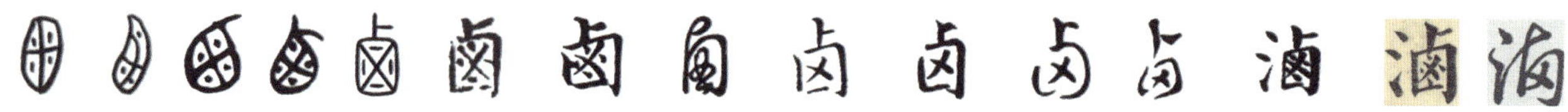

（甲骨 甲骨 金文 楚简 说文 颜真卿 赵孟頫 王羲之 王羲之 黄庭坚 文徵明 章草）（颜真卿 彭玉雯 辨体）

（金文 说文 赵孟頫 王羲之）（蛰道人 李世民）（篆字汇 欧阳询 王铎）（说文 颜真卿 王羲之 王羲之 王羲之）

（说文 梁培生 赵孟頫 王羲之）（楚简 说文 说文 欧阳询 赵孟頫 王羲之 文徵明 沈粲 赵孟頫 怀素 赵佶）

辨析：

卤字的甲骨文为象形，隶楷一般有鹵和卤两种写法。鹽（盐）的草书，鹽字，其臣字草写“讠”，其余部件写上下两个重复的结构，即“讠＋两个鸟头（草书）”；“盐字”的草书上边为快写，下边写皿字草书。鹹字有异体字醎，隶楷行草均可从之。

卤（鹵 lǔ）：象形，制盐时剩下的黑色汁液，味苦有毒，亦称盐卤、苦汁。

滷 lǔ：用酱油、葱、姜、酒等佐料，加水烹调食物，使之入味。

鹾（鹾鹺 cuó）：咸味，盐的别名。

鹻（jiǎn）：同硷。

硵（磠 lǔ）：硇砂。

鹽（盐 yán）：食盐。

鹼（硷 jiǎn）：卤也。

鹹（醎 xián）：像盐的味道，含盐分多的，与淡相对。

拓展：

卤（鹵） 匬 墭 蓾 鹵 舮 樐 鹷 磠 鹶 鹾 鑥 鹸 魯 壚 鹹 鹼 罏

坴 陸（陆） 睦 稑 䡍 鵱 淕 逵

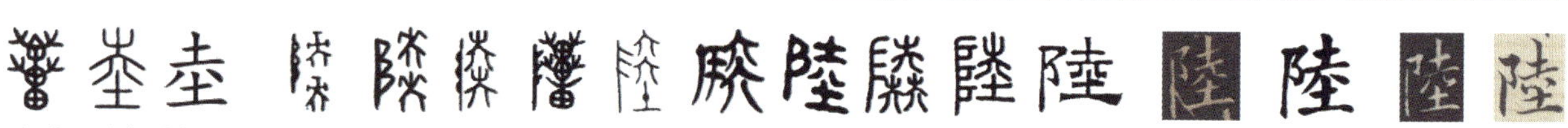

（金文 说文 楷书）（甲骨 甲骨 金文 金文 金文 简帛 简帛 说文 说文 曹真碑 欧阳询 颜真卿 陆柬之 陆恭）

晋康帝 欧阳询 怀素 王铎 王羲之 章草）（金文 简帛 汉简 说文 说文 赵孟頫 赵佶 王羲之 王羲之 智永）

（说文 彭玉雯）（说文 彭玉雯）（说文 彭玉雯）（篆字汇 维摩诘）（金文 简帛 说文 说文 柳公权 王羲之 孙过庭 李淦 章草）

辨析：

坴字除金文外，字形稳定，行草书为快写。可拓展。从埶的“熱勢摯贄蛰褻藝”篆书与坴字的字形意义有别，见相关页。

坴 lù：大土块。

陸（陆 lù）：高出水面的土地；六的大写，异体字有“陸䡍𨻳𨼸陆𨽿𨽼”等等。

睦 mù：形声，从目坴声，本义是和好、亲近。

稑 lù：亦作穋，后种先熟的谷物。

䡍 xún：古同焊，于汤中爚肉。

鵱 lù：鵱鷜（lù），野鹅。

淕 lù：凝雨；古泽名。

逵 kuí：形声，从辵坴声，本义为四通八达的道路；异体字有馗、壝等。

拓展：

淕 勎 婈 錴 淕 䓐 䡍 稑 輘

录 録 绿（綠）禄（祿）碌 逯 氯 剥 渌

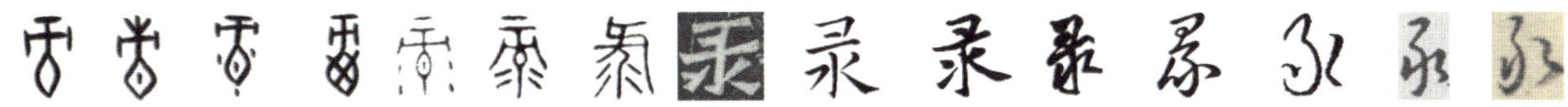

（甲骨 甲骨 甲骨 甲骨 金文 金文 说文 魏碑 王羲之 黄庭坚 王铎 王羲之 孙过庭 赵构 王铎）

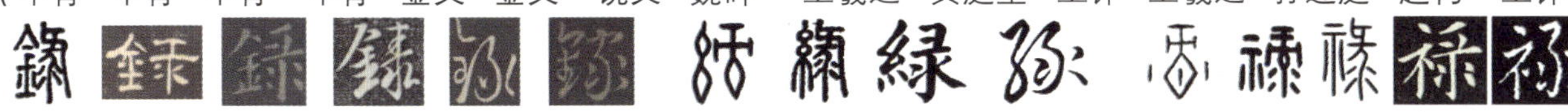

（说文 曹全碑 欧阳询 王羲之 史游 孙过庭）（甲骨 说文 颜真卿 王羲之）（甲骨 金文 说文 欧阳询 皇象）

（金文 说文 智永 王羲之）（金文 说文 钟繇 王羲之）（金文 粗篆 王羲之）（甲骨 金文 说文 王羲之 王羲之）（金文 王羲之）

辨析：

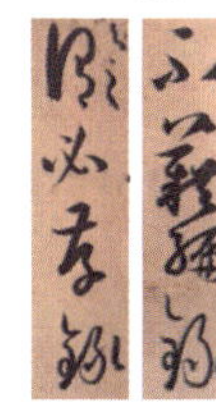

录字的篆书变化较多。草书上边的部分草化为"⼍"，下边的"水"为快写。可拓展。渌见下图：

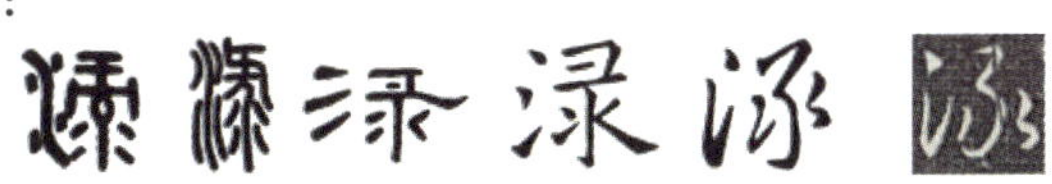

（金文 粗篆 曹全碑 王羲之 王羲之 宋高宗）

录（彔録 lù）：形声，从金录声，本义是绿色金属，引申为记载、抄写，采取、任用，记载言行或事物的书册等。

録 lù：从金录声，金色也；记载、抄写。

绿（綠 lǜ）：青中带黄的颜色。

禄（祿 lù）：形声，从示录声，本义是福气、福运；通录，册籍。

碌 lù：形声，从石录声，本义为石青色。平凡（指人）；繁忙。

逯 lù：任意地行走。

氯 lǜ：化学元素，原子序 17，氯气。

剥（剝 bāo）：从刀录声，去掉外面的皮或其他东西；剝或从卜。

渌 lù：清澈。

拓展：

娽 啹 椂 琭 敓 睩 腂 盝 睩 箓 粶 猔 䎼 觮 趢 醁 覼 踛 簶 鞻 P7.3 谓必存录（録） P27.3 不籍编录

鹿 1：鹿 麗（丽）漉 辘 灑（洒）麇

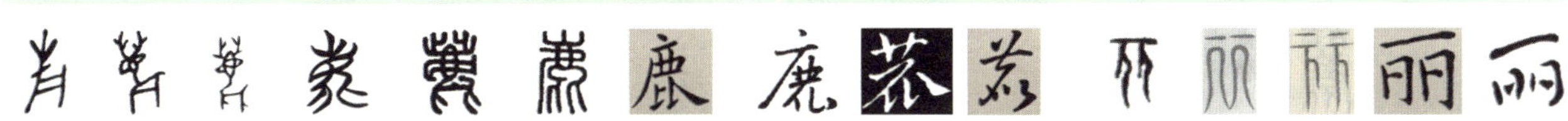

（甲骨 甲骨 金文 楚简 石鼓文 说文 欧阳询 王羲之 皇象 王羲之）（金文 说文 说文 王羲之 章草）

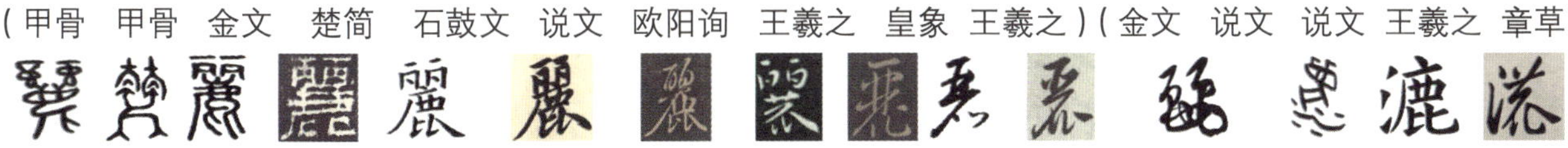

（甲骨 金文 说文 张迁碑 欧阳询 赵孟頫 王羲之 1 索靖 2 智永 怀素 韩道亨 3 孙过庭）（甲骨 欧阳询 王羲之）

（金文 颜真卿 王铎 韵会 章草）（说文 颜真卿 赵孟頫 甲骨 简帛 说文 王羲之 王羲之）（甲骨 王羲之 皇象）

辨析：

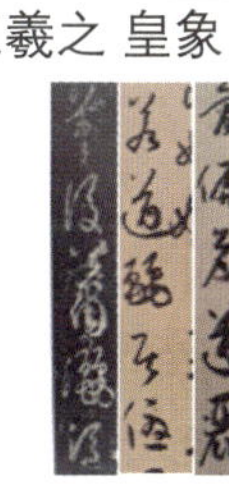

鹿字篆书结构变化较多，为象形，隶定字形稳定，草化为"艹厂比"，即鹿字头（篆书）或楷化后广下居中部件，草化为"艹"，"广"草化为"厂"，下边的鹿足草化为"比"。可拓展。麗从鹿从丽，麗字有 1、2、3 三种草法，其中孙过庭将麗（丽）中的点拉长加横弯，再写一个长横和一个短竖。"丽"字单独为快写，作为部件还可以借用"亚"字结构。灑有繁简两种写法灑和洒。其余的字写清楚相关部件即可。

鹿 lù：象形，甲骨文字形像鹿的头角四足之形，鸟鹿足相似，从匕，本义是鹿科动物的总称，种类很多，通常雄鹿有角。异体字有麤鹿麀麌等。

麗 lì：形声，从鹿丽声，其字本作"丽"后加"鹿"成为形声字，鹿形丽声，鹿成对，并驾，本义为成群、结伴、成对；丽，也有人认为，"丽"的篆书下面是两个"人"字，表示一对情侣或夫妻，上面加一长横将两"人"连在一起，义为耦（偶），即成双成对，指事结构。

漉 lù：液体慢慢地渗下，滤过。

辘（轆 lù）：形声，从车鹿声，纺车。

灑（洒 sǎ）：把水拨散开。

麇（麕 jūn）：獐子；qún，成群。

拓展：

𪣻 麃 蔍 㦝 麂 樚 熝 膔 麃 簏 甂 麌 麛 麠

P47.4 骨力偏多遒丽（麗）盖少 P48.1 若遒丽（麗）居优 P66.2 意先笔后潇洒（灑）流落

L

鹿 2：塵（尘） 麤（粗）麒 麟 邐（逦） 驪（骊）

（籀文 古文 说文 孔彪碑 颜真卿 柳公权 陆柬之 皇象 王羲之 宋克 颜真卿 王羲之）（甲骨 说文 赵孟頫

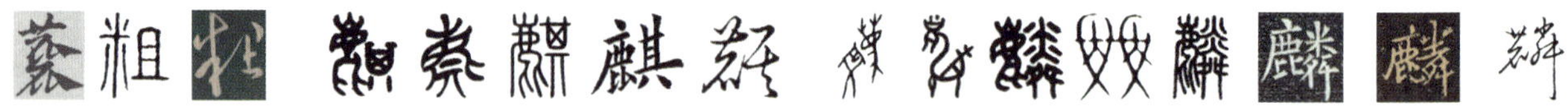

邓文原 说文 王羲之）（金文 简帛 说文 欧阳询 韵会）（甲骨 甲骨 金文 古文 说文 柳公权 王羲之 王献之）

（甲骨 金文 说文 文徵明 文徵明 王羲之 王羲之）（甲骨 摹本 金文 说文 卞永誉 皇象 汉简 王羲之 王羲之）

辨析：

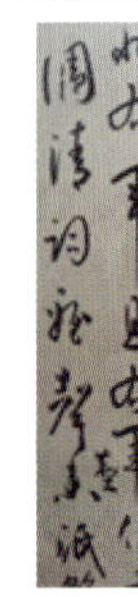

尘（塵）从鹿从土，草书从之，草化时鹿字头草化为“艹厂比”，鹿字下边比字的草书草化为两点加土后更像简化字“尘”。其他与鹿字组合的字，需写清楚与鹿字所组合的部件的草书。

塵（尘 chén）：《说文解字》小篆上部是三只奔跑的鹿（注意：三个鹿字是粗字的异体字），而将土字放在了鹿的脚下，更说明了鹿一旦奔跑就会尘土飞扬，后来精减了鹿的数量，将三只鹿变成了一只鹿，但仍然能清楚地表示尘土；简化字“尘”见于《集韵》，是繁体尘的俗字，这个“尘”也是一个会意字，即由小和土组成，意思是很小的土才能成为尘，更加明确生动。

麤（粗 cū）：超远、遥远；同粗。

麒 qí：形声，从鹿其声，状如鹿，独角，全身生鳞甲，尾像牛，瑞兽；又名麒麟，又单称麟。

麟（麐 lín）：大牝鹿也；光明。

邐（逦 lǐ）：逦迤（lǐ yǐ），屈曲相连的样子。

驪（骊 lí）：纯黑色的马；并列。

L

拓展：

䴇 樚 熝 膔 麃 簏 甂 麌 麋 麙 麠 麖 麈 磃 罷 麚 麞 麅 麢 螰 麓 麄 纑

P31.6 调清词雅声尘（塵）未泯

鹿 3：麓 簏 麋 麝

（甲骨 甲骨 甲骨 甲骨 金文 楚简 汗简 古文 古文 简帛 欧阳询 颜真卿 王羲之 赵孟頫 王羲之 孙过庭）

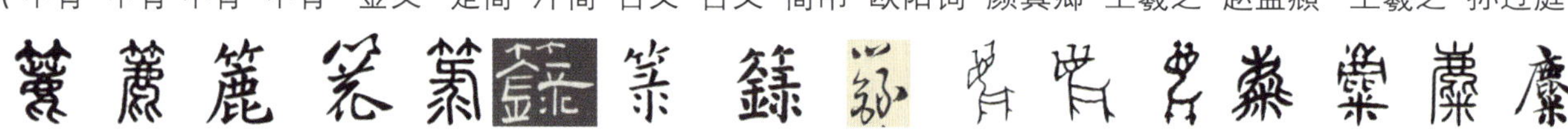

（说文 说文 欧阳询 王羲之 说文 王铎 欧阳询 颜真卿 王铎）（甲骨 甲骨 金文 简帛 秦简 说文 智永

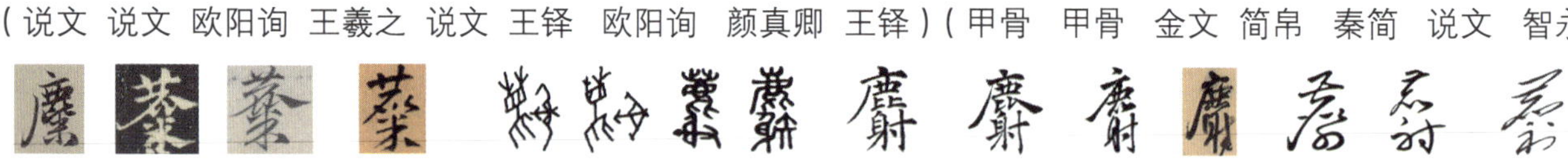

赵孟頫 皇象 邓文原 王蘧常）（甲骨 甲骨 金文 说文 虞世南 褚遂良 王羲之 王铎 王羲之 李洤 毛泽东）

辨析：

从鹿的字篆书变化较多，其中，麓和簏字的篆书有从“录”的写法，不常用。

麓（禁麓 lù）：形声，从林鹿声，本义是生长在山脚的林木；代掌管苑囿的官吏。

簏（箓 lù）：竹子编成的箱子。

麋 mí：形声，从鹿米声，本义是兽名，即麋鹿。

麝 shè：动物名，产于中亚山地的一种小型粗腿的鹿，雄兽有值钱的麝囊，在鹿类中是唯一具有胆囊者；麝香的简称。

鹿 4：慶（庆） 附：鹿头的字等

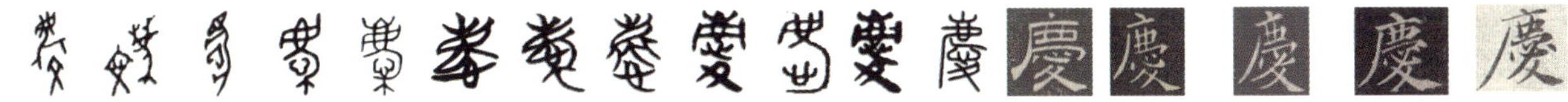

（甲骨 甲骨 甲骨 金文 金文 楚简 楚简 楚简 秦简 汉印 简帛 说文 刘恕 欧阳询 欧阳询 颜真卿 赵孟頫

宋徽宗 王羲之 王羲之 柳公权 米芾 赵孟頫 皇象 索靖 王羲之 郗愔 王献之 赵佶 王羲之 柳公权 赵孟頫）

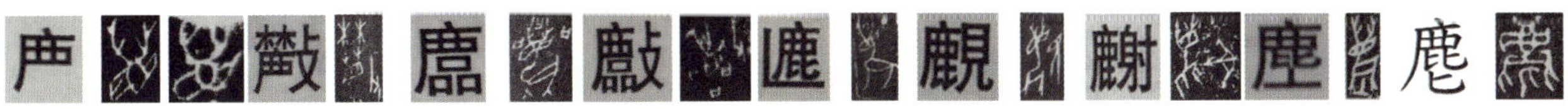

楷书 甲骨 甲骨 楷书 甲骨 楷书 甲骨 楷书 甲骨 楷书 甲骨 楷书 甲骨 楷书 甲骨 楷书 甲骨 楷书 石鼓麀

辨析：

慶字为鹿头，鹿字头的草书草化为“艹”，心字省略，慶字草书即为“艹勾添反慶”，慶字还有一种写法“庆”，行草为快写。下行鹿头的字，各体写法可参见所涉字根。

慶（庆 qìng）：行贺人也，从心从夊，吉礼以鹿皮为摯，故从鹿省；会意，甲骨文字形左边是“文”字，中间有个心表示心情诚恳，右边是鹿皮，合起来表示带着鹿皮，真诚地对人庆贺；小篆字形上面是鹿字省略一部分，中间是“心”字表心意，下边是“夊”（suī 脚），表示“往”，意思跟甲骨文相同，本义为祝贺、庆贺。

拓展：

欆 籆 麀 麆

路 潞 璐 露 鹭

（金文 简帛 简帛 简帛 说文 李阳冰 汉简 夏承碑 欧阳询 颜真卿 米芾 文徵明 索靖 王羲之 张旭）

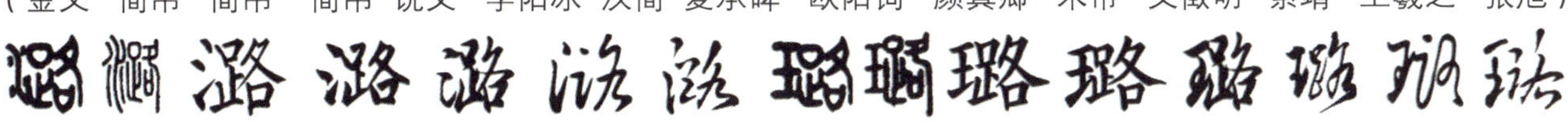

（金文 说文 柳公权 赵孟頫 王羲之 王羲之 章草）（金文 说文 欧阳询 颜真卿 王羲之 米芾 王羲之 章草）

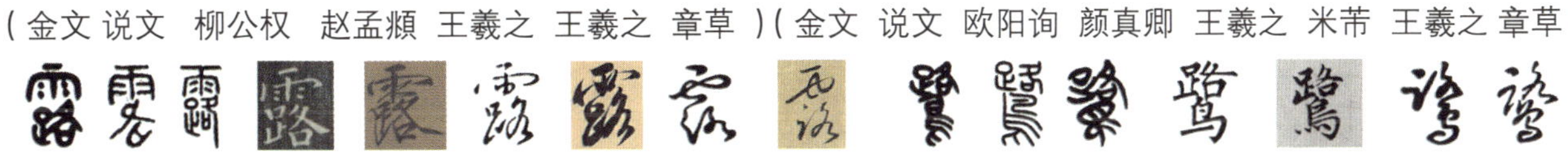

（金文 币文 说文 欧阳询 宋徽宗 王羲之 米芾 王羲之 怀素）（金文 说文 简帛 柳公权 赵孟頫 王羲之 章草）

辨析：

路字从足从各，字形稳定，各体写出足和各字即可。可拓展。

路 lù：形声，从足各声，本义是道路。

潞 lù：从水路声，古水名，即今山西浊漳河。

璐 lù：从玉路声，美玉。

露 lù：形声，从雨路声，露水。

鹭 lù：从鸟路声，白鹭也。

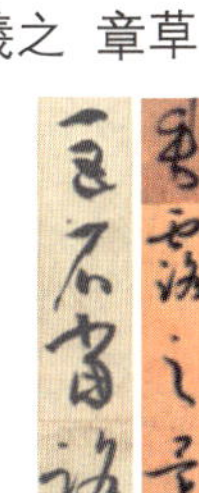

拓展：

蕗 輅 鏴 藘 簵

P47.5 巨石当路　P11.1 垂露之异

䜌 鸾（鸞）变（變）蛮 娈 恋 銮 峦

（金文 汉印 说文 颜真卿 皇象 王献之）（金文 说文 宝子碑 欧阳询 灵飞经 王羲之 柳公权 米芾 赵孟頫

索靖 赵孟頫 王羲之 祝允明）（金文 巫咸 古文 古文 汗简 汗简 石韵府 说文 肥致碑 欧阳询 皇象 王献之 李邕）

（说文 颜真卿 皇象）（说文 赵孟頫 王羲之）（颜真卿 颜真卿 王献之 裴休）（说文 欧阳询 韵会）（简帛 说文 李邕 王铎）

辨析：

䜌字的结构稳定，草书有二：1. 言字有省略或不省略两种，“亠”被放大，皇象的两个糸交代清楚，言字的两横和口可一笔带过，而王献之则将言字省略了。2. 简体䜌字头借“亦（竖无勾）”字的草法。变字的草书还有一种为“亠使（草书）”，属约定俗成。注意：恋字头非亦字，草法可参见亦。弯从䜌，见弯页。

䜌 luán：乱、治、连续不断、系。

鸾（鸞 luán）：亦神灵之精也，赤色，五采，鸡形，鸣中五音，颂声作则至，从鸟䜌声。

变（變 biàn）：形声，从攴（pū）䜌（luán）声，本义：变化、改变。

蛮（蠻 mán）：粗野，没开化。

娈（孌娈 luán）：爱好，假借义为美好。

恋（戀娈戀 liàn）：形声，本义为留恋，依依不舍。

銮（鑾 luán）：形声，从金䜌（luán）声，本义是古时皇帝车驾所用的铃。

峦（巒 luán）：小而尖的山。

拓展：

䜌：蛮 弯 恋 銮 峦　　孪 挛 娈 栾 鸾 脔　　䜌 圝 奱 鸞 鑾 癵 臠 戀 彎 灓 灓 孿 欒 孿

P11.2 鸾舞蛇惊　P5.1 质文三变

寽 捋 鋢 脟 酹 虢 将（可从寽）

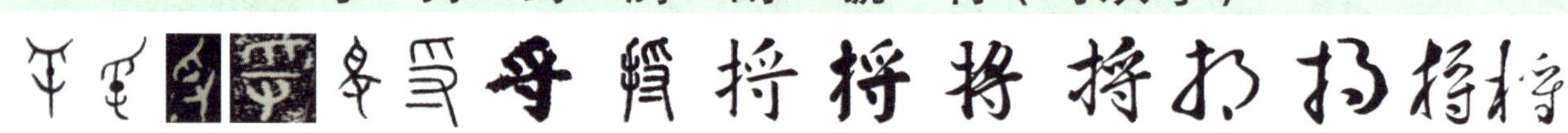

（金文 金文 金文 金文 楚简 说文 吴彩鸾）（说文 欧阳询 颜真卿 王羲之 赵孟頫 王羲之 孙过庭 李淦 解缙）

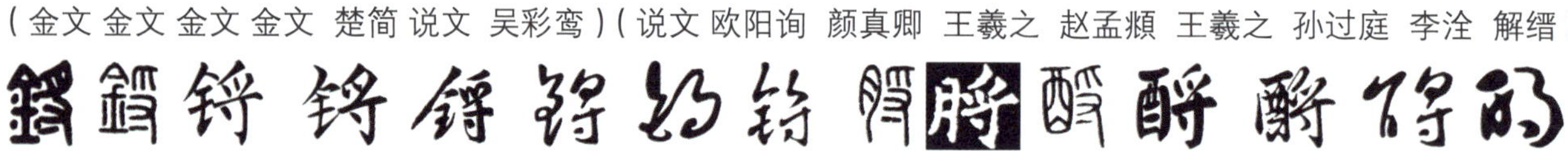

金文 说文 柳公权 赵孟頫 黄庭坚 王羲之 于右任 章草）（说文 千唐）（说文 颜真卿 赵孟頫 王羲之 孙过庭）

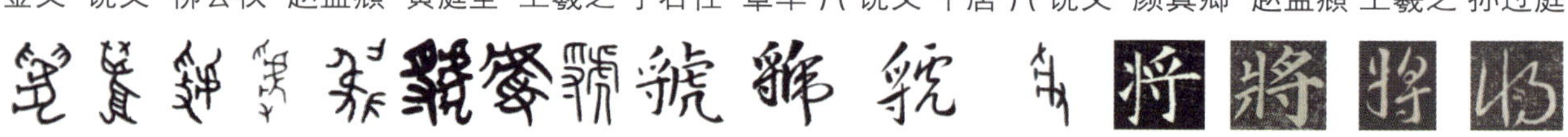

（甲骨 甲骨 金文 金文 金文 金文 简帛 说文 王羲之 赵孟頫 黄彰任）（甲骨 欧阳询 颜真卿 王羲之 王羲之）

辨析：

寽字单写，行草书为快写，作为字根，可从月或夕，因此拓展后，“寽”字的草书有从“月”或从“夕”的草书写法。可拓展。将字及拓展的字有从“寽”的异体字，见将页。

寽 lüè：古同锊，量词，古代重量单位；lǚ，梳理，整理。luō，五指持也，古同捋。

捋 luō：形声，从手寽声，寽为以五指持物，在字中表意，本义为用手握住向一端滑动。

锊（鋢 lüè）：量词，约合六两。

脟 liè：肋骨部分的肉，其骨曰肋。

酹 lèi：餟祭也，从酉寽声，即把酒洒在地上表示祭奠或起誓。

虢 guó：形声，从虎寽声，本义为虎所抓画之迹。

拓展：

哷 埒 浮 埒 㭁 桴 㼗 畤 奨 蛶 蹞 鋢 頛 駓 灖

仑（侖）伦 沦 论 纶 轮

（甲骨 金文 说文 隶辨 颜真卿 赵孟頫 王羲之 王羲之 于右任）（说文 王献之 欧阳询 宋徽宗 王羲之

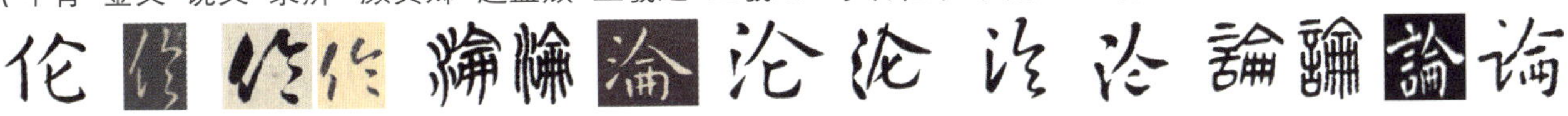

王羲之 王羲之 智永 怀素）（简帛 说文 虞世南 欧阳询 黄庭坚 王羲之 章草）（秦简 说文 王羲之 王羲之

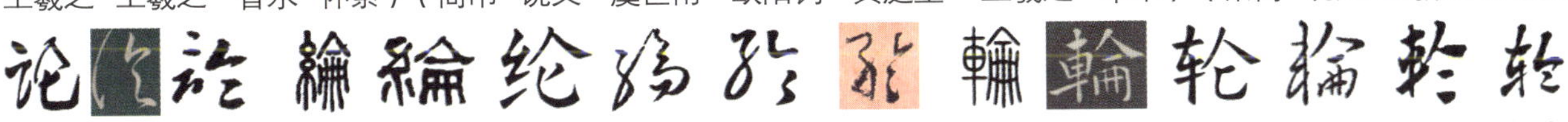

王铎 张芝 奚冈）（说文 衡方碑 柳公权 祝枝山 王羲之 王铎）（说文 褚遂良 欧阳询 王羲之 赵孟頫 章草）

辨析：

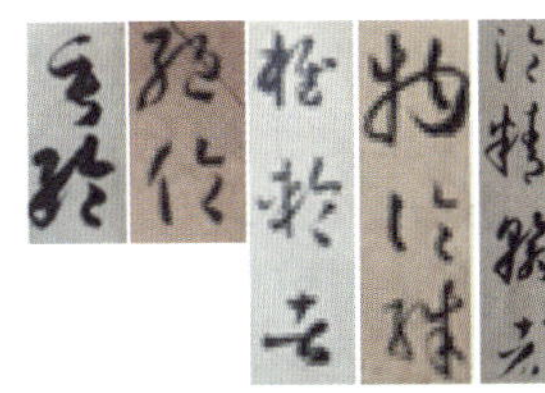

侖字字形稳定，有异体字仑，草书为仑字快写，个别书家也有写侖字结构的。可拓展。

仑（侖 lún）：从亼（jí，三合）从册，聚集人册必依其次第，求其文（纹）理，仑，表示次序、条理；凡物之圆浑者曰昆仑，圆而未剖散者曰浑沦，仑、沦本作仑。

伦（倫 lún）：形声，从人仑声，本义是辈、类。

沦（淪 lún）：形声，从水仑声，本义为水起微波。

论（論 lún）：形声，从言仑声，本义是评论，研究，引申为议论。

纶（綸 guān）：用青丝带做的头巾。

轮（輪 lún）：形声，从车仑声，本义是车轮，轮子。

拓展：

囵（圇）苍（蒼）崘 抡（掄）踚 艙 唅 箣 磮 鯩 陯 蜦 婨 腀 棆 稐 稐 埨 惀 焨 滄 錀

P3.1 绝伦（倫）其余不足观　P14.3 沦（淪）精翰墨者也　P7.5 安云物论（論）殊不尔　P14.4 乐志垂纶（綸）　P5.5 反玉辂于椎轮（輪）者乎

旅 膂

（甲骨 甲骨 甲骨 甲骨 甲骨 金文 金文 金文 金文 金文 金文 金文 金文 金文 金文 楚简 楚简 秦简 说文

曹全碑 钟繇 王羲之 欧阳询 颜真卿 柳公权 赵孟頫 王羲之 米芾 董其昌 王铎 王羲之 王铎 于右任）

（甲骨 金文 金文 金文 楚简 说文 金文 说文 邓石如 欧阳询 黄自元 王羲之 王铎 皇象 王羲之 邓文原）

辨析：

旅字的篆书变化较多，表达的是人们用不同的形式去旅行，一人，多人，步行，坐车等等，行草书为快写。于右任的草书写法更为简洁。膂字的早期形态像脊梁骨节，皇象的写法需特别记忆。

旅 lǚ：会意，甲骨文字形，像众人站在旗下，旗，指军旗，人，指士兵；小篆字形，表示旌旗，从“从”表示众人，即士兵，本义：古代军队五百人为一旅。

膂 lǚ：形声，从肉旅声，本义为脊梁骨；比喻重要的地位。

拓展：

梠 膂

虑（慮）滤 摅

（金文 金文 楚简 楚简 说文 帛书 邓石如 欧阳询 颜真卿 王羲之 1王羲之 2王献之 3王羲之 王羲之）

（篆字汇 欧阳询 黄庭坚 颜真卿 王铎 王羲之 赵孟頫 章草）（金文 粗篆 王铎 王铎 王羲之 文徵明 章草）

辨析：

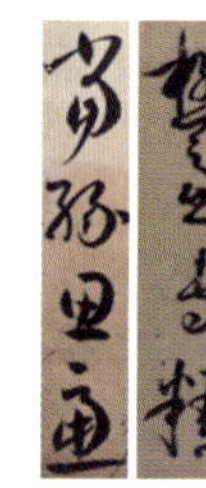

虑字从虍从思，草书有三种：1.“虎头田心”慮，“虎头田”借用了富字的草书，心字草写为一横；2.“虎头心”虑，见王献之和及滤与摅的章草写法。3.王羲之近于“畐（草书）”字结构的写法。可拓展。

虑（慮 lǜ）：形声，从思从虍，“虍”指“虎皮”，是用虎皮来代表老虎，而老虎是山中的大王，因此虍和思合起来的意思是“思考大王的事情”，本义是谋划。

滤（濾 lǜ）：形声，从水虑声，本义为用纱、布等过水，使水清洁。

摅（攄 shū）：抒发、表达；散布；撕；腾跃。

拓展：

𠐿 勴 攄 濾 藘 櫖 爈 鑢

P10.4 極虑专精　　P41.5 当缘思虑通审

L

麻 嘛 磨 麽(么) 嬷 麾 摩 靡

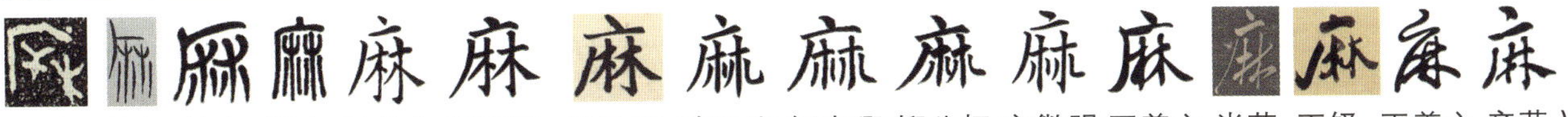

（金文 盟书 简帛 说文 王羲之 颜真卿 赵孟頫 欧阳询 颜真卿 柳公权 文徵明 王羲之 米芾 王铎 王羲之 章草）

（金石篆 王羲之 欧阳询 王羲之 王羲之 章草）（籀文 欧阳询 王羲之 章草）（说文 颜真卿 苏轼 黄庭坚 金文 说文

欧阳询 王羲之 王羲之）（金文 金文 王羲之 王羲之）（金文 佚名 王羲之）（说文 欧阳询 王羲之）（李斯 智永 皇象）

辨析：

麻字从朩而非木，篆书朩下为直线而非弧线。隶楷字形结构，书家大都写“木”字了，行草书从木字已成为约定俗成。拓展的字，楷书还是有少数书家能够写出“朩”的。参见“木朩”页。

麻（蔴 má）：会意，从广从“二朩”，广表示房子，“二朩”指削制的麻皮，合而表示在家里劈麻，进行剥制，本义是麻类植物的总名，古代专指大麻。

嘛 ma：助词，表示很明显，事理就是如此。

磨 mó：形声，从石麻声，本义是磨治石器。

麽（么 mó）：细小，也合称幺麽；me，词尾，助词；ma，同吗。

嬷 mó：老妇；母亲。

麾 huī：形声，从毛麻声，古代供指挥用的旌旗；指挥，同挥。

摩 mó：形声，从手麻声，摩擦、磨蹭；迫近、接近；切磋、研究，抚摸。

靡 mǐ：形声，从非麻声（mǐ），无，没有；细腻、细密，华丽、美好，缓；mí，浪费。

拓展：

攠 麽 麼 縻 嚒 蘑 蔴 糜 礳 嚤 擵 蘼 蘪 醾 劘 纛 麿 劘 礳 孊 塺 嫲 蔴 髍 魔 麘 縻 蟖 嬷 懡 鏖 鏖 孊 懡 摩 嚰

马 1：马 驾 驶 驰 骉 驴 骡 骑 骐 骥 骤 骠 骧 骚 骏

（甲骨 甲骨 金文 盟书 楚简 楚简 说文 欧阳询 楼兰简 皇象 王羲之 赵孟頫）（楚简 说文 钟繇 王羲之 智永）

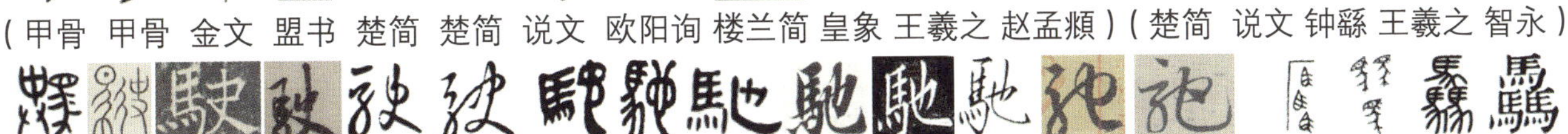

（甲骨 汗简 颜真卿 米芾 王羲之 韵辨）（帛书 说文 曹全碑 智永 欧阳询 赵佶 王羲之 赵孟頫）（金文 金文 说文 楷书）

（简帛 宋徽宗 智永 王羲之）（说文 智永 颜真卿 王羲之）皇象 皇象（索靖 毛泽东）王羲之 王羲之 怀素 宋克 鲜于枢

辨析：

马字的特点是突出三根鬃毛，隶楷字形稳定，草书有皇象和王羲之两种写法，王羲之写法较常用；作偏旁时，王羲之省略一横，趣味横生。驰字的也字，草书一是少一竖，二是将点写在下边（赵孟頫驰）。

马 mǎ：象形，早期字形，像马眼、马鬃、马尾之形。

驾（駕 jià）：以轭加于马上；骑、乘，操纵、驾驶，抵挡，帝王车乘的总称。

驶（駛 shǐ）：形声，从马史声，马行疾、快。

驰（馳 chí）：车马疾行。

骉（驫 biāo）：众马奔腾的样子。

驴（驢 lú）：形声，从马盧声，本义为驴子，家畜名。

骡（騾蠃 luó）：动物名，驴父马母，骡子。

骑（騎 qí）：形声，从马奇声，跨马。

骐（騏 qí）：形声，从马其声，青黑色有如棋盘格子纹的马；骏马；通麒，麒麟。

骥（驥 jì）：会意，从马冀声，按左传，冀之北上，马之所生，是冀亦兼会意，本义为好马、良马。

骤（驟 zhòu）：形声，从马聚声，本义是马奔驰；急，疾速，突然。

骠（驃 biāo）：黄骠马；piào，马快跑的样子。

骧（驤 xiāng）：后右足白的马，泛指马。

骚（騷 sāo）：形声，从马蚤声，本义是刷马；忧愁，通搔，抓，挠，以指甲轻刮 。

骏（駿 jùn）：马之良材也；引申为才能出众的人。

拓展：

驭 驯 驮 驱 驳 驹 驷 骀 驺 驼 驽 驿 驵 駙 驻 骅 骇 骆 骉 骂 骄 骈 骁 骋 验 骊 骖 骓 骒 骗 骘 骝 骞 骜 骟 骢 骣　　P5.2 变驰骛沿革

马 2：妈 骄 骁 驭 驸 驼 骜 骞 骛 骅 驽 驯 驿 骗 骆 骇 驻 骈

（汉简 曹全碑 颜真卿 赵孟頫 王羲之）（甲骨 简帛 说文 魏碑 赵孟頫 欧阳询 王羲之 黄庭坚）（金文 说文

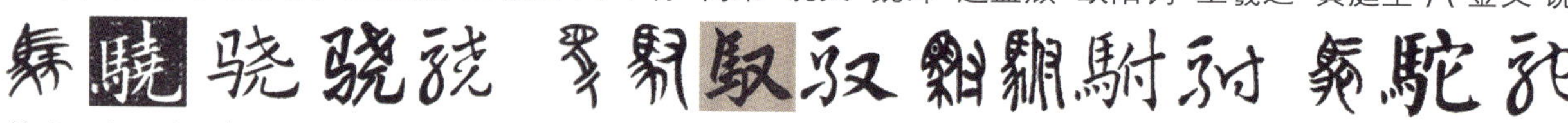

简帛 欧阳询 欧阳询 王铎 王羲之）（甲骨 说文 赵孟頫 章草）（金文 说文 褚遂良 章草）（楚简 颜真卿 王羲之）

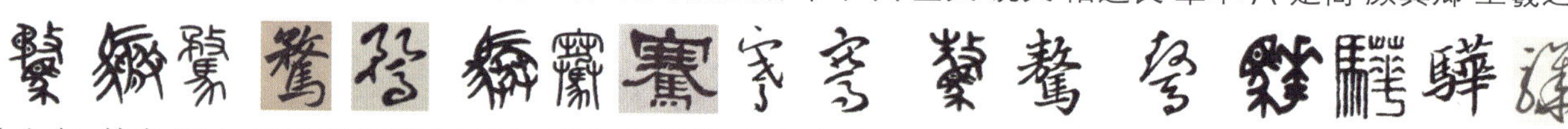

（金文 简帛 说文 赵孟頫 章草）（简帛 说文 何绍基 朱耷 章草）（金文 赵孟頫 王羲之）（金文 汉印 陆柬之丰坊）

（金文 租篆 蔡襄 章草）（简帛 说文 颜真卿 章草）（简帛 说文王铎 章草）（金文 王羲之）王羲之 智永 王铎 章草

辨析：

本页列示了马字旁的部分常用字，其各体变化可相互参照之，亦可参见所涉字根页。

妈（媽 mā）：形声，从女马声，本义为称呼母亲。

骄（驕 jiāo）：马高六尺为骄。

其他字的注释，略，可参见相关字根页。

拓展：

犸 闯 驮 骋 验 骍 骎 骕 骙 骣

买 卖 椟（櫝） 读 渎 赎

（甲骨 金文 简帛 说文 史晨碑 褚遂良 米芾 苏轼 王羲之 王铎 祝永明 王羲之 王铎 章草）（金文 说文 汉简

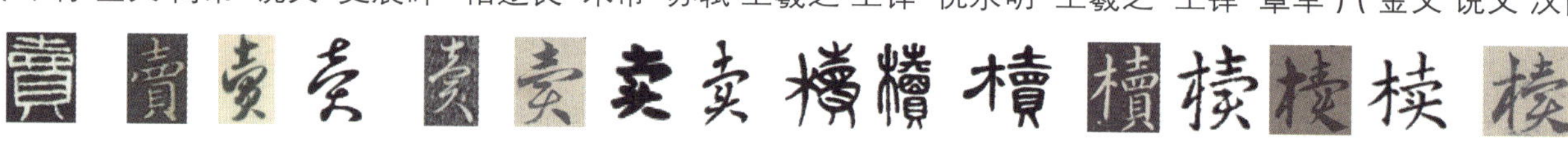

好太王 王羲之 米芾 王羲之 赵孟頫 邓文原 汉简 章草）（说文 简帛 曹全碑 虞世南 皇象 宋克 王羲之 邓文原）

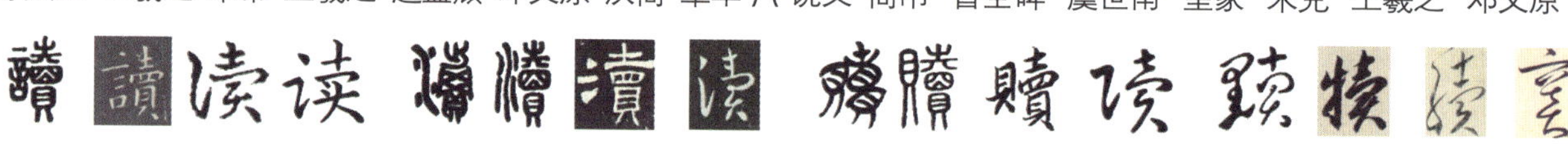

（说文 欧阳询 皇象 王羲之）（金文 说文 史晨碑 王羲之）（简帛 说文 陆柬之 王羲之）*王羲之 智永 贺知章 怀素*

辨析：

买卖两字，自古就有繁简两种写法，简写不常见。"网"字内部的结构，草化为一个短横或使转为一个小点，贝居下，草书写快写或写"大"均可，因此，买卖二字的草书也可以写为简化字快写。可拓展。

买（買 mǎi）：会意，小篆从网贝，"网"是收进，"贝"是财货，合起来表示把财货购进来，本义为买进、购进。

卖（賣 mài）：会意，小篆从出从买，将收进的财物卖出，即以货物换钱。

椟（櫝 dú）：形声，从木卖声，本义是木柜、木匣。

读（讀 dú）：形声，从言卖声，本义是读书。

渎（瀆 dú）：形声，从水卖声，本义是水沟、水渠。

赎（贖 shú）：形声，左形右声，用财物换回人或抵押品。

拓展：

黩 犊 续 窦　　　牍 觌 殰 荬

P13.2 旁窥尺椟（牍）

麦 麸 麺

（甲骨 甲骨 甲骨 金文 说文 六书正 西狭颂 邓石如 虞世南 欧阳询 颜真卿 柳公权 唐太宗 赵孟頫 王铎

欧阳询 苏轼 乃贤 王羲之 李世民 空海）（说文 赵孟頫 王羲之 赵孟頫）（六书通 颜真卿 颜真卿 王献之）

辨析：

麦字篆书形态变化较多，隶楷则只有从“⺷”和从“来”两种写法，草书一般从“⺷”，为快写，可拓展。注意：作为字根，麦字的草书常常被麦字所借用（参见麦）。

麦（麥 mài）：形声，甲骨文字形，从夊（zhí）来声，本义为麦子。

麸（麩 fū）：小麦磨面过箩后剩下的皮，亦称“麸皮”。

麺（麪 miàn）：粮食磨成的粉，小米麺、玉米麺，特指小麦磨成的粉，俗麪字。

拓展：

唛 麹 麥 麸 麸 麴 唛 麩 麪 麹 麨 麸 麫 麫 麯 麸 麬 麷 麳 麭 麸 麵 麶

曼 缦 嫚 幔 慢 漫 谩 馒 熳 蔓

（甲骨 甲骨 甲骨 金文 金文 金文 金文 楚简 说文 曹全碑 汉简 王羲之 欧阳询 王羲之 王羲之 欧阳询 王羲之

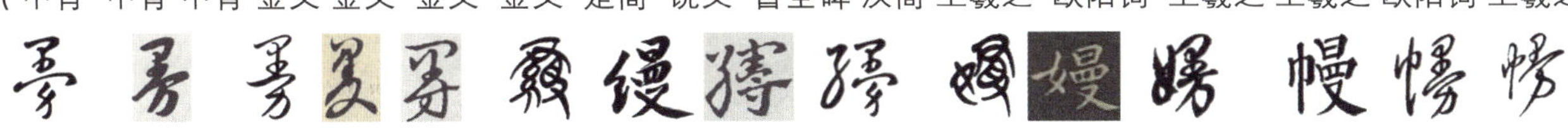

王羲之 韩道亨 流江 空海 韵会）（楚简 黄庭坚 皇象 王羲之）（简帛 王羲之 徐伯健）（颜真卿 王羲之 王铎）

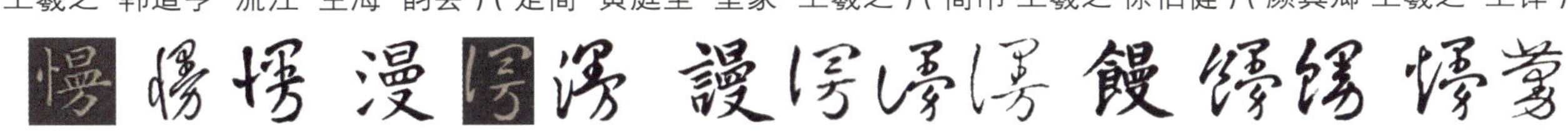

（王羲之 王羲之 章草）（王羲之 索靖 王羲之）（赵孟頫 索靖 王羲之 米芾）（颜真卿 王羲之 章草）王羲之 韵会

辨析：

曼字的甲骨文从两手从目，金文上边的手讹变为冃形，隶定为曼，草书除皇象外，依据篆隶结构有“里力、里万、里又、里寸”四种写法，韩道亨百韵歌“里力斯成曼”，使曼字草书趋向于统一。可拓展。

曼 màn：形声，小篆字形从又冒声，又为手，从又乃是与手的动作有关，本义为长。

缦（縵 màn）：无花纹的丝织品。

嫚 mān：形声，从女曼声，本义是轻侮，侮辱；对女孩子的昵称。

幔 màn：张在屋内的帐幕。

慢 màn：轻慢，对人无礼貌。

漫 màn：形声，从水曼声，水过满向外流。

谩（謾 mán）：形声，从言曼声，瞒哄，欺骗。

馒（饅 mán）：一种用发面蒸成的食品，圆形或长方形，无馅。

熳 màn：烂熳，同烂漫。

蔓 màn：形声，从艸曼声，本义为藤蔓，草本蔓生植物的枝茎。

拓展：

僈 鄤 摱 獌 墁 槾 瑝 稵 镘 嫚 縵 蟃 糢 禮 獌 趨 輓 鏝 鳗 鬘

M

莽 蟒 漭 嵘 鏻

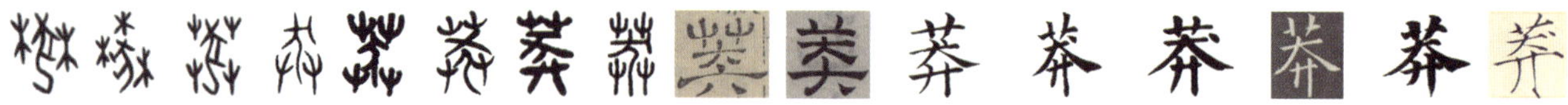

（甲骨 甲骨 甲骨 金文 金文 楚简 简帛 说文 隶辨 赵孟頫 王羲之 欧阳询 颜真卿 欧阳询 颜真卿 赵佶

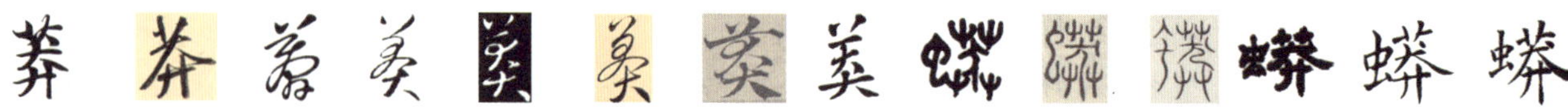

王羲之 赵孟頫 王羲之 智永 欧阳询 赵孟頫 邓文原 章草）（金文 篆字汇 汗简 邓石如 王羲之 虞世南

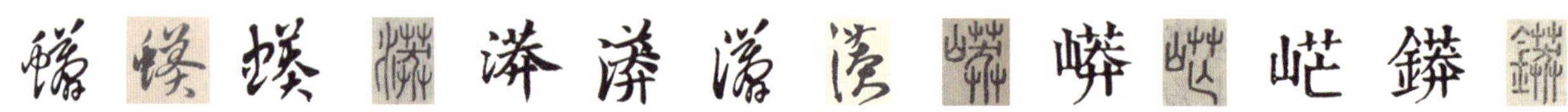

王羲之 赵孟頫 章草）（篆字汇 赵孟頫 王羲之 王羲之 王宠）（篆字汇 楷书 篆字汇 楷书）（篆字汇 楷书）

辨析：

莽字从原始字义看，中间部件应该是“犬”，隶楷发生了讹变，个别书家写成了“大”。莽字的草书写法，犬字左上有点，反起笔可省点，写“大”也可，但是频率不高。“廾”字草书快写或写“大”，王羲之的“廾”其实是一种书写笔画顺序改变后的快写。可拓展。

莽 mǎng：会意，从犬从茻，原义是犬跑到草丛中逐兔，假借为茻、草丛。

蟒 mǎng：形声，从虫莽声，本义为巨蛇。

漭 mǎng：形声，从水莽声，本义是形容洪水广阔无边。

嵘 máng/mǎng：嵣嵘，山石广大的样子，或作岂。

鏻 mǔ：鈷鏻，其形制有类垂瓠，上为之口，可以贮汤，盖温手足之器也。

拓展：

䁾 䁾 蘕

毛 氂 牦 旄 耗 蚝 耄 毡 毬 芼

（金文 金文 辛毛鼎 清华简 简帛 说文 宝子碑 孙秋生 欧阳询 赵孟頫 王羲之 赵孟頫 皇象 王羲之 毛泽东）

（说文 赵孟頫 宋克）（金文 篆字汇 黄庭坚 章草）（金文 说文 赵孟頫 索靖）（篆字汇 智永 王铎 王羲之）

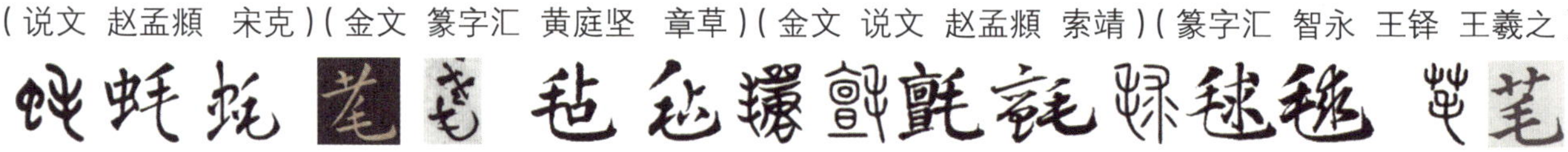

（金文 柳公权 章草）（钟繇 王铎）（颜真卿 章草 楚简 说文 颜真卿 索靖）（说文 智永 王羲之）（说文 五经）

辨析：

毛字的结构稳定，章草写法为楷书快写，今草起笔后一般先写竖弯钩，再写两短横。耄从老，参见老页；笔（筆）从聿，见聿；尾见尾页。

毛 máo：动植物的皮上所生的丝状物。

氂（牦犛 máo）：犛牛尾也，从犛省从毛，同犛（犛靬，汉代西域国名，又汉代张掖郡县名，在今甘肃省永昌县）。

牦（犛氂 máo máo）：牦牛尾。

旄 máo：古代用牦牛尾装饰的旗子；mào，古同耄，年老。

耗 hào：本义为一种稻子；假借为消，亏损、消耗；方言称老鼠为耗子。

蚝 cì：同蛓，毛虫；牡蛎的别名。

耄 mào：形声，从老毛声，年老；古称大约七十至九十岁的年纪。

毡（氈氊 zhān）：形声，从毛占声，加工羊毛或其他动物毛而成的块片状材料。

毬 qiú：从毛求声，鞠丸也；泛指球形物。

芼 máo：可供食用的水草或野菜，草覆地蔓延；mào，扫取，拔。

拓展：

毜 毝 枆 毞 毟 毭 毠 眊 秏 竓 毢 毣 毤 毥 毦 毧 毨 毩 毪 笔 粍
P 20.4 豪氂不察

矛1：矛 柔 糅 茅 袤 褎（裦）矜 矟 楙 髳 蟊 霿

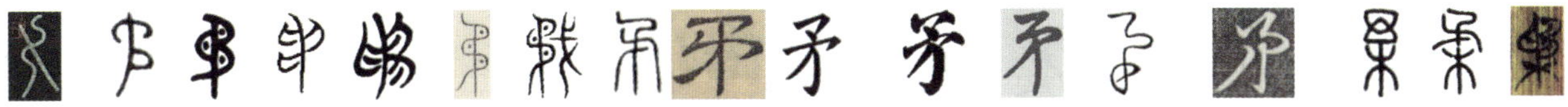

（仓颉 金文 金文 楚简 楚简 汉简 古文 说文 隶辨 欧阳询 颜真卿 简书 王羲之 赵孟頫）（说文 说文 楚简

王羲之 赵构）（金文 敦煌 王羲之）（说文 柳公权 皇象）（说文 颜真卿 章草）（说文 褚遂良 赵佶 王羲之）（说文 赵佶

宋克）（说文 颜真卿 王铎 钱博）（说文 颜真卿）（说文 彭玉雯 王铎）（金文 说文 褚遂良 王羲之 章草）（说文 五经）

辨析：

矛字篆书变化较多，其草书保留了金文、楚简和汗简的两个圈，也可以理解为省略点后的快写，若再省略撇画即为予。可拓展。務（务）字参见务。

矛 máo：象形，金文字形，是一根长棍子上有些装饰物，为古代用来刺杀敌人的进攻性武器，本义为长矛。

柔 róu：形声，从木矛声，本义是树木可曲可直。

糅 róu：混杂，混合。

茅 máo：形声，从艸矛声，草名，即白茅，俗称茅草；通旄。

袤 mào：形声，从衣矛声，纵长或南北距离的长度。

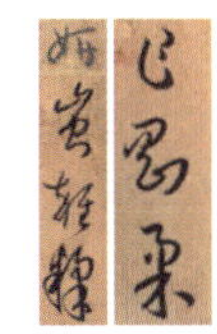

褎（裦褒 bāo）：扬美也，古同褒。

矜 qín：形声，从矛今声，本义是矛柄；jīn，自尊、自大、自夸，庄重、拘谨，怜悯、同情，骄傲，端庄、庄重；guān，同鳏，无妻的老人；同瘝，得病。

矟 shuò：古兵器名，即长矛，也作槊。

楙 máo：植物名，即木瓜；林木茂盛的样子；古书上说的冬天成熟的一种桃。

髳 máo：长垂至眉的头发；méng，草木丛生繁茂的样子。

蟊 máo：吃苗根的害虫，蟊贼，喻坏人。

霿 méng：雾气；天色昏暗不清。

拓展：

敄 枆 秅 矝 罞 蝥 緢 蟊 踇 猫 雺 猱 穃 橦 穛　　P43.5 乍刚柔以合体　P59.1 妍蚩杂糅

矛2：矞 噊 谲 鐍 潏 橘 憰 璚 鹬 剧 繘 氄 獝 遹

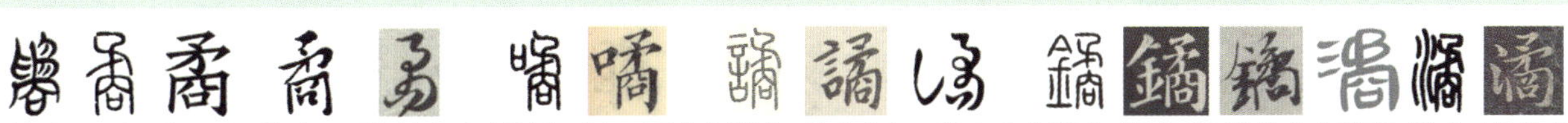

（简帛 说文 欧阳询 黄庭坚 韩道亨）（说文 彭玉雯）（说文 翁方纲 王羲之）（说文 颜真卿 米芾）（简帛 说文 褚遂良）

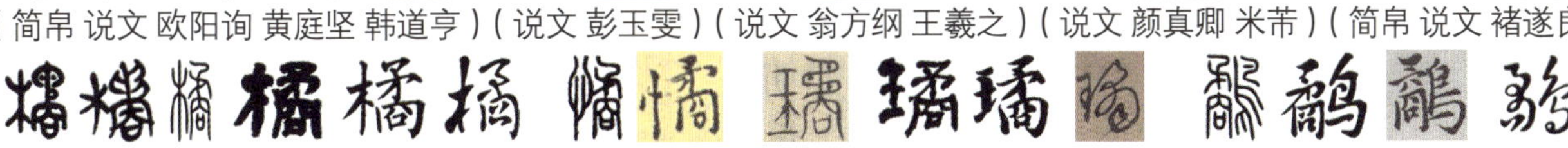

（金文 简帛 说文 邓石如 柳公权 章草）（说文 王宠）（六书通 何绍基 智永 文徵明）（说文 黄庭坚 赵孟頫 王羲之）

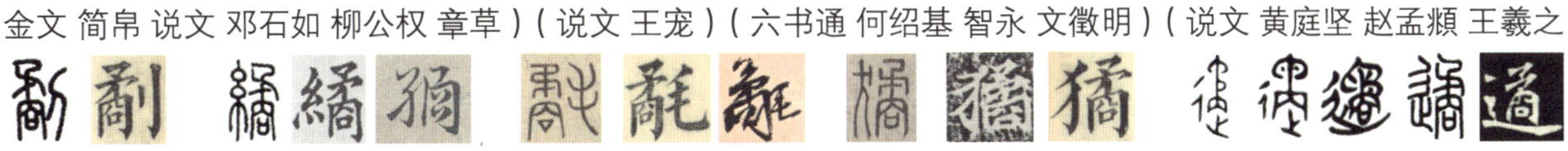

（说文 彭玉雯）（说文 五经 邓文原）（六书通 彭玉雯 王铎）（篆字汇 等慈寺 彭玉雯）（金文 金文 简帛 说文 穆亮墓）

辨析：

矞从矛，各体从之，矞字的草书写法，因为与下边部件连接，矛字的撇画可以隐含在牵丝的圈中。可拓展。

矞 yù：以锥穿入；云的色彩；鸟兽惊飞、疾走貌；通谲，诡诈。

噊 jué：古同谲，诡诈；鸟鸣。

谲（譎 jué）：欺骗、诈骗；怪异；婉曲，尤指谏劝时，不直言过失而隐约其词的；通决，判断、判别。

鐍 jué：箱子上安锁的环状物，借指锁；有舌的环。

潏 yù：水泉涌出。

橘 jú：形声，从木矞声，橘树。

憰 jué：权诈也，言谲曰谲，心谲曰憰；古同谲，欺诈。

璚 qióng：古同琼，赤色的玉，泛指美玉；jué，古同玦，古代环形有缺口的佩玉；形状像璚的日晕。

鹬（鷸 yù）：形声，从鸟矞声，本义水鸟鹬。

剧 guā：刮，刮除，通刮，刮掉烂肉脓血。

繘 yù：汲水用的绳索。

氄 rǒng：鸟兽细软而茂密的毛；鸟兽贴近皮肤处的细而软的羽毛。

獝 xù：鸟兽惊恐飞散的样子；狂放。

遹 yù：从辵矞声，回避也；邪僻，遵循；句首发语词，无义。

拓展：

僪 瞲 氄 燏 璚 瞲 窩 譎 蹫 醑 霱 魗 驈 鱊

卯 1：卯 留 贸 昴 峁

（甲骨 金文 金文 盟书 古文 楚简 简帛 说文 石韵府 好太王 王羲之 欧阳询 颜真卿 柳公权 赵孟頫 王羲之

王羲之 赵孟頫 王铎 王羲之 文徵明 章草 文徵明 王铎）（金文 说文 钟繇 欧阳询 皇象 王羲之 王献之）

（金文 帛书 说文 王羲之 王羲之 孙过庭）（说文 欧阳询 王羲之 李淦 黎凡）（金文 欧阳询 王羲之 章草）

辨析：

卯字单写，草书为快写，昴峁的草书亦是。留贸两个字的草书，其卯依据异体字从二口。

卯（夘 mǎo）：甲骨文卯字乃对剖物之象；《说文》则曰："冒也，二月万物冒地而出，像开门之形，故二月为天门。"地支的第四位。

留（畄畱畱 liú）：会意，从田从丣，从田表示停留的地方，本义为停留、留下。

贸（貿 mào）：交换财物，交易。

昴 mǎo：白虎宿星。

峁 mǎo：小山顶。

拓展：

丣 㚹 庎 抑 奅 泖 茆 炯 珋 窌 鉚 飹 铆 笷

P10.3 留（畄畱）心翰墨

M

卯 2：劉 聊 卿 柳

（甲骨 汉印 说文 石韵府 杨沂孙 熹平石 刘韬墓 欧阳询 娄机 颜真卿 皇象 王献之 王铎 王羲之 章草）

（甲骨 简帛 说文 邓石如 爨体 姜夔 颜真卿 钟繇 王羲之 白居易 苏轼 米芾 史游 怀素 文徵明 宋璲 王铎）

（甲骨 金文 简帛 说文 肥致碑 吴昌硕 欧阳询 颜真卿 王羲之 皇象 王羲之）（甲骨 金文 盟书 说文 柳公权 鲜于枢）

辨析：

劉字甲骨文或从卯从攵，劉、聊、卿和柳四个字的卯字位置不同，草法也不同，劉从两个口，聊为快写，卿草化为卩，已为约定俗成，卿字草书虽还有王羲之的快写，但频率不高，柳字的卯，草书一般从章草的写法。

劉（鎦鎦鐂刘 liú）：形声，从金从刀，丣（yǒu）声，本义为杀、戮；兵器名，斧钺。

聊 liáo：形声，从耳卯声，本义是耳鸣；依赖，闲谈，惊恐，精、深。

卿 qīng：会意，甲骨文字形像二人向食之形，本义为飨食；官名，对人敬称。

柳 liǔ：木名，枝条柔韧，种类很多，常见的有垂柳、旱柳、杞柳等。

拓展：

啣 㘊 駠 窷 鄮

皃 貌 藐 邈

（甲骨 金文 说文 邓石如 唐玄宗 王羲之 颜真卿 宋徽宗 米芾 钟繇 欧阳询 梁同书 敦煌 孙过庭 张瑞图）

（籀文 古文 说文 颜真卿 董其昌 赵孟頫 文徵明 王羲之 智永 简帛 说文 赵孟頫 王铎 于右任）（金文 李阳冰

欧阳询 张瑞图 欧阳询 王羲之 王羲之 索靖 简帛 说文 赵孟頫）（李阳冰 王羲之 王羲之 赵孟頫 祝永明 傅山）

辨析：

皃字本从白从人，隶定从儿或从八，行草书为快写。貌字有从“皃、皀、皀、贝、页”等多种异体字的写法，各体均见；藐和邈两个字从貌，各体均从貌的变化。皃与兒 ér（儿）草书区别：兒上边从臼，草法可用三个点表示，见兒页。

皃（皀 mào）：《说文》曰，皃，颂仪也，从人，白面，像人面形，籀文皃从豹省，省作貌，皃乃貌的异体字，籀作貌或作貇；与皃互为异体字。

貌（皃貇（下同）mào）：形声，从豹省皃声，本作皃，从人白，像人面形，儿，古文的人字，本义为面容、相貌、容貌。

藐 miǎo：形声，从艸貌声，本义是小、幼稚；孤独的；通邈，远；通眇，轻视。

邈 miǎo：形声，从辵貌声，本义为距离遥远；超越、胜过；凌驾；用同貌，描绘、摹写；通藐。

拓展：

皃 猊 皃 皃　　P26.6 图貌乖舛点画湮讹

冒 勖 媢 瑁 帽

（秦简 秦简 金文 金文 金文 巫咸 楚简 古文 说文 北齐人 钟繇 王羲之 王僧虔 欧阳询 颜真卿

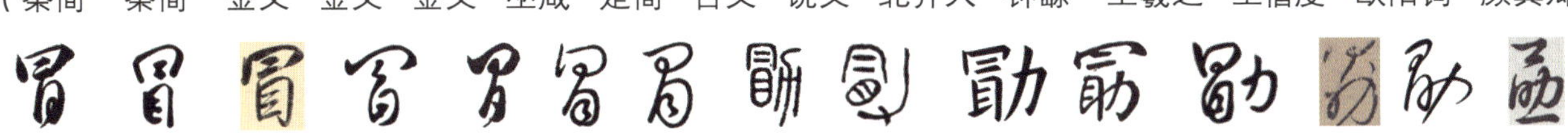

王羲之 米芾 赵孟頫 王羲之 米芾 赵构 赵构）（说文 林时九 欧阳询 颜真卿 王羲之 怀素 李洤 辨体）

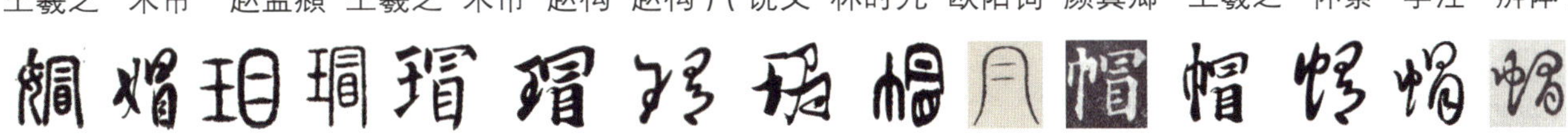

（说文 米芾）（古文 说文 柳公权 王羲之 王羲之 张瑞图）（金文 汗简 颜真卿 王羲之 王羲之 傅山 韵会）

辨析：

冒字的篆书形态差异较大，隶楷稳定为从冃从目，草书，上边的冃可以省略左竖，或参照“口日”在上边的草书写法，写“倒三角”，目则快写或借“月”字的草书写法。勖字可以分化出助字，草书为快写或借“助”字的草书，将下边的横拉长。

冒 mào：会意，从冃从目，小篆字形上为帽子，下边是眼睛，本义是帽子；贪求，不知满足地追求；盖蒙，不顾；顶着，向外透、往上升，假冒，侵犯、违犯，蒙受、承受，冒失、冒昧；通媢，嫉妒；通懋，勉励。

勖 xù：勉力、勉励。

媢 mào：夫妒妇也，从女冒声，憎恨、嫉妒。

瑁 mào：古代天子接见诸侯所执的玉。

帽 mào：形声，从巾，冒声，帽子，戴帽。

拓展：

萺 涃 毷 瑁 瞀 艒 蝐 賵

没 蓂

（甲骨 金文 金文 简帛 说文 隶辨 金文 衡方碑 简帛 唐玄宗 隶辨 智永 王羲之 欧阳询 柳公权

颜真卿 颜真卿 颜真卿 王羲之 褚遂良 赵孟頫 董其昌 皇象 张芝 王羲之 张旭 颜真卿）（篆字汇 楷书）

辨析：

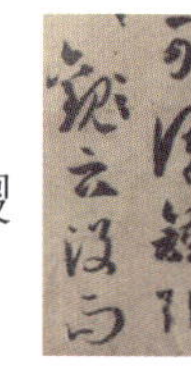

“没”字的篆书字形从囘，楷化后从殳，属于相似结构的借用，草书即由此草化，殳的草书一般有快写、反文、竖折几种，参照殳页。可拓展。

没（㳄沒 méi /mò）：会意，从㚏，表示入水有所取，本义为沉没水中，㚏从囘（古文回）从又，从囘（回）的字还有“亘、宣”（见其页）及“亘 㚏 廻 奞 亶 溭 洄 狪 眮 栢 洄 烜 瑅 嫂 揎 絙 瑄 艑 狪 貆 趄 顋 鮰 檣 鼺”等。

蓂 mò：一种中药草。

拓展：

泆 蝃 滃　　P3.2 钟张云没

眉 媚 郿 嵋 楣 湄 鹛 猸

（甲骨 甲骨 金文 金文 金文 说文 澄清堂 文徵明 颜真卿 王羲之 米芾 赵孟頫）（甲骨 金文 金文 简帛

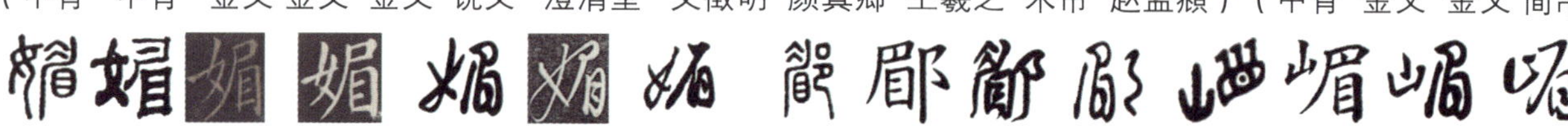

说文 钱泳 王羲之 颜真卿 王羲之 康里巎 祝枝山）（说文 欧阳询 王铎 王羲之）（金文 虞世南 王羲之 于右任）

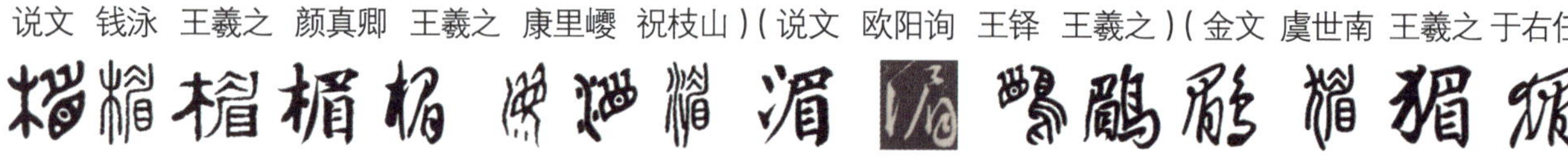

（金文 说文 伊立勋 智永 孙过庭）（甲骨 金文 说文 柳公权 文徵明）（金文 王铎 毛泽东）（粗篆 赵孟頫 毛泽东）

辨析：

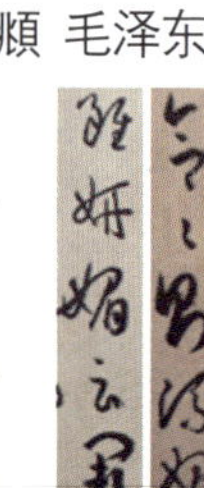

眉字象形，目上毛形，楷书一般写“尸加内丨（短竖）”，草书写法可以将尸内的短竖与目字连起来写，个别也有写厂的（祝枝山、于右任），目字草法，内部草化为一点或两点均可。

眉（㮧 méi）：象形，甲骨文、小篆字形像目上毛形，本义是眉毛；古人认为眉毛长表示长寿，故有“眉寿”一词，即长寿的意思；因为眉毛位于面部上端，所以“眉”也指某些事物的上部，如书页上方的空白叫“书眉”。

媚 mèi：形声，从女眉声，眉也有示意作用，表示以目媚人，本义是爱、喜爱；逢迎取悦；姿态可爱，侧重于婀娜多姿，逗人爱。

郿 méi：古地名，春秋周邑，在今陕西省眉县东北，也作眉县；春秋鲁邑，在今山东省东平县境。

嵋 méi：峨嵋，山名，在四川，也作峨眉。

楣 méi：形声，从木眉声，本义是屋檐口椽端的横板。

湄 méi：形声，从水眉声，岸边，水与草交接的地方。

鹛（鶥 méi）：画眉亚科各类鸟的通称，叫声婉转好听，羽毛棕褐色，嘴尖，尾巴长。

猸 méi：即猸子、鼬獾的别称，亦称山獾、白猸，一种哺乳动物，毛灰黄色，毛皮珍贵。

拓展：

堳 葿 煝 瑂 睸 镅 篃 蝞 鎇　　P23.3 合则流媚　P47.6 虽（雖）妍媚云阙

美 羹 镁 渼 媄

（甲骨 说文 邓石如 西狭颂 欧阳询 颜真卿 简书 张芝 王羲之 孙过庭 怀素 董其昌 邓文原）

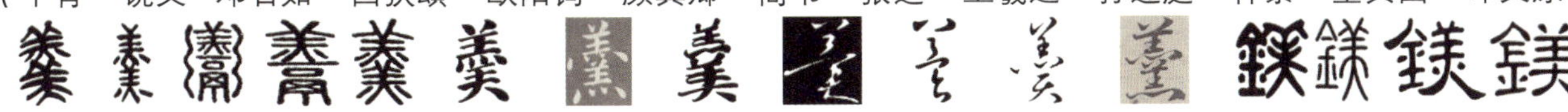

（简帛 秦简 说文 说文 说文 颜真卿 赵孟頫 王羲之 王羲之 王羲之 赵孟頫 邓文原）（金文 细篆 曹全碑 佚名

王羲之 颜真卿 黄庭坚 王羲之 毛泽东）（篆字汇 永瑆 祝允明 徐渭 王铎）（楚简 楚简 楚简 说文 吴昌硕 楷书）

辨析：

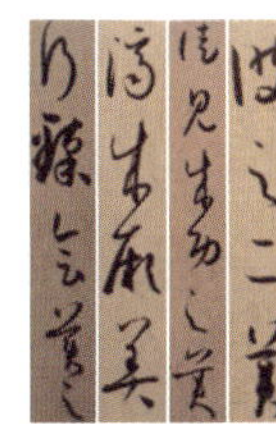

美字从羊从大，其草书为“羊＋大”。可拓展。

美 měi：会意，古字形从羊从大，古人以羊为主要副食品，肥壮的羊吃起来味很美，本义是味美。

羹 gēng：从羔从美，古人的肉食主要是羊肉，所以用羔和美会意，表示肉的味道鲜美，用肉或菜调和五味做成的带汁的食物，《说文》曰五味和羹。按：上古的“羹”，一般是指带汁的肉，而不是汤“羹”，表示汤的意思则是中古以后的事情；异体字有从二弓从鬲的写法等等。

镁（鎂 měi）：系一种银白色光泽的、有延展性的二价金属元素，主要通过电解含氯化镁的熔融盐或热还原氧化镁方法制取，元素符号 Mg。

渼 měi：水的波纹。

媄 měi：从女从美，色美也，颜色好。

拓展：

嵄 渼 躾 嵄　P6.4 彼之二美　P17.4 成功之美　P21.5 济成厥美　P46.1 行臻会美之方

门1：门 闻 问 闯 阔 阅 阄 阉

（甲骨 金文 说文 钟繇 王羲之 智永）（甲骨 甲骨 金文 楚简 楼兰簡 说文 欧阳询 颜真卿 赵孟頫

张芝 王羲之 王献之）（说文 钟繇 索靖 王献之）（说文 赵孟頫 赵构）（金文 简帛 说文 颜真卿 米芾 王铎 董其昌）

（说文 颜真卿 索靖 王羲之）（甲骨 说文 金刚经 金文 曹全碑 王羲之 王羲之 王铎）（说文 王羲之 王羲之 章草）

辨析：

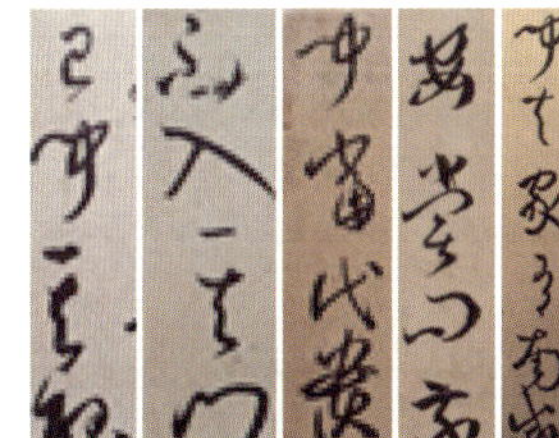

门字的结构稳定，草书有快写、横加竖弯，两点加竖弯等写法。本页给出了闻字的各种草书写法，闻字里的耳字笔画，出和不出门字框，均见，孙过庭书谱八次采用张芝、王羲之出头的写法，是一种快写的结果而被后人采用。拓展的很多字，其各体写法亦可以作为字根使用。阄字本从鬥，参见“鬥”页。

门（門 mén）：象形，甲骨文字形像门形，本义是双扇门，门。

闻（聞 wén）：形声，从耳门声，听到。

问（問 wèn）：形声，从口门声，问，询问。

闯（闖 chuǎng）：会意，从马从门，猛冲，突然直入。

阔（闊 濶 kuò）：形声，从门活声，阔大，很开阔。

阅（閱 yuè）：形声，从门说省声，像在门里清点东西，本义是在门内考察、计算事物。

阄（鬮 jiū）：斗（鬥）取也，写上字或画上记号的小纸团，供赌胜负或决定事情时抓取。

阉（閹 yān）：会意，从门从奄，奄亦声，本义是被阉割的人，古代常用来看守宫门；特指宦官。

拓展：

门 闬 闭 闳 闶 钔 闸 闹 闼 闸 阃 阄 阋 阊 阒 阕 阆 阘 阑

P23.2 不入其门　P7.4 安尝问敬　P27.4 闻当代遗迹　P53.5 闻夫家有南威之容　P44.6 已闻其醜

M

门2：闩 闲 间(閒) 闽 阀 闾 闺 闱 闿 阚

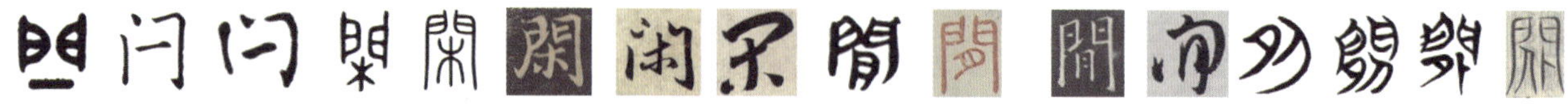

（金文 王羲之 章草）（金文 说文 王羲之 赵孟頫 智永）（秦简 石韵府 欧阳询 白蕉 楚简 楚简 楚简 说文）

（说文 颜真卿 章草）（说文 王羲之 王羲之 章草）（甲骨 简帛 说文 董美人 皇象 王羲之）（说文 姜夔 韵会）

（说文 魏碑 王羲之 王羲之）（说文 王闿运 柳公权 王羲之 文徵明）（金文 说文 欧阳询 欧阳询 王铎 章草）

辨析：

门字拓展的字，所涉字根可参见相关页。閒和间字，互为异体字，篆书即有异体同形的情况。

闩（閂 shuān）：指事，从门，“一”像门闩形，本义是门上的横插。

闲（閑閒 xián）：会意，从门中有木，本义为栅栏。

间（閒 xián）：闲暇，无正事，闲置；jiān/jiàn，同间；异体字从门＋外/仆/日。

闽（閩 mǐn）：形声，从虫门声，本义为古种族名，生活在浙江南部和福建一带，后因称福建为闽；五代十国之一。

阀（閥 fá）：形声，从门伐声，本义是阀阅，即仕宦人家自序功状而竖立在门外左边的柱子；功劳，阀门，名门巨室，仕宦人家。

闾（閭 lú）：形声，从门吕声，本义为里巷的大门。

闺（閨 guī）：形声，从门，圭声，上圆下方的小门，小门。

闱（闈 wéi）：形声，从门，韦声，本义是古代宫室、宗庙的旁侧小门。

闿（闓 kǎi）：形声，从门豈声，本义为开门、开。

阚（闞 kàn）：望，探望、看望；古地名，在今山东省汶上县。

M

门3：1 间 涧 简 2 闷 焖 3 闭 4 闪 5 闰 润 6 闫 阎

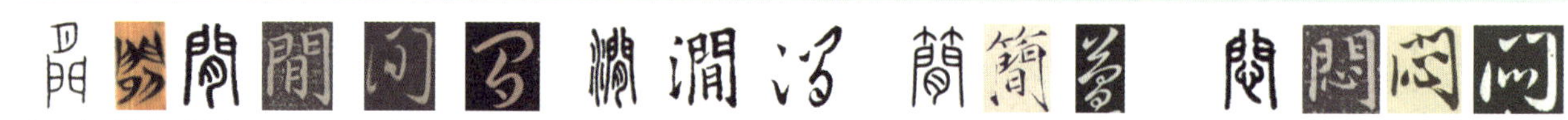

1（金文 楚简 说文 王羲之 王献之 王羲之）（说文 欧阳询 王羲之）（说文 赵佶 王羲之）2（说文 赵孟頫 唐寅 王献之）

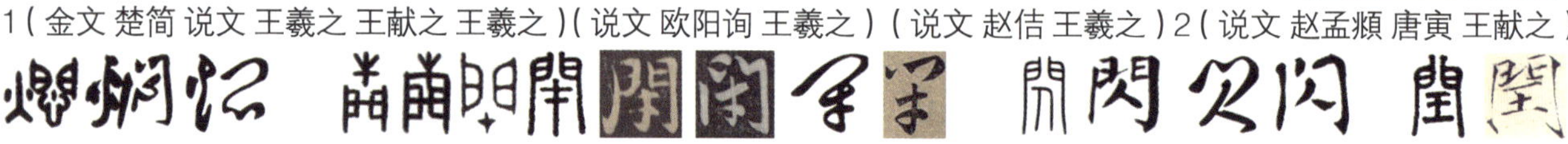

（金文 王铎 王羲之）3（甲骨 甲骨 金文 说文 王羲之 赵孟頫 王羲之 王铎）4（说文 颜真卿 王羲之 章草）5（说文 宋徽宗

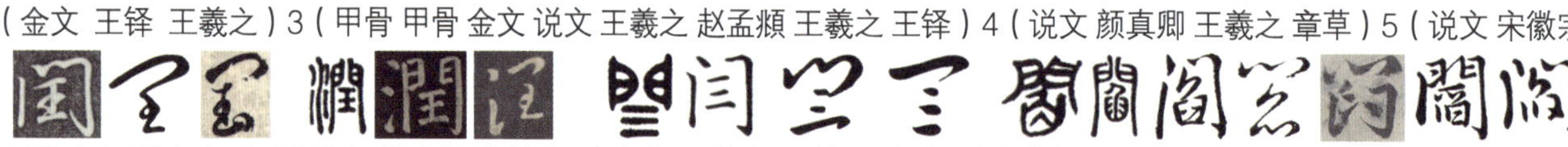

王羲之 王羲之 智永）（说文 颜真卿 曹植）6（金文 王羲之 王羲之 张瑞图）（简帛 说文 王铎 韵会 邓文原 赵孟頫 章草）

辨析：

本页列出的字，可以互相参照。作为字根，其中一些字亦可拓展。间和閒，互为异体字，篆书即有异体同型的情况。

间（閒閑 jiān）：间是后起字，本字作閒，金文，从门从月，《说文》注：“开门月入，门有缝而月光可入。”本义为门缝。

涧（澗 jiàn）：夹在两山间的水沟。

简（簡 jiǎn）：竹简。

闷（悶 mèn）：从心门声，本义为烦闷、愤懑。

焖（燜 mèn）：紧盖锅盖，用微火把饭菜煮熟。

闭（閉 bì）：会意，从门从才，“才”是用来闭门的东西，关门，把门合闭起来。闭也是用门栓将门插起来，其异体字写法有从“干下牛午卞大才”等多种写法，行草书一般写“才”字。

闪（閃 shǎn）：会意，从人在门中，本义为自门内偷看。

闰（閏 rùn）：会意，从“王在门中”，古代天子每年冬季以明年朔政分赐诸侯，诸侯于月初祭庙受朔政称为“告朔”；据《说文》段注，举行“告朔”之礼时，王通常居于明堂，但逢闰月，则居于路寝门，所以“从王在门中”。本义为余数；副，偏，伪，对“正”而言。

润（潤 rùn）：形声，从水闰声，本义为雨水下流，滋润万物。

闫（閆 yán）：曾作阎字的简化字，后停用。

阎（閻 yán）：里巷的门，亦指里巷；阎罗、阎王、阎罗王，主宰地狱。

拓展：

1. 涧 简 娴 裥 锏　2. 焖　3. 蔺 膶　4.（无拓展）5. 润　6 –7.（无拓展）

P 12.5 一画之间

门4：们 扪 阊 阖 阁（閣）阑 阛 阗

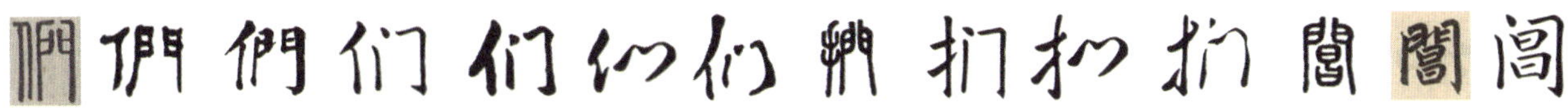

（说文 衡方碑 颜真卿 王羲之 黄庭坚 王羲之 章草）（说文 欧阳询 王羲之 于右任）（说文 赵孟頫 王羲之

王羲之 章草）（说文 赵孟頫 颜真卿 王羲之 章草）（说文 张迁碑 宋徽宗 索靖 王羲之 说文 曹全碑 王铎）

（甲骨 金文 金文 简帛 秦简 说文 赵孟頫 唐寅 毛泽东）（广义 赵孟頫 欧阳询 王铎）（说文 柳公权 章草）

辨析：

上面列出的字，可以互相参照。作为字根，其中一些字亦可拓展。阑有异体字从东从柬的写法，各体累见，可参见阑页。

们（們 men）：用在代词或指人的名词后面，表示复数，名词前有数量词时，后面不加们，例如不说三个孩子们；么的变音字。

扪（捫 mén）：形声，从手门声，本义是执持。

阊阖（閶闔 chāng hé）：神话传说中的天门，宫门。

阁（閣 gé）：形声，从门各声，古代放在门上用来防止门自合的长木桩，门限；一种架空的小楼房；藏书的地方；特指女子的卧房。

阑（闌 lán）：形声，从门柬声，本义是门前的栅栏。

阛（闤 huán）：市垣，环绕市区的墙，市区。

阗（闐 tián）：形声，从门真声，本义为盛、大，也作阗阗。

门5：阌 阈 阇 阕 阂 訚 阙 闵 阆 阐 阏

（汉印 王羲之 章草）（说文 魏碑 王羲之 章草）（说文 褚遂良 赵孟頫 朱耷）（金文 说文 石韵府 王铎 章草）

（说文 王羲之 王铎 王羲之 孙过庭）（说文 何绍基 赵孟頫）（说文 史晨碑 卫瓘）（金文 说文 褚遂良 章草）

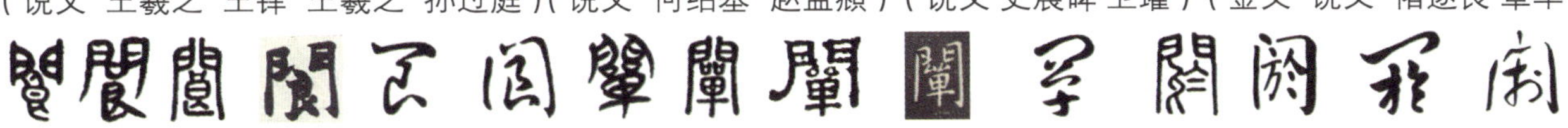

（金文 简帛 说文 赵之谦 王羲之 章草）（简帛 说文 张表碑 虞世南 王羲之）（说文 颜真卿 王羲之 于右任）

辨析：

本页列出的字，可以互相参照。作为字根，其中一些字亦可拓展。

阌（閿閺 wén）：地名用字，阌乡，地名，在中国河南省灵宝县。

阈（閾 yù）：门槛，门限；界限；立不中门，行不履阈。

阇（闍 dū）：城门上的台；shé，梵文音译字，佛家语，如阇王。

阕（闋 què）：形声，从门癸声，本义是祭事结束而闭门，引申为止息，终了；乐曲，乐终，空隙。

阂（閡 hé）：形声，从门亥声，从门外关门；阻隔、不畅通、妨碍；止，限制。

訚（誾 yín）：中正，和悦；訚訚衎衎（中正和悦的样子）又称訚訚侃侃，訚訚恻恻（和悦恳切的样子）。

阙（闕 quē）：缺点；错误；豁口，空缺；指待补的官额；quē，削减、毁坏；欠，应给而不给；通掘，挖。

闵（閔 mǐn）：形声，从门文声，本义为吊唁；同悯，怜恤，哀怜；勉，忧虑。

阆（閬 làng）：门高大，空旷；隍，无水的城壕。

阐（闡 chǎn）：形声，从门单声，本义是开、打开；开辟、开拓；讲明白，发扬，发展与提倡。

阏（閼 è）：阻塞，遏止、抑制，门扇、闸板；yān，阏氏，汉代匈奴称君主的正妻。

冡 蒙 矇 朦 獴 濛 檬 懞

（说文 简帛 王羲之）（金文 中山壶 石韵府 说文 钟繇 皇象 王羲之 王羲之 孙过庭 怀素 赵孟頫）

（说文 欧阳询 颜真卿 孙中山 于右任）（金文 简帛 说文 褚遂良 王羲之 王羲之 王铎）（欧阳询 王铎 任政）

（金文 说文 伊秉绶 赵孟頫 王濛 王濛 王宠）（金文 曹全碑 柳公权 李洤 章草）（沈尹默 王羲之 于右任）

辨析：

冡从豕，行草书为快写，其中豕字左右的笔画可以草化为三点或两点。可拓展。

冡 měng：覆也，从豕。

蒙（矇 mēng）：形声，从艸冡声，本义为草名；遮蔽、覆盖；迷茫；欺骗，隐瞒；承继，继承；蒙受；敬词；又如。

矇 méng：目有眸无珠子。

朦 méng：形声，从月蒙声，月不明。

獴 méng：哺乳动物的一属，头小吻尖，身长脚短耳小。

濛 méng：下着小雨的样子，笼罩。

檬 méng：古树木，似槐叶黄；柠檬。

懞 méng：厚道朴实；古同懵。

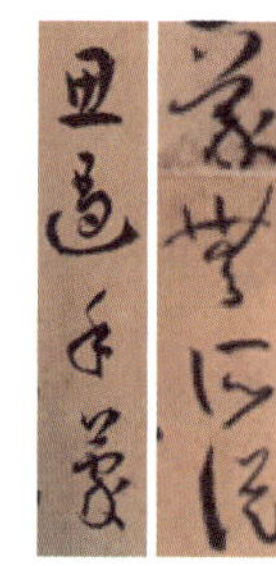

拓展：

矇 幪 㠓 擝 氋 朦 礞 鹲 [illegible] 艨 蠓 醿 霿 饛 饛 [illegible] [illegible] [illegible] [illegible]

P25.2 思遏手蒙 P25.3 蒙无所从

梦（寣 夢）

1 甲骨 甲骨 甲骨 金文 楚简 汗简 说文 欧阳询 欧阳通 王铎 2 楚简 简帛 说文 欧阳询 颜真卿 柳公权 赵孟頫

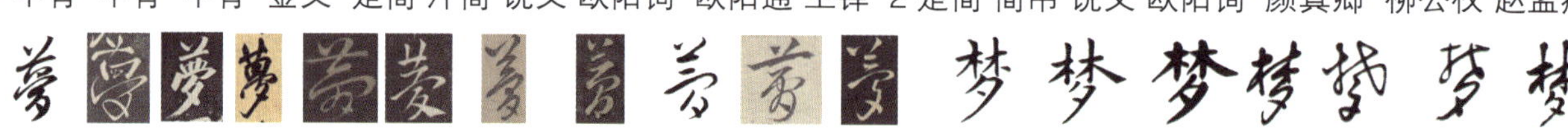

王羲之 李白 米芾 王铎 史游 索靖 王羲之 王羲之 赵炅 邓文原 王铎 3 王羲之 欧阳询 颜真卿 邓拓 王羲之 于右任 章草

辨析：

梦字有异体字寣和夢，楷行草累见。其中“梦”字的草书为快写；“夢”字的草书，“艹”用草字头的草书写法，“目”字草化为一横，其余部件为快写；寣字的篆隶楷行都有，未见前人的草书写法，可参照相关部件的草书写出，可拓展。

梦（寣夢 mèng）：会意，小篆字形，由“宀”（房子）、“爿”（床）、“夢”（眉毛、眼睛、房子、夜晚）四字合成，意为夜间在房子里睡觉，眉毛在动，即作梦。“夢”由“艹”（眉毛讹变）、“目”（眼睛）、“冖”（房子）、“夕”（人的讹变，可以理解为夜晚）四字会意，本义是睡眠中的幻象。

拓展：

儚 鄸 [illegible] 懜 [illegible] [illegible] 寣 [illegible]

米 1：米 咪 迷 谜 眯 料 籽 粑

（仓颉 甲骨 金文 石韵府 说文 曹全碑 钟繇 欧阳询 颜真卿 王羲之 米芾 赵孟頫 董其昌 邓文原 皇象

怀素 李淦 王铎）（金文 粗篆 颜真卿 王羲之）（金文 盟书 楚简 说文 好太王 赵佶 皇象）（说文 简帛 颜真卿 王铎）

（说文 柳公权 王羲之）（古文 简帛 说文 智永 王羲之 王羲之）（金文 虞世南 王羲之）（金文 褚遂良 王羲之）

辨析：

米字的字形稳定，草书一种是快写，一种是书写顺序改变，先写上边两点再写竖画，下边的撇捺草化为两个有撇捺趋势的短画。可拓展。注意：继和断字，篆隶从“㡭”而非从米，因此草书还可不按米字的草书去写。匊娄奥类粦氣肅继粪等字从米，见相关页。

米 mǐ：象形，甲骨文字形像米粒琐碎纵横之状，为谷物和其他植物子实去壳后的子实。

咪 mī：猫叫声，亦为呼猫声。

迷 mí：形声，从辵（chuò）米声，本义为迷路、分辨不清。

谜（謎詸 mí）：会意兼形声，从言迷声，本义是谜语；没有弄清楚的事物。

眯 mī：眼皮微微合拢，小睡；mí，尘土入眼，不能睁开看东西。

料 liào：会意，从斗从米，表示用斗量米，本义为称量；估量、揣度、料想，选择、挑选，丢、撂，敌、对付；材料、原料、草料。

籽 zǐ：某些植物所结的种子。

粑 bā：饼类食物，糖粑、糍粑；紧紧贴在…上。

拓展：

侎 冞 粁 粇 粠 条 宩 洣 粍 粎 敉 籺 籾 籿 籸 粁 粂 粊 粊 粎 粃 粄 粅 粆 粇 粈 粌
粡 粍 粣 粖 粚 粔 粌 眯 匋　　P18.1 习草将迷

米 2：粗 粮 粥 粉 粕 粹 粘 粽 籼 粒 糊 精

（说文 钟繇 王羲之）（金文 楚简 说文 颜真卿 韵会 六书统 赵佶 智永）（金文 简帛 欧阳询 王铎）（说文 褚遂良

皇象）（说文 唐玄宗 智永 王羲之）（王文元墓 文徵明）（六书通 赵孟頫 唐寅 王羲之）（说文 篆字汇 颜真卿 李淦）

（粗篆 赵孟頫 王铎 章草）（说文 颜真卿 赵孟頫 于右任）（篆字汇 智永 章草）（说文 欧阳询 索靖 王羲之 蔡襄）

辨析：

粗从且，参见且页，有从二三鹿的异体字，参见鹿页。粋乃粹的异体字，各体亦可从卒。

粗（麤 cū）：形声，从米且声，本义是糙米；大而厚，鲁莽、不文雅，不精致、不细腻，刚、才。

粮（糧 liáng）：形声，从米量声，旅行用的干粮，行军作战用的军粮，引申指谷类，粮食。

粥 zhōu：用米面等食物煮成的半流质食品；像粥的东西；柔弱的样子，粥粥；yù，古同育，生养，养育；古同鬻，卖；嫁出。

粉 fěn：米细末，亦指谷类、豆类作物子实的细末。

粕 pò：酒滓。

粹 cuì：纯也，精微也，古同粹。

粘（黏 nián）：形声，从米占声，本义为具有粘性。

粽（糉 zòng）：粽子。

籼 xiān：籼稻，水稻的一种，米粒细而长。

粒 lì：成颗的东西，细小的固体；量词。

糊 hū：形声，从米胡声，本义同餬，稠粥；不清楚，不明事理；hù，敷衍，蒙混。

精 jīng：形声，从米青声，本义为挑选过的好米，上等细米；精气，精神、精力，细致、精密，纯洁、纯净，精诚、专一，精通，甚、很；精液。

拓展：

恂 狥 粁 粜 籽 粘 粟 偻 娴 掬 断 洶 渊 畨 粗 粇 粚 粝 粣 菊 卤 侎 冞 粁 粇 粠 条 宩 洣 粍 粎
敉 籺 籾 籿 籸 粁 粂 粊 粊 粎 粃

米3：粜 籴 粳 粱 粲 糜 麋

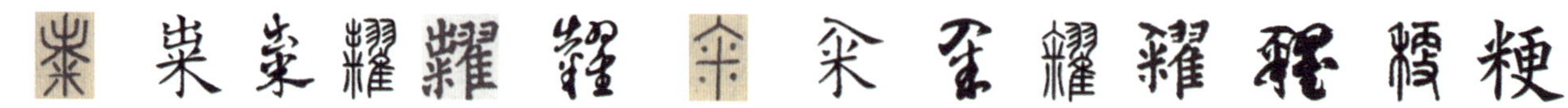

（六书通 王羲之 章草 说文 颜真卿 王羲之）（六书通 王羲之 王羲之 说文 颜真卿 徐伯清）（说文 欧阳询

王羲之 章草）（金文 金文 金文 说文 褚遂良 王羲之 王羲之）（简帛 说文 何绍基 欧阳询 赵孟頫 王羲之）

（说文 伊秉绶 欧阳询 章草）（甲骨 甲骨 甲骨 甲骨 石鼓文 说文 柳公权 赵孟頫 皇象 王羲之 邓文原）

辨析：

粜籴两字，有从翟的异体字，各体均见。麋字的甲骨文从眉，隶定从鹿。

粜（糶 tiào）：卖粮食，粜粮食、粜米、粜谷。

籴（糴 dí）：形声，从入从米翟声，本义是买进粮食，跟粜相对。

粳 jīng：粳稻，水稻的一类，米粒短而粗。

粱 liáng：形声，从米梁省声，植物名，古代指粟的优良品种，子实也称粱，为细粮。

粲 càn：形声，从米，本义为上等白米；露齿笑；鲜明的样子。

糜 mí：形声，从米麻声，本义是粥；耗、费，粉碎、捣烂，烂、腐败，毁伤。

麋 mí：形声，从鹿米声，它兽无眉，而麋独有，尾大，而有分叉，故甲骨文乃象形耳，本义是兽名，即麋鹿。

拓展：

粄 粅 粆 粇 粗 粊 粌 粍 粎 粏 粐 粔 脒 陶 惆 獀 粋 粜 粰 粘 粟 偻 婳 掬 断 淘 渊 沓 粙 粖 粫 粫 糊 菊 卤 糇 娕 娣 偻 涞 粧 粣 粱 粭 臬 絑 喽 屡 嵝 搂 椈 卤 匏 溇 粞 粟 粠 粡 粢 粤 粥 粦 粧 粨 粩 粫 粬 粭 缕 萎

P 29.2 糜蠹不传

米4：粪（糞）

甲骨 甲骨 甲骨 楚简 汉简 说文 石韵府 娄机 欧阳询 颜真卿 赵孟頫 王羲之 苏轼 米芾 赵孟頫 乾隆

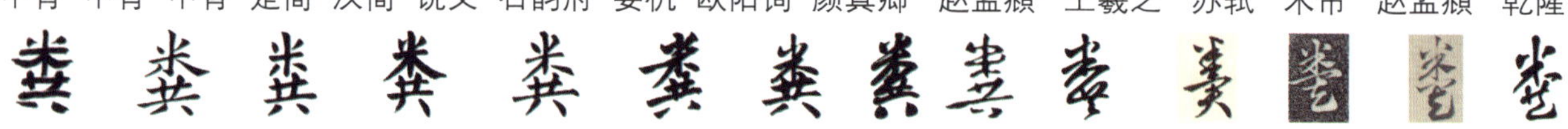

李佛君 王羲之 欧阳询 颜真卿 柳公权 黄庭坚 赵孟頫 王铎 鲁迅 王羲之 文徵明 赵孟頫 邓文原 章草

辨析：

粪（糞）字的异体字较多，草书一般有三，1.“米共粪”：即米和共字的草书。2.“米夫（草书夫）粪”：粪下共字的草书还有一种变种，即共字省略一个短竖后，草化为“米夫（草书夫）粪”。3.“米異（异）粪”：将“糞”分解为米和異（异）两个字，其草书为米和異（异）字的草书合体。

粪（糞 fèn）：会意，小篆字形从釆（矢），合起来表示双手持簸箕清除污秽，本义为扫除；其异体字有“䊩弅糞㚸㷎䉾䉄䵃㷉粪”等40多个。

冖 宜 冠 幂 最 罙 宅

（金文 说文 欧阳询 王羲之 王羲之）（甲骨 简帛 颜真卿 李邕 王宠）（甲骨 金文 楚简 楚简 说文 西峡颂

欧阳询 颜真卿 王羲之 张芝 王献之 怀素 赵孟頫）（金文 通假 汉简 欧阳询 黄庭坚 王铎 张瑞图 章草）

（汉简 说文 娄机 智永 智永 欧阳询 文徵明）（甲骨 彭玉雯 白居易 张即之）（甲骨 金文 说文 智永 王羲之）

辨析：

冖头的字形稳定，草书为“宀头无左畔”，即冖头的草书省略了左边的短竖。冠字草书左让右，即元让寸。冣（寂）为最，草书一般写“寂”的结构，若写“最”，草书为“倒三角加取”。

冖 mì：从一下垂，覆盖。

宜 yí：古同宜。

冠 guān：会意，从冖从元（人头）从寸（手），意思是手拿布帛之类的制品加在人的头上，本义为帽子。

幂 mì：盖东西用的巾。

冣 zuì：古同最；jù，聚积。

罙 mí：深入，副词，表程度，弥，更加；shēn，古同深。

宅 zhái：形声，宅 zhái：形声，从宀乇声，本义为住所、住处。

拓展：

冗 罙 罕 军 冦 冡 冢 冞

宀1：宀 室 客 守 宇 宙 宥 宬 宨

（甲骨 说文 说文 王羲之 王羲之）（甲骨 甲骨 金文 楚简 盟书 欧阳询 颜真卿 柳公权 赵孟頫 皇象 王铎）

（金文 楚简 说文 褚遂良 苏轼 王羲之 颜真卿）（甲骨 金文 张迁碑 赵佶 王羲之 章草）（甲骨 说文 虞世南

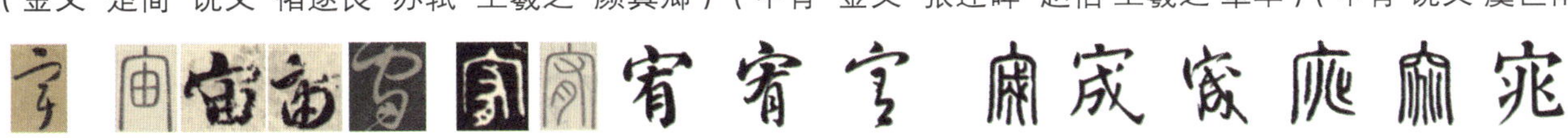

怀素）（说文 智永 智永 怀素）（金文 说文 颜真卿 王羲之 王羲之）（说文 欧阳询 王铎）（说文 汉嘉量 楷书）

辨析：

“宀头无左畔”，本页列示了部分“宀”头的字的各种写法，需注意不同书体的结构变化。可拓展。

宀 mián：交覆深屋也。

室 shì：会意，从宀从至，人到屋中就停止了，内室。

客 kè：形声，从宀表示与家室房屋有关，各声，本义寄居、旅居，住在异国他乡。

守 shǒu：会意，从宀从寸，宀表示房屋，寸是法度，合起来表示掌管法度，本义是官吏的职责、职守。

宇 yǔ：屋边也。

宙 zhòu：形声，从宀由声，宀表示房屋，本义为栋梁；古往今来所有的时间；天空。

宥 yòu：形声，从宀有声，宽也，宽恕。

宬 chéng：古代藏书的屋子；容纳。

宨 tiǎo：轻佻放肆。

拓展：

实 寂 宴 宵 宽 家 案 宿 安 富 宗 官 定 宛 宜 宝 宁 寂 实 宠 宦 宨 宋 宪 宫 宰 窄 宲 害 宷 宸 容 宩 寁 寘 寍 寘 寋 寍 寎 寏

M

宀2：寝 寐 牢 宕 宏 宴

（甲骨 甲骨 金文 简帛 说文 颜真卿 赵孟頫 王羲之 文徵明 章草）（甲骨 金文 说文 赵孟頫 王羲之 智永）

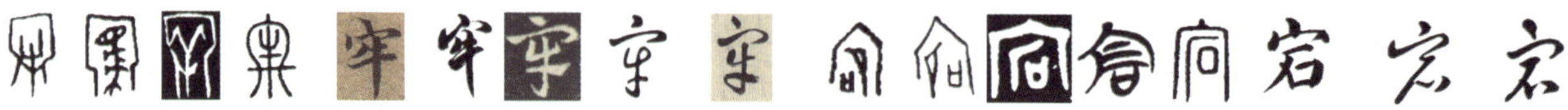

（甲骨 甲骨 甲骨 说文 赵孟頫 米芾 皇象 王羲之 王铎）（甲骨 甲骨 金文 简帛 说文 颜真卿 王羲之 章草）

（金文 金文 说文 颜真卿 王羲之 李洤）（金文 金文 简帛 说文 颜真卿 章草 毛泽东 五经 索靖 智永 赵孟頫）

辨析：

本页列示的字，寝寐牢宏等字，隶楷行字形较为稳定，草书从之。宴字的异体字有宴和讌，书家都有从其结构的写法，应注意辨识。

寝 qǐn：卧也，卧息、睡觉。

寐 mèi：形声，本义为睡着。

牢 láo：关养牛、马及羊等牲畜的圈。

宕 dàng：洞穴、洞屋；坑洼；放纵，不受约束；奔拉着、悬挂，如宽皮宕肉；拖延；引申为空旷或昏暗；引申为流荡、游荡。

宏 hóng：屋子宽大而深。

宴（讌醼 yàn）：聚在一起喝酒吃饭。

宀3：宓 密 嘧 樒 蜜

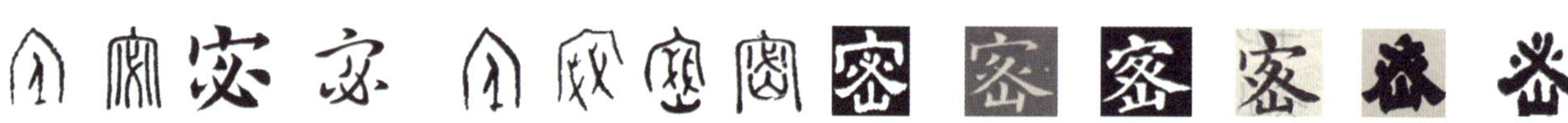

（甲骨 说文 欧阳询 王羲之）（甲骨 甲骨 金文 说文 樊敏碑 欧阳询 颜真卿 赵孟頫 邓石如 丁佛言

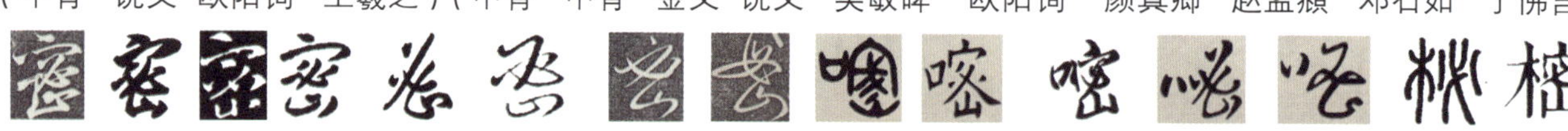

王羲之 智永 索靖 智永 孙过庭 欧阳询 康里巎 宋克）（金文 欧阳询 王羲之 王羲之 于右任）（说文 楷书）

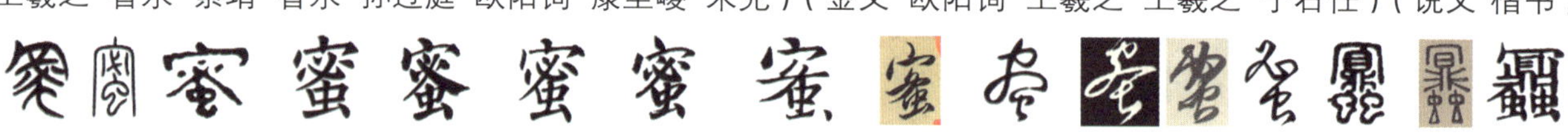

（简帛 说文 金刚经 欧阳询 颜真卿 柳公权 赵孟頫 王羲之 赵孟頫 王羲之 张旭 空海 李洤 说文 广义 楷书）

辨析：

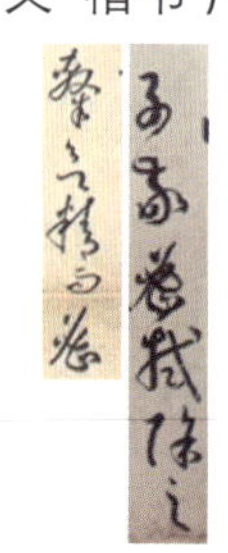

宓从必，隶定字形稳定，可参见必页。宓和密的篆书同源，互为异体字。宓字作为字根，常用字为密和蜜，这两个字的草书，最初是保留宀头的，唐以后的书家则草化掉了宀头，《草诀百韵歌》有“密上不须宀”，邓石如、丁佛言的隶书亦可相互印证。

宓 mì：安静；fú，古同伏，伏羲亦作宓羲；异体字有密和賔。

密（峦 mì）：形声，从山从宓（mì），宓亦声，“宓”与“山”联合起来表示“山中的隐藏处”，本义为山中的隐蔽处、层山叠丘之间的缝隙、小空间、小空地，引申义为重山叠丘、群山掩蔽，再引申义是掩蔽、周严。异体字有“宓、峉、盗、蔤、峦、悘、賔、盗、䌘”。

嘧 mì：嘧啶，有机化合物，无色结晶，有刺激性气味。

樒 mì：古书上说的一种似槐的香木。

蜜 mì：形声，从虫宓声，蜂蜜，蜜蜂采取花液酿成的甜汁；异体字有“蝁、蓋、蛮、蠠、蟁、蠠、蝁”。

拓展：

偣 滵 蔤 搳 嘧 滵 樒 簪 縊 蟚 樒 樒 泌 偣 盗 宻 寗 滵

P9.3 子敬密试除之　P22.6 隶欲精而密密，草贵流而畅

免1：免 勉 娩 挽 晚 浼 冕

（甲骨 甲骨 免尊 简帛 说文 邓石如 伊秉绶 欧阳询 颜真卿 王羲之 米芾）（金文 简帛 简帛 说文 孟孝琚

欧阳询 赵孟頫 皇象 王羲之）（甲骨 金文 金文 楚简 说文 汉简 柳公权 王羲之 王羲之）（金文 安国 颜真卿

山谷 王羲之）（金文 简帛 说文 赵佶 王铎）（金文 说文 王羲之 章草）（甲骨 金文 楚简 简帛 说文 欧阳询 王羲之）

辨析：

免字字形稳定，行草书为快写。可拓展。免与既的草法相似，免字起笔为丿，既字为横；同理逸少的逸字亦有免字结构，故起笔也是丿。

免 miǎn：会意，金文字形下面是“人”，上面像人头上戴帽形，是冠冕的“冕”本字，由于假借为“免除”义，另造“冕”字。

勉 miǎn：形声，从力免声，本义是力所不及而强作。

娩 miǎn：形声，从女免声，本义为生孩子；甲骨文（合 154）为双手辅助分娩，其甲骨字形同冥，亦释为冥。

挽（輓 wǎn）：形声，从手免声，古字从“车”免声，本义是牵引、拉。

晚 wǎn：傍晚、黄昏。

浼 měi：玷污；请托、请求；浼浼，水貌。

冕 miǎn：形声，从冃免声，大夫以上冠也。

拓展：

兔 俛 冸 悗 莬 浼 幌 梚 脕 琬 絻 輓 脕 晚 稅 鲝 絻 嬎 銻 鮸 鞔 嬎 鮸
P39.6 少而可勉

免2：毚 谗（讒） 搀（攙） 馋（嚵） 巉（巉） 纔

（石鼓文 简帛 说文 彭玉雯 吴昌硕）（简帛 说文 吴睿 袁博碑 梁培生 赵孟頫 王羲之 王铎 皇象 王羲之）

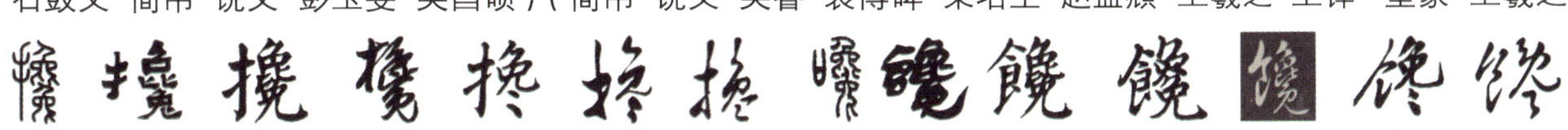

（说文 梁培生 颜真卿 吴昌硕 柳公权 张瑞图 章草）（通假 汉简 颜真卿 赵孟頫 鲜于枢 黄庭坚 王羲之）

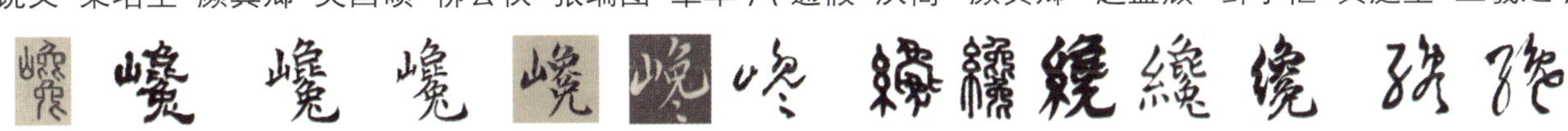

（篆字汇 何绍基 欧阳询 虞世南 赵孟頫 苏轼 祝允明）（金文 说文 汉简 王羲之 赵孟頫 王羲之 王铎）

辨析：

毚字从免，“谗（讒）搀（攙）馋（饞）巉（巉）纔”等字中，上下相近的结构重复使用，这些字的异体字也有上下两个免字的写法，因此，楷行草书都可以将下边的重复部件用简省符号“两个点”代替，楷行草即可写为上下结构的“免二点”。可拓展。

毚 chán：从㲋兔，狡兔也，兔之骏者。

谗（讒 chán）：形声，从言毚声，本义为说别人的坏话。

搀（攙 chān）：本义是扶、牵挽。

馋（嚵饞 chán）：形声，从食毚声，本义为贪嘴、贪食；贪图、贪羡。

巉（chán）：山势高峻，异体字为巉。

纔 cái：帛雀头色，一曰微黑色，如绀；方、始，仅仅。

拓展：

毚 酁 巉 嚵 瀺 嬈 獑 欃 艬 镵

黾 鼍 竈（灶） 蝇 绳

（甲骨 甲骨 甲骨 金文 金文 金文 籀文 说文 西狭颂 柳公权 张增 赵孟頫 王羲之 顾璘 王羲之 韵会 于右任）

（甲骨 金文 金文 说文 王羲之 李邕 黄庭坚 王羲之 王铎 祝枝山）（简帛 说文 说文 颜真卿 王铎 王羲之 王羲之）

（说文 颜真卿 赵孟頫 颜真卿 黄庭坚 王羲之 章草）（说文 欧阳询 赵孟頫 欧阳询 赵孟頫 皇象 孙过庭 李怀琳）

辨析：

黾字有异体字黽（黽，草法参照龟〈兆戴免头龟〉），草书从这两种结构的都有，从黾的草书为快写，少见；从黽的居多，草书写法，下边草化为“兆”。《百韵歌》云“绳蜡（臘见鼠页）达连看”，即绳蜡二字下边的草法都可以写“黾”字的草书“兆”，可互相参照。

黾（黽 měng）：黾，俗黽字，象形，甲骨文字形像蛙形，本义是蛙的一种。

鼍（鼉 tuó）：水虫似蜥蜴，长丈许，从黾单声。

竈（灶 zào）：从火从土，繁体从穴鼀（cù）声，炊爨之处也。

蝇（蠅 yíng）：多指苍蝇，属昆虫类中的双翅类。

绳（繩 shéng）：形声，从糸蝇省声，本义是绳子。

拓展：

1. 黾 鄳 渑 鼋　2. 黽 鼌 僶 鄳 憴 澠 鱦 黿　P52.3 循鉤绳之曲直

M

面 麺 偭 湎 腼（靦） 愐 勔 蝒 靥（靨）

（甲骨 金文 楚简 说文 曹全碑 邓石如 王羲之 欧阳询 颜真卿 宋徽宗 张芝 汉章帝 索靖 王羲之 王献之）

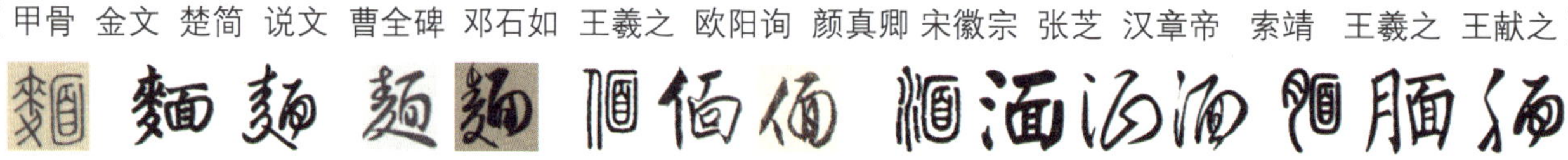

（六书通 赵孟頫 王羲之 王献之 傅山）（说文 米芾 文徵明）（说文 颜真卿 李洤 傅山）（粗篆 柳公权 王羲之

石韵府 颜真卿 王铎）（说文 楷书）（篆字汇 楷书）（说文 彭玉雯 彭玉雯）（说文 董其昌 王羲之 欧阳询 赵构）

辨析：

面字从自囗，隶定字形稳定，草书囗写两笔、中间部件可省一点。须注意面与麺的不同用法。

面 miàn：小篆面字从一从自从囗（wéi），“一+自”表示“鼻子及其附近”，“囗”指“外围”，由此面字表示“人脸”，转义为妇人以谷粉擦脸。

麺 miàn：形声，从麦，丏或面声，本义为麦子磨的面粉。

偭 miǎn：面向；背，违反。

湎 miǎn：形声，从水面声，本义是沉迷于酒；水流貌；紊乱。

腼（靦覥 miǎn）：害羞，不自然。

愐（㤄 miǎn）：勤勉、努力，思念、想。

勔（勉 miǎn）：古同勉，尽力不倦，勉励。

蝒 mián：蚱蝉，一种发声很响的大黑蝉。

靥（靨 yè）：形声，从面厌声，本义为面颊上的微涡；妇女面颊上所涂的妆饰，靥钿。

拓展：

喕 奤 媔 楩 畇 酏 圙 靤 皶 酢 靗 糆　P9.2 孰愈面墙

烕 滅（灭） 搣

（楚简 祖楚文 简帛 说文 吴让之 邹武生）（甲骨 甲骨 简帛 说文 说文 李斯 钟繇 王羲之 颜真卿 宋徽宗

王羲之 王献之 欧阳询 赵雍 赵佶 赵孟頫 王羲之 颜真卿 文徵明 朱耷 章草）（说文 赵孟頫 皇象 邓文原）

辨析：

烕字从戊灭，草书写法是将戊字的起笔“丿”反方向写，内部的“灭”带出戈的“丿”画；烕还有一种从简体的写法。奥（票）从灭，书家一般写票，拓展亦是，见票页。

烕（灭烕滅㓕 miè）：熄灭、灭亡，后作滅。

滅（灭 miè）：形声，从水烕声；甲骨文为用武器灭火形；简化字灭字为截取烕的中下部，被通常附会为会意，本义为消灭、除尽。

搣 miè：手拔，摩。

拓展：

1. 烕： 隇 娍 搣 緎 蔵　灭： 贾 滋 殼 鋑
2. 奥（票熛，参见 P 票，下同） 飄（飘） 瓢（瓢） 剽（剽） 摽 僄 勡 瞟 嘌

民 泯 抿 珉 眠 岷 氓

（甲骨 盂鼎 楚简 清华简 石经 说文 李阳冰 史晨碑 好太王 简文帝 欧阳询 颜真卿 赵孟頫 赵佶

王羲之 谢安 米芾 卫瓘 皇象 王羲之 王献之）（金文 说文 王羲之 王羲之 文徵明）（金文 柳公权 王羲之）

（字略 说文 颜真卿 王铎 王羲之）（篆字汇 赵孟頫 王献之 章草）（说文 智永 王羲之）（简帛 说文 智永 章草）

辨析：

民字的早期字形是“一个十字形的鋭器刺向眼睛”，隶定字形稳定，草书写法，外围部件可以看作是“尸＋提画”，草书写“厂＋提画”，其余部件为快写。可拓展。惽有异体字慁从思，见思。

民 mín：甲骨金文仅从字形上看，民字是“一支十字形的鋭器刺向眼睛”，后引申为人、人类、百姓；《说文》曰：“民乃萌也。古文从母，取蕃育也，上下众多意，指事。”

泯（泯 mǐn）：形声，从水民声，本义为灭，尽。

抿 mǐn：用手抚摸，稍稍合拢，拭，用小刷子沾水或油擦抹或刻意整理（头发）。

珉 mín：像玉的石头。

眠 mián：形声，从目民声，本义是闭上眼睛；睡觉；横卧、平放；蚕眠、冬眠；用药后的中毒反应 。

岷 mín：地名，岷江、岷山。

氓 méng：会意，从民亡声，亡亦有表意作用，指自彼来此之民，本义是外来的百姓；máng，流氓，原指无业游民，后来指品质恶劣、不务正业、为非作歹的人；古代称百姓。

拓展：

泯 刡 呡 圂 垊 姄 怋 苠 弤 敃 昬 罠 碈 珉 笢 緍 詪 跟 帳 鋧 慁 頣 鶥

P31.6 声尘未泯　　P52.2 泯规矩于方圆

皿1：皿 盉 盌 孟 盛 盆 盅 盃 盒 盈

（甲骨 甲骨 甲骨 金文 简帛 说文 欧阳询 王羲之 王羲之 章草）（金文 说文 文徵明）（说文 文徵明）（盟书 说文

欧阳询 皇象 王羲之）（甲骨 金文 楚简 说文 虞世南 王羲之 皇象 王羲之）（简帛 说文 智永 王羲之）（金文

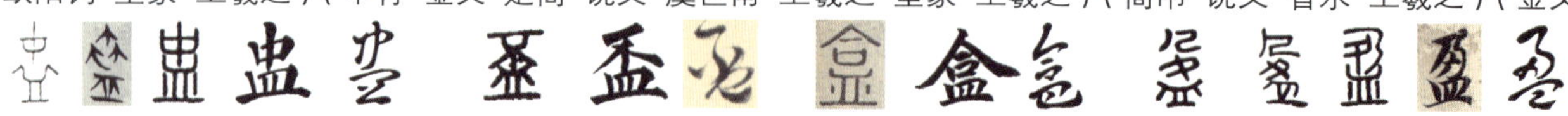

金文 盟书 说文 颜真卿 王羲之）（六书统 柳公权 傅山）（篆字汇 赵孟頫 章草）（石鼓文 秦简 说文 智永 章草）

辨析：

皿字为象形，隶定字形稳定，草书借“卫”形，章草近于“巴”形，也可以写两个相向的点。可拓展。血、盘、昷、盡、益、盟、監（监）等字从皿，见相关页。

皿 mǐn：象形，小篆字形像碗、盆之类的食器，本义为器皿，泛指碗碟杯盘一类饮食用具。

盉 hé：调味，后作和，如调盉（调味）。

盌 wǎn：同碗。

孟 mèng：形声，从子皿声，本义是妾媵生的长子称“孟”，正妻生的长子称“伯”，后来统称为长子。

盛 shèng：形声，从皿成声，本义为盛在祭器中的黍稷；chéng，把东西放进去、用勺舀或运送、容纳、居住、生活、整饬、端正。

盆（瓮 pén）：盛东西或洗涤用的器皿。

盅 zhōng：形声，从皿中声，本义是杯类，没有把的小杯子。

盃 bēi：同杯。

盒 hé：底盖相合的盛器。

盈 yíng：会意，从皿，满器也。

拓展：

盀 盁 盂 盄 盅 盂 昷 盗 盘 盇 盉 盈 盆 盉 盋 盌 监 宝 盔 温 盓 盗 篮 盇 盉 盅 盛 盗 盔 盐 盏 盏 盬 盏 盏 盡 盤 監

皿2：盔 宝 盇 盋 温 盗 盏 盏 盏 蛊 盂 盎（瓮）盐（鹽）

（金文 智永 王羲之 王羲之）（说文 楷书）（说文 楷书）（说文 吴昌硕）（篆字汇 楷书）（甲骨 简帛 说文 欧阳询 米芾

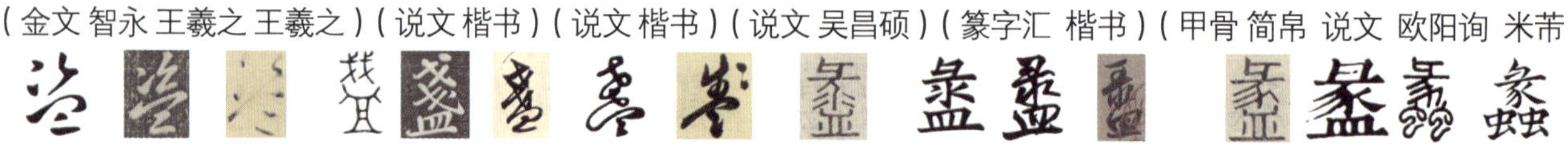

王羲之 褚遂良 高闲）（金文 苏轼 赵孟頫 王羲之 徐渭）（篆字汇 欧阳询 王铎 赵孟頫）（篆字汇 楷书 说文 王羲之

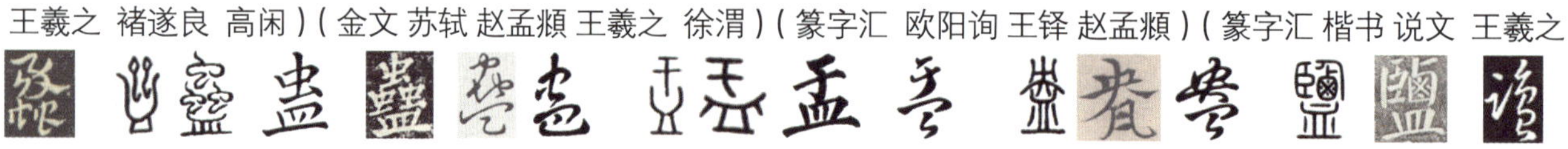

皇象）（甲骨 说文 王羲之 颜真卿 韵会 章草）（甲骨 金文 柳公权 王羲之）（说文 宋克 王羲之）（说文 颜真卿 王羲之）

辨析：

这里列举了部分皿字底的字，其中，盐字的草书可以理解为“讠+两个鸟头（草书）”。

盔 kuī：形声，从皿灰声，本义为钵。

宝 zhù：器也。

盇 yòu：小瓯也。

盋 bō：同钵。

温 fán：梧也，扬子方言，赵魏之间或曰温。

盗（盜 dào）：会意，甲骨文字形的意思是看到人家的器皿就会贪婪地流口涎，存心不善，本义为盗窃、偷东西。

盏（盞醆琖 zhǎn）：形声，从皿戋声，从皿表示与器皿有关，本义为浅而小的杯子。

盝 lù：过滤，干涸、竭，下滴；古同簏，竹箱或小匣。

蠡 lí：以瓢为饮器；古官职；古同蠡，虫蛀木。

蛊（蠱 gǔ）：会意，从虫从皿，本义：是人肚子里的寄生虫。

盂 yú：形声，从皿于声，皿表示器皿，本义为盛饮食或其他液体的圆口器皿。

盎（瓮 àng）：古代的一种盆，腹大口小的瓦盆，充满的、盈溢的。

盐（鹽 yán）：形声，从卤监声，本义是食盐。

拓展：

盖 盀 盁 盄 昷 盗 盘 盇 盉 盈 盆 盉 盌 宝 盔 温 盓 盔 盗 篮 盇 盉 盅 盛 盗 盔 盐 盏 盏 盬 盏 盏 盡 盤 監

皿3：盨 盦 盪 醯 榼 盥 盩 盭 盬 盭 齍 盄

（甲骨 金文 说文 吴彩鸾）（简帛 说文 欧阳询 王羲之）（简帛 说文 李隆基 柳公权 王宠）（金文 说文 颜真卿 王羲之

王羲之 于右任）（篆字汇 彭玉雯）（甲骨 甲骨 甲骨 金文 金文 简帛 说文 汉简 王羲之 王羲之 赵孟頫 王羲之 韵会）

（说文 赵之谦 唐太宗）（金文 说文 黄道周）（说文 楷书）（说文 楷书）（金文 金文 说文 虞世南）（金文 金文 说文 楷书）

辨析：

皿字拓展的字较多，所涉字根参照相关页。

盨（㲉 xǔ）：古代盛食物的青铜制器皿，有盖和两个耳子。

盦 ān：覆盖；古代盛食物的器皿；同庵（多用于人名）。

盪 dàng：同荡。

醯 xī：醋；酰的旧称。

榼 xī：榼木也。

盥 guàn：浇水洗手，泛指洗；洗手器皿。

盩 zhōu：山或水盘曲貌；乖，悖，引击；chóu，诸盩，中国周先公名。

盭 lì：乖戾，通綟，草绿色。

盬 gǔ/què：器也，

盭 jiǎo：从皿漻声，器也。

齍 zī：盛黍稷的祭器，黍稷。

盄 diào：铫子，一种烧水或煮东西的器具，熬煮。

拓展：

醯 盇 鑑 盦 鹽 壜

名 铭 茗 洺 诏 酩

（苍颉 甲骨 甲骨 金文 楚简 简帛 说文 居延简 礼器碑 宝子碑 欧阳询 颜真卿 王羲之 颜真卿

皇象 王羲之 智永 张旭 怀素）（金文 说文 醴泉铭 欧阳询 王羲之 索靖 赵佶）（说文 颜真卿 王宠 王羲之）

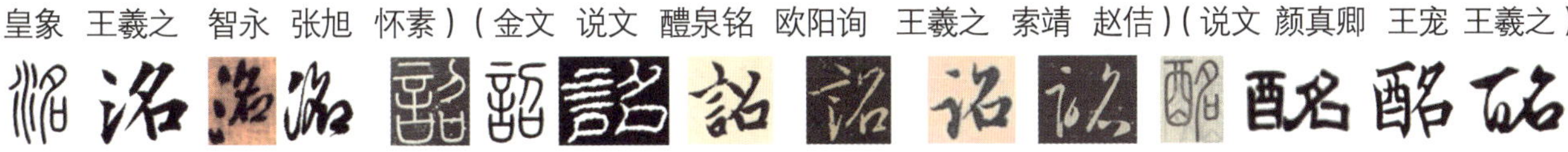

（说文 王羲之 王铎 傅山）（李斯 说文 石门颂 赵孟頫 王羲之 赵孟頫 怀素）（说文 曹全碑 柳公权 文徵明）

辨析：

名字从口夕，字形稳定，草书为快写，口一般草化为两点。可拓展。

名 míng：自命也，从口从夕，夕者冥也，冥不相见，故以口自名。

铭（銘 míng）：形声，从金名声，在钟鼎等器物上雕刻文字。

茗 míng：形声，从艸名声，早采的为茶，晚采的为茗，后泛指茶。

洺 míng：水名，即今河北省南部之洺河。

诏（詔 zhào）：会意兼形声，从言从召，召亦声，本义为告知，告诉。

酩 mǐng：形声，从酉名声，酉与酒有关，大醉的样子；暗地里，暗中，如酩子里（暗中，暗地）。

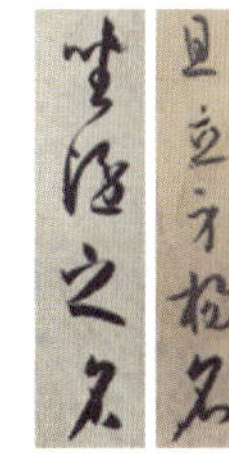

拓展：

佲 姳 眳 銘

P8.2 且立身扬名　P14.4 坐隐之名

明 萌 盟

（甲骨 甲骨 甲骨 甲骨 甲骨 金文 金文 金文 金文 盟书 简帛 说文 赵之谦 乙瑛碑 金刚经 李仲璇 颜真卿

礼器碑 曹全碑 王羲之 智永 欧阳询 颜真卿 柳公权 赵孟頫 宋徽宗 王羲之 颜真卿 皇象 王羲之 张旭）

（甲骨 金文 简帛 说文 王羲之 褚遂良 王羲之 孙过庭）（甲骨 金文 盟书 楚简 说文 赵佶 王羲之 智永 赵孟頫）

辨析：

明字从日月，部件日字有从囧（上行篆隶楷可见）的写法，草书一般从“日月”二字，皇象的章草和王献之的今草将月字的点写在内部，更符合月字的原始字形。可拓展。

明（朙 míng）：会意，篆书以“日、月”发光表示明亮或从月囧（jiǒng），从月，取月之光，从囧，或有从田，取窗牖（yǒu 窗户）之明亮，本义为明亮、清晰明亮，早期宾组甲骨文的日月还有中间无笔画的现象。

萌 méng：形声，从艸明声，本义是草木的芽。

盟 méng：会意，甲骨文字形下面像个盘盂，中间放着牛耳，古代盟会，要割牲歃（shà）血，主盟人手执牛耳，掘穴埋牲，本义是在神前发誓结盟；盟誓、盟约、誓辞。

拓展：

奣 萠 奣 盟 盟 盟 橗 擝 盟 鵬　　P26.1 辄效所明

M

命

金文 金文 盟书 盟书 楚简 楚简 楚简 古文 秦简 说文 好太王 钟繇 欧阳询 颜真卿 柳公权 赵孟頫

王羲之 颜真卿 米芾 宋徽宗 赵孟頫 邓文原 史游 皇象 索靖 王羲之 王羲之 智永 虞世南 怀素 赵孟頫

辨析：

命字从口令，结构稳定，草书写法，口字一般写两点，卩字的竖画一般草化为一个点。

命 mìng：使也，从口从令，令者，发号也。

拓展：

揄 楡 愈

P41.1 五十知命

末未 1：末 妹 沫 秣（餗）抹 袜

（金文 金文 简帛 说文 衡方碑 欧阳询 欧阳询 王羲之 王羲之 王珣 王铎）（通假 文徵明 王羲之）

（金文 简帛 说文 衡方碑 智永 颜真卿 王羲之 王羲之）（简帛 说文 六书通 邓石如 王羲之 欧阳询 王羲之）

篆字汇 柳公权 赵孟頫 王羲之 米芾 米芾 王羲之）（六书通 汉简 赵孟頫 章草 石韵府 王羲之 王铎 王羲之）

辨析：

末和未两个字都从木，区别是上下两横的长短不一样，行草书为快写，草书有牵丝连带。可拓展。

末 mò：指事，金文字形“木”上加一点，指明树木末梢所在处，本义是树梢。

妺 mò：女子人名用字，妺喜，传说中国夏王桀的妃子。

沫 mò：形声，从水末声，沫水。

秣（餗 mò）：形声，从禾末声，本义是喂马的谷饲料。

抹 mǒ：形声，从手末声，涂抹，涂敷，搽，玩；mā，揩，擦；捋、拉、推；mò，轻按，把和好了的泥或灰涂上后弄平，紧挨着绕过，蒙住，弯下，紧贴；紧束。

袜（襪 wà）：穿在脚上的东西，异体字有帓、韈、韤、絉、韈、韤等等。

拓展：

朶 妺 帓 抹 沬 茉 桽 昩 株 炢 眜 怽 眛 眜 硃 秣 袜 粖 絉 餗 靺 韎 鮇 麩 麩 䴲

P2.3 晋末 p17.1 得末行末

末未 2：未 味 昧 眛 抹 寐 魅

（甲骨 金文 简帛 说文 李阳冰 夏承碑 钟繇 王羲之 王羲之）（楚简 秦简 说文 金刚经 好太王 欧阳询 王羲之）

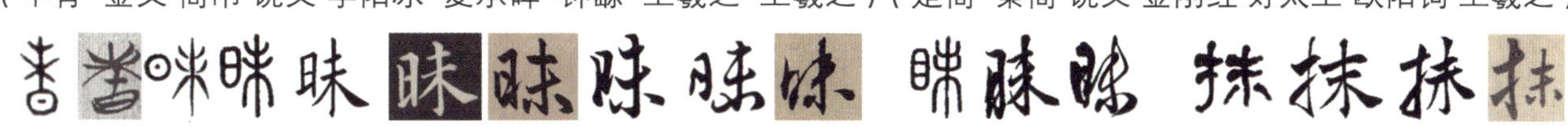

（金文 简帛 石经 说文 欧阳询 颜真卿 赵孟頫 王羲之 王羲之 空海）（说文 李隆基 傅山）（何绍基 褚遂良 黄庭坚 边武）

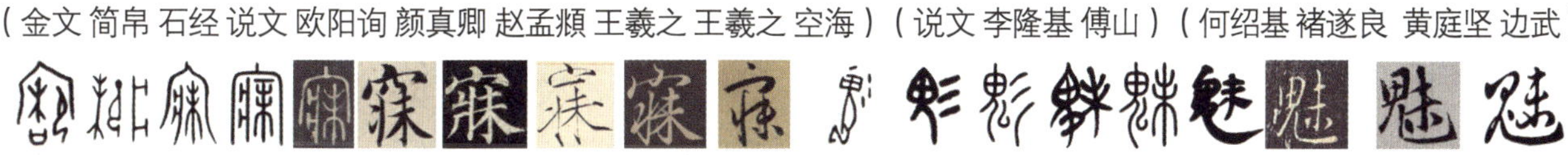

（甲骨 金文 古文 说文 李斯 智永 颜真卿 赵佶 王羲之 怀素）（甲骨 金文 说文 简帛 说文 汉简 褚遂良 赵孟頫 王羲之）

辨析：

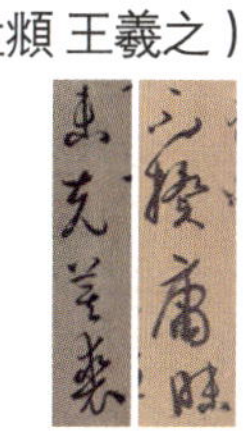

未和末两个字都从木，区别是上下两横的长短不一样，行草书为快写，草书有牵丝连带。可拓展。

未 wèi：木老于未，像木重枝叶，玉篇曰“未犹不也，未有不，即有也”。

味 wèi：形声，从口未声，本义是滋味；品尝，研究、体察。

昧 mèi：形声，从日未声，从日与光线有关，本义是昏暗不明；愚昧、糊涂，掩蔽、欺骗，违背，贪、贪图，冒犯。

眛 mèi：形声，从目未声，本义是目不明。

抹 mèi：摸也。

寐 mèi：形声，本义是睡着；死；静谧无声，如寐寐（默默）。

魅（鬽 mèi）：形声，从鬼未声，本义是迷信传说中的精怪。《説文·鬼部》：“鬽，老精物也，从鬼从彡，彡乃鬼毛也。

拓展：

耒 佅 怽 抹 沬 茉 袜 株 㤄 跊 䏶 默 犛 犂 魅 鮇 默 䴲

P8.6 未克其裘 P26.1 不揆庸昧

牟 侔 哞 眸 蛑 毪

（金文 汉印 说文 曹全碑 好太王 欧阳询 颜真卿 柳公权 赵孟頫 王羲之 黄庭坚 赵孟頫 郑板桥

王羲之 李淦 文徵明 张瑞图 章草）（说文 虞世南 米友仁 王羲之 李淦）（金文 粗篆 欧阳询 王羲之 王羲之）

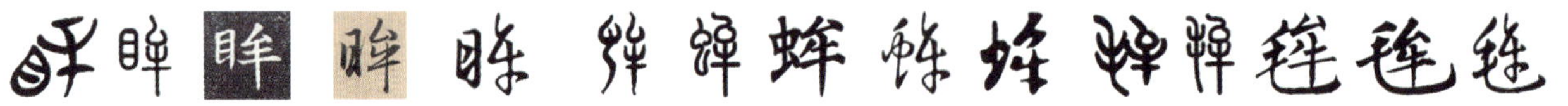

（简帛 说文 董美人 赵孟頫 王羲之）（古文 粗篆 颜真卿 王羲之 米芾）（金文 粗篆 柳公权 黄庭坚 王羲之）

辨析：

牟字从牛从厶，草书写法，厶为快写，牛字的写法则是改变书写顺序，下边的横最后写。孙过庭的侔字可以理解为行书写法。

牟 móu：会意，牛鸣也，小篆从牛从厶，厶像气从口出，本义是牛叫声；mù，牟平，地名。

侔 móu：形声，从人牟声，本义为等同、齐等、相等。

哞 mōu：象声词，牛叫的声音。

眸 móu：眼中瞳人，泛指眼睛。

蛑 móu：同蟊，食苗根的害虫；喻作残酷剥削人民的官吏；蝤蛑，即梭子蟹。

毪 mú：中国西藏出产的一种羊毛织品，即毪子。

拓展：

牨 恈 洠 娝 桙 胨 鉾 鴾 麰

P42.3 岂独工用不侔

1某 谋 媒 煤 2枣（棗）3桼 漆

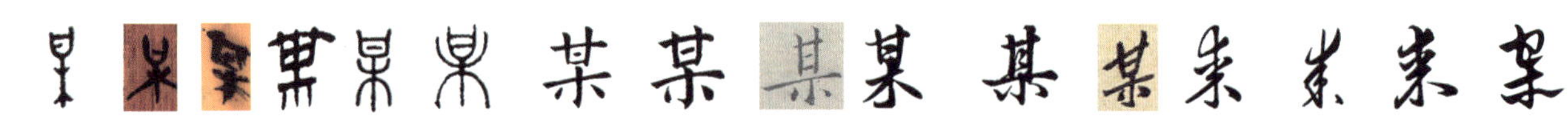

1（金文 楚简 秦简 帛书 说文 邓石如 欧阳询 颜真卿 姜夔 王羲之 赵孟頫 王铎 王羲之 李淦 韩道亨 佚名）

（说文 曹全碑 欧阳询 苏轼 朱熹 皇象 邓文原）（金文 说文 王献之 文徵明 韵会）（金文 曹全碑 王羲之 章草 黎凡）

2（说文 颜真卿 异体字 赵孟頫 王羲之 王羲之）3（说文 异体 赵孟頫 邹武生）（智永 王羲之 异体 王羲之 皇象）（柳公权 王羲之）

辨析：

草书百韵歌“某枣桼来旋”，某、枣和桼字都借“来”字的草法，反起笔；其中，某字从甘，草书从“甘”形的偶见；而枣和桼的异体字从来字结构，枣字有异体字为上下两个“来”，桼字也有异体字上半身从来，因此，草书可借“来”形草法。

1.某 mǒu：酸果也，从木从甘（一说“口一”），本是“梅”的象形，本义为梅。

谋 móu：从言某声，本义为考虑、谋划。

媒 méi：形声，从女某声，本义为婚姻介绍人，媒人。

煤 méi：形声，从火某声，本义是烟尘。

2.枣（棗 zǎo）：从双朿（cì），朿为木芒，枣树多刺。

3.桼 qī：木汁桼，漆树皮内的粘汁可做涂料。

漆（渫 qī）：从水桼声，本义为漆水。

拓展：

1.偞 渫 喋 楪 禖 腜 祼　2.枣　3.膝 榛 麭 膝 髼　4.崃 徕 涞 莱 梾 赉 睐 铼

P32.2 岂有贻谋令嗣道叶义方

母1：母 侮 拇 坶 姆 苺 毒

（甲骨 金文 清华简 说文 肥致碑 曹全碑 欧阳询 颜真卿 赵佶 赵孟頫 王羲之 皇象 怀素 怀素 王铎）

（石韵府 赵孟頫）（金文 楚简 说文 欧阳询 颜真卿 柳公权 米芾 王羲之 章草）（金文 说文 赵孟頫 于右任）

（金文 虞世南 褚遂良 王羲之 王羲之）（说文 楷书）（金文 秦简 说文 欧阳询 王羲之 王羲之 说文 楷书）

辨析：

母字的篆书为象形，隶定字形稳定，草书：1. 写“点+女”，即百韵歌所云“女怀丹是母”是也。2. 草化为“五（草书）二点”。可拓展。

母 mǔ：象形，甲骨文字形像母亲有乳之形，其中有两点者象人乳形，本义是母亲。

侮 wǔ：慢侮之心生，说文曰，侮，古文从母，同侮。

拇 mǔ：形声，从手母声，本义是手大指。

坶 mǔ：地名用字，如桃园市复兴区有阿坶坪；mù，朝歌南七十里地，武王与纣战于坶野。

姆（娒 mǔ）：形声，从女母声，本义是中国古代教育未出嫁女子的妇人；乳母。

苺 méi：植物名，后作莓。

毒（蔛 dú）：会意，从中（像草木初生）毒声，本义为毒草滋生；毒物、毒药，祸患，祸害，罪恶，怨恨、憎恨；通督，治理。

拓展：

𨉖 峔 㟂 呣 䚕 苺 栂 牳 胟 䍙 袌 踇 瑇 鉧 踇　　P 8.3 胜母之里

母2：每 海 侮 悔 诲 梅 晦 莓 霉

（甲骨 甲骨 甲骨 金文 金文 楚简 汉印 侯马盟 说文 衡方碑 欧阳询 王羲之 智永）（说文 敦煌 章帝

王羲之）（金文 金文 细篆 智永 王羲之）（金文 盟书 说文 颜真卿 王羲之）（金文 金文 金文 古文 说文 褚遂良

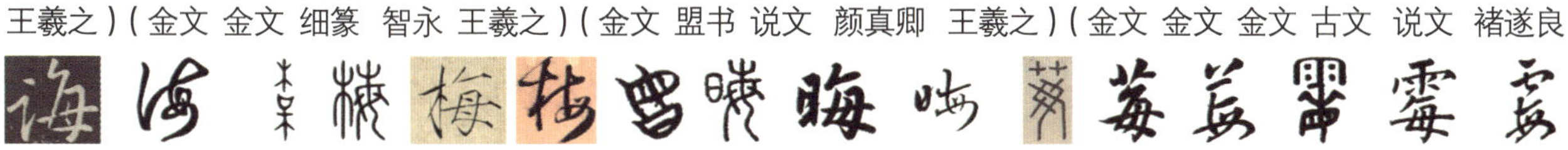

黄庭坚 王羲之）（金文 说文 宋徽宗 王铎）（楚简 说文 赵孟頫 索靖）（广义 智永 章草）（金文 柳公权 章草）

辨析：

每字从母，篆书字形多变，甲骨文从女和从母的字形均见，隶定从母，草化为横加母。可拓展。毓从充，见充页。

每（毐 měi）：形声，从屮（chè）母声，屮为草木初生，本义是草旺盛生长；一说“每”为“母”的异体字；指示代词，指全体中的任何一个或一组（偏重个体之间的共性）；常常，经常，每一次，各个；用在人称代词或名词后，表示复数。

海 hǎi：形声，从水每声，大海、海洋。

侮 wǔ：欺负、轻慢、侮辱（使对方人格或名誉受到损害、蒙受耻辱），侮蔑（轻视、轻蔑）、欺侮，不可侮；古代奴婢的贱称。

悔 huǐ：本义为阴郁心情、不高兴；一般表示懊恼过去做得不对；懊恼、懊丧、恼恨；过失、灾祸，恶运。

诲（誨 huì）：形声，从言每声，本义为教导。

梅 méi：从木每声，楠木；梅树；或从某为楳。

晦 huì：形声，从日每声，本义是阴历每月的最后一天；昏暗，草木凋零，倒霉，掩蔽、隐秘。

莓 méi：苔藓；蔷薇科悬钩子属、蛇莓属植物的泛称，灌木或多年生草本，果实可食；草莓 。

霉 méi：形声，从雨每声，本义为物因生菌而质变。

拓展：

勄 娒 挴 𡍪 焨 珻 脢 晦 痗 䀲 䍙 粖 緐 𬙋 緐 踇 酶 鋂 酶 鋂 黣
P60.1 四海知音

母 3：敏　繁　鳘

（甲骨　金文　大盂鼎　说文　石门颂　王羲之　王羲之　王羲之　李洤）（金文　史墙盘　李阳冰　夏承碑　好太王

欧阳询　颜真卿　柳公权　赵孟頫　王羲之　米芾　宋徽宗　索靖　王羲之　宋克　王宠　解缙）（金文　细篆　西峡颂　王羲之）

辨析：

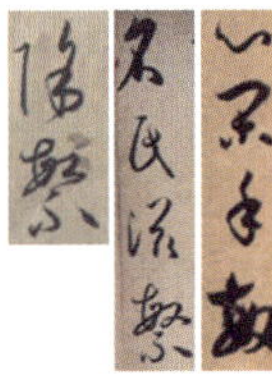

敏字从每从攴，隶定字形稳定，草书，应当写出“每、攵”结构。可拓展。

敏 mǐn：形声，从攴每声，甲骨文字形像用手整理头发的样子，本义乃是动作快。

繁 fán：繁字可以分解为敏和系字，本作“緐 fán（同繁）”，马头上的饰物，说文未收，段玉裁注：“引申为緐多，又俗改其字作繁，俗形行而本形废，引申之义行而本义废矣。”

鳘（鰵 mǐn）：海鱼名，即鮸；鳕鱼的俗名。

拓展：

慜 鰵 鲦

P46.5 非夫心闲手敏　　P26.3 除繁去滥　　P28.6 名氏滋繁

M

木 1：木　沐　杨　杜　材　栀（梔）

（甲骨　甲骨　金文　楚简　秦简　居延简　说文　西狭颂　欧阳询　颜真卿　史游　王羲之　张旭　黄庭坚　于右任）

（甲骨　金文　帛书　说文　钟绍京　孙过庭）（简帛　说文　曹全碑　颜真卿　王羲之）（甲骨　金文　说文　颜真卿　怀素）

（金文　简帛　说文　说文　颜真卿　王羲之　皇象）（金文　说文　赵孟頫　王铎　欧阳询　颜真卿　黄庭坚　王羲之　章草）

辨析：

木字结构稳定，行草书即为快写，注意与朩（pìn）字的区别。末、未、林、東（东）、茱、树、相、茶堂、棠、柳、查、枭、标、极等字从木，见相关页。

木 mù：象形，甲骨文字形像树木形，上为枝叶，下为树根。

沐 mù：形声，从水木声，本义是洗头发。

杨（楊 yang）：形声，从木昜声，本义为植物名，落叶乔木。

杜 dù：形声，从木土声，杜梨，棠梨，一种木本植物。

材 cái：形声，从木才声，木材，木料。

栀（梔 zhī）：栀子，常绿灌木或小乔木，夏季开白花，有浓香，果实卵形，可入药，亦可作黄色染料，有的地区亦称“水横枝”；这种植物的果实。

拓展：

杋 机 朴 朷 朸 朹 朻 朼 朾 杁 味 杂 朳 杦 杋 杧 茉 杆 杍 杊 杋 杌 杍 杒 杓 杔 宋 杘

P10.5 有乖入木之术

木2：杉 桩 札 杷 株 杰 朵（朶）

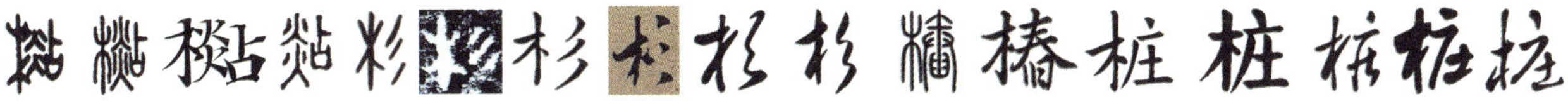

（金文 说文 维摩诘 说文 甲骨 金文 王羲之 米芾 王羲之 李淦）（说文 赵孟頫 欧阳询 颜真卿 王羲之 王铎 章草）

（说文 颜真卿 皇象 王羲之）（金文 说文 欧阳询 王羲之 史游 王羲之）（楚简 说文 赵孟頫 赵孟頫 王羲之）

（说文 欧阳询 王献之 说文 王羲之 王羲之 章草）（说文 王羲之 王羲之 王羲之 李淦 王铎 文徵明 章草）

辨析：

本页列示了部分木字旁的字，需注意杉、桩、杰等字的异体字写法。杷字草书，有无点均可。

杉（煔 shān）：常绿乔木，树干很高很直，木材白色，质轻，有香味，可供建筑和制器具用。

桩（樁 zhuāng）：形声，从木庄声，本义为桩子，打入地中以固基础的木橛。

札 zhá：形声，从木札声，本义为古代用来写字的小木片。

杷 pá：形声，从木巴声，本义是农具名，一种有齿和长柄的农具。

株 zhū：形声，从木朱声，本义是露出地面的树根；量词，表示根数。

杰（傑 jié）：形声，从人桀声，杰为傑的俗字，本义为才智出众的人。

朵（朶 duǒ）：植物的花或苞；本作朶，亦作朵；量词。

拓展：

犾 杙 杚 杩 杝 杢 杣 杤 杦 杧 杨 杩　P8.4 绍右军之笔札

木3：杳 困 杲 杯 桉 宋 棠

（甲骨 甲骨 金文 楚简 说文 宋徽宗 王羲之 王羲之 智永）（甲骨 说文 欧阳询 王羲之 王羲之 怀素 赵佶）

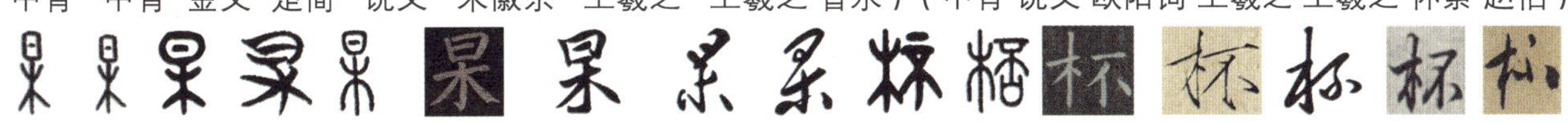

（甲骨 甲骨 金文 楚简 说文 颜真卿 王羲之 王羲之 李淦）（金文 说文 欧阳询 宋徽宗 王羲之 王羲之 怀素）

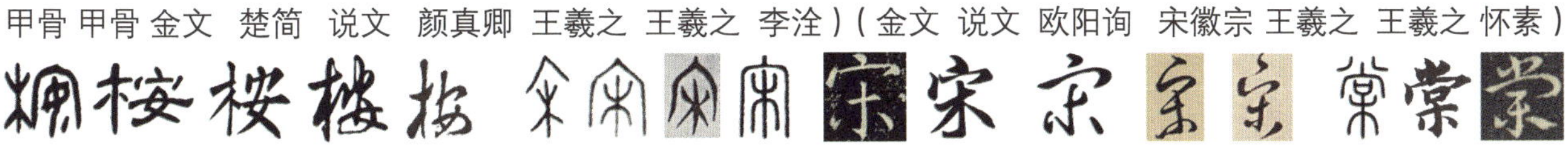

（金文 曹全碑 柳公权 王铎 章草）（甲骨 金文 盟书 说文 颜真卿 王羲之 王羲之 文天祥 王铎）（说文 智永 皇象）

辨析：

木字作为字根，结构稳定，行草书为快写。杯字有从口和从皿等异体字写法。

杳 yǎo：会意，上木下日，表示太阳落在树木下，天色已昏暗。

困 kùn：会意，甲骨文字形从囗（wéi）像房的四壁，里边是生长的树木，本义是废弃的房屋；穷、贫困、危难。

杲 gǎo：会意，从日从木，日在木上，表示天已大亮。

杯（桮盃 bēi）：形声，从木不声，本义为盛酒、茶或其他饮料的器皿，异体字有棓、柸、�、匼、䍂、鉟、䣳等等。

桉 ān：桉树，桃金娘科桉属植物的泛称，常绿乔木。

宋 sòng：会意，从宀从木，表示房屋周围有树木，本义为定居；周代诸侯国名、朝代名。

棠 táng：形声，从木尚声，本义是乔木名，棠，牡曰棠，牝曰杜。

拓展：

凩 枵 枵 架 柹 枷 枸 枹 枺 柵 枼 枾 枿 柀 柁 柂 柃 柄 柅 柆 柇 柈 柊 柒 柌 柍 柎 柏 某 柑 柒 染 柔 柕 柖 柗 柘 柙 柚 柛 柝 柞 柟 柠 柢 柣 柤 查 柦 柧 柨 柩 柪 柫 柭 柮 柯 柰 柱 柲 栅 柶 柷 柸 枴 査 柼 柽 柾 柹 栀 柳 栂 栃 栄 栅 标 栈 栉 栊

木 4：根 枝 梢 杭 杼 杻 枹 枪 桧 柜 框 栓

（说文 欧阳询 王羲之）（简帛 说文 智永 王羲之）（说文 柳公权 王羲之 李淦）（说文 智永 王羲之）（说文

虞世南 孙过庭 章草）（说文 褚遂良 王铎）（说文 赵孟頫 何绍基）（说文 颜真卿 颜真卿 韵会 章草）（说文

赵孟頫 王羲之 王羲之）（简帛 说文 欧阳询 王羲之）（金文 粗篆 褚遂良 李淦）（金文 欧阳询 王羲之 章草）

辨析：

木字作为字根结构稳定，行草书为快写。

根 gēn：形声，从木艮声，本义是草木之根。

枝 zhī：树干从旁生出的枝条。

梢 shāo：树枝或条状物的末端。

杭（斻 hāng）：形声，从木亢声，本义是抵御；方舟，船；航行；杭州市的简称。

杼 zhù：形声，从木予声，本义为织布机的梭子。

杻 niǔ：古书上说的一种树；chǒu，古代手铐一类的刑具。

枹 fú：形声，从木包声，本义为鼓槌；bāo，枹树。

枪（槍鎗 qiāng）：形声，从木仓声，本义为二树的枝条互相抵拒；武器名。

桧（檜 guì）：常绿乔木，圆柏。

柜（匱櫃 guì）：形声，从木匮声，本义是收藏衣物、书籍的家具。

框 kuàng：形声，从木匡声，本义为门窗的架子。

栓 shuān：形声，从木全声，本义是木钉、插子、塞子。

拓展：

怫 柭 柮 柯 柰 柱 柲 柳 柵 柶 柷 柸 枴 查 柼 柽 柾 柿 栀 栁 栂 栃 栄 栅 标 栈 栉 栊 來 剠 剎 剁 怺 杪 杫 杬 東 杴 杶 杷 杸 杹 杺 杻 杼 杽 柔 枂 枃 构 枅 枆 柒 枉 枊 枋 枌 枍 枎 枏 析 枑 枒 枓 枔 枕 枖 枘 枛

木 5：李 柚 楠（枏）桐 桂 桦 栴 松

（金文 楚简 楚简 古文 说文 说文 颜真卿 张芝 王羲之 王羲之）（说文 欧阳询 王羲之）（六书通 柳公权 王羲之

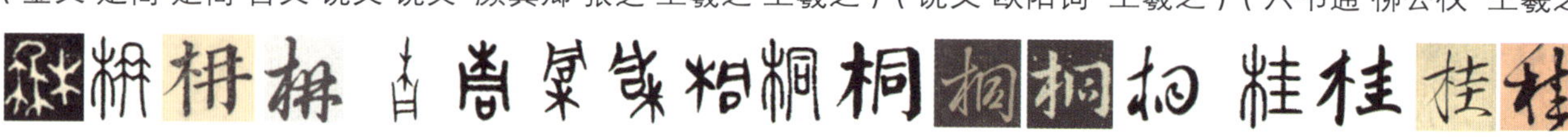

金文 说文 彭玉雯 辨体）（甲骨 金文 楚简 楚简 秦简 说文 颜真卿 王羲之 皇象 王羲之）（说文 赵孟頫 赵佶 王铎）

（金文 颜真卿 颜真卿 王羲之）（篆字汇 钟绍京 丰坊）（金文 说文 汉印 六书统 六书统 礼器碑 智永 米芾 王羲之）

辨析：

李、楠（枏）、桐、松等字的篆书，其部件位置不固定，其中桐和松字的篆书部件在上下左右四个方向上的变化均见。

李 lǐ：形声，从木子声，本义是李树。

柚 yòu：常绿乔木，果实称柚子。

楠（枏柟 nán）：形声，从木南声，本义是楠木。

桐 tóng：形声，从木同声，本义为木名，也名荣。

桂 guì：形声，从木圭声，本义是木名。

桦（樺 huà）：形声，从木华声，本义，木名，桦木。

栴 zhān：古同栴。

松（枩 sōng）：形声，从木公声，本义是松科植物的总称。

拓展：

枞 枟 枠 枡 枢 枤 枥 枦 枧 枨 枫 枬 枮 柹 沐 炑 牀 林

M

木 6：桃 杏 栗 茶 柿 枫 枸 柧

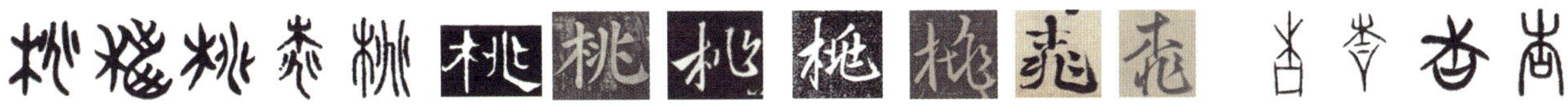

（金文 楚简 秦简 古文 说文 曹全碑 颜真卿 王羲之 赵孟頫 文徵明 徐渭 鲜于枢）（甲骨 古文 简帛 说文

欧阳询 颜真卿 王羲之 王羲之）（甲骨 甲骨 金文 楚简 说文 说文 虞世南 王羲之）（说文 智永 米芾 章草）

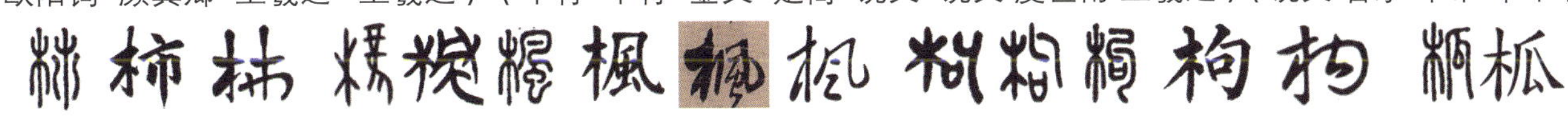

（说文 赵孟頫 章草）（甲骨 简帛 说文 颜真卿 王铎 王羲之）（简帛 金文 说文 柳公权 王羲之）（说文 楷书）

辨析：

本页的字隶定字形稳定，所涉字根参见相关页。桃、杏、栗、枫、枸等字，篆书结构变化较多，应注意细节。

桃 táo：形声，从木兆声，本义是果木名。

杏 xìng：木名，杏树。

栗 lì：会意，甲骨文像结了果实的栗树形，本义是木名，果实也称栗，可食。

茶 chá：茶树，茶叶。

柿（柹 shì）：柿树，落叶乔木，果实为扁圆形或圆椎形浆果，黄或橙红色，可食。

枫（楓 fēng）：形声，从木风声，本义木名，即枫香树。

枸 gǒu：盘错的树根；植物名，即蒌叶；枸杞。

柧 gū：棱角；亦指有棱的木。

拓展：

枇 桑 桒 栟 栀 柳 栖 柴 梆

木 7：休 朽 枯 闲 栱 柴 桌 枭 栲 栳

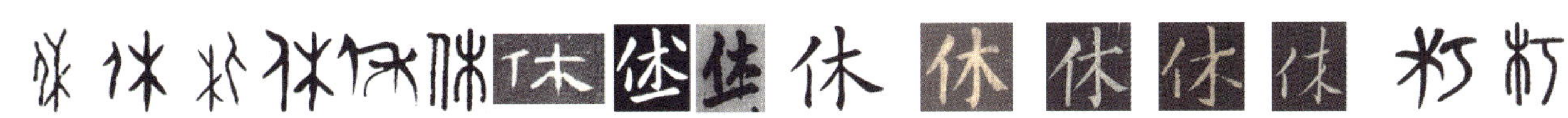

（甲骨 甲骨 甲骨 金文 楚简 说文 曹全碑 刘彧 王铎 欧阳询 颜真卿 柳公权 王羲之 文天祥）（简帛 说文

虞世南 王羲之）（说文 颜真卿 王羲之）（金文 简帛 说文 宋徽宗 张旭）（六书统 赵之谦 赵孟頫 王羲之）

（说文 智永 王铎）（简帛 六书正讹 褚遂良 章草）（金文 说文 赵孟頫 章草）（石经 王铎 王羲之）（金文 李淦）

辨析：

休字的下边有从一横的写法，其余各字可参见所涉字根写法。

休（体 xiū）：会意，从人从木，人依傍大树休息，本义是休。

朽 xiǔ：形声，从木丂声，本义是腐烂。

枯 kū：形声，从木古声，本义为枯槁，草木干枯。

闲（閑 xián）：会意，从门中有木，本义是栅栏；闲暇，限制；熟悉、熟练，通娴。

栱 gǒng：立柱和横梁之间成弓形的承重结构，斗栱。

柴 chái：形声，从木此声，本义是捆束的细木小柴。

桌（棹 zhuō）：形声，从木卓省声，本义为桌子，古称几案。

枭（梟 xiāo）：会意，从鸟，头在木上，本义指一种恶鸟，捕捉后悬头树上以示众。

栲 kǎo：植物名，省沽油科，落叶灌木或小乔木，夏季开黄白小花，木材可制器物。

栳 lǎo：栲栳，柳器也。

拓展：

校 桓 柑 染 柔 杼 柖 柗 柘 柙 枏 柝 柞 柟 柠 柢 柣 柤 枬 柹 柩 柪 柫 柭 柮 柯 柱 柲 柶 柷 柸 柺 查 柼 柽 柾 柇 栃 栄 栅 标 查 栈 栉 栊 栋 栌 栍 栎 栐 树 相 茶 栄 栁 栆 栁 栰 宋

木呆1：呆 槑 楶 宲 ⿰呆虎

（金文 楚简 细篆 邓石如 王羲之 智永 欧阳询 虞世南 褚遂良 颜真卿 柳公权 赵孟頫 王羲之 王羲之 张瑞图

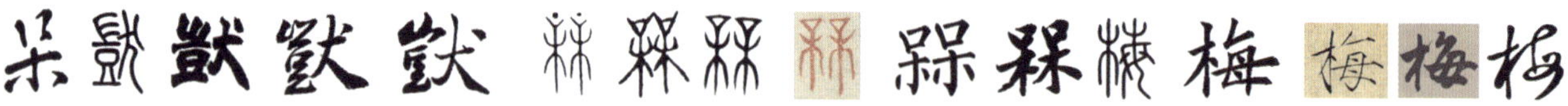

章草 小篆 赵之谦 王羲之 郑板桥）（古文 古文 说文 石韵府 柳公权 黄庭坚 说文 欧阳询 宋徽宗 唐寅 王羲之）

（广义 六书统 邓石如 伊秉绶 欧阳询 颜真卿 王羲之 米芾）（简帛 广义 楷书）（甲骨 金文 金文 金文 说文 楷书）

辨析：

呆字从口从木，结构稳定。可拓展。呆和槑字分别有异体字獃和梅，各体均见。

呆（獃 dāi）：痴、傻，不灵活、呆板，滞销，发愣，暂时住在。说明：呆字非从口，乃古梅字；说文曰，酸果也，从口含一，是为某。

槑 méi：古文梅字。

楶 jié：柱上支持横梁的方木。

宲 bǎo：藏也，同宝，段玉裁改宝为宲，注云：宲，今作实。

⿰呆虎 háo：木名，同椃。

拓展：

⿰土呆 ⿰氵呆

木呆2：保 堡 葆 煲 褓 ⿰扌保

（甲骨 甲骨 甲骨 甲骨 金文 楚简 秦简 石韵府 石韵府 说文 宝子碑 王羲之 欧阳询 颜真卿 王献之 颜真卿

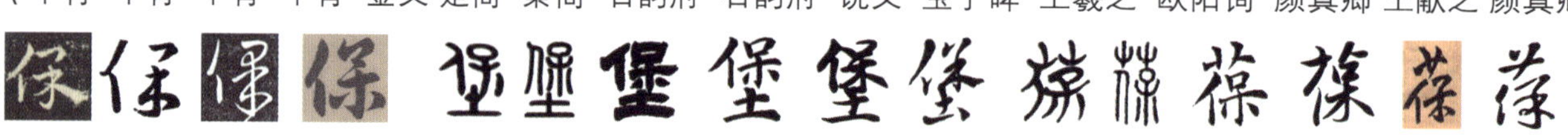

皇象 王羲之 王献之 赵孟頫）（金文 粗篆 邓石如 虞世南 王羲之 章草）（简帛 说文 褚遂良 王羲之 王铎 王羲之）

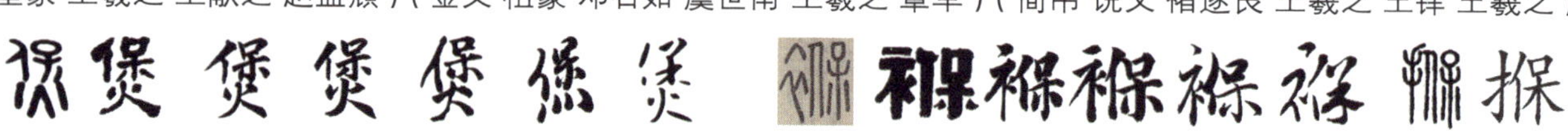

（金文 何绍基 柳公权 赵孟頫 赵孟頫 郑板桥 王羲之）（篆字汇 伊秉绶 智永 颜真卿 赵孟頫 章草）（说文 楷书）

辨析：

保字为象形，甲骨文为背子于背形，隶定从亻从呆，草书可见皇象、王献之和赵孟頫的三种写法。可拓展。

保 bǎo：会意，甲骨文字形，像用手抱孩子形，金文写作从人从子，后来为了结构的对称，小篆变成“保”，使人不能因形见义了，本义是背子于背。

堡 bǎo：形声，从土保声，堡是后起字，本义为土筑的小城。

葆 bǎo：形声，保声，草木茂盛的样子。

煲 bāo：壁较陡直的锅；用煲煮或熬。

褓（緥 bǎo）：形声，从衣保声，本义是婴儿的被子。

⿰扌保 bǔ/péi：衣上击也。

拓展：

堢 媬 湺 ⿱保灬 椺 緥 褒 賲 ⿰飠保 襃 ⿰保鳥

目1：目　眼　眶　睑　眦　眺（䂂）

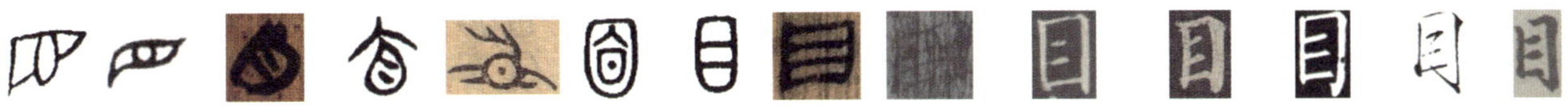

（甲骨　金文　清华简　简帛　六书统　说文　说文　简帛　居延简　欧阳询　颜真卿　柳公权　赵佶　赵孟頫

皇象　王羲之　怀素　赵孟頫）（金文　简帛　说文　张迁碑　欧阳询　王献之）（金文　颜真卿　王羲之　王羲之　章草）

（说文　赵孟頫　王羲之　章草）（金文　简帛　说文　赵孟頫　章草）（说文　王羲之　智永　欧阳询　王羲之　怀素　王铎）

辨析：

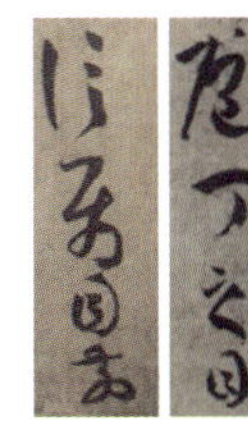

目字的篆书为象形，隶定字形稳定，草书单独写为快写，作为字根，有快写、目内两点或一点、一个弧加点（参见相字）或"月（或卩）字草书"（参见怀素、李淦的看字）等几种写法。可拓展。"瞎泪相瞧眠眨冒昏盼着鼎眸"等字从目，参见相关页。

目 mù：象形，甲骨文和小篆字形像眼睛，外边轮廓像眼眶，里面像瞳孔，小篆处理为线条，先秦时期多用目，两汉以后，用眼字的情况逐渐多了起来，"目"具有书面语色彩，本义为眼睛。

眼 yǎn：形声，从目艮声，本义是眼珠。

眶 kuàng：眼的四周。

睑（瞼 jiǎn）：眼皮，能够活动的眼皮盖。

眦（眥 zì）：形声，从目此声，本义是眼角。

眺（䂂 tiào）：形声，从目兆声，本义为斜视，往远处看。

拓展：

肜 取 盱 眈 眆 泪 盰 盱 盲 盳 直 盵 苜 珇 眀 盽 眏 盽

P37.6 信属目前　　P38.4 庖丁之目

目2：眀　睁　眩　眹　渺（淼）　眽　眄　盲　眯

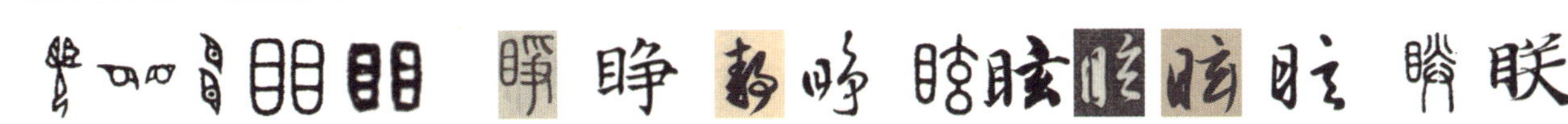

（甲骨 金文 金文 说文 杨沂孙）（篆字汇 王羲之 赵孟頫 章草）（说文 智永 苏洵 文徵明 王羲之）（说文 维摩诘）

（金文 石韵府 欧阳询 颜真卿　王羲之　简帛　说文　王羲之 黄庭坚 王羲之）（说文　金农　王羲之　虞世南 傅山）

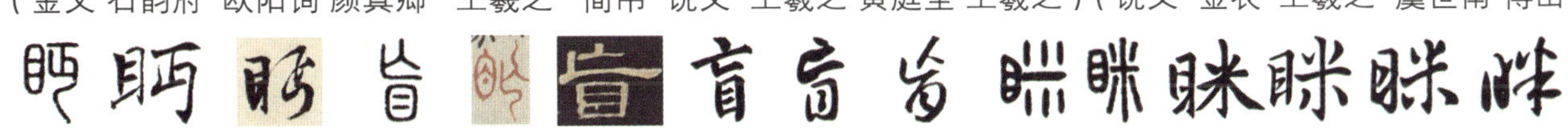

（说文　褚遂良　文徵明）（说文　石韵府 曹全碑　柳公权 王羲之　韵会）（金文 说文　赵孟頫 文徵明 王羲之 孙过庭）

辨析：

目字作为字根，隶、楷和行书的写法稳定，草书除泪、相、看、首、曼等字外，一般为快写。

眀 jù：从二目，左右视也，同瞿。

睁 zhēng：形声，从目争声，本义为张开眼睛。

眩 xuàn：形声，从目玄声，本义是眼花，看不清。

眹 zhèn：瞳仁、黑眼珠；预兆、迹象。

渺（淼 miǎo）：形声，从水眇（miǎo）声，本义是水面辽阔；微小，藐小。

眽 mò：斜视，视。

眄 miǎn：形声，从目丏（miǎn）声，斜着眼看。

盲 máng：形声，从目亡声，本义是眼睛失明。

眯 mǐ：形声，从目米声，本义是灰沙等物入眼；mí，通迷，迷乱；mī，眼皮微微合拢，小睡。

拓展：

眑 眢 眦 㪷 冒 昊 盶 昀 相 盹 昕 眝 盼 眭 盾 眍 明 省 眂 眃 眅 昉 眇 眈 眉 眊 看 県 眍 眨 首 覞 昳 眫 眢 眎 眩 俱 睎 映 眐 眑 眒 眓 眕 睨 眗

㣎 穆

(说文 楷书)(甲骨 甲骨 金文 金文 金文 金文 简帛 说文 肥致碑 张迁碑 宝子碑 欧阳询 颜真卿 柳公权

赵孟頫 魏碑 欧阳通 颜真卿 王羲之 王羲之 米芾 赵孟頫 董其昌 王羲之 赵孟頫 文徵明 王铎 乾隆 章草)

辨析：

㣎字的篆书从“日”从小从彡，“日”隶定为“白”，其单独使用不常见，作为字根，行草书可快写，草书还可以省略中间的“小”字。

㣎 mù：彡者、文也，细文也，引伸精为美。

穆 mù：形声，本义为禾名；温和、和谐；恭敬、肃敬；美好；古代宗庙神位排列的次序，左为昭，右为穆。

拓展：

⿰㣎支 ⿰㣎禾 ⿰言㣎

那 挪 哪 娜

（金文 古文 古文 石韵府 说文 金刚经 王羲之 欧阳询 柳公权 赵孟頫 王羲之 颜真卿 米芾 董其昌 王铎

王羲之 王献之 孙过庭 赵孟頫 董其昌）（金文 粗篆 邓石如 欧阳询 颜真卿 王羲之 王羲之 孙过庭 章草）

（金文 六书通 虞世南 褚遂良 王羲之 王羲之 孙过庭）（甲骨 甲骨 金文 篆字汇 颜真卿 米芾 王羲之 赵孟頫）

辨析：

那字从冄从邑，草书的“冄”字结构特征明显，即先写两竖再写两横是常用写法。可拓展。

那 nà/nèi/nā：“那”本从“冄（rǎn 须部之髯取下垂意）”声，即“髯（rán 两颊上的胡须）”的本字，当“那”用于地名时，读作 nuó；古代表示疑问副词或者疑问代词的“哪”也多写作“那”，读作 nǎ；现代汉语常用的表示指示代词的“那”则读作 nà；用作姓的“那”则又读作 nā；“那”还可以通假为周代的国名“聃”，此时读作 nán。

挪 nuó：形声，从手那声，本义是揉搓；移动、借贷、移用。

哪 nǎ：形声，从口那声，本义为表疑问的词；něi，哪和一的合音，但指数量时不限于一，哪个、哪年；na，助词，啊字受到前一字韵母 n 收音的影响而发生的变音，加油干哪；né，哪吒。

娜 nà：形声，从女那（nuó）声，本义是婀娜，美貌。

拓展：

倻 梛 蒳　　P7.6 时人那得知

乃 仍 奶 扔 朶 盈 楹

（甲骨 金文 楚简 秦简 说文 曹全碑 礼器碑 欧阳询 颜真卿 皇象 索靖 王羲之 智永 怀素）

（金文 古文 说文 曹全碑 钟繇 王羲之 王羲之 王铎）（智永 王羲之 章草 金文 金文 金文 古文 颜真卿 黄庭坚）

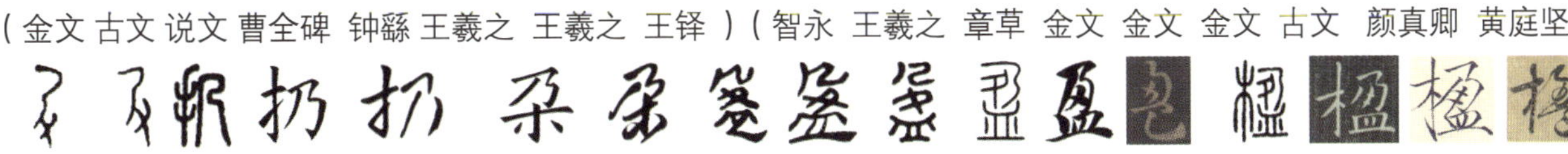

（甲骨 甲骨 说文 虞世南 王羲之）（黄自元 王铎）（简帛 秦简 石鼓文 说文 智永 刘炟）（说文 欧阳询 赵佶 怀素）

辨析：

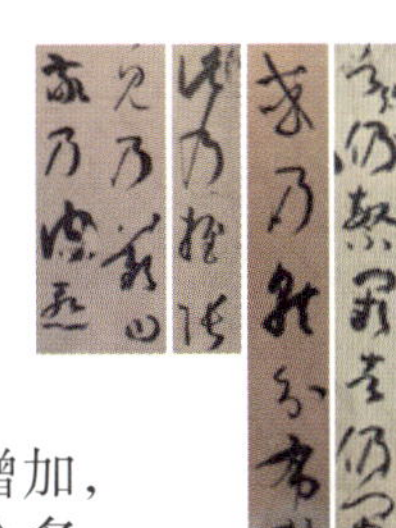

乃字结构简单，草法稳定，先写撇，再写横折弯撇。秀、绣、隽和孕等字从乃，见相关页。

乃 nǎi：象形字，所像不明，有说为奶头形者，说文解为像气之出难，乃字自殷商至战国晚期写法一贯，基本未变，乃字在上古主要写第二人称代词或副词。

仍 réng：形声，从人乃声，本义是因袭、依旧。

奶（嬭 妳 nǎi）：用乳汁喂孩子。嬭，同奶，乳房，母亲。

扔 rēng：甲骨文字形，像以手牵引或投掷东西的样子，抛，投掷。

朶 duǒ：同朵。

盈 yíng：从皿从夃，充满、多余，自满、满足，长、增加，超过，丰满，匀称好看，旺盛，众多。

楹 yíng：形声，从木盈声，厅堂前部的柱子；量词，古代计算房屋的单位。

拓展：

岉 扔 艿 迈 杒 砽 朵 氖 礽 桑 秭 㕭 疠 盁 秀 莻 奶 婷 剁 媃 垒 荎 訒 垛 摬 㮽

P4.1 此乃推张迈锺　P9.5 见乃歎曰　P9.6 敬乃内惭　P17.5 或乃就分布于累年　P59.5 阙者仍阙

奈 捺 萘

（甲骨 金文 楚简 简帛 说文 文徵明 欧阳询 颜真卿 赵孟頫 赵孟頫 王羲之 谢安 钟繇 王羲之 庾翼 王铎）

（金文 古文 粗篆 六书通 邓石如 欧阳询 颜真卿 柳公权 赵孟頫 王羲之 王铎 王羲之 毛泽东 佚名 章草）

（金文 粗篆 汉简 王羲之 欧阳询 颜真卿 柳公权 赵孟頫 王羲之 黄庭坚 米芾 吴昌硕 王羲之 李洤 章草）

辨析：

奈字从木从示，金文从大从示，楷行草两种写法都有，从“大”的居多。可拓展。

奈 nài：果也，从木示声。

捺 nà：形声，从手奈声，本义是用手重按。

萘 nài：一种结晶状芳香烃，分子式 $C_{10}H_8$，有一种特殊臭味，是煤焦油中最丰富的成分。

拓展：

倷 㖠 渿 棕 錼 鯍

男 舅 甥 虜 嬲

（甲骨 甲骨 甲骨 金文 金文 简帛 简帛 简帛 说文 肥致碑 欧阳询 颜真卿 王羲之 王羲之 智永 怀素）

（金文 简帛 说文 欧阳询 颜真卿 王羲之 黄庭坚 王羲之）（金文 简帛 说文 王羲之 赵孟頫 吴说 王羲之）

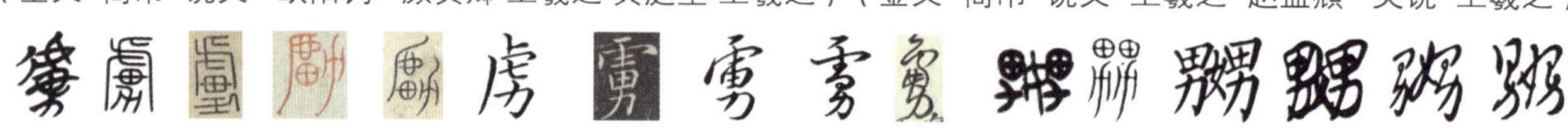

（简帛 说文 广义 石韵府 汗简 王羲之 褚遂良 王羲之 宋克 王铎）（金文 古文 柳公权 米芾 王羲之 章草）

辨析：

男字的篆书结构位置多变，部件田和力有上下左右四个方向的变化，隶定字形为上下结构，楷行草从隶定结构。可拓展。

男 nán：会意，从田从力，表示用力（一说指耒）在田间耕作，本义为男人，与女相对。

舅 jiù：形声，从男臼声，本义是舅父，指母之兄或弟。

甥 shēng：形声，从男生声，本义是姐妹的儿子。

虜 lǔ：获也，从毌从力虍声。

嬲（嫐 niǎo）：戏弄、纠缠。

拓展：

侽 娚 莮 枏 甥 嫐

南 喃 楠 蝻 腩 湳 罱

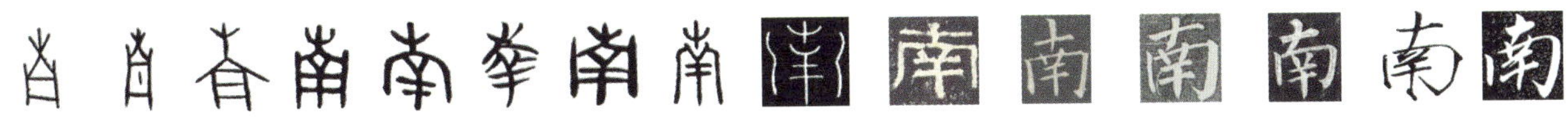

（甲骨 甲骨 甲骨 金文 金文 楚简 秦简 说文 李阳冰 张迁碑 欧阳询 颜真卿 柳公权 赵佶 赵孟頫

钟繇 王羲之 颜真卿 索靖 王羲之 张旭）（说文 智永 王羲之 王羲之 章草）（六书通 颜真卿 饶介 王羲之 章草）

（金文 柳公权 王羲之 章草）（邓石如 赵孟頫 王羲之）（清华简 说文 吴彩鸾）（篆字汇 赵孟頫 王羲之 孙过庭）

辨析：

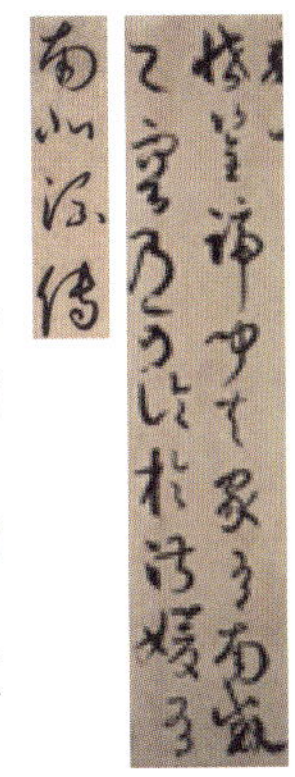

南字的字形较稳定，草书写法省略了左竖和中间的两个呼应点，可以拓展。“献”字的繁体字为獻，从鬳，见鬳页。

南（峷峷 nán、nā）：此字始见于商代甲骨文，本义不详，在殷墟卜辞中已借用为方位词，即早晨面对太阳，右手的一边，与“北”相对，引申指南方的地区或国家，又指古代南方少数民族的音乐；南读 nā 时，用于“南无（mó）”一词，意思是合掌稽首，表示对佛尊敬或皈依。

喃（詽 nán）：形声，从口南声，本义是低语声，如喃喃细语。

楠（枏柟 nán）：楠木。

蝻 nǎn：还没生翅的蝗虫。

腩（腤醃 nǎn）：牛肚子上或肋骨附近柔软的嫩肉；以调味品浸渍的肉，肉羹。

湳 nǎn：古河名，源出中国今内蒙古自治区，流入黄河。

罱 lǎn：捕鸟或捞水草、河泥的工具，夹鱼具；捞取。

拓展：

偳 湳 婻 揇 徧 绱 萳 遖 畘 焥 腩 箳 糏 繍 諵

P27.1 南北流传疑是右军所制 P53.5 闻夫家有南威之容乃可论于淑媛

难（難） 摊（攤） 滩（灘） 瘫（癱） 傩（儺）

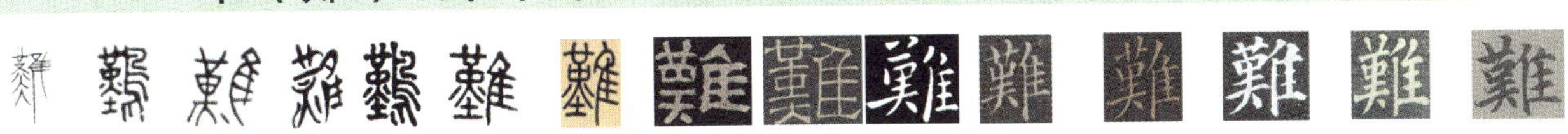

（金文 金文 金文 简帛 说文 说文 吴让之 肥致碑 曹植 郗鉴 王羲之 欧阳询 颜真卿 柳公权 赵孟頫

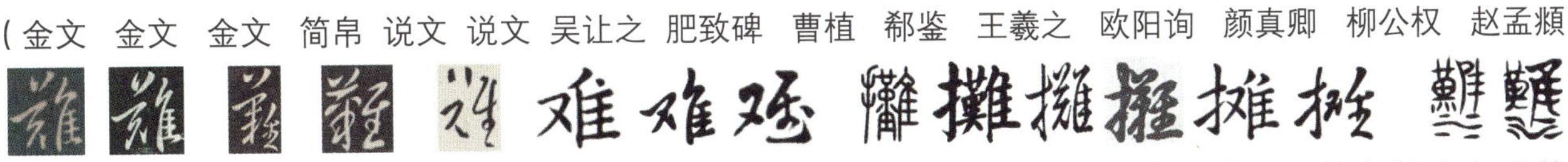

钟繇 王羲之 王羲之 王献之 于右任 王羲之 王羲之 章草）（说文 颜真卿 王铎 韵会 王羲之 王羲之）（金文 楚简

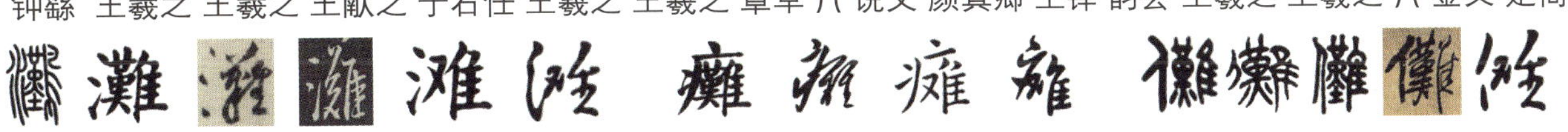

说文 颜真卿 黄庭坚 陈与义 颜真卿 王羲之）（颜真卿 毛泽东 王羲之 王羲之）（金文 简帛 说文 王铎 王羲之）

辨析：

难（難）字从隹从堇，草书即将两个部件分别按“隹”和“堇”的草法写出，“堇（参见堇）”字，在草化过程中，简省笔画后，可以看做是“艹、口、土”的连写。钟繇王羲之的草写“关字堇”，于右任的“丷兀堇”，使得“堇”字使转更加简洁。难（難）字还有一种从“又”的楷、行、草写法，直接将“堇”字写为“又”，但使用频率较低。可拓展。

难（難 nán）：形声，从隹堇声，从隹与鸟有关，本义是支翅鸟；假借为困难。

摊（攤 tān）：形声，从手难声，本义是平铺。

滩（灘 tān）：水滩，滩头。

瘫（癱 tān）：瘫痪。

傩（儺 nuó）：形声，从人难声，本义为步行有节度。

拓展：

藆 憇 灘 欕 熯 虁 P46.5 难以兼通

橐 囊 囔 攮 馕 槖

（甲骨 甲骨 金文 石鼓文 简帛 说文 石韵府 吴昌硕 异体字 梁升卿 柳公权 王羲之 皇象 王羲之 李注）

（金文 古文 古文 楚简 说文 李阳冰 樊敏碑 欧阳询 颜真卿 柳公权 宋徽宗 王羲之 王羲之 智永 怀素）

1（王羲之 米芾 李注）（金文 爨体 王羲之 王羲之 章草）（金文 王羲之 赵孟頫 王羲之 章草）2（说文 楷书）

辨析：

囊和橐字的篆书表意清晰，草书从隶书结构，区别在下边，囊字下边的两个口可以省略，三横还可以草化为二横；橐字草书下边从石从木；均可拓展。槖同柝，柝从斥，参见斥页。

橐（tuó）：形声，从橐省石声，说文曰："橐，囊也。"颜师古注："橐，所以盛书也，有底曰囊，无底曰橐。簪笔者，插笔于首。"异体字有"橐橐橐囯"及从两个口的写法等。

囊（曩 nāng）：形声，篆书像两头扎起的口袋，本义为有底的口袋，《传》：小曰橐大曰囊。

囔 nāng：囔囔，小声说话；nang，嘟囔。

攮 nǎng：形声，从手囊声，本义是推、挤；用刀刺；栽倒、跌；攮子，攮刀子。

馕（饢 náng）：用小麦面或玉米面烤制的圆饼；nǎng，拼命地往嘴里塞食物。

槖 tuò：同柝（tuò），古代打更用的梆子。

拓展：

1. 囊 儴 壤 瀼 欀 饢 齉　　2. 橐　　擌 寋

夒 巙 擾 犪 夔

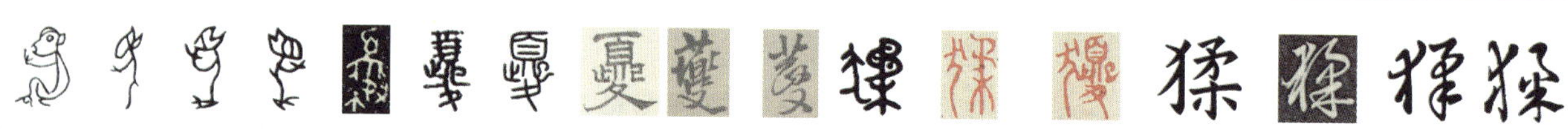

（甲骨 甲骨 甲骨 甲骨 金文 金文 说文 娄机 王铎 王铎 金文 石韵府 石韵府 欧阳询 赵孟頫 王羲之 章草）

（永珵 康里巙 康里巙 说文 彭玉雯 永珵 ）（金文 说文 楷书 楷书 赵孟頫 皇象）（篆字汇 五经文）

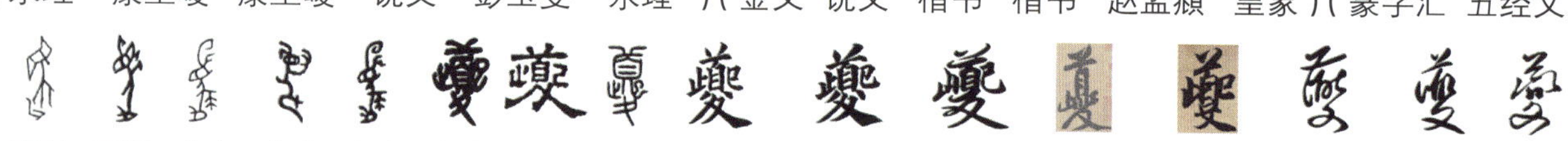

（甲骨 甲骨 金文 金文 金文 金文 石经 说文 欧阳询 颜真卿 王羲之 黄庭坚 赵孟頫 王羲之 李注 徐渭）

辨析：

夒和夔字的篆书形态变化较多，拓展的一些字有异体字的写法，应予注意。

夒 náo：兽名，长臂猿的一种，同"猱"。

巙（猛巙 náo）：古山名，在山东省淄博市境；古书上说的一种犬；同猛，用于人名。

擾（擾扰 rǎo）：烦也，同擾。

犪 kuí：犪牛，出岷山。

夔 kuí：一种传说中的怪兽，外形像龙，像有角、手、人面之形，仅有一足，从夊。

拓展：

玃 㹛 蘷 蘷 躨

内 呐 讷 枘 钠 芮 纳 肭 汭 衲

（甲骨 金文 金文 清华简 内侯印 内侯印 说文 肥致碑 欧阳询 颜真卿 赵孟頫 皇象 王羲之 智永）

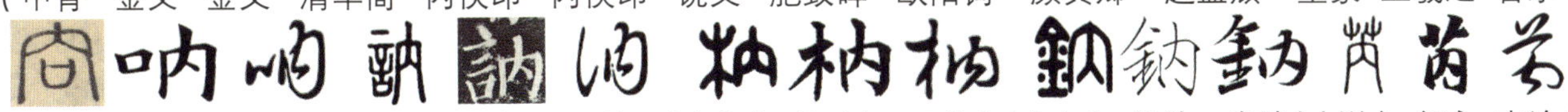

（六书通 欧阳询 王羲之）（说文 颜真卿 王羲之）（金文 柳公权 王羲之）（金文 赵佶 索靖）（说文 智永 李淦）

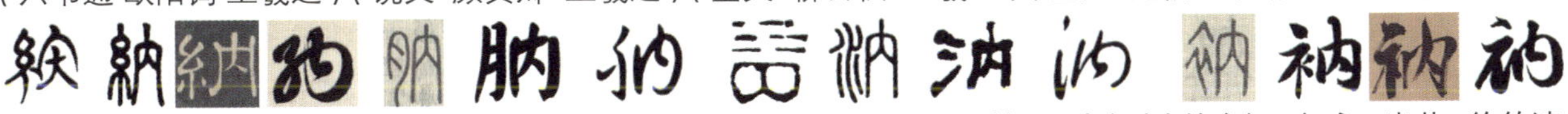

（简帛 说文 钟繇 智永）（说文 颜真卿 孙过庭）（郭公砖 说文 何绍基 于右任）（篆字汇 智永 米芾 徐伯清）

辨析：

内字的篆书有上下复合形，隶定字形稳定，行草书为快写。可拓展。

内 nèi：会意，甲骨文字形从冂入，冂（jiōng）表示蒙盖，入表示进入之物，合而表示事物被蒙盖在里面，本义为自外面进入里面即为入。

呐 nè：会意兼形声，从口从内，内亦声，讲话迟钝或口吃，好像在口内存留，本义为说话迟钝或口吃；nà，呐喊、大叫，表示提醒注意。

讷（訥 nè）：有话在肚里，难以说出来，语言迟钝，也作呐。

枘 ruì：榫头，插入卯眼的木栓。

钠（鈉 nà）：银白色的软的、蜡状而有延展性的金属元素，原子序数11，元素符号 Na，其化学性质很活泼。

芮 ruì：形声，从艸内声，本义是芮芮，草初生的样子。

纳（納 nà）：形声，从糸内声，本义为丝被水浸湿，收藏、收入，取、娶。

肭 nà：腽肭（wà nà），肥胖。

汭 ruì：河流会合的地方或河流弯曲的地方，水边。

衲 nà：僧徒的衣服，常用许多碎布补缀而成，因即以为僧衣的代称。

拓展：

仢 㕯 妠 抐 㕯 㘨 氝 焫 㕯 笍 蚋 豽 軜 䟜 鈉 鞆 䩙　P12.6 一点之内

能 熊 態（态） 罷（罢） 褦

（金文 金文 楚简 楚简 秦简 说文 峄山碑 肥致碑 西狭颂 欧阳询 颜真卿 王羲之 米芾 楼兰简 简书 索靖 王羲之）

王献之 智永）（金文 楚简 楚简 古文 古文 说文 礼器碑 颜真卿 鲜于枢 王献之 王宠）（说文注 说文 吴让之 董美人

王羲之 孙过庭 宋克 汉简 王羲之 王羲之）（简帛 说文 颜真卿 赵孟頫 皇象 王羲之 文徵明）（篆字汇 齐白石 苏轼）

辨析：

能字有异体字从去或从长。草书，“自”草化为“子”，能字草书即为“子＋长”，楼兰简和简书的能字草书与索靖对比，可以看到草书的早期演变过程。一些字“真虽不同，草皆无别”，态（態）熊、恙羔的下边，纹和孜的偏旁，草法一致，字形即无别也，当然，如果将心与灬、纟与孑写出其本身姿态，即使同一语境，也还是可以区别的。态和罢的简体写法古而有之，只是不常用而已。

能（䏻 néng）：熊属，足似鹿，从肉㠯声，能兽坚中，故称贤能，而强壮，称能杰也。金文字形像站立的熊形，大口朝下，前后腿脚，带钩的爪，短尾，简单而概括地表现了熊嘴大尾短、四肢粗短的基本特征；战国文字则头、口、脚几处分离；小篆字形由秦简字形演变而来；隶楷文

字由小篆演变而来，头部变成了左上的“厶”，口部成了左下的“月”，前后腿脚成了右上、右下两个匕，写作能。

熊 xióng：形声，从能炎省声，动物名；通雄，雄性；斥骂。

態（态 tài）：意态也，从心从能，徐锴曰，心能其事，然后有態态度也；情状，神情、姿态、意态，风致。

罷（罢 bà）：遣放有罪的人，从网能，言有贤能而入网，而貫遣之；完毕、终了；表示失望、忿恨、常叠用；pí，劳乏、困倦，通疲。

褦 nài：褦襶，不懂事；一种遮太阳的斗笠。

拓展：

能 摊 滰 䏻 㲋 䏻　P5.2 然贵能古不乖时　P12.3 非力运之能成　P11.3 鸾舞蛇惊之态（態）　P52.4 穷变态于毫端

尼 旎 呢 妮 怩 铌 泥 昵

（仓颉 金文 简帛 简帛 侯马盟 说文 史晨碑 衡方碑 欧阳询 颜真卿 柳公权 王羲之 赵孟頫 王铎

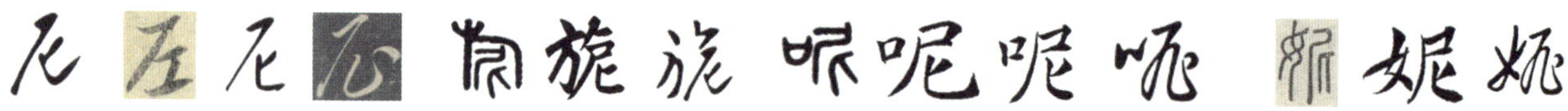

王羲之 贺知章 李泾 李怀琳）（金文 赵孟頫 王羲之）（金文 虞世南 褚遂良 王羲之）（篆字汇 褚遂良 王羲之）

（说文 赵孟頫 王羲之）（篆字汇 赵孟頫 王羲之）（说文 王羲之 张旭 邓文原）（金文 说文 欧阳询 王羲之 李泾）

辨析：

尼从尸，隶定字形稳定，草书写法，尸字草化为“厂”，匕字快写后其短撇草化为“点”。可拓展。

尼 ní：会意，从尸匕声，甲骨文字形像两个人亲昵的样子，本义为亲近、亲昵。

旎 nǐ：形声，双音词“旖（yǐ）旎”，本为旌旗随风飘扬的样子，引申为柔美的样子。

呢 ne：助词，用在句末；ní，一种毛织物。

妮 nī：形声，从女尼声，本义是婢女，侍候主人的女孩子；女孩子。

怩 ní：忸怩，不大方或不好意思的样子。

铌（鈮 ní）：一种金属元素，元素符号 Nb。

泥 ní：形声，从水尼声，本义是泥水，软弱无力；nì，涂抹，固执、死板。

昵 nì：亲近，亲昵，距离近，又作暱。

拓展：

坭 抳 狔 苨 迡 岖 柅 肥 屔 痆 眤 秜 祢 蚭 跜 詎 貎 秜 鵋　　　　P40.6 仲尼

屰 1：屰 逆 㡿 咢 朔 遡 溯

（甲骨 甲骨 金文 金文 说文）（甲骨 金文 金文 楚简 侯马 说文 a 钟繇 皇象 空海 b 王羲之 米芾 王羲之 王铎）

（金文 说文 孙㡿印）（说文 楷书）（楚简 说文 a 王羲之 王铎 张瑞图 b 颜真卿 王羲之 宋克 c 魏碑 米芾 孙过庭）

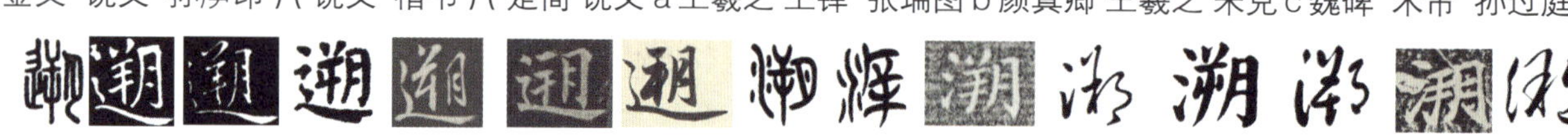

（a 说文 赵孟頫 沈復 b 颜真卿 陈与义 c 欧阳通 赵孟頫）（金文 简帛 a 三希堂 王羲之 b 颜真卿 于右任 c 等慈寺 日本）

辨析：

屰字行草书单独写为快写，作为字根常见的有从“a 羊、b 屰、c 丰（或上边竖不出头）”的三类写法，各体从之。屰字拓展的字根，主要有朔、欮、厥和斥字，其中斥字的篆书从屰，见斥页。欮厥蕨阙等从屰，见欮页。

屰 nì：不顺也，从干下凵（kǎn，古同坎），屰之也；凶下云：像地穿交陷其中也，方上干而下有陷之者，是为不顺，同逆；一说为人倒过来的形象，表示相反方向，有迎接迎上之意；jí，同戟；pò，同霸，月始生。

逆（nì）：形声，从辵从屰，本义为迎、迎接、迎着。

㡿 chì：斥本字。

咢 è：哗讼也，咢本字。

朔（朔朔 shuò）：会意，从月从屰，本义是农历每月初一。

遡 sù：同溯，溯的异体字，同泝。

溯（泝泝 sù）：逆着水流的方向走；追求根源或回想。

拓展：

嗍 塑 搠 蒴 遡 槊 愬 槊 鎙

屰 2：嗍 搠 蒴 塑 槊 愬

（说文 a 郑板桥 王羲之 b 王羲之 李洤 c 赵孟頫 章草）（金文 a 吴昌硕 王羲之 b 欧阳询 于右任 c 赵孟頫 章草）

（金文 细篆 a 孙过庭 b 颜真卿 李洤 c 赵孟頫 章草）（金文 细篆 a 吴昌硕 b 曹全碑 于右任 c 赵孟頫 文徵明）

（说文 a 永瑆 文徵明 b 柳公权 于右任 c 何绍基 章草 d 王羲之 祝永明）（说文 a 文徵明 b 魏碑 c 赵孟頫）

辨析：

屰字作为字根常见的有从“a 羊、b 屰、c 丰（或上边竖不出头）”的三类写法，各体累见。说明：槊字草书写出的“刁”形结构，为 c 类写法的讹变。

嗍（嗽 suō）：用唇舌裹食，吮吸。

搠 shuò：扎，刺，异体字为槊。

蒴 shuò：藓苔植物的孢子囊称为蒴。

塑 sù：形声，从土朔声，本义是用泥土抟成人物形象。

槊 shuò：长矛，古代的一种兵器。

愬 shuò：恐惧的样子；sù，同诉。

拓展：

蒴 鎙

年

甲骨 甲骨 蔡侯钟 颂鼎 阳鼎 權量銘 秦瓦 李斯 说文 帛书 汉印 宝子碑 曹全碑 华山庙

欧阳询 颜真卿 柳公权 赵孟頫 王羲之 晋祠铭 米芾 张芝 皇象 索靖 王羲之 王献之 张旭 邓文原 王铎

颜真卿 王羲之 王羲之 曹植 李愚 苏轼 楼钥 赵孟頫 张弼 祝枝山 徐渭 詹景凤 王铎 王铎 赵金简 翁方纲

辨析：

年字有异体字秊，草书结构源于其异体字秊的连写，第三行可以看出历代书家异体字“秊”的写法。百韵歌讲“禾乎手似年”，禾重点在撇捺，乎在两点，手比年的草书少一横 。右下的截图为瓦当文古篆“年”字写法。

年（秊秆 nián）：从禾从千（秋千），甲骨文本义是年成，五谷成熟，说文“年，谷熟也”，可以想象为用秋千等活动祝贺五谷成熟，从甲骨到唐楷宋草，年分解为禾与千的写法都有，引申为一年的收成、年纪、年节、年代、每年等义，地球绕太阳公转一次所需的时间为一年。

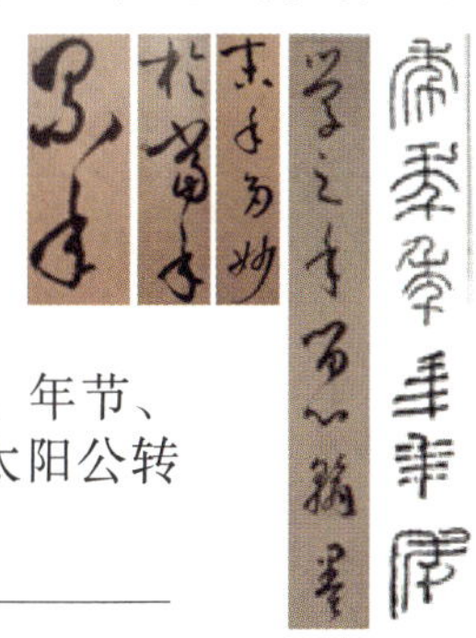

拓展：

哖 姩 䄭 鵇　　P10.3 志学之年　P17.5 分布于累年　P31.1 或写瑞于当年　P41.5 末年多妙

念　捻　鲶　埝　唸　谂

（甲骨 金文 楚简 简帛 说文 李斯 礼器碑 欧阳询 颜真卿 柳公权 赵孟頫 宋徽宗 王羲之 王羲之 黄庭坚

皇象 王羲之 智永 张旭 王羲之）（汉简 说文 赵孟頫 黄庭坚 王羲之）（金文 粗篆 柳公权 黄庭坚 王羲之

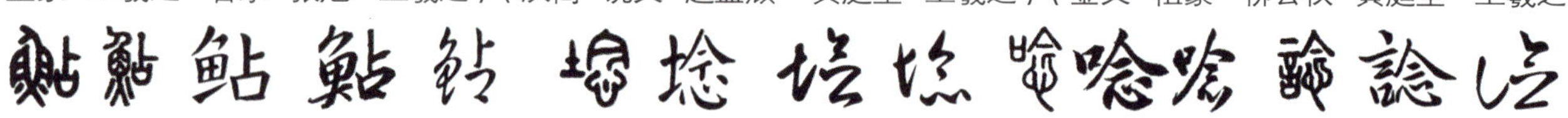

金文 说文 欧阳询 陆柬之 王羲之）（金文 颜真卿 王羲之 李淦）（说文 智永 王铎）（说文 赵孟頫 王羲之）

辨析：

念字的字形稳定，草书写法，1. 草化为“人之”；2. 快写。可拓展。

念 niàn：形声，从心今声，本义是常思、思念、惦念。

捻 niǎn：形声，从手念声，本义为用手指搓转。

鲶（鯰 nián）：同鲇。

埝 niàn：田里或浅水里用于挡水的土埂；淮北盐场交货、换船的地方叫埝，也称为堰。

唸 niàn：诵读，同念。

谂（諗 shěn）：同审，规谏、劝告，思念。

拓展：

惗 淰 踗 倽 险 莶 敛 棯 焾 裣 諗 趝 錜 餘 騐 鯰 脸 稔 硊 舲

鸟1：鸟　鸾（鸞）　鸿　鸡　鸠　岛　捣

（甲骨 甲骨 金文 金文 秦简 说文 李阳冰 欧阳询 虞世南 褚遂良 颜真卿 赵孟頫 宋徽宗 王羲之 皇象 王羲之 智永 怀素）

（说文 欧阳询 朱耷）（甲骨 金文 说文 虞世南 皇象 宋克）（甲骨 金文 楚简 说文 宋徽宗 王羲之 怀素 王铎 王铎 王羲之）

（简帛 说文 赵孟頫 皇象 ）（甲骨 说文 钟繇 欧阳询 颜真卿 王羲之）（王羲之 颜真卿 黄庭坚 沈粲 金文 说文 彭玉雯 王羲之）

辨析：

鸟字为象形，草书，上边为鸟头（两撇＋宀头），下边为鸟身，可拓展。拓展的字，一些字隹鸟同义，可以互换，例：雁可从鸟（参见雁字页），鸡可从“隹”。一些字则需要注意其字的本来结构，鸬（鸕）从“盧鸟”，鹰可从“隹鸟”，莺（鶯鸎）为“炏”字头，鸾（鸞）为䜌字头，鹭从路等等，均可见相关页或所涉字根页。

鸟（鳥 niǎo）：象形，甲骨文小篆字形像鸟形，本义为飞禽总名。

鸾（鸞 luán）：形声，从鸟䜌（luán）声。本义：鸟名。凤凰的一种，雄性的长生鸟。

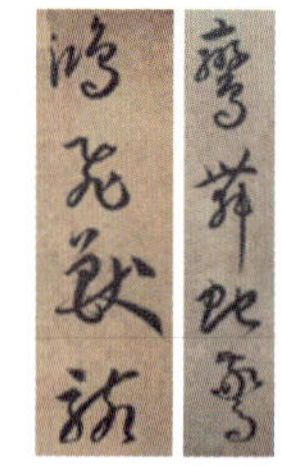

鸿（鴻 hóng）：形声，从鸟江声，本义是大雁。

鸡（鶏雞 jī）：形声，从鸟奚声，家禽名，雄鸡可以报晓。

鸠（鳩 jiū）：形声，从鸟九声，本义鸟名。

岛（島 dǎo）：形声，从山鸟声，本义为江湖、海洋中被水所包围而比大陆要小的一片陆地。

捣（搗擣 dǎo）：形声，从手岛声，本义是捣、舂。

拓展：

茑 鸢 鸤 鸧 枭 䲹 鸾 鸫 鸬 鸮 鸯 鸰 鸥 鸴 鸶 鹛 鹞 鹟

P11.2 鸿飞兽骇鸾舞蛇惊

鸟 2：鸣 鹊 鸽 鹌 鹑 鹦 鹉 鹍 鹏 鹱

（甲骨 甲骨 甲骨 金文 金文 楚简 楚简 秦简 说文 李阳冰 宝子碑 智永 欧阳询 颜真卿 王铎 智永 怀素）

（楚简 说文 颜真卿 皇象）（说文 柳公权 皇象）（篆字汇 篆字汇 石韵府 赵孟頫 王羲之）（金文 说文 衡方碑 虞世南

王羲之）（说文 颜真卿 徐渭）（说文 王铎 王羲之）（李阳冰 赵佶 赵孟頫）（篆字汇 颜真卿 王宠）（细篆 黄庭坚 王羲之）

辨析：

拓展的字，除了鸟字的各种变化外，还需要注意其组合字根的变化，特别是篆书的变化。

鸣（鳴 míng）：会意，从口从鸟，本义是鸟叫。

鹊（鵲 què）：形声，从鸟昔声，字本从隹，隶变作鸟，喜鹊。

鸽（鴿 gē）：鸽子。

鹌（鵪鷂鴳 ān）鹑（鶉 chún）：鸟名，古称羽毛无斑者为鹌，有斑者为鹑，后混称鹌鹑。

鹦鹉（鸚鵡 yīng wǔ）：羽毛鲜艳多彩，能模仿人说话。其中鹉从武，见武页。

鹍鹏（鵾鵬 kūn péng）：传说中的大鸟名。

鹱（鸌 hù）：远洋鸟，小的如鸽，大的像大型的海鸥 。

拓展：

鸷 鸸 鸹 鸺 鸻 鸼 鸡 鸳 鸦 鸫 鸪 鸽 鹂 鹈 鸶

鸟 3：鸥 鹤 鸵 鹃 鹂 鹧 鸪 鸲 鹳 鸬

（简帛 说文 颜真卿 赵孟頫 王羲之 王铎）（说文 瘗鹤铭 宋太宗 王铎）（细篆 王羲之 王羲之）（细篆 颜真卿 章草）

（金文 小篆 文徵明 索靖 王羲之 赵构 黄庭坚 王羲之）（说文 颜真卿 赵孟頫 王羲之）（说文 汉简 赵孟頫 章草）

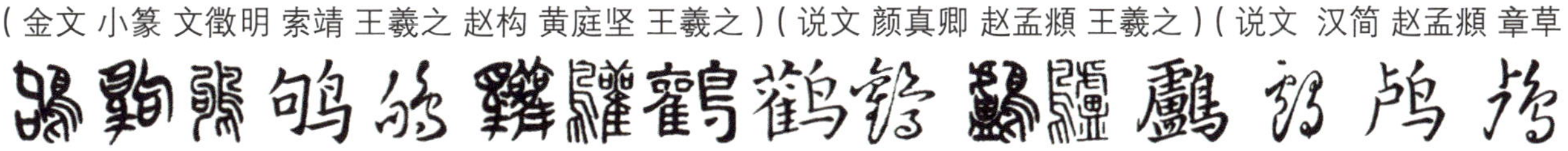
（金文 简帛 说文 欧阳询 章草）（简帛 说文 曹全碑 王羲之 韵会）（金文 说文 赵孟頫 鲜于枢 王羲之 王羲之）

辨析：

拓展的字，除了鸟字的各种变化外，还需要注意其组合字根的变化，特别是篆书的变化。

鸥（鷗 ōu）：水鸟名，鸥科，有海鸥、银鸥、燕鸥等种类。

鹤（鶴 hè）：形声，从鸟隺声，鹤科各种类鸟的统称，皆为大型涉禽，比喻白色。

鸵（鴕 tuó）：鸵鸟。

鹃（鵑 juān）：杜鹃。

鹂（鸝 lí）：黄鹂。

鹧鸪（鷓鴣 zhègū）：动物名。

鸲 （鴝鵒 qú）：鸲属鸟，身体小，尾巴长，嘴短而尖，羽毛美丽，八哥儿。

鹳（鸛 guàn）：水鸟名，将雨则鸣，仰鸣则晴，俯鸣则阴。

鸬（鸕 lú）：鸬鹚，水鸟，羽毛黑色，嘴扁而长，尖端有钩，善捕鱼，渔人常用来捕鱼，亦称鱼鹰、乌鬼、水老鸦。

拓展：

鹟 鹕 鹎 鸧 鹰 鹓 鹁 䴖 鹏 鹖 鹗 鹘 鹜 鹚 鹛 鹍

N

鸟4：鸦 鸭 鹬 鸨 鸩 枭 鹫 鹜 鸳 鸯 鹰 鹥

（简帛 说文 颜真卿 王羲之）（说文 王铎 王献之）（金文 说文 说文 王羲之 王羲之）（说文 说文 褚遂良 王铎

章草）（金文 说文 柳公权 王羲之）（简帛 说文 赵孟頫 皇象 王羲之）（说文 褚遂良 章草）（说文 颜真卿 皇象）

（简帛 说文 欧阳询 皇象）（说文 颜真卿 颜真卿 邓文原）（金文 分韵 颜真卿 赵佶 乾隆 皇象）（说文 文徵明）

辨析：

拓展的字，除了鸟字的各种变化外，还需要注意其组合字根的变化，特别是篆书的变化。

鸦（鴉 yā）：鸟名，各种大型的、通常是亮黑色的鸦属。

鸭（鴨 yā）：水禽名，俗称鸭子。

鹬（鷸 yù）：形声，从鸟矞（yù）声，水鸟鹬；说文有从走的写法，同鹬。

鸨（鴇鳵 bǎo）：鸟类的一属，比雁略大，背上有黄褐色和黑色斑纹，不善于飞，而善于走，能涉水；指开设妓院的女人。

鸩（鴆 zhèn）：形声，从鸟，传说中的一种毒鸟，用它的羽毛泡的酒，喝了能毒死人。

枭（梟 xiāo）：会意，从鸟，头在木上，本义是指一种恶鸟，捕捉后悬头树上以示众；猫头鹰。

鹫（鷲 jiù）：一种猛禽，亦称雕。

鹜（鶩 wù）：形声，从鸟敄（wù）声，野鸭。

鸳鸯（鴛鴦 yuān yang）：鸳指雄鸟，鸯指雌鸟，故鸳鸯属合成词，水鸟，比鸭小，栖息于池沼之上，雌雄常在一起。

鹰（鷹 yīng）：形声，从鸟，鹰属的各种鸟，猛禽。

鹥（鷖 yī）：鸥的别名。

拓展：

鹡 鹢 鹣 鹧 鹥 鹨 鹩 鹪 鹬 鹮 鹯 鹲 㶉 鹕 鹴

N

星 涅 捏 陧

（金文 楷书）（金文 简帛 说文 金刚经 欧阳询 颜真卿 柳公权 赵孟頫 王羲之 赵孟頫 王羲之 李洤 韵会）

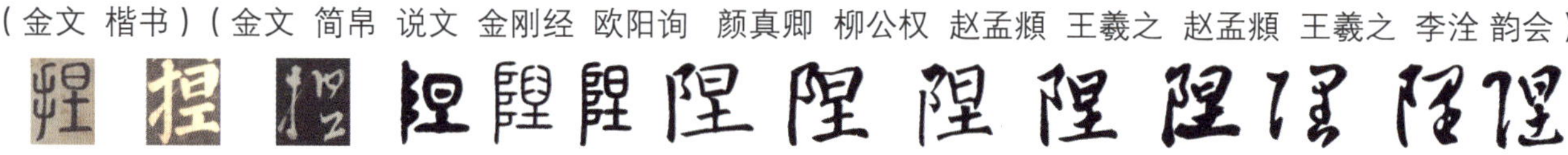

（篆字汇 颜真卿 董其昌）（金文 说文 粗篆 欧阳询 颜真卿 柳公权 赵孟頫 郭沫若 王羲之 文徵明 章草）

辨析：

星字字形稳定，行草书为快写。可拓展。

星 niè：古同埕，埕乃塞也，下也。

涅 niè：从水从土日声，可做黑色染料的矾；涅槃，佛教指超脱生死的最高境界，后亦作僧人的代称。

捏niē：同捏，用拇指和其他手指夹住。

陧 niè：危也；凶也；法度也；杌陧（wù niè），不安。

拓展：

喌 腥

臬 镍 劓 湼 甈（𤮊） 臲 寱（囈）闑

（甲骨 甲骨 金文 说文 伊秉绶 欧阳询 颜真卿 柳公权 赵孟頫 王羲之 米芾 赵孟頫 王羲之 李淦 章草）

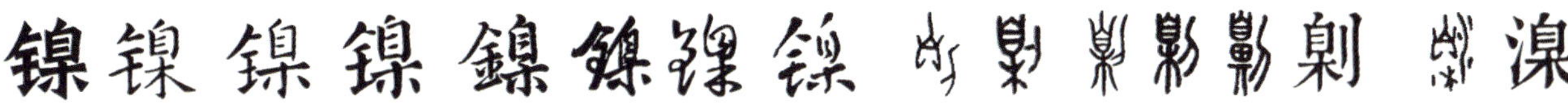

（魏碑 王羲之 欧阳询 颜真卿 赵孟頫 王铎 王羲之 章草）（甲骨 金文 金文 说文 说文 楷书）（说文 楷书）

（说文 彭玉雯 说文 楷书）（说文 楷书）（说文 吴彩鸾 篆字汇 赵孟頫 徐伯清 颜真卿 章草）（说文 成亲王）

辨析：

臬字字形稳定，行草书为快写。可拓展。

臬 niè：从木从自，李阳冰曰："自非聲，从劓省"，箭靶。

镍（鎳 niè）：近似银白色、硬而有延展性并具有铁磁性的金属元素，它能够高度磨光和抗腐蚀。

劓 yì：刖鼻也。

湼 niè：水名。

甈（𤮊 qì）：破瓦壶，破裂。

臲 wà：不安也。

寱（囈 yì）：梦中说话，同呓。

闑 niè：门橛，古代门中央所竖的短木。

拓展：

嵲 㙞 闑 𥇓 臲 寱 鷍

宁 1咛（嚀） 拧（擰） 2纻（纻） 贮（贮）

（甲骨 甲骨 甲骨 甲骨 金文 金文 金文 金文 楚简 秦简 说文 汗简 程邈 姜宸英 鲜于枢 西狭颂 欧阳询

颜真卿 宋徽宗 王羲之 皇象 王羲之 王铎）1（金文 曹全碑 汉简 王羲之）（金文 曹全碑 王羲之 王羲之）

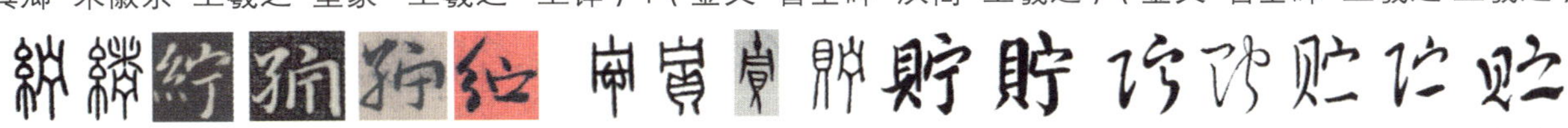

2（说文 说文 赵构 赵孟頫 宋克 孙点）（甲骨 金文 盟书 说文 陆柬之 颜真卿 王羲之 韵会 王羲之 王羲之 章草）

辨析：

宁（寍寧）字的字形多变，草书为"宁"字的快写，作为字根，1. 从寧：咛（嚀）拧（擰）泞（濘）狞（獰）妤（嬣）柠（檸）等字从"寧"。2. 从宀：纻与贮等发音为 zhù，有异体字纻和贮，从"宀"，各体均可从之。拓展的柠和苧字，还有从予的异体字杼和芧字，可参见予页。

宁（寍寧 níng）：本作"寍"，从宀从心从皿，表示住在屋里有饭吃就安心了，后世假"寧"为"寍"，"寧"行而"寍"废，今用"宁"字作"寧"简化字；"宁"本读 zhù，是"贮"的本字；本义为安宁、平安。

咛（嚀 níng）：形声，从口宁声，双音词叮咛，再嘱咐。

拧（擰 níng）：形声，从手宁声，用拇指和另外一两个指头扭住皮肉用力转动；nǐng，用力扭转，别扭，意见相互不一致；nìng，倔强，固执，执拗。

纻（纻紵綍 zhù）：一种麻料纤维；用麻织成的布。

贮（贮 zhǔ）：积藏、储蓄。

拓展：

1. 濘（泞） 狞（獰）妤（嬣）柠（檸杼）
2. 眝（矃）竚（竌儜）伫（伫儜）坾（土宀）衧（衤宀）盁（宀皿）忙（詝懧）帄（巾宀巾寧）苧（苎芧）

牛1：牛 件 牲 犒 牭 牦 牮 犁 荦（犖） 眸

（甲骨 甲骨 甲骨 金文 盟书 清华 说文 好太王 欧阳询 褚遂良 颜真卿 柳公权 赵孟頫 王羲之 史游 王羲之）

（简帛 说文 王羲之 王羲之 王羲之）（甲骨 甲骨 金文 说文 欧阳询 王羲之）（金文 虞世南 王羲之）（说文 楷书）

（金文 黄庭坚 黄庭坚）（汉简 文徵明）（石韵府 智永 赵孟頫 王羲之）（说文 董诰 王羲之 王铎）（说文 智永 章草）

辨析：

牛字的结构突出牛角，字形稳定，其行草书为快写。可拓展。

牛 niú：象形，甲骨文字形中间一竖表示牛面，上面两竖加弯表牛角，下面两小撇表示牛耳。

件 jiàn：会意，从人从牛，牛大物故可分，分解、分开；物品、器具；量词。

牲 shēng：古代供祭祀用的全牛；泛指供祭祀、盟誓及食用的家畜。

犒 kào：以牛酒宴饷兵士。

牭 sì：四岁的牛；牛凶狠。

牦（犛氂 máo）：会意，从牛毛声，本义是牦牛尾。

牮 jiàn：斜着支撑；用土石挡水。

犁（犂 lí）：形声，从牛利声，本义是牛耕。

荦（犖 luò）：形声，从牛劳省声，杂色的牛。

眸 móu：形声，从目牟声，指瞳仁、眼珠。

拓展：

牧 牺 （犧） 牳 吽 泮 告 窂 㸦 牞 牝 牠 牡 牣 牤 犴 犸 牮 制 牥 犺 物 牪 牫 牬 牪 牨 牰 牬
㸮 料 犻 牭 牯 牰 牱 牴 牠 牻 牸 牸 牮 犀 拳 牷 牸

P38.5 庖丁之目不见全牛

N

牛2：特 物 牵 犅 犆 犊 犍

（甲骨 金文 说文 乙瑛碑 王羲之 皇象 怀素）（甲骨 甲骨 李阳冰 欧阳询 王羲之 王羲之 张旭）

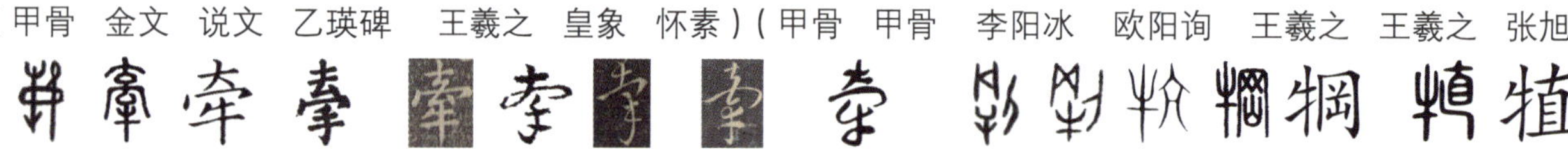

（甲骨 说文 王羲之 颜真卿 颜真卿 皇象 王献之 祝枝山 于右任）（甲骨 金文 古文 说文 楷书）（六书通 楷书）

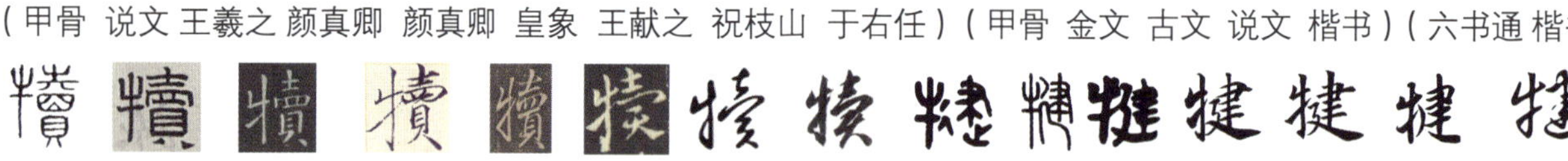

（说文 赵孟頫 欧阳询 宋徽宗 王羲之 皇象 王羲之 智永）（金文 说文 汉简 智永 欧阳询 王羲之 王羲之）

辨析：

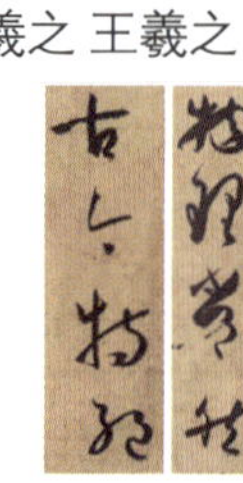

牛字无论偏旁还是字根，行草书都是快写。

特 tè：形声，从牛寺声，说文曰特为牛父也，即种牛，本义为雄性的牛马。

物 wù：形声，从牛勿声，“勿”是一种杂色旗，表示杂色，本义是万物。

牵（牽 qiān）：形声，从牛，“冖”像牵牛的绳，玄声，本义为牵牛。

犅 gāng：公牛。

犆 zhí：阉牛；tè，古同特，单一；缘饰、装饰。

犊（犢 dú）：小牛，牛子也。

犍 jiān：公牛，特指骟去睾丸的公牛；地为，地名，在中国四川省。

拓展：

牢（见 M 宀） 牾 牿 犁 犗 眸 犕 掣 犀 犂 犃 犄 犅 犆 犍

P4.4 古今特觉　P5.2 物理常然

牛 3：牡 牝

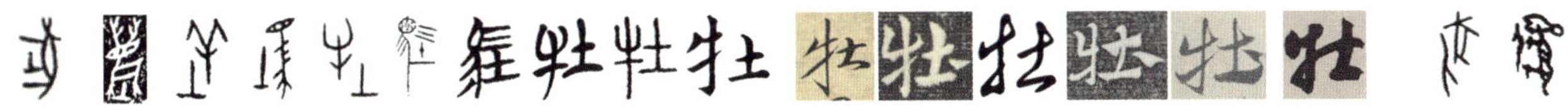

（甲骨 甲骨 甲骨 甲骨 甲骨 金文 简帛 简帛 说文 王羲之 宋徽宗 皇象 王羲之 赵孟頫 邓文原 祝允明）（甲骨 甲骨

甲骨 甲骨 甲骨 甲骨 甲骨 甲骨 甲骨 甲骨 甲骨 金文 金文 石鼓文 说文 王羲之 褚遂良 赵孟頫 皇象 王羲之 李洤）

辨析：

牡和牝字的甲骨文形态较多，牡有从猪、鹿（合 8233）、羊、马、牛等字的写法，牝有从猪、㲋（chuò）、兕（sì）、鹿、虎、羊、马、牛等字的写法，金文（匍盉）和石鼓文（车工）还可见从鹿的写法，隶楷字形稳定从牛，行草书为快写。

牡 mǔ：会意，甲骨文有从各种动物的写法，说文从牛从土，“土”为雄性动物的标志，本义为雄性的鸟兽，与“牝”相对，牡牛；锁匙，丘陵。

牝 pìn：形声，甲骨文有从各种动物的写法，说文从牛从匕（bǐ），“匕”为雌性动物的标志，本义是雌性的禽兽，与“牡”相对，牝牛、牝马、牝鸡；锁孔，溪谷。

拓展：

裝 麈 騭

農（农）濃 噥 穠 儂 膿 醲

（甲骨 甲骨 甲骨 甲骨 金文 金文 简帛 古文 古文 说文 曹全碑 赵孟頫 索靖 王羲之 智永 赵孟頫 张弼 归庄

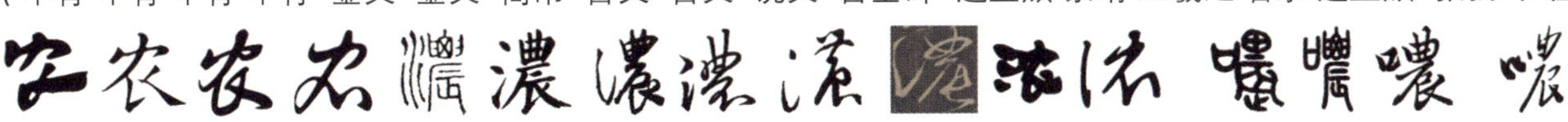

汉简 王羲之 王铎 章草）（说文 颜真卿 蔡卞 王羲之 祝允明 朱钟铉 汉简 王羲之）（金文 粗篆 赵孟頫 毛泽东

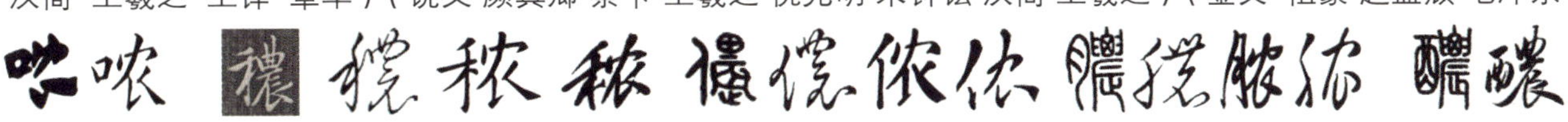

汉简 王羲之）（赵孟頫 孙过庭 欧阳询 黄庭坚）（金文 孙过庭 颜真卿 章草）（说文 韵会 王铎 王羲之）（说文 米芾）

辨析：

農从“曲＋辰”，作为字根，曲字草书，1. 快写；2.“三点横”；而辰（辰字草书见辰页）字的草书一般有“厂长辰”和“厂良辰”两种。農字是一个拓展性较强的字根，需注意其变化。

農（农 nóng）：字形见于商代甲骨文。农的古字形字状似一个人手持工具在山林草地耕作，本意指耕作，引申泛指农事、农业，又指农民，古时亦有田官、勤勉之意。

濃（浓 nóng）：多、盛、密；味道、颜色、感情等深厚的；酣畅、程度深的。

噥（哝 nóng）：小声说话，咕哝、唧哝。

穠（秾）：花木繁盛，艳丽、华丽，肥美、丰满。

儂（侬 nóng）：吴语，我，表第一人称；称他人。

膿（脓 nóng）：伤口因细菌感染，组织遭其腐败分解而成的黄白色汁液；腐烂，肥厚。

醲 nóng：酒醋味厚。

拓展：

農（农） 燶 繷 欁 禯 襛 癑 檂 蕽 穠 譨 鬞 鱸 獶 曨

P52.2 带燥方润将浓（濃）遂枯

弄 梇 筭(祘 算) 匴 篹

（甲骨 甲骨 金文 金文 金文 简帛 秦简 说文 邓石如 欧阳询 颜真卿 柳公权 赵孟頫 宋徽宗 王羲之 赵孟頫 王铎

王羲之 章草 黄庭坚 李淦）（说文 隶辨 楷书）（秦简 说文 肥致碑 何绍基 隶辨 皇象 王羲之 文徵明 皇象 王羲之

说文 虞恭公 王铎 楚简 简帛 说文 爨体 王羲之 颜真卿 孙过庭 章草）（说文 秦简 楷书 彭玉雯）（说文 楷书）

辨析：

弄字的行草书为快写，廾居下其楷行草可写“大”。筭有异体字祘和算，算亦可拓展。

弄（挵衖 nòng）：会意，上为玉下为廾，指双手玩赏玉器，本义为用手把玩、玩弄。

梇 lòng：古书上说的一种树；梇栋，汉代县名，在今云南省姚安县北。

筭（祘算 suàn）：古文为祘，会意，从竹从弄，竹表算筹，本义为计算用的筹码；计谋、谋划。其中，祘 suàn：明视以算之，从二示，同算；算 suàn：会意，从竹从具，竹跟算筹有关，具表示齐备，本义是计算。

匴 suǎn：冠箱也。

篹 chuàn：小舂也；楚快切，除谷芒也。

拓展：

倂 哢 挵 婈 硦 崸 庰 渀 剙

奴 努 驽 怒 呶 弩 帑 拏 孥

（甲骨 金文 简帛 说文 宝子碑 欧阳询 褚遂良 颜真卿 赵孟頫 张芝 皇象）（篆字汇 颜真卿 王羲之

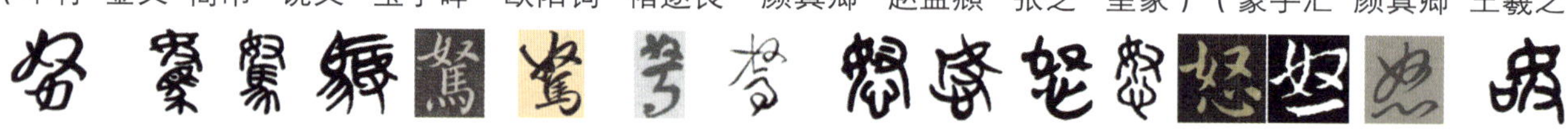
王献之）（金文 粗篆 简帛 蔡襄 赵孟頫 简书 黄庭坚）（金文 简帛 汉简 说文 钟繇 皇象 康里巎）（金文

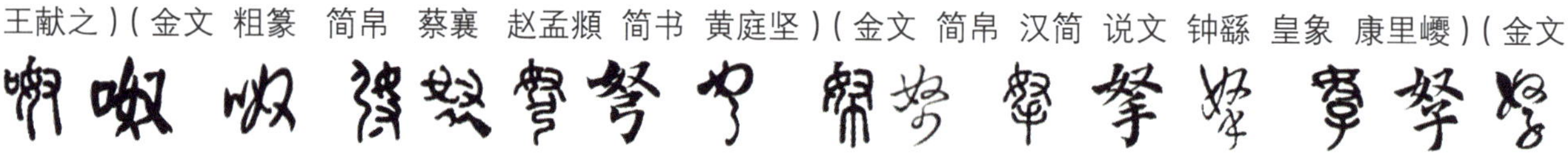
说文 颜真卿 王羲之）（金文 汉简 说文 智永 王羲之）（说文 韵会）（说文 颜真卿 王铎）（金文 欧阳询 傅山）

辨析：

奴字从女又，行草书都是快写，草书连笔多，姿态更加灵动多变。可拓展。

奴 nú：会意，从女从又，女指女奴，又（手）指用手掠夺之，一说又（手）指女奴从事劳动，本义是奴隶、奴仆。

努 nǔ：形声，从力奴声，本义为勉力、出力。

驽（駑 nú）：形声，从马奴声，本义为劣马。

怒 nù：形声，从心奴声，本义是发怒。

呶 náo：喧哗。

弩 nǔ：用械发箭的弓。

帑 tǎng：贮藏钱财的府库；nú，儿子、子孙；妻与子的合称。

拏 ná：持拿、执取、拘捕，后作拿。

孥 nú：形声，从子奴声，本义为儿子，亦指妻子和儿女。

拓展：

伮 怓 砮 笯 餥 詉 砮 絮 駑 P42.2 鼓努为力

虐 谑 嘘 瘧(疟)

（甲骨 甲骨 金文 楚简 古文 古文 说文 鲁峻碑 邓石如 智永 欧阳询 欧阳询 王羲之 米芾 皇象 韩道亨）

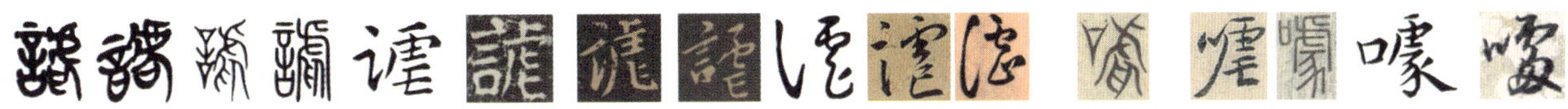

（金文 简帛 古文 说文 王羲之 颜真卿 王羲之 胡俨 王羲之 王宠 王铎）（六书通 易孺 说文 王羲之 王铎）

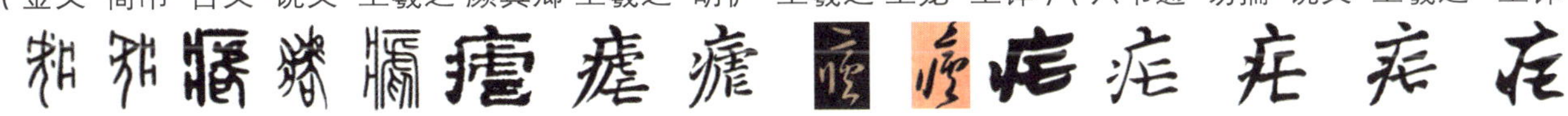

（甲骨 甲骨 金文 楚简 说文 樊敏碑 颜真卿 赵孟頫 王羲之 王铎 汉简 王羲之 颜真卿 黄庭坚 文徵明）

辨析：

虐字的异体字较多，虐和虐等累见，草书一般为快写或从虐字结构。嘘同噱，各体累见。

虐 nüè：会意，篆字从虍（hǔ 指虎头）爪人，小篆为虎足反爪伤人，隶变后省略“人”字，本义是凶恶、残暴，无节制、纵情；轻视，灾害；通谑，戏谑；《類篇》本作虐，亦作虐；异体字有“虐獻虐虐虐虐虐虐虐虐虐虐”。

谑（謔 xuè）：形声，从言虐声，本义是尽兴地游乐，取笑作乐。

嘘 xué：同噱。

疟（瘧瘧瘧 nüè）：疟疾。

拓展：

虐 臆 瞎

女1：女

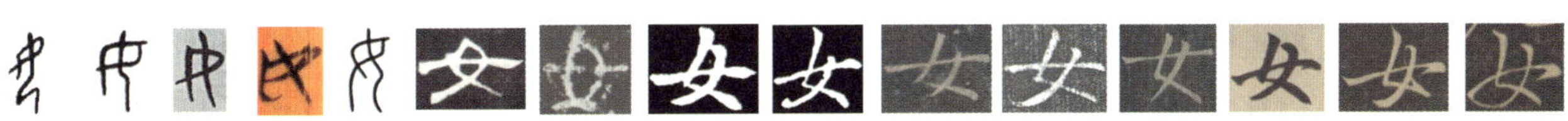

甲骨 金文 盟书 楚简 说文 曹全碑 好太王 卫夫人 王羲之 欧阳询 颜真卿 柳公权 赵孟頫 王羲之 颜真卿

王羲之 智永 怀素 杨维桢）1 *王羲之 王羲之 王献之 王羲之* 2 *王羲之 王羲之 王羲之* 3 *汉章帝 张芝 于右任*

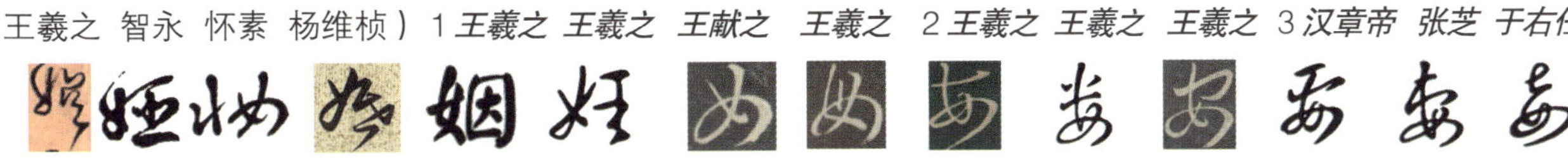

4 *王铎 徐渭 章草* 5 *朱大有 王羲之 王羲之* 6 王羲之 王羲之 王羲之 王羲之 王羲之 王羲之 王羲之 王羲之

辨析：

女字的篆书为象形，隶定字形稳定，草书一般写两笔，撇和捺的方向写相向或相背均可。女字的拓展性很强，拓展的1—5，列示随后，第6的“八朵金花”“女母每娄安要妻妾”，草书写法相关性较强，“女怀丹是母，加横成为每，每加两点为娄，戴宀乃为安；安加横为要，要出头是妻，“七女（七一女）”则为妾，其中，母、每、娄、安、要、妻和妾等字，其再拓展后，所涉字根“遍地开花”，分别见相关页，需注意细节。拓展的字中，如，奴她好如妇妥姬姆委姗娇姣娈晏等等，还可参见相关字根所在页。

女 nǚ：象形，甲骨文字形像一个敛手跪着的人形，本义是女性、女人，与“男”相对。

拓展：

1.*奶 妈 姑 娘*　婶 嫂（嫂）姐 妹 妯 娌； 2.*姥 婆 姨*　妗 妞 娃 妮 婴 婿 她 妙 甥；
3.*始 汝 姚*　嫔 姬 娣 娟； 4.*娱 娅 妆*　妖 娆 娇 婀 娜 姹 妍 娑 囡；
5.*婚 姻 妊*　娠 娩 嫉　妒 姘 奸 妄 姜； 6.女 母 每 娄 安 要 妻 妾

女2：奶 妈 姑 娘 婶 嫂（㛐） 姐 妹 妯 娌

（金文 金文 金文 金文 金文 篆字汇 曹全碑 王羲之 王羲之）（颜真卿 赵孟頫 王羲之）（金文 楚简 秦简 说文

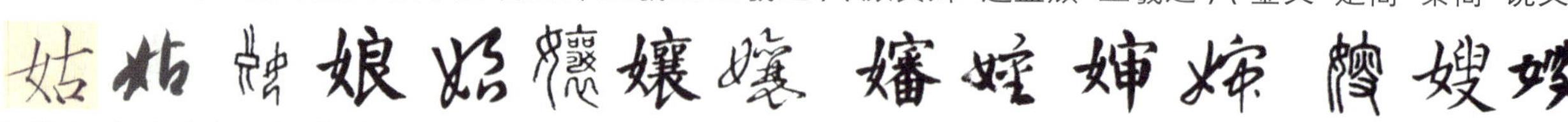

宋徽宗 智永）（甲骨 颜真卿 王羲之 说文 颜真卿 韵会）（颜真卿 敬世江 颜真卿 王羲之）（说文 王羲之 汉简

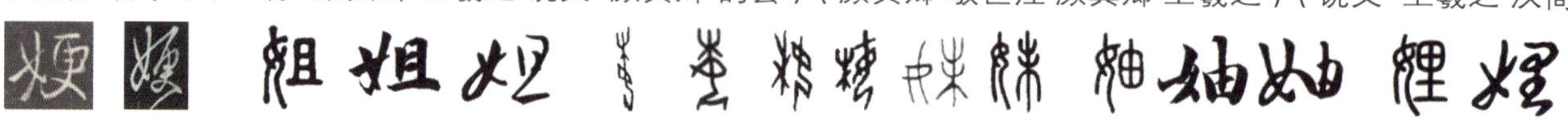

王献之 王羲之）（说文 赵孟頫 王羲之）（甲骨 甲骨 甲骨 甲骨 金文 说文）（说文 智永 王羲之）（粗篆 王羲之）

辨析：

需要注意的是，娘字有异体字孃，婶字有异体字嬸，嫂字有异体字㛐，各体可从。

奶（嬭妳 nǎi）：形声，从女乃声，本义是乳房。

妈（媽 mā）：形声，从女马声，本义是称呼母亲。

姑 gū：父亲的姐妹；少女，亦作妇女的通称；暂且，苟且。

娘（孃 niáng）：形声，从女良声，本义是对妇女的泛称，多指少女；母亲；孃，烦忧也，一曰肥大也，今攘行而孃废矣。

婶（嬸 shěn）：叔母。父亲弟弟的妻子；兄、嫂称弟之妻，有孩子他婶的意思。

嫂（㛐 sǎo）：哥哥的妻子，泛称年岁不大的已婚妇女。

姐 jiě：同父母（或只同父、只同母）而比自己年纪大的女子，对比自己年纪大的同辈女性的称呼，对未婚女子的通称。

妹 mèi：形声，从女未声，本义是妹妹。

妯娌 zhóu li：已婚妇女称呼丈夫兄弟的妻子为妯娌。

拓展：

伩 奵 㚢 㚸 妋 奸 奷 㚤 妠 圾 奸 奸 奴 奼 妡 妭 改 妁 妅 妍 奼 妁 妩 妧 㚿 忞 佞 妩

女3：姥 婆 姨 妗 妞 娃 妮 婴 婿 妙 娚

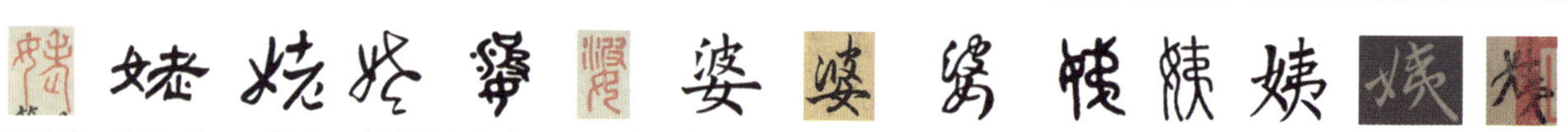

（石韵府 曹全碑 王羲之 李洤）（金文 石韵府 欧阳询 赵孟頫 王羲之）（金文 说文 柳公权 王献之 王羲之）

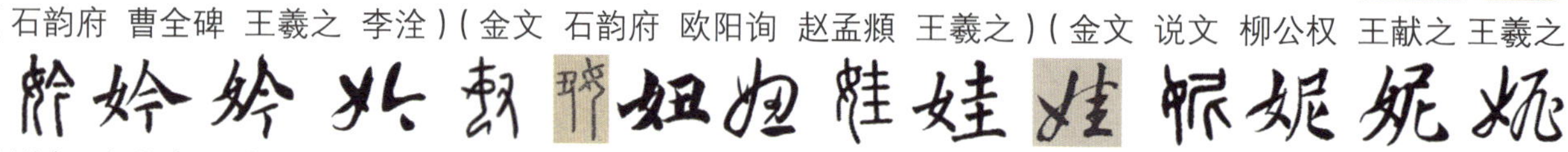

（说文 虞世南 王羲之 于右任）（甲骨 广义 智永 李洤）（说文 柳公权 祝永明）（金文 褚遂良 王羲之 王羲之）

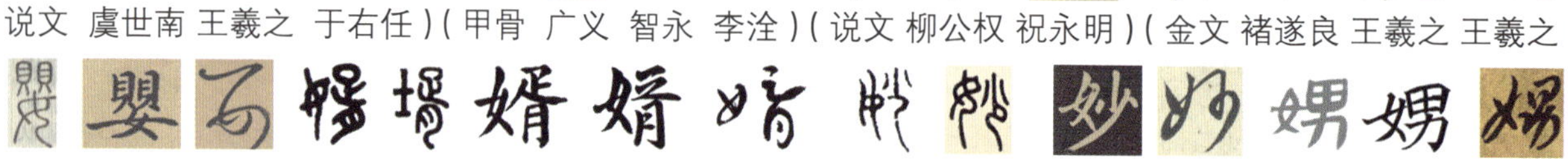

（说文 钟绍京 怀素）（金文 说文 颜真卿 赵孟頫 敬世江）（说文 邓石如 赵孟頫 空海）（简帛 苏孝慈 李怀琳）

辨析：

婴字的上边为同型结构，草书可以草化为两点。婿从疋，疋与足同源，其疋字的草书可写足字的草书。其余的字可参见相关字根页。

姥 lǎo：称外祖母，亦为对老妇人的敬称；旧时称接生的妇女；年老的妇女。

婆 pó：婆娑，形声，从女波声，本义是舞貌；年老的妇人；已婚妇女；丈夫的母亲；祖母。

姨 yí：称母亲的姊妹，妻的姊妹，妾。

妗 jìn：舅母，舅父的妻子。

妞 niū：女孩子。

娃 wá：形声，从女圭声，本义为美女；少女、姑娘；儿子或女儿，有亲昵意。

妮 nī：形声，从女尼声，本义是婢女，侍候主人的女孩子；少女。

婴（嬰 yīng）：刚生下来的小孩儿；触，缠绕。

婿（壻 xù）：古时女子称夫为婿。

妙（玅 miào）：美妙少女，本义为美，好。

娚 nán：古同“喃”，象声词。

拓展：

妋 姘 妎 妏 妐 妑 妒 妓 妔 妕 妘 妚 妛 妜 妟 妠 妡 妢 妣 妤 妦 妧 妨 妩 妫 姂 姉 姒 姖 胺 姃
姃 姑 姗 姊 姇 姛 姈 姛 姌 娉 要 姍 妥 娓 姛 姁 姘 郊 佞 伽 侫 呶 姤 妭 妮 妯 姹 姶 姐 妳 娶 娃
娟 婳 娆 媪 峻 晻 猛 䣽 嫏 婚 婡 婠 婧 婩 婸 婕 婼 婆 婁 婑 媏

女 4：始 汝 姚 嫔 姬 娣 娟

（金文 说文 钟繇 汉章帝）（甲骨 甲骨 楚简 说文 礼器碑 颜真卿 张芝）（说文 欧阳询 王羲之 柳公权

王羲之 魏碑 于右任）（甲骨 说文 颜真卿 章草 王羲之 章草）（甲骨 金文 金文 金文 楚简 说文 欧阳询

虞世南 索靖 鲜于枢 黄姬水）（说文 曹全碑 欧阳询 王羲之 王羲之）（说文 楚简 西狭颂 好大王 王羲之）

辨析：

篆书部件或左或右或上或下，不稳定，是一种常见的现象，汝姬是也。所涉字根，可参见相关页。

始 shǐ：形声，从女台声，开头、开始。

汝 rǔ：形声，从水女声，本义为汝水；你；以汝相称，表示彼此亲昵。

姚 yáo：美好的样子；古同遥，远。

嫔（嬪嬪 pín）：形声，从女宾声，帝王的女儿出嫁；宫廷中的女官，皇帝的妾，侍从。

姬 jī：形声，上古母系社会流传下来的一种姓氏；古代称帝王的妾。

娣 dì：古代剥削阶级的妇女出嫁时随嫁的女子；古代姐妹共嫁一夫，幼为娣，长为姒；古代诸妾中的年幼者；姐姐对妹妹的称呼，姊娣；妇人对丈夫的弟媳的称呼，娣妇。

娟 juān：形声，从女肙声，本义为美好，多指姿态美。

拓展：

弦 妋 妸 妼 妽 妿 姀 姁 姃 娓 姅 姕 姈 始 姌 姗 姎 姏 姓 孥 帑 弩 恕 钕 驽 寇 妃 絜 娘 姢 媣
姙 姱 姻 姝 姈 姢 姆 姉 姹 姼 姿 娀 娅 娈 娃 娄 娆 娇 娉 娌 娑 娓 娘 娜 娟 娠 娣 娥 娩 娱 娲 娴
娶 娷 娸 娹 娺

女 5：娱 娅 妆 妖 娆 婀 娜 姹 妍 娑 囡

（简帛 说文 吴叡 王羲之 王羲之 王铎）（甲骨 金文 魏碑 欧阳询 徐渭）（甲骨 甲骨 金文 楚简 说文 王羲之

赵孟頫 章草）（说文 颜真卿 郑板桥 索靖 归庄）（说文 赵孟頫 王羲之）（六书通 赵孟頫 赵构）（篆字 赵孟頫）

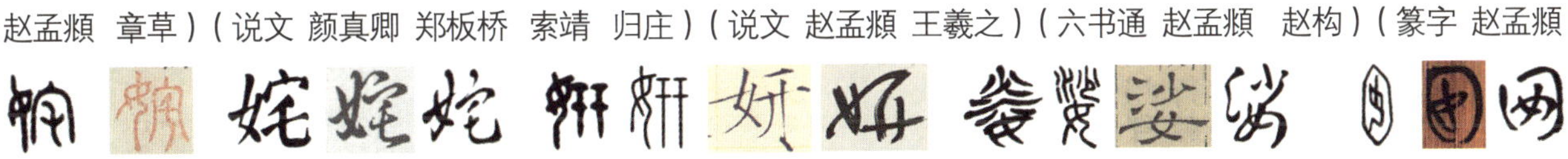

（金文 石韵府 颜真卿 辨体 章草）（金文 说文 宋徽宗 于右任）（简帛 说文 隶辨 王羲之）（甲骨 楚简 章草）

辨析：

篆书部件或左或右，或上或下的情形累见。娱和妖字，其篆书渊源，各体可溯。

娱 yú：形声，从女吴声，本义是快乐、欢娱。

娅（婭 yà）：形声，从女亚声，本义是连襟，姐妹二人的丈夫互相称娅。

妆（粧 zhuāng）：梳妆打扮。

妖娆 yāo ráo：（形）妩媚艳丽动人。

婀娜（ē nuó）：亦作妸娜，形容柳枝等较为纤细的植物体态优美，或女子身姿优雅，亭亭玉立，也形容女子轻盈柔美。

姹（奼 chà）：形声，从女宅声，本义是少女。

妍 yán：形声，小篆字形，从女幵（jiān）声，本义是巧慧。

娑 suō：起舞的样子。

囡 nān：方言，小孩儿。

拓展：

倭 倿 凄 啰 姬 娉 娊 娋 娌 娎 娓 娐 娑 娒 娓 娔 娕 娖 娘 娙 娚 娛 娝 娟 娠 娡 娢 娣 娤 娥 娦
娧 娨 娩 娪 娭 娮 娯 娱 娲 娴 娳 娶 婀 娷 孬 宴 寇 恕 恕 挐 挼 晏 架 案 桉 桜 氨 洝 珱 砮 绥 胺 荽
诿 郪 馁

女 6：婚 姻 妊 娠 娡 娵 嫉 妒 姘 奸 姜

（金文 籀文 说文 欧阳询 王羲之 朱大有）（诅楚文 说文 颜真卿 王羲之）（甲骨 金文 说文 颜真卿 王羲之）

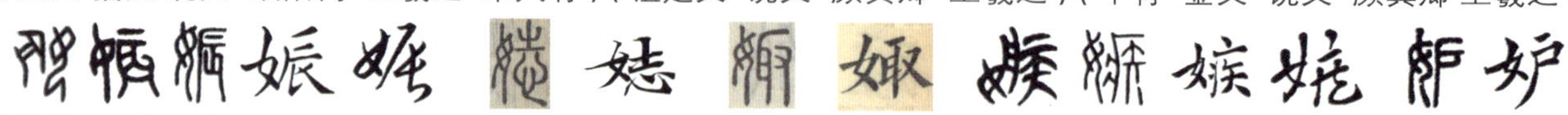

（甲骨 金文 说文 王羲之 赵构）（篆字汇 维摩诘）（篆字汇 彭玉雯）（简帛 说文 褚遂良 章草）（说文 褚遂良

王羲之 章草）（金文 说文 虞世南 智永 王羲之）（金文 说文 魏碑 智永 章草 说文 长芡 怀素）（甲骨 王羲之）

辨析：

不少字的篆书与隶楷形体差异很大，或象形，或会意，如婚、娠、娩等。所涉字根，可参见相关页。

婚 hūn：男女结为夫妇；异体字有婚昏婜㛰䡄㛰婜等。

姻（婣 yīn）：会意兼形声，从女从因，女婿家；姻亲，婚姻。

妊娠 rèn shēn：又名妊子、重身、怀娠，指怀孕。

娡 zhì：古女子人名用字。

娵 jū：娵隅，古代南方少数民族称鱼。

嫉妒 jí dù：因为别人好而忌恨。

姘 pīn：形声，从女并声，本义是非夫妻男女同居。

奸 jiān：男女发生不正当的性行为；阴险，虚伪，狡诈；不忠于国家或自己一方的人；异体字有姧姦㚸䵗㚻等等。

姜 jiāng：形声，从女羊声，本义为水名，姜水；生姜。

拓展：

娴 姞 姟 姰 姡 娟 姤 姩 姫 娶 姮 姺 姰 姱 姳 娶 姵 姶 姷 姺 姼 姽 姾 姿 娀 威 娂 娇 娍 娗 娫 娰 娙 峖 帤 怒 拏 按 洝 洳 籹 耍 茹 荽 偨 婡 婡 娗 婜 娮 娣 娓 娼 娭 娷 娭 婞 娧 娭 娉 娝 娘 娱 娩 娴 娩 婄

𠂢（反永）派 哌 脈（衇） 眽 覛

（金文 说文 楷书）（金文 金文 石韵府 说文 简帛 爨体 欧阳询 颜真卿 王羲之 晋祠铭 赵孟頫

王羲之 孙过庭 陆游 宋克 王铎）（金文 说文 欧阳询 颜真卿 赵孟頫 柳公权 王羲之 米芾 王羲之 章草）

（简帛 说文 金农 祝永明 王铎 怀素 衡方碑 苏轼 索靖 说文 楷书）（说文 智永 王铎）（籀文 说文 彭玉雯）

辨析：

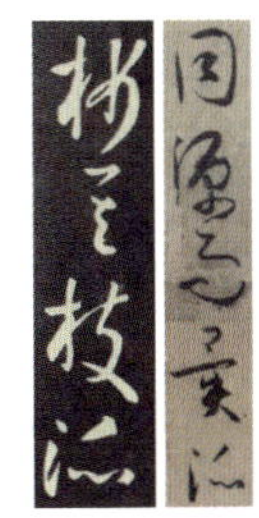

𠂢（反永）字作为字根，其草书一般有三种写法：一是撇划下草化为三个点（见王羲之、孙过庭），较常用；二是快写（见王铎）；三是借用"爪"字的写法（见陆游、宋克）。可拓展。注意 反永为𠂢，脈是脉的异体字，草法一般从"永"，永字见永页。

𠂢 pài：从反永，永，长流也，反则分派也，本义为水分流也。

派 pā：别水也，从水从𠂢（反永），水的支流。

哌 pài：哌嗪，药名，有机化合物，白色结晶，易溶于水，有溶解尿盐酸，驱除蛔虫、蛲虫等药理作用。

脈（衇脉 mài）：身体里的一种支脉，本义是血管；汉字简化时，脈、衇、衂、衇均作为异体字被淘汰，脉成为楷书的规范字。

眽 mò：斜视。

覛 mì：看、察看；古同觅，寻找。

拓展：

⿰扌𠂢 ⿰木𠂢 ⿰虫𠂢 ⿰金𠂢　　P18.5 同源而异派　　P65.1 析其枝派

爿 1：爿 壮 奘 鋬 狀 牀

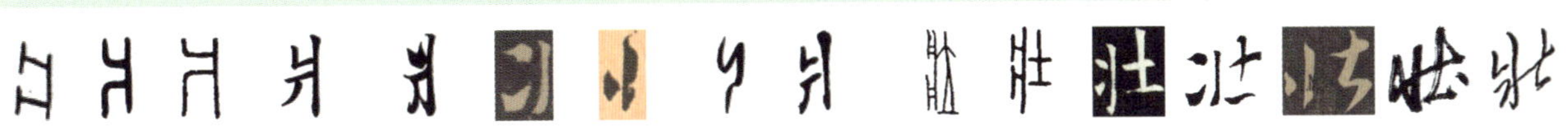

（甲骨 甲骨 说文 欧阳询 王羲之 索靖 王羲之 李淦 章草）（金文 说文 欧阳询 索靖 王羲之 米芾 毛泽东）

（金文 说文 说文 智永 欧阳询 王羲之 王羲之）（简帛 维摩诘）（简帛 秦量 古文 说文 颜真卿 居延简 皇象 赵构）

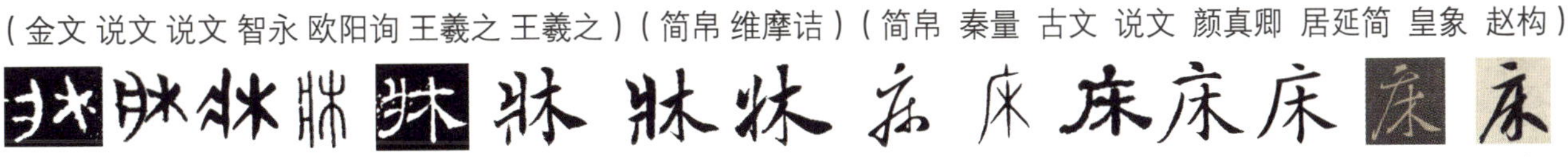

（金文 楚简 秦简 说文 盧藏用 褚遂良 赵孟頫 王羲之 王羲之 古文 何绍基 智永 欧阳询 王羲之 智永）

辨析：

爿为左半木结构，作为字根，其草法有三：一点一竖、两点一竖、快写。寝將裝牆臧牆等字从爿，见相关页。

爿 pán：劈开的成片的木柴；木右为片，左为爿。

壮（壯 zhuàng）：从士爿（pán）声，大，有力，强盛。

奘（弉奘）：壮大、健壮，多用于人名，如唐代和尚玄奘；说话粗鲁，态度生硬；zhuǎng，粗大。

鋬 zàng：铃，铃声。

狀 zhuàng：从犬爿，犬形也；形态、容貌、样子；情况，奖励或证明用的文书。

牀（床 chuáng）：安身之坐者，床字的异体字。

拓展：

妝 斨 牊 ⿷匚爿 牁 娤 弉 牂 莊 梉 奘 ⿰爿空

爿 2：戕 妆 屩 寎 寣 寤 寐 牆 㝱

（甲骨 甲骨 金文 说文 欧阳询 赵孟頫 于右任 王羲之 章草）（甲骨 简帛 古币 说文 柳公权 王铎 章草）

（千唐 维摩诘）（说文 五经 彭玉雯 王宠）（说文 维摩诘）（籀文 古文 说文 杨震碑 智永 王羲之 王羲之 章草）

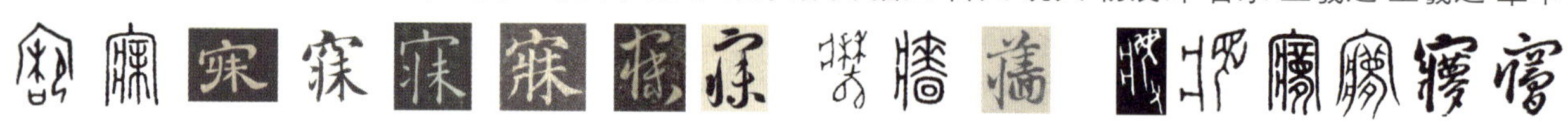

（甲骨 说文 唐玄宗 智永 欧阳询 颜真卿 萧确 智永）（甲骨 说文 邓文原）（甲骨 甲骨 说文 汗简 原济 乾隆）

辨析：

本页拓展的字，各体变化较大，可参见所涉字根页，如屩中的乔从右、啬从亩、夢（梦）从目等等，各体均见。

戕 qiāng：会意，从戈从爿，戈是古代用以横击、钩杀的武器。

妆（粧 zhuāng）：梳妆打扮。

屩 juē：屐（jī，木头鞋）也。

寎 bìng：古书上说的一种卧惊病，一种卧而善惊，不能酣睡的精神病。

寣 hū：方言，（睡）觉；小孩的啼哭声。

寤 wù：睡醒，同悟，理解，明白；同牾，逆。

寐 mèi：睡着；死，静谧无声；《古诗十九首》潜寐黄泉下，千载永不寐。

牆（墙 qiáng）：用砖、石等砌成，可作间隔或屏障的建筑。

㝱 mèng：寐而有觉也，从宀从疒，梦声，今字段梦为之，梦行而㝱废矣。

拓展：

爿 寐 榧 粃 牄 牅

爿 3：庄（疰 莊） 粧 桩（樁） 脏（臟 髒） 赃（贜）

（汉简 智永 王羲之 空海 敦煌 郭有道 王羲之 智永 金文 金文 楚简 说文 说文 居延简 欧阳询

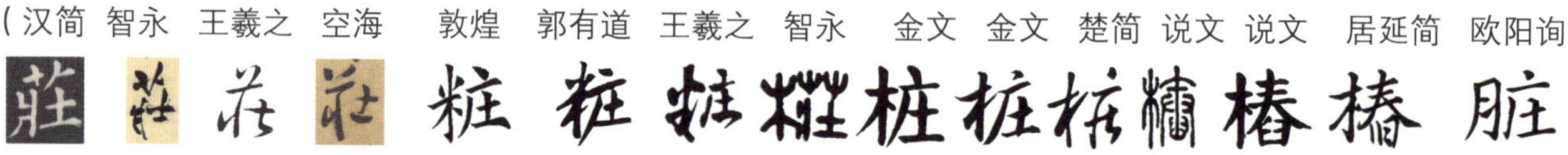

颜真卿 王铎 孙过庭 王铎）（欧阳询 黄庭坚 王铎）（金文 颜真卿 苏轼 王羲之 说文 颜真卿 赵孟頫）（王羲之

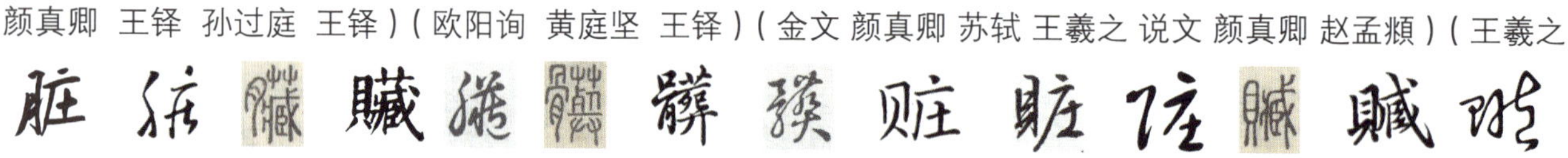

黄庭坚 王羲之 篆字汇 颜真卿 辨体 篆字汇 赵孟頫 辨体）（王羲之 文徵明 于右任 篆字汇 赵孟頫 王羲之）

辨析：

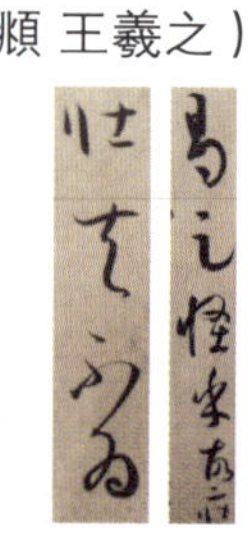

庄字的异体字较多，常用的有庄、疰和莊三种写法，各体均可从之。庄字拓展的字中，粧、桩（樁）、妝、硭等字的草书一般为简化字快写；脏和赃字自古就有繁简写法，即臟脏和贜赃（繁写含爿字的结构），可参见臧页，其中，脏为弄污、污秽、不干净之意时，还可写髒。

庄（疰莊荘䇡 zhuāng）：会意兼形声，从艸从壮，壮亦声，本义为草大，也指建在山林田野间的住宅、别墅、村庄等。

粧 zhuāng：同妆。

桩（樁 zhuāng）：形声，从木庄声，本义是桩子，打入地中以固基础的木橛。

脏（臟 zàng）：形声，左形右声，本义为中医学以心、肝、脾、肺、肾为五脏，为身体内脏的通称，脏的本字是藏，脏是藏的后起分别字；zāng，弄污，污秽，不干净，同髒。

赃（贜 zāng）：形声，左形右声，本义为赃物，贪污、行贿。

拓展：

粧 糚　　P14.2 壮夫不为　　P 58.1 曷足怪乎！故庄（莊）子曰

爿疒1：疒 病 疾 疲 痨 瘫 痪 瘸

（甲骨 甲骨 甲骨 说文 王羲之 王羲之）（金文 楚简 楚简 秦简 说文 樊敏碑 欧阳询 颜真卿 张芝 王羲之

王羲之 王羲之）（甲骨 金文 盟书 楚简 秦简 说文 宝子碑 赵孟頫 皇象）（金文 说文 颜真卿 赵佶 米芾 王羲之 智永）

（说文 赵孟頫 赵孟頫 王羲之）（篆字汇 颜真卿 毛泽东 王羲之）（智永 颜真卿 章草）（粗篆 虞世南 王羲之）

辨析：

疒字俗称病字头，病字头的字很多，草书为快写，左边写两点或一点均可。可拓展。

疒 chuáng：从爿从一，倚也，人有疾病，像倚箸之形；nè 倚、靠着，疾病，手足麻痹。jí，同疾，从大（人）从矢，本义为受兵伤，泛指疾病），人卧爿（牀）。

病 bìng：形声，疒形丙声，本义在上古时指重病。

疾 jí：矢能伤人，矢之去甚速，故从矢会意，本义为受兵伤，泛指疾病。

疲 pí：形声，从疒皮声，疲乏，困倦。

痨（癆 láo）：形声，从疒劳声，本义是积劳瘦削。

瘫（癱 tān）：形声，从疒难声，瘫痪，指肌体不能随意运动，也比喻机构不能正常运转。

痪 huàn：瘫痪。

瘸 qué：腿脚有毛病，行步时身体不平衡。

拓展：

疒 疞 疠 疔 疕 疖 疗 疚 疘 疙 疜 疛 疝 疞 疨 疡 疩 疣 疢 疤 疥 疦 疧 疫 疮 疪 疭 疯
痉 疰 疸 疷 疹 疺 疼 疿 痂 痄 痈 痍 痐 痑 痒 痔 痕 痗 痘 痚 痛 痝 痞 痟 痠 痡 痢 痣 痤 痥 痦 痧 痨
痪 痫 痬 痭 痯 痱 痲 痳 痵 痶

爿疒2：瘤 癌 瘟 疫 疮 疤 疝

（说文 王羲之 智永 褚遂良 章草）（篆字汇 王羲之 王羲之 章草）（篆字汇 邓石如 欧阳询 王羲之 章草）

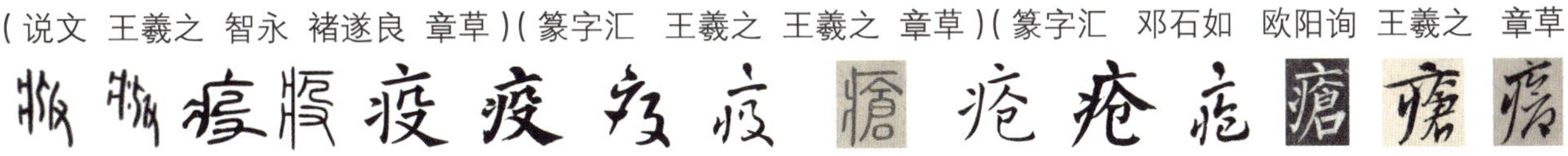

（甲骨 甲骨 秦简 说文 欧阳询 颜真卿 王羲之 章草）（篆字汇 王羲之 颜真卿 章草 柳公权 赵汸 赵孟頫）

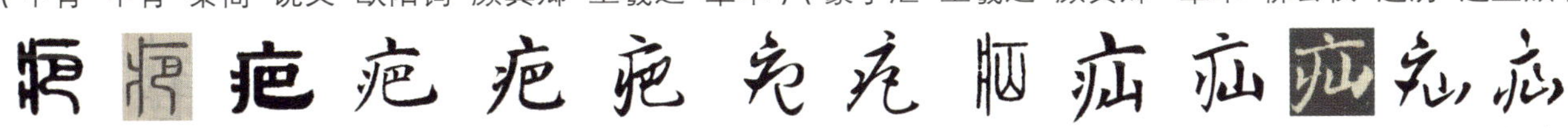

（金文 篆字汇 伊秉绶 虞世南 颜真卿 王羲之 王羲之 李淦）（说文 虞世南 赵孟頫 皇象 王羲之 章草）

辨析：

病字头拓展的字较多，所涉字根还可见相关页。

瘤（瘤 liú）：身体组织增殖生成的赘生物，多由刺激或微生物寄生而起。

癌 ái：恶性肿瘤。

瘟疫 wēn yì：流行性急性传染病的总称。

疮（瘡 chuāng）：皮肤上肿烂溃疡的病。

疤 bā：伤口或疮平复以后留下的痕迹。

疝 shàn：心腹气痛。

拓展：

痷 痹 痺 痻 痼 痽 痾 瘀 瘁 瘂 瘃 瘄 瘅 瘆 瘇 瘈 瘉 瘊 瘋 瘌 瘍 瘏 瘐 瘑 瘓 瘕 瘖 瘗 瘘 瘙
瘛 瘜 瘝 瘞 瘟 瘠 瘢 瘣

爿疒3：痛 疗 痼 嫉 痂 痘 痣

（简帛 说文 夏晨碑 欧阳询 颜真卿 赵孟頫 皇象 王献之）（说文 说文 颜真卿 王献之 王羲之 王羲之）

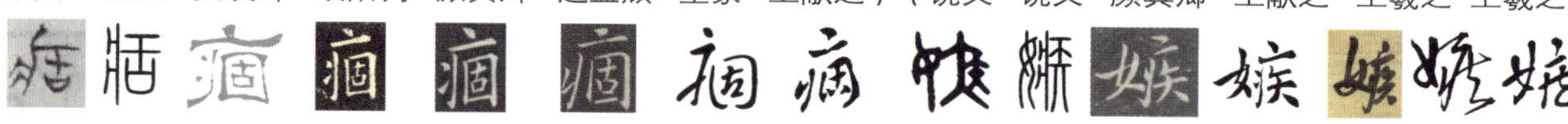

（盟书 说文 唐墓志 欧阳询 姚孟起 王羲之 王羲之 章草）（金文 说文 欧阳询 褚遂良 王铎 宋克 章草）

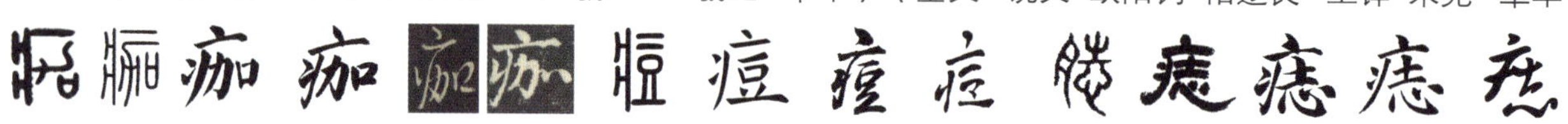

（金文 说文 颜真卿 赵孟頫 王铎 皇象）（粗篆 欧阳询 王羲之 章草）（说文 邓石如 智永 虞世南 王羲之）

辨析：

病字头拓展的字较多，所涉字根还可见相关页。疗字有异体字療字，不常用。

痛 tòng：疾病、创伤等引起的难受的感觉。

疗（療療 liáo）：形声，从疒尞声，本义为医治。

痼 gù：经久难治愈的病；长期养成的不易克服的癖好、习惯。

嫉 jí：因别人比自己好而怨恨；憎恨。

痂 jiā：从疒加声，疥也。

痘 dòu：病名，俗称天花，也叫痘疮或天疮。

痣 zhì：人体皮肤所生的有色斑点，没有痛痒等感觉。

拓展：

瘊 痏 痒 瘇 痩 痚 痩 瘀 痺 痐 痧 瘊 瘚 痙 痵 瘥 痟 痠 痡 痤 痥 痦 痧 瘌 痾 瘧

爿疒4：疱 疹 痔 痈 疯 瘨 痊

（金文 篆字汇 王羲之 欧阳询 黄庭坚 王羲之）（金文 说文 伊秉绶 褚遂良 熹平石 王献之 王羲之 章草）

（金文 简帛 说文 智永 虞世南 史游 章草）（金文 简帛 秦简 说文 赵孟頫 皇象 王羲之 颜真卿 王羲之）

（篆字汇 曹全碑 颜真卿 王羲之 文徵明 于右任）（石韵府 篆字汇 楷书）（篆字汇 柳公权 王献之 韵会）

辨析：

病字头拓展的字较多，所涉字根还可见相关页。疹有异体字瘮，各体均可从之，草书写瘮形。疯从风，风字有异体字凬，草书从之。

疱 pào：皮肤上长的像水泡的小疙瘩，亦作泡。

疹（瘮瘮 zhěn）：皮肤上起的红色小疙瘩，也指痘疮。

痔 zhì：肛门因血行障碍而引起的一种病。

痈（癰 yōng）：形声，从疒雍声，本义是中医指恶性脓疮。

疯（瘋 fēng）：形声，从疒风声，本义是头风病。

瘨 tuí：《仓颉篇》阴病；《集韻》下溃烂也。

痊 quán：病好了，恢复健康。

拓展：

痳 瘂 痓 瘕 痦 瘭 痔 痵 瘑 瘊 瘍 痭 痕 痯 痱 痳 痳 痵 痶 瘌 痺 痽 痿 瘀 瘁 瘂 瘃 瘖 瘴 瘆 瘏 瘐 瘍 瘖 瘚 瘛 瘜 瘝 瘠 瘡 瘕 瘤 瘨 瘼 癈

爿疒5：痾 瘽 瘁 瘗 痦 痷 痗 瘖 瘉 癈

（说文 隶辨 褚遂良 王羲之 赵孟頫 何绍基 赵孟頫 王宠）（楚简 楚简 说文 鲜于璜）（金文 欧阳询 王羲之

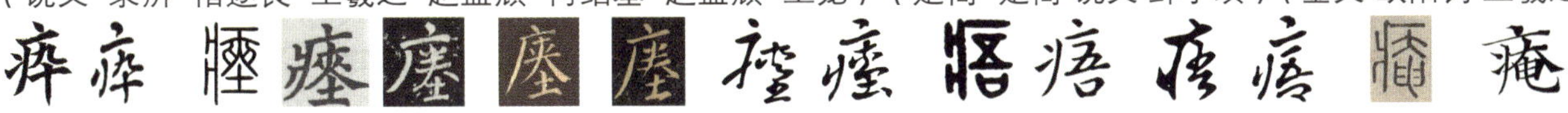

魏碑 章草）（说文 五经 瘗鹤铭 颜真卿 王羲之 王羲之 章草）（金文 王羲之 文徵明 章草）（篆字汇 维摩诘）

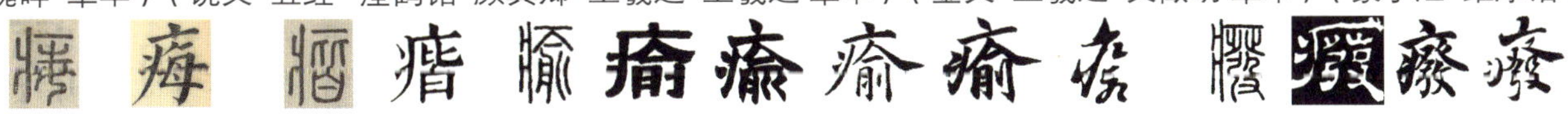

（篆字汇 彭玉雯）（篆字汇 楷书）（说文 伊秉绶 赵之谦 虞世南 赵孟頫 倪元璐）（说文 华山庙 智永 郑板桥

辨析：

病字头拓展的字较多，所涉字根还可见相关页。疟瘦等字参见相关页。

痾 kē：古同疴，病；宿怨、旧仇；ē，古同屙，排泄（粪便）。

瘽 qín：病。

瘁 cuì：疾病，劳累。

瘗（瘞 yì）：埋物祭地；埋葬，埋藏，隐藏，坟墓。

痦 wù：痦子，人身上长出的突起的痣。

痷 ān：痷婑，浮泛；yè，病、瘦病；痷殜，半卧半起病也，亦作殗；è，跛疾。

痗 mèi：病，忧思成病 。

瘖：本草云瘧发作无时名瘖瘧，俗呼妖瘧；《正字通》同痎，古谐切。

瘉 yù：病，贤才；病好了，超过、胜过，更加，通愈。

癈 fèi：痼疾，病长期不愈，残废。

拓展：

瘏 瘺 瘖 瘷 瘟 瘦 瘸 瘵 瘘 瘔 瘠 瘠 瘵 瘣 瘉 瘷 瘽 瘈 瘉 瘋 瘌 瘍 瘥 瘅 瘓 瘕 瘖 瘗 瘘 瘣 瘥
瘧 瘩 瘢 瘝 瘪 瘭 瘨 瘵 瘼 瘷 瘱 瘜 瘵 瘞 瘠 瘡 瘕 瘤 瘨 瘴 瘵 瘸 瘿 瘽 癒 瘢 癇 癘 癧

旁 傍 徬 滂 谤 螃 磅 榜 镑 蒡

（甲骨 甲骨 金文 楚简 秦简 说文 欧阳询 颜真卿 米芾 韵会 虞世南 赵孟頫 王羲之 鲜于枢 章草）

（说文 李阳冰 敦煌 颜真卿 赵孟頫 王羲之 智永 赵佶）（说文 敦煌 欧阳询 王铎）（说文 柳公权 王羲之 毛泽东）

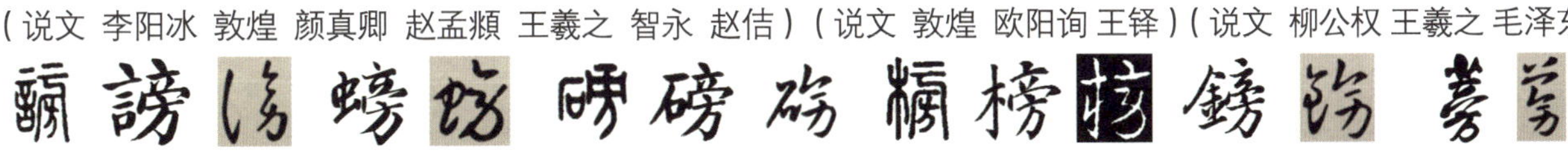

（说文 颜真卿 王羲之）（说文 王羲之）（金文 颜真卿 王羲之）（说文 虞世南 皇象）（赵孟頫 王羲之）（王铎 王羲之）

辨析：

旁字的篆楷差异较大，隶楷写法一种为小篆楷化，写“㫄”，一种写“旁”（见韵会）。草书有二：1. 上边写一点一横，下边草化为“短横＋力”；2. 旁字的上边近于“立”，草化为立字的草书“七一”，下边为方字快写。可拓展。

旁（㫄 páng /bàng）：从二阙方声，本义为大、广，古同傍。

傍 bàng：本意指靠近，引申指临近、依靠、凭借。

徬 páng：说文曰附行也，与傍、彷通。

滂 pāng：大水涌流。

谤 bàng：恶意攻击别人，责备。

螃 páng：螃蟹。

磅 bàng：用磅秤称重量；páng，磅礴，广大无边，气势磅礴；充满，热情磅礴。

榜 bǎng：木片，匾额，告示，船桨。

镑（鎊 bàng）：英国的货币单位。

蒡 bàng：牛蒡子，一种草，可入药。

拓展：

搒 篣 膀 鳑 髈 騯 塝 縍 嫎 嗙 嵭

P11.6 傍窥尺牍　P18.1 故亦傍通二篆　P50.6 必能傍通点画

朋 崩 绷 鹏 硼 棚

（甲骨 甲骨 金文 金文 秦简 说文 石经 郭有道 欧阳询 颜真卿 王羲之 米芾 赵孟頫 皇象 王羲之 王羲之

赵孟頫）（金文 简帛 说文 虞世南 钟繇 王羲之 王献之 孙过庭 赵孟頫）（简帛 颜真卿 王羲之 王羲之于右任）

（古文 王羲之 王羲之 王铎 文徵明 王宠 王宠）（金文 颜真卿 王羲之 李洤）（金文 说文 欧阳询 王羲之）

辨析：

朋字从篆书到草书形态多变，一类为两个月，一类是从古法：即从甲骨到说文的朋字形成的一类写法，即“门字框 + 两横两竖（到一竖两点）”的变化写法，这种写法到草书也一直存在。

朋 péng：古代以贝壳为货币，五贝为一串，两串为一朋；诗 · 小雅 · 菁菁者莪：有既见君子，锡我百朋。

崩 bēng：形声，从山朋声，本义为山倒塌。

绷（綳繃 bēng）：束缚，捆绑。

鹏（鵬 péng）：传说中最大的一种鸟，由鲲变化而成，本义是大鹏。

硼 péng：化学元素，原子序 5 。

棚 péng：用竹、木搭成的篷架或小屋。

拓展：

堋 奟 萠 椾 掤 倗 錋 弸 輣 痭 淜 焩

P11.4 重若崩云

丕 呸 坯 胚（肧 衃） 伾 邳 狉 柸

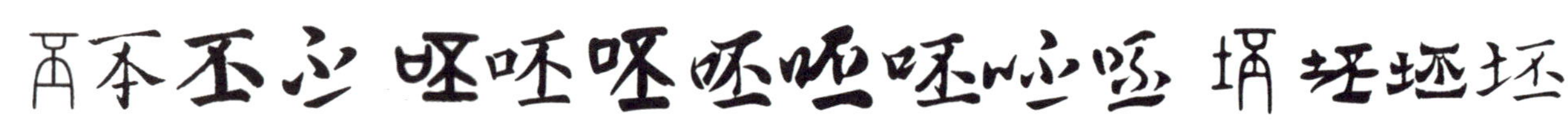

（说文 哀帝 颜真卿 王羲之）（金文 欧阳询 颜真卿 王羲之 米芾 赵孟頫 王羲之 章草）（金石篆 汉简 爨体 王羲之

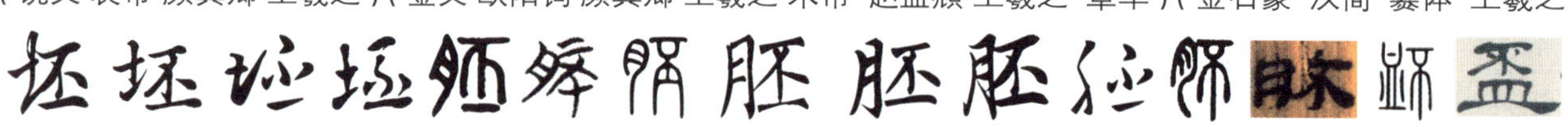

王羲之 赵孟頫 王羲之 章草）（金文 简帛 金石篆 柳公权 赵孟頫 王羲之 王羲之 说文 北大简 说文 吴昌硕）

（清华简 说文 詹希元）（金文 说文 赵之谦 褚遂良 米芾 章草 ）（说文 吴彩鸾）（楚简 秦简 说文 颜真卿 米芾）

辨析：

丕从不从一，各体字形稳定，行书为快写，草书应写出“不”字草书。可拓展。

丕 pī：形声，从声，本义为大。

呸 pēi：叹词，表示斥责或唾弃。

坯（坏 pī）：没有烧过的砖瓦、陶器。

胚（肧衃 pēi）：妇女怀孕一月称为胚；衃，凝血也。

伾 pī：有力，一说众多盛大。

邳 pī：地名，商汤左相仲虺的封地；姓；大。

狉 pī：貍子也。

柸 bēi：古同杯；pēi，柸治，不愉快。

拓展：

岯 怌 抷 苤 妚 玶 秠 蚽 紑 豾 鉟 頚 駓 髬 魾 鴓 嚭

皮 彼 被 波 披 跛 坡 破 疲 颇 玻 菠

（甲骨　金文　简帛　石鼓　说文　欧阳询　颜真卿　皇象　王羲之　邓文原）（说文　索靖　王羲之　王铎）

（金文　楚简　简帛　秦虎符　说文　赵佶　王羲之　智永　怀素　宋高宗）（说文　邓石如　颜真卿　王羲之　张旭　赵孟頫）

（索靖　王羲之）（说文　王羲之）（说文　王羲之）（说文　皇象）（说文　智永）（说文　王导）（金文　王羲之）（金文　章草）

辨析：

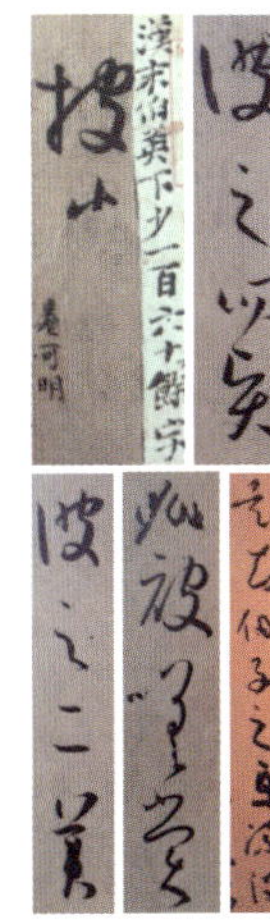

皮字作为字根，撇写短竖，其余为快写，草法稳定，可拓展。王羲之的草书“被”字，是章草衣旁的固定写法，应注意章草和今草的这种区别。拓展的字所涉字根，参见相关字根页。

皮 pí：会意，金文字形上面是个口，表示兽的头，一竖表示身体，右边半圆表示已被揭起的皮，右下表手，本义是用手剥兽皮。

彼 bǐ：形声，从彳皮声，本义是流行、传播，施加；那，与“此”相对；他，他们。

被 bèi：形声，从衣皮声，睡眠时用以覆体的夹被、被子。

波 bō：形声，从水皮声，波浪，水自身涌动而成波动的水面。

披 pī：将衣物搭在肩背上，翻开。

跛 bǒ：腿或脚有病，走路时身体不平衡。

坡 pō：山地倾斜的地方。

破 pò：石头开裂；破碎，碎裂。

疲 pí：形声，从疒皮声，疲乏、困倦。

颇（頗 pō）：形声，从页皮声，页乃人头，头偏。

玻 bō：玻璃。

菠 bō：菠菜，菠萝，菠萝蜜。

拓展：

俊 诐 陂 剫 岥 帔 彼 怶 狓 皯 被 弢 皱 柀 玻 殁 庋 皅 肢 疲 皰 皱 秛 铍 砨 蚾 旇 皲 紴 皺 皴 皵 颇 皶 皱 皲 詖

P4.4 彼之四贤 P6.4 彼之二美　P33.1 披卷可明　P54.5 或有误失翻被嗟赏

P56.2 是知伯子之息流波盖有由矣

匹 駜 鴄 甚

（金文　金文　金文　金文　金文　楚简　秦简　说文　邓石如　欧阳询　颜真卿　柳公权　赵孟頫　王羲之　赵孟頫　王铎

王羲之　李淦　赵孟頫）（楚简　楚简　楷书）（维摩诘　楷书）（金文　楚简　简帛　金刚经　何绍基　异体字　陆机　王羲之）

辨析：

匹字的篆书从两斜杠到四斜杠的都有，隶定字形稳定，行草书为快写。说明：个别书家的行草书，也有在匹字上加一个点的。甚字的草法：1. 为异体字的快写；2. 可以理解为上边的甘字草化为“十”，下边的匹字草化为日字符“厶”；为约定俗成，参见相关页。

匹 pǐ：会意，据金文，像以山崖的凹凸不平来比喻布的褶皱，本义为中国古代计算布帛的单位，四丈为匹。

駜 pǐ：同匹。

鴄 pǐ：鸭子。

甚 shèn：会意，小篆字形，从甘从匹，甘是快乐，匹为匹耦，沉溺于男女欢情，本义异常安乐。

拓展：

芷 肶

片1：片 牒 牋 牍 牌 版

（甲骨 金文 汉简 说文 伊秉绶 金农 欧阳询 颜真卿 王羲之 米芾 王羲之 王铎 皇象 智永 孙过庭 孙过庭）

（说文 王僧虔 欧阳询 颜真卿 宋徽宗 王羲之 章草）（李阳冰 欧阳询 王羲之 怀素）（说文 成亲王 徐渭 章草）

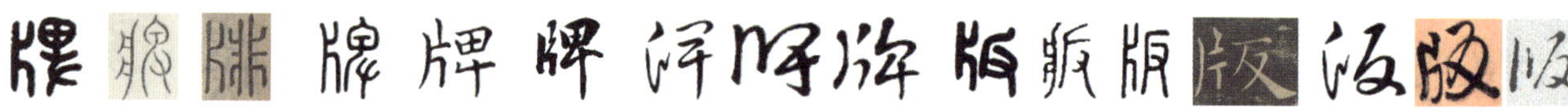

（金文 汉简 篆字汇 金石篆 王羲之 王羲之 王羲之 韵辨 章草）（金文 古文 说文 褚遂良 王羲之 王铎 辨体）

辨析：

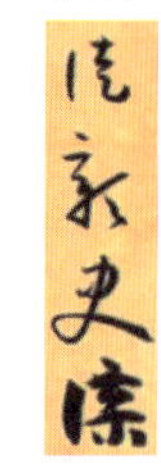

片字为右半木，作为字根，草书，1. 快写；2. 草化为两竖；3. "才畔详笺牒"，片旁可草写"才"；牒亦从枼，而枼字从世，参见世字拓展的枼字。其他所涉字根参见相关页。。

片（牉 piàn）：指事，甲骨文字形，象劈开的木片，本义为劈开树木之类，指薄而扁平的东西。

牒 dié：文书、证件。

牋 jiān：书信、信札；文体名；同笺。

牍（牘 dú）：从片賣声，书版也，也称木简。

牌 pái：形声，从片卑声，扁而薄的题榜、招牌；异体字为"片非"。

版 bǎn：从片反声，判也。

拓展：

洀 昭 牕 牎 牐 牑 牏 牔 脂 牀 牉 牦 欣 牊 牌 牖 牗 鲋　　P28.3 徒彰史牒

片2：拚 泮 牉 牖（牗） 牓 牕（牎 窓 窗） 枿（斨 析）

（篆字汇 欧阳询 元纂墓 元诱妻 谢肃 王羲之 孙过庭）（篆字汇 成亲王 文徵明）（篆字汇 彭玉雯 吴彩鸾）

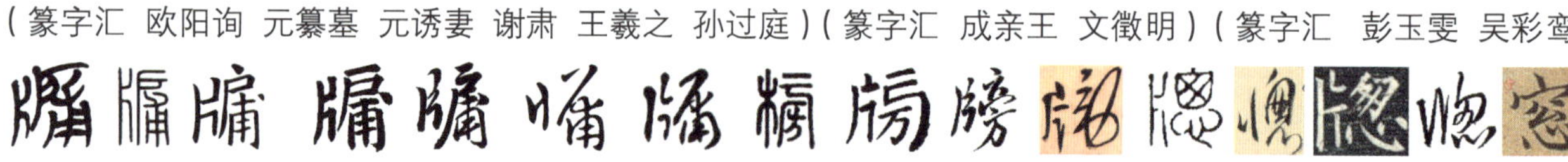

（简帛 说文 欧阳询 颜真卿 王羲之 王羲之 章草）（说文 颜真卿 米芾 王铎）（小篆 傅山 柳公权 王铎 赵孟頫

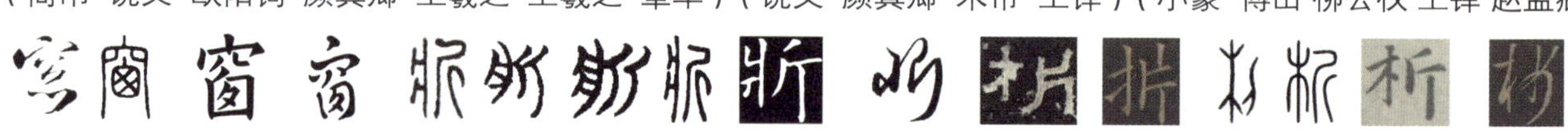

米芾 说文 欧阳询 章草）（金文 楚简 楚简 说文 柳公权 邹武生 张迁碑 欧阳询 甲骨 说文 赵孟頫 孙过庭）

辨析：

片字作为偏旁，结构稳定，拓展的字应注意异体字的应用。既可从片又可从爿的字：析字有异体字斨和枿，妆（粧）字有异体字妝和妆，片和爿的写法在析字的异体字中是比较明显的；鼎字既从爿，又从片，其草书无论"丹人鼎"，还是"目折鼎"，都已经草化得不见其形了，参见鼎页。

拚 xī：古通析；zhé，折，散。

泮 pàn：水流也，一曰水厓；古同畔，岸边。

牉 pàn：一半，两个结合中的一方；将某物一分为二，分裂，泛指分开。

牖（牗 yǒu）：会意，从片户甫，片为锯开的木片，户指窗，先秦多用牖，窗少见，本义是窗户。

牓 bǎng：从木旁声，同榜，牌匾、匾额等。

牕（牎窓窗 chuāng）：同囱（窗），窗户，通孔也，亦作囱。

枿 xī：《論衡·量知篇》断木为槧，枿木为板，与析同；异体字有斨（斨 qiāng，方孔的斧子）。

拓展：

片 昭 拚 泮 牉 牉 牋 版 牕 鲋 枿 牦 欣 牊 牑

票 1：票　漂　缥　剽　標（标）　镖　瓢　鳔

（简帛　说文　欧阳询　颜真卿　赵构）（说文　邓石如　欧阳询　柳公权　陆柬之　苏轼　张芝　王羲之　赵孟頫）

（说文　柳公权　王羲之　邓文原）（简帛　说文　赵孟頫　王羲之　孙过庭）（简帛　说文　欧阳询　王羲之　颜真卿　黄庭坚）

（金文　说文　陆柬之　王羲之　章草）（金文　简帛　说文　智永　王献之）（金文　篆字汇　陆柬之　赵孟頫　王羲之　古帖）

辨析：

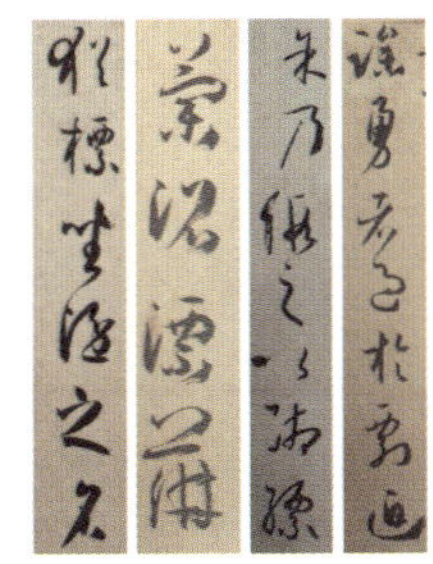

票字的篆书从双手从覀，隶定从西从示，草化后西与示连写，示字可以少写一横或草化为草书“不”形；居左时，王羲之下边有一笔带过的写法。古帖有将西字写成“乙”形的，属特例，为约定俗成，可参见要字的这种特例写法。可拓展。

票 piāo：火飞也，从火，字形为㶾，省作“西+火”；今作票，读 piào，印的或写的凭证，票据、票证等。

漂 piāo：浮也，从水票声。

缥 piǎo：青白色，淡青；piāo，缥缈，形容隐隐约约，若有若无，亦作飘渺。

剽 piāo：形声，从刀票声；本义是抢劫。

標（标 biāo）：形声，从木票声，树梢。

镖（鏢 biāo）：形声，从金票声，本义是刀鞘末端所饰之铜。

瓢 piáo：用来舀取水酒等物的勺子，传统多以葫芦或木头制成；量词。

鳔 biào：鱼泡，大多数鱼类的特殊器官，亦读 piào。

拓展：

隟 僄 勡 嘌 嘌 墂 蔈 瞟 甂 熛 嶓 穮 瘭 瞟 磦 褾 麃

P48.3 蔨藻漂淋　P55.2 余乃假之以湘缥　P49.4 躁勇者过于剽泊　P14.4 犹标坐隐之名

票 2：嘌　慓　摽　薸　飘　螵　膘　嫖　瞟　骠

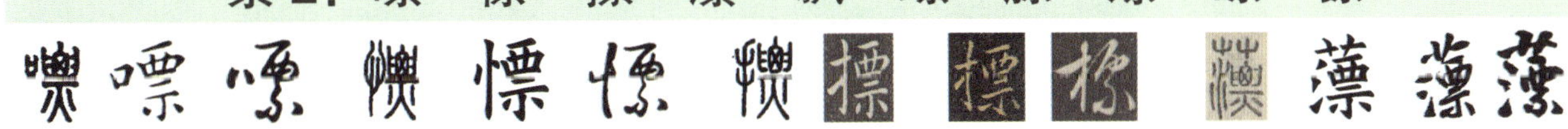

（说文　王羲之　王羲之）（说文　欧阳询　王羲之）（说文　虞世南　王羲之　文徵明）（篆字汇　欧阳询　黄庭坚　王铎）

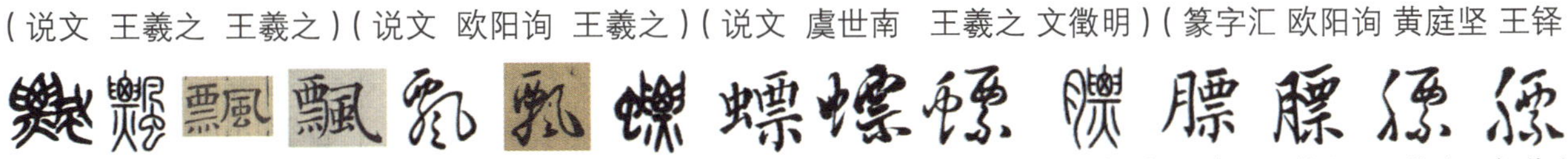

（简帛　说文　隶辨　赵孟頫　王羲之　怀素）（金文　颜真卿　米芾　王羲之）（说文　柳公权　王羲之　王羲之　章草）

（说文　邓石如　褚遂良　黄庭坚　王羲之）（说文　欧阳询　赵孟頫　王羲之）（金文　说文　欧阳询　毛泽东　章草）

辨析：

票字有较强的拓展性，需注意其应用。

嘌 piāo：疾速；嘌呤，在人体内气化而成尿酸。

慓 piāo：急迅；轻捷，慓悍；勇猛；古同剽。

摽 biāo：击；挥之使离去；抛落、丢弃。

薸 piáo：浮萍。

飘（飄颷 piāo）：旋风、暴风；飘扬，洒脱。

螵 piāo：螵蛸，螳螂的卵块，产在桑树上的称桑螵蛸，可入药。

膘 biāo：肥肉（多指牲畜）。

嫖 piáo：玩弄娼妓的堕落行为；piāo，矫捷、轻捷。

瞟 piǎo：斜着眼睛看。

骠（驃 piào）：骁勇；biāo，黄骠马（黄毛夹白点）。

拓展：

彯 幖 濎 僄 瞟 旚 檩 篻 翲 樕 謤 醥 藨 顠 飃 魒

朩 朩 麻 檾 术（秫 術）枲 柎（散）潸 潵 撒 霰 馓

（说文 楷书）（说文 楷书）（说文 简帛）（说文 楷书）（说文 王直 说文 欧阳询 说文 衡方碑）（说文 五经 邓文原）

（甲骨 金文 金文 金文 金文 金文 简帛 石鼓文 说文 李阳冰 楷书 隶辨 石门颂 欧阳询 赵佶 张芝 王羲之 王献之）

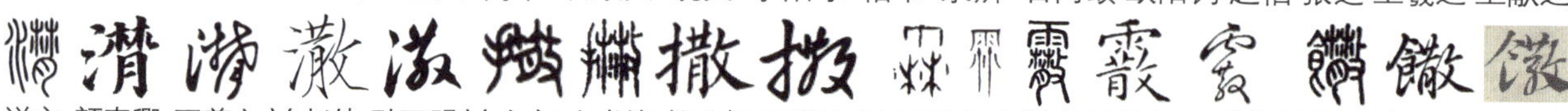

（说文 颜真卿 王羲之）（赵佶 孙万明）（金文 六书统 柳公权 王羲之）（甲骨 金文 说文 王羲之 王羲之）（说文 赵孟頫 邓文原）

辨析：

朩从八，有分开的意思，拓展的字有朩椒（散）麻术等等，麻术参见麻和术页。散字的本体从"朩"，隶变过程因易与"林"字混淆，而逐步稳定为"艹"字结构，由"艹、月和攵"三个部件组成，行草书即从此结构，草书写"艹＋月＋攵"。另外，由撒、霰和馓等字，也可以看出该系列字从篆到楷的变化，更可以看到由"朩"再向从"艹"演变的过程。

朩 pìn：分枲（xǐ）茎皮也，从中八；枲，枲麻。

朩（fèi）：即柿字，意思是削木头，特指削去木简上的错误。

麻 má：从广从朩（fèi），广表示房子，朩指削制的麻皮，本义是麻类植物的总名。

檾 qǐng：同"苘"，一年生草本植物，茎直立，茎皮的纤维可以做绳子。

术（秫術 shù）：形声，从行术声，行在甲骨文中指道路，本义是城邑中的道路；方法、策略，权术、计谋，技艺、业术，方术；苍术属植物之一，白术。

枲 xǐ：从朩从台，不结子实的大麻。

椒（散 sàn）：说文曰："散，杂肉也"；椒（散/"朩＋攵"），分离也，从攴从朩（pài 分散之意也；má 同"麻"；注意：散从朩而非从艹（gòng "共黄"等字头）也，散乃椒字之异变，其异体字有椒、散、㪔、𢿱、枚、散、㪚、𢿭、𢿱、散、𣀔等等。

潸 shān：流泪的样子。

潵 sàn：水散开，古通撒。

撒 sǎ：散布；sā：抛开、放开，塞、系，结成，离，摆放。

霰 xiàn：形声，从雨散声，本义是雪珠。

馓（饊 sǎn）：一种油炸的食品，细如面条，呈栅状。

拓展：

朩 麻 檾 椒（散）潸 繖 鏾 糤 椒 散　　P34.2 多从散落

甹（俜）聘 娉 骋

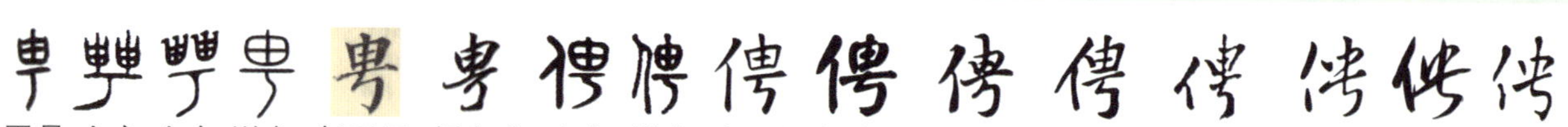

（甲骨 金文 金文 说文 彭玉雯 颜家龙 金文 说文 欧阳询 颜真卿 王羲之 赵孟頫 郑板桥 王羲之 李洤 章草）

（金文 说文 桂馥 鲜于璜 隶辨 王羲之 王羲之 黎凡 篆字汇 爨龙颜 隶辨 苏孝慈 杜牧 史游 李洤 章草）

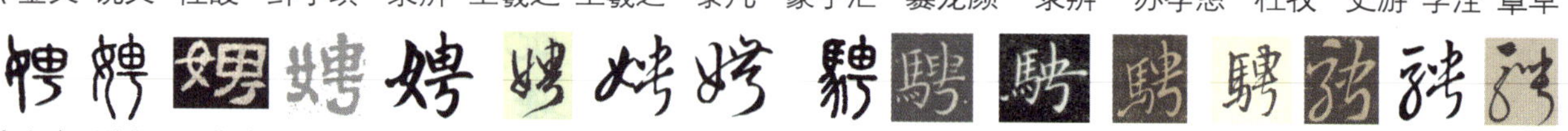

（金文 说文 肥致碑 樊敏碑 赵孟頫 文徵明 王羲之 日本）（说文 欧阳询 灵飞经 王羲之 王铎 索靖 王羲之 张弼）

辨析：

甹字结构稳定，草书单写为快写，作为字根上边的"由"字，可以借用"口"字，草化为两点及三点。可拓展。

甹（俜䀻 pīng）：亟词也，从丂从由。《说文·丂部》：甹，侠也，三辅谓轻财者为甹。

聘（聇娉娉 pìn）：形声，从耳甹声，探问消息要靠耳朵故从"耳"，本义为访问、探问。

娉 pìn：形声，从女甹声，本义为问名，古代婚礼的六礼之一，即男方请媒人问女方名字和出生年月日；娶；娉婷，形容女子姿态美好。

骋（騁 chěng）：形声，从马甹声，本义为纵马向前奔驰。

拓展：

溤 梬 聁 鸼 諤

平 评 萍（蓱） 砰 怦 苹 秤 枰 坪

（金文 三体石 平周布 盟书 石鼓文 说文 李斯 曹全碑 好太王 刘处平铭 欧阳询 颜真卿 王羲之 张芝 皇象 王羲之）

（说文 颜真卿 何绍基 王羲之）（说文 欧阳询 颜真卿 王羲之 王羲之）（石韵府 赵孟頫 董其昌 王羲之）（金文 赵之谦

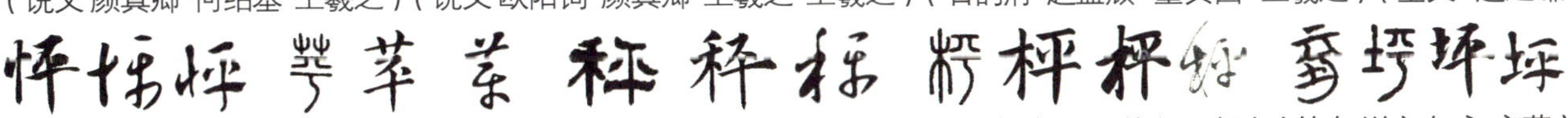

智永 王羲之 章草）（说文 王羲之 王羲之）（衡方碑 欧阳询 王羲之）（说文 颜真卿 王羲之 王铎）（简帛 说文 智永 章草）

辨析：

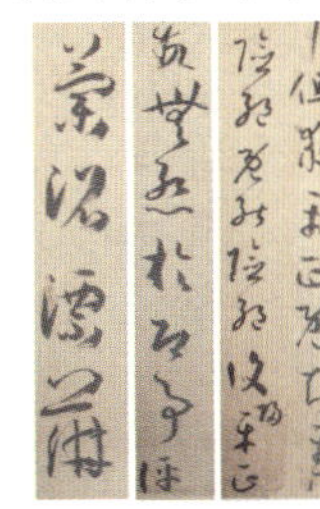

平字的各体结构较稳定，一般写法，行书是最后写竖，草书是最后写横。可以拓展。西安碑林刘处平墓碣铭倒写的平字，罕见。

平 píng：指事，小篆字形从于从八，于是气受阻碍而能越过的意思，八是分的意思，气越过而能分散，语气自然平和舒顺，本义为语气平和舒顺；说文曰终和且平，《吕氏春秋·适音》注，平，正也。

评（評 píng）：形声，从言平声，本义为议论是非高下。

萍（蓱 píng）：会意兼形声，从水从苹，苹亦声，本义是浮萍。

砰 pēng：形声，从石平声，象声词；撞击。

怦 pēng：形声，从心平声，本义是心急，形容心跳的声音。

苹 pēng：形声，从艸平声，本义为浮萍；草丛生的样子；苹果。

秤 chèng：衡量轻重的器具；权衡、衡量。

枰 píng：形声，从木平声，本义是木名，即平仲；棋盘。

坪 píng：形声，从土平声，平坦的场地。

拓展：

伻 匉 呯 岼 抨 泙 姘 玶 胓 甁 蚲 鉟 拼

P4.3 故无惭于即事评者云　P40.3–4（三个）平正　P48.3 蘭藻漂萍（释文为萍，书谱写为淋）

音 剖 陪 菩 倍 部 赔（賠） 培

（说文 说文 赵之谦）（说文 衡方碑 曹全碑 好太王 欧阳询 颜真卿 柳公权 王羲之 赵孟頫 王羲之 韵会）

（金文 简帛 说文 曹全碑 赵孟頫 宋徽宗 王羲之 王羲之 智永 怀素）（说文 柳公权 赵孟頫 王羲之 章草）

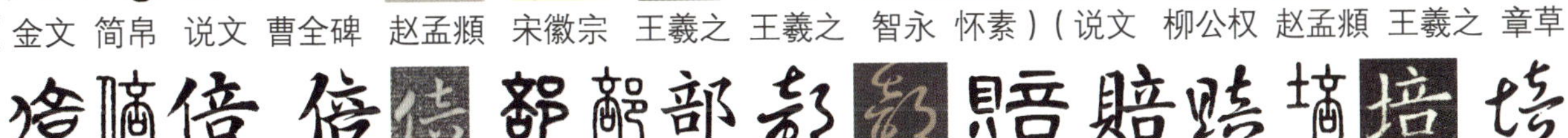

（简帛 说文 虞世南 王羲之 赵构）（金文 说文 欧阳询 王羲之 怀素 ）（曹全碑 颜真卿 章草）（说文 欧阳询 王羲之）

辨析：

音字的字形稳定，隶定字形从立口，草书：1. 快写；2. 将立字草化为“七一”，口字一般草写为两点或倒三角。可拓展。

音 pǒu：义同呸，表示斥责或唾弃；tòu，表示拒绝的语声；音或从豆欠。

剖 pōu：形声，从刀音声，本义是破开，中分。

陪 péi：重叠的土堆；伴随；辅助；损失、亏损等。

菩 pú：草也；菩提（音译），意为正觉，指对佛教真理的觉悟。

倍 bèi：反也，此倍之本义；倍数。

部 bù：形声，从邑，（fǒu）声，古汉地名；部落，部分，分类，单位，军队领导机构。

赔（賠 péi）：补还损失。

培 péi：给植物或墙堤等的根基垒土。

拓展：

勏 垺 婄 掊 涪 㖣 㟝 㤓 敨 棓 殕 毰 焙 犃 琣 瓿 敨 欧 脴 箁 綍 錇 粭 綼 踣 郶 醅 趏 錇 餢 闇 餢 鞛 頶 颫 髻 鴄 麰 麰 脴 碚 稖 锫 痦

菐卜1：菐　璞（玣）蹼（蹼）僕（仆）

（金文 古文 说文 隶辨）（甲骨 甲骨 甲骨 甲骨 甲骨 石韵府 欧阳询 颜真卿 王羲之 赵孟頫 吴琚 于右任 章草 六书统 楷书）

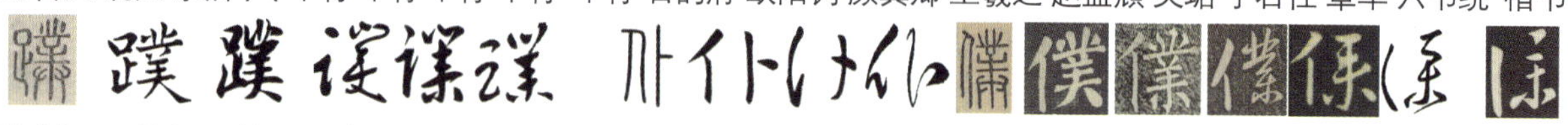

1（篆字汇 王羲之 王羲之 于右任 李洤 章草）2（说文 王羲之 王羲之 傅山 广义 颜真卿 柳公权 宋克 皇象 王羲之 王献之）

辨析：

“菐卜”拓展的字有四类：1. 从菐；2. 从菐和从卜；3. 从卜；4. 从卜而异体字不从菐。字根形态变化较多，表达意义不同，如补（補）、炢（爆）和赴（卧）等。菐字草书上边草化为三点或一横，下边写美或耒（草书可以省略一横）。

菐 pú：从丵从廾，丵，众多也，两手奉之，烦渎也；本义为外皮、外层，核心意义为未开化的；或曰像头戴罪枷，双手持箕帚服劳役的人。

璞（玣 pú）：形声，从玉菐声，甲骨文字形像在山下的洞里采玉，本义是蕴藏有玉的石头，也指未雕琢的玉。

蹼（蹼 pǔ）：禽鸟趾间相连的皮膜。

僕（仆 pú）：会意，从人从菐，菐亦声，古文从臣从菐，甲骨文字形像一个罪人端着畚箕，从事卑贱劳动之形，本义为供役使的人，即奴隶，异体字有䑑、蹼和僕等等；其中：仆 pū，向前跌倒，前覆曰仆，后仰曰偃。

拓展：

1. 蹼（蹼）　嫼隞（濮獛隟）龚鄴（鄴）㒒噗幞（纀䌨）㲫（䰗）㯷暞（晔）㲰（㲫）䑑镤（䗱）
瞨穙（穙）镤（鏷）䑑𫄨蹼䗱䌨䗱（䪁）醭獛䩦（䪁）䪖𩠓（䪁）䰗（䰗）䴆䴆（䴆）䴆

2. 仆（僕 蹼䑑）扑（撲）朴（樸）沐（濮）圤（墣）黸（䴆）

3. 钋朴卧㳗秋卦钋郡䖵䝶眇矿秋䂝魁訃（讣）咎（咎）卥骲

4.（见下页）

菐卜2：卜　钋　卧　扑（撲）朴（樸）沐（濮）补（補）赴（卧）

（甲骨 说文 欧阳询 王羲之）（柳公权 王羲之 章草）（王羲之 王羲之 章草）（金文 说文 钟繇 米芾 文徵明

赵孟頫 毛泽东 篆字汇 王羲之 王羲之）（石鼓文 简帛 说文 姚孟起 苏轼 祝永明 虞世南 何绍基 说文 皇象）

（古文 说文 欧阳询 韵会 吴睿 于右任 楷书）（说文 赵孟頫 赵孟頫 章草）（金文 说文 王羲之 说文 楷书 姜宸英）

辨析：

卜字为字根继续写卜的，见卜页。从菐的写法同前页；补（補）炢（爆）赴（卧）等字还可写括弧里的异体字。

卜 bǔ：象形，甲骨文像龟甲烧过后出现的裂纹形，本义为占卜。

钋（釙 pō）：一种放射性金属元素，在铀矿及锡石中有微量存在。

卧（臥 wò）：会意，从人臣，“臣”是竖立的眼睛，本义为人伏在几案上休息，眼睛呈竖立形。

扑（撲 pū）：形声，左形右声，本义是击、打。金文从戈，隶定为“撲”。

朴（樸）：朴 pò，从木卜声，木皮也；读 pǔ，通樸，形声，从木菐声，本义未加工的木材。

沐（濮 pú）：濮水，古水名；古州名。

补（補 bǔ）：形声，从衣甫声，补衣服。

赴（卧 fù）：前往、投向、奔向；卧，趣越貌，亦作赴。

拓展：

（接上页）

4. 补（補）赴（卧）肍（服躬）卧（畝亩）疒（仄）卞（亦）卦（畬）兆（兆）兹（兹）咎（咎）迯（遯）
赴（赴）笇（策）纣（紨）訃（讣）毎（悔）軵（轉）惟（鳪）飠（飼）卥骲掛（挂）昝（晷）駂（驗）
㪉鼣（鼣）炢（爆，为已经停用的简化字）

攵 1：攵 改 敲 救 倏 做

（甲骨 甲骨 说文 汉简 王羲之）（甲骨 盟书 新莽量 清华简 说文 说文 释梦英 礼器碑 夏承碑 伊秉绶

欧阳询 颜真卿 王羲之 索靖 王羲之 王献之 怀素）（金文 说文 简帛 颜真卿 王羲之 王羲之 赵构 章草）

（说文 简帛 王羲之 王羲之）（说文 简帛 王羲之 李洤 王羲之 孙过庭 魏碑 王铎）（金文 智永 王羲之 王献之）

辨析：

攵字的甲骨文为手持棍棒形，草书写“又”或一个“小使转（见啓）”。可拓展。从攵的字有800之余，拓展的“致啓教敖攻敌”等字参见相关字根页。

攵（攴 pū）：手持棍棒形，从又卜聲，小击也，古同“攴”，凡从攴者，作攵同，轻轻地击打。

改 gǎi：会意，甲骨文字形左边是“已”，像一个跪着的小孩子，右边是“攴”象以手持杖或执鞭，表示教子改过归正之意，本义是改变。

敲 qiāo：形声，从攴从高，敲击，叩打。

救（捄 jiù）：形声，从攴从求，本义为止、禁止、阻止；援助，治疗。

倏（倐儵 shū）：形声，从犬从攸，本义是犬疾行；忽然。

做 zuò：成为，进行某事，举办，制造，假装；俗作字。

拓展：

收 政 修 放 效 故 孜 敁 玫 汷 收 坆 孜 攸 孜 敍 敓 枚 炇 玫 敹 敀 敏 敃 敄 敃 莜 婺 弢 敉 鼓 故 敉 虔 倏 倏 儆 祓 敕 粆 敓 條 潋 莜

P55.3 贤者改观

攵 2：敕 煞 败 敔 敄 虔 慈

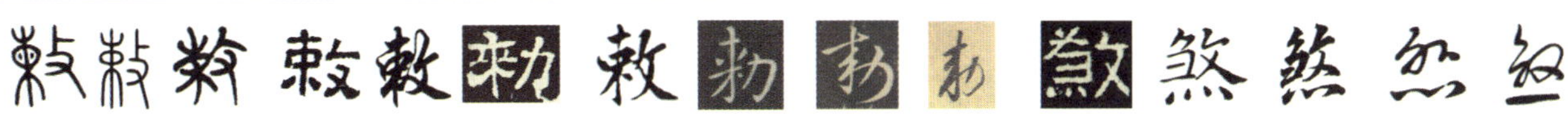

（金文 说文 简帛 樊敏碑 智永 史晨碑 黄庭坚 王夫人 王羲之 怀素）（好太王 王羲之 王羲之 王羲之 李洤）

（甲骨 甲骨 甲骨 金文 金文 金文 金文 说文 楚简 王羲之 赵孟頫 文徵明 王铎 简书 皇象 王羲之 傅山）

（金文 敔戈 楚简 说文 吴彩鸾 朱耷）（毛公鼎 金文 说文 吴昌硕 邓散木 楷书）（褚遂良 徐渭）（篆字汇 楷书）

辨析：

敕字篆书从束，隶楷行草历代书家写勑字的居多。煞字字形稳定，行草书为快写。其他的字所涉字根参见相关页。

敕（勅勑 chì）：形声，从攴束声，本义是告诫，嘱咐；委任，任命；皇帝下命令，敕赐、敕许；诏书。

煞 shà：凶神；极、甚，煞费苦心；何，什么；shā，杀死，打煞人了；停止，煞车。

败（敗 bài）：会意，从贝从攴，甲骨文像以手持杖，敲击的意思；在现代汉字中，“攴”大多写成“攵”，只有极少数字保留着“攴”的写法，甲骨文的败字左边贝和鼎形均见，右边是支，表示以手持棍击贝，本义为毁坏，搞坏。

敔 yǔ：古代打击乐器，奏乐将终时，击之使演奏停止。

敄 wù：强；móu，古同劺，勉力。

虔 qián：潮州方言。

慈 cí：俗慈字。

攵 3：牧 枚 玫 放 畋 攽 敂 敃 敯 嫩

（甲骨 甲骨 甲骨 甲骨 金文 金文 楚简 秦简 说文 夏承碑 欧阳询 颜真卿 王羲之 皇象 智永 怀素）（甲骨 甲骨

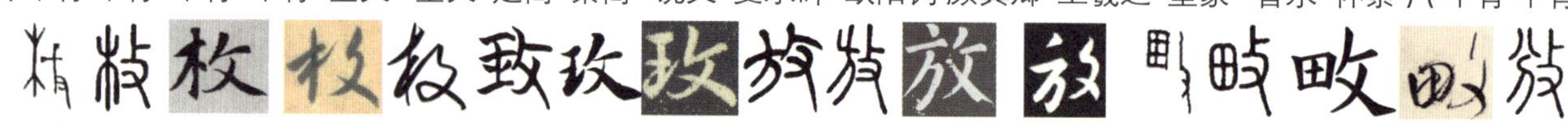

金文 说文 赵孟頫 王羲之 李淦）（楚简 智永 皇象）（简帛 说文 颜真卿 王羲之）（甲骨 说文 欧阳询 王铎）（说文）

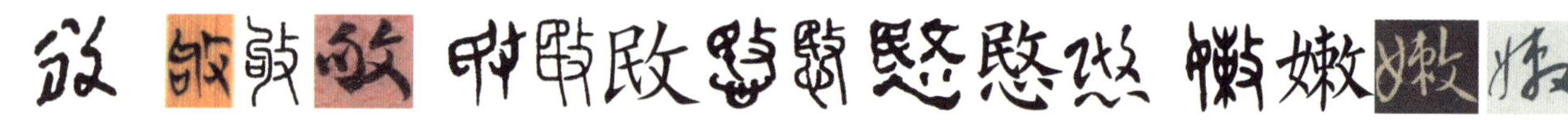

（毛泽东）（简帛 说文 赵之谦）（金文 说文 楷书）（金文 说文 衡方碑 欧阳询 章草）（金文 柳公权 王铎 于右任）

辨析：

本页上面的字都从攵（攴），篆书变化较大，枚字的字根支字，篆书还可从戈；而牧字则既能从牛亦可从羊，其字根攵的甲骨文则还可从"帚"，意为持鞭或"帚"用于放牧，隶定字形稳定从牛攵后，行草书为快写；嫩有异体字嫰，各体亦见。

牧 mù：会意，甲骨文字形从牛（羊）从支，表示手拿棍棒或"帚"在放牧牛（羊），本义是放牧牲畜。

枚 méi：会意，从木从支，本义是树干；马鞭；量词，相当于个、支、件。

玫 méi：形声，从玉，双音词"玫瑰"，指美玉，或珍珠，又植物名。

放 fàng：形声，从支方声，驱逐，流放。

畋 tián：打猎；古同佃，耕种。

攽 bān：会意，从支从分，分发；古同颁。

敂 kòu：同叩，敲。

敃 mǐn：强横、顽悍，勉力、勉强。

敯 mǐn：忧患、痛心的事，同悯。

嫩（嫰 nèn）：形声，从女敕声，物初生时的柔弱娇嫩状；柔弱、娇气，年幼，不老练。

拓展：

攽 钕 玫 破 敻 敁 战 鼓 寇 敨 敊 戡 敳 敝 敹 敱 寇 敍 較 敐 敡 敓 敹 敊 敥 敔 敪 敠 敯 敿

普 谱 氆 镨 潽

（金文 金文 简帛 说文 居延简 欧阳询 颜真卿 柳公权 赵孟頫 王羲之 王羲之 孙过庭 李淦 王铎 韵会）

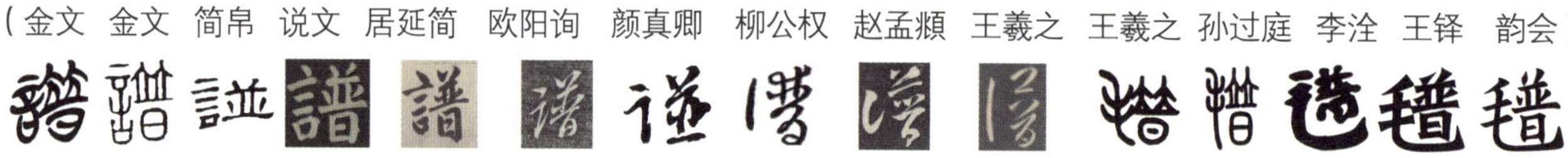

（简帛 说文 隶辨 颜真卿 赵孟頫 黎遂球 吴昌硕 王羲之 孙过庭 孙过庭）（金文 粗篆 汉简 魏碑 欧阳询

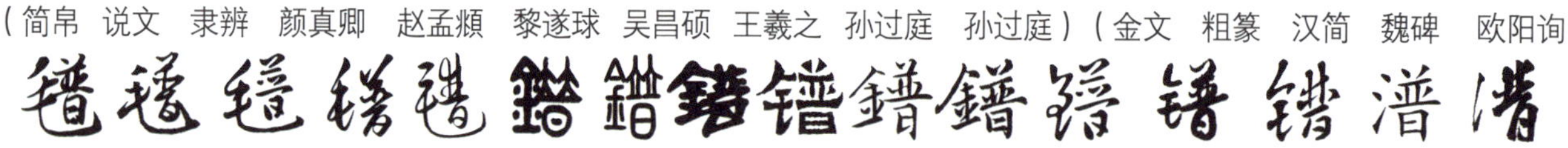

王羲之 文徵明 王羲之 李淦 流江）（金文 粗篆 汉简 爨体 文徵明 赵孟頫 王羲之 郭沫若 章草）（楷书 王壮为）

辨析：

普字从并（並）从日，草书的变化在并字，其草书有快写、从亚（草书，中竖左右分别有一二点）、中间写两点（横向对称结构的一种草法）或三点、反起笔等几种写法，日字除了快写，还可省略或者写日字符（见韵会）。可拓展。

普（晋 pǔ）：会意兼形声；篆书字形从日从并；普是二人并排站着，本义为日无光；遍、普遍、全面。

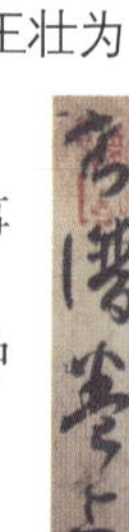

谱（譜 pǔ）：从言普声，本义是记载事物类别或系统的书。

氆 pǔ：氆氇，中国藏族地区出产的一种羊毛织品。

镨（鐠 pǔ）：化学元素，原子序 59，为稀土金属之一，与钕同杂存于矿物中，产量极少。

潽 pū：液体沸腾溢出。

拓展：

誧 鐠

P2.1 书谱卷上

七1：七（柒）皂 唣

（甲骨 金文 楚简 石经 李斯 李阳冰 说文 曹全碑 好太王 欧阳询 褚遂良 颜真卿 柳公权 赵孟頫

史游 皇象 索靖 王羲之 王珣 王献之 金文 粗篆 汉简 王羲之 欧阳询 颜真卿 黄庭坚 王羲之 赵孟頫）

（汉简 王羲之 王羲之 李洤 说文 俞和 王铎 皇象）（金文 汉简 粗篆 王羲之 王羲之 王羲之 孙过庭 李洤）

辨析：

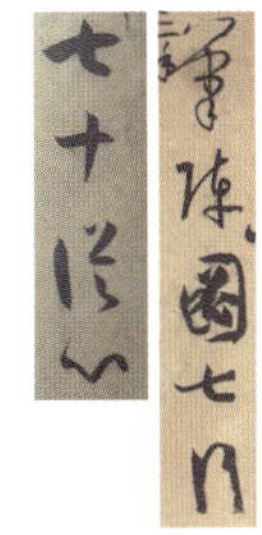

七字的甲骨金文字形同“十”，隶楷字形稳定，行草书为快写。切彻从七，见切页；乇字从七，见乇页。

七 qī：阳之正也，从一ㄣ，微阴从中斜出也；画以纪数，本义是六加一的和，在钞票和单据上常用大写“柒”，柒也是漆的异体字。

皂（皁 zào）：皂斗的略称（指栎实、柞实等），其壳斗煮汁，可以染黑，本作皁，后作皂。

唣（唕 zào）：罗唣，吵闹。

拓展：

乇 切 彻 棈 𠮨　　P26.5 笔阵图七行　　P41.1 七十从心

七2：切 砌 彻 沏 窃

（金文 汉简 说文 金刚经 赵孟頫 王献之 欧阳询 柳公权 王羲之 张旭 赵孟頫）（简帛 说文 欧阳询 颜真卿

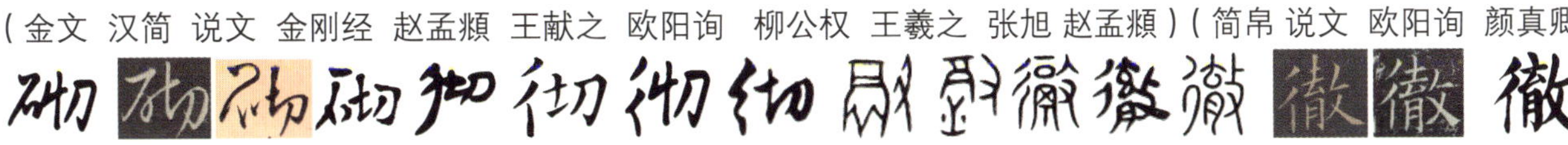

王羲之 赵孟頫 王铎 章草）（汉简 王羲之 王羲之 文徵明 甲骨 金文 古文 秦简 说文 欧阳询 褚遂良 颜真卿

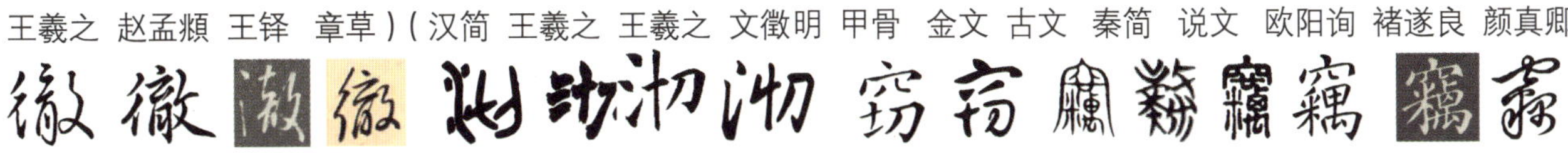

王羲之赵孟頫 王羲之王铎）（金文 赵之谦 虞世南 王羲之）（王羲之 王羲之 古文 楚简 说文 褚遂良 颜真卿 韵会）

辨析：

切字字形稳定，行草书为快写。彻和窃字分别有异体字徹和“竊竊竊”等，所以其行草书，彻字除了快写，草书可写“徹”；窃字除了快写，草书可写“穴耒禺”“穴米禺”等。

切 qiē：用刀从上往下用力；qiè，密合、贴近，紧急，实在；通砌，台阶。

砌 qì：形声，从石切声，本义为台阶。

彻（徹 chè）：形声，从彳，甲骨文从鬲（炊具）从丑（举手），表示吃罢饭用手撤去炊具的意思，《说文》给古文增加了音符“彳”，变成了形声字，本义是撤除，撤去。

沏 qī：用沸水冲、泡。

窃（竊竊竊 qiè）：会意，从米，以米为穴，意为虫在穴中偷米吃，是会意字，本义是偷。

拓展：

萂 眳 挈 踋

Q

妻 淒（凄） 棲（栖） 悽 萋

（甲骨 甲骨 金文 楚简 说文 李斯 唐玄宗 伊秉绶 欧阳询 颜真卿 柳公权 赵孟頫 王羲之 赵孟頫 文徵明

皇象 王羲之 贺知章 黄庭坚 宋克 徐渭）（楚简 简帛 石鼓文 说文 欧阳询 董其昌 王羲之 颜真卿 王羲之）

（秦简 说文 颜真卿 张旭 怀素 吴让之 文徵明 曹全碑 智永 文天祥 王铎）（说文 王献之 赵构）（金文 说文 李淦）

辨析：

妻字的隶定字形稳定，草化过程，将中间的部件“彐”简草化为一个横弯，下部结构就成为了“安”字的草书，因此，妻字的草书可以形象地称为“一家安”即“一安”。可拓展。

妻 qī：会意，小篆字形从女从屮从又，“屮”像家具形又是手，合起来像女子手拿家具从事劳动的形象，其字形更像女子在整理头发，本义是男子的正式配偶。

淒（凄 qī）：淒俗作“凄”，形声，从水妻声，本义是云雨兴起的样子；悲伤，冷落静寂。

棲（栖 qī）：同栖，禽鸟宿于巢，居住、停留。

悽 qī：悲伤、悲痛。

萋 qī：形声，从艸妻声，本义是草茂盛的样子。

拓展：

郪 唼 捿 㼤 䃀 褄 緀 霋 鶈

桼 漆（湪 柒） 膝 厀

（石鼓文 说文 异体字 李阳冰 赵孟頫 赵孟頫 邹武生）（金文 简帛 说文 欧阳询 颜真卿 宋徽宗 王羲之 欧阳询

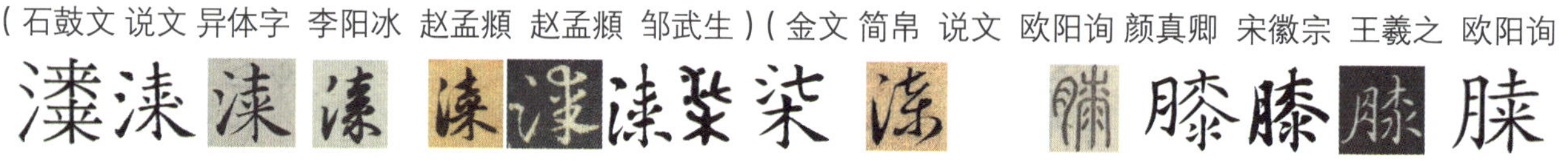

异体字 智永 赵孟頫 王羲之 赵孟頫 皇象 章草 金文 王羲之 赵孟頫）（篆字汇 王羲之 智永 灵飞经 异体字）

王羲之 章草 钟繇 周越 鲜于枢 邓文原）（金文 简帛 说文 赵孟頫）*（楷书 说文）说文 说文 说文 说文 说文*

辨析：

桼字有异体字从“来”形。草书写法为“某枣桼来旋”，可参照某页，快写少见，可拓展。

桼 qī：木汁桼，漆树皮内的粘汁可做涂料；异体字字有从“来”的结构。

漆（湪柒 qī）：从水桼声，本义为漆水。异体字还有“氵＋来来（上下结构）”等写法。

膝 xī：从月桼声，人体大腿与小腿相连处的外部关节，可以任意屈伸。

厀 xī：古同膝。

拓展：

㯃 𨞇 䰍 㯯 髤 鶔　　 𣛮 𧬺

齐（齊）济（濟）齑 挤 侪 剂

（甲骨 金文 金文 夏禹 楚简 说文 齐白石 曹全碑 欧阳询 褚遂良 颜真卿 赵孟頫 王羲之 陆柬之 皇象 索靖

王羲之 王羲之 章草）（金文 简帛 说文 曹全碑 欧阳询 王羲之 王羲之 章草）（说文 王羲之 王羲之 章草）

（说文 褚遂良 陆柬之 王羲之 王羲之）（说文 赵孟頫 王铎）（说文 倪瓒 赵构）*赵构（赵孟頫 赵孟頫）邓文原 王铎 于右任*

辨析：

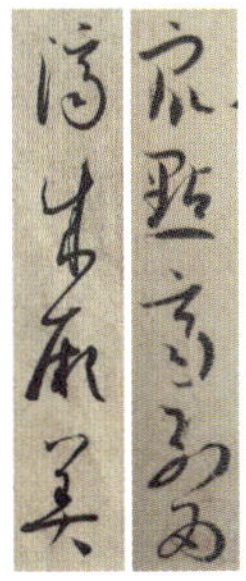

齐的篆书象形，隶定字形稳定。草书借“高”字草形，只是高有两个口，口既可以写两个呼应点也可以草化为一小短横，而齐字上边草化为一短横，下边则用上下两个小短横表示地面。需要注意的是齑字的草书，为上下结构，因而草化时将齐（齊）字下边中间的两个短横省略了。

齐（齊 qí）：象形，甲骨文字形像禾麦穗头长得平整的样子，小篆字形下面多了两条线，表示地面，本义是禾麦吐穗上平整，通“剂”，调味品；通“跻”，登，升；通“斋”，斋戒；通“资”，资助；通“脐”，肚脐。

济（濟 jǐ）：形声。从水，齐声。本义：水名，即济水；帮助、救助，成就，停、止，增加，弥补，及、比得上，成、可以；jǐ，众多，整齐美好；异体字有“濟湤済霽”等等。

齑（齏 jī）：捣碎的姜、蒜、韭菜等；细，碎。

挤（擠 jǐ）：推开，除去。

侪（儕 chái）：同辈，同类的人。

剂（劑 jì）：剪齐；调节、调和，制剂，药剂。

拓展：

霁 蛴 荠 跻 脐　侪 哜 斋 鲚　P51.5 众点齐列　P21.5 济成厥美

奇 1：奇 倚 剞 猗 绮 骑 椅 攲 崎（陭）

（金文 楚简 秦简 石鼓 说文 欧阳询 褚遂良 颜真卿 柳公权 赵孟頫 米芾 赵孟頫 皇象 王羲之 怀素 赵构）

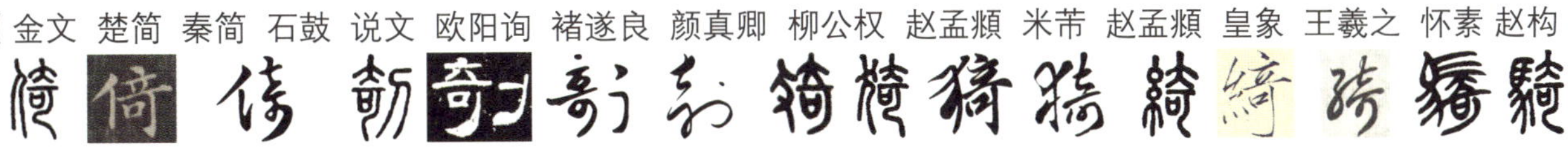

（说文 王献之 王羲之）（说文 梁升卿 王羲之 李洤）（金文 说文 王羲之 章草）（说文 宋徽宗 智永）（简帛 说文

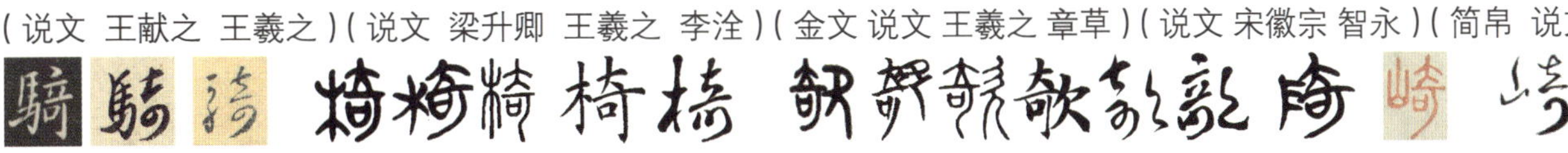

钟繇 王羲之 怀素）（金文 简帛 说文 虞世南 章草）（金文 楚简 说文 智永 李洤 章草）（简帛 石韵府 鲜于枢）

辨析：

奇字字形稳定，草书有快写和“七可”两种。可拓展。

奇 qí：会意，从大从可，可亦声，本义为奇异，怪异；jī，单数，余数、零头、不足整数者。

倚 yǐ：形声，从人奇声，本义为斜靠着。

剞 jī：剞劂，雕刻用的曲刀；雕版，刻书。

猗 yī：形声，从犬奇声，本义为阉割过的狗；长大，美盛的样子；叹词，常用于句首，表示赞叹，用于句末，相当于啊。

绮（綺 qǐ）：细绫，有花纹的丝织品。

骑（騎 qí）：形声，从马奇声，本义为跨马。

椅 yǐ：有靠背的坐具；yī，落叶乔木，木材可以制器物。

攲 qī：倾斜不正；表示赞叹，通猗。

崎（陭 qí）：形声，从山奇声，本义是崎岖，地面高低不平的样子；《正字通》陭隑埼碕通。按，上党陭氏本作陭，不必改从山。

拓展：

陭 槣 嵜 庴 惍 旑 蒚 諦 犄 埼 婍 徛 渏 掎 殑 蛴 旖 綺 痔 皷 碕 祷 锜 裿 腨 攱 攲

P15.1 好異尚奇之（土）

奇2：琦 觭 犄 畸 踦 漪 羈 寄

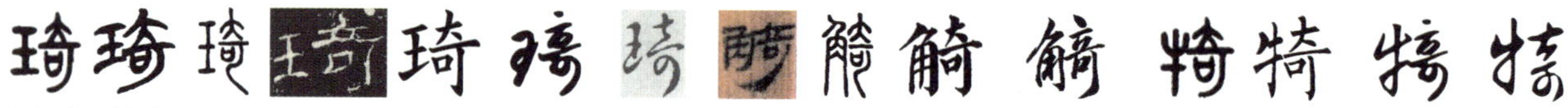

（金文 简帛 说文 礼器碑 欧阳询 王羲之 赵构）（简帛 说文 颜真卿 王羲之）（金文 柳公权 王羲之 文徵明）

（简帛 说文 颜真卿 王羲之 王羲之 文徵明）（简帛 说文 赵孟頫 董其昌）（金文 汉简 柳公权 王羲之 章草）

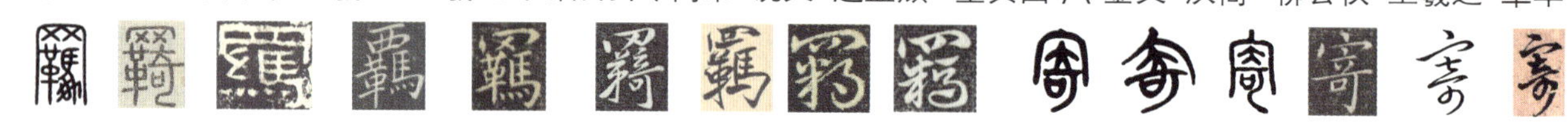

（说文 篆字汇 张迁碑 欧阳询 虞世南 黄庭坚 米芾 皇象 赵孟頫）（金文 简帛 说文 薛稷 王羲之 王铎）

辨析：

奇字拓展的字，其奇字草书有快写和“七可”两种。

琦 qí：形声，从玉奇声，本义为美玉。

觭 jī：从角奇声，角一俛一仰也。

犄 jī：牛角或羊角对向的。

畸 jī：形声，从田奇声，本义是零片的田地。

踦 qī：形声，从足奇声，本义为一只脚；倾斜不平。

漪 yī：形声，从水猗声，本义为水的波纹。

羈 jī：马络头，寄居、作客，寄居在外地的旅客。

寄 jì：形声，从宀奇声，托也，寄居。

拓展：

骑 輢 蓊 錡 鞠 頎 蓊 檹 騎 鵸 旖 羇 齮 寄 掎 椅

岂（豈）1：岂（豈）凯 恺 剀 觊

（金文 简帛 汗简 说文 华山庙 曹真碑 唐玄宗 智永 欧阳询 褚遂良 颜真卿 赵孟頫 王羲之 王献之 米芾

王羲之 王献之 智永 张旭 黄庭坚 康里巎）（篆字汇 冯承素 赵孟頫 王羲之）（金文 简帛 说文 柳公权 王羲之）

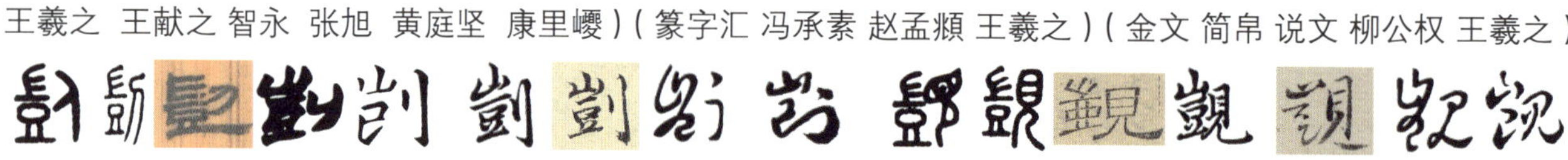

（金文 说文 简帛 汉简 王羲之 赵孟頫 陈琏 王羲之 郭沫若）（金文 说文 隶辨 赵孟頫 李之仪 王羲之 章草）

辨析：

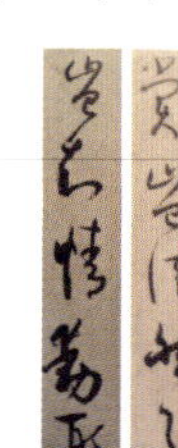

岂（豈）从山从豆，豆古代为器皿，作为字根其草法常借“皿”字的草书之形。可拓展。

岂 qǐ：形声，从壴（zhù）省，微省声；壴，陈列乐器；读 kǎi 时，古同“凯”，胜利的，回师时献功之乐；古同“恺”，快乐，豆：古代指盛肉或其他食品的器皿，形状像高脚盘“俎豆”。

凯（凱 kǎi）：会意，从豈从几，几像架子，字本作豈（qǐ），也作愷，从豆，本义是军队得胜所奏的乐曲。

恺（愷 kǎi）：形声，从心豈声，本义为欢乐、和乐。

剀（剴 kǎi）：形声，从刀豈声，本义为大镰；磨、磨刀，规劝、讽喻，杀、砍，中肯、切实。

觊（覬 jì）：形声，从见岂声，本义是希望得到。

拓展：

豈 娢 翃　　P16.1 赏岂徒然欤　　P37.1 岂知情动形（移）

岂（豈）2：皑 硙 垲 铠 觊 闿

（说文 曹全碑 欧阳询 颜真卿 赵孟頫 乾隆 王羲之 章草）（简帛 说文 欧阳询 赵孟頫 黄庭坚 郑板桥 邓文原）

（说文 汉简 西狭颂 王羲之 柳公权 颜真卿 赵孟頫 王羲之 于右任）（金文 简帛 说文 赵孟頫 唐太宗 王羲之）

（说文 楷书）（古文 说文 汉印 齐白石 齐白石 礼器碑 熹平碑 赵孟頫 王阎运 王羲之 王羲之 文徵明 于右任）

辨析：

岂字作为字根，有繁简变化，历代简写的居多。

皑（皚 ái）：形声，从白豈声，字亦作溰，本义是霜雪洁白。

硙（磑 wéi）：硙硙，形容很高的样子；wèi，石磨，同磑，切磨、磨碎。

垲（塏 kǎi）：地势高而干燥的。

铠（鎧 kǎi）：形声，从金豈声，本义为用以护身的铠甲战衣。

觊 yǐ：静也，谨庄貌，顗的类推简化字。

闿（闓 kǎi）：形声，从门豈声，本义为开门、开；启发、开导；开阔、明朗；通恺，和乐。

拓展：

骓 婠 翊

企

甲骨 甲骨 甲骨 金文 金文 简帛 石韵府 石韵府 说文 金石索 钟繇 王羲之 欧阳询 褚遂良 颜真卿

柳公权 赵孟頫 钟繇 王献之 米芾 赵孟頫 欧阳修 王铎 索靖 王羲之 王羲之 王献之 孙过庭 赵孟頫

辨析：

企字的部件是"人 + 止（足）"，篆书由此产生了不同的变化，其草书，人字的撇捺保留，止字写"竖横 + 两点或一点"。

企 qǐ：会意，从人从止，甲骨文字形上面是一个人，下面是"止（足）"，表示这个人在踮起后脚跟，有企立、企足的意思，本义是踮起脚跟。

拓展：

啶 岦

P25.5 企学者希风（叙妙）

启（启 啟）

甲骨 甲骨 甲骨 甲骨 金文 金文 金文 楚简 上博简 说文 李阳冰 肥致碑 北大简 隶辨 隶辨 赵孟頫

欧阳询 王羲之 欧阳询 米芾 颜真卿 宋徽宗 蔡襄 索靖 陆柬之 赵佶 汉印 王僧虔 昭仁寺 王羲之 苏轼

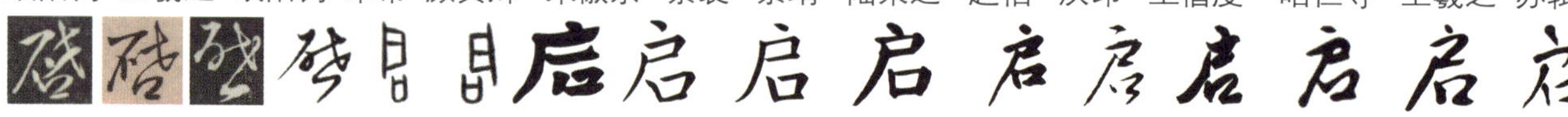

米芾 王铎 姜埰 沈粲 甲骨 甲骨 汉简 王羲之 欧阳询 颜真卿 黄庭坚 唐寅 郭沫若 文徵明 于右任 章草

辨析：

启（启）字的特点是用手去开启门户，或加上“口”表示发声去叫门，楷化后，“户”字讹变为“石”，扣门之手楷化为“又、攵、戈”，草书写出“石又口”“石攵口”或“石戈口”即可。

启（启啟啓晵 qǐ）：会意，从户从口，甲骨文字形从户（单扇门）从手（又），用手开门，即开启的意思，后繁化加“口”，或省去手（又）而成“启”，金文又加“支”成“啓”，楷化后还可从“戈”，现采用甲骨文的早起字形简化为“启”，本义为开，打开。

拓展：

晵 闙　P27.2 发启童蒙

气 1：气（氣） 氰 氯 氢 忾 氧 氛 氦 氨

（仓颉 甲骨 甲骨 碧落文 金文 说文 说文 肥致碑 何绍基 欧阳询 颜真卿 柳公权 赵佶 王羲之 文天祥

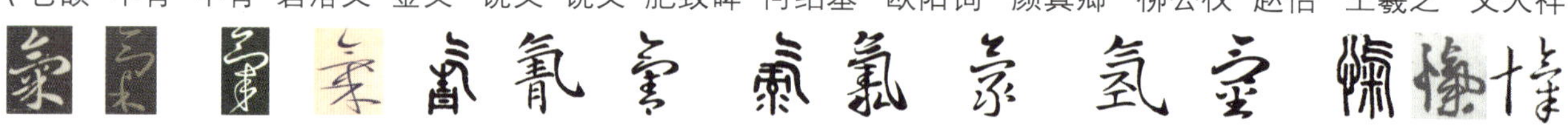

皇象 王羲之 王献之 怀素）（金文 虞世南 王羲之）（金文 王羲之 王羲之）（王羲之 王羲之）（说文 王铎 赵构）

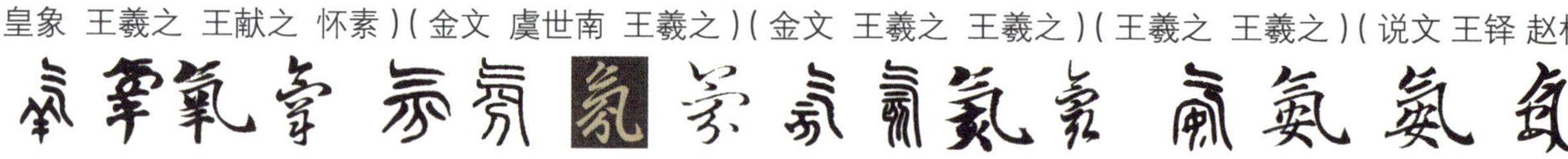

（金文 汉简 智永 王羲之）（简帛 说文 赵孟頫 韵会）（金文 粗篆 智永 徐伯健）（金文 虞世南 褚遂良 毛泽东）

辨析：

气字的甲骨文为两边长中间短的三横画，隶定字形稳定，草书大部分书家将第四笔横弯勾写成了横勾，快写或撇捺写为有斜度的两个小短横也是可以的。可拓展。

气 qì：象形，甲骨文、小篆字形像云气蒸腾上升的样子，云气也。

氰 qíng：碳与氮的化合物，性很毒，燃烧时发红紫色火焰。

氯 lǜ：一种气体元素，味臭有毒，可用来消毒，漂白。

氢（氫 qīng）：一种气体元素，是现在所知道的元素中最轻的，无色、无味、无臭，导热能力特别强，跟氧化合成水。

忾（愾 kài）：形声，从心气声，本义是叹息、感慨；愤恨、愤怒，满。

氧 yǎng：气体元素，无色、无味、无臭，原子序数 8 。

氛（雰 fēn）：形声，从气分声，本义为凶气，古时迷信说法指预示吉凶的云气，多指凶气；雾气，云气，气氛，尘埃，尘俗之气，恶浊之气。

氦 hài：化学元素，原子序 2，稀有气体元素之一，无色、无臭，是氢以外密度最小的气体。

氨 ān：氮和氢的化合物 NH_3。

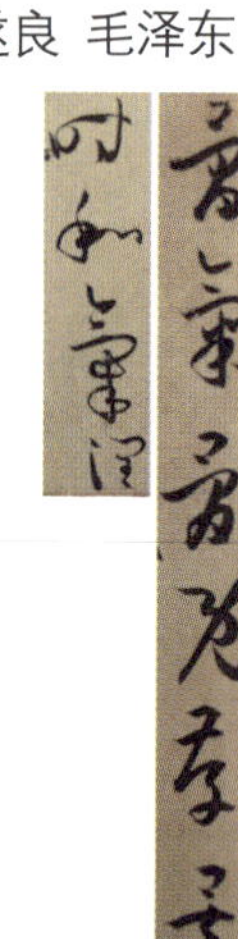

拓展：

氕 仡 㔕 刉 氖 気 氘 扢 忔 氙 芞 饩 钆 𣢐 氡 肐 忥 氜 氝 氞 氟 氠 氡 氥 氩 氪 氫 氬
氰 䒗 愾 氯 氳 瀛

P23.6 时和气润 P47.1 务存骨气，骨既存矣

气2：汽 氲 氟 氮 氖 氩 氪 氚 氡 氤

（金文 简帛 说文 邓石如 王羲之 王羲之 王羲之 孙过庭）（石韵府 欧阳询 杨维桢 章草）（金文 金农 智永 章草）

（金文 何绍基 颜真卿 王羲之 王羲之）（金文 赵之谦 褚遂良 王羲之）（金文 柳公权 赵孟頫 赵孟頫 索靖 章草）

（说文 欧阳询 赵孟頫 王羲之）（金文 汉简 颜真卿 王羲之）（金文 小篆 欧阳询 米芾 索靖）（金文 虞世南 章草）

辨析：

气字作为字根有较强的拓展性。所涉字根参见相关页。

汽 qì：蒸气，液体或固体变成的气体；特指水蒸气。

氲 yūn：形声，从气昷声，氤氲，指气或光色混和动荡的样子。

氟 fú：卤素的一价非金属元素，浅黄色，是已知的最强的氧化剂之一，元素符号 F。

氮 dàn：非金属元素，原子序数 7，元素符号 N。

氖 nǎi：一种气体元素，无色无臭，不易与其他元素化合，真空管内发出淡红色辉光，可用来制霓虹灯和指示灯，原子序数 10。

氩（氬 yà）：一种气体元素，无色、无臭，是惰性气体的一种，在真空管中通电时发出蓝色光。

氪 kè：一种气体元素，无色、无臭，不易与其他元素化合，能吸收 X 射线，可用作 X 射线的屏蔽材料，亦可用来填充灯泡。

氚 chuān：氢的放射性同位素，原子量为普通氢的三倍，半衰期 12.5 年，蜕变时放出 β 射线后形成质量数为三的氦，用中子轰击锂可产生氚。

氡 dōng：一种气体元素，有放射性，无色无臭，不易跟其他元素化合，在真空玻璃管中能发荧光。

氤 yīn：氤氲。

拓展：

噄 熂 犔 氳 黖 霼 鎎 蘔 餼 䵘

弃（棄）

甲骨 甲骨 金文 石韵府 说文 帛书 钟繇 王羲之 王羲之 王羲之 王献之 王羲之 褚遂良 黄庭坚

张芝 皇象 王羲之 王羲之 韩道亨 甲骨 楚简 说文 爨体 王羲之 欧阳询 朱熹 米芾 索靖 赵构 文徵明

辨析：

弃字的字形，围绕用双手抛弃夭折的孩子演化而得：𠫓 tū，倒子，不顺忽出也；“世”，簸箕；“廾”，双手，草书快写可以写为“大”，繁体写“木”是讹变；甲骨文表示水的小点，写三点、一横或省略，因此弃字的草书即有繁简两类：1.“𠫓 + 世 + 木”，其中，𠫓字的草书写快写或草化为“七”，“世木”合写草化为“世木、耒、未”；2.“世木”合写，也有张芝、韩道亨的变化。二、简体写法，即“𠫓 + 大或廾”的写法。

弃（棄 qì）：古文以竦手去㐬子会意，甲骨文字形上面是个头向上的婴孩，后演变为头朝下“𠫓（充育流）”，中间是只簸箕，下面是两只手，合起来表示将逆产儿倒掉之意，小篆写法大同小异，本义是扔掉、抛弃。甲骨文也有省略“簸箕”的写法，是为“古简体”。

拓展：

渏 摔　　P62.3 宜从弃择

契 锲 喫 楔 葜 稧 揳

（金文 秦简 石韵府 石韵府 说文 说文 北大简 邓石如 姚孟起 褚遂良 颜真卿 柳公权 赵孟頫 王羲之

蔡京 赵孟頫 索靖 索靖 王羲之 王献之）（金文 说文 欧阳询 王羲之）（说文 颜真卿 苏轼 孙过庭 说文

王羲之 索靖）（说文 虞世南 李淦）（金文 颜真卿 张瑞图）（何绍基 王羲之 傅山）（篆字汇 赵孟頫 鲁迅）

辨析：

契字的字形稳定，其草书主要是刀字简省为一个小转折。可拓展。

契 qiè：大约也，从大从初，《易·系辞》曰："后时圣人易之以书契"；古同"锲"，用刀子刻；证明买卖、抵押、租赁等关系的文书，相合、相投。其中：1. 初 qì qià yáo：巧初也，从刀丰声，像刀刻画竹木以记事者；2. 丰 jiè：野草的古称，像艸生散乱。

锲（鍥 qiè）：形声，从金契声，本义是镰刀；刻也；截断。

喫（吃 chī）：啖也，同吃；饮，吸，经受、承受；介词，表示被动，相当于被；消灭，多用于军事，棋戏；kài，喫诟，用力争辩。

楔 xiē：形声，从木契声，本义是楔子，上粗下锐的小木橛。

葜 qiā：菝葜，草也。

稧 qiè：禾秆；xì，换稧，古同禊。

揳 xiē：捶打，特指把钉、橛等捶打到其他东西里面去。

拓展：

偰 奊 猰 禊 瘈 碶 窫 褉 䫔 貏 闋 鍥 䫔 鍥

P 4.6 书契之作

1咠 缉 揖 辑 楫 2戢 蕺 檝

（楚简 说文 邓石如 褚遂良 王壮为）（说文 曹全碑 魏碑 颜真卿 王铎 陈鉴 王羲之 章草）（简帛 说文 曹全碑

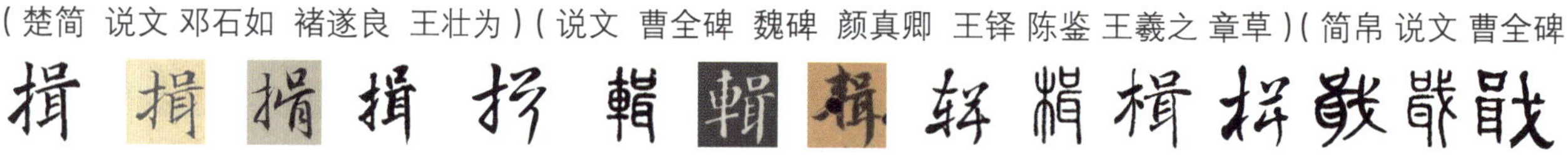

欧阳询 赵孟頫 赵孟頫 王羲之 王羲之）（说文 颜真卿 柳公权 章草）（说文 褚遂良 章草）（简帛 说文 衡方碑

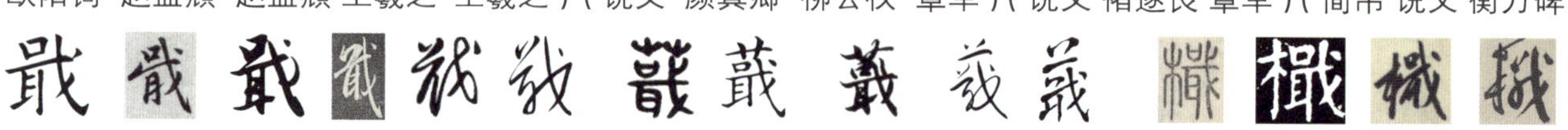

欧阳询 赵孟頫 王羲之 米芾 王羲之 李淦）（金文 王羲之 王羲之 李淦 章草）（篆字汇 颜真卿 赵孟頫 王宠）

辨析：

咠从口与耳，其草书口写两点，耳字中间的两横可省略。戢字的草书，其戈勾可以采用不同的书写顺序。如王羲之和李淦的写法。赵孟頫的檝字从魏碑结构。咠和戢作为字根，均可拓展。

咠 qì：从口从耳，附耳私语声，谗言。

缉（緝 jī）：形声，从糸（mì/sī）表示与线丝、缠织有关，本义是绩，把麻搓成线。

揖 yī：形声，从手咠声，本义为拱手行礼。

辑（輯 jí）：形声，本义是车箱；聚集；敛，拖着不使脱落；使安定。

楫 jí：形声，短的船桨。

戢 jí：从戈咠声，将兵器收聚而藏。

蕺 jí：多年生草本植物，茎上有节，叶互生，结蒴果，茎和叶有腥味，全草入药，亦称"鱼腥草"。

檝 jí：同楫。

拓展：

1. 偮 徣 湒 葺 䐓 䁒 蕺 䇥 諿 鍓 䉗 䑧

2. 㦸 濈 濈 艥 䨿

Q

千 钎 扦 仟 阡 芊 忎 秊（季年） 迁（遷） 跹（躚）

（甲骨 甲骨 盂鼎 散氏盘 说文 曹全碑 欧阳询 颜真卿 宋徽宗 王羲之 皇象 智永）（金文 欧阳询 王羲之）

1（广义 王羲之 王羲之）（说文 虞世南 毛泽东）（金文 说文 赵孟頫 王羲之 章草）（说文 褚遂良 章草）（说文 楷书）

2（甲骨 大篆 说文 颜真卿 徐渭 元公墓）（说文 欧阳询 王羲之 王羲之 章草）（说文 祝永明 辨体 王羲之 王羲之）

辨析：

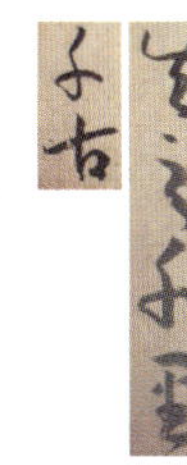

千字的结构稳定，行草书笔顺有别，行书为最后笔画写竖，草书则是最后笔画写横。千字作为字根可拓展，其中，拓展1的例字“钎扦仟阡芊忎”等字含有千字，各体依其结构；另一部分拓展2的“秊（季年）纤忏歼迁跹”等，则有繁简写法，其繁体字不含千字结构，其中所涉字根秊（季年）、䙴和韱等字，还可参见相关页。

千 qiān：形声，从十人声，本义是数目，十百为千。

钎（釬 qiān）：钎子，打凿孔眼的工具。

扦 qiān：用金属或竹、木制成的一种针状器具，有的带有底座；插、插进去，修剪。

仟 qiān：会意，从人从千，本义为古代军制，千人之长；千字的大写，草木茂盛的样子。

阡 qiān：田间南北向的小路。

芊（䇞 qiān）：草木茂盛的样子。

忎 rén：古同仁。

拓展：

1. 讦 圩 奸 籽 杆 庍 汗 吁 扞 奸 舌

2. 纤（纖）忏（懺）歼（殲）迁（遷）跹（躚） 秊（年）季（年）

P22.5 千古（依然）　P38.1 失之千里

纤（纖） 忏（懺） 歼（殲 殱）

1（简帛 说文 颜真卿 王铎 2 魏碑 隶辨 王献之 颜真卿 虞集 米芾 哉字头 孙过庭 怀素 宋高宗 宋克

祝永明 祝永明 文徵明 陈淳 3 汉简 颜真卿 黄庭坚 王羲之 章草）（六书故 敦煌 裴休 黄庭坚 吴建贤 王铎

赵孟頫 韵会 金石篆 王羲之 王羲之）（说文 颜真卿 何绍基 欧阳询 赵孟頫 于右任 王羲之 黄庭坚 王羲之）

辨析：

本页的纖、懺和殲三个字，从韱（参见韱页），都有从千的异体字。韱又同韯，而韯从戋，属哉字头，哉字头的草书参见哉字。韱的草书写法一般为“戋＋非”。纤、忏和歼三个字，隶定字形有从“1 韱、2 韯、3 千”的三种写法，草书则一般只有从哉字头（较常见）和从千字的两种写法。

韱（xiān）声，本义是消灭；死。

纤（纖繊孅 xiān）：形声，从糸韱声，从糸乃细丝表微小，本义为细小；孅同纖，为纤的繁体字。

忏（懺 chàn）：形声，从心韱（xiān）声，本义是忏悔，自陈懊悔。

歼（殲殱 jiān）：形声，从歹（表示与死有关）。

拓展：

P11.6 纤纤（纖）乎似初月

佥1：佥 检 验 险 猃 剑 裣 殓

（楚简 楚简 帛书 说文 张迁碑 颜真卿 柳公权 王羲之 王铎 王铎）（说文 张景碑 颜真卿 颜真卿 白蕉

皇象 邓文原）（说文 赵孟頫 皇象 赵构）（说文 皇象 王献之）（说文 欧阳询 索靖）（金文 金文 金文 楚简 越王剑

皇象 秦简 说文 欧阳询 智永 颜真卿 颜真卿 于右任）（金文 柳公权 赵孟頫 章草）（金文 颜真卿 黄庭坚 文徵明）

辨析：

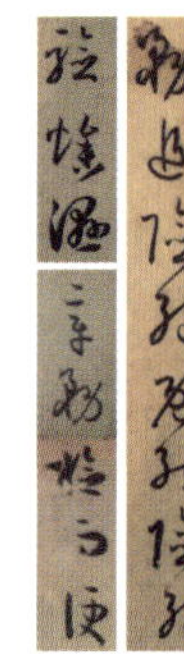

僉字有异体字佥，隶定字形稳定，草书为佥字快写，即繁体字中间两个口草化为三个点，下面的两个人字拉平后写为一横。可拓展。剑字有异体字劒和鐱等，字根僉在大篆和皇象本中仍可见。

佥（僉 qiān）：会意，从亼从吅从从，亼（jí）为集合也，吅（xuān）和从，都表示人多，本义是皆、咸。引申义：众人、大家；连枷，打谷的农具；用同“签”，签署，如佥押（画押），佥名（签名）等。

检（檢 jiǎn）：形声，从木佥声，本义是书匣上的标签；法式、法度，品行、节操。

验（驗騐 yàn）：形声，从马佥声，本义为马名；检查、检验，试验。

险（險嶮 xiǎn）：形声，从阜佥声，从阜与地势有关，本义为地势高低悬殊，难以通过。

猃（獫玁 xiǎn）：长嘴的狗，黑犬黄头；猃狁，我国古代北方少数民族名。

剑（劍劒鐱 jiàn）：形声，从刀佥声，古代兵器，长刃两面，中间有脊，短柄。

裣（襝 liǎn）：裣衽，旧时指妇女所行的礼。

殓（殮 liàn）：把尸体装入棺材。

拓展：

剑 崄 莶 剱 睑 裣 签 険 劍 匳 奁 險 蔹 劒 劔 噞 嬐 嶮 憸 撿 澰 獫 蘞

P22.2 章务检而便　P40.4 务追险绝既能险绝　P22.5 验燥湿之殊节

佥2：俭 捡 脸 硷 崄 敛 潋 蔹 莶 签

（说文 礼器碑 彭玉雯 王羲之）（说文 颜真卿 颜真卿 王羲之）（金文 欧阳询 欧阳询 索靖）（金文 曹全碑 王羲之

说文 智永 孙过庭）（六书通 智永 傅山）（金文 简帛 说文 欧阳询 颜真卿 于右任 米芾 王宠）（说文 赵孟頫 章草

米芾 王羲之）（金文 黄庭坚 邓文原 褚遂良 王羲之）（金文 说文 柳公权 赵孟頫 章草）（说文 颜真卿 颜真卿 章草）

辨析：

僉有异体字佥，拓展的字各体均见。签字古为籤，从韱，可参见韱页。

俭（儉 jiǎn）：形声，从人佥声，自我约束，不放纵。

捡（撿 jiǎn）：形声，从手佥声，拱手；拾取、察看、检查。

脸（臉 liǎn）：形声，从肉佥声，两颊的上部。

硷（礆 jiǎn）：同碱。

崄（嶮 xiǎn）：高峻的样子，古同险。

敛（斂歛 liǎn）：形声，从攴从佥，收集，聚集。

潋（瀲 liàn）：水际、水边；被吹起的水面的波纹。

蔹（蘞 liǎn）：葡萄科藤本植物的泛称，有白蔹、赤蔹、乌蔹莓等。

莶（薟 xiān）：豨莶，中药名，为菊科植物；liǎn，古同蔹。

签（簽籤韱 qiān）：形声，从竹佥声，本义为署名押字；标识，标签。

拓展：

熻 瘷 瞼 襝 鹼 羷 譣 醶 鐱 礆 籢 頌 籤 簽 鯩 灩 鹼

牵

1 甲骨 秦简 秦简 石韵府 说文 文徵明 王羲之 王羲之 颜真卿 颜真卿 王羲之 赵孟頫 王铎 赵孟頫

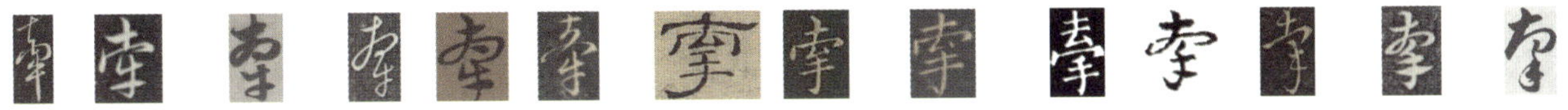

米芾 赵孟頫 赵孟頫 康里巎 宋克 文徵明 2 隶辨 王羲之 王献之 颜真卿 皇象 王献之 赵孟頫 韩道亨

辨析：

牵字的下边有两类写法：1. 从牛；2. 从手。两类的变化集中在“玄”字的结构出现了部分简省和变异。牵字草书最为简明的草法有二：1.“大、点、牛”；2.“大、手”。

牵（牽 qiān）：形声，从牛，“冖”像牵牛的绳，玄声，本义为牵牛。

拓展：

P64.2 书谱的黑体字：谓纵横牵掣之类是也

䙴 遷（迁 迁）蹮（蹮 跹）韆（鞑）褼 䣑（邗）

（盟书 古文 说文 说文 楷书）（甲骨 甲骨 金文 帛书 楚简 石经 说文 说文 邓石如 曹全碑 张迁碑 欧阳询 颜真卿

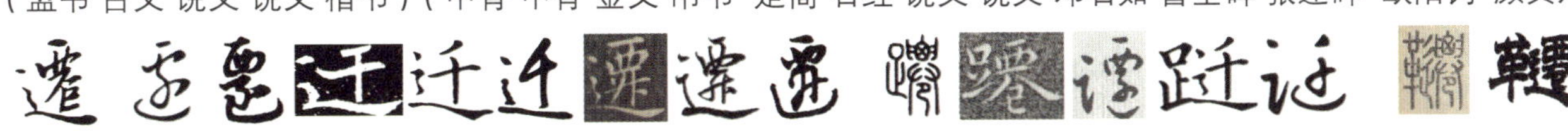

王羲之 王羲之 宋克 石门铭 王羲之 王铎 赵孟頫 米芾 吴昌硕）（说文 祝永明 辨体 王羲之 王羲之）（篆字汇 赵之谦

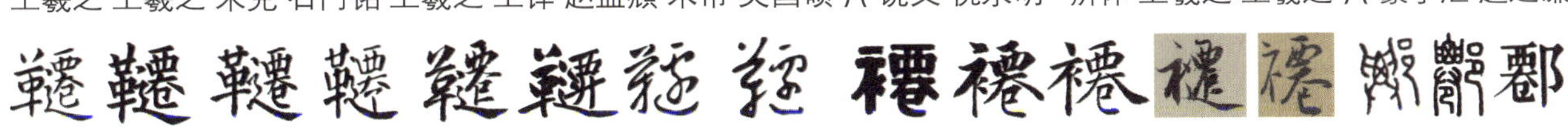

王羲之 欧阳询 颜真卿 颜真卿 王羲之 黄庭坚 王羲之 于右任）（伊秉绶 智永 虞世南 赵孟頫 王铎）（何尊 说文 楷书）

辨析：

䙴字作为字根，拓展后，一种可从千，如遷（迁迁）蹮（蹮跹）韆（革迁）迁（遷）䣑（邗）櫏（杄）攑（扦）槿（杆）籩（竹迁）等等，各体可参照遷字，而遷字的草书有三：1. 西子坐车，即“西＋子＋辶”；2. 迁字快写；3.“西＋升”。僊为仙，见仙页。其余的“遷（淺）徭嶐僊攊薯篝翻趯譔鷴”等等，未见从“千”的异体字写法。

䙴 qiān：升高也，从舁囟声，同“遷”。

遷（迁 qiān）：登也，从辵䙴声，迁徙也，又移物曰迁，俗迁字，早期字体可以看出众手搬迁物体的生动画面。

蹮（蹮跹 xiān）：古同跹，飘逸飞舞貌；翩跹（piān xiān），形容轻快地跳舞。

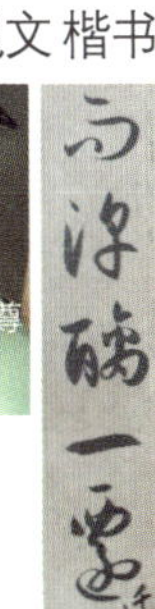

韆（鞑 qiān）：鞦韆，即秋千。

褼 xiān：褊褼，衣服飘扬的样子。

何尊：中国首批禁止出国（境）展览国家一级文物，是西周早期名叫何的西周宗室贵族所作的祭器，1963 年出土于陕西省宝鸡市，尊内底铸有 12 行 122 字铭文，其中宅兹中国为“中国”一词最早的文字记载，记述周成王继承周武王遗志，营建新都成周（今河南洛阳）之事。

“䣑”（邗 qiān）：地名。

拓展：

櫏（杆 ）攑（扦 ）遷（淺 ） 槿（杆 ） 籩（⺮迁）

P5.1 淳醨一迁

Q

前 剪 翦 箭 煎

（甲骨 甲骨 甲骨 金文 楚简 说文 说文 夏承碑 瘗鹤铭 欧阳询 颜真卿 柳公权 赵孟頫 王羲之 颜真卿

张芝 皇象 王羲之 王献之 赵孟頫）（金文 颜真卿 王羲之 王羲之 韵会）（金文 简帛 说文 欧阳询 王羲之 智永）

（金文 说文 欧阳询 简书 王羲之 李淦）（金文 简帛 说文 邓石如 赵之谦 赵孟頫 王羲之 徐渭 王羲之 韵会）

辨析：

前字本从舟，为歬，歬隶化为“前”，草书从“艹、月和刂” 三个部件。可拓展。

前（歬 qián）：甲骨文字形像坐着船前行，本义指剪刀或用剪刀剪断，古籍中常借前字来表示前进，剪刀的意思就造“剪”字表示。

剪 jiǎn：形声，从刀前声，本义是用剪刀铰断。

翦 jiǎn：初生的羽毛；削减、消灭、铲除。

箭 jiàn：形声，从竹前声，本义为竹名、箭竹。

煎 jiān：形声，从火前声，煎熬。

拓展：

偂 媊 揃 湔 葥 嵮 楰 瑐 糋 鎙 騚 鬋

P4.2 虽未果于前规　　P64.5 前贤之未及

朁 潛 潜 僭 谮 憯 噆 簪

（金文 楚简 楚简 说文 陈鉴）（古钵 说文 曹全碑 宝子碑 夏承碑 钟繇 欧阳询 颜真卿 赵孟頫 王羲之 a 毛泽东

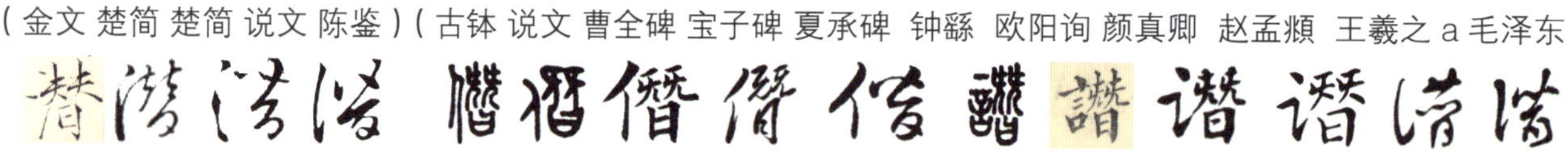

b 赵佶 朱熹 c 张芝 王羲之）（说文 金文 欧阳询 毛泽东 王羲之）（说文 彭玉雯 何绍基 王羲之 于右任 章草）

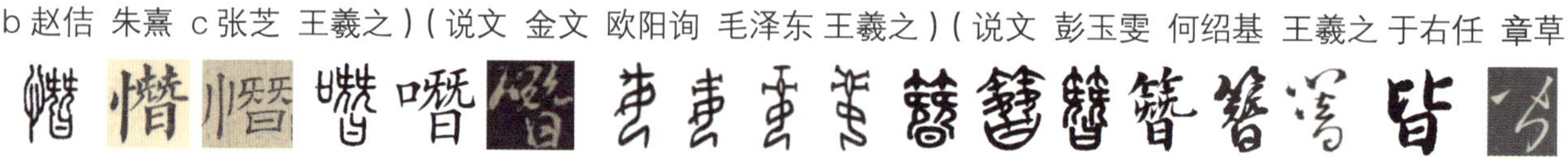

（说文 彭玉雯 隶辨）（说文 楷书 米芾）（甲骨 甲骨 甲骨 甲骨 金文 简帛 说文 智永 王铎 王铎）（智永 王羲之）

辨析：

朁字有从先从夭的异体字，各体均见，拓展的字，朁字的变化较多，从兓、夫、天、先等累见，因此草书变化较多：a 从天、b 从夫、c 借用“皆（草书）”形；此外，还可写于右任谮字的从“艹 + 三点 + 日”等等。注：日字草法可写日字符“厶”，如会（會）、春、昌、曹、昏等字。皆字草书附后。

朁 qián：曾也，从曰兓声；cǎn，副词，表出乎意料；相当于乃，竟；jiàn，古同僭，虚假。

潛（潜 潛 qián）：说文曰“潛，涉水也。”形声，从水朁声，本义为没入水中，而且在水下活动。

僭 jiàn：超越身份，冒用在上者的职权、名义行事。

谮（譖 zèn）：形声，从言赞（zǎn）声，本义是无中生有地说人坏话。

憯 cǎn：形声，从心朁（cǎn）声，本义是悲痛、伤心。

噆 zǎn：叮咬，口衔。

簪（簮 zān）：形声，从竹贊（zǎn）声，古文字形，像针形头饰形，本义是簪子，古人用来插定发髻或连冠于发的一种长针。

拓展：

劕 鄑 䃡 撍 熸 瓚 膪 檣 癠 暿 礋 穃 䅲 糣 醑 餶 鐕 顝　　P14.3 夫潜神对弈

遣 谴（譴） 缱（繾）

（甲骨以 金文师 甲骨 甲骨 金文 金文 金文 说文 石门颂 肥致碑 欧阳询 褚遂良 颜真卿 赵孟頫 赵佶

王羲之 王献之 陆柬之 黄庭坚 皇象 张芝 王羲之 王献之 虞世南 唐太宗 赵孟頫）（金文 简帛 秦简

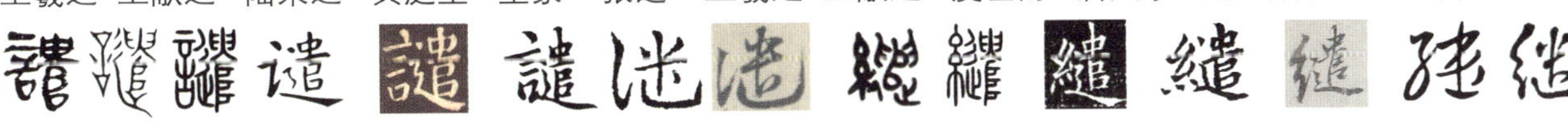

秦简 古文 说文 欧阳询 颜真卿 赵孟頫 皇象 邓文原）（金文 说文 欧阳询 元珍墓 董其昌 王羲之 章草）

辨析：

遣字有一个部件“㠯”，㠯乃是“以”字的本字，亦可读 duī，是𠂤的异体字，同“堆”字，小土山的意思，也是师的甲骨字形，草书解散字形保留竖划，两个“口”简省为一个点，因此遣字的草书为“两点＋中竖穿横＋点＋辶”。㠯字拓展的𠂤 duī、追、師（师）、阜、歸、遣、薛等字见相关页，其中，歸字从帚，参见帚页。

遣 qiǎn：形声，从辵（chuò），本义是释放；以和师的两个古字形，可为参考。

谴（譴 qiǎn）：形声，本义是责备，斥责；旧时官吏被贬或谪戍；罪过。

缱（繾 qiǎn）：紧束、牵住；缱绻，情意缠绵，感情好得离不开。

拓展：

僓 鎚 鎚 韃　　P52.1 遣不恒疾

欠 攲 软 欬 钦 砍 坎 欷 饮 吹

（甲骨 甲骨 金文 汉简 说文 邓石如 欧阳询 颜真卿 王羲之 米芾 简书 王羲之 流江）（说文 欧阳询 李洤）（说文

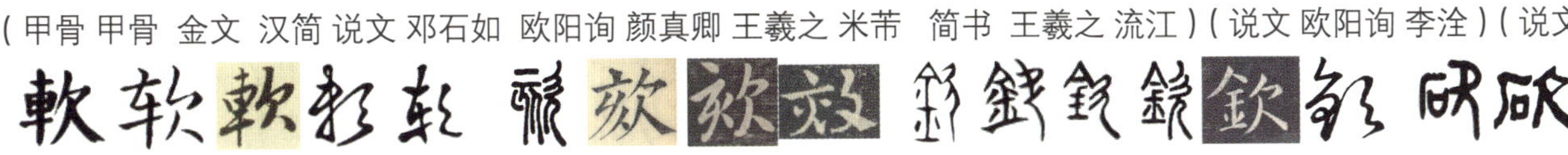

颜真卿 王羲之 唐寅 王羲之 章草）（说文 彭玉雯 王羲之 皇象）（金文 楚简 秦简 说文 虞世南 韵会）（金文 衡方碑

李洤）（金文 王铎 王羲之）（说文 智永 王羲之）（甲骨 甲骨 金文 说文 说文 说文 颜真卿 王铎）（甲骨 说文 智永 智永）

辨析：

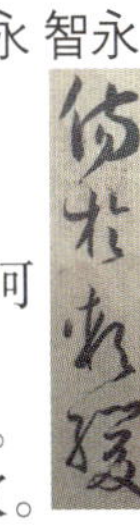

欠字小篆和隶定起笔为“丿”，草书写法似“W”顺时针旋转 90 度，作为字根，欠字有很强的拓展性。次、盗、欧、款、欢、歇、欣、欲、炊、羡和欤等字所涉字根，参见相关页。

欠 qiàn：象形，甲骨文字形像人张着口打呵欠，小篆字形下面是人（儿）上面像人呼出的气，本义为打呵欠。

攲 yī：从支奇声，倾斜不正；表示赞叹。

软（軟輭 ruǎn）：形声，从车欠声，本义是柔软。

欬 kài：亦作咳，咳嗽；ài，胃里的气体从嘴里出来并发出声音。

钦（欽 qīn）：形声，从欠金声，打呵欠的样子。

砍 kǎn：形声，从石欠声，本义为猛劈。

坎 kǎn：形声，从土欠声，本义是坑、穴。

欷 xī：抽噎，哽咽。

饮（飲飮歙 yǐn）：会意，甲骨文字形，右边是人形，左上边是人伸着舌头，左下边是酒坛（酉），像人伸舌头向酒坛饮酒，小篆演变为飲，隶书作饮，本义为喝，古文歙从今水或今食。

吹 chuī：合拢嘴唇用力出气。

拓展：

弜 恷 扻 芡 杴 吙 欤 肷 欹 欿 歂 欽 歐 歑 故 歋 欲 歊 歛 歕 敵 欶

P49.3 伤于软缓

羌 蜣

（甲骨 甲骨 甲骨 甲骨 甲骨 甲骨 甲骨 甲骨 金文 金文 金文 金文 楚简 说文 说文 好大王 王献之 欧阳询

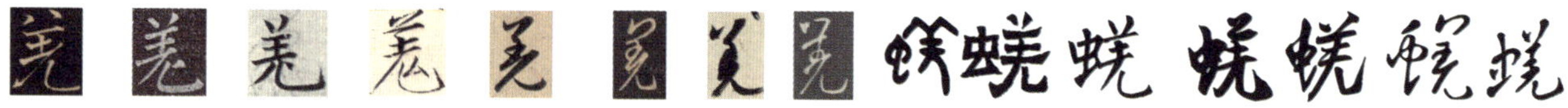

褚遂良 颜真卿 赵孟頫 宋徽宗 赵孟頫 王羲之 智永 米芾）（金文 爨体 柳公权 王羲之 王铎 王羲之 章草）

辨析：

羌字的篆书结构略有变化，羊字结构为无横、一横、两横、加幺等写法，隶定后结构稳定，行草书为快写。可拓展。

羌（羗 qiāng）：会意兼形声，从人从羊，羊亦声，本义为羌族，古代西部民族之一。

蜣 qiāng：蜣螂，昆虫，全身黑色，吃粪、尿或动物的尸体，俗称“屎壳郎”，又因能够团粪成丸而推，亦称“推丸”。

拓展：

羗 娏 咣 羫 洸 珖 銧 湰 羻

强（彊） 繈 糨 镪 襁 犟

（汉印 帛书 说文 李斯 王羲之 颜真卿 柳公权 赵孟頫 赵孟頫 简书 王羲之 王献之 孙过庭 赵孟頫

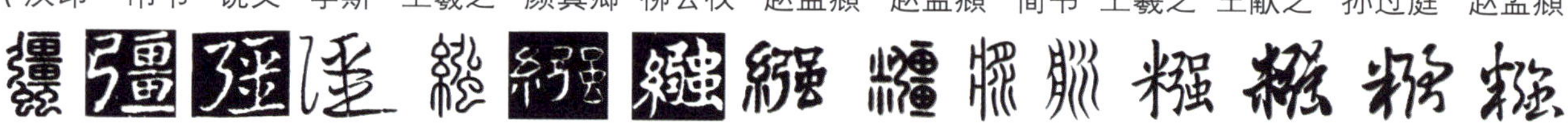

说文 颜真卿 皇象 黄庭坚）（说文 曹全碑 使群碑 何绍基）（金文 说文 古文 欧阳询 王羲之 王羲之 章草）

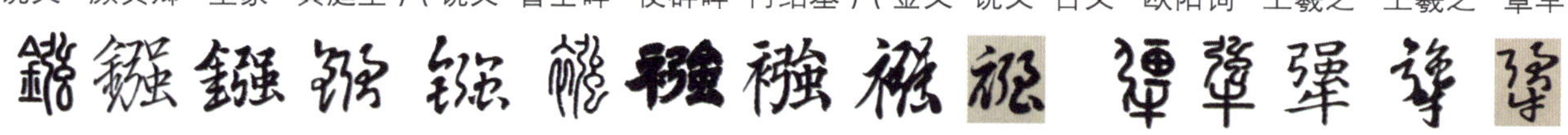

（粗篆 赵佶 赵孟頫 王羲之 章草）（说文 邓石如 颜真卿 王羲之 徐伯清）（金文 粗篆 王羲之 米芾 王羲之）

辨析：

强通疆，草书对应强和疆两种写法。其中疆字，口写两点或将口写连笔即可。

强 qiáng/qiǎng/jiàng：形声，从虫弘声，本义为米中小虫，弓有力也，指事，强通彊（疆）。

繈（繦 qiǎng）：古代串钱的绳索，泛指钱币；绳索，背婴儿的布巾。

糨（漿浆 jiàng）：用面等做成的可以粘贴东西的糊状物，亦称糨子，浓、稠。

镪（鏹 qiǎng）：钱串，引申为成串的钱，后多指银子或银锭。

襁 qiǎng：形声，从衣强声，本义为婴儿的被子或布幅。

犟 jiàng：脾气固执的。

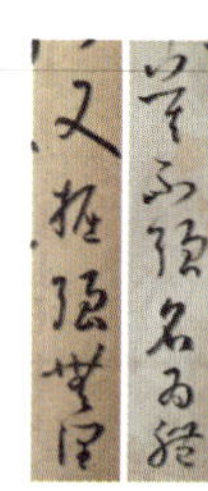

拓展：

蔃 摾 漒 蔃 膙 磋 彊 䙹 鏹　　P36.6 莫不强名为体　　P49.1 又掘强无润

乔（髙）1：乔 娇 骄 矫 轿

（金文 盟书 楚简 说文 邓石如 欧阳询 颜真卿 赵孟頫 米芾 周顺昌 褚遂良 冯承素 颜真卿 鲜于枢 赵之谦

王羲之 苏轼 韩道亨）（说文 王羲之 唐寅 魏碑 董美人 米芾 王羲之 赵构）（甲骨 帛书 说文 范仲淹 魏碑

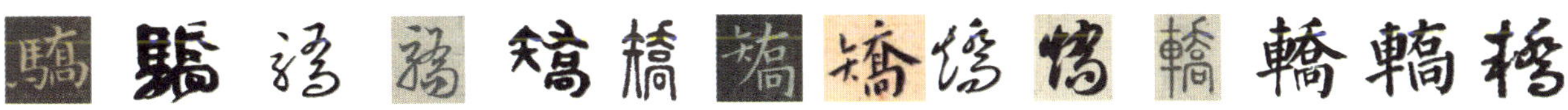

王羲之 颜真卿 欧阳询 邓文原）（简帛 说文 欧阳询 王宠 王羲之 智永）（篆字汇 颜真卿 颜真卿 祝枝山）

辨析：

乔字的篆书从“夭”（“丿”不过中线），不少书家的隶、楷、行书都延续了这种篆籀笔法，乔字有异体字“髙（拓展的各体均见）”，草书从之，上边写“右”的结构，作为字根，亦如是。

乔（喬髙 qiáo）：会意，从夭从高省，高亦声，夭，像人（大）行走的样子，高而曲也，以其曲，故从夭，本义为高，异体字为“髙”。

娇（嬌 jiāo）：形声，从女乔声，本义是妩媚可爱。

骄（驕 jiāo）：形声，从马乔声，本义是六尺高的马；傲慢、骄矜，轻视，强烈，茂盛 。

矫（矯 jiǎo）：纠正，把弯曲的弄直；假托；强壮，勇武。

轿（轎 jiào）：形声，从车乔声，本义为轿子。

拓展：

恔 洨

乔（髙）2：侨 挢 桥 峤 硚 鞒 荞

（秦简 说文 王羲之 五经 颜真卿 王铎）（金文 说文 娄机 五经 赵孟頫 欧阳询 黄庭坚 张瑞图）（简帛 说文

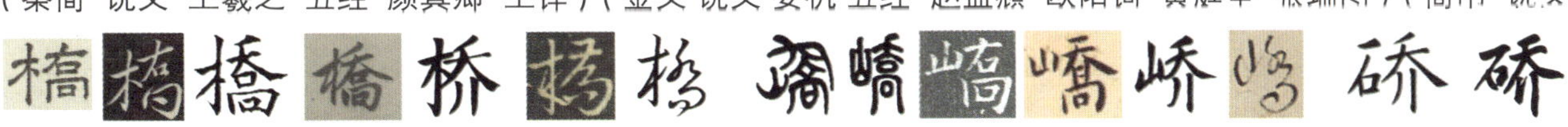

娄机 蔡襄 欧阳通 赵孟頫 颜真卿 皇象 王羲之）（简帛 说文 颜真卿 王宠 赵孟頫 王铎）（欧阳询 黄庭坚）

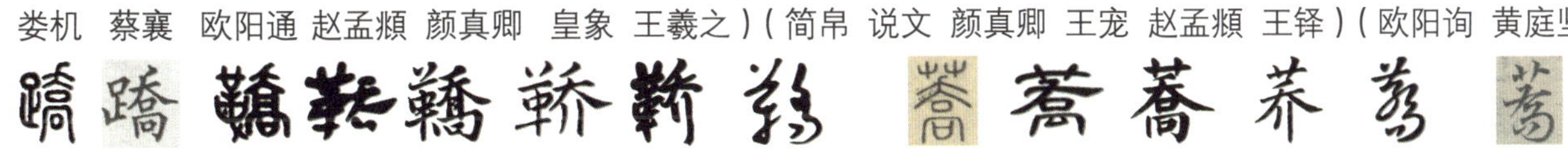

（说文 五经）（金文 汉简 赵孟頫 王羲之 王铎 于右任）（六书通 曹全碑 颜真卿 柳公权 王羲之 邓文原）

辨析：

乔字作为字根，常见的有髙、喬和乔三种写法，髙为简帛、秦简的写法，草出于此，从髙字。

侨（僑 qiáo）：形声，从人乔声，本义为高；寄居国外的人。

挢（撟 jiǎo）：伸、举起、翘起，刚强；通矫，诈称、假托，纠正。

桥（橋 qiáo）：形声，从木乔声，本义是桥梁；架桥，修桥。

峤（嶠 jiào）：山道；qiáo，山尖而高；特指五岭。

硚（礄 qiáo）：地名用字，如硚口（在武汉市），硚头（在四川）。

𫏋 jué：草鞋；蹑𫏋担簦，脚蹬草鞋，身背斗笠，形容长途跋涉；一说标音为 qiāo。

鞒（鞽 qiáo）：马鞍拱起的地方，也作桥。

荞（蕎 qiáo）：荞麦。

拓展：

恔 洨

Q

且1：且 祖 姐 阻 粗 疽 谊 助（特例）

（甲骨 甲骨 金文 清华简 说文 张迁碑 欧阳询 颜真卿 王羲之 唐太宗 张芝 张芝 王羲之）

（甲骨 甲骨 甲骨 金文 金文 金文 楚简 简帛 夏承碑 欧阳询 王羲之 王铎）（简帛 说文 赵孟頫 王羲之）

（说文 衡方碑 王羲之）（说文 钟繇 王羲之 袁泰 邓文原）（说文 皇象）（说文 赵构）（居延简 智永 王羲之）

辨析：

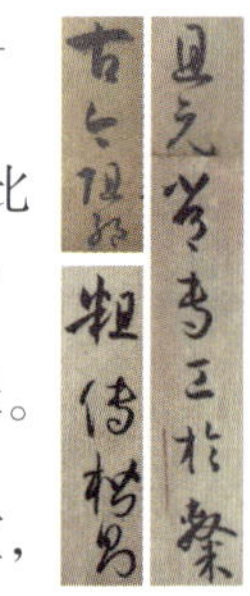

且字的草书为快写，中间的两横全部省略或者省略为一点均可。粗有异体字麤麤等，参见鹿页。特例：助字，其草书从隶书结构，将且字分解为“旦”，下边的一横分离出来单写。谊从宜，宜字本为屋里俎上有肉的形状，隶定前的篆书非从且也。

且 qiě：暂时，将要，只，况、何况，又、并，尚、还，抑、或者，表示同时做两件事情；古文目为且，又目为几字；jū，农历六月，用于句末无义。

祖 zǔ：形声，从示且（jǔ）声，从示与祭祀、宗庙有关，本义为祖庙。

姐 jiě：形声，从女且声，用以称比自己先出生的同胞女子；蜀人呼母曰姐。

阻 zǔ：险要的地方。

粗 cū：形声，从米且声，本义是糙米。

疽 jū：中医指一种毒疮。

谊（誼 yì）：会意兼形声，从言从宜，表示合宜。

助（zhù）：形声，从力且（zǔ）声，助人要用力故从力，本义为帮助。

拓展：

伹 苴 刞 即 咀 坥 宜 徂 怚 担 沮 狙 直 组 驵 査 庴 退 俎 查 爼 珇 爼 胆 砠 租 罝 袓 笪 組 粗 虘 蛆 狟 P6.2 且元常专工于隶 P17.1 古今阻绝 P8.5 粗传楷则

且2：咀 龃 诅 沮 组 租 狙 俎 蛆

（甲骨 金文 说文 欧阳询 王羲之 孙过庭）（金文 石韵府 石韵府 颜真卿 郑板桥 章草）（说文 褚遂良 王铎 王羲之）

（甲骨 金文 简帛 说文 柳公权 黄庭坚 王羲之）（金文 金文 楚简 说文 欧阳询 朱耷 怀素）（说文 文敏 米芾 章草）

（简帛 说文 衡方碑 曹全碑 王羲之 王羲之 王羲之）（楚简 古文 说文 欧阳询 章草）（金文 六书统 王羲之 王羲之）

辨析：

且字拓展的字，篆书有从虎头的蛆字和从“虎头加又（手）”的龃字，应注意其变化。

咀 jǔ：形声，从口且声，本义是品味、细嚼；zuǐ，同嘴。

龃（齟 jǔ）：牙齿上下对不上，喻意见不合。

诅（詛 zǔ）：诅咒。

沮 jǔ：阻止，坏、败坏。

组（組 zǔ）：有文采的宽丝带。

租 zū：租赁、租用，租头，积聚。

狙 jū：猕猴也，狡猾、奸诈，伺机、窥伺。

俎 zǔ：古代祭祀或宴会时放牲体的礼器，砧板。

蛆（蝺 qū）：蝇类的幼虫。

拓展：

疊 砠 鉏 飷 麆 靻 蒩 頙 髗 鴡 麆 鮔

且3：徂 岨 担 驵 殂 柤 雎 趄 苴

（简帛 说文 说文 曹全碑 王羲之 章草）（说文 欧阳询 陆柬之 日本）（甲骨 甲骨 金文 说文 楷书 楷书）

（金文 简帛 说文 颜真卿 赵孟頫 王羲之）（汉简 古文 古文 简帛 说文 米芾 李洤）（简帛 说文 说文 彭玉雯）

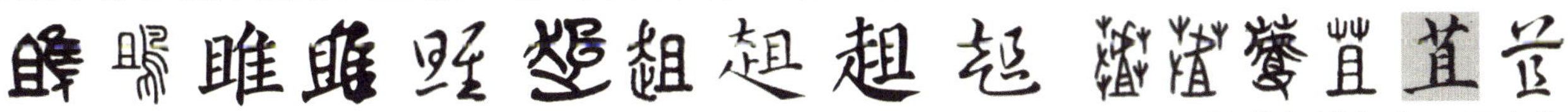

（金文 说文 欧阳询 米芾 王羲之）（简帛 说文 王羲之 颜真卿 王羲之）（甲骨 甲骨 简帛 说文 赵孟頫 章草）

辨析：

且字字形稳定，不少字的篆书有从虎头的写法，需注意其变化。

徂（退 cú）：形声，从彳（chì）且声，往、去；籀文从虘。

岨 jū：古同砠。

担 zhā：取；异体字有摣和戲。

驵（駔 zǎng）：骏马，好马。

殂 cú：形声，从歹（è）且声，从歹，表示与死亡有关，本义为死亡。

柤 zhā：木栏；zǔ，通俎，古代的祭器；同樝，即山楂。

雎 jū：短尾鸟，雎鸠，即鱼鹰。

趄 jū：行不进的样子，阻隔。

苴 jū：形声，从艸且声，本义是鞋底的草垫，用以垫鞋底；青麻的子实；chá，浮草，枯草。

拓展：

跙 刞 怚

妾 接 唼 浽 椄 鯜 萋 翣 霎

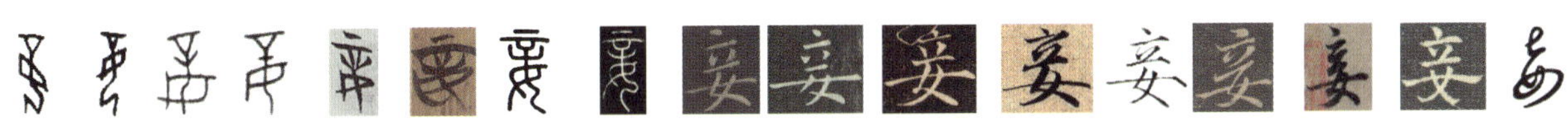

（甲骨 甲骨 金文 金文 盟书 楚简 说文 李阳冰 智永 欧阳询 褚遂良 赵孟頫 赵佶 王羲之 欧阳询 皇象 王羲之）

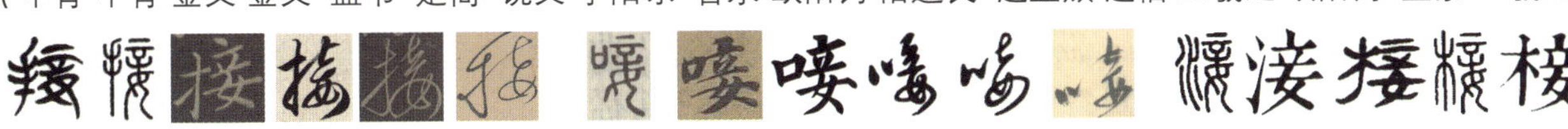

（简帛 说文 王献之 智永 虞世南 怀素）（篆字汇 敦煌 颜真卿 王铎 王羲之 徐渭）（说文 楷书）（秦简 说文 楷书）

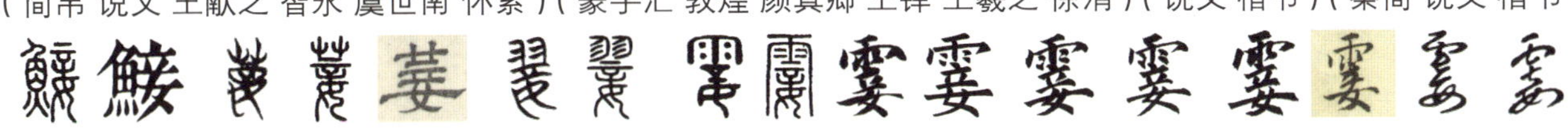

（说文 楷书）（简帛 说文 娄机）（楚简 说文）（金文 说文 智永 欧阳询 颜真卿 柳公权 赵孟頫 唐寅 王羲之 章草）

辨析：

妾字从辛从女，隶定字形从立从女，草书有两种写法：1.“七一女”；2.“七女”。妾字为女字拓展的“八朵金花”之一，两种写法均可。可拓展。

妾 qiè：会意，从辛从女，甲骨文字形上面是“ň”（qiān）字，即古代刑刀，表示有罪，受刑，下面是“女”字，合而表示有罪的女子，本义为女奴；妻子之外另娶的女人；旧时妇女自称的谦词。

接 jiē：形声，从手妾声，本义是两手交叉。

唼 shà：水鸟或鱼吃食，泛指吃，咬；同歃，饮牲血。

浽 qiè：水名；jí，古同濈。

椄 jiē：嫁接花木果树。

鯜 qiè：一种鱼，常三鱼同游，一在前，二在后若婢妾。

萋 jié：萿萋，水草，可食；清廉，廉洁。

翣 shà：古代出殡时的棺饰；古代帝王仪仗中的大掌扇；古代钟、鼓、磬架横木上的扇形装饰。

霎 shà：从雨，妾声，本义为小雨；很短时间，瞬间；连用，多指风雨声。

拓展：

倿 崨 踥 篓 踕　　P62.1 时代全不相接

亲（親） 新 薪 寴 榇

（甲骨 甲骨 金文 金文 金文 楚简 楚简 秦简 说文 六书通 张迁碑 欧阳询 颜真卿 柳公权 赵孟頫 赵佶

王羲之 皇象 王羲之 倪元璐 王羲之 王羲之）（甲骨 甲骨 金文 盟书 简帛 说文 张迁碑 智永 皇象 王铎）

（金文 简帛 说文 虞世南 王羲之 王铎）（甲骨 金文 说文 王铎 邹武生）（说文 赵孟頫 王羲之 于右任 章草）

辨析：

亲字可分解为“辛八”，草书从辛，八字草化为一个使转，约定俗成；亲还可分解为“立木”，立字可以草化为“七一”，因此亲字还可以草化为“七一木”，罕见。可拓展。

亲 qīn：感情深；父母。qìng 親，两家儿女婚配的亲戚关系。

新 xīn：形声，从斤从木辛声，甲骨文为用斧子砍伐木材，“新”是“薪”的本字。

薪 xīn：柴火，酬金。

寴 qīn：古同亲，亲密无间；qìn，屋内空空。

榇（櫬 chèn）：古时指空棺，后泛指棺材；梧桐的别名。

拓展：

媇 亲 噺 澵 儭 嚫 瀙 藽 櫬 襯 矙 P 59.3 或苟兴新说

秦 臻 嗪 溱 螓 榛 獉 蓁

（甲骨 金文 楚简 说文 欧阳询 颜真卿 宋徽宗 皇象 王羲之 怀素 赵孟頫）（附：熹平石 卫瓘 王羲之）

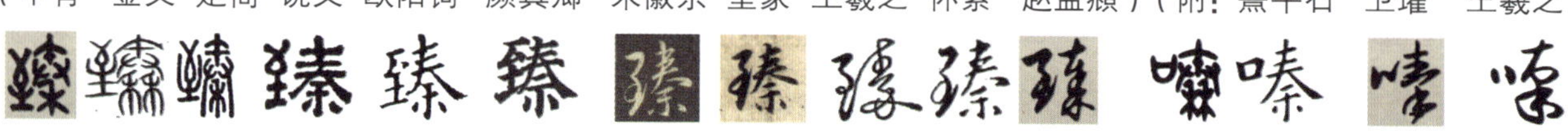

（金文 石经 说文 樊敏碑 欧阳询 颜真卿 王羲之 赵孟頫 王羲之 王铎 文徵明）（金文 欧阳询 王羲之 孙过庭）

（说文 颜真卿 王羲之）（金文 柳公权 孙过庭 章草）（说文 智永 王羲之 王铎）（楷书 王铎）（简帛 说文 智永 章草）

辨析：

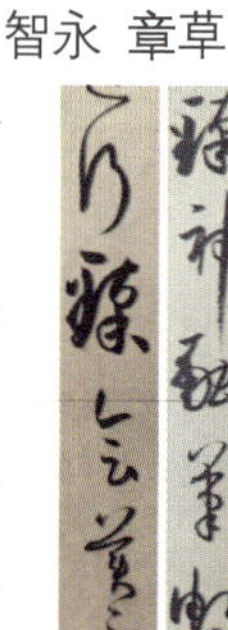

秦字的篆书为双手持杵舂禾谷之形，隶定字形稳定，草书为快写。作为字根，从臻（附至字隶草变化）和嗪字看，秦字的草法有王羲之、孙过庭、文徵明的三种写法，其中文徵明的草法，将字根秦字写出“奉（十朱）”字的草书结构，可参见奉页。可拓展。

秦 qín：始见于商代甲骨文 ，其古字形像双手持杵舂禾谷的样子，本义疑即一种“禾名”，但多假借为国名，也即周代的秦国，相传其地“宜禾”，故假“秦”为名。

臻 zhēn：形声字，至为形秦为声，本义为达到（美好的境地），引申为周全，有到来的意思。

嗪 qín：有机化合物用字，如吡嗪，对二氮杂苯的别名，分子式 $C_4H_4N_2$。

溱 zhēn：古水名，在今中国河南省；溱溱，众多、繁盛，出汗的样子，舒展的样子；古同臻，至、到；qín，溱潼。

螓 qín：古书上指像蝉的一种昆虫，虫名，蝉的一种，体小，方头，广额而有文彩。

榛 zhēn：榛木也；丛生的树木。

獉 zhēn：獉狉，草木丛杂，野兽出没的原始景象。

蓁 zhēn：草茂盛的样子；众多聚集的样子。

拓展：

嫀 搸 殝 瑧 縥 轃 䆐

P25.3 五合交臻神融笔畅 P46.1 行臻会美之方

琴 瑟 琵 琶

（金文 古文 籀文 汉简 汉简 安大简 说文 孔彪碑 赵孟𫖯 王羲之 欧阳询 褚遂良 冯承素 颜真卿 柳公权

赵孟𫖯 王羲之 欧阳询 米芾 宋徽宗 史游 王羲之 智永 怀素 赵孟𫖯）（甲骨 楚简 楚简 汗简 说文 说文

吴让之 礼器碑 欧阳询 赵孟𫖯 索靖 怀素 王铎）（金文 说文 欧体 孙过庭 流江）（金文 说文 颜真卿 李洤 赵构）

辨析：

琴字头的篆书是乐器形，楷化后，字形稳定为两个王字，草书有二：1. 快写；2.“二王”草化为“亚”。

琴（栞 qín）：本作“珡”，象形，小篆字形，像乐器形，上面“玨”像弦和弦柱，下面像琴身，本义为拨弦乐器，俗称古琴。古文珡，从金。

瑟 sè：指事，从珡必声，本义：是古代拨弦乐器，形似古琴，每弦一柱，但无征位。

琵琶 pí pa：中国的一种四弦乐器，弹奏如吉他，其主要部分大如诗琴，颈部有琴柱 12 个以上，伸入主体部分的琵琶，是在西汉“裁筝筑”的基础上逐步发展起来的，它从西汉试制，历东汉、魏晋至隋唐，基本定型；它在汉末魏初始获“枇杷”名，魏晋时，因“枇杷”二字音，改名“琵琶”。

拓展：

珡 䔷 啰　　P53.1 绛树青琴

禽 擒 噙

（甲骨 甲骨 金文 金文 简帛 说文 张迁碑 瘗鹤铭 王羲之 欧阳询 颜真卿 宋徽宗 赵孟𫖯 王羲之 米芾

索靖 智永 怀素 宋徽宗 赵孟𫖯）（甲骨 金文 颜真卿 李洤 章草）（金文 柳公权 王羲之 孙过庭 李洤 章草）

辨析：

禽从今从离，草化时“今”字省略下边的部件，离字则保留了其草书结构。可拓展。

禽 qín：象形，从厹今声，禽、离、兕头相似，本义是走兽总名。

擒 qín：形声，说文未收，从手禽声，本义为捕捉，古籍本作“禽”。

噙 qín：含著，含在里面。噙一口水，眼里噙着泪。

拓展：

檎 螭

青1：青 清 请 情 靖 靓 婧

（金文 说文 说文 汉简 礼器碑 欧阳询 褚遂良 灵飞经 颜真卿 柳公权 赵孟頫 宋徽宗 王羲之 米芾

王羲之 王羲之 智永 邓文原）（金文 楚简 楚简 秦简 说文 智永 米芾 王羲之）（金文 简帛 说文 姚孟起 王羲之

皇象 王羲之）（楚简 简帛 说文 欧阳询 颜真卿 皇象 王铎）（说文 褚遂良 索靖 唐太宗）（金文 说文 苏轼 章草）（说文 李洤）

辨析：

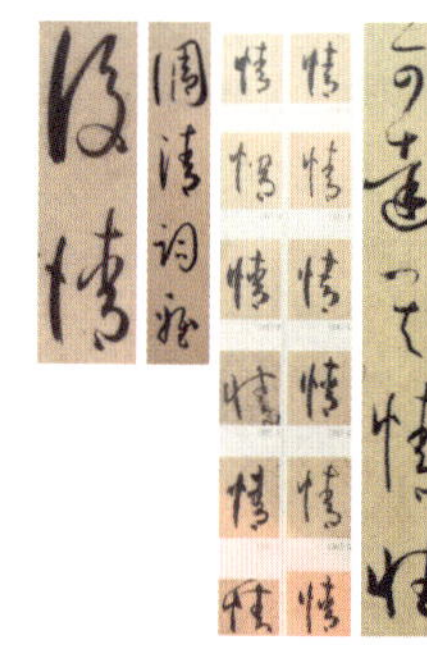

青字的字形稳定，草书一是快写（见邓文原和拓展字中的皇象）；二是上边快写、放长，下面月字收紧，写倒三角。可拓展。

青 qīng：金文由生和井构成，比拟这种从矿井采掘出来的矿物如草一般青葱；下部或写作丹，因为金文中的井与丹字形相近，借“丹”来表示草木的颜色。

清 qīng：形声，从水青声，青为碧绿透彻，也有表意作用，本义是水清。

请（請 qǐng）：形声，从言青声，本义为拜访。

情 qíng：形声，从心青声，本义是感情。

靖 jìng：形声，从立青声，本义是立容安静；细小，善，谦卑恭敬，止息，平定，治理。

靓（靚 jìng）：召见、邀请，也作请；妆饰艳丽；淑静，幽静，通静；liàng，好看；漂亮。

婧 jìng：纤弱苗条的样子，（女子）有才品。

拓展：

䝼 淸 靘 靘 䝼 䝼 青 P31.6 调清词雅 P57.3 初怨而后请 P22.4 可达其情性

青2：倩 凊 晴 睛 猜 蜻 鲭

（金文 说文 王羲之 王羲之 皇象 王羲之）（说文 六书统 欧阳询 宋徽宗 黄庭坚 赵孟頫 赵孟頫 宋徽宗）

（甲骨 篆字汇 曹全碑 智永 褚遂良 王羲之 章草）（金文 虞世南 柳公权 王铎 李洤 章草）（金文 简帛

说文 衡方碑 张即之 米芾 王羲之 章草）（金文 说文 颜真卿 李洤 章草）（金文 楚简 沈佺 王羲之 章草）

辨析：

青字拓展的字，各体写法从青，需注意篆书所涉组合的字的变化。

倩 qiàn：形声，从人青声，古代男子的美称；含笑的样子；姿容美好；疾速。

凊 qìng：凉，清凉、寒冷；jìng，寒冷。

晴 qíng：天空中无云或云很少。

睛 jīng：形声，从目青声，本义是眼珠。

猜 cāi：形声，从犬青声，本义为疑恨、忌恨；揣测，推测，起疑心。

蜻 qīng：蜻蜓。

鲭（鯖 qīng）：鱼名，北大西洋产的一种鱼，上体绿色，有黑蓝色横纹，下体银色；zhēng，鱼脍，肉和鱼同烧的杂烩。

拓展：

郬 啨 圊 埥 婧 寈 崝 掅 淸 赪 棈 腈 靔 鶄 晴 碃 犄 锖 蹟 鯖 綪

青3：精 菁 箐 靛 静 睛 鹊 鼱 氰

（楚简　楚简　秦简　说文　智永　王献之　怀素）（说文　欧阳询　王羲之　邓文原）（古文　篆字汇　王铎　李洤）

（金文　说文　褚遂良　王羲之　王羲之　章草）（金文　楚简　楚简　秦简　说文　赵孟頫　赵佶　王羲之　智永　孙过庭）

（篆字汇　楷书）（说文　孝慈墓　彭玉雯）（篆字汇　智永　米芾　王铎）（金文　王羲之　颜真卿　米芾　王羲之　章草）

辨析：

拓展的字需注意所涉字根的变化，如精和静字，既有所涉字根的变化，又有部件组合位置的变化等等。

精 jīng：形声，从米青声，挑选过的好米，上等细米；精神、精力，精彩，精虫，精灵、灵魂。

菁 jīng：韭菜花，泛指花朵；植物名即芜菁。

箐 qìng：山间的大竹林，泛指树木丛生的山谷；jīng，一种小竹。

靛 diàn：靛青，也叫蓝靛。

静 jìng：形声，从青争声，本义为彩色分布适当；安静、宁静。

睛 qīng：亲盈切，女神名。

鹊（鶄 jīng）：鸡鹊，一种水鸟，即赤头鹭。

鼱 jīng：鼱鼩，小鼠。

氰 qíng：碳与氮的化合物，性很毒，燃烧时发红紫色火焰。

拓展：

箐 輤 錆 鯖 儬 瀞 瀞 濪 蒨 鯖

P6.3 伯英尤精于草　　P15.4 挹其菁华固义理之会归

穷（竆 窮 竆）

甲骨　说文　张表碑　乙瑛碑　颜真卿　王铎　王羲之　褚遂良　欧阳询　姚孟起　颜真卿　柳公权　赵孟頫

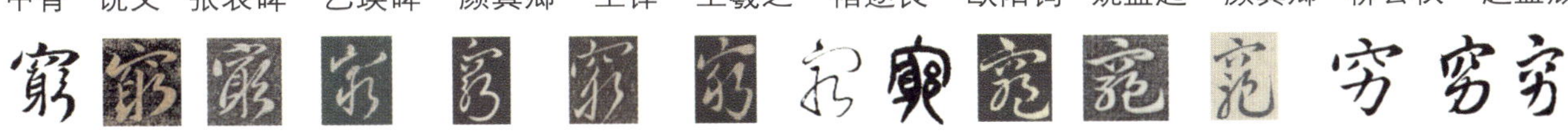

王羲之　谢安　赵孟頫　王羲之　王羲之　王羲之　王献之　怀素　简帛　皇象　赵孟頫　邓文原　王羲之　王铎　章草

辨析：

穷字的繁体写法上从穴，下从身＋从吕、弓或邑，草法穴可快写或只写"宀"，下边的部件草法有四：1."身吕穷"；2."身邑穷"；3."身弓穷"，这种写法，王羲之有一种写法易和最字的草书混淆，应注意细节；4.穷字快写。

穷（竆窮竆 qióng）：见于甲骨文，造字本义为身居洞穴，身体被迫弯屈、不自由，后引申为物质上困顿的、不得志的、贫困的，又引申为追究、终结、尽、完等。小篆中都是"躬"身在"穴"中的形状，描绘出了穷困的生活环境。"躬"是弯身如弓，既是对他人的恭敬状，也是穷苦人的身形。"躬"又是"躳"，吕也指脊椎骨，会意身体弯曲显出脊椎。因此"躬"与"穷"相通，都是贫困状。

拓展：

䓖　　P14.6 犹挺埴之罔穷　P15.2 穷微测妙　P39.2 纵未穷于众术

丘 岳 邱 虗（虚）

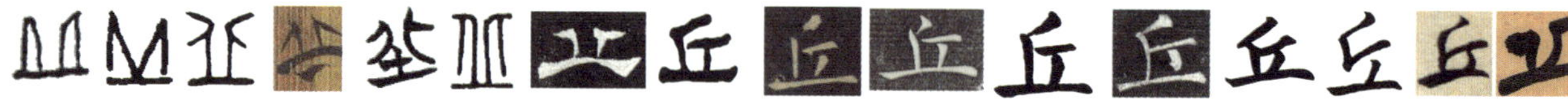

（甲骨 甲骨 金文 清华简 简帛 说文 礼器碑 衡方碑 欧阳询 褚遂良 颜真卿 柳公权 赵孟頫 王羲之 米芾 王铎

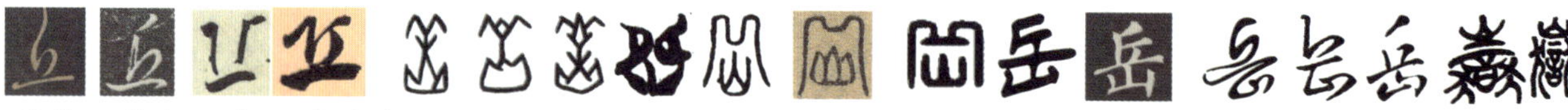

张芝 王羲之 王宠 王铎）（甲骨 甲骨 甲骨 简帛 说文 六书统 岳飞印 汉简 颜真卿 王羲之 米芾 章草 简帛 说文

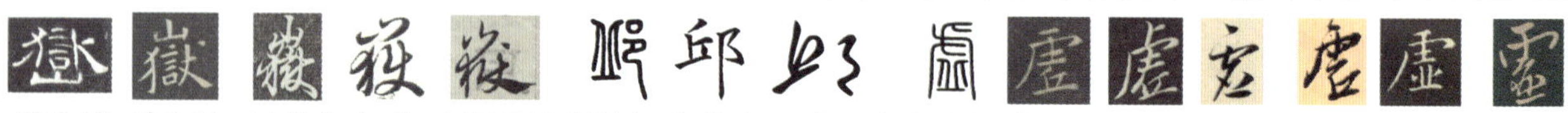

曹全碑 欧阳询 王羲之 智永 赵孟頫）（说文 虞世南 王羲之）（说文 欧阳询 唐寅 鲜于枢 王铎 虞世南 柳公权）

辨析：

丘字从北一，隶定为斤一，行草书从之。可拓展。乒乓兵等字从斤，非从丘。

丘（北 qiū）：会意兼指事，从北从一，人居丘南故从北，甲骨文字形，像地面上并立两个小土峰，本义为自然形成的小土山。

岳（嶽 yuè）：会意，从山从丘，古文字形像两座高大的山峰形，表示高山大岭；“嶽”字从山狱声，古作岳，本义是高大的山。

邱 qiū：地名，从邑丘声。

虗（虚 xū）：形声，小篆字，从丘虍声，本义为大土山，墟的古字。

拓展：

坵 拞 茾 砠 揺 蚯 岴

秋 愁 揪 鞦 瞅 湫 啾 鳅 锹

（甲骨 甲骨 金文 盟书 楚简 楚简 说文 说文 张迁碑 宝子碑 欧阳询 颜真卿 柳公权 赵孟頫 宋徽宗 王羲之

皇象 王羲之 王献之 陆机）（金文 简帛 说文 虞世南 索靖）（说文 褚遂良 王羲之）（金文 柳公权 王羲之）

（金文 智永 王羲之）（说文 欧阳询 赵构）（说文 颜真卿 孙过庭）（金文 赵孟頫 章草）（石韵府 颜真卿 章草）

辨析：

秋字的篆书写法变化较多，早期为蟋蟀形，楷化后稳定为“禾火”两个部件，这两个部件左右位置可以互换，行草书为快写。可拓展。

秋（烁穐 qiū）：象形，甲骨文字形为蟋蟀形，虫以鸣秋，借以表达“秋天”的概念；另一写法，是蟋蟀形下加“火”字，表示秋天禾谷熟，似火灼，籀文又添加“禾”旁，本义是收成、成熟的庄稼。

愁 chóu：形声，从心秋声，字亦作愀，忧虑、发愁。

揪（揫 jiū）：用手抓住或扭住。

鞦 qiū：鞦韆，本作秋千，北方戏。

瞅（矁 chǒu）：看、望。

湫 qiū：水潭，凉，凝集、积滞；jiǎo，低洼；jiū，清静。

啾 jiū：形容幼儿所发出的声音；形容虫鸟或铃铎等细碎嘈杂的声音。

鳅（鰍 qiū）：鳅科鱼类的统称。

锹（鍬 qiāo）：掘土器，用于开沟掘土、铲取什物。

拓展：

偢 𡜶 愀 萩 𢅥 𥠄 煍 𣯴 䐍 鹙 瘷 篍 蝵 𦃏 𦗛 踿 醔 𥢒 鬏 鰍 鶖 龝

P58.2 蟪蛄不知春秋

囚 泅（汓） 茴 昷 媪

（甲骨 甲骨 秦简 说文 衡方碑 张迁碑 欧阳询 颜真卿 柳公权 赵孟頫 王羲之 颜真卿 黄庭坚 皇象 王羲之）

（金文 说文 王羲之 颜真卿 王羲之 王羲之 李洤 章草 甲骨 甲骨 甲骨 说文 楷书）（篆字汇 彭玉雯）

（说文楷书 上博简 楷书）（金文 帛书 说文 王羲之 章草）*（说文 吴昌硕）（颜真卿 皇象 王羲之 王羲之 王羲之）*

辨析：

囚字的甲骨写法与“葬”相似，隶定字形稳定，行草书为快写。昷字从“囚”，楷化后常用写法写“昷”，行草书从之。巤字为囟部，作为字根，可从囚，还有一些从“昔”的写法，如臘（腊）蠟（蜡）等等，参见巤页。“汓”乃“泅”亦为“游”，参见游页。

囚 qiú：会意，从人在囗（围），本义为拘禁、囚禁。

泅（汓 qiú）：会意，从水囚声，本义为游水。

茴 xiú：一种菌类植物，即木灵芝。

昷（昷 wēn）：昷字的旧字形。

媪（媼 ǎo）：形声，从女昷声，对老年妇女的敬称。

巤 liè：毛发。

獵（猎 liè）：打獵，捕捉禽兽。

拓展：

巤 獵 茴 嗢 塭 慍 搵 殟 溫 瑥 蒀 榲 瓰 氳 熅 瘟 膃 褞 蝹 縕 薀 豱 鰛 儠 轀 醞 韞 擸 邋 鞰 臘 [illegible]

求 裘 俅 球 救 逑 毬

（石鼓文 说文 李阳冰 北大简 华山庙 钟繇 欧阳询 颜真卿 赵孟頫 欧阳询 米芾 皇象 索靖 王羲之 智永）

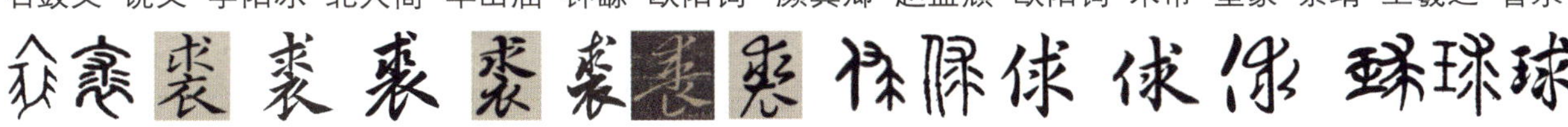

（甲骨 说文 王羲之 欧阳询 赵孟頫 王羲之 米芾 索靖 王羲之）（金文 说文 欧阳询 赵孟頫 王羲之）（简帛 说文 智永

米芾 王羲之）（金文 楚简 秦简 说文 颜真卿 米芾 皇象 王羲之）（金文 说文 汉简 赵孟頫 章草）（说文 柳公权 傅山）

辨析：

求字字形稳定，草书的特点是横画反起笔，省略右上点。可拓展。裘字从求从衣，衣亦可省点。

求 qiú：求，乞也。

裘 qiú：从衣、求声，“求”意为“毛皮”，本义毛皮衣（以毛为表的皮衣），甲骨字形为毛在外的皮衣，衣内加手演变为求加衣是为裘。说明：求与裘同字，狐白裘是天子、诸侯、卿、大夫所穿之裘衣，狐之白毛缝制，十分珍贵，天子朝时服之，士不能穿，孟尝君传：孟尝君有一狐白裘，直千金，天下无双。

俅 qiú：戴，冠饰貌，从人求声；恭顺的样子。

狐白裘

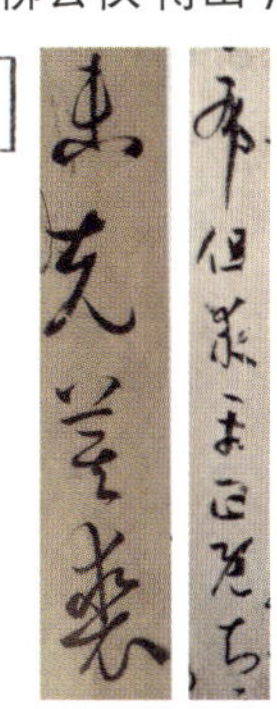

球 qiú：形声，从玉求声，本义是美玉；球形或似球形的物体。

救（捄 jiù）：形声，轻轻敲击，本义为止，禁止、阻止；援救别人，纠正。

逑 qiú：形声，从辵求声，本义为聚合；匹配，配偶。

毬 qiú：鞠丸，皮丸，古代充填毛的皮球，如毬头（毬队主要队员）；击球。

拓展：

訄 郝 捄 浗 莍 婌 屎 崥 悈 梂 殏 脙 賕 觩 盚 絿 蛷

P8.6 未克箕裘　　P40.3 但求平正

曲 蛐 苗

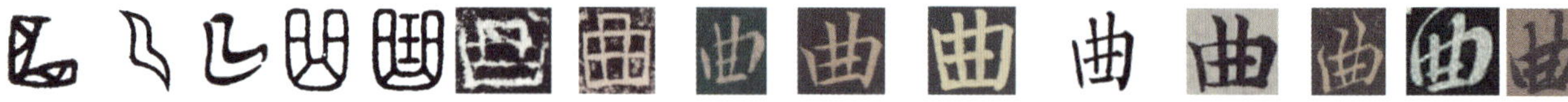

（金文 古文 简帛 说文 说文 礼器碑 西狭颂 钟繇 欧阳询 颜真卿 柳公权 赵孟頫 王羲之 智果 陆柬之

皇象 王羲之 欧阳询 张旭 李白）（金文 小篆 细篆 爨体 欧阳询 颜真卿 王羲之 孙过庭 李洤）（说文 楷书）

辨析：

曲字象形，隶定为曲，草书一般有两种写法：1. 快写；2. 竖画加“书（草书）”，即“丨＋书”的快写。曲字作为典、豊和農（参见农農）字的部件，草化后可以写三点一横的“無（草书）字头”。可拓展。典、豊、曹和農（农）等字，从曲，可分别参见相关页。

曲 qū：说文曰曲乃像器曲受物之形，有弯曲、不直迂曲、婉转之意；qǔ，乐曲，歌曲等。

蛐 qū：蛐蛐儿，蟋蟀的俗称。

苗 qū：同曲，蚕箔。

拓展：

曲 蛐 粬 佃 呥 苗 迪 油 思 笛 蛐 典 腆 碘 豊 禮 醴 僼 儂 鄷 農 穠 膿 檂 燶 醲 襛 矇 礞 癑 襛

P52.3 遁钩绳之曲直

屈 掘 崛 倔 淈 堀 窟

（金文 楚简 楚简 秦简 说文 石门颂 夏承碑 欧阳询 颜真卿 王羲之 智果 颜真卿 米芾 王铎

索靖 孙过庭 宋克 韩道亨）（金文 简帛 说文 王羲之 孙过庭 于右任）（简帛 说文 赵佶 王羲之 于右任）

（金文 王羲之 孙过庭 徐渭）（简帛 说文 赵孟頫 康里巙）（说文 说文 李洤）（金文 颜真卿 乾隆 鲜于枢）

辨析：

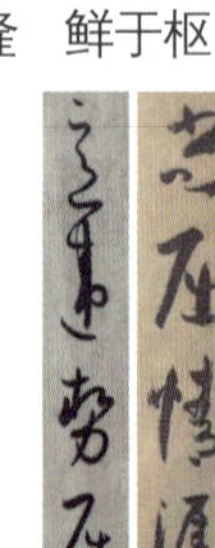

屈字从尸从出，草书，尸写“厂”，出字的下边草化为一横，末笔加补笔点也可。

屈 qū：形声，从尸出声，尸，古文字中是假卧着的人形，本义为弯曲。

掘 jué：形声，从手屈声，本义是挖，通“屈”“崛”“倔”等字。

崛 jué：形声，从山屈声，本义为高起、突起。

倔 jué：形声，从人屈声，本义是顽强、固执。

淈 gǔ：搅乱使其混浊。

堀 kū：突，可居住的洞穴，泛指洞穴。

窟 kū：形声，从穴屈声，本义为土穴。

拓展：

崛 崛 鷗 謳 葅 澀 楓 琚 裾 趣 踞 煀

P24.3 意违势屈　P43.1 尚屈情涯

瞿 惧 臞 玃 攫 灈 鸜 钁 躣 衢

（金文 楚简 简帛 汉简 石韵府 六书通 说文 说文 马王堆 隶辨 褚遂良 赵孟頫 董其昌 成亲王 于右任）

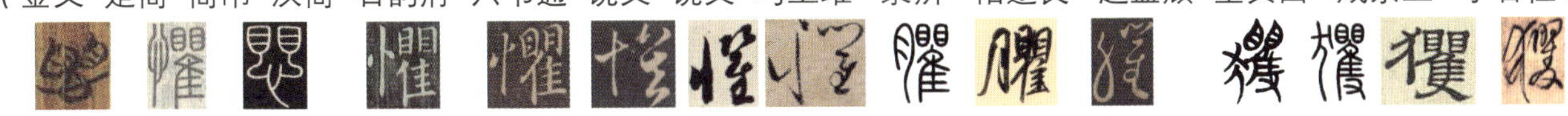

（清华简 说文 李阳冰 欧阳询 王羲之 王羲之 智永 赵佶）（说文 赵孟頫 康里巎）（简帛 说文 文徵明 王铎）

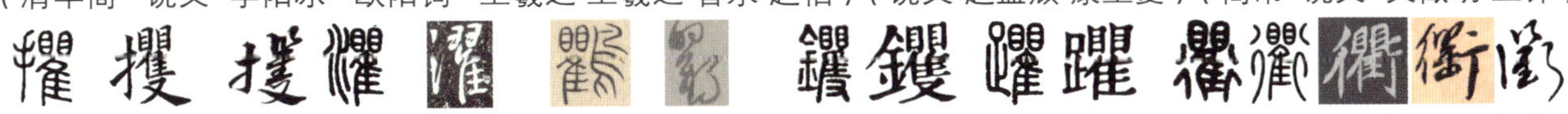

（说文 欧阳询 索靖）（说文 晋祠铭）（六书通 陆居仁）（说文 楷书）（说文 楷书）（金文 说文 魏碑 王铎 章草）

辨析：

瞿字的字形特点是突出两只眼睛，隶定字形稳定，草书两个目可以快写，也可以草化为三点或两点，隹字草法稳定。瞿与惧字互为异体字。瞿字作为字根，仅写其异体字眀的情形极少。可拓展。

瞿 qú：鹰隼（sǔn 亦称“鹘”）之视也，从隹（zhuī 短尾鸟的总称）从眀（jù 瞿本字，左右惊视），眀亦声，字形突出的是两只眼睛，因此该字可只写两个“目”字。异体字有眀眗戵懼等。

惧 jù：恐也，从心瞿声，有恐惧、害怕、恐吓之意；通“瞿”，为惊慌失措貌。

臞 qú：从肉瞿声，少肉也，清瘦、瘦弱。

玃 jué：古书上说的一种大猴子。

攫 jú：爪持也。

灈 qú：灈水，河南省遂平县石羊河的古称。

鸜 qú：鸲的异体字。

钁 jué：大鉏也。

躣 qú：走路的样子。

衢 qú：大路，四通八达的道路；树枝交错、分岔。

拓展：

忂 曜 鄮 戵 欋 氍 爠 矔 躩 臒 癯 欔 蠷 礭 瞿 孆 籊 蠼 鑺 玃　　P56.1 叶公之惧真

取 1：取 娶 菆 陬 鲰

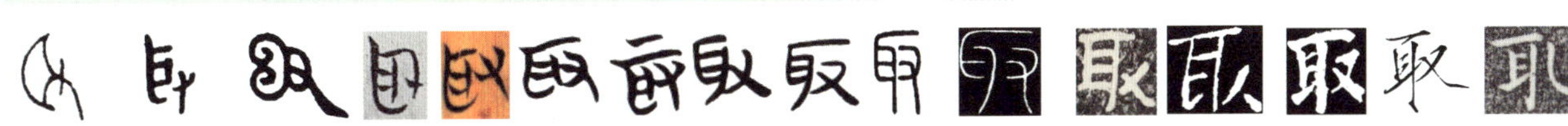

（甲骨 毛公鼎 癸父卣 盟书 楚简 楚简 楚简 秦简 秦简 说文 李阳冰 金刚经 钟繇 颜真卿 赵佶 祝永明

王羲之 米芾 王羲之 王羲之 王羲之 智永 赵孟頫 饶介）（甲骨 金文 说文 欧阳询 王羲之 王羲之）

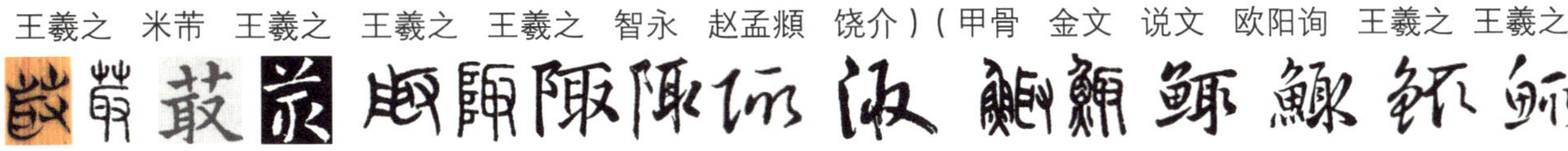

（楚简 说文 五经文 皇象）（简帛 说文 颜真卿 米芾 王羲之 鲜于枢）（金文 说文 黄庭坚 赵孟頫 王羲之 章草）

辨析：

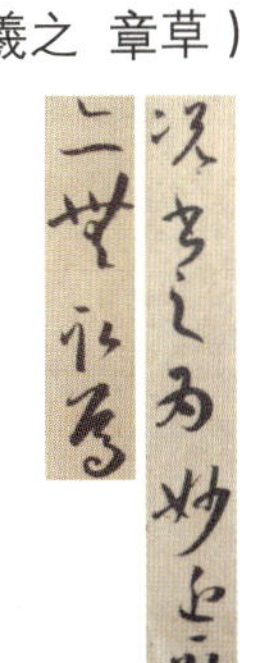

取从耳从又，隶定字形相对稳定，草书因笔顺关系，变化较多，主要有王羲之、智永、赵孟頫、饶介等多种变化，其中，1. 又字的草书一般有三，即快写写又、从人或从 L；2. 耳字的下边省略三横可草化为两竖。可拓展。取字作为字根，拓展的叢（丛藂）和聚驟，见相关页。

取 qǔ：会意字，捕取也，从又从耳。《周礼》：获者取左耳。甲骨文的“取”字像是一只右手拿着一只左耳的形状。《周礼·夏官·大司马》里便这么一段记载：“大兽公之，小禽私之，获者取左耳。”郑玄注：得禽兽者取左耳，大意是说捕获禽兽以后要割下其左耳记功。古代战争俘获或杀死敌人后，也会把战俘或被杀死的敌人的左耳割下拿回来作证，视割耳数量的多寡而记功，这一行为也叫做“聝”，也是“取”的造字本意，后引申为“迎娶”“娶妻”的意思。取有异体字为娶。

娶 qǔ：会意兼形声，从女从取，取亦声，本义是男子结婚，把女子接过来成亲。娶有异体字为取。

菆 cuán：堆聚，特指把木材堆聚在灵柩的周围，引申为停放灵柩；zōu，麻秆，好箭。

陬 zōu：形声，从阜取声，山的角落；边远偏僻的地方。

鲰（鯫 zōu）：小鱼，小杂鱼；浅陋、愚昧。

拓展：

郰 諏 娵 棷 娶 緅 鯫　　P28.2 亦无取焉　P50.3 况书之为妙近取诸身

取2：辄 趣 掫 緅 诹 堅

（说文 简帛 华山庙 欧阳询 褚遂良 颜真卿 颜真卿 柳公权 赵孟頫 王羲之 王献之 颜真卿 米芾 王铎

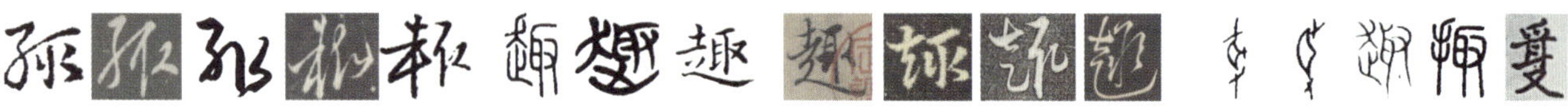

皇象 王羲之 王献之 王羲之 王铎）（说文 简帛 王羲之 王羲之 皇象 梁武帝 李白）（甲骨 甲骨 古文 说文 楷书

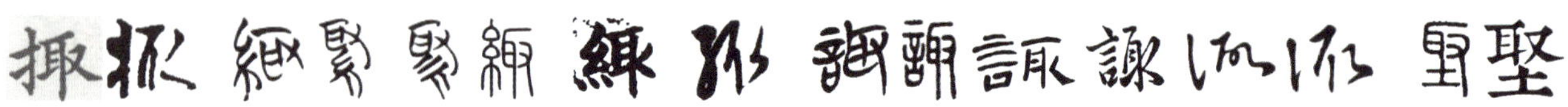

五经 何绍基）（楚简 楚简 楚简 说文 吴彩鸾 康里巎）（简帛 说文 曹全碑 赵孟頫 王羲之 章草）（说文 楷书）

辨析：

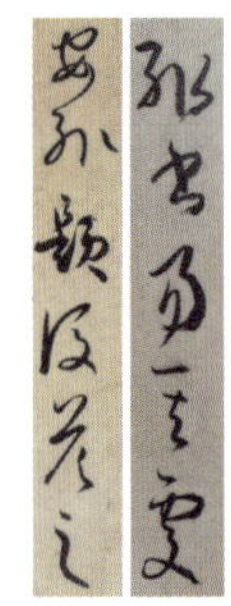

取字作为字根，变化同前。辄（輒）从车，车字草书有不同写法，与耳、乚（又）组合，可以写出几种不同的辄（輒）。趣从走，掫从扌，走和扌的草书较为稳定，同类的其它字，即可参照写出。

辄（輒 zhé）：形声，本义为车箱左右板上端向外翻出的部分，亦称“车耳”，一般释义为总是、就、则，专擅、独断专行、专权等。

趣 qù：形声，从走取声，本义是急、赶快。

掫 zōu：巡夜打更，夜戒守，有所击，从手取声。

緅 zōu：黑中带红的颜色。

诹（諏 zōu）：形声，从言取声，本义为咨询、询问。

堅 jù：聚积的土。

拓展：

箃 緅 陬 菆　P7.3 安辄题后答之　P9.4 辄书易其处

取3：最 嘬 撮 蕞

（甲骨 金文 简帛 秦简 说文 欧阳询 颜真卿 王铎 文徵明 于右任 章草 王羲之 智永 颜真卿 赵雍 王羲之 智永）

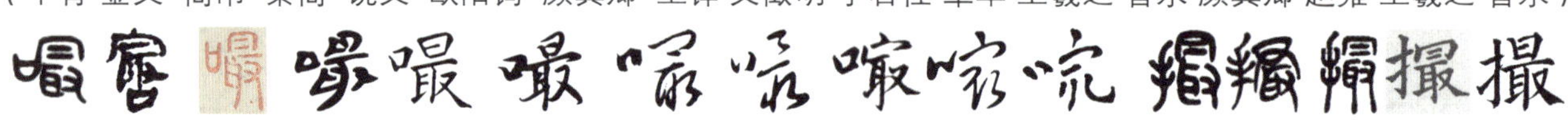

（金文 简帛 石韵府 汉简 王羲之 王羲之 文徵明 于右任 赵孟頫 王羲之 章草）（金文 简帛 说文 五经 颜真卿

文徵明 章草 柳公权 赵孟頫 王羲之 孙过庭）（金文 伊秉绶 欧阳询 欧阳询 王羲之 章草 欧阳通 王羲之 李淦）

辨析：

最从冃，讹变为日，常用的写法为最和冣，草书即有两种写法：1. 最字的日草化为“三角”，下边写取；2. 从冣字。可拓展。

最（冣寂寂 zuì）：会意，小篆字形，从冃从取，本义是冒犯夺取；聚、聚合；假借为绝表示程度，相当于极；首位。

嘬（嘬 zuō）：形声，从口最声，本义是吸吮。

撮 cuō：形声，从手最声，本义是用手指抓取粒状物；拉拢，玩弄，簇拥，摘要、摘取，聚合、聚拢。异体字可从冣。

蕞 zuì：古代演习朝会礼仪时，捆扎茅草立放着用来标志位次，引申为丛聚的样子；小的。异体字可从冣。

拓展：

澯 檌 爆 穝 襊 繓 齹

去1：去 丢 佉 怯 砝 胠 珐 却 脚

（甲骨 甲骨 金文 金文 简帛 说文 李斯 史晨碑 刘恕 欧阳询 颜真卿 空海 张芝 皇象 钟繇 王羲之

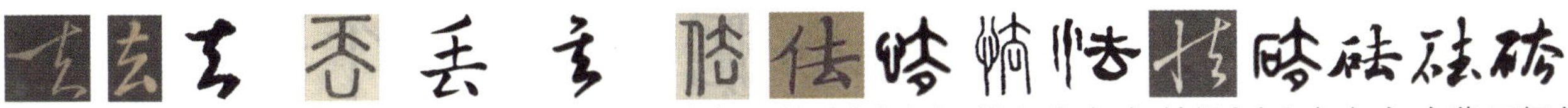

王献之 羊欣 智永）（篆字汇 王羲之 王羲之）（篆字汇 敦煌）（金文 说文 衡方碑 杜衍）（金文 智永 章草 王铎）

（说文 智永 王羲之）（衡方碑 王羲之 王羲之）（说文 王羲之 王羲之 王羲之）（说文 赵孟頫 王羲之 王献之 萧衍）

辨析：

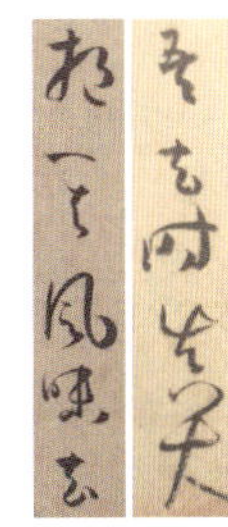

去字的字形稳定，草书为快写，章草应写出波挑；提示：1. 去与知的区别。百韵歌云“长短分知去”，知字的尾巴较长。2. 却字的草书写法。王羲之和王献之将卩写为阝，应为却的异体字“去+阝”，后世书家很少见到如此写法。3. 去字的草书除了快写还有从异体字“厺”的，如王铎的砝字。4. 罢字的繁体字为罷，见能页。

去（厺夻公弆厺）qù：会意兼形声，甲骨文字形上面是人（大）下面是口（或作“凵”），表示人离开洞口或坑坎而去，说文曰从大凵声，凵（qū）的本义为离开。

丢 diū：失去、遗落，扔、抛弃，搁置、放。

佉 qū：通祛，驱逐。

怯 qiè：形声，从心去声，说文曰怯本从犬，本义是胆小、畏缩。

砝 fǎ：砝码。

胠 qū：腋下。

珐（琺 fà）：珐琅。

却（卻郄却 què）：形声，退也；但、但是、可是，反而、然而，用在动词后，相当于掉、去。

脚 jiǎo：形声，从肉却声，本义是胫，小腿。

拓展：

厾 呿 抾 迲 茋 刼 蜐 房 昩 枺 敋 房 奃 痃 紶

P9.5 吾去时真大醉也　P16.5 挹其风味去之滋水

去2：劫 祛 袪 阹 迲 弆 狌 麮 盍 法

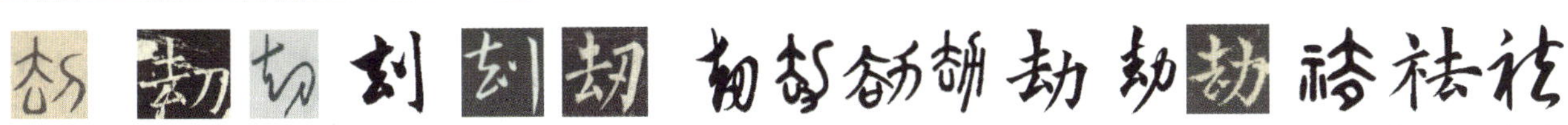

（六书通 褚遂良 于右任 赵孟頫 孙过庭 柳公权 赵孟頫 金文 简帛 说文 欧阳询 米芾 皇象）（金文 虞世南 李洊）

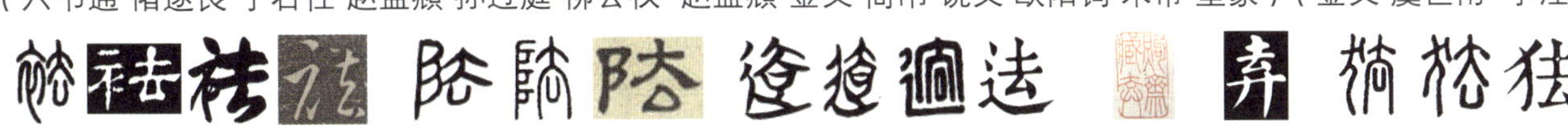

（说文 郭有道 王铎 孙过庭）（秦简 说文 文徵明）（楚简 楚简 汉印 楷书）（匏斋藏 那彦成）（说文 说文 楷书）

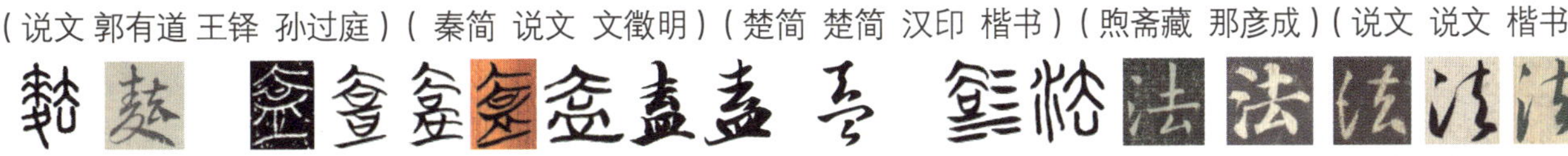

（说文 邓文原）（金文 楚简 楚简 楚简 秦简 智永 王羲之 王羲之）（楚简 说文 欧阳询 颜真卿 王羲之 智永 空海）

辨析：

去字拓展的字，各体结构稳定。鿃、盍、罢（罷）、法（灋），参见相关页。

劫（刦刧刼 jié）：会意，从力去声，以强力使对方欲去而不得。

祛 qū：祭神以求去祸除灾。

袪 qū：形声，从衣去声，本义为衣袖。

阹 qū：依山谷为牛马圈也。

迲：义未详，音未詳。

弆 jǔ：收藏、保藏。

狌 qiè/què：多畏也，从犬去声，怯本字。

麮 qù：大麦粥。

盍 hé：何不（盍是“何不”的合音）。

法 fǎ：法令、规章、制度，标准、模式，方法、办法，尊称佛家的事物，法术。

拓展：

紶 詓 跇 鉣 琥 揭 頡 駐 鮭 麮 麩 奄 鑿 灋

P18.2 粗传隶法

全 筌 栓 拴 铨 醛 痊 荃

（金文 楚简 楚简 石鼓文 说文 颜真卿 白蕉 肥致碑 王羲之 欧阳询 颜真卿 柳公权 赵孟頫

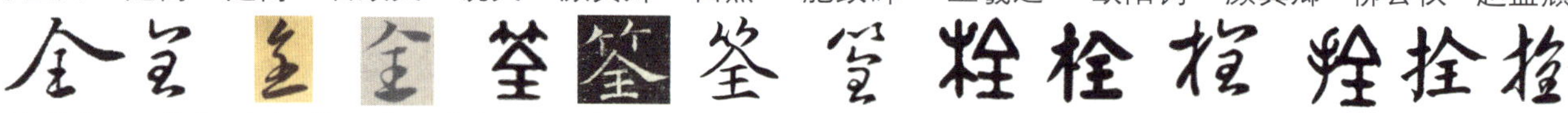

王羲之 王羲之 李怀琳 邓文原）（金文 褚遂良 文徵明 王羲之）（金文 颜真卿 王羲之）（金文 颜真卿 李淦）

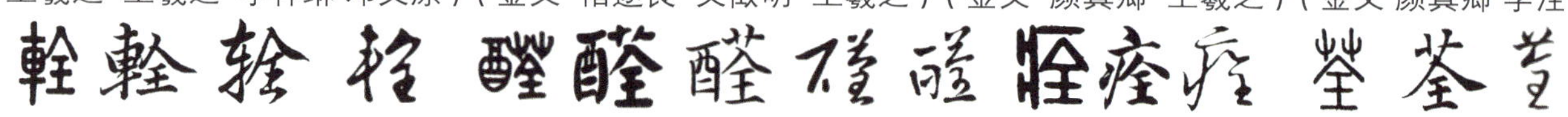

（说文 赵孟頫 黄庭坚 王羲之）（金文 颜真卿 文徵明 王羲之 章草）（金文 智永 韵会）（说文 褚遂良 沈粲）

辨析：

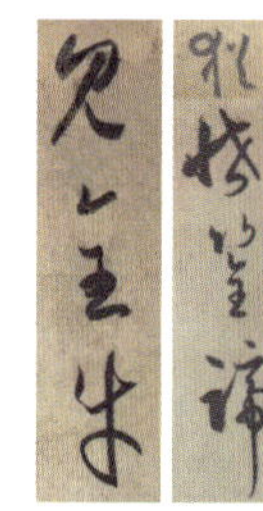

全字的字形稳定，全字本从入，历代只有极少数书家如颜真卿、文徵明和白蕉等可见从入的写法，而隶定或更早，已经讹变为从人了。草书写法是将上边的入（人）字缩小，王字写快写，王字中间的竖画不可以写得过长。可拓展。

全 quán：一作仝；会意，篆文从入，从王（玉），盖谓交纳的玉完整无缺，本义为纯色玉。

筌 quán：捕鱼器，竹制，有逆向钩刺，亦为钓鱼用具的统称。

栓 shuān：形声，从木全声，本义是木钉、插子。

拴 shuān：形声，从手全声，本义为绑住。

铨（輇 quán）：古代无辐的木制车轮。

醛 quán：一种含羰基的有机化合物，甲醛、乙醛等。

痊 quán：病除、病愈。

荃 quán：形声，从艸全声，本义是香草名，即荪；古书上说的一种香草，亦用以喻国君；古同筌，捕鱼的竹器。

拓展：

洤 佺 诠 姾 峑 恮 浂 琁 烇 牷 晎 硂 铨 絟 跧 醛 駩 P38.4 庖丁之目不见全牛 P53.4 犹吝筌蹄

犬1：犬 状（狀） 狱 狡 猾 伏 甽 戾 猋 飙

（甲骨 金文 金文 金文 楚简 楚简 秦简 说文 乙瑛碑 欧阳询 颜真卿 柳公权 赵孟頫 王羲之 简书 王羲之）

（颜真卿 皇象）（楚简 说文 欧阳询 简书）（说文 欧阳询 皇象 王羲之）（金文 粗篆 颜真卿 王羲之）（甲骨 简帛

说文 智永 王羲之）（说文 虞世南 孙过庭）（说文 石经 朱耷）（父丁尊 说文 吴昌硕）（简帛 说文 王羲之 章草）

辨析：

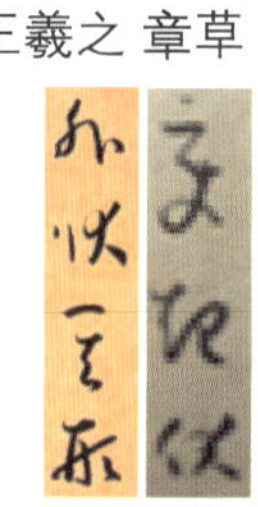

犬字的篆书为象形，草书为右起笔，省右点，甫、术和求等类的字，草书亦是如此。可拓展。状（狀）从犬从爿（参见爿页），其它从犬的字，如猪狗狰狞猗猃狸猎猜等等，亦可参见所涉字根页。

犬 quǎn：象形，本义是狗；古时特指大狗，后来犬、狗通名。

状（狀 zhuàng）：形声，从犬爿（pán）声，用具体的动物“犬”表示事物各具形态，本义是犬形。

狱（獄 yù）：确也，从㹜从言，二犬所以守也；刑狱，讼案，监狱，牢房。

狡 jiǎo：形声，从犬交声，本义为小狗。

猾 huá：形声，从犬骨声，本义为狡诈，狡猾。

伏 fú：会意，从人从犬，意思是人如狗那样地匍伏着，本义为俯伏、趴下。

甽 quǎn：象形，从田犬声，田间水沟。

戾 lì：会意，从犬从户，犬从关着的门中挤出，必曲其身，本义是弯曲；至、到达，违背、违反，乖张、违逆，暴戾，贪婪、凶猛，安定、静止。

猋 biāo：狗奔跑的样子；疾风，暴风，同飙。

飙（飆 biāo）：形声，从风猋声，本义为暴风。

拓展：

倏 哭 友 獄 獸 献 猷 厌 （ 厭 ） 吠 宊 汱 犾 达 枤 肰 炦 紋 秋 猒 斐 㹜 猒

P28.1 外状（狀）其形　P12.5 变起伏于峰杪

犬 2：狐　狼　猴　猿　猩　狩　猫　狮　猛　猬　獐

（甲骨　甲骨　金文　楚简　楚简　简帛　说文　柳公权　皇象　王羲之）（甲骨　金文　楚简　说文　赵孟頫　皇象　王羲之）

（金文　说文　颜真卿　王羲之　王铎　于右任）（金文　别体　王羲之　王羲之　王铎）（金文　说文　王羲之　王羲之）

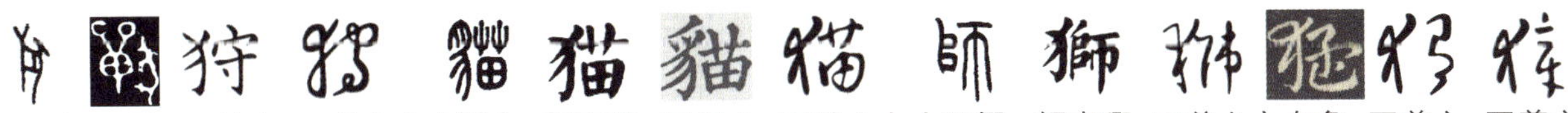

（甲骨　甲骨　王羲之　王羲之）（说文　颜真卿　五经文　王羲之）（通假　颜真卿　王羲之）皇象　王羲之　王羲之

辨析：

犬旁为快写，不同的字根，依不同的写法，个别犬旁的字可以写豸旁，如猫字，还有可从鹿字的，如獐字，亦有从虫字的，如猿和猬字等等。獸（兽）、获和献字等，从犬，见相关的字。

狐 hú：形声，从犬瓜声，本义是狐狸。

狼 láng：形声，从犬良声，本义为狼。

猴 hóu：动物名，猴子；乖巧，机灵，多指孩子。

猿（猨蝯 yuán）：灵长类动物，形态与猴相似。

猩 xīng：猩猩；鲜红色。

狩 shòu：岁终田猎曰狩。

猫（貓 māo）：哺乳动物，会捉老鼠；方言，躲藏；máo，猫腰，弯腰。

狮（獅 shī）：狮子。

猛 měng：形声，从犬孟声，本义为健壮的狗。

猬（蝟 wèi）：兽名，即刺猬。

獐（麞 zhāng）：野兽名，像鹿比鹿小，头上无角，有长牙露出嘴外。

拓展：

犯 犰 猍 狛 猨 狗 猪 猩 狱 独 猜 狸 猎 犹 狈 狂 狭 猥 獭 猱 狰 犷 猗 狳 猕 犷 犹

P49.4 狐疑者　P21.1 点画狼藉

确（碻　搉　塙　碻）

（甲骨　金文　简帛　古文㱿　古文　汉典　说文　说文　石门颂　王羲之　欧阳询　颜真卿　黄庭坚　王羲之　文徵明　章草）

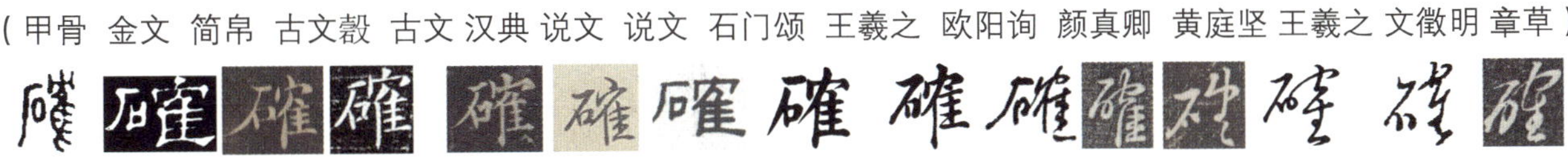

（集韵　郭有道　王羲之　欧阳询　欧阳通　乾隆　高彪碑　颜真卿　赵孟頫　何绍基　乾隆　米芾　赵孟頫　郑板桥　俙舫帖）

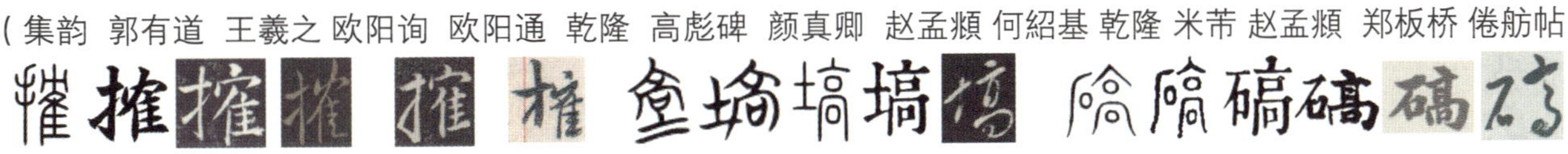

（说文　魏碑　郑云逵　米友仁　蔡世松　岑学吕）（楚简　楚简　说文　楷书　董其昌）（古文　集韵　楷书　敦煌　宝熙　于右任）

辨析：

确字的常用写法为确和碻，碻字也有从宀的写法，异体字搉、塙和碻的使用频率不高。一说确或从㱿（壳），可参照壳。

确（碻搉塙碻 què）：磬石也，从石角声，确或从㱿写㱿；通"搉 què"敲击；今释，形声，左形右声，本作塙、碻，本义为坚固；其中：碻 què：形声，左形右声，本义是坚固；㱿，正字通曰同确。搉 què：敲击，商量，较量，引述，专、专卖；研讨，也作榷。塙 què：同确，土高也，一曰土坚不可拔也。碻 què：坚固，真实、确实，同确；qiāo，碻磝，多石不平的样子。

群

金文 盟书 盟书 古玺文 说文 李斯 宝子碑 夏承碑 欧阳询 褚遂良 颜真卿 赵佶 王羲之 陆柬之 米芾

史游 简书 索靖 王羲之 怀素 秦观 黄庭坚 赵佶 赵孟頫 邓文原 王宠 韩道亨 朱耷 于右任

辨析：

群字从君从羊，草书可以看作是省略了口，书家多写上下结构，像欧阳询、米芾、赵佶和秦观左右结构的较少。君和羊字可参照君和羊页。

群 qún：形声，上君下羊，君声，君，取治理意；羊，取人人意，本义是指羊群、兽群，引申为人群、物群。

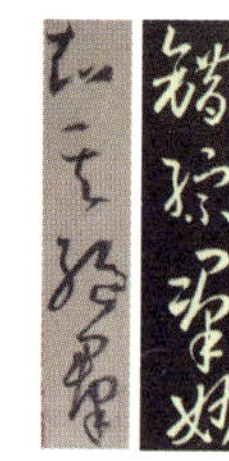

拓展：

P57.1 知其绝群　P64.4 错综群妙

然 燃 撚 繎 嘫 僁 橪 嫐

（中山鼎 汉镜 说文 邓石如 帛书 张迁碑 肥致碑 欧阳询 颜真卿 柳公权 赵孟頫 王羲之 陆柬之 赵孟頫

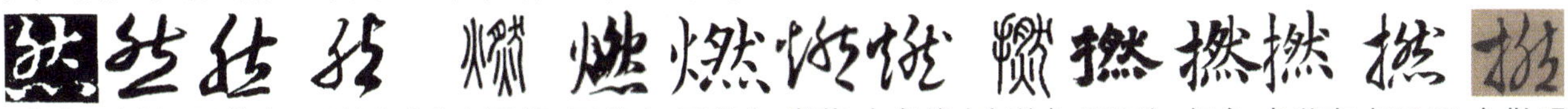

皇象 索靖 王羲之 王献之）（金石篆 王羲之 王羲之 米芾 水岛修）（说文 邓石如 智永 虞世南 赵孟頫 文徵明

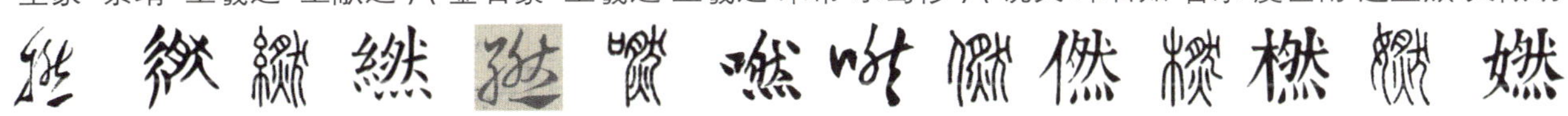

郑板桥）（楚简 说文 黄自元 邓文原）（说文 黄庭坚 王铎）（说文 楷书）（说文 楷书）（说文 楷书）

辨析：

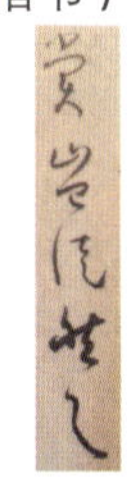

然字从火肰，隶定字形稳定，草法须写清楚“月、犬、灬”三个部件，赵孟頫犬字右起笔、省略点的写法，是犬的草书写法。可拓展。

然 rán：从火肰（rán）声，然字本义是燃烧。说文曰，然，烧也；徐铉注：“然，今俗作燃”；战国文字左上为肉的古字形，左下为火，右为头朝左的直立犬形；小篆结构略有变化，上左为肉形、右为犬，下为火，就构形取意而言，有一种直观通俗的理解，认为以火烧犬之肉即为然（燃），后来为了形体结构平整，位于下部的火形演变成“灬”。

燃 rán：烧起火焰，引火点着。

撚 niǎn：用手指捏取、夹取，握、拿，践踏，驱赶，弹琵琶的一种手法。

繎 rán：深红色；丝纠结难理。

嘫 rán：同然，应答声，表示肯定，相当于是的。

僁 nàng/nèn/rǎn：易脆也。

橪 rǎn：古书上说的一种枣，染；yān，古书上说的一种香草和一种树，均亦称撚支。

嫐 rán/niàn：女姿态貌。

拓展：

蹨 憱 蒳 嘫 䳿　　P16.1 赏岂徒然欤

冄(冉) 蚺 聃 再 苒 冓 髯 衰 缞 蓑(簑)

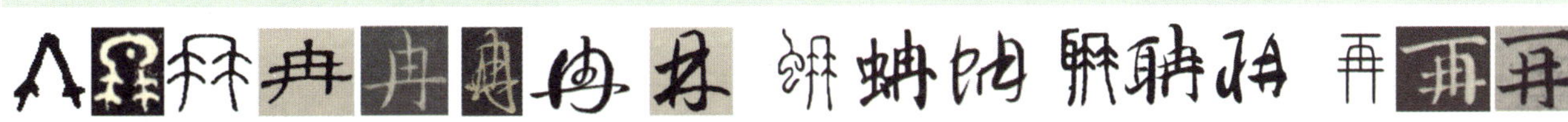

（甲骨 金文 说文 隶辨 欧阳询 王铎 王羲之 鲜于枢）（说文 颜真卿 李淦）（说文 智永 于右任）（说文 钟繇 赵孟頫

王羲之 智永）（金文 赵孟頫 王羲之 王羲之 于右任）（甲骨 甲骨 说文 颜真卿 文徵明）（甲骨 金文 说文 智永 王铎）

（衰鼎 简帛 说文 虞世南 皇象）（说文 颜真卿 启功）（篆字汇 欧阳询 虞世南 颜真卿 王羲之）（赵孟頫 王铎 王羲之）

辨析：

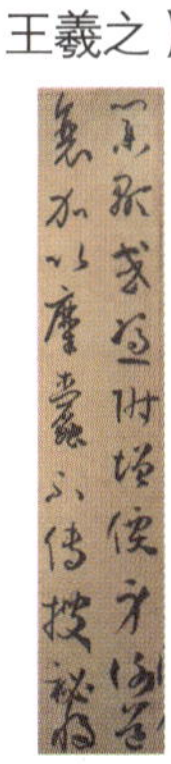

冄（冉）字两种写法都有，冄字常见于草书，可拓展。再和冓字隶楷亦可从冉，可拓展，见相关页。

冄（冉 rǎn）：毛冄冄也，象形，同冉，冄亦龜甲缘也。

蚺 rán：蚺蛇，即蟒蛇。

聃 dān：耳长大，吐舌的；老聃，即老子。

再 zài：会意，小篆从一，冓省，冓是构的初文，甲骨文字形，像两部分材木架起的样子，本义是第二次。

苒 rǎn：形声，从艸冉声，苒苒，草茂盛的样子；时间逐渐逝去。

冓（㝅 gòu）：架积木材，内室，宫室的深密处，“構”的本字。

髯 rán：两腮的胡子，亦泛指胡子。

衰 shuāi：会意，从衣从冄，冄像草毛茸茸的样子，是蓑衣的蓑的本字，本义为蓑衣。

缞（縗 shuāi）：鹭首毛；suī，编鹭羽为衣；cuī，古代用粗麻布制成的丧服。

蓑（簑 suō）：雨具名，即蓑衣，蓑是后起字。

拓展：

1. 姌 苒 枏 袡 聃 蚦 甜 詽 髯 䫇 呥 媣 抩 苒 坶 柟 玥 肭 胂 畘 衻 痈 聃 舑 旃 㴋 翢 寗 鉮
2. 滾 毵 褑　　P29.1 身谢道衰

人（亻）1：人 位 但 伢 俐 氽 伞 佘

（甲骨 甲骨 金文 盟书 石鼓文 说文 曹全碑 好太王 欧阳询 颜真卿 张芝 王羲之 王羲之 王献之）

（说文 智果 怀素 黄庭坚）（甲骨 楚简 说文 欧阳询 王羲之）（金文 颜真卿 王羲之 王羲之）（金文 王羲之）

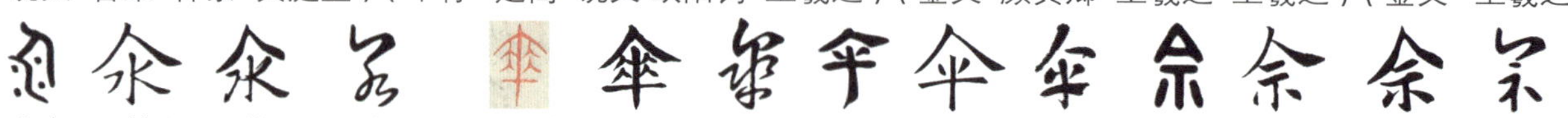

（金文 王羲之 王羲之 王羲之）（石韵府 颜真卿 王羲之 汉简 欧阳询 章草）（金文 褚遂良 王羲之 王羲之）

辨析：

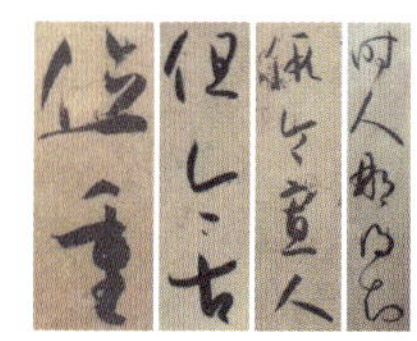

人字变化简单，行草书为快写。可拓展。本页还列示了氽、伞、佘等类字的“楷书”从人字的写法，亦可拓展，介会企全众等字，见相关页。

人 rén：象形，甲骨文像侧面站立的人形，天地最（冣）贵者。

位 wèi：会意，从人立，人站在朝廷上，本义为官吏在朝廷上站立的位置。

但 dàn：形声，从人旦声，本义为脱去上衣、露出身体的一部分，经传皆以袒为之；只、仅、不过。

伢 yá：方言，小孩儿。

俐 lì：伶俐，聪慧、机灵。

氽 tǔn：方言，漂浮；方言，用油炸。

伞（傘 sǎn）：挡雨或遮太阳的用具，可张可收。

佘 shé：姓氏。

拓展：

1. 亻 份 伍 伊 伍 仿 伀 伌 伎 伐 休 伯 估 伱 伲 仲

2. 舍 金 会 企 处 众 会 全 杁 夾 夹 亽 臾 从 夵 苍 臥 庚 臥 臾

P3.6 假令寡人 P7.6 时人那得知 P30.3 但今古不同 P31.5 位重权高

人（亻）2：仁 仔 佐 佑 保 侃 侦

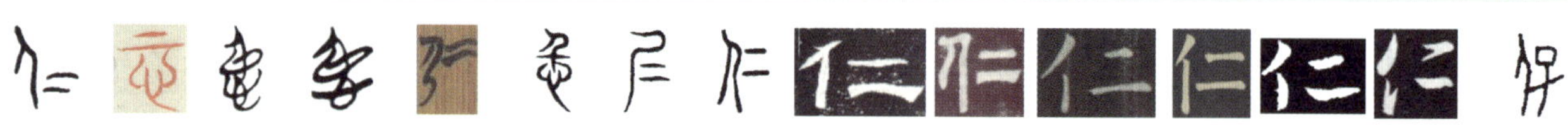

（甲骨 石韵府 简书 简书 清华简 说文 说文 说文 礼器碑 夏承碑 欧阳询 颜真卿 皇象 王羲之）（甲骨

金文 金文 说文 欧阳询 王羲之）（金文 简帛 秦简 汉印 智永 王羲之 皇象）（甲骨 金文 金文 楚简 说文

王羲之 王羲之）（甲骨 金文 说文 欧阳询 皇象）（金文 盟书 简帛 说文 颜真卿 韵辩）（说文 赵孟頫 王铎 章草）

辨析：

亻旁字体稳定，行草书为快写。拓展的字，有些异体字变化较多，如仁字的篆书有从“人二、尸二、二心、千心”等几种写法，隶楷书字形稳定，行草书为“仁”的快写。

仁 rén：会意，从人从二，右边的二是重文，本义为博爱，即人与人相互亲爱，古文写法有忎、忈等，臣鉉等曰：仁者兼爱，故从二。

仔 zǎi：会意兼形声，从人从子，甲骨文字形，是小孩的意思，本义为儿子。

佐 zuǒ：辅助、帮助，古人以右为尊，左为卑，佐常用于下对上、弱对强的帮助，上对下，强对弱时用佑。异体字有左、㞫、祚、佐等。

佑 yòu：保护、佑助。异体字为右字。

保 bǎo：会意，甲骨文字形像用手抱孩子形，金文写作从人从子，本义是背子于背。

侃 kǎn：刚直，刚强正直；和乐的样子；海阔天空地瞎扯。

侦（偵遉 zhēn）：探伺，暗中察看。

拓展：

芢 传 佩 俩 伻 伽 伾 伿 侣 佁 怔 佃 伹 佅 但 伫 佉 彼 侶 位 低 住 佒 估 何 佚 佝 佞 佟 你 俭 佣 佰 作 伌 吪 囮 攸 茌 花 芿 附 俳(传) P25.4 当仁者

人（从）：从 丛 众 怂 苁 耸

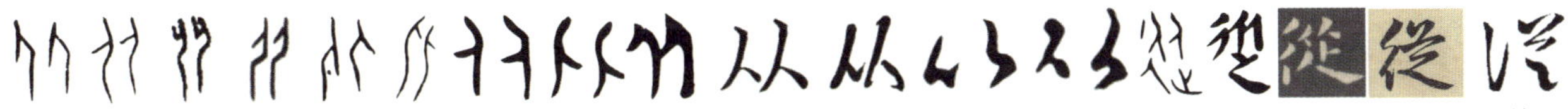

（甲骨 甲骨 甲骨 甲骨 甲骨 甲骨 金文 金文 楚简 王羲之 王铎 王羲之 文徵明 金文 秦简 钟繇 赵孟頫 王羲之）

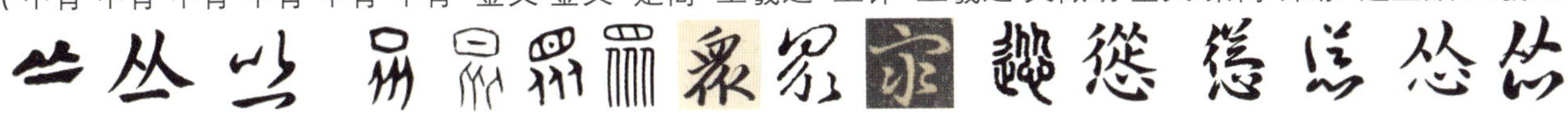

（汉简 颜真卿 王羲之）（甲骨 甲骨 金文 说文 赵孟頫王羲之 皇象）（说文 欧阳询 王羲之 王羲之 欧阳询 米芾）

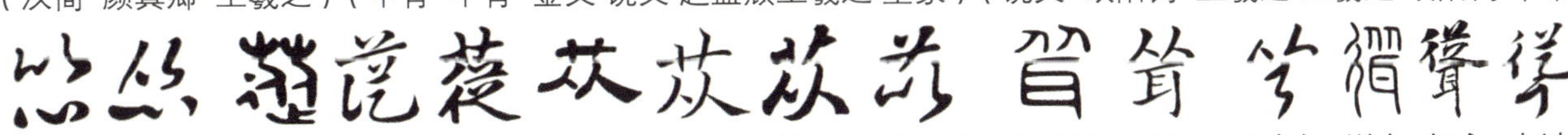

王羲之 于右任）（金文 索靖 赵孟頫 乙瑛碑 褚遂良 苏轼 王羲之）（六书通 王羲之 于右任 说文 智永 索靖）

辨析：

从字本从二人，金文繁化后，加了辵为從（从辵，辵从止，参见止页），在从字拓展的字中累见。众坐夾巫⺙來卒僉嗇聚等字，有的从从字，有的将从字用中间部件分开，有的形变产生新的异体字，如丛和众等，参见相关页。

从（從 cóng）：会意，甲骨文字形像二人相从形，本义为随行、跟随。

丛（菆藂叢 cóng）：形声，从丵取声，丵的意思是丛生草，本义为聚集；众多、繁杂，丛林，聚集在一起的人，收集在一起出版的文章。

众（衆眾眾 zhòng）：会意，众字从三人，三表示众多，众表示众人站立，衆（众）的甲骨文字形像许多人在烈日下劳动，本义是众人、大家。

怂（慫 sǒng）：形声，从心从声，本义为惊慌。

苁（蓯 cōng）：寄生植物草苁蓉和肉苁蓉的统称。

耸（聳 sǒng）：形声，从耳从声，本义是耳聋；高起、矗立，比喻出众、不凡，向上跳、向上动，劝勉；惊动、惊惧；通怂，怂恿。

拓展：

纵 苁　P12.1 犹众星之列河汉　P39.2 穷于众述

人（從 1）：從 淙 樅 蹤

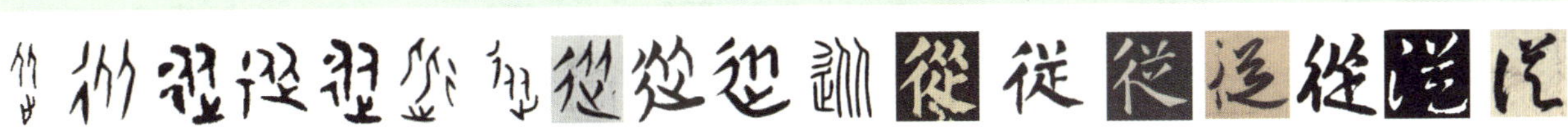

（甲骨 甲骨 金文 金文 金文 金文 金文 盟书 楚简 秦简 说文 颜真卿 颜真卿 颜真卿 王珣 王铎 汉章帝 智永）

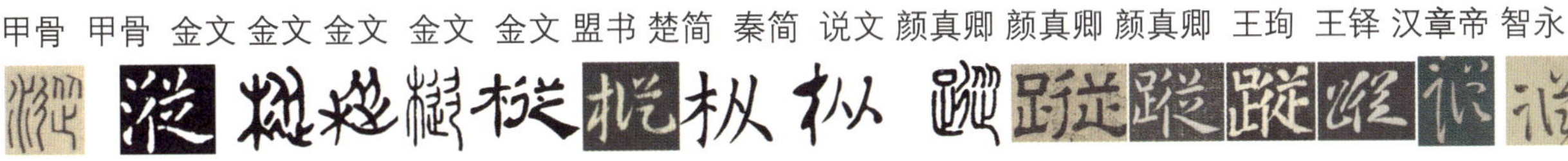

（六书通 张玉德）（金文 简帛 说文 曹全碑 皇象 王羲之 文徵明）（邓石如 隶辨 虞世南 颜真卿 苏轼 张芝 王铎）

辨析：

從字乃从字的繁化，楷化后常见的为颜真卿的三种写法，草书上边写“丷”，下边写“足（草书）”；從为从，拓展后一些字有从“从”的写法，如樅、縱和瘲等。

從（从 cóng）：甲骨文和金文“从”与“比”同字，后分化为二，甲骨文的“从”字，由两个面朝左侧立的“人”构成，是“从（繁体）”的初文，一个“人”在前，一个“人”紧随其后，像两人前后相从之形；金文左边加“彳”，下部加“止”表示行动；或从“辵（chuò）”，二“人”大多数向左，向右只有一例，古文字左右无别，小篆统一向左，“彳”和“止”合成“辵”放“从”字左边，仍表示行走。

淙（汎 cóng）：象声词，水流声；水流汇合；sǒng，淙淙，迅速。

樅（枞 zōng）：植物名，松科枞属，常绿乔木；撞击。

蹤（踪 zōng）：脚印，跡也，蹤跡；追随；同踪；异体字有蹤、踨和踪等。

拓展：

傱 嵸 墱 嵷 屣 瘲 蹤 嵷 縱 毿 膍 瞛 縱 褷 瞛 磫 鬆 鷲　P25.3 蒙无所从（從）

R

人（從2）：鏦 縱 緃 瘲 嵸 瑽 摐 輚 蟌 豵

（说文 赵之谦 智永 虞世南 欧阳询 褚遂良 颜真卿 柳公权 王羲之 赵孟頫 文徵明）（说文 楷书）

（秦简 说文 欧阳询 颜真卿 颜真卿 黄裳 康里巎 颜真卿 于右任）（说文 维摩诘 王铎 皇象 欧阳询 黄庭坚）

（篆字汇 王宠 高士奇 王铎 王蘧常）（篆字汇 楷书）（篆字汇 吴彩鸾）（说文 楷书）（说文 楷书）（古文 说文 楷书）

辨析：

從字作为字根，各体写法同前。

鏦（锹 cōng）：古兵器，短矛；用矛戟冲刺；形容金属器物撞击的响声。

緃 zōng：有文彩，可以缘饰衣服等的织物；车马的装饰物。

縱（縦纵 zòng）：形声，从糸（mì）从声，本义为松缓；zǒng：急剧的样子。

瘲（疭 zòng）：筋脉痉挛；瘛瘲病，中医指手脚痉挛、口眼歪斜的症状，亦称抽风。

嵸（岽 zōng）：高耸。

瑽（玧 cōng）：瑽瑢，玉佩相击的声音；《玉篇》云，瑽瑢，佩玉行貌。

摐（㧐 chuāng）：用棒撞击物体；高耸，纷错。

輚（𫐌轥 zōng）：车跡也。

蟌（𫋇 zōng）：即螉，寄生在牛马等牲畜身上的小虫；蠮螉。俗称细腰蜂。

豵（猣豵 zōng）：小猪，亦泛指小兽，一胎生三子的猪；zòng，公猪，《本草纲目》豕生六月曰豵。

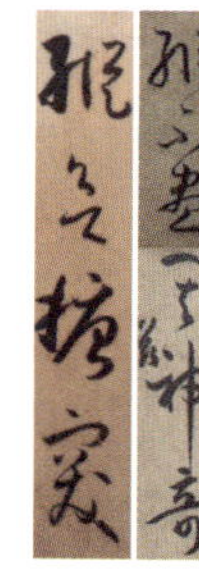

拓展：

傱 嵷 墶 嵷 屣 筵 㢔 蹤 嵷 箤 甇 膖 瞛 漎 襚 瞛 磫 鬆 鬉

P16.4 纵不尽其神奇　　P44.6 纵欲唐突

壬 任 妊（姙）衽 凭（凴）荏 恁 赁

（甲骨 金文 简书 说文 广义 乙瑛碑 怀素 白蕉）（甲骨 金文 金文 石韵府 说文 欧阳询 王羲之）

（甲骨 金文 简帛 说文 王羲之 颜真卿 王羲之 王羲之）（说文 虞世南 徐伯清）（说文 文徵明 王铎 于右任

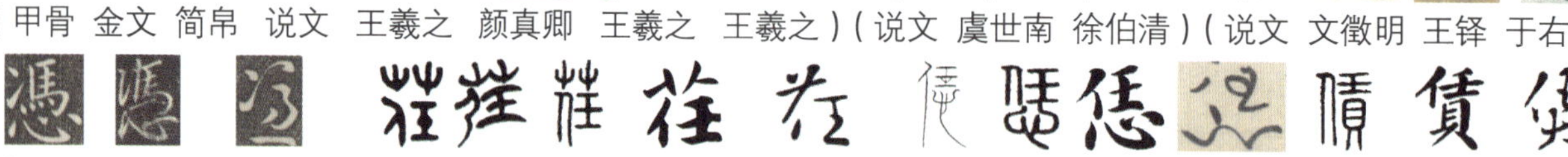

虞世南 王羲之 孙过庭）（金文 简帛 说文 赵孟頫 王羲之）（金文 说文 智永 黄庭坚）（说文 颜真卿 章草）

辨析：

任字的初文似工字，后中间的笔画变长，简书中间的横画多了饰笔，楷化后字形稳定，行草书即为快写。凭字有异体字凴，

壬 rén：天干第九位，顺序第九的代称。

任 rèn：形声，从人壬声，甲骨文字形壬是任的初文，壬即担荷的担子的竖立形，本义为挑担、荷、肩负。

妊（姙 rèn）：怀孕。

衽（袵 rèn）：形声，从衣壬声，本义是衣襟。

凭（凴 píng）：会意，从几从任，矮而小的桌子；任，凭借；本义是倚靠；凴，古文。

荏 rěn：植物名，即白苏。一年生草本，有芳香。

恁 nèn：形声，从心任声，本义为思、念；同您，多见于早期白话；这样、那样，谁、何、什么，怎、怎么；任凭 。

赁（賃 lìn）：形声，从贝任声，本义是给人做雇工；租用、租借。

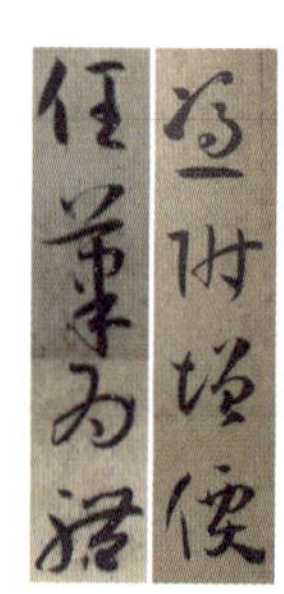

拓展：

拰 恁 涏 栠 栣 凭 栠 秹 袵 絍 筳 紝 誑 銋 鉦 飪 鵀　　P13.3 任笔为体　　P29.1 凭（凴）附增价

刃 仞 纫 韧 忍 認（认）涊

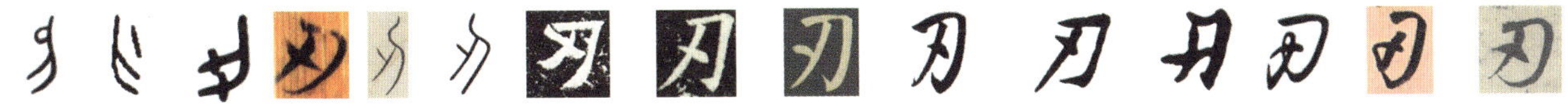

（甲骨 甲骨 金文 简帛 汗简 说文 爨宝子 欧阳询 颜真卿 王羲之 黄庭坚 米芾 王羲之 王铎 邓文原）

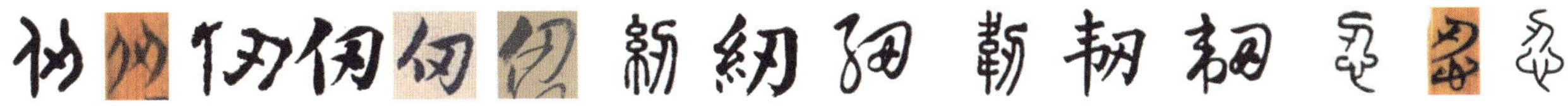

（金文 楚简 郭有道 智永 赵孟頫 怀素）（说文 颜真卿 王羲之）（说文 柳公权 王羲之）（金文 楚简 说文

金刚经 柳公权 赵孟頫 王羲之 苏轼 章草）（简帛 曹全碑 颜真卿 赵孟頫 王羲之 张瑞图）（赵佶 陆柬之）

辨析：

刃字为指事符，行草书为快写。忍字草书，心写一横时容易和丑混淆，应予注意。涊从止，见止页。

刃（刄 rèn）：指事，小篆字形在刀上加一点，表示刀锋所在，本义是刀口、刀锋。

仞 rèn：形声，从人刃声，本义为古代长度单位，周制八尺，汉制七尺。

纫（紉 rèn）：形声，从糸刃声，本义是搓绳；感佩不忘，柔软而结实的，通韧；绳索，绳子。

韧（韌靭韧 rèn）：形声，从韦刃声，韦为熟牛皮，本义是柔软而结实，受外力作用时虽变形而不易折断。

忍 rěn：形声，从心 刃声，本义为忍耐、容忍。

認（认 rèn）：辨识、分别；表示同意、接受；当作、以为；无血缘关系而结成亲属。

涊 niǎn：出汗的样子；rěn，古水名。

拓展：

讱 軔 忉 汈 岃 岃 扨 杒 牣 肕 轫 眀 梆 刼 刭 荆 籾 紉 屻 忍 荵 惒 腍 棯 綛 躵

日 1：日

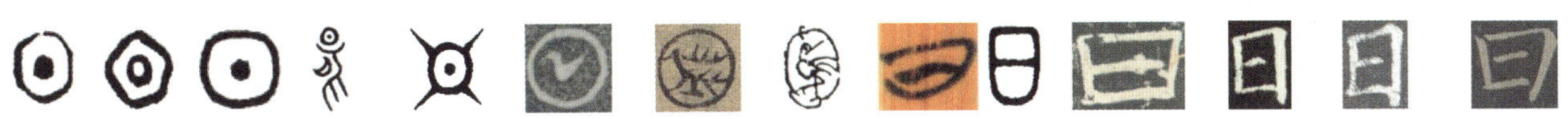

（甲骨 甲骨 金文 金文 华岳碑 雁门县 六书统 鸟虫篆 简帛 说文 礼器碑 欧阳询 颜真卿 柳公权

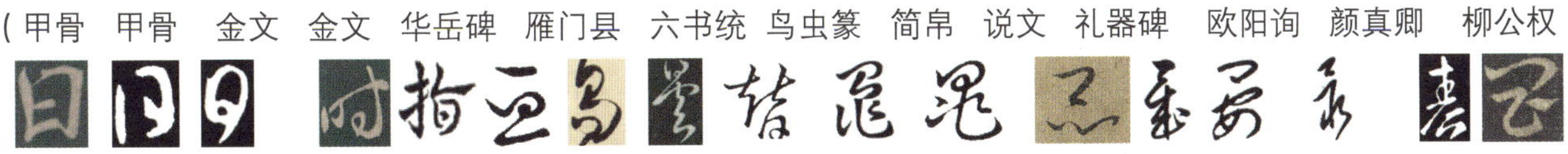

钟繇 张芝 王羲之）1 张芝 皇象 索靖 王铎 王昙 韵会（王羲之 韵会）2 怀素 李洤 朱耷 毛泽东 3 张芝 皇象

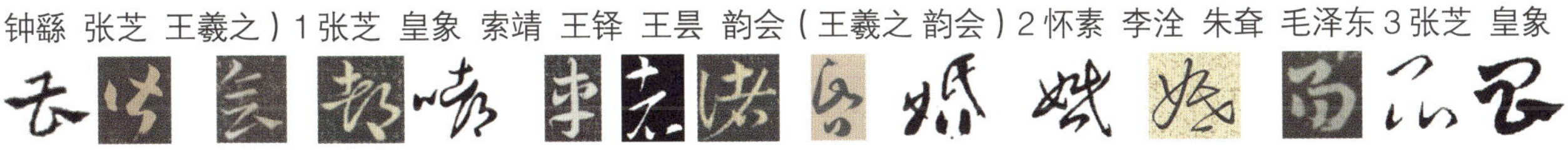

皇象 王羲之 王献之 4 皇象 王羲之 5 索靖 索靖 皇象 孙过庭 米芾 6（王羲之 朱大有）7 索靖 欧阳询 8 宋克

辨析：

日字的字形稳定，变化在草书，作为字根，不同的位置，有不同的草书写法，草书单独写即为快写，作为字根，1. 快写 /13 连写；2. 日字居上时，写三角；3. 日字居下时，写日字符“厶”；4. 不独立表现的连带笔（都）；5. 两点（者昏）；6. 横；7. 横勾；8. 横勾挑。可拓展。日字草书的不同变化，既可以单独使用，又可以复合使用，如昌字。日字拓展的常用字演变，参见相关页。

日 rì：象形，甲骨文和小篆字形像太阳形，轮廓像太阳的圆形，点或线表示太阳的光，早期文字还有一种是鸟驮着太阳巡天的图案，本义为太阳。

拓展：

日字草书分类例举：1. 時指亘曷昙替晁；2. 昆晟晏最；3. 春昌曹皆會；4. 都嘟；5. 車者诸昏婚；6. 婚；7. 易昆；8. 昌

P 24.4 风燥日炎

日 2：晖（附：晕）晦 晃 鲁 晶

（说文 欧阳询 褚遂良 颜真卿 赵孟頫 宋徽宗 王羲之 智永 黄庭坚 王铎 王羲之 智永 宋徽宗）

（甲骨 说文 颜真卿 鲜于枢 王羲之 章草）（六书故 说文 柳公权 王羲之 智永 欧阳询 孙过庭 赵孟頫）

（金文 说文 颜真卿 王羲之 赵佶）（甲骨 金文 颜真卿 王羲之 赵孟頫）（甲骨 说文 王羲之）*智永 怀素*

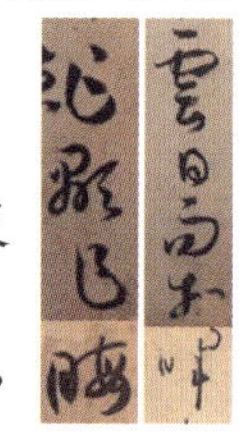

辨析：

“晖晕晦晃早旱”等字从日，其日字草书为快写，鲁字草书为“鸟头＋日字符”。

晖（暉 huī）：形声，从日军声，字本作“晕”，本义为日月周围的光圈。

晕（暈 yùn）：形声，从日军声，本义为日月周围形成光圈。

晦 huì：形声，从日每声，本义为阴历每月的最后一天。

晃 huǎng：会意，从日光亦声，本义为明亮。

鲁（魯 lǔ）：会意，甲骨文从鱼从口，本义为鱼味美，嘉。

晶 jīng：会意，甲骨文从三日，光亮、明亮之意。

拓展：

早 旱　　摸 晀 晄 晋 晊 晌 哄 晏 晒 晓 晔 晟 祖 课

P47.3 云日而相晖　　P52.3 乍显乍晦

戎 绒 狨 娀 贼

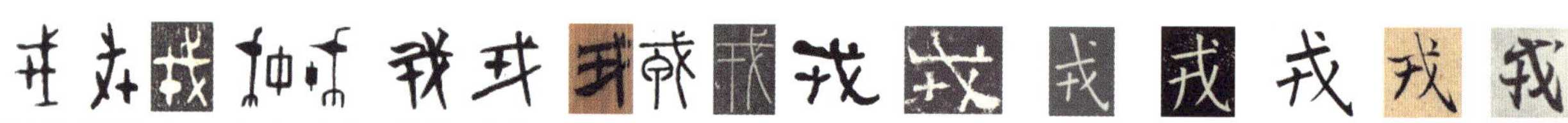

（甲骨 甲骨 金文 金文 金文 楚简 秦简 汉简 说文 李斯 衡方碑 张迁碑 欧阳询 颜真卿 柳公权 赵孟頫 王羲之

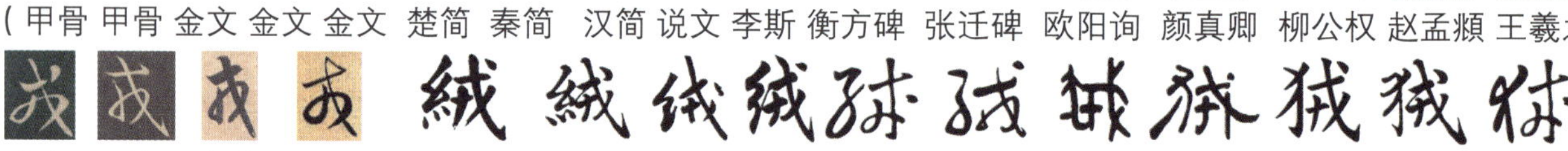

皇象 王羲之 智永 赵孟頫）（颜真卿 赵孟頫 黄庭坚 任政 王羲之 于右任）（金文 曹全碑 欧阳询 赵孟頫 王羲之）

（甲骨 说文 高贞碑 赵之谦 文徵明）（散氏盘 楚简 楚简 简帛 说文 赵孟頫 赵孟頫 王羲之 韩驹 王羲之 王羲之）

辨析：

戎字篆书变化较多，隶定字形稳定，草书下边的结构，“十”先写竖，通过使转代出“戈”勾的撇画。可拓展。

戎 róng：会意，从戈从十，“戈”是兵器，“十”是铠甲的“甲”，本义是古代兵器的总称，弓、殳、矛、戈、戟为古代五戎。

绒（絨毬 róng）：形声，从糸戎声，本义为鸟兽身上的柔毛。

狨 róng：细布，金丝猴。

娀 sōng：国名，即有娀氏，故址约在今山西省运城县附近。

贼（賊 zéi）：形声，从戈则声，刀毁贝，如见于西周金文，本义为残害、伤害。异体字有从“贝（貝）成”的写法，草书偶见。

拓展：

㣵 茙 榵 毧 秾 裓 絨 羢 蠽 鰔 髶 駥

冗 壳（殼㱿）沉（沈）

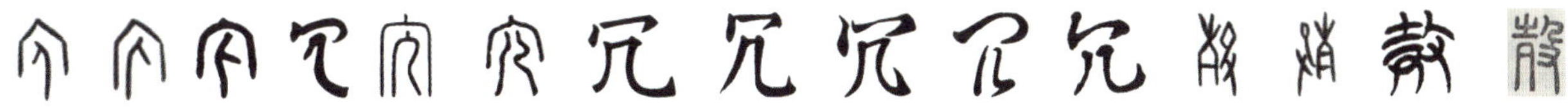

（甲骨 甲骨 金文 汉简 说文 说文注 欧阳询 颜真卿 王羲之 王羲之 章草）（甲骨 甲骨 简帛 六书正讹

岳麓寺 颜真卿 赵孟頫 赵孟頫 何绍基 韵辨 汉简 王羲之 王羲之）（甲骨 甲骨 甲骨 甲骨 甲骨 甲骨 楚简

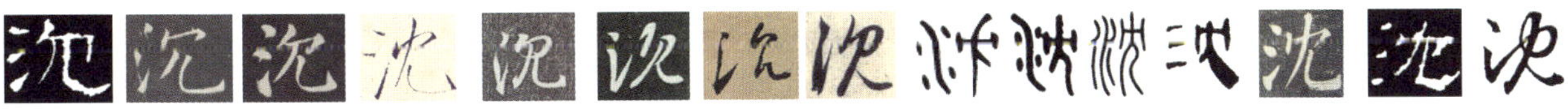

白石神 欧阳询 颜真卿 宋徽宗 王羲之 王羲之 怀素 赵孟頫 金文 金文 说文 帛书 景君碑 柳公权 王羲之）

辨析：

冗字字形稳定，行草书为快写。可拓展。沉同沈，甲骨为用牲祭祀，牛（羊人）沉水中。沈字可参照冘页。

冗 rǒng：从宀从儿（人），人在屋下，无田事也，儿为人的古文形体，本义是闲散。

壳（殼㱿 ké）：从上击下也，正中其物，确然有声，从殳，坚硬的外皮；甲骨贞人名；另读 qiào 。

沉（沈 chén）：形声，从水冘（yín）声，甲骨文，中间是牛（或羊人等），周围是水，表示把牛羊人等沉到水中，商代祭祀用牲的方法，本义为没入水中。沈，还可读 shěn，汁；沈（瀋）阳市的简称。

拓展：

伉 吭 妧 坑 抗 犺 壳 殸 梵

如 洳 铷 茹 恕 絮 挐

（甲骨 石鼓文 秦量 李斯 说文 曹全碑 礼器碑 欧阳询 颜真卿 灵飞经 王羲之 王献之 赵孟頫

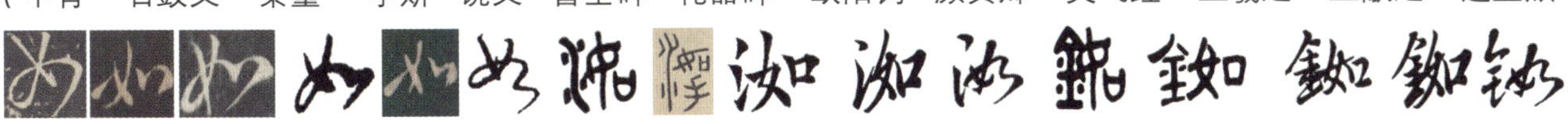

张芝 皇象 王羲之 王羲之 智果 宋克）（金文 广义 欧阳询 王羲之 章草）（金文 曹全碑 赵孟頫 王羲之 章草）

（金文 简帛 说文 褚遂良 李洤）（金文 楚简 说文 赵孟頫 王羲之 章草）（说文 智永 索靖）（说文 虞世南 王宠）

辨析：

如字从女从口，草书，皇象将女和口分开写，口写为两点，王羲之为一笔连写（口写两点或一笔）。可拓展。

如 rú：会意，从女，从口；本义为遵从、依照；说文曰，此字疑从女，若省声，女子从人者也。

洳 rù：潮湿，低湿的地方，洳河；异体字从手。

铷 rú：柔软具有银白色光泽的碱金属元素，原子序数 37。

茹 rú：形声，从艸如声，本义为吃；喂（牛马），贪、恣，包含，猜想，包、围裹，杂揉，腐烂；蔬菜的总称，植物的地下部分的真根、球根等；柔软。

恕（恖 shù）：仁也，恕道，体谅，饶恕；推己及人之道。

絮 xù：形声，从糸如声，本义是粗丝绵。

挐 rú：纷乱，连续，糅杂，古通桡，船桨；同拿。

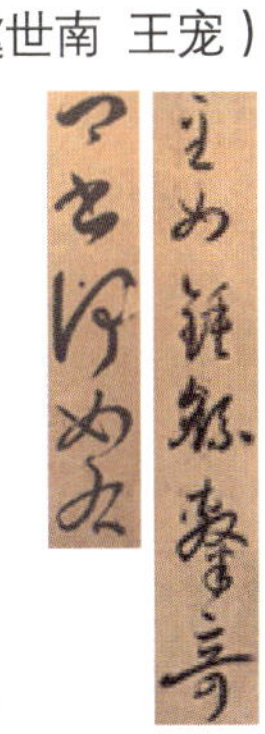

拓展：

伽 帤 架 袈 鉫 痂 笳 袈　　P7.4 卿书何如右军 p20.5 至如钟繇隶奇

R

入 㒳 兩 全 俞 内 汆 籴

（甲骨 金文 说文 说文 居延简 智永 柳公权 赵孟頫 索靖 王羲之 怀素 王铎）（金文 说文 楷书）

（金文 楚简 楚简 说文 西狭颂 颜真卿 郑板桥 秦简 王羲之 智永 王羲之 王羲之 怀素）（说文 颜真卿

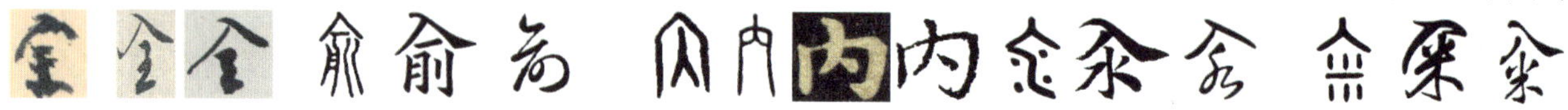

王蘧常 白蕉 白蕉）（说文 欧阳询 王羲之）（甲骨 说文 钟繇 皇象）（金文 智永 王羲之）（金文 王铎 章草）

辨析：

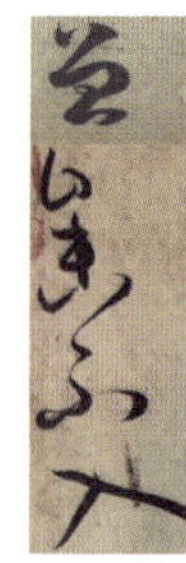

入字隶定字形稳定，行草书为快写，拓展的字，㒳、全、俞、内、汆、籴以及从亼字的合、会、令、佥、侖、舍、余等字，隶定字形已讹变为从人的写法了，各体除少数书家外，历代书家大概率均从人，见相关页。

入 rù：象形，甲骨文字形像个尖头器具，尖器容易进入内也，自外而中也，本义是进来、进去。

㒳 liǎng：从冂从二入也，再也，再者一举而二也，凡物有二，其字作㒳不作兩，兩者，二十四铢之称也，今字兩行而㒳废矣。

兩 liǎng：会意，从一从㒳，㒳为平分，亦，二十四铢为兩；同時兼具兩方面，双方，兩下里，等同、比并。

全 quán：一作仝，会意，篆文从入从王（玉），盖谓交纳的玉完整无缺，本义为纯色玉。

俞：会意，从亼（jí，三合也，从入从一）从舟从刂，本义与造船有关，古代挖空树木做船。

内 nà：会意，甲骨文字形从冂入，自外面进入里面。

汆 cuān：一种烹调方法，把食物放到沸水里稍微一煮，引申为把东西丢到水里或人钻入水中。

籴（糴 dí）：形声，从入从米，买进粮食，跟粜相对。

拓展：

乞 亾 仝 夕 汏 命 叺 圦 仚 扖 込 俩 合 全 杁 汆 岔 向 惗 洤 枘 氝 籴 肏 肭 诠
P 8.3 曾参不入

睿（叡壡容） 濬（浚） 璿（璇）

（金文 古文 欧阳询 虞世南 颜真卿 柳公权 赵孟頫 王羲之 颜真卿 司马睿 王羲之 章草 简帛 说文

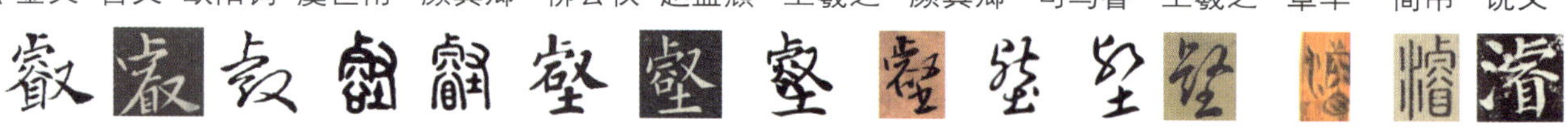

褚遂良 黄庭坚 裴休 金文 说文 颜真卿 姚孟起 王羲之 王铎 王羲之 李洤 王宠）（清华简 说文 颜真卿

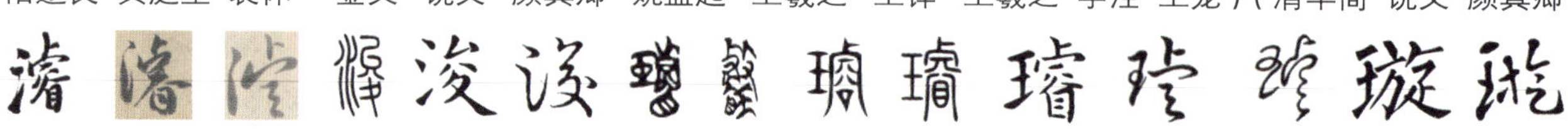

郑板桥 孙过庭 赵孟頫 说文 王羲之 韵会）（楚简 楚简 古文 说文 王羲之 司马睿 王羲之 欧阳询 章草）

辨析：

睿字字形稳定，草书有快写及晋元帝司马睿与章草“上+E”的两类写法。可拓展。濬和璿等字须注意异体字的使用。

睿（叡壡容 ruì）：深明也，通也，从“歺又”从目从谷省，睿，古文叡；壡，籀文叡从土。

壑 hè：坑谷，深沟，小河沟、护城河。

濬 jùn：古文容，从水从睿，疏通或凿深水道；幽深的，濬壑；《玉篇》同浚。

璿 xuán：美玉，也作璇。

拓展：

䜜 瞉 叡 譮 鐾

闰　润

（说文　袁安碑　简帛　张迁碑　赵孟頫　钟繇　欧阳询　颜真卿　王羲之　苏轼　王羲之　智永　怀素　赵孟頫）

（说文　简帛　张迁碑　王羲之　欧阳询　颜真卿　王羲之　米芾　赵孟頫　王羲之　赵孟頫　宋高宗　邓文原　王铎）

辨析：

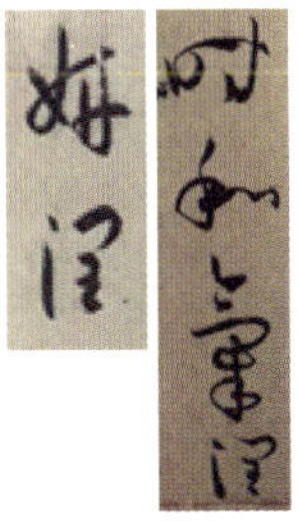

闰字从“王在门中”，字形稳定，草书写“门字符＋王”。

闰（閏 rùn）：会意，从“王在门中”，古代天子每年冬季以明年朔政分赐诸侯，诸侯于月初祭庙受朔政称为告朔，据《说文》段注，举行告朔之礼时，王通常居于明堂，但逢闰月，则居于路寝门，所以“从王在门中”，本义为余数，指历法纪年和地球环绕太阳一周运行时间的差数，多余的叫闰，如闰月。

润（潤 rùn）：形声，从水闰声，本义为雨水下流，滋润万物。

拓展：

瞤　P22.2 温之以妍润　P23.6 时和气润

若　匿　诺　婼　惹　喏

（甲骨　甲骨　毛公鼎　石经　帛书　说文　李阳冰　曹全碑　欧阳询　颜真卿　柳公权　赵孟頫　王羲之　米芾

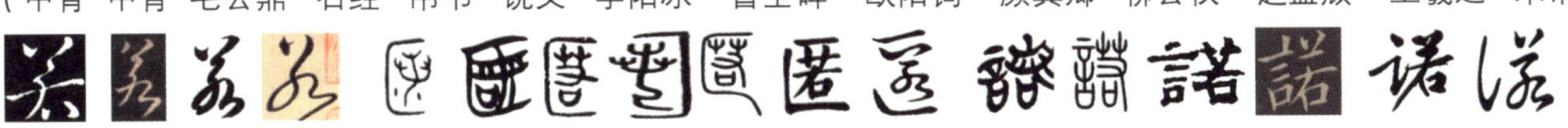

刘炟　王羲之　智永　怀素）（金文　楚简　秦简　曶文　说文　颜真卿　皇象）（简帛　说文　孔彪碑　欧阳询　黄庭坚　王羲之）

（说文　邓石如　智永　王羲之）（古文　简帛　说文　虞世南　赵孟頫　欧阳询　章草）（金文　粗篆　褚遂良　王羲之　于右任）

辨析：

若字的篆书有三只手形，隶定从艹从右，其草书，历代书家用笔都是将草头的两点放开，右字使转向中间收拢。需要注意的是，喏、诺和惹等字的篆书，部件位置，有上下错位的现象。可拓展。

若 ruò：象形，甲骨文字形像一个女人跪着，上面中间像头发，两边两只手在梳发，表示“顺从”，本义为顺从，若时（顺应天时），若淑（温顺而善良）。

匿 nì：形声，从匸（xǐ）若声，匸表示有所藏，本义是隐藏、躲藏。

诺（諾 nuò）：形声，从言若声，本义为表示。

婼 chuò：不顺；ruò，汉代西域羌国名。

惹 rě：形声，从心若声，本义是招引。

喏 nuò：应答声，含有指示意思的语气；rě，唱喏，古代作揖致敬时口中同时发出的声音。

拓展：

偌 鄀 掿 渃 逽 楉 睰 锘 箬 踖 醋 鍩 鰙 蒻 蘙

P3.6 假令寡人耽之若此　P11.4 或重若崩云

R

弱 溺 搦 愵 膈 嫋 蒻 篛（箬）

（秦简 秦简 说文 吴让之 西狭颂 欧阳询 宋徽宗 王羲之 王献之 智永）（甲骨 金文 楚简 古文 说文

袁博碑 尚博碑 颜真卿 颜真卿 王羲之 陆柬之）（古文 说文 柳公权 王羲之）（说文 楷书 古文 赵之谦）（说文 楷书）

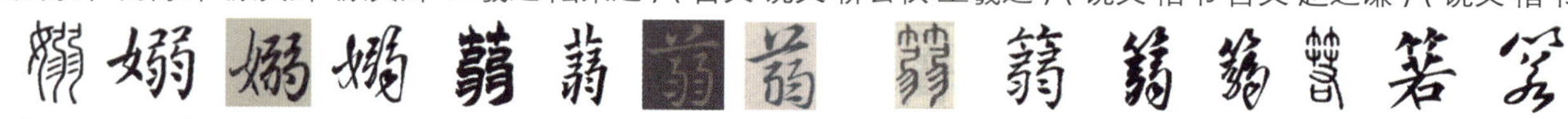

（说文 虞世南 赵孟頫 张旭）（说文 赵之谦 史游 欧阳询）（篆字汇 褚遂良 王羲之 傅山 说文 柳公权 王羲之）

辨析：

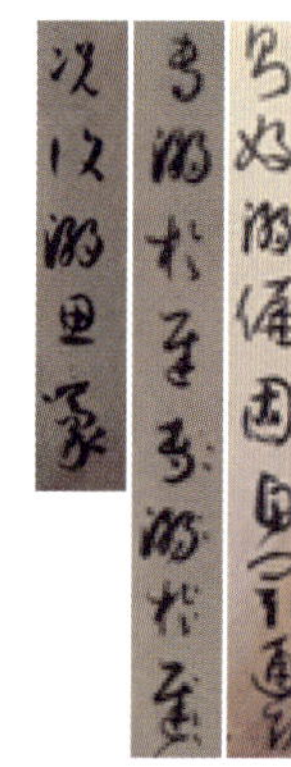

弱字为两把弯曲的弓与毛羽形的合体，隶定字形稳定，草书史游的章草，蒻字上边省了一个折，保留了四个点；拓展的字，左边可借绞丝旁的使转，右边除了少一个折，点有写一个或两个的写法。说明：愵和篛字分别有惄和箬的异体字写法。

弱 ruò：会意，小篆字形为两把弯曲的弓，彡像毛羽之形，合起来表示柔弱，本义是气力小、势力差。

溺 nì：淹没在水里；沉迷不悟；过分；niào，同尿。

搦 nuò：形声，从手弱声，用力按压；异体字从弱 + 支 / 攵。

愵（惄 nì）：形声，从心弱声，本义为忧思，伤痛，古同惄。

膈 ruò：肉表革裹也，从肉弱声。

嫋 niǎo：风动的样子，九歌，嫋嫋兮秋风；同袅，娇柔美好。

蒻 ruò：荷茎下部深入泥中的部分；蒲之柔弱者，嫩的香蒲，可以做席。

篛（箬 ruò）：楚谓竹皮曰篛；篛竹的叶子。

拓展：

嵶 榒 粡 觮 鰯 鶸　　P14.2 况复溺思毫厘　P18.3 则好溺偏固自阂通规　P46.2 专溺于迟

三（弎 叁）仨 闫 卅

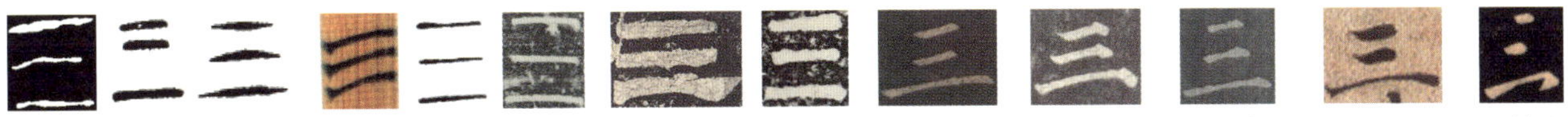

（甲骨 金文 石经 楚简 说文 李阳冰 乙瑛碑 金刚经 欧阳询 颜真卿 柳公权 赵孟頫 王羲之

皇象 王羲之 王献之 王珣 说文 柳公权 金文 王羲之 文徵明）（金文 王羲之）（金文 颜真卿 王羲之

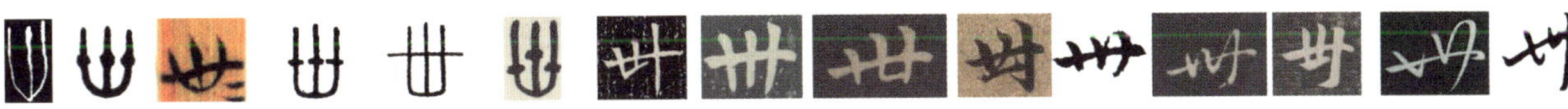

（甲骨 金文 简帛 石鼓文 李斯 吴昌硕 魏碑 颜真卿 褚遂良 赵孟頫 皇象 王羲之 王羲之 柳公权 王铎）

辨析：

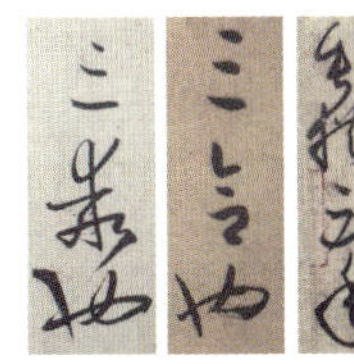

三字的字形简单，行草书为快写。弎和叁字的行草书亦为快写。经书中的“卄”与“卅”分别为佛教用语“菩提”和“涅槃”合体写法。

三（弎叁 sān）：指事，本义为数目，二加一的和。

仨 sā：北方方言，指三个，使用时不必接量词个。

闫（閆 yán）：曾作阎的简化字，后停用。

卅 sà：数词，三十。

附注：卄 pú tí：“菩提”二字的合体。卅 niè pán：“涅槃”二字的合体。

拓展：

杄 咞 芺　　P24.1 三合也　P24.4 三乖也　P60.3 垂拱三年

彡 形 彤 杉 彩 影 彪 彭 契

（甲骨 甲骨 甲骨 甲骨 说文 王羲之 王羲之）（说文 李阳冰 樊敏碑 欧阳询 颜真卿 柳公权 赵孟頫

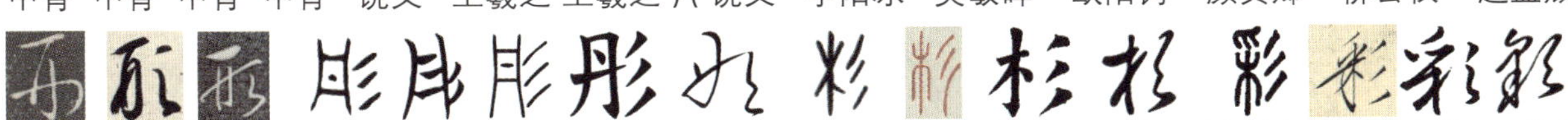

王羲之 智永 赵构）（金文 楚简 说文 欧阳询 李洤）（甲骨 石韵府 颜真卿 王羲之）（说文 赵构 智永 王羲之）

（金文 褚遂良 王铎 王羲之）（金文 楚简 说文 褚遂良）（甲骨 褚遂良 王宠）（金文 说文 柳公权 王羲之 索靖）

辨析：

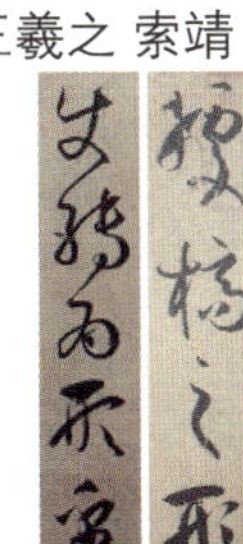

彡字的字形楷化后稳定，行草书为快写。可拓展。“髟皀多彦㐱参翏修乏丰聿馬”等字楷化后，含有彡，参见相关页。

彡 shān：彡字代表的意思较多，一般有须毛、光影、画饰的花纹、虚拟声音、契刻痕迹、长、高大的等等。

形 xíng：象形也，从彡开声。实体，样子，表现，对照，状况；古同型和刑。

彤 tóng：会意，从丹从彡（shān），丹，丹砂，彡，毛饰，彩色装饰。

杉 shān：杉科，常绿乔木。

彩 cǎi：形声，从彡采声，从彡表示与图画、文饰相关，本义是文采、文章、才华。

影 yǐng：形声，从彡景声，彡，毛饰花边形，影子，因挡住光线而投射的暗影。

彪 biāo：会意，从虎从彡，彡，《说文》曰像其文也，本义是虎身的斑纹。

彭 péng：会意，从壴从彡，壴，在古文字中像鼓形，从彡犹从三也，击鼓以三通，鼓声。

契 qì：证券，证明买卖、抵押、租赁等关系的文书，用刀雕刻，刻的文字，近代称甲骨文。qiè：古同锲，用刀子刻。

拓展：

衫 彬 彨 彯 彫 修 参 抮 沴 钐 挈 彨 修 彲 契 彦 彦 眕 殄 珍 衫 耏 胗 轸 须 蜌 惒 挈 絜 砂 謤 咙 姂 庬 彨 恝 挈 楔 楔 泷 浵 淅 狵 畛 疹　P11.4 据槁之形　P19.5 使转为形质

S

桑 顙 磉 嗓 搡

（甲骨 金文 楚简 秦简 说文 礼器碑 欧阳询 柳公权 皇象 王羲之 褚遂良 王羲之 孙过庭 王宠 王铎 桑悦）

（说文 六书统 邓石如 赵孟頫 欧阳询 宋高宗 王羲之 智永 赵孟頫）（金文 王羲之 王羲之 王羲之 李淦 章草）

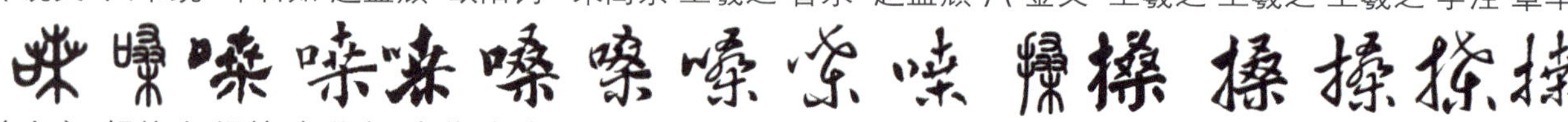

（金文 粗篆 何绍基 虞世南 米芾 智永 王羲之 王羲之 李淦 章草）（粗篆 颜真卿 赵孟頫 王羲之 李淦 章草）

辨析：

桑字可从卉或从叒，草书一般有三：1. 桒字的快写；2. 桒字的快写；3. "戈木（柔）桑"，较常见，参见戈字的用法。可拓展。

桑（桒 sāng）：会意，从叒（卉，参见卉页）从木，桑者神桑也，本义为植物名。

顙（顙 sǎng）：额头、前额；喉咙、嗓子；叩头。

磉 sǎng：柱下的石礅。

嗓 sǎng：喉咙，嗓音。

搡 sǎng：用力推。

拓展：

槡 褬 縔 颡 鵜 縔 鎟 鎟 騾

丧

甲骨 甲骨 甲骨 甲骨 甲骨 甲骨 甲骨 甲骨 甲骨 甲骨 甲骨 金文 金文 金文 金文 楚简 楚简 楚简 楚简

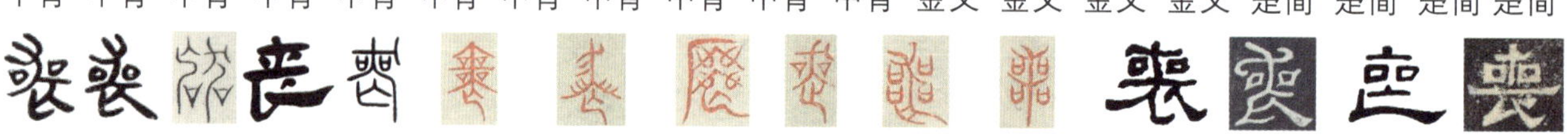

秦简 秦简 汉简 汉简 说文 石韵府 石韵府 石韵府 石韵府 石韵府 石韵府 衡方碑 夏承碑 曹全碑 宝子碑

王羲之 王羲之 钟绍京 颜真卿 赵孟頫 王羲之 颜真卿 赵孟頫 赵孟頫 张芝 皇象 王羲之 李世民 宋明帝

辨析：

丧字的甲骨文从1个口到5个口围绕在一棵"树"的周围，金文出现了"亡"字结构，口也可以用很多"止（脚）"代替，楚简出现了"歹"字结构，均表示人亡而众者哭也，隶定结构趋于"哭亡"，哭可以用本体、土加两口（或两点）表示，细分有4—5种写法，楷行草亦从之，亦有4—5种写法，李世民的草法与春字草书相似，但横画为反起笔，应注意细节。喪、咢和噩三个字的甲骨文口多，汉典有同型释读，备考。

丧（喪 sāng）：会意，小篆字形，上面是"哭"，下面是"亡"，表示哭已死去的人，本义是丧失，也指跟死了人有关的事；异体字有：喪丧丧喪器噩噩褰喪嚳喪等等。

色 绝 艳 艴 铯 艳（豔 豓）

（甲骨 金文 简帛 说文 李阳冰 邓石如 张迁碑 唐玄宗 欧阳询 颜真卿 王羲之 王羲之 米芾 赵孟頫

皇象 王羲之 王羲之 王献之）（甲骨 金文 楚简 说文 说文 钟繇 欧阳询 颜真卿 王羲之 米芾 张芝 皇象

王羲之 王献之）（说文 赵孟頫 孙过庭）（说文 王羲之 孙过庭）（柳公权 李淦）（王羲之 赵之谦 王羲之 文徵明）

辨析：

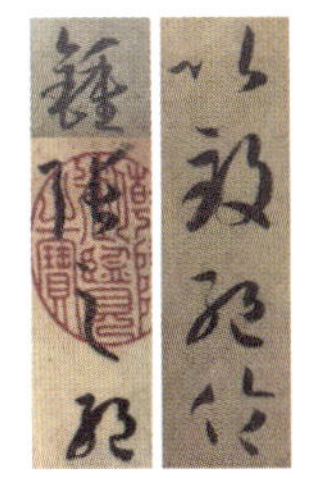

色字可无点，色字草书即为快写，点在各种书体中均可省略。可拓展。所涉字根见相关页。

色 sè：会意，颜气也，从人从卩（jié 瑞信也，瑞者、以玉为信也，卩像半分之形，守国者其卩半在内，半在外）；甲骨文中像一个人驮另一个人，仰承其脸色，本义为脸色。

绝（絕 jué）：会意，从糸表示与线丝有关，从刀从卩（人）表示人用刀断丝，本义是把丝弄断；引申为断、断绝。金文楚简说文与断字有同型写法。

艴 xì：大赤色。

艴 fú：生气的样子，艴然。

铯（銫 sè）：碱金属族的一种银白色、质软、易展性的金属元素，是已知的最电正性元素；通常与铷和锂共存，用于电子管和光电池中，元素符号 Cs。

艳（艷豔豔豓 yàn）：会意，从豐从色，豐为丰大，色是色彩，丰大而有色彩，本义为鲜艳，艳丽。

拓展：

艴 艵 艳 脃 绝 艴 骳 艶 艴 艴 艴 艴　　P2.3 钟张之绝　P20.6 以致绝伦

啬 墙（牆）穑 嫱 蔷 樯

（甲骨 甲骨 甲骨 甲骨 甲骨 金文 金文 金文 金文 简帛 说文 皇象 王羲之 赵孟頫 赵孟頫 皇象 饶介）

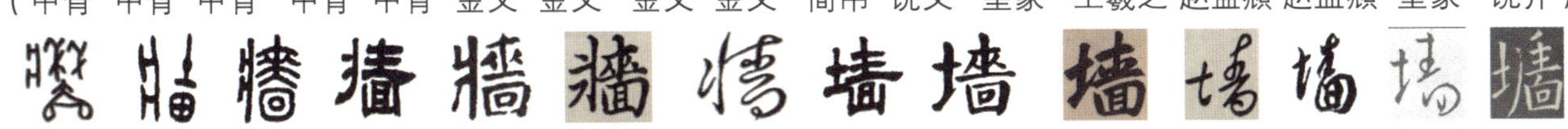

（甲骨 散氏盘 说文 邓石如 颜真卿 赵孟頫 王羲之 邓石如 颜真卿 赵孟頫 王羲之 智永 欧阳询 欧阳询

索靖）（甲骨 金文 简帛 宋徽宗 王羲之）（金文 说文 王羲之）（说文 柳公权 敬世江）（石韵府 王羲之 郑板桥）

辨析：

啬从亩（参见相关亩页，禀啚亶啬等字及拓展的字，甲骨文已有亩字结构）字，草书为快写。墙字从土或爿（牆），草法对应土和爿两种写法。樯可从舟，各体亦可从之。

啬（嗇 sè）：会意，甲骨文字形像粮食收入谷仓形，小篆从來从亩，來指麦子，亩（lǐng）指粮仓，本义是收获谷物。

墙（墻牆 qiáng）：会意，从啬从土，“啬”有节俭收藏的意思，垒土为墙，意在收藏，本义为房屋或园场周围的障壁。

穑（穡 sè）：收获谷物。

嫱（嬙 qiáng）：妇官名。

蔷（薔 qiáng）：落叶灌木，可制香料，果实可入药。

樯（檣艢 qiáng）：形声，从木墙省声，本义为桅杆。

拓展：

墻　　P9.2 孰愈面墙

山 1：山 汕 灿 峰 峻 峙 岐 屹

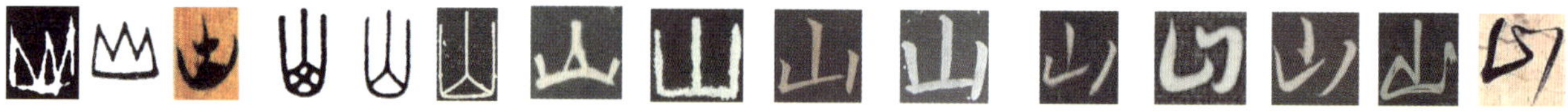

（甲骨 金文 简帛 汉印 说文 李斯 曹全碑 好太王 欧阳询 颜真卿 索靖 索靖 王羲之 祝允明 王铎）

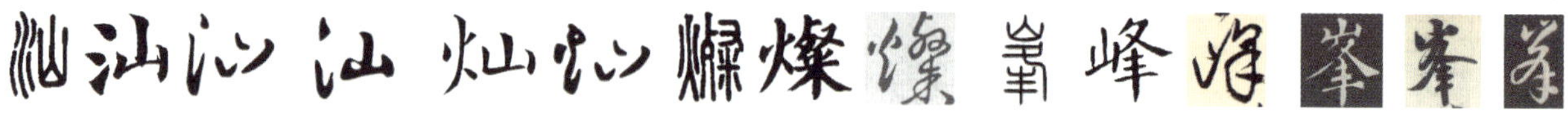

（说文 智永 王羲之 文徵明）（王羲之 王羲之 说文 颜真卿 赵构）（说文 颜真卿 王铎 颜真卿 米芾 孙过庭）

（说文 颜真卿 王羲之 章草）（吴让之 王宠 王羲之）（说文 颜真卿 米芾 王献之）（金文 柳公权 米芾 章草）

辨析：

山字字形稳定，草书写法有先写中竖再写左竖的，也有按照从左到右的顺序书写的，上下结构的字，后一种居多。可拓展。

山 shān：象形，甲骨文和金文字形像山峰并立的形状，本义为地面上由土石构成的隆起部分。

汕 shàn：鱼游水；用鱼笼捕鱼；冲洗，冲刷；骗人，诱人上当。

灿（燦 càn）：形声，从火粲声，本义是灿烂，光彩鲜明耀眼。

峰 fēng：高而尖的山头，最高处。

峻 jùn：形声，从山隽声，高而陡峭；严酷，严厉；高超；高大。

峙 shì：繁峙，山西一县名。

岐 qí：古地名，陕西岐山县，又山名。

屹 yì：山势高耸，喻坚定不可动摇。

拓展：

讪 邮 屽 岗 岀 岦 岂 岙 岁 岊 弘 両 圸 屳 屸 屹 屺 屻 屼 屽 屿 岁 岂 岃 岋 岌 汕 辿 岫 峿 崀 峷 崂 崃 崘 崘 嵂 捣 桤 涝 觊 嵦 訕 豈 赸 軕 P1.6 顿之则山安

山 2：屿 岖 凯 岔 岱 峦 疝 岳 岚 峁 岩 嶺

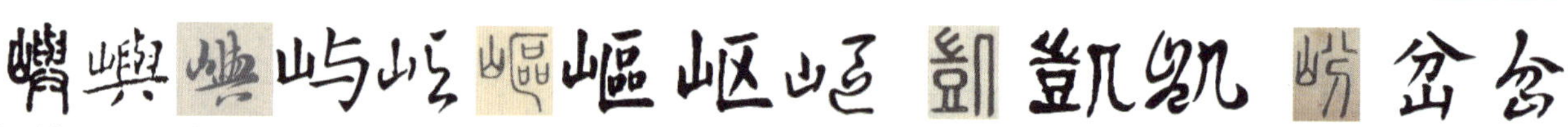

（说文 王羲之 朱熹 王羲之 章草）（六书通 颜真卿 颜真卿 王羲之）（篆字汇 衡方碑 王羲之）（篆字汇 柳公权 章草）

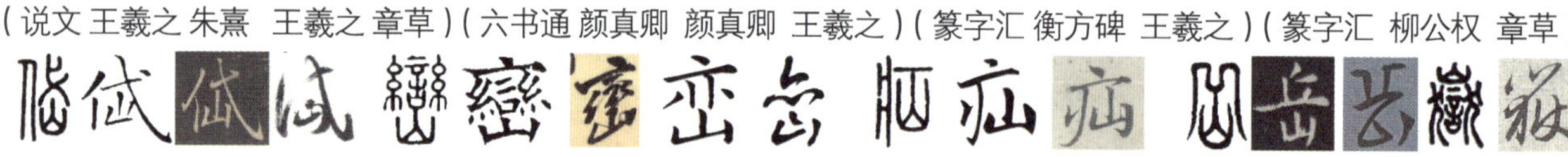

（说文 钟繇 王羲之 智永）（说文 欧阳通 王铎 王羲之 章草）（说文 赵孟頫 邓文原）（说文 岳珂 王宠 说文 赵孟頫）

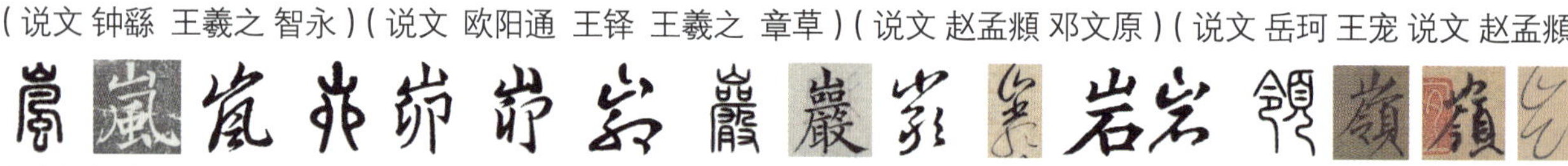

（说文 颜真卿 韵辩）（金文 赵孟頫 王羲之 章草）（说文 赵孟頫 王羲之 赵构 赵孟頫 章草）（说文 赵佶 王珣 怀素）

辨析：

山字拓展的字，山字的写法同前，需注意所涉字根的写法。拓展的字可参见所涉字根页。

屿（嶼 yǔ）：小岛。

岖（嶇 qū）：形声，从山区声，崎岖，地面高低不平的样子。

凯（凱 kǎi）：军队得胜所奏的乐曲。

岔 chà：山脉分歧的地方。

岱 dài：中国泰山的别称，亦称岱宗、岱岳。

峦（巒 luán）：形声，从山䜌声，小而尖的山。

疝 shàn：心腹气痛。

岳 yuè：高大的山，同嶽；称妻的父母或妻的叔伯。

岚（嵐 lán）：形声，从山岚声，山林中的雾气。

峁 mǎo：小山包。

岩（巖喦巗 yán）：形声，从山严声，岩为会意字，从山从石，高峻的山崖。

嶺 lǐng：山道、山坡；顶上有路可通行的山，亦泛指山峰。

拓展：

岫 岬 岭 岮 岻 岰 岱 岘 岳 岴 岵 岶 岷 岸 岹 岺 岻 岼 岽 岾 峀 峀 峁 峂 峃 峄 峅 峕 疝 秈 茁

善 鄯 蟮 鳝 膳 缮

（甲骨 金文 简帛 汉熏炉 居延簡 张迁碑 说文 李阳冰 欧阳询 褚遂良 颜真卿 柳公权 赵孟頫

王羲之 王献之 米芾 张芝 王羲之 智永）（金文 说文 何绍基 虞世南 赵孟頫 王羲之 章草）（金文 王羲之

王羲之 王羲之 章草）（金文 欧阳询 赵孟頫 智永）（金文 楚简 说文 虞世南 赵构）（简帛 说文 曹全碑 赵构）

辨析：

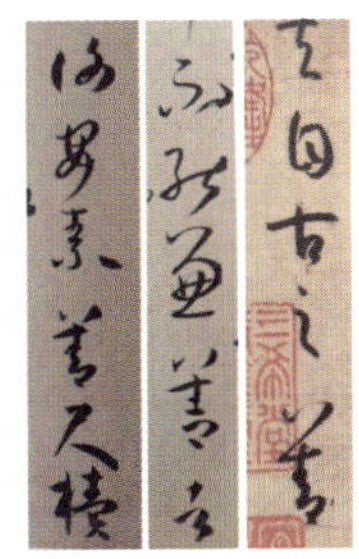

古体羊口为善，善字的草书从“羊＋口”。可拓展。

善 shàn：《说文》曰善，吉也，从誩从羊，此与义美同意，其本义是像羊一样说话，有吉祥美好之义。异体字有善、譱、譱及“善”等，又与膳通。

鄯 shàn：鄯善，古西域国名。

蟮 shàn：蜿蟮，蚯蚓的别名，又名蛐蟮。

鳝（鱔鱓 shàn）：鱼名，又名黄鳝。

膳（饍 shàn）：形声，从肉善声，本义为饭食，一般指肉食。

缮（繕 shàn）：修补，修整。

拓展：

僐 墡 嬗 澔 敾 樿 歚 敾 燔 磰 镨 鐥 饍 饍

P2.2 夫自古之善书者　P7.1 谢安素善尺牍旁　P21.3 不能兼善者

商 熵 墒

（甲骨 甲骨 金文 石 17 古文 古文 籀文 秦简 说文 曹全碑 欧体 虞世南 颜体 赵孟頫 苏轼 杨维桢 董其昌

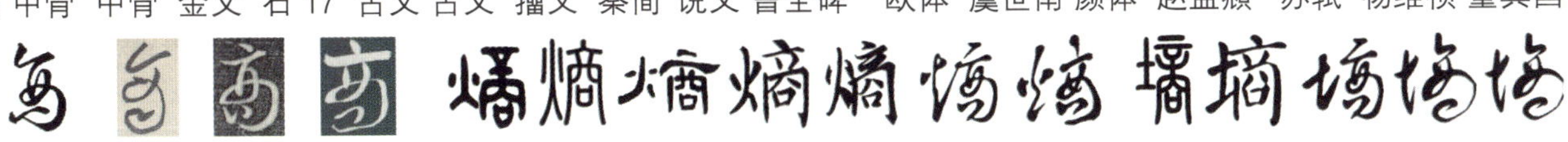

王羲之 黄庭坚 宋高宗 于右任）（金文 新篆 曹全碑 柳公权 王羲之 王羲之 章草）（粗篆 颜真卿 王羲之 李洤 章草）

辨析：

商和啇字形相近，草书为“商啇异型同草”，参考啇，需注意上边两点与下边“冂”的穿插。异型同草的字亦如熊態、孜纹、雯虔、豦處（处）、萳备、心灬等，须注意辨识。

商 shāng：会意，从外知内也，从啇章省声，本义为计算、估量。

熵 shāng：物理学上指热能除以温度所得的商，标志热量转化为功的程度。

墒 shāng：耕地时开出的垄沟，墒沟；田地里土壤的湿度，墒情、墒土。

拓展：

滴 螪 蔏 謫

S

傷（煬伤）饬（飭）塲 慯 腸

（甲骨 甲骨 甲骨 赵孟頫 金文 秦简 说文 夏承碑 欧阳询 颜真卿 宋徽宗 赵孟頫 钟繇 王羲之 黄庭坚

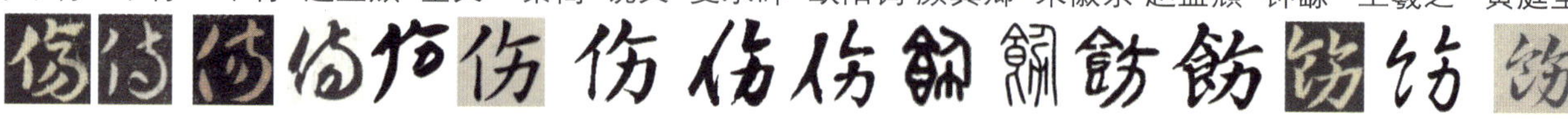

皇象 皇象 王羲之 智永 汉简 欧阳询 颜真卿 黄庭坚 章草）（金文 说文 简帛 赵孟頫 皇象 王羲之 邓文原）

（赵孟頫 文徵明 郑板桥 郑板桥）（说文 楷书 ）（皇象 简牍 王羲之 皇象 王羲之 欧阳询 赵孟頫 邓文原 章草）

辨析：

本页为傷（煬伤）、饬（飭）、塲字等辨析，从昜的字见昜页。傷字常见的有三种，傷、煬和伤，其中傷字从亻、人、昜，草书“人昜（上下结构，下同）”皇象有两种写法；伤字的甲骨文从“矢”，这种古体在后世已经放弃使用，简体“伤”字古而有之，使用频率较低。饬字与“伤”右边同，行草书为快写。塲腸有异体从场和肠字，各体一般为从“人昜”或昜两种写法。

傷（煬伤 shāng）：形声，从人𥏫省声，本义是皮肉破损处、创伤。其中，煬（shāng）乃矢之所伤也。注：煬字是个左右结构的形声字，左边的“矢”字是形符，右边的“昜”字作声符，表示被箭射伤，隶变后楷书写作“煬”，后来在上面另加了个“人”字写作“煬”，表示人被箭射伤，这是最早的“伤”字，后来，古人又另加义符单人旁写作“伤”来表示创伤的意思，伤从人，表示跟人有关，说明了受伤的对象，右边的部分是“煬”字简省的写法，作声符，这两个字形组合在一起，指“人受到创伤”。

饬（飭 chì）：形声，从人从力食声，本义为修整，整治。

塲 cháng：同場（场）。

慯（痾 shāng）：古同伤，忧伤、悲痛。

腸（肠 cháng）：大小肠也，心思。

拓展：

摥 鬺 湯 觴 殤　　P49.3 温柔者伤于软缓

觴 殤

（金文 金文 籀文 楚简 楚简 说文 汉简 唐玄宗 赵孟頫 欧阳询 颜真卿 柳公权 赵孟頫 赵佶 王羲之 王铎

王羲之 智永 欧阳询 怀素 赵孟頫）（金文 楚简 楚简 楚简 清华简 秦简 古文 说文 汉简 陈鸿寿 梁培生

褚遂良 于右任 王羲之 虞世南 褚遂良 陆柬之 赵孟頫 文徵明 于右任 王羲之 欧阳询 邢源高 郭沫若）

辨析：

觴字的篆书字形变化较多，隶楷行草字形稳定。殤字从歹，篆书的歹字大体有金文、楚简、古文三类变化，整体字形，隶楷行草变化较为统一。

觞（觴 shāng）：形声，从角傷省声，金文从“爵”，为古代盛酒器，异体字有𧫝𩰫醻等。

殇（殤 shāng）：未成年而夭折称为殇。

拓展：

摥 鸘 鬺 湯

上 卡 忐 尗 芏 让

（甲骨 金文 楚简 楚简 汉简 简帛 说文 说文 李斯 肥致碑 好太王 皇象 欧阳询 颜真卿 赵孟頫

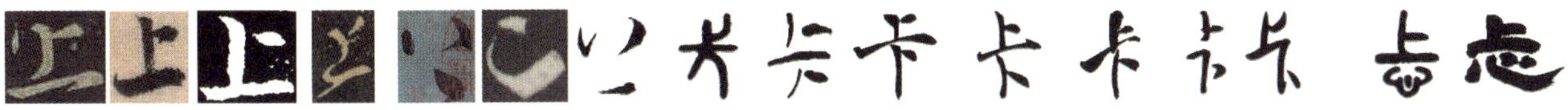
王羲之 米芾 皇象 王羲之 张旭 怀素 米芾）（金文 简帛 褚遂良 王羲之 米芾 王羲之 李淦）（金文 邓石如

虞世南 王羲之 王羲之）（甲骨 颜真卿 皇象 说文 陈羲明 邹武生）（芏偃印 楷书 赵佶）（王羲之 王羲之）

辨析：

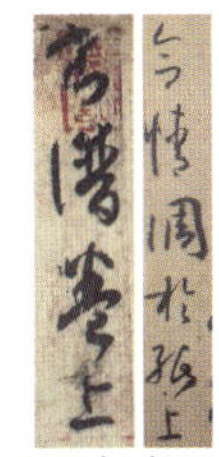

上字的篆书形态多变，但意思清楚，草书写法一是快写，二是写"上二下一"的三个点，三是写出最原始的甲骨文形态，即上短下长的两画。

上 shàng：指事，甲骨文下面的"一"表示位置的界线，线上一短横表示在上面的意思，本义为高处、上面。

卡 kǎ：夹住或被夹住，不能活动；用手的虎口紧紧按住；小纸片；象声词。

忐 tǎn：忐忑，心神不安。

尗（叔 shú）：豆也，像尗豆生之形也；同菽。

芏（藏 cáng）：同藏字，曾作藏的简化字，后停用。

让（讓 ràng）：形声，从言襄声，本义是责备；退让、谦让，推举，允许，要求，用烟酒款待，窃夺。

拓展：

仩 圵 仧 㞷 㫖　　P2.1 书谱卷上　P52.5 合情调与纸上

尚 1：尚 赏 當（当）黨（党）掌 堂

（甲骨 金文 盟书 说文 竹简 钟繇 欧阳询 颜真卿 皇象 王羲之 王羲之）（金文 说文 欧阳询 赵孟頫

王羲之 虞世南 怀素 邓文原）（古文 古文 说文 钟繇 钟繇 汉章帝 皇象 王羲之 王羲之 章草）（说文 颜真卿

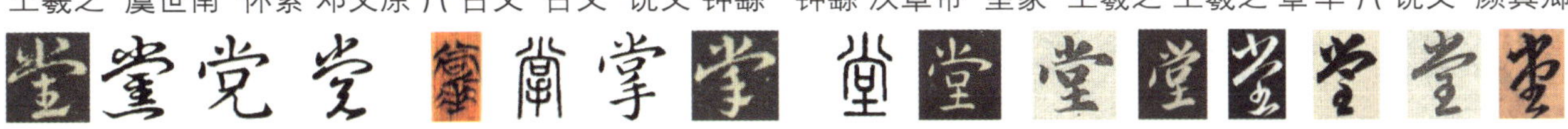
皇象 韵会 王羲之 王羲之）（简帛 说文 王羲之 皇象）（说文 虞世南 赵孟頫 米芾 王羲之 智永 赵孟頫 王铎）

辨析：

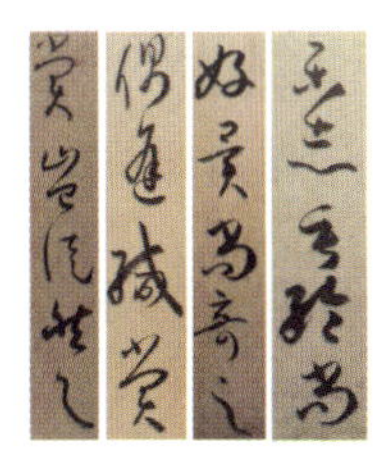

尚字字形稳定，草书就是三点加门字框加口，口字可草化为两点、一横，做部件时也可将口字省略，"當掌常堂裳"即此写法；赏从尚与贝，贝在下边时可以草化为大字。

尚 shàng：会意，从八向声，本义是尚且。

赏（賞 shǎng）：形声，从贝尚声，本义为赏赐、奖给。

當（当 dāng）：形声，从田尚声，本义是两块田相当、相等。

黨（党 dǎng）：形声，从黑尚声，不鲜也。

掌 zhǎng：手掌，手心。

堂 táng：形声，从土尚声，"尚"有"高"义，本义为殿堂。

拓展：

倘 躺 淌 徜 惝 绱 耥 鋿 埫 鞝 敞 掌 裳

P14.4 乐志垂纶尚体行藏之趣　P15.1 好異尚奇之士　P15.6 存精寓赏岂徒然欤　P29.3 偶逢缄赏

S

尚2：棠 裳 倘 淌 徜 趟 躺 膛

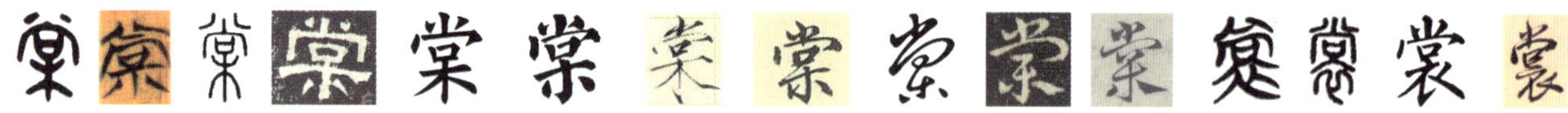

（金文 简帛 说文 张迁碑 欧阳询 颜真卿 宋徽宗 赵孟頫 王羲之 皇象 邓文原）（简帛 说文 柳公权 王铎

智永 赵孟頫）（说文 汉简 曹全碑 王羲之 章草）（金文 曹全碑 虞世南 王羲之 章草）（金石篆 汉简 欧阳询

王羲之 章草）（粗篆 王羲之 王羲之 王羲之）（金文 智永 赵孟頫 王羲之）（金文 王羲之 王羲之 王羲之）

辨析：

尚字作为字根，居左居右时，草书为快写，其中的口字可以草化为两点或一短横。

棠 táng：形声，从木尚声，乔木名。

裳 cháng：形声，从衣尚声，下衣。

倘 tǎng：假使、如果；相当于或许、大概。

淌 tǎng：形声，从水尚声，本义是流下。

徜 cháng：形声，从彳尚声，徜徉，闲游、安闲自在地步行。

趟 tāng：形声，从走尚声，本义是次、回。

躺 tǎng：形声，从身尚声，本义为平卧。

膛 táng：形声，从肉堂声，本义是胸腔。

拓展：

惝 绱 耥 鎲 埫 鞝 掌 赏　尝（尝，见尝（1 尝 2 尝 3 尝）页）常（见常嫦页）當（当，见畐页）

尚3：敞 廠（厰 厂） 幣（幣 币） 氅

（甲骨 金文 简帛 说文 曹全碑 爨体 欧阳询 褚遂良 颜真卿 柳公权 赵孟頫 王羲之 王羲之 董其昌 乾隆

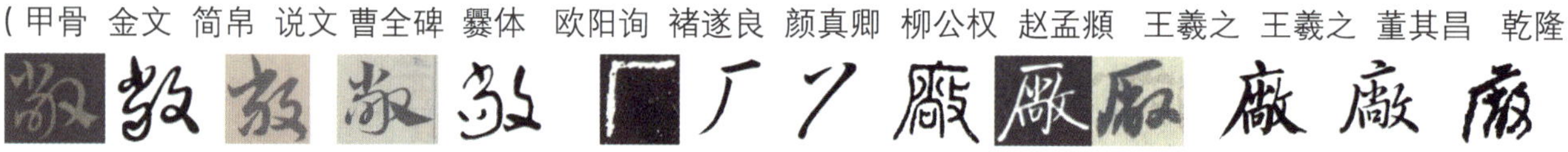

史游 王羲之 赵孟頫 邓文原 于右任）（金文 王羲之 王羲之 小篆 启功 赵之谦 颜真卿 赵孟頫 何绍基）

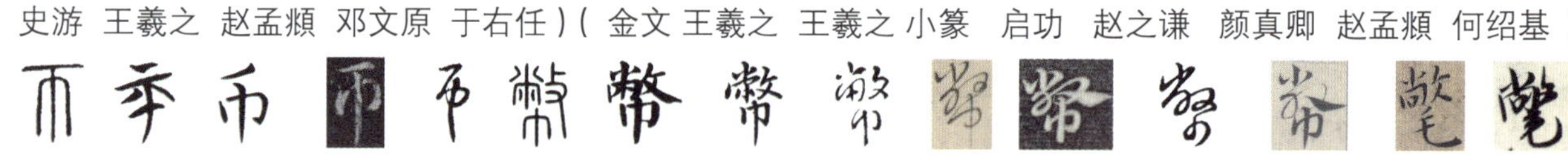

（说文 简帛 王羲之 王羲之 怀素 说文 颜真卿 赵孟頫 李世民 怀素 赵孟頫 宋高宗 邓文原）（王宠 吴琚）

辨析：

敞字从尚，而廠和幣字的草书各有三种，需注意其变化。

敞 chǎng：将高起的土地筑成平台，用以远望。

廠（厂厰 chǎng）：形声，从广敞声，广像棚子一样没有墙壁的房屋，表示与房屋有关，本义为棚舍。

幣（幣币 bì）：帛也，从巾敝声；古同幣；钱币。

氅 chǎng：大衣，外套。

拓展：

僘 弊

勺 汋 灼 靮 约 酌 豹 的 钓 杓 妁 趵 尥 芍

（甲骨 甲骨 金文 楚简 说文 王羲之 王羲之）（说文 赵孟頫）（简帛 说文 隶辨 智永）（说文 皇象）

（说文 赵孟頫 空海）（说文 智永 王宠）（说文 颜真卿 皇象）（六书通 智永 王羲之）（简帛 说文 智永 怀素）

（金文 说文 智永 王羲之）（说文 王羲之 章草）（金文 王铎 李淦）（说文 赵孟頫 王铎）（简帛 说文 智永 章草）

辨析：

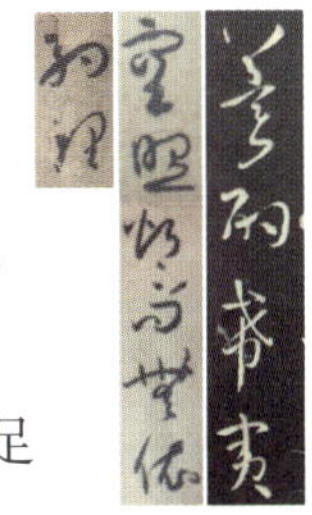

勺字字形稳定，行草书均为快写。可拓展。豹还从豸，甲骨金文等，见豸页。

勺 sháo：象形，中有实，有柄，舀取东西的器具，量词。

汋 zhuó：水声；古通酌，挹取；què，地名。

灼 zhuó：烧、炙。

靮 dí：马缰绳。

约（約 yuē）：形声，从糸勺声，本义为绳索。

酌 zhuó：形声，从酉从勺，斟酒。

豹（犳 bào）：豹子。

的 dì：形声，本作旳，从日勺声，鲜明、明亮的样子；箭靶的中心；de，助词。

钓（釣 diào）：以钩饵取鱼。

杓 sháo：同勺；biāo，北斗斗柄，拉开，击。

妁 shuò：媒人。

趵 bào：跳跃；象声词，形容足踏地的声音。

尥 liào：骡马等跳起来用后腿向后踢。

芍 sháo：芍药，多年生草本植物，花大而美丽，供观赏，根可入药。

拓展：

仢 均 犳 扚 弜 怕 彴 旳 玓 衿 朐 瓝 帓 穷 杓 蚐 韵

P48.2 空照灼而无依　P63.3（黑底）冀酌希夷　P33.1 约理

少 妙 杪 吵 沙 纱 秒 炒 钞 劣

（仓颉 甲骨 金文 楚简 楚简 秦简 说文 宝子碑 欧阳询 颜真卿 钟繇 王羲之 王羲之）（说文 邓石如

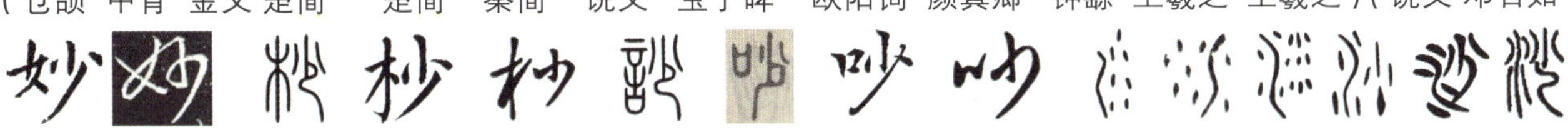

虞世南 王羲之）（说文 颜真卿 王羲之）（说文 篆字汇 褚遂良 王羲之）（甲骨 金文 金文 金文 简帛 说文

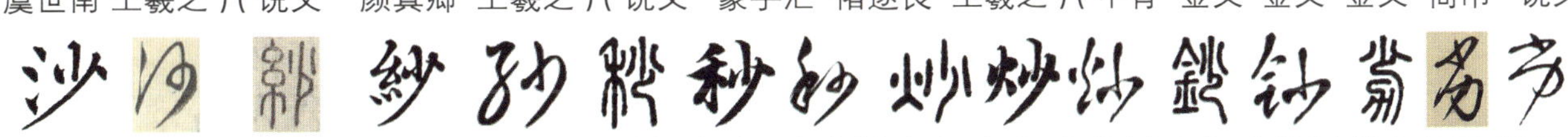

柳公权 空海）（篆字汇 赵孟頫 王羲之）（说文 智永 李淦）（金文 智永 章草）（金文 章草）（说文 王铎 张旭）

辨析：

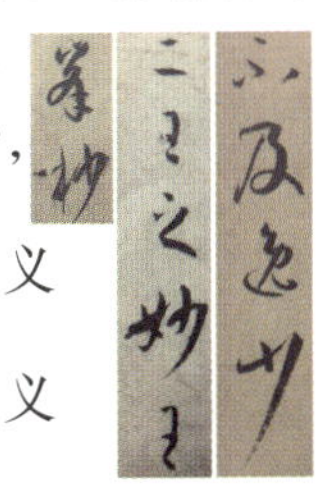

少字的隶定字形稳定，行草书为快写。可拓展。

少 shǎo：会意，小篆从小丿（piě）声，本义是不多。

妙（玅 miào）：会意兼形声，从女从少，少亦声，美妙少女，本义为美、好。

杪 miǎo：形声，从木少声，本义是树枝的细梢。

吵（訬 chǎo）：形声，从口少声，本义是叫嚷；声音嘈杂扰人。

沙 shā：水中散石也。

纱（紗 shā）：会意，从糸从少，轻细的绢。

秒 miǎo：形声，从禾少声，本义为禾芒。

炒 chǎo：形声，从火少声，本义是煎炒，火干。

钞（鈔 chāo）：纸币名，泛指钱。

劣 liè：会意，从力从少，这是合并两个字的意思而构成的会意字，本义为弱、小。

拓展：

抄 杪 莎 步 毟 肕 玅 省 眇 砂 訬 粆 紗 耖 蚐

P5.6 不及逸少　P2.3 二王之妙　P12.5 峰杪

舌 括 恬 话 活 刮 舔 聒

（甲骨 甲骨 说文 说文 广隶辨 武威简 欧阳询 颜真卿 王羲之 徐渭 皇象 王羲之 王铎 赵之谦）

（说文 柳公权 白蕉 毛泽东）（说文 六书统 欧阳询 王羲之 智永）（简帛 说文 褚遂良 米芾 索靖 赵孟頫）

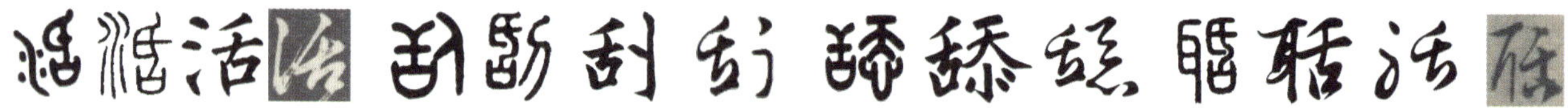

（金文 说文 柳公权 张旭）（金文 说文 赵孟頫 王羲之）（金文 赵孟頫 王羲之）（说文 王羲之 王羲之 虞堪）

辨析：

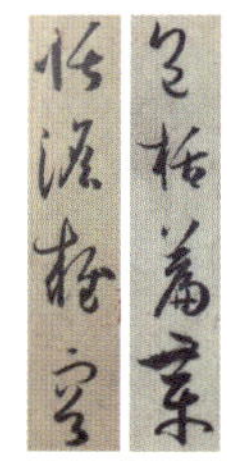

舌字楷化后，干字写成了千字，草书即为“千＋口”，可拓展。甜、舍、敌（敵）、乱（亂）和辞（辭）等字分别见甘、舍、商、受等页。

舌 shé：会意，从干从口，在口所以言也、别味也，凡物入口必干于舌，故从干，本义是舌头；异体字有“氏口”，拓展的字累见。

括 kuò：形声，结、扎束。

恬 tián：形声，从心甜省声，安静。

话（話譮 huà）：形声，从言舌声，言语。

活 huó：形声，从水昏声，流水声；生存，养活，复生，活动，灵活，生计，很、非常。

刮 guā：削，用刃平削物体，或把物体表面的某些东西去掉。

舔 tiǎn：形声，从舌忝声，以舌取食。

聒 guō：声音吵闹，使人厌烦，频繁地称说。

拓展：

刮 咶 姡 恬 狧 适 荅 栝 舐 祜 賠 甜 胡 赔 聒 惃 秳 舑 铦 鸹 瞎 舐 筈 絬 蛞 話 趏 跍 酟 舓

P20.3 包括篇章　P43.6 恬澹雍容

佘 赊（賒）畲

（金文 钟商 汉简 邓石如 伊秉绶 欧阳询 颜真卿 柳公权 王羲之 黄庭坚 王铎 王羲之 孙过庭 李淦）

（汉简 吴昌硕 徐三庚 王羲之 欧阳询 颜真卿 柳公权 赵孟頫 于右任 章草 说文 赵孟頫 沈尹默 王羲之）

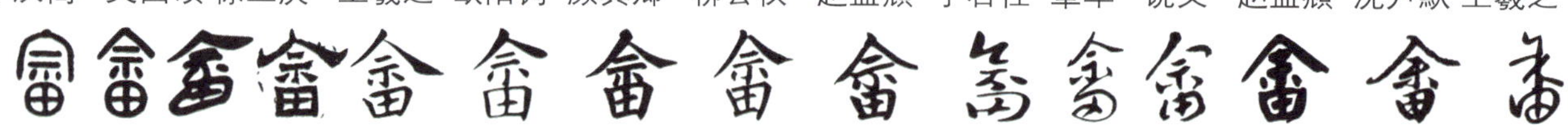

（金文 金文 汉简 爨体 王羲之 欧阳询 颜真卿 柳公权 赵孟頫 王羲之 李淦 章草 颜真卿 文徵明 孙过庭）

辨析：

佘从示，作为字根亦可写“余”。赊（賒）和畲等字，均有从佘和从余的两种写法。可拓展。

佘 shé：姓氏；按古有余无佘，杨慎曰：今人姓有此，而妄写作佘，此不通晓《说文》而自作聪明者，余字从舍省，舍与蛇近，则禅遮之切为正音矣，五代宋初人自称曰沙家，即余家之近声可证，而赊字从余亦可知也。

赊（賒賖 shē）：形声，从贝佘声，本义是赊欠；长、远，万里休言道路赊。

畲（畬 shē）：畲族，中国少数民族，主要分布于福建省、浙江省；《说文》曰“三歲治田也”，《傳》曰“一歲曰菑，二歲曰新田，三歲曰畬”。

拓展：

vs（嵞）悆（悆）荼（荼荼）鵌（䑛）

舍（捨）舒 啥 涻 猞 舘 舗

（甲骨 金文 金文 简帛 侯马盟 说文 肥致碑 乙瑛碑 欧阳询 颜真卿 王羲之 赵孟頫 简帛 王羲之

王羲之 黄庭坚 石韵府 柳公权 韵会）（金文 楚简 说文 熹平石 褚遂良 邓文原）（金文 王羲之 鲁迅 章草）

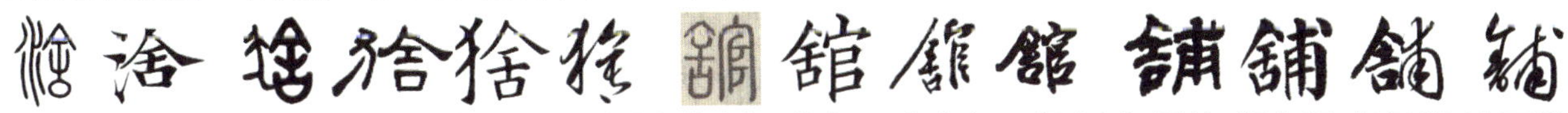

（说文 维摩诘）（金文 曹全碑 欧阳询 李淦）（篆字汇 黄自元 黄庭坚 王铎）（何绍基 颜真卿 赵孟頫 孙万明）

辨析：

舍字的字形较为稳定，草书一般是改变书写顺序，中间部分先写中竖，口写两点或倒三角。可拓展。其中舒字中的予字，篆书结构特别，参见予页。

舍（捨 shè）：象形，小篆字形，上端像屋顶，下端像建筑物的基础，中间是客舍招徕顾客的幌子，本义是客舍；shě：放弃、放下，除去、除开，止息、停止。

舒 shū：会意兼形声，从舍从予，予亦声，本义为伸展、舒展。

啥 shá：方言，什么。

涻 shè：水名。

猞 shē：猞猁。

舘 guǎn：同馆。

舗 pù：铺的异体字。

拓展：

雒 駱 鵅　　P37.2 阳舒阴惨

射 溡 谢 榭 麝

（甲骨 甲骨 甲骨 金文 金文 楚简 秦简 石鼓文 说文 说文 李阳冰 敦煌 熹平石 武威简 欧阳询 颜真卿 皇象 王羲之

欧阳询 怀素 邓文原）（说文 楷书）（说文 简帛 广义 六书统 桐柏庙 欧阳询 颜真卿 王羲之 王羲之 王献之 张芝 王羲之 王铎）

（金文 说文 赵孟頫 王羲之 赵构 王铎）（甲骨 甲骨 古文 说文 敦煌 柳公权 王羲之 王羲之 王羲之 赵孟頫）（礼器碑 皇象）

辨析：

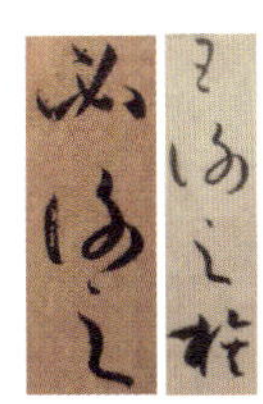

射字的甲骨文为箭在弓弦上，古有䠶、射两种写法，今射为正体。射字从身从寸，“右刀寸点弯”即为寸字的草法，身字草书像“丿、刁”的连写。溡和谢字从氵和讠，百韵歌云“有点方为水，无点却是言”，是为氵和讠旁的草书区别。麝从鹿，为鹿加射，鹿字的鹿头，草书从篆书，草化为“艹”，鹿字的草书即为“艹厂比”。麝字后附鹿字的草书，可参见鹿页。

射 shè：始见于商代，射的古字形像箭在弓弦上，有时加手，本义指开弓放箭；秦代文字除弓箭构件讹为“身”外，同时有一部分文字的“又”则被加一短画成为“寸”；《说文解字》以“䠶”为正体，“射”为异体，现代以“射”为正体，“䠶”为异体。

溡 xiè：水名，源出河南省新安县，流入洛水。

谢 xiè：本义为认错、致歉，一般表示对别人的帮助或赠与表示感激，《说文》谢，辞去也。

榭 xiè：建在高土台或水面（或临水）上的木屋。

麝 shè：动物名，麝香的简称。

拓展：

塮 謝　　P4.1 未必谢之　P16.4 王谢之族郗庾之伦纵不尽其神奇

申 伸 呻 坤 绅 砷 畅

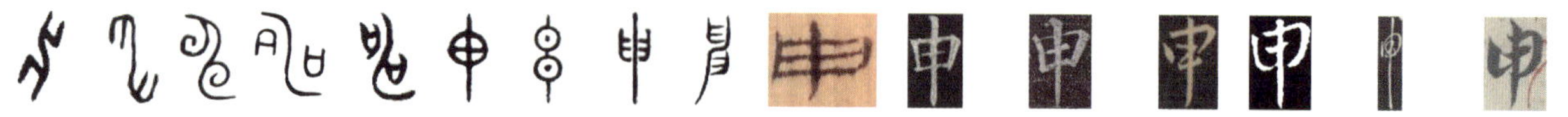

（甲骨 甲骨 金文 金文 楚简 申卣 说文 说文 说文 莽新简 欧阳询 颜真卿 王羲之 皇象 王羲之 邓文原）

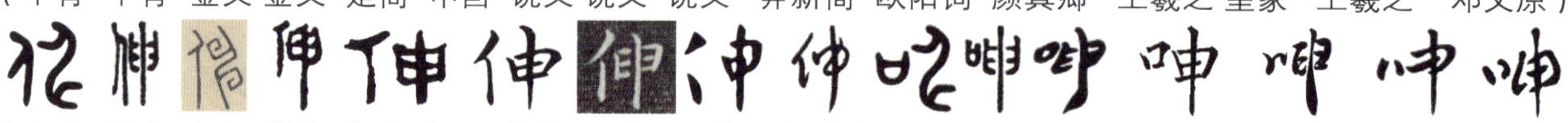

（金文 说文 广义 简帛 衡方碑 王羲之 王铎 王羲之 怀素）（金文说文 汉简 柳公权 郑板桥 王羲之 章草）

（金文 古文 古文 说文 王羲之）（简帛 曹全碑 康里巎）（粗篆 王羲之 王羲之）（峿台铭 王羲之 张芝 章草）

辨析：

申字隶定字形稳定，行草书为快写。可拓展。神字从礻（示），参见示。

申 shēn：象形，“電”的初文，战国文字闪电末梢讹作“臼”，主体拉直作竖笔，与“臼”相连成“申”，曾假借伸展义、神明义等，后加人、示分化出伸和神，申主要用作地支第九位，字形的本意加雨造“電”。

伸 shēn：形声，从人申声，本义伸直、伸展，本作申。

呻 shēn：形声，从口申声，本义为吟诵；异体字有嗸和欥。

坤（堃 kūn）：形声，从土申声，八卦之一，象征地。

绅（紳 shēn）：形声，从糸申声，本义是士大夫束在衣外的大带。

砷 shēn：砒石（砒霜），黄、灰、黑褐三种同素异形体，质脆而有毒。

畅（暢 chàng）：畅通，无阻碍。

拓展：

婶 审(審) 抻 畘 迪 榊 氰 珅 胂 眒 聃 訷 鉮 螓 魑

身 躭 躲 躬 躺 躯

甲骨 金文 简帛 侯马盟 说文 居延简 邓石如 欧阳询 颜真卿 柳公权 赵孟頫 赵佶 王羲之 王献之

皇象 王羲之 张旭）（邓石如 衡方碑 褚遂良 王羲之 索靖 智永 金文 简帛 说文 欧阳询 王羲之 赵孟頫）

（金文 智永 王羲之 李洤）（说文 智永 赵孟頫 说文 王铎）（金文 柳公权 王羲之）（说文 钟绍京 陆机 赵构）

辨析：

身字为象形，隶定字形稳定，草书为解散字形，简省笔画，写“点＋力”。需要注意的是一些字因异体字的使用而产生了另外的写法，如穷（窮窮）、体（軆體）等字从身，见相关页。

身 shēn：象形，像人之形，本义是身躯的总称。

躭（耽 dān）：形声，从耳冘（yín）声，耳朵大而且下垂，沉溺，同耽。

躲（躱 duǒ）：形声，从身朵声，本义为身，藏身，避开、隐匿。

躬（躳 gōng）：形声，从身弓声，本义为整个身体；生命，亲身，稍微向前弯身，以表尊敬。

躺 tǎng：形声，从身尚声，平卧，停止劳动或努力，引伸指物体平放或倒伏在地，死的婉辞。

躯（軀 qū）：形声，从身区声，本义是身体。

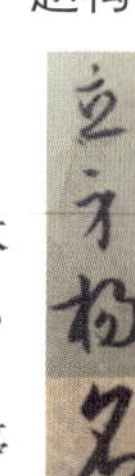

拓展：

㑗 娘 搎 躮 谢 穿 躲 貀 躴 射 躬 躹 䄂 躰 㴬 䠷 躿 骸 躹 榭 䠶 榭 躴 躳 䠶 躳 窮 躶 躷 躸 躹 躺 䠴 躻 鋷

P 8.2 立身扬名

罙 深 探 琛

（甲骨 简书 说文 李邕）（甲骨 金文 简帛 石鼓文 说文 礼器碑 唐玄宗 欧阳询 颜真卿 柳公权 赵佶 赵孟頫

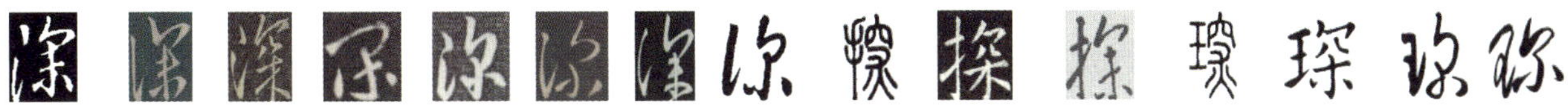
王羲之 王献之 褚遂良 张芝 索靖 王羲之 张旭 怀素）（说文 虞世南 王羲之）（说文 王羲之 孙过庭 李淦）

辨析：

罙字作为字根，草书写法是将其穴下的两点省略或将两点写为一横。

罙 shēn：深也，一曰灶（竈）突，同"罙"。

深 shēn：形声，从水从罙深声，本是河流名，深浅的深，本作"深"，本义为水名，古水名，今潇水上源至江华县一段仍称深水。

探 tàn：形声，从手罙声，本义是摸取。

琛 chēn：形声，从玉罙声，本义为珍宝。

拓展：

罙 琛 棎 賝 惈　　P17.2 缄默已深　　P64.1 深浅长短

甚 堪 戡 谌 椹 葚 斟 勘 湛

（金文 简帛 说文 李阳冰 曹全碑 金刚经 欧阳询 颜真卿 柳公权 赵孟頫 王羲之 张芝 王羲之 王献之

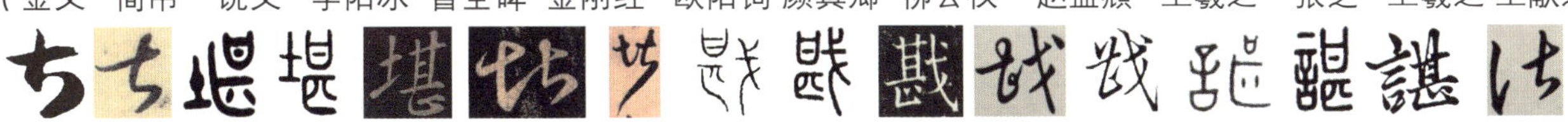
智永 怀素）（金文 说文 王羲之 王羲之 王铎）（古文 说文 褚遂良 王羲之 韵会）（金文 说文 赵孟頫 王羲之）

（粗篆 智永 王羲之）（说文 赵孟頫 王羲之）（金文 说文 苏轼 孙过庭）（金文 说文 米芾 赵构）（说文 王羲之 索靖）

辨析：

甚字的草书符号比较特殊，很像"七"加了个尾巴。在左边做偏旁时由于连写，与曹的草书符号相似。可拓展。

甚 shèn/shén：会意字，最早见于西周金文，本义是特别安乐，此义在"甚"的 后出分化字"湛"中有体现；由本义引申为过分、过度；又引申为厉害、严重、太、深、很、极、超过；由很、极等义又引申为的确、实在等副词义。

堪 kān：形声，从土甚声，本义是地面高起。

戡 kān：形声，从戈甚声，本义为刺杀；用武力平定。

谌（諶 chén）：真诚，忠诚，相信，诚然、的确。

椹 zhēn：斫木砧，也泛指捶或砸东西时用的垫板。

葚 shèn：桑树结的果实。

斟 zhēn：用勺子舀取。

勘 kān：校订，核对。

湛 zhàn：清澈透明。

拓展：

偡 尠 啿 媅 嵁 愖 揕 勘 歁 煁 戡 瑊 䟷 瘎 碪 㛞 糂 諶 踸 醓 鍖 霮

P7.4 甚以为恨

生1：生 甡 泩 鉎 甤 性 姓 牲

（甲骨 金文 盟书 简帛 邓石如 肥致碑 张迁碑 诸葛亮 欧阳询 张旭 颜真卿 柳公权 赵孟頫 索靖

王羲之 王献之 张旭）（说文 王铎）（篆字汇 董其昌）（篆字汇 维摩诘）（说文 张即之 郑板桥）（简帛 说文 曹全碑

宋徽宗 王羲之 怀素）（甲骨 甲骨 金文 金文 秦简 说文 欧阳询 米芾 皇象）（甲骨 金文 说文 智永 王羲之）

辨析：

生字的字形稳定，行草书为快写，可拓展。夆、星、産和胜等字从生，参见相关页。

生 shēng：会意字，商代文字，像草木从地面长出之形；中竖或加“·”为饰笔，西周文字承袭商代文字，或变“·”为短横，为后世文字所本。

甡 shēn：众生并立之貌，众多的样子。

泩 shēng：水涨，水深广的样子。

鉎 shēng：铁锈。

甤 ruí：甤甤，草木花实下垂的样子；草秀不实。

性 xìng：形声，从心生声，本义是人的本性；事物的性质或性能；性情、脾气；性别。

姓 xìng：会意兼形声，从女（金文或从亻）从生，生亦声，标志家族系统的字，性命，官吏，子孙的通称，命名、称呼，平民。

牲 shēng：家畜；古代特指供宴飨祭祀用的牛、羊、猪。

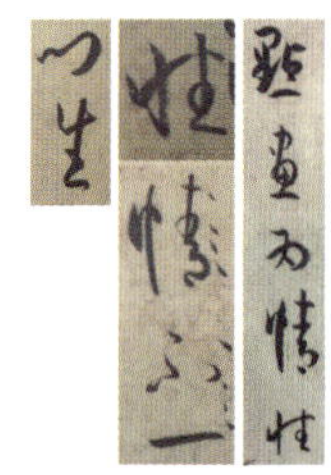

拓展：

泩 猩 栍 殅 珄 眚 胜 势 售 蚟 甠 惺 湦 渻 鼪

P57.4 门生　P16.1 性情不一　P19.5 点画为情性

生2：徃 狌 晎 旌 苼 笙 甥 甦 星

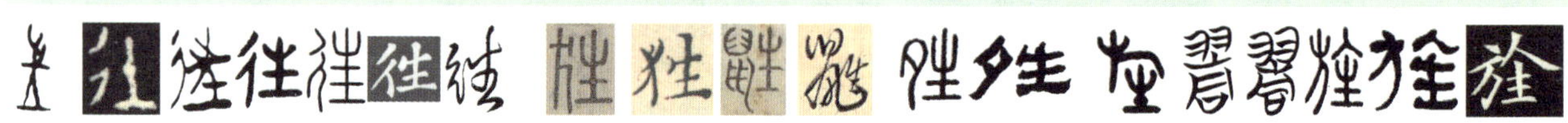

（甲骨 金文 楚简 秦简 说文 苏轼 傅山）（篆字汇 王宠 篆字汇 王铎）（说文 何绍基）（金文 楚简 楚简 说文 衡方碑 欧阳询

苏轼 王羲之）（篆字汇 赵之谦 王蘧常）（楚简 说文 智永 欧阳询 王羲之 怀素）（金文 简帛 说文 颜真卿 颜真卿 王羲之）

（六书统 何绍基 褚遂良 米芾）（甲骨 甲骨 甲骨 金文 楚简 楚简 秦简 古文 说文 说文 鲜于璜 欧阳询 怀素 李淦 毛泽东）

辨析：

生字作为字根，拓展性较强，需注意篆书的变化和异体字的运用。

徃 wǎng：行也，去也，古同往，以往。

狌（鼪 xīng）：猩猩；shēng，鼬鼠；古同鼪，黄鼠狼。

晎 qíng：古同晴，天空中没有云或云很少。

旌（箐 jīng）：形声，古代用牦牛尾或兼五采羽毛饰竿头的旗子；表彰，识别，发挥，表识、表明。

苼 shēng：古地名；ruí，古同蕤。

笙 shēng：形声，从竹生声，簧管乐器，一般用十三根长短不同的竹管制成，吹奏。

甥 shēng：形声，从男生声，姐妹的儿子。

甦 sū：苏醒、死而复生。

星 xīng：形声，从晶生声，晶象形，本义为星星。

拓展：

鉎 隉 甠

殸 聲（声）磬 罄 馨 謦 㲄 䡰 䥫

（甲骨 甲骨 甲骨 甲骨 金文 说文 楷书）（甲骨 甲骨 金文 秦简 说文 唐玄宗 欧阳询 颜真卿 王羲之

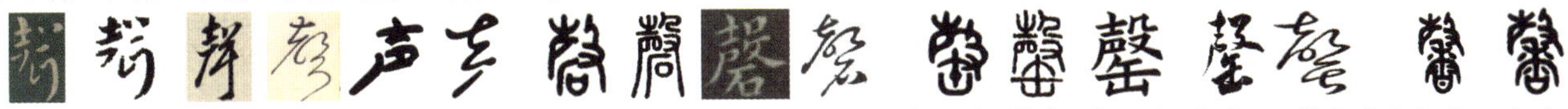

索靖 王羲之 智永 怀素 汉简 王羲之）（金文 说文 钟繇 王羲之）（金文 说文 欧阳询 米芾 王羲之）（金文 金文

说文 智永 王铎 王羲之）（金文 说文 赵孟頫 章草）赵孟頫（说文 元徽墓 说文 赵孟頫 王羲之 索靖）（篆字汇 彭玉雯）

辨析：

殸字的甲骨文为象形，从殸的字较多，常用的聲（声）字，从殸从耳，草书写法，索靖清晰地写出了其结构“土＋厂＋口＋耳”的草化过程，后世在此基础上变其形态，或连或断，其它字可参照此草法。馨字的篆隶字形差异很大，需注意金文字形。䡰字有异体字轂，轂从㱿，㱿为壳的异体字，可参见壳页。说明：从殸的字，偶见李淦的“聲（声）磬謦䡰”和于右任的馨和㲄字，将殸字草化为戈字的，单独列示之，待考。可拓展。

殸 shēng：同“声”，kēng，敌；qìng，声的古字形由“殸（是古乐器磬的本字）”和“耳”组成，耳表示听，古同磬。

声（聲 shēng）：音也，从耳殸声，本义指敲击悬磬发出的声音，后泛指各种声音，转作动词，引申为发声、宣布，“声”可以被人听见，由这个特征引申表示人的名气、名誉等。

磬 qìng：象形，甲骨文字形，手又持小槌像击磬的形象，古代乐器，用石或玉雕成，悬挂于架上，击之而鸣；弯腰，表示谦恭；假借为骋，纵马奔驰。

罄 qìng：形声，本义是器中空；尽、用尽、全部拿出。

馨 xīn：形声，从香殸声，殸有籀文为磬，本义是芳香，散布很远的香气；喻声誉流芳后世。

謦 qǐng：欬也，从言殸声，咳嗽，谈笑。

㲄 gòu：取牛羊乳。

䡰（轂轂 kēng）：车坚；kěng，车声；gǔ，同轂。

䥫 xiāo：乐器名，即大磬。

李淦： 于右任：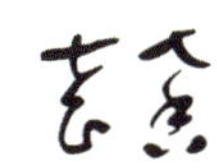

拓展：

檠 漀 罄 謦 漀 㷫 罊 磬 磬 㯳　　P31.6 调清词雅声尘为浘　　P55.3 则贤者改观愚夫继声

省 蛸 渻

（甲骨 甲骨 金文 金文 金文 楚简 楚简 楚简 秦简 古文 说文 说文 邓石如 钟繇 宝子碑 欧阳询 褚遂良

颜真卿 柳公权 赵孟頫 宋徽宗 王羲之 米芾 王铎 皇象 王羲之 王羲之 王羲之）（说文 楷书）（说文 楷书）

辨析：

省字从目从中，隶定字形稳定，草书，上边的少字为快写，下边的目字，草化为口或两个点，姿态斜正相倚。

省 shěng：会意兼形声，从目从中（甲骨文或从“木”），像眼睛观察草木，中声化为生，生字滞古未加中横，隶书底横变撇，丷变八，遂变为少形；省（xǐng）本义是察看；古文省从少囧，按囧非也。

蛸 shěng/nìng：从虫省声，蛸虫也。

渻 shěng：古同省，减少；水门。

拓展：

㗂 覞 偗 揩 楷 䚇 瘄 箵

P 60.1 或存观省

圣（聖）怪（恠）柽 蛏

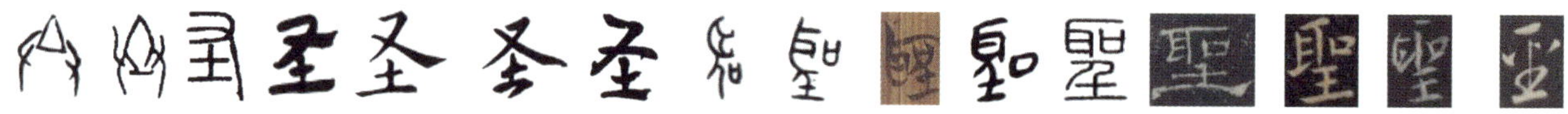

（甲骨 甲骨 说文 汉简 王羲之 黄庭坚 章草）（甲骨 金文 楚简 秦简 李斯 礼器碑 钟繇 王羲之 索靖）

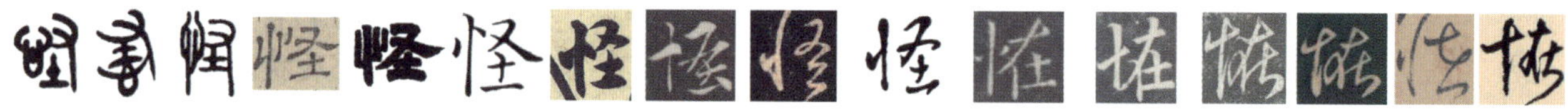

（金文 简帛 说文 隶辨 邓石如 王羲之 王铎 索靖 王羲之 章草 王羲之 欧阳询 王羲之 智永 怀素 王铎）

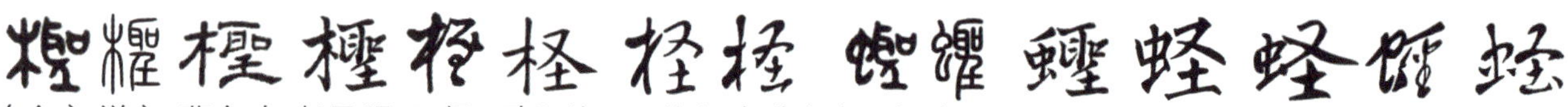

（金文 说文 曹全碑 赵孟頫 王铎 欧阳询 王羲之 章草）（金文 粗篆 赵孟頫 柳公权 赵孟頫 毛泽东 章草）

辨析：

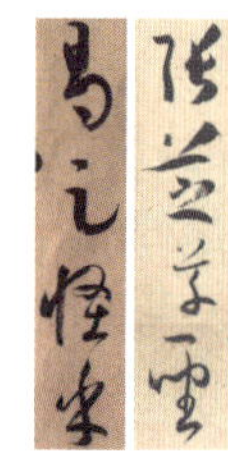

“圣和聖”甲骨金文就是两个不同意义的字，行草书分别按其部件写出，圣乃“又土”组合，可拓展。聖为“耳口土”之组合，“耳口”可以草化为“一横三点”。怪字楷化后有从“圣”或从“在”的写法，行草书亦有这两种写法。

圣 kū：从土从又，手把土乂，同“掘”。

聖 shèng：甲骨文字形从耳呈声，左边是耳朵，右边是口字，即善用耳，又会用口，本义是通达事理。

怪（恠 guài）：形声，从心圣（kū）声，恠曾为怪的俗字，本义为奇异、奇怪。

柽（檉 chēng）：木名，河柳，即柽柳。

蛏（蟶 chēng）：蛏子。

拓展：

迳 娙 経 軽 頚 翟

P20.5 张芝草圣　　P58.1 曷足怪（恠）乎

胜（勝）附：券

（古文 古文 简帛 说文 欧阳询 颜真卿 王羲之 章草 于右任 1 老子 说文 吴让之 吴大澄 秦简 金农

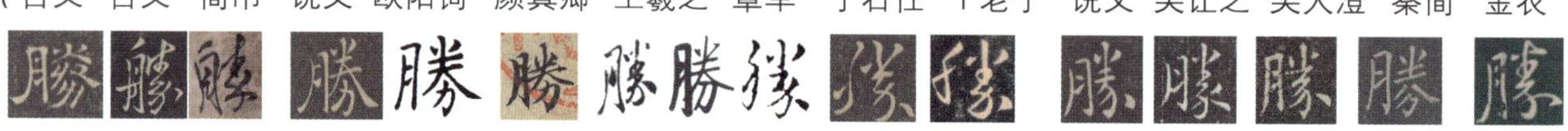

王肯堂 王铎 王铎 2 钟繇 虞世南 赵孟頫 米芾 启功 皇象 索靖 王羲之 3 钟繇 王羲之 欧阳询 柳公权 钟繇

王珣 王羲之 王献之 王羲之 王献之 怀素）（楚简 古文 说文 券叟印 隶辨 颜真卿 赵孟頫 赵佶 王铎 孙万明）

辨析：

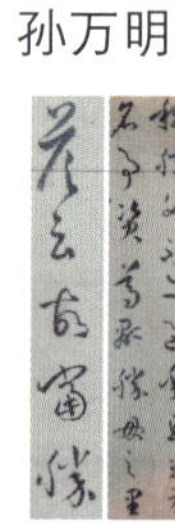

胜勝两个字的含意不同。胜从肉，草书肉（月）写月，生字为快写。勝从舟从力，隶楷发生讹变，舟变“月”，力变“分”，进而产生了三种变化。勝字如果看为从券，又引出券做字根，而这些字的异体字各不相同（见拓展的括号列示），草法需注意，不可以将字根为“券”的字都用“卷”来替代。

胜 shèng：从肉从生，《说文解字》注曰：“犬膏臭也，从肉生声，一曰不孰也。”。

勝（勝 shèng）：从力朕（zhèn）声，本义为胜任，禁得起。

券 juàn：劳也，从力卷省声，古同倦。

拓展：

椦（棬棚）蕂（藤）劵（倦）掕（拳）䅋賸（縢豢）鯵（鲷）

郗愔 chī yīn（313 年 –384 年）　P7.5 答云故当胜　　P8.3 称胜父…胜母之里

尸 尾 尺 咫 尿 屎 屏 屋 殿 展 屏

（甲骨 金文 古文 说文 隶辨 隶辨 赵孟頫 王献之 饶介 王羲之 黄庭坚 于右任）（甲骨 说文 宋徽宗 赵构）

（金文 秦简 古文 说文 赵孟頫 汉章帝）（说文 米芾 王羲之）（甲骨 说文 王蘧常 王蘧常）（甲骨 金文 简帛

彭玉雯 王羲之）（说文 姚孟起 王羲之）（说文 颜真卿 王铎）（说文 说文 赵孟頫 皇象）（说文 柳公权 宋克）

辨析：

尸字的篆书为卧着的人形，隶定字形稳定，行草书为快写，作为部首，其草书一般写“厂”。可拓展。尼、居、屈、属及本页列示的屋、殿、展等字均从尸，参见相关页。

尸（屍 shī）：象形，小篆字形，屍像卧着的人形，本义是祭祀时代表死者受祭的人。

尾 wěi：会意，从倒毛在尸后，尸指人，像人长有尾巴，本义为人和动物的尾巴。

尺 chǐ：量长度的器具；记音符，为简谱的 2。

咫 zhǐ：古代长度名，周制八寸，合今制市尺六寸二分二厘。

尿 niào：人小便也，从尾从水。

屎 shǐ：粪也，从艸胃省。

屋 wū：会意，从尸从至，尸，与房屋有关，至表示来到，人来到这里居住之意。

殿 diàn：本义为击声；高大的厅堂。

展 zhǎn：从尸，展布四体之意；转也。

屏 píng：屏，屏蔽也。

拓展：

伬 呎 扨 沢 坧 咫 昼 粎 蚇 倔 倨 剧 尉 娓 屐 屑 屒 屓 屍 展 犀 尉 屗 屙 掮 捉 涅
P7.1 尺牍

师 浉 狮 蛳 筛

（甲骨 甲骨 金文 金文 说文 曹全碑 张迁碑 欧阳询 褚遂良 颜真卿 柳公权 赵孟頫 异体 王羲之 赵孟頫 汉章帝

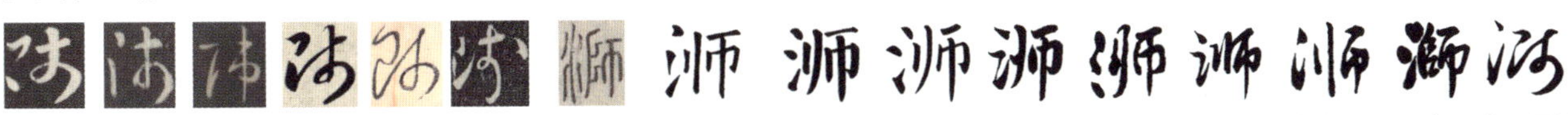

皇象 索靖 王羲之 智永 怀素 米芾）（篆字汇 欧阳询 颜真卿 柳公权 赵孟頫 黄庭坚 赵孟頫 文徵明 王铎 孙万民）

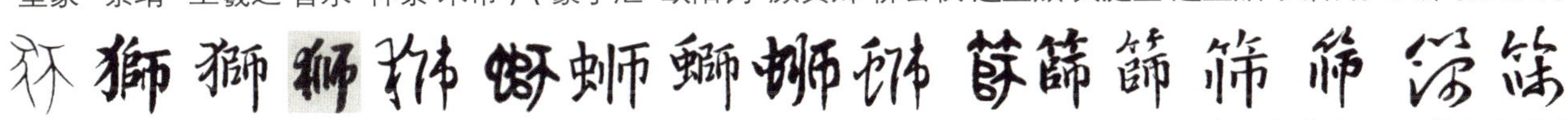

（古文 颜真卿 赵孟頫 王铎 王羲之）（金文 欧阳询 赵孟頫 王铎 王羲之）（金文 智永 赵孟頫 欧阳询 黄庭坚 王羲之 章草）

辨析：

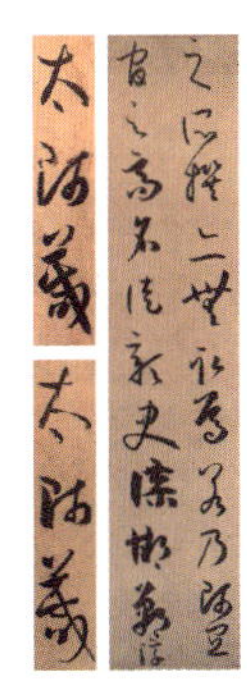

师字的甲骨文与𠂤同型，隶定字形从𠂤从帀，𠂤为小阜，即小土堆，阜作偏旁，常常写为阝，因此师字就有从阝从帀（或市）的异体字，草书的特点就是按其异体字“阝+帀（或市）（草书）”的结构去写的，米芾的草书最后加了一点乃为补笔。可拓展。

师（師 shī）：会意，从帀从𠂤，𠂤（duī）是小土山，帀（zā）是包围，四下里都是小土山，表示众多，本义：古代军队编制的一级，二千五百人为一师；帀为匝的异体字。

浉（溮 shī）：浉河，水名，在中国河南省，入淮河。

狮（獅狮 shī）：哺乳动物，雄的脖子上有长鬣，多产于非洲及印度西北部，通常称为狮子。

蛳（螄 sī）：螺蛳。

筛（篩 shāi）：形声，从竹师声，本义是一种竹器，筛子。

拓展：

瑡 蒒 P28.2 若乃师宜官之高名 P34.6 太师箴 P35.5 太师箴

十（拾）什 计 戎 支 直 早

（甲骨 甲骨 金文 金文 金文 楚简 李斯 说文 邓石如 夏承碑 乙瑛碑 欧阳询 褚遂良 颜真卿

柳公权 赵孟頫 王羲之 米芾 皇象 王羲之 张旭 怀素）（说文 王献之 王献之 黄庭坚）（说文 颜真卿 皇象）

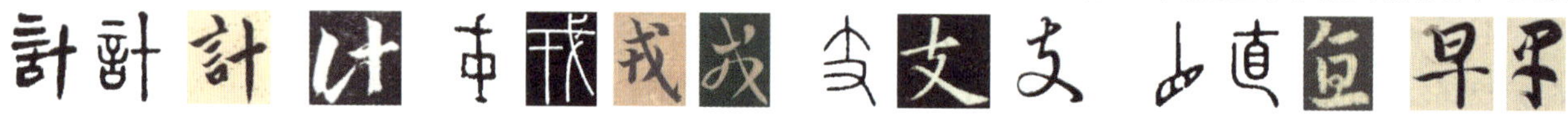

（简帛 说文 赵孟頫 王羲之）（甲骨 李斯 智永 皇象）（说文 欧阳询 王羲之）（甲骨 说文 皇象）（智永 智永）

辨析：

十字虽然结构简单，但在各种组合中仍会有不同的写法，或先横或先竖或草化为人形等等。可拓展。

十 shí：指事，甲骨文像用一根树枝代表十，金文像是结绳记数，用一个结表示十，后来一点变成了一横，本义是九加一的和。

拾 shí：捡，从地上拿起；收，敛，整理；十字的大写。

什 shí：会意，从人十，十亦声，本义的什是集体的十，十成，十分；杂；多种的；shén，什么。

计（計 jì）：会意，从言从十，算账、总计、计算。

戎 róng：古代兵器的总称，兵车，军队，战争。

支 zhī：去枝的竹子，枝条，分支。

直 zhí：会意，甲骨文字形从 L（yǐn）从十从目，正见也，不弯曲。

早 zǎo：会意，字形，上面是“日”，下面是“甲”，“甲”的最早写法像“十”，指皮开裂，或东西破裂，“早”即天将破晓，太阳冲破黑暗而裂开涌出之意，本义为早晨。

拓展：

千 士 仐 卆 午 卉 古 本 汁 辻 外 伞 针 吉 华 协 叶 毕 毕 阯 吉 平 戋 孛 甫 阜 计 辛 克 卑 卒 南

P31.3 笔势论十章　P41.1 七十从心

饣1：饮 饭 馍 饺 馐 馄 饨 馅

（甲骨 甲骨 甲骨 甲骨 金文 金文 金文 简帛 吴让之 欧阳询 王羲之 唐太宗 王羲之）（金文 秦简 说文 褚遂良

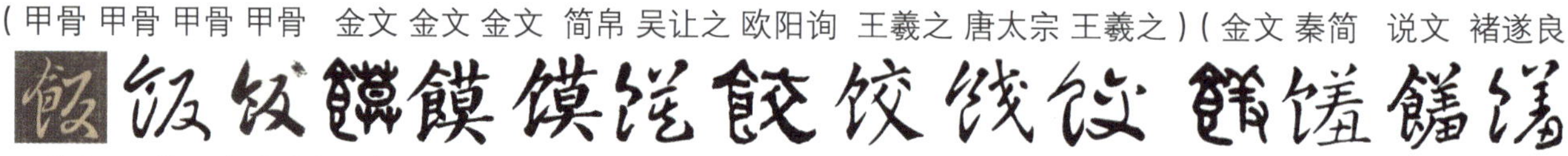

王羲之 王羲之 智永）（金文 颜真卿 颜真卿 章草）（衡方碑 柳公权 王羲之 于右任）（金文 王羲之 赵孟頫 章草）

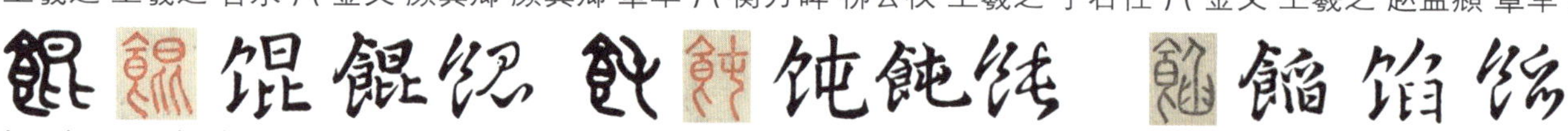

（金文 石韵府 欧阳询 赵孟頫 王羲之）（金文 石韵府 柳公权 赵孟頫 王羲之）（篆字汇 赵孟頫 欧阳询 王羲之）

辨析：

饣旁为食字作为偏旁时的草书楷化符号，饣和食字在各体中一直共存，饣字的快写更普遍地用于草书。一些字的篆书与隶楷形体差异很大，应从其本义去理解和体会，如饮字，甲骨文中，饮水的姿态画面感就很强。

饮（飲 yǐn）：喝，又特指喝酒，指可喝的东西，含忍，隐没；yìn，给牲畜水喝。

饭（飯 fàn）：形声，从食反声，本义是吃饭。

馍（饃饝 mó）：饼类食品，北方地区特指馒头。

饺（餃 jiǎo）：包成半圆形的有馅的面食。

馐（饈 xiū）：类篇曰进献也；本字为羞，精美的食品。

馄（餛餫 hún）：馄饨，一种煮熟连汤吃的食品，用薄面片包上馅做成。

饨（飩 tun）：馄饨。

馅（餡 xiàn）：包在面食或点心等食品里面的肉、菜、糖等。

拓展：

饣 饤 饦 饧 饩 饪 饫 饳 饶 饷 饴 饹 侬 饾 馂 馃 馃 馇 馈 馉 馊 馌 馎 馓 馇 馏 馕

饣2：馀 饼 饽 饵 饥（飢 饑）馑 饱 饿 馋

（说文 西狭颂 虞世南 赵孟頫 王羲之 智永 于右任）（说文 颜真卿 颜真卿 空海）（篆字汇 赵孟頫 章草）

（盟书 说文 赵孟頫 黄庭坚 王献之）（秦简 说文 王羲之 王羲之 智永 颜真卿 蔡襄）（金文 说文王羲之 王羲之 王铎）

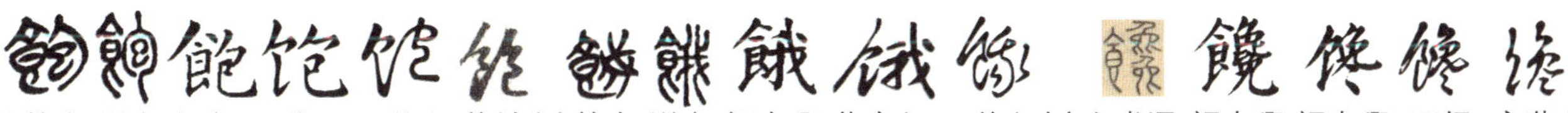

（简帛 说文 智永 王羲之 王羲之 苏轼）（简帛 说文 颜真卿 黄庭坚 王羲之）（六书通 颜真卿 颜真卿 王铎 章草）

辨析：

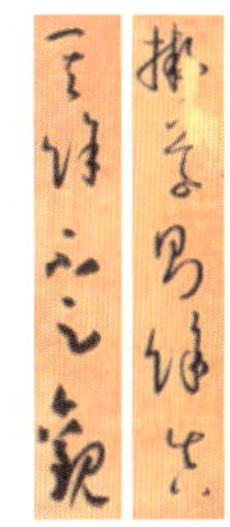

饣字拓展的字很多，所涉字根可参见相关页。

馀（餘 yú）：形声，从食余声，本义是饱足。

饼（餅 bǐng）：形声，从食并声，本义为古代面食的通称，后指扁圆形的面制食品。

饽（餑 bō）：面食的一种。

饵（餌 ěr）：形声，从食耳声，本义是糕饼；钓鱼用的鱼食，药饵。

饥（飢饑 jī）：形声，从食幾声，本义为荒年，五谷无收；飢与饑的区别在于，飢指肚子饿，饑指饥荒，在先秦不相混同，到后来才逐渐通用；飢、饑现在均简化为饥。

馑（饉 jǐn）：形声，从食堇声，本义是蔬菜和野菜都吃不上；谷物欠收；通殣，饿死、饿死的人。

饱（飽 bǎo）：形声，从食包声，本义是吃足。

饿（餓 è）：形声，从食我声，本义是饥之甚；说明：在古代，饥与饿存在着程度上的差别，饥指一般的肚子饿，饿是严重的饥饿。

馋（饞 chán）：形声，从食毚声，本义是贪嘴、贪食。

拓展：

饣 饤 饦 饧 饩 饪 饫 饳 饶 饷 饸 饹 饻 饾 馂 馃 馃 馇 馈 馉 馊 馌 馎 馓 馑 馆 馕

P3.1 其馀不足观　　P6.5 拟草则馀真

饣3：馆 饬 饯 蚀 馁 馏 饰 饴 饷

（简帛 说文 文徵明 娄机 柳公权 王羲之 米芾 鲜于枢）（金文 简帛 说文 欧阳通 王羲之 王羲之）（说文 柳公权

文徵明 韵会）（秦简 六书通 颜真卿 王铎 章草）（石韵府 颜真卿 王铎 王羲之）（说文 颜真卿 颜真卿 王铎 章草）

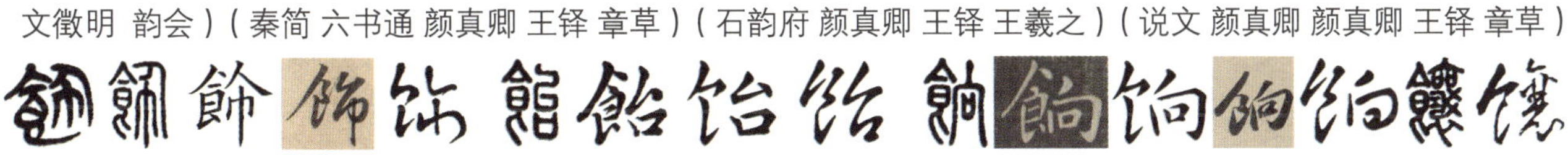

（简帛 说文 欧阳询 赵孟頫 章草）（说文 赵孟頫 王羲之 王羲之）（说文 赵孟頫 王羲之 苏轼 王羲之 说文 匿名）

辨析：

饣字拓展的字，有不少有异体字的写法，如馆字既可从饣又可从舍，馁字既可从妥又可从委等等。

馆（館舘 guǎn）：形声，从食官声，馆可以供宿供膳，所以从食，它有异体字作舘，说明馆属于房舍一类，本义是高级客舍、宾馆。

饬（飭 chì）：形声，从人从力食声，本义为修整、整治；命令；告诫，通敕；指责；谨慎、恭敬。

饯（餞 jiàn）：形声，从食戋声，本义是设酒食送行。

蚀（蝕 shí）：会意，从虫从食从人，食亦声，本义为虫等蛀伤物。

馁（餒餧 něi）：形声，从食委声，本义是饥饿。

馏（餾 liù）：形声，从食留声，本义为蒸饭。

饰（飾 shì）：形声，从巾从人食声，人佩巾有装饰作用，本义是刷拭。

饴（飴 yí）：形声，从食台声，本义为饴糖，用麦芽制成的糖；甜。

饷（餉饟饢 xiǎng）：形声，左形右声，本义是给在田间里劳动的人送饭。

拓展：

饣 饤 饦 饧 饩 饪 饫 饳 馔 饶 饸 饹 饻 饾 馂 馃 馃 馇 馈 馉 馊 馌 馎 馓 馑 馆 馕

食 1：食 飧（飱）飤（饲）饒（饶）餵 餟

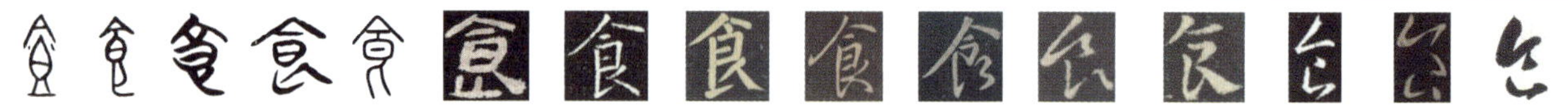

（甲骨 金文 楚简 秦简 说文 肥致碑 欧阳询 颜真卿 王羲之 王献之 张芝 皇象 王羲之 王献之 智永）

（金文 张仲簠 说文 智永 王羲之 王羲之 林则徐 杨凝式 李淦）（甲骨 甲骨 金文 金文 楚简 楚简 秦简 敦煌

颜真卿 褚遂良 宋高宗 王铎 章草）（简帛 说文 柳公权 苏轼 王羲之 于右任）（何绍基 褚遂良）（说文 敦煌）

辨析：

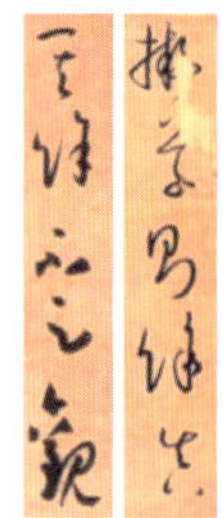

食字的篆书为象形，隶楷字形较稳定，草书写法为：人下省点加艮（草书）。可拓展。飧飧为餐的异体字，见餐页；馊、饗（飨）见相关页。

食 shí：会意，从亼皀，亼声，本义为饭、饭食。

飧（飱 sūn）：晚饭，亦泛指熟食，饭食。

飤（饲飼 sì）：形声，从食司声，本义为给人吃、喂食，本作食，同饲；喂养，喂家畜、家禽的食物。

饒（饶 ráo）：多、饱、丰、厚，宽恕、赦免；添加，让。

餵 wèi：同喂。

餟 chuò：设坛祭诸神；祭时以酒浇地；饮、喝。

拓展：

喰 飡 飱 喰 飧　P3.1 其余不足观　P6.5 拟草则余真

食 2：餈 饔 餍 養 餥 餋 饕 餮

（说文 伊秉绶 智永 颜真卿 米芾 傅山）（金文 金文 金文 简帛 说文 欧阳询 赵孟頫 米芾 王羲之 于右任 章草）

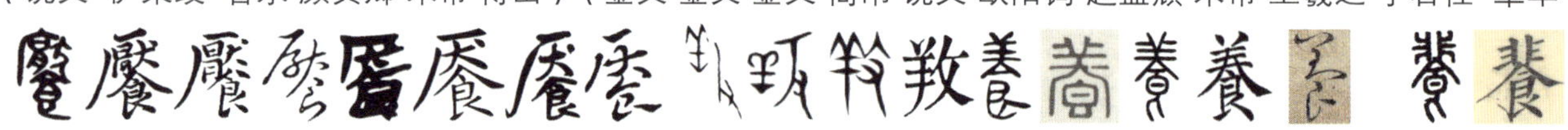

（金文 赵孟頫 张雨 韵会 汉简 欧阳询 王铎 章草）（甲骨 金文 说文 楷书 秦简 汉印 说文 颜真卿 赵佶）（说文 彭玉雯）

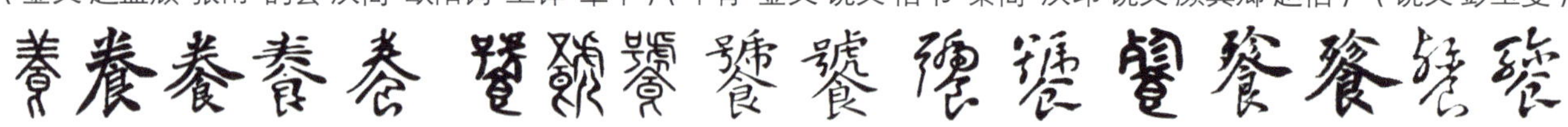

（说文 魏碑 苏轼 文徵明 文徵明）（金文 籀文 说文 王羲之 欧阳询 王羲之 章草）（金文 王羲之 赵孟頫 韵会 章草）

辨析：

食字居下，各体写法同前。本页的字需注意篆书的变化，如饔字，还要参见雍字页等等。

餈 cí：稻饼，糍粑。

饔 yōng：熟食；专指早餐；古代诸侯正式行聘礼时所送的肉类、已杀之牲。

餍（饜 yàn）：饱；满足，多指私欲。

養（养敫羧 yang）：形声，从食从羊，饲养；其中敫字，《字彙補》"古文養字"，同型甲骨，还被释读为牧，亦可信，存疑待考。

餥 fēi：从食非声，古代中国陈、楚一带人们相见后请吃麦饭称餥。

餋 juàn：祭祀，《集韵·线韵》："餋，常山谓祭为餋。"

饕（饕 tāo）：形声，从食號声，本义是极贪欲、极贪财。

餮 tiè：贪，贪食；饕餮，传说中的一种贪食的猛兽，常见于青铜器上，用作纹饰，称为饕餮纹。

拓展：

餈 餍 餈 餥 餥 饔 餥 餥 餈 餥 餥 餈 餥 餮

S

石1：石 拓 柘 矶 砍 宕 码 砼

（甲骨 甲骨 金文 楚简 楚简 楚简 楚简 秦简 李斯 张迁碑 宝子碑 欧阳询 颜真卿 王羲之 王献之

皇象 王羲之 郗愔 怀素）（金文 说文 瘗鹤铭 欧阳询 王羲之）（说文 虞世南 王羲之 王铎）（汉简 王羲之 王羲之）

（六书统 欧阳询 李洤）（甲骨 甲骨 金文 说文 赵孟𫖯 章草）（衡方碑 颜真卿 颜真卿 章草）（金文 柳公权 李洤）

辨析：

石字的甲骨文构件清晰，楚简出现了一到三画的饰笔，隶楷字形稳定，行草书为快写。拓展的字或超1000个。常用的：碑砭碥础砂矾硫磷砾砚碣破砰磴硬确碓研砸砖碁等等，可参见所涉字根页。

石 shí：象形，甲骨文字形右像岩角，左像石块，本义为山石。

拓 tuò：拾也；开辟、扩充；以手推物；tà，拓本，拓片。

柘 zhè：柘树。

矶（磯 jī）：大石激水，水冲击岩石，引申为激怒，触犯；水边突出的岩石或石滩。

砍 kǎn：形声，从石欠声，本义是猛劈。

宕 dàng：洞穴、坑洼，拖延，放荡、不受拘束。

码（碼 mǎ）：垒起，通常指整齐地堆积或摞起；撂下不管；量词。

砼 tóng：混凝土。

拓展：

沰 砒 砨 坧 妬 宕 沰 矸 矸 矹 矺 矻 矼 矽 矿 砀 码 破 砐 拓 斫 砻 炻 砂 砑 砄 砯 砆 砇 砈 砉 砊 砋 砌 砎 砏 砓 砒 砓 研 砕 砗 砘 砙 砛 砜 祏 砟 砥 砃 砫 砭 砮　P11.1 奔雷坠石之奇

石2：硅 硕 砣 硒 碛 碡 礁 硼 礅 碾

（金文 王羲之 王羲之 王羲之）（金文 简帛 说文 衡方碑 颜真卿 王羲之 王羲之 怀素）（金文 欧阳询 李洤）

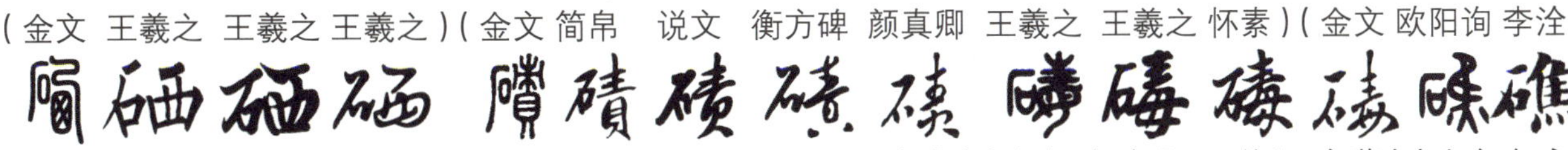

（粗篆 柳公权 王羲之 王羲之）（说文 赵孟𫖯 王铎 王羲之 章草）（金文 颜真卿 王羲之 章草）（金文 智永

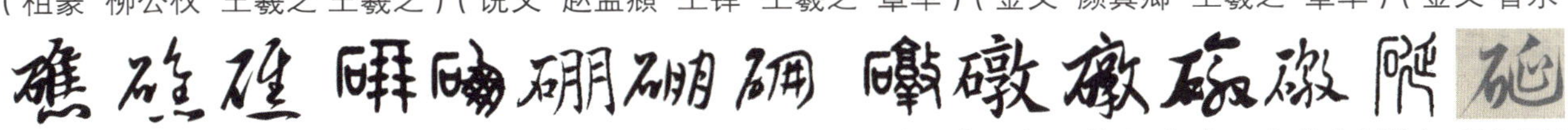

王羲之 王羲之 李洤）（金文 金文 褚遂良 王羲之 章草）（金文 欧阳询 王羲之 张瑞图 章草）（说文 邓文原）

辨析：

石字作为偏旁，各体同前，其中口字的草书写法同口字的几种草法，且口字可以草化为一个点。

硅 guī：非金属元素，元素符号 Si。

硕（碩 shuò）：形声，从页石声，页为头，本义是头大。

砣（碢 tuó）：形声，从石它声，砖，也作堶；碾砣，碾盘上的石轮；秤锤。

硒 xī：非金属的有毒元素，元素符号 Se。

碛（磧 qì）：浅水中的沙石，沙石浅滩。

碡 zhóu：碌碡，田器，用以磨田使平也。

礁 jiāo：形声，从石焦声，江海中隐现于水面上下的岩石，如暗礁。

硼 péng：三价高熔点非金属元素，元素符号 B。

礅 dūn：粗大的整块石头。

碾 chàn：用石具碾压缯帛，使之平展有光泽；用以碾压缯帛的石制工具。

拓展：

砵 砢 砨 砥 砧 硿 砩 砪 砫 砬 砮 砯 砰 砱 砲 砳 砶 砷 砹 砺 砻 砿 硁 祏 砮 硖 砾 硂 硃 碋 硍 砂 砺 祏 站 砦 硂 硃 硄 硅 硆 硇 硈 硉 硊 硋 硌 硍 硎 硐 硑 硓 硔 硕 硖 硗 硘 硙 硚 硛 硟 硠 硡 硢 硣 硥 硦 硧 硨 硩 硪 硫 硬 硭 确 硯 硰 硱 硲 硳 硴 砦 硶 硷 硸 硹 硺 硻 硼 硽 硾 硿

石3：泵 碧 砻 砻 岩 磊 碾 磨 磐

（说文 欧阳询 王羲之 王羲之 章草）（简帛 说文 文徵明 颜真卿 皇象 鲜于枢）（金文 说文 颜真卿 王羲之 张弼）

（说文 楷书）（简帛 简帛 古文 古文 古文 古文 说文 赵孟頫 赵孟頫 王羲之 王铎 文徵明 朱耷 颜真卿 王羲之）

（说文 乙瑛碑 柳公权 索靖）（六书通 彭玉雯 王蘧常）（说文 彭玉雯 怀素）（金文 篆字汇 欧阳询 李洤 智永 智永）

辨析：

石字作为部件，在上下结构的字中，各体写法较稳定，其中口在草书中，可草化为两点或倒三角。

泵 bèng：一种机器，能把液体或气体抽出或压入。

碧 bì：形声，从玉从石白声，本义是青绿色的玉石。

砻（礱 lóng）：去掉稻谷壳的工具；用砻脱出稻谷的壳。

砻 yán：僭越，超过本分；古同岩，山石高峻。

岩（嵒巗巖 yán）：形声，从山严声，“岩”为会意字，从山从石，高峻的山崖。

磊 lěi：会意，从三石，三为非确数，表示很多，本义是石头多，众石累积；高大；磊落，心地光明坦白。

碾 niǎn：把东西轧碎或压平的器具，轧。

磨（礳 mó）：摩擦，阻碍、困难，消耗、消灭，拖延、耗时间；mò，磨房，掉转。

磐 pán：纡回层叠的山石，巨石。

拓展：

硿 碁 碂 碃 碄 硱 碆 磶 碇 碈 碉 碊 碋 碌 碍 碎 碏 碐 硂 碓 碔 碕 碖 碗 碘 碙 碚 碢 碤 碰 鉐 砉 碲 碱 碳 碟 碫 碒 碑 碜 碏 碠 碮 碮 碉 碌 碑 碁 碢 碪 閪 碑 碌 碰

史 使 吏 驶

（甲骨 金文 简帛 说文 钟繇 欧阳询 颜真卿 王羲之 褚遂良 颜真卿 皇象 智永 怀素 赵孟頫）

（金文 金文 楚简 说文 曹全碑 好太王 欧阳询 颜真卿 宋徽宗 王羲之 米芾 皇象 皇象 王羲之 王羲之 王献之）

（甲骨 甲骨 金文 楚简 说文 张迁碑 欧阳询 王羲之 李白 怀素）（甲骨 颜真卿 柳公权 米芾 王羲之 章草）

辨析：

史和吏字的字形稳定，草书即为快写。使字的草书一般是省略了吏字中间的口字，“丈畔微弯使”是也，皇象和王羲之在“微弯”之上加短横代表“亻”可以理解为另一种草法。

史 shǐ：会意，从又持中，中、正也；甲骨文字形上面是放简策的容器，下面是手，合起来表示掌管文书记录，本义是史官；《商周古文字读本》云：王国维谓史字所从之中，乃盛筭装简之器也，“《周礼》大史识，‘凡射事，饰中，舍筭’。……中者盛筭之器也……其当初如中形……筭与简册本是一物，有皆为史之所执，则盛筭之中，盖亦用于盛简。……史字从又持中，意为持书之人，与尹之从又持丨（像笔形）同意矣。”从甲骨文金文的字形上看，史字所从中字之口，乃口形，而中间之中字，其口为合闭的圆形，粲然可分，诚可信矣。

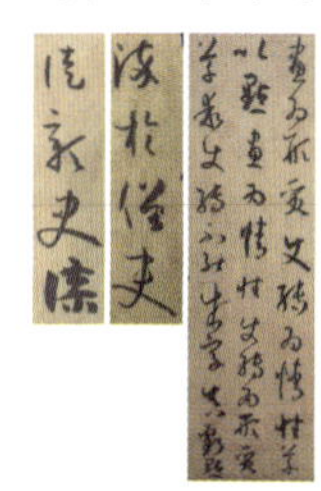

使 shǐ：形声，从人吏声，从人表示人的动作行为，本义为命令。

吏 lì：治人者也，从一从史；徐锴曰：“吏之治人，心主于一，故从一。”

驶（駛 shǐ）：形声，从马史声，本义是马行疾（快）。

拓展：

洃 鉠 倢 狭

P28.3 徒彰史牒　P49.6 淬于俗吏　P19.4–6…使转为情性…使转为形质…草乖使转…

豕1：豕 豢 彘 㒸 遂（1）

（甲骨 金文 石鼓文 清华简 清华简 上博简 说文 帛书 邓石如 王羲之 欧阳询 颜真卿 王羲之 王羲之 孙过庭

韵会）（甲骨 甲骨 楚简 金文 郑板桥 说文 褚遂良 王羲之 王铎）（甲骨 甲骨 金文 说文 彭玉雯 皇象 邓文原）

（甲骨 说文 楷书）（甲骨 甲骨 甲骨 金文 金文 简帛 李斯 说文 说文 华山碑 欧阳询 虞世南 褚遂良

辨析：

豕字的篆书为象形，隶定字形稳定，草书为快写，作为字根，可以将左右的笔画草化为各一点，它的拓展性很强，豢字旁的字有䊐，而“遂豕家豦豪隊”等字，见下页，亦可参见相关页。

豕 shǐ：象形，甲骨文像猪形，长吻大腹四蹄有尾，本义是猪。

豢 huàn：形声，从豕𢍏声，本义为设围栏以谷物养猪；《集韵》通作圂，huàn，同豢，读 hùn，猪圈，厕所，通恽；《韵会》亦作䊐。

彘 zhì：本指大猪，后泛指一般的猪。

㒸 suì：从意也，从八，有所从则有所背，故从八，豕声，同遂；同歲。

遂 suì：形声，甲骨从止从豕、兔和鹿等，有称心、顺从等义。

拓展：

可拓展的字根见下面：遂隊（队）豕 家 豦 豪

P17.3 遂令学者茫然

豕2：遂（2）隊 豖 啄 家 豦 豪

颜真卿 柳公权 赵孟頫 王羲之 王献之 米芾 史游 张芝 王羲之 王羲之 王献之）1 *王羲之* *宋璲* *王铎*

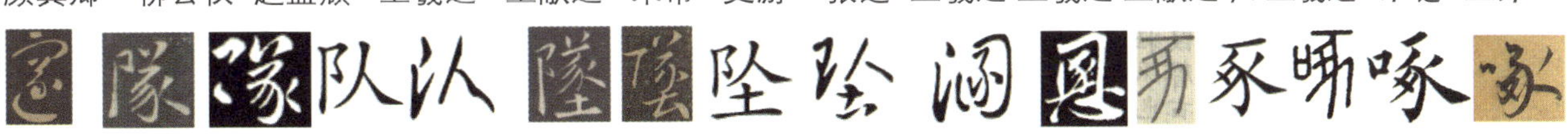

怀素 2（*赵孟頫* *皇象* *楷书* *王羲之*）（*欧阳询* *索靖* *楷书* *王羲之*）3 *王羲之* *苏轼*（说文 楷书）（说文 欧阳询 王宠）

赵构 *4 王羲之* *皇象* *王羲之* *怀素* 5 *王羲之* *王羲之* *王铎* 6（*王羲之* *孙过庭* *王羲之* *鲜于枢* *王铎*）

辨析：

“豕遂隊豖家豦豪”等字及拓展的字的草书写法，豕和家的草书为快写，左右的两画均可以草化为左右各一点。豦与处（處）字的草书异体同型，隊则有“队”的简体写法。列示和拓展的 2–6，参见相关页。

豖 chù：豖豖，猪绊脚难行的样子。

啄 zhuó：鸟类用嘴叩击并夹住东西。

拓展：

1. *遂 隧 璲 燧 邃*　　嬘 澻 繸 檖 䃍 穟 襚 旞 䡵 鐩 㒸 㴚 㷟 䃔 䡵 𩪼
2. *隊（队）墜（坠）*　　蕣 鐆 鐩
3. 豕 *溷 慁* 豖 啄 豚　　圂 㥵 掍 棞
4. *家（嫁 镓 稼*　　傢 幏 榢 糘）
5. *豦（劇 遽 噱*　　勮 壉 懅 據 澽 檬 爈 璩 臄 噱 窿）
6. *豪（嚎 濠 壕*　　檺 蠔）豗 豜 嚃 豘 毅 豣 豝 豩 椓 豙 豯 豨 豞 豟 豠 盠 家 豵 琢 豣 豤 豥

士 仕 壮 吉

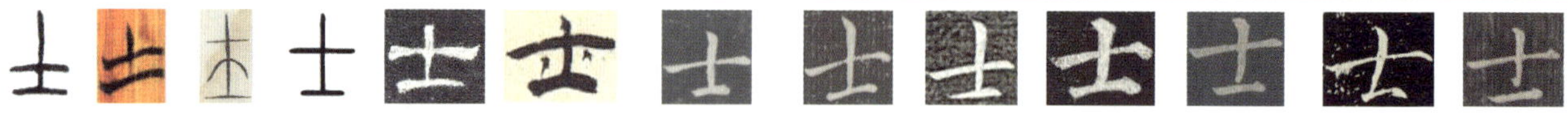

（金文 简帛 汉简 说文 曹全碑 张迁碑 欧阳询 褚遂良 冯承素 颜真卿 柳公权 宋徽宗 赵孟頫

索靖 王羲之 朱熹 怀素 徐渭）（金文 简帛 古文 古砖文 说文 广义 李阳冰 尚博碑 赵孟頫 智永 欧阳询

颜真卿 王羲之 王羲之）（楚简 楚简 说文 赵孟頫 王铎 索靖 王羲之 米芾）（甲骨 金文 说文 米芾 怀素）

辨析：

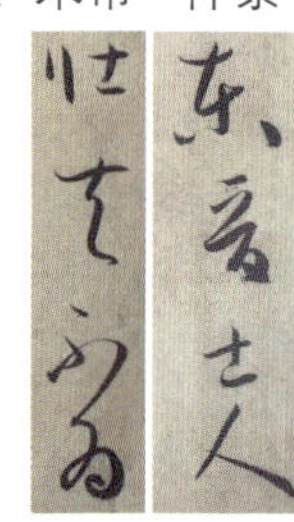

士字的字形稳定，早期有中间左右多两画饰笔的写法，行草书为快写。说明：个别含有士字的字，草书有看不到“士”字结构的情况，隶（隸隸）字有从士字结构的“隸”字，但草书却与下边部件一起草化了。一些楷书从士的字，篆书却与士字无缘，志字的篆书从之字，款字的说文却从出或从木，以及壹、声、壳、壶、殸、款、隸等字，可参见相关页。

士 shì：会意，从一从十，善于做事情，从一开始到十结束，本义是古代男子的美称。

仕 shì：会意，从人从士，本义是做官；学习政事，见习试用；审察、检查，工作；官宦，官员。

壮（壯 zhuàng）：形声，从士爿声，本义为人体高大，肌肉壮实；豪迈，勇壮，宏伟，坚实，增强，赞赏。

吉 jí：会意，甲骨文字形上像兵器，下像盛放兵器的器具，合起来表示把兵器盛放在器中不用，本义是吉祥、吉利。

拓展：

韦 壮 声 壳 志 壶 殸 壱 売 毐 壵 隸 敖 壷 壸　　P16.3 东晋士人　P14.2 壮夫不为

氏 1：氏 祇 抵 秖 衹 舐 軝 忯 跹 芪

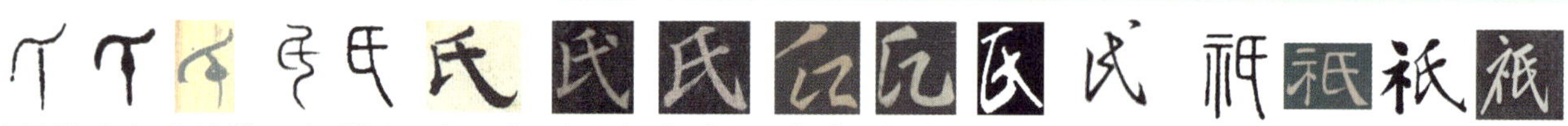

（甲骨 金文 上博简 石经 说文 张迁碑 欧阳询 颜真卿 索靖 怀素 王羲之 王羲之）（说文 钟繇 智永 赵孟頫）

（说文 何绍基 欧阳询 赵孟頫 傅山）（篆字汇 伊秉绶 赵孟頫 鲜于枢 于右任）（说文 文徵明 章草 王羲之 索靖）

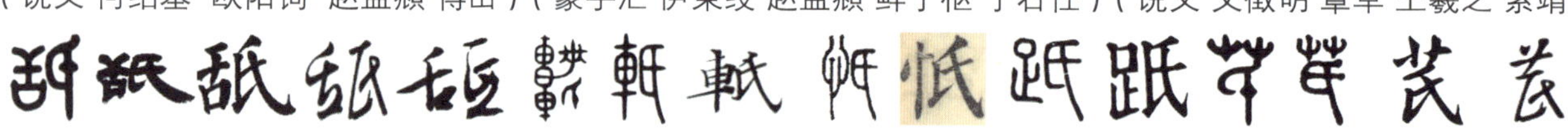

（金文 邓石如 颜真卿 王羲之 文徵明）（金文 说文 维摩诘）（说文 彭玉雯）（说文 楷书）（金文 说文 赵孟頫 王羲之）

辨析：

氏字的篆书为象形，隶定字形稳定，行书为快写，草书有索靖和王羲之两种写法。

氏 shì：象形，甲骨文像物体欲倾倒而将其支撑住的形象，是支的本字，本义是古代贵族标志宗族系统的称号。古代姓和氏分用，姓是总的，氏是分支，后来姓和氏不分，可以混用。

祇 qí：形声，从示氏声，本义是地神；通疷，病患；很大，盛大；zhī，正、恰、只，《诗经·小雅·何人斯》：“胡逝我梁，祇搅我心。”

抵 zhǐ：侧击也，砍击、拍打，投掷。

秖 zhī：谷物开始成熟；zhǐ，谷始熟，古同祇，仅仅。

衹（只 zhǐ）：僧尼所穿的衣服，如袈裟之类；但、正好，仅仅，只顾、只管、只见。

舐 shì：形声，从舌氏声，本义为以舌舔物。异体字有“狧舓䑛咶”等等。

軝 qí：车毂上的装饰。

忯 qí：敬，爱；shì，古同恀。

跹 shì：立，积聚。

芪 qí：黄芪，黄耆；芪母，知母。

拓展：

氏 㞢 坻 帋 扺 汦 纸 岻 底 狋 疷 眂 紙 蚳 粎 舐 赿 骶 鴟
P28.6 名氏滋繁

氏2：氏 底 低 抵 诋 祗 砥 羝 邸 鸱 牴 觝

（甲骨 金文 清华简 说文 王羲之 王羲之 孙过庭）（金文 说文 欧阳询 皇象 王铎）（说文 赵佶 王羲之 章草）

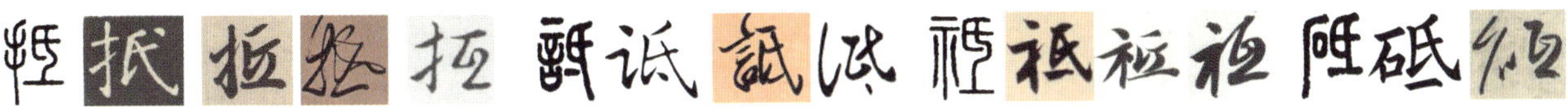

（说文 虞世南 赵孟頫 傅山 草字汇）（说文 王羲之 王铎 王羲之）（说文 米芾 智永 智永）（说文 颜真卿 王铎）

（说文 智永 章草）（说文 褚遂良 刘致 王羲之）（说文 颜真卿 苏轼 王羲之 朱熹 欧阳通）（说文 王铎）何绍基

辨析：

氏字拓展的字，不少字有异体字，或从互，或从丘，或从至，等等，各体可见。

氐 dǐ：至也，从氏下著一，一，地也。

底（庢 dǐ）：止住、停滞，最下面、底端，何、什么，的确。

低（仾 dī）：形声，从人氐声，本义为下，与高相对。

抵（扺拞 dǐ）：挤、推；抵赖，抵挡，触犯，抵达，相当等。

诋（詆詆詆 dǐ）：诬蔑、毁谤。

祗（袛祗祬 zhī）：敬、恭敬；适、仅、只。

砥 dǐ：质地很细的磨刀石；平定，阻滞，磨炼，平直、平坦。

羝（羝 dī）：公羊，三岁的白色公羊。

邸 dǐ：高级官员的住所，旅舍，停，屏风。

鸱（鴟鵄鴟鵄 chī）：一种凶猛的鸟，鹞子，又名鹞鹰、老鹰。

牴（牴 dǐ）：牛、羊等有角的兽类用角碰撞；触犯、冲突。

觝（觝 dǐ）：触犯、冲突；同牴、抵。

拓展：

厎 阺 呧 坻 衹 岻 弤 彽 怟 泜 茋 逦 柢 牴 祗 胝 瓰 眂 疷 眡 秪 袛 鸱 趆 罡 羝 蚳 甛 觝 貾 越 軧 跙 䄍 骶 軝 鴟

氏3：昏 涽 惛 棔 瑉 殙 阍 婚

（甲骨 甲骨 简帛 汉简 说文 褚遂良 赵孟頫 王羲之 蔡襄 王铎 柳公权 王羲之 王铎）（六书统 虞恭公）

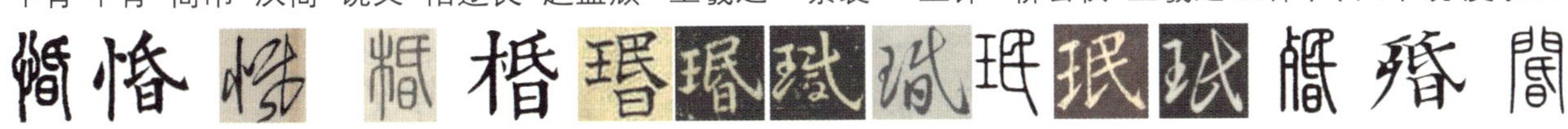

（说文 欧阳询 邓文原）（篆字汇 楷书）（文徵明 俞和 皇象 邓文原 说文 颜真卿 王珉）（说文 维摩诘）（说文

欧阳通 赵孟頫 王羲之 文徵明 章草）（金文 籀文 盟书 简帛 说文 桂馥 欧阳询 颜真卿 王羲之 王羲之 王铎）

辨析：

昏字有异体字昬，各体可从之。可拓展。

昏（昬 hūn）：日冥也。

涽（湣 hūn）：涽涽，昏乱。

惛（惽 hūn）：古同昏，迷乱、糊涂。

棔 hūn：树名，合棔，一名合欢；异体字可写“棔”。

瑉（珉 mín）：石之次玉者，瑉瑉，水玉也。

殙（殟 hūn）：昏乱，糊涂，神志不清；未立名而死；mèi，气绝。

阍（閽閽 hūn）：守门人，宫门，阍官之属。

婚（婚 hūn）：形声，从女昏声，因为古时黄昏迎亲，故昏亦兼表字义，本义是妇家；籀文婚，会意，其形不可强说。

拓展：

崏 掍 唔 焝 裍 瘖 睧 碈 緍 聒 諙 錇 闇 顅

P13.4 心昏拟效之方

礻（示）1：示 社 祈 祟 祡

（甲骨 甲骨 甲骨 甲骨 甲骨 甲骨 金文 秦简 说文 夏承碑 西狭颂 欧阳询 颜真卿 王羲之 王导 王羲之）

（金文 楚简 古文 说文 欧阳询 王羲之）（甲骨 甲骨 金文 金文 金文 说文 石韵府 异体字 王羲之 王羲之 赵之谦

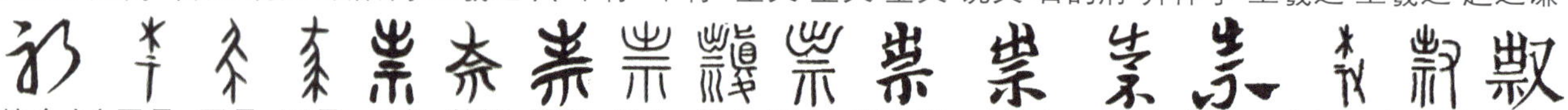

韵会）（甲骨 甲骨 甲骨 金文 楚简 简帛 说文 说文 说文 颜真卿 王羲之 王羲之 赵孟頫）（甲骨 说文 楷书）

辨析：

示字为象形，篆书从一到三条腿的字都有，横划又有一横或两横的情况，隶定字形稳定，草书从“一不”。祷宗祟祭奈等字可分别参见寿、宗或出、祭和奈等相关页。

示 shì：天垂象，見吉凶，所以示人也，从二，三垂，日月星也，示乃神事也；qí，通祇，地神。

社 shè：会意，从示从土，社土同字，本义是土地神。

祈 qí：形声，从示斤声，本义是向上天或神明求福。

祟 suì：会意，从示从出，示与鬼神有关，表示鬼魅出来作怪及制造的灾祸。

祡 suì：楚人谓卜问吉凶；古代祭名。

拓展：

际 柰 禀 票 赊 祭 際 徐 叡 萘 咔 沶 犿 婃 䃀 尉 䀹 𥄉 徖 惊 捺 斎 淙 猔 紫 综 蒜 萘 骕 养 嗦 涂 倧

礻（示）2：神 禅 祚 禆 禊 禋

（金文 汉简 诅楚文 马王简 说文 曹全碑 欧阳询 颜真卿 皇象 索靖 索靖）（说文 宋徽宗 智永）（说文 智永 王羲之）

（说文 成亲王 岳飞 王铎）（金文 徐三庚 赵孟頫 黄庭坚 王羲之 李洤）（简帛 清华简 说文 辟雍碑 虞世南 傅山）

1（皇象 王羲之） 皇象 皇象 王羲之 王羲之 怀素 2（皇象 怀素）（王羲之 智永）黄庭坚 黄庭坚 章草 章草

辨析：

示旁的字常与神事有关，草书笔画次序为点横竖后，左上起笔往左下，再向右挑。与衣旁辨（见第三行 2 的例字）：衣旁草书有两种，一为皇象一类的章草，同示字草书；一种为今草，左边只写一个点。历代书家“衣示”草书相混严重，书谱神字的示旁，存在着两种不同的草法，正是这种现象。拓展的字可参见所涉字根页。

神 shén：会意，从示申，“申”是天空中闪电形，古人以为闪电变化莫测，威力无穷，故称之为神，本义为神灵。

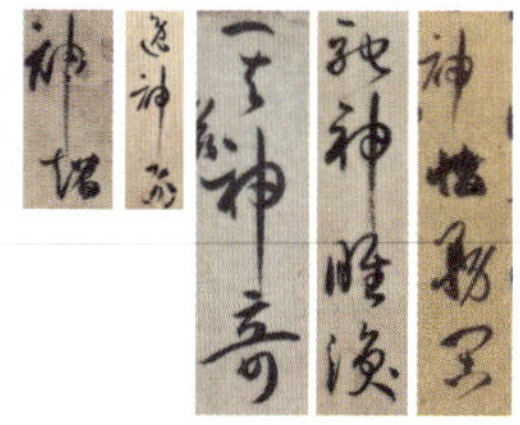

禅（禪 chán）：表示与佛教有关的事物；指禅房。

祚 zuò：形声，从示乍声，福、福运，帝位。

禆 pí：为裨的讹字。

禊 xì：古代春秋两季在水边举行的清除不祥的祭祀。

禋 yīn：祭名，升烟祭天以求福；泛指祭祀。

拓展：

1. *礼 禄 祷 福 禧 祥* 祖 祍 褚 视 祈 社 祛 2. *初 被 袍 袒 褥 裸* 裨 袖 衬 裤 祖 补 褪 禅 祥

P16.5 其神奇 P23.5 神怡务闲 P36.1 思怡神超私门械誓 P36.4 驰神睢涣 P38.3 翰逸神飞

世1：世 泄

（甲骨 仓颉 金文 金文 金文 简帛 说文 六书统 邓石如 兰亭序 夏承碑 曹全碑 曹全碑 校官碑 邓石如 隶辨

王羲之 欧阳询 虞世南 钟繇 王羲之 褚遂良 赵孟頫 智永 赵佶 王羲之 米芾 吴琚 赵孟頫 皇象 索靖 王羲之

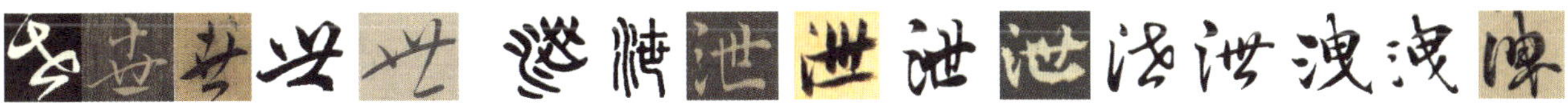

张旭 米芾 王宠 赵孟頫 康里巎）（简帛 说文 王羲之 张瑞图 王羲之 皇象 王羲之 黄彰任 智永 吴昌硕 朱熹）

辨析：

世字的异体字较多，常用的有丗、卋和亗三种，楷行草可从其结构，草书还可写“戈（无点）横”。

世（丗亗 shì）：指事，古人以三十年为一世，从卅而曳长之，亦取其声，“止”上加三个圆点，表三十年，止乃到此为止，本义是三十年。

泄（洩 xiè）：形声，从水世声，本义为泄水，在江西。

拓展：

世 伳 呭 屉 怈 抴 绁 迣 朑 枻 跇 呭 袣 痮 袦 屜 笹 紲 詍 跇 鉪 靾 髰 齛

世2：抴 绁 枻 贳 勩 迣 屉 屟 笹

（说文 简帛）（金文 说文 赵孟頫 王羲之）（篆字汇 褚遂良 赵孟頫 康里巎）（金文 说文 赵孟頫 王铎 于右任 章草）

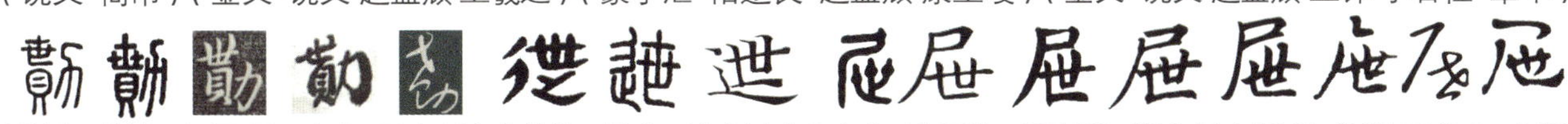

（说文 说文 赵孟頫 陈豪 于右任）（楚简 说文 维摩诘）（金文 欧阳询 颜真卿 柳公权 赵孟頫 鲁迅 王羲之 章草

邓石如 欧阳询 褚遂良 赵孟頫 王羲之 米芾 王铎 谭世凯）（说文 维摩诘 六书通 傅山 于右任）（金文 简帛 楷书）

辨析：

世字乃止上加三个圆点，表三十年，草书：1.快写；2“戈（无点）横”，作为字根一般只写“戈（无点）”，参见戈字的用法。可拓展。枼和葉（叶）字从世字，见枼页。

抴 yè：拉、牵引，后作曳；连缀；船桨。

绁（紲絏 xiè）：系也，从系世声，绳索，系牲口的缰绳。

枻 xiè：矫正弓弩的器具、船舷、船桨、一说船柁。

贳（貰 shì）：出租，出借。

勩（勚 yì）：劳苦。

迣（紲絏 xiè）：绳索，牵引牲畜的绳索；系、拴或捆绑。

屉（屜 tì）：抽屉，某些床、椅子、柜子的架子上可以取下的部分。

屟（屧 xiè）：同屧；tì，同屉，抽屉。

笹 shì：同屉（日本汉字）。

拓展：

朑 跇 呭 袣 痮 袦

市 闹 沛 柿 姊 铈

（甲骨 金文 楚简 秦简 简帛 简帛 说文 邓石如 张迁碑 曹全碑 欧阳询 颜真卿 宋徽宗 王羲之王羲之）

（简帛 说文 颜真卿 傅山 黄庭坚 颜真卿 王羲之 韵会）（说文 欧阳询 颜真卿 王羲之 王羲之 智永 怀素）

金文 王羲之 欧阳询 颜真卿 王羲之 赵孟頫）（金文 颜真卿 王献之）（金文 粗篆 陆柬之 王羲之 章草）

辨析：

市字的篆书从“之”（篆书可参见之页），隶楷已不见“之”字结构，草书从隶定写法，点竖可连写。可拓展。

市 shì：会意，金文字形，上面是“之”（往）下面是“兮”，表市场嘈杂声，本义是市场。

闹（鬧閙吏 nào）：会意，从市从門（斗），市场上的争吵、喧闹，本义为嘈杂、喧扰。

沛 pèi：形声，从水市声，本义为沛水。

柹 shì：植物名。

姊 zǐ：同姊。

铈（鈰 shì）：稀土族中丰度最高的元素，原子序数 58，是优良的还原剂，可用来制合金。

拓展：

伂 抪 吥 犻

式 伩 拭 栻 试 轼 弑 絉 䳅

（楚简 秦简 李斯 说文 帛书 辟雍碑 欧阳询 颜真卿 王羲之 晋祠铭 孙过庭 李淦 米芾 宋克）

（小篆 楷书）（六书通 隶辨 颜真卿 孙过庭 王铎）（篆字汇 张栻 傅山）（说文 乙瑛碑 颜真卿 宋徽宗 王羲之

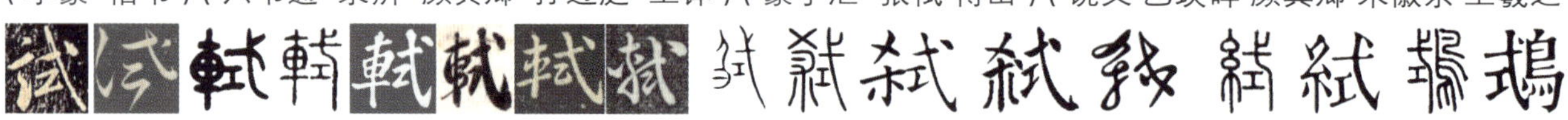

米芾 宋克）（金文 说文 苏轼 苏轼 皇象 苏轼）（古文说文 王羲之 颜真卿 王羲之）（说文 楷书）（说文 楷书）

辨析：

式字从弋从工，隶定字形稳定，行草书为快写。可拓展，其中，轼字的异体字有殺（杀）字，参见杀页。

式 shì：形声，从工弋（yì）声，工有“矩”的意思，本义为法度、规矩。

伩 chì：忧愁，惊恐，心不安。

拭 shì：形声，从手式声；本义为揩、擦。

栻 shì：古代占卜用的器具，形状像罗盘，后来叫星盘；古书上说的一种树。

试（試 shì）：形声，从言式声；本义为用、任用。

轼（軾 shì）：形声，从车式声，设在车箱前面供人凭倚的横木。

弑 shì：地位低的人杀死地位高的人，异体字有殺、弑、戗、弒。

絉 zhì：律令之书也，同织。

䳅 chì：谿䳅，水鳥也，毛有五色，建州圆经曰：溪游，雄者左，雌者右，皆有式度。

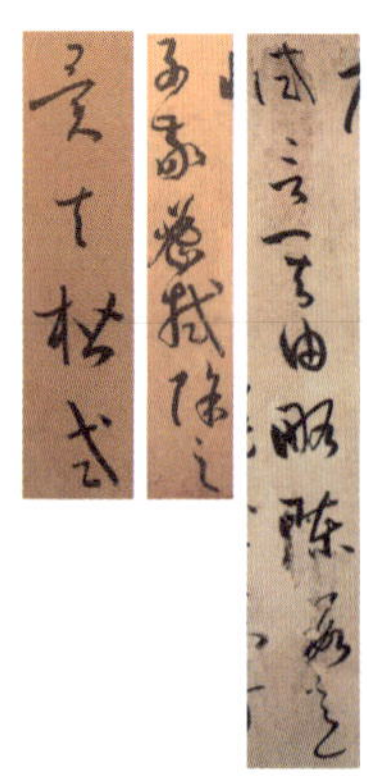

拓展：

忯 烒 鉽

P31.2 异夫揩式　P9.3 子敬密拭除之　P34.4 拭言其由略陈数意

事

甲骨 金文 石鼓 辅白敦 盟书 楚简 秦简 说文 欧阳询 曹全碑 宝子碑 唐玄宗 欧阳询 颜真卿 柳公权 灵飞经

钟繇 王羲之 王羲之 王献之 谢安 李煜 怀素 皇象 王羲之 王羲之 王献之 桓温 智永 张旭 蔡襄 米芾

辨析：

事字的隶定字形稳定，行书就是快写，口字可简为一横或两点，从钟繇、王羲之和怀素，可以清晰地看出其连写过程。事字的草书其实是中间部件“口＋彐”的简省与连写，尾巴有长有短，绕的圈可大可小。

事 shì：会意字，商代甲骨文从又持中，又为手之象形，中为猎具，手持猎具会治事意，事与史同源，在甲骨文原本一字，到西周时，事开始从史字中分离出来，本义为官职。

拓展：

傳 剚 餕

P4.3 故无惭于即事　P8.3 事资尊显

是 1：是　偍　湜　諟　提　堤（隄）琝　缇

（金文 金文 楚简 楚简 盟书 秦简 说文 说文 张迁碑 好太王 钟繇 王献之 赵孟頫 智永 朱耷）（说文 金刚经）

（简帛 说文 欧阳询 孙中山 毛泽东）（说文 赵孟頫）（楚简 秦简 说文 曹全碑 欧阳询 赵孟頫 苏洵 王羲之 空海）

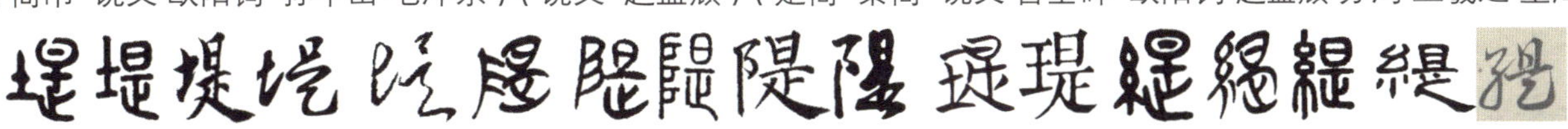

（金文 说文 智永 王羲之 毛泽东 简帛 秦简 说文 颜真卿 王铎）（简帛 楷书）（金文 简帛 说文 曹全碑 邓文原）

辨析：

是字从日正，正、疋、止、之和足等等同源，各体从之的写法累见，草书从足（草书）。可拓展。

是（是 shì）：会意，小篆字形，从日正，本义是正，不偏斜。

偍 shì：走路的样子，苗条的样子，古同是，准则，古同恃，依仗；tǐ，停止。

湜 shí：形容水清见底。

諟 shì：諟正，同是正，订正；dì，古同谛，审谛。

提 tí：形声，从手是声，悬持、悬空拎着物品；dī，提防，提溜。

堤（隄 dī）：形声，从土是声，河堤、堤坝。

琝 tí：玉名。

缇（緹 tí）：红黄色，丹黄色。

拓展：

匙 偍 喂 崼 徥 惿 逞 骎 榅 題 腥 匙 煶 觬 踶 諟 趧 鍉 鯷 鳀 瓕

P9.6 是知逸少

S

是2：禔 媞 鞮 褆 醍 踶 趧 匙 题 韪 寔

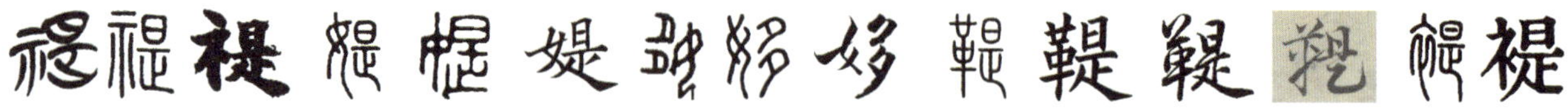

（简帛 说文 吴彩鸾）（说文 邓散木 孝慈墓 甲骨 说文 张即之）（说文 欧阳询 赵孟頫 邓文原）（说文 楷书）

（简帛 说文 颜真卿 赵孟頫 王铎 王铎）（说文 文徵明）（说文 楷书）（金文 简帛 说文 虞世南 鲁迅 王羲之）

（简帛 说文 宋珏 颜真卿 赵孟頫 宋克 王铎 朱耷）（金文 说文 赵孟頫 王羲之 王羲之）（说文 王羲之 智永）

辨析：

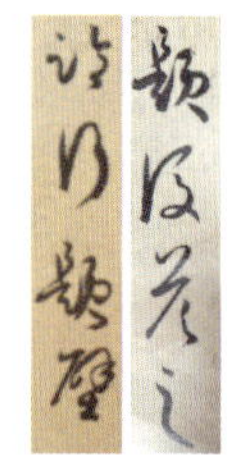

是字拓展的字，需注意所涉字根的变化，所涉字根可参见相关页，

禔 tí：安，安享，福，喜；zhǐ，通祇，恰好。

媞（姼 tí）：媞媞，美好，安详；莎草的子实；异体字有姼，美女，引申为美，扬子方言南楚谓父考曰父姼，母妣曰母姼。

鞮 dī：古代用皮制的鞋。

褆 tí：衣厚褆褆；衣服好的样子，衣服端正。

醍 tǐ：较清的浅赤色酒，醍齐（红酒）；tí，最精纯的酥酪，醍醐灌顶。

踶 dì：用蹄子踢、踏。

趧 tí：趧娄，中国古代少数民族的舞曲名。

匙 chí：古时盛食物的器具，后来的茶匙、汤匙；shi，钥匙。

题（題 tí）：形声，从页是声，额头；题目、标题，标签，奏章，评论，鸣、叫。

韪（韙 wěi）：形声，从是韦声，是，对；善，美好。

寔 shí：通是，此、这；通实，确实、实在；通置，放置。

拓展：

騠 蝭 稊 睼 碮 禔 鯷 湜 糔 蕿

P9.3 临行题壁　P7.3 题后答之

手扌1：手 拜 掌 拿 拳 掰 掣 挛 拏

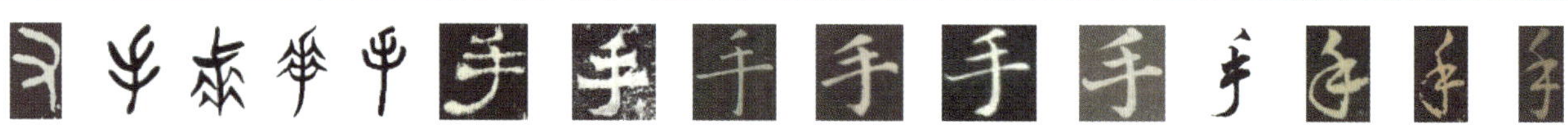

（甲骨 金文 楚简 说文 说文 史晨碑 宝子碑 欧阳询 颜真卿 灵飞经 赵孟頫 米芾 皇象 王羲之 智永）

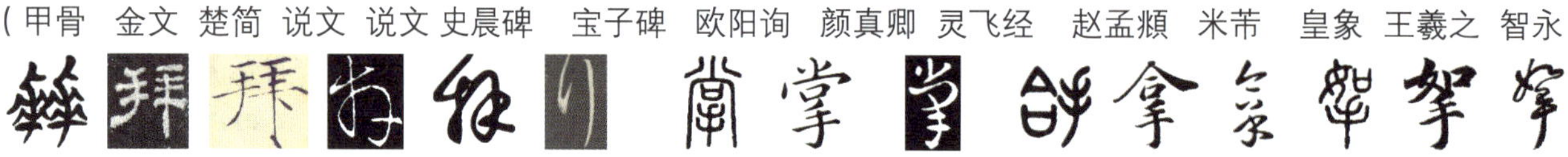

（简帛 史晨碑 赵佶 王羲之 王羲之 王羲之）（说文 王羲之 索靖）（金文 智永 王羲之 说文 智永 傅山）

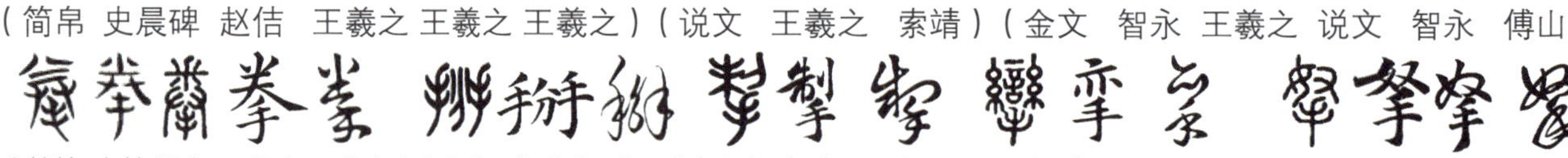

（楚简 秦简说文王羲之王羲之）（金文 虞世南 流江）（金文 智永 王羲之）（说文 欧阳询 王羲之）（说文 智永 王羲之 傅山）

辨析：

手字有手、扌、爫（见爪页等）等多种写法，手字的行书为快写，米芾的写法更具古意，草书为改变书写顺序，撇起笔后先写竖勾，再写两横。拓展性强。

手 shǒu：象形，小篆像伸出五指形，本义为人体上肢的总称，一般指腕以下的部分。

拜 bài：两手合于胸前，头低到手，古代表示敬意的一种礼节。

掌 zhǎng：手掌，手心。

拿（拏 ná）：会意，手合起来，表示握持，字本作拏，从手奴声，本义是握持。

拳 quán：紧握的手，俗称拳头。

掰 bāi：用手把东西分开或折断。

掣 chè：牵引，拉。

挛（攣 luán）：形声，从手䜌声，维系，牵系；抽搐、痉挛，手足蜷曲不能伸直。

拏 ná：牵引也，从手奴声。

拓展：

攀 挈 挚 挐 柴 挙 拏 舒 拳 拏 擊 弄 挲 閈 擎 掣 擎 掌

P12.4 心手双畅

手扌2：扌 挥 挖 拂 摔 披 抱 抛 抵 挑 护 操

（说文 欧阳询 灵飞经 颜真卿 王羲之 黄庭坚 赵孟頫 王羲之 王宠 宋克）（金文 柳公权 王羲之 章草）

（说文 颜真卿 索靖）（金文 智永 王羲之 章草）（说文 王羲之 孙过庭）（说文 颜真卿 祝允明）（说文 王铎）

（说文 米芾）（说文 王羲之 赵孟頫 赵孟頫）（说文 颜真卿 王羲之 空海）（说文 褚遂良 宋徽宗 智永 怀素）

辨析：

扌旁字形稳定，行草书为快写。可拓展。

挥（揮 huī）：形声，从手军声，本义是抛洒、甩出。

挖 wā：挖为穵的俗字，形声，从手穵声，本作"穵"，穵乃空大的意思，本义是掘。

拂 fú：形声，从手弗声，本义为拂拭、掸除。

摔 shuāi：形声，从手率声，本义是用力扔在地上。

披 pī：形声，从手皮声，本义是引柩帛；分开、裂开，覆盖在肩背上。

抱 bào：形声，从手包声，本义是用手臂围住。

抛 pāo：投，扔，弃而不顾，甩落，露出、显露。

抵 dǐ：形声，从手氐声，本义是挤，推。

挑 tiāo：形声，从手兆声，本义是挑拨，挑动、挖取；承担、担当，抬举；修长貌，多指身材。

护（護 hù）：形声，从言蒦声，本义是保卫，保护。

操（摻 cāo）：形声，从手，拿着，握在手里。

拓展：

接 揽 摇 搓 搔 插 拯 揍 揀 擒 提 搬 摸 捕 掉 捧 拨 拔 摘 挂 打 捲 措 揪 揆 揭 找 把 拖 扫 扑 招 拾 披 挤 捏 擦 担 摆 捡 拉 抄 投 扶 拦 推 摧 技 抱 拴 措 拍 折 指 扎 搅 搽 扬 抽 抓 控 扔 拼 握 拜 拞 抛 拡 拢 拣 抹 拥 拦 拧 择 拓 挝 挞 挟 挠 挡 捕 搜 搥 摁 搭 搃 换 捉 拶　P13.5 手迷挥运之理

手扌3：抻 抗 抰 抲 拕 拚 挌 挍 抡 挏

（金文 金文 欧阳询 颜真卿 赵孟頫 王羲之）（说文 彭玉雯）（说文 邓石如）（说文 楷书）（甲骨 帛书 说文

楷书）（说文 汉简 智永 欧阳询 褚遂良 颜真卿 柳公权 赵孟頫 王羲之 黄庭坚 李洤 章草）（说文 日本

欧阳询 文徵明 王铎 桑悦）（古文 颜真卿 王羲之 米芾）（说文 颜真卿 颜真卿 王铎 王羲之）（说文 楷书）

辨析：

扌旁字形稳定，拓展的字较多，所涉字根可参见相关页。

抻 chēn：扯，拉长，拖延。

抗 yǎo：古同舀，舀取；tāo，舀具。

抰 yāng：拿牲口驾车用的皮带击打。

抲 hē：指挥；hè，同荷，担负；qiā，同搳，扼；握，持。

拕 tuō：同拖；《广韵·歌韵》拕，曳也，俗作拖。

拚 pàn：舍弃，不顾惜，争斗，拚命、拚死；pīn，同拼；fān，古同翻，飞的样子。

挌 gé：击、格斗，止；同格。

挍 jiào：同校，比较、估量；《正韵》角也，比也，又计量也。

抡（掄 lún）：挑选，选拔；lūn，挥动或挥舞，任意浪费家财，猛拉。

挏 dòng：摇动，推引，撞击；古同恫，恐惧；方言，自上掷下。

拓展：

扻 扐 扖 扒 扗 扣 扨 扗 扚 扜 扞 扟 扠 扡 扢 扣 扤 扥 扦 扨 扱 扴 扪 扫 扴 扵 扶 扸 扻 扺 扗 扐 拘 拉 拐 拕 扰 拚 抎 抏 抐 抔 抙 抜 抝 択 抣 抸 抶 抪 扷 抚 抬 抭 抮 抯 抯 拁 抰 抶 拸 抵 拇 抷 拦 抲 拃 抛 拐 拔 拜 拞 抛 拡 抹 抗 抓 拔 抑 拕 拯 拨 扎 拎 拆 拗 拏 拐 拖 拙 拶 拕 拥 拂 抈 挃 挴 挵 挶 挸 捘 挾 捕 捀 捁 捃 捄 捇 捐 捑 捒 捔 捖 捗 捘 捙 捚 捜 捝 捞 捤 捥 捦 捧 捨 捩

手扌4：扼 抴 抶 扽 扫 抩 拊 拑 拪 拹 抮

（维摩诘 赵孟頫）（古文说文 六书正讹 帛书 楷书）（说文 五经）（金文 邓石如 简帛 张即之 卢中南 智永 王羲之）

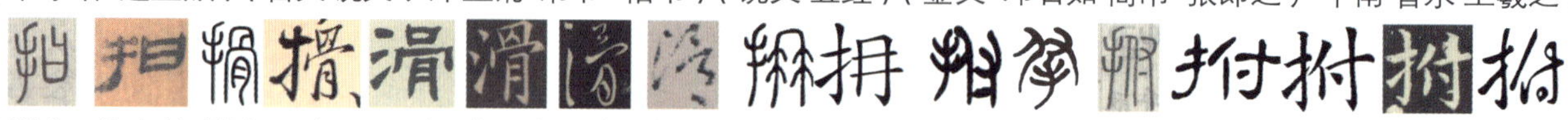

（说文 北大简 说文 王铎 邓石如 欧阳询 王铎 朱耷）（说文 楷书）（金文 简帛 说文 曹全碑 虞世南 皇象 王羲之）

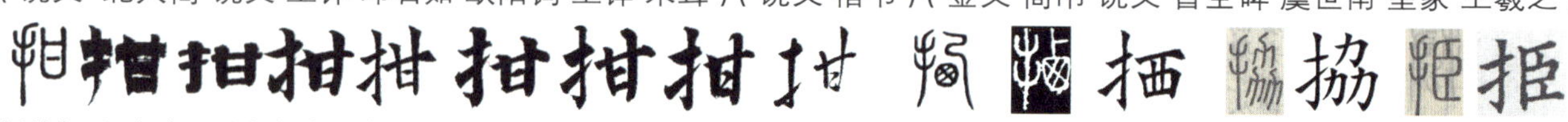

（说文 金农 伊秉绶 智永 欧阳询 颜真卿 柳公权 王羲之 郑板桥）（古文 李阳冰 欧阳询）（说文 楷书）（说文 五经）

辨析：

本页需注意异体字各体的变化。扌旁有近700字，常用的149个“把拌批拔撇摈撤掺操揍搭拙据撺抢挞擅摒扳扶拂搏拱拘挥捍拾搌撗捆拆撞掠讲掬拒挨抗拷措控抠挎捆拦拆擂摞捩撩捋抿拇摊攘捌拧披摽扑挤挢掘擢撖撮拴撚括捨拓抵抵拭投攎摭捽扨持搜揭撢搪掏掭挺撞托扐握抚拘挏揄攕攕捎揎扻挽撰擴扩捞掩揠扬挠搯拽擬拟拭挹扰抽掷掇援搔抓採招挑折执挚势热垫亵揁扯批搯挺捷揰籒拄抟推擢掉揍擽搏挫”已经在相关字根所在页列示。其他拓展的字根，亦可参照相关页。

扼 nǐ：手指物，古同柅，止；ní，研磨，古地名。

抴 yè：拉、牵引，后作曳；连缀；通枻（yì），短桨，一说是绑弓的器具。

抶 chì：用鞭、杖或竹板之类的东西打，鞭打。

扽 dèn：拉；猛拉，使伸直或平整，〈方〉拉紧；异体字有扥、攱、扥和撜。

扫（搰 hú）：同搰，发掘；裂，牵动；gǔ，搅乱；《正字通》扫（扌曰）字之伪；异体字有搰、滑和扫。

抩 nán：说文曰，并持也，从手冄声。

拊 fǔ：形声，从手付声，抚摸；体恤抚慰，击，抚养，弹奏；拊掌、拍手，表示惊讶，恼怒或欢喜。

拑 qián：形声，从手甘声，胁持，夹住；同钳，合拢，闭住；徐灏笺：“从手曰拑，从竹曰箝，从钢铁曰钳，通用则不别也。”

拪 qiān：古同迁。

拹 xié：摧折。

抮 zhěn：擦试，缠束；古同赈，救济。

拓展：

垫 拫 挕 挧 拸 捒 掕 挀 拴 拢 拺 搩 拚 挒 挖 挔 挕 挗 拨 挜 挢 挦 挧 挪 挹 抱 挮 挑 抸 挧 挆 抗 挄 拘 拞 挽 揷 拍 拷 拾

首 䭫 䭭 馗 衜

（仓颉 甲骨 甲骨 甲骨 金文 金文 盟书 楚简 简帛 李阳冰 曹全碑 赵孟頫 王羲之 皇象 皇象 索靖 王羲之）

（金文 金文 金文 金文 金文 金文 带钩首 说文 李阳冰 颜家龙 邹武生）（篆字汇 颜真卿 王羲之 王羲之

李洤 郭沫若）（说文 上博简 隶辨 欧阳询 颜真卿 王羲之 王羲之 李洤 章草）（金文 石鼓文 石韵府 徐渭）

辨析：

首为头，篆书象形，隶定字形稳定，草法，上边为快写，下边的自字草化为口字，写两点或两点连写。可拓展。道和猶字从首，见道猶（犹）页。

首 shǒu：象形，篆书字形上面是头发和头皮，用以表示头盖，下面是眼睛，用以代表面部，本义是头。

䭫 qǐ：首至地，即叩头至地，后作稽。

䭭 shǒu：造船工程上指船首。

馗 kuí：四通八达的道路；人名用字，如唐玄宗時有钟馗；qiú，中馗，菌。

衜 dào：古同道。

拓展：

馗 勓 脜 湭 馘 頧 髻

寿 1：寿 铸 涛

（甲骨 金文 金文 金文 楚简 楚简 齐白石 说文 礼器碑 郑板桥 王羲之 颜真卿 欧阳询 柳公权 赵孟頫

王羲之 王献之 米芾 黄庭坚 黄庭坚 赵孟頫 史游 王羲之 隋炀帝 蔡襄 吴说 赵孟頫 邓文原 王铎）

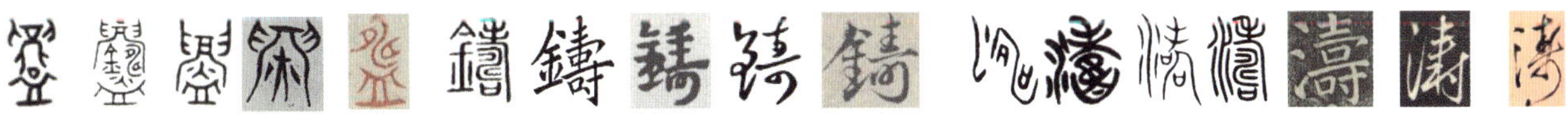

（甲骨 金文 金文 盟书 石韵府 说文 褚遂良 皇象 王羲之 邓文原）（甲骨 简帛 古文 说文 颜真卿 赵孟頫 王铎）

辨析：

寿字及拓展的字，篆书字形繁杂，异体字较多，但核心意义表达清楚，寿字有长发和长流水形，寿字的草书写法是“寿宜圭与可（百韵歌）”。拓展的繁简字本页予以列示，其中 1.1 与 2.1 为字形可以一一对应的。铸字的篆书，为金属器物的铸造象形，隶定从寿字。

寿（壽𠷎 shòu）：久也，从老省畴声，从老省即上面像“老”的上半部，本义是长寿；异体字有：𠭞、𠷎、壽、𡔻、耈、𦒐、𡕝、儔、𦓃、𦓁、𪏰、𡕞等等。

铸（鑄 zhù）：形声，从金寿声，甲骨文上面是双手拿“鬲”（lì，古炊具），下面是“皿”，鬲、皿表熔化金属的锅炉，中间像被熔铸的金属，小篆变为形声字，本义为铸造。

涛（濤 tāo）：形声，从水寿声，大波。

拓展：

1.1 俦 诪 隯 帱 涛 㤽 荮 梼 焘 祷 畴 铸 筹 踌 捣 祷（以下略）
2.1 儔 譸 隯 幬 濤 懤 薵 檮 燾 禱 疇 鑄 籌 躊 擣 禱 禱 嶹 飀 懟 璹 糯 纛 鰝 嚋 壔 犨 㿒 嚋 翿 魗
2.2 燽 軇（身卓）醻（酬）騳（裯）
P51.1 镕铸虫篆

寿 2：俦 诪 帱 畴 踌 嚋 壔 梼

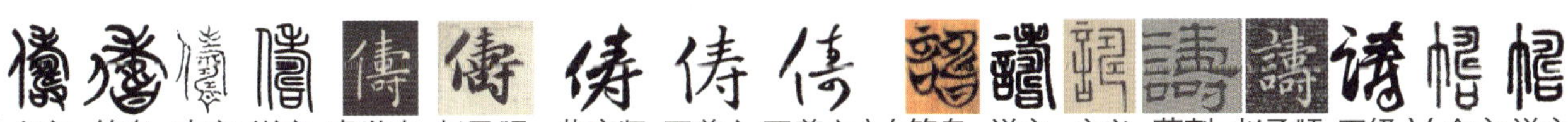

（金文 简帛 古文 说文 虞世南 赵孟頫 黄庭坚 王羲之 王羲之）（简帛 说文 广义 萧喇 赵孟頫 王铎）（金文 说文

彭玉雯 柳公权 章草）（楚简 秦简 古文 说文 说文 颜真卿 欧阳询 赵孟頫 人帖 王珣）（甲骨 甲骨 甲骨 六书通

六书通 姚孟起 祝永明 王羲之 黄庭坚 王铎 章草）（金文 汗简 鲜于枢）（说文 楷书）（简帛 说文 赵孟頫 黄庭坚）

辨析：

寿字拓展的字，篆书多从长发形和流水形，各体只从流水形的字累见。

俦（儔 chóu）：形声，从人寿声，本义为伴侣。

诪（譸 zhōu）：诪张、欺诳，诅咒；chóu，代词；表疑问，相当于谁。

帱（幬 chóu）：帐子，车帷；dào，覆盖。

畴（疇 chóu）：形声，从田寿声，本义是已耕作的田地；说文和古文或省田字。

踌（躊 chóu）：形声，从足寿声，踌躇、徘徊。

嚋 zhōu：古同譸；chóu，古同畴，谁。

壔 dǎo：土堡。

梼 chóu：刚木，木材坚硬的树；táo，梼杌，古代传说中的恶兽；古代传说中的恶人；中国春秋时楚国的史书；dào，棺。

S

寿3：𢭏 璹 燽 ⿰牜壽 禱 醻 焘 筹

（金文 金文 说文 六书通 五经 黄庭坚）（说文 赵之谦 米芾 毛泽东）（广义 虞世南 王铎）（说文 说文 楷书）

（楚简 石经 说文 说文 校官碑 娄机 褚遂良 颜真卿 皇象）（说文 彭玉雯 倪元璐 说文 王羲之 王宠 张弼）

（说文 赵孟頫 柳公权 王铎 王羲之 刘焘 章草）（说文 张迁碑 林散之 褚遂良 王铎 王羲之 文徵明 章草）

辨析：

寿字拓展的字，除了本身从长发形和流水形的变化，还有异体字的变化，如醻字一般写酬。

𢭏 dǎo：手推也，见擣。

璹 shú：玉器，玉名。

燽 chóu：显著。

⿰牜壽（⿰牜寿 tāo）：牛羊不生子。

禱（祷 dǎo）：形声，从示寿声，向神求福的一种迷信行为；祝愿，敬辞（书信用语）。

醻（酬 chóu）：同酬；shòu，报爵，通壽；dào，美酒名。

焘（燾 dào）：覆盖，载、承受；tāo，dào的又音，多用于人名。

筹（籌 chóu）：形声，从竹寿声，计数的用具，壶矢，签筹、算筹，筹措；条、个、位，用以指人的多少。

受1：受（授 绶） 辞（辤 辭） 覶（䙯） 亂（乱）

（甲骨 金文 石鼓文 说文 李阳冰 肥致碑 欧阳询 颜真卿 皇象 王羲之 智永）（索靖 怀素） 赵孟頫

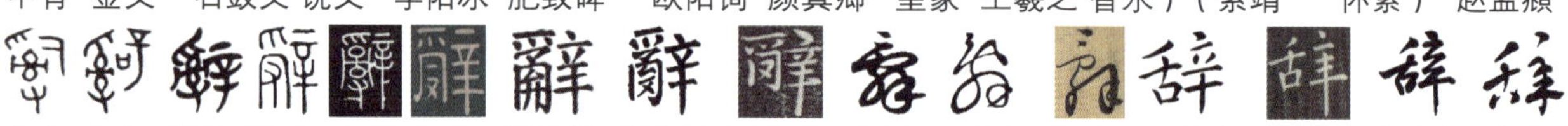

（金文 金文 简帛 说文 李斯 钟繇 颜真卿 柳公权 赵孟頫 索靖 王羲之 怀素 王羲之 欧阳询 黄庭坚 章草）

（说文 敬客 楷书 孙过庭）（金文 古文 楚简 说文 颜真卿 苏轼 董其昌 欧阳询 皇象 王羲之 王献之 贺知章）

辨析：

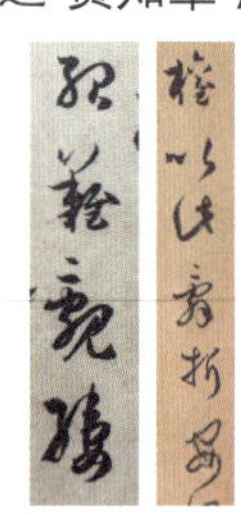

受字的篆字为双手一舟形，草化时上边表示手的符号“爫”写成两点，中间的船变“冖”，下边保留又，可拓展。覶（辤）、覶（䙯）和亂（乱）等字，左边与受字楷书有相同或相近的结构，因此草书有异体同形的写法。

受 shòu：会意，甲骨文像两手（二“又”）中间有一只舟，“舟”是声符，表示传递东西，本义为接受、承受。

辞（辤辭 cí）：乱从舌，辞讼，异体字有辤，《说文》本义是诉讼，打官司，引申为诉讼时的言辞，小篆中辞变形为从受从辛，专表推辞、拒绝，以与本义为“诉讼”的“辞”区别。

覶（䙯 luǎn）：看东西的样子；luó，好视，善意地看。

覶缕 luó lǚ：乃委曲也，古书亦作覼缕，详言之意。

亂（乱 luàn）：会意，金文字形，像上下两手在整理架子上散乱的丝，是“乱”的本字，本义为理丝。

拓展：

浸 阕 唆 悛 閿

P8.1 敬虽权以此辞折安所鉴　　P29.4 殆难覶縷

S

受 2：（受）授 绶 辤 阌 閿

（金文 古文 古文 简帛 说文 熹平碑 欧阳询 褚遂良 颜真卿 柳公权 赵孟頫 王羲之 颜真卿 索靖 怀素 傅山

怀素 傅山）（史墙盘 简帛 说文 王基碑 颜真卿 王铎 王羲之 邓文原）（籀文 说文 颜真卿 何绍基 苏轼 董其昌

智永 怀素 王铎）（金文 汉印 梁培生 王羲之 欧阳询 颜真卿 柳公权 赵孟頫 赵孟頫 王铎 王羲之 张瑞图 章草）

辨析：

受字的篆字为双手一舟形，隶定字形稳定。草书，上边表示手的符号“爫”草化成两点，中间的船变“冖”，下边保留又，拓展的字，各体累见。

授 shòu：会意，从手从受，受声，给予、交给，任命；通受，接受。

绶（綬 shòu）：形声，从糸受声，丝带，古代用以系佩玉、官印等，绶带的颜色常用以标志不同的身分与等级。

辤 cí：不受也，从辛从受，同辭；辞，籀文辤。

阌（閿閺 wén）：地名用字，阌乡，在中国河南省灵宝县。

拓展：

浸 啜 慢 諁

兽（獸）

甲骨 甲骨 甲骨 金文 石鼓文 楚简 说文 隶辨 欧阳询 颜真卿 赵孟頫 宋徽宗 王羲之 欧阳询 陆柬之

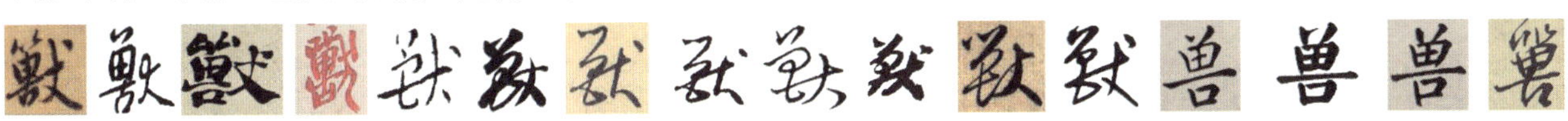

赵孟頫 朱耷 徐渭 吴昌硕 索靖 智永 怀素 陆柬之 颜真卿 赵构 赵孟頫 宋克 王羲之 颜真卿 柳公权 王铎

辨析：

兽字从嘼从犬，草书，上面两个口草化为两点，田写三角，下边的口字，使转后为倒三角，中间一横带过，犬可以反起笔（朱耷）不写点。兽之草书一脉相承，索靖的写法被历代所追循。简体字兽字写两点即源于草书的楷化结构。

兽（嘼獸 shòu）：会意字（小篆字形），上像耳，中像头，下像足踩地，兽本是禽兽的总称；古另有“兽”字，指捕捉禽兽的活动，二字通用。

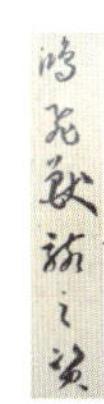

拓展：

P11.2 鸿飞獸骇之资

S

殳 1：役 役 投 殴 芟

（甲骨 甲骨 金文 简帛 说文 王羲之 欧阳询 颜真卿 王羲之 王羲之 邓文原）（甲骨 甲骨 简帛 任询 傅山）

（甲骨 金文 简帛 衡方碑 曹全碑 王羲之 王羲之 王羲之 宋濂）（金文 简帛 说文 欧阳询 颜真卿 王羲之

皇象 智永）（简帛 秦简 说文 颜真卿 王羲之 章草）（甲骨 金文 金文 简帛 说文 褚遂良 王羲之 章草）

辨析：

殳（见图）字楷化后一般有王羲之、欧阳询和颜真卿三种写法，草书亦有三：1. 殳形，省略起笔的“丿”；2. “又”形，省略“几”；3. “攵”形。可拓展。

殳 shū：象形，甲骨文像手持长柄勾头似的器具，本义为一种用竹或木制成的、起撞击或前导作用的古代兵器。

伇 yì：从殳从彳，戍边；古同役。

役 yì：戍边也，执殳巡行也；古文役，从人。

投 tóu：会意，从手从殳，殳古兵器，合起来表示手拿兵器投掷。

殴（毆 ōu）：形声，从殳区声，殳乃古代兵器，用以撞击。

芟 shān：会意，从殳（兵器），以殳除草，本义为铲除杂草，从叟的篆书为讹变形。

拓展：

段 吺 坄 芟 炈 杸 炈 祋 投 疫 砓 豛 䝪 茯 垼 羖 菠 殿 豰 跛 匓 豰 酘

殳 2：疫 股 骰 殁 没 毁 毄

（甲骨 甲骨 金文 简帛 说文 王羲之 王羲之 章草）（金文 简帛 说文 樊敏碑 王羲之 王羲之 王羲之 宋克）

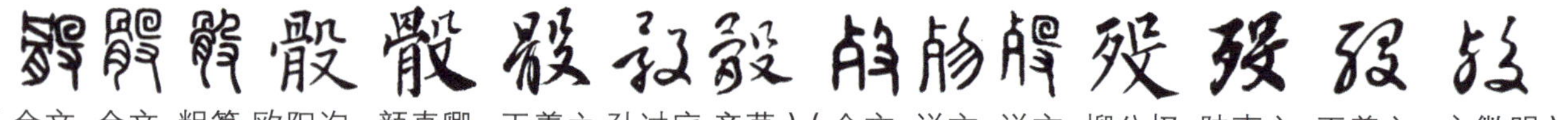

（金文 金文 粗篆 欧阳询 颜真卿 王羲之 孙过庭 章草）（金文 说文 说文 柳公权 陆柬之 王羲之 文徵明）

（说文 赵孟頫 张芝）（金文 简帛 说文 唐玄宗 智永 柳公权 智永 怀素）（甲骨 甲骨 甲骨 金文 说文 楷书）

辨析：

殳字作为字根，本页的字应注意骰、殁和没字的篆书都有从叟的形态。

疫 yì：形声，从疒役省声，本义是瘟疫。

股 gǔ：形声，从肉殳声，本义为大腿。

骰 tóu/shǎi：骰子，博彩具。

殁（殁 mò）：形声，从歺叟（mò）声，歺残骨，与死亡有关，本义是死。

没（溲沒 méi）：会意，从叟，表示入水有所取，本义为沉没水中。

毁（毀 huǐ）：形声，从土，表示与瓦器有关，本义是瓦器缺损。

毄 guǐ：揉屈，强击。

拓展：

殶 敲 殷 殷 堠 㢆 毃 郩 缎 葮 鍛 毄 觳 觳 豰 彀 鞍 殸 嫛 帑 毂 搬 椴 毂 溉 瑕 腶 菔 蔽 蘐 噝 臀

槃 㲊 礙 墢 廢 愨 擊 擊 撥 檄 毆 槃 瘢 散 碬 擊 穀 繫 豎 豎 擊 檄 檕 瀫 燬 癈 緊 繫 臀 禨 觳 毅 觳

殳3：设 殺（杀） 毅 毅 酘 轚 彀

（简帛 说文 邓石如 肥致碑 王羲之 颜真卿 赵孟頫 王羲之 米友仁 王羲之 怀素 赵孟頫）

（甲骨 甲骨 甲骨 金文 金文 金文 盟书 古文 楚简 秦简 说文 颜真卿 皇象 王羲之 孙过庭 简帛 王羲之 章草）

（说文 楷书）（楷书 维摩诘）（篆字汇 楷书）（说文 元徽墓 说文 智永 索靖 赵孟頫）（金文 说文 赵佶 王导 章草）

辨析：

从殳的字与打击有关，“毅段股般縠殸毆婺發殿設厰嚴輕轂”等字可参见相关页。

设（設 shè）：会意，从言从殳，本义是摆设、陈列。

殺（杀 shā）：形声，从殳杀声，古字作“杀”，甲骨文字形在人（大）的下方做上一个被剁的记号，表示杀；异体字有：煞㲻弑㣙㐱𢿬布杀敍㪚㪈𣪠㪔散㪍敎𣪩㪇㣲𣪧𣩕𣪎殺𢽟㱚㪊㮟檠，等等。

毅 yì：上谷名豬豭，从豕。

毅 shū：车竿。

酘 dòu：酒再酿，酒后再饮叫酘。

轚 kēng：车坚；kěng，车声；gǔ，同轂。

彀 gòu：张弩也。

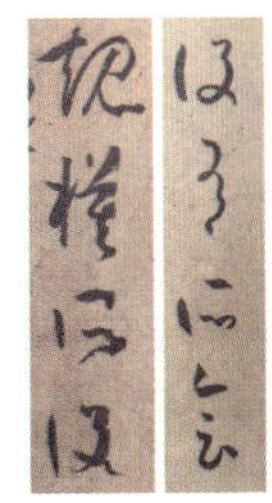

拓展：

㓹 殹 堅 㮏 彀 㝅 榖 㪚 㲎 嫛 廏 慤 慇 擊 㮏 槃 敲 嗀 觳 碫 䔁 锻

P17.2 设有所会缄秘已深　P37.6 规模所设

书

甲骨 金文 金文 金文 颂簋 盟书 汉印 小玺 说文 李阳冰 乙瑛碑 卫夫人 王羲之 欧阳询 颜真卿 柳公权

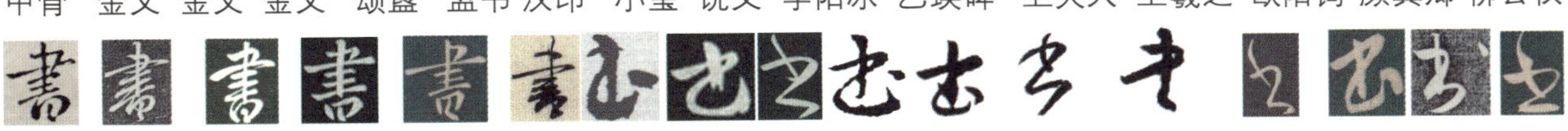

钟繇 王羲之 王献之 智果 欧阳询 米芾 简书 张芝 张芝 皇象 索靖 王羲之 王羲之 王献之 郗愔 怀素 张旭

辨析：

书字从聿从者，隶定从聿从曰，篆书变化较多，隶定字形稳定，草书为“书”的快写。书字无论书体还是笔法都特别丰富，书谱24个书字大体有末笔向上、向下和带点的三种姿态，从简书、张芝的写法可以看出其三种的源头。

书（書 shū）：《说文》书，箸也，从聿从者，一说从聿从曰；说文序云著于竹帛谓之书。

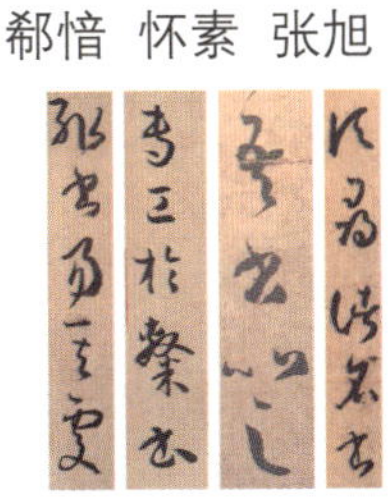

拓展：

P2.4 顷寻诸名书　P3.3 吾书比之　P6.3 专工于隶书　P9.4 辄书易其处

S

叔 淑 寂 督 菽 俶 椒

（甲骨 金文 叔钟 盟书 1 说文 曹全碑 颜真卿 皇象 王羲之 智永 怀素 2 礼器碑 颜真卿 王羲之 秦观 王铎）

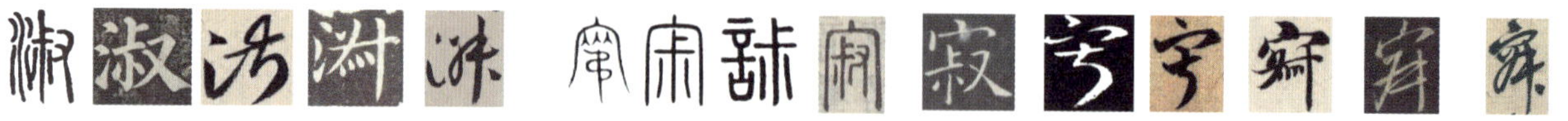

（说文 颜真卿 智永 王献之 祝永明）（古文 说文 说文 篆字汇 欧阳询 索靖 赵孟頫 智永 王羲之 吴昌硕）

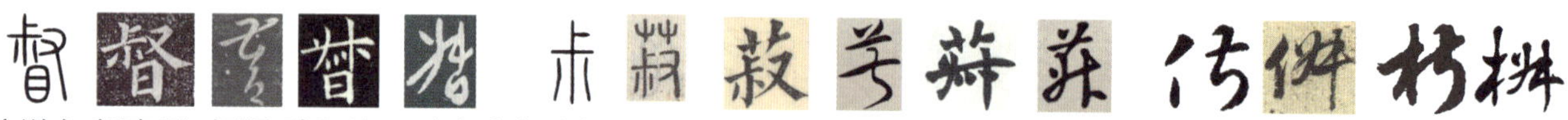

（说文 颜真卿 桓温 欧阳询 于右任）（说文 篆字汇 彭玉雯 李洤 赵之谦 王羲之）（智永 董其昌）（赵构 章草）

辨析：

上行列出了叔字的两种写法，第一种叔字草书为约定俗成，需要单独记忆；第二种源于异体字尗（拓展的字均可从之），两种写法，楷行草都可以拓展。

叔 shū：拾也，从又尗声，仲父之弟曰叔父，叔，少也。

淑 shū：形声，从水叔声，本义为水清澈；善良、美好。

寂 jì：形声，从宀叔声，本义是静悄悄，没有声音。异体字有宋誎諔等。

督 dū：察看，督促，监督。

菽（尗 shū）：说文曰，像戴种而出之形，下其根也，一，地也，指事，古谓之尗，汉谓之豆，今字作菽。

俶 chù：善，美好。

椒 jiāo：花椒，辣椒。

拓展：

裻 錖 惄 埱 琡 諔 踧 掓 婌　　P53.6 乃可论于淑媛　　P62.2 何其寂寥

蜀 獨（独） 觸 髑 鐲（鋜）躅 燭（烛） 濁（浊） 蠋

（甲骨 甲骨 金文 楚简 简帛 说文 曹全碑 欧阳询 颜真卿 王羲之 皇象 王羲之）（古文 古文 说文

赵孟頫 赵孟頫 皇象 王羲之 章草）（金文 说文 智永 王羲之）（说文 鲜于枢 孙过庭）（说文 说文 五经 王羲之）

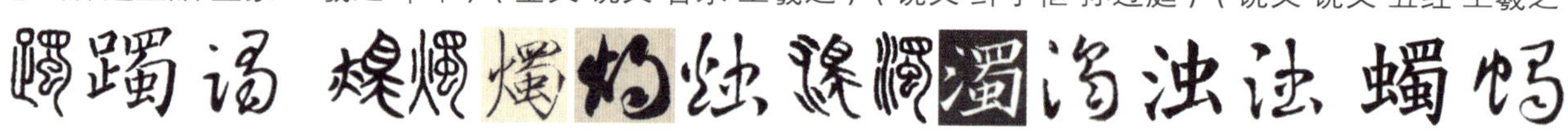

（说文 褚遂良 王羲之）（简帛 说文 赵佶 智永 章草）（楚简 说文 魏碑 武则天 颜真卿 章草）（欧阳询 于右任）

辨析：

蜀字本从目从虫，草书写法，目字中间的两划草化为一个使转，撇省略，虫字写其草书或草化为上下两个短横，皇象的獨（独）字草法将虫字草化为“点”，最为简省，但使用频率较低。獨、鐲、燭和濁字，分别有从虫的写法，即独、鋜、烛和浊，各体均见。

蜀 shǔ：象形，从虫，上目像蜀头形，中像其身蜎蜎，本义是蛾蝶类的幼虫，后作“蠋”；传：“桑蚕也。”《战国策·秦策》：“蜀，西僻之国也。”

獨（独 dú）：形声，从犬蜀声，犬性好斗多独居，故字从犬，本义为单独、单一。

觸（触 chù）：兽类用犄角抵物。

髑（顱 dú）：髑髅，死人的头骨，骷髅。

鐲（鐲鋜鋜鐲 zhuó）：套在手腕脚腕上的环形装饰品；古代乐器，形似小钟。

躅 zhú：足迹，踩踏；踯躅，徘徊不行。

燭（烛 zhú）：火炬；用蜡和油制成，可燃烧发光的条状物体；照、照亮，察明、察见。

濁（浊 zhuó）：肮脏、不清洁；昏乱、混乱；平凡、庸俗；低沉粗重。

蠋 zhú：蝴蝶、蛾等昆虫的幼虫。

拓展：

趨 劚 僪 噣 擉 蔐 斀 斣 斶 歜 臅 欘 瓙 襡 韣 韣 顕 斣 蠾 鸀　　P42.3 岂独工用 p50.1 独行之士

鼠 1：鼠 鼢（蚡 𪖈）

（甲骨 甲骨 甲骨 甲骨 金文 楚简 简帛 汉简 汗简 象形文 说文 隶辨 邓石如 王羲之 智永 欧阳询 颜真卿

王羲之 王羲之 章草 石经 米芾 苏轼 李洤 赵孟頫 张瑞图 文徵明 柳公权 黄庭坚 赵孟頫 赵孟頫 寒道亨）

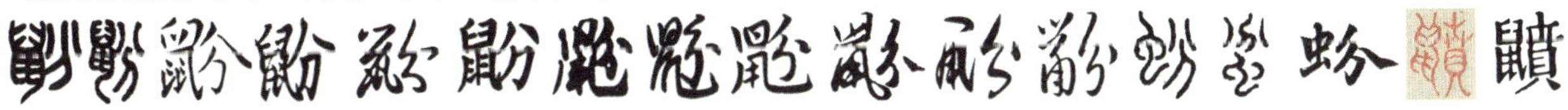

（金文 说文王羲之王羲之 王羲之 颜真卿 米芾 王铎 赵孟頫文徵明 李洤 流江 说文 六书统 赵孟頫 石韵 楷书）

辨析：

鼠字的甲骨文特征是鼠字的头部有偷吃的小颗粒粮食，隶定及楷书一般有鼠、鼡和鼡三种写法，各体均可从之。百韵歌“萧鼠头先辨”的鼠字下边草书写箫字的源头，可见于孙过庭鼯和鼷字（见随后页）的草书写法。其实，鼠字的草书写“鼡”的快写，是更为简省的。

鼠 shǔ：象形，头部像锐利的鼠牙，下像足、脊背、尾巴形，本义是老鼠；异体字有鼡𪕊鼡鼡𦥺鼡。

鼢（蚡𪖈 fén）：地行鼠，地中行者，一曰鼴鼠，蚡，或从虫分。

拓展：

鼥 鼧 䶜 䶆 䶎 鼲 鼱 鼦 鼺

鼠 2：鼴 鼩 鼪 鼫 鼬 鼯 鼱

（金文 粗篆 王羲之 王羲之 柳公权 赵孟頫 文徵明 张瑞图）（说文 广义 虞世南 米芾 王铎）

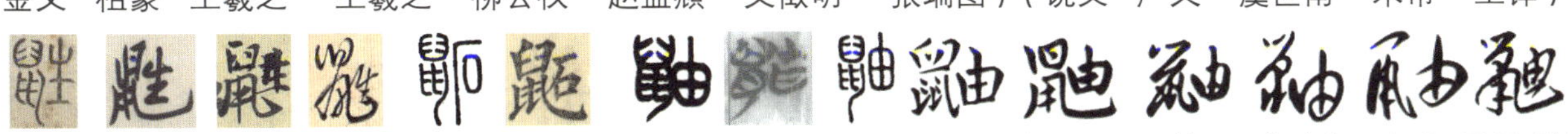

（佟伟夫 黄庭坚 王铎 王铎）（说文 彭玉雯）（金文 安大简 说文 王羲之 赵孟頫 王羲之 孙过庭 李洤 吴昌硕）

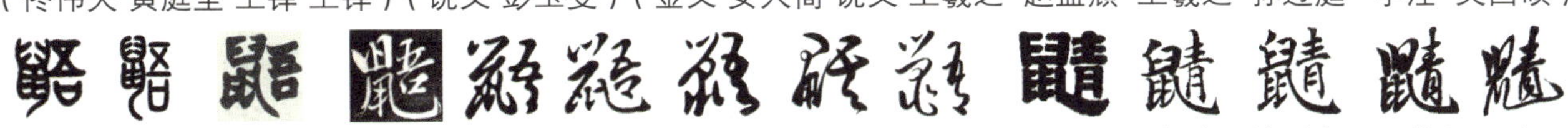

（金文 粗篆 赵之谦 黄庭坚 王羲之 章草 孙过庭 李洤 流江）（伊秉绶 智永 褚遂良 王羲之 王铎

辨析：

鼠字拓展的字很多，需注意鼠字和所组合字的变化。

鼴 yǎn：同鼹。

鼩 qú：鼩鼠，食虫类动物，形似小鼠，体小尾短。

鼪 shēng：鼬鼠，俗称黄鼠狼。

鼫 shí：古书上指鼯鼠一类的动物。

鼬 yòu：从鼠由声，如鼠赤黄而尾大，食鼠者。

鼯 wú：鼯鼠，哺乳动物，形似松鼠，能从树上飞降下来，住在树洞中，昼伏夜出。

鼱 jīng：鼱鼩，一名奚鼠。

S

鼠 3：鼷 鼶 鼸 䶃 䶈 䶂 䶄 䶅 䶆 𪕬 䶇 鼮 鼣 鼤 鼭

（金文 楚简 汉简 说文 欧阳询 颜真卿 柳公权 赵孟頫 王羲之 王羲之 王羲之 章草 孙过庭 王铎 流江）

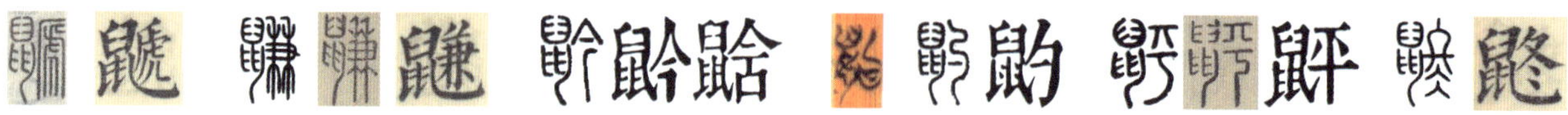

（说文 彭玉雯）（说文 广义 彭玉雯）（说文 楷书 楷书）（清华简 说文 楷书）（说文 广义 楷书）（说文 彭玉雯）

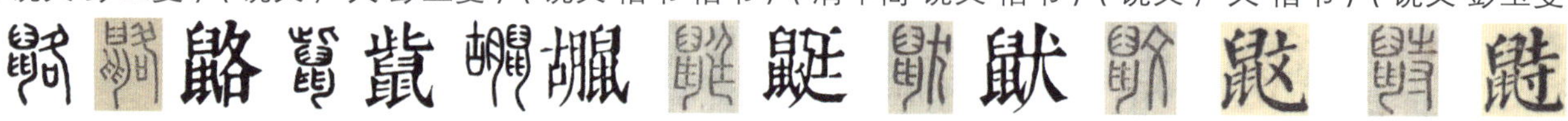

（说文 广义 楷书）（说文 楷书）（说文 楷书）（篆字汇 楷书）（篆字汇 楷书）（篆字汇 彭玉雯）（篆字汇 彭玉雯）

辨析：

鼠字拓展的字很多，需注意鼠字和所组合字的变化。

鼷 xī：鼷鼠，鼠类中最小的一种，亦称耳鼠。

鼶 sī：大田鼠。

鼸 xián：田鼠。

䶃 hán：鼠类动物，蜥蜴也，亦作䶈。

䶈 hán：与䶃同。

䶂 zhuó：从鼠勺声，胡地风鼠，能飞，食虎豹之物。

䶄 píng：斑鼠也。

䶅 zhōng：豹文鼠。

䶆 hé：䶆鼠，出胡地，皮可作裘。

𪕬 zī：鼠似雞，鼠尾，见即大旱。

䶇 hú：斩鼠，黑身，白腰若帶，手有长白毛，似握版之状。

鼮 tíng：豹纹鼠。

鼣 fèi：古书上的一种叫声像狗的鼠。

鼤 wén：有斑纹的斑鼠。

鼭 shí：鼭鼠，古书上的一种鼠类动物。

鼠 4：竄 躥 攛 鑹

（简帛 说文 颜真卿 颜真卿 赵孟頫 黄庭坚 郑板桥 赵孟頫 吴昌硕 汉简 颜真卿 黄庭坚 王羲之 章草）

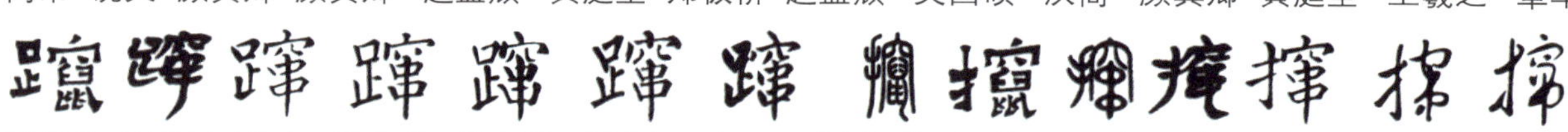

（梁培生 汉简 王羲之 欧阳询 颜真卿 柳公权 赵孟頫）（粗篆 梁培生 金文 汉简 王羲之 王羲之 于右任）

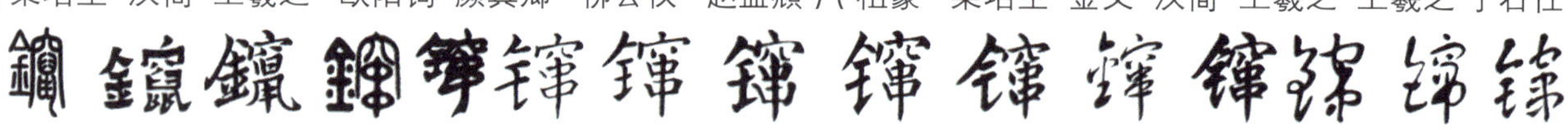

（粗篆 梁培生 赵孟頫 金文 汉简 王羲之 欧阳询 颜真卿 柳公权 赵孟頫 黄彰任 任政 王羲之 于右任 章草）

辨析：

竄有异体字窜，可拓展的字为躥、攛、鑹和𥢑。各体写窜字结构的居多。

竄（窜 cuàn）：从鼠在穴中，匿也，逃也；异体字有窾趡躥竄竄竄竄隴竄等等。

躥（蹿竄 cuān）：向上跳，喷射，奔跑，躍行；生气、发怒。

攛（撺攛 cuān）：抛掷、投入，匆促行事，发怒。

鑹（镩鑹𥢑 cuān）：一种铁制凿冰工具，称冰镩；用冰镩凿。

拓展：

𥢑

屬（属）嚂 矚

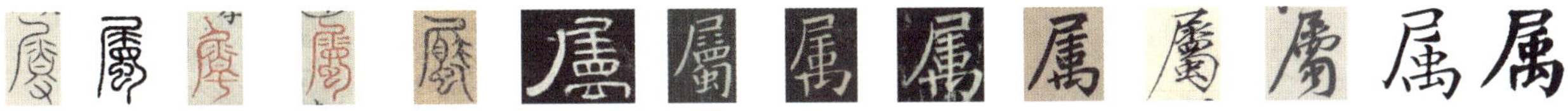

（汉简 说文 石韵府 石韵府 六书统 曹全碑 欧阳询 欧阳询 柳公权 赵孟頫 宋徽宗 黄庭坚 王羲之 颜真卿

王羲之 王献之 皇象 王羲之 蔡襄 董其昌）（篆字汇 曹全碑 颜真卿 鲜于枢 苏轼 赵孟頫 汉简 颜真卿 黄庭坚

王羲之 于右任 章草 王羲之 赵之谦）（古文 邓石如 王铎 赵孟頫 王羲之 黄庭坚 王羲之 文徵明 王铎 祝永明）

辨析：

属字隶定后，常用的写法有三种，从蜀、从禹、禹上有一横，草书有从厂或不从厂的两种写法，可拓展。“摄称将属倚”，摄称两字的右边字根可借用属字的草书写法，应予注意，此外，属与聂两字，作为字根，也有异体同型的草书写法，参见聂（从耳，见耳页）。

屬（属 shǔ）：形声，从尾蜀声，“尾”与身体相连，本义为连接；类、族。

嚂（嘱 zhǔ）：形声，从口属声，本义是嘱托、叮嘱。

矚（瞩 zhǔ）：形声，从目属声，本义为注视、瞩目。

拓展：

劚 孎 斸 欘

术（朮）術 述 秫 怵 沭

（甲骨 古文 说文 汉简 李怀琳）（甲骨 金文 飞鸿堂 帛书 说文 衡方碑 王羲之 皇象 孙过庭 赵孟頫）

（金文 金文 楚简 说文 肥致碑 张迁碑 欧阳询 颜真卿 颜真卿 赵佶 王羲之 米芾 王羲之 褚遂良 王铎 朱耷）

（甲骨 金文 说文 欧阳询 王羲之 简书 邓文原 章草）（说文 智永 颜真卿 孙过庭）（金文 说文 欧阳询 孙过庭）

辨析：

术本从朮，拓展的字字形稳定，从古文、简书和小篆都可以找到术字的草书用笔源头，起笔为左起，省点，此类右上有点的字的草书写法可以推而广之，如求、犬、甫等字。

术（朮（下同）shù）：形声，从行朮声，行为甲骨文中指道路，本义是城邑中的道路；shú，同秫，黏谷子；zhú，草名，有白术、苍术等数种。

術 shù：形声，从行朮声，行在甲骨文中指道路，本义为城邑中的道路，说文称術为邑中道也；技艺，方法、策略；古代位于郊外的行政区域；异体字有術、朮。

述 shù：形声，从辵朮声，本义是遵循，讲话、陈说，修纂。

秫 shú：稷之黏者，从禾朮，象形。异体字有朮、“彳朮木”等。

怵 chù：恐惧，害怕，凄怆、悲伤。

沭 shù：沭水也。

拓展：

怸 炢 痲 袜 訹 跊 鉥 莯 鹬

P10.5 有乖入木之術　P39.2 纵未穷于众術　P15.3 著述

S

束 速 涑 悚 刺 竦 辣 疎 觫 赖 敕

（甲骨 甲骨 甲骨 金文 金文 金文 楚简 秦简 说文 礼器碑 欧阳询 灵飞经 王羲之）（说文 虞世南 索靖）

（说文 智永 李淦）（说文 欧阳询 怀素）（甲骨 金文 楚简 说文 智永 王羲之）（说文 颜真卿 章草）（金文 智永

王铎）（六书统 颜真卿 王羲之）（金文 柳公权 王羲之 李淦）（简帛 说文 智永 王献之 智永）（说文 智永 赵佶 怀素）

辨析：

束字的隶、楷、行书写法撇捺要伸展，草书则将撇捺缩为两个点，中间的口字写半包围结构或加挑点，作为字根，中间的口字还可以草化为一个横划或完全省略。可拓展。

束 shù：会意，从囗（weí）从木，在木上加圈象用绳索把木柴捆起来，本义是捆绑。

速 sù：形声，从辵（chuò），束声，本义为速度快。

涑 sù：涑水。

悚 sǒng：害怕、恐惧，欢悦，高耸，恭敬。

刺 là：违背常情、事理。

竦 sǒng：肃敬，恭敬；企立，伸长脖子、提起脚跟站着；振作。

辣（辢 là）：辛味。

疎（疏 shū）：通也。

觫 sù：恐惧颤抖的样子。

赖（賴賴 lài）：得益、赢利，依靠、依赖；责怪，耍赖，抵赖。

敕（chì）：告诫，嘱咐；皇帝下命令；委任，任命；异体字有勅勑敇敕敹敕勅劲等等。

拓展：

勅 倲 婡 揀 楝 欶 殐 腖 剌 球 睐 綀 箣 諌 趚 踈 辣 竦 錸 餗 頼　P49.2 拘束　P46.3 能速不速

庶 嗻 摭 蹠 鹧 遮 蔗

（甲骨 金文 楚简 三体 说文 吴昌硕 曹全碑 唐玄宗 欧阳询 颜真卿 赵孟頫 赵佶 王羲之 颜真卿

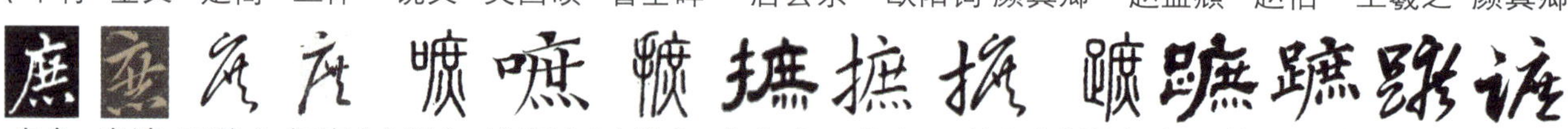

皇象 索靖 王羲之 怀素）（说文 维摩诘）（说文 曹全碑 王羲之 王羲之）（说文 何绍基 柳公权 王铎 孙过庭）

（金文 说文 王羲之 王羲之 章草）（楚简 古文 说文 颜真卿 唐寅 章草）（金文 说文 颜真卿 颜真卿 韵会）

辨析：

庶字下边的“灬”在篆、隶、楷中即为“火”，两种写法都有，其草书写法，上边的“廿”写楷化后的“艹”，灬一般草化为三点或一个短横。可拓展。

庶（庻 shù）：屋下眾也，从广从炗，炗，古文光字。于省吾《甲骨文字释林》：“甲骨文‘庶’字是从火石、石亦声的会意兼形声字，也即‘煮’的本字…‘庶’之本义，乃以火燃石而煮，是根据古人实际生活而象意依声而造字的。”

嗻 zhè：旧时仆役对主人或宾客的应诺声；招呼声；抢白，用言语阻止别人说话；zhe，语气词。

摭（拓 zhí）：有选择的拾取。

蹠 zhí：脚面上接近脚趾的部分；脚掌。

鹧（鷓 zhè）：鹧鸪。

遮 zhē：阻挡、拦阻。

蔗 zhè：形声，从艸庶声，甘蔗。

拓展：

墌 嫬 濂 樜 熫 断 蟅 篨 䗪 謶 鏣 䗚 鞭　P26.2 庶欲弘既往之风流　P4.3 摭以兼通

尌 樹（树） 澍 厨（厨） 櫥（橱）

（甲骨 甲骨 金文 石鼓文 赵孟頫 徐渭）（甲骨 金文 秦简 说文 欧阳询 颜真卿 王羲之 欧阳询 米芾

1 简书 索靖 王羲之 怀素 赵孟頫 2 王羲之 智永）（金文 简帛 说文 欧阳询 颜真卿 王羲之 王羲之 孙过庭）

（简帛 说文 颜真卿 灵飞经 灵飞经 颜真卿 柳公权 赵孟頫 王铎 王羲之 怀素 文徵明 高闲）（何绍基 赵孟頫）

辨析：

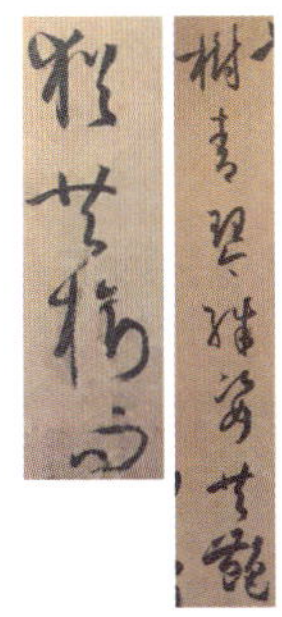

尌字是一个字根，草书可从厨、树（樹）、澍的草书去求得，一般有两种：1. 快写，源于树字的简书写法，重点在中间的简写，寸为快写；2. 将中间简省为一个使转，见王羲之和智永等人树字的草书写法，寸字写“右刀寸点弯”，省点也可。厨（厨）字的字法一般有从尌和从豆字两种，各体从之，草书一般为快写。

尌 shù：立也，从壴从寸，持之也；同树；同竖；zhù，同驻，指马停步不行。

树（樹树 shù）：形声，从木尌声，甲骨文为以手扶木，本义为栽树；异体字有侸鬆敊尌鬆侸尌尌。

澍 shù：及时的雨，滋润；zhù，同注，水流射也，灌注。

厨（厨 chú）：庖屋也。

橱（櫥 chú）：贮藏东西用的柜子。

拓展：

厨 廚 澍 樹 幮 躕

P18.5 犹共树而分条者乎　　P53.1 譬夫绛树青琴殊姿共艳

率 蟀 摔（踤）

（甲骨 盂鼎 李斯 熹平石 澄清堂 欧阳询 褚遂良 颜真卿 柳公权 赵孟頫 索靖 王羲之 孙过庭 怀素）

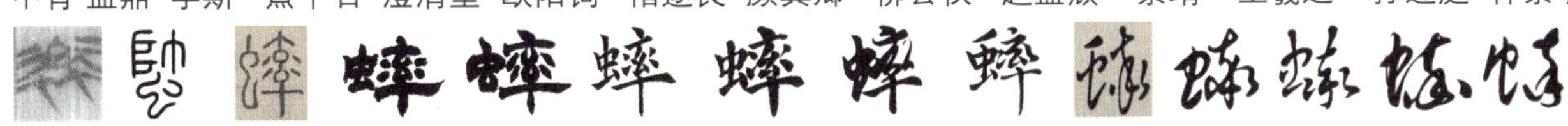

（安大简 说文 篆字汇 邓石如 赵之谦 欧阳询 颜真卿 王羲之 赵孟頫 王羲之 孙过庭 章草 李淦 于右任）

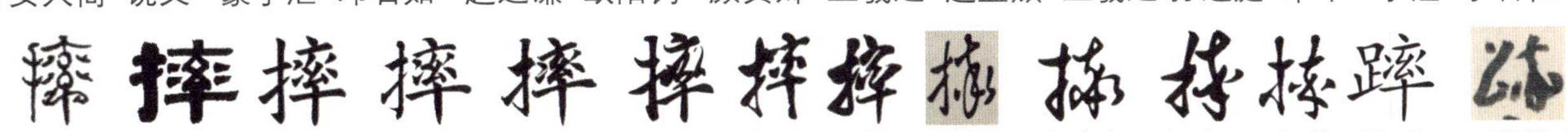

（鸟虫篆 伊秉绶 欧阳询 颜真卿 赵孟頫 王羲之 米芾 王铎 王羲之 孙过庭 张瑞图 章草 楷书 王蘧常）

辨析：

率字隶定字形稳定，草书中间部件写“卒（草书）”，左右各两点为快写或草化为各一点。

率 shuài：象形，甲骨文字形，像捕鸟的丝网，本义是捕鸟的丝网；榜样、表率、楷模，统帅、首领，部队；草率、自、由、从；lǜ，计算，比例、比率，规格、标准，法令、条例。

蟀 shuài：蟋蟀，异体字蟀蟹（从虫帥）。

摔（踤 shuāi）：形声，从手率声，本义是用力扔在地上。

拓展：

葎 逵 瑑 膟 繂

P30.6 乍图真于率尔（爾）

双（雙） 扨（搜） 舣（艭）

（楚简 说文 居延简 张迁碑 欧阳询 褚遂良 灵飞经 赵孟頫 王羲之 李邕 苏轼 黄庭坚 米芾 王铎

1 皇象 孙过庭 赵孟頫 邓文原 2 王羲之 孙过庭 王铎 朱耷）（颜真卿 王羲之）（篆字汇 敦煌）（篆字汇 吴昌硕）

辨析：

雙字象形，为一只手抓住两只鸟，草书有二：1. 两个隹之草体加又字快写；2. 两竖三横加又字，似两个隹字合并后的草写。可拓展。双：古体两个又即两只手，乃为友，简化字赋予“雙”之意。

双（雙 shuāng）：此字始见于战国文字，其古字形像一手抓住两只鸟，雙的本义指两只鸟，引申泛指成双成对的，又引申为二或二的倍数的、偶数的。

扨（搜 sǒng）：执，推，挺、耸，动，上。

舣（艭 shuāng）：古书上说的一种小船。

注意：“聂轰叕叒扨啜缀掇辍啜叕錣諁蝃啜惙”之所包含的双因简化字原因，不具有“雙”的本意，因此“雙”不可作为这些字中两个“又”的替代，聂为三耳，轰为三车，叕为四手相联本意是连缀，如“圣人之思脩，愚人之思叕”等。

拓展：

嫂 㩳 樉 艭 蹝　　P12.4 心手双（雙）畅翰不虚动

爽 騻 鷞 剩 甐 磢 漺

（甲骨 甲骨 甲骨 甲骨 甲骨 甲骨 甲骨 甲骨 金文 金文 金文 金文 金文 古文 古文 秦简 说文 1 孔彪碑

欧阳询 颜真卿 索靖 王羲之 2 隶辨 柳公权 王羲之 王羲之 3 怀素 祝永明 4 王羲之 孙过庭）（篆字汇 吴彩鸾）

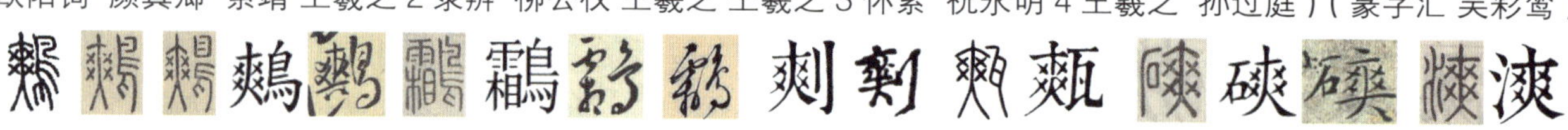

（说文 广义 广义 楷书 王铎 佟伟夫 楷书 王宠 文徵明）（楷书 敦煌）（说文楷书）（篆字汇 楷书 文徵明）（篆字 楷书）

辨析：

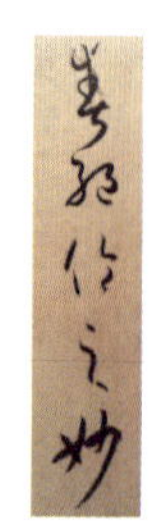

爽字篆字多变，隶定可从“大”和从“亠大”，两边的火苗楷化为两个爻和四个人，草书一般有两类写法：1. 快写，见 1—3；2.“反起笔春字草形爽”，见 4。可拓展。爽字草书容易与春和丧字的草书混淆，可参照春和丧字页。

爽 shuǎng：会意字，商代甲骨文从大从二火，作一正面伸臂站立人形，两腋下对称各有一盆火，会明亮意，许慎将战国两种结构整理作从古文大从㸚（二爻）与从篆文大（实为夫，古大夫同字）从㸚，一起收入《说文》，隶变后出现两个对应的楷体爽与爽，《现代汉语规范字典》以爽为正体，《说文》本义为明、明亮；shuāng，通骦。

騻 shuāng：古同骦。

鷞（鸘 shuāng）：鹔鹴，鸟名。

剩 chuǎng：皮伤也。

甐 chuǎng：用碎瓦石磨去污垢，没有烧透的瓦器。

磢 chuǎng：用碎瓦、石块等冲刷（器物）；磨擦；峡谷。

漺 shuǎng：净，冷。

拓展：

傸 塽 愡 摤 䫪 樉 蟀 鏯 顡　　P46.3 终爽绝伦之妙

水 1：水 凼 汆 氽 汞 泵 沝 淼 黎

（甲骨 甲骨 甲骨 甲骨 甲骨 金文 楚简 楚简 秦简 秦简 石鼓文 李阳冰 礼器碑 欧阳询 颜真卿 王羲之）

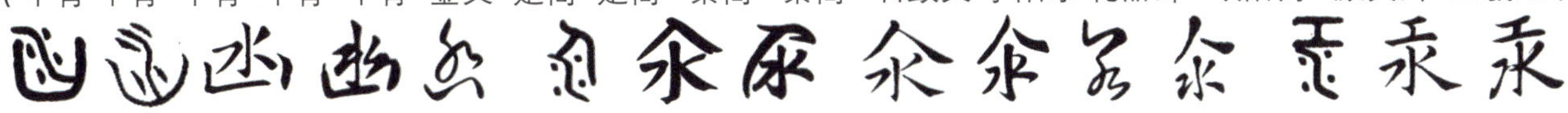

（金文 楚简 王羲之 王羲之 李洤）（金文 颜真卿 王铎）（王羲之 米芾 王羲之 章草）（金文 王羲之 王羲之

王羲之）（金文 智永 王羲之 章草）（甲骨 说文 楷书）（金文 简帛 说文 欧阳询 王羲之）（说文 欧阳询 启功）

辨析：

水字的篆书形态变化较多，从一条曲线到两条曲线，三个点到六个点，位置和方向都有不同的变化，如淼字的简帛写法，三个水字姿态丰富。水字的隶定字形稳定，草书一种是快写，一种乃“撇九（丿九）即为水”。注意与冰字的草书区别，冰字草书为“点丿九”。可拓展。

水 shuǐ：甲骨文中的“水”字形态各异，基本形体像水蜿蜒流动之形；两侧的点像水滴，表示水流多曲折。

凼 dàng：塘，水坑。

汆 cuān：一种烹调方法，把食物放到沸水里稍微一煮。

氽 tǔn：漂浮，用油炸。

汞 gǒng：水银。

泵 bèng：一种机器，能把液体或气体抽出或压入。

沝 zhuǐ：二水，水；zǐ，滩碛聚集的地方。

淼 miǎo：会意，从三水，又作渺，本义为水大的样子。

黎 lí：众，众多；古国名；古通黧，黑色。

拓展：

涤 淼 沓 函 垄 尿 求 尜 汞 沯 毬 沓 录 录 茨 杼 尥 沓 隶

P3.5 然张精熟池水尽墨

水 2：泉 腺 颍 眔（眔） 泶（澩） 滎（荥）桼 泰 浆

（甲骨 甲骨 甲骨 金文 楚简 秦简 汉印 说文 欧阳询 颜真卿 王羲之 米芾 苏轼 苏轼 董其昌 韩道亨）

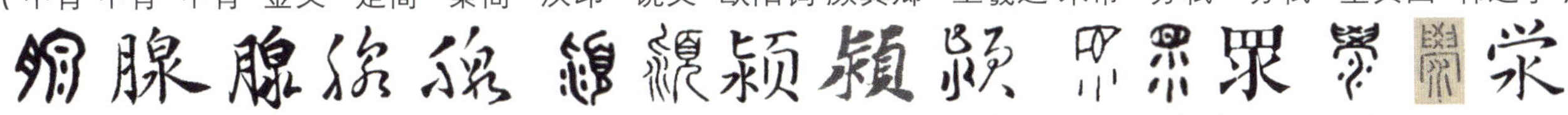

（金文 虞世南 王羲之 王羲之 章草）（金文 说文 王羲之 苏轼 王羲之）（甲骨 金文 楷书）（金文 广义 王羲之

王铎 王羲之）（说文 赵孟頫 赵孟頫 皇象 章草）（说文 欧阳询 赵孟頫 皇象）（李斯 赵佶 皇象）（说文 智永 韵会）

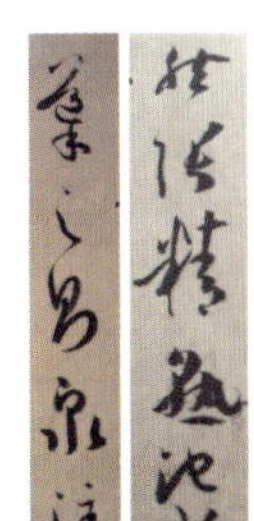

辨析：

拓展的字，荥从“炏”，上页黎字的草书从“尔”或“木”，泰草化为“东加左右各一点”。泶（澩）和滎（荥）字字意不同，却有异体同草的写法，因为泶（澩）字不常用，但滎字写滎和荥形更合理。

泉 quán：其古字形像泉水从泉穴中流出。

腺 xiàn：生物体内能分泌某些化学物质的组织，唾液腺、汗腺、胰腺、甲状腺、肾上腺等。

颍（潁 yǐng）：形声，从水顷声，水名，颍河，淮河最大的支流。

眔（眔 dà）：目相及也。

泶（澩 xué）：山上夏天有水，冬天没有水的地方；泶灂，波浪相击声；渭水的支流。

滎（荥 xíng）：很小的水；中医穴位名；yíng，滎瀯，波浪回旋涌起貌。

桼 qī：木汁，可做成的涂料。

泰 tài：安定平和，奢侈，大之极、极大；泰山。

浆（漿 jiāng）：从水将声，本义是饮料。

拓展：

沓 淼 埊 标 楙 泰 条 絜 浆 烝 硚 胥 P3.5 然张精熟池水尽墨 P11.5 导（導）之则泉注

水3：永 泳 咏 昶 脉

（甲骨 甲骨 金文 金文 说文 乙瑛碑 欧阳询 王羲之 王羲之 王羲之 王羲之 智永）（说文 颜真卿 王羲之 陈淳）

（甲骨 金文 伯咏 李氏摭古 说文 礼器碑 欧阳询 秦观 傅山 朱耷 说文 宝子碑 欧阳询 王羲之 柳公权 索靖

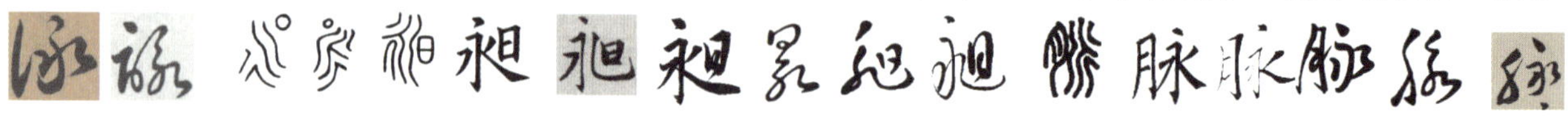

祝永明 草字汇）（金文 金文 说文 欧阳询 赵孟頫 王羲之 王羲之 章草 傅山）（说文 柳公权 苏轼 王铎 王羲之 祝永明）

辨析：

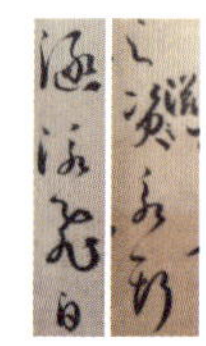

永由水而生，隶定字形稳定，草书一种是快写，一种是“二点九（连写）”。可拓展。

永 yǒng：始见于商代甲骨文，古字形一说像人在水里游泳，本义指游泳，这个意思后来由泳表示；一说永字的古字形像长长的流水，指水流长，由水长流不断的意思引申出长久、久远，如：永乐、永生。

泳 yǒng：在水里游动。

咏（詠 yǒng）：形声，从口永声，又作詠，本义是曼声长吟、歌唱；篆书，口在四个方向可见。

昶 chǎng：白天时间长，舒畅、畅通。

脉 mài：分布在人和动物周身内的血管。

拓展：

怺 昴 昶 眿 栐 脉

P16.6 去之滋永斯道逾微　　P20.3 涵泳飞白

水4：氵 汀 汁 江 河 湖 泊 海 涓 浚 波 涧 池

（甲骨 甲骨 甲骨 金文 王羲之 王羲之）（说文 欧阳询 王羲之）（说文 颜真卿）（说文 皇象）（甲骨 甲骨 甲骨 金文 楚简

说文 宋徽宗 王羲之 皇象）（说文 颜真卿 张旭）（楚简 说文 柳公权 王羲之）（金文 楚简 说文 赵孟頫 王宠 索靖）

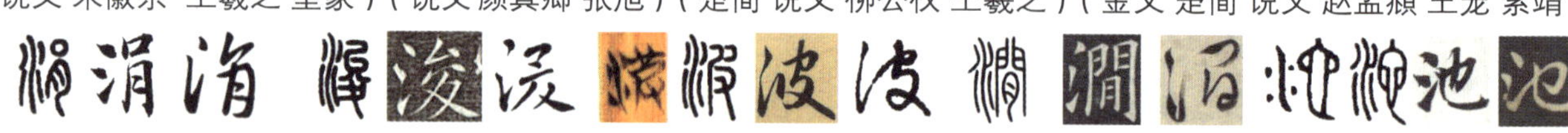

（说文 智永 王羲之）（说文 冯承素 章草）（简帛 说文 赵孟頫 宋克）（说文 姚孟起 王铎）（金文 说文 智永 皇象）

辨析：

氵同水，用作偏旁，在不同的字体中，位置会发生变化，甚至可横向写，草书百韵歌云“有点方为水”即是其草书写法。可拓展。

氵 shuǐ：同水，用作偏旁，俗称三点水。

汀 tīng：水边平地，小洲。

汁 zhī：混有某种物质的水。

江 jiāng：长江的专称；江河的通称。

河 hé：黄河；河流的通称。

湖 hú：陆地上聚积的大水体。

泊 bó：形声，从水白声，本义为停船。

海 hǎi：形声，从水每声，本义是大海，海洋。

涓 juān：细小的流水；选择；除去，清除。

浚 jùn：从水中捣取，疏浚、深挖；治理，深，急。

波 bō：水面振荡起伏的运动。

涧（澗 jiàn）：夹在两山间的水沟。

池 chí：形声，从水也声，水停积处；水塘。

拓展：

油 沺 治 沼 沽 沾 沿 河 况 泂 洵 泄 泗 泆 洳 洺 泊 泲 泌 沐 泎 泏 泑 泒 泓 泔 法 泖 泗 浮 泙 泜 泝 泞 泟 泠 泡 波 泣 泥 泜 泧 注 泩 泪 泫 泬 泭 泮 泯 泱 泳 泷 泸 泹 泺 泻 泼 泽 泾 浅 范 泌

水 5：浪 沸 泄 洪 汪 汛 消 沏 汤 泡 益 沐 汝 淋

（说文 颜真卿 鲜于枢）（金文 简帛 说文 欧阳询 章草）（说文 虞世南 皇象 王羲之）（说文 赵佶 米芾 索靖 怀素）

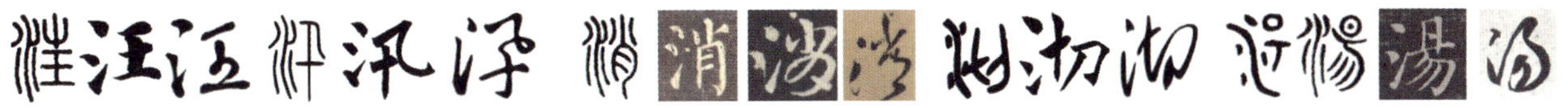

（说文 智永 章草）（说文 柳公权 王羲之）（说文 颜真卿 皇象 王铎）（金文 褚遂良 李洤）（金文 石经 王羲之 智永）

（简帛 说文 智永 章草）（甲骨 金文 楚简 说文 钟繇 皇象）（说文 皇象）（甲骨 甲骨 说文 王徽之 张芝）（甲骨 章草）

辨析：

氵旁拓展的字很多，氵的写法随各体而多变，篆书从一条曲线到加不同数量的点也累见，此外，还有七倒八歪及横向放置的情况。

浪 làng：波浪，水因风吹、石激而形成的涌动。

沸 fèi：形声，从水弗声，泉水大量涌出的样子。

泄（洩 xiè）：形声，从水世声，本义是泄水，在江西；液体或气体排出、漏出；发散。

洪 hóng：形声，从水共声，本义为大水。

汪（尩 wāng）：形声，从水王声，深广的样子；含泪多的；弯曲的。

汛 xùn：江河定期的涨水；洒，洒扫、扫除。

消 xiāo：消除，消灭。

沏 qī：用开水冲。

汤（湯 tāng）：热水，煮东西的汁液，中药的剂型；shāng，汤汤，大水急流的样子。

泡 pào：浮沤，水泡；pāo，盛大。

益 yì：会意，甲骨文字形，像器皿中有水漫出，溢的本字，水漫出。

沐 mù：形声，从水木声，本义是洗头发。

汝 rǔ：你；汝水。

淋 lín：形声，从水林声，本义为浇，浸渍，形容水、血、汗、泪等连续下滴貌。

拓展：

注 污 汩 治 泣 沼 泥 浙 涉 浸 浮 涨 洒 涑 洔 洎 洗 洘 洙 洚 洛 洝 洞 洟 洊 洡 洢 洣 洤 津 洦 洧 洨 洩 洪 洫 洬 洭 洮 洱 洲 洳 洴 洵 洶 洷 洸 洹 洺 活 洼 洽 派 洿 浀 浂 浃 浄 浇 浈 浉 浊 测 浌 浍 济 浏 浐 浑 浒 浓 浔 浕 涎 涏 浛 浝 浵 浶 洛

舜 瞬 蕣 僢

（金文 楚简 楚简 楚简 汉印 说文 说文 汉简 唐玄宗 邓石如 欧阳询 颜真卿 王羲之 赵孟頫 王羲之 李洤

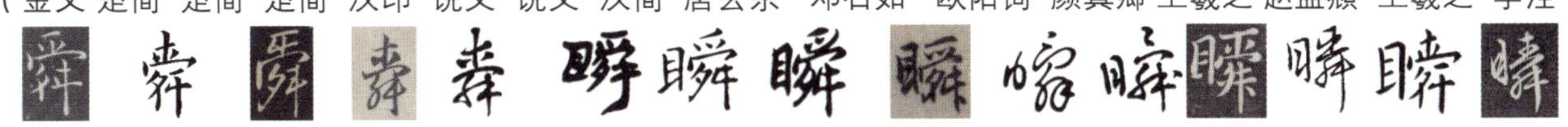

欧阳询 欧阳询 王铎 邓文原 章草）（汉简 王羲之 王羲之 赵孟頫 王羲之 章草 苏轼 宋高宗 欧阳询 文徵明

甲骨 甲骨 金文 简帛 欧阳询 王铎）（古文 古文 古文 说文 石韵府 赵孟頫 王铎 张瑞图）（篆字汇 吴彩鸾）

辨析：

舜字有䑞、𦱶、屡、㞢和中竖出头的异体字写法，隶定为舜，历代有中竖出头的写法。瞬字还可写异体字瞚。爫在冖上时，草书可以采用受字头的两点草法，参见受和辭（辞）页。

舜（䑞 shùn）：象形，艸也，楚謂之葍，秦謂之藑，蔓地连华，从舛，舛亦聲，古文䑞；篆书字形从舛，像蔓连向背之形，本义是一种蔓草；假借为蕣，木槿；传说中的上古帝王。

瞬（瞚 shùn）：形声，从目舜声，本义眨眼。

蕣 shùn：木槿，夏季开花，早开晚落，仅荣一瞬。

僢 chuǎn：从夊相背，对卧也，相违背，同舛。

拓展：

𨘥 橓 䑞 鶨

厶 私 菘

（金文 楚简 楚简 古文 说文 王羲之 王羲之）（金文 说文 居延简 钟繇 王羲之 欧阳询 颜真卿

柳公权 赵孟頫 王羲之 皇象 王献之）（说文 楷书）*王羲之 王羲之（怀素 赵构）怀素 赵孟頫 文徵明 傅山*

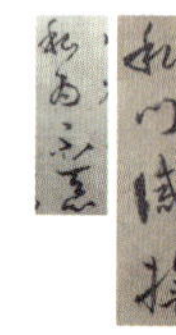

辨析：

厶字字形稳定，行草书为快写。可拓展。注意一些字虽然有厶字字根，却有多种写法，如勾字就有“勾”和“菁”的两种不同用法，行草书亦随其结构，而非只从“厶”。“厶”在草书中常常被当作“日字符”，如会、昌、曹、鲁、春等等。

说明：云允公勾厷厺去台牟弁育㐬等等字，隶楷字形有厶字结构，其中除了公字外，大部分从字源上与厶字无关，可参见相关页。

厶 sī：仓颉造字，自营为私，与公相对。

私 sī：形声，从禾厶声，本义为禾、庄稼。

菘 sī：茅穗，茅秀也。

拓展：

凨（风）牟讼泓脍拚治 巹怡抬拡昖松粂柼厺桧玜荟侩佖昙法构沟佖

P9.4 私为不忝　　P36.1 私门诫誓

司 嗣 伺 祠 笥

（甲骨 金文 散氏盘 金文 金文 楚简 说文 曹全碑 樊敏碑 欧阳询 颜真卿 柳公权 赵孟頫 王铎 皇象 王羲之 怀素）

（甲骨 金文 金文 楚简 说文 曹全碑 颜真卿 赵孟頫 王羲之 怀素 宋克）（说文 虞世南 褚遂良 王羲之 王羲之）

（金文 楚简 楚简 秦简 说文 乙瑛碑 颜真卿 黄庭坚 皇象 王献之）（简帛 说文 智永 王羲之 俞庸 章草）

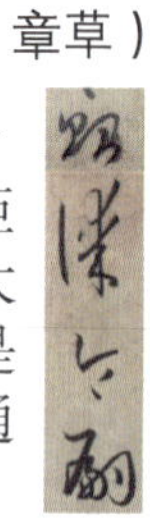

辨析：

司字字形稳定，行草书为快写，可拓展。嗣字的异体字有从扁的写法，草书一般写“扁＋司”，其中扁字在草书中有无“点”均可，而省略的居多。词（詞詈）从言，见言页；饲从食，见食也。

司 sī：指事，甲骨文字形，表示一个人用口发布命令，有统治、管理义；从反后，意思说与帝王“后”相对为“司”，即有司，本义为职掌、主管；金文常见“𤔔形”，所从像“上下两手在整理架子散乱的丝”。

嗣 sì：形声，从册从口，册，帝王对臣下封土授爵的文书，口为下令，甲骨文从大从子从册，会意，大子，即嫡长子，本义是诸侯传位给嫡长子；继承、接续；过继；通司，主持，掌管；孠，古文嗣字。

伺 sì：观察，侦候；cì，伺候。

祠 cí：形声，从示司声，本义为春祭；祭祀；供奉鬼神、祖先或先贤的庙堂。

笥 sì：盛饭或衣物的方形竹器；装，藏。

拓展：

姛 峒 呞 孠 泀 酮 覗 銅 胴 柌　　P32.2 贻谋令嗣

纟糸1：纟 缕 经 纬 红 绿 线 绳

（甲骨 甲骨 金文 古文 汉简 说文 王羲之 颜真卿 黄庭坚 王羲之）（说文 汪道全 王羲之 王铎）

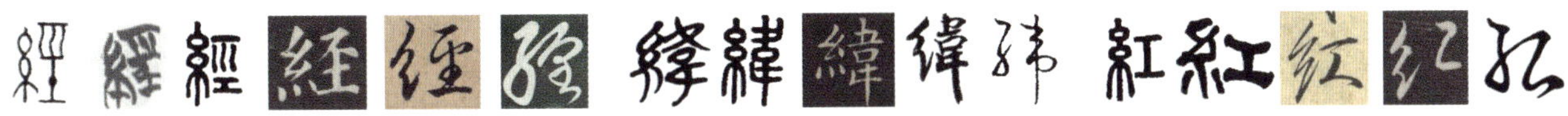

（金文 楚简 说文 颜真卿 赵孟頫 张芝）（简帛 说文 褚遂良 米芾 怀素）（说文 衡方碑 赵佶 米芾 王羲之）

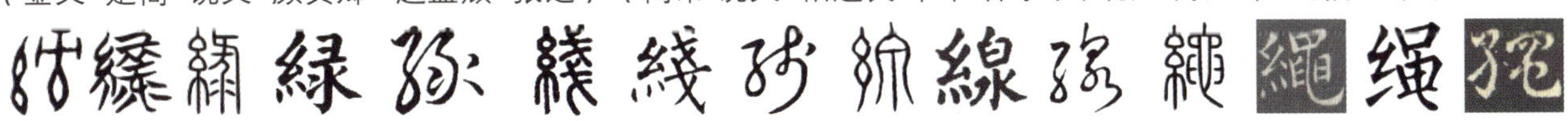

（甲骨 楚简 说文 颜真卿 王羲之）（说文 柳公权 王羲之 古文 颜真卿 赵构）（说文 欧阳询 柳公权 皇象）

辨析：

纟（糹糸）字的篆书字形为象形，隶定为糹，作为字根，草书：1. 为快写；2. 作为左偏旁，纟字草书写"子"形；3. 居下或居右时，可草化为"不（草书）形"可拓展。

纟（糹 sī）：幺也、微也，细丝；一蠶所吐为忽，十忽为丝，糸，五忽也。

缕（縷 lǚ）：形声，从糸，与线丝有关，娄声，本义是麻线。

经（經 jīng）：织也，从丝为经，与纬相对。

纬（緯 wěi）：形声，从糸韦声，本义是织横纱。

红（紅 hóng）：形声，从糸工声，表示与线丝有关，本义是粉红色。

绿（緑 lǜ）：蓝和黄混合成的颜色。

线（綫線 xiàn）：用棉麻丝毛等材料拈成的细缕，线索。

绳（繩 shéng）：形声，从糸蝇省声，本义为绳子。

拓展：

纠 纣 纡 纤 纥 纩 纪 纫 纭 纬 纭 纮 纯 纰 纲 纴 纵 纶 纷 纹 纺 纻 纼 紬 絅 绀 绁 缃 组 绩

P34.5 黄庭经

纟糸2：纸 绢 纱 缃 辫 绸 缎 编 绑 缝

（秦简 说文 黄葆戉 欧阳询 孙过庭 赵孟頫 赵孟頫 王羲之）（楚简 说文 颜真卿 颜真卿 王羲之 章草）（篆字汇

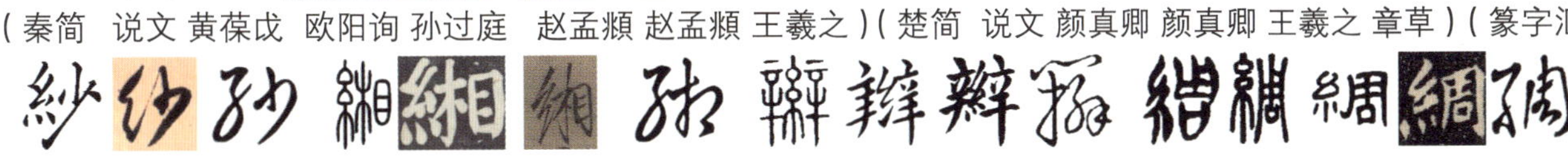

褚遂良 王铎 王羲之）（说文 颜真卿 宋徽宗 王羲之）（说文 王羲之 颜真卿 韵会）（简帛 说文 曹全碑 魏碑 章草）

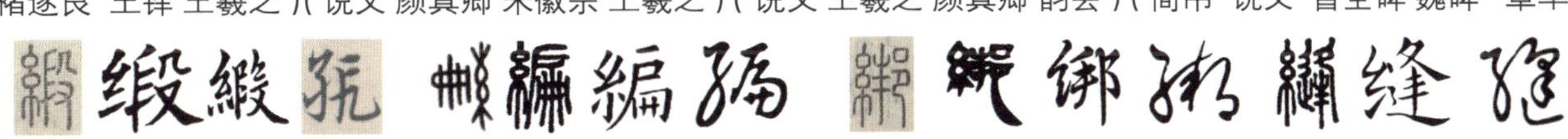

（说文 柳公权 赵孟頫 宋克）（甲骨 说文 欧阳询 王羲之）（篆字汇 汉简 赵孟頫 于右任）（说文 王羲之 王羲之）

辨析：

纟字作为左偏旁，草书写"子"形。所涉字根可参见相关页。

纸（紙帋 zhǐ）：纸张。

绢（絹 juàn）：生丝织物，厚而疏者称绢。

纱（紗 shā）：轻细的绢。

缃（緗 xiāng）：浅黄色。

辫（辮 biàn）：交织，编结，也作编；发辫。

绸（綢 chóu）：一种薄而软的丝织品；束缚，缠绕；古同稠，致密。

缎（緞 duàn）：缝贴于鞋跟的革片、丝绦之类；中国特产的质地厚密、一面光滑的丝织品。

编（編 biān）：顺次排列，编结在一起。

绑（綁 bǎng）：形声，从糸邦声，本义是捆，缚。

缝（縫 féng）：以针线连缀。

拓展：

绌 绂 组 绅 终 绉 绊 绋 绌 绍 绎 给 绢 哟 结 绔 绖 绗 络 绝 茳 莳 药 綖 绸 绕

纟糸3：绘 缀 缳 纫 缙 绻 绺 缥 缈 绒

（简帛 说文 欧阳询 赵孟頫 王铎 宋克）（古文 说文 颜真卿 王羲之）（金文 楚简 说文 欧阳询 赵孟頫 王羲之）

（说文 欧阳询 王羲之 章草）（金文 楚简 简帛 说文 曹全碑 褚遂良 王羲之 王羲之）（说文 赵孟頫 王铎 王羲之）

（金文 说文 赵孟頫 赵孟頫 王羲之）（说文 柳公权 文徵明 王羲之）（金文 王铎 王羲之）（篆字汇 颜真卿 王羲之）

辨析：

纟字作为左偏旁，草书写“子”形。所涉字根可参见相关页。

绘（繪 huì）：五彩绣品。

缀（綴 zhuì）：缝，连接，物件边缘的装饰。

缳（繯 huán）：绳圈、绞索。

纫（紉 rèn）：搓绳，缝纫、缝补，连缀，按摩；感佩不忘；柔纫；绳索。

缙（縉 jìn）：赤色帛。

绻（綣 quǎn）：形声，从糸卷声，古作卷，本义为屈曲。

绺（綹 liǔ）：丝缕编成的线。

缥 piǎo：丝织物，淡青色；用同标，相貌、姿态美好；同飘，飞扬。

缈（緲 miǎo）：缥缈，隐隐约约，若有若无，亦作飘渺。

绒（絨毬 róng）：鸟兽身上的柔毛。

拓展：

绠 绡 绤 绥 绦 继 绨 莼 绨 综 绪 绬 绱 绲 维 绹 综 绽 绾 缁 缍 综 绮 缃 缇

纟糸4：绞 缆 缓 缦 统 缒 缉 缴 纣 缨

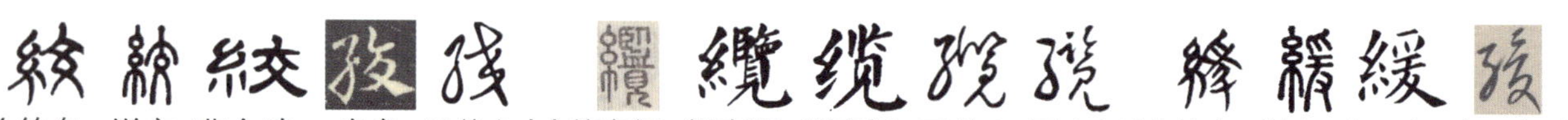

（简帛 说文 曹全碑 皇象 王羲之）（篆字汇 颜真卿 颜真卿 王羲之 于右任）（简帛 说文 欧阳询 康里巎）

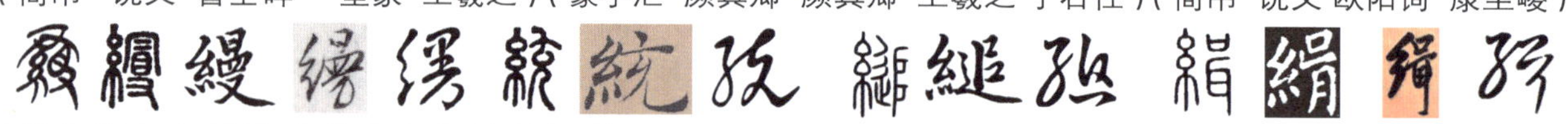

（简帛 说文 赵孟頫 文徵明 章草）（说文 褚遂良 王羲之）（说文 赵孟頫 王羲之）（说文 颜真卿 王铎 王羲之）

（说文 颜真卿 赵孟頫）（甲骨 金文 简帛 说文 赵孟頫 欧阳询 王羲之）（楚简 古文 说文 虞世南 王铎 怀素）

S

辨析：

纟字作为左偏旁，草书写“子”形。所涉字根可参见相关页。

绞（絞 jiǎo）：用两股以上的细长条扭结成一根绳索；扭，拧。

缆（纜 lǎn）：系船用的粗绳。

缓（緩 huǎn）：宽松，宽大；慢，不急迫；柔软。

缦（縵 màn）：无花纹的丝织品。

统（統 tǒng）：丝的头绪，世代相继的系统，纲纪、准则，本，管理。

缒（縋 zhuì）：系在绳子上放下去；拽、拉；绳索。

缉（緝 jī）：绩，把麻搓成线；搜捕；会合，和睦，通辑；附耳私语。

缴（繳 jiǎo）：系在箭上的生丝绳，射鸟用；缴绕、缠绕，纠缠不清；交纳。

纣（紂 zhòu）：驾车马后部的革带；纣王。

缨（纓 yīng）：形声，从糸婴声，本义为系在脖子上的帽带。

拓展：

缌 缏 缐 缑 缗 缘 缁 缚 缛 缜 缤 缟 缠 缡 缢 缣 缤

纟糸5：绶 绰 缔 纾 纽 绣 织 缱 缄 绷

（金文 说文 欧阳询 王铎 王羲之）（金文 说文 说文 颜真卿 杜牧 王羲之）（简帛 说文 褚遂良 鲜于枢 王羲之）

（金文 说文 陆柬之 于右任）（帛书 说文 赵孟頫 韵会）（楚简 颜真卿 王羲之 说文 皇象）（简帛 说文 柳公权

祝永明 王羲之 王羲之）（金文 说文 欧阳询 王铎 王羲之）（说文 赵孟頫 孙过庭）（楚简 说文 颜真卿 王羲之）

辨析：

纟字作为左偏旁，草书写“子”形。所涉字根可参见相关页。

绶（綬 shòu）：形声，从糸受声，本义是丝带，古代用以系佩玉、官印等。

绰（綽 chuò）：形声，从糸卓声，本义是宽大，舒缓。

缔（締 dì）：结在一起。

纾（紓 shū）：延缓。

纽（紐 niǔ）：指可解的结；喻事物的根本，关键；钮扣。

绣（绣繡 xiù）：刺绣，用彩色线在布帛上刺成花、鸟、图案等。

织（織 zhī）：织布，制作布帛的总称。

缱（繾 qiǎn）：紧束，牵住；用同纤。

缄（緘 jiān）：捆东西的绳索；量词。

绷（綳繃 bēng）：束缚，捆绑。

拓展：

潍 缥 缧 缩 缪 缫 缝 缬 缭 缮 缯 蕴 橼 缰 缲 缱 缛 缣 缵 辔

纟糸6：糸 丝（絲） 索 紧 紫 絮

（甲骨 甲骨 金文 说文 说文 魏碑 赵之谦 王羲之 欧阳询 颜真卿 王羲之 米芾 王羲之 孙过庭 李淦）

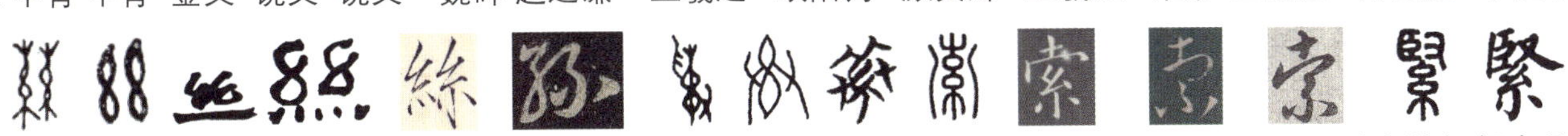

（甲骨 金文 汉简 衡方碑 宋徽宗 王羲之）（甲骨 甲骨 楚简 说文 欧阳询 王羲之 赵孟頫）（说文 颜真卿

赵孟頫 刘统勋）（金文 楚简 说文 王羲之 欧阳询 索靖 王羲之 怀素）（金文 说文 颜真卿 王羲之 索靖）

辨析：

糸字草书为快写，作为字根，居下或居右时，可草化为“不（草书）形”。可拓展。繁字从糸从敏，见敏页。

糸 sī：古同丝；mì，细丝，幺，微小，量词，丝的二分之一。

丝（絲 sī）：会意，从二糸，糸为细丝，本义为蚕丝。

索 suǒ：会意，意为用绳子把木头束起，本义是大绳子。

紧（緊 jǐn）：会意，从臤从糸，本义为缠丝急。

紫 zǐ：形声，从糸此声，本义是紫色，由蓝和红组成的颜色。

絮 xù：形声，从糸如声，本义为粗丝绵。

拓展：

素 累 繫 縠 絛 絜 絭 綣 縶 縈 縢 縏 纍 縻 緊 綦 縶 縶 繇

纟糸7：系（係 繫）孙（孫）逊 猻 荪 愻 綔

（甲骨 甲骨 甲骨 甲骨 金文 说文 隶辨 欧阳询 王羲之 说文 隶辨 皇象 说文 说文 赵孟頫 皇象）

（甲骨 甲骨 金文 楚简 说文 张迁碑 曹全碑 钟繇 颜真卿 白蕉 颜真卿 皇象 王羲之 王献之）（古文 说文

虞世南 颜真卿 欧阳询 邢侗）（金文 赵孟頫 王羲之）（说文 王铎 颜真卿 宋濂）（金文 金文 楚简 说文 楷书）（说文 楷书）

辨析：

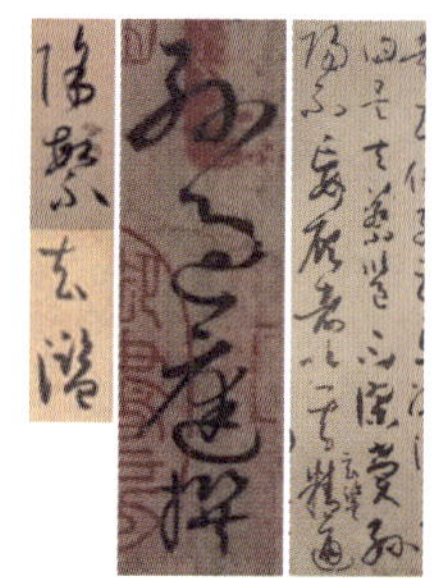

系字常用的写法有三种，系、係和繫，“系”字草化为“点不（草书）”，作为字根亦可只写“不（草书）”。孙字的草书较为特殊，其字根“系”楷行草均可写“小”，草法遵循“高的更高，小的更小” 的原则，二王之前史游所写的孙字草书，左右的结构还没有稳定下来，二王出现了将孙字的子字旁写高写长，而将小字写得更小更矮，后世遵循此结构的写法。繇从䍃（䍃），见䍃。

系（係繫 xì）：系、係、繫三字的意义界限不清楚，往往通用，且经传多以繫为之，只有世系的意义，只用“系”字；会意，甲骨文字形上面是爪下面是丝，丝悬于掌而下垂，本义为悬、挂；或从處。

孙（孫 sūn）：从子从系，系，续也，子之子曰孙。

逊（遜 xùn）：本义是逃遁；退避、退让，谦让、恭顺，次、差。

猻（猻 sūn）：猢猻。

荪（蓀 sūn）：香草也。

愻（愻 xùn）：順也；古同逊，谦逊。

綔（chì）：忿戾也。

拓展：

係 孫 緜 緜 縣 緜 縣 繇 緜 繇 櫾

P2.1 孙过庭撰　P56.3 蔡邕不赏谬孙阳不妄顾者　P26.3 除繁去滥

纟糸8：幽 蚴

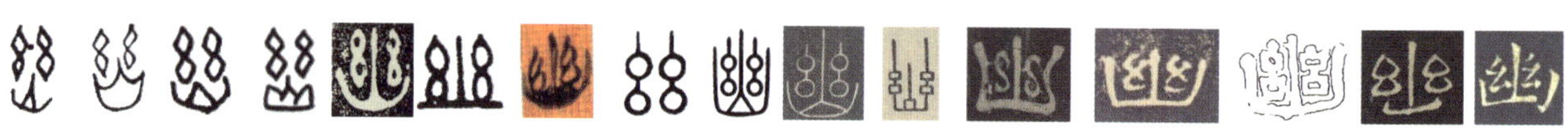

（甲骨 甲骨 甲骨 甲骨 金文 金文 清华简 石经 说文 陆机 广义 夏承碑 曹全碑 封禅国 王铎 王羲之

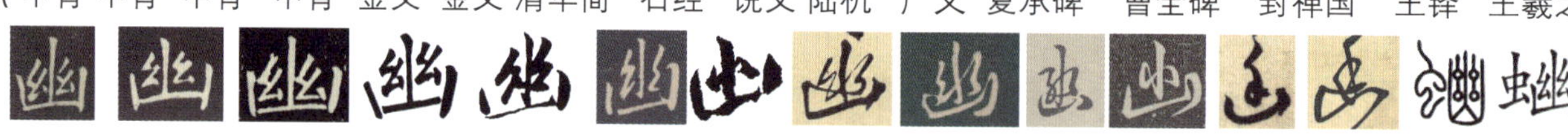

欧阳询 虞世南 颜真卿 柳公权 赵孟頫 王羲之 米芾 王铎 王羲之 朱熹 宋克 鲜于枢 王铎）（说文 楷书）

辨析：

幽字构型清晰，各体姿态多变，篆书有内外穿插，长短肥瘦之分，草书有王羲之、宋克和鲜于枢三类写法。常用字拓展的较少。

幽 yōu：从山，犹隐从阜，取遮蔽之意。

蚴 yōu：虬龙貌，宛转也。

拓展：

嚘 黝

思 腮 鰓（鳃）崽 颸 锶（鍶） 緦 㥸（愍）

（金文 楚简 说文 李斯 张迁碑 唐玄宗 欧阳询 颜真卿 宋徽宗 王羲之 米芾 刘炟 张芝 王羲之 怀素）

（金文 柳公权 王羲之 王羲之）（汉简 王羲之 王羲之 章草）（金文 王羲之 米芾 王羲之）（说文 赵孟頫 毛泽东）

（粗篆 王羲之 王羲之 章草）（说文 赵孟頫 彭玉雯 王羲之 于右任）（金文 篆字汇 楷书 说文 颜真卿 王献之）

辨析：

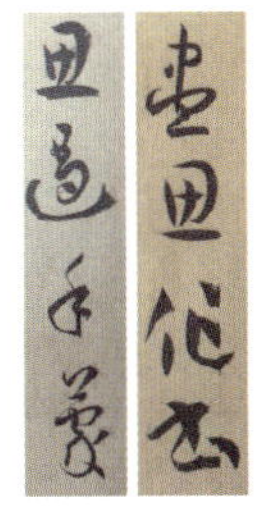

思字本从囟，上边的囟字隶定为田，草书写法，田字写快写，心字草书写三点或一横。可拓展。惫（憊）和慮（虑）亦从思，可参见备和虑字。㥸乃古体今写愍。傻惱腦等字均从囟字，这些字的草书，囟还有近乎“凶”字的写法等等，傻参见叜，惱和腦等字参见囟字。

思 sī：形声，从心从囟（囟乃是婴儿头顶骨未合缝的地方，亦称囟脑门儿、顶门儿），自囟至心如丝相贯不绝也。

腮 sāi：面颊或水生动物的呼吸器官。

鰓（鳃 sāi）：鱼类的呼吸器官。

崽 zǎi：小孩子，幼小的动物。

颸 sī：凉，疾风。

锶（鍶 sī）：金属元素，银白色结晶，它的化合物燃烧时发出红色火焰，用来制造焰火等，亦可入药。

緦 sī：制做丧服的细麻布。

㥸（愍 mǐn）：痛也，忧患，痛心的事。

拓展：

偲 恖 媤 愢 揌 缌 葸 漗 楒 毸 禗 赒 禗 罳 䰄 諰 㒋 䚡 顋 騦 䰄

P25.2 思遏手蒙　　P54.3 尽思作书

死 葬 斃 薨 髒（脏）

（甲骨 甲骨 甲骨 金文 楚简 楚简 楚简 秦简 古文 说文 史晨碑 文徵明 欧阳询 皇象 张旭 颜真卿 怀素）

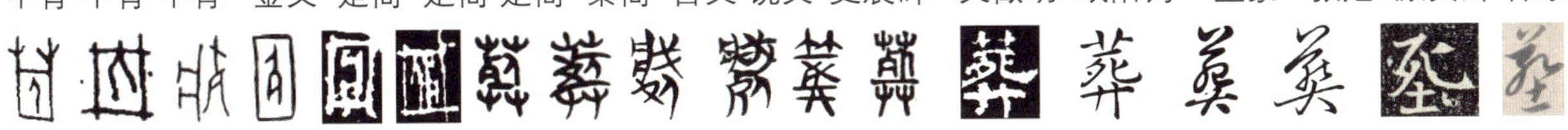
（甲骨 甲骨 甲骨 甲骨 甲骨 甲骨 金文 楚简 楚简 楚简 秦简 说文 鲁峻碑 褚遂良 王羲之 李北海 魏碑 赵孟頫）

（金文 说文 说文 颜真卿 孙过庭 王羲之 王羲之）（说文 赵孟頫 章草）（篆字汇 王铎 辨体 王羲之 章草）

辨析：

死和葬字篆书表意清晰，死字草书写“歹匕”，葬斃髒等字可对应异体字塟、斃和脏。

死 sǐ：从歺人，歺（è）为残骨，指人的形体与魂魄分离，本义是生命终止。

葬（塟 zàng）：甲骨文像人逝而置于棺，从人从歺从爿或兼而有之；从死在茻中，“一”其中，所以之荐，为荐艸席也，上古厚衣以薪，故其字上下皆艸。

斃（斃 bì）：形声，从死敝声，在先秦古书中的獘，在流传中往往被改成斃，獘遂废弃，本义为仆倒、倒下去。

薨 hōng：形声，从死瞢（méng）省声，公矦卒也。

髒（脏 zàng/zāng）：不干净，不纯洁；粗鲁不文雅。

拓展：

殇 屍 欼 堥 臰 斃 薨

巳 妃 祀 汜 圯

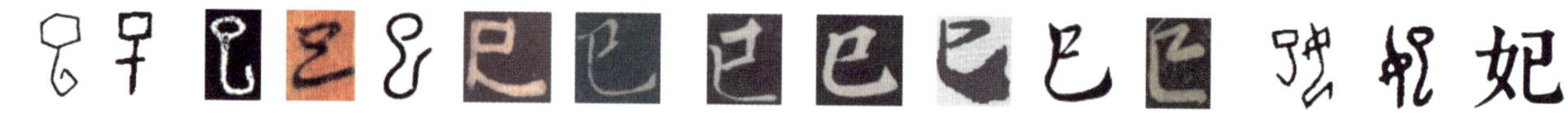

（甲骨 甲骨 金文 楚简 说文 夏承碑 钟繇 褚遂良 颜真卿 简书 王羲之 李白）（甲骨 金文 楷书）

（甲骨 甲骨 甲骨 甲骨 甲骨 金文 金文 楚简 秦简 欧阳询 智永 怀素）（甲骨 金文 说文 衡方碑 欧阳询

米芾 王铎）（金文 说文 汉简 曹全碑 颜真卿 赵孟頫 王羲之 李淦）王羲之 王宠 王铎 韩道亨（智永 韵会）

辨析：

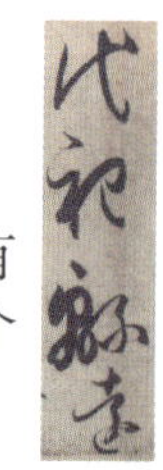

巳字的篆书为象形，隶定字形稳定，行草为快写。可拓展。作为字根，一些字隶定或楷化后具有巳字的结构，如包熙起夔等等，巳字的原始意义各体皆具，而不少的字，如巴溲（没）洹（洹）导巷巷巽异等等，其隶定和楷化或简化字的字形，仅仅是借了巳字之形，这些字不少拓展性仍然很强，参见相关页。

巳 sì：象形，甲骨文字形像在胎包中生长的小儿，本义为在胎包中成长的小儿。

妃 fēi：俗妃。

祀 sì：形声，从示巳声，示常与祭祀有关，本义是祭祀天神，甲骨文的示字是一个形象的符号，有祭台有供品。

汜 sì：水决后又流入，不流通的小沟渠，水边；汜水，在中国河南省。

圯 yí：桥，东楚谓桥为圯。

拓展：

巷 僊 熙 巽 夔　包 回 圯 导 异 炉 改 咆 砲 巺 邔 鈀 佀 欧 殴 邒 嬰 鞄 逮 嬰 遷

P28.5 代祀绵远

四 肆 驷 泗

甲骨 金文 楚简 楚简 石鼓 说文 说文 说文 张迁碑 宝子碑 欧阳询 颜真卿 柳公权 宋徽宗

王羲之 皇象 王羲之 王珣）（金文 金文 金文 古文 石经 说文 简帛 汉简 曹全碑 欧阳询 赵孟頫

王羲之 王羲之 智永）（金文 楚简 石韵府 赵孟頫 赵孟頫 王羲之）（金文 说文 虞世南 王羲之 米芾 章草）

辨析：

四字的篆书形态较多，隶楷结构稳定，行书外围的"口"一般写三笔，草书则写相向的两个笔画。可拓展。肆字的篆书形态变化较大，隶定字形从长从聿，楷行草均从之。

四（肆 sì）：说文曰："囗，四方也，八，别也，囗中八象四分之形。"指事，甲骨文字形像鼻子喘息呼气之形，本义为数目四，三加一所得，单据等大写为"肆"；肆的异体字从两个"彐水"或两个"聿勿"，或如说文从"隶"。

肆（肆 sì）：形声，从长聿声，本义为摆设、陈列；异体字有隶、肆、肆、肆、肆、肆、肆和肆等等。

驷（駟 sì）：同驾一辆车的四匹马，或驾四马之车。

泗 sì：泗水，鼻涕。

拓展：

呬 囵 恻 栖 牺 伵

P4.4 彼之四贤　P24.1 四合也　P24.5 四乖也

寺1：寺　诗　時（时）鰣　蒔

（金文　金文　清华简　清华简　石鼓文　说文　居延简　因宜堂　欧阳询　颜真卿　柳公权　赵孟頫

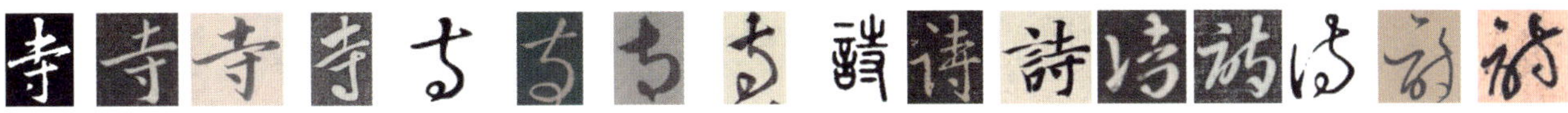

王羲之　苏轼　赵孟頫　米芾　王羲之　怀素　康里巎　王铎）（说文　王羲之　智永　皇象　索靖　王羲之　怀素　王铎）

（石经　简帛　王羲之　颜真卿　王羲之　王羲之　王羲之）（金文　赵孟頫　章草）（说文　王铎　王羲之　王羲之　赵构）

辨析：

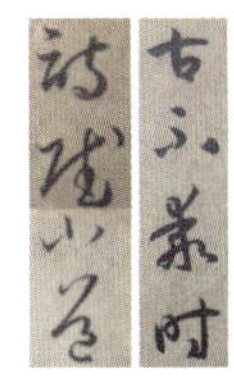

寺字本从寸从之，隶定从土从寸，草法有二：1. 约定俗成，如王羲之的寺字，拓展性较强；2. 皇象的诗字和陆机（下页）的跱字。特例：1. 时（時），草法只写“日 + 寸”；2. 等（见下页），等字草书，约定俗成，即将上边的复杂结构草化为一个点，写“寸 + 左上点”。拓展的字参见所涉字根页。

寺 sì：形声，小篆字形从寸之声，寸，与法度有关，本义是古代官署的名称；秦以官员任职之所，通称为寺，如大理寺。

诗（詩 shī）：形声，从言寺声，本义是诗歌。

時（时旹 shí）：四时也。

鰣（鲥 shí）：鲥魚。

蒔（莳 shì）：移栽；莳萝，多年生草本植物，果实椭圆形，可做香料，亦称小茴香。

拓展：

邿 䢊 桛 秲 畤 闍 埘 崻 時 塒 嵵 閪 榯 撙　　P14.1 诗赋小道　P5.3 古不乖时

寺2：侍　待　洔　持　峙　畤　歭　跱　特　恃　痔　等

（简帛　古文　说文　赵孟頫　智永　王羲之　张芝）（金文　简帛　说文　欧阳询　张芝）（说文　楷书）（金文　简帛　说文

樊敏碑　智永　王羲之　颜真卿　怀素）（金文　赵孟頫　王羲之）（说文　赵孟頫　日本）（说文　欧阳询）（篆字汇　虞世南

陆机）（简帛 说文　柳公权 皇象）（简帛 说文　智永　张芝）（简帛 说文 褚遂良 皇象）（楚简 楚简 说文　赵佶　钟繇　皇象 黄彰任

辨析：

等字草书，约定俗成，即将上边的复杂结构草化为一个点，写“寸 + 左上点”；其中，黄彰任的写法罕见。

侍 shì：形声，从人寺声，本义是在尊长旁边陪着。

待 dāi：形声，从彳寺声，等待，等候。

洔 zhǐ：古同滞，滞留；古同沚，水中的小块陆地。

持 chí：形声，从手寺声，拿着。

峙 zhì：稳固地、高高地立起。

畤 zhì：秦汉时祭祀天地五帝的祭坛。

歭 zhì：储备；chí，歭躇，古同踟蹰，徘徊不前的样子。

跱 zhì：跱躍，行不进；对峙、对立；行馆、招待所。

特 tè：形声，从牛寺声，本义为雄性的牛马，即牛父也。

恃 shì：依赖，仗着。

痔 zhì：肛门因血行障碍而引起的一种病。

等 děng：会意，从竹寺声，寺官曹之等平也，寺者，简册杂积之地，寺亦声，本义为整齐的简册；等级，辈分，台阶，类型、样子，等待、等候，推迟，衡量，表复数，列举后煞尾，列举未尽，一样、同样。

拓展：

邿 庤 䢊 桛 秲 畤 闍 埘 撙 鼭 鰣　　P4.4 古今特绝

S

松 鬆 凇 淞 菘 崧 蜙

（金文 简帛 汉简 汉印 说文 广义 礼器碑 肥致碑 智永 欧阳询 颜真卿 宋徽宗 王羲之 王羲之 智永 王铎）

（颜真卿 郑板桥 郑板桥 唐寅 毛泽东）（金文 粗篆 柳公权 王羲之 王羲之）（金文 汉简 赵孟頫 王羲之）

（说文 柳公权 赵孟頫 米芾 王羲之 李沧 流江）（金文 邓石如 智永 虞世南 王羲之 章草）（说文 彭玉雯）

辨析：

松字字形稳定，篆简有上下左右结构的写法，行草书为快写。可拓展。

松 sōng：形声，从木公声，本义是松科植物的总称。

鬆 sōng：乱发也，不紧，不严格。

凇 sōng：云雾或水气凝结而成的冰花，雾凇。

淞 sōng：同凇，水气凝结成的冰花。

菘 sōng：形声，从艸松声，本义是蔬菜名，又分为白菜、青菜、黄芽菜数种。

崧 sōng：同“嵩”。

蜙 sōng：蜙蝑，即螽斯。

拓展：

倯 崧 䆬 帪 枀 彸 忪 衳 硹 菘 䈊 蚣 霐 鬆 鬆 鬆

叟 1：叟 嗖 謏 搜 獀 瘦 馊 飕

（甲骨 甲骨 甲骨 籀文 左传 楚简 说文 郑簠 赵孟頫 何绍基 王羲之 智永 米芾 王羲之 鲜于枢 韩道亨）

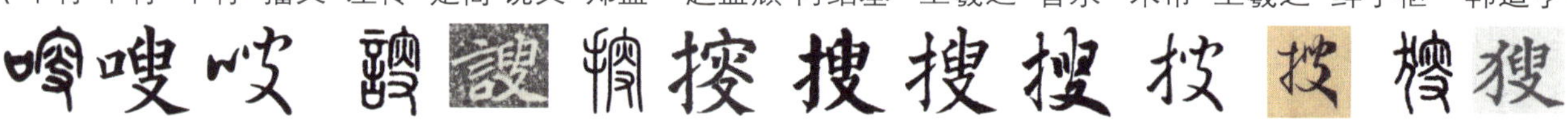

（金文 欧阳询 王羲之）（说文 等慈寺）（说文 颜真卿 颜真卿 柳公权 王羲之 王羲之 孙过庭）（说文 五经）

（金文 说文 石韵府 简帛 欧阳询 王羲之 赵构）（金文 赵孟頫 王羲之）（金文 说文 柳公权 王羲之 张瑞图）

辨析：

叟字的篆书为手举火把形，其草书有二：1.“点皮”：叟从臼，臼字草书写“三点”，叟为“点加皮”，“叟去点是皮”，即是叟与皮的草书关系。2.“宀火又”：即从异体字叜的写法，少见。可拓展。嫂字从女，见女页。

叟（叜 sǒu）：会意，本作叜，意谓手拿火把在室内搜索，本义是求、搜索、搜查；老也，从又，籀文从寸，假借为傻，为老的男人，也用作对老年男子的尊称。

嗖 sōu：象声词，形容迅速通过的声音；驱鸟所发出的声音；笑的样子。

謏 xiǎo：小，小的、微不足道的。

搜 sōu：一曰求也，从手叜声。

獀 sōu：南越名犬獿獀也；古同蒐，古代君主春天围猎；选择。

瘦 shòu：形声，从疒（chuáng）叟声，从疒表明与疾病有关，本义是肌肉不丰满。

馊（餿 sōu）：形声，从食叟声，本义为饭食经久变味。

飕（颼 sōu）：风吹同嗖。

拓展：

傁 㥮 廋 聧 蓃 遚 𡎺 膄 𢿋 㮴 𣯦 膄 𢿋

叟2：溲 艘 螋 馊 瞍 锼 鄋 廋

（金文 说文 汉简 王羲之 赵孟頫 王羲之 章草）（金文 说文 石韵府 伊秉绶 虞世南 赵孟頫 王羲之 王羲之 章草）

（金文 颜真卿 柳公权 王羲之 吴昌硕 王羲之 章草）（金文 篆字汇 赵孟頫 颜真卿 柳公权 黄庭坚 王羲之 章草）

（说文 赵孟頫 王羲之）（金文 赵孟頫 王羲之 王羲之）（说文 彭玉雯）（汉印 何绍基 欧阳询 颜真卿 王羲之 王铎）

辨析：

叟字作为偏旁，各体写法同前页的叟。所涉字根可参见相关页。

溲 sōu：形声，从水叟声，本义是用水调和。

艘（㮴 sōu）：形声，从舟叟声，说文从木，本义为船的总称，海中大船；量词，用于船只计数。

螋 sōu：蠼螋，同蛷。

馊（餿 sōu）：食物腐败而变味；腐坏变味的，不管用、不高明的。

瞍 sǒu：眼睛没有瞳仁，看不见东西；盲人。

锼（鎪 sōu）：镂刻，蚀，侵削，铁锈。

鄋 sōu：春秋时北方少数民族的一个小国，公元前 616 年为齐所灭，在今山东省济南市北。

廋（庱 sōu）：形声，从广叟声，广为就山崖作成的房子，本义是隈曲处；隐藏，藏匿；古同搜，索求；隐语；廋人，养马之官。

拓展：

謏 醙 鎪 騪 艘

稣 蘇（蘓 苏 甦 囌）

（金文 金文 金文 说文 广义 王羲之 欧阳询 颜真卿 赵孟頫 黄庭坚 王铎 王羲之 文徵明 于右任 章草）

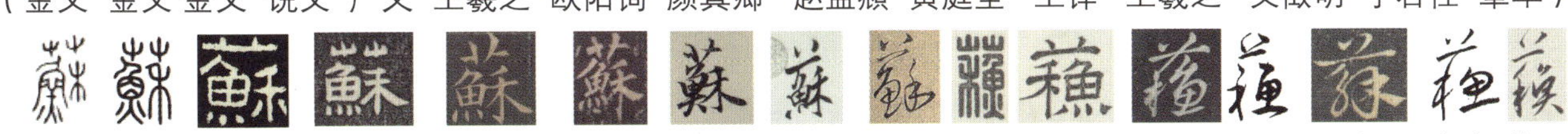

（金文 说文 好太王 澄清堂 欧阳询 柳公权 赵孟頫 苏轼 米芾 汉印 娄机 宋克 皇象 王铎 朱耷 蔡羽

汉简 王羲之 王羲之 章草 六书统 魏碑 智永 王铎 金石篆 邓石如 欧阳询 柳公权 王羲之 佚名 郑板桥）

辨析：

稣同蘇，异体字有蘓、苏、甦、囌等，鱼与禾左右互换，其意不变，行草书几种写法都有。

稣（穌 sū）：形声，从禾鱼声，“苏”的本字，艸、禾义通，“稣”常用为“苏醒”义。

蘇（蘓苏甦囌 sū）：形声，从艸（sū）声，从艸与植物有关，本义是植物名，即紫苏。其中，囌 sū，（方）噜囌，噜唆；见苏。

拓展：

㢝

肃 骕 萧 潇 啸（歗） 箫 鹔 繍（绣） 鏽（锈）

（金文 金文 金文 楚简 说文 说文 颜真卿 赵构 李世民 章草）（黄庭坚 文徵明）（石韵府 颜真卿 赵孟頫

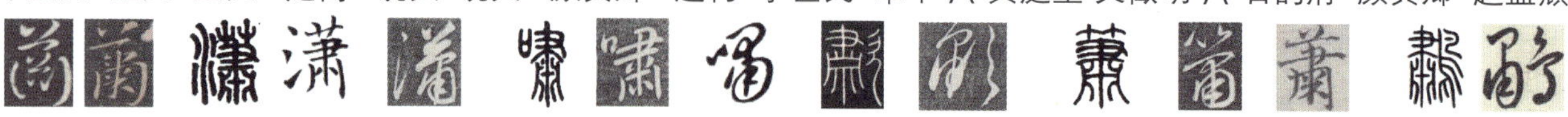

皇象 索靖）（说文 王羲之 管道升）（说文 陆柬之 王羲之 李阳冰 管道升）（吴让之 文徵明 邓文原）（说文 王宠）

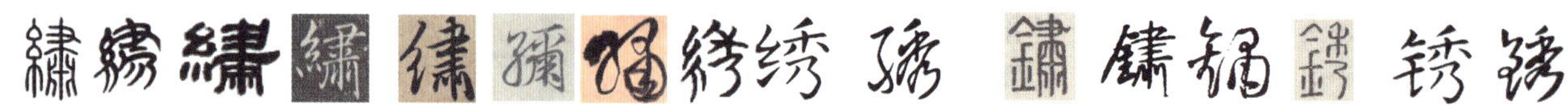

（楚简 简帛 邓石如 褚遂良 赵孟頫 邓文原 王铎 楚简 王羲之 王羲之）（篆字汇 黄庭坚 王铎 篆字汇 王羲之 王羲之）

辨析：

肃字的篆书及隶楷有几种不同的变化，楷书一般有从亚、两点和米的写法，草书上边草化为横弯（可加挑点），下边草化为“用”，可拓展。啸或从欠写歗。注意：绣（繍）和鏽（锈）字，有繁简两种写法，锈字简写的居多。

肃（肅 sù）：战战兢兢也，本义为做事振奋、恭敬，引申指庄重、威严，亦指冷峻、肃杀、清除等；通夙，早；通速、急、疾。

骕（驌 sù）：骕骦，古代良马名。

萧（蕭 xiāo）：形声，从艸，从肃，肃亦声；1. 本义为艾蒿；2. 冷落、衰败、没有生气的样子。

潇（瀟 xiāo）：水清而深的样子。

啸（嘯歗 xiào）：撮口作声，打口哨。

箫（簫 xiāo）：竹制的管乐器，排箫，洞箫。

鹔（鷫 sù）：鹔，鹔鹴也，五方神鸟也；东方发明，南方焦明，西方鹔鹴，北方幽昌，中央凤凰。

繍（绣綉 xiù）：形声，从糸肅声，从糸与丝织有关，本义为刺绣。

鏽（锈 xiù）：金属表面所生的氧化物。

拓展：

埔 渖 箫 蟏 劇 攄 彇 蕭 歗 嘯 驌 橚 歗 熽 璛 礵 糯 翻 簫 蟰 檔 鏽 鱐

P28.5 萧羊已往代祀绵长　P66.2 意先笔后潇洒（灑）流落

素 愫 嗉

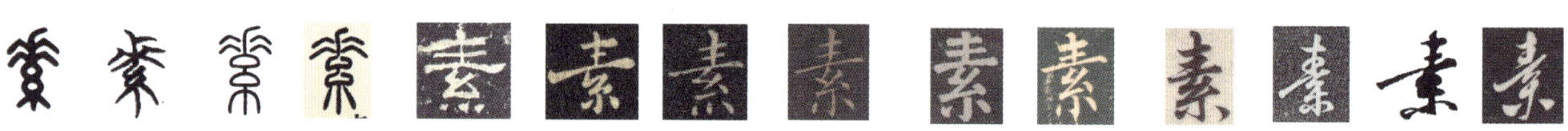

（金文 楚简 说文 邓石如 张迁碑 钟繇 王羲之 欧阳询 颜真卿 柳公权 赵孟頫 王羲之 黄庭坚 米芾

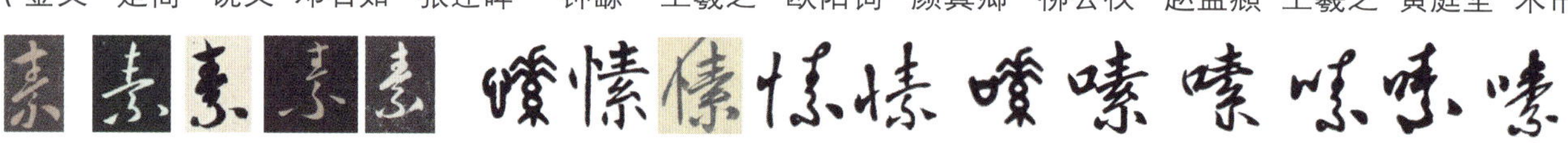

索靖 王羲之 智永 怀素 赵孟頫）（金文 柳公权 王铎 王羲之 章草）（金文 赵孟頫 王羲之 王羲之 米芾 吴昌硕）

辨析：

素字的篆书字形多变，隶楷从青字头从糸，草书，上边为快写，下边的“糸”字草写“不”字的一种草书结构。可拓展。

素 sù：会意，小篆字形上是“垂”，下是糸（mì），糸乃丝也，织物光润则易于下垂，本义是没有染色的丝绸。

愫 sù：白致缯也，引申为真实的心情，诚意。

嗉 sù ：鸟类喉咙下装食物的地方，嗉囊、鸡嗉子；装酒的小壶，酒嗉子。

拓展：

膆 傃 埣 嫊 溸 搸 䅇 榡 縤 衠 䌇　　P7.1 素善尺牍

粟 傈

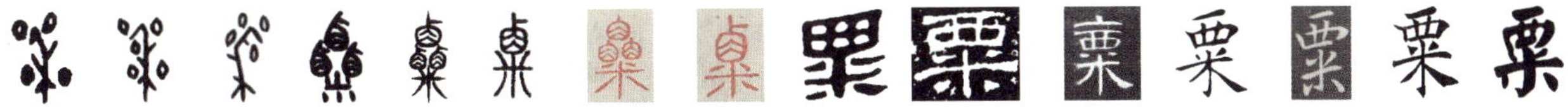

（甲骨 甲骨 甲骨 金文 说文 说文 石韵府 石韵府 帛书 西峡颂 曹全碑 王羲之 欧阳询 褚遂良 颜真卿

柳公权 赵孟頫 王羲之 孙思邈 苏东坡 米芾 赵孟頫 王铎 王羲之 空海 邓文原 文徵明 祝永明 毛泽东）

（金文 金石篆 汉简 魏碑 王羲之 欧阳询 颜真卿 王羲之 黄庭坚 赵孟頫 王铎 王羲之 李洤 于右任 章草）

辨析：

粟字甲骨文像草木果实下垂之形，隶定从“西”，行草书为快写。可拓展。

粟 sù：会意，像草木果实下垂的样子，后隶变为“西”，本义是粟子，谷子，去皮后叫“小米”，为禾本科狗尾草属，一年生草本，叶似玉蜀黍而较狭长，花小而密，呈圆锥花序，果实为粒状，黄色，可食，为北方粮食之大宗；谷实的总称。

傈 sù：傈僳族，我国少数民族之一，分布在云南和四川，有本民族语言。

拓展：

剽 慄 溧 緤 鏍 榡 鞢

虽（雖）

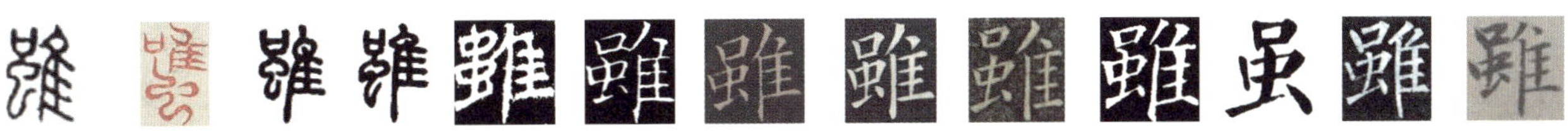

金文 广金石 帛书 说文 张迁碑 石门铭 欧阳询 姚孟起 褚遂良 颜真卿 颜真卿 柳公权 赵孟頫

王羲之 赵孟頫 索靖 王羲之 怀素 李怀琳 陆游 宋克 解缙 陈淳 王献之 孙过庭 杜衍 黄庭坚 康里巎

辨析：

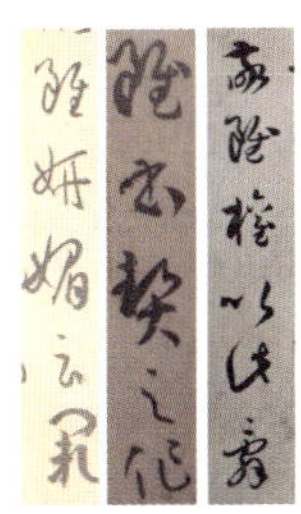

“雖”字从虫唯声，隶定从虽从隹，草书有二：1. 偏旁“虽”字的草法为两点（口草写两点）加虫，即“两点＋虫”，“雖”字草法合起来就是“两点＋虫＋隹”。2. 前一种讹变为“阝＋隹”，即“虽”字快写加简省后，近似于草写“阝”，“雖”字的草书即为“阝＋隹”，书谱 13 个虽（雖）字草书的这种写法，已为约定俗成。强字从虽，见强页。

虽（雖 suī）：说文：“虽（雖），从虫唯声，古读（huī），似蜥蜴而大。”《广韵》助语也，还有“即使…也，纵使，仅、只，原本、本”之意。

拓展：

嗺 雖 蠵 　P4.6 虽书契之作　P8.1 敬虽权以此辞折安　P47.6 虽妍媚云阙

S

随（隨 遀）隋 椭（橢）堕（墮） 髓（髓） 惰（憜）

（秦简 说文 张迁碑 邓石如 颜真卿 王铎 欧阳询 柳公权 赵孟頫 王羲之 皇象 王羲之 智永）

（说文 颜真卿 米芾 王羲之 孙过庭）（说文 皇象 黄庭坚 皇象 王羲之）（金文 楚简 简帛 说文 说文 苏轼

管道升 王羲之）（篆字汇 古文 颜真卿 王羲之 黄道周）（金文 简帛 说文 说文 何绍基 颜真卿 欧阳询）

辨析：

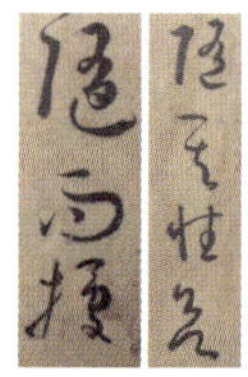

随（隨）字的字根是“左下月”，草书省略“工”而写“有”。可拓展。

随（隨遀 suí）：从也，从辵隋声，从也，行可委曲从迹，谓之委随。

隋 suī：形声，从肉隓省声，隓（huī），城墙倒塌，“隋”字从肉同肉有关，本义是残余的祭品。

椭（橢 tuǒ）：长圆形。

堕（墮 隓 duò）：本义是毁坏，脱落；古通惰，懈怠；隓古同堕。

髓（髓髓 suǐ）：形声，从骨随省声，本义是骨中的凝脂，古同髓。

惰（憜 duò）：形声，从心隋省声，本义是不恭敬，懈怠、懒惰，衰败。

拓展：

瀡 瓍 蓨 嫷 隓 撱 橢 隳 譢 嶞 獢 鰖

P38.6 随而授之　　P48.6 随其性欲

所

侯马盟 石经 石鼓文 说文 李斯 齐白石 宝子碑 曹全碑 乙瑛碑 钟繇 欧阳询 颜真卿 柳公权 赵孟頫

钟繇 王羲之 圣教序 王献之 赵孟頫 史游 皇象 皇象 索靖 王羲之 王羲之 智永 怀素 蔡襄 赵孟頫 董其昌

辨析：

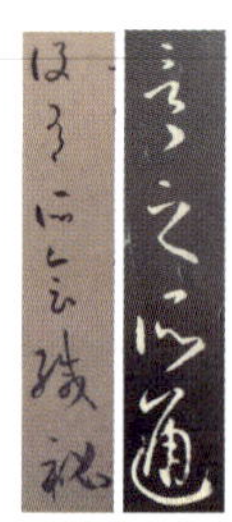

所字从斤从户，字形稳定，书谱28个所字草法，大部分左为竖，右边的横下写三个点，这种写法源于史游、皇象、索靖等写法；所字的草书写法还有两种：1. 王羲之先左竖，右边横下写两点或三点。2. 横下中间先写竖，左写一点右写两点（怀素）。章草写法则应将横或最后的点写出波挑。

所 suǒ：形声字，说文：伐木声也，从斤户声。本义：地方，如所在。衍义：位置，如处所。衍义：用在动词或者“介词＋动词”之前，组成名词性词组，相当于“……的事、物”“……的地方”“……的人”等。如：衣食所安。《诗》曰：伐木所所，“所所”乃发出伐木声之处。段玉裁注：“今按丁丁者、斧斤声；所所、则锯声也。”

拓展：

𡋯 屎 齭　　P17.2 设有所会缄秘已深　　P63.1 言之所通

貨 唢 琐 锁（鎖鎻鏁） 湏 摃 磌 鄭 䵀

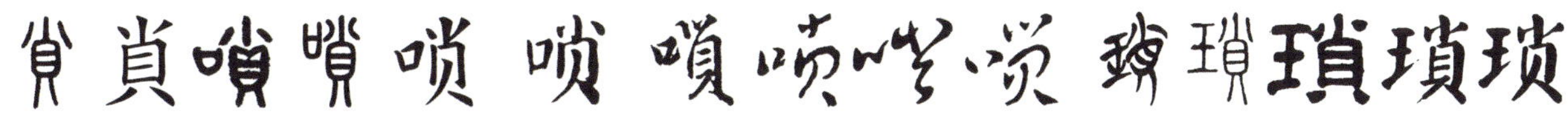

（说文　楷书）（金文　粗篆　欧阳询　颜真卿　赵孟頫　鲁迅　王羲之　章草）（简帛　说文　奚冈　颜真卿　颜真卿

黄庭坚　王羲之　孙过庭　祝永明　邓文原）（简帛　说文　邓石如　何震　欧阳询　颜真卿　赵孟頫　赵孟頫　欧阳询

柳公权　王羲之　唐寅　王铎　韵会）（说文　楷书）（篆字汇　楷书）（篆字汇　楷书）（篆字汇　楷书）（说文　楷书）

辨析：

貨字从贝，不常用，作为字根，各体较稳定，草书写法，贝可快写，或草化为“大（贝居下）”。

貨 suǒ：贝壳相碰声，小贝。

唢（嗩 suǒ）：唢呐，管乐器，形状像喇叭，正面有七孔，背面一孔。

琐（瑣 suǒ）：形声，玉件相击发出的细碎声音；琐碎，形容人品卑劣、猥琐，平庸，仔细。

锁（鎖鎻鏁 suǒ）：置于可启闭的器物上，以钥匙或暗码（如字码机构、时间机构、自动释放开关、磁性螺线管等）打开的扣件；一种用铁环钩连而成的刑具；链子，加锁，用锁锁住，紧缩而形成皱纹，缝制，束缚；姓。

湏 suǒ：古水名。

摃 suǒ：揣击，动。

磌 suǒ：小石。

鄭 suǒ/suò：《玉篇》河南亭名。

䵀 suǒ：小麦的粗屑；面不精。

拓展：

䝡 嗩 䐝 鄭 湏 䐝 鎖 䵀

寁 塞 赛 寨 蹇 騫

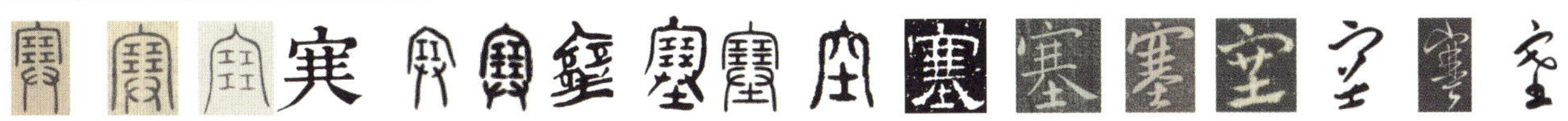

（广义　六书通　汗简　楷书）（甲骨　金文　楚简　秦简　说文　六书统　曹全碑　欧阳询　王羲之　皇象　王羲之　王献之　李洤

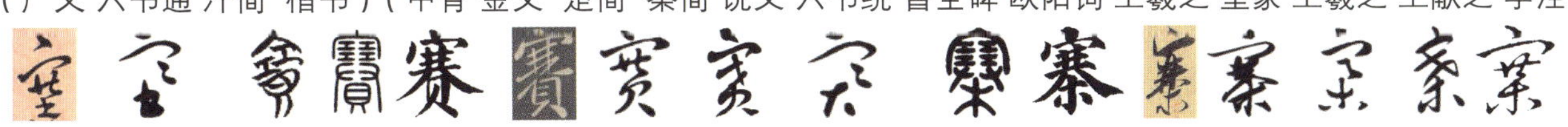

王铎　于右任）（简帛　说文　颜体　李邕　王羲之　章草　于右任）（金文　颜真卿　米芾　张瑞图　王羲之　李洤　韵会）

（金文　简帛　说文　王羲之　王羲之　王羲之　韵会　章草　于右任）（金文　简帛　说文　张迁碑　满骞　王羲之　朱耷　章草）

辨析：

寁，篆书变化较多，体现在“宀”下用四个“屮”或四个“工”的变化上，这两种篆书写法隶定结构为三横两竖，其中三横两竖的草书写法有四类，即“快写、两点、戈勾、草共头”：1. 快写；2. 草化为两点；3. 草化为戈字；4、草化为“共字头（近于草书一样的共字）”。寒字还从冫，见冫类的寒页。

寁 sāi：从宀从𡿭，𡿭字音展，从两手，像捧塞形，同塞。

塞（僿 sāi）：会意兼形声，从土塞声，塞同罅，空隙之义，本义为阻隔、堵住。

赛（賽 sài）：形声，从贝塞省声，本义是行祭礼以酬神；比试；胜过、如同；完毕、了结。

寨 zhài：从木赛声，防卫所用的木栅。

蹇 jiǎn：形声，从足寒省声，本义是跛足。

骞（騫 qiān）：寒省声，马腹病。

拓展：

傄 搴 僿 摌 噻 簺 擦 嚓 攓 瀽 襶 鏲 驙 搴 搴　　P49.5 迟重者终于蹇钝

宿 蓿 缩

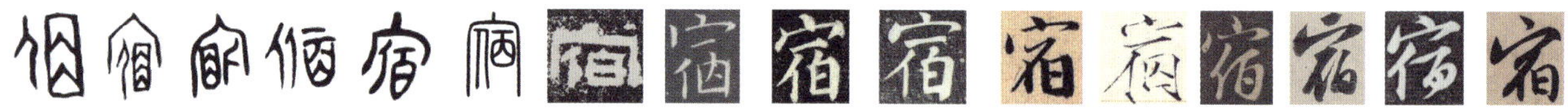

（甲骨 甲骨 金文 楚简 秦简 说文 鲜于璜 欧阳询 颜真卿 柳公权 赵孟頫 赵佶 王羲之 苏轼 黄庭坚 赵孟頫

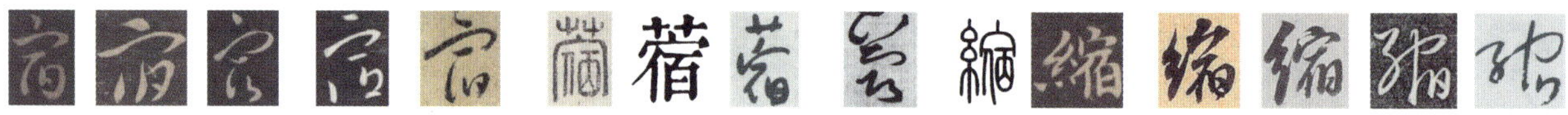

汉章帝 索靖 王羲之 王献之 怀素）（篆字汇 楷书 于右任 王铎）（说文 王羲之 米芾 董其昌 饶介 于右任）

辨析：

宿字的篆书形态为象形，而表示席子的符号隶定为“百”，行草书为快写。拓展的字可从宿。

宿（㝛 sù）：形声，甲骨文像人睡在室内席子上，本义为住宿、过夜。

蓿 xu：蓿是多年生草本植物，叶子长圆形，花紫色，结荚果，可以喂牲口，做肥料，嫩苗可食，亦作“苜蓿”。

缩（縮 suō）：形声，从糸（mì）宿声，糸乃细丝与绳索有关，本义为捆束；缩字或从㝛。

拓展：

婮 滀 摍 樎 簌 艏 蹜 鏥

S

它1：它 佗 陀 跎 沱 砣 舵 鸵

（甲骨 甲骨 甲骨 金文 金文 金文 楚简 简帛 说文 张迁碑 欧阳询 颜真卿 王羲之 王羲之 王宠 辨体）

（金文 简帛 说文 赵孟頫 王羲之 李洤）（简帛 李斯 王羲之 王羲之 李洤 柳公权）（说文 王羲之 俞和）

（金文 说文 颜真卿 颜真卿 王铎）（金文 柳公权 王羲之 王羲之）（金文 王羲之 王羲之）（赵孟頫 王羲之）

辨析：

它字篆书为虫形，隶定字形稳定，草书有快写和点与下边的竖弯直连的写法。可拓展。

它 tā：象形，小篆字形像虫形，本义为虫，后作“蛇”；称代人以外的事物。

佗 tuó：形声，从人它声，本义为负荷，同驮；yí，通迤。

陀 tuó：倾斜不平的样子。

跎 tuó：背负，驼背，跎蹉。

沱（沲 tuó）：江水支流的通名。

砣 tuó：石制的碾轮，秤锤。

舵（柁 duò）：交通工具上控制方向的设备；比喻奋斗的方针或凭借。

鸵（鴕 tuó）：鸵鸟。

拓展：

咜 坨 岮 拕 迱 驼 柁 炨 牤 瓩 袉 铊 痑 紽 羘 紽 詑 酡 馲 軚 鉈 乾 颳 駝 鮀 鴕 麮 鮀

它2：柁 坨 铊 驼（駞）酡 蛇（虵）

（甲骨 简帛 石韵府 王羲之 王羲之 章草）（金文 楚简 欧阳询 王羲之 李洤）（金文 楚简 说文 赵孟頫 王羲之）

（楚简 古文 颜真卿 赵孟頫 颜真卿 米芾 王羲之 张弼 章草）（说文 邓石如 柳公权 王羲之 孙过庭 祝允明）

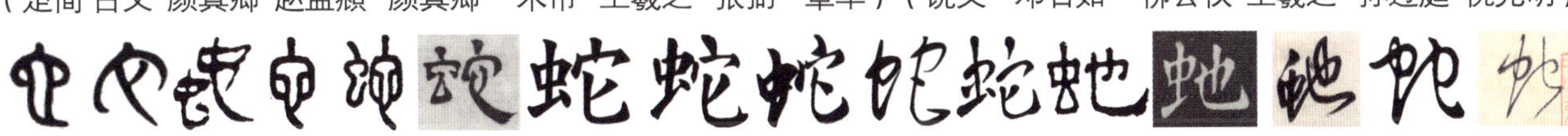

（金文 简帛 帛书 说文 说文 文徵明 欧阳询 颜真卿 王羲之 李洤 章草 张表碑 颜真卿 王铎 王羲之 怀素）

辨析：

它字拓展的字，驼蛇等字的“它”还有从“也”的写法，楷行草均可从这两种结构，如驼字草书，有“马它”和“马也”的写法，蛇字草书，有“虫它”和“虫也”的写法。

柁 tuó：房架前后两个柱之间的大横梁。

坨 tuó：堆、团；海中沙洲。

铊 tuó：同砣；tā，金属元素。

驼（駝駞 tuó）：形声，从马它声，与马相类的动物，本义为骆驼。

酡 tuó：饮酒后脸色变红，将醉。

蛇（虵 shé）：形声，从虫它声，它或从虫，有鳞目蛇亚目爬行动物的总称，约二千七百种；yí，委蛇；注：也，为象形字，甲骨文像蛇形，隶变后楷书写作也，与它、乜同源。

拓展：

跎 炨 舵 沱 鸵 鮀 紽 詑 陀 咜 迱 佗 拕

P11.2 鸾舞蛇惊

T

沓 踏 涾

（甲骨 金文 简帛 说文 邓石如 赵之谦 欧阳询 颜真卿 柳公权 赵孟頫 王羲之 索靖 赵孟頫 李淦 章草

王铎 成亲王 王宠）（六书统 汉简 邓石如 赵之谦 虞世南 褚遂良 赵孟頫 王羲之 王羲之 孙过庭 章草

米芾 唐寅 文徵明 郑板桥 赵孟頫 董其昌）（说文 魏碑 张即之 米芾 赵孟頫）*说文 说文 说文 说文 说文*

辨析：

沓字从水从曰，隶定从日，草书有快写和草写两种；沓字有异体字沯，从臼，各体及拓展的字累见。可拓展。踏字有异体字从臼和蹋字，蹋见塌页。

沓（沓唦 dá）：语多沓沓，若水之流，从水会意；相合；众多而重复；量词。

踏 tā：形声，从足沓声，本义是足着地、踩。

涾 tà：沸溢。

拓展：

嗒 搭 碴 鎝 䜚　鎝 猹 荅 嵖 楂 罯 箚 豬 諮 踏 鞜 鞜 黯 謺

塌 搨 蹋 塌 榻 溻 鳎 遢

（楷书 说文）（石鼓文 汉简 说文 说文 瘗鹤铭 虞世南 董其昌 王铎）（金文 简帛 说文 隶辨 颜真卿 王羲之

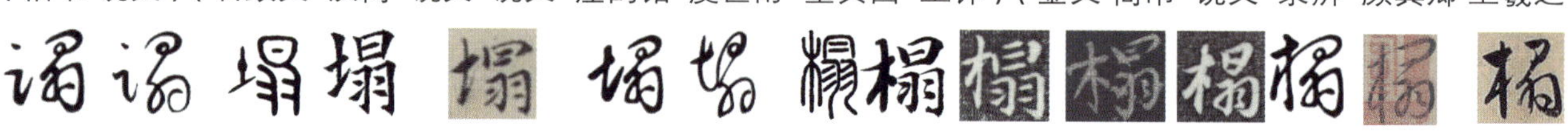

王羲之 李淦）（金文 欧阳询 赵孟頫 王羲之 李淦）（说文 智永 赵孟頫 颜真卿 苏轼 王羲之 康里巎 文徵明）

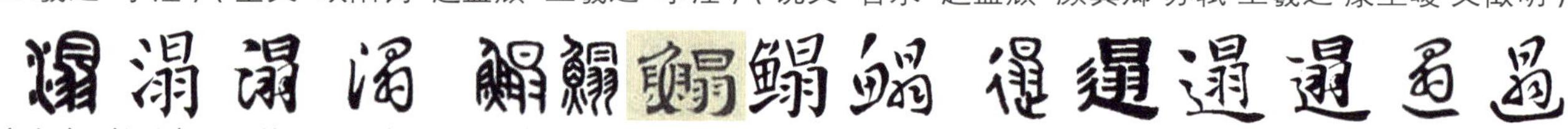

（金文 柳公权 王羲之 王羲之）（金文 说文 文徵明 颜真卿 章草）（金文 伊秉绶 褚遂良 王羲之 王羲之 章草）

辨析：

塌字字形稳定，行草书为快写，其中羽字中的两点可以草化为一个点。可拓展。

塌 tà：飞盛貌，高飞的样子。

搨 tà：以纸墨摹印碑帖，通“拓” 。

蹋 tà：践踏、踩，同踏。

塌 tā：因凹陷而倒塌。

榻 tà：狭长而较矮的床形坐具。

溻 tā：出汗把衣服、被褥等弄湿。

鳎 tǎ：鱼类的一科，常见的有“条鳎”，古指鲵。

遢 tà：邋遢。

拓展：

禢 褟 毾 傝 闒 鎉

P34.1 摹搨（拓）日广

台臺1：台 冶 治 佁 始 怡 抬 诒 邰

（金文 金文 说文 樊敏碑 欧阳询 颜真卿 米芾 王铎）（简帛 说文 文徵明 邓石如 顾恺之 褚遂良 王铎 皇象）

（说文 曹全碑 宝子碑 智永 傅山 皇象 皇象）（说文 北大简 翁闿运）（金文 李斯 说文 赵孟頫 王羲之 杨维桢）

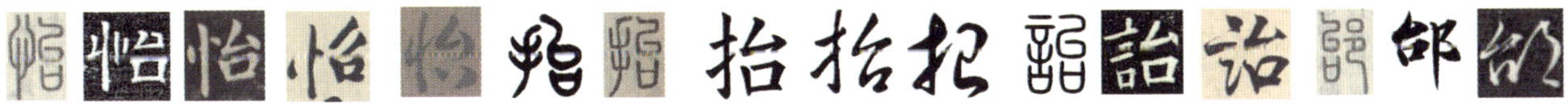

（说文 张式 王献之 黄庭坚 赵构）（金文 篆字汇 赵孟頫 王羲之 李洤）（说文 欧阳询 米芾）（说文 智永 成亲王）

辨析：

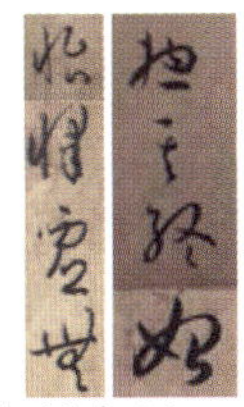

台字从口从以，草书有两种：1. 快写；2. 同“㠯”草书，或近似于简体字“卫”的快写，当台与㠯字偏旁相同时，台字的草书应写快写。台字拓展的有近 170 个，殆饴胎怠见相关页，臺和檯的写法见臺页。

台（1 台 2 臺 3 檯 4 颱 tái）：1 台，从口以声，从口，与表示喜悦有一定的联系，本义是喜悦，读（yí）；我，古人称自己为台；表示疑問相当于何，什么；天台，山名，在中国浙江省；地名，在中国浙江省；鱼名，背上有黑的花纹，后作鲐。2 臺，会意，从至从之，从高省，与室屋同意，积土四方高丈曰台，不方者曰观曰阙，本义是用土筑成的方形的高而平的建筑物。3 檯，有光滑平面、由腿或其他支撑物固定起来的像台的家具，用于家庭生活或某种工作，桌子、案子，木名。4 颱，台风的简称。

冶 yě：以冰融化解释金属销熔，陶冶，造就、培养；艳丽，容态妖媚；通野。

治 zhì：形声，本义是水名，引申义为治水、整治、修治；较大地区政府的所在地，政治，社会安定、太平。

佁 ǎi：痴呆的样子，危险， 静止；yǐ，痴呆的样子。

始 shǐ：起头，最初，才，刚才。怡 yí：和悦，愉快。

抬 tái：举，提高，合力共举；抬杠，喻争辩；量词。

诒（詒 yí）：传给，赠与、给与；dài，欺诈。

邰 tái：古地名，在今中国陕西省武功县西南。

拓展：

乱 刣 囼 坮 孡 治 彭 庮 炲 欿 秮 痆 P35.4 怡怿虚无 P6.6 总其终始

台臺2：眙 给 跆 贻 骀 辝 颱 鲐 菭

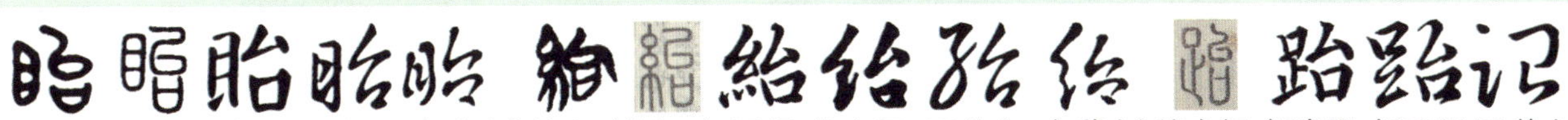

（金文 说文 颜真卿 王羲之 章草）（简帛 说文 赵孟頫 黄庭坚 王羲之 章草）（篆字汇 颜真卿 赵孟頫 王羲之）

（说文 智永 欧阳询 宋徽宗 智永 章草）（金文 说文 曹全碑 苏轼 王羲之 章草）（籀文 王献之）（金文 吴让之 欧阳询

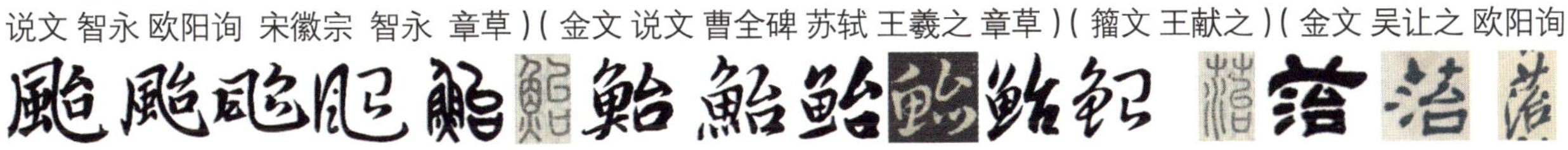

颜真卿 赵孟頫 索靖 王羲之）（金文 说文 陆柬之 赵孟頫 黄庭坚 皇象 米芾 王羲之）（说文 邓石如 吴昌硕 吴昌硕）

辨析：

台字作为字根，各体写法同前，所涉字根参见相关页。

眙 yí：盱眙，地名，在中国江苏省；chì，直视，瞪，目眙不禁。

给（紿 dài）：破旧的丝，缓慢；倦怠，混乱，疑惑，古同诒，欺骗；欺诈。

跆 tái：踢踏、践踏，跆籍、跆拳。

贻 yí：赠给，遗留，留下。

骀（駘 tái）：劣马，亦喻庸才，马衔脱落；dài，疲钝，如骀骀（疲钝的样子）；舒缓放荡，常作骀荡。

辝 cí：古同辞。

颱 tái：指发生在太平洋西部热带海洋上的一种极猛烈的风暴。

鲐 tái：鲐鱼，也称鲭、油筒鱼、青花鱼；代称老年人，鲐颜，鲐叟。

菭 tái：古同苔；zhī，古同菭；chí，菭藫，菊的别称。

拓展：

玶 秮 瓵 箈 衰 葈 軩 鮐 炱 煁 P36.3 将贻婵媛之奏

台臺3：迨 枲 炱 苔 笞 咍 枱 鈶 鮐 隸

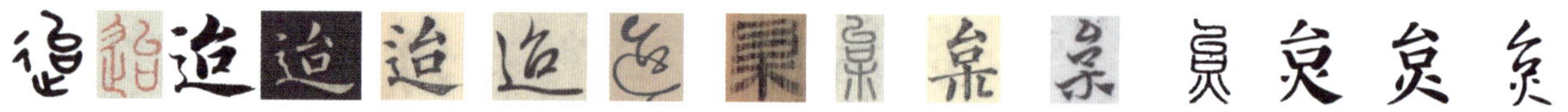

（金文 说文 智永 褚遂良 彭玉雯 赵孟頫 怀素）（北大简 说文 彭玉雯 赵孟頫）（说文 颜真卿 颜真卿 王羲之

孙过庭 章草）（石韵府 武威简 童钰 欧阳询 颜真卿 柳公权 赵孟頫 褚遂良 苏轼 史游 赵孟頫 鲜于枢 王宠）

（说文 欧阳询 颜真卿 王羲之 王羲之 皇象）（古文 说文 楷书）（说文 楷书）（说文 楷书）（说文 楷书）（说文 楷书）

辨析：

台字作为字根，各体写法同前，所涉字根参见相关页。

迨 dài：等到、达到；趁，迨吉（男女嫁娶及时）。

枲 xǐ：大麻的雄株，开雄花，不结子，纤维可织麻布，也泛指麻。

炱 tái：烟气凝积而成的黑灰，煤炱，松炱（松烟）。

苔 tái：隐花植物的一类，根、茎、叶的区别不明显，常贴在阴湿的地方生长，苔藓；tāi，舌苔。

笞 chī：用鞭杖或竹板打；古代用鞭子或竹板拷打的刑罚，笞杖，笞决。

咍 hāi：笑；同咳，叹词；怎么，表示招呼；助词，中国元、明两代戏曲中的和声用字。

枱 sì：亦作耜，耒端；锹、臿一类的起土农具，后指犁上的铧；tái，见"檯"；檗，籀文。

鈶 sì：耒端，本作枱；矛一类的兵器。

鮐 chī：牛反刍。

隸 dài：及、到，后作迨，《詩》曰"隸天之未陰雨"。

拓展：

緿 箈 蓤 鮐 鮘

台臺4：臺 儓 嬯 擡 檯 薹

（甲骨 楚简 古文 说文 樊敏碑 礼器碑 欧阳询 颜真卿 柳公权 赵孟頫 宋徽宗 王羲之 王献之 王羲之）

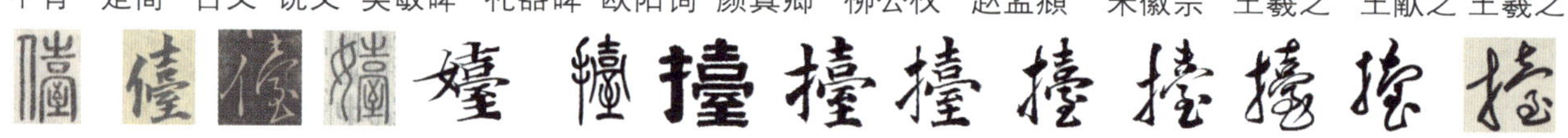

（篆字汇 王铎 米芾）（说文 维摩诘）（吴让之 伊秉绶 智永 褚遂良 王羲之 郑板桥 傅山 黄庭坚 于右任）

（金文 吴让之 曹全碑 智永 索靖 王羲之 孙过庭 黄庭坚）（金文 欧阳询 赵孟頫 王羲之 王羲之 章草）

辨析：

臺字从吉冖至，草书一般有二：1."吉冖至"，口写一横或两点；2."土冖至"，即将上边的口字草化时省略；至的写法为约定俗成。臺字可拓展的不到20个，与台非一一对应。

臺 tái：从至从之，从高省，高而平，可供眺望四方的建筑物；简化字为台。

儓 tái：古代最下一级奴隶的名称，泛指奴仆。

嬯 tái：迟钝。

擡 tái：动，振动，举，提高，两个以上的人合力抗举；方言，指抬扛（即争辩），今通用"抬"；量词，一杠为一抬；异体字为抬。

薹 tái：多年生草本植物，生于水田，叶扁平而长，可制蓑衣；蒜、韭、油菜等长出的花莛。

檯 tái：有光滑平面、由腿或其他支撑物固定起来的像台的家具，用于家庭生活或某种工作，桌子、案子，木名。

拓展：

懛 嚜 籉 P50.6 发于灵臺

太 呔 肽 钛 酞 豔 态（態）

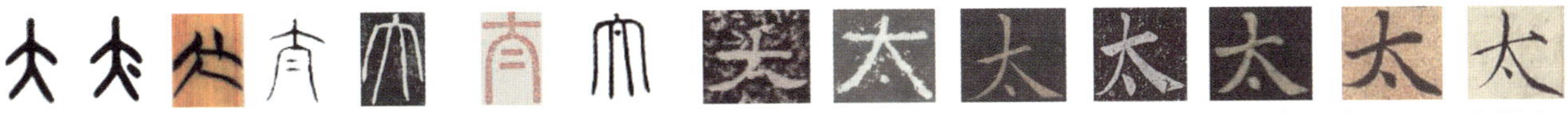

（金文 金文 简帛 说文 袁安碑 兰亭序 邓石如 西狭颂 好太王 欧阳询 颜真卿 柳公权 赵孟頫 宋徽宗

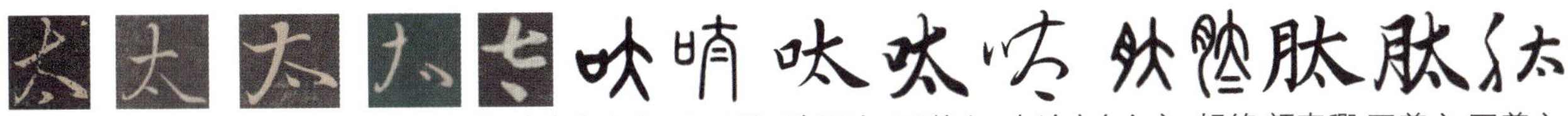

王羲之 褚遂良 王羲之 王羲之 怀素）（金文 金石篆 欧阳询 王羲之 李泩）（金文 粗篆 颜真卿 王羲之 王羲之）

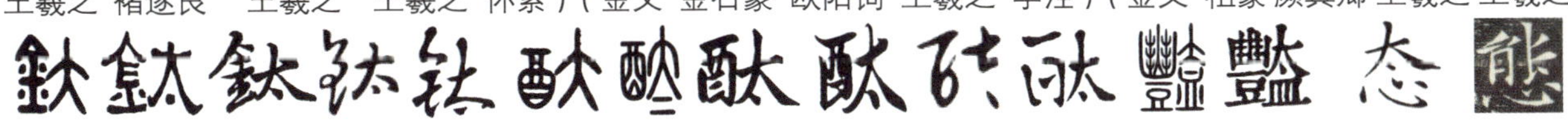

（金文 衡方碑 赵孟頫 王羲之 章草）（金文 粗篆 赵孟頫 王羲之 文徵明 章草）（说文 楷书）（王羲之 董美人）

辨析：

太字结构稳定，行草书均为快写。尽管太字笔画少，但行草书变化还是较多的，从字形结构看，太字的点，一般是向左方靠近的，但也有例外，王羲之的两种草书就是将点写成靠右和向右收，怀素则将“大”草化为“七”，姿态优美。可拓展。态字有异体字“態（参见能页）”，各体均可从其两种结构。可拓展。

太 tài：指事，古作“大”，后语音分化在“大”字下添加符号，成指事字，本义为过于；异体字有亼夳泰。

呔 dāi：叹词，突然大声招呼，使人注意。

肽 tài：酰胺之一，它是由两个或多个氨基酸通过一个氨基酸的氨基与另一个氨基酸的羧基结合而成。

钛（鈦 tài）：熔点极高的银灰色轻金属元素，原子序数 22。

酞 tài：酚类与酞酐作用得到的三苯甲烷衍生物，酚酞就属于酞类。

豔 yàn：好而长也，古同艳。

态（態 tài）：会意，从心从能，姿态，姿势与状态。

拓展：

伏 汰 忲 汰 达 盇 泐 粏 舦 軑 嗑 荅 鈦 駄　　P34.6 太师箴

泰 傣

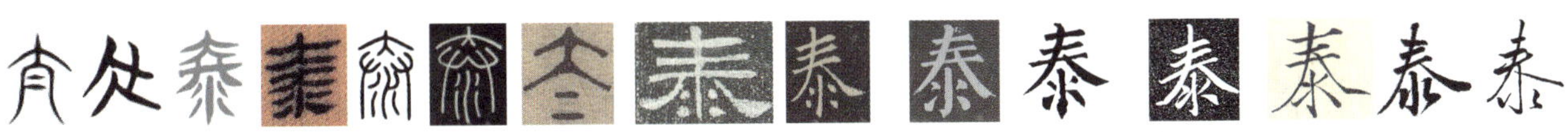

（古文 楚简 简帛 简帛 说文 李斯 六书统 肥致碑 欧阳询 颜真卿 柳公权 赵孟頫 宋徽宗 王羲之 米芾

皇象 王羲之 武则天 刘挚 赵构 毛泽东）（金文 爨体 欧阳询 颜真卿 王羲之 王羲之 李泩 于右任 章草）

辨析：

泰字的篆书形态变化较多，小篆为从廾（双手）从水从大，隶定字形为泰，其草书为“东”字左右各加一点，即“东加点”，为约定俗成的写法，宋高宗赵构的草法很少见；上边部件偶见快写。可拓展。奏奉泰和春秦等字，上边楷书部件形态一样，草化后，泰字最为独特，应注意其异同处，可参见相关页。

泰 tài：滑也，从廾（双手）从水大声；山名，泰山主峰在山东省泰安县境，是“五岳”之首的东岳，又名岱宗；夳，古文泰如此；说文注“谓太即说文夳字，夳卽泰，则又用泰为太，展辗貤缪，莫能諟正”，异体字有泰夵太夳等等。

傣 dǎi：形声，从人泰声，本义是傣族，我国少数民族名。

拓展：

㑷 溙

T

覃 潭 谭 撢 橝 镡 燂 蕈

（金文 金文 古文 石韵府 石韵府 说文 欧阳询 颜真卿 柳公权 赵孟頫 王羲之 王羲之 孙过庭 李洤 章草）

（甲骨 金文 说文 赵孟頫 王羲之 王铎）（篆字汇 颜真卿 颜真卿 黄庭坚 皇象 韵会）（说文 邓石如 王羲之）

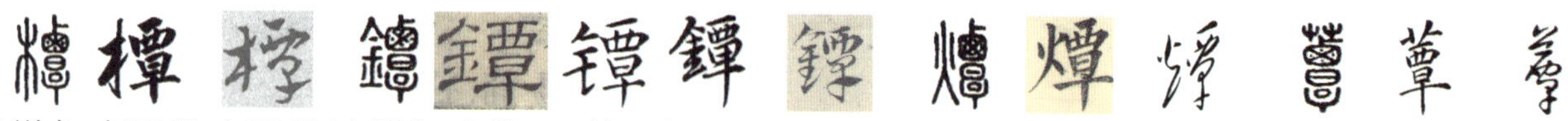

（说文 赵孟頫 赵孟頫）（说文 隶辨 王羲之 赵孟頫 邓文原）（说文 彭玉雯 毛泽东）（说文 虞世南 王羲之）

辨析：

覃字的篆书形态很多，金文似倒转的平台上有一个鸟巢，古文更像出了地平线的太阳之上有一个鸟巢，隶楷从西从早，行草书从此结构。

覃 tán：覃，长味也；意味深长；长，悠长。

潭 tán：形声，从水覃声，本义为水名。

谭（譚 tán）：形声，从言覃声，本义同“谈”，说。

撢 dǎn：用撢子或其他东西轻拍，拂去尘土；tàn，探索，通探。

橝 tán：架蚕箔的木柱；古通“覃”，长；古书上说的一种檪类植物。

镡（鐔 xín）：剑柄与剑身连接处两旁突出的部分，亦称剑鼻、剑口、剑首、剑环等。

燂 tán：火热也，从火覃声，烧热、烤烂。

蕈 xùn：一种寄生在木上的隐花植物，鲜艳的蕈类通常含有剧毒，无毒的则鲜美可食，如松蕈、香蕈等。

拓展：

瞫 醰 橝 瞫 嘾 磹 糫 墰 嬗 憛 覘 璭 膻 曋 禫 簟 蕈 蟫 賵 鐔 潭 驔 霮 鱏 鷣

炭 碳 羰

（金文 楚简 说文 汉简 嵩高灵 邓石如 智永 欧阳询 颜真卿 王羲之 颜真卿 王羲之 韵会 邓文原 章草）

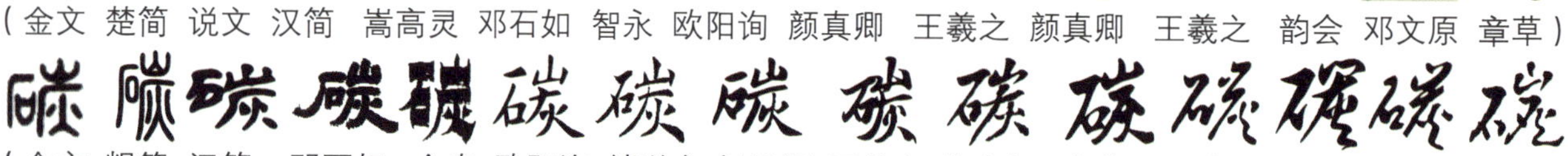

（金文 粗篆 汉简 邓石如 金农 欧阳询 褚遂良 赵孟頫 王羲之 黄庭坚 米芾 王羲之 李洤 于右任 章草）

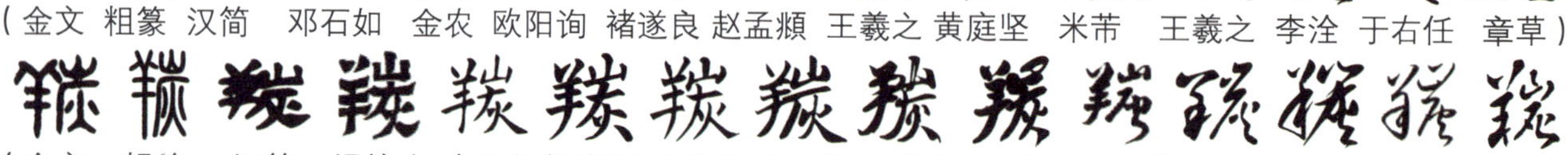

（金文 粗篆 汉简 梁培生 欧阳询 颜真卿 柳公权 赵孟頫 王羲之 王铎 郭沫若 王羲之 李洤 流江 章草）

辨析：

炭字从火岸省，字形稳定，草书写出“山厂火”即可。可拓展。

炭 tàn：形声，从火岸省声，本义是木炭；方言，指煤。

碳 tàn：化学元素，原子序数为 6，非金属元素之一，是构成有机物的主要成分，大量存在于生物体中；自然界的碳以钻石、石墨和煤的形式存在。

羰 tāng：化学名词，羰基也叫碳氧基，“碳酰基”（=CO）。

拓展：

湠 搽 嵘

唐1：唐 搪 糖 溏 塘 瑭

（甲骨 甲骨 甲骨 甲骨 甲骨 金文 金文 说文 柳公权 欧阳询 褚遂良 颜真卿 柳公权 王羲之 米芾 赵孟頫

王羲之 智永 怀素 祝允明）（金文 颜真卿 赵孟頫 王羲之 米芾 王羲之 毛泽东）（金文 说文 颜真卿 王羲之 毛泽东）

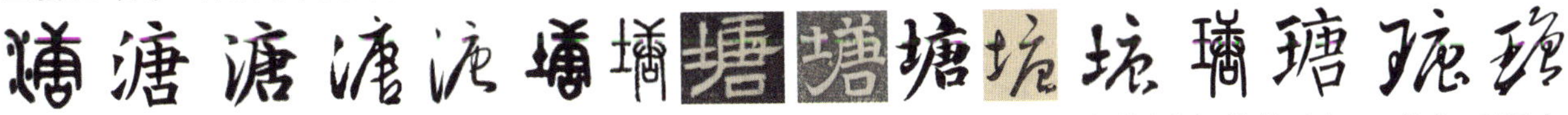

（金文 欧阳询 王羲之 文徵明 李淦）（金文 说文 澄清堂 停云馆 智永 鲜于枢 章草）（粗篆 柳公权 王羲之 毛泽东）

辨析：

唐字本意可参见钻孔配图，其字形稳定，草书重点在广下边部件的草化过程，彐省略中间的横与口连写，竖画出头似草书“虫”，不出头像草书“艮”。可拓展。

唐 táng：大言也，从口，庚声；从字形看，篆书表意十分符合古代手工钻孔的行为，双手、竖杆、孔等清晰可见，孔为虚，虚则荒，故有荒唐之意，引申为“说大话、空话、虚夸”，后来“唐”假借作朝代名称，如唐朝、后唐等。

搪 táng：形声，从手唐声，本义是张；抵挡，敷衍，骗取，荡、划，均匀涂抹。

糖（餹 táng）：食用糖及糖制食品的统称。

溏 táng：水池。

塘 táng：堤岸。

瑭 táng：一种玉。

拓展：

傏 煻 鄌 嵣 蓎 搪 瞊 隚 甈 糛 螗 鎕 榶 禟 膅 瞠 磄 篖 螗 餹 醣 鎕 餹 鶶

P44.6 纵欲搪突羲献

唐2：糖 煻 鎕 轒 隚 磄 螗 螗 猭 犆 驝 鶶（鷛） 毲 蓎

（篆字汇 楷书）（篆字汇 吴彩鸾）（说文 维摩诘）（说文 楷书）（篆字汇 楷书）（篆字汇 楷书）（篆字汇 楷书）（篆字汇

彭玉雯）（篆字汇 楷书）（篆字汇 楷书）（篆字汇 楷书）（篆字汇 彭玉雯 维摩诘）（篆字汇 楷书）（篆字汇 楷书）

辨析：

唐字作为字根，本页拓展的字不常用，仅以小篆和楷书列示。

糖 táng：蜀人谓黍曰糖䅯。

煻 táng：烘焙，热灰。

鎕 táng：“鎕銻”，古称火齐、火齐珠，颜色似金、形状像云母的一种矿物。

轒（輣轊輋 táng）：兵车。

隚 táng：《玉篇》长沙谓隄曰隚。

磄 táng：磄磃，怪石；磅磄，广大。

螗 táng：《玉篇》大绳。

螗 táng：古书上指一种较小的蝉；螳螂。

猭 táng：豕名。

犆 táng：牛名。

驝 táng：马色也。

鶶（鷛 tang）：《廣韻》鶶鷵，鸟名，似乌，苍白色。

毲 táng：毲毷，一种有曲纹的毛织品。

蓎 táng：莣蒫。

拓展：

鄌 篖 傏 餹 嵣 蓎 搪 榶 禟 膅 甈 瞠 糖 醣

T

匋 陶 啕 掏 淘 萄

（金文 楚简 汉简 说文 智永 吴昌硕 乾隆）（甲骨 金文 金文 说文 欧阳询 颜真卿 赵孟頫 宋徽宗

王羲之 蔡襄 米芾 米芾 史游 智永 怀素 赵孟頫）（金文 王羲之 虞世南 柳公权 王羲之 米芾 王羲之 李洤）

（金文 赵之谦 欧阳询 颜真卿 李洤 章草）（金文 说文 褚遂良 李洤）（金文 简帛 说文 柳公权 王羲之 李洤）

辨析：

匋从缶，缶（参见缶页）字的草书为快写或借用"长字符"。匋字作为字根可拓展。

匋 táo：瓦器也，用陶土烧制的器皿，后作"陶"，古同"窑"，古同"舀（yǎo）"。

陶 táo：形声，从阜匋（táo）声，阜，土山，从"阜"，与土有关，本义是陶丘。

啕 táo：嚎啕。

掏 tāo：形声，从手匋声，本义是挖取。

淘 táo：本作洮，形声，从水匋声，用水冲洗，去除杂质。

萄 táo：葡萄（蒲萄）。

拓展：

绹 裪 裪 蜪 詢 醄 鞠 騊　　　　P16.3 互相陶淬

替 僣 潜 譖 簪

（甲骨 金文 简帛 石经 说文 伯起碑 邓石如 欧阳询 颜真卿 王羲之 米芾 孙过庭 韵会 章草 王羲之 于右任）

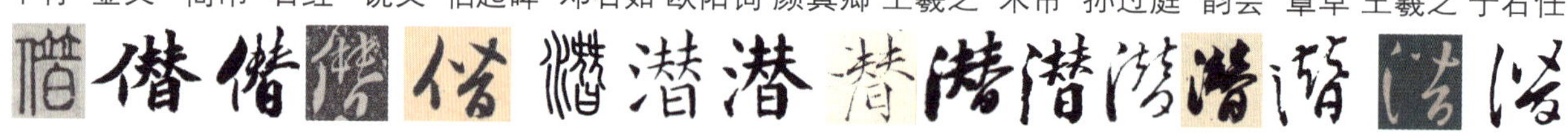

（篆字汇 赵之谦 米芾 朱熹 赵孟頫）（说文 王羲之 颜真卿 宋徽宗 黄庭坚 张照 朱熹 傅山 吴昌硕 张芝 王羲之）

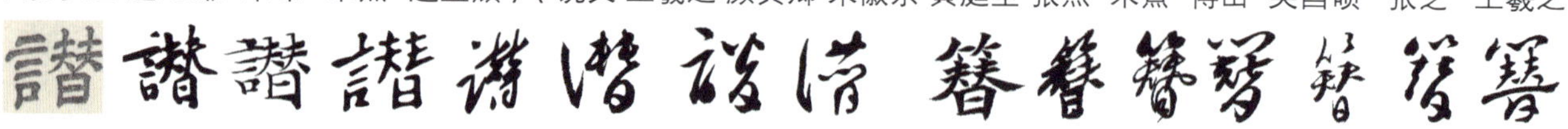

（说文 黄庭坚 维摩诘 郑板桥 毛泽东 孙过庭 孙万民 于右任）（魏碑 吴昌硕 傅山 索靖 郑板桥 孙万明 章草）

辨析：

替字有从扶、竝、兟的异体字，本页除篆书外，以替形列示。草书写法除了快写，还有借"皆（草书）"和"艹＋三点"形。替字有朁、朁、普等异体字，且草法有异体同型的写法，朁字可参见朁页。

替（朁普 tì）：废也，一偏下也，从竝，白声，或从曰，或从兟。

僣 tiě：奸诈狡猾；jiàn，古同僭。

潜 qián：形声，本义为没入水中，而且在水下活动；俗濳字。

譖 jiàn：同譖。

簪 zān：古同簮。

拓展：

鄑 鐕 鰽

田 1：田 佃 细 钿 畈 毗 奋（奮）

（甲骨 甲骨 甲骨 金文 说文 肥致碑 欧阳询 颜真卿 王羲之 皇象 王羲之）1（金文 说文 欧阳询 王羲之）

（石韵府 颜真卿 皇象 王羲之）（金文 说文 赵孟頫 韵会）（金文 颜真卿 王羲之 王羲之）（金文 金文 简帛

篆字汇 王基碑 柳公权 章草）（金文 简帛 秦简 说文 褚遂良 颜真卿 索靖 陈淳 汉简 欧阳询 王羲之 章草）

辨析：

田字的字形稳定，草书单写和做偏旁时为快写，作为20多种字的字根，各有形态，均可拓展。奋（奮）字从田的写法见本页列示，而从臼的草法见“旧”；拓展的字，畐字草书常见“两个半包围”，當福是也；異字，上边的田字一般草化为倒三角；“甾畏畐男思雷累里異胃画鱼界畜留畺疐”及町略畊备（備）等字亦从田，分别参见所涉字根及相关页。

田 tián：象形，篆书像阡陌纵横或沟浍四通的一块块农田，从“田”的字多与猎耕种有关，本义为种田。

佃 diàn：耕种土地，租种田地。

细（細 xì）：细小。

钿（鈿 diàn）：用金嵌成花状的美饰。

畈 fàn：平畴，成片的田；多用于村镇名，白水畈。

毗（毘 pí）：形声，从田比声，人脐。

奋（奮 fèn）：鸟类振羽展翅。

拓展：

1. 田 驭 阳 畦 畇 畔 畕 瓹 畘 留 畚 畛 畉　2. 亩（畆 畝 畮 畒）　3. 甸 荀 梅 蚼 軥
4. 苗 描 猫（貓）瞄 喵 媌 庿 淄 稲 锚　5. 甾 辎 淄 缁 菑 稲 锱　6. 畏 猥 喂 崽 惯 挹 溷
7. 畐 辐 幅 富 福 副 當　8. 男 舅 甥　9. 思 锶 湿 媤 崽 慮　10. 雷 擂 蕾
11. 累 缧 骡 嫘 摞　12. 里　13. 異　14. 胃　15. 画　16. 鱼
17. 界　18. 畜　19. 留　21. 畺　22. 疐

田 2：亩 甸

（金文 金文 简帛 说文 隶辨 欧阳询 吴昌硕 秦简 说文 欧阳询 智永 褚遂良 褚遂良 颜真卿 宋徽宗 张照

王羲之 赵孟頫 文徵明 王羲之 宋徽宗 王铎 边武 王羲之 欧阳询 章草）（说文 楚简 秦简 欧阳询 章草）

辨析：

亩字的异体字较多，亩和畮、畝、畆、畂、畒、畞等，为常见。甸字结构稳定，行草书为快写。

亩（畮畝 mǔ）：形声，小篆字形，从十从田久声，十，四方，中国土地面积市亩的通称；亩的异体字有畮畝畂畞畒畆畋畍畊畓畖畗畘畞等等。

甸 diàn：会意，从田包省声，田亦声，本义是王田；古时都城的郭外称郊，郊外称甸。

拓展：

荀 梅 蚼 軥

忝 添 掭 舔

（汉印 说文 衡方碑 爨体 隶辨 钟繇 欧阳询 褚遂良 颜真卿 柳公权 赵孟頫 王羲之 黄庭坚 米芾

索靖 王羲之 孙过庭 赵构 朱耷）（金文 石韵府 邓石如 何绍基 欧阳询 颜真卿 米芾 王羲之 朱耷 章草）

（粗篆 汉简 柳公权 赵孟頫 王羲之 王羲之 毛泽东）（邓石如 伊秉绶 伊秉绶 智永 黄庭坚 孙过庭 章草）

辨析：

忝字从天从心，各体即为天与心之合写。忝和舔字的隶书提供了三种心字的写法，其他字可为借鉴。需要注意的是，忝字的草书，当上边的横在草写为近于点的短横时，容易与恶字的草书相混淆，可参照恶字页辨析。

忝 tiǎn：形声，从心天声，本义是羞辱、愧对、辱；同本义，忝，辱也，说文曰“无忝祖考”，又如有忝（有愧于、有辱）。

添 tiān：形声，从水忝声，本义是增加、增补。

掭 tiān：轻轻拨动，掭灯；用毛笔在砚台内蘸墨。

舔 tiǎn：用舌头接触东西或取东西。

拓展：

唻 婖 悿 菾 栝 緂

P9.4 书易其处私为不忝

条（條）涤 绦 鲦 筿

（楚简 说文 梁恭之 唐玄宗 欧阳询 褚遂良 颜真卿 赵孟頫 宋徽宗 王羲之 王献之 赵孟頫 王羲之

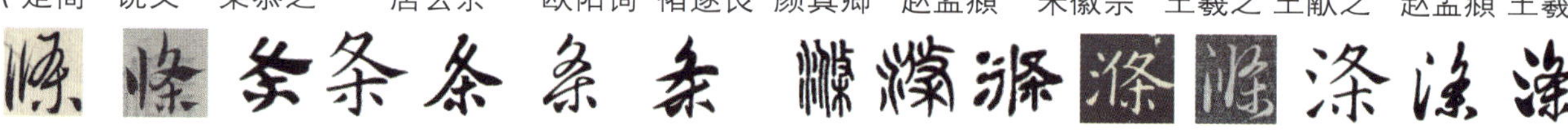

智永 赵孟頫 汉简 王羲之 黄庭坚 王羲之 张瑞图）（说文 简帛 邓石如 虞世南 管道升 王羲之 王羲之 王铎）

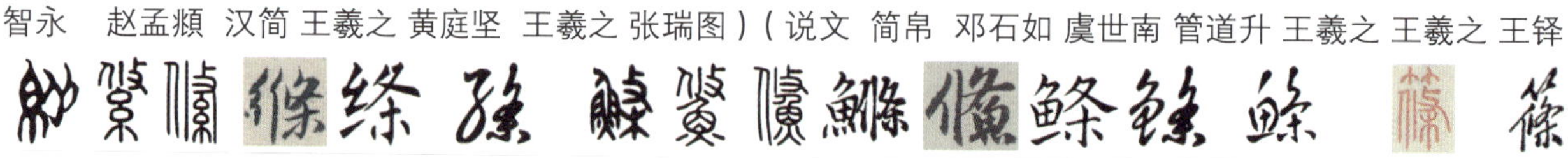

（楚简 说文 说文 朱耷 柳公权 王羲之）（金文 说文 说文 赵孟頫 赵孟頫 王羲之 王羲之 章草）（石韵府 郑板桥）

辨析：

條字有繁简两种写法，行草书均为快写。简体的条字古已有之，但使用频率不高。可拓展。

条（條 tiáo）：形声，从木攸声，本义是小枝。

涤（滌 dí）：形声，从水条声，本义是洗。

绦（縧絛縚 tāo）：形声，从糸条声，或从糸攸声，本义为用丝编织的带子或绳子。

鲦（鰷 tiáo）：鱼名，白鲦、鲋鲦。

筿（篠 xiǎo）：细竹，竹器。

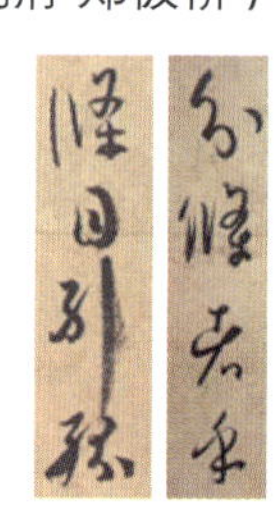

拓展：

嵺 傛 篨 鲦

廷 庭 挺 侹 艇 铤 蜓 霆

（金文 金文 金文 金文 金文 楚简 楚简 说文 景君碑 熹平碑 欧阳询 颜真卿 王羲之 颜真卿 米芾

皇象 王羲之）（古文 说文 智永 颜真卿 王羲之）（金文 简帛 说文 夏晨碑 虞世南 管道升）（说文 楷书 孙过庭）

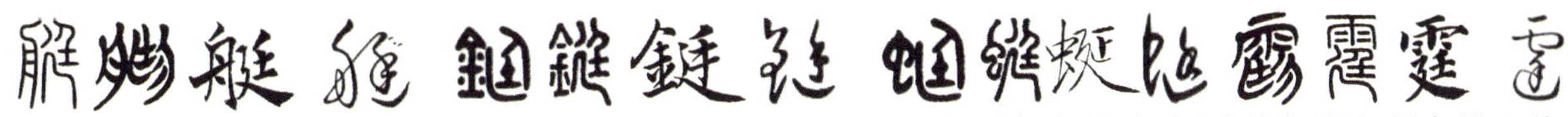

（简帛 说文 褚遂良 王羲之）（金文 说文 赵孟頫 王羲之）（金文 说文 赵佶 李淦）（简帛 说文 颜真卿 王羲之）

辨析：

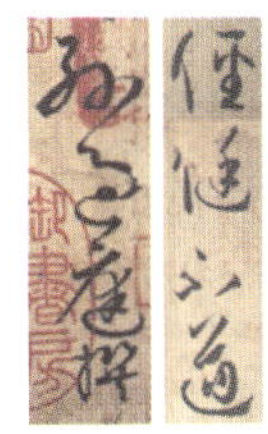

廷从壬（tíng）而非壬（rén：任凭淫荏妊）。廷中之壬（tíng）的隶楷写法一般为似“手”而无勾，所以其行草书写法沿其结构写“无勾手”，需要注意的是，草书中出现的勾为牵丝所为。可拓展。

廷 tíng：形声，从廴壬（tíng）声，廴（yǐn）乃建之旁，有引长之义，本义为朝廷。

庭 tíng：形声，从广廷声，广为就山岩架成的屋，本义是厅堂。

挺 tǐng：形声，从手廷声，本义为拔出。

侹 tǐng：侹乃长貌，长的样子。

艇 tǐng：形声，轻便小船。

铤（鋌 tǐng）：快走的样子；dìng，铜铁矿石及坯料，锭子，熔铸成条块等固定形状的金银，其重数两至数十两不等 。

蜓 tíng：蜻蜓。

霆 tíng：形声，从雨廷声，劈雷、霹雳，震动，闪电。

拓展：

𤞟 娗 涏 莛 梃 烶 珽 脡 䅍 㨃 筳 綎 颋 榳 誔 閮 鞓 𩩍 頲 鯅 蝏 鼮
P2.1 孙过庭撰　　P48.7 径挺不遒

亭 停 渟 婷 聤 葶

（金文 金文 金文 秦简 说文 说文 广义 邓石如 史晨碑 钟繇 欧阳询 颜真卿 柳公权 赵孟頫 王羲之 米芾

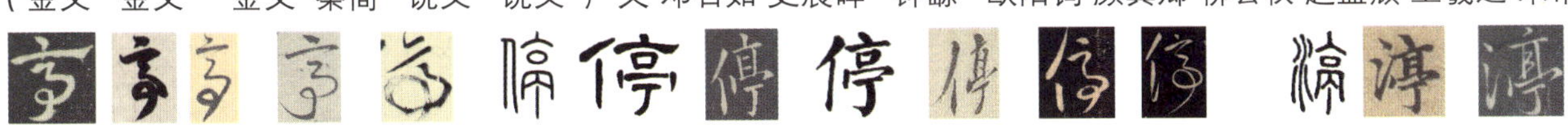

皇象 智永 怀素 邓文原 傅山）（说文 曹全碑 欧阳询 颜真卿 王羲之 王羲之 王献之）（说文 赵孟頫 王羲之）

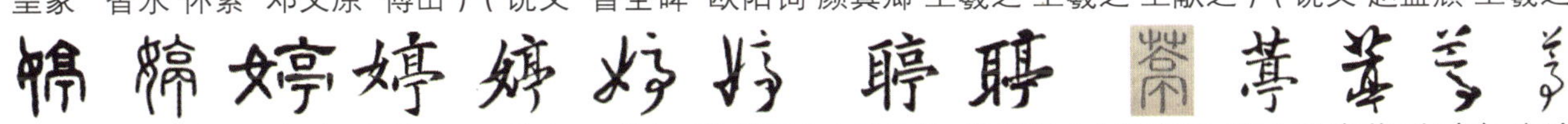

（金文 金石篆 曹全碑 虞世南 王羲之 王羲之 张瑞图）（欧阳询 黄庭坚）（篆字汇 赵孟頫 米芾 孙过庭 李淦）

辨析：

亭字的篆书为象形，隶定字形为亭，草书有两种：1. 省略“口”，写“点横事（草书事字符）”；2. 省略横和口，写“点事（草书事字符）”，常用于字根。可拓展。

亭 tíng：象形，金文字形，像矗立的亭柱，小篆以为从高省丁声，本义是古代设在路旁的公房，供旅客停宿。

停 tíng：形声，从人亭声，本义为停止、止息。

渟 tíng：水积聚不流。

婷 tíng：形声，从女亭声，本义是美好的样子；颜色和悦；优美、雅致。

聤 tíng：耳病流脓。

葶 tíng：葶苈，一年生草本植物，果实椭圆形，种子黑褐色，可入药。

拓展：

嵉 揨 𤊨 楟 𥈰 碠 蝏 諪　　P34.6 兰亭集序

T

同 桐 铜 恫 興 洞 胴 烔 茼 筒

（甲骨 金文 楚简 说文 曹全碑 欧阳询 颜真卿 柳公权 赵孟頫 王羲之 赵佶 张芝 皇象 王羲之 怀素）

（金文 说文 欧阳询 皇象）（金文 楚简 秦简 说文 颜真卿 皇象）（说文 广义 王羲之 王羲之）（说文 长芃 孙过庭）

（说文 智永 智永）（曹全碑 虞世南 王羲之）（敦煌 褚遂良 毛泽东）（篆字汇 欧阳询 于右任）（说文 智永 王羲之）

辨析：

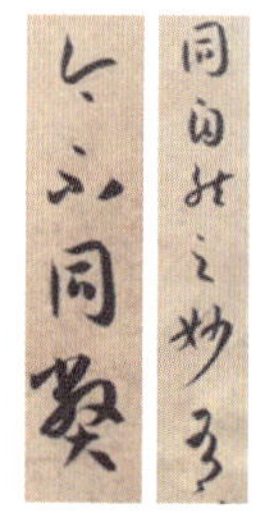

同字的字形从冃从口，草书一般将口写为两点，也可两点连写。注意興（兴，参见兴页）字的草书写法，上边左右相同的部件草化为错位的两个点，中间的同字为快写。可拓展。

同 tóng：会意，从冃从口，冃（mào）为重复，本义是聚集。

桐 tóng：木名，也名荣

铜（銅 tóng）：金属名，古称赤金。

恫 dòng：痛也；恐惧，悲痛、伤心，呻吟。

興 xīng：会意，从同从舁（共举），兴起，起来。

洞 dòng：形声，从水同声，本义为水流急；窟窿、孔穴，贯穿，通晓、知悉，幽深。

胴 dòng：大肠；人的躯干，常用以指女人的躯体。

烔 dòng：火貌；tóng，热气。

茼 tóng：蓬蒿。

筒（筩 tǒng）：形声，从竹同声，竹筒，粗大的竹管。

拓展：

侗 洞 哃 垌 娴 迵 峒 峝 挏 狪 戙 徆 戙 眮 筩 痌 眮 硐 秱 罞 胴 筒 粡 絧 衕 絧 詷 酮 桐 餇 鲖

P5.3 今不同弊　　P12.2 同自然之妙有

童 撞 幢（橦）瞳 疃 艟 僮 潼 憧

（甲骨 金文 金文 金文 楚简 说文 曹全碑 欧阳询 颜真卿 柳公权 赵孟頫 王羲之 王羲之 孙过庭 唐太宗 朱耷）

（欧阳询 王羲之 孙过庭 于右任）（金文 说文 虞世南 皇象 王羲之 章草）（金文 说文 王羲之 王羲之 于右任）

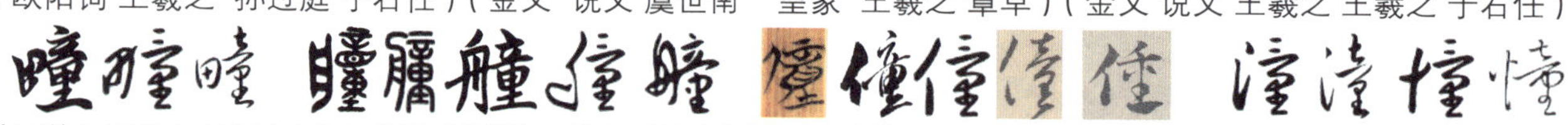

（王羲之 王羲之 流江）（金文 粗篆 赵孟頫 王羲之 孙过庭）（简帛 米芾 王羲之 鲜于枢 邓文原）（王羲之 王铎）（王羲之 流江）

辨析：

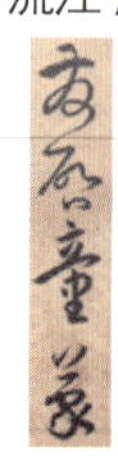

童由立和里字组成，童字的草书，其立字有三种草法：1. 快写；2. 写"七一"；3. 草化为"三"；对应的童字草书即有快写、"七一里"、"三里"。可拓展。幢和僮等有异体字橦和僮，草书还可从重。

童 tóng：形声，男有辠（zuì 同罪）曰奴，奴曰童，女曰妾，从辛，重省声；qiān，罪；本义为男奴仆。

撞 zhuàng：撞击。

幢（橦 chuáng）：古代原指支撑帐幕、伞盖、旌旗的木竿，后借指帐幕、伞盖、旌旗。

瞳 tóng：瞳孔。

疃 tuǎn：禽兽践踏的地方。

艟 chōng：一种船的船名。

僮（偅 tóng）：未成年的人。

潼 tóng：潼水。

憧 chōng：形声，从心童声，本义是心神不定。

拓展：

蹱 犝 罿 膧 勭 嶂 噇 墥 徸 獞 董 甑 曈 橦 毦 燑 膧 穜 磛 窴 橦 覴 獞 罿

P27.2 尚可发启童蒙

頭（头）

金文 楚简 秦简 秦简 说文 石韵府 赵之谦 童大年 礼器碑 好大王 钟绍京 颜真卿 赵孟頫 赵佶

王羲之 王献之 唐太宗 李白 黄庭坚 米芾 赵孟頫 唐寅 文徵明 徐渭 王铎 乾隆 王献之 柳公权 赵构

陆游 王铎 米芾 鲜于枢 鲜于枢 朱熹 毛泽东 帛书 汉简 王羲之 欧阳询 颜真卿 王铎 文徵明 于右任

辨析：

頭字的字形结构稳定，在隶书阶段已经出现了繁简两种写法，汉字简化前，“头”的使用频率不高。頭字的草书由于豆和页字的变化，而产生了王献之、柳公权、陆游、米芾、鲜于枢和朱熹的几类写法，应注意其细节变化。

头（頭 tóu）：形声，从页（xié）豆声，页为人头，“头”在战国时期才出现，首出现较早，本义是首。

拓展：

䇺 巔 擷 灝

秃　颓（頹）

（金文 简帛 说文 欧阳询 颜真卿 柳公权 黄庭坚 赵孟頫 鲜于枢 吴昌硕 王羲之 王宠 韵会 于右任）

（石韵府 邓石如 侯成碑 欧阳询 颜真卿 王羲之 孙过庭 说文 王基碑 隶辨 钟绍京 虞世南 宋克 文天祥）

辨析：

秃字本从禾从人，楷化后从几，行草书为快写。颓字有异体字穨，穨字又是隤字的异体字，因此颓字还可分别写穨和隤字，其他异体字少见。

秃 tū：象形，从禾从人，上像禾粟之形，本义是头顶无发。

颓（頹穨頽頺 tuí）：会意，从页（xié）从秃；页，人头，本义为头秃，原作“穨”，有崩坏、倒塌、消沉、委靡，败坏等意思，可作形容词、动词、名词。

拓展：

瘯 誘 銹 鵚

P11.3 颓峰之势

T

突 葖 鵚 鵚

（甲骨 甲骨 金文 古文 简帛 说文 邓石如 伊秉绶 欧阳询 颜真卿 柳公权 赵孟頫 王羲之 智果 米芾 王蒙

王羲之 孙过庭 李洤 鲜于枢 章草）（金石篆 欧阳询 赵孟頫 黄庭坚 王铎）（篆字汇 彭玉雯）（篆字汇 彭玉雯）

辨析：

突字从犬，隶定字形为从穴从犬，其草书写法一种是快写，另一种是犬字横划反起笔，省略左上点。可拓展。

突 tū：会意，从穴从犬，本义为犬从洞穴中突然窜出。

葖 tū：古书上说的萝卜一类的植物。

鵚 tú：鵚鹫，白头翁。

鼵 tū：一种喜与鸟同穴的鼠。

拓展：

宊 峷 湥 堗 揬 炢 琗 硣

P44.6 纵欲搪唐突羲献

图 1：图

金文 金文 金文 金文 帛书 古文 古文 秦简 说文 吴昌硕 西狭颂 钟繇 虞世南 褚遂良 颜真卿 赵孟頫

赵佶 王羲之 赵孟頫 王羲之 王献之 孙过庭 孙过庭 怀素 黄庭坚 王羲之 欧阳询 颜真卿 黄庭坚 王铎 章草

辨析：

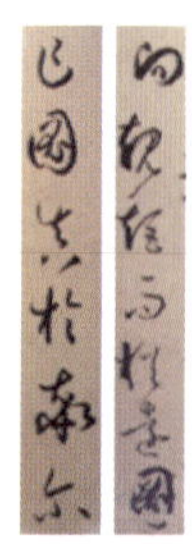

图（圖 tú）字的金文有“亩”字结构，小篆和隶书稳定为“圖”，草法有两类：1. 圖：内部上边口写又、反文、两点，下边写两点或三点；图字的简写古而有之，但使用频率较少。2. 啚：读 tú，也读 bǐ，见下页。说明：圖从亩，亩字的应用很广，禀啚亶圖啬（其中：禀亶啬见相关页）等字，和拓展的字，在甲骨文中都可见其结构，亩字参见亩页。

图（圖 tú）：会意，从口从啚，口（wéi），表示范围；啚（bǐ），“鄙”的本字，表示艰难，相当不容易，合起来表示规划一件事需慎重考虑，本义为谋划、反复考虑。

拓展：

幗 慖　　P17.6 向规矩而犹远图真不悟　　P30.6 乍图真于率尔

T

图2：啚 鄙

（甲骨 甲骨 甲骨 甲骨 甲骨 甲骨 金文 金文 说文 说文 王羲之 赵孟頫 李邕 翁同龢 索靖 王羲之 古帖）

（甲骨 甲骨 金文 金文 简帛 说文 朱文篆 欧阳询 颜真卿 赵孟頫 王羲之 欧阳修 王羲之 怀素 宋克 章草）

辨析：

啚字有二音，tú 和 bǐ，分别同图和鄙字，甲骨、金文有与亩字相同的部件，恰似仓库下边的墙上开了两个窗口，楷书上边从口或厶，下边从回，草法，“口”和“厶”写两点或撇横，下边部件：1. 简写为一个口（王羲之、怀素等）；2. 将中间的横移在了下边外围的大口中（孙过庭、宋克等），内部的小口保留。拓展的常用字为鄙字。

啚 tú，同图，韵会云俗以为圖字，非；bǐ，从口亩，亩，受也，鄙吝；乡下或边远地区。

鄙 bǐ：形声，从邑啚（bǐ）声，本义为五百家（周代户口单位）；郊外，轻视、瞧不起，粗俗、低贱，自谦之词；异体字有啚畐鄙鄙等等。

拓展：

圖 啚 斠 瘏 鄙 嶓　　P31.4 文鄙理疏

土1：土 地 社 杜 坡 坢 凷 坦 坶 垛（垜）

（甲骨 金文 金文 金文 楚简 楚简 秦简 说文 钟繇 欧阳询 颜真卿 皇象 王羲之 王羲之 王羲之 怀素）

（金文 盟书 秦简 籀文 说文 李斯 敦煌 欧阳询 宋徽宗 索靖 王羲之）（金文 说文 王羲之）（甲骨 金文 说文

欧阳询 杜衍 王羲之）（说文 王羲之）（楚简 吴宝炜）（说文 何绍基）（说文 王羲之）（说文 颜真卿 李洤）（说文 王羲之）

辨析：

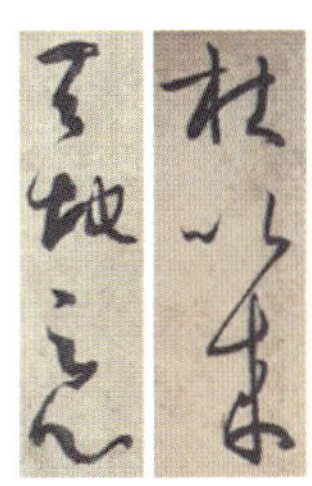

土字字形稳定，行草书为快写。地字字形稳定，草书为快写。拓展的字需注意繁体字及异体字的用法。土字还假借为动物雌雄的标志，如牡、牡、駐、“羊土”、“鹰土”等等，均为雄性的禽兽，甲骨文中累见，是为牡，参见牡页。“圣主圭垄垔去坟压周至寺尘庄怪坠在尘庄城坚塔塌”等，楷书从土，参见相关页。

土 tǔ：象形，甲骨文字形上像土块，下像地面，金文中空廓变填实，小篆又变为线条，本义为泥土、土壤。

地（墬 dì）：形声，从土也声，本义是大地；异体字有坔埊嶳墬墬等等。

社 shè：甲骨社土同字，土地神。

杜 dù：杜梨、棠梨。

坡 pō：阪也。

坢 pǎn：平坦，发地，（方言）山坡；bàn，粪肥。

凷 kuài：块的本字，土块，凷或从鬼而为塊（块）。

坦 tǎn：形声，从土旦声，平而宽广。

坶 mǔ：地名用字，坶野，阿坶坪。

垛（垜 duò）：堆，成堆的东西。

拓展：

垦（墾）增 城 均 坍 坎 坑 圵 坢 坦 坧 坨 坩 坪 垣 垤 型 垓 塌 垔
P37.3 天地之心　　P28.4 既乎崔杜以来

T

土 2：吐 坑 坛 坤 坞 坎 坷 坂 块 坨

（金文 古文 说文 颜真卿 索靖 王宠）（六书通 虞世南 王羲之 王羲之）（说文 褚遂良 韵会 颜真卿 章草）

（简帛 说文 赵孟頫 赵孟頫 王羲之）（石韵府 颜真卿 王羲之）（金文 简帛 说文 虞世南 鲜于枢 王羲之）

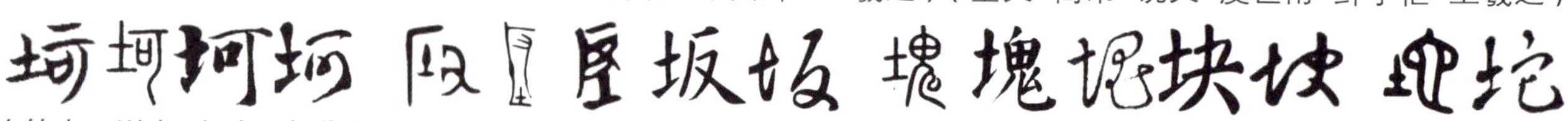

（简帛 说文 智永 章草）（金文 金文 楚简 欧阳询 王羲之）（说文 颜真卿 韵会 颜真卿 王羲之）（金文 章草）

辨析：

篆书部件，结构尚未固定，如吐和坂字。拓展的字需要注意异体字的变化，如坛和块字。

吐 tǔ：形声，从口土声，东西从口腔中涌出。

坑 kēng：地面上凹下去的地方。

坛（壇 tán）：土筑的高台，用于祭祀、会盟等。

坤（堃 kūn）：八卦之一，象征地。

坞（塢隖 wù）：防守用的小堡。

坎 kǎn：坑，穴。

坷 kē：坷垃，方言，土块。

坂 bǎn：山坡，斜坡。

块（塊 kuài）：形声，从土鬼声，字本作凷，是个会意字，表示土块装在筐器之中，后来写作塊，变成了形声字，现在简化为块，本义是土块。

坨 tuó：成块或成堆的。

拓展：

圩 圪 圫 圮 圯 圲 圱 圴 圵 圶 圷 圸 圹 壮 寺 尘 庄 廷 扗 汢 芏 圥

土 3：坯 均 坍 坪 坳 闺 陛 型 灶 坊

（金文 智永 颜真卿 王铎 王羲之）（金文 楚简 楚简 秦简 说文 柳公权 岳飞 皇象）（金文 欧阳询 王羲之）

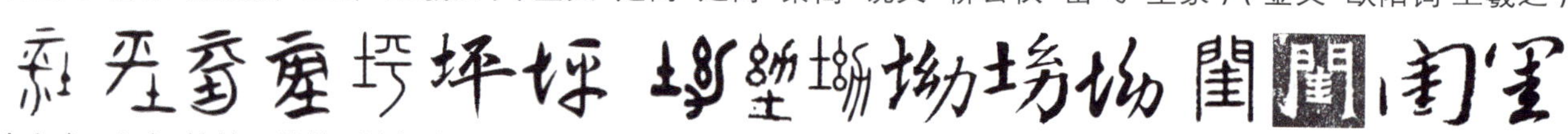

（金文 金文 楚简 楚简 说文 赵孟頫 李淦）（金文 古文 说文 褚遂良 钱沣 章草）（说文 宝子碑 朱耷 章草）

（说文 王羲之 赵孟頫）（金文 楚简 虞世南 王羲之）（金文 楚简 秦简 说文 五经 王铎 王羲之）（说文 章草）

辨析：

篆书部件，结构尚未固定，如均、坪和坳字。拓展的字需要注意异体字的变化，如灶字。

坯 pī：没有烧过的砖瓦、陶器。

均 jūn：指土地分配均平，本义是均匀、公平。

坍 tān：水冲岸塌，引申为倒塌，引申指衰颓，凋敝。

坪 píng：形声，从土平声，平坦之地。

坳（垇 ào）：低凹的地方。

闺（閨 guī）：上圆下方的小门，小门，内室，借指妇女。

陛 bì：帝王宫殿的台阶，古代宫殿的最高阶，天子坐以听政之处；阶次、品第。

型 xíng：铸造器物的模子，用木做的叫模，用竹做的叫范，用泥做的叫型；楷模，类型、样式。

灶（竈 zào）：用砖石等砌成，供烹煮食物、烧水的设备。

坊 fāng：城市中街市里巷的通称。

拓展：

圻 坜 呈 坬 坳 坹 垱 坃 坄 坅 坆 坈 坒 坓 坔 坐 坕 坘 坙 庒 夫 牡 狂

土 4：坐 垓 圬 垢 垮 坉 坋 肚 垠 场

（甲骨 楚简 秦简 古文 钟繇 王羲之 赵佶 异体字 皇象 赵孟頫 宋克）（说文 欧阳旭 王羲之）（广义 欧阳询 章草）

（简帛 说文 智永 赵佶 赵构）（粗篆 颜真卿 王羲之 毛泽东）（楚简 维摩诘）（说文 颜真卿 赵孟頫 王铎 王羲之）

（邓石如 王羲之 陆柬之 张旭 章草）（说文 赵孟頫 吴琚 章草）（楚简 说文 曹全碑 欧阳询 赵孟頫 赵孟頫 智永）

辨析：

一些字的篆书与隶楷形体均异，如坐字。拓展的字需要注意异体字的变化，如前页的灶字。

坐（坐坐坐 zuò）：会意，甲骨文为人坐在席子上，古文作象形字，像两人坐在土上，本义是古人席地而坐；狱讼对质是坐，引申定罪如连坐、反坐，乘，搭等坐儿、坐位，后来写作座。

垓 gāi：八极之内的广大土地。

圬（杇釫 wū）：抹墙，低洼的。

垢 gòu：污秽，尘土一类的脏东西。

垮 kuǎ：形声，从土夸声，本义为倒塌，崩溃瓦解。

坉 tún：用草袋装土筑墙或堵水，田垄，寨子；dùn，古同沌，塞。

坋（坌 bèn）：尘埃，撒粉末，大堤；fèn，地名，古坋。

肚 dù：人或动物的腹部；dǔ，人和动物的胃。

垠 yín：边际，尽头。

场（場塲 cháng）：平坦的空地。

拓展：

坤 坾 坢 坜 坺 坧 圭 坛 坦 垔 坢 垕 坍

土 5：垒（壘）坏（壞）埋（薶）茔 墟 堡 垄 垚 垦 坣

（金文 楚简 说文 说文 颜真卿 王羲之 王羲之 王铎）（金文 金文 说文 欧阳询 王羲之 章草 说文 赵孟頫 赵孟頫 空海）

（简帛 说文 曹全碑 魏碑 王羲之）（张旭 颜真卿 章草）（金文 简帛 隶辨 智永 何绍基 韵会）（金文 欧阳询 王羲之 章草）

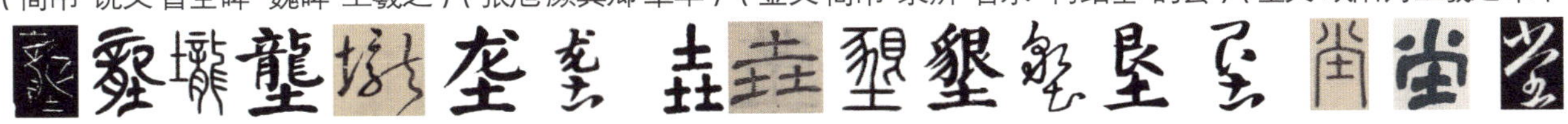

（金文 简帛 说文 颜真卿 鲜于枢 颜真卿 王羲之）（说文 隶辨）（说文 颜真卿 韵辩 颜真卿 王羲之）（说文 吴昌硕 王羲之）

辨析：

一些字篆书部件，结构尚未固定，如坏字；篆楷形体差异很大，如垒字。拓展的字需要注意异体字的变化，如垒、坏、埋、茔、垄、垦和坣等字。

垒（壘 lěi）：形声，从土畾（雷）声，本义为军壁，防护军营的墙壁或建筑物。

坏（壞 huài）：形声，从土褱声，古建筑主要以土建造，故从土，本义是倒塌（指建筑物遭到破坏）；说明：古代坏与壞是音义都不同的两个字，坏本读作 pēi，是个从土、不声的形声字，指未烧过的砖瓦、陶器，现在壞字简化为坏字了。

埋（薶 mái）：形声，从土里声，字本作薶，甲骨文字形，像在坑中埋狗的形象，是向地神祭献的活动，本为藏入土中；mán，埋怨。

茔 yíng：墓地，埋葬。

墟 xū：大土山。

堡 bǎo：土筑的小城。

垄（壟壠 lǒng）：形声，从土龙声，本义是坟；土埂，田埂，高丘、高地。

垚 yáo：古同尧。

垦（墾 kěn）：形声，从土（kěn）声，本义是翻土，开垦。

坣 táng：古同堂。

拓展：

坭 坪 坥 坮 块 坲 垅 坵 坸 坑 坺 坾 坽 坿 坪 坎 垉

土 6：垣 哇 坰 垌 坻 垃 圾 垝 垩 址

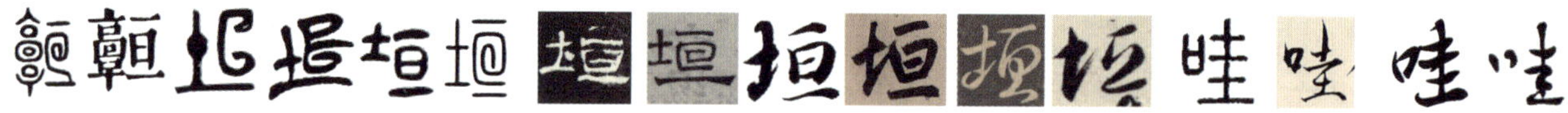

（籀文 楷书 金文 简帛 秦简 说文 史晨碑 赵孟頫 智永 赵孟頫 王羲之 智永）（说文 杨维桢 王羲之 章草）

（说文 颜真卿 乾隆）（金文 欧阳询 舒同 王羲之）（说文 欧阳询）（金文 曹全碑 虞世南 黄庭坚 王羲之 李淦）

（金文 颜真卿 米芾 王羲之）（说文 五经 王铎）（金文 说文 汉简 柳公权 章草）（说文 赵孟頫 米芾 王羲之）

辨析：

一些字篆楷形体差异很大，如垣字。拓展的字需要注意异体字的变化，如垣和垩等字。

垣 yuán：矮墙，也泛指墙，城墉，官署的代称。

哇 wā：象声词，形容哭声、呕吐声；用在感叹句末，表示惊异或感叹。

坰 jiōng：都邑的远郊。

垌 dòng：田地，多用于地名，广东省信宜县有金垌、良垌；tóng，湖北有垌冢。

坻 zhǐ：止；zhì，山坡。

垃 lā：垃圾，尘土和扔掉的脏东西。

圾 jí：危殆。

垝（陒 guǐ）：毁坏，坍塌。

垩（堊 è）：白土，泛指可用来涂饰的土。

址（阯 zhǐ）：地基、基部，地点，地址，处所。

拓展：

垐 垑 垔 垕 垗 垘 垙 垛 垝 垞 垡 垭 垴 垵 垤 垬 垪 垟 垥 垳 垶 垫 垲 埅 垯 垰 堃 城 埏 垶 垬 奎

土 7：垲 钍 垎 垍 垑 坭 垆 坻 坼 坺

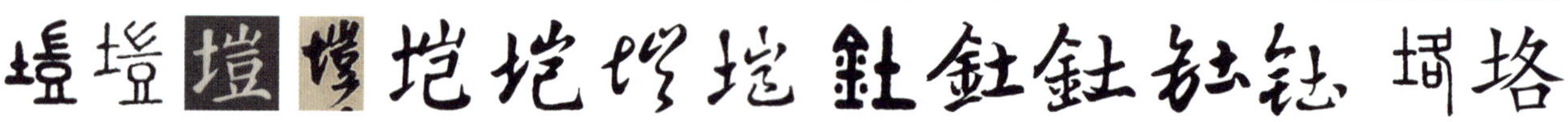

（金文 说文 颜真卿 王铎 颜真卿 黄庭坚 王羲之 章草）（金文 陆柬之 赵孟頫 王羲之 章草）（说文 楷书）

（说文 楷书）（说文 楷书）（金文 颜真卿 王羲之）（金文 说文 隶辨 欧阳通 赵之谦 赵孟頫 赵孟頫 倪元璐

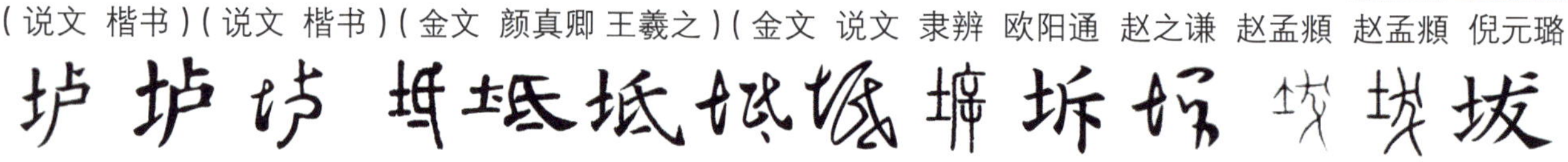

欧阳询 颜真卿 王羲之）（说文 曹全碑 虞世南 王羲之 李淦）（说文 欧阳询 王羲之）（古文 说文 苏孝慈墓）

辨析：

一些字需要注意异体字的变化，如垲和垆等字。一些字草化简省明显，如壚字的草书已经草化掉了田字。

垲（塏 kǎi）：地势高而干燥的。

钍（釷 tǔ）：放射性的四价金属元素，元素符号 Th。

垎 hè：土地干燥；（土）坚硬。

垍 jì：坚硬的土。

垑 chǐ：治土，地多。

坭 ní：水和土也，同泥，用于红毛坭；地名用字，如白坭（在广东）。

垆（壚 lú）：黑色坚实的土壤；通罏，古时酒店里安放酒瓮的土台子；借指酒店，垆邸（酒店），垆头（酒坊）。

坻 dǐ：高坡地；chí，水中的小块高地。

坼 chè：裂开、分裂，裂缝。

坺 fá：治也，一曰臿土谓之坺；尘；古同垡。

拓展：

坍 坼 坒 坐 坾 坆

土8：坩 坫 圳 埏 堖 埯 垤 垞 坝（垻壩𡒄）垡

（金文　智永　黄庭坚 章草）（说文　欧阳询 赵孟頫　王羲之）（金文　颜真卿 欧阳询　王羲之）（金文　说文　智永

舒同　王羲之　章草）（金文 欧阳询 赵孟頫 章草）（金文　汉简　颜真卿　王铎）（说文　颜真卿　唐寅　李淦 章草）

（竹垞　赵之谦　何绍基）（篆字汇　虞集　王羲之 王羲之　古文　颜真卿　赵孟頫　辨体）（金文 赵孟頫 王铎 章草）

辨析：

一些字需要注意异体字的变化，如堖和坝字等。

坩 gān：罐瓮之类盛食物的陶土器，坩埚 。

坫 diàn：古代设于堂中供祭祀、宴会时放礼器和酒具的土台，坛坫，屏障。

圳 zhèn：田间水沟。

埏 yán：从土延声，八方之地也。

堖（瑙 nǎo）：小山头。

埯 ǎn：点播种子时挖的小坑，小坑点播的种子。

垤 dié：蚂蚁做窝时堆在洞口的土，小土丘。

垞 chá：形声，从土宅声，本义是小土山。

坝（垻壩𡒄 bà）：形声，从土霸声，本义为堤坝，堤岸，平地。

垡 fá：耕田翻土。

拓展：

垬 垪 垭 圽 圢 圤 尧 圦 压

兔 冤（寃）堍 娩 菟

（甲骨　甲骨　金文　楚简　石鼓文　汉简　说文　伊秉绶　欧阳询　颜真卿　王羲之　赵孟頫　文徵明　杨维桢

皇象　王羲之　赵孟頫　邓文原　毛泽东）（金文　简帛　帛书 说文　夏承碑　颜真 卿　赵孟頫　皇象　王羲之 谢安）

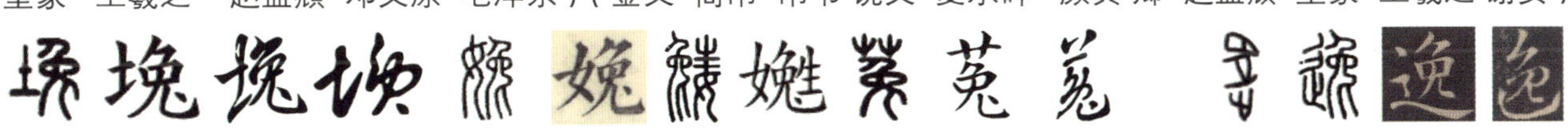

（金文　欧阳询　王羲之　王羲之）（说文　彭玉雯　说文　楷书）（金文　王羲之　章草）（附：甲骨　说文　欧阳询　索靖）

T

辨析：

兔字的篆书特点是有短尾巴，隶楷字形稳定，行草书为快写。可拓展。㝹字见免页；附逸，参见逸页。

兔（兎 tù）：象形，兽名，前足短后足长，哺乳类动物，俗字作菟，通称兔子。

冤（寃 yuān）：会意，从兔从冖，冖表示覆盖，兔子被覆盖住了，卷曲不能伸，本义是屈缩、不舒展。

堍 tù：桥两头靠近平地的地方。

娩 fàn：兔子也；从女兔，疾也；fù，古同嬔，小兔。

菟 tú：於菟，老虎；菟裘，地名；菟丝，植物。

拓展：

㝹 嬔 䨲 㝹 梚 鵵 䨲

P53.4 得鱼获兔

彖1：彖 缘 掾 腞 喙 椽

（金文 金文 金文 楚简 汉简 说文 说文 爨体 欧阳询 颜真卿 赵孟頫 王羲之 孙过庭 张瑞图 李淦 毛泽东）

（楚简 秦简 鸟虫 说文 西狭颂 柳公权 王羲之 王羲之 王羲之 王羲之）（金文 说文 曹全碑 褚遂良 王献之

简书 章草）（篆字汇 隶辨 王铎 皇象）（甲骨 金文 说文 智永 王羲之 皇象）（简帛 说文 虞世南 王羲之）*附：王羲之*

辨析：

彖字从彑从豕，楚简将彑写为“又”形，单写其草书为快写，作为字根草化时省略了“彑”，“豕”写快写。字根彖和录字的草书区别：两字下边的点“彖外录里”，即彖字点的方向向外，录（参照绿）字点的方向向里。可拓展。

彖 tuàn：豕也，从彑（jì，猪头，猬属）从豕，彑指猪头，猪头有长吻部，上吻部半包住下吻部，“彑＋豕”表示“半包边的猪嘴”，本义为包边、包括，引申为总括，为判断、易经断定卦义之辞。

缘（緣 yuán）：形声，从糸（mì）彖声，从糸，与衣物有关，本义为古时衣服的边饰。

掾 yuàn：形声，从手彖声，本义是古代副官、佐吏的通称；辅助。

腞 zhuàn：腞楯古代运灵柩的车。

喙 huì：形声，从口彖声，甲骨文从口从豕，指鸟兽的嘴。

椽 chuán：形声，从木彖声，本义为承屋瓦的圆木。

拓展：

附：绿字草书　剶 塚 蒃 湪 猭 瑑 禒 隊 盠 褖 趤 橼 餯 櫞 鰷 鵗

P41.5 当缘思虑通审

彖2：篆 蠡 劙

（简帛 说文 邓石如 齐白石 欧阳询 颜真卿 柳公权 赵孟頫 米芾 王羲之 孙过庭 智果 祝枝山 宋克）

（古文 简帛 汗简 说文 石韵府 吴昌硕 欧阳询 颜真卿 王羲之 王铎 皇象 邓文原 王蘧常 韵会）（楷书 王无咎）

辨析：

篆字从竹从彖，彖从彑从豕，草书写法，其竹头可据异体字蒃字写“艹”，彖字作为部件草化时写“豕”。蠡从二虫，也有从一个虫的写法。

篆（蒃 zhuàn）：形声，从竹彖声，从竹，与简册有关，本义是篆书，即汉字的一种书体，通常包括大篆、小篆，一般指小篆。

蠡 lǐ：虫啮木中也；凡器物用久剥落若虫蚀者谓之蠡；用瓠瓜做成的水瓢。

劙 lí：割、划、劈。

拓展：

儳 櫼 蠰 醾

P20.2 旁通二篆　P21.4 虽篆隶草章工用多变

T

屯1：屯 顿 扽 豘 吨

（甲骨 甲骨 甲骨 甲骨 金文 金文 金文 楚简 楚简 说文 曹全碑 瓦文 欧阳询 颜真卿 王羲之 李邕 赵子昂）

（古文 古文 说文 汉简 史晨碑 欧阳询 颜真卿 柳公权 赵孟頫 索靖 王羲之 王羲之 王羲之 王羲之 王献之

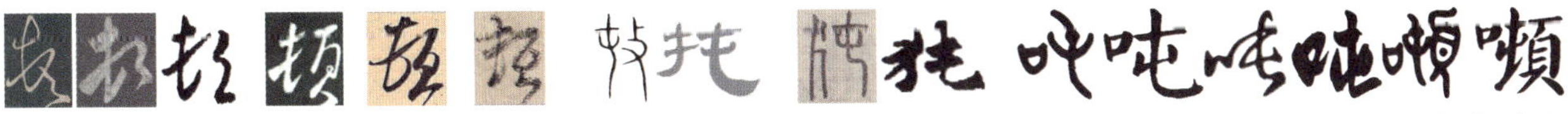

王珣 智永 怀素 王献之 米芾 朱熹）（古文 简帛）（篆字汇 敦煌）（金文 颜真卿 王铎 王羲之 金文 颜真卿）

辨析：

屯字的篆书像艹木之初生，形态或朝左或朝右或颠倒，甲骨文同顿、饨、纯、沌、蠢，隶定字形稳定，草书加点或不加点均可。顿从页，页字草书：1. 快写。2. 简写，百韵歌“撇之非是乏”即为页字的草书。

屯 tún：本义为艰难欲出，表示“艰难、困顿”；《说文解字》：“屯，难也，像艹木之初生，屯然而难，从中贯一，一，地也，尾曲。”《易》曰：“屯，刚柔始交而难生。”通“钝”表示“迟钝”，还有困顿、吝惜、驻扎驻守、兵营、聚集的村落等十多种用法。

顿（頓 dùn）：叩头、磕头，暂停，劳累疲弊，立刻，次、回。

扽（撐 dèn）：拉；猛拉，使伸直或平整。

豘 tún：小豕也，同豚字。

吨（噸 dūn）：重量单位，公制 1 吨为 1000 公斤。

拓展：

伅 吨 砘 肫 瓲　　　P11.5 顿之则山安

屯2：饨 纯 沌 杶 炖 坉 钝 忳 盹 肫

（石韵府 赵孟頫 欧阳询 郭沫若 王羲之）（金文 楚简 楚简 楚简 说文 颜真卿 颜真卿 米芾 王羲之 章草）

（甲骨 金文 说文 柳公权 赵孟頫 王羲之）（说文 北大简）（金文 赵孟頫 王羲之）（楚简 楷书）（简帛 说文

衡方碑 颜真卿 赵孟頫 王羲之）（六书通 欧阳询 米芾）（金文 智永 黄庭坚 章草）（说文 智永 王铎 李洤

辨析：

屯字的拓展性较强，所涉字根可参见相关页。

饨（飩 tun）：馄饨。

纯（純 chún）：蚕丝；同一颜色的丝织品，纯正、纯粹，美、善。

沌 dùn：愚昧无知。

杶 chūn：古同椿，香椿。

炖 dùn：和汤煮烂。

坉 tún：用草袋装土筑墙或堵水，田垄，寨子；dùn，古同沌，塞。

钝（鈍 dùn）：不锋利。

忳 tún：忧苦烦闷的样子；zhūn，诚恳的样子；dùn，忳忳然，无知的样子。

盹 dǔn：很短时间的睡眠。

肫 zhūn：禽类的胃，诚恳、真挚；chún，古代祭祀所用牲畜后体的一部分，精细致密；同纯，整体，全。

拓展：

䣚 訰 豘 軘 [illegible] 飩 魨

屯3：囤 砘 黗 邨 迍 庉 窀 旾 芚 萶 莼

（金文 王羲之 欧阳询 颜真卿 赵孟頫 王羲之）（金文 赵孟頫 王羲之 章草）（说文 维摩诘）（金文 简帛

说文 智永 王羲之）（甲骨 甲骨 伊秉绶 褚遂良 王铎）（说文 彭玉雯）（楚简 说文 虞世南 章草）（楚简 说文）

（甲骨 王宠）（甲骨 甲骨 甲骨 甲骨 金文 楚简 秦简 秦简 说文 楷书 颜真卿）（金文 赵孟頫 王铎 于右任）

辨析：

萶同春，春字可参见春页。

囤 dùn：储存粮食的器物。

砘 dùn：播种后用石砘子压实松土。

黗 tún：黄黑色。

邨 cūn：村的异体字。

迍 zhūn：行走艰难的样子，灾难，祸殃。

庉 tún：庉庉，火燃得很旺的样子；dùn，楼墙，房舍，室中藏。

窀 zhūn：窀穸，墓穴；厚葬。

旾 chūn：春古作旾。

芚 tún：一种蔬菜，类似苋菜；草木初生的样子。

萶 chūn：同春，隶作春。

莼（蒓蓴 chún）：莼菜，亦名水葵。

拓展：

墫 䡅 㦃 㠝 䮕 㹠 魨 𪑝

乇 托（讬）宅 亳 吒 姹（奼）

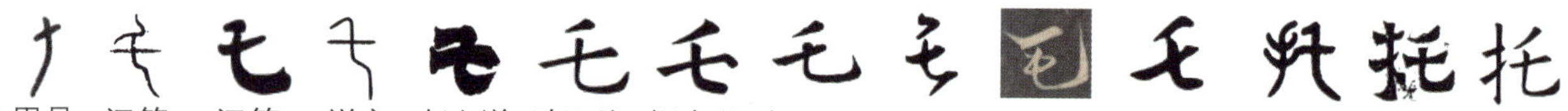

（甲骨 汉简 汉简 说文 赵之谦 欧阳询 颜真卿 赵孟頫 王羲之 李之仪 文徵明）（金文 爨体 欧阳询

王羲之 文徵明 说文 娄机 褚遂良 王羲之 米芾 王羲之）（甲骨 金文 古文 楚简 秦简 说文 说文 欧阳询 王铎

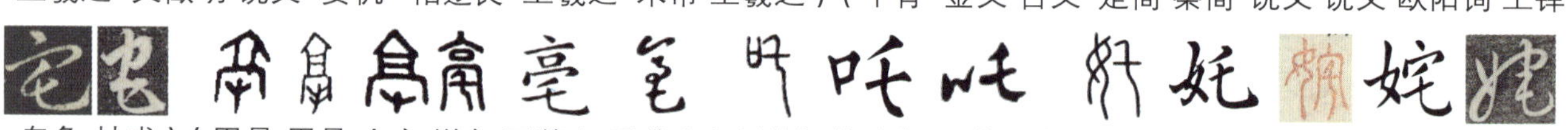

皇象 杜甫）（甲骨 甲骨 金文 说文 王羲之 王羲之）（说文 柳公权 王羲之）（说文 赵孟頫 石韵府 王羲之 蔡襄）

辨析：

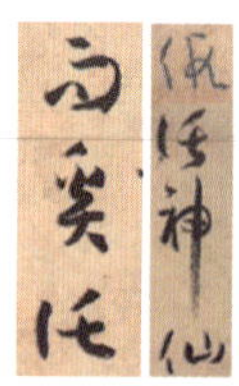

乇字的本意为草叶，隶楷字形稳定，行草书均为快写。可拓展。说明：讬字的草书，言旁不可以写“讠（草书足）”。

乇 zhé：草叶也，从垂穗垂，上貫一，下有根，象形；tuō，委托。

托（託 tuō）：形声，左形右声，本字是“乇”，小篆字形像初生的嫩芽，“一”表地面，枝叶有根，有所寄托，后加“手”作“托”，汉字简化后，“托”又兼代“託”字，本义是寄托。

宅 zhái：形声，从宀乇声，本义是住所、住处。

亳 bó：亳州，在安徽省。

吒 zhā：神话传说中的人名用字。

姹（奼 chà）：形声，从女宅声，本义为少女，“奼”写法已经罕见。

拓展：

仛 厇 坨 汑 饦 杔 炨 矺 秅 粍 虴 飥 馲 魠

P9.1 假托神仙　P48.4 徒青翠而奚托

妥 挼 浽 桵 餒 綏 荽

（甲骨 金文 楚简 简帛 说文 石韵府 衡方碑 欧阳询 颜真卿 柳公权 赵孟頫 王羲之 米友仁 王铎 赵之谦

索靖 王羲之 文徵明 张弼）（说文 六書故 彭玉雯 敦煌）（石韵府 楷书）（说文 楷书）（石韵府 邓石如 颜真卿

王铎 王羲之 黄庭坚 王羲之）（甲骨 金文 楚简 说文 宋徽宗 王羲之 王铎）（金文 石韵府 王羲之 米芾 李洤）

辨析：

妥字结构稳定。“妥”字草书为快写，“爫”下的三点草化为“两点”或连写为“一横”。爫为爪，可参照“爪页”及相关页。妥字作为字根，不少字有异体字从委，应注意其使用。可拓展。

妥 tuǒ：会意，从爪女，爪指手，意思是得到了女子就安稳、安定了，安稳、安定；同样是用“爫（手）”去抓东西，抓住“子”即为“孚”，抓住“木”即为“采”，两只“手（爫又）”抓住“冖”为受，两只“手（爫又）”抓住“亅”则为“争”等等。

挼（捼 ruó）：排挤，揉搓；尸未食前的祭祀。

浽 suī：浽溦，小雨。

桵（梾 ruǐ）：白桵，或作梾。

餒（餧餧 něi）：形声，从食委声，本义是饥饿。

綏（綏 suí）：从糸从妥，车中把也；安抚人心以保持平静；临阵退军，向后撤；制止、止；舒缓的；平安、安好、安泰。

荽（萎 suī）：芫荽（yán sui），一年生草本植物，通称香菜。

拓展：

俀 哸 婑 脮 鋖 鞖 桵 陊 崣 殍 甋 稯 餒 鮾 鵎

瓦 佤 瓶 瓴 瓯 瓿 瓷 瓮

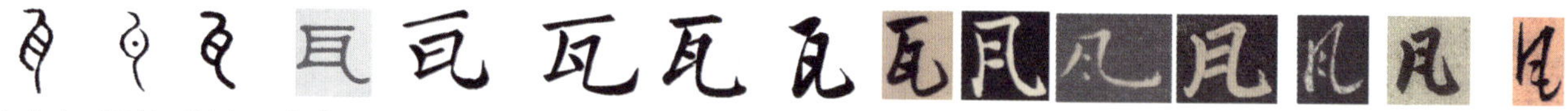

（古文 汗简 说文 隶书册 王羲之 欧阳询 颜真卿 赵孟頫 王铎 魏碑 虞世南 赵孟頫 王羲之 赵孟頫 王铎）

（金文 欧阳询 王羲之 王羲之 章草）（说文 颜真卿 王羲之 李洤）（简帛 说文 王羲之 王羲之）（金文 简帛 说文

俞和 王羲之）（古文 篆字汇 俞和 王铎 皇象）（说文 颜真卿 赵孟頫 王羲之）（简帛 说文 赵孟頫 王铎 章草）

辨析：

瓦字的字形稳定，草书一般有二：1. 快写，较少见。2. “几二点”，从其异体字几内有两点的写法，这种写法较为常见。可拓展。

瓦 wǎ：象形，像屋瓦俯仰相承的样子，本义为已烧土器的总称。

佤 wǎ：佤族（佧瓦族）简称。

瓶（缾 píng）：形声，从瓦并声，《说文》本从缶，缶为瓦器，即陶制器皿，本义为汲水器。

瓴 líng：一种盛水的瓶子。

瓯（甌 ōu）：形声，从瓦区声，本义是盆盂类瓦器。

瓿 fǒu：同缶，瓦制的打击乐器。

瓷（甆 cí）：形声，从瓦次声，本义为用高岭土烧制成的质料，也指瓷器。

瓮（罋甕 wèng）：形声，从瓦公声，本义：为陶制盛器，小口大腹。

拓展：

瓩 瓧 邷 抏 岏 帎 呃 瓨 甋 甌 瓴 瓬 瓶 珁 甌 瓮 瓬 炛 瓯 瓰 瓱 瓲 瓷 瓽 瓶 瓳 瓴 瓸 瓿 瓴 砙 粄 瓹 瓺 瓻 瓷 瓹 瓬 瓼

外

甲骨 金文 楚简 说文 李斯 西狭颂 尚博碑 钟繇 王羲之 欧阳询 颜真卿 柳公权 赵孟頫 宋徽宗

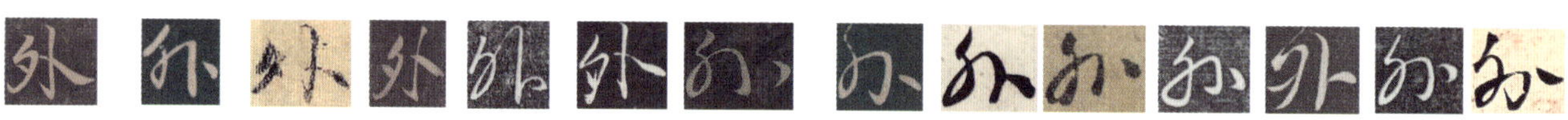

王羲之 王献之 虞世南 米芾 宋高宗 梁巘 王羲之 王献之 智永 怀素 赵孟頫 朱熹 康里巎 王铎

辨析：

外字从夕从卜，字形稳定，行草书为快写。

外 wài：会意，从夕从卜，通常在白天占卜，如在夜里占卜，表明边疆（外）有事，又有人说，因为要在外过夜，故要卜问吉凶，本义为外面、外部。

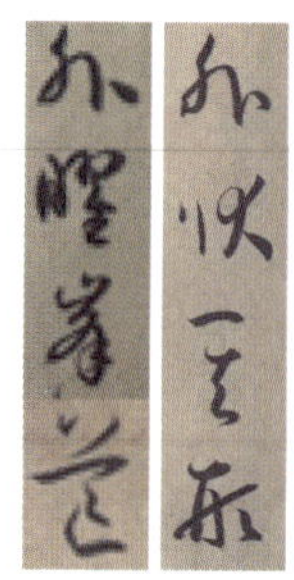

拓展：

匢 迯 夞 㲅

P28.1 外状其形　P44.1 外曜峰芒

弯 湾

（简帛 汉简 说文 文徵明 欧阳通 颜真卿 赵孟頫 苏轼 王羲之 柳公权 黄庭坚 王羲之 郭沫若 韵会 章草）

（吴昌硕 正倪墓 颜真卿 赵孟頫 苏轼 王宠 王铎 王羲之 欧阳询 颜真卿 黄庭坚 王铎 王羲之 王献之 朱耷）

辨析：

弯字为“䜌”字头，草书从之，弓为快写。可拓展。

弯（彎 wān）：形声，持弓关矢也，本义是拉弓；折，使弯曲；停船靠岸、停泊；量词。

湾（灣 wān）：形声，从水弯声，本义为河水弯曲处；海湾，渤海湾、墨西哥湾；村庄；系泊，在水湾处停泊；就桥下湾住船，上岸独步——明·冯梦龙《喻世明言》；用于水或水面，相当于“处”；一湾斜照水，三版顺风船——唐·钱起《江行无题一百首》。

拓展：

塆 蹽

完 1：完 院 浣 皖

（古文 古文 古文 简帛 帛书 说文 史晨碑 曹全碑 王羲之 欧阳询 颜真卿 王羲之 米芾 赵孟頫 董其昌

王羲之 王羲之 黄庭坚 赵孟頫 邓文原）（金文 说文 楷书 秦简 说文 颜真卿 米芾 王羲之 孙过庭 王铎 章草）

（说文 王羲之 王羲之 王羲之 说文 欧阳询 饶介 毛泽东）（邓石如 颜真卿 王羲之）*皇象 王羲之 李洤 李洤*

辨析：

完字隶定从宀从元，行草书为快写，宀头无左畔，上边的点可以单写，也可以穿过宀头。可拓展。

完 wán：形声，从宀元声，“宀”与房屋有关，本义为完备、完整。

院（寏 yuàn）：形声，从阜完声，阜是土山，与土和建筑有关，本义是庭院、院子；其中，寏 huán，同“院”，围墙，亦指院落。

浣（澣 huàn）：形声，从水完声，本义为洗衣服。

皖 wǎn：国名，春秋时立，汉置县；安徽省的简称。

拓展：

莞 鲩 烷 蔻　　婠 唍 垸 俒 寇 捖 晥 梡 琓 脘 睆 蜿 筦 綄 羦 滱 蔲 輐 鋎

完 2：倇 捖 梡 晥 烷 垸 脘 鲩 睆 莀 莞 筦

（说文 维摩诘）（说文 维摩诘）（说文 彭玉雯）（篆字汇 维摩诘）（金文 何绍基 欧阳询 颜真卿 赵孟頫 王羲之 章草）

（金文 简帛 说文 柳公权 宋徽宗 王羲之）（金文 说文 王羲之 赵孟頫 黄庭坚 王羲之）（金文 说文 赵孟頫 赵孟頫

王羲之 章草）（篆字汇 苏孝慈 文徵明）（说文 楷书）（说文 隶辨 颜真卿 杨维桢 邓文原）（说文 彭玉雯 蔡襄 朱耷）

辨析：

完字作为字根，拓展性较强，行草书为快写。

倇 hùn：完也，辱。

捖 wán：刮，打，击。

梡 kuǎn：梱木薪也，凡物之头浑全者皆曰梱头；虞舜时陈列祭品的礼器，形如几案，案板，俗作欵。

晥 wǎn：明貌，古同皖。

烷 wán：《集韵》曰火也；饱和脂肪烃，甲烷、乙烷等。

垸 yuàn：湖南、湖北等地，在沿江、湖地带围绕房屋、田地等修建的堤坝样防水建筑物，通称垸子；huán，用漆和灰涂抹器物，古同锾，重量和货币单位。

脘 wǎn：胃的内部。

鲩（鲩鲜 huàn）：鱼名，即草鱼。

睆 huǎn：（眼睛）鼓出，明亮，浑圆，微笑，美好，大眼睛。

莀 guān：夫离也；同莞。

莞 guān：指水葱一类的植物，亦指用其编的席；guǎn，东莞，在广东省；wǎn，形容微笑，莞尔；胃的内腔。

筦 guǎn：同管，姓。

拓展：

唍 寇 婠 琓 綄 羦 蜿 輐 鋎 髋 鯇 鵍 豲

宛 1：宛 婉 碗（椀 盌） 菀 剜 惋 惌

（甲骨 说文 帛书 张景碑 欧阳询 褚遂良 颜真卿 赵孟頫 王羲之 米芾 黄庭坚 文天祥 邓文原 康里巎）

（说文 何绍基 陆柬之 董美人 赵孟頫 王羲之 赵孟坚）（金文 颜真卿 王羲之 章草 说文 邓石如 米芾 史游）

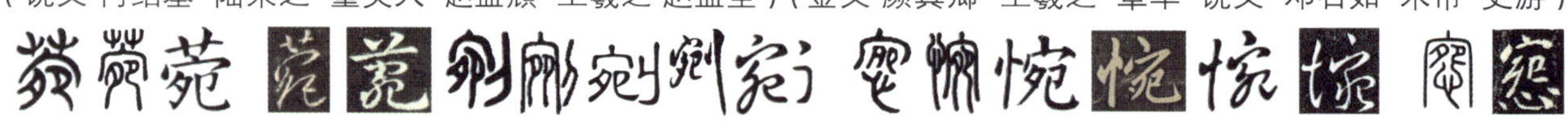

（简帛 说文 王羲之 王羲之 皇象）（金文 说文 佚名 米芾 王羲之）（简帛 粗篆 柳公权 赵孟頫 王羲之 王献之）（说文 魏碑）

辨析：

宛字的结构稳定，宛从宛，宛则从夕从卩，卩楷化为巳，草书写法，"宀头无左畔"，夕省了内部点，巳为快写。可拓展。

宛 wǎn：形声，从宀宛声；像屋里的草弯曲自相覆盖；本义为弯曲。

婉 wǎn：形声，从女从宛，宛亦声；本义为柔顺。

碗（椀盌 wǎn）：盛饮食的器皿；量词。

菀 wǎn：植物名；园林；茂盛的样子；凝结、郁积。

剜 wān：形声，从刀宛声，本义是挖。

惋 wǎn：形声，从心宛声，本义为怨恨、叹惜。

惌 wǎn：小孔貌；病名；同宛，说文曰，宛或从心；yuān，屈曲，惌枉，同怨。

拓展：

蜿 涴 晼 睕 倇 惌 踠 啘 埦 綩 焥 䵫 晼 鋺 䤩 鞔 骫 鴛

P21.6 篆尚婉而通隶欲精而密

宛 2：琬 蜿 腕 豌 涴 捥 鹓

（金文 说文 邓石如 欧阳询 褚遂良 王羲之 王羲之 乾隆）（金文 新篆 吴睿 欧阳询 宋徽宗 王羲之 王羲之 章草）

（邓石如 何绍基 颜真卿 柳公权 王羲之 王羲之 韵会）（金文 伊秉绶 颜真卿 柳公权 王羲之 黄庭坚 李洤 章草）

（小篆 赵孟頫 王铎 祝永明）（石韵府 王献之 米芾 赵孟頫 邓文原）（佟伟夫 李旦 黄自元 白蕉 文徵明 于右任）

辨析：

宛字拓展的字较多，需注意与各种偏旁的组合。

琬 wǎn：从玉宛声，圭有琬者。

蜿 wān：形声，从虫宛声，本义是龙蛇蟠行的样子。

腕 wàn：形声，从肉宛声，本义为臂下端与手掌相连可以活动的部分。

豌 wān：豌豆，一年生或二年生草本植物，结荚果。

涴 wò：弄脏，亦作污；染上、浸渍。

捥 wàn：古同腕；wǎn，取； wān，扭转；yù，拗戾。

鹓（鵷 yuān）：鹓雏，古书上指凤凰一类的鸟。

拓展：

畹 鞔 髋 鵷

㚉 傻 堫

（篆字汇 说文 楷书）（汗简 伊秉绶 王羲之 欧阳询 虞世南 颜真卿 柳公权 赵孟頫 王羲之 黄庭坚 米芾 赵孟頫

王羲之 孙过庭 李洤 文徵明 王铎 黄彰任 流江 毛泽东）（说文 六书统 说文广 楷书）*彭玉雯 楷书 楷书 楷书*

辨析：

㚉字的使用频率较低，作为字根，常用字为傻字，其行草书为快写，也有将上边的“囟”草写为“凶”字的。㚉字作为字根，拓展的字不常见。

㚉（𡙇 wàn）：瑙盖也，像皮包覆瑙，下有两臂，而夂在下。

傻（儍 shǎ）：头脑蠢笨，不谙事理，缺乏想象力。

堫（稯 zōng）：栽种，以此入彼中，不耕而种。

嗄 chuǎ：恶口也，恶言。

拓展：

緵 嗄 腹 㜸　嗄 嵏

W

亡1：亡 忘 妄 忙 氓 盲

（甲骨 甲骨 金文 金文 楚简 秦简 说文 李斯 熹平石 欧阳询 颜真卿 皇象 王羲之 智永 怀素 于右任）

（金文 楚简 秦简 说文 曹全碑 欧阳询 颜真卿 王羲之 皇象 王羲之）（金文 楚简 简帛 说文 欧阳询 柳公权

赵孟頫 王羲之 王献之 空海）（说文 虞世南 王羲之 毛泽东）（简帛 说文 颜真卿 章草）（说文 智永 王羲之 韵会）

辨析：

亡字一般有亡和亾两种写法，行草书为快写。可拓展。

亡（亾 wáng/wú）：甲骨文亡字从刀，亾者逃也，逃者亡也，亡之本义为逃，有伤亡，逃走的意思，读 wú 时，有过去、没有的意思，通“无”通“忘”。

忘 wàng：会意兼形声，从心从亡，亡亦声，本义是忘记，不记得。

妄 wàng：形声，从女亡声，本义是胡乱。

忙（忄亾 máng）：形声，从心亡声，本义为急迫、慌忙。

氓 méng：会意，从民亡声，亡亦有表意作用，指自彼来此之民，本义是外来的百姓。

盲 máng：眼睛失明。

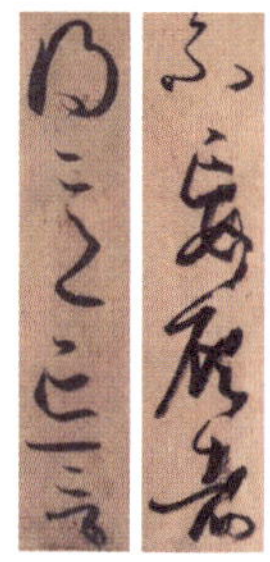

拓展：

匄 邙 帍 吂 忙 汒 宋 杗 牤 肓 侫 甿 盲 盳 罔 侫 笀 蝱

P25.4 得意忘言　P56.4 不妄顾者

亡2：芒 茫 硭 铓

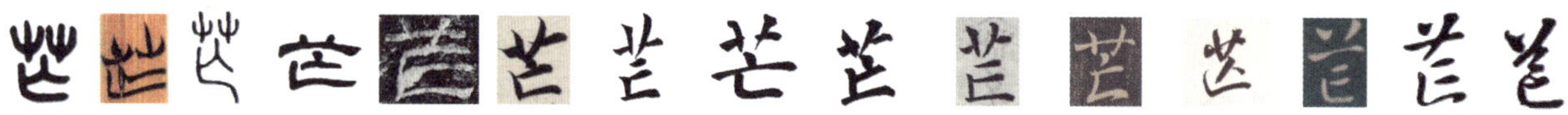

（金文 楚简 说文 曹全碑 西狭颂 智永 欧阳询 颜真卿 柳公权 赵孟頫 王羲之 董其昌 章帝 王羲之 智永）

（甲骨 金文 唐玄宗 何绍基 董美人 欧阳询 虞世南 颜真卿 王羲之 王铎 王羲之 宋太宗 黄庭坚 王铎 毛泽东）

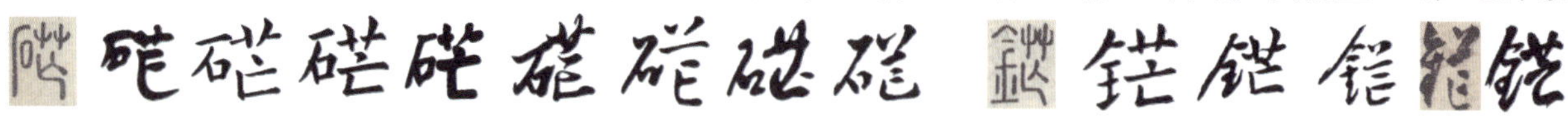

（篆字汇 汉简 王羲之 欧阳询 颜真卿 王羲之 王羲之 于右任 章草）（篆字汇 欧阳询 黄庭坚 吴昌硕 张弼 王铎）

辨析：

亡字拓展的字一般有亡和亾两种结构，亾字由甲骨文楷化而来，但使用频率较低。

芒 máng：从艸亡声，亡，既是声旁也是形旁，表示无、没有；芒，上半部分（草，叶子）加下半部分（亡，没有），指植物没有叶子的穗子外部起自我保护作用的针刺。

茫（汒 máng）：从水、芒声，水或草看不见边际；汒，同茫。。

硭 máng：硭硝，白色晶体，溶于水。

铓（鋩 máng）：刀剑等的尖端；光芒。

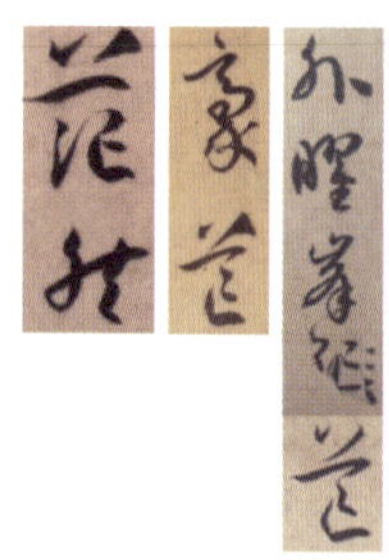

拓展：

㟐 恾 𠍼 哤 狵 㡛 朚 稖 鋩

P12.6 殊衄挫于豪芒　P17.3 学者茫然　P44.1 外曜锋铓（芒）

亡3：罔　網　辋　蝄（魍）

（金文　秦简　说文　辟雍碑　王羲之　欧阳询　颜真卿　柳公权　赵孟頫　王羲之　皇象　孙过庭　欧阳询　王羲之）

（甲骨　甲骨　甲骨　楚简　秦简　说文　说文　说文　古文　籀文　褚遂良　颜真卿　祝永明　欧阳询　张旭　王羲之　章草）

（篆字汇　赵孟頫　王铎　篆字汇　邓石如）（说文　赵孟頫　金文　新篆体　王羲之　王铎　李洤　李邕　王羲之　吴昌硕）

辨析：

罔字从网从亡，作为字根可以草化为网或冈。冈又可读 gāng，参见冈纲页。

罔（冈 wǎng）：形声，从网亡声，本义是渔猎用的网，法网；同惘，失意；欺骗、蒙蔽；不，无、没有，害、陷害；表示禁止或劝阻，相当于别、不要；同网；异体字有罓罒罔罔罖冈罔罜罜誷誷等；gāng，同岡。

網（网綱 wǎng）：象形，网，捕鸟兽的叫网，捕鱼的叫罟，笼统地说，两字没有不同，本义捕鱼鳖鸟兽的工具。

辋（輞輞 wǎng）：车轮周围的框子。

蝄（蝄蛧魍 wǎng）：蝄蜽，同魍魎，传说中的一种怪物，魑魅魍魎。

拓展：

惘 菵 啁 淍 棢 烱 碙 辋 䋄 誷 輞 鋼 䰣
P14.6 罔穷　　P45.1 诬罔钟（鍾）张

亡4：望（朢）

甲骨　甲骨　甲骨　甲骨　甲骨　金文　金文　金文　楚简　楚简　楚简　楚简　说文　说文　李斯　简帛　居延简　史晨碑

史晨碑　张锦芳　乃贤　王宠　欧阳询　柳公权　怀素　黄庭坚　王铎　王铎　曹全碑　郗鉴　欧阳询　颜真卿　褚遂良

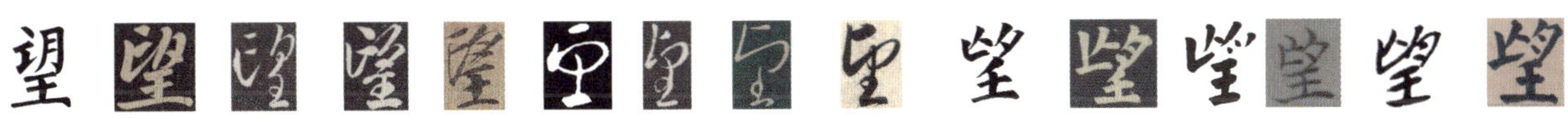

柳公权　赵孟頫　王献之　米芾　宋徽宗　张芝　皇象　王羲之　赵孟頫　虞世南　颜真卿　王铎　乾隆　吴昌硕　谭嗣同

辨析：

望字有从“亡”从“臣”的两种写法，楷书偶见由甲骨文结构楷化的“亾”字写法。望字头草书一般写“点竖弯”，当臣字作为字根，在居左或左上时，除了快写、两竖等等，还有一种“讠”的写法，这又与堅（坚）和醫（医）字头草法的相同，可参见相关页。

望（朢朚 wàng）：会意，甲骨文上面是“臣”，像眼睛，下面是“壬”（tǐng），像一个人站在土地上远望，小篆又加“月”字，表望的对象，本义为远望；说文曰：“出亡在外，望其还也。”

拓展：

喤 菿 瞕 篂 謃 譞 顭 鸜

W

王

（甲骨 甲骨 甲骨 金文 金文 楚简 说文 说文 李斯 曹全碑 好太王 钟繇 卫夫人 王羲之 虞世南

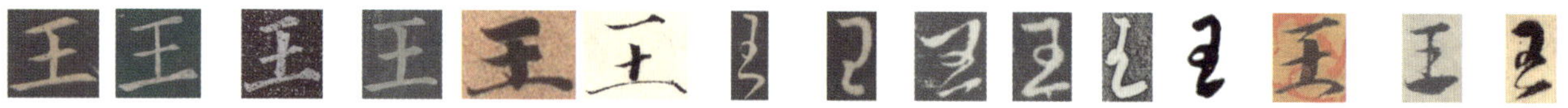

欧阳询 褚遂良 颜真卿 柳公权 赵孟頫 宋徽宗 王羲之 王羲之 王操之 智永 怀素 米芾 宋徽宗 邓文原 王铎）

张芝 索靖 王羲之 王羲之 王羲之 王羲之 王珣 智永 怀素 陆游 李汸 宋高宗 宋克 王宠 张瑞图 王铎

辨析：

王字的篆书形态变化较多，为斧钺之形，行草书为快写，王字草书写法中竖较短。“王”字做偏旁字根时，其义很多代表“玉”，字数超过1000，参见玉字拓展的字，所涉字根参见相关页。

王 wáng：象形字，王字的甲骨文为斧钺之形，斧钺为礼器，象征王者之权威，本义为天子、君主。

拓展：

往 珠 狂 珮 润 珲 珣 闰 全 拄 旺 珰 逞 琊 珧 汪 琅 玖 枉 注 玗 玘 玙 玚 玛 弄 栓 框 烇 牷 玼 珒 玟 琜 珕 珖 珗 珚 珙 珚 珛 琈 珝 珞 珮 珫 珥 珦 珨 珩 珪 珫 珹 珯 琤 痓 硂 罜 虰 辁 迋 琤 望 琰 珴 珵 琋 珸 珺 琁 琪 現 琔 琀 琁 琂 球 琄 琅 理 琇 琈 琉 琋 琍 琎 琏 琐 琑 琒 琓 琥 琟 珿 琛 琕 琜 琝 琠 琡 琢 琣 琤 琦 琧 琨 琩 琪 琫 琬 琭 琮 琯 琰 琱 琲 琳 琴 琵 琶 琷 琸 琹 琺 琻 琼 琽 琾 琿 瑀 瑁 瑂 瑃 瑄 瑅 瑆 瑇 瑈 瑉 瑊 瑋 瑌 瑍 瑎 瑏 瑐 瑑 瑒 瑓 瑔 瑕 瑖 瑗 瑘 瑙 瑚 瑛 瑜 瑝 瑞 瑟 瑠 瑡 瑢 瑣 瑤 瑥 瑦 瑧 瑨 瑩 瑪 瑫 瑬 瑭 瑮 瑯 瑰 瑱 瑲 瑳 瑴 瑵 瑶 瑷 瑸 瑹 瑺 瑻 瑼 瑽 瑾 瑿 璀 璁 璂 璃 璄 璅 璆 璇 璈 璉 璊 璋 璌 璍 璎 璏 璐 璑 璒 璓 璔 璕 璖 璗 璘 璙 璚 璛 璜 璝 璞 璟 璠 璡 璢 璣 璤 璥 璦 璧 璨 璩 璪 璫 璬 璭 璮 璯 環 璱 璲 璳 璴 璵 璶 璷 璸 璹 璺 璻 璼 璽 璾 璿 瓀 瓁 瓂 瓃 瓄 瓅 瓆 瓇 瓈 瓉 瓊 瓋 瓌 瓍 瓎 瓏 瓐 瓑 瓒 瓓 瓔 瓕 瓖 瓗 瓘 P 2.3 二王之妙

罒（网）置 罩 罢（罷）罚（罸）羁 罣 罗（羅）罪

（甲骨 甲骨 甲骨 简帛 汗简 说文 说文 曹全碑 隶辨 王羲之 王羲之 傅山 章草）（金文 说文 邓石如

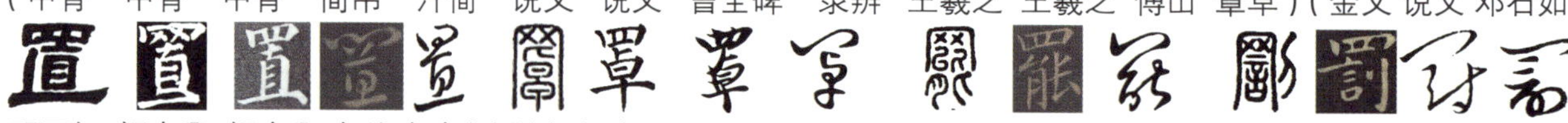

邓石如 颜真卿 颜真卿 史游 宋克）（说文 颜真卿 王羲之 王羲之）（说文 欧阳询 王羲之）（说文 钟繇 王羲之 韵会）

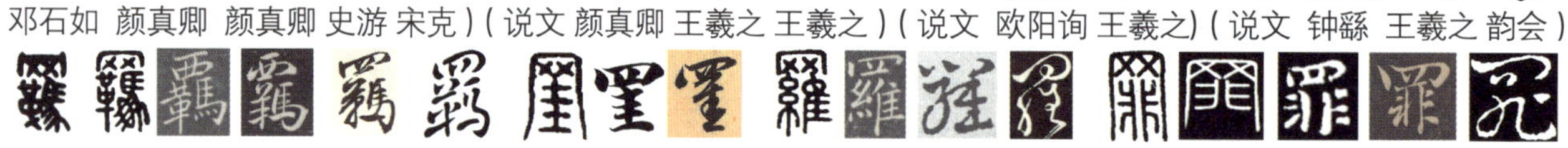

（金文 说文 信本 米芾 文徵明 章草）（六书 智永 王铎）（说文 信本 皇象 张旭）（说文 李斯 钟繇 王羲之 皇象）

辨析：

罒（网）字头的字，以网而罩或捕之义，在草书中有门字符加两点（可连写）或只写门字符的写法。可拓展。署从网，见者（署从者）页。蜀从目，见蜀页。

罒 wǎng：“罒”一般称作网字头或扁四头，同“网”，是由网的象形简化来的“罓”的隶变，用作偏旁；mù，同目，今文字用于偏旁。

网 wǎng：网庖牺所结绳以渔，从冂，下像网交文。

置 zhì：会意，从网直，网直宜赦，本义是赦罪、释放。

罩（罺 zhào）：形声，从网卓声，本义为捕鱼的竹笼。

罢（罷 bà/ba）：会意，从网从能，表示用网捕住有贤能的人，罢官、免去、解除。

罚（罸 fá）：会意，小篆字，从刀从詈（lì，骂人），“刀”指刑法，本义为处罚、惩办。

羁（羈 jī）：会意，从网从革，从马，马笼头。

罣 guà：同挂；牵绊、阻碍，悬挂。

罗（羅 luó）：会意，甲骨文字形为网中有隹，以网捕鸟。

罪（辠 zuì）：会意，从辛，从自，言罪人蹙鼻苦辛之忧，自亦声，本义是作恶或犯法的行为。

拓展：

罓 wǎng 罘 fú 罡 gāng 罛 gū 罟 gǔ 罝 jū 罞 máo 罠 mín 罜 zhǔ 罦 fú 罥 juàn 罤 tí 罨 yǎn 罭 yù P42.1 莫不鼓努为力，标置成体

危 诡 跪 脆 桅 垝

（甲骨 甲骨 甲骨 甲骨 金文 楚简 秦简 说文 邓石如 西狭颂 石门颂 欧阳询 颜真卿 赵孟頫 贺知章

皇象 王羲之 王羲之 邓文原）（简帛 说文 隶辨 颜真卿 王铎 王羲之 宋克）（金文 简帛 说文 柳公权 王羲之）

（金文 说文 虞世南 褚遂良 王羲之 章草）（金文 说文 颜真卿 王羲之 李洤 章草）（说文 智永 虞世南 王羲之）

辨析：

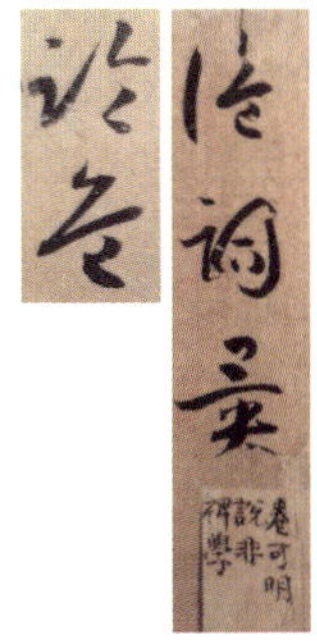

危字的隶定字形从⺈，即人在厓上，草书的特点是省略⺈字的长撇，下边的结构为快写。可拓展。

危 wēi：会意，甲骨字形像一个从高处滚落下来的东西，小篆字形上面是人，中间是山崖，下面是跪着的人形，人站在山崖上，表示很高，本义是在高处而畏惧。

诡（詭 guǐ）：形声，从言危声，本义是责成，要求。

跪 guì：拜也，屈膝，单膝或双膝着地，臀部抬起，伸直腰股。

脆 cuì：容易断，容易碎的；声音清爽；说话做事爽利痛快。

桅 wéi：船上挂帆的柱杆。

垝 guǐ：毁坏的、坍塌的；高而危险的地方。

拓展：

洈 恑 峗 佹 硊 祪 姽 蛫 頠 鮠 郈 陒 捤 廆 尯 峞 洈 攱 旇 桅 脆 鮠 頠 䩸 鮠

P11.3 临危　P33.2 诡词异（異）说

敳 微 溦 薇 媺 霺

（甲骨 金文 墙盘 楷书）（石鼓文 秦简 说文 邓石如 敦煌 华山碑 王献之 欧阳询 颜真卿 柳公权 赵孟頫

王羲之 颜真卿 米芾 王羲之 颜真卿 傅山 索靖）（安大简 说文 彭玉雯 赵孟頫 王羲之 王献之 智永 韩道亨）

（简帛 籀文 说文 颜真卿 颜真卿 王铎 傅山 王羲之）（简帛 六书通 五经文 王铎 王铎）（石韵府 篆字汇 楷书）

辨析：

敳字作为字根，隶楷一般有从"几"和"耳"形的写法，草书有二：一种为"山一几"的快写，一种是上边的"斜山"草化为"米头"的写法。可拓展。

敳 wēi：妙也，从人从攴，凡古言敳眇者，即今之微妙字；疑从耑省，耑，物初生之尚敳也。

微（微 wēi）：会意，从彳敳声，本义是隐秘地行走，甲骨文字形从攴敳声，右旁从"攴"，攴为打击，于此表示修剪整理，字形相合表示修剪整理头发；金文字形有的承袭甲文的结构，另外也有将"攴"省变为"又"，左旁又增"彳"形；战国文字形体略有省变，至篆文，则将头上发形改作斜笔的"山"形，并分歧成两字：一字是从彳、敳声的微（斜山）字，另一字则是保持甲骨文，隶书则定为从彳、从攴，并改发形为"山"。

溦 wēi：小雨。

薇（薇 wēi）：草名，又名大巢菜；指蔷薇。

媺 měi：同美；善。

霺 wēi：古同溦，小雨。

拓展：

微 癥 矀（矀） 薇 䥩　　P15.2 穷微测妙

韦（韋）1：韦（韋） 衛（卫） 违（違） 伟（偉）

（甲骨 甲骨 金文 金文 楚简 说文 张迁碑 褚遂良 颜真卿 赵孟頫 李邕 米芾 王羲之 王羲之 虞世南）

（甲骨 甲骨 甲骨 甲骨 金文 金文 金文 金文 简帛 说文 金刚经 王夫人 皇象 卫瓘 王羲之 王羲之 章草）

（金文 简帛 说文 欧阳询 李阳冰 王献之 张芝 索靖）（简帛 说文 曹全碑 欧阳询 王铎 颜真卿 皇象 王羲之）

辨析：

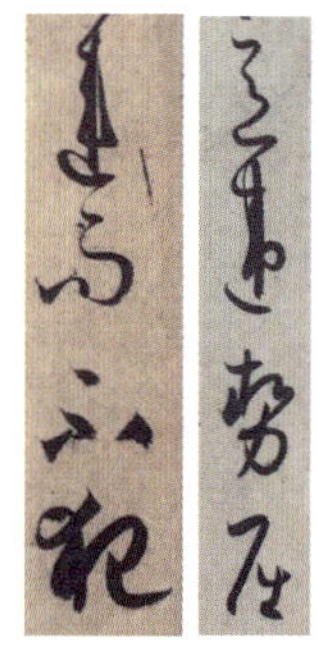

韦（韋）字是一个很强的字根，拓展性较强，篆书为多只脚在“囗”周围转圈形，隶定字形由繁到简从两只脚和囗，行书为快写，草书为“韦”快写，篆书通衛（卫），需要注意的是，衛字还有异体字卫，不从韦。可拓展。

韦（韋 wéi）：相背也，从舛囗韦声，字形为一伙人在围着转圈，转圈的“足”也由四只逐步简省为上下两只，小篆固定了字形。

衛（衛卫 wèi）：会意，从违韋幣从行，甲骨文“衛”“韋”同字，意思是在大道（行）站岗、保卫；卫生；驴的别称。

违（違 wéi）：形声，从辵（chuò）韦声，本义是离开、背离。

伟（偉 wěi）：形声，从人韦声，本义是高大、壮美；奇异、伟大，宏大、盛大，卓越，远大。

拓展：

韦 伟 讳 围 帏 纬 苇 违 闱 韧 沛 栉 炜 玮 祎 袆 韨 湋 韩 韪 韫 韬 章 偉 郼 墇 嶂 圍 媁 幃 徫 愇 湋 葦 違 韌 韍 暐 椲 煒 瑋 禕 韍 韒 鞋 鞊 稦 褘 韯 韎

P24.3 意违势屈　　P51.7 违而不犯

韦（韋）2：围 闱 纬 帏 苇

（甲骨 楚简 秦简 说文 王羲之 欧阳询 颜真卿 苏轼 王羲之 米芾 王羲之 颜真卿）（说文 赵之谦 欧阳询

赵孟頫 王羲之 黄庭坚 王羲之 章草）（简帛 说文 曹全碑 虞世南 褚遂良 陆柬之 欧阳询 文徵明 王羲之）

（金文 楚简 说文 褚遂良 米芾 王羲之 王羲之）（楚简 秦简 说文 宝子碑 祝永明 颜真卿 苏轼 王羲之 章草）

辨析：

本页的字从韋，也有从韦字的异体字写法，草书从韦。

围（圍 wéi）：形声，从囗韦声，环绕。

闱（闈 wéi）：形声，从门韦声，古代宫室、宗庙的旁侧小门。

纬（緯 wěi）：形声，从糸韦声，本义是织横纱。

帏（幃 wéi）：佩带的香囊。

苇（葦 wěi）：芦苇。

拓展：

韡 潿 緯 衛 韏 韐 韑 韛 衛 諱 韒 襵 鞠 鍏 闈

韦（韋）3：玮 炜 袆 祎 韧 韨

（金文 张迁碑 王羲之 苏轼 王羲之 章草）（简帛 说文 欧阳询 宋徽宗 柳公权 王羲之 王羲之 怀素 章草）

（甲骨 甲骨 说文 何绍基）（楚简 篆字汇 颜真卿 长芡 赵孟頫 王羲之 黄庭坚 张瑞图）（简帛 说文 欧阳询

颜真卿 赵孟頫 欧阳询 王铎 王羲之 于右任）（说文 赵之谦 彭玉雯 王铎 欧阳询 赵孟頫 黄庭坚 文徵明）

辨析：

本页的字从韋，也有从韦字的异体字写法，草书从韦。需要说明的是，袆字的甲骨文为“衣包韦”结构，小篆为左右结构。

玮（瑋 wěi）：美丽的玉。

炜（煒 wěi）：同辉，光、光辉。

袆（褘 huī）：古时王后的祭服，衣上有野鸡的图纹。

祎（禕 yī）：美好、珍贵，多用于人名。

韧（韌靭韌 rèn）：柔软而结实，受外力作用时虽变形而不易折断。

韨（韍 fú）：形声，从韦，表示与皮革有关，古代贵族祭祀时戴的蔽膝，用熟皮做成，遮在膝前。

拓展：

韊 韢 韂 韄 韏 違 韣 違 韈 韇 韔 韕

韦（韋）4：讳 韩 韬 韪 韫

（金文 金文 盟书 简帛 说文 曹全碑 宝子碑 欧阳询 赵孟頫 苏轼 王羲之 黄庭坚 王羲之 于右任）（古文 简帛

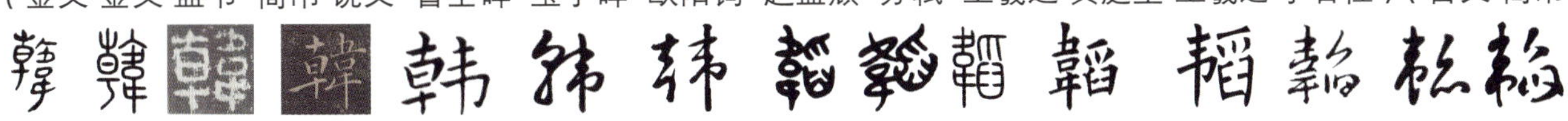

秦简 说文 好太王 褚遂良 王羲之 王羲之 孙过庭）（金文 简帛 说文 欧阳询 柳公权 王羲之 王羲之 章草）

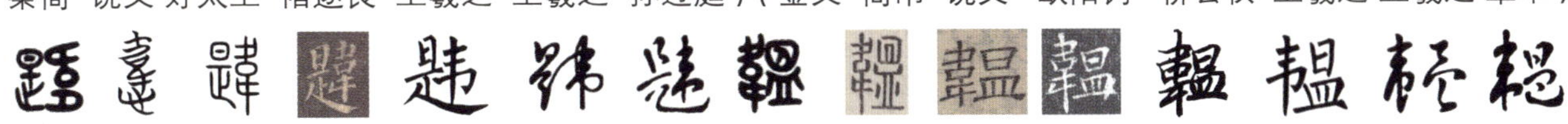

（金文 楚简 说文 颜真卿 柳公权 王羲之 章草）（金文 篆字汇 隶辨 颜真卿 陆柬之 王羲之 王羲之 章草）

辨析：

本页的字除了注意各体形态的变化外，还需要注意读音的变化。

讳（諱 huì）：形声，从言韦声，本义是避忌，有顾忌而躲开某些事或不说某些话。

韩（韓 hán）：形声，从韦倝声，从“韦”，取围绕、周匝之义，本义为井垣；古国名。

韬（韜韬 tāo）：形声，从韦舀声，韦，熟皮，本义是剑套；掩藏，包容。

韪（韙 愇 wěi）：是、对，常和否定词连用，冒天下之大不韪；善，美好。其中，愇，古同韪；怨恨，浅。

韫（韞 yùn）：蕴藏、包含；wēn，赤黄色、赤色，弓袋；韣（dú）也。

拓展：

衞 韨 韐 䪗 韖 韗 韘 韙 韡 韞 颹 𢖻 韗 韟 韛 韜 韝 韓 韠 韡

尾 娓 艉 烺 屘 浘

（甲骨 金文 楚简 楚简 秦简 秦简 说文 虞集 王戎 欧阳询 颜真卿 宋徽宗 米芾 王铎 皇象 索靖 王羲之 怀素 卞岩）

（金文 说文 伊秉绶 褚遂良 王羲之 章草）（金文 欧阳询 章草）（吴让之 赵孟頫）（说文 楷书）（说文 楷书）

辨析：

尾字从尸从毛，隶定字形稳定，草书写法，尸字草化为“厂”，毛字反手写，其中毛字从甲骨到说文结构，楷化后中竖出头的写法累见。可拓展。

尾 wěi：会意，从倒毛在尸后，尸指人，像人长有尾巴，人或动物的尾巴；yǐ，特指马尾巴上的毛；特指蟋蟀等尾部的针状物，三尾儿（雌蟋蟀）。

娓 wěi：形声，从女尾声，本义是顺从；美，漂亮；不倦的。

艉 wěi：船的尾部。

烺 huǐ：火也，烈火也；同燬。

屘 mǎn：方言，小儿子。

浘：浘同，一曰水出的样子，古忽切。

拓展：

尉 捤 浘 荱 梶 稺 屎 趘 踞 梶 箟 粻 餛

委1：委 倭 诿 绫 矮 痿 逶

（甲骨 甲骨 金文 简帛 说文 郭有道 欧阳询 颜真卿 柳公权 赵孟頫 王献之 笪重光 米芾 王羲之 智永）

（简帛 说文 王羲之 王羲之）（说文 赵孟頫 王铎 王羲之）（金文 说文 郭有道 曾纪泽 颜真卿）（金文 简帛 说文 虞世南 王羲之 王羲之）（金文 说文 褚遂良 王羲之 皇象）（金文 简帛 说文 文徵明 智永 米芾 章草）

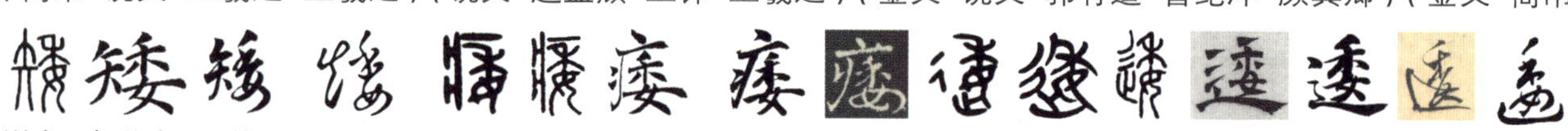

辨析：

委字从女从禾，大篆结构位置不稳定，女字居左、右和下的情况累见，隶定为委，行草书为快写。可拓展。

委 wěi：会意，从女从禾，女表顺随，禾表委曲，本义是曲折；wēi，委蛇，敷衍，应付，同逶迤。

倭 wō：形声，从人委声，矮的，个子不高的，短的；古称日本，《前漢·地理志》“樂浪海中有倭人，分爲百餘國”，倭奴，倭夷、倭国；wǒ，倭堕，发髻歪在一侧的发式；wēi，倭迟。

诿（諉 wěi）：形声，从言委声，本义是累、烦劳；推托、推委。

绫 ruí：缨子；古代冠带结在下巴下面的下垂部分；系结，继续。

矮 ǎi：人的身材短，高度小，等级地位低。

痿 wěi：神经系疾病；筋肉萎缩，不能举动；身体某部分萎缩或失去机能的病。

逶 wēi：形声，从辵委声，弯曲而绵延不断的样子；逶迤，也作委蛇、逶迤、逶迱、逶虵等。

拓展：

猥 喴 婑 涹 萎 徫 甐 腇 椻 稛 崣 蜲 緌 躷 頿 颹 鬌 鮻 骸

委2：魏 巍 萎 崣 捼 餧 錗 覣 痿 羵 踒

（赵孟頫 张迁碑 欧阳询 颜真卿 赵孟頫 赵佶 王羲之 王羲之 智永 怀素）（金文 简帛 汉印 说文 邓石如 吴大澄

衡方碑 欧阳询 柳公权 王羲之 米芾 章草）（金文 简帛 说文 虞世南 褚遂良 王铎 王羲之 章草）（篆字汇

文徵明）（说文 五经）（说文 颜真卿 鲜于枢）（说文 楷书）（说文 楷书）（说文 楷书）（说文 楷书）（说文 楷书）

辨析：

委字作为字根，各体字形稳定，行草书为快写。说明，巍字从山从魏，隶书及大篆，部件位置不固定。

魏 wèi：阙宫门的台观；古国名；高大，也作巍。

巍 wēi：形声，从山魏声，高大。

萎 wěi：干枯衰落，引申指病危。

崣 wěi：摧崣，山高貌。

捼 ruó：搓揉；wěi，扪；ré，揉。

餧 něi：饥饿，鱼腐烂，同餒；wèi，亦作餵，喂养，后作喂。

錗 nèi：侧意。

覣 wēi：和好的眼色；怒也。

痿 wěi/wèi：病也，一曰枯死也。

羵 duò/ruí/wěi/wèi：羊相互挤在一起。

踒 wō：扭伤；专指足骨折；躅，踏踩，顿足；通痿，风痺病。

拓展：

犚 喴 婑 涹 諉 倭 甀 椮 腇 稄 寪 蜲 緌 骫 頠 颹 鬌 鯘 魏

为 伪 妫 㧑 沩 譌

（甲骨 甲骨 金文 金文 盟书 楚简 秦简 秦简 石鼓文 说文 李斯 李阳冰 广义 张迁碑 欧阳询 颜真卿 赵孟頫

王羲之 王献之 张芝 皇象 王羲之）（秦简 说文 曹全碑 颜真卿 颜真卿 王羲之 陆柬之）（金文 简帛 说文 虞世南 汉简

王羲之 祝允明 王羲之）（说文 欧阳询 董其昌）（楚简 曹全碑 赵孟頫 王羲之 王羲之 王铎 王铎）（金文 说文 吴昌硕）

辨析：

为字乃手牵大象，有所为之意，篆书均见其各种变体，极端的结构是一只手抓着一个大象的鼻子，隶定字形稳定，草书为"简体字"快写。可拓展。

为（為爲 wéi/wèi）：会意字，从爪象，甲金文像手牵象，会劳作意，本义是做事、作为。

伪（偽僞 wěi）：会意兼形声，从人从为，为亦声，本义是欺诈。

妫（媯 guī）：虞舜居妫汭，因以为氏；妫水。

㧑（撝 wéi）：裂也。

沩（潙 wéi）：沩水，水名，在中国湖南省。

譌 é：讹之俗字；wá，同"譁"，变化；guī，同诡，狡诈。

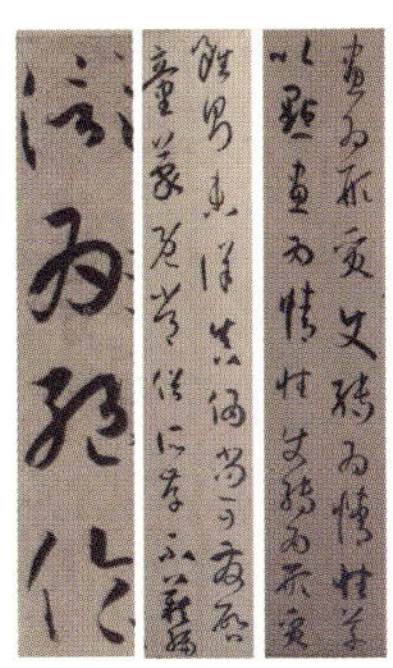

拓展：

芀 蔿 隝 鄬 獡 噅 璷 寪 碨 儰 篙 蟡 賝 闟 蘤

P3.2 信为绝伦　P19.4 点画为形质……点画为情性　P27.2 虽则未详真伪亦可发起童蒙

畏 偎 喂 煨 猥 隈 椳 餵

（甲骨 甲骨 金文 金文 金文 楚简 简帛 秦简 说文 李阳冰 梁升卿 智永 欧阳询 颜真卿 宋徽宗 王羲之 赵孟頫

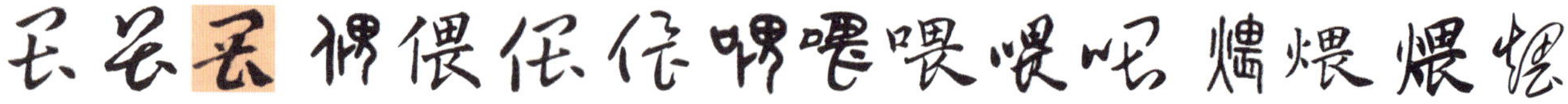

王羲之 智永 王蘧常）（说文 柳公权 王羲之 于右任）（金文 汉简 褚遂良 王铎 王羲之）（说文 虞世南 王羲之 李洤）

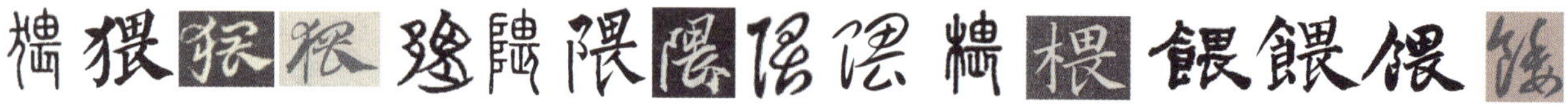

（说文 颜真卿 皇象 邓文原）（楚简 说文 柳公权 苏轼 王羲之 李洤）（说文 成亲王）（何绍基 颜真卿 赵孟頫 鲜于枢）

辨析：

畏字的篆书表意清晰，草书写法，上边的田字可以草化为横弯、两点、倒三角，下边一般草化为“横（一）厶”。可拓展。

畏 wèi：会意，据甲骨文意思是鬼手拿杖打人，使人害怕，本义是害怕。

偎 wēi：形声，从人畏声，本义为亲近。

喂 wèi：喂食。

煨 wēi：形声，从火畏声，本义是火盆中的火，热灰、灰烬。

猥 wěi：形声，从犬畏声，本义为狗叫声，鄙陋，浅薄，卑鄙，猥亵。

隈 wēi：形声，从阜畏声，本义是山或水弯曲的地方。

椳 wēi：承托门户转轴的门臼。

餵（餧 wèi）：将食物送进人的嘴里，饲养；餧，饥也，从食委声。

拓展：

愄 鍡 碨 嵔 腲 揋 渨 堨 瘣 媁 鰃 葨 䰀 崾 殨 緭 鳂

胃 谓 渭 猬（猬 蝟）喟 膚（肤）

（金文 金文 楚简 楚简 说文 居延简 金农 王羲之 欧阳询 钟绍京 颜真卿 王羲之 黄庭坚 赵孟頫 宋高宗

皇象 王羲之 孙过庭 李洤 宋克）（说文 西狭颂 王羲之 王羲之 宋克）（金文 楚简 说文 欧阳询 汉章帝 徐渭）

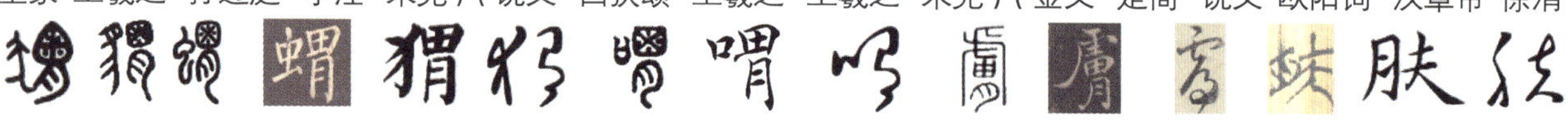

（金文 小篆 粗篆 颜真卿 颜真卿 王羲之）（说文 褚遂良 王羲之）（说文 王羲之 贺知章 楚简 王羲之 王羲之）

辨析：

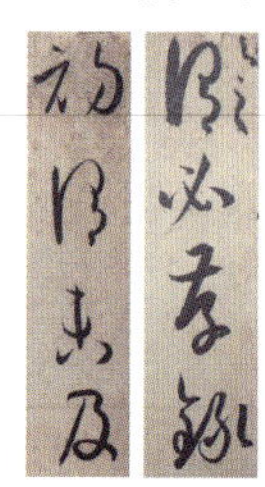

胃字字形稳定，草书一种为皇象快写，一种为孙过庭、李洤从王羲之“谓”字的草法。膚乃肤也，繁简两种写法均见。可拓展。

胃 wèi：象形，小篆字形上像口袋形的消化器官下为肉，本义是人和动物贮藏和消化食物的器官。

谓（謂 wèi）：形声，从言胃声，本义为告诉。

渭 wèi：水名，渭河。

渭 wèi：水名，渭河。

猬（蝟蝟 wèi）：兽名，即刺猬。

喟 kuì：形声，从口胃声，本义是叹息。

膚（肤 fū）：形声，从肉盧省声，本义为人的皮膚，简体字写成肤；膚，籀文臚，说文收录了臚（胪）未收录膚，段玉裁注：“今字皮膚從籒文作膚，膚行而臚廢矣。”

拓展：

煟 媦 稩 緭 堨 瞤 懀 颵　　P7.3 谓必存录　P40.5 初谓未及

W

尉 1：尉 熨 蔚

（金文 简帛 说文 李阳冰 鲜于璜 衡方碑 曹全碑 衡方碑 钟繇 欧阳询 褚遂良 颜真卿 柳公权 灵飞经 赵孟頫

王羲之 颜真卿 米芾 赵孟頫 史游 王羲之 唐太宗 赵孟頫 邓文原）（说文 秦简 王羲之 王羲之 王羲之 章草）

（金文 简帛 说文 李阳冰 衡方碑 欧阳询 褚遂良 颜真卿 柳公权 赵孟頫 王羲之 颜真卿 李淦 王铎 章草）

辨析：

尉字的隶定字形从示，草书，省略了“示”，为“尸＋寸”，而尸的草书写“厂”，因此尉字的草书写为“厂寸”。可拓展。

尉 wèi：会意，“尉”是“熨”的古字，表示用火熨烫缯布使之平展，本义为烫平衣服的火斗、熨斗。

熨 yùn：形声，从火尉（yù）声，本义是用金属器具加热，按压衣服，使之平贴。

蔚 wèi：会意，从艸尉声，本义是牡蒿；草木茂盛、文采华美、盛大的样子。

拓展：

慰 尉 霨 墛 犚 罻 螱 褽 鳚

尉 2：赋与慰辨

（金文 说文 曹全碑 张景碑 欧阳询 颜真卿 苏轼 米芾 王羲之 张旭 黄庭坚 赵孟頫 鲜于枢 道亨 于右任）

（说文 曹全碑 欧阳询 颜真卿 柳公权 王羲之 王铎 楼兰 张芝 索靖 司马懿 王羲之 桓温 王献之 张旭 怀素 王铎）

辨析：

赋从贝从武，“左耳贝丁反，右刀寸点弯”，贝写丁之反向；“玉出头为武”，武字中间使转需过中竖，合起来即是赋。慰的草法为“尸＋寸＋心”，尸写厂，寸使转不过中竖，楼兰简、张芝及司马懿等寸的草法结构清楚，心写一横。赋和慰末笔有无点均可，王羲之加点乃是补笔点，智果云“疏当续补”，疏乃结构失趣，补笔即续补、旁救是也，神、民、升、处草法加点即为补笔。

赋 fù：形声，从贝从武，以征而收；从“贝”，表示与财物有关，本义为征收。

慰 wèi：从心，尉声；本义：安慰。

拓展：

斌 鹉 珷 赋 俿 娬 陚 錻 碔

P14.1 杨雄谓诗赋小道壮夫不为

W

昷 温 愠 氲 瘟 韫 媪 缊 蕴 腽

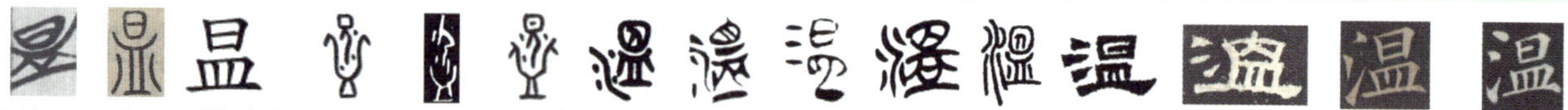

（楚简 广义 楷书）（甲骨 甲骨 甲骨 金文 楚简 汉简 简帛 说文 鲜于璜 张迁碑 欧阳询 颜真卿

王羲之 王铎 史游 王羲之）（楚简 简帛 说文 彭玉雯 赵孟頫 王羲之）（石韵府 柳公权 黄庭坚 王羲之 章草）

（金文 篆字汇 智永 虞世南 王羲之 王羲之）（篆字汇 颜真卿 王羲之 王羲之 韵辨）（说文 赵孟頫 于右任）

（简帛 说文 隶辨 彭玉雯 吴昌硕 邓文原）（简帛 说文 华山庙 欧阳询 怀素）（金文 颜真卿 陆柬之 章草）

辨析：

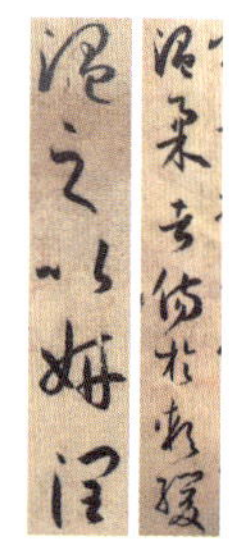

昷字从日从皿，草书应写出日和皿字的草书。说明：个别书家写快后将“昷”与“胃”写的很似，应注意细节。

昷 wēn：仁也，从皿，以食囚也，古同温。

温（溫 wēn）：形声，从水昷声，本义是水名；温暖，不冷不热，温度，稍微加热，复习，富足。

愠（慍 yùn）：含怒、生气，羞、害羞。

氲 yūn：氤氲，指气或光色混和动荡的样子。

瘟 wēn：瘟疫，愚笨的 。

韫（韞韞 yùn）：收藏、蕴藏、包含；wēn，赤黄色、赤色，弓袋。

媪（媼 ǎo）：对老年妇女的敬称。

缊（縕緼 yùn）：乱麻、旧絮；乱；絪缊，古同氤氲。

蕴（蘊藴 yùn）：积聚，蓄藏。

腽（膃 wà）：腽肭，肥胖。腽肭兽，即海狗。

拓展：

嗢 塭 揾 殟 蒀 榅 煴 瑥 辒 蒀 熅 褞 蕰 蝹 豱 輼 醖 鎾 饂 鳁 膃 韫 榅 鰛

P22.2 温之以妍润　　P49.3 温柔者伤于软缓

文 1：文 汶 纹 蚊

（甲骨 甲骨 金文 金文 盟书 楚简 秦简 别体 说文 邓石如 张迁碑 娄机 钟繇 欧阳询 颜真卿 柳公权 赵孟頫

王羲之 陆柬之 米芾 汉章帝 王羲之 唐太宗 智永 宋徽宗）（古文 简帛 说文 樊敏碑 智永 王羲之 章草）

（篆字汇 赵之谦 颜真卿 颜真卿 王羲之 韵会）（金文 说文 柳公权 王羲之 章草 金文 说文 说文 王铎）

辨析：

文字的篆书有斑纹装饰，隶定字形为文，行草书为快写。可拓展。注意：刘、齐、侪、斋、坟、济、剂、挤、坟和斋等字，其繁体字与简体形态差异很大，草书从繁体字结构的写法。

文 wén：象形，甲骨文像纹理纵横交错形，本义为花纹、纹理。

汶 wèn：水名，大汶河；mén，汶汶，心中昏暗不明；古文汶字或从氏。

纹（紋 wén）：形声，从糸文声，本义是丝织品上的花纹。

蚊（蟁 wén）：蚊子。

拓展：

刘 齐 斋 坟 济 剂 挤 侪　呅 炆 悯 悋 妏 对 彣 忟 抆 斈 芠 忞 斉 旻 旼 彦 浏 敃 砇 斊 紊 螡 修 竟 娘 浸 琰 鏇 鋻 嚬 爛 鮍 蠡 鞴 奮 鬑　　P5.1 质文三变 p5.3 文质彬彬

W

文2：玟 闵 悯 斑 这

（金文 清华简 说文 曹全碑 欧阳询 颜真卿 王羲之 王羲之 章草）（金文 楚简 楚简 古文 说文 王羲之

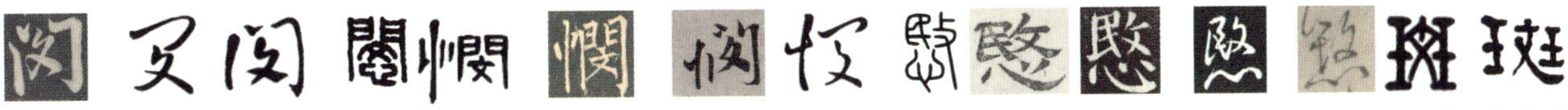

欧阳询 王羲之 章草）（汉印 曹全碑 柳公权 赵孟頫 王羲之 说文 娄机 颜真卿 王献之 怀素）（金文 衡方碑

智永 虞世南 赵孟頫 王羲之 章草）（楚简 颜真卿 赵孟頫 王铎 毛泽东 王羲之 黄庭坚 王羲之 于右任）

辨析：

本页需注意异体字的使用，如“闵”字有异体字“閔”，“这”字有异体字“這”等等。

玟 wén：玉的纹理；mín，古同珉。

闵（閔閺 mǐn）：形声，从门文声，本义是吊唁；勉；忧虑；同悯；楚简从“民目又”。

悯（憫慜 mǐn）：形声，从心闵声，本义为怜恤。

斑 bān：形声，本作“班”，从文辩声，本义是杂色的花纹或斑点。

这（這 zhè）：代词，此，指较近的时间、地点或事物，与那相对；zhèi，“这（zhè）一”二字的合音，但指数量时不限于一，这点儿，这些年。

拓展：

文 乬 囟 仗 岦 岐 夆 呅 奺 对 彣 忟 抆 孛 芠 驳 忞 斉 旼 炆 彦 浏 眨 砇 偐 亲 剂 恪 扅 紋 蚉 蚊 㥢 揝 涣 偐 竟 娘 浸 済 琰 産 荠 劇 喭 嵃 琝 遃 鈫

文3：旻 雯 紊 斐 虔

（金文 说文 隶辨 欧阳询 颜真卿 王羲之 王羲之 于右任）（金文 柳公权 赵孟頫 王羲之 皇象 索靖 章草）

（甲骨 简帛 说文 伊秉绶 虞世南 褚遂良 王羲之 李洤 章草）（说文 邓石如 王羲之 智永 王羲之 赵孟頫

王羲之 韵会）（金文 金文 金文 金文 简帛 帛书 说文 史晨碑 娄机 邓石如 颜真卿 王羲之 文天祥 王铎）

辨析：

本页为上下结构，需要注意所涉组合的字根的变化。吝从文，参见吝页。

旻 mín：形声，从日文声，本义是秋天。

雯 wén：成花纹的云彩。

紊 wěn：形声，从糸文声，本义为乱；繁盛，扰乱。

斐 fěi：形声，从文非声，从文表示与文饰、彩饰有关，本义是五色相错的样子。

虔 qián：会意，从虍文声，虍为虎头，本义为虎行走的样子；恭敬，诚敬、诚心，杀戳。

拓展：

㦥 敲 嵯 摣 楂 溠 縒 駇 㛫 槎 犍 膗 贇 憫 潣 鲛 鸡 膏 斓 燗 薩 螽 鈠 諺 赟 閺 瘢 簅 馼 鉠 篔 辩 顏 廫 贇 贇 馼

W

翁 嗡 蓊

（古文 简帛 说文 熹平碑 伊秉绶 欧阳询 褚遂良 颜真卿 柳公权 赵孟頫 王羲之 黄庭坚 米芾 徐渭 王铎

简书 王羲之 管道升 鲜于枢 邓文原 王铎 章草）（王羲之 王羲之 王羲之 白蕉 章草）（通假 虞世南 王羲之）

辨析：

翁字从公从羽，字形稳定，草书为快写，其中羽字中习字内的两个点，可以草化为一点或两点。可拓展。

翁 wēng：形声，从羽公声，本义为鸟颈毛。
嗡 wēng：形容昆虫翅膀拍动的声音。
蓊 wěng：草木蓬勃茂盛的样子 。

拓展：

傟 勜 搈 螉 塕 蓊 慃 滃 橣 膉 嗡 瞈 鹟 篛 聬 螉 鎓 鞥 鰯 鶲

我 1：我（𢦏）

甲骨 金文 金文 金文 楚简 楚简 楚简 简帛 简帛 秦简 石鼓文 说文 张衡 郭有道 石经 张迁碑 好太王

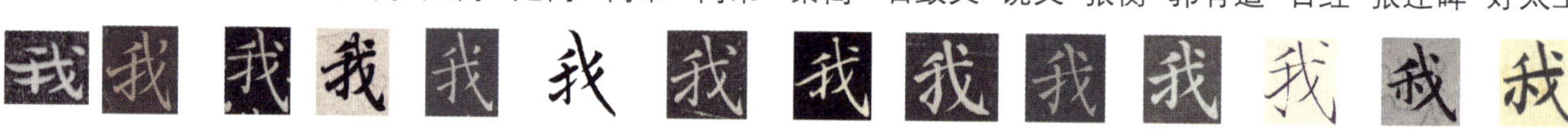

钟繇 王羲之 王献之 智永 欧阳询 欧阳询 褚遂良 钟绍京 颜真卿 柳公权 赵孟頫 宋徽宗 赵孟頫 邓石如

石涛 朱耷 王铎 王羲之 欧阳询 黄庭坚 米芾 赵孟頫 王宠 张瑞图 皇象 索靖 王羲之 智永 张旭 怀素 赵孟頫 鲜于枢

辨析：

我字的篆书形态变化复杂，甲骨文为“𢦏”形。草书为皇象及索靖写法。王宠和张瑞图的楷书为我字的草书楷化形。可拓展。

我（𢦏䖸 wǒ）：会意，从戈从“彐”，我表示兵器，甲骨文字形像兵器形，本义是兵器；基本义为第一人称代词，异体字有𢦏、成、犾、䖸、䖸、𢦏、䖸和䖸等等。

拓展：

峩 涐 莪 挧 珴 裓 裓 哦 睋 硪 锇 蛾 䖸 鋨 鵞 騀 蟲

我2：俄 哦 娥 峨 硪 誐 饿（餓）

（金文 古文 甲骨 衡方碑 冯承素 王羲之 王羲之）（金文 说文 曹全碑 欧阳询 王羲之 杨维桢 韵会）（甲骨

甲骨 甲骨 金文 说文 颜真卿 米芾 王羲之）（金文 简帛 说文 文徵明 柳公权 王羲之 赵孟頫 赵构）（甲骨 说文 孙过庭）

（古文 说文 广义 楷书 文徵明）（简帛 秦简 说文 广义 广义 衡方碑 欧阳询 颜真卿 王铎 王羲之 赵孟頫）

辨析：

我字拓展的字较多，各体字形相对稳定，个别字如峨有部件位移的现象，拓展的字，我字草书从皇象和索靖的写法。義（义）从我，草法为约定俗成，参见義页。

俄 é：形声，从人我声，行顷也，本义是倾斜；异体字为“我页”。

哦 é：吟也，从口我声。

娥 é：形声，从女我声，本义是女子容貌美好。

峨（峩 é）：形声，从山我声，山势高峻。

硪 wò：用人力砸地基或打桩等用的工具。

誐 é：嘉、美，古同哦。

饿（餓 è）：形声，从食我声，本义为饥之甚。

拓展：

峩 涐 莪 𢭆 珴 䄉 𧚈 皒 睋 硪 锇 𧋍 𧻹 鋨 鵞 騀 䳗

我3：鹅（1鵝 2䳘 3鵞 4䳗）蛾

（1石韵府 六书通 文徵明 欧阳询 颜真卿 王羲之 索靖 赵孟頫 章草 2金文 简帛 说文 王献之 王献之

3鸟虫篆 广义 曹全碑 隶辨 柳公权 王献之 王献之 王献之 米芾 赵孟頫 王羲之 李白 文徵明 4楷书）

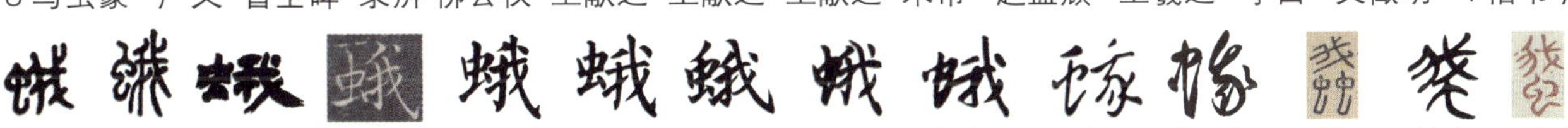

（金文 说文 邓石如 欧阳询 颜真卿 柳公权 赵孟頫 王羲之 黄庭坚 王羲之 鲜于枢 石韵府 简帛 广义）

辨析：

鹅字从我和鸟字，是极少数两个部件可以上下左右四个方向移动的字，隶定结构稳定，行草书分别写出我和鸟字的行草组合即可。蛾字为左右结构，篆书为我在上、虫在下的上下结构，这种部件的排列法，在篆书和汉字的异体字中累见。

鹅（鵝䳘鵞䳗 é）：形声，从鸟我声，本义是家禽名，头大喙扁阔颈长尾短，羽毛为白色或黑色。

蛾 é：形声，从虫我声，本义为蛾子，昆虫，形似蝴蝶，体躯一般粗大，四翅，静止时平放体侧，多在夜间飞行；蛾 yǐ，蚂蚁，后作蚁。

拓展：

𠐎

W

乌 呜 坞 钨 邬

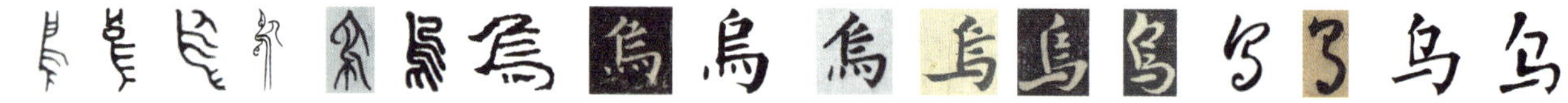

（金文 金文 金文 金文 盟书 说文 居延简 欧阳询 颜真卿 赵孟頫 苏轼 黄庭坚 皇象 王羲之 王宠 柳公权 章草）

（楚简 杨桓 杨桓 篆字汇 夏承碑 宝子碑 颜真卿 赵孟頫 米芾 王羲之 王羲之 章草）（说文 石韵府 王铎

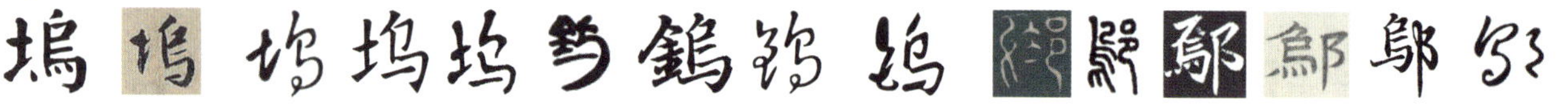

颜真卿 文徵明 王羲之 欧阳询 章草）（汉简 赵孟頫 王羲之 于右任）（巫咸 说文 元苌墓 娄机 赵孟頫 王羲之）

辨析：

乌字的篆书多样，隶楷字形稳定，草书只保留了“乌头的外框”和“乌身的主干”。可拓展。

乌（烏 wū）：象形，本义为鸟名，乌鸦。

呜（嗚 wū）：口中舒发而出的声音，叹息声。

坞（塢隖 wù）：防守用的小堡，泛指四面高中央低的处所。

钨（鎢 wū）：金属元素，原子序数 74，灰色或棕黑色，硬度高，延性强，常温下不受空气侵蚀。

邬（鄔 wū）：古地名，春秋郑邑，后入周，在今河南省偃师县西南；春秋晋地，在今山西省介休东北。

拓展：

鄔 隖 鳴 塢 嵨 摀 滆 槝 歍 熓 瑦 碣 蜏 鞰 鰞 鎢 鰞

巫 诬 噬 澨 觋 筮 簭 靈

（甲骨 甲骨 金文 简帛 古文 说文 樊敏碑 欧阳询 颜真卿 王羲之 赵构 毛泽东）（简帛 说文 汉印 鲜于璜

颜真卿 赵孟頫 赵孟頫 皇象 李煜 宋高宗）（金文 简帛 说文 王羲之 王羲之 王羲之 佚名）（楚简 说文 王铎）

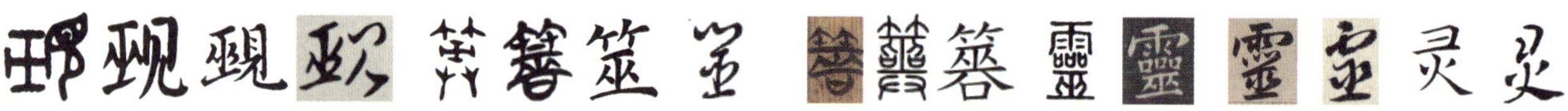

（金文 颜真卿 赵孟頫 文徵明）（金文 简帛 虞世南 王羲之）（楚简 说文 楷书）（说文 王献之 赵孟頫 智永 王羲之 章草）

辨析：

巫字大篆与隶楷字形差异较大，小篆隶楷字形稳定，草书将两边的人草化为一点和两连点。可拓展。巫和臣字的草书容易混淆，从两个字的特征看，臣字左右各一点代表中间的“口”，巫字一边草化为一点，另一边则用两点连写代表人。注意臣字作为部件草书变化较大，如臨卧等等，参见臣页。

巫 wū：象形，甲骨文像古代女巫所用的道具，小篆像女巫两袖舞形，本义为古代称能以舞降神的人。

诬（誣 wū）：说假话冤枉别人，诬赖、诬告。

噬 shì：形声，从口筮声，本义是咬。

澨 shì：堤岸，水边地、涯岸。

觋（覡 xí）：男巫师，女称巫。

筮 shì：古代用蓍草占卜的一种迷信活动称筮。

簭 shì：以蓍草占卜的方法；咬，通噬。

靈（灵 líng）：形声，从巫灵声，本义为巫；神灵。

拓展：

[illegible] 鵐 莁 [illegible] [illegible] 覡 遾 毉 [illegible] 䉖 [illegible] [illegible] [illegible] 爧 [illegible] [illegible] [illegible]　　P45.1 诬罔钟张

屋 喔 握 渥 幄 龌

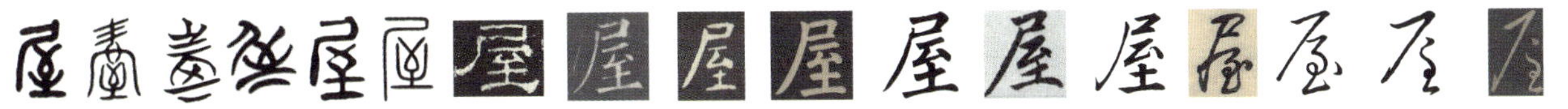

（金文 古文 楚简 简帛 秦简 说文 曹全碑 欧阳询 虞世南 颜真卿 柳公权 赵孟頫 王羲之 王铎 王羲之 王羲之 王羲之

赵孟頫 邓文原）（说文 曹全碑 王羲之 王羲之 王羲之 孙过庭 章草）（金文 说文 石韵府 石韵府 欧阳询 王羲之）

（金文 说文 简帛 王羲之 王羲之 王羲之 孙过庭）（简帛 钟繇 赵孟頫 王羲之 米芾）（金文 粗篆 赵孟頫 王铎 王羲之）

辨析：

屋从尸从至，上边的尸字草化为厂，至字草书可快写或草化为“点主（首横斜起笔）”。

屋 wū：会意，从尸从至。尸，与房屋有关，“至”表示来到，人来到这里居住之意，屋的本义是幄，后来“屋”指房屋，另造“幄”字，本义是帐幕。

喔 wō：从口屋声，鸡鸣也。

握 wò：形声，从手屋声，本义是攥在手里，执持。

渥 wò：形声，从水屋声，本义为沾润。

幄 wò：形声，从巾屋声，本义是形如房屋的大帐幕。

龌（齷 wò）：形声，从齿屋声，双音词“龌龊”，本指齿相近，又指拘牵于小节，常用义为肮脏。

拓展：

偓 楃 剭 媉 踒 箼 腛 緿

吾 语 悟 衙 龉 寤 鼯

（甲骨 金文 金文 楚简 诅楚文 秦简 石鼓文 说文 张迁碑 好太王 欧阳询 颜真卿 王羲之 苏轼

张芝 皇象 王羲之 司马炎）（金文 金文 楚简 秦简 说文 钟繇 王羲之 王献之）（金文 说文 汗简 金农 索靖 王羲之）

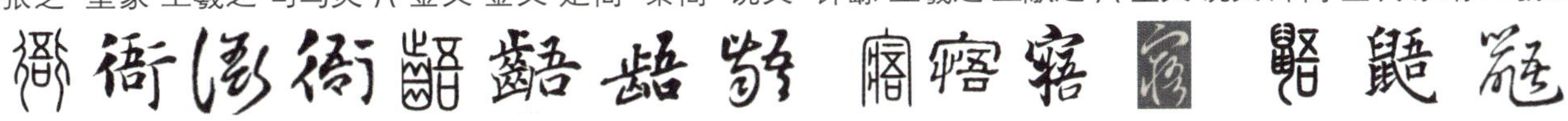

（说文 智永 王羲之 章草）（说文 褚遂良 黄庭坚 王羲之）（说文 隶辨 王羲之 唐太宗）（粗篆 欧阳询 赵孟頫）

辨析：

吾字历史演变从彳从“辶＋午”的都有，突出发音和环境，其草书由五与口组成，口写三角、两点、连笔都可。可拓展。

吾 wú：从五从口，口指生命；吾，施身自谓也，自称我，我的意思。

语（語 yǔ）：论也；yù，告诉，使知道。

悟 wù：形声，从心吾声，本义为理解、明白。

衙 yá：列队行进的样子；旧时官署之称。

龉（齬 yǔ）：从齿吾声，不相值也，龃龉（jǔ yǔ）。

寤 wù：睡醒；同悟，理解，明白；同牾，逆。

鼯 wú：鼠名，鼯鼠。

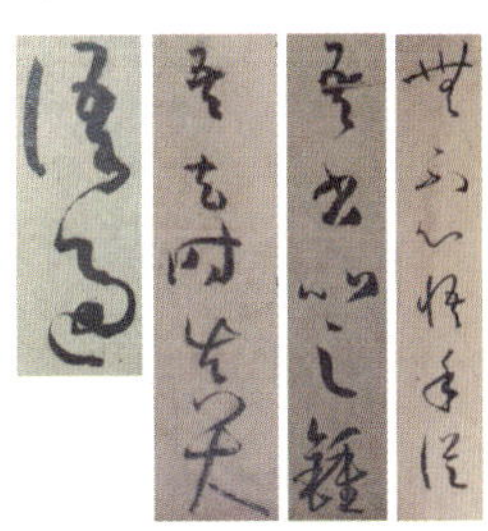

拓展：

俉 语 郚 部 唔 圄 娪 峿 捂 浯 逜 珸 菩 铻 敔 晤 梧 焐 牾 珸 腒 痦 锫 聕 蓇

P3.3 吾书比之钟张　P9.5 吾去时真大醉也　P39.1 无不心悟手从　P54.2 语过其分

吴 误 虞 娱 蜈

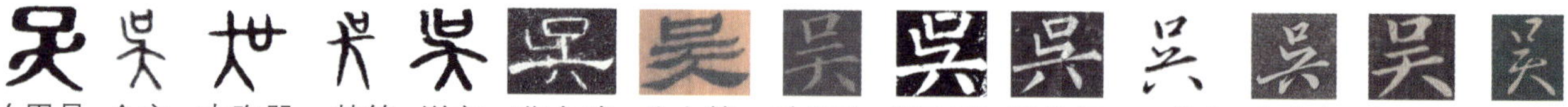

（甲骨 金文 古陶器 楚简 说文 曹全碑 北大简 欧阳询 颜真卿 柳公权 王羲之 米友仁 赵孟頫 王献之

皇象 王羲之 王献之 智永 张旭 邓文原）（说文 简帛 秦简 王羲之 王羲之 李邕 何绍基 简书 王羲之 黄庭坚）

（金文 说文 李阳冰 钟繇 欧阳询 皇象 王羲之）（简帛 说文 王羲之 米芾 王羲之 陈淳）（王羲之 虞世南 王羲之）

辨析：

吴字的结构重点在下面的部件夨，夨字起笔左边比天多了一个拐弯。钟繇、王羲之写过相关"天"字结构的吴字，由北大简的"吴"和简书"误"字的草书即可以看出其草书写"天"的形成过程，当然吴字的草书起笔带弯头的才是"夨"，且此类写法更具有篆意。

吴（吳 wú）：会意，从口从夨，夨像头的动作，合起来表示晃着头大声说话，本义为大声说话、喧哗，由大声说话义引申为大；㕦，古文如此，从口大；吴（俗字）：吴志·薛综传：无口为天，有口为吴；正字通：此借字形为谐语，非吴字本义；其中，夨 ce，从大（dà）侧头；说文·夨部：从大，上像侧头与"夭"同意，"夭"像右侧，"夨"像左侧，象形字，像奔走，两臂激荡的人形。

误（誤悮 wù）：谬也。

虞 yú：形声，从虍吴声，神话传说中的兽名，即驺虞；猜度、料想，准备、防范，贻误、欺诈，惊 。

娱（娛娯 yú ）：快乐，欢娱。

蜈 wú：蜈蚣。

拓展：

俣 筽 祦 朠 鋘 淏 悮 珸 莫 麌 澞 澸　　P2.1 吴郡孙过庭撰　　P54.5 或有误失

無 舞 庑（廡）抚（撫）妩（嫵）芜（蕪）无 呒

（甲骨 金文 金文 盟书 说文 张迁碑 欧阳询 颜真卿 王羲之 王羲之 张芝 皇象 索靖 王羲之）（甲骨 金文 金文 古文

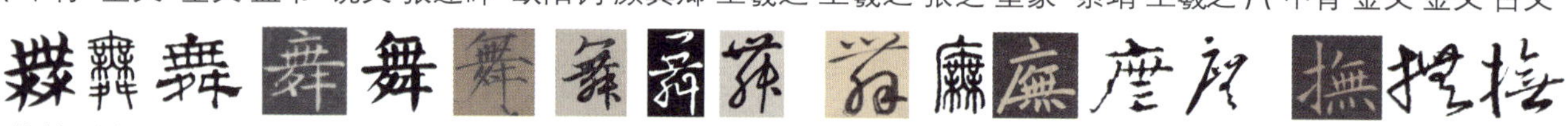

楚简 说文 华山庙 欧阳询 颜真卿 宋徽宗 赵孟頫 索靖 王羲之 鲜于枢）（说文 赵孟頫 皇象 毛泽东）（欧阳询 王羲之 宋克）

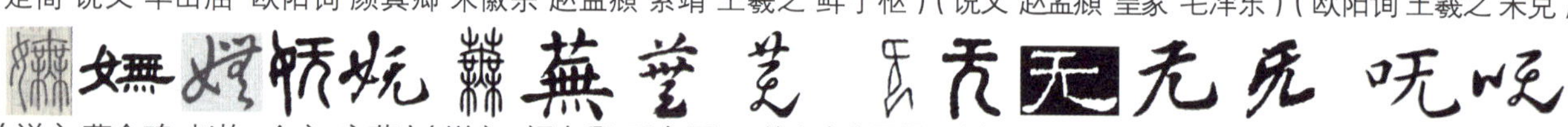

（说文 曹全碑 赵构 金文 章草）（说文 颜真卿 邓文原 王羲之）（甲骨 说文 张迁碑 黄庭坚 吴昌硕）（王羲之 王羲之）

辨析：

无字，繁简两种写法古来有之。無字，草书保留了三竖（个别四竖）四横，下边三横断笔连笔都可。可拓展。

無（无 wú）：会意，甲骨文字形像一个人持把在跳舞，卜辞、金文中"无、舞"同字，本义是乐舞。

舞 wǔ：形声，从舛，两足相背，古舞字像人执牛尾而舞之形，本义为舞蹈。

庑（廡 wǔ）：堂下周围的廊屋。

抚（撫 fǔ）：形声，从手无声，抚摩。

妩（嫵娬 wǔ）：形声，从女无声，本义是媚。

芜（蕪 wú）：土地不耕种而荒废。

无 wú：奇字无，通于元者，天屈西北为无；无亦作亡，古皆用亡无。

呒 ḿ：没有；异体字有嘸。

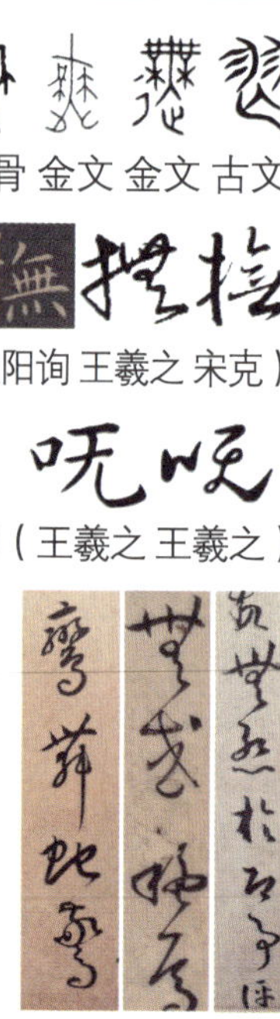

拓展：

怃 鄦 儛 嘸 墲 幠 憮 潕 橅 橆 璑 甒 膴 燺 瞴 羃 蟱 籞 儛 蹛 瀩 艜
P4.3 故无惭于即事　　10.2 无或疑焉　　P11.2 鸾舞蛇惊

五 伍

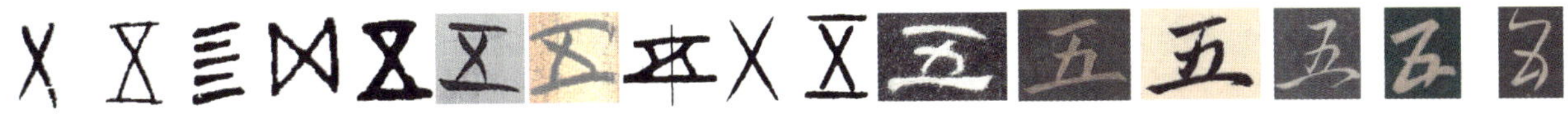

（甲骨 甲骨 金文 金文 金文 盟书 楚简 瓦文 说文 说文 曹全碑 欧阳询 赵孟頫 王羲之 皇象 王羲之）

（金文 秦简 说文 肥致碑 欧阳询 颜真卿 宋徽宗 王羲之 赵孟頫 王铎 皇象 王羲之 唐太宗 怀素）

辨析：

五字从二从乂，行草书的区别在于笔画顺序的不同，行书是“横－撇－横弯－横”，草书为“横撇底横－中横撇”。可拓展。

五 wǔ：会意，从二，从乂，二代表天地，乂表示互相交错，本义为交午，纵横交错。

伍 wǔ：会意，从人从五，五人为伍；相参伍也，参三也，伍，五也，周礼曰，五人为伍；古代基层的户政编制单位，以五家为一伍；军队；五的大写；杂处、参杂。

拓展：

啎 伍 忢

午 仵 忤 杵 许 浒

（甲骨 甲骨 金文 楚简 说文 袁安碑 曹全碑 欧阳询 褚遂良 颜真卿 柳公权 赵孟頫 高昌墓 颜真卿 米芾

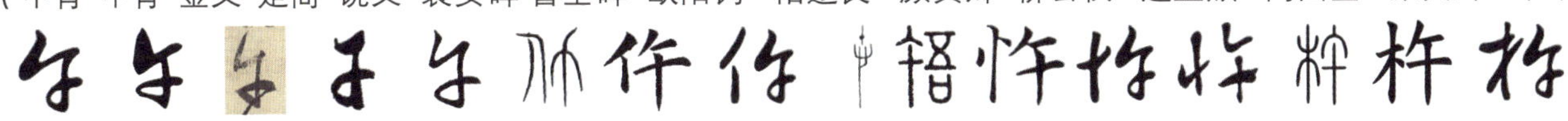

王羲之 文徵明 王铎 郑板桥 韵会）（古文 虞世南 王羲之）（金 说文 王羲之 王羲之 章草）（说文 欧阳询 王羲之）

（金文 秦简 说文 乙瑛碑 肥致碑 钟繇 钟繇 王羲之 王羲之 王羲之 怀素）（别体 说文 王献之 王羲之 赵构）

辨析：

午字的隶定是将篆书中的点拉长，草书为改变书写顺序，最后写下边的横划。可拓展。卸御两字均含午字结构，见“卸御”页。

午 wǔ：象形，本义是御马索；通仵，违反；通迕，抵触、相遇；地支的第七位；时辰名，上午十一点到下午一点。

仵 wǔ：对等、相匹敌，违背。

忤 wǔ：形声，从心午声，本义为抵触、不顺从。

杵 chǔ：形声，从木午声，本义为舂米的棒槌。

许（許 xǔ）：形声，从言午声，本义为应允、许可。

浒（滸汻 hǔ）：形声，从水许声，本义是水边，指离水稍远的岸上平地；xǔ，地名用字，如浒墅关浒浦；其中，汻，同“滸”水边；huǎng，姓。

拓展：

吘 汻 迕 峅 昨 玝 肸 啎

武 斌 鹉 碔 虣

（甲骨 金文 金文 简书 说文 李斯 赵之谦 齐白石 张迁碑 石门铭 王羲之 欧阳询 颜真卿 王羲之 米芾

皇象 索靖 王羲之 智永 怀素）（金文 汉简 辟雍碑 柳公权 赵孟頫 李邕 王羲之 章草）（金文 颜真卿 颜真卿

文徵明 王铎 王羲之 于右任）（篆字汇 欧阳询 王铎 金文 清华简 吴昌硕）（甲骨 说文 石韵府 石韵府 张謇）

辨析：

武字的结构从止从戈，其草书为“玉出头为武”，其中皇象、索靖、赵孟頫、邓文原的章草是将下边的两笔断开来写，突出了止字的草法。武字作为字根可以拓展。需要注意的是，虣字的篆书，左右部件，位置可以互换。

武 wǔ：会意，从止从戈，甲骨文人持戈行进表示要动武，本义为勇猛、猛烈。楚庄王曰：“夫武，定功戢（读作 jí，收敛、停止的意思）兵，故止戈为武。”《书·牧誓》：窃意武者云者，会步伐之意而已，止者，步省，戈者，伐省，军令森严，步伐整齐，此所谓武矣。

斌 bīn：文质兼备的。

鹉（鵡 wǔ）：鹦鹉。

碔（珷 wǔ）：古同“珷”，似玉的美石。

虣 bào：猛兽；通暴，暴虐。

拓展：

倵 陚 娬 賦 賦 虣 赟 鉽 贇 鵡 鋈　　　P14.1 杨雄谓诗赋小道

兀 虺 阢 屼 扤 杌 扤 尪（尩）㔸 軏 靰

（甲骨 金文 说文 说文 赵之谦 王羲之 王羲之 王羲之）（简帛 说文 王羲之 王羲之）（金文 说文 赵孟頫 孙过庭）

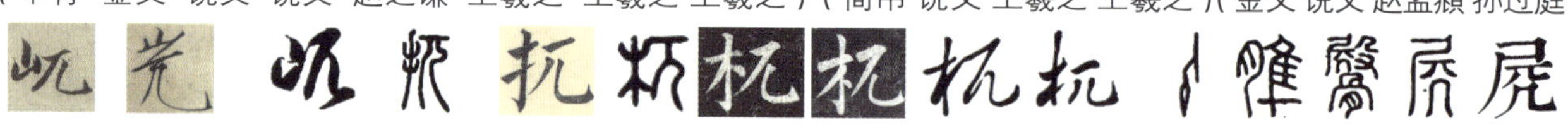

（赵孟頫 宋徽宗 徐伯健）（说文 彭玉雯）（金文 颜真卿 柳公权 王羲之 章草）（甲骨 说文 说文 说文 楷书）

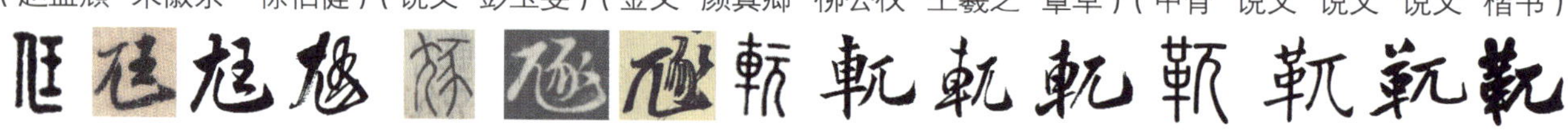

（汉印 米芾 赵孟頫 傅山）（篆字汇 赵孟頫 王铎）（说文 欧阳询 王羲之 米芾）（新篆体 欧阳询 黄庭坚 王铎）

辨析：

兀字字形稳定，行草书为快写。可拓展。

兀 wū：指事，从一在人上，人头上一横，表示高平，高耸特出的样子。

虺 huī/huǐ：古书上说的一种毒蛇，虺蜮，虺、蜴、蜮都是害人的毒物，喻奸恶小人，异体字有蚘虺颱䖗虺䖗䖘虺等等。

阢 wù：石山戴土也；危急不安的样子。

屼 wù：山光秃，嵬嶷峣屼；高耸。

扤（扤扒 wù）：折磨，骚动。

杌（阢陧 wù）：小凳；局势、局面、心情等不安，亦作阢陧、兀臬。

屍 tún：髀也，从尸下丌居几，从尸得几而止，皆谓𣲒（床）也；或从肉隼，或为臀，从殿骨。

尪（尢 wāng）：跛，脊背骨骼弯曲，古同尫。

㔸 huī：撞击，撞击声，猪嘴拱土。

軏 yuè：古代车上置于辕前端与车横木衔接处的销钉。

靰 wù：靰鞡，东北地区冬天穿的一种用皮革做的鞋，里面垫着乌拉草，亦作乌拉。

拓展：

仉 旯 矶 甈 甈 虺 舡 㒿 頋 髡 斵 甈 甈 鼿

勿 匆 忽 囫 刎 吻

（甲骨 甲骨 金文 金文 石鼓文 简帛 说文 智永 欧阳询 颜真卿 宋徽宗 王羲之 王献之 崔瑗 皇象 王羲之）

（帛书 欧阳询 柳公权 王羲之 王羲之）（金文 说文 说文 赵孟頫 索靖 王羲之）（柳公权 王羲之 孙过庭）

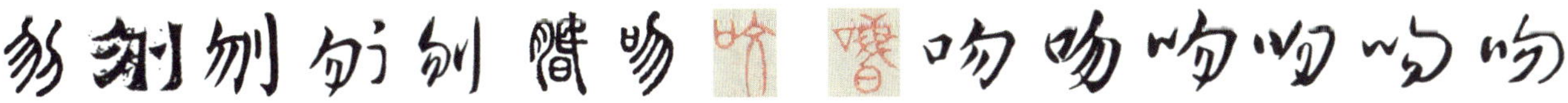

（说文 爨体 颜真卿 王羲之 李淦）（说文 说文 石韵府 石韵府 王羲之 王羲之 王羲之 孙过庭 李淦 于右任）

辨析：

勿字的字形较稳定，行草书均为快写。可拓展。昜易两字的结构有勿字，分别见易和昜页。

勿 wù：象形，甲骨文像一面旗，右为柄左为飘带，本义为州里所建旗帜；无、没有，与有相对。

匆（怱悤 cōng）：急促地。

忽 hū：形声，从心勿声，本义是不重视、忽略。

囫 hú：形声，从囗（wéi）勿声，囫囵吞枣。

刎 wěn：形声，从刀勿声，本义为割脖子。

吻（肳呅唔 wěn）：形声，从口勿声，本义为嘴唇。异体字有“呅呡唔唔脂肳脗脗”等等

拓展：

歾 物 伆 匢 坳 岉 沕 芴 昒 肳 曶 曶 甮 昒 曶 钧 笏 粅

物 拘

（甲骨 简牍 帛书 说文 熹平石 钟繇 欧阳询 索靖 王羲之 智永 陳繹曾 宋克）1 *索靖 王羲之 王羲之 智永*

（诅楚文 敔敦 说文 曹全碑 欧阳询 颜真卿 灵飞经 王羲之 怀素 孙过庭 赵孟頫）2 *皇象 王羲之 王羲之 王羲之 朱耷*

辨析：

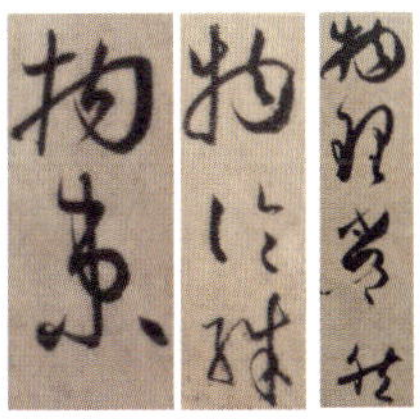

物拘分别从勿从口，草书相近，物字草书最后有绕两撇和三撇的，从字源看，绕三次更符合古法，而绕两次则容易与拘字相混淆。拘字有异体字“抅”，怀素草书即此，大部分书家一般在最后连写时绕两次，代表拘字中的口字草书符号“两个点”，句（参见句）字在左边时，“口”也常常草化为一个点。

物 wù：形声，从牛，勿声，“勿”是一种杂色旗，表示杂色，牛为大物，天地之数，起于牵牛，故从牛，本义为万物。

拘（抅 jū）：会意，从手从句，句亦声，本义为拘留、拘禁；“句”在古代又用作“勾”，植物的枝蔓扭曲相纠缭是“勾”之范式，句、手叠加，用手扭曲相纠缭是拘之范式。

拓展：

1 *忽 吻 刎 易*　　伆 匢 坳 岉 沕 芴 昒 曶 歾 肳 曶 昜 肳 昜 甮

2 *狗 驹 够 劬 苟*　　佝 劬 郇 陶 响 坸 姁 岣 怐 沟 徇 敂 斪 昫 朐 枸 欨 玽 耇 毱 朐 痀 眗 竘 袧 鸲 眗 夠 笱

P49.2 拘束　P5.2 物理常然　P7.5 物论殊不耳

戊 1：戊 茂 蒇

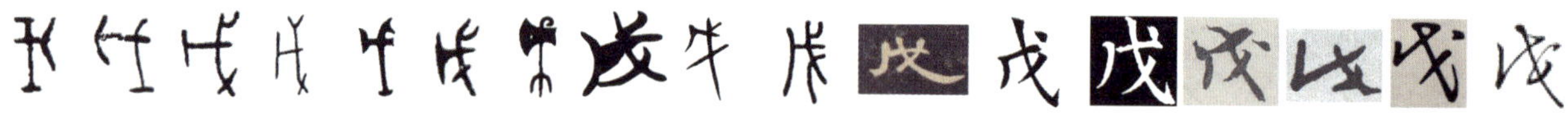

（甲骨 甲骨 甲骨 甲骨 金文 金文 金文 楚简 秦简 说文 曹全碑 欧阳询 颜真卿 米芾 简书 王羲之 韵会）

（金文 说文 简帛 曹全碑 钟繇 智永 欧阳询 颜真卿 王羲之 王羲之 智果 王羲之 智永 孙过庭 怀素 王铎）

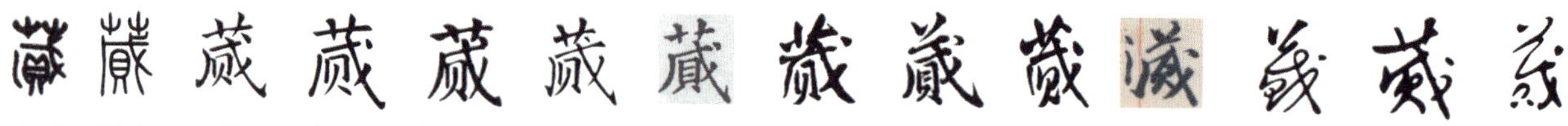

（金文 说文 王羲之 欧阳询 颜真卿 柳公权 五经文 黄庭坚 赵孟頫 王铎 王蘧常 王羲之 文徵明 于右任）

辨析：

戊字的篆书为兵器形，隶定字形为戊，戊字的草法特点是把起笔丿反方向写。戊戌戍成咸威戚戚等字的草书写法莫不如此。

戊 wù：象形，甲骨文为带斧头的兵器；天干的第五位；等级、次第的第五位。

茂 mào：形声，从艸戊声，本义是草木繁盛，丰盛优美；劝勉。

蒇（蕆 chǎn）：完成、解决。

拓展：

茂 扷 峸 弢 泧 晠 毧 烕 誠 鉞 葳

戊 2：戌 戍

（甲骨 甲骨 甲骨 甲骨 金文 金文 说文 衡方碑 曹全碑 欧阳询 颜真卿 王羲之 苏轼 简书 王羲之 隋炀帝）

（甲骨 甲骨 甲骨 甲骨 金文 金文 莽量 说文 衡方碑 曹全碑 王羲之 赵孟頫 文徵明 王铎 王羲之 李洤）

辨析：

戌戍两字形体相似，隶定字形，戌字从"一"，其意不详；戍从"、"代表"人"。草书戌字需写出"一"，取横势，以"一"带出戈字的撇；戍从"、"，以"、"带出戈字的撇。蔑从戍，见蔑页。

戌 xū：指事，从戊含一，不详，戊为武器，本义是地支的第十一位。

戍 shù：会意，从人持戈，甲骨文字形像人负戈守卫边疆，本义为防守边疆。

拓展：

珬 摵 逑 屐 喊 珬 茂 怴 泧 狨

戊 3：成 诚 城 盛 晟 郕

（甲骨 甲骨 金文 金文 金文 简帛 简帛 秦量 说文 熹平碑 欧阳询 颜真卿 柳公权 王羲之 皇象 王羲之

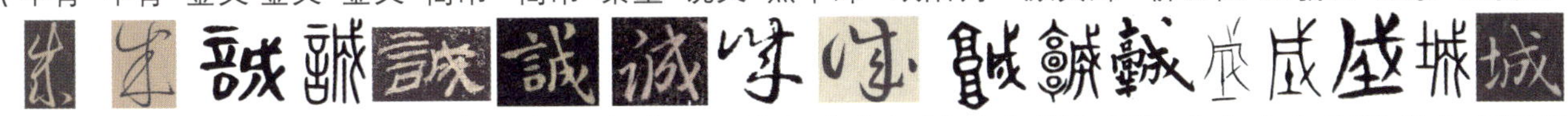

王羲之 怀素）（秦简 说文 乙瑛碑 钟繇 颜真卿 王羲之 黄庭坚）（金文 说文 王铎 金文 金文 秦简 说文 赵孟頫

王铎 王羲之）（甲骨 金文 金文 楚简 说文 虞世南 王羲之 王羲之 邓文原）（说文 王羲之 王羲之 章草）（说文 柳公权）

辨析：

成字从戊从丁，草书起笔采用“戊”字反向起笔的草法，即丿反向起笔，下边草化为两小撇一捺。可拓展。

成 chéng：说文认为成字是个形声字，戊为形旁，丁为声旁，也有一些资料认为成字是个会意字，他们认为戌字左下一竖是十字（十字在甲骨文中是一纵竖），古人很早便有了以十进位的概念，数始于一而终于十，凡事到了“终”点，便有“成”意，成（完功、变为）意便由此而来。

诚（誠 chéng）：形声，从言成声，本义是诚实、真诚。

城 chéng：会意，从土从成，成亦声，本义为城墙。

盛 shèng：形声，从皿成声，本义是盛在祭器中的黍稷；旺盛、兴盛；chéng，用容器装东西，容纳。

晟 shèng：光明，旺盛、兴盛；chéng，姓。

郕 chéng：国名，姬姓，周武王封其母弟叔武于此，故址约在今山东省宁阳县北方一带。

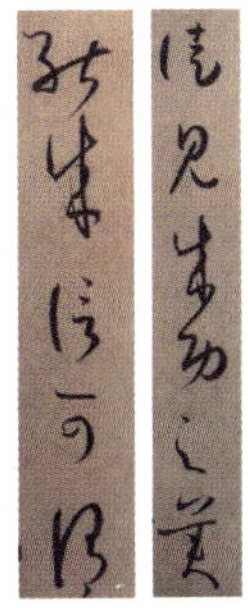

拓展：

娍 宬 峸 晠 珹 窚 铖 筬 絾 臹 誠 墭 鋮

P12.2 非力运（運）之能成，信可谓…　　P17.4 徒见成功之美

戊 4：感 撼 憾 轗

（金文 金文 简帛 说文 夏晨碑 欧阳询 颜真卿 宋徽宗 王羲之 王羲之 王羲之 王珣 皇象 索靖 王导

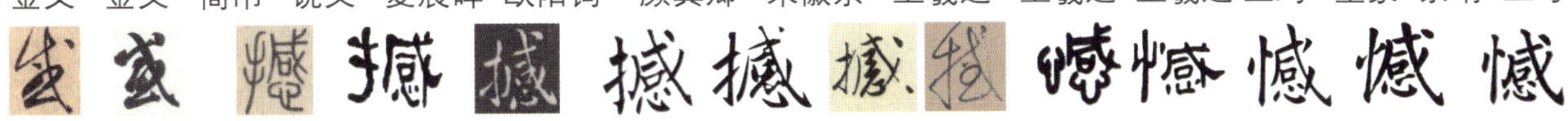

王羲之 智永）（六书通 衡方碑 褚遂良 柳公权 赵孟頫 唐寅 怀素）（金文 曹全碑 欧阳询 颜真卿 柳公权

王羲之 黄庭坚 王羲之 王铎）（篆字汇 邓石如 智永 欧阳询 颜真卿 赵孟頫 王羲之 米芾 王羲之 王铎）

辨析：

感字从咸从心，字形稳定，草书，1. 王羲之、王珣的快写；2. 戊字的丿反起笔，“一口”两字上下连写，带出戈勾的撇划，心字可草化为“一横”或“三点（横势）”。可拓展。

感 gǎn：形声，从心咸声，本义是感动。

撼 hàn：形声，从手感声，本义为摇动、动摇；怂恿、打动。

憾 hàn：形声，从心感声，本义是遗憾、不快、不满。

轗（轗 kǎn）：轗轲，古同坎坷，道路不平，喻人生曲折多艰或不得志。

拓展：

㯠 㷻 㺂 䓘 䤷 䃭 䈄 䜗 鰔 𧓎 鱤　　P23.5 感惠徇知

W

戊 5：咸 减 喊 缄 碱 箴

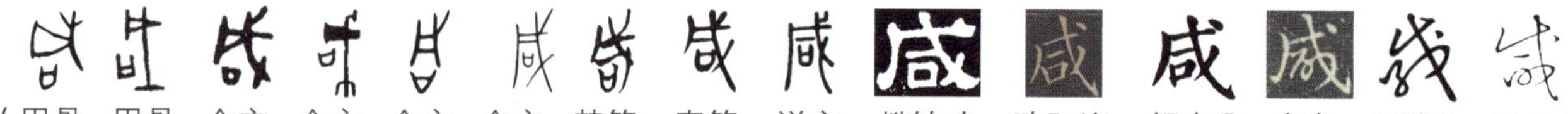

（甲骨 甲骨 金文 金文 金文 金文 楚简 秦简 说文 樊敏碑 欧阳询 颜真卿 皇象 王羲之 韵会）

（金文 金文 简帛 秦简 说文 欧阳询 柳公权 王羲之 皇象 章草）（金文 古文 石韵府 赵孟頫 王羲之 章草）

（金文 说文 赵孟頫 欧阳询 王铎 王羲之 孙过庭）（颜真卿 王羲之 章草）（说文 褚遂良 王羲之 王羲之 赵孟頫）

辨析：

咸字从戌，从字形结构分解看，也可理解为从戊，从一口，草书，一与口字连写后，因牵丝而有近于“子”字快写的草法，同、司作为字根和興字都有这种现象。可拓展。

戊 wù：象形，甲骨文为带斧头的兵器；天干的第五位；等级、次第的第五位。

咸 xián：会意，甲骨文从戌从口，戌是长柄大斧，“口”指人头，合起来表示大斧砍人头，本义是杀；1. 口部，皆也，悉也，从口从戌，戌，悉也、遍也、同也、毕、终结 。2. 鹹 xián：卤部，从卤咸声，像盐那样的味道，咸鱼、咸肉、咸菜。

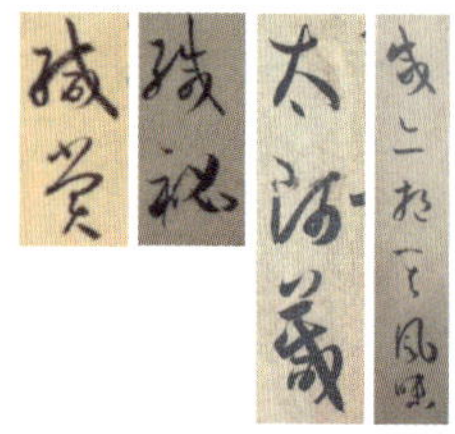

减（減 jiǎn）：减少，由全体中去掉一部分。

喊 hǎn：形声，从口咸声，本义是尝味；大声呼叫；召请、呼唤；或从心，与喊同。

缄 jiān：形声，从糸表示与线丝有关，咸声，本义为捆东西的绳索。

碱（鹼 jiǎn）：盐卤。

箴 zhēn：规劝，告诫；缝衣用的工具，后作针。

拓展：

諴 娍 揻 㺂 堿 嵅 減 葴 歁 椷 烕 瑊 䁍 碱 虤 羬 墄 㵟 觱 諴 輱 醎 顑 鍼 𦃏 鹹 黬 麙 鹽 鹹 鰔

P16.5 咸亦挹其风味 P17.2 缄秘已深 P29.3 偶逢缄赏 P35.5 太师箴

戊 6：諴 瑊 䁍 揻 黬 𦃏 麙 鹹 醎 椷 顑 輱 葴 觱

（说文 褚遂良 韵会）（篆字汇 维摩诘）（说文 楷书）（说文 楷书）（篆字汇 吴彩鸾 沈初）（说文 楷书）（说文 楷书）

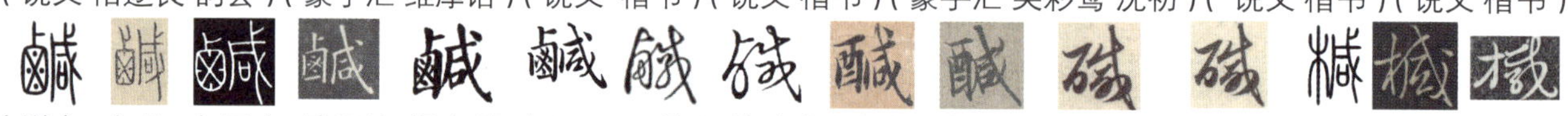

（说文 广义 李阳冰 欧阳询 颜真卿 赵孟頫 王羲之 韵会）（智永 欧阳询 汉章帝 赵孟頫）（说文 王铎 俞镐）

（说文 欧阳询 米芾）（隶辨 王铎）（说文 赵孟頫 王羲之 智永 赵孟頫）（简帛 彭玉雯 黄庭坚）

辨析：

本页的字从咸，作为字根，拓展后的各种写法同前页。说明：鍼字还有异体字针。

諴 xián：和，和谐，诚，诚心，调戏。

瑊 jiān：似玉的美石

䁍 qià：眸子枯陷，瞎眼，陷；kān，视。

揻 hàn：摇也，从手咸声。

黬 yǎn：黑斑，霉点。

𦃏：持意坚固；一曰口闭。

麙 xián：古同羬，细角羚羊。

鹹 xián：像盐的味道，含盐分多的，与“淡”相对。

醎 xián：古同鹹。

椷 jiān：箱子一类的器具；书信。

顑 kǎn：因饥饿而面黄肌瘦的样子。

輱 xián：车声。

葴 zhēn：马蓝，一种草；酸浆草。

觱 bì：乐器名，觱达；泉水涌出的样子。

拓展：

娍 㺂 堿 嵅 歁 烕 虤 羬 墄 㵟 鍼 鹽 鹹 鰔 醎

戊 7：歲（岁 葳）刿 秽 翙 哕

（甲骨 甲骨 甲骨 甲骨 金文 金文 金文 楚简 秦简 秦简 古文 说文 曹全碑 王羲之 欧阳询 颜真卿 王羲之

欧阳询 颜真卿 异体字 皇象 王羲之 王羲之 怀素 颜真卿 王羲之）（金文 说文 赵孟頫 王羲之 徐伯清 王羲之 章草）

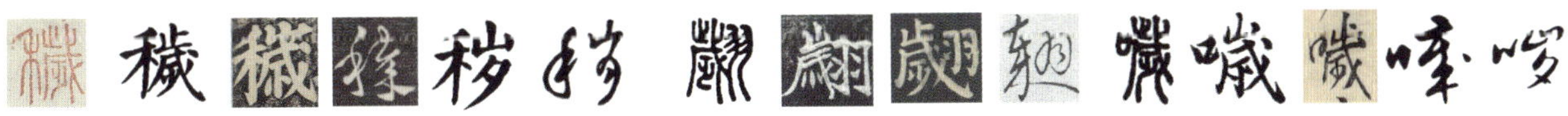

（石韵府 颜真卿 颜真卿 皇象 颜真卿 王羲之）（说文 高贞碑 颜真卿 赵构）（说文 赵孟頫 王铎 文徵明 王羲之）

辨析：

岁字的甲骨文字形为兵器形，有从止和肉的写法，隶定字形上边“止”讹变为“山”，隶楷即有从止和从山的写法。岁字有异体字葳，草书从“葳”，是为“艹成岁”。简体“岁”字，古而有之，但使用频率不高。可拓展。

岁（歲嵗歳葳 suì）：形声，从步戌声，古音“岁、戌”迭韵，本义为岁星，即木星；有人认为甲骨文的“岁”字是个会意字，字形像用大斧斩断人的两只脚的形状，本义是砍断，是“刿”的本字，“岁”的早期甲骨文像一把宽刃长柄大斧的样子，与“戉”古本一字，戉就是钺，是古代的一种兵器，在后世的文字使用过程中，岁又写作嵗，这是因为“止”“山”二字字形相近而将“岁”字上部的“止”讹混作了“山”，又或许是因为延续这一讹混，岁的异体又或写作岂，《字汇补·二部》：“岂，古岁字。”又作㞡，又作葳，草书即从葳字的快写。

刿（劌 guì）：形声，从刀岁声，本义是刺伤、划伤。

秽（穢薉 huì）：形声，从禾岁声，本义是荒废，长满野草。

翙（翽 huì）：翙翙，鸟飞声。

哕（噦 yuě）：呕吐，气逆；huì，噦噦，有节奏的铃声；光明的样子。

拓展：

㑔 㟴 餯 濊 獩 薉 檅 蹶 鐬 饖 顪 鱥 鱥　P34.1 研习岁滋

戊 8：威 楲 葳 崴

（金文 金文 金文 楚简 秦简 说文 曹全碑 宝子碑 好太王 智永 欧阳询 王羲之 颜真卿 皇象 王羲之 智永 怀素）

（说文 楷书）（金文 曹全碑 邓石如 智永 欧阳询 颜真卿 柳公权 赵孟頫 王羲之 黄庭坚 王铎 王羲之 李洤 章草）

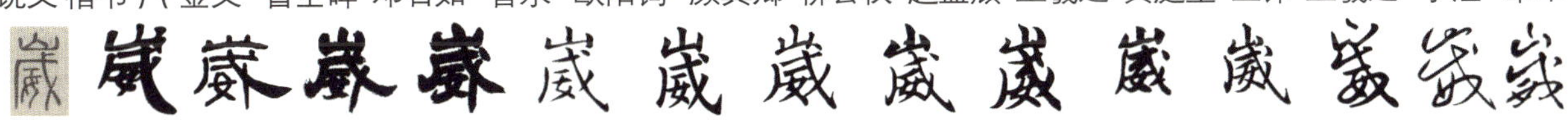

（篆字汇 汉简 曹全碑 邓石如 赵之谦 王羲之 欧阳询 柳公权 赵孟頫 王羲之 黄庭坚 赵孟頫 王羲之 李洤 章草）

辨析：

威字从戌从女，从字形上也可分解为从戊，从“一女”，草书一与女字连写，带出戈勾的撇划。可拓展。

威（畏 wēi）：从女从戌，尊严；权势，能压服别人的力量；震慑；以声势或武力逼迫他人。

楲 wēi：盛小便的器具；连通蓄水池塘与灌溉沟渠的闸栅。

葳 wēi：葳蕤，草木茂盛，枝叶纷披下垂的样子；葳瓠，用独木做成的船。

崴 wǎi：山谷不平的样子；扭伤，把脚崴了；称山、水弯曲的地方，多用于地名，如海参崴。

拓展：

隇 搣 倠 郾 城 喊 媙 滅 碱 緘 蝛 鰄

戊9：戚 嘁 槭 傶 慽（慼） 摵 磩 蹙

（甲骨 甲骨 金文 金文 金文 金文 楚简 诅楚文 说文 说文 六书统 六书统 钟繇 欧阳询 宋徽宗 王羲之

王羲之 智永 怀素）（金文 颜真卿 王羲之 王羲之）（说文 欧阳询 文徵明）（王诵墓 刑侗）（说文 简帛 六书统

钟繇）（说文 杨维桢）（篆字汇 颜真卿）（金文 说文 欧阳询 欧阳询 颜真卿 赵孟頫 王羲之 王羲之 张瑞图）

辨析：

戚字的篆书从戉，隶定字形从戊，草书同戊，即起笔向上“反写”，下边的“尗”字草书为快写或草化为“与”或“子”字快写。可拓展。

戚 qī：形声，从戉尗声，戉（yuè），斧子，本义是古兵器名，斧的一种；亲属，亲戚；忧愁，悲伤；急迫，紧迫；慼同戚。

嘁 qī：形容低语声或轻细的声音，多叠用。

槭 qì：木名，落叶小乔木；sè，树枝光秃的样子，树叶凋落。

傶 qī：同戚，密切亲近；còu，同腠，腠理。

慽（慼 qī）：通戚，亲戚。古同戚；忧伤、悲伤。

摵 sè：捎，古同槭，树枝光秃，叶凋落的样子。

磩 qì：像玉的石；古通砌，台阶；zhú，柱下面的石墩。

蹙 cù：形声，从足戚声，本义为紧迫、急促；困窘；狭窄，狭小；逼迫，追逼；聚拢；踩踏，通蹴；恭敬的样子。

拓展：

㵻 𣊫 𨁝 㙦 㛾 㺂 缄 琡 䐑 裓 蝛 緎 蹴 鏚 顣 欌 襳

务（務） 骛 雾

（金文 简帛 汉简 石韵府 六书统 说文 李阳冰 邓石如 智永 赵孟頫 米芾 索靖 王羲之 怀素 邓文原

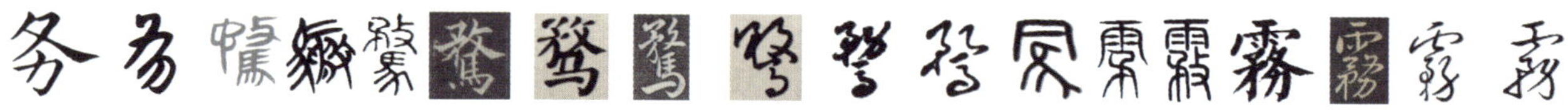

王羲之 王羲之）（简帛 简帛 说文 欧阳通 颜真卿 米友仁 王羲之 徐伯清 章草）（甲骨 籀文 说文 王羲之 王铎 颜真卿 宋高宗

辨析：

務从矛从务，部件务字的草法保留了丿和力。骛字有三个部件矛、攵、马，草法稳定。

务（務 wù）：形声，从力敄声，从力表示要致力于某事，本义为致力、从事。

骛 wù：从马敄声，本义为纵横奔驰。

雾（霧 wù）：从雨敄声，地气发天不应，空气中接近地面的水蒸气。

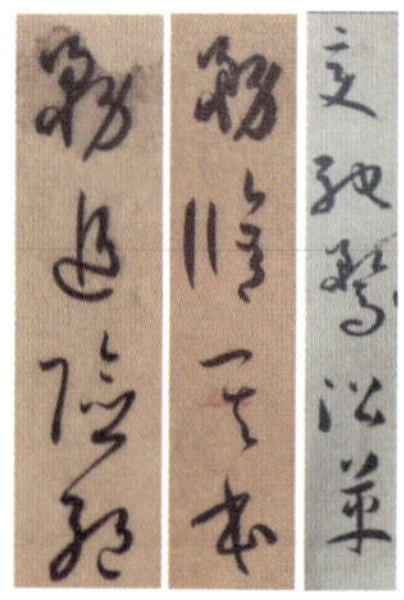

拓展：

嵍 蓩 婺 㷻 鍪 鶩

P14.1 务（務）修其本　P40.4 务追险绝　P5.2 变驰骛沿革

夕 夜 汐 姓 矽 穸 夘

（甲骨 甲骨 金文 金文 楚简 秦简 说文 钟繇 欧阳询 颜真卿 柳公权 赵孟頫 王羲之 王献之 黄庭坚

王羲之 王献之 怀素）（金文 楚简 楚简 楚简 汉简 说文 欧阳询 赵佶 赵孟頫 王羲之 怀素 赵孟頫 王铎）

（金文 智永 王羲之）（说文 何绍基）（金文 欧阳询 王羲之）（说文 景君碑 颜真卿 柳公权 王羲之 李淦）（王羲之 赵孟頫）

辨析：

夕字篆书为意会，隶定字形稳定，草书为快写。夜夙两个字的篆书变化都较大，但本意清楚，夜字草书一般为反起笔，最后的捺笔取横势。“歹夗名明多外夗”等字从夕，见相关页。

夕 xì：日且冥而月且生矣，故字从月半見；旦者，日全见地上；莫（暮色）者日在茻中；夕者，月半见，皆会意象形也。

夜（亱 yè）：形声，金文字形从月亦声，本义为从天黑到天亮的时间。

汐 xì：形声，从水夕声，晚潮；早潮为潮。

姓 qíng：古同晴，天空中没有云或云很少。

矽 xī：化学元素硅的旧称。

穸 xī：埋葬，《丁贵嫔哀策文》玄池早扃，湘沅已穸；墓穴，窀穸（坟墓），穸台（坟墓）。

夘 mǎo：古同卯；wǎn，古同夗，字彙作古文外字，失考。

拓展：

侽 沵 殏 凰 夘

兮 盼

（甲骨 甲骨 甲骨 甲骨 金文 金文 金文 说文 鲜于璜 钟繇 欧阳询 赵孟頫 王羲之 苏轼 赵孟頫 董其昌

王羲之 孙过庭 宋高宗 文徵明 章草）（说文 吕安胜 北齐人 赵之谦 赵孟頫 米芾 朱耷 郑板桥 吴昌硕）

辨析：

兮字的字形稳定，行草书均为快写，可拓展。

兮 xī：从丂八，像气越亏也。

盼 xì：恨视也，从目兮声，看、瞪；勤苦不休息的样子；pǎn，美目貌，巧笑倩兮，美目盼兮。

拓展：

枍 肹 盆 绝 詥

西 1：西 洒 晒

（甲骨 甲骨 金文 简帛 秦简 古文 籀文 说文 张迁碑 爨龙颜 欧阳询 颜真卿 王羲之 米芾 索靖 王羲之）

（甲骨 甲骨 甲骨 甲骨 简帛 秦简 好大王 欧阳询 颜真卿 王羲之 赵构 章草 说文 颜真卿 王宠 赵孟頫）

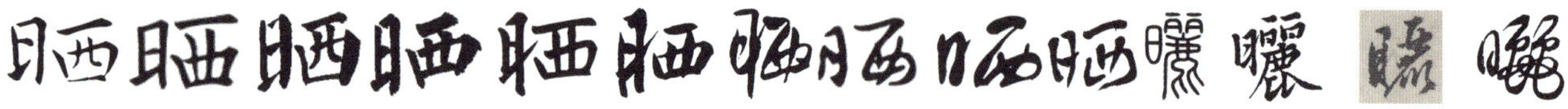

（王羲之 欧阳询 颜真卿 柳公权 赵孟頫 黄庭坚 王铎 王羲之 于右任 章草 说文 欧阳询 文徵明 徐伯清）

辨析：

西字的篆书像鸟巢，巢内的填充物变化多，隶定字形为西，草书写法一般是将口字用左右两笔书写，可拓展。由西字拓展的“覀贾票覃覂垔要”等字，分别见相关页。

西（卥 xī）：象形，小篆字形上面是鸟的省写，下像鸟巢形，“西”是“栖”的本字，本义为鸟入巢息止。

洒（灑 sǎ）：形声，从水西声，本义为把水散布在地上。

晒（曬 shài）：曬俗作晒，形声，左形右声，本义为在阳光下曝干或取暖。

拓展：

跴 絤 粞 氥 垔 堙 湮 酨 舾 覃 茜

西 2：哂 硒 恓 捒 牺 栖 廼 茜 栗

（金文 石韵府 曹全碑 智永 王羲之）（金文 欧阳询 赵孟頫 王羲之 章草）（六书通 文徵明）（说文 钟绍京 王羲之）

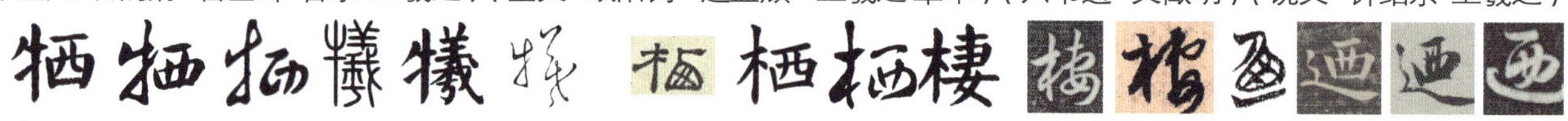

（颜真卿 黄庭坚 王羲之 说文 颜真卿 王羲之）（文徵明 欧阳询 章草 颜真卿 宋高宗 王铎）（简帛 钟繇 赵孟頫 索靖）

（金文 简帛 说文 柳公权 王羲之）（甲骨 甲骨 甲骨 楚简 楚简 简帛 简帛 石鼓文 说文 颜真卿 赵孟頫 王羲之 韵会）

辨析：

从西的字在甲骨文等篆书中，变化较大，如栗上的西字，甲骨文鸟巢内的填充笔画姿态多变。牺和栖字，分别有异体字犧和棲，各体累见。

哂 shěn：微笑，讥笑。

硒 xī：非金属的有毒元素，用于光电池、整流器和其他电子装置中，元素符号 Se。

恓 xī：恓惶，烦恼之貌；qī，古同凄，悲伤难过；xù，古同恤。

捒 qiān：古同迁（遷）。

牺（犧 xī）：形声，从牛羲声，本义是做祭品用的毛色纯一的牲畜。

栖（棲 qī）：棲本作西，同栖，形声，从木妻声，本义为鸟类歇息。

廼 nǎi：同乃。

茜 qiàn：茜草；绛色（深红色）；用同倩，秀美、生动；xī，人名用字。

栗 lì：会意，甲骨文像结了果实的栗树形，本义为木名，果实也称栗，可食。

拓展：

陃 価 婱 栗 徆 恓 捒 迺 覄 鉔 氥 覂 贾 粞 粟 湮 硒 票 鄄 陻 喠 弶 箳 葽 罯 垔 酨 堙 湮 粞 粟 絤 舾

希 郗 絺 欷 唏 晞 稀 烯

（金文 汉印 帛书 秦简 说文 王羲之 颜真卿 柳公权 张芝 索靖 王羲之 王羲之 王献之 蔡襄 文徵明）

（说文 钟繇 王羲之 王羲之 王献之 怀素）（说文 褚遂良 赵孟頫 王羲之）（说文 欧阳询 王羲之 王羲之）（说文

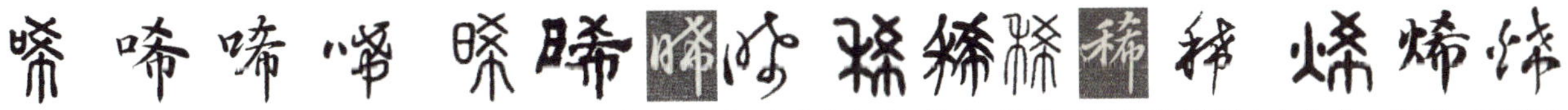

王羲之 虞世南 赵孟頫 王羲之）（说文 何绍基 赵构 怀素）（金文 简帛 说文 苏轼 董其昌）（金文 智永 王羲之）

辨析：

希字字形稳定，草书：1. 爻草化为戈，希字草书即“戈＋巾”；2. 快写（见王献之）。

希 xī：会意，从巾从爻（yáo），像做针线，巾为丝织品，爻像针线交错，本义是刺绣，假借为“稀”，稀少、罕见。

郗（chī/xī）：周邑也，在河内，姓，chī，汉有郗虑；xī，晋有郗超。郗璿（chi xuán），字子房，生卒年不详，高平金乡（今属山东省）人，郗鉴的女儿，王羲之的夫人。

絺（絺 chī）：细葛布；细葛布做的衣服；刺绣。

欷 xī：抽噎，哽咽。

唏 xī：哀叹、哀痛而不哭的样子；形容笑声；物体滑落，撞击地面所发出的声音。

晞 xī：晒干；干，干燥；破晓。

稀 xī：稀疏。

烯 xī：有机化合物的一类。

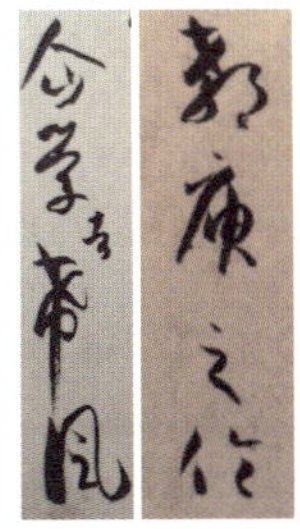

拓展：

俙 姊 峄 悕 浠 狶 莃 䖷 桸 琋 豨 睎 瘠 蛴 謡 豨 鉌 餙 騂 鯑 鵗

P25.5 企学者希风叙妙　P16.4 王谢之族郗庾之伦纵不尽其神奇

昔 措 碏 斮 矠 皵 瘖 错 遺 猎（獵）

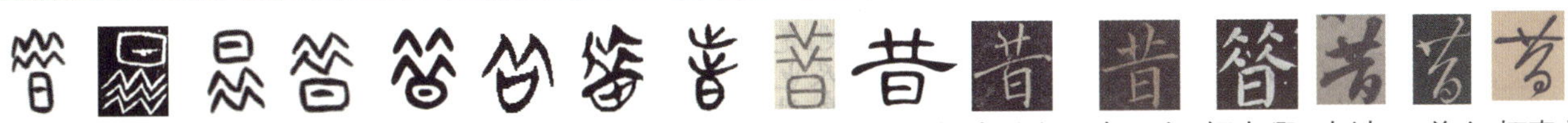

（甲骨 甲骨 甲骨 甲骨 金文 楚简 简帛 简帛 说文 曹全碑 褚遂良 欧阳询 颜真卿 索靖 王羲之 怀素）

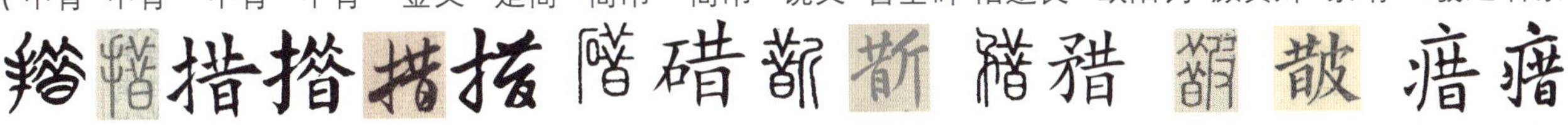

（简帛 说文 欧阳询 颜真卿 米芾 王羲之）（说文 楷书）（说文 黄庭坚）（说文 楷书）（篆字汇 彭玉雯）（欧阳询 王铎）

（说文 欧阳询 王羲之 孙过庭 怀素）（金文 楚简 说文 楷书）（王羲之 索靖 王羲之 说文 颜真卿 史游 王铎 吴昌硕）

辨析：

昔字，篆书变化较多，楷行草结体稳定，颜真卿的楷书写法，篆籀结体更明显。可拓展。猎（獵），繁简两种写法古而有之，其繁体的字根草书列示了三种常用写法，参照巤页。

昔 xī：象形，像残肉日以晞之，与俎同义，本义为干肉。

措 cuò：放置，安放，处理，筹划办理，搁置。

碏 què：敬，石杂色；xī，碍。

斮 zhuó：古同“斫”，斩断；薛综注，击也。

矠 zé：矛一类的兵器；用叉矛刺取。

皵 què：树皮粗糙坼裂，与他人不和睦。

瘖 cù：疹子；古同“厝”，放置。

错 cuò：形声，从金昔声，本义是用金涂饰、镶嵌。1. 不正确，与实际不符：差錯、过錯；2. 交叉着：交錯、错乱；3. 叉开：错开；4. 用来打磨玉石的石头：它山之石，可以为错；5. 打磨玉石：攻错；6. 镀金、银，涂饰：错金、错银、错彩镂金。

遺 cuò：古同“错”，交错。

猎（獵 liè）：形声，从犬巤声，打猎，捕捉禽兽。

拓展：

鹊 惜 揩　遺 斮 楷 熔 瘖 皵 矠 碏 稓 散 褙 褡 婼 窨 峼 湝　P64.4 错综群妙

析 晰 菥 蜥 淅

（甲骨 甲骨 金文 金文 简帛 说文 西狭颂 张迁碑 好太王 欧阳询 颜真卿 赵孟頫 王羲之 赵孟頫

王羲之 王羲之 文徵明 毛泽东）（方去疾 邓石如 欧阳询 颜真卿 黄庭坚 朱文钧 王羲之 李洤 章草）

（金石 欧阳询 颜真卿 王羲之 章草）（说文 虞世南 褚遂良 王羲之 董其昌）（说文 王羲之 黄庭坚 章草）

辨析：

析，用斧子劈开木头。篆书表意清晰，行草书一般为快写，草书也有将斤字省略了横，写两竖或写横与竖勾交叉的。可拓展。

析 xī：会意，从木从斤，用斧子劈开木头，本义为劈、劈木头。

晰 xī：明白、清楚。

菥 xī：菥蓂，二年生草本植物，叶可食，种子可榨油，全草可入药，亦称遏蓝菜。

蜥 xī：蜥蜴，又名石龙子，通称四脚蛇，比喻人格卑鄙的小人。

淅 xī：形声，从水析声，本义是淘，淘米。

拓展：

晰 菥 淅 惁 皙 桼 晳 蜇 蜥 霹

P65.1 窥其根源析其枝派

息 媳 熄 螅 瘜

（金文 盟书 楚简 说文 李斯 李阳冰 肥致碑 欧阳询 颜真卿 柳公权 赵孟頫 赵佶 王羲之 王献之 王操之

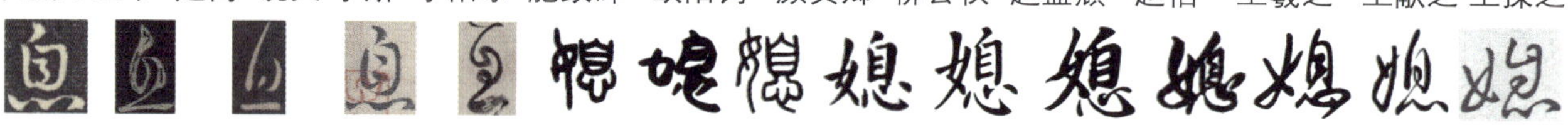

皇象 王羲之 王羲之 邓文原 张旭）（金文 汉简 小篆 颜真卿 柳公权 王羲之 王铎 王羲之 李洤 草字汇）

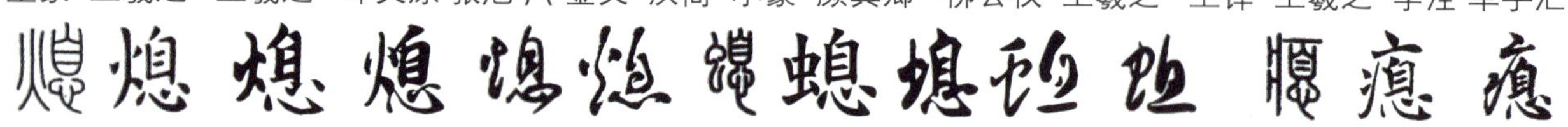

（李斯 欧阳询 赵孟頫 王羲之 王羲之 章草）（小篆 欧阳询 米芾 王羲之 孙过庭）（说文 褚遂良 赵孟頫）

辨析：

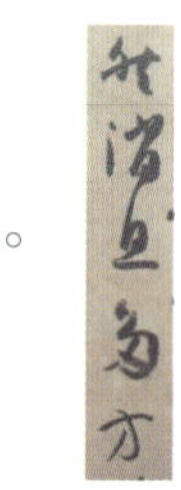

息字字形稳定，草书可快写，自字中间的笔画可以草化为一点，或写张旭的“一笔书”，心字草化为三点或一横。可拓展。

息 xī：会意兼形声，从心从自，自为鼻子，古人以为气是从心里通过鼻子呼吸的，本义是喘气、呼吸。

媳 xí：子妇为媳。

熄 xī：形声，从火息声，本义为火熄灭。

螅 xī：水螅，腔肠动物，身体圆筒形，生活在水中。

瘜 xī：寄肉，瘜肉，古同息肉。

拓展：

郋 葸 潉 榳 鎴 餖

P43.4 然消息多方

奚 谿 鷄（雞鸡）蹊 溪 徯 媄

（甲骨 甲骨 金文 楚简 说文 张迁碑 曹全碑 钟繇 欧阳询 颜真卿 王羲之 虞世南 米芾 赵孟頫 董其昌

皇象 王羲之 怀素 鲜于枢 饶介）（说文 欧阳询 皇象 王宠 王铎）（甲骨 金文 金文 简帛 说文 说文 智永

宋徽宗 邓文原 王铎 王羲之 王羲之 章草）（说文 赵孟頫 王羲之）（金文 智永 怀素）（说文 赵孟頫）（说文 唐寅）

辨析：

奚字的篆书表意清楚，为“绳索捆着的人”，隶书字形稳定，草书一般有四：1. 皇象快写。2. 王羲之下边似“欠字草书”的简明写法。3. 在第 2 种的基础上，下边加横划，草写“大”。4. 作为偏旁可以写“下子”，即“鷄（鸡）须下子先”。

奚 xī：会意，甲骨文左为手（爪）右为绳索捆着的人，本义为奴隶，专指女奴。

谿（磎 xī）：形声，从水奚声，山沟，山谷。

鷄（雞鸡 jī）：家禽。

蹊 qī：蹊跷，奇怪，可疑；xī，小路，践踏。

溪（嵠 xī）：山间的小河流，后泛指小河。

徯 xī：等候，期待。

媄 xī：女奴；xì，怯，妒女。

拓展：

傒 摸 嗘 嵠 徯 菟 欵 榽 膎 褑 磎 緀 螇 謑 豀 貕 鸂 豯 鞵 騱 鼷 鼷

P 48.3 徒青翠而奚托

悉 蟋 窸 僁

（金文 汗简 古文 简帛 帛书 说文 金刚经 欧阳询 颜真卿 柳公权 宋徽宗 王羲之 赵孟頫 张芝 王羲之 王羲之

王羲之）（金文 说文 邓石如 欧阳询 褚遂良 颜真卿 柳公权 赵孟頫 王羲之 苏轼 王羲之 李淦 祝枝山 章草）

（金石篆 何绍基 智永 欧阳询 虞世南 褚遂良 颜真卿 柳公权 赵孟頫 王羲之 黄庭坚 米芾 王铎）（说文 彭玉雯）

辨析：

悉字字形，说文从禾，楷化后从采。悉字有异体字悉和“米心”，草书一般从悉字的快写，其中下边的心字，可草化为三点或一小短横。可拓展。

悉 xī：会意，说文释从心从采，采为辨别，心中加以辨别，很详细，本义是详尽；汗简古文悉字，从心从囧，囧者，窗户明亮。

蟋 xī：从虫悉声，蟋蟀，昆虫，身体黑褐色，触角长，善于跳跃，雄性好斗，两翅摩擦能发声，对农作物有害，亦称促织、趋织，俗称蛐蛐儿。

窸 xī：窸窣，象声词，形容摩擦等轻微细小的声音，亦作窸窸窣窣。

僁 xiè：象声词，僁僁，小声也，呻吟也，拨动草声，绸衣相碰之声，鸟声等等。

拓展：

㓾 嗘 徯 滛 粞 鏭

犀 遲（迟） 墀 樨

（金文 说文 欧阳询 颜真卿 颜真卿 米芾 皇象 王羲之 赵孟頫）（甲骨 金文 汉印 说文 说文 说文 礼器碑

礼器碑 褚遂良 颜真卿 王羲之 王献之 赵孟頫 索靖 王羲之 邓石如 王铎）（金文 说文 邓石如 欧阳询

颜真卿 欧阳询 王羲之 王羲之 李淦）（金石篆 欧阳询 颜真卿 王羲之 欧阳询 王羲之 王羲之 张瑞图）

辨析：

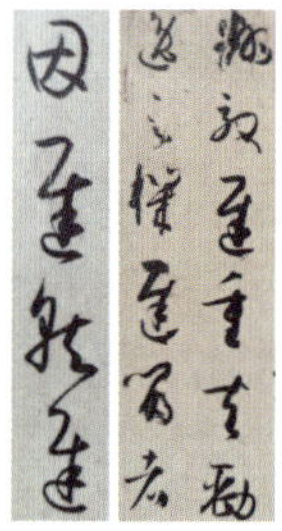

犀字字形稳定，有异体字犀，从羊，草书一般写“犀（尸羊）”。可拓展。迟（遲）字从犀，有异体字遅，遅从羊，草书从之。同理，墀和樨等字的草书亦写从羊的结构。

犀（犀 xī）：《说文》南徼外牛，一角在鼻，一角在顶似豕，从牛声。

遲（迟 chí）：《说文解字》：迟，徐行也，从辵犀声，偏旁“犀”简化为“尺”。

墀 chí：形声，从土犀声，古代殿堂上经过涂饰的地面。

樨 xī：常绿小乔木或灌木，开白色或暗黄色小花，有特殊的香气；这种植物的花，通称桂花；指加肉、木耳等烹调的鸡蛋。

拓展：

倨 握 渥

P45.5/45.6 翻效迟重 / 迟留者　　P46.4 因迟就迟

虘 覷 戲（戏） 巇 嚱

（说文 楷书）（六书正讹 何绍基 欧阳询 王羲之 邓文原 赵之谦）（金文 金文 金文 金文 楚简 说文 隶辨

王羲之 王羲之 赵孟頫 王羲之 赵孟頫 姜夔 米芾 1 王铎 孙过庭 2 章草 李世民 米芾 王宠 于右任 3 汉简

王羲之 颜真卿 王羲之 于右任）（篆字汇 何绍基 虞世南 颜真卿 赵孟頫 米芾 沈周 蔡襄）（维摩诘 祝永明）

辨析：

虘的篆书突出了虎头，作为字根，虘字楷化后有虎头加业、豆、丘等多种写法，如戲（戏）字，草书写法：1. 从业、丘省；2. 从豆（容器），借“皿”形；3.“戏”快写。

虘 xī：古代的一种陶器。

覷（覰覷 qù）：均同覻、覷，看，偷看，窥探；qū，把眼睛眯成一条细缝看。

戲（戏戯戱 xì）：形声，从戈虘（xī）声，本义是一种兵器，引申为玩耍、嘲弄、开玩笑、戏剧等。

巇（巇 xī）：隙间，比喻可乘之机，险恶、险峻。

嚱 xī：表示感叹。

拓展：

歔 隵 墽 獻 爔

X

巂 攜（㩗 携） 酅 嫶

（金文 秦简 说文 欧阳询 赵孟頫 鲁迅）（简帛 说文 隶辨 邓文原 何绍基 王铎 吴昌硕 毛泽东 毛泽东

赵孟頫 柳贯 王铎 王铎 曹全碑 王羲之 赵孟頫 王羲之）（说文 楚简 五经 维摩诘 卢中南）（说文 维摩诘）

辨析：

巂从山从隹从冏，该字作为字根的字异体字变化较多，如瓗同瓊（琼），从敻，见敻页；攜同携，携从隽，见隽页。

巂 xī：越巂，县名，在四川，今作越西；guī，鸟名，即子规；通规，指车轮转一周；juàn，古地名，在今中国山东省东阿县西。

攜（㩗携 xié）：形声，从手巂（xī）声，本义是提着，拿着，持，牵挽，挽扶，拉（扶老攜幼）。

酅 xī：地名，春秋时齐邑，今山东东阿西南。

嫶 xié：古代中国北方神名；huī，愚憨多态，美好的样子，过。

拓展：

嶲 瓗 攜（携） 劙 儶 酅 嫶 槜

席 蓆

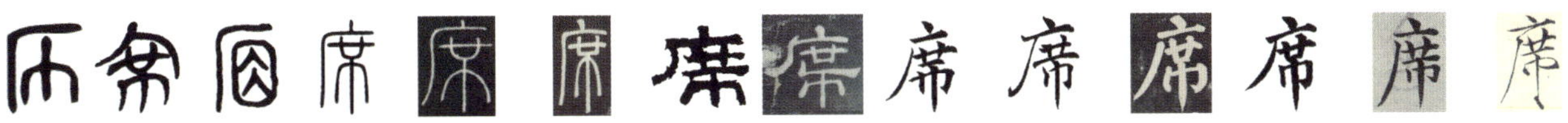

（金文 简帛 古文 说文 李阳冰 邓石如 鲜于璜 夏承碑 欧阳询 褚遂良 颜真卿 柳公权 赵孟頫 宋徽宗

王羲之 颜真卿 米芾 王铎 史游 王羲之 王羲之 赵孟頫 王铎 章草）（汗简 说文 伊秉绶 虞世南 米芾 赵孟頫）

辨析：

席字的字形稳定，草书有两种：1. 快写。2.“广戈巾席”：即廿字草化为“戈”，其余部件为快写。

席（xí）：会意，从巾庶省声，天子诸侯的席有刺绣镶边，故从巾，席用来待广大宾客，故从庶省，本义为供坐卧铺垫的用具，蓆的古字；古文席字从石省，下象形 。

蓆 xí：广多也，从艸席声，与席通。

拓展：

𠳿 䙈

習 翫（貦玩） 褶 熠 槢

（甲骨 楚简 说文 桂馥 赵孟頫 欧阳通 颜真卿 王羲之 怀素 王羲之 王羲之）（说文 邓石如 欧阳询 颜真卿

智永 孙过庭 怀素 宋徽宗 说文 楷书 说文 衡方碑 曹全碑 帛书 敦煌 欧阳询 王羲之 孙过庭 王铎 毛泽东）

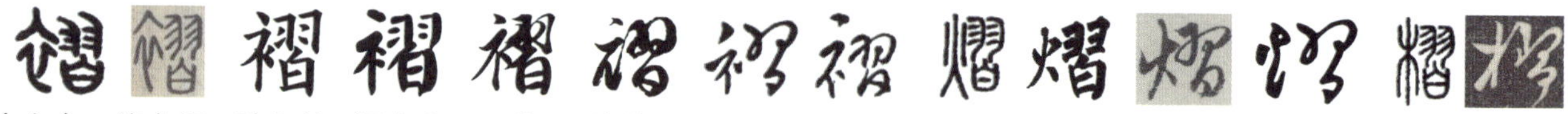

（金文 篆字汇 欧阳询 颜真卿 王羲之 徐伯清 王羲之 章草）（说文 柳公权 赵孟頫 王羲之）（说文 曾肇）

辨析：

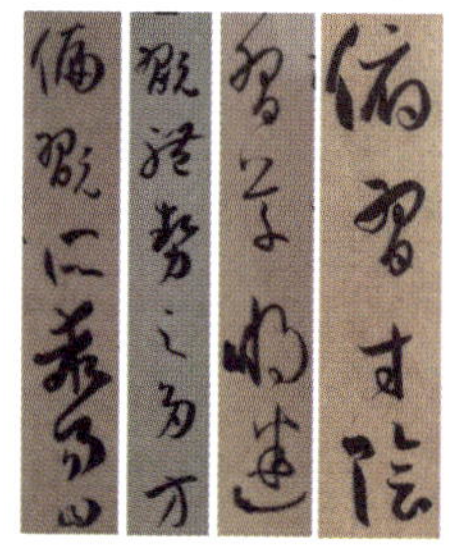

習字字形稳定，草书为“省点快写”。可拓展。玩字繁简两种写法从古至今一直存在，翫从習，草法须写清楚部件習字，“玩”字的草法就是快写。褶字须注意今草和章草衣旁的区别。

習 xí：数飞也，从羽从白。

翫（玩 wán）：形声，从玉元声，本义是以手玩弄玉，秦代文字中玩字又可作貦，从贝表义。其中，翫 wán，习惯而不留心，引申为放松警惕，同玩；貦，古同玩。

褶 zhě：衣服摺叠而形成的印痕，褶皱。

熠 yì：形声，从火习声，本义是光耀、鲜明。

槢 xí：古书上说的一种树，木材坚硬；起接合作用的木构件。

拓展：

嶍 慴 摺 溜 嘈 㵿 戳 䐔 磖 瘤 縚 䲼 謵 霫 鳛 飁 騽 鰼

P13.2 俯习寸阴　P18.1 习草将迷　P15.2 玩体势之多方　P50.1 偏玩所乖，易曰……

喜（憙） 禧 嘻 囍 僖 嬉 熹

（甲骨 甲骨 甲骨 金文 金文 盟书 简帛 汗简 古文 说文 说文 汉印 隶辨 邓石如 颜真卿 赵孟頫 欧阳询

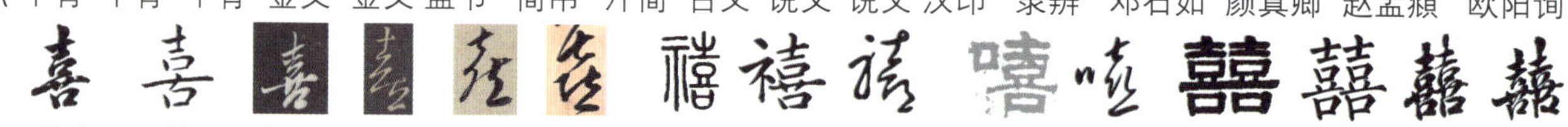

王羲之 王羲之 米芾 王羲之 空海 王铎）（说文 王羲之 王羲之）（蔡邕 李洤）（伊秉绶 柳公权 王羲之 王铎）

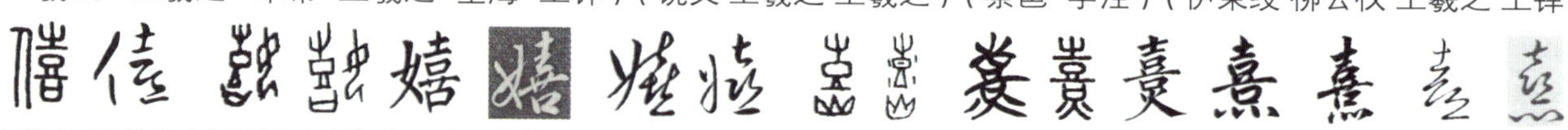

（说文 王羲之）（甲骨 甲骨 柳公权 米友仁 王羲之 流江）（甲骨 甲骨 简帛 说文 佚名 赵孟頫 王羲之 王羲之 赵构）

辨析：

喜字隶定字形稳定，其草书，1. 从吉从古的“吉古喜”，2. 改变结构，草化为“七 23 一喜”，即上边草化为“七”，中间为“23”，下边的口（或心）草化为“一”。可拓展。

喜（憙 xǐ）：会意，甲骨文上面是鼓的本字，下面是口，鼓表示欢乐，口是发出欢声，本义为快乐、高兴；歖，古文；憘 xǐ，古文同喜，xī，叹息的声音。

禧 xǐ：形声，从示喜声，幸福、吉祥。

嘻 xī：叹词，表示赞叹、悲叹或惊惧。

囍 xǐ：双喜，多用于婚嫁等喜庆场合。

僖 xī：形声，从人喜声，喜乐。

嬉 xī：无拘束地游戏，玩耍。

熹（熺 xī）：形声，从火喜声，本义是烤炙；亮，光明。

拓展：

僖 憘 禧 澿 鼓 嘻 橲 歖 熺 禧 䵱 瞦 磶 糦 繥 蟢 譆 𪔂 譆 饎 饎 鱚 鱚 𪒨

下 卞 吓（嚇） 忑 虾（蝦）

（甲骨 金文 楚简 说文 李斯 李阳冰 居延简 礼器碑 欧阳询 颜真卿 柳公权 赵孟頫 赵佶 王羲之

王羲之 宋徽宗）（金文 礼器碑 王羲之 智永 王羲之 索靖）（六书通 颜真卿 王羲之 汉简 王羲之 欧阳询

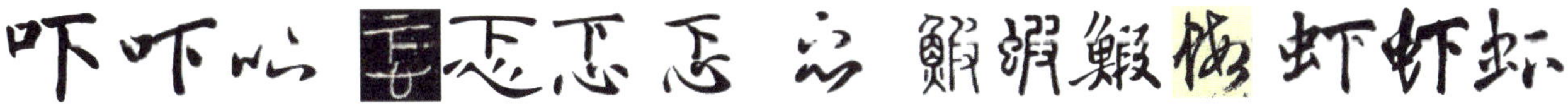

颜真卿 黄庭坚 王羲之）（金文 佚名 柳公权 王羲之 王羲之）（说文 说文 苏轼 文徵明 赵孟頫 王铎 章草）

辨析：

下字的篆书为指事，隶定结构稳定，草书写“上一下二”的三个点。可拓展。下字的篆书本从“人”，隶定从“下”。吓和虾字分别有异体字嚇和蝦鰕字的写法，分别从赤和叚，参见赤和叚页。

下 xià：指事，甲骨文上面部分表示位置的界限，下面部分表示在下的意思，本义是下面，与“上”相对，有等级低、落下、到、幼小等意。

卞 biàn：法、法度；春秋时鲁邑，汉置卞县，后魏废，故址在今山东泗水县东；性情急躁。

吓（嚇 hè）：形声，从口赫声，本义是恐吓，恫吓。

忑 tè：忐忑（tǎn tè）。

虾（蝦鰕 xiā）：从虫叚声，动物名，节肢动物门，甲壳纲，软甲亚纲，十足目，长尾亚目。

拓展：

乤圷苄疜祄　P12.4 下必有由

夏 厦 嗄

（甲骨 甲骨 甲骨 甲骨 金文 金文 金文 铭勋钟 秦公簋 楚简 楚简 楚简 楚简 秦简 古文 说文 邓石如

曹全碑 隶辨 天香楼 敦煌 欧阳询 颜真卿 柳公权 赵孟頫 赵佶 王羲之 米芾 王铎 皇象 皇象 王羲之 智永）

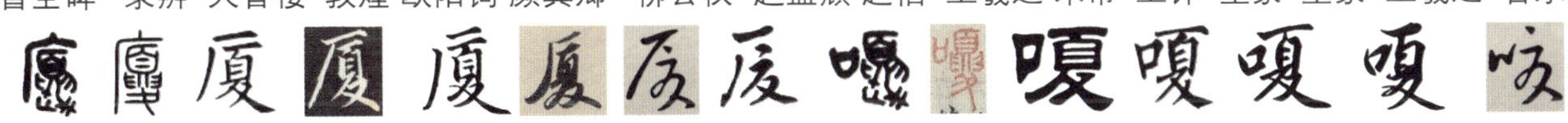

（金文 说文 欧阳询 成亲王 赵孟頫 苏轼 王羲之 章草）（金文 石韵府 佚名 柳公权 赵孟頫 王羲之 王羲之）

辨析：

夏字的篆书像人形，字形多变，草书为“点反”，即上横草化为点，“目”草化为一横，“夊”保留。厦从厂从夏，草书从之。需要注意的是“憂”字，憂字的结构可看作“从夏从心”，草书即为“夏心”，心由内移到字底，参见憂页。夏与复很相似，复做为字根其草书一是写“𠂉反”，二是写“夊”，参见复页。

夏 xià：会意，小篆字形从页从臼从夊，页为人头臼（jiù）是两手，夊（suī）乃两足，头、发、眼、身躯、臂腿脚俱全，像双手摆开的人形，古代汉民族自称。

厦 shà：形声，从广夏声，大屋子。

嗄 shà：嗓音嘶哑。

拓展：

廈 榎 夥 㥦 歅 煆
P58.6 夏虫哉

仙（僊）

（古文 说文 兰亭序 肥致碑 曹全碑 王羲之 褚遂良 宋徽宗 王羲之 王羲之 怀素 鲜于枢 王铎）

（古文 古文 古文 古文 简帛 说文 李阳冰 欧阳询 宋徽宗 苏轼 王铎 王宠 神庙碑 何绍基 王宠 王铎）

辨析：

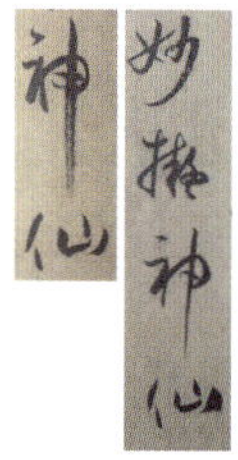

仙字古而有之，行草书为快写；该字的异体字较多，各体常见的写法从僊、僲和僲形，从䙴的字，参见䙴页，从舛的字参见舛页。

仙（僊 xiān）：会意，本作“僊”，长生僊去，从人从䙴，右边的意思是人爬到高处取鸟巢，加上“人”旁，表示人升高成仙，隶书作“仙”，表示仙人多住在高处，本义指仙人。异体字有僊僲仚仚𠌯“僊字下从山”等等；其中𠌯，《通鑑》杨轨西奔𠌯海；还可读 líng，与零同。

拓展：

P8.6 假托神仙　P14.6 妙拟神仙

先 洗 酰 跣 侁 铣 兟

（甲骨 甲骨 金文 楚简 说文 邓石如 肥致碑 夏承碑 曹全碑 王羲之 欧阳询 褚遂良 颜真卿 柳公权 赵孟頫

庾亮 王羲之 王献之 米芾 史游 王羲之 王献之 怀素 文徵明）（金文 说文 礼器碑 欧阳询 苏轼 王羲之 章草）

（粗篆 欧阳询 王羲之）（说文 王羲之 王羲之 王铎）（楚简 说文 赵之谦）（说文 柳公权 黄庭坚 王羲之 章草）（说文 虞世南）

辨析：

先字的篆书从止从人，隶定字形稳定，草书为快写。可拓展。宪（憲）字从目害省，见宪页。选（選）从巽，见巽页。

先 xiān：会意，甲骨文上面是“止”（脚），下面是“人”，意思是脚已走在人的前面，本义为前进，走在前面。

洗 xǐ：形声，从水先声，甲骨文上为足形下为水形，本义为用水洗脚。

酰 xiān：无机或有机含氧酸除去羟基后所余下的原子团，亦称酰基。

跣 xiǎn：形声，从足先声，本义为赤脚。

侁 shēn：行貌，从人先声，匆匆奔走，众多。

铣（銑 xǐ）：形声，从金先声，本义为富有光泽的金属。

兟 shēn：说文曰，进也，从二先；锐意进取。玉篇云，兟兟，众多貌。

拓展：

冼 诜 郑 姺 拺 毨 烍 珗 敒 梽 𢿏 殅 痃 兟 筅 粇 詵 𣮑 駪

P27.5 自标先后　P29.6 自标先后

韱 讖 籤（籖签䈜㰊）櫼（槧杉）攕（摻㩥）醶（醦醶）瀸（㶒）嚱

（古文 秦简 汉简 说文 张即之 张即之）（金文 简帛 说文 王羲之 欧阳询 黄庭坚 谯君碑 褚遂良 王羲之 赵构 章草）

（金文 说文 王羲之 欧阳询 王铎 石门铭 邓石如 智永 欧阳询 王羲之 王羲之 陈兆仑 颜真卿 黄庭坚 颜真卿 赵孟頫）

（说文 维摩诘 孙过庭）（古奇字 说文 维摩诘 袁枚）（说文 楷书）（说文 张即之 苏孝慈 维摩诘 维摩诘）（篆字汇 敦煌）

辨析：

韱字不常用，作为字根，其异体字变化较多，常用的为纖，又与遷和躚字，分别有异体字纤、迁和跹，从千，可参见千字页。除了上述三个字，本页从韱拓展字，都没有从“千”字的异体字写法。韱字作为字根同䑕，而䑕从𢦏，属哉字头，各体写䑕累见。由于韱字拓展的字的异体字变化较多，故在括弧中予以部分列示，供参考。

韱 xiān：说文曰：韱，山韭也，从韭𢦏声，𢦏，田间收割刀具。

讖（讖 chèn）：迷信的人指将要应验的预言、预兆。

籤（籖签䈜㰊 qiān）：竹籤，用以卜者。

櫼（槧杉 jiān）：楔也，上平下尖，塞在榫头缝内用以固定的木签，泛指用竹木削成的细条状东西；shān，所咸切，杉，同檆，木名，似松。

攕（摻㩥 xiān）：手纤细的样子，古同摻；jiān，削；古通櫼，楔子。

醶（醦醶 chǎn）：名词用酒发酵或以米、麦、高粱等酿制而成的酸味液体，酢也，酢味同醋，味酸。

瀸（㶒 jiān）：泉水时流时止；浸渍，沾湿，和洽，疾病互相传染。

嚱 jiān：不廉也。

拓展：

讖（讖讖）籤（签䈜㰊籖）櫼（槧杉）襳（衫）瀸（㶒）嚱鑯（鋟鑯）攕（摻㩥）醶（醦醶）襳（縿襳）幱（攕）獮（獮）巉（巉巉）𢕟臘（臘）𣰟氬燣（熸燍熸）韯礸（礸）穖曔𢕟瘷糤蠘（蠘蠘）躐轞（轞）靎（雭霰雯霴霷靎）鐖醶鬛（鬛鬛髭鬏鬛戳）鸗（鐖鑯蟖）

臤 賢（贤）医（醫醫）堅（坚）緊（紧）豎（竖）掔

（金文 古文 说文 楷书 金农 颜家龙 邹武生）（金文 石鼓文 说文 曹全碑 宝子碑 钟繇 欧阳询

颜真卿 王羲之 王羲之 陆柬之 皇象 索靖 王羲之 智永 张旭）（篆字汇 说文 颜真卿 异体字 皇象 邓文原）

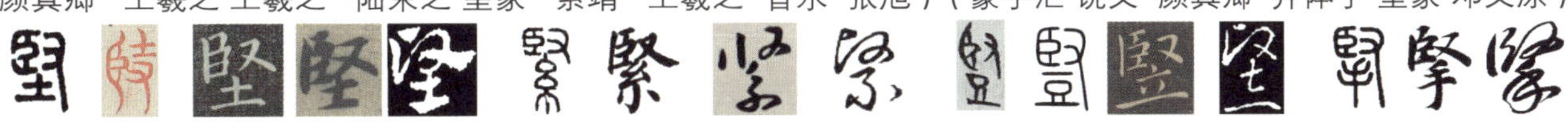

（说文 石韵府 欧阳询 智永 皇象）（说文 颜真卿 王羲之 李世民）（盟书 说文 褚遂良 韵会）（说文 智永 傅山）

辨析：

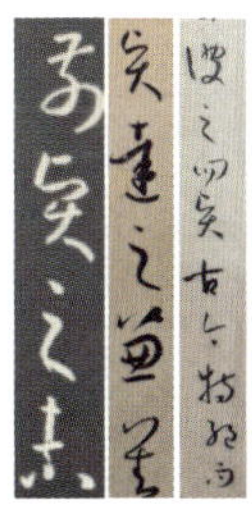

臤字从又从臣，草化为“点、竖提、又”，賢堅緊豎掔等从“臤”的字一般都可从此草法。而臣字作为字根，草书一般又有三种：“点＋竖提”、两竖、“13”之形等，由此可以产生不同的变化。贝字居下时草书可写“大”形，立字草书可写“七一”医（醫）字有从臤的异体字，医字草书除了“简体”，即从臤，为“医初尚类坚”，参见医页。

臤 xián：xián 同贤；qiān 坚固；qìn 人名用字，也作“堅”。

贤 xián：说文曰，贤，多才也，从贝臤声。

医（醫醫 yī）：从匚（fāng）从矢，矢亦声，殹是治病时的扣击声，酉为用以医疗的酒，合起来表示医生。

堅（坚 jiān）：会意，从臤从土，臤，金文像以手拉臣（屈服的奴隶），从“土”，表示土质坚硬，本义为泥土坚硬。

緊（紧 jǐn）：缠丝急也；急促、迫切，经济不宽裕，很、甚等。

豎（竖 shù）：竖立也；童仆，宫中供役使的小臣。

掔 qiān：用手握紧，牵引，厚实，牵引，后作牵；wàn，同掔（腕）。

拓展：

藖 鑦 臔 礥 嫛 掔 䝨 臀 㱃 翆 臀 䐜 臀 蜸 豎 鋻 鑋

P4.4 彼之四贤特绝古今　P15.6 贤达之兼善　P64.5 前贤之未及

X

㬎 顯（显） 濕（湿） 隰 𡒄 韅

（说文 楷书）（金文 金文 金文 盟书 楚简 说文 李斯 衡方碑 宝子碑 欧阳询 颜真卿 柳公权 赵孟頫

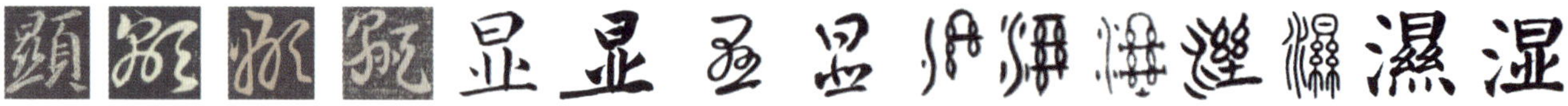

王羲之 皇象 王羲之 祝永明 王羲之 黄庭坚 王羲之 章草）（甲骨 甲骨 金文 简帛 说文 颜真卿 颜真卿

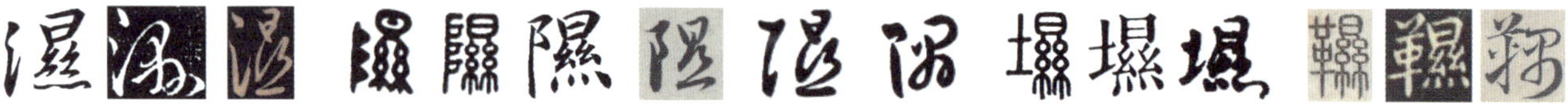

王羲之 王导 王羲之）（金文 说文 虞世南 赵孟頫 王羲之 孙过庭）（说文 楷书 敦煌）（篆字汇 皇象 皇象）

辨析：

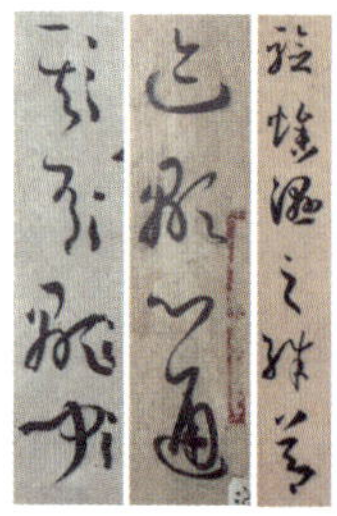

㬎字小篆以后字形稳定，顯（显）和濕（湿）等字从㬎，草书写法有快写、将下边的“丝”草化为一个或两个使转。可拓展。

㬎 xiǎn：同顯，日中视丝，丝微妙也，有明察及微妙之意也。

顯 xiǎn：从頁从㬎，㬎亦声，今字从页，与人头有联系，本义为头上的装饰品。

濕（湿 shī）：会意兼指事，从水顯声，本义是潮湿。

隰 xí：低湿之地。

𡒄 zhí：低洼地，累土；zhé，田实。

韅 xiǎn：腹下系马鞍的皮带。

拓展：

[illegible] [illegible] [illegible] 礘 [illegible] [illegible] [illegible] [illegible] [illegible] [illegible] 灦

P32.4 其有显闻　P33.1 迹显心通　P22.5 验燥湿之殊节

县（縣） 悬（懸）

（甲骨 金文 说文 简帛 张迁碑 欧阳询 褚遂良 颜真卿 赵孟頫 赵佶 黄庭坚 王羲之 智永 欧阳询 邓文原）

（说文 曹全碑 王羲之 智永 欧阳询 颜真卿 柳公权 赵孟頫 张芝 王导 王羲之 智永 怀素 米芾 赵孟頫）

辨析：

县字的篆书表意清晰，隶定从“县糸”，草书写法起笔有点无点均可，右边是糸字的草书。悬字下的心字，多数书家草化成一横。可拓展。

县 xiàn：会意字，古同“悬”，在甲骨文中，县字的右边是一棵树（木），左旁的上方是挂在树上的一根绳子（“幺”），左下方则是一个悬挂在绳子上的人头（即“首”字），这是在树上用绳子高挂人头以示惩罚的可怕的形象，是由“木”“幺”“首”三个独体象形字合起来的会意字。自从“县”字借用为郡县之县后，大约在汉魏时代，“挂”“吊”和“距离遥远”之意由“县”下加“心”的“悬”字表示，和“县”区别开来。

悬（懸 xuán）：形声，从心县声，本作“县”，像断首倒挂，后加“系”，假借为行政区域的“县”后，另加“心”字表示悬挂，本义是吊挂。

拓展：

[illegible] [illegible] [illegible] [illegible] [illegible] [illegible] [illegible] [illegible] [illegible]

P10.6 观夫悬针垂露之异

臽 陷 馅 焰 掐 谄

（甲骨 甲骨 金文 说文 西狭颂 颜家龙 邹武生）（甲骨 金文 金文 楚简 简帛 说文 何绍基 智永 王羲之 韵会 章草）

（篆字汇 王羲之 颜真卿 赵孟頫 王羲之 章草）（金文 简帛 说文 说文 欧阳询 褚遂良 王羲之 王羲之 米芾 韵会）

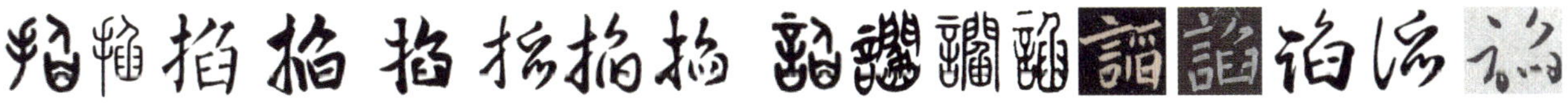

（金文 说文 柳公权 赵孟頫 王羲之 王羲之 日本 章草）（金文 简帛 说文 说文 魏碑 颜真卿 禹卫 王羲之 孙过庭）

辨析：

臽字的字形稳定，臼字的草书写法，可草化为三点，亦可写“旧”。閻（阎）字从臽，见阎页。

臽 xiàn：从人在臼上，小阱也，陷也。

陷 xiàn：会意兼形声，从阜从臽，臽亦声，篆书像人掉进陷阱形，本义为坠入、掉进。

馅（陥 xiàn）：包在面食或点心等食品里面的肉、菜、糖等。

焰（燄 yàn）：形声，从火臽声，本义是火苗；焰为爓之省。

掐 qiā：从手臽声，爪刺也。

谄（諂 chǎn）：形声，从言臽声，本义为谄媚、曲意迎合。

拓展：

帕 啗 埳 惂 淊 萏 脂 欿 窞 鹐 峈 蜭 輡 焭 錟 錎 濶 鮨 嚪 壛 鵮 櫩 爓 癎 繝 齰 讇

宪（憲）

甲骨 金文 金文 楚简 楚简 秦简 说文 张季戎 衡方碑 夏承碑 曹全碑 欧阳询 虞世南 颜真卿 柳公权

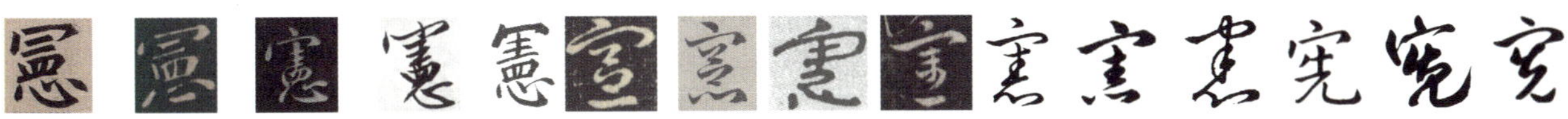

赵孟頫 王僧虔 鲜于枢 文徵明 启功 皇象 邓文原 简书 索靖 王献之 韩道亨 韵辩 王羲之 王铎 王羲之

辨析：

宪字的写法自古即有“宪”和“憲”等多种，无论篆书还是隶楷，均有较大的结构变化，宀头有点无点均可，中间可分别从先、ㄗ、二、土、丰、壬和龶等部件。宪字的草书一般有三：1.“宀吕心宪”，即中间部件的草书写法写“张季戎”墓志的异体字结构，上下两个ㄗ（吕字的草书）；2.“宀龶（青字头）心宪”，心字草写三点或一横；3.“宪”字快写。

宪（憲 xiàn）：会意，从心从目害省声，心、目并用，本义为敏捷；说文曰：“宪，敏也。”法令、方法、公布等。

拓展：

蠢

乡（鄉） 饗（飨） 蠁（蚼 蚃） 芗

（甲骨 甲骨 甲骨 甲骨 金文 金文 金文 清华简 秦简 汉印 说文 曹全碑 颜真卿 赵孟頫 王献之 欧阳修

皇象 王羲之 王铎 黄庭坚 王铎）（古文 古文 简帛 说文 乙瑛碑 赵孟頫 王铎 王羲之 章草）（广义 彭玉雯

欧阳询 赵孟頫 说文 楷书）2（金文 说文 赵孟頫 王羲之 汉简 王羲之 王铎）*（甲骨 说文 王羲之 皇象）*

辨析：

乡字有鄉和乡两种写法，拓展的字亦如此。“鄉”字左右有相同的结构，可草化为两点，中间的部件连带草化为一点，连写后还可以理解为为“点点卩”。拓展的雍字，左下本为邑，“乡”字属楷化时讹变形成，篆隶有从纟或从子的写法，草书即由此而写，参见“雍”页，其余的字则可用乡字的草法进行组合。鄉还可参见“卿鄉即”页。

乡（鄉 xiāng）：会意，据甲骨文像二人对食形，鄉和饗原本是一字，整个字像两个人相向对坐，共食一簋的情状，本义是用酒食款待别人，是饗的古字。

饗（飨 xiǎng）：用酒食招待客人，泛指请人受用；祭祀。

蠁（蚼蚃 xiàng）：蛹中虫。

芗（薌 xiāng）：古书上指用以调味的紫苏之类的香草；同香。

拓展：

乡：*雍*　　廱 雝 癰　　鄉：榔 鑾 饗

相 湘 缃 廂 想 霜 箱

（甲骨 甲骨 散氏盘 楚简 诅楚文 说文 礼器碑 瘗鹤铭 欧阳询 颜真卿 钟繇 皇象 索靖 王羲之 智永）

（金文 楚简 说文 王献之 赵孟頫 武则天）（金文 说文 欧阳询 王绂 王羲之 宋克）（说文 颜真卿 于右任）

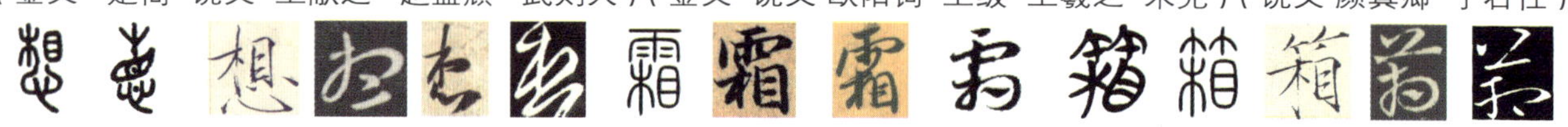

（说文 金刚经 宋徽宗 张芝 王羲之 张旭）（说文 赵孟頫 王羲之 邓文原）（简帛 说文 赵佶 皇象 欧阳询）

辨析：

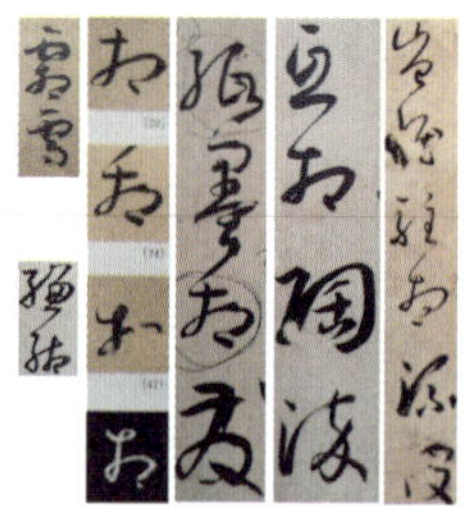

相为木加目，篆书的部件可在四个方向变动，隶定字形稳定。草书写法，木旁的撇捺大部分书家用撇提代替；目字借用口字的倒三角草法，一种点在内，一种点在外。相字作为字根可以拓展。

相 xiāng/xiàng：始见于商代甲骨文、金文，古字形像用眼观察树木，本义是查看，即观察形状，加以判断；相又引申为占视，即根据事物外貌、外形和情状来占卜祸福；又引申作名词用，指所观察的情状、形貌，又指起辅助作用的人；以上读 xiàng。xiāng，表示亲自视察。另外，相还作副词用，表示动作交互或单方面的加于对方。

湘 xiāng：形声，从水相声，湘江。

缃（緗 xiāng）：浅黄色。

廂 xiāng：东西廊，边、旁，车厢。

想 xiǎng：形声，心形相声，本义是想念，怀念，羡慕。

霜 shuāng：露所凝也；年岁，年岁的代称，犹言秋；喻白色、高洁，冷酷，锋利。

箱 xiāng：形声，从竹相声，本义为车箱；仓库，量词。

拓展：

廂 葙 媚

P16.3 互相陶淬　P24.1 纸墨相发　P28.4 空著缣缃　P36.3 岂唯驻想流波　P47.2 凌霜雪而弥劲

香 馥 馣 馤 馞 馜 馡 馝 馚 馨

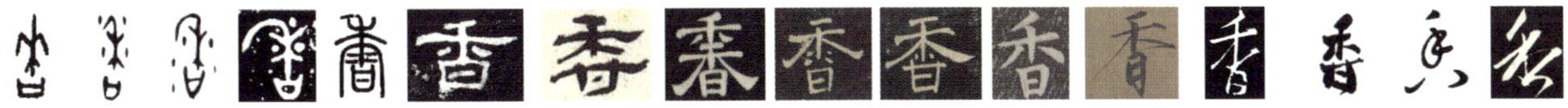

（甲骨 甲骨 甲骨 金文 说文 史晨碑 张迁碑 天香楼 王铎 王铎 欧阳询 赵佶 王羲之 郑板桥 王羲之 张旭

陈献章）（简帛 古文 说文 欧阳询 褚遂良 王羲之 孙过庭 李淦 流江）（傅增湘 王铎）（篆字汇 王铎）

（篆字汇 赵之谦 王铎）（篆字汇 李邕 王铎）（篆字汇 王铎）（六书通 李邕）（六书通 维摩诘）（金文 赵佶 启功）

辨析：

香字的篆书和隶书变化较多，楷书稳定，个别书家有从篆书甘字的写法。香字的草书从禾从日，日字快写或草化为两点均可。可拓展。馨字还从殸，而殸字的草书偶见从“戈”的写法，参见殸。

香 xiāng：会意字，小篆从黍从甘，黍表谷物，甘表香甜美好，本义为五谷的香。

馥 fù：形声，从香复声，本义是香、香气。

馣 ān：香气。

馤 ài：香气，韩愈的城南联句云径兰销晚馤。

馞 bó：香气浓烈，馝馞，馞馞。

馜 ní：香气浓。

馡 fēi：香气散逸的样子，如重岩吐清溜，澄阴布残馡。

馝 bì：香气浓烈，馝馞，如俎豆有馝。

馚 fēn：馚馧，香气。

馨 xīn：形声，从香殸声，殸，籀文磬（qìng），本义为芳香、散布很远的香气。

拓展：

唒 湭 萫 楿 馪 甜 馛 楿 馟 馠 頟 𩞾 闀 馩 馢 馧 馦

襄 1：襄 壤 镶 嚷 釀（酿） 瓤 骧 攘

（甲骨 金文 金文 金文 金文 金文 古文 楚简 秦简 说文 何绍基 王羲之 欧阳询 赵孟頫 王羲之 王羲之

赵孟頫）（金文 简帛 说文 欧阳询 索靖）（说文 柳公权 王羲之）（说文 颜真卿 王羲之 王羲之）（简帛 说文

苏轼 王羲之 赵孟頫 王羲之）（金文 智永 王羲之）（金文 说文 赵佶 怀素）（简帛 说文 曹全碑 李淦 章草）

辨析：

襄字的篆书形态差异较大，隶楷字形稳定，草书一般将口简省为一个点，下边的三横省略一横，衣字下部草书省略一笔。可拓展。

襄 xiāng：会意，金文“襄”是手拿农具在地里挖一个个小洞，放进种子，再盖土，《说文》称“解衣耕”，本义是解衣耕地。

壤 rǎng：柔土，即经耕作的土地，土壤。

镶（鑲 xiāng）：铸铜铁器模型的瓤子，古兵器名；相嵌。

嚷 rǎng：吵闹，叫喊，责备、训斥；rāng，嚷嚷。

釀（酿 niàng）：做酒、釀造，醞釀。

瓤 ráng：瓜类的肉，浑浊的，松软的，没有能耐。

骧（驤 xiāng）：后右蹄白色的马；马奔跑；头高昂。

攘 rǎng：推让，退让。

拓展：

穰 儴 懹 獽 讓 巆

X

襄 2：瀼 讓 孃 蠰 欀 勷 儴 磏 膿 饟

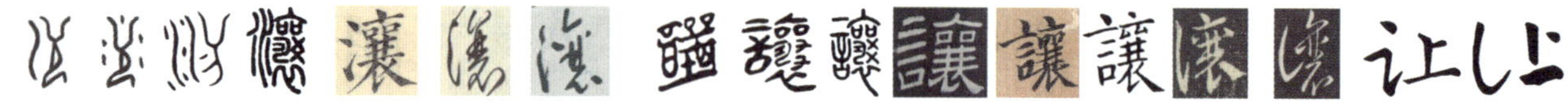

（甲骨 甲骨 金文 说文 彭玉雯 王铎 于右任）（楚简 秦简 说文 夏晨碑 智永 智永 皇象 王羲之 王羲之 王羲之）

（金文 简帛 说文 欧阳询 颜真卿 王羲之 甲骨 欧阳询 唐太宗 王羲之）（古文 说文 彭玉雯）（分韵 篆字汇 成亲王

皇象）（金石篆 柳公权 赵孟頫 王羲之）（篆字汇 彭玉雯）（篆字汇 楷书）（楚简 说文 楷书）（说文 钟繇 赵孟頫 王铎）

辨析：

襄字作为字根，有较强的拓展性，各体写法可相互参考。

瀼 ráng：露很大的样子；ràng，水名，瀼水分西瀼、东瀼，在蜀；异体字有瀁、瀼、瀤和囊。

讓（让 ràng）：责备；退让、谦让，推举，请、邀请，允许，要求，骚扰，放弃自己的权利给别人。

孃 niáng：同娘；烦扰也，一曰肥大也。

蠰 shàng：一种类似天牛的虫，体上有白点，喜食桑叶；rǎng，一种形似蝗虫而体型较小的虫，善于跳跃。

欀 xiāng：古书上说的一种树，树皮中有像白米屑的东西，捣碎，用水淋过后，可以做饼；木器的里衬；支撑屋架的部件。

勷 ráng：行走的样子；xiāng，古同襄，助；辅助。

儴 ráng：因循，沿袭；同攘，趁其来而窃取；xiāng，儴佯，义同徜徉，徘徊。

磏 rǎng：雌黄之恶者。

膿 náo：膿膿，肥也；rǎng，音穰，义同。

饟 xiǎng：同饷，军警的薪俸、粮食；送食物与人；náng，（方）馅，吴语。

拓展：

儴 爙 歟 殰 氉

襄 3：瓖 穰 襛 禳 纕 鄸 蘘 簑 曩 釀

（篆字汇 楷书）（金文 简帛 说文 樊敏碑 好太王 赵孟頫 董其昌 米芾 王羲之）（金文 楷书）（金文 简帛 古文 古文 古文 说文

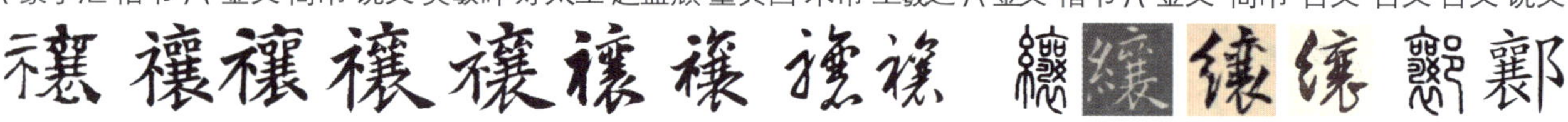

华山庙 欧阳询 颜真卿 欧阳询 褚遂良 王羲之 陆柬之 王羲之 李诠）（说文 欧阳询 米芾 文徵明）（说文 楷书）

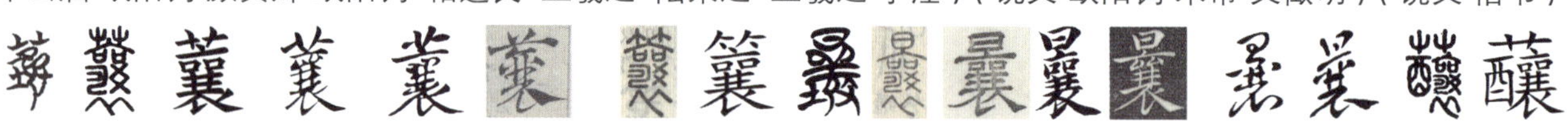

（简帛 说文 欧阳询 赵孟頫 黄庭坚 邓文原）（说文 楷书）（简帛 说文 娄机 智永 褚遂良 王羲之 章草）（说文 楷书）

辨析：

襄字作为字根，有较强的拓展性，从口从厶的写法累见，各体写法可相互参考。

瓖 xiāng：马带上的玉饰；镶嵌，同镶 。

穰 ráng：稻、麦等的秆；庄稼丰熟；同瓤。

襛：《字彙補》《金石錄·太公》引《周志》曰：“文王夢天帝服元襛，以立于令狐之津。”

禳 ráng：祭名，祈祷消除灾殃、去邪除恶之祭；去除、解除。

纕 xiāng：佩带，马腹带；rǎng，捋袖露出手臂，束衣袖的绳索，丝纷乱。

鄸 ráng：南阳县名。

蘘 ráng：蘘荷。

簑 ráng/rǎng：褁也，一曰漉米竹器。

曩 nǎng：以往，从前，过去的，曩日、曩年、曩时。

釀 niàng：菜也，从艸釀声。

拓展：

躟 瀼 鬤

享 1：享　孰　熟　敦　鹑　郭

（甲骨 甲骨 甲骨 周鼎 汉刻 说文 说文 张迁碑 颜真卿 赵孟頫 王羲之 王羲之 智永 孙过庭 韵会）

（甲骨 甲骨 金文 帛书 说文 李阳冰 智永 王羲之 皇象）（金文 赵孟頫 欧阳询 王羲之）（金文 说文 智永 皇象）

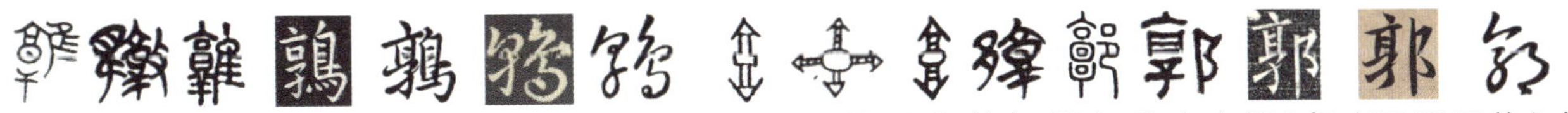

（金文 简帛 说文 虞世南 赵孟頫 皇象 王羲之）（甲骨 甲骨 金文 简帛 说文 衡方碑 柳公权 赵孟頫 王羲之）

辨析：

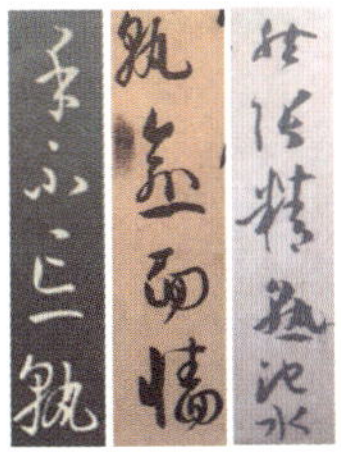

享字的篆书表意清晰，隶定字形稳定，草书一般有三种，1. 草化为“点子”，享字草化掉了横和口；2. 草化为“点横子”，即享字草化掉了口字后的快写；3. “享”字符，享京卓 等字的草书均可使用。可拓展。

享（亯 xiǎng）：献也，从高省，曰象进孰物形；《孝经》曰：“祭则鬼亯之”；异体字有：亯享亭章亹菖臺。

孰 shú：会意，小篆字形左上“享”，左下“羊”，表示食物是羊肉，右边是“丮”（jǐ），表示手持，合起来表示手持熟食吃，本义为熟，煮熟。

熟 shóu：形声，从火孰声，本作孰，熟是后起字，煮熟。孰与熟：“孰”指瓜果自然成熟，“熟”指用火烹饪食物使之可口。

敦 dū：形声，从攴，表示与以手持械的动作有关，本义是投掷古代食器；duì，古代食器。

鹑（鶉 chún）：鹌鹑的简称。

郭 guō：形声，从邑，邑与城郭有关，本义为在城的外围加筑的一道城墙；郭与廓相通。

拓展：

崞 犉 啍 弴 鯙 脝 稕 埻 綧 犉 弹 惇 焞 錞 鞟

P9.2 孰愈面墙　P3.5 然张精熟池水　P66.1 手不忘孰

享 2：淳　谆　惇　焞　錞　醇　犉　椁

（金文 简帛 说文 夏承碑 新绛帖 欧阳询 颜真卿 五经 皇象 王羲之）（简帛 说文 颜真卿 王铎 王羲之）

（简帛 说文 隶辨 欧阳询 颜真卿 米芾 王羲之）（说文 六书诉原 柳公权 王铎）（金文 金文 金文 说文 广义 楷书）

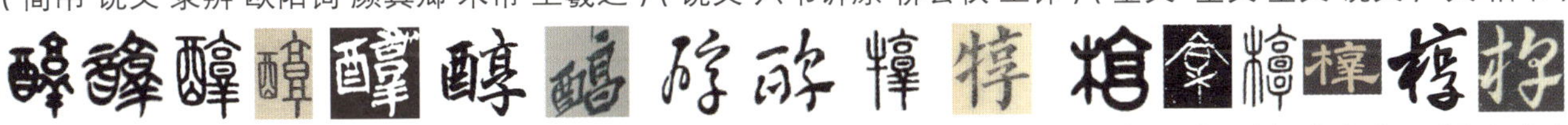

（金文 简帛 说文 广义 穆胤墓 赵孟頫 吴昌硕 王羲之 章草）（说文 彭玉雯）（金文 金文 说文 唐玄宗 王铎 皇象）

辨析：

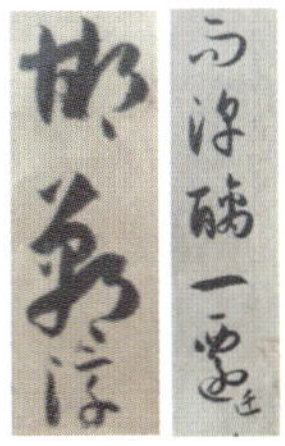

享字作为字根，篆书变化较多，草书可从享字的三种草书写法。

淳（湻 chún）：形声，浇灌，笃厚、朴实的。

谆（諄 zhūn）：教诲恳切耐心。

惇 dūn：敦厚，笃实。

焞 tūn：光明；古代卜卦用来烧灼龟甲的火炬。

錞 chún：乐器名，古代铜制打击乐器。

醇（醕 chún）：酒味浓厚。

犉 chún：黄毛黑唇的黄牛。

椁 guǒ：套在棺材外面的大棺材。

拓展：

敦 暾 稕 錞 蜳 弹 犉 鞟 鞹 鯙 薜 犉

P5.1 淳醨一迁　P28.3 邯郸淳之令范

响（響）

a（说文 金石篆 宝子碑 娄机 柳公权 赵孟頫 王羲之 于右任）b（说文 石韵府 吴让之 钟繇 欧阳询 褚遂良

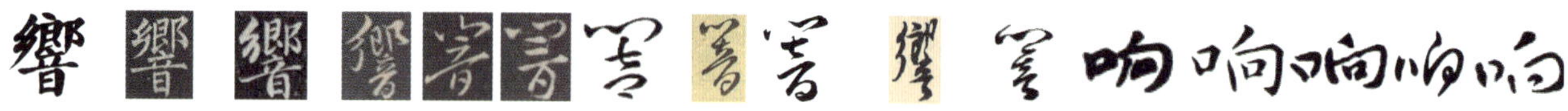

颜真卿 柳公权 谢希逸 友仁 索靖 索靖 孙过庭 王铎 王宠）c 沈尹默 陈淳 d 汉简 王羲之 黄庭坚 王羲之 章草

辨析：

响字繁体字从鄉从音，异体字有从言和从口的写法，响（響）字草书一般有四种组合：a.“鄉＋向”；b.“鄉＋音”；c.“鄉＋言”；d. 简体“响”字快写。

响（xiǎng）：形声，从口鄉声；本义为回声。异体字：嚮嚮（鄉言 響）

拓展：

芗 瘫 雍 飨 螽 飨 廱 蕹 瘫 郷 饗 蠁

P56.6 庸听惊其妙响

向 垧 珦 銄 晌 饷（餉） 扃 曏 迥

（甲骨 甲骨 金文 说文 景君碑 王羲之 欧阳询 颜真卿 灵飞经 赵孟頫 王羲之 王献之 米芾

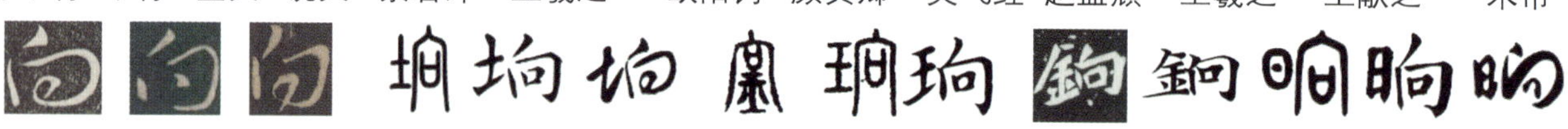

王羲之 王献之 欧阳询）（粗篆 王羲之 王羲之）（古文 说文 卢中南）（魏碑 维摩诘）（金文 颜真卿 孙过庭）

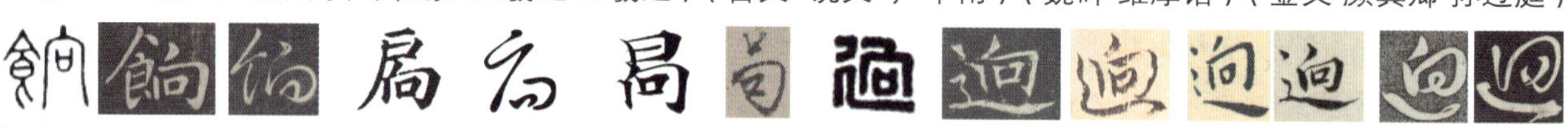

（说文 赵孟頫 文徵明）（颜真卿 王羲之）（维摩诘 唐寅）（韩迥印 褚遂良 嵯峨天皇 王宠 邓宇 蔡襄 王铎）

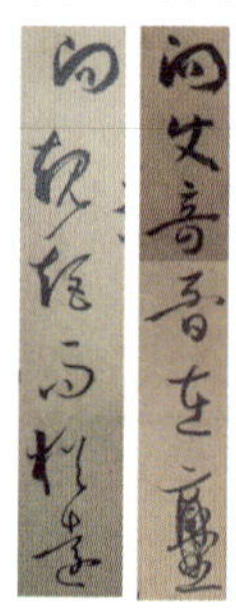

辨析：

向字草书为快写，口字草化为两点或一点，门字框要写扁，以免和白字相混淆。可拓展。

向 xiàng：象形，从宀（mián）从口，“宀”表示房屋，甲骨文中像屋墙，有窗户之形，本义为朝北开的窗户。

垧 shǎng：土地面积单位，各地不同；同晌。

珦 xiàng：玉名。

銄 xiǎng：古同饷，馈赠；jiōng，古同扃。

晌 shǎng：正午或午时前后；白天，片刻，一会儿。

饷（餉饟 xiǎng）：形声，左形右声，本义是给在田间里劳动的人送饭。

扃 shǎng：从戶同声，外闭之关也；户耳；jiōng，古同扃。

曏 xiǎng：明也。

迥 jiǒng：古同迴。

拓展：

姠 恦 蚼 敀

P17.6 向规矩而犹远　　P56.5 向使奇普在爨

巷　港

（金文　楚简　帛书　北大简　说文　说文　礼器碑　曹全碑　邓石如　王羲之　欧阳询　颜真卿　柳公权　赵孟頫

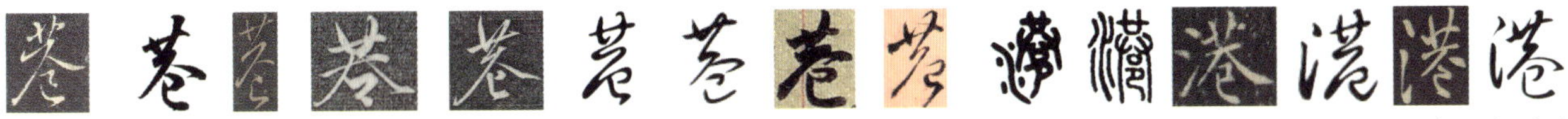

王羲之　褚遂良　米芾　赵孟頫　文徵明　王羲之　李淦　赵之谦　王铎）（金文　说文　僧无可　王羲之　王铎　李淦）

辨析：

巷字的篆书从“共”，隶定字形稳定，草书为快写。注意巷字上边的“共”，未采用“共”的草书写法。可拓展。

巷 xiàng：里中道，从邑从共，皆在邑中所共也，大街旁的小通道，直为街，曲为巷；大者为街，小者为巷；hàng，矿坑里的通道，如平巷、煤巷、风巷。

港 gǎng：形声，从水巷声，本义是江河的分流。

拓展：

堪 閧 巷 港

象　襐　潒　豫　像　橡　蟓

（甲骨　甲骨　金文　且辛鼎　象鼎　楚简　秦简　说文　乙瑛碑　唐玄宗　欧阳询　颜真卿　柳公权　赵佶　王羲之

索靖　王羲之　于右任）（说文　楷书　皇象）（说文　楷书　朱耷　王羲之　说文　颜真卿　王宠　魏碑　王宠　王羲之　章草）

（金文　楚简　说文　六书统　曹全碑　王献之）（说文　樊敏碑　王羲之）（金石篆　王羲之　傅山）（金文　欧阳询　毛泽东）

辨析：

象字的字形稳定，草书，中间的口写横勾，其余笔画都是快写。可拓展。潒有异体字蕩和荡，分别从昜和易字，历代书家草书从易的居多，其余各体从昜的居多。相关组词：襐（襐服）、潒（漭潒）、豫（犹豫）、像（像样）、橡（橡树）、蟓（蚌蟓）。

象 xiàng：象形，甲骨文字形，突出其长鼻，本义是大象，一种哺乳动物。

襐 xiàng：盛饰，襐服、襐饰；未成年所戴的首饰。

潒 xiàng：漭潒，水流急；dàng，古同荡，荡漾。

豫 yù：形声，从象予声，本义为大象；河南省的简称。

像 xiàng：形声，从人从象，本义为相貌相似。

橡 xiàng：栎树的别名，橡实、橡子。

蟓 xiàng：桑蚕。

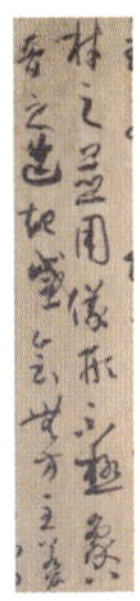

拓展：

勨 嶑 豫 鐌 鱌 鷂　　P51.3 象八音之迭起

X

肖1：肖 消 削 蛸 稍 俏 捎 魈 逍

（金文 金文 说文 熹平经 欧阳询 颜真卿 柳公权 王羲之 李邕 米友仁 王羲之 赵孟頫 李泾）

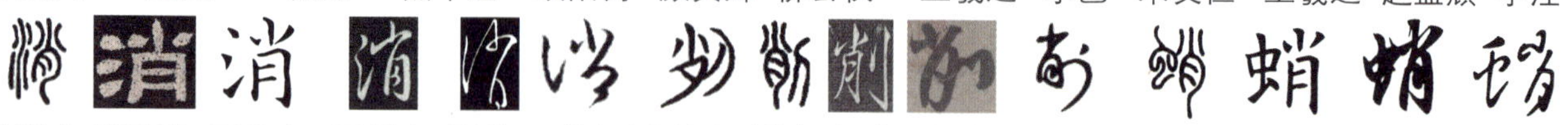

（说文 肥致碑 王羲之 王操之 张芝 王羲之）（简帛 说文 赵佶 索靖 王羲之）（说文 欧阳询 王羲之 王羲之）

（说文 索靖）（粗篆 颜真卿 王羲之）（说文 欧阳询 王羲之）（金文 柳公权 王羲之）（说文 宋徽宗 怀素 李泾）

辨析：

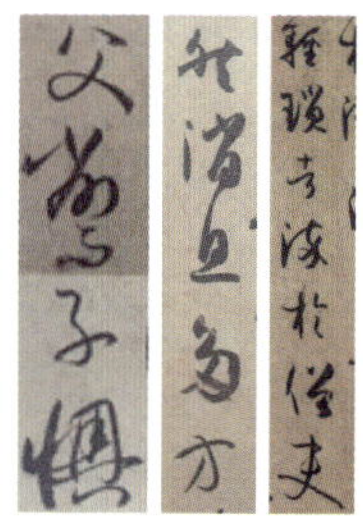

肖字字形稳定，草书：1. 为快写，月字可省略一个点。2. 李泾的肖和逍字，王羲之的消字，字根肖字，有“常形”的草书写法，较少见，注意，当肖和常字有同样的偏旁时，肖字写快写更易于释读。

肖 xiāo：假借为“小”，细微；xiào：形声，从肉小声，本义为相似、相像。

消 xiāo：消除，消灭。

削 xiāo：本义读 qiào，装刀剑的套子；用刀斜着去掉物体的表层，搜刮。

蛸 xiāo：螵蛸，螳螂的卵块；shāo，蟏蛸。

稍 shāo：禾末，泛指事物的末端，枝叶；逐渐，稍微，随即。

俏 qiào：相貌美好，灵巧，销路好。

捎 shāo：形声，从手肖声，本义是选取；捎带、顺带；shào，扇打，洒水，向后倒退（多指骡马）。

魈 xiāo：山魈，山中精怪。

逍 xiāo：逍遥，优游自得的样子。

拓展：

削 陏 哨 娋 宵 屑 峭 帩 弰 悄 消 绡 莦 逍 梢 焇 琑 瓺 氰 朘 腈 痟 睄 矟 硝 稍 销 竨 袑 旓 筲

P43.4 然消息多方　P57.4 父削而子懊　P49.6 轻琐者淬于俗吏

肖2：哨 诮 绡 悄 梢 销 硝 峭 趙 鞘 艄 宵 屑 霄

（说文 王羲之 王羲之 流江）（汉简 说文 欧阳询 赵孟頫）（说文 赵孟頫 宋高宗）（简帛 说文 颜真卿 章草）

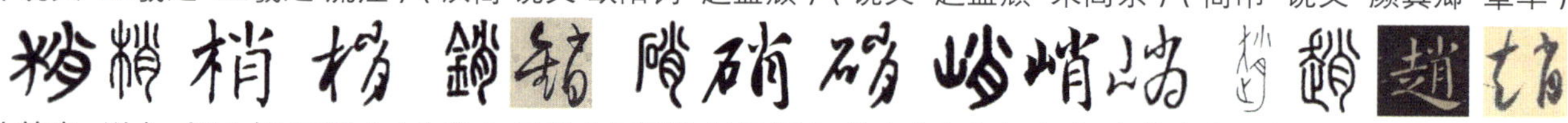

（简帛 说文 柳公权 王羲之）（说文 王铎）（粗篆 赵孟頫 王羲之）（金文 智永 赵构）（金文 说文 褚遂良 怀素）

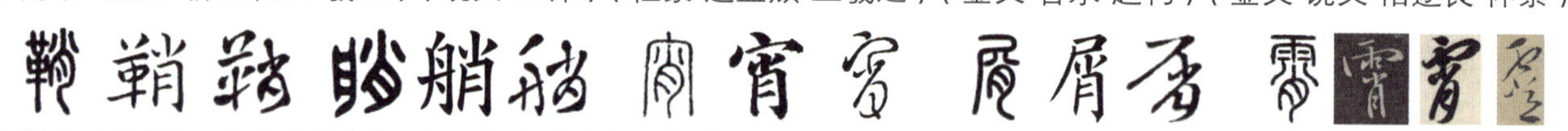

（说文 王羲之 章草）（金文 欧阳询 章草）（说文 颜真卿 王羲之）（说文 柳公权 韵会）（说文 米芾 智永 傅山）

辨析：

肖字草书若写“常形”，一竖两点后的“横”不可过长，以免和常字草书相混淆。

哨 shào：形声，从口肖声，本义是口小不能容的，一说口歪不正的。

诮（誚 qiào）：责备。

绡（綃 xiāo）：生丝也。

悄 qiāo：忧愁的样子。

梢 shāo：树木的末端。

销（銷 xiāo）：熔化金属。

硝 xiāo：一种矿石。

峭 qiào：山又高又陡。

趙（赵 zhào）：国名，战国时七雄之一；姓。

鞘 qiào：刀剑套。

艄 shāo：船尾、船舵。

宵 xiāo：夜晚。

屑 xiè：碎末。

霄 xiāo：雨霓为宵，天空、云气。

拓展：

蛸 鞘 韒 颵 魈 髾 鮹 鞘 䨭

X

小 雀 尖 尐 尕 尜

（甲骨 甲骨 金文 说文李阳冰史晨碑 钟繇 欧阳询 颜真卿 柳公权 赵孟頫 王羲之 王献之 李邕 米芾

王羲之 王献之 怀素 米芾 徐渭）（甲骨 金文 说文 王羲之 曹植 李淦）（石鼓文 王羲之 王羲之 孙过庭）

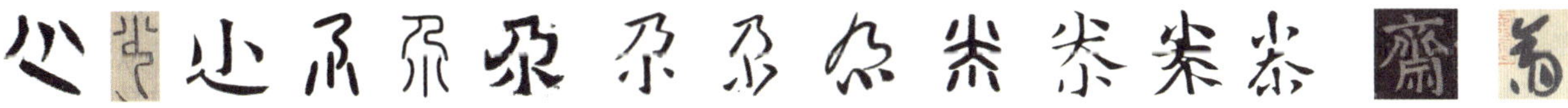

（简帛 广义 楷书）（金文 细篆 爨体 欧阳询 王羲之 李淦）（金文 王羲之 王羲之 章草）（颜真卿 黄庭坚）

辨析：

小字的字形稳定，草书为快写。可拓展。齋字下边中间为示，示下为“小”字，草书上边用“高”字的草书，下边写“小”。齋尘少孙尚京原等字，从小，可参见相关页。

小 xiǎo：象形，甲骨文像沙粒形，小篆析为会意，从八从丨，本义是细、微，与“大”对。

雀 què：从小隹，依人小鸟也。

尖 jiān：会意，从小从大，一头小一头大为尖，本义为物体的末端细削而锐利。

尐（jié）：少，小；jí，有花纹的雌蝉。

尕 gǎ：方言，小，尕娃（含亲爱之意）。

尜 gá：儿童玩具，两头尖中间大。

拓展：

齋　　毜 朴 京 尙 尛 京 尛 尜 県 原 覍 贠 訬

孝 侾 哮 酵 庨

（金文 金文 金文 简帛 秦简 说文 李斯 肥致碑 张迁碑 欧阳询 褚遂良 颜真卿 柳公权 赵孟頫 王羲之

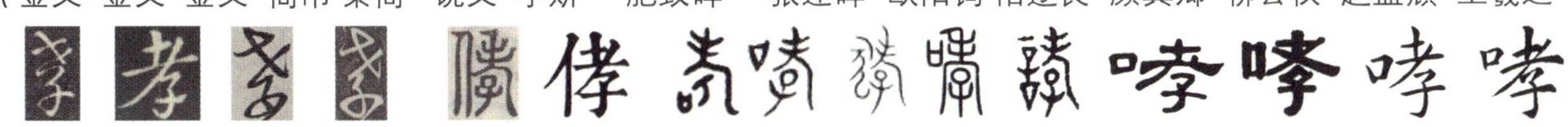

汉章帝 皇象 赵孟頫 宋克）（篆字汇 楷书）（金文 古文 古文 说文 六书统 曹全碑 伊秉绶 王羲之 虞世南

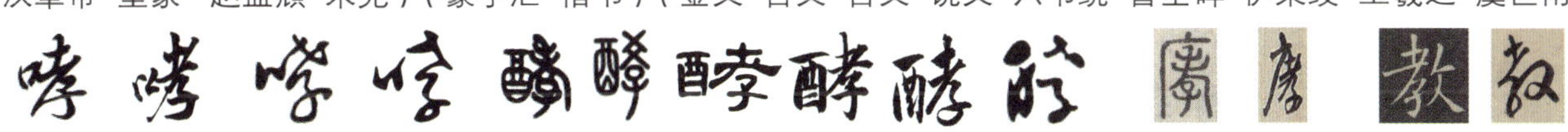

王羲之 向佳红 王羲之 文徵明）（金文 粗篆 曹全碑 智永 赵孟頫 孙过庭）（篆字汇 王铎）*（欧阳询 空海）*

辨析：

孝从耂，耂字头篆书为长发老人头，草书为快写或草化为“戈（参见戈页）”。可拓展。教和学两个字同源，见教页。

孝 xiào：会意，从老省，从子像一个孩子扶持老人之状，本义是尽心奉养和服从父母。

侾 xiāo：侾佬，大的样子。

哮 xiào：形声，从口孝声，本义为野兽的吼声。古文或从豕，与哮同；音孝，豕走貌，或作猇。

酵 jiào：形声，从酉表示与酒有关，孝声，本义为酒母。

庨 xiāo：庨豁，高峻深邃；房屋高深的样子，柳宗元《游朝阳岩遂登西亭二十韵》反宇临呀庨。

拓展：

教　　滧 礅 狰 荖 孝 涍 哮 梓 銇 痵 硣 窙 嗷 踍 諕

笑（笑）

1 说文 李阳冰 邓石如 王羲之 欧阳询 黄庭坚 2 钟繇 颜真卿 乾隆 3 邓石如 王羲之 王铎 4 欧阳询 颜真卿

米芾 5 王羲之 智果 6 董其昌 毛泽东 7 汉简 王羲之 王铎 毛泽东 8 敦煌 王羲之 9 虞世南 王羲之 智永 怀素

辨析：

笑字，无论篆隶楷行草，其异体字写法都比较多，择有代表性的 9 种予以图示，主要有竹字头下从夭、大、天、犬、友、夫或“口＋关美笑笑”等。草书以“唉：口＋⺷（竹字头草化为⺷）＋犬”的写法较多，见王羲之、智永和怀素等，具体用笔竹字头草化为⺷，犬字草书反起笔，上下连写后即为王羲之的草书写法。至于咲及竹字头下的其他写法就很少见了，用之亦可。

笑（xiào）：笑，喜也；杨承庆曰：竹得风，其体夭屈，如人之笑也；李阳冰刊定的说文从之，笑字篆隶楷行草的各种异体写法很多，常见的有竹字头下从夭、大、天、犬、友、夫或“口＋关美笑笑”等等。

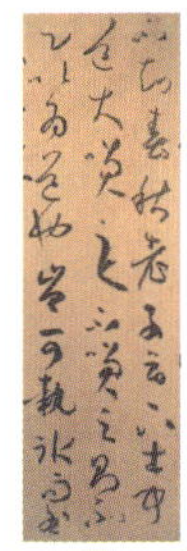

拓展：

唉 笶 㗛　　P58.3 下士闻道大笑之不笑则不足以为道也

卸　御（1 御 2 禦 3 驭）

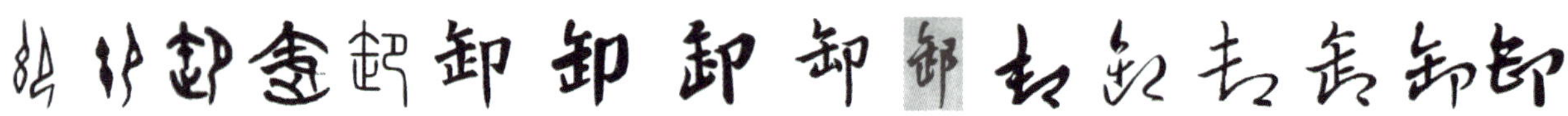

（甲骨 金文 金文 楚简 说文 欧阳询 颜真卿 王羲之 赵孟頫 王铎 孙过庭 李洤 宋高宗 韵会 章草 佚名）

（1 甲骨 甲骨 甲骨 甲骨 甲骨 金文 金文 金文 楚简 楚简 帛书 说文 智永 欧阳询 颜真卿 赵孟頫 王羲之 米芾

皇象 赵孟頫 乾隆 2 简帛 邓石如 米芾 韵会 3 甲骨 甲骨 甲骨 金文 简帛 简帛 古文 赵孟頫 王羲之 王宠）

辨析：

卸御两个字的篆书演变，姿态万千，但驾驭马的核心部件都在，御字楷化后异体字有 40 多个，草书一般从“御禦馭”三种，午和止合在一起可草化为“长”。驭字的马旁，其马字在甲骨文中有不见三根鬃毛的写法，少见。可拓展。

卸（䣃 xiè）：会意，从卩从止从午，卩像人形，止为息止，午，指马，合起来表示停车解马，本义为解马卸车。

御（御禦驭 yù）：会意，甲骨文左为“行”的省写，中为绳索形，右是人形，意为人握辔行于道中，即驾驶车马，本义即驾驶车马。

拓展：

啣 蓹 禦 篽 鋤 蘌 䥏

韰 瀣

（简帛 广义 篆字汇 石韵 府娄机 何绍基 赵之谦 欧阳询 颜真卿 王羲之 赵孟頫 赵孟頫 邓文原 王蘧常）

金文 说文 吴昌硕 崔浩 欧阳询 颜真卿 柳公权 赵孟頫 王羲之 黄庭坚 王铎 王羲之 李淦 于右任 章草）

辨析：

韰字字形稳定，草书使转须交代清楚"歹又韭"。可拓展。

韰（𩐁 xiè）：迅速，褊狭。

瀣 xiè：沆韰，气也从水，一曰露气，一曰北方夜半之气，"屈原忧极，故有轻举远游、餐霞饮瀣之赋"（章学诚《文史通义·质性》）；沆瀣，指夜间的水汽，露水，另外常用成语，沆瀣一气，比喻气味相投的人在一起，宋·钱易《南部新书》："乾符二年，崔沆放崔瀣榜，谈（谭）者称'座主门生，沆瀣一气'。"

拓展：

⿰亻韰 ⿰女韰 ⿰忄韰 ⿰口韰 ⿱韰心 ⿱艹韰

燮 㒢 ⿰王燮 躞

（甲骨 甲骨 甲骨 金文 金文 金文 古文 古文 简帛 汉印 姚燮 说文 伊秉绶 王羲之 欧阳询 颜真卿 柳公权

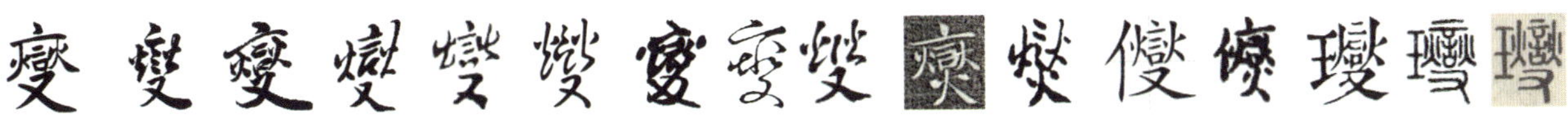

赵孟頫 王羲之 米芾 郑板桥 鲁迅 王羲之 王铎 韵会 章草 冯承素 郑燮）（楷书 敦煌）（楷书 说文 篆字汇）

（金文 粗篆 纍体 王羲之 欧阳询 颜真卿 赵孟頫 王羲之 米芾 赵孟頫 于右任 王羲之 张瑞图 流江 章草）

辨析：

燮字的大篆"言"字结构不明，简帛、小篆、隶楷字形稳定，草书注意又、火和言字的变化。可拓展。

燮（爕 xiè）：会意，从言从又炎，表示用言语调和，本义是协和、调和，燮同爕。

㒢 xiè：傲慢也。

⿰王燮 xiè：从玉燮声，石之次玉者。

躞 xiè：书卷的杆轴，玉躞，宋·米芾《书史》云："嗟尔方来眼须洗，玉躞金题半归米。"

拓展：

⿰忄燮 ⿰木燮 ⿰燮瓦

X

心 忄1：心 蕊（蘂蘃蕋橤）憩 恁 忠 您

（甲骨 金文 盟书 楚简 简帛 说文 张衡 肥致碑 欧阳询 颜真卿 王羲之 皇象 王羲之 怀素 颜真卿）

（1说文 邓石如 赵孟頫 王羲之 王羲之 2欧阳询 何绍基 王宠 3王铎 4傅山 米芾 5李邕 6董美人 唐太宗）

（石韵府 颜真卿 文徵明 王宠）（金文 说文 智永 李淦）（楚简 说文 颜真卿 岳飞）（金文 欧阳询 孙过庭 郭沫若）

辨析：

心字的篆书为心形，楷化后有三种形态，心、忄和㣺，作为偏旁字根在左为忄，在下为“心”或“㣺”，草书为快写或草化为三个点和一横。蕊字常见的异体字有从心、止、木、系等组合出的6种写法，各体从之。心字是一个拓展性很强的字根，一些常用字，如“忐忑志忘态感惠慰恕悠怎忍思念忽虑必闷忿恶怒怨恐怼急息总恳懇愿恋悬悉惑愍恣怠惹恙烈懕憲悳意慧聽”等，可参见所涉字根页。

心 xīn：象形，甲骨文和小篆中间像心，外面像心的包络，本义为心脏。

蕊（蘂蘃蕋橤 ruǐ）：形声，从艸惢（suǒ、suī）声，本义是花蕊，为植物的生殖器官，异体字有蘂、蘃、蕋、橤和“蕋系”等写法。

憩 qì：休息。

恁 nèn：思、念，这、那，怎、怎么，任凭。

忠 zhōng：忠诚无私，尽心竭力。

您 nín：你的敬称。

拓展：

伈 怂 忈 㣺 峃 吣 孞 忎 応 忞 忴 忣 忢 忥 忩 杺 忝 怌 怘 怣

P10.3 留心翰墨　P48.2 芳林落蕊

心 忄2：沁 耻 忒 芯 惄 怂 忌 患 惷 愈

（甲骨 说文 欧阳询 文徵明 孙过庭）（楚简 楚简 说文 颜真卿 王铎）（甲骨 说文 赵孟頫 王羲之 王羲之）

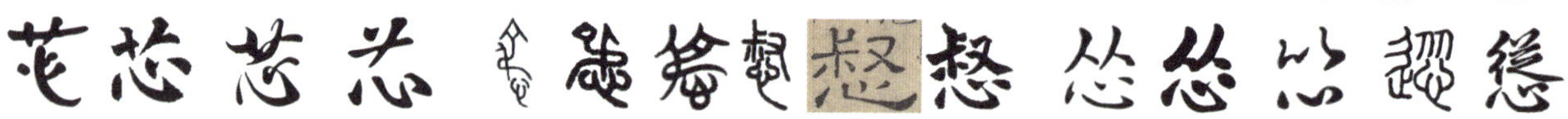

（汉简 柳公权 王羲之 王羲之）（金文 金文 简帛 说文 隶辨 赵之谦）（王羲之 郭沫若 王羲之 说文 赵孟頫）

（楚简 秦简 说文 智永 章草）（说文 李渊 皇象 王羲之）（古陶文 说文 赵之谦）（金文 楚简 韩愈 宋克 王宠）

辨析：

心字在左右结构中，行草书为快写，居下时，可以草化为三个点和一横。所涉字根可参见相关页。其中，愈字的金文构型可同愉。

沁 qìn：形声，从水心声，本义是沁水；渗入；透出。

耻 chǐ：羞愧的心、事，羞辱；同耻。

忒 tè：差错（侧重不符合客观实际）；tuī，太。

芯 xīn：灯心草茎中的髓，俗称灯芯；xìn，物体的中心部分。

惄 nì：忧郁、伤痛，失意的样子，啼哭至极而发不出声音。

怂（慫 sǒng）：形声，从心从声，本义是惊慌；怂恿。

忌 jì：形声，从心己声，本义为憎恨。

患 huàn：形声，担忧、忧虑。

惷 chǔn：骚动，愚蠢，厚。

愈 yù：形声，从心俞声，本义是病好了；胜过；连用，与“越……越……”义同。

拓展：

㤀 恋 怷 㤚 㤨 恕 怗 㤹 恁 怒 恖 恚 㤻 恧 恩 意 惠 㤵 㥑 䓞 惫 㤑 恿 悆 㣼 悘 㤠 恖 您

X

心 忄3：憙 愁 懲 愚 憨 悊 悳 應 慈 悲

（金文 楚简 楚简 秦简 说文 颜真卿 王铎 王羲之）（说文 柳公权 赵孟頫 曹植）（说文 赵孟頫 文徵明 王铎）

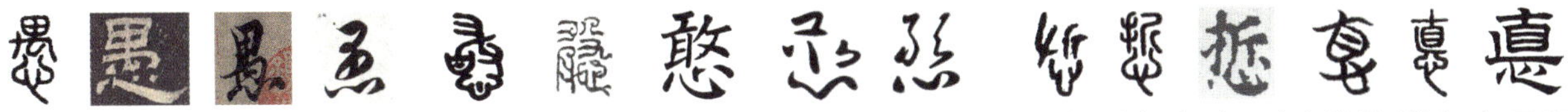

（说文 乙瑛碑 欧阳询 智永）（金文 鸟虫篆 柳公权 孙过庭 王羲之）（金文 说文 颜真卿）（楚简 说文 赵孟頫）

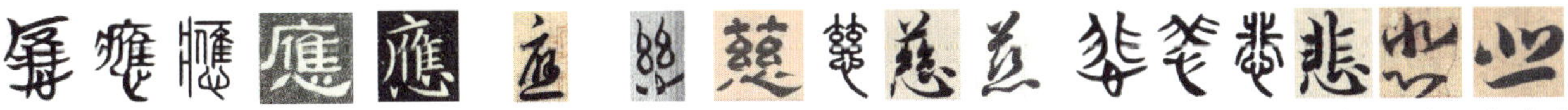

（楚简 秦简 说文 肥致碑 欧阳询 王羲之）（楚简 文彭 说文 智永 智永）（楚简 秦简 说文 智永 王羲之 智永）

辨析：

心字居下时，可以草化为三个点和一横。所涉字根可参见相关页。

憙 xǐ：喜好、爱好；自得其乐的感觉。

愁 chóu：忧虑，发愁。

懲 chéng：见惩。

愚 yú：愚蠢、愚昧，蒙蔽、欺骗；自称之谦词；敦厚。

憨 hān：形声，从心敢声，本义是痴呆，傻气。

悊 zhé：敬重；古同哲；古同折，制。

悳 dé：同德，德的异体字。

應 yīng：当、该；或是、想来是，表示推测的意思；yìng，回答，允许、承诺。

慈 cí：形声，从心兹声，本义为慈爱；和气，善良，慈母；佛教用语，佛、菩萨爱护众生，给予欢乐称为慈。

悲 bēi：哀伤，痛心；哀怜、怜悯；佛教语，愿解他人痛苦之心。

拓展：

恚 窓 訫 㤢 怍 恣 忞 怨 宧 悊 惉 窸 惎

心 忄4：忞 懋 戇 寱 戁 憋 愬 慇 慝 懑

（金文 说文 六书统 赵之谦 王铎）（甲骨 金文 简帛 说文 说文 石韵府 智永 欧阳询 文徵明 孙过庭 章草）

（金文 戇父 说文 颜真卿 赵孟頫 乾隆 王羲之）（说文 楷书）（简帛 说文 李孝光）（金文 欧阳询 王铎 章草）

（说文 汪道全 徐渭 索靖）（说文 虞世南 王羲之 傅山）（说文 赵孟頫 孙过庭）（说文 柳公权 蔡京 皇象）

辨析：

心字居下时，篆书有写入字内的，如忞字，草书可以草化为三个点和一横。所涉字根参见相关页。

忞 mín：自我勉励振奋；wěn，乱；mǐn，古同暋。

懋 mào：形声，从心楙声，本义为勉励，使人努力上进；通茂，大，盛大；异体字或为悉。

戇（戆 gàng）：傻，愣，鲁莽；zhuàng，刚直。

寱 wèi：梦言意不慧，睡语也。

戁 nǎn：敬畏、恐惧；惭愧。

憋 biē：形声，从心敝声，本义是性；急气不通，勉强忍住。

愬 sù：诋毁、诬陷别人；向；诉说，同诉；shuò，恐惧的样子。

慇 yīn：忧伤的样子；恳切；情意周到；通殷，殷实、富裕。

慝 tè：把心隐藏起来，存有邪念，本义是邪恶，恶念。

懑（懣 mèn）：会意，从心从满，满心烦闷，本义为烦闷。

拓展：

恝 惖 惡 悩 惣 恖 徰 悳 釒 悳 怗 惊 愗 念 慝 惢 想 惷 惣 愆 意 愁 寋 惷 惒 愿 娸 恚

心 忄5：忄 恓 惶 悽 悼 惆 怅 怖 怯 怜 惙 慌 慚 愧 惋

（六书通 苏轼 文徵明）（邓石如 智永 赵孟頫）（说文 欧阳询 范成大）（简帛 说文 褚遂良 王羲之 王羲之）

（说文 颜真卿 王羲之）（说文 褚遂良 王羲之）（说文 曹全碑 王羲之）（说文 米芾）（说文 王铎 董美人 张雨）

（说文 柳公权 王羲之）（欧阳询 章草）（说文 王羲之 王羲之 王羲之 蔡襄）（颜真卿 王羲之）（赵孟頫 王铎）

辨析：

从忄的字很多，所涉字根可参见相关页。

恓惶 xī huáng：忙碌不安貌；悲伤貌。

悽 qī：悲伤、悲痛，寒冷。

悼 dào：本义是恐惧；悼念。

惆 chóu：失意。

怅（悵 chàng）：因失意而不痛快。

怖 bù：惶恐，惊惧。

怯 qiè：胆小，畏缩。

怜（憐 lián）：形声，从心粦声，哀怜，怜悯。

惙 chuò：忧、忧愁，疲乏，意不安；chuì，沮丧的样子，困劣。

慌 huāng：急忙，忙乱，恐惧，害怕；huǎng，模糊；不真切；huang，用作补语，表示难以忍受。

惭（慚慙 cán）：形声，从心斩声，羞愧。

愧 kuì：形声，从心鬼声，惭愧；责人罪咎。

惋 wǎn：形声，从心宛声，怨恨，叹惜。

拓展：

惘 悛 㥦 悚 㥏 愔 㥊 㥨 惎 㥀 㥒 㥓 㤢 㥤 㥘 惚 㥚 㥛 㥩 悰 悱 悴 悵 悺 悾 㤿 惀 惂 惃 惇 惈 惍 惏 惐

心 忄6：忄 性 情 愉 快 悟 愜 悦 忻 怄 怩 怮 愣 愔 恻

（说文 智永 空海）（简帛 说文 欧阳询 王羲之）（金文 说文 颜真卿 章草）（说文 虞世南 王铎）（说文 说文 索靖）

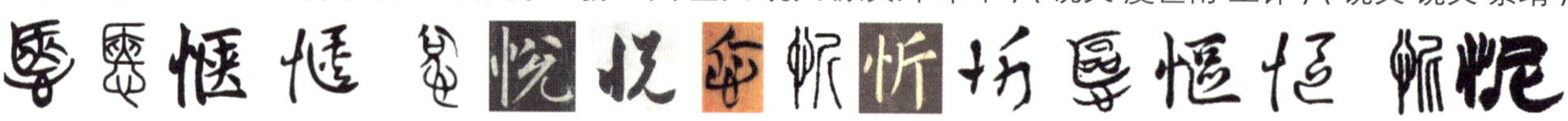

（简帛 说文 赵孟頫 王羲之）（楚简 柳公权 智永）（楚简 说文 颜真卿 章草）（楚简 赵孟頫 王羲之）（说文 赵之谦

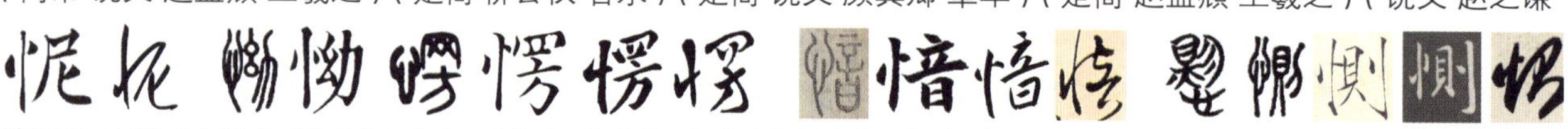

褚遂良 李淦）（说文 楷书）（金文 王羲之 黄庭坚 章草）（篆字汇 魏碑 朱耷 王铎）（楚简 说文 宋徽宗 王洽 智永）

辨析：

忄旁的篆书部件一般不固定，隶楷从忄，行草书为快写。可拓展。从忄的字很多，常用字“恺慨愣惙惕愠惦惧恍惚惟惜恫怀悔恨恪恬恰悍怦怔惦怪悯怡悀悒悖惬悻惯惺”等等，可参见所涉字根页。其中，愉字的金文构型可同愈。

性 xìng：形声，从心生声，人的本性。

情 qíng：形声，从心青声，本义是感情。

愉 yú：形声，从心俞声，本义为和悦、快乐。

快 kuài：形声，从心，高兴、痛快。

悟 wù：形声，从心吾声，理解，明白。

惬（愜 qiè）：快意，满足。

悦 yuè：高兴，愉快。

忻 xīn：形声，从心斤声，本义是启发。

怄（慪 òu）：逗弄，嘲笑，故意惹人恼怒，生闷气。

怩 ní：忸怩，不大方或不好意思的样子。

怮 yōu：忧愁、含怒不说话的样子；yào，心戾。

愣 lèng：呆，失神，傻气。

愔 yīn：安详和乐，愔愔，安静和悦的样子。

恻（惻 cè）：悲痛；恳切。

拓展：

㤞 惎 㛡 㤤 恈 㤸 恇 㦆 㥥 㤿 恒 㤊

心 忄7：忄 惚 怕 悷 恃 怃 愔 悸 怆 惴 愇 愦 惜 恽 愍

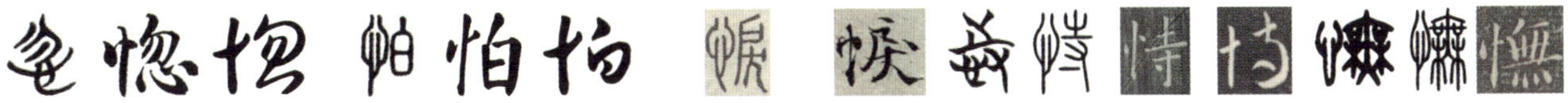

（简帛 智永 王羲之）（说文 颜真卿 王羲之）（篆字汇 赵之谦）（楚简 说文 欧阳询 刘炟）（金文 说文 顾璘

索靖 王羲之 章草）（古文 篆字汇 彭玉雯 赵孟頫 郗愔 王铎）（简帛 说文 曹全碑 王铎）（说文 钟繇 韵辩）（说文

智永 王羲之）（简帛 奚真墓）（说文 颜真卿 章草）（说文 褚遂良 曹植）（说文 颜真卿 章草）（说文 智永 张华）

辨析：

从忄的字很多，所涉字根可参见相关页。

惚 hū：恍惚，精神不集中或神志不清，形容不清楚、不清晰或不真切。

怕 pà：畏惧。

悷 lì：悲伤。

恃 shì：形声，从心寺声，依赖，依靠。

怃（憮 wǔ）：怅然失意的样子；通妩，媚好的样子。

愔 yīn：愔愔，安静和悦的样子。

悸 jì：因害怕而自觉心跳。

怆（愴 chuàng）：形声，从心仓声，本义是悲伤。

惴 zhuì：忧愁恐惧。

愇 wěi：怨恨，浅；古同韪，是。

愦（憒 kuì）：昏乱，糊涂。

惜 xī：哀痛、哀伤，珍惜、爱惜，哀怜、哀悯，贪婪，贪求。

恽（惲 yùn）：敦厚。

愍 mǐn：本意是指忧患、痛心的事，引申为爱抚、抚养，同愍；愍的异体字。

拓展：

惓 惔 惕 惗 惘 惙 惛 惝 惞 慲 惨 惮 惸 愥

心 忄8：⺗ 1恭 2慕 3忝 添 4叅（参）

楷书（金文 楚简 简帛 说文 隶辨 欧阳询 王羲之 米芾 王羲之 王献之）（金文 说文 夏承碑 王羲之 王铎）

怀素 章草）（衡方碑 唐玄宗 颜真卿 索靖 赵构）（智永 王羲之 章草）（魏碑 褚遂良 颜真卿 皇象 王羲之）

辨析：

心作为字根，当它居下时，还可以写为“⺗”，草书可快写或写心字的草书符号“三个点”。叅下的篆书从参，参字的草书与尔同形，可以参照尔字的草法。其余字参见相关页。

⺗ xīn：同心。

恭 gōng：形声，从心共声，本义为恭敬、谦逊有礼。

慕 mù：形声，从心莫声，本义是依恋、向往。

忝 tiǎn：形声，从心天声，本义为羞辱、愧对、辱。

添 tiān：形声，从水忝声，本义是增加，增补。

叅 cān：古同参。

拓展：

泰 堪 隳 忝 舔 掭 婖 恭 悿 掺

X

辛1：辛 庠 屖 骍 觪 瘁 辤 亲

（甲骨 甲骨 甲骨 金文 金文 金文 金文 楚简 秦简 说文 乙瑛碑 欧阳询 颜真卿 王羲之 欧阳询 王铎

王导 王羲之 王铎）（说文 楷书）（甲骨 金文 金文 金文 金文 楚简 说文）（广义 六书通 汉简 俞和 皇象）

（楷书 说文 楷书）（说文 楷书）（金文 金文 说文 元公墓 王献之 欧阳询 宋克 于右任）（金文 说文 楷书）

辨析：

辛字的篆书为刑刀形，隶定有从两横和三横（点横羊）的写法，各体均见，草书一般写王导的写法。“辤辞辣薛辟辩新”从辛，参见所涉字根或相关页。其中，辤为辞（辤）的异体字，从受，参见受页；新字从辛，从结构上亦从“亲”，参见亲页。

辛（辛 xīn）：象形，甲骨文像古代刑刀，本义为大罪；异体字有辛、亲等。

庠 tí：唐庠，古同磄庠，石名。

屖 xī：屖迟，古同栖迟，滞留不进；古同犀，坚固。

骍（騂 xīng）：赤色的马。

觪（觲 xīng）：古同觲，用角低仰便也；觲觲，古同騂騂，（弓）调得很好的样子。

瘁 shěn：寒病。

辤 cí：古同辞。

亲：音笺，义同；音榛，草木众齐貌；异体字榛。

拓展：

啈 乳 辛 婞 弹 涬 埣 崒 握 辣 辞 辡 迄 遅 稡 瓣

辛2：锌（鋅）梓 莘 辜 蘈 婞 槔 辠 嶵

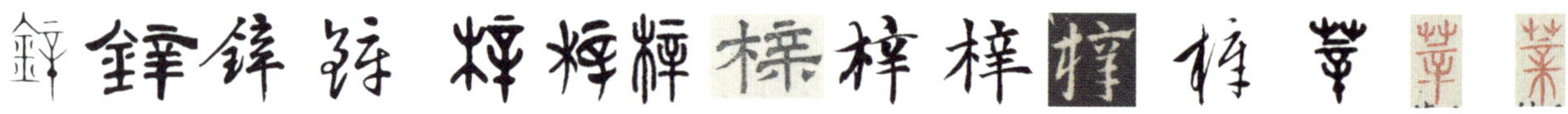

（古文 曹全碑 黄庭坚 王羲之）（金文 简帛 说文 娄机 智永 欧阳询 皇象 康里巎）（金文 石韵府 石韵府

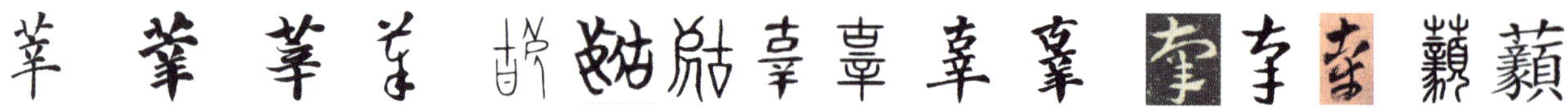

虞世南 虞世南 王羲之 于右任）（金文 楚简 古文 秦简 说文 柳公权 颜真卿 皇象 索靖 王铎）（说文 楷书）

（说文 楷书）（说文 五经）（金文 楚简 楚简 秦简 说文 彭玉雯 孙诒让 说文 钟繇 皇象 智永）（篆字汇 楷书）

辨析：

辛字拓展的字较多，所涉字根参见相关页。辜字有异体字从“幸”，偶见王羲之用“幸”草书的写法，但与辜字的本意有别，因极冷僻，未予列示。

锌（鋅 xīn）：二价金属，元素符号 Zn。

梓 zǐ：木名，即梓树；刻版，付印。

莘 shēn：众多的样子，长；植物名，如细莘。

辜 gū：形声，从辛古声，辛，是受刑的意思，本义是罪行；灾难，祸害；专固，垄断；古文从古死。

蘈 yì：同藙，食茱萸，果实味辛，可作调料。

婞 gū：保任（可以信任），估计，苟且。

槔 gū：古书上说的一种树，即山榆；树枝四布。

辠（罪 zuì）：犯法也，从辛从自，同罪。

嶵 zuì：同嵬，犹崔嵬。

拓展：

㝬 剮 䇦 梓 滓 笲 腤 燓 籍

X

辛3：宰 滓 梓 縡 聛 莘

（甲骨 甲骨 金文 金文 说文 楚简 楚简 楚简 乙瑛碑 智永 颜真卿 王羲之 王羲之 王羲之 智永 怀素）

（金文 说文 欧阳询 王羲之 欧阳询 王羲之 王羲之 日本）（说文 楷书）（说文 楷书）（说文 楷书）（楷书 说文）

辨析：

宰字从宀从辛，隶定有从羊和从辛的写法，各体从之。可拓展。

宰 zǎi：会意，从宀从辛，宀表屋子，辛，奴隶，罪人，本义是充当家奴的罪人。

滓 zǐ：形声，从水宰声，本义为液体里下沉的杂质，渣子、沉淀物，污黑、污浊。

梓 zǐ：梓，梓的或体。

縡 zài：古通载，事情；zēng，古同缯，丝织品。

聛 zǎi：半聋，听不清。

莘 zǐ：羹菜也。

拓展：

殍 騂

囟 脑 恼 瑙

（甲骨 古文 说文 说文 欧阳询 颜真卿 王羲之 米芾）（说文 石韵府 王羲之 颜真卿 王羲之 王羲之 韵会

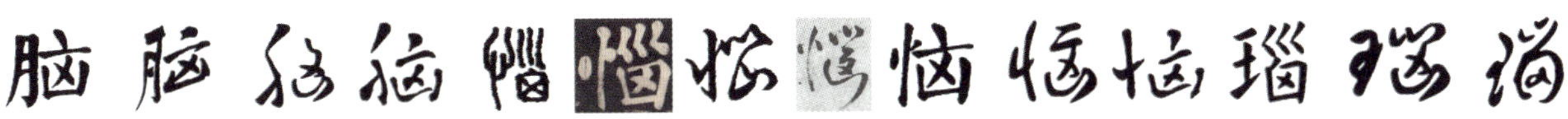

颜真卿 黄庭坚 王羲之 章草）（石韵府 溥光 王羲之 王铎 颜真卿 王羲之 章草）（欧阳询 王羲之 孙过庭）

辨析：

囟字隶定字形稳定，行草书为快写。囟作为部件，楷化发生讹变，从"凶"和从山等写法累见，草书写法：1. "凶形"，即偏旁加凶字的快写。2. "川山形"，字根上边写三点（川形），下边写"山"，然后加偏旁。

囟 xìn：象形，或从肉宰声，本义是连合胎儿或新生儿颅顶盖各骨间的膜质部。

脑（腦匘腦膸腦脳 nǎo）：形声，囟头会匘盖也，字亦作脑，本义为脑髓。

恼（惱嫐懊 nǎo）：形声，从心匘声，本义为恼恨、生气、发怒。

瑙（瑙碯 nǎo）：形声，从玉匘（nǎo）声，玛瑙。

拓展：

恖 栶 硇 訩 顖

X

星 惺 猩 腥 戥 醒 瑆

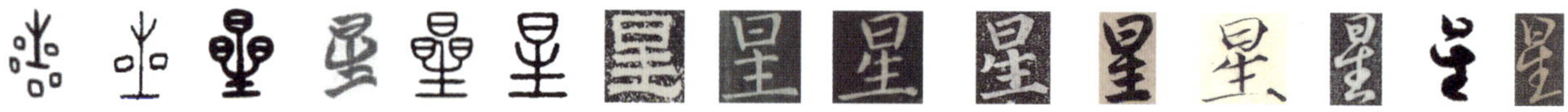

（甲骨 甲骨 金文 楚简 说文 说文 鲜于璜 欧阳询 褚遂良 颜真卿 赵孟頫 宋徽宗 王羲之 怀素 米芾

王羲之 智永 李白 米芾 赵佶 赵南星）（李佛君 虞世南 王羲之）（说文 褚遂良 王羲之 王羲之 毛泽东）

（简帛 说文 朱耷 邓文原）（粗篆 颜真卿 王羲之 文徵明）（简帛 说文 颜真卿 王羲之 王铎）（篆字汇 永瑆）

辨析：

星字的隶定字形稳定，行草书为快写，其中日字，个别草化为两点或倒三角。可拓展。

星 xīng：形声，从晶生声，晶象形，本义为星星。

惺 xīng：聪明、领会、清醒。

猩 xīng：猩猩，鲜红色。

腥 xīng：腥气，泛指肉鱼、类及油脂的臭气味。

戥 děng：一种小型的秤，用来称金、银、药品等分量小的东西，称戥子。

醒 xǐng：形声，从酉星声，酉与酒有关，本义是酒醒。

瑆 xīng：玉光。

拓展：

湦 暒 煋 𥓍 睲 𡫸 蛵 篂 謃 鍟 鯹　　P12.1 众星之列河汉

行 1：行 洐 桁 荇 衍 衔 衙

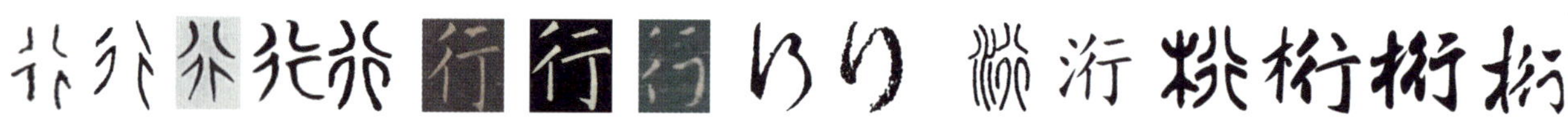

（甲骨 金文 盟书 楚简 说文 欧阳询 颜真卿 张芝 王羲之 王羲之）（说文 楷书）（金文 赵孟頫 孙中山 章草）

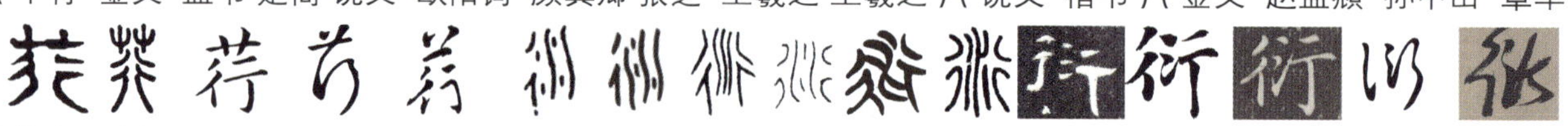

（简帛 说文 王羲之 王羲之 章草）（甲骨 甲骨 甲骨 金文 简帛 说文 曹全碑 智永 褚遂良 王羲之 张瑞图）

（简帛 说文 衡方碑 赵孟頫 怀素 韩道亨 董其昌）（古文 说文 武梁祠 虞世南 唐寅 王羲之 韵会 章草）

辨析：

行字字形稳定，行草书为快写。行从彳，"術微徘徊復徒街衡衢珩绗衢"等参见彳页；衝（衛）见重页。

行 xíng：走、走路，往，做、从事，可以，经历；道路，能干，不久，且；xìng，行为举止，品行、操行、兽行、德行；háng，象形，道路，行列，军队编制，排行，辈分，行业，这里；hàng，刚强。

洐 xíng：沟水行。

桁 héng：檩；lǐn，衣架；古代的一种刑具。

荇（莕 xìng）：荇菜。

衍 yǎn：会意，从水从行，水流入海；溢出，水满而出，散开，分布，扩展，扩充；多余的；通演，推演、演述。

衔（銜啣 xián）：口含，怀藏，奉接，接受，包含、蕴含，把两物互相接起来或缚住。

衙 yá：旧时官署之称，唐代皇帝前殿，排列成行的事物。

拓展：

珩 胻 哘 垳 悙 烆 衏 衎 衍 衜 術 裄 鸻 䀪 筕 荇 蘅 衚 桁 衡 跇 骱 魧 鸻

行2：衎 衒 衕 衖 愆 衘 𨋩 䚩 衜 衞 躗

（说文 李隆基 赵孟頫 赵孟頫 傅山）（说文 伊秉绶 智永 欧阳询 褚遂良 祝永明 于右任）（说文 吴彩鸾）

（秦简 六书通 鲁峻碑 虞世南 颜真卿 米芾 王铎）（金文 说文 邓石如 萧㪺 柳公权 赵孟頫 王羲之 章草）

（说文 好大王）（说文 楷书）（说文 楷书）（金文 金农）（李阳冰 赵孟頫 欧阳询 王献之 皇象）（说文 乾隆）

辨析：

行字作为字根，各体写法同前。所涉字根参见相关页。

衎 kàn：从行干声，行喜的样子；快乐，安定，和适自得的样子。

衒 xuàn：形声，从行（háng）玄声，从行，与街道有关，本义是沿街叫卖；炫耀、自夸、卖弄，显露，眩惑。

衕 tòng：通道、巷道，衚衕；dòng，病名，洞泄。

衖 xiàng：古同巷，胡同。

愆 qiān：形声，从心衍声，本义为过错、罪过；违背、违反，超过、延误，失掉、丧失；通骞，亏、损。

衘 xián：从彳从卸，使马也；馭，古文御，从又从馬。

𨋩 juàn：从车从行，车摇也。

䚩 xuàn：从行从言，说文曰行且卖也，衒本字。

衜 dào：古同道。

衞 wèi：衞本字，异体字为衛，参见衛。

躗 wèi：牛用蹄踢以自卫；欺诈，谬误而不真实的。

拓展：

衚 衜 噺 衞 衟 衡 嘝 衛 衞 䡓 衡 薢 衞 蘅 憓 衞 鰤

刑 鉶 硎 型 荆

（金文 金文 楚简 简帛 说文 尚博碑 席夔 好大王 智永 欧阳询 颜真卿 柳公权 赵孟頫 宋徽宗 王羲之 王羲之

文天祥）（说文 赵孟頫）（金文 欧阳询 章草）（金文 楚简 说文 褚遂良 米芾 王羲之）（说文 颜真卿 米芾 皇象 张旭）

辨析：

刑字结构稳定，“刂”的各体参见“刂”页。可拓展。

刑 xíng：法律上处罚罪犯方法的总称惩罚，征讨，刑具；通形，形容、形体；通型，法式、典范、榜样。

鉶（銒 xíng）：古代盛羹的鼎，两耳三足，有盖，常用于祭祀；肉菜羹。

硎 xíng：磨刀石，（动词）磨；通鉶，盛食物的器皿；用同型，仪型、式样。

型 xíng：铸造器物用的模子，样式，楷模。

荆 jīng：植物名，有牡荆、紫荆、黄荆多种；州名，荆州；旧时对人谦称自己的妻子，拙荆、寒荆；古同荆。

拓展：

侀 徆 栤

X

幸1：幸 倖 婞 悻 涬 緈 逹 執 摰

（甲骨 甲骨 甲骨 金文 金文 金文 清华简 秦简 古文 古文 古文 说文 张迁碑 王铎 邓石如 智永 欧阳询 颜真卿

王羲之 米芾 赵孟頫 张芝 索靖）（石韵府 虞世南 王羲之 傅山）（甲骨 说文 文徵明）（篆字汇 柳公权 赵孟頫 李淦）

（篆字汇 赵之谦 张瑞图）（说文 宋徽宗 孙万明）（金文 智永 皇象 岳飞 王蘧常）（甲骨 柳公权 怀素）（智永 邢源高）

辨析：

幸字的隶楷都有从羊的写法，除了从"土羊"，还可从幸字的草书，即牛字反起笔。可拓展。"執（执）埶（艺）蟄（蛰）熱（热）譯（译）澤（泽）擇（择）摯（挚）報（报）蘛竊褺"等字，都有从幸字的结构，个别字偶见从幸字的草书"牛反起笔"的写法，如怀素的执（執）和势（勢）、王蘧常的逹、邢源高摰（摯）字、王羲之和祝永明的報（报）字等，参见相关页。

幸（𡴘㚔㚔秊𡴘 xìng）：幸字来自两个字，一个最初写作𡴘读 xìng，本义指意外地得到成功或免去灾难，如幸存、侥幸；侥幸获得的幸运，常会使人庆幸、快乐，故幸有快乐、高兴之意，用作动词；还指希望、宠爱；另一个最初写作㚔，读 niè，指一种类似手铐的刑具，𡴘后来写作幸，㚔有时也会写作幸。

倖 xìng：侥幸，由于偶然的原因而得到成功；亲幸，宠爱，用同幸；指受帝王亲幸宠爱的佞人；引，牵系；同婞。

婞 xìng：倔强、刚直，任性、固执。

悻 xìng：恼怒的样子。

涬 xìng：涬溟，道家所谓的自然之气，大水茫茫；牵制。

緈 xìng：直也。

逹 dá：達（达）的讹字。

執 zhí：见执，拿着、握着，拘捕、捉拿，实行，治理、掌理；好朋友；凭证，回执、收执。

摰（挚 zhì）：会意，从手从执，古代初次求见人时所送的礼物，见面礼。

拓展：

洋 啈 瓡 誟 睪 㹳 鋅 僤

幸2：圉 竊 睾 翺 釋 睪

（甲骨 甲骨 甲骨 甲骨 金文 说文 王羲之 王羲之 黄自元 王铎 文徵明 佚名 王羲之）（甲骨 说文 楷书）

（金文 清华简 上博简 六书正 宝子碑 王羲之 王羲之 智永 王羲之 王羲之 孙过庭 章草 王蘧常 智永）

（篆字汇 魏碑 索靖 王羲之 王蘧常）（广义 义彭 傅增湘 苏轼 张芝）（说文 王羲之 赵孟頫 孙过庭 黎凡）

辨析：

翺有异体字翱，从皋，皋从夲，参见夲字。睪字的草书除了从"土羊"，还可从幸字的草书，即牛字反起笔，但作为字根，这种牛字反起笔的草法少见。

圉 yǔ：从幸从囗，囹圉，所以拘罪人，牢狱、监牢；养马的地方、养马的人；边陲，防御；禁止；古代乐器名。

竊 diàn/dǐng：屋倾下也。

睾 gāo：睾丸。

翺 áo：同翱。

釋（释 shì）：基本解释同释（釋 釋）字。

睪 yì：伺视、侦察；zé，同擇，通澤；gāo，同睾，睾丸；通臯（皋）；通皞，广大貌；dù，同殬，败。

拓展：

闤 鐸 鐸 驛 鸅 鷩 灖

X

興（兴） 璺 爨 釁（舋） 虋 𨷰 鄸 嬹 ⿰車爨

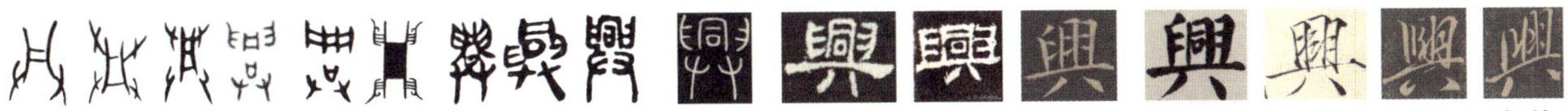

（甲骨 甲骨 甲骨 金文 金文 金文 楚简 秦简 说文 李阳冰 史晨碑 张迁碑 欧阳询 颜真卿 宋徽宗 王羲之 米芾

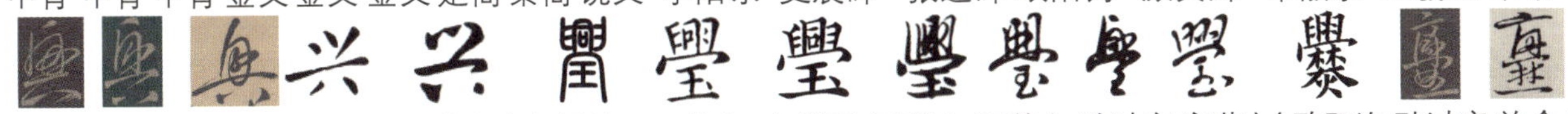

王羲之 王羲之 怀素 王羲之 王羲之）（粗篆 王羲之 文徵明 王羲之 王羲之 孙过庭 章草）（欧阳询 孙过庭 韵会）

（甲骨 甲骨 金文 金文 金文 金文 金文 金文 金文 金文 古文 说文 赵孟頫 欧阳询 颜真卿 赵孟頫

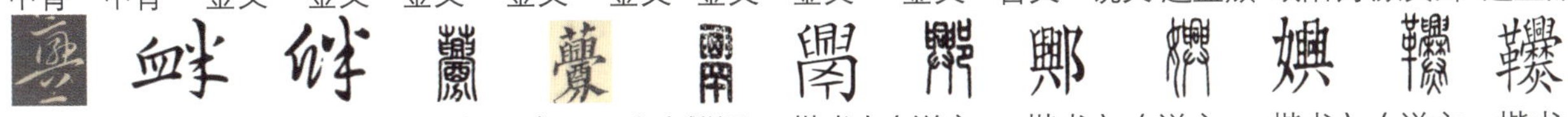

李怀琳 王羲之 王羲之）（说文 彭玉雯）（𨷰福 楷书）（说文 楷书）（说文 楷书）（说文 楷书）

辨析：

興（兴）字从舁从同，舁为四只手，草书写法，一种是“兴”字快写，另一种是将“興”上边表示手的两个相同的部件，草化为错位的两个点，同字写快写。興字头的字，篆书差异较大，如釁（舋衅）字，从甲骨金文字形可以看到一些不同的祭祀，用血祭祀，用猪等动物祭祀及各种形式的人牲祭祀等，草书可互相参照。爨为興字头，本页列示了三个图例，参见爨字页。

兴（興 xīng/xìng）：会意，从舁从同，舁（yú）为共举，同乃同力，本义为兴起、起来，甲骨文其本义是抬起来，即《说文·舁部》：“兴，起也。”引申为起身、升起、奋发、产生、创办等义。

璺 wèn：玉器破裂；微裂，尤指陶瓷、玻璃等器物上出现的裂纹。

爨 cuàn：炉灶。

釁（舋衅 xìn）：会意，从爨省，爨为灶，从酉与酒有关，表祭祀，分表示分布，合起来表杀牲以祭祀，本义是血祭新制的器物。

虋 mén：赤苗嘉谷也。

𨷰：所目枝鬲者，从爨省鬲省，渠容切。

鄸：音兴，地名。

嬹 xìng：古同兴，喜爱；喜欢。

⿰車爨（⿰車贊 zuān）：车衡三束也。

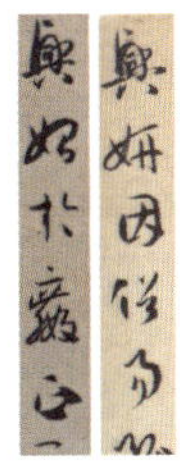

拓展：

蕻 亹 㸑 ⿱𦥯寸 ⿰亻𦥯 ⿱𦥯火 ⿱𦥯女 P4.5 质以代兴妍因俗易 P30.1 八体之兴，始于嬴政

凶（㐫兇） 汹 讻 酗 ⿰歹凶 壼 㚇

（楚简 秦简 说文 钟繇 王羲之 赵孟頫 王羲之 清华简 说文 颜真卿 宋克）（金文 颜真卿 黄庭坚 王羲之）

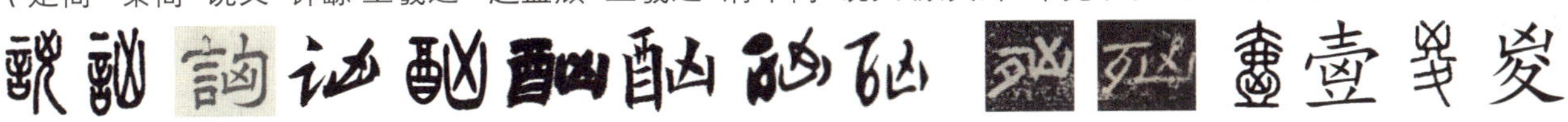

（说文 说文 娄机 黄庭坚）（金文 邓石如 欧阳询 孙过庭 文徵明）（鲜于璜 王舍人）（说文 楷书）（说文 楷书）

辨析：

凶字笔画简单，行草书为快写。可拓展。㚇字及拓展的字还可见㚇页。

凶（㐫兇 xiōng）：指事，小篆字形凵（kǎn）像地陷形，乂表示这里可陷人，兇是会意字，从儿（人）在凶下，本义是不吉利。

洶（汹 xiōng）：涌也，从水匈声。

讻 xiōng：形声，从言凶声，本义是争辩。

酗 xù：形声，从酉凶声，“酉”与酒有关，本义是无节制地喝酒，酒后昏迷乱来。

⿰歹凶：古文凶字。

壼 yūn：不得泄，凶也，壹壼，气不得伸也。

㚇 zōng：鸟飞起踡起腿爪；聚拢；古国名。

拓展：

脑 哅 詾 恼 恼

X

兄 况 祝

（甲骨 甲骨 甲骨 金文 楚简 楚简 欧阳询 褚遂良 颜真卿 柳公权 赵孟頫 王羲之 王献之 虞世南

王羲之 王献之 智永 怀素）（甲骨 甲骨 古文 古文 简帛 说文 钟繇 虞世南 索靖 王羲之 陆游 徐渭）

（甲骨 甲骨 甲骨 甲骨 甲骨 金文 楚简 楚简 说文 乙瑛碑 灵飞经 米芾 赵孟頫 王羲之 李淦 董其昌）

辨析：

兄字的结构稳定，行草书为快写，口字可以草化成两点。

兄 xiōng：会意，甲骨文上为口下为匍伏的人，小篆从口从儿（人），像一人在对天祈祷，是“祝”的本字，本义为兄长；楚简有从“兄止壬”的写法。

况（況 kuàng）：形声，从水兄声，本义是寒冷的水；比拟、比喻；光顾、访问；表示递进关系，何况、况且。

祝 zhù：会意，甲骨文字形，像一个人跪在神前拜神、开口祈祷，从示从儿口，“儿”是古文“人”字，本义是男巫，祭祀时主持祝告的人，即庙祝。

拓展：

兑 脱 说 侻 克 呪 峴 悦 捝 況 婗 柷 烒 䫕 晲

P12.6 况云积其点画

匈 洶 恟 詾 胸

（金文 简帛 说文 潘乾碑 邓石如 王羲之 欧阳询 王羲之 王羲之）（简帛 说文 陈鸿寿 欧阳询

薛曜 赵孟頫 王铎 陆居仁）（篆字汇 楷书）（说文 楷书）（楚简 说文 说文 敦煌 吴昌硕 汉简 柳公权 王知敬

黄庭坚 王羲之 李世民 赵孟頫 怀素 陆游 宋克 韩道亨 欧阳询 颜真卿 赵孟頫 李淦 王铎 于右任）

辨析：

匈从勹从凶，隶定字形稳定，行草书为快写。可拓展。

匈 xiōng：从勹凶声，本义是胸膛。

洶（汹 xiōng）：涌也，从水匈声。

恟 xiōng：恐惧、惊骇，喧扰，恟恟（喧扰的样子）。

詾 xiōng：众口纷喧、争论是非，恐吓，盈。

胸 xiōng：形声，从肉匈声，本作“匈”，胸是后起字，本义为胸膛。

拓展：

哅 晌　　P66.1 规矩闇于胸襟

敻 瓊（璚 瓗 琼） 觼 矎

（说文 娄机 欧阳询 颜真卿 柳公权 赵孟頫 宋徽宗 田英章 黄庭坚 王铎 王铎 吴昌硕 孙过庭 日本）

（简帛 说文 邓石如 隶辨 王献之 赵孟頫 苏轼 孙过庭 曾肇 董其昌 韩道亨 徐渭 胡子昂 说文 石韵府

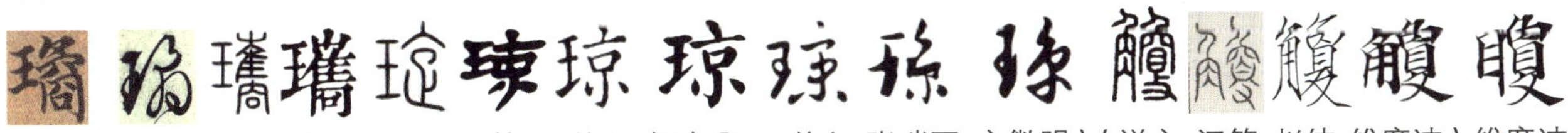

赵孟頫 文徵明 说文 楷书 说文 汉简 王羲之 颜真卿 王羲之 张瑞图 文徵明）（说文 汉简 赵佶 维摩诘）维摩诘

辨析：

敻字从旻从人穴，隶定字形稳定，草诀云“么交即为敻”，是为敻字的草书写法。瓊（琼）字从敻，或从矞，或从巂，或从京，这些异体字较为常见，分别列示之；璚从矞，矞又从矛，参见矛页；琼从京，行草书快写即可。

敻 xiòng：从旻从人穴，远也、差别程度大、常常、全，都；xuàn，营求也。

瓊（璚瓗琼 qióng）：赤玉也，左形，右声，瓊或从矞，即璚；xuán，同“璿”；或从旋省。

觼 jué：有舌的环，用来系辔。

矎 xuān：眼睛直视的样子。

拓展：

瓊 矎 攍

攸 修 蓨

楷书（金文 古文 楚简 说文 李斯 赵孟頫 史晨碑 金刚经 赵孟頫 欧阳询 褚遂良 颜真卿 柳公权 赵孟頫 宋徽宗

王羲之 冯承素 鲜于枢 索靖 王羲之 邓文原 王羲之 米友仁 宋徽宗）（欧阳询 黄自元 黄庭坚 王铎 日本）

辨析：

攸字不单用，修字从攸，通脩，因此其楷行草即有两种写法，“修”字草书为快写，“脩”则变体为“⺈＋有”，草书从“有”的草法。攸从彡，参见彡页。

攸 xiū：同修字。

修（脩 xiū）：形声，从彡（shān）攸声，“彡”有装饰义，本义为修饰、装饰，有长、高、大、远、善、美好之意，通“脩。

蓨 tiáo：蓨县，古地名；同蓧，羊蹄草，又名土大黄。

拓展：

牗 鎀 鱃 璓　　P14.1 务修其本

X

秀 诱 透 莠 锈（鏽）

（金文 楚简 秦简 石鼓文 说文 宝子碑 北齐人 欧阳询 颜真卿 灵飞经 柳公权 姜夔 赵孟頫 宋徽宗

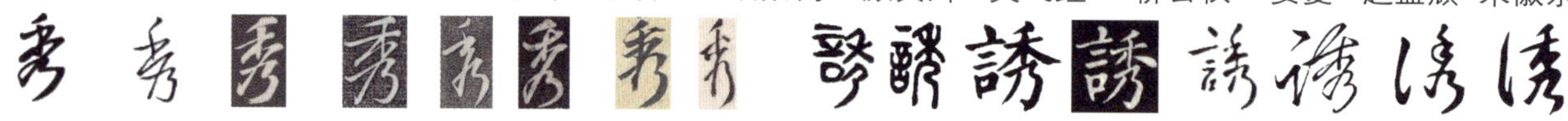

王羲之 王献之 苏轼 黄庭坚 米芾 管道升 王铎 徐渭）（简帛 说文 颜真卿 柳公权 王羲之 李邕 王羲之 于右任）

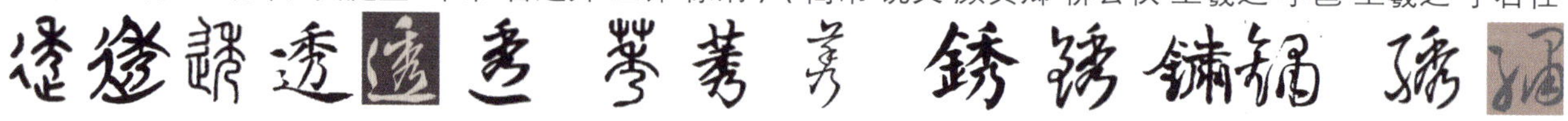

（金文 简帛 说文 虞世南 米芾 王羲之）（说文 赵孟頫 王羲之）（颜真卿 王羲之 赵之谦 王铎）（*王羲之 王宠*）

辨析：

秀字从禾从乃，行草书为快写。可拓展。锈（鏽）和绣（繡）字从肃，可参见肃。

秀 xiù：会意，荣也，茂也，美也，禾吐华也，石鼓文上为“禾”，下像禾穗摇曳，本义是谷物抽穗开花；说文无，上讳，讳秀之字曰茂。

诱（誘 yòu）：形声，从言秀声，字本作“羑”，从厶（sī），从羑（yǒu），厶，同私，羑，诱导，本义为教导、引导、劝导。

透 tòu：形声，从辵秀声，本为为跳、跳跃，穿过、透过。

莠 yǒu：形声，从艸秀声，狗尾草，恶草的通称，常用以比喻恶人、俚人。

锈（銹鏽 xiù）：金属表面所生的氧化物。

拓展：

绣（繡）　　唀 琇 蜏 璓 頺 嫍 琇 趥

P42.6 绝于诱进之途

胥 揟 楈 稰 谞 褙 蝑 婿 糈 醑

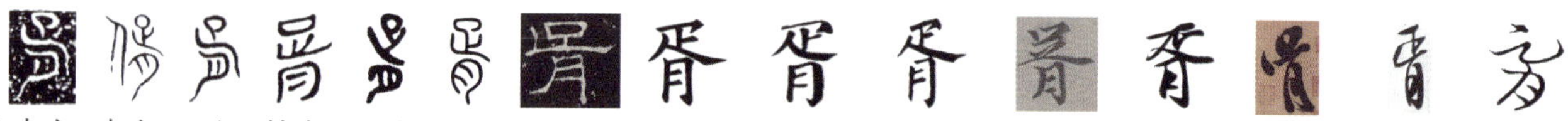

（古文 古文 石经 简帛 胥印 说文 礼器碑 欧阳询 颜真卿 柳公权 赵孟頫 王羲之 米芾 文徵明 韵会）

（说文 虞世南）（说文 楷书）（篆字汇 彭玉雯）（说文 汉简 王羲之 王铎 王羲之）（说文 楷书）（说文 彭玉雯）

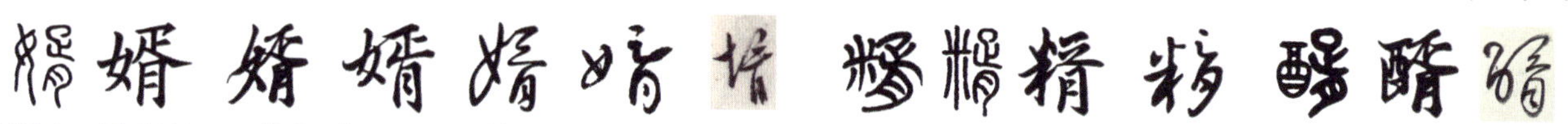

（说文 欧阳询 王羲之 赵孟頫 王羲之 敬世江 文徵明）（简帛 说文 赵孟頫 王羲之）（金文 王羲之 王铎）

辨析：

胥字从疋从月（肉），疋字与足同源，草书写足字草书，月在下，草书写快写。可拓展。

胥 xū：形声，从肉疋声，本义为蟹酱；古代官府中的小吏，特指古代掌管捕捉盗贼的小官吏，后作偦。古胥作礼器碑和米芾形，其字似骨，揟字的虞世南楷书可见。

揟 xū：滤除水中杂质。

楈 xū：楈枒，木名，即椰子树。

稰 xū：晚熟的稻。

谞（諝 xū）：知也，从言胥声，才智、计谋。

褙 xǔ：祭具。

蝑 xū：蜙蝑也。

婿（壻 xù）：形声，从女胥声，或作壻，本义为古时女子称夫为婿。

糈 xǔ：糈，粮也，从米胥声。

醑 xǔ：古代用器物漉酒，去糟取清叫醑，同湑；美酒，椒醑、清醑；南朝谢灵运《石门新营所住》：芳尘凝瑶席，清醑满金尊。

拓展：

偦 湑 惰 縃 箵

X

虚 墟 嘘 驉 魖 歔 覷 虡

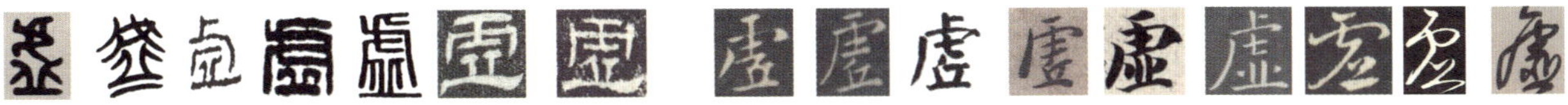

（1 金文 简帛 竹简 汉印 说文 肥致碑 张迁碑 2 王羲之 欧阳询 颜真卿 憨山 3 智永 欧阳询 皇象 张旭 王铎）

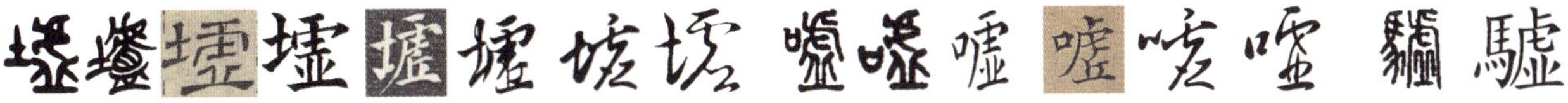

（金文 简帛 隶辨 欧阳询 何绍基 王羲之 王羲之 韵会）（金文 说文 王羲之 董诰 王羲之 黄彰任）（六书故 楷书）

（说文 唐驼 王铎）（简帛 说文 智永 米芾 王羲之 傅山）（金文 赵孟頫 王铎 邓文原 章草）（说文 赵孟頫 董其昌）

辨析：

虚字的常见写法为虎字头下边从业、从丘和从北，草书从丘或业均可。可拓展。

虚（虗虛 xū）：形声，小篆字从丘虍声，丘为山丘，本义是大土山，墟的古字。

墟 xū：大土山，废址、故城，村落，场所，奴役。

嘘 xū：缓缓吐气，呵气，叹息；shī，制止、鄙斥 。

驉 xū：駏驉，兽似骡也。

魖 xū：古书上指能使财物虚耗的鬼。

歔 xū：叹息，鼻孔出气，抽泣。

覷（覰覻 qù）：窥视，偷偷地看。

虡 jù：古代悬挂钟或磬的架子两旁的柱子。

拓展：

虗 嘘 憈 魖 驉 鱋 戯 攎 謯　　　P12.4 心手双（雙）畅翰不虚动

需 儒 濡 懦 襦 糯 孺 蠕 嚅 壖 臑 颥

（甲骨 金文 金文 金文 楚简 说文 何绍基 欧阳询 颜真卿 王羲之 文徵明 王铎 王羲之 章草）（说文 褚遂良 王羲之）

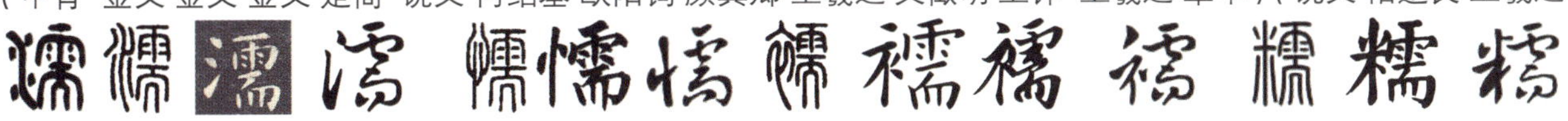

（金文 说文 虞世南 王羲之）（说文 柳公权 章草）（说文 欧阳询 王羲之 王羲之）（新篆体 颜真卿 王羲之）

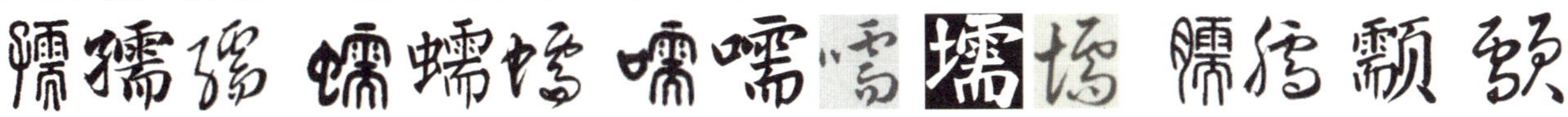

（说文 智永 王羲之）（金文 柳公权 李淦）（金文 赵孟頫 赵构）（郑孝胥 丰坊）（说文 日本）（颜真卿 王羲之）

辨析：

需从雨从而，草书可参见雨字头（虎字头）和而。可拓展。拓展的字中，襦为“衤”旁，章草写“衤”，与今草不同，可参见衣。

需 xū：会意，从雨而声，需指遇雨，停在那里等待，本义为等待。

儒 rú：形声，从人需声，本义是术士。

濡 rú：沾湿、润泽，停留、迟滞，含忍。

懦 nuò：胆小软弱，柔软。

襦 rú：形声，从衣需声，本义为短衣、短袄；襦有单、复，单襦近乎衫，复襦则近袄。

糯（穤稬 nuò）：粘性稻。

孺 rú：形声，从子需声，指小孩子、幼儿。

蠕 rú：像蚯蚓那样慢慢地爬动。

嚅 rú：欲言；细语貌。

壖 ruán：城下田也。

臑 nào：人的上肢，亦指臂之羊矢穴；ér，肉煮至熟烂。

颥 rú：颞颥，颞骨，头骨之一。

拓展：

隭 嶿 擩 獳 薷 曘 檽 燸 瑌 犪 礝 穤 瞤 竬 繻 羺 譳 轜 醹 檽 鐳 鱬 魗 鬤 鱬 嬬

X

畜 慉 滀 搐 婚 鄐 蓄

（甲骨 金文 楚简 秦简 秦简 说文 颜真卿 赵孟頫 皇象 韵会）（说文 敦煌）（篆字汇 文徵明 柯九思 王宠）

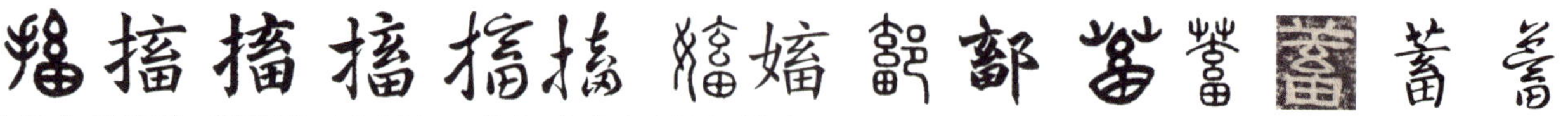

（说文 欧阳询 颜真卿 赵孟頫 王羲之 章草）（说文 楷书）（说文 赵之谦）（简帛 说文 西狭颂 柳公权 王羲之）

辨析：

畜字从玄从田，甲骨文的田中有会意的小点，行草书为快写。可拓展。

畜 chù：会意，表示牵引，田畜也；甲骨文字形，下像出气的牛鼻形，牛鼻被牵着，说明是已被人类驯服豢养的家畜，家畜。

慉 chù：牵痛，恨；xù，起，扶持，古通蓄，积聚。

滀 chù：水积聚，郁结，聚集而不发泄，湍急。

搐 chù：形声，从手畜声，牵动，抽缩；束，退缩；筋肉牵动。

婚 xù：媚也，有媚悦之义。

鄐 chù：地名，春秋时晋邑，故址约在今河北邢台附近。

蓄 xù：形声，从艸畜声，积聚、储藏。

拓展：

傗 鄐 檣 稸 褚

宣 喧 渲 暄 諠 楦 萱 煊 揎 碹

（甲骨 金文 楚简 诅楚文 说文 李斯 礼器碑 张迁碑 欧阳询 颜真卿 赵佶 皇象 王羲之 索靖 智永 怀素）

（金文 简帛 赵孟頫 王羲之）（金文 王羲之 王羲之）（粗篆 爨龙颜 王羲之 索靖）（六书统 苏轼 钱偶）（金文

颜真卿 张瑞图）（简帛 说文 褚遂良 徐伯健）（金文 赵孟頫 毛泽东）（金文 柳公权 毛泽东）（粗篆 王铎 章草）

辨析：

宣字的早期字形中间为回旋形，字形稳定为从"日"字后，草书借用"口"字的草法，一般草化为两点或两点连笔，草化为倒三角的偶见。可拓展。

宣 xuān：形声，从宀（mián）亘（xuán）声，"宀"与房屋有关，一说据甲骨文，为云气舒卷自如之象，本义为帝王的宫殿。

喧 xuān：形声，从口宣声，"宣"有"宣扬"义，也有表义作用，本义为声音大而嘈杂。

渲 xuàn：把水、墨淋在纸上再擦匀的画法。

暄 xuān：形声，从日宣声，本义是温暖。

諠 xuān：嘈杂、吵闹；忘记。

楦 xuàn：做鞋用的模型；拿东西把物体中空的部分填满使物体鼓起来。

萱 xuān：形声，从艸宣声，萱草。

煊 xuān：煊赫，形容名声很大，声势很盛；通煖，温暖；光明。

揎 xuān：用手推，谴责、责备，填塞，捋袖露臂。

碹 xuàn：用砖、石等砌拱。

拓展：

埍 媗 愃 瑄 禤 暄 篹 縇 翧 蝖 鍹 鶱 鰚　　P14.5 诓若功宣

X

玄 泫 炫 铉 眩 弦（絃）袨 舷 玅 胘 痃

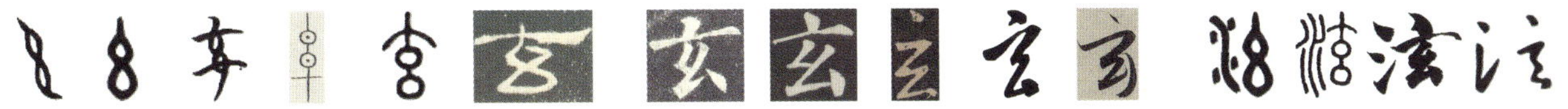

（金文 金文 楚简 汉简 说文 礼器碑 欧阳询 颜真卿 王羲之 智永 赵孟頫）（金文 说文 智永 王羲之）

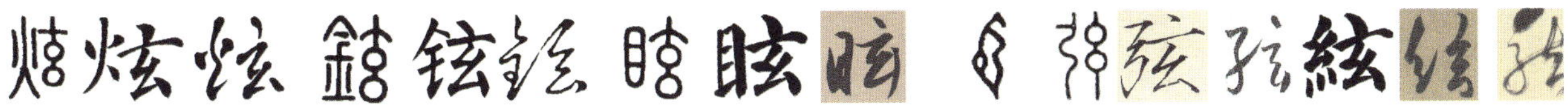

（说文虞世南 章草）（说文 柳公权 韵会）（说文 颜真卿 文徵明）（甲骨 说文 赵佶 怀素 颜真卿 杜牧 傅山）

（甲骨 说文 欧阳询）（金文 赵孟頫 王铎 鲜于枢 章草）（说文 李邕）（说文 楷书）（说文 王羲之 米芾 王羲之）

辨析：

玄字象形，隶楷从亠从幺，行草书为快写。率畜两字从玄，参见率和畜页。

玄 xuán：象形，小篆下端像单绞的丝，上端是丝绞上的系带，表示作染丝用的丝结，本义为赤黑色，黑中带红。

泫 xuàn：水珠下滴，流泪，露珠晶莹的样子。

炫 xuàn：形声，从火玄声，本义是晃眼，迷惑、惑乱，显示、夸耀，形容艳丽。

铉（鉉 xuàn）：形声，从金玄声，本义是举鼎的器具，比喻三公等重臣；通弦。

眩 xuàn：眼睛昏花看不清楚，迷惑、迷乱，古同炫，炫耀；通幻。

弦（絃 xián）：会意，左为弓右为丝，弓弦是用丝做成的，本义是弓弦。

袨 xuàn：黑色的衣服，华美、盛。

舷 xián：船、飞机等的左右两侧。

玅 yāo：急戾，玄妙，小；miào，同妙。

胘 xián：牛的重瓣胃，胃。

痃 xuán：中医上指肚脐两旁突起的条状硬块，形如弓弦，大小不一。

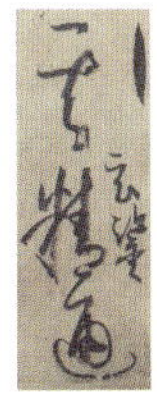

拓展：

怰 玹 昡 妶 婱 惤 㳙 樎 贤 罖 帹 鞙 蚿 衒

P56.4 以其玄鉴精通

旋 璇 嫙 漩 椗 镟

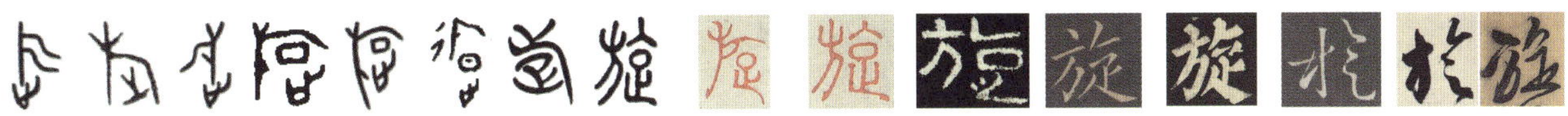

（甲骨 甲骨 甲骨 甲骨 甲骨 金文 简帛 说文 石韵府 石韵府 好大王 欧阳询 颜真卿 王羲之 智永 王铎）

（伊秉绶 颜真卿 乾隆 王羲之 章草 说文 赵孟頫 黄庭坚 王羲之）（古文 说文 楷书）（金文 篆字汇 楷书）

金文 说文 汉简 爨体 王羲之 欧阳询 颜真卿 柳公权 赵孟頫 赵孟頫 郭沫若 任政 王羲之 于右任 章草）

辨析：

旋字的篆书由旌旗（方）和足（疋止足之均为脚）构成，百韵歌云"左方才亦为"，方字可以草化为"才"字，"疋止足之"均为足，疋字草书同"足"字的草书。可拓展。

旋（xuàn）：从㫃从疋，疋乃足也，人足随旌旗以周旋也，古同漩，漩涡。

璇（璿 xuán）：形声，从玉旋声，本义是美玉。

嫙 xuán：美好；异体字有暶，《注》目好貌；《集韵》与嫙同。

漩 xuán：形声，从水旋声，本义是回旋的水流。

镟（鏇 xuàn）：温器也，旋之汤中以温酒，或曰今之铜锡盘曰镟，取旋转为用也。

拓展：

暶 暶 椗 碇 鏇 縼 蠙 蔙

X

薛 孽 㜸 糵 躠 蘖

甲骨 甲骨 甲骨 金文 金文 说文 澄清堂 智永 欧阳询 颜真卿 王羲之 薛稷 陆恢 颜真卿 王羲之 邓文原

孙过庭 米芾 章草）（甲骨 甲骨 古文 说文 柳公权 颜真卿 颜真卿 文徵明 孙过庭 褚遂良 韵辩 米芾 王铎）

（六书通 颜真卿）（说文 维摩诘 彭玉雯 谢无量）（维摩诘 天香楼 于右任）（金文 说文 赵孟頫 王羲之 章草）

辨析：

薛字从㠯从辛，异体字有从阝（阜）和从羊的写法，㠯和阝与辛和羊的不同组合，产生了薛字的一些异体字，各体均见。拓展的字亦可见。

薛（[illegible] xuē）：中国周代诸侯国名，在今山东省滕县南；古书上指一种蒿类植物。

孽（[illegible] niè）：形声，从子薛声，从子与子孙有关，庶出的，宗法制度下指家庭的旁支；地位低贱的；恶、邪恶，罪、罪恶，妖孽、灾害；忤逆。

㜸（[illegible] niè）：同孽，凡孽子婢妾，皆謂之㜸；说文曰，衣服、草木、歌谣之怪、谓之妖，禽兽、虫蝗之怪，谓之㜸。

糵 niè：生芽的米，酿酒的曲；糵媒，喻定计陷害，使别人落下罪名，亦作媒孽。

躠（[illegible] xiè）：蹩躠，旋行貌；sǎ，跋躠，行貌，行不正。

蘖 niè：被砍去或倒下的树木再生的枝芽；通糵，高，生芽的米、酿酒的曲。

拓展：

[illegible] [illegible] 躠 [illegible]

穴 1：穴 泬 狖（貁）茓 窊 窠 窽（窍）穿 窡 窣

（金文 楚简 秦简 说文 王基碑 欧阳询 颜真卿 柳公权 赵孟頫 王羲之 米芾 王羲之 怀素 王铎）

（说文 王铎 管道升）（石韵府 楷书 王铎 说文 楷书）（欧阳询 王铎）（说文 赵之谦 楼钥）（金文 说文 智永 王羲之）

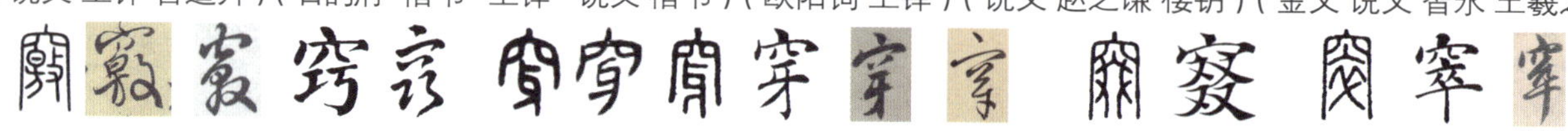

（说文 王铎 韵会 颜真卿 章草）（金文 秦简 说文 褚遂良 陆游 鲜于枢）（说文 维摩诘）（说文 虞世南 赵孟頫）

辨析：

穴字结构稳定，行草书为快写。可拓展。“究穷穹窮窟帘（簾）空突窜窝窟窒窖窗窓窽窃窿窥窬”等从穴，参见相关字根页。

穴 xué：象形，小篆字形上面是宀头，表覆盖物，下面两边表示洞孔，本义为土窟窿、地洞。

泬 xuè：水自孔穴中迅速喷出，空旷的；jué，泬水。

狖（貁）：yòu：古书上说的一种长尾猿，狖軛䮫轩（形容极其灵巧的车马）；貁，古同狖，鼬鼠之类的动物，能捕鼠。

茓 xué：用茓子围起来囤粮食。

窊 wā：低凹、低下；蜷缩的样子，窊亚（缭乱的样子）；喻衰落，窊黩（谓衰落黑暗）。

窠 kē：筑在地洞里的鸟窝，人安居或聚会的处所，框格，空缺，洞、坑。

窽（窍 qiào）：孔穴，七窍，关键、要点、方法，承载。

穿 chuān：穿通，穿破。

窡 zhuó：穴中见，洞穴，船上系橹的孔眼，满口吃东西的样子。

窣 sù：从洞穴中冲出来，拂，形容细小的声音，窸窸窣窣；sū，细小的声音，窣窣、窣飒、窣磕。

拓展：

岤 穵 宁 坹 屄 岤 狖 穸 杺 宊 穽 穾 窀 突 窆 究 窌 [illegible] 宏 窅 [illegible] 窉 窊 窋 窌 [illegible] 袕 [illegible] [illegible]

P5.4 易雕宫于穴处

穴 2：窄 窝 窈 窎 窒 窌 窐 窪 竉 邃 竊（竆竊窃）

（金文 简帛 王羲之 王铎 王羲之）（石韵府 欧阳询 王铎 章草）（金文 简帛 说文 颜真卿 章草）（说文 启功）

（金文 简帛 说文 虞世南 董其昌）（说文 维摩诘 董其昌）（说文 张即之）（简帛 广义 颜真卿 赵孟頫 王铎）

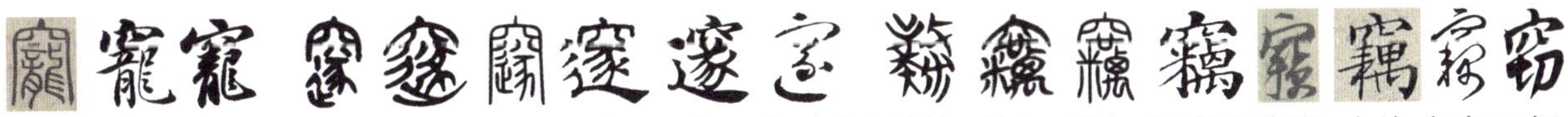

（篆字汇 智永 苏轼）（金文 简帛 说文 吴叡 王羲之 怀素）（楚简 简帛 说文 颜真卿 朱熹 丰坊 宋克 王铎）

辨析：

穴字拓展的字，需注意其字根及异体字的变化，如竊有异体字竊和窃等等，所涉字根可参见相关页。

窄 zhǎi：狭小。

窝（窩 wō）：鸟兽昆虫的巢穴，身体表面的天然凹隐，物成团或簇；窝藏，弯曲，蜷伏。

窈 yǎo：幽深，深远；窈窕，形容女子文静而美好；窈娜，窈窕婀娜。

窎（寫 diào）：深远、遥远；窎长（深长）；名词，用同屌。

窒 zhì：阻塞，不通；窒息、窒欲（抑制欲望）、窒烦（排除烦乱的心情）。

窌 jiào：地窖；liáo，深空，针灸穴位名，肩窌、肘窌；liù，石窌，古地名。

窐 wā：低洼；guī，甑（蒸饭的瓦器）下的小孔，古代门旁的圭形小洞。

窪 wā：深也，清水也，同洼。

竉 lǒng：孔穴，古地名用字。

邃 suì：深远。

竊（竆竊窃 qiè）：小偷小摸偷别人家米的行为，用离标声，形声字，异体字有“皵窃竊竊竊竊竊竊”等等。

拓展：

穿 窓 窔 窚 窩 窛 窅 盜 宧 容 窀 窊 窘 窣 寇 欽 涳 筤 窦 宸 穿 家 訣

穴 3：穻 窘 窕 窦 竈 竄 窶 窸 窼 窾

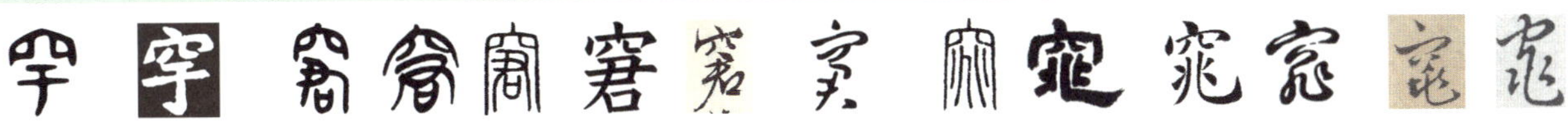

（六书通 于仙姬墓）（金文 简帛 说文 欧阳询 文徵明 王羲之）（说文 邓石如 虞世南 王羲之 鲜于枢 辨体）

（说文 王羲之 白蕉 王羲之 鲜于枢 皇象 怀素）（金文 石鼓文 说文 赵孟頫 皇象 王铎 智永 王羲之）（简帛

说文 颜真卿 吴昌硕 王铎）（六书统 赵孟頫 章草）（篆字汇 智永）（说文 赵佶 解缙）（篆字汇 沈周 王蘧常）

辨析：

穴字拓展的字，需注意其字根及异体字的变化，如竈、竄分别有异体字灶和窜等等，所涉字根可参见相关页。

穻 yū：窗户；yǔ，古同宇。

窘 jiǒng：生活或处境困迫，没有办法。

窕 tiǎo：形声，从穴兆声，本义是深邃；未充满、间隙，细、小，虚浮不实，美、美色，淫、过分，轻薄、不庄重，挑逗、诱惑，优美、雅致和高贵的。

窦（竇 dòu）：孔穴、缝隙，人体内某些器官或组织内部的凹陷处。

竈（灶 zào）：用砖石砌成的生火做饭的设备。

竄（窜 cuàn）：乱跑，奔逃，放逐，修改、改易文字；异体字有竄趱竄竄竄竄竄竄竄等等。

窶 jù：贫穷，鄙陋。

窸 xī：窸窣，象声词，形容摩擦等轻微细小的声音，亦作窸窸窣窣。

窼 chāo：鸟穴中也，古同巢；kē，古同窠。

窾 kuǎn：同窾，空隙，空洞，挖空，枯，不实，法则、规矩；cuàn，藏匿。

拓展：

窗 窞 窢 窟 窦 窧 窩 窚 窭 窴 窴 窨 窫 窬 窭 窸 窻

X

血 1：血 侐 洫 衁 衈 衇 衃 衉（衉） 䘓 䘏

（甲骨 甲骨 楚简 楚简 说文 李斯 史晨碑 王羲之 颜真卿 王羲之 米芾 董其昌 王羲之 孙过庭 佚名）

（说文 颜真卿 王铎）（金文 说文 欧阳询 柳公权 赵孟頫 王羲之 章草）（说文 五经文）（说文 楷书）（说文

徐三庚 彭玉雯）（说文 楷书）（说文 广义 广义 彭玉雯）（说文 楷书 说文 楷书）（说文 楷书）（六书统 楷书）

辨析：

血从一皿，草书：1. 血单写或作为字根就是快些，中间两竖可以省略一划，或写一个使转；2. 作为偏旁可快写，也可见下页孙过庭衄字一短横加单耳（皿立起来写）的写法。可拓展。

血 xuè：指事，小篆字形从皿，一像血形，表示器皿中盛的是血，本义为牲血，供祭祀用。

侐 xù：清静；寂静。

洫 xù：古井田制，城与城之间的水道，田间的水沟。

衁 huāng：血，蟹黄。

衈 xián/xuè /yuè：草名，地衈，蒨也。

衇 mài：同脉。

衈 ěr：古代祭祀前宰杀牲畜取血来涂器物；中医指眼耳出血。

衃（衃 pēi）：淤血。

衉（衉 kàn/kào）：羊凝血也；衉，与衉同。

䘓 kàn：小杯也，衉或从赣。

䘏 xù：与恤同。

拓展：

殈 衃 桖 窋 衂 衪 烅 衈

血 2：恤（卹 邺） 衄（衂） 衅（釁） 衊 盟（盟）

（金文 简帛 说文 曹全碑 王羲之 章草 金文 简帛 说文 智永 米芾 王羲之 简帛 王羲之）（金文 说文 颜真卿

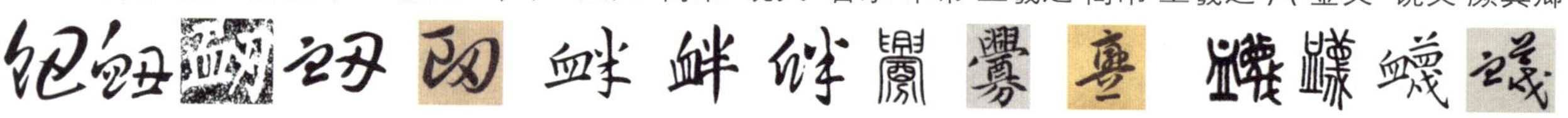

李洤 章草 柳公权 王羲之 孙过庭）（王羲之 颜真卿 王羲之 说文 赵孟頫 李怀琳）（金文 说文 王羲之 王羲之）

（甲骨 甲骨 甲骨 金文 金文 楚简 秦简 说文 说文 隶辨 欧阳询 王羲之 王羲之 智永 赵孟頫 赵孟頫 章草 傅山）

辨析：

血字拓展的字，篆书与隶楷差异较大，需要从本义上辨识。恤、衄、衅和盟等字，都有异体字的写法，可参见所涉字根。

恤（卹邺 xù）：对别人表同情，怜悯；救济，忧虑；卹，同恤，邺为卹字之伪。

衄（衂 nù）：鼻出血也，俗字作衂，引申为挫败、畏缩。

衅（釁 xìn）：古代用牲畜的血涂器物的缝隙，过失，缝隙，感情上的裂痕，争端，挑衅，征兆；以香熏身。

衊 miè：污血；鼻出血也。

盟（盟 méng）：会意，下从血，甲骨文字形，下面像个盘盂，中间像指头划破出血形或标音的窗户形，古代盟会要歃血为盟，本义是在神前发誓结盟。

拓展：

峈 峻 畂　　　P12.6 殊衄（衂）挫于豪芒

熏 燻 勳 曛 矄 壎 櫄 獯 醺 薰

(金文 金文 金文 齐安宫 简帛 说文 欧阳询 颜真卿 皇象 李洤)(何绍基 褚遂良 王羲之)(简帛 说文 曹全 智永 王羲之

皇象 索靖 怀素 金文 说文 张迁碑 王羲之)(小篆 柳公权 孙过庭 章草)(楷书 王铎)(说文 虞世南 傅山 古埙文 赵孟頫

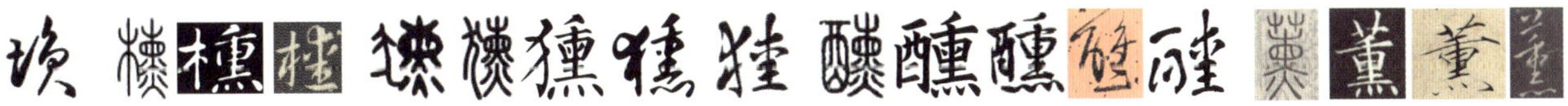

王羲之)(说文 俞和 皇象)(金文 粗篆 柳公权 孙过庭 章草)(说文 欧阳询 黄庭坚 王铎 章草)(说文 欧阳询 赵佶 王羲之)

辨析：

熏字字形稳定，草书一为“横竖两点三横”，首笔有左右两种起笔，这与皇象的“爱”字草法相同，从使用的频率看，熏字右起笔的居多；二是草化为“重、四点”。拓展的字须注意其异体字的使用。

熏 xūn：俗作燻，会意，金文上面像火烟冒出，中间是烟突（古窗字），两点表示烟苔，下面是火焰，本义为火烟向上冒。

燻 xūn：熏的俗字，应用烟、蒸气或毒气于……，燻蒸消毒、燻蚊子。

勳（勋 xūn）：从力熏声，能成王功也，勋的异体字。

曛 xūn：形声，从日熏声，本义是日落时的余光。

矄 xūn：目暗也。

壎（埙 xūn）：古代陶制吹奏乐器，以土为之，六孔。

櫄（椿杶 chūn）：櫄古同椿，同杶。

獯 xūn：獯鬻，中国夏代称北方民族，周代称猃狁，汉代后称匈奴。

醺 xūn：形声，从酉熏声，酉与酒有关，酒醉也。

薰（熏 xūn）：形声，从艸熏声，本义是蕙草。

拓展：

勳 蠕 爋 嚑 臐 鑂 纁 纁 薰

旬 洵 恂 徇 询 绚 珣 峋 殉 荀 筍

(甲骨 甲骨 金文 楚简 说文 肥致碑 欧阳询 米芾 索靖 王羲之)(说文 智永 章草)(说文 王羲之 章草)

(金文 说文 褚遂良 王羲之 彭玉雯 白蕉)(甲骨 简帛 说文 衡方碑 王羲之 王铎)(简帛 说文 褚遂良 王羲之)

(说文 颜真卿 伯远帖 王珣)(金文 说文 王铎)(金文 虞世南 李洤)(说文 米芾 章草)(楚简 说文 郑燮 赵孟頫)

辨析：

旬字似蛇屈状，隶定字形稳定，行草书为快写。可拓展。

旬 xún：形声，从日，“螾/蚓”初文声，商代金、甲文假借“螾/蚓”初文、蚯蚓的像形字表示，西周金文加“日”，战国文字“螾/蚓”初文或和“勹”混同，就成了旬字，秦文字和今文字继承而来，说文曰徧也，十日为旬。

洵 xún：水名；假借为恂诚然，确实；通泫，流（泪）的样子。

恂 xún：相信，信任；恐惧，严肃恭谨，畅通，的确、确实。

徇（侚狥 xùn）：迅速，敏捷；巡行时示众并宣布号令，攻占、掠取，顺从，为达某种目的、理想而牺牲生命；营求、谋求。

询（詢 xún）：询问，请教；甲骨文或从口字。

绚（絢 xuàn）：美丽，漂亮有文采的样子。

珣 xún：玉名。

峋 xún：嶙峋，锯齿状的，像犬牙那样参差不齐的，多指山石。

殉 xùn：殉葬，以人从葬。

荀 xún：传说中的一种香草。

筍 sǔn：竹筍，竹胎也。

伯远帖：是东晋书法家王珣创作的行书书法作品，现收藏于北京故宫博物院，是现今学术界公认唯一传世的东晋名家法书真迹。

拓展：

侚 郇 呴 姰 迿 栒 毥 眴 笱 椈　　P23.5 感惠徇知

寻 浔 荨 鲟 襑 彟

（甲骨 甲骨 金文 金文 说文 吴昌硕 夏承碑 欧阳询 褚遂良 颜真卿 赵孟頫 九经字 王羲之 王羲之 王献之 赵孟頫

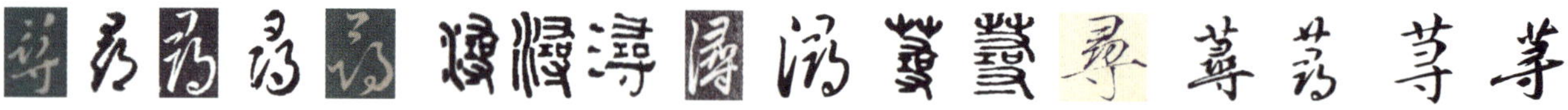

皇象 索靖 王羲之 智永 怀素）（金文 说文 衡方碑 赵孟頫 王羲之）（金文 说文 欧阳询 赵孟頫 王羲之 王羲之 黄庭坚）

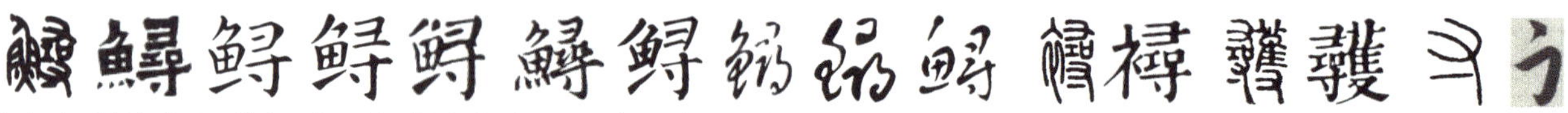

（金文 梁培生 王羲之 欧阳询 颜真卿 赵孟頫 柳公权 王羲之 于右任 章草）（说文 楷书）（说文 楷书）（说文 道亨）

辨析：

寻字楷化后上边的又字符变成了彐（彐 jì，本作彑，豕之头），草书为"彐工月（口省＋寸字变形）"，可拓展。本页列出荨、襑、彟、寸便于对比理解。

寻（尋 xún）：会意，从工口，从又（彐）寸，本义是八尺为寻；中国古代的一种长度单位八尺乃是一个人伸开两臂的长度，也有说六尺或七尺的；寻或从彡。

浔（潯 xún）：厓深也，水体边缘的陆地。

荨（蕁 qián）：多年生草本植物，叶卵形，对生，开穗状小花，茎、叶生细毛，皮肤接触时会引起刺痛，茎皮纤维可以做纺织原料，亦可做麻绳；xún，荨麻疹。

鲟（鱘鱏 xún）：鲟鱼。

襑 xín：衣服宽大。

彟 huò：度法也，彠的类推简化字。

拓展：

挦 彠 噚 杼 鐞　　P2.4 顷寻诸名书

卂 汛 扟 讯 阠 迅 茕（煢） 蝨

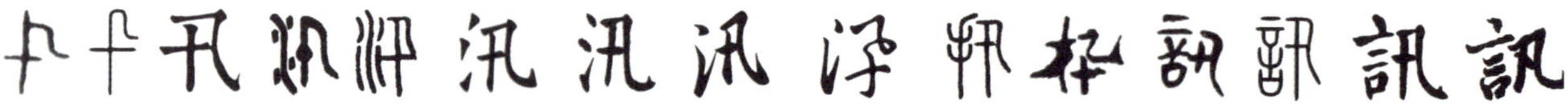

（金文 说文 楷书）（金文 说文 欧阳询 颜真卿 王羲之 王羲之）（说文 敦煌）（楚简 说文 颜真卿 陆柬之

欧阳询 赵孟頫 王羲之 怀素）（说文 五经）（金文 楚简 楚简 古文 说文 颜真卿 赵孟頫 王羲之 王羲之 怀素）

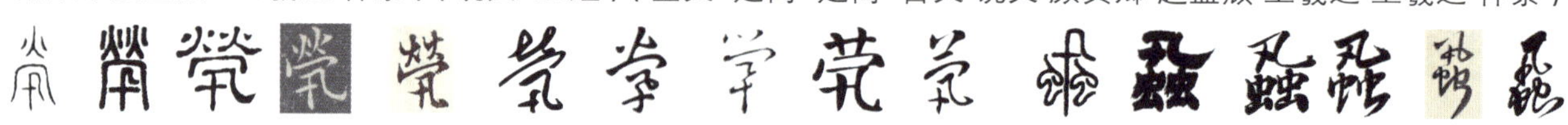

（古文 说文 隶辨 欧阳询 文徵明 毛泽东 王羲之 韵会 颜真卿 章草）（说文 邓石如 智永 王羲之 王铎 傅山）

辨析：

卂字的字形稳定，作为字根，卂字的楷行一般书写顺序是"横斜弯钩、横、竖"，草书则"横斜弯钩、竖、横或横、竖"都有。拓展的字应注意茕字的写法，茕字的繁体字是煢，草书可参照荣（榮）、营（營）、劳（勞）的异体字栄、営、労等的写法，其炏字头可以草化为三个点。

卂 xùn：从飞而羽不见，疾飞也。

汛 xùn：江河定期的涨水，古同讯。

扟 shēn：从上挹取或择取；减，剥。

讯（訊 xùn）：从言卂声，问也。

阠 xìn：古陵名。

迅 xùn：从辶卂声，疾也。

茕（煢 qióng）：回旋着飞；孤独，无兄弟；悲愁，茕茕孑立。

蝨 shī：寄生在人、畜身上的小虫，吸食血液，能传染疾病。

拓展：

䭀 芛 茕 杋 籸 軐 煢 煢 鳵　　P45.4 不能迅速

X

巽 馔 譔 撰 選（选）

（汉印 清华简 说文 说文 封龙山 王羲之 王羲之 章草 赵孟頫 于右任）（金文 说文 赵孟頫 王羲之 陈洪绶）

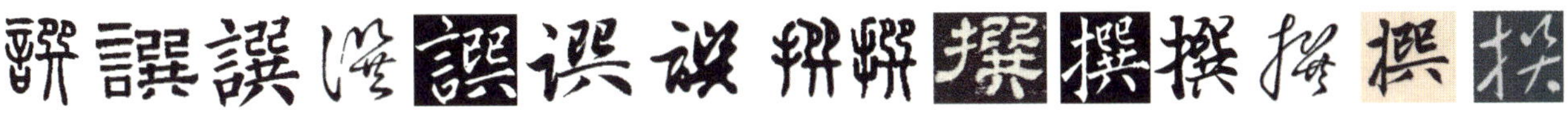

（说文 伊秉绶 颜真卿 孙过庭 赵孟頫 赵孟頫 文徵明）（金文 小篆 史晨碑 柳公权 王羲之 王羲之 赵孟頫 于右任）

（散氏盘 简帛 说文 樊敏碑 衡方碑 欧阳询 米芾 宋高宗 褚遂良 董其昌 张弼 汉简 颜真卿 赵孟頫 王铎 王羲之）

辨析：

巽字的原始字义从丌（汉印巽下边亦此义，非共也，共从两只手，参见共页），从这个意义看，从丌的字更有古味，丌字的草书写法借用“大”形；巽字的字形演变到稳定为下边从共字时，王羲之及后世书家用共字的草法被稳定了下来，成为约定俗成，也更易于识读。

巽 xùn：具也，从丌（丌 qí，下基也，荐物之具），巺今作巽，庶物（众物，万物）皆具丌以荐之是巽；易・说卦：巽为木，为风。

馔（饌 zhuàn）：形声，从食巽声，本义是陈设或准备食物。

譔 zhuàn：形声，从言巽声，专心教育。

撰 zhuàn：形声，字从手从巽，巽亦声，巽义为辅助，手与巽联合起来表示“动手帮助”，撰还有才能、著书、持与拿等意思。

選（选 xuǎn）：遣送，放逐；挑选，选择。

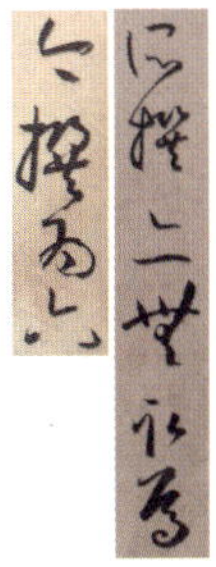

拓展：

僎 匴 噀 撰 潠 憆 槟 熼 襈 簨 蟤 獏 蟤 譔 蹼 鐉

P28.1 今之所撰亦无取焉　　P59.5 今撰为六篇

趣味方言用字

本书对于各地方言，即官话、晋语、吴语、闽语、客家话、粤语、湘语、赣语、徽语、平话和土话所等所涉文字录取极少。仅收录山西吕梁地区的部分方言文字，供地方语言文字研究者参考。

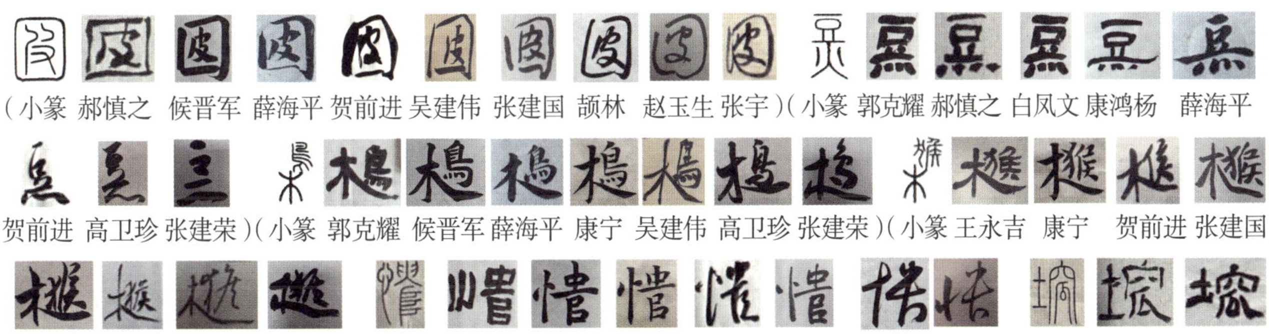

（小篆 郝慎之 候晋军 薛海平 贺前进 吴建伟 张建国 颉林 赵玉生 张宇）（小篆 郭克耀 郝慎之 白凤文 康鸿杨 薛海平 贺前进 高卫珍 张建荣）（小篆 郭克耀 候晋军 薛海平 康宁 吴建伟 高卫珍 张建荣）（小篆 王永吉 康宁 贺前进 张建国 吴建伟 高卫珍 赵玉生 张建荣）（刘哲平 郭克耀 候晋军 康宁 贺前进 张建国 颉林 赵玉生）（刘哲平 郝慎之 白凤文）

辨析：

“趣味方言用字”的截图由方言所在地山西吕梁市的部分书家和优秀书法工作者提供。各体需分别写出其相应结构。所涉字根参见相关页。

圂 rān：从口从皮，口内皮，反复咀嚼而不烂，喻说话多，啰嗦无味。

㓦 bià：象声词，用火炒豆子发出的声音等等。

樢（樬 ruà）：鸟或猴字站立树木枝头，上下左右晃动；喻忽悠人之意。

愭 qiǎn：隔愭，稍等一会。愭活，将就。

塓 wà：地名用字。

牙 雅 伢 呀 讶 迓 砑 岈 芽

（金文 古文 简帛 简帛 说文 伊秉绶 欧阳询 颜真卿 柳公权 皇象 皇象 王羲之）（金文 说文 赵孟頫 褚遂良

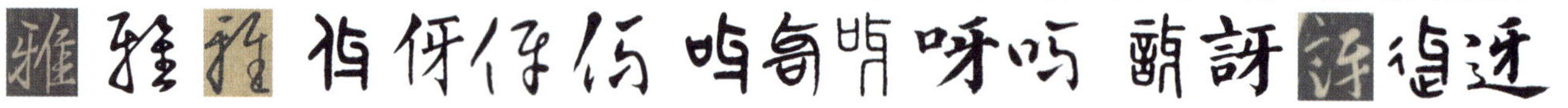

王羲之 王羲之 怀素）（金文 柳公权 王羲之 章草）（金文 简帛 说文 颜真卿 章草）（说文 颜真卿 饶介）（金文 智永

米芾 李洤 章草）（金文 欧阳询 王羲之 章草）（金文 虞世南 王羲之 章草）（金文 说文 王羲之 乾隆 王羲之 章草）

辨析：

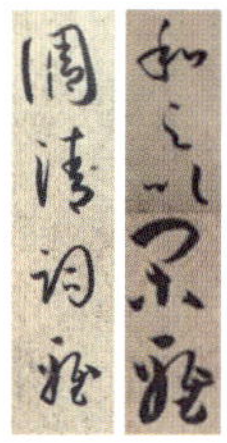

牙字的篆书为象形，草书有二，一为快写，二为皇象改变书写顺序的写法，即横起笔后，第二笔写竖横弯钩，最后写撇。作为字根，牙字的拓展性较强。

牙 yá：象形，牡齿也，金文字形为上下牙齿交错形，本义，槽牙即门牙后面的牙，门牙叫齿，笑不露齿。

雅 yā：形声，从隹牙声，从隹与鸟有关，（yā）本义为鸟名，乌鸦的一种。

伢 yá：方言，小孩儿。

呀 yā：张口的样子，表示惊异。

讶（訝 yà）：形声，从言牙声，迎接。

迓 yà：迎接，抵御、迎击。

砑 yà：用卵形或弧形的石块碾压或摩擦皮革、布帛等，使紧实而光亮。

岈 yá：嵖岈，山名，在河南省遂平县。

芽 yá：形声，从艸牙声，本义是尚未发育成长的枝、叶或花的雏体。

拓展：

蚜 邪 鸦 穿 琊 冴 厊 庌 迓 枒 玡 忬 扝 齖 秄 罗 犽 茀 钘 琊 挧 疨 梛 笌 谺 铔 掌 釾 閉 殦 瑏 颬 鎁 撑 蕥 槚 齖　　P22.3 和之以闲雅　P31.6 调清词雅

厓 崖 涯 捱 睚

（说文 彭玉雯 陆柬之 傅山）（说文 西峡颂 欧阳询 虞世南 颜真卿 柳公权 赵孟頫 柳公权 王铎

王羲之 王羲之 鲜于枢 宋克 王铎）（金文 简帛 说文 何绍基 王羲之 颜真卿 成亲王 王羲之 赵孟頫）

（金文 邓石如 智永 褚遂良 王羲之 黄庭坚 王羲之）（金文 说文 王羲之 欧阳询 王羲之 王羲之 李洤 章草）

辨析：

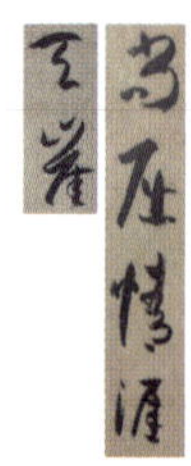

厓字结构简单，字形稳定，行草书为快写。可拓展。

厓 yá：山边，从厂圭声。

崖（崕厓 yá）：形声，从山厓声，本义是岸、水边。

涯 yá：水边也，从水，从厓。

捱 ái：同挨，抗拒、拖延、靠近、依靠、承受。

睚 yá：眼角；睚眦，发怒时瞪眼睛，借指极小的仇恨。

拓展：

啀 堐 娾 崕 睚

P12.1 天崖　P43.1 尚缺情涯

亚 哑 娅 痖 挜 垭 桠 铔

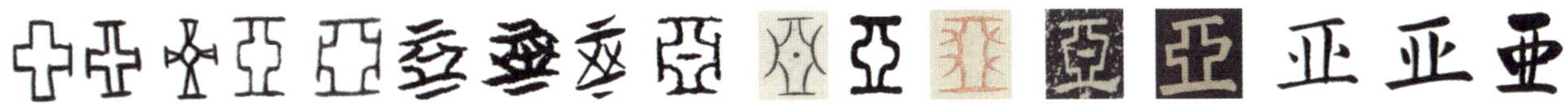

（甲骨 甲骨 甲骨 金文 金文 楚简 楚简 简帛 石鼓文 汗简 说文 石韵府 尹宙碑 颜真卿 王羲之 欧阳询 启功

王羲之 韵会 赵构 祝永明）（说文 柳公权 王羲之 辨体 辨体）（甲骨 汗简 通假 赵孟頫 王羲之 徐渭）（篆书

王羲之 赵孟頫 王羲之）（篆刻 欧阳询）（金文 汉简 颜真卿 章草）（金文 柳公权 王羲之）（古文 说文 楷书 楷书）

辨析：

亚字的篆书为象形，帛书装饰性笔画出现，草书有三：1. 快写；2. 中间先写竖再写三点；3. 中间草化为三点。可拓展。“並恶晋严”等字见相关页。

亚（亞 yà）：象形，小篆作“亞”，许慎认为像人驼背形，甲骨文一说像花边形，本义为丑；次、次于；低、低于。

哑（啞 yā）：形声，从口亚声，本义为笑声。

娅（婭 yà）：形声，从女亚声，本义是连襟，姊妹之夫相互的称谓，姻娅。

痖（瘂 yǎ）：同哑。

挜（掗 yà）：硬把东西给人或卖给人；yǎ，挥动，舀取。

垭（埡 yā）：两山之间的狭窄地方（多用于地名）。

桠（椏 yā）：成叉状的树枝。

铔（錏 yà）：铔鍜，保护颈项的铠甲；化学元素“铵”的旧译。

拓展：

垩 垭 挜 壶 桠 氩 铔 鄐 揞 湆 缙

焉 嘕 漹 傿 墕 鄢 嫣 蔫

（金文 简帛 秦简 说文 李阳冰 汉简 帛书 敦煌 石经 张迁碑 曹全碑 邓石如 欧阳询 颜真卿 柳公权 赵孟頫

王羲之 赵孟頫 赵孟頫 索靖 王献之 智永 怀素 赵孟頫）（篆字汇 王铎）（说文 楷书）（说文 楷书）楷书（金文

楚简 楚简 说文 王羲之 颜真卿 李洤）（说文 颜真卿 王羲之 李洤 章草）（说文 欧阳询 王羲之 文徵明 章草）

辨析：

焉的字形为“正＋鸟”，草书则简省为“正＋与”形。索靖和拓展的字均有正字的痕迹，怀素的“75一”结构更加简省。说明：“書經三寫，烏焉成馬”，这一古谚在汉隶和帛书中的确偶见其形，但因“烏焉从馬”属于讹变，故未大幅选取相关的讹变之字。

焉 yān：“焉”最早见于中山王壶，左部为鸟形，其上部为“正”字，且与鸟身分离，本义是一种鸟；汉简作上“正”下“二”，是省略写法，帛书和隶书下部也偶有写“马”的，篆文作上为“正”的省略，下为“鳥”的省略，属于省体结构，楷书作“焉”，上部又改为“正”字。说文：焉鸟，黄色，出于江淮。段玉裁注：“今未审何鸟也。”有资料认为，“正”即“征”的古字，“焉”即为远征之鸟，也就是一种候鸟，且为黄色，可能为黄鹂之类。在古文字材料和古文献中，“焉”字常用为“于此”“哪里”等假借义，或作句末语气词。

嘕 xiān：笑的样子，嘕然而笑。

漹 yān：古河名，在今中国山西省西部；今中国湖北宜城蛮河。

傿 yān：古书上说的神仙名；古同鄢；yàn，抬价。

墕 yàn：（方）两山之间的山地；古同堰。

鄢 yān：中国周代诸侯国名，在今河南鄢陵一带。

嫣 yān：容貌美好，多指笑容。

蔫 yān：枯萎、不新鲜的；精神委靡不振。

拓展：

篶 愞 橌 蔫　　P10.2 无或疑焉

讠1: 谈 说 谜 谶 谓 诣 谔 请 诵 课 读 谙 诀 论

(说文 智永 王铎)(说文 欧阳询 王羲之)(说文 颜真卿 王铎)(说文 柳公权 王羲之)(说文 王羲之)

(说文 柳公权 贺铸)(王铎 章草)(说文 赵孟頫 王羲之)(简帛 说文 柳公权 怀素)(简帛 说文 文徵明 皇象)

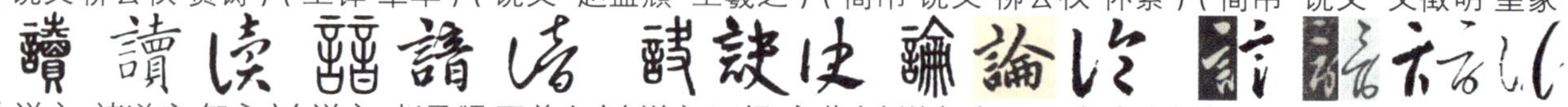

(说文 褚遂良 智永)(说文 赵孟頫 王羲之)(说文 王铎 章草)(说文 赵孟頫 智永)(第一类 二类 三类 四类)

辨析:

“讠”旁的拓展性很强，楷行写法，从言从讠均见，在行草书中，“讠”在行书是“言”旁，在草书里则为“足”旁。“讠”旁的草法，下行列出了常用的四类，每类两种，均可灵活使用。前三类字形特征明显，并逐步变简，最后一种是一个短竖，即草诀百韵歌讲的“无点却是言”。拓展的字较多，所涉字根参见相关页。

谈（談 tán）：说，谈论。

说 shuō：用话来表达意思，介绍，言论，主张，责备；shuì，用话劝说别人；yuè，古同悦。

谜（謎 mèi）：谜语。

谶（讖 chèn）：将来能应验的预言、预兆。

谓（謂 wèi）：形声，从言胃声，本义是告诉。

诣（詣 yì）：前往，去到。

谔（諤咢 è）：正直的话。

请（請 qǐng）：形声，从言青声，本义是拜访，请求、要求，询问，召、邀请；宴请。

诵（誦 sòng）：背诵、朗读，叙说，发表详细内容；诗篇。

课（課 kè）：考核，督促完成指定的工作，征收赋税，差派劳役；占卜。

读（讀 dú）：形声，从言卖声，本义为读书；dòu，语句中的停顿。

谙（諳 ān）：形声，从言音声，本义是熟悉，精通，熟记，背诵。

诀（訣 jué）：高明的方法；用事物的主要内容编成的顺口的便于记忆的词句；辞别，告别，特指长别离。

论（論 lùn）：评论，研究，引申为议论，衡量，评定；主张、学说；lún，论语的简称。

拓展:

认 讥 计 订 谮 谡 谁 護 諦 谒 诗 诉 诱 讨 让 讫 讯 讷 讹 谪 设 访 决 谄 诈 论 译 证 诂 识 谓 误 诱 诘 诡 诧　　P46.4 所谓淹留　P33.2 诡词異（异）说

讠2: 谆 询 诸 详 该 谦 议 诤 谕 诘 诩 话 谊 诚

(说文 颜真卿 王羲之 韵会)(说文 黄庭坚 王羲之)(说文 智永 皇象)(说文 赵佶 智永)(说文 王铎 王羲之)

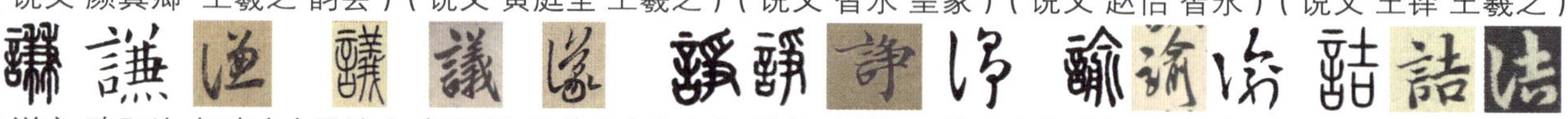

(说文 欧阳询 怀素)(吴让之 赵孟頫 王羲之)(金文 说文 敦煌 王羲之)(说文 米芾 章草)(说文 张旻 皇象)

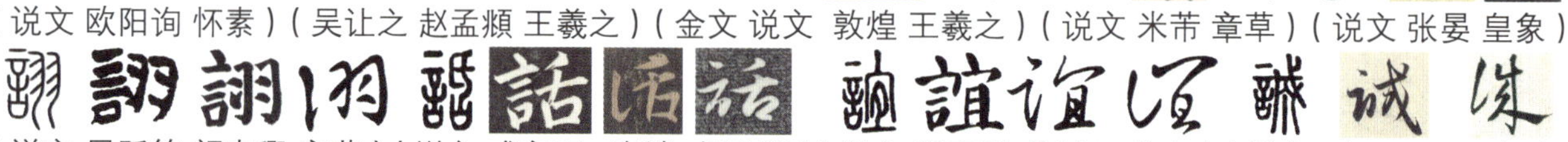

(说文 居延简 颜真卿 章草)(说文 成亲王 索靖 赵孟頫)(说文 颜真卿 苏轼 王羲之)(说文 赵孟頫 王铎)

辨析:

“讠”旁的拓展性很强，各体写法同前。所涉字根，可参见相关页。

谆（諄 zhūn）：教诲恳切耐心的样子；诚恳、忠诚；辅佐。

询（詢 xún）：询问、请教，查考、打听，均，协调，信实、确实。

诸（諸 zhū）：形声，从言者声，本义为辩、问辩；众、各，代人，代事，代物，相当于之；作定语，相当于其；表示语气，相当于啊；干果。

详（詳 xiáng）：审察，审理；详细说明，清楚地知道，祷祝，揣摩、推断。

该（該 gāi）：形声，从言亥声，军中互相戒守的约言；包容、包括，应该、应当，欠，指示代词。

谦（謙 qiān）：谦虚，谦逊。

议（議 yì）：商议，讨论。

诤（諍 zhēng）：本作争，诤是后起字，意思是强谏，用则可生，不用则死，程度比谏重；争论、争讼，争奇、竞争。

谕（諭 yù）：旧时上告下的通称，也指告诉；明白、懂得。

诘（詰 jié）：询问，追问；明（天）、翌（日）；jí，曲折。

诩（詡 xǔ）：说大话，夸耀。

话（話舙 huà）：言语，话题，话本、故事。

谊（誼 yì）：交情，友情，友好关系；意义，意思。

诚（誠 chéng）：诚实，真诚，确实，的确，果真；如果。

拓展:

诨 狱 罚 诲 诫 雠 谅 讦 讣 讧 讪 讬 讱 讲 讳 讴 讵 讶 讻 讼 䜣 诃 词 诅 诋 诎 诏 诐 诒 诿 谘 谚

讠3：诳 谑 诡 诬 讽 谄 谀 谎 谝 诽 谬 谏 谗 诮

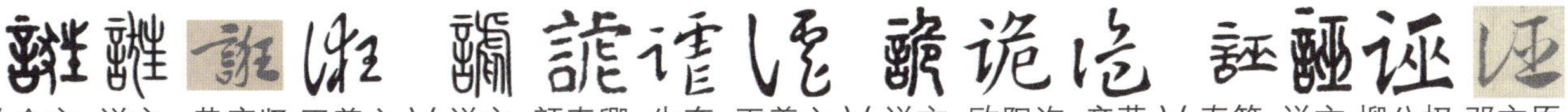

（金文 说文 黄庭坚 王羲之）（说文 颜真卿 朱耷 王羲之）（说文 欧阳询 章草）（秦简 说文 柳公权 邓文原）

（简帛 颜真卿 皇象）（说文 颜真卿 王羲之）（简帛 说文 赵孟頫 章草）（说文 颜真卿 章草）（说文 陆柬之 王羲之）

（说文 褚遂良 王羲之）（说文 曹全碑 邢侗）（金文 说文 赵孟頫 黄庭坚）（说文 王羲之 章草）（说文 赵佶 赵孟頫）

辨析：

“讠”旁的拓展性很强，各体写法同前。所涉字根，可参见相关页。

诳（誑誆 kuáng）：欺骗，迷惑。

谑（謔 xuè）：尽兴地游乐，开玩笑；异体字或从匕。

诡（詭 guǐ）：责成、要求，欺诈、奸滑，怪异、出乎寻常，违反。

诬（誣 wū）：捏造事实害人。

讽（諷 fěng）：背诵、朗读、传诵，用含蓄的话劝告或讥刺。

谄（諂 chǎn）：谄媚，曲意迎合。

谀（諛 yú）：谄媚，奉承，和悦柔顺。

谎（謊 huǎng）：谎言，假话，梦中讲的话，哄骗。

谝（諞 piǎn）：花言巧语，炫耀、夸耀或骄傲地显示，欺骗、诈骗。

诽（誹 fěi）：背地议论，指责他人。

谬（謬 miù）：极端错误，非常不合情理。

谏（諫 jiàn）：直言规劝，匡正、挽回。

谗（讒 chán）：说别人的坏话。

诮（誚 qiào）：责备，嘲讽；简直，完全，如诮然（简直，依然）。

拓展：

诟 讵 诔 试 诖 诙 诛 诜 诠 诶 诇 诪 诰 诶 诓 诹 诺 诼 谂 谇 谆 谌 谍

P33.2 诡词異（异）说

讠4：诗 词 语 调 谐 详 辩 谨 记 谛 训 诫 谤 谣

（说文 智永 索靖）（简帛 说文 欧阳询 王铎）（金文 说文 赵孟頫 智永）（说文 颜真卿 章草）（说文 王铎 王宠）

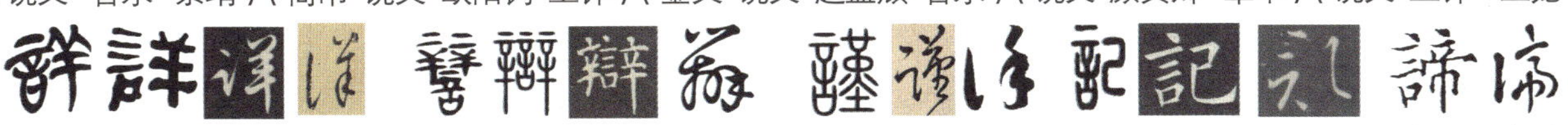

（简帛 衡方碑 文徵明 怀素）（秦简 说文 虞世南 王羲之）（说文 王铎 智永）（说文 姚孟起 李世民）（欧阳通 章草）

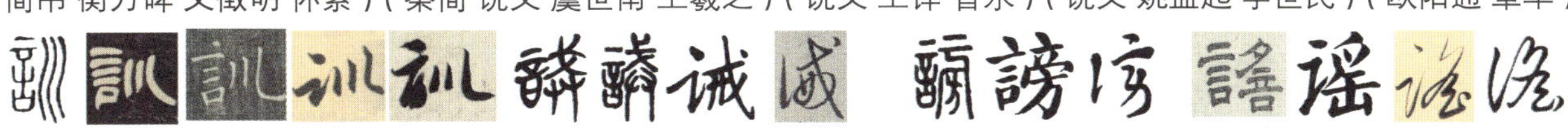

（说文 邓石如 欧阳询 赵孟頫 智永）（简帛 说文 黄庭坚 赵孟頫）（说文 颜真卿 章草）（娄机 颜真卿 赵孟頫 韵会）

辨析：

“讠”旁的拓展性很强，各体写法同前。所涉字根，可参见相关页。

诗（詩 shī）：诗歌。

词（詞署 cí）：语言里最小的可以独立运用的单位，一种诗体。

语（語 yǔ）：谈论，议论，辩论。

调（調 diào）：声音调和，协调；选拔或提拔官吏；zhōu，清晨，早晨，通朝。

谐（諧 xié）：和谐；办妥，办成功；商定。

详（詳 xiáng）：审察，审理；详细说明，清楚地知道，祷祝，揣摩、推断，详细；详尽。

辩（辯 biàn）：辩论，申辩，治理，办理。

谨（謹 jǐn）：谨慎，小心。

记（記 jì）：记住，记载，记录。

谛（諦 dì）：细察、详审、道理、明白；佛教名词，谓真实无谬的道理。

训（訓 xùn）：教育，教导。

诫（誡 jiè）：告诫，警告，规劝。

谤（謗 bang）：在背后议论或批评某人的短处。

谣（謠 yáo）：流言，乐曲。

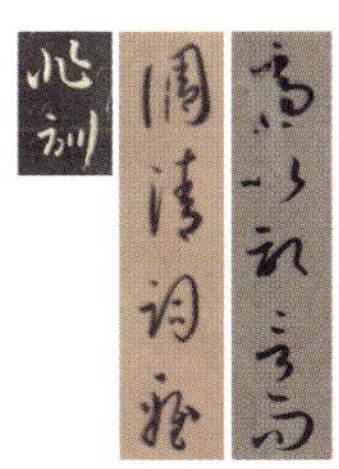

拓展：

诫 谥 谦 谧 谩 谭 谯 谰 谲 谡 谪 谟 谠 谮 谬 谫 谬 谑 谳 谴 谵 谩 谶 谞

P5.1 适以记言　P20.1 尤可记文　P31.6 调清词雅聲（声）塵（尘）未泯　P62.3 非训非经

言1：言 信 詰 訇 䚻 訾

（甲骨 甲骨 金文 盟书 楚简 说文 李阳冰 张迁碑 好太王 欧阳询 颜真卿 王羲之 赵孟頫 简书 简书 简书

居延简 居延简 张芝 索靖 索靖 王羲之 王羲之 王献之 怀素）（甲骨 金文 简帛 说文 六书统 钟繇 索靖 索靖 赵孟頫）

（古文 说文 隶辨）（金文 说文 简帛 王羲之 王羲之 文徵明 流江）（说文 楷书）（简帛 说文 王羲之 王羲之）

辨析：

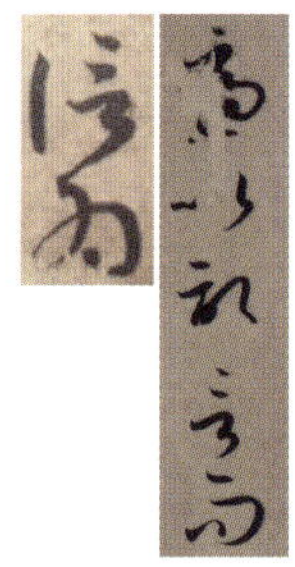

言字的甲骨文指事，隶楷字形稳定，草书从居延简到怀素，形态变化较多，可灵活使用。可拓展。

言 yán：指事，甲骨文字形下面是舌字，上面一横表示言从舌出，言是张口伸舌讲话的象形，从言的字与说话或道德有关，本义是说、说话。

信 xìn：会意，从人从言，人的言论应当是诚实的，本义为真心诚意。信有从“千言”的异体字，少见。甲一期 916 上言下人的写法，旧不识，当为信。

詰 jìng：競言也，争论，从二言。

訇 hōng：惊叫声；阿訇，主持伊斯兰教的各种仪式，讲解古兰经的人。

䚻 yáo：同谣。

訾 zī：毁谤、非议，厌恶；极其讨厌并憎恶，指责；约束的、参照的，瑕疵；财货，计算、估量。

拓展：

這 誌 認 諫 詪 誐 誒 誟 誎 誘 誙 誚 誢 誜 誝 誟 誠 誢 誣 誤 誥 誧 誨 誫 読 誮 語 誯 誰 誱 誗 誜 諚 誦 謆 誸 諦

P5.1 适以记言　P2.4 信为绝伦

言2：誊（謄）誓 譬 謇 讀 罌 謷 警 謦 諐 譥 讟

（王羲之 章草 说文 颜真卿 赵孟頫 韵会）（金文 金文 金文 简帛 说文 智永 褚遂良 索靖 张旭 宋克）（简帛 金文

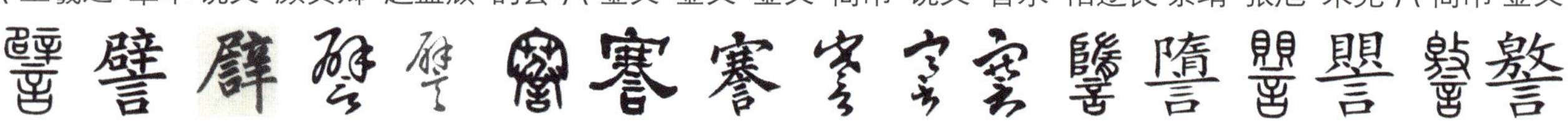

说文 欧阳询 赵孟頫 王羲之 启功）（金文 衡方碑 柳公权 文徵明 黎凡 章草）（说文 楷书）（说文 楷书）（说文 楷书）

（智永 王羲之 王铎）（金文 说文 颜真卿 李淦 章草）（说文 说文 欧阳询 说文 颜真卿 王铎）（说文 楷书）（简帛 说文 楷书）

辨析：

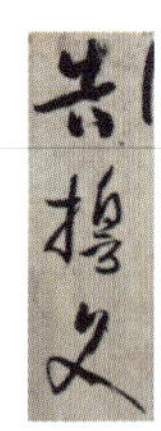

言字可拓展 1000 多字，各体写法同前。拓展的字及未列示的字，所涉字根可参见相关页。

誊（謄 téng）：转录、抄写。

誓 shì：形声，从言折声，本义是发誓、立誓；受命，接受爵位；告诫、告知，铭刻、牢记，谨慎，绝对。

譬 pì：形声，从言辟声，本义是譬如、比喻，晓谕，明白，晓得。

謇 jiǎn：形声，从言寒省声，本义是口吃；直言不讳，正直。

讀 huī：相毁也。

罌 yīng：声也，古同嚶。

謷 jiào：古同叫，痛呼。

警 jǐng：戒敕；戒备、防备；警报，警察的简称；敏悟。

謦 qǐng：咳嗽，谈笑。

諐（愆 qiān）：罪过，过失；违背、违反，耽误，失掉，丧失；通骞，亏、损；蹇，或从寒省。

譥 bó：因痛而叫喊；pò，呼喊冤屈的声音。

讟 tà：说话快。

拓展：

䜌 謩 謷 謺 諒 諓 諔 諕 論 諗 諘 諙 諚 諛 諣 謚 諸 諾 雹 諬 諲 謣 諹 諨 諄 諍 諮 諸 諷 諰 諱 諦 諠 諫 諪

P35.1 告誓文

炎 谈 啖(噉) 痰 掞 郯 淡 毯 錟 氮

（甲骨 甲骨 金文 金文 楚简 说文 衡方碑 欧阳询 颜真卿 王羲之 王羲之 黄伯思 邓文原 董其昌）

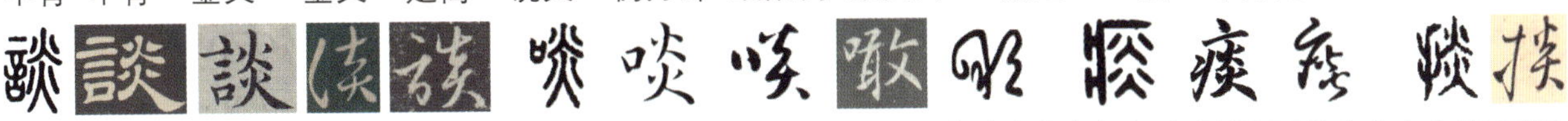

（说文 唐玄宗 赵孟頫 刘炟 赵孟頫）（说文 王羲之 王羲之 王羲之 孙过庭）（金文 赵孟頫 王羲之）（小篆 王铎）

（金文 楚简 说文 褚遂良 王羲之）（说文 欧阳询 怀素）（六书统 颜真卿 李淦）（说文 米芾 赵之谦）（粗篆 柳公权 章草）

辨析：

炎字字形稳定，行草书为快写，火字还可以草化为“大”字。可拓展。与火字相关的字还可参见火页。

炎 yán：会意从二火，本义是火苗升腾。

谈（談 tán）：形声从言炎声，本义为说、谈论。

啖（噉 dàn）：形声，从口炎声，本义为吃，咬着吃硬的或囫囵吞整的食物。

痰 tán：从呼吸道排出的黏液。

掞（掞 shàn）：舒展，铺张，发舒。

郯 tán：郯城，地名，在中国山东郯省。

淡 dàn：形声，从水炎声，是味淡，味道不浓，不咸。

毯 tǎn：厚实有毛绒的织品。

錟 yàn：火苗、火花，同焰。

氮 dàn：一种气体元素，无色、无臭、无味，化学性质不活泼。

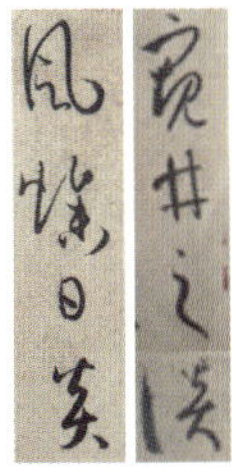

拓展：

倓 燚 剡 埮 婒 惔 垄 惢 焱 敥 棪 欻 琰 腅 睒 窔 煔 睒 裧 锬 燅 粿 粿 蛟 緂 舕 噉 覢 賧 醈 竂 彝 燚 燚 鍁 餤 遴 樕 鬫 頬 飈 藜 檾 灡 藺 荚 剡 庡

P24.4 风燥日炎　P44.5 窥井之谈

炏1：勞（劳労）嘮（唠）澇（涝）撈（捞）嶗（崂）癆（痨）

（古文 说文 李斯 樊敏碑 欧阳询 颜真卿 赵构 王羲之 李世民 索靖 王羲之 简书 索靖 王宠 祝永明）

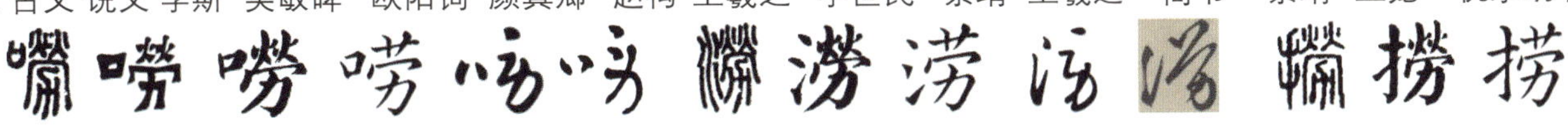

（说文 梁培生 颜真卿 欧阳询 王羲之 章草）（说文 颜真卿 王羲之 王羲之 文徵明）（小篆 颜真卿 王羲之

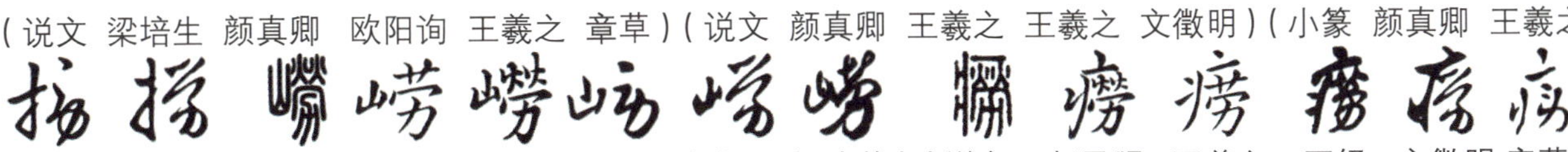

王羲之 文徵明）（粗篆 王羲之 赵孟頫 王羲之 文徵明 郭沫若）（说文 赵孟頫 王羲之 王铎 文徵明 章草）

辨析：

炏字头，作为字根，篆书字形稳定，隶定及楷化后可写异体字分别从“艹”和从“三点”，草书一般有“比、三点、艹”三种草法。可拓展。勞（劳）字还有一种草书，近于简化字“动”，为上下结构，为约定俗成。从字形上看，以炏作为字根的字，与楷化为“艹头”和“三点”的字并非一一对应关系，无论本页的勞、劳和労字的拓展，还是随后的炏2—炏4页所列举的字的拓展，都存在这种现象，不排除收字不全所致，此乃文字演变过程需要逐步完善的。

勞（労劳 láo）：古文从悉，字形发展可分为：从衣从心从力，从“力”的一系发展成为现代的劳字，宋元以来勞字俗写作劳，为勞的简化字，“劳”的本义是费力、劳苦，说文曰劳乃剧也。

嘮（唠 lào）：形声，从口劳声，唠叨。

澇（涝 lào）：水淹没，雨多成灾。

撈（捞 lāo）：形声，从手劳声，从水中探取东西。

嶗（崂 láo）：崂山，在山东省青岛市东北崂山县境。

癆（痨 láo）：形声，从疒表示与疾病有关，劳声，积劳瘦削。

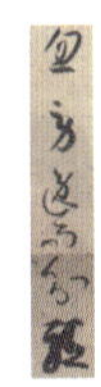

拓展：

1. 僗 憦 憥 膋 橯 磱 簩 耮 蟧 譾 軂 鐒 髝 鱒　2. 铹 耢　3. 捞 朥

P16.2 或劳（错笔）　P43.5 忽劳逸而分驱

炏 2：榮（荣） 嶸（嵘） 營（营） 䓊（茕） 塋（茔）

（金文 古文 简帛 秦简 说文 史晨碑 智永 宋徽宗 钟繇 索靖 智永 邓文原）（说文 柳公权 王羲之 羲之 赵孟頫）

（古文 秦简 简帛 说文 鲁峻碑 欧阳询 颜真卿 陆柬之 欧阳询 王铎 祝枝山 张芝 王羲之 智永 赵孟頫 鲜于枢）

（说文 隶辨 欧阳询 王羲之 王羲之 章草 毛泽东）（说文 李阳冰 唐玄宗 颜真卿 虞世南 于右任 文徵明 于右任）

辨析：

炏字作为字根，篆书字形稳定，隶定及楷化后可写异体字，分别从“艹”和从“三点”，草书一般有“比、三点、艹”三种写法。可拓展。从字形上看，以“炏”作为字根的字，与楷化为“艹头”和“三点”的字并非一一对应关系（与括弧内的字相对比），无论前页的勞、劳和労字的拓展，还是本页及随后炏 3—炏 4 页所列举的字的拓展，都有这种现象，此为文字演变过程待完善的。

榮（荣栄 róng）：形声，从木荧省声，本义梧桐；繁荣、茂盛。

嶸（嵘 róng）：形声，从山荣声，峥嵘，山势高峻的样子，引申为不平常。

營（营営 yíng）：形声，从宫荧省声，四周垒土而居。

䓊（茕 qióng）：从卂營省声，鸟回转疾飞也。

塋（茔 yíng）：坟墓、坟地。

拓展：

𠐅 𡅅 㩞 嬫 嶸 濚 爃 蠑 鑅（荣嵘溁榮蝾）；巆 㩙 瀅 犖 櫿 𤺥（营）；榮䓊（茕）；瀅（茔）；瑩 瀅 瓔 熒 磴 鎣（滢）；瀠 懮 嬳 瓔 矇（萤）

炏 3：鶯（莺） 熒（荧） 滎（荥） 鎣（蓥）

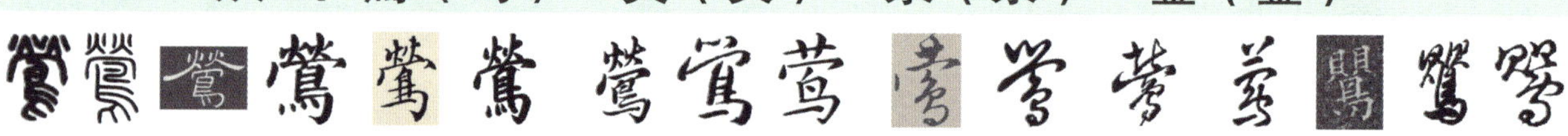

（金文 说文 王铎 颜真卿 文徵明 段玉裁 赵孟頫 朱耷 王羲之 唐寅 王羲之 郑板桥 章草 周仪 唐寅 韵会）

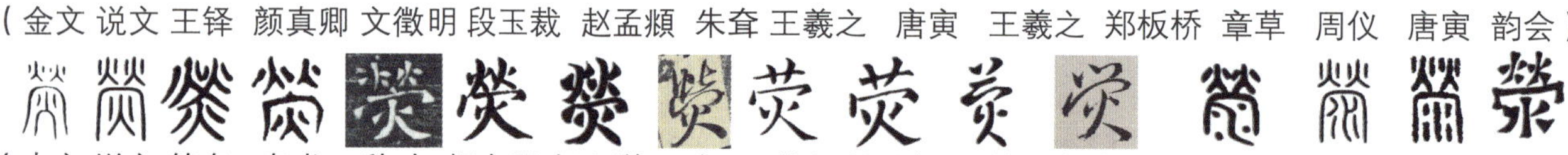

（古文 说文 简帛 帛书 魏碑 颜真卿 赵之谦 王铎 王羲之 柳公权 王羲之 祝永明）（金文 说文 汉印 梁培生

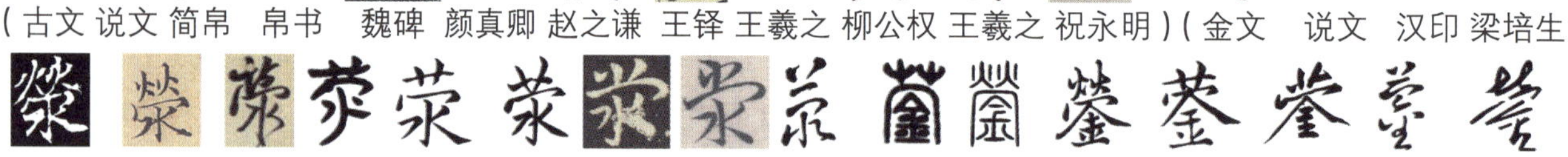

颜师古 赵孟頫 王铎 汉简 王羲之 赵孟頫 皇象 宋克 章草）（金文 说文 赵孟頫 王羲之 黄庭坚 王羲之 毛泽东）

辨析：

炏字作为字根，篆书字形稳定，隶定及楷化后还可写“艹”和“三点”，草书一般有“比、三点、艹”三种草法。可拓展。从字形上看，以炏作为字根的字，与楷化为“艹头”和“三点”的字并非一一对应关系（与括弧内的字相对比），无论前页的勞（劳労）字的拓展，还是本页及炏 2 页和炏 3 页所列举的字的拓展，都存在这种现象，如滎（荥）和泶（澩）的字意不同，却有异体同草的写法，草书按篆意写出，更易于区别（其字从水，参见水页）。其他以炏为字头拓展的字，从“艹”和“从三点”的异体字，未予一一列示，可参考同类字的写法。

鶯（莺鴬鸎 yīng）：形声，从鸟荣省声，鸟毛有斑纹貌也。

熒（荧 yíng）：会意，从焱（yàn）冂（jiǒng），焱，火花，冂，远方的边界，合起来表示远处的火花，光微弱的样子。

滎（荥 xíng）：从水熒省声，绝小水也。

鎣（蓥 yíng）：从金，熒省声，琢磨使发光，亦作莹。

拓展：

𡣍（莺）濙㷠䕍（渋㷠䕍）；濴（荥）；瀯（蓥）；

其他：劳 嫈 峃 㑱 犖 䒄 膋 畄 膋 礬 禜 翯 椮 罃 袋 豋 覺 醟 糵 憎 謍 瘄 瀅

炏 4：瑩（莹） 瀅（滢） 螢（萤） 縈（萦） 瀠（潆）

（简帛 说文 娄机 颜真卿 赵孟頫 欧阳询 黄庭坚 王羲之 晋祠铭 邢源高）（金文 粗篆 赵孟頫 王羲之

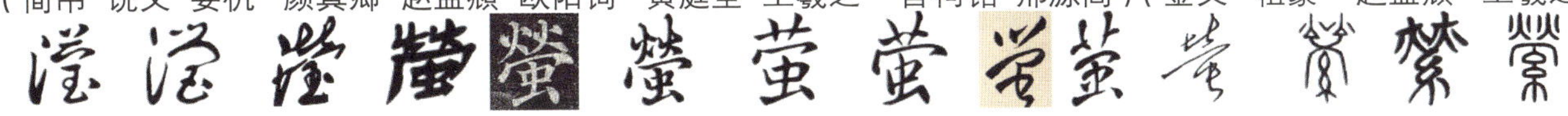

王羲之 于右任 毛泽东）（汉简 颜真卿 赵孟頫 王羲之 赵孟頫 王铎 章草 毛泽东）（金文 楚简 说文

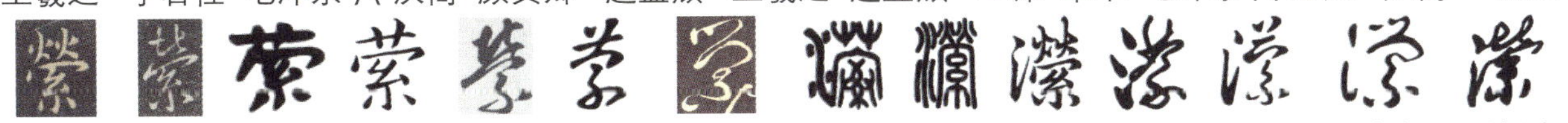

虞世南 王羲之 汉简 王羲之 索靖 王羲之 颜真卿）（金文 粗篆 赵孟頫 王铎 王羲之 于右任 毛泽东）

辨析：

炏字作为字根，篆书字形稳定，隶定及楷化后可写异体字，分别从“艹”和从“三点”，草书一般有“比、三点、艹”三种草法。可拓展。从字形上看，以炏作为字根的字，与楷化为“艹头”和“三点”的字并非一一对应关系（与括弧内的字相对比），无论前页的勞、劳和労字的拓展，还是本页及炏 2 页和炏 4 页所列举的字的拓展，都存在这种现象。

说明：炏字头有写三个点的异体字，也可见于日本文字“営栄蛍労労”等，与写“三点”的草书写法同。學（学）字头：学字头在草书中也可以草化为三点，下边为“水、火、土、山、见、言”的字即“滎熒塋嵤覺謍”和“澩斆壆嶨覺譽（引申出與字头）”，“炏”和“学”字头都有，这时，两种写法都不去写“三点”，则更易于区别。如果上下文易于识读时，都写三个点也未尝不可。與字头：需要知道的是，與字头除舉（举）字有约定俗成的“乙末”写法外，也都可草化为三个点。

瑩（莹 yíng）：形声，从玉荧省声，珠光的光彩。

瀅（滢 yíng）：清澈的样子。

螢（萤 yíng）：动物名，节肢动物门，昆虫纲，萤火虫。

縈（萦 yíng）：形声，从糸荧省声，糸，细丝，本义是回旋缠绕。

瀠（潆 yíng）：水流回旋的样子。

拓展：

瑩 瀯 瓆 鎣（莹）；矘（萤）；瀠 礞 纃（潆）

焱 燚 歘 燊 飈

（甲骨 金文 说文 何绍基 王羲之 智永 欧阳询 褚遂良 虞世南 颜真卿 柳公权 赵孟頫 王羲之 郑燮

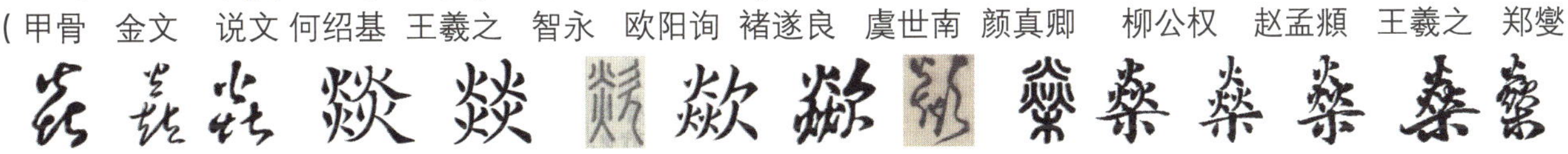

王羲之 李泾 章草）（孝慈墓 柳公权）（说文 黄自元 黄庭坚 张弼）（说文 智永 欧阳询 王羲之 米芾 傅山）

（金文 粗篆 吴让之 淮南王墓 王羲之 欧阳询 颜真卿 米芾 赵孟頫 王铎 王羲之 董其昌 祝永明 于右任）

辨析：

焱字字形稳定，行草书为快写。可拓展。

焱 yàn：火花，火焰。

燚 yì：火貌。

歘 xū：快速，歘如飞电来，隐若白虹起，歘的异体字。

燊 shēn：会意，从焱在木上，盛貌、炽盛。

飈（飇 biāo）：同飙，飈字之伪。

拓展：

㷔 飆 燚

Y

沿（沿） 㕣/公 铅（鈆）

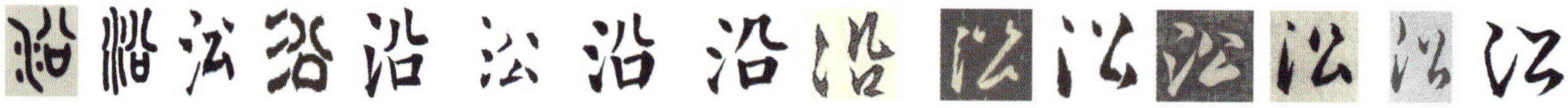

（金文 说文 敦煌 帛书 欧阳询 褚遂良 颜真卿 颜真卿 文徵明 王羲之 孙过庭 米芾 赵孟頫 赵构 韵会）

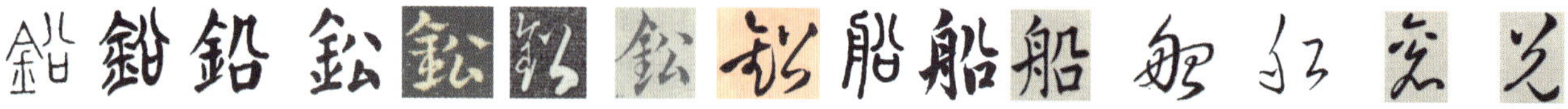

（说文 简帛 颜真卿 颜真卿 皇象 宋高宗 邓文原 王铎）*（说文 智永 欧阳询 王羲之 王羲之） 王羲之 王羲之*

辨析：

沿（沿）字和铅（鈆）字，都有从㕣和从公的写法，草书写法，㕣采用“公”字的快写。

凡㕣（几＋口：yǎn /yàn）做字根的字，都可以用“公”通假，草法从之。注意：㔶同匽，㔶字的草书中间非公字。船（舩）、兖、兊等字，参见相关页。

沿（沿 yán）：缘水而下也，从水㕣声，水败山间陷泥地是㕣，水照着山间陷泥地流走是沿，本义为顺着、照着。

铅（鈆）：青金也，从金㕣声。

拓展：

船（舩）兖（兗）兊（兊） 訟（讠㕣）㭗（松）

P5.2 变驰骛沿革

奄 俺 唵 掩 淹 鹌 庵 菴 阉

（金文 说文 邓石如 樊敏碑 欧阳询 虞世南 颜真卿 柳公权 赵孟頫 宋徽宗 褚遂良 索靖 王羲之 智永）

（说文 欧阳询 王羲之）（篆字汇 柳公权 王羲之）（说文 宋徽宗 王羲之 王羲之）（说文 王羲之 王羲之 王献之）

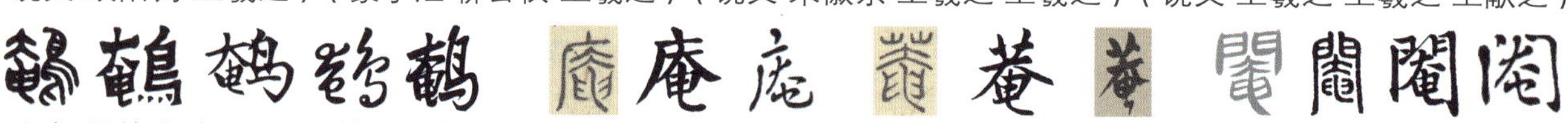

（金文 梁培生 赵孟頫 王羲之 王铎）（六书通 颜真卿 章草）（六书通 赵孟頫 杨维桢）（简帛 说文 赵孟頫 章草）

辨析：

奄字的篆书与隶书结构上下换位，申隶定为“电”，草书写法，第一笔横划起笔反向，早期可见索靖的写法，“申（电）”内的一横省略。可拓展。

奄 yǎn：覆盖、涵盖，大有余也，又，欠也，从大从申，申乃展也。

俺 ǎn：方言，我，我们。

唵 ǎn：用手抓东西吃；佛教咒语用字；含。

掩 yǎn：会意，从手从奄，奄亦声，本义为遮蔽。

淹 yān：形声，从水奄声，古水名，今金沙江的一段，有浸渍、滞留、停留、深入、精通；yàn 浸没之意。

鹌（鵪 ān）：鹌鹑。

庵 ān：菴的俗字作庵或菴；圆顶草屋；庙宇；尼姑的住所。

菴 ān：古同庵。

阉（閹 yān）：割去男人的或雄性动物的生殖器；太监，封建时代的宦官。

拓展：

埯 剨 匎 奞 婘 廅 崦 惾 崦 菴 阉 黭 椊 焥 裺 晻 殗 腌 暆 晻 稀 痷 碮 罨 裺 馣 蓭 諳 醃

P45.1 安能掩当年之目　P45.3 未悟淹留　P46.4 所谓淹留

厌（猒厭） 壓（压） 恹（懨） 魘 靨（曆） 嚈

（说文 毛公鼎 李阳冰 北大简 颜真卿 鲜于枢 金文 说文 智永 欧阳询 颜真卿 赵孟頫 王羲之 米芾

智永 赵孟頫 米芾 王羲之 王羲之）（说文 颜真卿 王羲之 董其昌 颜真卿 何绍基 李鹤录 王羲之 王羲之）

（说文 赵孟頫 于右任 汗简 欧阳询 王羲之）（说文 赵孟頫 王羲之）（说文 赵孟頫 韵辨 章草）（篆字汇 楷书 毛泽东 智永）

辨析：

厌（猒厭）字从甘从肰，草书有从猒从厭和从“厌”三类：猒字单独写，草写为快写；厭字的草书写“厂（或广）月＋犬”，甘字省略了，厂下的猒字也可草化为“能（草书）”；“厌”的草书则为快写。猒字作为字根，拓展后还可以写作“犬”，草化后一般有从猒从犬两类。饜从食，参见食页。

猒 yàn：饱也，从甘从肰。

厭（厌 yàn）：音壓，厂，像山崖石穴形，犬、肉、甘三部分合起来，会意，表示吃饱、满足，本义为吃饱。饱、满足，后作饜。

壓（壂压 yā）：形声，从土厌（厭）声，本义是崩坏。

恹（懨 yān）：形声，从心厌声，本义为精神不振的样子。

魘 yǎn：恶梦，做恶梦时，胸口感到压迫，呼吸困难。

靨（曆 yè）：酒窝儿，嘴两旁的小圆窝儿；旧指女子在面部点搽妆饰。

嚈（咽 yàn）：嚈气，同咽气，人死断气；嚈哒，中亚古族名、国名，白匈奴。

拓展：

𡢃 擫 懕 擪 㱘 㷔 靥 黶 擫 𢣽　　　P38.2. 心不厭精

晏 匽 偃 堰 揠 蝘 鰋 郾 褗 鶠

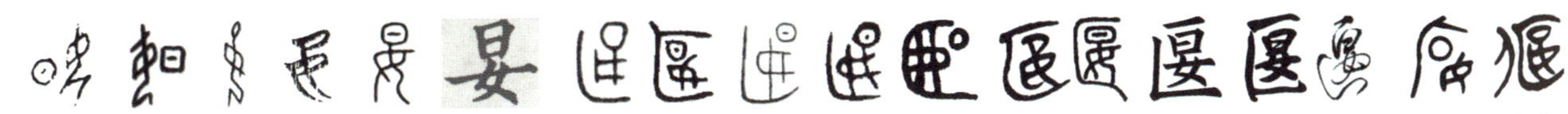

（甲骨 甲骨 甲骨 简帛 说文 五经）（金文 金文 金文 金文 金文 简帛 说文 欧阳询 王铎 傅山）（金文 简帛

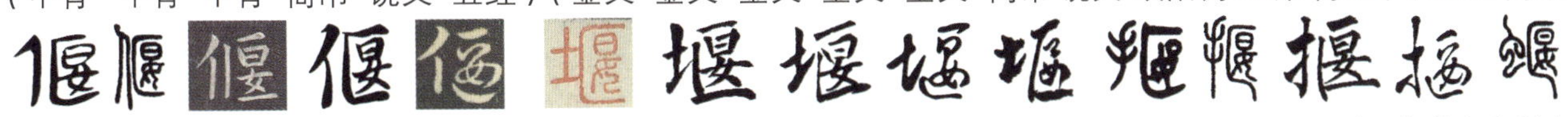

秦简 说文 虞世南 王羲之 皇象）（石韵府 颜真卿 黄庭坚 王羲之 黎凡）（金文 说文 柳公权 章草）（说文

赵孟頫 黄庭坚）（石鼓文 说文 朱耷）（金文 金文 盟书 说文 伊秉绶 王羲之 李淦）（说文 楷书）（说文 楷书）

辨析：

晏字从日从女，篆书部件位置不固定，姿态多变，日省点的情形累见，隶定字形稳定，行草书为快写，日居上，还可草化为两点或倒三角。可拓展。

晏 yàn：安，日出清明。

匽 yǎn：形声，从匚晏声，本义是匿；贮污水的坑池；通偃，停息。

偃 yǎn：形声，从人匽声，本义为仰卧、仰；通匽，停止、停息；倒下、倒伏。

堰 yàn：拦河坝，池塘，堵、挡。

揠 yà：拔起，提拔，抓着马鞍。

蝘 yǎn：古书上指蝉一类的昆虫，蝉。

鰋 yǎn：鲇鱼。

郾 yǎn：古国名，周代燕国自称为郾。

褗 yǎn：衣领，隐被。

鶠 yǎn：凤凰的别称。

拓展：

愝 隁 歋 椻 腰 躽 鶠 𩢔 鼴

晏 䁙 騴 鼴 鷃 宴

（楚简 秦简 说文 肥致碑 欧阳询 钟绍京 颜真卿 柳公权 赵孟頫 文徵明 王羲之 李洤 朱耷）（说文 楷书）

（篆字汇 彭玉雯）（金文 欧阳询 黄庭坚 章草）（石韵府 赵孟頫 傅山）（金文 金文 金文 说文 褚遂良 王宠）

辨析：

晏字从日安，草书有快写和将日字草化为倒三角的写法。

晏 yàn：形声，从日安声，本义是晴朗；晚、迟，平静、安和，鲜艳、华美；通安。

䁙 yǎn/yàn：从目晏声，目相戏也。

騴 yàn：尾根白色的马。

鼴（鼹 yǎn）：鼴鼠。

鷃 yàn：一种小型的鸟，古同鴳。

宴 yàn：请人吃饭喝酒，聚会在一起喝酒吃饭。

拓展：

暥 䳛 鬳

雁（鴈） 赝

（简帛 说文 邓石如 王羲之 欧阳询 颜真卿 王羲之 黄庭坚 郭沫若 怀素 李洤 朱耷 王铎 郑板桥 章草

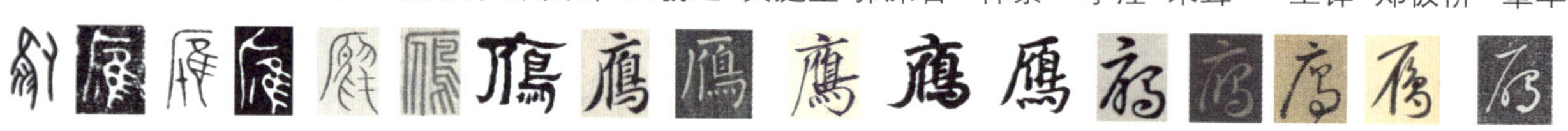

甲骨 金文 金文 金文 汗简 说文 衡方碑 智永 欧阳询 宋徽宗 王羲之 黄庭坚 王羲之 智永 怀素 赵孟頫 鲜于枢）

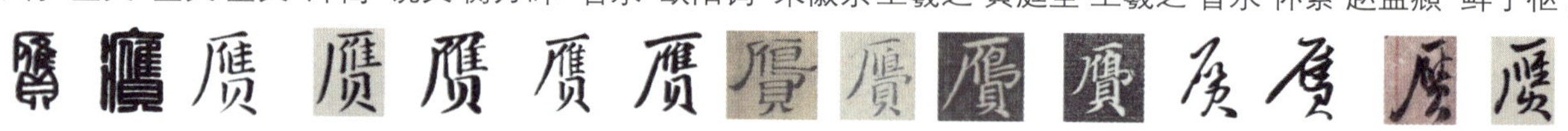

（金文 篆刻 王羲之 欧阳询 颜真卿 柳公权 赵孟頫 隶辨 姜夔 赵孟頫 郭天锡 王羲之 张瑞图 赵之谦 章草）

辨析：

隹亦鸟也，隹鸟两个字作为字根，有时可以互用。雁字草书写隹的较少，写鸟的比较多，已经成为约定俗成。赝字的草书，一般写隹不写鸟。

雁（鴈 yàn）：形声，从隹从人厂声，隹，短尾鸟，厂，石山之涯岩，也有表意作用，本义是鸟名。

赝（贋贗偐 yàn）：形声，从贝雁声，本义为假的、伪造的。

拓展：

贋 䧫

P3.5 犹当雁行

Y

甗 獻（献） 甗 讞（谳） 巘 隵

甲骨 甲骨 甲骨 金文 金文 金文 说文 陈羲明 颜家龙 邹武生）（甲骨 金文 金文 金文 盟书 楚简 秦简

说文 李斯 王献之 姚孟起 王羲之 王献之 王献之 王献之 王献之 王铎）（金文 古文 说文 楷书 邹武生）

（金文 汗简 说文 梁培生 欧阳询 王羲之 章草 于右任）（颜真卿 赵孟頫 王羲之 孙过庭 王宠 王铎 卢象升）（金文 楷书）

辨析：

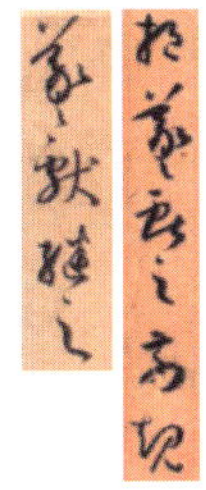

甗字草书为"虎头＋鬲"，作为字根，獻（献）字的草法最简洁的写法是"虎头＋犬"。汗简的"讞"字，为"草书言＋简体献"，亦为一种草法。

甗 yàn：从鬲，虍声，鬲类器物。

獻（献 xiàn）：会意，从犬甗声，犬代表进献之物，本义为献祭。

甗（甗 yǎn）：形声，从瓦，本义为古代炊器，下部是鬲，上部是透底的甑，上下部之间隔一层有孔的箅。

讞（谳讞 yàn）：审判定罪。

巘 yǎn：形状像甑（zèng，蒸锅）的山；险峻的山峰或山崖，险恶。

隵：音义不详，疑同巘。

拓展：

獻 甗 攇 囐 巚 瓛 轙 钀 齾　　P3.3 羲献继之　P10.4 挹羲献之前规

央 泱 快 映 坱 姎 秧 殃 盎 鸯

（甲骨 金文 楚简 楚简 简帛 说文 欧阳询 颜真卿 王羲之 米芾 皇象 王羲之 韵会 邓文原）（金文 简帛

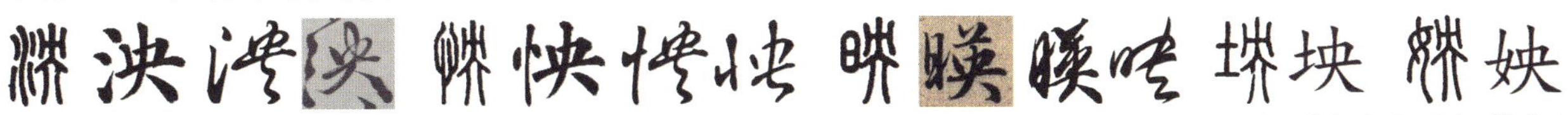

说文 颜真卿 王羲之 徐渭）（说文 柳公权 王羲之 章草）（说文 赵孟頫 智永 李洤）（说文 楷书）（说文 楷书）

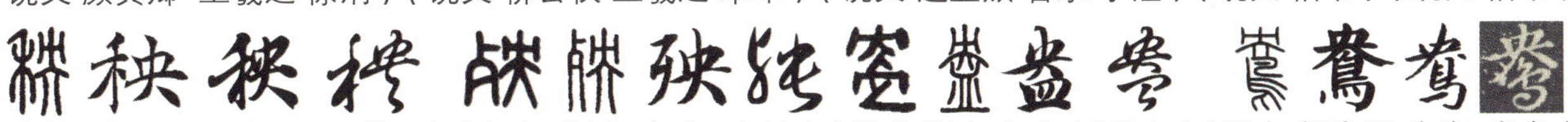

（说文 褚遂良 王羲之 王羲之）（金文 说文 智永 李洤）（简帛 说文 智永 王羲之）（说文 颜真卿 朱耷 皇象）

辨析：

央字的字形稳定，像人枕个枕头，其草书，冂字草化为两点，中间的"大"，一种为快写，一种为采用简帛的分割写法，草化后近于"草书夫"字，可以参照共、夫及天字下边的草法结构。可拓展。

央 yāng：会意，小篆字形从大在冂（jiǒng）之内，上像物体（冂），一个人（大）站在它的当中，本义为中心。

泱 yāng：水面广阔的，流，淌。

怏 yàng：不满意、不服气的样子。

映（暎 yìng）：形声，从日央声，本义是照。

坱 yǎng：尘埃，广大而充满的样子。

姎 yāng：古代妇女自称。

秧 yāng：植物的幼苗。

殃 yāng：祸害，灾难。

盎 àng：形声，从皿央声，本义是腹大口小的盛物洗物的瓦盆，引申为盛、充盈，盎然。

鸯（鴦 yāng）：鸳鸯也，从鸟央声。

拓展：

咉 岟 抰 柍 紻 詇 佒 㹞 炴 胦 瓮 袂 胦 袂 眏 坱 袂 紻 笶 炴 軮 鉠 霙 鉠 鉠 鞅 駚 鴦 鉠

Y

羊 1：羊 佯 徉 咩 详 洋 样

（甲骨 魏乐唐 汉器 简帛 说文 居延简 欧阳询 褚遂良 颜真卿 柳公权 赵佶 皇象 王羲之）（说文 智永

王羲之 王羲之）（甲骨 甲骨 金文 简帛 欧阳询 王羲之）（金文 颜真卿 米芾 章草）（简帛 说文 智永 王羲之）

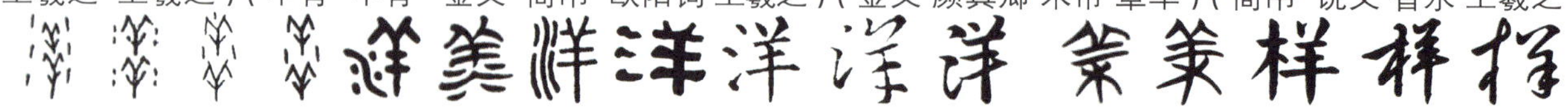

（甲骨 甲骨 甲骨 甲骨 金文 简帛 说文 衡方碑 柳公权 索靖 王羲之）（简帛 简帛 颜真卿 黄庭坚 王羲之）

辨析：

羊字为象形，作为字根，草书写法一种为快写，一种是草化为横竖加两横，可拓展。“差羌善善羞着幸群鲜氧𦎫（享）義羲”等字从羊，见相关页。義字从羊从我，其草书为约定俗成的写法，从羊从我的写法少见，参见義页，羲从義，同此。

羊 yáng：甲骨文字形，像羊头形，“羊”是汉字的一个部首，本义为羊；xiáng，古同祥，吉祥。

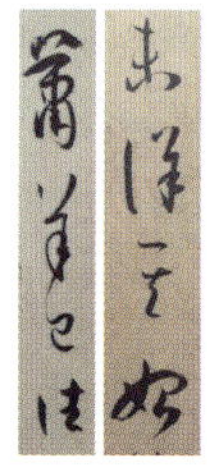

佯 yáng：假装。

徉 yáng：徜徉；假装，诈伪。

咩 miē：象声词，羊叫的声音；方言，语气词，相当于吗。

详（詳 xiáng）：形声，从言羊声，本义是审察，审理。

洋 yáng：形声，从水羊声，古水名；洋水。

样（樣 yàng）：形状，种类，做标准的东西。

拓展：

峄 垟 胖 牂 劷 羘 羧 羏　　P28.5 萧羊已往　　P6.2 未详其始

羊 2：祥 烊 牂 蛘 觧 庠 痒 羍 羋 羍 羴 羸

（金文 金文 汉镜 简帛 古文 说文 欧阳询 王宠 文天祥）（金文 颜真卿 米芾 王羲之）（简帛 简帛 说文 智永 皇象）

（金文 说文 欧阳询 章草）（张即之 王羲之 皇象 颜真卿）（简帛 说文 褚遂良 王羲之）（说文 柳公权 王羲之 章草）

（说文 颜真卿 王铎）（说文 楷书）（说文 楷书）（甲骨 甲骨 金文 说文 隶辨 维摩诘）（说文 欧阳询 王羲之 宋克 章草）

辨析：

本页的字，字法稳定，其中羸字较复杂，草书写法是将口字草化为两点，移入亡字内，亦可省略口。

祥 xiáng：凶吉的预兆，预先显露出来的迹象；特指吉兆，幸福。

烊 yáng：本义是金属熔化；yàng，打烊。

牂 zāng：母羊；古水名，在今中国贵州省。

蛘 yáng：米象，米谷中的小黑甲虫；yǎng，同癢。

觧 jiě/jiè/xiè：同解。

庠 xiáng：古代称学校；教养、教导。

痒（癢 yǎng）：形声，从疒养声，本义为皮肤不适、引人欲搔的感觉。

羍 dá：小羊羔。

羋 cī：羊名，蹏（古蹄字）皮可以割黍。

羍 wù：六月生羔也。

羴 shān：羊的膻气；群羊；鼻烟品目之一，凡品目四等，曰羴，曰酸，曰煤，曰豆。

羸 léi：瘦弱，贫弱，低劣；通累，缠绕，困住。

拓展：

眻 羪 羟 羦 羫 羥 羭 羚

羊3：羚 羖 羒 羓 羝 羟 羘 羯 羬 羭 羰 䍷 翔 譱

（金文 欧阳询 王羲之 章草）（甲骨 说文 颜真卿 皇象）（甲骨 甲骨 说文 彭玉雯）（篆字汇 赵孟頫 王铎）

（说文 赵孟頫 章草）（说文 王羲之 于右任）（说文 皇象）（说文 颜真卿 唐寅 皇象）（篆字汇 彭玉雯）（说文

彭玉雯 皇象）（金文 颜真卿 王羲之）（吴大澂 楷书）（说文 钟繇 王铎 智永）（甲骨 金文 楚简 说文 邓石如）

辨析：

羊字拓展的字较多，所涉字根可参见相关页。说明，羒字的甲骨文，从字形上可以识读为“垟（田地）”，从字形、字义上应识读为羒，公羊。

羚 líng：羚羊。

羖 gǔ：黑色的公羊；山羊；阉割过的羊。

羒 fén：白色的公羊；母羊。

羓 bā：经过加工的大块干肉；传说中的一种珍贵的羊。

羝 dī：公羊。

羟 qiān：羊名；qiǎng，羟氨基，羟基。

羘 zhào：夷羊百斤左右为羘。

羯 jié：阉过的公羊，泛指羊；阉割。

羬 qián：六尺长的羊；传说中一种似羊而长马尾的怪兽；xián，细角羚羊；yán，古书上说的一种大野羊。

羭 yú：母羊，黑毛羊，美（好的方面）。

羰 tāng：羰基，也叫碳氧基、碳酰基（=CO）。

䍷 guì/huì/wěi：䍷䍷，羊相逐貌，一曰羝也。

翔 xiáng：翅膀平直不动盘旋地飞，翔实；通详，详尽。

譱 shàn：善本字。

拓展：

𦍩 羣 羥 羦 羧 羪 䍱 羫 羮 䍲 䍴 䍵 䍶 䍸

羊4：羔 糕 禚 䫞 餻 䅵 窯 羹

（甲骨 金文 简帛 说文 衡方碑 智永 怀素）（金文 篆字汇 欧阳询 王羲之）（金文 颜真卿 王羲之 张瑞图）

（说文 楷书）（说文 敦煌）（说文 楷书）（说文 梁培生 赵孟頫 韵会 金文 王羲之 章草 石韵府 桂馥 吴昌硕）

（广义 广义 六书通 石韵府 赵之谦 智永 褚遂良 颜真卿 王羲之 索靖 袁牧 徐渭 赵孟頫 赵孟頫 邓文原）

辨析：

羔字从羊从火，均为象形，所涉字根可参见相关页。其中，羹字从“羔羔”和从羡的写法累见。窯为窑，从䍃（䍃），见䍃页。

羔 gāo：会意，从羊从火，甲骨文字形正像羊在火上，本义是小羊。

糕 gāo：用米粉、面粉等为原料制成的一种食品。

禚 zhuó：古地名，在今中国山东省。

䫞 ráo/qiāo：大头也。

餻 gāo：同糕。

䅵 zhuó：禾皮也。

窯 yáo：同窑，有从䍃的异体字。

羹 gēng：会意，从羔从美，上古的羹指带汁的肉，中古以后方指汤；异体字有“羮羹‘羔羔’鬻羹鬻鬻鬻”等。

拓展：

咩 䭆

羊5：着 恙 猺 羕 漾 樣（样） 遟（遲） 羡 羨 縒 養（敥）

（金文 颜真卿 空海 章草）（甲骨 楚简 说文 王羲之 索靖）（篆字汇 楷书）（说文 娄机）（金文 楚简 说文 王羲之

王羲之 王羲之 张瑞图）（说文 颜真卿 康里巎）（礼器碑 王羲之 文徵明 王羲之）（金文 简帛 说文 褚遂良 王铎）

（敦煌 颜真卿）（说文 楷书）（秦简 说文 樊敏碑 赵孟頫 宋徽宗 乾隆 赵佶 王羲之 章草 甲骨 金文 楚简 楷书）

辨析：

上下结构从羊的字，篆书位置多变，草书为快写或草化为横竖加两横。敥字的甲骨文字形，亦可识读为牧。養和漾字的异体字养、敥及涎，各体均见。

着 zháo：著的俗字；触及某物、接触；燃烧、觉得等。

恙 yàng：形声，从心羊声，本义是担忧。

猺 yàng：兽如狮子，食虎豹及人。

羕 yàng：水流悠长。

漾 yàng：水动荡。

樣（樣样 yàng）：式样，标准，形状，模样，种类。

遟 chí：徐行也；晚、不早；犹豫，延缓；同遲（迟）。

羡 xiàn：会意，贪欲也。

羨（涎 xián）：口液也。

縒 chǎn：偏缓，缠。

養（养敥 yǎng）：饲养；甲骨文义同牧；说文曰敥，古文"養"。

拓展：

遱 樣

昜（叾）揚（扬）楊（杨）陽（阳）愓 餳 湯 暢 鍚 颺

（甲骨 金文 齐刀 说文）（史籀 金文 金文 说文 曹全碑 王献之 王羲之 简书 司马炎 王羲之 怀素）

（金文 说文 颜真卿 简书 王羲之）（甲骨 盟书 说文 颜真卿 张芝 皇象 王羲之）（说文 虞世南）（说文 赵孟頫 王献之）

（楚简 说文 好太王 智永 王献之）（篆字汇 颜真卿 柳公权 索靖）（篆字汇 说文 皇象 皇象）（说文 佚名 陆游 赵孟頫）

辨析：

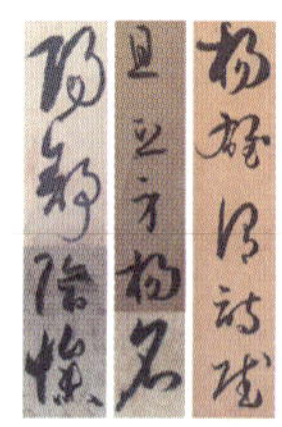

昜字字法稳定，叾为草书楷化的结果，可拓展。陽字简化字为阳，草书从叾。昜易两字作为字根，草书从易，草书与易有异体同型的写法，参照"易"页。傷（鴋伤）饬（飭）塲愓腸觴殤等字从"𠂉昜"，见傷页。

昜（叾 yáng）：从日一勿，开也，阳的古字。

揚（扬 yáng）：形声，从手昜声，金文字形，像用双手举起"玉"，是会意字，本义为高举。

楊（杨 yáng）：木也，从木昜声。

陽（阳 yáng）：太阳；山的南面或水的北面。

愓（惕 dàng）：从心昜声，放也。

餳 xíng：糖稀，糖块、面剂子等变软；精神不振，眼睛半睁半闭。

湯（汤 tāng）：热水，开水。

暢（畅畅 chàng）：通达、没有阻碍；繁茂；舒适；痛快、尽情的；祭祀时用的郁鬯酒。

鍚（钖鐊 yáng）：马额上的金属饰物，马走动时发出声响。

餳（饧 xíng）：糖稀，精神不振，眼睛半睁半闭。

拓展：

啺 場 婸 崵 逿 敭 暘 氱 煬 瑒 禓 腸 瘍 禓 睗 瘍 碭 颺 睗 糃 蝪 鴋 蕩 踼 輰

P8.2 且立身扬名　P14.1 杨雄谓诗赋小道　P37.2 阳（陽）舒阴惨

Y

幺 1：幺 麽 吆 幼 胤

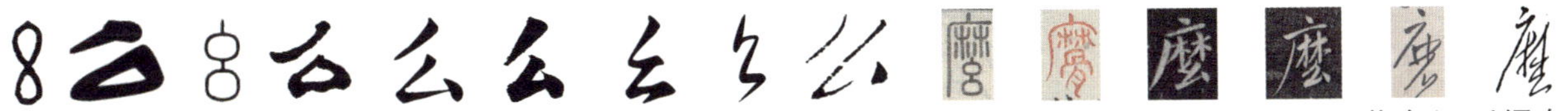

（金文 汉简 说文 何绍基 王羲之 王羲之 王羲之 李淦 毛泽东）（说文 石韵府 欧阳询 赵孟頫 黄庭坚 毛泽东）

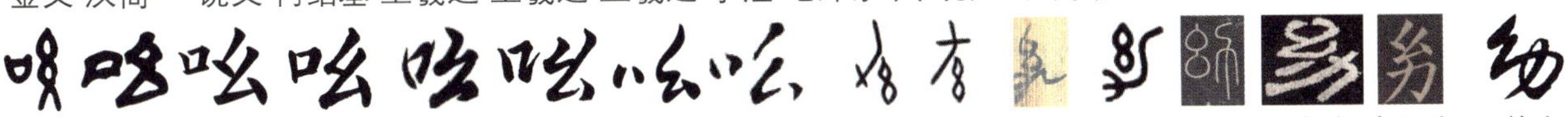

（金文 汉简 欧阳询 颜真卿 王羲之 赵孟頫 王羲之 章草）（甲骨 甲骨 简帛 说文 李斯 肥致碑 欧阳询 王羲之）

（金文 金文 简帛 说文 魏碑 唐玄宗 欧阳询 颜真卿 柳公权 王羲之 崔胤 孙中山 王羲之 李淦 傅山 韵会）

辨析：

幺字的拓展性较强，行草书为快写。

幺（么 yāo）：小也，像子初生之形；么 yāo：同幺；ma，旧同吗、嘛；me，麽，词尾、助词。

麽 me：用于一些词的后缀；mó，细小；má，语尾，表疑问。

吆 yāo：大声喊。通常指大声斥责人，大声驱赶牲口，高声叫卖，喊劳动号子等。

幼 yòu：会意，从幺（yāo）从力，幺为小，年幼力小，本义是幼小。

胤 yìn：会意，从肉从八从幺，肉表示血统关系，幺表示重迭，八表示延长，合起来表示后代，本义为子孙相承。

拓展：

後 幻 纟 玄 纫 枈 煰 酳 酳 餚 餚

幺 2：幽

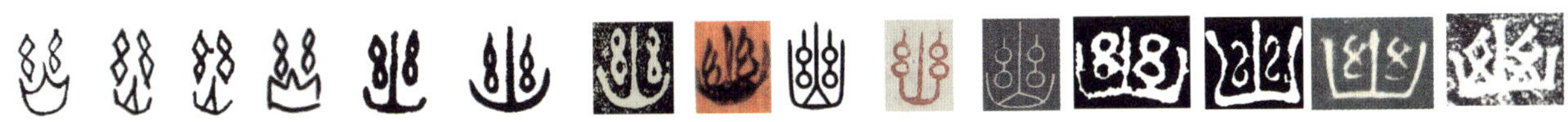

（甲骨 甲骨 甲骨 甲骨 召伯簋 穆公鼎 史墙盘 楚简 说文 石韵府 陆机 衡方碑 夏承碑 曹全碑 宝子碑

王羲之 欧阳询 褚遂良 虞世南 颜真卿 柳公权 赵孟頫 王羲之 米芾 王羲之 米芾 朱熹）（说文 楷书）

辨析：

幽字的字形稳定，草书有王羲之、米芾和朱熹三种写法。可拓展。

幽 yōu：从山中丝，隐也，隐微的；深远的、僻静的、清新雅致的、昏暗不明的、退隐的；囚禁，鬼神。

蚴 yōu：从虫幽声，虬龙貌，蚴蟉（liú，蜷曲、盘曲）也，汉书作蚴。

拓展：

嘫 顣

夭 沃 妖 祆 袄 饫 芺

（甲骨 金文 简帛 说文 石门颂 隶辨 智永 欧阳询 颜真卿 王羲之 王羲之 宋高宗 王羲之 欧阳询）（简帛 简帛 说文

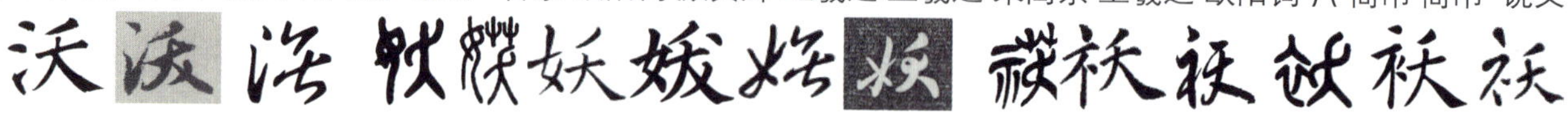

柳公权 赵孟頫 王羲之）（金文 说文 王羲之 颜真卿 王羲之 宋高宗）（简帛 虞世南 王铎）（金文 欧阳询 章草）

（金文 赵佶 怀素 赵孟頫）（说文 何绍基）*（说文 颜真卿 于右任）（王羲之 王羲之 虞世南 智永）（董美人 王羲之）*

辨析：

夭字字形稳定，行草书为快写，王羲之的草书"竖横大（石门颂快写或与天夫等字的草法相类）"的写法和夭字加点加撇的写法少见。吞字从天参见天页。乔（喬）字有异体字喬，作为字根草书从高，参见乔页。蚕字参见蚕页。

夭 yāo：象形，小篆字形像头部屈曲的样子，本义是屈、摧折。

沃 wò：形声，从水夭声，本义是把水从上浇下；或从芺。

妖 yāo：形声，从女夭声，巧也，媚也；或从芺。

祆 yāo：或从芺，同妖。

袄（襖 ǎo）：有衬里的上衣。

饫（飫 yù）：古代家庭私宴的名称；饱食。

芺 ǎo：古书上说的一种草，亦称苦芺，嫩苗可食用。

拓展：

吞 跃 娇　乔 伕 宎 岆 忝 扷 侨 昋 殀 矨 秗 穾 笑 渀 沃 呋 忕 祅 㤭 济 矫 峤 挢 荞 桥 骄 轿 硚 枖 訞

爻 驳

（甲骨 甲骨 甲骨 金文 金文 金文 汗简 说文 邓石如 欧阳询 颜真卿 柳公权 赵孟頫 王羲之 王羲之 李洤 赵构）

（甲骨 甲骨 楚简 楚简 说文 颜真卿 王羲之 欧阳询 陆柬之 赵孟頫 王羲之 章草 说文 何绍基 柳公权 邓文原）

辨析：

爻字的字形稳定，行草书为快写。作为字根有不同的写法：希从爻，草书有快写和从"戈"的草法；㸚字中的爻字，可以草化为一个点；楙字中的爻，在攀和鬱中则可以完全省略掉，㸚楙橐（囊）希樊爽等字，从爻，参见相关页。

爻 yáo：象形，本义为组成八卦的长短横道，卦的变化取决于爻的变化，故爻表示交错和变动的意义。

驳（駁駮 bó）：会意，从马从爻，甲骨文字形左边是"马"，右边是"爻"（yáo）表示马的毛色混杂，本义是马毛色不纯。

拓展：

希 芠 學 覺 樊 攀 鬱（爵 鬱）爽 塽 慡 摤 漺

尧1：尧 𫍲 哓 挠 娆 绕

（甲骨 金文 楚简 楚简 楚简 广义 说文 樊敏碑 汗简 爨体 欧阳询 虞世南 颜真卿 王羲之 王羲之 蔡襄 王铎

王羲之 鲜于枢 章草 丰坊）（说文 楷书）（金文 说文 柳公权 赵孟頫 赵孟頫 王羲之）（说文 樊敏碑 颜真卿 苏轼

王羲之 韵会）（说文 曹全碑 赵孟頫 王羲之 王羲之）（说文 王代功 王羲之 黄庭坚 王宠 王羲之 王羲之 鲜于枢）

辨析：

尧的篆书变化较多，草书，1. 从戈形；2. “横竖弯，反手三横两竖”，这种写法早期见于丰坊的尧字、韵会的挠字及下页王羲之的侥字。可拓展。

尧（堯 yáo）：会意，从垚（yáo）从兀，“垚”是土高，兀（wù）高耸突出，所以“尧”表示高；甲骨文为跪着的人形上有两个土堆，会意卧在大地的土丘，为高原地貌特征。

𫍲（譊 náo）：争辩，喧嚣。

哓（嘵 xiāo）：恐惧，吵嚷，争辩，话多。

挠（撓 náo）：形声，从手尧声，扰乱，阻挠，恼乱，烦扰，屈服，弯曲，弱。

娆（嬈 ráo）：从女尧声，本义是烦扰、扰乱。

绕（繞遶 rào）：从糸（mì）尧声，本义为缠束。

拓展：

侥 硗

尧2：侥 饶 骁 蛲 跷 翘 荛

（简帛 说文 颜真卿 王羲之 王羲之 褚遂良）（简帛 说文 停云馆 颜真卿 文徵明 王羲之 欧阳询）（金文

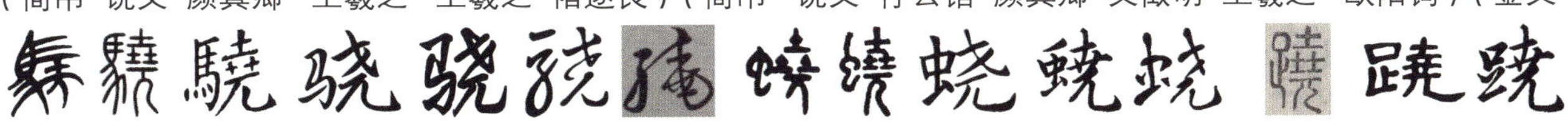

简帛 说文 柳公权 赵孟頫 王铎 王羲之 徐渭）（金文 说文 欧阳询 赵孟頫 章草）（篆字汇 曹全碑 赵孟頫

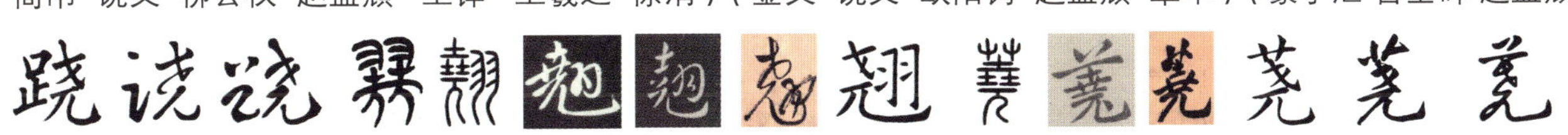

柳公权 王羲之 章草）（简帛 说文 赵孟頫 皇象 欧阳询 王铎）（说文 钟繇 王铎 王羲之 黄庭坚 王羲之）

辨析：

作为字根，尧的变化较多，各体同前。

侥（僥儌 jiǎo）：贪求不止；引申指希求意外成功或幸免；侥薄，即浇薄；yáo，僬侥，南方有僬侥人，长三尺，短之极。

饶（饒 ráo）：形声，从食尧声，本义是饱；安逸，肥沃，众多；宽恕；额外增添；厚赐，多给；让，拉入。

骁（驍 xiāo）：强壮的马，勇捷。

蛲（蟯 náo）：蛲虫。

跷（蹺蹻 qiāo）：形声，从足尧声，本义是举足；高跷；竖起，跛，用同翘。

翘（翹 qiáo）：举起，抬起，向上；特出；qiào，一头向上仰起。

荛（蕘 ráo）：形声，从艸尧声，柴草；樵夫，打柴的人；芜菁，菜名。

尧 3：浇 桡 烧 晓 峣 硗 铙

（简帛 说文 曹全碑 颜真卿 颜真卿 文徵明 韵辩 王铎）（金文 说文 石韵府 赵孟頫 欧阳询 王羲之）（简帛

说文 张迁碑 柳公权 王羲之 朱耷）（简帛 说文 欧阳询 颜真卿 王羲之 赵孟頫）（简帛 说文 王铎 黄庭坚

孙过庭 文徵明）（金文 说文 赵孟頫 赵孟頫 王羲之）（简帛 说文 曹全碑 乾隆 柳公权 王羲之 章草 王铎）

辨析：

作为字根，尧的变化较多，各体同前。

浇（澆 jiāo）：形声，从水尧声，本义是沃灌、灌溉；饮酒，淋、洒，浮薄。

桡（橈 ráo）：曲木，木头弯曲，泛指弯曲；扰动、搅乱，屈服；柔弱长艳；船桨，指小船；桡动脉，桡骨。

烧 shāo：使物着火，烘烤，照耀，野火，指烧酒。

晓 xiǎo：形声，从日尧声，本义为天明，明白、了解，告知，使明白。

峣（嶢 yáo）：形声，从山尧声，本义是山险高、高。

硗（磽墝 qiāo）：土地坚硬而瘠薄，高低不平，坚硬；恶坏，薄的；坚硬的石头。

铙（鐃 náo）：乐器名，古代击乐器；通挠，扰乱；通譊，喧嚣。

肴 殽 崤 淆

（简帛 说文 欧阳询 颜真卿 文徵明 王羲之 日本 李怀琳 章草）（简帛 秦简 说文 伊秉绶 欧阳询 文徵明）

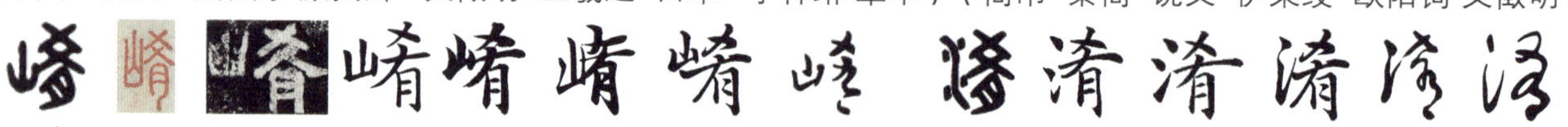

（金文 石韵府 西狭颂 王羲之 智永 王羲之 赵孟頫 王羲之）（金文 褚遂良 虞世南 赵孟頫 黎凡 于右任）

辨析：

肴字字形稳定，草书写法，1. 草化为“戈（爻字草化为戈）月”；2. 草化为“㐅有”。月居下，草书一般为快写，也可以写月字的草书。可拓展。

肴（餚 yáo）：形声，小篆字形，从肉爻（yáo）声，本义是做熟的鱼肉等。

殽 xiáo：从殳，取搅合之意，肴声，混杂，杂乱，后作淆。

崤 xiáo：崤山，山名，在中国河南省。

淆 xiáo：形声，从水肴声，本义是错杂、混杂。

拓展：

倄 郩 梢 誵

䍃（䍃）繇（繇）窰（窑）颻（飖）鹞（鷂雗（鹞））遥（遙）谣 滛（淫）瑶（瑤）

（说文 楷书 说文 楷书 异体）（金文 金文 金文 简帛 说文 说文 帛书 西狭颂 钟繇 王羲之 颜真卿 柳公权

钟繇 王羲之 王铎 王羲之 宋克）（金文 说文 王羲之 赵孟頫 赵孟頫 于右任 韵会 章草）（统要 欧阳询 智永）

（说文 刘墉 皇象 毛泽东）（说文 赵孟頫 韵会）（说文 颜真卿 韵会）（说文 钟繇 裴休）（礼器碑 异体瑶 毛泽东）

辨析：

䍃字是一个常用字根，䍃字为其异体字，由此拓展了一些异体字（参见拓展括号中列举的字），草书即为“月＋言”之组合。䍃字还有异体字“月＋缶”。可拓展。䍃字拓展的字，从言的异体字累见，草书从言已为约定俗成。一些字如窑，从缶，异体字从羊（参见羊页），草书有从缶或从羊的写法。飖字的从䍃写法，则可在篆书中去求其源。

䍃 yáo/yóu：瓦器也，从缶，同䍃。

䍃 yáo：徒歌，从言肉，乐书有章曲曰歌，无章曲曰䍃；䍃謡古今字也，謡行而䍃废矣。

繇 yáo：古同徭，劳役；古同谣，歌谣；古同遥，远；古同摇，动摇；yóu，古同“尤”，从、由；zhòu，古同宙，占卜的文辞；茂盛，《汉书地理志上》：草繇木条（木：树木，条：指长大）。

窰（窑窯 yáo）：烧瓦灶也。

颻（飖 yáo）：飘扬。

鹞（鷂雗（鹞）yào）：指一种凶猛的鸟，样子像鹰，比鹰小，捕食小鸟，通常称“鹞鹰”、“鹞子”。

遥（遙 yáo）：远，时间长，飘荡；通姚，妖艳、美好；通摇。

谣（䍃 yáo）：流言。

滛（淫 yín）：淫的讹字。

瑶（瑤 yáo）：似玉的美石。

拓展：

傜（傜）嗂（嗂）摇（摿揺）媱　　附：榣 傜 嗂 媱 徭 愮 搖 滛 猺 暚 磘 鹞 踰 鎐 鰩 䚻

P20.5 钟繇隶（隸）奇

舀 搯 滔 謟 稻 韬 蹈 餡（馅）

（金文 简帛 说文 王羲之 欧阳询 颜真卿 王羲之 于右任）（说文 楷书）（金文 简帛 石鼓文 说文 邓石如

虞世南 柳公权 赵孟頫 王羲之 于右任）（说文 王羲之 黄自元）（金文 金文 金文 秦简 说文 褚遂良 王铎

王羲之 怀素）（说文 刘韬碑 欧阳询 王铎 王羲之）（说文 姚孟起 赵孟頫 于右任）（成亲王 邓石如 董其昌）

辨析：

舀字字形稳定，草书爪字为快写，臼字可草化为三点或“旧”。餡字可写异体字饕。

舀 yǎo：会意，上为爪下为臼，像伸手掏取之形，本义是用瓢勺取物。

搯 tāo：从手舀声，掐也，掏、挖取，叩、击。

滔 tāo：形声，从水舀声，本义，水势盛大的样子。

謟 tāo：疑惑，隐瞒；金文有从言从宂从臼的写法。

稻 dào：形声，从禾舀声，本义是水稻；金文有从㫃从稻的写法；金文有从禾或从米从方的写法，也从米的写法。

韬（韜韜 tāo）：形声，从韦舀声，韦为熟皮，本义是剑套；用兵的计谋；掩藏。

蹈 dǎo：踩，踏。

餡（馅饕 táo）：古同匋。

拓展：

陷 啗 埳 媉 幍 慆 萏 槄 熖 瑫 箵 縚 輡 鎦 鞱 韜 蕖

要 喓 腰 褄 㟢 旟 勡 葽

（甲骨 金文 金文 说文 说文 石门颂 欧阳询 颜真卿 柳公权 赵孟頫 灵飞经 王羲之 褚遂良 米芾 a 王羲之

鲜于枢 b 邓文原 c 王羲之 李洤 章草）（篆字汇 赵构）（金文 简帛 曹全碑 颜真卿 王羲之 王敦 王羲之 王铎

朱耷）（敦煌 楷书）（金文 欧阳询 王羲之 李洤）（说文 楷书）（金石篆 文徵明）（说文 说文注 邓散木 邹武生）

辨析：

要字从西从女，草书的变化在西，其有三：a. 西字简写为三笔，一笔与女相连；b. 章草西字为快写；c. 西字草书近似于数字 2 或 3 的写法。拓展的字，腰有左右结构和上下结构两种。

要 yào：象形，篆书字形中间像人形，两旁为两手形，表示两手叉腰，本义是人腰。

喓 yāo：喓喓，草虫鸣叫声。

腰 yāo：本作要，其义为紧接肋或胸以下的部分，即胸和髋之间的身体的一部分。

褄 yào：襻也；要，褄也。

㟢 yǎo：山名。

旟 yǎo：《类篇》一曰旗貌。

勡 fiào：方言，不要。

葽 yāo：古书上说的一种草；（草）茂盛。

拓展：

偠 嫈 墺 楆 㝱 腰　　　　P17.3 莫知领要徒见成功

耶 椰 揶 鄉 爺 琊

（篆字汇 史晨碑 好太王 金刚经 欧阳询 颜真卿 柳公权 赵孟頫 王羲之 张芝 王羲之 王羲之 张旭）

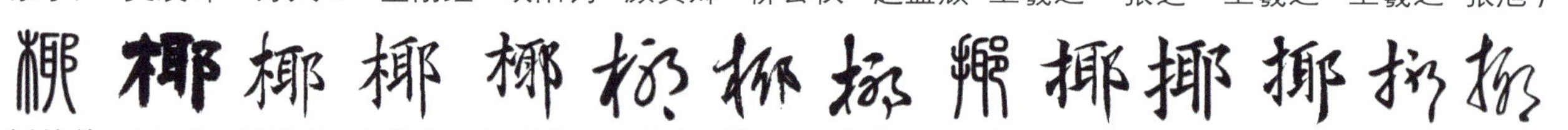

（新篆体 邓石如 褚遂良 虞世南 赵孟頫 王羲之 鲜于枢 章草）（粗篆 智永 欧阳询 王羲之 王羲之李洤）

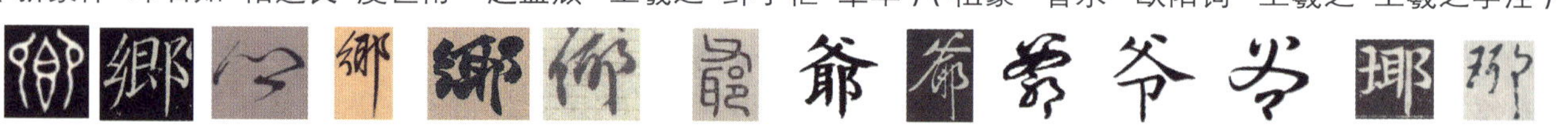

（金文 颜真卿 张旭 文徵明 赵之谦 赵之谦）（篆字汇 颜真卿 米芾 徐伯清 王羲之 王羲之）（穆绍墓 朱耷）

辨析：

耶字字形稳定，草书需注意耳字的变化。鄉为鄉，鄉的应用少见，爺字还可写“爷”。

耶 yé：形声，从耳邑声，本义是句末语气词，相当于吗或呢；父亲，后作爷。

椰 yē：椰子树。

揶 yé：揶揄，耍笑、嘲弄。

鄉 xiāng：鄉的讹字。

爺 yé：称谓，用以称父亲，对长辈或主人的尊称，如老爷、少爷；对神明的称呼，老天爷、财神爷。

琊 yé：古同琊。

拓展：

倻 啷 鎁

也 池 驰 他 她 弛 牠 酏

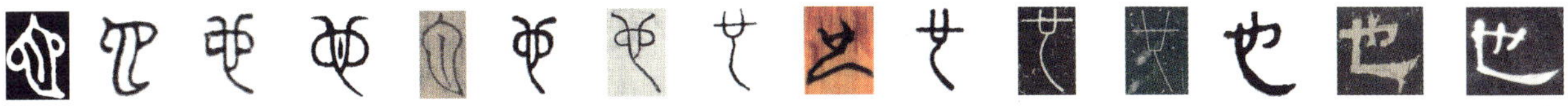

（金文 金文 金文 古文 六书统 说文 赵孟頫 籀文 楚简 说文 李斯 李阳冰 汗简 张迁碑 曹全碑

欧阳询 颜真卿 张芝 王羲之 王羲之 王献之 宋克）（说文 智永 王羲之 宋徽宗）（说文 褚遂良 王羲之 王献之）

（说文 柳公权 皇象 王羲之）（金文 曹全碑 赵孟頫 王羲之）（说文 颜真卿 李淦）（王羲之 傅山）（说文 王铎 章草）

辨析：

也字篆书一般有金文和籀文两类变化，隶楷形态稳定，行草书为快写，草书可省略中间的点。篆书可参见它字。

也 yě：象形，女阴也，说文徐注“语之余也，凡言也，则气出口下而尽”，广韵“语助之终”。

池 chí：形声，从水也声，本义是水停积处。

驰（馳 chí）：形声，从马也声，本义为车马疾行。

他 tā：本作佗，形声，从人它省声，本义是负担，第三人称，指你我以外的第三人。

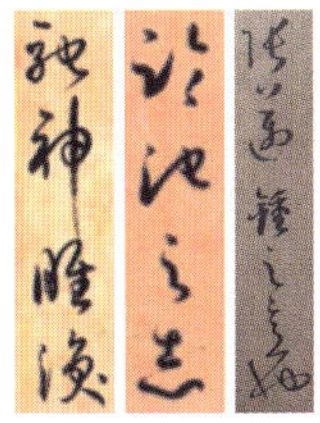

她 tā：代词，女性第三人称；称自己敬爱或珍爱的事物，如国家、国旗、山河等。

弛 chí：形声，从弓也声，放松弓弦。

牠 tā：同它，代词。称人以外的事物。

酏 yǐ：酿酒所用的清粥；米酒，甜酒，黍酒。

拓展：

虵 匜 陁 吔 彵 怹 拖 迆 杝 炧 衪 肔 毑 哋 䗖 袘 哋 㐌 椸 箷 迤 鉇

P4.1 推张迈钟之意也　P10.6 临池之志　P36.4 驰神睢涣

野 墅

（甲骨 金文 金文 参见 秦简 古文 说文 李斯 曹全碑 欧阳询 颜真卿 王羲之 文徵明 皇象 王羲之 李白）

（金文 李阳冰 何绍基 王羲之 欧阳询 颜真卿 柳公权 赵孟頫 王羲之 赵孟頫 王羲之 李淦 于右任 章草）

辨析：

野字的大篆有从林从土的写法，小篆及隶楷字形稳定，草书的特点是，夸大田字结构，同予字并排写，下边写出土字。墅字的写法需注意“里予”和土字的穿插关系。

野（埜壄 yě）：形声，从里予声，《尔雅·释言》：“里，邑也。”本义是郊外、野外。

墅 shù：郊外也，从里予声；别墅，供游玩休养的住宅以外的房屋；田野的草房，草墅。

业（業） 邺（鄴） 嶫

（金文 金文 金文 金文 金文 说文 孔宙碑 钱泳 欧阳询 颜真卿 柳公权 赵孟頫 赵佶 王羲之 米芾 索靖 萧衍

智永 怀素 颜真卿 王羲之）（说文 宝子碑 苏孝慈 赵孟頫 王羲之 汉简 欧阳询 章草）（篆字汇 王铎 孙过庭）

辨析：

业（業）字为象形，演变到隶楷行后稳定为“业羊八”。草书，“业”字草化为“三点（亦可连写为横）”，下边部件草化为“耒（羊八）”，简称“三耒（羊八）”，被后世所沿用。简写的“业”，各体偶见。可拓展。

业（業 yè）：始见于西周金文，本义一般认为指古代乐器架子的横板，刻成锯齿状，用以悬挂钟、磬等，后也指筑墙板和书册的夹板，又引申指学业，进而引申指其他行业、事业，再转指产业。业又表示行为完成，相当于已经。佛教徒称一切行为、言语、思想为业，包括善恶两方面，一般转折恶业，由此引申指罪孽，又用作詈（lì）骂之辞。

邺（鄴 yè）：邺城，古地名，春秋齐桓公始筑城，秦置县；三国·魏为邺都，晋避怀帝讳，改为监漳；此后，历为前秦、后赵、东魏、北齐的首都；隋复为邺县，宋废；故址在今河北省监漳县西，河南省安阳市北。

嶫（嶪（山业）yè）：高耸的样子，状巍峨以嶫嶫；形容声响巨大。

拓展：

嶪 擛 澲 僷 隟 嶫 暍 檏 歘 爗 牃 礏　　　P28.6 人亡业显或凭附增价

页 1：页 顷 项 顶 须 顺 烦

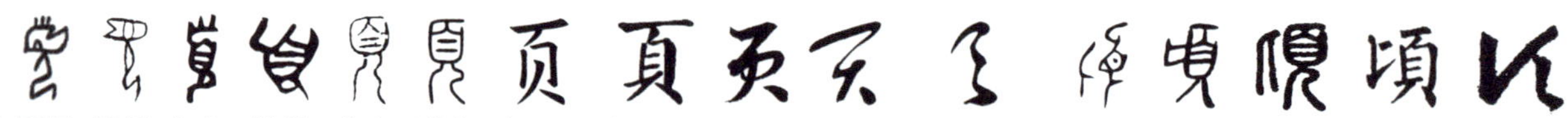

（甲骨 甲骨 金文 楚简 古文 说文 欧阳询 颜真卿 索靖 于右任 于右任）（金文 秦简 说文 柳公权 王羲之）

（甲骨 楚简 说文 颜真卿 南安公 皇象 孙过庭）（金文 说文 说文 说文 颜真卿 空海 王铎 章草）（甲骨 金文

楚简 秦简 说文 欧阳询 张芝 司马懿 王铎）（甲骨 甲骨 说文 柳公权 皇象）（说文 赵孟頫 空海 皇象 王铎）

辨析：

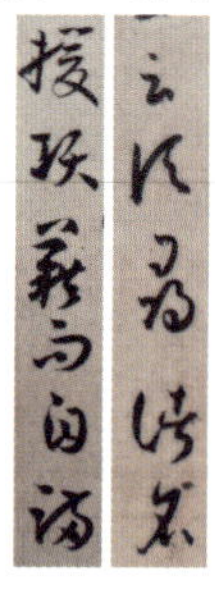

页字为象形，隶定字形稳定，草法有三：1. 皇象的项字快写；2. 贝居下时写“大”，见孙过庭的项字，王铎的烦；3. 百韵歌“丿之非是乏”，写“丿之”，见张芝的须，皇象的顺字。“颗颅领颉颊题频颐颢嚣”等常用字及其他拓展的字，从页，可参见所涉字根页。

页 yè：象形，甲骨文字形是人体的全身形，从首从人，头的本字，本读 xié。

顷（頃 qǐng）：会意，从匕从页，表示头偏；qǐng，田地面积的单位，等于一百亩；少顷，短时间；近来，刚才，往昔，当时。

项（項 xiàng）：脖子的后部；甲骨文为指事形符。

顶（頂 dǐng）：人头的最上端。

须（須鬚 xū）：本字作须，后作鬚，现在又简化为须，本义为胡须。

顺（順 shùn）：沿着同一方向。

烦（煩 fán）：头痛发烧。

拓展：

P2.4 顷寻诸名书　　P13.3 援项籍而自满

Y

页 2：顿 颓 颀 颈 颂 预 硕 颇 颁

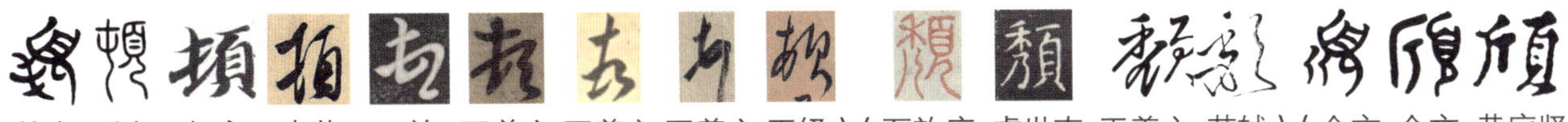

（简帛 说文 智永 米芾 王敦 王羲之 王羲之 王羲之 王铎）（石韵府 虞世南 王羲之 苏轼）（金文 金文 黄庭坚

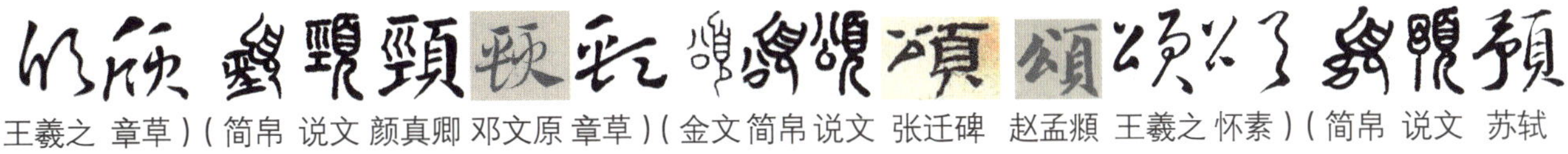

王羲之 章草）（简帛 说文 颜真卿 邓文原 章草）（金文 简帛 说文 张迁碑 赵孟頫 王羲之 怀素）（简帛 说文 苏轼

孙过庭 韵会 章草）（金文 说文 颜真卿 王羲之 怀素）（说文 赵佶 王羲之 怀素）（简帛 说文 赵孟頫 王羲之 章草）

辨析：

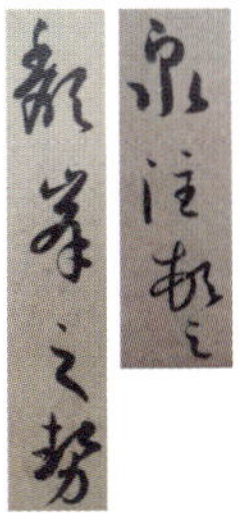

页字作为字根各体写法同前。

顿（頓 dùn）：叩头，磕头，放置，止宿，屯驻，劳累，疲弊，安放。

颓（頽穨 tuí）：头秃，原作“穨”，委靡，消沉，衰老；詈词，恶劣之意。

颀（頎 qí）：头俊美。

颈（頸 jǐng）：颈项，脖子，脖颈（gěng）儿。

颂（頌 song）：容貌，仪容；歌颂，祝颂，通诵，朗读。

预（預 yù）：本义是安乐，经典通用“豫”字；预先，事先；参与，通与。

硕（碩 shuò）：头大，引申为大；学识渊博、德高望重的；通石，比喻坚固。

颇（頗 pō）：头偏；略微、稍，很、甚；不可，通叵，颇耐（可憎，可恨，同叵耐）；颇我（我是彼非）。

颁（頒 bān）：脑袋很大的样子；又假借为攽，颁发、分赏；通班，发布、公布。

拓展：

P11.5 泉注顿之　P11.3 颓峯之势

页 3：顾 颌 额 顽 顼 颏 颍 颎 颔

（金文 简帛 说文 赵孟頫 智永 王羲之 颜真卿）（金文 说文 欧阳询 王羲之 于右任）（篆字汇 柳公权 韵会

章草）（简帛 说文 钟繇 颜真卿 王羲之 皇象 董其昌）（说文 楷 书）（金文 说文 赵孟頫 王羲之 王羲之 章草）

（金文 说文 陈鸿寿 苏轼 王羲之）（说文 颜真卿 颜真卿）（金文 简帛 金文 说文 赵孟頫 王铎 王羲之 章草）

辨析：

页字作为字根各体写法同前。

顾（顧 gù）：回头看，观看、瞧，照顾、关怀，眷念、顾及。

颌（頜 hé）：口腔上下部的骨骼和肌肉组织，上部称上颌，下部称下颌；gé，口。

额（額頟 é）：额头，脑门。

顽（頑 wán）：难劈开的囫囵木头；愚顽之人、顽固派，凶恶的人。

顼（頊 xū）：立而待也，相俞切。

颏（頦 kē）：下颌下方或下颌支之间的表面，通称下巴。

颍（潁 yǐng）：颍河，淮河最大的支流。

颎（熲 jiǒng）：古同炯，光、明亮；古代一种用圆木做成的枕头，使睡时易觉醒；忧虑不安；充实。

颔（頷 hàn）：下巴颏；点头，摇动。

拓展：

侦 颏 颊 颍 颧

页 4：颜 颧 颠 颉 颚 颡 颙 颛 颤

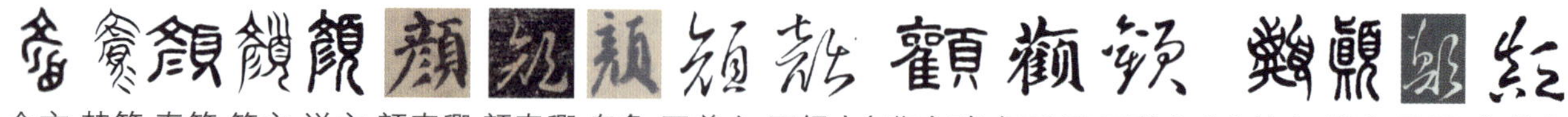

（金文 楚简 秦简 籀文 说文 颜真卿 颜真卿 皇象 王羲之 王铎）（曹全碑 赵孟頫 王羲之）（简帛 说文 陆游 章草）

（说文 楷书）（金文 赵孟頫 赵孟頫 郭沫若 王羲之）（金文 说文 赵孟頫 智永 颜真卿 王铎 赵孟頫 王羲之 文徵明）

（简帛 说文 颜真卿 黄庭坚 王羲之 赵孟頫）（金文 简帛 说文 赵孟頫 王羲之 章草）（简帛 说文 王羲之 韵会 章草）

辨析：

页字作为字根各体写法同前。

颜（顏 yán）：形声，从页彦声，从页与头有关，本义为印堂。

颧（顴 quán）：颧骨，亦称颊骨、辅骨。

颠（顛 diān）：形声，从页真声，本义是头顶；上下倒置，颠簸，陨坠，覆亡，狼狈困顿。

颉（頉 yǐ）：静也，乐也。

颚（顎 è）：动物的颌的俗称，上颚、下颚。

颡（顙 sǎng）：额头，头，喉咙、嗓子；稽颡的省称，即叩头、磕头。

颙（顒 yóng）：大头；形容大的样子，温和肃敬的样子，仰慕，盼望。

颛（顓 zhuān）：善良，顽愚，专擅；颛顼，传说中的上古帝王。

颤（顫 chàn）：颤抖，发抖，物体振动；通惮，惧怕、惊恐。

拓展：

佤 颏 濒 颍 颧

页 5：颞 颥 顼 颃 颉 颖 顸 颋 颣 颟

（说文 粗篆 王羲之 鲁迅 王羲之）（粗篆 欧阳询 赵孟頫 王羲之 章草）（金文 说文 陆柬之 王羲之 徐伯清）

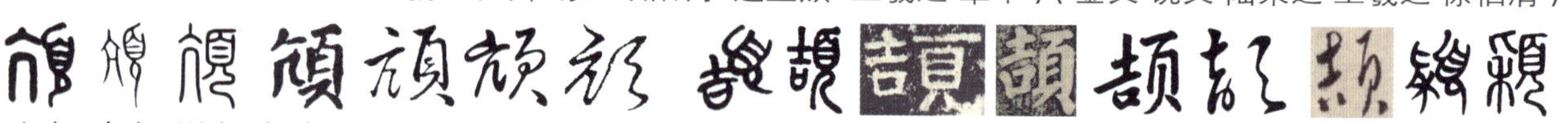

（金文 古文 说文 颜真卿 金琮 王羲之 韵会）（简帛 说文 张迁碑 颜真卿 黄庭坚 王羲之 徐渭）（简帛 说文

王羲之 于右任）（金文 欧阳询 章草）（说文 颜真卿）（说文 欧阳询 黄庭坚）（金文 简帛 柳公权 郭沫若 章草）

辨析：

页字作为字根，各体写法同前。说明：颞从聂，聂属尔（特例：称字中的尔字草书）三字，作为字根，有异体同型的草书写法，可参见耳（聂从耳）、属和尔页。

颞（顳 niè）：颞颥，头颅两侧靠近耳朵的部分。

颥（顬 rú）：颞颥。

顼 xū：古帝颛顼的省称。

颃（頏 hang）：颈项，咽喉；鸟向下飞，燕燕于飞，颉之颃之《诗・邶风》；飞奔，颃颉，鸟飞上飞下。

颉（頡 jié）：仓颉，上古人名，相传他创造中国文字；xié，颈项僵直的；鸟飞而下；有花纹的缯。

颖（穎頴 yǐng）：形声，从禾顷声，谷穗，亦称颖片，禾本科植物小穗基部的二枚苞片；聪敏。

顸（頇 hān）：粗大。

颋（頲 tǐng）：头挺直的样子，引申为正直。

颣（纇 lèi）：丝上的结；缺点，毛病；疙瘩，颗粒；花苞，不平。

颟（顢 mān）：颟顸，糊涂、不明事理，漫不经心（顸均读轻声）。

拓展：

佤 颏 濒 颍 颧

Y

曳 拽 洩 絏 玴 跩 怈 栧 翐 齛

（简帛 说文 汉简 邓石如 王羲之 智永 王羲之 王羲之 宋高宗）（金文 汉简 欧阳询 颜真卿 黄庭坚 孙过庭 李淦）

（说文 何绍基 虞世南 褚遂良 赵孟頫 王羲之 傅山）（篆字汇 伊秉绶 柳公权 赵孟頫 王羲之 米芾）（篆字汇 楷书）

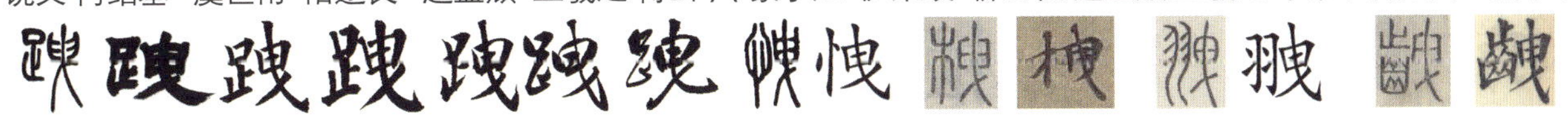

（吴让之 邓石如 欧阳询 颜真卿 王羲之 赵孟頫 王铎）（说文 楷书）（篆字汇 敦煌）（篆字汇 楷书）（篆字汇 彭玉雯）

辨析：

曳字本从申，隶定字形稳定，行草书为快写。可拓展。说明：曵乃曳的讹字。

曳 yè：会意，从申（“電”的象形初文，战国文字闪电末梢讹作“臼”，闪电主体拉直作竖笔）从丿，拉，牵引；飘摇，率领，困顿、精力衰竭；异体字有抴、拽和曵。

拽 zhuài：拉，牵引；zhuāi，用力扔；胳膊有病，转动不灵；yè，同曳。

洩 xiè：同泄；排放，气体散逸；发散，透露，露出；yì，洩洩，和乐貌、舒徐貌、飞翔貌、任风貌。

絏 xiè：拘系牵引用的绳索、缰绳，同绁。

玴 yì：石之似玉者，或作玴。

跩 zhuǎi：走路摇摇摆摆的样子。

怈 yì：从心曳声，说文曰习也，玉篇曰明也；通作愢。

栧 yì/xiè：古同枻。

翐 yì：飞也，或作“羽世”。

齛 xiè：古同齥，羊反刍。

拓展：

曵 嗖 庚 蚺 猰 萸 秵 篗 詍

夜 液 掖 腋 焲

（金文 金文 金文 金文 楚简 楚简 楚简 秦简 说文 史晨碑 智永 欧阳询 颜真卿 柳公权 赵孟頫 宋徽宗

王羲之 欧阳询 黄庭坚 赵孟頫 索靖 王羲之 王献之）（金文 金文 简帛 说文 褚遂良 陆柬之 王羲之 王宠）

（金文 说文 曹全碑 王羲之 王羲之 王羲之）（金文 金文 简帛 虞世南 王羲之 王羲之）（文徵明 颜真卿 索靖）

辨析：

夜字各体部件清晰，行草的捺划一般取横势，草书上边的点与下边的竖划相连，横划反起笔居多。

夜（亱 yè）：形声，从月亦声，从天黑到天亮的时间；晦暝、幽暗，黄昏、天黑，凌晨，天快要亮的时候。

液 yè：形声，从水夜声，汁，流质；在动物或植物体内的非固态物质；冰冻融解、溶化，润，渗漏，浸渍。

掖 yè：用手搀扶人的手臂，扶持、帮助，胳肢窝；旁边的，掖垣、掖门；yē，塞、藏。

腋 yè：形声，从肉夜声，本作亦，“大”（人）下两点表示腋的部位，胳肢窝；旁边；动物翅膀或前腿内侧和胸部相连的地方。

焲 yì：火光，或作焱。

拓展：

啘 痎 棭 液 鋏 鵺

枼1：枼 偞 惵 喋 谍 揲 堞 碟

（甲骨 甲骨 金文 金文 秦简 古文 说文 褚遂良 于右任）（篆字汇 楷书）（六书通 赵孟頫 杨维桢）（金文

张迁碑 王羲之 王羲之 王羲之 孙过庭 康里巎 李洤）（说文 欧阳询 赵孟頫 王羲之）（金文 说文 颜真卿

赵孟頫 王羲之 黎凡）（金文 柳公权 赵孟頫 王羲之 怀素 毛泽东）（金文 虞世南 王羲之 王羲之 孙过庭）

辨析：

枼从世和木，草书分别写出其部件即可，世字可快写或草化为“戈”，参见戈页。可拓展。蝶和喋有从疌的异体字写法，参见疌页。

枼 yè：从木丗（世 shì）声，薄木片，世代、窗子。

偞 xiè：美貌；恐惧而惶恐。

惵 dié：恐惧，害怕；盈余，安。

喋（啑 dié）：喋喋，形容说话多；通蹀，踏、蹈。

谍（諜 dié）：间谍、细作；传递的情报；通牒，书札。

揲 dié：折叠；同蹀；shé，按定数更迭数物，分成等分；舍的代字。

堞 dié：城上如齿状的矮墙。

碟 dié：盛食品的小盘。

拓展：

遈 幉 楪 弽 渫 㻡 䁋 䑜 𧄍 𧣮 𩛞 曗 鍱 鰈 鞢 韘 䮳 鐷

枼2：𫄶 褋 牒 媟 蹀 蝶 鲽 殜 韘 屟 屧 䈎

（说文 文徵明 米芾）（说文 赵孟頫）（金文 简帛 说文 赵孟頫 智永 欧阳询 王羲之 王僧虔）（甲骨 说文

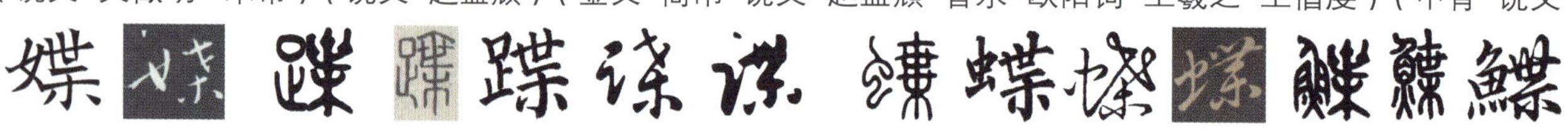
孝慈墓 孙过庭）（金文 篆字汇 颜真卿 王羲之 孙过庭）（金石篆 柳公权 韵会 胡俨）（金文 说文 赵孟頫

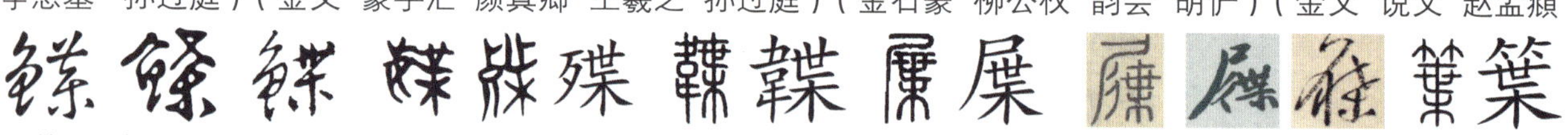
王羲之 文徵明 吴昌硕）（楚简 楚简 楷书）（说文 楷书）（说文 楷书）（六书通 于右任 王铎）（说文 楷书）

辨析：

枼字作为字根，各体同前。所涉组合的字根，可参照相关页。

𫄶（緤 xiè）：古同绁；木棉的别称；古书上说的一种布；端绪；古通渫，消除；yè，缯帛番数。

褋 dié：单衣。

牒 dié：文书、证件，书籍、簿册，讼辞、状子。

媟 xiè：轻慢，污秽。

蹀 dié：顿足，踏，小步跑。

蝶（蜨 dié）：蝴蝶。

鲽（鰈 dié）：比目鱼的一种。

殜 dié：殜殜，（气息）微弱的样子；病。

韘 shè：古代射箭时戴在手上的扳指；xiè，古通渫，疏浚。

屟 xiè：古代鞋中的木底，泛指鞋子，木板拖鞋，同屧；tì，同屉，抽屉。

屧 xiè：古代鞋的木底，木底鞋，泛指鞋，行走。

䈎 yè：书、画、纸等的张、页，后作葉。

拓展：

𦝼 艓 煠 鍱 遈 幉 弽 渫 㻡 䁋 䑜 𧄍 𧣮 𩛞 曗 鍱 鰈 鞢 韘 䮳 鐷

枼 3：葉（叶） 僷 堞 擛

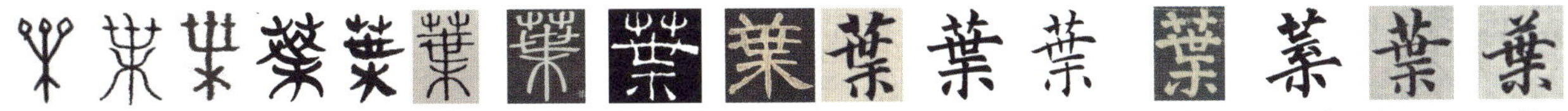

（甲骨 齐镈 敦盖 简帛 简帛 说文 邓石如 夏承碑 曹全碑 智永 欧阳询 褚遂良 颜真卿 柳公权 赵孟頫 王羲之

杜甫 赵孟頫 智永 怀素 甲骨 说文 汗简 汉简 王羲之 武则天 王羲之）（说文 楷书）（说文 楷书）（维摩诘 楷书）

辨析：

叶（葉）字从艹从枼，枼的各体写法同前。叶字虽然是葉的简化字，但不具有拓展性。

葉（叶 yè）：形声，从艸，枼声，植物的叶子；葉和叶本是两个字，叶 xié，和洽，同协，协助、帮助，合、共同。汉字简化前，十口组成的叶就存在，读 xié，是会意字，在甲骨文中就已经出现，甲骨文的叶是上下结构，上部是表示众人的“十”，下部乃表示言语和谐的“口”，会意，本义为众人协同和谐，后来变为左右结构，写作“叶”；《简化字总表》将“葉”简化为“叶”，但注明“叶韵”的“叶”仍读 xié。

僷 yè：容貌美好；弯曲、曲折。

堞 dié：城上女垣也；同堞。

擛 yè：擛擛，动的样子。

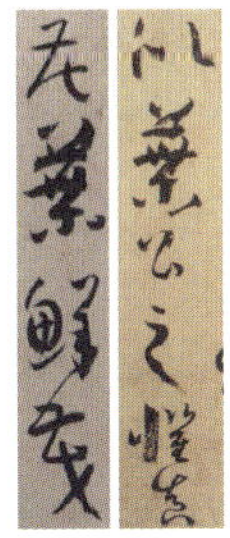

拓展：

渫 蝶 牒 諜 鍱 鐷　　P47.3 花叶鲜茂　　P56.1 似叶公之惧真

一（弌壹） 噎 懿 饐 殪 曀

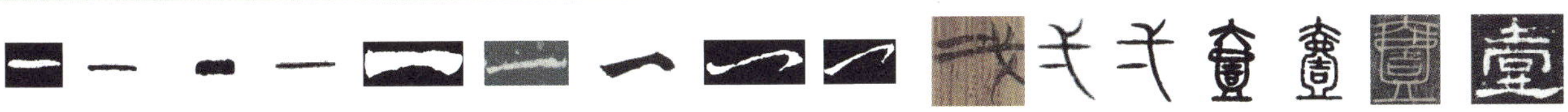

（甲骨 古文 毛公鼎 说文 乙瑛碑 欧阳询 颜真卿 王羲之 张芝　楚简 汉简 说文 金文 说文 李斯 史晨碑

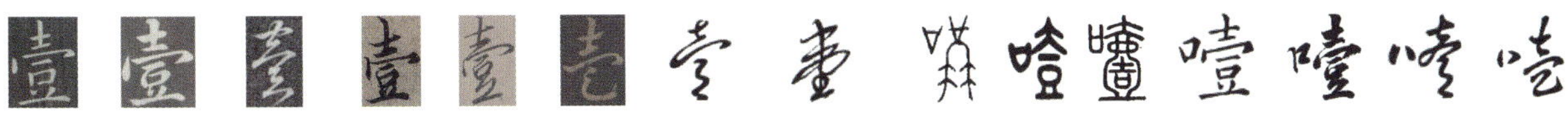

欧阳询 赵孟頫 王羲之 欧阳询 唐寅 汉章帝 王羲之 吴昌硕）（古文 金文 说文 王羲之 王羲之 王羲之 章草）

（金文 金文 说文 欧阳询 王羲之 王羲之 章草）（说文 彭玉雯 怀素）（说文 颜真卿 李洤）（说文 赵孟頫 王铎）

辨析：

一（弌壹）字草书，一和弌为快写，壹字列出了汉章帝、王羲之和吴昌硕的写法，汉章帝的的豆借用其器皿的皿字草法，快写后似“足”字的草书，王羲之为“豆”字快省，吴昌硕和李洤的“中竖＋土（豆草化为土）相连”也是一种常用写法。可拓展。

一（弌壹 yī）：指事，本义为数词，大写作“壹”，最小的正整数，常用以表示人或事、物的最少数量。注：凡言古文者，谓仓颉所作古文也。

噎 yē：食物堵住喉咙。

懿 yì：形声，从壹恣声，壹表示专一，美好；大，深。

饐 yì：食物经久发臭。

殪 yì：形声，从歺 è，壹声，歺为剔肉残剩的骨头，与“死”有关，本义是死；杀死，尽、灭绝，仆倒、跌倒。

曀 yì：阴沉而有风、昏暗。

拓展：

皚 墥 憶 嬞 撎 澺 歖 皷 糦 豷 鷧
P5.1 淳璃一迁　　P48.5 虽学宗一家

衤1：初 袖 袂 袄 襟（衿）

（甲骨 金文 金文 说文 李斯 张迁碑 欧阳询 颜真卿 柳公权 赵孟頫 宋徽宗 王羲之 王献之 米芾

皇象 王羲之 怀素 鲜于枢）（金文 秦简 说文 颜真卿 说文 王献之 褚遂良 赵孟頫 黄庭坚 赵构 章草）

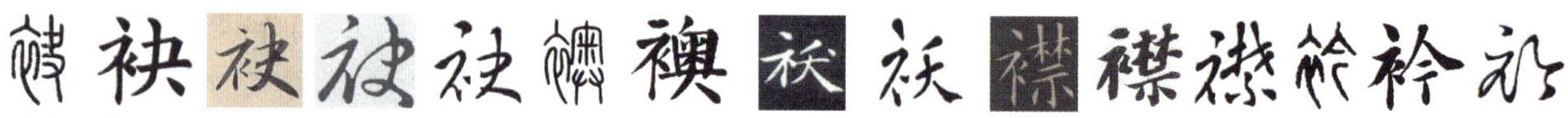

（说文 欧阳询 赵孟頫 赵构 章草）（说文 颜真卿 灵飞经 章草）（欧阳询 苏轼 章草 省文 智永 王羲之）

辨析：

衤为衣，作为偏旁，草书写法：1. 章草：采用“衤”形快写；2. 今草：省略两划，即“衤”草化为“点横撇点”。历代书家在草书中，衤和礻混用的情况十分严重，应格外注意。同时还需注意异体字的写法。

初 chū：会意，从刀从衣，裁衣服之始也，本义为起始、开端。

袖 xiù：古字作褎，形声，从衣由声，本义是衣袖。

袂 mèi：衣袖，袖口。

袄（襖 ǎo）：形声，从衣夭声，有衬里的上衣。

襟（衿 jīn）：形声，从衣禁声，古代指衣的交领。

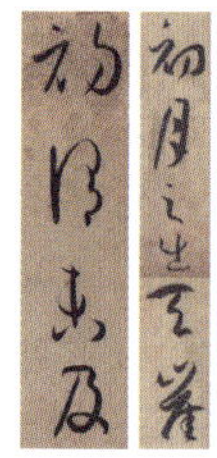

拓展：

衦 衧 衩 衪 衱 衭 衯 衲 衳 衴 衵 衶 衸 衹 衻 衼 衽 衿 袆 袇 袀 袊 袎 袪 袐 袑 袒 袓 袔 袕 袗 袘 袙 袚 袛 袜 袝 袟 袡 袢 袣 袥 袦 袧 袨 袩 袪 袮 袯

P11.6 初月之出天崖　　P40.5 初谓未及

衤2：裤 袜 衬 衫 袍 被 褥 衽

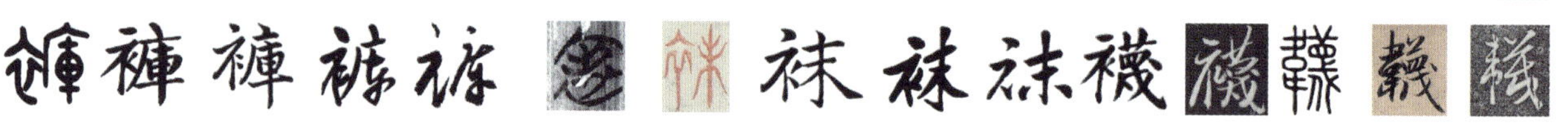

（金文 颜真卿 赵孟頫 王铎 敬世江）（上博简 石韵府 王羲之 黄庭坚 章草 颜真卿 苏轼 说文 赵孟頫 赵构）

（王羲之 鲁迅 章草 篆字汇 赵孟頫）（金文 说文 欧阳询 王羲之 章草）（说文 柳公权 赵孟頫 黄庭坚 章草）

（说文 邓石如 赵佶 王羲之 智永 怀素）（金文 篆字汇 智永 陆柬之 章草）（金文 说文 王羲之 徐伯清 章草）

辨析：

同前。

裤（褲 kù）：形声，从衣库声，裤子。

袜（襪韤韈 wà）：穿在脚上的东西。

衬（襯 chèn）：外衣内的单衫。

衫 shān：上衣，单褂。

袍 páo：中式长衣。

被 bèi：被子。

褥 rù：形声，从衣辱声，坐卧的垫具。

衽（袵 rèn）：形声，从衣壬声，本义是衣襟。

拓展：

袲 袵 袶 袷 袸 袹 袺 袻 袼 袽 袾 袿 裀 裃 裄 裈 裉 裍 校 裇 裗 裓 裎 裋

衤3：补 袱 裆 袒 袴 衲 褡 裢

（简帛 说文 史晨碑 唐玄宗 邓石如 颜真卿 柳公权 黄庭坚 王铎 邓文原 欧阳询 颜真卿 王铎 章草）（金文 粗篆

欧阳询 王羲之 王羲之）（汉简 金文 颜真卿 陆柬之 王羲之 王羲之 章草）（金文 简帛 说文 赵孟頫 黄庭坚 章草）

（石韵府 褚遂良 苏轼）（篆字汇 文徵明 王铎 徐伯清 章草）（金文 欧阳询 章草）（粗篆 赵孟頫 王铎 敬世江 章草）

辨析：

同前。需注意异体字的运用。

补（補 bǔ）：形声，从衣甫声，本义是补衣服。

袱 fú：包裹或覆盖用的布单。

裆（襠 dāng）：两裤腿相连的地方。

袒（襢 tǎn）：形声，从衣旦声，绽开。

袴 kù：套裤，通胯，两股之间。

衲 nà：僧徒的衣服，常用许多碎布补缀而成。

褡裢（褳 dā lián）：长方形口袋，中间开口，两头缝合，一般挂在腰带上或搭在肩上。

拓展：

袳 袶 袷 袸 袹 袺 袻 袼 袶 䘥 袾 袿 裀 䘩 裄 裇 裈 裉 䘹 䘸 䘩 裗 裓 䘫 裋 䙆 䙫 䙗 襮 襩 襰 襱 䙮 襫 襳 襼 䙞 襬 襵 䙰 襸 襹 襻 襴

衣1：衣 依 铱

（甲骨 金文 楚简 说文 金刚经 欧阳询 颜真卿 柳公权 赵孟頫 王羲之 米芾 汉章帝 王羲之 王献之）

（甲骨 甲骨 甲骨 金文 清华简 简帛 说文 史晨碑 欧阳询 颜真卿 柳公权 赵孟頫 赵信 王羲之 米芾 赵孟頫

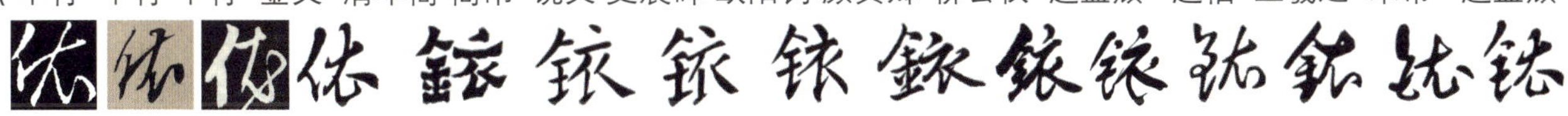

王羲之 空海 张旭 章草）（梁培生 欧阳询 颜真卿 柳公权 赵孟頫 郭沫若 舒同 王羲之 张瑞图 于右任 章草）

辨析：

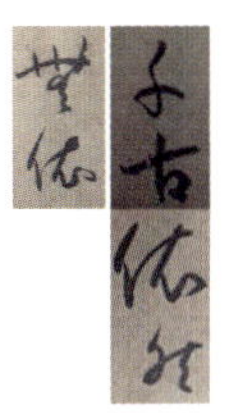

衣字有衣和衤旁两种写法。衣字的草书为上下连写，省略最后的“丿点”。可拓展。

衣 yī：象形，甲骨文上面像领口，两旁像袖筒，底下像两襟左右相覆，为上衣形，从“衣”的字与衣服有关，本义为上衣。

依 yī：从人衣声，甲骨文字形为人在衣中，本义是靠着。

铱（銥 yī）：铂族金属元素，元素符号 Ir。

拓展：

㛄 㐲 㤥 㳖 㧉 㬱 㑊 㡊

P22.5 千古依然　　P48.2 空照灼而无依

衣 2：袋 裳 袈 裟 袅 衾 裂 袭

（金文 粗篆 广义 王羲之 颜真卿 柳公权 王羲之 裴休 章草）（说文 李阳冰 赵孟頫 米芾 王羲之 智永）

（金文 欧阳询 王羲之 王羲之）（粗篆 颜真卿 王羲之 王羲之）（金文 文徵明 唐寅 王羲之 文徵明 章草）

（说文 褚遂良 王羲之 王羲之 章草）（简帛 说文 张大用 王羲之 文徵明 章草）（简帛 说文 颜真卿 卞岩）

辨析：

衣字居下，草书为上下连写，省略最后的“丿点”。可拓展。

袋 dài：有口的盛器，囊属，也指衣袋。

裳 cháng：形声，从衣尚声，本义为下衣。

袈裟（jiā shā）：僧尼披在外面的一种法衣。

袅（褭嫋嬝 niǎo）：柔弱，缭绕；以系带系马，代称马名；缭绕、缠绕，摇曳，吹拂。

衾 qīn：从衣，今声，本义为被子；尸体入殓时盖尸的东西。

裂 liě：物体的两部分向两旁分开。

袭（襲 xí）：从衣，左衽袍，左衽为衣襟由右向左掩。

拓展：

扆 袈 扆 袋 裝 袞 衰 袈 裹

衣 3：褒 裔 裴（裵） 裝 裁

（金文 简帛 说文 曹全碑 邓石如 欧阳询 褚遂良 王羲之 王羲之 章草）（金文 古文 古文 说文 鲜于璜

欧阳询 赵孟頫 王羲之 字典）（史籀 金文 说文 颜真卿 柳公权 苏轼 王羲之 章草）（简帛 说文 欧阳询

颜真卿 柳公权 赵孟頫 赵孟吁 王羲之）（金文 简帛 说文 欧阳询 颜真卿 王羲之 王铎 索靖 王羲之）

辨析：

衣字居下，草书为上下连写，省略最后的“丿点”。可拓展。“裹（里）裹褒畏哀裘製褻（亵褻褻）襄”等字见相关字根之页。

褒 bāo：形声，从衣保声，本义是衣襟宽大，异体字有“襃褎裦闁褒袌褒褒褒”等。

裔 yì：衣袖，也指衣裳的前襟；后代，后裔。

裴（裵 péi）：长衣下垂的样子；本作“非邑”，乡名，在山西闻喜县，《集韵》伯益之后，封于乡，因以为氏，后封解邑，乃去邑从衣，故今姓作裴。

装 zhuāng：束其外曰装。

裁 cái：从衣，制衣也。

拓展：

褻 滀 蒿 扆 袈 袋 袋 袞 袞 袋 囊

衣4：褭 褧 褩 褯 裻 褽 簑 衺 扆 褮 褺 褻（亵）

（简帛 说文 赵之谦 欧阳通 米芾 王铎）（简帛 说文 五经文 虞集）（篆字 楷书 王铎）（简帛 简帛 楷书）

（说文 五经文 王国维）（说文 六书统 吴彩鸾）（金石篆 文徵明 王羲之）（说文 邓石如 五经 董其昌 乾隆）

（说文 欧阳询 赵孟頫 唐太宗）（甲骨 齐侯钟 楚简 说文 彭玉雯）（说文 楷书）（说文 赵孟頫 王铎 王羲之）

辨析：

本页的字不常用，所组合的字根可参见相关页。褺和褻字虽互为异体字，本身却表示着不同的意思，应注意其区别使用。

褭 niǎo：用丝带系马；古同袅。

褧 jiǒng：古代套在外面的细麻布罩衣。

褩 bān：衣表。

褯 jì：断也，管子·大匡篇“褯领而刎颈者不绝。”

裻 dú：衣背缝。

褽 wèi：垫在下面。

簑 suō：同同蓑。

衺 xié：邪恶，不正当；妖异怪诞。

扆 yǐ：古代一种屏风；隐藏，依、倚靠；古代指窗和门之间的地方。

褮 yīng：古代小殓时，在死者脸上覆盖的巾帕，古人又称鬼衣。

褺 diē：重叠穿的衣服。

褻（亵亵 xiè）：形声，从衣执声，本义是贴身的内衣；轻慢，亲近而不庄重。

拓展：

袰 袈 裠 囊 褢 裹 譈 镳

医 殹 醫 翳 鷖 毉 嫛 繄 瑿 堅 黳 瘢

（甲骨 甲骨 说文 欧阳询 柳公权 王羲之）（简帛 说文 石鼓文 吴彩鸾）（简帛 说文 颜真卿 赵孟頫 白蕉

皇象 王宠）（金文 简帛 说文 赵孟頫 智永 欧阳询 皇象 王羲之 智永）（说文 王铎 文徵明）（石韵府 敦煌

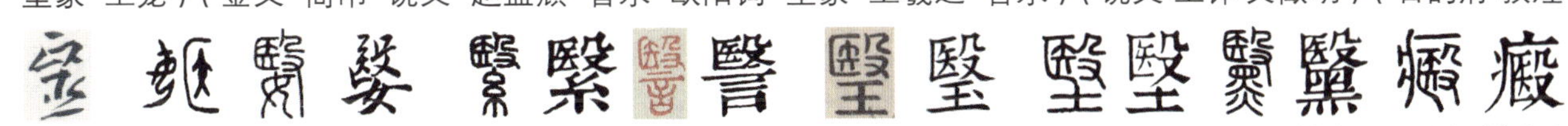

王蘧常）（金文 说文 王羲之）（说文 楷书 说文 楷书）（篆字汇 楷书）（说文 楷书）（说文 楷书）（说文 楷书）

辨析：

医字在甲骨文中已经出现，殹从医，拓展的字字形稳定。醫字头的殹字，草书与叚有异体同形的写法，因为医（醫）字有从叚的异体字，百韵歌云“医初尚类坚”，参见叚。

医 yī：盛弓弩矢器也。

殹 yī：呻吟声；蒙幕；句尾语气词，相当于也、兮。

醫 yī：会意兼形声，从匚从矢，矢亦声，醫乃会意，从殹从酉，殹是治病时的扣击声，酉为用以医疗的酒，二字各有本义，今医为简体字，本义是治病的人。

翳 yì：用羽毛做的华盖。

鷖（鹥鷖 yī）：鸥的别名；凤凰的别名。

毉 yī：治疗病痛的人，同医。

嫛（嬺 yī）：人始生曰嫛婗，一曰妇人恶貌。

繄（瑿 yī）：戟的套子；文言助词，惟；然也。

瑿 yī：黑玉、黑色的琥珀。

堅 yì/yī：尘埃也。

黳 yī：黑痣，黑玉石，黑。

瘢 ài：从疒殹声，剧声也，病甚呻吟之声。

拓展：

瞖 𦡿 𥕢 瞖 𧐨 贀 蘙 蠮

㐌 施 迤 拖 沲 驰 阤

（篆字汇 楷书 朱耷）（金文 楚简 说文 李阳冰 金刚经 欧阳询 颜真卿 柳公权 赵孟頫 赵佶 王羲之 智永

智永 怀素 傅山）（金文 说文 智永 王羲之 王羲之 李淦）（甲骨 金文 篆字汇 褚遂良 赵孟頫 王羲之 王铎）

（粗篆 欧阳询 王羲之）（楚简 颜真卿 米芾 于右任 篆字汇 欧阳询 于右任）（金文 赵孟頫 空海 苏轼 怀素）

辨析：

㐌字从也，各体字形稳定。可拓展。

㐌 yí：古代对居住在广东地区瑶族的称谓，《北史》后魏主猗㐌。

施 shī：形声，从㫃（yǎn）也声，旗帜。

迤 yǐ：地势斜着延长。

拖（拕 tuō）：曳引。

沲 tuó：古同沱；duò，淡沲，荡漾。

驰（駞 tuó）：同驼（駝）。

阤 tuó：陂陀，背负。

拓展：

狏 椸 炧 肔 胣 砤 袘 粚 絁 鉇 㢮 搋 湤 箷 葹 暆 椸 鍦 馳 髢 箷 馳

P51.4 至若数画并施

夷 姨 羠 胰 咦 荑 痍

（甲骨 金文 金文 金文 楚简 说文 李斯 张迁碑 欧阳询 虞世南 褚遂良 颜真卿 柳公权 赵孟頫 宋徽宗

王羲之 米芾 文徵明 皇象 索靖 王羲之 邓文原 张瑞图）（说文 王献之 王羲之 章草）（说文 皇象 皇象 宋克）

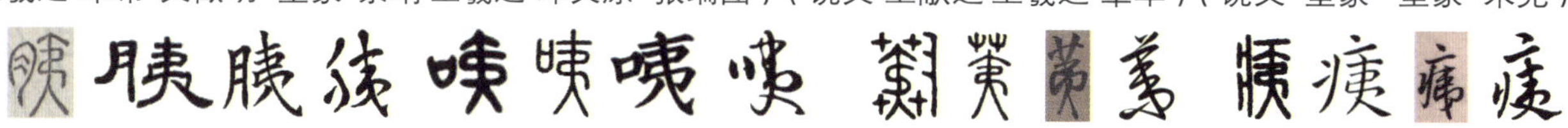

（篆字汇 曹全碑 欧阳询 章草）（金文 说文 颜真卿 孙过庭）（金文 说文 王铎 李淦）（说文 王羲之 王铎 章草）

辨析：

夷字的篆书变化较多，楷化后主笔有两种变化，一种为长撇，一种是将主笔写为“戈勾”，各体均见。可拓展。

夷 yí：会意，从大从弓，本义为东方之人，即我国古代对东部各民族的统称。古同“怡”，喜悦；古同“痍”，创伤。

姨 yí：形声，从女夷声，妻子的姐妹。

羠 yí：阉割过的羊；母野羊。

胰 yí：胰腺。

咦 yí：叹词，表示惊讶。

荑 tí：形声，从艸夷声，茅草的嫩芽，借指女子柔细的手，柔荑、香荑；yí，割除田里的野草，引申为削平。

痍 yí：创伤。

拓展：

侇 峓 恞 挗 洟 桋 眱 秲 狭 陕 浹 蛦 跠 霙 銕 鞅 蝌 駛 鮧 鴺

P41.2 达夷险之情

宜 谊

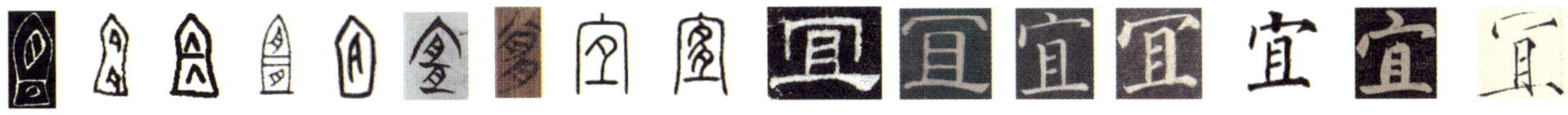
（甲骨 甲骨 甲骨 甲骨 金文 盟书 楚简 说文 邓石如 史晨碑 钟繇 欧阳询 颜真卿 柳公权 赵孟頫 宋徽宗

王羲之 王献之 颜真卿 汉章帝 皇象 王羲之 智永 赵孟頫）（楚简 说文 王羲之 赵孟頫 简书 王羲之 宋高宗）

辨析：

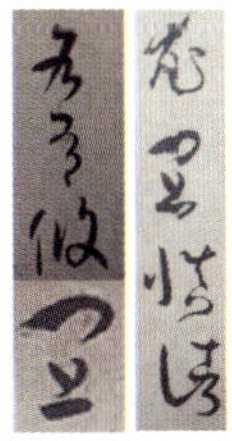

宜字的篆书形态变化较多，共同点就是“房子里有肉”，只不过数量形状不同而已，反映出远古时代人们对美好生活的向往。隶变将“肉”讹变为“且”，草书从简书到汉章帝，已经将“且”中的两横划逐步全省略了。可拓展。

宜 yí：会意，从冖之下一之上，甲骨文像屋里俎上有肉的形状，本义为合适、适宜。

谊（誼 yì）：会意兼形声，从言从宜，宜表示合宜，本义为合宜的道德、行为或道理。

拓展：

萓 楦 竩 醟 疊 嬺 鸓　　P21.5 各有攸宜　P45.3 尤宜慎诸

疑 擬 癡 凝 嶷 礙（碍）

（甲骨 疑觶 金文 金文 伯父敦 说文 北大简 石经 欧阳询 颜真卿 柳公权 赵孟頫 王羲之 黄庭坚

皇象 文徵明 赵孟頫 宋克 鲜于枢 王铎 于右任）（金文 说文 褚遂良 王献之 赵孟頫 邓文原 启功 毛泽东）

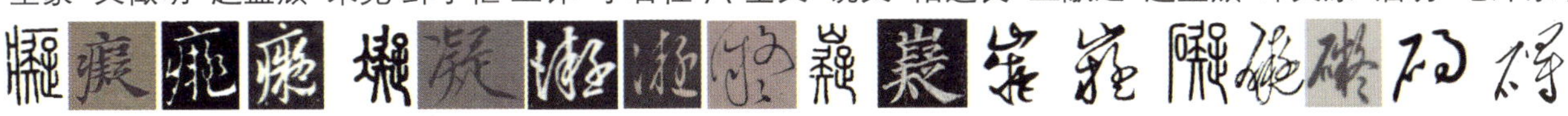
（说文 敦煌 皇象 王羲之）（说文 赵佶 王羲之 王凝之 张旭）（说文 颜真卿 张瑞图 韵会）（说文 怀素 乾隆 王羲之 毛泽东）

辨析：

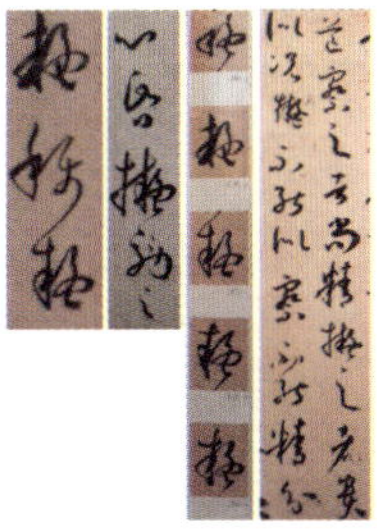

疑字的篆书变化较多，核心部件有“牛、子、止”，草书从之。可拓展。说明：王羲之凝字两点水为破笔的运用。

疑 yí：从子止匕，矢声，止，不通，子，幼子，幼子多惑，本意指在十字路口不知所往，引申义为思路不确定、不信任、困惑的。

擬（儗擬 nǐ）：揣度、估量，比照、相比，摹拟、仿效，打算、想要，起草、编辑。异体字有“儗譺拟”等。

癡 chī：呆傻、愚笨，发呆，天真的昵称；用同瓻，酒器。

凝 níng：会意，古冰字，结冰。

嶷 nì：幼小聪慧；高尚；杰出；高耸；yí，九嶷山。

礙（碍 ài）：妨害，限阻。

拓展：

儗 㘈 㠜 寲 懝 薿 鬔 鑏 䎸 譺 魕

P16.6 闻疑称疑得末行末　P13.4 心昏拟（擬）效之方　P44.2–3 擬之者贵似况擬不能似察

彝 彛

(甲骨 甲骨 甲骨 甲骨 甲骨 甲骨 甲骨 金文 金文 金文 金文 金文 金文 金文 金文 金文 金文 金文 金文 金文

金文 金文 金文 金文 金文 金文 金文 金文 金文 金文 金文 金文 金文 金文 金文 金文 金文 金文 古文 楚简

说文 说文 说文 隶辨 隶辨 欧阳询 颜真卿 王羲之 赵孟頫 吴昌硕 卞岩 章草)(王羲之 赵孟頫 王羲之 文徵明)

辨析：

彝字的篆书形态变化很多，隶楷字形较为稳定，从彑、米、糸（分）和廾，草书分别写出这几个部件即可。

彝 yí：形声，从糸（mì），廾（gǒng）持米，彑（jì）声，为双手捧丝、米奉献神灵；据甲骨文，像双手捧鸡奉献之意，本义为古代祭祀时常用的礼器的总称；常、常规、经常，不变的、固定的；彝族，中国少数民族；《说文》：宗庙常器也。《说文注》彝尊必以布覆之，故从糸也，廾，持之，之字今補，廾，竦手也，尊下亦曰廾以奉之；米，器中实也；酒者米之所成，故从米；…彑者，豕之头。《常用古文字字典》云：“刘节曰，最初的彝是拿实物来作的，所以，甲骨文里是从两手执云鸟形，后来到了周朝，是成为飘扬欲动的徽识了，…再后来，样式更多了，把该氏的图腾刻在宗庙的礼器上，则名之曰尊彝。”《周禮·春官·小宗伯之職》辨六彝之名物，以待祼将；六彝：雞彝、鳥彝、黄彝、虎彝、蜼彝、斝彝。

彛 yí：同彝。

拓展：

檷

乙 艺（埶藝） 乞 吃 圪 屹

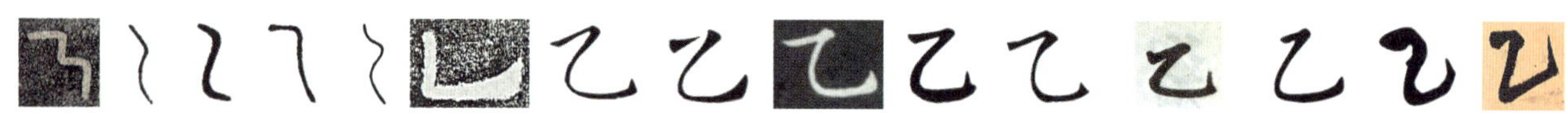

(仓颉 甲骨 金文 说文 说文 熹平碑 王羲之 欧阳询 灵飞经 颜真卿 柳公权 赵孟頫 王羲之 孙过庭 王铎)

(甲骨 甲骨 金文 金文 楚简 说文 何绍基 赵孟頫 王羲之 欧阳询 颜真卿 智永 欧阳询 赵佶 王羲之 皇象

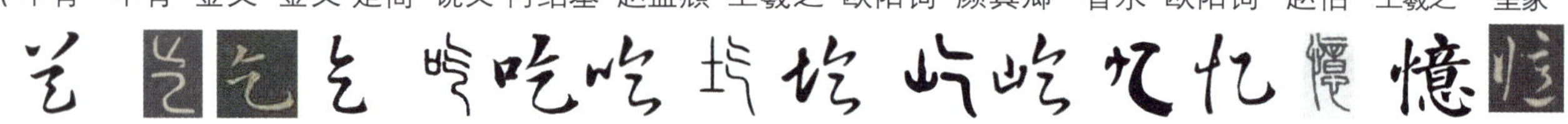

王羲之)(仓颉 王羲之 王羲之)(说文 智永 王羲之)(说文 王羲之)(金文 王羲之)(汉简 王羲之 赵叔孺 颜真卿 索靖)

辨析：

乙字的字形简单，行草书为快写。作为字根，应注意繁简字的变化，如艺和忆两个字的草书分别从执和意（可参照执和意的写法），写藝和憶，需要注意的是这两个字写“艺忆”的使用频率较低，藝字有异体字从幸，草书亦可从之。

乙 yǐ：象形，甲骨文字形，本义像植物屈曲生长的样子。

艺（藝 yì）：会意，甲骨文字形左上是“木”，表植物，右边是人用双手操作，又写成“埶”，从坴（lù），土块，从丮（jǐ）为拿，后繁化为“藝”，本义为种植。

乞 qǐ：向人求讨。

吃 chī：口吃，结巴；吃在古代一般不当吃东西讲，吃东西的意义古代写作喫。汉字简化后“喫”写作“吃”。

圪 gē：土丘，土岗。

屹 yì：山势高耸，喻坚定不可动摇。

拓展：

忆（憶） 汔 汔 犵 忔 讫 乭 乫 乬 仡 刉 讫 阣 忔 扢 汔 犵 纥 迄 芞 杚 肐 𢻱 吃 轧 肐 疙
盵 矻 竌 籺 紇 虼 秔 紇 訖 趷 趷 乾 釳 齕 閪 飥 飥 乾 靰 麧 鮀 麧 齕

已

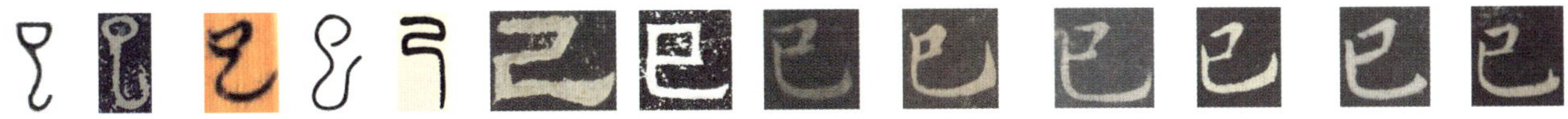

金文 金文 楚简 说文 邓石如 张迁碑 宝子碑 钟繇 王羲之 欧阳询 虞世南 颜真卿 褚遂良

柳公权 赵孟頫 宋徽宗 王羲之 王献之 陆柬之 黄庭坚 赵孟頫 崔子玉 陆机 王羲之 王献之 智永 怀素

辨析：

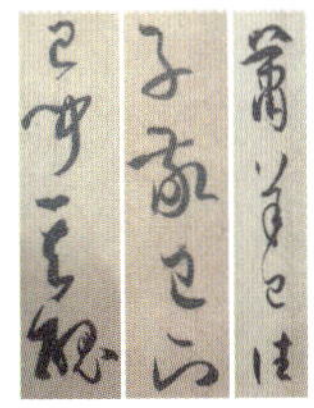

已字字形稳定，行草书为快写。

已 yǐ：象形，像蛇形，一说原与“子”同字，本义是停止。

拓展：

黖 笵 骫 熈 䤚 龍

P28.5 萧羊已往　P42.1 子敬已下　P44.6 已闻其丑（醜）

以 似 拟（擬） 姒 苡

（甲骨 金文 石鼓文 碧落碑 李斯 敦煌 敦煌 敦煌 张迁碑 曹全碑 钟繇 欧阳询 颜真卿 柳公权

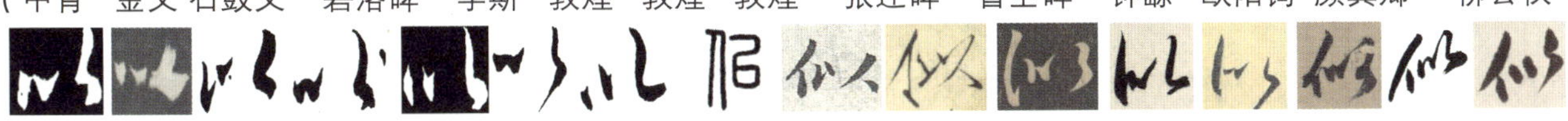

皇象 索靖 王羲之 王羲之 智永 怀素 黄庭坚）（说文 赵孟頫 宋徽宗 王羲之 智永 怀素 王羲之 王铎 徐渭）

（金文 说文 颜真卿 赵孟頫 王羲之 王羲之 章草）（古文 欧阳询 王羲之）（说文 柳公权 王羲之 李淦 章草）

辨析：

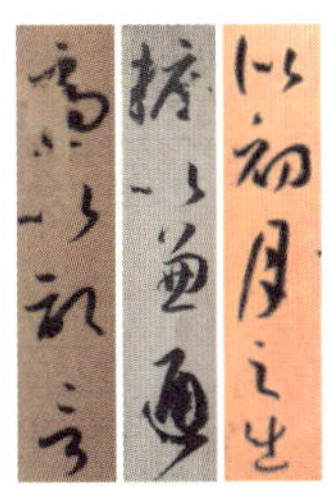

以字的篆书为头朝下的胎儿形，该字有异体字“㠯”，草书从之，口写两点，人写“竖横折”。可拓展。拟字有异体字擬，各体亦可从之。

以（㠯㠯 yǐ）：象形兼会意，以（㠯）与“巳”同源，甲骨文是“巳”的倒文，即头朝下的胎儿，表示已经成形，要降生了。金文另加人旁，以强调其为胎儿。篆文承接甲骨文和金文并稍加繁化，隶变后楷化分别写作“㠯”与“以”。如今规范化，以“以”为正体，“㠯”只作偏旁，作偏旁时有的写作“厶”。

似（佀 sì）：形声，从人以声，本义是像、相像。

拟（擬 nǐ）：形声，从手以声，揣度，猜测；异体字有“儗㲣譺”等。

姒（娰 sì）：形声，从女以声，古代同夫诸妾称长者曰姒，幼者曰娣；古代称姐姐。

苡（苢 yǐ）：芣苢，一名马舄，车前草。

拓展：

泤 笖 釲 㕽 秡 飤　P4.3 摭以兼通　P5.1 适以记言　P11.6 似初月之出天涯

矣 俟 唉 诶 挨 埃 竢

（金文 古文 楚简 说文 李斯 辟雍碑 宝子碑 欧阳询 颜真卿 柳公权 赵孟頫 王羲之 冯承素 文天祥

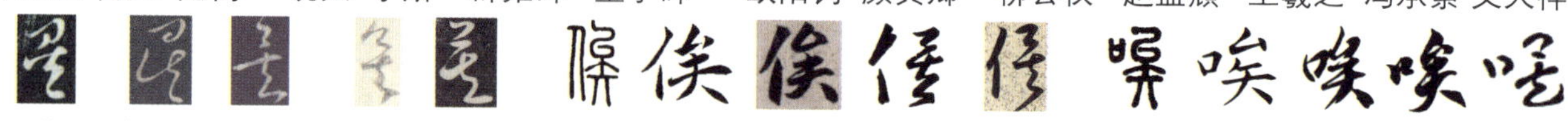

王羲之 唐太宗 王羲之 贺知章 米芾）（说文 褚遂良 赵孟頫 王羲之 朱大有）（说文 王羲之 王羲之 米芾 章草）

（说文 欧阳询 赵孟頫 于右任）（简帛 说文 智永 张瑞图）（金文 说文 欧阳询 康里巎）（说文 钱泳 王铎 乾隆）

辨析：

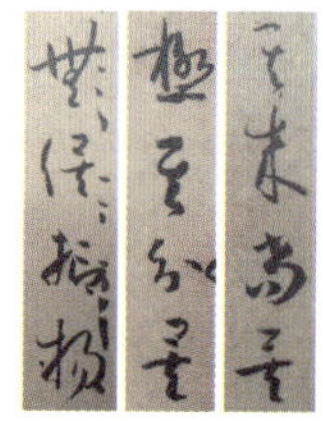

矣字本从以从矢，以字隶定为“厶”，草书除了快写，还可写倒三角，“厶”写“倒三角”后与失（或异体字中的夫）字的草书连写即可，与异（異）字的一种草书（即異下的共字草写夫）相近，参见异页。可拓展。

矣 yǐ：形声，小篆字形上面是以字，下面是矢，从矢以声，以也可以理解为像矢飞逝的声音，是完成的语气，本义为语气词、是了；有“厶＋夫”的异体字写法，草书累见。

俟 sì：形声，从人矣声，本义为大，有等待之意，“静女其姝，俟我于城隅”；qí，万俟（mòqí）：复姓。

唉 āi：叹词，应人声，叹息的声音；ài，叹词，表示伤感或惋惜。

诶（誒 ēi）：叹词，表示招呼；éi，叹词，表示诧异；ěi，叹词，表示不以为然；xī，叹词，表示可恶、失意而叹惜，强笑。

挨 āi：依次、顺次，靠近；ái，遭受，拖延。

埃 āi：灰尘；公制长度单位，一万万分之一厘米。

竢 sì：俟 的异体字。

拓展：

娭 涘 逘 焥 犋 欸 眣 誒 騃　　P30.2 其来尚矣　P40.2 极其分矣　P27.5 无俟抑扬

弋 式 拭 试 轼 弑

（甲骨 甲骨 甲骨 金文 金文 楚简 楚简 说文 王羲之 褚遂良 姜夔 赵孟頫 王宠 王铎 彭玉雯 成亲王）

（李斯 说文 帛书 辟雍碑 欧阳询 颜真卿 王羲之 晋祠铭 孙过庭 米芾 宋克）（小篆 隶辨 颜真卿 文徵明

孙过庭 王铎）（说文 乙瑛碑 颜真卿 赵佶 王羲之 米芾 怀素）（说文 苏轼 皇象 苏轼）（说文 王羲之 王羲之）

辨析：

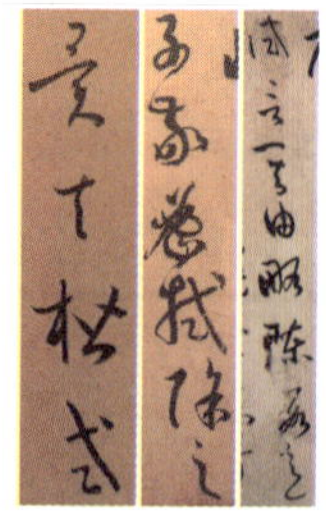

式字结构简单，行草书为快写。可拓展。

弋（杙 yì）：象形，甲骨文字形，本义是小木桩，今字作“杙”。

式 shì：形声，从工弋（yì）声，工有“矩”的意思，本义为法度、规矩。

拭 shì：形声，从手式声；本义为揩、擦。

试（試 shì）：形声，从言式声；本义为用、任用。

轼（軾 shì）：设在车箱前面供人凭倚的横木。

弑 shì：地位低的人杀死地位高的人。

拓展：

佌 忕 烒 鉽　　P31.2 异夫揩式　P9.3 子敬密拭除之　P34.4 拭言其由略陈数意

义（義）1：义（義）仪（儀）议（議）蚁（蟻）舣（艤）轙 檥 ⿰義阝 鸃

（甲骨 甲骨 金文 金文 楚简 楚简 秦简 说文 曹全碑 唐玄宗 欧阳询 颜真卿 皇象 智永 王羲之 章草）

（说文 欧阳询 赵佶 赵孟頫 智永 颜真卿 章草）（说文 柳公权 王羲之 米芾 王羲之 王羲之）（说文 颜真卿 王铎

王羲之 章草）（金文 米芾 王羲之 王羲之）（说文 彭玉雯 皇象）（说文 陆恭）（说文 楷书）（说文 楷书）

辨析：

义（義）从羊我，草书为"艹豕"的快写；汉字简化前，各体从"义"的使用频率不高。可拓展。

义（義 yí）：会意，从我从羊，"我"是兵器，又表仪仗，"羊"表祭牲，本义为正义、合宜的道德、行为或道理。

仪（儀 yí）：形声，从人义声，容止仪表；法度、礼法，典范，礼仪。

议（議 yì）：形声，从言义声，商议、讨论，意见、看法。

蚁（蟻螘 yǐ）：蚂蚁。

舣（艤 yǐ）：使船靠岸。

轙 yǐ：车衡上贯穿缰绳的大环；整车待发。

檥 yǐ：同舣，使船靠岸；yī，移檥。

⿰義阝 tí/yí：临淮徐地。

鸃 yì：鵔鸃，神俊之鸟，能吐人言，见者大不祥也，凤属。

拓展：

⿰月义 ⿰犭义 ⿰月叉 ⿸尸義 ⿰阝義 ⿰女義 嶬 ⿴衣義 ⿰扌義 ⿱艹義 ⿰火義 ⿰王義 礒 ⿱竹義 ⿺鬼義 鱶 ⿰義鳥

P15.5 固义（義）理之会归（歸）　P54.1 然后议于断割　P55.5 罕议峰端之失　P51.3 仪（儀）形不极

义（義）2：羲　曦（曦）爔 犧（牺）

（甲骨 甲骨 金文 古文 说文 辟雍碑 隶辨 王羲之 智永 欧阳询 颜真卿 赵佶 王羲之 王羲之 王羲之

王羲之 王羲之 王羲之 王羲之 王羲之 王羲之 王羲之 王羲之 王羲之 智永 怀素 赵孟頫 宋克 王羲之 怀素）

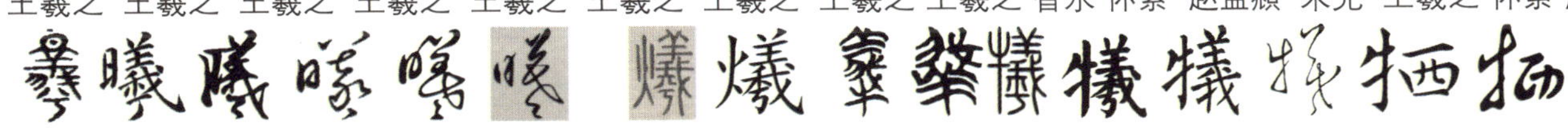

（古文 虞世南 王羲之 王羲之 王羲之 王羲之）（篆字汇 楷书）（楚简 楚简 说文 颜真卿 柳公权 王羲之 王羲之 王羲之）

辨析：

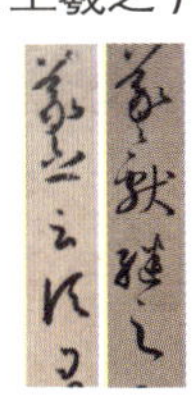

羲字从兮从義，草书写法为义（義）字下边多一点或两个点，即将"兮"草化为一或两个点。可拓展。

羲 xī：形声，从兮义（義）声，本义是气。

曦（曦 xī）：太阳，阳光。

爔 xī：火；古同曦，阳光。

犧（牺犧 xī）：古代供宗庙祭祀用的纯为"牺"，体全为"牲"；为了崇高的目的舍去自己的生命或权利等；放弃或损害一方的利益；指伏羲氏；酒樽名。

拓展：

⿰土羲 ⿰木羲 爔

P2.4 羲之云顷寻　　P3.3 羲献继之

亦 迹（跡） 奕 弈 帟

（甲骨 金文 简帛 简帛 石经 郭有道 瘗鹤铭 唐玄宗 欧阳询 虞世南 钟繇 钟繇 索靖 王羲之 米芾 米芾 米芾）

（金文 颜真卿 楚简 说文 汉简 何绍基 颜真卿 王羲之 文徵明 索靖 石韵府 张迁碑 智永 赵孟頫 智永 赵佶）

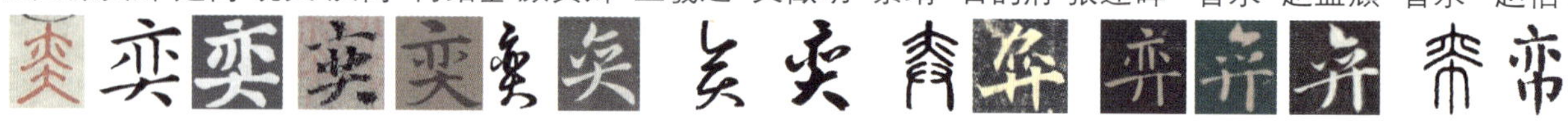

（石韵府 王羲之 苏轼 赵奕 宋克 傅山 赵孟頫 王羲之 郭沫若）（说文 魏碑 褚遂良 智果 成亲王）（说文 颜真卿）

辨析：

亦字各体结构较稳定，下边的四划可以写四个点，草书可连写或草化为一横。可拓展。

亦 yì：指事，甲骨文字形，在“大”（人）旁加两点，指示两腋所在，“腋”的本字，人腋窝；也、也是，不过、仅仅、只是；也…也…；又…又…。

迹（跡蹟 jì）：脚印，物体遗留下的印痕，前人遗留下的事物，追寻踪迹，据实迹考知。

奕 yì：大，美的，累，重，光明；世，时代。

弈 yì：古代称围棋，弈楸，棋盘；下棋。

帟 yì：小帐幕，亦指幄中座上的帐子。

拓展：

㑊 𧹞 洂 𢽾 㖂 㤺 𤥭 𥐙 㑊 𥘸 𤼍 湙 𣻀 𠵇 㮏 𤌄 𧦝 𤼍

睪 1：睪 怿（懌） 译（譯） 绎（繹） 峄（嶧）

（楚简 楚简 上博简 说文 何绍基 伊秉绶 欧阳询 颜真卿 异体字 异体字 王羲之 李邕 米芾 孙过庭 黎凡）

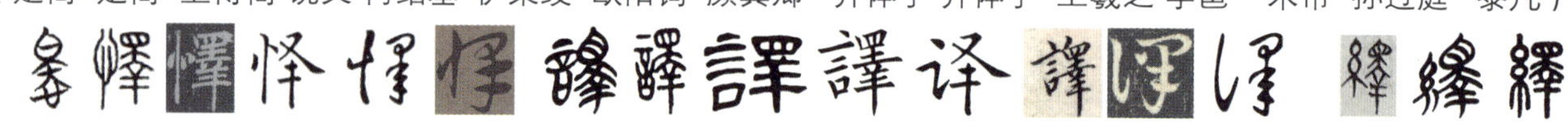

（楚简 说文 魏碑 王羲之 王羲之 宋克）（简帛 说文 曹全碑 欧阳询 赵孟頫 王羲之 皇象 王羲之）（盟书 简帛 说文

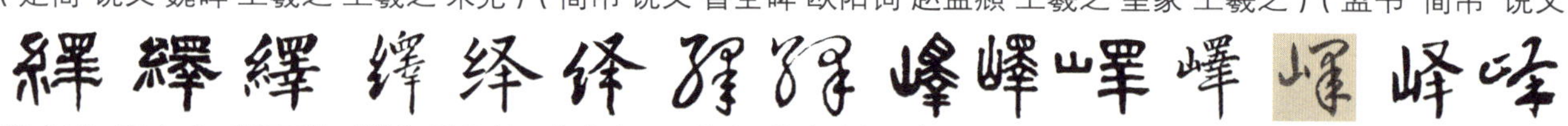

衡方碑 唐玄宗 颜真卿 谢安 欧阳询 黄庭坚 王羲之 韵会）（金文 说文 曹全碑 赵孟頫 鲜于枢 颜真卿 章草）

辨析：

睪字从幸，作为字根，睪字的草书除了从“土羊”和简化字快写，还可从幸字的草书，即牛字反起笔，但作为字根，这种牛字反起笔的草法少见。可拓展。本页发音为 yì。

睪 yì：目視也，从横目从幸，令吏将目捕罪人也，伺视、侦察；zé 同擇，通澤；gāo 同睾，通皋（皋）、通皞（广大貌）；dù 同殬，败。

怿（懌 yì）：形声，从心睪声，本义为喜悦。

译（譯 yì）：翻译，把一种语言文字翻译成另一种语言文字。

绎（繹 yì）：形声，从糸睪声，本义为抽丝。

峄（嶧 yì）：峄山，山名，在中国山东省邹县东南，亦称邹山。

拓展：

澤 𠹋 𦺅 墿 嬕 𦢊 𥌓 穓 𥗹 蘀

P35.4 则怡怿（懌）虚无

Y

睪 2：驿（驛） 斁 醳 燡 䌲 歝 圛

（金文 简帛 说文 肥致碑 褚遂良 柳公权 王献之 居延简 索靖 王羲之 章草 王羲之 王铎）（说文 颜真卿

朱熹 杨维桢）（篆字汇 隶辨 王铎）（王福庵 颜师古）（篆字汇 敦煌）（徐兰 颜真卿 何绍基）（说文 维摩诘）

辨析：

睪字拓展的字较多，各体同前。本页发音为 yì。

驿（驛 yì）：形声，从马睪声，本义是古代供传递公文或传送消息用的马；驿站。

斁 yì：解除，厌倦、懈怠、厌弃，盛大的样子，终止；dù，败坏。

醳 yì：酒、醇酒，赏赐酒食；shì，古通释，释放。

燡 yì：火盛的样子；光明的样子。

䌲 yì：从糸睪声，抽丝也。

歝 yì：古同斁。

圛 yì：（云气）连接不断。

拓展：

曎 睪 㦉 睪

睪 3：择（擇） 泽（澤） 襗 檡 蠌 鸅

（金文 金文 说文 石韵府 曹全碑 褚遂良 赵孟頫 皇象 贺知章 邓文原 王羲之 章草）（楚简 楚简 楚简 说文

颜真卿 苏轼 皇象 王羲之 王荟 王羲之 王铎）（说文 楷书）（篆字汇 魏碑）（篆字汇 彭玉雯）（篆字汇 彭玉雯）

辨析：

睪字拓展的字较多，本页发音 zé 或 zhái 开头，各体写法同前。

擇（择 zé）：从手睪声，挑选、区别、分别。

澤 zé/shì：光润也，水流汇聚的地方；恩惠、遗留下来的痕迹、滋润、摩擦、光滑等。

襗 zé：贴身的衣服。

檡 zhái：檡棘，古书上说的一种树，木质细密坚韧，可做射箭的扳指；shì，黑枣；tú，於檡，古同於菟，代中国楚人对虎的称呼。

蠌 zé：水虫，蛸蠌，螵蛸也，似蟹而小，一名蠌。

鸅 zé：鸅鷉（yú），护田鸟，亦作泽虞；鹈鹕鸟。

拓展：

燡 䆁 䮴 檡 䤞 睪

睪 4：铎（鐸） 释（釋） 糬 蘀 籜 殬

（金文 金文 简帛 秦简 说文 衡方碑 颜真卿 赵孟頫 王铎 王铎 王羲之 王铎 章草 柳公权 黄庭坚 王铎）

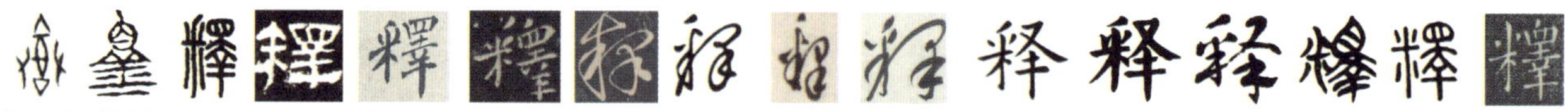

（甲骨 楚简 说文 张迁碑 傅增湘 王铎 张芝 王羲之 徐渭 于右任 欧阳询 颜真卿 章草）（简帛 说文 欧阳旭

颜真卿 王羲之 智永 怀素 王羲之 黄庭坚）（说文 佚名 欧阳旭 黄庭坚）（金文 说文 楷书）（尚书 说文 楷书）

辨析：

释字本从禾，起笔由篆书而化，起笔的“丿”落笔可不过中竖。本页发音较杂。

铎（鐸 duó）：形声，本义是大铃；挂在牛马颈下或屋檐下的小铃；刺、啄。

释（釋 shì）：脱掉，解下；解释，释放、赦免，舍弃、抛弃，消失，放下、放开。甲骨文为双手向外脱掉刑具，为釋的本字，简化为释。

糬 shì：渍米也。

蘀 tuò：草木脱落的皮或叶子。

籜 tuò：竹笋上一片一片的皮。

殬 dù：同斁，败坏。

拓展：

墿 釋 韡 斁 嚁 鱓 瀷

邑 1：邑 浥 挹（抑） 郌 𨙸 𨛜 扈

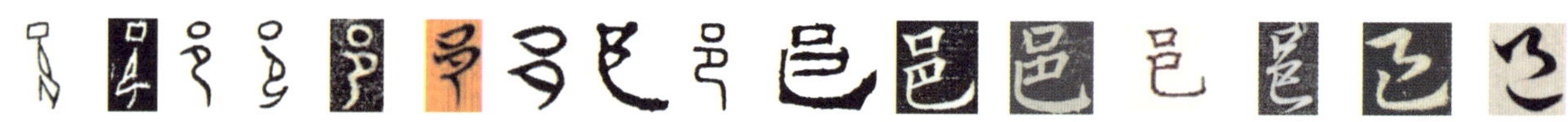

（甲骨 甲骨 金文 金文 金文 楚简 简帛 简帛 说文 礼器碑 欧阳询 颜真卿 异体字 王羲之 皇象 智永）

（甲骨 甲骨 说文 金农 智永 王羲之 文徵明）（简帛 说文 颜真卿 异体字 王羲之 王羲之 章草）（说文 魏碑 蔡襄）

（金文 简帛 说文 李斯 王铎 文徵明 欧阳询 米芾）（金文 金文 说文 楷书）（说文 简帛 欧阳询 王羲之 皇象 王宠）

辨析：

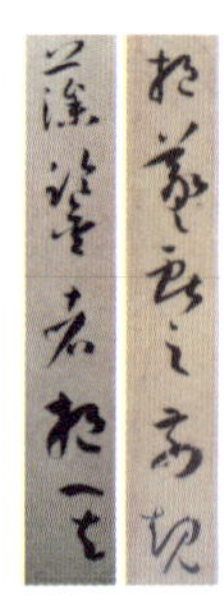

邑有异体字中间无一竖，快写后，草书皇象写上下结构的“3L”。可拓展。

邑（𠻯 yì）：从口，音围，像四境，会意，甲骨文字形，上为囗（wéi），表疆域，下为跪着的人形，表人口，合起来表城邑，邑是汉字的一个部首，变体为右耳旁，从“邑”的字多和地名、邦郡有关，本义是国；卩声，国也，京城、国都，城市，封地。

浥 yì：湿润；坑洼地。

挹（抑 yì）：舀，酌；把液体盛出来。

郌 guī：古同邽；下邽，地名，在陕西。

𨙸 bāng：古文邦字。

𨛜 hàng/ liáo/ xiàng：同巷。

扈 hù：形声，从邑户声，从邑与城廓或行政区有关，本义是古国名，在今陕西户县；侍从，养马的仆役；救护、爱护，止、制止，广大；跟从、跟随；强横无礼。

拓展：

𨙸（邦，见相关页）俋 唈 悒 娼 菖 裛 郌 郶 筥 巷 郒 䣃 餢 鲨 騠 鼈 鯤

P10.4 挹羲献之前规　P15.4 藻鉴者挹其菁华

Y

邑2：邕 雝（雍） 癰（痈） 壅 廱 噰 饔

（金文 籀文 古文 说文 智果 梁恭之 欧阳询 李邕 李邕 颜真卿 黄庭坚 于右任 怀素 李洤 徐渭 章草）

（甲骨 甲骨 金文 毛公鼎 说文 邓石如 元继志 傅山 颜真卿 赵雍）（简帛 说文 梁培生 俞和 王羲之 王羲之）

（金文 六书通 欧阳询 王羲之 徐伯清 章草）（说文 伊秉绶 赵佶 孙过庭 乾隆）（篆字汇 朱瞻基）（篆字汇 敦煌）

辨析：

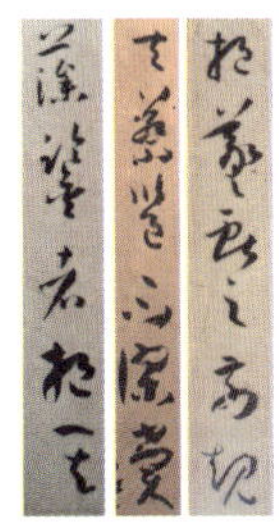

邑有异体字中间无一竖，快写后，草书皇象写上下结构的“3L”。邕字从川从邑，书家将川草化为三个点。可拓展。

邕（邕 yōng）：会意，从川从邑，水流（川）围绕城邑，本义为四方被水环绕的都邑；古同雍，和睦，和谐；古同壅，堵塞。

雝（雍 yōng）：鸟和鸣声；和谐，多作雍。

癰（痈 yōng）：肿也，从疒雝声。

壅 yōng：同壅。

廱 yōng：和谐、和乐；古通壅，堵塞。

噰（嗈 yōng）：噰噰，鸟和鸣声。

饔 yōng：多。

蔡邕（133 年— 192 年）东汉时期名臣，文学家、书法家，才女蔡文姬之父。

李邕（678 年—747 年），字泰和，鄂州江夏（今湖北武汉市江夏区）人，唐朝大臣、书法家。

拓展：

噰 嫞 鱅　　P56.3 夫蔡邕不谬赏　　P10.4 挹羲献之前规　　P15.4 藻鉴者挹其菁华

邑3（右阝）1：阝 都 郡 郗 郑 邵 邱 邹 邻

（王羲之 王羲之 佚名 章草）（金文 金文 金文 金文 楚简 说文 赵孟頫 米芾 皇象 王羲之 王献之 黄庭坚）

（说文 赵佶 王羲之）（说文 石韵府 简帛 钟繇 王羲之）（楚简 说文 李渊 米友仁 王羲之 章草）（金文 简帛

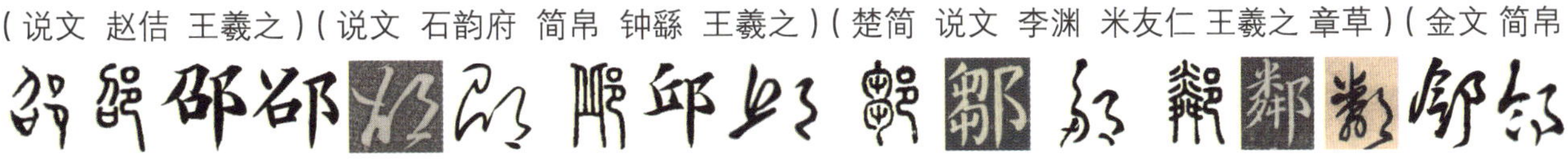

盟书 说文 智永 颜真卿 米芾 李洤）（说文 智永 王羲之）（说文 颜真卿 章草）（说文 蔡襄 王铎 王铎 章草）

辨析：

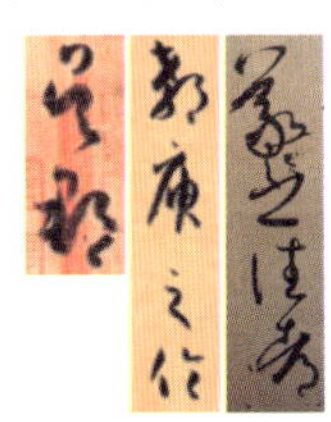

邑字作为偏旁，在右边时，为右阝形，草法比卩多一个使转；而左阝为阜，草法为卩的快写，见阜页。“部那邯郎郸郄郴郏郜鄀邨邬郝郤郊郓”等字从阝，参见相关页。

阝（右耳旁 yì）：同邑，用作偏旁时变体为阝（右耳旁），而左阝为阜，非邑也。

都 dū：形声，从邑者声，从“邑”，表示与城市有关，本义为建有宗庙的城邑；dōu，皆，还、尚且、甚至，已经，发语词。

郡 jùn：古代的行政区域。

郗 xī：古地名，在今中国河南省沁阳县；古读 chī。

郑（鄭 zhèng）：形声，从邑奠声，周代诸侯国名，姬姓；郑重、慎重。

邵 shào：古地名，在今中国山西省垣曲县。

邱 qiū：地名用字；不好。

邹（鄒 zōu）：古国名，春秋时叫邾国，又称邾娄国，战国时，鲁穆公将其改称为邹国；小、狭小的；货物质量低劣的。

邻（鄰隣 lín）：形声，从邑粦（lìn）声，古代的一种居民组织，五家为邻；邻居，众多，亲密、亲近；通吝，顾惜，舍不得。

拓展：

邮 邸 郏 郑 郊 郇 琊 郝 郖 郗 郜 郡 郏 郭 郢 郦 郧 郎　　P9.2 羲之往都　　P2.1 吴郡　　P16.4 郗庾之伦

邑3（右阝）2：郙 郛 祁 邼 郣 郫 郇 郐 郯 邾 邢 郬

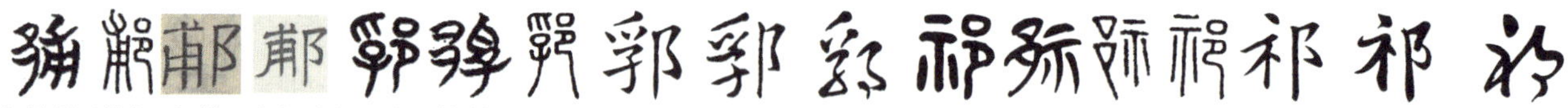

（楚简 说文 隶辨 娄机）（金文 楚简 说文 王羲之 黄庭坚 章草）（金文 简帛 祁币 说文 欧阳询 王羲之 张瑞图）

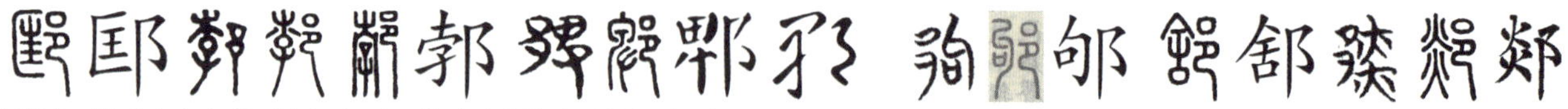

（说文 楷书）（秦斧 说文 汉印 楷书）（简帛 说文 颜真卿 王羲之）（楚简 说文 楷书）（说文 楷书）（楚简 说文 柳公权

王羲之 孙过庭）（金文 金文 楚简 说文 王羲之 王羲之）（金文 说文 赵之谦 颜真卿 赵孟頫 王羲之）（说文 楷书）

辨析：

右阝作为偏旁，行草写法稳定，所涉字根参见相关页。

郙 fǔ：汝南上蔡亭名。

郛 fú：古代城圈外围的大城。

祁 qí：大，众多的样子；地名，山西省祁县。

邼 kuāng：古乡名，在今中国山西省闻喜县境。

郣 bó：隆起的地；尘土；地名，春秋时齐国属地。

郫 pí：春秋晋邑，河南省济源市西；秦置县，在成都市西郫县；江名，岷江支流。

郇 jù：古地名。

郐 shū/shè：乡名，在庐州。

郯 tán：郯城，地名，在中国山东省。

邾 zhū：古国名，在中国今山东省邹县。

邢 xíng：春秋时之邢国，为周公子的封地。

郬 qīng：古地名。

拓展：

邱 郜 部 郗 郫 郬 郿 郯 郰 郲 郳 郶

邑3（右阝）3：郪 邿 邪（耶） 爺 郦 鄀 郢 郚 邺 郧 郅 郂 郠

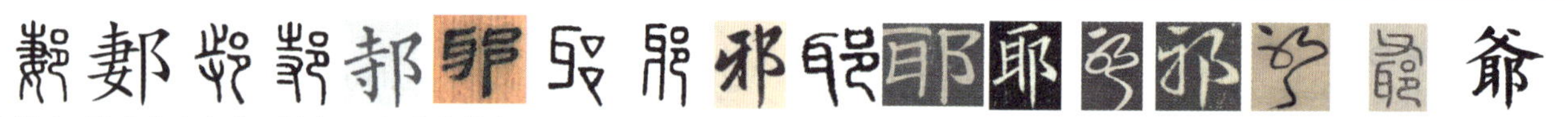

（说文 楷书）（金文 说文 五经）（简帛 邪山币 说文 赵孟頫 篆书 蔡邕 欧阳询 张芝 皇象 王铎）（篆字汇 颜真卿）

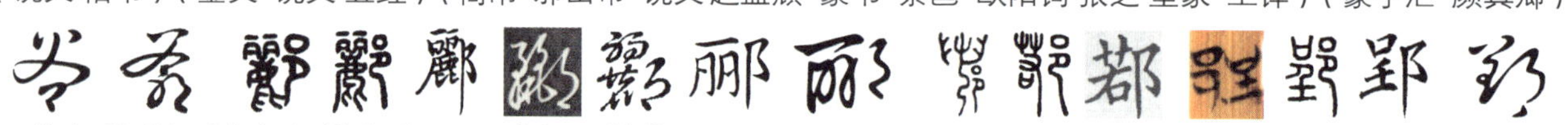

王羲之 敬世江）（金文 说文 赵孟頫 成亲王 辨体 王羲之 王羲之）（金文 说文 五经）（简帛 说文 褚遂良 王羲之）

（楚简 中郚币 说文 彭玉雯）（说文 王铎 宋克）（说文 王铎 章草）（金文 说文 李邕 李浲）（说文 楷书）（说文 楷书）

辨析：

右阝的字法稳定，所涉字根可参见相关页。

郪 qī：古地名，在今中国安徽省界首市东北茨河南岸；中国汉代县名，故址在今四川省三台县郪口。

邿 shī：国名，春秋时为鲁国的附庸国，故址在今大陆地区山东省济宁县东南。

邪（耶 yé/xié）：形声，从邑牙声，本义王琅邪郡，字亦作琊；不正当、不正派，异常；yé，同耶，疑问词，用于句末。

爺 yé：祖父；用以称父亲；对神明的称呼。

郦（酈 zhí）：郦县，古地名，在今中国河南省南阳市西北；lì，姓。

鄀 ruò：国名，位于秦楚边界上的小国，后为晋所灭；地名，为春秋时楚邑。

郢 yǐng：古邑名，故楚都。

郚 wú：古邑名，在今中国山东省安丘县西南。

邺（鄴 yè）：邺城。

郧（鄖 yún）：古国；春秋卫地；春秋吴地。

郅 zhì：最，极；姓。

郂 gāi：古乡名；hái，古邑名。

郠 gěng：古邑名，中国春秋时莒地，后属鲁，故址在今山东省沂水县境。

拓展：

鄦 鄧 鄩 鄭 鄫 鄏 鄭 鄮 鄯 鄰 鄱 鄹 鄸 鄻 隩 隫 隖 隣

Y

易1：易 惕 埸 锡 睗 裼

（甲骨 金文 金文 金文 史籀 汉简 说文 张迁碑 曹全碑 欧阳询 颜真卿 柳公权 赵孟頫 王铎 米芾

索靖 王羲之 王献之 赵孟頫）（金文 楚简 说文 颜真卿 王羲之）（说文 智永 孙过庭）（金文 简帛 说文 杨镇墓

柳公权 王铎 皇象 文徵明）（金文 金文 金文 说文 邓散木 邹武生）（金文 说文 西狭颂 王羲之 王羲之 章草）

辨析：

易字的甲骨文和金文为左右结构，隶定为上下结构，草书写法，章草为快写，王献之的“日”字草化为一个使转，而今草则是“压扁法”，即将上边的“日”字压扁成为“一”，下边写两撇。可拓展。易昜两字作为字根，草书从易，草书与昜有异体同型的写法，参照“昜”页。

易 yì：象形，本义是蜥蜴，有简单、换、交换、改变、替代之意，为易经的简称；甲骨文字形易通惕、埸、锡、剔。

惕 tì：戒惧，小心谨慎，疾速。

埸 yì：田界，疆界，边境。

锡（錫 xī）：金属元素，银白色，质软，富延展性，通赐，给予、赐给。

睗 shì：目疾视也；赐，赏给。

裼 xī：脱去上衣，露出身体的一部分；tì，婴儿的包被。

拓展：

婸 蓦 場 愓 揚 逿 瑒 惖 敭 暘 煬 赐 瘍 瞁 裼 锡

P4.6 妍因俗易　P9.4 辄书易其处

易2：踢 蜴 舓 赐 髎 剔

（金文 六书通 曹全碑 欧阳询 颜真卿 王羲之 王羲之 章草）（金文 虞世南 褚遂良 王羲之 王羲之 章草）

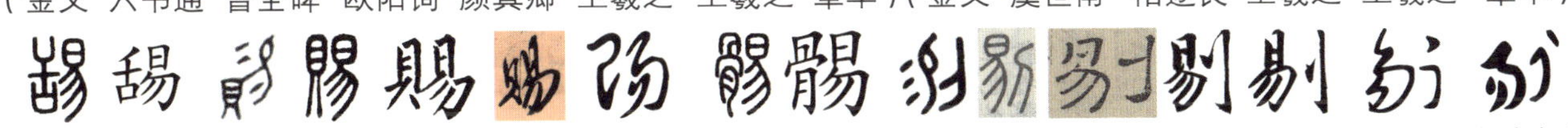

（说文 楷书）（金文 说文 柳公权 王铎 王羲之）（说文 楷书）（金文 说文 隶辨 智永 赵孟頫 王羲之 孙过庭）

辨析：

易字作为字根，各体写法同前。所涉组合的字根可参照相关页。

踢 tī：用脚特别是足尖触击（打）；剔除、排除。

蜴 yì：蜥蜴。

舓 shì：同舐，以舌舔物。

赐（賜 cì）：形声，从贝易声，从贝表示与钱财有关，本义是赏赐。

髎 tì：从骨易声，骨间黄汁也。

剔 tī：分解骨肉，把肉从骨头上刮下来；挑、拔。

拓展：

趯 踼 鍚 偒 潪 鬄 鰑 鶍

益 隘 缢 蠲 溢 谥 鹢

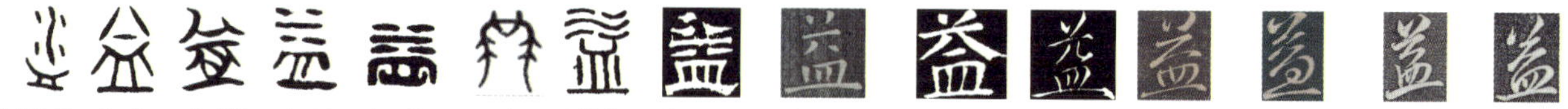

（甲骨 金文 楚简 秦简 汉印 石经 说文 熹平石 欧阳询 颜真卿 赵佶 王羲之 王献之 米友仁 赵孟頫

居延简 简书 简书 史游 王羲之 怀素）（简帛 说文 说文 王羲之 王宠 王羲之 章草）（说文 颜真卿 王羲之）

（金文 说文 欧阳询 孙过庭）（简帛 说文 赵孟頫 张旭）（说文 柳公权 文徵明 王羲之）（篆字汇 郑孝胥 王铎）

辨析：

益字的篆书为上下结构，字形稳定，草书的上边为快写，下边皿字写相向两点。在较早的简书中，相向点与半包围结构已经形成，史游写法即源于此。从这个字的行书笔法演变，还可发现赵佶楷书最后长横收笔与王羲之行书长横收笔非常之相似，继承与创新得到了很好的体现。

益 yì：从水、皿，皿益之意也，始见于商代甲骨文，其古字形像器皿中的水满溢而流出，本义为充满而向外流，后表示增益，本义由“溢”字表示，由满溢引申，指增加、增多，又引申指更加，由于增加了，得到的好处更多了，所以“益”又引申指好处。在古汉语中，“益”字还有超出、过度的意思。

隘 ài：形声，籀文从阜从𦥑，益声，狭窄、狭小，险阻的地方，极、很；è，隔绝、阻止。

缢（縊 yì）：形声，从糸益声，从糸与丝绳有关，本义是吊死。

蠲 juān：虫名，又名马蠲、马陆，俗称香油虫；清除、疏通，明示、显示，使清洁。

溢 yì：形声，从水益声，本作益，像水从器皿中漫出，水漫出来。

谥（諡謚 shì）：形声，从言益声，用言论给予褒贬，故从言，本作“謚”，本义是古代皇帝、贵族、大臣、杰出官员或其他有地位的人死后所加的带有褒贬意义的称号。

鹢（鷁 yì）：水鸟名，鷁鸟；借指船。

拓展：

嗌 嗌 塧 搤 猺 殕 榏 膉 稸 鎰 艗 螠 謚 覻 貖 賹 鎰 鷁 齸 —— P59.4 竟无益于将来

異（异） 翼 廙 糞 冀 戴

（甲骨 石鼓文 吴让之 曹全碑 唐玄宗 欧阳询 褚遂良 颜真卿 柳公权 赵孟頫 王羲之 米芾 岳飞

皇象 王羲之 王羲之 王献之 说文 颜真卿）（金文 秦公钟 说文 衡方碑 索靖）（金文 说文 王廙 王铎 王廙）

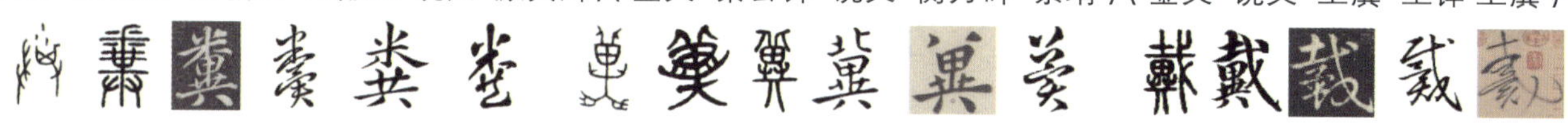

（甲骨 说文 苏轼 王羲之 王羲之 章草）（金文 简帛 说文 王羲之 钟繇 王羲之）（说文 智永 皇象 王献之 怀素）

辨析：

異（异）字，本像手持一物往头上戴的形状，異字的草书，上边的田字借口字的草书，写倒三角，下边草化后则有“两点大、大 、天 和夫”等几种形态的写法。可拓展。

异 yì：象形字，《说文》：“异（异体），分也，从廾从畀，畀，予也。” “异（異）” 本像手持一物往头上戴的形状，前人早已指出，“異”是“戴”字的初文，“異”与“戴”本为一字，后来分化，义各有当，成为形、音、义各不相同的两个字，许慎据讹变的字形说解文字，难以弄清“異”的本义及其与“戴”的关系。

翼 yì：小篆从飞，異声，本义是翅膀。

廙 yì：可以移动的帐幕；恭敬。

粪 fèn：会意，小篆字形从𢽾（矢），合起来表示双手持簸箕清除污秽，本义是扫除；施肥；屎，粪便，肥料。

冀 jì：形声，从北异（yì）声，本义是冀州；假借为觊，希望、期望。

戴 dài：形声，本义是增益；加在头、颈、面、肩上、胸上；拥护，从各方面给予支持；敬奉，尊奉。

拓展：

廙匴廙潩蓂熼禩穓趩䨲驥 P11.1 露之异（異）奔雷坠石之奇 P15.1 好異尚奇之士 P63.3 夫辞冀酌希

Y

逸

甲骨 甲骨 甲骨 甲骨 甲骨 甲骨 金文 金文 简帛 说文 李阳冰 杨桓 汉简 衡方碑 石门铭 赵孟頫 萧斠

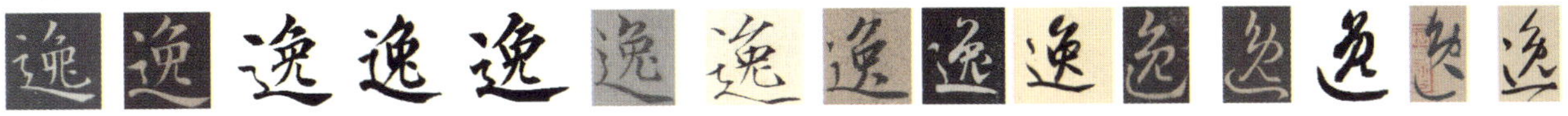

欧阳询 欧阳询 褚遂良 颜真卿 柳公权 赵孟頫 宋徽宗 王羲之 米芾 赵孟頫 索靖 王羲之 智永 怀素 鲜于枢

辨析：

逸字的篆书是兔子逃跑之形，字形特点是突出翘起的小尾巴。隶楷从兔或讹变为免字的写法都有，草书字形从免。欧阳询的楷书，一种写法是将小篆楷化，篆味较浓。逸字和既字草书对比提示：二字相似，既（参见既页）字草书为横起笔，逸字从兔则撇起笔，逸比既字的草书起笔多一个丿划。

逸 yì：从辵从兔，兔子善于奔跑，本义是逃跑，引申为散去、失去、超出范围；此外还表示安闲、安乐，也表示超凡脱俗、卓尔不群。

拓展：

浼 篾　　P5.6 子敬之不及逸少

家　毅

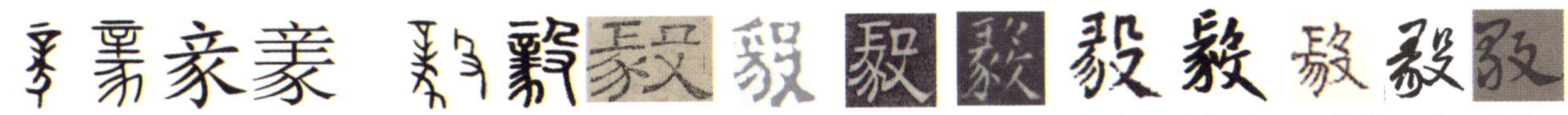

（金文 说文 楷书 异体字）（白吉父 说文 隶辨 刘贤墓 墨缘堂 王羲之 颜真卿 鲜于枢 异体字 王铎 皇象

虞世南 宋克 王铎 石经 隶辨 智永 欧阳询 颜真卿 王羲之 王羲之 怀素 孙过庭 孙过庭 王澍 徐伯清）

辨析：

毅字的字形变化较多，草书写法，一是从楷书写法，家的上边写立或彐，下边快写或草化为“子”形，殳写攵或又。二是将家字草化为“点子”，写“点子攵”。

家 yì：从豕辛，豕怒毛竖，一曰残艾也。

毅 yì：从殳，殳指兵器，本义为意志坚强、果断，西周时代白吉父簋毅字的殳、辛、豕等各构件还是完整清晰的，小篆在整理字形时，有意识、巧妙地加以省略，就是将毅字上部辛的末笔与豕的首笔“共用”，隶变时保持了这一作法，只是辛或省作立，或省作彐字形，楷书作毅。

拓展：

藙 毅

P34.4 乐毅论黄庭经　　P35.2 写乐毅

因 茵 恩 咽 姻 氤 胭 裀

（甲骨 甲骨 金文 楚简 说文 李斯 西峡颂 张迁碑 好太王 欧阳询 颜真卿 柳公权 赵孟頫 宋徽宗

王羲之 陆柬之 王献之 张芝 王羲之 王献之）（说文 褚遂良 王羲之 皇象）（说文 史晨碑 钟繇 王献之 皇象）

（说文 王羲之 王羲之）（说文 颜真卿 王羲之）（金文 柳公权 董其昌）（金文 粗篆 欧阳询 李泩）（简帛 宋徽宗）

辨析：

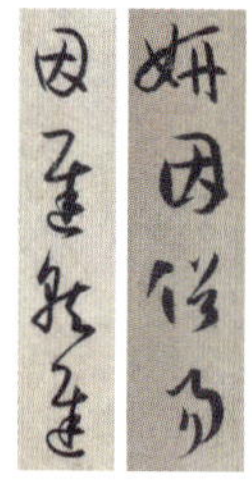

因字的字形稳定，行草书为快写，从“工”的写法不常见。可拓展。说明：胭裀等字虽然有异体字臙和裍，书家一般写从“因”的结构，从“垔”的写法不常见。

因（囙 yīn）：会意，从囗（wéi）大；甲骨文字形像人在车席子上，本义为“茵”的本字，坐垫、车垫。

茵 yīn：形声，从艸因声，车垫子，字本作因。

恩 ēn：形声，从心因声，恩惠。

咽 yān：形声，从口因声，咽头。

姻（婣 yīn）：会意兼形声，从女从因，因亦声，女婿家。

氤 yīn：氤氲，烟云弥漫。

胭（臙膙 yān）：形声，从肉因声，双音词“胭脂”，红色颜料，妇女用于涂脸颊或嘴唇。

裀（䄄 yīn）：夹衣服；通茵，褥子、床垫。

拓展：

垔 捆 骃 铟 裀 棚 欧 珚 銦 硇 稇 裀 鞇 駰 铟 翔 筃 絪 熌 嗯 摁 蒽 穏

P4.6 妍因俗易　　P46.4 因迟就迟

侌 陰（阴）

（简帛 说文）（甲骨 甲骨 金文 楚简 石鼓文 说文 礼器碑 诸葛亮 欧阳询 颜真卿 简帛 简帛 张迁碑 宝子碑 楷书

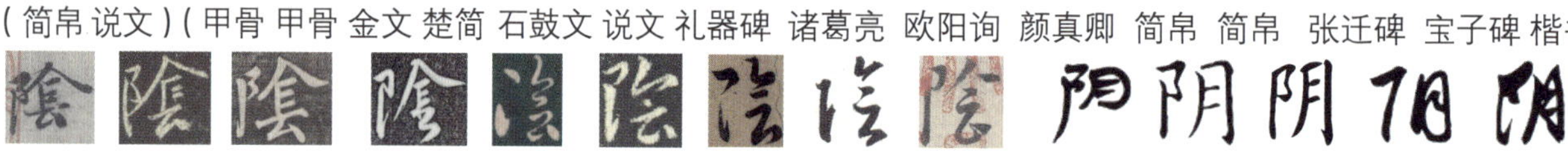

王羲之 王羲之 颜真卿 黄庭坚 汉章帝 皇象 王羲之 智永 邓文原 汉简 王羲之 柳公权 王羲之 张瑞图）

辨析：

陰（阴）字有繁简两种写法，陰从侌，侌字的隶书有简帛、张迁碑的写法，草书由此写“会”字结构，“阴”字的行草书则为快写。

侌 yīn：古文陰字。

陰（阴 yīn）：会意，从阜从侌，侌亦声；阜，土山，从阜多与地形有关，简化字属会意，表示月夜笼罩山冈，很阴暗，本义为山的北面，水的南面；楷书为少数有圆转笔画的字，同阴（陰）。

拓展：

陰 滛 脍 瘖 綹

P13.2 俯习寸阴（陰）

垔1（与因互为异体）：垔 湮（洇）煙（烟）㹞（𤚸）䓰（𦏁）堙（垔）禋（𥙿）

（金文 古文 说文 说文 司马垔）（金文 帛书 说文 欧阳询 颜真卿 柳公权 赵孟頫 王羲之 王羲之

王羲之 王铎）（金文 简帛 广义 欧阳询 颜真卿 王羲之 张旭 怀素 说文 敦煌 王羲之 王羲之 鲜于枢）

（小篆 六书）（说文 篆字 楷书）（金文 秦简 欧阳询 章草）（金文 金文 简帛 说文 智永 王羲之）

辨析：

作为字根，垔字有三类写法，第一类是本页列示的可以写“垔和因”两种的，这类字中，堙（垔）和禋（𥙿）字的字根因和垔，虽互为异体，尚未发现书家写“因”的；第二类是只写“垔”的”（见下页）；第三类是一般只写“因（见因页）；草书可分别从之。

垔（堙陻 yīn）：从土西声，堵塞，古同陻；古书多作堙、陻，真字乃废矣。

湮（洇 yān）：形声，从水垔声，本义是埋没，不被人所知道。

煙（烟 yān）：从火垔声，火气也，异体字有䉵圛窒䵎𪹫等。

㹞（𤚸）：于闲切，牛尾色谓之𤚸，或作㹞。

䓰（𦏁）：伊真切，或作𦏁，黑羊。

堙（垔，闉陻（两字不从因）yīn）：形声，从土垔声，堵塞。

禋（𥙿䄄 yīn）：古代烧柴升烟以祭天；诚心祭祀。

拓展：

1. 本页：蕈（茵）䄄（絪）喠（咽，屢歅諲：三字不可写因）湮（洇）（㹞，𤚸：小篆都有）
2. 见下页：甄 鄄 殭 樌 磾 螼 䰯 黫
3. 参见因：喠（咽）腫（胭）禋（𥙿）䓰（𦏁）

P26.6 点画湮讹

垔2（与因字非互为异体）：甄 鄄 歅 諲 闉 陻（垔）

（金文 简帛 说文 简书 曹全碑 神谶碑 王羲之 欧阳询 颜真卿 柳公权 赵孟頫 王羲之 黄庭坚 米芾 赵孟頫

王羲之 李洤 于右任 章草）（金文 说文 王羲之 欧阳询 颜真卿 柳公权 赵孟頫 王羲之 黄庭坚 米芾 赵孟頫

王羲之 孙过庭 李洤 章草 于右任）（篆字汇 王歅印 楷书）（说文 曹全碑 彭玉雯）（说文 王铎 俞和）（说文 敦煌）

辨析：

本页的字，一般只写本体。陻字虽有异体字垔，但偏旁不同，故列于本页。

甄 zhēn：形声，从瓦，从瓦与陶器有关，本义是制做陶器的转轮；甄别、鉴别，审定、审察。

鄄 juàn：春秋卫邑，汉为鄄城县，今山东省鄄城北旧城。

歅 yān：古同湮，淤塞、凝滞。

諲（喠 yīn）：敬也。

闉 yīn：古指瓮城的门，古通堙。

陻（垔 yīn）：塞也，同堙。

拓展：

殭 磾 螼 䰯 螼 䰯 喠 樌（橪）黫（黫）黔（齤）㢆（黟）𨁤（𨁤𨁤）𨁤（𨁤）闉（闉闉）飄（飘）

音1：音 闇 暗 歆 韵（韻） 韶 谙

（甲骨 金文 金文 金文 楚简 说文 蔡邕 感孝颂 颜真卿 索靖 索靖 王羲之 怀素）（说文 王羲之 王铎 丰坊

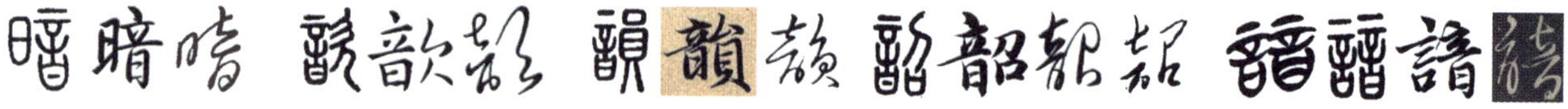

a（说文 启功 王羲之）（说文 王羲之 王羲之）（说文 赵孟頫 米芾）（说文 智永 李洤 毛泽东）（简帛 说文 赵孟頫 王铎）

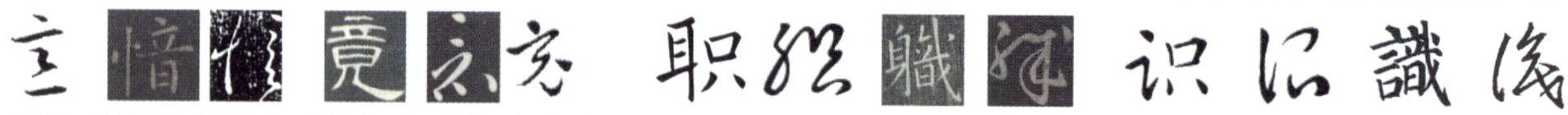

b 王羲之（郗鉴 郗愔）（曹全碑 张芝 皇象）c（欧阳询 王羲之 欧阳询 王羲之（王羲之 王羲之 颜真卿 王羲之）

辨析：

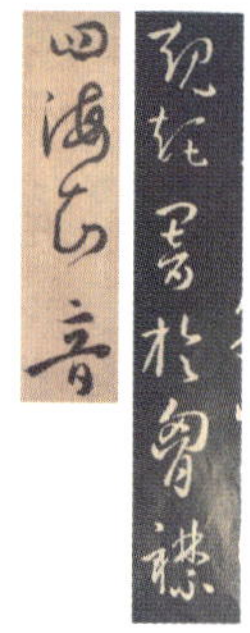

音从立从日，立字草书写“七一”，音字草书的基本写法为“七一日”。拓展后，音字的草书有三类：a. 基本写法“七一日”。b. 借言（甲骨金文音言两字同源）字的草书，意、竟、愔即如此。c. 特例：1. 从戠（戠从音，参见戠页）字的職（职）与識（识）字，草书一为简体字职和识字的快写，二是“職”的字根“戠”，借“成”字的草书；“識”字的草书，可以理解为“音”字借“言”的草书变形，移位到戈字的上方。2. 章字亦从音，参见章页。

音 yīn：指事从言含一；甲骨文言和音互用，金文、小篆在言字的口中加一横，表示所发之音；本义是声音。

闇 àn：形声，从门音声，本义为闭门；同“暗”。

暗 àn：形声，从日音声，本义为昏暗。

歆 xīn：喜爱，羡慕；飨，嗅闻，古指祭祀时鬼神享受祭品的香气。

韵（韻 yùn）：形声，从音员（匀）声，本义为和谐悦耳的声音。

韶 sháo：传说中的虞舜时代的乐曲名；美好。

谙（諳 ān）：熟悉，熟记。

拓展：

a. 韸 諻 頀 鶕 韺 韷 培 黯 陪 腤 涪 喑 痦 揞 韽

b. *意 愔 竟 謦 菩 窨* c. *戠 職（职）5 識（识）* 熾 檝 膱 蟙

P60.1 四海知音 P66.1 若运用尽于精熟规矩闇（同暗）于胸襟

音2：意 噫 臆 镱 癔 薏

（墻盤 汉印 邓石如 说文 曹全碑 乙瑛碑 钟繇 欧阳询 颜真卿 柳公权 灵飞经 赵孟頫 王羲之 黄庭坚 米芾 汉简

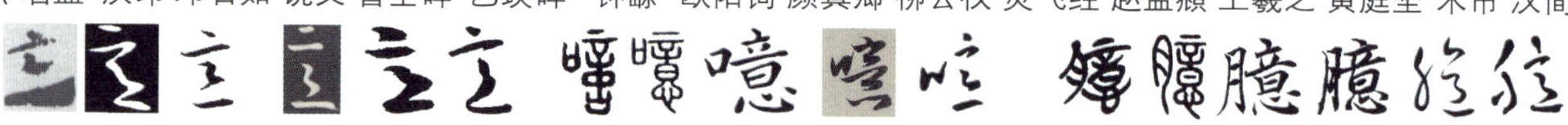

简书 王廙 王羲之 王献之 智永 怀素）（古文 说文 王羲之 赵孟頫 王羲之）（简帛 说文 褚遂良 陆柬之 李洤 章草）

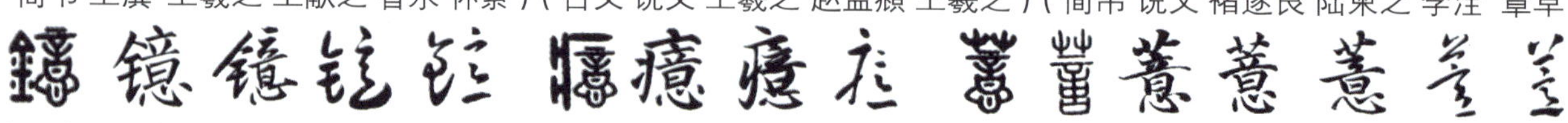

（金文 柳公权 黄庭坚 郭沫若 王羲之）（金文 颜真卿 王羲之 王羲之）（金文 说文 智永 颜真卿 赵孟頫 王羲之 章草）

辨析：

意从音从心。从音页音字的篆书演变可以看到，言通音，“意”即有异体字“意”，意字的草书即为“言心”，心字大部分书家写一横，也有写三点的。可拓展。

意（恴 yì）：说文：会意，志也，从心察言而知意也，从心从音；最早见于战国秦睡虎地竹简，从小篆到隶书、楷书，字形都比较固定：上部是“音”字，下部是“心”字；“意”最初之义是指心中有所思；古人不知人的思想在头脑中，认为在心中，所以从心；汉简已经有从言的写法。

噫 yī：文言叹词，表示感慨、悲痛、叹息。

臆 yì：形声，从肉意声，又作肊，本义是胸骨，胸部；通意，意料、推测；主观地。

镱（鐿 yì）：一种金属元素，属稀土金属。

癔 yì：癔病，神经官能症之一，也称歇斯底里，多由精神受重大刺激引起。

薏 yì：薏苡的省称；莲子的心，即莲子中的青嫩胚芽。

拓展：

嬑 潩 譩 繶 燱 檍 P4.1 推张迈钟之意也 P6.1 意者以为

冘 忱 枕 鸩 酖 眈 耽 躭 訦 殳 抌

（说文 何绍基 吴彩鸾）（金文 说文 衡方碑 欧阳询 颜真卿 王铎）（古文 说文 樊敏碑 柳公权 皇象）

（说文 赵孟頫 黄庭坚 王羲之）（说文 颜真卿 王羲之）（说文 欧阳询 赵孟頫 王羲之 黄庭坚 王羲之 皇象）

（金文 说文 赵佶 王羲之 孙过庭 章草）（乾隆 王羲之 智永 怀素）（说文 简帛）（说文 楷书）（说文 楷书）

辨析：

冘字字形稳定，行草书为快写。可拓展。沈（沉）字见冗（沉从冗）页。

冘 yín：多人行进。

忱 chén：形声，从心冘声，本义为诚、诚信、真诚而有信用。

枕 zhěn：形声，从木，枕头。

鸩（鴆 zhèn）：毒鸟。

酖 dān：嗜酒，沉溺。

眈 dān：虎视、雄视；眈眈，注视的样子。

耽 dān：耳朵大而且下垂；沉溺；嗜；喜好；停留、延迟。

躭 dān：耽的异体字。

訦 chén：诚实不欺，愤怒呵斥。

殳 zhěn：下击上也。

抌 dǎn：深击、刺、手搏；shěn，推，系物的桩子。

拓展：

邥 妉 帎 吺 芜 沈 戡 炈 肬 尤 炕 颬 疣 衴 紞 莐 莸 雉 鈂 湛 煩 默 髡 敱 霃 魫 鴆 黕 醓 黕

寅 演 瞚（瞬） 縯

（甲骨 甲骨 甲骨 甲骨 金文 金文 金文 盟书 古文 楚简 秦简 说文 说文 解缙 西狭颂 曹全碑 颜真卿

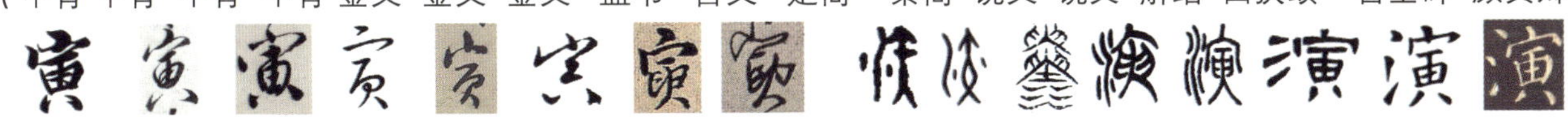

王羲之 宋徽宗 唐寅 王羲之 王铎 文徵明 王铎 赵之谦）（甲骨 甲骨 石经 简帛 说文 曹全碑 欧阳询 颜真卿

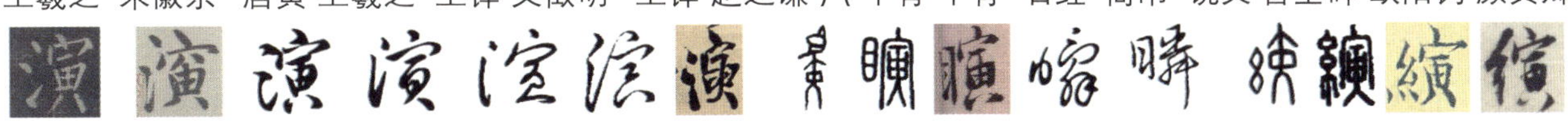

柳公权 赵孟頫 王羲之 王羲之 黄庭坚 韵会 王铎）（甲骨 说文 王铎 王羲之 赵构）（甲骨 小篆 张縯 文徵明）

辨析：

寅字的篆书"矢"的结构明显，草书：1. 从"页"；2. 从"工八"；3. 从正反"彐"。说明：瞚字有异体字瞬从舜，参见舜页。

寅（寅寅 yín）：象形，据甲骨文为矢形，小篆讹变，本义为恭敬。

演（演 yǎn）：形声，从水寅声，本义是水长流。

瞚 shùn：从目寅声，开闭目数摇也，臣鉉等曰今俗别作瞬，非是。

縯 yǐn：长也。

拓展：

潢 黄 敱 殥 璌 螾 鏔

Y

尹 伊 笋 咿

（甲骨 甲骨 金文 简帛 说文 尹宙碑 欧阳询 褚遂良 颜真卿 柳公权 赵孟頫 王羲之 颜真卿 赵孟頫 董其昌）

（甲骨 金文 楚简 说文 衡方碑 赵佶 王羲之 智永 王铎）（金文 王羲之 智永 说文 怀素）（金文 颜真卿 章草）

辨析：

尹字字形稳定，行草书为快写。笋字有异体字筍，各体均见。可拓展。

尹 yǐn：会意，甲骨文左边一竖表示笔，右边是“又（手）”，像手拿笔，以表示治事，本义为治理。

伊 yī：会意，从人从尹，尹，治理，合起来指伊尹，殷治理天下者，假借为那。

笋（筍 sǔn）：形声，从竹尹声，竹笋。

咿（吚 yī）：形容人所发出无意义的声音。

拓展：

𦉪 蛜 蒑

䏌 殷 溵 慇 蒑

（金文 说文 楷书）（甲骨 甲骨 金文 金文 金文 金文 金文 比干墓 简帛 简帛 说文 李阳冰 张迁碑 曹全碑

王羲之 智永 欧阳询 颜真卿 柳公权 赵孟頫 王羲之 王羲之 米芾 赵孟頫 王羲之 王羲之 智永 赵孟頫）

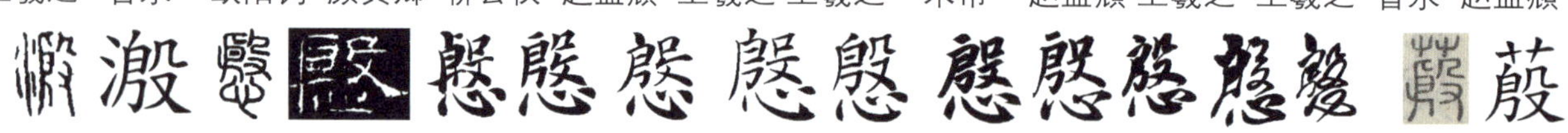

（六书统 楷书）（说文 礼器碑 智永 欧阳询 虞世南 褚遂良 颜真卿 赵孟頫 王羲之 米芾 王铎 傅山）（篆字汇 楷书）

辨析：

䏌字从反身，殷字的篆书虽然变化较多，但部件清晰，草书写法结构稳定，䏌字的草书与“歹（作为偏旁的草书）”相似，或看作是近似于角（草书），“殳”草化为“又”，因此，殷字的草书可以抽象地看为“角又”的草写。

䏌 yǐn：从反身，归也，归依、转身、同隐；yī，同依。徐锴曰：“古人所谓反身修道。故曰归也。”

殷 yīn：从䏌从殳，作乐之盛称殷，盛大，富足、富裕，情意深厚、周到，众多；朝代名，殷商；yǐn，形容雷声，震动；yān，红黑色的。

溵 yīn：水名，中国唐代州名。

慇 yīn：忧伤的样子；恳切，慇慇（情意恳切的样子），慇勤（情意恳切）；通殷，殷实、富裕。

蒑 yīn：古书上说的一种菜，草色青。

印　茚　抑（抑）

（甲骨 金文 简帛 简帛 说文 夏承碑 张迁碑 欧阳询 颜真卿 简书 康里巎 王铎）（金文 王羲之 李洤 章草）

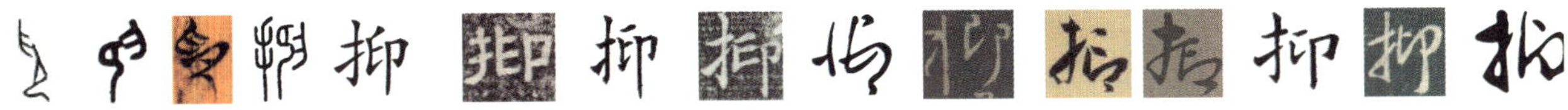

（甲骨 金文 简帛 说文 异体字 a 西狭颂 欧阳询 赵孟頫 王羲之 颜真卿 孙过庭 宋克 b 王羲之 王羲之 文徵明）

辨析：

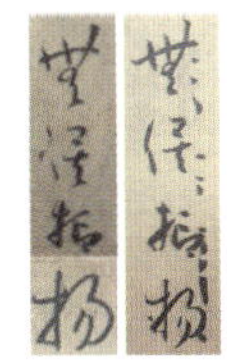

抑从印（a），楷化过程讹变为“卬（b）”，楷行草即写两种。印字的篆书从“比”，行草书为快写，见印页。需要注意的是，即使历代名书家，“卬”和“印”字的草书混写状况也十分严重，应注意辨识。

印 yìn：会意，篆文左是手右为跪着的人，表示用手按人使之跪拜，本义是官印。

茚 yìn：很易聚合的一种烃类液体 C_9H_8，由煤焦油蒸馏或石油裂解制得，主要用于制备树脂。

抑（抑 yì）：会意，小篆字形从反印，像用手抑人使跽，本义为按、向下压，本写作“归”；异体字有印等等。

拓展：

抑（抑）仰 茚 卬 坈 帠 迎 珋 槼 鲫 鞫　　P27.5 及 P29.5 无俟抑（抑）扬

胤　酳（酯）　渹

（金文 金文 金文 简帛 古文 说文 古文 古文 汉简 张表碑 梁鹄 欧阳询 孝慈墓 颜真卿 柳公权 赵孟頫

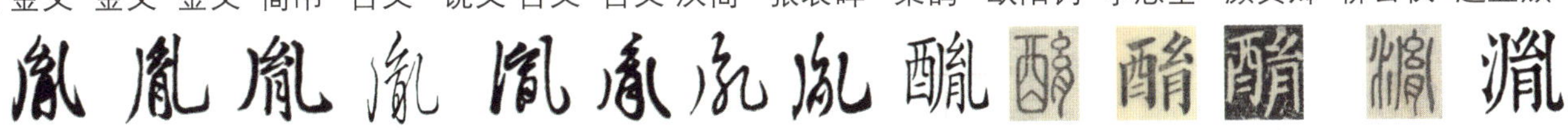

王羲之 黄庭坚 赵孟頫 李邕 王羲之 文徵明 韵会 章草）（楷书 篆字汇 彭玉雯 颜真卿）（篆字汇 楷书）

辨析：

胤字字形稳定，草书有快写或将月字写成草书符号的。

胤 yìn：会意，从肉从八从幺，肉表示血统关系，幺表示重迭，八表示延长，合起来表示后代，本义是子孙相承。

酳（酯酳 yìn）：康熙字典未收录“酳”字，可参考“酯”字，酯乃漱也，酒漱口也，执爵而酯。

渹 yìn：羊进切，音刖，水名。

拓展：

嗰 螾

英 渶 暎 楧 瑛 韺 霙

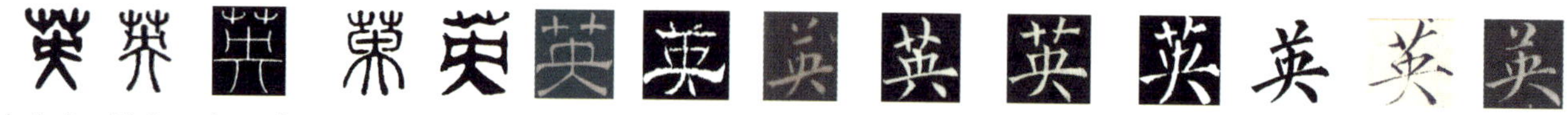

（金文 说文 李阳冰 邓石如 帛书 张衡 王舍人 钟繇 欧阳询 褚遂良 颜真卿 柳公权 宋徽宗 赵孟頫

皇象 索靖 王羲之 怀素 赵孟頫）（篆字汇 楷书）（说文 梁恭之 席夔 颜真卿 张旭 智永）（真本 赵孟頫 张楧）

（金文 说文 乙瑛碑 虞世南 颜真卿 贺瑛之 王羲之 米芾 王羲之 孝宗）（篆字汇 文徵明）（篆字汇 董皞 乾隆）

辨析：

英字从艸央，草书一般央字中间的“冖”草化为两点，索靖将“冖”写为半包围加点的结构。赵孟頫的英字章草，其下边的央字为快写，最后的捺划比今草多了一个波挑。可拓展。

英 yīng：从艸央声；艸荣而不实者，一曰：黄英；尔雅・释木：华而不实者谓之英。

渶 yīng：古河名，故道约在今中国山东省博兴县境。

暎 yìng：古同映。

楧 yǎng/yàng/yīng：同柍。

瑛 yīng：形声，从玉英声，玉光；似玉的美石。

韺 yīng：五英，中国帝喾时的一种乐曲。

霙 yīng：雪花。

拓展：

郑 偀 嵥 瘼 媖 愥 缨 毤 膡 煐 暎 碤 锳 糭 蝧 覫 鹦

P6.3 百英尤精于草

賏 嬰 罂 缨 鹦 罌 鶯 贔

（说文 楷书）（甲骨 金文 金文 金文 楚简 秦简 说文 欧阳询 颜真卿 皇象 唐太宗 怀素）（楷书 赵孟頫 皇象）

（说文 李阳冰 欧阳询 宋徽宗 王羲之 王羲之 欧阳询 孙过庭 怀素）（简帛 说文 欧阳询 颜真卿 五经文 柳公权

赵孟頫 黄庭坚 王铎 郑板桥 王羲之 唐太宗）（说文 娄机 ）（佟伟夫 祝永明 米芾）（简帛 颜真卿 赵孟頫 王铎）

辨析：

賏字作为字根有较大的拓展性，两个目，草书一般有快写，“二日”，二、三或四点。鶯为螢（萤），可参见炏。罌从缶，参见缶。

賏 yīng：颈项上的装饰物。

嬰（婴 yīng）：会意，从女賏（yīng），“賏”是颈项链，本义是妇女颈饰，似现代的项链。

罂 yīng：盛水酒的瓦器，同罌。

纓（缨 yīng）：形声，从糸嬰声，本义为系在脖子上的帽带。

鸚（鹦 yīng）：鹦鹉的通称。

罌 yīng：声也，鸣也，古同嚶。

鶯 yīng：螢（莺）的异体字。

贔 bì：用力的样子；传说中的一种动物，像龜；旧时大石碑的基座多雕成它的形状。

拓展：

嚶 攖 櫻 瓔 癭 鸎 鵬

嬴 贏 羸 蠃（螺）

（金文 嬴氏鼎 嬴妃簋 简帛 说文 魏碑 欧阳询 颜真卿 柳公权 宋徽宗 米芾 郑板桥 王羲之 李注 章草）

（金文 金文 说文 庚嬴卣 颜真卿 米友仁 王羲之 赵孟頫 赵孟頫）（金文 简帛 诅楚文 说文 子游碑 欧阳询 颜真卿

陆机 王羲之 赵孟頫 邓文原）（金文 简帛 说文 欧阳询 颜真卿 王羲之 赵孟頫 王羲之 孙过庭 章草 王羲之 黄庭坚）

辨析：

嬴贏羸蠃从𣎆，𣎆字一般不独立使用，这些字的篆书姿态多变，隶定均从𣎆字，草书的写法，口放在亡内。其中，嬴字的草法，口在亡内，嬴与贏的写法从王羲之开始比较统一，即口写两点后从亡的下边一横穿过；下边三个部件为其草书连写，其中下边的凡在这些字中一般借用月字的草书写法。贏字王羲之上边草化为两个横划，赵孟頫开始出现了上边方向向外的四个点的写法，风格独特。蠃字的章草较为特别，有异体字螺，可参见累页。

嬴 yíng：部首为女，从𣎆，为增益、增加的含义，同时也为姓氏；古同贏，获胜；古同贏，满，有余。

贏（赢 yíng）：从𣎆贝，有馀、贾利也，从贝，嬴者，多肉之兽也，故以会意；𣎆，嬴之初文，象形。

羸 léi：形声，从𣎆羊，本训当为瘦羊，转而言人耳，本义是瘦弱。

蠃（螺 luǒ）：从𣎆虫蜾蠃，又名蠮螉、蒲卢、细腰蜂。

拓展：

鸁（luó 鸊鷉）臝（luǒ 赤身露体）

P30.2 始于嬴政（正）

應（应） ⿰亻應 軈

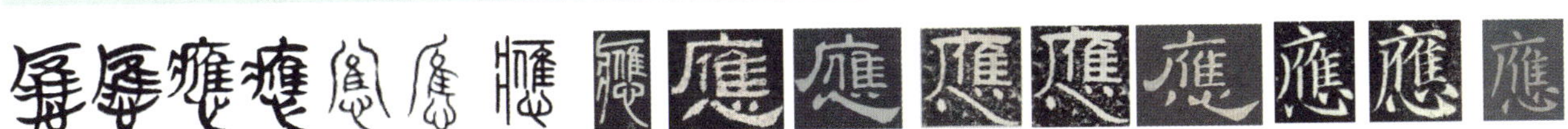

（楚简 楚简 秦简 秦简 古文 古文 说文 邓石如 肥致碑 夏承碑 金刚经 北朝人 唐玄宗 欧阳询 颜真卿 柳公权

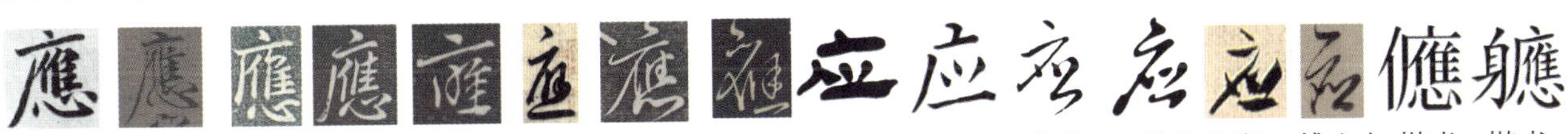

赵孟頫 宋徽宗 王羲之 米芾 索靖 王羲之 柳公权 王铎 汉简 王羲之 吴志淳 王羲之 王铎 傅山）楷书 楷书

辨析：

應字的常用写法为應和应两种，“應”字大篆字形变化较多，小篆以后字形稳定，草书需写出隹和心字，心字草化为三点或一横均可。“应”字的行草书为快写。

應（应 yīng）：當（当）也；yìng，回答、允许、承诺、附和、对付、适合、证实、接受；异体字有应、譍、膺、応、㡩、𤸰、䧹、噟和应等。

⿰亻應 yìng：应钟，古乐十二律之一，比“应钟”高八度记为“⿰亻應钟”。

軈 yīng：不久，几乎、大约（日本汉字）。

拓展：

⿰亻應 ⿰彳應 ⿰氵應 軈

雍（雝） 壅（壅） 臃 擁（拥） 癕（痈 㾢 癰 癰）

（甲骨 豆闭簋 雍伯鼎 毛公鼎 汉印 说文 曹全碑 六朝碑 欧阳询 颜真卿 皇象 王羲之 王羲之 王羲之）

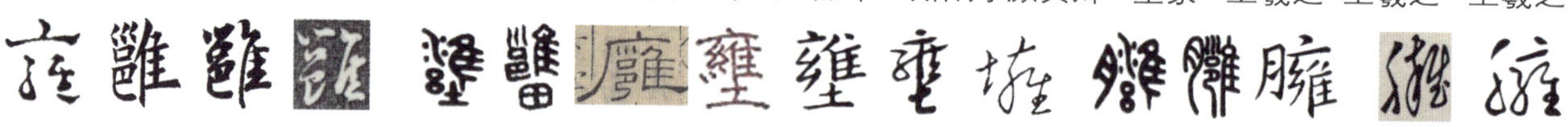

赵雍 欧阳询 王羲之 陆游）（金文 六书统 隶辨 异体 王羲之 于右任 韵辨）（金文 粗篆 王羲之 王羲之 于右任）

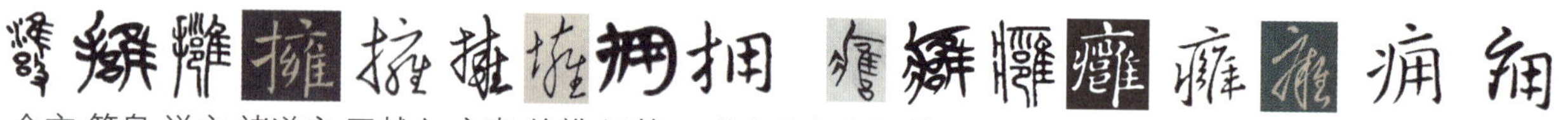

（金文 简帛 说文 褚遂良 王献之 宋克 韵辨 汉简 王羲之）（盟书 简帛 说文 俞和 王献之 王献之 王羲之 王羲之）

辨析：

雍字的篆书有两个方形或圆形的结构。楷行草书一般写两种结构，一种是“邕＋隹”，一种是“点横乡隹”，草书从此。在这个字中，“点横”的横可拉长，或借“艹”的草书符号，“乡”字草化为“纟”字的草书符号“子”。需要说明的是，雍字的草书，其各个部件在草书中有较大的变化。可拓展。擁和癕分别有异体字拥和痈，参见用页。雍有异体字雝，从邕，参照邕页。

雍（雝 yōng）：此字始见于商代甲骨文，雍的本义不详，一说为地名，一说为水名，一说为鸟名，殷商卜辞多用作人名或地名，后用此字指和谐，又音近通“壅、饔、甕”等字。

壅（壅 yǒng）：塞，阻塞、阻挡。

臃 yōng：形声，从肉雍声，肿毒。

擁（拥 yōng）：从手雝声，抱也。

癕（痈㾢癰癰）：从疒雝声，肿也，皮肉浮胀。

拓展：

饔 蕹 饔 噰 澭 傭 噰 甕 癕 罋 罋　　P43.6 怡澹雍容

永 泳 脉 昶 咏 詠 昹

甲骨 金文 盟书 简帛 说文 西狭颂 宝子碑 欧阳询 颜真卿 王羲之 王珣 李邕 黄庭坚 王羲之 王羲之 智永

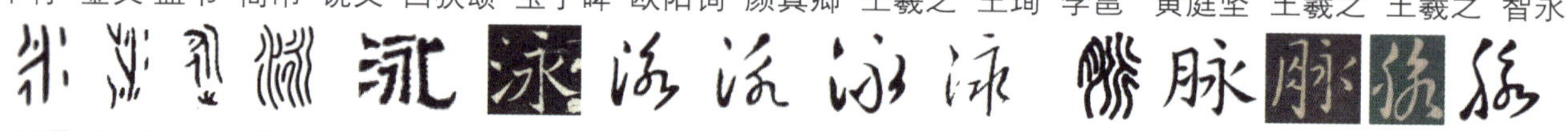

（甲骨 甲骨 金文 说文 熹平石 褚遂良 王羲之 鲜于枢 文徵明 毛泽东）（说文 王羲之 王铎 索靖 王羲之）

（金文 说文 智永 颜真卿 李洤 章草）（甲骨 金文 说文 智永 宋濂）（金文 说文 欧阳询 赵孟頫）（楷书 毛泽东）

辨析：

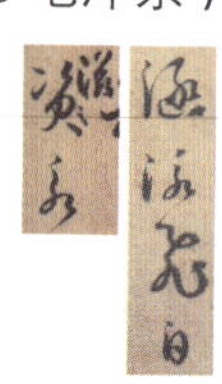

永字字形稳定，简帛及隶定字形右边两划有写“竖弯勾”的，草书有二：一为快写，二为“点点九”，即“丿丿九”的连写，其中昶字的草书，李洤将“日”字草化为一个点，比较简省。古“反永为𠂢”，参见𠂢页。

永 yǒng：象形，篆字像水流曲曲折折的样子，本义为水流长。

泳 yǒng：形声，从水永声，本义是潜行水中、游泳。

脉（脈衇 mài）：会意，合起来表示身体里的一种支脉，本义是血管。

昶 chǎng：白天时间长，舒畅，畅通。

咏（詠 yǒng）：形声，从口永声，又作詠，曼声长吟、歌唱。

昹 ǎi：星名，又昶。

拓展：

怺 昹 栐 杲 脉 咏

P16.5 去之滋永　P20.3 涵永飞白

用1：用 甪 甭 佣 拥 痈

（甲骨 古文 金文 盟书 说文 张迁碑 欧阳询 颜真卿 史游 王羲之 王献之）（黄自元 王宠）（金文 伊秉绶

柳公权 赵孟頫 王羲之 王羲之 章草）（金文 汉简 说文 王羲之 虞世南 黄庭坚 王羲之 颜真卿 康里巎）

（汉简 王羲之 欧阳询 颜真卿 王铎 王羲之 欧阳询 赵孟頫）（王羲之 颜真卿 王羲之 章草 赵孟頫 皇象）

辨析：

用字的字形稳定，行草书为快写。拓展的常用字佣（傭）拥（擁）痈（癰癕廱）等三个字，有括弧中的异体字写法，可分别参加庸和雍页。嘴为嘴从觜，觜则从角，可参见角页。说明：拓展1，只有从用字的结构，拓展2，除了写“用”字的结构，还有括弧中的常用异体字写法，异体字的复杂情况，由此可见一般。

用 yòng：象形，甲骨文字形像桶形，桶可用故引申为用，本义为使用、采用。

甪 lù：传说中的兽名，兽角；甪端，神兽名；角的别字；甪里，复姓。

甭 béng：不同的合音（一般认为是方言词），相当于不用、不要，如你甭管、甭客气。

佣（傭 yōng）：雇用，受雇用；yòng，佣金。

拥（擁 yōng）：形声，从手雍声，抱，环抱。

痈（癰癕廱 yōng）：中医指恶性脓疮。

拓展：

1. 洱 悀 迵 敲 焵 硼 莆

2. 洱（湧）聑（聽）甬（鼠鼡凩）甪（備备）肩（用崩） 胡（堋塴）思（憹）祻 逌（通）遀（遂）甪（甭）膌（庸庿）角（俻）㮵 甯（宁寧，下同）嵤（疑为苧）濘（泞）獰（狞）檸（柠）鸋（鸰）

P18.5 转用之术

用2：甬 通 俑 诵 桶 痛

（甲骨 金文 金文 楚简 说文 欧阳询 颜真卿 王羲之 米芾 王羲之 韵辨）（甲骨 甲骨 金文 简帛 侯马盟

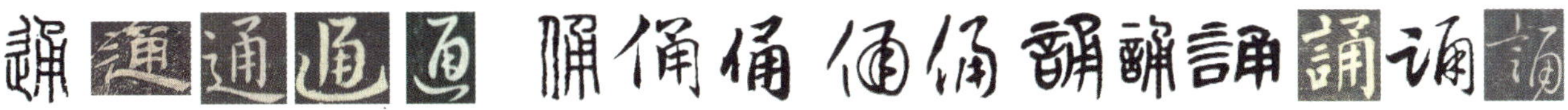

说文 乙瑛碑 虞世南 皇象 王羲之）（说文 褚遂良 陆柬之 王羲之 章草）（简帛 说文 曹全碑 柳公权 赵构 怀素）

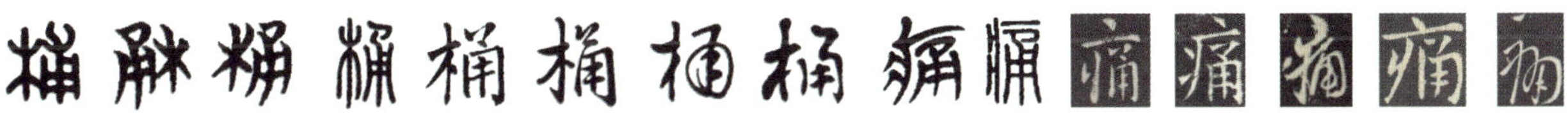

（金文 简帛 简帛 说文 柳公权 赵孟頫 王羲之 章草）（简帛 说文 王洽 欧阳询 张旭 皇象 王献之）

辨析：

甬字字形稳定，草书在写用字时，先写中竖或左竖均可。可拓展。

甬 yǒng：象形，金文甬像鐘形，上像钟悬下像钟形，乐钟，钟柄。

通 tōng：从辵，没有堵塞，可以通过。

俑 yǒng：古代陪葬用的偶人，一般为木制或陶制。

诵（誦 sòng）：大声朗读；怨谤、讽谏；赞美；背念；诗文。

桶 tǒng：形声，从木甬声，量器名。

痛 tòng：形声，从疒，与疾病有关，疼痛。

拓展：

娟 勈 埇 戚 敵 焫 甀 硧 嗵 箵 蓪 湧 樋 熥

P18.3 自阂通规　P19.3 真不通草　P20.2 旁通二篆

用 3：捅 蛹 涌 踊 悀 銿 恿

（金文 欧阳询 颜真卿 王羲之 王羲之 王铎 章草）（简帛 金文 说文 虞世南 赵孟頫 王羲之 孙过庭 章草）

（金文 说文 柳公权 赵孟頫 王羲之 孙过庭 薛曜 唐太宗）（说文 夏承碑 钟繇 王羲之 皇象 卫瓘 赵孟頫）

（篆字汇 西狭颂 娄机 米芾）（楚简 说文 张即之 王宠 赵佶 皇象）（金文 楚简 智永 黄庭坚 王羲之 章草）

辨析：

涌和湧字有异体字踊和踴，参见勇页；銿字有异体字镛和鐘，参见庸和童页。

捅 tǒng：用棍、棒、刀、枪等戳刺，揭露。

蛹 yǒng：指完全变态的昆虫。

涌（湧 yǒng）：水从下向上冒出。

踊（踴 yǒng）：往上跳。

悀 yǒng：满溢、涌出，愤怒，欢喜。

銿（镛鐘 yōng）：古同镛；zhōng，古同鐘，古代一种打击乐器。

恿（慂 yǒng）：怺、愢 yǒng；古文勇从心，同勇。

拓展：

銿 鲬 鯒

用 4：勇 湧 踴

（金文 金文 金文 楚简 楚简 古文 说文 说文 居延简 颜真卿 柳公权 赵孟頫 王铎 皇象 王羲之 朱耷）

（汉简 说文 北齐人 伊秉绶 赵佶 智永 欧阳询 颜真卿 王羲之 黄庭坚 赵孟頫 王铎 王宠 祝永明 傅山）

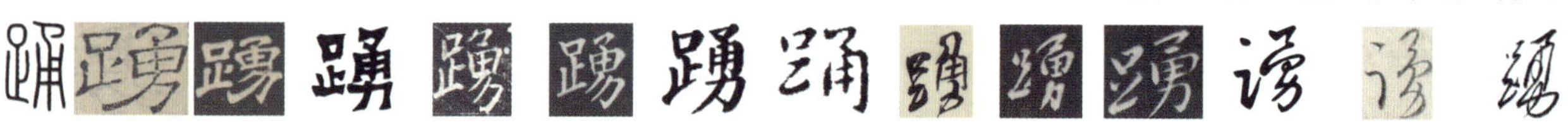

（说文 隶辨 唐玄宗 梁培生 魏栖梧 颜真卿 颜真卿 王羲之 王铎 方孝孺 陆龙其 王羲之 贺知章 毛泽东）

辨析：

勇字从甬，草书可省略点，其草书除了“用字”先写中竖或左竖，还有王羲之的一种写法，使转独特，有“田”字在福和當字中“左竖横横”的草书风格，见王羲之和朱耷对勇字的草书写法。可拓展。

勇 yǒng：气也，从力甬声；勇或从戈用；恿，古文勇从心；余陇切注篆文作勈；正字通，戫同勇。

湧 yǒng：同涌。

踴 yǒng：见踊。

拓展：

哅 悀 踴

P49.4 躁勇者过于漂泊

用5：葡　備　憊（惼 痡）

（甲骨 甲骨 金文 说文 楷书 邹武生）（甲骨 金文 楚简 秦简 说文 欧阳询 欧阳询 颜真卿 赵孟頫 王羲之）

王羲之 王羲之 王羲之）（说文 楷书 说文 广义 楷书 古文 六书通 何乔新 米芾 王铎 李德裕 朱耷 徐伯清）

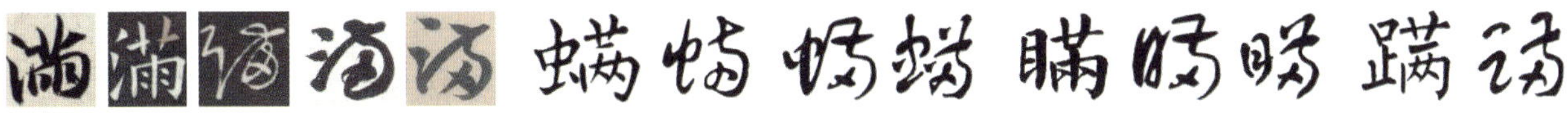

（智永 姚孟起 王导 智永 孙过庭）（王羲之 王羲之 于右任 章草）（颜真卿 于右任 章草）（赵孟頫 于右任）

辨析：

葡字从用，草书与菵字异体同型。葡和菵字作为字根，草书虽然同型，却没有相同的偏旁，符合“免疫原则”，即虽然楷书异形，而草书同体，却互不冲突。葡字楷化后还有“备”形，见“备”页。拓展的菵字见拓展的“附”，“满蟎瞒蹒”字的草书见第三行，可相互印证。

葡 bèi：具也，从用，后作備。

備（備痡 bèi）：形声，从人備（bèi，憋也，疲惫，害怕）声，本义谨慎、警惕，備本字；古同备。

憊（惼痡惫僃 bèi）：困病也。

拓展：

葡 犕 僃　　附： 菵 满 璊 颟 懣（见两菵）

用6：庸　慵　墉　镛　鳙　牖　嫞　傭

（甲骨 甲骨 甲骨 金文 金文 秦简 古文 说文 古文 古文 智永 赵孟頫 米芾 王羲之 怀素 赵孟頫）

（说文 欧阳询 王铎 王羲之）（甲骨 甲骨 金文 古文 简帛 说文 颜真卿 王羲之）（说文 张即之 王铎 章草）

（金文 说文 赵孟頫 章草）（娄机 胡昭仪墓志 文徵明 孙过庭）（说文 楷书）（楚简 王羲之 说文 启功 康里巎）

辨析：

庸字从用从庚（参见庚页），楷化后字形稳定，草书从王羲之写法。可拓展。傭字有异体字佣，可参见用页。牖和傭字有异体字牗和佣，牗从甫，佣从用，参见甫和用页。说明：牗和墉字与牗字的字根同，未见释文。

庸 yōng：会意，小篆字形从用从庚，“庚更”同音，表更换，先做某事，然后更换做别的事，本义为用、需要，异体字有庸、臃、亯和庸等。

慵 yōng：困倦，懒得动。

墉 yōng：形声，从土庸声，本义是城墙；异体字有牗、鄘、隴、鱅、亭、牖和亭等。

镛（鏞 yōng）：大钟。

鳙（鱅 yōng）：鳙鱼，胖头鱼。

牖（牖 yǒu）：同牗，窗户；yōng，同墉。

嫞 yōng：懒惰的女子。

傭（佣）：均也，直也；异体字有庸。

拓展：

隴 鄘 墉 彪 獞 嘯 槦 蝙 滽 鱅 鷛

P26.1 不揆庸昧

攸 悠 莜 筱

（甲骨 金文 金文 楚简 汗简 说文 李斯 曹全碑 欧阳询 颜真卿 赵孟頫 宋徽宗 王羲之 晋祠铭 空海

索靖 智永 怀素 赵佶 傅山）（说文 吴昌硕 褚遂良 王羲之 王铎）（说文 柳公权 孙过庭）（说文 王羲之 文徵明）

辨析：

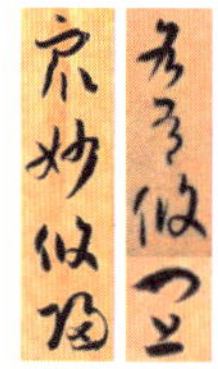

攸字字形稳定，行草书为快写。可拓展。

攸 yōu：会意，从支从人水省，表示人扶杖走水路，本义是水流的样子。

悠（𢡂 yōu）：形声，从心攸声，本义为忧思。

莜 yóu：莜麦。

筱 xiǎo：小竹、细竹。

拓展：

浟 婱 燮 㸔 㫍 篠 鋚 鞗 鯈 䘺

P21.5 各有攸宜　P46.6 众妙攸归

尤 1：尤 沈 肬 魷 疣 駹 稽 嵇

（甲骨 金文 金文 简帛 说文 欧阳询 颜真卿 赵佶 王羲之 王羲之 怀素 宋克）（说文 吴彩鸾）（说文 吴彩鸾）

（金文 粗篆 汉简 赵孟頫 黄庭坚 章草）（金文 说文 邓石如 智永 王羲之 王羲之）（说文 俞和 皇象 邓文原）

（楚简 秦简 古文 古文 古文 古尚书 说文 欧阳询 颜真卿 赵孟頫 王羲之）（金文 说文 赵孟頫 佚名 智永 赵佶）

辨析：

尤字的笔画较少，行草书为快写。作为字根，简化字"尤"字可以表示憂、酉、首等，这些字根的拓展见相关页（其中表示"首"字的见首页）。嵇和稽字的偏旁从禾（jī 非禾也，即"丿"不过中竖，像树木曲头止住不上长的样子，参见小篆字形）。就字从京从尤，见京页。

尤 yóu：形声，小篆字形从乙又声，乙像植物屈曲生长的样子，受到阻碍，则显示出它的优异，本义为最优异，猶（犹）之古文。

沈 yóu：古河名，在今中国山东省高密县；沈，（鱼鳖）颠倒的样子。

肬 yóu：疣的异体字。

魷（鱿 yóu）：鱿鱼。

疣 yóu：皮肤病名。

駹 máng：青色的马；杂色的牲口。

稽 jī：形声，从禾（jī），像树木曲头止住不上长的样子，从尤旨声，本义为停留、阻滞；考核、核查，计较，至；qǐ，稽首。

嵇 jī：山名，嵇山。

拓展：

1. 尤：蚘 䛌 㝹、㞬 㤳 㕱 㚭 庬 浝 狵 䋙　2. 憂：优（優瀀）扰（擾）忧（懮）

3. 酉：犹（猶及首为字根的异体字）（猶）

4. 尤不可以代替者：鄾 嚘 獶（猱獿）瓇（瑈）瀀（嚘）櫌（耰）纋 瀀 鑁（鎨）

P6.3 百英尤精于草　P45.3 尤宜慎诸

尤 2：猶（猷猶蹃犹）蕕

（甲骨 甲骨 金文 金文 楚简 楚简 秦简 秦简 古文 古文 古文 说文 赵孟頫 钟繇 智永 欧阳询 颜真卿 柳公权

宋徽宗 王羲之 赵孟頫 王铎 皇象 王羲之 智永 金文 李阳冰 虞世南 智永 吴昌硕 归庄 王羲之 怀素 傅山 章草

金文 金文 说文 异体字 郑板桥 篆字汇 楷书 王羲之 欧阳询 颜真卿 赵孟頫）（说文 赵孟頫 王羲之 王羲之 章草）

辨析：

猶从犬从酋，篆书变化较多，异体字有猶和犹，各体均见。皇象的草书写法是将猶字的目字草化为两点，其中章草将犹（猶）字的“首”草化为上下各两个点，与谷字的章草相同，易与谽字的章草相混淆。猷和蹃亦为猶的异体字，使用频率较低。

猶（猷猶蹃犹 yóu）：形声，从犬酋（尤）声，本义是一种猿类动物；如同，好比，踌躇，疑惧；通猷，谋划；其中，猷 yóu：计谋，打算，谋划，道、法则，功业，功绩，猶的异体字。猶：同犹或髮字。蹃 yóu：见犹；qiú，又作杏犹，古县名。

蕕 yóu：见莸，植物名。马鞭草科莸属，多年生草本。

拓展：

蕕　P3.5 猶当雁行

尤（憂尤）3：1 憂（慢忧）優（优）扰（擾）2 鄾 嚘（歠）櫌（耰）纋 3 獶（猱獿）瓇（瑈）4 鏂（銪）

1（金文 金文 楚简 石鼓文 说文 鲜于璜 曹全碑 虞世南 颜真卿 赵孟頫 张芝 王羲之 王羲之 史游

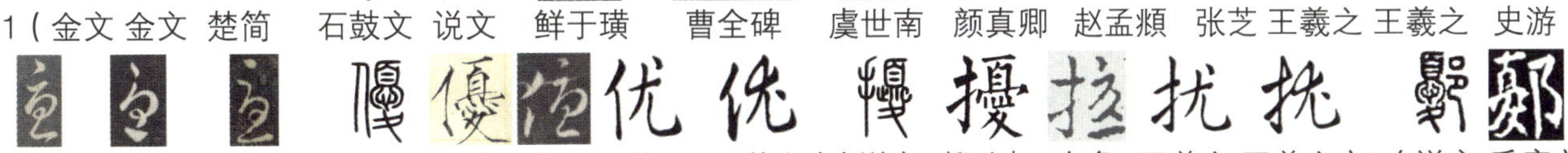

崔瑗 王羲之 王凝之）（说文 赵佶 刘炟 王羲之 王羲之）（说文 柳公权 皇象 王羲之 王羲之）2（说文 干唐）

（说文 吴彩鸾）（说文 王羲之）（趙纋 彭玉雯）3（甲骨 说文 欧阳询 王羲之）（说文 楷书 楷书）4（楷书 章草）

辨析：

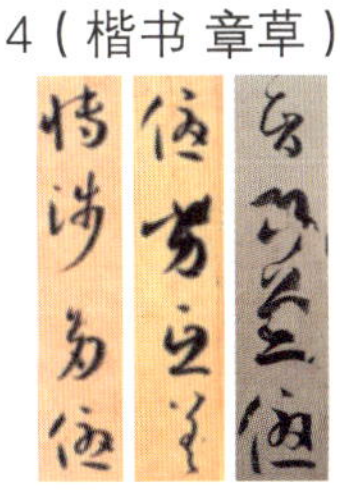

憂字篆书字形复杂，说文云，夔乃一条腿的怪兽，与憂的甲骨文形近，《古文字构型学》81页云，“古文字憂、夒可能为一字之分化”，可信。隶定后，从结构上可分解为“夏心”，草书从此写法，夏字草书为“点反”，憂字草书即为“点反心（憂字中间的心分解出来，草书写横，居下）”，字根为“憂”的字，拓展后常用的有四类互为异体字的组合：1 憂尤，2 憂，3 憂柔，4 憂有，各体皆可从其异体结构；其中，2—4 类见第三行。猱还有异体字獿，獿从夒，可参见夒页。

憂（忧 yōu）：古字上“頁”下心，会意，心中有了忧（憂）愁，必然在脸上（頁乃人头代表脸）反映出来，后加“夂”（suī 行走），形成“憂”字，本义担忧（擔憂）、发愁。

優（优 yōu）：形声，从人尤声，本义为古代表演乐舞、杂戏的艺人。

擾（扰 rǎo）：搅扰、扰乱。

鄾 yōu：周朝国名，在今湖北襄樊北。

嚘（歠 yōu）：语未定的样子，气逆。

櫌（耰 yōu）：用来铲平田地或击碎石块的农具，古同耰。

纋 yōu：簪中央可固定头发的部分，笄巾。

獶（猱獿 náo）：古同猱；nǎo，狗受惊的样子；yōu，犬名用字。《集韵》本作夒，或作獿猱蝚。

瓇（瑈 róu）：古同瑈，玉名。

鏂（銪 yōu）：同铕字。

拓展：

1. 尤憂：憂（慢忧）优（優瀀）扰（擾）　2. 憂：鄾 嚘（歠）櫌（耰）纋 謱
3. 憂柔：獶（猱獿）瓇（瑈）　4. 憂有：鏂（銪）　P6.6 博涉多优　P12.3 智巧兼优　P24.6 优劣互差

Y

由 1：由 䌷 油 绌 怞 抽 柚 妯

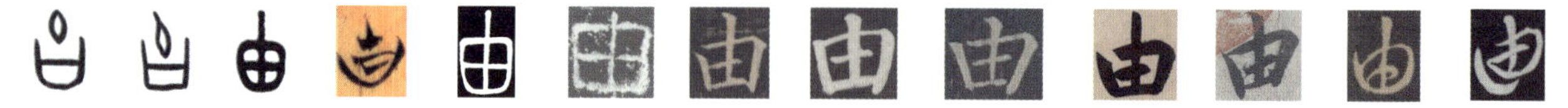

（甲骨 甲骨 金文 楚简 邓石如 好太王 欧阳询 颜真卿 柳公权 赵孟頫 王羲之 褚遂良 康里巎

索靖 王羲之 王羲之 唐太宗）（说文 楷书）（金文 简帛 说文 衡方碑 欧阳询 王献之）（说文 钱泳 邓文原）

（说文 楷书）（说文 褚遂良 智永 王羲之）（简帛 说文 颜真卿 王羲之 韵会）（说文 赵孟頫 王羲之 于右任）

辨析：

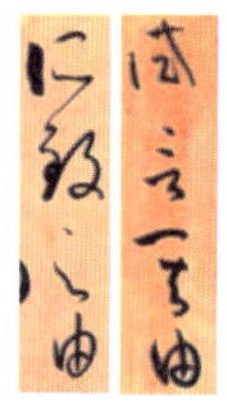

由字的的字形简单，行草书为快写，可拓展。

由 yóu：说文无“由”字，为古字形，从也，因也，自也，观其所由，行也，于（於）也等。

䌷 dí：行䌷䌷也。

油 yóu：形声，从水由声，本义是油水；比喻浮滑，不诚实；色泽光润、悦恭谨的样子。

绌 chōu/ chóu：大丝缯也，从糸由声。

怞 chóu：伤悼、忧虑、恐惧；yóu，怞怞，忧愁的样子。

抽 chōu：形声，从手由声，拔出，抽出。

柚 yòu：常绿乔木，果实称柚子。

妯 zhóu：妯娌，兄和弟的妻子合称或互称。

拓展：

秞 铀 牰 訕 䌷　　P17.5 所致之由　　P34.4 试言其由

由 2：岫 袖 蚰 轴 鈾 粙 釉 邮 舳

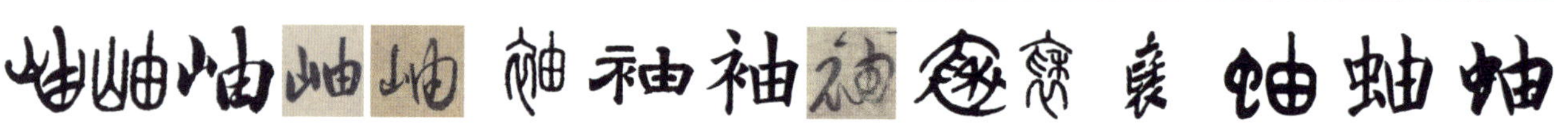

（简帛 说文 智永 赵孟頫 怀素）（说文 李隆基 欧阳询 黄庭坚 简帛 说文 吴昌硕）（说文 颜真卿 王羲之

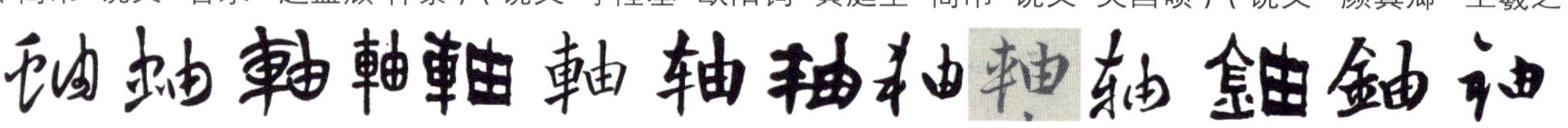

王羲之 章草）（简帛 说文 衡方碑 褚遂良 颜真卿 汉简 王羲之 邓文原 章草）（衡方碑 陆柬之 文徵明）

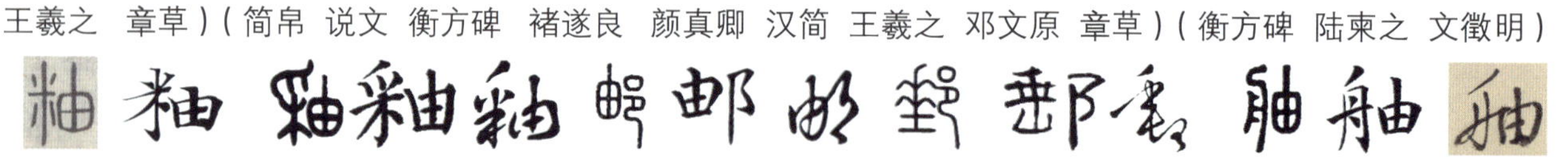

（篆字汇 维摩诘）（金文 颜真卿 章草）（说文 王羲之 王羲之 说文 曹全碑 王羲之）（说文 虞世南 鲜于枢）

辨析：

由字拓展的字较多，所涉字根可参见相关页。

岫 xiù：形声，从山由声，本义是山穴；峰峦，山或山脉的峰顶。

袖（褎 xiù）：古字作褎，形声，从衣由声，本义为衣袖。

蚰 yóu：蚰蜒。

轴（軸 zhóu）：形声，从车由声，轮轴。

铀（鈾 yóu）：化学元素，原子序 92。

粙 zhòu：稻实。

釉 yòu：覆盖在陶瓷、搪瓷表面的玻璃质薄层。

邮（郵 yóu）：会意，从邑垂，本义为古地名；传递文书的驿站；通尤，责怪。

舳 zhú：形声，从舟由声，本义为船尾；舵，船；zhú，船尾掌舵的地方；zhòu，船头。

拓展：

怞 䌷 绌 釉 鈾 舳

由 3：迪　笛　届　庙（廟）　宙

（金文 楚简 说文 欧阳询 颜真卿 王羲之 王羲之 章草）（简帛 说文 智永 虞世南 文徵明 王铎 王羲之 王宠）

（简帛 说文 王羲之 王羲之 徐伯清）（金文 说文 智永 宋徽宗 王羲之 王羲之）（甲骨 甲骨 说文 颜真卿 怀素）

辨析：

注意届字有从土的写法，庙有繁简字的写法。

迪 dí：开导、引导，进用、任用，实践、实行，遵从、依循；发语词，无义，有调节音节的作用，《书经·君奭》云“迪惟前人光，施于我冲子”。

笛 dí：形声，从竹由声，本义为笛子，管乐器名，竹制，左一孔为吹口，次孔加竹膜，右六孔皆上出，又谓之横吹。

届（屆 jiè）：形声，从尸凷（kuài）声，本义是人行路不便，极限、穷极，到达，届满，结束，说明周期性事件的次或期。

庙（廟 miào）：形声，从广朝声，宗庙，供奉祭祀祖先的处所。

宙 zhòu：本义是栋梁，古往今来所有的时间；天空。

拓展：

聘 腗 甹 叀 甾 皀 粤 迪 會 専　　P17.5 所致之由　P34.4 试言其由

酉 1：酉　酵　酝　酿　腌　酚　酯　酮

（甲骨 甲骨 金文 楚简 古文 说文 韩仁碑 欧阳询 颜真卿 王羲之 王铎 1 王羲之 李汝 2 怀素 王铎 3 王铎 王铎）

（金文 柳公权 王羲之 于右任）（说文 颜真卿 欧阳询 颜真卿 王羲之 王铎 章草）（说文 颜真卿 王羲之

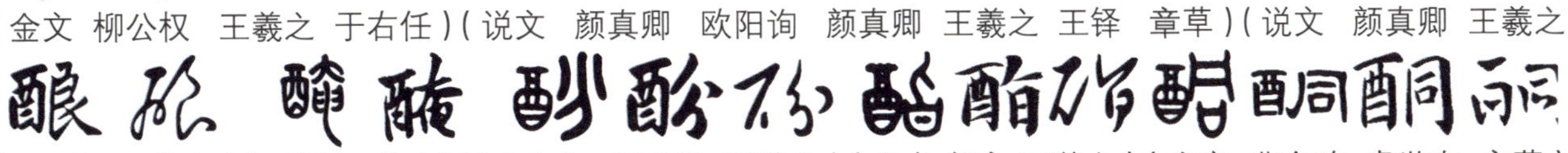

赵孟頫 王羲之）（邓石如 黄庭坚）（金文 赵孟頫 王羲之）（金文 智永 王羲之）（金文 曹全碑 虞世南 章草）

辨析：

酉字的甲骨文字形像酒坛形，小篆以后字形稳定，草书大体有三种，编号 1，一笔使转似“E”形，左右写两点；编号 2，为快写；编号 3，近于“亚”字的写法；其中，快写居多。可拓展。

酉 yǒu：象形，甲骨文字形，像酒坛形，从酉的字多与酒或因发酵而制成的食物有关，本义是酒；地支的第十位；丣，古文酉。

酵 jiào：形声，从酉（yǒu）孝声，本义为酒母，酒滓，发酵。

酝酿（醞釀 yùn niàng）：造酒的发酵过程，比喻做准备工作，解决办法正在酝酿中。

腌 yān：用盐、糖、酒等调味料浸渍食物。

酚 fēn：有机化合物，特指苯酚。

酯 zhǐ：酸与醇经由脱水反应而得的有机化合物。

酮 tóng：含羰基的有机化合物。

拓展：

酕 酚 哂 庿 遒 酎 酏 酐 酊 酖 酕 栖 畲 酡 酞 殴 酙 酛 酖 酡 醂 酘 戬 猷 酟 莤 酟 酮 酡 酟 酦

酉 2：酒 醋 醇 酣 醉 酌 酸 酊 酩 醒

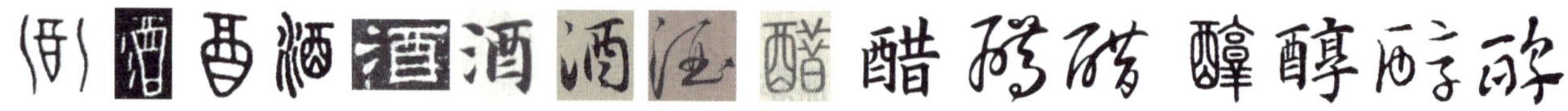

（甲骨 甲骨 金文 说文 史晨碑 智永 赵孟頫 张旭）（说文 欧阳询 王羲之 李洼）（说文 虞世南 韵会 章草）

（简帛 说文 褚遂良 文徵明）（简帛 说文 魏碑 颜真卿 怀素 文徵明）（说文 邓石如 褚遂良 赵孟頫 张旭）

（甲骨 说文 柳公权 王羲之）（说文 智永 王铎 章草）（说文 曹全碑 柳公权 章草）（简帛 说文 王羲之 王铎）

辨析：

酉字作为字根，各体同前。所涉字根可参见相关页。

酒 jiǔ：会意，从水从酉，用高粱、大麦、米、葡萄或其他水果发酵制成的饮料。

醋 cù：用酒或酒糟发酵制成的一种酸味调料。

醇（醕 chún）：形声，本义为酒味浓厚；淳朴、质朴。

酣 hān：酒喝得很畅快。

醉（酔 zuì）：醉酒；沉酣入迷；爱好。

酌 zhuó：斟酒，舀取。

酸 suān：像醋的味道或气味，微痛无力的，小气、迂腐。

酊 dǐng：酩酊，醉也；医药上用酒精和药物配制而成的液剂。

酩 mǐng：大醉的样子，暗地里，暗中。

醒 xǐng：酒醒，醒悟，睡眠状态结束或尚未睡着，消除，明白、明显。

拓展：

痦 酦 蒩 酌 醉 酮 緍 酧 截 酪 酫 酰 酣 醅 醂 僫 酦 醁 醑 醢 醤 醋 醖 酸 醚 醛 醝 醒 醭

酉 3：醍 醐 醊 酥 配 酰 醎 酗 醜 酭

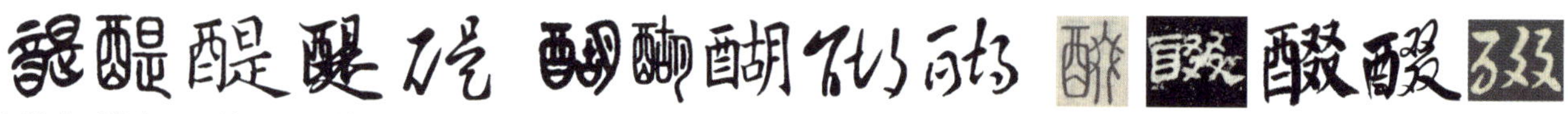

（简帛 说文 王羲之 王羲之 王羲之）（金文 说文 欧阳询 王羲之 章草）（篆字汇 史晨碑 颜真卿 王铎 皇象）

（金文 粗篆 颜真卿 米芾 王羲之）（甲骨 甲骨 金文 金文 简帛 说文 唐玄宗 褚遂良 徐渭）（金文 赵孟頫

王羲之）（赵孟頫 智永 邓文原）（金文 虞世南 李洼）（甲骨 说文 鲜于枢 朱耷 甲骨 智永 王铎）（楚简 楷书）

辨析：

酉字作为字根，各体同前。所涉字根可参见相关页。

醍 tǐ：形声，从酉是声，酉与酒有关，本义为较清的浅赤色酒。

醐 hú：醍醐，古时指从牛奶中提炼出来的精华，佛教比喻最高的佛法。

醊 zhuì：祭祀时把酒洒在地上，连续祭祀。

酥 sū：酪类，由牛羊乳制成，又称酥油；松脆而易碎的。

配 pèi：用不同的酒配制而成的颜色；婚配，媲美，分配，配合。

酰 xiān：脂肪酸的结构式中除羟基时所余下的原子团，通式是 R·CO–，也叫酰基，旧称醯。

醎（鹹 xián）：同咸味不淡；用盐腌渍。

酗 xù：沉迷于酒，撒酒疯。

醜（chǒu）：相貌难看，可厌恶的，可耻的，不光荣的；众多；类，相同；今简化同地支丑。

酭 yòu：古同侑，报答，酬谢。

拓展：

輶 酲 酳 酴 酶 酷 酹 醂 酻 醯 酽 醽 醋 醶 醑 醅 檛 醮 醁 醂 醄 醅 醆 醈 醊 醌 醏 醇 醟 醋 醘

酉4：莤 酱 醛 醑 醺 醲 醣 醬

（说文 彭玉雯）（古文 籀文 说文 颜真卿 王铎 颜真卿 赵孟頫 王羲之 赵孟頫）（金文 欧阳询 王羲之 王羲之 章草）

（说文 楷书）（说文 智永 柳公权 于右任 章草）（说文 成亲王 米芾）（金文 虞世南 王羲之 王羲之）（说文 楷书）

辨析：

酉字作为字根，各体同前。拓展的字所涉字根，可参见相关页。如醴见豊；釁见興（兴）字头等。

莤 sù：古代用酒灌注茅束以祭神，酒器的塞子；yóu，古书上说的一种水草。

酱（醬 jiàng）：用盐醋等调料腌制而成的肉酱，用酱或酱油腌制。

醛 quán：一种含羰基的有机化合物。

醑 jú/jué：酱，蚌酱。

醺 xūn：酒醉，受浸染，同熏。

醲 nóng：味浓烈的酒，酝酿，熏陶；古同浓；古通脓，肥肉，脂肪。

醣 táng：同糖。

醬 jiàn/niú/xiàng：味薄也，一曰酱也；zǎn/jiǎn，同醬，味淡、尝食。

拓展：

醪 釁 醾 醳 醎 醶 醿 醴 醿 醵 歠 醮 醯 醰 醱 醰 醥 醦 醧 醩 醫 醭 醷 醆

酉5：酋 楢 輶 崷 遒 蝤 鰌 揂 鞧 緧 趥

（甲骨 甲骨 金文 楚简 说文 王羲之 智永 王羲之 王羲之 章草）（简帛 说文 五经）（说文 李阳冰 赵孟頫 造佛寺

说文 宋徽宗王羲之 赵孟頫 赵孟頫 沈粲）（说文 王铎）（金文 简帛 说文 颜真卿 邢侗 孙过庭 章草 简帛 说文 维摩诘）

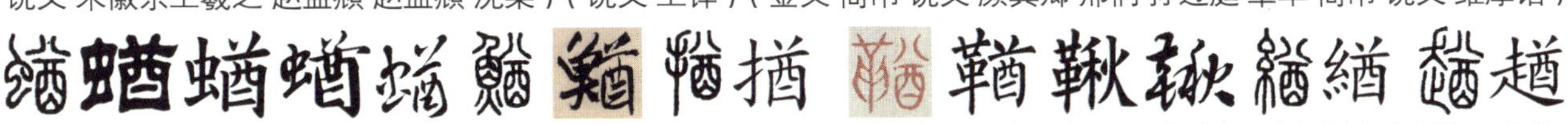

（说文 佚名 欧阳询 赵孟頫 章草）（说文 王铎）（说文 楷书）（石韵府 柳公权 欧阳询 索靖）（说文 楷书）（说文 楷书）

辨析：

酋字从酉，隶定字形稳定，草书可见快写、王羲之的“一笔酉”、章草，以及将酉字下边的部件草化为“日形”等。可拓展。奠尊猶等字从酋，见相关页。

酋 qiú：会意。小篆字形，《说文》：“从酉，水半见于上。”金文中“酉”像酒坛形，因为是陈酒，酒与酒糟下沉，上面“八”像水形，本义为陈酒，久酿之酒；掌酒的女奴；部落的首领，假借为猷，功业。

楢 yóu：古书上指一种质地柔软的树木。

輶 yóu：古代一种轻便车。

崷 qiú：崷崒，山长而高峻的样子。

遒（逎 qiú）：雄健有力，迫近，聚，坚固。

蝤 qiú：蝤蛴，古书上指天牛的幼虫。

鰌 qiū：同鳅；通鰌，蹴踏。

揂 jiū：聚集；yóu，掩。

鞧（鞦 qiū）：套车时络在牲口股后尾间的皮带；收缩。

緧 qiū：套车时拴在牲畜股后的皮带，亦作鞧。

趥 qiū：行貌，蹴，藉。

拓展：

惛 偤 褶 猷 熘 瑎 蹭 鹹 鰌 湭 媨 蘸

Y

酉6：奠　鄭（郑）　擲（掷）　躑（踯）

（甲骨　甲骨　甲骨　甲骨　金文　金文　金文　楚简　楚简　说文　欧阳询　颜真卿　柳公权　赵孟頫　王羲之　怀素　李洤）

（甲骨　金文　楚简　楚简　秦简　秦简　古文　古文　说文　西狭颂　颜真卿　赵孟頫　王羲之　王铎　王羲之　虞世南　王铎）

（石韵府　颜真卿　王羲之　王铎　汉简　颜真卿　于右任）（古文　王羲之　王宠　祝永明　王羲之　黄庭坚　索靖　王羲之）

辨析：

奠字的篆书为酒坛子置于桌上形，隶定从酋从大，草书一为反起笔的怀素写法，一为快写；拓展的鄭（郑）字，有繁简两类写法，各体累见。

奠 diàn：象形，金文字形，上面是酋（即"酒"），下面像放东西的基物，本义是设酒食以祭，祭品；荐献、敬献，定、确定、规定，放置。

鄭（郑鄭 zhèng）：国名，周朝诸侯国之一，故址位于今大陆地区河南省新郑县；姓；谨慎、庄重，郑重其事。

擲（掷 zhì）：形声，从手郑声，本义为扔、抛，投射，腾跃，将自身抛入空中。

躑（踯 zhí）：徘徊，蹬踼；踯躅，以足击地、顿足，徘徊不进，同踟躇。

拓展：

橂　甋　碠（碇矴）　鐭（钿）

卣　逌

（甲骨　甲骨　甲骨　甲骨　金文　金文　父己卣　古文　简帛　简帛　汉简　说文　石韵府　石韵府　王羲之　欧阳询　颜真卿

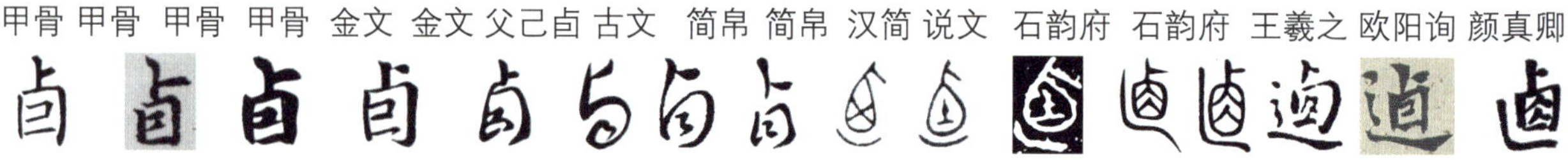

柳公权　赵孟頫　王羲之　黄庭坚　王羲之　李洤　赵构　章草）（金文　金文　石鼓文　说文　说文　王铎　何绍基　吴昌硕）

辨析：

卣字的篆书变化较大，行草书为快写。说文未收逌，篆书参照乃字。

卣 yǒu：象形，本义是古代一种酒器，椭圆形，青铜制，椭圆口，深腹圈足，有盖和提梁，也有作圆筒形的，器形变化较多，用以盛酒，盛行于商代和西周初期。

逌 yōu：气行貌，从乃，逌尔，宽舒颜色之貌，逌，古攸字也，通攸。

拓展：

卣　郚　庮　卣　盓　覷

又1：又 反 支 攴（攵） 殳 圣 父 及 叉 蚤

（甲骨 金文 楚简 说文 王莽简 史晨碑 欧阳询 颜真卿 王羲之 怀素）（甲骨 金文 楚简 说文 蔡邕 皇象）

（说文 王羲之 索靖）（说文 王羲之 王羲之）（甲骨 说文 欧阳询 王羲之 王羲之）（甲骨 说文 王羲之 文徵明）

（甲骨 说文 赵佶 索靖）（甲骨 石鼓文 说文 王羲之 王羲之）（甲骨 说文 王羲之）（楚简 说文 王羲之 王羲之）

辨析：

又字在不同的字中姿态各异，拓展性很强，需注意其变化及演变，本页所列单字及“左叚受皮隻雙叜叟度叚叔取”等字，从又，可参照相关页。

又 yòu：象形，甲骨文像右手形，本左右的“右”，从“又”的字多与手的动作有关，本义为右手，后作“右”。

反支等字的注释，略，可参照相关页。

拓展：

左 受 皮 隻 雙 叜 叟 叚 叔 取 仅 凤 没 劝 收 叒 邓 図 攴 叏 叓 叐 发 叹 圣 奴 对 汉 犮 驭 竖 叓 忣 仮 役 伎 侒　　P3.3 又云

又2：叒（友） 妥 受 皮 奴 隻 雙 取 桥（槗） 叟

（甲骨 甲骨 金文 古文 古文 说文 张迁碑 张芝 钟繇 索靖）（楷书 金文 曹全碑 王羲之）（金文 六书通 楷书）

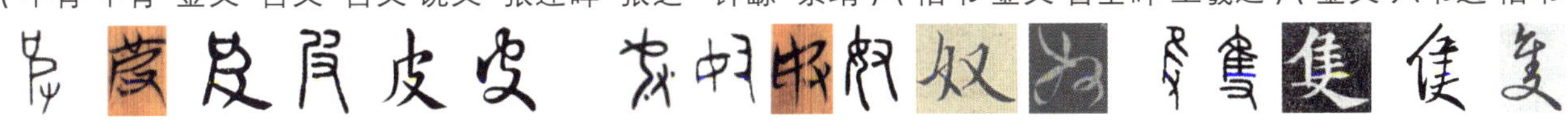

（金文 楚简 秦简 说文 王羲之 王羲之）（甲骨 金文 楚简 说文 赵孟頫 张芝）（甲骨 说文 董美人 王羲之 韵会）

（说文 赵孟頫 皇象 王羲之 邓文原 宋克）（甲骨 说文 钟繇 王羲之 王献之）（说文 隶辨 急就章 解缙）王羲之

辨析：

右乃“又＋口”，草书口写两点。与“又”相关的字很多，列示部分，以示比较。而从两个又字的“双”及拓展的字“网㒺㕛㕡㚠閿㠭㕛瞽𨐈蚁筊叒㗊惄睪叕孖罕叒叕䡝叕叕叕叕叒嗇”等不常用，叒及拓展的字，见桑页。

叒（友 yǒu/yòu/xù）：《玉篇》古文友字。《说文》从二手相交。《徐曰》二手相顺也；叒有佐佑之义，故从二手。

妥：同要字，参见要；康熙字典未收录。

受 biào：《说文》物落，上下相付也，从爪从又；给予，付给；物落；饿死的人，后作殍、莩。

皮奴等字的注释，略，可参见相关页。

拓展：

叚 叔 没 受 叙 娇 佑 若 骄 叜 皈 仅 收 叒 図 攴 叏 叓 叐 犮 驭 竖 叓 忣 仮 役 伎 侒

又3：右 佑 高 雄 左 佐 𨑅

（甲骨 金文 楚简 古币 说文 夏承碑 欧阳询 王羲之 王羲之 怀素 祝允明）（甲骨 金文 楚简 楚简 秦简 说文

欧阳询 颜真卿 王羲之 王羲之）（金文 楚简 汉印 说文 敦煌 苏轼 苏轼 敦煌 米芾）（楚简 六书通 敦煌 王羲之

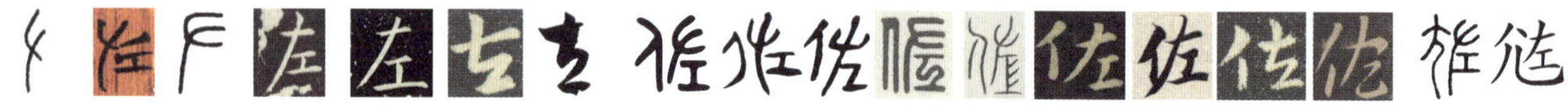

（甲骨 楚简 说文 王献之 颜真卿 皇象 王羲之）（金文 秦简 秦简 汉印 汗简 钟繇 智永 皇象 索靖）（说文 楷书）

辨析：

右和左结构稳定，行草书为快写，其中右乃“又+口”，草书口写两点。佑和佐从亻，还可参见亻页；若字从右，参见若页；“随（隨遀）隋椭（橢）堕（墮）髓（髓）惰（憜）”等有从“左”的写法，参见随页。

右 yòu：会意，从口从又（手），口手并用帮助别人，本义为右助，这个意义后来写“佑”。

佑 yòu：形声，从人右声，字本作“右”表右助，因“右”用为左右之“右”，又造“佑”字表示本义，本义是保护、右助。

高（喬 qiáo）：会意，从夭从高省，夭乃像人（大）行走的样子，本义是高；做作、装假；通嶠，尖峭的高山；通骄，骄傲。

雄 xióng：与雄同，从厷，参见厷（hóng）页。

左 zuǒ：会意，甲骨文象手，本义是辅佐，从旁帮助，后作“佐”；左者，今之佐字，说文无佐也；差，同左，读 huī，毁。

佐 zuǒ：本作左，形声，从人左声，辅助、帮助；古人以右为尊，左为卑，佐常用于下对上、弱对强的帮助；上对下，强对弱时用佑。

𨑅 zuǒ：同𢌬，行不正。

拓展：

怙 沽 祐 咗 𢌬 祚 䖕　　　P8.4 绍右军之笔札

又4：叕 啜 惙 缀 掇 辍（輟） 娺 敠 剟 𨂂（䞵） 餟

（金文 秦简 说文 隶辨）（说文 金石篆 颜真卿 赵孟頫 苏轼 徐渭）（楚简 说文 彭玉雯 米芾 王羲之 王铎）

（说文 史晨碑 欧阳通 米芾 王羲之）（说文 赵孟頫 智通塔 董其昌）（金文 说文 欧阳询 米芾 索靖 王羲之）

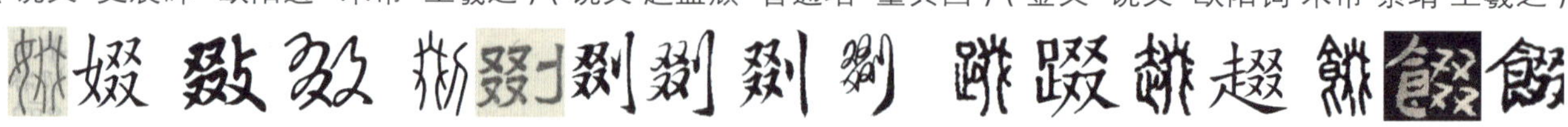

（说文 楷书）（赵孟頫 王羲之）（说文 娄机 智永 王羲之 欧阳询 傅山）（六书故 楷书 六书统 楷书）（说文 肥致碑 敦煌）

辨析：

叕字的篆书是四个又字联结组成的形状，隶定为四个又字，草书可快写，也可省略一个又字。

叕 zhuì：象形，同缀；zhuó，联缀；yǐ，张网貌；jué，速也。

啜 chuò：饮、吃，哭泣时抽噎的样子。

惙 chuò：忧、忧愁，疲乏，古通辍。

缀 zhuì：缝、补，连接、连，装饰。

掇 duō：拾取、摘取，用双手拿（椅子，凳子），用手端。

辍（輟 chuò）：中止，停止。

娺 zhuó：敏捷而勇猛，怒；婥娺，好貌。

敠 duō：敁敠；què，古同敠，断绝。

剟 duō：形声，本义是削、删除。

𨂂（䞵 jué）：小跳也；zhuó，缀音，义同。

餟 zhuì：设坛祭诸神；祭时以酒浇地；饮、喝。

拓展：

𡐛 娺 涰 𨓈 裰 𢿽 敠 棳 𣣱 𤖣 腏 辍 畷 𥧒 罬 𥜥 𦐛 綴 蝃 𤠼 𧽧 諁 𡤖 闘 錣 𩔚 𩣡 歠 鵽

又5：有 随 宥 痏 贿 姷 蛕 囿

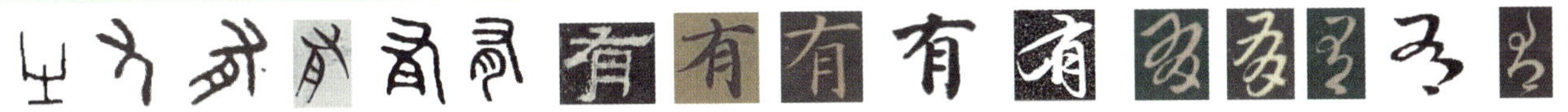

（甲骨 甲骨 散氏盘 盟书 秦权 说文 张迁碑 敦煌 欧阳询 颜真卿 赵孟頫 张芝 皇象 皇象 王羲之 张旭）

（汉印 说文 董美人 王羲之 皇象 智永）（简帛 说文 智永 虞世南 王羲之 章草）（简帛 说文 皇象 王铎 皇象）

（简帛 说文 颜真卿 王羲之）（说文 楷书）（说文 楷书）（甲骨 甲骨 金文 石鼓文 秦简 说文 王羲之 王羲之）

辨析：

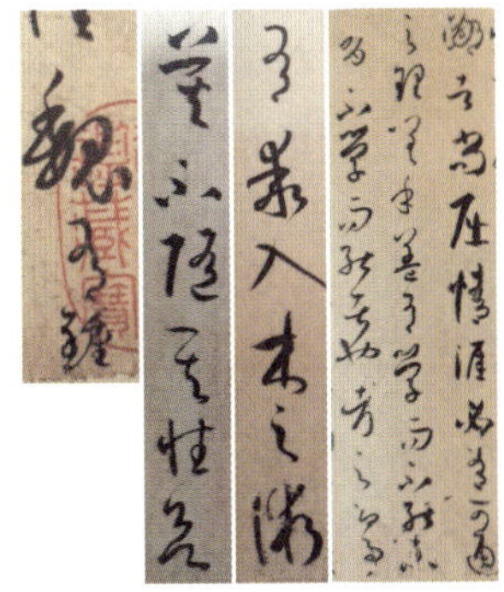

有字的甲骨文有两种写法，隶定字形稳定，草书使转，上边突出了篆字“又”，下边将月字的点点在内部，与月字的篆意相合。囿字表意，大篆字形为园内有草木。肴、郁（鬱）和卑等字有从有和“又（𠂇）”的写法，分别见肴、郁（鬱）和卑页。

有 yǒu：上部是一只悬臂下垂的右手，下部是一块肉，表示手里“有”肉，“有”吃的了，这个由上“手”下“肉”所构成的“有”字，“肉”也表音，起声符作用。

随（隨 suí）：从也；依顺、依从；接着、随即。

宥 yòu：宽也；宽恕、赦免。

痏 yòu：手颤抖；yù，病；wěi，疮。

贿（賄 huì）：财物；赠送财物。

姷 yòu：相助；姷或从人，写侑，见下页。

蛕 huí：腹中长虫也，同蛔。

囿 yòu：有围墙的园林。

拓展：

侑 肴 随 脩 萮 唷 姷 宥 峟 迶 恴 俼 焴 郁 盍 脩 啷 嵴 淯 梢 梆 絠 趙 誚 酭

P2.2 汉魏有锺张　P10.5 有乖入木之　P43.2–3 术盖有学而不能未有不学而能者　P48.5 莫不随其性欲

又6：侑 鲔 铕 珛 堕 椭 栯

（金文 盟书 说文 欧阳询 颜真卿 柳公权 赵孟頫 王羲之 王羲之 章草）（甲骨 甲骨 甲骨 简帛 说文 五经

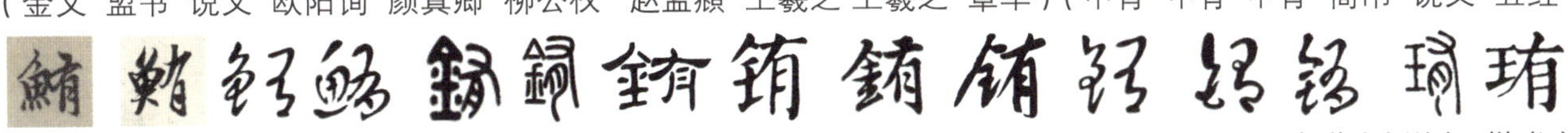

赵孟頫 吴琚 王羲之 章草）（金文 粗篆 曹全碑 颜真卿 赵孟頫 黄庭坚 王羲之 于右任 章草）（说文 楷书）

（金文 楚简 楚简 简帛 汉简 说文 王羲之 王羲之 萧衍）（说文 颜真卿 赵孟頫 皇象）（甲骨 说文 何绍基）

辨析：

本页鲔、堕和栯的大篆写法构件清晰，与隶定字形差异大，应予注意。

侑 yòu：形声，从人有声，本义为劝食；相助，报答；通宥，宽赦。

鲔（鮪 wěi）：鲟鱼和鳇鱼的古称。

铕（銪 yǒu）：稀土族金属元素，原子序数 63。

珛 xiù：有瑕疵的玉，也作王。

堕（墮隓 duò）：右边是阜（像陡坡），左边是倒过来的“人”，会意，表示人从陡坡上掉下，本义是毁坏。

椭（橢 tuǒ）：长圆形。

栯 yǒu：古书上说的一种树；yù，郁李。

拓展：

肴 󠄀緎 馥 誧 餔 緘 鴝 鮪 髓 龓

于於 1：于 吁 旴 汙 圩 玗 纡 弙 迂 宇 芋 竽 盂

（甲骨 甲骨 金文 金文 盟书 楚简 秦简 说文 钟繇 王羲之 索靖）（说文 欧阳询 赵孟頫）（篆字汇 颜真卿 傅山）

（说文 赵孟頫 王铎）（金文 褚遂良 李洤）（说文 祝永明）（简帛 说文 曹全碑 虞世南 王羲之）（说文 楷书）

（甲骨 金文 说文 智永 章草）（说文 王铎 怀素）（说文 李洤）（说文 智永 章草）（甲骨 甲骨 盂鼎 智永 章草）

辨析：

于字字形稳定，行草书为快写。可拓展。

于 yú：象形，甲骨文字形，表示气出受阻而仍越过，本义是超过；在，以、用，至、到，依照，被，对、对于，又；通吁。

吁 xū：表示惊怪、不然、感慨等；yū，吆喝牲口的声音；籲 yù，呼天而告。

旴 xū：太阳刚出来的样子。

汙 wū：同污。

圩 wéi：低洼区防水护田的土堤。

玗 yú：似玉的美石。

纡（紆 yū）：屈曲、曲折，佩戴，系结。

弙 wū：拉满弓对准目标，引、张，持，指挥。

迂 yū：曲折，绕远；迂腐，不合事理；邪避，不正；缓慢。

宇 yǔ：屋檐，空间，地域，疆土，国境，住处，风度，仪容。

芋 yù：植物名，俗称芋艿。

竽 yú：古代吹奏乐器，像笙，有三十六簧。

盂 yú：盛饮食或其他液体的圆口器皿。

拓展：

扜 邘 仠 杅 肝 奸 尪 序 虷 釪 疗 孜 盱 宇 衧 秄 訏 趶 酐 釪 骬 靬

P64.2 盘纡之类是也

于於 2：於 阏（閼） 淤 瘀

（说文 李阳冰 张迁碑 金刚经 好大王 欧阳询 颜真卿 赵孟頫 索靖 王羲之 怀素 唐太宗 怀素 宋徽宗）

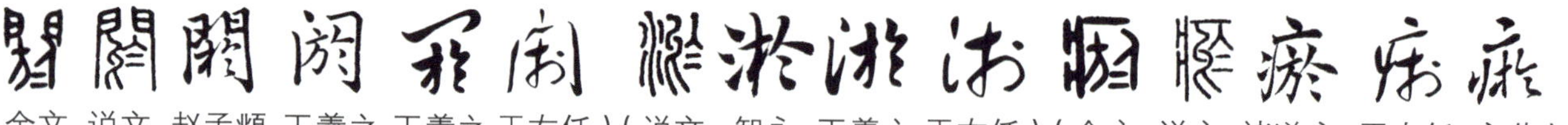

（金文 说文 赵孟頫 王羲之 王羲之 于右任）（说文 智永 王羲之 于右任）（金文 说文 褚遂良 于右任 章草）

辨析：

於字本像鸟形，草书有两种写法：1. 方写"扌"，右边的仒字为快写；2. "扌"带出弯勾，加点。

於 yū：古文本象鸟形，今但以为叹辞及语辞字，遂无以为鸦乌字者矣；wū，乌的古字，乌鸦；介词"于"早在甲骨文中就已大量出现，西周以后，随着介词"於"的出现，"于"的一些用法逐渐被"於"所代替，魏晋以后，除了在引用古籍或固定格式中以外，"于"就很少出现了。"于"的连词、助词和语气词的用法只出现在先秦汉语中，汉代以后逐渐消失了。

阏（閼 è）：门扇、闸板，阻塞，遏止、抑制。

淤 yū：水中沉淀的泥沙；滞塞，不流通。

瘀 yū：血液凝滞。

拓展：

唹 菸 棜 舲 箊 鯲

P16.3 至于（於） P5.5 反玉辂于（於）椎轮者乎 P6.3 专工于（於）隶书

余 1：余（馀餘） 除 滁 斜 酴 蜍

（甲骨 盂鼎 何尊 盟书 石鼓文 欧阳询 赵孟頫 怀素 宋克）（说文 李阳冰 西狭颂 欧阳询 皇象 王羲之 米芾）

（金文 简帛 石鼓文 说文 欧阳询 颜真卿 赵孟頫 王羲之 张旭）（金文 说文 欧阳询 颜真卿 王羲之 孙过庭）

（说文 智永 王羲之 黄庭坚）（金文 楚简 说文 柳公权 王羲之 章草）（金文 金文 六书故 褚遂良 赵孟頫 韵会 章草）

辨析：

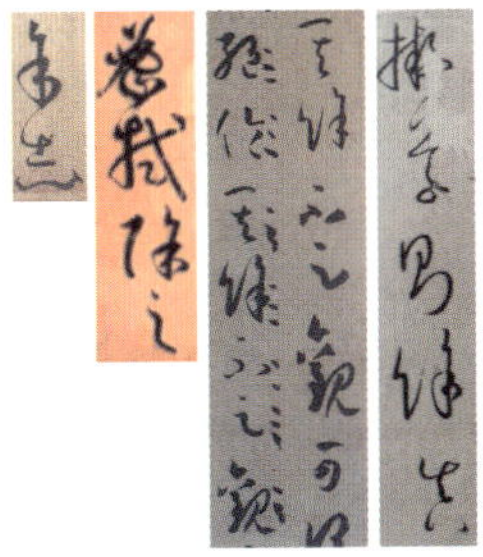

余字有馀（餘）的异体字写法，草法亦如此。其草法稳定，可以拓展。

余 yú：《说文》曰：余，语之舒也，从八；我也，如余将老，衍义引申指剩下来的，多出来的，引申指十、百、千等整数或名数后的零数，引申还指后，劳动之余。

馀（餘 yú）：形声，从食余声，本义为饱足。馀与余（简体）区别：馀，从食为饱足；当余意义可能混淆时，用馀以区分。

除 chú：殿阶也；拜受官位；清除，去掉；表示不计算在内。

滁 chú：水名，滁河。

斜 xié：用斗倒出；不正，歪斜；同邪；xiá，又音。

酴 tú：酒曲。

蜍 chú：蟾蜍。

拓展：

郐 啥 畬 庲 悇 捈 悆 敍 梌 琭 畲 睮 硢 稌 盦 筡 艅 絵 羚 賖 趃 跿 鞜 鵨

P6.5 拟草则余真　P10.2 余志学之年　P3.1 其余（馀）不足观　P9.3 密试除之

余 2：叙 溆 途 涂 塗 徐 狳 荼

（甲骨 甲骨 金文 说文 景君碑 颜真卿 王羲之 王羲之 索靖 王羲之 王洽）（说文 王羲之 王羲之 章草）

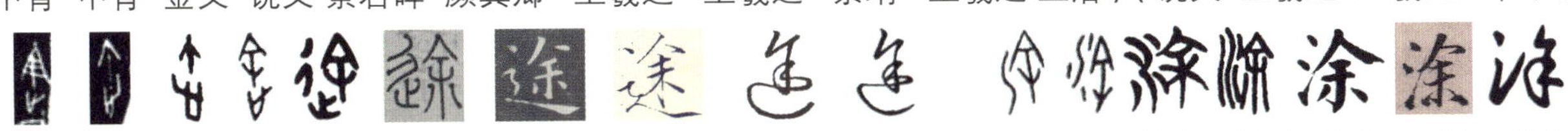

（甲骨 甲骨 甲骨 甲骨 金文 赵孟頫 欧阳询 赵佶 王羲之 王献之）（甲骨 甲骨 简帛 说文 颜真卿 王铎 王羲之）

（说文 史晨碑 王献之 王宠）（说文 曹全碑 欧阳询 简书 王铎）（金文 柳公权 章草）（金文 说文 王羲之 皇象）

辨析：

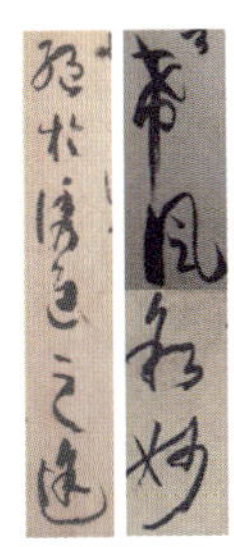

余字有很强的拓展功能，字法上王羲之的叙的余旁写法很稳定，即草法保留了撇捺，省了一横；简书、皇象在主笔上增加了波挑。涂有异体字塗，草书下边加不加土字均可。

叙（敘敍 xù）：形声，从攴余声，本义是秩序、次序；叙述、述说。

溆（漵 xù）：水名；水边。

途 tú：道路；生涯、经历；职位。

涂 tú：涂水，古水名；使颜色或油漆等附着在上面；乱写；道路；塗的简化字。

塗 tú：泥、泥巴；塗抹、粉刷；乱写乱画；抹去、塗改。

徐 xú：缓，慢慢地。

狳 yú：犰狳。

荼 tú：古书上说的一种苦菜，荼毒，喻毒害；古书上指茅草的白花，如火如荼；古同涂，涂炭。

拓展：

郐 俆 涂 啥 畬 庲 悇 捈 琭 悆 敍 梌 畲 睮 硢 稌 羚 筡 艅 荼 蒤 斜 瘵 蒣

P25.5 希风叙妙　　P42.6 诱进之途

Y

臾 庾 萸 腴 谀 瘐

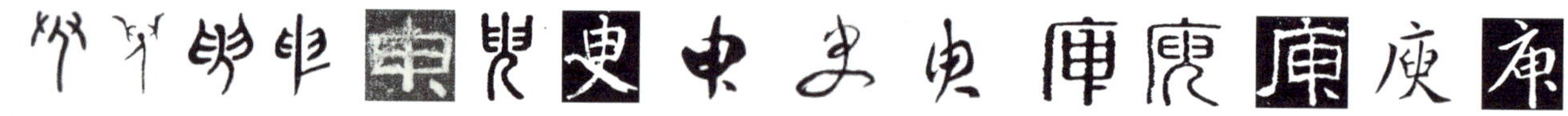

（甲骨 金文 楚简 秦简 肥致碑 说文 颜真卿 王羲之 祝永明 章草）（汉印 说文 西狭颂 王羲之 王凝之

欧阳询 赵孟頫 王羲之 王羲之 潘伯鹰 于右任）（金文 说文 何绍基 欧阳询 颜真卿 赵孟頫 王羲之 于右任）

（简帛 说文 王羲之 王铎 皇象 王羲之）（简帛 说文 董朝宗 赵孟頫 皇象）（金文 隶辨 智永 欧阳询 张瑞图）

辨析：

臾字甲骨文为人头上有两只手，隶定字形从臾，隶书可见长撇写为竖和捺划变点的字形，两种字形草书均可从之，草化后臾字中间的一横亦可省略。可拓展。

臾（臾 yú）：说文曰从申从乙，不详；乙象艸木冤曲；从申从乙者，引之又冤曲之也；捆绑拖拉；集韵曰善也；通蒉；须臾，片刻，一会儿。

庾 yǔ：形声，从广臾声，广是依山崖建成的房子，从广与房屋有关，本义为露天的谷堆。

萸 yú：茱萸也。

腴 yú：形声，从肉臾声，本义是腹下的肥肉。

谀（諛 yú）：形声，从言臾声，本义是奉承、谄媚。

瘐 yǔ：忧郁；囚犯在狱中因饥寒致病。

拓展：

悏 溴 惥 斞 楰 籅（古同斞） 匬 臾 籅　　P16.4 王谢之族郗庾之伦纵不尽其神奇

鱼 1：鱼 鲜 渔

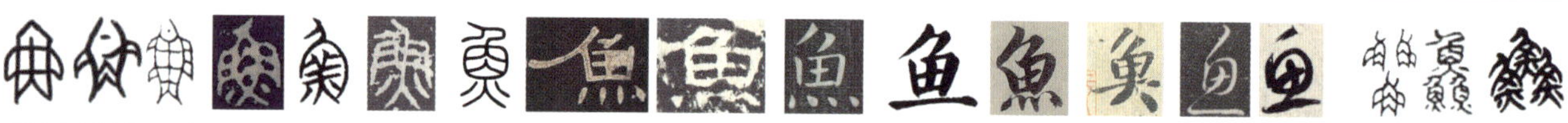

甲骨 甲骨 金文 金文 楚简 石鼓文 说文 曹全碑 张迁碑 欧阳询 颜真卿 赵孟頫 苏轼 王羲之 智永）（金文 金文 简帛

白石君 韵会 金文 金文 楚简 秦简 石鼓文 说文 赵构 王羲之 欧阳询 鲜于枢 王羲之 赵孟頫 邢侗）

（甲骨 甲骨 甲骨 甲骨 甲骨 甲骨 甲骨 金文 金文 金文 说文 秦简 灵飞经 苏轼 王铎 赵孟頫 于右任）

辨析：

鱼字的篆书为鱼形，变化较多，隶定为“鱼”，各体及拓展的字，从大、从灬和从提的写法均见。其草书，鱼头“⺈（xiàng 人站在山崖，很高）”草化为“丿”，田字从左从右写均可，鱼下四点可草化为一横、三点或“大”。可拓展。鲜从鱼，羊字作为字根，快写为“一竖＋两横”，异体字鱻的写法，各体均见。渔字的篆书或从一到四条鱼，或从渔网捕鱼之形，隶楷行草从鱼字的各体写法。

鱼（魚 yú）：水虫也，象形，鱼尾与燕尾相似。

鲜（鮮鱻 xiān）：会意，从鱼从羊，鱼表类属，羊表味美，本义为鱼名，出貉国；假借为鱻，鲜鱼、活鱼。

渔（漁 yú）：会意，从水从鱼，本义是捕鱼。

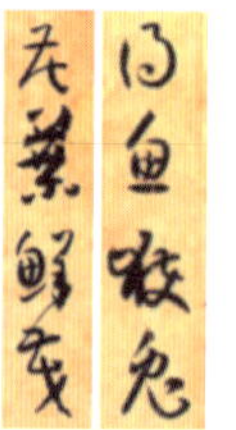

拓展：

鱾 鲶 鲛 鲀 鲂 鲃 鲢 鲫 稣 鲄 鲅 鲆 鲇 鲉 鲊 鲋 鲌 鳔 鳌 鳖

P53.4 得鱼获兔　　P47.3 花叶鲜茂

鱼2：鲤 鲳 鲈 鲷 鲸 鱿 鲫 鳕 鳝 鱓 蓟

（石鼓文 简帛 说文 颜真卿 陆柬之 王羲之 皇象）（金文 颜真卿 赵孟頫 陆柬之 章草）（金文 赵孟頫 鲜于枢

王羲之 王羲之）（楚简 说文 柳公权 赵孟頫 王羲之）（简帛 说文 王基碑 颜真卿 章草）（粗篆 王羲之 王羲之）

（金文说文欧阳询 王羲之 章草）（金文 赵孟頫 王羲之）（金文 赵孟頫 王铎 章草）（ 说文 李鱓）（说文 赵孟頫 王铎 王羲之）

辨析：

鱼字作为字根，各体同前，所涉组合的字根，可参见相关页。

鲤（鯉 lǐ）：鲤鱼；书信的代称，如鲤素。

鲳（鲳 chāng）：鲳鱼。

鲈（鱸 lú）：鲈鱼。

鲷（鯛 diāo）：鲷科鱼的总称。

鲸（鯨 jīng）：鲸鱼。

鱿（鱿 yóu）：鱿鱼，软体动物。

鲫（鯽 jì）：鲫鱼。

鳕（鱈 xuě）：大头鱼。

鳝（鱔 shàn）：鱼名，又名黄鳝。

鱓 shàn：同鳝，《龍龕手鑑·魚部》：“鱓”，鳝的俗字；通蟬，知了；tuó，同“鼉”，扬子鳄。

蓟（薊 jì）：蓟属植物的泛称；蓟县。

拓展：

鲎 鲏 鲐 鲑 鲒 鲚 鲔 鲕 鲖 鲗 鲘 鲙 鲚 鲜 鲞 鲞 鲡 鲣 鲥

鱼3：鲶 鳔 鲠 鲟 鲰 鳢 鳐 鲲 鳗 鳍

（金文 汉简 王羲之 王羲之 章草）（金文 欧阳询 陆柬之 赵孟頫 章草）（楚简 说文 娄机 王铎 王铎 章草）

（说文 汉简 赵孟頫 王铎 王羲之）（金文 说文 柳公权 章草）（金文 简帛 说文 颜真卿 王羲之）（金文 说文

王羲之 王铎 章草）（金文 石韵府 陆柬之 章草）（简帛 说文 黄庭坚 王羲之）（金文 粗篆 颜真卿 王羲之）

辨析：

鱼字作为字根，各体同前，所涉组合的字根，可参见相关页。豊和豐互为异体字，鳢字金文从豊。

鲶（鯰 nián）：同鲇，鲶鱼。

鳔 biào：鱼鳔，鱼泡；用鳔或猪皮熬制的胶。

鲠（鯁骾 gěng）：鱼骨，鱼刺。

鲟（鱘鱏 xún）：鲟鱼。

鲰（鯫 zōu）：小鱼，小杂鱼；浅陋、愚昧；鲰生，古代骂人的话，谦辞，称自己。

鳢（鱧 lǐ）：鳢鱼，俗称乌鱼。

鳐（鰩 yáo）：鳐鱼；灰鳐、猬鳐和棘背鳐。

鲲（鯤 kūn）：鱼苗的总称；传说中的一种大鱼。

鳗（鰻 mán）：鳗鱼，今俗曰鳗鲡；电鳗，沙鳗。

鳍（鰭 qí）：鱼类和某些其他水生动物的类似翅或桨的附肢，有背鳍、臀鳍、尾鳍、胸鳍和腹鳍等。

拓展：

鲦 鲧 鲨 鲩 鲪 鲬 鲭 鲯 鲰 鲱 鲴 鲷 鲹 鲺 鳁 鳀 鳉 鳋 鲼 鲽 鳊

鱼4：鲮 鳃 鲣 鳑 鳒 鳅 鲵 鳄（鰐鱷蚅） 鳠 癣

（金文 欧阳询 赵孟頫 章草）（王羲之 黄庭坚 王羲之 章草）（简帛 欧阳询 赵孟頫 王羲之）（石韵府 赵孟頫 王铎）

（说文 欧阳询 王铎 吴亮）（金文 欧阳询 黄庭坚 赵孟頫）（金文 楚简 说文 王羲之 章草）（篆字汇 颜真卿 王羲之

章草 金文 梁培生 赵孟頫 解缙 简帛 说文 楷书）（说文 五经）（说文 颜真卿 颜真卿 颜真卿 黄庭坚 王羲之 章草）

辨析：

鱼字作为字根，各体同前，所涉组合的字根，可参见相关页。夌和麦互为异体字，鲮字可从麦。鳄有异体字鱷和蚅，各体可见。

鲮（鯪 líng）：古代传说中的怪鱼，也作陵鱼；鲮鲤，又名穿山甲；鲮鱼。

鳃（鰓 sāi）：鱼类吸取水中氧气的器官。

鲣（鰹 jiān）：鲣鱼，身体呈纺锤形，大部分无鳞，腹白，背苍黑。

鳑（鰟 páng）：鳑鲏，鱼，形似鲫鱼，生活在淡水中，产卵在蚌壳里。

鳒（鰜 jiān）：鳒科的比目鱼。

鳅（鰍 qiū）：鳅科鱼类的统称，泥鳅、沙鳅和长薄鳅等。

鲵（鯢 ní）：两栖类动物，俗称娃娃鱼。

鳄（鰐鱷蚅 è）：鳄鱼。

鳠（鱯 hù）：鳠鱼，身体细长，灰褐色，有黑色小点，无鳞，口部有四对须，生活在淡水中。

癣（癬 xuǎn）：由霉菌引起的某些皮肤病的统称，患处常发痒。

拓展：

鲶 鳀 鳁 鳂 鳆 鳇 鳈 鳉 鳊 鳋 臜 鳖 鳍 鳎 鳓 鳖 鳙 鳚 鳛 鳜 鳡 鳣 鳝

鱼5：鲁 镥 噜 撸 橹 氇

（甲骨 甲骨 甲骨 金文 金文 金文 说文 李斯 乙瑛碑 礼器碑 张猛龙 王羲之 颜真卿 颜真卿 颜真卿 黄庭坚

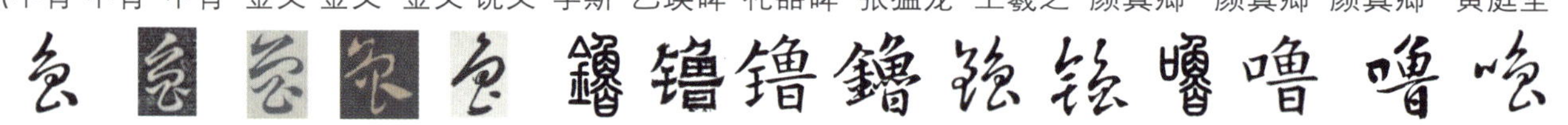

王羲之 赵孟頫 邓文原 宋可 于右任）（粗篆 爨体 欧阳询 赵孟頫 王羲之 章草）（粗篆 欧阳询 黄庭坚 王羲之）

（粗篆 柳公权 赵孟頫 王羲之）（甲骨 金文 简帛 说文 赵孟頫 王羲之 王铎）（粗篆 黄庭坚 鲁迅 王羲之 章草）

辨析：

鲁字甲骨文从鱼从口，未见从曰从白，金文从口演变为“曰”与“白”的结构都有，张猛龙有从“口”的隶书和颜真卿有从“白”的楷书，与古法相合。鲁字的草书，上边的鱼字草化为“鸟头（草书）”，日字写日字符“厶”，因此鲁字的草书符号为“鸟头厶”。可拓展。橹字偶见王铎异体字艪的草书写法。鳏字从鱼从罘，参见罘页。

鲁（魯 lǔ）：会意，甲骨文从鱼从口，“口”像器形，鱼在器皿，本义为鱼味美、嘉，说文曰从白，疑误；古鲁字从曰，有迟钝、愚钝、莽撞、粗野之意。

镥（鑥 lǔ）：三价的稀土族的金属。

噜（嚕 lū）：训斥；形容呼吸声。

撸（擼 lū）：捋；撤销；训斥。

橹（艪櫓櫓艣 lǔ）：形声，从木鲁声，本义为大盾牌，甲骨文形为大盾牌。

氇 lǔ：氆氇，藏族地区羊毛织品。

拓展：

穞 澛

禺1：禺 喁 偶 湡 隅 嵎 耦 藕 颙

（金文 楚简 秦简 古币 说文 颜真卿 章草）（说文 赵孟頫 王羲之）（说文 金文 帛书 颜真卿 颜真卿

索靖 孙过庭）（甲骨 金文 说文 邹武生）（金文 金文 简帛 秦简 说文 欧阳询 赵孟頫 王羲之）（说文 汉简

智永 王羲之）（金文 说文 虞世南 章草）（金文 说文 褚遂良 王羲之 章草）（简帛 说文 颜真卿 王铎 索靖）

辨析：

禺字的篆书为象形，隶定字形稳定，草书上边的日字草化为横弯（或加提点），下边的横和点省略。可拓展。

禺 yù：象形，小篆字形，像沐猴形，本义是兽名，一种猴，古人说它是仁兽；yú，区域。

喁 yóng：鱼口向上露出水面；yú，应和的声音。

偶 ǒu：指用木头或泥土等制成的人形，也指偶尔、双数（偶数）、偶然、指“我”偶尔、配偶等。

湡 yú：今中国河北省沙河的古称。

隅 yú：山水弯曲边角处，角、角落，边远的地方，边、旁。

嵎 yú：山弯曲的地方；同隅。

耦 ǒu：两个人在一起耕地；耦合；同偶。

藕（蕅蕅 ǒu）：莲的地下茎，肥大有节，中间有管状小孔，折断后有丝，可食。

颙（顒 yóng）：大头，温和肃敬的样子，仰慕，盼望。

拓展：

⿰目禺 ⿰忄禺 ⿰火禺 瑀 媀 禑 腢 ⿵门禺 ⿰禺瓦 ⿱禺黑 ⿰角禺 鍝　　P24.1 偶然欲书

禺2：堣 寓 遇 愚 髃 腢 鰅 齵

（齐侯镈 楚简 说文 魏碑）（金文 简帛 侯马盟 秦简 说文 张迁碑 智永 赵孟頫 智永 说文 陆恢 赵之谦）

（金文 楚简 秦简 说文 曹全碑 好大王 钟繇 王羲之 皇象 怀素）（帛书 说文 乙瑛碑 智永 赵孟頫 赵佶

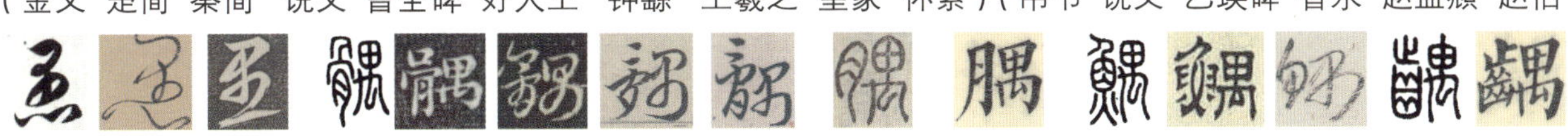

智永 怀素 鲜于必）（说文 俞和 皇象 邓文原 宋克）（篆字汇 彭玉雯）（说文 文徵明 朱耷）（说文 彭玉雯）

辨析：

禺字作为字根，各体同前。

堣 yú：古通隅，角落，靠边的地方。

寓（庽 yù）：寄居、寄住，托付、寄托。

遇 yù：相逢，不期而会；际遇、机会，遭受，对待、相待。

愚 yú：愚蠢、愚昧，自称之谦词，敦厚；蒙蔽、欺骗。

髃 yú：肩前骨，肩头。

腢 ǒu：膊前骨也，肩头。

鰅 yú：古书上说的一种表面有斑纹的鱼。

齵 yú：牙齿不整齐，泛指参差不齐。

拓展：

鸆 ⿰口寓 ⻍寓 ⿱寓心 ⿰忄愚　　P15.6 存精寓赏

Y

禺3：萬（万）噧 䃮（𥐰）邁（迈）譪 蠇（蛎）贎 蠆（虿）勱（劢）

（甲骨 甲骨 甲骨 金文 金文 金文 楚简 楚简 楚简 秦简 说文 智永 颜真卿 柳公权 王羲之 皇象 皇象 智永

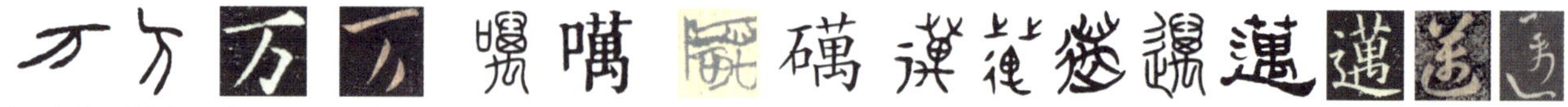

汉金文 说文 欧阳询 王羲之）（说文 楷书）（上博简 楷书）（金文 金文 简帛 说文 衡方碑 欧阳询 张芝 陆机

汉简 文徵明）（说文 楷书）（楚简 说文 楷书）（金文 楚简 说文 楷书）（金文 简帛 说文 说文 赵孟頫 王羲之）说文 赵孟頫 王羲之

辨析：

萬字楷化后从禺，草书从萬结构的，一般写皇象的草法，为约定俗成，书家从简体“万”的少见。

萬（万 wàn）：从厹，象形，蟲也，蝎子形，本义为蠍；极、非常、绝对；众多的；数词，千的十倍。

噧（吀 xiè）：声音高而话多。

䃮（𥐰 lì）：磨石也。

邁（迈 mài）：远行也，抬起腿來跨步；豪放，衰老，勉力。

譪（𬣙 mài）：夸大；hài，譀譪，争骂怒貌。

蠇（蛎 lì）：蠇，古同蛎。

贎 wàn：赠货。

蠆（虿 chài）：蛇蝎一类的毒虫。

勱（劢 mài）：努力。

拓展：

㒖 犡（犿） 䊪 澫 燤 巁 曞 櫔 爄 曥 𧝞 蠣 囆 𤓓 鱱 䴡 蠆

禺4：厲（厉）濿（沥 砅）勵（励）礪（砺）糲（粝）癘（疠）躉（趸）

（金文 金文 金文 简帛 说文 说文 熹平石 王献之 赵孟頫 皇象 王羲之 黄庭坚）（甲骨 甲骨 石鼓文 六书通

楷书 甲骨 说文 六书通 维摩诘）（邓石如 颜真卿 赵孟頫 于右任 欧阳询 王羲之）（说文 赵孟頫 颜真卿 章草）

（金文 赵孟頫 柳公权 王羲之）（说文 赵之谦 皇象 金文 赵孟頫 王羲之）（赵孟頫 金文 汉简 王羲之 王羲之）

辨析：

厲（厉）字有繁简两种写法，各体均见。

厲（蠇厉 lì）：是砺的本字，从厂像山崖形，表示与山石有关，本义是磨刀石；祸患、危险，恶鬼，瘟疫、传染病，河岸、水旁；带，衣带的下垂部分，砥砺、磨练，同励，振奋。

濿（沥砅 lì）：同砅，踏着石头过水，渡水；沥为濿的类推简化字。

勵（励 lì）：勉力也，发、振作，劝勉、鼓舞。

礪（砺 lì）：粗磨刀石，磨，砥砺（磨炼）。

糲（粝 lì）：粗糙的米，粗糙的。

癘（疠 lì）：瘟疫，恶疮，杀；lài，古同癞，癞病。

躉（趸 dǔn）：整批的购入，成批的。

拓展：

巁 曞 櫔 爄 曥 𧝞 蠇 蠣 囆 𤓓 鱱

俞 1：俞 腧 渝 逾（踰） 愉 谕 榆

（甲骨 金文 金文 不期敦 盟书 楚简 简帛 说文 王羲之 王羲之 王羲之 孙过庭 章草）（金文 王羲之 王羲之 章草）

（金文 楚简 说文 王羲之日本 宋克）（金文 简帛 说文 鲜于璜 颜真卿 王铎 王羲之 章草 说文 灵飞经 王铎 索靖 辨体）

（金文 简帛 说文 欧阳询 王羲之 孙过庭）（金文 简 帛 说文 赵孟頫 王铎 王羲之）（甲骨 金文 简帛 说文 柳公权 王羲之）

辨析：

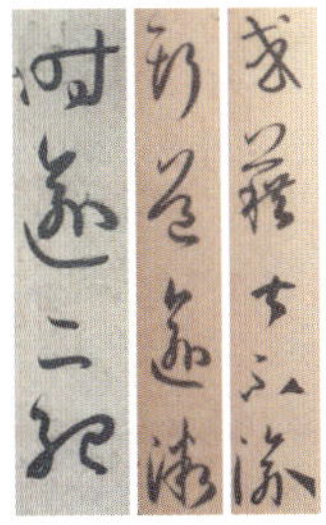

俞字结构稳定，草书，重点在月（舟字讹变形）与刂（或两弯竖（水））连起来的使转，月字的草书，一为快写，二为草书符号“3+、（顿号）”，与刂字连写后，近于“子”形；刂字的草书，一是快写，见于皇象的章草输（见下页）等字；二为“右刀寸点弯”，也可以理解为补笔，见于章草俞字和索靖的章草踰等字。

俞（俞 yú）：会意，从亼（jí）从舟从水，刂乃水讹变也，与造船有关，古代挖空树木做船；一般有三种读法，分别读作 yú、yù 、shù，读作 yú 时，是文言叹词，表示允许，有安的意思，同时是作为中国姓氏读音；读作 yù 时，古同愈，更加的意思；读作 shù 时，同腧。

腧 shù：人体上的穴道。

渝 yú：变更、改变，信守不渝。

逾（踰 yú）：越过、超过。

愉 yú：和悦，快意；古同偷，苟且敷衍。

谕（諭 yù）：旧时上告下的通称，也指告诉。

榆 yú：榆树。

拓展：

蕍 瓹 褕 毹 窬 牏 腧 硧 睮 窬 褕 緰 羭 蕍 蝓 蕍 踰 觎 醹 貐

P28.6 或藉甚不渝人亡业显　　P10.5 时逾二际　　P16.6 斯道逾（愈）微

俞 2：愈 喻（歈） 瑜 揄 输 偷 婾 觎（覦） 蝓 瘉

（金文 楚简 石韵府 姚孟起 王羲之 宋克）（金文 王铎 赵孟頫 王羲之 王献之 智永 说文 文徵明 王铎）

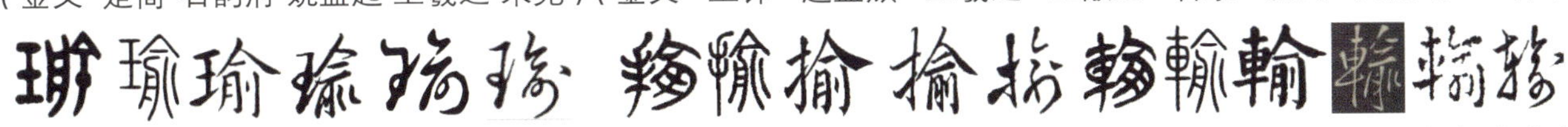

（金文 说文 王羲之 王铎 王羲之 赵孟頫）（简帛 说文 颜真卿 陆柬之 章草）（简帛 说文 颜真卿 王铎 皇象 宋克）

（金文 简帛 赵佶 王羲之）（简帛 说文 赵孟頫）（金文 说文 欧阳询 章草）（说文 彭玉雯 章草）（说文 智永 倪元璐）

辨析：

同前页。需注意俞字的隶楷行结构，均有俞和兪字的两种写法，分别从刂和从巜（水）。

愈 yù：更加、越发；病情好转；胜过、高明。

喻（歈 yù）：告知，把情况通知某人，同谕；比方。

瑜 yú：形声，从玉俞声，美玉。

揄 yú：形声，从手俞声，引、拉、挥动、拿出；宣传、发扬。

输（輸 shū）：形声，从车俞声，转运、运送。

偷 tōu：窃取，趁人不知时拿人东西。

婾 yú：从女俞声，巧黠（聪明而狡猾）也；同偷、愉。

觎（覦 yú）：非分的希望。

蝓 yú：虫名，蛞蝓，水蜓蚰、鼻涕虫。

瘉 yù：病，病好了，贤才，超过、胜过，更加，通愈。

拓展：

鄃 鍮 颵 瀹 騟 癵 瘉　　P9.2 孰愈面墙

Y

与 1：与（與） 譽（誉） 舉（举） 礜

（说文 樊敏碑 齐白石 敦煌 王羲之 王羲之 王献之 王献之 智永 怀素）1 *王献之 智永 （赵孟頫 文徵明）*

（甲骨 金文 盟书 说文 肥致碑 欧阳询 王羲之 皇象 索靖 王献之 王铎）2 *（说文 王羲之 朱熹 王羲之）（说文 赵构 于右任）*

（金文 简帛 说文 欧阳询 王羲之 王羲之 赵孟頫 智永）（甲骨 金文 说文 肥致碑 王羲之 空海）（说文 王献之 皇象）

辨析：

一勺为与，与字的草书有两种，一是快写，二是“E”的快写。“與”字的草书，上半部分皇象草化为“乙”形，篆书的四只手草化为一只手，或王献之中间出现“与” 字形状，右边一笔带过的草法；举（舉）与誉（譽）字头的草法，一种是写三点，一种是写“乙”，“举身为乙末”，即举字的草书为“乙末”，同理，誉也可以写成“乙言”。而礜字的草书上部分用“乙”的写法未见，常见的是写三个点，应予注意。焉和舉（举）字参见焉和举页，写（寫）从臼，参见臼页

与（與 yǔ）：会意，小篆字形“一、勺”合起来，表示赐予别人东西。“與”，从与（篆书为牙，像贵重的象牙）从舁（yú 四只手），共同抬起，与，给予，合起来表偕同、朋友，本义为赐予、施予、给予。

誉（譽 yù）：形声，从言與（yù）声，本义为称赞、赞美。

礜 yù：毒石也，出汉中，从石與声。

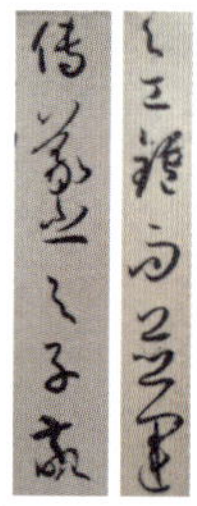

拓展：

1. 与：*焉 屿 写（寫） 写 玙*
2. 與：*嶼 璵* 偄 嬩 懙 萸 鱮 澳 獡 擧 歟 懇 腴 磦 礜 穥 旟 篽 鰅 鷽 轝

P15.1 与工鑢而并用　　P31.3 传羲之与子敬

与 2：歟（欤） 漵（溆） 嬩

（金文 六书统 欧阳询 颜真卿 柳公权 赵孟頫 黄庭坚 王铎 郭沫若 王羲之 文徵明 徐珵 王守仁

说文 王夫之 唐玄宗 虞世南 柳公权 赵孟頫 李邕 米友仁 张照 孙过庭 孙过庭 米芾 陈淳 潘伯鹰）

（六书统 魏碑 说文 王羲之 欧阳询 颜真卿 柳公权 赵孟頫 王铎 王羲之 赵孟頫 章草）（说文 楷书 王铎）

辨析：

欤和歟字的草书分别从与和與，草法同前页。漵字，不常见，其异体字溆，较为常见。

歟（欤 yú）：形声，从欠与声，欠，与出气有关，本义为表感叹、反诘、疑问语气。

漵（溆 xù）：水名，古名序水，又名双龙江，源出湖南省溆浦县，流入沅江。

嬩 yú：女字也，古女子人名用字。

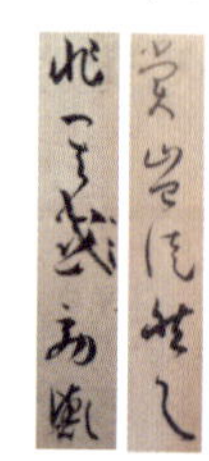

拓展：

獡 懙 懇 礜 腴

P16.1 赏岂徒然欤　　P34.3 非其效歟

Y

予幻 1：予　幻

（金文 帛书 石经 说文 皇象 石韵府 隶辨 居延简 肥致碑 张迁碑 齐白石 欧阳询 颜真卿 索靖 王羲之）

（金文 金文 说文 汗简 九经 邓石如 王羲之 虞世南 赵孟頫 王羲之 文徵明 王羲之 秦观 于右任 章草）

辨析：

予和幻两个字的篆书字形结构是相互颠倒的。予的草书为快写和省点后的快写，作为部件，草书予字省点后，起笔为横势，比事（草书）字的尾巴长而垂，可参照下页。

幻字的幺字，居于上下左的结构，篆隶楷行各体累见，草书快写、将幺草化为“子”形、幺写入冂内的情形亦均见。

予 yǔ：指事，像两手相与之形，本义为授予、给予，“予”和“与”同义，都是“给与（使别人得到）”的意思；汉代隶书中的“予”字两个三角形已开始讹变，由此发展成为楷书中的“予”字；yú，假借为余，我。

幻 huàn：相诈惑也，从反予，幻从反予，其本义当为欺诳。予者，言语之许与也；言语既许与之而实不与，是反予也，今俗谓之骗人，即幻字原意；后世用为虚幻、幻灭以及诡诞、惑人，皆其引申也。

予幻 2：妤　杼　纾　舒　野　预　豫　序　芧

（金文 赵孟頫 王羲之 章草）（简帛 说文 说文 曹全碑 孙过庭 韵会 古文 六书统 敦煌）（说文 欧阳询 于右任）

（金文 楚简 说文 颜真卿 王羲之 鲜于枢）（甲骨 绎山碑 智永 皇象 赵孟頫）（说文 虞世南 王羲之 韵会）

（金文 楚简 说文 赵孟頫 宋徽宗 王铎）（说文 虞世南 颜真卿 王羲之 王羲之 于右任）（说文 赵之谦 王铎）

辨析：

予字拓展性较强，各体同前。杼字的古文和野字的甲骨文，分别见其异体字竽和埜的写法。矛茅等字，楷书从“予形”而篆书非从“予形”，见矛页。

妤 yú：婕妤，汉代宫中女官名。

杼（竽 zhù）：织布机的梭子；古文和六书统为竽字的篆书形。

纾（紓 shū）：形声，从糸予声，本义为延缓；解除、排除。

舒 shū：伸展，舒展；展现，宣泄积滞，抒发。

野（埜壄 yě）：郊外，野外；野生的，粗鲁，粗野，鄙俚，俚俗。

预（預 yù）：安乐，预先，事先。

豫 yù：大象，河南省的简称；乐意，参与，出游，游乐，嬉戏。

序 xù：东西墙；古代学校的别名；次第，次序，季节，功业。

芧 xù：橡树，栎的一种；草名，亦名三棱；zhù，一种苎麻。

拓展：

伃 阤 抒 汿 圩 孖 杼 矜 炢 砑 楙 魣

Y

羽 诩 翅 翊 翎 翦 翔 翘 扇 翌 羿

（甲骨 甲骨 甲骨 甲骨 金文 楚简 秦简 说文 曹全碑 欧阳询 颜真卿 皇象 王羲之 怀素）（说文 颜真卿 章草）

（简帛 说文 柳公权 王羲之）（甲骨 说文 赵孟頫 皇象）（说文 王羲之 王羲之）（说文 赵佶 王羲之）（说文 智永）

（说文 于右任）（说文 智永）（金文 虞世南 草书）（说文 柳公权 王羲之）*索靖 王羲之 （智永 文徵明 ）王铎 朱耷*

辨析：

羽字的的篆书象形意义明确，羽毛姿态多变，隶定字形稳定，行草书为快写。可拓展。翼翩翠翁翱翕習翏翾翟翻翰"等常用字，还可参见相关偏旁的字及相关页。

羽 yǔ：商代甲骨文已经出现，像两根鸟羽的样子，羽毛，都有一根主干（羽轴），两旁长满了羽绒状的东西（羽枝），本义为鸟毛，特指鸟的长毛。

诩（詡 xǔ）：形声，从言羽声，本义是说大话，夸耀。

翅 chì：形声，从羽支声，为鸟类、昆虫的翅膀。

翊 yì：形声，从羽立声，飞的样子。

翎 líng：翎毛，鸟翅和尾上的长羽毛。

翦 jiǎn：初生的羽毛，同剪。

翔 xiáng：翅膀平直不动盘旋地飞。

翘（翹 qiáo）：鸟尾上的长羽；抬起，启发，揭露 。

扇 shàn：摇动生风取凉的用具，板状或片状的屏。

翌 yì：次的、第二的，光耀的、显赫的；甲骨金文同"羽"字甲骨文前两种写法的情形累见。

羿 yì：鸟张翅旋风而上，古诸侯也，唐尧时的射师，后羿。

拓展：

翼 翩 翠 翁 翱 栩 翚 珝 祤 翀 翂 翃 翆 翃 翢 翌 翲 翳 翐 翵 翛 翓 翍 翞 翢 翖 谬 翘 翜 揄 翏 阘 翧 翭 翡 翮 翯 翮 翥 翏

雨 1：雨 雪 霜

（甲骨 甲骨 甲骨 金文 楚简 秦简 说文 曹全碑 欧阳询 颜真卿 皇象 王羲之 王羲之 智永 张旭 鲜于枢）

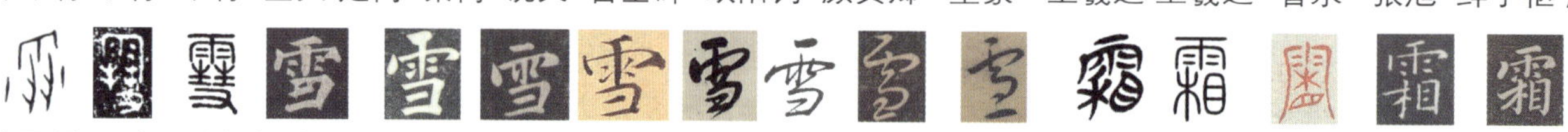

（甲骨 金文 说文 颜真卿 柳公权 赵孟頫 赵佶 王铎 启功 王羲之 王宠）（简帛 说文 石韵府 欧阳询 颜真卿

宋徽宗 王羲之 苏轼 赵孟頫 索靖 王羲之 怀素 赵孟頫）*（皇象 章草）（虞世南 王羲之 ）王羲之 王羲之 赵构*

辨析：

雨字头草书，1. 雨内的点，左右各草化为一点；2. 同虎字头"虍"的草法。可拓展。

雨 yǔ：象形，甲骨文像下雨形，本义为下雨。

雪 xuě：会意，从雨从彗，彗省声，本义是空气中的水汽，冷却到摄氏零度以下时，就有部分凝结成冰晶，由空中降下，叫做雪。

霜 shuāng：形声，从雨相声，本义是在气温降到摄氏零度以下时近地面空气中水汽的白色结晶。

拓展：

雨（108） ***霸（霸）霞 霏 霖 霹*** 雪 雷 露 雾 零 雹 需 震 霍 霄 霎 霾 霓 霉 霭 雳 雩 霾 甗 霳 霒 霣 霰 雫 霥 霂 雸 雯 爧 霿 雺 霈 霮 雪 霏 霻 霺 霟 霘 霦 霫 霌 鄠 雼 霣 霧 霱 霿 霐 雱 靅 霆 霺 霶 霣 霙 P47.2 凌霜雪而弥（彌）劲

雨 2：雹 霄 靄 電 霾 霪

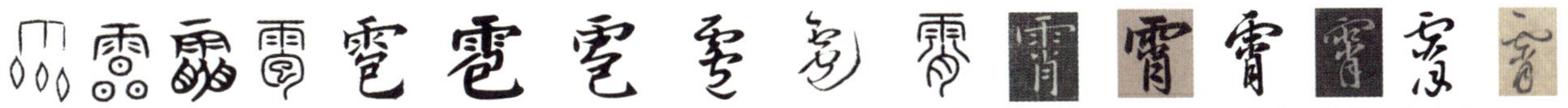

（甲骨 古文 楚简 说文 欧阳询 颜真卿 王羲之 王羲之 王铎）（说文 欧阳询 赵孟頫 王羲之 米芾 王羲之 边武）

（金文 说文 王羲之 王铎 张若靄 章草）（金文 楚简 说文 王羲之 憨山 孙过庭 怀素 韵会 汉简 王羲之 于右任）

（甲骨 甲骨 说文 何绍基 柳公权 赵孟頫 王羲之 李洤）（金文 古文 楚简 欧阳询 陆游 王羲之 王羲之 文徵明）

辨析：

雨字头的字，有些草书写法需注意异体字的使用，如霪字的草书可从其异体字“霠”。

雹 báo：形声，从雨包声，本义是冰雹。

霄 xiāo：形声，从雨肖声，雨霓为霄，天空，夜、晚间。

靄（靄 ǎi）：形声，从雨谒声，本义是云气。

电（電 diàn）：形声，从雨申声，本义为闪电。

霾 mái：形声，从雨貍声，甲骨文为“雨豸”形，本义是风夹着尘土。

霪（霠 yín）：从水垩声，久雨也；通作淫，古文楚简可见。

拓展：

雷 雸 雲 雩 雺 霉 霏 霰 霨 霪 霳 靇 霷 霸 霹 霺 霻 霚 霥 露（见路） 霚 霽 霾 靚 霌 鼒

雨 3：霍 霉 雯 霆 零 霁 霸 震

（甲骨 甲骨 甲骨 甲骨 金文 金文 金文 简帛 赵宽碑 王羲之 王羲之 邓文原）（金文 颜真卿 赵孟頫 王羲之）

（金文 虞世南 米芾 索靖 李洤）（金文 简帛 说文 褚遂良 王羲之）（金文 说文 王羲之 赵佶 怀素 怀素 黄庭坚）

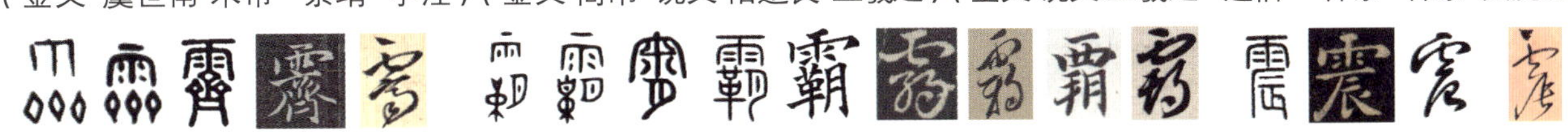

（甲骨 金文 说文 赵孟頫 王铎）（金文 金文 古文 说文 欧阳询 皇象 傅山 智永 智永）（说文 钟繇 王羲之 王铎）

辨析：

霍霁需三个字的篆书形态较多，草书应注意细节，如霁需两字，最后两划的排列位置，霁竖排两横，需横排两竖。

霍（靃 huò）：会意，从雨，本义是鸟疾飞时发出的声音，后描述门、水等响声。

霉 méi：形声，从雨每声，本义是物因生菌而质变。

雯 wén：花纹状云彩。

霆 tíng：形声，从雨廷声，劈雷，霹雳。

零 líng：形声，从雨令声，本义为下雨，指落细雨。

霁（霽 jì）：形声，从雨齐声，本义是雨止。

霸 bà：形声，从月，阴历每月之初始见的月光，这个意义又写作“魄”；古代诸侯之长；依仗权势或实力横行一方的人；（文采、才能）过人。

震 zhèn：形声，从雨辰声，劈历振物者。

拓展：

霷 霸 霺 霻 霚 霥 霚 霽 霾 靚 霌 鼒 靐 霮 靂 靃 靄 靇 霰 霳

Y

禹 偊 踽 瑀 龋（齲 䶚） 楀 聥 鄅 寓 萭

（禹鼎 金文 金文 金文 说文 李阳冰 王羲之 王羲之 王羲之 赵佶 赵孟頫）（篆字汇 王宠）（说文 欧阳询

王铎 王羲之）（说文 黄庭坚 毛泽东）（甲骨 甲骨 甲骨 说文 汉简 颜真卿 黄庭坚 文徵明 章草 说文 楷书）

（说文 五经）（说文 楷书）（说文 彭玉雯）（金文 籀文 六书通 楷书 索靖 说文 颜真卿 皇象）（说文 彭玉雯 皇象）

辨析：

禹字从虫，隶定字形稳定，草书可将中间的口字草化为横勾加提，或两点。可拓展。属字从禹，亦可拓展，见属页。

禹 yǔ：虫也，从厹，象形；夏代开国之君，相传因治水有功，得舜让位，立国为夏。

偊 yǔ：偊偊，古同踽踽，独行的样子；小心谨慎的样子。

踽 jǔ：踽踽，一个人独行的样子，踽踽凉凉（孤独凄凉的样子）；慢步行走，踽步（慢步的样子），踽踽（小步慢行的样子）；通伛，踽偻（伛偻）。

瑀 yǔ：像玉的石头，白色。

龋（齲䶚 qǔ）：龋病，龋齿，即蛀齿，俗称蛀牙、虫牙。

楀 yǔ：古书上说的一种树。

聥 jǔ：张耳有所闻；惊。

鄅 yǔ：中国春秋时国名，故址在今山东省临沂市北。

寓（宇 yǔ）：从禹，屋檐，寓是宇字的籀文。

萭 yǔ：古书上说的一种草；jǔ，端正车轮的工具。

拓展：

湡 垂 堣 禑 竬 蝺 霱　　　P37.6 信属目前

玉 1：玉 匡 玨 钰 鈺 璺 瑬 瑿 璗 璽

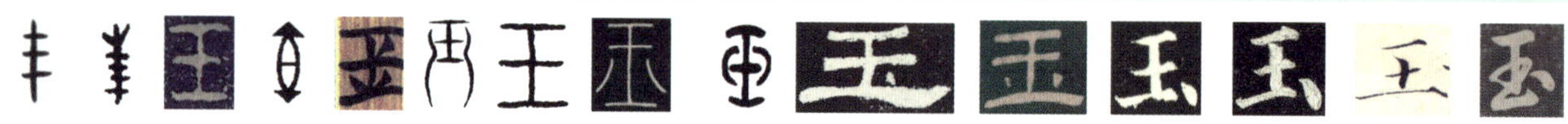

（甲骨 甲骨 金文 玉爵 楚简 说文 说文 李阳冰 邓石如 史晨碑 淳化帖 欧阳询 颜真卿 赵佶 王羲之

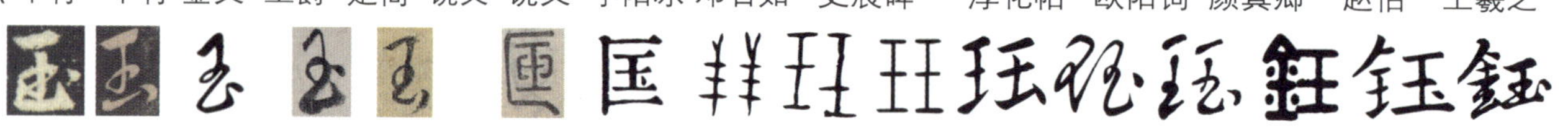

史游 索靖 王羲之 张旭 怀素）（篆字汇 楷书）（甲骨 甲骨 说文 王羲之 李洤 章草）（金文 欧阳询 赵孟頫

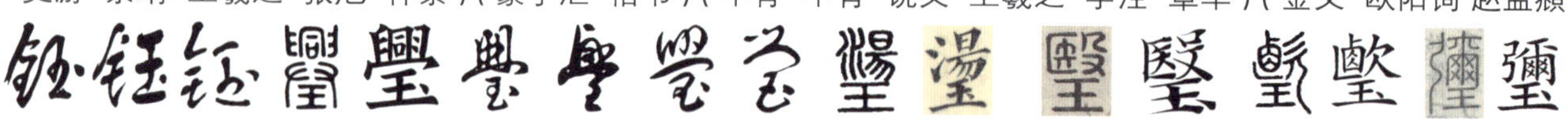

王铎 舒同 章草）（金石篆 欧阳询 王羲之 孙过庭 李洤 于右任）（说文 彭玉雯）（篆字汇 维摩诘）（说文 楷书）（说文 楷书）

辨析：

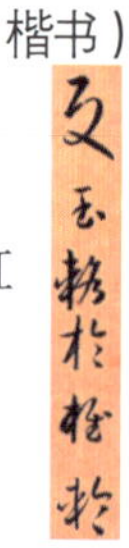

玉字的大篆为串起来的玉片，小篆为三横等距，隶定字形稳定，行草书为快写。可拓展。宝莹闰玺璧等字，从玉，参见相关页，国（國）从或，见或页。王旁的字，如珮珲环珣等，本从玉，参见王页。

玉 yù：象形，甲骨文字形像一根绳子，串着一些玉石，本义温润而有光泽的美石。

匡 qū：匣子。

玨 jué：合在一起的两块玉。

钰（鈺 yù）：宝物、珍宝，坚硬的金属。

璺 wèn：器破而未离谓之璺，裂纹，缸上有道璺，打破沙锅璺到底。

瑬 dàng：黄金，跟玉一样颜色的美金，一种玉。

瑿 yī：黑色的美石，黑玉，黑色的琥珀。

璗 yǒu：遗玉也。

璽 mí：玉名；xǐ，弛弓。

拓展：

玺 坔 砡 凰 蛗 赿 盟 琞 韭 鋈 壓 鐾 璽 璱 璺 瑿 璽　　　P5.5 反玉辂于椎轮者乎

Y

玉 2：珠 瑶 琅 琢 玳 瑁 珣 琄 瑾 瑷 琥 珀

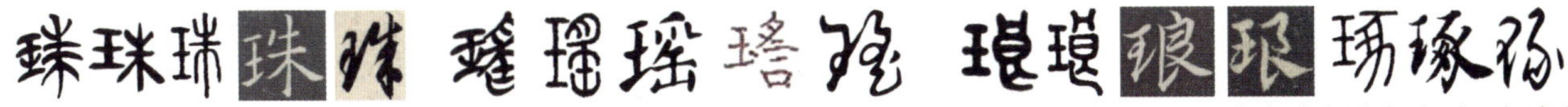

（简帛 秦简 说文 欧阳询 智永）（简帛 说文 颜真卿 异体字 王羲之）（金文 说文 赵孟頫 皇象）（说文 智永 李淦）

（金文 石韵府 欧阳询 柳公权 王羲之）（金文 说文 何绍基 王羲之 章草）（说文 颜真卿 彭玉雯 王珣 王珣 王铎）

（篆字汇 彭玉雯）（简帛 说文 董美人 董其昌 王羲之）（细篆 赵孟頫 于右任 章草）（说文 智永 李淦）（金文 李淦）

辨析：

玉字拓展的字，楷化后为“王”形，各体写法同前。所涉字根可参见相关页。

珠 zhū：形声，从玉朱声，本义是珍珠，蛤蚌壳内由分泌物结成的有光小圆体。

瑶（瑤 yáo）：形声，从玉，本义为似玉的美石。

琅（瑯 láng）：形声，从玉良声，本义为似玉的美石或青色的珊瑚。

琢 zhuó：形声，从玉豖声，雕刻加工玉石。

玳瑁 dài mào：热带和亚热带海洋里的一种食肉性海龟，是贸易上的优良龟甲。

珣 xún：玉名。

琄 xuàn：佩玉貌，佩玉。

瑾 jǐn：美玉，亦喻美德。

瑷（璦 ài）：美玉。

琥珀 hǔ pò：由微黄到微褐色半透明的树脂化石，可作装饰品（如串珠及烟嘴），可作中药。

拓展：

玿 珀 珂 玥 珄 珅 珆 珇 珈 珉 珊 珋 珌 珍 弥 珏 珐 珑 荃 诳 珲 珹 珽 琊 琤 瑗 瑸 瑹 璃 璈 璉 碧 璜 璡 璞 璟 璠 璢 璣 璁 璥 璭 璲 琮 瑕 瑖

聿 1：聿 津 律 肆 建 健 踺 鞬

（甲骨 金文 说文 张聿印 颜真卿 王羲之 王羲之）（金文 简帛 说文 异体字 简帛 说文 夏承碑 褚遂良 王铎 鲜于枢）

（甲骨 金文 说文 赵孟頫 皇象 怀素）（甲骨 金文 秦简 说文 说文 虞世南 王羲之 章草）（甲骨 金文 金文 金文 简帛 说文

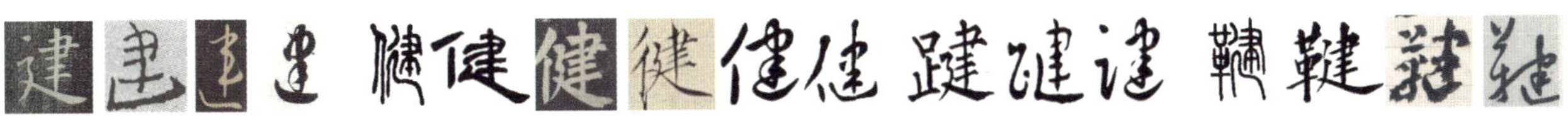

欧阳询 简书 王羲之 智永）（说文 曹全碑 颜真卿 赵佶 王羲之 章草）（柳公权 鲁迅 王羲之）（说文 郑孝胥 王蘧常 于右任）

辨析：

聿字形态较为稳定，草书省略上边部件中的的中横，可加挑点。拓展的字较多，其中肆和疑字左边的结构草法相同，草法疑字中隐含有“牛”的结构，肆字草书的写法从之。踺字的足旁，需注意行草书的区别。

聿 yù：聿者，所用书之物也，说文曰：“聿，所以书也，楚谓之聿，吴谓之不律，燕谓之弗。”

津 jīn：水渡也，渡口，古文津，从舟淮。

律 lǜ：形声，从彳聿声，本义是法律、法令。

肄 yì：习也，从聿希声，又劳也。

建（逮 jiàn）：会意，甲骨金文的构型像手持杵劳作形，从廴（yǐn），有引长的意思，从聿（意为律），本义为立朝律。

健 jiàn：形声，从人建声，本义是强有力，敏捷、高明、有才能，勇猛。

踺 jiàn：行貌；踺子，体操运动及舞蹈的一个翻身动作。

鞬 jiān：马上盛弓箭的器具。

拓展：

埭 崋 葎 隶 琫 庫 殔 健 揵 湕 硉 綍 逮 箻 楗 楗 毽 煡 犍

聿2：筆（笔） 潷（滗） 肇

（简帛 说文 吴让之 感孝颂 刘恕 卫夫人 欧阳询 褚遂良 颜真卿 宋徽宗 王羲之 黄庭坚 米芾

皇象 王羲之 怀素 赵孟頫 鲜于枢 颜真卿 章草）（篆字汇 赵孟頫 毛泽东 王羲之 欧阳询 颜真卿 王羲之）

（甲骨 金文 金文 说文 王羲之 王羲之 异体 武则天 刘恕 韵会 甲骨 金文 金文 虞世南 异体 王羲之 章草）

辨析：

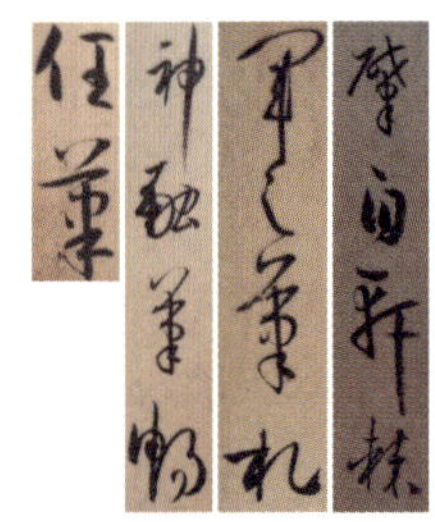

筆（笔）字为竹字头，草法可写草字头，筆字也可写“笔”。肇字有从攵（又）和从戈的写法，其中，“户”字从肇的异体字部件从“石”的写法。

笔（筆 bǐ）：从竹从聿，聿亦声，表示手持末端撮兽毛的竹管在写字。

潷（滗 bì）：挡住渣滓或泡着的东西，把液体倒出。

肇（肈 zhào）：形声，从攴肇省声，从攴与打击有关，本义为击。

拓展：

瑾 熚 滭 蹕

P8.4 绍右军之笔札　P13.3 任笔为体　P25.3 神融笔畅　P30.1 肇自轩辕

聿3：1 画（畫畫）劃（画划）繣 2 晝（昼）3 盡（尽）藎（荩）燼（烬）贐（赆）

1（甲骨 金文 说文 说文 礼器碑 欧阳询 颜真卿 王羲之 米芾 皇象 王羲之 智永 黄庭坚 王羲之 章草）

（楚简 古文 说文 赵孟頫 赵孟頫 欧阳询 王羲之）（篆汇 米芾 文徵明）2（甲骨 金文 六书统 说文 智永 王羲之 智永）

3 甲骨 金文 秦简 说文 赵孟頫 欧阳询 王羲之 皇象 米芾）（皇象 于右任）（王铎 王羲之）（篆字汇 王羲之 章草 韵会）

辨析：

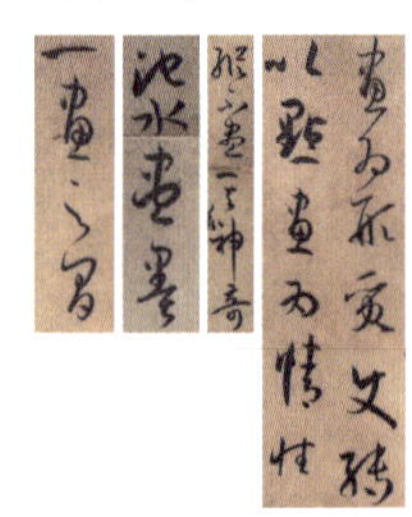

画（畫畫）、尽（盡）、昼（晝）三个字上边都是聿字，画（畫）字从田，草书突出田字；昼字从日，草书突出日字；尽（盡）字从皿，草书突出皿字，赆（贐）字写上下结构时，“皿”省略，贝居下草写“大”。

画（畫畫 huà）：此字始见于商代甲骨文，古字形上部表示以手执笔（聿），下部是笔画出的线条；画的本义是用笔描绘图形，一说本义是划分地界。

昼（晝 zhòu）：会意，从日从畫（画）省，从日表示太阳，从畫，表示一种界限，本义是白天，与“夜”相对。

尽（盡 jìn/jǐn）：始见于商代甲骨文，其古字形像一只手拿着刷子在刷洗器皿，表示饮食已尽，以此表示终尽之意。

劃（画划剗）繣 藎（荩）燼（烬）贐（赆）等字，释文略。

拓展：

嫿 澅 嚍 儘 撎 臢；濜；儘 嚍 壗 嫿 藎 濜 樎

P12.5 一画（畫）之间　P19.3—5 真以点画为形质草以点画为情性　P3.5 池水尽墨

P16.4 纵不尽（盡）其神奇

郁（欝 鬱）

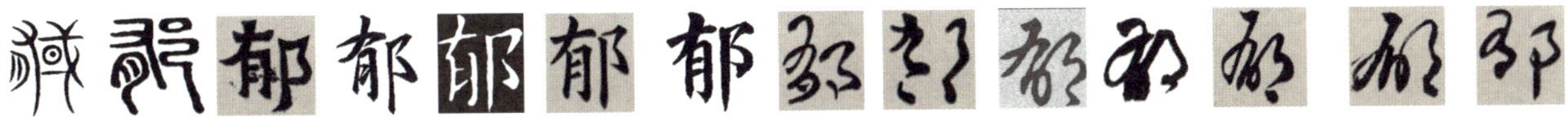

（古论语 说文 爨体 王羲之 王献之 欧阳询 颜真卿 章草 王羲之 赵构 祝枝山 徐伯清 敬世江 于右任）

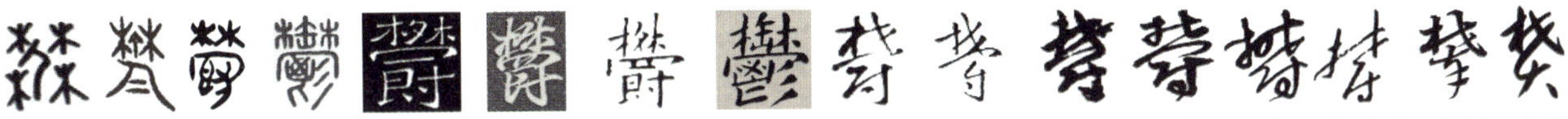

（甲骨 古尊 秦简 说文 吊比干 王羲之 欧阳询 颜真卿 智永 欧阳询 孙过庭 宋克 王铎 朱耷）*索靖 李淦*

辨析：

郁字有繁简两类写法，草书有二，一种就是按照“郁”字的结构，写“有＋阝（邑）”的草书组合。一种是写楙（fán，参见斜体的攀和樊字草书）字头“鬱欝”，草书省掉上边的中间部件而只留两个木，冖保留，下边为“即”字的草写。鬱从鬯，见相关页。

郁（欝 yù）：形声，从邑有声，“郁”本是地名，又作姓；“鬱”为形声，从林，鬱（yù）省声，本义为繁盛的样子。

拓展：

喐 栯　　P35.3 情多佛郁（鬱欝）

㴊 淵 婣 逿 㶑 鼘

（说文 楷书）（甲骨 金文 金文 金文 金文 楚简 楚简 说文 曹全碑 智永 孝慈墓 欧阳询 颜真卿 宋徽宗

赵孟頫 皇象 智永 赵佶）（籀文 楷书 说文 颜真卿 王羲之）（说文 楷书）（篆字汇 方孝孺 王铎）（说文 楷书）

辨析：

㴊字作为字根，可拓展，隶定为㴊，行草书为快写。

㴊 yuā：淵，古作㴊。

淵（渊 yuān）：深水、深潭，根源、本源，人或物聚集的地方；异体字有“渊囦渁渆渕灁灟渊圂㴊剈囦囦弲㴿浣渆渕淵渊”等等。

婣 yīn：同姻。

逿 yuān：行貌。

㶑（㶑 yūn）：水深广的样子，泉水。

鼘 yuān：鼘鼘，鼓声，鼗鼓鼘鼘。

拓展：

淵 棩 蜵 裫 裫 棩 裫 圎 蜵 蜵 鼝

元 1：元 伌 沅 杬 忨 刓 岏 阮

（甲骨 甲骨 甲骨 金文 楚简 说文 李斯 乙瑛碑 礼器碑 欧阳询 颜真卿 柳公权 赵孟頫 赵佶

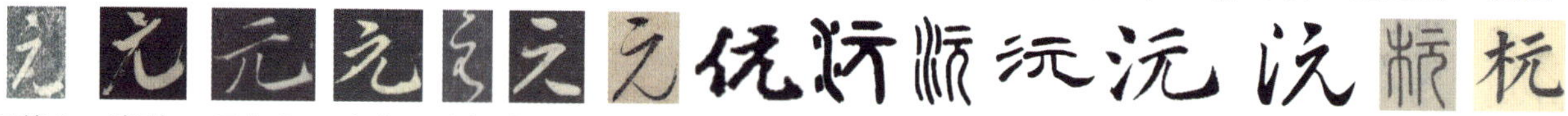

王羲之 米芾 元好问 皇象 张旭 怀素 宋徽宗）敦煌（金文 说文 曹全碑 虞世南 王羲之）（篆字汇 彭玉雯）

（金文 简帛 说文 彭玉雯）（说文 赵孟頫 米芾）（篆字汇 徐珵 丰坊）（金文 说文 六书统 张即之 乾隆 智永）

辨析：

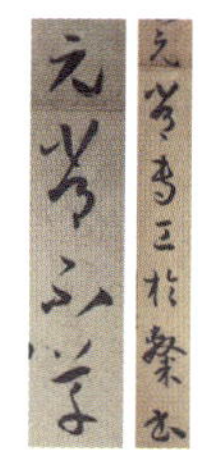

元字字形简单，行草书为快写。可拓展。园（園）完冠远（遠）玩（翫）等字，参见相关页。

元 yuán：会意，始也，从一从兀，甲骨文像人形，上面一横指明头的部位，最上一短横是后加上去的，依汉字造字规律，顶端是一横的，其上可加一短横，本义是头。

伌 ruǎn：我们、我，闽语。

沅 yuán：水名，沅江。

杬 yuán：古书上说的一种乔木，树皮煎汁可贮藏和腌制水果、蛋类；古同芫，芫花；wán，按摩。

忨 wán：贪爱、苟安；wàn，苟安。

刓 wán：形声，从刀元声，削去棱角；雕琢，挖，剜；残缺，凋敝。

岏 wán：巑岏，山势高耸。

阮 ruǎn：形声，从阜元声，代郡五阮关；殷商国名，在今甘肃省泾川县，为周文王所灭；乐器阮咸；姓。

拓展：

抏 酛 䑥 閌 霐 魭 髨 冠 朊 逭 晥 寇 莀 坃 斗元 蚖
P6.2 且元常专工于隶书　　P21.1 元常不草

元 2：朊 邧 顽 妧 芫 鼋（黿）

（甲骨 金文 曹全碑 欧阳询 王羲之 王羲之）（说文 楷书）（简帛 说文 钟繇 白鹤观 颜真卿 邓石如 皇象 董其昌）

（篆字汇 卢中南）（金文 说文 柳公权 米芾 章草）（甲骨 甲骨 甲骨 甲骨 金文 说文 王羲之颜真卿 王铎 王羲之）

辨析：

元字作为字根，字形稳定，各体同前。鼋从黽，草书近于龟字“兆带免头龟”的草法。

朊 ruǎn：从肉完声，胃府也；月光微也；蛋白质的旧称；人的阴部 。

邧 yuán：古邑名，中国春秋时属秦，在今陕西省澄城县境。

顽（頑 wán）：形声，从页元声，难劈开的囫囵木头；愚蠢，愚顽，凶恶的人；坚强。

妧 wàn：美好，好的样子；yuán ，古女子人名用字。

芫 yuán：芫花，落叶灌木，开紫色小花，有毒，供观赏，花蕾可入药；yán，芫荽。

鼋（黿 yuán）：大鳖。

拓展：

朊 笎 坃 寇 䝔 莞 䛃 軏 鈨 翫 魭 鴹 鳶

员 圆 陨 殒 勋 损 埙

（甲骨 甲骨 金文 石鼓文 说文 史晨碑 欧阳询 颜真卿 柳公权 赵孟頫 赵佶 王羲之 王羲之 智永 赵孟頫）

（说文 柳公权 宋徽宗 米芾 王羲之 怀素 赵佶）（说文 颜真卿 钟繇 索靖 韵会）（金文 何绍基 王羲之 颜真卿）

（金文 简帛 广义 王羲之 王羲之 颜真卿 皇象 皇象）（说文 曹全碑 王导 王羲之）（金文 魏碑 赵孟頫 章草）

辨析：

圆从员，员字草书，口写两点或一横，贝居下可以快写或写“大”。可拓展。

员（員 yuán）：会意，物数也，甲骨文俯视鼎是圆形的，小篆从贝口声，本义为物的数量、人员的数额，亦指人员，籀文从鼎。

圆（圓 yuán）：形声，从囗员声，本义为圆形。

陨（隕 yǔn）：从高处掉下，坠落。

殒（殞 yǔn）：歺为剔肉残余的骨头，本义为没也。

勋（勳 xūn）：特殊功劳。

损 sǔn：形声，从手员声，本义为减少。

埙（塤壎 xūn）：一种陶土制吹奏乐器。

拓展：

郧 娟 涢 篔　　P52.2 泯规矩于方圆

爰 援 谖 缓 媛 暖 猨（猿） 瑗 萲（萱）

（甲骨 说文 宝子碑 瘗鹤铭 王羲之 王羲之 李洤 邓文原）（说文 袁博碑 欧阳询 颜真卿 赵孟頫 皇象 王铎）

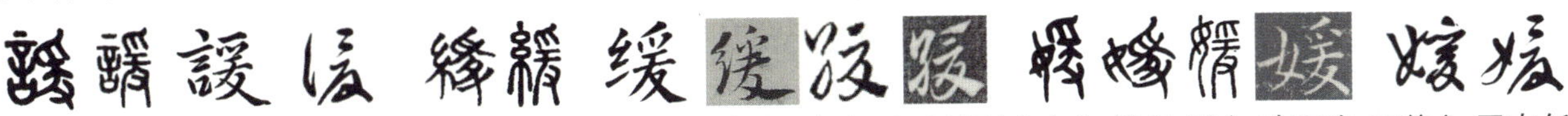

（金文 说文 赵孟頫 于右任）（楚简 说文 柳公权 陆游 皇象 赵孟頫）（金文 简帛 说文 欧阳询 王羲之 于右任）

（简帛 石韵府 杜牧 王羲之）（石韵府 何绍基 石韵府 颜真卿 王羲之）（甲骨 楚简 说文 智永 怀素）（六书通 卢中男）

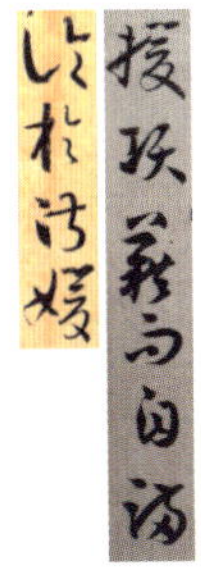

辨析：

爰字的爫早期是手的形状，草法为快写或草化为一到两短横，中间部件与下边的“又”可草化为“反”。作为字根，拓展的援和缓字，皇象将爰字草化为“点反”或“点点反”，其中“点反”同夏字草法，不常用；猨则有两种常见字体，草书亦然。

爰 yuán：会意，甲骨文像两手相援引，中间一画表示瑗玉，本义是引、援引。

援 yuán：形声，从手爰声，本义为拉、引。

谖（諼 xuān）：欺诈，欺骗。

缓（緩 huǎn）：宽松、宽大，慢、不急迫，软弱。

媛 yuàn：美女也，人所援也，从女从爰；yuán，婵媛。

暖（煖餪煗 nuǎn）：温度不冷也不热。

猨（猿 yuán）：猿的异体字。

瑗 yuàn：大孔的璧。

萲（xuān）：古同萱。

拓展：

锾 湲 愋 楥 褑 禐 蝯 諼

P13.3 援项籍而自满　P53.6 乃可论于淑媛

Y

袁1：袁 遠（逺 远） 辕（轅）

甲骨 甲骨 甲骨 金文 简帛 说文 颜真卿 王羲之 石经 欧阳询 赵孟頫 王羲之 苏轼 王羲之 米芾 韩道亨）

（甲骨 金文 楚简 简帛 石经 说文 李斯 长芨 曹全碑 欧阳询 异体 王献之 张芝 皇象 王羲之 张旭 王献之）

（简帛 简帛 说文 隶辨 欧阳通 颜真卿 王羲之 柳公权 赵孟頫 赵孟頫 赵孟頫 王羲之 孙过庭 邓文原 章草）

辨析：

袁字除从口，还有异体字袠和袁。草书一般有三类：一是快写；另一种为“七红却是袁”；三是远（遠）字的字根“袁”，1. 从异体字的写法，草写“土分（草书）”；2. 草写“土子”。

袁（袠袁 yuán）：长衣貌，从衣，叀省声。第三个甲骨文为合 18165，收图对模糊做了适当的处理。

遠（逺远 yuǎn）：时间、空间的距离大，与近相对。

辕（轅 yuán）：形声，从车袁声，本义为车辕子，车前驾牲口的直木。

拓展：

嫄 溒 寰 撯 褤 鎱

P17.6 向规矩而犹远（逺） P42.1 风规自远（逺） P30.1 六文之作肇自轩辕

袁2：園 猿 榬 薳

（简帛 说文 金农 颜真卿 王铎 金刚经 欧阳询 赵佶 赵孟頫 王羲之 怀素 祝永明 汉简 王羲之 王羲之）

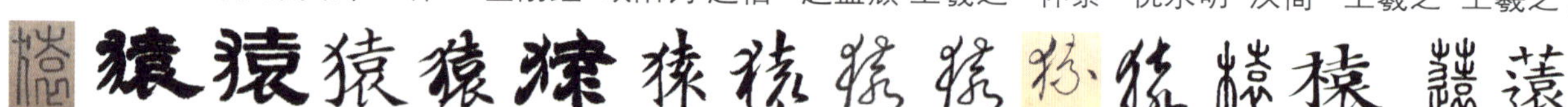

（篆字汇 邓石如 伊秉绶 王羲之 王羲之 赵之谦 欧阳询 王羲之 王羲之 王羲之 怀素 李淦）（说文 维摩诘）（说文 楷书）

辨析：

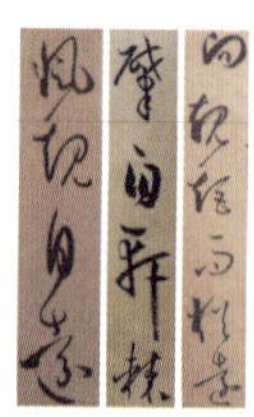

園除了从袠和袁，还有异体字圎，各体均可从之。猿有异体字猨和蝯字，从爰，参见爰页。睘和還（還还）从睘，见睘页。

園（园 yuán）：从囗袁声，所以树果也，即种植花木、蔬果的地方。

猿（猨蝯 yuán）：形声，从犬袁声，猿似犬，故从犬，本义：是灵长类动物，形态与猴相似。

榬 yuán：古代络丝的器具，悬挂钟磬的架子，姓。

薳 yuǎn：薳志，同“远志”；wěi，姓。

拓展：

嫄 溒 寰 撯 褤 鎱

P17.6 向规矩而犹远（逺遠） P42.1 风规自远（逺遠） P30.1 六文之作肇自轩辕

原 源 塬 螈 羱 愿 願

（金文 金文 金文 金文 简帛 石鼓文 说文 说文 邓石如 乙瑛碑 衡方碑 欧阳询 颜真卿 赵孟頫

王羲之 王铎）（金文 吴昌硕 姚孟起 傅山）（金文 柳公权 王羲之 文徵明）（金文 石韵府 虞世南 赵孟頫 章草）

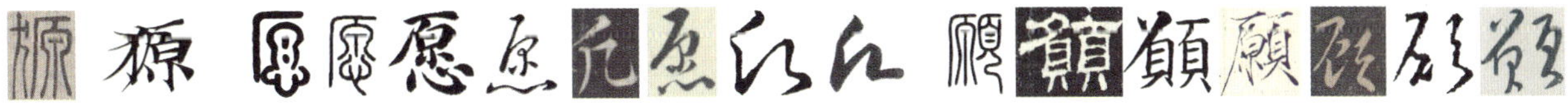

（篆字汇 维摩诘）（金文 说文 智永 王羲之 王澍 索靖 王羲之 智永）（说文 史晨碑 智永 宋徽宗 索靖 王羲之 朱耷）

辨析：

原字草书，其日字省略横后为快写。可拓展。愿和願有异体字顯、顯、顯、願、願，各体可见。

原 yuán：会意，小篆字形象泉水从山崖里涌出来，从厂（hǎn），像山崖石穴形，从泉，本义为水源、源泉；原，篆文从泉；厵，水泉本也；异体字有厡、原、厡、羱、厡、愿、厵、遼等。

源 yuán：形声，从水原声，“原”有表义作用，指水源，本义是为源、源泉，其字本作“原”。

塬 yuán：四边陡、顶上平的高地。

螈 yuán：蝾螈，两栖动物。

羱 huán：乾山有兽，状如牛而三足，名曰羱，同貆。

愿（愿 yuàn）：从心原声，忠厚，谨慎；心愿、愿望；异体字有願和愿。

願（顯顯顯 yuàn）：大头也；愿心，旧时祈祷神佛所许下的酬谢；情愿，希望；假借为愿。

拓展：

嫄 愿 嫄 榞 貆 鶢 媛 傆 嵃 蒝 榞 縓 羱 謜 獂 騵 厵

P37.4 原夫所致　　P65.1 穷其根源

夗 怨 盌 眢 留 惌 帵 苑 鸳

（甲骨 说文 乾隆 唐寅）（说文 说文 张迁碑 萧噭 欧阳询 颜真卿 王羲之 赵孟頫 憨山 索靖 王羲之 徐渭）

（说文 溥光 苏轼 文徵明）（甲骨 甲骨 甲骨 说文 欧阳询 王羲之 王羲之 章草）（韵集 楷书）（说文 楷书）（说文 楷书）

（金文 简帛 秦简 说文 张迁碑 颜真卿 李淦 祝永明）（简帛 说文 欧阳询 颜真卿 柳公权 赵孟頫 皇象 王羲之）

辨析：

夗字字形稳定，行草书为快写。怨字下的心字，草书可以草化为三点或一横。可拓展。宛字从夗，宛及拓展的腕婉碗等字，见宛页。

夗 yuàn：身子侧卧弯曲的样子；wǎn，古代一种类似下棋用以赌输赢的游戏；wān，古通“蜿”；yuān，古通“鸳”。

怨 yuàn：形声。从心夗声，本义为怨恨、仇恨。

盌 wǎn：同碗。

眢 yuān：眼睛枯陷失明；枯竭。甲骨文形态较多，本页图片取至合 10194（宾组）、合 34095（历组）、合 27121（何组）的三种形态。

留 wǎn：同畹。

惌 yuàn：惌胡，传说中的一种野兽；美好。

帵 yuān：幡也；擦拭用的巾，抹布，头巾。

苑 yuàn：古代养禽兽植林木的地方，多指帝王的花园；学术、文艺荟萃之处。

鸳（鴛 yuān）：鸳鸯的省称。

拓展：

琬 蜿 詉 鴛 鴛 鼝　　P57.3 初怨而后请

曰 汩 扫

（甲骨 甲骨 金文 楚简 说文 李阳冰 乙瑛碑 史晨碑 欧阳询 颜真卿 柳公权 赵孟頫 王羲之 王铎

索靖 王羲之 智永 怀素 康里巎）（说文 王羲之 王羲之）（简帛 篆字汇）（说文 王羲之 王羲之）（说文 鲜于枢）

辨析：

曰字在楷化过程，左上保留了气息的开口，独立的写法为快写，怀素和康里巎写出了舌头的形状；曰字居下时，草书写日字符"厶"；昌字，上边的日写"横弯提"，下边的曰写日字符"厶"。可拓展。从曰的昌、曷、曾、會和曹等字，与曰相近从日的"明亘者昏厚書春"及拓展的字，参见相关页。

曰 yuē：指事，甲骨文字形，下像口形，加上的短横表示声气，本义为说、说道。

汩 gǔ：形声，从水曰声，本义为治水，疏通；汩嘟嘟，水流声；yù，疾行。

扫 hú：发掘、裂、牵动；gǔ，搅乱。

拓展：

苢 曶 曻 會 朁　　　附：昌 曷 （参见相关页）

P9.5 见乃叹曰　　P50.1 易曰

月 1：月 期 晴 玥

（甲骨 甲骨 甲骨 盂鼎 金文 盟书 清华简 秦简 说文 张迁碑 乙瑛碑 欧阳询 颜真卿 张芝 索靖 王羲之 怀素）

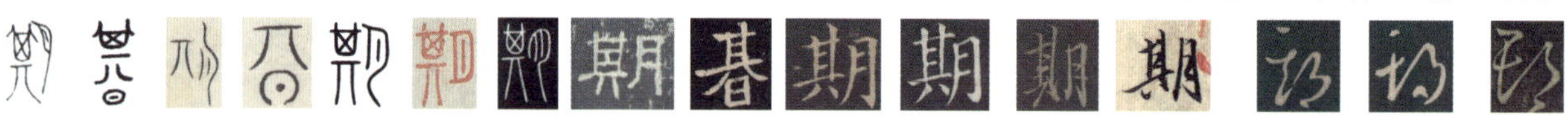

（金文 金文 汗简 汗简 说文 韵府 李斯 史晨碑 魏碑 欧阳询 颜真卿 王羲之 赵孟頫 王羲之 王羲之 王献之）

（简帛 说文 曹全碑 柳公权 赵孟頫 文徵明 王羲之 王羲之 赵炅 王铎）（省文 省文 钱竹汀 黄自元 金玥印）

辨析：

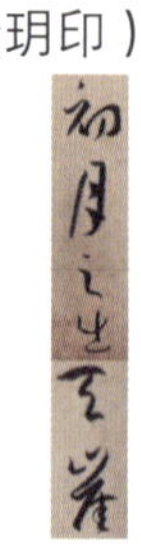

月字的篆书为象形，草书为快写。楷化后作为字根，可分别表示月亮、肉、舟等，月在右（明朔朗），草书写"3+点"，点有内外之变化；在下时，一般为快写；在左，草书写"千"。

月 yuè：甲骨文字形像半月形，本义是月亮，需要注意的是，月字的甲骨文早期字形与夕字相混的现象普遍存在，秦汉时期分化定型为月和夕。

期 qī：形声，从月其声，金文从日其声，战国古文从日，丌（qí）声，日、月都有表时间的意思，本义为约会、约定。

晴（甠 qíng）：甠，雨而夜除星见也，从夕生声，夜曰夕生。

玥 yuè：古代传说中的神珠。

拓展：

明 朤 朌 青 朠 朔 朗 朚 望　　P11.6 初月之出天涯

月（肉）2.1：肉 脱 肚 腹 肺 肝 肠 股 肱

（甲骨 金文 简帛 肉印 武威简 说文 钟繇 欧阳询 王羲之 王羲之 李淦）（金文 说文 颜真卿 乾隆

史游 ）（欧阳询 王羲之 王羲之 张旭）（甲骨 甲骨 金文 盟书 盟书 说文 欧阳询 王铎 王羲之 鲜于枢）（说文

王铎 皇象）（简帛 说文 王羲之 王羲之）（说文 宋徽宗 怀素）（说文 颜真卿 邓文原）（说文 王羲之 章草）

辨析：

肉字单写，行草书为快写，作为偏旁，楷书可写上下呼应的两点，也有不少书家直接写“月”，草书采用月字旁的草书写法，居左时写“千”，可拓展。

肉 ròu：象形，篆书像动物肉形，本义为动物的肌肉。

脱 tuō：形声，从肉兑声，本义为肉去皮骨。

肚 dǔ：形声，从肉土声，人或动物的腹部。

腹 fù：形声，从肉复声，肚子。

肺 fèi：胸腔的呼吸器官之一。

肝 gān：形声，从肉干声，肝脏。

肠（腸 cháng）：大小肠也。

股 gǔ：形声，从肉殳声，本义是大腿。

肱 gōng：形声，从肉厷声，上臂，手臂由肘到肩的部分。

拓展：

迌 枂 炙 肮 肾 肛 肢 肤 肩 肓 肭 肰 肴 肻 胁

P49.2 脱易者失于规矩

月（肉）2.2：脑 胆 脾 胎 胞 脉 肌 肋 膀 胱 肛

（说文 王羲之 颜真卿 王羲之）（王羲之 王羲之 说文 颜真卿 赵孟頫 ）（说文 欧阳询 皇象）（说文 王羲之

王羲之）（说文 王羲之 于右任）（金文 说文 柳公权 索靖）（金文 说文 智永 王羲之 说文 王羲之 孙过庭）

（说文 王羲之 草书）（说文 欧阳询 王羲之 章草）（金文 曹全碑 赵孟頫 王羲之）（金文 粗篆 欧阳询 章草）

辨析：

月（肉）字居左的字，草书写“千”。注意，胆和肌等字，还有异体字的写法。

脑（腦㛴 nǎo）：形声，囟头会㛴盖也，字亦作腦。

胆（膽 dǎn）：连肝之府，从肉詹声，胆囊。

脾 pí：形声，从月（肉）卑声，本义是脾脏。

胎 tāi：妇孕三月也，从肉台声。

胞 bāo：形声，从肉包声，胎衣。

脉 mài：人和动物周身内的血管；动脉的跳动。

肌（臌 jī）：形声，从肉几声，本义是肌肉。

肋 lèi：形声，从肉力声，肋骨也。

膀（髈 bǎng）：形声，从肉旁声，肩膀。

胱 guāng：膀胱。

肛 gāng：直肠末端及口儿。

拓展：

刖 肬 肽

月（肉）2.3：脸 脖 肘 腕 腔 腰 脐 腿 脚 肢

（六书通 王羲之 苏轼 王羲之）（金文 新篆 智永 王羲之）（说文 颜真卿 王羲之 皇象）（新篆 王羲之 赵构）

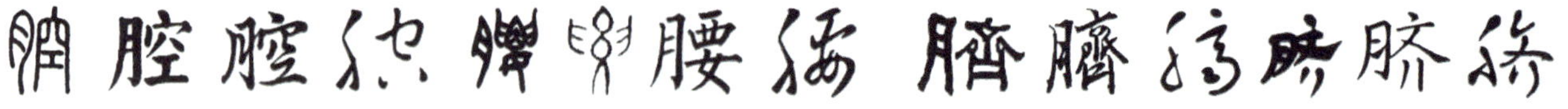

（说文 颜真卿 赵孟頫 王羲之）（金文 说文 柳公权 王羲之）（衡方碑 陆柬之 于右任 汉简 王羲之 章草）

（金文 金石篆 粗篆 郑孝胥 于右任）（说文 启功 王羲之）（金文 简帛 说文 广义 曹全碑 王羲之 王羲之）

辨析：

月（肉）字居左的字，月字写法稳定，草书写“千”。与月字组合的字还可参见相关页。

脸（臉 liǎn）：形声，从肉佥声，两颊的上部。

脖 bó：形声，从肉孛声，颈项，俗称脖子。

肘 zhǒu：臂节也，即上下臂相接处可以弯曲的部位。

腕 wàn：形声，从肉宛声，臂下端与手掌相连可以活动的部分。

腔 qiāng：会意兼形声，从月（肉）从空，人和动物体内的空处。

腰 yāo：形声，从肉要声，躯干中间，人体胯骨以上肋骨以下的部位。

脐（臍 qí）：形声，从肉齐声，肚脐。

腿（骽 tuǐ）：胫和股的总称。

脚 jiǎo：形声，从肉却声，胫、小腿。

肢 zhī：形声，从肉支声，人的手足与鸟兽翼足的总称。

拓展：

朐 胚 肞 胏 膪 腤 胗 胉 胎 胒 脒 胖 胅

月（肉）2.4：脬 肿 脓 胀 肪 肥 脆 脍 腥 胠 肮 胭 脂 腠

（说文 王羲之 王羲之）（说文 柳公权 王献之）（说文 颜真卿 韵会 颜真卿 王羲之）（简帛 褚遂良 王羲之）

（说文 欧阳询 韵会）（说文 欧阳询 智永）（石韵府 颜真卿 章草）（说文 薛稷 王羲之）（说文 王羲之 王羲之）

（说文 王羲之）（金文 汉简 柳公权 王羲之）（金文 王羲之 章草）（说文 王羲之 皇象）（粗篆 王羲之 王羲之）

辨析：

月（肉）字居左的字，月字写法稳定，草书写“千”。与月字组合的字还可参见所涉字根页。

脬 pāo：膀胱。

肿（腫 zhǒng）：形声，从肉中（重）声，痈也。

脓（膿 nóng）：形声，从肉农声，从疮口流出的黄绿色粘液。

胀（脹 zhàng）：皮肉鼓胀。

肪 fáng：动物体内的油脂。

肥 féi：会意，从肉，脂肪多。

脆 cuì：会意，从肉绝省声，易折断。

脍（膾鱠 kuài）：形声，从肉会声，细切的肉、鱼。

腥 xīng：腥气，泛指肉鱼、类及油脂的臭气味。

胠 qū：形声，从月（肉）去声，腋下。

肮（骯 āng）：肮脏、不干净；háng，咽喉。

胭（臙 yān）：形声，从肉因声，双音词“胭脂”为红色颜料。

脂 zhī：形声，从肉旨声，动植物所含的油脂。

腠 còu：形声，从肉奏声，本义为腠理，皮下肌肉之间的空隙。

拓展：

肽 腢

月（肉）2.5：肾 肩 胄 背 臂 臀 脊 脅 炙 胔

（简帛 说文 颜真卿 王羲之 皇象 王羲之）（金文 说文 王羲之 王羲之）（甲骨 金文 曹全碑 王羲之 王献之 毛泽东）

（卞永誉 智永 孙过庭 流江）（金文 简帛 说文 欧阳询 张裕钊 赵孟頫 宋克）（甲骨 金文 金文 楚简 说文 智永 皇象）

（金文 秦简 说文 王羲之 王羲之 宋克）（说文 颜真卿 皇象）（金文 简帛 说文 赵孟頫 李洤）（篆字 彭玉雯）

辨析：

月（肉）字居下的字，月字写法稳定，草书为快写，偶见写月字草书的，如宋克的臂，毛泽东的胄，流江的背，及肖字（参见肖页）等。

肾（腎 shèn）：从肉臤声，水藏也。

肩 jiān：象形，从户从肉，肩膀。

胄 zhòu：形声，胄从肉由声，本义是后裔。

背（揹 bēi）：形声，从肉北声，脊背。

臂 bì：形声，从肉辟声，胳膊。

臀（臋 tún）：屁股，器物底部。

脊 jǐ：背中间的骨头。

脅（脇 xié）：从肉劦声，两膀也，亦指肋骨。

炙 zhì：会意，从肉从火，烧烤。

胔 cì：此移切，音雌。

拓展：

肓 肴 肯 胥 背 屑 脅

月（肉）2.6：肙 蜎 涓 捐 狷 绢 娟 鹃

（简帛 说文 广义 王羲之 米芾）（说文 隶辨 彭玉雯 王铎）（金文 说文 广义 王羲之 虞世南 王羲之 鲜于枢 章草）

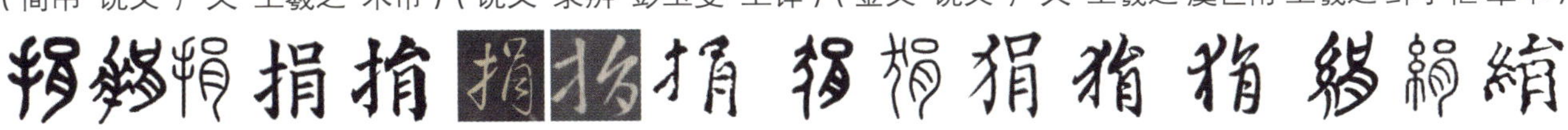

（金文 楚简 说文 欧阳询 颜真卿 王铎 张芝 吴大澄）（金文 说文 柳公权 陆柬之 王羲之）（简帛 说文 欧阳询

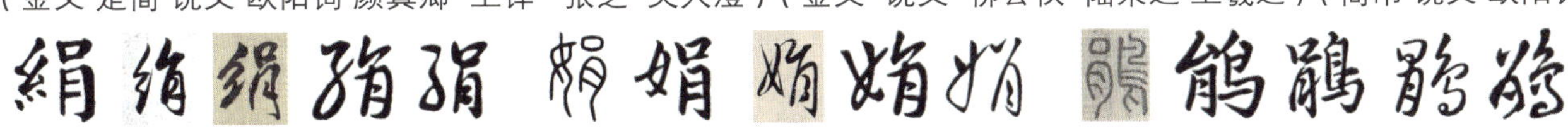

颜真卿 赵孟頫 王铎 王羲之于右任）（说文 赵孟頫 杨维桢 王羲之 李洤）（篆字汇 赵孟頫 赵孟頫 王羲之 章草）

辨析：

肙从肉，隶楷一般写月形，异体字为肙，各体肙和肙两种写法都有，行草书为快写。

肙（肙 yuān）：从肉口声，小虫，空；亦作肙。

蜎 yuān：形容虫子爬行的屈曲蠕动的样子；古书上指孑孓。

涓 juān：形声，从水肙声，细小的水流。

捐 juān：形声，从手肙声，本义为舍弃。

狷 juàn：急躁；清高、正直不阿。

绢（絹 juàn）：一种薄而坚韧的丝织物。

娟 juān：美好，多指姿态美。

鹃（鵑 juān）：形声，从鸟肙声，本义是鸟名，即杜鹃。

拓展：

陨 削 圓 埍 弲 悁 挶 梋 焆 琄 甂 痟 稍 睊 罥 裐 铜 酮 餶 鋗 鞙 槝 騆 䳌 鵑

月（舟）3：服 朕 腾 滕 藤 縢 前

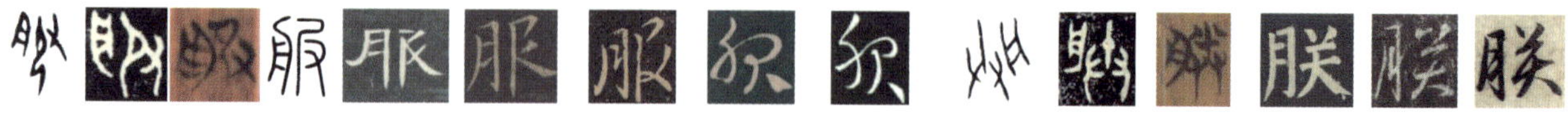

（甲骨 金文 楚简 说文 曹全碑 欧阳询 王羲之 汉章帝 王献之）（甲骨 金文 楚简 欧阳询 王羲之 赵孟頫）

（说文 邓石如 赵孟頫 欧阳询 王铎 智永 赵孟頫）（金文 简帛 说文 欧阳询 颜真卿 赵孟頫 祝允明 赵之谦 卞岩）

（楚简 古文 智永 虞世南 赵孟頫 吴昌硕 怀素 王宠）（说文 彭玉雯 唐寅）（说文 说文 魏碑 皇象 王羲之）

辨析：

“服朕腾滕藤縢，前胜俞朝（分别见相关页）”等字的篆书均从舟，隶定为“月（内点上下呼应）”，草书从月字的草书。应注意其异体字的应用，如滕字从木，可写滕形等。

服 fú：会意，古文从舟兼做声符，本义是舟两旁的夹木。

朕 zhèn：篆书像舟旁双手举着火把，引申为我也，秦灭六国以后，天子始自称朕。

腾（騰 téng）：形声从马朕声，本义为马奔腾。

滕（滕 téng）：形声，从水朕声，本义是水向上腾涌。

藤 téng：形声，从艹滕声，本义为木本蔓生植物的枝茎。

縢 téng：形声，从糸朕声，本义为缠束。

前 qián：不行而进谓之歬，从止在舟上。

拓展：

螣 塍 籐 膧 儯 膌

戊：戉 钺 越

（甲骨 甲骨 金文 金文 楚简 说文 伊秉绶 文徵明）（金文 曹真残 欧阳询 颜真卿 赵孟頫 董其昌 赵之谦

王羲之 王铎 姚绶 傅山）（金文 简帛 简帛 秦简 说文 李斯 颜真卿 褚遂良 周越 赵孟頫 王羲之 赵孟頫 宋克）

辨析：

戉同钺，甲骨文字形相同。戉字的草书同戊，即起笔向上“反写”。可拓展。

戉 yuè：象形，小篆字形像大斧之形，本义是大斧，后作“钺”。

钺（鉞戉 yuè）：形声，古代兵器，青铜或铁制成，形状像板斧而较大。

越 yuè：形声，从走戉声，本义为经过、越过。

拓展：

戉 泧 狘 峸 眓 絾 瞂 跋 魆 颰 駥 轋

P20.4 胡越殊风者也

龠 瀹 鑰（钥）爚 禴 蘥 籥 龤 龥 龡

（甲骨 甲骨 甲骨 金文 金文 说文 欧阳询 颜真卿 王羲之 王羲之 韵会 章草）（金文 汉简 虞世南 褚遂良

黄庭坚 王羲之 章草）（六书通 赵孟頫 蔡襄 韵会 颜真卿 王羲之）（说文 文徵明 孙过庭）（说文 彭玉雯）

（说文 赵孟頫 邓文原）（简帛 说文 褚遂良 王羲之 王铎）（说文 赵之谦）（说文 六书通 文徵明）（说文 楷书）

辨析：

龠的篆书形态多变，编管之形隶定为“亼品冊”，草书可以将口草化为一到三个点，其余部件为快写。可拓展。龢（和）字从龠，见和页。

龠 yuè：会意，从亼品冊，古乐器，像编管之形，似为排箫之前身，形状像笛，籥的本字。

瀹 yuè：浸渍，煮，疏通、疏导，水貌；yào，水清。

鑰（钥 yuè）：同闟，门直闩，上穿横闩下插地上的直木；锁，钥匙，锁闭、关闭，入，镇守；枢要，喻重要之处，鐍鑰。

爚 yuè：火光，照、照耀，煮。

禴 yuè：古代宗庙祭祀的名称，夏、商二代为春祭，周代则改称夏祭；古同礿。

蘥 yuè：古书上说的一种植物，可作牧草，子实作饲料，亦称雀麦。

籥 yuè：古管乐器；鼓风吹火的竹器；通钥。

龤 xié：乐音和谐，古同谐。

龥 chí：古代横吹的管乐器，同篪。

龡 chuī：音律管壎之乐也，乐人以龡管中气，今作吹。

拓展：

歈 龥 趯 籁 倫 鱠 謚 蹌 鶲 瘯

粤

甲骨 金文 金文 楚简 古文 古文 说文 石韵府 石韵府 隶辨 王羲之 欧阳询 颜真卿 柳公权 赵孟頫

黄庭坚 翟汝文 赵孟頫 文徵明 张瑞图 何绍基 赵之谦 吴昌硕 王羲之 怀素 毛泽东 黄彰任 辨体 章草

辨析：

粤字从亏，隶定字形稳定，行草书为快写。拓展的字不常用。

粤 yuè：亏也，审慎之词者，从亏从宷；助词，古与“聿”“越”“曰”通用，用于句首或句中；广东的简称；旧地名，百粤之地，即今广东和广西等地。

拓展：

澚 隩 噢

云雲 1：云　忶　秐　酝（醞）　纭　凨　囩　魂　尝　沄　抎　芸

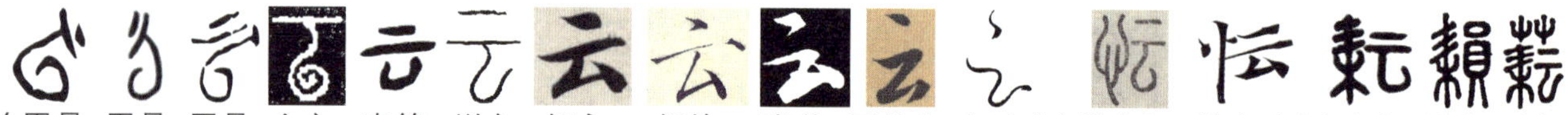

（甲骨　甲骨　甲骨　金文　秦简　说文　智永　赵佶　张芝　王羲之　怀素）（篆字汇　维摩诘）（金文　说文　说文

欧阳询　赵孟頫　王羲之）（颜真卿　于右任　说文　颜真卿　敬世江）（金文　赵孟頫　王羲之）（傅山　王羲之

（楚简　说文）（说文　王宠　王铎）（说文　楷书）（说文　颜真卿　朱耷）（甲骨　说文　王铎）（说文　智永　宋克）

辨析：

云和雲字的意义本不相同，作为字根，云和雲字有四类组合，1. 只从或只写“云”字，如魂、凨、蓺和芸等。酝字有异体字醞，各体可写酝和醞；说明：沄和抎字，有异体字澐和攈，历代书家未见异体字写法，芸字有异体字蕓，极偶见从雲的写法，列入本页。2. 云雲两个字可以互换，如叆和昙两个字，均可从雲。注意：坛柗两个字虽然可从雲，书家一般只写从云和从“亶” 两种。3. 只从雲，如靅（震）、䨴（wén）和䨺。4. 不从云，“会运尝动妘层”等简体字，有云字结构，繁体字分别为“會運嘗動㜏層”等，此类书家一般不从“云”字写。其中，2—3 类见下。蓺（艺）字从云，参见相关页。

云 yún：说话，引文，人云亦云；有，其云益乎？为、是，虽云匹夫，霸王可也；旋，洽比其邻，昏姻孔云；文言助词，用于句首句中句末，无意义，云谁之思？

忶 hún：心乱。

秐（蒷頛 yún）：形声，从耒云声，本义是除草；比喻辛勤攻读；今字省艸作秐。

酝（醞 yùn）：形声，从酉昷声，简体字“云”声，从“酉”与酒有关，本义是酿酒。

纭（紜 yún）：形声，从糸云声，双音词纷纭，本义为多盛的样子。

凨 fēng：古同风。

囩 yún：回旋；古代土地面积单位，十二顷。

魂 hún：灵魂，古人想象的能离开人体而存在的精神。

尝 yǔn：大，高。

沄（澐 yún）：水波汹涌回旋。

抎（攈 yǔn）：有所失也。

芸（蕓 yún）：香草名，也叫芸香；除掉杂草，同秐；芸苔，又叫油菜；花草枯黄的样子，如芸黄；艺的异体字。

拓展：

1. 侌（陰）眃呩秐（棠）鬲（弃）袪皇耺鋆隻（售）；（接下）

云雲 2：雲　2 叆（靉）昙（曇）坛（壜 壇）3 䨺（震）

（甲骨　金文　楚简　秦简　六书统　说文　说文　李阳冰　欧阳询　颜真卿　王羲之　赵孟頫　皇象　王羲之　智永）

2（石韵府　欧阳询　王铎　石韵府　赵孟頫　柯九思）（欧阳询　颜真卿　王铎　简帛　说文　颜真卿　王昙首　王铎）

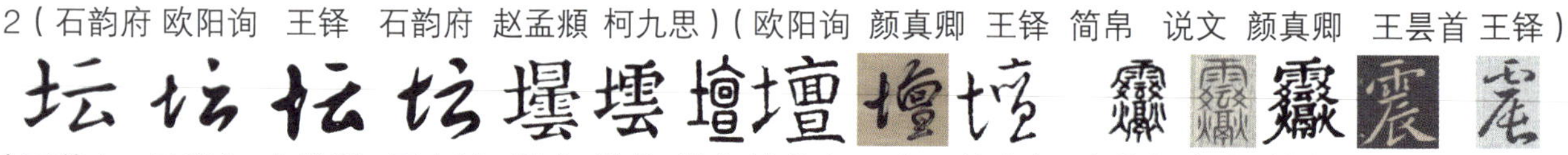

（王羲之　王羲之　文徵明　于右任　楷书　楷书　说文　褚遂良　王铎　韵会）3（籀文　真本　楷书　王僧虔　武则天）

辨析：

雲及雲拓展的字，“2”为雲可以与“云”互换字根的，“3”为雲不可以与“云”互换字根的。

雲 yún：雲为会意字，从雨从云，本义云彩。

叆（靉 ài）：叆叇，云彩很厚的样子。

昙（曇 tán）：密布的云气；昙摩，意为法，佛法；昙花一现。

坛（壜壜壇）：土筑的高台，用于祭祀、会盟等；壜同坛，壜乃壜的俗字。

䨺（震 zhèn）：籀文震字。

拓展：

（接上）2. 叆（靉）昙（曇）坛（壜壇）　柗（橒）抎（攈）沄（澐）伝（傿）柗（檼檀）妘（嫕）黔（云今）䰟（䨗）䨓（䨶）雵（䨫）笁（篔）䨑（䨡）砎（䃩）䲰（䳏）笁（篔）㕦（譠）芸（蕓）秐（穒）眃（曋）䨥（䨦）… 3. 䨴（wén）䨺… 4. 会运尝动层（见相关页）…

匀 均 昀 钧 韵 筠 畇 盷

（金文 简帛 说文 欧阳询 颜真卿 米芾 王羲之 章草）（金文 楚简 秦简 说文 王羲之 柳公权 王铎 皇象 王羲之）

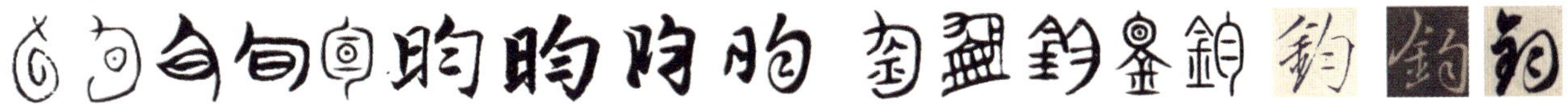

（甲骨 金文 楚简 秦简 说文 褚遂良 赵孟頫 王羲之 王羲之）（金文 楚简 秦简 说文 说文 宋徽宗 王羲之 智永）

（说文 颜真卿 欧阳询 赵构 王羲之 颜真卿 王羲之）（说文 虞世南 王羲之 王铎）（篆字汇 彭玉雯 王铎）（楷书 王铎）

辨析：

匀字字形稳定，行草书为快写。可拓展。

匀 yún：会意，从勹从二，勹字像人曲形有所包裹，“二”表示所裹不多，本义是少。

均 jūn：形声，从土匀声，匀亦兼表字义，合起来指土地分配均平，本义为均匀、公平。

昀 yún：日光。

钧（鈞 jūn）：形声，从金匀声，本义是古代重量单位，三十斤为一钧。

韵（韻 yùn）：形声，从音员（匀）声，本义是和谐悦耳的声音。

筠 yún：竹子的青皮，竹子；jūn，筠连，地名，在中国四川省。

畇 yún：畇畇，平坦整齐。

盷 xián：大眼睛；古国名；tián，眼珠转动。

拓展：

伨 妁 呁 扚 沟 昫 笉 杓 袀 蚐 盷 趵 鈞 魡 葯 鋆

允 吮 沇 狁

（甲骨 甲骨 甲骨 金文 金文 石鼓文 清华简 简帛 说文 夏承碑 欧阳询 颜真卿 谢安 索靖 王羲之 朱熹 王铎）

（金文 说文 邓石如 王羲之 虞世南 王羲之 王羲之 李洼）（金文 说文 赵之谦）（金文 篆字汇 彭玉雯 王铎 索靖）

辨析：

允字的篆书形态变化较多，简帛为穿插形，行草书为快写。可拓展。夋字篆书非从允，见夋页，兊（兑）字从儿台声，见台页。

允 yǔn：会意，甲骨文字形上为“以”（吕）字下为“儿”（人）字，以是任用，用人不贰就是“允”，本义为诚信。

吮（欶 shǔn）：形声，从口允声，本是用口含吸，缓饮。

沇 yǎn：水名，沇水，出河东垣东王屋山；沇沇，流行貌。

狁 yǔn：猃狁（xiǎn yǔn），古代中国北方的一个民族。

拓展：

抁 枕 兖 玧 砄 眈 究 䑞 鋋 莬

孕

甲骨 甲骨 金文 诅楚 古文 汉简 简帛 简帛 说文 六书统 石韵府 张迁碑 爨体 邓石如 伊秉绶 赵之谦

王羲之 智永 欧阳询 褚遂良 虞世南 颜真卿 柳公权 赵孟頫 王羲之 赵孟頫 王羲之 孙过庭 李洤 章草

辨析：

孕字的篆书形态多变，隶定字形稳定，行草书为快写。

孕 yùn：会意，甲骨文字形，外像妇女大腹之形，内像腹中怀子之形，本义是怀胎；培养，包含。异体字有“孕㚺孕𦙶𦙶”。

拓展：

㚺 孕

趣味方言用字

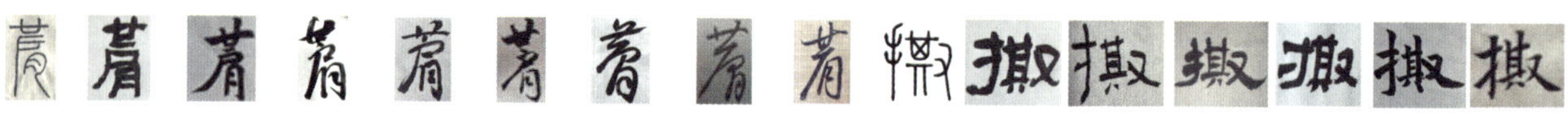

（刘哲平 郭克耀 候晋军 贺前进 张建国 高卫珍 颉林 赵玉生 张宇）（小篆 郭克耀 郝慎之 王永吉 康鸿杨 候晋军 康宁

贺前进 吴建伟 颉林 张建荣）（小篆 郭克耀 康鸿杨 白凤文 王永吉 候晋军 张建国 薛海平 康宁 吴建伟 高卫珍 赵玉生）

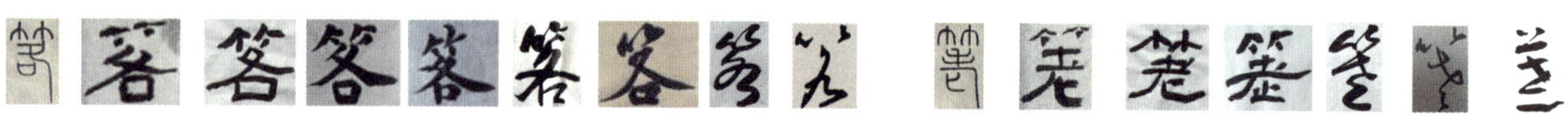

（刘哲平 郝慎之 白凤文 候晋军 薛海平 贺前进 吴建伟 颉林 赵玉生）（刘哲平 郝慎之 白凤文 康鸿杨 颉林 赵玉生 张建荣）

辨析：

“趣味方言用字”的截图由方言所在地山西吕梁市的部分书法家和优秀书法工作者提供。各体需分别写出其相应结构，所涉字根参见相关页。

𦙶 nǎo：用肩扛物。

撽 qiā：以双手胸前抱物。

叜 be：以单手或双手拿着方盘一类的器物。

笿 筨（gē lǎo）：用竹子或柳条编制的可以单用或挑的桶；规模和形制小而浅的盛器。

帀 匝 咂 砸 箍

（甲骨 金文 金文 楚简 简帛 秦简 说文 颜真卿 文徵明 怀素）（金文 汉简 何绍基 欧阳询 颜真卿 王羲之

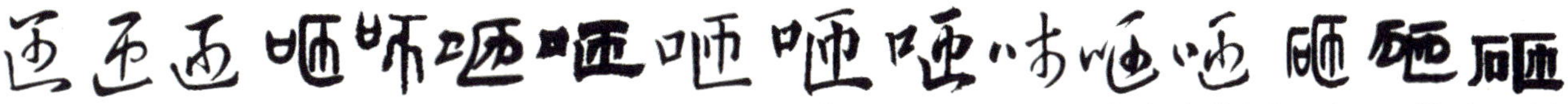

说文 李洤 章草）（金文 省文 汉简 邓石如 欧阳询 颜真卿 王羲之 王羲之 李洤 章草）（金文 汉简 伊秉绶

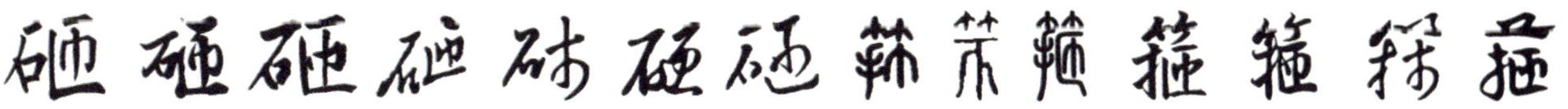

柳公权 王羲之 黄庭坚 郑板桥 王羲之 孙过庭 章草）（金文 省文 粗篆 赵孟頫 王羲之 王羲之 佚名）

辨析：

匝字一般有匝和帀两种写法，匝字较常用，且结构稳定，行草书为快写。可拓展。

帀 zā：金文“之（篆形）”字的倒形为帀，周也，环绕、围绕，布满、遍及；shī，同师，金文与战国铸件用作官名、军旅义。

匝（帀 zā）：周，环绕一周叫一匝。

咂 zā：品尝、吸吮，体会。

砸 zá：重物掉落在物体上，或用重物撞击；指责，数落；闭合；敲打；打破。

箍 gū：围束器物的圈。

拓展：

掝 鉔 箍

戋 1：戋 胾 戜 戠 烖 䴬 载 栽 截（截） 巀（巀）

（清华 说文 楷书）（甲骨 金文 说文 启功 赵孟頫）（楷书 启功）（说文 楷书）（甲骨 甲骨 古文 说文 楷书）

（说文 五经）（金文 金文 金文 楚简 秦简 说文 曹全碑 颜真卿 王羲之 索靖 王羲之 王铎 米芾 赵佶）

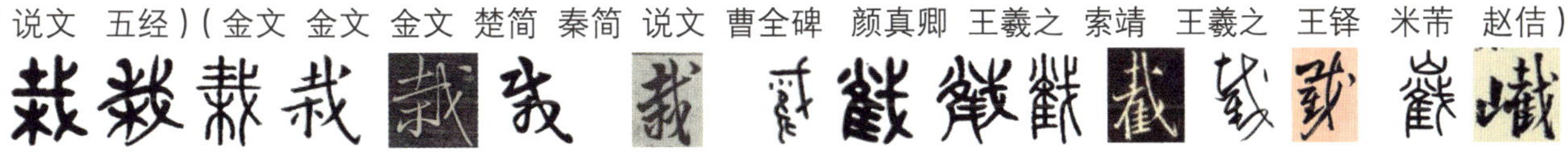

（金文 简帛 说文 欧阳询 苏轼 王羲之 韩道亨）（甲骨 金文 简帛 说文 王羲之 李洤 王铎）（说文 王铎）

辨析：

戋字隶定字形稳定，作为部首，其草书写法：1. 快写，2. 戋省略上边的短竖。可拓展。裁字见衣页。

𢦏（𢦏 zāi）：同灾，古文字兵灾字，又省作𢦏，通哉。

胾 zì：切成大块的肉。

戜 dié：同臷；更替；同迭，经常、累次。

戠 zāi：古国名，在陈留。

烖 zāi：同災，天火曰烖。

䴬 cì：一种毛虫，俗称洋辣子。

载（載 zǎi）：记载，描绘；zài，乘坐。

栽 zāi：筑墙立板；种植。

截（截擮 jié）：形声，从戈雀声，断绝，切断。

巀（巀 jié）：俗巀字。

拓展：

哉 戕 戴 找 儎 溨 滐 載 職 儎 賊

戈 2：哉（𢦏）

甲骨 金文 金文 金文 金文 楚简 楚简 楚简 古文 古文 古文 古文 汗简 说文 居延简 夏承碑 曹全碑

宝子碑 金刚经 赵孟頫 钟繇 欧阳询 颜真卿 柳公权 王羲之 欧阳询 颜真卿 柳公权 赵孟頫 宋徽宗 异体字

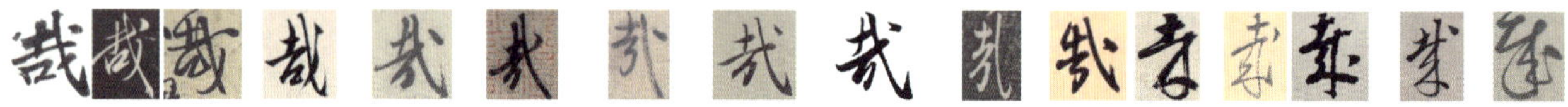

苏轼 米芾 王铎 杨维桢 王羲之 欧阳询 颜真卿 赵孟頫 王羲之 王献之 王铎 智永 怀素 赵构 赵孟頫 柳贯

辨析：

哉字篆隶字形变化较多，楷行草写哉和𢦏字，草书，1. 哉或𢦏字省略末笔撇划，写快写；2. 异体字𢦏字分解为“十 + 成”，分别写出十和成字的草书。甲骨文所取宾组的合 17230 的截图，可参考之。

哉（𢦏 zāi）：从𢦏从口，𢦏亦声，𢦏指“像军阵般排列整齐的田块”，“𢦏”与“口”联合起来表示“军队阵地上发出的集体感叹声”，本义为军阵集体感叹声，引申义为集体感叹声、惊叹声，古代用为语气词；古字材哉同；异体字为𢦏（十成）。

拓展：

澉 職 職　　P13.6 不亦缪哉

灾

甲骨 甲骨 甲骨 甲骨 甲骨 甲骨 甲骨 甲骨 甲骨 古文 古文 古文 简帛 说文 说文 说文 说文 曹全碑

唐玄宗 娄机 娄机 娄机 隶辩 赵孟頫 王羲之 郗鉴 董其昌 韵辩 毛泽东 王羲之 米芾 索靖 王羲之 赵构

辨析：

灾字的篆书字形为水灾、兵灾、火灾等，也有几种同时存在的字形，隶楷保留了部分原始意义的字形，行草书一般写“災”和“灾”两种。

灾（災烖菑 zāi）：会意，甲骨文字形，有从火而焚屋，表火灾，从川，有大水来，为水灾，从戈表兵，乃兵灾，各种灾祸之意，本义为灾祸，灾字的原意表火灾；烖，天火曰烖，从火，𢦏；灾字的异体字：災巛𢦔灾扷炗烖裁熘甾躮災秋材菑逘。

拓展：

変 婈 庱 艘 螋 酸 鋑 鞍 颼 駿

甾 淄 缁 辎 锱 甾宁

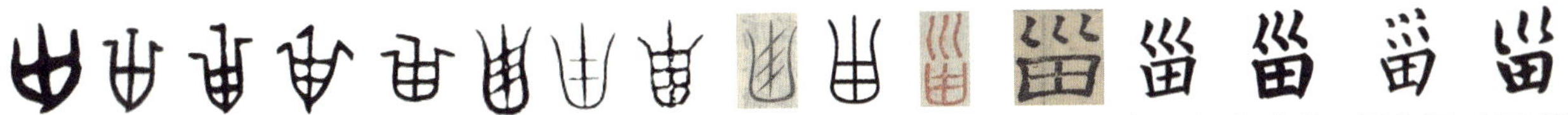

（甲骨 甲骨 甲骨 金文 金文 古文 古文 古文 说文 说文 石韵府 隶辩 欧阳询 颜真卿 柳公权 赵孟頫

王羲之 黄庭坚 索靖 王羲之）（甲骨 甲骨 金文 金文 金文 古文 石韵府 颜真卿 赵孟頫 王羲之 王羲之）

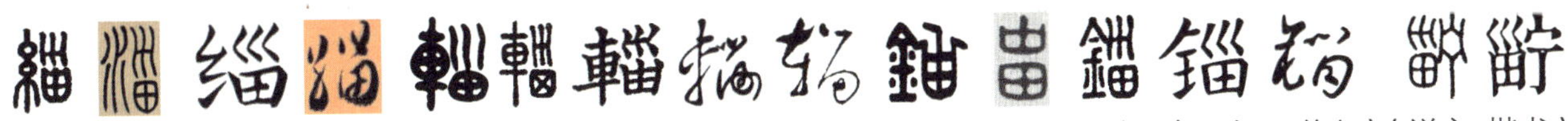

（说文 吴让之 王羲之 嵯峨）（金文 说文 九经 王羲之 岳飞）（金文 古异钱 说文 欧阳询 王羲之）（说文 楷书）

辨析：

甾字的篆书有一种从"灾"意义的字形，隶楷行书字形稳定，草书为快写。

甾 zāi：东楚名缶曰甾，象形；有机化合物的一类，广泛存在于动植物体内，胆固醇和多种激素都属于甾类化合物；同"灾"，祸难；zī，同淄。

淄（淄 zī）：水名，在中国山东省；古同缁，黑色。

缁（緇 zī）：帛黑色，僧侣，黑色僧服。

辎（輜 zī）：形声，从车甾声，本义为古代一种有帷盖的大车，又称辎车。

锱 zī：形声，从金甾声，本义是古代的重量单位，六铢等于一锱，四锱等于一两。

甾宁 zhǔ：䈙也，所以载盛米，从宁从甾，甾，缶也。

拓展：

椔 鄑 菑 葘 鶅 緇 稵 腦 崰

在 茌 恠

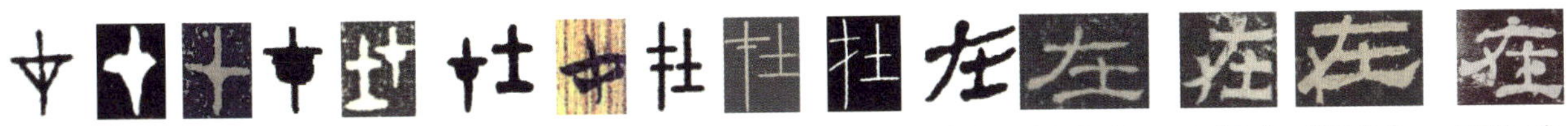

（甲骨 甲骨 金文 金文 金文 古砖文 楚简 说文 李斯 李阳冰 简帛 礼器碑 宝子碑 张迁碑 夏承碑

欧阳询 颜真卿 柳公权 赵孟頫 赵佶 王羲之 王羲之 索靖 王羲之 王献之 智永 黄庭坚）（说文 曹全碑

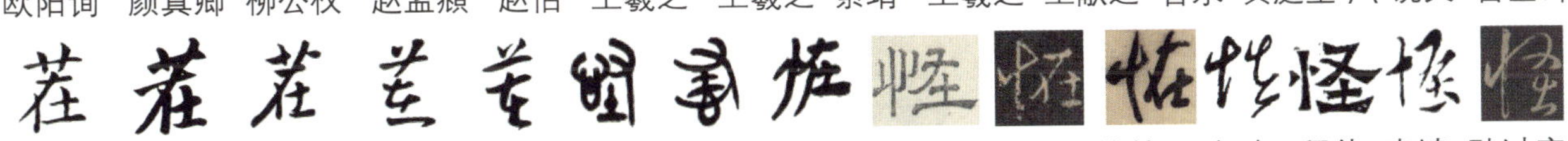

王羲之 赵孟頫 王羲之 王羲之 李淦）（金文 汉简 简帛 娄机 王羲之 董其昌 怀素 爨体 索靖 孙过庭）

辨析：

在字从土从才，行书为快写，草书可省略短竖。在字与圣字同源，恠就是怪字的异体字。

在 zài：形声，小篆字形从土才声，表示草木初生在土上，本义为存活着、生存、存在，说文曰："存也，字从土，与坐同意"；甲骨文为"才"，也用作"在"。

茌（茌 chá）：形声，从艸在声，（chí）本义草茂盛的样子；麦子等收割后余留的残株。

恠 guài：怪字的异体字。

拓展：

佐 旃 咗 恷 栫　　P32.2 稽古斯在

Z

先 1：先 兓 朁 憯 僭 谮（譖） 熸 瑨

（甲骨 说文 楷书）（金文 说文 楷书）（甲骨 甲骨 甲骨 金文 楚简 楚简 说文 楷书 楷书）（说文 五经 隶辩 柳公权）

（金文 说文 唐玄宗 何绍基 欧阳询 王铎 毛泽东 张即之 王羲之 赵孟頫 佚名 宋濂 滕㮚 王铎 朱熹 毛泽东）

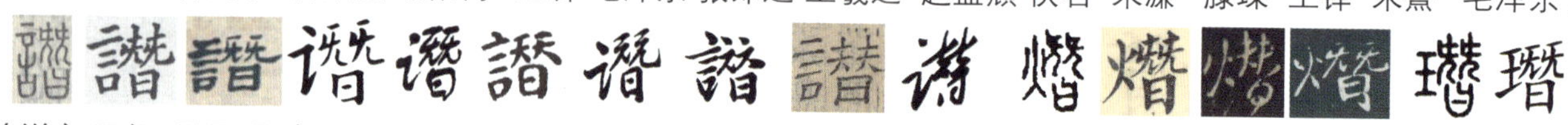

（说文 五经 吴昌硕 欧阳询 舒同 颜真卿 黄庭坚 赵孟頫 隶辩 毛泽东）（小篆 彭玉雯 王铎 于右任）（说文 楷书）

辨析：

先字单写，字形稳定，不出头的“旡”形累见。先作为字根，换为元、无、先、天、失及夫字的写法累见。有不同组合的拓展。熸字还有从“斬、昔及戠”的异体写法。

兂（旡簪 zān）：首笄也，俗先从竹从朁是为簪；异体字有“簪先兂篸簮鐕”等。

兓（兓 qīn）：朁朁，锐意也，从二先；异体字为尖。

朁 cǎn：副词，表出乎意料；相当于乃、竟；qián，於潛，古县名，在浙江省杭州市；jiàn，古同僭，虚假；异体字有从天的写法及替等。

憯 cǎn：同惨，狠毒，凶恶；异体字有“憯憯憯㦧”等。

僭（僣 jiàn）：超越身分，冒用在上者的职权、名义行事；异体字有从先、从先及“偺朁僣”等。

谮（譖譛譖 zèn）：形声，从言赞声，本义是无中生有地说人坏话；异体字有从先、从天及“譛譖”。

熸 jiān：火熄灭，军队溃败；异体字有从天及㶂㷍熸㸊熸等。

瑨 cén/jìn/xín/zēn：石之似玉者，从玉朁声；异体字可从先字。

拓展：

橬 𡾊 撍 𢐈 𦢋 𤺺 𥈖 䃪 穇 糣

先 2：噆 潛 鬵 蠶（蚕）

（说文 祝永明 米芾）（简帛 古文 古文 古文 说文 曹全碑 颜真卿 夏晨碑 欧阳询 宝子碑 王献之 赵构

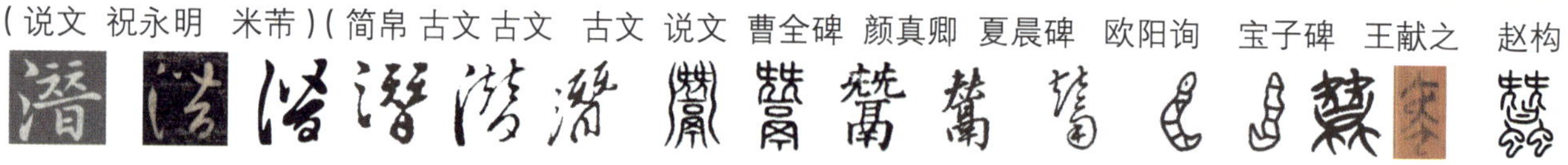

赵孟頫 张芝 王羲之 郑板桥 朱熹 毛泽东）（籀文 说文 五经 唐寅 王羲之）（甲骨 甲骨 简帛 清华简 说文

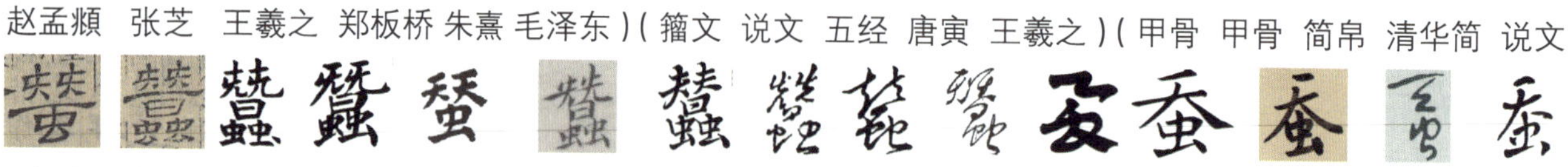

隶辩 隶辩 石经 颜真卿 颜真卿 汤师灏 赵孟頫 裴休 王铎 毛泽东 汉简 王羲之 鲜于枢 于右任 章草）

辨析：

先字作为字根，有元、无、先、天、失及夫字等写法，各体累见。

噆 zǎn：叮、咬；口衔、含；异体字有“嗜噆”。

潛 qián：同潜；异体字有“潜潛濳”。

鬵 zèng：鼎一类的炊具，形似甑而上大下小，后亦泛指锅子，古同甑；异体字有“鬻鬵鬵鬵鬵”。

蠶（蚕 cán）：蚕蛾科和天蚕科昆虫的通称，异体字有“蝅蝅蝅蚕蝅蝅蝅蝅蝅蠶蠶”。

拓展：

𦒓 𩞀 𩕢 𠟙 𨟻

Z

先 3：醑 鐕 灊 鬵 簪

（说文 楷书）（说文 彭玉雯）（说文 吴昌硕 吴昌硕）（说文 楷书）（甲骨 甲骨 甲骨 甲骨 金文 金文 简帛

古文 说文 说文 何绍基 邓石如 王羲之 王铎 颜真卿 黄道周 文徵明 赵懿 郑板桥 王铎 朱耷 邓文原）

辨析：

先字作为字根，有元、无、先、失、天及夫等写法，各体累见。

醑 jǐn：敨酒也，从酉朁；《广韵》小甜；《博雅》醑，美也；异体字有从夫的写法。

鐕 zān：一种无盖的钉子，缀物，釜类烹器；异体字有“鐟搢𨭆鐟”等。

灊 qián：古河名，即潜水，在今中国四川省；古地名，在今中国安徽省霍山县；异体字有从先及灊灊𤃡等。

鬵 cén/jīn：魚名，从魚朁声；《类篇》一说南方谓鬵曰鬵；异体字有从先及鬵和“鱼朁”。

簪（先 zān）：用来绾住头发的一种首饰，古代亦用以把帽子别在头发上；插，戴，簪笔（古人朝见，插笔于冠，以备记事）；簪笏（古代笏以记事，簪笔以备写，臣僚奏事执笏簪笔，故亦称做官）；异体字有从失、天、先及“兂箟簪鐕”等。

拓展：

噆 撍 橬

赞（賛 讚） 躜 攒 缵

（秦简 汉简 简帛 说文 虞世南 毛泽东 欧阳询 皇象 孙过庭 颜真卿 解缙 赵孟𫖯 简帛 颜真卿 王铎 郑板桥

隶辩 赵孟𫖯 赵孟𫖯 索靖 智永 隶辩 颜真卿 王羲之 张旭 于右任）（细篆 欧阳询 黄庭坚 王羲之 于右任 赵孟𫖯）

（颜真卿 黄庭坚 乃贤 王宠 赵孟𫖯 辨体 唐寅）（简帛 说文 王羲之 邢源高 虞世南 王羲之 赵孟𫖯 李邕 赵孟𫖯）

辨析：

赞字的异体字较多，各体写法一般有四种，即从先、共、夫、元（少见）等，其中贝字草书：1. 快写；2. 居于字底的“贝”，在草书中写“大”，如“货质贪贫贯”等。

赞 zàn：会意字，见也，从贝从兟，臣鉉等曰：兟，音詵，进也；后世楷书中赞、賛二体并行，本义是辅佐，帮助，异体字还可写“讚”。

躜（躦 zuān）：向上或向前冲；钻，穿。

攒（攢 cuán）：簇拥、围聚、聚集，结算，装配起来，拿、取。

缵（纘 zuǎn）：形声，从糸赞声，本义声继续、继承。

拓展：

酂 瓒 臜 趱　　　P35.3 书画赞

臧 藏 臟（脏） 贜（赃）

（甲骨 金文 古鉢 楚简 帛书 说文 张表碑 熹平石 欧阳询 颜真卿 王羲之 王铎 皇象 王羲之 王献之 邓文原）

（古鉢 简帛 说文 李阳冰 华山庙 欧阳询 颜真卿 柳公权 赵孟頫 宋徽宗 王羲之 王羲之 智永 怀素 赵孟頫）

（篆字汇 颜真卿 启功 辨体 颜真卿 王羲之 篆字汇 赵孟頫 辨体）（篆字汇 赵孟頫 王羲之 欧阳询 于右任）

辨析：

臧从臣从戕，草法固定为皇象的写法，其中爿旁草写为一竖一点，而右边的部件为约定俗成。脏字有异体字臟和髒，意义有别，草法不同；赃字有异体字贜，各体即有两种写法。

臧 zāng：此字始见于商代甲骨文，甲骨文像戈刺入目，上古战俘往往被刺瞎一只眼睛，沦为奴隶，本义为奴隶或男奴，金文加爿为声，古籍中假借为藏，表示储藏的意思。

藏 cáng：形声，臧声，本义是把谷物储藏起来，zàng，收藏财物的府库。

臟（脏 zàng）：身体内部器官的总称。

脏（髒 zāng）：污秽，不干净。

赃（贜 zāng）：形声，左形右声，本义为赃物。

拓展：

滅 濊 槭 鏚 瀸 檝 鑶　　　P14.5 尚体行藏之趣

凿 鑿

（甲骨 甲骨 金文 楚简 汉简 王羲之 欧阳询 颜真卿 黄庭坚 郭沫若 日本 文徵明 黄彰任 于右任 章草）

（盟书 秦简 秦简 古文 古文 说文 石韵府 颜真卿 颜真卿 赵孟頫 苏轼 鲜于枢 皇象 米芾 王羲之 王铎 韩道亨）

辨析：

凿字字形较多，本页将常用的予以列示。凿字上边的“业”字可以草化为“三点”；鑿字一般有皇象和王羲之两种草法，其中，鑿字下边草书，王羲之写法含爱字的一种草法，百韵歌云“爱凿与奎全”，即在爱字的上面加一个人字头，那就是“凿”字了。

凿（鑿鑿 záo）：形声，从金鑿（zuò）省声，从金，表示与金属制品有关，凡穿物使通都称凿；异体字有凿鑿斲鑿鑿鑿鑿鑿鑿鑿鑿鑿鑿鑿鑿鑿等；其中，鑿 záo，穿木也，说文解字注曰：“鑿，所㠯穿木也，所以二字今补，穿木之器曰鑿，因之既穿之孔亦曰鑿矣。”

拓展：

鐯 鑿 鑿

早 皁（皂） 桌（槕）

（甲骨 金文 简帛 说文 曹全碑 尹宙碑 欧阳询 颜真卿 柳公权 赵孟頫 宋徽宗 王羲之 王羲之 王羲之 智永 怀素）

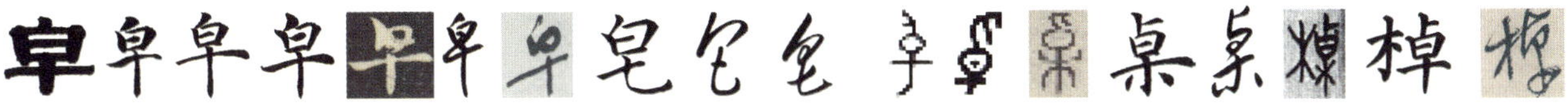

（伊秉绶 智永 虞世南 褚遂良 皇象 王铎 于右任 王羲之 王羲之 李洤）（金文 金文 篆字汇 虞世南 李洤 上博简 颜真卿 吴昌硕）

辨析：

早字字形稳定，草书写法，上边的日字写半包围或半包围加挑点。卓車草章覃等从早，参见相关页。

早 zǎo：会意，甲骨字形上面是日，下面是甲，甲的最早写法像“十”，指皮开裂，或东西破裂，“早”即天将破晓，太阳冲破黑暗而裂开涌出之意，本义是早晨；本来，已经；幸亏、幸而，早该；早已；比一定的时间靠前；何时、何日；在平生的早期，特指年幼时，在通常、预期、规定或实际的时间以前；早上问候用语。

皁（皂 zào）：黑色；古代官署中从事卑贱职业的差役，皁隶；喂食牛马的食槽；已经结成但尚未坚实的谷实；洗衣去污的用品，同皂，皂乃俗皁字。

桌（槕 zhuō）：形声，从卓，桌字本作卓，卓有高而直立之义，后来人们又根据“槕”是木制的特点另制“桌”字，俗又作“槕”，本义是桌子；几案。

拓展：

郫 捍 猂 啅 彰

蚤 1：蚤 搔 骚

（甲骨 金文 楚简 石韵府 说文 说文 简帛 欧阳询 颜真卿 柳公权 赵孟頫 米芾 黄庭坚 王铎 王羲之

李洤 张弼 于右任）（金文 说文 曹全碑 欧阳询 皇象 王羲之）（说文 曹全碑 颜真卿 赵孟頫 王羲之 宋克）

辨析：

蚤字从叉从虫，草书写法，叉字的点，历代书家根据篆书的写法有写两点或将点全部省略而写“又虫”的。可拓展。

蚤（叉蝨（下同）zǎo）：啮人跳蚤，昆虫，赤褐色，善跳跃，寄生在人和畜的身体上，吸血液，能传染鼠疫等疾病，通称跳蚤、蛇蚤。

搔（搔 sāo）：挠，用手指甲轻刮；古同骚，扰乱。

骚（騷 sāo）：形声，从马蚤声，本义为刷马。

拓展：

樰 鰠　　P37.2 取会风骚之意

蚤2：傁 慅 溞 瑵 糔 鼜 鳋 瘙

（说文 楷书）（简帛 说文 五经 王铎）（篆字汇 娄机 彭玉雯）（简帛 说文 楷书）（六书通 彭玉雯）（赵之谦 说文 楷书）

（粗篆 王羲之 赵孟頫 王铎 舒同 王羲之 章草）（篆字汇 欧阳询 颜真卿 王羲之 李淦 上博简 篆字汇 楷书）

辨析：

蚤字作为字根，各体写法同前。所涉字根可参见相关页。

傁（傁 sāo）：从人蚤声，骄也，马高六尺为骄，借为倨傲之称。

慅 sāo：扰动，通骚；cǎo，忧愁，通慅。

溞 sāo：溞溞，淘米声；洗。

瑵 zhǎo：古代车盖弓头伸出像爪的部分，多用金玉做装饰。

糔 xiǔ：糔溲，用水调面粉。

鼜（鼜 qī）：夜戒守鼓也，从壴蚤声。

鳋 sāo：鳋鱼，形似鳣的一种鱼。

瘙（瘙 sào）：像长疥疮那样发痒。

拓展：

蝨 篕 缫 颾

责 積（积） 赜 债 渍 帻 啧 碛 绩 箦

（甲骨 甲骨 金文 金文 简帛 说文 隶辨 欧阳询 王羲之 王铎 空海）（简帛 古文 说文 夏承碑 崔子玉）

（粗篆 褚遂良 赵孟頫 王羲之 王羲之 章草）（简帛 说文 欧阳询 赵构）（说文 褚遂良 王羲之）（说文

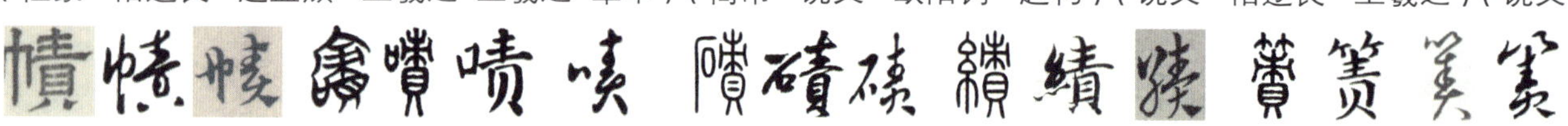

娄机 王羲之 宋克）（简帛 说文 颜真卿 王羲之）（说文 王铎 章草）（说文 智永 赵孟頫）（说文 王羲之 丰坊 章草）

辨析：

责字从朿，隶书从龶，草书龶为快写，贝字写快写或"大"。積（积）字参见积页。可拓展。

责（責 zé）：形声，小篆字形从贝朿（cì）声，zhài，本义为债款、债务。

积（積 jī）：形声，从禾责声，从禾，表示与农作物有关，本义为堆积谷物。

赜 zé：形声，从匝（yí，古一种盛水或酒的器皿）责声；匝，下巴；本义为深奥，玄妙，异体字有"嘖嘖啧賾賾賾嘖賾"等。

债（債 zhài）：负债也。

渍（漬 zì）：短时间浸泡。

帻（幘 zé）：形声，从巾责声，本义是头巾。

啧（嘖 zé）：大呼，大声喊叫；争辩，咂嘴。

碛（磧 qì）：浅水中的沙石，沙石浅滩，沙漠。

绩（績 jì）：把麻纤维披开接续起来搓成线；承继，成就、功业，下裳。

箦（簀 zé）：形声，从竹责声，本义为竹席。

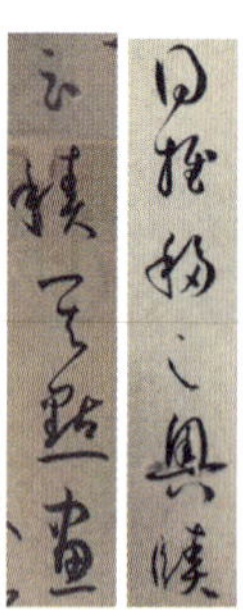

拓展：

勣 襀

P13.1 云积（積）其点画　　P15.3 得推移之奥赜

矢 㚖 㚗 吳

（甲骨 甲骨 甲骨 甲骨 金文 金文 金文 古文 古文 说文 楷书 楷书）（说文 说文注 北大简 秦简 秦简

维摩诘 彭玉雯）（说文 说文注 楷书）（金文 楚简 楚简 说文 曹全碑 颜真卿 柳公权 王羲之 张旭 怀素）

辨析：

矢为倾头，各体应写出矢字起笔的弯头。吳同吴，与拓展的字还可参见吴页。

矢 zè：倾斜着头；cè，古同侧，倾头、倾侧。

㚖 xié：斜，头不正的样子。

㚗 jié：从矢吉声，头倾也。

吳 wú：徐鍇曰：“大言，故矢口以出声”；同吴。

拓展：

捑 謑 娯 虞 誤

曾 1：曾 僧 憎 增 缯 赠 甑 蹭 層

（甲骨 甲骨 甲骨 金文 金文 说文 李阳冰 曹全碑 欧阳询 颜真卿 柳公权 赵孟頫 王羲之 米芾 王羲之 宋克）

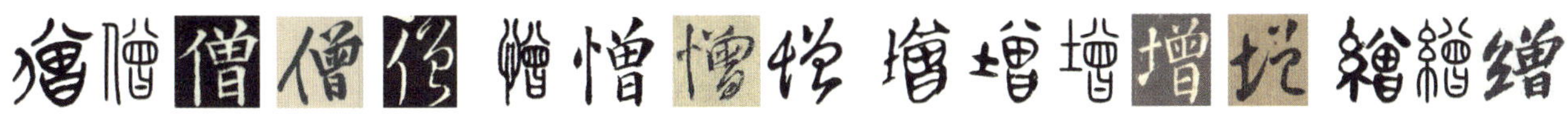

（简帛 说文 欧阳询 黄庭坚 张旭）（说文 虞世南 王铎 王羲之）（楚简 秦简 说文 颜真卿 怀素）（秦简 说文 苏轼

王羲之）（说文 曹全碑 柳公权 王铎 王羲之（说文 褚遂良 章草）（说文 赵孟頫 王羲之）（说文 王铎 韵会 王羲之）

辨析：

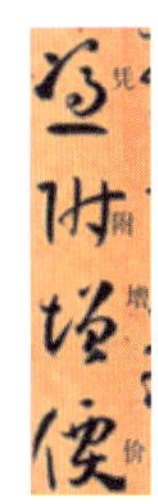

曾字从八从曰，曾字草书，上边口字中间的部件省略，可加“挑点”，下边的日写“厶”。需要注意的是，曾字的草书起笔，两点若写成“竖势”，则与“鲁”字草书雷同，影响释读时，应注意细节，参见鲁页。

曾 céng：形声，从八从曰，本义未明，副词，用来加强语气；过去发生过，已经，通层，重叠；zēng，重，指中间隔两代的亲属关系；谦词，犹末；高举的样子；增的本字，增加；乃、竟；表示相承；表示疑问。

僧 sēng：形声，从人曾声，本义是和尚，出家修行的人。

憎 zēng：憎恨厌恶。

增 zēng：本作曾，义为增多；扩大，夸大、夸张，高，更加。

缯（繒 zēng）：古代对丝织品的总称；通矰，古代射鸟用的箭；zèng，绑、扎。

赠（贈 zèng）：赠送；追赠，赐死者以官爵或荣誉称号。

甑 zèng：古代炊具，底部有许多透蒸汽的小孔，放在鬲上蒸煮。

蹭 cèng：摩擦。

層（层 céng）：数重相叠的房屋；级、等次；量词。

拓展：

鄫 橧 熷 璔 噌 嶒 鱛 P29.1 凭附增价

曾 2：噌 潧 嶒 磳 竲 矰 譄 鬵 鄫 㽪 罾 鬙

（金文 粗篆 曹全碑 隶辩 王羲之 欧阳询 颜真卿 黄庭坚 文徵明 王羲之 章草）（说文 六书正讹 赵孟頫）

（篆字汇 赵之谦 王铎）（峿臺銘 赵孟頫）（说文 楷书）（金文 楚简 秦简 说文 欧阳询 王羲之）（说文 楷书）

（说文 楷书）（说文 楷书）（赵孟頫 王铎）（金文 颜真卿 赵孟頫 黄庭坚 文徵明 王羲之 章草）（维摩诘 唐寅）

辨析：

曾字作为字根，各体写法同前，所涉字根参见相关页。

噌 cēng：象声词；（方）叱责，斥责。

潧 zhēn：古同溱，古河名。

嶒 céng：崚嶒，形容山高的样子。

磳 zēng：磳磳，（山石）险峻；磳田，梯田；山崖。

竲 céng：没有顶盖的楼台；高峻；zēng，古同橧，巢。

矰 zēng：古代用来射鸟的拴着丝绳的短箭，泛指短箭；楚简从羊，待考。

譄 zēng：夸大其辞；古同增。

鬵 zèng：鼎一类的炊具，同甑。

鄫 zēng：国名，夏禹之后封于此，春秋时为莒所灭，其故城约在山东省峄县境；地名，春秋时郑地。

㽪 fēn：方言，副词，表否定，相当于未曾、不曾。

罾 zēng：鱼网也，用网捕捞。

鬙 sēng：鬅鬙，头发散乱貌，喻山石花木等参差散乱。

拓展：

磳 竲 罾 噌 矰 䆸 橧 䒏 翻 䎖 鐕 驓 鱛

乍 咋 作 昨 炸 蚱 诈 岝 怎

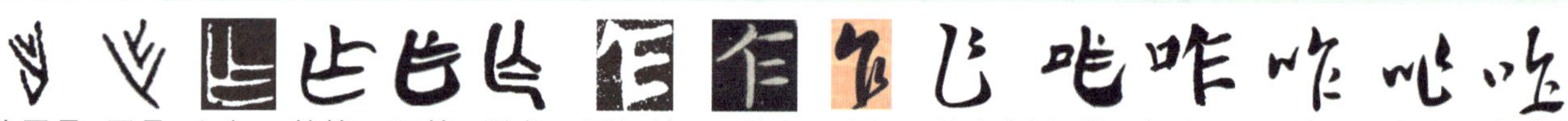

（甲骨 甲骨 金文 楚简 汉简 说文 石门铭 王羲之 王铎 王羲之）（汉简 颜真卿 王羲之 李洤 章草）

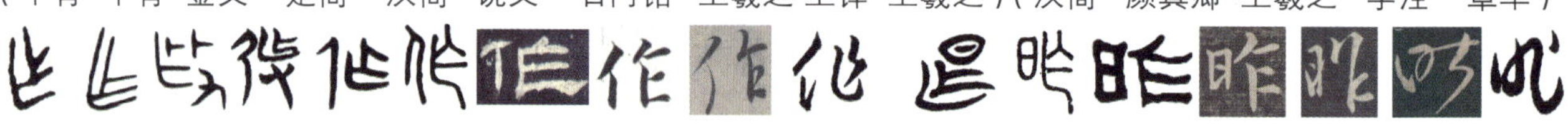

（甲骨 金文 金文 楚简 秦简 说文 乙瑛碑 智永 王羲之 王羲之）（简帛 说文 衡方碑 钟繇 王羲之 张芝 朱耷）

（欧阳询 王羲之）（金文 欧阳询 王羲之）（金文 说文 西狭颂 徐伯清）（篆字汇 文徵明）（篆字汇 王羲之 王羲之）

辨析：

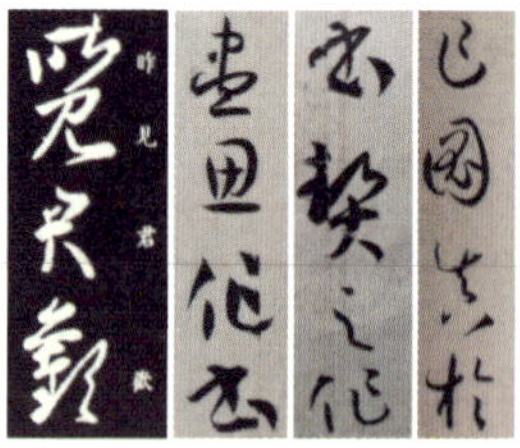

乍字字形稳定，草书：1. 快写；2. 竖弯钩加两点。可拓展。昨字：张芝和王羲之的《昨见帖》草书写法约定俗成，极易与嵁字的草书相混淆，而嵁因使用频率少而未见其草书。

乍 zhà：会意，从亡从一，本义为忽然；《增韵》："暂也，初也，忽也，猝也，甫然也。"古同作，甲骨及三代鼎文款识，作字皆书为乍。

咋 zǎ：代词，怎，怎么；zé，大声呼叫；咬住；zhà，通乍，突然，应答之声，激怒，炸开（《西游记》半山里，崖崩岭咋）。

作 zuò：甲骨文像衣领初作的形状，本义是人起身；作与乍的分化至少可以上溯到楚简。

昨 zuó：形声，从日乍声，本义为隔夜，上一天。

炸（煠 zhá）：爆破，爆裂，突然发怒、生气。

蚱 zhà：蚂蚱，蚱蜢。

诈（詐 zhà）：从言与言论有关，本义是欺骗。

岝 zuò：岝崿，山石高峻的样子，山名；zé，岝崿，高峻。

怎 zěn：形声，从心乍声，怎么，如何。

拓展：

乍 阼 厏 妰 岝 岞 怍 拃 泎 苲 迮 庝 柞 祚 胙 牱 袏 痄 砟 秨 笮 舴 紵 酢 䝉 䞢 跐 鈼 飵 鲊 䣢 鲊 齚

P4.6 书契之作　P30.6 乍图真于率尔　P54.3 吾尝尽思作书

斋（斎）

汉简 王羲之 欧阳询 颜真卿 柳公权 赵孟頫 黄庭坚 王铎 鲁迅 郭沫若 舒同 日本 文徵明 张瑞图 章草

金文 金文 楚简 籀文 说文 王羲之 居延简 唐玄宗 翁方纲 王铎 赵孟頫 成亲王 董其昌 王铎 周天球

王羲之 钟绍京 颜真卿 柳公权 赵孟頫 成亲王 虞世南 米芾 赵孟頫 朱熹 王羲之 黄庭坚 杨维桢 王铎

辨析：

斋字的异体字变化较多，常用的有从“而、二和小（示）”的三种写法，各体均可从之，其中，从“小”的使用频率较高。

斋（亝斎 zhāi）：形声，从示，斎齐省声，本义为斋戒，旧指祭祀前整洁身心；异体字有“齋⿰⿱⿰⿰⿱⿰⿰⿱⿰⿰⿰⿰⿰⿰⿰”等近 60 个。

拓展：

璾 𦅗 樎 䲭

旃 栴 旜

（金文 金文 楷书 古文 说文 赵孟頫 楚简 楚简 古文 说文 褚遂良 颜真卿 黄庭坚 王羲之 王羲之 赵孟頫）

（篆字汇 智永 欧阳询 虞世南 褚遂良 颜真卿 柳公权 王羲之 米芾 赵孟頫 丰坊 王铎 傅山）（篆字汇 楷书）

辨析：

旃栴旜等字结构相似，行草书为快写。说明：旃字的金文和说文分别有从虫和从亶的写法，楷行草不常见。金文有从虫的异体字，说文则有从亶的异体字。

旃 zhān：古代一种赤色曲柄的旗，亦泛指旌旗；同毡；文言助词，之、焉二字的合读，相当于“之”或“之焉”：“天其殃之也，其将聚而歼旃”，异体字有“旜旜䡲旃旃氈”，其中，旜或从亶。

栴 zhān：栴檀，香木，或作旃；《古今注》栴檀木出扶南，色紫，亦謂之紫檀；异体字有“旃㮵栴栴”。

旃 zhān：同栴。

拓展：

𧙊 㵐 䐐

Z

詹 赡 澹 谵 瞻 膽 蟾 襜 檐

（石经 说文 隶辨 颜真卿 李邕 米芾 王羲之 韩道亨 流江 韵会）（说文 褚遂良 王羲之 孙过庭 宋克）

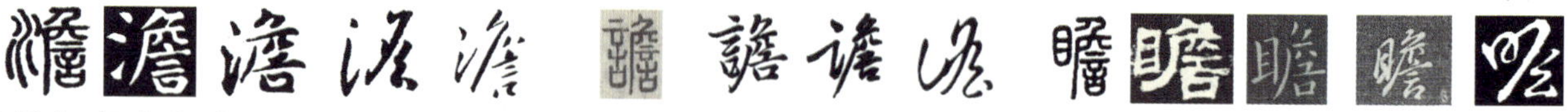

（说文 颜真卿 赵孟頫 王羲之 毛泽东）（篆字汇 赵孟頫 黄庭坚 王羲之）（说文 史晨碑 欧阳询 董其昌 王羲之）

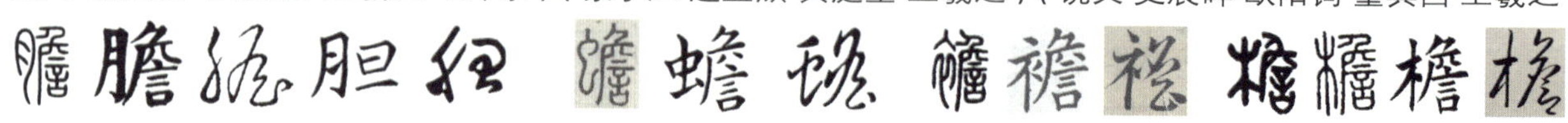

（说文 颜真卿 赵孟頫 王羲之 王羲之）（篆字汇 王羲之 王羲之）（说文 五经 邓文原）（金文 说文 欧阳询 流江）

辨析：

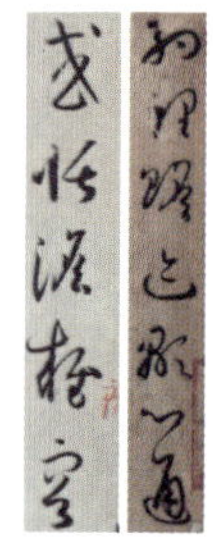

詹字从⺈从八从言，草书江流的草法“两点＋言”清楚，更符合詹之结构，而韵会的草法和王羲之所写詹与赡，其口乃是借用了日下符“厶”的写法；襜的草书注意邓文原章草所写衣字旁，其结构借用示字旁结构。与侯辨：百韵歌云“侯兮不减詹”，詹与侯草书相似，詹突出下边的两点和言，而侯字草书从其异体字矦或厌字的快写，参见侯页。

詹 zhān：从⺈从八从言，⺈为高也，八乃分也，多故可分、多言也，1. 话多、噜苏，《庄子》大言炎炎，小言詹詹；2. 又如詹詹（言辞琐碎），詹詹炎炎（喋喋不休的样子）。

赡（贍 shàn）：供给。

澹 dàn：水摇也。

谵（譫 zhān）：说胡话，特指病中说胡话；多言。

瞻 zhān：向远处或向高处看。

膽（胆 dǎn）：胆囊，俗字作胆。

蟾 chán：蟾蜍，癞哈蟆。

襜 chān：系在身前的围裙；整齐。

檐 yán：房顶伸出墙壁的部分，屋檐；覆盖物的边沿或伸出的部分。

拓展：

儋 噡 嶦 幨 憺 擔 蒼 墻 嬗 暔 甔 膽 襜 瘖 簷 聸 譫 蟾 譫 趝 蹭 闍 韂 韂 黵

P33.1…约理谵，迹显心通　　P43.6 或恬澹雍容

斩 渐 椠 崭 錾

（简帛 说文 王基碑 好太王 智永 欧阳询 柳公权 颜真卿 赵孟頫 赵佶 王羲之 欧阳询 皇象 王羲之 章草）

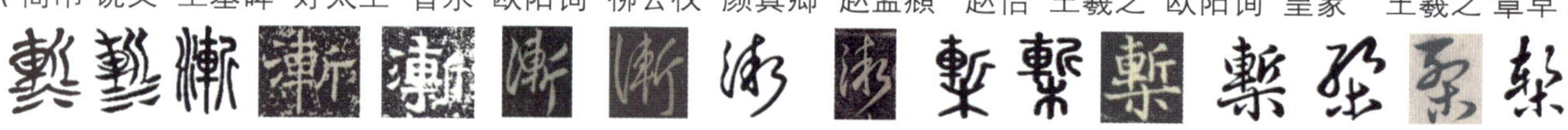

（楚简 楚简 说文 尹宙碑 宝子碑 王羲之 王献之 王羲之 郗愔）（金文 说文 皇象 赵孟頫 王羲之 宋克 章草）

（颜真卿 赵孟頫 王羲之 鲁迅 王羲之 于右任 章草）（金文 汉简 说文 王羲之 赵孟頫 王羲之 文徵明 章草）

辨析：

斩字字形稳定，草书为车和斤字的草书符号组合，王羲之近于“点＋犭”的写法，构件不明，为约定俗成。錾字的汉简写法可以看出“车”字草书的早期痕迹。作为字根，篆书的组合上下或左右累见。惭、暂（蹔）和堑字可参见“惭暂（蹔）堑”页。

斩（斬 zhǎn）：会意，从车从斤，古有车裂之刑，故从车，斤为斧子，也可用于杀人，本义是古代死刑的一种，斩首或腰斩，杀。

渐（漸 jiàn）：形声，从水斩声，本义为古水名，即今新安江及其下游钱塘江；慢慢地，一点一点地；加剧，疏导。

椠（槧 qiàn）：古代以木削成用作书写的版片；简札，书信；书的刻本。

崭（嶄 zhǎn）：高峻，高出，崭露头角；chán，古同巉，险峻。

錾（鏨 zàn）：从金从斩，小凿也，雕凿金石的工具；磨刀出锋。

拓展：

暂（蹔）惭

展 碾 辗

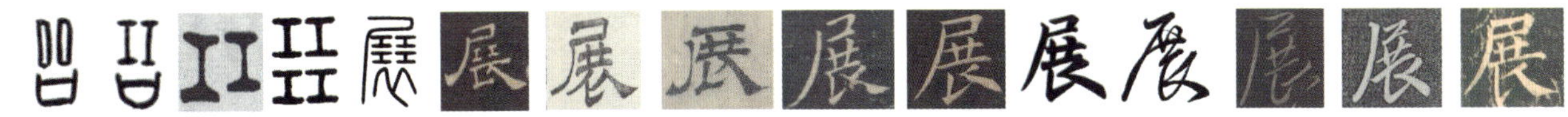

（甲骨 甲骨 金文 说文 说文 唐玄宗 娄机 吴立礼 王献之 欧阳询 颜真卿 王羲之 虞世南 米芾 柳公权

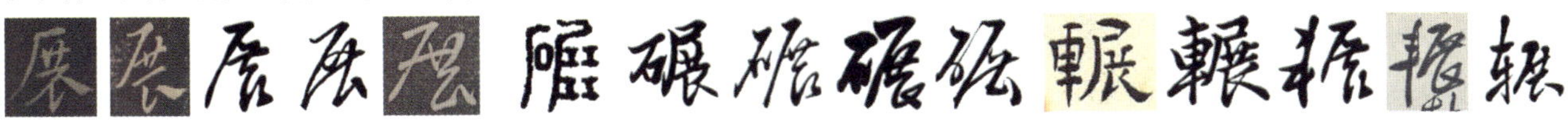

史游 索靖 王羲之 空海 米芾）（六书统 王羲之 祝永明 王铎 日本）（张迁碑 赵孟頫 王羲之 王铎 章草）

辨析：

展从尸，草书尸写“厂”，下边的衣字底为快写或草化为两笔。可拓展。

展（㞡𡰭 zhǎn）：形声，小篆字形像假卧的人形，从尸，与人体动作有关，从尸，展布四体之意，本义为转动。

碾 niǎn：形声，从石，展声，本义是磙压、碾轧。

辗（輾 zhǎn）：辗转，也作展转；niǎn，通碾，磙压、碾压。

拓展：

搌 娫 榐 蹍 輾 䩅 鞎

占 1：占 乩 站 砧 帖 贴 觇

（甲骨 甲骨 甲骨 甲骨 甲骨 楚简 楚简 说文 金农 欧阳询 颜真卿 米芾 乾隆 王羲之 文徵明 王铎 韵会 章草）

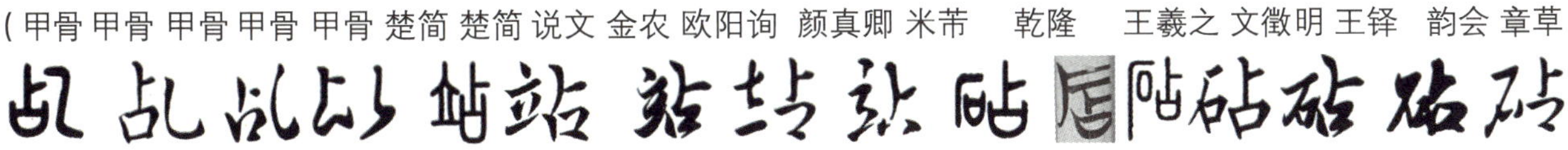

（金文 王羲之 米芾 王羲之）（粗篆 褚遂良 王羲之 王羲之 章草）（金文 简帛 说文 柳公权 王羲之 米芾 王羲之）

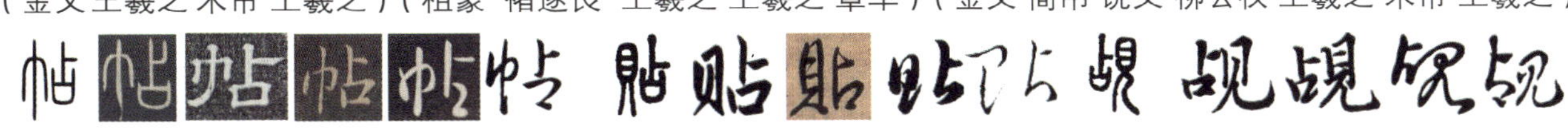

（说文 王献之 三希堂 岳珂 王导 王羲之）（说文 赵孟頫 王铎 韩道亨 韵会）（说文 黄庭坚 赵孟頫 王羲之 章草）

辨析：

占字的篆书有内外口的区分，隶定字形稳定，草书的变化在于“口”字草书符号变化。

占 zhān：会意，从卜从口，以口问卜，推测吉凶，即察看甲骨的裂纹或蓍草排列的情况取兆推测吉凶。

乩（呫 jī）：通过占卜问吉凶。

站 zhàn：形声，从立占声，直立。

砧（碪 zhēn）：捣衣石。

帖 tiē：古代字写在布帛上叫帖。

贴（貼 tiē）：典当，贴补。

觇（覘 chān）：暗中察看。

拓展：

卤 卣 刮 阽 姑 彭 鹵 咕 坫 臬 岵 怗 迠 点 居 战 枯 炶 玷 飐 眡 痁 秥 祐 遆 鈷 槷 离 笘 萜 蛅 鹵 詀 黇 霑 鲇 黏

占2：佔 沾 霑 拈 粘 黏 钻 鲇 毡 苫

（王羲之 米芾 傅山）（金文 说文 王羲之王羲之 章草）（说文 智永 赵孟頫 米芾）（说文 颜真卿 柳公权 王羲之）

（说文 欧阳询 唐寅 王羲之）（简帛 说文 赵之谦 虞世南 王羲之）（说文 王羲之 欧阳询 颜真卿 皇象 王羲之）

（金文 说文 黄自元 陆柬之 王羲之 章草）（小篆 柳公权 黄庭坚 于右任）（说文 王羲之 王羲之 王羲之 孙过庭）

辨析：

占字拓展的字，应注意组合变化。所涉组合的字，可参见相关字。卣字见卣页。

佔 diān：佔佷，轻薄、下垂、疲惫。

沾 zhān：浸润、浸湿。

霑 zhān：雨水浸湿。

拈 niān：用手指搓捏或拿东西。

粘 nián：具有粘性；zhān，黏的东西互相附着连结在一起。

黏 nián：粘连，胶合。

钻（鉆鑽鑚 zuān）：穿孔的工具，又表示穿孔、刺穿；zuàn，穿孔洞的用具。

鲇（鮎鯰 nián）：鲇鱼。

毡（氈 zhān）：加工羊毛或动物毛而成的块片状材料。

苫 shān：覆盖，以草编成的覆盖物。

拓展：

怗 敁 䖠 惉 砧 䟓 跕 酟 㮇 閚 飿 烡 蔵 鲇 覘 酟 鞊 軲 頕 颭 黇 樤 黏 䜂 嚪

章1：章 漳 慞 樟 幛 嫜 嶂 獐

（金文 金文 金文 盟书 楚简 秦简 说文 曹全碑 金刚经 欧阳询 颜真卿 赵孟頫 皇象 王羲之 黄庭坚 杨维桢）

（金文 说文 曹全碑 虞世南 王羲之）（篆字汇 维摩诘 法华经）（金文 褚遂良 王羲之 王羲之 佚名）（金文 柳公权

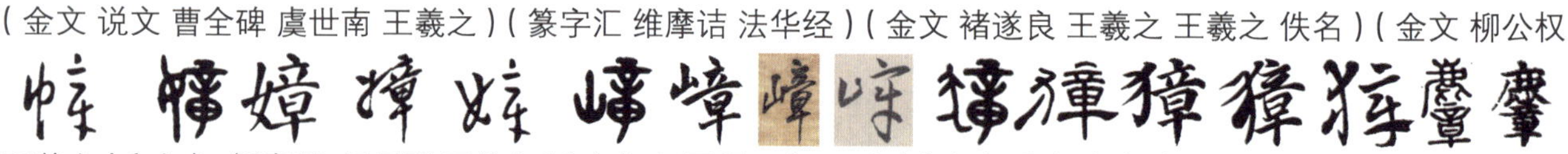

王羲之）（金文 颜真卿 吴昌硕 王羲之）（金文 赵孟頫 王铎 王宠）（金文 曹全碑 颜真卿 王羲之 章草 说文 敦煌）

辨析：

章字的小篆字形从音从十，隶楷行从此结构，草书有两种写法：1.皇象写法，约定俗成；2.草写“立（快写或草化为‘七一’）早”，少见。可拓展。

章 zhāng：会意，乐竟为一章，从音十，音指音乐，十表数之终也，合起来表示音乐完毕，本义为音乐的一曲。

漳 zhāng：水名，浊漳水，清漳水；漳江。

慞 zhāng：慞惶，彷徨疑惧；惧怕。

樟 zhāng：樟科樟属，常绿乔木，樟树。

幛 zhàng：形声，从巾章声，巾，丝麻织品，旧时用布帛一副上面题字，作为庆吊的礼物；遮蔽、遮挡。

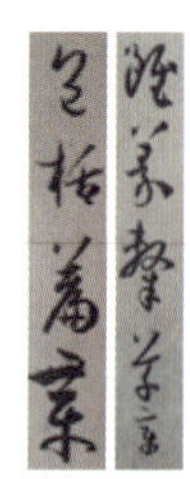

嫜 zhāng：丈夫的父亲，姑嫜（丈夫的母亲与父亲）。

嶂 zhàng：高险的山，如屏障的山峰。

獐（麞 zhāng）：野兽名，像鹿，比鹿小，头上无角，有长牙露出嘴外，皮可以做衣服，也叫牙獐；獐子，獐猫。

拓展：

傽 鄣 障 墇 遧 麞 暲 璋 瞕 蟑 鏱

P20.3 包括篇章　P21.4 虽篆隶草章

Z

章2：璋 蟑 障 鄣 彰 竷 赣 瘴 蔁

（说文 智永 王羲之 韵会）（说文 粗篆 王羲之 黄庭坚 王羲之 章草）（说文 金文 邓石如 欧阳询 王羲之）

（金文 说文 衡方碑 颜真卿 柳公权 王羲之 赵孟頫 王羲之 章草）（楚简 古文 说文 褚遂良 文徵明 章草）

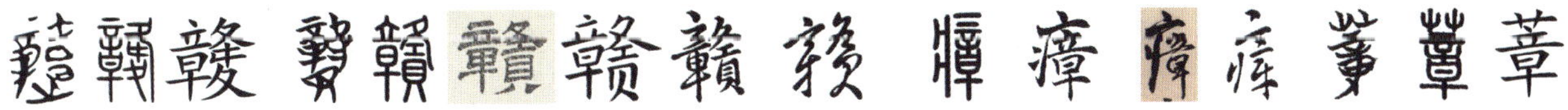

（楚简 说文 楷书）（楚简 新篆 娄机 欧阳询 赵孟頫 王羲之）（粗篆 褚遂良 王铎 章草）（楚简 说文 楷书）

辨析：

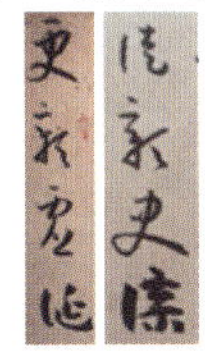

章字作为字根，各体写法同前。

璋 zhāng：古玉器名，形状像半个圭。

蟑 zhāng：蟑螂。

障 zhàng：阻塞，阻隔。

鄣 zhāng：古邑名；古郡名，秦置，汉为故鄣，属丹阳郡。今浙江省长兴县西南有故鄣城；同障，阻塞，阻隔。

彰 zhāng：会意兼形声，从彡从章，明显，显著；表扬，表彰；揭示，表露。

竷 kǎn：载歌载舞、边唱边跳；悦耳和谐的声音；形容鼓声。

赣（贛 gàn）：中国江西省的别称；gòng，通贡，赐给。

瘴 zhàng：瘴气，旧指南方山林间湿热蒸郁致人疾病的气。

蔁 zhāng：古书上说的一种草。

拓展：

贑 騲 鱆

P28.3 徒彰史牒　P32.6 更彰虚诞

丈 仗 杖 扙

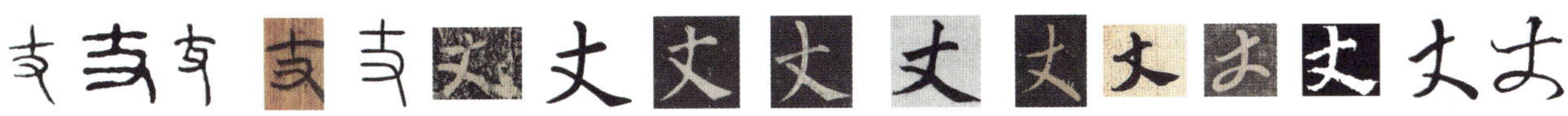

（古文 汉印 楚简 清华简 说文 魏碑 欧阳询 颜真卿 柳公权 赵孟頫 王羲之 米芾 苏轼 皇象 王羲之 空海）

（飞鸿堂 欧阳询 颜真卿 王羲之 唐高宗 米芾 王铎）（说文 姚孟起 王羲之 赵孟頫）（王羲之 颜真卿 王蘧常）

辨析：

丈字的行草书为快写。可拓展。

丈 zhàng：会意，小篆字形从又（手）持“十”，十尺为一丈，本义为长度单位。

仗 zhàng：形声，从人丈声，本义是执、拿着。

杖 zhàng：形声，从木丈声，本义为执、持；手杖，泛称棍棒一类的东西；用棍子打、拷打；通仗，凭倚、依靠。

扙 zhàng：从扌丈声，伤也。

拓展：

疺 粀

爫1：爪 抓 派 釽 爬 笊

（甲骨 金文 说文 何绍基 伊秉绶 欧阳询 颜真卿 柳公权 赵孟頫 王羲之 赵之谦 张照 王羲之 孙过庭

李淦 章草）（古通爪 金文 王羲之 欧阳询 颜真卿 田英章 王羲之 李淦 章草）（王知敬 张式 王羲之 宋克）

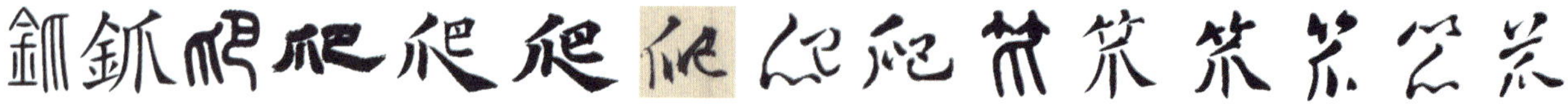

（说文 楷书）（金文 邓石如 欧阳询 颜真卿 文徵明 王羲之 章草）（金文 柳公权 赵孟頫 米芾 王羲之 章草）

辨析：

爪字楷化后有爫和爪两种形态，爫字不单用。爪字草书一般为快写或将下边的三划写成呼应的点。可拓展。拓展的字，从“爫”，常用的字根有“采觅圣悬再悉舜爱孚受妥爵爲（为）奚畓舀爰爭（争）”等，其中“爱孚受妥爵爲（为）奚畓舀爰爭（争）”所涉“爫”字的草书，大同小异，见相关页；舜和爱两个字，除篆书外，隶楷行草可从爫，亦见相关页。

爫 zhǎo：同“爪”，又叫采字头，用作偏旁；〈喃〉义同“为”。

爪（叉爫 zhǎo）：象形，按甲骨文和小篆字形，“又”是手，两点表手爪甲形，本义是人的指甲、趾甲。

抓 zhuā：形声，从手爪声，本义是搔，用手或爪取物，扎缚，捉住，买，抽，特别重视，负责…工作；古通用爪。

派 pài：古同派，水的支流。

釽 pī：破裂，分析，古代一种农具名，剑身出现的文采；zhāo，炼铜的初次生成物。

爬 pá：搔，爬梳，爬行，匍匐，攀登，整治，疏导、发掘。

笊 zhào：笊篱，用竹篾、柳条、铅丝等编成的一种勺形用具，能漏水，可以在汤水里捞东西。

拓展：

⿱爫土 枛 爮 ⿰虫爪 笊 ⿰豸爪 ⿰爪叟 ⿴囗爪

爫2：采（採） 彩 綵 菜

（甲骨 甲骨 甲骨 金文 盟书 楚简 说文 梁恭之 钟繇 王献之 欧阳询 褚遂良 赵孟頫 乾隆 怀素 王铎 乾隆 章草

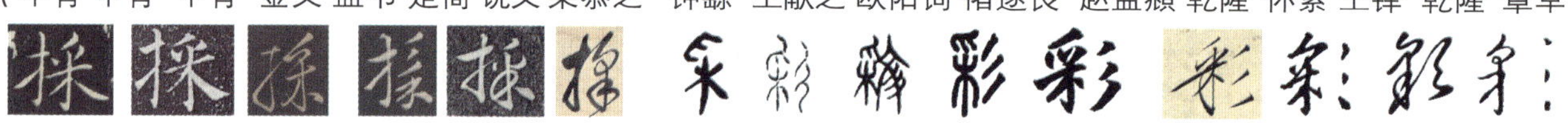

王献之 颜真卿 颜真卿 索靖 宋高宗 王铎）（秦简 古文 古文 说文 赵孟頫 宋徽宗 王羲之 王羲之 怀素）

（篆字汇 赵孟頫 欧阳询 米芾 智永 怀素 宋徽宗 于右任）（金文 说文 欧阳询 欧阳询 王羲之 智永 赵孟頫）

辨析：

采字从爪从木，草书：1. 快写；2. 爫下的点，可以用连笔带过。可拓展。

采（採 cǎi）：会意，从爪从木，甲骨文的手下像树木及其果实，表示以手在树上采摘果实和叶子，本义是用手指或指尖轻轻摘取来。

彩 cǎi：形声，从彡（shān）采声，从“彡”表示与图画、文饰相关，本义为文采、文章才华。

綵（綵 cǎi）：彩色的绸子。

菜 cài：艸之可食者，从艸采声。

拓展：

倸 啋 埰 婇 寀 ⿰忄采 棌 ⿰月采 釉 睬

Z

爫3: 1觅（覔） 2𡈼 淫（滛） 婬 霪（霒）

（古文 金文 金文 王羲之 颜真卿 柳公权 王羲之 王铎 于右任 柳公权 苏轼 王铎 郑板桥 朱熹 鲜于枢）

（说文 楷书）（简帛 说文 华山庙 钟繇 王羲之 李洤 于右任 唐鉴 欧阳询 米友仁 王羲之）（说文 颜真卿 黄庭坚）

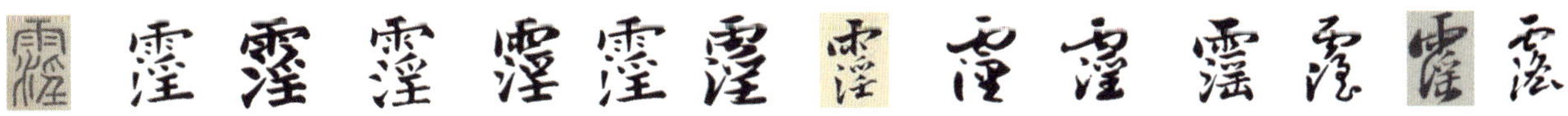

（篆字汇 欧阳询 颜真卿 柳公权 赵孟頫 王铎 王羲之 欧阳询 孙过庭 邢源高 赵孟頫 王羲之 陆游 章草）

辨析：

觅𡈼从爪，草书觅字的爪字可写“不”；𡈼字作为字根，淫、婬和霪等字𡈼还可写岙。

觅（覓覔 mì）：会意，从爪从见，表示用手和眼去寻找，本义为寻找、到处寻找。

𡈼 yín：近求也，从爪壬，妄取、贪求；jīng，织。

淫（滛 yín）：形声，从水㸒（yín）声，本义是浸淫、浸渍。

婬 yín：淫荡、纵欲，通作“淫”。

霪（霒 yín）：久雨，通作“淫”。

拓展：

㸒 淫 𨻸

爫4: 爯 偁（儞，附：你）稱（称穪）弥（弥）趂（趁趍）𧟰（衰）

（甲骨 金文 麻徵镜 颜家龙）（甲骨 甲骨 金文 金文 说文 薛稷 千唐 陈羲明）（欧阳询 王羲之 王羲之 李洤）

（甲骨 甲骨 古文 古文 说文 肥致碑 欧阳询 颜真卿 王羲之 赵孟頫 王铎 爨体 王羲之 黄庭坚 陈基 于右任 孙过庭）

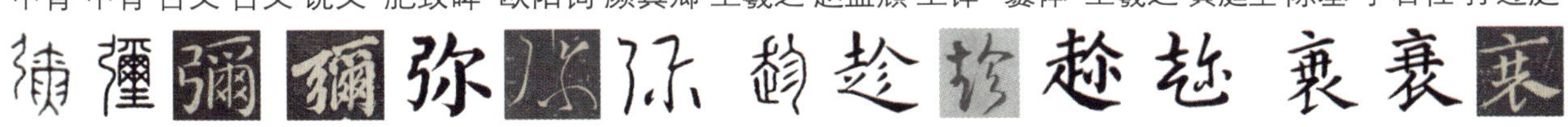

（金文 说文 王献之 黄庭坚 颜真卿 张芝 王羲之）（说文 欧阳询 王铎 颜真卿 王羲之）（王羲之 颜真卿 皇象）

辨析：

爯从爪，作为字根，草书写法：1. 快写，如爯和偁；2. 可从异体字，如稱、弥和趂可从“爯和尔”，𧟰字则一般只写“衰”；其中，称字草书还可从“摄称将属倚”的“属（草书）”形，为尔与禾字连笔产生的字形，见孙过庭。

爯 chēng：称，并举也，从爪，冓省；chèn，古同称。

偁 chēng/chèn：说文曰：“扬也，从人爯声。”清段玉裁注：凡古偁举、偁谓字皆如此作，……自称行而偁废矣；异体字儞，古同你；同称。

你（妳 nǐ）：形声，从人尔声，本义为称说话的对方。

稱（称穪 chēng）：形声，从禾爯声，本义为称量物体轻重的器具，这个意义后来写作“秤”，又指称量。

弥（弥 mí）：形声，从弓尔声，本义是放松弓弦；充满、填满；通弭，停止。异体字有“彌瀰彌弥瓕瓕弥彌彌镾弥”等。

趂（趁趍 chèn）：形声，本义为追逐；乘便，满足，遂。

𧟰（衰）：同衰 shuāi/cuī。

拓展：

弥（chēng，同彌弥 mí）隔（隬 nǐ）㣾（㳽 chěng）㷔（炢）𥉻（𪾢𥋹）𦦉（𦧲 yǒng）顐（hàng 頏）

罒 5：舜　瞬　蕣　僢

（古文 古文 古文 楚简 楚简 说文 说文 隶辩 隶辩 隶辩 隶辩 邓石如 赵之谦 欧阳询 文徵明 董其昌

姚孟起 邓文原 宋克 王羲之 王羲之 李淦 赵孟頫）（甲骨 说文 六书统 王羲之 王羲之 徐渭 苏轼 赵构

黄自元 文徵明 韵会 欧阳询 王铎）（汗简 说文 石韵府 赵孟頫 王铎 王铎）（吴彩鸾 说文 王羲之 王羲之）

辨析：

舜的篆书不从罒，隶楷行草却一般稳定为“舜、异体字 1、异体字 2”三种写法。可拓展。拓展的字瞬和僢，需注意其异体字分别有瞚和舛的写法。

舜（shùn）：象形，艸也，楚谓之葍，秦谓之藑，小篆字形，从舛（chuǎn），也像蔓连向背之形，舛亦声，本义是一种蔓草；异体字有䑞、㲼、橓和蕣等等。

瞬（瞚 shùn）：形声，从目舜声，本义为眨眼。

蕣 shùn：木槿，夏季开花，早开晚落，仅荣一瞬。

僢（舛 chuǎn）：同舛，相违背。

舜字的异体字：1. 舜　2. 舜

拓展：

䑞 橓 䑞 鶽

召 1：召　佋　沼　怊　诏　招　柖　炤　绍

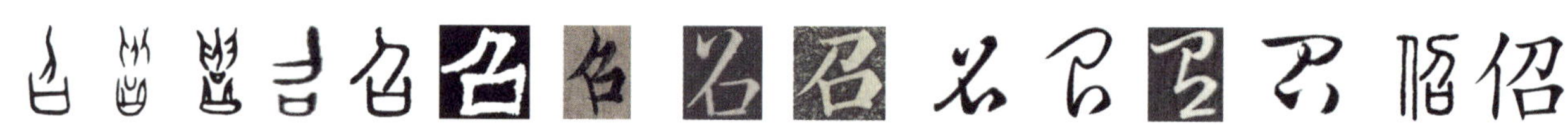
（甲骨 甲骨 甲骨 金文 说文 鲁峻碑 欧阳询 褚遂良 颜真卿 王羲之 李淦 成亲王 敬世江）（说文 楷书）

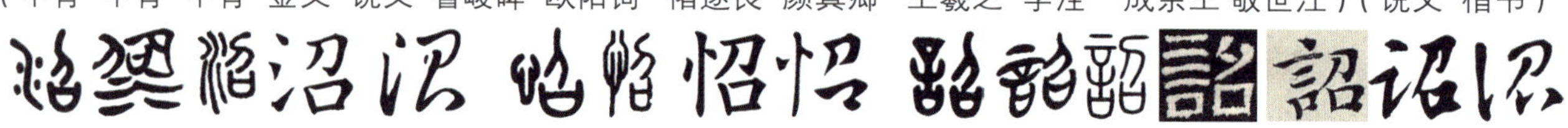
（金文 简帛 说文 王羲之 王羲之）（金文 说文 欧阳询 佚名）（金文 简帛 说文 肥致碑 丰坊 黄庭坚 章草）

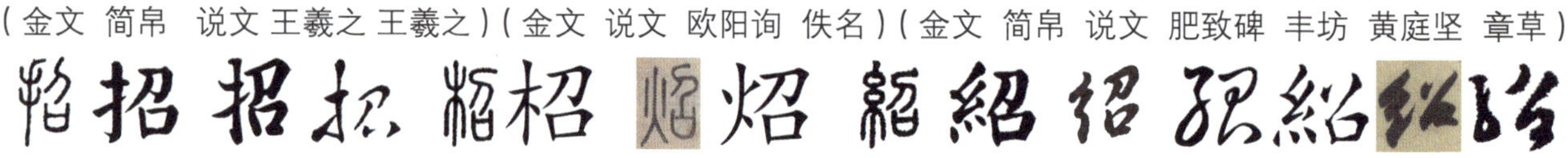
说文 颜真卿 王羲之 章草）（说文 楷书）（篆字汇 楷书）（说文 颜真卿 吴昌硕 王羲之 褚遂良 苏轼 文彭）

辨析：

召字从口从刀，甲骨文有口齿形，草法，本页列出了四种（王羲之、李淦、成亲王、敬世江），其中一种（王羲之）极易与“名（洺茗詺佲姳眳）”字的草书混淆，还有一种（李淦）易与“艮（报恨莨退根琅）”的草书混淆，须注意辨识。

召 zhào、shào：古字形从口刀声，本义指召唤、叫人来，特指君王唤使臣下，又指长辈呼叫晚辈；shào，文王的儿子召公奭的封邑，后为姓。

佋 zhāo：古同昭；shào，古同绍。

沼 zhǎo：水池，积水的洼地，上古时期，池和沼都表水池，塘在中古时期才表示水池。

怊 chāo：悲痛，怅恨，失意。

诏（詔 zhào）：告知，告诉；教导，告诫；征召，宣扬，报告；皇帝下达命令。

招 zhāo：打手势叫人来；招收，招募，邀请，招供，逗引。

柖 sháo：树摇动的样子，箭靶子；shào，浴床。

炤 zhào：照耀，同照；zhāo，古同昭，明显。

绍（紹 shào）：继承，紧密连续；介绍，为人引见，缠绕；绍兴市的简称。

拓展：

𡿨 阳 刟 犸 妱 岹 玿 弨 㷖 欩 牊 玿 祒 昭 袑 翏 苕

P48.3 阑沼漂萍（蒳）

召 2：昭 蛁 轺 鉊 龆 貂 超 韶

（说文 衡方碑 欧阳询 颜真卿 王羲之 王宠 董其昌）（说文 楷书）（金文 帛书 说文 王铎 王羲之 颜真卿

文徵明 章草）（金文 楷书）（金文 古文 粗篆 褚遂良 赵孟頫 王羲之 黄庭坚 王羲之 韵辩）（金文 金文 楚简

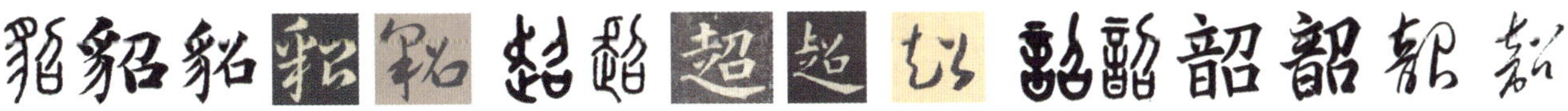

说文 智永 褚遂良 皇象 王宠）（金文 说文 颜真卿 虞世南 怀素）（金文 说文 欧阳询 王羲之 李泾 毛泽东）

辨析：

召字作为字根，各体同前，所涉字根可参见相关页。其中，韶字从音，毛泽东的音字，从王羲之的音字草书“七一日”的草书写法，可参见音页。

昭 zhāo：明亮，显扬、显示。

蛁 diāo：虫名；蛁蟟，蝉名。

轺（軺 yáo）：古代轻便的小马车；使节所用之车。

鉊 zhāo：镰刀，用镰刀割。

龆（齠 tiáo）：儿童换牙；儿童；指小儿垂发，通髫。

貂（犳鼦 diāo）：本义为哺乳动物，又称貂鼠。

超 chāo：跃上、跳过、跃过，提拔、擢升，超过、胜过；超脱、超凡，美妙、高超，远、遥远，惆怅，若有所失。

韶 sháo：古代虞舜时代乐曲名；美好。

拓展：

⿰矢召 ⿱艹招 蛁 ⿰召見 ⿰夗召 ⿰飠召 ⿱召糸 ⿱⺮沼 ⿺風召

召 3：鞀 劭 卲 邵 照 迢 苕 笤 髫

（说文 五经 赵孟頫 金文 王羲之 王铎）（说文 智永 欧阳询 怀素 章草）（甲骨 金文 盟书 简帛 说文 欧阳询）

（金文 说文 褚遂良 宋徽宗 李泾 章草）（金文 说文 景君碑 颜真卿 赵孟頫 怀素）（说文 欧阳询 徐渭 章草）

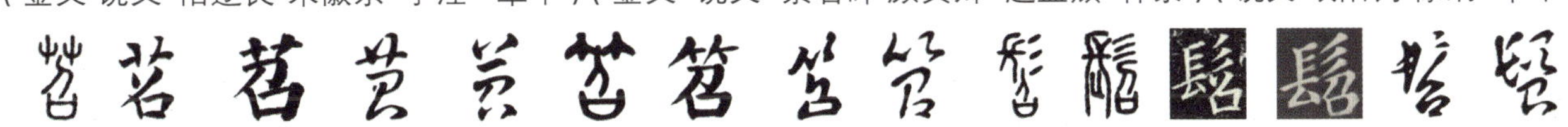

（说文 褚遂良 颜真卿 王羲之 章草）（金文 颜真卿 郑板桥 章草）（金文 说文 欧阳询 颜真卿 文徵明 章草）

辨析：

召字作为字根，各体同前，所涉字根可参见相关页。

鞀（鼗 táo）：乐器名，古代的一种鼓。

劭 shào：劝勉、自强，美好，高尚。

卲 shào：高尚、美好；古地名，在今中国山西省垣曲县；姓。

邵 shào：古地名，在今中国山西省垣曲县；姓。

照（炤 zhào）：明亮，光明。

迢 tiáo：远，高远的样子。

苕 tiáo：苕草也；高、远；苕苕（很高的样子，很远的样子），通迢迢。

笤 tiáo：笤帚。

髫 tiáo：古时候小孩前额下垂的头发，引伸以指童年。

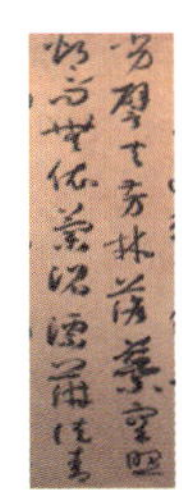

拓展：

駋 髫 ⿰木超 ⿱詔石 ⿰召鳥 ⿰金苕 鮉 ⿰火照 鼦 齠

P48.2 空照灼而无依

Z

兆 1：兆 洮 挑 跳 眺 姚 桃 頫

（甲骨 甲骨 甲骨 甲骨 秦简 说文 张迁碑 颜真卿 赵孟頫 皇象 王羲之 王羲之 宋高宗）（说文 欧阳询 王羲之）

（说文 颜真卿 张旭 于右任）（说文 欧阳询 乾隆 鲜于枢）（简帛 说文 褚遂良 怀素）（金文 说文 赵孟頫 张瑞图）

（金文 楚简 秦简 古文 曹全碑 王羲之 赵孟頫 王羲之 鲜于枢 王宠）（古文 说文 柳公权 赵孟頫 赵孟頫 柳贯）

辨析：

兆字为象形，篆书或从“止”；楷化后有颜真卿、赵孟頫两种写法，草书有三，1. 皇象的快写。2. 与隶书一脉相承的中间写竖弯钩，两边各写两点或“北”的。3. 在第二种的基础上，上边加一撇的。兆作为字根，有很强的拓展性。说明，绳（从黾）与龟两个字的草书都借用了兆字的草书结构，草诀歌云“兆戴免头龟”，参见黾和龟页。

兆 zhào：象形，大篆字形像龟甲受灼所生的裂痕，本义为卜兆，龟甲烧后的裂纹，引申指预兆、兆头，后用作动词，指预先显示，还用作数词泛指较大的数，指一百万、万亿、亿亿，又泛指多。

洮 táo：形声，从水兆声，本义是洮水；冲洗，打捞；yáo，湖泊名，又名长荡湖、长塘湖；dào，古水名，在江淮之间。

挑 tiāo：挖取，用肩膀担，引申为承担、担当；挑选，挑剔；抬举；通佻，窃取；tiāo，修长貌，多指身材；通佻，轻佻；tiǎo，挑拨，挑动。

跳 tiào：形声，从足兆声，本义是跃，越过障碍；táo，古同逃。

眺 tiào：望，往远处看；目不正，斜视。

姚 yáo：美好的样子；古同遥，远。

桃 táo：桃树，桃子。

頫 fǔ：低头，后作俯；tāo，盥洗；tiào，视，望。

拓展：

垗 狣 朓 晀 脁 桃 烑 珧 祧 脁 臯 艞 旐 䖴 窕 銚 絩 聎

兆 2：佻 咷 诛 恌 铫 羙 鞉 逃 庣 窕 晁

（金文 简帛 曹全碑 说文 王羲之 王羲之 王羲之）（古文 说文 夏晨碑 王铎）（楚简 说文 楷书）（篆刻字典 王铎）

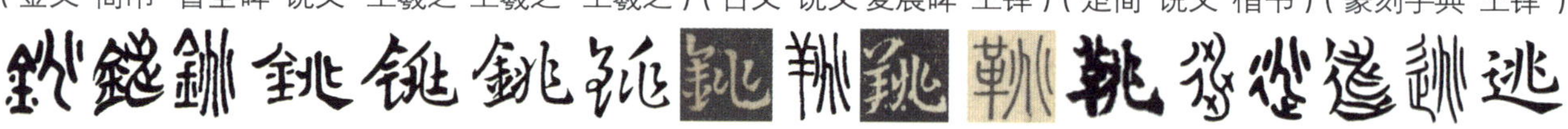

（金文 简帛 说文 曹全碑 赵孟頫 赵孟頫 王羲之 皇象）（说文 皇象）（六书通 敦煌）（金文 金文 楚简 说文 欧阳询

王羲之 王羲之 章草）（说文 楷书）（简帛 说文 曹植 颜真卿 赵孟頫 王羲之 鲜于枢）（六书统 智永 王羲之 韵会）

辨析：

兆字作为字根，各体写法同前。

佻 tiāo：形声，从人兆声，本义为轻薄，言语举止随便，不庄重；轻薄、不庄重；窃取。

咷 táo：形声，从口兆声，本义是小儿啼哭不停；放声痛哭。

诛（誂 tiǎo）：引诱、挑逗；diào，突然。

恌 tiāo：形声，从心兆声，同佻；轻薄、轻佻、轻浮。

铫（銚 diào）：煮开水熬东西用的器具；tiáo，古代兵器，像矛；yáo，古代一种大锄。

羙 zhào：夷羊百斤左右为羙。

鞉 táo：古同鼗。

逃 táo：逃，逃跑，藏，隐匿，离开；叛，离，由于关系破裂而脱离。

庣 tiāo：凹下或不满的地方。

窕 tiǎo：形声，从穴兆声，本义是深邃；细、小，未充满、间隙；虚浮不实，轻薄、不庄重；美、美色；淫，过分；优美、雅致和高贵的；通挑。

晁 cháo：姓，如晁盖；同朝，早晨；zhào，晁阳，县名。

拓展：

䬧 䠷 𤵛 𩃂 趒 駣 綤 鮡 鴵 艞 鼗

折 1：折 哳 晣 浙 狾 逝 晢（晣） 蜇

（甲骨 甲骨 金文 金文 楚简 说文 说文 鲜于璜 欧阳询 颜真卿 王羲之 王羲之 王献之 李淦 王宠 王铎）

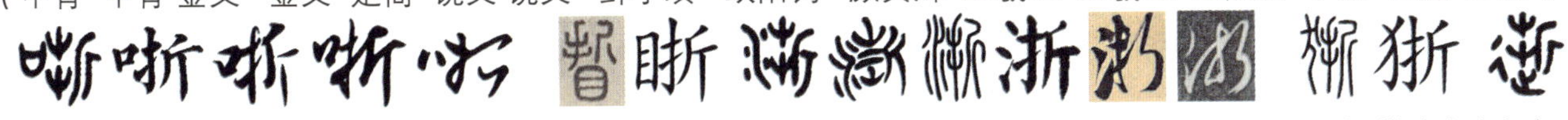

（金文 柳公权 王羲之 米芾 王羲之）（说文 楷书）（金文 简帛 说文 颜真卿 米芾 邓文原）（说文 楷书）（金文

（说文 樊敏碑 颜真卿 赵孟頫 索靖 邢侗）（说文 欧阳询 赵孟頫 傅山）（金文 六书故 柳公权 赵孟頫 章草）

辨析：

折字篆书形态变化较多，行草书为快写，草书有将斤字省略丿划的。可拓展。

折 zhé：会意，甲骨文右是斧（斤），左是断开的木，即斤砍断木，后来断木演变为手，为用手拿斧弄断东西，本义为折断。

哳 zhā：啁哳，形容声音烦杂细碎。

晣 dì：瞥也，眼睛漂亮。

浙（淛 zhè）：水名，今钱塘江。

狾 zhì：狂犬，亦指狗疯狂。

逝 shì：去、往；死亡。

晢（晣 zhé）：日光，光明、明亮；通哲，明智，明白。

蜇 zhē：毒虫叮刺，刺痛、刺伤，折磨、毒害、苦楚；zhé，腔肠动物，即水母，俗称海蜇。

拓展：

[illegible] [illegible] 埑 [illegible] [illegible] 槊 [illegible] 㪿 晣 槊 菝 晢 䜣 䏣

P 8.1 折安所鉴

折 2：哲（悊 喆）誓 踅 銴 𣃁（鼎） 娎 硩 裚 𥿑

（说文 说文 王羲之 智永 欧阳询 颜真卿 王羲之 王羲之 张旭 宋克 金文 金文 金文 简帛 说文 隶辩

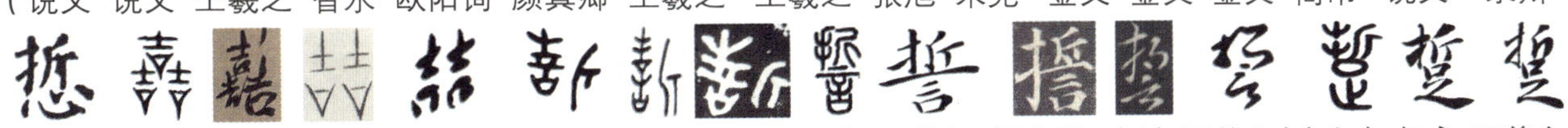

颜真卿 古文 王铎 汉简 毛泽东）（金文 金文 金文 说文 王羲之 颜真卿 索靖 王羲之）（金文 智永 王羲之

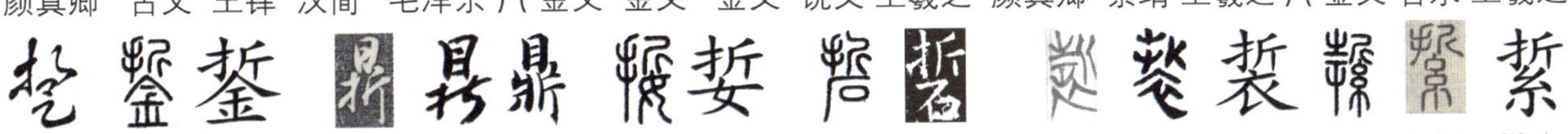

章草）（说文 楷书）（董其昌 朱耷 智永）（说文 楷书）（说文 柳公权）（上博简 秦简 楷书）（说文 篆字汇 楷书）

辨析：

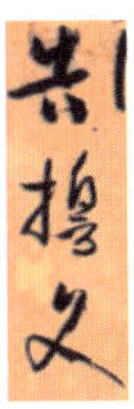

折字作为字根，上下结构的较多，所涉字根可参见相关页。其中哲字有从口、从心及两个吉和三个吉的写法，各体累见。𣃁为鼎字的草书“目折丹人鼎”中的“目折”写法，楷化后形成的异体字，参见鼎页。

哲（喆悊 zhé）：形声，知也，从口折声，本义是聪明、有智慧，作悊、嚞。

誓 shì：发誓、立誓；异体字有𧫒、“止出斤”“止缶斤”等。

踅 chì：用一条腿跳着走；xué，折回，旋转，盘旋，来回走；同茓。

銴 shì：车樘结，铜锈；zhì，小车耳钩，指器物系绳之处。

𣃁 dǐng：同鼎字。

娎 xiē：得志的样子，喜欢、喜悦。

硩 chè：摘取、采，捣毁。

裚 jì：断，断衣也，裚领而刎颈者不绝。

𥿑 biè/biē：编绳，弩腰钩带，结，车向左边回转，輓。

拓展：

踥 蕲 鲋 饕　　P35.1 告誓文

者1：者 诸 储 渚 楮

（甲骨 金文 金文 金文 简帛 侯马盟 说文 绎山碑 曹全碑 肥致碑 好太王 欧阳询 颜真卿 赵孟頫

王羲之 米芾 皇象 索靖 王羲之 智永）（古文 秦权 说文 赵之谦 柳公权 赵孟頫 米芾 简书 皇象 王羲之 张旭）

（简帛 说文 唐玄宗 颜真卿 赵孟坚 王羲之）（说文 曹全碑 虞世南 智通）（金文 楚简 秦简 钟繇 智永 王羲之

辨析：

者字的篆书变化较多，上边结构不对称，草书写法，日字写两点或两点连笔，日字底的日字，草书还可从“日字符”写“厶”，如会、曹和昌等。

者 zhě：别事词也，相当于“这”，从白（古旅字）声，本义指燃烧，后特指代词；注释：者或从白（古困字）。

诸（諸 zhū）：形声，从言者声，本义为辩、问辩。

储（儲 chǔ）：形声，从人诸声，本义是积蓄备用。

渚 zhǔ：形声，从水者声，本义是古水名，渚水；水中小块陆地。

楮 chǔ：楮树，叶似桑，皮可以造纸。

拓展：

荖 耈 陼 媎 帾 醏 蝫 啫 偖 惜 捨

P2.2 善书者　P15.3 著述者假其糟粕　P2.4 顷寻诸名书

者2：曙 赭 堵 锗 踷 褚 睹 觰

（说文 楷书）（简帛 说文 娄机 智永 欧阳询 颜真卿 王羲之 王羲之 章草）（金文 楚简 籀文 说文 王羲之

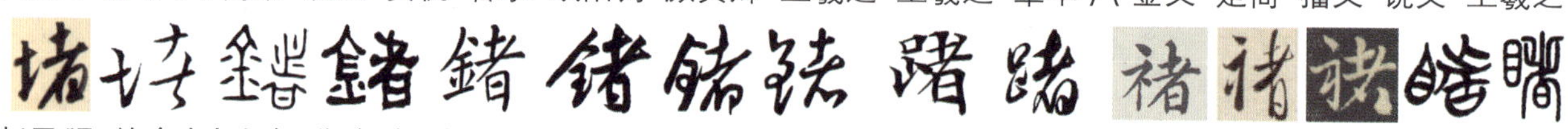

赵孟頫 韵会）（金文 衡方碑 褚遂良 黄庭坚 王铎 王羲之）（维摩诘 傅山）（卞永誉 徐渭 皇象）（简帛 说文

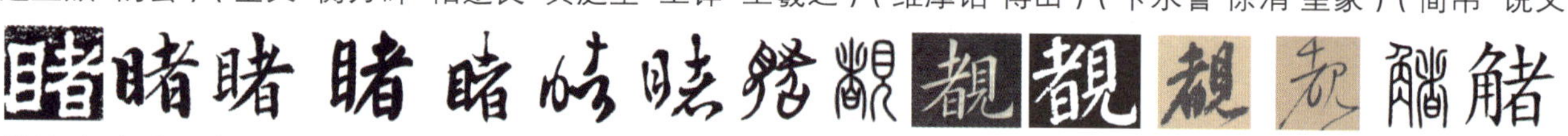

樊敏碑 智永 欧阳询 颜真卿 王羲之 王羲之 章草 楚简 说文 姚孟起 颜真卿 赵孟頫 怀素）（说文 楷书）

辨析：

者字作为字根，拓展性较强，各体同前，所涉字根参见相关页。睹有异体字覩，各体均见。

曙 shǔ：同曙，天亮；dǔ，明、显露。

赭 zhě：红褐色；因羞愧而脸红，施加罪罚，伐尽树木，使山岭赤裸呈赭色，赭山（伐尽山上的树木）；赤裸。

堵（𩫨 dǔ）：形声，从土者声，本义是墙壁；堵塞。

锗（鍺 zhě）：银白色的硬而脆的金属元素，呈二价及四价，用作半导体。

踷 zhě：邪行貌。

褚 chǔ：褚的讹字。

睹（覩 dǔ）：形声，从目者声，本义为见，看见；察看，明白、懂得。

觰 zhā：兽角的下端大，两角上端张开，大；觰拏，传说中的野兽。

拓展：

𣂑 𣪘 琽 赌 奢 腤 睹 𣯌

者3：赌 绪 褚 阇 奢 煮

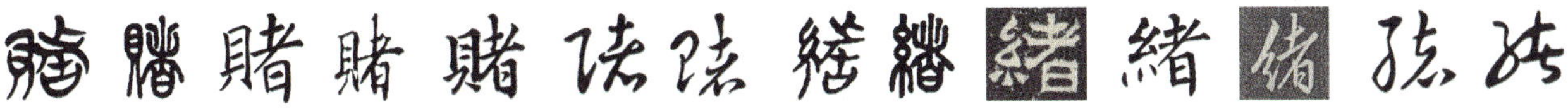

（简帛 说文 褚遂良 欧阳询 赵孟頫 王羲之 章草）（简帛 说文 宝子碑 柳公权 米友仁 王羲之 于右任）

（简帛 说文 王肯堂 卞永誉 褚遂良 褚遂良 赵构 赵孟頫 邓文原）（说文 裴休 李邕 朱耷 韵会 于右任）

（金文 说文 籀文 简帛 王羲之 章草 毛泽东）（简帛 说文 王羲之 何绍基 王羲之 宋高宗 说文 说文 陆游）

辨析：

者字草法稳定，拓展的字需注意异体字的应用，如煮字有从火和异体字鬻和鬻的写法等。

赌（賭 dǔ）：形声，从贝者声，本义是用财物作注比输赢。

绪（緒 xù）：形声，从糸者声，本义为丝的头。

褚 chǔ：卒也，徐灏曰：“卒谓之褚者，因其着赭衣而名之也。”

阇（闍 dū）：城门上的台；shé，梵文音译字，阇王、阇提；阇梨，意谓高僧。

奢 shē：形声，从大者声，本义为奢侈、不节俭；其中籀文奓，古同奢，chǐ，古通侈，zhà，开、打开。

煮（鬻鬻 zhǔ）：烹也，或从火作煑，鬻或从水。

拓展：

緖 鍺 䰩 䲡 𪐴 㥩 潴 撦 譇 䙉 渚

者4：瘏 屠 闍 著（着） 箸 薯（藷）鬐 翥

（简帛 说文 华世奎）（简帛 简帛 说文 白石君 曹真碑 王羲之 智永 王羲之 皇象 王羲之）（说文 褚遂良

欧阳询 王羲之 朱耷）（秦著印 柳公权 米芾 王羲之 杜牧 金文 王羲之 颜真卿 王宠）（楚简 说文 褚遂良 章草）

（金文 智永 王羲之 章草）（广义 彭玉雯 赵之谦 高士奇 王宠）（金文 说文 隶辩 欧阳询 颜真卿 赵佶 王铎 章草）

辨析：

者字在上下结构的字中，字法同前，拓展的字需注意异体字的应用。说明：翥字的部件可上下互换。

瘏 tú：疲劳致病。

屠 tú：宰杀牲畜，残杀、杀戮。以宰杀牲畜为职业的人。

闍 dū：城门上的平台。

著（着 zhù）：形声，从艸者声，艸长在地面上，表示显露，本义是明显，显著、突出；穿上，及、到，命令、差使，下棋行子，表示动作的存有等；异体字有箸、着、署、茁。

箸 zhù：筷子，一种生在南海岸边沙中的竹子；标举；撰述、写作，通著；古同著，明显。

薯（藷 shǔ）：薯类作物的统称，番薯，红薯，马铃薯。

鬐（鬐鬐 qí）：同鬈字。

翥（翣 zhù）：鸟向上飞，高飞，龙翔凤翥，异体字有翥、翥、翥。

拓展：

䈾 䎼 䎚 鬠 潳 䕑 曙 糬 鱰

P15.3 著述者假其糟粕

者5：都 嘟

（金文 金文 盟书 楚简 秦简 说文 仇靖 赵孟頫 王铎 曹全碑 欧阳询 颜真卿 宋徽宗 王羲之 米芾 皇象 智永）

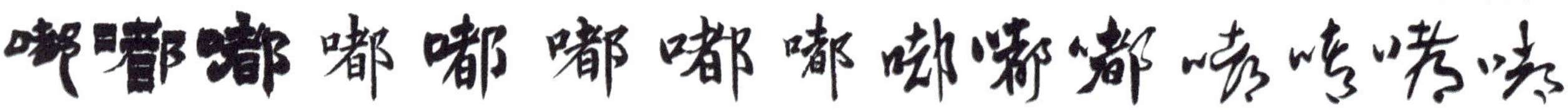

（汉简 金农 赵之谦 欧阳询 颜真卿 柳公权 赵孟頫 王羲之 米芾 王铎 郑板桥 王羲之 李淦 于右任 章草）

辨析：

都字的篆书从邑，隶变后有从邑和从阝的两种写法，楷化后废弃了从“邑”的写法，因此，楷行草一般都从“阝”字结构。

都 dū：形声，从邑者声，从邑表示与城市有关，本义是建有宗庙的城邑；dōu，皆，概括全部的意思；表示语气的加重：一动都不动。

嘟 dū：嘴向前突出，撅着，如嘟嘟，形容连续不断地说话。

拓展：

揤 遾 郮

者6：暑 署 曙

（秦简 简帛 汗简 六书统 说文 邓石如 赵孟頫 欧阳询 颜真卿 柳公权 赵孟頫 宋徽宗 王羲之 王羲之 赵孟頫）

（说文 颜真卿 王铎 皇象 王羲之）（古文 简帛 说文 褚遂良 颜真卿 王羲之 赵孟頫 王羲之 王宠 王铎 章草）

辨析：

暑字从日从者，草书，日字头除了快写，还可以按照日字的草法写“倒三角”，下边的日字，一般草化为“两点”或“一点”。曙字从暑，康熙字典未收录“曙”字头，一般写曙，而曙字从署（单写见前页），作为字根，署字的草书写法，其上边的罒，可以快写、省略中间笔画或写“倒三角”。

暑 shǔ：形声，从日者声，本义是炎热；夏季；节令，大暑、小暑。

署 shǔ：公署、官署、办理公务的机关。

曙（曙 shǔ）：音署，晓也，东方明也，旦也，同曙；楚辞·遠遊：魂肹肹而至曙。

拓展：

濐 鱰

者7：猪（豬） 潴

（甲骨 金文 楚简 说文 五经 米芾 皇象 赵孟頫 曹全碑 欧阳询 颜真卿 王羲之 欧阳询 王羲之 章草）

（说文 赵孟頫 王璲 彭玉雯 毛泽东 汗简 欧阳询 颜真卿 柳公权 赵孟頫 黄庭坚 郭沫若 王羲之 章草）

辨析：

猪字的甲骨文结构简单，象形，楷化后，有豬和猪两种写法，豬字的使用频率不高。草书写法，豬从豕，豕为快写，猪从犭，犭亦为快写。猪（豬）字的字根者字，草书重点在下边的日，一般写两点或一个连笔。

猪（豬 zhū）：哺乳动物，头大，鼻和嘴都长，眼小，耳大，脚短，身肥；水停聚的地方，后作潴；十二生肖之一，配地支的“亥”。

潴 zhū：形声，从水猪声，本义为水停聚的地方。

贞 侦 浈 桢 祯 帧

（甲骨 甲骨 甲骨 甲骨 甲骨 甲骨 甲骨 甲骨 简帛 金文 王肯堂 简帛 说文 广义 李阳冰 蔡邕 宝子碑

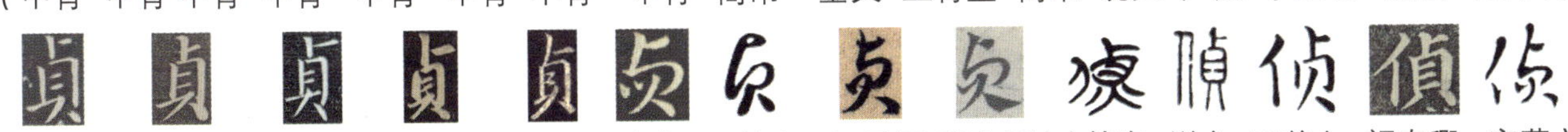

欧阳询 颜真卿 柳公权 赵孟頫 王羲之 皇象 王羲之 赵孟頫 邓文原）（简帛 说文 王羲之 颜真卿 章草）

（说文 王羲之 赵孟頫 章草）（说文 樊敏碑 邓文原）（简帛 说文 赵孟頫 王铎）（篆字汇 颜真卿 米芾 章草）

辨析：

贞字的篆书形态变化较多，表意清楚，草书为快写，下边“贝”字，有点无点均可，章草捺笔出波挑。可拓展。

贞（貞 zhēn）：会意，卜问也，从卜贝（甲骨文作“鼎”），贝以为贽（zhì 初次见面时所送的礼物），贝之意一曰鼎省声，端方正直；坚定，有节操，贞操、贞节；正轨、正道；古同“桢”。

侦（偵遉 zhēn）：探伺，暗中察看。

浈（湞 zhēn）：水名，浈水，在广东省境内。

桢（楨 zhēn）：木名，即女贞；支柱，主干。

祯（禎 zhēn）：吉祥。

帧（幀 zhēn）：形声，从巾贞声，巾，与丝织物有关，本义是画幅。

拓展：

赪 媜 寊 幀 揁 遉 磌 縝 赬 禎 鍞

Z

真 1：真 傎 滇 缜 稹 槙 慎 瑱 镇

（甲骨 甲骨 金文 金文 楚简 楚简 秦简 说文 说文 张迁碑 文徵明 欧阳询 颜真卿 王羲之 王铎 皇象

智果 怀素）（碧落碑 赵之谦）（金文 说文 居延简 柳公权 章草）（粗篆 颜真卿 王羲之）（说文 欧阳询 李洤）

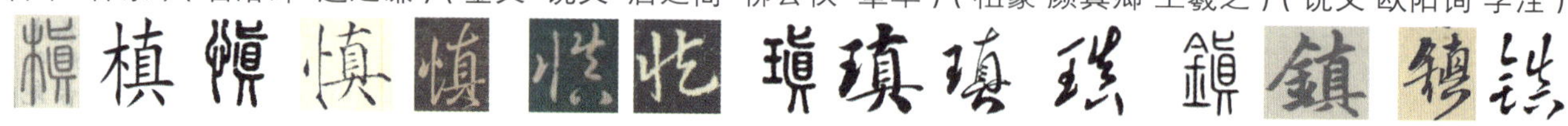

（说文 楷书）（说文 宋徽宗 王羲之 汉章帝 皇象）（说文 智永 王羲之 毛泽东）（说文 赵孟頫 王铎 章草）

辨析：

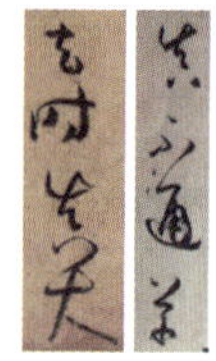

真字的篆书有从贝和从目两类写法，隶定从目，上边的匕有从匕从十和从亠三种写法，下边两只手隶定为大（或丌），草书写法，上边从匕或从十，目草化为一横划，下边写丌（大），为快写。

真（眞眞 zhēn）：说文曰仙人变形而登天也；真实，确实，的确，本性，本原，楷书。

傎 diān：倒乱失次，同颠，颠倒、错乱。

滇 diān：滇池，云南省的别称；古国名，滇池附近地区；古族名，西南夷的一支，战国至秦汉时，滇池附近，中心在今晋宁县。

缜（縝 zhěn）：细致，缜密；黑，缜发（黑发）。

稹 zhěn：草禾丛生；通缜，细密。

槙 diān：树梢，树木倒下；zhěn，木理坚密；常绿乔木，罗汉松；zhēn，古同稹，草木根相迫迮。

慎 shèn：形声，从心真声，谨慎、慎重；警惕，慎微，与勿、毋、莫等连用表示禁戒，相当于务必、千万等；通顺，顺从，遵循。

瑱 tiàn：古人冠冕上分垂于两耳侧的玉饰、美玉；充瑱；zhèn，通镇。

镇（鎮 zhèn）：对物体施加压力；安定、安抚，镇守、驻守；市镇，常、永久，整，全。

拓展：

謓 厧 䡩 嫃 鬒 嵮 搷 蒖 慎 磌 鷏 簨 縝 衠 P9.5 吾去时真大醉也 P19.3 真不通草

真 2：嗔 謓 瞋 填 颠（顛） 禛 蹎 膹

（金文 说文 智永 黄庭坚 王羲之 于右任）（古文 说文 楷书）（简帛 说文 邓石如 欧阳询 苏轼 王羲之 孙过庭）

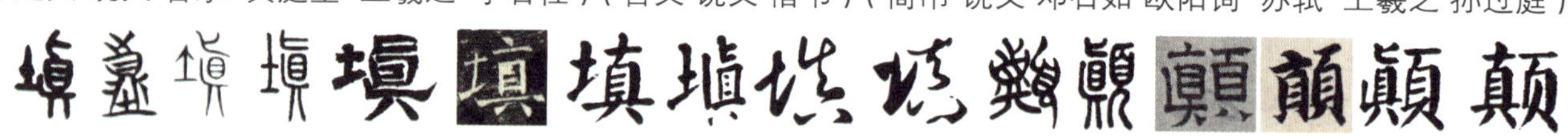

（金文 楚简 古文 说文 唐玄宗 褚遂良 颜真卿 王铎 王羲之 孙过庭）（简帛 说文 赵孟頫 智永 颜真卿 颜真卿

王羲之 文徵明 王羲之 智永 怀素 王铎 董其昌 文徵明 朱耷 郑板桥）（说文 汪士慎）（说文 楷书）（说文 楷书）

辨析：

真字作为字根，各体写法同前。说明：颠字有异体字顛，偶见，其草书有快写、从匕、从十或从顛等多种变化。

嗔 chēn：形声，从口真声，发怒、生气，责怪、埋怨；用同謓，嗔目，睁大眼睛；tián，同阗，盛大。

謓 chēn：恚也，今人用嗔，古用謓，古同嗔，怒。

瞋 chēn：睁大眼睛瞪人，怒、生气，同嗔。

填 tián：形声，从土真声，本义为充塞；填写，补充，涂饰、涂抹，白白；形容击鼓声；通颠，跌落；通镇，安定。

颠（顛顛 diān）：头顶，泛指物体的顶部；本，始；颠假借为蹎，仆倒，倒下，上下倒置，跑，颠簸，覆亡；疯狂，发疯，发狂，通癫。

禛 zhēn：以至诚感动神灵而得福祐。

蹎 diān：跌倒，奔走；蹎蹎，走路安详缓慢的样子。

膹 chēn：胀起；胀大。

拓展：

旗 墳 寘

Z

真3：寘 阗 癫 瘨 巅 黰 巅 寘 鬒

（说文 梁升卿）（金文 简帛 说文 王羲之 赵孟頫 王铎 王铎 王羲之 董其昌）（金文 粗篆 曹全碑 柳公权 赵孟頫

王铎 史游 王羲之）（帛书 说文 隶辩 维摩诘）（金文 城隍庙 褚遂良 王宠 王铎 王羲之 章草 吴通微 文徵明

王宠）（篆字汇 彭玉雯 左昭公）（篆字汇 彭玉雯）（说文 说文 魏碑）（说文 彭玉雯 文徵明 王铎 郑板桥 文徵明）

辨析：

真字拓展的字各体写法同前，所涉字根参见相关页。

寘 zhì：安排，放置；尽出，满。

阗（闐 tián）：形声，从门真声，盛、大，充满、填塞。

癫（癲 diān）：精神错乱，言行失常的病。

瘨 diān：灾害；病、使困苦，晕倒；chēn，腹胀病。

巅（巔 diān）：形声，从山颠声，本义是山顶；顶部，头部。

黰 zhěn：黑；yān，染色黑。

巅 diān：牙床末端最后长出的两对磨牙。

寘 tián：古同填；古同阗；置放；yǎn，寘赧，窄迫；diān，寘軨，春秋时虞地，故址在今山西省平陆县东北，亦作颠軨。

鬒 zhěn：头发稠密而黑。

拓展：

顛 鎮 攧

㐱翏1：㐱 珍 诊 殄 沴 眕 轸 趁

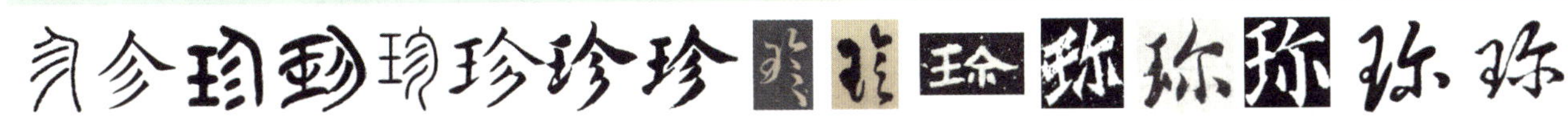

（说文 楷书）（金文 简帛 说文 王羲之 智永 颜真卿 米芾 王铎 礼器碑 造像 智永 颜真卿 王羲之 王献之）

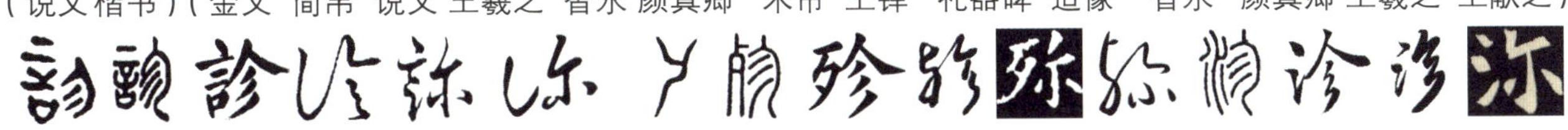

（简帛 说文 颜真卿 韵会 欧阳询 王羲之）（古文 说文 欧阳询 黎凡 欧阳询 李淦）（说文 王羲之 米芾 魏碑）

（说文 楷书）（金文 简帛 说文 赵孟頫 赵孟頫 褚遂良 王铎）（说文 金农 智永 王铎 邓石如 颜真卿 王羲之）

辨析：

㐱字单写不常用。作为字根，有异体字从“尔或尒”形，各体累见。可参考尔（爾）页。

㐱（zhěn）：鬒本字，引《詩》“㐱髮如雲”。

珍（珎 zhēn）：本义是珠玉等宝物。

诊（診訡 zhěn）：形声，从言，诊断需要询问，故从言，看病，整治。

殄（殄殄 tiǎn）：形声，歺为剔解后的残骨，隶变人歹，从歺多与死亡有关，断绝，竭尽；消灭，昏迷；通腆，美好、善；古文或从“Y”形。

沴（㳽沵 lì）：水流不畅。引申为阻水的高地，旧谓天地四时之气不和而生的灾害。

眕（眎 zhěn）：自安自重，抑制；视。

轸（軫軨 zhěn）：古代指车厢底部四周的横木，借指车，引申为方形；伤痛。

趁（趂 chèn）：形声，追逐；乘便，满足，遂，用同称；介词。

拓展：

抮 畛 紾 鉁 胗 聄 砛 跈

参翏 2：畛 駗 袗 眕 疹 飻 飺 鬖

（金文 说文 柳公权 赵孟頫 于右任 柳公权 王羲之 文徵明）（说文 楷书）（说文 楷书）（说文 楷书）（金文 智永

王羲之 于右任 熹平石 谢安）（说文 楷书）（金文 赵之谦 赵孟頫 王铎 何绍基 赵孟頫 章草）（篆字汇 董浩 王铎）

辨析：

参字作为字根，有异体字从“尔或尒”形，各体累见。个别字，如袗和飻，没有从尔的异体字，各体不可从尔。鬖从参，见参页。

畛（畛 zhěn）：田地间的小路，界限，致意，祝告。

駗（駗 zhěn）：駗驙，马负重难行。

袗（袗 zhěn）：单衣，华美；禅衣。

眕（眕 zhěn）：处事谨慎，不形于色；惭愧；耻笑，西南官话。

疹（疹瘨 zhěn）：皮肤上起的红色小疙瘩，也指痘疮。

飻 tiè：飺本字，贪食也。

飺 tiè：贪食。

鬖（鬖 sān）：鬖髿，（头发）蓬松散乱。

拓展：

眕 毶 炵

参翏 3：翏 嘐 谬 僇 璆 嫪 膠 憀 摎 漻 樛 熮 䜍

（金文 金文 简帛 说文 王宠）（说文 龙仁夫）（简帛 说文 曹全碑 颜真卿 王铎 王羲之）（简帛 说文 赵孟頫 赵孟頫）

（说文 赵孟頫 傅山 颜真卿 米芾）（说文 欧阳询 鲁迅 王铎）（秦简 说文 颜真卿 王蘧常 褚遂良 皇象 甲骨 王献之 章草）

（说文 赵孟頫）（说文 吴彩鸾 千唐）（简帛 说文 苏轼 吊比干）（说文 五经 邓石如）（说文 九经）（说文 文徵明）

辨析：

翏字从羽从参，行草书，羽为快写，参除了快写，还可从“尔或尒”形。可拓展。

翏 liù：从羽从参，鸟高飞的样子；远远袭来的风声。

嘐 xiāo：自大、骄矜；同哮；呼吸急促困难；jiāo，嘐嘐，象声词。

谬（謬 miù）：从言翏声，狂者之妄言也。

僇 lù：侮辱；同戮。

璆 qiú：同球；美玉；佩玉相击声。

嫪 lào：爱惜、留恋；嫪毐（ǎi）人名，中国秦始皇的宦官。

膠（胶 jiāo）：可用以黏合器物的稠状液体，黏合，有黏性的，牢固。

憀 liáo：依赖、寄托，悲切的情绪，清楚明白，姑且之意。

摎 jiū：绞杀，纠结，寻求；liú，捋；liáo，物相交；jiǎo，摎蓼，搜索；náo，同挠，阻止。

漻 liáo：清澈幽深，清静、寂静，气盛；liú，变化。

樛 jiū：向下弯曲的树木，纠结，求；liáo，古书上说的一种树。

熮 liǔ：烈，烧，烂。

䜍 liú：烧去草木之后播种；开沟引水灌溉。

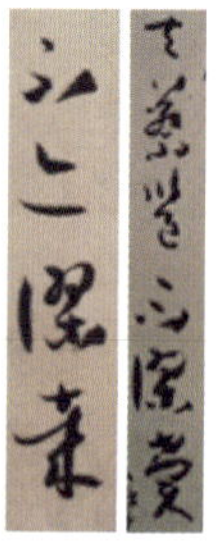

拓展：

鄝 獿 遛 嘐 摎 缪 瞜 瘳 礐 穋 镠 鹨 漻 缪 蟉 漻 觩

P13.6 不亦谬哉 P56.3 夫蔡邕不谬赏

Z

参翏4：穋 漻 缪 镠 醪 殍 戮 蓼 廖 寥

（说文 楷书）（说文 楷书）（金文 简帛 说文 颜真卿 苏轼 张迁碑 赵孟頫 黄庭坚 祝枝山）（金文 金文 金文 说文

欧阳询 王铎）（简帛 说文 曹全碑 欧阳询 颜真卿 张瑞图 王羲之 王羲之）（金文 楚简 楷书）（简帛 说文 智永

王羲之 赵孟頫 索靖）（说文 褚遂良 王铎 章草）（说文 智永 王羲之 隶辩 章草）（金文 颜真卿 王铎 柳公权 怀素）

辨析：

翏字作为字根，各体从彡从“尔或尒”均可，草书从“尔”居多，所涉字根参见相关页。

穋 lù：后种先熟的谷类。

漻 liào/yáo/xiāo：犬獿（náo）獿咳吠也，扰也，事露也。

缪（繆 móu）：形声，从系，绸缪，缠绕；miù，诈伪，纰缪，错误；缪巧，计谋，机智；miào，姓。

镠（鏐 liú）：成色好的金子。

醪 láo：汁滓混合的酒；醪糟儿；醇酒。

殍：俗戮字。

戮（剹 lù）：形声，本义是斩，杀；惩罚；通僇，羞辱。

蓼 liǎo：蓼属植物的泛称；lù，形容植物高大。

廖 liào：古国名，《汉书》…湖阳［县］，故廖国也；姓；假借为寥，空旷。

寥 liáo：本作廫，形声，从宀，空虚、寂静；稀少，深远；假借为赖，凭依、聊赖。

拓展：

剹 勠 飂 鏐 璆 膠 蟉 轇 醪 鄝 鷚 雡 顟 飉 髎 鬸 鹨 鷚 P62.2 何其寂寥

朕（舼）

甲骨 甲骨 甲骨 甲骨 甲骨 金文 金文 金文 金文 金文 金文 金文 简帛 简帛 说文 石韵府 梁鹄 唐玄宗

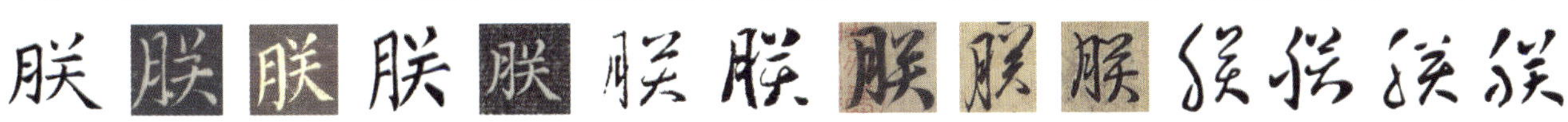

王羲之 欧阳询 颜真卿 柳公权 赵孟頫 王羲之 李世民 唐玄宗 赵佶 乾隆 王羲之 孙过庭 于右任 章草

辨析：

朕字的篆书从舟从灷，楷化后，舟讹变为月，灷讹变为关，行草书从此结构，草书写法，月写其草书符号“千”形，关字为快写。可拓展。朕字的篆书从舟，可参见月（舟）页。

朕（舼 zhèn）：用于自称，我；秦始皇以后，专属皇帝的自称。说文解字注按朕在舟部，其解当曰舟缝也，从舟灷声，何以知为舟缝也？考工记函人曰：视其朕，欲其直也，戴先生曰，舟之缝理曰朕，故札续之缝亦谓之朕，所以补许书之佚文也，本训舟缝，引申为凡缝之称，凡言朕兆者，未其几甚微，如舟之缝，如龟龜之坼（chè，裂缝）也。

拓展：

滕 榺

争 1：争 净 凈 挣 狰

（甲骨 甲骨 金文 说文 李斯 唐玄宗 欧阳询 颜真卿 唐寅 王铎 a 王羲之 王羲之 王羲之 贺知章

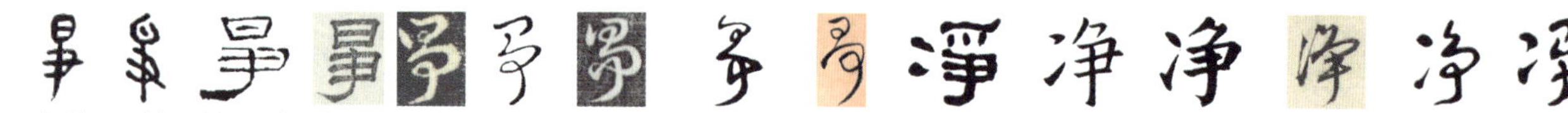

b 秦简 汗简 礼器碑 娄机 皇象 索靖 赵孟頫 鲜于枢 王铎）（衡方碑 欧阳询 颜真卿 文徵明 于右任 章草

（简帛 说文 金刚经 褚遂良 颜真卿 张旭 鲜于枢）（衡方碑 赵孟頫 王羲之）（篆字汇 柳公权 欧阳询 章草）

辨析：

争字的部件表意清晰，甲骨文到隶楷的变化是下边的手挪到中间，上边的手或变形为“爫”，或讹变为“夕”，或讹变为“日”，隶楷行的字形一般稳定为“争”，草书有两类，1. 从争（爭）；2. 从㸓。可拓展。

争（爭㸓 zhēng）：此字始见于商代甲骨文，其古字形像两手争夺一物，本义即争夺，到后来又引申为争辩，将用手争夺变为用嘴争辩，又引申为力求获得或达到，又引申为竞争。

净（淨 jìng）：形声，从水争声，本义是春秋时鲁国北城门“争门”的护城河；假借为瀞，清洁，洁净；亦用于形容抽象事物，亦指明净，空无所有，纯粹，冷；只有，仅。

凈（淨 jìng）：同净，无垢也，洁也。

挣（掙 zhèng）：用力摆脱、支撑、获取、赚取，修饰，发呆、发怔，漂亮。

狰（猙 zhēng）：传说中的奇兽；狰狞，形容面目凶恶。

拓展：

倂 閙 埩 竫 腟 桳 綪　　P35.5 纵横争折

争 2：诤 睁 琤 铮 竫

（金文 帛书 说文 衡方碑 褚遂良 柳公权 于右任 徐伯清 帛书 帛书 王羲之）（篆字汇 王羲之 柳公权

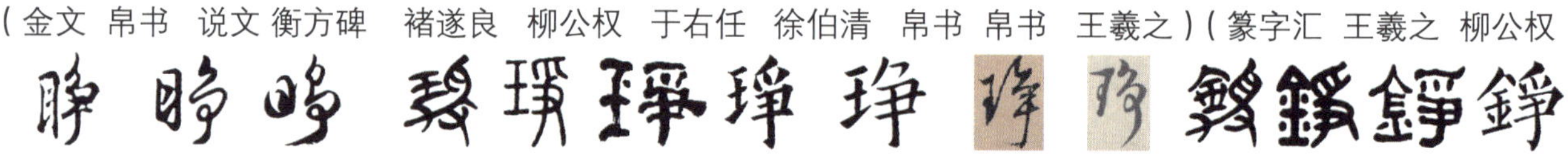

欧阳询 王羲之 徐伯清）（简帛 说文 何绍基 欧阳询 欧阳询 杨维桢 朱熹）（简帛 说文 衡方碑 柳公权

王羲之 颜真卿 赵孟頫 王铎 王羲之 宋克）（说文 欧阳询 颜真卿 颜真卿 赵孟頫 王羲之 王铎 黄庭坚）

辨析：

争字作为字根，各体写法可同前。所涉字根参见相关页。

诤（諍 zhēng）：形声，从言争声，因与言论有关，故从言，诤字本作争，诤是后起字，意思是强谏，用则可生，不用则死，程度比谏重，本义为直言规劝；纷争；zhēng，争奇、竞争；通争，争夺；假借为争，争论、争讼。

睁（睜 zhēng）：形声，从目争声，本义为张开眼睛；看、望、瞪。

琤（鎗 chēng）：玉相击声，物的相击声。

铮（錚 zhēng）：形声，从金争声，本义是金属相击声；喻才能突出，喻刚正不阿。

竫 jìng：杜撰；静，安静，善；古通靖，谦恭。

拓展：

硑 踭

争3：埩 琤 羫 静 瀞 峥 筝 鬇

（说文 楷书）（说文 楷书）（说文 说文）（班簋 毛公鼎 静卣 静敦 秦公簋 寿星镜 楚简 楚简 说文 衡方碑 褚遂良

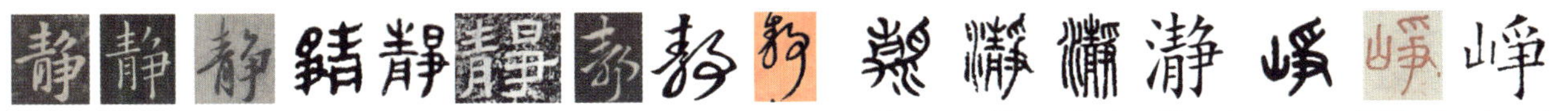

王廙 欧阳询 王羲之 帛书 秦简 西狭颂 索靖 王羲之 王铎）（简帛 石鼓文 说文 楷书）（金文 石韵府 欧阳询

王羲之 欧阳询 王铎 王羲之 黄庭坚 毛泽东）（金文 简帛 说文 王羲之 欧阳询 俞和 王羲之 韵会）（说文 倪元璐）

辨析：

作为字根，本页的争字出现了草书像数字“3”拖个尾巴的“事（草书）”字写法，易跟“事和予”的草书混淆，当这些字有共同的偏旁时，应采用字形本体结构。其中静字的篆书，部件组合位置不稳定，这也是篆书字形组合的特点之一。所涉组合的字根，可参见相关页。

埩 zhēng：耕治；chéng，中国古代鲁城北门池。

琤 chēng：破声；古同琤，玉石声。

羫 zhēng：羚羊名，羊子也。

静 jìng：形声，从青争声，本义是彩色分布适当。

瀞 jìng：无垢秽；段玉裁注，瀞，此今之净字也；《说文·水部》瀞，此今之净字也，古瀞今净，是之谓古今字；又净同净，是故形别义同。

峥（崢 zhēng）：山高峻的样子；峥嵘，高峻、突出，不平凡。

筝（箏 zhēng）：拨弦乐器，形似瑟。

鬇（鬇 zhēng）：鬇鬡，头发或胡须散乱的样子。

拓展：

睁 崢 鯖

之 芝 芷

（甲骨 金文 简帛 说文 李阳冰 石鼓 敦煌 肥致碑 曹全碑 张迁碑 宝子碑 欧阳询 颜真卿 灵飞经

简书 张芝 索靖 皇象 钟繇 王导 王羲之 王羲之 王献之 智永 张旭 颜真卿 怀素 赵孟頫 管道升 宋克 王铎）

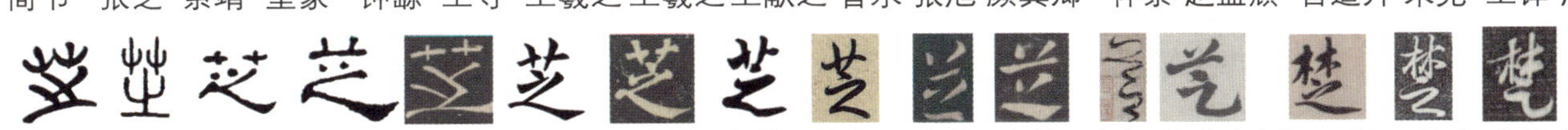

（简帛 说文 衡方碑 张表碑 曹植 欧阳询 颜真卿 米芾 乾隆 张芝 张芝 张旭 邵宝）（赵孟頫 王羲之 索靖）

辨析：

之字与止、足和疋等字同源，隶定字形稳定，草法重在左右位置上下的开合，即左开右合或左合右开，王导前的五个为左合右开，后边的是左开右合，王导、王羲之和宋克为相对平和的写法，索靖、王导的章草则波挑明显。做部件时，草法同足。市字及拓展的字，其篆书从“之”字，见市页。乏字为反正，从之，见乏页。

之（㞢 zhī）：古字形从止，止下面一横表示出发的地方，本义是往、到……地方去；之字常假借作代词用，指人或物，又作指示代词，相当于此和这；又由代词虚化为助词，置于主谓结构之间以取消其独立性；又用在偏正结构中，作用相当于现代汉语“的”，之字虚化后，有时仅为调节音节用。

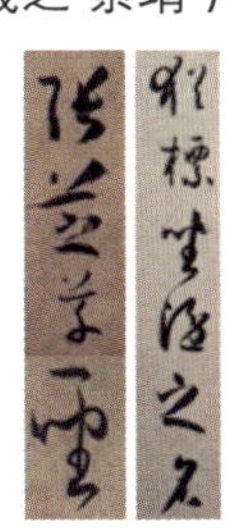

芝 zhī：会意，从艸从之，之亦声，本义为灵芝，菌类。

芷 chǔ：古同楚。

拓展：

㞢岦；芷（楚楚）；昰（昰是）　　P14.4 犹标坐隐之名　P20.5 张芝草圣

支1：支 吱 伎 技 忮 枝 稜 敍

（金文 古文 汉简 说文 曹全碑 好太王 欧阳询 颜真卿 柳公权 赵孟頫 索靖 王羲之 王献之）

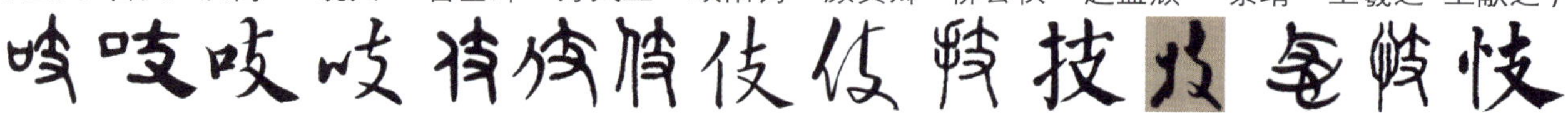

（金文 曹全碑 智永 王羲之）（金文 楚简 说文 欧阳询 李洤）（说文 颜真卿 傅山）（简帛 说文 柳公权

王羲之 于右任）（金文 古文 说文 曹全碑 欧阳询 宋徽宗 智果 米芾 皇象）（说文 楷书）（篆字汇 楷书）

辨析：

支字各体字形稳定，行草书为快写。可拓展。鼓从壴，见壴页。

支 zhī：会意，小篆字形上面是“竹”的一半，下面是手（又）；《说文》：“从手持半竹。”本义为去枝的竹子；古文“支”上下各分竹之半，手在其中。

吱 zhī：象声词，形容某些声音；细小的声音，做声，说话。

伎 jì：形声，从人支声，本义是党与，同党的人；技艺、才能，古代称以歌舞娱乐宾客为业的女子。

技 jì：技艺，技巧，才艺。

忮 zhì：强悍、凶狠，嫉妒、忌恨，固执，违逆。

枝 zhī：形声，从木支声，本义为主干上分出的茎条。

稜 zhǐ：稜椒，草木屈曲不伸貌；泛指受到阻碍，屈曲不伸；树名，也指它的果实，又作枳枸、枳椇，果食味甜可食，俗称拐枣、金钩子、鸡距子；树枝交结；同歧。

敍 zhī：多。

拓展：

攰 郊 庋 豉 翅 衼 疧 攱 稜 衼　　P47.2 犹枝干（幹）疏（踈）

支2：跂 岐 妓 豉 枝 翅 攲 屐 芰 雉 融

（简帛 说文 褚遂良 王羲之 蔡襄）（简帛 说文 颜真卿 王献之）（金文 简帛 说文 曹全碑 柳公权 王羲之）

（甲骨 金文 说文 欧阳询 王羲之 章草）（汉简 说文 彭玉雯）（金文 说文 颜真卿 柳公权 王铎 王羲之 徐渭）

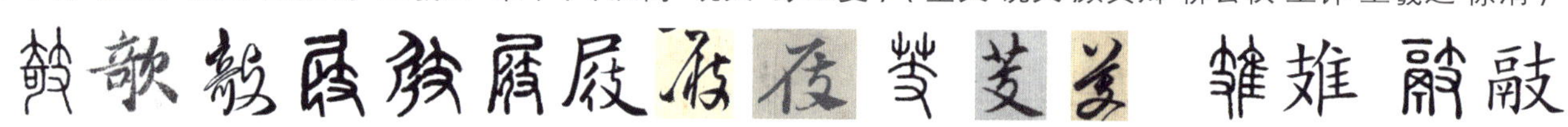

（说文 苏轼 傅山）（金文 简帛 说文 赵孟頫 王铎 邓文原）（说文 赵孟頫 鲜于枢）（说文 楷书）（说文 楷书）

辨析：

支字的拓展性较强，各体同前。所涉字根参见相关页。

跂 qí：多生的脚趾；爬动，慢走；qǐ，古通企，踮起。

岐 qí：古地名，陕西岐山县，又山名；同歧。

妓 jì：古代歌舞的女子；今则专指卖淫的妇女。

豉 chǐ：用煮熟的大豆或小麦发酵后制成，有咸、淡二种，供调味用，淡的也可入药。

枝 chǐ：以调五味也。今作豉。

翅（翄 chì）：鸟类、昆虫的翅膀，翼状物，鱼类的鳍。

攲 qī：倾斜；yǐ，古通倚，斜靠着；jī，持箸取物。

屐 jī：木头鞋，泛指鞋。

芰 jì：古书上指菱。

雉 zhī：鸟名；规划，计算。

融 yǐ：三足鍑（大口锅）也，一曰滫米器也。

拓展：

頍 榰 鞁 萩 皷 軙 頍 魃

支3：肢 岐 忮 汥 郊 歧 馶 攱 蚑 庪

（金文 简帛 说文 曹全碑 智永 欧阳询 王铎 王羲之 章草）（金文 说文 魏碑 颜真卿 赵孟頫 王羲之 徐渭

王羲之）（说文 楷书）（说文 楷书）（说文 楷书）（说文 楷书）（说文 楷书）（说文 楷书）（说文 楷书）（说文 楷书）

辨析：

支字拓展的字较多，所涉字根可参见相关页。

肢 zhī：人的手足与鸟兽翼足的总称；指人体的腰部。

歧 qí：同跂，多余的脚趾；叉开，事物错出；不同，不一致，有差别；聪颖；岔路。

忮 qì：倾斜；qǐ，头仰貌。

汥 zhī：水积聚；jì，水分流。

郊 qí：古地名，在今陕西省岐山县东北，亦作岐，古作歧山。

歧 qí：攀援大树；歧歧，麋鹿奔跑貌。

馶 zhī：（马）强健；shì，马病。

攱 qī：崎岖，倾斜不正；guì，瘦极；guǐ，重叠、累积，依。

蚑 qí：虫类徐行；虫名，蟢蛛；蟛蚑，又名蟛蜞。

庪 guǐ：同庋；檐口檩条；收藏、埋藏。

拓展：

稄 跂 蔽 鼓 鸡 嫢

知 智 蜘 踟 痴（癡）

（金文 金文 说文 李阳冰 秦简 礼器碑 西狭颂 欧阳询 欧阳询 褚遂良 颜真卿 柳公权 赵孟頫 王羲之

皇象 王羲之 宋高宗）（甲骨 金文 楚简 说文 王羲之 皇象 王羲之）（金文 智永 欧阳询 王羲之 王羲之 章草）

（金文 汉简 颜真卿 赵孟頫 王羲之 孙过庭）（金文 王羲之 智永 王羲之 说文 敦煌 赵孟頫 祝永明）金文疑

辨析：

百韵歌"长短分知去"，知字左为失，右为口，失字依夫字的草法与口字相连；皇象直接用失与口字的草法符号。注意拓展的痴字有从知和从疑字的两种写法，而疑字草法保留了其金文"牛、子与足"的草书符号，参见疑页。

知 zhī：词也，从口从矢，"知"是"智"的本字，矢，既是声旁也是形旁，表示箭，借代行猎、作战，知，表示谈论和传授行猎、作战的经验。

智 zhì：会意兼形声，从日从知，本义为聪明、智力强。

蜘 zhī：蜘蛛，异体字有蟹和蛰等。

踟 chí：形声，从足知声，踟蹰，本义是徘徊不进、犹豫，行不进也。

痴（癡 chī）：形声，从疒疑声，本义为不聪慧、迟钝。

拓展：

啊 椥 倁 茹 椥 笔 智 賀 智 鼄

P7.6 时人那得知　　P12.3 智巧兼优

戠 1：戠　幟（帜）　織（织）

（甲骨 甲骨 甲骨 甲骨 金文 石鼓文 简帛 说文 吕望碑 颜家龙 王羲之）（说文 隶辩 欧阳通 颜真卿 赵孟頫

赵构 韵会 汉简 王羲之 王羲之）（古文 秦简 说文 曹全碑 褚遂良 桑悦 卢象升 毛泽东 王羲之 王铎 王羲之）

辨析：

戠字从音戈，草书单写为快写，作为字根一般有三种写法：1.“只”字快写；2. 从戠字，一种是近乎“线”字的写法，一种是从“成（草书）”字的草法，见下页的職（职）字。

戠（只戠 zhí）：从戈从音，本指军队方阵操演，引申为“（团体操）图形及其变换”，作为字根的“戠”，自古即可简写为“只”，如识、帜、织、炽、职等；a. 通“识 shì”，如今不单用，只作字根；b. 通“职 zhí”，指“识、记”，古同“埴”，指粘土；c. 戠 zhī，本义为标志、标识。《简化字总表》将帜、织、识、职、炽五字的声旁由“戠”替换为“只”。戠字在古代为杀人牲以祭祀神灵。

幟（帜 zhì）：形声，从巾只（戠）声，本义是旗帜的通称。

織（织 zhī）：形声，从糸埴声，从糸与丝织品有关，本义为织布、制作布帛的总称。

拓展：

膱 熾 樴 樴 蟙

戠 2：識（识）　職（职）　熾（炽）

（简帛 说文 李阳冰 曹全碑 欧阳询 颜真卿 柳公权 赵孟頫 王羲之 陆柬之 王献之 黄庭坚 赵孟頫

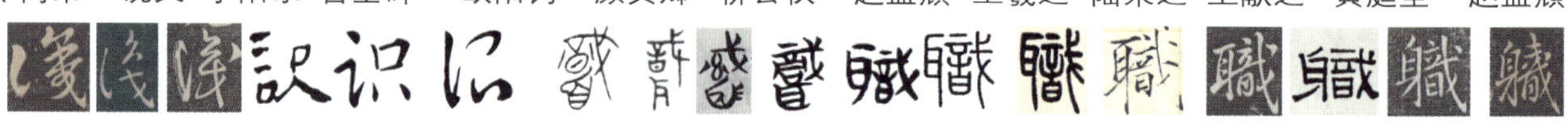

索靖 王羲之 宋克 简帛 王羲之 王羲之）（金文 金文 盟书 楚简 秦简 李斯 邓石如 宋徽宗 米芾 林散之 王献之 王羲之

王羲之 智永 王宠 王羲之 王羲之）（楚简 说文 说文 校官碑 褚遂良 赵孟頫 王铎 韵会 汉简 王羲之 王羲之）

辨析：

識（识）、职（職）和炽（熾）等字的草书，有繁简两类写法，其中職（职）字的耳旁还有从“身”的变体。

識（识 shí/zhì）：从言从戠，戠亦声，言与戠联合起来表示“用语言描述图形的形状和细节”，本义是区别、辨别图形或事物形状，并用语言描述之。

職（职 軄 zhí）：形声，从耳，只声，本义为识、记，职为识之本字；甲骨文从戠；金文或从“首”和从“歹”，存疑。

熾（炽 chì）：会意，从火戠声，本义是火旺。

拓展：

膱 熾 樴 樴 蟙　P26.3 导将来之器识（識）　P57.1 凡识（識）知其绝群　P55.1 或以年职（職）自高

执 1：执 挚 势

（甲骨 甲骨 甲骨 金文 金文 盟书 石鼓文 楚简 说文 夏承碑 羊欣 颜真卿 赵佶 成亲王 王羲之 欧阳询

智永 王宠 皇象 王羲之 怀素 赵孟頫 王羲之 章草）（甲骨 说文 王羲之 索靖 邢源高 王羲之 章草）

（说文 钟繇 欧阳询 颜真卿 蔡襄 王羲之 王铎 王羲之 怀素 怀素 赵孟頫 王羲之 颜真卿 吴昌硕 章草）

辨析：

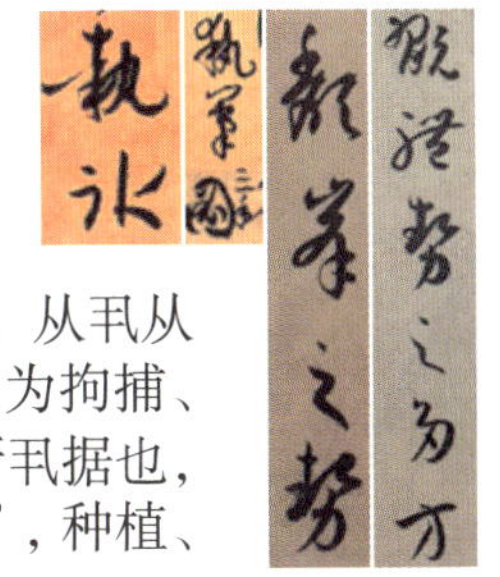

执字的字形变化较多，而草书常用的有四种，1. 执字快写；2. 执字的扌多一个使转；3. 執从幸，幸有异体字为𡴘，从羊，即王宠从“土羊”的草法，同達（达达）；4. 執从幸，从“幸”的草法，即牛字反起笔。执字的异体字有 30 多个，其中執和埶作为字根，一种是互换后可以继续互为异体字的，如偏旁为“力土贝衣车衣马日灬（火）女心足马鱼”等的，即執埶、勢勢、墊墊、熱（爇）熱（㙯㙯㙯）、蟄蟄、贄贄、褻褻（亵）、輊輊（蟄）、鷙鷙、墊、褺褺（褹）、慹慹、蹔（蹴）蹔、暬（𣊭）暬、窫窫、騺騺、鰲鰲、𨒃𨒃（窫）、槷槷；一种是不可以互为替换的，如“虫手木月耳”旁，即蟄 zhé 蟄（发音不详）、摯（zhì 挚摯）、㨖、摯（niè，㨖，掣 chè）、槸槸（yì）等。

执（執 zhí）：捕罪人也，从丮从幸，右边的人手被铐住，本义为拘捕、捉拿；丮（jǐ），持，像手有所丮据也，执的本字；埶 yì，同“藝（艺）”，种植、技能；shì，同“勢（势）”。

挚 zhì：古代初次求见人时所送的礼物，见面礼。

势（勢勢 shì）：形声，从力埶声，本义为权力、权势。

拓展：

勢 熱（㙯㙯㙯） 褻 褻（亵） 藝（蓺）藝（蓺） 墊

P26.5 执笔三手 P58.5 执冰而咎夏虫哉 P11.3 颓峰之势 P15.2 玩体势之多方

执 2：热 垫 亵

（简帛 帛书 说文 欧阳询 王铎 王羲之 褚遂良 颜真卿 颜真卿 史游 王羲之 王铎 祝永明 王羲之 沈粲）

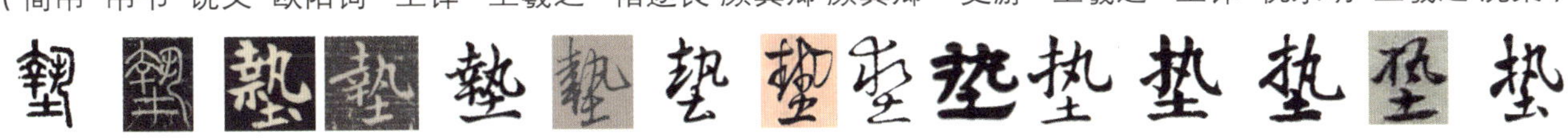

（说文 李阳冰 魏碑 褚遂良 赵孟頫 唐寅 王羲之 王铎 韵辩 汉简 王羲之 颜真卿 黄庭坚 赵之谦 章草）

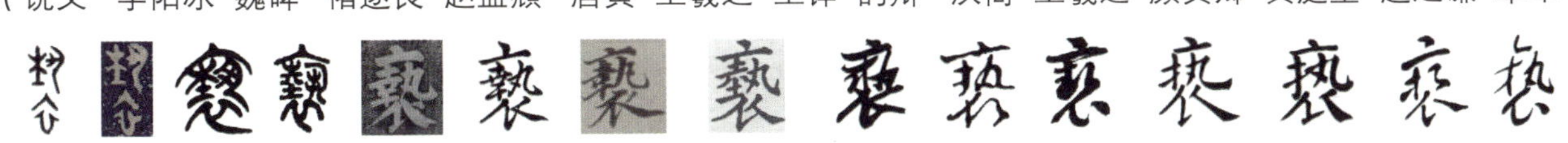

（金文 金文 简帛 说文 韩琦 赵孟頫 董其昌 五经文 张瑞图 鲁迅 徐伯清 欧阳询 颜真卿 章草 于右任）

辨析：

执字为字根的字，整体形态变化居多，形成了很多异体字，但草书一般还是可以写前述的四种的，而从“幸”的草法少见。

热（熱 rè）：形声，本义是温度高。

垫（墊 diàn）：形声，从土執声，本义为下陷、淹没。

亵（褻 xiè）：形声，从衣執声，本义是贴身的内衣。

直 1：直 值 植 埴 置

（甲骨 金文 汉简 李斯 说文 曹全碑 欧阳询 颜真卿 米芾 皇象 王羲之 王羲之 羊欣 智永 孙过庭 邓文原）

（金文 简帛 说文 钟繇 欧阳询 王羲之 索靖 李洤）（甲骨 金文 楚简 说文 宋徽宗 苏轼 智永）（金文 说文 简帛

曹全碑 颜真卿 赵孟頫 王羲之 毛泽东）（金文 简帛 巫咸 说文 颜真卿 颜真卿 颜真卿 米芾 皇象 怀素 王宠）

辨析：

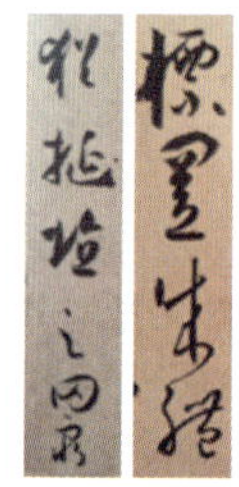

直字从目，楷化后一般有从十和从亠的写法，各体从之。其草书，内部三横可省略或草化为一点。真字有直字结构，见真页。悳和德为德的异体字，见德页。

直 zhí：甲骨文"直"字从目、从丨，会以目测量材料、使之不弯曲之意，金文"直"字竖画中间或加点，左侧或加半包围，战国文字承袭金文，竖画上的圆点或变为一短横。

值 zhí：形声，从人直声，字本作直，措置、放置；持、拿住，遇到、碰上，值班；价值，价钱。

植 zhí：栽种、种植、生长；关闭门户用的直木，移植，立、树立，建立，竖立；通置，安放，放置。

埴 zhí：黏土，泥土，土地。

置 zhì：会意，从网直，网直宜赦，本义是赦罪，释放；安放、搁、摆；驿车、驿马、驿站；废弃，豁免，购买。

拓展：

㥀 徝 𦚧 禃 矗 徳 𣟿

P14.6 犹埏埴之罔穷　P42.2 标置成体

直 2：殖 矗 搘 淔 犆 稙

（金文 简帛 说文 汉简 欧阳询 颜真卿 王羲之 李洤 张寿碑 虞世南 王羲之 文徵明）（金文 汉简 邓石如

赵之谦 褚遂良 孙过庭 王宠 赵孟頫 王羲之）（汉印 楷书）（说文 彭玉雯）（正讹 五经）（说文 西狭颂 何绍基）

辨析：

直字作为字根，从十和从亠的写法，各体均见。

殖 zhí：形声，从歺直声，歺，残骨，隶书写作歹，本义是脂膏因放置时间过久而变质；生长，繁殖，种植，树立、立，增殖、增加，栽种，生财牟利；骨殖（gǔ shi），尸骨。

矗 chù：直立，高耸；草木茂盛。

搘 zhí：拄杖；zhì，投，拿著。

淔 zhí：水名，古州名；一种植物，即菌芝。

犆（特 zhí）：阉牛，缘饰、装饰；tè，古同特，单一。

稙 zhī：庄稼种得早或成熟得早。

拓展：

㢟 𠨬 𣥂 歺 𨾴

Z

止1：止 征 沚 扯 址 趾 祉 歧

（仓颉 甲骨 甲骨 盟书 简帛 石鼓文 说文 曹全碑 居延简 欧阳询 颜真卿 敦煌 钟繇 王羲之 王羲之 智永）

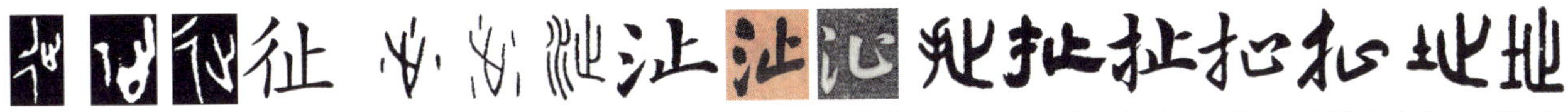

（甲骨 甲骨 保卣 楷书）（甲骨 甲骨 说文 虞世南 王铎 赵构）（金文 邓石如 智永 王羲之 李洤）（金文 说文

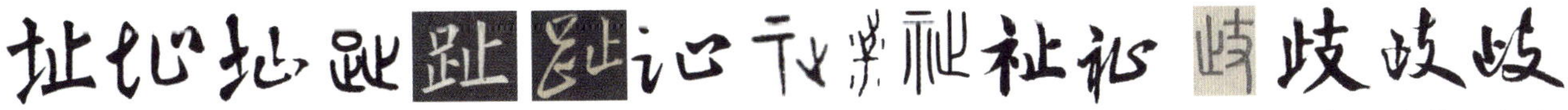

柳公权 王羲之 章草）（金文 姚孟起 王铎 王羲之）（甲骨 甲骨 说文 智永 王铎）（篆字汇 颜真卿 米芾 王铎）

辨析：

止为趾，与之字同源，隶定为“两竖两横”，草书为改变书写顺序，先写竖弯，再写两点或一个点。可拓展。

止 zhǐ：“趾”的本字，象形，甲骨文字形上像脚趾头，下象脚面和脚掌，本义为脚。

征 xǐ：同徙字。

沚 zhǐ：水中的小块陆地。

扯（撦 chě）：形声，从手奢声，扯是“撦”的俗字，本义是撕裂；拉，牵引，拔起，谈话，多指漫无边际的谈话，闲扯。

址（阯 zhǐ）：形声，从土止声，字本从阜，地基，基部；地点、地址、处所。

趾 zhǐ：形声，从足止声，古所谓趾，指足，不指脚趾，脚趾叫做指，趾是“止”的后起字，本义是脚；脚趾头，山脚，踪迹。

祉 zhǐ：形声，从示止声，本义是福，幸福。

歧 qí：同跂，形声，从止支声，或作岐，本义为多余的脚趾；叉开，事物错出；聪颖；岔路，亦指走入歧路。

拓展：

延 屈 武 步 雌　　　P34.4 止如乐毅论黄庭经

止2：阯 岠 芇（会） 堂 芷 歬 歮 澁 澀（濇）

（说文 智永 虞世南 王羲之 王铎 解缙）（简帛 说文 何绍基）（甲骨 甲骨 石韵府 汉简 楷书）（说文 堂方印 敦煌）

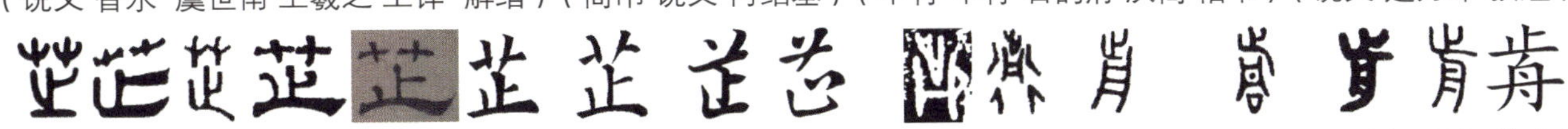

（金文 帛书 六书故 吴叡 顾禄 欧阳询 颜真卿 王羲之 王羲之）（甲骨 甲骨 兮仲钟 徐王子和钟 追敦拓 说文 楷书）

（甲骨 甲骨 石门颂 娄机）（智果 颜真卿 王铎 孙过庭）（说文 颜真卿 赵孟頫 王铎 张瑞图 蔡襄 王羲之 颜真卿）

辨析：

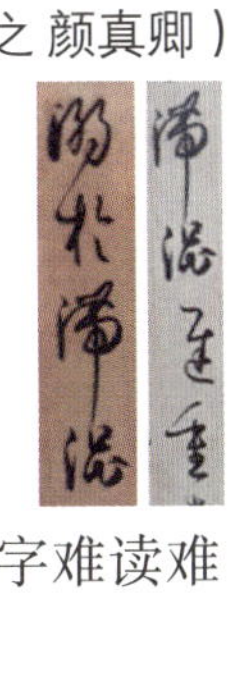

止字作为字根，各体写法同前。澁、澀、濇，互为异体字，同义，故有相同的草法。

阯 zhǐ：同址，水中的小块陆地。

岠 jù：止也，从止巨声；古同拒，抵抗，抗拒；古同距。

芇（会 huāng）：同会，会字古作芇。

堂 chēng：距也；同撑字，支撑；蹋。

芷 zhǐ：白芷，香草名，也叫辟芷。

歬 qián：古同前。

歮 sè：古同澀。

澁 sè：古同澀。

澀（濇 sè）：不光滑，不滑溜；一种使舌头感到不滑润不好受的滋味；文字难读难懂，不流畅。

拓展：

杫 柒 枇 欳　　P49.6 滞澀，迟重　P49.5 溺于滞澀（澁）

Z

止奔：奔（犇） 锛 餴

（甲骨 孟鼎 大盂鼎 周公簋 克鼎 楚简 石鼓文 石鼓文 秦简 说文 吴昌硕 王羲之 欧阳询 颜真卿 王羲之 王铎

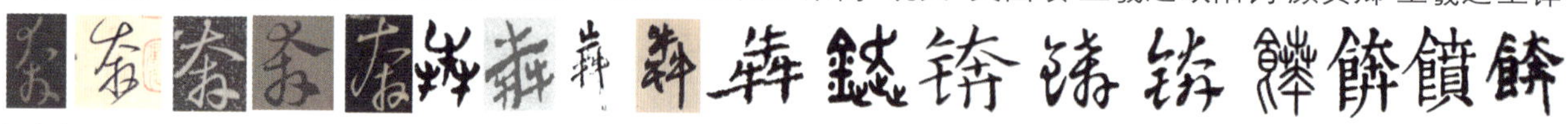

孙过庭 怀素 赵孟頫 宋克 王铎 简帛 简书 米芾 王铎 郑板桥）（金文 王羲之 王羲之 章草）（说文 楷书 楷书 敦煌）

辨析：

奔（犇）字本从止，西周早期的周公簋奔字下边的"止"已经讹变为"屮"了，之后，两种写法都一直存在，隶楷稳定为从"屮"，草书写法结构稳定，犇为异体写法。

奔 bēn/bèn：会意，甲骨文从止，金文字形，上面从"人"（大），像人挥动双手，下面从"止"（趾），而且是三个"止"，表示快跑，本义为快跑；异体字有：逩奔奔蹦蹸趎踳蹸逩騂驞蠢…

锛（錛 bēn）：木工用的一种工具，用时向下向内用力砍，称锛子。

餴（饙 fēn）：蒸饭。

拓展：

倴 喯 捹 渀 莽 逩

止步：步 涉 陟 频 濒

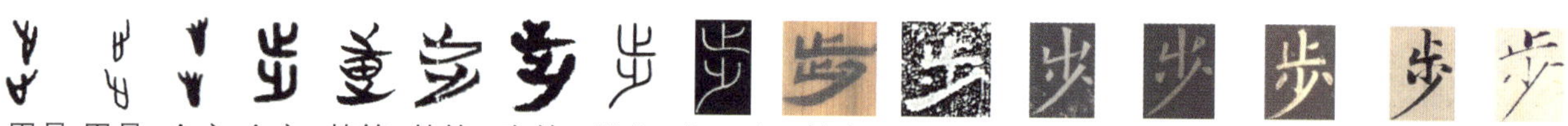

（甲骨 甲骨 金文 金文 楚简 楚简 秦简 说文 李阳冰 简帛 熹平碑 欧阳询 褚遂良 颜真卿 赵孟頫 宋徽宗

王羲之 柳公权 赵孟頫 皇象 王羲之 羊欣 怀素）（甲骨 甲骨 金文 简帛 汗简 褚遂良 颜真卿 皇象 王羲之）

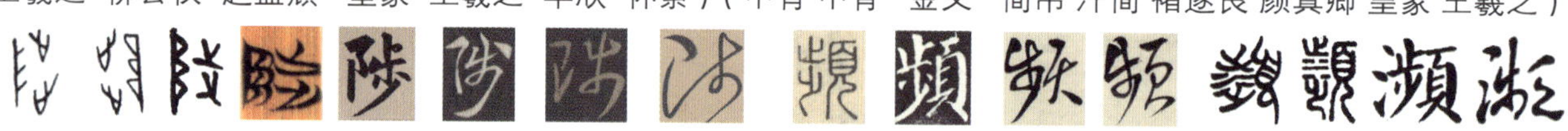

（甲骨 甲骨 金文 楚简 赵孟頫 索靖 王羲之 怀素）（六书通 颜真卿 王铎 王铎）（简帛 说文 颜真卿 章草）

辨析：

步字字形稳定，草书为连笔写，右上可加点。

步 bù：会意，甲骨文由两只脚的象形符号重迭而成，表示两脚一前一后走路，本义为行走。

涉 shè：会意，从水步，甲骨文字中间是水，两边两只脚，像涉水之形，本义为蹚水过河。

陟 zhì：登也，从阜从步。

频（頻 pín）：会意，从步从页，渡河见水深，皱眉而止，本义为皱眉。

濒（瀕 bīn）：形声，从水频声，本义为水边；靠近、临近。

拓展：

抄 芗 埗 踄 徏 珄 痄 舦 鉟

Z

止走：走 徙 屣 蓰 簁 褷 漇 縰 榹 蹝

楷书（甲骨 甲骨 金文 金文 盟书 楚简 秦简 广义 王羲之 王献之 沈藻 王羲之 曹植 王羲之 文徵明）（篆字

邓石如 何绍基 智永 欧阳询 王羲之 王羲之 韵会 章草）（篆字汇 颜真卿 颜真卿 王羲之 王羲之 于右任）

（说文 皇象 俞和 乾隆 皇象）（篆字汇 楷书 赵孟頫）（篆字 王宠）（篆字 彭玉雯）（篆字 楷书）（篆字汇 王宠）

辨析：

走字篆书同步，楷书稳定为走。徙字隶楷一般有王羲之、王献之和沈藻的三种写法，行草书从之，亦可拓展。蓰和簁字，草书都可写艹头，为区分便，簁字草书应写竹头。

走 bù：古同步。

徙 xǐ：形声，从辵止声，迁移。

屣 xǐ：鞋；异体字有"躧蹝鞑鞭韆"等。

蓰 xǐ：形声，徙声，五倍为蓰；《广东军务记》岂倍蓰之可比。

簁 shāi：筛子；将物置于筛内摇动，使粗细分离；过滤；异体字有篩簏筵。

褷 shī：离褷，羽毛初生的样子，凫雏离褷。

漇 xǐ：沾濡湿润的样子；流动的样子。

縰 xǐ：縰縰，众多的样子；shǐ，古代用来包头发的丝织品，同纚 。

榹 xǐ：同杫；杫为古字，古时指放东西的小桌小案，另指衬木。

蹝 xǐ：草鞋；趿拉着（鞋）。

拓展：

嗺 癍

止此1：此 雌 龇 疵 茈 些

（甲骨 甲骨 金文 楚简 盟书 说文 张迁碑 欧阳询 颜真卿 柳公权 赵孟頫 王羲之 王珣 张芝 王羲之 智永）

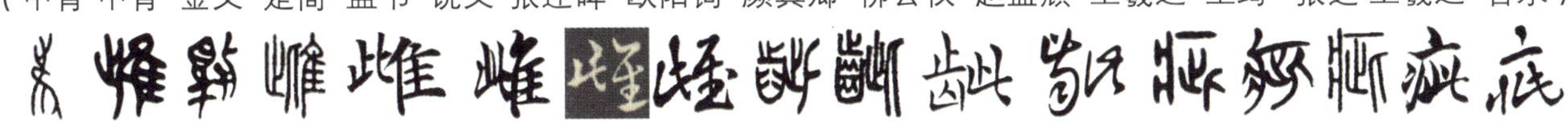

（甲骨 金文 楚简 说文 虞世南 王羲之 皇象 章草）（简帛 说文 王羲之 王羲之）（金文 简帛 说文 智永 章草）

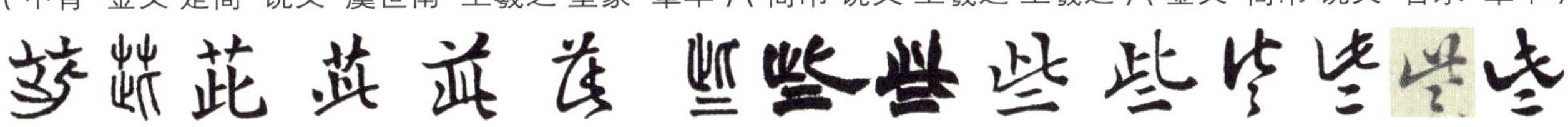

（楚简 说文 欧阳询 赵孟頫 王羲之 王羲之）（说文 邓石如 赵之谦 王羲之 褚遂良 王羲之 米芾 王澍 章草）

辨析：

此字部件清晰，隶定有"连体"和"分体"两种，草书为约定俗成，可拓展。其中柴紫訾觜（嘴）等字分别从木、糸 、言和角，参见所涉字根页。

此 cǐ：会意，从止从人，甲骨文字形左边是一只脚（止），右边是"人"，意思是一只脚踩在别人身上，是跐（cǐ）的本字，本义为踩、踏；指示代词，这。

雌 cí：形声，从隹（zhuī）此声，从隹表示与鸟有关，本义是母鸟，引申为母的；柔弱，张露，露出；女性；虹有二环时，外环色彩黯淡曰雌。

龇（龇呲 zī）：张开嘴露出牙齿，龇牙咧嘴。

疵 cī：形声，从疒此声，本义是小毛病，引申为过失、缺点；灾祸，痛，黑斑、痣；通訾，挑剔，非议，诋毁。

茈 zǐ：紫草，可作紫色染料，茈姜，茈藏；紫色，通紫；cí，凫茈，荸荠。

些 xiē：会意，从此从二，未详；少许、一点儿，表示不定的数量；放在形容词后，表示略微的意思；（方）们，娃儿些，老师些。

拓展：

些 佌 柴 庛 訾 玼 碰　　P8.1 敬虽权以此辞折安所鉴

止此 2：泚 呲 眦 批 欪 玼 㠿 些 姕 呰

（简帛 说文 颜真卿 赵孟頫 沈尹默）（金文 欧阳询 柳公权 王羲之王羲之）（金文 说文 王羲之 朱耷 王羲之 章草）

（说文 楷书）（说文 楷书）（说文 千唐）（篆字汇 敦煌 俞和）（敦煌 敦煌）（说文 维摩诘）（古文 说文 汗简 好太王）

辨析：

此字作为字根，各体写法同前。所涉字根参见相关页。

泚 cǐ：清、鲜明，出汗，用笔蘸墨；zǐ，泚水，古水名，在长沙。

呲 cī：申斥，斥责；zī，同龇。

眦 zì：形声，从目此声，本义是眼角，眼眶。

批 zǐ：击取，以拳击人；jǐ，杀；zhǐ，同扺，侧击。

欪 zī：呕吐，嗟叹。

玼 cī：玉的疵点；cǐ，鲜明。

㠿 cǐ：布也，布名。

些 xiē：同些；suò，姓。

姕 zī：妇女柔弱的样子，妇女美丽的样子。

呰 zǐ：弱，劣，古同訾，诋毁；cī，古同疵，毛病；同此。

拓展：

祡 疵 龇 啙 蛓 偨 呰 紪 瘥 茈 喍 跐 鼅 嘴 瘵 䓧 觜 餈

止此 3：砦 柴 赀 鉴 策 胔 鮆 骴 頿 髭

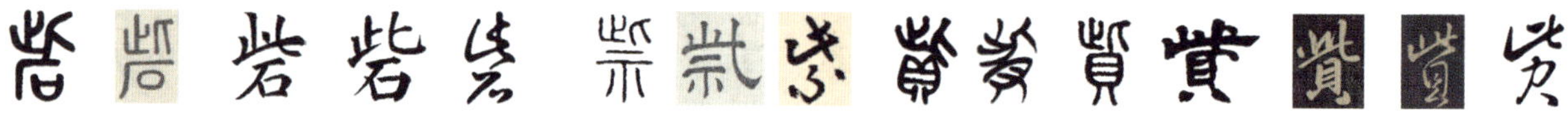

（金文 篆字汇 虞世南 颜真卿 王羲之）（说文 娄机 王铎）（金文 简帛 说文 邓石如 赵孟頫 王铎 王羲之）

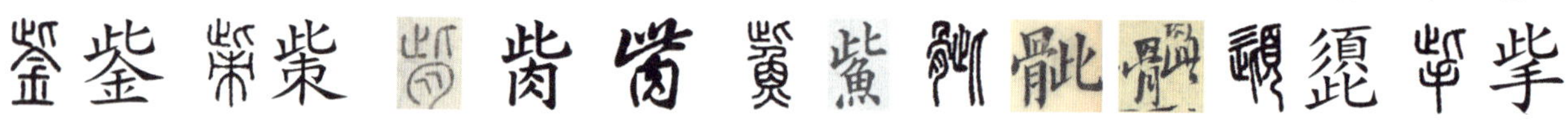

（说文 楷书）（说文 楷书）（篆字汇 欧阳询 黄庭坚）（说文 五经）（说文 彭玉雯 王铎）（说文 楷书）（说文 楷书）

辨析：

此字作为字根，各体写法同前。所涉字根参见相关页。

砦 zhài：同寨，守卫用的栅栏、营垒。

柴 chái：烧柴燎以祭天神。

赀（貲 zī）：形声，从贝，此声。本义：罚款。小罚改为钱财赎罪；汉代对未成年者征收人口税；价，价格；匈奴对奴婢的称呼。

鉴 zī：鉴錍，短斧。

策 zuī/zuǐ：识，藏，同嘴。

胔 zì：带有腐肉的尸骨；也指整个尸体；瘦。

鮆 cǐ：鮆鱼，头长，体侧扁，生活于近海；jì，鲚鱼。

骴（髊 cī）：肉未烂尽的尸骨。

頿 zī：口上须也，古同髭。

髭 zì：聚集；按摹脸颊，修面。

拓展：

鷟 鷟 樣 髭 蹀 嶋 鰲 鷟 頿 蟕 齜

Z

止耳：耻（恥 聉）

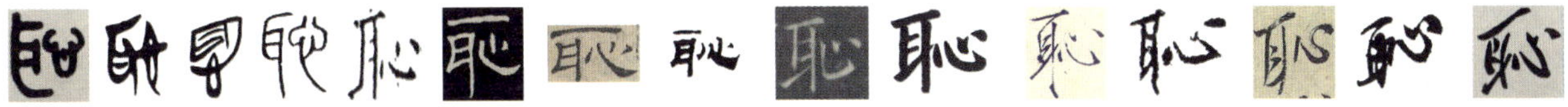

金文 楚简 楚简 说文 石经 尹宙碑 隶辩 钱泳 欧阳询 颜真卿 宋徽宗 黄庭坚 王铎 吴昌硕 毛泽东

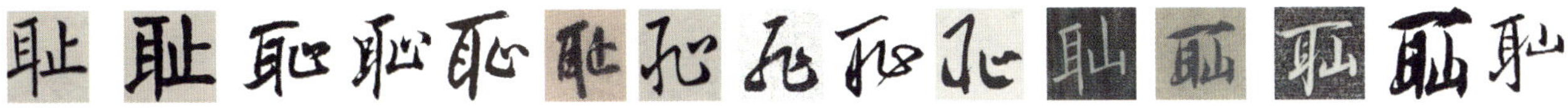

欧阳询 颜真卿 王羲之 欧阳询 智永 米芾 王羲之 怀素 沈粲 于右任 欧阳询 智永 宋高宗 赵孟頫 朱耷

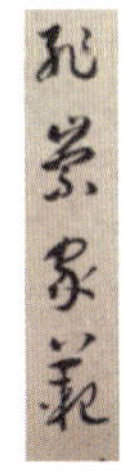

辨析：

耻字的篆书从心，凡人心惭，则耳热面赤，是其验也，俗伪作耻。耻一般有从心、从止和从山的三种写法，楷行草书均可从之。

耻（恥聉 chǐ）：形声，从心耳声，本义为耻辱，可耻的事情，说文曰君不使无耻；1. 羞愧；羞愧的事：可耻、奇耻；2. 认为羞辱：不耻下问；异体字有：恥、聉。

拓展：

P9.1 耻崇家范（範）

止夅：夅 降 绛 洚 逄 栙 袶 筝 竷

（简帛 说文 五经）（甲骨 甲骨 金文 金文 楚简 说文 张表碑 欧阳询 颜真卿 索靖 王羲之 怀素 异体字）

（金文 说文 曹全碑 王羲之 欧阳询 灵飞经 赵孟頫 智永 欧阳询 怀素 张旭 邓文原）（说文 曹全碑 王羲之）

（金文 柳公权 王羲之 章草 娄机 王羲之）（说文 楷书）（篆字汇 彭玉雯）（说文 楷书）（楚简 古文 说文 楷书）

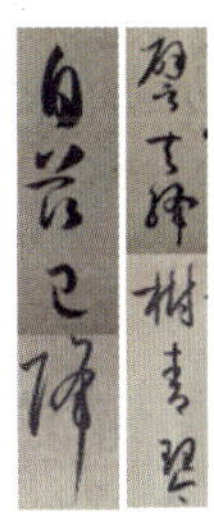

辨析：

夅的草书与夆的草书有互通现象，是由于降的异体字有羊或两横一竖的部件。从易于辨识的角度，夅与夆在草书中，下边的部件，夅先写横而夆先写竖更易于辨识。

夅 xiáng/jiàng：同降；说文云，夅，服也，从夂㐄，相承，不敢竝也；《玉篇·夊部》“夅，伏也。今作降。”

降 jiàng：下也，自上而下，甲骨文字形像两脚交替沿山而下，本义是从高处走下来，与“陟（向上行走）”字的字义正好相反；xiáng，屈服、服从，制服、驯服。

绛 jiàng：大赤也，从糸从夅，本义大红色。

洚 jiàng：大水泛滥。

逄 páng：塞；同逢，姓；féng，同逢，遇；干禄字书云，逄，逢的俗字。

栙 xiáng：栙双，用篾席做的船帆。

袶 péng：困袶袶，古书上说的一种草。

筝 gòng/xiáng：杯筶也，徐锴曰，犹今人言筊，竹筊。

竷 kǎn：边歌边舞；乐器，箜篌；鼓声；和谐悦耳的声音；kàn，击鼓。

拓展：

倨 硂 觪 胮 跭 踤 橨　　P21.2 自兹已降不能兼善者　　P53.1 譬夫绛树青琴殊姿共艳

Z

止疌：疌　捷（㨗）睫（䀹）婕（㛃）蜨（蝶）啑（喋）

（金文　清华简　说文　楷书　异体字）（金文　说文　欧阳询　颜真卿　王羲之　朱瞻基　王羲之　章草　文徵明　憨山）

（汗简　简帛　欧阳询　王羲之　宋太宗　黄自元　流江）（说文　金农　王羲之　柳公权　王羲之　黄自元　郑板桥）

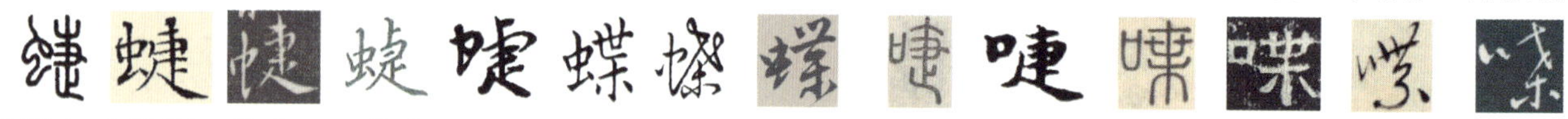

（说文　文徵明　米芾　田英章　吴昌硕　王羲之　韵会　唐寅）（篆字汇　吴彩鸾　六书通　张迁碑　康里巎　于右任）

辨析：

疌从止，上边与妻字的结构相同，草书可互参，下边的止字草书写足。蜨和啑有从枼的异体字，可分别写蝶与喋，参见枼。疌字作为字根，应注意其异体字的不同变化。

疌（疀㨗 jié）：疾也，从止从又，金文似手举小树苗快速栽种形，古同捷。

捷 jié：形声，从手疌，战利品；金文从邑、从艸、从戈，字形来源颇为复杂，学者意见不同，待考。

睫 jié：形声，从目疌，本义是眼睫毛。

婕（㛃 jié）：婕妤，古时宫中的女官名，是妃嫔的称号。

蜨（蝶 dié）：同蝶，参见枼。

啑（喋 jié）：多言；dié，同喋；tì，古同嚏；shà，古同唼、歃。

拓展：

倢（唼）婕（媫）寁 崨 徢 萐 猝 腱 睫 睫 箑（篓）緁（緭）䞡 諜 踕

止疋1：疋　疏　䟽　䟮　漩　琁　旋

（甲骨　甲骨　甲骨　甲骨　金文　楚简　楚简　古文　说文　颜真卿　王羲之　毛泽东）（说文　楷书）（说文　楷书）（说文　楷书）

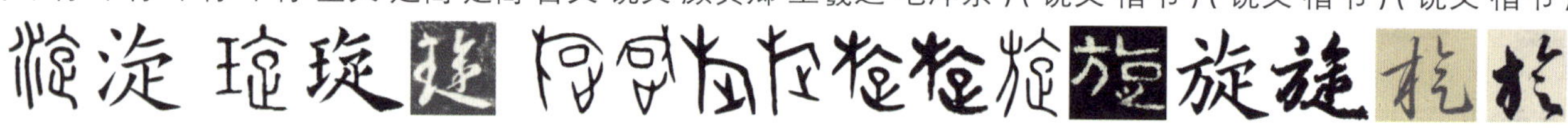

（说文　楷书）（说文　欧阳询　李世民）（甲骨　甲骨　金文　金文　金文　简帛　说文　好太王　欧阳询　王羲之　王羲之　智永）

辨析：

疋、足、之、止原始意义为足，作为字根，疋、足、之等字的草书可互通，其中，疋和足字的草法一般从“足（草书）”，末笔向上，个别有从异体字“之”的快写，正是“草以使转为形质，点画为性情”的体现。“胥楚蛋是疑旋”等类字从疋，草法相类，见相关页。

疋 shū：脚；pǐ，同匹；yǎ，古同雅，尔雅亦作尔疋。

疏 shū：通达，疏远，也作疏。

䟽 shū/xū：稀疏的窗格；滤酒的器具。

䟮 shǔ：握粟出卜是也，送财礼，卜问。

漩 xuán：回泉也。

琁 xuán：古同璇，美玉；qióng，古同琼。

旋 xuán：转动，回，归，不久，漩涡；xuàn，打转的，临时（做），用车床或刀子转着圈地削。

拓展：

珽 疍 疍 腁 琁 蜁 飈 嫙 縼 槺 暶 瞡 碳 鏇 蔙 蠶

Z

止疋定 1：定　啶　淀　绽（綻）

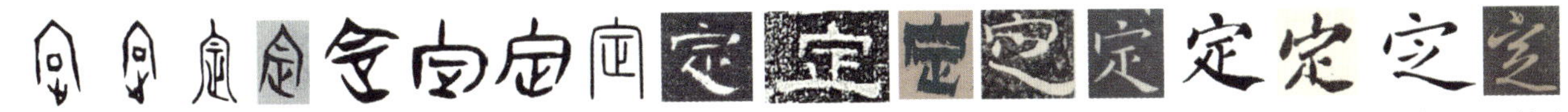

（甲骨 甲骨 金文 盟书 楚简 秦简 秦简 说文 曹全碑 熹平碑 金农 金刚经 欧阳询 颜真卿 苏轼 王羲之 王羲之

简帛 简帛 皇象 王羲之 智永）（金文 曹全碑 赵孟頫 王羲之 王羲之 王羲之 孙过庭）（金文 柳公权 赵孟頫

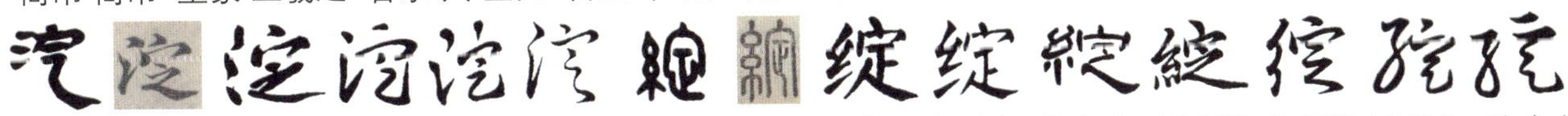

汉简 褚遂良 黄庭坚 王羲之 章草 赵构）（金文 篆字汇 颜真卿 柳公权 曹全碑 赵孟頫 莫云卿 王羲之 韵会）

辨析：

定字有异体字㝎𡧍，各体累见，草书一般从其字源“足（草书）”，个别书家写“之”。可拓展。

定（㝎𡧍 dìng）：会意，从宀从正，本义是安定、安稳；镇静、宁静，固定，平定，规定，定婚，止、停止，必然。

啶 dìng：有机化合物中的一种含氮杂环的名称。

淀 diàn：形声，从水定声，本义为浅水湖泊，白洋淀、荷花淀；淤积，沉淀。

绽（綻 zhàn）：形声，从糸定声，糸，细丝，本义是衣服裂开；皮肉破裂；饱满、开裂，特指花果；缝补；破费、花费。

拓展：

[illegible] 埞 婝 掟 萣 [illegible] 椗 琔

止疋定 2：腚　碇　锭（錠）靛

（说文 颜真卿 赵孟頫 曹全碑 王铎 王羲之 孙过庭）（金文 邓石如 褚遂良 王羲之 智永 王羲之 王羲之 孙过庭）

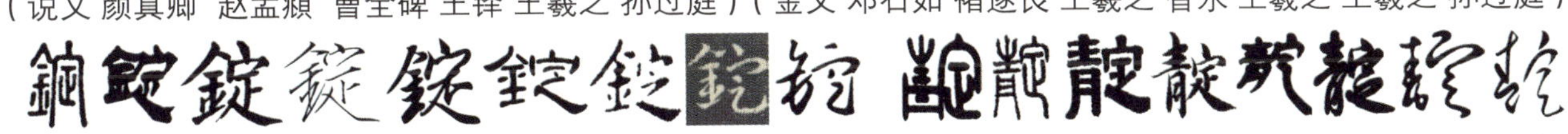

（说文 汉简 颜真卿 宋徽宗 王羲之 曹全碑 俞和 皇象 王羲之）（金文 说文 伊秉绶 智永 汉简 王铎 王羲之 李洤）

辨析：

定字拓展的字，各体同前。另外，定字与是（昰是）、楚（楚楚楚）等字从疋，异体字与足同源，草书一般从“足（草书）”，个别书家写“之”。

腚 dìng：（方）屁股，臀部，光腚。

碇（矴椗 dìng）：停船时沉入水底用以稳定船身的石块或系船的石礅；船停泊，下碇。

锭（錠 dìng）：形声，从金，定声，古代盛熟食无足的蒸器；膏灯，金属大铸块，块状物；量词。

靛 diàn：靛青，也叫蓝靛；用蓼蓝叶泡水调和与石灰沉淀所得的蓝色染料。

拓展：

[illegible] 聢 蝊 顁

Z

止往：往 暀

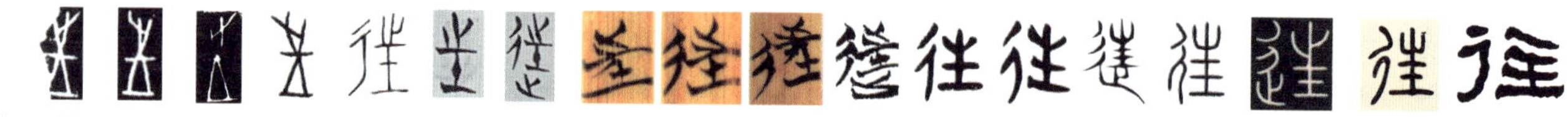

（甲骨 甲骨 甲骨 甲骨 金文 盟书 盟书 楚简 楚简 楚简 简帛 秦简 秦简 古文 说文 李阳冰 邓石如 衡方碑

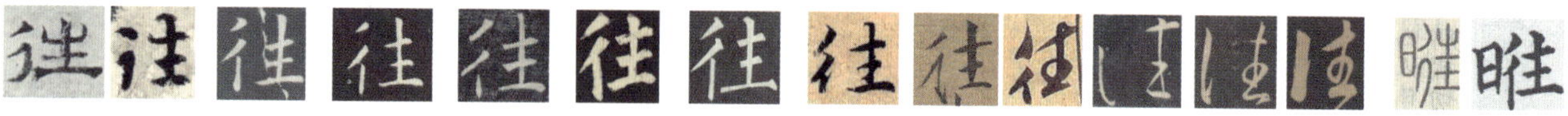

赵孟頫 智永 欧阳询 虞世南 褚遂良 颜真卿 柳公权 赵孟頫 赵佶 米芾 张芝 王羲之 智永）（说文 五经）

辨析：

往字本从止（之），隶定为“往”，行草书为快写；侯马盟书从辵和不从辵的写法均见。

往 wǎng：会意，甲骨文字形，从止从土，意为从这个地方走向目的地，本义为去，到…去；彼此间来往，亡去，给予、送，归向；昔时、过去，后、以后；外，超过某种限度或范围；同望，表示动作行为的方向，相当于朝、向；异体字有“徃往迬衎徃徍徃洼迋迬迬”等。

暀 wǎng：光，德，是，日光；wàng，同旺。

拓展：

住 注 㤖

止延：延 涎 挻 诞 埏 硟 蜒 莚 筵

（甲骨 甲骨 金文 孔子 说文 陆机 曹全碑 王献之 欧阳询 颜真卿 简书 皇象 索靖 王羲之 孙过庭 王铎）

（金文 曹全碑 褚遂良 王羲之）（说文 欧阳询 孙过庭）（说文 柳公权 黄庭坚 孙过庭）（说文 魏墓志 宋克 章草）

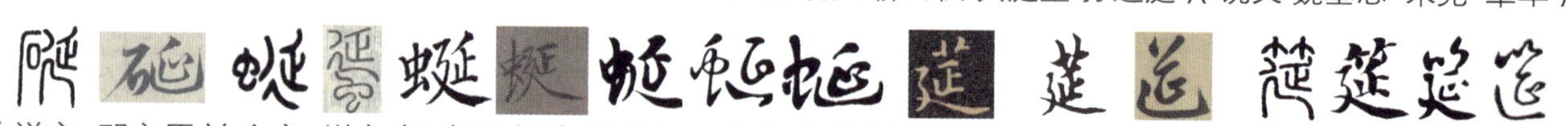

（说文 邓文原）（金文 说文 颜 真卿 赵佶 王羲之 王羲之 章草）（王羲之 欧阳询 赵孟頫）（说文 智永 米芾 智永）

辨析：

延从“廴＋丿＋止”，草书关键是止，掌握了止就解决了所有问题，止字的草书写竖弯加一点或两点。可拓展。

延 yán：长行也，从延丿声，本意是指展缓，推迟。

涎 xián：形声，从水延声，本义为唾沫、口水；吐、流，呆滞，嬉笑貌，贪馋地盯视。

挻 shān：长也，从手从延。

诞（誕 dàn）：形声，从言延声，本义是说大话；虚妄、荒唐，大，恣放、放肆；生育、出生。

埏 yán：地的边际；墓道；shān，用水和土。

硟 chàn：用石具碾压缯帛，使之平展有光泽；碾压缯帛的石制工具。

蜒 yán：形声从虫延声，蜒蚰，虫名；蜿蜒，龙蛇爬行。

莚 yán：莚蔓，蔓延。

筵 yán：形声，从竹延声，本义是竹席；席位，宴席。

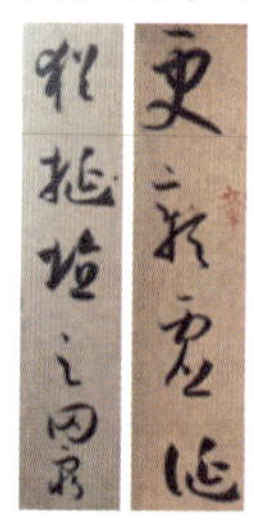

拓展：

郔 唌 娫 狿 筵 梴 烻 脡 睋 裖 綖 蜑 鋋 鞓 駳 鯅 䗺   P14.6 犹埏埴之罔穷   P32.6 更彰虚诞

Z

止正 1：正 佂 征 怔 证 钲 紅

（甲骨 甲骨 甲骨 金文 金文 金文 古文 楚简 秦简 说文 欧阳询 颜真卿 王羲之 王导 王羲之 智永）

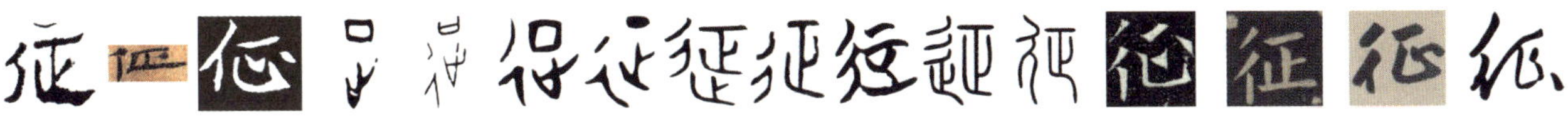

（简帛 简帛 元诊墓）（甲骨 甲骨 甲骨 金文 金文 金文 楚简 说文 说文 欧阳询 欧阳询 赵孟頫 王羲之）

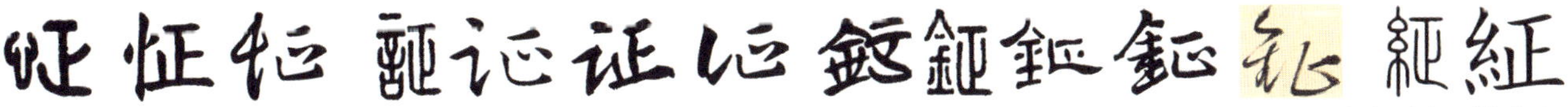

（金文 颜真卿 王羲之）（说文 王羲之 黄庭坚 王羲之）（简帛 说文 曹全碑 赵孟頫 王羲之）（说文 楷书）

辨析：

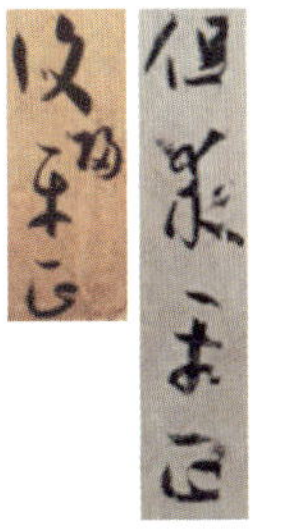

正比止字多一横，甲骨和金文是一个实心圆或圆圈，楚简多一横为饰笔，隶定为一横，各体从止的写法。可拓展。焉（傿嗎嫣鄢漹蔫）字见焉页。

正 zhèng：指事，甲骨文字形，上面的符号表示方向、目标，下面是足（止），意思是向这个方位或目标不偏不斜地走去，本义是不偏斜，平正；正直，纯正，正当，正法，决定，官长，正常，正好，正在，仅、只，这样，总是。

佂 zhēng：佂伀，惊慌，又惧也。

征（延 zhēng）：形声，从彳正声，从彳表示与行走有关，甲骨文有从正或从彳从足的写法，本义是到很远的地方去，远行；征伐，发兵讨伐；争夺，争取，征收；异体字有徵、徵，行于微而闻达，本义为征召。

怔 zhēng：惶恐不安的样子；发愣，发呆。

证（証 zhèng）：形声，从言正声，繁体为登声，本义是告发；谏正；通症，病症；假借为徵，今亦用为证验字，证据。

钲（鉦 zhēng）：古代的一种乐器，用铜做的，形似钟而狭长，有长柄可执，口向上以物击之而鸣，在行军时敲打；zhèng，化学元素镄的旧称。

紅 zhēng：紅綊，乘舆马饰。

拓展：

𤴓 泟 柾 是 阷 㝎 眐 旋 𥬉 姃 聇 金 囸 炡 㓈 㖈 証　　P40.3 但求平正　P40.4 复归平正

止正 2：政 歪 症 惩 整 竀 罡 堽

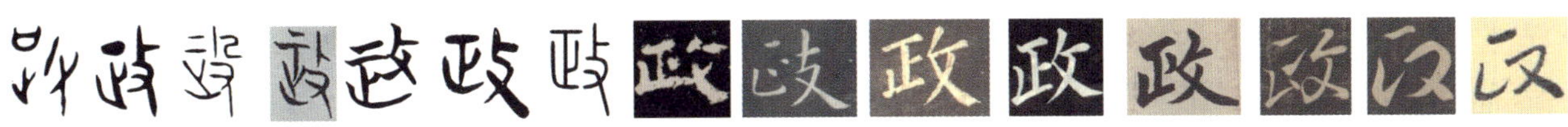

（甲骨 金文 金文 盟书 楚简 秦简 说文 衡方碑 欧阳询 颜真卿 柳公权 赵孟頫 王羲之 王羲之 怀素）

（金文 邓石如 智永 王羲之 王羲之）（金文 金农 褚遂良 赵孟頫 章草）（汉简 王羲之 颜真卿 王羲之）

（金文 简帛 简帛 说文 虞世南 皇象 王羲之）（说文 楷书）（金文 好太王 欧阳询 王铎 王羲之） 萧道成

辨析：

正字作为字根，各体写法同前。

政 zhèng：会意兼形声，从攴从正，本义为匡正。

歪 wāi：不正，偏斜。

症（證 zhèng）：症候、病象，古通證。

惩（懲 chéng）：形声，从心征声，本义是警戒、鉴戒，改定，克制，制止。

整 zhěng：整齐，端正，端庄，整个、完整；整理、整治；使吃苦头。

竀 chēng：正视；古通赪；chèng，察视。

罡 gāng：北斗星的斗柄；山冈，在较平坦地区的一块显著的高地。

堽 gāng：同冈，山脊；堤坝。

拓展：

㟠 𨗨 𢓊 𣇉 䴖 𣘊 䇑 𨭿 頏 𦁊 䳌

止疐：疐 懥 嚏

（甲骨 甲骨 甲骨 金文 金文 金文 金文 楚简 秦简 汗简 说文 彭玉雯 王铎 王铎）（小篆 文敏）（金文 简帛

说文 伊秉绶 佚名 欧阳询 颜真卿 柳公权 赵孟頫 王羲之 文徵明 吴昌硕 王羲之 孙过庭 于右任 章草）

辨析：

疐字的甲骨文从止，隶定从疋，而疋、足和止的古文同义，草书常常采用“之”或“足”的草法。可拓展。

疐 zhì：从叀（zhuān），引而止之也，叀者，如叀马之鼻，从此与牵同意，有阻挡、限止、牵绊之意；dì，用同蒂；通嚏。

懥 zhì：忿恨、愤怒的样子。

嚏 tì：悟解气也，从口疐声，打喷嚏；该字的异体字很多，如𤔚𧅫疐疐疐疐蘁躓躓嚔摕等等。

拓展：

儱 摕 轋

旨1：旨 指 脂

（甲骨 甲骨 甲骨 金文 金文 金文 金文 楚简 楚简 说文 伊秉绶 礼器碑 唐玄宗 欧阳询 颜真卿

颜真卿 颜真卿 索靖 王羲之 文天祥 王羲之 柳贯）（金文 秦简 说文 王羲之 欧阳询 王献之 赵佶 皇象

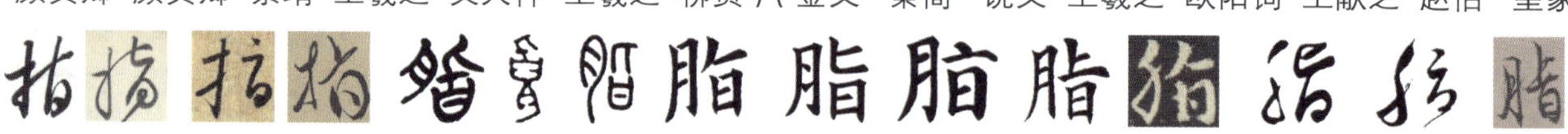

智永 黄庭坚 怀素 傅山）（简帛 古玺 说文 欧阳询 欧阳询 颜真卿 欧阳询 皇象 于右任 郑板桥 唐寅）

辨析：

旨字核心部件是“匕口（有甘日变化）”，篆、隶、楷，姿态变化较多，常见的隶、楷有从“𠂉、匕、亠、上”的写法，各体从之。可拓展。嘗（尝嚐鱨）和稽从旨，见嘗（尝嚐鱨）和稽页。

旨（旨 zhǐ）：从甘匕声，本义为味美；甲骨文上像“匕”即匙形，下面是口，以匙入口，表示味道好；异体字有“百旨㫖㫗眉舌旨旨肳”等。

指 zhǐ：从手旨声，手指也；意旨、意向，指向、指着，指定，指示，指点，指责，诬指，阐明、陈述，竖起；通旨，美好。

脂 zhī：动物体内或油料植物种子内的油质；指胭脂；比喻财物；上油润滑。

拓展：

耆 恉 脂 屠

P26.1 未敷厥旨　P32.6 若指汉末伯英

旨2：诣 酯 䭬 鮨 鴲 鞊 眉 麠

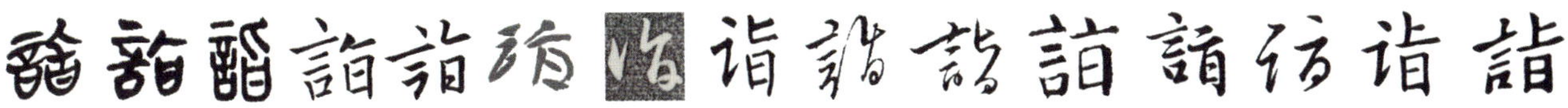

（简帛 简帛 说文 褚遂良 欧阳询 简帛 赵孟頫 柳公权 文徵明 贺铸 颜真卿 赵孟頫 颜真卿 欧阳询 郑板桥

于右任）（金文 智永 赵孟頫 王羲之 孙过庭 伊秉绶 欧阳询 颜真卿 王羲之 于右任 褚遂良 张即之 赵之谦

虞世南 王羲之）（金文 金文 说文 吴大澂 邹武生）（说文 楷书）（说文 楷书）（说文 楷书）（说文 楷书）（说文 楷书）

辨析：

诣和酯字各体较全，均按旨的异体字分别从“𠂉、匕、亠、上”排列。其余的可参照之。

诣（詣 yì）：形声，从言旨声，前往，去到；晋谒、造访，符合，学问等所达到的境地。

酯 zhǐ：一种有机化合物，是酸与醇经由脱水反应而得。

䭬（䭬 qǐ）：叩头至地，后作稽。

鮨 yì：鮨鱼，体侧扁，红色或褐色，有斑纹，口大，牙细而尖；鱼酱。

鴲 zhī：瞑鴲，喜鹊的一种，亦称冥鹊，山鹨哥。

鞊 zhì：捆扎在车盖杠上使车盖不致前倾的皮绳。

眉 qì：臀部，身体斜坐；jī，男性外生殖器。

麠 jǐ：大麋也，狗足。

拓展：

栺 湁 楮 䭬

黹 黻 黼 黺 黹

（甲骨 甲骨 甲骨 甲骨 甲骨 金文 金文 金文 金文 金文 说文 邓石如 欧阳询 颜真卿 王羲之 王羲之

米芾 赵孟頫 章草）（金文 古文 古文 说文 杨著碑 欧阳询 颜真卿 米芾 米芾 王铎 索靖 王羲之 米芾 章草）

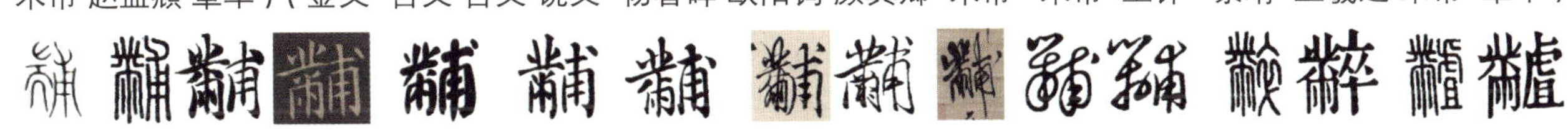

（古文 说文 智永 欧阳询 颜真卿 柳公权 赵孟頫 杨维桢 米芾 王铎 王羲之 韵会）（说文 楷书）（说文 楷书）

辨析：

黹字的篆书形态变化较多，隶定字形稳定，草书写法，上边的四个竖画草化为三个点，下边的部件为快写。可拓展。

黹（zhǐ）：从㡀，丵省，女红的通称，缝纫，刺绣。

黻 fú：古代礼服上黑与青相间的花纹，黼黻，同韨；系印的丝带。

黼 fǔ：形声，从黹，古代礼服上绣的半黑半白的花纹，如斧之形。

黺 zēng：从黹，綷省声，会五采缯色。

黹 chǔ：同楚楚，鲜明整洁。

拓展：

绪 粎 睹

至 致 臻 倒 侄（姪） 蛭 窒 郅 耋

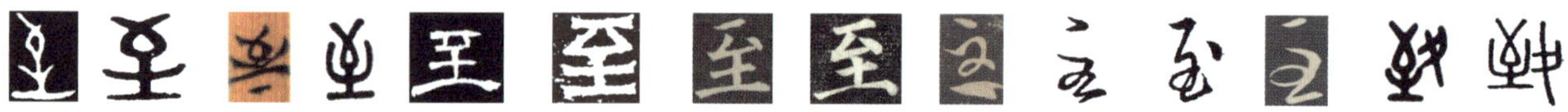

（甲骨 盂鼎 简帛 说文 曹全碑 宝子碑 欧阳询 颜真卿 索靖 王羲之 王羲之 怀素）（金文 说文

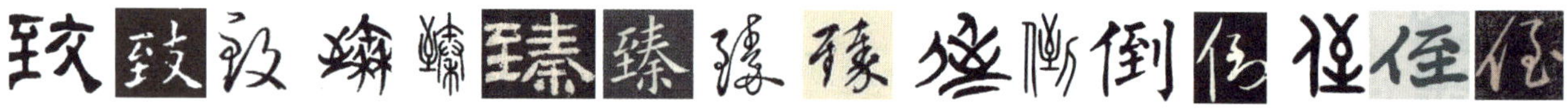

曹全碑 钟繇 王羲之）（简帛 说文 肥致碑 姚孟起 王羲之文徵明）（简帛 说文 柳公权 张旭）（金文 于右任 颜真卿）

（甲骨 石韵府 颜真卿 颜真卿）（说文 彭玉雯）（说文 岳珂 米芾）（说文 何绍基）（甲骨 说文 欧阳询 王羲之 李洤）

辨析：

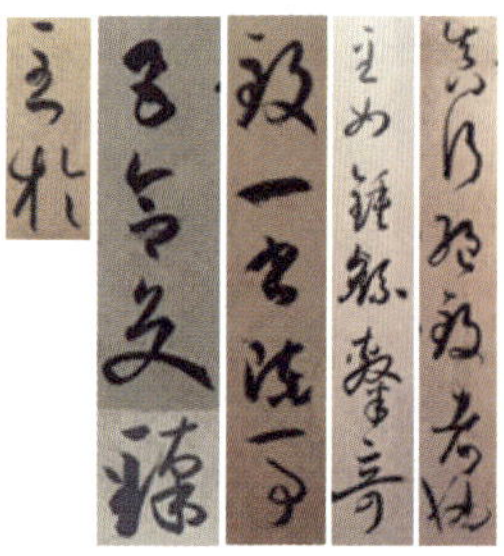

至字的甲骨文为象形，隶定字形稳定，草书起笔抬头向上或起笔比主字多一个使转，可拓展。到字从刀，见刀页；室字见宀页；屋字从至从尸，见屋页。

至 zhì：始见于商代甲骨文，古字形像远处射来的箭落到地上，表示到达。

致 zhì：送诣也，达到；通至，极、尽；情趣、兴致；周密。

臻 zhēn：达到；到，来到。

倒 dǎo：倒下；dào，位置上下前后翻转，把容器反转或倾斜使里面的东西出来。

侄（姪妷 zhí）：弟兄或其他同辈男性亲属的子女。

蛭 zhì：蚂蟥。

窒 zhì：形声，从穴至声，洞穴狭小阻塞故从穴，阻塞不通。

郅 zhì：从邑至声，北地郁郅县；极、至、最。

耋 dié：年老，七八十岁的年纪。

拓展：

侄 到 厔 郅 咥 垤 姪 室 屋 峌 庢 恎 挃 洷 绖 荎 刭 倒 晊 桎 袟 耊 胵 致 轾 衒 捯 痓 眰 秷 窒 菿 铚 袺 椡 絰 耋 路 䏄 载 銍 蛈 蛭 喹 箑 榁 腟 誈 跮 輊 擲 澂 溼 箌 鋕 噻 檄 郅

志 誌 痣

（金文 金文 盟书 楚简 楚简 说文 肥致碑 欧阳询 颜真卿 赵孟頫 宋徽宗 王羲之 王羲之 智永 怀素）

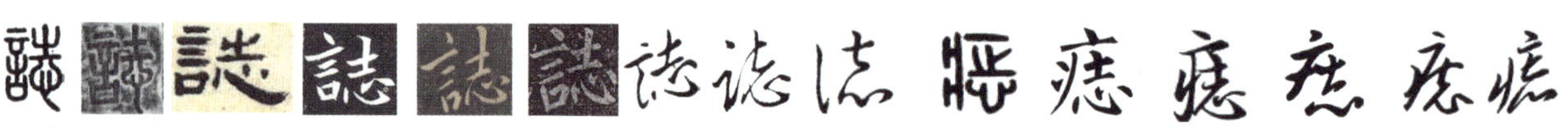

（说文李誉墓 张迁碑 魏碑 虞世南 颜真卿 米芾 金琮 王羲之）（金文 柳公权 王羲之 王羲之 李洤 毛泽东）

辨析：

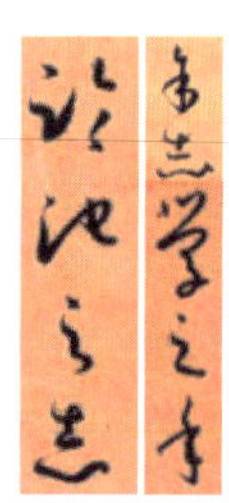

志字从心从㞢，各体结构稳定，隶定㞢为土，草书上边为土字快写，下边的心一般写三个点。“誌”字，注意行草书言旁的写法，其中草书不可以写“讠”（草书中“讠”为足旁）。可拓展。

志（誌 zhì）：意也，从心㞢（之）声，本义为意念、心意，引申为意向、意愿，又引申表示愿意做、决心做，再由意向引申指目标；志还表示记，指用文字或标记符号记下来；也引申作名词用，指记号、标记等，由此又引申指记载的文字。

誌 zhì：指标志、记忆、记录、记事的文章、书籍，“誌”字的功能包括在“志”字之中，第一批异体字整理表，将“誌”作为“志”的异体字处理，不再使用。

痣 zhì：人体皮肤所生的有色斑点，没有痛痒等感觉。

拓展：

伂 鋕 梽 娡 綕 伂 誌 䏄

P10.2 余志学之年　P10.6 临池之志

Z

豸 豹 豺 貂 貉 貓

（甲骨 金文 汗简 说文 欧阳询 王羲之 王羲之 章草）（甲骨 甲骨 楚简 说文 熹平石 欧阳询 皇象 王献之）

（金文 简帛 秦简 说文 王羲之 柳公权 王铎 皇象 王羲之）（金文 金文 金文 楚简 古文 说文 王羲之 皇象 王羲之）

（金文 金文 金文 楚简 简帛 说文 王羲之 王羲之）（说文 简帛 王铎 赵之谦 欧阳询 赵孟頫 王羲之 章草）

辨析：

豸字旁的草书一般有皇象章草和今草两种写法。貓字篆隶从豸，楷行草一般从犬。

豸 zhì：本指长脊兽，如猫、虎之类，引申为无脚的虫，体多长，如蚯蚓之类。

豹 bào：似虎圆纹。

豺 chái：似犬而残猛如狼，俗名豺狗；豺字金文从虍。

貂 diāo：貂鼠，体细长，色黄或紫黑，种类很多；异体字有狃、鼦、“鼠刁”、“鼠刀”。

貉 hé：貉子，也叫狸；mò，古代北方的一支外族；háo，貉子、貉绒。

貓 māo：同猫。

拓展：

豻 豭 豼 豽 豾 豺 豰 貙 貀 豯 豿 貓 貐 貊 貌 貏 貒 貄 貅 貆 貇 貈 貋 貎 貍 貑 貔 貏 貕 貗 豬 貐 貓 貜 貘

制 製 掣 淛

（金文 秦量 李斯 说文 礼器碑 神庙碑 虞世南 颜真卿 灵飞经 赵孟頫 兴福寺 米芾 汉章帝 王导 王羲之 智永 怀素）

（说文 王羲之 王羲之 虞世南 成亲王）（古隶 王羲之 米芾 王羲之 怀素）（说文 欧阳询 篆字汇 金农 赵孟頫 赵孟頫）

辨析：

制字字形稳定，草书，点横起笔后接着写竖，“刂”写“右刀寸点弯”，其中点为补笔（补空、补不足、补势等），见汉章帝、怀素写法，不加点亦可。可拓展。

制 zhì：制、製本同一词，后来分化，“製”用于具体的制 造，“制”用于抽象的制作，有制定，用文字规定、控制及制服等义，如制宜、制立、制彼裳衣、周之王也制礼、虽有典制、增其旧制、制其兵。

製 zhì：从衣从制，本义为裁製衣服，剪裁、造作；《左传·襄公三十一年》子有美錦，不使人学製焉；《師古註》谓裁衣之形製，製述、製碑、牙机巧製、服短衣楚製。

掣 chè：形声，从手制声，为本义为牵引、拉。

淛 zhè：同浙。

拓展：

猘 嘲 瘌 聙 鬻 鯯

P27.1 疑是右军所制　　P64.2 纵横牵掣（补小字）

Z

彘 璏 ⿰魚彘

（甲骨 甲骨 甲骨 甲骨 甲骨 金文 金文 盟书 简帛 古文 说文 说文注 汗简 石韵府 石韵府 石韵府 邓石如

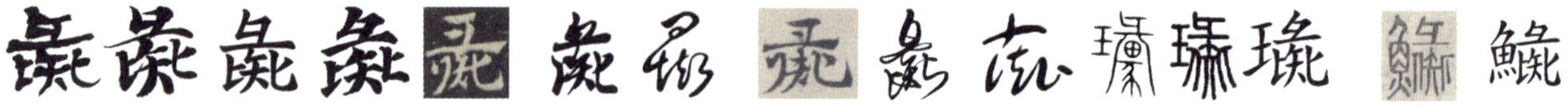

何绍基 智永 欧阳询 颜真卿 皇象 王羲之 王羲之 邓文原 傅山 于右任）（古文 说文 楷书）（篆字汇 楷书）

辨析：

彘字的甲骨文从豕，为以失（箭）射豕，字形朝向或左或右，失（箭）的深度有深有浅，隶定字形从彑从矢从二匕，草书写法，彑可快写或草化为倒三角。拓展的字为璏和⿰魚彘，各体可从之。

彘 zhì：象形，篆书字形，矢声，其余像猪头、脚，彘本指大猪，后泛指一般的猪；《说文》豕也，后蹄废谓之彘，从彑矢声，从二匕，彘足与鹿足同；又与璏通，《集韵》璏省作彘。

璏 zhì：玉制剑鼻。

⿰魚彘 zhì：魚名。

廌 薦 韀 瀳 ⿰缶薦 灋

（甲骨 甲骨 楚简 楚简 说文 颜真卿 解缙）（金文 金文 金文 楚简 秦简 秦简 石鼓文 简帛 李斯 钟繇 颜真卿

米芾 王铎 周顺昌 王羲之）（金文 说文 梁培生 赵孟頫 王羲之 王羲之 章草）（说文 楷书 六书统 蔡襄）

（说文 楷书）（甲骨 金文 金文 秦简 说文 梁升卿 陆师道 鲁直 王铎 王铎 杨维桢 楚简 智永） 甲骨 甲骨 甲骨

辨析：

廌字古今变化较大，作为字根，可拓展。一些字如薦韀瀳，有从存字的异体写法，可参见存页，灋字则有从法的异体字，可参见相关页。商周时期，廌字甲骨文与土、匕和失等字组合成“廌土（花东198）”，表示公廌，组成“廌匕（合795）”表示雌廌，组成“失廌（合补2330甲）”，其意或为动物廌的一种，恰似以箭（失）射穿廌形，造字构型同雉或彘字（图片见第三行后的甲骨）。

廌 zhì：古代传说中的独角兽；王充·论衡曰，廌，一角羊，性知有罪。《说文》解廌，兽也……《集韵》通作豸；广雅，廌，灋也；异体字有⿰牛豸、⿰犭豸、⿰角虎。

薦（荐 jiàn）：金文从茻从廌，廌像野兽，表示野兽在吃草，本义是牧草；异体字有荐、侟、⿸广荐、⿰禾薦、⿱茻廌、⿸广薦、⿸广薦、⿱竹廌。

韀（鞯 jiān）：垫马鞍的东西；异体字有帴、⿰革廌、⿰纟廌、⿰纟薦、⿰革戋、⿰革嶲、⿰革薦。

瀳（洊 jiàn）：水至也；zùn，水浸出的样子；异体字有⿰氵廌。

⿰缶薦 cùn：瓦器也；异体字⿰缶廌、“缶荐”。

灋（法 fǎ）：法令也，灋，古文；异体字有金、㳒、泟、灋、⿸广灋、⿰氵⿱艹去、⿰氵⿱止古、砝等。

拓展：

儁 ⿰革廌

中 1：中 仲 妕 訲 苗

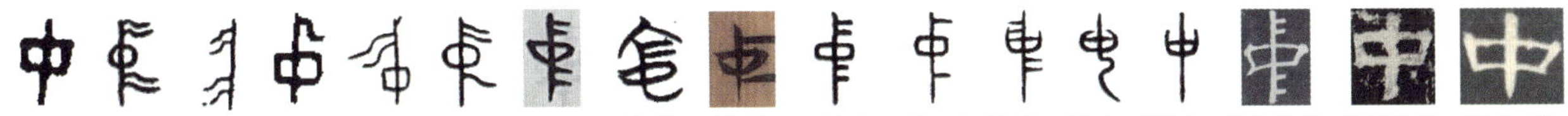

（甲骨 甲骨 甲骨 甲骨 甲骨 金文 盟书 楚简 楚简 石鼓文 莽币 说文 说文 说文 夏承碑 张迁碑 曹全碑

欧阳询 颜真卿 柳公权 赵孟頫 宋徽宗 王羲之 王献之 王操之 皇象 王羲之 王羲之 羊欣 智永 怀素）

（甲骨 金文 说文 褚遂良 王羲之 米芾 皇象 王羲之 李怀琳）（甲骨 楷书）（说文 楷书 楷书）（说文 楷书）

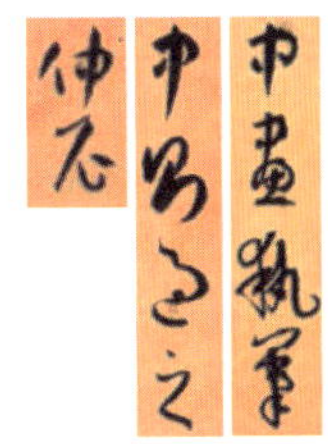

辨析：

中字篆书变化较多，其草书，口字省略左竖，写半包围，可加挑点。

中 zhōng：指事，甲骨文字形，中字像旗杆，上下有旌旗和飘带，旗杆在正中竖立，本义为中心、当中，也指一定范围内部适中的位置；zhòng，恰好合上，受到、遭受，科举考试被录取。

仲 zhòng：会意兼形声，从人中声，甲骨文、金文作“中”，本义为排行第二。

妕 zhòng：古女子人名用字。

訲 yì：同啻，快也，从言从中。

苗 zhōng：草也。

拓展：

叏 ⿰阝中 叓 狆 迚 ⿰山中 衶 氱 ⿱穴中

P26.5 中画执笔三手　P40.5 中则过之　P40.6 仲尼

中 2：忠 盅 忡 舯 翀 衷

（金文 楚简 秦简 说文 欧阳询 颜真卿 王羲之 颜真卿 王羲之 贺知章）（金文 金文 古文 说文 智永 王羲之

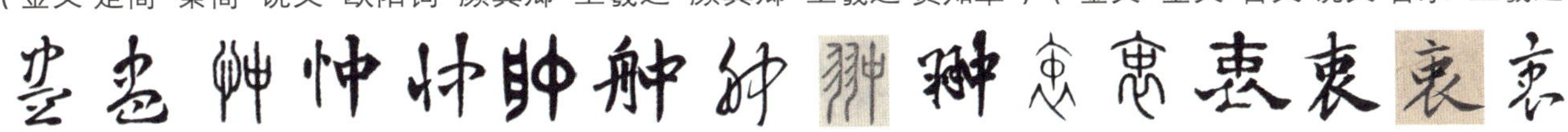

王羲之 章草）（说文 柳公权 章草）（金文 赵孟頫 李淦）（篆字汇 王铎）（古文 说文 郭有道 智永 赵孟頫 章草）

辨析：

中字作为字根，各体写法同前。说明：忡和憧是两个意义不同的字，并不互为异体字。

忠 zhōng：忠诚无私，尽心竭力。

盅 zhōng：杯类，没有把的小杯子，量词。

忡（爞 chōng）：忧愁的样子。

舯 zhōng：船体长度的中点。

翀 chōng：向上直飞，相当于冲。

衷 zhōng：贴身的内衣；内心，心意、心事，真诚的、内心的；中心，中央；引申为包围；正、正派，善、福，忠诚；zhòng，适合，恰当。

拓展：

衶 蚛 ⿱罒中

重 1：重 㡖 㤘 揰 鐘

（甲骨 金文 金文 金文 楚简 楚简 侯马 秦简 说文 曹全碑 张迁碑 欧阳询 颜真卿 王献之 米芾 简书 索靖

王羲之 王献之 智永）（说文 褚遂良 王代功 王羲之 皇象 怀素）（说文 景君碑 佚名）（说文 楷书）（篆刻 楷书）

辨析：

本页拓展的字仅可写重字结构。重字字形较稳定，拓展的字异体写法较多，有从童从中从云从黑及从其他字的写法，见随后页，草书是将中间的“日”字草化为两点或一横。

重 zhòng：会意兼形声，篆书字形从东从壬，东亦声，壬，挺立，东，囊袋，人站着背囊袋，很重。

㡖（幢 chuáng）：旌旗一类的东西，量词。

㤘 zhòng：迟也。

揰 chòng：推击；dǒng，弃。

鐘 zhōng：鐘笼，一种竹子，可制笛子。

拓展：

媑 煄 穜 䵞
P11.4 重若崩云

重 2：1 偅 緟 瘇 2 隀 踵 湩

1（楚简 肥致碑 皇象 说文 楷书）（金文 金文 石鼓文 说文 吴彩鸾 楷书）（楚简 石韵府 楷书 说文 楷书）

2（金文 金文 楚简 楚简 楚简 楷书）（金文 简帛 简帛 说文 衡方碑 智永 欧阳询 虞世南 颜真卿 赵孟頫

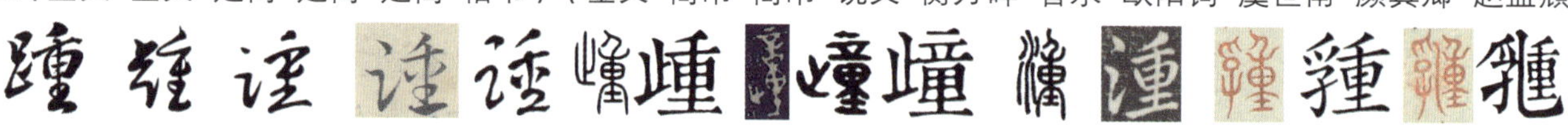

王羲之 张瑞图 王羲之 邓文原 章草 说文 楷书 金文 简帛 楷书）（说文 苏轼 石韵府 楷书 石韵府 楷书）

辨析：

本页的偅、緟、瘇和㣫等类字（拓展 1），有从童字的异体字，童字的演变见童页；鍾字亦然，还可从中，见鍾页。隀、踵和湩及拓展 2，未见同偏旁从童的异体字。

偅（僮 tóng）：从人童声，未冠也；僮仆。

緟（緟縫 zhòng）：缯缕。金文石鼓文从“亂字的左边”加“東田”的写法，存疑待考。

瘇（尰 zhǒng）：胫气足肿。

隀 chóng：古地名。

踵（㣫徸 zhǒng）：形声，从足重声，本义为追逐；脚后跟、鞋后跟；继承、继续；登临。

湩（穜䳯 dòng）：从水重声，乳汁也。

拓展：

1. 踵（徸）徸（僮）喠（噇）尰橦（橦）畽（曈）褈 箽 蝩 諥 鍾
2. 堹 緟 鍾（鍾 锺 鈡）䵶（畽）

Z

重 3：種（种）腫（肿）

（金文 楚简 秦简 说文 张迁碑 欧阳通 颜真卿 赵孟頫 米芾 皇象 王羲之 李阳冰 汉简 礼器碑 王羲之 章草）

（事肿玺 清华简 说文 颜真卿 柳公权 王羲之 唐太宗 王铎 王羲之 王献之 邓文原 汉简 王羲之 王羲之）

辨析：

本页的字都有从中的异体字，可参照中页。種还可从童，可参照童页。

種（穜穜种種 zhòng）：形声，从禾中（重）声，本义是播种、散布；谷物瓜果的种子；繁殖，养育；移植、接种；培养、培植；胆量或骨气；量词；人的族类。

腫（肿 zhǒng）：形声，从肉中（重）声，本义为痈，浮胀、肿胀 。

拓展：

锺（钟 鈡 鐘）

重 4：锺（鐘 钟）

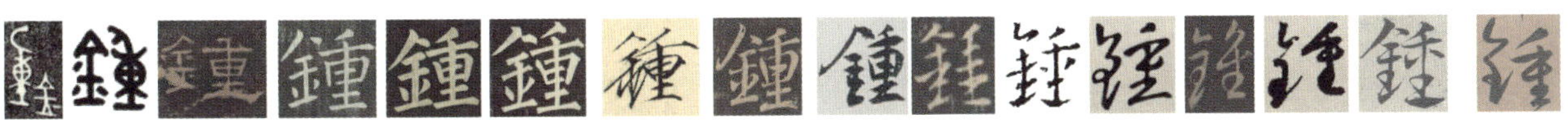

（金文 金文 礼器碑 欧阳询 颜真卿 柳公权 宋徽宗 王羲之 白蕉 索靖 皇象 王羲之 智永 怀素 邓文原 鲜于枢）

（金文 金文 金文 金文 楚简 秦简 说文 元暐墓 柳公权 赵孟頫 王铎 祝允明 王铎）（汉简 王羲之 王羲之 章草）

辨析：

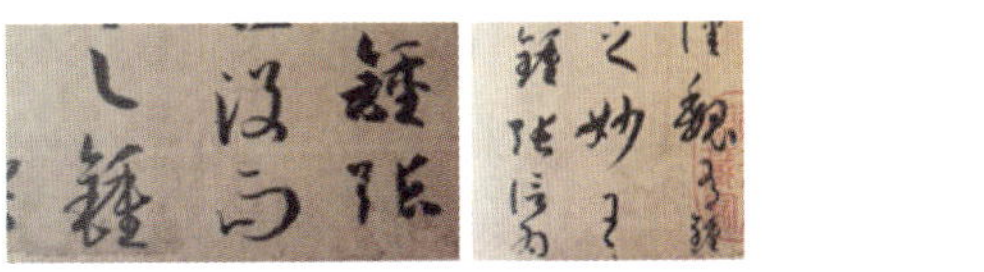

锺和鐘字的篆书变化较多，核心意思都在，简化字统一为钟（楷行草自古即有），其草书金旁借用“全”字草法；锺字的重字，中间的日字，写两点或连笔；童字草书为“立里”组合，立写“七一”，里为快写。

锺（鐘钟 zhōng）：锺，形声，从金重声，本义为古时盛酒的器皿，现也称“盅”。鐘，形声，空也，内空受气多，故声大也，从金童声，本义是古代打击乐器，青铜制，鏞，鐘或从甬。

拓展：

撞

P2.2 汉魏有锺张　P2.5 可谓锺张　P3.1 吾书比之锺张

Z

重 5：动（動）逋　慟（恸）

（金文 楚简 楚简 说文 帛书 曹全碑 钟繇 智永 欧阳询 颜真卿 赵孟頫 王羲之 王羲之 徐渭 王铎

王羲之 欧阳询 苏轼 米芾 毛泽东 张芝 王羲之 欧阳询 汉简 王羲之 王铎）（古文 楚简 秦会稽碑 简帛

说文 碧落碑 赵孟頫）（金文 简帛 说文 宝子碑 颜真卿 谢安 杜牧 张瑞图 汉简 王羲之 赵孟頫 王羲之）

辨析：

動字有异体字动和逋，草法：1. 重字改变书写次序，左起笔，中间的日字可草化为两点。2. 重字简省后快写。3. 动字快写。4. 从逋字结构。说明：“动”字的云和力字如果上下错位，则是“劳”字的一种草书写法。

动（動 dòng）：说文曰动，作也，从力重声，古文动从辵；异体字“働”是日本造的汉字，后传入中国，甲骨文还没发现“动”，西周时期以“童”为之（毛公鼎），楚帛书“毋童群民”，“童”读为“动”，与毛公鼎同。

逋 dòng：古文動从辵。

恸（慟憅慟 tòng）：形声，从心动声，本义是大哭，极其悲痛。

拓展：

働 嗵 慟 熥 勲　　　P12.4 翰不虚动（動）

重 6：董　懂　蕫

（金文 吴昌硕 何绍基 董美人 苏孝慈 王羲之 赵孟頫 董其昌 皇象 王献之 邓文原 简帛 说文 曹全碑）

（金文 粗篆 智永 欧阳询 颜真卿 柳公权 赵孟頫 王羲之 米芾 毛泽东 王羲之 孙过庭 章草）（楷书 敦煌）

辨析：

本页为董及拓展的字，董从重，有异体字从童，各体写法一般从重。

董（董董 dǒng）：形声，从艸重声，本义是草名，即鼎董；监督、督察；统率；主持、主管；正，守正。

懂（懂 dǒng）：形声，从心董声，本义为明白、了解。

蕫：（略）

拓展：

嬞 橦

重 7：沖 冲 衝

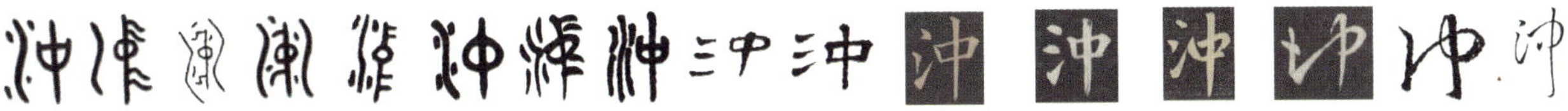

甲骨 甲骨 甲骨 甲骨 金文 金文 楚简 说文 帛书 隶辩 欧阳询 颜真卿 赵孟頫 王羲之 王羲之 王铎

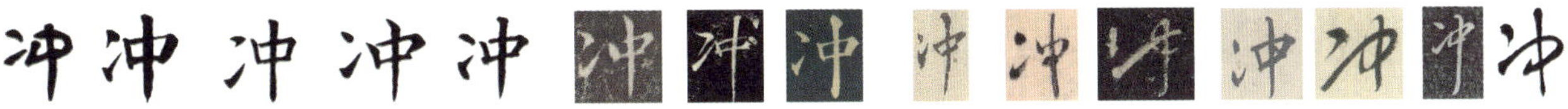

汉简 王羲之 欧阳询 颜真卿 柳公权 赵孟頫 赵佶 黄自元 王羲之 米芾 王羲之 文徵明 王铎 杨涟 章草

汉折冲 文徵明 王羲之 欧阳询 颜真卿 黄庭坚 米芾 王铎 徐渭 董其昌 韵会 说文 楚简 帛书 窦泰

辨析：

衝字的常用异体字有冲、沖和衝等，古时形义均不相同。

衝（沖冲衝徵 chōng）：形声，从行重声，行的意思是路，本义为交通要道；沖，形声，从水中声，本义是向上涌流，有冲击、冲撞、破除、毁坏、冲刷、灌注之义；冲，从水中声，涌摇也。

拓展：

[illegible]

舟 1：舟 船 舰 艇

（甲骨 甲骨 金文 金文 金文 金文 楚简 石鼓文 说文 王铎 欧阳询 颜真卿 简文帝 黄庭坚 米芾 赵孟頫

王羲之 怀素 米芾 王铎）（金文 简帛 说文 好太王 欧阳询 苏轼 王献之 怀素 王羲之 米芾 王羲之 颜真卿 王铎）

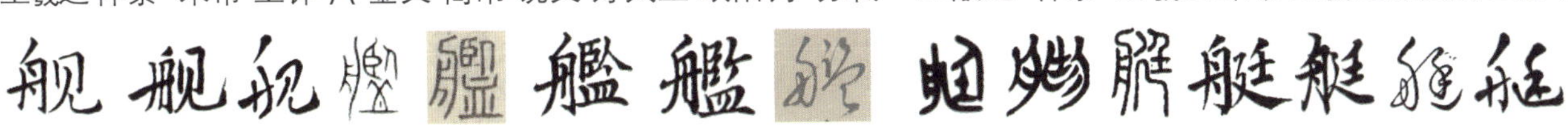

（王羲之 黄庭坚 章草 古文 篆字汇 欧阳询 赵孟頫 祝永明）（金文 简帛 说文 颜真卿 王羲之 王羲之 章草）

辨析：

舟字为象形，隶定字形稳定，草法为：1. 中间两点连写。2. 省略中间的两点或左竖，作为字根，还可以借“月”字的草书符号“千”形。可拓展。船字有异体字舩，可参见公字。

舟 zhōu：象形，甲骨文字形像船形，两边象船帮，中间三条线代表船头、船舱和船尾，先秦多用舟，汉以后用“船”渐多起来，本义是船。

船（舩舡 chuán）：形声，本义为水运工具，古称舟。

舰（艦 jiàn）：大型的战船。

艇 tǐng：形声，从舟廷声，本义是轻便小船。

拓展：

舡 侜 舠 郍 𦨈 舧 彤 𦨭 洀 烐 𦨉 舧 枲 𦨣 烐 琱 舥 舦 舤

Z

舟 2：舱 舷 舢 舨 辀（輈） 航 舶

（说文 颜真卿 赵孟頫 柳公权 王羲之 章草）（金文 篆字汇 赵之谦 颜真卿 赵孟頫 孙过庭 苏轼 王羲之 章草）

（说文 粗篆 欧阳询 王羲之 李涂）（金文 粗篆 智永 王羲之 孙过庭 章草）（楚简 汗简 说文 欧阳通 唐寅 赵之谦）

（金文 六书通 王羲之 颜真卿 王羲之 米芾 王羲之 孙过庭）（金文 简帛 粗篆 虞世南 褚遂良 王铎 王羲之 韵辩）

辨析：

本页的字需要注意的是，一些字如辀字，在篆书中有上下位移的现象。

舱（艙 cāng）：形声，从舟仓声，本义是船上居人置物的部位。

舷 xián：形声，从舟玄声，船边。

舢舨 shān bǎn：近海和江河上用桨划的小船。

辀（輈 zhōu）：车辕；用于大车上的称辕，用于兵车、田车、乘车上的称辀；泛指车。

航 háng：船，行船或飞行；异体字有斻、杭、桁和沆等。

舶 bó：航海的大船。

拓展：

艪 艫

舟 3：舵 舸 舫 舭 舳 舻 舯

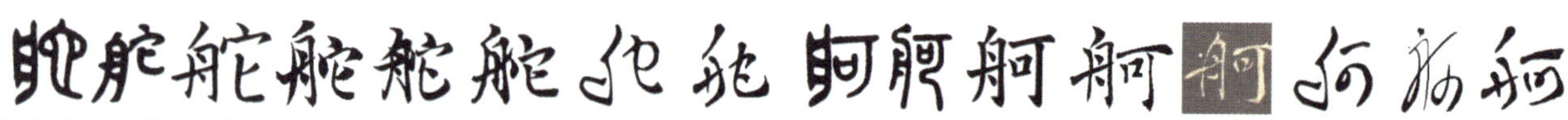

（金文 汗简 王羲之 智永 王羲之 赵孟頫 王羲之 章草）（金文 说文 欧阳询 褚遂良 颜真卿 王羲之 毛泽东 章草）

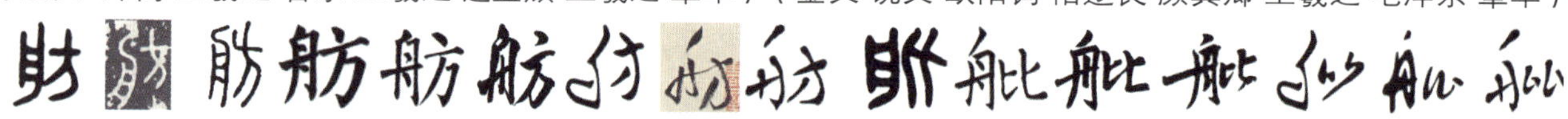

（金文 石鼓文 说文 颜真卿 柳公权 米芾 王羲之 王铎 章草）（金文 王羲之 赵孟頫 黄庭坚 王羲之 于右任 章草）

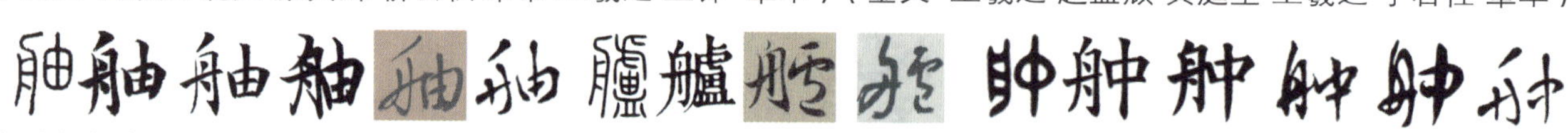

（说文 智永 虞世南 王羲之 鲜于枢 章草）（说文 楷书 赵孟頫 于右任）（金文 欧阳询 颜真卿 文徵明 孙过庭 章草）

辨析：

篆书从舟，隶定或楷化后写月的字如"服朕腾滕藤縢俞前"，可参见月、俞、前等相关页；从舟的般盘等字，见般盘等页。

舵 duò：船、飞机等控制方向的装置。

舸 gě：形声，从舟可声，大船。

舫 fǎng：并连的两船；船的通称。

舭 bǐ：古书上说的一种船名；船底和船侧间的弯曲部分，起平衡稳定作用。

舳 zhú：形声，从舟由声，船尾。

舻（艫 lú）：舳艫也，一曰船头。

舯 zhōng：船体长度的中部。

拓展：

艤 艬 艭 鬣

州 洲 詶 酬

（甲骨 甲骨 史籀 商钟 金文 说文 夏承碑 爨宝子 欧阳询 颜真卿 黄庭坚 王献之 王献之 揭傒斯 章草）

（曹全碑 钟绍京 宋徽宗 王羲之 米芾 王羲之 王铎 启功）（说文 广义 娄机 蔡襄 赵麟 王铎 王铎 董其昌）

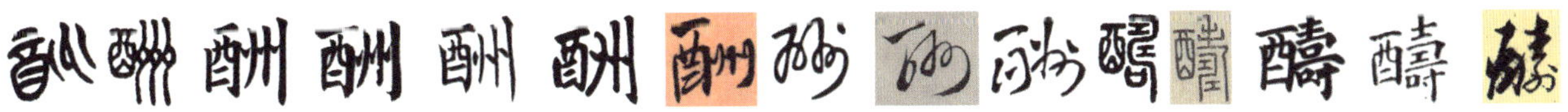

（简帛 说文 欧阳询 颜真卿 柳公权 赵孟頫 王铎 王羲之 赵孟頫 章草 说文 广义 颜真卿 五经文 倪元璐）

辨析：

州字的字形稳定，草书按“点”有四种写法：无点、左点、右点、左右点。可拓展。

州 zhōu：会意，说文曰水中可居曰州，甲骨文字形，两边的曲折线像河流，中间像水中的陆地，“州”是“洲”的本字，小篆字形像两个“川”字相重合，本义是水中的陆地。

洲 zhōu：形声，从水州声，“洲”本作“州”，后人加水以别州县之州。

詶 chóu：古同酬；古同筹，计算。

酬（醻 酧 詶 酻 chóu）：形声，从酉壽声，本义为客人给主人祝酒后，主人再次给客人敬酒作答。

拓展：

州 喺 梻 殧 紭 銂 駲

周 1：周 雕 彫 调 绸 稠

（甲骨 甲骨 甲骨 金文 金文 金文 金文 金文 楚简 说文 说文 李斯 李阳冰 张迁碑 史晨碑

欧阳询 颜真卿 赵孟頫 王羲之 王羲之 居延简 王羲之 王羲之 王羲之 王铎）（说文 欧阳询 王羲之 王铎

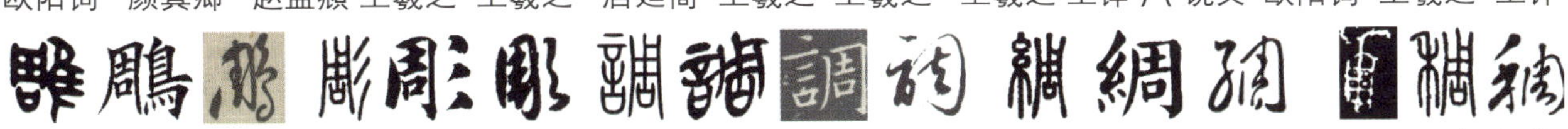

金文 欧阳询 张弼）（说文 智永 索靖）（说文 简帛 欧阳询 启功）（说文 颜真卿 王羲之）（甲骨 说文 章草）

辨析：

周字的篆书形态变化较多，隶楷字形稳定，草书为快写，其中口一般写两点或倒三角。可拓展。

周 zhōu：象形，甲骨文字形，在“田”里加四点，郭沫若认为“周象田中有种植之形。”有稠密和周遍的意思，小篆析为会意，从用口，段玉裁认为，善用口则周密，本义为周密、周到而没有疏漏。

雕（鵰 diāo）：大型猛禽；刻镂，枯萎、零落，疲劳、伤残，经雕饰的。

彫 diāo：雕的异体字；雕刻，刻镂。

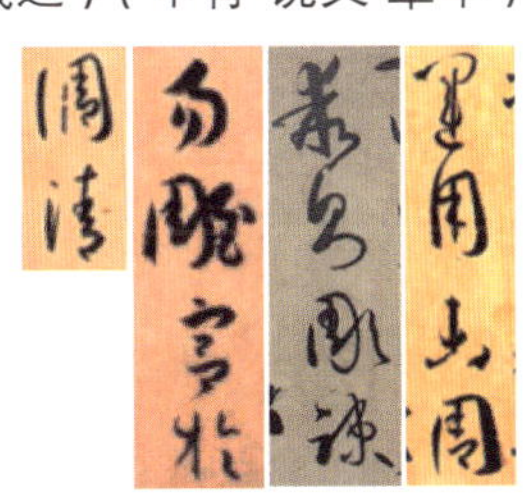

调（調 diào）：声音调和、协调；tiáo，烹调，调味、调节、驯服、调教、挑逗、戏弄。

绸（綢 chóu）：形声，从糸周声，本义是缠绕；丝织品的总称；说明：古代汉语“绸”字不当绸缎讲，作丝织品的绸本写作紬。

稠 chóu：禾多而密；繁密，浓厚，与稀相对。

拓展：

郮 剻 隭 奝 徟 啁 掤 菷 睭

P50.4 假令运用未周　P5.4 易雕宫于穴处　P23.4 乖则彫疏　P31.6 调清词雅

周2：凋 啁 倜 惆 淍 椆 碉 婤 鲷

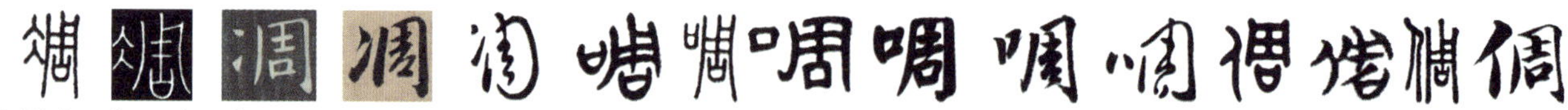

（说文 李阳冰 欧阳询 赵孟頫 王羲之）（简帛 说文 曹全碑 颜真卿 王羲之 王羲之）（金文 楚简 说文 智永

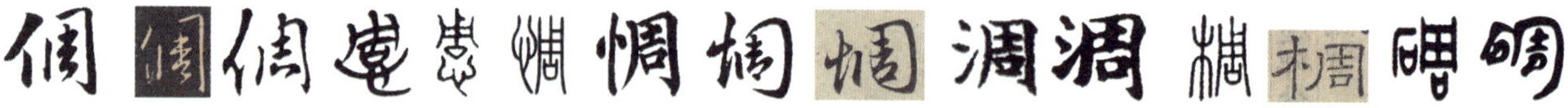

王羲之 王羲之 章草）（简帛 古文 说文 柳公权 王羲之 赵孟頫）（敦煌 吴彩鸾）（说文 隶辩）（金文 汉简

柳公权 赵孟頫 王羲之 孙过庭）（甲骨 甲骨 说文 吴彩鸾）（金文 楚简 说文 虞世南 赵孟頫 索靖 王羲之）

辨析：

周字作为字根，各体写法同前。所涉偏旁字根参见相关页。

凋 diāo：形声，从仌周声，仌为冻的意思，本义是草木衰落。

啁 zhōu：啁啾，啁噍，形容鸟叫声；zhāo，啁哳，形容声音杂乱细碎；tiào，调笑。

倜 tì：倜傥，洒脱，不拘束；倜然，超然或特出的样子，疏远的样子。

惆 chóu：形声，从心周声，本义是失意；悲痛、悲伤。

淍 zhōu：古同周，围绕；水回旋，水名。

椆 chóu：椆水，古水名，在中国河南省；古书上说的一种树，耐寒；zhòu，木椆，船篙木；diāo，椆苕，古书上说的一种树。

碉 diāo：石室，碉堡，军事上防守用的建筑物。

婤 zhōu：古女子人名用字；chōu，美好貌。

鲷（鯛 diāo）：鲷科鱼的总称；骨耑脆也。

拓展：

皗 睭 翢 㺔 聣 輖 趙

周3：琱 赒 禂 裯 蜩 錭 週 鬜

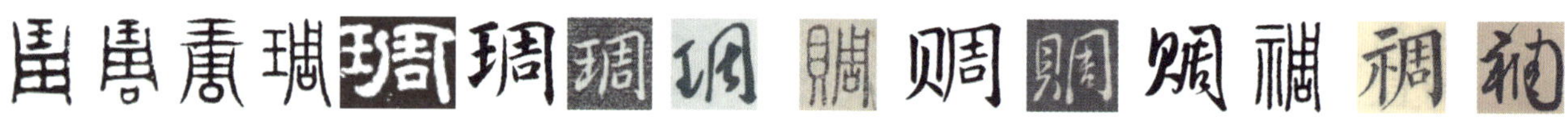

（金文 金文 金文 说文 史惟则 虞世南 乃贤 于右任）（篆字汇 欧阳询 李邕 王铎）（说文 彭玉雯 文徵明）

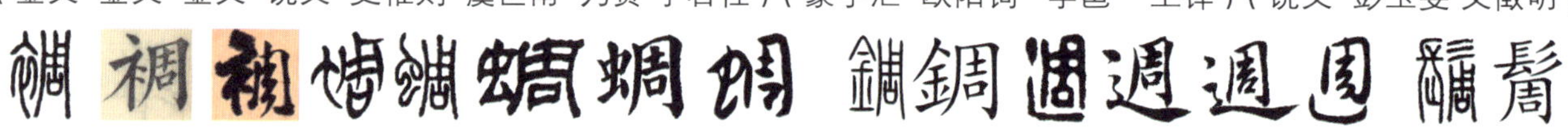

（说文 彭玉雯 王铎）（简帛 说文 邓石如 颜真卿 孙过庭）（说文 楷书）（汉印 智永 王羲之 王铎）（说文 楷书）

辨析：

本页鬜字结构复杂，可参照髟页。

琱 diāo：治玉、雕刻；似玉的石，琢磨、推敲；通彫。

赒（賙 zhōu）：形声，从贝周声，从贝，周济，救济。

禂 dǎo：为牲畜肥壮而祭祷。

裯 chóu：被单，一说为床帐；dāo，短衣。

蜩 tiáo：古书上指蝉。

錭 diāo：古同雕，雕刻。

週 zhōu：同周。

鬜 tiáo：从髟周声，发多也。

拓展：

霌 騆

Z

帚1：帚　歸（归）　帰　菷　祀　蔆

（甲骨　甲骨　金文　帛书　说文　王羲之　欧阳询　颜真卿　王羲之　王铎　皇象　王羲之　孙过庭　李洤　章草）

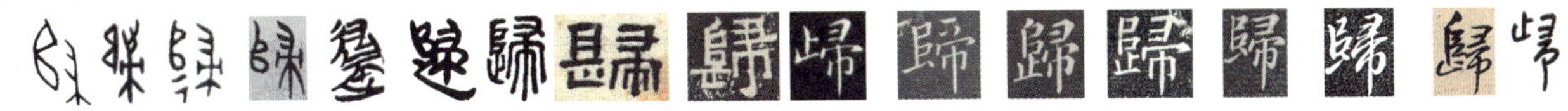

（甲骨　甲骨　金文　盟书　楚简　秦简　说文　张迁碑　宝子碑　灵飞经　欧阳询　颜真卿　柳公权　赵孟頫　赵孟頫　王铎　朱耷

异体　张芝　皇象　王羲之　智永　怀素　赵孟頫　王铎）（甲骨　楷书）（简帛　元瑛墓　楷书　）（说文　楷书　）（说文　楷书）

辨析：

帚字篆书表意清晰，草书为约定俗成。归（歸）浸等类字的字根同源，均从帚字，百韵歌有“归浸体同观”句，即歸（归）与浸字右边的草法都写帚字草书，帰菷祀蔆等虽然字体不全，亦可类推之。

帚（箒 zhǒu）：扫帚，笤帚，扫除尘土、垃圾的用具。

归（歸 guī）：归在甲骨文已出现，左部是“𠂤（duī）”字，右部是“帚”字，说文，归，女嫁也，从止妇省𠂤声，其实，“妇”字甲骨文也可只作“帚”，是一把扫帚的形象，甲骨文归字没有止，“止”是西周时期才加上的，同时还加上了表示道路的“彳”，止和彳共同构成辵（chuò）字。

帰 zào：同噪，群鸟叫声。

菷 zhǒu：古同帚。

祀 bǎ：用手击。

蔆 shēn：药草名，人参、党参等的总称，后作参。

拓展：

逯　淉　侵　帰　蔆　　　P15.5 固义理之会归（歸）

帚2：婦（妇）　掃（扫）　埽

（甲骨　甲骨　金文　妇好方鼎　楚简　秦简　说文　曹全碑　欧阳询　颜真卿　柳公权　赵孟頫　赵佶　王羲之　王铎

王羲之　智永　王羲之　章草）（甲骨　甲骨　简帛　小篆　曹全碑　好太王　颜真卿　颜真卿　王羲之　陆游　王铎

汉简　王羲之　章草）（金文　汉简　说文　广义　吴大澂　曹全碑　王羲之　欧阳询　王羲之　米芾　王羲之　李洤）

辨析：

婦、掃和埽等字亦从帚，草法同前页。甲骨文合 154“庚寅帚（婦）好娩”中的“婦好”，帚字即为婦字，而妇好方鼎中的“帚（婦）好”为合文（见插图）。

婦（妇 fù）：会意，甲骨文字形左边是帚，右边是女，从女持帚表示洒扫，本义是已婚的女子。

掃（扫 sǎo）：会意，从手从帚，手拿扫帚表示打扫，本义为打扫。

埽 sào：用秫秸修成的堤坝或护堤；sǎo，同扫，打扫。

拓展：

濅　蔆

帚 3：浸 侵 寝

（甲骨 金文 金文 楚简 楚简 楚简 说文 石韵府 蒋仁 华山庙 隶辨 虞世南 颜真卿 王羲之 王羲之 韩道亨）

（甲骨 甲骨 金文 金文 楚简 汉简 说文 石韵府 李斯 史晨碑 欧阳询 王铎 皇象 王羲之 赵孟頫 鲜于枢）

（甲骨 甲骨 金文 金文 简帛 汗简 说文 说文 爨体 王羲之 钟绍京 欧阳询 陆游 赵孟頫 王羲之 裴休 章草）

辨析：

浸、侵和寝等字，篆书从帚，其字头多变，草法即从帚字草书，可类推。

浸（濅 jìn）：形声，从水籀文寝声，本义为古水名，浸水；濅，古同“浸”；异体字有寖浔濅寖浸寖浸浸浸寖寖浸浸浸等。

侵（㑴𠈵 qīn）：会意，篆字从人，手（又）拿扫帚，一步一步地扫地，本义为渐进。甲骨文有从牛的写法，待考。

寝（寢 qǐn）：病卧也；异体字有寑寖寢寝寑寝寑寝寑寝等等。

拓展：

锓 梫 寖 骎 寑 唚 鋟 埐

朱 1：朱 侏 诛 姝 邾 味 洙 株 袾

（甲骨 甲骨 金文 金文 说文 曹全碑 欧阳询 虞世南 颜真卿 皇象 王羲之 怀素）（金文 赵孟頫 王羲之）

（简帛 说文 柳公权 王羲之 王羲之）（金文 说文 智永 王羲之 王羲之）（金文 楚简 说文 颜真卿 王羲之）

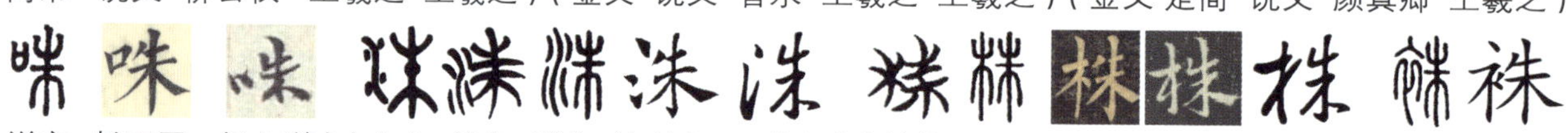

（说文 彭玉雯 赵之谦）（金文 简帛 说文 褚遂良 王羲之）（楚简 说文 柳公权 皇象 王羲之）（说文 楷书）

辨析：

朱字结构稳定，行草书为快写。可拓展。

朱 zhū：指事，小篆字形从木，一在其中指出这种木是红心的，本义为赤心木。

侏 zhū：短小，肥大；侏侏，无所知的样子。

诛（誅 zhū）：形声，从言朱声，声讨、谴责，杀戮，治罪、惩罚，要求、索取，铲除，记述。

姝 shū：形声，从女朱声，美好。

邾 zhū：古国名，在今山东邹县。

咮 zhòu：鸟嘴，指像鸟嘴一样的东西；星宿名，柳宿的别称。

洙 zhū：古水名，泗水的支流。

株 zhū：露出地面的树根，成长的植物体；牵连，株连；量词。

袾 zhū：（衣服）大红色；衣身，短衣；通姝，美好。

拓展：

陎 抹 鮢 栽 脒 瓶 胅 祩 秼 联 酥 趎 跦

Z

朱 2：殊　珠　砞　铢　絑　鴸　茱　茱　鼄

（古尚书　说文　肥致碑　钟繇　王羲之　文徵明　孙临　吴昌硕）（金文　简帛　说文　王献之　欧阳询　王铎　智永）

（金文　颜真卿 何绍基　王羲之）（金文 简帛　说文　柳公权 晋祠铭 王羲之）（楚简 说文 颜真卿　皇象　邹武生）

（篆字汇　王铎）（金文 说文 褚遂良　王羲之　王羲之）（说文 楷书）（甲骨　甲骨 金文　金文 金文　说文　彭玉雯）

辨析：

殊字草书其歹字上边的横应单独写清楚，歹的横若与夕相连易写出纟的草书，孙过庭的这个字亦可以识读为"絑"，不少书家因为连笔而将歹与纟的草法相混，应注意其区别。鼄同蛛，从虫，见虫页。其余所涉偏旁字根参见相关页。

殊 shū：死也，从歺朱声；引申为异、不同、特异、出众、突出、特别、独、很、甚。

珠 zhū：形声，从玉朱声，本义为珍珠，蛤蚌壳内由分泌物结成的有光小圆体，珠玉，泛称圆形的颗粒。

砞 zhū：丹砂也。

铢（銖 zhū）：古代重量单位，二十四铢为一两。

絑 zhū：古同朱，朱红色；红色缯。

鴸（鴸 zhū）：古代传说中的一种不吉祥的怪鸟，形状像猫头鹰而长着人手。

茱 zhū：落叶小乔木，山茱萸，吴茱萸，食茱萸等。

筑 zhū/shū/chuǎng：篾织的船帆，筑策，帆张开。

鼄 zhū：古同蛛。

拓展：

駯 璓　　P53.2 殊姿共艳

竹 1：竹　竿　笏　笃　箔　笐　笞　筦　筘　笠

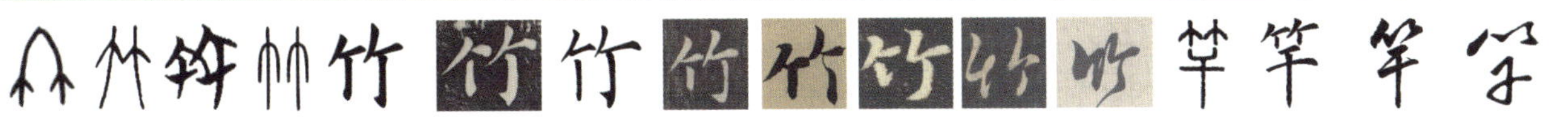

（甲骨 金文 简帛　说文 欧阳询　颜真卿　柳公权 赵孟頫 王羲之 皇象　王羲之 朱熹）（说文 虞世南 王羲之 王羲之）

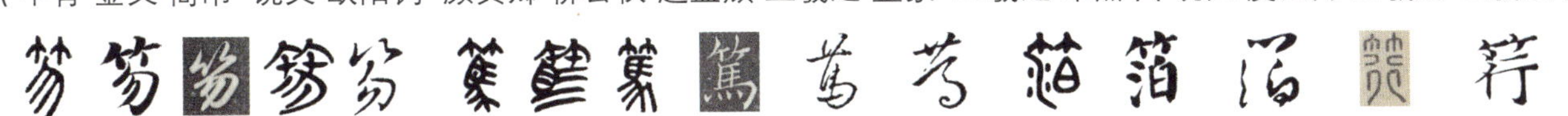

（说文 智永 赵孟頫 简帛 章草）（金文 简帛　说文　褚遂良　王铎　王羲之）（金文　颜真卿　孙过庭）（篆字汇　维摩诘）

（简帛 说文 欧阳询 王羲之 邓文原 章草）（说文 安道帖 赵孟頫）（金文 欧阳询 郭沫若 于右任）（说文　智永 章草）

辨析：

竹字的字形稳定，行草书为快写。竹字的拓展性很强，草书一般有"草头"、快写、三点等几种写法。

竹 zhú：象形，篆书像竹茎与下垂的叶片，从"竹"的字大部分是乐器、竹器和记载文字的东西，本义是竹子。

竿 gān：形声，从竹干声，竹竿；计算长状物的单位；方言，用于抽旱烟；以竿悬挂；通干。

笏 hù：古代大臣朝见君主时所执的手板，用玉、象牙或竹制成。

笃（篤 dǔ）：马行迟顿；忠实，不虚伪。

箔 bó：竹帘子，金属薄片；养蚕的器具，多用竹制成。

笐 háng：笐篖，竹簟别名，竹编的粗糙席子。

笞 chī：用鞭杖或竹板打，古代用鞭子或竹板拷打的刑罚。

筦 guǎn：同管，姓。

筘（簆 kòu）：织布机上的一种机件，经线从筘齿间通过，它的作用是把纬线推到织口。

笠 lì：笠帽，用竹箬或棕皮等编制而成。

拓展：

筲 笵 笤 笥 箳 笪 第 笵 籍 筒 笞 笐 策 篽 篾 簸 篆 箔 箕 箪 笃 筝 笃 笱 笳 筐 笑

竹2：笨 策 筹 等 籁 簌 算 笼 笋

（说文 衡方碑 欧阳询 王铎 王羲之）（简帛 说文 李阳冰 夏承碑 王羲之 颜真卿 李淦 欧阳询 智永 怀素）

（古文 简帛 说文 张迁碑 褚遂良 文徵明 王羲之 文徵明）（简帛 说文 钟繇 欧阳询 董其昌 张芝 王羲之）

（说文 王羲之 王宠 章草）（欧阳询 流江）（说文 肥致碑 王基碑 王羲之 皇象 王羲之 章草）王羲之 智永

辨析：

本页竹字头的字，策和算字的草书也有从其异体字的写法；等字的草书，寸上边的复杂部件草化为“、”，简称“寸点等”。

笨 bèn：形声，从竹本声，本义为竹里，指竹的内表面，竹黄。

策（筞 cè）：形声，从竹朿（cì）声，本义是竹制的马鞭（头上有尖刺）。

筹（籌 chóu）：形声，从竹𠷎声，本义为计数的用具。

等 děng：会意，从竹寺声，寺官曹之等平也，本义为整齐的简册。

籁（籟 lài）：古代一种管乐器，三孔。

簌 sù：沙沙作响，摇动。

算（筭 suàn）：会意，从竹从具，竹跟算筹有关，具表示齐备，本义为计算，推测、料想，归、属于、当作，计谋、谋划，数目；通筭，计算用的筹码。

笼（籠 lóng）：竹笼；生火，在袖内藏东西，控制、垄断。

笋（筍 sǔn）：竹笋，嫩的。

拓展：

篱 简 節 篇 篁 篌 箱 箴 箸 箶

竹3：簋 箭 筠 箸（筯） 筷 籀 笙 筱

（甲骨 甲骨 金文 古文 古文 古文 说文 王羲之 王羲之 于右任）（说文 欧阳询 邓文原）（说文 智永 王筠）

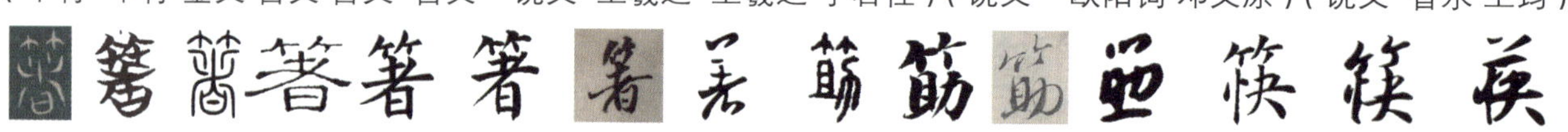

（巫咸 简帛 说文 隶辨 欧阳询 颜真卿 米芾 王羲之 六书统 智永 蔡襄 朱耷）（虞世南 王羲之 孙过庭）

（简帛 说文 隶辨 颜真卿 王羲之 李淦 佚名）（古文 说文 蔡邕 赵孟頫 智永 王铎）（说文 褚遂良 王羲之）

辨析：

本页竹字头各字的写法，应注意箸字异体字的运用。

簋 guǐ：会意，从竹从皿从皀，本义是古代青铜或陶制盛食物的容器，圆口、两耳或四耳；异体字有“皀殷毁毁匭匭蒀”等。

箭 jiàn：竹名，箭竹；搭在弓弩上发射的竹制武器。

筠 yún：竹子的青皮；竹子；jūn，筠连，地名，在中国四川省。

箸（筯 zhù）：形声，从竹者声，本义为筷子，又作筯，异体字有着𥬠署等。

筷 kuài：筷子，也叫箸。

籀 zhòu：周宣王史名籀，其所著文字曰籀文，亦曰大篆；阅读，籀读（读书）。

笙 shēng：簧管乐器，十三簧。

筱 xiǎo：细竹子；同小，多用于人名。

拓展：

竽 笆 竿 笹 笃 笈 篇 篘 篙

主 1：主 注 驻 住 拄 柱 妵 狂 砫

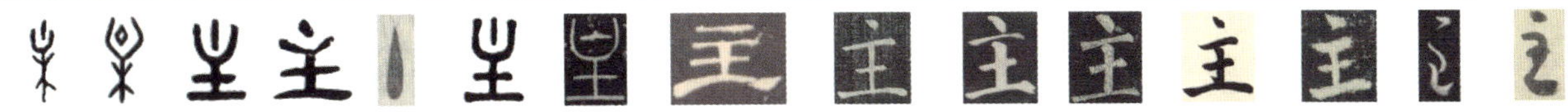

（甲骨 甲骨 金文 秦简 说文 说文 李阳冰 曹全碑 欧阳询 颜真卿 柳公权 赵孟頫 皇象 王羲之 空海）

（甲骨 甲骨 说文 褚遂良 皇象 丰坊）（简帛 说文 王羲之 王宠 宋克）（简帛 好太王 颜真卿 赵孟頫 王羲之）

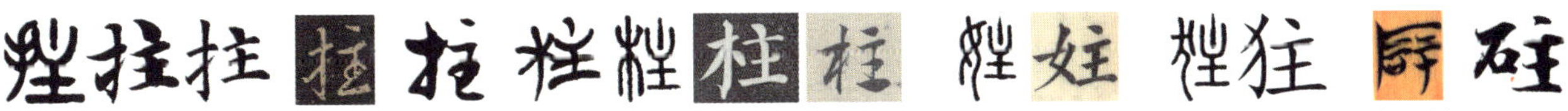

（金文 智永 虞世南 王羲之 孙过庭）（简帛 说文 颜真卿 邓文原）（说文 彭玉雯）（说文 楷书）（清华简 张即之）

辨析：

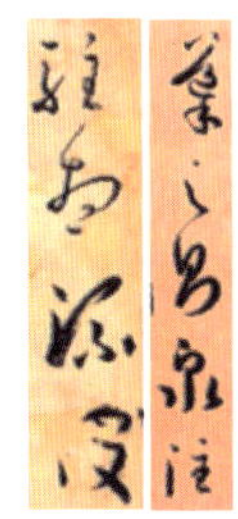

主字字形稳定，行草书为快写。可拓展。往字本从止，隶定从主，见“止往”页。

主 zhǔ：象形，甲骨文字形像点燃的火把，下面是木材，“主”是“炷”的本字，小篆字形从上往下依次为：火焰、油盏、灯台、灯座，本义为灯心。

注（註 zhù）：从水主声，本义是灌入、注入。

驻（駐 zhù）：形声，从马主声，本义为马立止。

住 zhù：停留，停止，暂居、居住，住宿、过夜，保留，表示停止或静上；跟得或不连用，表示能否胜任或能否够得上。

拄 zhǔ：形声，从手主声，本义是支撑，执持，靠，讥刺。

柱 zhù：形声，从木主声，本义为屋柱，像柱子的东西。

妵 tǒu：古女子人名用字，美好。

狂 zhù：黄犬黑头也，从犬主声。

砫 zhù：古代宗庙中安放神主的石室；砥砫；石砫县，在中国四川省，今作石柱。

拓展：

迬 [illegible] [illegible] 投 笙 紸　　P11.5 导之则泉注　　P36.3 驻想流波

主 2：蛀 炷 鉒 黈 鴸 疰 宔 罜 麈

（金文 欧阳询 颜真卿 王羲之 李洤）（金文 曹全碑 智永 虞世南 王羲之 李洤）（楚简 篆字汇 赵孟頫）

（篆字汇 董其昌）（说文 楷书）（金文 曹全碑 章草）（说文 楷书）（说文 楷书）（说文 智永 王铎 皇象 邓文原）

辨析：

主字作为字根，各体字形较稳定，行草书为快写。

蛀 zhù：形声，从虫主声，蛀虫；蠹蚀，被蛀虫咬坏。

炷 zhù：油灯的灯心；量词，计算线香的单位；点燃。

鉒 zhù：古代陪葬的器物；矿产、矿物，古代一种投环决胜负的游戏。

黈 tǒu：黄色，增添。

鴸 tǒu：像野鸭的一种黑色水鸟。

疰 zhù：疰夏，中医指发于夏令的季节性疾病，症状是微热食少，身倦肢软，渐见消瘦；方言，苦夏。

宔 zhǔ：古代宗庙藏神主的石函。

罜 zhǔ：罜䍡，小渔网。

麈 zhǔ：古书上指鹿一类的动物，其尾可做拂尘；驼麈，即麋鹿，俗称四不像。

拓展：

賍 [illegible] 跓 軴 [illegible] 飳 [illegible] [illegible] [illegible] [illegible] 蘣

壴 彭 鼓（皷） 臌 鼕 嘉

（甲骨 金文 楚简 清华简 隶辨 张即之）（甲骨 甲骨 金文 简帛 说文 欧阳询 颜真卿 王羲之 王羲之

苏轼）（甲骨 甲骨 甲骨 金文 石门颂 欧阳询 宋徽宗 王羲之 索靖 智永 礼器碑 虞世南 王羲之 怀素 赵构）

（金文 欧阳询 索靖）（金石篆 颜真卿 索靖）（甲骨 金文 金文 盟书 楚简 石鼓文 说文 智永 欧阳询 王铎 怀素）

辨析：

鼓（皷）字本从壴从支，其中支字草书为"攴、攵、皮"三种异体字草法，壴字的草书，一为快写，省略口字；二为豆借助"皿"字的草法；三是尌字作为字根的约定俗成写法，尌喜厨等字从壴，分别参见尌、喜字页。

壴 zhù：从中从豆，陈（陳）樂（乐）也，又借作豎（竖）字。

彭 péng：从壴彡声，当从形省乃得声；彡（shān）：毛饰形，本义是鼓声，彡即三也，列多略不过三，故毛饰画文之字作彡，彭亦从彡；因此，彡在"髟彪彩影"等字中的含义是不同的，髟须，彡表示毛发；彪，彡表示老虎身上的斑纹；彩，彡表示图画、文饰；形影，彡表示光线投影。

鼓（皷 gǔ）：会意，甲骨文字形，左边是鼓的本字，右边是"攴 pū"，表示手持棒槌击鼓。

臌 gǔ：胀大，鼓胀。

鼕 dōng：鼕鼕，象声词，鼓声。

嘉 jiā：形声，从壴加声，本义是善、美。

拓展：

跙 蔜 瞽 藙 鼗 嬉 歖 膨 廚 樹 厨 鼕 鼖 瞽 鼛　　P22.3 鼓之以枯劲

专（專叀）1：专 传（伕）

（甲骨 甲骨 金文 隶辨 颜家龙 邹武生 甲骨 甲骨 甲骨 甲骨 甲骨 金文 金文 简帛 简帛 汗简 说文 李斯

唐玄宗 虞世南 颜真卿 王羲之 颜真卿 赵孟頫 颜真卿 柳公权 汉简 王羲之 王羲之 唐太宗 孙过庭）

（甲骨 金文 金文 楚简 秦简 说文 王羲之 董美人 赵佶 楷书 王羲之 颜真卿 赵孟頫 索靖 王献之 智永）

辨析：

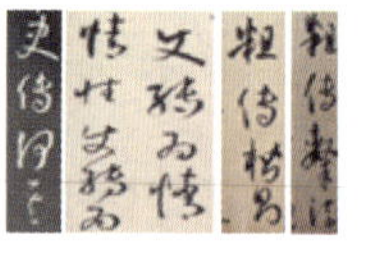

专字的异体字较多，从其异体字"專叀叀亶直玄宫"与偏旁的组合看，并非一一对应关系，其篆书字形变化也较多，核心部件"纺锤"明确，隶定字形稳定，繁简写法古而有之，草书写"专"字快写。可拓展。

专（專叀亶 zhuān）：会意兼形声，甲骨文字形，右边像纺塼形，即叀，左边是手（寸），合起来为用手纺织，叀兼作声符，本义是纺锤，异体字有"1. 專 2. 叀 3. 亶 4. 直 5. 玄 6. 宫"等，异体字中直、玄和宫字，未见有拓展的字。

传（傳伕 chuán）：推广、散布，记载某人一生事迹的文字。

拓展：

专 传 砖 转 啭 纯 肨 抟 團（团）
1. 陣 傳 剸 鄟 團 塼 嫥 慱 摶 漙 蓴 膞 槫 瑼 甎 膞 膞 磚 竱 攥 糐 篿 縛 欁 轉 鏄 糰 囀 鱄 鷒
2. 晝 婕 捷 湕 橐 腱　　3. 叚 覞　　4. 直　　5. 玄　　6. 宫
P18.2 粗传隶法　P8.5 粗传楷则　P19.3 使转为情性…为形质　P31.3 传羲之与子敬笔势论十章
P62.2 史传何其寂寥

专（專叀）2：砖（磚塼甎） 转 啭 鄟

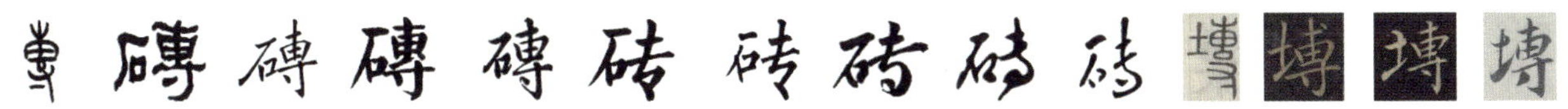

（通假 衡方碑 褚遂良 颜真卿 赵孟頫 颜真卿 柳公权 黄庭坚 文徵明 章草 篆字汇 敬客 何焯 鲜于枢

篆字汇 敬客 苏轼 王羲之）（金文 金文 秦简 说文 智永 王羲之 王献之 欧阳询 徐渭 孙过庭 王铎 王铎）

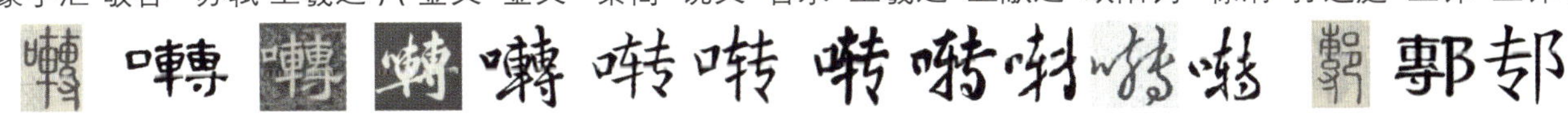

（篆字汇 曹全碑 史惟则 黄庭坚 赵孟頫 王羲之 欧阳询 颜真卿 黄庭坚 鲁迅 草韵 章草）（篆字汇 楷书 楷书）

辨析：

本页字形稳定，草书写法从“专”。其中转字有异体字塼和甎，应注意其应用，该字草书写纟旁的居多，同纡，而纡（縳）乃白鲜色也，因此，从纟旁的草书写法可参见纟页。

砖（磚塼甎 zhuān）：用土坯烧制而成的建筑材料。

转（轉 zhuǎn）：形声，从车专声，转运要用车故从车，本义为转运。

啭（囀 zhuàn）：鸟宛转地鸣叫。

鄟 zhuān：古国名，春秋时鲁的附庸国，在今山东省郯城县东北。

拓展：

专 传 砖 转 啭 纡 肫 抟 團（团）

1. 陣 傳 剸 鄟 團 塼 嫥 慱 摶 漙 蓴 暷 槫 瑼 甎 膞 暷 磚 溥 擲 糰 篿 縳 櫒 轉 鏄 糰 囀 鱄 鷒

2. 嘼 婰 摙 湹 稟 膞　3. 毀 覞　4. 叀　5. 玄　6. 㝔

专（專叀）3：團（团） 抟 纡 肫 杸 竝 鲑 毀 廏

（金文 金文 简帛 说文 颜真卿 柳公权 米芾 徐渭 赵孟頫 文徵明 汉简 王羲之 王羲之）（说文 五经文

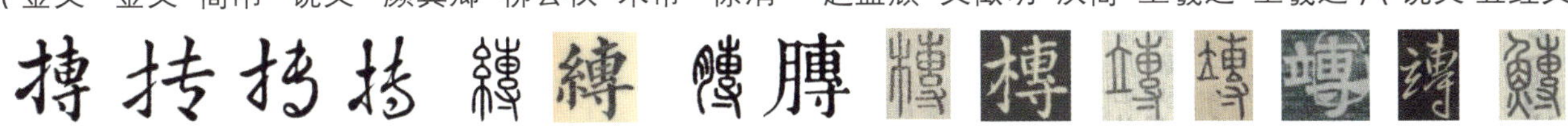

赵孟頫 王羲之 王羲之 章草）（说文 彭玉雯）（说文 楷书）（篆字汇 皇象）（说文 广义 金石索 王铎）（说文

广义 彭玉雯）（甲骨 甲骨 甲骨 甲骨 甲骨 甲骨 金文 金文 说文 楷书）（敦煌 北大简 虞世南 赵孟頫 宋克）

辨析：

本页字形稳定，其中毀和廏字从叀，叀为专字的一种异体字，不常用，列出供参考。

團（团 tuán）：圆也。

抟（摶 tuán）：把东西揉弄成球形。

纡 juàn：白鲜色也。

肫 zhuǎn：同胗，鸟类的胃。

杸（槫 quán）：古代无辐的木制车轮；tuán，圆，古代运灵柩的车；shuàn，古代一种盛酒的器皿。

竝（溥 zhuǎn）：等，相当，均齐。

鲑（zhuān）：鱄的简化字。

毀 guǐ：揉屈、强击。

廏：居又切，马舍也。

拓展：

专 传 砖 转 啭 纡 肫 抟 團（团）

1. 陣 傳 剸 鄟 團 塼 嫥 慱 摶 漙 蓴 暷 槫 瑼 甎 膞 暷 磚 溥 擲 糰 篿 縳 櫒 轉 鏄 糰 囀 鱄 鷒

2. 嘼 婰 摙 湹 稟 膞　3. 毀 覞　4. 叀　5. 玄　6. 㝔

隹 1：隹 進（进） 推 雗

（甲骨 甲骨 金文 楚简 石鼓文 说文 伊秉绶 欧阳询 颜真卿 王羲之 皇象 皇象 稿诀 章草）

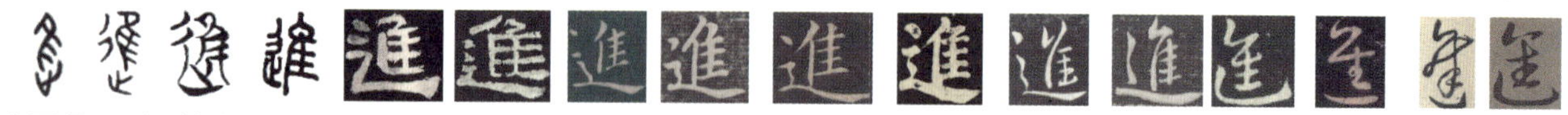

（甲骨 金文 简帛 说文 肥致碑 张迁碑 钟繇 王羲之 欧阳询 颜真卿 王献之 米芾 史游 王羲之 王铎 宋克）

（甲骨 邓石如 褚遂良 赵孟頫 宋徽宗 王羲之 皇象 索靖 王羲之 智永 怀素）（篆字汇 楷书 说文 王羲之）

辨析：

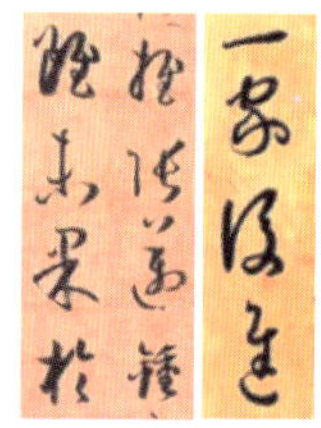

隹字的隶定字形稳定，草书，1. 从皇象截取“翟淮”的两种写法（上行）。2. 快写（属行书）。拓展的“难雅雄雜雖雕雉雞鸠離雔雍癃雀雈焦截集雇藿翟瞿擢霍雋隻雋隼雀”等字，参见相关页。

隹 zhuī：象形，甲骨文像鸟形，鸟之短尾之总名也，从隹的字与禽类有关。

進（进 jìn）：会意，上面是隹，下面是止（趾），鸟脚只能前进不能后退，本义为前进。

推 tuī：形声，从手隹声，本义是手向外用力使物体移动或向前移动。

雗（鷃 yàn）：一种小型的鸟。

拓展：

虛 翟 萑 雔 佳 陏 婎 雌 庢 琟 雁 雉 雁 雁 崔 蜼 雒 雎 矗

P59.7 庶使一家后进（進） P4.1 推张迈锺

隹 2：准 淮 椎 惟 唯 睢 锥

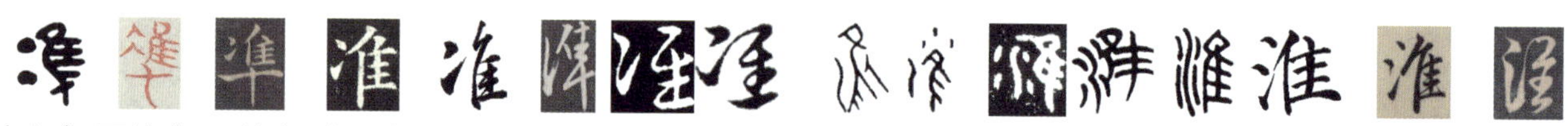

（金文 石韵府 王羲之 欧阳询 王羲之 宋濂 皇象 宋克）（甲骨 甲骨 金文 简帛 说文 颜真卿 赵孟頫 米芾

宋克）（甲骨 说文 欧阳询 颜真卿 苏轼 李洤）（文父卣 楚简 说文 王献之 王羲之 怀素）（金文 甲骨

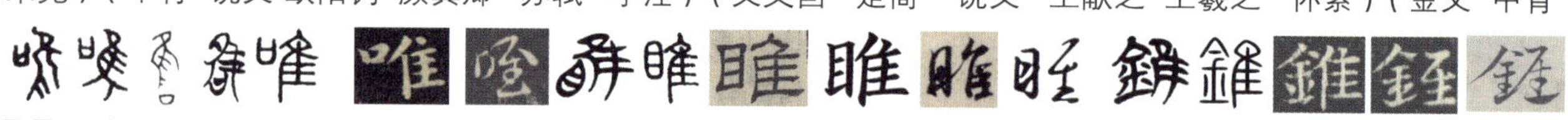

甲骨 金文 金文 简帛 说文 钟繇 索靖）（简帛 说文 隶辨 欧阳询 米芾 王羲之）（简帛 说文 皇象 皇象 邓文原）

辨析：

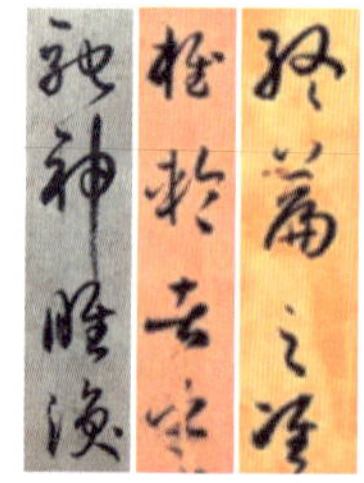

隹字做为字根，有很强的拓展性，有时可以和鸟互换，如雁雞（鸡鸡）的隹字，一般草写为鸟。说明，隹字作为部件，在各类篆书中，不同方向组合的情况累见。

准（凖 zhǔn）：形声，从水隼（sǔn）声，本义是平、不倾斜。

淮 huái：淮河。

椎 chuí：从木隹声，本义为槌子；构成高等动物背部中央骨柱的短骨；chuí，敲打东西的器具，敲打，用椎打击，愚钝，朴实。

惟 wéi：单、只，但是，文言助词，常用于句首，想，思考。

唯 wéi：义同惟；答应的声音。

睢 huī：仰视的样子；suī，仰视，万众睢睢；恣睢。

锥（錐 zhuī）：锐也，钻孔的工具。

拓展：

厓 堆 匯 琟 焳 啡 奞 毴 雉 熣 隽

P51.6 一字乃终篇之准 P5.5 椎轮者乎 P36.4 驰神睢涣

隹 3：谁 维 帷 稚 堆 碓 雏

（简帛 简帛 说文 衡方碑 欧阳询 颜真卿 王羲之 智永 王铎）（金文 金文 楚简 说文 褚遂良 赵孟頫 王羲之 怀素）

（金文 说文 赵孟頫 欧阳询 宋徽宗 王羲之 皇象）（说文 汉印 柳公权 王羲之 孙过庭 赵孟頫）（金文 邓石如 智永

颜真卿 米芾 李淦）（金文 说文 王羲之 王羲之 王羲之 邓文原）（甲骨 甲骨 简帛 说文 颜真卿 章草 颜真卿 皇象）

辨析：

隹字作为字根，各体写法同前。

谁 shuí/shéi：疑问人称代词；任何人，无论什么人。

维（維 wéi）：系，连结，保持，纲，思考，以、因为；文言助词，用于句首或句中；几何学及空间理论的基本概念，三维，二维，一维。

帷（匱匵 wéi）：围在四周的帐幕。

稚（稺穉稺 zhì）：幼小。

堆（duī/zuī）：累积在一起的东西；量词，用于成堆的物或成群的人；异体字有"𠂤埠垍塠追厓㕓𡏆崔嵟嵬𡼤𡽀墤"等。

碓 duì：木石做成的捣米器具。

雏（雛 chú）：幼小的鸟，生下不久的。

拓展：

痽 雓 雄 碓 㢈

隹 4：㢈 雌 趡 骓 猚 蜼 鵻 䲩 奮（奋）

（甲骨 金文 说文 楷书）（甲骨 金文 简帛 说文 吴让之 欧阳询 王羲之 皇象）（金文 说文 九经 邹武生）

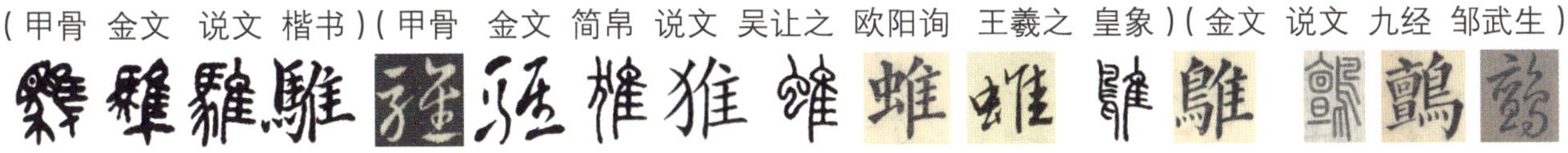

（金文 简帛 说文 赵孟頫 皇象 章草）（说文 楷书）（说文 彭玉雯 唐寅）（说文 彭玉雯）（说文 彭玉雯 乾隆）

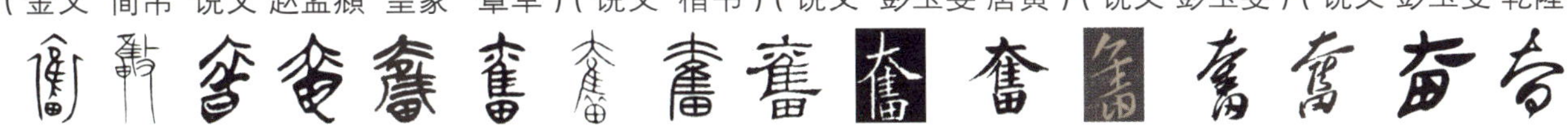

（金文 金文 楚简 楚简 简帛 秦简 古文 说文 隶辩 欧阳询 颜真卿 索靖 陈淳 毛泽东 汉简 王羲之）

辨析：

隹字作为字根，各体写法同前，所涉字根参见相关页。

㢈 hóng：同鸿，鸿雁。

雌（雌 cí）：母的，阴性的，与雄相对；雌黄，柔羽。

趡（趡 cuǐ）：奔跑；中国春秋时鲁国地名，在今山东省泗水县和邹城市之间。

骓（騅 zhuī）：青白杂色的马。

猚 yá：古书上说的一种鸟；古河名，在今中国河南省；wèi，古书上说的一种长尾猿。

蜼 wèi：一种体形较大的长尾猴，黄黑色，尾长数尺。

鵻 zhuī：古书上指鹁鸪，一种天将雨或刚晴时常在树上咕咕叫的鸟。

䲩（zhān）：鹞类猛禽，亦称晨风。

奮（奋 fèn）：鸟张开并振动翅膀；振作，鼓劲，振动；提起，举起。

拓展：

踓 粺 蓷 䧳 醀 䧶 雔 稚 歍 錐 雔 䧹

隹5：雉 雎 顀 雊 雒 魋 暹 雔

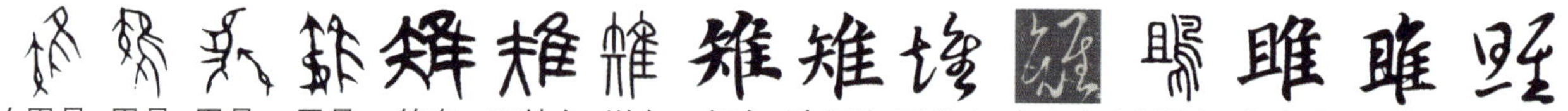

（甲骨 甲骨 甲骨 甲骨 简帛 石鼓文 说文 智永 欧阳询 王羲之 唐太宗）（说文 颜真卿 王羲之 王羲之）

（金文 说文 楷书）（说文 赵孟頫）（金文 简帛 说文 史晨碑 赵孟頫 王铎 王羲之）（说文 柳公权）（金文

粗篆 伊秉绶 褚遂良 柳公权 孙过庭 李洤 章草）（金文 金文 说文 娄机 赵孟頫 赵孟頫 黄庭坚 章草）

辨析：

隹字作为字根，各体写法同前，所涉字根参见相关页。

雉 zhì：形声，从隹矢声，隹乃短尾鸟的总称，本义是野鸡；城墙，古代计算城墙面积的单位，长三丈、高一丈为一雉。

雎 jū：形声，从隹，短尾鸟，且声，雎鸠，即鱼鹰。

顀 chuí：前额突出，脊椎骨。

雊 gòu：雉鸡叫，野鸡叫。

雒 luò：古书上指白鬣的黑马；古同烙，烙印；姓。

魋 tuí：神兽；兽名，似小熊，毛浅而赤黄；通堆，土墩。

暹 xiān：太阳升起；暹罗，泰国的旧称。

雔（雔讐 chóu）：应答、对答，相等、相类，适当、恰当，应验，校对，偿付，同仇，仇恨、仇怨。

拓展：

雈 雈

隹6：雈 萑 崔 售 阓 鶾 雤

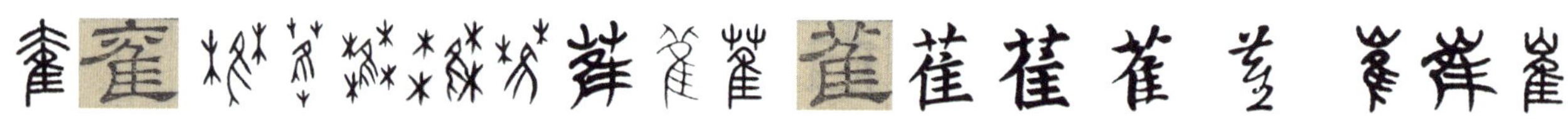

（说文 隶辩）（甲骨 甲骨 甲骨 甲骨 甲骨 简帛 古文 说文 隶辩 欧阳询 颜真卿 王羲之 王羲之）（金文 简帛 说文

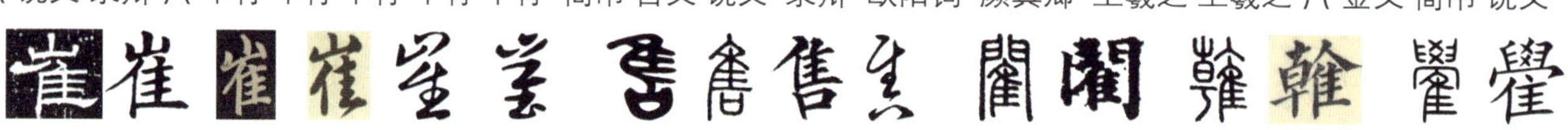

梁升卿 颜真卿 赵孟頫 唐寅 王羲之 孙过庭）（金文 说文 柳公权 李洤）（说文 吴彩鸾）（说文 彭玉雯）（说文 楷书）

辨析：

隹字作为字根，各体写法同前，所涉字根参见相关页。

雈 xùn：鸟展翅奋飞；zhuì，古书上说的一种似桂的树木。

萑 huán：芦类植物，初生名菼，幼小时叫蒹，长成后称萑。

崔 cuī：形声，从山隹声，高大；春秋时齐国邑名，在今山东省章丘县西北。

售 shòu：形声，从口雔省声，卖出去，引申为酬谢，推行、施展，指女子得嫁，考试得中。

阓（闣 lìn）：今阓，古书上说的一种鸟名；古同躏，践踏。

鶾 hàn：白鹇，一种鸟；山喜鹊。

雤 yù：古同鷽，山鹊。

拓展：

雈 雔 鴼 雗 雓 雝 雔 雙

Z

隹 7：翟 曜 躍 濯 擢 燿 糶 糴 鸐

（甲骨 甲骨 金文 古文 楚简 说文 金农 赵之谦 欧阳询 颜真卿 赵孟頫 米芾 皇象 王羲之 李淦）

（金文 李阳冰 赵孟頫 欧阳询 索靖）（说文 虞世南 米芾 智永）（简帛 说文 智永 王羲之）（说文 颜真卿 皇象）

（金文 说文 柳公权 索靖）（说文 颜真卿 赵孟頫 王羲之）（说文 曹全碑 赵孟頫 徐伯清）（篆字汇 蔡襄 王铎）

辨析：

翟字从羽隹，草书写法羽字省略点写连笔，隹字草书，一是“厂＋王出头”；二是厂字的“丿”缩短后与“王出头”连笔写。曜躍等字从翟，写出偏旁即可。

翟 zhái：姓；dí：长尾山雉（野鸡），古代乐舞用的雉羽，古同“狄”，北方民族。

曜 yào：形声，从日翟（dí）声，本义为日光。

躍（跃 yuè）：迅、疾也，跳疾也，从足翟声。

濯 zhuó：洗；祓除罪恶；濯濯，形容山无草木，光秃秃的；zhào，通棹。

擢 zhuó：抽引，拉拔；选拔，提升官职，耸出，登，及。

燿 yào：照耀，光芒，光辉，光荣，荣誉，显扬，自夸。

糶（粜 tiào）：出售谷物。

糴（籴 dí）：买进粮食。

鸐 dí：长尾山雉。

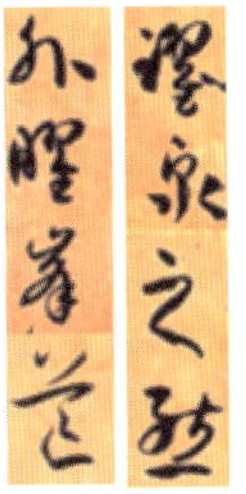

拓展：

儨 獾 遳 嚁 戳 癯 纙　　P44.1 外曜峰芒　P44.4 跃（躍）泉之态態

隹 8：矅 櫂 趯 戳 藋 籊 蠗 糬 嬥 鑃 㒒 趯 鬻

（篆字汇 欧阳询）（说文 邓石如 欧阳询 颜真卿 王羲之 王宠）（简帛 说文 虞世南 褚遂良 颜真卿 王羲之）

（金文 曹全碑 西狭颂 细篆 褚遂良 王羲之 王羲之）（说文 彭玉雯 鲜于枢）（篆字汇 彭玉雯 蒋衡 管道升）

（说文 维摩诘）（说文 居延简）（说文 卢中南）（金文 金文 维摩诘）（篆字汇 楷书）（篆字汇 楷书）（说文 楷书）

辨析：

翟字作为字根，各体写法同前，所涉字根参见相关页。

矅 yào：目眩，眼花。

櫂 zhào：同棹，船桨，借指船，划船，摇。

趯 tì：趯趯，跳跃的样子；书法八法之一，即钩；yuè，同躍，跳跃。

戳 chuō：用锐器的尖端刺击，用指头指点，刺激，图章，印记。

藋 diào：藜类植物；zhuó，蒴藋，接骨草；dí，藋粱，高粱的别名。

籊 tì：修长纤细的。

蠗 zhuó：猴的一种；小蜃。

糬 dí：谷名。

嬥 tiǎo：身材直而美好，娇艳，古代中国四川一带的一种歌舞。

鑃 diào：烧器，本作铫，或作鑵；句鑃，古乐器，形似铎铃，以木槌敲击，祭祀和宴乐时用。

㒒：《篇海》徒了切，调上声独立也。

趯 tī：与趯同。

鬻 yuè：把肉和菜放在沸汤中稍煮取出。

拓展：

纙 藋 皭

卓1：卓 朝 嘲 潮（淖） 廟（庙）

（褚遂良 皇象 圣教序）（甲骨 甲骨 金文 楚简 说文 欧阳询 皇象 王羲之）（金文 简帛 说文 曹全碑

欧阳询 颜真卿 王羲之 苏轼 王羲之 祝永明）（金文 金文 简帛 李阳冰 赵孟頫 王羲之 王羲之 鲜于枢）

（金文 金文 金文 金文 楚简 古文 说文 华山庙 钟繇 欧阳询 颜真卿 王羲之 王铎 智永 王羲之 王羲之）

辨析：

卓字字形稳定，草书写法有二：1：中间的日字草化为“一”，上下两个十与中间的“一”连写。2. 卓同享字草书，草化为“享”字符。廟字有异体字庙，各体均可从之。

卓 zhuō：同卓字。

朝 zhāo：会意。甲骨文字形从日在草中从月，像太阳已出草中而月亮尚未隐形，本义是早晨；cháo，朝廷，参拜神明。

嘲（謿 cháo）：讥笑，拿人取笑；zhāo，勾引。

潮（淖 cháo）：形声，从水朝声，海水的涨落。

廟（庙 miào）：从广朝声，尊先祖貌也，廟者貌也，所以仿佛先人之形容也，古时用来祭祀祖宗的屋舍；供奉神佛的屋舍；庙，古文。

拓展：

倜 蝴 嶓 懰　　P58.2 朝菌不知晦朔

卓2：翰 瀚

（甲骨 金文 简帛 说文 石韵府 汉简 李阳冰 因宜堂 欧阳询 颜真卿 赵孟頫 宋徽宗 王羲之 王羲之

索靖 王羲之 文徵明）（金文 粗篆 汉简 赵之谦 欧阳询 颜真卿 柳公权 赵孟頫 王羲之 王铎 王羲之）

辨析：

翰和瀚字的篆书有从“飞”的写法，隶定字形从倝从羽，各体从之。

翰 hàn：形声，从羽倝（gàn）声，本义是天鸡，也叫锦鸡或山鸡。

瀚 hàn：形声，从水翰声，本义指瀚海，古代指北方的大海，明代以来指戈壁沙漠；水浩大的样子、广大；洗涤，清 宋琬诗云：“空负黄花羞短发，寒衣三瀚客心惊。”

拓展：

鶾

P10.3 留心翰墨

Z

車3：倝 斡 乾 韩 乾 乹 戟

（金文 古文 楚简 简帛 说文 王夫人 楷书）（金文 简帛 说文 统要 李阳冰 欧阳询 宋徽宗 王羲之 赵孟頫

王羲之 智永 张旭 怀素 章草）（说文 楷书）（楚简 楚简 说文 礼器碑 好太王 欧阳询 褚遂良 颜真卿）

赵孟頫 宋徽宗 王羲之 毛泽东 王羲之 王羲之 乾隆）（说文 苏轼）（颜真卿 赵孟頫 颜真卿 王铎）（金文 彭玉雯 章草）

辨析：

本页的字从車，应注意其拓展的应用。干字有繁体写法“幹乾乹榦”等，参见干页。

说明：車有异体字卓，朝斡乾戟等字左边的車字还可写“卓”字，可参见卓字的写法。“車部”是所有简体中文部首中，唯一不在康熙字典里的部首，这些字的大篆原形都是从“倝”的；楷书简化了，失去了“倝”的特征，另造“車部”，《说文解字》也有“倝部”，如朝倝等。

倝 gàn：从車从人，日出时光芒四射的样子；说文：“日始出，光倝倝也。”

斡 wò：形声，从斗倝声，勺把；guǎn，主管。

乾 hàn：从毛倝声，兽豪也。

韩（韓 hán）：形声，从韦倝声，从韦取围绕、周匝之义，本义为井垣。

乾 qián：八卦之一，代表天；旧时称男性的；gān，干。

乹 qián：俗乾字。

戟 jǐ：从戈从榦省，矛戈一体，能直刺，又能横击。

拓展：

翰 榦 [illegible] 雗 雗 鶾 鶾 鶾 鶾

卓1：卓 倬 淖 绰 掉 棹 焯

（甲骨 金文 金文 简帛 简帛 说文 欧阳询 王羲之 王献之 康里巎）（金文 说文 简帛 颜真卿 王羲之 米芾

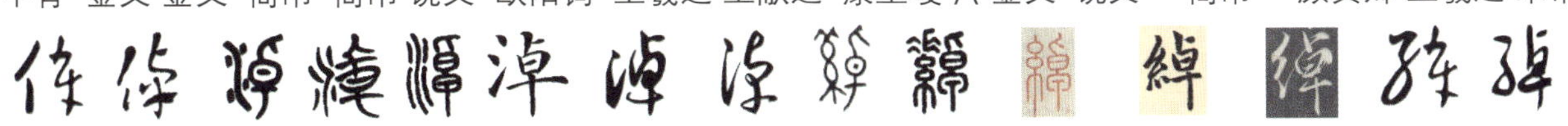

王羲之 章草）（金文 金文 说文 虞世南 孙过庭 李洼）（金文 说文 石韵府 赵孟頫 柳公权 王羲之 于右任）

（简帛 说文 王羲之 黄庭坚 王宠）（金文 虞世南 赵孟頫 王宠）（金文 说文 褚遂良 陆柬之 王羲之 章草）

辨析：

卓字的字形稳定，草书有二：1. 中间的日字草化为一横；2. 章草写法。需要注意的是，虽然卓与車互为异体字，拓展后的字却并非一一对应关系，如乹戟悼逴罩等字，它们都有从車的异体字，而倬淖绰掉棹焯啅婥踔等字却未见从車的异体字。

卓 zhuó：形声，匕形早声，匕表示人，超然独立、高明、高超。

倬 zhuō：显著，大。

淖 nào：形声，从水卓声，本义为泥沼、深泥、烂泥。

绰（綽 chuò）：宽裕、缓，舒缓柔美，绰号；chāo，匆忙地抓起，拿起。

掉 diào：形声，从手卓声，本义是摇、摆动，有落下、丢失、转回、减少等意。

棹（櫂 zhào）：形声，从木卓声，长的船桨；zhuō，同桌。

焯 zhuó：光明、显明，焯见，照耀；chāo，水里略微一煮就拿出来。

拓展：

𤝞 𦱳 𢾂 晫 琸 䃏 窧 䇷 䮓 䵵 䍜 䳼

卓2：啅 婥 踔 逴 悼 罩 乹 戟

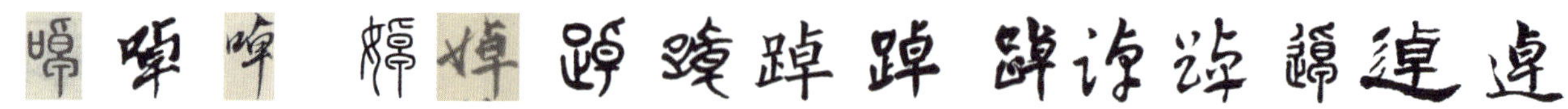

（篆字汇 敦煌 董其昌）（说文 顾应祥）（金文 简帛 欧阳询 颜真卿 王铎 王羲之 章草）（说文 何绍基 赵孟頫）

（金文 简帛 说文 郭有道 尚博碑 钟繇 欧阳询 王羲之 索靖 王羲之 魏碑 王羲之 王羲之）（金文 汉简 说文

邓石如 赵之谦 欧阳通 颜真卿 张即之 王羲之 王羲之 章草）（欧阳通 索靖）（王羲之 文徵明 索靖 王羲之）

辨析：

卓字作为字根，同前页。乹和戟分别有异体字乹和戟，可参见卓页。

啅 zhuó：形容鸟鸣声，喧闹的、聒噪的。

婥 chuò：婥约，姿态柔美，妇人软弱的样子；nào，妇女病。

踔 chuō：践踏，跳、跳跃，逾越，跛行。

逴 chuō：形声，本义远，同踔。

悼 dào：形声，从心卓声，本义是恐惧；悲痛、哀伤；怜惜、惋惜。

罩 zhào：形声，从网卓声，捕鱼的竹笼。

乹 gān：同乹（乾）。

戟 jǐ：同戟字。

拓展：

焯 鋽

丵 對 𠐭 懟 䨴 轛 叢 藂 鑿

（古文 说文 隶辨）（甲骨 甲骨 金文 金文 说文 张迁碑 欧阳询 颜真卿 王羲之 王羲之 黄庭坚 王羲之 颜真卿）

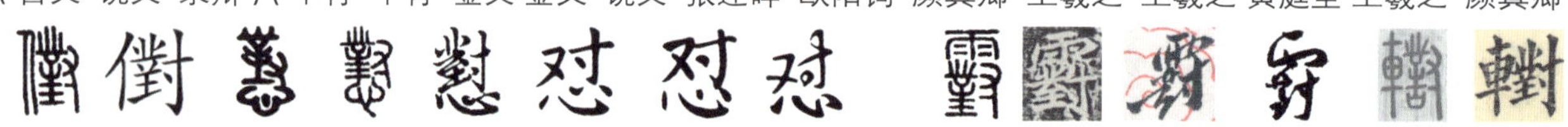

（说文 楷书）（金文 说文 赵孟頫 欧阳询 颜真卿 王羲之）（说文 等慈寺 沈曾植 孙过庭）（说文 彭玉雯）

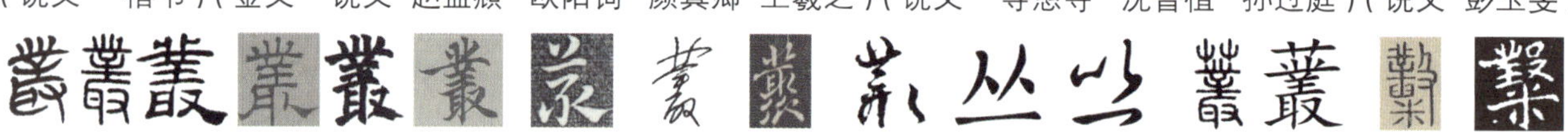

（简帛 说文 桂馥 萧蜕 颜真卿 赵孟頫 赵孟頫 毛泽东 褚遂良 孙过庭 欧阳询 王羲之）（说文 楷书）（广义 包文该）

辨析：

丵字象形，作为字根，常用的为凿業對及其拓展的字，其中，對、懟和叢有异体字的写法。丵字作为字根，行草书在對和叢中，有不同的写法。凿鑿業（业）㠗鄴，可参见凿和业页。

丵 zhuó：丛聚而生的草。

對（对 duì）：会意，从口，从丵（zhuó，古丛字，象草木丛生）从寸，寸乃法度也，汉文帝以为责对而伪，言多非诚，故去其口，以从土，本义应答；相对、面对，相当、相配，核对，搀和，对待，平分成两份，扬、显扬、指扬威，婚娶，抵押，较量，朝着，不辜负；配偶，对手，对策，对子。

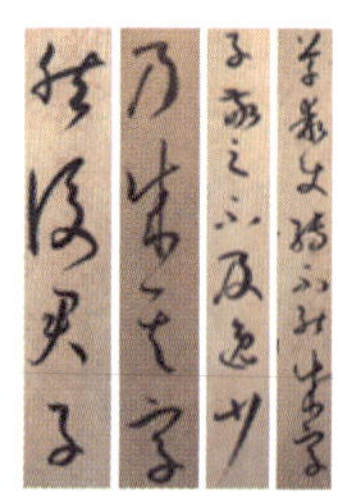

𠐭 duì：市也，兑换，后作“兑”。

懟 duì：怨恨，凶狠。

䨴 duì / wèng：云黑的样子。

轛 duì：车轼下面横直交接的栏木。

叢（丛藂菆 cóng）：草丛生的样子，本义为聚集，许多事物凑在一起，众多、繁杂；丛林，从生的树木，聚集在一起的人。

藂 cóng：草丛生貌，株也。

鑿 zuò：舂，舂过的精米，小。

拓展：

灇 噿 潧 薱 嶟 懟 曤 襶 譵 欉 爔 鐓

子1：子 字 汓 仔 杍 秄 籽

（甲骨 甲骨 甲骨 甲骨 金文 盟书 楚简 秦简 说文 夏承碑 颜真卿 柳公权 索靖 王羲之 王献之 智永孑 智永孓）

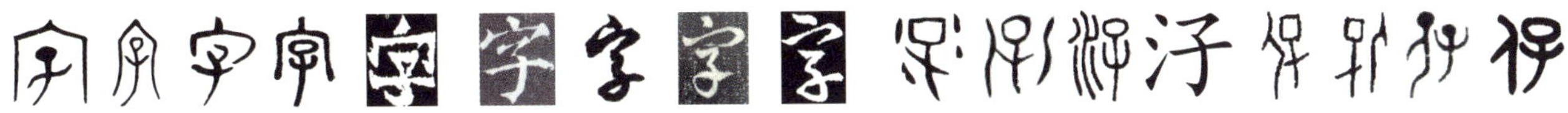

（金文 金文 秦简 说文 宝子碑 颜真卿 索靖 皇象 王羲之）（甲骨 甲骨 说文 楷书）（甲骨 甲骨 金文 金文

曹全碑 智永 欧阳询 赵孟頫 王羲之）（清华简 吴通微）（说文 楷书）（金文 虞世南 王羲之 王羲之 李洤）

辨析：

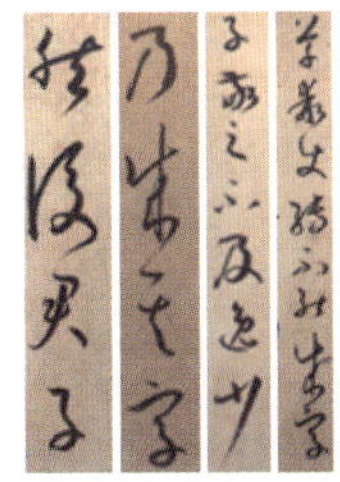

子字字形稳定，行草书为快写。孑和孓字与子字的字形相近，行草书应写清楚中间笔画的行笔方向。李从木，季从禾、孟从皿、孫（孙）从糸，孤从瓜，孩从亥，孪（孿）从䜌，孽从薛，孥从奴，孳从兹，斿游从㫃（yǎn），分别见所涉字根页；孝（教）学同源，见孝；孛 bèi、孔、孚、孕、孝、享、好（玬）、存及拓展的字，见相关页。

子 zǐ：甲骨文像小儿在襁褓中，有头、身、臂膀，两足并起的样子，本义是婴儿。

字 zì：会意兼形声，从宀从子，子亦声，在屋内生孩子，本义是生孩子；怀孕，体内怀着胎儿；抚养、养育、教养；爱；教育、教课；女子许嫁；文字，古时单体叫文，合体叫字。

汓 qiú：古同泅，游水。

仔 zǎi：会意兼形声，从人从子，子亦声，甲骨文字形是小孩的意思，本义是儿子；幼小的动物；zī，任；说文曰，仔，克也；zǐ，幼小（多指牲畜、家禽），细小、细密。

杍 zǐ：古同梓，一种落叶乔木；加工木材；木工。

秄 zǐ：给禾苗的根部培土；zì，禾苗杂生。

籽 zǐ：植物所结的种子。

拓展：

[illegible] [illegible] [illegible] [illegible] [illegible] 吇

P5.4 然后君子　P5.6 子敬之不及逸少　P13.1 乃成其字　P19.6 草乖使转不能成字

子2：矷 玡 孢 孜 厚 囝

（篆字汇 楷书）（小篆 楷书）（金文 邓石如 欧阳询 颜真卿 赵孟頫 王羲之 章草）（金文 说文 智永 虞世南 王羲之

王羲之）（甲骨 金文 金文 帛书 说文 西狭颂 柳公权 赵孟頫 皇象 王羲之 王慈）（金文 金文 汉简 颜真卿 王羲之）

辨析：

子字作为字根，大部分各体写法同前。厚字在马王堆帛书中已经出现了"子"形，隶定从子，草书草化掉了日字，保留了"厂子"。

矷 zǐ：石名。

玡 zǐ：玉名。

孢 bāo：孢子，孢子植物。

孜 zī：孜孜，勤谨，不懈怠；高兴的样子。

厚 hòu：会意，从厂，表示与山石有关，本义是地壳厚，与薄相对；大，丰厚，重、多，忠厚，财富；优待、推崇。

囝 jiǎn：方言，儿子；nān，同囡。

拓展：

[illegible] 孖 孝 [illegible] [illegible] [illegible] [illegible] [illegible] 享 [illegible] [illegible] [illegible] [illegible] [illegible] [illegible] [illegible] [illegible] [illegible] [illegible] [illegible] [illegible]

子3：孖 孨 孴 孱 孱 僝 潺 骣 轏

（甲骨 甲骨 欧阳询 赵孟頫 鲁迅）（甲骨 金文 说文 隶辩）（金文 楚简 说文 何绍基 邹武生）（说文 楷书）

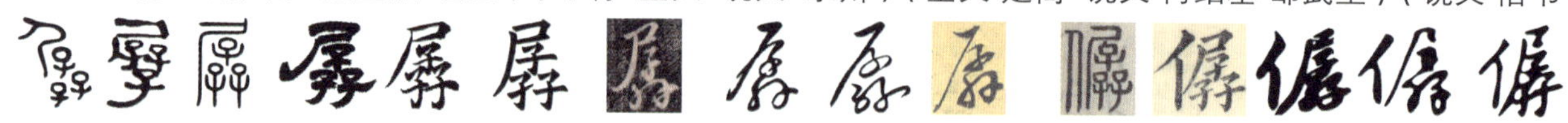
（金文 帛书 说文 邓石如 智永 欧阳询 颜真卿 王羲之 李洤 文徵明）（说文 彭玉雯 苏轼 文徵明 郑板桥）

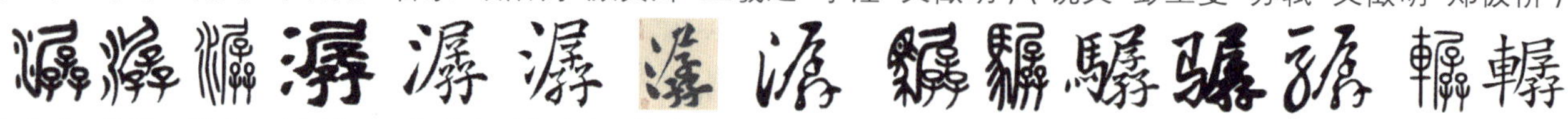
（金文 简帛 说文 邓石如 虞世南 褚遂良 黄庭坚 王羲之）（金文 粗篆 赵孟頫 王铎 王羲之）（说文 楷书）

辨析：

孖和孨字及拓展的字，字形稳定，所涉字根参见相关页。

孖 zī：双生子；同滋，滋生；mā，方言，成对的，双。

孨 zhuǎn：谨慎，弱、懦弱，孤儿。

孴 nǐ：繁盛的样子；聚集；戢孴，众多的样子。

孱 zhàn：具备，见。

孱 chán：会意，从尸犹从屋省，本义为狭窄，一曰呻吟也；软弱、弱小，卑微，窘迫；càn，只用于孱头（方言，软弱无能的人）。

僝 zhuàn：显现，具备、齐集；chán，烦恼、忧愁，摧残、折磨，弱小、虚弱。

潺 chán：形声，从水孱声，本义是潺潺：水声。

骣（驏 chǎn）：骑马不加鞍辔。

轏 zhàn：古代用竹木条做成的车。

拓展：

孿 潺 琽 樼

自1：自 咱 洎 垍 詯 郋 臬

（甲骨 甲骨 金文 金文 金文 简帛 说文 李斯 张迁碑 欧阳询 颜真卿 赵佶 张芝 王羲之 王献之 黄庭坚）

（篆字汇 王羲之 王羲之 章草 李洤）（甲骨 甲骨 石鼓文 说文 王羲之 王羲之 韵辩）（说文 楷书）（说文 楷书）

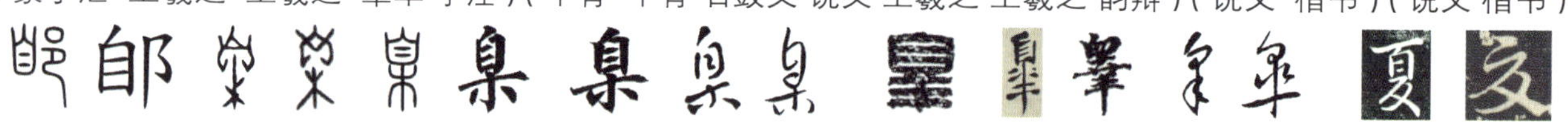
（说文 楷书）（甲骨 甲骨 说文 柳公权 赵孟頫 章草 流江）*（罩大印 徐渭 敦煌 怀素 王宠）（王献之 皇象）*

辨析：

自字本为鼻子，隶定字形稳定，草书：1. 外包围写两笔，中间写两点或两点连写；2. “一笔书”，见王献之、黄庭坚自上而下写一笔的草法。拓展的字有些打破了“自”的草法，如臯字和夏字等，成为约定俗成，需注意其特殊草法。首和夏字，隶楷书从自，分别见首和夏页。面从自，见面页。

自 zì：初文始见于商代甲骨文和商代金文，其古字形像人的鼻子，后假借作第一人称代词，指自己。

咱（喒偺 zán）：形声，从口自声，本义是我。

洎 jì：形声，从水自声，本义是往锅里添水；浸润，及、到达，等到，汤汁。

垍 jì：坚硬的土或土质坚硬。

詯 huì：胆气盛，声在人上；休市。

郋 xí：中国汉代汝南郡召陵县所辖里名。

臬 niè：箭靶，古代测量日影方位的杆柱，标准、法度，终、极限。

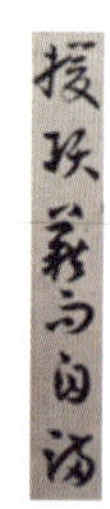

拓展：

臯 （*皋臯臯*（见G相关页））*夏* *夏*（见相关页） 臮 臯 皀 眉

P13.3 援项藉而自满

自2：鼻 濞 擤 鼾 劓

（甲骨 甲骨 甲骨 甲骨 简帛 汗简 说文 隶辩 王羲之 欧阳询 颜真卿 王羲之 欧阳询 颜真卿 赵孟頫 宋克

史游 王羲之 孙过庭）（甲骨 汉简 说文 颜真卿 柳公权 王羲之 孙过庭 章草）（汉简 爨体 王羲之 颜真卿

王羲之 孙过庭 章草）（说文 王羲之 褚遂良 王羲之 李淦 章草）（说文 说文 王羲之 智永 王羲之 李淦 章草）

辨析：

鼻字会意，从自从畀，草书写法中间的“田”字可以快写或草化为两点，下边的“丌（廾）”快写或写“大”。鼻字的楷行书虽有从畁（卑无点）的写法，草书却很少见。可拓展。

鼻 bí：会意，从自从畀，畀又兼作声符，自是鼻的本字，作“自己”用后，另造了鼻字，畀是给予、付与的意思，合起来表示一呼一吸，自相给予，即鼻子。

濞 bì：水暴至声；pì，滂濞。

擤 xǐng：按住鼻孔出气排出鼻腔内的粘液，擤鼻涕。

鼾 hān：形声，从鼻干声，酣睡时粗重的鼻息声。

劓（剿鄓 yì）：古代割掉鼻子的一种酷刑。

拓展：

劓 鼽 [illegible] 䶌 嚊 嬶 鼿 [illegible] 䶊 䶐 [illegible] [illegible] 齁 [illegible] [illegible]

自3：臭 嗅 溴 糗

（甲骨 甲骨 金文 楚简 秦简 说文 欧阳询 姚孟起 颜真卿 柳公权 赵孟頫 王羲之 章草 王羲之 邓文原

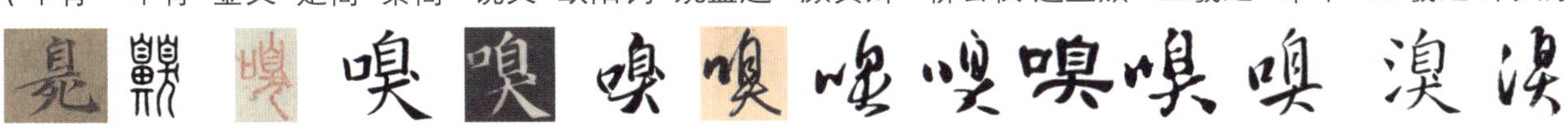

敦煌）（说文 石韵府 欧阳询 颜真卿 王羲之 王铎 王羲之 孙过庭 佚名 郑板桥 黄彰任）（王羲之 文徵明

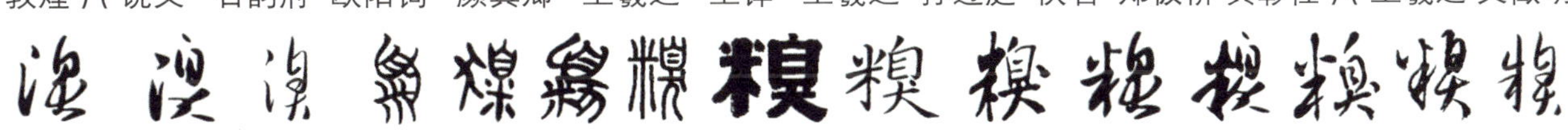

王羲之 孙过庭 流江）（楚简 秦简 简帛 说文 伊秉绶 王羲之 黄庭坚 王羲之 孙过庭 章草 文徵明 流江）

辨析：

臭字从犬，异体字有从大或从犬的写法，草书一般从犬或从大，从大的较少见。可拓展。

臭（臭臰 chòu）：会意，从自（鼻的本字）从犬，狗鼻特别灵敏，故从二字会意；xiù，本义是闻气味。

嗅 xiù：形声，从口臭声，本义为用鼻子辨别气味；齅，说文注字形，许救切，以鼻就臭也。

溴 xiù：音臭，水气也；非金属化学元素，原子序号 35。

糗 qiǔ：形声，从米臭声，本义是炒熟的米麦等谷物；形容当场出丑，不知所措，好糗。

拓展：

鄓 搝 [illegible] 殠 [illegible] 螑 [illegible]

宗1：宗 综 棕（椶楼椶） 粽（糉）

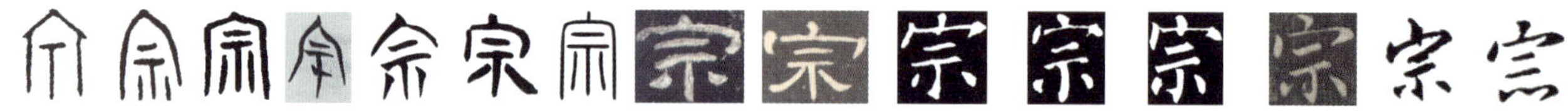

（甲骨 甲骨 克鼎 盟书 楚简 秦简 说文 乙瑛碑 曹全碑 欧阳询 颜真卿 柳公权 赵孟頫 王羲之 王献之

王羲之 王献之 智永 炀帝）（简帛 说文 曹全碑 褚遂良 王羲之 王羲之 张旭）（石鼓文 楷书 赵孟頫 楷书

说文 楷书 曹全碑 王羲之 王羲之 孙过庭）（金文 智永 虞世南 王羲之 米芾 王羲之 李淦 说文 王蘧常）

辨析：

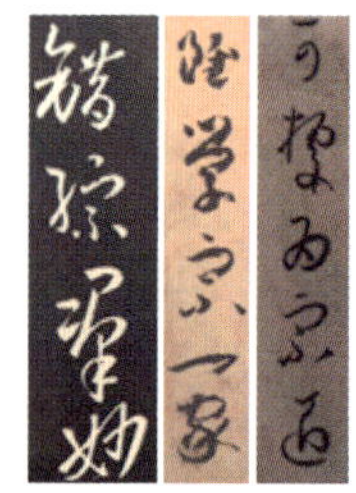

宗字字形稳定，行草书为快写；王献之将示字的两横保留，下边写三点；需注意棕和粽字的异体字写法，其中，棕字的小篆从椶而楷行草一般从棕字结构。

宗 zōng：会意，从宀示，示，神祇，宀，房屋，在室内祭祀祖先，本义为宗庙、祖庙。

综（綜 zōng）：形声，从糸宗声，本义为织布机上使经线上下交错以受纬线的一种装置；编织、聚总、集合。

棕（椶楼椶 zōng）：植物名，棕榈的省称，本作椶；棕毛或棕片，棕色的染料；棕毛的颜色，即褐色 。

粽（糉 zòng）：用竹叶等包裹糯米和作料蒸煮熟的角形食品，俗称粽子。

拓展：

艅 猔 誴 賨

P33.4 良可据（據）为宗匠　P48.5 虽学宗一家　P64.4 错综群妙

宗2：倧 淙 悰 琮 猔 腙 踪（蹤）

（篆字汇 楷书）（金文 说文 曹全碑 智永 虞世南 褚遂良 王羲之 王羲之）（说文 欧阳询 黄庭坚 王铎）

（金文 说文 颜真卿 宋徽宗 孙过庭）（石韵府 楷书）（金文 颜真卿 柳公权 王羲之 赵孟頫 王羲之 章草）

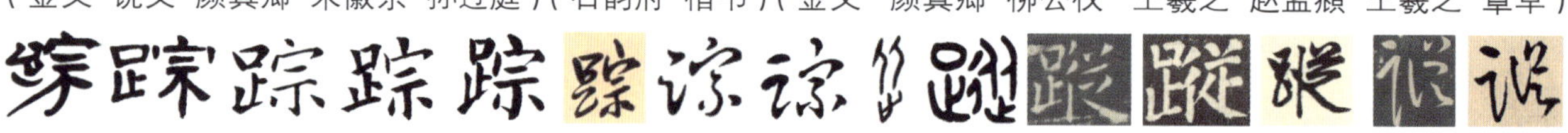

（汉简 曹全碑 王羲之 欧阳询 颜真卿 王铎 王羲之 章草 甲骨 金文 王羲之 颜真卿 赵孟頫 张芝 王铎）

辨析：

宗字作为字根，各体结构稳定，所涉字根参见相关页。踪有异体字蹤，各体累见。

倧 zōng：传说中的上古神人名。

淙 cóng：水声，水流。

悰 cóng：乐趣，心情、心绪。

琮 cóng：古代一种玉器，外边八角，中间圆形，常用作祭地的礼器。

猔 zòng：古同豵，小猪，亦泛指小兽，一胎生三子的猪。

腙 zōng：有化合物的一类，是羰基与肼缩合而成的化合物；（屁股）上翘，撞，西南官话。

踪（蹤 zōng）：人或动物走过留下的脚印，事物的痕迹。

拓展：

錝 婃 孮 倧 崈 騌 剶 碂

宗3：宻 崇 漴 賨 鬃

（简帛 秦豆 汉简 山崇印 广义 石韵府 熹平碑 褚遂良 王铎）（金文 简帛 汉嘉量 说文 张迁碑 欧阳询 颜真卿

王献之 索靖 李诠）（卢鸿 王铎）（说文 娄机 祝永明 于右任）（金文 邓石如 智永 赵孟頫 王羲之 王羲之 孙过庭）

辨析：

宗字的草书用“不”当“示”的写法，在拓展的字中累见。

宻 chóng：同崇。

崇 chóng：形声，从山宗声，本义是山大而高，高贵、兴盛，尊崇、推崇。

漴 chóng：漴河，水名，在中国安徽省五河县；zhuàng，（水）冲击。

賨 cóng：中国秦汉时期四川、湖南等地少数民族所缴的一种赋税，亦指这些少数民族。

鬃 zōng：马、猪等畜类颈上的长毛。

拓展：

粽 騌 鯮 鶎

㚇 艐 椶 堫 猣 緵 稯 翪 騣 鬉 嵏 葼

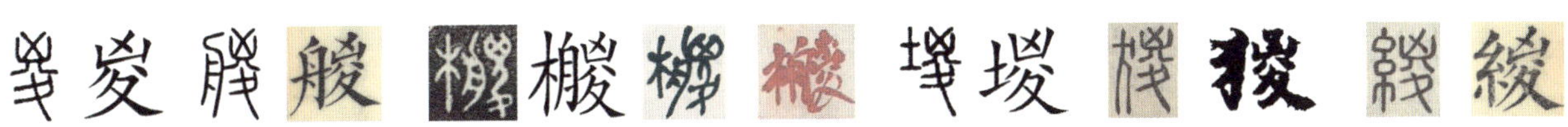

（说文 楷书）（说文 彭玉雯）（石鼓文 楷书 吴昌硕 吴昌硕）（说文 楷书）（篆字汇 吴彩鸾）（篆字汇 彭玉雯）

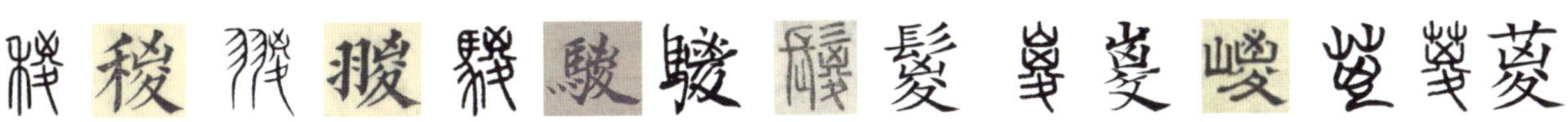

（说文 彭玉雯）（古文 彭玉雯）（说文 钟绍京 程京）（篆字汇 楷书）（说文 维摩诘 文徵明）（楚简 说文 楷书）

辨析：

㚇字及拓展的字不常用。其中椶和稯有异体字棕和粽，从宗，参见宗页。

㚇 zōng：鸟飞起拳起腿爪，聚拢，古国名，异体字有“鍐嵕艐㚇”等。

艐 kè：船触沙搁浅。

椶：同棕，栟榈也，即棕榈，也指棕毛。

堫 zōng：栽种，以此入彼中，不耕而种。

猣 zōng：犬生三子。

緵 zōng：古代布帛在二尺二寸的幅度内含经线八十根为一緵，也因此指很粗的布；古同“稯”，古代计量器，满手为一把，緵为四十把；zòng，一种网眼细密的渔网。

稯 zōng：古代计算禾束的单位，四十把为一稯；布八十缕为稯，即一种粗布；zǒng，稯稯，聚集。

翪 zōng：扇动翅膀上下飞。

騣（騌 zōng）：马鬃，同鬃。

鬉（鬉鬃 zōng）：毛发杂乱，走兽颈上的毛，古同鬃。

嵏 zōng：数峰并峙的山；九嵏山，山名，中国陕西、湖北等省均有此山名。

葼 zōng：细树枝；古书上说的一种草，蔏葼葼茅。

拓展：

㚇 傻 㨂 腠 睃 㚇 蝬 篓 椶 鍐 䶆 鯼 緵

总（總）：1 総　総　總　2 总　3 捴　揔　揔

（简帛　说文　邓石如 吴睿　颜真卿　赵之谦 王绂　王铎）（赵孟頫　王铎　启功　韩道亨　于右任）（隶辩　米芾

皇象　皇象　邓文原 徐伯清）（张旭　唐寅　郑板桥　苏轼　王铎）（汗简　王羲之　吴琚　王羲之　文徵明　于右任）

（文徵明　王羲之　赵孟頫 文徵明）（顾禄　欧阳询　赵孟頫 孟頫）（娄机　褚遂良　颜真卿　张芝　孙过庭　王铎）

辨析：

总的异体字很多，秦统一文字后，一般以悤为正字，隶作怱，俗作忩，草书常用的字形有"総総總、总、捴揔揔"三组，简称"绞丝（纟）提手（扌）总公怱"，而总、忩和怱字的草法为[illegible]（[illegible]），与扌和纟旁组合即为总字的草书。总字从悤字的行草书写法少见。

总 zǒng：说文曰"总、聚束也，从糸悤声"，悤从囱从心，囱是窗户或烟囱的孔，在墙曰牖在屋曰囱。及心为急，穿心为悤（匆），故悤有匆的意思；糸是细丝，细丝穿心是打结的动作，本义为总结，引申义有全部、全面，皆、一概，一向，终归、毕竟，纵然、即使等；异体字有"総総總總捴揔揔揔摠揔惣惣楤稯"等等。

拓展：

聪 骢 窻　　P6.6 总其终始

走 1：走　徒　趣　越

（甲骨　甲骨 大盂鼎　简帛　石鼓文 说文　欧阳询　颜真卿 柳公权　皇象　索靖　怀素）（甲骨　甲骨　金文　楚简　说文

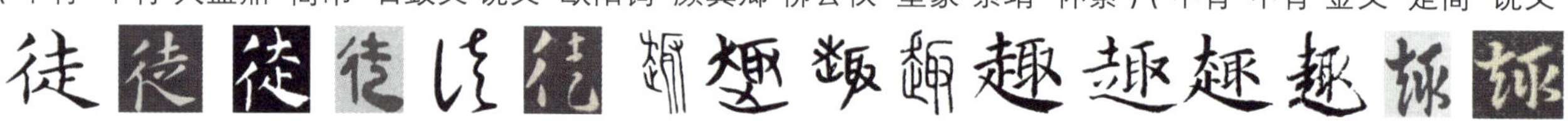

王羲之　颜真卿　柳公权 简书　王羲之　怀素）（金文　楚简　秦简　说文　颜真卿 王羲之 虞世南 王羲之 简书 皇象）

（金文　简帛 秦简　说文　文徵明　颜真卿　郑板桥 文徵明　虞世南　赵孟頫 娄机　王羲之 王铎　王羲之　王铎　章草）

辨析：

走字本从夭从止，历代书家一般写三种结构，分别为走、赱、夌（歨），各体及拓展的字均见；草书从土从止，止和疋都是足字分化而生，因此走字草书为"土＋足（草书符号）"。可拓展。

走（赱夌歨 zǒu）：从夭从止，甲骨字形像摆动两臂跑步的人形，下部像人脚，合起来表示人在跑。

徒 tú：从辵、土声（并非从彳从走），步行；甲骨文由"土"和"止"会意，为徒的本字。

趣 qù：从走从取，快步趋之，必有所取；趋向、兴味。

越 yuè：形声，从走戉声，本义是经过，越过。

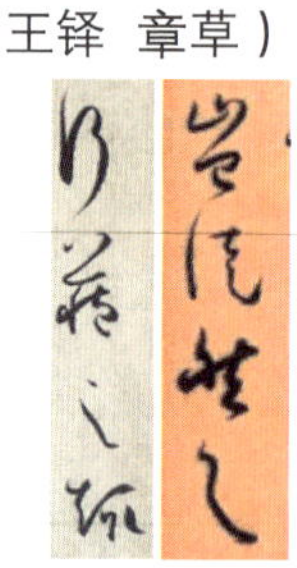

拓展：

赳 赵 趑 哇 赳 赿 赳

P16.1 赏岂徒然软　P14.5 行藏之趣　P20.4 胡越（戊戉（字根）草书同形，见戊页）殊风

Z

走 2：超 趋 起 趁 赴 赶

（金文 说文 宋徽宗 褚遂良 颜真卿 王羲之 黄庭坚 怀素 祝永明）（石鼓文 说文 颜真卿 柳公权 欧阳询

王羲之 皇象）（金文 说文 李斯 清华简 张迁碑 智永 虞世南 王羲之 简书 王羲之 怀素）（说文 颜真卿 颜真卿

欧阳询 王羲之 米芾）（金文 说文 颜真卿 颜真卿 颜真卿 怀素）（简帛 说文 颜真卿 欧阳询 王羲之 章草 颜真卿）

辨析：

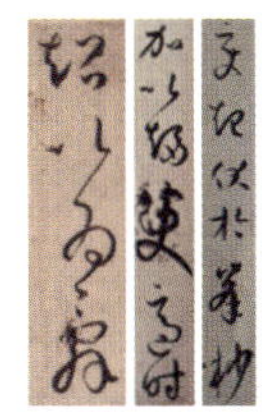

走字的拓展性较强，所涉字根参见相关页。

超 chāo：从走召声，本义是跃上、跳过、跃过。

趋（趨趍趮 qū）：从走刍声，本义为快步走。

起 qǐ：从走己声，本义是由躺而坐，由坐而立。

趁（趂 chèn）：追逐。

赴 fù：奔向，奔赴，多指奔向危险的地方。

赶（趕 gǎn）：形声，从走旱声，本义为兽类翘起尾巴奔跑；《说文》："举尾走也"；追赶、驱赶，急赴，从速、加快，碰上，等到，驾御，趁，把握时间，按，按照；辗压，通"擀"。

拓展：

趋 趁 赵 赹 赾 赿 趀 趂 趃 趄 趆 趇 趉 趌 趍 趐 趑 趒 趓

P13.32 班超以为辞　P18.6 加以趋变适时　P12.5 变起伏于峰杪（树梢）

走 3：赵 陡 趟 赳 趔 趄

（金文 盟书 简帛 说文 桐柏庙 礼器碑 智永 赵孟頫 张芝 王羲之 简书）（金文 欧阳询 欧阳询 李淦）

（金文 颜真卿 柳公权 王铎 王羲之 孙过庭）（简帛 说文 曹全碑 颜真卿 智永 虞世南 王羲之 王羲之

章草）（金文 颜真卿 欧阳询 王羲之 王羲之）（金文 说文 柳公权 欧阳询 王羲之 王羲之 王羲之 孙过庭）

辨析：

走字的拓展性较强，所涉字根参见相关页。

赵（趙 zhào）：形声，从走肖声，本义为快走。

陡 dǒu：形声，从阜走声，坡度大，近于垂直。

趟 tàng：来往的次数，行列；tāng，从浅水里走过去；用犁、锄等把土翻开，除去杂草并给苗培土。

赳 jiū：形声，从走 丩 声，本义是威武雄壮的样子。

趔 liè：趔趄，身体歪斜，脚步不稳的样子。

趄 qiè：倾斜，斜靠，身斜；qie，趔趄；jū，趑趄。

拓展：

赼 趏 趐 趖 趦 趚 趁

走4：赽 趒 趑 𧻚 趠 趪 𧾖 𧽩 𧾻 𧽿 𧿁 趲

（说文 楷书）（说文 楷书）（说文 颜真卿 王羲之 欧阳询 米芾 王羲之 王铎 王羲之 章草）（甲骨 金文 金文

说文 吴大澂）（金文 简帛 说文 李邕）（篆字汇 颜真卿 颜真卿）（说文 楷书）（篆字汇 楷书）（金文 说文

陈羲明）（金文 石鼓文 楷书 楷书 说文 欧阳询 怀素）（金文 说文 颜家龙）（金文 颜真卿 王羲之 王羲之）

辨析：

走字的拓展性较强，所涉字根参见相关页。

赽（趹 jué）：马以足踢人，急速，马疾行。

趒 tiáo/tiào/tiǎo：古同跳。

趑 zī：趑趄，行走困难；想前进又不敢前进。

𧻚 yuán：𧻚田，同辕田，古代按休耕需要分配的土地。

趠 zhuó：超绝、特出，远走；chuō，古同踔。

趪 huáng：趪趪，负重用力的样子。

𧾖（𧾖 mán）：行走迟缓。

𧽩 tuán：同摶字。

𧾻 quán：行走时弯腰曲背的样子

𧽿（𧽿 bēn）：同奔字。

𧿁 qú：走顾貌。

趲（趲 zǎn）：催促逼使；赶、加快、加紧；积蓄，使、鼓，移动。

拓展：

趚 趧 𧻓 趞 𧼋 𧼛 𧺼 𧻷 𧼊 越

走5：趯 趛 趞 𧼮 趫 趡 趬 趮 𧺆 𧺇 𧺛 赿

（金文 说文 颜真卿 柳公权 虞世南 王羲之 王铎）（金文 说文 楷书）（金文 说文 楷书）（说文 成亲王）（说文 苏轼

文徵明）（金文 金文 说文 九经 邹武生）（说文 楷书）（说文 五经）（说文 楷书）（说文 楷书）（说文 楷书）（说文 楷书）

辨析：

走字的拓展性较强，所涉字根参见相关页。

趯 tì：趯趯，跳跃的样子；汉字书法八法之一，即钩。

趛 yǐn：低头快走。

趞 què：行走轻捷的样子；qì，古同趚，侧行；jí，古同踖，践踏。

𧼮 bì：止行也，今礼经禮皆作跸蹕，惟大司寇释文作𧼮，一曰竈（灶）上祭名也，同跸字。

趫 qiáo：行动轻捷，善于缘木升高；旺盛。

趡 cuǐ：奔跑；地名，春秋时鲁地，今山东邹县一带。

趬 qiāo：举步轻捷，转行，举足，向上翘起，同跷。

趮 zào：急切、急躁，快速掉落；同躁。

𧺆 cāi：疑之，等𧺆而去。

𧺇 jí：直行也。

𧺛 qí：攀援大树；𧺛𧺛，麋鹿奔跑貌。

赿 dī：小步快跑。

拓展：

趃 𧼨 𧽐 𧼯 𧽡 𧽑

走6：趀 ⿺走并 趗 趚 ⿺走夋 趖 ⿺走里 ⿺走甬 趜 趢 ⿺走咅 ⿺走昜 ⿺走玆 ⿺走囷 ⿺走取 ⿺走兼 ⿺走虒 寋

（说文　楷书）（石韵府　楷书）（金文　楷书）（吴昌硕　楷书）（说文　楷书）（说文　楷书）

（说文　楷书）（说文　楷书）（说文　楷书）（说文　楷书）（说文　楷书）（篆字汇　武梁祠）

（说文　楷书）（说文　楷书）（说文　楷书）（说文　楷书）（说文　楷书）（说文　楷书）

辨析：

本页的字只有小篆，仅以楷书一并列示。

趀 cǐ：浅渡也。

⿺走并（迸⿺走并 bèng）：奔走；同迸，散，纵逃。

趗 cù：迫，速；趗织，古同促织（蟋蟀的别称）。

趚 sù：趚趚，跑动的声音，如麈鹿趚趚。

⿺走夋 cūn：行速⿺走夋⿺走夋也，即行夋夋也，夋，指行走迟缓的样子。

趖 suō：走，移动。

⿺走里 hái：延搁不去；kuī，斜足，斜走。

⿺走甬 yǒng：同踊字，往上跳，古代受过刖刑的人的鞋，履贱踊贵。

趜 jú：穷，体不伸；qū，恭敬，也作匑。

趢 lù：趢趗，步子小而急促。

⿺走咅 bó：跌倒，倒毙，僵死，破灭；同踣字。

⿺走昜 dì/tì：狂走。

⿺走玆 xián：急走也。

⿺走囷 yǔn/qūn：走急。

⿺走取 qǐn：行缓的样子。

⿺走兼 fú：走也。

⿺走虒 chí：轻薄也，不尊重；dì，轻。

寋 qiān：走的样子；同越，行走艰难。

拓展：

⿺走巽 ⿰魚走 ⿺走巽 趁 ⿺走賁 ⿱斬走 ⿺走習 ⿺走習

走7：趉 趌 ⿺走曷 ⿺走厥 ⿺走有 ⿺走圭 ⿺走斥 ⿺走匠 ⿺走矞 趧 趥 ⿺走契 ⿺走烏 ⿺走虔 ⿺走票 ⿺走臭 ⿺走斬 ⿺走幾

（说文　楷书）（说文　楷书）（说文　楷书）（说文　楷书）（说文　楷书）（说文　楷书）（说文　楷书）（说文　楷书）（说文　楷书）

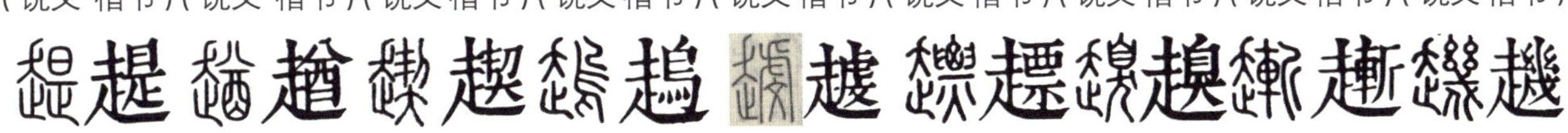

（说文　楷书）（说文　楷书）（说文　楷书）（说文　楷书）（说文　楷书）（说文　楷书）（说文　楷书）（说文　楷书）（说文　楷书）

辨析：

本页的字只有小篆，仅以楷书一并列示。

趉 jué：走也。

趌 jí：趌⿺走曷，怒走也；jié，趌⿺走厥，跳起。

⿺走曷 jié/jué：怒走也。

⿺走厥 jué/guì：跳起也。

⿺走有 yòu：走也。

⿺走圭 guǐ/kuǐ：同跬。

⿺走斥 chě/chè/qiè：同趞字，距，乖离、分裂，怒，牵，半步。

⿺走匠 jiàng：走貌。

⿺走矞 jú：狂走也。

趧 tí：趧娄，中国古代少数民族的舞曲名。

趥 qiū：行貌，蹴，藉。

⿺走契 chì：同跇，跳也，踰也。

⿺走烏 wǔ：从走乌声，走轻也。

⿺走虔 qiān：蹇（足跟）行⿺走虔⿺走虔（（跛脚）行走的样子）也。

⿺走票 piāo：轻行也。

⿺走臭 xiòng：行也；⿺走䖏⿺走臭，疲行貌。

⿺走斬 jiàn：同蹔，进，超忽而腾疾，不久。

⿺走幾 jī：从走幾声，走也。

拓展：

⿺走敫 ⿺走過 ⿺走壽

Z

走8：趩 趨 趯 趮 趫 趬 趭 趰 趱 趲 趠 趡 趣 趤

（说文　楷书）（说文　楷书）（说文　楷书）（说文　楷书）（说文　楷书）（说文　楷书）（说文　楷书）

（说文　楷书）（说文　楷书）（说文　楷书）（说文　楷书）（说文　楷书）（说文　楷书）（说文　楷书）

辨析：

本页的字只有小篆，仅以楷书一并列示。

趩 zhí：走也。

趨 zhú：从走蜀声，行貌。

趯 zhān：趁，移；zhàn，循；chán，转。

趮 xuān：疾行也。

趫 jú：从走复声，走意。

趬 dián：走顿；biān，走意，走貌。

趭 lì：动，走。

趰 yuè：趠趰，疾走，罗。

趱 xiàn/xiǎn：走意，趱趱鼛鼛（石鼓文）。

趲 jié：从走蓟声，走意。

趠 yì：趋进貌。

趡 jué：大步也。

趣 yú：安行。

趤 xún：从走叡声，走貌。

拓展：

趡 趢 趦 趧 趨 趩 趪

奏 凑 湊 揍 楱 辏 腠

（甲骨 甲骨 说文 李阳冰 武威简 钟繇 欧阳询 颜真卿 赵孟頫 米芾 苏轼 王羲之 智永 孙过庭 宋克 傅山）

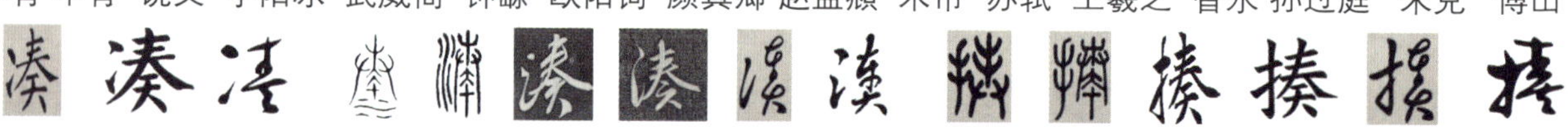

（柳公权 颜真卿 于右任）（古文 说文 颜真卿 赵孟頫 王羲之 章草）（金文 金石篆 褚遂良 欧阳询 王羲之 孙过庭）

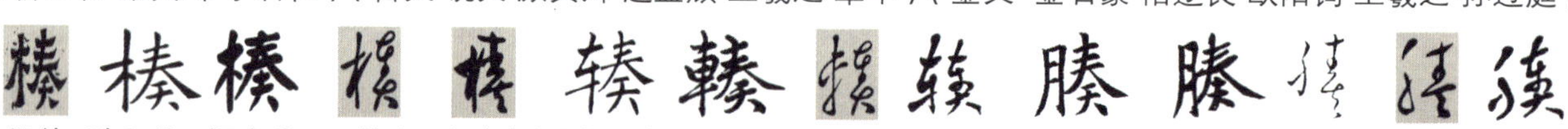

（爨体 欧阳询 颜真卿 王羲之 孙过庭）（柳公权 赵孟頫 王羲之 章草）（欧阳询 黄庭坚 孙过庭 于右任 章草）

辨析：

奏字的篆书表意清晰，隶定字形稳定，草书，上边的部件为快写或草化为“十朱（参照奉字）”，下边写大、夫或夭。奏奉泰和春秦等字，上边楷书部件形态一样，草化后，奉奏泰均见从“十朱”的写法，而春秦（偶见从“十朱”）快写相似，应注意其异同处。

奏 zòu：小篆字形上为屮（chè），初生的草，有上进义，中为双手形，下为“本 tāo”，行趋之义，本义为奉献、送上，异体字有从“夫”的写法。

凑 còu：形声，从水奏声，本义是水流会合；聚集，奔向、趋，挨近、靠拢，碰、趁，拼凑成；异体字为湊。

湊 còu：水会也，聚拢，聚合；遇着，添加，拼合；肌肤的纹理；通走，奔赴、趋附；通腠，皮下肌肉之间的空隙；异体字为凑輳。

揍 zòu：形声，从手奏声，本义是打，打破，打碎。

楱 còu：古书上说的橘子一类的水果；zòu，插。

辏（輳 còu）：形声，从车奏声，本义为车轮上的辐条集中于轂上。

腠 còu：形声，从肉奏声，本义：腠理，皮下肌肉之间的空隙。

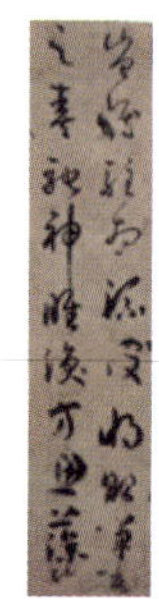

拓展：

溱 臻　　P36.3 将贻嘽喛之奏

足 1：足　踋（脚）　蹄（踶蹏䠆）　趾　跟

（甲骨　甲骨　甲骨　金文 金文　简帛　简帛　李阳冰 曹全碑 鲁峻碑 欧阳询 颜真卿　柳公权 王羲之 赵孟頫

张芝　张芝　皇象 王羲之）（汉简 颜真卿 虞世南 王羲之 王献之 米芾　章草）（古文　说文　颜真卿 于右任

金文　说文 郑孝胥 王羲之　说文 文徵明）（篆字汇 颜真卿　王铎 王羲之）（说文 智永 陆柬之 王羲之 章草）

辨析：

足字的篆书为象形，草书就是点加一个短横竖弯，作为偏旁，很像简化字“讠”，虽然草书足旁因让右而变窄，下边宽点更能显示出足的草书特点。路、踪（蹤）、跃（躍）字可参见相关字根页。

足 zú：甲骨文字形像人的腿和脚，本义指人的下肢，包括脚和小腿，后转指脚；又引申为动物的蹄、爪以及植物的根茎，或支撑器物的脚，物体的基部等；足又有充足、富裕、满足、止、完成、能够等意思。

踋（脚 jiǎo）：形声，从肉却声，本义是胫，小腿。

蹄（踶蹏䠆 tí）：形声，从足，𠂢声，本义是牛、马、猪、羊等有蹄类哺乳动物足趾前部的典型角质覆盖物，又指有角质保护物的脚，踢；其中，踶为用蹄子踢、踏。

趾 zhǐ：形声，从足止声，古所谓趾，指足，不指脚趾，脚指名指，趾是止的后起字，本义是脚。

跟 gēn：形声，从足艮声，足后为跟；追随于后；和，同；对、向。

拓展：

足 跱 趴 促 趴 猑 跤 踋 㖞 娖 捉 浞 莡 趵 趶 趷 趸 趿 跃 趼 跔 跖 跰 跍 跸 跚 跂 跐 跌 跉 趼 趽 趾 跀 跁 跂 趺 跄 距

足 2：躁　踈（疏）　蹣　跚　促　捉

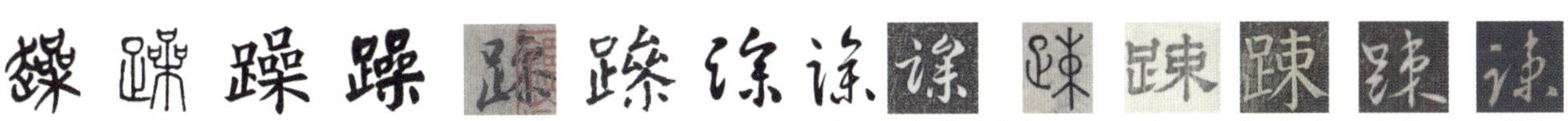

（金文 邓石如 欧阳询　颜真卿　颜真卿 王羲之 王羲之 李淦　赵构）（赵孟頫　娄机　颜真卿　米芾　王羲之

说文 曹全碑　颜真卿　王羲之 王献之　邓文原）（粗篆 颜真卿 黄庭坚 赵孟頫 章草）（金文 粗篆　智永　柳公权

王羲之 王羲之　章草　孙过庭）（金文 楚简　说文　西狭颂　王羲之 王羲之）（楚简 说文 曹全碑 赵孟頫 王羲之）

辨析：

躁和踈字需注意异体字在草书中的应用。

躁 zào：性急、不冷静；狡猾；动。

踈（疏 shū）：古同疏。

蹒（蹣 mán）：逾越；pán，蹒跚。

跚 shān：蹒跚；踩，践踏；碰、跌。

促 cù：形声，从人足声，本义为紧迫；又指急促，赶快。

捉 zhuō：形声，从手足声，本义为握、持。

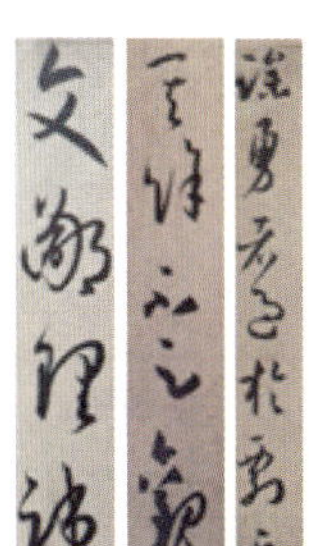

拓展：

娖 捉 跋 跐 跡 趹 跛 跞 跛 跚 跟 跩 跫 距 跸 跅 跆 跚 跈 跉 跦 跋 跌 跕 跎 跏 跑 跙 跓 跔 跕 跖 跗 跘 跙 跚 跛 跜 跞 践

P3.1 其余不足观　P31.4 文鄙理疏（踈）　P49.4 躁勇者过于剽迫

足3：跑 跳 踢 踹 踩 踫 蹂 蹈

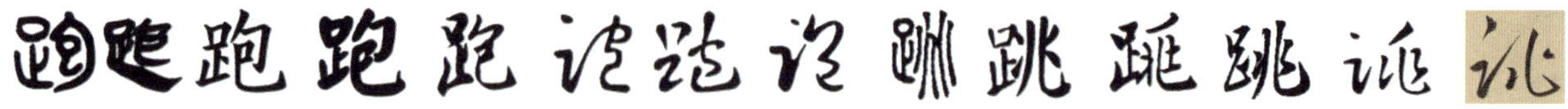

（金文 汉简 欧阳询 颜真卿 王羲之 王羲之 章草 孙过庭）（说文 颜真卿 赵孟頫 王羲之 王羲之 鲜于枢）

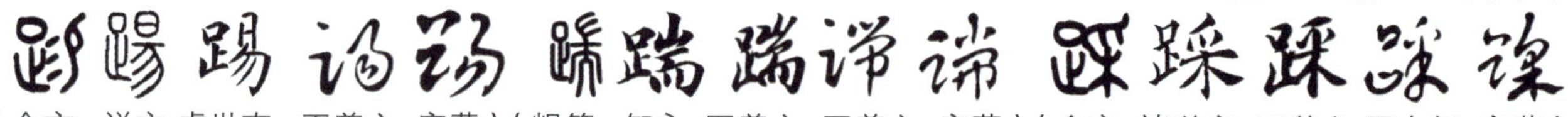

（金文 说文 虞世南 王羲之 章草）（粗篆 智永 王羲之 王羲之 章草）（金文 褚遂良 王羲之 于右任 章草）

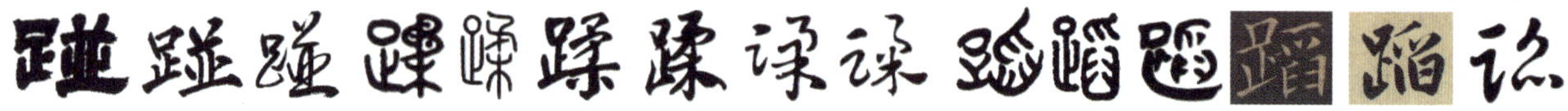

（邓石如 柳公权 王铎）（金文 说文 颜真卿 王羲之 王羲之 章草）（简帛 说文 汉简 欧阳询 赵孟頫 王羲之）

辨析：

本页需注意字根的各种篆草变化。

跑 páo：快走，往、到，为某事奔走忙碌，走运。

跳 tiào：形声，从足兆声，跃也，即以脚蹬地，使身体往上或向前的动作。

踢 tī：用脚触击。

踹 chuài：脚底用力猛踢；践踏、踩。

踩 cǎi：用脚在物体上蹬、踏。

踫 pèng：徒步渡水；古同碰。

蹂 róu：形声，从足柔声，践踏、搓揉。

蹈 dǎo：形声，从足舀声，本义是踩、踏。

拓展：

蹞 踂 踿 跍 踬 踈 跷 跩 踋 跟 踦 跡 跢 跣 跤 踩 跦 跧 跨 踱 跪 蹬 跬 跭 踁 路 踰 跱 跲 跳 跴 跶 跷 踔 跹 踝 跻 踭 踏 踶 踆 踇 踕 踉

足4：蹉 跎 踟 躇 蹰 踉 踊 蹓 跶

（金文 说文 欧阳询 颜真卿 李洤）（说文 汉简 颜真卿 王羲之 王羲之）（金石篆 汉简 颜真卿 赵孟頫 王羲之）

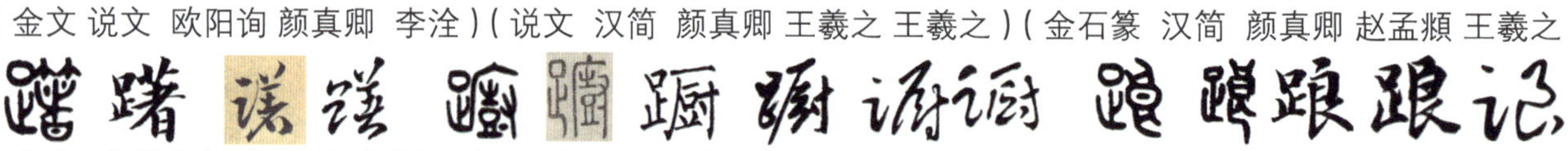

（金文 虞世南 祝永明 章草）（金文 篆字汇 柳公权 黄庭坚 王羲之 章草）（金文 六书故 智永 王羲之 王羲之）

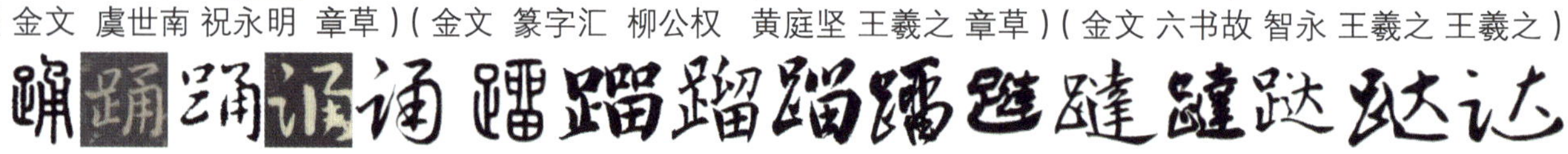

（说文 钟繇 王羲之 皇象 日本）（金石篆 智永 褚遂良 王羲之 王铎）（汉简 郑孝胥 王铎 王羲之 文徵明 王羲之）

辨析：

本页跶字应注意繁简的写法。

蹉 cuō：形声，从足差声，本义是失足，跌跤。

跎 tuó：背负；驼背、伛偻；蹉跎，光阴虚度。

踟 chí：形声，从足知声，行不进也。

躇 chú：躇阶而走，与踱同。

蹰 chú：蹰躇，徘徊不进，犹豫也；踌躇，犹豫也，住足也，进退貌也。

踉 liàng：踉跄，走路不稳；liáng，跳踉，跳跃。

踊（踴 yǒng）：往上跳。

蹓 liū：同溜达，散步；偷偷地走开。

跶（躂 dá）：足跌也。

拓展：

踶 踬 球 跸 踥 跻 踍 跙 跺 蹠 趄 踻 跽 蹩 跿 踶 跁 踙 蹐 跢

足 5：跣　趿　跨　跞　踵　蹴　蹑

（金文　说文　汉简　曹全碑　欧阳询　王羲之　王羲之）（金文　说文　颜真卿　米芾　王羲之）（古文　说文　欧阳询

赵孟頫　颜真卿　流江　章草）（金文　粗篆　彭玉雯　赵孟頫　王羲之　王羲之　王献之　章草）（金文　金文　简帛

清华简　虞世南　米芾　王羲之　章草）（简帛　说文　柳公权　王铎　吕安胜）（金文　王羲之　王献之　熊端肃　王羲之）

辨析：

蹴字的常用写法还可从尗，各体可从之。蹑从聂，草法有一种同摄，百韵歌云“称（稱）摄（攝）将属倚”，意思是说，称和摄字的右半边写法和属字的下边草法是一样的，见王献之。

跣 xiǎn：形声，从足先声，本义是赤脚。

趿 tā：拖着鞋子。

跨 kuà：形声，从足夸声，本义为迈步，越过。

跞（躒 lì）：走动，跨越。

踵 zhǒng：形声，从足重声，追逐。

蹴 cù：从足叔声，行平易也。

蹑（躡 niè）：形声，从足聂声，本义为踩踏。

拓展：

踊 踋 踌 踤 踗 踀 蹑 踛 踹 踰 踕 蹯 踔 踿 跟 踞

足 6：跌　跤　蹦　踔　蹋　踞　距　蹴　踘

（金文　简帛　说文　智永　陆柬之　王羲之）（金文　欧阳询　王铎　王羲之　章草）（金文　粗篆　新篆　汉简　颜真卿

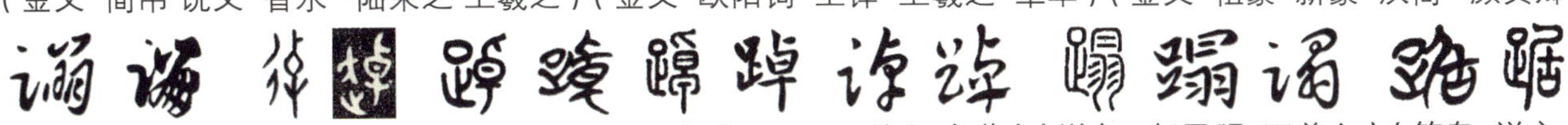

王羲之　孙过庭）（甲骨　金文　金文　简帛　说文　赵孟頫　王羲之　章草）（说文　赵孟頫　王羲之）（简帛　说文

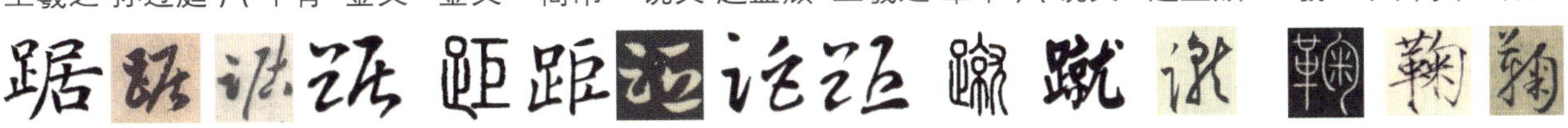

虞世南　赵孟頫　祝允明　章草）（说文　王羲之　章草　王羲之　章草）（说文　颜真卿　王宠）（李阳冰　赵佶　怀素）

辨析：

本页蹦字有朋字结构，古体变化较多，可参照朋字。其余的字所涉字根参见相关页。

跌 diē：形声，从足失声，失足摔倒。

跤 jiāo：身体摔倒，跟头。

蹦 bèng：两脚并着跳，决裂，突然地出现。

踔 chuō：跳、跳跃，超越。

蹋 tà：踏、践踏，踢。

踞 jù：蹲、坐，占据。

距 jù：相隔的空间和时间。

蹴 cù：形声，从足就声，本义为踩、踏。

踘 jū：蹋也，蹋鞠戏。

拓展：

踺 踮 踸 踙 踏 踏 践 踑 踜 踓 踔 踕 踖 踨 踘 踙 踚 踛 踜 踝 踞 踟 踠 踡 踢 踣 踤 踥 踦 踧 踨 踩 踪 踫 踬 踮 踯 踰 踺 踻 踼 踽 踾

足 7：跄 趵 跬 踝 踡 踦 跷 躏

（金文 楚简 说文 赵孟頫 王羲之 章草）（小篆 粗篆 颜真卿 王羲之 章草）（金文 六书通 褚遂良 何绍基）

（金文 说文 欧阳询 米芾 王羲之 章草）（金石篆 魏碑 王羲之 张瑞图 王铎 王羲之 于右任）（简帛 说文

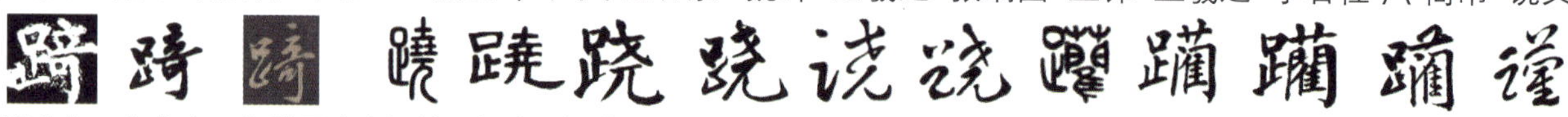

柳公权 黄庭坚 董其昌）（粗篆 全碑 颜真卿 黄庭坚 王羲之 章草）（金文 柳公权 颜真卿 黄庭坚 章草）

辨析：

本页跄字的楚简写法特别，有一些装饰性的笔画，这是楚简常有的现象。

跄（蹌 qiāng）：形声，从足仓声，行走有节奏的样子。

趵 bào：跳跃；趵趵，象声词，形容足踏地的声音。

跬 kuǐ：半步，一时的、眼前的。

踝 huái：踝子骨，脚腕两旁凸起的部分。

踡 quán：屈曲、弯曲，束缚、拘泥。

踦 qī：形声，从足奇声，一只脚；yǐ，用膝顶住，倚立。

跷（蹺蹻 qiāo）：形声，从足尧声，本义为举足。

躏 lìn：用力碾踏。

拓展：

[illegible] [illegible] [illegible] [illegible] [illegible] [illegible] [illegible] [illegible] 路 [illegible] 潞 蕗 踰 踱 [illegible] 踳 [illegible] 踵 踶 踸 踹 踼 踽 踾 踿 蹀 蹁 蹂 蹄 蹅 蹆 蹉

足 8：蹁 跹 踄 蹍 踐 踏 踱 跺 跻 龊

（金文 说文 汉简 颜真卿 柳公权 王羲之 于右任）（粗篆 祝允明 赵孟頫 徐伯清 王羲之 王羲之 章草）

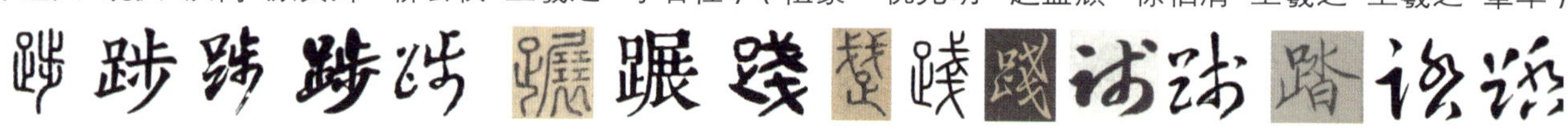

（说文 欧阳询 王铎 孙中山 鲁迅）（六书通 楷书）（秦简 统要 说文 王羲之 智永 章草）（赵佶 李洤 章草）

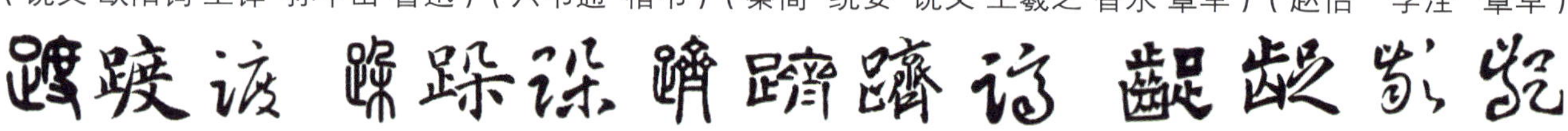

（金文 智永 王羲之）（粗篆 虞世南 章草）（说文 曹全碑 陆柬之 王羲之）（梁培生 赵孟頫 王羲之 章草）

辨析：

踄和踐字，草书有异体相似的写法，踐从戋，字根戋字的草书，起笔若无小拐弯，则更符合字形。

蹁 pián：走路脚不正的样子；翩跹，形容旋转舞蹈。

跹（躚 xiān）：旋行貌，翩跹。

踄 bù：踄蹈也，古同步。

蹍 niǎn：踩，踏；方言，追赶亦作撵。

踐 jiàn：用脚踩踏，登、升，实行、履行，遵循、依循。

踏 tà：用脚踩，亲自到现场去。

踱 duó：慢步行走。

跺 duò：顿足，用脚猛力踏地。

跻（躋 jī）：形声，从足齐声，升、登。

龊（齪 chuò）：整治、整顿；戒备，龊巷（街巷戒严）；局促，拘谨。

拓展：

[illegible] 蹀 [illegible] [illegible] [illegible] 踪 [illegible] [illegible] [illegible] 璐 蹇 蹈 蹊 蹋 蹌 蹍 蹎 蹏 蹐 [illegible] 蹣 蹓 [illegible] 蹥

Z

足9：跪 趴 跛 踯 踤 蹕 蹿 跋 踺

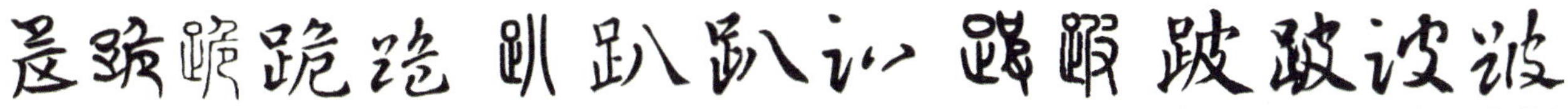

（楚简 简帛 说文 王羲之 章草）（粗篆 欧阳询 赵孟頫 王羲之）（金文 说文 颜真卿 王羲之 王羲之 章草）

（王羲之 章草 赵孟頫 祝永明）（楷书 王蘧常）（金文 粗篆 欧阳询 赵孟頫 文徵明 王羲之 颜真卿 于右任）

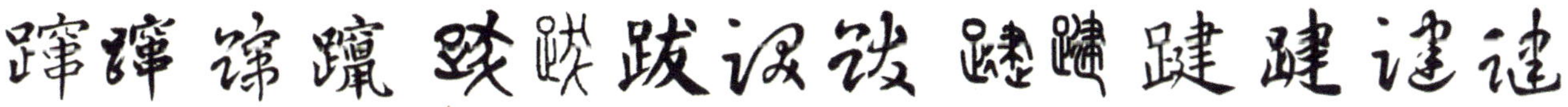

（说文 赵孟頫 章草 赵孟頫）（简帛 说文 颜真卿 王羲之 章草）（金文 粗篆 欧阳询 王羲之 王羲之 章草）

辨析：

本页需注意异体字的变化。

跪 guì：两膝着地，腰和股都伸直。

趴 pā：胸腹部向下卧倒，身体向前倚靠。

跛 bǒ：形声，从足皮声，瘸也，腿或脚有毛病。

踯（躑 zhí）：徘徊，蹬踢。

踤 shuāi：丢弃于地也，同摔。

跸（蹕 bì）：从走畢声，止行也。

蹿（躥 cuān）：向上跳，向前跳。

跋 bá：形声，从足犮声，本义是草中行走，越山过岭。

踺 jiàn：践踏。

拓展：

踬 踱 蹴 躍 踳 踱 蹘 蹚 蹄 蹈 蹝 蹞 蹟 蹠 蹡 蹢 蹣 蹤 蹦 蹧 蹪 蹯 鹭

足10：趸（躉） 蹙 蹔（暂）

（金文 汉简 王羲之 欧阳询 颜真卿 柳公权 赵孟頫 黄庭坚 王铎 王羲之 于右任 粗篆 梁培生 赵孟頫）

（金文 简帛 说文 王羲之 智永 欧阳询 褚遂良 颜真卿 柳公权 赵孟頫 颜真卿 苏轼 王羲之 张瑞图 章草）

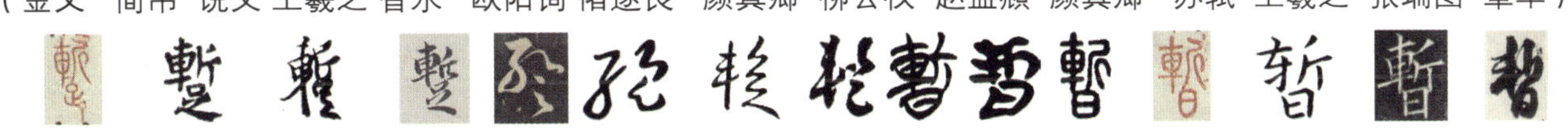

（石韵府 颜真卿 王羲之 卞永誉 张芝 王羲之 王献之 朱耷 简帛 汉简 说文 石韵府 王羲之 欧阳询 王铎）

辨析：

上下结构的字，需注意足的应用。

趸（躉 dǔn）：整数、整批。

蹙 cù：形声，从足戚声，本义为紧迫、急促。

蹔（蹔暂 zàn）：同暂，时间短，跟久相对。

拓展：

跫 踅 跫

足 11：跫 蹇 踅

（金文 篆字汇 汉简 伊秉绶 欧阳询 虞世南 颜真卿 柳公权 赵孟頫 王羲之 米芾 王羲之 孙过庭 章草）

（金文 说文 简帛 邓石如 王羲之 智永 欧阳询 颜真卿 王羲之 苏轼 黄庭坚 王羲之 李洤 朱耷 章草）

（金文 粗篆 赵之谦 智永 欧阳询 虞世南 褚遂良 颜真卿 赵孟頫 王羲之 赵孟頫 王羲之 孙过庭 章草）

辨析：

本页为上下结构的字，需注意足字的应用。

跫 qióng：行人足音，跫然而喜矣，形容脚步声。

蹇 jiǎn：形声，从足寒省声，本义是跛足；艰阻、不顺利；傲慢；正直的样子；行动迟缓。

踅 xué：一足行，或作躠，用一条腿跳着走；盘旋；转、折转；来回走。

拓展：

[illegible] [illegible] [illegible] [illegible]

卒（卆）1：卒 瘁 猝 悴 啐 碎 粹

（甲骨 甲骨 甲骨 金文 简帛 说文 乙瑛碑 欧阳询 颜真卿 王羲之 米芾 皇象 索靖 王羲之 灵飞经 颜真卿）

（印篆 欧阳询 颜真卿 王羲之 王羲之 陆柬之 章草）（说文 柳公权 王羲之 赵孟頫 文徵明）（金文 简帛 说文

虞世南 王羲之 国铨 吴昌硕）（说文 褚遂良 王羲之）（说文 褚遂良 王羲之 王宠）（说文 颜真卿 王羲之 章草）

辨析：

卒字本从衣，隶定字形稳定，草法有二，1. 从“卒形”；2. 从“卆”形，草书为快写，较少使用。可拓展。说明：率字与卒字字形相类，率字的草书中间部件借用了卒字的草书，参见率页。

卒（卆仐卒 zú）：甲骨文的“卒”字是在“衣”字的基础上加了一些交叉的笔画，到了西周，这些笔画被改成指事符号（圆点或横画），为小篆所继承，到隶书“衣”字的衣领上部写作一点一横，领口部分写作两个“人”，后来又将衣摆与指事符号整合为“十”字，进而隶定为“卒”。

瘁（瘁 cuì）：疾病，劳累。

猝（猝踤 cù）：形声，从犬卒声，本义是狗从草丛中突然跑出追人，突然。

悴 cuì：忧愁、悲伤，衰弱、疲萎。

啐 cuì：用力从嘴里吐出来；唾人以表示鄙斥；尝，小饮。

碎 suì：破碎。

粹 cuì：形声，从米卒声，本义为精米。

拓展：

1. 埣 崒 崪 谇 捽 淬 踤 晬 椊 焠 琗 䘹 脺 欶 崒 毳 䘹 膵 睟 稡 窣 䘹 箤 綷 蜶 誶 賥 踤
2. 伜 忰 氵卆 枠 痄 砕 粋 綷 翆 綷 酔

P6.2 未详其始卒也

卒（卆）2：醉 淬 萃 雜（雑杂） 翠

（简帛 说文 欧阳询 王羲之 王羲之 怀素 柳公权 苏轼 文徵明）（说文 颜真卿 王羲之 赵雍 智永 章草）

（说文 刘恕 赵孟頫 王羲之 潘伯鹰 欧阳询 朱文钧）（说文 文徵明 娄机 王羲之 皇象 邓文原 王羲之 王羲之）

（金文 简帛 六书 说文 李阳冰 辟雍碑 欧阳询 柳公权 赵孟頫 赵佶 皇象 智永 欧阳询 怀素 陆柬之 文徵明）

辨析：

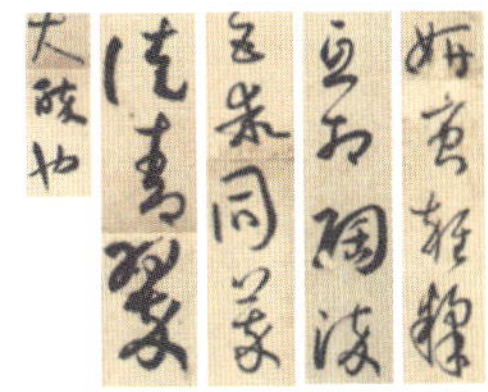

“醉淬萃雜（杂）翠”等字均从卒，各体同前，其草书有从“卒”或从“卆（较少使用）”两种写法。

醉 zuì：会意，从酉从卒，酉表示酒，卒表示终结，酒喝到不能再喝的时候，就醉了，本义为醉酒。

淬 cuì：形声，从水卒声，本义是盛水以供淬火的器具。

萃 cuì：草丛生的样子。

雜（杂雑雜褋 zá）：形声，小篆结构错位，从衣集声，本义是五彩相合。

翠 cuì：形声，从羽卒声，本义为翠鸟。

拓展：

见前页

P9.5 吾去时真大醉也　P16.3 互相陶淬　P25.1 五乖同萃　P48.3 徒青翠而何托　P59.21 妍蚩杂（雜）糅

纂 攥

（金文 简帛 晋砖 说文 朱文篆 鲜于璜 隶辩 欧阳询 褚遂良 王羲之 王羲之 孙过庭 文徵明 董其昌 于右任 章草）

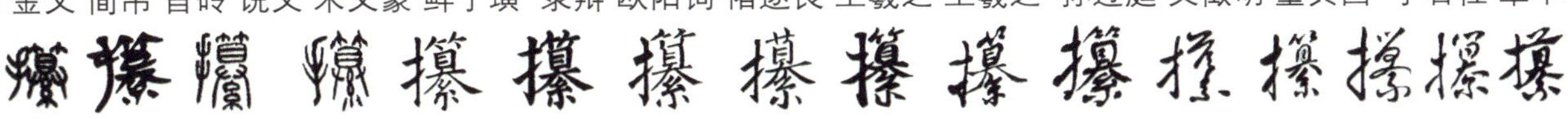

（金文 汉简 方去疾 林时九 欧阳询 颜真卿 柳公权 赵孟頫 王羲之 郑板桥 舒同 王羲之 黄彰任 流江 章草 佚名）

辨析：

纂字字形稳定，草书写法变化较多，其中，竹头有快写、三点、艹三种写法，目字可省略中间的一划，大字为快写，系字写出其草书结构即可。

纂 zuǎn：形声，从糸算声，本义为赤色的丝带；发髻；收集、汇集；编撰、编辑；如纂述（编撰述作）、纂次（编撰；编排）、纂刻（编集刊印）、纂集（编撰汇集）；通缵，继承。

攥 zuàn：1. 用手抓住或抓稳；一见是宝玉，又惊又喜，又悲又痛，一把死攥住他的手，哽咽了半日；2. 又如攥手（抓住手），手里攥着一把斧子。

拓展：

欑 鑽

尊1：尊 遵 撙 樽 蹲 剸 隮

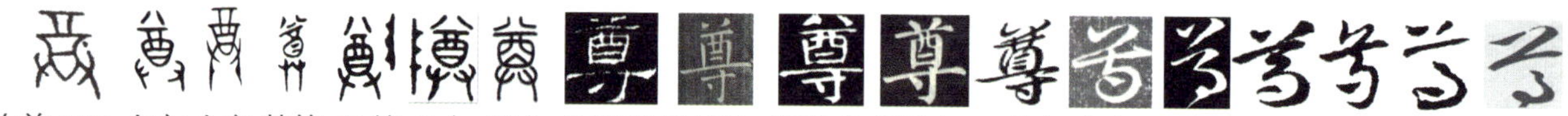

（前547 金文 金文 楚简 吴尊 金文 说文 礼器碑 欧阳询 颜真卿 柳公权 王羲之 皇象 王羲之 智永 宋克 怀素 文徵明）

（古文 简帛 说文 邓石如 赵孟頫 华山碑 赵孟頫 宋徽宗 王羲之 怀素 赵孟頫 于右任）（六书通 虞世南

启功 王羲之）（篆字汇 颜真卿 王羲之）（楚简 说文 赵孟頫 王羲之 王羲之 韵会）（说文 楷书）（吴尊 金文 楷书）

辨析：

尊字隶定从酋从寸，异体字有中间多一横的写法。草法，为“艹寸”的合并快写，两个部件可分可连（或用短竖相连），后世书家大部分是皇象基础上的快写，字根稳定，可拓展。

尊 zūn：会意，甲骨文字形，像双手捧着尊，从酉从収（gǒng），小篆从酋从収或作寸，部分甲骨文在旁边增加了个“阜”字形的符号，可能表示登高、升高的意思，本义为酒器。

遵 zūn：形声，从辵尊声，本义为顺着、沿着。

撙 zǔn：裁减、节省，勒住，抑制、压制。

樽 zūn：古代盛酒的器具。

蹲 dūn：形声，从足尊声，本义是坐，虚坐，呆下、闲居，坐落，控制或延缓植物生长；cún，脚猛然落地而震伤。

剸 zǔn：减也，断也。

隮 zūn：史迹角的盖和鋬内有铭文“史迹作宝隮彝”。

拓展：

澊 譐 燇 竴 镈 P8.3 事资尊显

尊2：僔 噂 壿 嶟 罇 繜 鐏 鳟 鷷 蕁

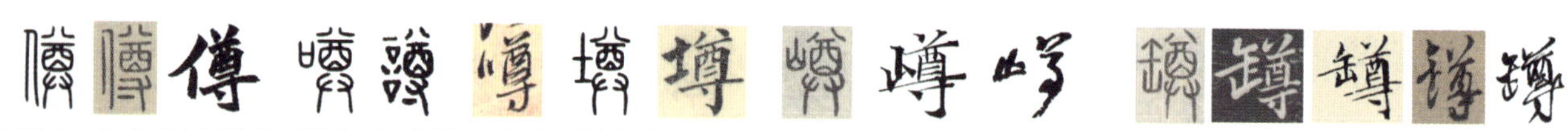

（说文 广义 赵之谦）（说文 六书统 王铎）（说文 彭玉雯）（篆字汇 维摩诘 何绍基）（篆字汇 苏轼 文徵明 杜牧 傅山）

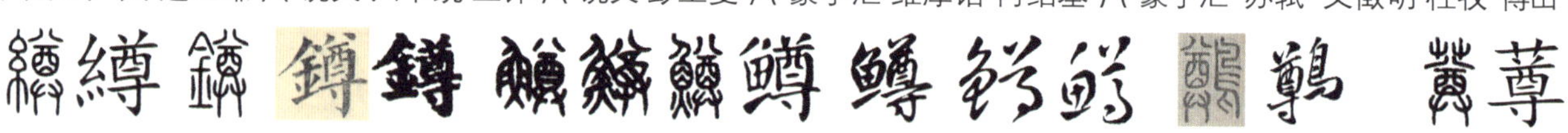

（说文 楷书）（说文 彭玉雯 吴彩鸾）（金文 简帛 说文 颜真卿 赵孟頫 王羲之 章草）（篆字汇 郑板桥）（说文 楷书）

辨析：

尊字作为字根，各体写法同前。所涉字根参见相关页。

僔 zǔn：从人尊声，聚也，众，谦逊。

噂（譐 zūn）：聚在一起说话。

壿 zūn：古同樽，酒杯；dūn，古同蹲，跳舞。

嶟 zūn：形容山石高峻尖锐。

罇 zūn：同樽，《正字通》：“说文酒器字本作尊，后加缶，加木，加瓦，加土者，随俗所见也”。

繜 zūn：古时妇女穿的一种裤子；zǔn，繜绌，古同撙黜，自谦退让。

鐏 zūn：戈柄下端铜制的圆锥形部分；古同樽，古代的酒杯；古书上说的一种农具。

鳟 zūn：鳟鱼，赤眼鳟，红眼鱼。

鷷 zūn：野鸡。

蕁 zǔn：丛草也；蕁蕁，树木茂盛。

拓展：

磸 穳 縛

Z

坐1：坐 侳 挫 脞 唑 锉

（甲骨 甲骨 楚简 秦简 秦简 古文 说文 邓石如 史晨碑 袁博碑 钟繇 王羲之 颜真卿 赵佶 王羲之 苏轼

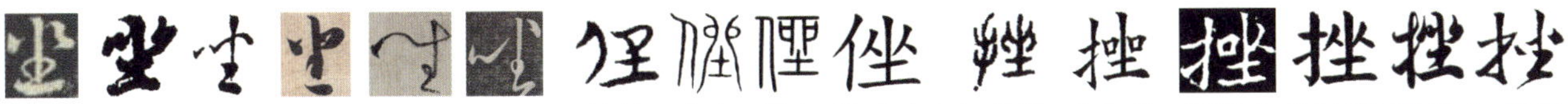

皇象 王羲之 王羲之 智永 张旭 怀素）（楚简 古文 说文 楷书）（六书统 欧阳询 颜師古 颜真卿 王羲之 楼钥

王铎）（金文 粗篆 柳公权 王羲之 王羲之）（金文 粗篆 赵孟頫 王羲之 王羲之）（金文 说文 王羲之 王羲之）

辨析：

坐字有从人从口两类写法：1. 上边为两个人，皇象、王羲之的草书坐字即为人字的草写。2. 上边为两个口（或从口从人），草书出现多个口时，口可以写一点或两点。可拓展。趖字见走页。

坐（㘸坐坐 zuò）：会意，甲骨文为人坐在席子上，古文作象形字，像两人坐在土上，本义是古人席地而坐；狱讼对质是坐，引申“定罪”如连坐、反坐，乘，搭等。坐儿、坐位，后来写作“座”；今古文行而说文废也。

侳 zuò：平安；有辱，伤损。

挫 cuò：形声，从手坐声，本义是折断、摧折；失败，挫伤、折伤，使减小规模或降低程度，弯折、收缩，屈辱；错过，同错；韵律或旋律的变调、转调，如顿挫。

脞 cuǒ：小的、细碎的，切肉。

唑 zuò：有机化合物译音字。

锉（銼 cuò）：形声，从金坐声，本义为小釜、瓦锅，用锉刀磨平、磨光、切断；挫折、挫伤。

拓展：

桽 闿 痤 埊 峑　　P12.6 殊衄挫于豪芒　　P44.1 折挫槎枿

坐2：睉 娷 趖 矬 剉 郲 莝 夎 葌 髽 座 痤

（说文 楷书）（说文 楷书）（六书通 楷书）（金文 金石篆 汉简 王羲之 陆柬之 王羲之 章草）（说文 邓石如

敦煌 颜真卿 颜真卿 王羲之）（说文 楷书）（说文 五经 邓文原）（说文 楷书）（六书通 彭玉雯）（说文 彭玉雯）

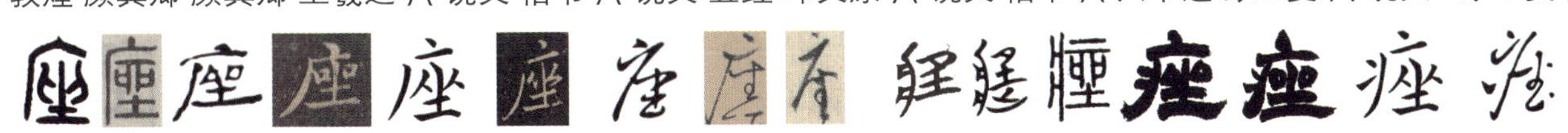

（简帛 说文 汗简 王羲之 王羲之 王羲之 王羲之 怀素 空海）（楚简 楚简 说文 邓石如 赵之谦 王羲之 王羲之）

辨析：

坐字拓展的字较多，各体写法同前。所涉字根参见相关页。

睉 cuó：眼睛小；zhuài，睉取，目恶。

娷 qiē：轻薄；zuò，少也，美也；suō，女子人名用字。

趖 cuò：蹉趖，挫折、失意，闪失、疏忽；zuò，同葌（半跪半蹲，挫折）。

矬 cuó：矮小，很土气、很没见识、很笨拙的样子，弯曲。

剉 cuò：形声，从刀坐声，本义是折伤；铡切、斩剁，买 。

郲 cuò：山名。

莝 cuò：铡碎的草，饲料草。

夎 cuò：蹲，古代穿甲的人行拜礼时跪不至地；衣服张起；诈。

葌 cuò：半跪半蹲，挫折。

髽 zhuā：古代妇女服丧时用麻扎成的发髻；梳在头顶两旁的发髻。

座 zuò：形声，从广（yǎn）坐声，坐的后起字，本义是座位，量詞。

痤 cuó：痈，疖子 。

拓展：

硿 闧　　P14.4 犹标坐隐之名

Z

参考文献

[1] 曹方向. 甲骨文读本 [M]. 南京：凤凰出版社，2019.

[2] 陈年福. 殷墟甲骨文摹释全编 [M]. 北京：线装书局，2010.

[3] 高智. 篆书唐诗选（任立新藏本影印）[M]. 太原：谦居书院、开化书房，2018.

[4] 郭沫若. 甲骨文合集 [M]. 北京：中华书局，1978-1982.

[5] 韩见周，牛海燕编著. 甲骨文字释义 [M]. 郑州：河南大学出版社，2013.

[6] 韩江苏，石福金著. 殷墟甲骨文编 [M]. 北京：中国社会科学出版社，2017.

[7] 胡厚宣. 重订六书通（清毕既明篆订）[M]. 北京：北京市中国书店，1980.

[8] 黄天树. 殷墟王卜辞的分类与断代 [M]. 北京：北京科学出版社，2007.

[9] 黄天树. 古文字论集 [M]. 北京：学苑出版社，2006.

[10] 贾书晟. 殷墟甲骨文书法探赜 [M]. 北京：文物出版社，2019.

[11] 金墨. 书谱字汇 [M]. 北京：线装书局，2018.

[12] 冷玉龙，韦一心等编撰. 中华字海 [M]. 北京：中国友谊出版公司，1996.

[13] 刘东芹. 书谱草法解析 [M]. 北京：高等教育出版社，2020.

[14] 刘东芹. 疑难草法解析一百例 [M]. 杭州：中国美术学院出版社，2020.

[15] 刘东芹. 续订急就章 [M]. 北京：高等教育出版社，2018.

[16] 刘东芹. 草书字法解析 [M]. 北京：高等教育出版社，2018.

[17] 刘东芹. 校订草诀百韵歌 [M]. 杭州：西泠印社出版社，2017.

[18] 刘翔，陈抗，陈初生，董琨编著. 商周古文字读本（增补本）[M]. 北京：商务印书馆，2017.

[19] 刘翔，陈抗，陈初生，董琨编著. 商周古文字读本 [M]. 北京：语文出版社，1989.

[20] 刘钊. 古文字构型学 [M]. 福州：福建人民出版社，2021.

[21] 刘钊，冯克坚主编. 甲骨文常用字字典 [M]. 北京：中华书局，2020.

[22] 裘锡圭. 文字学概要 [M]. 北京：商务印书馆，2017.

[23] 单育辰. 甲骨文所见动物研究 [M]. 上海：上海古籍出版社，2020.

[24] 孙宾文. 孙过庭书谱 [M]. 上海：上海辞书出版社，2014.

[25] 唐兰. 古文字学导论 [M]. 上海：上海古籍出版社，2023.

[26] 王本兴. 甲骨文形近字辨析 [M]. 福州：福建教育出版社，2023.

［27］王本兴．甲骨文拓片精选［M］．天津：天津人民美术出版社，2006.

［28］王平．甲骨文与殷商人祭［M］．郑州：大象出版社，2007.

［29］王延林．常用古文字字典［M］．上海：上海书画出版社，1987.

［30］王宇信，王绍东著．殷墟甲骨文［M］．文物出版社，2016.

［31］王蕴智．殷墟甲骨文书体分类萃编［M］．郑州：河南美术出版社，2020.

［32］武鄂．孙过庭书谱［M］．武汉：长江出版传媒崇文书局，2018.

［33］许慎．说文解字［M］．北京：中华书局，2016.

［34］杨军会．殷墟子卜辞的整理及文字研究［M］．桂林：广西师范大学出版社，2019.

［35］于省吾．甲骨文释林［M］．北京：商务印书馆，2010.

［36］于右任．标准草书［M］．上海：上海书店出版社，2009.

［37］张传官．急就篇校理［M］．北京：中华书局，2017.

［38］张晗，陶正钢，张守中著（高智审订）．侯马盟书［M］．太原：山西出版传媒集团三晋出版社，2021.

［39］张守中，张小沧，郝建文编撰．郭店楚简文字编［M］．北京：文物出版社，2017.

索　　引

A

a　阿 …… 1
啊 …… 1
锕 …… 1

ai　哎 …… 2
哀 …… 1
唉 …… 594
埃 …… 594
锿 …… 1
挨 …… 594
捱 …… 558
皑 …… 363
硙 …… 363
癌 …… 253, 347
昹 …… 612
矮 …… 494
蔼 …… 169
霭 …… 169, 637
艾 …… 2
阨 …… 93
爱 …… 2
砹 …… 2
隘（隘）…… 126, 145, 602
嗳 …… 3
嫒 …… 3
叆（靉）…… 3, 652
暧 …… 3
瑷 …… 3, 639
篓 …… 3
癜 …… 589
餲 …… 527
碍（碍）…… 591

an　安 …… 3
侒 …… 3
桉 …… 4, 321
氨 …… 364
庵 …… 566
菴 …… 566
谙 …… 560, 606
痷 …… 349
鹌 …… 335, 566
鞍（鞌鞍）…… 4, 134
盦 …… 315
馣 …… 527
闇 …… 606
垵 …… 4
俺 …… 566
唵 …… 566
埯 …… 80, 479
铵 …… 4
厈 …… 42
屽 …… 129
岸 …… 4
按 …… 3
洝 …… 3
荽 …… 4
案 …… 4
胺 …… 3
暗 …… 606
頞 …… 4
黯 …… 172

ang　骯（肮）…… 150, 648
醃 …… 619
卬 …… 6
岇 …… 6
昂（枊）…… 6
盎（瓮）…… 314, 569

ao　凹 …… 5
敖 …… 5
嗷 …… 5
遨 …… 5
熬 …… 5
獒 …… 5
翱 …… 16
螯 …… 5
翱 …… 544
鳌（鳌）…… 5
芺 …… 574
媪 …… 498
媪 …… 381
襖（袄）…… 6, 574, 586
坳 …… 476
垇 …… 5
傲 …… 5
奥 …… 6
骜 …… 5, 296
懊 …… 6
澳 …… 6

B

ba　八 …… 7
巴 …… 7
叭 …… 7
扒 …… 7
芭 …… 7
吧 …… 252
疤 …… 7, 347
捌 …… 7
粑 …… 7, 307
羓 …… 571
姯 …… 745
犮 …… 8
坺 …… 478
拔 …… 8
跋 …… 8, 741
把 …… 7
耙 …… 713
坝（垻壩壩）…… 479
爸 …… 7, 124
罷（罢）…… 331, 490
霸 …… 637

bai　掰 …… 109, 428
白 …… 8
百 …… 8
柏 …… 8
败 …… 357
拜 …… 428
捭 …… 186

ban　扳 …… 104
攽 …… 358
班 …… 240

般 …… 9
颁 …… 110, 581
斑 …… 240, 499
搬 …… 9
瘢 …… 9
鬃 …… 589
瘢 …… 240
坂 …… 104, 476
板 …… 104
版 …… 104, 352
舨 …… 104, 710
半 …… 9
伴 …… 9
坢 …… 475
拌 …… 9
绊 …… 9
辦 …… 22
瓣 …… 22, 148
扮 …… 109

bang
邦 …… 10
帮 …… 10
浜 …… 25
梆 …… 10
挷 …… 598
绑 …… 10, 447
榜 …… 349
膀 …… 352
蚌 …… 54
傍 …… 349
棒 …… 113
谤 …… 349, 561
徬 …… 349
磅 …… 349

bao
勹 …… 10
包 …… 10
孢 …… 727
苞 …… 10
枹 …… 322
胞 …… 10, 647
剥 …… 289
煲 …… 324
褒（襃）…… 299, 588
雹 …… 10, 637
薄 …… 123
宀 …… 309, 310
饱 …… 10, 417
保 …… 324, 390
鸨 …… 336
宲 …… 324
堡 …… 324, 477
葆 …… 324
褓 …… 324
寳（珤寚宝）…… 11
报（報）…… 219
抱 …… 10, 429
趵 …… 407, 740
豹 …… 407, 703
暴 …… 11
虣 …… 506
爆 …… 11, 143

bei
卑 …… 12
杯 …… 28, 321
盃 …… 314
柸 …… 350
悲 …… 109, 537
碑 …… 12
北 …… 12
贝 …… 13, 14
孛 …… 15
邶 …… 12
备 …… 15
背 …… 12, 649
钡 …… 224
倍 …… 355
悖 …… 15
被 …… 351, 586
葡 …… 615
備 …… 615
𤰇 …… 15
辈 …… 44, 109
誖 …… 15
憊（惼痡）…… 615
鐾 …… 19

ben
奔（犇）…… 68, 692
贲 …… 13
锛 …… 692
蕡 …… 734
本 …… 16
苯 …… 16
笨 …… 16, 716

beng
崩 …… 350
绷 …… 350, 449
甭 …… 28, 613
泵 …… 420, 443
迸 …… 26
趙 …… 735
蹦 …… 739

bi
逼 …… 120
鼻 …… 729
麱（麷）…… 268
匕 …… 17
比 …… 17, 18
妣 …… 17
彼 …… 351
舭 …… 710
啚 …… 253, 277, 475
筆（笔）…… 640
鄙 …… 277, 475
币 …… 406
必 …… 18
毕 …… 18
闭（閉）…… 30, 245, 304
庇 …… 17, 155
苾 …… 18
哔 …… 18
柲 …… 18
毖 …… 17, 18
荜 …… 18
陛 …… 126, 476
畐 …… 120
毙（斃）…… 17, 19, 451
铋 …… 18
婢 …… 12
庳 …… 155
敝 …… 19
弼 …… 141
愎 …… 125
裨 …… 424
筚 …… 18
蓖 …… 18
跸 …… 18
幣 …… 19, 406
獘（弊）…… 19
碧 …… 420
蔽 …… 19

谧 …… 527
幣 …… 406
潷（滗） …… 640
壁 …… 19
襞 …… 20
廦 …… 20
薜 …… 20
髲 …… 510
避 …… 20
濞 …… 729
臂 …… 649
蹕 …… 741
趩 …… 734
璧 …… 19
繴 …… 20
襞 …… 20
躄 …… 20
贔 …… 610

bian
砭 …… 99
笾 …… 21
编 …… 21，447
蝙 …… 21
萹 …… 21
邊（边） …… 21
鞭 …… 134
籩 …… 736
贬 …… 13，99
扁 …… 21
匾 …… 21
卞 …… 22，521
忭 …… 22
抃 …… 22
汴 …… 22
苄 …… 22
变（變） …… 292
便 …… 138
遍 …… 21
辡 …… 22
辨 …… 22
辩 …… 22，561
辫 …… 22，447

biao
灬 …… 189
飑 …… 111
骉 …… 295
髟 …… 23
彪 …… 177，399
猋 …… 386
摽 …… 353
標（标） …… 353
膘 …… 353
镖 …… 353
飙 …… 111，386
飚 …… 111，565
表 …… 23
婊 …… 23
裱 …… 23
受 …… 623
俵 …… 23
鳔 …… 629
鰾 …… 353

bie
憋 …… 19，537
鼈（鳖） …… 19
別（别） …… 149
蹩 …… 675

bin
宾（賓） …… 25
彬 …… 275
斌 …… 506
滨 …… 25
缤 …… 25
濒 …… 692
殡 …… 25
膑 …… 25

bing
冰 …… 24
兵 …… 25
丙 …… 26
怲 …… 26
秉 …… 167
饼 …… 26，417
炳（昺） …… 26，189
棅（柄） …… 26，167
寎 …… 346
禀 …… 25，277
疒 …… 347
并 …… 26
病 …… 26，347
竝 …… 270

bo
波 …… 351，444
玻 …… 351
哱 …… 15
盋 …… 314
钵 …… 16，114
缽 …… 16，114
菠 …… 351
發 …… 99
嶓 …… 101
播 …… 101
磻 …… 101
伯 …… 8
驳 …… 574
帛 …… 27
泊 …… 444
勃 …… 15
郣 …… 600
饽 …… 15，417
亳 …… 482
铂 …… 224
脖 …… 15，648
舶 …… 710
博 …… 122
愽 …… 122
搏 …… 122
箔 …… 715
膊 …… 122
趠 …… 735
馞 …… 527
簙 …… 123
檗 …… 20
礴 …… 123
跛 …… 351，741
簸 …… 116
擘 …… 20

bu
逋 …… 121
晡 …… 121
铺（餔） …… 121
卜 …… 27，356
哺 …… 120
捕 …… 120
補（补） …… 121，356，587
摨 …… 324
不 …… 28
布 …… 28
佈 …… 28
步 …… 29，692
怖 …… 28，538
走 …… 693

钚……28
埗（埠）……29, 127
部……355
尃……122
踄……29, 740
簿……123

C

cai 赿……734
猜……378
才……30
材……30, 320
财……30
裁……588
纔……30, 311
采（採）……670
彩……399, 670
綵……670
踩……738
菜……670
蔡……201
can 参（叅）……30, 539
骖……30
飡……418
餐……70
残……207
惭……32, 538
蹔……32
蠶（蚕）……658
惨……30
朁……370, 658
憯……370, 658
黪……31
灿（燦）…70, 188, 402
孱……728
粲……70, 308
璨……70
cang 仓（倉）……33
苍……33
舱……33, 710
藏（芷）……405, 660
cao 操……32, 429
曹……33
嘈……33
漕……33
槽……33
艚……33
螬……33
艹……34, 35
草……34
懆……32
ce 册……36
厕……13
恻……538
测……13
敇……62
畟……201
策（筞）……62, 716
cen 岑……223
璔……658
鳛……659
ceng 噌……664
曾……663, 664
層……663
嶒……664
璔……664
蹭……663
cha 叉……623
臿……37
插……37
锸（鍤）……37
艖……38
垞……479
查（査）……37
茬……657
茶……35, 323
搽……35
猹……37
槎……38
察……201
岔……110, 402
姹（奼）……343, 482
差……38
chai 拆……222
钗……224
侪……361
柴……323
豺……30, 703
祡……694
瘥……38
蠆（虿）……632
chan 觇……667
掺……30, 523
搀（攙）……311
襜……666
谗（讒）……311, 561
禅……424
馋（嚵）……311, 417
缠……267
僝……728
蝉……73
潺……728
澶……74
毚……311
蟾……666
巉（巉）……311
产（産）……38, 39
浐（滻）……38
谄……525, 561
铲（鏟）……38
阐……305
刬……207
蒇……508
剷……38
骣……728
缣……572
醶（酸醶）……523
硟……419, 698
颤……582
懺（懺忏）…207, 367
顫……74
chang 伥……40
昌……39
娼……39
猖……39
阊……305
鲳……629
长……40
肠……647
偿……41
常……41
徜……406
嘗（嘗尝）……40, 130
塲……404
嫦……41

裳 …… 406, 588
膓 …… 404
嚐 …… 41
鲿（鱨） …… 41
厂 …… 42, 406
场 …… 477
昶 …… 444, 612
敞 …… 406
廠 …… 406
廞 …… 406
鼈 …… 406
蓎 …… 467
怅 …… 40, 538
畅 …… 410
倡 …… 39
鬯 …… 43
唱 …… 39
暢 …… 572
chao 怊 …… 672
钞 …… 407
绰 …… 449, 725
焯 …… 725
超 …… 673, 733
樔 …… 43
剿 …… 32
晁 …… 674
巢 …… 43
朝 …… 724
嘲 …… 724
潮（淖） …… 724
吵 …… 252, 407
炒 …… 407
燺 …… 187
che 车 …… 44, 45
扯 …… 691
趄 …… 735
彻 …… 359
坼 …… 222, 478
掣 …… 428, 703
哲 …… 675
撤 …… 46
澈 …… 46
彻 …… 46
chen 抻 …… 429
郴 …… 275
琛 …… 411
嗔 …… 680
膹 …… 680
瞋 …… 680
瘨 …… 681
謓 …… 680
臣 …… 46, 47
忱 …… 607
沉（沈） …… 395
辰（辰） …… 47
陈 …… 82
宸 …… 48
晨 …… 48
訦 …… 607
谌 …… 411
塵（尘） …… 290
碜 …… 31
衬 …… 65, 586
榇 …… 376
趁（趂趍）
…… 671, 681, 733
谶（讖讖）
…… 207, 523, 560
cheng 柽 …… 414
爯 …… 671
琤 …… 684
稱（称穪） … 96, 671
偁（儞） …… 671
蛏 …… 414
堂 …… 691
窺 …… 699
丞 …… 49
成 …… 509
呈 …… 49
承 …… 49
诚 …… 509, 560
郕 …… 509
城 …… 509
宬 …… 309
乘 …… 50, 151
埕 …… 49
浧 …… 49
珵 …… 49
碀 …… 685
徰 …… 699
程 …… 49
憕 …… 78
澄 …… 78
瀞 …… 685
懲 …… 537
騬 …… 50
徎 …… 49
逞 …… 49
骋 …… 354
庱 …… 155
秤 …… 166, 355
chi 吃 …… 592
伬 …… 426
蚩 …… 50
鸱 …… 423
絺 …… 515
笞 …… 464, 715
喫 …… 366
嗤 …… 50
媸 …… 50
痴（癡） …… 591, 687
螭 …… 266
魑 …… 266
齝 …… 464
弛 …… 140, 579
池 …… 444, 579
驰 …… 295, 579
祗 …… 422
持 …… 453
峙 …… 453
遲（遟迟） … 518, 572
墀 …… 518
踟 …… 687, 738
篪 …… 177
趍 …… 735
鯱 …… 651
尺 …… 415
侈 …… 90
齿 …… 51
垑 …… 478
耻（恥耻） … 536, 695
誃 …… 686
豉 …… 686
瘳 …… 156
彳 …… 51

斥 …… 222
赤 …… 52
饬 …… 404, 417
抶 …… 430
迣 …… 425
庰 …… 332
翅 …… 636, 686
翨 …… 624
敕 …… 357, 440
啻 …… 79
飭 …… 404
跅 …… 222
熾（炽） …… 189, 688
趐 …… 735
鵣 …… 426
chong 充 …… 52
冲 …… 709
忡 …… 705
沖 …… 709
茺 …… 52
狆 …… 705
舂 …… 53, 235
摏 …… 53
惷 …… 53
憧 …… 472
衝 …… 709
椿 …… 53, 346
艟 …… 472
虫（蟲） …… 53
崇 …… 731
崈 …… 731
隀 …… 706
漴 …… 731
宠 …… 283
揰 …… 706
铳 …… 52
chou 抽 …… 618
紬 …… 618
搊 …… 91
仇 …… 233
怞 …… 618
俦 …… 431
诪 …… 431
惆 …… 538, 712
绸 …… 447, 711
畤 …… 453
椆 …… 712
疇 …… 431
愁 …… 380, 537
稠 …… 711
筹 …… 432, 716
裯 …… 712
酬 …… 711
詶 …… 711
踌 …… 431
噂 …… 431
盩 …… 315
燽 …… 432
檮 …… 431
醻 …… 432
雠 …… 722
丑 …… 55, 56
杻 …… 322
瞅 …… 380
醜 …… 55, 620
臭 …… 56, 729
chu 出 …… 57
初 …… 586
除 …… 627
芻（刍） …… 91
滁 …… 627
蒭 …… 91
蜍 …… 627
厨（厨） …… 441
躇 …… 738
雛（雏鶵） …… 91, 721
櫥（橱） …… 441
躕 …… 738
杵 …… 505
楚 …… 685
处（處） …… 58
储 …… 676
楮 …… 676
楚 …… 57
褚 …… 677
濋 …… 57
礎（础） …… 57
齼 …… 57
齺 …… 701
処 …… 192
怵 …… 439
绌 …… 57
豖 …… 421
俶 …… 436
畜 …… 550
鄐 …… 550
搐 …… 550
滀 …… 550
慉 …… 550
憷 …… 57
黜 …… 171
觸（触） …… 214, 436
矗 …… 690
chuai 揣（揣） …… 85
踹 …… 85, 738
chuan 氚 …… 365
穿 …… 552
传 …… 718
佅 …… 718
舡 …… 139
船 …… 709
椽 …… 480
舛 …… 58
荈 …… 58
喘 …… 85
僢 …… 445, 672
串 …… 59, 252
chuang 疮 …… 33, 347
牎（牕窓窗） …… 63, 352
摐 …… 392
覩（覺） …… 53
疒 …… 347
床 …… 155
牀 …… 345
幢（幢） …… 472, 706
闯 …… 303
籴 …… 715
剏 …… 442
瓶 …… 442
湊 …… 442
磢 …… 442
创 …… 33
怆 …… 539
chui 吹 …… 371
龡 …… 651

垂……59
陲……126
棰……59
椎……720
槌……88
锤……59
顀……722
chun 芚……482
旾……482
杶……481
春……60
萅……482
椿……60
蝽……60
輴……90
櫄……555
纯……481
肫……719
陙……48
唇……42, 48
莼……482
淳……529
脣……42, 48
犉……529
鹑……335, 529
漘……48
醇……529, 620
錞……529
惷……536
chuo 逴……726
踔……726, 739
戳……723
啜……624
娖……397
惙……538, 624
婥……726
辍（輟）……44, 624
齪……51, 740
ci 玼……694
疵……693
訾……570
髊……694
词……561
祠……446
茨……63
柌……464
兹……62
瓷……63, 484
兹……357
辞……463, 540
鹚……694
慈……62, 537
辞……432
鈶……464
磁……62
雌……693, 721
辤……432, 433
餈……418
辭……432
此……693
泚……694
啙……220, 694
趀……735
鴜……694
朿……62
次……24, 63
伺……446
刺……203
胔……649
螆……655
赐……601
cong 匆……507
囪……63
苁……391
悤……63
葱……63
骢……63
樅……391
瑽……392
緫……732
聰（聪）……63
鏦……392
从……391
丛……391
從……391
悰……730
淙……730
琮……730
潨……391
賨……731
藂……238
叢……726
藂……726
cou 凑……736
湊……736
腠……648, 736
辏……736
楱……736
cu 麤（粗）
……290, 307, 374
徂……375
殂……375
卒……742, 743
促……737
猝……742
瘄……515
蔟……106
趗……735
噈（顣）……230
踧……739
醋……620
瘯……106
趥……621, 735
蹙……512, 741
蹴……230, 739
cuan 汆……396, 443
撺……59
鋑（镌鐫）……243
竄（窜）……59, 438, 553
蹿……59, 741
攛……438
躥……438
鑹……438
菆……383
爨……64, 545
cui 崔……722
缞……389
趡……721, 734
粹……307
脆……491, 648
觜……694
啐……742
悴……742
淬……743
萃……743

瘁 …… 349, 742
粹 …… 742
翠 …… 743

cun 邨 …… 482
村 …… 65
皴 …… 243
墫 …… 744
存 …… 64
洊 …… 64
忖 …… 65
寸 …… 65, 66
鑮 …… 704

cuo 搓 …… 38
瑳 …… 38
磋 …… 38
撮 …… 384
蹉 …… 38, 738
虘 …… 177
嵯 …… 38
痤 …… 745
睉 …… 745
矬 …… 745
鹾 …… 288
溠 …… 502
脞 …… 745
剉 …… 745
厝 …… 42
剉 …… 745
挫 …… 745
莝 …… 745
措 …… 515
遣 …… 515
锉 …… 745
莝 …… 745
错 …… 515
郅 …… 745
蹉 …… 745

D

da 奋 …… 97
嗒 …… 67
搭 …… 67
褡 …… 587
达（達達） …… 67, 544
荅（答） …… 67, 168
奎 …… 570
跶（躂） …… 67, 738
靼 …… 134
鞑（韃） …… 67, 134
黕 …… 171
打 …… 81
大 …… 68
汏 …… 68
罛（眔） …… 68, 443
瘩 …… 67

dai 呆 …… 324
呔 …… 465
歹 …… 69, 70
逮 …… 272
傣 …… 465
代 …… 71
岱 …… 71, 402
绐 …… 463
迨 …… 464
骀 …… 463
带 …… 71
待 …… 453
怠 …… 72
殆 …… 69
玳 …… 71, 639
贷 …… 71
袋 …… 71, 588
廗 …… 156
戴 …… 602
黛 …… 71, 171
隸 …… 464
黱 …… 172

dan 丹 …… 72
单 …… 73
眈 …… 607
耽（躭） …… 73, 410, 607
郸 …… 73
聃 …… 389
酖 …… 607
扰 …… 607
胆 …… 647
掸 …… 73
亶 …… 74
撢 …… 466
膽 …… 666
黮 …… 171
黵 …… 172
旦 …… 74
但 …… 74, 390
诞 …… 698
殳 …… 607
啖（噉） …… 130, 563
弹 …… 73, 140
淡 …… 563
蛋 …… 55
氮 …… 365, 563
澹 …… 666

dang 裆 …… 587
铛 …… 224
當（当） …… 120, 405
黨（党） …… 171, 405
攩 …… 171
灙 …… 171
凼 …… 443
宕 …… 310, 419
愓 …… 572
潒 …… 531
盪 …… 638
盪 …… 315

dao 刀 …… 75
导 …… 76
岛 …… 334
捣 …… 334
倒 …… 702
捯 …… 432
裯 …… 712
導 …… 76
壔 …… 431
蹈 …… 577, 738
禱 …… 432
到 …… 75
帱 …… 431
悼 …… 538, 726
盗 …… 63, 314
道 …… 76
稻 …… 165, 577
衜 …… 430, 543

de 得 …… 76
悳 …… 537
悳（德） …… 77

的 …… 407
嘚 …… 76
den 扽 …… 430, 481
deng 登 …… 77, 78
僜 …… 78
噔 …… 78
燈（灯）…… 77, 188
璒 …… 78
毲 …… 78
簦 …… 78
寸 …… 65
等 …… 30, 453, 716
戥 …… 133, 542
凳 …… 77
鄧（邓）…… 77
隥 …… 78
嶝 …… 78
瞪 …… 77
磴 …… 78
镫 …… 78
di 氐 …… 423
仾 …… 178
低 …… 423
牴 …… 423
羝 …… 423, 571
堤（隄）…… 427
趆 …… 734
滴 …… 79
嘀 …… 79
镝 …… 79
鞮 …… 428
狄 …… 189
籴 …… 308, 396
迪 …… 619
㣙 …… 618
涤 …… 470
笛 …… 619
靮 …… 407
敵（敌）…… 79
篴 …… 61
藋 …… 723
櫂 …… 723
糴 …… 723
䌊 …… 723
鸐 …… 723
诋 …… 423
邸 …… 423
坻 …… 478
底 …… 423
抵 …… 423, 429
砥 …… 423
觝 …… 423
骶 …… 150
弔 …… 140
地 …… 475
弟 …… 78
帝 …… 79
娣 …… 78, 343
递（遞）…… 78
遆 …… 61
啇 …… 79
第 …… 78
谛 …… 79, 561
棣 …… 272
缔 …… 79, 449
蒂 …… 79
睇 …… 675
趧 …… 735
禔 …… 427
dia 嗲 …… 124
dian 佔 …… 668
掂 …… 80
傎 …… 680
滇 …… 680
槙 …… 680
颠（顛）…… 582, 680
蹎 …… 680
巅 …… 681
癫 …… 681
齻 …… 681
典 …… 36
碘 …… 36
踮 …… 80
點 …… 171
甸 …… 469
坫 …… 479
店 …… 80
垫 …… 689
钿 …… 469
惦 …… 80
淀 …… 697
唸 …… 334
奠 …… 622
殿 …… 81, 415
電（电）…… 80, 637
簟 …… 544
橝 …… 466
澱 …… 81
靛 …… 379, 697
癜 …… 81
diao 凋 …… 712
彫 …… 711
蛁 …… 673
凋 …… 712
琱 …… 712
貂 …… 673, 703
碉 …… 712
雕 …… 252, 711
鲷 …… 629, 712
錭 …… 712
吊 …… 220
钓 …… 224, 407
窎 …… 553
调 …… 561, 711
掉 …… 725
铫 …… 674
㑿 …… 723
嬥 …… 723
鑃 …… 723
die 爹 …… 90, 124
跌 …… 116, 739
迭 …… 116
垤 …… 479
耋 …… 262
戜 …… 49
谍 …… 584
啑（喋）…… 584, 696
堞 …… 584
惵 …… 584
揲 …… 584
耊 …… 702
载 …… 655
殜 …… 584
牒 …… 352, 584
碟 …… 584

蜨（蝶）…… 584, 696
褋 …… 584
槢 …… 520
蹀 …… 584
堞 …… 585
褺 …… 589
鲽 …… 584

ding
丁 …… 81
仃 …… 81
叮 …… 81
盯 …… 81
町 …… 81
顶 …… 81, 580
酊 …… 620
鼎（鼑）…… 82, 675
订 …… 81
钉 …… 81
定 …… 697
啶 …… 697
腚 …… 697
碇 …… 697
锭（錠）…… 697

diu
丢 …… 385

dong
东 …… 82
冬 …… 83
咚 …… 83
岽 …… 82
氡 …… 83, 365
鸫 …… 82
鼕 …… 24
鼟 …… 718
董 …… 708
湩 …… 706
懂 …… 708
动（動）…… 708
冻 …… 24, 82
挏 …… 429
栋 …… 82
洞 …… 472
恫 …… 472
胨 …… 82
胴 …… 472
烔 …… 472
運 …… 708
衕 …… 543

dou
都 …… 599, 678
兜 …… 83
蔸 …… 83
篼 …… 83
抖 …… 84
陡 …… 733
斗 …… 84
豆 …… 84
逗 …… 84
鬥 …… 84
酘 …… 435
痘 …… 84, 348
窦 …… 553

du
阇 …… 305, 677
嘟 …… 678
督 …… 436
闍 …… 677
毒 …… 319
读 …… 296, 560
渎 …… 296
椟（櫝）…… 296
牍 …… 352
犊 …… 338
裻 …… 589
獨（独）…… 436
黩 …… 172
髑 …… 436
笃 …… 715
堵 …… 676
赌 …… 677
睹 …… 676
睹 …… 676
妒 …… 344
杜 …… 320, 475
肚 …… 477, 647
度 …… 85
渡 …… 85
镀 …… 85
殬 …… 598
斁 …… 597
蠹 …… 55

duan
耑 …… 85
端 …… 85
短 …… 84
段 …… 86
叚 …… 87
断 …… 87
缎 …… 86, 447
葮 …… 86
椴 …… 86
煅 …… 86
瑖 …… 86
腶 …… 86
锻 …… 86
鍛 …… 86
鞍 …… 86
韍 …… 86
簖 …… 87

dui
自 …… 88
堆 …… 721
兑 …… 88
隊 …… 89, 421
碓 …… 721
對 …… 726
憝 …… 89
镦 …… 89
儬 …… 726
懟 …… 726
轛 …… 726
霸 …… 726

dun
吨 …… 481
惇 …… 529
敦 …… 89, 529
墩 …… 89
燉 …… 89
礅 …… 89, 419
蹲 …… 744
盹 …… 481
趸（躉）…… 632, 741
囤 …… 482
庉 …… 155, 482
坉 …… 477, 481
忳 …… 481
炖 …… 188, 481
盾 …… 90
砘 …… 482
钝 …… 481
顿 …… 481, 581
遁 …… 90
楯 …… 90

媵 …… 480
硐 …… 90

duo 多 …… 90
咄 …… 57
掇 …… 624
敠 …… 624
夺 …… 65
铎（鐸） …… 598
踱 …… 85, 740
朵（朶） …… 92, 321, 327
哚 …… 92
垛（垜） …… 92, 475
缍 …… 59
躲 …… 92, 410
剁 …… 92
饳 …… 57
堕（墮） …… 458, 625
舵 …… 461, 710
惰 …… 458
跺 …… 92, 740
憜 …… 458
羧 …… 495

E

e 婀 …… 1, 343
讹 …… 180
囮 …… 180
俄 …… 501
娥 …… 501
峨 …… 501
鹅 …… 501
蛾 …… 501
誐 …… 501
额 …… 581
鵝 …… 501
鵞 …… 501
蟲 …… 501
皒 …… 501
譌 …… 495
厄 …… 93
户 …… 4
呃 …… 93
扼 …… 93
苊 …… 93
轭 …… 93
咢 …… 93
垩 …… 478
恶 …… 94
饿（餓） …… 417, 501
谔 …… 93, 560
鄂 …… 93
愕 …… 93
遏 …… 169
罂 …… 332
諤 …… 135
锷 …… 93
颚 …… 93, 582
鼍 …… 253
噩 …… 254
阏（閼） …… 626
鳄（鰐鱷蝉）
…… 93, 254, 630
鸮 …… 4

en 恩 …… 94, 604
蒽 …… 94
摁 …… 94
嗯 …… 94

er 而 …… 95
兒（儿） …… 95
洏 …… 95
耏 …… 95
媔 …… 234
栭 …… 95
胹 …… 95
輀 …… 95
尔（爾） …… 96
耳 …… 96, 97
饵 …… 417
珥 …… 97
峏 …… 554
鬻 …… 141
二 …… 98
贰 …… 98
髶 …… 97

F

fa 发 …… 99
乏 …… 99
伐 …… 100
垡 …… 479
罚（罸） …… 490
茷 …… 100
阀 …… 100, 304
筏 …… 100
法 …… 100, 385
砝 …… 385
灋 …… 100, 704
珐（琺） …… 100, 385
髮 …… 99

fan 帆 …… 102
番（畨） …… 101
幡 …… 101
蕃 …… 101
繙 …… 101
翻 …… 101
藩 …… 101
凡 …… 102, 103
氾 …… 105
矾 …… 102
烦 …… 580
滠 …… 314
釩 …… 102
梵 …… 103
樊 …… 103
繁 …… 320
膰 …… 101
反 …… 104, 623
攵 …… 357, 358, 623
返 …… 60, 104
犯 …… 105
妀 …… 234
泛 …… 99
饭 …… 22, 104, 416
范 …… 105
贩 …… 104
畈 …… 104, 469
娩 …… 479
梵 …… 102, 275
笵（範） …… 105
飰 …… 22

fang 方 …… 105, 106, 107
坊 …… 105, 476
芳 …… 106
妨 …… 105
趽 …… 106

防……106, 126
房……106
肪……106, 648
仿……105
访……105
彷……105
纺……106
旊……106
舫……106, 710
髣……23, 106
放……106, 358

fei
飞（飛）……108
妃……199
妃……452
非……108, 109
啡……108
绯……108
菲……109
扉……108
霏……109
蜚……418
馡……527
騑……108
肥……7, 648
朏……57
匪……108
诽……108, 561
斐……109, 499
翡……109
芾……118
柿……354
废……155
沸……119, 445
狒……119
肺……118, 647
费……119
鬅……23, 119
癈……349
猷……438

fen
分……75, 109
吩……109
纷……109
芬……110
氛……110, 364
酚……110, 619
鼢……664
饙……692
汾……109
羒……571
棼……189, 275
馚……527
豮……13
鼢（蚡鼸）……437
蕡……186
粉……110, 307
份……109
坋……477
奋（奮）……469, 721
忿……110
偾……13
愤……13
粪（糞）
……143, 308, 602
鲼……13

feng
风（風凬）……110, 652
枫……110, 323
封……111
疯……111, 348
峰……112, 402
烽……112
葑……111
锋……112
蜂……112
豊……267
寷（寷）……268
豐……268
酆（酆）……268
蘴（葑）……268
靊……268
靊……268
冯（馮）……112
夆……112
逢……112
缝……112
缝……447
讽……110, 561
凤（鳳）……113
奉……113
俸……113

fiao
覅……578

fo
佛……119

fou
缶……114
否……28
缻……484

fu
夫……115
尃……122
麸……115, 297
跗……125
鈇……115
孵……119, 219
誧……121
敷……123
敷……122
膚（肤）115, 178, 496
市……118
艮……219
弗……119
伏……386
孚……119
扶……115
芙……115
怫……119
拂……119, 429
服……219, 650
俘……119
氟……119, 365
郛……600
拔……493
浮……119
祓……587
艴……401
幅……120
福……120
蜉……119
辐……120
趚……735
黻……8, 701
符……125
抚（撫）……504
甫……120
府……125
拊……430
斧……124, 221
鄜……121, 600
俯……125

釜 …… 124
辅 …… 120
脯 …… 120
蜅 …… 121
頫 …… 674
酺 …… 121
黼 …… 701
父 …… 124, 623
讣（訃） …… 27
付 …… 125
负 …… 14
附 …… 125
咐 …… 125
阝（阜） …… 126, 599
驸 …… 125, 296
复（復） …… 51, 125
赴（趴） …… 356, 733
副 …… 120
婦（妇） …… 713
傅 …… 122
富 …… 120
赋 …… 497
缚 …… 122
腹 …… 125, 647
蝮 …… 125
鳆 …… 125
覆 …… 125
馥 …… 125, 527

G

ga
旮 …… 233
呷 …… 205
咖 …… 203
尜 …… 533
噶 …… 169
尕 …… 533
嘎 …… 205
尬 …… 233

gai
侅 …… 162
该 …… 162, 560
郂 …… 162, 600
陔 …… 126
垓 …… 162, 477
荄 …… 162
改 …… 357
丐 …… 128
钙（鈣） …… 128
溉 …… 200
概 …… 200
蓋（盖） …… 128, 170

gan
甘 …… 130
肝 …… 647
坩 …… 479
矸 …… 129
倝 …… 726
乹 …… 129, 725
柑 …… 130
竿 …… 715
疳 …… 130
桿 …… 164
尴 …… 233
幹 …… 129
尷 …… 209
秆 …… 166
赶 …… 733
敢 …… 130
稈 …… 164
感 …… 509
趕 …… 164
干 …… 129
倝 …… 725
榦 …… 129
赣 …… 669

gang
冈（岡） …… 131
刚（剛） …… 131
纲（綱） …… 131
肛 …… 139, 647
缸 …… 114, 139
钢（鋼） …… 131
罡 …… 699
颃 …… 582
犅 …… 338
堽 …… 699
岗（崗） …… 131
港 …… 531
杠 …… 139

gao
皋 …… 16
羔 …… 571
高 …… 131, 132, 252
滜 …… 16
睾 …… 544, 596, 597, 598
槔 …… 16
睪 …… 544
糕 …… 571
餻 …… 571
杲 …… 321
搞 …… 131
缟 …… 131
槁 …… 131
稿 …… 131
镐 …… 224
告 …… 132
郜 …… 132

ge
戈 …… 133
圪 …… 592
咯 …… 135
哥 …… 249
胳 …… 135
鸽 …… 168, 335
割 …… 163
歌 …… 249
挌 …… 429
阁（閣） …… 135, 305
革 …… 134
迨 …… 168
鬲 …… 134
裓 …… 220
隔 …… 134
颌 …… 168, 581
嗝 …… 134
塥 …… 134
搿 …… 168
槅 …… 134
膈 …… 134
镉 …… 134
韐 …… 168
骼 …… 150
舸 …… 249, 710
葛 …… 169
各 …… 135
個（箇个） …… 146
铬 …… 224

gei
给 …… 168

gen
根 …… 136, 322
跟 …… 136, 737

艮 …… 136, 137
亘 …… 135, 136
亙 …… 136
茛 …… 136

geng
庚 …… 138
畊（耕） …… 231
赓 …… 138
鹒 …… 138
羮 …… 571
羹 …… 189, 303
鬻 …… 141
郠 …… 600
哽 …… 138
埂 …… 138
绠 …… 138
耿 …… 97
鲠 …… 138, 629
更 …… 138
鮔 …… 136
鮰 …… 136

gong
工 …… 139
弓 …… 140, 141
公 …… 141, 142, 566
厷 …… 173
功 …… 139, 269
攻 …… 139
肱 …… 173, 647
宫 …… 252
恭 …… 143, 539
蚣 …… 54, 141
躬 …… 140, 410
龚 …… 143, 283
觥 …… 154
廾 …… 142, 143
巩 …… 139, 143, 200
汞 …… 139, 443
拱 …… 143
栱 …… 323
共 …… 143
贡 …… 139
篫 …… 695

gou
勾 …… 144
沟 …… 144
钩 …… 144
篝 …… 145, 389
缑 …… 174
鉤 …… 144
搆 …… 145
篝 …… 145
鞲（韝） …… 145
狗 …… 144
苟 …… 144
构 …… 144
诟 …… 174
购 …… 144
垢 …… 174, 477
姤 …… 174
够 …… 90, 144
媾 …… 145
彀 …… 248, 435
遘 …… 145
雊 …… 722
覯 …… 145, 210
擊 …… 413

gu
姑 …… 342
孤 …… 148
柧 …… 323
鸪 …… 335
觚 …… 148, 214
辜 …… 540
毂 …… 45
箍 …… 655
嫴 …… 540
橭 …… 540
轂 …… 248
古 …… 146, 252
汩 …… 646
扣 …… 430, 646
股 …… 434, 647
骨 …… 150
羖 …… 571
钴 …… 224
蛄 …… 146
淈 …… 382
蛊 …… 314
鹄 …… 132
榾 …… 150
鼓（皷） …… 84, 718
榖 …… 248
穀（谷） …… 146, 248
濦 …… 494
鹽 …… 315
瞉 …… 114
臌 …… 718
固 …… 146
故 …… 146
梏 …… 132
雇 …… 147
痼 …… 348
顧（顾） …… 147, 581

gua
瓜 …… 148
呱 …… 148
刮 …… 408
骒 …… 149
劀 …… 299
緺 …… 149
諣 …… 149
剐 …… 149
寡（寘宜） …… 110, 150
卦 …… 157
挂 …… 157
掛 …… 157
罣 …… 157, 490
褂 …… 157

guai
乖 …… 151
掴 …… 190
怪 …… 414
恠 …… 414, 657

guan
关（関關闗） …… 151
官 …… 152
倌 …… 152
棺 …… 152
蒄 …… 486
瘝 …… 68
鳏 …… 68
觀（观） …… 153
馆 …… 152, 417
辖 …… 152
莞 …… 486, 715
管 …… 152
舘 …… 152, 409
錧 …… 152
輨 …… 152
贯 …… 153
冠 …… 309

惯 153
掼 153
涫 152
婠 152
盥 315
雚 153, 154
灌 154
瓘 154
鹳 154, 335
罐 114, 154
guang 光 154
咣 154
胱 154, 647
趪 734
廣（广）
155, 156, 184
獷 184
侹 257
逛 257
撗 184
gui 圭 157
妫 495
龟 158
规 115, 158
皈 104
闺 157, 304, 476
珪 157
硅 157, 419
窐 553
摫 598
巂 519
歸（归） 713
瓌（瑰） 181
宄 233
轨 233
庋 156
诡 491, 561
垝 478, 491
癸 159
鬼 159
庪 687
攱 687
趌 735
簋 137, 716
刽 186
刿 511
柜 237, 322
贵 160
桂 157, 322
桧 187, 322
趏 734
跪 491, 741
瞶 160
獚 571
鳜 240
gun 衮 142
惃 259
绲 259
辊 259
滚 142
磙 142
琯 152
棍 258
guo 呙（咼） 148
郭 160, 529
啯 190
聒 97, 408
锅 148
蝈 190
國（国） 190
帼 190
聝 97
虢 177, 292
果 161
椁 529
槨 160
裹 161
过（過） 149

H

ha 哈 168, 252
蛤 53, 168
hai 咍 464
咳（欬） 162, 371
孩 162
趩 735
骸 150, 162
還（还） 182
海 319, 444
胲 162
亥 162
害 163
氦 162, 364
駭（骇）
162, 220, 296
han 顸 582
酣 130, 620
憨 130, 537
鼾 729
邗 129
含 163
邯 130
函 164
唅 163
晗 163
涵 164
焓 163
琀 163
寒 24
韩 493, 725
椷 510
黔 438
螒 24
黯 438
驜 24
罕 129
喊 510
汉（漢） 227
汗 129
旱 164
悍 164
捍 164
焊 164, 189
菡 164
晥 486
豉 164
睅 164
摵 510
颔 163, 581
輚 725
憾 509
撼 509
翰 724
𦑸 164
韊 722

瀚 ………………… 724
hang 夯 ………………… 269
行 …… 51, 542, 543
沆 ………………… 106
杭 ………… 247, 322
航 ………… 247, 710
笐 ………………… 715
毭 ………………… 598
hao 蒿 ………………… 131
蚝 ……………54, 298
椃 ………………… 177
嗥 …………………… 16
貉 ………………… 703
號 ………………… 176
豪 ………… 132, 421
虩 ………………… 324
謕 ………………… 177
嚎 ………………… 132
壕 ………………… 132
濠 ………………… 132
蠔 ………………… 132
好（敀玗）…… 165
郝 …………………… 52
号 ………………… 247
浩 ………………… 132
耗 ………… 265, 298
皓 ………………… 132
暤 …………………… 16
皞 …………………… 16
颢 ………………… 230
灏 ………………… 230
he 诃 ………………… 249
呵 ………………… 249
抲 ………………… 429
欱 ………………… 168
喝 ………………… 169
禾 ………………… 165
合 ………………… 168
何 ………………… 249
劾 ………………… 162
和（龢）… 167, 252
河 ………… 249, 444
郃 ………………… 168
曷 ………………… 169
阂 ………… 162, 305
核 ………………… 162
盉 ………………… 314
盍 ………… 170, 385
荷 ………………… 249
盒 ………… 168, 314
龁 …………………… 51
阖 ………… 170, 305
鹖 ………………… 169
翮 ………………… 134
貉 ………………… 438
垎 ………………… 478
贺 ………………… 203
隺 ………………… 170
愒 ………………… 169
嗃 ………………… 253
赫 …………………… 52
鹤 ………… 170, 335
hei 黑 ………… 171, 172
嘿 ………………… 171
hen 痕 ………………… 137
佷 ………………… 136
很 ………………… 136
狠 ………………… 136
恨 ………………… 136
heng 亨 ………………… 172
哼 ………………… 172
恒 ………………… 136
桁 ………………… 542
横 ………………… 184
衡 ………………… 215
蘅 ………………… 215
hong 轰 …………………… 45
訇 ………………… 562
烘 ………………… 143
薨 ………………… 451
弘 ………… 140, 173
红 ………… 139, 447
宏 ………… 173, 310
纮（紘）……… 173
闳（閎）……… 173
泓 ………………… 173
洪 ………………… 445
虹 ………………… 139
堆 ………………… 721
鸿 ………… 139, 334
鞃 ………………… 173
哄 ………………… 143
讧 ………………… 139
鬨 …………………… 84
hou 侯（厌矦）
……… 42, 116, 174
喉 ………………… 174
猴 ………… 174, 387
瘊 ………………… 174
吼 ………………… 251
后 ………………… 174
厚 ……………42, 727
後 ………………… 174
逅 ………………… 174
候 ………… 116, 174
堠 ………………… 174
hu 乎 ………………… 175
呼 ………………… 175
忽 ………………… 507
烀 ………………… 175
轷 ………………… 175
惚 ………………… 539
揔 ………………… 732
虖 ………… 175, 177
桒 ………………… 181
寣 ………………… 346
囫 ………………… 507
沍 ………………… 178
弧 ………… 140, 148
狐 ………… 148, 387
胡 ……………23, 175
壶 ………………… 176
斛 ………………… 214
壸 ………………… 176
湖 ………… 175, 444
猢 ………………… 175
瑚 ………………… 175
鹕 ………………… 175
箶 ………………… 175
糊 ………… 175, 307
蝴 ………………… 175
觳 ………………… 248
醐 ………… 175, 620
鬍 …………………… 23
雐 ………………… 438

庄 …… 176, 177, 178
虎 …… 176
浒 …… 505
唬 …… 177
琥 …… 177, 639
互（笠）…… 178
户 …… 179
沍 …… 178
护 …… 429
戽 …… 84
枑 …… 178
洿 …… 255
笏 …… 715
扈 …… 179, 598
瓠 …… 148, 255
濩 …… 191
嚛 …… 263
頀 …… 191, 335
護 …… 191
鳠 …… 630
葫 …… 175

hua
花 …… 180
华 …… 179, 180
哗 …… 180
骅 …… 180, 296
铧 …… 180
滑 …… 150
猾 …… 150, 386
劃（畫划）…… 640
化 …… 180
画（畵畫）…… 640
话 …… 408, 560
桦 …… 179, 322
婳 …… 200
繣 …… 640

huai
淮 …… 181, 720
槐 …… 159
踝 …… 740
懷（怀）…… 181
褱 …… 68, 181
壞（坏）…… 181, 477

huan
懁 …… 182
酄 …… 154
獾 …… 154
歡（欢懽）…… 153, 154
讙 …… 154
驩 …… 154
汍 …… 234
峘 …… 136
洹 …… 135
狟 …… 135
萓 …… 136
桓 …… 135
萑 …… 722
睘 …… 182
寰 …… 182
缳 …… 182, 448
阛 …… 305
環（环）…… 182
镮 …… 182
轘 …… 182
闤 …… 182
鬟 …… 182
缓 …… 448, 643
睆 …… 486
幻 …… 635
奂 …… 183
唤 …… 183
换 …… 183
浣 …… 485
涣 …… 183
患 …… 59, 536
焕 …… 183, 189
逭 …… 152
痪 …… 183, 347
豢 …… 421
鲩 …… 486
擐 …… 182

huang
巿 …… 691
荒 …… 183
衁 …… 554
慌 …… 183, 538
皇 …… 184
凰 …… 184
隍 …… 184
黄 …… 184
徨 …… 184
惶 …… 184, 538
遑 …… 61
煌 …… 184
瑝 …… 184
潢 …… 184
璜 …… 184
磺 …… 184
簧 …… 184
蟥 …… 184
恍 …… 154
晃 …… 154, 394
谎 …… 183, 561
幌 …… 154
滉 …… 154

hui
灰 …… 185
诙 …… 185
恢 …… 185
挥 …… 45, 429
虺 …… 506
袆 …… 493
晖 …… 45, 394
豗 …… 506
辉 …… 45, 154
麾 …… 295
譼 …… 562
回（廻）…… 185, 252
徊（佪）…… 51, 185
洄 …… 185
茴 …… 185
蛔 …… 185
蛕 …… 625
悔 …… 319
烠 …… 494
毁 …… 434
卉 …… 186
会（會）…… 186, 691
讳 …… 493
哕 …… 511
绘 …… 186, 448
荟 …… 187
诲 …… 319
恚 …… 157
烩 …… 187
贿 …… 625
彗 …… 187
晦 …… 319, 394
秽 …… 166, 511
喙 …… 480

蕙 …… 188
缋 …… 160
翙 …… 511
滙（汇） …… 181
詯 …… 728
嘒 …… 187
慧 …… 187
槥 …… 187
潓 …… 188
薫 …… 188
橞 …… 188
蟪 …… 188
憓 …… 187
孈 …… 519
譓 …… 187
hun 昏 …… 423
婚 …… 344, 423
惛 …… 423
涽 …… 423
阍 …… 423
棔 …… 423
殙 …… 423
惽 …… 539
忶 …… 652
浑 …… 45
梡 …… 486
馄 …… 258, 416
混 …… 258
棞 …… 259
魂 …… 652
诨 …… 45
俒 …… 486
掍 …… 259
婫 …… 259
huo 劐 …… 191
豁 …… 146
活 …… 408
火 …… 188, 189
漷 …… 160
夥（伙） …… 161
或 …… 190
货 …… 14, 180
祸 …… 149
惑 …… 190
蒦 …… 191
獲（穫获） …… 191
镬 …… 191
霍 …… 637
蠖 …… 191

J

ji 讥 …… 192
叽 …… 192
饥 …… 417
乩 …… 667
圾 …… 194, 478
机 …… 192
玑 …… 192
肌 …… 647
芨 …… 194
矶 …… 419
刏 …… 361
唧 …… 195
姬 …… 47, 343
屐 …… 686
饥 …… 192
飢 …… 192, 417
基 …… 117
啨 …… 155
嵇 …… 616
犄 …… 362
缉 …… 366, 448
攲 …… 686
畸 …… 362
跻 …… 740
僟 …… 192
毄 …… 193
箕 …… 116
嘰 …… 192
畿 …… 192
稽 …… 194, 616
觭 …… 214, 362
齑 …… 361
踦 …… 362, 740
機 …… 192
激 …… 216
璣 …… 192
積（积） …… 193, 662
擊（击） …… 193
羁 …… 490
谿 …… 517
譏 …… 192
趯 …… 735
饑 …… 192, 417
癪 …… 193
鞿（靰） …… 134, 192
鷄（雞鸡） …… 334, 517
羈 …… 362
及 …… 194, 623
尐 …… 533
伋 …… 194
吉 …… 195, 422
汲 …… 194
级 …… 194
即 …… 195, 196
亟 …… 197
佶 …… 195
笈 …… 194
疾 …… 347
趌 …… 734
湒 …… 375
楖 …… 195
怾（急） …… 197
戢 …… 133, 366
棘 …… 62
極（极） …… 197
殛 …… 197
集 …… 198
颋 …… 200
咠 …… 254
嫉 …… 344, 348
楫 …… 366
趌 …… 735
辑 …… 44, 366
耤 …… 198
蕀 …… 62
蕺 …… 366
趞 …… 734
檝 …… 366
鞿 …… 197
籍 …… 198
几 …… 192
己 …… 199
丮 …… 199, 200
犱 …… 234

挤 …… 361
脊 …… 649
幾（幾几）… 133, 192
戟（戟）… 133, 725, 726
麿 …… 701
计 …… 416
记 …… 199, 561
伎 …… 686
纪 …… 199
妓 …… 686
忌 …… 536
技 …… 686
芰 …… 686
洎 …… 687
剂 …… 361
季 …… 166
迹（跡）…… 596
垍 …… 478, 728
既 …… 200
洎 …… 728
济（済）…… 361
继（繼）…… 202
觊 …… 199, 362
绩 …… 662
偈 …… 169
寂 …… 436
寄 …… 362
悸 …… 539
祭 …… 201
鮆 …… 694
蓟 …… 629
䓫 …… 589, 675
際（际）…… 201
暨 …… 200
稷 …… 201
霁 …… 637
鱀 …… 202
稷 …… 165, 201
鲫 …… 195, 629
冀 …… 202, 602
髻 …… 99
骥 …… 202, 295

jia

加 …… 203, 269
佳 …… 157
迦 …… 61, 203
枷 …… 203
浃 …… 203
挟 …… 203
家 …… 204, 421
痂 …… 203, 348
袈 …… 203, 588
傢 …… 204
葭 …… 87
嘉 …… 718
篋 …… 87
镓 …… 204
豭 …… 87
夹 …… 203, 204
郏 …… 204
戛 …… 205
戞 …… 133
蛱 …… 204
颊（頰）…… 204
甲 …… 205
叚 …… 86, 87
胛 …… 205
贾 …… 206
钾 …… 205
假 …… 86
槚 …… 206
瘕 …… 87
驾 …… 203, 295
架 …… 203
嫁 …… 204
贼 …… 510
價（价）…… 206
稼 …… 165, 204

jian

戋（戔）…… 206
奸 …… 129, 344
尖 …… 68, 533
间 …… 304
閒（閒）…… 304
肩 …… 208, 649
艰（艱）…… 137, 227
戬 …… 207, 208
兼 …… 209
堅（坚）…… 523
笺 …… 206
菅 …… 152
淺 …… 206
牋 …… 206, 352
缄 …… 449, 510
搛 …… 209
煎 …… 370
瑊 …… 510
缣 …… 209
監 …… 209
鲣 …… 630
熸 …… 658
鞬 …… 639
黚 …… 171
鞯 …… 64
鳒 …… 209, 630
瀸（瀐）…… 208, 523
嚱 …… 523
櫼（櫼）…… 208, 523
殲（殱歼）… 208, 367
瀸 …… 208
韉 …… 704
囝 …… 727
俭 …… 368
柬 …… 210
茧（繭蠒絸苲）…… 54
捡 …… 368
減 …… 510
剪 …… 75, 370
检 …… 368
帴 …… 207
揀（拣）…… 210
睑 …… 325
简 …… 304
戬 …… 133, 228
碱 …… 510
翦 …… 370, 636
謇 …… 562
蹇 …… 459, 742
鬑 …… 288
鹼（硷）…… 288, 368
见 …… 210
件 …… 338
建 …… 639
饯 …… 207, 417
剑 …… 368
牮 …… 71, 338
荐 …… 64

贱 …… 207
健 …… 639
栫 …… 64
涧 …… 304, 444
亲 …… 540
舰 …… 210, 709
渐 …… 666
袸 …… 64
谏 …… 210, 561
溅 …… 207
𤵸 …… 64
践 …… 207
鉴（鑒） …… 46, 209
键 …… 224
僭 …… 370, 658
譖 …… 468
僣 …… 468
箭 …… 370, 716
諓 …… 207
踐 …… 740
踺 …… 639, 741
薦 …… 704
鍊 …… 210
檻 …… 209
蹔 …… 735
瀳 …… 704
醬 …… 621
鑑 …… 209

jiang

江 …… 139, 444
姜 …… 211, 344
将 …… 211, 292
浆 …… 443
畕 …… 212
豇 …… 139
葁 …… 211
媄 …… 211
犭 …… 211
畺 …… 212
僵（殭） …… 212
螿 …… 211
缰 …… 212
薑 …… 212
疆 …… 212, 372
奖 …… 68
傋（僣） …… 145
蒋 …… 211
奨 …… 211
耩 …… 145
講（讲） …… 145, 231
匠 …… 221
夅 …… 212, 695
弜 …… 141
降 …… 126, 212, 695
陟 …… 126
洚 …… 212, 695
绛 …… 212, 695
弶 …… 229
袶 …… 695
酱 …… 621
趟 …… 735
犟 …… 372
醤 …… 211
糨 …… 372

jiao

交 …… 213
郊 …… 213
姣 …… 213
娇 …… 373
浇 …… 576
茭 …… 213
骄 …… 296, 373
挍 …… 429
胶 …… 213
椒 …… 436
焦 …… 214
蛟 …… 213
跤 …… 213, 739
鲛 …… 213
嘐 …… 682
嶕 …… 214
膠 …… 682
蕉 …… 214
鐎 …… 214
礁 …… 419
嚼 …… 241
纟 …… 447
角 …… 214
疞 …… 247
佼 …… 213
侥 …… 575
挢 …… 373
狡 …… 213, 386
绞 …… 213, 448
饺 …… 213, 416
烄 …… 213
皎 …… 213
矫 …… 373
搅 …… 218
剿 …… 43
敫 …… 216
踋（脚） …… 385, 648, 737
缴 …… 216, 448
灚 …… 315
叫 …… 232
斍 …… 217
觉 …… 218
窌 …… 553
轿 …… 373
较 …… 213
教 …… 217
窖 …… 132
嘂 …… 254
激 …… 217
酵 …… 533, 619
徼 …… 216
醮 …… 214
警 …… 562
灂 …… 241
皭 …… 241
釂 …… 241

jie

皆 …… 218
接 …… 375
痎 …… 162
秸 …… 166
菨 …… 375
階（阶） …… 218
嗟 …… 38
揭 …… 169
椄 …… 375
街 …… 157
瘖 …… 349
孑 …… 264
卩 …… 196, 219
劫 …… 269, 385
诘 …… 195, 560
杰（傑） …… 58, 189, 321

疌 …… 696
洁 …… 195
结 …… 195
桀 …… 58
莭（節节） …… 195
㚖 …… 663
婕（婕） …… 696
捷（捷） …… 696
寁 …… 324
睫（睫） …… 696
截（截） …… 655
碣 …… 169
竭 …… 169
羯 …… 169，571
趨 …… 35
巀（巀） …… 655
趣 …… 736
姐 …… 342，374
解 …… 215
鲜 …… 570
介 …… 219
庎 …… 156
戒 …… 220
届 …… 619
界 …… 219
疥 …… 219
诫 …… 220，561
悈 …… 220
蚧 …… 53，219
骱 …… 219
蕁 …… 744
藉 …… 198
jin 巾 …… 220
今 …… 223
斤 …… 221，222
殑 …… 658
金 …… 223，224，225
津 …… 639
矜 …… 223，299
筋 …… 225
襟（衿） …223，226，586
僅（仅） …… 226
廑 …… 227
谨 …… 226，561
锦 …… 27
緊（紧） …… 449，523
堇 …… 227
馑 …… 227，417
槿 …… 227
瑾 …… 226，639
醑 …… 659
劲 …… 229
妗 …… 223，342
近 …… 196，221
进（進） …… 231，720
晋 …… 228
浸 …… 714
搢 …… 228
禁 …… 226，275
缙 …… 228，448
靳 …… 134，222
盡（尽） …… 640
墐 …… 226
瑨 …… 228
慬 …… 227
擓 …… 227
殣 …… 226
覲 …… 210，227
噤 …… 226
藎（荩） …… 640
燼（烬） …… 640
贐（赆） …… 640
jing 巠 …… 228
京 …… 229，230
泾 …… 228
经 …… 228，447
茎 …… 229
旌 …… 107，412
旍 …… 106
菁 …… 379
荊 …… 543
晶 …… 394
稉 …… 138
睛 …… 378
粳 …… 308
鶄 …… 379
兢 …… 250
精 …… 307，379
鲸 …… 229，629
鼱 …… 379，437
鷩 …… 232
井 …… 231
阱 …… 231
刭 …… 229
肼 …… 231
颈 …… 228，581
景 …… 230
儆 …… 232
憬 …… 230
澋 …… 230
暻 …… 230
璟 …… 230
警 …… 232，562
妌 …… 231
陉 …… 229
净 …… 684
弪 …… 229
径 …… 228
径 …… 228
迳 …… 229
浄 …… 684
胫 …… 228
痉 …… 229
竞（競） …… 231
婧 …… 378
竫 …… 684
竟（竸） …… 231
敬 …… 232
靓 …… 210，378
靖 …… 378
境 …… 231
獍 …… 231
誩 …… 231，562
静 …… 379，685
镜 …… 231
jiong 坰 …… 478
鉤 …… 530
炯 …… 189
迥 …… 530
窘 …… 241，553
颎 …… 581
褧 …… 589
jiu 丩 …… 232
纠 …… 232
究 …… 233

鸠 …………… 233, 334
赳 …………… 232, 733
阄（鬮）…… 158, 303
啾 ………………… 380
揂 ………………… 621
揪 ………………… 380
摎 ………………… 682
樛 ………………… 682
穋 ………………… 683
九 …………… 233, 234
久 ………………… 234
灸 ………………… 234
玖 ………………… 234
韭 ………………… 109
酒 ………………… 620
旧（舊）………… 235
臼 ………………… 235
咎（櫜）… 27, 58, 235
柩 ………………… 234
救 …………… 357, 381
就 ………………… 230
殷 …………… 434, 719
舅 …………… 235, 328
僦 ………………… 230
廄 …………… 156, 719
蹴 ………………… 230
鹫 …………… 230, 336

ju

凥 ………………… 192
匊 ………………… 236
居 ………………… 236
拘 …………… 144, 507
狙 ………………… 374
苴 ………………… 375
驹 ………………… 144
疽 ………………… 374
娵 ………………… 344
掬（掏）………… 236
椐 ………………… 236
琚 ………………… 236
趄 …………… 375, 733
揟 ………………… 548
裾 ………………… 236
雎 …………… 375, 722
踘 ………………… 739
鞠（鞫諊）… 134, 236
桔 ………………… 195
焗 ………………… 189
菊 ………………… 236
趉 ………………… 735
趜 ………………… 735
橘 ………………… 299
醑 ………………… 621
趫 ………………… 735
趯 ………………… 736
擢 ………………… 383
咀 ………………… 374
弆 ………………… 385
沮 ………………… 374
岨 ………………… 375
枸 …………… 144, 323
矩 ………………… 237
莒 ………………… 252
萬 ………………… 638
榉 ………………… 237
齟 …………… 51, 374
聥 ………………… 638
舉（举）…… 237, 634
踽 ………………… 638
巨 ………………… 237
句 ………………… 144
讵 ………………… 237
拒 ………………… 237
郇 ………………… 600
具 ………………… 238
岠 ………………… 691
炬 ………………… 237
秬（鬯）…… 43, 237
钜 ………………… 237
俱 ………………… 238
倨 ………………… 236
冣 ………………… 309
剧 …………………… 75
埾 ………………… 384
惧 ………………… 238
距（岠）…… 237, 739
犋 ………………… 238
飓 …………… 110, 238
虡 ………………… 549
虡 …………… 58, 421
锯 ………………… 236
聚 ………………… 238
劇 …………………… 58
屦 ………………… 286
踞 …………… 236, 739
據（据）…………… 58
遽 …………………… 58
懼 ………………… 383

juan

娟 …………… 343, 649
捐 ………………… 649
涓 …………… 444, 649
鹃 …………… 335, 649
蠲 ………………… 602
卷 ………………… 239
捲 ………………… 239
锩 ………………… 239
臇（膗）………… 244
绢 ………………… 719
券 ………………… 414
倦 ………………… 239
狷 ………………… 649
绢 …………… 447, 649
鄄 ………………… 605
葜 ………………… 142
隽 ………………… 244
衡 ………………… 543
眷 ………………… 418

jue

撅（噘）………… 240
屩 ………………… 346
孓 ………………… 264
夬 ………………… 239
决 ………………… 239
诀 …………… 239, 560
抉 ………………… 239
泬 ………………… 552
玨 ………………… 240
珏 ………………… 638
疦 ………………… 239
绝 ………………… 401
欮 ………………… 240
崛 ………………… 382
掘 ………………… 382
傕 ………………… 170
厥 ………………… 240
矞 ………………… 299
谲 ………………… 299

憰 …………………… 299
瘚 …………………… 240
蕨 …………………… 240
噱 ……………………… 58
爵 …………………… 241
繘 …………………… 299
趣 …………………… 735
鐍 …………………… 299
爝 …………………… 241
觼 …………………… 547
玃 …………………… 383
钁 …………………… 383
蹶 …………………… 240
趯 …………………… 736
蹷（趯） …………624
倔 …………………… 382

jun 军 ……………………… 45
君 …………………… 241
均 …………… 476, 653
钧 …………………… 653
莙 …………………… 241
皲 ……………………… 45
菌 …………………… 242
筠 …………… 653, 716
俊（儁僊） ……… 243
郡 …………… 241, 599
峻（寯嶲） … 243, 402
捃 …………………… 241
浚（濬）
………… 242, 396, 444
馂（餕） ………… 243
骏 …………… 242, 295
隽（雋） ………… 244
晙 …………………… 243
焌 …………………… 243
畯 …………………… 243
竣（踆） ………… 242
寯（寯） ………… 244

K

ka 卡 …………… 245, 405
佧 …………………… 245
胩 …………………… 245

kai 开 …………………… 245
揩 …………………… 218
凯 …………… 362, 402
剀 …………………… 362
垲 …………… 363, 478
恺 …………………… 362
闿 …………… 304, 363
铠 …………………… 363
慨 …………………… 200
楷 …………………… 218
锴 …………………… 218
炏 ……… 563, 564, 565

kan 刊 …………………… 129
勘 …………………… 411
龛 …………… 168, 283
堪 …………………… 411
戡 …………………… 411
坎 …………… 371, 476
侃 …………………… 390
砍 …………… 371, 419
衎 …………………… 543
顑 …………………… 510
轗 …………………… 509
竷 …………… 669, 695
看 …………………… 246
阚（闞） …… 130, 304
峪（嵁） ………… 554
瞰 …………………… 130
轞 …………………… 510
竷 …………………… 554

kang 康 …………………… 246
嵻 …………… 156, 246
慷 …………………… 246
漮 …………………… 246
歑 …………………… 246
糠（穅） …… 165, 246
扛 …………………… 139
亢 …………… 192, 247
伉 …………………… 247
抗 …………………… 247
炕 …………………… 247

kao 尻 …………………… 233
丂 …………………… 247
考（攷） …… 247, 248
拷 …………………… 248
栲 …………… 248, 323
烤 …………………… 248
铐 …………… 225, 248
犒 …………… 131, 338
靠 …………… 109, 132

ke 苛 …………………… 249
坷 …………… 249, 476
科 …………………… 166
疴 …………………… 249
痾 …………………… 349
棵 …………………… 161
嗑 …………………… 170
窠 …………………… 552
颗 …………………… 161
瞌 …………………… 170
磕 …………………… 170
窼 …………… 43, 553
壳（㱿殼殻㱿）
……………… 248, 395
颏 …………… 162, 581
可 …………………… 249
轲 …………………… 249
渴 …………………… 169
克 …………………… 250
刻 …………………… 162
剋 …………………… 250
客 …………… 135, 309
尅 …………………… 250
课 …………… 161, 560
氪 …………… 250, 365
溘 …………………… 170

ken 肯 …………………… 250
垦 …………… 137, 477
恳 …………………… 137
啃 …………………… 250
豤 …………………… 137
掯 …………………… 250

keng 坑 …………………… 476
硁 …………………… 228
铿 …………………… 224
聲 …………… 413, 435

kong 空 …………………… 251
崆 …………………… 251
涳 …………………… 251
椌 …………………… 251
箜 …………………… 251

孔 …… 251
倥 …… 251
恐 …… 143, 196
控 …… 251
鞚 …… 251

kou 抠 …… 254
芤 …… 251
口 …… 252
敂 …… 358
寇 …… 255
筘 …… 715
蔻 …… 255
瞉 …… 248

ku 刳 …… 258
枯 …… 323
哭 …… 252
堀 …… 382
窟 …… 382
骷 …… 150
库 …… 45

kua 绔 …… 255
袴 …… 255, 587
裤 …… 45, 586
夸 …… 255
侉 …… 255
垮 …… 255, 477
挎 …… 255
胯 …… 255
跨 …… 255, 739

kuai 凷 …… 475
块（塊） …… 239, 476
快 …… 239, 538
侩 …… 186
郐 …… 186
浍 …… 186, 187
哙 …… 187
狯 …… 186, 187
脍 …… 187, 648
筷 …… 716
鲙 …… 187

kuan 宽 …… 210, 256
髋 …… 256
款（欵） …… 256
窾 …… 553
窽 …… 256

kuang 匡 …… 257
诓 …… 257
邼 …… 600
哐 …… 257
筐 …… 257
狂 …… 257
诳 …… 257, 561
况 …… 546
框 …… 257, 322
眶 …… 257, 325
鄺（旷） …… 156
壙（圹） …… 156
曠（旷） …… 156
礦（矿） …… 156
纊（纩） …… 156

kui 亏（虧） …… 258
盔 …… 185, 314
窥 …… 158
奎 …… 157
逵 …… 288
馗 …… 233, 430
揆 …… 159
葵 …… 159
骙 …… 159
暌 …… 159
魁 …… 159
睽 …… 159
夔 …… 330
犪 …… 330
跬 …… 157, 740
匮 …… 160
喟 …… 496
媿 …… 159
愦 …… 539
愧 …… 159, 538
溃 …… 160
馈 …… 160
聩 …… 160

kun 坤 …… 410, 476
昆 …… 258, 259
崐 …… 259
菎 …… 259
焜 …… 258
琨 …… 259
锟 …… 259
鹍 …… 258, 335
鲲 …… 259, 629
髖 …… 256
悃 …… 259
捆 …… 259
困 …… 259, 321

kuo 括 …… 408
阔 …… 303
廓 …… 160
擴（扩） …… 156
霩 …… 160

L

la 垃 …… 478
拉 …… 270
邋 …… 274
旯 …… 233
应 …… 42
剌 …… 260, 440
喇 …… 260
蝲 …… 736
楋 …… 260
瘌 …… 260
辣 …… 440
擸 …… 274
臘 …… 274
鑞 …… 274
蠟 …… 274

lai 来 …… 260
崃 …… 260
涞 …… 260
莱 …… 260
徕 …… 260
赉 …… 260
睐 …… 260
赖 …… 14, 440
癞 …… 14
籁 …… 14, 716

lan 岚 …… 111, 402
婪 …… 275
惏 …… 275
阑（闌） …… 261, 305
谰 …… 261
澜 …… 261
斓 …… 261

镧 ······ 224
襤 ······ 209
攔（拦）······ 261
籃 ······ 209
蘭（兰）······ 261
欄（栏）······ 261
灡（𬇕）······ 261
览（覽）······ 46, 209
揽 ······ 46
缆 ······ 448
罱 ······ 329
懒 ······ 14
烂（爛爤）··· 188, 261
濫 ······ 209

lang
郎 ······ 272
狼 ······ 272, 387
廊 ······ 155
琅 ······ 272, 639
朗 ······ 272
阆 ······ 305
浪 ······ 272, 445

lao
撈（捞）······ 563
牢 ······ 310
勞（劳労）······ 563
嘮（唠）······ 563
嶗（崂）······ 563
澇（涝）······ 563
癆（痨）······ 347, 563
醪 ······ 683
耂 ······ 262
老 ······ 262
佬 ······ 262
栳 ······ 262, 323
嫪 ······ 682
姥 ······ 262, 342

le
勒 ······ 134
樂（乐）······ 262

lei
雷 ······ 264
嫘 ······ 266
缧 ······ 266
檑 ······ 264
镭 ······ 264
羸 ······ 570, 611
耒 ······ 265
垒（壘）······ 477
磊 ······ 420
蕾 ······ 264
肋 ······ 225, 647
类（類）······ 265
淚（泪）······ 271
累 ······ 266
酹 ······ 292
擂 ······ 264
纇 ······ 582

leng
塄 ······ 107
棱 ······ 278
楞 ······ 107
稜 ······ 278
冷（冷）······ 24
愣 ······ 107, 538

li
厘（釐）······ 267
狸 ······ 267
离 ······ 266
梨 ······ 271
犁 ······ 338
鹂 ······ 335
漓 ······ 266
蜊 ······ 271
蠡 ······ 314
黎 ······ 443
氂 ······ 298
篱 ······ 266
醨 ······ 266
離 ······ 266
黧 ······ 172
蠡 ······ 55, 480
劙 ······ 480
驪（骊）······ 290
礼（禮禮）······ 268
李 ······ 322
里 ······ 267
娌 ······ 342
理 ······ 267
锂 ······ 224
裏 ······ 267
鲤 ······ 267, 629
澧（澧）······ 268
醴 ······ 268
鱧（鱱）······ 268, 629
邐（逦）······ 290
刂 ······ 75
力 ······ 269
历 ······ 269
立 ······ 270
吏 ······ 420
励 ······ 269
利 ······ 75, 166, 271
呖（嚦）······ 270
坜（壢）······ 270
沥（瀝）······ 270
苈（藶）······ 270
例 ······ 70
戾 ······ 271, 386
枥（櫪櫪）······ 269
沴 ······ 681
隶（隸）······ 272
拣（攊）······ 263
俐 ······ 390
疬（癧）······ 270
轹（轢）······ 263
郦 ······ 600
栗 ······ 323, 514
𤩐（瓑瓅）······ 269
猁 ······ 271
砾（礫）······ 263
莉 ······ 271
㑦 ······ 271
唳 ······ 271
笠 ······ 715
粒 ······ 307
悷 ······ 271, 539
菮 ······ 271
棙 ······ 271
痢 ······ 271
雳（靂）······ 270
厲（厉）······ 632
綟 ······ 271
𨁈 ······ 271
勵（励）······ 632
曆 ······ 269
歷 ······ 269
濿（沥砅）······ 632
癘（疠）······ 632
蠣（蛎）······ 632
櫟（栎）······ 262

瓅 …… 263
礰（𥐻）…… 632
礪（砺）…… 632
麗（丽）…… 289
皪（皪）…… 263
蠡 …… 315
糲（粝）…… 632
躒（跞）…… 263, 739
躒 …… 263, 736
鱳 …… 263
璃 …… 266

lian
奁（奩）…… 68, 254
连 …… 45
联（聯）…… 151
裢 …… 587
廉 …… 209
熑 …… 209
憐 …… 538
簾（帘）…… 209
敛 …… 368
脸 …… 368, 648
裣 …… 368
蔹 …… 368
恋 …… 292
殓 …… 368
链 …… 224
煉（炼）…… 210
潋 …… 368
練（练）…… 210

liang
良 …… 272
凉 …… 229
涼 …… 229
粮 …… 272, 307
粱 …… 308
踉 …… 738
糧 …… 273
冫 …… 24
两 …… 273
网 …… 396
兩 …… 396
俩 …… 273
蒳 …… 273
魉 …… 273
亮 …… 192
倞 …… 229
谅 …… 229
辆 …… 273
晾 …… 229
量 …… 273

liao
聊 …… 300
尞 …… 274
僚 …… 274
寥 …… 96, 683
憀 …… 682
漻 …… 682
潦 …… 274
撩 …… 274
嘹 …… 274
寮 …… 274
獠 …… 274
缭 …… 274
遼（辽）…… 274
燎 …… 274
療（疗）…… 274, 348
钌 …… 264
蓼 …… 683
尥 …… 407
料 …… 307
廖 …… 156, 683
谬 …… 683
瞭（了）…… 264, 274
镣 …… 224

lie
咧 …… 70
列 …… 70
劣 …… 269, 407
冽 …… 24, 70
洌 …… 70
臭 …… 663
烈 …… 70, 189
捩 …… 271
猎（獵）…… 515
脟 …… 292
裂 …… 70, 588
趔 …… 733
鬣 …… 274

lin
邻 …… 599
林 …… 275
临（臨）…… 46, 253
啉 …… 275
淋 …… 275, 445
琳 …… 275
粦 …… 276
鄰 …… 276
鄰 …… 276
嶙 …… 276
潾 …… 276
遴 …… 276
璘 …… 276
辚 …… 276
霖 …… 275
瞵 …… 276
磷 …… 276
鳞 …… 276
驎 …… 276
麟 …… 276, 290
亩 …… 277
啚 …… 277
僯 …… 276
凛 …… 25
廪 …… 25, 277
懔 …… 25
檩 …… 25
吝（恪悋）…… 277
赁 …… 14, 392
閵（閵）…… 722
蔺 …… 278
躏 …… 278, 740
躪 …… 276

ling
淩 …… 278
伶 …… 279
夌 …… 278
玲 …… 279
瓴 …… 484
凌 …… 24, 278
铃 …… 279
陵 …… 278
崚 …… 278
绫 …… 278
羚 …… 571
翎 …… 636
菱 …… 278
零 …… 279, 637
龄 …… 51, 279
鲮 …… 278, 630
霝 …… 279

酃 ……………… 253, 279

䨩 ……………… 279

櫺 ……………… 279

醽 ……………… 279

靈 ……… 253, 279, 502

䴇 ……………… 279

龗 ……………… 279

岭（嶺）…… 279, 402

领 ……………… 279

令 ……………… 279

另 ……………… 269

liu
熘 ……………… 280

㐬 ……………… 670

㐬 ……………… 280

斿 ……………… 107

流 ……………… 280

琉 ……………… 280

畱（留）…… 280, 300

硫 ……………… 280

旒 ……………… 281

骝 ……………… 280

榴 ……………… 280

瑠 ……………… 280

飗 ……………… 280

劉（對）…… 75, 300

瘤 ……………… 280, 347

瞜 ……………… 682

镠 ……………… 683

鎏 ……………… 281

鎦 ……………… 224

柳 ……………… 300

绺 ……………… 235, 448

锍 ……………… 280

熮 ……………… 682

六 ……………… 282

翏 ……………… 96, 682

遛 ……………… 280

馏 ……………… 280, 417

镏 ……………… 280

蹓 ……………… 738

long
龙 ……………… 282, 283

咙 ……………… 282

泷 ……………… 282

茏 ……………… 283

珑 ……………… 283

胧 ……………… 283

砻 ……………… 283, 420

笼 ……………… 283, 716

聋 ……………… 283

隆 ……………… 127, 284

癃 ……………… 284

窿 ……………… 284

霳 ……………… 284

躘 ……………… 284

陇 ……………… 283

垄 ……………… 283, 477

拢 ……………… 282

竉 ……………… 553

梇 ……………… 284, 340

咔 ……………… 245

哢 ……………… 284

lou
瞜 ……………… 285

娄 ……………… 285, 286

偻 ……………… 285

溇 ……………… 285

蒌 ……………… 286

愣 ……………… 285

楼 ……………… 285

鄋 ……………… 286

窭 ……………… 286

廔 ……………… 155

遱 ……………… 286

耧 ……………… 285

蝼 ……………… 285

窶 ……………… 553

髅 ……………… 286

鞻 ……………… 286

嵝 ……………… 286

搂 ……………… 285

篓 ……………… 286

陋 ……………… 26

瘘 ……………… 286

镂 ……………… 225, 285

喽 ……………… 285

lu
漉 ……………… 289

撸 ……………… 630

氇 ……………… 630

卢（盧）………… 286

庐（廬）………… 286

芦（蘆）………… 287

垆（壚）…… 287, 478

泸（瀘）………… 287

炉（爐）………… 287

呏（嚧）………… 287

胪（臚）………… 287

轳（轤）………… 286

舻 ……………… 710

鸬（鸕）…… 286, 335

舻（艫）………… 287

颅（顱）………… 287

鈩（鑪）………… 286

鲈（鱸）…… 286, 629

护（攄）………… 287

籚 ……………… 287

纑 ……………… 287

罏 ……………… 287

黸 ……………… 171

卤（鹵）………… 288

虏 ……………… 177

鲁 ……………… 394, 630

虜 ……………… 328

滷 ……………… 288

橹 ……………… 630

磠（硇）………… 288

镥 ……………… 630

甪 ……………… 613

坴 ……………… 288

录 ……………… 289

辂 ……………… 44, 135

陸（陆）………… 288

淕 ……………… 288

渌 ……………… 289

逯 ……………… 289

鹿 ……… 289, 290, 291

禄（祿）………… 289

僇 ……………… 682

盝 ……………… 314

碌 ……………… 289

稑 ……………… 288

路 ……………… 135, 291

戮 ……………… 96, 683

殄 ……………… 683

趢 ……………… 735

辘 ……………… 44, 289

潞 ……………… 291

録 …… 289
璐 …… 291
簏 …… 290
鹭 …… 291
鵱 …… 288
麓 …… 275, 290
露 …… 291
觻 …… 263
噜 …… 630

luan 娈 …… 292
峦 …… 292, 402
孪 …… 428
鸾（鸞）…… 292, 334
銮 …… 292
戀 …… 292
卵 …… 219
亂 …… 432
乱 …… 432
亂 …… 432

lun 抡 …… 429
仑（侖）…… 293
伦 …… 293
沦 …… 293
纶 …… 293
轮 …… 44, 293
论 …… 293, 560

luo 罗（羅）…… 490
逻 …… 61
锣 …… 224
骡（蠃蠃驘）…… 200, 266, 295
蠃（螺）…… 55, 266, 611
裸（躶蠃）…… 161
瘰 …… 266
荦（犖）…… 338
骆 …… 135, 296
落 …… 135
摞 …… 266
雒 …… 722
泺（濼）…… 263

lü 驴（驢）…… 286, 295
闾 …… 252, 304
吕 …… 252
侣 …… 252
捋 …… 292
旅 …… 293
铝 …… 224
屡 …… 286
缕 …… 285, 447
膂 …… 293
褛 …… 285
律 …… 639
虑（慮）…… 294
率 …… 441
绿（綠）…… 289, 447
氯 …… 289, 364
滤 …… 294

lüe 掠 …… 229
寽 …… 292
略 …… 135
鋝 …… 292

M

m 呒 …… 504

ma 妈 …… 296, 342
孖 …… 728
蚂 …… 53
麻 …… 295, 354
马 …… 295, 296
码 …… 419
骂（罵）…… 252
嘛 …… 295
蟆 …… 118

mai 埋（薶）…… 267, 477
霾 …… 267, 637
买 …… 296
麦 …… 297
卖 …… 296
脉 …… 444, 612, 647
脈（衇）…… 345, 554
勱（劢）…… 632
邁（迈）…… 632
謴 …… 632

man 颟 …… 273, 582
蛮 …… 292
谩 …… 297
馒 …… 297
瞒 …… 273
趧 …… 734
鳗 …… 629
庢 …… 494
满 …… 273
螨 …… 273
曼 …… 297
嫚 …… 297
幔 …… 297
慢 …… 297
漫 …… 297
缦 …… 297, 448
蔓 …… 297
熳 …… 297

mang 忙 …… 488
芒 …… 488
盲 …… 325, 488
茫 …… 488
硭 …… 488
铓 …… 488
蟒 …… 298
駹 …… 616
莽 …… 298
漭 …… 298
蟒 …… 298

mao 猫（貓）…… 34, 387, 703
毛 …… 298
矛 …… 299
牦 …… 298, 338
茅 …… 299
旄 …… 107, 298
锚 …… 34
髦 …… 299
蝥 …… 299
卯 …… 300
夘 …… 513
峁 …… 300, 402
昴 …… 300
铆 …… 224
皃 …… 95, 301
芼 …… 298
茂 …… 508
冒 …… 301
贸 …… 300
耄 …… 262, 298
袤 …… 299
娼 …… 301

帽 …… 301
楙 …… 299
瑁 …… 301, 639
貌 …… 301
懋 …… 537

mei
没 …… 302, 434
枚 …… 358
玫 …… 358
苺 …… 319
眉 …… 302
莓 …… 319
梅 …… 319
郿 …… 302
媒 …… 318
嵋 …… 302
湄 …… 302
猸 …… 302
楣 …… 302
煤 …… 318
槑 …… 324
鹛 …… 302
霉 …… 319, 637
每 …… 319
美 …… 303
浼 …… 311
媄 …… 303
渼 …… 303
媺 …… 491
镁 …… 303
妹 …… 342
抹 …… 317
昧 …… 317
袂 …… 239, 586
眛 …… 317
媚 …… 302
寐 …… 310, 317, 346
痗 …… 349
魅 …… 159, 317

men
门 …… 303
扪 …… 305
虋 …… 545
闷 …… 304
焖 …… 189, 304
懑 …… 273, 537
们 …… 305

meng
濛 …… 306
曚 …… 306
氓 …… 313, 488
冡 …… 306
萌 …… 316
盟（盟）… 316, 554
蒙 …… 306
懞 …… 306
獴 …… 306
朦 …… 306
檬 …… 306
鯍 …… 281
霿 …… 299
猛 …… 387
锰 …… 225
孟 …… 314
梦（㝱夢）
…… 306, 346

mi
咪 …… 307
眯 …… 307, 325
罙 …… 309
迷 …… 60, 307
谜 …… 307, 560
摵 …… 512
𧘂 …… 682
醚 …… 60
彌（弥）… 96, 140, 671
縻 …… 308
麋 …… 290, 308
靡 …… 295
𤕤 …… 638
米 …… 307, 308
弭 …… 140
葞 …… 97
宓 …… 18, 310
泌 …… 18
觅（覔）…… 671
祕 …… 18
秘 …… 18
密 …… 310
眽 …… 325, 345
幂 …… 309
覛 …… 345
嘧 …… 310
蜜 …… 310

榓 …… 310
羃 …… 20

mian
宀 …… 309
眠 …… 313
绵 …… 27
棉 …… 27
蝒 …… 312
櫋 …… 21
丏 …… 128
汅 …… 247
免 …… 311
沔 …… 128
眄 …… 247
勉 …… 311
眄 …… 128, 325
娩 …… 311
偭 …… 312
冕 …… 311
勔 …… 312
愐 …… 312
湎 …… 312
腼（靦）…… 312
面 …… 312
麵 …… 297, 312

miao
喵 …… 34
苗 …… 34
描 …… 34
瞄 …… 34
鹋 …… 34
杪 …… 407
秒 …… 166, 407
渺（淼）… 325, 443
缈 …… 448
藐 …… 301
邈 …… 301
妙 …… 342, 407
庙（廟）… 619, 724
玅 …… 551

mie
咩 …… 570
烕 …… 313
搣 …… 313
滅（灭）…… 313
蔑 …… 35
䁾 …… 337
蠛 …… 35

巇……35, 554
min 民…… 313
岷…… 313
忞…… 537
旻…… 499
玟…… 499
珉…… 313
瑉…… 423
皿…… 314, 315
闵…… 305, 499
黾…… 312
抿…… 313
泯…… 313
敃…… 358
闽…… 304
悯…… 499
敏…… 320
暋（愍）… 358, 451
鳘…… 320
ming 名…… 315
明…… 316
鸣…… 335
洺…… 315
茗…… 315
冥…… 282
铭…… 315
溟…… 282
瞑…… 282
榠…… 282
螟…… 282
酩…… 315, 620
命…… 316
miu 谬…… 96, 561, 682
缪…… 683
mo 摸…… 117
谟…… 117
嫫…… 117
馍…… 117, 416
摹…… 118
模…… 117
膜…… 117
麽（么）… 295, 573
摩…… 295
磨…… 295, 420
嬷…… 295
抹…… 317
末…… 317
未…… 317
妹…… 317
殁…… 434
沫…… 317
陌…… 126
秣（餗）…… 317
莈…… 302
莫…… 117
寞…… 118
漠…… 117
獏…… 118
嫼…… 171
瘼…… 117
墨…… 171
默…… 172
mou 哞…… 318
牟…… 318
侔…… 318
敄…… 357
眸…… 318, 338
谋…… 318
蛑…… 318
某…… 318
mu 毪…… 318
母…… 319, 320
牡…… 339
坶…… 319, 475
姆…… 319
拇…… 319
畝（畮晦畒亩）
…… 234, 469
鉾…… 298
木…… 320
目…… 325
沐…… 320, 445
牧…… 358
钼…… 225
坶…… 326
募…… 118
墓…… 118
幕…… 118
慔…… 117
睦…… 288
慕…… 118, 539
暮…… 118
穆…… 326

N

na 拏…… 340, 428
拿…… 428
挐…… 395
哪…… 327
那…… 327
呐…… 331
纳…… 331
肭…… 331
娜…… 327, 343
衲…… 331, 587
钠…… 331
nai 捺…… 328
乃…… 327
奶…… 327, 342
氖…… 365
迺…… 514
奈……68, 328
耐…… 65
萘…… 328
鼐…… 82
褦…… 331
nan 囡…… 343
男…… 328
抩…… 430
枏…… 322
南…… 329
娚…… 342
难（難）… 227, 329
喃…… 329
楠（枏）… 322, 329
赧…… 52
湳…… 329
腩…… 329
蝻…… 329
戁…… 537
nang 囔…… 330
囊…… 330
蠰…… 528
曩…… 528
馕…… 330

攮……330
燃……389
nao 孬……28, 165
呶……340
诧……575
挠……575
铙……576
蛲……575
獿（猱獶）……617
夒……330
臑……528
巎……330
垴……479
恼……541
脑……541, 647
瑙……541
闹……426
淖……725
臑……549
ne 讷……331
呢……332
nei 馁……417, 483
浽……483
餧……495
内……331, 396
錗……495
nen 恁……392, 536
嫩……358
neng 能……331
ni 妮……332, 342
尼……332
坭……478
怩……332, 538
泥……332
抳……430
倪……95
铌……332
霓……95
鲵……95, 630
你……96, 671
拟（擬）……591, 593
旎……332
沯……728
秜……527
屰……332, 333
昵……332
逆……332
孨……728
匿……397
惄……536
愵……398
溺……141, 398
睨……95
nian 拈……668
蔫……559
秊（季年）……333, 367
鲇……668
鲶……334, 629
黏……668
涊……393
捻……334
辇……45, 115
辗……44, 667
撚……389
碾……420, 667
廿……98
念……334
埝……334
niang 娘……272, 342
孃……528
釀（酿）……527, 619
蘸……528
niao 鸟……334
袅……588
嫋……398
褭……589
嬲……328
尿……415
nie 揑……336
㚔……336
梈……186
陧……336
涅……336
聂……97
臬……337, 728
嗫……97
澩……337
镊……97
镍……337
颞……97, 582
糵……20
蹑……97, 739
孽……552
蘖……552
蘗……552
櫱……552
nin 您……536
ning 宁……337
咛（嚀）……337
凝……591
拧（擰）……337
niu 妞……342
牛……338, 339
纽……449
nong 脓……648
農（农）……339
儂……339
噥……339
濃……339
膿……339
穠……339
醲……339, 621
弄……284, 340
nou 耨……66
nu 奴……340, 623
孥……340
驽……296, 340
努……340
弩……140, 340
怒……340
nuan 暖……643
nuo 挪……327
傩（儺）……329
魋……227
诺……397
喏……397
搦……398
懦……549
糯……549
nü 女……165, 341
恧……95
衄（衂）……56, 554
nüe 虐……177, 341
瘧（疟）……341

O

o 噢…… 6
哦…… 501
讴…… 254
欧…… 253
殴…… 254, 434
瓯…… 253, 484
鸥…… 253, 335
齵…… 631
呕…… 253
偶…… 631
腢…… 631
耦…… 265, 631
藕…… 265, 631
沤…… 254
怄…… 254, 538

P

pa 趴…… 7, 741
杷…… 7, 321
爬…… 7, 670
耙…… 265
帕…… 220
怕…… 539
琶…… 7, 377
pai 徘…… 51, 108
排…… 109
牌…… 12, 352
𠂢…… 345
哌…… 345
派…… 345
pan 潘…… 101
攀…… 103
爿…… 344
盘（盤鎜槃）…… 9
磐…… 9, 420
蹒…… 273
蟠…… 101
蹣…… 737
判…… 9
泮…… 352
泮…… 9
叛…… 9, 104
牉…… 352
盼…… 109
畔…… 9
pang 滂…… 349
镑…… 349
厐…… 42
庞…… 155
逄…… 212, 695
旁…… 349
蒡…… 349
膀…… 647
螃…… 349
鳑…… 630
胖…… 9
pao 抛…… 429
脬…… 648
庖…… 10
袍…… 586
匏…… 255
轡…… 562
跑…… 10, 738
泡…… 445
疱…… 348
pei 呸…… 350
胚（胚衃）…350, 554
陪…… 355
培…… 355
赔（賠）…… 355
裴（裵）…… 588
沛…… 118, 426
佩（珮）…… 103
帔…… 220
姵…… 103
旆…… 106
佩…… 103
旆…… 106
配…… 620
糆…… 103
辔…… 45
pen 喷…… 13
瓫…… 110
盆…… 110, 314
peng 怦…… 355
砰…… 355
烹…… 172
朋…… 350
彭…… 84, 399, 718
棚…… 350
硼…… 350, 419
蓬…… 61
鹏…… 335, 350
捧…… 113
踫…… 738
pi 丕…… 350
伾…… 350
批…… 17
邳…… 350
坯…… 350, 476
披…… 351, 429
狉…… 350
鈚…… 670
劈…… 20
噼…… 20
霹…… 20
皮…… 351, 623
毗…… 469
疲…… 347, 351
郫…… 600
陴…… 126
啤…… 12
琵…… 17, 377
脾…… 12, 647
匹…… 351
庀…… 155
駓…… 351
鴄…… 351
擗…… 20
癖…… 20
屁…… 17
辟…… 19, 20
僻…… 20
澼…… 20
甓…… 19
譬…… 562
闢…… 20
pian 偏…… 21
篇…… 21
翩…… 21
骈…… 26, 296
胼…… 26
蹁…… 740
谝…… 561
片…… 352

骗 …… 21

piao 剽 …… 353
缥 …… 353, 448
嘌 …… 353
漂 …… 353
飘 …… 110, 353
螵 …… 353
𧼰 …… 735
嫖 …… 353
瓢 …… 148, 353
薸 …… 353
莩 …… 119
殍 …… 119
瞟 …… 353
票 …… 353
骠 …… 295, 353
慓 …… 353

pie 撇 …… 19

pin 拚 …… 429
姘 …… 26, 344
贫 …… 14, 110
嫔 …… 25, 343
频 …… 29, 692
品 …… 253
榀 …… 253
朩 …… 354
牝 …… 17, 339
聘 …… 354
甹（俜） …… 354
娉 …… 354

ping 平 …… 355
评 …… 355
坪 …… 355, 476
苹 …… 355
屏 …… 26, 415
枰 …… 355
瓶（缾） …… 26, 484
萍（蓱） …… 355
軿 …… 26
凴 …… 392
憑（凴凭） …… 112, 392
𪕹 …… 438

po 钋 …… 27, 356
坡 …… 351, 475
颇 …… 351, 581
婆 …… 342
鄱 …… 101
皤 …… 101
迫 …… 8
珀 …… 639
破 …… 351
粕 …… 8, 307
蒪 …… 123

pou 剖 …… 355
咅 …… 355

pu 攴 …… 623
扑（撲） …… 356
铺 …… 120
潽 …… 358
𣲘（濮） …… 356
匍 …… 122
菩 …… 355
菐 …… 356
葡 …… 122
蒲 …… 121
僕（仆） …… 356
酺 …… 121
璞（𤣰） …… 356
朴（樸） …… 356
埔 …… 121
圃 …… 120
浦 …… 121
普 …… 358
谱 …… 358
氆 …… 358
镨 …… 358
蹼（蹼） …… 356
舖 …… 121, 409
瀑 …… 11
曝 …… 11

Q

qi 七（柒） …… 359, 360
沏 …… 359, 445
妻 …… 360
郪 …… 600
悽 …… 360, 538
戚 …… 512
桼 …… 318, 360, 443
凄（淒） …… 360
萋 …… 360
期 …… 116, 646
棲（栖） …… 360, 514
欺 …… 116
攲 …… 361, 371
傶 …… 512
嘁 …… 512
慽（慼） …… 512
漆（涞柒） …… 318, 360
蹊 …… 517
鬐 …… 662
祁 …… 600
齐（齊） …… 361
圻 …… 221
岐 …… 402, 686
忯 …… 422
芪 …… 422
庈 …… 156
其 …… 116
奇 …… 361, 362
郊 …… 687
歧 …… 687, 691
祈 …… 221, 424
肵 …… 222
耆 …… 262
脐 …… 648
蚑 …… 687
颀 …… 222, 581
崎（陭） …… 361
淇 …… 117
畦 …… 157
跂 …… 686
軝 …… 422
骐 …… 116, 295
骑 …… 295, 361
𧺢 …… 687, 734
棋 …… 116
琦 …… 362
琪 …… 117
祺 …… 117
碁 …… 117
旗 …… 116
蜞 …… 117
鮨 …… 701
鳍 …… 629

麒 ………… 117, 290
髻（髻鬍） …… 677
乞 ……………… 592
企 ……………… 363
岂（豈） ……… 362
启 ……………… 364
杞 ……………… 199
眉 ……………… 701
起 ………… 199, 733
啓（啟） ……… 364
绮 ……………… 361
䏿 ………… 430, 701
气（氣） ……… 364
忮 ……………… 687
弃（棄） ……… 365
汽 ……………… 365
咠 ……………… 366
葺 ……………… 97
碛 ………… 419, 662
瓻（甈） ……… 337
槭 ……………… 512
器（器） ……… 254
憩 ……………… 536
磜（砌） … 201, 359
碱 ……………… 512
qia 掐 ……………… 525
葜 ……………… 366
恰 ……………… 168
洽 ……………… 168
qian 千 ……………… 367
仟 ……………… 367
阡 ……………… 367
扦 ……………… 367
芊 ……………… 367
佥 ……………… 368
臤 ……………… 523
钎 ……………… 367
拪 ………… 430, 514
牵 ………… 338, 369
铅（鈆） ……… 566
掔 ……………… 523
谦 ………… 209, 560
署 ……………… 369
愆 ……………… 543
骞 ………… 296, 459
僉 ……………… 562
郡（邗） ……… 369
遷（迁遷） …367, 369
撁 ……………… 24
蹇 ……………… 735
趌 ……………… 735
籤（籖签簽揃）
……… 208, 368, 523
韆（靬） ……… 369
拑 ……………… 430
前 ………… 370, 650
钤 ……………… 223
寿 ……………… 691
虔 ………… 178, 499
钱 ……………… 207
钳 ……………… 130
虔 ……………… 357
乾 ………… 129, 725
揵 ……………… 208
犍 ……………… 338
葴 ……………… 510
潛 ………… 370, 658
潜 ………… 370, 468
𢧵 ……………… 571
黔 ………… 171, 223
灊 ……………… 659
浅 ……………… 206
遣 ……………… 371
谴（譴） ……… 371
缱（繾） … 371, 449
欠 ……………… 371
茜 ……………… 514
倩 ……………… 378
堑 ……………… 32
椠 ……………… 666
歉 ……………… 209
qiang 羌 ……………… 372
戕 ……………… 346
戗 ……………33, 133
斨 ………… 222, 352
枪 ……………33, 322
腔 ………… 251, 648
蜣 ……………… 372
锵 ……………… 211
镪 ……………… 372
强 ……………… 372
墙 ……………… 401
嫱 ……………… 401
蔷 ……………… 401
樯 ……………… 401
牆 ………… 346, 401
抢 ……………… 33
羟 ………… 229, 571
繈 ……………… 372
襁 ……………… 372
炝 ……………… 188
跄 ……………33, 740
qiao 悄 ……………… 532
硗 ……………… 576
跷 ………… 575, 740
敲 ………… 131, 357
锹 ……………… 380
碻 ……………… 387
橾 ……………… 32
趬 ……………… 734
乔（喬） … 373, 624
侨 ……………… 373
峤 ……………… 373
荞 ……………… 373
桥（槗） … 373, 623
硚 ……………… 373
憔 ……………… 214
鞒 ……………… 373
樵 ……………… 214
瞧 ……………… 214
趫 ……………… 734
巧 ………… 139, 247
俏 ……………… 532
诮 ………… 532, 561
峭 ……………… 532
帩 ……………… 220
翘 ………… 575, 636
谯 ……………… 214
竅（窍） … 247, 552
qie 切 ……………75, 359
茄 ……………… 203
且 ………… 374, 375
厒 ……………… 42
妾 ……………… 375
怯 ………… 385, 538

狯 …… 385
匧 …… 204
窃（竊竊竊）
…… 359，553
挈 …… 75
惬 …… 204，538
慊 …… 209
揭 …… 169
箧 …… 204
锲 …… 366
鯜 …… 375
竊 …… 553

qin
亲（親）…… 376
侵 …… 714
钦 …… 371
衾 …… 223，588
窥 …… 376
芹 …… 221
秦 …… 376
堇（菫）… 226，227
琴 …… 377
禽 …… 377
勤 …… 227
嗪 …… 376
溱 …… 376
廑 …… 155，227
噙 …… 377
擒 …… 377
瘽 …… 227，349
螓 …… 376
鬵 …… 658
寝 …… 310，714
趣 …… 735
螼 …… 226
沁 …… 536

qing
青 …… 378，379
氢 …… 229，364
轻 …… 44，228
卿 …… 196，300
鄁 …… 600
清 …… 378
蜻 …… 54，378
庼 …… 156
鲭 …… 378
霄 …… 379
姓 …… 412，513
勍 …… 229
情 …… 378，538
晴 …… 378，646
氰 …… 364，379
擎 …… 232
檠 …… 232
黥 …… 171
顷 …… 17，580
请 …… 378，560
檾 …… 354
謦 …… 413，562
清 …… 378
殸 …… 413
箐 …… 379
慶（庆）…… 291
磬 …… 413
罄 …… 114，413
綮 …… 510

qiong
邛 …… 139
穷（窮窮竆）… 379
穹 …… 7，140
茕（煢）… 556，564
琁 …… 696
蛩 …… 143
跫 …… 143，742
銎 …… 143
瓊（瓗璚琼）
…… 299，547
闛 …… 545

qiu
丘 …… 380
邱 …… 380，599
秋 …… 380
蚯 …… 53
湫 …… 380
緧 …… 621
鳅 …… 380，630
鞦 …… 380
鞧 …… 621
鰌 …… 621
厹 …… 233
囚 …… 381
犰 …… 233
泅（汓）… 381，727
求 …… 381
虬 …… 54，232
俅 …… 381
酋 …… 621
逑 …… 381
毬 …… 298，381
球 …… 381
崷 …… 621
遒 …… 621
裘 …… 381
璆 …… 682
蝤 …… 621
趜 …… 735
糗 …… 56，729

qu
区（區）…… 253
佉 …… 385
匤 …… 638
岖 …… 253，402
阹 …… 385
驱 …… 253
屈 …… 57，382
袪 …… 385
胠 …… 385，648
茁 …… 382
祛 …… 385
蛆 …… 374
躯 …… 254，410
蚰 …… 382
趋 …… 733
趍 …… 91
麹 …… 236
趨 …… 91
駆 …… 243
鸲 …… 144，335
朐 …… 325
瞿 …… 383
朐 …… 437
灈 …… 383
臞 …… 383
衢 …… 383
躣 …… 383
趯 …… 734
鸜 …… 383
曲 …… 382
取 …… 383，384，623
娶 …… 383

齲（齲瑀）…51，638
去……385
覷……210，549
趣……384，732
麮……385
覻……518
迲……385
quan 悛……243
圈……239
全……386，396
栓……719
泉……8，443
荃……386
拳……428
辁……386
痊……348，386
筌……386
蜷……239
踡……239，740
醛……386，621
鬈……239
權（权）……153
蠸……154
顴……154，582
蠸……734
犬……386，387
甽……386
绻……239，448
勸（劝）……154
que 炔……188
缺……114
瘸……347
却……219，385
壳……248
雀……533
确（確推塙碻）
……170，214，387
阕……159，305
阙……240，305
……387
散……515
碏……515
鹊……335
榷……170
qun 夋……242，243
逡……243
裙（帬）…220，241
群……241，388
麇……289

R

ran 冄（冉）……389
蚺……389
然……189，389
嘫……389
髯……389
嬿……389
燃……389
繎……389
苒……389
橪……389
rang 儴……528
勷……528
鄭……528
瀼……528
蘘……528
禳……528
瓤……148，527
穰……528
籯……528
嚷……527
壤……527
攘……527
礵……528
纕……528
让……405
讓……528
rao 饶……418，575
桡……576
顙……571
饒……418
扰（擾）……617
娆……343，575
绕……575
擾……330
re 惹……397
热……689
ren 人（亻）……390
仁……390
壬……392
忎……367
忍……393
荏……392
刃……75，393
仞……393
任……392
纫……393，448
妊（姙）…344，392
韧……393，493
衽……392，586
葚……411
認（认）……393
reng 扔……327
仍……327
ri 日……393，394
rong 戎……394，416
茸……97
狨……394
绒……394，448
容……147
搈……147
溶……147
蓉……147
榕……147
榮（荣）……564
熔……147
瑢……147
镕……147
融……134
嵘（嵘）……564
冗……192，395
氄……299
rou 柔……299
糅……299
蹂……738
鞣……134
瓇（猱）……617
肉……647，648，649
ru 如……395
茹……395
铷……395
儒……549
嚅……549
孺……549
濡……549

襦 ………………… 549
蠕 ………………… 549
颥 ………………… 582
顬 ………………… 549
汝 ………… 343, 445
乳 ………………… 119
辱 ……………………… 66
入 ………………… 396
洳 ………………… 395
缛 ……………………… 66
蓐 ……………………… 66
褥 ……………66, 586
ruan 壖 ………………… 549
阮 ………… 126, 642
伭 ………………… 642
朊 ………………… 642
软 ……………44, 371
甏 ……………………… 12
rui 芮 ………………… 412
甤 ………………… 412
緌 ………………… 494
桵 ………………… 483
蕊（蘂蘃蕋蕋）
…………………… 536
汭 ………………… 331
芮 ………………… 331
枘 ………………… 331
锐 ……………………… 88
瑞 ……………………… 85
睿（叡壡容） … 396
run 闰 ………… 304, 397
润 ………… 304, 397
ruo 挼 ………………… 483
捼 ………………… 495
若 ………………… 397
弱 ………… 141, 398
鄀 ………………… 600
蒻 ………………… 398
䐞 ………………… 398
篛（箬） ……… 398

S

sa 仨 ………………… 399
靸 ………………… 194
撒 ………………… 354
潵 ………………… 354
灑（洒） … 289, 514
虄 ………………… 552
卅 ………………… 399
飒 ………………… 111
萨（薩） ………… 38
sai 寋 ………………… 459
塞 ………………… 459
腮 ………………… 451
鳃（鰓） … 451, 630
赛 ……………14, 459
san 三 ………………… 399
彡 ………………… 399
氵 ………………… 444
弎 ………………… 399
叁 ………………… 399
毵 ……………………… 31
鬖 ………………… 682
伞 ………………… 390
馓 ………………… 354
椒（散） ……… 354
sang 桒 ………………… 186
桑 ………………… 400
嗓 ………………… 400
搡 ………………… 400
磉 ………………… 400
颡 ………………… 582
顙 ………………… 400
丧 ……………60, 400
sao 傜 ………………… 662
慅 ………………… 662
搔 ………………… 661
溞 ………………… 662
骚 ………… 295, 661
缫 ……………………… 43
鳋 ………………… 662
掃（扫） ……… 713
嫂（㛮） ……… 342
埽 ………………… 713
瘙 ………………… 662
臊 ……………………… 32
se 色 ………………… 401
涩（澀） ……… 691
啬 ………… 277, 401
铯 ………………… 401
歮 ………………… 691
澁 ………………… 197
瑟 ………………… 377
澁 ………………… 691
穑 ………………… 401
sen 森 ………………… 275
seng 僧 ………………… 663
鬙 ………………… 664
sha 沙 ………………… 407
纱 ………… 407, 447
殺（杀） ……… 435
裟 ………………… 588
啥 ………………… 409
傻 ………………… 487
唼 ………………… 375
厦 ………………… 521
嗄 ………………… 521
煞 ………………… 357
歃 ……………………… 37
翣 ………………… 375
霎 ………………… 375
shai 筛 ………………… 415
簁 ………………… 693
晒 ………………… 514
shan 山 ………………… 402
删 ……………………… 36
杉 …… 321, 399, 523
芟 ………………… 434
姗 ……………………… 36
苫 ………………… 668
衫 ………………… 586
埏 ………… 479, 698
挻 ………………… 698
珊 ……………………… 36
舢 ………………… 710
跚 ……………36, 737
潸 ………………… 354
膻（羴羶） ……… 74
羴 ………………… 570
闪 ………………… 304
陕 ………………… 204
汕 ………………… 402
疝 ………… 347, 402
扇 ………… 179, 636

掞 …… 563
善 …… 403
骟 …… 296
鄯 …… 403
缮 …… 403
擅 …… 74
膳 …… 403
赡 …… 666
蟮 …… 403
蟺 …… 74
譱 …… 571
鳝 …… 403, 629
鱣 …… 277
鱓 …… 629

shang 商 …… 403
觞 …… 214
傷（鸉伤） …… 404
墒 …… 403
慯 …… 404
殤 …… 404
熵 …… 403
觴 …… 404
鬺 …… 82
垧 …… 530
扃 …… 530
晌 …… 530
赏 …… 14, 405
上 …… 405
尚 …… 405, 406

shao 捎 …… 532
烧 …… 576
梢 …… 322, 532
稍 …… 532
艄 …… 532
鞘 …… 532
勺 …… 407
芍 …… 407
杓 …… 407
柖 …… 672
韶 …… 606, 673
少 …… 407
劭 …… 673
卲 …… 673
邵 …… 599, 673
佋 …… 672
卲 …… 27
绍 …… 69, 672
哨 …… 532

she 奢 …… 677
猞 …… 409
赊 …… 408
畲 …… 408
賒 …… 408
舌 …… 408
佘 …… 390, 408
抴 …… 425, 430
蛇（虵） …… 461
舍 …… 409
捨 …… 409
厍 …… 42
设 …… 435
社 …… 424, 475
射 …… 409
涉 …… 29, 692
涻 …… 409
赦 …… 52
慑 …… 97
摄 …… 97
滠 …… 97
韘 …… 584
麝 …… 290, 409

shen 申 …… 410
抌 …… 556
伸 …… 410
身 …… 410
侁 …… 522
呻 …… 410
绅 …… 410
罙 …… 411
娠 …… 48, 344
甡 …… 412
砷 …… 410
莘 …… 540
深 …… 411
兟 …… 522
糁 …… 31
燊 …… 565
蓡 …… 713
什 …… 416
神 …… 424
哂 …… 514
谂 …… 334
痒 …… 540
審（审） …… 102
嬸（婶） …… 102, 342
瀋（渖沈） …… 102, 395
肾 …… 649
甚 …… 351, 411
渗 …… 30
慎 …… 680
椹 …… 411
瘆 …… 31
蜃 …… 48
蜃 …… 48

sheng 升 …… 84
生 …… 412
声 …… 413
泩 …… 412
狌 …… 412
牲 …… 338, 412
笙 …… 412, 716
甥 …… 328, 412
鉎 …… 412
聲 …… 413
鼪 …… 437
绳 …… 312, 447
省 …… 413
渻 …… 413
蛸 …… 413
圣 …… 414, 623
胜 …… 414
晟 …… 509
盛 …… 314, 509
剩 …… 50, 75
勝 …… 414
嵊 …… 50
聖 …… 414

shi 尸 …… 415
失 …… 116
师 …… 415
虱 …… 54
诗 …… 453, 561
邿 …… 600
厔 …… 42
施 …… 590

浉 …… 415
狮 …… 387, 415
蝨 …… 556
褷 …… 693
濕（湿）…… 524
十 …… 416
饣 …… 416, 417
石 …… 419, 420
拾 …… 168, 416
蚀 …… 54, 417
食 …… 418
時（时）…… 453
湜 …… 427
實（实寔）…153, 428
鲥 …… 453
鼫 …… 437
鼭 …… 438
識（识）…… 688
史 …… 420
豕 …… 421
使 …… 420
始 …… 343, 463
驶 …… 295, 420
屎 …… 415
士 …… 422
氏 …… 422, 423
礻（示）…… 424
世 …… 425
仕 …… 422
市 …… 426
式 …… 139, 426, 594
事 …… 427
侍 …… 453
势 …… 689
视 …… 210
试 …… 426, 594
饰 …… 417
室 …… 309
恃 …… 453, 539
拭 …… 426, 594
是 …… 427, 428
柿 …… 323, 426
贳 …… 14, 425
莳 …… 453
栻 …… 426
舐 …… 422
轼 …… 426, 594
逝 …… 675
铈 …… 426
跃 …… 422
媞 …… 428
徥 …… 427
谥 …… 602
嗜 …… 262
弑 …… 426, 594
睗 …… 601
筮 …… 502
踟 …… 583
諟 …… 601
誓 …… 562, 675
適（适）…… 79
禔 …… 428
駃 …… 687
銴 …… 675
噬 …… 502
檡 …… 597
簭 …… 502
襗 …… 598
醳 …… 597
匙 …… 17, 428
釋（释）…… 598

shou
收 …… 232
手 …… 428
扌 …… 428
守 …… 65, 309
首 …… 430
艏 …… 430
寿 …… 431, 432
受（授绶）
…… 432, 433, 449
狩 …… 387
兽（獸）… 253, 433
售 …… 722
瘦 …… 235, 454

shu
书 …… 435
殳 …… 434, 435, 623
疋 …… 696
朮 …… 405
纾 …… 449, 635
叔 …… 436
枢 …… 253
延 …… 696
姝 …… 714
郚 …… 600
倏 …… 357
殊 …… 69, 715
梳 …… 280
淑 …… 436
菽 …… 436
毂 …… 435
疏（蔬踈）
…… 280, 440, 737
舒 …… 409, 635
鼫 …… 696
摅 …… 294
输 …… 633
踈 …… 737
儵 …… 172
孰 …… 529
赎 …… 296
跂 …… 696
熟 …… 529
璹 …… 432
蠋 …… 436
暑 …… 678
黍 …… 166
署 …… 678
蜀 …… 436
鼠 …… 437, 438
薯（藷）…… 677
曙 …… 678
屬（属）…… 439
忄 …… 536
术（朮秫術）
…… 51, 354, 439
戍 …… 508
束 …… 440
沭 …… 439
述 …… 439
竖 …… 523
俞 …… 396
恕 …… 395
庶 …… 440
尌 …… 441
数 …… 285

竪（坚）………… 523
腧 ………………… 633
墅 ………………… 579
澍 ………………… 441
豎 ………………… 84
潏 ………………… 299
樹（树）………… 441

shua 刷 ………………… 75
耍 ………………… 95

shuai 衰 ………… 389, 671
摔（踤）… 429, 441
甩 ………………… 671
蟀 ………………… 441

shuan 闩 ………………… 304
拴 ………………… 386
栓 ………… 322, 386
腨 ………………… 85

shuang 双（雙）… 442, 623
霜 ………… 526, 636
骦 ………………… 442
鹴 ………………… 442
艭（艘）………… 442
爽 ………………… 60, 442

shui 谁 ………………… 721
水 ………………… 443
帨 ………………… 220
税 ………………… 88
睡 ………………… 59

shun 吮 ………………… 653
顺 ………………… 580
舜 ………… 445, 672
蕣 ………… 445, 672
瞬（瞚）
………… 445, 607, 672

shuo 说 ………………… 88, 560
妁 ………………… 407
烁（爍）………… 263
朔 ………………… 332
铄（鑠）………… 263
硕 ………… 419, 581
稍 ………………… 299
搠 ………………… 333
蒴 ………………… 333
槊 ………………… 333

si 厶 ………………… 446
丝（絲）………… 449
司 ………………… 446
糸 ………………… 449
私 ………………… 446
思 ………………… 451
菘 ………………… 446
斯 ………………… 117
蛳 ………………… 55, 415
飔 ………………… 451
锶（鍶）………… 451
嘶 ………………… 117
撕 ………………… 117
緦 ………………… 451
虒 ………………… 438
死 ………………… 69, 451
巳 ………………… 452
四 ………………… 452
乇 ………………… 590
似 ………………… 593
寺 ………………… 453
汜 ………………… 452
兕 ………………… 5
姒 ………………… 593
祀 ………………… 452
佁 ………………… 463
泗 ………………… 452
饲 ………………… 418
驷 ………………… 452
俟 ………………… 594
牭 ………………… 338
飤 ………………… 418
笥 ………………… 446
耜 ………………… 265
竢 ………………… 594
嗣 ………………… 446
肆 ………………… 452

song 松 …… 141, 322, 454
娀 ………………… 394
凇 ………………… 454
崧 ………………… 454
淞 ………………… 454
菘 ………………… 454
嵩 ………………… 131
蜙 ………………… 454
檧 ………………… 142
鬆 ………………… 454
扨（摗）………… 442
怂 ………… 391, 536
悚 ………………… 440
耸 ………………… 391
竦 ………………… 440
讼 ………………… 141
宋 ………………… 321
诵 ………… 560, 613
送 ………………… 60, 151
颂 ………… 141, 581

sou 鄋 ………………… 455
嗖 ………………… 454
廋 ………………… 455
搜 ………… 235, 454
溲 ………………… 455
獀 ………………… 454
馊 ………………… 454
飕 ………… 111, 454
锼 ………………… 455
艘 ………… 235, 455
螋 ………………… 455
餿 ………………… 455
叟 …… 454, 455, 623
瞍 ………………… 455

su 酥 ………… 166, 620
稣 ………………… 455
窣 ………………… 552
蘇（穌苏甦囌）
………………… 412, 455
俗 ………………… 146
夙（夙）……… 199
诉 ………………… 222
泝 ………………… 222
肃 ………………… 456
涑 ………………… 440
素 ………………… 456
茜 ………………… 621
速 ………………… 440
骕 ………………… 456
粟 ………………… 457
谡（謖）………… 201
嗉 ………………… 456
塑 ………………… 333
愫 ………………… 456

溯 …………………… 332
遡 …………………… 332
鹔 …………………… 456
僳 …………………… 457
愬 ………… 333，537
觫 …………………… 440
趚 …………………… 735
簌 …………………… 716
鷫 …………………… 141

suan 酸（痠）… 242，620
狻（狻）……… 242
匴 …………………… 340
筭（祘算）…340，716

sui 虽（雖）……… 457
荽 …………………… 483
眭 …………………… 157
睢 …………………… 720
绥 …………………… 483
隋 …………………… 458
随（隨遀） 458，625
祟 …………………… 424
遂 …………………… 421
歲（岁䒸）…… 511
碎 …………………… 742
䊩 …………………… 424
隧 ……………………61
穗 …………………… 188
邃 ……………61，553
繐 …………………… 188
髓（髄）……… 458

sun 孙（孫）……… 450
狲 …………………… 450
荪 …………………… 450
飧 …………………… 418
豙 …………………… 421
损 …………………… 643
笋 ………… 608，716
筍 …………………… 555

suo 唆 …………………… 242
娑 …………………… 343
梭（篗）……… 242
睃 …………………… 243
嗍 …………………… 333
羧 …………………… 243
蓑（簑）……… 389
缩 …………………… 460
趖 …………………… 735
簑 …………………… 589
所 …………………… 458
貨 …………………… 459
唢 …………………… 459
索 …………………… 449
琐 …………………… 459
锁（鎖鎻鏁）
……………225，459
鄁 …………………… 459
湏 …………………… 459
損 …………………… 459
璅 ……………………43
硝 …………………… 459
瑣 …………………… 459

T

ta 他 …………………… 579
它 …………………… 461
她 …………………… 579
牠 …………………… 579
趿 …………………… 739
铊 …………………… 461
塌 …………………… 462
溻 …………………… 462
遢 …………………… 462
塔 ……………………67
獭 ……………………14
鳎 …………………… 462
沓 …………………… 462
挞（撻）…………67
㒓 …………………… 462
涾 …………………… 462
搨 …………………… 462
遝 ……………………68
榻 …………………… 462
踏 ………… 462，740
蹋 ………… 462，739
譶 …………………… 562

tai 胎 …………………… 647
台 …………………… 463
臺 ………… 463，464
邰 …………………… 463
抬 …………………… 463
苔 …………………… 464
炱 …………………… 464
菭 …………………… 463
跆 …………………… 463
鲐 …………………… 463
臺 …………………… 464
颱 …………………… 463
篙 ……………………72
儓 …………………… 464
嬯 …………………… 464
擡 …………………… 464
薹 …………………… 464
檯 …………………… 464
太 …………………… 465
肽 …………………… 465
钛 …………………… 465
泰 ………… 443，465
酞 …………………… 465
態（态）… 331，465

ti 遆 …………………… 723

tan 坍 ……………72，476
贪 ……………14，163
啴 ……………………73
摊（攤）……… 329
滩（灘）……… 329
瘫（癱）… 329，347
灘 …………………… 329
坛（壜壇）
…………74，476，652
昙（曇）……… 652
谈 ………… 560，563
郯 ………… 563，600
覃 …………………… 466
痰 …………………… 563
谭 …………………… 466
潭 …………………… 466
檀 ……………74，277
忐 …………………… 405
坦 …………………… 475
袒 …………………… 587
毯 …………………… 563
叹（歎嘆）…… 227
炭 …………………… 466
探 …………………… 411
碳 ………… 185，466

tang 汤（湯）…445，572
羰…………466，571
镗………………225
坣………………477
唐………………467
堂………………405
棠…………321，406
隚………………467
塘………………467
搪………………467
溏………………467
煻………………467
瑭………………467
犝………………467
毻………………467
磄………………467
膛………………406
糖………………467
糖………………467
螗………………467
䧺………………467
軿………………467
醣………………621
䗛………………467
餳………………572
鎕………………467
驨………………467
鶶（雕）………467
帑………………340
倘………………406
淌………………406
躺…………406，410
儻………………171
趟…………406，733
tao 涛………………431
绦………………470
焘………………432
掏…………114，468
掐………………577
滔………………577
韬…………493，577
謟………………577
韜（慆）………577
饕………………418
匋………………468
咷………………674
洮………………674
逃……………60，674
桃…………323，674
陶…………126，468
啕………………468
淘…………114，468
萄………………468
鞀………………673
鞉………………674
讨………………65
幬………………432
te 忑………………521
特…………338，453
犆…………338，690
慝………………537
teng 疼………………83
腾………………650
誊（謄）………562
滕………………650
縢………………650
藤………………650
ti 剔………………601
踢…………601，738
扌………………429
庢………………540
啼………………79
提………………427
缇………………427
瑅………………427
禔………………428
题………………428
鄡………………595
趧…………428，735
蹄（踶蹏蹏）
………79，428，737
醍…………428，620
体（體軆躰骵）
………………267
袛………………422
屉………………425
剃………………78
倜………………712
悌………………78
涕………………78
惕………………601
笹………………425
替…………115，468
屟…………425，584
髴………………601
籊………………723
趯…………723，734
嚏………………700
tian 天………………115
添…………470，539
田………………469
佃………………469
恬………………408
畋………………358
盷………………653
甜………………130
填………………680
阗…………305，681
寘………………681
寶………………681
忝…………470，539
殄………………681
淟………………36
腆………………36
舔…………408，470
掭………………470
瑱………………680
tiao 佻………………674
庣…………155，674
恌………………674
挑…………429，674
条（條）………470
苕………………673
迢………………673
笤………………673
蓧………………547
越………………734
齠………………673
蜩………………712
髫……………99，673
鲦………………470
鬜………………712
诮………………674
窕………………309
窱…………553，674

眺（眺）…325，674
粜……308
跳……674，738
糶……723

tie
帖……667
贴……13，667
铁（鐵鐵鑶鐡）……116，223
餮……682
饕……418，682

ting
厅……81
汀……444
听（聼聴聽）……77
烃……228
桯……49
渟……471
廷……471
亭……471
庭……471
停……471
婷……471
葶……471
蜓……54，471
霆……471，637
聤……471
艇……438
侹……471
挺……471
铤……471
艇……471，709
颋……582

tong
通……613
同……252，472
佟……83
彤……72，399
垌……478
茼……472
桐……322，472
砼……419
铜……472
僮……706
童……472
酮……619
潼……472
瞳……472

统……52，448
捅……614
桶……613
筒……472
痛……348，613
慟（恸）……708

tou
偷……633
投……434
骰……150，434
頭（头）……473
妵……717
黈……717
鍮……717
透……548

tu
凸……5
秃……473
突……474
葖……474
鵚……474
图……474，475
徒……51，732
涂……627
荼……627
途……627
屠……677
塗……627
瘏……677
酴……627
鵌……474
土……475
吐……252，476
钍……478
兔……479
菟……479
堍……479

tuan
抟……719
團（团）……30，719
慱……734
疃……472
彖……480

tui
忒……536
推……720
焞……529
颓（頹）…473，581
魋……722

癀……348
聉……97
腿……137，648
退……137，196
煺……137
蜕……88
褪……137

tun
涒……241
黗……172，482
屯……481，482
饨……416，481
豚……481
屍……506
臀……81，649
氽……390，443
乇……482
托（讬）……482
侻……156

tuo
拕……429
拖……590
脱……88，647
驮……68
佗……461
陀……461
陁……590
坨……461，476
沱……461
沲……590
驼（駞）…296，461
驰……590
柁……461
砣……419，461
鸵……335，461
跎……461，738
酡……461
橐……330
鼍……312
妥……483
椭（橢）……126，458，625
拓……419
柝……222
唾……59
擁……598
籜……598

欜 …………………… 330

W

wa 挖 …………………… 429
洼 …………………… 157
哇 ………… 157, 478
娲 …………………… 148
窊 …………………… 552
蛙 …………………… 157
窪 ………… 337, 553
娃 ………… 157, 342
瓦 …………………… 484
佤 …………………… 484
袜 …… 35, 317, 586
腽 …………………… 498
韈（袜韤韈）…… 35
wai 歪 ……………28, 699
崴 …………………… 511
外 …………………… 484
wan 弯 …………………… 485
剜 …………………… 486
捥 …………………… 487
湾 …………………… 485
蜿 …………………… 487
豌 ……………84, 487
丸 …………………… 234
刓 …………………… 642
纨 …………………… 234
芄 …………………… 234
完 ………… 485, 486
岏 …………………… 642
忨 …………………… 642
捖 …………………… 486
顽 ………… 581, 642
烷 …………………… 486
夗 …………………… 645
宛 ………… 486, 487
莞 …………………… 486
挽 …………………… 311
畚 …………………… 645
婉 …………………… 486
惋 ………… 486, 538
晚 …………………… 311
绾 …………………… 152
脘 …………………… 486
菀 …………………… 486
涴 …………………… 487
琬 …………………… 487
皖 …………………… 485
惌 …………………… 486
碗（椀盌）
……… 314, 486, 645
万 …………………… 632
妧 …………………… 642
夓 …………………… 487
萬 …………………… 632
腕 ………… 487, 648
翫（翫玩）…… 520
贎 …………………… 632
wang 尪（尫）……… 506
汪 …………………… 445
亡 ………… 488, 489
王 …………………… 490
罒（网）……… 490
往 …………………… 698
徃 …………………… 412
罔 …………………… 489
晍 …………………… 698
辋 …………………… 489
網 …………………… 489
蝄（魍）……… 489
妄 …………………… 488
忘 …………………… 488
望（朢）……46, 489
wei 危 …………………… 491
威 …………………… 511
散 …………………… 491
偎 …………………… 496
逶 …………………… 494
隈 …………………… 496
葳 …………………… 511
微 ……………51, 491
椳 …………………… 496
楲 …………………… 511
溦 …………………… 491
覣 …………………… 495
踒 …………………… 495
薇 …………………… 491
巍 …………………… 495
韦（韋）……… 492
为 …………………… 495
圩 …………………… 626
围 …………………… 492
帏 …………………… 492
沩 …………………… 495
违（違）……… 492
闱 ………… 304, 492
抝 …………………… 495
桅 …………………… 491
唯 …………………… 720
帷 …………………… 721
惟 …………………… 720
维 …………………… 721
霺 …………………… 491
伟（偉）……… 492
伪 …………………… 495
尾 ………… 415, 494
纬 ………… 447, 492
苇 …………………… 492
洈 …………………… 653
委 …… 166, 494, 495
炜 …………………… 493
玮 …………………… 493
娓 …………………… 494
诿 …………………… 494
萎 …………………… 495
崣 …………………… 495
痏 …………………… 625
愇 …………………… 539
痿 …………………… 495
猥 …………………… 496
痿 …………………… 494
艉 …………………… 494
韪 ………… 428, 493
鲔 …………………… 625
蜼 …………………… 721
蘧 …………………… 644
未 …………………… 317
位 ………… 270, 390
味 …………………… 317
畏 …………………… 496
胃 …………………… 496
尉 …………………… 497
谓 ………… 496, 560

猚 …… 721
喂 …… 496
渭 …… 496
蔚 …… 497
慰 …… 497
衛（卫） …… 492
褽 …… 589
餵 …… 418, 496
魏 …… 159, 495
衞 …… 543
𢡟 …… 537
𨗿 …… 543
猬（䠑蝟） ……387, 496

wen
昷（𥁕） …… 381, 498
温 …… 498
缊 …… 498
瘟 …… 347, 498
文 …… 498, 499
纹 …… 498
闻 …… 303
蚊 …… 498
阌 …… 305, 433
雯 …… 499, 637
閿 …… 433
鼤 …… 438
刎 …… 507
吻 …… 507
紊 …… 499
稳（穩𨇾） …… 197
问 …… 303
汶 …… 498
璺 …… 545, 638

weng
翁 …… 500
嗡 …… 500
蓊 …… 500
瓮 …… 141, 484

wo
挝 …… 61
倭 …… 494
涡 …… 148
莴 …… 148
喔 …… 503
窝 …… 148, 553
蜗 …… 148
我（𢦓）
…… 151, 500, 501
沃 …… 574
肟 …… 258
卧 …… 27, 46, 356
捾 …… 152
幄 …… 503
握 …… 503
渥 …… 503
硪 …… 501
斡 …… 725
齷 ……51, 503

wu
乌 …… 502
圬 …… 258, 477
玗 …… 626
汙 …… 626
污 …… 258
邬 …… 502
呜 …… 502
巫 …… 502
杇 …… 258
屋 …… 415, 503
诬 …… 502, 561
钨 …… 502
无 …… 504
吴 …… 504
吾 …… 503
呉 …… 663
芜（蕪） …… 504
郚 …… 600
無 …… 504
蜈 ……54, 504
鼯 …… 437, 503
五 …… 505
午 …… 505
仵 …… 505
伍 …… 505
妩（嫵） …… 504
庑（廡） …… 504
忤 …… 505
怃 …… 539
侮 …… 319
武 …… 506
侮 …… 319
碔 …… 506
鹉 …… 335, 506
舞 …… 504
趨 …… 735
兀 …… 506
勿 …… 507
务 …… 512
戊 …… 508
阢 …… 506
屼 …… 506
扤 …… 506
坞 …… 476, 502
杌 …… 506
物 …… 338, 507
误 …… 504
務 …… 512
悟 …… 503, 538
痦 …… 349
靰 …… 506
骛 …… 296, 512
雾 …… 512
寤 …… 346, 503
鹜 …… 336
鋈 …… 570

X

xi
夕 …… 513
兮 …… 513
吸 …… 194
汐 …… 513
西 …… 514
希 …… 515
扸 …… 352
昔 …… 515
析（析） 221, 352, 516
穸 …… 513
矽 …… 513
诶 …… 594
恓 …… 514, 538
郗 …… 515, 599
唏 …… 515
奚 …… 517
屖 …… 540
息 …… 516
犧（牺） …… 514, 595
悉 …… 517
惜 …… 539
晞 …… 515

欷 ………… 371, 515
淅 ………… 516
烯 ………… 515
硒 ………… 419, 514
菥 ………… 516
晰 ………… 516
犀 ………… 518
稀 ………… 515
翕 ………… 168
裼 ………… 601
翓 ………… 360
傒 ………… 517
溪 ………… 517
锡 ………… 601
嫨 ………… 517
虘 ………… 518
僖 ………… 520
熄 ………… 516
熙 ………… 47
蜥 ………… 516
嘻 ………… 520
嬉 ………… 520
瘜 ………… 516
膝 ………… 360
憙 ………… 520, 537
樨 ………… 518
榼 ………… 315
窸 ………… 517, 553
羲 ………… 595
螅 ………… 516
蟋 ………… 517
醯 ………… 281, 315
觿（觽）………… 244
巇 ………… 518
曦（曦）………… 595
爔 ………… 595
酅 ………… 519
巂 ………… 518
鼷 ………… 438
訢 ………… 221
郎 ………… 728
席 ………… 519
習 ………… 520
袭 ………… 283, 588
觋 ………… 502
媳 ………… 516
蓆 ………… 519
隰 ………… 127, 524
檄 ………… 216
枲 ………… 354, 464
洗 ………… 522
玺 ………… 96
征 ………… 691
徙 ………… 693
铣 ………… 522
喜（憙）………… 520
屣 ………… 693
漇 ………… 693
蓰 ………… 693
檰 ………… 693
禧 ………… 520
縰 ………… 693
蹝 ………… 693
囍 ………… 195, 520
戲（戏）………… 518
忾 ………… 364
系（係繫）………… 450
细 ………… 469
盻 ………… 513
郤 ………… 146
隙 ………… 127
禊 ………… 424
赩 ………… 401
稧 ………… 366
xia 虾（蝦）………… 521
鰕 ………… 87
侠 ………… 203
狎 ………… 205
峡 ………… 204
狭 ………… 204
硖 ………… 203
遐 ………… 87
暇 ………… 87
瑕 ………… 86
辖 ………… 45
蕸 ………… 87
霞 ………… 87
黠 ………… 171
下 ………… 521
吓（嚇）………… 521
夏 ………… 521
xian 仙 ………… 522
先 ………… 522
籼 ………… 307
莶 ………… 368
跹（躚躩）
………… 367, 369, 740
酰 ………… 522, 620
僊 ………… 522
嗎 ………… 559
鲜 ………… 628
暹 ………… 722
褼 ………… 369
韱（韯）… 207, 523
攕（攕）… 208, 523
纖（纎纤孅）207, 367
闲 ………… 304, 323
弦（絃）… 140, 551
咸 ………… 510
涎 ………… 698
胘 ………… 551
茴 ………… 554
舷 ………… 551, 710
衔 ………… 542
嫌 ………… 209
銜 ………… 543
賢（贤）………… 523
溓 ………… 572
趚 ………… 735
諴 ………… 510
鹹（醎）288, 510, 620
麙 ………… 510
险 ………… 368
崄 ………… 368
猃 ………… 368
跣 ………… 522, 739
㬎 ………… 524
韅 ………… 524
顯（显）………… 524
县（縣）………… 524
现 ………… 210
线 ………… 206, 447
臽 ………… 525
限 ………… 136
陷 ………… 127, 525

馅 …… 416, 525
羡 …… 63, 572
獻（献）…… 569
腺 …… 443
椪 …… 551
憲（宪）…… 163, 525
霰 …… 354
鱇 …… 438
藖 …… 736
xiang 乡（鄉）…… 196, 526
芗 …… 526
相 …… 526
香 …… 527
厢 …… 42, 526
鄉 …… 578
湘 …… 526
缃 …… 447, 526
箱 …… 526
襄 …… 527, 528
骧 …… 295, 527
欀 …… 528
瓖 …… 528
镶 …… 527
详 …… 560, 561, 570
庠 …… 155, 570
栙 …… 695
祥 …… 570
翔 …… 571, 636
享 …… 529
响（響）…… 530
饷（餉）…… 417, 530
咼 …… 530
想 …… 526
蠁（蚼蚃）…… 526
饗（飨）…… 526
饟 …… 528
向 …… 530
巷 …… 143, 531
项 …… 139, 580
珦 …… 530
象 …… 531
像 …… 531
橡 …… 531
襐 …… 531
蟓 …… 531
衖 …… 543
xiao 肖 …… 532
枭 …… 323, 336
侾 …… 533
哓 …… 575
骁 …… 296, 575
宵 …… 532
庨 …… 533
绡 …… 532
逍 …… 532
萧 …… 456
硝 …… 532
销 …… 532
蛸 …… 532
潇 …… 456
箫 …… 456
霄 …… 532, 637
魈 …… 532
嚣（器）…… 254
馨 …… 413
蘜 …… 254
崤 …… 576
淆 …… 576
殽 …… 576
小 …… 533
晓 …… 576
筱 …… 616, 716
篆 …… 470
謏 …… 454
孝 …… 533
咲 …… 151
哮 …… 533
效 …… 213
校 …… 213
笑（咲）…… 534
啸（歗）…… 456
斅 …… 217
消 …… 445, 532
xie 些 …… 693
楔 …… 366
歇 …… 169
蝎 …… 169
邪（耶）…… 578, 600
協 …… 430
岁 …… 694
脅 …… 649
衺 …… 589
偕 …… 218
斜 …… 627
谐 …… 218, 561
颉 …… 195, 582
携（攜攜）…… 244, 519
鞋 …… 134, 157
龤 …… 651
写（寫）…… 235
泄 …… 425, 445
绁 …… 425
卸 …… 534
洩 …… 583
枻 …… 425
卨（契）…… 149, 366, 399
妎 …… 675
屑 …… 532
偞 …… 584
械 …… 220
絏 …… 584
揳 …… 366
媟 …… 584
缬 …… 583
谢 …… 409
偢 …… 517
澍 …… 409
榭 …… 409
嚡 …… 632
屧 …… 584
蝑 …… 548
懈 …… 215
獬 …… 215
邂 …… 215
燮 …… 535
燮 …… 535
僁 …… 535
褻（亵）…… 589, 689
瀣 …… 35
蟹 …… 215
龤 …… 583
瓔 …… 535
躞 …… 535
xin 心 …… 536
忄 …… 539

忻 ……………… 221, 538
芯 ……………………… 536
辛 ……………… 540, 541
昕 ……………………… 221
欣 ……………………… 221
锌 ……………… 225, 540
新 ……………………… 376
歆 ……………………… 606
鋅 ……………………… 540
薪 ……………………… 376
馨 ……………… 413, 527
镡 ……………………… 466
禣 ……………………… 556
阠 ……………………… 556
囟 ……………………… 541
信 ……………………… 562
衅（釁舋）
……………… 9, 554, 545
xing 星 ……………… 412, 542
骍 ……………………… 540
惺 ……………………… 542
猩 ……………… 387, 542
瑆 ……………………… 542
腥 ……………… 542, 648
觲 ……………………… 540
郷 ……………………… 545
嬹 ……………………… 545
刑 ……………………… 543
邢 ……………………… 600
形 ……………………… 399
型 ……………… 476, 543
洐 ……………………… 542
硎 ……………………… 543
铏 ……………………… 543
滎（荥） …… 443, 564
醒 ……………… 542, 620
擤 ……………………… 729
杏 ……………………… 323
姓 ……………………… 412
幸 ……………………… 544
性 ……………… 412, 538
荇 ……………………… 542
倖 ……………………… 544
婞 ……………………… 544
悻 ……………………… 544
涬 ……………………… 544
緈 ……………………… 544
興（兴） …… 472, 545
xiong 凶（卤兇） ……… 545
兄 ……………………… 546
匈 ……………………… 546
讻 ……………………… 545
汹 ……………………… 545
恟 ……………………… 546
洶 ……………………… 546
胸 ……………………… 546
訩 ……………………… 546
殈 ……………………… 545
雄 ……………………… 173
熊 ……………………… 331
雄 ……………………… 624
敻 ……………………… 547
趫 ……………………… 735
xiu 休 ……………………… 323
夂 ……………………… 547
修 ……………………… 547
羞 ………………………… 56
馐 …………… 56, 416
茵 ……………………… 381
朽 ……………… 247, 323
宿 ……………………… 460
糔 ……………………… 662
秀 ……………… 166, 548
岫 ……………………… 618
琇 ……………………… 625
袖 ……………… 586, 618
嗅 ……………………56, 729
溴 ……………………56, 729
繡（绣） …… 449, 456
鏽（锈） …… 456, 548
齅 ………………………… 56
xu 吁 ……………………… 626
戌 ……………………… 508
盱 ……………………… 626
胥 ……………………… 548
须 …………… 23, 580
顼 ……………………… 582
虚（虛）… 177, 380, 549
谞 ……………………… 548
楈 ……………………… 548
嘘 ……………………… 549
墟 ……………… 477, 549
需 ……………………… 549
颏 ……………………… 581
欻 ……………………… 565
歔 ……………………… 549
魖 ……………………… 549
驉 ……………………… 549
鬚 ………………………… 23
徐 ……………………… 627
许 ……………………… 505
诩 ……………… 560, 636
稰 ……………………… 548
稰 ……………………… 548
糈 ……………………… 548
醑 ……………………… 548
盨 ……………………… 315
旭 ……………………… 233
序 ……………………… 635
芧 ……………………… 635
侐 ……………………… 554
叙 ……………………… 627
恤（卹䘏） ……… 554
洫 ……………………… 554
勖 ……………………… 301
绪 ……………………… 677
酗 ……………… 545, 620
婿 ……………… 342, 548
溆 ……………………… 627
絮 ……………… 395, 449
訹 ……………………… 554
煦 ……………………… 189
蓄 ……………………… 550
嫶 ……………………… 550
獝 ……………………… 299
漵（潊） ………… 634
蓿 ……………………… 460
xuan 轩 ………………44, 129
宣 ……………… 135, 550
谖 ……………………… 643
喧 ……………………… 550
揎 ……………………… 550
萲（萱） …… 550, 643
暄 ……………………… 550
煊 ……………………… 550

嬛（媎） ………… 182
諠 ………… 550
暄 ………… 547
趩 ………… 736
玄 ………… 551
痃 ………… 551
淀 ………… 696
悬（懸） ………… 524
旋 ………… 551, 696
嫙 ………… 551
漩 ………… 551
璿（璇） ………… 396, 551
烜 ………… 135
選（选） ………… 557
癣 ………… 630
泫 ………… 551
炫 ………… 189, 551
眩 ………… 325, 551
袨 ………… 551
铉 ………… 551
琄 ………… 639
衒 ………… 543
渲 ………… 550
楦 ………… 550
衔 ………… 543
碹 ………… 550
鏇 ………… 551

xue 削 ………… 532
靴 ………… 134, 180
薛 ………… 88, 552
穴 ………… 552, 553
学 ………… 217
茓 ………… 552
泶（澩） ………… 443
噱 ………… 341
踅 ………… 675, 742
雤 ………… 722
雪 ………… 636
鳕 ………… 629
血 ………… 196, 554
谑 ………… 341, 561
霫 ………… 187

xun 勋 ………… 269, 643
埙 ………… 643
熏 ………… 555
勳 ………… 555
薰 ………… 555
壎 ………… 555
獯 ………… 555
曛 ………… 555
燻 ………… 555
矄 ………… 555
醺 ………… 555, 621
寻 ………… 556
旬 ………… 555
巡 ………… 61
询 ………… 555, 560
绚 ………… 555
峋 ………… 555
恂 ………… 555
洵 ………… 555
浔 ………… 556
荀 ………… 555
荨 ………… 556
珣 ………… 555, 639
循 ………… 90
鲟 ………… 556, 629
燖 ………… 466
燅 ………… 288
䞨 ………… 736
卂 ………… 556
训 ………… 561
讯 ………… 556
驯 ………… 296
汛 ………… 445, 556
迅 ………… 556
徇 ………… 555
逊 ………… 61, 450
愻 ………… 450
殉 ………… 555
奞 ………… 722
巽 ………… 143, 557
蕈 ………… 466

Y

ya 押 ………… 205
鸦 ………… 336
桠 ………… 559
鸭 ………… 205, 336
铔 ………… 224, 559
壓（压） ………… 567
牙 ………… 558
伢 ………… 390, 558
岈 ………… 558
芽 ………… 558
庌 ………… 156
厓 ………… 558
蚜 ………… 54
崖 ………… 4, 558
涯 ………… 558
琊 ………… 578
睚 ………… 558
衙 ………… 503, 542
哑 ………… 559
掗 ………… 559
瘂 ………… 559
雅 ………… 558
亚 ………… 559
讶 ………… 558
迓 ………… 558
垭 ………… 559
娅 ………… 343, 559
砑 ………… 558
氩 ………… 365
揠 ………… 567
呀 ………… 558

yan 懕（懨） ………… 567
咽 ………… 604
胭 ………… 604, 648
㮝（㭺） ………… 605
淹 ………… 566
焉 ………… 559
阉 ………… 80, 303, 566
湮 ………… 605
腌 ………… 80
煙（烟） ………… 605
鄢 ………… 559
傿 ………… 559
嫣 ………… 559
漹 ………… 559
䴏（𫛲） ………… 605
讠 ………… 560
延 ………… 698
闫 ………… 304, 399
妍 ………… 245, 343

芫 …… 642
言 …… 562
沿（㳂） …… 566
炎 …… 563
研 …… 245
莚 …… 698
阎 …… 304
筵 …… 698
蜒 …… 698
槮 …… 39
碞 …… 420
颜 …… 39, 582
檐 …… 666
嚴（严） …… 130
黬 …… 172, 510
巗（岩） …… 130, 402, 420
鹽（盐） …… 288, 314
㕣 …… 566
㫃 …… 106, 107
兖 …… 142
奄 …… 566
匽 …… 567
衍 …… 542
偃 …… 567
掩 …… 566
眼 …… 137, 325
郾 …… 567
酓 …… 223
演 …… 607
褗 …… 567
蝘 …… 567
縯 …… 607
黶 …… 172
甗 …… 178, 569
鰋 …… 567
鶠 …… 567
鼴 …… 437
巘 …… 569
魘 …… 567
鼹 …… 568
厌（猒厭） …… 567
晏 …… 567
彦 …… 39
砚 …… 210
宴 …… 310, 568
晏 …… 568
艳（豔艷） …… 267, 401
验 …… 368
谚 …… 39
堰 …… 567
焰 …… 189, 525
㷔 …… 565
雁（鴈） …… 568
墕 …… 559
餍 …… 418
曣 …… 568
燄 …… 563
燕 …… 12
赝 …… 568
鬳 …… 178, 569
騴 …… 568
雝（鷃） …… 568, 720
讞（谳） …… 569
豔（豔） …… 268, 465
豔（豔） …… 268

yang

央 …… 569
姎 …… 569
抰 …… 429
泱 …… 569
殃 …… 569
秧 …… 166, 569
鸯 …… 336, 569
霙 …… 610
羊 …… 570, 571, 572
阳（陽） …… 126, 572
炀 …… 189
飏 …… 110
佯 …… 570
徉 …… 570
昜（煬） …… 572
洋 …… 570
烊 …… 570
揚（扬） …… 572
蛘 …… 570
楊（杨） …… 320, 572
鍚 …… 572
颺 …… 572
仰 …… 6
坱 …… 569
氧 …… 364
痒 …… 570
楧 …… 610
養（敭） …… 418, 572
怏 …… 569
恙 …… 572
羕 …… 572
㺊 …… 572
漾 …… 572
様（样） …… 570, 572

yao

幺 …… 573
夭 …… 574
吆 …… 573
妖 …… 343, 574
祅 …… 574
喓 …… 578
葽 …… 578
腰 …… 578, 648
邀 …… 216
爻 …… 574
尧 …… 575, 576
肴 …… 576
荛 …… 575
垚 …… 477
姚 …… 343, 674
峣 …… 576
轺 …… 673
傜 …… 114
谣 …… 561, 577
遥（遙） …… 114, 577
瑤 …… 577
瑶 …… 577, 639
飖（飆） …… 110, 577
窯 …… 571
窰（窑） …… 114, 577
繇（䌛） …… 577
鳐 …… 629
抗 …… 429
杳 …… 321
咬 …… 213
窈 …… 553
舀 …… 235, 577
䍃（畓） …… 562, 577
崾 …… 578
旟 …… 578

药（藥）………… 262
𡛟 ………………… 623
要 ………………… 578
褄 ………………… 578
鹖（鶡雒（雒））
………………… 577
曜 ………………… 723
矅 ………………… 723
耀 ………………… 723
纅（𦈚）………… 263
鑰（钥）………… 651

ye 掖 ………………… 583
椰 ………………… 578
噎 ………………… 585
饐 ………………… 585
爷 ………………… 124
揶 ………………… 578
爺 ……… 124, 578, 600
也 ………………… 579
冶 …………… 24, 463
野 …………… 579, 635
业（業）………… 580
曳 ………………… 583
页 ……… 580, 581, 582
邺（鄴）…… 580, 600
夜 …………… 513, 583
枼 …………… 584, 585
晔 ………………… 180
烨 ………………… 180
液 ………………… 583
谒 ………………… 169
腋 ………………… 583
葉（叶）………… 585
偞 ………………… 585
擛 ………………… 585
靥（靨）…… 312, 567
箨 ………………… 584
嵘 ………………… 580
嘁 ………………… 567

yi 一（弌壹）……… 585
衤 …………… 586, 587
伊 ………………… 608
衣 ……… 587, 588, 589
医（醫）…… 523, 589
依 ………………… 587
祎 ………………… 493
咿 ………………… 608
猗 ………………… 361
铱 ………………… 587
揖 ………………… 366
毉 ………………… 589
漪 ………………… 362
噫 ………………… 606
毉 …………… 589, 638
鷖 …………… 336, 589
緊 ………………… 589
毉 ………………… 589
黟 ………………… 171
黳 …………… 172, 589
仪（儀）………… 595
圯 ………………… 452
夷 ………………… 590
宜 ………………… 309
匜 ……………………47
沂 ………………… 221
诒 ………………… 463
宜 ………………… 591
怡 ………………… 463
迤 ………………… 590
饴 ………………… 417
荑 ………………… 590
咦 ………………… 590
姨 …………… 342, 590
贻 ………………… 463
宧 ……………………47
配 ……………………47
眙 ………………… 463
胰 ………………… 590
痍 ………………… 590
移 ……………………90
羠 ………………… 590
遗 ………………… 160
颐 ……………………47
疑 ………………… 591
彝 ………………… 592
嶷 ………………… 591
彝 ………………… 592
巇 ………………… 595
乙 ………………… 592
已 ………………… 593
以 ………………… 593
矣 ………………… 594
苡 ………………… 593
舣（艤）………… 595
蚁（蟻）…… 53, 595
倚 ………………… 361
扆 ………………… 589
偯 …………………… 1
椅 ………………… 361
觊 …………… 363, 582
旖 ………………… 107
敲 ………………… 686
檥 ………………… 595
轙 ………………… 595
义（義）………… 595
弋 ………………… 594
艺（埶藝）……… 592
议（議）…… 560, 595
亦 ………………… 596
役 ………………… 434
屹 …………… 402, 592
佚 ………………… 116
役 ………………… 434
抑（抑）……… 6, 609
译（譯）………… 596
邑 ……… 598, 599, 600
芸 ………………… 652
峄（嶧）………… 596
怿（懌）………… 596
易 ………………… 601
秇 ………………… 234
绎（繹）………… 596
诣 …………… 560, 701
驿（驛）…… 296, 597
怈 ………………… 583
奕 ………………… 596
帟 ………………… 596
弈 ………………… 596
疫 …………… 347, 434
羿 ………………… 636
轶 ………………… 116
玴 ………………… 583
醜 ………………… 579
挹（抑）………… 598
栧 ………………… 583

浥 …… 598
益 …… 445, 602
谊 …… 374, 560, 591
勩（勚） …… 145, 425
埸 …… 601
毆 …… 589
異（异） …… 602
翊 …… 636
翌 …… 636
訲 …… 705
豙 …… 603
豛 …… 435
逸 …… 603
焲 …… 583
勩 …… 145
劓 …… 337
豷 …… 583
意 …… 606
溢 …… 602
缢 …… 602
肄 …… 639
裔 …… 588
廙 …… 156, 602
瘞 …… 204, 349
蜴 …… 601
毅 …… 603
熠 …… 520
鹢 …… 602
劓 …… 729
圛 …… 597
曀 …… 585
殪 …… 585
燚 …… 565
薏 …… 606
瘱（囈） …… 337
斁 …… 597
燡 …… 597
翳 …… 589
翼 …… 602
臆 …… 606
癔 …… 606
镱 …… 606
襗 …… 597
醳 …… 597
懿 …… 585
趩 …… 736
虉 …… 540

yin
因 …… 604
阴（陰） …… 126, 604
侌 …… 604
垔 …… 605
姻 …… 344, 604
洇 …… 605
茵 …… 604
音 …… 606
殷 …… 608
氤 …… 365, 604
裀 …… 604
陻（堙垔） …… 605
媐 …… 641
愔 …… 538, 539
歅 …… 605
禋（裀） …… 424, 605
溵（瀔瀷） …… 197, 608
蔭 …… 608
慇 …… 537, 608
堅 …… 589
諲 …… 605
闉 …… 605
冘 …… 607
吟 …… 223
犾 …… 222
所 …… 222
垩 …… 671
垠 …… 477
訚 …… 305
婬 …… 671
寅 …… 607
淫（滛） …… 577, 671
银 …… 136
鄞 …… 227
龈 …… 51, 137
霪（霪） …… 637, 671
尹 …… 608
引 …… 140
肙 …… 608
饮 …… 371, 416
蚓 …… 53
隐（隱） …… 126, 197
乚 …… 197
趛 …… 734
印 …… 219, 609
茚 …… 609
胤 …… 573, 609
濥 …… 609
醽（酳） …… 609

ying
英 …… 610
婴 …… 342, 610
渶 …… 610
瑛 …… 610
缨 …… 448, 610
罂 …… 114
賏 …… 610
瑩（莹） …… 565
褮 …… 589
鹦 …… 335, 610
應（应） …… 537, 611
譍 …… 610
罌 …… 114, 610
鹰 …… 336
罃 …… 562, 610
鶯（莺） …… 564
軈 …… 611
鷪 …… 610
迎 …… 6
盈 …… 314, 327
塋（茔） …… 477, 564
楹 …… 327
蝇 …… 312
羸 …… 611
營（营） …… 564
熒（荧） …… 564
縈（萦） …… 565
螢（萤） …… 565
嬴 …… 200
赢 …… 611
鎣（蓥） …… 564
瀠（潆） …… 565
郢 …… 49, 600
颍 …… 17, 443, 581
颖 …… 582
影 …… 230, 399
瀅（滢） …… 565
映 …… 569
暎 …… 610

硬 …… 138
僬 …… 611
yo
唷 …… 281
yong
佣 …… 613
邕 …… 599
庸 …… 615
傭 …… 615
噰 …… 599
墉 …… 615
嫞 …… 156, 615
慵 …… 615
鏞 …… 614
擁（拥） … 612, 613
雝 …… 599
镛 …… 615
臃 …… 612
癰（痈瘫癕廱）
…… 348, 599, 612, 613
雝（雍） … 599, 612
鳙 …… 615
廱 …… 599
壅 …… 599
饔 …… 418
颙 …… 582, 631
永 …… 444, 612
甬 …… 613
咏 …… 252, 444, 612
泳 …… 444, 612
俑 …… 613
勇 …… 614
恿 …… 614
涌 …… 614
恿 …… 614
湧 …… 614
詠 …… 612
蛹 …… 614
踊 …… 614, 738
踴 …… 735
踴 …… 614
壅（壅） …… 612
用 …… 613, 614, 615
you
攸 …… 616
怮 …… 538
幽 …… 450, 573
逌 …… 622
悠 …… 616
麀 …… 17
憂（懮忧） …… 617
蚴 …… 450
優（优） …… 617
鄾 …… 617
嚘（嚘） …… 617
櫌（耰） …… 617
纋 …… 617
尤 …… 616, 617
由 …… 618, 619
沋 …… 616
邮（郵） …… 59, 618
油 …… 618
肬 …… 616
疣 …… 616
莜 …… 616
蚰 …… 54, 618
游 …… 107
猶（猷猶猶犹）
…… 617
遊 …… 107
鱿 …… 616, 629
楢 …… 621
鈾 …… 618
蕕 …… 617
蝣 …… 107
輶 …… 621
叉（友） …… 623
有 …… 625
卣 …… 622
酉 619, 620, 621, 622
栯 …… 625
莠 …… 234
莠 …… 548
铕（鐭銪） … 617, 625
牖（牖）
…… 121, 352, 615
黝 …… 172
鳖 …… 638
又 …… 623, 624, 625
右 …… 624
幼 …… 269, 573
佑 …… 390, 624
侑 …… 625
狖（貁） …… 552
囿 …… 625
姷 …… 625
宥 …… 309, 625
柚 …… 322, 618
诱 …… 548
盍 …… 314
釉 …… 618
酭 …… 620
趙 …… 735
鼬 …… 437
yu
纡 …… 626
迂 …… 61, 626
穻 …… 553
於 …… 626
淤 …… 626
瘀 …… 626
于 …… 626
余（馀餘） … 417, 627
妤 …… 635
玗 …… 626
盂 …… 314, 626
臾 …… 235, 628
鱼 …… 628
俞 …… 633
禺 …… 631, 632
竽 …… 626
娱 …… 343, 504
狳 …… 627
谀 …… 561, 628
渔 …… 628
萸 …… 628
隅 …… 127, 631
雩 …… 258
媮 …… 633
喁 …… 631
堣 …… 631
嵎 …… 631
愉 …… 538, 633
揄 …… 633
渝 …… 633
湡 …… 631
腴 …… 628
逾（踰） …… 633
愚 …… 537, 631

揄 ………………… 633
瑜 ………………… 633
虞 ………………… 504
覦（覦）… 210, 633
舆 ……………………45
羭 ………………… 571
蝓 ………………… 633
媮 ………………… 634
歟（欤）……… 634
髃 ………………… 631
鰅 ………………… 631
趣 ………………… 736
与（與）……… 634
予 ………………… 635
伛 ………………… 254
宇 ………… 309, 626
屿 ………………… 402
羽 ………………… 636
妪 ………………… 253
雨 ………… 636, 637
禹 ………………… 638
语 ………… 503, 561
偊 ………………… 638
圄 ………………… 544
庾 ………………… 628
敔 ………………… 357
郰 ………………… 638
寓 ………………… 638
楀 ………………… 638
瑀 ………………… 638
瘐 ………………… 628
齬 ………………… 503
玉 ………… 638, 639
聿 ………… 639, 640
芋 ………………… 626
饫 ………………… 574
育 ………………… 281
狱 ………………… 386
峪 ………………… 146
浴 ………………… 146
钰 ………………… 638
预 ………… 581, 635
域 ………………… 190
堉 ………………… 281
欲 ………………… 146
淯 ………………… 281
谕 ………… 560, 633
阈 ………………… 305
喻（歈）……… 633
寓 ………………… 631
御（御驭）… 296, 534
棫 ………………… 190
焴 ………………… 281
裕 ………………… 146
遇 ………………… 631
鹆 ………………… 146
煨 ………………… 496
愈 ………… 536, 633
鈺 ………………… 638
隩 …………………… 6
毓 ………………… 281
瘉 ………… 349, 633
蜮 ………………… 190
噊 ………………… 299
薁 …………………… 6
豫 ………… 531, 635
遹 ………………… 299
鋊 ………………… 146
燠 …………………… 6
禦 ………………… 534
鹬 ………… 299, 336
礜 ………………… 634
譽（誉）……… 634
鬻 ………… 134, 141
鬻 ………………… 141
鬱（欝郁）…103, 641
yuan 鸳 ………………… 645
肙 ………………… 641
冤（寃）……… 479
眢 ………………… 645
鸳 ………… 336, 645
逌 ………………… 641
淵 ………………… 641
蜎 ………………… 649
鹓 ………………… 487
鼘 ………………… 641
元 ………………… 642
邧 ………………… 642
员 ………………… 643
沅 ………………… 642
杬 ………………… 642
垣 ………… 135, 478
爰 ………………… 643
原 ………………… 645
圆 ………………… 643
袁 ………………… 644
援 ………………… 643
猨（猿）
……… 387, 643, 644
缘 ………………… 480
鼋（黿）……… 642
媛 ………………… 643
園 ………………… 644
塬 ………………… 645
源 ………………… 645
獂 ………………… 645
趄 ………………… 734
榬 ………………… 644
辕（轅）……44, 644
圜 ………………… 182
螈 ………………… 645
邍 …………………… 15
遠（逺远）…… 644
肙 ………………… 649
妴 ………………… 645
苑 ………………… 645
怨 ………………… 645
院 ………………… 485
垸 ………………… 486
掾 ………………… 480
瑗 ………………… 643
愿 ………………… 645
願 ………………… 645
yue 曰 ………………… 646
约 ………………… 407
籆 ………………… 191
蒦 ………………… 556
月 ………………… 646
戉 ………………… 650
汋 ………………… 407
岳 ………… 380, 402
玥 ………………… 646
悦 …………88, 538
軏 ………………… 506
钺 ………………… 650

阅 ……88, 303
粤 …… 651
越 …… 650, 732
龠 …… 651
爚 …… 263
瀹 …… 651
蘥 …… 651
爚 …… 651
禴 …… 651
躍 …… 723
籥 …… 651
鸑 …… 723

yun
晕 ……45, 394
壼 …… 545
氲 …… 365, 498
奫 …… 641
云 …… 652
匀 …… 653
雲 …… 652
囩 …… 652
沄 …… 652
纭 …… 652
昀 …… 653
畇 …… 653
郧 …… 600
耘 …… 265, 652
雲 …… 652
允 …… 653
会 ……68, 652
抎 …… 652
狁 …… 653
陨 …… 127, 643
殒 …… 643
趣 …… 735
孕 …… 654
恽 …… 539
酝（醖）… 619, 652
愠 …… 498
運（运）……45
韫 …… 493, 498
韵（韻）… 606, 653
熨 …… 497
蕴 …… 498

Z

za
帀 …… 655
匝 …… 655
咂 …… 655
杂（雜雑） 233, 743
砸 …… 655
咋 …… 664

zai
𢦏 …… 655
灾 …… 656
甾 …… 657
哉（烖）…… 656
栽 …… 655
烖 …… 655
仔 …… 390, 727
宰 …… 541
载（䵧）
…… 45, 200, 655
崽 …… 451
睵 …… 541
再 …… 389
在 …… 657
縡 …… 541
截 …… 655
䵧 …… 199

zan
兂 …… 658, 659
簪 …… 370, 659
簮 …… 468
鐕 …… 659
咱 …… 728
噆 …… 370, 658
攒 …… 659
趱 …… 734
暂（暫）……32, 741
赞（賛讚）…… 659
錾 ……45, 666
讃 …… 115

zang
牂 …… 570
赃（臟）… 346, 660
脏（臟髒）
…… 346, 451, 660
臧 …… 660
奘 …… 345
葬 …… 451
鉴 …… 345
臓 …… 346

zao
遭 …… 33
糟 …… 33
凿 …… 660
鑿 …… 660
早 …… 416, 661
枣（棗）……62, 318
蚤 …… 623, 661, 662
澡 …… 31
藻（藻）…… 31, 43
皁（皂）… 359, 661
唣 …… 359
造 …… 132
唕 …… 713
喿 … 30, 31, 32, 253
噪 ……31, 253
燥 ……31, 188
趮 …… 734
躁 ……31, 737
竈（灶）
…… 312, 476, 553

ze
则 …… 13, 75
择（擇）…… 597
泽（澤）…… 597
责 …… 662
啧 …… 662
帻 …… 662
稓 …… 515
箦 …… 662
赜 ……47, 662
蝷 …… 597
鸅 …… 597
夨 …… 663
仄 …… 42
庂 …… 155
昃 …… 42

zei
贼 …… 394

zen
怎 …… 664
潛（譖）… 370, 658

zeng
鄫 …… 664
增 …… 663
憎 …… 663
矰 …… 664
磳 …… 664
罾 …… 664
譄 …… 664

锃 ……49, 224
缯 …… 663
辭 …… 701
甑 …… 663
赠 …… 663

zha
吒 …… 482
扭 …… 375
柤 …… 375
哳 …… 675
喳 …… 37
渣（溠）…… 37
劄 …… 67
觰 …… 676
䜩 …… 664
轧 …… 44
札 …… 321
闸 …… 205
铡 …… 13
眨 …… 99
踷 …… 676
乍 …… 664
诈 …… 664
栅 …… 36
炸 …… 189, 664
蚱 …… 664

zhai
斋（齋）…… 665
摘 …… 79
宅 …… 309, 482
翟 …… 723
窄 …… 553
债 …… 662
呰 …… 694
寨 …… 459
瘵 …… 201

zhan
沾 …… 668
毡（氈）…74, 298, 668
旃 ……72, 665
栴 ……72, 665
粘 …… 307, 668
詹 …… 666
樜 …… 665
譫 …… 666
霑 …… 668
瞻 …… 666
邅 …… 736
鱣 …… 721
鸇 …… 74
斩 …… 221, 666
飐 …… 111
展 …… 415, 667
盏 …… 206, 314
崭 …… 666
琖 …… 206
琞 …… 139
醆 …… 206
蹍 …… 740
占 …… 667, 668
偡 …… 728
战（戰）…… 133
栈 …… 207
站 …… 667
绽（綻）…… 697
䗃 …… 728

zhang
张 ……40, 140
章 …… 668, 669
鄣 …… 669
嫜 …… 668
彰 …… 669
慞 …… 668
漳 …… 668
獐 …… 387, 668
蔁 …… 669
樟 …… 668
璋 …… 669
蟑 …… 669
仉 …… 192
掌 …… 405, 428
丈 …… 669
仗 …… 669
扙 …… 669
帐 …… 40
杖 …… 669
胀 ……40, 648
账 …… 40
障 …… 669
嶂 …… 668
幛 …… 668
瘴 …… 669

zhao
钊 …… 225
招 …… 672
昭 …… 673
盄 …… 315
炤 …… 672
鉊 …… 673
着 …… 572, 677
爪 …… 670
爫 …… 670, 671, 672
沼 …… 672
瑵 …… 662
召 …… 75, 672, 673
兆 …… 674
诏 …… 315, 672
赵 …… 733
趙 …… 532
笊 …… 670
啅 …… 726
䍜 …… 571, 674
照 …… 189, 673
罩 …… 490, 726
肇 …… 640
曌 …… 251

zhen
蜇 …… 675
嗻 …… 440
遮 …… 440
乇 …… 42
折 …… 675
嚞（哲悊喆）
… 195, 221, 537, 675
哲（晣）…… 675
辄 ……44, 384
蛰 …… 55
磔 …… 58
辙 …… 46
讋 …… 283
者 …676, 677, 678, 679
褚 …… 676
锗 …… 676
赭 …… 676
褶 …… 520
这 ……60, 499
柘 …… 419
浙 …… 675
淛 …… 703
蔗 …… 440
鹧 …… 335, 440

zhen 贞 …… 679
针（鍼）…… 223
侦 …… 390, 679
浈 …… 679
珍 …… 96, 681
侲 …… 48
帧 …… 679
桢 …… 679
眞 …… 17
真 …… 680, 681
砧 …… 667
祯 …… 679
斟 …… 411
獉 …… 376
甄 …… 605
蓁 …… 376
榛 …… 376
禎 …… 680
潧 …… 664
箴 …… 510
臻 …… 376, 702
㐱 …… 96, 681
诊 …… 681
枕 …… 607
轸 …… 681
屒 …… 48
畛 …… 682
疹 …… 348, 682
眕 …… 681
袗 …… 682
覙 …… 432
缜 …… 680
稹 …… 680
鬒 …… 682
鬒 …… 681
黰 …… 171, 681
圳 …… 479
阵 …… 127
抌 …… 430
鸩 …… 336, 607
振 …… 48
朕（脎）…… 650, 683
眹 …… 325
赈 …… 48
震 …… 48
镇 …… 680
䨻（震）…… 48, 637, 652
zheng 争 …… 684, 685
佂 …… 699
征 …… 699
怔 …… 699
埩 …… 685
峥 …… 685
狰 …… 684
钲 …… 699
睁 …… 325, 684
铮 …… 684
𫄟 …… 699
筝 …… 685
䍴 …… 685
蒸 …… 49, 189
鬇 …… 685
拯 …… 49
撜 …… 78
整 …… 699
正 …… 699
证 …… 699
诤 …… 560, 684
挣 …… 684
政 …… 699
症 …… 699
鄭（郑）…… 622
證（証证）…… 77
zhi 之 …… 685
支 …… 416, 623, 686, 687
汁 …… 444
芝 …… 685
吱 …… 686
卮 …… 42
枝 …… 322, 686
知 …… 687
肢 …… 648, 687
祗 …… 423
秖 …… 422
脂 …… 648, 700
隻 …… 623
䝷 …… 686
梔（栀）…… 320
戠 …… 688
雉 …… 686
蜘 …… 54, 687
鴲 …… 701
織（织）…… 449, 688
执 …… 689
侄（姪）…… 702
直 …… 416, 690
值 …… 690
埴 …… 690
執 …… 544
湞 …… 690
植 …… 690
殖 …… 690
戠 …… 133
稙 …… 690
摭 …… 440
踯 …… 622, 741
墌 …… 524
職（职）…… 688
蹠 …… 440
䟈 …… 736
躑 …… 622
止 …… 691
旨 …… 700, 701
阯 …… 691
址 …… 478, 691
坻 …… 478
抵 …… 422
沚 …… 691
纸 …… 447
芷 …… 691
祉 …… 691
咫 …… 415
指 …… 700
洔 …… 453
趾 …… 691, 737
搘 …… 690
黹 …… 701
酯 …… 619, 701
積 …… 686
至 …… 702
志 …… 702
忮 …… 686
豸 …… 703
制 …… 75, 703

帙 …………………… 116
治 …………………… 463
炙 …………………… 649
质 ……………………… 14
郅 ………… 600，702
峙 ………… 402，453
庢 …………………… 155
庤 …………………… 156
陟（徏）……29，692
娡 …………………… 344
挚 …………………… 689
狾 …………………… 675
秩 …………………… 116
致 …………………… 702
痔 ………… 348，453
室 ………… 553，702
彘 ………… 421，704
智 …………………… 687
滞 ……………………… 71
痣 ………… 348，702
蛭 …………………… 702
鸷 …………………… 127
絉 …………………… 426
廌 …………………… 704
稚 …………………… 721
置 ………… 490，690
跱 …………………… 453
雉 …………………… 722
製 …………………… 703
誌 …………………… 702
疐 …………………… 700
鞊 …………………… 701
摯 …………………… 544
幟（帜）… 133，688
懥 …………………… 700
璏 …………………… 704
擲（掷）……… 622
觶（觯）……… 268
鱓 …………………… 704
zhong 中 …………………… 705
忠 ………… 536，705
苹 …………………… 705
终 ……………………… 83
盅 ………… 314，705
舯 ………… 705，710
衷 …………………… 705
锺（钟鐘）…… 707
赒 …………………… 438
籦 …………………… 706
腫（肿）… 648，707
瘇 …………………… 706
種（种）… 165，707
踵 ………… 706，739
蘳 …………………… 708
仲 …………………… 705
众 …………………… 391
妕 …………………… 705
重 …………………… 706
憃 …………………… 706
缍 …………………… 706
zhou 州 …………………… 711
舟 …… 650，709，710
譸（诌）………… 91
周 ………… 711，712
洲 …………………… 711
辀（輈）……… 710
婤 …………………… 712
啁 …………………… 712
週 …………………… 712
粥 ………… 141，307
赒 …………………… 712
妯 ………… 342，618
轴 …………………… 618
碡 …………………… 419
肘 …………………… 648
帚 …………………… 713
纣 ……………65，448
咒 …………………… 252
宙 ………… 309，619
咮 …………………… 714
胄 …………………… 649
皱 ……………………… 91
晝（昼）……74，640
籀 …………………… 618
皺 ……………………… 91
骤 ………… 238，295
籒 …………………… 716
帚 ………… 713，714
zhu 朱 ………… 714，715
侏 …………………… 714
诛 …………………… 714
邾 ………… 600，714
洙 …………………… 714
茱 …………………… 715
株 ………… 321，714
珠 ………… 639，715
诸 ………… 560，676
硃 …………………… 715
袾 …………………… 714
铢 …………………… 715
絑 …………………… 715
潴 …………………… 679
猪（豬）……… 679
鴸 …………………… 715
鼄 …………………… 715
竹 ………… 715，716
烛（燭）……55，436
逐 ……………………… 61
舳 ………… 618，710
躅 …………………… 436
趯 …………………… 736
主 …………………… 717
宔 …………………… 717
拄 …………………… 717
罜 …………………… 717
砫 …………………… 717
渚 …………………… 676
煮 …………………… 677
斵 …………………… 657
嘱 …………………… 439
麈 …………………… 717
瞩 …………………… 439
住 …………………… 717
助 …………………… 374
杼 ………… 322，635
注 …………………… 717
驻 ………… 296，717
狂 …………………… 717
壴 …………………… 718
柱 …………………… 717
炷 …………………… 717
祝 …………………… 546
疰 …………………… 717
宝 …………………… 314
著 …………………… 677

紵（纻）………… 337
蛀 ……………………54, 717
筑（築）………… 143
貯（贮）…… 13, 337
铸 …………………… 431
鉒 …………………… 717
箸（筯）…… 677, 716
翥 …………………… 677
鬻 …………………… 141
蛛 ……………………… 54
zhua 抓 …………………… 670
髽 …………………… 745
zhuai 拽 …………………… 583
zhuan 专（專叀）……… 718
鄟 …………………… 719
砖（磚塼甎）…… 719
䲘 …………………… 719
颛 …………… 85, 582
转 …………………44, 719
䡱 …………………… 719
沌 …………………… 481
啭 …………………… 719
赚 …………………… 209
撰 …………………… 557
篆 …………………… 480
馔 …………………… 557
譔 …………………… 557
zhuang 庄（粧莊）……… 346
妆 …………… 343, 346
桩 …………… 321, 346
粧 …………………… 346
装 …………………… 588
壮 …………… 345, 422
状（狀）…… 345, 386
僮 …………………… 472
撞 …………………… 472
戇 …………………… 537
zhui 隹 …………………… 720
追 ……………………… 88
骓 …………………… 721
锥 …………………… 720
鵻 …………………… 721
㭘 …………………… 443
坠（墜）……………… 89
缀 …………… 448, 624
惴 …………………… 539
縋 …………… 88, 448
醊 …………………… 620
餟 …………… 418, 624
zhun 迍 …………………… 482
肫 …………………… 481
窀 …………………… 482
谆 …………… 529, 560
準（准）…… 181, 720
zhuo 卓 …………… 724, 725
拙 ……………………… 57
倬 …………………… 725
捉 …………………… 737
桌（棹）
………… 323, 661, 725
灼 …………… 188, 407
卓 …………… 725, 726
叕 …………………… 624
茁 ……………………… 57
斫 …………………… 222
浊（濁）…… 55, 436
丵 …………………… 726
酌 …………… 407, 620
趠 …………………… 734
啄 …………………… 421
娺 …………………… 624
斮 …………………… 515
琢 …………………… 639
窡 …………………… 552
禚 …………………… 571
穛 …………………… 571
䵵 …………………… 438
斲（斵）…… 200, 222
擢 …………………… 723
濯 …………………… 723
镯（鉵）………… 436
蠗 …………………… 723
zi 孜 …………………… 727
呲 …………………… 694
呰 …………………… 694
咨 ……………………… 63
姿 ……………………… 63
妛 …………………… 694
赀 …………… 14, 694
资 ……………………… 63
淄 …………………… 657
缁 …………………… 657
孶 ……………………… 62
滋 ……………………… 62
辎 …………………… 657
觜 …………………… 216
趑 …………………… 734
锱 …………………… 657
鲨 …………………… 694
龇 …………… 51, 693
鼒 ……………………… 82
鍿 …………………… 694
齍 …………………… 315
鼒 …………………… 438
子 ……… 165, 727, 728
姊 …………………… 426
杍 …………………… 727
玗 …………………… 727
矷 …………………… 727
秄 …………… 166, 727
茈 …………………… 693
耔 …………… 307, 727
梓 …………………… 540
紫 …………………… 449
訾 …………………… 562
滓 …………………… 541
莘 …………………… 541
榟 …………………… 541
字 …………………… 727
自 …………… 728, 729
玼 …………………… 694
恣 ……………………… 63
眦 …………………… 694
渍 …………………… 662
眦 …………… 325, 694
胾 …………………… 655
積 …………………… 193
zong 宗 …………… 730, 731
㚇 …………… 545, 731
倧 …………………… 730
综 …………………… 730
堫 …………… 487, 731
嵏 …………………… 731
棕（椶樱椶）
……………… 730, 731

猣 …… 731
腙 …… 730
葼 …… 731
嵸 …… 392
稯 …… 731
縦 …… 392
艐 …… 731
緵 …… 731
豵 …… 731
踪（蹤） …… 391, 730
総 …… 732
總 …… 732
豵 …… 392
鬃 …… 731
騣 …… 731
鏦 …… 392
鬉 …… 731
总 …… 732
捴 …… 732
摠 …… 732
傯 …… 63
緫 …… 732
縱 …… 392
蹤 …… 392
猔 …… 730
粽（糉） …… 307, 730
瘲 …… 392

zou
诹 …… 384
陬 …… 383
掫 …… 384
鄹（邹） …… 91, 599
緅 …… 384
郰 …… 238
鲰 …… 383, 629
騶（驺） …… 91
辶 …… 60, 61
走 …… 732
奏 …… 736
揍 …… 736

zu
租 …… 374
足 …… 737
卒 …… 742, 743
族 …… 106
镞 …… 106
诅 …… 374
阻 …… 374
组 …… 374
俎 …… 374
祖 …… 374
驵 …… 375

zuan
躜 …… 659
缵 …… 659
纂 …… 743
钻 …… 225, 668
欑 …… 545
攥 …… 743

zui
厜 …… 42
觜 …… 216
嘴（噹） …… 216
最 …… 384
罪 …… 490
辠 …… 540
槜（檇） …… 244
蕞 …… 384
醉 …… 620, 743
嶵 …… 540

zun
尊 …… 744
嶟 …… 744
遵 …… 744
墫 …… 744
剸 …… 744
樽 …… 744
繜 …… 744
鐏 …… 744
罇 …… 744
鳟 …… 744
鷷 …… 744
僔 …… 744
噂 …… 744
撙 …… 744
捘 …… 242

zuo
嘬 …… 384
昨 …… 664
左 …… 126, 127, 624
佐 …… 390, 624
迼 …… 624
作 …… 664
坐 …… 477, 745
岝 …… 664
侳 …… 745
祚 …… 424
唑 …… 745
座 …… 745
做 …… 357
鑿 …… 726

后　　记

动笔到结稿，已逾五载，夙兴夜寐，每天清晨六点半坐在电脑前动工，晚上十二点左右结束，做点小家务成了我的锻炼，日均工作不下十小时。无假日，谢宾客，前后易稿几十余次，方成拙著。

孔子曰“言之无文，行而不远”，维特根斯坦曰“语言即世界”，语言文字的重要性由此可见一斑。为了探索中华文字的奥秘，我一路耕耘，孤独前行，仅几位学友和邻居对我的工作略有了解。常常浮起来放弃的念头，同时又总感觉有一股神奇的力量，使我放不下对我们伟大祖先所创造的文字的探索。汉字里有密码，汉字里有磁场，那是华夏文明数千年的传承，是无数古人对世间万物认知的总结。不断演进的汉字，正是中国文化代代相传的生动载体，是中国文化不断发展的深厚根基。作为炎黄子孙，我在文字里探赜索隐，乐而忘返。虽有诸多遗憾，总算完成书稿，可以面世了。

文字乃文化之根，几千年的文字演变，原来是一脉相承的。从《说文》小篆，往前推，直至甲骨金文，可求字之本源；往后看，隶楷行草，尽展汉字之风流。汉字的各体各自独立，又相互紧密联系，甲骨金文，画面感十分突出，与天地人相合；隶楷端庄秀丽，尽显冬夏春秋；行如行，温文尔雅；草若奔，蛇走惊雷。

书体之难，难在篆书和草书，篆书的构型最有道理，但有时七颠八倒，难于辨识；草遵法度，独立成体，很多与楷行全不相接。从甲骨金文，到楚秦汉简，到隶楷行，到草，本来就是汉字从诞生到成年的不同“像”而已，更多表现出来的是质同而形异。因此，破解篆草辨识困难，从纷乱中求规律，成为一种选择。这就需要从单字入手，需要对大量的文字作系统的比对分析，需要有文字学方面的理论指导。除了按汉字本身的结构归类，还需把楷体有别而草同形以及楷体有别而篆书相近的归为一类，对其特征性的标志给予提示，择要紧处，简述三两言。书之选图和行文力求一目了然，好学易懂。特别是每页对不同字体按时间排列，并加拓展，可使读者前后互参，得窥全貌。由此可解决释读困难，可缩短记忆周期，可掌握汉字演变，能使汉字学习者收到事半功倍的效果。果如此，余愿足矣！

操千曲而后晓声，观千剑而后识器。我们拥有绵延历史长达数千年的汉字文化，拥有博大精深的书法艺术，可以欣赏奥妙无穷的字体演变。文字之妙，成就书法之美；

书法之美，彰显文字之妙。生于华夏，我们何其有幸！

感谢甲骨文发现以来潜心于文字学的先贤巨匠，感谢诸位名家的不吝赐教，感谢朋友们对我的热忱鼓励与支持，感谢父母和孩子们对我的期待，这是我孜孜不倦的动力。感谢我的爱人，是她对家的无私付出，保证了我的工作时间，她一遍遍校对、鼓励并提出合理的策划建议，使我得以抓住人生最宝贵的时间，奉献社会，报效祖国。

特别感谢山西省书协主席石跃峰先生为本书的题名。

本书出版得到山西人民出版社领导的大力支持，谨表真诚的感谢。

岁月留痕，皆刻皱纹之间；流水沧桑，都在感慨之中。千淘万漉虽辛苦，吹尽狂沙始见金。弘扬中华优秀传统文化，是每一个炎黄子孙的神圣职责，愿以此书与各位同仁共勉！

刘哲平

甲辰中秋日于太原

附：书谱全图

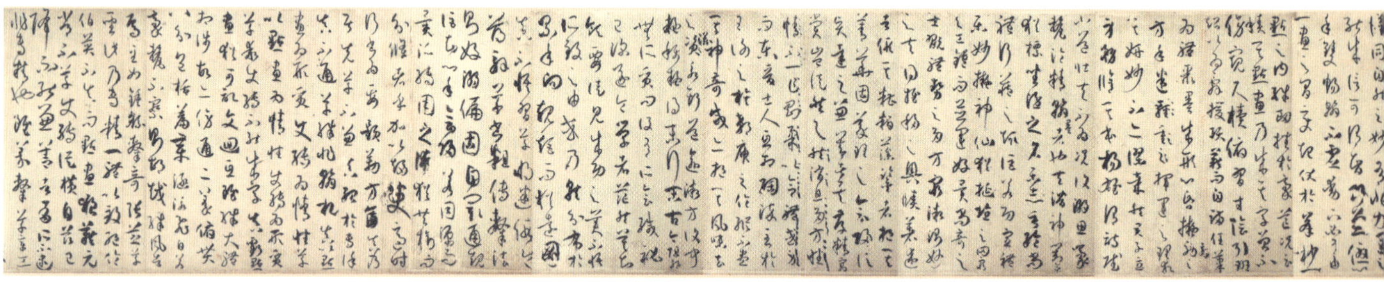

21 20 19 18 17 16 15 14 13

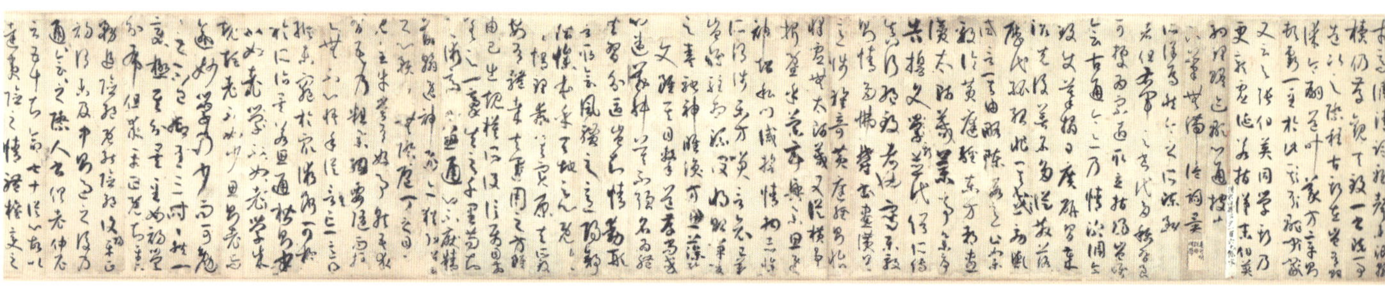

41 40 39 38 37 36 35 34 33 32

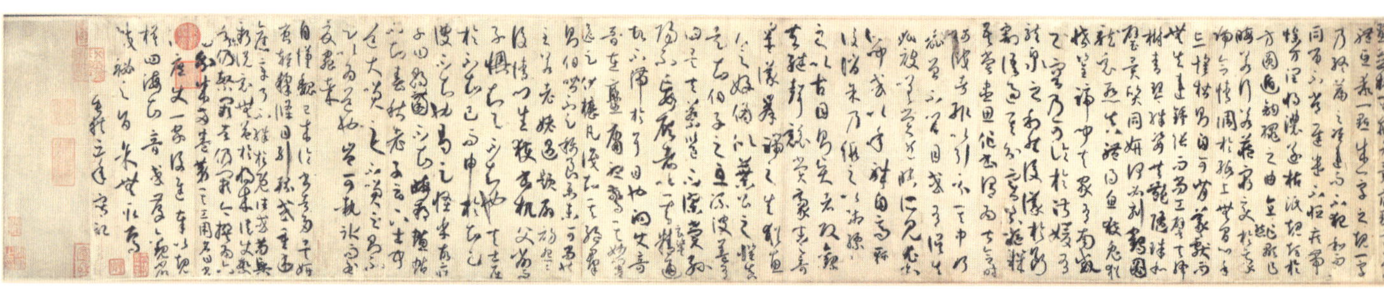

60 59 58 57 56 55 54 53 52

（补）薛刻本《书谱》

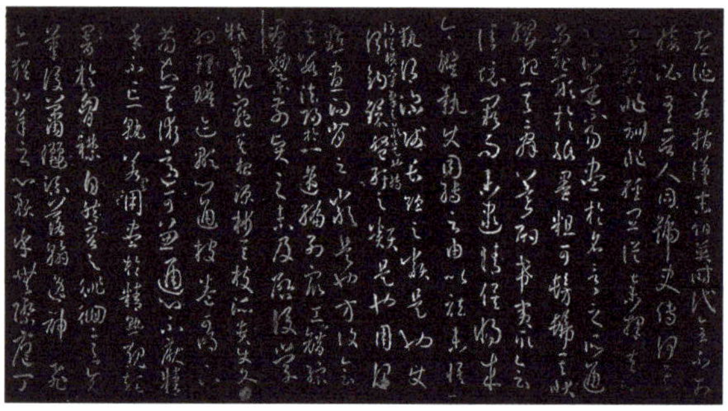

66 65 64 63 62

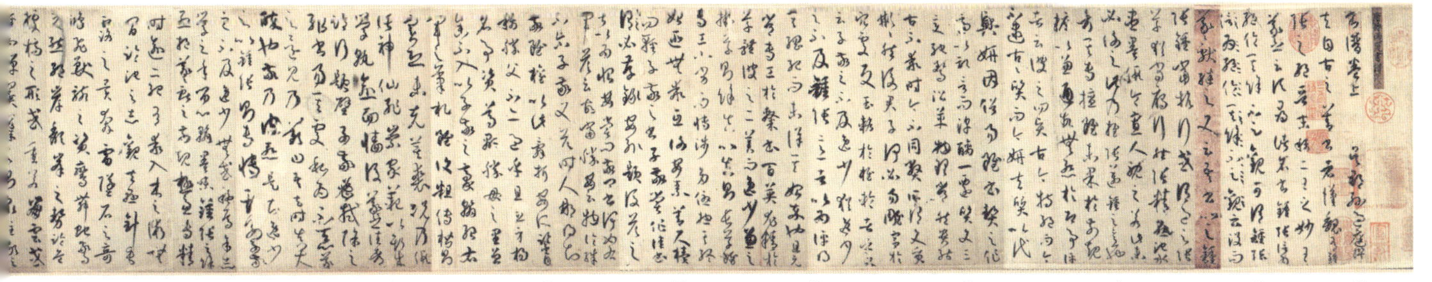

11 10 9 8 7 6 5 4 3 2

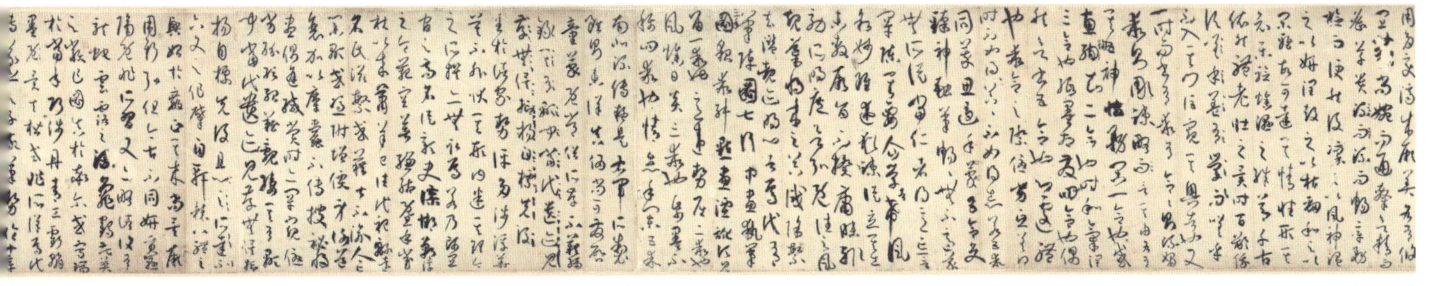

31 30 29 28 27 26 25 24 23 22

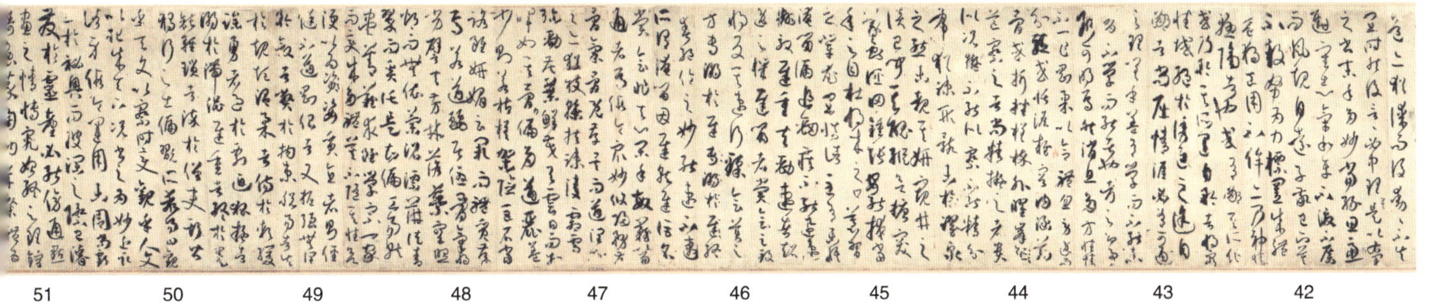

51 50 49 48 47 46 45 44 43 42

作者简介

刘哲平，山西柳林人，曾在政府多个部门任职，爱好中国传统文化，尤喜书法，偶为词章。几十年来，在工作之余，潜心研究甲骨、金文、楚汉秦简、《说文解字》及张芝、索靖、二王、孙过庭等书法名家的中国古典字法文献，徜徉书海，不知老之将至。矢志于文明之薪火相传，崇尚道法自然，对文字结构演变有较深体会。